여암(礪岩) 송덕수(宋德洙) 교수 정년퇴임 기념

민법 이론의 새로운 시각

여암 송덕수 교수 정년기념논문집 간행위원회

박영사

송덕수 교수 근영

간 행 사

대학 교수로서 37년 동안 후학들을 양성하셨고 민법학자로서 한국 민사법 발전에 기여하신 여암(礪岩) 송덕수 교수님께서 2021년 8월에 이화여자대학교 법학전문대학원에서 정년퇴임을 하십니다. 이를 기념하여 제자들이 송 교수님께 정년기념논문집을 헌정하고자 작년 8월에 간행위원회를 결성하여 논문집의 체계 등을 확정한 후 9월 초에 그동안 송 교수님과 학문적 교류를 해 오신 분들께 '논문 집필 요청서'를 보내드리고 9월 중순에 집필의사를 밝혀주신 분들께 '논문 집필 안내문'을 발송한 바 있습니다. 이러한 과정을 거쳐서 올해 5월까지 간행위원회로 보내주신 52편의 논문들을 모아 여암 송덕수 교수 정년퇴임 기념 『민법 이론의 새로운 시각』을 간행합니다.

이 정년기념논문집은 크게 2부로 구성되어 있습니다. 제1부에는 '송덕수 교수의 주요논문들에 대한 의미분석 논문' 11편이 수록되어 있습니다. 이 논문들은 송 교수님께서 1985년부터 2020년까지 발표하셨던 130여 편의 논문 중 11편의 논문에 대하여 제자들이 리뷰(Review)하는 방식으로 작성되었습니다. 필자들 가운데에는 송 교수님께서 처음 교편을 잡으셨던 경찰대학에서 교수님의 민법강의를 듣고 졸업논문을 지도받았던 제자, 이화여자대학교 및 동 대학원에서 학부, 석사, 박사과정을 이수한 제자들도 있고, 연세대학교 대학원 재학 중에 학점교환 학생으로 교수님의 대학원 강의를 수강했던 제자들과 서울대학교 대학원에 다니면서 교수님께 박사학위논문 심사를 받았던 제자들도 있습니다. 교수님께서 발표하신 논문의 의미를 보다 체계적으로 검토하기 위하여 리뷰논문의 목차는 대부분 송 교수님께서 발표하셨던 논문의 주요내용과 특별한 내용, 논문의 주제에 관한 당시의 국내 학설·판례의 모습, 발표 당시 및 현재에 있어서 대상논문의 의미, 향후의 연구방향 및 내용의 순서로 이루어져 있습니다. 이 리뷰논문들을 일독하면, 제자들이 송 교수님의 학은(學恩)에 보답하는 마음으로 논문을 상당히 조심스럽게 검토하면서도 그 논문의 의미를 객관적으로 분석하고 향후 연구방향을 제시하는 등 교수님께서 제자들에게 내주신 마지막 과제물을 '성의껏' 마무리했음을 알게 되실 겁니다. 이 11편의 헌정논문들을 통하여 송 교수님의 역작(力作)이 과거는 물론 현재에도 학문적 의미를 가지고 있고 향후에도 제자들의 후속연구로 여전히 생명력을 갖게 되리라는 것이 입증되었다고 할 수 있습니다. 이러한 의미에서 이 리뷰논문들 안에 송 교수님의 37년 교수생활의 과거, 현재 그리고 미래가 모두 담겨있다는 생각이 듭니다.

제2부에는 '송덕수 교수의 정년퇴임을 기념하는 일반논문' 41편이 수록되어 있습니다. 송 교수님께서는 사단법인 한국민사법학회 회장으로 민사법학회의 발전에 이바지하셨고, 『민법총칙』, 『물권법』, 『채권법총론』, 『채권법각론』, 『친족상속법』 등 민법 전 분야에 걸쳐서 저서를 출간하셨을 뿐만 아니라 『민법전의 용어와 문장구조』 등을 통하여 민법개정안 및 민법전의 기본틀에 대한 저술도 공간하시는 등 학자로서 왕성한 연구성과를 남기셨습니다. 이러한 송 교수님의 학회 및 학술활동을 반영하듯 민사법학계의 동료 및 후학들이 다양한 민법분야의 논문들을 헌정해 주셨습니다. 제2부에 수록되어 있는 법일반론 관련 논문 2편, 민법총칙 관련 논문 8편, 물권법 관련 논문 5편, 채권법총론 관련 논문 8편, 채권법각론 관련 논문 15편, 친족상속법 관련 논문 3편을 일견하면 이 정년기념논문집의 제목이 『민법 이론의 새로운 시각』으로 정해진 이유를 알게 되실 겁니다. 이 제2부에 수록되어 있는 41편의 논문들을 검토하는 것만으로도 민법학의 전통적인 주제는 물론이고 최근에 이슈가 되고 있는 주요 논점, 판례 및 외국 입법례까지도 섭렵할 수 있습니다. 이러한 점에 비추어 볼 때 제2부는 현재 우리나라 민법학계의 수준을 가늠할 수 있는 소중한 옥고들로 채워져 있다고 감히 단언합니다.

작년 9월 중순에 '논문 집필 안내문'을 발송하면서 그 말미에 선생님들의 노고에 부합하는 '좋은 논문집'이 출간될 수 있도록 최선의 노력을 다하겠노라고 말씀드렸었는데, 이렇게 11편의 리뷰논문과 41편의 일반논문으로 구성된 정말 좋은 정년퇴임 기념논문집을 발간할 수 있게 되었습니다. 사실 안내문을 발송할 때만 하더라도 COVID-19 때문에 모든 것이 불확실한 상태여서 이 프로젝트를 잘 진행할 수 있을지 걱정이 되었었습니다. 그럼에도 불구하고 여러 선생님들의 논문들로 그야말로 '질적 및 양적으로' 좋은 논문집을 여암 송덕수 교수님께 헌정할 수 있게 됨을 기쁘게 생각합니다. 어수선한 사회적 분위기 속에서도 옥고를 송교수님께 헌정해 주신 여러 선생님들께 머리 숙여 감사의 인사를 드립니다.

그 밖에도 기념논문집 발간에 도움을 주신 분들이 많이 계십니다. 특히 하서를 써주신 김천수 한국민사법학회 회장님, 정현미 이화여자대학교 법학전문대학원 원장님, 홍정선 연세대학교 명예교수님께 감사드립니다. 그리고 이 책자의 발간을 흔쾌히 허락해 주신 박영사의 안종만 회장님과 안상준 대표님, 책자 발간을 적극적으로 도와주신 조성호 이사님, 편집을 총괄하신 김선민 이사님과 관계자 여러분께 감사의 뜻을 표합니다. 아울러 지난 1년여 동안 묵묵히 정년기념논문집 간행위원회 일을 수행해 준 간행위원들께 고맙다는 인사를 전합니다.

2021. 7.

여암 송덕수 교수 정년기념논문집 간행위원을 대표하여

간행위원장 국민대학교 법과대학 교수 안경희

송덕수 교수님의 정년을 축하드리며

송덕수 교수님의 정년 기념논문집 출간에 관여한 어느 분으로부터 축하의 글을 제게 맡기기로 했다는 말씀을 들었다. 그런데 기념논문을 작성해달라는 이메일을 받았다. 다른 글을 쓰면서 '계약의 종료'라는 것이 무슨 말인지 궁금해져서 이를 주제로 하는 졸고를 마감 시한 한참 넘겨 보내드리고 한숨 돌리는데 문자가 왔다. 송덕수 교수님 문자였다. 늘 그러하시듯 정중한 문장으로 축하 서문을 부탁하는 문자였다. 아마도 논문 의뢰 과정에 약간의 착오가 있었던 모양이다. 그 덕분에 하서(賀書)와 논문을 모두 싣는 영광을 누리게 되었다.

어찌 된 세상인지, 존경하는 분께 바치는 논문 모아 만드는 기념논문집이 본래 의미를 잃어가는 것 아닌지 모르겠다. 논문을 점수화하고 내용보다 형식을 따지는 세상이 되고 말았다. 어떤 전공에선 기념논문집을 존경의 마음으로 헌정된 논문이 아니라 때우는 마음으로 제작된 글들로 만들어내는 악습이 있나 보다. 헌정된 글로 이루어진 기념논문집조차 그런 악습의 기념논문집 같은 취급을 당한다. 민법학계에 중요한 기념논문집 몇 편에 글 올릴 이번 기회에 기념논문의 장점을 발견하였다. 기념논문은 자유롭게 하고 싶은 말을 쓰기에 좋은 기회라는 것이다. 글이란 이렇게 쓰는 것이 당연한데 이게 무슨 좋은 기회란 말인가? 기념논문이란 존경심과 자신의 명예라는 내적 강제만으로 질적 수준이 유지될 뿐이고 현실의 심사로부터 자유롭다. '숭경(崇敬)의 오류'에서 아직도 헤어 나오지 못한 듯싶은 현실, 별도의 논문으로 반론을 제기할 내용을 심사의견으로 제시하며 게재를 막는 현실 등. 이러한 현실 심사에서 벗어나, 오래 묵힌 생각을 조리 있게 정리하여 발표하기에 좋은 기회라는 것이다.

송덕수 교수님의 정년을 맞이하면서 떠오르는 두 대목이 있다. 부끄러운 기억 한 대목과 아쉬운 기억 한 대목이다. 학자로서 민법의 길을 선택하면 으레 독일 민법 교과서 등 독일어로 된 문헌을 읽는 것이 당시 흔한 모습이었다. 어느 연구실에서 있었던 일이다. 몇 사람이 같이 있던 자리에서 박사과정을 다니시던 송덕수 교수님께 어느 독일 문헌의 서문을 한국어로 번역하여 읽어달라는 부탁을 드렸다. 고등학교에서 배운 독일어 실력으로 사전 찾아가며 독일어 문헌을 어렵게 읽던 나는 박사과정쯤 되면 쉽게 읽어 내려갈 것이라 기대하며 드린 부탁이었다. 몇 년 뒤 내가 박사과정에 다니면서 사전 없이 그것도 서문을 즉석에서 읽어 내려가는 것이 쉬운 일이 아님을 알고, 결례를 범하였음을 깨달았다. 송덕수 교수님께서는 나의 결례에도 불구하고 예의 그 겸손하신 모습과 잔잔한 음성으로 읽어 주셨다. 한 단어 정도 확인차 사전을 보셨던 것으로 기억된다. 겸손하시며 모르는 것을 아는 척도 하지 않는 모습이었다. 후배의 무례를 아무렇지 않게 받아주신 이 대목에서 나는 송덕수 교수님의 학문적 성실성과 인격적 품성을 그린다.

나는 송덕수 교수님과 함께 곽윤직 선생님을 지도교수로 모시는 관계가 될 수도 있었다. 당시 곽윤직 선생님의 연구실을 지키던 선배가 고시 공부를 위해 방을 비우게 되었다. 송덕수, 남효순 두 선배님께서 그 방에 들어오라고 권하셨다. 많은 고민 끝에 그 방의 자리를 잇는 기회를 포기할 수밖에 없었다. 나는 이미 학부 때부터 황적인 선생님과 인연이 맺어진 바 있었다. 학부생들이 모여 공부하는 서클(동아리)인 사법(私法)학회 회장을 맡아 황적인 선생님을 서클 지도교수로 모신 인연에다가 사적인 인연이 더해져서 대학원 입학 때부터 황적인 선생님과 나 사이에 나의 지도교수는 황적인 선생님이라는 묵시적 공감대가 있었던 터였다. 곽윤직 선생님의 문하로 인도하신 두 선배님의 제의를 거절하지 않았다면 송덕수 교수님을 더 가까이 할 수 있었던 기회였다.

일석 이희승의 수필 '딸깍발이'가 있다. 내 또래의 사람들이 고등학교 시절에 읽은 수필이다. 남산골 샌님의 별호(別號)가 딸깍발이이다. 송덕수 교수님께서는 젊어서 대학교수가 되셨으니 벼슬 한자리하지 못한 딸깍발이는 아니시다. 베스트셀러를 다수 내신 송덕수 교수님께서는 딸깍발이처럼 가난에 찌든 모습이 결코 아니시다. 그럼에도 불구하고 송덕수 교수님을 뵈면 떠오르는 것이 딸깍발이인 이유는 무엇일까? 내 안에 '가난한 선비'에 대한 환상이 숨겨져 있는지 모르겠다. 내가 학자를 지망한 이유에는 대학 시절 어느 추운 겨울 석유난로를 켜 놓고 원고지를 메우시던 한 선생님의 모습이 있다. 물론 현실의 그 선생님은 가난한 선비와는 거리가 멀다. 나는 송덕수 교수님에게서도 그 선생님에 대하여 품은 '가난한 선비'의 환상을 본다. 헐벗고 굶주려야만 가난한 선비인 것은 아닌가 보다. 세속적 시류와 금류(金流)를 멀리하는 학자, 그 길을 견고(堅固)하고 정결(淨潔)하게 걷는 법학자의 모습에서 가난한 선비의 환상을 본다.

소통이라는 단어가 식상(食傷)할 정도로 인구(人口)에 회자(膾炙)된 것은 오래된 일이다. 다변은 소통에 장애물이다. '경청과 호응'에서 비로소 소통은 가능하게 된다. 경청과 호응을 유도하여 소통이 가능해지려면 말과 글에 '조리와 예의'가 필요하다. 말과 글이 조리와 예의를 갖추려면 나지막한 말과 간결한 글이어야 한다. 장황하게 좌중을 장악하려는 말투와 과도하게 이어져 쏟아 내는 글은 소통에 적절한 수단이 될 수 없다. 세상에 유익을 남기려는 학자의 말과 글은 조리와 예의가 필요하다. 세상을 멀리할 수 없는 법학자의 말과 글에는 조리와 예의가 더욱 필요하다. 언론을 통해 특히 청소년들에게 영향을 주는 정치 신인들의 말에서 조리와 예의를 찾기 어렵다. 기성 정치인들의 말과 글에 의해 오염된 정치를 배운 탓도 있지만, 교양 수준의 교육기관이 된 대학에서 이들이 배운 말과 글, 곧 교수의 말과 글에 영향을 받은 탓도 크다. 그만큼 말과 글의 조리와 예의는 학자에게 중요한 덕목이다. 말과 글의 조리와 예의에 관한 한, 우리 시대 법학자의 그 전형과 모범을 송덕수 교수님에게서 찾을 수 있다. 그러한 송덕수 교수님께서 강단을 떠나시는 것이 아쉽지만, 그나마 다행인 것은 송덕수 교수님께서 베스트셀러 법서를 다수 가지고 계시다는 점이다. 이 명저들을 통해 후학들이 말과 글의 조리와 예의를 배울 수 있기를 바란다. 송덕수 교수님의 말과 글로부터 느끼는 조리와 예의의 배경에서, 우선 부모님으로부터 물려받은 품성과 유소년기를 보낸 고장의 문화를 지울 수 없겠다. 하지만 오랜 세월 곽윤직 선생님을 모시며 법학자의 기본기를 단련하는 과정이 큰 몫을 차지하지 않을까 생각한다. 오랜 세월 후암동 자택의 선생님께 드릴 말씀과 글을 간추려서 때에 맞춰 올리셨을 송덕수 교수님의 모습이 그려진다.

송덕수 교수님의 베스트셀러 법서들에는 사모님의 헌신이 있으리라. 학문에 몰입할 수 있는 물리적 정서적 환경에 배우자와 자녀가 미치는 영향이 지대하다. 학문 몰입에 방해되는 요소를 제거한 토양이 아니고서는 나올 수 없는 것이 송덕수 교수님의 저서들이다. 이러한 옥토는 사모님의 작품이 아닐 수 없다. 그 가운데 꼿꼿한 선비의 향기를 풍기는 글들이 나오고 간명하면서 강인한 문장의 저서들이 자랄 것이다. 옥토를 가꾸시는 사모님과 건강하고 화목하게 지내시고 자녀들 효도를 만끽하시면서 남은 세월 오래도록 아름다운 저서들을 후학들이 산책하며 힐링할 수 있는 정원으로 계속 다듬어 주시길 바라 마지않는다.

2021. 7.

성균관대학교 법학전문대학원 교수, 한국민사법학회 회장

김 천 수

하사(賀詞)

송덕수 교수님은 일생 40년의 공직생활 동안 33년이란 긴 시간을 이화와 함께 하시면서 큰 공로를 남기셨습니다. 교수님께서는 1981년 5월 서울대학교 법과대학 유급 조교를 시작으로 1983년 12월부터 경찰대학에서 전임강사·조교수로 약 5년간, 1988년 9월 본교에 부임하여 이화여자대학교 법정대학 법학과, 법과대학 법학과, 법학전문대학원에서 33년간 교수로 재직하면서 수많은 학자와 법조인 등 법률전문가를 양성하셨습니다. 교수님께서 본교 법과대학과 법학전문대학원 교수로 재직하는 동안에는 법과대학장 및 법학전문대학원장, 학생처장, 교무처장, 교육혁신단장 등 주요보직을 두루 거치셨으며, 학사부총장 및 총장직무대행까지 막중한 직책을 맡아 학교의 발전을 위해 지대한 공헌을 하셨습니다.

송덕수 교수님은 학문적으로 타의 추종을 불허할 정도의 업적을 세우신바, 우리나라 민법학계의 거장이라고 평가받을 정도로 수준 높은 저서인 단독저서 71권을 포함하여 총 90권의 저서를 출간하셨고, 그 밖에 80여 편의 우수한 학술논문을 끊임없이 발표하시면서 일생 동안 민법학을 발전시키셨습니다. 교수님의 엄청난 학문적 열정과 뛰어난 통찰력과 추진력으로 이루신 학문적 성과와 학자로서의 모범적인 자세에 대해 후배 교수들은 저절로 고개를 숙이게 됩니다.

또한 송덕수 교수님은 본교에 재직하시는 동안 법과대학과 법학전문대학원 및 일반대학원에서 전심을 다하여 학생들을 가르치시며 후학과 법조인 양성을 위하여 공헌하셨습니다. 교수님께서 지니신 훌륭한 인품과 포용력은 교수와 학생들의 존경의 대상이었고, 사법시험과 변호사시험을 준비하는 학생들을 위해 강의에 혼신을 다하는 교수로서의 정평은 본부의 강의우수교수상 및 연구실적우수교수상, 법학전문대학원의 강의우수교수상 및 연구실적우수교수상을 수회에 걸쳐 받으셨다는 것으로 증명이 됩니다. 교수님의 탁월한 학문적 성과는 2003년 Fulbright Senior Research Award, 2016년부터 3년간 이화펠로우 선정으로 이어져 특별지원 수혜를 받으셨습니다.

송덕수 교수님은 대외적으로도 법무부 민법개정위원회 위원 겸 분과위원장, 법제처 '민법 알기 쉽게 새로 쓰기 자문위원회' 위원장, 법제처 법제자문관, 한국연구재단 평가위원 등의 수많은 활동으로 법학의 발전과 국가의 발전에 크게 기여하시면서 2014년 홍조근정훈장을 수상하셨고, 한국민사법학회 편집위원장, 한국민사법학회 회장 등을 역임하면서 학회의 발전에 크게 기여하셨습니다.

일생을 학자로서 최선을 다해 달려오신 교수님께 먼저 존경과 감사의 마음을 전합니다. 그리고 정년을 맞이하여 교수님이 교육과 연구의 현장에서 짊어지셨던 무거운 짐을 조금이라도 내려놓고 전후좌우를 살펴볼 여유를 가지게 되었다는 점에서 개인적으로 교수님께 축하를 드립니다. 하지만 교수님께서 굳건히 담당하셨던 민법의 지속적 발전을 위한 후학 양성이라는 숙제를 풀어나가야 하는 후배들에게는 아쉬움이 너무 크며, 앞으로도 교수님을 필요로 하는 분야에서 교수님의 경험과 식견을 아낌없이 보여주실 것을 감히 청합니다.

저는 개인적으로 보직 활동 동안 송덕수 교수님을 상사로 모시면서 감히 흉내도 내지 못하지만 교수님의 행정능력과 추진력을 가까이서 보고 배울 수 있는 시간을 가진 것을 영광으로 생각합니다. 그 후로도 교수님께 상의드릴 때마다 세심한 조언과 따뜻한 격려를 해주시던 모습은 교수님께서 얼마나 이화를 많이 사랑하시는지 느끼게 하셨고, 현재 맡은 일에 얼마나 최선을 다해야 하는가를 깨닫게 해주셨습니다. 교수님의 이화를 향한 열정과 성실한 자세는 잊을 수 없을 것입니다.

교수님의 그동안의 큰 공로와 헌신에 진심으로 감사하며, 하나님의 은총이 언제나 함께 하시길 기원합니다.

2021. 7.

이화여자대학교 법학전문대학원장, 형법학 교수

정 현 미

하서(賀書)

1. 여암이 정년을 맞이하다니

여암 송덕수 교수가 금년 여름으로 정년을 맞이하다니… , 세월이 참으로 유수와 같다는 생각이 떠오른다. 이것은 아마도 이 시대 민법학의 대가로서 늘 연구하고 강의하고 후학을 지도하던 여암이 나의 뇌리에 각인되었기 때문이었을 것이다. 강의실을 지날 때 명강의를 하던 여암의 짜랑짜랑한 음성이 지금도 들리는 듯하다. 여암의 정년은 아쉽지만, 그럼에도 여암의 정년을 기념하는 논문집이 출간되기에 아쉬움을 달래본다. 여암의 학문적 성과와 훌륭한 삶을 기리는 이 논문집 발간에 참여한 제자 · 후배 · 후학에게 감사와 축하의 말씀을 전하고 싶다. 부족함이 많지만, 그럼에도 용기를 내어 하서를 쓰는 필자의 무례를 혜량해 주시길 청한다.

2. 여암과의 인연, 36년의 세월

1986년경 나는 이화여자대학교 법학과의 학과장을 맡고 있어서 외부강사를 초대하는 일도 하였다. 당시 민법 전임 교수로는 최병욱 교수 한 분만 계셨기에 외부강사를 초대할 수밖에 없었다. 제1학기 중반 쯤 최 교수님이 여암을 모시는 것이 어떻겠냐고 하기에, 나는 내사(?) 후 그렇게 하겠다고 말씀드린 기억이 난다. 이런 연유로 여암은 1986년 제2학기부터 이화여자대학교에 출강하게 되었다. 나는 그 후 여건이 허락하는 대로 여암을 전임교원으로 모셔오자고 여러 번 관련 교수님께 말씀드리기도 하였다. 당시 나는 법학과 교수 중 막내였다. 다행스럽게도 여암이 1988년 제2학기에 이화여자대학교로 자리를 옮겼다. 이렇게 보면, 나와 여암의 인연은 1986년부터 시작된 셈이다.

나는 1988년 1월부터 2년간 연구차 독일 튀빙엔 대학교(Universität Tübingen)에 있었다. 이 때문에 1990년 1월이 되어서야 나는 여암과 늘 만날 수 있게 되었다. 그 후 36년의 세월 동안 우리는 많은 이야기들을 갖게 되었다. 몇 가지만 적어본다.

- 특별한 사유가 없는 한, 점심시간은 거의 언제나 여암과 함께 하였다. 여암과 함께 한 시간이 그 누구와 함께 한 시간보다 훨씬 많았다. 그러다보니 여암과는 학문을 매개로 형제와도 같은 관계가 형성될 수 있었던 게 아닌가 생각된다. 친하다보니 나는 여암의 배우자 배윤숙 여사를 그저 제수씨라 부른다.
- 여암과 함께 할 때면, 우리들은 연구와 책 출간 등 공부 관련 이야기를 주로 하였다. 함께할 때마다 어제 무엇을 했느냐고 물으면, 여암은 늦게까지 논문 작성 또는 책을 집필하였다고 답하곤 하였다. 학문 자체에 관한 대화도 적지 않았다. 내가 주로 여암에게 묻는 편이었다. 민사법에 대한 나의 상식은 여암으로부터 온 것이라 해도 지나친 말이 아니다. 여암은 어쩌다 한두 번 나에게 물었을 뿐이다. 손익계산을 하면, 내가 여암으로부터 배운 것이 훨씬 많으니 득을 본 것 같다. 어떻게 되돌려 주어야 하는지 모르겠다. 전공 분야는 다르지만, 여암과 학문을 나눌 수 있었다는 것은 대학에서 인생의 상당기간을 보낸 나에게는 행운이 아닐 수 없었다.
- 내가 이화여자대학교에 재직 중일 때, 우리가 함께한 여러 가지 일들, 예를 들어 1995년의 법학연구소 설립, 법학논집 창간, 우수 여학생 유치를 위한 전국의 주요 여고 방문 등이 생각난다. 특히 2000년 한국대학교교육협의회 주관으로 처음 실시된 전국 법과대학·법학과 평가에서 이화여자대학교 법과대학이 전국 94개 법과대학·법학과 중에서 1위를 하였다는 사실은 지금도 생생히 기억난다. 당시 나는 교무처장, 여암은 평가실무위원장이었다.
- 시간을 무척 아껴 쓰는 여암이지만, 요즈음에는 귀한 시간을 내어 이따금 나와 함께 골프를 하면서 친교를 나누고 있다. 건강이 대화의 제1의 주제이지만, 공부와 책 집필에 관한 이야기도 나누면서 서로에게 아이디어를 주기도 하고 받기도 한다. 이 시간에 세상에서 가장 작은 컨퍼런스가 열리는 것이라는 생각이 든다.

3. 민법학의 새 역사를 쓰다

여암은 종래의 지배적인 견해를 추종하지 않고, 시대에 적합한 새로운 이론을 정립하는 논문들을 많이 발표하였고, 그러한 여암의 이론은 근자에 이르러 많은 지지를 받고 있는 것으로 알고 있다. 새로운 이론의 정립은 혜안과 독창성이 있어야 가능함 것임에 비추어 여암은 보통의 학자가 아님은 분명하다.

무엇보다도 지적하고 싶은 것은 여암이 민법총칙, 물권법, 채권법총론, 채권법각론 외에 친족상속법까지 출간하였다는 점이다. 여암을 제외하면, 친족상속법까지 민법의 모든 분야에 걸쳐

전문서를 출간한 학자는 보이지 아니한다. 이것은 여암이 민법 전반을 꿰뚫고 있기에 가능했던 일일 것이다. 이것은 여암의 학문적 역량이 비범함을 넘어 표현하기 어려운 경지에 있음을 의미하는 것이 아닌가 생각된다. 여암은 앞에서 언급한 책 외에도 많은 책들을 출간하였다. 뿐만 아니라 주옥과도 같은 논문도 엄청 많이 발표하였다(자세한 것은 연보 참조).

앞에서 말한 바를 바탕으로 하여, 나는 여암이 민법학의 새 역사를 쓴 것으로 보고 싶다. 나는 민법학자가 아니어서 여암의 저서와 논문에 대하여 평가할 능력은 없으나, 여암이 출간한 책들과 논문들은 민법의 이해와 발전에 없어서는 아니 될 소중한 학문적 자산일 것이라 믿어 의심하지 않는다.

4. 많은 봉사를 하다

여암은 한국민사법학회 회장·부회장, 민사판례연구회 감사, 민사법학(한국민사법학회 학회지) 편집위원장, 인터넷법학회 상임이사, 한국부동산법학회 감사 등의 직으로서 민법 관련 학회의 발전을 위해 많은 봉사를 한 것으로 듣고 있다. 지금은 한국민사법학회 고문으로서 후배들에게 도움을 주고 있으리라 생각된다.

여암은 법제처 법제자문관, 법무부 민법 제651조 개정위원회 위원장, 법제처 '민법 알기 쉽게 새로 쓰기 자문위원회' 위원장 등으로 나라를 위해서도 많은 봉사를 하였다. 이러한 봉사는 국민들의 민법지식 함양에 상당히 기여하였을 것이다. 이 밖에도 입법고시·행정고시·외무고시·사법시험 등 국가시험의 시험위원으로 봉사한 바도 적지 않다.

여암은 재직 중 이화여자대학교 법정대학·법과대학 고시반 지도교수, 법정대학 법학과장, 기획처 차장(기획 담당), 학생처장, 교무처장, 법학전문대학원장·법과대학장, 제15대 총장 추천위원회 위원장, 학사부총장, 교육혁신단장, 총장직무대행의 직을 수행하였다. 이것은 여암이 이화여자대학교의 발전을 위해 얼마나 많은 기여를 하였는지를 보여준다. 달리 말하면 여암은 이화여자대학교 법과대학·법학전문대학원의 발전을 위해 남다른 열정을 보였고 그 성과도 상당하였지만, 또 한편으로 이화여자대학교 전체를 위해 상당한 공헌을 하였다는 것을 보여준다.

5. 마치면서

탁월한 학문적 역량과 성과, 많은 공헌 특히 재직 중이던 이화여자대학교의 법과대학·법학전문대학원 외에 이화여자대학교 전체의 발전에까지 기울인 상당한 공헌, 이 두 가지를 모두 갖추는 학자는 찾아보기 어려운 것이 현실일 것인데, 여암은 이 두 가지를 모두 갖추었으니, 높이

칭송하지 않을 수 없다. 멈출 줄 모르고 식을 줄 모르는 학문적 열정과 봉사하는 마음으로 살아온 여암이기에 칭송받아 마땅할 것이다.

여암!

내가 정년을 겪어보니 알게 된 「정년이 삶의 중단이 아니다」는 것을 말해주고 싶네요. 다만 일상으로 하던 강의가 사라질 뿐이요. 이 점에서 정년은 새로운 시작이겠지요. 우리의 인연은 계속될 것이고 …. 다만 한 가지 강조하고 명령하고 싶은 게 있어요. 이제부터는 건강 많이 챙기라고. 40여년의 대학에서의 삶을 정리하는, 존경하는 후배 여암의 앞날에 큰 축복이 있기를 기원하면서.

2021. 7.

전 이화여자대학교 · 연세대학교 교수, 한국공법학회 회장(전) · 고문(현),
한국지방자치법학회 회장(전) · 명예회장(현)
홍 정 선

여암(礪岩) 송덕수(宋德洙) 교수 연보 및 연구업적 목록

Ⅰ. 연보(年譜)

1. 출생 · 결혼 등

1956. 8.(음력) 전라북도 임실군 성수면 봉강리 구계월(全羅北道 任實郡 聖壽面 鳳崗里 舊桂月)에서 부(父) 여산 송씨 성남 송진석(礪山 宋氏 聖南 宋鎭碩)님과 모(母) 개성 김씨 김조간(開城 金氏 金早干)(일명 막내)님의 3남 2녀 중 다섯째로 출생.

1982. 5. 처(妻) 달성 배씨 배윤숙(達城 裵氏 裵潤淑)님과 혼인하여 슬하에 아들 민형(旼衡)과 딸 혜민(蕙旼)을 둠.

2. 학력 · 학위

(1) 학력

1962. 3. 2. ~ 1968. 2. 15.	성남(聖南)초등학교(전라북도 임실군 성수면 소재)
1968. 3. 2. ~ 1971. 1. 11.	전주서중학교
1971. 3. 2. ~ 1974. 1. 11.	전주고등학교
1975. 3. 2.	서울대학교 사회계열 입학
1976. 9. 1.	서울대학교 법과대학 법학과로 학과 배정
1979. 2. 26.	서울대학교 법과대학 법학과 졸업
1980. 3. 2. ~ 1982. 2. 26.	서울대학교 대학원 법학과 석사과정
1983. 3. 2. ~ 1985. 2. 28.	서울대학교 대학원 법학과 박사과정
1986. 11. 5. ~ 1986. 11. 12.	중화민국 중앙경관학교 연수
2003. 2. ~ 2004. 2.	Santa Clara University Law School(미국 캘리포니아주), Visiting Scholar

(2) 학위

1979. 2. 26. 법학사
1982. 2. 26. 법학석사(서울대 대학원 법학과. 전공: 민법)
1989. 8. 30. 법학박사(서울대 대학원 법학과. 전공: 민법)

3. 경력

(1) 교원 직책

1981. 5. 28. ~ 1983. 12. 7. 서울대학교 법과대학 조교(유급조교)
1983. 12. 8. ~ 1986. 12. 19. 경찰대학 전임강사
1986. 12. 20. ~ 1988. 8. 31. 경찰대학 조교수
1988. 9. 1. ~ 1992. 8. 31. 이화여자대학교 법정대학 법학과 조교수
1992. 9. 1. ~ 1997. 8. 31. 이화여자대학교 법정대학(또는 법과대학) 법학과 부교수
1997. 9. 1. ~ 2021. 8. 31. 이화여자대학교 법과대학 법학과 및 법학전문대학원 교수

(2) 이화여자대학교 교내 주요 보직 등

1989. 9. ~ 2012. 7. 이화여자대학교 법정대학·법과대학 고시반 지도교수
1994. 3. 1. ~ 1996. 1. 31. 이화여자대학교 법정대학 법학과장
1998. 2. 1. ~ 2000. 1. 31. 이화여자대학교 기획처 차장(기획 담당)
2004. 8. 1. ~ 2005. 4. 6. 이화여자대학교 학생처장
2005. 4. 7. ~ 2006. 7. 31. 이화여자대학교 교무처장
2010. 8. 1. ~ 2012. 7. 31. 이화여자대학교 법학전문대학원장·법과대학장
2014. 3. ~ 2014. 4. 이화여자대학교 제15대 총장 추천위원회 위원장
2016. 8. 1. ~ 2017. 6. 11. 이화여자대학교 학사부총장
2016. 8. 1. ~ 2016. 10. 31. 이화여자대학교 교육혁신단장
2016. 10. 22. ~ 2017. 5. 25. 이화여자대학교 총장직무대행

(3) 주요 대외활동

1993. 4. 5급 승진시험 객관식 문제 출제위원(총무처)
1993. 국회사무처 행정직 5급 일반승진시험 제2차 시험위원(민법총칙)(국회사무처)
1994. 2. 외무고등고시 제2차 시험위원(민법)(총무처)
1994. 4. 사법시험 제2차 시험용 문제은행 문제 출제(총무처)

1994.	국회사무처 5급 행정직 일반승진시험 제2차 시험위원(민법총칙)(국회사무처)
1994. 6.	입법고등고시 제2차 시험위원(민법)(국회사무처)
1996.	국회사무처 행정직 5급 일반승진시험 제2차 시험위원(민법총칙)(국회사무처)
1997.	국회사무처 행정직 5급 일반승진시험 제2차 시험위원(민법총칙)(국회사무처)
1997.	행정고등고시 제2차 시험위원(민법)(총무처)
2000. 5.	입법고등고시 제2차 시험위원(민법)(국회사무처)
2002. 2.	사법시험 제2차 시험위원(민법)(법무부)
2007. 2.	사법시험 제2차 시험위원(민법)(법무부)
2007. 12. ~ 2012. 1.	법무부 법무자문위원회 위원
2008. 7. ~ 2009. 2.	법무부 '민법 알기 쉬운 민법 만들기 특별분과위원회' 위원
2009. 2. ~ 2014. 2.	법무부 민법개정위원회 위원 겸 분과위원장
2013. 1. ~ 2014. 12.	한국법학교수회 부회장
2013. 6. ~ 2013. 12.	법제처 '민법 알기 쉽게 새로 쓰기 자문위원회' 위원장
2013. 12. ~ 2015. 2.	법제처 산하에 설치된 법령해석심의위원회에서 의뢰한 법령해석에 대하여 민법전문가로서 자문의견을 제시함
2014. 3.	한국연구재단 평가위원
2014. 7.	법학전문대학원협의회 주관 변호사시험 모의시험 출제 총괄위원장
2014. 8. ~ 2014. 9.	법무부 민법 제651조 개정위원회 위원장
2016. 6. ~ 2021. 8.	법제처 법제자문관
2018. 11, 2019. 4.	한국연구재단 평가위원

4. 학회 활동

1983. 1. ~ 2021. 10.(현재)	한국민사법학회 회원
1985. 1. ~ 2021. 10.(현재)	민사판례연구회 회원
1996. 3. ~ 2021. 10.(현재)	비교법실무연구회 회원
1999. 1. ~ 2000. 12.	한국민사법학회 상임이사
2001. 1. ~ 2004. 12.	한국민사법학회 이사
2005. 1. ~ 2015. 12.	한국민사법학회 부회장

2005. 1. ~ 2006. 12. 한국부동산법학회 감사
2006. 1. ~ 2007. 12. 인터넷법학회 상임이사
2010. 1. ~ 2010. 12. 민사법학(한국민사법학회 학회지) 편집위원장
2011. 1. ~ 2020. 8. 민사판례연구회 감사
2016. 1. ~ 2016. 12. 한국민사법학회 수석부회장
2017. 1. ~ 2017. 12. 한국민사법학회 회장
2018. 4. ~ 2021. 10.(현재) 한국민사법학회 고문

5. 특별지원 수혜 및 상훈

(1) 특별지원 수혜

2003. 3. ~ 2004. 2. Fulbright Senior Research Award(Fulbright Scholar Program)
2016. 3. ~ 2019. 2. 이화펠로우(이화여자대학교)

(2) 상훈(賞勳)

2000. 3. 이화여자대학교 강의우수교수(이화여자대학교 교무처)
2002. 9. 이화여자대학교 강의우수교수(이화여자대학교 교무처)
2011. 8. 이화여자대학교 법학전문대학원 강의우수교수
2014. 2. 이화여자대학교 법학전문대학원 연구실적우수교수
2014. 6. 홍조근정훈장 [주요업적: 민법 연구, 민법 개정, 국민의 법 이해 증진에 공헌]
2020. 3. 이화여자대학교 연구실적우수교수(이화여자대학교 교무처)

Ⅱ. 연구업적 목록

1. 저서

1985. 12. 객관식 고시 민법총칙(고시원, 1985)
1985. 12. 공인중개사 민법·민사특별법(고시원, 1985)
1991. 11. 착오론-법률행위에서의 착오를 중심으로-(고시원, 1991)
1992. 11. 민법주해 제2권 총칙(2)(박영사, 1992)(4인 분담집필)
1995. 11. 민법주해 제9권 채권(2)(박영사, 1995)(9인 분담집필)
1995. 11. 민법주해 제8권 채권(1)(박영사, 1995)(4인 분담집필)

1997. 12.	민법주해 제13권 채권(6)(박영사, 1997)(4인 분담집필)
1998. 12.	법학입문(법문사, 1998)(12인 분담집필)
2000. 12.	주석민법[채권각칙(7)](한국사법행정학회, 2000)(8인 분담집필)
2002. 5.	민법개정안의견서(삼지원, 2002)(30인 공저)
2003. 3.	민법사례연습(박영사, 2003)
2003. 3.	법학입문(제2판, 법문사, 2003)(12인 분담집필)
2004. 5.	민법강의(상)(박영사, 2004)
2006. 3.	법학입문(제3판, 법문사, 2006)(12인 분담집필)
2007. 4.	민법강의(하)(박영사, 2007)
2007. 6.	채권의 목적 연구(세창출판사, 2007)
2007. 7.	불법원인급여에 관한 이론 및 판례 연구(세창출판사, 2007)
2007. 8.	법관의 직무상 잘못에 대한 법적 책임 연구-이론과 판례-(세창출판사, 2007)
2008. 3.	신민법강의(박영사, 2008)
2008. 5.	신민법사례연습(박영사, 2008)
2009. 1.	신민법입문(박영사, 2009)
2009. 2.	신민법강의(제2판, 박영사, 2009)
2009. 4.	로스쿨 강의교재 물권법(피데스, 2009)(15인 분담집필)
2010. 1.	신민법강의(제3판, 박영사, 2010)
2010. 1.	신민법사례연습(제2판, 박영사, 2010)
2010. 2.	신민법입문(제2판, 박영사, 2010)
2011. 1.	민법총칙(박영사, 2011)
2011. 2.	신민법강의(제4판, 박영사, 2011)
2011. 9.	법학입문(제4판, 법문사, 2011)(11인 분담집필)
2012. 1.	물권법(박영사, 2011)
2012. 1.	신민법강의(제5판, 박영사, 2012)
2012. 1.	신민법입문(제3판, 박영사, 2012)
2013. 1.	신민법강의(제6판, 박영사, 2013)
2013. 1.	민법총칙(제2판, 박영사, 2013)
2013. 1.	신민법입문(제4판, 박영사, 2013)
2013. 2.	채권법총론(박영사, 2013)

2013. 7. 신민법사례연습(제3판, 박영사, 2013)
2014. 1. 신민법입문(제5판, 박영사, 2014)
2014. 1. 신민법강의(제7판, 박영사, 2014)
2014. 1. 채권법각론(박영사, 2014)
2014. 5. 물권법(제2판, 박영사, 2014)
2014. 9. 법학입문(제5판, 법문사, 2014)(11인 분담집필)
2015. 1. 친족상속법(박영사, 2015)
2015. 1. 채권법총론(제2판, 박영사, 2015)
2015. 1. 신민법강의(제8판, 박영사, 2015)
2015. 1. 신민법입문(제6판, 박영사, 2015)
2015. 6. 민법총칙(제3판, 박영사, 2015)
2016. 1. 시민생활과 법: 민사 생활법률 강의(이화여자대학교 출판부, 2016)(6인 분담집필)
2016. 1. 채권법각론(제2판, 박영사, 2016)
2016. 1. 신민법강의(제9판, 박영사, 2016)
2016. 1. 신민법입문(제7판, 박영사, 2016)
2016. 4. 민법 핵심판례200선(박영사, 2016)(2인 공저)
2016. 6. 친족상속법(제2판, 박영사, 2016)
2016. 8. 채권법총론(제3판, 박영사, 2016)
2017. 1. 신민법강의(제10판, 박영사, 2017)
2017. 1. 물권법(제3판, 박영사, 2017)
2017. 1. 신민법사례연습(제4판, 박영사, 2017)
2017. 1. 신민법입문(제8판, 박영사, 2017)
2017. 8. 친족상속법(제3판, 박영사, 2017)
2017. 8. 채권법각론(제3판, 박영사, 2017)
2018. 1. 신민법입문(제9판, 박영사, 2018)
2018. 1. 민법총칙(제4판, 박영사, 2018)
2018. 1. 신민법강의(제11판, 박영사, 2018)
2018. 1. 채권법총론(제4판, 박영사, 2018)
2018. 3. 기본민법(박영사, 2018)

2018. 4. 2018년 민법일부개정법률[알기 쉬운 민법]안에 관한 민법학자 의견서 (유원북스, 2018)(15인 공저)
2018. 9. 친족상속법(제4판, 박영사, 2018)
2018. 11. 민법전의 용어와 문장구조(박영사, 2018)
2019. 1. 신민법강의(제12판, 박영사, 2019)
2019. 1. 신민법입문(제10판, 박영사, 2019)
2019. 1. 채권법각론(제4판, 박영사, 2019)
2019. 1. 물권법(제4판, 박영사, 2019)
2019. 2. 민법 핵심판례210선(박영사, 2019)(2인 공저)
2019. 6. 기본민법(제2판, 박영사, 2019)
2019. 8. 시민생활과 법: 민사 생활법률 강의(제2판, 이화여자대학교 출판문화원, 2019) (6인 분담집필)
2019. 8. 신민법사례연습(제5판, 박영사, 2019)
2020. 1. 신민법강의(제13판, 박영사, 2020)
2020. 1. 민법총칙(제5판, 박영사, 2020)
2020. 1. 채권법총론(제5판, 박영사, 2020)
2020. 1. 신민법입문(제11판, 박영사, 2020)
2020. 1. 법학입문(제6판, 법문사, 2020)(11인 분담집필)
2020. 5. 친족상속법(제5판, 박영사, 2020)
2021. 1. 민법 핵심판례220선(박영사, 2021)(2인 공저)
2021. 1. 신민법강의(제14판, 박영사, 2021)
2021. 1. 신민법입문(제12판, 박영사, 2021)
2021. 1. 기본민법(제3판, 박영사, 2021)
2021. 1. 채권법각론(제5판, 박영사, 2021)
2021. 1. 물권법(제5판, 박영사, 2021)
2021. 6. 민법총칙(제6판, 박영사, 2021)
2021. 6. 채권법총론(제6판, 박영사, 2021)

2. 학위논문

(1) 석사학위 논문

"생명침해로 인한 손해배상에 관한 연구"(1982. 2, 법학석사. 전공: 민법)

(2) 박사학위 논문

"민법상의 착오에 관한 연구"(1989. 8, 법학박사. 전공: 민법)

3. 전문학술지 논문

1985. 1. "이행불능에 있어서 이른바 대상청구권," 「논문집」(경찰대학, 1985), 제4권

1985. 12. "제3자 보호효력 있는 계약," 후암 곽윤직 교수 화갑기념 「민법학논총」(박영사, 1985)

1986. 1. "착오규율에 관한 사적 고찰," 「논문집」(경찰대학, 1986), 제5권

1987. 1. "법률행위의 해석," 「논문집」(경찰대학, 1987), 제6권

1988. 1. "합의와 불합의," 「논문집」(경찰대학, 1988), 제7권

1988. 12. "착오와 계약상의 담보책임과의 관계," 「사회과학논집」(이화여대 법정대, 1988), 제8권

1989. 4. "매매목적 토지의 면적의 착오," 「민사판례연구」(박영사, 1989) 제11권

1989. 12. "계약당사자 쌍방의 공통하는 동기의 착오," 「사회과학논집」(이화여대 법정대, 1989), 제9권

1990. 4. "불법행위의 경우의 손해배상에 관한 합의의 해석," 「민사판례연구」(박영사, 1990), 제12권

1990. 10. "착오자의 손해배상책임," 성헌 황적인 박사 화갑기념 「손해배상법의 제문제」(박영사, 1990)

1990. 12. "사기·강박에 의한 의사표시," 「사회과학논집」(이화여대 법정대, 1990), 제10권

1991. 12. "사적 자치에 관하여," 「사회과학논집」(이화여대 법정대, 1991), 제11권

1992. 4. "타인의 명의를 빌려 체결한 토지분양계약의 효력," 「민사판례연구」(박영사, 1992), 제14권

1992. 12. "'채권의 목적'의 의의와 내용," 「사회과학논집」(이화여대 법정대, 1992), 제12권

1993. 7. "착오론의 체계와 법률효과의 착오," 「민사법학」(한국사법행정학회, 1993), 제9·10권

1993. 8. "이자채권(상),"「사법행정」(한국사법행정학회, 1993), 제392호

1993. 9. "이자채권(하),"「사법행정」(한국사법행정학회, 1993), 제393호

1993. 10. "'채권의 목적의 요건," 금랑 김철수 교수 화갑기념「현대법의 이론과 실제」(박영사, 1993)

1993. 12. "제3자를 위한 계약,"「사회과학논집」(이화여대 법정대, 1993), 제13권

1994. 4 "타인의 명의를 사용하여 행한 법률행위,"「사법연구」(청림출판, 1994), 제2권

1994. 5. "대상청구권,"「민사판례연구」(박영사, 1994), 제16권

1994. 12. "자연채무,"「사회과학논집」(이화여대 법정대, 1994), 제14권

1995. 12. "불법원인급여," 후암 곽윤직 선생 고희 기념「민법학논총 · 제2」(박영사, 1995)

1996. 5. "민법 제746조의 적용에 있어서 불법성의 비교,"「민사판례연구」(박영사, 1996), 제18권

1996. 5. "제3자를 위한 계약의 보완적 연구,"「법학논집」(이화여대 법학연구소, 1996), 제1권 제1호

1996. 11. "악의의 무단점유와 취득시효,"「인권과 정의」(대한변호사협회, 1996), 제243호

1997. 4. "호의관계의 법률문제,"「민사법학」(한국사법행정학회, 1997), 제15권

1997. 5. "자주점유,"「법학논집」(이화여대 법학연구소, 1997), 제2권 제1호

1997. 6. "취득시효와 대상청구권,"「저스티스」(한국법학원, 1997), 제30권 제2호

1997. 9. "악의의 무단점유와 취득시효,"「판례실무연구」(박영사, 1997), 제1권

1997. 9. "대상청구권의 인정범위와 내용,"「판례실무연구」(박영사, 1997), 제1권

1998. 2. "금융실명제 하에 있어서 예금계약의 당사자 내지 예금채권자의 결정,"「법학논집」(이화여대 법학연구소, 1998), 제2권 제2호

1998. 6. "부동산 점유 취득시효의 요건으로서의 자주점유와 악의의 무단점유,"「민사법학」(한국사법행정학회, 1998), 제16권

1998. 9. "착오론의 역사적 발전," 이호정 교수 화갑기념 논문집「법률행위론의 사적 전개와 과정」(박영사, 1998)

1998. 11. "이른바 계약명의신탁의 효력과 구상권의 제한,"「판례실무연구」(박영사, 1998), 제2권

1999. 6. "타인 명의의 예금계약에 있어서 계약 당사자 결정,"「법학논집」(이화여대 법학연구소, 1999), 제3권 제1 · 2호

1999. 7. "교환 목적 토지의 소유권 귀속에 관한 공통의 착오와 경계의 착오,"「민사판례연구」(박영사, 1999), 제21권

1999. 10. "독일법에 있어서 법관의 직무행위와 국가배상책임," 「법학논집」(이화여대 법학연구소, 1999), 제4권 제3호

1999. 11. "착오에 관한 우리의 학설, 판례-발전경과 및 현황-," 무암 이영준 박사 회갑 기념 논문집 「한국민법이론의 발전」(박영사, 1999)

2000. 2. "차용명의 사용계약과 구상관계," 「법학논집」(이화여대 법학연구소, 2000), 제4권 제4호

2000. 5. "호의동승," 「민사법학」(한국사법행정학회, 2000), 제18권

2001. 3. "법관의 재판상 잘못과 국가배상책임-독일법과의 비교, 검토-," 「민사법학」(한국사법행정학회, 2001), 제19권

2001. 6. "법률행위의 해석과 표의자의 효과의사," 「법학논집」(이화여대 법학연구소, 2001), 제6권 제1호

2001. 12. "독일법에 있어서 법관의 직무행위와 국가배상책임," 「판례실무연구」(박영사, 2001), 제5권

2001. 12. "경매담당법관의 배당표 작성상 잘못과 국가배상책임," 「법학논집」(이화여대 법학연구소, 2001), 제6권 제2호

2002. 1. "사기도박과 불법원인급여," 일헌 최병욱 교수 정년기념 「현대민사법 연구」(법문사, 2002)

2002. 1. "연대채무 및 보증채무에 있어서 면책행위자가 통지를 하지 않은 경우의 효과," 심당 송상현 선생 화갑기념 논문집 「21세기 한국민사법학의 과제와 전망」(박영사, 2002)

2002. 1. "수탁보증인이 사전통지 없이 이중의 면책행위를 한 경우의 구상관계," 「민사판례연구」(박영사, 2002), 제24권

2002. 5. "바람직한 민법개정방법과 법무부 민법개정시안," 「민법개정안의견서」(삼지원, 2002)

2003. 3. "악의의 무단점유에 관한 대법원 판례의 문제점," 「민사법학」(박영사, 2003), 제23권

2005. 2. "채권양도가 해제된 경우에 있어서 채무자의 보호," 「민사판례연구」(박영사, 2005), 제27권

2006. 3. "동시이행의 항변권에 관한 고찰," 「법학논집」(이화여대 법학연구소, 2006), 제10권 제2호

2006. 9. "보통거래약관의 법률문제," 「법학논집」(이화여대 법학연구소, 2006), 제11권 제1호

2008. 12. "부동산 점유 취득시효 제도 개정론," 「민사법학」(한국사법행정학회, 2008), 제43권 제2호

2008. 12. "민법개정에 대한 민법개정안연구회의 의견," 「민사법학」(한국사법행정학회, 2008), 제43권 제1호

2009. 2. "계약당사자 확정이론과 대리행위," 「민사판례연구」(박영사, 2009), 제31권

2009. 9. "시효 및 제척기간 관련 개정논의 예상 주요논점과 입법례"(6인 공저이며, 송덕수가 대표저자임), 「민사법학」(한국사법행정학회, 2009), 제46권

2009. 11. "공통의 동기의 착오에 관한 판례 연구-대법원 2006. 11. 23. 선고 2005다13288 판결-," 「법조」(법조협회, 2009), 제58권 제11호

2010. 3. "시효제도의 개정방향," 「민사법학」(한국사법행정학회, 2010), 제48권

2010. 5. "사기에 의한 의사표시와 착오의 관계-대법원 2005. 5. 27. 선고 2004다43824 판결-," 「법조」(법조협회, 2010), 제59권 제5호

2011. 6. "시효에 관한 2011년 민법개정안 연구," 「법학논집」(이화여대 법학연구소, 2011), 제15권 제4호

2011. 9. "대상청구권에 관한 입법론," 「법조」(법조협회, 2011), 제60권 제9호

2012. 6. "민법 제389조의 개정론," 고상룡 교수 고희기념 논문집 「한국민법의 새로운 전개(법문사, 2012)

2012. 9. "계약의 해제·해지와 사정변경의 원칙에 관한 2012년 민법개정안의 성안경과와 내용," 「법학논집」(이화여대 법학연구소, 2012), 제17권 제1호

2012. 9. "채무불이행에 관한 민법개정시안," 「민사법학」(한국사법행정학회, 2012), 제60권

2013. 3. "채권양도가 해제 또는 합의해제된 경우의 민법 제452조의 유추적용-대상판결: 대법원 2012. 11. 29. 선고 2011다17953 판결-," 「법학논집」(이화여대 법학연구소, 2013), 제17권 제3호

2013. 12. "채무불이행의 요건-최근의 민법 개정작업을 중심으로-," 「민사법학」(한국사법행정학회, 2013), 제65권

2014. 6. "지명채권 양도에 대한 채무자의 승낙 등-대상판결: 대법원 2011. 6. 30. 선고 2011다8614 판결-," 「법학논집」(이화여대 법학연구소, 2014), 제18권 제4호

2014. 9. “명의신탁된 부동산을 명의수탁자가 처분한 경우의 법률관계-명의신탁의 유형에 관한 논의를 포함하여-,” 「법학논집」(이화여대 법학연구소, 2014), 제19권 제1호

2015. 6. “법학 50년＜민법학＞,” 「법학논집」(이화여대 법학연구소, 2015), 제19권 제4호

2015. 9. “이른바 질권설정계약의 합의해지와 제3채무자 보호-대상판결: 대법원 2014. 4. 10. 선고 2013다76192 판결-,” 「법학논집」(이화여대 법학연구소, 2015), 제20권 제1호(=2016. 2. “이른바 질권설정계약의 합의해지와 제3채무자 보호,” 「민사판례연구」(박영사, 2016), 제38권)

2016. 3. “대상청구권의 몇 가지 중요 문제에 관한 개별적인 검토-특히 보험금과 초과수익을 중심으로-,” 「법학논총」(전남대 법학연구소, 2016), 제36권 제1호

2017. 6. “강행법규 위반과 착오-대상판결: 대법원 2009. 4. 23. 선고 2008다96291, 96307 판결-,” 「법학논집」(이화여대 법학연구소, 2017), 제21권 제4호

2017. 12. “재단법인의 기본재산인 토지에 지상권을 설정하는 경우에 주무관청의 허가를 받아야 하는지 여부-대상판결: 대법원 2014. 7. 14. 선고 2012다81930 판결-,” 「법학논집」(이화여대 법학연구소, 2017), 제22권 제2호

2018. 6. “근저당권 설정비용 등의 부담자-대상판결: 대법원 2014. 6. 12. 선고 2013다214864 판결-,” 「법학논집」(이화여대 법학연구소, 2018), 제22권 제4호

2018. 9. “사정변경의 원칙에 관한 현안의 정리 및 검토,” 「법학논집」(이화여대 법학연구소, 2018), 제23권 제1호

2018. 12. “사정변경의 원칙＜대한민국에서의 모습＞,” 「민사법학」(한국사법행정학회, 2018), 제85권

2018. 12. “사회변화와 민법 개정-그 방법과 방향＜계약편(채권 총칙 포함)＞,” 「민사법학」(한국사법행정학회, 2018), 제85권

2019. 9. “우리 민법과 사적 자치,” 「민사법학」(한국사법행정학회, 2019), 제88권

2020. 6. “점유권 양도의 허구성과 민법 제196조의 개정제안,” 「민사법학」(한국사법행정학회, 2020), 제91권

2020. 9. “이른바 과거사 사건에 관한 현재의 법 상태,” 「법학논집」(이화여대 법학연구소, 2020), 제25권 제1호

4. 기타 논문

1989. 7. "종류채권(상)," 「고시연구」, 제16권 제7호, 110면-124면

1989. 8. "종류채권(하)," 「고시연구」, 제16권 제8호, 69면-85면

1989. 9. "채권매도인의 담보책임," 「고시연구」, 제16권 제9호, 113면-127면

1989. 11. "법률행위가 취소된 경우의 제3자보호," 「고시연구」, 제16권 제11호, 14면-26면

1990. 1. "불합의," 「고시연구」, 제17권 제1호, 71면-84면

1990. 3. "손해배상에 관한 합의의 효력," 「고시연구」, 제17권 제3호, 97면-110면

1990. 5. "진의 아닌 의사표시," 「고시연구」, 제17권 제5호, 125면-141면

1990. 7. "대리행위와 민법 제107조," 「고시연구」, 제17권 제7호, 111면-124면

1991. 1. "1990년 분야별 중요판례 정리<중요 민법판례의 요지 및 논평>," 「고시연구」, 제18권 제1호, 23면-36면

1991. 3. "허위표시의 요건과 효과," 「고시계」, 통권 제409호, 60면-75면

1991. 9. "법률행위의 의의," 「고시연구」, 제18권 제9호, 144면-154면

1991. 11. "의사표시의 일반이론(1)," 「고시연구」, 제18권 제11호, 115면-131면

1991. 12. "의사표시의 일반이론(2)," 「고시연구」, 제18권 제12호, 109면-130면

1992. 6. "화해기초에 관한 공통의 착오," 법률신문, 제2134호(1992. 6. 29.자), 15면(및 11면)

1993. 1. "명의신탁," 「고시연구」, 제20권 제1호, 107면-126면

1993. 1. "책임능력 있는 미성년자의 감독의무자 책임," 법률신문, 제2187호(1993. 1. 25.자), 15면

1993. 3. "책임능력 있는 미성년자의 감독의무자 책임," 「고시연구」, 제20권 제3호, 100면-114면

1993. 4. "특정물채권," 「고시계」, 통권 제434호, 30면-46면

1993. 7. "부정행위에 대한 고소와 강박에 의한 의사표시," 법률신문, 제2232호(1993. 7. 12.자), 15면(및 14면)

1993. 7. "채권의 목적과 재산적 가치," 「고시연구」, 제20권 제7호, 58면-68면

1994. 3. "민법 제539조에 관한 몇 가지 문제," 「고시연구」, 제21권 제3호, 57면-71면

1994. 7. "채권의 효력 서설," 「고시연구」, 제21권 제7호, 143면-151면

1994. 8. "동산 물권변동," 「고시연구」, 제21권 제8호, 108면-121면

1994. 9. "채무와 책임,"「월간고시」, 제21권 제9호(통권 제248호), 59면-68면

1994. 10. "제3자의 채권침해와 불법행위,"「고시계」, 통권 제452호, 189면-200면

1995. 3. "계약의 성립,"「고시연구」, 제22권 제3호, 85면-96면

1995. 3. "명의신탁의 해지,"「고시계」, 통권 제457호, 165면-175면

1995. 6. "동시이행의 항변권 등,"「고시연구」, 제22권 제6호, 146면-156면

1995. 7. "위험부담, 대상청구권, 불법행위,"「고시연구」, 제22권 제7호, 178면-189면

1995. 9. "명의신탁, 반사회질서 행위, 불법원인급여,"「고시연구」, 제22권 제9호, 120면-132면

1995. 9. "민법 제746조에 관한 약간의 고찰,"「고시계」, 통권 제463호, 127면-138면

1996. 7. "타인의 이름을 임의로 사용하여 체결한 계약의 당사자 결정," 법률신문, 제2151호(1996. 7. 22.자), 14면-15면

1996. 10. "착오로 인한 불이익 소멸시 취소권 인정 여부," 법률신문, 제2545호(1996. 10. 28.자), 14면-15면

1996. 11. "취득시효에 있어서 자주점유의 판단과 입증,"「고시연구」, 제23권 제11호, 89면-101면

1997. 4. "제3자를 위한 계약 등,"「고시연구」, 제24권 제4호, 164면-175면

1997. 6. "타인 토지의 매매,"「고시계」, 통권 제484호, 152면-165면

1997. 10. "매매목적 토지의 지번에 관한 당사자 쌍방의 공통하는 착오,"「고시계」, 통권 제488호, 15면-27면

1997. 11. "법률행위의 해석, 특히 그릇된 표시의 해석,"「고시계」, 통권 제489호, 129면-142면

1997. 11. "점유 취득시효의 요건으로서의 자주점유,"「고시연구」, 제24권 제11호, 72면-85면

1998. 2. "악의의 무단점유자의 법률관계,"「법정고시」, 제4권 제2호(통권 제29호), 87면-103면

1998. 3. "재단법인 출연재산의 귀속시기,"「고시계」, 통권 제493호, 152면-162면

1998. 5. "타인 명의를 사용하여 행한 법률행위,"「고시계」, 통권 제495호, 70면-78면

2001. 11. "법률상 책임이 감경된 공동불법행위자에 대한 구상관계 시론,"「고시계」, 통권 제537호, 33면-44면

2003. 1. "연대채무에서의 구상관계, 대물변제,"「고시연구」, 제30권 제1호, 183면-196면

2003. 1. "의사실현에 의한 계약성립 여부,"「고시계」, 통권 제551호, 155면-164면

2003. 2. "물권행위의 무인성 인정 여부와 제3자 보호,"「고시계」, 통권 제552호, 100면-111면

2003. 3. "선택채권,"「고시계」, 통권 제553호, 145면-156면

2003. 3. "저당권의 실행에 의한 법정지상권,"「고시연구」, 제30권 제3호, 83면-93면

2006. 12. "변제에 의한 대위,"「고시계」, 통권 제598호, 28면-36면

2006. 12. "손해배상의 범위,"「고시연구」, 제33권 제12호, 14면-25면

2007. 2. "매도인의 하자담보책임,"「고시계」, 통권 제600호, 77면-83면

2013. 6. "물권적 청구권,"「고시계」, 통권 제676호, 66면-74면

2014. 1. "공작물책임과 실화의 경우의 배상액 경감청구,"「고시계」, 통권 제683호, 113면-127면

5. 주요 연구보고서

2004. 6. 「미국 로스쿨의 교과과정 연구」(이화여자대학교)

2009. 9. 「취득시효제도-그 입법론적 연구-」(법무부)

2011. 4. 「대상청구권에 관한 입법적 연구」(법무부)

2016. 10. 「정년보장 교원 임용추천제도 개편에 관한 연구」(5인의 연구원 중 책임연구원)(이화여자대학교)

2016. 11. 「알기 쉬운 법령 만들기 10년의 성과평가 및 발전방안에 대한 연구」(5인의 연구원 중 책임연구원)(법제처)

2019. 8. 「민법 제166조 및 제766조에 대한 헌법재판소 일부위헌 결정 관련 입법적 검토」(법무부)

목 차

제1부
송덕수 교수의 주요논문들에 대한 의미분석 논문

제2부 송덕수 교수의 정년퇴임을 기념하는 일반논문

제 1 부

송덕수 교수의 주요논문들에 대한 의미분석 논문

이행불능과 대상청구권*

안경희** · 박기영***

Ⅰ. 서 설

이 논문은 여암 송덕수 교수님께서 1985년도에 재직하고 계셨던 경찰대학에서 발간된 『경대 논문집』 제4집 197면 이하에 수록된 논문 “이행불능에 있어서 이른바 대상청구권 -독일민법과의 비교 · 검토-”(이하 ‘대상논문’)[1]에 대한 의미를 분석하는 Review논문이다. 본고에서는 대상논문의 주요내용과 특별한 내용(Ⅱ), 논문의 주제에 관한 당시의 국내 학설 · 판례의 모습(Ⅲ), 발표 당시 및 현재에 있어서 대상논문의 의미(Ⅳ), 향후의 연구방향 및 내용(Ⅴ)의 순서로 대상논문을 분석하게 될 것이다.

대상논문은 독일민법상 대상청구권에 대하여 상론하고 이어서 대상청구권에 관한 명문규정을 두고 있지 않은 우리 민법에서도 이러한 권리를 인정할 수 있는지에 대하여 검토하고 있다. 주지하는 바와 같이 독일 민법전(Das Bürgerliche Gesetzbuch: BGB)은 1896년에 제정[2]되었고, 2001년 11월 26일 「채무법의 현대화에 관한 법률(Gesetz zur Modernisierung des Schuldrechts)」[3]에 의하여 채무법이 대폭 개정되었다. 그런데 대상논문은 1985년에 공간되었으므로 개정전 독일민법 (구)제281조[4]와 (구)제323조 제2항을 중심으로 대상청구권을 상론하고 있다. 대상논문에 대한 Review를 하려면 논리필연적으로 현재의 독일민법 규정이 아니라 이 규정들에서부터 시작해야 하는데, 대상논문 201면에 수록되어 있는 이들 규정의 번역문은 다음과 같다.

---

* 이 글은 「법학논집」 제25권 제4호(이화여자대학교 법학연구소, 2021)(송덕수 교수 정년기념 특집호)에 게재된 논문을 보완한 것이다.

** 국민대학교 법과대학 교수.

*** 국민대학교 법과대학 시간강사.

1) 송덕수, “이행불능에 있어서 이른바 대상청구권 -독일민법과의 비교 · 검토-”, 『경대 논문집』(경찰대학, 1985), 제4집, 197면 이하.

2) RGBl., 1896 S. 195.

3) BGBl., I, 2001 S. 3138.

4) 본고에서 법명의 언급 없이 기술된 법률규정은 독일민법 규정이다.

(구)제281조(불능에 있어서 배상의 인도) ① 채무자가 급부를 불능하게 하는 사정의 결과로 채무의 목적물에 관하여 배상 또는 배상청구권을 취득하는 때에는, 채권자는 배상으로서 수령한 것의 인도 또는 배상청구권의 양도를 청구할 수 있다.
② 채권자가 불이행을 이유로 한 손해배상청구권을 가지는 경우에, 그가 제1항에 규정된 권리를 행사하는 때에는, 채권자에게 급부하여야 하는 배상액은 취득한 배상 또는 배상청구권의 가치만큼 줄어든다.

(구)제323조 ② 상대방이 제281조에 의하여 채무의 목적물에 관하여 취득한 배상의 인도 또는 배상청구권의 양도를 청구하는 때에는, 그 상대방은 반대급부의 의무가 있다. 그러나 반대급부는 배상 또는 배상청구권의 가치가 부담한 급부보다 적은 한도에서 제472조·제473조에 의하여 줄어든다.

이 규정들이 2002년에 제285조[5]와 제326조 제3항[6]으로 개정되었는데, 이 때 (구)제281조에서 '급부를 불능하게 하는 사정의 결과로'라는 문구가 제285조에서는 '제275조[7] 제1항 내지 제3항에 따라 급부를 이행할 필요가 없는 사정의 결과로'라는 문구로, 제326조 제3항은 -규정내용은 (구)제323조 제2항과 동일하고- 조문번호만 제326조 제3항으로 각각 변경되었다.

Ⅱ. 대상논문의 주요내용과 특별한 내용

대상논문은 그 제목에 상응하게 크게 2부분으로 구성되어 있다. 첫 번째 부분(Ⅱ)에서는 독

5) 제285조(대상의 인도) ① 채무자가 제275조 제1항 내지 제3항에 따라 그가 급부를 이행할 필요가 없는 사정의 결과로 급부 목적물에 관하여 대상 또는 대상청구권을 취득한 경우에, 채권자는 대상으로 취득한 것의 인도 또는 대상청구권의 양도를 청구할 수 있다.
② 채권자가 급부에 갈음하는 손해배상을 청구할 수 있는 경우에, 그가 제1항에 규정된 권리를 행사하는 때에는, 채권자에게 급부하여야 하는 배상액은 취득한 배상 또는 배상청구권의 가치만큼 줄어든다.

6) 제326조(급부의무가 배제되는 경우 반대급부로부터의 해방 및 해제) ③ 채권자가 제285조에 의하여 채무의 목적물에 관하여 취득한 대상의 인도 또는 대상청구권의 양도를 청구한 경우에는, 그는 여전히 반대급부의무를 부담한다. 그러나 대상이나 대상청구권의 가액이 반대급부의 가액에 미치지 못하는 경우에는, 반대급부는 제441조에서 정한 바에 따라 감액된다.

7) 제275조(급부의무의 배제) ① 급부가 채무자 또는 모든 사람에게 불능인 경우에는 그 급부에 대한 청구권은 배제된다.
② 급부가 채권관계의 내용과 신의성실의 요청에 비추어 채권자의 급부이익에 대하여 현저한 불균형을 이루는 비용지출을 요구하는 경우에는 채무자는 급부를 거절할 수 있다. 채무자에게 기대될 수 있는 노력을 정함에 있어서는 채무자가 그 급부장애에 대하여 책임 있는지 여부도 고려되어야 한다.
③ 채무자가 급부를 스스로 실행하여야 하는 경우에, 그의 급부를 어렵게 하는 장애사유를 채권자의 급부이익에 대하여 형량하면 채무자에게 그 급부를 기대할 수 없는 때에도 그는 급부를 거절할 수 있다.
④ 채권자의 권리는 제280조, 제283조 내지 제285조, 제311조의a 및 제326조에 의하여 정해진다.

일민법상 대상청구권의 주요내용에 대하여 기술되어 있는데, 대상논문이 공간된 1985년까지 이 주제에 대한 독일에서의 논의가 개괄적으로 소개되어 있다. 또 다른 부분(Ⅲ)에서는 독일민법과는 달리 대상청구권에 대한 명문규정이 없는 우리 민법 하에서도 대상청구권이 인정될 수 있는지, 인정된다면 요건 등에서 독일에서의 논의가 우리 민법의 해석에도 거의 그대로 적용될 수 있는지에 대하여 검토되어 있다.

내용면에서 볼 때 대상논문의 주요내용은 (구)제281조에 법정되어 있는 대상청구권에 대한 독일에서의 논의를 소개한 부분이고, 특별한 내용은 독일 문헌을 번역해서 체계적으로 정리하는 단계를 넘어서 우리 법에의 접목을 시도한 부분이라고 할 수 있다. 따라서 이하에서는 이 두 부분으로 나누어서 대상논문을 분석하기로 한다.

1. 대상논문의 주요내용

대상논문 Ⅱ.에서는 '독일민법상의 대상청구권'이라는 제목 하에 (구)제281조의 목적, 대상청구권의 요건, 본질과 범위, 대상청구권과 손해배상청구권의 관계, 쌍무계약에 특유한 문제 등에 대하여 비교적 상세하게 다루고 있다. 1980년대초까지만 하더라도 외국문헌을 구하는 것 자체가 쉽지 않았음에도 불구하고 독일 주석서와 교과서에 기술되어 있는 내용들을 -다수설을 중심으로- 충실하게 소개하고 있는 것으로 보인다. 이하에서는 대상논문 Ⅱ.의 주요 내용에 대하여 요약하고 -필요한 경우에는- 독일민법 제1초안 입법이유서(이하 '입법이유서')의 내용, 2001년 독일민법 개정으로 변경된 사항 및 현재 독일문헌에서 논의되고 있는 바를 간단하게 기술하고자 한다.

(1) (구)제281조의 목적

대상청구권의 기초가 되는 근거규정은 (구)제281조이다. 대상논문에서는 -Erman을 인용하면서(각주 14)- 이 규정이 기초가 되는 경제관계에 의하면 속하지 않아야 마땅할 자에게 흘러들어간 재산적 가치를 그것이 돌아가야 할 자에게 인도하는 것을 목적으로 하고,[8] 특히 채무자에게 귀책사유가 없는 불능의 경우 및 제3자 손해청산(Drittschadensliquidation)의 경우에 중요한 의미가 있다[9]고 소개하고 있다.

입법이유서에 따르면 대상청구권은 '대상의 원칙'을 명문화한 것으로서 -급부의사가 지향했다고 하는 정당한 가정을 기초로- 불능으로 된 급부를 대신하여 채무자가 수령한 것을 채권자에게 인도하거나 배상청구권을 양도하는 것이 '공정'하다는 사고를 근간으로 한다.[10]

---

8) 송덕수, 앞의 논문(주 1), 201면.
9) 송덕수, 앞의 논문(주 1), 202면.
10) Motive, S. 46; Mugdan, S. 25.

주지하는 바와 같이 독일에서는 제3자에 의한 채권침해의 경우에 채권자에게 그 제3자에 대한 -불법행위로 인한- 손해배상청구권을 인정하지 않기 때문에 채권자에게 발생한 손해를 어떻게 해결할 것인지가 문제되는바, 이러한 경우에 대상청구권이 중요한 의미를 가지게 된다. 입법이유서에서도 제3자가 불법행위로 채무자로부터 탈취한 급부 목적물에 관하여 채무자가 그 제3자로부터 손해배상을 받거나 요구하는 때에 대상청구권이 유용한 것으로 보고 있다.[11]

(2) 대상청구권의 요건

1980년대는 물론이고 2021년 현재에도 독일문헌에서 대상청구권의 요건으로 주로 언급되는 것은 채무목적물의 급부 불능, 인과관계 및 동일성이다. 대상논문에서도 독일민법상 대상청구권이 성립하려면 채무의 목적물(물건/권리)의 급부가 불능으로 되어야 하고, 급부를 불능으로 하게 하는 사정의 결과로 채무자가 채무목적물에 관하여 대신하는 이익(배상/배상청구권)을 취득해야 하며(인과관계) 급부가 불능하게 된 목적물과 채무자가 그에 관하여 대신하는 이익을 취득한 목적물 사이에 동일성이 있어야 한다(동일성)고 기술하고 있다.[12]

1) 채무목적물의 급부불능

우리 민법과는 달리 채무를 중심으로 하는 독일민법의 체계에 따르면 대상청구권의 출발점은 당사자들 사이의 약정/법정 채무관계를 전제로 하므로, -입법이유서에 언급되어 있는 바와 같이[13]- (구)제281조를 적용하려면 우선 구체적인 채무관계에서 급부의 목적물(Gegenstand)이 무엇인지 그리고 채무자가 이 목적물에 관하여 배상 또는 배상청구권을 취득했는지를 살펴봐야 한다. 대상논문에서도 이러한 전제 하에 (구)제281조의 의미에서의 채무의 목적물은 물건/권리를 전제로 하고, -Gegenstand라는 용어에는 채무자의 작위 또는 부작위가 포함되지 않기 때문에- 행위(작위/부작위)는 동조의 규율대상이 아니며, 종류채무의 경우에는 특정에 의하여 특정물채무로 변하지 않는 한 동조가 적용되지 않는다고 기술하고 있다.[14] 현행법 하에서도 아직 특정되지 않은 종류물에 대하여는 원칙적으로 제285조가 적용되지 않은 것으로 해석한다.[15]

나아가 종래에는 이러한 목적물의 급부가 '후발적으로' 불능이 된 경우에만 대상청구권이 문제되었고, 입법이유서에서도 대상청구권은 당사자들 사이의 채무관계에서 후발적으로 불능으로 된 급부에서 도출되어야 하는 것으로 기술되어 있다.[16] 이 당시에는 (구)제306조와 (구)제

---

11) Motive, S. 47; Mugdan, S. 26.
12) 송덕수, 앞의 논문(주 1), 202면 이하.
13) Motive, S. 46; Mugdan, S. 25.
14) 송덕수, 앞의 논문(주 1), 204-205면 참조.
15) Erman/Westermann, §285 Rn. 3; Fikentscher/Heinemann, Schuldrecht, Rn. 444; Jauernig/Stadler, §285 Rn. 5; Looschelders, Schuldrecht, Rn. 659; MünchKomm/Emmerlich, §285 Rn. 10; Palandt/Grüneberg, §285 Rn. 5; Soergel/Benicke/Grebe, §285 Rn. 50; Staudinger/Caspers, §285 Rn. 2.
16) Motive, S. 46; Mugdan, S. 25

307조에서 원시적 불능에 대하여 규율[17])했었기 때문에 -대상논문에서도 기술되어 있는 바와 같이[18]) - 이와 별도로 대상청구권 유무를 검토하지는 않았었다. 그런데 개정법에서는 이 규정들이 모두 삭제되어 원시적 불능의 경우에도 계약은 '유효'하다는 입장으로 전환되었고, 제311조의a[19]) 에서는 원시적 불능이 계약의 효력에 영향을 미치지 않는 것으로 법정되어 있다. 따라서 현재의 독일문헌에서는 -후발적 불능의 경우에만 대상청구권을 인정했던 종래의 입장과는 달리- 원시적 불능의 경우에도 제285조를 적용하고 있다.[20])

그런가 하면 채무자의 귀책사유 유무는 대상청구권에 영향을 미치지 아니했다. 다만 -후술하는 바와 같이 전보배상청구권과의 관계에서- 당사자 쌍방의 귀책사유 없이 급부가 불능이 된 경우에는 채권자의 권리는 대상청구권으로 한정되지만, 채무자의 귀책사유로 후발적 불능이 된 경우에는 채권자는 대상청구권과 이행불능으로 인한 전보배상청구권을 모두 행사할 수 있었다.[21]) 이러한 입장은 개정법하에서도 그대로 견지되고 있다.[22])

2) 인과관계

대상논문에서는 급부를 불능으로 하는 사정의 결과로 채무자가 대상청구권을 취득해야 하는데, 여기에서의 인과관계는 상당인과관계이면 충분하고, 전자가 대상취득의 유일한 이유일 필요는 없으므로, 불가항력으로 채무목적물이 멸실하고 채무자가 보험금을 수령한 경우에도 인과관계는 인정된다고 보고 있다.[23])

개정법 하에서도 문헌에서는 일반적으로 급부의 불능을 초래하는 사정(A)과 그로 인해 채무자가 급부의 목적에 갈음하는 이익을 취득한 경우(B) 사이에 인과관계가 있을 것을 요건으로 해석한다.[24]) 다만 A와 B 사이의 인과관계를 종래와 같이 상당인과관계로 보는 견해[25])와 책임제

17) (구)제306조는 불능한 급부를 목적으로 하는 계약을 무효로 법정했고, (구)제307조 제1항에서는 계약체결시에 급부불능을 알고 있었거나 알았어야 하는 채무자에게 신뢰이익의 배상의무를 부과했었다.

18) 송덕수, 앞의 논문(주 1), 205면.

19) 독일민법 제311조의a(계약체결시의 급부장애) ① 채무자가 제275조 제1항 내지 제3항에 따라 급부할 필요가 없고 또 그 급부장애가 계약체결시 이미 존재하고 있었다는 사정은 계약의 유효에 영향을 미치지 아니한다. ② 채권자는 그의 선택에 좇아 급부에 갈음하는 손해배상 또는 제284조에서 정하여진 범위에서 그가 지출한 비용의 상환을 청구할 수 있다. 이는 채무자가 계약체결시에 급부장애를 알지 못했고 또 그 부지에 대하여 책임 없는 경우에는 적용되지 아니한다. 제281조 제1항 제2문, 제3문 및 동조 제5항은 이에 준용된다.

20) Fikentscher/Heinemann, Schuldrecht, Rn. 442; Jauernig/Stadler, § 285 Rn. 6; Looschelders, Schuldrecht, Allgemeiner Teil, Rn. 660; MünchKomm/Emmerich, § 285, Rn. 3; Staudinger/Caspers, § 285 Rn. 28.

21) 송덕수, 앞의 논문(주 1), 206면.

22) Fikentscher/Heinemann, Schuldrecht, Rn. 450; Jauernig/Stadler, § 285 Rn. 6 f.; Looschelders, Schuldrecht, Rn. 665; MünchKomm/Emmerich, § 285, Rn. 3; Staudinger/Caspers, § 285 Rn. 28.

23) 송덕수, 앞의 논문(주 1), 206면.

24) Bamberger/Roth/Grüneberg, § 285 Rn. 8; BeckOK BGB/Lorenz, § 285 Rn. 9; Brox/Walker, Schuldrecht, S. 213; Erman/Westermann, § 285 Rn. 7; Fikentscher/Heinemann, Schuldrecht, Rn. 442; Jauernig/Stadler, § 285 Rn. 8; MünchKomm/Emmerlich, § 285 Rn. 17; Palandt/Grüneberg, § 285 Rn. 7; Staudinger/Caspers, § 285 Rn. 30.

한은 제285조의 규범목적에 부합하지 않으므로 상당성은 필요하지 않다고 보는 견해[26]가 대립하고 있다.

그런가 하면 대상논문에서는 시간적으로 계속되는 사건들 가운데 처음 사건이 급부불능을 일으키고 두 번째 사건이 손해배상청구권을 발생시키는 경우에는 경제적인 고려를 했을 때 그 사건들이 하나의 사건으로 보이는 경우(가령 경매와 그에 기한 강제매각 및 물건의 매각과 그에 기인한 물건에 대한 소유권 양도의 경우)에는 급부불능과 대상 취득 사이의 인과관계를 인정한다고 기술하고 있다.[27] 이처럼 -'물건'[28]이 아니라 '사건(Ereignis)'을 중심으로 하여- 불능을 야기한 사건에 의하여 채무자의 재산으로 귀속된 이익도 대상의 범위에 포섭시킨 것은 Mommsen[29]이었고, 지금도 이러한 견해를 지지하는 학자들이 다수이다.[30]

3) 동일성

마지막으로 급부가 불능하게 된 목적물과 채무자가 그에 관하여 배상 또는 배상청구권을 취득한 목적물 사이에 동일성이 존재할 것이 요건으로 제시되어 있다.[31] 그 결과 가령 계약목적물이 제3자에 의하여 멸실되고 임대인이 그에 대하여 손해배상청구권을 취득하는 경우에 임차인은 (구)제281조에 따른 대상청구권을 가지지 못하고, 가옥의 멸실로 거주권이 소멸하는 경우 -신축된 건물은 멸실된 건물에 대한 배상이 아니기 때문에- 거주권자는 새로이 신축된 가옥에 새로운 거주권을 인정해 줄 것을 청구할 수 없다고 한다.[32]

현재의 독일 문헌에서도 대부분 본래의 급부와 대상 사이의 동일성이 있어야 대상청구권이 인정되는 것으로 보고 있다.[33] 그래서 전술한 임대물적물이 멸실된 사례의 경우에 -종래와 마찬가지로- 임대인의 임차인에 대한 급부는 임차인에게 임대목적물의 점유를 이전시켜서 이를 사용할 수 있도록 하는 것이고, 임대물의 멸실에 따른 보험금은 소유권에 의한 것이어서 동일성

---

25) Brox/Walker, Schuldrecht, S. 213; Erman/Westermann, §285 Rn. 7; Jauernig/Stadler, §285 Rn. 8; Staudinger/Caspers, §285 Rn. 30; Palandt/Grüneberg, §285 Rn. 7.

26) Bamberger/Roth/Grüneberg, §285 Rn. 8; BeckOK BGB/Lorenz, §285 Rn. 9; MünchKomm/Emmerlich, §285 Rn. 18.

27) 송덕수, 앞의 논문(주 1), 207면.

28) Jhering, Abhandlungen, S. 86.

29) Mommsen, Erörterungen, S. 110.

30) Bamberger/Roth/Grüneberg, §285 Rn. 10; BeckOK BGB/Lorenz, §285 Rn. 11; Brox/Walker, Schuldrecht, S. 213; Erman/Westermann, §285 Rn. 7; Fikentscher/Heinemann, Schuldrecht, Rn. 443; Jauernig/Stadler, §285 Rn. 7; MünchKomm/Emmerlich, §285 Rn. 22; Palandt/Grüneberg, §285 Rn. 7; Staudinger/Caspers, §285 Rn. 37 f.

31) 송덕수, 앞의 논문(주 1), 207면.

32) 송덕수, 앞의 논문(주 1), 207-208면.

33) Bamberger/Roth/Grüneberg, §285 Rn. 11; BeckOK BGB/Lorenz, §285 Rn. 12; Erman/Westermann, §285 Rn. 8; Jauernig/Stadler, §285 Rn. 9; Looschelders, Schuldrecht, Rn. 663; MünchKomm/Emmerlich, §285 Rn. 24; Palandt/Grüneberg, §285 Rn. 8; Staudinger/Caspers, §285 Rn. 43.

이 인정되지 않으므로 임차인이 임대인에게 대상청구권을 행사하여 보험금의 양도를 청구할 수 없다고 해석한다.[34)]

(3) 대상청구권의 본질과 범위

1) 본 질

입법이유서에 따르면 대상청구권은 경우에 따라서 채권자에게 주어지는 권리이지 의무는 아니므로, 채무자에게 -반대급부를 받기 위하여- 채권자에게 불능으로 된 급부를 대신하여 수령한 것 또는 손해배상청구권을 강제할 권리가 부여되지는 아니한다.[35)]

대상논문에서도 -이러한 입법이유서의 내용에 기초하여 기술된 독일문헌들을 인용하면서- 대상청구권은 채무법적인 청구권이므로 물권적 지위에 있어서와 같이 채권자에게 직접적으로 권리를 이전시키는 성질의 것은 아니고, 채권자가 권리를 행사하는 경우에 비로소 기한이 도래하는 잠재적 청구권이라고 기술하고 있다.[36)]

물론 민법이 개정되었다고 하여 대상청구권의 성질이 변경되는 것은 아니므로, 최근에 출간된 문헌에서도 대상청구권을 채권적 청구권이며 채권자가 권리를 행사하는 경우에 비로소 법적 효과가 발생하는 잠재된 청구권(verhaltener Anspruch)으로 보고 있다.[37)] 그 밖에도 채무자의 귀책사유를 요건으로 하지 않고 불능으로 된 급부에 대한 보상으로의 의미를 가진다는 점에서 대상청구권을 조정적 보상청구권(Ausgleichsanspruch)이라고 일컫기도 한다.[38)]

2) 범 위

입법이유서에 따르면 채무자는 급부 불능으로 급부 목적물에 대한 배상이나 배상청구권을 취득한 경우에 채권자에게 배상으로 수령한 물건을 인도하거나 배상청구권을 양도해야 한다.[39)]

종래 독일문헌에서는 -대상논문에 기술되어 있는 바와 같이- 설령 배상(가령 보험금 또는 목적물의 매매대금)이 급부 목적물의 가치나 채권자와 합의된 가격보다 훨씬 많은 경우라 하더라도, 채무자는 -실제로 취득한 과실을 포함하여- 자신이 취득한 것 모두를 채권자에게 인도해야 하고, 반대로 채무자가 물건의 가치보다 적게 배상을 수령한 경우에는 그가 수령한 것보다 많은 것을 채권자에게 인도할 필요는 없다고 해석했다.[40)]

---

34) Erman/Westermann, §285 Rn. 8; Looschelders, Schuldrecht, Rn. 663; MünchKomm/Emmerlich, §285 Rn. 25; Staudinger/Caspers, §285 Rn. 44.

35) Motive, S. 46; Mugdan, S. 25.

36) 송덕수, 앞의 논문(주 1), 208면.

37) Bamberger/Roth/Grüneberg, §285 Rn. 13; BeckOK BGB/Lorenz, §285 Rn. 14; Fikentscher/Heinemann, Schuldrecht, Rn. 443; MünchenKomm/Emmerich, §285, Rn. 29.

38) Bamberger/Roth/Grüneberg, §285, Rn. 13; BeckOK BGB/Lorenz, §285 Rn. 14; Palandt/Grüneberg, §285 Rn. 9.

39) Motive, S. 46; Mugdan, S. 25.

40) 송덕수, 앞의 논문(주 1), 210면.

현재 독일의 지배적인 견해도 -채무자가 취득한 배상이 채권자가 입은 손해보다 많거나 적거나를 불문하고- 채무자는 자신이 실제로 취득한 모든 것을 채권자에게 반환해야 한다고 해석한다.[41] 그렇지만 대상청구권을 침해부당이득과 상관성이 존재하는 것으로 보아 대상청구권의 반환범위와 부당이득의 반환범위를 통일시켜야 한다고 주장하는 견해도 있다.[42]

(4) 대상청구권과 손해배상청구권의 관계

채무자의 귀책사유로 급부가 불능이 된 경우에는 채권자는 채무자를 상대로 손해배상청구권을 행사할 수도 있고 대상청구권을 행사할 수도 있다. 물론 채권자가 채무불이행을 이유로 한 손해배상 외에 대상도 인도받을 수 있다면 부당이득을 취하는 것이 되므로, 대상청구권을 먼저 행사하여 대신하는 이익을 수령한 때에는 -(구)제281조 제2항, (현)제285조 제2항에 따라서- 손해배상액은 그 수령한 이익의 가치만큼 감액된다.

대상논문에 기술되어 있는 바와 같이 대상청구권과 손해배상청구권 사이에 선택권을 가지는 것은 채권자인바, 채권자가 손해배상을 청구한 경우에 채무자는 대상청구권을 주장하여 이를 거절할 수 없고, 채권자는 둘 중 어느 하나의 이행이 없는 한 언제라도 하나의 청구권으로부터 다른 청구권으로 옮길 수 있다.[43]

지금도 문헌에서는 채권자가 채무자를 상대로 각기 다른 소송으로 대상과 손해배상을 청구할 수도 있고, 하나의 청구가 기각된 경우라 하더라도 다른 청구권에 기하여 제소할 수 있는 것으로 해석하고 있다.[44] 그런데 이렇게 해석하게 되면 법률효과가 전적으로 채권자의 선택에 좌우되고, 채권자가 그 선택을 할 때까지는 법률효과가 유동적 상태(Schwebezustand)에 놓이게 된다. 따라서 이러한 불안정한 상태에 놓여있는 채무자를 보호하기 위하여 그에게 일종의 최고권을 부여해야 한다는 견해도 주장되고 있다. 즉 채무자는 상당한 기간을 정하여 채권자에게 대상청구권의 행사 여부를 독촉할 수 있고, 그 기간이 도과하면 대상청구권의 행사로 인한 반환범위를 제한 또는 차단할 수 있어야 한다고 한다.[45]

---

41) BeckOK BGB/Lorenz, § 285 Rn. 15; Erman/Westermann, § 285 Rn. 10; Jauernig/Stadler, § 285 Rn. 8; Looschelders, Schuldrecht, Rn. 664; MünchKomm/Emmerlich, § 285 Rn. 30; Palandt/Grüneberg, § 285 Rn. 9.

42) Löwisch, Manfred, *Herausgabe von Ersatzverdienst*, NJW 2003, 2049, 2051 f.; Staudinger/Caspers, § 285 Rn. 3 ff.; Stoll, Hans, *Vorteilsausgleichung bei Leistungsvereitelung*, in: Schwenzer, Ingeborg/Hager, Günter(Hrsg.), Festschrift für Peter Schlechtriem zum 70. Geburtstag, Tübingen, 2003, 677, 688.

43) 송덕수, 앞의 논문(주 1), 211면.

44) BeckOK BGB/Lorenz, § 285 Rn. 17; Erman/Westermann, § 285 Rn. 11; Fikentscher/Heinemann, Schuldrecht, Rn. 445; Jauernig/Stadler, § 285 Rn. 10; MünchKomm/Emmerlich, § 285 Rn. 35; Palandt/Grüneberg, § 285 Rn. 10; Staudinger/Caspers, § 285 Rn. 56.

45) BeckOK BGB/Lorenz, § 285 Rn. 17; MünchKomm/Emmerlich, § 285 Rn. 34.

(5) 쌍무계약에 특유한 문제

입법이유서에서는 채권자가 대상청구권을 행사하는 경우, 채권자는 채무자에게 반대급부를 이행할 의무를 부담하고, 그럼에도 불구하고 그 반대급부는 (제1초안) 제368조 제3항에 따라서 상당히 감액될 수 있다고 보고 있다.[46] 대상논문에서도 쌍무계약에서 당사자 일방의 급부의무가 당사자 쌍방의 책임 없는 사유로 불능이 되면 -채무자위험부담주의를 취하는 (구)제323조 제1항에 따라- 채무자는 자신의 급부의무를 면할 뿐만 아니라 반대급부에 대한 청구권도 상실하지만, 채권자가 대상청구권을 선택하는 경우에는 -비록 변형된 내용으로라도 채무관계는 계속 존속하고- 채권자는 여전히 반대급부의무를 부담한다고 소개하고 있다(제323조 제2항).[47] 물론 대신하는 이익이 본래의 급부보다 적은 때에는 -(구)제323조 제2항 후단, (구)제472조, (구)제473조에 따라- 법률상 당연히 반대급부도 그에 상응하게 감소한다.

2. 대상논문의 특별한 내용

대상논문에서는 독일민법상 대상청구권 제도를 체계적으로 정리하여 국내에 소개하는 것을 넘어서 Ⅲ.에서 '우리 민법에 있어서의 대상청구권'이라는 제목 하에 민법전에서 대상청구권에 관한 명문규정을 두고 있지 아니한 우리의 경우에도 대상청구권을 인정할 필요성이 있는지에 대하여 검토한 후, -전술한 독일민법상 대상청구권의 내용을 기초로- 대상청구권의 요건, 본질과 범위, 대상청구권과 손해배상청구권과의 관계 및 쌍무계약에 특유한 문제에 대하여 상론하고 있다. 그런데 대상청구권의 요건 등에 대해서는 독일의 학설 및 판례가 거의 그대로 적용될 수 있는 것으로 보고 있기 때문에(주 104), 이하에서는 대상청구권의 인정 필요성 및 근거에 대해서만 살펴보기로 한다.

(1) 우리 민법상 대상청구권 인정 필요성

대상논문에서는 크게 3가지 점에서 우리의 경우에도 대상청구권을 인정할 필요가 있다고 주장하고 있다.

1) 제3자에 의한 채권침해의 경우

제3자에 의하여 채권이 침해된 경우, 독일에서는 채권자에게 그 제3자에 대한 -불법행위로 인한- 손해배상청구권을 인정하지 않기 때문에 대상청구권이 중요한 의미를 가지지만, 우리의 경우에는 채권자가 가해자를 상대로 직접 손해배상을 청구할 수 있기 때문에 이러한 문제를 해결하기 위하여 굳이 대상청구권을 원용하지 않아도 된다. 대상논문에서도 바로 이러한 점에 착안하여 "우리의 경우에는 대상청구권이 독일에 있어서와 같이 훌륭한 역할을 수행하지는 못한

46) Motive, S. 46; Mugdan, S. 25.
47) 송덕수, 앞의 논문(주 1), 211면.

다."고 평하고 있다.[48] 그렇지만 제3자의 불법행위로 급부목적물이 파괴되어 1차적 급부의무가 후발적으로 불능이 된 경우에도, 채권자가 채무자를 상대로 손해배상청구권을 행사하기 전에 이미 채무자가 가해자로부터 손해배상을 받은 경우에는 -채무자 자신의 이익이 침해됨으로 인하여 손해를 배상받은 것이기 때문에- 채권자는 채무자에게 그 배상금을 자신에게 인도하라고 청구할 수 없는바, 채권자를 보호하기 위하여 대상청구권을 인정할 필요가 있다고 한다.[49]

2) 채무자의 귀책사유로 인한 채무불이행의 경우

대상논문에서는 채무자의 귀책사유로 인한 채무불이행의 경우에는 손해배상청구권(제390조)으로 채권자가 부당한 지위에 놓이지 않게 되기 때문에 채권자 보호를 위하여 대상청구권을 인정할 실익이 크지 않은 것으로 보고 있다.[50] 그렇지만 채무자의 귀책사유로 인한 이행불능의 경우, 만일 대상물이 전보배상금보다 큰 때에는 대상청구권을 인정하여 그 초과이익까지도 채권자에게 귀속시키는 것이 바람직하므로, 이러한 경우에도 대상청구권을 인정할 실익이 있다고 한다. 더욱이 초과이익이 채권자에게 귀속된다고 하면 채무자가 이중매매와 같은 계약위반행위를 하지 않으려고 할 것이기 때문에 계약준수원칙(pacta sunt servanda)을 관철시키는 의미도 있게 된다고 한다.[51]

3) 채무자의 귀책사유 없는 후발적 불능의 경우

우선 쌍무계약의 경우에는 채무자위험부담주의(제537조)를 취하고 있어서 채권자가 부당한 지위에 놓이지 않게 되기 때문에 대상청구권을 인정할 실익이 크지 않은 것으로 보고 있다. 이에 비하여 편무계약에서 이미 성립한 채무자의 급부가 그의 귀책사유 없이 -제3자의 가해에 의한 이행불능을 제외하고 가령 불가항력으로 인한 사고, 국가의 토지 수용 등으로- 후발적으로 불능이 된 경우, 채무자는 자신의 채무는 면하면서 불능으로 된 급부의 대상물인 보험금이나 수용보상금을 받게 되는데, 이러한 대상물은 채권자에게 인도되는 것이 합당하므로, 채권자에게 대상청구권을 인정해야 한다고 한다.[52]

(2) 우리 민법상 대상청구권의 인정근거

대상논문에서는, 민법에 대상청구권에 관한 근거규정 및 채무자위험부담주의를 취하면서 대상청구권에 관한 명문규정을 두고 있지 않은 점에 비추어 볼 때 우리 민법의 기초자들이 -이행불능의 경우 채권자 보호책이 마련되어 있다는 판단 하에[53]- 이행불능의 효과로 대상청구권

48) 송덕수, 앞의 논문(주 1), 213면.
49) 송덕수, 앞의 논문(주 1), 214면.
50) 송덕수, 앞의 논문(주 1), 214면.
51) 송덕수, 앞의 논문(주 1), 215면.
52) 송덕수, 앞의 논문(주 1), 214면.
53) 가령 채무자의 귀책사유로 인한 이행불능의 경우에는 채권자에게 채무불이행으로 인한 손해배상청구권, 채무자의 귀책사유에 기인하지 아니하는 이행불능의 경우에는 불법행위로 인한 손해배상청구권(제3자에 의한

을 염두에 두고 있지 않았던 것으로 보고 있다.[54]

물론 우리 민법은 채무자위험부담주의를 취하고 있으므로 제537조의 요건이 충족되면 채권자의 대금지급의무는 소멸하는데, 만일 대상청구권을 인정하게 되면 채권자는 채무자에게 그가 취득한 대상을 청구할 수 있게 되어 부당한 결과가 되는바, 이 경우 채권자가 대상청구권을 행사하면 -(구)제323조 제2항과 같은 규정을 두고 있지는 않지만- 급부의무와 반대급부의무 사이의 견련성을 고려하여 채권자는 여전히 반대급부의무를 부담한다고 해석해야 한다고 한다.[55]

(3) 문제점

이러한 대상청구권 인정 필요성에도 불구하고 만약 대상청구권을 인정하면, 채권의 효력이 본래의 채무의 목적물에서 '확장'하여 그에 대신하는 이익에까지 미치게 되는데, 이러한 효력확장은 법률규정에 의해서만 가능하므로 우리 민법상 대상청구권을 인정하는 것은 근거 없는 해석이라는 주장이 있을 수 있다고 보고 있다. 그러나 이러한 추론은 형식논리에 불과하고[56] 경제적으로 관찰하면 대상청구권의 객체가 되는 대신하는 이익은 실질적으로는 본래의 채무목적물과 동일성을 유지하고 있으므로, 채권을 효력을 대신하는 이익에까지 확장하는 것이 허용되지 못할 해석은 아니라고 한다.[57]

그럼에도 불구하고 이 두 가지 점에 대하여는 여전히 의문이 제기될 여지가 있으므로 모든 문제점을 해결하기 위하여 민법에 대상청구권에 관한 규정을 신설할 필요가 있다고 한다.[58]

Ⅲ. 대상논문의 논제에 관한 당시의 국내 학설 · 판례의 모습

우리 민법전에 대상청구권에 관한 명문규정을 두고 있지 않기 때문에, 대상논문이 공간된 1985년까지 대상청구권을 정면으로 다룬 판결은 없었다. 학설은 일치하여 -독일민법의 규정을 본받아- 이행불능의 효과로 대상청구권을 인정했지만, 대부분의 문헌에서 대상청구권의 구체적인 내용에 관하여 상세하게 다루고 있지는 않았다.[59] 다만 1964년 진명출판사에서 출간된 이태

채권침해의 경우)이 허여되고, 쌍무계약의 경우에는 채무자위험부담주의를 채택하고 있어서 급부의 목적물이 후발적으로 불능이 되면 채권자는 그 불능으로 된 급부에 대한 대금을 지급하지 않게 되기 때문에 역시 불이익을 받지 않는다고 판단했던 것으로 보고 있다: 송덕수, 앞의 논문(주 1), 216면.

54) 송덕수, 앞의 논문(주 1), 215면.
55) 송덕수, 앞의 논문(주 1), 217면.
56) 송덕수, 앞의 논문(주 1), 216면.
57) 송덕수, 앞의 논문(주 1), 217면.
58) 송덕수, 앞의 논문(주 1), 218면.
59) 당시의 문헌에 대하여는 송덕수, 앞의 논문(주 1) 주 3 참조.

재 교수의 『채권총론신강』[60] 및 1965년 월간법률연구지 『법정』[61] 제20권 제9호와 제10호에 상하로 나누어서 게재되었던 최종길 교수의 "대상청구권(상)"[62]과 "대상청구권(하)"[63]에는 비교적 상세하게 대상청구권에 대하여 기술되어 있었다.

1. 이태재 교수의 견해

이태재 교수의 『채권총론신강』에는 -그 당시 출간된 교과서에서 대상청구권에 대하여 간단히 기술했던 것과는 달리- 대략 3면에 걸쳐서 이행불능의 효과 가운데 하나로 대상청구권에 대하여 언급되어 있다. 비록 별도의 목차를 잡아서 대상청구권에 대하여 기술하고 있는 것은 아니지만, 대략적으로 볼 때 대상청구권의 의의, 인정이유, 쌍무계약에 있어서 대상청구권이라는 순서로 논점이 정리되어 있다.

(1) 의 의

채무자가 이행불능으로 인하여 이익을 얻은 때에 채권자가 채무자가 얻은 그 이익의 양도 또는 인도를 청구할 수 있는 권리를 대상청구권으로 보고 있다.[64]

(2) 인정이유

민법에 물상대위(제342조, 제370조), 손해배상자의 대위(제399조), 채권자 귀책사유로 인한 이행불능에 있어서 채무자의 이익상환의무(제538조 제2항) 등을 규정한 취지 및 공평의 이념으로 보아 우리의 경우에도 대상청구권을 인정하는 것이 타당하다고 보고 있다. 아울러 쌍무계약에서 채무자위험부담주의를 취하고 있으나 채권자에게 대상청구권을 인정하는 것이 경우에 따라서는 더욱 형평의 이념을 실현시킬 수 있고 채권을 한층 더 보호하게 되므로 -독일민법에서와 같이- 대상청구권을 인정하는 한편 채무자에게도 반대급부청구권을 인정하는 것이 바람직하다고 한다.[65]

(3) 쌍무계약에 있어서 대상청구권

쌍무계약에서 채무자위험부담주의를 취하고 있기 때문에 해석론으로서는 두 가지 점에서 의문의 여지가 있다고 한다. 우선 채무자의 귀책사유 없는 이행불능으로 소멸한 채무에 대하여 그 채권자가 대상청구를 할 수 있는지가 문제되는데, 그 불능으로 인하여 채무자가 이익을 얻고

---

60) 이태재, 『채권총론신강』(진명문화사, 1964). 다만 대상논문에는 1977년에 출간된 책이 인용되어 있는데, 이 두 책에서 대상청구권에 대한 기술내용은 동일하다.

61) 법정사에서 발간했던 월간법률연구지로 1946년 9월에 창간되어 1970년 12월에 종간되었으며, 주로 법조인들이나 고등고시지망생들을 위한 교육·연구지의 기능을 담당했다고 한다: https://terms.naver.com/etry.naver?docId=557524&cid=46668&categoryId=46668(최종방문일 2021.4.25.)

62) 최종길, "대상청구권(상)", 『법정』(법정사, 1965), 제20권 제9호, 10면 이하.

63) 최종길, "대상청구권(하)", 『법정』(법정사, 1965), 제20권 제10호, 44면 이하.

64) 이태재, 앞의 책(주 60), 152면.

65) 이태재, 앞의 책(주 60), 152면.

그로 인하여 채권자에게 손해를 가한 경우에는 '부당이득의 법리'에 기하여 채권자에게 대상청구권이 인정되어야 한다고 한다.

둘째 第537조(채무자위험부담주의)와 第538조 第2항(채권자위험부담주의)을 어떻게 해석할 것인지가 문제되는데, 이 규정들의 취지는 형평의 이념에서 채무자의 채무소멸과 반대급부청구권 소멸을 반사적으로 작용시킨 대조규정이라는 데 있으므로, -독일민법에 준하여- 채권자의 대상청구권을 인정하는 것이 타당하다고 한다.[66][67]

이러한 주장에 대하여 대상논문에서는 第538조 第2항에서의 이익은 채무자가 그의 채무를 면하는 결과로 절약한 비용(채무자의 여행비, 원료나 기계가 소모되지 않음으로써 받은 이익 등) 등을 의미하는데, 이러한 이익은 채무를 불능하게 한 사정의 결과로 생긴 이익이 아니므로 -전술한 대상청구권의 요건 가운데 하나인 동일성의 결여로- 대상청구권의 객체가 될 수 없다고 보고 있다.[68]

2. 최종길 교수의 견해

『법정』에 상하로 나누어서 게재된 최종길 교수의 논문에는 1960년대에 출간된 독일문헌들을 중심으로 독일민법상 대상청구권의 주요논점(의의, 요건, 내용)이 상세하게 소개되어 있다. 다만 대상논문에 이태재 교수의 견해에 대해서는 상론되어 있으나, 최종길 교수의 논문에 대한 언급은 없다. 최종길 교수의 논문에는 대상논문에 인용되어 있는 문헌들에 비하여 10-20년 전에 출간된 문헌들이 인용되어 있는데, 이 기간 동안에 독일민법이 개정된 것은 아니어서 문헌들도 그렇게 많이 개정되지는 않았기 때문에 두 논문에서 독일에서의 논의를 소개하는 부분은 대동소이하다. 그렇지만 논문기술방식에 있어서 대상논문에서는 Ⅱ.에서 독일에서의 논의를 소개한 후 Ⅲ.에서 우리 민법에의 적용 여부를 별도로 분석한 반면에, 최종길 교수의 논문에서는 독일에서의 논의를 기술한 후 곧바로 이러한 논의가 우리 법에서도 의미가 있는지를 검토하고 있다. 이하에서는 대상논문에 기술되어 있지 아니한 내용을 중심으로 최종길 교수의 견해를 언급하기로 한다.

(1) 의의 및 목적

(구)제281조는 -Heck의 견해를 인용하면서- 보통법시대의 stillvertretendes commodum 이론, 대상원칙 또는 등가물반환 원칙으로 인정되던 제도가 성문화된 것으로서, 동조의 의미에

66) 이태재, 앞의 책(주 60), 153면.

67) 다만 이태재 교수는 화재보험금이 대상청구권의 목적이 될 수 있는가에 대하여, 우리나라의 경우에는 보험가입이 강제되지 않으므로 보험금이 대상청구권의 객체로 될 수 없다고 보고 있다. 그러나 대상논문에서는 이를 대상청구권의 목적에 어울리지 않는 부당한 해석으로 보고 있다: 송덕수, 앞의 논문(주 1), 220면.

68) 송덕수, 앞의 논문(주 1), 216면.

서의 대상청구권은 이행불능을 발생케 한 것과 동일한 원인에 의하여 채무자가 이행 목적물의 대상(Surrogat)이 되는 이익을 취득한 경우에 채권자가 그 이익의 인도를 청구하는 권리라고 한다.[69] 이 대상청구권은 채무자가 채권자에게 이행했어야 할 목적물에 대신하여 취득한 이익을 원래부터 채무의 목적물을 취득한 권리를 가졌었던 채무자에게 귀속시키는 것을 목적으로 하므로, -역시 Heck의 견해를 인용하면서- 대상청구권은 부당이득에 기한 반환청구권에 있어서와 같은 이익교량을 기초로 하는 것이고, 우리 민법에는 대상청구권을 인정하는 명문규정은 없지만 이론상 이를 인정해야 한다고 한다.[70]

(2) 요 건

대상청구권의 요건으로 크게 첫째 채무의 목적을 이행하는 것이 불가능하게 되었을 것, 둘째 이행불능을 발생케 하는 원인에 의하여 채무자가 이행의 목적의 대상으로서 배상 또는 그 청구권을 취득할 것을 들고 있고, -대상논문과는 달리- 두 번째 요건에서 인과관계와 동일성을 함께 언급하고 있다.

전술한 바와 같이 첫 번째 요건과 관련하여 당시의 독일의 통설은 채무의 목적이 물건 또는 권리의 양도인 경우에 한하여 대상청구권을 인정했고, 채무의 목적이 채무자의 행위(작위 또는 부작위)인 경우에는 대상청구권이 인정되지 않는다고 해석하였다. 그러나 최종길 교수는 (구)제281조와 같이 명문으로 대상청구권의 적용범위를 한정하고 있지 않은 우리 민법의 해석으로서는 이를 소극적으로 해석할 이유가 없다고 보고 있다. 예컨대 일정한 일시에 특정극장에 출연하기로 약정한 연예인이 그 일시에 다른 극장에 출연했으므로 이행불능이 된 경우에, 채권자는 당해 연예인을 상대로 손해배상을 청구할 수 있지만 엄격한 요건 및 입증책임의 부담을 고려하면 손해배상청구권만으로 권리구제를 받는 것은 용이하지 않은바, 이러한 경우에 채권자에게 손해배상청구권과 별도로 대상청구권도 인정하는 것이 채권자의 이익보호와 공평의 관념에 적합하다고 보고 있다.[71]

최교수도 대상청구권이 인정되기 위한 두 번째 요건으로 이행불능을 발생케 하는 원인과 배상 및 배상청구권의 취득 사이에 인과관계가 존재할 것으로 제시하고 있다. 다만 이행불능이 된 목적물과 배상의 대상 사이에 동일성이 인정되어야 하는가에 대하여는 -대상논문과는 달리-

69) 최종길, 앞의 논문(주 62), 10면.

70) 다만 대상청구권이 어떤 요건하에서 인정되는 것이며 또 이를 인정함으로써 일어날 민법상의 다른 원칙과의 관계 및 대상청구권을 부여함으로써 채권자에게 구체적으로 어떤 실익이 있는 것인지에 관한 교과서의 설명은 너무나 부족한 감이 있다고 평하고 있다: 최종길, 앞의 논문(주 62), 10면.

71) 대상청구권을 인정하게 되면 채무자가 이행불능이 된 채무의 목적을 대신하여 받은 이익이 있는 한 채무자는 자신의 귀책사유 유무를 불문하고 언제든지 이를 채권자에게 반환해야 하며 또한 채권자가 채무자의 대상이득의 취득여부 및 그 이득액을 입증할 필요가 없기 때문에 채권자의 이익보호에 적합하다고 한다: 최종길, 앞의 논문(주 62), 11면.

소극적인 입장을 취하고 있다. 예컨대 목적물의 사용권만을 가지는 채권자(임차인)가 제3자의 불법행위로 인하여 목적물이 멸실하여 채무자(임대인)가 취득한 배상 또는 배상청구권에 대하여 대상청구권을 가지느냐에 대하여, 동일성을 요건으로 삼는 견해에 따르면 이 경우에는 –채무의 목적은 목적물의 사용(Gebrauch)에 있고 채무자가 받는 손해배상의 대상은 목적물 자체이므로 동일성이 결여되기 때문에– 동일성의 결여로 채권자에게 대상청구권이 인정되지 않지만, 이때에도 채권자에게 대상청구권을 인정하되 당해 기간 내의 사용에 대응하는 부분에 관하여는 배상 또는 배상청구권을 청구할 수 있다고 해석하는 것이 옳다고 보고 있다.[72)]

그런가 하면 채무자가 채무의 목적물을 타인에게 양도하여 이행불능이 되었을 때에도 채권자에게 양도의 대가인 거래이익(commodum ex negotiatione)을 인도하라는 대상청구권이 인정될 것이냐에 대해서는 긍정적인 입장을 취하고 있다. 그 이유로는 이 경우 양도계약과 양도는 경제적으로 일체를 이루므로, 이행불능도 –매매의 결과로서 양도가 이루어졌다는 범위에서– 매매로 인하여 이루어졌다고 할 수 있다는 점, 채무자가 이행을 불능케 하는 사정으로 인하여 취득한 모든 것을 채권자에게 인도하는 것이 형평의 요구에 부합한다는 점 및 채무자가 이행을 불능케 하는 행위를 면책을 위하여 이용하면서도 이로 인하여 취득한 이익을 보유할 수 있다는 것은 신의성실의 원칙에 반한다는 점을 들고 있다.[73)]

최교수의 논문에 언급된 거래이익(commodum ex negotiatione)이라는 용어는 D. 18. 4. 21(파울루스, 질의록 제16권)[74)]에 등장하는 pretium enim hominis venditi non ex re, sed propter negotiationem percipitur(제2매수인으로부터 받은 노예에 대한 매매대금은 물건 자체가 아니라 법률행위로 취득한 것이므로)라는 문장에서 비롯된 것이다. 바로 이 문장을 근거로 로마법상 대상을 불능으로 된 급부 목적물에 근거하여 얻은 이익(commodum ex re)과 채무자가 반환의무를 면책받은 급부목적물에 대한 법률행위에 근거하여 얻은 이익(commodum ex negotiatione)으로 구분하는 것이 일반적이고,[75)] 현재의 독일 문헌에서도 통상 대상을 이렇게 구분한다.[76)]

대상청구권이 언급된 대표적인 개소들, 가령 D. 18. 1. 35. 4(가이우스, 속주고시 주해 제10권), D. 47. 2. 14. pr.(울피아누스, 사비누스 주해 제29권), D. 10. 3. 7. 13(울피아누스, 고시주해 제20권),

---

72) 최종길, 앞의 논문(주 62), 12면.

73) 최종길, 앞의 논문(주 62), 12면.

74) D. 18.4.21 및 로마법상 대상의 유형에 대한 상세는 박기영, 『대상청구권에 관한 연구』, 국민대학교 일반대학원 박사학위논문, 2020, 8면 이하 참조.

75) Jhering, Abhandlungen, S. 5; Kaser/Knütel, Römisches Privatrecht., S. 231(§41 Rn. 24); Mommsen, Erörterungen, S. 81, 107; Windscheid, Pandektenrecht, S. 357 f.

76) Erman/Westermann, §285 Rn. 7; Fikentscher/Heinemann, Schuldrecht, Rn. 443; Jauernig/Stadler, §285 Rn. 7; Looschelders, Schuldrecht, Rn. 662; MünchKomm/Emmerlich, §285 Rn. 19, 22; Palandt/Grüneberg, §285 Rn. 7; Staudinger/Caspers, §285 Rn. 37.

D. 6. 1. 15. 2(울피아누스, 고시주해 제16권) 등에 비추어 보면[77] 로마시대에는 이행불능으로 된 물건 자체에 대한 대상(commodum ex re: 절도소권, 배상금, 공유물 지분의 가액, 보상금 등)은 채권자에게 귀속된다고 해석하는 것이 정설이었다.

이에 비하여 후자의 경우, 가령 D. 18. 4. 21에서 다루고 있는 사례인 매도인이 노예를 2중으로 매도하고 제2매수인에게 그 노예를 인도한 경우에는, 제2매수인으로부터 받은 노예에 대한 대금은 물건 자체가 아니라 '법률행위'로 취득한 것이기 때문에 매도인에게 귀속된다고 보았다. '위험을 부담하는 자에게 이익이 귀속되어야 한다'는 원칙에 비추어 볼 때 이러한 케이스에서는 매도인이 자신의 위험을 무릅쓰고 계약을 체결했으므로, 그 위험에 따르는 불이익은 물론이고 이익도 매도인에게 귀속하는 것으로 해석했던 것으로 보인다.

이러한 배경 하에 독일학자들도 불능으로 된 물건 자체에 대한 대상은 채권자에게 귀속된다고 보았으나, 후자의 경우에 대상이 누구에게 귀속되어야 하는지에 대하여는 다툼이 있었다. Jhering[78]과 Windscheid는[79] -D. 18.4.21을 원용하면서- 물건 자체에 대한 대상(commodum ex re)만 채권자에게 귀속된다고 해석했으나, Mommsen은 이중매매의 경우에 채무자에게 거래이익이 귀속되는 것으로 해석하게 되면 악의의 매도인은 결국 제1 매수인은 물론이고 제2 매수인에게서 수령한 매매대금을 모두 취득할 수 있게 되어 형평성에 반하기 때문에 이러한 이익까지도 채권자에게 귀속되어야 한다고 주장했었는데,[80] 최 교수의 견해는 이러한 Mommsen의 논거와 일맥상통한다. 현재 독일의 다수설도 commodum ex re와 commodum ex negotiatione가 모두 채권자에게 귀속하는 것으로 해석하고 있다.[81]

(3) 대상청구권의 내용

대상청구권은 배상자대위, 손익상계 및 부당이득청구권과 같이 공평의 사상에 기한 일종의 보상청구권으로서 본래의 채무목적의 대상이익을 청구하는 권리이므로 -대상논문과 마찬가지로- 채무자가 받은 대상이익이 목적물의 실제가액보다 적은 경우에도 채무자는 그것만을 채권자에게 인도하면 충분하고, 반대로 채무자가 목적물의 실제가액보다 현저히 많은 대상을 취득했을 경우에도 이를 전부 채권자에게 인도해야 하는 것으로 해석하고 있다.[82]

---

77) 이 개소들에 대한 한글번역은 박기영, 앞의 논문(주 74), 9면 이하 참조.
78) Jhering, Abhandlungen, S. 86.
79) Windscheid, Pandektenrecht, S. 357 Fn. 7.
80) Mommsen, Erörterungen, S. 110.
81) Bamberger/Roth/Grüneberg, § 285 Rn. 10; BeckOK BGB/Lorenz, § 285 Rn. 11; Brox/Walker, Schuldrecht, S. 213; Erman/Westermann, § 285 Rn. 7; Fikentscher/Heinemann, Schuldrecht, 10. Aufl., Berlin, Rn. 443; Jauernig/Stadler, § 285 Rn. 7; Looschelders, Schuldrecht, Rn. 662; MünchKomm/Emmerlich, § 285 Rn. 22; Palandt/Grüneberg, § 285 Rn. 7; Staudinger/Caspers, § 285 Rn. 37 f.
82) 최종길, 앞의 논문(주 63), 44면.

대상청구권과 손해배상청구권의 관계 및 쌍무계약상 위험부담과의 관계에 대해서는 대체적으로 대상논문과 마찬가지로 해석하고 있다.[83] 다만 최교수의 논문에는 후자와 관련하여 대상청구권의 인정필요성이 상세하게 언급되어 있다. 즉 구민법 제534조 제1항에서는 채권자위험부담주의를 취했으므로, 대상청구권을 인정하지 않을 때에는 채무자는 대상과 반대급부를 이중으로 취득하게 되는 부당한 결과가 초래되는바 이러한 문제점을 해결하기 위하여 대상청구권을 인정해야 할 필요성이 강조되었으나, 현행민법에서는 채무자위험부담주의로 전환되어 구민법상 불합리한 결과가 제거되었기 때문에 이 한도에 있어서는 대상청구권의 존재이유가 희박해졌다고 보고 있다.[84] 그러나 경우에 따라서는 당사자 일방의 채무가 양 당사자의 귀책사유 없이 이행불능이 되었을 때에도 대상청구권을 인정하는 것이 채권자에게 유리한 경우가 있을 것이므로 대상청구권을 처음부터 부정하는 것은 타당치 않으며 오히려 채권자가 반대급부의무를 이행하지 않고 문제를 해결할 것인가 또는 대상청구권을 행사할 것인가를 임의로 선택할 수 있다고 해석한다는 것이 타당한 것으로 보고 있다.[85]

Ⅳ. 대상논문의 의미

대상청구권은 로마법에서 유래하는 제도로 전술한 D. 18.4.21을 중심으로 채권양도와 대상청구권의 문제를 심도 있게 다루었던 Müllenbruch의 저술(1836년),[86] Jhering의 저술(1844년) 및 Mommsen의 저술(1859년)에 힘입어 독일민법전이 제정되기 전에 이미 대상원칙이 거의 완비된 상태였다. 제1초안 제238조[87]에 대한 입법이유서의 첫 번째 문장에 "제238조에 규정되어 있는 대상의 원칙에 의거하여"라는 문구가 등장하는 것이 바로 이러한 사실을 방증한다. 이처럼 독일민법상 대상청구권에 관한 규정들은 그 뿌리를 로마법에 두고 있고, 제1초안 제238조 제1항, 제2초안 제237조 제1항, 제3초안 제275조 제1항, 1896년 제정민법 제281조 제1항 그리고 2001년 개정민법 제285조 제1항으로 조문번호는 다소 변동되었으나, 내용면에서 중대한 변화는 없었다.

우리의 경우에는 아직도 민법에 대상청구권에 관한 명문규정을 두고 있지 않고, 다만 1992년 이른바 엘림복지타운 사건(대법원 1992. 5. 12. 선고 92다4581 · 4598 판결)[88]에서 대상청구권을

83) 최종길, 앞의 논문(주 63), 45-46면.
84) 최종길, 앞의 논문(주 63), 45면.
85) 최종길, 앞의 논문(주 63), 45-46면.
86) Müllenbruch, Christian Friedrich, Die Lehre von der Cesssion der Forderungsrechts: Nach den Grundsätzen des Römischen Rechts dargestellt, 3. Aufl., Stuttgart, 1836, S. 427 ff.
87) 제1, 제2, 제3초안 규정에 대한 상세는 박기영, 앞의 논문(주 74), 24면 이하 참조.
88) 이 판결에 대한 상세는 박기영, 앞의 논문(주 74), 39면 이하 참조.

처음으로 인정한 이래 법원이 commodum ex re를 인정하고 있다. 이러한 일련의 판결을 계기로 대상청구권을 다룬 논문들이 대거 발표[89]되었고, 이 가운데 독일문헌을 참조한 논문들에서는 이제 독일의 교과서, 주석서는 물론이고 개별논문들도 소개되어 있다. 아울러 2000년 이후에 출간된 교과서(가령, 송덕수, 「신민법강의」 등)에서는 대부분 대상청구권에 대하여 상세하게 다루고 있어서 학생들도 -이행불능의 효과-로 대상청구권을 학습하고 있고, 2015년 제57회 사법시험 제2차 시험 등에서 대상청구권에 관한 문제가 출제되기도 했다.

그러고 보면 대상논문이 발표되었던 1985년과 비교했을 때 독일은 물론이고 우리나라의 사정도 그리 달라진 것은 없으므로, 대상논문이 가지는 의미는 여전히 '현재진행형'이다. 특히 선행연구가 미비했던 시기에 지금도 많이 인용되고 있는 독일 문헌들을 참고하여 대상청구권의 기본골격을 체계적으로 국내에 소개했다는 점에서 대상논문이 이 테마를 연구하는 학자들에게 가이드라인의 역할을 했을 것으로 보인다. 이하에서는 이러한 점에 착안하여 비교법적 연구, 목차 및 내용, 규정 신설 제안이라는 3가지 측면에서 대상논문의 의미를 살펴보고자 한다.

1. 비교법적 연구

1985년까지 우리나라에서 공간된 문헌(교과서 및 논문)에서 비교적 상세하게 대상청구권에 대하여 다룬 3명의 민법학자들은 독일민법 및 독일학자들의 문헌연구를 선행연구로 삼았다. 다만 이태재 교수의 교과서에는 각주가 없어서 어떠한 독일문헌을 참고했는지를 가늠하기 어렵다. 이에 비하여 최종길 교수의 논문과 대상논문의 각주에는 1960년부터 1980년대 초반에 출간된 독일민법 주석서(Kommentar)와 채권법 교과서들이 상당수 인용되어 있다.

먼저 최종길 교수의 논문에 인용되어 있는 독일문헌들을 보면 우선 채권법 교과서의 고전이라고 할 수 있는 Heck, Grundriß des Schulrechts, 1929와 Enneccerus/Lehmann, Schuldrecht (판수, 출판연도는 기재되어 있지 않음), Esser, Schuldrecht Allgemeiner Teil, Teilband 2, 제2판(1960년), Larenz, Lehrbuch des Schuldrechts, Band I, Allgemeiner Teil, 제5판(1962년)이 인용되어 있다. 그 밖에 주석서로 Erman Handkommentar 제3판(1962년), Palandt Kommentar 제25판(1965년) 및 Staudinger Kommentar 제10/11판(1967년)이 언급되어 있다.

이에 비하여 대상논문에는 Esser/Schmidt, Schuldrecht Allgemeiner Teil, Teilband 2, 5판(1977년), Fikentscher, Schuldrecht, 제5판(1975년), Larenz, Lehrbuch des Schuldrechts, Band I, Allgemeiner Teil, 제13판(1982년), Medicus, Schuldrecht I, Allgemeiner Teil, 초판(1981년)이 인용되어 있다. 이 문헌들은 모두 현재 동명의 문헌을 제자들이 이어받아서 출판하고 있는데(Esser의 채권총론도 1975년부터 Schmidt교수가 뒤를 이어 집필한 것임), -법률규정이 개정된 부분을 새로

89) 1992년 판결 이후(1992년부터 2020년까지) 66편의 논문이 발표되었다.

집필한 경우를 제외하고는- 원저자의 저술내용이 거의 그대로 남아 있다. 이와 더불어 Erman Handkommentar 제3판(1962년), Münchener Kommentar 초판(1975년), Palandt Kommentar 제40판(1981년), RGRK 제12판(1967년), Soergel-Siebert Kommentar 제10판(1967년), Staudinger Kommentar 제10/11판(1967년), Studienkommentar 초판(1975년)을 참고하여 논문이 작성되었고, 특히 Münchener Kommentar 초판이 가장 많이 인용되어 있다. 최종길 교수의 논문에 인용되었던 주석서들과 비교해 보면 Erman Handkommentar와 Staudinger Kommentar는 같은 판이 인용되어 있고, Palandt Kommentar의 경우에는 최교수의 논문에는 제25판(1965년; 집필자: Hocke), 대상논문에는 -그 사이에 집필자가 변경되어- Heinrich가 집필한 제40판(1981년)이 인용되어 있다. 물론 이러한 주석서들은 현재에도 우리 문헌에서 많이 인용되고 있는데, 그동안 주석서의 집필자들이 모두 변경되었고, 특히 2002년에 민법규정도 개정되었기 때문에 최신판에서는 그 주석의 내용이 이 두 논문에 인용된 내용과 조금은 상이하다(특히 원시적 불능에 대한 기술이 변경되었다).

이러한 문헌들에 대한 연구를 토대로 대상논문의 Ⅱ.에서 독일의 제도를 소개하고 Ⅲ.에서 이 제도의 우리 법에의 접목을 시도했다는 점에서 대상논문은 일단 비교법적 논문으로서의 가치를 가진다고 할 수 있다. 사실 독일과 한국의 제도를 비교해서 박사학위논문 등을 작성하게 되면 두 나라의 법률규정 및 문헌연구의 양적 · 질적 차이로 말미암아 완벽하게 동일한 목차를 가지고 양자를 비교 · 분석하는 것이 곤란한데, 이 대상청구권이라는 주제도 이러한 유형에 속한다. 그럼에도 불구하고 독일의 제도를 소개하는 것에 그치지 않고 대상청구권에 관한 명문규정이 없는 우리의 경우에도 독일에서와 유사하게 해석할 수 있는지를 검토했다는 점에서 대상논문의 의미를 찾아야 할 것이다.

2. 목차 및 내용

대상논문이 발표되었던 1985년까지 우리나라에서 공간된 문헌에서는 모두 이행불능의 효과로 대상청구권을 인정하고 있었으나, 이 주제에 대하여 목차를 잡고 체계적으로 기술한 논문은 2편에 불과하다. 물론 이태재 교수의 교과서에도 그 당시에 집필된 다른 교과서들과 비교하면 대상청구권에 대하여 상대적으로 많은 내용이 기술되어 있기는 하지만 -가령 이 책에서 다루고 있는 다른 주제들(가령 이행지체, 이행불능 등)이 의의, 요건, 효과의 순으로 기술되고 있는 것과 비교했을 때- 대상청구권 전체를 망라하는 내용이 담겨 있는 것은 아니었다.

최종길 교수의 논문과 대상논문은 모두 독일문헌을 많이 참고하여 작성되었기 때문에 목차 및 구성면에서 의의-요건-내용(본질과 범위)의 순으로 기술되어 있다. 물론 전술한 바와 같이 대상논문에는 최종길 교수의 논문에 인용되어 있는 문헌들에 비하여 10-20년 후에 출간된 독일문헌들이 대거 인용되어 있는데, 이 기간 동안 문헌들이 그렇게 많이 개정되지는 않아서 내용면에서는 이 두 논문이 유사하다. 다만 최교수의 논문에는 -Heck 및 Enneccerus/Lehmann의 채권법 교과서를 인용하면서- 대상청구권 제도의 연원에 대하여 비교적 상세하게 기술되어 있고, 특히 RGZ 120, 35 판결을 통하여 (구)제281조의 기본이념을 소개하고 있다. 이에 비하여 대상논문에는 -(구)제281조 및 (구)제323조 제2항에 포커스를 맞춰서- 독일 주석서의 목차와 유사하게 대상청구권의 성립요건 및 내용을 중심으로 논문이 작성되어 있다.

국내에서의 선행연구가 미비한 상태에서 외국의 제도나 문헌을 국내에 소개할 때에는 당해 논문의 내용이 향후 이 주제에 대하여 논문을 작성하게 되는 사람들에게 기준점이 될 수 있기 때문에 용어 번역 및 목차 구성 등에 있어서 신중을 기하기 마련이다. 대상논문에는 Staudinger Kommentar, Münchener Komentar, Medicus 채권총론, Studienkommentar 등에 언급되어 있는 간단한 사례들이 소개되어 있는데(주 133, 147 참조), 이처럼 이론에 부합하는 사례를 번역하고 적재적소에 사례들이 인용되어 있다는 점에 비추어 볼 때 대상논문도 바로 이러한 심사숙고를 거쳐서 작성된 논문이라는 생각이다. 사실 대상논문이 작성될 당시에는 우리 민법에 대상청구권에 관한 명문규정도 이와 관련된 판결도 없었기 때문에 독일에서의 논의만을 소개했더라면 구체적 타당성 측면에서 다소 미흡할 수도 있었을 터인데, 간단한 Fällchen을 통하여 이 이론이 구체적인 케이스에서 어떻게 적용되는가를 가시적으로 보여줌으로써 이 제도의 의미 및 논점을 한층 부각시켰다고 볼 수 있다.

3. 규정 신설 제안

대상논문에서는 대상청구권에 관한 명문규정이 없는 우리나라에서도 대상청구권을 인정할 필요가 있고, 그 요건 및 효과에 대해서는 독일에서의 논의가 거의 그대로 적용될 수 있으나, 향후 법적 안정성을 위하여 민법에 대상청구권에 관한 명문규정을 두는 것이 바람직하다고 기술하고 있다. 대상논문에는 민법개정안이 제시되어 있지 않지만 그 후 2011년에 발표된 논문에서는 독일민법 규정을 참조하여 다음과 같이 대상청구권에 관한 민법개정시안도 제안되어 있다.[90)]

> 개정시안 제396조의2(대체이익청구권) ① 채무자가 급부를 불능하게 하는 사정의 결과로 채권의 목적물에 관하여 그것에 대신하는 이익을 취득하는 경우에는, 채권자는 그 이익을 청구할 수 있다.
> ② 채권자가 불이행을 이유로 손해배상청구를 할 수 있는 경우에 그가 제1항에 규정된 권리를 행사하는 때에는, 손해배상액은 대신하는 이익의 가치만큼 줄어든다.

90) 송덕수, "대상청구권에 관한 입법론", 『법조』(법조협회, 2011), 제60권 제9호, 103-104면.

개정시안 제396조의3(채무자의 확답 촉구권) 채권자에게 제396조의2에 따라 대체이익청구권이 생기는 경우에, 채무자는 적당한 기간을 정하여 채권자에게 그 권리를 행사할 것인지 여부의 확답을 촉구할 수 있다. 채권자가 그 기간 내에 확답을 발송하지 아니하면 대체이익청구권은 소멸한다.

개정시안 제537조(채무자 위험부담주의) ① (현행 제537조와 같음)
② 상대방이 제396조의2에 의하여 채권의 목적물에 대신하는 이익을 청구하는 경우에는, 그는 채무를 이행하여야 한다. 다만, 그의 채무는 목적물에 대신하는 이익의 가치가 본래의 채무보다 적은 경우에는 그에 비례하여 줄어든다.

나아가 -대상논문의 마지막 문단에서 언급한 것[91]에 상응하게- 민법개정위원회 채무불이행법 분과위원장으로서 2013년 민법개정안 제399조의2에서 대상청구권에 관한 근거규정을, 대상청구권과 위험부담 원칙 사이에 법적 충돌을 해결하기 위해 제537조 제3항을 각각 신설하는 데 중추적인 역할을 담당하기도 했다. 이 개정안의 내용은 다음과 같다.

개정안 제399조의2(대상청구권(代償請求權)) ① 채무의 이행을 불가능하게 한 사유로 채무자가 채권의 목적인 물건이나 권리를 갈음하는 이익을 얻은 경우에는 채권자는 그 이익의 상환을 청구할 수 있다.
② 채권자가 채무불이행을 이유로 손해배상을 청구하는 경우에, 제1항에 따라 이익의 상환을 받는 때에는 손해배상액은 그 이익의 가액만큼 감액된다.

개정안 제537조(채무자의 위험부담) ③ 상대방이 제399조의2 제1항에 따라 이익의 상환을 청구하는 경우에는 채무자는 상대방의 이행을 청구할 수 있다. 이 경우에 상환할 이익의 가치가 본래의 채무보다 작으면 상대방의 채무는 그에 비례하여 감소한다.

V. 향후의 연구방향 및 내용

국내에서 발표된 대상청구권에 관한 논문들은 -대상논문과 유사하게- 독일민법 규정이나 문헌들을 검토하고 우리의 경우에도 독일민법과 마찬가지로 해석할 수 있다는 내용이 주를 이룬

91) 송덕수, 앞의 논문(주 1), 225-226면: "우리 민법에 있어서의 대상청구권에 대한 논의에는 아직도 비판이 가해질 수 있다. … 이런 상황 하에서 모든 문제점을 일거에 해결하는 방법은 대상청구권에 관한 규정을 민법에 두는 것이다. 그 때에는 물론 관련문제까지도 충분히 고려되어야 할 것이다. 그럼에 있어서는 독일민법 제281조 및 제323조 제2항이 모범이 될 수 있을 것이다."

다. 전술한 바와 같이 독일민법전에는 민법제정 당시부터 현재에 이르기까지 대상청구권에 관한 명문규정을 두고 있기 때문에 독일학자들은 논리필연적으로 이 청구권의 기초가 되는 규정(Anspruchsgrundlage)을 중심으로 논의를 전개한다. 그런데 우리의 경우에는 대상청구권에 관한 근거규정이 없는 상태에서 연구를 진행하기 때문에 대상청구권 제도의 인정필요성에서부터 논의를 시작해야 하는바, 이 제도의 근원(Quelle)을 살피는 '종적인 연구' 또는 '법제사적 연구'가 선행되어야 한다. 그 밖에 문헌 및 판례에서 대상청구권을 인정하는 것에서 나아가 민법전에 대상청구권에 관한 규정을 신설하는 경우를 상정한다면, 이 채권적 권리와 다른 민법상 권리들과의 관계에 대한 '횡적인 연구'도 이루어져야 한다.

1. 종적인 연구

대상청구권 제도의 인정 필요성 및 근거규정 신설 등을 주장하는 논문들은 대상청구권에 관한 독일민법 규정 및 문헌들을 참조하여 작성된 것이 대부분이다. 물론 논문작성시점에 따라서 참고한 독일민법 규정 및 문헌이 상이하고, 특히 beckonline 등으로 인하여 독일문헌에 대한 접근성이 용이해졌기 때문에 2000년대 이후에 공간된 논문에는 대상논문에 비하여 '양적으로' 보다 많은 독일문헌들이 인용되어 있다. 이처럼 독일문헌 수집 자체가 어려웠던 1980년대와는 달리 이제는 '문헌의 홍수' 속에서 다양한 자료들 가운데 옥석을 선별하는 작업이 중요한 의미를 가지게 되었다고 볼 수 있다. 그럼에도 불구하고 대상청구권이 로마법 이래 인정되어온 전통적인 주제라는 점, 로마법학자들을 중심으로 독일민법 제정 당시에 이미 대상청구권에 관한 이론이 거의 정립되어 있었다는 점 및 그동안 대상청구권과 관련된 독일민법 규정들이 -원시적 불능 부분을 제외하면- 그렇게 많이 개정되지 않았다는 점에 비추어 보면 '내용면에서' 2000년 이후에 공개된 독일문헌의 내용이 -따라서 이를 기초로 작성된 국내문헌들의 내용도- 대상논문이 작성되었던 1980년대와 비교했을 때 대폭적으로 변경되지는 아니하였다.

문제는 대상청구권이 이처럼 전통적인 주제임에도 불구하고 그 역사적 배경이나 성문화되기 전의 논의를 생략한 채, 논문작성 시점에서 독일에서 논의되고 있는 내용이나 독일에서의 다수설을 중심으로 독일민법상 대상청구권을 소개한다는 점이다. 그런데 우리의 경우에는 대상청구권에 관한 명문규정이 없는 상태에서 이러한 채권적 권리를 인정하고 있기 때문에 독일의 사정도 지금의 우리와 비슷했을 때, 즉 로마법상 대상청구권을 다룬 Digesta부터 독일민법이 제정되기 전 단계에서 독일학자들이 대상청구권에 관하여 논의했던 연구결과물에 대한 분석이 보다 더 필요할 수 있다. 가령 독일민법전이 제정되기 전에 출판된 Müllenbruch-Jhering-Mommsen의 저술에서 이 대상청구권이 어떠한 의미를 가지는 제도인지, 매매에 관하여 채권자위험부담주의를 취했던 로마법에서와는 달리 채무자위험부담주의를 취하는 법제에서도 이 제도가 효용성을 가지는지, 그 적용대상을 commodum ex negotiatione로까지 확대할 것인지 등에 대한 시사점을 찾는 것이 중요한 의미를 가질 것이다.

대상논문에서처럼 민법전에 대상청구권에 관한 명문규정을 신설하는 것을 지향한다면 독일 민법 제정과정에서의 논의도 보다 상세하게 검토할 필요가 있다. 가령 von Kübel이 작성한 채무관계법 초안에는 대상청구권에 관한 규정이 없었고 제1초안에서야 비로소 이에 대한 규정을 두게 되었는데, 우리의 문헌연구는 대부분 제1초안 입법이유서에서부터 시작된다. 그런데 어떠한 이유로 민법전 일부초안에는 대상청구권에 관한 규정을 두지 않았었는지(가령 로마법 이래 인정되는 당연한 제도이므로 민법전에서 이에 대한 명문규정을 두지 않아도 된다고 판단한 것인지) 그리고 어떠한 이유로 제1초안에는 이에 대한 규정을 신설하게 되었는지에 대한 문헌연구가 이루어진다면 이 제도의 성문화 필요성에 대한 판단을 하는 데 도움이 될 것이다.

2. 횡적인 연구

대상청구권은 종래 후발적 불능의 효과로 주로 논의되어 왔고, 채무자의 귀책사유로 인한 후발적 불능의 경우에는 손해배상청구권과의 관계, 쌍무계약에 있어서 채무자의 귀책사유 없는 후발적 불능의 경우에는 채권자/채무자위험부담주의와의 관계가 주요 논점으로 다루어졌다. 대상청구권이 로마법 이래 인정되고 있는 검증된 제도이기는 하지만 '만능키'는 아니기 때문에 기타의 민법상 제도들, 가령 손해배상청구권, 부당이득반환청구권 및 채무자위험부담주의와의 정합성도 중요한 의미를 가지는바, 이러한 제도들과의 횡적인 관계에도 주목해야 한다. 우리 민법에 대상청구권에 관한 규정은 없지만, 손해배상, 부당이득반환 및 위험부담에 대해서는 독일민법과 유사한 규정이 마련되어 있기 때문에, 이들 제도와 대상청구권의 관계에 대한 논의는 독일에서와 유사하게 진행될 수 있다.

다만 독일의 경우에는 우리와는 달리 제3자에 의한 채권침해에 대해서 소극적인 입장을 취하고 있으므로 이러한 사례에서 채권자를 보호하기 위하여 대상청구권 제도를 적극 활용하는 측면이 있다. 아울러 이중매매의 경우에도 commodum ex negotiatione를 채권자(제1 매수인)에게 귀속킴으로써 -로마시대보다도 더- 채권자를 두텁게 보호하고 있기도 하다. 그러다 보니 부당이득반환/손해배상의 범위와 대상이익의 반환범위가 일치하지 않게 되어 제도간 정합성의 관점에서 비판을 받고 있기도 하다. 우리의 문헌에서도 다수의 학자들은 -독일의 다수설과 마찬가지로- commodum ex negotiatione, 특히 초과이익도 채권자에게 귀속된다고 보고 있다.[92] 그런데 제3자에 의한 채권침해를 인정하여 채권자가 가해자를 상대로 직접 불법행위에 기한 손해배상을 청구할 수 있는 우리의 경우에도 독일에서와 마찬가지로 해석할 것인지는 심사숙고할 필요

92) 무제한설을 취하는 학자들의 상세는 박기영, 앞의 논문(주 74), 주 426 참조.

가 있다.

나아가 민법전에 대상청구권에 관한 규정을 신설한다면 2013년 개정안 제399조의2 제1항처럼 일반규정의 방식을 취하여 '채무의 이행을 불가능하게 한 사유로 채무자가 채권의 목적인 물건이나 권리를 갈음하는 이익을 얻은 경우에는 채권자는 그 이익의 상환을 청구할 수 있다.'라고 규정하고 그 상환범위에 대하여는 학설에 일임할 것인지도 검토를 요한다. 법적 안정성을 생각한다면 무제한설, 제한설, 절충설 가운데 어느 한 입장을 성문화하는 방안도 모색해 볼 필요가 있다. 이렇게 된다면 -이 규정이 부당이득반환 내지는 손해배상범위에 대한 특별규정으로서의 지위를 차지하게 될 것이므로- 독일에서와 같은 이른바 정합성의 논쟁으로부터 조금은 자유롭게 될 것이다. 이러한 점에서 2017년에 대상청구권에 관한 규정을 일본민법에 신설하면서(일본민법 제422조의2[93]: 2020년 4월 1일부터 시행) 채권자가 '그 받은 손해액의 한도에서' 채무자에 대하여 그 권리의 이전 또는 그 이익의 상환을 청구할 수 있도록 법정함으로써 이 문제를 입법적으로 해결한 일본의 예를 참조할 만한다.

더 나아가 최근의 입법 트랜드를 참조하는 것도 횡적인 연구의 카테고리에 속한다. 현행 민법상으로는 법률행위가 원시적으로 불능인 경우에는 당해 법률행위는 무효가 되므로 채무도 대상청구권도 문제되지 아니한다. 이에 비하여 2001년 독일민법 개정으로 독일에서는 원시적/후발적 불능의 구분은 더 이상 의미가 없게 되었고, 원시적 불능의 경우에도 계약은 유효하다고 보고 있기 때문에 -후발적 불능의 경우와 마찬가지로- 당연히 대상청구권이 문제된다. 그 밖에 국제상사계약원칙(Principles of International Commercial Contracts: PICC) 제3.3조 제1항[94] 및 유럽계약법원칙(Principles of European Contract Law: PECL) 제4:102조[95]도 원시적 불능을 유효한 것으로 규정하고 있다. 만일 우리 민법도 이러한 방향으로 개정된다면 원시적/후발적 불능을 불문하고 대상청구권을 검토하게 될 것이다.

---

93) 일본 개정민법 제422조의2(대상청구권) 채무자가 그 채무의 이행이 불능으로 된 것과 동일한 원인에 의해 채무의 목적물의 대상인 권리 또는 이익을 취득한 때에는, 채권자는 그 받은 손해액의 한도에서 채무자에 대하여 그 권리의 이전 또는 그 이익의 상환을 청구할 수 있다.

94) 국제상사계약원칙 제3.3조(원시적 불능) 계약 체결시에 채무의 이행이 불능이었다는 사실만으로는 계약의 효력에 영향을 미치지 아니한다.

95) 유럽계약법원칙 제4:102조(원시적 불능) 계약 체결시에 채무의 이행이 불능이거나 당사자 일방이 계약의 목적물에 대한 처분권이 없다는 이유만으로 계약이 무효가 되지 아니한다.

'제3자 보호효력 있는 계약'의 의미에 대한 소고*

최 성 경**

Ⅰ. 서 설

1. '제3자 보호효력 있는 계약[1])'의 저자 송덕수 교수님은 늘 君子三樂의 세 번째 즐거움을 말씀하시며, 교육과 연구의 외길을 걸어오셨다.

필자의 지도교수님이신 송덕수 교수님은 필자가 여러 번의 어려운 일로 공부를 계속할 수 없는 상황을 겪을 때마다, 쉼 없이 공부를 하도록 독려하여 주셨다. 의지가 약한 필자가 공부를 계속할 수 있었던 것은 송덕수 교수님 덕분이다.

이 자리를 빌려 다시 한 번 존경과 감사의 말씀을 올린다.

존경하는 송덕수 교수님께서 정년 이후에도 건강하시고 활발한 연구·학술 활동을 하시기를 기원하며, 이 글을 시작한다.

2. 계약 자유의 원칙상 당사자는 계약의 상대방 선택의 자유를 가지고 있고, 이것은 채권의 상대적 효력과 맞닿아 있다. 계약의 당사자들은 사적 자치에 의하여 특정된 자에게 효력을 가지는 약정을 할 수 있다. 그 특정된 자는 보통의 경우 계약의 상대방이지만, 제3자 약관이 있는 경우 제3자를 위한 계약이 된다. 이외의 경우에는 채권의 효력은 원칙적으로 제3자에게는 효력이 미치지 않는다. 그러므로 당사자가 아닌 자가 계약의 효력 범위에 있는 것은 채권의 상대적 효력을 고정된 명제로 보는 시각에서는 받아들이기 어려운 일이다.

그런데, 계약의 당사자가 아닌 제3자가 채무자의 이행을 위하여 사용될 수 있고, 계약상의 급부와 밀접한 관계 등이 있는 제3자가 채무자측의 과실로 인하여 손해를 입을 수도 있다. 이렇

* 이 글은 「법학논집」 제25권 제4호(이화여자대학교 법학연구소, 2021)(송덕수 교수 정년기념 특집호)에 게재되었다.

** 단국대학교 법과대학 교수.

1) 송덕수, "제3자 보호효력 있는 계약", 민법학논총, 후암 곽윤직 교수 회갑기념, 박영사, 1985. 12, 454면 이하.

듯 채권채무관계는 계약의 직접 당사자가 아닌 자가 관여되는 경우가 얼마든지 존재한다. 이러한 환경에서 급부자의 이행보조자의 과실 있는 행위로 피해를 입은 제3자를 -그가 계약상의 급부와 아무리 밀접한 관계에 있더라도- 채권의 상대적 효력만을 내세워 불법행위로 인한 손해배상청구권만을 행사할 수 있을 뿐이라고 한다면 불충분한 경우가 있다. 특히 이행보조자가 자력이 부족하여 피해자(제3자)가 충분한 구제를 받을 수 없는 경우라면 더욱 그렇다.

'제3자 보호효력 있는 계약'논문[2]은 이처럼 피해를 입은 제3자가 사용자책임 규정인 제756조 1항 단서의 면책규정으로 인하여 보호받지 못하게 될 수 있으므로,[3] 제3자를 충분히 보호하기에는 일반불법행위 규정만으로는 부족하다는 문제의식에서 출발하였다. 이 논문은 피해를 당한 제3자를 두텁게 보호하기 위한 타당한 해결책을 제시하기 위하여, 제3자 보호효력 있는 계약이론을 우리나라에 의미 있는 내용으로 소개한 최초의 연구이다.

한편, 계약책임의 인적 범위를 연구한 이 논문은 다변화되는 현대 사회에서 또 다른 새로운 의미를 가질 수도 있다. 현대사회의 다양하고 복잡한 법률관계에서 채권의 상대적 효력의 완화가 필요한 영역이 다방면으로 발생하고 있는 것이다. 과거에는 미처 예상하지 못한 복잡한 법률관계가 존재하고 있고, 이 경우 계약의 당사자가 계약의 효력이 미치는 경우에 대하여 하나하나 약정할 수는 없으나 채권자처럼 보호를 받아야 하는 경우가 얼마든지 생겨날 수 있다. 그렇다면 계약의 효력을 무조건 당사자에게 국한하여 발생하도록 하는 경우는 불충분하게 된다.

이 글에서는 계약의 제3자에 대한 효력과 관련한 이러한 문제 상황들을 인식하고, 송덕수 교수님께서 30세 때 쓰신 '제3자 보호효력 있는 계약'을 살펴본다. 이후 저자의 동 주제에 대한 논증을 검토하며, 동 주제의 시대적 의미와 오늘날의 시사점을 되새겨 보고자 한다.

Ⅱ. '제3자 보호효력 있는 계약'의 주요내용과 특별한 내용[4]

1. 주요 내용 소개[5]

(1) 서 설

이 논문의 서설에서는 문제의 제기와 독일의 제3자 보호효력 있는 계약이론, 동 이론의 도

2) 이하 '이 논문'이라 한다. 또한 본문 중의 '저자'는 "제3자 보호효력 있는 계약"의 원문 저자인 송덕수 교수님을 지칭한다.

3) 우리나라의 실제에 있어서 사용자책임의 면책규정을 잘 인정하지 않는다는 실무상의 현실에도 불구하고, 명문의 규정을 그대로 실효성 있게 해석하는 견지이다.

4) 이 부분은 주요 내용을 요약하여 정리하는 부분이므로 이 논문 원문 상의 각주 표시는 생략하고 서술한다.

5) 저자의 이 논문은 매우 정교하고 논리적으로 기술되어 있고, 모든 영역을 집약적으로 정리하고 있기에, 독자들이 이후 이 논문의 원문을 직접 읽어보기를 권한다.

입 필요성을 서술하고 있다.

1) 우선 문제의 제기(453－455면)[6] 부분에서는 계약에 의한 권리와 의무는 계약당사자 사이에서만 발생하는 것이 원칙인데 "제3자를 위한 계약이 아닌 계약에 있어서, 계약당사자 이외의 제3자는 급부를 청구할 수 없고, 따라서 그가 계약상의 급부와 아무리 밀접한 관계에 있다 할지라도 급부이행의 장애를 이유로 한 배상청구권도 가지지 못하게 된다. 그 결과 급부로 인하여 제3자에게 손해가 발생한 경우에는, 급부자에 대하여 불법행위로 인한 손해배상청구권이 고려될 뿐이다. 그러나 그 때에는 급부자가 민법 제756조(사용자의 배상책임) 1항 단서에 의하여 그의 이행보조자의 과실 있는 행위에 관하여 면책될 위험을 제3자는 부담한다. 만일 급부자가 책임을 면하게 되면 손해를 입은 제3자는 충분한 구제를 받기가 어려워진다."고 하면서 "피해를 당한 제3자는 두텁게 보호되어야 하며, 그러기 위하여는 어떤 새로운 조치가 필요하다."고 한다.

2) 이후 독일의 이론을 소개하는 부분(455-456면)에서는 우리와 유사한 사용자 책임규정체계를 가지고 있는 독일에서, 사용자 책임 규정의 불충분함을 이행보조자 규정으로 대치하고자 하였다는 것을 서술한다. 그러면서 채무자의 급부행위에 대한 근접성과 채권자에 대한 관계에 기하여 채권자와 유사하게 보호할 가치가 있는 제3자에게 계약적인 보호의무 위반을 이유로 한 청구권을 인정한 leading case인 독일제국대심원(RG)의 가스계량기 사건을 소개한다.[7] 이후 "이 경우는 하녀와 가스시공회사 사이에 계약관계가 존재하지 않음에도 불구하고 그녀에게 계약에 기한 손해배상청구권을 인정하였다. 독일제국대심원의 이러한 입장은 독일연방최고재판소(BGH)에 의하여 계승되었고 독일의 통설도 대체로 찬성하고 있다."고 서술하고 있다.

3) 독일의 제3자보호효력 있는 계약이론 도입의 필요성 부분(457면)에서는 "모두에서 설명한 문제점을 해결하기 위하여, 불법행위법의 개정에는 의문이 있고 또 현재의 사정으로 보아 그것을 기대하기도 어렵다. 그러므로 문제의 해결을 위한 새로운 이론구성이 불가피하다"고 하면서 그러한 이론으로 "독일의 제3자 보호효력 있는 계약이론을 도입하여 우리 민법의 해석에 적용해 보고자 함"을 밝힌다.

(2) 제3자 보호효력 있는 계약의 의의 및 근거

이 부분에서는 우선 제3자 보호효력 있는 계약을 구체적인 사례를 통해 설명하고, 계약의 제3자 보호효력을 인정하는 경우를 인정하지 않는 경우와 비교하여 그 제3자 보호효력 있는 계약의 의의를 상세히 기술한다. 이후 제3자 보호효력 있는 계약에 있어서 제3자는 채무자가 그에 대하여 부담하고 있는 보호의무를 위반한 경우에 그것을 이유로 한 계약적인 손해배상청구권을

6) 이하 ( )안의 면 표시는 이 논문 원문상의 것을 의미한다.

7) RGZ,127,218 ff. 이 사건은 현재는 관심 연구자들에게는 잘 알려진 사건이지만, 이 논문이 작성될 당시에는 그 상세한 소개가 처음이었던 것이었다. 이 사건이 우리에게 잘 소개된 것도 이 논문의 영향이라고 생각한다. 이 논문에서는 유사 판례도 각주에서 소개하고 있다.

가지게 되는데, 그 법적 기초에 관하여는 독일의 견해를 소개하고 저자의 입장을 밝히고 있다.

1) 의 의

"가옥소유자가 어느 목수에게 지붕 개량을 맡긴 경우에, 그 목수가 지붕을 개량하는 동안에 부주의로 가옥소유자의 처 및 자녀에게 손해를 가한 때에는, 그 처 및 자녀는 목수에 대하여 불완전이행된 도급계약으로 인한 계약적인 손해배상청구권을 가진다. 이 경우에 있어서 가옥소유자의 처 및 자녀는 지붕 개량의 이행에 대한 청구권은 가지지 못하나 -그것은 도급인인 가옥소유자만이 가질 수 있다(민법 제664조)- 목수가 그들에게 부담하고 있는 보호의무의 위반이 있기 때문에 그들이 입은 손해에 대하여 배상을 청구할 수 있는 것이다(457-468면)." 이러한 경우의 계약을 '3자 보호효력 있는 계약'이라고 하면서, "계약당사자는 아니지만 계약관계에 기한 보호의무의 이행에 직접 이해관계를 가지는 제3자는 그 의무의 위반을 이유로 한 손해배상청구권을 가지는" 경우라고 한다(457면).

이어 제3자를 위한 계약과의 차이점을 정리하고,[8] 계약의 제3자 보호효력을 인정하는 경우를 인정하지 않는 경우와 비교하고 있다.[9] 이 부분에서는 "계약의 제3자 보호효력을 인정하면, 채무자가 이행보조자에 의하여 채무를 이행하는 때에 제3자에게 손해가 발생하는 경우에는, 보호되는 제3자는 민법 제756조(사용자의 배상책임)에 의하여뿐만 아니라 민법 제391조(이행보조자의 고의과실)에 의하여 책임을 물을 수 있"으므로, 제3자를 두텁게 보호할 수 있다고 한다. 또 "이것이 독일에서 제3자 보호효력 있는 계약이론을 출현시킨 근본적인 이유"라고 한다. 이외에도 계약적인 손해배상청구권이 불법행위로 인한 것보다 제3자에게 유리함을, 과실의 입증책임, 소멸시효, 배상권자의 범위가 간접피해자에게 쉽게 확대될 수 있음으로 서술하고 있다.

2) 근거(법적 기초)

제3자 보호효력 있는 계약에 있어서 제3자는 채무자가 그에 대하여 부담하고 있는 보호의무를 위반한 경우에 그것을 이유로 한 계약적인 손해배상청구권을 가지게 되는데, 그 법적 기초에 관하여 저자는 "제3자를 위한 보호의무의 근거를 계약의 보충적인 해석에서 찾는 것은 옳지 못하다고 하겠다. 왜냐하면 계약당사자는 제3자에 대하여 특약을 하지 않음이 보통일 것이므로, 그러한 입장에 있게 되면, 당사자의 추정적인 의사탐구에 주력하게 될 것인데, 그러다 보면 제3자의 보호를 염원한 나머지 당사자의 의사가 실제의 모든 추정된 것이 아닌 의제적인 것으로 될 가능성이 많기 때문이다. 뿐만 아니라 보호의무의 제3자에의 확대가 계약당사자의 의사에 좌우되지 않도록 하여야 한다는 점에서 볼 때도 그러한 견해는 취할 바가 못 된다. 결국 계약의 제3자 보호효력은 민법 제2조 1항(신의성실의 원칙)에 기한 것으로 보아야 할 것이다. 즉 제3자를 위

8) 제3자를 위한 계약과의 구별은 이 논문, 458-459면 참조.

9) 이 부분의 자세한 소개는 이 논문의 결어 부분에서 같이 정리하기로 한다.

한 계약적인 보호의무는 신의칙에 의한 채권관계(법정채권관계)의 내용을 이루고 있는 것이다. 제3자의 편입여부는 주된 채권관계로부터 나오는 제3자의 기대 · 형평의 원칙 · 유익성 등의 전형적인 사회적 이익에 의하여 결정된다."고 하여 신의칙에서 그 근거를 찾는다(461면).

또 제3자 보호효력이 계약이 유효하게 성립한 후에만 인정될 수 있는가의 문제에서 "법정보호관계의 책임근거는 원칙적으로 당사자 사이의 계약의 체결 및 유효성에 좌우되지 않는다."고 하면서 "예를 들어 시장가는 어머니를 돕기 위하여 따라간 딸이 가게에서 야채 잎에 미끄러져 다쳤다면, 그 딸은 가게 주인에 대하여 -아직 물건에 대한 계약은 체결되지 않았을지라도- 손해배상청구권을 가진다."고 한다. 즉 제3자는 계약상의의 단계에 있어서도 보호된다(462면).

(3) 보호되는 제3자의 범위

이 부분에서는 "계약의 하자 있는 이행에 의하여 피해를 입은 모든 제3자에게 제3자보호의 효과를 부여할 수는 없으며, 보호되는 인적인 범위는 좁게 정하여지지 않으면 안 된다. 그렇지 않으면 계약책임과 불법행위책임 사이의 한계가 용인할 수 없을 정도로 문란하게 되고, 제3자 보호효력의 제도가 불법행위에 대한 배상에 관한 일반조항이 될 것이기 때문이다." 그러므로 이 이론에 의하여 "보호되는 제3자의 범위를 어떻게 한정하여야 하는가"와 관련하여 계약에의 밀접성, 채권자가 제3자의 보호에 특별한 이익을 가질 것, 채무자의 인식가능성의 세 요건을 갖추어야 한다고 하고 있다. 이에 대하여 소개하면 다음과 같다(463-466면).

1) 계약에의 밀접성

이 의미는 제3자가 "급부에의 우연한 접촉만으로는 충분하지 않다"는 것으로 "계약에 기한 주된 급부와 정형적인 방식으로 관계를 가지고 있어야 한다."는 것이다. "예컨대 임차가옥에서 임차인과 함께 거주하는 모든 자는 임대차계약에 의하여 보호되나, 다른 곳에 거주하는 임차인을 방문한 손님 · 환자의 문병객 또는 이웃집의 수확을 돕는 자 등은 임대차계약 · 입원계약 또는 탈곡기부품의 공급에 관한 계약 등에 의하여 보호되지 않는다."

2) 채권자가 제3자의 보호에 특별한 이익을 가질 것

"채권자는 주의를 다한 급부이행에 자신의 이익뿐만 아니라 제3자를 위한 정당한 이익도 가져야 한다. 이것은 일반적으로, 채권자가 제3자에 대하여 배려의무를 부담하여야 한다거나 또는 채권자가 제3자의 안위에 공동으로 책임이 있어야 한다고 표현된다." 또 "계약적인 보호효력의 범위는 급부객체에 대한 제3자의 관계에 의하여 결정되어야 한다. 물론 제3자의 지위가 실질적으로 채권자 또는 채무자의 지위와 같을 것이 요구되지는 않는다. 요컨대 제3자 이익보호에 대한 계약당사자의 필수불가결한 이익은 완전히 그때 그때의 채권관계 · 계약의 목적 그리고 신의성실에 따라 그 강도가 정하여진다. 그러고 보면 모든 경우에 있어서 보호되는 제3자의 범위를 결정하는 확정적으로 승인된 추상적인 규칙은 있을 수 없는 것이다."

3) 채무자의 인식가능성

"계약급부에 대한 제3자의 객관적인 관계 외에, 보호되는 제3자의 범위가 보호효력이 문제되는 계약의 체결 당시에 채무자에게 주관적으로 인지될 수 있어야 한다. 즉 계약의 위험 및 책임의 위험이 계약체결 당시에 채무자에게 개관될 수 있고, 계산될 수 있고, 또 경우에 따라서는 담보될 수 있어야만 한다. 왜냐하면 그 경우에만 계약적인 높은 책임위험이 요구될 수 있기 때문이다."

(4) 제3자의 손해배상청구권

"보호되는 제3자는, 기술한 요건이 갖추어진 경우에는, 계약책임의 원칙에 따라 채무자에 대하여 직접 자신의 고유한 손해배상청구권을 취득한다. 입증책임도 계약법의 원칙에 따르게 됨은 물론이다. 그 결과 채무자측의 과실 등은 제3자 자신이 입증할 필요가 없으며, 채무자는 자기에게 보호의무의 위반 및 과실이 없다는 것을 입증하지 못하는 한 손해배상책임을 진다. 그리고 채무자가 이행보조자를 사용하여 채무를 이행하는 경우에 이행보조자의 과실로 제3자에게 손해가 발생한 때에는, 채무자는 이행보조자의 행위에 대하여 민법 제391조(이행보조자의 고의·과실)에 의하여 책임을 진다. 따라서 사용자로서 책임을 지는 경우와 달리 면책가능성은 없게 된다(466면)."

1) 완전성이익의 침해

"제3자의 이 손해배상청구권은 제3자의 완전성의 이익이 침해되었을 것을 전제로 한다. 왜냐하면 그 범위에서만 제3자가 당사자의 의사에 반하여서도 주된 채권관계에 편입될 수 있기 때문이다. 그에 비하여 제1차적인 급부의무의 존재에 관하여는 당사자가 자유롭게 결정할 수 있다. 따라서 제1차적 급부의무의 단순한 불이행(이행지체·이행불능)에 있어서 제3자가 '보호의무의 제3자적 효력' 이론에 기하여 이행청구권을 가지지는 못한다.", "완전성의 이익은 대부분의 경우, 급부관계의 존재에 상대적으로 좌우되지 않는 제2차적인 보호의무(기타의 행위의무)의 위반에 의하여 영향을 받는다. 그런데 당사자 및 제3자에 대한 보호의무 및 감호의무는 독립하여 의무의 객체로도 될 수 있다. 이 경우에 있어서는, 단순히 제2차적인 보호의무의 범위에 제3자를 포함시키는 때보다, 주된 급부의무가 근본적으로 제3자에게 더 강하게 관련되므로, 제3자의 지위는 결코 劣化될 수 없다(466-468면)."

2) 보호되는 제3자의 법익

"제3자에 관계된 주의의무를 책임 있는 사유로 위반하는 경우에 침해될 수 있는 제3자의 '모든 법익'이 보호된다. 독일의 초기의 판례는 인적 손해의 배상에 한정하였던 독일 초기의 판례와 달리 현재의 독일판례는 정당하게도 초기의 제한을 버리고 물적 손해 및 재산적 손해에 배상을 명하여 오고 있다. 그러나 독일판례는, 물적 손해 및 재산적 손해까지도 주된 채권관계의 보호효력에 편입시켜야 하는지를 검토함에 있어서는 엄격한 표준이 부가되어야 한다고 한다(468-469면)."

3) 제3자 손해의 청산[10]과의 관계

이 부분에서는 역시 우리나라에서 일반적으로 알려지지 않은 독일의 이른바 제3자손해의 청산과의 관계를 서술하고 있다(469-471면).

4) 계약당사자와의 관계

"제3자를 위한 보호의무는 신의칙(민법 제2조 1항), 따라서 법률에 그 근거가 있다고 하여야 한다. 이렇게 제3자의 보호관계를 법정채권관계로 보는 만큼, 객관적으로 보호되는 제3자의 배상청구권의 성립은 계약당사자의 의사에 좌우되지 않는다고 할 것이다(471면)."

한편 "채권자 및 제3자에 대하여 계약적인 면책 또는 책임제한이 가능하고 또 그것이 행하여진 경우에는, 제3자에 대한 채무자의 책임은 배제 또는 제한된다. 그리고 채권자에 대한 책임만이 배제되거나 제한된 때에는(실제로는 이런 경우가 많을 것이다), 그것이 보호되는 제3자에 대하여도 확장된다. 그렇지 않으면 구체적인 경우에 있어서 제3자가 당사자보다 더 유리한 지위에 놓일 수 있게 되기 때문이다. 그러나 제3자에 대하여만 보호효력을 배제하거나 제한하는 것은 사회질서 또는 신의칙에 반하고 따라서 무효이다. 한편 채무자가 과실이 없는 경우에도 채권자에 대하여 손해에 책임을 지는 한, 그것은 원칙적으로 제3자에 대하여도 적용된다(472-473면)."

5) 소멸시효기간

"제3자가 주된 채권관계의 보호에 편입되는 결과로, 보호의무위반으로 인한 제3자의 손해배상청구권도 주된 채권관계(계약에 의한 채권관계)에 적용되는 규정들에 의하여 시효소멸한다(474면)"(민법 제162조 1항·제163조·제164조).

(5) 구체적인 경우들

이 논문은 이 부분(475-477면)에서 "제3자에 대한 보호효력은 모든 종류의 법률관계에서 발생할 수 있다. 그리고 제3자보호는 이미 계약의 준비 시에, 즉 계약당사자의 관계에서 계약상의 의 채권관계(체약상의 과실)나 기타 계약에 유사한 행위구속관계가 성립하자마자 발생하고, 종국적인 계약청산시까지 존속한다. 그러고 보면 각각의 경우에 있어서 제3자가 상술한 여러 표준에 의하여 보호되는 자로 간주될 수 있느냐의 여부가 가장 중요한 문제임을 알 수 있다."라고 하면서 구체적인 경우들에 대한 예시를 소개하고 있다.

(6) 기타의 계약적인 제3자적 효력

이 부분에서는 제3자에 대하여 효력 있는 책임배제 등 기타 계약적인 제3자적 효력(478-479면)에 대하여도 서술하고 있다.

---

10) 이 제도에 대한 상세는 저자의 원문 469-471면을 참고하길 바란다.

(7) 결 어

이 논문은 결론적으로 "독일의 불법행위법을 개정하는 것, 즉 사용자의 면책을 배제하거나 제한하는 것이 더 좋다는 주장은 우리 민법하에서도 타당할 수 있고 또 경청할 만한 것이기도 하다. 그러나 그 점에 관하여는 신중한 검토가 있어야 할 것이다. 왜냐하면 피용자의 행위에 대한 사용자의 책임을 면해 주지 않거나 극히 제한적으로만 면해 준다면 사용자는 모든 면에서 높은 책임위험을 부담하게 되기 때문이다. 즉 계약에 밀접한 제3자에 대하여서만 높은 책임위험을 지는 제3자 보호효력 있는 계약과는 차이가 있다. 생각건대 민법 제756조 1항 단서(독법 제831조 1항 2문에 해당)는 기업책임에 관하여는 적당하지 않으나 가사사용인에 관하여는 과히 탓할 것이 아니라고 할 수 있다. 그러므로 기업책임은 특별법 내지는 특별규정으로 규율하되 그 이외의 경우를 위하여 동조항은 존치시켜야 할 것이다."라는 입장을 밝힌다. "그리고 사용자의 면책에 관한 규정이 제3자 보호효력 있는 계약이론 출현의 가장 근본적인 이유임은 분명하지만, 그 이론이 그러한 문제점을 해결하는 것으로 끝나지 않는다. 즉 부수적으로 손해배상청구권의 소멸시효기간을 연장하고 또 과실의 입증책임을 상대방(가해자)에게 지우는 방식으로 제3자를 보호하고 있다. 이러한 부수적인 효과도 계약당사자 이외의 자로서 계약상의 급부와 밀접한 관계가 있는 자를 보호한다는 관점에서 볼 때 바람직한 것이라고 할 수 있다. 결국 불법행위법을 손질하여 사용자에 무리한 부담을 주는 것보다는, 계약과 밀접하게 관련되어 있는 제3자만을 계약의 제3자 보호효력을 인정하여 보호하는 제3자 보호효력 있는 계약이론이 더 훌륭한 방법이라고 하겠다." 라고 하고 있다.

그러면서 우리나라의 법원실무상 사용자의 면책을 인정하지 않는 것을 지적하면서 "사용자에 관하여 면책요건이 갖추어져 있고 또 그것을 입증까지 하였다면 그의 책임은 마땅히 면해 주어야 할 것이고, 다만 계약상의 급부에 밀접성을 가지는 제3자는 그러한 경우에도 제3자 보호효력 있는 계약이론에 의하여 보호하여야 할 것이다."라고 하면서 제3자 보호효력 있는 계약이론 도입 견해를 밝힌다(480-481면).

2. 이 논문의 특별한 내용

이 논문은 제3자 보호효력 있는 계약이라는 알려지지 않은 개념에 관심을 갖도록 우리 학계를 환기시키는 역할을 하였다.[11] 이 논문을 통해서 알려진 독일의 가스계량기 사건[12]이나 그 밖의 사례들, 구체적인 경우들(475-477면)에 대한 서술은 현재는 관심 연구자들에게는 잘 알려져 있지만, 이 논문이 작성될 당시만 해도 그 상세한 소개가 처음이었던 것이어서 중요한 이정표 역

11) 이 이론에 대하여 현재까지 생소하게 여기고 부정적인 입장이 다수인 것으로 보이기는 한다.
12) RGZ,127,218ff.

할을 하였다. 이 논문에서는 독일의 관련 판례들을 소개하는 경우에도 사건에 대한 사실관계와 법적 구성, 독일 학계의 반응까지 소개하였고, 유사 판례도 소개하는 등 어려운 이론에 대한 세심한 서술로 해당이론을 국내에 소개하는데 기여를 하였다.

이 논문은 제3자 보호효력 있는 계약 이론의 도입을 주장하면서, 계약의 제3자 보호효력을 인정하는 경우와 인정하지 않는 경우를 비교하여 이 이론의 의의를 명확히 하는데, 특별한 역할을 하였다. 이전까지 왜 계약에 제3자효를 부여하여야 하는가에 대하여 인식이 없었던 상황이었는데, 이 논문은 그 방향을 제시하여 주었다.

Ⅲ. '제3자 보호효력 있는 계약'의 논제에 관한 당시의 국내 학설·판례의 모습

1. 학설의 태도

(1) 이 논문은 1985년 12월 민법학논총(후암 곽윤직 교수 회갑기념, 박영사)에 수록되었는데, 당시에는 '제3자 보호효력 있는 계약'에 대한 논의가 전무했다고 할 수 있는 상황이었다.[13] 그러한 상황에서도 이 논문은 제3자 보호효력 있는 계약의 모든 부분을 망라하여 분석 검토하였고, 이론적으로 상세하고 정밀하게 논증하면서 이 이론을 총괄하는 완성적인 형태로 발표되었다. 이러한 이 논문의 학문적 필요성으로 이후 민법 주해[14]의 제3자 보호효력 있는 계약부분에 그대로 수록되었다. 그러나 이 논문이 발표된 후로도 상당기간 이에 대한 학계의 후속 연구는 활발하지 않았다. 이는 학계가 여전히 이 개념 및 이론을 생소하게 여긴 것으로 보인다. 이후로도 활발하지는 않으나 점진적으로 이 이론의 도입 여부에 대한 관심이 학자들 사이에서 논의되면서 긍정론과 부정론이 대립하게 되었다.

(2) 도입 긍정설

'제3자 보호효력 있는 계약'이론을 찬성하는 견해의 논문은 이 논문 발표 후 8년이 지나 발표되었는데, 저자와 마찬가지로 피해자의 보호를 위하여 우리나라 불법행위법이 불충분함을 논거로 든다.[15] 도입긍정설은 민법 제391조와 달리 민법 제756조 제1항 단서 사용자의 면책가능성이 있으므로 불법행위책임보다 계약책임이 더 피해자 구제에 유리하다는 입장이다. 이 입장에서는 우리 법원이 민법 제756조 제1항 단서 상의 사용자의 면책가능성을 거의 인정하지 않는 경향

13) 계약체결상의 과실 등의 주제를 다루면서 부분적으로 이 이론이 소개된 바는 있다. 대표적으로 이영준, "계약체결상 과실책임의 법적 성질에 관한 연구", 법사상과 민사법(현승종교수 화갑기념), 1979, 321면.

14) 곽윤직/송덕수, 민법주해(XIII)채권(6), 박영사, 1997, 184면 이하.

15) 김민중, "계약과 제3자", 민법학의 회고와 전망(민법전 시행 30주년 기념논문집), 1993, 486면 이하.

에 대하여, 이는 무리한 법적용으로서 현행법상 명백한 규정이 있음에도 불구하고 다른 목적을 위하여 적용을 배제시키는 것이므로 타당하지 않다고 한다. 우리의 불법행위법체계를 부정하는 결과를 초래하게 되고 법적 안정성을 해치게 되므로 피해자 보호라는 목적은 논리적이고 체계적이며 현행법체계와 일치하는 범위 내에서 추구해야 한다고 한다.[16] 이러한 견해들은 저자의 견해와 같은 근거에서 이 이론의 도입을 긍정적으로 보고 있는 것이었다. 비교적 최근에 도입긍정설의 입장에서 논지를 펴는 견해도 같은 논거에 찬성하면서도[17] 제3자 보호효 있는 계약의 책임은 민법상 근거를 어디에 두느냐는 법률적 근거의 문제에서는 민법 제2조에 근거를 두는 신의칙설을 취하는 저자의 입장과는 다르게 그 법률적 근거는 급부의무위반의 효과로 손해배상 책임을 지우는 민법 제390조의 해석으로부터 직접 도출된다는 주장을 하고 있다.[18] 또한 이 견해는 "제1차적 급부의무의 단순한 불이행(이행지체, 이행불능)에 있어서 제3자가 '보호의무의 제3자적 효력'이론에 기하여 이행청구권을 가지지는 못한다"는 것에 다른 입장을 표명한다.[19] 즉 급부의무를 위반하여 손해배상책임을 지는 경우나 보호의무를 포함한 기타의 의무를 위반하여 지게 되는 책임이나 당사자의 의사가 아니라 법률의 규정에 의하여 발생한다는 점에서는 그 본질을 같이 하므로 급부의무로 이행이익을 배상하여야 하고 보호의무위반으로 인하여는 현상이익의 배상에 제한되어야 한다는 점은 옳지 않다[20]고 한다.

(3) 도입 부정설

이 입장의 견해들은 실질적 측면에서 "판례는 선임, 감독상의 주의의무를 다하였다는 이유로 하는 사용자책임의 면책을 거의 인정하지 않으므로, 불법행위책임을 묻는 경우에도 사용자책임에 공백이 생기지 않는다"[21]고 하면서도 "계약의 효력을 제3자에게까지 확장하는 것은 타당하지 않다. 제3자는 계약에 의하여 채권채무를 취득하지 않고 반대급부도 부담하지 않으므로 계약의 범주 내에서 보호받아야 할 이유가 없다."고 한다.[22] 또 독일에 있어서는 계약의 효력에 관하여 매우 기교적인 법리 구성을 행하는 학설적 전통이 있기 때문에 우리나라의 계약법적 기본 사고나 계약이론에 비추어 독일의 판례법에 의하여 발전된 제3자보호효이론을 그대로 받아들이는 것은 어렵다는 입장도 있다.[23][24] 보호의무를 주된 급부의무에 부종하는 것으로 파악하여 계약의

---

16) 임건면, "제3자손해청산과 제3자보호효를 가진 계약", 재산법연구, 제15권 제1호, 1998, 127면.
17) 박희호, "계약체결상의 과실책임과 위법성", 외법논집 제18집, 2005. 2, 251면.
18) 박희호, "제3자에 대한 책임 -'제3자 보호효 있는 계약'의 도입을 지지하며", 민사법학, (30), 2005, 416·426면.
19) 박희호, 앞의 "제3자에 대한 책임", 423-424면.
20) 박희호, 앞의 "제3자에 대한 책임", 424-425면·426면.
21) 이은영, 채권각론, 박영사, 1999, 138면; 同旨, 김재형, "한약업사의 설명의무 -의사의 설명의무 법리의 연장선상에 있는가?- 연구대상판결: 대법원 2002. 12. 10. 선고 2001다56904 판결", 민사법학, 2004. 9, 268면 이하.
22) 이은영, 위의 책, 138면; 유사한 입장으로 김상중, "간접피해자의 보호", 민사법학, 2007. 5, 475면.
23) 김형배 , "우리 민법과 외국법의 영향", "한국법학의 회고와 전망, 1991, 228면 이하.
24) 김용담/조용호, 주석 민법 : 채권각칙(1), 한국사법행정학회, 2016. 6, 535-536면.

상대적 효력 측면에서 도입을 반대하는 입장도 보인다.[25]

2. 판례의 모습

제3자 보호효력 있는 계약 이론에 대한 생소함으로 실무에서도 학계와 마찬가지로 제3자 보호효력을 있는 계약을 직접 인정한 판례는 전무하였고, 이와 같은 상황은 현재까지 계속되고 있다. 저자의 이 이론의 정립 이래 우리나라에서는 직접 이 이론을 적용한 판례의 형성은 없다. 다만 제3자 보호효력 있는 계약으로 파악될만한 판례는 간간히 있었다. 이 논문에서 예상하였던 대로 다양한 분야에서 제3자 보호효력 있는 계약의 문제로 파악될만한 판례들이 나타났다. 대표적인 판례들을 소개한다.

(1) 가옥의 설치 보존상의 하자로 그 가옥 임차인과 가족이 피해를 입은 사건[26]

"피고 임대인 소유의 부엌이 달려 있는 방1칸을 임차하여 거주하던 원고 임차인과 망 소외인이 1987.1.14. 온수보일러 연탄아궁이에 연탄불을 피워 놓고 잠을 자다가 연탄이 연소되면서 발생한 일산화탄소가스가 위 방의 연탄아궁이쪽 벽면 좌측 하단지점에 생긴 폭 약 3밀리미터, 길이 약 80센티미터 정도의 갈라진 틈과 부엌과 방 사이의 문틈으로 스며드는 바람에 그 일산화탄소 가스에 중독되어 위 소외인은 사망하였고 원고가 상해를 입은 사건에서, 소유자인 피고에게 이 사건 건물의 설치보존상의 하자로 생긴 손해를 배상할 책임이 있다"고 한 사건이다. 또한 "가옥의 임차인으로서 직접 점유자인 원고 등이 공작물의 설치보존상의 하자로 인하여 피해를 입었을 경우에는 소유자인 피고는 이에 대하여 손해배상을 하여줄 책임이 있는 것이고 피해자인 직접 점유자에게 그 보존상의 과실이 있음이 인정될 때에는 이를 과실상계사유로 삼아야 할 것인바, 피해자등에게 연탄가스가 방에 스며들지 않도록 가옥수선의무를 다하지 않은 과실이 있음을 인정하여 50퍼센트의 과실상계를 한 것은 적절하다"고 하였다.

이 사건에 대하여 법원은 임대인에게 공작물 책임규정인 민법 제758조를 적용하였으나, 이에 대하여 제3자 보호효력 있는 계약 이론을 적용하여 계약책임을 물을 수 있는 사안이라고 평가할 수 있다. 즉, 임대인에게 공작물 책임규정인 민법 제758조를 적용한 대법원의 태도는 해석의 범위를 넘어서는 것[27]으로, 동조 동항이 원래 점유자 내지 소유자 이외의 제3자와의 관계를 규율하는 것을 예정하고 있음에도 점유자를 '타인'에 포함시키는 것은 무리한 해석이라는 평가를 받았다.[28] 공작물책임에 의하여 임차인의 '가족이나 동거인'에 대한 보호의무는 도출될 수 없음에도 이를 인정하는 것은 타당하지 않고,[29] 판례가 이러한 모순에도 불구하고 무리하여 공작물

---

25) 서광민, "채권법상의 보호의무", 서강법학연구, 제3권, 2001, 118면.
26) 대법원 1989. 3. 14. 선고 88다카11121 판결.
27) 박희호, 앞의 "제3자에 대한 책임", 395면.
28) 유원규, "가옥소유자의 임차인에대한 공작물책임", 민사판례연구(XII), 1990, 162-176면.

책임에 의한 임차인의 동거인을 구제를 하는 것은 '제3자 보호효력 있는 계약'의 도입이 필요함을 반증하는 것으로 읽힌다.[30] 한편 우리 판례는 통상의 임대차관계에 있어서 임대인의 임차인에 대한 의무는 특별한 사정이 없는 한 단순히 임차인에게 임대목적물을 제공하여 임차인으로 하여금 이를 사용·수익하게 함에 그치는 것이고, 더 나아가 임차인의 안전을 배려하여 주거나 도난을 방지하는 등의 보호의무까지 부담한다고 볼 수 없다는[31] 입장이지만, 일시사용을 위한 임대차인 숙박계약에서는 임대인인 숙박업자에게 고객의 안전을 배려하여야 한다는 입장이다.[32] 학설은 판례의 입장을 지지하는 견해와 임대인의 임차인에 대한 의무는 임차인의 안전을 배려하여 주거나 도난을 방지하는 등의 보호의무까지 부담한다는 견해가 대립된다.[33] 그러나 통상의 임대차 관계라고 하더라도 민법 제623조가 규정하고 있는 임대인의 의무는 임차인이 정상적으로 주거생활을 영위할 수 있도록 안전하고 쾌적한 생활환경을 보장해줄 의무로서 보호의무를 내포하고 있는 것으로 해석되며 또한 신의칙상 요구되는 독립된 의무(또는 부수의무)로서도 임대인은 임차인의 안전을 배려할 보호의무를 부담하는 것으로 보아야 한다.[34] 임대인의 이행보조자가 임차물을 수리하다 과실로 임차인의 가족이 상해를 입은 경우를[35] 일찍이 독일에서 제3자 보호효력 있는 계약의 문제로 주로 논의가 되었던 점도 이러한 견지에서 이해할 수 있다. 결국 이 사안과 같은 경우에는 계약 당사자가 아니더라도 임차인의 가족은 임대인에게 제3자 보호효력이 있는 계약이론을 통하여 계약적 책임을 물을 수 있도록 하는 것이 바람직하다.

(2) 용역경비업체 사건[36]

이 사건 피고는 용역경비업체회사이고, 원고는 소외 회사의 감사의 처 및 계를 하기 위하여 놀러온 계원들이다. "화재예방과 도난방지를 위한 용역경비업무를 도급받아 시행하는 용역경비업체인 피고회사가 1988.10.1. 소외 회사와 사이에 지상 2층 주택건물(이하 이 사건 건물이라 한다)을 경비대상물로 하여 전자기계장치에 의한 방범제공업무를 내용으로 하는 용역경비계약을 체결하고 1989.1.28.부터 용역경비업무를 제공하여 왔다. 원래 이 사건 건물의 소유자는 소외회사의 감사인 소외인으로서 동인이 가족과 함께 그곳에 거주하여 왔는데 1989.12.29. 15:00경 위 소외인의 처인 원고 1이 그곳에 계를 하기 위하여 놀러온 나머지 원고 등 10명의 계원들과 모임을 갖던 중 원고 등이 그 판시와 같이 복면괴한에 의하여 금품을 강취당하여 각 일정액의 재산상의

29) 박희호, 앞의 "제3자에 대한 책임", 396면.
30) 박희호, 앞의 "제3자에 대한 책임", 396면.
31) 대법원 1999. 7. 9. 선고 99다10004 판결.
32) 대법원 2000. 11. 24. 선고 2000다38718, 38725 판결.
33) 김용담/박해식, 주석 민법: 채권각칙(3), 2016, 590면.
34) 김용담/박해식, 앞의 책, 592면.
35) RGZ 91, 21; RGZ 102, 233.
36) 대법원 1993. 8. 27. 선고 92다23339 판결.

피해를 입었다." 사건 당시 원고가 피고회사의 관제본부와 연결된 비상통보버튼을 3회 연속 눌렀음에도 불구하고 피고측은 비상통보를 받지 못하고 뒤늦게 출동함으로써 원고들이 피해를 입게 된 것이다. 대법원은 "이 사건 약관에 나타난 이 사건 계약의 목적 및 경비대상물의 정의 규정과 손해배상규정을 살펴보면 소외회사가 이 사건 계약의 용역경비의 보호대상이 되는 것이 아닐 뿐 아니라 경비대상물인 재산 및 생명과는 직접적으로 관련되어 있지 아니함을 알 수 있으므로, 최소한 피고회사의 용역경비의무의 불이행으로 인한 손해배상청구에 있어서 위 약관상의 사용자는 소외회사 외의 다른 제3자를 의미한다고 봄이 상당하다고 할 것이고, 따라서 이 사건 계약은 최소한 그 범위 내에서 제3자를 위한 계약으로서, 여기서 제3자라 함은 이 사건 계약상 용역경비업무의 성질, 손해배상책임의 대인배상한도액, 용역경비대상물의 소유 및 사용관계, 소외회사가 이 사건 계약을 체결한 동기 내지 경위 등에 비추어 보면 경비대상물인 이 사건 건물을 일상적으로 사용하는 위 소외인 및 그의 처인 원고1을 포함한 동거가족을 말한다고 봄이 상당하다고 할 것이다. 그러나 나머지 원고들은 위 건물에 일시 방문한 자들로서 위 제3자의 범위에 속하지 아니한다 할 것이다."라고 하였다.

우리 법원은 이 사건을 일정범위에서 제3자를 위한 계약이라고 본 것이다. 그러나 이 사건은 제3자를 위한 계약의 문제가 아니고 제3자 보호효력 있는 계약의 문제로 보아야 한다.[37]

또 이 사건에 대하여 법원이 제3자는 경비대상물인 건물을 일상적으로 사용하는 건물 소유자 및 그의 처를 포함한 동거 가족을 말한다고 한 것은, 이는 약관의 해석에 따른 것일 뿐이라고 하는 견해도 있다.[38] 약관의 해석을 통하여 도출된 결론이라고 하더라도, 약관의 그러한 해석은 소외회사와 원고의 남편인 소외회사의 감사를 동일한 위치에 둔 것에서 출발하여야 한다고 본다. 즉 사실관계에서 나타난 바와 같이 우선 계약의 실질적인 당사자를 원고의 남편인 감사로 보고, 경비업체는 용역경비계약을 체결하고 이미 용역경비업무를 제공하여 오고 있었던 것으로 보아야 하며(급부의무의 제공), 해당 사건에서 가족 등이 손해를 입었고, 이는 경비업체의 책임이므로, 그 계약의 인적 범위를 확대한 것으로 인정할 수 있는 것이기 때문이다. 즉 이것은 약관의 해석에 의한 것이라고 하여도 그 근저에는 제3자 보호효력 있는 계약 이론이 인정되어 그러한 해석이 가능하였던 것이다. 이 판례에 대하여는 제3자 보호효력 있는 계약 이론의 도입에 부정적인 입장에서도 채무자의 계약책임의 확대를 한 점은 인정하고 있다.[39]

37) 동지: 임건면, "분만과정 중 피해를 입은 태아의 계약상의 손해배상청구권", 144면; 송덕수, 채권법각론, 박영사, 2021, 109-110면.
38) 김재형, 앞의 논문, 266면.
39) 지원림, 민법강의, 홍문사, 2020, 1386면; 김용담/조용호, 앞의 주석 민법, 535면.

(3) 독성물질이 함유된 한약재를 판매한 한약업사의 설명의무 위반[40)]

"한약업사가 고객에게 독성물질이 함유된 한약재인 '초오'를 판매함에 있어 일반적인 복용방법과 함께 "조금씩 복용하라."는 간단한 설명만을 하였는데, 구입자가 그 구매 전량을 달여서 나온 분량을 한꺼번에 자신의 남편으로 하여금 복용하게 함으로써 남편이 이로 인하여 사망한 경우, 한약업사가 당시 판매한 '초오'를 달인 물질에는 치사량을 훨씬 초과하는 독성물질이 함유되어 이를 한꺼번에 마시는 경우 사람의 생명에 치명적인 위험을 초래할 것임이 명백히 예상되기 때문에 한약업사가 판매 당시 위 한약재의 독성과 생명에 치명적인 위험을 초래할 수도 있다는 점에 관하여 주의를 환기해 주면서 그 독성이 해독되는 데 필요한 달이는 시간과 1회 복용량 및 희석 정도에 관하여 최소한의 설명만이라도 해 주었더라면 구입자가 부주의하게 다량을 달여 농축된 액을 남편에게 먹여 사망에 이르는 일은 발생하지 않았으리라고 예견되는 점에 비추어 한약업사에게 위 사망으로 인한 정신적 손해의 배상의무를 인정"한 사건이다.

이 사건은 '제3자 보호효력 있는 계약'의 전형적인 사안이라 할 수 있고, '매도인'이 설명의무를 해태함으로써 매수인의 가족인 제3자에게 손해가 발생한 경우를 다루고 있다[41)]고 평가받는다. 이 견해는 채권자와 인격적으로 매우 가까운 제3자들에 대한 보호를 다루는 경우에는 불법행위책임으로 법률구성하는 것은 많은 무리가 따르며, 따라서 계약책임으로 이론구성하는 것이 타당하다[42)]고 한다. 또 무엇보다도 채무자가 계약상의 의무를 위반한 경우이기 때문에 계약책임을 지는 것이 합당하다는 것이다.[43)][44)] 또 '하는 채무'로서 위임인의 수임인에 대한 설명의무위반 및 자기결정권위반을 다룬 것이 아니라, 제3자 보호효력 있는 계약의 전형적인 사안이라 할 수 있는, '매도인'이 설명의무를 해태함으로써 매수인의 가족인 제3자에게 손해가 발생한 경우를 다루고 있다[45)]고 본다. 그러나 실제로는 법원으로서는 이 사건에서 원고들이 불법행위에 기한 손해배상을 청구하고 있으므로, 법원은 불법행위의 성립여부를 판단한 것[46)]일 뿐이다. 법원은 원고측이 주장하지 않은 채무불이행을 별도로 판단할 필요는 없는 것이다. 더욱이 이 사건은 유족 자신의 위자료도 청구하고 있으므로 이 부분에 관한한 불법행위책임을 주장하는 것이 더 유리하기도 하다.[47)]

---

40) 대법원 2002. 12. 10. 선고 2001다56904 판결.
41) 박희호, 앞의 "제3자에 대한 책임", 392면.
42) 박희호, 앞의 "제3자에 대한 책임", 411면.
43) 박희호, 앞의 "제3자에 대한 책임", 411면.
44) 제3자 보호효력을 가진 계약 이론 도입 부정설은 "우리나라에서는 민법 제756조 제1항 단서의 면책이 인정되는 경우가 없기 때문에, 이점에서는 이 이론을 도입할 실익이 없다."고 하면서 " 이 사건에서도 불법행위책임을 인정할 수 있기 때문에, 이 이론을 도입하지 않고도 피해자를 구제하는 데 별다른 지장이 없다."고 한다(김재형, 앞의 논문, 269면).
45) 박희호, 앞의 "제3자에 대한 책임", 392면.
46) 김재형, 앞의 논문, 269면.
47) 김재형, 앞의 논문, 269면.

이렇게 본다면, 이 사안에서 이론상 한약업사의 채무불이행책임과 별도로 불법행위 책임이 경합하여 성립하는 것[48]으로 하였다면 좋았을 것이나 그러지 않았을 뿐인 것일지도 모른다.

(4) 분만계약과 태아의 피해[49]

이 사건은 원심[50]에서 산전진단에서 특별한 이상이 없던 산모A와 태아B가 분만과정에서 병원 측의 과실로 태아에게 손해가 발생하였다[51]는 주장에 대하여 제3자를 위한 계약을 근거로 병원의 채무불이행책임을 인정한 사건이다. 이 사건의 사실관계를 간단히 정리해 보면 다음과 같다. 산모A는 1995년 7월 26일 피고 병원에 내원하여 수차례 푸싱(pushing) 시도 후에 17:30경 원고 B를 분만하였다. 출생 당시 B는 호흡과 울음이 없었고, 양수는 착색된 상태였고, 심폐소생술 및 기관삽관 등을 시행하여 분만 후 15분이 지나 자가호흡을 시작하였다. 이후에도 발작과 전신청색을 보이고, 자가 호흡이 다시 없게 되는 등의 과정이 있었고, 병원은 척수 천자, 앰부배깅 등의 조치를 취하였다(이 과정에 대하여 원고측은 의료진이 분만과정에서 태아곤란증에 대한 조치를 취하지 않고, 무리한 푸싱을 하여 원고B의 두부를 손상하게 하였고, 분만직후 즉각적인 기관삽관을 하여 산소 공급을 하여야 함에도 15분간 방치한 과실이 있다고 주장하였다). 이후 B는 계속 입원치료를 받아오다, 동년 8월 16일 외래 진료를 계속하기로 하고 퇴원하였다. 이후 2004. 11. 11. 소외 C대학병원은 원고B에 대하여 두개골은 후두부가 평평하고 전후 직경 감소 등의 진단을 하였으며, 소 제기 당시 원고B는 발달지연, 경직성 사지마비, 불수의 운동, 인지 및 언어장애 등의 증상을 보이고 휠체어로만 거동이 가능한 상태였다(불법행위에 기한 손해배상청구권은 소멸시효 완성). 원심법원은 "의료계약에 의하여 의사(또는 병원)와 환자 사이의 1 대 1 계약관계라 할 것이나, 분만계약에 있어서는 그 의료행위의 내용이 새로운 인격체의 출생을 전제로 한다는 점에서 의사와 산모에 대한 계약관계만이 아니라 태아와의 계약관계의 존부가 문제되는데, 통상의 의료계약과 달리 분만계약에서는 분만과정 중 산모의 생명 및 신체에 대한 안전조치만이 아니라 정상적인 분만과정을 통하여 사람이라는 인격체로서의 출산이 그 급부의 내용 중 본질적인 부분이고, 그 급부의 이행 여부는 태아와 직접적인 이해관계를 가지고 있으므로, 비록 채무불이행으로 인한 손해배상청구에 있어서는 불법행위로 인한 손해배상청구(민법 제762조)처럼 태아의 권리능력을 인정하는 명문의 규정이 없다고 할지라도, 제3자를 위한 계약의 법리에 따라 태아가 생존하여 출생한 경우 법정대리인의 수익의 의사표시에 의하여 태아 자신이 수익자인 제3자의 지위에서 분만계약상 권리를 취득한다고 봄이 타당하며, 이러한 해석이 분만계약에 있어서 직접 당사자인

48) 김재형, 앞의 논문, 269면.
49) 대법원 2010. 6. 24. 선고 2006다83857 판결.
50) 서울고등법원 2006. 11. 9. 선고 2006나14693 판결.
51) 태아는 출생 이후 발달지연, 경직성 사지마비, 불수의 운동, 인지 및 언어장애 등의 증상을 보이고 휠체어로만 거동이 가능한 상태이다.

의사와 산모의 의사에도 합치한다 할 것이다. 이렇게 볼 때 원고 A가 1995. 7. 26. 피고병원 응급실에 내원하여 분만을 의뢰하고 그 결과 원고 B가 출생한 사실은 앞에서 인정한 바와 같으므로, 결국 태아인 원고 B도 산모인 원고 A와 피고병원 사이에 체결된 분만계약에 따라 수익자인 지위에서 피고병원에 대하여 분만과실에 따른 채무불이행책임을 물을 수 있다"라고 하였다.

그러나 이후 피고의 상고에 대하여 대법원은 "피고 병원 의료진의 과실이라고 지적한 점은 이를 과실로 볼 수 없거나 태아곤란증에 대한 조치를 지연시키는 원인이 되었다고 볼 수 없는 것으로서 피고에게 손해배상책임을 지울 귀책사유가 될 수 없다"고 하면서 원심을 파기하였다. 파기 환송된 후 서울고등법원에서 화해권고결정(원고 청구 포기)으로 종국되었다.[52)]

대법원은 피고 병원의 과실이 없다고 하였기에 원심에서 다룬 태아와 관련한 제3자를 위한 계약의 법리나 계약상의 지위 등에 대한 논의는 필요 없었다. 또 원고청구포기로 화해권고 결정이 되었기에 분만계약에 대한 특징이나 태아에 대한 계약적 보호 가능성에 대한 최종적인 법원의 입장을 규명하기는 어렵다. 그러나 원심 법원은 병원측의 과실로 분만과정 중 피해를 입은 태아가 출생한 경우 병원을 상대로 분만계약의 불이행으로 인한 손해배상청구권을 행사할 수 있다고 판단하였었다. 또한 우선 분만계약이 태아와 직접적인 이행관계를 가지고 있다는 점을 강조하면서, 제3자를 위한 계약의 법리를 적용시켰다. 민법 제539조 제2항에 규정되어 있는 수익의 의사표시와 관련하여서는 "법정대리인에 의한 수익의 의사표시에 의하여 태아 자신이 수익자인 제3자의 지위에서 분만계약상의 권리를 취득한다"고 함으로써 정지조건설을 취하는 기존의 판례와는 다른 태도를 취하고 있다.[53)]

대법원에서도 원심과 같이 병원측의 과실을 인정하였다면,[54)] 어떠하였을 것인가를 속단할 수 없다. 다만 사견으로는 제3자를 위한 계약보다는 제3자 보호효력 있는 계약 이론을 적용하는 것이 더 적절하다고 본다.[55)] 이미 독일에서는 태아의 계약상의 권리와 관련하여 산모와의 분만계약에는 태아에 대한 보호효력이 포함된 것으로 보면서 제3자 보호효력 있는 계약에 근거하여 손해배상청구권을 인정한 판례들이 있어왔다.[56)] 분만계약을 제3자를 위한 계약으로 하는 경우, 기존의 판례의 태도인 정지조건설에 의하면, 태아인 상태에서 법정대리인을 둘 수 없으므

52) 서울고등법원 2010. 11. 26.자 2010나62453 화해권고결정.

53) 임건면, 앞의 논문(주 37), 126면.

54) 이 사건의 의료사고적 과실의 문제에 대하여는 이 연구의 논의 대상이 아니므로 제외한다. 그러나 개인적으로는 피고 병원의 과실을 인정하지 않은 점에 대하여 찬성하지 않는다. 이에 대하여는 이와 유사한 분만 중 저산소성-허혈성 뇌손상으로 인하여 뇌성마비가 발생하였다고 추정함이 상당하다고 한 대법원 2005. 10. 28. 선고 2004다13045 판결 참조.

55) 임건면, 앞의 논문(주 37), 125면 이하는 이 사건의 원심을 다루면서, 태아가 분만과정 중 피해를 입은 경우와 '제3자 보호효력 있는 계약'에 대한 독일에서의 논의를 자세히 다루고 있다. 또한 본 사안에 대하여 '제3자 보호효력 있는 계약'이론의 적용이 필요함을 자세하게 서술하고 있다.

56) BGHZ 86, 240, 253; BGHZ 106, 153, 162; BGH NJW 2005, 888, 890.

로[57] 이 사안에서 산모를 법정대리인으로 하여 수익의 의사표시를 할 수 없게 된다.[58] 이에 원심은 기존의 정지조건설을 버리는 해석을 하였던 것이다. 그러나 이 사건에서 제3자 보호효력을 인정한다면 순조롭게 태아에게 계약상의 손해배상청구권을 부여할 수 있을 것이다. 동 이론에 의하면 산모와 계약을 체결하였다고 하더라도 병원이 태아의 생명·신체도 보호해야 할 의무를 계약적으로 지는 것은 동 이론에 의하면 자연스러운 것이기 때문이다.

이 사건의 여러 논점은 대법원의 파기환송으로 그 결론적 입장을 알 수 없다. 그러나 이 사건이 당시 불법행위에 기한 손해배상청구권은 소멸시효가 완성되었었던 것을 상기하여 보면, 피해자 보호에 불법행위법의 적용만으로 충분치 않음을 확인할 수 있다.[59] 분만 과정 중 병원측 과실로 태아에게 생긴 손해에 대하여 계약상의 손해배상청구권을 인정하여야 비로소 피해자 보호가 가능한 경우가 있다는 것을 알 수 있는 사례라고 하겠다.

Ⅳ. '제3자보호효력 있는 계약'의 의미(발표 당시 및 현재)

1. 학계의 영향

계약의 인적 효력과 관련하여 별다른 논의가 없던 이 논문의 발표 당시부터 오늘까지 계약의 효력과 제3자의 문제를 다루는 이후의 연구들은 거의 모두 이 논문을 참고하고 있다. 제3자 보호효력 있는 계약에 관한 논의는 아직도 그 논의가 활발하게 이루어지고 있지는 않지만 발표 후 30여년이 지난 시점에서도 이 논문의 중요성은 변함이 없다.

2. 현대사회와 제3자 보호효력 있는 계약

제3자의 보호효력 있는 계약이론은 모든 종류의 채권법상의 계약형태에 기초하여 인정될 수 있다. 또 계약 자유의 원칙상 다양한 비전형 계약의 경우에도 얼마든지 제3자에게 계약적인 보호효력을 인정해야 할 경우가 생길 수 있다.

현대사회에서는 과거에는 존재하지 않았던 다양한 직업과 계약이 새로이 존재하고 계약 자유의 원칙상 변이를 보이며 존재할 수 있다.

"스포츠 팀 닥터의 선수에 대한 민사책임"의 논문[60]에서 제3자 보호효력 있는 계약이론의 적용 필요성을 서술하고 있는 것도 이러한 현대사회의 다양한 계약환경의 모습이라고 생각한다.

57) 대법원 1982. 2. 9. 선고 81다534 판결.
58) 임건면, 앞의 논문(주 37), 145면.
59) 동지: 임건면, 앞의 논문(주 37), 145면.
60) 남기연, "스포츠 팀 닥터의 선수에 대한 민사책임", 스포츠엔터테인먼트와 법, 제17권 제1호, 2014, 188-190면.

운송계약과 관련한 동승자 등의 보호 효력의 문제는 현대사회의 발전된 운송장치의 개발과 운송 플랫폼 계약에 의하여 변이를 보일 수 있고, 역시 계약의 제3자 보호효력을 인정하여야 할 필요를 무수히 양산해 낼 것이다. 매매계약에 있어서는 그 범위가 더 광범위해질 가능성이 크다. 온라인을 통한 매매계약이 활성화되고 있는 시점에서 제3자 보호효력 있는 계약의 초기 독일 판례인 채소잎 사건[61]이나 우리의 한약업사의 사건에서처럼 계약자의 가족이 피해를 입거나 하는 경우는 더욱 늘어날 수 있다. 물론 현대사회의 경쟁적 서비스 관념이나 약관, 소비자 보호 관련법들은 이러한 문제들을 계약책임의 문제나 불법행위책임의 문제를 따지지 않고 해결해 내면서, 계약의 제3자 보호효력의 문제를 수면 밑으로 가라앉힐 수는 있다. 그러나 그 문제가 표면화되지 않는다고 이러한 이 논의의 필요성이 없는 것은 아니며, 그러한 다양한 법규들의 근저에는 이와 같은 계약의 제3자적 효력 이론 원리가 잠재되어 발현된 것일 수 있다.

현대사회의 특징 중 하나는 자원봉사의 활성화이다. 그런데, 자원봉사자들은 대부분 봉사기관의 근로자성을 인정받지 못하여, 「산업안전보건법」의 적용을 받지 못한다.[62] 그러나 자원봉사자들의 봉사활동은 위험한 업무인 경우도 얼마든지 있고, 일반적으로는 자원봉사자는 봉사단체 등과 봉사활동과 관련한 별도의 계약을 체결하지 않는다.[63] 또 피봉사자와 계약을 체결하지도 않는다. 특히 자원봉사자들은 자신이 지원한 봉사활동에 대해 경험이나 지식이 없는 경우가 많이 있기 때문에 피해를 당할 위험이 더 클 수도 있다. 그런데 우리나라의 경우 자원봉사자가 봉사활동을 하다가 상해를 입거나 생명을 잃은 경우에 대해 자원봉사자 종합보험을 통해 보호를 하고 있을 뿐이다.[64] 이러한 부분은 입법적으로 보완이 필요한 부분이지만, 충분한 입법이 없는 현재로서는 계약의 제3자 보호효력을 인정하여 자원봉사자들이 입는 피해를 계약적으로 보호하는 것도 고려해 볼 수 있다. 가령 봉사기관에서 돌봄봉사를 하다가 피봉사자에게 피해를 받거나 한다면 자원봉사자는 계약의 제3자 보호효력을 통하여 계약적 책임을 물을 수도 있다. 이처럼 제3자 보호효력 있는 계약 이론의 활용은 현대 사회의 다양한 상황에 실질적인 역할을 할 수 있을 것으로 보인다. 그러므로 이 피해자 보호에 여러 장점이 있는 이 이론의 연구는 오늘날에도 여전히 필요하다.

---

61) BGHZ 66, 51.
62) 한권탁, “자원봉사자를 둘러싼 법률문제에 관한 소고”, 아주법학, 14권 3호, 2020, 50면.
63) 한권탁, 앞의 글, 147면.
64) 한권탁, 앞의 글, 151면.

V. 향후의 연구방향 및 내용

이 논문은 계약의 효력의 제3자 보호효력과 관련하여 상세하고 새로운 시각을 제시한 우리나라 최초의 연구이자 시금석이 되는 연구이므로 많은 참고가 된다. 이 논문은 이전까지 채권의 상대적 효력이 불변의 원리라는 시각에 전환점이 되었고, 채권의 효력이 제3자에게 미치는 경우가 필요할 수 있다는 합리적인 사유의 공간을 마련하여 주었다.

계약은 당사자에게만 효력이 있다는 것을 고정된 명제로 생각하고 밀접한 관계에 있는 제3자의 경우에도 그 효력을 인정하지 않는다면, 현대 사회의 복잡하고 다양한 유형의 계약에 대응하는 데 많은 문제에 직면할 수 있다.

본문에서 살펴본 바와 같이 이 이론의 도입을 부정하는 입장에서는 독일과 우리법과의 불법행위책임의 구조상의 차이점이나 현재 실무에서 불법행위법 체계로 잘 해결되고 있다는 등의 근거를 들면서 반대하고 있으나, 이러한 이유는 청구권경합을 인정하는 우리의 양대 책임법체계에서 타당한 근거인가는 의심스럽다. 현재로서도 피해자 보호에 문제가 없다는 것이 이 이론 도입을 부정하는 타당한 근거가 될 수는 없는 것이다. 이것은 마치 우리나라의 손해배상 사건이 계약위반을 물을 수 있는 경우에도 불법행위를 청구원인으로 하는 경우가 많으니 불법행위책임만 있으면 된다는 것과 마찬가지 논리이기 때문이다.

또 우리 민법은 채무자측에서 제3자를 사용한 경우에 대하여 제391조와 제756조를 두고 그 책임을 규율하는 규정을 두면서 그 책임의 인적 범위를 확대하고 있다. 이것과 대칭적으로, 채권자 측에서 계약에의 밀접성 등을 가진 제3자가 일정한 요건을 갖춘 경우라면, 계약의 효력의 인적 범위 확대를 포용하는 것도 충분히 고려해 볼만하다고 생각한다. 즉 계약을 통한 채권의 효력도 누릴 수도 있고, 불법행위법의 보호를 받을 수도 있도록 하는 것이 기존의 책임체계에 부합하는 자연스러운 것이다.

혹자는 이러한 상황이 채무자에게 책임을 과다하게 가중시키는 것 -제3자를 사용한 책임도 채무자가 부담하고 채권자측 제3자에 대한 보호도 채무자가 계약적으로 부담한다는 측면에서- 이라고 할 수도 있다. 그러나 제3자 보호효력을 가진 계약을 인정하더라도 계약 책임의 무제한 확대가 아니므로 그러한 우려는 과다한 것으로 보인다. 또 근본적으로 제3자 보호효력 있는 계약이론으로 보호받는 제3자는, 그 계약의 면면을 살펴보면, -채무자의 인식가능성으로 표현되는 것처럼- 채무자가 계약에 이르는 과정에 잠재적인 역할을 하는 경우가 대부분이다. 즉 채무자는 계약의 제3자 보호효력을 통한 보호를 받는 범위의 채권자측 제3자를 통하여 사실상의 계약 체결의 이익을 얻는다. 가령 앞에서 소개한 분만계약에서 태아는 제3자이지만, 태아를 출산하기 위하여 분만계약을 맺는 것이므로, 이 계약에서 태아는 계약체결의 핵심적인 역할을 하는 것이다.

이렇게 본다면, 채무자는 계약을 통한 사실상의 이익을 얻었고, 충분히 이를 인식하고 있으므로 그 제3자를 보호하도록 하는 것이 채무자에게 가혹하다고 볼 수 없다. 즉 사실상 계약 당사자와 동등한 정도의 위치에 놓여 있는 자이지, 일반 불법행위에서의 가해자와 피해자처럼 전혀 상관이 없는 자가 아니다. 오히려 본문에서 살핀 바와 같이 피해자 보호를 위하여 제756조 제1항 단서를 사문화시키거나, 제3자를 위한 계약이나 불법행위법에서 무리한 해석을 하는 것을 지양하는 것이 바람직하다.

무엇보다도 실제로 이 논문이 연구의 주된 논의 국가로 삼은 독일의 경우, 2002년 채권법개정에서 제311조 제3항에서 "제241조 제2항[65]에 정하는 의무를 내용으로 하는 채권관계는 계약의 당사자가 아닌 자에게도 성립할 수 있다. 그러한 채권관계는 특히 제3자가 자신을 위하여 고도의 신뢰를 불러일으키고 또 이를 통하여 계약 교섭이나 계약체결에 현저한 영향을 끼친 경우에 성립한다."고 규정하여 제3자 보호효력 있는 계약을 성문화하였다는[66] 점을 짚어볼 필요가 있다. 장기간의 축적된 논의로 채권자측의 제3자를 보호하는 합리적인 입법을 도출해 낸 것이다. 우리의 경우도 이 이론의 논의를 발전시켜서 현대사회에 걸맞은 합리적인 제3자 보호효력 있는 계약을 위한 입법을 고려해 볼 필요가 있다고 생각한다.

또 장차 제3자 보호효력 있는 계약 이론을 도입한다면, 최종적으로 보호의무 침해에 한정하는지에 대한 연구가 심층적으로 필요하다. 독일의 유언서 판례[67]에서 나타난 바와 같이, 계약의 특성에 따라 계약상의 보호의무 위반의 경우에 한정될 것이 아니라, 급부의무 위반의 경우에도 제3자 보호효력을 가진 계약 이론의 적용이 타당한 경우가 있을 수 있기 때문이다.

이 논문을 발표하신 송덕수 교수님의 논의를 중요한 참고로 삼아 앞으로도 계약의 時的 범위나 人的 범위와 관련한 다양한 연구가 진행될 것을 기대해 본다.

---

65) 독일 민법 제241조[채권관계에 기한 의무] ② 채권관계는 그 내용에 좇아 각 당사자에 대하여 상대방의 권리 법익 및 이익에 배려할 의무를 지울 수 있다.

66) 박희호, 앞의 "제3자에 대한 책임", 386면.

67) BGH JZ 1966, 141ff.

법률행위의 해석*

홍 윤 선**

Ⅰ. 서 설

이 논문은 宋德洙 교수님께서 1987년 『警大 論文集』 제6집, 237면 이하에 발표하신 논문 "*法律行爲의 解釋*"(이하에서는 '대상논문'이라고 함)[1]의 의미를 분석하는 것을 목적으로 한다.

법률행위의 해석은 법률행위의 내용을 명확하게 하여 어떤 법률효과가 부여되는지를 확정하는 작업을 말한다.[2] 법률행위의 해석은 법률행위의 유효 여부뿐만 아니라 그 성립 여부의 결정에 선행한다. 의사표시 내지 법률행위가 존재하는지 여부, 그리고 복수의 의사표시로 이루어진 법률행위의 경우 의사의 합치가 존재하는지 여부를 검토하는 데에도 각 표시에 당사자의 법적 구속의사가 포함되어 있는지, 그 내용이 무엇인지를 판단해야 하는 작업, 즉 법률행위의 해석이 먼저 이루어져야 하기 때문이다. 계약의 당사자가 누구인지를 결정하는 것 역시 그 계약에 관여한 당사자의 의사표시 해석의 문제이다.[3] 계약당사자 확정은 우선 해석에 의하고, 이후 대리법의 적용 내지 유추가 검토된다. 나아가, 법률행위의 목적이 적법·타당한지는 그 내용이 무엇인지를 파악하여야 판단할 수 있고, 법률행위의 내용이 당사자의 내심의 효과의사와 일치하는가

---

* 이 글은 「법학논집」 제25권 제4호(이화여자대학교 법학연구소, 2021)(송덕수 교수 정년기념 특집호)에 게재되었다.

** 국민대학교, 서울시립대학교 강사, 법학박사.

1) 송덕수, "법률행위의 해석", 『경대 논문집』(경찰대학, 1987), 제6집, 237면 이하.

2) 강태성, 『민법총칙』(대명출판사, 2017), 567면; 고상룡, 『민법총칙』(법문사, 2004), 360면; 곽윤직·김재형, 『민법총칙』(박영사, 2013), 295면; 김대정, 『민법총칙』(fides, 2012), 712면; 김용한, 『민법총칙론』(박영사, 1993), 268면; 김증한·김학동, 『민법총칙』(박영사, 2013), 327면; 송덕수, 『민법총칙』(박영사, 2020), 169면; 이영준, 『민법총칙』(박영사, 2007), 280면; 이은영, 『민법총칙』(박영사, 2009), 418면; 지원림, 『민법강의』(홍문사, 2017), 202-203면 등.

3) 송덕수, 앞의 책(주 2), 170면. 대법원 2010. 5. 13. 선고 2009다92487 판결; 대법원 2011. 1. 27. 선고 2010다81957 판결; 대법원 2012. 11. 29. 선고 2012다44471 판결; 대법원 2018. 1. 25. 선고 2016다238212 판결; 대법원 2019. 9. 10. 선고 2016다237691 판결; 2020. 12. 10. 선고 2019다267204 판결 등.

의 문제도 법률행위의 내용과 내심의 효과의사를 해석하여야 양자의 일치 여부를 판단할 수 있다. 또한 임의규정이나 강행규정을 적용하기 위하여 해당 법률행위가 어떤 계약의 종류, 단체 유형 등에 속하는지 등을 결정해야 하는 경우에도 법률행위의 해석이 문제된다. 이와 같이 법률행위의 해석은 이론적으로나 실무적으로 법률행위의 가장 중요한 문제 가운데 하나이다.[4]

대상논문은 일찍이 법률행위의 해석이 법률행위론의 핵심 문제임을 간파하였고, 우리 민법이 이에 관한 명문의 규정을 두고 있지 않은 법상황을 고려하여 법률행위 해석의 방법을 이론화한 후 이에 관한 구체적 해석표준을 제시하고자 하였다. 이하에서는 대상논문이 갖는 의미를 검토하기 위하여, 먼저 대상논문의 주요 내용과 특별한 내용을 요약·정리하고(Ⅱ.), 대상논문이 발표된 당시 논제에 관한 국내 학설과 판례의 모습을 살펴본다(Ⅲ.). 이에 기초하여 대상논문이 발표된 당시에 가졌던 의미 및 현재의 의미를 살펴본 후(Ⅳ.), 향후의 연구방향 및 내용을 제시한다(Ⅴ.).

Ⅱ. '법률행위의 해석' 논문의 주요 내용과 특별한 내용

대상논문은 Ⅰ. 서언, Ⅱ. 선결문제, Ⅲ. 법률행위 해석의 의의 및 목표, Ⅳ. 법률행위 해석의 객체와 해석적격, Ⅴ. 법률행위 해석의 방법, Ⅵ. 법률행위 해석의 소송상의 문제, Ⅶ. 결론으로 구성되어 있다. 여기에서는 대상논문의 본문(Ⅱ.-Ⅵ.)의 서술순서에 따라 주요 내용을 요약하여 기술하면서 특별한 내용으로 판단되는 사항을 해당 부분에서 언급하고자 한다. 대상논문의 주요 내용을 요약하여 정리하는 부분에서는 별도의 인용표기는 생략한다.

1. 선결문제

대상논문은 선결문제로서 ① 법률행위의 해석을 통일적으로 다룰 것인가 또는 이를 구분할 것인가의 문제를 다루고, ② 우리 민법상 법률행위의 해석에 관한 규정이 두어져 있는지를 검토한다.

①의 문제와 관련하여 ㉠ 법률행위는 의사표시를 불가결의 요소로 하는 점에서 법률행위의 해석은 결국 의사표시의 해석이므로, 법률행위의 해석을 의사표시의 해석과 계약의 해석으로 구분할 필요가 없다고 한다. ㉡ 유언과 같은 상대방 없는 의사표시의 해석은 보호하여야 할 상대방이 없으므로 표의자의 의사가 더욱 존중되어야 하는 점에서, 상대방 없는 의사표시의 해석과 상대방 있는 의사표시의 해석으로 나누어 살펴보아야 한다. ㉢ 동일한 법률행위를 대상으로 하는 해석에서는, 법률행위의 의미가 불명확한 때 그 의미를 명확하게 하는 해석인 '밝히는 해석'

4) 송덕수, 대상논문, 238면.

내지 '단순한 해석'과 그 해석의 결과 법률행위에서 규율되지 않은 틈이 있는 경우에 그것을 채우는 해석인 '보충적인 해석'을 구별하여야 한다. 그리고 밝히는 해석은 다시 '자연적 해석'과 '규범적 해석'으로 세분된다. 법률행위 해석의 순서는 밝히는 해석으로부터 시작하는데, 법률행위 당사자들의 사실상 일치하는 이해를 확정할 수 있는 징후가 있는 때에는 자연적 해석을 하여야 하고, 자연적 해석이 가능하지 않거나 당사자들이 일치하여 이해된 것으로 인정되지 않는 때에는 규범적 해석을 한다. 규범적 해석의 결과 법률행위의 틈이 발견되는 때에는 보충적 해석의 문제로 넘어가게 된다.

②의 문제는 법률행위의 해석에 관한 우리 민법의 규정을 검토하는 것으로, ㉠ 제106조에 의하여 관습 내지 거래관행이 규범적 해석 및 보충적 해석에서 임의규정에 우선하여 법률행위 해석의 표준이 된다. ㉡ 제2조 제1항의 신의성실의 원칙은 권리행사와 의무이행에 대하여뿐만 아니라 권리·의무의 발생을 결정하는 데에, 즉 법률행위의 해석에도 당연히 적용되어야 한다고 볼 것이다. ㉢ 임의규정에 의한 법률행위의 해석 또는 보충은 이론적으로는 법률의 적용이지만, 해석의 표준의 범위에서 다루어진다.

2. 법률행위 해석의 의의 및 목표

법률행위의 해석은 법률행위의 내용을 확정하는 것을 말한다. 이는 법률행위에 대한 법적 판단(예컨대 불합의나 착오 등의 존재)을 하기 위한 전제가 된다. 법률행위의 해석은 다음의 순서에 의한다. 먼저 의사표시가 존재하는지 여부를 검토한 후, 의사표시의 존재가 긍정된 때에는, 다음 단계에서 의사표시 또는 법률행위가 어떤 내용을 가지는가를 명백하게 하여야 한다. 이 단계에서는 법률행위 자체의 내용을 밝히는(밝히는 해석 내지 단순한 해석) 외에 법률행위에 규율의 틈이 있는 경우에는 그것을 보충하여야 한다(보충적 해석).

법률행위 해석의 목표는 어떠한 것을 법률행위의 내용으로 인식할 것인가의 문제이다. 이는 의사표시의 본질에 관한 이론에 따라 다르게 이해될 수 있다. 의사주의에 의한다면 법률행위 해석의 목표는 표의자의 의사(내심의 의사)를 찾는 것이지만, 표시주의에 의한다면 표시의 순수한 객관적 의미를 탐구하는 것이다. 그리고 효력주의에 따른다면 표시의 객관적·규범적인 의미를 탐구하는 것이다. 대상논문의 원칙적 입장에 따르면 우리 민법은 '신뢰보호에 의하여 제한된 의사주의'에 기초하고 있으므로, 법률행위 해석의 목표는 신뢰보호의 필요성의 정도에 따라 다르게 정하여져야 한다. 이에 따르면, ① 유언과 같은 상대방 없는 의사표시에서는 보호하여야 할 상대방이 없으므로 표의자의 진정한 의사를 탐구하여야 한다. ② 상대방 있는 의사표시(상대방 있는 단독행위·계약)에서 규범적 해석에서는 상대방이 보호되어야 하므로 해석은 객관적으로 행해져야 한다. 여기에서 의사표시를 객관적으로 해석한다는 것은 표시수령자가 알 수 있는 한에서 표시행위의 의미를 탐구하는 것이고, 표의자의 순수한 내심의 의사를 밝히는 것이 아니다. 표의자의 내심의 의사를 밝히는 것이 법률행위 해석의 목표가 될 수 없음은 민법 제109조가 규정하는 착오로 인한 의사표시의 취소 가능성과 제111조 제1항의 의사표시의 효력발생시기 규정으로부터 도출된다. 한편, 자연적 해석에서는 당사자의 일치하는 진정한 의사가 탐구되어야 하고, 보충적 해석에서는 여러 사정의 고려 하에 신의성실의 원칙에 의하여 판단할 때 가장 적당하다고 인정되는 것이 탐구되어야 한다.

대상논문은, 당시 우리의 학설이 법률행위의 해석을 상대방 있는 의사표시의 경우와 상대방 없는 의사표시의 경우로 나누어서 살펴보고 있지 않았던 상황 및 자연적 해석·규범적 해석·보충적 해석을 구별하지 않고 있었던 논의상황에서, 법률행위의 목표를 일원적으로 설명하지 않고 의사표시의 종류에 따라 구별하여야 함을 주장하였고, 상대방 있는 의사표시에 대해서는 자연적 해석·규범적 해석 및 보충적 해석의 방법, 그리고 그 해석의 순서를 소개한 점에서 특별한 내용을 포함하고 있다.

3. 법률행위 해석의 객체와 해석적격(解釋適格)

법률행위 해석의 객체는 그로부터 하나의 의사표시가 추론되어야 하는 구체적 용태 또는 구체적 표명으로, 표시행위로 인정될 수 있는 것이다. 표시행위에 부수하는 사정도 해석의 객체로 보아야 하는가에 관하여는 의사표시가 행해진 당시의 여러 사정을 표시행위 자체로 볼 것은 아니고, 의사표시의 해석에 있어서 보조적인 수단(해석표준)으로 될 뿐이라고 하여야 한다. 해석의 객체가 될 수 있는 것은 원칙적으로 모든 표시행위이다. 따라서 외관상 의미가 명백한 표시행위도 해석의 필요가 있다.

4. 법률행위 해석의 방법

대상논문의 핵심적인 내용에 해당하는 'Ⅴ. 법률행위 해석의 방법'에 관한 서술은 상대방 있는 의사표시의 해석을 중심으로 한다. 상대방 있는 의사표시 내지 법률행위의 해석은 밝히는 해석과 보충적 해석으로 나누어지고, 밝히는 해석은 자연적 해석과 규범적 해석으로 구분된다. 이들 해석은 ① 자연적 해석, 즉 당사자의 사실상 일치하는 이해의 확정으로서의 해석, ② 당사자의 일치하는 이해가 확정되지 않는 경우의 규범적 해석, ③ 규범적 해석의 결과 법률행위에 틈이 발견되면 보충적 해석의 순서로 행하여진다. 이를 순서대로 살펴본다.

(1) 자연적 해석

어떤 일정한 표시에 관하여 당사자가 사실상 일치하여 이해한 경우에는 그 의미대로 효력을 인정하여야 하는데, 이를 자연적 해석이라고 한다. 자연적 해석에 관한 명문규정이 없는 우리 민법에서도 당사자가 사실상 일치하여 의욕한 것은 문언의 일반적인 의미에 우선하는 것으로 이해하여야 한다. 표시의 어의(語意)와 상이한 의미일지라도 당사자의 사실상 일치하는 이해를 보호하는 것이 사적자치의 원칙에 부합하고, 이러한 결과가 법률행위의 해석에 적용되는 신의칙에도 반하지 않기 때문이다. 즉 '잘못된 표시는 해가 되지 않는다'는 원칙이 적용된다.[5)]

자연적 해석에서는 표의자가 표시의 의미를 착오로 다른 의미로 이해했는가 여부는 문제되지 않는다. 즉 착오가 있는 때에도 생각한 의미로 효력이 있다. 그리고 당사자가 일치하여 의도적으로 일정한 표시에 다른 의미를 부가한 경우(예: 암거래의 경우 은닉행위)에도 같다. 주의할 것은, 착오로 표시를 한 경우에는 상대방이 사실적으로 일치하여 이해한 때에만 그대로 효력이 있다는 점이다. 상대방이 표의자의 진정한 의사를 알 수 있었거나 알았어야 했으나 실제로 그것을 인식하지 못한 경우는 포함되지 않는다. 표의자에게도 착오를 저지른 잘못이 있음에도 불구하고 상대방의 부주의한 불인식을 이유로 표의자의 생각대로 효력을 인정하는 것은 부당하기 때문이다.

(2) 규범적 해석

1) 규범적 해석의 의의와 방법

법률행위 당사자의 사실상 일치하는 이해가 확정되지 못한 경우에는 규범적인 해석이 행하여진다. 독일의 학설과 판례는, 표의자가 생각한 의미와 표시수령자(상대방)가 생각한 의미가 다른 경우에는 표시수령자의 이해가능성을 고려하여 해석이 행해져야 한다고 한다.[6)] 이러한 이론은 우리 민법에서도 타당하여, 상대방 있는 의사표시는 표시수령자가 여러 사정 하에서 적절한 주의를 베풀었을 경우에 이해했어야 하는 의미로 확정되어야 한다. 그리하여 규범적 해석은 수령자시계(受領者視界), 수령자의 이해시계(理解視界) 또는 수령자의 이해가능성에 의하여 행하여진다. 이러한 해석방법은 민법 제2조 제1항의 신의성실의 원칙이 해석에 적용되는 것으로부터의 당연한 귀결이다.

2) 규범적 해석의 표준

규범적 해석의 표준으로는 ① 표시행위에 부수하는 제반사정, ② 관습, ③ 임의규정, ④ 신의칙이 있다.

---

5) 이후 대법원은 이 원칙을 채용하였다. 대법원 1993. 10. 26. 선고 93다2629, 2636 판결; 대법원 1996. 8. 20 선고 96다19581, 19598 판결. 이에 관하여는 아래 Ⅳ. 1. (3) 참조.

6) 최근의 재판례로서 '공병 보증금 반환사건'이 있다. 생수병에 기재된 '보증금(Pfand)' 및 '25센트 보증금(0,25 Euro Pfand)'이라는 문구를 둘러싼 다툼이었는데, 원고가 생수병 10,000개를 모아 생수제조업체에 이를 반환하면서 2,500유로의 지급을 청구하였다. 연방대법원은 '25센트 보증금' 이라는 개념은 공병을 25센트에 재매매하겠다는 일반 공중에 대한 청약으로 이해되어야 한다고 하면서, 여기에서는 그 표시가 불특정 다수에게 의미를 가질 수 있으므로 그 표시의 객관적 내용만이 표준이 된다고 하였다. 따라서 표시자가 생각한 주관적 의미는 유의미하지 않다고 보았다(BGH, NJW 2007, 2912). 그 밖에 BGH, NJW 2008, 2702, NJW 2013, 598 등이 있다.

규범적 표준의 제1의 표준은 ① 표시행위에 부수하는 제반사정이다. 즉 법률행위에 부수하는 여러 가지 사정을 고려하여 법률행위의 의미내용을 탐구하여야 하는데, 여기에서 표시행위의 의미를 결정할 수 있는 모든 경과와 상황이 고려되어야 하는 사정이다(예: 법률행위 당사자의 모든 용태, 계약상의에서의 표시, 행위당사자 일방에 의하여 명시적으로 표시되거나 그의 표시로부터 명백한 법률행위의 목적, 표시행위의 장소와 시간 등). 당시 통설은 당사자에 의하여 기도(企圖)된 목적만을 제1차적인 해석표준이라고 하였으나,[7] 대상논문은 당사자의 목적이 제반사정 가운데 중요한 것이기는 하지만 유일한 것은 아니라고 한다.

여러 사정의 고려 하에 법률행위의 내용을 확정할 수 없는 경우에는 ② 관습 내지 거래관행이 해석의 표준이 된다. 민법은 제106조에서 관습이 법률행위 해석의 표준이 됨을 규정하고 있다. 제106조의 해석상 강행규정에 위반되는 관습은 해석의 표준이 될 수 없다. 신의성실 또는 선량한 풍속 기타 사회질서에 반하는 관습도 마찬가지로 새겨야 할 것이다. 임의규정과 다른 관습이 있는 경우에는 관습이 임의규정에 우선하여 해석의 표준이 된다. 제106조가 적용되는 것은 당사자의 의사가 명확하지 않은 경우로, 관습에 의하거나 의하지 않는다고 표시한 경우에는 표시에 의한 효과가 발생한다. 당사자가 관습을 인식하고 있을 필요도 없고 인식하여야 하는 것은 아니다. 한편 법률행위의 착수 당시에 이미 존재하는 관습만이 (규범적인) 해석의 표준으로 될 수 있다.

제106조에 의하여 법률행위 해석의 표준이 되는 관습과 제1조의 관습법의 관계에 관하여 당시의 판례[8]와 일부 학설[9]은 법적 확신의 유무에 의하여 사실인 관습과 관습법을 구별하여야 하며, 관습법은 법칙으로서 효력이 있는 것이나 사실인 관습은 당사자의 의사를 보충하는 데에 그친다고 보았다. 양자를 구별할 필요가 없다고 하는 견해는, 사적자치가 인정되는 범위에서는 양자 모두 임의규정에 우선해서 해석의 표준이 된다고 하여야 하므로 그 한도에서는 구별의 필요가 없다고 하거나,[10] 양자는 적용면에서 차이가 없다고 하거나,[11] 제106조의 관습(사실인 관습)도 실질적 법원성을 갖는 점에서 제1조의 관습(관습법)과 다르지 않다고 하거나,[12] 사실인 관습도 법규범이고, 양자의 차이는 관습법은 강행법규적 관습법규범임에 반하여 사실인 관습은 임

7) 곽윤직, 『민법총칙』(박영사, 1985), 371면; 김기선, 『한국민법총칙』(법문사, 1985), 237면; 김용한, 『민법총칙론』(박영사, 1986), 271면; 김증한, 『新稿 민법총칙』(박영사, 1983), 220면; 이근식, 『민법강의(상)』, 법문사, 1980, 115면; 황적인, 『현대민법론 Ⅰ』(박영사, 1985), 152면.
8) 대법원 1983. 6. 14. 선고 80다3231 판결.
9) 김기선, 앞의 책(주 7), 237-238면; 황적인, 앞의 책(주 7), 152면; 이태재, 『민법총칙』(법문사, 1981), 228-229면.
10) 곽윤직, 앞의 책(주 7), 375면.
11) 장경학, 『민법총칙』(법문사, 1985), 430면.
12) 김주수, 『민법총칙』(삼양사, 1985), 234면; 김용한, 앞의 책(주 7), 274면.

의법규적 관습법규범이라는 점[13]을 그 근거로 들고 있었다.

대상논문은, 법률행위의 해석의 표준에 있어 관습법과 사실인 관습을 구별하면 법규범적 성격이 강한 관습법이 임의법규의 하위에 서고 법규범적 성격이 약한 사실인 관습이 법률행위의 해석을 통하여 사실적으로 임의법규에 우선하는 모순을 가져오는 점을 지적하면서, 이러한 모순을 해결하는 길은 양자의 구별을 부인하여 적어도 둘의 효력을 동일하게 인정하는 것이라고 한다. 즉 그 적용에 있어서는 양자 모두 임의규정에 우선하여 법률행위 해석의 표준이 된다고 한다. 그러나 이 둘을 모든 면에서 완전히 동일시하는 것도 타당하지 않고, 양자는 법의 존재형식의 면에서는 구별된다고 본다. 정리하면, 법률행위 해석의 표준으로서는 관습법과 사실인 관습은 모두 임의법규에 우선하며, 이 한도에서는 양자를 구별할 필요가 없으나, 법원(法源)으로서는 구별하여야 한다.

특별한 의사표시가 없는 경우 또는 의사표시가 불명확한 경우에는 ③ 임의규정을 적용하게 된다(제105조의 반대해석). 당시의 통설은 이 경우 적용되는 임의규정이 법률행위 해석의 표준이라고 보았다.[14] 대상논문은, 이는 본질에 있어서 법률의 적용이지, 해석이 아니라고 한다. 한편, 임의규정은 해석규정과 보충규정으로 구분할 수 있는데, 해석규정은 의사표시가 있지만 그 의미가 불분명한 경우에 이것을 일정한 의미로 해석하는 것으로서 '추정한다'라는 표현이 사용되고, 보충규정은 의사표시의 내용에 틈이 있는 경우에 이를 보충하는 것으로서 '특별한 규정이 있는 때' 또는 '다른 의사표시(약정)가 없는 한' 등의 표현을 가지는 것이 보통이다. 이들 중 규범적 해석과 관계하는 것은 해석규정이며, 보충규정은 보충적 해석에서 의미를 가진다.

이상의 모든 표준에 의하여 의미가 확정될 수 없는 경우에는, ④ 신의칙에 따라 확정하여야 한다.

3) 기타의 해석원칙

대상논문은, 우리 민법에서는 구속력 있는 규범 또는 유효한 원칙은 아니지만 실제적인 이론의 경험법칙으로서 해석에 고려될 수 있는 것으로 외국의 법률 또는 판례에서 인정하는 개별적 해석원칙을 소개한다. ① 계약의 해석에서 다의적인 표현은 계약의 성질 및 객체에 가장 잘 어울리게 이해되어야 한다(이탈리아 민법 제1369조). ② 계약해석의 경우 불명확한 문구는 원칙적으로 계약서를 작성한 또는 계약표시의 일정한 의미에서 권리를 연역(演繹)하는 자의 불이익으로 간다(프랑스 민법 제1162조[15]·약관과 관련하여 독일 약관법 제5조[16]·이탈리아 민법 제1162조[17]). ③

13) 김증한, 앞의 책(주 7), 222-223면.

14) 곽윤직, 앞의 책(주 7), 376면; 김용한, 앞의 책(주 7), 275면; 김주수, 앞의 책(주 12), 234면; 김증한, 앞의 책(주 7), 223면; 장경학, 앞의 책(주 11), 430면; 황적인, 앞의 책(주 7), 152면.

15) 2016년 2월 10일 개정(Ordonnance n° 2016-131 du 10 février 2016 portant réforme du droit des contrats, du régime général et de la preuve des obligations)으로 2016년 10월 1일 시행된 개정 민법에서는

당사자 일방의 본질적인 권리를 제한하는 약정은 의심스러운 때에는 좁게 해석되어야 한다(독일 판례에 의해 인정되는 해석원칙). ④ 다의적이고 지방에 따라 다르게 이해되는 표현들은 표시의 장소 또는 계약체결의 장소에 따라 해석되어야 한다(프랑스 민법 제1159조[18]·이탈리아 민법 제1368조[19]).

4) 규범적 해석에서의 몇 가지 문제

규범적 해석에서의 몇 가지 문제로 ① 다의적 의사표시, ② 보통거래약관의 해석, ③ 판례의 이른바 예문해석을 살펴본다.

① 다의적인 의사표시에서는 해석자는 의사표시를 무리해서 일의적인 것으로 구부리도록 유혹당하지만, 다의적인 의사표시의 위치에 '그(해석자)의' 의사표시를 설정하지 않아야 한다.

② 보통거래약관의 해석에서는 의사표시가 개별적인 경우의 사정들에 따라 해석되어야 한다는 원칙에 대하여 예외가 인정되어야 한다. 즉 보통거래약관은 획일적인 처리를 기본적인 목적으로 하고 있으므로 구체적인 경우 상대방의 사정에 따라 해석되는 것은 옳지 못하기 때문에, 보통거래약관의 해석에서는 평균적인 고객이 알았어야 하는 사정만이 고려되어야 한다.

③ 계약서로 관용되는 서식에서 경제적 강자에게 일방적으로 유리한 조항이 있는 경우 그러한 조항을 예문이라고 보아 당사자가 이 문구에 구속당할 의사가 없었음을 이유로 하여 무효라고 해석하는 것을 예문해석 또는 예문재판이라고 한다. 판례는 이러한 예문해석을 해오고 있고,[20] 학설은 신의칙 또는 조리에 반하기 때문에 무효라고 한다.[21] 대상논문은 예문해석에 반대하며, 그러한 경우는 해석원칙에 입각하여 해석하여야 하고, 제103조·제104조나 제109조가 적용될 사정이 있으면 이 규정들을 적용하여야 한다고 주장한다.

제1190조에 규정되어 있다.
프랑스 민법 제1190조. 계약은, 의심스러운 경우에는, 채권자에 대하여 불리하게 그리고 채무자에 대하여 유리하게 해석하고, 책임계약은 그것을 제안한 자에게 불리하게 해석한다.

16) 2002년 채권법 현대화를 위한 개정(BGBl. Ⅰ S. 3138)으로 현행 민법 제305조의c 제2항이다.
독일 민법 제305조의c ② 약관의 해석에서 의심스러운 경우는 약관사용자에게 불리하게 해석된다.

17) 제1370조의 오기로 보인다.
이탈리아 민법 제1370조 [계약조항 작성자에 불리한 해석] 보통거래약관 또는 계약서 양식이나 서식에 계약당사자 일방이 사전에 작성한 계약조항은 의심스러운 때에는 상대방에게 유리하게 해석되어야 한다.

18) 개정 전 제1159조. 의미가 모호한 말은 계약체결지의 관용어에 의하여 이를 해석해야 한다. 개정 민법에서는 이에 해당하는 규정은 두어져 있지 않다.

19) 이탈리아 민법 제1368조 [일반적 거래관행에 따른 해석] 의미가 모호한 조항은 계약체결장소의 일반적 거래관행에 따라 해석한다. 당사자 중 1인이 사업자인 계약에서 모호한 조항은 사업장 소재지의 일반적 거래관행에 따라 해석한다.

20) 대법원 1966. 10. 4. 선고 66다1479 판결; 대법원 1970. 12. 29. 선고 70다2494 판결; 대법원 1979. 2. 13. 선고 78다2161 판결 등에서 예문이라는 것을 인정하지는 않았으나 부인하는 판결에서 예문해석의 개념을 인정하였다. 이후 1979. 11. 27. 선고 79다1141 판결; 대법원 1997. 5. 28. 선고 96다9508 판결; 대법원 1999. 3. 23. 선고 98다64301 판결; 대법원 2003. 3. 14. 선고 2003다2109 판결 등은 예문해석을 해오고 있다.

21) 곽윤직, 앞의 책(주 7), 228면; 김용한, 앞의 책(주 7), 276면; 장경학, 앞의 책(주 11), 432면.

(3) 보충적인 해석

1) 보충적 해석의 의의 및 전제조건

보충적 해석은 틈 있는 법률행위의 보충을 의미하는 것으로, 자연적 해석과 규범적 해석에 의하여 법률행위의 성립이 인정된 후에 비로소 문제된다. 즉 법률행위가 성립되었으나 일정한 점에 관하여 규율되지 않은 경우에 그것을 보충하는 것이다. 보충적인 해석은 법률행위의 해석에 의한 법률행위의 보충으로 보아야 할 것이므로, 그 결과 여기에는 신의칙(제2조 제1항)과 제106조가 적용된다.

보충적인 해석은 법률행위에서의 틈(규율의 틈)의 존재를 전제로 한다. 계약의 틈은 계약체결 당시부터 존재할 수도 있지만, 하나의 계약조항이 무효로 되어 생길 수도 있고, 또 계약당사자 사이의 법률관계의 발전에 기하여 사후에 비로소 발생할 수도 있다.

2) 보충적 해석의 표준

법률행위에서 규율을 요하는 틈이 확정된 경우에는 (고유한) 보충적 해석에 앞서서 우선 임의규정(보충규정)이 파악하려고 할 것이다. 민법 제106조에 따라 임의규정과 다른 관습이 있는 경우에 당사자의 의사가 명백하지 않은 때에는 관습에 의하여 보충된다. 이 관습에 의한 법률행위의 보충은 보충적인 해석이라고 할 수 있다. 즉 법률행위의 규율의 틈은 제1차적으로 ① 관습에 의하여 보충되고, 관습이 없는 경우에는 ② 임의규정에 의하며, 임의규정도 없거나 임의규정에 의하여 보충될 수 없는 때에는 ③ 제반사정 하에서 신의칙에 의하여 보충을 하게 된다.

법률행위의 규율의 틈이 임의규정에 의하여 보충되지 못한 경우에 비로소 고유한 의미의 보충적인 해석이 행하여진다. 법률행위의 규율은 가정적인 당사자의 의사에 맞게 보충되어야 한다고 하는 독일의 판례 이론에 대하여, 대상논문은 계약의 보충적 해석에서는 계약관계 및 계약목적의 객관적 관점이 우선하여야 하므로 가정적 의사가 언급되는 것은 적절하지 않고, 가정적인 당사자의사는 의제된 것에 불과하여 해석의 한계를 넘게 되고, 단지 의제된 가정적 의사에 기한 해석이 표시의 문언을 넘어 확장될 법적 근거가 없음을 이유로 들면서 당사자의 가정적의사는 보충적인 해석의 표준이 될 수 없다고 한다. 보충적 해석이 법률행위의 해석이라고 파악되는 한, 틈의 보충은 법률행위의 규율에서 출발하여야 한다. 법률행위(계약) 자체뿐만 아니라 각각의 법률행위 규정 및 평가, 그리고 -문언에 표명되지 않았을지라도- 인식가능한 객관적인 계약의 목적, 계약의 의미관계, 계약의 근본사상 등의 모든 사정이 출발점이 된다. 여기에 신의칙도 고려되어야 한다. 그리하여 법률행위(계약)에서의 규율 기타 사정 하에서 신의성실에 의하여 판단할 때 가장 적당한 결과가 탐구되어야 한다.

3) 보충적 해석의 한계

보충적인 해석은 사적자치 및 계약신의의 원칙의 존중 하에서 행하여져야 하며, 그것은 법관에게 자유로운 법창조의 권능을 부여하는 것이 아니다. 이에 따라 당사자의 의사와 계약의 내용으로부터 일정한 한계가 고려된다. 이에 법률행위에서의 규율이 당사자들에 의하여 설정된 대로 고려되어야 한다. 그리하여 불합리하거나 불공평한 계약이 보충적 해석을 통해 합리적이거나 공평한 계약으로 변경될 수 없다. 또한 보충적인 해석의 결과는 당사자의 의사 또는 계약내용에 반하지 못하고, 계약객체를 변경하거나 확대할 수 없다. 그리고 보충적인 해석이 유효한 계약을 무효로 하지도 못한다. 보충적인 해석도 법률행위의 해석인 만큼 법률행위의 내용으로부터 일정한 점에 대하여 어떤 규율을 도출할 수 있어야 한다.

5. 법률행위 해석의 소송상의 문제

법률행위 해석의 소송상의 문제는 ① 입증책임이 누구에게 있는가와 ② 사실심에 의한 법률행위의 해석이 상고될 수 있는가 하는 점이다.

① 자연적 해석에서는 사실확정이 문제되는 것이므로, 어떤 표시가 당사자들에 의하여 일정한 의미로 사실적으로 일치하여 이해되었다고 주장하는 자가 그 주장에 대하여 입증하여야 한다. 이에 반하여 규범적 해석은 법적인 가치판단이고, 법관은 소송에서 해석을 직권으로 행한다. 법관은 당사자의 주장에 구속되지 않으며, 소송당사자는 일정한 해석을 위하여 주장할 의무 또는 입증할 책임을 부담하지 않는다. 그러나 일방당사자가 해석에 대하여 중요한 사정을 주장하고 상대방이 이를 다투는 경우에는, 사실주장이 문제되므로 주장하는 자가 이를 입증해야 한다. 법률행위의 보충적인 해석도 규범적 성질을 가지므로 규범적 해석에서와 같다.

② 자연적 해석은 순수한 사실확정으로서 사실심에 보류되어 상고법원에 의해서는 행해질 수 없다. 최종의 사실심의 확정은, 사실확정에 대하여 고려되어야 하는 모든 사실이 고려되지 않은 것과 같이 절차법에 위반된 경우에만 상고법원에 의하여 파기될 수 있다. 그리고 규범적 해석에서는 해석에 앞서 행해지는 표시행위의 확정과 관습의 존재 또는 부존재의 확정은 사실문제로서 이에 관하여는 상고할 수 없다. 그러나 규범적 해석 자체는 여러 사정, 관습 등과 같은 확정된 사실을 기초로 하여 표시행위가 가지는 의미를 결정하는 것이기 때문에 법적인 가치판단, 즉 법률문제이므로, 상고법원에서 당부를 다툴 수 있다. 규범적 해석이 법률문제이기는 하지만, 엄격하게는 법률행위의 해석에 관한 규정을 적용하는 것 자체만이 법률문제이고 그것을 적용하여 법률행위의 내용을 확정하는 것은 객관적인 사실확정의 성격을 가지는 점에서 사실심이 민법 제106조, 제2조 제1항 기타의 해석규정과 사고법칙, 경험법칙, 절차법을 위반한 경우에만 상고이유가 된다고 하여야 한다. 이와 같은 제한적 상고가능성은 보충적 해석에도 적용된다.

Ⅲ. '법률행위의 해석' 논문의 논제에 관한 당시의 국내 학설·판례의 모습

1. 당시의 학설

대상논문이 발표되었던 즈음에는 우리의 법률행위 해석에 관한 이론은 주로 일본의 학설에 바탕을 두고 있었다.[22] 당시 일본에서는 법률행위의 내용을 표시자의 '내심의 의사', '진정한 의사'에 적합하게 하는 것을 법률행위 해석의 목표로 할 것인가, 아니면 표시행위가 가지는 객관적 의미를 분명하게 하는 것을 해석의 목표로 할 것인가를 중심으로 논의가 이루어지고 있었다. 전자는 '의사주의' 내지 '주관주의'라고 하여, 표시의 불완전·부정확·불명확을 예정하면서 표시에 사용된 문언에 집착할 것이 아니라 당사자가 그러한 문언을 달성하려고 한 목적을 실질적으로 고려해야 한다는 점에 중점을 둔다는 당시 프랑스 학설의 영향을 받은 것이고, 후자는 '표시주의' 내지 '객관주의'라고 하는데, 그러한 사실적 고려는 결국은 그 표시가 전달한 의미에 의하여야 할 것이고 그것을 넘어서는 안 된다는 점을 강조하는 당시 독일의 통설적 입장이었다.[23] 그 당시 일본에서는 법률행위 해석의 목표가 당사자의 숨은 진의 내지 내심의 효과의사를 탐구하는 것이 아니라 당사자의 의사의 객관적인 표현이라고 볼 수 있는 것, 즉 표시행위가 가지는 의미를 밝히는 것이라고 하여 표시주의적 해석론을 취하고 있었다.[24] 이에 영향을 받은 우리의 논의에서도 표시주의가 통설적 입장이었다.[25] 그러나 당시의 학설은 법률행위의 해석을 상대방 있는 의사표시와 상대방 없는 의사표시의 경우로, 그리고 자연적 해석·규범적 해석·보충적 해석으로 구별하지 않고 있었다.[26]

당시 법률행위의 해석에 관한 연구는 본격적으로 이루어지지 않은 것으로 보인다. 이에 관한 연구로는 1968년에 발표된 嚴英鎭, "法律行爲의 解釋"[27] 논문이 일본에서의 논의를 소개하면서 법률행위 해석의 의의와 성질을 논하고, 우리 민법에서의 법률행위 해석의 기준을 분석하였다. 이후 1979년에 집필된 『주석 민법총칙』의 해당 부분에서 1976년 독일에서 발표된 Dietrich Bickel의 교수자격논문인 "법률행위에 의한 표시의 해석 방법(Die Methoden der Auslegung

22) 엄동섭, 『법률행위의 해석에 관한 연구』(서울대학교 법학박사학위논문, 1992), 233-234면 참조.
23) 嚴英鎭, "法律行爲의 解釋" 『法學論叢』(단국대학교, 1968), 제9권, 14면 참조.
24) 野村豊弘, "法律行為の解釈", 星野英一編集代表 『民法講座 第1巻』(有斐閣, 1984), 302頁 以下.
25) 곽윤직, 앞의 책(주 7), 370면; 김기선, 앞의 책(주 7), 235-236면; 김용한, 앞의 책(주 7), 269면; 장경학, 앞의 책(주 11), 426면; 황적인, 앞의 책(주 7), 152면; 엄영진, 앞의 논문(주 23), 14면.
26) 다수설은 밝히는 해석과 보충적 해석을 구별하지 않고 있었고, 일부 견해는 양자를 구별하기는 하였으나 분명히 나누어 설명하지 않고 있었다. 김주수, 앞의 책(주 12), 231면; 장경학, 앞의 책(주 11), 426면; 황적인, 앞의 책(주 7), 151면.
27) 엄영진, 앞의 논문(주 23), 13-18면.

rechtsgeschäftlicher Erklärungen)"에 관한 주요 내용이 소개되는 정도에 그쳤다.[28]

이러한 상황에서 1980년대 중반 무렵부터 대상논문을 포함하여 법률행위의 해석론에 관하여 법률행위의 해석 방법을 자연적 해석·규범적 해석·보충적 해석으로 분류하는 독일의 학설을 소개하는 논문이 발표되기 시작하였다.[29]

2. 당시의 판례

위에서 서술한 바와 같이 당시의 학설은 이른바 표시주의적 해석론을 취하고 있었다. 상대방 없는 의사표시와 상대방 있는 의사표시를 구분하고 있지 않았던 논의상황이나 자연적·규범적·보충적 해석의 구분을 알지 못하였던 이론체계를 고려하면, 법률행위 해석의 주된 경우인 상대방 있는 의사표시의 규범적 해석에 관한 한 적절하였다고 볼 수 있을 것이다.

한편 당시 재판례가 충분히 집적되어 있지 않았으나, 판례는 학설의 입장과 달리 당사자의 진의를 탐구하는 것이 법률행위 해석의 목표라고 보았다. 대법원 1962. 4. 18. 선고 4294민상1236 판결은 "계약당사자 간에 어떠한 계약내용을 서면으로서 작성하였을 경우에는 당사자의 내심적 의사의 여하를 불구하고 그 서면의 기재내용에 의하여 당사자의 참된 의사를 탐구하도록 합리적으로 해석하여야 할 것이며 당사자가 주장하는 계약 내용이 당사자에게 중대한 책임을 부과하게 되는 경우에는 그 서면의 내용과 문구를 더욱 엄격하게 해석하여야 할 것이다"고 하여, 상대방 없는 의사표시와 상대방 있는 의사표시를 구별하지 않았던 상태에서 해석의 대상이 계약임에도 당사자의 진정한 의사를 탐구하여야 한다고 보았다. 이와 같은 취지로 판시한 나머지 두 건의 판결[30]에 대한 해설이나 이를 다룬 문헌을 발견할 수 없어서 판례가 의미한 '법률행위의 해석은 당사자의 참된 의사를 탐구하는 것'에 대한 논증을 파악할 수 없으나, 의사표시에 관한 의사주의에 기초한 것으로 생각된다.[31]

이후 판례는 변경되는데, 이에 관하여는 아래 Ⅳ.에서 상술한다.

---

28) 편집대표 주재황·김증한, 『주석 민법총칙(하)』(한국사법행정학회, 1979), 74면 이하(김형배 집필).

29) 이영준, "법률행위의 해석론 1-3", 『대한변호사협회지』(대한변호사협회, 1986) 제116호-제118호; 김천수, "법률행위의 해석", 『우암논총』(청주대학교 대학원, 1988) 제4집, 167면 이하.

30) 위 판결 외에 1960. 7. 7. 선고 4292민상879, 대법원 1977. 6. 7. 선고 75다1034 판결이 있다. 편집대표 곽윤직, 『민법주해[Ⅲ]』(박영사, 1992), 179면(송덕수 집필부분).

31) 법률행위 해석의 목표에 관한 현재의 학설과 판례에 관하여는 본문 Ⅳ. 1. (2)에서 상술한다. 이와 관련하여 견해의 차이가 의사표시에 관한 이른바 의사주의와 표현주의의 대립과 관계가 있다고 하는 견해(이영준, 앞의 책(주 2), 285면)와 그와는 관계가 없다고 하는 입장(백태승, 『민법총칙』(집현제, 2016), 358면; 지원림, 앞의 책(주 2), 204면)이 있다.

Ⅳ. '법률행위의 해석' 논문의 의미

1. 발표 당시의 의미

(1) 연구의 내용 및 방법에서의 의미

대상논문은 독일의 학설과 판례를 충실하게 참고하여 법률행위의 해석을 어떻게 구분할 것인가, 그리고 해석에 적용되는 민법 규정이 무엇인가를 선결한 후에, 법률행위의 해석의 의의, 목표, 객체, 해석적격, 소송상의 문제를 논의함과 동시에 자연적 해석·규범적 해석·보충적 해석의 방법을 매우 상세하게 기술하고 있다. 그리고 그러한 바탕 위에서 우리 민법학에서의 법률행위 해석이론이 어떻게 정립되어야 할 것인가의 시각에서 법률행위 해석론을 체계화하고 있다.

대상논문은 당시 우리 재판례가 충분히 축적되지 않은 사정으로 인하여 주로 외국의 판례와 이론을 분석하는 방법으로 연구를 수행하였다. 특히 독일의 다양한 학설과 풍부한 판례를 고찰하기 위하여 독일의 민법학 교과서, 여러 주석서 및 학자들의 연구논문, 그리고 재판례를 모두 조사·분석하였을 뿐만 아니라, 프랑스·이탈리아·스위스와 같이 민법에서 법률행위의 해석에 관하여 명문의 규정을 두고 있는 입법례도 소개하였다. 당시 외국문헌에의 접근 및 그 수집이 용이하지 않았음을 생각해보면 연구의 시작단계부터 고된 작업이었음을 가늠해 볼 수 있다. 대상논문은 이 어려운 작업을 통해 우리 민법에서의 법률행위 해석이론을 정립하였다는 점에서 무엇보다도 큰 의미가 있다고 할 것이다. 아래에서는 대상논문이 가지는 의미를 구체적으로 학설과 재판례에 미친 영향의 관점에서 살펴본다.

(2) 학설에 미친 영향

위 Ⅲ. 1. 대상논문의 논제에 관한 당시의 학설의 모습에서 기술한 바와 같이, 대상논문이 발표되기 이전에는 일본의 통설에 따라 법률행위의 해석론이 전개되고 있었다. 즉 표시행위가 가지는 의미를 밝히는 것이라고 하여 표시주의적 해석론이 통설적 견해이었는데,[32] 당시 학설은 상대방 없는 의사표시와 상대방 있는 의사표시를 구분하지 않고 하나의 범주에서 논의하였으므로 일반적 경우인 상대방 있는 의사표시, 특히 계약을 대상으로 한 입장이었던 것으로 이해한다면 통설적 견해는 타당한 것이라고 볼 수 있다. 그리고 통설은 법률행위 해석의 표준으로서 실질적 목적이나 의도, 사실인 관습, 임의규정, 신의성실의 원칙, 조리 등을 들며 법률행위 해석의 방법을 설명하였다.

대상논문이 독일의 법률행위 해석 방법을 소개하면서 우리 민법학상 법률행위 해석론을 정립한 이래 이 이론이 지배적인 학설로 되었다.[33] 대상논문 이후 대부분의 견해는 일반적인 법률

32) 위 주 25) 참조.

행위의 해석 방법에 관하여 이를 자연적 해석·규범적 해석·보충적 해석으로 나누어 설명한다. 그리고 이들 해석 사이에서는 자연적 해석이 규범적 해석에 우선하고, 표의자가 의도한 것과 상대방이 이해한 것이 다른 경우에는 규범적 해석이 적용된다고 하면서, 이때 법률행위 해석의 표준으로 당사자의 목적이나 의도, 사실인 관습, 임의규정, 신의칙, 조리 등을 제시한다.[34] 그리고 법률행위의 내용에 흠결 내지 공백[35]이 있어서 자연적 해석이나 규범적 해석에 의하여 해결할 수 없는 경우에는 보충적 해석이 적용된다고 한다. 또한 규범적 해석은 유언과 같은 단독행위에서는 별로 문제되지 않는다고 한다.

법률행위의 해석을 객관적 해석과 주관적 해석으로 구분하는 견해[36]도, 통설의 자연적 해석을 객관적 해석으로, 규범적 해석을 주관적 해석으로 지칭하는 점 및 그 순서를 달리하는 점[37]에서 차이가 있을 뿐, 취지에서는 현재의 통설과 같다. 그 밖에 계약의 해석과 단독행위의 해석을 구분하여 해석의 방법을 체계화하는 견해도 있으나, 양자를 구분하는 점에서만 차이가 있을 뿐 실질적 내용에서는 통설과 같다.[38]

과거 우리의 법률행위 해석에 관한 이론은 법률행위 해석의 목표가 법률행위의 종류에 따라 다르게 설정되어야 하는 부분을 알지 못하였던 점이나 법률행위 해석의 방법과 표준을 뭉뚱그려 설명하고 있었던 점에서 법률행위 해석의 과제를 적절하게 수행할 수 없었던 한계가 있었다. 이러한 상황에서 대상논문이 법률행위 해석의 방법을 체계화하고, 규범적·보충적 해석에서 해석의 표준을 제시한 점은 선구적 연구로서 당시 학설의 전개 및 이에 바탕을 두고 발전된 이후의 이론 전개에 큰 의미가 있는 것으로 평가될 수 있다.

(3) 판례에 미친 영향

위 Ⅲ. 2. 대상논문의 논제에 관한 당시의 판례의 모습에서 기술한 바와 같이, 당시 판례는,

---

33) 김상용, 『민법총칙』(법문사, 2003), 425면 이하; 김주수, 『민법총칙』(삼영사, 1996), 297-298면; 김증한·김학동, 『민법총칙』(박영사, 1995), 248면 이하, 명순구, 『민법총칙』(법문사, 2005), 353면 이하; 백태승, 『민법총칙』(법문사, 2004), 371면 이하; 이영준, 『(새로운 체계에 의한) 한국민법론(총칙편)』(박영사, 2004), 244면 이하; 편집대표 곽윤직, 『민법주해[Ⅲ]』(박영사, 1992), 167면 이하(송덕수 집필부분); 서광민, "법률행위의 해석", 『강원법학』(강원대학교 비교법학연구소, 2001), 제14권, 237면 이하; 이충훈, "법률행위의 해석" 『인천법학논집』(인천대학교 법학연구소, 2000), 제3집. 271면 이하 등.

34) 이들을 모두 법률행위 해석의 표준으로 삼는가에 관하여, 특히 사실인 관습과 임의규정에 대하여는 학설이 나누어진다. 이에 관하여는 편집대표 김용덕, 『주석 민법(민법총칙)』(한국사법행정학회, 2019), 제106조, 578면(이동진 집필부분) 참조.

35) 학자에 따라 '틈'(이영준, 앞의 책(주 33), 261면), '흠결'(윤진수, "계약 해석의 방법에 관한 국제적 동향과 한국법", 『비교사법』(한국비교사법학회, 2005), 제12권 4호, 33면), '공백'(김진우, "계약의 공백보충" 『비교사법』(한국비교사법학회, 2001), 제8권 2호, 413면 이하; 엄동섭, 앞의 논문(주 22), 81면)이라고 한다.

36) 곽윤직·김재형, 『민법총칙』(박영사, 2013), 295-296면.

37) 이 견해는 해석의 본령은 규범적 해석이라고 하면서 이를 우선하고 자연적 해석을 당사자 의사가 일치하는 경우의 예외로 다룬다(위의 주 36) 참조).

38) 고상룡, 앞의 책(주 2), 364면.

법률행위의 목표는 당사자의 진의를 탐구하여 해석하는 것이라고 하였다. 그러나 현재 판례는, 법률행위의 해석은 당사자가 표시행위에 부여한 객관적인 의미를 명백하게 확정하는 것으로 보고 있다.

대법원은 1988. 9. 27. 선고 86다카2375, 2376 판결에서 "법률행위의 해석은 당사자가 그 표시행위에 부여한 객관적 의미를 명백하게 확정하는 것"임을 최초로 판시한 이후, 대법원 1990. 11. 13. 선고 88다카15949 판결에서 "의사표시의 해석은 서면에 사용된 문구에 구애받을 것은 아니지만 어디까지나 당사자의 내심적 의사의 여하에 관계 없이 그 서면의 기재내용에 의하여 당사자가 그 표시행위에 부여한 객관적 의미를 논리칙과 경험칙에 따라 합리적으로 해석하여야 할 것"[39]이라고 판시하였다. 그리고 "서면에 기재된 의사표시의 해석은 그 서면의 기재내용에 의하여 당사자가 그 표시행위에 부여한 객관적 의미를 논리칙과 경험칙에 따라 합리적으로" 하여야 한다고 하였다.[40] 이후 판례는, "법률행위의 해석은 당사자가 그 표시행위에 부여한 객관적인 의미를 명백하게 확정하는 것으로서, 당사자가 표시한 문언에 의하여 그 객관적인 의미가 명확하게 드러나지 않는 경우에는 그 문언의 내용과 그 법률행위가 이루어진 동기 및 경위, 당사자가 그 법률행위에 의하여 달성하려고 하는 목적과 진정한 의사, 거래의 관행 등을 종합적으로 고찰하여 사회정의와 형평의 이념에 맞도록 논리와 경험의 법칙, 그리고 사회일반의 상식과 거래의 통념에 따라 합리적으로 해석"하여야 한다는 입장에 있다.[41]

한편, 판례는 문언의 표현과 무관하게 당사자의 실제 의사를 우선하는 자연적 해석을 승인하고 있다. 위에서 여러 차례 언급하였듯이, 과거 우리 문헌은 자연적 해석을 알지 못하였으나, 대상논문이 새로운 법률행위 해석이론을 주장한 이후에는 학설은 모두 이를 인정하고 있다.[42] 판례도 과거에는 이를 정면으로 인정하지 않았으나 대법원 1993. 10. 26. 선고 93다2629, 2636 판결에서 "일반적으로 계약의 해석에 있어서는 형식적인 문구에만 얽매여서는 아니되고 쌍방당사자의 진정한 의사가 무엇인가를 탐구하여야 하는 것이므로, 부동산의 매매계약에 있어 쌍방당사자가 모두 특정의 갑(甲) 토지를 계약의 목적물로 삼았으나 그 목적물의 지번 등에 관하여 착오를 일으켜 계약을 체결함에 있어서는 계약서상 그 목적물을 갑 토지와는 별개인 을(乙) 토지로 표시하였다 하여도 위 갑 토지에 관하여 이를 매매의 목적물로 한다는 쌍방당사자의 의사합치가

39) 대법원 1995. 6. 30. 선고 94다51222 판결.
40) 대법원 1991. 4. 9. 선고 90다카16372 판결.
41) 대법원 1992. 5. 26. 선고 91다35571 판결; 대법원 1994. 4. 29. 선고 94다1142 판결; 대법원 1996. 7. 30 선고 95다29130 판결; 대법원 2001. 3. 23. 선고 2000다40858 판결; 대법원 2005. 2. 24. 선고 2005다56186 판결; 대법원 2009. 5. 14. 선고 2008다90095, 90101 판결; 대법원 2020. 10. 15. 선고 2018다235576 판결; 대법원 2010. 8. 19. 선고 2010다13701, 13718 판결; 대법원 2015. 11. 17. 선고 2013다61343 판결; 대법원 2018. 6. 28. 선고 2016다221368 판결; 대법원 2020. 10. 15. 선고 2018다235576 판결 등.
42) 위 주 33), 37) 참조.

있은 이상 위 매매계약은 갑 토지에 관하여 성립한 것으로 보아야 할 것"이라고 판시한 이래 자연적 해석을 인정해 오고 있다.[43] 그리고 계약을 체결하는 행위자가 타인의 이름으로 법률행위를 한 경우에 행위자와 명의인 가운데 누구를 계약의 당사자로 볼 것인가에 관하여, "우선 행위자와 상대방의 의사가 일치한 경우에는 그 일치한 의사대로 행위자 또는 명의인을 계약의 당사자로 확정하여야 할 것이고, 행위자와 상대방의 의사가 일치하지 않는 경우에는 그 계약의 성질·내용·목적·체결 경위 등 그 계약 체결 전후의 구체적인 제반 사정을 토대로 상대방이 합리적인 사람이라면 행위자와 명의자 중 누구를 계약 당사자로 이해할 것인가에 의하여 당사자를 결정하여야 할 것이다"고 한다.[44] 즉 1차적으로는 표의자의 실제 의사에 따라 해석하고, 표의자의 실제 의사와 상대방이 이해한 것이 다른 경우에는 상대방의 입장에서 표시행위의 객관적 의미에 따라 해석하여야 하는 규범적 해석에 따르고 있다.

최근 대법원은 2017. 2. 15. 선고 2014다19776, 19783 판결에서 "당사자들이 공통적으로 의사표시를 명확하게 인식하고 있다면, 그것이 당사자가 표시한 문언과 다르더라도 당사자들의 공통적인 인식에 따라 의사표시를 해석하여야 한다. 그러나 의사표시를 한 사람이 생각한 의미가 상대방이 생각한 의미와 다른 경우에는 의사표시를 수령한 상대방이 합리적인 사람이라면 표시된 내용을 어떻게 이해하였다고 볼 수 있는지를 고려하여 의사표시를 객관적·규범적으로 해석하여야 한다"[45]고 설시하면서 자연적 해석과 규범적 해석의 법리를 판시하였다. 그리고 대법원 2018. 7. 26. 선고 2016다242334 판결에서는 "일반적으로 계약을 해석할 때에는 형식적인 문구에만 얽매여서는 안 되고 쌍방 당사자의 진정한 의사가 무엇인가를 탐구하여야 한다(대법원 1993. 10. 26. 선고 93다2629, 2636 판결 등 참조). 계약 내용이 명확하지 않은 경우 계약서의 문언이 계약 해석의 출발점이지만, 당사자들 사이에 계약서의 문언과 다른 내용으로 의사가 합치된 경우에는 그 의사에 따라 계약이 성립한 것으로 해석하여야 한다."고 하면서, "계약당사자 쌍방이 모두 동일한 물건을 계약 목적물로 삼았으나 계약서에는 착오로 다른 물건을 목적물로 기재한 경우 계약서에 기재된 물건이 아니라 쌍방 당사자의 의사합치가 있는 물건에 관하여 계약이 성립한 것으로 보아야 한다. 이러한 법리는 계약서를 작성하면서 계약상 지위에 관하여 당사자들

---

43) 대법원 1996. 8. 20. 선고 96다19581, 19598 판결; 대법원 1997. 4. 11. 선고 96다50520 판결; 대법원 2002. 5. 24. 선고 2000다72572 판결; 대법원 2004. 4. 28. 선고 2003다39873 판결; 대법원 2009. 3. 19. 선고 2008다45828 전원합의체 판결; 대법원 2009. 6. 11. 선고 2007다88880 판결; 대법원 2010. 7. 22. 선고 2010다1456 판결; 대법원 2018. 7. 26. 선고 2016다242334 판결; 대법원 2020. 10. 15. 선고 2018다235576 판결; 대법원 2021. 3. 25. 선고 2018다275017 판결 등.

44) 대법원 1998. 3. 13. 선고 97다22089 판결; 대법원 2003. 9. 5. 선고 2001다32120 판결; 대법원 2003. 12. 12. 선고 2003다44059 판결; 대법원 2007. 9. 7. 선고 2005다48154, 48161 판결; 대법원 2010. 11. 11. 선고 2008도7451 판결; 대법원 2016. 7. 22. 선고 2016다207928 판결; 대법원 2016. 12. 29. 선고 2015다226519 판결 등.

45) 대법원 2017. 2. 15. 선고 2014다19776, 19783 판결.

의 합치된 의사와 달리 착오로 잘못 기재하였는데 계약 당사자들이 오류를 인지하지 못한 채 계약상 지위가 잘못 기재된 계약서에 그대로 기명날인이나 서명을 한 경우에도 동일하게 적용될 수 있다."고 판시하였다.

판례는 당사자의 의사가 가장 명확한 형태로 고정되어 있는 계약의 문언을 매우 중시한다. 그리하여 계약의 해석은 문언해석으로부터 출발하는 태도를 보인다. 그러나 당사자들 사이에 계약서의 문언과 다른 내용으로 의사가 합치된 경우에는 그 의사에 따라 계약이 성립한 것으로 보는 자연적 해석을 인정하고 있다. 그리고 최근의 판결에서 표의자가 생각한 의미와 상대방이 생각한 의미가 다른 경우에는 상대방이 합리적인 사람이라면 표시된 내용을 어떻게 이해하였는가가 결정적이라고 하여 규범적 해석을 인정하고 있다. 이러한 판례의 태도는 자연적 해석을 원칙적 해석 방법으로 적용하여 당사자가 사실상 일치하여 이해한 의미대로 효력을 인정하고, 자연적 해석을 할 수 없는 경우 규범적 해석이 이루어진다고 하는 통설적 입장과 같다.

2. 현재의 의미

대상논문 이후 통설에 따른 법률행위 해석의 방법에 관한 기초적 이론의 정립을 바탕으로 2000년대 이후에는 법률행위의 해석론이 체계화되는 한편, 논의도 다양해지는 모습을 보인다.

우선 2000년대 초반에는 법률행위의 해석에 관하여 집중적으로 연구가 진행되었다. 독일법학방법론에서의 법률해석과 법률행위의 해석을 비교·고찰하면서 법률행위의 해석 방법을 상세하게 설명하는 연구[46]를 포함하여 이 시기에 발표된 대부분의 연구논문은 자연적 해석·규범적 해석·보충적 해석의 방법에 관하여 독일의 재판례를 자세하게 소개하거나, 그 사이 자연적 해석을 승인한 판례를 분석하고 있다.[47] 이 과정에서 우리의 법률행위 해석론은 상당한 정도로 체계화되기에 이른다.

한편, 법률행위의 해석에 관한 이론이 다양화되는데, 특히 실무상 의미가 더 크다고 할 수 있는 계약의 해석을 중심으로 계약해석의 구체적 기준을 제시하는 연구가 시도되기 시작하였다.

46) 김진우, "법률해석과 법률행위해석의 관계", 『인권과 정의』(대한변호사협회, 2001) 제302호, 54면 이하.
47) 이충훈, 앞의 논문(주 33), 271면 이하; 김상용, "법률행위의 해석에 관한 비교 고찰", 『법학연구』(연세대학교 법학연구소, 2001), 제11권 제1호, 93면 이하; 남효순, "법률행위의 해석의 쟁점-법률행위 해석의 본질 및 방법에 관하여", 『법학』(서울대학교, 2001), 제41권 제1호, 147면 이하; 서광민, 앞의 논문(주 33), 237면 이하; 송덕수, "법률행위의 해석과 표의자의 효과의사 -연구 대상판결: 대법원 1996. 4. 9. 선고 96다1320 판결", 『법학논집』(이화여자대학교 법학연구소, 2001), 제6권 제1호, 451면 이하; 이승우, "법률행위 해석", 『민사법연구』(대한민사법학회, 2002), 제10권 제1호, 199면 이하; 엄동섭, "법률행위의 해석에 관한 판례분석", 『서강법학연구』(서강대학교 법학연구소, 2003), 제5권, 87면 이하; 윤진수, 앞의 논문(주 35); 27면 이하; 안승훈, "계약당사자를 결정하기 위한 법률행위의 해석방법과 통정허위표시이론의 관계 -명의대여약정에 의한 타인명의의 법률행위에 있어 행위자가 계약의 당사자로 인정되는 경우의 법률관계를 중심으로-", 『법조』(법조협회, 2006), 제55권 제3호, 245면 이하 등.

합리해석의 원칙 · 통일해석의 원칙 · 효용해석의 원칙 · 신의성실해석의 원칙 · 작성자불리해석의 원칙 · 제한해석의 원칙이라는 방법을 제시하는 견해[48]는 법률행위 해석의 방법을 논하는 데에 있어서 해석의 표준이 아닌, 법률행위 해석의 원칙(카논)을 제안한 점에서 종래의 논의와 차별성을 보인다. 그리고 계약 해석의 방법에 한정하기는 하지만, 판례에서 표시의 문언이 매우 중시되는 점에 착안하여 문언 해석 · 객관적 해석(통설의 규범적 해석에 상응함) · 주관적 해석(자연적 해석) · 규범적 해석(문언이 모호하여 해석을 통한 구체화가 필요한 경우의 해석)의 4단계로 구분하고 각각에 대해 적용되는 해석원칙을 제시하는 견해도 있다.[49] 이 견해는 국제적 동향을 검토한 후, 실무상 중요한 의미를 갖는 문언 해석과 문언만으로 해석이 어려운 경우의 해석을 법률행위 해석 방법의 전체 범주에서 파악하여 자연적 · 규범적 해석을 후순위로 분리한 점에서 종래 통설적 입장으로부터의 변화를 모색하였다.

또한 계약의 해석을 중심으로 논의하면서 규범적 해석과 보충적 해석을 구별하는 통설에 대한 비판적 시각에서 상사계약에서는 문언이 중요한 의미를 갖는 점, 계속적 계약관계에서는 신뢰투자의 보호가 고려될 수 있는 점 등에 착안하여 여러 규범적 관점의 개입을 지적하는 견해[50]도 주장된다. 그리고 계약의 해석을 교환적 정의, 배분적 정의, 효율간의 우선순위 결정의 관점에서 접근하여 고찰한 다음, 배분적 정의와 효율을 높이기 위하여 일정 해석기준, 즉 계약서면, 이행과정, 거래과정, 거래관행, 임의규정, 신의성실의 원칙과 같은 기준들을 사용하여 당사자들의 실제의사 또는 가정적 의사를 확정하고, 실제의사 또는 가정적 의사를 확정할 수 없는 경우에는 이성적 인간의 이해의 확정에 의한 계약해석의 방법을 제안하는 연구[51]도 있다.

종래 법률행위 해석에 관한 지배적 견해로부터 확장된 논의 또는 이에 대한 비판적 관점에서 새로운 이론을 제시하려는 연구는 특히 계약의 해석을 중심으로 이루어지고 있다. 계약의 해석에 관한 이론을 일반화하는 것은 어려운 과제이다. 계약자유의 원칙 아래에서 생산된 무수하게 다양한 개별 계약들을 대상으로 하는 것이고, 계약해석은 계약문화를 포함한 법률문화나 법의식과도 관련되므로 나라마다 다른 모습을 띨 수 있는데, 이러한 사정을 고려하지 않은 통일된 해석의 방법이 항상 타당하다고 할 수 없기 때문이다.[52] 이러한 점에서 우리 민법학에서 계약해석의 방법에 관한 다각적 연구가 시도되는 현재의 방향은 종래의 논의로부터 진일보하고 있음을 의미한다. 물론 이러한 발전은 대상논문을 포함한 선학으로부터 동력을 제공받은 것이다.

---

48) 남효순, 앞의 논문(주 47), 147면 이하. 이 견해는 자연적 해석과 규범적 해석의 구별에 의문을 제기한다.
49) 윤진수, 앞의 논문(주 35), 48면 이하.
50) 최준규, 계약해석의 방법에 관한 연구 -문언해석과 보충적 해석을 중심으로-(서울대학교 박사학위논문, 2012).
51) 김서기, 계약해석의 방법에 관한 연구(고려대학교 법학박사학위논문, 2008).
52) 권영준, 『민법학의 기본원리』(박영사, 2020), 142면.

Ⅴ. 향후의 연구방향 및 내용

1. 입법례 연구의 필요성

종래 법률행위 해석론에 관한 연구는 전적으로 독일의 학설과 판례에 의지하여 왔다. 그러나 20세기 중반 이후 국제상거래법분야에서 영미법의 영향이 급격하게 증가하여 왔고, 여러 계약법 영역에서는 미국법이 유럽 국가를 비롯한 우리나라, 일본, 라틴아메리카 등 대륙법계에 압도적 영향을 행사해 왔다. 앞으로 4차 산업혁명 이후의 거래계는 그야말로 국경이 존재하지 않을 수 있다. 이와 같은 국제적 변화의 흐름 속에서 우리의 앞으로의 계약법은 1950년대 만들어진 규범적 틀에서 벗어나야 할 것인데, 이는 계약해석에 관한 법리에서도 마찬가지이다.

국제계약규범인 UN 국제상거래법위원회의 「국제물품매매계약에 관한 UN협약(United Nations Convention on Contracts for the International Sale of Goods(CISG))」, 국제사법통일협회(UNIDROIT)의 「Principles of International Commercial Contracts(PICC)」, 유럽계약법위원회(Commission on European Contract Law)의 「유럽계약법원칙(Principles of European Contract Law(PECL))」은 모두 계약의 해석에 관한 규정을 두고 있다.[53] PICC 및 PECL의 제정 작업에서는 각국의 입법례를 참고하여 가장 합리적인 원칙이 마련되었다고 볼 수 있는데, 이 원칙에 참고가 된 유럽의 여러 국가는 법률행위의 해석 내지 계약의 해석에 관하여 법률에 명문의 규정을 두고 있다.[54]

위 Ⅳ. 2. 현재의 의미에서 언급한 계약해석의 방법에 관한 다각적 연구에 대한 시도는 무엇보다도 국제거래가 증가함에 따라 계약해석과 관련되는 분쟁이 발생하는 현실에 직면하여 국제계약규범에 합치하는 계약의 해석 방법에 관한 법리를 구성하여야 할 실무적 필요에서 비롯한다. 이에 따라 최근에는 영미법상 해석원칙에 관한 연구[55] 및 CISG의 의사표시 해석의 원칙, PICC 및 PECL의 계약해석의 원칙에 관한 연구가 적극적으로 수행되고 있다.[56] 그러나 계약해석의 문제가 갖는 보편성 등을 고려할 때 대륙법계 국가의 계약해석 원칙에 관한 법이론에 관한 연구 역시 수행되어야 한다. 특히 프랑스법이 갖는 비교법적 지위 및 최근의 개정상황을 고려한다면, 개정법의 계약해석에 관한 규정, 계약해석에 관한 이론과 판례는 검토될 필요성이 있다.

---

53) 각각의 계약의 해석에 관한 규정 및 그 번역, 이에 관한 해설에 관하여는 윤진수, 앞의 논문(주 35), 29면 이하 참조.

54) 독일 민법 제133조 · 제157조, 프랑스 민법 제1188조-제1192조, 스위스채무법 제18조, 오스트리아 민법 제914조-제916조, 이탈리아 민법 제1362조-제1371조, 스페인 민법 제1281조 등.

55) 김서기, 앞의 논문(주 51), 200면 이하; 최준규, 앞의 논문(주 50), 69면 이하 등.

56) 김진우, "CISG에서의 의사표시의 해석", 『국제거래법연구』(국제거래법학회, 2012, 제21집 제2호, 23면 이하; 김화, "유엔통일매매법(CISG)에서의 의사표시의 해석 -CISG 제8조를 중심으로-", 『한양법학』(한양법학회, 2013), 제24권 제4호, 279면 이하 등.

2. 민법 법률행위 해석 원칙의 입법화

대상논문이 선결문제의 하나로서 우리 민법상 법률행위의 해석에 관한 규정이 두어져 있는지 여부를 검토한 바와 같이, 민법 제106조가 법률행위의 해석에 관한 규정이고, 이 규정에 의하여 관습 내지 거래관행이 규범적 해석 및 보충적 해석에서 임의규정에 우선하여 법률행위 해석의 표준이 된다. 그러나 법률행위 해석의 원칙이나 표준에 관한 일반적인 규정은 두어져 있지 않고, 이는 법률행위 해석 이론에 의하여 처리되어 왔다. 법률행위 해석이 법률행위의 핵심적 문제임에도 전적으로 학설에 맡겨져 왔다는 점에서 이에 관한 명문화 작업은 긍정적으로 평가되었다.

법무부가 2004년 10월 21일 국회에 제출한 '2004년 법무부 민법개정안'은 법률행위의 해석에 관하여 다음과 같은 규정을 두고 있었다.[57]

> 제106조(법률행위의 해석) ① 법률행위의 해석에 있어서는 표현된 문언(文言)에 구애받지 아니하고 당사자의 진정한 의사를 밝혀야 한다.
> ② 법률행위는 당사자가 의도한 목적, 거래관행 그 밖의 사정을 고려하여 신의성실의 원칙에 따라 해석하여야 한다.

개정안은 현행 제106조를 삭제하고 표제를 '법률행위의 해석'으로 하고, 제1항에서 당사자의 진정한 의사가 우선한다는 원칙을 밝힘으로써 의사표시의 해석에 있어서 자연적 해석이 우선함을 분명히 하고 있다. 제2항에서는 당사자가 의도한 목적, 거래관행 그 밖의 사정을 고려하여 신의성실의 원칙에 따라 해석되어야 한다는 해석의 표준을 마련함으로써 규범적 해석과 같은 원칙을 규정하고 있다. 규정 내용 자체는 독일 민법의 영향을 받은 것으로 보이고, 종래 통설에 근거를 둔 것이어서 새로운 내용을 포함하고 있다고 볼 수는 없으나, 법률행위의 해석에 관한 명문의 규정을 마련하였다는 점에서 고무적이었다고 볼 수 있다. 이후 '2014년 법무부 민법개정안'에서는 이에 관한 입법작업이 진행되지 않았다.

우리 민법 제106조는 입법연혁, 제1조와의 관계에서 해석의 문제, 실무상 의미가 없는 점 등을 이유로 삭제되어야 한다는 주장이 있어 왔다.[58] 이 규정을 삭제하고 '법률행위의 해석'에 관한 규정을 신설하는 것이 적절한 것인지, 규정을 둔다면 어떠한 내용으로 둘 것인지에 관하여 심도 깊은 연구가 이루어져야 한다. 이를 위해서는 위 1.에서 언급한 것과 같이 다양한 입법례의 비교법적 연구가 선행되어야 하고, 국제계약규범의 계약해석 방법 및 원칙에 관하여 수행된 연구결과를 종합하여 이에 관한 입법론적 연구가 이루어져야 한다.

---

57) 이 법안은 2004년 10월 정부안으로 국회에 제출되었으나, 국회의 회기만료로 폐기되었다.

58) 김진우, "민법 제106조의 문제점과 개정론", 『법조』(법조협회, 2004), 제53권 제2호; 법무부 편, 『2004년 법무부 민법개정안(총칙 · 물권편)』(법무부, 2012), 166면.

우리 민법의 착오론에 관한 최근 연구동향(review)*

– 송덕수, "민법상의 착오에 관한 연구", 서울대 법학박사학위논문, 1989의 분석을 중심으로 –

김 성 수**

Ⅰ. 들어가며

1. 착오론은 오래 전부터 민법의 가장 어려운 난제 중의 하나로 생각되어 왔다.[1] 로마법 이후의 중세의 교회법이나 로마법연구를 거쳐 특히 18-19세기 독일 판덱텐법학의 논의가 결합되면서 각국의 입법례는 다양하게 전개되고 있다. 유럽 각국의 민사법에서 계수를 받은 국가(법계)에서도 그 착오의 규정이 서로 같은 경우가 오히려 드물다. 또한 이 주제는 입법론에 따라서는 의사표시론으로 접근하는가 계약(합의)의 성립으로 접근하는가와 직결되는 것이기도 하다. 이외에도 착오가 문제되는 경우(유형) 자체도 아주 다양하고 표의자와 상대방 및 제3자의 이익의 조화로운 규율도 하여야 하므로 이를 어떻게 민법에서 규정할 것인가는 쉽지 않고 거의 불가능에 가까운 일이다. 지금도 착오에 관한 논의는 법제사적으로 비교법적으로 다양하고 새롭게 출현하여 전개되고 있고[2] 각국의 민법규정이나 이론적 논의는 새로운 측면을 다양하게 반영하면서 더

---

* 이 글은 「법학논집」 제25권 제4호(이화여자대학교 법학연구소, 2021)(송덕수 교수 정년기념 특집호)에 게재되었다. 다만 해당 글에는 심사과정의 의견을 반영하여 내용이 일부 추가된 것이 있다. 각주의 내용도 해당 학술지의 지침에 따랐다.

** 경찰대학교 법학과 교수, 법학박사.

1) 착오론에서 많이 인용되는 유명한 것으로 일찍이 그로티우스는 '착오자의 약정에 대한 그 논의는 아주 복잡하다'(De pacto errantis perplexa satis tractatio est)고 평가하였다. Hugo Grotius, *De Jure Belli ac Pacis*, Ⅱ, 11, 6(해당 개소 첫 문장이다); 영미법에서도 착오는 계약법 중에서 가장 어려운 주제 중의 하나이다. Jack Beatson, Andrew Burrows, John Cartwright, *Anson's Law of Contract*, Oxford University Press, 제29판, 2010, 249면; 또한 착오와 매매의 담보책임에 관한 서평에서 착오와 하자담보책임에 관한 작업을 살펴보면 이 주제는 장황하게 전개되어 여러 사람이 눈살을 찌푸릴 것이다. Gerhard Kegel, Rezension zu: *Flume*, Eigenschaftsirrtum und Kauf, *AcP*, 150(1949), 356; 착오론은 사법의 난제 중의 하나라고 한 것으로는 김용담/지원림, 주석민법총칙(3), 한국사법행정학회, 제4판, 2010, § 109, 650면.

2) 예를 들면 당사자의 공통의 착오는 비교적 최근에 새롭게 논의된 착오의 주제이지만 이제는 착오론에 일방의 착오와 같이 취급되기에 이르고 있다. 이러한 점은 유럽계약법원칙 제4:103조 제1항 제a호 제ⅲ목; 이 학위논문(41, 48면)에서는 이 문제에 대하여는 아직 본격적인 논의가 없었고 법률행위의 해석의 자연적 해석

욱 복잡하게 이루어지고 있고 우리나라에서도 민법개정작업을 통하여 이러한 것이 반영되고 있다. 예를 들면 최근의 유럽민사법의 통일작업의 성과는 종래의 민법의 착오와는 완전히 다르게 다원적인 요소를 반영하여 조문 자체가 복잡하고 길게 규정하고 있고[3] 2017년 개정된 일본민법의 착오에 관한 규정(제95조)도 원래의 민법규정과 달리 길고 복잡한 요소를 반영하여 길게 규정을 두고 있다. 우리 민법 개정안도 2004년의 것은 현행법을 전제로 하여 개정하는 것으로 하지만 2009-2013년의 것은 이러한 당시의 최근 경향을 고려하여 현행 민법조문보다 복잡하고 길게 여러 요소를 규정한다.

2. 이 글은 이러한 착오론에 대한 국내의 논의현황을 정리해보고 앞으로의 방향을 생각해보고자 하는 것이다. 특히 이 글에서 살펴보려고 하는 것은 우리나라에서 이러한 착오론에 도전장을 내고 최초로 본격적으로 그 논의를 전개한 박사학위논문[4](이하 '대상논문'이라고 함)의 내용분석과 그 재검토(review)이다.

국내의 착오에 대한 현재까지의 논의는 주로 교과서를 통한 착오론의 체계적 서술을 시도하는 것을 중심으로 한다. 여기에 개별 논문을 통하여 개별 주제에 대하여 심화하여 논의하기도 하는데 특히 이러한 글은 2004년과 2009-2013년의 민법개정작업과 그 개정안이 나온 후에 이를 중심으로 전개하는 것이 많다. 다만 그 개별연구의 주제도 동기의 착오나 착오로 인한 손해배상책임을 중심으로 전개하는 것에 집중되어 있다. 이러한 국내 연구동향에 대하여 대상논문은 1980년대 후반까지의 국내의 착오론을 기초로 하면서 착오론의 체계와 개별 주제에 대한 재정립과 재평가를 통한 새로운 견해를 많이 제시하였다. 이에 따라 그후의 착오의 논의에서는 빠짐없이 적어도 먼저 이 대상논문의 내용에 대한 평가를 다루어야 할 정도로 착오론의 중요한 논문이 되었다.[5] 대상논문은 무엇보다도 일본의 논의에 절대적 영향을 받은 종래의 학설(전통적 견해)에

및 착오의 유형에 간략하게 언급한다. 이 주제에 대하여도 이 학위논문의 저자는 그후 심도 있는 연구를 통하여 국내의 논의에 기여하기도 하였다. 송덕수, 계약당사자 쌍방의 공통하는 동기의 착오, 사회과학논집(이화여대), 제9호, 1989, 53면 이하; 이 주제에 대하여는 별도의 분석이 준비되고 있으므로 그에 맡긴다; 또한 원시적 불능도 종래는 그 효력을 무효로 하면서 독일법계의 계약체결상의 과실책임이 논의되었으나 이제는 독일에서도 이를 유효로 하는 체계변화를 하고 있고 이에 따라 착오가 있으면 특별한 유형으로 인정하지 않고 통상의 착오와 같이 처리하고 있다. 유럽계약법원칙 제4:102조; 제4:103조 주석 G. 우리 민법개정작업에서도 이에 관하여 논의하였으나 국내에서 이러한 체계변화에 따른 구체적 논의는 아직 본격적으로 이루어지지 않고 있다. 이러한 점에서 착오와 관련된 새로운 문제가 계속 출현하는 것을 알 수 있다.

3) 가령 유럽계약법원칙 제4:103조는 착오자와 상대방의 요소를 고려하여 착오자가 취소할 수 있는 경우(제1항)를 예시하고 다시 취소할 수 없는 경우(제2항)를 예시한다. 다른 유럽의 민사법통일 결과물도 거의 같은 태도이다.

4) 이 글에서 주로 다루는 대상논문은 송덕수, 민법상의 착오에 관한 연구, 서울대 법학박사학위논문, 1989이다. 이하에서는 이를 '대상논문'으로 한다; 이 학위논문은 그후 단행본으로 발간되기도 하였다. 같은 저자, 착오론, 고시원, 1991.

5) 대상논문의 저자 자신도 그후 여러 글을 통하여 대상논문에 대한 글을 심화하거나 그후의 국내외의 논의를

여러 반론을 제기하면서 독일문헌을 기초로 하여 착오 전반에 걸친 독자적인 견해도 제시하여 우리나라의 현행 착오론에 관한 논의에서 빠뜨릴 수 없는 기본문헌이라고 할 수 있다.

이 글은 체계론의 확립을 위하여 논의가 필요하지만 국내에 아직 논의가 없는 경우에는 외국의 예를 참조하여 도움을 받고 있다. 특히 독일의 논의를 통한 보충을 시도한다.[6)]

착오론의 전개는 전통적인 논의의 체계적 정리 외에 최근의 착오법에는 새로운 고려요소를 반영할 필요가 있는 것으로 나아가고 있다. 우리나라 교과서는 주로 전자에 치중하고 최근의 논의, 특히 우리나라 민법개정작업 이후의 논의에서의 체계의 변경에 대하여는 반영하지 않고 있다.[7)] 이 글에서는 대상논문이 주로 다루는 전자를 중심으로 살펴본다. 그러나 후자의 논의도 필요한 한도에서는 이를 다루면서 마지막에는 국내의 민법개정 작업을 중심으로 살펴보고자 한다.

3. 원래 이 글은 대상논문의 분석과 재검토(review)을 하면서 그 검토내용으로 ① 해당 주요내용과 특별한 내용 ② 대상논문의 논제에 관한 당시의 국내 학설 · 판례의 모습과 대상논문의 의미(발표 당시 및 현재) ③ 향후의 연구방향 및 내용을 제시하는 것을 각각 담는 것으로 되어 있었다. 그러나 개별논제를 다루는 다른 논문과 달리 이 글은 '착오론 일반'에 해당하는 것으로 착오론의 거의 모든 주제를 담고 있는 교과서에 가까운 현행법의 충실한 '해석론'이다. 이런 점에서 착오에 관한 모든 개별 주제마다 이러한 기본지침을 따르기 힘들다고 판단되었다. 이에 따라 이 글에서는 부득이 대상논문의 주제에서 중요하기도 하고 이후의 우리나라의 착오론의 논의에

통하여 '재평가'하기도 하였다. 예를 들면 대상논문 후 10년이 지난 때에 작성된 것으로 송덕수, 착오에 관한 우리의 학설 · 판례 -발전경과 및 현황, 한국민법이론의 발전(1), 총칙 · 물권편, 이영준박사 화갑기념논문집, 1999, 박영사, 105면 이하 참조; 이 글은 다시 같은 저자, 흠있는 의사표시연구, 이화여대 법학연구소, 2001, 173면에 재수록되었다; 다만 이 대상논문은 기본적으로 1989년까지의 국내외의 논의를 기초로 한 것이기 때문에 그후의 논의, 특히 유럽의 민사법 통일작업이나 2004년 이후의 우리 민법개정안의 착오에 관한 논의는 다루지 못하고 있다. 이러한 시간적 한계가 있기는 하지만 당시의 국내외의 논의를 종합하여 우리 현행법의 해석론으로서의 체계와 필요한 한도의 입법론을 제시한 점에서 중요한 의미를 가진다고 할 수 있다. 이 글에서도 대상논문의 체계와 내용을 통하여 우리 현행법의 체계적 해석을 살펴보고 그에 대한 재평가로서 후행연구에서 보완이나 보충될 점을 제시해보고자 한다.

6) 일본의 영향을 탈피하기 위하여 비교법의 방법으로 독일의 논의를 참조하는 것이 국내의 기본태도라고 할 수 있다. 착오에서도 그러하다. 그러나 착오는 독일법의 논의가 우리 법에서는 절대적 영향을 미치고는 있지만 최근의 논의는 이러한 독일법의 체계(의사표시론)와 조문내용과는 다른 방향으로 전개되고 있어 착오에 대한 비교법적 연구에서 대상국가의 다변화라는 시점변화도 필요하다. '일본법학의 굴레에서 벗어나서 우리 자신의 독자적 이론을 개척해나가야 한다. … 이를 위하여는 역시 독일법학이 가장 손쉬운 의거처가 되지 않을 수 없다'는 태도와 그에 대한 평가는 양창수, 민법연구 제1권, 박영사, 1991, 22면; 우리 민법전은 일본민법, 그리고 특히 독일민법과 다르며 기타 어떠한 다른 나라의 민법전과도 다르다. … 그러므로 어느 하나의 제도나 규정이 다른 어느 나라에서 연원하는 것이라고 하여도 … 그 모국의 것을 그대로 도입할 수는 없다. 양창수, 같은 책, 22-23면. 착오에서도 이러한 점이 그대로 적용된다. 또한 같은 저자, 한국법에서의 '외국'의 문제, 민법학의 현대적 양상(서민교수 정년기념논문집), 법문사, 2006, 78면도 참조.

7) 필자가 이 글을 위하여 확인한 것에 의하면 이러한 최근의 변화를 반영한 교과서나 연구서는 2021년 6월 현재까지 아직 나오지 않고 있다. 교과서와 논문의 괴리 현상이라고 할 수 있다.

중요한 역할을 촉발하였다고 생각하는 부분을 선별하고 그에 대하여 위의 검토내용을 부분적으로 취하면서 서술하는 것으로 하였다. 각 부분을 다룰 때에는 원래의 이 글의 취지인 이러한 분석과 재평가는 가능한 자세하게 서술하였다.[8)]

4. 이하에서는 우선 이 대상논문이 다루는 민법의 착오론의 체계와 기본내용과 이 대상논문이 가지는 특별한 내용을 살펴본다(Ⅱ).[9)] 다음으로 이 중에서 착오의 개념과 동기의 착오(Ⅲ), 착오의 요건과 착오의 유형(Ⅳ), 착오의 효과(Ⅴ)를 각각 살펴본다. 마지막으로 이 대상논문이 나온 후에 -대상논문이 다루지 못한- 나온 착오론의 새로운 논의는 민법개정작업과 입법론의 문제(Ⅵ)로 하여 필요한 내용을 소개하고자 한다.[10)]

Ⅱ. 대상논문의 기본내용과 주요내용

1. 대상논문의 체계와 내용

대상논문은 저자의 학문적 관심방향의 하나인 의사표시론에 대한 이론적인 연구의 시작을 알리는 중요한 것이다. 학위논문임에도 불구하고 착오에 대한 특정한 주제가 아니라 '착오' 전체에 대한 전반적인 내용을 차례로 서술하고 있다. 대상논문은 착오론 전반에 대한 체계적 연구를 시도한다.

우선 먼저 착오에 관한 규정의 연혁을 파악하기 위하여 착오규정의 역사적 배경과 우리 법의 제정과정을 살핀다(제2장). 역사적 배경은 우리 민법의 독일민법(제1초안)을 계수[11)]한 것으로 보이는 일본민법의 직접적인 영향을 받아 나온 것을 기초로 하여[12)] 독일민법과 일본민법의 제정

---

8) 원래 주어진 항목은 대상논문의 '논제에 관한 당시의 국내 학설·판례의 모습'이었으나 다른 단일한 주제의 논문보다 광범위한 주제를 다루고 착오 전반에 관한 서술이므로 여러 모로 적합하지 않다. 이에 따라 이 부분은 대상논문의 집필시기와 현재의 시간차를 고려하여 오히려 논문 집필 당시와 그 후에 고려되어야 할 새로운 요소('비교법')를 통하여 대상논문의 가치를 다시 한번 음미하는 것이 더 낫다고 생각되었다. 이하 각 항목에서는 이러한 점에서 논의에 따라 적절하게 제목을 변경하였다.

9) 이를 위하여는 대상논문의 저자 자신이 착오론에 대한 이 글이 가지는 자기평가라고 할 수 있는 다음 글이 도움이 되었다: 송덕수, 앞의 글, 105면 이하; 그러나 이 평가의 모든 항목을 다 다룰 수는 없고 상대적으로 학계의 논의에 '기폭제'로서 작용한 것으로 범위를 제한하였다.

10) 이에 따라 대상논문의 주요내용과 특별한 내용 및 당시의 국내 학설·판례의 모습은 Ⅱ, Ⅲ, Ⅳ에서 다루고 향후의 연구방향 및 내용은 Ⅵ에서 다룰 것이다.

11) 이에 대하여는 송덕수, 대상논문, 14면 이하; 양창수, 독일민법전 제정과정에서의 법률행위규정에 대한 논의 -의사흠결에 관한 규정을 중심으로, 법률행위론의 사적 전개와 과제(이호정 교수 화갑기념논문집), 박영사, 1998, 125면 이하 참조.

12) 송덕수, 대상논문, 20면 이하. 대상논문은 메이지 일본민법(제95조)의 제정과정의 논의에 대하여 잘 요약하여 정리하고 있다. 다만 우리 민법의 착오에 대한 조문의 직접적 영향을 고려하면 이에 대하여 좀더 연구가

과정을 살핀다(제2장 제1절). 이어서 우리 민법의 제정과정의 논의를 검토하고 민법의 착오규정의 계보를 정리한다.[13] 이에 의하면 우리 민법의 착오규정(제109조[14])은 독일민법 제1초안을 모범으로 한 일본민법 제95조를 바탕으로 한 것이고 중요부분이라는 우리 민법의 독자적인 문구는 독일민법(제119조 제1항)을 참조한 것이라고 한다. 효과에서도 일본민법이 무효라고 하는 것과 달리 우리 민법은 이를 취소로 한다. 또한 착오자의 배상책임에 대한 규정이 없는 점은 우리 민법의 규정이 독일민법과 다른 점이고 이에 대하여는 이론적인 문제뿐만 아니라 근래의 입법의 경향과 일치하지 않는다고 비판하면서 이를 위한 개정안을 제시하기도 한다.[15]

이어서 본 논문은 착오에 대한 현행법을 법해석학적 연구를 통하여 민법규정의 정확한 의미를 탐구하는 작업을 한다. 이를 위하여 착오의 의의, 착오의 요건, 착오의 구체적인 모습으로서의 유형, 착오의 효과와 관련 제도에 대하여 차례로 논의하고 있다. 마지막으로 이러한 논의를 통하여 올바른 착오론의 모습과 착오규정의 개정방향(입법론)까지 제시하고 있다.[16]

이러한 착오론의 연구성과는 그후의 저자의 글과 교과서에도 거의 그대로 반영되어 현재에 이르고 있다.[17] 특히 착오에 관한 우리의 학설과 판례를 평면적인 것만을 다룬 것이 아니라 학

필요한 점이 있다. 예를 들면 당시 일본민법의 제정과정에서 참조된 여러 입법례의 체계와 내용의 검토와 민법제정과정의 논의가 필요하다. 당시 참조된 입법례는 일본 구민법 재산편 제309조-제311조; 일본 상법 제301조, 프랑스민법 제1109조, 제1110조, 제1117조, 오스트리아 민법 제871조-제873조, 제876조, 네덜란드민법 제1357조, 제1358조, 이탈리아민법 제1108조-제1110조, 스위스 구채무법(1881년) 제18조-제21조, 제23조, 몬테니그로 민법 제521조, 제911조, 제912조, 스페인민법 제1265조, 제1266조, 벨기에 민법초안 제1059조-제1061조, 독일민법 제1초안 제98조-제102조, 제2초안 제94조, 제95조, 제97조, 인도계약법 제20조-제22조이었다. 대상논문(20면)도 일본민법(제95조)은 프랑스의 민법규정과 학설의 영향이 많았던 일본 구민법의 착오규정을 독일민법 제1초안, 제2초안, 그중에서도 특히 독일민법 제1초안의 형식으로 완전히 변경을 가한 것이라고 평가한다; 또한 일본민법 기초자는 착오자의 과실에 의한 상대방의 손해배상에 대하여 손해배상책임을 면할 수 없는 것은 이론의 여지가 없으며 이를 명문으로 규정한 독일민법 제2초안(제94조), 스위스채무법(제23조)은 모든 손해배상에 관한 원칙의 결과에 지나지 않기 때문에 그러한 규정을 특히 둘 필요가 없다고 한다. 이러한 점은 廣中俊雄, 民法修正案(前三編)の理由書, 有斐閣, 1987, 145면; 저자 불명, 未定稿本民法修正案理由書, 출판사항 불명, 85면; 대상논문(22면)은 이러한 서술에도 불구하고 후에 우리 민법의 착오자의 손해배상에 대하여는 일본민법의 기초이유에 대한 언급 없이 별도의 근거로 독일민법과 같은 명문규정의 신설을 제안한다(211면).

13) 이러한 연구는 후에 더 심화되어 별도의 글로 발표하기도 하였다. 예를 들면 송덕수, 착오론의 역사적 발전, 법률행위론의 사적 전개와 과제(이호정 교수 화갑기념논문집), 박영사, 1998, 147면 이하; 곽윤직/송덕수, 민법주해(Ⅱ), 총칙(2), 박영사, 1992, 392면 이하 등. 또한 같은 저자, 착오규율에 관한 사적 고찰, 경찰대 논문집, 제5호, 1986, 213면 이하도 참조; 독일 착오론에 대한 연구로는 김형석, 독일착오론의 역사적 전개-사비니의 착오론을 중심으로, 저스티스 제72호, 2003. 4, 314면 이하도 참조.

14) 이하에서는 특별한 언급이 없으면 우리 민법의 조문을 말한다. 문맥에 따라서는 해당 국가의 민법조문을 말한다.

15) 이 점에 대한 입법자의 의사는 주 13 참조. 이에 대하여는 후술하는 Ⅵ도 참조.

16) 착오론의 체계와 내용은 그후에도 심화되기도 하였다. 예를 들며 송덕수, 착오론의 체계와 법률효과의 착오, 민사법학 제9호·제10호, 1993. 7, 96면 이하. 이 논문은 같은 저자, 흠있는 의사표시 연구, 이화여대 법학연구소, 2001, 147면 이하에 실려 있다.

17) 민법총칙 교과서는 2011년 초판(송덕수, 민법총칙, 박영사, 2011년)이 나온 후 현재 제6판(2021년)에 이르고

설과 판례의 변천과 상호 작용을 그 발전과정을 중심으로 분석하기도 한다.

대상논문은 착오론에 관한 그동안 교과서적 논의에 그치던 것을 종합적이고 체계적인 설명을 시도하고 특히 현행 우리 착오규정에 대한 해석론으로서의 여러 시도를 하는 점에서 그 의의가 있다.

이 글에서는 대상논문의 이러한 논의 중 오늘날에도 재음미가 필요하다고 생각되는 점에 대하여 특히 비교법적인 논의와 오늘 날의 재평가라는 관점에서 논의를 진행하고자 한다. 대상논문이 작성된 것이 1989년이고 40년이 지나는 동안 대상논문 당시에 논의되었던 여러 논의가 비교법적으로 더욱 다양화해지면서 어떤 것은 이미 해결된 것[18]도 있고 어떤 것은 논의가 여전히 진행되고 있는 것도 있기 때문이다. 대상논문은 기본적으로 우리 법규정의 해석론을 중심으로 논의하는 것으로 하므로 그 해석론으로는 우리 현행 민법규정의 내용을 벗어날 수 없는 것이고 우리 착오에 관한 규정은 개정작업은 있었지만 실제 개정은 되지 않아 여전히 이전과 같은 논의가 진행되어야 하는 한계가 있다. 이를 보충하기 위하여 개정론이나 최근의 입법례도 고려하였다.

대상논문은 착오의 개념, 요건과 유형, 효과와 관련문제에 대하여 착오론에 대한 하나의 완결된 체계를 지향하면서 1980년대 종래의 다수설에 대한 여러 의문을 제기하면서 그에 대한 설득력있는 논거로 독자적인 견해(대안)를 제시하고 있다. 특히 착오에 대한 개별문제에서 착오의 개념(의의), 착오와 법률행위의 해석과의 관계, 착오의 요건과 그 유형화의 방법(분류)과 착오의 효과로서의 취소의 객체, 취소한 착오자의 배상책임에 대하여 각각 새로운 견해를 주장하거나 새로운 시도를 하고 있다. 착오의 요건이나 유형화와 관련하여서 특히 착오의 개념, 동기의 착오와 중요부분의 착오의 의미, 계약당사자 쌍방의 공통하는 동기의 착오[19]에서도 이러한 점이 돋보이고 있다. 또한 착오의 요건과 효과에서의 착오의 서술방법에 대하여도 새로운 '서술방식'을 도입하였다.

착오의 개념과 관련하여 착오의 개념을 광의의 개념과 협의의 개념으로 이원화하고 법률행위의 해석과의 관계[20]에 대하여도 논의한다. 다음으로 민법의 착오로 취소가 인정되기 위한 요

있다. 착오론에 관하여는 크게 변한 것이 없다. 그 외에 단권화된 것으로는 같은 저자, 민법강의, 제14판, 박영사, 2021년도 있다.

18) 민법개정이 총칙편이나 재산편에 대하여 별로 없었던 점에서 착오에 대하여 조문이 개정된 것은 많지 않다. 착오에 대한 취소권자의 추가에 대한 조문(제140조)에 대한 2022년의 개정이 유일하다. 일본에서의 민법개정과 그에 대한 우리 법과의 차이는 후술하는 주 214 참조.

19) 일반적인 착오가 당사자 일방의 착오와 그 상대방의 문제라고 한다면 공통의 착오는 계약 당사자 쌍방이 일치하는 착오인데 특히 이러한 착오 중에서 국내에서는 주로 공통의 동기의 착오에 논의가 집중되고 있다. 이에 대하여는 앞의 주 2 참조. 착오의 '신'주제라고 할 수 있다.

20) 대상논문의 저자는 법률행위과 합의에 관하여도 대상논문 외에 여러 연구가 있다. 또한 의사표시의 해석에 대하여도 같다. 이런 점에서 법률행위론과 의사표시론에 근거한 착오의 연구라는 확고한 방법론을 일관하여

건, 고려되기 위한 요건-민법상의 착오가 적용되기 위한 요건을 다룬다. 착오의 요건과 관련하여 대상 논문은 법률행위의 착오를 법률행위의 내용의 착오(내용의 착오)로 하여 유형화의 필요성과 그 방법론을 제시하고 있다. 마지막으로 착오의 효과로서의 취소와 관련하여 취소 상대방의 신뢰보호를 위한 손해배상책임에 대하여 자세한 논거를 제시하면서 입법론으로서 개정안을 제시하기도 한다.

2. 대상논문에 대한 평가

대상논문은 착오론에 관한 체계와 내용의 서술에서 종래의 전통적인 체계에서 벗어나 착오의 개념에 이어 착오의 요건과 효과를 중심으로 다루고 요건 다음에 구체적인 유형(모습)을 다루어 혁신을 가하고 있다. 그러나 이러한 체계의 혁신에도 불구하고 여전히 착오론의 체계에서는 다음과 같은 점이 고려되어야 한다고 생각된다.[21]

우선 착오론의 유형을 별개로 다룬 것은 독일민법(제119조)에서 이미 그 유형으로 동기의 착오, 내용의 착오와 표시의 착오와 전달의 착오를 다룬 독일의 현행법의 해석론으로 마련된 것을 참조한 것이다.[22] 독일법에서는 내용의 착오와 동기의 착오를 준별하면서도 동기의 착오도 민법전에 명문규정을 두어 이에 대한 설명이 필요하고 이에 대한 독일민법전이 규정하는 유형에 대한 설명을 한 것이다. 우리 민법이 독일민법의 해석론이 일본민법을 통하여 그 영향을 받은 것이지만 반드시 이에 따를 이유는 없다. 오히려 우리 법은 이러한 유형에서 자유롭고 일반조항으로 '법률행위의 내용의 중요한 부분'만을 규정하고 있으므로 이러한 것이 무엇인가를 규명하는 것이 우리 법의 바른 해석론이 될 것이다. 그렇다면 우리 착오론에서는 착오의 개념, 요건과 효과와 기타 문제로 다루고 요건과 관련하여 '법률행위의 내용의 중요한 부분'에서 구체적으로 여러 착오의 유형(모습)을 나누고 그에 따라 중요부분(중요성이 있는 것과 없는 것)으로 다루면 된다.

이러한 과정에서 동기의 착오를 착오의 개념에 포함시킬 것인가의 논의와 표시, 전달의 착

유지하면서 착오론을 전개한다. 다만 이러한 논의는 '독일법'을 중심으로 한 논의에서 나온 것이고 비교법적으로 프랑스법계나 영미법계에서는 이러한 접근보다는 합의나 계약의 '하자'로 이를 처리한다. 우리 법에서는 의사표시의 흠결(부존재)과 사기, 강박에 의한 하자있는 의사표시를 구분한다. 비교법적으로는 이를 통칭하여 '하자'(vices of consent, vices des consentement, Willensmängel)로 하여 우리의 용어사용과 그 의미가 다르다. 따라서 법률행위나 의사표시의 장절에 아니라 계약 또는 약정(합의)의 하자 또는 유효성(validity) 또는 무효(invalidity)로 이를 다룬다. 예를 들면 유럽계약법원칙 제4장(Validity); 이와 관련하여 곽윤직, 민법총칙, 신정수정판, 1998, 2002(중판), 329, 347면: 하자있는 의사표시(제140조)는 사기, 강박에 의한 의사표시뿐만 아니라 착오에 의한 의사표시를 포함하는 것이라고 한다.

21) 여기서는 체계 일반에 대하여만 다루고 내용으로서 개별 요건과 효과에 대하여는 이하 개별 논의에서 다룬다.

22) 국내에서 이러한 점을 명시하는 것도 있다. 이러한 중요부분의 착오의 모습의 분류는 착오에 모습에 관하여 상당히 구체적으로 규정하고 있는 독일민법 제119조의 영향을 받고 있고 이 조문은 앞으로 우리 민법 제109조을 운용하는데도 많은 참고가 될 것이다. 곽윤직, 앞의 책, 343면. 그 후의 책에서는 이러한 서술은 삭제되었다. 곽윤직, 김재형, 민법총칙, 박영사, 2013, 319면.

오와 내용의 착오의 유형구별도 독일법의 영향을 강하게 받은 것이다. 그런데 동기의 착오와 관련하여 착오의 유형론의 분석에서도 최근의 입법례가 일방의 동기의 착오를 내용의 착오와 같이 대등하게 규정하는 점,[23] 사실의 착오와 법률의 착오도 같은 효력이 인정되는 것이 독일, 일본의 민법제정과정에서 확인되는 점을 반영하여야 한다. 또한 일방의 착오와 공동(공통)의 착오를 입법론으로 그 체계상 같이 둘 것인가의 논의도 필요하다.[24]

이러한 논의는 착오의 개념의 전통적인 의사와 표시의 불일치와 동기의 배제라는 의사표시론에서 동기의 적극적 착오에 대한 편입을 어떻게 구성할 것인가도 생각되어야 한다. 대상논문이 말하는 법률행위의 내용의 착오와 동기의 착오가 '불준별'로 나아가면 종래의 '의사'와 표시에 대한 재검토가 있어야 하기 때문이다.[25]

착오의 체계와 유형과 관련하여 독일민법의 해석론의 유형론의 설명도 법률행위와 의사표시를 총칙의 개념으로 수용한 우리 민법에서는 의미가 있지만 그 밖의 입법례에서의 착오의 유형의 규정의 분석과 검토도 필요할 것이다.[26] 이런 점에서 착오의 유형 및 그와 관련된 착오의 요건과

---

23) 예를 들면 유럽계약법원칙 제4;103조에서는 착오의 유형을 나누지 않고 이에 따라 동기의 착오를 조문에 명시하지는 아니하지만 다른 유형의 취소와 마찬가지로 취소의 다른 요건이 충족되면 계약취소권이 인정된다. 이러한 점은 Ole, Lando, Hugh, Beale 편. *Principles of European Contract Law, Parts Ⅰ and Ⅱ*, Kluwer Law International, 2000, note 6. (a); 올 란도, 휴 빌 편, 김재형 역, 유럽계약법원칙 제1·2부, 박영사, 2013, 360면; 또한 사실의 착오 이외에 법률의 착오 및 공통의 착오를 명문으로 인정한다(제4:103조 제1항; 사실 또는 법률에 관한 착오 … (ⅲ) 상대방이 동일한 착오에 빠진 경우). 다른 유럽의 민사법통일 작업의 결과에서도 같다. 흥미로운 것은 공통의 착오에 대한 것이 원래의 보통유럽매매법(CESL)(2010)에서는 규정(제48조 제1항 제b호 제ⅳ목)을 두었으나 2013년 수정안에서는 이것이 삭제되었다. 2010년의 조문은 하경효 외 공역, 보통유럽매매법, 세창출판사, 2014, 211면(2010년 원조문만을 싣고 있다). 향후 착오에 대하여도 유럽계약법원칙(PECL), 유니드르와 국제상사계약원칙(PICC), 공통기준참고초안(DCFR), 유럽계약법전 초안(간돌피초안), 트랜스 렉스 원칙(Trans-Lex Principles) 등의 착오와 그 효과로서의 취소(손해배상 포함)의 연구도 기본규율내용을 같으면서도 그 요건과 효과, 체계상의 지위에서 차이가 있어 정확한 비교가 필요하다.

24) 종래 우리 법은 공통의 착오의 개념의 인정 자체에 대하여 논의가 되고 있으나 현재에는 이를 착오(일방적 착오)와 어떻게 같이 규율할 것인가로 그 논의의 중점이 옮겨가고 있다. 공통의 착오는 대륙법계와 우리나라에서는 비교적 새로운 논의이지만 영미법계에서는 오랜 전통이 있다. 영미에서는 착오를 일방적 착오(Unilateral mistakes)와 대립하여 공통의 착오(Common mistake)와 상호착오(Mutual mistake)로 한 3유형으로 분류한다. 영미법계의 공통의 착오에 대하여는 김학동, 영미법상의 공통의 착오, 법학논집(이화여대) 제14권 제3호, 2010, 119면 이하; 박영목, 뉴질랜드 계약상 착오에 관한 법률에 대한 검토, 고려법학 제86호, 2017. 9, 411면 이하도 참조. 주의할 점은 후자의 논문은 뉴질랜드의 1977년 계약착오법(Contractual Mistakes Act 1977: CMA)를 대상으로 하지만 이 법은 2017년 계약과 상사법에 관한 법(Contract and Commercial Law Act 2017)에 의하여 폐지되고 그 내용은 이 법률에 편입되었다. 영미법계의 착오법도 비교법적으로 향후 연구가 필요하다.

25) 독일민법에서도 현행법은 동기를 일부 조문에 반영하고 있다. 이것이 착오에 편입될 경우에 그 법적 성질을 어떻게 설명할 것인가는 독일문헌도 이를 명확하지 않고 있다. 나아가 최근에는 동기의 착오를 착오에 정면으로 도입한다면 그 착오론은 어떻게 되어야 할까? 독일법이나 독일법계 이외의 국가에서는 착오를 의사표시론이 아니라 합의나 계약(계약의 성립)에서 다루므로 '의사'와 표시라는 체계에서 이를 논하지 아니하므로 그 체계의 편입이 독일보다는 더 자유로울 수 있다. 앞으로의 숙제이다.

26) 이런 점에서 독일법 등의 유럽대륙법으로부터 '완제품'으로 수입하는 것에 대한 경계가 필요할 수도 있다.

효과에서 독일민법의 규정에 따른 해석론 이외에 다른 입법례의 착오의 유형에 관한 규정과 그 해석론을 결합하여 좀더 설명을 다양화할 필요가 있다. 이런 점에서 대상논문의 착오의 유형의 체계화에서는 다른 외국의 비교법적 연구의 성과를 기초로 한 착오의 요건과 유형도 고려하여 더 보완할 필요가 있다.[27] 그리고 그 유형론은 반드시 우리 민법이 정하는 '법률행위의 내용의 중요성'이라는 이름으로 분류되어야 한다. 대상논문이 체계적으로 유형화한 심리학적 방법이나 객체에 의한 방법도 이러한 것을 전제로 하여야 한다. 이러한 작업은 추후에 각국의 입법례를 통한 유형화의 재시도나 새로운 유형의 발굴을 통한 '법률행위의 내용의 중요한 착오'를 재분류하고 다양화할 수 있기를 기대한다.[28]

Ⅲ. 착오의 개념과 동기의 착오

1. 들어가며

민법이 규정하는 착오가 무엇인가? 이러한 착오의 개념은 종래부터 학설이 다양하고 지금도 학설은 계속하여 대립하고 있다. 우리 민법규정은 '착오'의 개념에 대하여 그 규정을 두지 않고 법률행위와 의사표시라는 총칙 체계에서 이를 규정하면서[29] 착오의 요건과 효과를 규정할 뿐이

이러한 지적은 양창수, 앞의 책, 2, 22면 이하; 또한 일본법의 직수입에 머물던 우리 착오법을 일본법학에서 벗어나 독자적인 것으로 만들기 위한 대상논문의 노력은 재평가할 필요가 있다. 다만 이를 위하여 독일법학에만 의존하는 것은 비교법적으로 다양한 모델이 있는 착오의 영역에서 역시 또 다른 편중의 우려가 있다. 우리 법의 독자성을 위한 연구방법론으로 다음을 인용한다; "우리 민법전은 일본민법, 그리고 특히 독일민법과 다르며 기타 어떠한 다른 나라의 민법전과도 다르다. 그리고 민법전에서 규정하는 여러 제도는 서로 밀접하게 결합하여 서로가 서로를 제약, 규정하는 관계에 있다. 그러므로 어느 하나의 제도나 규정이 다른 어느 나라에서 연원하는 것이라고 하여도 그 의미 내지 규율내용에 관하여 -물론 크게, 때로는 결정적으로 참고가 된다고는 할지라도- 그 모국의 것을 그대로 도입할 수는 없다고 하겠다". 양창수, 앞의 책, 22-23면. 그 외에 일본민법 제정 후의 착오에 대한 다양한 일본의 논의 -유형론 포함- 를 살펴보고 일본민법전의 개정으로 착오의 규율체계와 내용이 완전히 변경되었으므로 향후 그 착오론의 재구성도 흥미롭게 지켜볼 필요가 있다.

27) 우리 법은 독일민법 제1초안과 일본 메이지민법의 영향을 받은 것이라면 독일민법 제정과정의 입법례와 보통법의 논의에서 그 조문내용 및 우리 법의 내용은 어떤 체계와 생각으로 제정되었는가와 그것이 현재에도 유용한가의 논의도 필요하다. 독일에서도 제2초안과 현행법의 제정으로 이미 그러한 체계를 변경하였다면 우리 논의도 이에 따라 어떻게 수정하여야 하는가를 고민하여야 한다.

28) 이를 위하여 비교법이나 법제사에서 입법례의 착오의 논의와 착오의 유형을 고려할 필요가 있다. 예를 들면 독일민법 제1초안과 그것이 참조한 당시의 독일의 각 주(분방)의 민법전이나 초안의 유형, 일본 구민법의 유형, 일본 제정 당시에 참고된 입법례의 유형, 독일 이외의 스위스나 오스트리아의 착오 유형, 프랑스법이나 프랑스법계의 유형, 최근의 중국 민법전이나 새로 개정된 일본민법의 조문에서의 유형도 참고가 될 것이다. 또한 영미법에서의 착오의 유형에 대한 연구도 있어야 한다. 이런 점에서 착오의 요건과 효과에 대한 연구뿐만 아니라 착오의 개념이나 논의를 위한 유형의 재검토가 있어야 하고 이런 점에서 비교법적 연구가 심화되어야 한다.

29) 착오의 체계상의 지위와 관련하여서도 논의가 필요하다. 대상논문에서는 이러한 점에 대하여 언급이 없다.

다. 우리 민법과 마찬가지로 다른 나라의 입법례도 착오의 개념을 적극적으로 규정하는 경우는 많지 아니하고[30] 착오라는 개념을 당연히 전제하고 그에 따른 요건과 효과를 다루고 있다. 학설은 착오의 개념을 정립하려고 시도하면서 법률행위의 의사표시에 들어있는 의사와는 다른 '동기'의 착오를 민법이 고려하는 착오인 법률행위의 내용의 착오에 포함시킬 것인가와 관련하여 논의가 전개되고 있다.[31] 특히 실제로는 동기의 착오가 훨씬 빈번하게 일어나므로 착오에서 이를 반영하여야 할 필요가 있기 때문이다. 학설은 민법에서 고려되는 착오 또는 민법의 취소의 효과가 부여되는 착오를 '모두' 포괄하는 개념정의를 내리려고 시도하는데 이러한 민법에서 고려되는 착오의 포섭범위는 학설에 따라 다르다. 특히 동기의 착오가 어떤 범위에서 민법에서 고려되는 착오가 되는가에 대하여 견해가 대립하기 때문에 그러하다.

이외에 최근의 착오의 논의에서는 종래의 착오의 개념과 동기의 착오의 논의에 대하여 근본적인 변화가 있기도 하다.[32] 이에 따르면 착오에 행위내용의 착오와 동기의 착오를 모두 편입하여 일원적으로 설명하고 그에 따라 유형화하하기도 한다.

이하에서는 종래의 착오의 체계에서 착오의 개념을 논의하면서 이러한 최근의 변화를 반영하지는 아니하고 논의하므로 이에 따라 살펴보고 최근의 논의도 별도로 살펴본다.[33]

우리나라에서는 의사표시론과 관련하여 의사와 표시의 불일치를 전제로 하고 그 유형으로 비진의표시, 허위표시, 착오에 의한 의사표시, 사기, 강박에 의한 의사표시의 4유형으로 하고 있으나 독일민법 이외에는 이런 유형을 취하지 아니한다. 착오와 사기강박 이외에 다른 유형은 국가마다 다양하게 규정하거나 논의가 전개된다. 우리나라에서 주로 논의되는 '의사와 표시의 불일치'라는 것은 독일민법학의 의사표시론에서 나오는 것이므로 독일법계가 아닌 대륙법계나 영미법계의 국가에서는 '인식과 사실'의 불일치라고만 한다.

30) 착오의 개념은 입법례에 규정하는 경우는 드물고 통상적으로는 학설이나 판례가 이를 해결한다; 다만 최근의 유럽민사법 통일 작업에서는 이를 명시적으로 규정한다: 유니드르와 국제상사계약원칙(PICC)(2010) 제3.2.1조: 착오는 계약이 체결된 때에 존재하는 사실 또는 법률에 관한 잘못된 인식이다. 이와 달리 유럽계약법원칙, 공통기준 참고초안, 유럽보통매매법 등에서는 이러한 착오에 대한 개념을 두지는 아니한다. 유언물품매매협약(CISG)(1984)에서는 착오를 포함한 계약의 유효성에 관한 규정 자체를 두지 아니한다. 또한 미국의 계약법 제2차 리스테이트먼트(Restatement Second of Contracts) 제151조(착오의 정의)(Mistake Defined) 착오는 사실과 일치하지 아니하는 신뢰(오신)이다(A mistake is a belief that is not in accord with the facts).

31) 그 외에 효과의사의 본체를 내심의 효과의사로 보는가 표시상의 효과의사로 보는가 아니면 표시의사를 의사표시의 독립적 구성요소로 보는가와도 관련이 있다.

32) 이러한 점에 대한 언급은 김용담/지원림, 앞의 책, 654면 이하; 지원림, 착오에 관한 약간의 문제제기, 재산법연구 제22권 제2호, 2005, 3면 이하 등. 다만 이 글도 착오론의 근본문제에 대한 관점의 변화만 언급하고 착오에 관한 서술에서는 종래의 논의를 중심으로 정리한다. 이러한 점에 대하여는 후술하는 Ⅵ도 참조. 최근에는 특히 행위의 착오와 동기의 착오를 동등하게 착오로 보고 이를 반영하여 착오의 개념을 재구성하는 견해도 나오고 있다.

33) 착오의 개념과 동기의 착오는 별개로 논할 수도 있지만 편의상 양자를 같이 다룬다. 통상 착오의 개념에 대하여는 4-5가지 국내 학설로 나누어 소개되지만 더 세분화하여 8가지 학설로 나누기도 한다. 예를 들면 박찬주, 동기의 착오에 관한 새로운 이해, 법학논총 제28권 제1호, 2008. 6, 207면 이하; 최근의 착오의 개념과 관련된 새로운 논의로는 박영규, 착오에 관한 새로운 이해, 법학연구 제22권 제2호, 2014. 4, 99면 이하; 이동진, 착오개념과 취소요건 - 비교법적 고찰로부터의 시사, 저스티스 제178호, 2020. 6, 5면 이하; 김형석, 동기착오의 현상학, 저스티스 제151호, 2015. 12, 98면 이하도 참조.

2. 학설[34]과 판례

학설은 의사와 표시의 불일치론이라고도 하는 전통적인 견해와 이를 비판하는 견해로 나누어 볼 수 있다.

우선 의사 불일치설[35]은 착오에 의한 의사표시를 의사흠결의 유형의 하나로 보면서 '진의'(내심의 효과의사)와 표시(표시상의 효과의사)의 불일치를 표의자가 모르는 경우라고 한다.[36] 전통적 견해라고도 하며 의사흠결론이라고도 한다. 이 견해는 사비니 이래 전통적으로 인정된 학설로 먼저 의사표시에서 효과의사(의사표시의 내용)와 동기를 엄격하게 구별한다. 다음으로 동기의 착오를 어떻게 할 것인가에 대하여는 이 견해에서도 다시 견해가 나뉜다. 견해(동기배제설)에 따라서는 의사표시의 착오의 범주에서 제외하여 '동기의 착오'는 법률행위의 효력에 영향을 미치지 아니한다고 해석한다.[37] 이와 달리 동기도 그것이 표시되어 의사표시의 내용을 이루는 경우에는 착오에 의한 의사표시에 관한 규정(제109조)이 적용된다고 하는 견해(동기표시설)도 있다.[38]

다음으로 진의 재구성론은 착오에 의한 의사표시를 전통적 견해와 같이 진의와 표시의 불일치라고 개념을 정의하고 동기의 착오도 의사흠결설, 특히 동기배제설과 같이 해결한다. 그러나 동기의 착오를 포괄할 수 있도록 하기 위하여 '진의'를 '착오가 없었더라면 가졌을 것이라고 생각되는 의사'라고 개념정의한다.[39] 이 견해는 진의를 가정적 의사로 파악하여 착오를 의사흠결의 하나로 보는 전통적인 의사표시론의 틀을 유지하면서 동기의 착오를 취소할 수 있는 착오

---

34) 학설의 소개로는 송덕수, 대상논문, 30, 51면 이하; 박찬주, 앞의 논문, 3면 이하; 김대정, 민법총칙, 피데스, 2012, 883면; 곽윤직/송덕수, 앞의 책(민법주해), 413면 이하; 김용담/지원림, 앞의 책, 654면 이하 등. 다만 가능하면 요지만 간략하게 소개하는 것에 그치고 대상논문의 내용과 그에 대한 평가를 살펴보고자 한다. 이에 따라 각 학설의 문헌도 이를 일일이 다루지 아니하고 대표적인 것을 중심으로만 언급한다. 자세한 문헌에 대하여는 우선 송덕수, 대상논문, 30면; 동기의 착오에 대한 학설은 같은 저자, 대상논문, 51면을 참조하기 바란다. 다만 이 논문 이후의 문헌의 동향도 보충할 필요가 있다.

35) 학설의 이름은 이해의 편의를 위하여 필자가 임의로 붙인 것이다.

36) 이러한 견해로는 김기선, 한국민법총칙, 제3전정판, 법문사, 1991, 261면; 김증한, 민법총칙, 박영사, 1981, 324면; 김증한, 김학동, 민법총칙, 제9판, 박영사, 1995, 339면; 김현태, 민법총칙, 교문사, 1973, 298면 등; 김용담, 지원림, 앞의 책, 664면; 이러한 견해를 취하는 일본문헌으로는 我妻栄, 民法總則, 岩波書店, 昭和26年, 245면; 梅謙次郎, 民法要義巻之一総則編, 和佛法律学校, 明法堂, 1896, 219면; 鳩山秀夫, 法律行爲乃至時効, 註釈民法全書第二巻, 巌松堂書店, 1910, 130면; 抽木馨, 判例民法総論下巻, 1952, 有斐閣, 131면; 川島武宜 편, 注釈民法(3), 総則(3), 有斐閣, 1973, 187면; 일본 판례(大判大3.12.15, 民錄 20.1101)는 의사표시에서 착오를 내심적 효과의사와 의사표시의 내용인 표시적 효과의사 사이에 있는 고려하지 못한(不慮) 불일치라고 한다.

37) 김증한, 김학동, 앞의 책, 343면.

38) 김기선, 앞의 책, 262면; 김증한, 앞의 책, 325면.

39) 곽윤직, 민법총칙, 제7판, 박영사, 2004, 237면; 곽윤직, 김재형. 민법총칙, 제8판, 2020, 257면; 이러한 견해를 취하는 일본학설로는 幾代通, 民法総則, 法文祉, 1955, 136면; 舟橋諄一, 民法総則, 弘文堂, 1958, 105면(김대정, 앞의 책, 882면에서 재인용).

로 포함시키는 견해이다.

또한 의사표시 과정 또는 자체설은 착오에 의한 의사표시를 표의자가 의사표시에 이르는 과정 또는 의사표시 자체에서 스스로가 모르고 사실과 일치하지 않는 인식 또는 판단을 하고 이에 의하여 한 의사표시라고 개념정의한다.[40] 이 견해에서는 이러한 개념정의를 통하여 동기의 착오도 착오에 의한 의사표시에 포함시키고 있다. 이렇게 하여 착오의 개념은 동기의 착오를 포함할 수 있는 광의의 개념이고 동기의 착오는 민법(제109조)의 유추적용이 아니라 '직접' 적용하는 것이 된다.[41]

또한 동기유추적용설[42]은 착오의 유형을 '민법의 착오'와 '동기의 착오'의 2가지로 나눈다. 그리고 나서 우선 '민법의 착오'는 전통적인 견해와 같이 '의사와 표시의 불일치'로 개념정의하면서 민법의 규정(제109조)을 적용한다. 그러나 동기의 착오는 민법의 착오에 관한 규정(제109조)을 유추적용한다.[43] 독일민법은 민법에서 고려될 수 있는 동기의 착오에 관하여 명문규정을 둔다(제119조 제2항). 이와 달리 우리 민법에는 이러한 동기의 착오에 관하여는 규정이 없는 점을 고려하여 이를 유추해석하여 같은 결론을 도출한다.

이외에 최근에는 우리 민법규정에 대한 재검토를 통하여 동기의 착오를 법률행위의 착오와 구별하지 않고 우리 민법 제109조는 동기의 착오를 포함한 모든 종류의 착오를 포함할 수 있다고 하는 견해가 등장하고 있고 이는 최근의 유럽의 민사통일법의 성과에서도 이러한 체계를 따르고 있다.[44] 나아가 이러한 전통적인 학설이 법률행위의 착오와 동기의 착오를 엄격하게 구분하고 예외적으로 이를 편입하는 것에 대하여 근본적인 의문을 표하면서 독일 민법 제정과정의 논의의 재검토를 통하여 사태의 착오(현실의 착오)(Sachverhaltsirrtum)[45]와 소통의 착오(표시의 착오)(Erklärungsirrtum)의 2유형으로 새롭게 분류하는 견해도 있다.[46] 이에 의하면 사태의 착오는

40) 고상용, 민법총칙, 제3판, 법문사, 2005, 414면 이하; 김민중, 민법총칙, 두성사, 1995, 51면; 김용한, 민법총칙론, 전정판, 박영사, 1990, 295면; 김형배, 동기의 착오, 민법학연구, 박영사, 1986, 76면; 서광민, 민법총칙, 학현사, 2008, 351면; 장경학, 민법총칙, 제3판, 법문사, 1992, 483면; 김대정, 앞의 책, 886면: 견해에 따라서는 이에 따라 착오는 진의와 표시의 불일치(의사의 흠결)이 아니라 '사실에 대한 부정확한 인식'(불일치)라고 한다. 일본의 학설로는 川島武宜, 民法総則, 有斐閣, 1975, 284면 참조.

41) 김대정, 앞의 책, 886면.

42) 이영준, 민법총칙, 개정증보판, 박영사, 2007, 399면; 김상용, 민법총칙, 화산미디어, 2009, 457면.

43) 동기의 착오를 민법규정을 유추적용한다는 이 견해는 독일민법의 규정과 그 해석과 우리 민법의 규정의 차이를 고려한 것이다.

44) 이러한 견해로는 양창수, 앞의 책(민법연구2), 26면 주 14가 자세한 논증을 한다. 김형배, 앞의 책, 109면: 민법 제109조는 동기의 착오를 포함한 모든 종류의 착오를 포함할 수 있는 착오의 개념을 전제하여야 한다; 이에 대한 유럽 민사법의 동향에 대하여는 앞의 주 23 참조.

45) 이를 사상(事象)의 착오라고 하기도 한다. 윤진수, 계약상 공통의 착오에 관한 연구, 민법논고Ⅵ, 박영사, 2015, 184면; 직역한 용어인 사실관계의 착오는 '법률상태에 대한 착오를 배제하는 어감이 있어 적절하지 않다'고 한다. 다만 '사태'나 '현실'이라는 역어도 아직 생소하기도 하고 좀더 적절한 역어를 고민해야 한다. 적어도 동기의 착오와 행위의 착오를 통합하여 포섭하는 최근의 경향을 반영한 분류로서 유용하다고 생각된다.

46) 김형석, 동기착오의 현상학, 저스티스 제151호, 2015. 12, 126-127면.

당사자가 계약을 체결하면서 그 계약과 관련하여 의미를 가지는 사실관계와 법상태에 대하여 잘못된 관념(생각)을 가지고 있는 경우이다. 즉, 의사표시에 관련하여 의미있는 현실에 대한 착오로 전통적인 분류의 동기의 착오와 동일성의 착오를 포함한다. 이러한 착오는 통상 일방의 위험영역에 속하므로 제109조가 고려되려면 착오의 대상인 사정이 당사자의 합의에 의하여 계약내용을 특정, 구체화하는 기초로 편입되거나 적어도 상대방이 이를 야기하였을 필요가 있다. 다음으로 소통의 착오는 의사표시의 소통과정에서 발생하는 착오로 종래 의사와 표시의 불일치로 설명되는 착오로 표시의 착오 및 동일성의 착오를 제외한 내용의 착오가 이에 해당한다고 한다. 특히 종래 학설이 당연히 제109조의 법률행위의 내용에 관한 착오에 포함되며 그것이 중요부분에 대한 것이면 취소할 수 있다고 하는데 반드시 이러한 해석이 필연적인 것은 아니라고 한다.[47)]

이러한 학설에 대하여 판례는 착오의 개념을 명시하는 것은 많지 아니하지만 대체로 제1설(통설)과 같은 태도를 취하고 있다. 이에 따르면 착오의 개념을 '표시의 내용과 내심의 의사가 일치하지 아니함을 표의자 자신이 알지 못한 것'이라고 정의한다.[48)] 그러나 판결에 따라서는 착오를 광의로 파악하여 표의자의 인식과 실제 사실(대조 사실)이 어긋나는 것(불일치)[49)]이라고 정의하기도 한다.

3. 대상논문의 태도와 평가

대상논문은 착오의 개념에 대하여 종래의 다양한 학설의 부족함을 지적하면서 광의의 착오와 협의의 착오 구분설(이분설)을 취한다. 이 견해[50)]는 착오의 개념을 모든 착오를 포괄하는 '광의의 착오'와 민법규정(제109조)에 의하여 고려되는 '협의의 착오'로 구분한다. 광의의 착오는 어떤 사정이나 표시내용에 대하여 표의자가 가지는 인식(관념)이 실제와 일치하지 않고 그 불일치를 표의자가 알지 못하는 경우로 표의자의 인식과 실제의 무의식적인 불일치라고 개념을 정의한다. 이와 달리 협의의 착오는 민법규정(제109조)에 의하여 고려되는 법률행위의 내용에 착오가 있는 경우로서 의사(내심의 효과의사)와 표시(표시행위의 의미)의 무의식적인 불일치로서 행위내용의 착오라고 개념을 정의한다. 또한 판례도 모순되는 것이 아니라 법적으로 고려되는 착오의 개념과 광의의 착오개념이 정의된 것이라고 평가하기도 한다.

이에 따라 민법에서 고려되어 취소가 발생하는 착오에서는 동기의 착오는 원칙적으로 배제

47) 소통의 착오에도 취소권이 발생하기 위하여 상대방의 야기 또는 상대방의 예견사능성을 요건으로 할 수 있기 때문이다. 유럽계약법원칙 제4:104조, 유니드르와 국제상사계약원칙 제3.2.3조, 통일유럽매매법 제48조 제3항 등.

48) 예를 들면 대법원 1967. 6. 27. 선고 67다793 판결; 대법원 1985. 4. 23. 선고 84다카890 판결 등.

49) 대법원 1972. 3. 28. 건고 71다2193 판결. 이 판결은 판결선고의 결과를 오상하고 한 법률행위와 착오에 관한 것이다.

50) 송덕수, 대상논문, 32면 이하; 이러한 태도는 그 후의 저자의 후속연구에도 그대로 유지되고 있다. 예를 들면 같은 저자, 박영사, 2020, 282면 이하, 450면; 곽윤직/송덕수, 앞의 책(민법주해), 413면 등.

된다. 표의자가 유책인지 착오가 상대방에 의하여 유발되었는지와 상대방에게 인식할 수 있었는지 여부는 원칙적으로 이 조의 적용에서 문제되지 않는다. 그러나 이 학설에서도 예외적으로 신의성실의 원칙에 의하여 동기의 착오가 법적으로 고려되는 착오로 되는 것은 인정한다.

4. 대상논문의 평가

이러한 대상논문의 착오의 개념과 동기의 착오에 대한 배제의 태도에 대하여는 반론도 제기된다. 예를 들면 동기의 착오를 민법의 규정(제109조)의 적용대상에서 배제하기 위한 인위적인 시도에 지나지 않는다고 비판한다.[51] 또한 본조의 해석에서 불필요할 뿐만 아니라 아무런 근거 없는 구분을 한 것으로 쉽게 따르기 어렵고 오히려 법상 고려되는 착오를 명확히 개념규정한 후에 예외적으로 동기착오가 어떤 요건으로 그에 포함될 수 있느냐를 밝히면 충분하다고 하기도 한다.[52]

대상논문은 착오의 개념과 관련하여 이를 2가지로 분류하여 기본적으로 착오에 포섭될 수 있는 모든 유형을 아우르는 개념을 제시하고 그 중에서 민법에서 고려되는 착오를 구분하는 것이다. 이는 착오유형에서도 가능한 생각할 수 있는 모든 유형을 제시하고 이 중에서 민법의 취소가 인정되는 민법의 착오의 유형을 분류하는 점에서도 나타난다. 다만 민법의 의사표시의 불일치로서 중요시되는 것은 협의의 착오뿐이므로 협의의 착오만을 놓고 본다면 의사와 표시의 무의식적인 불일치라고 하여 종래의 통설에 따르는 것이 된다. 이러한 협의의 착오의 엄격한 구별은 전통적인 의사표시론에서 고려되는 착오와 의사표시론에서 말하는 의사와 표시의 착오라는 체계를 유지하는 데에는 다른 어느 설보다 유용할 수 있다. 즉, 의사표시의 불일치로 우리 민법이 규정하는 비진의표시나 통정허위표시도 내심의 효과의사와 표시의 불일치(불합치)라고 하므로 이러한 체계를 고려한다면 대상논문의 협의의 착오만이 우리가 생각하는 민법의 착오의 개념에 포함시켜야 할 것이다.

다음으로 대상논문의 저자에 의하면 동기의 착오는 연혁적으로나 입법적 결단[53]에 의하여 민법이 고려하는 민법의 착오에 해당하지 않으므로 이를 엄격하게 제외(준별)한 점에서 특징이

---

51) 김대정, 앞의 책, 886면.

52) 김용담/지원림, 앞의 책, 663면; 민법이 고려되는 것이 중요하므로 광의의 착오개념은 불필요하다는 지적으로는 강태성, 민법총칙, 제10판, 대명출판사, 2020, 647면 주 1 참조.

53) 다만 입법자의 입법적 결단을 이렇게 단정하는 것에 대하여는 비판적인 견해도 있다: "우리 민법의 제정과정을 살펴보아도 우리 입법자가 동기착오를 고려되는 착오로부터 배제하는 입법적인 결단을 하였다고 할 아무런 근거도 찾을 수 없다. 초안 제104조의 수정은 표현의 개선에 불과하고 고려되는 착오를 행위의 착오에서 제한하려는 의도에서 나온 것은 아니고 법률의 문언도 그러하다고 하는 견해에 대하여는 … 제109조를 위와 같이 동기의 착오를 배제하는 취지로 해석하는 것은 단 한마디로 지나치게 형식적이거나 독일민법학의 행위착오, 동기착오의 구별을 –위 규정의 문언을 기화로 하여– 무리하게 직수입하려는 것이라고 할 것이다". 양창수, 앞의 책(제2권), 26면 주 14.

있다. 이러한 점은 우리 민법의 제정에 참조한 독일 민법 제1초안[54]이나 일본민법의 제정과정[55]에서도 나타나는 기본태도이다. 다만 동기도 당사자의 합의에 의하여 법률행위의 조건이 되거나 기망행위에 의하여 발생한 경우, 신의성실에 반하여 악용된 경우, 증여 등의 무상행위에 의한 고려가 인정되므로 역시 동기는 일정한 한도에서 이를 반영하는 것이고 원칙적인 동기의 불고려의 예외가 인정되고 있다.[56]

또한 대상논문 이후에 최근의 동향은 향후에 착오에 대한 동기의 착오를 적극적으로 포함하는 견해나 경우에 따라서는 동기의 착오를 아예 법률행위의 내용과 구별할 필요가 없다고 보는 견해는 최근의 입법동향에 따르면서 이러한 협의의 착오 외에 광의의 착오에 해당하는 것도 결국 고려되어야 하는 것으로 하기도 한다. 그렇다면 민법이 원래 인정하는 협의의 착오 외에 광의의 착오에서 어느 것을 민법이 고려하는 것으로 편입할 것인지 검토가 필요하고 이렇게 되면 원래의 협의의 착오 이외에 민법이 고려해야 하는 일정한 부분 -또는 모든 부분-의 광의의 착오를 인정하여야 하고 그렇다면 착오의 개념을 전통적인 체계의 협의의 착오와 민법이 추가로 고려하는 착오와 고려하지 않는 착오를 포함한 광의의 착오로 나누어야 하게 된다. 경우에 따라서는 광의의 착오 모두가 제109조에 해당하고 다만 그 요건만을 다루게 된다.[57] 동기의 착오를 법률행위의 착오와 구별하지 않고 우리 민법 제109조는 동기의 착오를 포함한 모든 종류의 착오를 포함할 수 있다고 하는 견해는 전통적인 독일민법의 영향으로 전통적으로 법률행위와 의사표시에서 설명하는 체계 이외에 있던 동기의 착오의 편입을 어떻게 설명할 것인가 하는 숙제는 남아 있다. 이는 결국 독일민법이 자랑하던 의사표시론에 대한 재음미를 의미하는 것이고 결국 우리 민법 규정이 독일민법이나 일본민법의 계수를 받았으면서도 그 규정내용에서 다른 점을 인정하면서 이를 재구성하여야 또 다른 어려운 문제가 남아있다고 할 수 있다. 이는 비교법적으로도

---

54) 독일민법 제1초안의 태도에 대하여는 양창수, 앞의 논문, 131면('동기의 착오는 애초에 고려되지 않는다'); 김대정, 앞의 책, 837면; Benno Mugdan, *Die gesammten Materialien zum Bürgerlichen Gesetzbuch für das Deutsche Reich*, I. Band: *Einführungsgesetz und Allgemeine Theil*, Berlin, 1899, S. 199; Benno Mugdan, *Motive zu dem Entwurfe eines Bürgerlichen Gesetzbuches für das Deutsche Reich*, Band I, *Allgemeiner Theil*, Berlin, 1888, S. 462. 제1초안 제102조 동기의 착오는 법률에 다른 정함이 없으면 법률행위의 유효성에 영향이 없다.

55) 일본 구민법에서는 동기의 착오(원문은 연유[緣由]의 착오)에 대하여 명시적으로 원인의 착오와 달리 합의를 무효로 하지 않는다고 규정한다(제309조 제2항 본문). 일본민법 제정자는 일본 구민법에서 고려되지 않는다고 규정되어 있던 동기의 착오에 대하여는 명문을 기다릴 필요도 없이 요소에 포함되지 않는다는 이유로 이를 삭제하였다. 이러한 접은 廣中俊雄, 앞의 책, 144면 이하; 일본민법의 제정과정에 대한 논의는 김대정, 앞의 책, 842면 이하 참조.

56) 이에 따라 일정한 요건에서 동기의 착오를 법적으로 고려되는 착오의 개념에 포함시키므로 실질적으로는 큰 차이가 없다고 평가되기도 한다. 예를 들면 김용담/지원림, 앞의 책, 664면.

57) 이러한 학설이라도 대상논문의 견해처럼 2분하면 협의의 착오는 종래의 의사표시론에서의 태도가 될 것이고 광의의 착오는 이를 넘어서서 착오로 편입할 수 있는 새로운 가능성을 제시해주는 점에서 전통과 새로운 논의를 조화점을 제시해 줄 수 있다.

독일법의 의사표시론이라는 체계성과 그 외 국가의 실용성에 의한 탄력성의 조화라는 어려운 문제라고 할 수도 있다.

Ⅳ. 착오의 요건과 착오의 유형[58)]

1. 들어가며

민법은 착오로 인한 의사표시를 한 경우에 그 취소와 관련하여 의사표시의 법률행위의 내용의 중요부분에 착오가 있는 때에는 취소할 수 있으나 그 착오가 표의자의 중대한 과실로 인한 때에는 취소하지 못한다고 규정한다(제109조 제1항). 이러한 취소의 효과가 발생하기 위한 요건은 우리 민법규정에 따르면 의사표시의 법률행위의 내용의 중요부분의 착오가 있어야 하고 중대한 과실이 없어야 한다.

이러한 착오에 관하여 종래에는 착오의 개념(의의)에 이어 착오의 유형, 착오의 효과를 다루고 그 효과에서 다시 중요부분의 착오의 원칙과 중대한 과실이 없을 것이라는 예외와 선의의 제3자 보호를 다루었다.[59)] 그러나 민법의 착오가 고려되어 제109조의 취소가 되려면 그 요건이 무엇인지를 다루고 그 효과가 무엇인지를 살피는 것이 체계적이다. 대상논문도 이러한 점에서 착오에 대한 서술방법과 관련하여 착오의 의의 다음에 법률행위의 내용의 중요부분의 착오, 표의자에게 중과실이 없을 것을 착오가 고려되기 위한 요건(착오취소의 요건)을 다루고 내용의 중요부분의 착오에서 착오의 유형을 다루고 이어서 고려되는 착오의 중요한 모습을 다루고 마지막으로 착오의 효과를 다루고 있다.[60)61)]

착오가 고려되기 위한 요건[62)]이나 착오로 인한 취소의 요건에 대하여 대상논문은 우선 기

---

58) 착오의 유형 중 공통의 착오에 대하여는 별도의 논문이 예정되고 있으므로 그 논의는 생략한다. 앞의 주 3 참조.

59) 예를 들면 곽윤직, 앞의 책(1967), 331면 이하; 이는 그후의 판에서도 같다. 그 밖의 초기의 문헌에 대하여는 송덕수, 앞의 책, 86면.

60) 이러한 점에서 대상논문은 다음의 체계로 이루어져 있다: 제2장 착오가 고려되기 위한 요건 –착오의 유형화–, 제3장 고려되는 착오의 구체적인 모습, 제4장 고려되는 착오의 효과; 송덕수, 대상논문, 46면 이하; 곽윤직/송덕수, 앞의 책(민법주해), 425면; 송덕수, 앞의 책, 345면도 같다.

61) 이러한 체계를 취하는 것으로는 이영준, 착오에 의한 법률행위의 취소, 22면 이하; 김상용, 앞의 책, 1993, 535(1998년 478면 이하); 김민중, 앞의 책, 517면 이하; 이은영, 앞의 책, 508면 이하; 김증한, 김학동, 앞의 책, 339면 이하; 김대정, 앞의 책, 887면 이하는 착오취소의 요건 중 객관적 요건(법률행위의 내용의 중요부분의 착오)과 주관적 요건으로 나누고 객관적 요건에 착오의 유형과 구체적인 사례로 여러 착오를 다루고 있다.

62) 대상논문은 착오의 개념 중 민법이 적용되는 착오를 협의의 착오로 하고 이를 '착오가 고려되기 위한 요건과 효과'라고 하고 민법이 적용되지 않는 착오를 광의의 착오라고 한다. 그러나 민법의 착오는 결국 민법규정이 적용되는 요건이므로 모든 착오는 협의의 착오로서 착오가 고려되기 위한 것으로 보고 다만 그 요건 중에서 중요부분의 내용이 한 요건이고 중요부분이 아닌 요건은 당연히 민법규정이 적용되지 아니한다. 따라서 이러한 분류보다는 '협의의 착오＝민법의 착오'로 파악하는 것이면 충분할 것으로 생각된다.

본적이고 당연한 요건으로 ① 의사표시가 존재하여야 하고 ② 의사표시에서의 표의자의 착오-의사와 표시의 불일치가 필요한 것이라고 한다.63) 다음으로 민법의 착오가 고려되기 위한 요건으로는 민법이 직접 규정하는 것을 중심으로 ③ 법률행위의 내용의 착오64)가 존재하여야 하고 ④ 그 착오가 중요부분의 착오이어야 한다.65) 또한 ⑤ 표의자에게 중대한 과실이 없어야 한다. 마지막으로 ⑥ 착오에 부여되는 효과(취소)는 일정한 사유가 있는 때에는 배제되는데 이러한 사유도 착오의 고려를 소극적으로 제한하는 요인이므로 취소배제사유의 부존재도 요건으로 보아야 한다.

대상논문은 이처럼 착오에 대한 논의 방법과 관련하여 착오의 요건과 착오의 유형으로 의식적으로 나누어 설명하고 착오의 유형화에 대하여는 가능한 모든 착오 유형화를 시도하는 점에서 그 유용성이 있다. 그러나 이러한 착오의 유형이 다양하기는 하지만 이를 요건과 구별하여 별개로 하여야 하는가는 다른 생각이 있을 수 있다. 특히 우리 민법이 착오의 경우를 유형화하거나 예시하는 입법례와 달리 전혀 개별적인 유형에 대하여 규정하고 있지 않으므로 이를 반드시 일정한 유형으로 할 필연성은 없다. 특히 동기의 착오나 법률행위의 내용의 착오에서는 우리 민법은 '법률행위의 내용의 착오와 그 중요성'만 요건으로 요구하므로 이를 중심으로 재구성하는 것이 더 우리 현행법에 충실한 것이라고 생각된다.66) 결국 착오의 유형은 착오의 요건 중 법률행위의 내용의 중요부분으로 논의하면 될 것이다.

이하에서는 특히 착오의 요건 중에서 법률행위의 내용의 중요부분에 대하여는 착오의 유형(2.)에 관한 것을 살펴보고 이어서 중대한 과실(3.)에 대하여만 살펴본다.

---

63) 송덕수, 대상논문, 425면 이하 등; 이러한 점은 다른 의사표시의 불일치에서도 학설이 모두 ① 의사표시가 있을 것 ② 진의와 표시의 불일치 ③ 표의자와 상대방의 불일치의 인식 유무를 우리 민법의 의사표시에 관한 규정을 체계적으로 정리하고 ③의 점에서 각각의 차이점을 보인다고 하는 점에서 착오에 의한 의사표시에서도 이러한 것이 당연하게 요건으로 들어가야 할 것이다. 다만 대상논문에서는 ③의 요건과 관련하여 '불일치'라는 점은 언급이 없고 '착오'라고만 한다. 민법총칙? 이러한 것을 요건으로 다루지 않는 것으로는 김대정, 앞의 책, 887면. 객관적 요건과 주관적 요건으로만 설명한다.

64) 대상논문을 이를 협의의 착오이고 행위내용의 착오라고 한다. 곽윤직/송덕수, 앞의 책(민법주해), 425면도 같다.

65) 이를 객관적 요건으로 하고 중대한 과실은 주관적 요건으로 하기도 한다. 예를 들면 김대정, 앞의 책, 887면 이하; 그 외에 견해에 따라서는 요건에 상대방의 인식 가능성을 포함시키기도 하지만 손해배상책임의 요건으로만 다루기도 한다.

66) 그러나 이러한 작업의 경우에도 이러한 요건에 해당하는 착오, 즉 민법이 고려하는 착오를 따질 때에는 이러한 유형화작업이 유용하다는 것은 부인할 수 없고 이런 점에서 대상논문의 가치는 여전히 유지된다고 생각된다.

2. 착오의 유형

(1) 학설과 판례

가. 전통적 학설

우리 민법은 착오의 유형에 대하여 개별적 유형이나 예시에 관하여도 규정이 없고 법률행위의 내용의 중요부분이라고 일반적으로만 규정[67)]한다.

학설은 이에 따라 법률행위의 내용과 그 중요부분을 판단하기 위하여 착오를 유형을 나누어 살피고 있다. 대상논문도 특히 착오가 발생하는 양상이나 경우가 여러 가지이고 민법의 모든 착오가 고려되지는 않으므로 착오의 유형화가 필요하다고 한다.

학설은 대부분 기본적으로 우선 법률상의 내용의 착오와 관련하여 표시의 착오(표시행위의 착오)와 내용의 착오와 동기의 착오로 3유형으로 나눈다. 이는 독일의 치텔만(Zitelmann)이 만들어 일본의 학설이 그대로 사용하던 것으로 심리적으로 분류하여 한 착오유형이다. 이는 우리 법에서 착오를 취소할 수 있는 법률행위는 그 착오가 법률행위의 내용에 관한 것(내용의 착오)이어야 하고 이 경우는 의사표시의 불일치(의사흠결)에 그 기초를 두면서 법률행위의 내용(의미)의 착오와 표시의 착오로 한정하고 동기의 착오는 이에 포함되지 않는다.[68)]

종래의 학설은 내용의 착오, 표시의 착오와 동기의 착오를 엄격하게 구분하는 사비니와 치텔만 이래의 전통적 견해에서는 독일민법 제1초안(제102조)과 같이 동기의 착오를 이유로 하는 취소를 원칙적으로 인정하지 않는다. 우리 민법의 법률행위의 '내용'에 관한 착오가 있는 경우에 취소권이 발생할 수 있다고 규정하는데 어떤 법률행위를 하게 된 동기나 연유는 법률행위의 내용이 되지 못하므로 동기착오가 있어도 원칙적으로 본조에 의하여 취소할 수 없다고 한다.[69)]

대체로 우리 민법학이 제시하는 착오의 유형론은 독일민법이 규정하는 표시의 착오와 내용의 착오와 동기의 착오의 3분법을 답습하면서 동기의 착오의 독일민법전의 입법과정의 논의와 일본민법전의 제정과정에서의 논의에 따라 취사선택하는 것에 불과하다.

견해에 따라서는 이 3가지 유형에 표시기관의 착오를 추가하기도 하고[70)] 동기의 착오와 의

---

67) 이러한 점에서 우리 착오에 관한 규정은 지나치게 단순하여 거의 백지규정(일반규정)에 가깝다고 평가하기도 한다. 예를 들면 양창수, 앞의 글(민법연구2), 25면.

68) 일본에서는 我妻栄 저, 안이준 역, 민법총칙, 문성당, 1950, 258면; 김증한, 안이준, 신민법총칙, 법문사, 1958, 304면 이하. 대다수의 국내의 학설이 이에 따른다. 자세한 것은 송덕수, 앞의 논문(착오에 관한 우리의 학설, 판례), 187면; 또한 김대정, 앞의 책, 888면. 용어와 관련하여 표시상의 착오는 표시의 착오, 내용상의 착오는 내용의 착오로 하였다.

69) 동기에 관한 판단은 각자가 부담하여야 할 위험에 속하므로 원칙적으로 고려되지 않는다는 견해로는 김용담/지원림, 앞의 책, 659면.

70) 김용진, 신민법해의, 박문서관, 1958, 210면; 이외에 표시기관의 착오(전달의 착오)를 유형에 들지 않고 별도

사표시 자체의 착오, 사실의 착오와 법률의 착오로 나누는 견해,[71] 3가지 유형 이외에 표시기관의 착오, 사실의 착오와 법률의 착오로 세분하는 견해[72]로 나누기도 한다.

이러한 착오의 유형에 따라 우리 민법은 법률행위의 내용에 관한 착오라고 하여 독일민법의 행위의 착오(대상논문의 행위내용의 착오)로 한정하여 동기착오를 전적으로 배제할 이유는 전혀 없는 것이고 문제는 동기착오냐 행위착오냐를 묻지 아니하고 그 착오가 당해거래가 당해거래에서 중요한 사항에 관한 것이나에 있다는 견해도 있다.[73] 최근의 유럽계약법원칙 등에서도 이러한 태도를 취하고 있다. 이에 의하면 법률행위의 내용의 중요부분에서 '법률행위의 내용과 동기의 착오'를 하나의 유형으로 중요부분 여부만을 판단하게 된다.

나. 최근의 학설

최근에는 착오에 관하여 한정적 열거주의를 취하는 독일민법과 달리 우리 법은 착오에 관한 포괄규정(일반규정)을 두고 있으므로 다양한 사례를 무리하게 전통적 유형(분류)에 맞추기 보다는 제109조의 요건을 충족하는가를 검토하여 취소권 발생여부를 판단하여야 한다고 하기도 한다.[74] 우리 민법에서는 고려되는 착오의 유형을 개별적으로 규정하는 독일민법(제119조, 제120조)나 스위스채무법(제24조)과 달리 우리 민법은 포괄적으로 착오에 의한 의사표시를 규정하므로 거의 백지규정(일반규정)에 가깝기 때문에 착오의 유형은 결국 학설과 판례에 맡겨져 있다고 하는 견해[75]도 있다. 우리 민법의 법률행위의 내용에 관한 착오라고 하여 독일의 행위착오에 한정하고 동기의 착오를 전적으로 배제할 필요는 없고 동기의 착오인가 행위의 착오인가를 묻지 않고 그 착오가 법률행위의 내용의 '중요부분'(당해 거래에서 중요한 사항)에 관한 것이냐를 판단하면 되고 동기의 착오도 이에 포함하는 견해[76]도 있다.

나아가 이러한 행위의 착오와 동기의 착오의 엄격한 분류에 대하여 근본적으로 의문을 표하면서 독일 민법 제정과정의 논의를 재검토를 통하여 새로운 유형분류로 사태의 착오(현실의 착

로 설명하는 경우도 있는데 이 경우에는 착오와 동일시하거나 표시의 착오에 해당하는 것으로 보거나 제109조를 유추적용하는 것이라고 한다.

71) 김기선, 앞의 책(1991), 261면.

72) 이태재, 민법총칙, 법문사, 1981, 255면 이하; 3유형과 함께 이와 별도로 3유형과 동렬의 것으로 표시기관의 착오와 법률의 착오로 나누는 견해 김용희, 민법총칙, 진명문화사, 1980, 324면; 성질의 착오를 추가하는 견해로 이광신, 민법총칙, 일신사, 1981; 이은영, 민법총칙, 제3판, 박영사, 2004; 김주수, 민법총칙, 제3판, 삼영사, 1991 등.

73) 이는 앞서 본 착오의 개념에 동기의 착오를 전면적으로 도입하려는 학설의 태도를 말한다. 이에 대하여는 주 46 참조.

74) 이러한 점은 김용덕/지원림, 앞의 책, 665면 이하; 다만 구체적인 논의애서는 전통적인 3유형과 특수한 유형의 착오로 표시기관의 착오, 법률의 착오 등을 논의한다.

75) 양창수, 앞의 책(민법연구) 제2권, 25면 이하, 특히 27면 참조.

76) 이에 대하여는 앞의 주 46 참조.

오)(Sachverhaltsirrtum)[77]와 소통의 착오(표시의 착오)(Erklärungsirrtum)로 2분하는 견해도 있다.[78]

(2) 착오의 유형에 대한 입법례

착오의 유형은 결국 우리 민법의 법률행위의 중요부분에 해당하는 것과 해당하지 않는 것이 어느 것이 있는가의 분석이다. 이를 위하여는 종래의 입법례를 유형화하고 그에 따라 구체적으로 다루는 유형을 살펴야 할 것이다.[79]

착오에 대한 각국의 입법례에서 제시된 것을 살펴보면 다음과 같은 것이 있다.

종래의 입법례는 모두 착오를 고려하되 제한적으로 고려하고 우리 민법도 근대민법과 마찬가지로 착오를 제한적으로 고려하고 있다.[80] 특히 표의자와 상대방의 이익의 조정에서는 착오의 요건과 유형이 모두 체계적으로 일체가 되어 작용하므로 이를 통일적으로 고려할 필요가 있다. 이러한 점은 착오의 요건과 유형의 인정에서도 고려되어야 한다.

착오에 대한 입법례는 크게 4가지 유형으로 나누어 볼 수 있다.[81]

우선 착오의 대상인 사항을 한정하여 그러한 착오가 있으면 의사표시의 효력을 인정하는 것이다.[82] 다음으로 그 범위를 축소하여 이를 일반화한 것이다.[83] 또한 이러한 착오론에 행위착오와 동기착오로 나누는 독일민법이 그 반작용으로 등장하였다.[84] 다음으로 본질적인 착오와 비본질적인 착오로 나누고 경우에 따라서는 이를 예시하는 것도 있다(스위스채무법). 이러한 규정태도는 우리 현행법과도 유사한데 유언하기는 하지만 오히려 무내용일 수도 있다고 한다. 마지막으로 의사표시의 상대방에게 일정한 사유가 있는 경우에 한하여 착오 주장을 인정하는 것이다(오스트리아민법).

견해에 따라서는 법률행위의 효력에 영향을 미치는 중요한 착오와 법률행위의 효력에 영향

---

77) 이를 사상(事象)의 착오라고 하기도 한다. 윤진수, 계약상 공통의 착오에 관한 연구, 민법논고Ⅵ, 박영사, 2015, 184면; 직역한 용어인 사실관계의 착오는 '법률상태에 대한 착오를 배제하는 어감이 있어 적절하지 않다'고 한다. 다만 '사태'나 '현실'이라는 역어도 아직 생소하기도 하고 좀더 적절한 역어를 고민해야 한다. 적어도 동기의 착오와 행위의 착오를 통합하여 포섭하는 최근의 경향을 반영한 분류로서 유용하다고 생각된다.

78) 이러한 점은 김형석, 앞의 논문, 126-127면. 앞의 주 46 참조.

79) 원래는 다양한 입법례를 분석하여 착오의 유형화를 시도하려고 하였으나 대상논문이 우리 학설과 독일의 유형만을 논하므로 이를 간략히 문제제기를 하는 것으로 하였다. 향후 각국에서 논하는 착오의 유형을 정리할 필요가 있다. 착오에 대한 입법례의 소개로는 다음 문헌이 현재까지 가장 포괄적이고 유용하다. Kramer, Ernst A., *Der Irrtum bei Vertragsschluss –eine weltweit rechtsvergleichende Bestandsaufnahme*, Zürich 1998; 후술하는 주 112의 문헌도 참조.

80) 이러한 점은 곽윤직/송덕수, 앞의 책(민법주해), 391면 이하.

81) 이러한 분류는 양창수, 앞의 책(민법연구 제2권), 25면 주 13.

82) 독일 보통법학에서 그러하였고 프로이센 일반 란트법(제1부 제4장 제75조 제76조, 제77조과 제81조).

83) 프랑스민법이 그러하다. 프랑스민법은 원칙적으로 목적물의 본질(substance)만 합의를 무효로 한다(개정 전 제1110조).

84) 독일민법 스스로가 이러한 준별을 관철할 수 없었고 이에 따라 일정한 범위의 동기착오도 '본질적인 성질의 착오'(제119조 제2항)로 민법의 착오로 편입하였다. 또한 동기의 표시도 의사표시의 내용이 된다는 법적 구성으로 동기착오를 고려하는 범위를 확대하였다.

을 미치지 않은 경미한 착오를 구별하는 메이지민법 입법 당시에 참고한 각국의 입법례를 4가지로 나누기도 한다.[85] 이에 따르면 첫째로 중요한 착오를 열거하거나 예시하는 것으로 일본 구민법, 스위스채무법, 독일민법 제1초안, 오스트리아 민법, 인도계약법 등이 이에 속한다. 둘째로 취소[86]할 수 있는 경우만 열거하는 것으로 프랑스, 이탈리아, 스페인, 네덜란드, 벨기에민법초안 등이 이에 속한다. 셋째로 착오가 없었으면 의사표시를 하지 않았을 것이라는 주관적 표준에 의하는 것으로 독일민법 제2초안이 이에 속한다. 마지막으로 원칙적으로 착오의 효력을 인정하지 않지만 착오의 결과 계약의 요소가 없는 경우에 한하여 효력이 있다고 하는 영미법이 있다.[87]

이러한 분류에 따르면 법률행위의 중요부분의 착오 또는 법률행위의 요소에 착오가 있는 경우만 취소를 인정한 우리 민법이나 일본민법의 태도에 대하여는 당시 이러한 입법례에서 특히 첫째 유형에서는 중요한 착오를 열거하거나 예시하므로 이러한 것에서 요소나 행위내용의 중요한 부분을 볼 수 있다. 따라서 일본 구민법, 스위스채무법, 독일민법 제1초안, 오스트리아 민법, 인도계약법 등의 내용을 살펴볼 필요가 있다. 둘째 유형인 무효 또는 취소할 수 경우에서도 일정한 경우에 취소할 수 있는 착오를 포괄적으로 규정하고 있고 이런 것도 법률행위의 요소나 중요한 부분과 관계를 생각해 볼 수 있다. 셋째 유형인 독일민법 제2초안(현행 독일민법)에서도 역시 일정한 유형을 볼 수 있고 특히 이 독일민법전의 조문의 해석론으로 나온 유형론이 일본과 우리 민법에 영향을 주고 있다. 그 외에 넷째 유형인 영국법과 현재의 미국법의 착오의 논의에서도 개별유형을 찾아볼 수 있다. 따라서 일본민법과 우리 민법의 제정과정에서의 여러 입법례의 규정을 통하여 법률행위의 내용의 중요부분에 포섭될 수 있는 개별유형을 다양하게 생각해보아야 할 것이다.

이처럼 입법례에 따라서는 일반규정에 해당하는 것만 제시하고 구체적인 유형은 제시하지 않는 것이 있고 이와 달리 구체적 유형이나 예시를 규정하는 것도 있다. 우리 민법은 유형은 전혀 제시하지 아니하고 포괄적으로 '착오에 의한 의사표시'라고만 규정하여 거의 백지규정(일반규정)에 가깝기 때문에 민법이 고려하는 착오에 해당하는가의 유형에 의한 포섭은 학설과 판례에 맡겨져 있다.[88]

---

85) 岡松三太郎, 注釋民法理由(上卷), 訂正12版, 有斐閣, 1897, 187면 이하.

86) 정확히는 프랑스민법과 프랑스법계의 국가이므로 취소가 아니라 '무효'이다.

87) 이 견해는 메이지 일본민법은 이러한 유형 중에서 영미법의 태도와 유사하지만 그와 달리 착오는 이론상 모든 경우에 법률행위를 무효로 하는 것이지만 실제의 필요에 따라 이를 중대한 착오의 경우로만 한정하는 태도를 취한 것이라고 한다. 岡松三太郎, 앞의 책, 188면; 이에 대하여는 김대정, 앞의 책, 848면 참조.

88) 이러한 점은 양창수, 앞의 책, 25면 이하. 2004년 민법개정작업에서도 취소할 수 있는 착오의 유형을 개별적으로 정하고 동기의 착오도 정면으로 이를 편입하자는 의견이 제시되기도 하였다. 이에 따른 유형으로는 '중요한 의미가 있는 착오', 인식가능성이 있는 착오, 원인제공한 착오, 무상행위의 착오가 그것이다. 이러한 점은 윤진수, 민법상 착오규정의 입법론적 고찰, 21세기 한국민사법학의 과제와 전망, 송상현 교수 화갑기념논문집, 박영사, 2002, 37면 이하.

전통적인 입법례에서 고려되는 착오 유형은 다음과 같은 것이 있다.[89)]

프랑스민법에서는 목적물의 본질(실질)(substance)과 사람(당사자)에 관계된 착오(제1133조, 개정 전 1110조), 원인과 동기 및 계약의 성립에 장해가 되는 착오, 합의의 하자가 되는 착오, 합의에 영향이 없는 착오의 3가지 분류가 인정된다.[90)]

독일민법에서는 내용의 착오와 표시의 착오와 제한적으로 인정되는 동기의 착오를 인정한다. 이는 사비니와 치텔만 이래 전통적인 태도로서 특히 독일민법 제1초안(제102조)[91)]을 다룬 것이다. 우리 종래의 학설과 대상논문도 이러한 태도를 취한다. 독일민법과 같이 취소권의 발생을 위한 유형을 세분하는 규정하는 경우에는 취소권이 발생하기 위하여 어느 종류의 유형이며 어느 규정이 적용되어야 하는가가 문제되고 실제 착오유형을 그 중 하나에 포섭시켜야 한다.[92)] 이에 따라 현행 독일법은 성질의 착오(성상의 착오)도 거래상 본질적인 경우에 취소권을 부여한다(제119조 제2항). 또한 표시기관의 착오를 표시상이 착오와 동일하게 취소할 수 있는 것으로 규정한다(제120조). 독일 보통법에서 사비니는 착오에 의한 의사표시가 모든 경우에 법률행위를 무효로 하는 것이 아니라 의사와 표시의 불일치로 의사의 흠결을 가져오는 본질적 착오(wesentlicher Irrtum)에 한하여 무효가 되는 것이라고 한다.[93)] 그리고 이런 본질적 착오를 로마법의 합의를 무효로 하는 유형에 따라 4가지로 나눈다. 즉, ① 법률관계의 성질에 관한 착오(error in neotia) ② 사람에 관한 착오(error in persona) ③ 법률관계의 객체인 물건에 관한 착오(error in corpore) ④ 물건의 성질(성상)에 관한 착오(error in materia)가 그것이다. 이러한 착오의 '본질성'도 우리 민법의 법률행위의 내용의 중요부분(중요성)의 판단에 유용하다고 생각된다.[94)]

오스트리아 일반민법전은 유상행위와 무상행위, 본질적인 착오와 비본질적인 착오, 동기의 착오, 표시의 착오와 행위의 착오, 상대방의 보호필요성, 유발, 명백하거나 적시에 고지한 착오 등으로 나눈다.

스위스채무법에서는 본질적인 착오와 비본질적인 착오, 동기의 착오(기초의 착오), 계약의

---

89) 기존의 입법례의 소개는 국내에도 선행연구가 있으므로 간략하게 다루고 추후에 비교법적 연구는 보충하고자 한다. 비교법적 소개는 김대정, 앞의 책, 825면 이하.

90) 프랑스민법의 영향을 받은 일본 구민법도 착오의 유형을 더욱 세분화하고 있다. 김대정, 앞의 책, 843면 이하; 서희석, 의사표시에서 '선의의 제3자보호규정'의 비교법적 연원, 민사법학 제94호, 2021, 81면 이하도 참조. 또한 프랑스법계의 민법전에서도 이러한 태도는 그대로 유지된다.

91) 독일민법 제정과정에 참조한 입법례는 제1초안과 다르다.

92) 이러한 점은 지원림, 665면 주 73 참조.

93) Friedrich Carl von Savigny, *System des heutigen Römischen Rechts*, Berlin, Bd. 3, 1840, §134, S.265 ff.

94) 그 외에 최근의 입법례, 특히 유럽민사법 통일 결과물에서는 착오에 대한 일반규정을 두는데 그 문헌으로는 입법례에 따라서 ① 본질적fundamental)인 문제 ③ 중대한 착오(serious mistake) ② 본질적인(essential) 것 ④ 본질(substance) 등으로 다양하게 규정한다. 우리말로 옮길 때에도 그 역례가 통일되저 있지 않다. 그 외에 '실질적'(material)이 ①과 관련하여 규정되기도 한다. 이는 우리 법의 '중요부분'과 관련되는 것으로 그 구체적 내용은 역시 우리 법의 해석에도 유용할 것이다.

성질, 계약의 목적물이나 상대방의 동일성, 급부 또는 반대급부의 범위에 관한 착오, 거래에서 신의성실에 의하여 계약의 필수적 기초라고 생각되는 일정한 사정(동기의 착오)으로 나눈다. 이탈리아 민법은 본질적이고 인식할 수 있는 착오, 계약의 성질, 객체, 계약의 목적물이나 상대방의 동일성, 계약에서 중요한 성질, 계약체결의 원인이 된 법률의 착오 등으로 나눈다.

착오의 유형과 관련하여 특히 독일민법 제1초안 제정과정에서 '본질적 착오'의 기준과 관련하여서도 ① 학설이나 재판실무에 맡기자는 견해 ② 표의자가 구체적으로 착오가 일어난 점을 제외하고도 문제의 의사표시를 하였을 것인가 여부에 의하자는 견해 ③ 본질적 착오를 행위의 요소(essentialia negotii)와 기타의 특별히 연결된 사항에 관한 것으로 한정하는 견해 ④ 행위의 요소에 대한 착오는 본질적 착오가 되어야 하지만 주관적 관점도 유지되어야 한다는 견해가 있기도 하였다.[95] 이는 착오가 법률에 따를 때 행위의 본질에 속하는 점(행위의 요소)(essentialia negotii)에 대한 것일 때에도 그 착오는 본질적이고 고려된다는 제안을 명확히 거절하기도 하였다. 즉, 종래 법률행위를 무효로 하는 것으로 하는 행위의 요소에 관한 착오 중 중요한 것을 원칙적으로 본질적 착오로 본다. 행위의 종류, 목적물, 상대방에 대한 착오는 본질 내지 성질에 대한 착오와 함께 법률행위를 무효로 한다고 인정되었다.

(3) 우리 민법 제정과정의 논의

우리 민법 제정과정에서 원래의 민법안(제104조)은 '법률행위에 중대한 착오'로 하던 것이 심의과정에서 법제사법위원회 수정안으로서 '법률행위의 내용의 중요부분의 착오'로 자구가 수정된 것이다. 당시 의용되던 현행법이 요소에 착오가 있다고 하는데 학설상으로 법률행위의 내용의 중요부분에 착오라고 해석되고 있고 이를 더 분명히 밝히기 위한 것이었다.[96]

이러한 원래의 초안의 '중대한 착오'에 대하여는 그 입법이유는 명확하지 않지만 상당히 융통성 있는 해석을 할 수 있는 것으로 동기의 착오도 중대한 착오로 인정되는 경우에는 취소할 수 있다고 해석할 수 있는 내용의 조항이었다고 긍정적으로 평가하기도 한다.[97] 이 견해에서는 더 나아가 이러한 수정은 심의과정에서 당시의 독일민법(제119조 제1항)과 그 해석론에 영향을

95) 논의 결과 표의자기 진정한 사항을 알았으면 표시된 바를 의욕하지 아니하였을 것이라고 인정되는 경우에는 그 착오는 본질적이고 고려되어 의사표시는 무효로 하는 것으로 되었다. 또한 종래의 입법례에서 자주 나타나는 어떤 법률행위에 통상적인 구성부분을 객관적으로 구분해서 그중 어떤 것에 대한 착오는 본질적이고 다른 것은 그렇지 않다는 규정방법은 실무에 편의를 주기는 하지만 구체적으로 한 법률행위에 주목하는 대신에 의도된 법률행위의 추상적 개념에 고착하게 되는 실체적 법의 훼손을 일으킨다고 한다. 이러한 주관적 태도는 다시 객관적 기준으로 보충된다. 즉, 이에 추가하여 착오의 본질성은 특히 다른 종류의 법률행위, 다른 대상에 대한 법률행위 또는 다른 사람과의 사이의 법률행위가 의도된 때에는 의문이 있으면 인정된다는 것도 이를 취한 것이다. 또한 법률행위의 목적물이나 사람을 혼동한 경우에는 넣지 않기로 하기도 하였다. 이러한 점은 양창수, 앞의 논문, 126면 이하 참조.

96) 이러한 점은 국회속기록 제45권, 7면 이하.

97) 김대정, 앞의 책, 872면 이하, 877면.

받은 당시의 일본의 통설[98], 판례의 태도에 따라 그 자구를 수정하였는데 이는 중대한 착오라는 추상적 규정으로 착오 요건을 학설, 판례에 맡기고자 한 기초자의 의사를 현저히 왜곡하는 것이 되었다고 한다.

입법과정의 자료에 의하면 초안의 규정(제104조)은 당시의 의용민법(제95조)과 동일한 취지라고 하고 만주민법(제105조)과 동일하다고 한다.[99]

심의경과에서 '법률행위에 중대한 착오'를 '법률행위의 내용의 중요부분'에 관한 '착오'로 수정하는 것이 가하다고 한다. 즉, 중요부분 이외의 착오를 일일이 무효로 할 필요는 없고 단순히 중대한 착오라고 규정하는 것보다 더 명백하게 '중요부분에 관한 착오'라고 규정함이 가하다고 한다. 이러한 점에서 '내용'에 대한 자구의 추가에 대하여는 특별하게 관심이 없는 것으로 보인다.

다음으로 표시기관에 의한 착오(사자의 착오)는 그 의사표시가 없는 것으로 의제(간주)하자는 학설도 있고 독일민법(제120조), 중화민국민법(제89조)과 같이 일반의 착오[내용의 착오를 말한다–필자 추가]와 동일하게 취급하자는 학설도 있다. 이러한 해석상의 다른 견해를 해결하기 위하여 제3항으로 이를 신설할 필요가 있지만[100] 그렇게 하면 표시기관의 착오 아닌 표의자 자신의 표시상의 착오도 입법하여야 한다. 다만 이러한 신설의견에 대하여는 해석상 그렇게 될 것으로 생각되어 별도 수정은 하지 않는 것으로 되었다.

이러한 입법과정에서 의용민법과 동일한 취지라는 점에 대하여는 의사흠결론을 전제로 하여 착오의 효과를 무효로 규정한 독일민법 제1초안을 모범으로 한 의용민법(제95조)과 표시주의적 의사표시론에 근거하여 착오의 효과를 취소할 수 있는 것으로 규정한 독일민법(제119조)을 모범으로 한 민법초안(제104조)의 차이를 무시한 오류라는 비판이 있다.[101] 다만 요소와 내용의 중요한 부분은 동일한 취지라고 할 수 있다. 취소로 효과의 변경에 대하여는 심의과정에서 논의가 전혀 없었다.

---

98) 당시 일본의 통설을 대표하는 학설은 다음과 같이 서술한다: 법률행위의 요소의 착오는 '의사표시의 내용의 중요한 부분에 착오가 있는 때'라는 의미로 해석하여야 할 것이다. 我妻栄, 新訂民法総則, 岩波書店, 1928, 319면. 다만 이러한 통설에서는 '의사표시의 내용'이던 것을 우리 민법제정과정에서는 '법률행위의 내용'으로 바꾸고 있다. 독일민법(제119조)에서도 '의사표시의 내용의 착오'(의사표시의 그 내용)로 하고 있다.

99) 이러한 점은 국회속기록 제42호(부록), 86면; 민법안심의록, 73-74면.

100) 신설조문은 '의사표시의 중요부분이 전달자에 의하여 부실히 전달되었을 때에는 전2항의 규정을 준용한다'.

101) 김대정, 앞의 책, 876면; 이 견해는 현행민법의 착오의 효과에 대하여 무효주의를 버리고 취소주의로 전환한 이론적 근거가 과연 무엇이었는가는 이유서가 없어 이를 명확하게 밝힐 수는 없다고 한다. 김대정, 앞의 책, 871면; 이에 대하여는 최근 연구에 의하면 이러한 취소는 입법과정에서 만주민법을 참조한 것이라고 한다. 이러한 점은 서희석, 앞의 논문, 136면; 이외에 명순구, 실록 대한민국 민법 1, 법문사, 2008, 318면 이하; 이외에 '민법전편찬요강'에도 이미 취소를 하는 것으로 정하였다: 총칙 11: 의사표시에 있어서는 표시주의에 치중하여 상대방의 이익을 보호하기 위하여 착오에 의한 의사표시를 취소할 수 있도록 할 것. 이러한 점은 양창수, 민법안의 성립과정에 관한 소고, 민사법학 제8호, 1990, 41면 이하; 명순구, 앞의 책, 317면; 민법안 심의록에도 초안은 '만주민법과 동일하다'고 하고 있다.

다음으로 우리 민법초안이 만주민법과 동일하다고 한 점이다. 만주민법(제105조)은 '법률행위의 요소'에 착오가 있을 때라고 하여 일본민법과 같고 우리 민법초안의 자구변경과 다르다.[102)][103)] 다만 취소로의 효과 변경은 만주민법의 영향을 받았을 수도 있다.[104)]

우리 민법의 착오의 의사표시의 효과 부분은 만주민법을 참조한 것이고 법률행위의 내용의 중요한 부분은 일본 학설을 불완전하게[105)] 참조하여 만든 것이다. 또한 내용의 착오 이외에 표시기관에 의한 착오(사자의 착오)와 표시의 착오도 신설제안이 있었으나 해석상 이러한 결과를 인정할 수 있는 것으로 독일민법의 표시의 착오도 입법자는 우리법의 착오의 취소를 인정하는 것으로 하고 있다.[106)][107)]

(4) 대상논문의 태도

대상논문은 이러한 종래의 착오의 유형이 이에 대한 충분한 고려 없이 되었다고 평가하면서 생각할 수 있는 모든 착오을 유형화하여 그 가운데 우리 민법의 규정에서 착오의 설명에 적절한 유형을 찾는 시도를 하였다.[108)]

우선 착오가 관련한 법률행위의 종류에 따라 계약의 착오와 단독행위의 착오로 나누고 계

---

102) 송덕수, 대상논문, 27면, 주 93에서는 '만주민법의 영향을 가장 직접적으로 받았다'고만 하고 이 점을 명시하지는 아니한다.

103) 이에 대하여는 다음과 같은 설명을 하는 견해도 있다: 만주민법의 해석으로 '의사표시의 내용의 중요한 부분의 착오'라고 하는 것과 한국민법의 '법률행위의 내용의 중요부분의 착오'라는 표현은 '의사표시'의 중요부분의 착오와 '법률행위'의 중요부분의 착오라는 점에서 완전히 일치하는 것은 아니라는 평가가 있을 수 있다. 물론 의사표시와 법률행위가 완전히 같은 개념인 것은 아니지만, 만주국민법이나 한국민법이나 '법률행위'의 '요소'나 '내용의 중요부분'에 착오가 있을 때 '의사표시'를 취소로 한다고 하는 점에서는 일치한다. 즉 한국민법으로도 '법률행위'의 내용의 중요부분에 착오가 있다 하더라도 취소의 대상은 법률행위의 필수불가결한 요소인 '의사표시'라는 점에서 만주국민법과 다르다는 평가가 가능한지는 의문이다. 와가츠마가 "법률행위의 요소의 착오"를 "의사표시의 내용의 중요한 부분의 착오"로 해석한 것은 법률행위를 의사표시로 환원하여 이해하였기 때문이라고 볼 여지도 있을 것이라 생각된다. 이러한 것은 서희석, 앞의 논문, 136면, 주 210; 그러나 법조문이 다른 것은 엄연하게 사실이고 해석론은 만주민법을 통해서가 아니라 일본의 통설을 통해서 온 것이므로 만주민법의 해석론을 통하여 같다고 하는 것은 무리라고 생각된다. 참고로 민법안심의록에 실려있는 현행법이나 만주민법과의 비교에서 '동일하다'고 하는 평가는 세부적인 점에서는 문제가 있는 경우가 상당히 있어 주의가 필요하다.

104) 만주민법 이외에 참고입법례인 독일민법, 중화민국민법도 취소로 하고 이러한 입법례가 만주민법 이전에 제정되었다. 스위스채무법은 '취소'라고 명시하지는 아니한다.

105) 학설은 '의사표시의 내용'이라고 한 것을 '법률행위의 내용'이라고 한 점에서 그러하다.

106) 다만 독일민법에서는 의사표시의 내용의 착오와 별도의 조문으로 이를 규정하고 있고 동기의 착오도 예외적으로 별도의 조문으로 이를 두고 있는 점에서 해석(유추적용)으로 이를 인정할 수 있는가는 의문이 있다. 독일민법(제2초안)에서는 적어도 내용의 착오와 표시의 착오 및 동기의 착오를 각각 구별하는 3분법을 기초로 한 것이고 이런 점에서 의사흠결론을 기초로 하는 제1초안과 다르다.

107) 참고로 일본은 2017년 민법개정을 통하여 '법률행위의 요소'를 최근의 입법례를 참조하여 변경하였고 그러한 결과 취소로 효과를 변경하였고 제3자에게 대항할 수 없다는 조항을 신설하여 이 점에서는 우리 민법과 같은 조문으로 수정되었다. 이 점은 뒤의 Ⅵ. 참조.

108) 이하의 서술은 송덕수, 대상논문, 47면 이하; 같은 저자, 앞의 논문, 189면; 곽윤직/송덕수, 앞의 책(민법주해), 426면 등.

약의 착오에서는 당사자 일방의 착오와 당사자 쌍방의 착오[109]로 나눈다.

다음으로 당사자 일방의 착오의 유형화 방법으로는 착오가 관련된 객체를 기준으로 하는 방법, 심리적인 것을 기준으로 하는 방법 및 양자를 통합한 방법이 있다고 한다. 양자를 통합하는 방법으로는 심리적인 유형을 상위의 것으로 하고 객체에 따른 유형을 하위에 두는 방법과 양자를 상하로 배열하지 않고 동열로 놓은 뒤 그 각각에 대하여 행위내용의 착오에 해당하는지 여부를 살피는 방법이 있는데 대상논문은 우리 민법상 가장 바람직한 것은 마지막 것이라고 한다. 다만 심리적인 기준에 의한 3가지 분류는 법적 판단에 앞서 열거하여야 할 생각할 수 있는 모든 착오를 명료하게 파악할 수 있도록 하지 못하기 때문에 심리적인 분류에 바탕을 두고 착오의 모든 경우를 망라적으로 인식시킬 수 있도록 유형화하는 것이 필요하고 이를 시간적 분류라고 부를 수 있다고 한다. 이러한 시간적 분류에 따라 착오는 동기의 착오, 표시의 착오(표시행위의 착오), 전달의 착오(표시기관의 착오), 상대방의 착오로 나눈다.[110]

대상논문은 이러한 기본적인 분류 후에 다시 민법이 고려되는 착오의 구체적인 모습(사례)(유형)을 구체적으로 정리하여 열거하는 것이 실무를 위하여 의의가 크다고 한다. 이를 위하여 통상의 경우에는 사람(당사자)에 관한 착오, 물건(개체, 목적물)에 관한 착오, 법률행위에 관한 성질로 나누고 사람의 착오와 물건의 착오는 다시 동일성의 착오와 성질의 착오로 세분한다.[111]

또한 이러한 경우에 심리적 기준에 의한 분류 내지 시간적 분류에 의한 것은 너무 추상적이어서 그것으로는 착오를 분명하게 파악할 수 없고 차고에 쉽게 접근하기 위하여는 착오를 그것이 관계된 객체에 따라 유형화하여 개별적으로 고찰하여야 한다고 한다. 이에 따라 착오의 객체에 따른 유형으로는 특별한 기준은 없이 서명(기명날인)의 착오, 백지표시의 착오, 동일성의 착오, 성질의 착오, 법률효과의 착오, 계산의 착오 등을 열거한다.

여기서 말하는 고려되는 착오의 구체적인 모습(유형)이 있을 수 있는 모든 착오의 망라적인 기술이 아니고 이러한 구체적인 모습의 설명도 일응의 기준에 불과하고 절대적이 아니고 개별적인 경우에 사정에 따라 결과가 달라질 수 있다고 한다.

(5) 평 가

대상논문은 종래의 착오의 유형에 대하여 생각할 수 있는 모든 착오을 유형화하여 그 가운

---

109) 민법의 착오는 하나의 의사표시만을 목적으로 하는 일방적 착오이므로 당사자 쌍방이 착오한 경우에도 합의가 인정되는 한 각 당사자의 의사표시에 제109조가 적용된다. 당사자 쌍방이 일치하여 착오한 경우에는 당사자 쌍방이 계약의 내용에 관하여 일치하여 착오한 경우와 계약의 동기에 관하여 일치하여 착오한 경우가 있다. 전자는 자연적 해석에 의하여 당사자 쌍방이 실제로 의욕한 것이 효력이 있어 착오가 되지 못하고 후자는 특별히 다루는 것으로 하였다.

110) 이러한 것은 Dieter Medicus, *Allgemeiner Teil des BGB*, C.F. Müller, 1982, Rn. 738-743을 참조한 것이다. 이러한 분류는 또한 김상용, 앞의 책(1993년판), 535면도 같다.

111) 이러한 분류는 독일의 영향을 받은 것으로 일본에서도 사용하던 것이다. 이에 관하여는 곽윤직, 앞의 책, 343면.

데 우리 민법이 규정하는 착오에 적절한 유형을 찾기 위하여 시도하고 이러한 유형화를 시간적 분류와 객체에 의한 분류를 통합하여 빠짐없이 제시하려고 한 점에서 대상논문은 다른 학설과 현저한 차이가 있다.

착오의 유형화는 입법례에 따라 많은 차이가 있고 일반조항만 제시하는 것에서 구체적인 유형이나 예시를 제시하는 것으로 다양하다. 필자도 이에 대하여는 아직 비교법적 연구를 다하지 못하여 이에 대한 완전한 목록이나 결론을 제시하지는 못한다.[112)]

다만 대상논문의 유형화에 대하여는 다음과 같은 점은 재고할 필요가 있다.[113)][114)]

우선 기존의 착오 유형의 3분법에 대하여 빠짐 없는 유형화를 위하여 시간적 분류에 의하여 의사표시가 되는 과정을 고려하여 각 단계에서 착오가 발생하였는가를 다루는 점에서 체계적이라고 할 수 있고 대상논문의 저자는 이를 광의의 착오라고 하고 있다. 그러나 동기의 착오는 의사표시의 내용의 착오에서 제외되고 동기의 착오를 협의의 착오에서 배제하여 의미(내용)의 착오[115)]만이 본래의 고찰대상이 되는 것으로 보는 대상논문의 체계에 따르면 의미가 없다. 대상논문의 분류는 우리 민법이 말하는 법률행위의 내용의 중요한 부분의 판단에서 시간적 분류에 의한 것과 동일한 차원에서 객체에 의한 분류를 인정하는데 착오가 관여한 객체에 따라 세분한 것은 시간적 분류에 의한 것 중 내용(의미)의 착오에 포함된다.[116)] 그렇다면 양자를 통합하는 것이 아니라 시간적 분류에 의한 것이 주된 것으로 하는 것이고 그 일부이기 때문이다. 그리고 이러한 분류가 법률행위의 내용의 중요부분과 구체적으로 어떤 관계가 있는지 명확하지 아니하다.

다음으로 법률행위의 내용의 중요부분의 일반규정성으로 그 유형화가 필요하다.

---

112) 비교법적 연구로서 포괄적인 것으로는 Ernst A. Kramer, Thomas Probst, *International encyclopedia of comparative law, Volume Ⅶ : Contracts in General*, Mohr Siebeck, Sijthoff & Noordhoff, 2d ed. 2000, 1쪽 이하(Chapter 11, Ⅱ. Mistake); Konrad Zweigert, Hein Kötz, *Einführung in die Rechtsvergleichung auf dem Gebiete des Privatrechts*, 3. Aufl., Mohr Siebeck, 1996의 착오 부분(국내 번역본은 이전 판으로 최근동향의 언급이 없다).

113) 대상논문에서는 이러한 언급이 없지만 후에 쓴 글에는 이러한 분석을 하고 있다. 송덕수, 앞의 논문, 189면 ('…착오의 유형화에 대하여 깊이 생각하지 않은 듯하다…').

114) 견해에 따라서는 착오의 유형에 대한 기준과 관련하여 착오가 관계된 객체를 기준으로 하는 것과 착오가 관련된 법률행위의 종류에 따라 분류될 수 있는데 이러한 분류는 법적용상 아무런 실익이 없고 계약에서의 착오와 불합의의 구별이 실무상 문제가 될 수 있다고 하는 견해도 있다. 또한 당사자 일방의 착오와 공통의 착오로 나누는 경우 원칙적으로 표의자의 착오가 규율대상이므로 쌍방의 착오는 제109조와 별도로 다루면서 대상논문을 인용하면서 의사표시의 시간적 순서에 따른 단계에 의한 분류를 하고 이러한 분류에서 의미를 가지는 것은 전통적인 3분법이라고 하기도 한다. 김용담/지원림, 앞의 책, 665면; 이 글은 송덕수, 대상논문, 50면 이하, 같은 저자, 앞의 책(주해2), 427면을 인용한다.

115) 우리 법조문의 '법률행위의 내용의 착오'와 표시의 착오, 동기의 착오와 대응하는 내용(의미)의 착오는 양자를 구별하여야 한다. 오히려 양자는 혼동의 우려가 있으므로 내용의 착오보다는 Bedeutungsirrtum의 직역인 의미의 착오로 사용하는 것이 나을 것이다.

116) 대상논문도 이러한 점을 인정한다. 곽윤직/송덕수, 앞의 책, 437면; 다만 이러한 것이 반드시 그런 것은 아니다. 즉, 표시의 착오에도 객체의 착오의 유형이 있을 수 있기 때문이다.

독일민법의 영향을 받아 마련된 우리 법조문의 법률행위의 내용도 시간적 분류에 의하면 적어도 '내용', '표시방법'이 포함되는 것으로 할 수 있다. 표시기관의 착오(전달의 착오)는 독일민법(제120조)에 별도의 규정을 두고 이러한 규정을 염두에 두고 독일에서 유형으로 분류하는 것을 우리 학설도 차용한 것이다. 독일민법에서는 동기의 착오도 일정한 경우에는 표시행위(표시)의 착오도 법률행위의 내용의 착오로 보지만 우리 민법에는 이러한 규정이 없다. 상대방의 착오(오해)는 표의자의 착오와는 무관하다.[117] 이러한 시간적 분류라는 것은 독일민법의 제정과정에서 문제되는 것을 중심으로 배제되는 착오로서의 동기의 착오와 명문으로 규정한 내용의 착오와 표시행위의 착오로 나누는데 적어도 동기의 착오에 대한 규정이 없다면 이는 우리 민법에서는 고려되지 않는 것이라고 할 수 있다. 또한 착오의 판단을 위하여 거래의 본질을 중심으로 서술한다. 이와 달리 우리 법에서는 이러한 유형에 관한 규정이나 예외적인 동기의 착오의 고려에 대한 조문은 없고 법률행위의 내용의 중대성만 문제될 뿐이다. 따라서 이러한 유형이 가지는 체계적이고 완결성이라는 관점에서의 유용성에도 불구하고 구체적으로 중대성이 있는 착오와 중대성이 없는 착오의 구별이 필요하다. 따라서 독일민법과 같이 이를 유형화할 필연성은 없다. 우리 법에서는 법률행위의 내용에 해당하는 것 중에서 중요한 부분인가를 따지면 된다. 우리 법의 착오에서는 법률행위의 중요부분에 대한 일반규정만 규정한 것이라고 할 수 있고 결국 판례와 학설의 유형화를 필요로 한다.

우리 법에서의 '법률행위의 내용의 중요한 부분'이 무엇인지도 이러한 것을 고려하여 좀더 규명될 필요가 있다. 이러한 것은 착오가 의사와 표시의 무의식적인 불일치라는 의사표시론(의사흠결론)의 추상적 개념이나 시간적 분류에 의한 착오의 유형이라는 것에서 도출하는 것보다는 구체적인 객체마다 분석을 통하여 더 의미가 있을 것이다. 이런 점에서 로마법에서 인정되는 유형, 각국 민법의 유형을 파악하는 새로운 작업이 더 필요할 것으로 보인다. 이러한 일반규정에 해당하는 규정은 결국 유형화를 필요로 하고 이러한 유형화에는 독일민법의 유형뿐만 아니라 그 밖의 입법례에서 특히 민법규정의 유형을 제시하는 것을 살펴보고 그에 따른 각국의 학설, 판례가 문제되는 것을 좀더 종합할 필요가 있다. 이런 점에서 프랑스민법이나 일본구민법의 유형과 기타 프랑스법계의 규정과 분류 및 스위스민법의 유형 등도 고려될 필요가 있다.

또한 이러한 법률행위의 '내용'이 무엇인지와 그에 따른 유형론의 부여에 대하여는 대상논문에서 그리 중심문제로 다루지는 아니하다.

중요부분과 관련하여 착오에 의한 의사표시를 구성요소로 하여 성립된다. 여기서 법률행위의 중요부분의 착오를 표의자가 법률행위에 의하여 달성하고자 하는 법률효과로 보는 견해(법률

117) 곽윤직/송덕수, 앞의 책(민법주해), 443면.

효과설)[118]와 법률행위의 사실적 효과를 말한다는 견해(사실적 효과설)가 있다. 이러한 논의도 동기의 착오를 착오에 포함시키기 위하여 법률행위의 내용과 그 중요부분을 법률행위의 법률효과와 사실적 효과로 한정하는 것이다. 견해에 따라서는 내용과 그 중요부분과 관련하여 법률행위의 동기를 포함하여 표의자가 착오를 일으키지 않았다면 결코 그러한 법률행위를 하지 않았을 것이라고 인정되는 법률행위의 핵심적 요소라고 하기도 한다.[119] 문제는 이러한 법률행위의 핵심적 요소가 무엇인가 그리고 이를 판단하는 기준이 무엇인가는 여전히 해결되지 않고 있다.

그 외에 우리 학설이 제시하는 사람이나 물건의 동일성에 대한 착오, 사람이나 물건의 성질에 대한 착오, 법률효과의 착오와 법률의 착오, 계산의 착오, 기명날인의 착오, 백지표시의 착오, 표시의사의 결여 등이 고려될 수 있다. 이외에 학설판례가 인정하는 착오가 고려되는가 여부가 문제되는 것으로 착오를 유발한 경우, 시가의 착오, 소유권에 관한 착오, 토지의 면적에 관한 착오, 장래의 사정에 관한 착오(투기의 착오) 등. 또한 착오에 의한 취소가 배제되는 착오로 취소권의 포기, 실효, 상대방의 진의에 동의, 신의성실의 원칙에 의한 배제, 합의에 의한 배제 등도 이러한 유형화에 포함할 수 있다. 이러한 경우도 법률행위의 내용의 중요한 부분인가이 판단에 요소가 될 수 있는가?

3. 중대한 과실

착오는 그것이 표의자의 중대한 과실로 인하여 발생한 때에는 다른 요건이 충족되어도 고려되지 못한다(민법 제109조 제1항 단서).

착오의 취소와 관련된 착오자의 중대한 과실은 독일민법전 제1초안(제99조, 제97조 제2항)에서 규정하였던 것을 독일민법 제2초안에서 삭제하여 현재에 이르고 있다. 제1초안은 표의자에게 중대한 과실이 있는 때에는 착오를 고려하지 않고(제99조 제1항) 상대방이 착오자의 착오를 알았거나 알 수 있었던 경우에는 이를 적용하지 아니한다고 하여 예외를 인정하였다(제99조 제3항).[120][121]

---

118) 이영준, 앞의 책, 418면, 이은영, 앞의 책, 520면.

119) 김대정, 앞의 책, 894면.

120) 조문내용은 다음과 같다: §. 99. [1] Die nach den Vorschriften des §. 98 für nichtig zu erachtende Willenserklärung ist gültig, wenn dem Urheber derselben grobe Fahrlässigkeit zur Last fällt. [2] Fällt dem Urheber eine Fahrlässigkeit zur Last, welche keine grobe ist, so haftet derselbe dem Empfänger für Schadensersatz nach Maßgabe des §. 97 Abs. 3. [3] Die Vorschriften des ersten und zweiten Absatzes finden keine Anwendung, wenn der Empfänger den Irrthum kannte oder kennen mußte.

121) 프랑스법 등에서는 이를 면책될 수 없는 착오(inexcusable mistake, erreur inexcusable)라 하기도 한다. 유럽민사법 통일작업의 성과에도 이러한 점이 반영되었다. 가령 유럽계약법원칙 제4:103조 제2항 제a호: 당해 사정에서 그 착오가 면책될 수 없는 경우. 착오자의 중대한 과실 또는 경과실의 착오에 대한 효과는 올 란도, 휴 빌 편, 김재형 역, 앞의 책, Note 8(363면); 영미법에서도 일방적 착오는 계약을 무효로 하지 않는 것이 원칙이지만 예외로서 무효가 될 수 있는데 그 예외의 하나로 clerical error의 경우에는 중과실이 없을 것

이하에서는 주로 중대한 과실에 대한 입법과정의 입법자의 의사를 중심으로 살펴보고 대상 논문과 우리 논의를 중심으로 살펴본다.

원래 독일민법 제정과정에서 당사자의 과실이 착오의 고려 여부에 영향을 미치는가에 대하여는 착오가 해당하는 경우에 그로 인한 무효를 예외없이 관철하면 부당한 점이 없지 않고 이러한 지나친 점을 교정하기 위하여 착오자에게 과실이 있으면 이를 제외하는 것(오스트리아 민법, 바덴주 민법 등)과 손해배상책임을 과하는 것(프로이센일반란트법, 스위스채무법)의 당시의 입법례가 검토되었다. 특히 해학표시와 같은 규정을 두는 것으로 결의되어 상대방이 착오를 알았거나 알 수 있었던 경우에는 고려되는 착오는 여전히 고려되지만 착오자에게 어떤 책임이 발생하는 것은 아닌 것으로 하였다. 다만 표의자에게 중대한 과실이 있으면 고려되는 착오는 고려될 수 없고 따라서 의사표시는 유효로 하고 있다.[122] 또한 상대방이 착오를 알지 못하였고 알 수 있었던 것도 아닌 점에 표의자에게 경과실이 있으면 고려되는 착오는 여전히 고려되지만 표의자는 신뢰이익의 배상책임을 지는 것으로 하였다. 다만 이러한 점은 제2초안에서 착오자에게 과실이 있는가 여부는 그의 책임에 영향을 미치지 않고 중과실 있는 착오자도 취소할 수 있고 착오자는 그의 과실 유무를 묻지 않고 선의 무과실의 상대방에게 소극적 이익에 대한 손해배상책임을 지는 것으로 하였다.

일본 민법(제95조 단서)은 의사표시는 법률행위의 요소에 착오 있는 경우에 무효로 하고 다만 표의자에게 중대한 과실이 있는 경우에는 표의자 스스로 그 무효를 주장할 수 없다[123]고 한다. 이는 독일민법 제1초안의 착오 무효의 효과와 중대한 과실을 규정하던 것을 충실하게 수용한 것이다. 이러한 조문을 둔 것에 대하여 일본민법의 기초자는 다음과 같이 서술한다.

> 본조의 본문에 의하여 의사표시가 착오로 인하여 무효가 되는 경우에도 표의자의 과실로부터 그 착오가 발생하여 상대방에게 손해를 입히게 된 경우에는 배상책임을 면하게 해서는 안되는 것 말할 필요도 없다. 외국의 법률에서는 특히 이것을 명언하는 것 있지만(스위스채무법 제23조, 독일민법 제2초안 제94조) 이것 완전히 손해배상에 관한 원칙의 결과에 지나지

을 요한다. 이에 대하여는 Nancy Kubasek, M. Neil Browne, Daniel Heron, Lucien Dhooge, Linda, Barkacs, Dynamic Business Law: The Essentials, 3rd ed. McGraw-Hill, 2016, 227면; Mistake (contract law) <https://en.wikipedia. org/wiki/Mistake_(contract_law)#cite_ref-Kubasek_7-2> 참조.

122) 이러한 점은 양창수, 앞의 논문(독일민법전 제정과정에서의 법률행위규정에 대한 논의), 128면 이하 참조. 이는 무상행위에도 적용된다.

123) 원래 초안(主査会原案)(甲5)은 '중대한 과실 있는 경우에는 그러하지 아니하다(意思表示ハ法律行為ノ要素ニ錯誤アリタルトキハ無効トス但表意者ニ重大ノ過失アリタルトキハ此限ニ在ラス)이었으나 주사회의 논의를 거쳐 그후 총회의 조문(総会原案)(제95조)(甲4)에서는 현재의 문언으로 바뀌었다: 意思表示ハ法律行為ノ要素ニ錯誤アリタルトキハ無効トス但表意者ニ重大ノ過失アリタルトキハ其表意者ハ其無効ヲ主張スルコトヲ得ス. 이에 대한 논의는 法典調査会民法主査会議事速記録第六巻, 日本学術振興会, 昭和12年(1937년), 110丁裏, 法典調査会総会議事速記録第五巻, 日本学術振興会, 昭和41年(1966년), 76丁表 참조.

않으므로 이에 그 규정을 두는 것은 불필요한 것으로 하였다. 다만 표의자에게 중대한 과실이 있는 경우에는 표의자 스스로 그 의사표시의 무효를 주장할 수 없는 것으로 하였다(독일민법 제1초안 제99조). 생각건대 손해배상인 것은 당사자로 충분하게 만족을 얻을 수 있게 할 수 없으므로 착오자에게 중대한 과실있는 경우에는 그 의사표시를 유효하다고 하는 것으로 충분히 그 상대방을 보호함으로 인하여 거래의 안전을 도모하는 것으로 하고자 한 것이다.124)

일본민법의 기초자는 불법행위로 인한 손해배상의 곤란을 대신하여 과실있는 착오자가 무효를 주장할 수 없게 하여 손해가 발생하지 않도록 하였고 이런 점에서 과실자로부터 선의의 상대방을 보호하는 것을 그 입법취지로 한다.

법률행위의 요소, 즉 넓은 의미를 가지고 하는 법률행위의 목적에 착오 있는 경우에는 그 의사 완전히 부존재(欠缺)한 것으로 하고 이른바 의사표시는 진실한 의사의 표시가 아니다. 그러므로 의사표시의 원칙에서 논하면 이 의사표시는 무효가 되지 않을 수 없다. 그러므로 이론상으로는 어떤 경우에도 법률상의 효력을 가지지 않는 것으로 하지 않을 수 없지만 표의자에게 중대한 과실 있는 경우에는 그 표의자는 불법행위의 통칙으로 인하여 그 의사표시의 무효인 것으로 인하여 발생하는 일체의 손해를 배상하지 않으면 안된다. 그런데 손해배상하는 것은 불확실한 표준으로 인하여 이를 정하는 것으로서 진실로 당사자로 충분한 배상을 얻게 하는 것 극히 어렵다. 그러므로 입법자는 실제의 편의를 고려하여 이 경우에는 손해를 발생하게 한 후 이를 배상하게 하는 것에 대신하여 그 손해의 원인인 의사표시의 무효는 과실 있는 표의자가 이를 대항할 수 없는 것으로 함으로 손해를 발생하게 하지 않는 것을 도모하였다. 그러나 의사표시의 당시에 상대방이 표의자의 착오에 빠진 것을 안 경우에는 본조 단서를 적용하여야 하는 한도에서는 그렇지 않다. 생각건대 본조 단서의 규정은 과실자에 대하여 선의의 상대방을 보호하는 것으로 한 것에 지나지 않는 것이기 때문이다. 다만 법조문에 이를 명언하지 않은 것은 혹은 결점이 되는 것인가?125)

이러한 점에서 독일민법 제2초안에서는 착오를 취소로 하고 이러한 착오자의 과실(중과실)을 묻지 아니하는 것으로 하고 이는 현행민법에서도 같다. 즉, 현행 독일민법은 착오의 취소의 효과를 중과실이나 경과실이나 모두 주장할 수 있어 그 취소를 인정하는 경우가 넓다. 이러한 경우에 상대방의 신뢰를 보호하기 위하여 독일법은 표의자의 신뢰이익의 배상책임을 착오자의 과실 여부를 묻지 아니하고 인정하고 있다. 이와 달리 우리 민법은 착오가 고려되기 위한 요건으로 표의자에게 중대한 과실이 없을 것을 요구함으로써 표의자의 신뢰이익 배상책임을 인정하지 않

124) 廣中俊雄編, 앞의 책, 543면; 저자 불명, 民法修正案理由書 第1-3編, 八尾新助, 1898, 84면 이하.
125) 梅謙次郎, 앞의 책, 226면 참조.

으면서 표의자와 상대방의 이익의 조화를 꾀하고 있다.

대상논문도 이러한 점을 인정한다.126) 민법 제109조 제1항 단서는 그것이 상대방 보호를 위한 것이므로 표의자가 비록 중과실로 착오에 빠져도 상대방이 그 착오를 인식하였다면 상대방을 더 비난하여야 하는 취지로 새기고 있다. 결국 상대방이 착오를 인식한 경우에 표의자는 그에게 중대한 과실이 있더라도 취소할 수 있다고 한다. 이런 점에서 우리 학설과 판례127)가 정밀하지는 못하나 문제되는 부분은 타당하다고 평가한다. 우리 민법은 착오의 취소효과를 규정한 점에서 현행독일민법의 태도를 취하고 있으나 중대한 과실의 부분은 독일 제1초안의 태도를 취한 것이다. 따라서 현행법의 태도는 중과실과 경과실을 구별하는 태도를 취한 것이라고 할 수 있고 이러한 대상논문의 태도는 이러한 입법과정의 해석과도 일치한다고 생각된다.128) 입법례로 보아 중대한 과실을 규정한 것은 상당히 이례적인데 이를 어떻게 해석할 것인지를 이를 착오법의 장래에도 유지할 것인지는 착오자와 표의자의 이익조정을 위한 고려요소를 어떻게 할 것인지와 관련되는 것이다.

Ⅴ. 착오의 효과와 착오자의 손해배상의무

1. 들어가며

착오의 효과에 대하여는 국내에서는 우리 법은 취소를 규정하고 있고 특히 착오자의 경과실의 경우에 착오자의 손해배상책임의 인정 여부와 관련하여 학설은 대립이 있다. 대상논문은 이러한 착오의 효과에 대한 자세한 소개와 함께 특히 손해배상책임을 인정하고 그 이론적 근거와 입법론으로 개정안도 제시하고 있다.

이하에서는 이러한 착오의 효과의 논의에 대하여 입법례로서의 무효와 취소, 취소의 효과로서의 상대방과 제3자에 대한 규정, 취소 후의 효과로서의 부당이득과 손해배상에 관하여 차례로 살펴본다.

2. 착오의 기본적 효과

착오에 의한 의사표시가 있는 경우에 착오자가 할 수 있는 기본적 효과에 대하여는 입법례

---

126) 송덕수, 앞의 논문, 92면.

127) 우리 학설은 상대방이 안 경우에는 중대한 과실이 없는 경우와 마찬가지로 취소할 수 없다는 적극설만 주장된다. 예를 들면 김기선, 앞의 책, 261면; 이영준, 앞의 책, 387면; 판례로는 대법원 1955. 11. 10. 선고 4288민상321 판결(대상논문에는 판결번호가 누락되어 있다).

128) 다만 손해배상의무와 관련하여 나중에 보는 것처럼 착오자의 과실 유무에도 이를 인정하는 것으로 하는 대상논문의 태도는 현행 독일법에 따른 것으로 우리 민법이 취하는 제1초안과는 맞지 않다고 할 수 있다.

에 따라 이를 무효로 하는 것과 취소로 하는 것으로 대립한다. 프랑스법계에서는 주로 무효로 하고 있고 독일과 독일법계에서는 주로 취소를 취한다.[129)][130)] 원래 독일민법 제1초안은 무효로 하고 있으나 제2초안은 취소로 변경하여 현행 독일법이 되었다.[131)] 일본민법은 2017년 개정으로 종래 무효로 하던 것을 취소로 입법전환을 하였다.[132)]

우리 민법은 의사표시가 법률행위의 내용의 중요부분에 대한 착오에 의하여 된 경우에는 표의자가 그 법률행위를 취소할 수 있다(제109조 제1항 본문)고 하여 취소의 입법례인 독일법에 따르고 있다. 표의자의 착오가 중대한 과실에 의한 것인 때에는 취소할 수 없고(제109조 제1항 단서) 그 법률행위는 유효하며 의사표시대로 효력이 발생한다.

착오자는 취소된 법률행위의 효과를 부정할 수 있을 뿐이고 이를 수정하지는 못한다.[133)][134)] 취소된 법률행위 대신에 취소자가 원하는 내용의 법률행위로 대신할 수 없다. 착오자의 의사에는 그에 해당하는 표시가 없고 계약에서 상대방의 승낙도 없기 때문이다.

취소로 일단 유효하게 성립되어 효력이 존재하던 법률행위는 소급적으로 무효가 된다.[135)] 취소할 수 있는 법률행위는 취소권자로서 착오로 의사표시를 한 사람이 한다(제140조).[136)][137)]

---

129) 중화민국민법, 만주민법은 취소로 하고 있고 중국 민법전(2020년)도 착오는 '중대한 오해'(제147조)로 하여 그 효과를 취소(撤销)로 한다. 조문내용은 다음과 같다: 第一百四十七条 基于重大误解实施的民事法律行为, 行为人有权请求人民法院或者仲裁机构予以撤销。

130) 스위스채무법은 취소라고 명시하지는 아니하고 '구속력이 없다'(비구속적)(스위스채무법 제23조: unverbindlich, n'oblige pas, non obbliga, n'è quel betg liant)(영어로는 not bound)라고 한다. 이 의미에 대하여는 학설이 대립하는데 특수한 형태의 취소에 불과하다고 보는 견해를 대상논문을 취한다. 스위스채무법 개정안에서도 같다.

131) 이 과정의 논의는 양창수, 앞의 책, 125면 이하에 자세하다.

132) 개정된 조문내용은 아래의 Ⅵ. 참조.

133) 이러한 점은 곽윤직/송덕수, 앞의 책(민법주해), 504면; 이영준, 앞의 책, 395면; 독일의 통설도 같다. 그러나 입법례(오스트리아민법)에 따라서는 비본질적 착오의 경우에는 수정을 인정하고 본질적 착오에는 취소 이외에도 학설, 판례는 수정도 인정한다.

134) 학설과 판례는 본질적인 행위내용의 착오의 경우에도 착오자에게 계약수정권을 인정한다. 우리 법에서는 계약의 수정권을 인정하지 아니한다.

135) 취소를 단독행위로 법률행위로 보는 것이 다수설이다. 예를 들면 곽윤직, 김재형, 앞의 책, 534면; 김증한, 앞의 책, 340면; 송덕수, 앞의 책, 437면; 이영준, 앞의 책, 722면; 김대정, 앞의 책, 1128면 등; 취소를 법률행위로 볼 수 없다는 견해로는 이은영, 앞의 책, 692면; 준법률행위인 의사의 통지로 보는 견해로는 윤형렬, 민법총칙, 제4판, 법영사, 2013, 712면.

136) 우리 민법은 '하자있는 의사표시를 한 자'(제140조)라고 하는데 이는 일본 명치민법(제120조), 만주민법(제134조)의 규정을 참조한 것이다. 민법안심의록, 일본민법 수정안이유서(제120조)에 따르면 '이 조는 기성법전 인사편 제72조 제1항과 제319조 제1항'을 병합한 것이라고 한다. 수정안이유서, 110면. 메이지민법은 착오의 효과를 무효로 하였으므로 하자있는 의사표시인 사기와 강박만 취소로 하였고 이에 따라 하자있는 의사표시로 규정하였다. 따라서 착오는 이에 포함하지 아니하였다. 그런데 우리 민법은 착오의 효과를 무효에서 취소로 전환하면서 취소권자의 규정에서는 이를 반영하지 못하고 일본의 민법을 답습한 것이다. 이는 '착오에 의한 의사표시와 하자 있는 의사표시'로 하였어야 한다. 이러한 것은 만주민법에서도 같다: 중화민국민법도 같다.

137) 2017년 일본민법(제120조)의 취소로 개정에 따라 법률행위의 취소권자도 착오에 의한 의사표시가 추가되었

명치민법은 일본 구민법 재산편(제319조)에서 그 앞 조문에서 인정되던 착오, 강박과 사기 및 무능력이라는 '하자' 있는 승낙을 부여한 사람에게 인정되는 취소소권(鎖除訴權)[138]에서 온 것이다.[139][140] 취소의 상대방에 의한 의사표시(제142조)는 소의 제기를 요하는 프랑스민법(2016년 개정 민법전 제1132조, 개정 전 제1304조)과 일본 구민법과 일방적 의사표시로 취소할 수 있는 독일민법(제143조)이 있다.

프랑스민법에서는 무효와 취소(rescision)의 소권에 대하여 규정하지만 여기서 착오의 의사표시는 여기서 말하는 취소가 아니라 무효소권에 의한다. 일본민법(제123조)에서는 독일민법의 태도를 따라 상대방에 대한 의사표시로 취소할 수 있다는 취소방법을 규정한다. 따라서 착오에 의한 의사표시(무효)는 여기에 포함되지 아니한다. 그런데 우리 민법은 이 일본법의 조문을 그대로 받아들였으나 착오에 의한 의사표시를 취소로 변경하였으므로 취소에 의한 의사표시에 관한 이 조문에 착오가 당연히 포함되게 된다. 결론적으로는 규정의 조문을 고치지 않으면서도 착오의 효과를 취소로 바꾸면서 일본과 달리 규율하게 된 것이다. 일본은 착오의 취소를 고려하지 않고 취소권의 행사방법만을 고려하여 바꾸었다.

다: 제120조 (취소권자) ① (제한행위능력자에 관한 것으로 조문은 생략) ② 착오, 사기 또는 강박으로 취소할 수 있는 행위는 하자 있는 의사표시를 한 사람이나 그 대리인 또는 승계인에 한하여 취소할 수 있다(錯誤´ 詐欺又は強迫によって取り消すことができる行為は´ 瑕疵ある意思表示をした者又はその代理人若しくは承継人に限り´ 取り消すことができる). 개정법에서는 착오로 취소할 수 있는 행위에 대하여 하자 있는 의사표시를 한 사람이 취소할 수 있다고 한다. 다만 개정 일본민법에서는 착오가 종래의 의사의 흠결(부존재)에서 사기, 강박과 같은 하자있는 의사표시로 변경되었다. 이러한 점은 착오의 취소권자뿐만 아니라 대리행위의 하자(제101조 제1항)를 개정 전의 '의사의 부존재, 사기, 강박'이라고 한 것에서 '의사의 부존재, 착오, 사기, 강박'이라고 하는 점에서도 나타나고 있다. 종래의 하자있는 의사표시는 사기와 강박으로만 한정하는 것이었는데 그 용어의 의미가 변경이 있는 것을 알 수 있다. 이와 달리 우리나라에서는 하자있는 의사표시는 사기, 강박에 의하고 착오는 포함하지 아니하는 것으로 본다. 대리행위의 하자(제116조)에서도 의사의 흠결과 사기 강박으로 하여 전자에 착오를 포함하게 하고 있다. 이러한 점을 고려하여 취소권자에 착오자를 2011년 민법개정으로 포함하였다. 종래에는 학설은 모두 하자있는 의사표시에 착오로 의사표시를 한 사람을 포함하여 해석하였다. 예를 들면 곽윤직, 앞의 책, 495면; 김증한, 앞의 책, 312면 등 이설 없는 통설이었다. 대상논문(230면)도 이러한 점에서 제140조에 '착오로 의사표시를 한 자'를 포함하는 개정안을 입법론으로 제시한다. 같은 개정취지로는 곽윤직, 민법개정론 –총칙편, 후암 민법논집, 박영사, 1991, 65면(서울대 법학, 제24권 제4호, 1983, 12, 22면. 착오를 하자있는 의사표시도 포함한다면 학자들의 언어관용을 바꾸어야 한다고 하기도 한다(182면 주 535)). 이런 점에서 일본민법에서는 하자있는 의사표시의 언어관용이 이미 바뀌었다고 해야 할 것이다. 우리 민법 제140조의 착오의 취소권자의 누락의 문제가 그대로 재현되고 있다고 할 수도 있으나 일본의 판례는 개정 전에도 착오도 하자 있는 의사표시로 보기도 하였다. 가령 最判昭和40年9月10日(民集19巻6号1512頁). 착오가 의사표시의 부존재(흠결)와 하자있는 의사표시의 어느 면에 해당하는가에 대하여 이제는 한국과 일본은 그 의미가 다른 점을 주의할 필요가 있다.

138) 원래 프랑스민법에서는 무효만 인정하고 취소는 예외적 구민법은 이를 일반화하여 鎖除訴權. 상대적 무효.

139) 이에 대하여는 민법수정안이유서 110면 참조.

140) 메이지민법(제120조)은 제2항에서 처가 한 행위는 남편도 취소할 수 있다고 하여 이러한 조문을 이어받았으나 후에 변경되었다.

3. 당사자의 관계

취소의 효과로 당사자 사이에서는 소급적 무효와 부당이득의 반환(원상회복)이 인정된다.

취소의 효과에 대한 입법례는 '무효로 보는 것'과 '수취한 것의 반환'을 정하는 것이 있다. 프랑스민법(제1312조)과 일본구민법(재산편 제52조)은 무능력자의 경우에 약정의 하자[141]의 경우에 '수취한 물건의 반환'이라고 한다. 독일민법은 '무효로 본다'고 한다. 스위스민법은 '이미 변제한 것의 반환이라고 한다(스위스 구채무법 제33조 제1항, 독일민법 제2초안 제113조).

우선 최소한 법률행위는 처음부터 무효인 것으로 본다(제141조). 소급효가 있다. 취소의 소급효는 취소권을 행사한 경우에 인정되는 것이 취소하지 않은 경우에는 법률행위는 여전히 유효하다. 따라서 취소권이 있는 채무자라도 취소하지 않으면 채권자에 대한 채무의 이행을 거절할 수 없다. 이른바 유동적 유효에 해당한다. 다음으로 법률행위가 취소되면 그 법률행위는 소급하여 무효가 되고 그 법률행위의 효력으로 발생한 채무도 소급적으로 소멸한다.[142] 따라서 아직 이행하지 아니한 채무의 급부는 이행할 필요가 없고 이미 이행한 채무의 급부는 부당이득으로 반환하여야 한다.[143]

우리 민법이 취소의 효과로 '무효의 의제'만 규정하는데 해제의 원상회복(제548조 제1항 본문)과 달리 소급적 무효 이외에 그 내용을 명확히 규정하지 아니하는데 이 조문의 계수와 입법과정을 살펴보면 부당이득(수취한 것의 반환)을 명확히 한 것을 알 수 있다.

---

141) 일본 구민법 재산편은 의사표시라는 개념을 사용하지 아니하고 합의를 사용하므로 '합의의 하자'(vice de consentement)라고 한다. 프랑스법에서는 engagement(약정)이라고 한다. 다만 일본 구민법의 일본어 번역은 이를 '승낙'(承諾ノ瑕疵)이라고 하는데 적확하지 않다.

142) 일본 구민법 재산편(제552조)은 미성년자의 경우에 성년자가 된 경우에 그 행위로 이미 수취한 모든 물건을 반환할 책임이 있다고 하여 무능력자만을 규정한다. 일본민법 제정과정에서 수정안이유서는 기성법전 제552조와 그 취지를 같이하는 것이지만 그 행위로 이미 수취한 물건을 반환할 것만 규정하였던 것을 이를 고쳐 광범위하게 취소한 행위는 처음부터 무효인 것으로 보아 수취한 것의 반환은 당연한 결과로 지당한 것이라고 생각하여 독일, 벨기에 민법초안에 따라 제121조와 같이 수정하였다고 한다. 수정안이유서 171면. 다만 일본구민법은 취소에 해당하는 鎖除가 재산편 미성년 이외에 사기강박도 있었는데 이를 고려하지는 못하였다. 참조한 조문은 다음과 같다: 벨기에민법초안 제1333조: ① 무효가 된 계약은 존재하지 않은 것으로 본다. ② 계약이 이행된 경우에는 당사자는 그들이 계약하기 전에 있었던 상태로 회복되어야 한다(Article 1333. [1] Le contrat annulé est censé n'avoir jamais existé. [2] Si le contrat a été exécuté, les parties doivent être remises dans l'état où elles étaient avant d'avoir contracté). 독일민법 제2초안 제113조 第百十三条 取消シ得ベキ法律行為カ取消サルヽトキハ法律行為ハ初ヨリ無効ト見做ス.; 변제의 반환의 효과에 대하여 스위스 구채무법과 달리 현행 스위스채무법(제31조)은 이에 해당하는 구절(A défaut de ratification, chacune des parties peut se faire restituer ce qu'elle a déjà payé)을 삭제하였다.

143) 다만 단서의 미성년자의 특칙에서는 '반환'이라는 대신에 '상환'이라는 용어를 사용하는데 입법과정에서 그 유래가 명확하지 아니하다. 이 단어는 명치민법의 법전조사회 초안(제123조)에서 처음 '상환'이라고 하여 그대로 확정된 것이다. 일본구민법(제552조)도 '반환'으로 하고 있고 참조한 입법례의 일본어 번역도 '반환' 등으로 하되 '상환'은 사용하지 아니하였다.

4. 제3자에 대한 관계

착오에 의한 의사표시의 취소는 선의의 제3자에게 대항하지 못한다(제109조 제2항).

'대항하지 못한다'는 것은 표의자의 착오취소의 효과인 법률행위의 무효를 제3자에게 주장하지 못한다는 것을 말한다. 착오에 의한 의사표시는 취소되어 무효가 되면 당사자 사이에서는 물론이고 제3자에 대하여도 무효인 것이 원칙이지만 선의의 제3자에게는 착오로 인한 의사표시의 무효를 주장할 수 없다. 따라서 선의의 제3자에 대한 관계에서는 취소의 의사표시도 그 표시된 대로 효력이 있게 된다.[144] 따라서 당사자 사이에서는 취소로 무효가 되지만 제3자와 관계에서는 그가 선의이면 유효가 된다.[145] 이와 같이 민법의 법률행위의 취소로 인한 무효의 효력을 선의의 제3자에게 대항하지 못하도록 규정한 이유는 착오로 인한 의사표시를 유효한 것으로 믿고 거래한 선의의 제3자를 보호하여 거래의 안전을 보호하기 위한 것이다.[146]

학설과 판례[147]는 여기서 말하는 제3자의 범위를 착오로 인한 의사표시의 당사자와 그 포괄승계인 이외의 모든 사람을 말하는 것이 아니라 당사자와 그 포괄승계인 이외의 자 중에서 착오에 의한 의사표시에 기한 법률행위를 기초로 하여 새로운 이해관계를 맺은 사람만을 말하는 것으로 제한하고 있다.

민법은 착오로 인한 의사표시 이외에 진의아닌 의사표시(제107조 제2항), 허위표시(제108조 제2항), 사기, 강박에 의한 의사표시(제110조 제3항), 계약의 해제(제548조 제1항 단서)에서 법률행

---

144) 대법원 1996. 4. 26. 선고 94다12074 판결.

145) 다만 학설은 대항의 의미를 유효로 보기는 하지만 선의의 제3자가 무효를 주장할 수는 없는가에 대하여는 학설은 대립한다. 다수설은 선의의 제3자는 이를 할 수 있다고 한다. 가령 곽윤직, 앞의 책, 408면; 장경학, 앞의 책, 474면; 김기선, 앞의 책, 252면; 김증한, 앞의 책, 247면; 김용한, 앞의 책, 322면; 최식, 앞의 책, 273면; 김현태, 앞의 책, 296면; 이근식, 민법강의(상), 법문사, 1980, 132면; 이태재, 앞의 책, 253면; 고상룡, 앞의 책, 456 이하, 김증한/황적인, 주석 민법총칙(하), 한국사법행정학회, 1979, 235면; 김대정, 앞의 책, 798면 이하. 의용민법시대의 판결도 그러하다. 조고판 17.10.9; 소수설은 선의의 제3자가 스스로 무효를 주장하는 것도 허용되지 않는다고 한다. 김주수, 앞의 책, 323; 김증한 김학동, 앞의 책, 335면; 명순구, 앞의 책, 404면; 이영준, 앞의 책, 388면; 대상논문의 저자는 다수설의 태도를 취하고 있다. 이러한 점은 곽윤직/송덕수, 앞의 책(민법주해), 377면.

146) 이에 대하여 의사표시에서 선의의 제3자에게 대항할 수 없다고 하는 규정은 프랑스민법(제1321조)으로부터 프랑스 학설, 판례가 선의의 제3자 보호로 거래의 안전을 보호하기 위하여 발전시킨 법리를 계수한 것으로 생각된다고 평가하기도 한다. 따라서 대부분의 우리 문헌은 독일법에는 이러한 규정이 없다고 한다. 그러나 이에 대하여는 취소의 의사표시와 관련하여 독일민법에서는 제142조 제2항에 의하여 취소가능성을 알았거나 알 수 있었던 사람은 취소의 의사표시가 있으면 그 법률행위의 무효를 알았거나 알 수 있었던 것과 동일하게 취급하여야 한다고 하여 무권행위가 취소로 무효가 되는 경우에 제3전득자가 공신의 원칙에 의하여 보호되는 것을 막으려는 규정이라는 점에서 우리 민법 제109조 제2항과 그 궤를 같이하는 것이라고 한다. 즉 부동산의 선의취득 이외에도 우리 민법 제109조 제2항이 적용되는 것과 동일하게 된다(제142조 제2항, 제986조). 이러한 점은 이영준, 앞의 책, 319, 366면. 필자로서는 해당 조문은 취소에 대하여 '악의 또는 과실 있는 선의'를 요하므로 '선의 무과실'을 요하는 우리 민법의 해석론과는 차이가 있다. 향후 독일민법의 해당 조문의 검토를 요한다.

147) 이러한 판시를 하는 것으로는 착오에 대한 것은 없고 허위표시에 대한 것으로 대법원 1983. 1. 18. 선고 82다594 판결 등.

위의 취소, 무효, 해제의 효력을 선의의 제3자에게 대항하지 못한다는 거래안전의 보호 규정을 두고 있다. 이러한 조문은 부동산물권에서 등기의 공신력을 인정하지 아니하고 물권행위의 유인성을 인정하여 채권행위가 무효, 취소, 해제로 효력을 잃고 그 물권행위 또는 물권의 변동도 그에 따라 당연히 무효가 된다고 하는 우리나라의 부동산물권에 관한 법률행위에서의 거래의 안전을 보호하는 제도로도 아주 중요한 기능을 하고 있다. 취소된 착오에 의한 법률행위의 취소로 무효가 된 의사표시에 의하여 부동산물권변동이 발생된 경우에는 계약(물권행위)과 그에 근거한 이전등기의 효력도 당연히 무효가 된다.

선의의 제3자의 보호규정은 일본민법에는 허위표시(제94조)에만 이 규정을 두던 것을[148] 의사표시의 불일치와 하자있는 의사표시 전체로 확대한 것이다.[149]

독일민법 제1초안은 의사표시에 따라 허위표시를 무효로 하였다(제96조 제1항). 이 무효는 표의자가 상대방뿐만 아니라 제3자에게 주장할 수 있는 절대적 효력이 인정되었는데 이는 제1초안이 등기의 공신력이 인정하였기 때문에 선의의 제3자를 보호하기 위한 규정을 따로 둘 필요가 없기 때문이었다(제832조).[150] 따라서 당사자가 상대방이나 제3자에게 주장할 수도 있고 제3자가 주장할 수도 있다. 독일민법 제2초안(제92조)의 제정과정에서는 허위표시와 관련하여 선의의 제3자의 보호규정에 대한 신설이 논의되기도 하였으나 이를 일반적인 법원칙으로 규정하지는 아니하는 것으로 하여 이를 두지는 아니하였고 이러한 태도는 현행 민법(제117조)도 같다. 다만 독일에서는 이러한 의사표시를 신뢰한 제3자를 신뢰한 선의의 제3자를 보호하여야 하는 것이 학설에서 논의되고 불법행위로 인한 손해배상청구권도 인정한다.[151]

프랑스민법에서는 허위표시에 관한 규정은 두지 아니하고 반대증서(contre=lettre)에 관한 규정(제1321조)을 기초로 학설, 판례가 허위표시(가장행위)(simulation)는 당사자 사이에서는 무효이지만 그 무효를 제3자에게 주장할 수는 없다고 하고 있다.[152] 그 외에 제3자에 대한 효과와

148) 중화민국민법(대만민법전)도 같다. 대만민법전은 비진의표시, 착오에 의한 의사표시, 사기, 강박에 의한 의사표시에는 이런 규정이 없다.

149) 이는 만주민법의 태도를 따른 것이다. 이러한 것에 대한 논의는 서희석, 앞의 논문, 81면 이하; 다만 만주민법이 왜 이렇게 하였는지는 만주민법의 입법취지를 나타내는 이유서가 없어 명확하지 아니하다. 필자도 수차례 일본과 중국의 만주에 해당한 곳에 문의와 자료검색을 하였으나 이유서는 아직 발견하지 못하였다. 다만 2017년 채권법개정으로 일본민법도 선의의 제3자에 대한 대항불능을 신설하였고 더 나아가 '선의이며 무과실'을 요건으로 한다.

150) 곽윤직/송덕수, 앞의 책(민법주해), 338면. Motive zum §96; Mugdan S. 458 f.

151) 우리 문헌이 독일에서는 등기의 공신력으로 해결된다고 하여 이러한 규정이 불필요하다고 하고 있으나 정작 독일에서 이러한 논의가 없고 또한 손해배상도 불법행위로 인한 배상책임을 인정하는 점을 주목할 필요가 있다. 이러한 점은 곽윤직/송덕수, 앞의 책, 337면 이하 참조; 다만 선의의 제3자 보호의 논의는 착오에 의한 의사표시에서는 언급이 없다.

152) 프랑스의 논의로는 Ghestin, no 281(contre-lettre). 우선 Alain Bénabent, *Droit des obligations*, 19e éd., 2021, LGDJ, Lextenso, n°s 305 et s.; Philipe Malaurie, Laurent Aynès, Philippe Stoffel-Munck, Droit des obligations, 11e éd., 2020, LGDJ, Lextenso, n°s 438 et s.; Pedro Saghy-Cadenas, *La Simulation de*

관련하여 프랑스법에서는 무효나 취소의 효력과 대항가능성이 별개로 고려되고 있다.

5. 취소기간

우리 민법은 취소권은 추인할 수 있는 날로부터 3년 내, 법률행위를 한 날로부터 10년 내에 행사하는 단기소멸시효를 인정하고 있다(제146조).

독일민법은 지체없이(제121조)로 하고 있다.[153] 스위스채무법은 사기, 강박과 착오를 동일하게 1년으로 규정한다(제31조).[154] 대상논문은 착오와 사기 강박의 차이를 들면서 이러한 독일민법의 태도를 지지한다.[155] 다만 이러한 규정이 없는 현상태에서는 가능한 범위에서 실효의 원칙을 적용하여 취소기간 내라도 취소권의 행사가 권리남용으로 허용되지 않는다고 한다.[156]

6. 취소한 취소자의 손해배상책임

(1) 대상논문의 내용

착오를 이유로 하여 한 의사표시가 취소의 요건(제109조)을 갖추어 표의자가 법률행위를 취소한 경우에 표의자는 상대방이 법률행위의 취소로 인한 손해를 상대방에게 배상하여야 하는가? 우리 민법은 이러한 착오자의 손해배상책임에 규정을 두고 있지 않다.

착오 있는 법률행위에서 상대방에게 책임이 없는 경우에 법률행위가 취소되어 불이익을 입을 수 있다. 취소로 무효가 된 법률행위가 유효하다고 믿은 상대방의 신뢰는 보호되어야 할 필요가 있다.

이에 대하여 우리 민법은 착오자에게 중대한 과실이 있는 경우에는 법률행위를 취소할 수 없으므로(제109조 제1항 단서) 법률행위가 유효하여 상대방의 신뢰는 보호된다. 그러나 착오자에게 중대한 과실이 있더라도 상대방이 중과실을 주장하지 않아 유효하게 취소된 때에는 경과실과 같이 보호의 필요가 있다.[157] 이와 달리 표의자에게 경과실이 있는 경우에 상대방의 신뢰는 어

Contra, Étude Comparée en droit civil français et Vénézuélien, Thèse de doctorat en droit, Université Panthéon-Assas, 2012. 3 등 참조.

153) 이는 취소에 관한 일반규정이 아니라 의사표시의 불일치 부분에서 개별규정만 두고 있다. 사기강박은 1년으로 하고(제124조 제1항) 착오나 사기강박의 최장기간은 10년(제121조 제2항, 제124조 제3항)으로 하였다. 2012년 채권법 개정으로 인하여 시효법이 개정 전에는 모두 30년이었다. 독일민법 제1초안에는 없던 것을 제2초안(제96조)과 현행법(제121조)에서 신설한 것이다.

154) 대상논문은 동일하게 규정하는 점에서 바람직하지 못하다고 한다. 186면. 대만민법도 1년으로 같게 규정한다.

155) 2017년 일본민법도 이러한 독일법과 같은 태도는 받아들이지 않고 다만 시효에 관한 규정의 개정으로 추인할 수 있는 때로부터 3년, 행위한 때로부터 10년으로 하여 시효소멸을 인정하여(제126조) 현행 우리 민법과 같은 규정으로 개정하였다.

156) 송덕수, 대상논문, 186, 188면.

157) 이영준, 앞의 책, 401면.

떻게 되는가?

입법례는 나뉘고 있다. 프랑스민법이나 프랑스법계의 국가는 이에 관한 규정을 두고 있지 아니하다. 이에 대하여 독일민법은 착오를 이유로 의사표시를 취소한 표의자는 상대방에게 무과실의 신뢰이익을 규정하고 있다(제122조).[158] 상대방이 법률행위의 유효를 믿었음으로 받은 손해를 배상할 책임이 있다. 우리 민법은 중대한 과실로 인한 표의자의 착오에 예외를 규정하고 있을 뿐이고 착오를 이유로 법률행위를 취소한 표의자의 배상책임에 대하여는 규정이 없다.

학설은 이러한 경과실의 경우의 손해배상책임의 인정 여부에 대하여는 긍정설과 부정설로 견해가 나뉜다.

긍정설은 다시 계약체결상의 과실책임을 인정하여 이를 인정하는 견해와 불법행위에 의한 불법행위책임을 인정하는 견해가 있다.

우선 착오자의 손해배상책임을 계약체결상의 과실책임을 유추적용하여 인정하는 견해이다. 원시적 불능을 목적으로 하는 계약에서의 계약체결상의 과실책임을 인정하고 있는 민법(제535조)의 규정을 유추적용하여 착오자의 신뢰이익의 배상책임을 인정할 수 있다고 하는 견해이다.[159] 2004년 우리 민법개정안에서도 이러한 취지에서 제109조의2를 신설할 것을 제안하고 있다.

다음으로 불법행위책임에 의한 인정설이 있다.[160] 표의자는 경과실에 의한 착오의 경우에는 법률행위를 취소할 수 있으나 불법행위에 관한 일반규정(제750조)에 의하여 착오 취소로 인하여 상대방이 입은 손해에 대한 배상책임 여부를 정하여야 한다고 한다. 이 견해에서는 판례가 착오에 의한 취소는 적법행위이므로 불법행위책임이 없다는 태도이지만 불법행위의 요건으로서의 위법성을 이처럼 형식적으로 이해하는 것은 의문이며 주의의무 위반인 과실로 인하여 타인에게

---

158) 독일민법은 의사표시가 무효(제118조), 취소(제119조, 제120조)된 경우에 이러한 손해배상책임을 인정한다. 이러한 배상책임은 계약체결상의 과실책임(개정 전)과 같이 신뢰이익을 배상하고 이행이익을 넘지 못하고 상대방이 무효나 취소의 원인을 알았거나 알 수 있었던 경우에는 배상의무를 배제한다. 특히 의사표시의 불일치나 하자있는 의사표시의 경우에 인정하고 있다; 스위스민법도 그러하다; 이외에 대만민법(중화민국민법) 제91조도 명문으로 이를 인정한다: 第91條 依第八十八條及第八十九條之規定撤銷意思表示時, 表意人對於信其意思表示為有效而受損害之相對人或第三人, 應負賠償責任。但其撤銷之原因, 受害人明知或可得而知者, 不在此限° 대만민법의 논의로는 陳自強, 臺灣民法契約錯誤法則之現代化, 月旦法學雜誌 2015. 4, 제239기, 106면 이하. 대만민법은 원시적 불능의 계약체결상의 과실책임뿐만 아니라 착오에 의한 의사표시, 무권대리 등의 계약체결상의 과실책임에 관한 규정을 독일민법을 계수하여 이를 규정한다. 착오에 의한 의사표시도 착오의 유형(제88조), 전달의 착오(제89조), 손해배상책임(제91조)으로 하고 있다. 다만 시효기간은 사기 강박과 같이 1년으로 하여(제90조, 제93조) 스위스채무법과 같은 태도이다.

159) 곽윤직, 앞의 책(1976), 374면 이하(그후의 판도 같다. 1998, 345); 곽윤직, 앞의 책(신수판), 345면; 김상용, 앞의 책, 1993, 561면(1998년 562면); 김주수, 앞의 책, 325면; 김현태, 신고채권법각론, 1975, 17면; 이은영, 앞의 책, 535면; 이영준, 앞의 책, 437면 이하; 장경학, 495; 황적인, 현대민법론I, 박영사, 1981, 198; 송덕수, 앞의 책, 305면; 같은 저자, 앞의 책(착오론), 227면 이하 등; 박지동, 신뢰이익배상책임에 관한 약간의 고찰, 법정논총(영남대), 제9집, 1977.8, 186; 지원림, 착오의 효과, 아주사회과학논총 제4호, 1990.12, 64면 이하.

160) 김대정, 앞의 책, 911면; 최흥섭, 우리 법에서 '계약체결상의 과실'책임의 문제점과 재구성, 민사법학 제11-121호, 1995, 263면 이하.

손해를 야기하였다는 실질적인 면에서 위법성의 본질을 구하여야 한다고 한다.[161] 또한 원시적 불능의 경우에 계약체결상의 과실책임을 규정한 것은 그 타당성이 매우 의문시되는 규정으로 삭제되어야 하는 것이고 원시적 불능을 이유로 법률행위가 무효인 경우에 한하여 적용되어야 하므로 착오로 인한 취소의 경우에 유추적용하여 신뢰이익의 배상을 인정하는 것은 유추해석의 한계를 넘는 것으로 허용될 수 없고 독일민법과 같은 특별규정이 없는 상황에서는 이를 유추적용하여 배상책임을 인정할 수 없다고 한다.

이에 대하여 부정설[162]은 우리 민법이 착오자의 손해배상책임을 부정한다고 보는 견해이다. 독일민법과 달리 우리 민법은 착오자를 보호하기 위하여 착오자의 손해배상책임을 부정하고 계약체결상의 과실책임도 부정하고 있다. 우리 민법 제정과정에서 배상의무를 인정하는 수정안이 부결된 것은 법률이 배상의무를 부정하려는 의사이고 따라서 해석으로 배상을 인정할 필요는 없다고 하기도 한다.

부정설의 또 다른 견해는 착오로 인한 취소를 배제하는 중대한 과실의 요건을 완화하여 착오에 의한 법률행위를 유효로 만들어 손해배상책임을 인정한 것과 같은 효과를 만든다. 즉, 착오에 관한 민법의 '중대한 과실'을 유연하게 해석하여 경과실도 이에 준한다고 해석하여 계약체결상의 과실책임에 관한 제535조의 유추적용은 불필요하다고 하는 견해이다.[163]

판례는 부정설을 취하고 있다. 즉, 전문건설공제조합이 계약보증서를 발급하면서 조합원이 수급할 공사의 실제도급액을 확인하지 아니한 과실이 있다고 하더라도 제109조에서 중대한 과실이 없는 착오로 의사표시의 취소를 허용하고 있는 이상 전문건설공제조합이 과실로 착오에 빠져 계약보증서를 발급한 것이나 그 착오를 이유로 보증계약을 취소한 것은 위법하다고 할 수 없다고 하여 착오자의 불법행위책임의 성립을 부정한다.[164] 이 판결에서는 불법행위로 인한 손해

---

161) 이외에 계약체결상의 과실책임을 유추적용하더라도 그 법적 성질을 불법행위책임으로 인정하는 견해에서도 이를 취하게 될 것이다.

162) 김용담/전하은, 주석민법, 채권각칙1, 제4판, 한국사법행정학회, 2016, 193면; 김증한, 안이준, 채권각론(상), 46면은 착오를 이유로 취소하는 자에게 상대방에게 신뢰이익배상을 하는 책임을 과하는 것은 -착오자에게 경과실이 있는 경우에도- 해석으로는 좀 무리일 것이라고 한다. 김증한 김학동, 앞의 책, 351면; 김용진, 앞의 책, 215면: 중대한 과실있는 표의자에 대하여 논한다; 이영섭, 신민법총칙, 박영사, 1959, 314면(1968, 314면): 독일민법은 지나치게 표시주의에 치우친 느낌이 들어 타당하지 않고 우리 민법은 절충적인 태도로 타당하다; 방순원, 신민법총칙, 한일문화사, 1959, 207면: 상대방에 대한 손해전보는 일반불법행위 또는 부당이득의 이론으로 해결하고자 한 태도라고 할 수 있다. 최식, 신채권법각론, 박영사, 1961, 281면은 손해배상의무를 지지 않지만 인정한 독일민법이 낫다고 한다: 정범석, 민법총칙, 200면; 김성욱, 우리 민법 민법의 약간 연구, 재산법연구 제37권 제1호, 2021, 134면; 판례의 태도와 같이 위법성을 인정하지 아니한다.

163) 고상용, 앞의 책, 433면 이하, 특히 448면.

164) 현재까지 이를 명시적으로 판시한 것은 대법원 1997. 8. 22. 선고 97다13023 판결이 유일하다; 이 판결에 대한 평석으로는 엄동섭, 착오자의 과실과 손해배상책임, 민사판례연구(21), 1999. 7, 31면 이하; 이기광, 착오에 의한 취소와 손해배상책임, 재판과 판례(대구판례연구회), 제10집, 2001. 12, 107면 이하; 이러한 불법행위의 성립을 부정한 판결에 대하여 대법원이 계약체결상의 과실까지 인정하지 않을지는 미지수라고 대상논

배상책임이 성립하기 위하여는 가해자의 고의 또는 과실 이외에 행위의 위법성이 요구되므로 과실이 있더라도 중과실이 없는 착오자의 착오를 이유로 의사표시의 취소를 허용하므로 취소가 위법하다고 할 수 없다고 한다.

이러한 학설과 판례에 대하여 대상논문은 착오자의 손해배상 인정설을 취하고 그 근거는 계약체결상의 과실책임으로 상대방에 대한 손해배상을 인정한다.165)

이 대상논문의 분석에 의하면 학설은 초기에는 해석론으로166) 손해배상책임의 인정에 소극적이었으나 그후 계약체결상의 과실을 이유로 손해배상을 인정하여야 한다는 견해가 주장되었고 그후 여러 학자도 이에 따랐고 대상논문의 저자도 이러한 견해를 대상논문 이후에 일관되게 주장하고 있다. 이와 달리 불법행위책임을 인정하는 견해나 아예 배상책임을 반대하는 견해도 주장되고 있다.167)

이에 따르면 민법(제535조)에서는 원시적 불능의 경우에만 계약체결상의 과실을 규정하고 있으나 이는 일반적으로 인정되어야 한다고 한다. 그리하여 과실로 착오에 빠져 의사표시를 한 사람이 법률행위를 취소한 경우에도 이를 유추하여 신뢰이익의 배상책임을 인정하여야 한다. 이렇게 하면 다른 한편으로 표의자의 취소에 제한을 가하는 역할도 한다. 따라서 우리 민법상 표의자가 경과실에 의하여 착오에 빠지고 후에 착오를 이유로 법률행위를 취소한 때에는 표의자는 상대방에게 법률행위가 유효하다고 믿어서 받은 손해(신뢰이익)를 배상하여야 한다. 그러나 상대방이 착오를 알았거나 알 수 있었을 경우에는 착오자에게 과실이 있다고 하더라도 상대방의 신뢰가 보호될 필요가 없으므로 표의자는 배상책임이 없다(민법 제535조의 유추).168) 그러나 배상책임의 근거를 계약체결상의 과실에서 구하면 착오자에게 과실이 없는 경우만은 배상책임을 인정할 수 없다.

대상논문은 이러한 것을 기초로 하면서 더 나아가 입법론으로 개정안을 제시하기도 한다.

우리 민법 제정 당시에 신설주장에도 이를 두지 않는 것은 입법자가 착오자가 중대한 과실이 있는 때에 취소를 배제하는 방법으로 착오자와 상대방의 이익을 조절하면 족하다고 생각한 것으로 생각되는데 이는 잘못이라고 한다. 우선 착오의 경우에는 다른 취소나 의사표시의 불일

문의 저자는 평가하기도 한다. 송덕수, 앞의 논문, 199면; 다만 판례가 이를 인정하더라도 그 근거는 일관되게 불법행위책임으로 보므로 오히려 불법행위책임으로 인정될 가능성이 있다.

165) 대상논문의 저자의 태도이다. 같은 저자, 착오자의 손해배상책임, 황적인 화갑기념논문집, 박영사, 1990. 10, 3-8면 등.

166) 입법론으로는 타당하다는 견해도 초기에 있었다.

167) 대상논문이 나올 때까지의 중요한 입법례의 분석에 대하여는 송덕수, 앞의 논문(황적인 화갑기념), 3-8면; 같은 저자, 흠있는 의사표시 연구, 이화여대 법학연구소, 2001, 75면 이하도 참조.

168) 이런 점에서 착오를 이유로 한 취소의 요건에 상대방의 인식가능성을 추가하면서도 착오한 표의자의 배상책임을 인정하는 견해는 타당하지 않고 적어도 손해배상책임에서는 의미가 없다고 비판한다. 이러한 견해로는 장경학, 앞의 책, 492면 이하; 김주수, 앞의 책, 323면 이하.

치와 달리 상대방의 신뢰보호가 고려되어야 한다고 한다. 다음으로 착오자의 착오를 알지도 못했고 알 수도 없었던 상대방의 신뢰는 보호되어야 하는데 과실이 있는 경우에는 계약체결상의 과실책임으로 선의, 무과실의 상대방은 보호될 수 있지만 착오자나 상대방 모두에게 과실이 없는 경우에 위험분배의 면에서 착오발생은 착오자의 영역에 속하므로 상대방이 보호되어야 한다. 이에 따라 착오자에게 과실이 없더라도 선의, 무과실의 상대방은 보호되어야 하고 착오를 이유로 한 취소의 경우에 현행법에서는[169] 선의이며 과실없는 상대방의 보호를 위한 착오자의 무과실 배상책임의 조항신설을 제안하고 있다.[170] 이는 종래의 학설이 착오자의 배상책임의 인정을 하더라도 계약체결상의 '과실' 책임에 머물던 것을 한발 더 나가 입법론으로는 '무과실' 책임까지 인정하는 것으로 하여 상대방의 신뢰책임을 끝까지 관철하고자 하는 것을 알 수 있다.

제안조문은 다음과 같다.[171]

> 제109조의2 ① 전 조에 의하여 의사표시를 취소한 자는 상대방이 그 의사표시의 유효함을 믿었기 때문에 받은 손해를 배상하여야 한다. 그러나 손해액은 의사표시가 유효한 경우에 생길 이익액을 넘지 못한다.
> ② 전항의 규정은 상대방이이 표의자의 착오를 알았거나 알 수 있었을 경우에는 적용하지 아니한다.

(2) 소결(분석과 평가)

경과실이 있는 착오자의 손해배상책임을 인정할 것인가에 대하여 대상논문을 포함한 학설과 판례에 대하여는 다음과 같이 분석해볼 수 있다.

비교법적으로 착오자의 손해배상책임을 인정한 독일민법의 제정과정이나 이에 대한 명문규정이 없는 일본 명치민법과 우리 민법 제정 당시의 입법례에서는 독일민법과 독일법계의 입법례인 스위스법에서 이를 적극적으로 인정하였고 그 근거도 계약체결상의 과실책임으로 착오로 인한 취소의 의사표시 자체에 특별규정을 두었다. 다만 이를 인정하지 않은 입법도 있고 프랑스민

---

169) 다만 입법론이나 해석론으로 착오를 이유로 한 취소를 상대방이 인식할 수 있는 경우에만 허용된다고 하는 경우에는 그 방법으로 보호할 수 있으므로 이러한 규정은 불필요하게 된다고 한다.

170) 후술하는 것과 같이 2004년 개정안은 '착오를 알 수 있었던 경우'(경과실)만 배상책임을 인정한다: 제109조의2 ① 의사표시를 취소한 자는 … 그 착오를 알 수 있었던 경우에 … 배상하여야 한다.

171) 이와 유사한 입법제안으로는 곽윤직, 민법개정론 -총칙편, 법학(서울대), 제24권 제4호, 1983. 12, 22면. 제2항은 없고 제1항을 제109조 제3항으로 하여야 한다고 하여 착오자의 무과실책임을 인정한 점은 같다. 악의이거나 과실있는 선의인 상대방은 보호할 필요가 없으므로 제2항도 필요하고 양자를 아우를 수 있는 것은 독일민법처럼 독립된 조항으로 함이 바람직하다고 한다. 다만 독일에서처럼 하더라도 무효나 취소의 그 밖의 경우에도 포함하여 배상책임을 인정하므로 이 개정안에 의하여도 다른 경우의 포함여부는 검토가 필요하다; 같은 저자, 흠있는 의사표시연구, 104면도 참조.

법과 프랑스법계에서는 이를 인정하지 않는 경우가 많다.[172)]

일본민법전에서도 명치민법에 관한 조문과는 완전히 다른 내용으로 개정을 하고 있다.

이와 달리 우리 민법이 참조한 같은 내용의 조문인 일본 명치민법의 제정과정에서 기초자의 의사는 중대한 과실에 의한 착오자의 취소권을 인정하지 않은 것은 손해배상책임('강한 의미의 손해배상책임')을 인정하고자 한 것이었고 경과실이 있는 경우에는 착오를 이유로 법률행위를 취소할 수 있으나 이 경우에 일반 불법행위 책임요건에 따라 손해배상책임을 부담해야 한다는 것이었다. 또한 불법행위로 할 경우에는 이를 특별히 규정하지 아니하여도 일반 불법행위의 법리를 적용하여 처리하면 된다고 하여 불법행위법에 의한 규율을 의도하고 있다. 이런 점에서 이 규정과 같은 내용을 그대로 따른 우리 민법의 규정의 입법취지도 이를 반영해야 할 것이다.

다음으로 독일민법의 계약체결상의 과실책임을 유추적용하여 이를 인정하는 인정설은 원래의 독일민법의 계약체결상의 과실책임 자체가 2001년 독일민법개정으로 이 조항이 삭제되었고 원시적 불능인 경우에는 유효가 되었다. 따라서 이러한 규정을 따른 제535조의 근거가 없어졌으므로 이를 유추적용할 근거도 없다고 할 수 있다. 물론 독일민법에서 원시적 불능에 대한 계약체결상의 과실책임은 삭제되었지만 착오 취소나 그 밖의 취소와 의사표시의 불일치와 하자있는 의사표시의 여러 경우에 무효, 취소의 배상책임을 근거로 한 조항은 존속되고 있다. 다만 우리 민법은 이러한 조항이 없고 원래 원시적 불능의 계약체결상의 과실책임 이외에 특별규정을 둔 점에 비추어 개별적인 경우에 계약체결상의 과실책임은 특별규정이 있어야 한다고 할 수 있다. 또한 우리 법의 학설과 판례에서도 계약체결상의 과실책임이 인정되는 경우에도 여전히 불법행위책임설과 계약책임설 및 계약책임설에 준하는 책임설도 학설이 대립하고 있고 판례는 이러한 경우에 불법행위 규정(제750조)에 의하여 처리하고 있으므로 착오자의 배상책임은 불법행위로 규율하는 것이 타당하다고 할 수 있다. 불법행위책임으로 할 경우에는 이를 특별히 규정하지 아니하여도 일반 불법행위책임의 규정으로 처리할 수 있다. 프랑스민법이나 프랑스법계에서 이러한 경우에 손해배상책임에 대한 규정을 두지 않는 것도 이러한 취지라고 할 수 있다. 또한 우리 판례와 같이 불법행위책임으로 하면서 경과실이 있는 경우에 취소할 수 있으므로 당연히 적법행위가 된다고 할 수 있으나 상대방 보호의 관점에서 역시 취소를 한 착오자의 과실로 인한 상대방의 손해는 주의의무 위반으로 위법하다고 볼 수도 있을 것이다. 최근의 입법례, 특히 유럽의 민사법 통일 작업에서는 이러한 착오자의 사정과 상대방의 사정을 비교형량하는 쪽을 규정을 두고 있고 2009-2013년의 우리 민법개정안도 이러한 태도를 취하고 있다. 대상논문이 현행법에 규정이 없는 경우에 신뢰에 잘못이 없는 상대방의 신뢰를 보호하기 위하여 적극적으로 이를 인정하려고 하였고 당시의 최신 여러 입법례가 주로 손해배상책임을 인정한 점에서는 바른 태도이었으나 오

172) 최근 유럽통일 민사법의 작업결과에서는 이를 인정한 것도 있고 인정하지 않은 것도 있다.

늘날에는 이러한 점에서 여러 변화된 요소를 더 반영하는 것이 타당할 것이다.

이러한 착오자의 취소로 인한 손해배상책임은 독일 민법의 특수한 이론인 계약체결상의 과실책임의 하나로서 인정된 것이다. 우리나라에서도 이 이론은 원시적 불능인 계약에 대하여 개정 전의 독일민법(제307조)을 본받아 제535조를 두고 있다. 우리 민법에서는 계약이 유효하였다면 급부를 하였어야 할 사람이 그 불능을 알았거나 알 수 있었어야 한다. 즉, 배상의무자가 고의 또는 과실이 있어야 하고, 선의 또는 무과실인 경우에는 책임이 없다.

이에 따라 대상논문은 본 조의 개정안으로 독일과 같은 규정의 신설을 주장한다.

견해에 따라서는 독일의 계약체결상의 과실책임이 인정되는 경우를 착오, 원시적 불능, 무권대리, 청약의 철회(구속력) 중에서 우리 민법이 고려하지 않은 것은 취소뿐이고 배상의무에 대하여 규정을 두지 않은 것은 입법적 과오라고 한다. 곽윤직, 앞의 책, 64면. 과연 그러한가? 이 논문은 더 나아가 이 기회에 명문의 규정을 두어 문제를 깨끗이 해결하는 것이 가장 적절하고도 타당하다고 한다. 그에 따라 민법 제109조의 제3항의 신설을 주장한다. 대상논문의 개정안 제109조의2 제1항과 같다. 문제는 이 조문이 독일민법의 조문을 참조하여 '전 항(대상논문은 전조)에 의하여 의사표시를 취소한 자는 … 손해를 배상하여야 한다'고 하여 '무과실책임'을 인정한다. 문제는 계약체결상의 과실책임을 명문으로 인정한 우리 민법(제535조)은 이를 과실책임으로 하고 있다. 이는 독일민법의 제1초안(제99조 제2항)은 계약체결상의 과실책임에 충실하여 손해배상책임을 과실책임으로 하였던 것을 제2초안은 이를 착오자의 과실을 묻지 아니하는 무과실책임을 채택하였고 현행 독일민법(제122조)도 그러하다. 따라서 우리 민법에서의 원시적 불능에서의 계약체결상의 과실책임의 과실책임과 신설을 주장하는 책임은 무과실책임으로 양자가 일치하지 아니한다. 따라서 적어도 과실책임주의를 취하거나 아니면 제535조를 개정하여야 할 것이다. 우리 민법에서 착오를 이유로 한 선의이며 과실 없는 상대방의 보호를 위하여 선의이며 과실 없는 착오자의 배상책임을 인정하는 것은 계약체결상의 과실책임을 근거로 할 때 타당하지 않다.

입법론이 아닌 해석론으로서 대상논문[173)]은 착오자에게 경과실이 있는 경우에 민법 제535조의 원시적 불능의 경우에서의 계약체결상의 과실책임을 일반적으로 인정할 것을 주장한다. 그리하여 과실로 착오에 빠져 의사표시를 한 사람이 법률행위를 취소한 경우에도 제535조를 유추하여 신뢰이익의 배상책임을 인정하여야 한다.[174)] 이렇게 새기면 표의자의 취소에 제한을 가하

173) 이하의 서술은 송덕수, 대상논문, 204면 이하.

174) 독일에서도 착오자의 손해배상책임(무과실책임)을 인정하는 제122조에도 불구하고 계약체결상의 과실책임은 청구권의 기초를 달리하므로 병존할 수 있다고 한다. 그렇다면 제122조는 어떤 이유에서 이러한 책임을 두는 것인가를 고려하여야 한다. 이에 대하여 학설의 대다수는 이를 원인주의(Verlassungsprinzip)를 규정한 것이라고 하고 경우에 따라서는 계약체결상의 과실책임이라고 하기도 한다. 이러한 점은 송덕수, 대상논문, 203면, 주 586. 과연 이러한 책임을 병존하여야 하는가는 의문이다.

는 작용도 한다. 다만 배상책임의 근거를 계약체결상의 과실에서 구하면 착오자에게 과실이 없는 경우에는 배상책임을 인정할 수 없다고 한다.

문제는 우리 민법에는 착오에 대하여 배상책임의 규정이 없고 원시적 불능의 무효를 기초로 한 계약체결상의 과실책임을 유추적용하여 이를 인정한다. 그런데 이러한 원시적 불능의 경우에 계약체결상의 과실책임을 규정했던 독일민법(제307조)은 2012년 독일민법개정으로 삭제되었고 원시적 불능도 이제는 무효가 아닌 유효로 되었다. 그렇다면 우리 민법 제535조도 무효가 아닌 유효가 아닌지 검토되어야 한다.[175] 결국 원시적 불능이 유효로 계약체결상의 과실책임이 부정된다면 이를 유추적용하는 것도 불가능하게 되고 독자적인 책임의 성립도 할 수 없게 된다.

이러한 계약체결상의 과실책임에 관하여 현행 독일민법(무과실책임)이나 원시적 불능의 무효를 기초로 한 계약체결상의 과실책임도 독일민법개정으로 인정되기 어렵고 그렇다면 계약체결상의 과실책임의 유추적용을 주장하는 학설이나 독일민법을 참조로 한 개정안도 독일민법으로 변화된 입법환경에서는 재검토가 필요하다. 이러한 점은 아직 국내에서는 전혀 문제제기도 되지 않은 것이다. 또한 입법적 과오라고 하는 것이 오히려 현명한 선택이 될 수도 있고 과연 어떤 내용으로 규정되어야 하는가도 다시 생각해보야야 하고 현행 독일법을 참조한 입법론[176]이 문제를 깨끗하게 해결하지 못하게 된다.

다음으로 우리 입법자는 이러한 손해배상책임에 관하여 알고 있었고 제안된 것을 명시적으로 받아들이지 않았다.

이런 경우에 문제해결은 어떻게 될까? 이에 대하여 우리 민법이 원래 참조한 일본민법의 기초자는 이러한 손해배상책임을 불법행위의 일반원칙으로 이를 해결하고자 하였다. 일본구민법의 기초자도 프랑스민법의 영향을 받아 프랑스민법과 같이 이를 불법행위로 규율하고자 하였다.[177]

경과실에만 착오를 인정하면서 손해배상책임을 불법행위책임으로 인정하는 것이 변화된 입법례(독일민법의 개정)와 우리 민법규정의 독자성(불법행위법의 일반규정)을 살리는 길이다. 표의자

---

175) 필자의 조사로는 원시적 불능의 무효로 인한 계약체결상의 과실책임을 규정한 입법례는 독일민법(제307조), 중화민국민법(대만민법전)과 우리 민법(제535조)이 유일하고 모두 독일민법을 취한 것이다. 그런데 독일민법이 삭제(원시적 불능계약의 유효로 변경)되었고 그렇다면 나머지 계수를 받은 국가의 민법전의 규정도 같은 검토가 있어야 한다. 이른바 계수를 받은 국가의 법(子法)이 계수를 한 국가(母法)의 영향을 계수 후에도 재계수 또는 계속 계수하여야 하는가의 문제에 직면하는 것이다.

176) 원시적 불능의 무효로 인한 손해배상에 관한 조문(제307조)은 삭제되었지만 착오를 이유로 한 조문(제122조)은 유지되고 있다. 다만 우리 민법은 이러한 규정이 없는 것이고 제122조를 적용하려면 무과실의 입법으로 하여 종래의 계약체결사의 과실책임보다 더 엄격한 책임의 근거가 필요하다.

177) 이는 계약체결상의 과실책임이 계약책임이나 독자적 책임으로 인정한 것이 불법행위법의 규정의 문제로 인한 해결을 모색하기 위하여 나온 것이라는 것과 우리 민법은 프랑스민법과 같이 일반규정을 두고 있으므로 불법행위책임으로 해결하면 된다는 계약체결상의 과실책임의 법적 성질을 불법행위책임설로 보는 견해에 해당하는 것이다.

의 취소를 제한하는 기능도 과실이 있는 경우에 불법행위책임으로 인정하면 될 것이다.

Ⅵ. 착오에 관한 민법개정(입법론)

1. 들어가며

착오에 관한 논의는 2004년과 2009-2013년의 민법개정작업을 통하여 그 논의가 종래의 논의를 기초로 하면서도 그와 다른 새로운 논의가 시도되기도 하였다. 이는 새롭게 등장한 유럽의 민사법통일 작업의 결과물의 결과를 적극적으로 반영하기도 하여 이를 둘러싸고 착오에 관한 논의가 활발히 제기되었다. 특히 종래에 단편적으로만 고려되었던 착오자와 표의자의 이해관계의 조정, 특히 착오자 측의 요소와 상대방의 요소에 대한 적극적 반영이 특징이라고 할 수 있다.

이하에서는 이러한 새로운 관점의 변화를 염두에 두면서 착오에서 새롭게 고려되어야 할 요소를 정리(2.)해보고 이에서 민법개정작업에서의 논의(3-5.)를 살펴보고자 한다. 또한 이러한 논의가 구체적으로 입법화된 것으로는 일본민법의 개정[178]이므로 이것도 간단하게 언급한다(6.).

2. 착오법에서의 고려요소

착오로 인한 취소는 착오로 취소하려는 착오자(표의자)와 이를 신뢰한 상대방의 이해관계의 조정이 특히 중요하다. 종래의 착오론에서도 표의자의 취소에 대한 상대방의 신뢰의 보호를 위한 고려가 있기도 하였다. 이러한 착오자 측의 사정과 상대방 측의 사정에 대한 착오취소의 고려요소로의 편입은 우리 민법개정작업 중에 본격적으로 논의되었다.[179]

현행 민법은 착오에 의한 의사표시의 효과로 취소를 인정하고 이러한 취소가 인정(고려)되는 착오는 ① 법률행위의 내용의 중요부분과 ② 표의자의 중과실이 없을 것이라는 2가지 요소를 통하여 착오에서 발생하는 불이익(위험)을 표의자(착오자)와 그 상대방 사이에서 적절하게 배분하고 있다. 착오자는 자기에게 중과실이 없으면 무효가 아닌 취소를 통하여 법률행위나 계약에서 벗어날 수 있고 이러한 경우에 발생할 수 있는 상대방의 이익(신뢰)이 보호될 필요가 있다. 이에 대하여 경과실에 의한 착오와 손해배상의무, 상대방의 인식가능성의 고려나 동기의 착오의 통상의 착오로의 편입 등이 모두 이러한 것을 고려한 것이다. 다만 이는 착오법의 체계에서 예외적이거나 제한적으로만 반영되었다. 대상논문에서도 주로 착오의 요건을 통한 취소의 인정과 그에

178) 필자가 조사한 여러 입법례의 최근 개정에서 국내법으로는 이러한 요소가 적극적으로 반영되지는 아니하였는데 일본법이 이를 받아들였다. 이에 따라 종래 우리 민법과 일본민법의 유사성은 이제는 없게 되었다.
179) 가. 착오에 의한 의사표시 입법론 일반

따른 손해배상의무로 이를 조정하였다.

이러한 착오규정에서 민법개정이라는 입법론에서 고려되어야 할 사항은 다음과 같은 것이 고려될 수 있다.[180] 이러한 사항에서 최근의 여러 입법례를 참조하면서 이러한 점에서 어느 것이 강조하여 취사선택하여야 하는가는 입법정책의 문제이기는 하지만 우리 현행법의 규정을 기초로 하는 논의와 이를 넘어 입법론으로의 논의가 전개될 수 있다.[181]

(1) 취소의 요건을 개별적, 구체적으로 열거할 것인가?

이러한 요소는 현행법의 아주 단순하게 일반화 또는 추상화한 개념인 '법률행위의 내용의 중요부분'을 어떻게 구체적으로 유형화할 것인가라는 문제로 귀결된다. 이는 결국 판례를 통하여 유형화되어야 할 것이지만 예견가능성을 위하여는 법원의 자의적 판단을 최소화할 필요가 있기 때문이다. 이는 일반화되고 추상화된 개념으로 판례에서 탄력성을 얻을 수 있지만 그 반면에 그로 인한 불확실성을 줄이고 이론적 체계성이나 일관성을 위하여 학설의 유형화 작업도 필요할 것이다. 특히 이러한 유형화 작업에서 현실적으로 발생되는 여러 사정을 통하여 개별적이고 구체적으로 열거하는 것이 일반인에게 이해하기 더 알기 쉬울 것이다.

입법례의 규정을 나누어 보면[182] ① 착오의 대상이 되는 사항이나 내용(유형)을 한정하거나 예시하고 그러한 착오에 효력을 부정하는 것 ② 의사표시의 내용을 고려하여 내용의 착오와 동기의 착오로 나누는 것 ③ 착오를 본질적인 것과 비본질적인 것으로 나누는 것 ④ 상대방에게 있는 사유로 그 착오의 효력을 부정하는 것 등이 있다.

대상논문에서는 이러한 점에서 현행법의 해석론을 기초로 하여 착오의 요건을 중심으로 하므로 우리 법의 일반규정의 유형화를 중심으로 논의를 한다.

(2) 착오취소를 위하여 표의자의 사정 이외에 상대방의 사정 등도 고려할 것인가?

표의자 쪽의 사정으로는 법률행위의 내용의 중요부분의 요건과 관련하여 이를 어떻게 판단한 것인가와 관련하여 학설은 다수가 객관적 현저성과 주관적 인과관계의 이중요건을 인정한다. 또한 현행법이 말하는 중요부분의 '중요성'이라는 개념은 입법례에 따라서는 그 문언은 다양하

---

180) 기본적으로는 지원림, 민법개정과 착오법리, 재산법연구, 2009를 참조하여 필자가 앞의 논의를 가미한 것이다.

181) 이와 관련하여 우리 착오법에 관하여 다음과 같은 흥미로운 평가가 있다: 우리 민법의 착오규정이 지나치게 단순하여 거의 백지규정에 가까운데 그 이유의 일단이 있지 않은가 하는 생각도 든다. 즉, 민법(제109조 제1항 본문)은 착오가 '법률행위의 내용의 중요부분'에 관한 것일 때에 취소권의 발생을 인정하는데 도대체 어떠한 사항을 두고 그것이 '중요한 것인지 아닌지를 판단하는 객관적 기준을 정하기는 지난하거나 불가능한 일이다. 위 규정의 의미 내용은 단지 착오를 이유로 하는 취소권의 발생을 제한적으로만 인정된다는 것에 그칠 뿐이라고 하면 지나친 말일까? 그러므로 착오법의 형성은 결국 학설과 판례에 맡겨진 것이라고 할 수 있을 것이다. 양창수, 주채무자의 신용에 관한 보증인의 착오, 민사판례연구 제11집, 1989; 같은 저자, 앞의 책(민법연구 제2권), 25면 이하(밑줄은 필자가 그은 것이고 일부 문구는 수정하였다).

182) 이러한 분류는 양창수, 앞의 책, 26면 각주 13을 참조하였다. 이외에 일본 메이지민법 제정 당시에도 이미 이러한 유형을 제시하기도 한다.

다. 예를 들면 '본질성'(Wesentlichkeit, 프랑스법의 substance), '주된 것'(Hauptsache)이나 '중대성', '필수성', 근본성(fundamentallity)이라고 하기도 한다. 또한 중요부분과 관련해서도 그 대상이 그 내용, 행위 이외에 성질(성상) 등 어느 것으로 할 것인지도 고려되어야 한다. 또한 표의자의 중대한 과실에 의한 착오취소의 배제 이외에도 자발적 위험부담을 한 경우나 합의가 있는 경우, 착오로 표의자에게 유리하게 된 경우 등도 고려될 수 있을 것이다. 특히 현행법이 근본적으로 경과실이 아닌 중과실을 둔 입법취지도 고려될 필요가 있고 그 반대해석으로 '경과실'의 처리가 문제될 수 있다.

이와 함께 의사표시의 상대방 쪽의 고려요소로는 상대방의 신뢰를 깨뜨릴 수 있는 여러 사정이 검토되어야 할 것이다. 우리 판례에 기초하여 학설이 그 유형(예시)으로 인정하는 ① 상대방에게 표의자의 착오가 표시되었거나 또는 상대방이 이 착오를 알았거나 알 수 있는 경우(상대방의 인식가능성)[183] ② 상대방이 그 고의나 과실로 표의자의 착오를 유발하거나 제공되었거나 제공된 정보에 의한 경우 또는 기망행위로 인한 경우 ③ 알면서 이용한 경우 ④ 그 외에 상대방이 신뢰에 기초한 후속조치가 없는 경우, 공통의 착오가 있는 경우와 법률행위의 무상성 등을 들 수 있다. 그 외에도 상대방의 진의에 동의한 경우, 표의자에게 유리하거나 표의자에게 불이익이 없는 경우, 포기나 실효 및 취소권 배제의 합의(특약)가 있는 경우 등[184]도 이러한 양 쪽에서 고려할 사항이라고 생각된다.

대상논문도 우리 법의 '법률행위의 내용의 중요부분'의 의미를 검토하면서 이를 유형화하려고 한다.

(3) 착오의 개념이나 유형화와 관련하여 내용의 착오 이외에 동기의 착오를 어떻게 처리할 것인가?

전통적인 착오론에서는 동기는 법률행위의 내용이 아니다. 따라서 법률행위의 내용인 행위의 착오(내용의 착오)와 동기의 착오를 구별하고 동기의 착오는 원칙적으로 고려되지 않고 그 법

---

183) 이러한 점은 이미 제107조 제1항 단서, 제110조 제2항이나 제535조에도 반영되어 있다. 견해에 따라서는 이러한 요소는 '중요부분'에 포섭된다고 한다. 가령 지원림, 앞의 글, 13면 이하; 다만 이 요건이 삭제된다면 소극요건으로 인식가능성이 별도로 신설되어야 한다고 한다. 그 외에 동기의 착오나 불법에서만 문제되는 것으로 한정하지만 착오 일반에서도 착오의 내용(사실)이 '표시'되는 것도 고려해 볼 수 있다.

184) 학설은 이를 취소 또는 취소권의 배제사유라고 하기도 한다. 견해에 따라서는 착오자의 상대방이 의사표시를 착오자에 의하여 생각한 의미로 효력 있게 할 생각이 있다고 표시한 경우, 계속적 계약에서 사정변경으로 취소착오가 의미를 상실한 경우 등을 들기도 한다. 예를 들면 김덕환, 민법총칙, 율곡출판사, 2012, 522면; 김상용, 민법총칙, 화산미디어, 2009, 474면; 송덕수, 민법총칙, 박영사, 2011, 앞의 책, 304면; 이영준, 민법총칙, 개정증보판, 박영사, 2007, 428면; 지원림, 민법강의, 제8판, 홍문사, 2010, 266면 등. 정기웅, 민법총칙, 법문사, 2015, 322면 이하 등. 이러한 요소는 주로 제109조가 임의규정으로서 특약이 있을 수 있고 신의성실의 원칙의 유형이나 예시로 볼 수 있다. 다만 조문으로 어느 한도까지 그 사정을 명문으로 규정할 것인지도 고려되어야 한다.

률행위는 유효한 것이 된다. 그러나 실제로 빈번하게 발생하는 것은 오히려 동기의 착오이고 이렇게 할 경우 규정이 규율하지 못하는 동기의 착오는 규정의 흠결이 있게 된다. 우리나라의 학설에서도 착오의 개념과 관련하여 여러 학설 대립이 있는데 이는 모두 종래의 '의사와 표시의 불일치'에 동기의 착오를 포함하기 위한 것이다. 이러한 동기의 착오에 대한 입법례는 ① 착오에서 내용의 착오를 우선 규정하고 이어서 별도로 동기의 착오를 규정하는 것 ② 양자를 병존하여 규정하는 것 ③ 동기의 착오를 전혀 규정하지 않는 것이 있다.

이에 대하여 판례는 이러한 동기의 착오를 의사표시의 내용으로 편입하기 위하여 이를 표시할 것을 요하고 그 밖에 표시가 없더라도 상대방이 일정한 행위-부정한 방법 또는 오해로 유발, 부당한 정보 등의 제공이나 진술 등이 있으면 취소를 인정한다.[185] 이러한 판례를 기초로 하여 다양한 학설이 대립하고 있다. 무엇보다도 상대방에서 보면 표시되지 않은 동기나 표시된 것이나 내용의 착오인가를 착오취소의 예견불가능(기대불가능)이라는 점에서 다르지 않는다는 점과 동기가 표시되어 상대방이 알고 있다고 하더라도 이를 내용으로 한다는 조건이나 합의가 없으면 동기가 내용이 바로 되는 것도 아니라는 점[186]을 고려하여야 한다. 특히 동기의 착오도 표시여부와 관계 없이 중요부분의 착오에 포섭된다면 입법론으로도 현행법과 같이 이에 대하여 전혀 규정하지 아니하여도 이를 포함할 수 있게 된다.

대상논문은 민법이 고려할 착오에는 동기의 착오를 원칙적으로 고려하지 아니하고 표시된 경우에도 그러하다. 이런 점에서 착오취소의 인정이 제한적인 쪽이라고 할 수 있다.

(4) 착오의 효과로 어떻게 규정할 것인가?

우선 착오의 효과를 부정하는 방법으로 크게 무효로 하는 입법례와 취소로 하는 입법례가 있다. 특히 취소의 개념을 알지 못하거나 특수한 경우에만 인정하는 프랑스법계에서는 무효로 하면서 이를 절대적 무효와 상대적 무효로 하기도 한다. 독일법계와 그 영향을 받은 입법례는 대부분 취소로 하고 있다. 특히 2017년 최근 민법을 개정한 일본민법은 종래의 착오의 효과를 무효로 하던 것을 명문으로 '취소'로 하였다. 우리 민법은 원래부터 취소로 하였다.[187]

다음으로 취소나 무효로 하는 경우에 취소의 상대방의 신뢰를 보호하기 위하여 배상책임을 인정할 필요가 있다. 이외에 표의자의 취소권을 배제 또는 유효하게 인정하는 방법도 있다.

---

185) 다만 표시된 동기가 법률행위의 내용의 중요부분에 해당하여 취소가 되는가는 판례는 명확하지는 아니하다. 학설은 이러한 경우에는 동기의 표시가 중요부분에 해당하여 취소된다고 하기도 한다.

186) 내용에 관한 착오라고 하여 독일법의 행위의 착오에 한정되고 동기의 착오는 전적으로 배제되는 것으로 전제할 이유는 없고 중요한 것은 그 착오가 당해 거래에서 중요한 사항(중요부분)인가 여부에 있다고 하기도 한다. 이러한 점은 양창수, 앞의 책(민법연구2), 26면 주 14; 김형배, 민법학연구, 박영사, 1986, 104면 등.

187) 이러한 취소로 한 것은 입법적으로 '만주민법'에서 유래한 것으로 보기도 한다. 예를 들면 서희석, 앞의 논문, 6면; 그러나 입법과정에서 그 효력을 취소로 한 것은 만주민법 이외에도 중화민국민법(대만민법)도 참조되었다.

특히 우리 법에서는 중과실에 의하여는 취소가 배제되고 표의자의 경과실로 인한 착오 취소가 인정되는데 이 경우에 과실로 인하여 불이익을 입은 상대방의 보호를 위하여 신뢰이익의 배상책임이 인정될 것인가가 문제된다. 이외에 독일에서는 우리와 같은 표의자의 중과실의 취소 배제와 같은 규정이 없고 이에 따라 표의자가 과실 없이 착오에 빠진 경우에도 취소자의 신뢰이익 배상을 인정한다. 경과실 이외에 무과실책임을 인정할 것인가도 문제된다.[188] 그 자체의 배상책임 인정 여부는 상대방의 인식가능성(알았거나 알 수 있었던 경우)을 취소의 요건으로 인정할 것인가와 중요부분의 착오와 중과실로 인한 경우로 착오취소를 제한하는 것도 상대방 보호를 그 취지로 하므로 같이 고려가 필요하다. 이런 점에서 현행법 조문이나 개정할 때의 조문과 외국법(독일법)의 논의를 참조할 필요가 있다. 그 외에 우리 민법과 거의 동일한 조문을 가진 일본민법의 제정과정에 입법자는 명시적으로 이러한 배상책임에 대하여는 간접적으로 이 규정의 입법취지를 알 수 있고 이도 고려되어야 한다.[189] 이외에 이러한 논의에서는 특히 독일의 특수한 이론인 계약체결상의 과실책임과 원시적 불능으로 인한 무효(계약좌절)와 유사하고 과실도 인정되므로 이를 유추적용하여 배상책임을 인정하기도 한다.[190]

착오 취소의 효과로 선의의 제3자 보호(대항불가)에 대한 규정은 우리 민법이 신설한 조항이다.[191] 이러한 선의의 제3자 규정은 프랑스법계에서 등기의 공신력이 인정되지 않고 물권행위의 무인성도 인정되지 않은 경우에 특히 선의의 제3자를 보호하는 조항이다.[192]

---

188) 우리 민법 제정과정에서도 경과실로 착오에 빠져 취소한 사람의 신뢰이익의 배상책임을 인정하자는 수정안이 제출되었으나 통과되지 못하였다. 이러한 점은 명순구, 실록 대한민국 민법1, 법문사, 2008, 319면 이하. 당시에 학계의 의견도 이러한 배상책임에 찬성하였다. 그 외에 민법학의견서도 참조.

189) 이러한 점에서는 민법 제750조에 의한 손해배상책임으로 인정할 수 있고 표의자의 과실로 상대방을 끌어들이는 행위는 위법행위로 평가된다. 양창수, 민법연구 제1권, 박영사, 1991, 31면; 윤진수, 민법논고Ⅱ, 박영사, 59면; 다만 이와 같이 표의자의 경과실이 있는 경우에 상대방이 이를 알았거나 알 수 있었을 경우에는 이를 과실상계 요소로 보는 견해와 보호할 필요가 없으므로 배상책임을 부정하는 견해로 나뉜다. 앞의 견해로는 엄동섭, 착오자의 과실과 손해배상책임, 민사판례연구 제21권, 박영사, 56면; 후자의 견해로는 김덕환, 앞의 책, 526면; 지원림, 앞의 글, 6면. 2004년 개정안(제109조이 2 제2항)이나 독일민법 제122조 제2항은 후자의 견해이다; 이와 달리 취소를 민법이 명문으로 인정하므로 위법하다고 평가할 수 없는 적법행위로 보아 배상책임을 부정하는 학설도 있다.

190) 우리의 다수설이다. 예를 들면 김주수, 앞의 책, 380면; 김상용, 앞의 책, 480면; 백태승, 앞의 책, 419면; 이은영, 앞의 책, 53면, 송덕수, 앞의 책, 305면; 이덕환, 앞의 책, 527면 등. 다만 원시적 불능을 무효로 하는 규정의 모법인 독일에서는 2002년 민법개정으로 이를 삭제하였고 개별규정으로 취소의 손해배상의 명문만을 두고 있다. 우리는 이에 대한 명문규정이 없고 독일법과 같이 원시적 불능이 유효가 되어 제535조가 삭제된다면 이러한 학설의 이론적 근거는 문제가 있게 된다.

191) 원래 일본 민법에는 허위표시에만 이 규정이 있고 착오 취소의 조문에는 이러한 규정이 없었다. 민법개정에서는 이러한 것을 인정하고 있다. 다만 선의이며 무과실을 요구하고 있다. 다만 이렇게 할 경우에 비진의표시, 허위표시, 사기강박의 선의의 제3자보호와 착오취소의 선의의 제3자보호의 '과실'에 차이가 있게 된다.

192) 이러한 취지로는 지원림, 앞의 논문, 7면: 등기의 공신력이 인정되지 않는 우리 법제에서 상대방의 신뢰를 보호하는 외에 제109조 제3항이 거래의 안전을 보호한다는 점에서 함부로 삭제한 것은 아닌 것으로 생각된다; 다만 견해에 따라서는 이를 독일민법(제142조 제2항)과 궤(취지)를 같이 한다고 하지만 독일법계에서는

대상논문에서는 착오의 효과에 대하여 취소와 선의의 제3자에 대한 대항불가에 대하여는 전통적인 학설, 판례를 따르면서 상대방의 신뢰보호를 위하여는 착오자의 과실없는 경우에도 신뢰이익의 배상을 인정한다. 특히 이는 현행 독일민법의 태도를 차용한 것이다.

(5) 그 밖의 고려사항

취소권의 행사기간을 통상의 취소권의 행사기간(제146조)으로 하는 것 이외에 착오취소의 경우에 단기로 정할 필요가 있는가가 문제된다. 착오자가 자기의 잘못이 있음에도 취소권의 행사를 계속 가지면서 유리한 지위를 가지고 상대방을 불안정한 지위에 놓이게 하는 것이 부당하기 때문이다. 이러한 경우에 입법례에 따라서는 '즉시'로 하기도 한다.[193]

착오에 의한 취소는 유상행위에서 인정되는데 무상행위의 경우에는 착오취소를 완화할 것인가?

유상계약에서보다 무상계약의 경우에는 대가관계의 출연이 없어서 상대방 쪽에서는 보호할 필요가 있는 신뢰가 없기 때문이다. 대상논문에서는 오래 전부터 무상행위에 예외를 인정한다.[194] 이러한 점에 대하여는 증여 등의 무상행위에는 제555조 이하에서 보는 것같이 상대적으로 그 구속력이 약하지만 상대방의 신뢰가 보호가치가 없는 것으로 단정하기 어렵고 이러한 구분에 대하여 명문규정이 없는데 이러한 유상과 무상으로 나누는 것이 바람직한가는 반대 견해가

이러한 규정이 없고 오히려 무효(상대적 무효)로 이를 처리한다. 이영준, 민법총칙, 개정증보판, 2007, 436면. 독일민법에는 이러한 조항이 없다. 프랑스법계, 특히 일본 구민법에서의 선의의 제3자 보호를 위한 대항의 개념에 대하여는 七戸克彦, 対抗要件主義に関するボワソナード理論, 法學研究 제64권 제12호, 1991. 12, 195면 이하; 池田真朗, ボアソナードにおける「第三者」の概念: 不動産物権変動と指名債権譲渡とを中心に, 法學研究: 法律·政治·社会 제59권 제6호, 1986. 6, 1면 이하; 野沢正充, フランスにおける'対抗不能'と'相対無効', 立教法学 제40호, 1994, 226면 이하; 椿壽夫, 橋本恭宏, 明治後期における民法学説の発展(2), 明治大学社会科学研究所紀要 제34권 제2호, 1996. 3, 185면 이하; 加賀山茂, 対抗不能の一般理論について－対抗要件の一般理論のために, 判例タイムズ 제37권 제51호, 1986. 12, 13면 이하; 우리나라에서는 이러한 프랑스법계의 '대항할 수 없다'는 규정이 가지는 의미에 대하여 이 조문에 착안하여 설명한 것은 없다. 프랑스법의 논의에 대한 소개로는 정진명, 대항불능이론에 대한 고찰, 민사법학 제35권, 2007, 118면 이하; 김가을, 프랑스 민법상 대항 그리고 대항불능에 관한 이론, 서울법학 제28권 제2호, 2020. 8, 43면 이하; 흥미로운 것은 성립요건주의를 취하면서 독일민법과 같이 무인성이나 부동산등기부의 공신력을 인정하는 대만민법에서도 허위표시에서는 이러한 선의의 제3자에게 대항하지 못한다는 규정을 두고 있다: 제87조 제1항 단서(… 그 무효로 선의의 제3자에게 대항할 수 없다. …). 아마도 중화민국민법전 입법자가 독일법계를 취하여 이러한 조항이 불필요한데도 총칙에서 일본민법의 영향을 받아 '허위표시에만' 이를 둔 것으로 보인다. 중화민국민법 이전의 대청민률초안 제180조 제1항 단서와 민국민률초안 제116조 제1항 단서도 같다. 이 조문의 입법취지는 다음과 같다: … 생각건대 표의자와 상대방과 통모하여 허위로 의사표시를 한 경우에는 제3자를 속이려는 것이고, 그 상대방을 속이는 것은 아니다. 상대방에 대한 무효와 상관없이 바로 제3자에게도 당연 무효이다. 다만 이 무효는 선의의 제3자에게 대항할 수 없게 하여 선의의 제3자의 이익을 보호하기 위한 것이다…(147면).

193) 독일민법 제122조 제1항.

194) 이외에도 곽윤직/송덕수, 앞의 책(민법주해), 435면 이하. 이를 입법론으로 제안하는 것으로는 윤진수, 앞의 책, 80면.

있을 수 있다.

또한 공통의 동기에 관한 착오의 규정을 둘 것인가도 문제된다.[195)]

이는 위험분배에서 다른 동기의 착오와 달리 잘못된 관념에 따른 불이익을 누구에게 줄 것인지가 통상의 착오에 대한 현행규정으로는 명확한 기준을 제시할 수 없기 때문이다. 학설은 이는 독일법의 주관적 행위기초론에 근거하거나 법률행위(계약)의 보충적 해석에 의하여 해결하기도 한다. 대상논문은 이에 대하여도 독일의 행위기초론으로 이를 해결한다.[196)] 다만 이에 대하여는 행위기초론에 대한 보충적 설명이 더 필요하고 행위기초론이 과연 적극적으로 우리 법에 인정되어야 하는가의 문제와 관련된다. 이외에도 공통의 착오에서는 그 효과에서도 당사자가 한 위험분배에 관한 침해를 최소화하는 방향으로 이루어져야 하고 경우에 따라서는 실제에 맞는 내용으로 계약의 해소(해제) 외에도 수정(adaption)도 인정될 필요가 있다.[197)]

3. 대상논문의 착오에 관한 입법론

대상논문은 착오에서 원칙적으로 동기의 착오를 포함하지 않으므로 착오의 개념이나 착오의 요건에서는 현행법을 유지하고 착오의 효과로서 손해배상책임을 신설하고 그 내용은 제109조의2와 같다.[198)] 대상논문은 그 외에 조문으로 제안하지는 않았지만 취소기간도 단기간으로 하는 개정을 제안하기도 하였다.[199)] 이러한 조문제안은 그후 2004년에 손해배상의무에서는 그 내용이 일부 반영되기도 하였다.

제안된 조문내용은 다음과 같다.[200)201)]

---

195) 착오취소와 기타의 취소 상당한 기간으로 하는 견해로는 지원림, 앞의 책, 9면.

196) 송덕수, 대상논문, 145면.

197) 유럽계약법원칙 제4:105조 제3항: '… 계약을 변경할 수 있다…'.

198) 이외에도 황적인 외 29인(민법개정안연구회), 민법개정안의견서, 2002, 40, 46면 이하의 제안(송덕수)이 있다.

199) 송덕수, 대상논문, 186면; 같은 취지로는 엄동섭, 앞의 논문, 299면; 다만 이 견해는 우리 법의 취소의 단기소멸시효 외에 더 단기의 취소기간을 인정하는 것이다. 취소의 대상이 착오, 사기, 강박 이외의 경우에 인정되는가 등과 관련하여 좀더 취소 일반과 시효기간과의 검토를 요한다. 우리 법의 추인할 수 있는 날로부터 3년 또는 법률행위를 한 날로부터 10년(제146조) 입법례로서는 타당한 것이고 독일민법도 착오 취소의 단기시효는 즉시와 10년으로 하기 때문이다.

200) 이와 유사한 개정의견으로는 곽윤직, 22면. 대상논문은 악의이거나 선의이지만 과실 있는 상대방은 보호하지 않아야 하므로 제2항이 필요하고 그것이 있어야 하므로 독일민법처럼 독립한 조항으로 함이 바람직하다고 한다.

201) 다만 이러한 입법론은 착오에 관한 기본구조는 변경하지 않는 상태에서 필요한 것이고 입법론이나 해석론으로 착오를 이유로 한 취소가 상대방이 인식할 수 있는 경우에만 허용된다고 하는 경우에는 상대방의 신뢰는 그 방법으로 보호되므로 이러한 규정은 사족에 불과하다고 한다. 송덕수, 대상논문, 212면 주 605; 실제로 대상논문 이후에 나온 우리 민법개정이나 입법례의 논의에서는 이러한 상대방 측의 요소도 고려하여 착오가 고려되는 방향으로 입법론이 변경되어 진행되고 있다.

제109조의2 ① 전조에 의하여 의사표시를 취소한 자는 상대방이 그 의사표시의 유효함을 믿었기 때문에 받은 손해를 배상하여야 한다. 그러나 손해액은 의사표시가 유효한 경우에 생길 이익액을 넘지 못한다.
② 전항의 규정은 상대방이 표의자의 착오를 알았거나 알 수 있었을 경우에는 적용하지 아니한다.

4. 2004년 민법개정

2004년 민법개정에서는 개정 착안점으로 다음의 것이 고려되었다.[202] 첫째로 현실에 가장 문제가 많이 되는 동기의 착오에 관한 규정이 없다. 둘째로 상대방의 신뢰보호가 부족하다. 셋째로는 취소권의 행사기간이 지나치게 길다는 점이 그것이다.

당시까지의 개정의견으로는 크게 2가지 방향으로 주장되었다. 하나는 착오에 관한 현행법과 같이 표의자의 쪽에서 규율하는 태도를 유지하면서 상대방은 신뢰이익의 배상책임으로 보호하는 것이었다. 대상 논문이 이러한 방향이었다.[203] 다른 하나는 표의자의 착오에 의한 취소에서 상대방의 인식 가능성과 같은 요건을 강화하여 착오에 의한 취소가능성을 제한하자는 것이었다.[204]

이에 대하여 개정위원회에서는 당시의 여러 입법례와 같이 착오로 인한 취소에서 상대방에 대한 요건을 추가하고 있지만 착오로 인한 취소는 기본적으로 표의자를 기준으로 요건을 정하는 것이 민법의 근본결단으로 보는 것으로 하였다. 이에 따라 거래안전의 보호를 이유로 우리 민법의 취지에 반하는 요건을 추가하여 착오로 인한 취소를 제한하는 것은 타당하지 않다. 또한 동기의 착오는 의사표시의 요소가 아니라 의사를 결정하는 원인에 불과하기 때문에 이를 당연히 고려하는 것은 타당하지 아니하고 판례에서 주로 문제되는 것을 일정한 요건으로 취소하도록 하는 것이 바람직하다. 또한 착오로 인한 취소권의 행사기간은 독일민법과 같이 '지체 없이' 행사하도록 하는 것이 합리적이나 착오자가 오랫동안 취소권 행사를 방치하는 경우는 거의 없어 실무에서 크게 문제점이 노출되지는 않는다고 보아 이를 개정대상으로 포함하지는 아니하였다.

특히 원래의 개정안은 독일 민법(제122조)과 같이 착오자의 무과실책임을 인정하는 내용으로 되어 있었으나 이 책임을 독일과 같이 신뢰책임이 아닌 과실책임의 성질로 이해하면 취소자에게 과실이 없는 경우에도 이를 인정한다는 비판을 받고 수정되었다.[205]

---

202) 이하의 설명은 법무부, 민법(재산법) 개정의 착안점과 개정안, 2000. 9, 28면 이하(백태승 집필).
203) 곽윤직/송덕수, 앞의 책(민법주해), 451면이 그러하다; 이외에도 곽윤직, 민법총칙의 개정방향, 민사판례연구 Ⅶ, 310면; 이영준, 앞의 책, 388면; 황적인, 앞의 책, 195면; 이은영, 앞의 책, 524면.
204) 김용한, 앞의 책, 300면; 김주수, 앞의 책, 323면; 장경학, 앞의 책, 492면 이하; 김형배, 동기의 착오, 법률행정논총, 제14권, 172면 등.
205) 이에 대하여는 표의자의 내면의 영역의 잘못에 따른 위험을 상대방에게 전가한다는 비판으로는 엄동섭, 민법개정안의 착오규정에 대하여, 민사법학 제22호, 2002. 9, 297면; 신뢰이익의 배상에 대한 비판으로는 윤진

이러한 개정방향과 개정이유에 따라 입법례로 2002년 개정 전의 독일민법(제119조, 제121조), 대만민법(제88조, 제90조), 스위스채무법(제23조, 제24조, 제25조, 제26조), 오스트리아민법(제871조, 제872조), 개정 전 일본민법(제35조)이 각각 참조되었다.

이에 따라 제안된 개정안은 다음과 같다.

제109조(착오로 인한 의사표시) ① (현행유지)
② 당사자, 물건의 성상 그밖의 법률행위의 동기에 착오가 있는 때에도 그 착오가 표의자의 의사표시에 거래상 본질적인 사정에 관한 것인 경우에는 제1항을 준용한다.
③ 제1항 및 제2항의 의사표시의 취소는 선의의 제3자에게 대항하지 못한다.

제109조의2 (신설) (취소자의 손해배상의무) ① 제109조에 의하여 의사표시를 취소한 자는 그 착오를 알 수 있었던 경우에는 상대방이 그 의사표시의 유효함을 믿었음으로 인하여 받은 손해를 배상하여야 한다. 그러나 그 배상액은 의사표시가 유효함으로 인하여 생길 이익액을 넘지 못한다.
② 제1항의 규정은 상대방이 표의자를 착오를 알았거나 알 수 있었을 경우에는 적용하지 아니한다.

이 최종 개정안에 대하여 최초에 제안된 개정안은 다음과 같다.

제109조 ① (현행유지)
② 당사자 또는 물건의 성상에 관한 착오[206]도 거래상 중요한 의미가 있는 것으로 인정될 때에는 전 항을 적용한다.
③ (현행 제2항과 같음)

제109조의2 (신설) ① 전조에 의하여 의사표시를 취소한 자는 상대방이 그 의사표시의 유효함을 믿었기 때문에 받은 손해를 배상하여야 한다. 그러나 그 배상액은 유효한 경우에 생길 이익액을 넘지 못한다.
② 전항의 규정은 상대방이 표의자를 착오를 알았거나 알 수 있었을 경우에는 적용하지 아니한다.

수, 앞의 논문, 43면도 참조.

206) 원래 민법개정위원회의 가안에는 성상의 착오만 고려될 수 있는 것으로 하였으나 후에 성상의 착오를 포함한 동기의 착오 전반이 고려될 수 있는 것으로 수정되었다. 이러한 점은 법무부, 민법(재산편) 개정 자료집, 83면 이하.

이러한 개정안에 대하여는 대안이 제시되기도 하였다.[207] 이러한 안은 앞에서 본 착오에서의 표의자와 표의자의 고려요소를 반영한 것이다.

우선 민법개정위원회의 분과위원의 내부안이 있다.[208]

이 안은 동기의 착오를 적극적으로 착오에 편입하고 상대방의 인식가능성이나 기타 요소가 있을 때에만 취소를 인정하고 무상행위인 경우에는 중요부분의 착오취소를 인정한다.

개정제안은 다음과 같다.

제109조 ① 상대방 있는 의사표시는 법률행위의 내용 또는 그 동기의 중요한 부분에 착오가 있고 다음 중 어느 하나에 해당할 때에는 취소할 수 있다.

1. 그 착오가 상대방에 대하여도 중요한 의미가 있을 때
2. 상대방이 표의자의 착오를 알았거나 알 수 있었을 때
3. 상대방이 그 착오의 원인을 제공한 때

② 무상행위는 법률행위의 내용 또는 그 동기의 중요한 부분에 착오가 있으면 취소할 수 있다.

또 다른 개정제안[209]은 일반적인 착오(행위의 착오)와 동기의 착오를 같이 보고 착오는 표의자 측에만 있고 상대방은 이를 인식하는 것이 원칙적으로 불가능하므로 착오를 이유로 취소를 인정하려면 상대방에서도 수긍할 수 있는 사유나 요건이 갖추어진 경우에 한하여 이를 인정한다. 착오를 일으킨 데 과실이 있는 착오자나 착오를 알 수 있었던 상대방은 일정한 불이익을 감수하여야 하지만 착오를 한 때의 법률효과에 관한 것이고 착오 자체를 배제하지는 아니한다. 착오자의 과실(중과실 포함)이 있는 경우에도 착오가 중대한 때에는 착오를 인정한다. 또한 상대방에서 보면 자신의 신뢰에 대한 배려는 착오가 과실에 의한 것인과와 무관하게 인정한다.[210] 제3자도 선의인 경우에만 보호한다.

중대한 착오에 한하여 취소할 수 있고 착오자 측의 요건으로는 이러한 중대성만 충족하면

207) 그 외에 착오자의 손해배상책임을 인정하면 중과실의 착오자의 취소권을 박탈할 필요가 없으므로 제109조 제1항 단서를 삭제하여야 한다는 견해도 있다. 민법개정방향에 관한 좌담회, 인권과 정의 2001. 1, 21면(양창수 교수 발언). 이에 대하여는 그 해석 여하에 따라 우리 민법의 의사주의적 편향을 바로 잡는 유효한 수단이 될 수도 있으므로 개정안대로 배상책임이 인정되어 존치하여야 한다는 견해도 있다. 예를 들면 엄동섭, 앞의 논문, 298면.

208) 윤진수, 앞의 논문, 36면 이하.

209) 최병조, 민법(재산편) 개정안의 착오 조항에 대한 비교법적 -논상론적 검토: 독일에서의 입법과정을 참작하여, 법사학연구 제29호, 2004. 4, 275면 이하, 해당 글의 개정제안도 참조.

210) 중과실의 경우는 취소할 수 없고 경과실의 경우에는 손해배상(신뢰이익의 배상)하고 무과실의 경우에는 손해배상의 배제는 착오자에 대한 배려(처벌)이고 신뢰자의 이익과는 무관하다.

되고 중과실이 있는 경우에도 취소할 수 있고 상대방의 이익을 아울러 고려하여 상대방이 표의자의 착오를 알았거나 알 수 있었을 경우에 한한다. 상대방은 악의가 아닌 한 중과실이라도 그 배상을 받을 수 있다.

이러한 고려요소에 의하여 다음과 같은 제안을 한다.

제109조(착오로 인한 의사표시) ① 의사표시는 법률행위의 내용 또는 그 동기의 중요부분에 착오가 있는 표의자가 그 사실을 알았고 또 사정을 합리적으로 판단하였다면 의사표시를 하지 않았으리라고 인정되고 또 그 착오가 거래관념상 중대한 것인 때에 한하여 다음 중 어느 하나에 해당할 때에는 취소할 수 있다.

1. 상대방이 표의자의 착오를 알았거나 알 수 있었을 때
2. 착오가 상대방에 대하여도 중요한 의미가 있을 때
3. 상대방이 착오의 원인을 제공한 때

② 전항의 의사표시는 선의의 제3자에게 대항하지 못한다.

제109조의2(착오자의 손해배상의무) ① 제109조에 의하여 의사표시를 취소한 사람은 그 의사표시가 유효하다고 믿어서 입은 손해를 배상하여야 한다. 그러나 그 배상액은 의사표시가 유효하다면 생길 이익액을 넘지 못한다.
② 제1항의 규정은 상대방이 표의자의 착오를 알았거나 그 원인을 제공한 경우에는 적용하지 아니한다.

5. 2009-2013년 민법개정[211)]

착오를 포함한 법률행위의 개정논의는 2009년 시작된 민법개정위원회 제1분과에서 2년에 걸쳐 다루어졌다.

착오로 인한 의사표시에 대하여는 제109조에 대한 개정시안이 조문내용으로서는 현행법에 비하여 상당히 길게 착오자와 상대방의 요소를 고려하여 다음과 같이 마련되었다.[212)213)]

---

211) 이에 대하여는 지원림, 계약 및 법률행위법 개정의 방향과 내용-민법개정위원회 제1 · 2기 제1분과 위원회의 결과보고, 고려법학 제64호, 2012. 3, 1면 이하; 같은 저자, 계약 및 법률행위법의 개정방향, 민사법학 제48호, 2010, 3면 이하를 참조하였다.

212) 제2기 제3차 전체회의 보고안이다.

213) 이외에 제116조에 현행법은 대리행위의 하자 중 하나로 '의사의 흠결'로만 되어 있으나 '의사의 내용이나 흠결'로 하였는데 '의사의 내용'이라는 의미가 명확하지 아니하고 오히려 조문제목의 '하자'라는 단어가 제140조나 종래의 의사표시의 불일치(의사의 흠결)에 대응하는 사기강박의 경우에 하자있는 의사표시로 사용되는 점과 비교하여 정확한 표현인지 검토를 요한다. 또한 종래 입법의 잘못으로 지적된 제140조의 법률행위의 취소권자 중 하자 있는 의사표시를 한 자는 '하자'라는 단어를 삭제하고 착오로 인한 의사표시를 한 자, 사기나 강박에 의한 의사표시를 한 자로 세분하고 있다. 제140조 개정내용은 후에 별도의 성년후견에 관한 민법개정(2011년)으로 '착오로 인하여 의사표시를 한 자'로 수정되어 이러한 취지가 달성되었다.

제109조(착오로 인한 의사표시) ① 착오로 인하여 의사표시를 한 자는 만약 그와 같은 착오가 없었더라면 그 의사표시를 하지 않았을 것이라고 볼 수 있는 경우에 한하여, 다음 중 어느 하나에 해당하는 때에는 그 의사표시를 취소할 수 있다.

1. 상대방이 그 착오를 알았거나 알 수 있었을 때
2. 상대방이 그 착오의 원인을 제공한 때
3. 상대방도 동일한 착오에 빠진 때
4. 취소로 인하여 불이익을 입을 상대방이 없는 때

② 제1항에도 불구하고 다음 중 어느 하나에 해당하는 때에는 표의자는 의사표시를 취소할 수 없다.

1. 표의자가 중대한 과실로 착오에 빠진 때. 그러나 상대방에게도 제1항 제1호 내지 제3호의사유에 중대한 과실이 있었던 때에는 표의자는 의사표시를 취소할 수 있다.
2. 표의자가 착오사실을 알고도 상당한 기간 내에 취소하지 않은 때

③ 제1항의 의사표시의 취소는 선의의 제3자에게 대항하지 못한다.

이러한 조문의 입안에 대한 착안점과 그 검토내용은 다음과 같다.[214)]

우선 이 조의 개정과 관련하여 내용의 착오를 유지할 것인가, 상대방의 신뢰를 어떻게 보호할 것인가, 제3자 보호의 요건을 비진의표시나 통정허위표시에서와 같게 할 것인가 등이 주된 논의 대상이었다. 또한 착오자의 배상책임을 부정하는 판례[215)]에 비추어 착오취소의 요건으로 표의자의 사정만 고려하는 현행규정은 상대방의 신뢰보호에 부족하다는 인식이 분과의 일치된 생각이 논의의 출발점이었다.

다음으로 구체적인 논의에서[216)] 우선 실제로 빈번하게 발생하는 동기의 착오를 포섭하기 위하여 내용의 착오에 한정하지 않은 것으로 하였다. 이에 따라 현행법의 '법률행위의 내용의 중요부분'이라는 문구는 삭제되었고 동기의 착오도 명문으로 규정에 보이지 아니한다. 이러한 분과위원회의 생각에 따르면 이에는 종래의 법률행위의 내용의 착오와 동기의 착오가 같이 포함되어 있다고 할 수 있다.

아울러 착오에 관하여는 표의자의 의사표시의 온전성을 보호하여야 한다는 요청과 상대방의 신뢰를 보호하여야 한다는 요청이 공존하는데 현행법은 착오로 인한 취소권의 발생요건으로 표의자 쪽 요건만 규정하여 상대방의 신뢰보호에 대한 배려가 소홀하다고 판단하여 구체적으로

---

214) 이에 대하여는 지원림, 앞의 글, 10면 이하를 정리한 것이다.

215) 예를 들면 대법원 1997. 8. 22. 선고 97다13023 판결.

216) 참조한 입법례는 네덜란드 민법 제6:228조, 유니드르와 국제상사계약법원칙(PICC) 제3.5조, 유럽계약법원칙(PECL) 제4:103조, 공통기준참고초안(DCFR) 제Ⅱ.-7:201조이었다. 당시에 특히 한창이던 유럽 민사법통일의 성과물을 적극 참고한 것이다. 또한 2004년 민법개정안(제109조, 제109조의2)도 참조되었다.

2004년 개정안이 취하였던[217)] 상대방의 신뢰보호를 위하여 착오취소의 요건을 개별화하는 방법을 취하기로 하였다.[218)] 이에 따라 개정시안은 우선 착오로 인한 표의자의 취소가 인정되려면 착오의 현저성[219)]이 있어야 하고 아울러 상대방 쪽의 사정도 있어야 한다고 한다(제109조 제1항). 이 상대방의 사정은 ① 악의 또는 인식가능성 ② 원인 제공 ③ 동일한 착오의 3가지 중 하나이어야 한다. 이러한 경우에 해당하더라도 취소를 할 수 없는 경우(취소배제사유)도 개별적으로 규정한다(제109조 제2항). 이러한 취소배제사유로는 ① 표의자의 중대한 과실 ② 착오사실을 안 후 상당한 기간 내의 불행사의 2가지 중 하나이어야 한다. 또한 표의자의 중과실이 있더라도 다시 상대방에게도 제1항의 상대방 쪽 사정에 대한 중과실이 있으면 취소할 수 있는 예외도 인정한다(제2항 제1호 단서). 분과위원회에서는 제2항 제1호 단서와 관련하여 표의자의 중과실을 상쇄하는 상대방의 요건으로 역시 중과실을 요하는데 악의로 하여야 하는 것이 아닌지와 제2호의 취소의 행사기간에 대한 요건의 단기화('상당한 기간 내')는 신의성실의 원칙에 의하여 같은 결론에 이를 수도 있다는 점은 유보하고 있다.

그 외에 현행법에 있는 선의의 제3자에 대하여 대항할 수 없다는 조항은 항번호만 변경되고 그대로 유지되었다(제3항). 이는 제3자 보호요건과 관련하여 비진의표시나 허위표시의 경우에는 표의자에게 어느 정도 귀책요소가 있지만 착오로 인한 의사표시에는 그보다 표의자 보호의 요청이 강하게 요청되고 제3자의 선의·무과실을 요건으로 하여야 하지 않는가라는 것도 논의되었으나 유보되었다.[220)]

이외에 종래 착오자의 신뢰배상책임에 대한 유추적용의 근거가 되던 계약체결상의 과실책임에 관한 원시적 불능을 목적으로 한 계약의 무효와 신뢰이익의 배상에 관한 규정(제535조)이 삭제되었다. 원시적 불능 도그마에 기초한 현행법에 대하여는 비판적인 견해가 일반적이므로 이를 삭제한 것이다.[221)]

---

217) 2004년 개정안 제109조를 말하는 것이다. 다만 이 개정안에는 착오자의 신뢰이익의 손해배상의무를 정한 제109조의2도 있으나 위에서 본 것처럼 이를 취하지는 아니하였다.

218) 상대방에 대한 신뢰이익의 배상책임을 지우는 방식은 이를 취하지 아니하였는데 이 방식은 입법자의 자기모순이 될 수도 있다는 점도 고려되었다.

219) 종래 중요부분의 판단기준으로 주관적 현저성과 객관적 현저성이 대립한다. 개정시안의 문구가 어느 면인지는 명확하지 아니하다. 즉, '그와 같은 착오가 없었으면 그 의사표시를 하지 않았을 것'이라는 주체가 '착오자'로서 주관적 현저성인지 보통인이 착오자의 처지에서의 객관적 현저성인지가 명확하지 아니하다. 문맥상으로는 주관적 현저성으로 보이는데 그렇다면 종래에는 없는 견해를 취한 것이 된다. 대상논문의 저자는 주관적·객관설의 양자가 필요하다는 다수설을 취하고 있다. 예를 들면 송덕수, 대상논문, 300면.

220) 이는 일본 민법개정안 중 우치다 안(제1.5.13조 제4항)에서 이렇게 규정한다.

221) 제535조는 2002년 개정 전 독일민법(제306조)의 계수를 받은 것인데 독일에서도 민법개정으로 삭제되었고 현재는 원시적 불능이나 후발적 불능은 모두 유효한 것으로 하고 있다. 다만 분과위원회에서는 원시적 급부불능이라도 계약은 유효하다는 내용을 신설할 것인지와 신뢰이익의 개념의 규정에 대한 논의가 있었다.

이렇게 마련된 분과위원회의 개정안은 최종 개정시안으로 되지는 못하였다.[222)]

6. 착오에 관한 입법론의 소결

착오에 관한 의사표시의 취소에 관한 입법론은 전통적인 의사와 표시의 불일치를 전제로 하고 동기의 착오를 배제하는 현행법의 규정을 유지할 것인가 아니면 새로운 변화된 요소를 반영하여 기본체계를 재구성(변경)할 것인가에 달려있다. 대상논문은 현행법을 유지하는 한도에서 경과실의 착오자의 취소에 대한 상대방의 신뢰를 보호하기 위한 무과실의 착오자의 신뢰이익배상을 입법론으로 제안한다. 착오자의 상대방의 이익조정의 방법의 한 방법이라고 할 수 있다. 이러한 이익조정은 경우에 따라서는 상대방의 인식가능성이 있는 것을 요건으로 추가하여 인정될 수도 있다. 대상논문은 이에 대하여 현행법으로 반대하지만 역시 입법론으로서 가능한 선택지의 하나이다.[223)] 반대로 착오자의 요소와 상대방의 요소를 모두 고려하는 최근의 입법동향을 취하는 입법론을 취할 경우에는 양자의 요소를 규정하는데 어느 요소를 포함할 것인가가 구체적으로 문제된다. 다만 종래 착오의 효과로서의 손해배상의무를 규정할 필요는 없게 되고 행위의 착오와 동기의 착오를 동일하게 착오로 편입한다.[224)] 다만 종래의 의사표시론(의사와 표시의 불일치)이라는 체계에서 벗어나는 것을 피할 수 없고 그렇다면 의사표시론을 어떻게 재수용할 것이냐는 체계의 문제는 남는다.

현행 각국의 민법전에서는 대체로 전통적인 착오법에서 이를 규율하는 방법을 취하고 있다. 그러나 유럽민사법 통일 작업물에서는 모두 양자의 요소를 적극적으로 포함하는 쪽으로 나아가고 있다.[225)] 이러한 경향을 반영한 입법례로는 현재로는 일본의 채권법개정(2017년)에 의한 것이라고 할 수 있다.

향후 착오법의 개정방향을 보여주는 입법례라고 생각되어 조문을 소개하면 다음과 같다.[226)]

> 第95条(착오) ① 의사표시는 다음에 정하는 착오에 기초한 것으로 그 착오가 법률행위의 목적과 거래상의 사회통념에 따라 중요한 것인 경우에는 취소할 수 있다.

---

222) 이러한 점은 법무부 민법개정자료 발간팀 편, 2013년 법무부 민법개정시안, 법무부, 2012 참조.

223) 예를 들면 오스트리아 민법이 이러한 태도를 취하고 있고 동기의 착오도 이러한 한도에 편입한다.

224) 이외에 사실의 착오나 법률의 착오는 규정을 두는 경우도 있지만 두지 않더라도 전통적 체계에서나 최근의 동향의 어느 경우나 이를 착오로 인정한다.

225) 2005년 3월 1일부터 우리나라에서도 적용되는 국제물품매매계약에 관한 국제연합협약(2005)은 착오에 관한 규정이 없다. 유니드르와 국제상사계약원칙(PICC)(2004년); 유럽계약법원칙(PECL); 유럽통일매매법; DCFR이 그러하다. 미국의 통일상법전(Uniform Commercial Code, UCC), 제2차 보통법전집 계약편(Restatement[2nd] of Contracts 1979)도 참조.

226) 착오자와 상대방의 이익조정, 동기의 착오의 편입 이외에도 착오의 의사표시를 무효에서 취소로 수정하였고 선의이고 과실있는 제3자에게 대항할 수 없다고 수정하고 있다. 이러한 점에 대한 소개로는 우선 윤태영, 의사표시에 관한 일본 민법 개정 내용의 고찰, 아주법학 제12권 제2호, 2018. 12, 99면 이하.

1. 의사표시에 대응하는 의사가 부존재하는 착오
2. 표의자가 법률행위의 기초로 한 사정에 대하여 그 인식이 진실에 반하는 착오

② 전 항 제2호의 규정에 의한 의사표시의 취소는 그 사정이 법률행위의 기초가 된 것이 표시된 경우에 한하여 할 수 있다.

③ 착오가 표의자의 중대한 과실에 의한 것인 경우에는 다음에 정한 경우를 제외하고 제1항의 규정에 의한 의사표시의 취소를 할 수 없다.

1. 상대방이 표의자에게 착오가 있는 것을 알았거나 중대한 과실에 의하여 알지 못한 경우
2. 상대방이 표의지와 동일한 착오에 빠진 경우

④ 제1항의 규정에 의한 의사표시의 취소는 선의이고 과실이 없는 제3자에 대항할 수 없다.

Ⅶ. 나가며 — 향후의 연구과제를 겸하여

이상에서 우리 민법의 착오론의 현황과 나아갈 방향과 관련하여 1989년 착오론의 체계적 정리를 시도한 대상논문을 중심으로 관련 문제를 중심으로 당시의 학설과 최근의 논의 및 대상논문의 태도와 그에 대한 평가를 차례로 살펴보았다.

대상논문이 착오론에 대한 우리 현행법의 해석론의 체계적 정리를 대상으로 하므로 그 주요한 논의사항도 ① 착오의 개념과 동기의 착오 ② 착오의 요건과 착오의 유형 ③ 착오의 효과와 손해배상의무와 관련되는 것이고 곳곳에서 전통적인 논의를 재검토하면서 새로운 독자적인 견해와 그 논거를 제시하고 있다. 특히 일본의 학설이나 판례가 재현되던 착오론에 대하여 민법 규정의 제정과정과 이를 기초로 하는 독일민법의 해석론을 참조하여 저자만의 독자적인 견해를 제시하고 있다. 이 글에서는 이러한 내용을 가능한 충실하게 소개하면서도 또 다른 관점에서 보완할 점도 제시해보았다. 그 외에도 대상논문 후에 나타난 착오론에 대한 새로운 변화로 민법개정과 입법론과 관련하여 현저하게 변경되었다. 이러한 점에서 대상논문과 별개로 앞으로 착오론이 반드시 직면해야 할 새로운 방향과 관련하여 고려요소와 그것이 민법개정과정에서 나타난 여러 논의를 정리하여 보았다.

대상논문은 우리 민법학의 전통적인 논의에서 당시의 논의에 대하여 착오의 개념과 동기의 착오의 포함여부, 착오의 유형의 정리 및 착오의 효과로서 손해배상책임에 대한 태도를 살펴보고 그에 대한 당시의 위치와 현행법에서의 그러한 논의의 타당성과 새로운 논의방향을 살펴보았다.

우선 착오론의 입법과정을 통하여 우리 법이 독일민법과 일본민법을 통하여 우리 현행 민법(제109조)의 규정에 대하여 분석한다. 이러한 과정에서 착오의 유형인 내용의 착오, 표시의 착오와 동기의 착오의 3유형이 독일민법 제정과정에서 나온 것이고 따라서 독일민법의 규정을 중

심으로 한 논의를 수용하면서 체계적인 해석론을 시도한다.

착오의 개념은 동기의 착오와 관련하여 다양한 견해가 대립하고 있는데 저자는 착오를 넓은 의미의 착오와 좁은 의미의 착오로 나누고 동기의 착오는 이를 고려되는 착오로 보지 아니하는 좁은 의미의 착오로 본다. 다음으로 착오의 요건과 유형과 관련하여 독일의 논의에 기초하여 착오성립과정의 유형과 객체에 의한 유형을 통합하여 포괄적인 착오의 유형으로 제시한다. 착오요건에서도 착오의 성립, 중요한 내용의 착오, 중과실이 없을 것 등을 제시하고 특히 법률행위의 내용의 중요한 부분의 착오로 고려될 수 있는 여러 실제적인 유형을 나누고 그에 따라 그것이 법률행위의 내용의 착오인지 동기의 착오인지를 검토한다. 또한 착오의 효과와 관련하여 경과실로 인한 상대방의 손해에 대하여도 그 신뢰를 보호하기 위하여 계약체결상의 과실책임을 유추적용하여 인정하고 있고 이와 관련하여 우리 현행법에 대한 개정안도 제시하고 있다. 필자는 이러한 점에 대하여 학설과 판례의 논의 이외에도 필자가 가질 수 있는 문제제기와 그 분야에 대한 향후 연구과제를 '과감하게' 제시해보았다.

무엇보다도 대상논문의 호쾌하고 방대한 치밀한 서술에 대하여 그 분석과 재평가는 여러모로 무리였다고 생각하고 기존의 논의를 재정리하는 수준에 머물렀다고 생각된다. 결국 원래 의도한 분석과 재평가(review) 대신에 용두사미와 주마간산의 소감에 그치고 말았다. 특히 법률행위의 유형과 관련된 충실한 연구를 통한 재정리와 최근 불어오는 유럽 민사법 통일의 성과물의 소개와 그를 통한 우리 민법 개정에 미친 영향은 역시 부분적으로 인용하였을 뿐 충실한 분석을 하지 못하였다. 이러한 것에 대한 충실한 분석이야말로 대상논문에 대하여 전면적으로 그 체계와 세부적인 내용에 대한 재평가가 될 수 있을 것이다.

이러한 점에서 대상논문의 분석과 검토는 필자에게 '무리'한 작업이었음에도 필자의 착오론에 대한 앞으로의 연구를 위한 새로운 구상의 유익한 밑거름이 되었다. 작업과정에서 참조한 여러 자료와 비교법적 논의를 충분히 이 글에 담지 못한 아쉬움이 있다. 부족한 필자의 생각은 추후 개별적으로 좀더 보완하기로 한다. 후일을 기약한다.

대상논문은 당시의 착오론에 대한 당시의 논의에 대하여 체계적인 분석을 통하여 당시의 착오론에 대한 논의에서 여러 모로 유용한 논거로 자신만의 독자적인 체계를 구축하고 있다. 다만 그후 착오론에 관한 동향은 종래의 독일법과 일본법의 규정에서 벗어나 착오자와 상대방의 이해관계를 고려한 여러 가지 새로운 논의가 전개되고 있고 이러한 것은 유럽계약법원칙과 같은 유럽민사법 통일의 작업에 그대로 반영되고 있고 이러한 것은 우리 민법개정안과 일본민법개정에 반영되고 있다. 이러한 점에서 오래 전(1989년!)의 집필시기로 인한 제한이 있기는 하지만 전통적인 착오론에 기초하여 새로운 체계와 해석론을 제시하여 우리 현행법의 체계적인 한 시도로서 역할을 하고 있고 이러한 점은 오늘날에도 착오론의 논의에서 빠짐없이 제시되며 이를 뛰어

넘기 위한 비판이 제기되는 것으로 보아 여전히 국내의 착오론에서는 반드시 참조되어야 할 필독서로서와 우리 법조문의 해석에 대한 권위서로서 가치를 그대로 유지하고 있다. 이후에 민법개정이나 최근의 민사법의 논의환경의 급격한 변화에 따른 착오의 개념에 동기의 착오의 적극적인 편입과 착오 유형론의 비교법적 전개를 반영하여 대상논문이 제시한 기존 해석론의 체계와의 접목을 통한 조화와 새로운 체계의 재편성을 통한 현행 우리 착오법의 완성은 이제 새로운 시대에서 대상논문의 논의를 계승발전해야 할 후학인 우리가 할 일일 것이다. 우리 민법규정에 기초를 둔 착오론의 논의가 날로 깊이 있게 나아가도록 일조할 것을 이 글을 통하여 새삼 다짐해 본다.

[후기]

이 글은 송덕수 교수님의 정년기념논문집의 글로 마련된 것이다. 필자는 송덕수 교수님이 학위논문을 집필하고 막 학계에 등장하시면서 강의를 시작하던 1984-1988년 동안 첫 재임대학에서 직접 민법총칙부터 채권각론의 강의를 듣는 영광을 가졌다. 선생님의 최초의 학부과정 학생이라고 할 수 있다. 지금도 강의동 2층 맨 끝방에서 라렌츠와 곽윤직 교수님의 책에 대한 궁금한 점과 라렌츠의 책과의 조우 및 교수 연구실에서 치기어린 도전과 의문으로 함께 하였던 시절이 생각난다. 당시 소피아에서 거금을 들여 구입한 책이 연구실에 있기도 하고 독일어와 독일법의 관심도 그때부터 있었다고 할 수 있다. 당시에 교수님은 지도교수(곽윤직 교수님)로부터 일본민법의 영향을 경계하시고 독일어 원전을 직접 읽는 것을 훈련받으셨다는 말씀을 하셨던 기억이 있다. 대상논문에서도 일본문헌은 주로 우리 민법의 제정과정에서만 논의하시고 특히 주된 논의가 독일문헌을 통하여 제시된 것도 이런 영향이라고 생각된다. 다만 독일법을 그대로 수용하지는 아니하였고 어떻게든 우리 민법의 특수성을 고려하여 착오론에서도 독일에는 없는 우리 독자적인 것을 제시하시기도 하였다. 교수님의 지도는 그후 학사논문도 송교수님이 지도하셨고 당시의 치기어린 논문은 교수님의 추천으로 대학 교지에 게재되기도 하였다. 또한 대학원의 진로설정에서도 많은 지도편달이 있었다.

이러한 점을 고려하여 편집위원회에서도 이 거대한 '학위논문'의 검토(review)를 필자에게 맡긴 것이다. 논문을 쓰면서 여러 번 이러한 제안을 맡은 것을 후회하기도 하였다. 대상논문을 읽고 이를 정리하면서 이에 대한 분석은 필자에게 중대한 착오에 의한 주제 선택이었음을 실감하였고 중간 중간 취소하고 싶은 욕구가 밀려왔다. 우선 필자가 착오론에 대한 식견이 깊지 아니하고 착오론의 논의 자체가 독일 보통법의 논의와 독일법의 입법과정과 현행 독일법의 논의를 동시에 알고 있어야 하고 특히 우리 법이 독일법과 착오규정이 근본적으로 다른 점에서 그 해석론에서는 역시 또 다른 국가의 비교법적 연구와 최근의 유럽민사법의 통일 움직임도 현행 독일법이나 프랑스법과는 다른 방향에서 전개되고 있고 최근의 일본민법개정도 이러한 것으로 되었기 때문이다. 결국 할 수 없는 것을 하고 있다는 자괴감이 많이 들었기 때문이다. 이런 점에서 대상논문을 오해하면서 단순한 리뷰를 넘은 재검토를 시도한 것이 주제넘은 후학(제자)으로서 치기가 아닌가 하는 생각도 든다. 다만 한발 앞서서 논의를 한 것에 한발 뒤에서 새로운 시각을 제시해보려고 하였다. 선생님의 연구는 착오론과 의사표시론, 불합의론 등을 거쳐 민법학의 체계를 교과서로도 잘 정리하시고 계신다. 30년 전의 강의를 더듬으면서 다시금 현재의 선생님의 학문적 역량을 흡수하면서 우리 민법학에 일조할 것을 다짐해본다.

이러한 연구와 인연은 계속되었다. 특히 2009년 민법개정위원회 분과위원회와 그후의 알기 쉬운 민법개정위원회에서도 기회가 주어지기도 하였다. 그 과정에서 시효 등에 관한 분과위원회의 주제에 대한 선생님의 학문적 성과의 개정안의 반영에 대하여 많은 생각을 가지는 계기가 되었다. 또한 민사법학회에서 동아시아국제학술대회에서도 대만을 함께 동행할 수 있는 기회를 가지기도 하였다. 이외에도 여러 선생님과 함께 한 학문적 추억과 영향은 필자에게 여러 모로 반영되고 현재의 모습을 이루게 되었다.

세월은 흘러 어느 새 현재까지 이르게 되어 감회가 새롭다. 선생님이 이후에도 계속 건강하셔서 생각하시는 계획을 더욱 잘 이루시기를 기원드린다. 100세 시대에 나머지 최소한 30년 이상을 계획하셔서 필자를 포함한 여러 학은을 입은 모든 사람의 발전을 지켜봐 주시면서 조언과 고언(苦言)을 계속 해주시길 바란다. 선생님이 가지신 열정과 성실함, 학문적 치열함을 소중히 제 생활에도 반영하겠습니다. 글의 마감이 늦어 끝까지 고생시키면서 말없이 기다려 주면서 기념논문집을 준비한 이화여대 김병선 교수에게도 감사드린다. 이번 분석(review)을 맡은 모든 기고자가 향후 각자 맡은 주제에 대하여 청출어람의 업적을 재탄생하게 되기를 기원한다. 선생님 다시 한번 감사드립니다. 한국의 민법학을 위하여 제가 가진 역량을 잘 발휘하여 노력하겠습니다. 건강하십시오!

계약당사자 쌍방에 공통하는 동기의 착오*

이 선 희**

Ⅰ. 序

우리 민법은 제109조에 착오취소에 관한 규정을 두고 있는데, 착오를 하나의 의사표시에 있어서의 의사와 표시의 불일치 문제로 다루면서 그 의사표시의 취소가능성을 규율한다. 따라서 동기의 착오를 의사표시에 있어서 착오의 일종으로 보는 입장을 취하더라도, 계약당사자 쌍방의 공통하는 동기의 착오는 위 규정이 당초 예정한 경우라고는 보기 힘들다. 이에 송덕수 교수님은 1989년에 발표하신 "계약당사자 쌍방의 공통하는 동기의 착오"라는 논문(이하 위 리뷰대상논문을 '대상논문'이라 한다)[1]을 통하여 그 해결책을 제시하였다.

송 교수님이 제시하신 계약당사자 쌍방의 공통하는 동기의 착오(이하 '공통의 동기착오' 또는 '대상논제'라 한다)에 대한 해결책은 당시 독일의 주관적 행위기초론에 의한 것이다. 송 교수님은 민법 제2조 신의성실원칙을 근거로 사정에 따른 계약의 수정을 허용하고, 그러한 수정이 자신에게 불이익한 당사자의 탈퇴권을 인정하여야 한다는 주장을 펴셨다. 당시에는 1987년에 발표된 이영준 판사의 논문이 위 문제의 해결을 법률행위의 보충적 해석론에 의하여야 한다는 주장을 하고 있을 뿐, 학계에서 그에 대한 논의가 거의 없었고, 판례도 대상논제의 특수성을 인식하지 못하고 있었다. 대상논문이 발표된 후 대상논제에 대한 논문들이 다수 발표되었는바, 그런 점에서 대상논문은 후속연구의 계기를 마련하였다는 점에서 큰 의의가 있다. 그리고 독일 민법은 2002년 개정시 송 교수님이 주장하신 바와 같은 내용으로 제313조 제2항에 공통의 동기착오에 대하여 주관적 행위기초론에 기한 구제책을 둠으로써 송 교수님 주장의 타당성이 입증되기도 하였다.

---

* 이 글은 「법학논집」 제25권 제4호(이화여자대학교 법학연구소, 2021)(송덕수 교수 정년기념 특집호)에 게재되었다.

** 성균관대학교 법학전문대학원 교수.

1) 송덕수, "계약당사자 쌍방의 공통하는 동기의 착오", 「사회과학논집」(이화여자대학교 법정대학, 1989. 7), 제9집, 53-70면.

이에 송 교수님의 정년을 기념하여 마련한 본고에서는, 대상논문의 주요내용과 그 의의를 알아보고 후학으로서 대상논제에 대한 향후의 연구방향 및 내용을 제시하고자 한다. 대상논문에 대한 후속연구가 주로 법률행위론을 바탕으로 대륙법계의 시각에서 해결책을 제시하는 논문이었으므로, 필자는 시야를 돌려서 영미법의 해결책을 소개하고 그로부터 이를 우리 민법에 적용할 수 있는 시사점을 제시하고자 한다. 이를 통하여 대상논제를 민법 제109조에 의해서만 해결하려고 하던 종래 우리나라 판례의 태도에 대하여, 비판적 입장을 취하고 대안을 제시하셨던 송 교수님의 혜안을 다시금 확인하는 계기가 되기를 소망한다.

Ⅱ. 대상논문(1989. 12.)의 주요내용과 특별한 내용

대상논문의 기술순서에 따라 약술한다.

1. 문제의 제기[2)]

송 교수님은 공통의 동기착오가 우리 민법 제109조에 의하여 규율되지 않는 법률의 틈에 해당한다는 점을 강조하면서 특별한 취급이 필요하다고 하였다.

송 교수님은 1989. 2. 박사논문인 “민법상의 착오에 관한 연구”를 통하여 동기의 착오를 의사표시의 착오에 포함시키지 않는 견해를 밝히신 바 있다. 그런데 이 점에 대하여 견해를 달리하는 당시의 다수설 및 판례에 의하더라도, 공통의 동기착오는 착오를 하나의 의사표시에 있어서의 의사와 표시의 불일치 문제로 다루고 있는 위 제109조와 본질적으로 다르기 때문에, 위 제109조가 예정한 경우로 볼 수 없을 것이라고 하였다. 쌍방이 계약의 내용에 관하여 일치하여 착오를 일으킨 때에는 착오의 검토 이전에 계약의 해석에 의하여 해결을 얻을 수 있지만, 쌍방의 일치하는 동기의 착오의 경우는 그것과도 다르다는 점에서 결국 다른 이론에 의하여 보충되어야 한다고 하였다. 결국 위와 같은 법률의 틈을 보충할 특별한 법리를 찾아내는 것을 대상논문의 과제로 삼았다.

2. 쌍방의 공통하는 동기의 착오가 문제되는 몇 가지 경우[3)]

대상논문에서는 독일에서 공통하는 동기의 착오의 예로서 거론되는 여러 사건들의 사실관계와 법원의 판단을 소개하였다.

---

2) 송덕수, 앞의 논문(주 1), 53-55면.
3) 송덕수, 앞의 논문(주 1), 55-56면.

영국 항소법원의 대관식행렬 판결{Krell v. Henry(1903)}의 사안은 피고가 원고로부터 왕의 대관식이 있기로 한 날에 대관식 행렬을 구경하기 위하여 방을 임차하였고 원고도 임차목적을 사실을 알고 있었으나 합의 자체에는 그 목적이 나타나 있지 않았는데, 대관식행렬이 왕의 병으로 인하여 취소된 것이었다. 법원은 피고의 계약취소를 긍정하였다.

독일 제국법원의 고금속 판결(RGZ 90, 268ff)은 상인이 그의 모든 고금속 재고를 타인에게 매도하면서 그 무게를 어림잡아 기차 40량으로 평가하여 그에 따라 매도가격을 계산하였으나 실제로는 80량이었던 사건에 대한 것이다. 법원은 매도인의 계약취소를 허용하였다. 루블 판결(RGZ 105, 406ff)은 어떤 자가 1920년 모스크바에서 한 전쟁포로로부터 금원을 차용하면서 반환시에는 대여금 수령 당시의 시세에 의하여 독일금전(마르크)으로 환산하기로 하고, 그가 알고 있는 시세에 기초하여 채무증서를 발행하였으나, 실제 시세는 그것의 1/25에 불과하였던 사건에 대한 것이다. 법원은 내용의 착오를 이유로 한 취소를 인정하였다. 증권시세 판결(RGZ 97, 138ff)에서는 증권시세를 쌍방이 잘못 알고 체결한 주식매매계약의 효력이 문제되었다. 법원은 내용의 착오를 이유로 매수인의 취소를 허용하였다.

위 판결들은 대상논문의 후반에서 제시하고 있는 바람직한 해결책을 구체적으로 평가하기 위한 자료로 제공되었다.

3. 독일의 학설 · 판례[4)]

송 교수님은 대상논문에서 대상논제에 대한 독일의 학설과 판례를 소개하였다. 당시 독일의 통설은 공통의 동기착오를 행위기초론의 영역에서 해결하는 것이고, 그 중에서도 행위기초를 주관적인 것과 객관적인 것으로 나누는 입장에서 공통의 동기착오를 “계약당사자 쌍방이 계약체결에 있어서 이끌릴 수 있는 그들의 일정한 공통하는 관념 또는 확실한 기대”에 해당하는 주관적 행위기초론의 관계에 포함시키는 Larenz의 견해가 유력하다고 하였다. 그리하여 동기착오의 법적 효과는, 위 행위기초론에 의하면 법률행위의 수정 또는 폐기라고 하였다. 독일판례는 착오취소에 관한 일반조항에 해당하는 민법 제119조 제1항에 의한 취소를 허용하기도 하였으나, 제242조[신의성실에 좇은 급부]를 목표삼아 수정과 해제를 인정하고 장래의 기대에 대한 착오도 주관적 행위기초론에 포함된다는 방향으로 나아가게 되었다고 소개하였다.

4. 우리나라에서 행위기초론의 인정여부[5)]

송 교수님은, 우리 학설과 판례가 명시적이지는 않지만 공통의 동기착오도 민법 제109조를

4) 송덕수, 앞의 논문(주 1), 56-59면.
5) 송덕수, 앞의 논문(주 1). 59-60면.

적용하여야 한다는 입장에 서 있는 것으로 보았다. 송 교수님은 동기의 착오를 의사표시의 착오에 포섭하지 않는 입장을 취하는데, 다수설 및 판례와 같이 위 일방적인 동기의 착오에 대하여 제109조를 적용한다고 하더라도, 위 조항은 하나의 의사표시에 있어서의 의사와 표시의 불일치 문제로 다루고 있으므로 공통의 동기착오는 위 조항에 의하여 해결될 수 없다고 보았다. 그러므로 결국 민법에는 대상논제에 관한 규정이 없어 법률의 틈이 존재하는 것이고 이러한 틈은 착오에 관한 이론 외의 다른 이론으로 보충되어야 하는데, 그 중에 독일의 행위기초론이 가장 적합하다고 보았다. 그리하여 대상논제의 해결을 위하여 독일의 주관적 행위기초론의 도입이 필요하다고 주장하였다.

5. 쌍방의 공통하는 동기의 착오의 해결[6)]

송 교수님은 대상논문에서, 쌍방에 공통하는 관념 및 기대는 직접 법률효과의 발생에 행하여진 것이 아니기 때문에 계약내용에 속하지 않지만, 당사자들에 의하여 계약의 기초로 될 수 있고 계약의 구속 및 위험의 범위에 영향을 미칠 수 있으므로, 이러한 공통의 동기에 관한 착오는 법적으로 고려되어야 한다고 주장하였다. 그리고 이것이 의사표시의 착오에 있어서 동기의 착오를 고려하지 않는 원칙과 모순되는 것은 아니라고 보았다. 왜냐하면 착오의 위험은 계약 외에 머물러 있지 않으며, 공통의 인식에 의하여 계약에 편입되었고 따라서 계약의 구속의 범위에 영향을 주기 때문이다.

이때 공통의 동기착오를 법적으로 고려할 수 있는 근거규정은 일반규정인 민법 제2조 제1항의 신의성실의 원칙이고, 위 조항을 적용함에 적합한 정형적인 형태에 관한 이론이 독일의 이른바 주관적 행위기초론이라고 하였다. 주관적 행위기초론에 의하면, "계약당사자 쌍방이 계약체결에 있어서 의식적으로 이끌려진 공통하는 관념 또는 확실한 기대"가 주관적 행위기초가 된다. 그 중에서도 결정적인 관념 또는 기대로서, 만일에 각 당사자가 그 관념 또는 기대의 옳지 못함을 인식한다면 계약을 체결하지 않을 것이거나 또는 그러한 내용으로 체결하지 않을 것이거나 또는 적어도 상대방에게 계약을 무리하게 요구하지 않는 경우이어야 한다. 송 교수님은, 위와 같이 결정된 주관적 행위기초에 관한 착오의 법률효과가 신의성실의 원칙에 입각하여 결정되어야 한다고 주장하였다. 사정에 따른 계약의 수정, 계약으로부터 벗어날 수 있는 탈퇴권(해제권이나 해지권)의 부여 등이 이에 해당한다. 다만, 착오에 의하여 유익하게 된 당사자가 사실관계에 맞게 수정된 내용으로 효력 있게 하려고 하는 경우에는, 상대방의 탈퇴권이 인정되지 않아야 한다고 하였다. 그런데 이와 관련하여 송 교수님은 위 이론은 구체적인 규정이 없는 사항을 해결하기 위한 보충적이 것이기 때문에 법률의 특별규정 또는 계약의 해석 등에 의하여 해결될 수 있

6) 송덕수, 앞의 논문(주 1), 60-66면.

는 경우에는 적용되지 않는다는 점을 적시하고 있다.

송 교수님은 위와 같은 내용을 앞서 본 2.의 사례에 적용하였다. 그 결과로서, 대관식행렬 사건에서는 위 착오에 의하여 불리하게 된 임차인의 해제권을 인정하는 것이 옳다고 하였다. 고금속 사건에서는 위 착오에 의하여 불리하게 된 매도인의 해제권을 인정하지만, 매수인이 계약의 수정을 요구한 경우에는 원칙적으로 매도인이 계약을 해제할 수 없고, 증권시세 사건도 마찬가지로 보았다. 루블 사건은 주관적 행위기초가 결여된 경우이기는 하지만, 당사자들이 루블화로 주어진 대여금을 당시의 루블화시세에 의하여 마르크화로 잘못 표현한 숫자는 오표시에 해당할 뿐이므로 착오의 검토 전에 계약의 해석에 의하여 해결하여야 한다고 하였다.

6. 우리나라의 판결에서의 검토[7)]

또한 송 교수님은 대상논문에서, 우리 법원이 착오의 관점에서 판단한 사안 가운데 공통의 동기착오로서 주관적 행위기초론이 적용될 수 있는 것들에 대해서도 검토하였다.

하급심 판례 중에 ⅰ) 도로부지에 편입되었다가 해제된 토지(3필의 토지지 가운데 1필의 토지)를 매매계약당사자 쌍방이 아직도 도로부지에 편입되어 있는 줄로 알고 매매목적물을 도로로 표시하여 헐값으로 매도한 사안에서, 매매목적물의 성질에 관한 중요한 착오에 해당하여 이를 취소할 수 있다고 판시한 경우, ⅱ) 매매목적물인 토지가 지목변경이나 건축이 전혀 허용되지 않는 녹지지역으로 지정된 사실을 모르고 그 면적의 20%에 한하여는 건축이 가능한 일반녹지지역에 해당하는 것으로 계약당사자 쌍방이 잘못 알고 매매계약을 체결한 사안에서, 매수인은 의사표시의 중요부분에 착오가 있었다고 할 것이므로 취소할 수 있다고 판시한 경우 등이다. ⅰ)의 경우는 주관적 행위기초론을 적용하여 매도인이 해제권을 가지지만 계약의 수정은 생각하기 어렵다고 보았다. ⅱ)는 행위기초론을 적용할 것이 아니라 매도인의 담보책임에 관한 제580조를 적용하여야 하고 그 결과 매수인이 계약을 해제할 수도 있을 것이라고 보았다.

그리고 대법원 1989. 8. 8. 선고 88다카15413 판결이 제109조에 의하여 화해계약의 취소를 인정한 것은 옳지 못하다고 보았다. 위 판결의 사안은 퇴직금에 관한 화해계약을 체결함에 있어서, 당사자 쌍방이 유효하다고 전제하여 기초한 중간퇴직처리 및 퇴직금지급규정 변경처리가 뒤늦게 무효라고 판명된 경우였다. 대법원은 제733조 단서가 정하고 있는 "화해의 목적인 분쟁 이외의 사항"에 관한 착오에 해당함을 이유로 제109조에 의한 취소를 인정하였다. 이에 대하여 송 교수님은, 주관적 행위기초론을 적용하여 근로자인 원고가 해제권을 가진다고 할 것인데, 이때 해제권의 행사는 반드시 해제의 의사표시에 의하여야 하는 것은 아니며 화해계약과 모순되는 주장을 하는 것으로 충분하다는 의견을 개진하였다.

---

7) 송덕수, 앞의 논문(주 1), 67-69면.

Ⅲ. 대상논문의 논제에 관한 당시의 국내 학설·판례의 모습

1989년에 발표된 송 교수님의 대상논문은 공통의 동기착오를 독립된 주제로서 다룬 최초의 것이었다.

송 교수님의 대상 논문에 앞서, 1986년에 당시 판사로 재직하고 있던 이영준 박사가 착오취소에 대하여 발표한 논문[8]에서 대상논제를 짧게 언급한 바 있다. 이영준 박사는 공통의 동기착오가 입법자에 의하여 간과된 부분으로서 착오에 관한 제109조 규정을 유추적용할 것이 아니라는 점에 대하여 송 교수님과 인식을 같이 하였다. 그리고 위 문제를 다루기에 적합한 것이 독일의 행위기초이론이라는 것과 법률행위의 보충적 해석에 의하여 공통의 착오가 없었더라면 양 당사자가 의욕하였을 가정적 의사를 확정하여 계약을 수정하거나 해소하여야 한다고 주장하였다.[9] 그런데 이영준 박사는 그 후 1987년에 출간된 그의 저서 민법총칙 교과서[10]에서 공통의 동기착오에 대하여 언급하면서 "독일학자들은 이에 관하여 이른바 주관적 행위기초론을 발전시켰"으나, 이 문제는 "법률행위의 보충적 해석에 의하여 해결되는 것"이라고 기술하였다. 위 이영준 박사의 견해는 그 후의 학자들에 의하여 주관적 행위기초론을 배척하고 법률행위의 보충적 해석의 원칙에 의한 해결을 주장하는 견해로 받아들여졌다.[11] 또한 그의 후속 교과서에서는 공통의 동기착오를 제109조에 의하여 규율할 것이 아니라고 하면서도, 주관적 행위기초론을 배척하는 것임을 명확히 하였다.[12]

판례는, 송 교수님의 대상논문이 나오기 전에도 앞서 본 바와 같이 공통의 동기착오가 문제될 수 있는 사례를 다루었으나, 이를 일방의 동기착오와 마찬가지로 보아 제109조에 의하여 문제를 해결하였다.[13] 쌍방의 공통하는 동기착오의 특수성을 제대로 인식한 경우는 없었다.

그런 점에서 송 교수님의 대상 논문은 대상 논제에 대한 새로운 시각을 제공하는 중요한 역할을 하였다. 그리고 현재까지 계속되고 있는 후속연구를 위한 밑거름의 역할을 하였다.

---

8) 이영준, "착오에 의한 법률행위의 취소", 법조(1986. 7), 제35권 제7호, 14-60면.

9) 이영준, 앞의 논문(주 8), 58-60면.

10) 이영준, 「민법총칙」(박영사, 1987), 403-404면.

11) 예를 들어, 윤진수, "계약상 공통의 착오에 관한 연구", 「민사법학」(2010. 12), 51호, 143면; 김형석, "동기착오의 현상학", 「저스티스」(한국법학원, 2015.12), 통권 151호, 114면은 대상 논제에 대한 견해를 크게 송 교수님의 견해와 이영준 박사의 견해의 대립으로 서술한다.

12) 이영준, 「민법총칙」(전정판, 박영사, 1995), 397-399면; 이영준, 「민법총칙(개정증보판)」, (박영사, 2007), 442-443면 등.

13) 송교수님은 "공통의 동기의 착오에 관한 판례연구", 「법조」(2009. 11), 통권 제638호, 348-359면에서 이에 해당하는 판례를 거론하고 있다. 제109조를 적용하여 착오취소를 인정한 대법원 1981. 11. 10. 선고 80다2475 판결, 대법원 1989. 7. 25. 선고 88다카9364 판결, 대법원 1989. 8. 8. 선고 88다카15413 판결 등이다.

Ⅳ. 대상논문의 의미(발표당시 및 현재)

1. 학설 및 판례에 미친 영향

송 교수님은 대상논문에서 논의를 추상적으로 진행하지 않고 독일의 학자들이 대상논제로 다루고 있는 몇 가지 경우를 자세히 소개함으로써, 대상논제의 문제점에 대한 법률가들의 이해를 도왔다. 이어서 우리 민법에서의 행위기초론의 인정여부를 검토하고, 그 바탕위에서 대상논제에 대한 이론을 정립하였다. 그리하여 많은 학자들은 물론 실무가로부터도 지지를 받았다.[14)]

우리 학계에서 공통의 동기착오가 활발하게 논의된 것은 대법원 1994. 6. 10. 선고 93다24810 판결이 선고된 이후이다. 위 판결에서 대법원은 공통의 동기착오라는 용어를 사용하지는 않았지만 실질적으로 이에 대한 개념을 설명하면서도, 제109조를 적용한 계약의 취소가 적법하다고 판시하였다. 위 판결이 선고되자 비로소 대상논제를 본격적으로 다룬 논문들이 나오게 되었다. 과거 송 교수님이 대상논문에서 주장하신 주관적 행위기초론에 기한 해결을 제시하는 학자들 및 실무가들이 다수를 이루었다.[15)] 그러나 주관적 행위기초론을 거부하면서 법률행위의 보충적 해석을 주장하는 견해도 있었다.[16)]

그리고 마침내 대법원 2006. 11. 23. 선고 2005다13288 판결에서는 공통의 동기착오라는 용어를 사용한 판시가 나오게 되었다.[17)] 그런데 위 판결은 송 교수님이 주장한 주관적 행위기초론에 의하지 않고 법률행위의 보충적 해석에 의하였다. 그 이후에 나온 학자들의 평석 중에는 판례의 취지에 찬성하는 경우가 많은 것 같다.[18)] 그 이유로는 대체로, 주관적 행위기초론은 그 발상지인 독일에서도 통일된 견해가 존재하지 않고 아직 우리나라의 판례에서 받아들여지지 않은 반면, 보충적 해석은 우리나라의 판례와 학설상 모두 인정되고 있는바, 보충적 해석에 의하여 문제해결이 가능하다면 굳이 행위기초론을 끌어들일 필요가 없다는 점을 든다.[19)]

현재 학설은 앞서 본 바와 같이 ⅰ) 송 교수님을 비롯하여 독일의 주관적 행위기초론에 의한 해결을 주장하는 견해와 ⅱ) 위 주관적 행위기초론을 거부하면서 보충적 해석론에 의한 계약

---

14) 김증한·김학동, 「민법총칙」(박영사, 1994), 343-344면; 백태승, 「민법총칙(개정판)」(법문사, 2004), 420면; 강태성, 「신판 민법총칙」(대명출판사, 2006), 564면 등.

15) 이상민, "당사자 쌍방의 착오", 「민사판례연구[XVIII]」(1996), 67면; 김상용, "계약당사자 쌍방의 공통착오와 주관적 행위기초의 상실", 「민사판례평석(1)」(법원사, 1995), 29면 등.

16) 이영준, 앞의 책(주 12, 2002), 378-379면; 편집대표 박준서, 「주석민법 총칙(2)」(제3판, 한국사법행정학회, 2001), 736-738면(지원림 집필부분); 명순구, 「민법총칙」(2005, 법문사), 424-425면.

17) 위 판결에 대해서는 송 교수님이 2009년에 평석으로 앞의 논문(주 13)을 발표하신 바 있다.

18) 예를 들면 박동진, "쌍방의 공통된 동기착오", 「민사법학」)(2007. 3), 35호, 370-371면; 이덕환, 「민법총칙」(율곡미디어, 2012), 514면 등.

19) 편집대표 박준서, 앞의 책(주 16), 736-738면(지원림 집필부분).

수정을 주장하는 견해[20] 외에 iii) 보충적 계약해석에 따른 조정이 좌절될 경우에는 취소도 인정하여야 한다는 견해[21] 등으로 나뉘고 있다.

송 교수님은 ii)설에 대해서, 당사자가 비록 잘못된 관념에 기하여 한 것이기는 하지만 분명히 약정한 경우에는 이론상 보충적 해석이 행해질 여지가 없다는 점에서 이는 본래의 해석이론이라고 할 수 없고, 보충적 해석만에 의하면 끝내 해결하지 못하는 경우가 있게 된다는 점을 들어 비판하였다. 또한 iii)설에 대해서는, 제109조는 계약수정의 근거가 될 수 없으며, 제109조를 떠난 해결방법으로서 계약수정방법을 사용해본 뒤 그것이 불가능한 때에 제109조로 되돌아오는 것도 매우 부자연스럽다고 비판하였다.[22]

2. 입법에 미친 영향

앞서 본 주관적 행위기초론에 의한 공통의 동기착오의 취급은 2002년 개정된 독일 민법 제313조 제2항에 반영되었다. 그 내용에 있어서는 1차적으로 불이익을 입은 당사자가 계약의 변경{이를 '계약의 변응(Vertragsanpassung)'이라고 표현한다}을 청구할 수 있고, 계약내용의 변경이 불가능하거나 계약변경의 결과의 유지가 다시 일방 당사자에게 과도한 경우에는 불이익을 입은 당사자가 계약의 해제 내지 해지를 통하여 계약관계에서 탈퇴할 수 있도록 하고 있다.

한편 우리나라에서는 2004년 법무부에 설치된 민법개정위원회의 민법개정안에 동기의 착오에 관한 내용이 포함되어 있었으나[23] 공통의 동기착오에 대한 내용은 없었다. 그 후 2009년 법무부에 설치된 민법개정위원회의 활동으로 2012년 제1, 2기 제1분과위원회에서 심의·검토하여 제2기 제3차 전체회의에 보고한 개정안에는 "상대방도 동일한 착오에 빠진 때"가 의사표시의 취소 사유 중 하나로 포함되었으나[24] 위 개정작업이 입법으로 연결되지는 못하였다. 그러나 이러

20) 이 견해의 다수는 보충적 계약해석이 좌절되는 경우에는 예외적으로 신의칙상 계약해소 또는 계약불성립을 인정해야 한다고 한다.

21) 김대정, 「민법총칙」(피데스, 2012), 904면; 곽윤직·김재형, 「민법총칙」(제9판, 박영사, 2013), 316-317면; 김증한·김학동, 「민법총칙」(제10판, 박영사, 2013), 446-447면(송 교수님의 견해에 찬동하였던 앞의 책(주 14), 343면의 견해를 변경한 것으로 보인다); 박찬주, "동기의 착오에 관한 새로운 이해", 「법학논총」(전남대학교 법학연구소, 2008), 제28권 제1호, 239-240면; 김서기, "당사자 쌍방의 공통하는 동기의 착오 시 법원에 의한 계약수정의 이론적 근거에 관한 고찰", 「법조」(2010. 10), 통권 제649호, 201-206, 216면; 윤진수, 앞의 논문(주 11), 145면; 김형석, 앞의 논문(주 11), 114-117면. 그 이유로서 윤진수, 앞의 논문(주 11), 164-165, 183-184면은 제109조가 일방의 착오를 전제로 한 것이지만 그것이 쌍방의 동기착오를 위 적용범위에서 배제하여야 할 이유는 되지 않는다고 한다.

22) 송덕수, 앞의 논문(주 13), 366-369면.

23) 2004. 10. 정부가 제출한 민법중개정법률안(의안번호 611); 김상중, "동기의 착오에 관한 개정 예고안 제109조 2항의 특색과 그 운용에 관한 제언", 「민사법학」(2005. 3), 27호, 433-434면; 법무부, 법무자료 제260집, 「민법(재산편) 개정 자료집」)(2004), 152-176면.

24) 박인환, "착오법의 변천과 정보리스크의 분배", 「동북아법연구」(전북대학교 동북아법연구소, 2016. 9), 제10권 제2호, 297-298면.

한 입법시도는 송 교수님이 촉발시킨 대상논제의 중요성을 민법학계가 진지하게 인식하였음을 말해 준다.

Ⅴ. 향후의 연구방향 및 내용－미국법상 착오이론 등으로부터의 시사점

1. 개 설

송 교수님의 대상논문이 발표된 후 한참 지나서, 앞서 본 93다24810 판결을 계기로, 비로소 공통의 동기착오에 대한 학계의 논의가 활발해지게 되었다. 그런데 주된 논의는 대륙법적 시각에서 법률행위론을 바탕으로 법률행위의 해소나 해석에 의한 구제책을 제시하는 것이었다.

그런데 법률행위의 개념을 가지지 않는 영미법이 공통의 동기착오를 어떠한 접근법으로 어떻게 해결하고 있는지에 관심을 가질 필요가 있다. 영미법은 일방의 착오를 이유로 한 취소를 대륙법계에 비하여 엄격하게 운용하면서도 상대적으로 쌍방의 착오에 대하여는 비교적 용이하게 계약의 취소를 허용한다. 거기에 더하여 착오제도 외에도 보통법과 형평법에 의하여 부실표시의 법리를 인정하는 점이 특징이다. 부실표시의 법리에 의하여 착오의 경우보다 손쉽게 계약을 취소하거나 해소할 수 있고, 계약의 수정이나 손해배상도 가능하다. 이러한 쌍방의 착오나 부실표시에 대한 구제책으로부터 대상논제에 대한 시사점을 얻을 수 있을 것이다. 그러나 이러한 상세한 연구는 뒤로 미루고, 여기에서는 공통의 동기착오에 관한 영미법적 관점에서의 향후 연구방향 및 내용을 개관하고자 한다.

2. 미국법상 착오의 개념과 취급

(1) 개 설

영미법계 국가에서도 착오제도가 있다. 영미법계에서 착오는 사실과 부합하지 않는 믿음을 의미한다. 대륙법계와는 달리, 의사와 표시의 불일치와 의사형성과정에서의 오류를 구분하지 않으므로, 동기의 착오를 특별히 달리 취급하지 않는다.[25)]

영미법상 착오에 관한 규율은 유연성을 특징으로 한다. 착오에 관한 판례가 대부분 광범위한 재량권을 가지는 형평법원에 의하여 형성되었다는 사실도 착오가 유연하게 취급되는 이유 중 하나이다.[26)]

25) 김학동, “영미법상의 공통의 착오”, 「법학논집」(이화여자대학교 법학연구소, 2010. 3), 제14권 제3호, 168면.
26) Restatement (Second) of Contracts, the American Law Institute, 1979(hereinafter ‘Restatement’), ch. 6, Introductory note; 김학동, 앞의 논문(주 25), 126면.

영미법은 쌍방의 착오를 일방의 착오와 구분하여 취급하는데, 구체적인 내용은 영국과 미국 사이에도 다소의 차이가 있다. 본고에서는 미국법을 중심으로 그 내용을 알아보기로 한다.

(2) 착오의 개념

미국법상 착오라 함은 "사실에 관하여 부합하지 않는 믿음(belief)"[27] 또는 "사실과 일치하지 않는 심리 상태"[28]이다. 여기에서 "사실"은 의견, 장차 일어날 일에 대한 예측 또는 판단과 대조되는 의미를 가진다. 법 또는 자신의 행위에 의하여 발생하는 법적 효과 등도 여기에서는 사실의 범주에 속하므로, 그것에 대한 잘못된 믿음도 착오에 해당한다.[29] 따라서 '사람 또는 물건의 성질 기타 당해 의사표시에 관한 사실'을 잘못 인식함으로 인한 착오, 즉 대륙법계에서 말하는 동기의 착오도 위 착오개념에 포함된다.

(3) 착오의 분류와 취급

대륙법계 국가에서는 착오를 표시상의 착오와 내용상의 착오로 구분하고 동기의 착오를 법률행위의 내용에 관한 착오에 포함시킬 것인가에 대하여 복잡한 논의가 있다.[30] 그러나 영미법은 표의자의 의사의 진정성 보호와 상대방의 신뢰 고려를 축으로 계약의 효력을 논할 뿐, 대륙법에서와 같은 구분이 별다른 의미를 가지지 않는다. 영미법계 국가 중에서도 영국법은 착오를 근거로 하여 계약을 무효(void)로 하지만, 미국법에서 원칙적으로 취소할 수 있는(voidable) 것으로 파악한다. 일반적으로, 영국법은 미국법에 비하여 착오를 엄격히 취급하여, 엄격한 요건 하에 예외적으로만 계약을 무효화하는 사유로 허용한다.[31]

영미법은 착오를 쌍방 착오와 일방 착오로 분류한다.[32] 쌍방의 착오든 일방의 착오든, 그 착오가 계약의 기본전제(basic assumption)에 관한 것으로서 계약이행에 중대한(material) 영향을 미치고, 착오에 빠진 당사자가 일정한 위험을 떠안지(bear) 않은 경우에 한하여 취소의 대상이 된다.[33]

그런데 일방의 착오(unilateral mistake)에 있어서는, 위 요건에서 더 나아가 착오로 인한 계

27) Restatement, §151; Dan B. Dobbs & Caprice L. Roberts, Law of Remedies: Damages, Equity, Restitution, 768(3rd ed., West Academic Publishing, 2017).
28) Dobbs(supra note 27), 768.
29) Restatement, §151 Comment a; Allan E. Farnsworth, Farnsworth on Contracts, Vol. 2, 9-10, 9-11(4th Ed., Wolters Kluwer, 2020); Dobbs(supra note 27), 768; 김학동, 앞의 논문(주 25), 122면.
30) 이에 대해서는 이제까지의 논의를 상세히 정리한 김형석, 앞의 논문(주 11), 100-110면 참조.
31) 이동진, "착오개념과 취소요건", 「저스티스」(한국법학원, 2020. 6), 통권 제178호, 25-26면; 정성헌, "영미계약법상 부실표시에 대한 연구", 「법과 정책」(제주대학교 법과정책연구원(2015. 3), 제21집 제1호, 278-279면 등. 그런데 Joseph M. Perillo, Contracts, 331-332(7th ed., West Academic Publishing, 2014)에 의하면, 미국법에서도 목적물의 존재, 소유권 및 동일성에 대한 쌍방 착오의 경우에는 드물지만 계약이 무효로 되는 경우도 있다고 한다.
32) Restatement, §152, §153; Perillo(supra note 31), 329; Dobbs(supra note 27), 765.
33) Restatement, §152(1), §153; 김학동, 앞의 논문(주 25), 128면.

약을 강제하는 것이 비도덕적(비양심적)이라고 할 정도이거나, 착오가 상대방에 의하여 유발되었다든지 혹은 상대방이 착오자의 착오사실을 알았거나 알 수 있었던 경우에 한하여 취소가 인정된다.[34] 그런데 최근에 들어서는 이러한 설명에 부합하지 않은 예들이 무시할 수 없을 정도로 너무 많아지고 있다고 한다. 많은 경우에 일방의 착오만 있는 경우에도 취소를 허용하는 예가 늘어나고 있다고 한다. i) 착오한 당사자에 대하여 계약의 효력을 주장하는 것이 억압적이거나, 또는 적어도 비양심적으로 불평등한 가치의 교환을 초래하고 ii) 계약의 취소가 거래의 손실 외에는 상대방에게 실질적인 어려움을 주지 않을 때에는, 일방착오의 경우에도 취소는 일반적으로 허용된다.[35] 일방의 착오는 대개 계산상의 오류나 가격제시의 잘못으로 인한 건설 도급업자의 착오입찰에서 문제된다.[36]

쌍방 착오의 경우에는 비교적 용이하게 취소를 허용한다. 이에 대해서는 항을 바꾸어 상세히 보기로 한다.

(4) 쌍방 착오(mutual mistake)

1) 개 념

쌍방 착오란, 쌍방이 실질적으로 동일한 내용의 착오에 빠진 경우이다. 공통의 착오(common mistake)라고도 한다.

당사자들이 동일한 중요한 사실에 대해 서로 다른 착오를 범하고 있는 경우에도 공통의 착오와 동일한 규칙이 적용된다. 그러나 당사자들이 서로 다른 사실에 대해 잘못 알고 있는 경우, 그것은 두 가지 일방적인 착오의 경우이고, 쌍방 착오의 문제는 아니다.[37] 이 경우는 착오의 일반론에 의하여 해결할 수 있다. 예를 들어 매도인은 물건의 진품여부에 대한 착오를, 매수인은 매수가격의 표시에 착오를 일으킨 경우, 양 당사자는 각각 자신의 착오취소요건이 충족되면 취소할 수 있다.

영미법에서는 동기의 착오를 착오의 개념에서 제외하지 않는바, 쌍방의 착오가 문제되는 대부분의 경우는 우리 민법상 공통의 동기 착오이다. 토지거래에 있어서 세금의 부담이나 면적에 대한 상호간의 잘못된 견해를 기본적인 가정으로 삼아 흥정을 진행한 경우, 상해사건에 있어서 부상의 정도를 잘못 알고 손해배상의 합의를 한 경우 등이 이에 해당한다.[38]

---

34) Restatement, § 153(a), (b); 이동진, 앞의 논문(주 31), 26-27면.

35) Perillo(supra note 31), 337-339; Farnsworth(supra note 29), 9-46, 9-49; 이동진, 앞의 논문(주 31), 26-27면.

36) Perillo(supra note 31), 337; Farnsworth(supra note 29), 9-46.

37) Perillo(supra note 31), 331.; Dobbs(supra note 27), 774; 김학동, 앞의 논문(주 25), 125면; 박동진, 앞의 논문(주 18), 340-341면

38) Perillo(supra note 31), 331, 334-336.

2) 구제책으로서의 취소

가. 취소를 허용하는 이유

쌍방 착오에 있어서는 일방 착오에 비하여 계약의 취소가 비교적 쉽게 인정된다. 당사자들이 거래의 기초가 된 중요한 사실에 대하여 공통된 가정을 하였으나, 이것이 착오로 인한 것이어서 실제로는 당사자들이 고려했던 가치의 교환과 상당히 다른 가치의 교환이 발생한 경우인데, 계약 당사자가 자신이 떠안지(undertake) 않은 의무, 할당(allocate)되지 않은 부담을 지워서는 안 된다는 계약집행의 원칙(the contract enforcing principle)에 따른 것이다.[39)]

위험을 할당한다는 것은 다음과 같이 설명할 수 있다. 계약 당사자들이 어떤 물건을 1만 원에 팔고 사는 것에 동의한다면, 그들은 가격이 바뀔 것이라고 믿거나 경쟁으로 인하여 시장에 더 싼 대체품이 등장하지 않을 것이라고 믿었기 때문일 수 있다. 그런 믿음은 섣부른 예측이 될 수도 있다. 미래에 대한 이러한 오판은 착오의 문제가 아니고, 이를 이유로 계약을 취소할 수 없다. 왜냐하면 당사자들의 계약이 바로 그러한 문제들에 대한 위험을 감수했기 때문이다. 1만원을 지불하기로 동의한 구매자는 이행 시점까지 시장 가격이 5천원으로 떨어지고 그 싼 가격으로 구매할 수도 있을 것이라는 위험을 감수하고, 판매자는 이행 시점에 시장 가격이 상승하여 더 높은 가격에 상품을 판매할 수도 있을 것이라는 위험을 감수한 것이다. 거래자들 사이에서는 이러한 위험의 할당이 이루어지는 경우가 많다. 당사자들의 위험 할당이 있었다면, 미래를 잘못 추측한 것으로 결과가 나타났다고 하더라도 사실의 착오는 없다.[40)]

나. 취소의 요건

쌍방 당사자가 계약을 체결할 당시에 그 계약에서 바탕으로 하였던 기초적 전제에 관한 착오가 있고, 그것이 합의된 급부의 교환에 중대한 영향을 미치는 경우, 그 계약으로 불이익을 입을 당사자가 특별히 착오의 위험을 감수하지 않은 한, 그 계약은 위 쌍방의 착오를 이유로 취소될 수 있다.[41)] 이를 좀 더 상세히 살펴본다.

가) 기초적 전제

착오는 기본적인 것(basic)으로서 본질 또는 기저(the essence or the root of the matter)에 해당하여야 한다. 이와 관련하여 과거 사례들은 위험의 할당 또는 감수보다 당사자들의 착오의 본질에 집중했다. 대상(subject matter)의 동일성(identity)이나 존재(existence)에 대한 것이어야 하고, 대상의 가치(value)나 품질(quality)에 대한 것은 이에 해당하지 않는다고 보았다.[42)] 학설과 판례는 위와 같은 틀에서 착오사건을 분석하려고 애써왔다. 예를 들어 유명한 Sherwood v. Walker

39) Dobbs(supra note 27), 768.
40) Dobbs(supra note 27), 768.
41) Restatement, §152(1).
42) Dobbs(supra note 27), 772; Farnsworth(supra note 29), 9-27.

판결[43]에서 법원은, 쌍방의 착오가 소의 품질(quality)에 대한 것이 아니라 바로 그 본성(the very nature), 즉 "존재"에 관한 것이라고 인정하여 매도인의 취소주장을 인정하였다. 위 사안의 내용은 Walker가 Sherwood에게 암소 한 마리를 매도하는 계약을 체결하였는데, 계약당시 쌍방이 육우임을 전제로 가격을 정하였으나 후에 Walker가 위 소를 인도하기 전에 그 소가 이미 새끼를 배고 있다는 사실을 발견하고 소의 인도를 거부하면서 계약을 취소하고자 한 것이다. 새끼를 밸 수 있는 소는 불임인 소에 비하여 10배 높은 가격으로 거래되고 있었기 때문이다. 미시간 대법원은 착오가 계약의 성립을 방해했다(prevent formation)고 하면서, Walker의 취소주장을 받아들였다. 법원이 위 착오가 소의 존재에 관한 것이라고 인정한 것은 실용적인 미국인들의 시각을 반영한다. 그들은 송아지를 생산하는 소는 단지 소고기로 사용될 소와는 본질적으로 다르다고 생각하는 것 같다.

그러나 중요한 것은, 쌍방이 행동한 기본적인 가정에 있어서 착오가 있었는지 여부이다.[44] 이는 위험의 할당 또는 감수와도 관련된다. 대상의 동일성이나 존재에 대한 착오에 대하여 취소를 허용하는 것은, 당사자들이 명시적으로 또는 묵시적으로 감수한 위험을 벗어나기 쉽기 때문이다. 계약 당사자들은 공통의 전제로서 공유되는, 그들의 거래에 실질적으로 영향을 미치는 사실이 존재하지 않을 위험을 감수하지 않는다. 상황의 후속적 변화나 계약이 체결되었을 때 알려져 있던 불확실성이 일방 당사자에게 유리·불리하게 결정되는지 여부가 아니라, 당사자들이 그들의 거래를 기초로 한 사실과 상당히 다른 사실의 존재에 의해 일방에게 유리·불리하게 결정되는 것을 허용하지 않는 것이다.[45]

예를 들어, 매매에 있어서 세금은 각 당사자가 고려하는 중요한 요소이다. 만약 세금 책임에 대한 상호간의 잘못된 견해가 그들이 진행했던 기본적인 가정이었다면, 당사자들이 이러한 세금 결과에 대한 그들의 믿음에 착오가 있다는 것은 거래를 취소할 수 있는 근거가 될 것이다.[46] 위 Sherwood v. Walker 사건의 예에서 위 소가 불임인지 여부는 소의 잠재적 사용과 가치에 중대한 영향을 미치기 때문에 기초적 전제에 관하여 쌍방의 착오가 있는 것이고 따라서 취소할 수 있다는 결론에 도달한다.

나) 중대한 영향

만약 착오가 없었더라면 그 계약을 체결하지 않았으리라는 점만으로는 불충분하고, 합의대로 이행하게 되면 불균형이 심각하여 그 이행을 요구하는 것이 불공평할 정도이어야 한다.[47]

---

43) 33 N.W. 919(Mich 1887).
44) Restatement, §152 Comment b; Perillo(supra note 31), 331.
45) Perillo(supra note 31), 332-333; 김학동, 앞의 논문(주 25), 128면.
46) Perillo(supra note 31), 331.
47) Restatement, §152 Comment a, c; 김학동, 앞의 논문(주 25), 129면.

착오가 계약에 중대한 영향을 미치는가를 판단함에 있어서는 수정, 원상회복 혹은 기타의 방법에 의한 구제를 받을 수 있는가 하는 점도 고려된다.[48] 예컨대 착오가 서면화한 합의의 내용이나 효력에 관한 것이고 당사자가 수정명령에 의하여 구제될 수 있으면, 취소는 인정되지 않는다.[49]

다) 위험의 감수

당사자가 착오의 위험을 감수하여야 하는 경우에는, 비록 착오가 있더라도 취소하지 못한다. 일방 당사자가 위험을 감수하는 경우는, (a) 위험이 당사자들의 합의에 의하여 그에게 할당된 경우, (b) 계약체결당시에 착오와 관련된 사실에 대하여 제한된 지식만 가지고 있다는 것을 알고 있지만 자신의 제한된 지식을 충분한 것으로 간주한 경우, (c) 법원이 위험을 그에게 할당하는 것이 정황상 합리적이라고 본 경우이다.[50]

라) 착오자의 과실

착오자에게 과실이 있다는 점은 원칙적으로 착오자의 취소를 방해하지 않는다. 수정명령의 경우도 마찬가지이다. 그러나 과실의 정도가 중하거나 비난받을 만한 정도에 이른 때 -신의에 따라 행하지 않고, 공정한 거래의 합리적인 기준에 부합되지 않을 정도에 이른 때[51]- 에는 취소 등의 구제가 제한될 수 있다.[52]

3) 구제책으로서의 수정

쌍방의 착오에는 계약의 수정(reformation)이 허용되기도 한다. 이것은 표시상의 착오에 대한 것인데, 수정은 당사자들의 실제 합의에 부합하도록 표시(record)를 고치는 것이다. 이는 계약을 무효화시키는 것이 아니라 자신이 계약체결당시 이해했던 내용대로 수정하는 방식으로 이루어진다.[53]

3. 미국법상 부실표시제도

(1) 의 의

미국법상 부실표시(misrepresentation)란, 잘못된 정보의 전달 혹은 사실과 일치하지 않는 언급이라고 정의된다.[54] 미래의 예측이나 의견도 현재의 사실과 관련될 수 있다면 넓은 의미에서

48) Restatement, §152(2), §152 Comment d.
49) Farnsworth(supra note 29), 9-26.
50) Restatement, §154.
51) Restatement, §157.
52) Farnsworth(supra note 29), 9-38.
53) Restatement, §155; Perillo(supra note 31), 342-343.
54) Restatement, §159; Restatement (Second) of Torts, the American Law Institute, 1977, §525 Comment b; 정성헌, 앞의 논문(주 31), 268면.

위 '사실'에 포함될 수 있다.[55] 부실표시는, 당사자 일방이 사실에 관하여 허위의 진술을 하여 상대방으로 하여금 계약을 체결하게 유도하는 경우에 문제가 된다.[56] 우리 민법상의 제도와 견주어 본다면, '사기'와 '착오' 사이의 중간형태 정도로 볼 수 있을 것이다.[57]

미국에서 부실표시의 법리는 보통법, 제정법, 계약법과 불법행위법에서 모두 나타난다. 그 중 계약법은 계약으로부터의 이탈을 중심으로 하여 상대방의 부실표시를 신뢰한 표의자를 보호하는 것을 기본방향으로 한다.[58] 최근 우리나라에서 부실표시에 대하여 관심을 가지는 것은, 유발된 착오의 경우에는 그것이 중요부분의 착오인지, 표의자에게 중대한 과실이 있는지 여부를 불문한다는 점에 있다. 개인적으로는, 부실표시의 경우에 그에 대한 구제책이 매우 다양하다는 점에 관심이 있다. 이와 관계되는 내용을 Restatement를 중심으로 살펴본다.

(2) 부실표시의 유형

부실표시는 i) 사기로 한 부실표시, ii) 선의(innocent)로 한 부실표시, iii) 과실(negligent)로 한 부실표시의 3가지 유형으로 나누어질 수 있다. 미국 불법행위법에 있어서 이 세 가지 유형에 따라 피해자의 구제수단이 다르다. 그러나 계약법상으로는 이러한 구별이 중요하지 않다.[59] 부실표시에 의한 계약을 취소하기 위해서는 부실표시가 사기적이거나 중대한 것이어야 한다. 따라서 ii), iii)을 취소하기 위해서는 일반적으로 부실표시가 중요한 내용이어야 하지만, i)에 있어서는 표시된 사실이 중요하지 않더라도 취소할 수 있다.[60] 그런데 사기적 방법에 의한 경우뿐만 아니라, 선의나 과실에 의한 부실표시에 대해서도 구제를 허용하는 것은, 부실표시를 한 계약당사자의 주관적 요소를 문제 삼지 않고, 부실표시를 신뢰하여 착오에 빠진 당사자의 법적 보호를 중시하는 것이다.[61]

(3) 부실표시의 효과

계약교섭에 있어서 행해진 부실표시의 효과는 선의의 거래상대방에게 어떠한 부실표시가 행해졌는가에 따라 구제책으로서 계약의 무효, 취소, 해제, 수정, 원상회복, 손해배상과 같이 다양하게 나타난다.[62]

계약내용 그 자체(the very nature of the agreement)에 관하여 부실표시가 행해졌다면, 그 계

55) Restatement, §159 Comment c, d; 정성헌, 앞의 논문(주 31), 270-271면.
56) John Cartwright, Misrepresentation, Mistake and Non-Disclosure, (3rd ed., Sweet & Maxwell, 2012), 2-3; Perillo(supra note 31), 307; 정성헌, 앞의 논문(주 31), 274면.
57) 고세일, "미국법상 부실표시 법리에 대한 고찰", 「비교사법」(2017.2), 제24권 제1호, 281면.
58) 명순구, 「미국계약법(제2판)」, (법문사, 2008), 88면.
59) 명순구, 앞의 책(주 58), 88면; 정성헌, 앞의 논문(주 31), 274-275; 고세일, 앞의 논문(주 57), 253-254.
60) Restatement, §162; Perillo(supra note 31), 308-309.
61) Perillo(supra note 31), 309; 명순구, 앞의 책(주 58), 88면.
62) Restatement (Second) of Torts, §549; Cartwright(supra note 56), 20-29; Perillo(supra note 31), 325-329, 346; 명순구, 앞의 책(주 58), 91면; 정성헌, 앞의 책(주 31), 276면.

약은 "무효"이다. 이러한 경우를 "계약 자체에 대한 사기(fraud in the *factum*)"[63]라고 하는데, 계약의 당사자 일방이 타방의 사기로 인하여, 자신의 행위가 가지는 의미에 대한 인식 없이 계약에 동의한 경우가 이에 해당한다.

한편, 부실표시가 계약의 체결을 유도하는 요인으로 사용되고 상대방이 그 부실표시를 신뢰하여 계약을 체결하였는데, 그 신뢰에 합리성이 인정된다면 거래상대방은 선택에 의해 이 계약을 취소할 수 있다. 이를 "유인에 의한 기망(fraud in the inducement)", 즉 계약내용에 있어서의 기망으로서, 대부분의 경우가 여기에 해당한다.[64] 취소 후에도 부실표시자에게 양도했던 물건이 남아 있는 경우에는 그 물건 자체의 원상회복이, 그렇지 않은 경우에는 금전에 의한 배상이 인정된다.

위 계약의 취소는 법원의 결정(court order)이 필요한 것이 아니라 상대방에게 통지(notice)함으로써 행사할 수 있고, 이로써 계약이 소급적으로 효력을 상실한다. 또한 계약의 이행 또는 그 밖의 원인으로 인하여 피해 당사자가 피해에 대한 구제로서 계약의 취소를 이용할 수 없는 경우에, 피해당사자는 법원에 계약의 수정을 청구할 수 있는데, 이러한 구제는 계약서면에 관한 부실표시의 규제에도 이용된다.[65] 계약을 취소할 수 없는 경우에도 손해배상청구권을 부여하는 경우가 있다.

부실표시의 법리에 의하면 착오의 경우보다 손쉽게 계약을 취소하거나 해소할 수 있다. 그렇기 때문에 실제 착오가 존재하는 경우에도 우선적으로 부실표시에 의하여 해결하고자 하고, 부실표시에 의하여 구제되지 못할 경우에 착오를 문제 삼는 경향이 있다.[66]

4. 소 결

대륙법계에서 착오는, 본래 '의사표시에 있어서 표시와 인식의 불일치'로서 동기착오를 포함하지 않는다고 알려져 있었다. 그리하여 동기의 착오를 이유로 하여 의사표시를 취소함에 있어서는 그것을 법률행위의 내용으로 포함시키기 위한 설명이 필요하였고, 더욱이 공통의 동기착오에 대해서는 독일의 주관적 행위기초론이나 법률행위의 보충적 해석 등의 다양한 견해가 주장되었다. 한편 영미법계에서는 착오를 '사실과 일치하지 않는 심리 상태'라고 함으로써 대륙법계에서 말하는 동기의 착오를 포함시키고 있다. 영미법상 취소가 허용되는 쌍방의 착오는 대개 '사람 또는 물건의 성질 기타 당해 의사표시에 관한 사실'을 잘못 인식함으로 인한 동기의 착오가 주를 이루고 있다. 일방 착오는 엄격한 조건 하에서 취소가 허용되지만, 쌍방의 착오는 비교적 쉽게

63) Perillo(supra note 31), 323-324.
64) Cartwright(supra note 56), 128.
65) Perillo(supra note 31), 346; 명순구, 앞의 책(주 58), 92면.
66) Cartwright(supra note 56), 2-3; 정성헌, 앞의 책(주 31), 279-280면.

취소가 허용된다. 쌍방의 착오에 있어서는 어느 쪽도 상대방의 취소주장을 예상할 수 있고, 계약의 실현에 대한 기대가 좌절되는 것은 상대적으로 적기 때문이다. 또한 계약당시 할당되거나 감수한 위험 이상의 것을 강요하는 것은 타당하지 않다는 고려가 쌍방의 착오에 있어서 계약의 취소와 계약의 수정을 허용한다. 이와 같이 계약에서 바탕으로 하였던 기초적 전제의 착오에 대한 취소, 행위기초의 상실에 의한 계약의 수정은 독일의 행위기초론에 상응한다.[67]

근대의 모델법은 위 Restatement와 같은 취지를 입법화하였다. 사법통일을 위한 국제협회(International Institute for the Unification of Private Law; UNIDROIT)의 국제상사계약원칙(Principles of International Commercial Contracts)[68] §3.2.2.(1)(a)와 유럽계약법위원회(Commission on European Contract Law)의 유럽계약법원칙(Principles of European Contract Law; 이하 'PECL'이라 한다)[69] §4:103(1)(a)(iii)은 모두 쌍방의 착오를 계약의 취소사유로 인정하고 있다. 또한 체계적인 유럽계약법의 제정을 돕기 위하여 만들어진 공통참조초안(Draft Common Frame of Reference, 이하 'DCFR'라 한다)[70] II-7:201(1)(b)(ⅳ)도 공통의 착오를 계약의 취소사유로 들고 있다. 보통유럽매매법에 관한 유럽연합의 규칙을 위하여 2011년에 제안된 보통유럽매매법안(Proposal for a Regulation of the European Parliament and of the Council on a Common European Sales Law)[71] §48(1)(b)(ⅳ)에도 같은 취지의 규정이 있다. PECL 4:105와 DCFR Ⅱ-7.203(3)은 공통 착오의 경우에 당사자 일방의 청구에 의하여 법원은 합리적으로 보아 착오가 없었다면 체결되었을 것으로 생각되는 내용으로 수정할 수 있다는 규정도 두고 있다.

한편 영미법에 특유한 제도인 부실표시는 일방의 착오에 이르지 않은 정도의 것에 대하여 계약의 해소를 인정하는데, 쌍방 부실표시라는 개념은 없다. 다만 부실표시는 다양한 법률효과를 부여하고 있다는 점에서, 우리법상 착오에 대한 처리 및 구제방법에 있어서 취소뿐만 아니라 손해배상, 원상회복, 수정 등으로 다양화할 필요성을 재고하게 한다.

Ⅵ. 結

본고는, 송덕수 교수님이 1989년에 발표하신 대상논문의 내용을 살펴보고, 대상논문의 논제

---

67) 박영복, "유럽계약법에 있어서의 의사의 하자", 「외법논집」(외국어대학교 법학연구소, 2009. 2), 제33집 제1호, 57, 80면.

68) 1994년 공포되어 2004년, 2010년, 2016년에 개정되었다.

69) 올 란도·휴 빌(Ole Lando & Hugh Beale) 편, 김재형 역, 유럽계약법원칙 제1·2부(박영사, 2013).

70) Vol. Ⅰ, Christian von Bar & Eric Clive (ed.), Principles, Definitions and Model Rules of European Private Law-Draft Common Frame of Reference(DCFR)(Oxford University Press, 2010).

71) 하경효 외, 「보통유럽매매법」(세창출판사, 2014).

에 관한 당시와 현재 국내 학설·판례의 모습을 비교해 보았다. 이로써 대상논문이 논제의 특수성에 대하여 거의 인식조차 하지 못하였던 당시 국내의 학설·판례에 상당한 반향을 불러일으키고, 대상논제에 대한 많은 연구를 촉발시켰음을 확인할 수 있었다. 2002년 개정된 독일민법은 송 교수님이 주장하신 바와 같은 내용으로 쌍방에 공통하는 동기의 착오에 대하여 제313조 제2항에 주관적 행위기초론에 기한 규정을 두었다. 이로써 송 교수님 주장의 타당성이 입증되기도 하였다. 송 교수님의 대상논문은 후속 연구에도 큰 영향을 끼쳤으며, 송 교수님의 견해는 현재 우리나라에서 존재하는 다양한 견해 가운데 여전히 유력한 학설로 자리잡고 있다.

필자는 미국법상 착오제도로부터의 시사점을 향후 연구방향으로 잡았다. 본고에서는 부실표시를 포함한 착오제도에 대한 간단한 소개에 그치고 말았으나, 미국법은 착오 및 부실표시에 대한 해결책으로서 취소 외에도 계약의 수정이나 취소, 해지, 손해배상 등의 다양한 구제책을 마련하고 있음을 주목할 필요가 있다고 생각한다. 이를 통하여 대상논제를 민법 제109조에 의해서만 해결하려고 하던 종래 우리나라 판례에 대해, 비판적 입장을 취하고 대안을 제시하셨던 송 교수님의 혜안을 다시금 확인할 수 있었음에 의미를 갖고자 한다.

불법원인급여의 체계적 이해*

– 송덕수, "불법원인급여", 후암 곽윤직 선생 고희기념 민법학논총 제2권, 박영사, 1995, 423–454면의 평석을 겸하여 –

안 병 하**

Ⅰ. 들어가며

이 글은 礪岩 송덕수 교수님의 정년을 기리기 위하여 작성되었기에 우선 송덕수 교수님과의 인연에 관한 소개로부터 시작하는 것이 적절해 보인다. 1996년 1학기 대학원 석사과정을 다니고 있을 때 마침 이화여대 인근으로 자취집을 옮기게 되었다. 이를 계기로 당시 "의사표시론", "대상청구권" 등에 관한 논문을 통해 많은 가르침을 주셨던 송덕수 교수님의 대학원 수업을 수강해 보기로 결심하였다. 당시만 하여도 여자대학교의 수업에 남학생 홀로 참가하는 것은 큰 용기를 필요로 하는 것이었지만, 오로지 학문에 대한 순수한 열정(물론 다른 의도가 마음 한편에 작은 소망으로 자리 잡고 있었음을 부정하지는 않겠으나 불행히 아무 일도 일어나지 않았기에 이를 무시해도 상관없으리라)이라는 자기최면으로 未知의 세계에 대한 두려움을 무릅쓰고 송덕수 교수님의 수업에 임하였던 것이다. 교수님을 비롯한 학생들 모두 타 학교에서 온 外地人에게 큰 친절을 베풀어 주셨으나, 교수님의 수업에는 전혀 생각하지도 못했던 不意打가 숨어 있었다. 독일 학자인 한스 브록스(Hans Brox)가 쓴 채권총론 교과서(Allgemeines Schuldrecht)의 손해배상부분에 대한 학생의 번역발표와 교수님의 강평이 강의의 주를 이루는 것이었는데, 그간 경험하였던 다른 講讀강의처럼 자신에게 할당된 부분에 대한 번역만 감당하고 나면 나머지 부분은 다른 학생들의 발표를 들으면서 비교적 여유 있게 수업에 참여할 수 있으리라는 생각은 애초에 크게 잘못된 것이었다. 교수님께서는 –마치 외국어학원의 수업처럼– 매시간 무작위로 학생들을 여러 번 번갈아가며 지명하셔서 몇 줄을 읽게 하고 해석을 시키셨기에 그야말로 수업시작부터 끝까지 참가학생 전원이

---

* 이 글은 「법학논집」 제25권 제4호(이화여자대학교 법학연구소, 2021)(송덕수 교수 정년기념 특집호)에 게재되었다.

** 강원대학교 법학전문대학원 교수, Dr. iur.

긴장의 끈을 놓을 수 없는 방식으로 수업을 진행하셨기 때문이다. 당시에는 만만치 않았지만 이때 다져진 (법학)독일어 기초가 독일유학 시 큰 도움이 되었던 것은 물론이다. 유학을 마치고 2009년에 귀국한 뒤 쑥스러움에 교수님께 제대로 인사조차 드리지 못하였음에도 교수님께서는 먼저 알아보시고 당신의 저작물들을 보내주시는 등 여러 방면에서 조용히 많은 도움을 주셨다. 비록 한 학기, 한 과목의 수강으로 맺어진 인연이지만 그 시간의 長短에 구애되지 않는 큰 學恩을 입은 셈이다. 이것이 교수님의 논문에 대한 평석논문을 쓰게 된 所以이다. 이하에서는 교수님께서 당신의 恩師이신 후암 곽윤직 교수님의 古稀를 기념하는 논문집에 "不法原因給與"라는 제목으로 발표하신 논문[1]의 맥락을 따라가면서 그 주장을 음미하는 동시에 이를 토대로 하여 민법 제746조에 대한 체계적 이해를 도모해 보고자 한다.[2]

Ⅱ. 불법원인급여제도의 의의

1. 불법원인급여제도의 내재적 문제 및 그 해결의 방향[3]

(1) 불법원인급여제도의 양면성-문제의 제기

민법 제746조[4]는 불법의 원인으로 급부(=급여)가 행해지면 급부자는 (비록 그 급부에 법률상 원인이 없다고 하더라도)[5] 수령자에게 그 이익의 반환을 청구하지 못한다고 한다. 다만 불법의 원인이 수익자에게만 있는 경우에는 그 예외로서 급부의 반환청구를 허용하고 있다. 그런데 이와 같은 규정내용은 무엇보다 다음과 같은 근본적인 의문을 불러일으킨다. 즉 급부의 보유를 정당화시키는 법률상 원인은 우리나라에서는 주로 채권 또는 이를 발생시키는 채권행위를 의미하는데,[6] 이러한 원인이 불법성을 띤다면 이에 기초한 급부는 불법을 허용하지 않으려는 법의 일관된 시각에서 볼 때 당연히 행해지지 않은 상태로 환원되는 것이 옳은 것 아닌가? 만약 그렇다면 제746조는 오히려 법이 금지하는 상태를 결과적으로 보전하는 체계적 모순을 내포하고 있는 것

---

1) 송덕수, "不法原因給與", 『민법학논총』 제2권, 후암 곽윤직 선생 고희기념(박영사, 1995), 423-454면.
2) 이제부터는 학문적 글쓰기가 시작되므로 모든 존칭은 생략하기로 한다. 다만, 後學이 先學을 칭할 때 그 성명만을 쓰는 것은 아직 우리의 정서에 맞지 않는 것으로 사료되므로 성명 뒤에 직함을 붙여 쓰도록 하겠다.
3) 송덕수, 앞의 논문(주 1), 424-425면에서는 이 문제를 "불법원인급여제도의 특수성"이라는 題下에서 다루고 있다.
4) 이하에서 法名 없이 인용되는 조문은 민법의 조문이다.
5) 급부에 법률상 원인이 없는 경우 급부자가 수령자에게 제741조의 부당이득반환청구를 할 수 있다는 것은 부당이득법의 기본원칙에 속한다.
6) 우리나라에서는 현실매매의 경우뿐만 아니라 현실증여의 경우에서조차 채권행위가 행해지는 것으로 의제되고 있다. 이에 대해서는 우선 송덕수, 『채권법각론』, 제4판(박영사, 2019), 159, 166면; 지원림, 『민법강의』 제18판(홍문사, 2021), 1437, 1442면 참조.

이 아닌가? 대상논문이 불법원인급여제도가 不正義한 결과를 야기한다는 문제점을 지적하고 있는 것[7] 또한 같은 의문에 근거한 것으로 보인다. 이러한 모순점은 급부의 수령자 또한 불법원인에 기여한 경우, 특히 그가 아직 자신의 급부를 행하지 않은 경우라면 더욱 부각된다. 상대방이 행한 급부는 반환하지 않고서 계속 보유할 수 있으면서도 자신의 급부는 이행하지 않아도 되기에 불법원인을 함께 구성한 자임에도 불구하고 실제로 큰 이익을 누릴 수 있게 되기 때문이다. 이러한 문제점은 급기야 독일에서 불법원인급여제도를 폐지하고 그 대신에 필요한 경우 몰수규정을 늘리자는 급진적인 입법론[8]이 주장되는 계기가 되기도 하였다.

(2) 문제의 유래

그러면 이와 같은 체계적 모순점을 내포하고 있는 불법원인급여제도는 어디에서 유래하는 것일까? 이를 살펴보는 것이 문제해결의 첫 걸음이 될 것이라 생각한다. 원래 불법원인급여제도는 대상논문 426면에서도 잘 설명하고 있듯이 로마법에 뿌리를 둔 것으로 중세보통법을 거쳐 오늘날까지 이어져 내려오고 있다. 다만, 장구한 세월을 거치는 동안 그 기능과 적용범위에 적잖은 변천이 있었음은 쉽게 이해할 수 있는 부분이다. 이러한 변천을 걷어내고 초기 원래의 모습을 살펴보면, 앞서 언급한 내재적 모순이 그리 크게 문제되는 것이 아니었음을 알 수 있다.

제746조가 본문에서 부당이득반환청구권의 배제를 규정하고 있으면서, 그 단서규정으로 불법원인이 수익자에게만 있는 경우에는 다시 부당이득반환청구권을 인정하는 예외를 정하고 있는데, 사실 이러한 규정의 순서는 本末이 顚倒된 것으로 보인다. 왜냐하면 원래 로마법에서는 "목적좌절로 인한 부당이득반환청구권(condictio ob rem)"[9]에 의해, 先行하는 채권관계를 전제로 하지 않고 일정한 목적을 위해 급부가 이루어졌지만 그 목적이 달성되지 아니한 경우 급부자는 자신이 행한 급부의 반환을 청구할 수 있었다. 달리 말하면 급부의 목적이 달성되었다면 그 급부에 선행하는 채권관계가 존재하지 않더라도 급부자는 급부의 반환을 청구할 수 없었다는 것이다. 그런데 이러한 condictio ob rem에 대한 특별규정으로서 이른바 "良俗 또는 法律에 반하는 원인에 기한 급부의 반환청구권(condictio ob turpem vel iniustam causam)"이 인정되었는데, 이에 따르면 비록 급부의 목적이 달성되었다고 하더라도 그 목적이 양속이나 법률에 반하는 것이라면 급부자는 이를 이유로 하여 급부의 반환을 청구할 수 있었다.[10] 논리적으로 보면 급부목적이 양속이나 법률에 반하는 것은 오로지 수령자 때문일 수도 있고, 아니면 오로지 급부자에게 그 원인이

7) 송덕수, 앞의 논문(주 1), 425면.
8) Reeb, Grundproblem des Bereicherungsrechts, 1975, S. 67 f. 참조.
9) 이에 대한 국내 문헌으로는 우선 안병하, "기부금 轉用과 부당이득반환청구 -목적증여와 목적좌절로 인한 부당이득반환청구권을 중심으로", 『동아법학』(동아대학교 법학연구소, 2011), 제51호, 249면 이하 참조.
10) condictio ob rem과 condictio ob turpem vel iniustam causam과의 이러한 관계에 대해서는 Reuter/Martinek, Ungerechtfertigte Bereicherung, 1983, S. 176 참조.

있을 수도 있으며, 마지막으로 兩者 모두와 관련된 것일 수도 있는데, condictio ob turpem vel iniustam causam은 첫 번째 경우를 직접적인 대상으로 하였다.[11] 목적의 불법성이 양자 모두와 관련되는 경우에는 "점유자의 우월적 지위(possessorem potiorem esse)"를 근거로 하여 급부자의 반환청구가 다시 부정되었으며,[12] 명시적 언급은 없었지만 이에 근거하여 그 불법성이 급부자로부터만 기인하는 경우에도 급부자의 반환청구가 배제된다는 것이 당연하게 여겨졌던 것으로 보인다. 급부자에게 불법성이 인정되는 경우, 마찬가지로 불법성이 인정되는 수령자가 급부를 반환하지 않아도 된다면, 불법성과 관련 없는 수령자는 더더욱 급부를 보유할 수 있다고 보는 것이 논리적이기 때문이다.[13] 이렇게 보면 제746조 단서가 오히려 급부 목적의 불법성을 이유로 하여 반환청구를 인정하는 condictio ob turpem vel iniustam causam의 本旨를 규정하는 것이고, 제746조 본문이 그 예외를 규정하는 것이라 할 수 있다.[14]

아무튼 이러한 연혁적 고찰로부터 알 수 있는 것은 원래 불법원인급여제도는 condictio ob rem이라는 특수한 부당이득반환청구권과의 밀접한 관련 속에서 그 특별규정의 예외로 인정되었다는 사실이다.[15] 그러므로 애초의 적용범위는 아주 협소하였고, 앞서 언급한 내재적 문제가 그리 심각한 것으로 여겨지지도 않았던 것이다. 그런데 사람에 대한 신뢰가 점차 견고하게 되고 또 그 신뢰를 보호해주는 제도가 확충됨에 따라 諾成契約이 원칙적인 모습으로 등장하게 되자 점차 대부분의 급부는 당사자간에 미리 성립한 채권관계를 전제로 하여 그로부터 발생한 채권을 변제하기 위한 목적으로 행해지게 되었다. 이에 따라 condictio ob turpem vel iniustam causam의 본래 영역은 점차 확장되는 비채변제(condictio indebiti)에 의해 잠식 되어 그 존재의미를 거의 상실하게 되었으며,[16] 반면 condictio ob turpem vel iniustam causam의 예외로서 급부자에게만 불법성이 있거나 또는 급부자와 수령자 모두에게 불법성이 인정되는 경우 부당이득반환청구권이 배제된다는 원칙은 오히려 condictio ob rem의 영역을 벗어나서 condictio indebiti 등으로 그 적용범위를 넓히게 되었다.[17] 즉 급부의 직접적인 목적인 변제목적 그 자체에는 불법성이 없다

11) 이에 관해서 자세한 것은 Heinemeyer, "§817 BGB und das römische Recht", JZ 2017, 918, 920 참조.

12) Heinemeyer(주 11), JZ 2017, 918, 920; Armgardt, "Die zweite Schenkkreisentscheidung des BGH als Ausgangspunkt für einen Pradigmenwechsel im Hinblick auf die Auslegung von §817 S. 2 BGB", JR 2009, 177, 178 참조.

13) Heinemeyer(주 11), JZ 2017, 918, 921 참조.

14) 이와 같은 본말의 전도를 "불법원인급여는 반환되어야 한다는 데에서 논의를 시작할 수도 있다는 기초에서 제746조의 제도적 성격을 찾아야 한다고 본다."고 완곡하게 표현하고 있는 견해로는 최금숙, "不法原因給與返還의 擴大에 관한 考察", 『한국민법이론의 발전』 제2권, 무암 이영준박사 화갑기념논문집(박영사, 1999), 940면 참조.

15) MüKoBGB/Schwab BGB §817 Rn. 5도 유사한 취지.

16) 무엇보다 Larenz/Canaris, Lehrbuch des Schuldrechts II/2, 13. Aufl., 1994, S. 157 f.참조.

17) 법문의 모습만을 보면 아직도 condictio ob rem에 구속되어 있는 듯이 보이는 독일 민법 제817조 제2문 또한 일반적인 비채변제로 인한 부당이득반환의 경우에도 적용된다는 것이 독일의 다수 견해이다. Koppensteiner/

고 하더라도, 해당 채무를 발생시키는 채권행위의 내용이 공서양속에 반해 무효로 되는 경우까지 이제 부당이득반환청구권이 배제되기에 이른 것이다. 이러한 영역의 확장으로 인해 앞서 본 불법원인급여의 내재적 문제는 심각한 모습으로 다가올 수밖에 없게 되었다.[18] 특히 급부에 先行하는 채권관계를 무효로 만드는 것과 그 무효로 인해 급부자에게 발생하는 부당이득반환청구권을 배제하는 것 사이에 가치의 상충이라는 곤란한 문제가 도사리고 있음이 명백해진 것이다.[19]

이와 관련하여 빼놓을 수 없는 문제는 제746조와 제742조와의 관계이다. 주지하듯이 제742조는 악의의 비채변제시 그 급부의 반환을 부당이득으로 청구하는 것을 배제하고 있는 규정인데, 만일 불법내용으로 인해 무효인 채권행위에 기해 급부를 하는 자가 그 무효임을 알면서도 급부를 한 경우 제742조가 적용되는 것인지 아니면 제746조가 적용되는 것인지 문제가 되는 것이다. 두 조문 모두 급부의 반환을 배제하고 있는 것이기는 하지만 그 취지가 다르고 또 제746조는 제742조와는 달리 단서규정을 두어 급부의 반환을 받을 수 있는 길을 열어두고 있기에 어느 규정이 적용되는가는 실무적으로도 중요한 의미를 가지게 된다. 대상논문은 이와 관련하여 제746조가 우선 적용되어야 한다고 주장하면서[20] 제746조 단서규정의 적용 필요성 외에도 제746조가 제742조보다 고도의 이념을 담고 있다는 것을 근거로 들고 있다. 이러한 입장은 그 결론에서 현재 국내의 다수견해[21]뿐만 아니라, 독일의 그것[22]과도 궤를 같이하는 것으로 방금 살펴본 연혁적 이유에서보아도 타당한 것이라 판단된다.

(3) 문제의 해결방향-목적론적 축소(teleologische Reduktion)

이상 살펴본 바에 따르면, 불법원인급여제도에 내재되어 있는 문제점은 그 적용범위가 지나치게 넓어짐으로 인하여 심화된 것이다. 그렇다면 제746조의 적용범위를 합리적인 범위 내로 제한할 수 있다면 그 문제점을 완전히 없애지는 못한다고 하더라도 적어도 그 심각성을 완화할 수는 있을 것이라 생각된다.[23] 성문법주의를 취하는 법제 하에서 이러한 시도는 어떻게 행해질 수

Kramer, Ungerechtfertigte Bereicherung, 2. Aufl., 1988, S. 62; Wieling, Bereicherungsrecht, 3. Aufl., 2004, S. 36; Loewenheim, Bereicherungsrecht, 3. Aufl., 2007, S. 71; Looschelders, Schuldrecht Besonderer Teil, 6. Aufl., 2011, S. 350; Staake, Gesetzliche Schuldverhältnisse, 2014, S. 56 등 참조.

18) 유사한 취지로 Reuter/Martinek(주 10), S. 176 참조.

19) 특히 이로 인한 문제를 강조하는 견해로 Reeb(주 8), S. 66 참조.

20) 송덕수, 앞의 논문(주 1), 452면 참조.

21) 지원림, 앞의 책(주 6), 1708, 1712면; 양창수/권영준, 『권리의 변동과 구제』 제3판(박영사, 2017), 549면; 편집대표 곽윤직, 『민법주해(17)』(박영사, 2008), 452-453면(박병대 집필부분) 참조. 이에 반대하는 견해로는 명순구, “불법원인급여에 관한 민법 제746조의 규범의미”, 『한일법학연구』(한일법학회, 1997). 제16집, 22-24면 참조.

22) Koppensteiner/Kramer(주 17), S. 61; Wieling(주 17), S. 34; Loewenheim(주 17), S. 66; Looschelders(주 17), S. 348; Harke, Besonderes Schuldrecht, 2011, S. 402; Staake(주 17), S. 51; MüKoBGB/Schwab(주 15), Rn. 9; BeckOK BGB/Wendehorst, §817 Rn. 6 참조.

23) 결론에서 불법원인급여제도의 제한을 불필요한 것으로 보는 입장으로는 Wieling(주 17), S. 36 참조.

있을까? 이하에서는 이에 대해 그 핵심만을 간략하게 살펴보도록 한다.

우리 민법의 입법자들은 앞서 언급한 문제점을 깊이 인식하지 못한 채 그저 당시의 외국법을 참조하여 제746조를 제정한 것으로 보인다.[24] 그렇다면 불법원인과 관련된 모든 급부부당이득에 적용될 수 있는 것으로 규정되어 있는 제746조는 입법자들이 미처 인식하지 못한 지나치게 넓은 文義로 인해 소위 "숨어있는 틈(verdeckte Lücke)"을 지니고 있는 것이라 판단되며,[25] 이로 인한 가치의 부조화를 교정하기 위해 "목적론적 축소"라는 법형성의 기법이 요구된다고 하겠다.[26] 같지 않은 것은 당연히 다르게 다루어야 하는 정의의 이념에 기초하여,[27] 해당 조문이 추구하는 목적을 달성하기 위해 필요한 범위내로 그 의미를 좁히는 작업이 필요하다는 것이다. 특히 불법원인급여제도가 일정한 급부자에게 부당이득반환채권이라는 재산권의 행사를 부정하는 내용의 것이기에 이러한 축소 지향의 법형성은 헌법상 기본권 침해 시 요구되는 비례성의 원칙에도 부응하는 것이라 하겠다.[28] 대상논문 또한 "불법원인급여가 너무 넓게 인정됨으로써 타당성을 결하고 있다고 생각된다."고 하여 그 제한적 적용의 필요성을 강조하고 있다.[29]

그러면 제746조의 의미와 적용범위를 축소하기 위한 기준이 되는 목적이란 무엇인가? 그 구체적 내용을 따지기 이전에 우선 그 목적에 단지 제746조의 규범목적만이 포함되는 것인지 아니면 제746조의 전제가 되는 불법성의 판단근거로 기능하는 다른 금지규범들의 목적도 포함되는 것인지 의문이 제기될 수 있다.[30] 제746조가 그 자체만으로 완결된 내용을 가진 규범이 아니라 그 구성요건 충족 여부의 판단에 다른 규범의 개입이 필수적으로 요구되는 규정이라는 점을 생각한다면 여기서 요구되는 목적론적 축소의 기준으로 단지 제746조 규정 그 자체의 형식적 목적만이 아니라 불법성 인정의 원인이 되는 다른 규정들에 포함된 금지의 실질적 목적 또한 함께

24) 명순구, 『실록 대한민국 민법 3』(법문사, 2010), 778면을 보면 이 조문의 제정 시 그 내용이나 적용범위에 대하여 아무런 논의가 없었음을 알 수 있다.

25) 예컨대 생존의 기초가 되는 재산의 처분행위는 반사회적 행위로서 제103조에 의해 무효로 된다고 함이 판례(대법원 1970. 3. 31. 선고 69다2293 판결)와 다수의 견해인데(여기서는 단지 송덕수, 『민법총칙』 제4판(박영사, 2018), 208면; 지원림, 앞의 책(주 6), 199면 참조), 제746조에 의하면 이러한 처분행위가 이루어진 경우 처분자는 처분된 재산을 받을 수 없게 되는 모순이 생기게 된다. 이 같은 결과는 제746조의 법문이 가진 숨겨진 틈으로 인해 초래되는 것이다.

26) "숨어있는 틈"이나 "목적론적 축소"의 의미에 대해서는 Larenz, Methodenlehre der Rechtswissenschaft, 6. Aufl., 1991, S. 391; Meier/Jocham, "Rechtsfortbildung-Methodischer Balanceakt zwischen Gewaltenteilung und materieller Gerechtigkeit", JuS 2016, 392, 394, 395 참조.

27) Larenz에 따르면 법형성의 기법 중 유추는 같은 것을 같게 다루라는 정의의 내용에 기초한 것인 반면, 목적론적 축소는 다른 것을 다르게 다루라는 정의의 내용에 기초한 것이라 한다. Larenz(주 26), S. 392 참조.

28) 유사한 시각으로 최봉경, "불법원인급여 -민법 제746조 본문의 해석과 적용기준을 중심으로-", 『비교사법』(한국비교사법학회, 2006), 제13권 제3호, 203면 이하 참조.

29) 송덕수, 앞의 논문(주 1), 425면 참조.

30) 이러한 의문은 비교적 근래 발표된 Klöhn, "Die Kondiktionssperre gem. §817 S. 2 BGB beim beidseitigen Gesetzes- und Sittenverstoß", AcP 210 (2010), 804, 820 f.에서 오로지 독일 민법 제817조 제2문의 목적만을 고려하여야 한다고 주장함으로써 비로소 촉발되었다.

고려되는 것이 타당하리라 생각된다. 다만, 이 규정들의 목적은 저마다 다를 것이므로 여기서 함께 다루기에는 적합하지 아니하기에 이하에서는 일반론으로서 제746조의 목적이 과연 무엇인지 살펴보기로 한다.

2. 불법원인급여제도의 목적

대상논문에서도 자세히 밝히고 있듯이 당시 우리나라에서는 이른바 "법적 보호거절설"이 다수설의 태도였으며 동시에 판례의 태도이기도 하였다.[31] 그리고 대상논문 스스로도 비록 법적 보호거절설에 내포된 "지나친 결벽감"에 경계를 표하기는 하였지만 결론에서 다수설에 찬동하고 있다.[32] 이 견해에 따르면 스스로 불법을 행하여 법질서 밖으로 나간 자는 그 불법의 결과를 청산하는 것과 관련하여 법의 보호를 요구할 수 없다고 한다. 즉 제746조가 불법원인급여의 반환청구를 배제하고 있는 것은 급부자에게 법의 보호를 거절하는 취지라는 것이다. 물론 희소한 司法資源을 낭비하지 않는다는 측면에서는 법적 보호거절설에 어느 정도 이해되는 측면이 있는 것은 사실이다. 하지만 法治의 사고가 널리 퍼진 오늘날 법 스스로 법의 보호를 거절한다는 것에는 좀 더 세심한 근거가 필요할 것으로 보인다. 오히려 스스로 강행법규를 위반한 자라 하더라도 이를 이유로 하여 법률행위의 무효를 주장할 수 있다고 하거나[33], 고의의 불법행위를 한 자도 상대방의 과실상계를 주장할 수 있는 여지는 얼마든지 있다고 하는[34] 우리 판례의 태도와 비교해 보면 유독 불법원인에 기한 급부를 했다는 이유만으로 그에게 법적 보호를 거절하는 것은 지나친 감이 없지 않다. 그러므로 이 견해를 완전히 배척할 필요는 없다 하더라도 그러한 법의 태도에 좀 더 강한 설득력을 부여할 수 있는 근거가 필요할 것으로 보인다.

카나리스(Canaris)는 그러한 근거를 일반예방(Generalprävention)에서 찾고 있는데,[35] 이러한 그의 견해는 오늘날 독일[36]에서뿐만 아니라 우리나라[37]에서도 유력한 것으로 받아들여지고 있다. 공서양속에 반하는 법률행위에 형벌이나 행정벌 또는 손해배상 등의 제재가 가해지는 경우도 있지만 그렇지 않은 경우도 많으며, 또한 법률행위의 당사자가 이러한 제재를 감안하더라도

31) 송덕수, 앞의 논문(주 1), 427-428면 참조. 이 견해는 또한 종래 독일의 다수설이기도 하다(예컨대 Reuter/Martinek(주 10), S. 206 f.; Koppensteiner/Kramer(주 17), S. 63; Wieling(주 17), S. 36; Loewenheim(주 17), S. 70; Esser/Weyers, Schuldrecht Ⅱ/2, 8. Aufl., 2000, S. 70 참조).
32) 송덕수, 앞의 논문(주 1), 429면.
33) 예컨대 대법원 2020. 8. 27. 선고 2016다26198 판결 참조.
34) 예컨대 대법원 2020. 9. 3. 선고 2015다230730 판결 참조.
35) Larenz/Canaris(주 16), S. 162 f. 참조.
36) Armgardt(주 3), JR 2009, 177, 179; Klöhn(주 30), AcP 210 (2010), 804, 817 f.; Looschelders(주 17), S. 349; MüKoBGB/Schwab(주 15), Rn. 10 참조.
37) 명순구, 앞의 논문(주 21), 6면; 최봉경, 앞의 논문(주 28), 176면; 편집대표 곽윤직, 앞의 책(주 21), 448-449면; 양창수/권영준, 앞의 책(주 21), 560면 참조.

그로 인한 불이익보다는 얻을 수 있는 이윤이 더 크기 때문에 불법의 법률행위를 하는 경우가 점점 많아지고 있다는 점을 생각한다면 예방의 필요성을 부정하기는 어려우며, 이를 위해 필요하다면 부당이득반환청구권을 인정하지 않는 것 또한 정당화될 수 있다는 것이다. 특히 법의 보호가 부여되지 않는다면 서로에 대한 불신 때문에 불법목적의 법률행위가 성립하거나 이행되는 것이 어려울 터인데 이와 달리 불법원인급여에 대해 부당이득반환청구권이 인정된다면, 그 급부자에게는 법률행위의 무효로 인해 불법목적이 달성되지 않는 최악의 경우에도 최소한 자신이 행한 급부의 반환이 보장되는 결과로 되어 불법목적의 법률행위가 억제되기는 어려울 것이다.[38] 따라서 앞서 본 법적 보호거절설이 제746조의 표면적 현상에 초점을 맞춘 것이라면, 일반예방설은 그러한 법적 보호거절이라는 현상의 근저에 놓인 사고를 보다 깊이 탐구하고 있는 것이라 하겠다. 이렇게 보면 두 학설은 相補의 관계에 있는 것으로 서로 배척할 것은 아니다.

이와 같이 제746조의 목적을 "예방을 위한 법적 보호거절"에 둔다면, 제746조는 그것이 적용됨으로 인해 예방의 효과가 효과적으로 발휘될 수 있는 경우에만 적용되어야 하는 것으로 일차적 제한을 받게 된다. 이와 관련하여 주의할 점은 예방사고에 내재되어 있는 狂暴의 위험성이다. 지난 날 일반예방이라는 미명하에 지나치게 가혹한 비인간적인 형벌이 시행되었음은 공지의 사실이다. 예방목적설을 오래 전에 주장되었던 私刑罰說과 동일시하는 견해[39]는 아마도 그러한 경험에서 예방과 私法은 어울릴 수 없는 것이라 판단하고 있는 듯하다. 그렇지만 예방사고 그 자체는 형법의 專有物이 아니며 私法인 손해배상법이나 보험법 등에서 현재 왕성히 활동하고 있는 것이다. 그러므로 예방이라는 단어를 백안시할 필요는 없다. 다만 앞서 언급한 광포의 위험을 방지하기 위해 책임과의 비례성을 잊어서는 안 될 것이다.[40] 특히 제746조는 급부의 가치 여하를 불문하고 일률적으로 급부 전부의 반환이라는 매서운 내용을 가진 것이기에 급부자의 책임성을 고려하지 않고서 이를 적용하게 되면 급부자는 일반예방의 수단으로 전락하게 될 뿐이다. 따라서 앞서 언급한 예방목적에 기한 1차적 제한에 급부자의 책임성과의 비례라는 2차적 제한이 부가되는 것이 마땅하다. 결국 제746조에 대한 목적론적 축소의 기준은 -일단 논외로 한 개별 금지규정의 목적을 차치하면- 불법목적 법률행위의 예방 및 급부자 책임과의 비례성으로 귀결된다고 하겠다. 이를 염두에 두고서 불법원인급여제도의 요건과 효과에 대해 살펴보기로 한다.

---

38) 이러한 관점에 대해서는 Klöhn(주 30), AcP 210 (2010), 804, 841 ff. 참조.

39) 예컨대 최금숙, 앞의 논문(주 14), 942면 참조.

40) Canaris 또한 이 점을 강조하고 있다(Larenz/Canaris(주 16), S. 163 참조). 일반예방설을 비판하면서 책임원칙에 반하는 점을 부각시키는 견해로는 Schmidt-Recla, "Von Schneebällen und Drehkrankheiten-Vergelichende Überlegungen zur Restitutionssperre des §817 S. 2 BGB", JZ 2008, 60, 64 참조.

Ⅲ. 불법원인급여의 요건

제746조의 법문상 요구되는 요건은 먼저 (ⅰ) 급부가 행해졌을 것, (ⅱ) 그 급부의 원인이 불법일 것, (ⅲ) 불법이 급부자에게만 인정되거나 아니면 급부자와 수령자 모두와 관련될 것(즉 불법이 오로지 수익자와만 관련된 것이 아닐 것), 이렇게 세 가지이다. 그러나 이들 외에도 (ⅰ) 부당이득반환청구권의 배제가 개별금지법규의 규범목적에 부합할 것, (ⅱ) 부당이득반환청구권의 배제가 예방의 효과를 효율적으로 발휘할 것, (ⅲ) 급부자에 대한 비난가능성에 비해 부당이득반환청구권의 배제가 과도한 재산권의 침해로 되지 않을 것 등이 위에서 정당화된 목적론적 축소를 위해 별도로 요구된다.

1. 법문상의 요건

(1) 급부-급부의 종국성 및 직접성 문제

앞서 언급한 바와 같이 불법원인급여제도는 condictio ob rem의 영역을 떠나 이제 모든 급부부당이득에 적용되는 것이므로 여기서의 급부(=급여)개념 또한 급부부당이득에서의 그것과 다르지 아니하다. 그러므로 “의식적이고 목적지향적으로[41] 타인에게 재산적 이익을 주는 행위”로 정의할 수 있다.[42] 대상논문 또한 “급부자의 의사에 의한 재산적 가치가 있는 출연”을 의미하는 것이라고 보아[43] “목적지향성”을 결하고 있는 점만을 제외한다면[44] 대체로 동일한 입장에 서 있다. 아무튼 제746조가 불법원인의 “급부”의 반환을 배제하는 내용을 담고 있는 것이기에 반환이 거부되는 급부는 어떠한 것이어야 하는지가 우선 문제로 된다. 이와 관련하여 대상논문은 당시의 다수설 및 판례에 부응하여 “종국적인 급부”만이 제746조에 의해 반환이 금지되는 것이라는 견해를 피력하고 있다.[45] 그리하여 저당권, 가등기담보 등의 담보권 설정이나 단순한 채무의

41) 급부의 목적은 일단 간단히 변제의 목적(solvendi causa), (채권관계가 선행하지 않는) 증여의 목적(donandi causa), 의무 없는 특정행위를 하게 할 목적(ob rem)으로 나누어볼 수 있다(이러한 분류는 Wieling(주 17), S. 15 ff.: Esser, Schuldrecht, 2. Aufl., 1960, S. 777 참조). 급부의 목적에 대해 보다 깊은 이해를 위해서는 Ehmann(안병하 역), “Causa 이론에 대하여”, 『강원법학』(강원대학교 비교법학연구소, 2017), 제52권, 627면 이하 참조.

42) 여기서는 단지 김형배, 『사무관리 · 부당이득』(박영사, 2003), 91면 참조.

43) 송덕수, 앞의 논문(주 1), 437면.

44) 우리나라의 민법해석학에서는 “변제의 목적” 이외의 다른 목적은 별 의미가 없기에(앞서 본 바와 같이 현실증여에서조차 채권행위가 의제되므로 donandi causa가 인정될 여지가 아예 없고, 동기와 조건 사이에 자리매김할 수 있는 목적이라는 개념을 인정하지 않는 한 datio ob rem이 인정될 여지도 거의 없기에 그러하다), 급부의 개념에서 “목적지향성”을 언급하지 않는 것이 (다수 당사자들 중에서 누구와 누구 사이에 급부관계가 인정되는 것인가라는 문제를 다루는 경우를 제외하고는) 제746조와 관련해서는 그리 큰 흠으로 되지는 않을 터이다.

45) 송덕수, 앞의 논문(주 1), 438면.

부담은 여기의 급부에 해당하지 아니한다고 하며, 또한 부동산물권의 경우 등기, 동산물권의 경우 인도가 행해지지 않는 한 아직 종국적인 급부가 행해지지 않은 것이라 한다.[46] 대상논문이 열거하고 있는 경우와 같이 종국적인 급부가 아니기 때문에 그 급부로 인한 이익이 수령자에게 완전히 귀속되기 위해서 별도의 후속조치가 필요한 경우라면, 그와 같은 후속조치는 바로 법이 원하지 않는 불법의 상태를 완성하는 의미를 가지는 것이므로 법이 이에 조력하는 것은 법질서의 자기모순을 드러내는 것으로 된다.[47] 그러므로 대상논문의 주장은 극히 타당하다.

다만, 대상논문이 판례[48]와 같이 양도담보의 설정은 제746조의 급부에 속한다고, 따라서 그 반환이 불가한 종국적인 것으로 보고 있는 점[49]에는 비록 국내의 다수견해가 그에 동의하고 있다 하더라도[50] 선불리 따르기가 어렵다. 물론 후속조치가 필요 없다는 종국성의 측면에서만 바라본다면 대상논문의 입장에도 어느 정도 일리가 있다. 이미 소유권이전등기나 인도가 행해져 있기 때문에 양도담보권자에게 소유권이 귀속되기 위해 별도의 후속조치가 필요 없는 경우가 많을 것이기 때문이다. 하지만 가등기담보 등에 관한 법률이 적용되는 양도담보의 경우에는 소유권귀속을 위해 청산절차가 반드시 요구되고[51] 만약 담보권자가 이를 이행하지 않는 경우에는 설정권자에게 청산금지급청구권 등이 발생하여 이를 訴求하여야 하는 경우도 있을 수 있기 때문에 양도담보의 설정을 후속조치가 필요 없는 종국적인 급부로 보는 것에는 논리의 틈이 생긴다.[52] 게다가 제746조에 의해 반환이 거부되는 급부는 해당조문의 취지를 생각할 때에 종국성 외에도 불법원인과 직접적인 관련성을 가진 것이어야 한다. 즉 제746조가 예방하려는 불법성이 직접 각인되어 있는 급부여야 한다는 것이다.[53] 일반적으로 담보설정계약 그 자체가 불법성을 띠는 경우는 거의 없고, 통상적으로 피담보채권을 발생시키는 계약이 불법성을 띠는 경우가 많다. 만약 이와 같은 경우라면, 피담보채권을 변제하기 위한 급부 그 자체는 당연히 불법원인과 직접적인 관련을 가진 것이지만, 그것에 대해 담보를 제공하는 것은 그 자체로 불법성을 띠는 것은 아니라 하겠다. 그러므로 불법원인을 직접 토대로 한 급부가 아닌, 불법원인과 간접적으로 관련되어 있을 뿐인 담보제공은 제746조에 기해 반환이 거부되는 급부의 범주에 들어갈 성질의 것이 아니라

46) 송덕수, 앞의 논문(주 1), 438-440면 참조.
47) 유사한 취지로 편집대표 곽윤직, 앞의 책(주 21), 483면; 김형배, 앞의 책(주 42), 145면; MüKoBGB/Schwab(주 15), Rn. 77 ff.; BeckOK BGB/Wendehorst(주 22), Rn. 18 f. 참조.
48) 대법원 1989. 9. 29. 선고 89다카5994 판결 참조.
49) 송덕수, 앞의 논문(주 1), 439면 참조.
50) 예컨대 편집대표 곽윤직, 앞의 책(주 21), 485면; 지원림, 앞의 책(주 6), 1712면 참조.
51) 동법 제4조 제2항 참조.
52) 편집대표 곽윤직, 앞의 책(주 21), 485면에서는 담보 실행 그 자체에 국가의 조력이 필요 없다면 청산금지급과 같은 부수적인 문제는 무시해도 괜찮다고 하는데 왜 그러한지 이해하기 어렵다.
53) 급부와 불법간의 직접관련성에 대해서는 Reuter/Martinek(주 10), S. 223 f.; MüKoBGB/Schwab(주 15), Rn. 44 ff. 참조. Larenz/Canaris(주 16), S. 165에서는 "법률 또는 양속위반과의 등가적 성격(Cahrakter eines Äquivalents für den Gesetzes- oder Sittenverstoß)"이라는 표현을 쓰고 있다.

고도 할 수 있다.[54] 앞서 말한 양도담보의 종국성에 대한 의문과 이와 같은 불법성과의 직접관련성에 대한 의문 외에도, 양도담보 설정 시 행해지는 소유권이전등기나 점유개정은 당사자의 의사에 따를 때 단지 담보라는 일시적 목적을 위해 행해지는 것일 뿐 소유권을 담보권자에게 종국적으로 귀속시킬 목적으로 행해지는 것이 아니라는 점을 생각한다면, 다른 담보방법과 형평을 기한다는 측면에서도 양도담보로 제공한 권리 또한 반환받을 수 있다고 함이 타당하리라 생각된다.[55]

(2) 불법원인-불법개념의 道具性?

① 원인의 개념

대상논문은 여기서의 원인이 무엇을 가리키는 개념인가와 관련하여 "급부가 선행하는 법률행위에 기하여 행하여지는 경우에는 그 법률행위가 급부의 원인이고, 선행하는 법률행위 없이 행하여지는 경우에는 그 급부에 의하여 달성하려고 하는 사회적 목적이 급부의 원인이라"고 한다. 이와 같은 대상논문의 설명은 종래 국내의 문헌에서 별 異論 없이 받아들여지고 있던 것인데,[56] 과연 우리나라에서 채권행위가 선행하지 않는 급부가 존재할 수 있는지 의문이다. 앞서 설명한 바와 같이 뇌물의 제공과 같은 현실증여의 경우에도 채권행위가 동시에 행해지는 것으로 의제하고 있으며, 채권관계가 전혀 존재하지 않는데도 급부자가 착오로 인하여 변제의 목적으로 급부를 했다면 급부자가 존재하는 것으로 오인한 바로 그 채권행위가 그러한 급부의 원인으로 될 것이기 때문이다. 그러므로 condictio ob rem을 정식으로 인정하고 있지 않는 국내문헌에서 선행하는 법률행위 없이 급부가 행하여지는 경우에 그 급부의 목적이 원인이 된다고 설명하는 것은 마치 몸에 맞지 않는 옷을 내어주는 듯한 느낌을 가지게 한다. 사실 부당이득법에서 "법률상 원인"이 무엇인지에 대해서는 객관설과 주관설의 대립이 있으며, 주관설에 따르면 급부에 채권행위가 선행하든 하지 않든 그 급부의 목적 달성이 법률상 원인을 이루게 되는 것인데, 본고에서는 이와 관련된 논의는 생략하기로 한다.[57]

② 불법의 개념

다음으로 살펴 볼 문제는 제746조에서 언급하고 있는 "불법"의 의미인데, 대상논문은 이와 관련하여 아주 큰 시사점을 주고 있으며, 또한 실제로도 국내논의에 강한 영향력을 미쳤다. 당시는 물론 현재까지 제746조의 "불법"이 무엇인지에 관해서는 의견이 분분하다. 그 이유는 국내에

---

54) Reuter/Martinek(주 10), S. 224 참조. 이와 달리 담보의 제공을 이행의 예비나 이행의 소극적 형태로 보아 피담보채권의 급부와 불법성을 공유하는 것으로 볼 수도 있다고 하는 견해로는 MüKoBGB/Schwab BGB(주 15), Rn. 80 참조.

55) 결론에서 同旨로 최금숙, 앞의 논문(주 14), 962면 참조.

56) 이와 관련해서는 곽윤직 편집대표, 앞의 책(주 21), 480면 및 각주 158에 인용된 문헌을 참조.

57) 급부의 목적달성을 causa로 보고 있는 견해로 우선 Esser(주 41), S. 777 참조. 법률상 원인과 관련된 객관설과 주관설의 대립과 관련해서 알기 쉬운 설명으로는 우선 Kupisch, "Zum Rechtsgrund i. S. des §812 BGB bei Erfüllung", NJW 1985, 2370, 2371 ff. 참조. 여기서 Kupisch 자신은 객관설을 따른다.

서 제746조의 적용범위 제한을 주로 그 구성요건인 "불법"의 개념을 제한함으로써 이루려 하였고,[58] 따라서 제746조 적용범위 제한의 구체적 정도에 대한 견해의 차이가 "불법" 개념의 廣狹의 차이로 나타났기 때문이다. 그 중에서 대상논문은 오로지 "선량한 풍속의 위반"만을 제746조의 불법으로 보면서[59] 가장 좁은 시각을 제시하고 있다.[60]

국내에서 제시된 각 견해들에 대해서는 대상논문[61]을 제외하더라도 기존의 문헌에서 자세히 다루고 있으므로[62] 본고에서 이를 굳이 되풀이할 필요는 없어 보인다. 그러므로 곧바로 독자적 견해의 피력으로 돌입하고자 한다. 임의규정의 개념을 法定하고 있는 제105조의 반대해석상, (실질적) 민법상의 강행규정은 "선량한 풍속 기타 사회질서에 관계있는 규정"으로 정의될 수 있다. 따라서 제746조의 불법을 제103에 대응시켜 "공서양속에 위반하는 것"으로 이해하면서도 경우에 따라 (실질적) 민법상 강행규정의 위반을 불법으로 보지 않는 다수설 및 판례[63]의 태도는 상식에 어긋나는 것으로 비판받아 마땅하다.[64] 국내의 견해들이 간과하고 있는 것은 제746조의 불법에 해당한다고 하여 무조건 급부반환 거부라는 법률효과가 발생하는 것은 아니라는 점이다.[65] 앞서 이미 살펴 본 급부의 종국성과 직접성이라는 요건 외에도 비록 법문에 규정되어 있지는 않지만 아래에서 보듯이 목적론적 축소의 관점에서 부가적으로 요구되는 요건들이 존재한다는 점을 인식한다면, 여기서의 불법개념을 너무나도 부자연스러운 개념으로 만들 필요가 없다.[66] 그러므로 여기서의 불법을 (실질적) 민법상의 강행규정에 대한 위반을 모두 포함하는 공서

58) 이러한 목적은 정상현, "민법 제746조 불법의 의미에 대한 일고찰", 『민사법학』(한국민사법학회, 2001), 제19호, 186면; 명순구, 앞의 논문(주 21), 15면에 잘 나타나 있다.

59) 송덕수, 앞의 논문(주 1), 433-434면 참조.

60) 정상현, 앞의 논문(주 58), 188-190면도 이에 동조하고 있음.

61) 송덕수, 앞의 논문(주 1), 430-432면 참조.

62) 예컨대 편집대표 곽윤직, 앞의 책(주 21), 470-473면; 정상현, 앞의 논문(주 58), 171-174면; 최금숙, 앞의 논문(주 14), 946-950면; 백경일, "불법원인급여반환금지규정의 적용제한에 관한 비판적 고찰", 『재산법연구』(한국재산법학회, 2013), 제29권 제4호, 248-255면 참조.

63) 예컨대 부동산 실권리자명의 등기에 관한 법률은 분명 실질적 민법에 속하는 강행규정임에도 불구하고 근래 대법원은 전원합의체 판결로써(대법원(전) 2019. 6. 20. 선고 2013다218156 판결) 이에 위반한 명의신탁의 불법성을 부정하는 취지를 밝혔다.

64) 유사한 견해로 백경일, 앞의 논문(주 62), 251면 참조. 강행규정이 제103조와 관계되지 않는다고 보면 그 강행규정에 위반한 법률행위가 무효로 되는 이유를 찾기가 어렵다는 견해(명순구, 앞의 논문(주 21), 14면)도 참조할 만하다.

65) 그래서 독일에서는 우리의 제746조에 대응하는 독일 민법 제817조의 "법률에 의한 금지(gesetzliches Verbot)"가 법률행위 무효의 근거가 되는 독일 민법 제134조의 그것과 다른 개념이라는 견해는 전혀 주장되고 있지 않다. 즉 "불법"개념을 조작함으로써 제817조의 적용범위를 조정하려는 시도는 행해지지 않는다는 것이다.

66) 하지만 우리 대법원은 다음과 같이 판시하여 제746조의 "불법"을 일반적인 개념으로부터 너무나 괴리시키고 있다: "여기서 말하는 '불법'이 있다고 하려면, 급부의 원인이 된 행위가 그 내용이나 성격 또는 목적이나 연유 등으로 볼 때 선량한 풍속 기타 사회질서에 위반될 뿐 아니라 반사회성·반윤리성·반도덕성이 현저하거나, 급부가 강행법규를 위반하여 이루어졌지만 이를 반환하게 하는 것이 오히려 규범 목적에 부합하지 아니하는 경우 등에 해당하여야 한다."(대법원 2017. 3. 15. 선고 2013다79887, 79894 판결). 이와 같은 내용은

양속 위반으로 개념지운다고 하여도 제746조의 지나친 확대적용의 우려는 발생하지 않는다.

반면 오늘날 입법이 풍성해짐에 따라 선량한 풍속에 의해 규율되던 영역도 어느덧 법률에 의해 구속되는 영역으로 편입되는 현상이 다반사인 점을 생각한다면 대상논문과 같이 선량한 풍속의 위반만을 불법으로 보는 것 또한 장기적 안목에서 볼 때 제746조의 적용범위를 지나치게 제한하는 족쇄로 작용할 수 있음을 지적하지 않을 수 없다. 제746조가 많든 적든 제103조와 관련을 맺는 것이라고 보는 한 제746조의 불법을 제103조의 "선량한 풍속 기타 사회질서"에 위반하는 것이라고 봄이 가장 타당하며 이에는 당연히 (실질적) 민법상의 강행규정이 포함된다고 하겠다.[67]

(3) 급부자와 불법원인의 관련-급부자와 수령자의 불법성비교?

제746조는 단서에서 불법원인이 수익자에게만 있는 경우에는 급부의 반환청구를 허용하고 있다. 그러므로 불법원인급여를 이유로 하여 부당이득반환청구가 배제되기 위해서는 어떠한 경우에도 급부자가 불법원인에 가담하고 있어야 한다. 그런데 불법성이 급부자에게만 인정되는 경우에는 별 문제가 없겠지만, 만약 급부자와 수령자 모두 불법에 참여하고 있고, 그것도 後者의 기여도가 前者의 그것에 비해 현저히 큰 경우, 이때에도 급부자에게 불법성이 인정된다고 하여 불법원인급여제도를 적용할 수 있을까? 우리 판례는 이른바 "불법성비교론"을 주장하면서 이를 부정하고 있다.[68] 이 또한 제746조의 적용범위를 되도록 제한하려는 취지에서 주장되는 것으로 보이나 그러한 목적달성에 적합한 수단은 아닌 것으로 판단된다.[69]

대상논문 또한 불법성비교론을 강하게 비판하고 있다.[70] 너무나도 현저하게 수령자의 불법성이 크다면 제746조 단서에 포섭될 수도 있으며, 반대로 양자의 불법성의 차이가 그리 크지 않은 경우에는 제746조의 본문을 死文化시킬 위험이 있다는 것을 이유로 한다. 이에 덧붙여 몇 가지 근거를 더 보충하자면 다음과 같다. 아래에서 보듯이 제746조의 적용 여부는 급부자에 대한 비난가능성(책임성)과의 비례성을 고려하여 최종적으로 결정되는 것이기에 급부자의 부당이득반환청구권을 박탈하는 것이 정당화될 만한 정도의 불법이 인정되는 한 제746조는 적용되는 것이고 그 불법의 크기가 수령자의 그것과 비교하여 더 큰가 더 작은가라는 것은 전혀 본질적인 문

불법의 개념이 아니라, 후술할 금지규정의 목적과의 부합 및 급부자에 대한 비난가능성과의 비례성 등과 같은 요건에 대한 설명으로 이루어져야 할 것이다.

67) 결론에서 같은 취지로 지원림, 앞의 책(주 6), 1713면 참조.

68) 대법원 1993. 12. 10. 선고 93다12947 판결; 대법원(전) 2019. 6. 20. 선고 2013다218156 판결 참조.

69) 반대로 불법성비교론을 결과적으로 옹호하는 입장으로는 박병대, "불법원인급여의 판단기준에 관한 구조분석", 『저스티스』(한국법학원, 2003), 통권 제76호, 98-101면 참조.

70) 송덕수, 앞의 논문(주 1), 444-446면 참조. 불법성비교론을 선불리 도입한 대법원 1993. 12. 10. 선고 93다12947 판결을 비판하고 있는 송덕수, "민법 제746조의 적용에 있어서 불법성의 비교", 『민사판례연구(XVIII)』(민사판례연구회, 1996), 347-349면도 참조.

제가 아니다. 즉 급부자의 불법이 단독으로 심사되는 것이지 수령자와의 비교불법이 검토되는 것은 아니라는 것이다.71) 또한 급부자와 수령자의 불법성을 비교하기 위해 그들의 모든 사정을 종합적으로 고려하는 이익형량을 행하는 것은 애초 제746조의 목적으로 거론된 법적 보호 거절설에 내재된 희소한 사법자원의 절약이라는 취지와도 맞지 않는다. 모두 나쁘지만 어느 쪽이 덜 나쁘고 어느 쪽이 더 나쁜지 구별하는 작업은 적어도 불법원인급여제도와 관련해서는 별 의미 없이 법원의 부담만 가중시킬 뿐이다.72)

2. 목적론적 축소를 위한 不文의 요건

앞에서 이미 746조는 목적론적 축소라는 방법에 의해 그 적용범위가 제한될 필요가 있음을 밝혔는데, 이러한 법형성이 법관의 恣意에 좌우되지 않도록 하기 위해서는 그 기준이 제시될 필요가 있다. 아래에서는 이러한 기준들에 대해 살펴보도록 한다. 비록 앞서 살펴 본 제746조 법문상의 요건이 충족된다고 하더라도 아래의 기준들을 충족하지 못한다면 제746조는 적용되지 않는다.73)

(1) 개별금지규정의 규범목적

먼저 자주 언급되는 기준으로, 해당 법률행위에 불법성을 부여하는 개별 금지규범(선량한 풍속과 강행규정을 포함) 그 자체의 목적을 들 수 있다.74) 이들 규범들에 의해 급부의 원인이 된 법률행위가 무효로 되고 따라서 해당 급부에 법률상 원인이 없는 상태가 발생하므로 이러한 상황을 어떻게 처리할 것인지는 1차적으로 이들 규범들에게 맡겨져 있는 것이다. 만약 그러한 규범이 선량한 풍속이라면 그에 내재된 법공동체의 선량한 의사가, 만약 그러한 규범이 강행규정이라면 입법자의 의사가 가리키는 방향이 바로 급부가 향할 곳이라 하겠다. 이러한 의사가 명확하게 언급되어 있지 않다면, 대체로 해당 규범의 목적으로부터 그러한 의사를 도출할 수 있을 것이

71) 비록 수익자의 불법을 대상으로 하는 것이어서 초점의 차이는 있지만 유사한 취지로 백경일, 앞의 논문(주 62), 257면도 참조: "우리 민법은 불법원인급여의 적용제한사유로서 '수익자의 일방적 불법(Der einseitige Empfängerverstoß)'만을 규정할 뿐 '수익자의 상대적 불법'을 규정하지는 않고 있다."

72) 불법원인급여와 관련하여 당사자간의 이익형량은 불필요하다는 독일의 견해로 Armgardt(주 12), JR 2009, 177, 178 참조. 그는 그러한 이익형량은 해당규정을 둔 입법자의 결단 속에 이미 포함되어 있는 것이라는 취지를 표한다.

73) 박병대, 앞의 논문(주 69), 86면 이하에서 주장하는 "2단계 심사구조론"은 일단 그 형식적인 면에서는 본고의 입장과 비슷하다.

74) 이들 규범목적을 목적론적 축소의 기준으로 강조하는 국내문헌으로는 박병대, 앞의 논문(주 69), 91-97면; 백경일, 앞의 논문(주 62), 266-269면; 김동훈, "강행규정 위반의 거래와 불법원인급여", 『법학논총』(국민대학교 법학연구소, 2020), 제32권 제3호, 349-351면 참조. 동일취지의 독일문헌으로는 Fabricius, "Einschränkung der Anwendung des §817 S. 2 BGB durch den Zweck des Verbotsgesetzes?", JZ 1963, 85, 86 ff.; Armgardt(주 12), JR 2009, 177, 178; Reuter/Martinek(주 10), S. 176, 209 ff.; Koppensteiner/Kramer(주 17), S. 64 f.; Looschelders(주 17), S. 350; Staake(주 17), S. 57 f.; Esser/Weyers(주 31), S. 71; Medicus, Bürgerliches Recht, 21. Aufl., 2007, S. 446; MüKoBGB/Schwab(주 15), Rn. 22 참조.

다. 만약 개별 금지규범의 목적이 제746조 그 자체의 규범목적인 예방목적과 충돌한다면 전자가 더 우선하는 것이라고 보아야 할 것이다. 예방의 목적을 위해 선량한 풍속이나 강행규정의 취지에 반하는 상태를 조장하는 것은 되도록 피해야 할 것이기 때문이다. 특히 개별금지규정이 사회적 약자의 보호나 공공의 이익을 위한 것일 때 더욱 이러한 시각을 유지하여야 할 것이다.

예컨대 대법원은 "법령에서 정한 한도를 초과하는 부동산 중개사 수수료 약정은 그 한도를 초과하는 범위 내에서 무효"라 하여 구 부동산 중개업법 관련 법령을 강행규정으로 보았는데, 그 근거를 공정한 부동산 거래질서를 확립하기 위해서는 그와 같은 초과이익이 공인중개사에게 귀속되는 것을 막아야 할 필요가 있다는 데에서 찾았다.[75] 이와 같은 목적에 비추어 볼 때 제746조에도 불구하고 의뢰인은 자신이 이미 지급한 초과수수료를 반환받을 수 있다고 함이 옳을 것이다.[76] 대법원이 근래 명의신탁을 불법원인급여로 보지 않으면서 그 주된 근거로 부동산 실권리자명의 등기에 관한 법률 규정의 내용이나 입법자의 취지를 들고 있는 것[77] 또한 제746조 그 자체의 목적보다는 개별 금지규정의 목적이 우선함을 여실히 보여주고 있는 대표적 예라 하겠다.

이중매매와 관련된 판례태도(채권자대위권설)의 딜레마 또한 이러한 시각에서 충분히 해결될 수 있을 것으로 보인다. 제2매매계약을 무효로 만드는 선량한 풍속은 제1매매계약을 염두에 둔 것으로 바로 제1매수인을 보호하고자 하는 데 그 목적을 두고 있다. 그렇다면 매매목적물이 제1매수인에게 귀속되도록 하기 위하여 매도인과 제2매수인 사이의 매매계약이 비록 불법이지만 여기에는 제746조가 적용되지 않는다고 하는 것이 합목적적이다.[78] 이제까지 대법원이 이와 같은 근거를 전혀 제시하지 않은 채 제1매수인의 채권자대위권을 인정한 것[79]은 비판받아 마땅하지만, 그 결론의 타당성은 부정할 수 없으리라 생각된다. 제746조의 불법을 "선량한 풍속 위반"으로만 이해하는 입장에 서있는 대상논문은 부동산의 이중매매는 불법의 요건을 충족하지 못한다고 하는데[80] 스스로의 견지에서는 그와 같은 결론이 논리적이겠지만, 형법상 배임죄로도 처벌되는 이중매매의 불법성을 부정하는 것은 형법의 보충성을 고려할 때 지나친 개념축소로 보인다.

---

75) 대법원(전) 2007. 12. 20. 선고 2005다32159 판결 참조.

76) 제746조와 관련하여 "경제적 이익의 귀속방지의 필요성"을 강조하는 견해로 김동훈, 앞의 논문(주 74), 350-351면 참조.

77) 대법원(전) 2019. 6. 20. 선고 2013다218156 판결 참조.

78) 구체적 근거에서는 차이를 보이지는 큰 틀에서는 유사한 견해로 박병대, 앞의 논문(주 69), 88-89면 참조. 지원림, 앞의 책(주 6), 203-204에서는 매도인에게는 제746조가 적용되지만 제1매수인은 매도인의 반사회성과 무관한 자이므로 채권자대위권을 행사할 수 있다고 하는데, 이러한 시각은 문제를 더 복잡하게 만들뿐이다.

79) 대법원 1983. 4. 26. 선고 83다카57 판결 참조.

80) 송덕수, 앞의 논문(주 1), 451면 참조.

(2) 예방효과의 발휘

물론 개별금지규정의 목적이 우선하지만, 제746조의 존재목적 또한 망각되어서는 안 된다. 그러므로 개별금지규정의 목적에 반하지 않는 한, 제746조가 추구하는 예방의 목적이 효율적으로 발휘될 수 있도록 제746조는 운용되어야 할 것이다. 예컨대 윤락행위를 할 사람을 고용하면서 성매매의 유인·권유·강요의 수단으로 이용하기 위해 지급한 선불금 등은 불법원인급여로서 반환을 청구할 수 없다고 한 판결[81]은 제746조의 예방목적에 이바지는 것으로 타당하다고 볼 수 있다. 하지만 도박자금을 위해 금원을 대여해준 경우 그것의 반환청구가 제746조에 의해 일률적으로 배척된다는 것[82]에는 논의의 여지가 있다. 금원을 빌려가면서까지 도박을 하려는 자가 그 빌린 자금을 아직 도박으로 다 잃기 전에는 오히려 잔존하는 것만이라도 회수하도록 하는 것이 불법의 예방을 추구하는 제746조의 규범목적에 더 부합하는 것이 아닐까?[83] 물론 도박자금을 대출해주는 행위를 예방의 대상으로 본다면 그 반환을 불허하는 것이 옳겠지만,[84] 법이 궁극적으로 추구하는 것은 바로 도박의 추방에 있을 것이므로 도박 예방이 도박자금 대출의 예방보다 제746조의 규범목적에 더 어울리는 것이라 생각된다. 독일판례가 불법인 매춘영업을 영위할 자금의 대차가 행해진 경우, 그 금전소비대차계약이 비록 무효이지만, 불법원인급여제도를 적용하게 되면 오히려 매춘업자가 해당 자금을 계속 매춘업에 투입하는 것을 보장하는 결과로 되므로, 독일 민법 제817조 제2항에 기한 부당이득반환청구권의 배제를 부정한 것[85] 또한 시사하는 바가 크다.

대법원은 금전소비대자계약 시 그 이자가 사회통념을 현저하게 벗어나는 고율로 정해졌다면 허용할 수 있는 한도를 초과하는 부분에 관한 이자약정은 공서양속에 반하여 무효라고 하면서도, 이 경우 대주에게만 불법성이 인정되거나 적어도 대주의 불법성이 차주의 그것에 비해 현저히 크므로 차주는 이미 지급한 초과이자의 반환을 청구할 수 있다고 하였다.[86] 그 후 이 판결의 취지를 반영하는 이자제한법이 제정되어서[87] 이 판결의 의미는 많이 사라졌다고 할 수 있지만 이 판결이나 이를 반영한 이자제한법이 과연 제746조의 예방목적과 부합하는 것인지 의문이 아닐 수 없다. 앞서 비판한 불법성비교설을 채용하고 있는 듯한 애매한 태도 또한 문제이나 무엇보다도 이자약정의 일부무효만을 인정하면서 차주에게 초과이자에 한해서만 반환청구를 허용하고 있는 것은 아주 심각한 문제이다. 이러한 입장을 관철하면 고리대금업자는 제한이율을 현저

81) 대법원 2013. 6. 14. 선고 2011다65174 판결 참조.
82) 비록 형사판결이지만 대법원 2006. 11. 23. 선고 2006도6795 판결은 이러한 판단을 전제로 하고 있다.
83) 비슷한 견해로 BGH, Urt. 17. 1. 1995, NJW 1995, 1152, 1153 참조.
84) 이러한 입장에 서 있는 듯한 견해로는 MüKoBGB/Schwab(주 15), Rn. 54 참조.
85) BGH, Urt. v. 15. 3. 1990, NJW-RR 1990, 750, 751 참조.
86) 대법원(전) 2007. 2. 15. 선고 2004다50426 판결 참조.
87) 동법 제2조 참조.

히 초과하는 이자약정을 한다고 하여 어떠한 불이익도 받지 않게 된다. 최소한 시장가격에 상응하는 이자의 획득은 보장이 되기 때문이다.

이와 관련하여 우선 고리대금의 경우 고리대금업자가 행한 급부가 정확히 무엇인지부터 확정할 필요가 있다. 비록 소비대차의 경우 그 목적물의 소유권이 차주에게 이전되지만, 그 이전의 목적은 해당 가치를 차주에게 영구히 귀속시키려는 데 있는 것이 아니라 일정기간 동안 그 이용을 차주에게 귀속시키려는 데에 있다. 그러므로 고리대금업자가 원본의 교부를 통해 급부한 것의 정확한 내용은 원본 자체가 아니라 약정된 기한까지 원본에 대한 이용이라 하겠다.[88] 그렇다면 고리대금계약이 선량한 풍속에 반하여 무효로 되는 경우 제746조에 의해 그 반환을 청구할 수 없는 것은 원본 그 자체가 아니라 약정된 기한까지의 원본에 대한 이용으로 되고, 따라서 대주는 소비대차계약의 무효에도 불구하고 약정기한이 도래하여야 비로소 원본의 반환을 청구할 수 있게 된다.[89] 따라서 차주의 보호를 위해서는 우리 판례와 같이 굳이 일부무효를 인정할 필요가 없다. 이자약정 또한 소비대차계약의 무효와 함께 무효로 되므로 차주가 아직 이자를 지급하지 않았다면 이를 지급할 필요가 없으며, 이미 이자를 지급하였다면 차주는 제746조와 상관없이 이를 전액 반환받을 수 있다고 있다고 하여야 할 것이다.[90] 제746조는 그 취지상 고리대금이라는 불법의 예방에 도움이 되도록 운용되어야 할 뿐만 아니라, 대부분 경제적 곤궁으로 인해 어쩔 수 없이 고율을 약정한 차주에게조차 불법성을 인정하는 것은 사회구조적 문제를 차주에게 전가시키는 면이 있기 때문에 찬성하기 어렵기 때문이다. 그러므로 고리대금의 경우 이자지급과 관련해서는 제746조 단서가 적용되는 것이 여러모로 타당할 것으로 보이며, 이자제한법도 이러한 방향으로 개정되는 것이 바람직할 것이다.

대상논문은 타당하게도 제746조는 쌍무계약의 경우 일방만이 급부를 행한 경우에도 일관되게 적용되어야 함을 적극 주장하고 있다.[91] 급부간의 牽連關係를 강조하면서 쌍무계약의 당사자 중 일방이 자신의 급부는 이행하지 않거나 또는 반환받으면서 상대방이 행한 급부는 계속 보유하는 것이 정의관념에 반한다고 하는 견해[92]를 비판하는 것이다. 이러한 대상논문의 주장은 제

88) 동지 김형배, 앞의 책(주 42), 144면; 백경일, 앞의 논문(주 62), 270면 참조. 이러한 견해는 독일에서 먼저 주장된 것으로 이에 동조하는 독일 문헌으로는 예컨대 Koppensteiner/Kramer(주 17), S. 65; Larenz/Canaris(주 16), S. 163 f.; Esser/Weyers(주 31), S. 72; Wieling(주 17), S. 41; Loewenheim(주 17), S. 72; Medicus(주 74), S. 447; Staake(주 17), S. 58 f.; BeckOK BGB/Wendehorst(주 22), Rn. 21 참조. 이론적 구성은 조금 다르지만 결론에서는 동일한 견해로 Heinemeyer(주 11), JZ 2017, 918, 923; MüKoBGB/Schwab(주 15), Rn. 50; Harke(주 22), S. 407 참조.

89) 앞서 소개한 독일 다수설과 함께 독일 판례의 태도이기도 하다. 예컨대 BGH, Urt. v. 15. 6. 1993, NJW 1993, 2108, 2108 참조.

90) 독일에서도 이자와 관련해서는 市中의 적정이자를 지급하여야 한다는 소수의 반대견해도 있다. 예컨대 Medicus(주 74), S. 448; Reuter/Martinek(주 10), S. 218 f.; Esser/Weyers(주 31), S. 72 참조.

91) 송덕수, 앞의 논문(주 1), 450면 참조.

746조의 규범목적인 예방의 관점에서 보아도 타당하다. 불법원인에 기해 자신이 선이행한 것은 상대방의 급부 이행 여부와 상관없이 반환받을 수 없다는 점이 확실하게 되면 불법원인에 기한 급부의 선이행은 너무나 큰 위험을 내포하는 것으로 되어(상대방에게는 어차피 무효로 된 계약을 지키지 않는 것이 아주 큰 이익을 안겨준다) 잘 행해지지 않게 될 것이기 때문이다.[93] 이러한 위험을 피하고자 불법원인에 기한 급부의 동시이행을 엄격히 준수하는 것 또한 많은 거래비용을 초래하는 것으로 되기에 당사자들 사이에서 그리 선호되지 않을 것이라 생각되며, 실제로 엄격한 동시이행이 물리적으로 가능한 경우도 그리 많지 않을 것이다.[94]

(3) 급부자의 책임(비례성)

목적론적 축소의 마지막 기준으로는 제746조가 부과하는 법적 효과와 급부자의 비난가능성 사이의 적절한 비례성이다. 이미 살펴보았듯이 제746조는 불법의 예방을 위해 스스로 불법의 세계로 나아가 급부를 행한 자가 그 급부를 반환받는 것에 대한 법적 조력을 거부하는 취지의 규정이다. 그런데 그 법적 효과인 부당이득반환청구권의 배척은 이미 행해진 급부의 가치가 어느 정도인지에 대해서는 전혀 고려하지 않는다. 그렇기 때문에 자그마한 불법 때문에 高價의 給付를 되돌려 받지 못하는 가혹한 결과가 생길 여지도 있다. 그러나 예방을 위해 부당이득반환청구권을 부정하는 것은 헌법상 보호되는 재산권을 제한하는 것이므로 특히 급부자에 대한 비난가능성(책임성)과 비례관계에 있을 때 비로소 정당화될 수 있다고 보아야 한다.[95] 이를 위해 필요한 요건들을 다음과 같다.

먼저 급부자의 비난가능성을 논하기 위해서는 급부자에게 책임능력이 있어야 한다. 자기행위의 불법성을 파악할 정신능력조차 없는 자에게까지 예방목적 운운하는 것은 그 자를 예방의 수단으로 전락시키는 것에 다름 아니기 때문이다. 여기서의 책임능력은 불법행위법상의 그것을 유추하면 족하리라 생각된다.[96]

그리고 이러한 정신능력을 전제로 하여 급부자에게 자신의 급부가 불법원인에 기한 것임에 대한 인식을 요구하는 것이 옳다. 물론 그 구체적 사정상 불법성을 알 수 있었음에도 무심히 그 평가를 외면한 경우에는 인식이 있는 경우와 동일하게 취급하여야 할 것이다. 그렇지 않으면 양

92) 현재 이러한 입장에 서있는 견해로는 김동훈, 앞의 논문(주 74), 356-358면 참조.
93) 유사한 취지로 Klöhn(주 30), AcP 210 (2010), 804, 823 f. 참조.
94) Klöhn(주 30), AcP 210 (2010), 804, 828 참조.
95) 불법원인급여와 비례성의 원칙에 관해서는 Larenz/Canaris(주 16), S. 163 및 그 제자인 최봉경, 앞의 논문(주 28), 203-208면 참조. 여기서 최봉경 교수는 이른바 넓은 의미의 비례성 심사를 행하고 있으나, 불법원인급여제도가 민법 규정에 의해 인정되고 있는 한, 또한 앞서 언급한 다른 요건들의 충족도 요구하고 있는 한 적합성이나 필요성의 심사는 거기에서 행해질 것이므로 여기서는 좁은 의미의 비례성 심사만 하면 족할 것이라 판단된다.
96) Klöhn(주 30), AcP 210 (2010), 804, 836; MüKoBGB/Schwab(주 15), Rn. 88도 동지.

심적이고 매사에 주의를 기울이는 섬세한 사람이 그렇지 않은 거친 사람보다 더 불리한 대우를 받게 되는 모순이 발생하기 때문이다. 대상논문은 급부 당시 급부자에게 불법인식이 있었어야 하는가의 문제와 관련하여, 대상논문 스스로 제746조의 불법개념을 아주 좁혀 선량한 풍속위반을 의미하는 것으로 새기기 때문에, 이와 같은 최소한의 道德律은 사회의 모든 자가 알고 있다고 보아야 하므로 구체적인 인식은 요구되지 않는다고 한다.[97] 물론 제103조와 같이 그 법률효과가 법률행위를 무효로 만드는 데에 그치는 경우에는 대상논문의 논리가 적절하다고 할 수 있다. 그러나 제746조와 같이 적극적으로 그 권리를 사실상 박탈하는 경우에는 책임능력의 存否와 더불어 불법성에 대한 급부자의 인식 또는 인식가능성에 대한 최소한의 소극적 심사만이라도 행해지는 것이 법의 조력을 필요로 하는 자를 불법의 세계에 그대로 방치하는 악결과를 피하기 위해 꼭 필요한 절차의 하나로 보인다.[98] 이러한 주관적 인식을 제746조의 요건으로 요구한다고 하여 이 규정이 추구하는 불법의 예방이 약화된다거나 하는 결과가 발생할 것으로 보이지는 않는다.

마찬가지 이유에서 급부는 급부자의 自意에 기한 것이어야 한다. 즉 급부가 기망이나 강박 등에 기한 것으로 판단되는 경우에는 급부자에게 비난가능성이 없어 급부의 반환을 인정하여야 할 것이다.[99] 따라서 대법원이 도박 채무의 변제를 위하여 주택의 소유권을 양도한 경우, 그 수령자가 내기바둑으로 계획적으로 유인하였고, 내기바둑에서도 사기적 행태를 보였으며, 도박자금의 대여 및 회수 과정에서 갈취성을 드러내었다면 급부자는 제746조에도 불구하고 주택 소유권의 반환을 청구할 수 있다고 한 것[100]은 비록 불법성 비교론을 채택한 잘못이 있지만 그 결론에서는 타당한 것으로 보인다.

비례성의 원칙에서 마지막으로 거론되는 것이지만 그 중요성의 측면에서는 第一線에 서 있는 것으로 보아야 할 것으로, 급부자의 불법성이 제746조의 효과가 구체적 사안에서 보여주는 매정함에 걸맞은 것이어야 한다는 요건을 들 수 있다.[101] 국내에서는 앞서 보았듯이 제746조 법문상의 "불법"개념을 조작함으로써 동일한 결론에 이르려 하고 있으나, 그러한 입장은 오히려

97) 송덕수, 앞의 논문(주 1), 435-436면 참조. 이와 같은 객관설이 국내에서는 다수의 견해로 보인다. 예컨대 편집대표 곽윤직, 앞의 책(주 21), 478-479면; 양창수/권영준, 앞의 책(주 21), 562면; 지원림, 앞의 책(주 6), 1713-1714면; 백경일, 앞의 논문(주 62), 261면 참조. 이와 달리 원칙적으로 주관적 인식을 요구하는 견해로는 김형배, 앞의 책(주 42), 138면 참조.

98) 유사한 국내의 견해로는 최봉경, 앞의 논문(주 28), 200-202면 참조. 독일의 판례 또한 주관적 인식을 요구한다(예컨대 BGH, Urt. v. 2. 12. 1982, NJW 1983, 1420, 1423; BGH, Urt. v. 17. 2. 2000, NJW 2000, 1560, 1562; BGH, 23. 2. 2005, NJW 2005, 1490, 1491 참조). 주관적 過責이 있는 경우에만 법적 보호를 거부하는 것이 정당화된다고 보기 때문이다.

99) 유사한 취지로 Klöhn(주 30), AcP 210 (2010), 804, 836 ff. 참조.

100) 대법원 1997. 10. 24. 선고 95다49530, 49547 판결 참조.

101) 비록 제746조의 "불법"요건과 결부시켜 논하고 있지만 결과에서는 유사한 견해로 편집대표 곽윤직, 앞의 책(주 21), 476면 참조.

부자연스러운 개념조작으로 연결되는 부작용을 보여주었다. 그러므로 불법성의 크기에 관한 요건은 제746조의 법문상 요건과는 상관없는, 그 목적론적 축소 과정에서 비로소 이루어지는 제한으로 이해함이 타당하다. 개개의 사안마다 부당이득반환청구권의 배제가 초래하는 충격이 다르기 때문에 어느 정도의 불법성이 요구되는지 일률적으로 말하기는 어렵다. 개별사안에서 법관의 균형 있는 시각에 의존할 수밖에 없겠지만,[102] 제746조를 통하여 사회를 급진적으로 개혁하려고 시도하여서는 안 된다는 점은 아무리 강조해도 지나침이 없을 것이다. 법적 보호의 거부라는 극단적 수단은 사후적 처리를 위해 아주 조심스럽게 쓰여야 하는 것으로 理想的인 사회의 형성을 위한 선도적 지휘봉의 역할에는 어울리지 않는 것이기 때문이다. 이러한 시각에서 보면 근래 대법원이 부동산명의신탁을 불법원인급여로 보지 않은 것[103]은 아주 타당한 것이라 하겠다. 국민 대부분의 자산이 지나치게 부동산에 편중되어 있는 우리나라에서 명의신탁을 했다는 이유만으로 신탁자 자산에서 큰 비중을 차지할 것이 분명한 해당 부동산의 소유권을 박탈하는 것은 아무래도 지나침이 없지 않기 때문이다. 더군다나 종중이나 부부간에는 명의신탁이 허용된다는 점을 생각한다면, 명의신탁의 불법성이 그러한 결과까지 정당화시켜줄 만큼 큰 것으로 보이지 않는다.

Ⅳ. 불법원인급여의 효과

제746조는 불법원인급부를 한 자는 그 급부의 "반환을 청구하지 못한다."고 한다. 이것이 부당이득반환채권 자체를 부정하는 것인지, 아니면 그 행사만을 부정하는 것인지 불분명하다. 앞서 언급했듯이 제746조의 규범목적이 예방을 위한 법적 보호의 거절에 있다면, 원래 인정되어야 할 부당이득반환청구권의 행사가 저지되는 것으로 이해하는 것이 논리일관성의 측면에서 옳을 것으로 보인다.[104] 법원이 개입하지 않고서, 그 처리에 대해 오로지 그 당사자들에게 맡겨 둘 뿐인 것이다. 민법의 부당이득법 규정들을 보면 부당이득반환의 채권·채무가 성립하는 경우에는 주로 "반환하여야 한다."[105]라든지 아니면 "반환할 책임이 있다."[106]라는 述語를 사용한다.

---

102) 이와 관련하여 법관의 자의적 판단으로 흐를 위험성을 염려하는 견해가 있으나(백경일, 앞의 논문(주 62), 265면 참조), 어차피 법관의 법형성에는 언제나 그와 같은 위험이 불가피하게 내재되어 있다고 할 것이다. 다만 제746조의 적용을 위해 "불법성의 현저함"이라는 요건 외에도 위에서 언급한 다른 요건들이 함께 요구된다는 점에서 그러한 위험이 어느 정도 완화될 수 있지 않을까 기대해 본다.

103) 대법원(전) 2019. 6. 20. 선고 2013다218156 판결 참조.

104) "불법원인급여의 반환을 불허하는 것은 급부자에 대한 법적 보호의 가치가 없기 때문이지 수익자의 급부보유가 정당하기 때문이 아닌 것은 물론이다."라고 하는 편집대표 곽윤직, 앞의 책(주 21), 520면의 입장도 본고의 결론에 기여할 수 있을 것으로 보인다.

105) 제741조, 제747조 제1항 참조.

106) 제747조 제2항, 제748조 제1항.

그런데 제742조 내지 제746조에서는 일관되게 "청구하지 못한다."라는 표현을 사용하고 있다. 물론 부당이득의 장을 벗어나면, "청구하지 못한다."라는 표현이 채권 자체의 성립을 부정하는 의미를 지닐 때도 있고, 아니면 채권의 존재는 인정하되 그에 기한 청구권의 행사를 못한다는 뜻으로 읽힐 때도 있다.[107] 그럼에도 부당이득법상의 규정들이 그 술어의 표현에서 차이를 보인다는 것으로부터 약간의 시사를 얻을 수는 있지 않을까?

독일의 연방일반법원 또한 우리 민법 제746조 본문에 해당하는 독일 민법 제817조 제2문이 부당이득반환청구권을 부정하는 것이 아니라, 그 청구권에 대한 법적 보호를 거절할 뿐이라는 입장을 명시적으로 밝힌 적이 있었다.[108] 이에 따르면 급부자는 일종의 訴求力 없는 불완전한 채권을 가지는 셈으로 된다.[109] 대상논문을 비롯한 많은 견해가 임의의 반환을 긍정하고 있는데,[110] 이러한 임의의 반환이 만약 불법원인급여 수령자의 착오에 기인한 것이라 하더라도 이를 다시 부당이득반환청구권에 의해 반환받을 수는 없을 것이다. 이러한 결과 또한 불법원인급부를 행한 자에게 비록 불완전하기는 하지만 채권이 존재한다고 보는 데에서 그 근거를 찾는 것이 합리적이다.

주의할 것은 실제로 이루어진 임의반환의 경우와 장래를 향한 반환약정의 경우는 법적으로 다른 평가를 받는다는 점이다. 먼저 불법원인급여 시 급부자와 수령자 사이에 원인행위의 불법내용이 실현되지 않는 경우에 대비하여 급부의 반환을 약정하였다 하더라도 그러한 약정은 강행규정인 제746조의 적용을 회피하는 것이므로 당연히 무효로 된다. 그러면 사후적 반환약정의 경우는 어떠한가? 이러한 약정은 그 자체로 불법의 여지가 없는 한 유효하다는 것이 판례[111] 및 다수설[112]의 태도이다. 그러나 그 반환약정의 대상이 불법원인 급여물인 한, 그래서 양 당사자 모두 여전히 불법의 세계에 발을 담그고 있는 한 법적 보호의 거절은 계속되는 것이 바람직할 것이므로 사후적 반환약정이라고 하여 그 법적 효력을 인정하여 그 실현에 법이 조력해 줄 필요는 없을 것으로 보인다. 대상논문은 경우를 나누어 예컨대 수령자가 불법목적을 단념하는 대가로

107) 예컨대 제686조 제1항과 제2항의 "청구하지 못한다."라는 표현의 내용은 서로 상이함.

108) BGH, Urt. v. 7. 5. 1953, NJW 1953, 1020, 1021; BGH, Urt. v. 7. 3. 1962, NJW 1962, 955, 958 참조. 오늘날 이와 같은 입장을 명시적으로 밝힌 판결은 보이지 않지만, 판례의 변경이 이루어진 것은 아니다.

109) Esser(주 41), S. 800; Reuter/Martinek(주 10), S. 205도 동지. 이들은 따라서 수령자가 이 경우 부담하는 채무를 자연채무(Naturalobligation)로 이해하고 있다. 하지만 이 채무를 자연채무로 볼 것인지 아닌지의 다툼(이에 대한 설명은 송덕수, 『채권법 총론』 제4판(박영사, 2018), 28면; 지원림, 앞의 책(주 6), 926면 참조)은 별 의미가 없다. 자연채무라는 개념 자체가 多義的인 개념이기 때문이다.

110) 송덕수, 앞의 논문(주 1), 453면 참조. 동지의 입장으로 편집대표 곽윤직, 앞의 책(주 21), 478, 520; 양창수/권영준, 앞의 책(주 21), 575면 참조.

111) 이에 관한 가장 명확하게 입장을 표명하고 있는 대법원 2010. 5. 27. 선고 2009다12580 판결 참조.

112) 엄동섭, "불법원인급여의 임의반환약정", 『민사판례연구 XIX』(민사판례연구회, 1997), 248면; 김형배, 앞의 책(주 42), 149면; 양창수/권영준, 앞의 책(주 21), 576면; 최금숙, 앞의 논문(주 14), 961면 등 참조.

반환약정을 해 준 경우에는 그 효력이 인정되지만, 불법목적이 달성되지 않았다는 이유로 반환약정을 해 주었다면 무효라고 한다.[113] 아주 세밀한 논리의 전개라 할 수 있고 또 이에 동조하는 견해[114]도 있으나, 불법목적의 단념이 수령자에게만 있는 경우 그 반환약정에 법적 효력을 부여하여 아직 그 목적을 단념하지 않고 있는 급부자에게 유리한 상황을 만들어 줄 이유는 없을 것이라 판단된다. 그러므로 사후적 반환약정은 여전히 법적 보호를 받지 못하는 자연채무만을 발생시킬 뿐이라고 함이 타당할 것으로 보인다.[115]

제746조의 단서는 불법원인이 수익자에게만 있는 경우에는 급부자는 반환을 청구할 수 있다고 한다. 이 단서는 본고의 서두에서 보았듯이 원래 condictio ob rem의 특별형태로서 비록 급부의 목적이 달성되었다 하더라도 수령자의 불법성에 근거하여 급부의 반환을 인정해주던 condictio ob turpem vel iniustam causam으로부터 기인하는 것이었지만, 오늘날에는 예외의 예외규정으로 지위가 강등되어 그 적용범위는 아주 협소할 뿐이다.[116] 불법성비교설에 따라 제746조 단서의 적용범위를 넓히려고 하는 시도에 대한 비판[117] 및 제742조에 대한 제746조의 우선적 지위를 인정하는 근거로 작용한다는 점[118]에 대해서는 이미 앞서 언급하였다.

Ⅴ. 불법원인급여제도 취지의 확대적용 여부

대상논문은 제746조의 취지가 관철되기 위해서는 그 법적 보호의 거절이 부당이득의 영역을 넘어서서 소유물반환청구권이나 불법행위로 인한 손해배상청구권과 관련해서도 인정되어야 한다고 한다.[119] 대법원 또한 동일한 입장을 표명하였으며,[120] 다수의 견해도 이에 동조하고 있다.[121] 반면 제746조의 취지를 오로지 부당이득법에만 제한시키려는 견해도 있으며,[122] 불법행

113) 송덕수, 앞의 논문(주 1), 453면.
114) 편집대표 곽윤직, 앞의 책(주 21), 521-522면 참조.
115) 유사한 취지로 김형배, 앞의 책(주 42), 149면 참조. 독일에서도 (준소비대차를 통한) 사후적 반환약정의 효력을 인정하지 않고 있다. 예컨대 BGH, Urt. v. 25. 9. 1958, NJW 1958, 2111, 2111 및 이에 동조하는 견해로 Reuter/ Martinek(주 10), S. 202; MüKoBGB/Schwab(주 15), Rn. 8 참조.
116) 범죄를 단념시키기 위하여 급부를 한 경우라거나 아니면 경제적 곤궁에 의해 고리사채를 이용하면서 고율의 이자를 지급한 경우 등을 들 수 있다.
117) 위 Ⅲ. 1. (3) 참조.
118) 위 Ⅱ. 1. (2) 참조.
119) 송덕수, 앞의 논문(주 1), 448-449면 참조.
120) 소유물반환청구권과 관련해서는 대법원(전) 1979. 11. 13. 선고 79다483 판결 참조. 불법행위로 인한 손해배상청구권과 관련해서는 대법원 2013. 8. 22. 선고 2013다35412 판결 참조.
121) 지원림, 앞의 책(주 6), 1715-1716면; 김형배, 앞의 책(주 42), 147-148면; 편집대표 곽윤직, 앞의 책(주 21), 457-460면 참조.
122) 정상현/서순택, "불법원인 급부자의 불법행위 손해배상청구권 인정 여부 재검토", 『민사법학』(한국민사법학

위로 인한 손해배상청구권에 제746조의 취지가 적용되는 것에 난색을 표하는 견해[123]도 있다. 본고에서 일관되게 주장한 것과 같이 목적론적 축소를 통해 제746조의 요건을 아주 엄격하게 요구한다면, 그러한 요건이 급부자에게 충족되고 또 급부자가 제746조에 의해 반환이 금지된 급부의 실질가치를 구하려고 하는 목적을 가지고 있는 한, 법적 보호 거절이라는 취지는 급부자가 어떠한 청구권을 행사하는 것인지를 불문하고 관철되어야 할 것이라 생각된다. 청구권의 경합이 광범위하게 인정되고 있는 현실에 비추어 이러한 입장을 취하지 않으면, 민법 내에서 가치의 모순이 발생할 소지가 크기 때문이다. 단 행사되는 청구권의 내용이 진정 제746조에 의해 반환이 거부되는 것과 동일성을 갖는 것인지에 대한 섬세한 검토가 전제되어야 함은 물론이다.

Ⅵ. 나가며

본고는 그 副題가 밝히고 있듯이 송덕수 교수님께서 쓰신 대상논문에 대한 평석에 대한 의뢰로부터 시작되었다. 대략 26년 전에 발표된 논문에 대한 평석을 부탁받으면 누구라 하더라도 우선 대상논문이 발표된 당시의 학설상황에서 대상논문이 어떠한 의미를 가지는 것인지를 살펴본 후 이어서 그 의미가 오늘날 어떻게 이어지고 있는지를 검토하고 마지막으로 아직 해결되지 않은 문제들을 언급하는 순으로 글을 구상할 것이라 생각한다. 하지만 본고는 이와 같은 문법을 따르지 아니하였다. 어찌 보면 평석을 가장한 독자적 논문이라는 비난을 받아도 무방할 만큼 대상논문의 내용에 대한 소개는 핵심적인 최소한의 것에 그치고 그 토대 위에 오히려 독자적 이해와 주장에 따른 체계적 서술에 비중을 두었다. 이와 같은 글쓰기가 글을 시작할 때 밝힌, 송덕수 교수님께로부터 받은 學恩에 보답하는 방법으로 더 적당할 것 같다는 지극히 주관적인 생각에서 그리 한 것이다. 아직 미숙한 제자이지만, 그럼에도 스스로의 생각을 세워나가는 모습을 보여 드리는 것이 바로 그 방법을 가르쳐 주신 선생님께 자그마한 보람을 드리는 것이 아닐까 외람된 생각을 해 본 것이다. 이제 정년을 맞으시고 학교에서는 은퇴하시지만 앞으로도 분명 계속 이어질 교수님의 학문의 여정 중 어느 날 이 글을 읽으시며 그 인자하신 얼굴에 작은 미소 한 줄기 지어 주신다면 그야말로 分外의 기쁨이라 하겠다.

회, 2014), 제69호, 567-568면(소유물반환청구권 관련) 및 572-575면(불법행위로 인한 손해배상청구권 관련) 참조.

123) 백경일, 앞의 논문(주 62), 275면; 김동훈, 앞의 논문(주 74), 355-356면 참조.

취득시효 완성자의 대상청구권에 관한 고찰*

– “取得時效와 代償請求權”을 중심으로 –

남 윤 경**

Ⅰ. 서 설

1997년 저스티스에 게재되었던 송덕수 교수님의 “取得時效와 代償請求權”(이하 “대상논문”이라 한다)[1]은 당시 취득시효가 완성된 후 등기하기 전의 자(이하 “취득시효 완성자” 또는 “시효완성자”라 한다)에게 대상청구권을 인정하기 위한 요건을 설시하였던 대법원 판결을 분석하고 취득시효완성의 효과에 관한 판례이론을 구체적으로 비판한 논문이다.

대상논문은 당시 대상청구권을 인정하는 판결들이 나오기 시작한 상황에서 대상청구권을 일반적으로는 인정하여야 한다는 통설의 입장을 취하면서도 취득시효 완성자에게는 대상청구권을 인정하는 것이 적절하지 못하다는 주장을 하였는데, 이는 취득시효 완성자의 지위에 관한 판례이론을 비판하는 입장에서 비롯한다. 대상논문은 취득시효 완성 후의 판례이론에 관한 문제제기에서 출발하여 대상청구권에 관한 논의로 이어지는 논리적이고 독창적인 전개로 당시 학계에 많은 영향을 끼쳤고, 취득시효 완성효과에 관한 이론의 기초가 되었다.

대상논문이 발표된 지 24년이 지난 시점에서 대상논문에서 쟁점이 되었던 사항에 관하여 검토해보는 것은 향후 연구에도 많은 시사점을 주리라 생각된다. 이에 이하에서는 대상논문의 주요 내용을 살펴보고 대상논문이 발표되었던 1997년부터 현재까지 학설 및 판례의 흐름을 살펴봄으로써 대상논문이 가지는 의의를 조명해보고 후학들의 연구방향을 생각해보고자 한다.

---

* 송덕수 교수님의 정년을 축하드리며, 그동안 베풀어주신 學恩에 깊이 감사드린다. 이 글은 「법학논집」 제25권 제4호(이화여자대학교 법학연구소, 2021)(송덕수 교수 정년기념 특집호)에 게재된 논문을 일부 수정·보완한 것이다.

** 광주대학교 기초교양학부 부교수, 법학박사, 변호사.

1) 송덕수, “취득시효와 대상청구권 –대법원 1996. 12. 10. 선고 94다43825 판결”, 『저스티스』(한국법학원, 1997), 제30권 제2호.

대상논문은 대상청구권의 인정 여부를 논하고 있으나 취득시효에 관한 논의가 중심이 된다. 점유취득시효에 관하여는 다양한 쟁점에 관하여 수많은 해석론이 있지만, 이하에서는 취득시효 완성자에게 대상청구권을 인정할 것인가와 관련된 쟁점만을 검토한다.

Ⅱ. 대상논문의 주요 내용과 특별한 내용

1. 대상논문의 주요 내용

대상논문은 취득시효 완성자에게 대상청구권을 인정하기 위한 요건을 제시한 대법원 판결(대법원 1996. 12. 10. 선고 94다43825 판결, 이하 "대상판결"이라 한다)을 분석하고 취득시효 완성자에게 대상청구권을 인정하여야 하는지에 관한 독창적인 주장을 하였다. 주지하다시피 대상청구권은 학설로만 인정여부가 논의되어 오던 중 1992년 처음으로 대법원 판결에서 인정된 바 있으나[2] 대상청구권의 인정근거나 요건 등에 관하여는 설시되지 않아 학설에 맡기어져 있었다. 그러던 중 대상판결은 대상청구권, 그중에서도 취득시효 완성자가 대상청구권을 가지기 위한 구체적인 제한요건을 최초로 제시한 판결이었다. 대상논문은 바로 이 대상판결을 중심으로 취득시효 완성자에게 대상청구권을 인정하여야 하는지에 관한 논의를 위하여 취득시효 완성자의 지위에 관한 판례와 학설부터 검토하고 있다.

차례로 살펴보면 Ⅰ의 서론에 이어 Ⅱ에서는 '대상청구권 일반론'이라 하여 대상청구권의 근거와 대상청구권의 요건 및 내용을 서술하였다. 특히 대상청구권이 인정되어야 하는 근거에 관하여는 "경제관계상 속하지 않아야 할 자에게 귀속된 재산적 가치는 그것이 마땅히 속하여야 할 자에게 돌려져야" 함을 주장하고, 우리 민법 제342조, 제370조, 제399조, 제480조 이하, 제538조 제2항 등도 이러한 사상을 반영한 것이며 명문규정이 없음에도 불구하고 당연히 인정되는 손익상계도 이러한 근본 사상이 관철된 예임을 제시하며, 대상청구권 역시 "채무의 이행불능의 경우에 보호할 이유가 없는 채무자에게 흘러 들어가는 이익을 실질적으로 귀속시키는 것이 마땅한 채권자에게 돌리는, 우리 민법의 기저에 흐르고 있는 사상을 현실화하는 제도"라고 설명하였다. 대상청구권은 ① 채무의 객체(목적물)의 급부가 불능으로 되어야 하고, ② 급부를 불능하게 하는 사정의 결과로 채무자가 채무의 객체에 관하여 그것에 대신하는 이익을 취득하여야 하며, ③ 급부가 불능하게 된 객체와 채무자가 그에 관하여 「대신하는 이익」을 취득한 객체 사이에 동일성이 존재하여야 한다. 대상청구권의 성질은 채권적 청구권으로, 채무자는 그가 취득한 것 모두를 채권자에게 인도하여야 하여야 하고 취득한 것 이상을 인도할 필요가 없고, 대신하는 이익

2) 대법원 1992. 5. 12. 선고 92다4581, 4598 판결.

이 채권 객체의 통상의 가치를 넘거나 채권자와 합의된 가격보다 많더라도 이익 모두를 급부하여야 함을 제시한다. 대상논문에서는 이와 관련하여 대상청구권의 인정범위를 비교적 넓게 인정하여야 함을 주장한다. 대상청구권을 넓게 인정할 필요성이 있을 뿐만 아니라, 우리 민법에 명문 규정이 없는 상황에서 인정하는 것인 만큼 그 적용범위를 제한하기 위한 근거도 제시하기 어렵다는 점을 근거로 한다.[3)]

Ⅲ에서는 1992. 5. 12. 처음 대상청구권을 인정한 대법원 판결 이후 대상판결이 있기 전까지 공간된 판결 10건을 각각 분석하였다.[4)]

이어 Ⅳ에서는 취득시효 완성자의 대상청구권 인정여부에 관하여 논의하였다. 우선 취득시효 완성의 효과에 대하여 민법 제245조 제1항에서 점유취득시효에 의하여 부동산의 소유권을 취득하기 위하여 등기까지 마치도록 규정되어 있고 따라서 등기청구권의 성격을 채권적 청구권으로 해석하는 통설 및 판례의 입장을 비판한다. 그리고 이러한 사견에 따라 취득시효 완성자에게는 대상청구권을 인정하지 않아야 한다고 주장한다. 대상 판결은 취득시효의 문제임에도 불구하고 대상청구권 인정범위의 문제로 다루고 있다고 한다.[5)]

마지막으로 Ⅴ에서는 대상판결을 분석하였는데, 취득시효 완성 후의 처분이 -대상청구권 인정여부에 관한 문제가 아니지만- 설령 대상판결과 같이 대상청구권의 문제로 파악한다 하더라도 대상판결이 제시한 대상청구권의 행사요건의 문제점을 지적하였다. 마지막으로 다시 한번 사견의 입장에서 대상청구권의 일반적인 인정 필요성에도 불구하고 취득시효의 경우 만큼은 대상청구권의 문제가 아닌 소유권의 문제로서 누가 소유자로서 처분이나 수용의 대가를 수령할 수 있는지의 해석문제로 다루어야 함을 지적하였다.[6)]

2. 대상논문의 특별한 내용

대상논문은 취득시효 완성자에게는 대상청구권이 아니라 소유권의 문제로 다루어야 함을 주장하는바, 그 원인은 취득시효 완성 효과에 관하여 판례와는 반대의 입장에 있는 점에 기인한다. 이하에서는 대상 논문의 독창적인 내용을 중심으로 살펴본다.[7)]

(1) 취득시효 완성의 효과

우리 민법 제245조 제1항에서는 점유취득시효에 의하여 부동산의 소유권을 취득하기 위하

3) 송덕수, 앞의 논문(주 1), 238-243면.
4) 송덕수, 앞의 논문(주 1), 243-250면.
5) 송덕수, 앞의 논문(주 1), 250-256면.
6) 송덕수, 앞의 논문(주 1), 256-258면.
7) 이하 “2. 대상논문의 특별한 내용”은 대상논문 중 독창적인 내용을 주제별로 요약한 것으로 참고문헌 표시는 이것으로 갈음한다. 송덕수, 앞의 논문(주 1), 251-258면.

여는 등기까지 마칠 것을 요구한다. 법률규정에 의한 물권변동에도 불구하고 등기를 요구하는 것이다. 그러나 판례는 이러한 민법을 충실히 따름으로써 취득시효가 완성되었더라도 등기를 하지 않으면 소유권을 취득할 수 없고 취득시효 완성자가 취득시효 완성 당시의 소유자를 상대로 소유권이전등기청구권을 취득하는데 그치며, 이때의 등기청구권은 그 성격을 채권적 청구권으로 보았다. 그럼에도 불구하고 판례는 시효취득자와 등기명의인 사이에 계약상의 채권·채무관계가 성립하는 것은 아니라고 하여 취득시효 완성 후 그 소유자가 소유권이전등기의무를 이행할 수 없게 된 경우라 하더라도 채무불이행책임은 묻지 않고, 오히려 불법행위의 문제로 처리하여왔다. 또 한편으로는 점유자가 시효취득기간이 경과한 후 등기 전에 그 부동산소유권을 취득한 제3자에 대하여는 마치 이중양도의 문제와 유사하게 시효취득을 주장할 수 없다고 한다. 이러한 입장에 의하면 취득시효기간 중에 처분된 경우에는 시효취득이 가능한 경우와 불균형이 발생하는 문제점이 있다.

이에 대상논문에서는 취득시효 완성자가 등기명의인(소유자)에 대하여 취득하는 등기청구권의 성격을 채권적 청구권으로 보아서는 아니 되며, 등기하지 않고도 취득시효의 요건이 갖추어지면 소유권을 취득하는 것으로 보아야 한다고 주장한다. 설령 채권적 청구권으로 보더라도 등기명의인이 소유권이전등기를 이행할 수 없는 경우에 보통의 채권과는 구별하여 채무불이행책임을 인정할 것이 아니라 불법행위만이 문제되며, 시효취득기간이 경과한 후의 처분을 이중양도와 같이 해결하는 판례의 태도도 비판하였다.

물론 이러한 주장을 하게 되면 따르는 문제가 있다. 첫째는 우리 민법상 민법 제197조 제1항에 의하여 취득시효의 요건이 지나치게 용이하다는 점이고, 둘째는 취득시효 완성 이후 등기명의인으로부터 시효 취득된 부동산을 매수한 자는 소유권을 취득할 수 없게 되어 거래의 안전을 보호할 수 없게 되는 문제가 그것이다. 이는 공신의 원칙을 채택하고 있지 아니한 것에서 비롯한 것이기는 하나, 그렇다고 하여 판례의 입장과 같이 해결하는 것은 부당하며 점유취득시효제도가 등기하지 않은 자의 권리를 보호하기 위한 제도인 만큼 거래안전도 어느 정도 양보하여야 한다고 주장하였다.

(2) 취득시효 완성자의 대상청구권 인정 여부

판례는 취득시효의 요건을 갖춘 취득시효 완성자는 등기청구권이라는 채권을 가진 자이므로, 목적물이 수용되어 등기명의인이 등기의무를 이행할 수 없게 되면 수용보상금을 채권자에게 반환하여야 한다고 본다. 그러나 한편으로는 취득시효 완성 후의 처분이 유효하다고 보는 판례와 스스로 모순을 보이고 있기도 하다.

이에 대상논문에서는 취득시효 완성 전의 처분 판례와 완성 후의 처분 판례 전부에 부합하는 이론 정립이 불가능한 이상, 이 중 더 중요하다고 할 수 있는 시효완성 후의 처분 판례를 선택하여 결국 대상청구권을 부정하여야 한다고 주장한다. 취득시효의 요건이 갖추어지면 등기가 없더라도 사실상 소유권을 취득한다고 보아, 대상청구권을 인정하여서는 아니 된다고 주장한다. 수용보상금은 소유권의 대가이므로 당연히 시효취득자가 취득하는 것이라는 것이다. 다만 시효 완성 후의 처분이라도 처분금지가처분 결정이 내린 뒤에 받은 수용보상금은 시효취득자가 취득할 수 있게 된다. 결국 대상판결은 취득시효의 문제임에도 불구하고 대상청구권을 인정하는 오류를 범하였다고 본다. 일반적인 대상청구권의 인정할 필요가 있다고 보나, 대상판결은 대상청구권의 문제가 아니라는 것이다.

설령 대상청구권의 문제로 파악한다 하더라도 대상판결이 대상청구권의 행사요건으로 제시한 요건들 역시 타당하지 않다고 본다. 첫째, 취득시효의 주장이나 등기청구권의 행사가 있는 경우와 그렇지 않은 경우를 구별할 근거가 없고, 둘째, 대상판결에서는 취득시효 완성자의 권리행사 유무에 따라 대상청구권의 유무가 좌우되는데 이는 대상청구권의 취지와 맞지 않으며, 셋째, 취득시효 완성 후 처분한 경우 처분이 유효하다는 판례의 입장과 균형이 맞지 않으며, 넷째, 만일 대상청구권을 인정하게 되면 취득시효 완성 후 처분한 경우의 판결은 의미를 상실하게 될 것이며, 다섯째, 취득시효에 관한 종래 대법원 판결이 조건 없이 인정되었던 것과 어울리지 않는다는 것이 그것이다.

대상논문은 결국 취득시효의 경우에 있어서는 대상청구권을 문제 삼을 수 없고, 목적부동산이 수용된 경우 대상 판결과 같이 행사요건으로 판단할 것이 아니라 목적부동산의 소유권이 누구에게 귀속되어 있는지에 따라 판단하여야 한다고 보았다. 한편 취득시효와 관련하여서도 점유취득시효에 대하여 등기를 요구하고 있다 하더라도 등기 없이 소유권을 인정하여야 한다는 태도를 취한다.

Ⅲ. 취득시효 완성자의 대상청구권에 관한 당시 국내 학설 및 판례의 태도

1. 서 언

우리 민법 제245조 제1항에서는 점유취득시효에 관하여 “20년간 소유의 의사로 평온·공연하게 부동산을 점유한 자는 등기함으로써 그 소유권을 취득한다”고 정하고 있다. 취득시효 완성자는 취득시효의 완성을 이유로 시효완성 당시의 소유자를 상대로 소유권이전등기를 청구하여야 한다.[8)] 취득시효 완성자가 소유권자가 되기 위하여 등기를 요구하는 것은 법률 규정에 의한 부

8) 대법원 1999. 2. 23. 선고 98다59132 판결; 대법원 2005. 5. 26. 선고 2002다43417 판결; 대법원 2008. 10. 23. 선고 2008다45057 판결; 대법원 2011. 12. 13. 선고 2011도8873 판결 등.

동산물권변동에 등기를 요하지 않는다는 민법 제187조의 중대한 예외에 해당되는바, 이러한 내용은 민법 제정안에서부터 규정되어 있었던 것이긴 하나 이에 관한 민법 기초자의 구체적인 의사는 확인하기 어렵다. 다만 입법과정에서 형식주의를 채택함에 있어 부동산취득시효의 경우에도 등기를 하여야 한다고 이해한 것으로 보는 것이 일반적이다.[9] 판례이론도 이에 따르다 보니 이에 관한 많은 학설들이 제기되어 왔다.

대상논문은 바로 이 문제로부터 시작한다. 궁극적으로는 대상청구권의 문제를 다루는 것처럼 보이지만, 취득시효의 경우에는 대상청구권의 논의로 볼 것이 아니라는 것이다. 취득시효의 효과에 관한 통설 및 판례와 상이한 입장에서 기인하는 것이다.

이하에서는 먼저 취득시효 완성의 효과와 관련하여, 취득시효 완성자의 등기청구권과 시효완성자와 제3자 및 등기명의인과의 관계를 살펴보고, 이어 취득시효 완성자의 대상청구권과 관련하여서는 일반적인 대상청구권 인정여부와 취득시효 완성자의 대상청구권 인정여부를 살펴본다. 각 항목에서는 판례이론을 먼저 살펴본 후 그에 관한 학설들을 살펴보도록 한다.

2. 취득시효 완성의 효과

(1) 취득시효 완성자의 등기청구권

1) 판례의 태도

판례는 민법 규정에 따라 취득시효 기간이 완성되었다고 하더라도 그것만으로 바로 소유권 취득의 효력이 생기는 것이 아니라, 이를 원인으로 하여 시효기간 만료 당시의 소유자에 대하여 소유권 취득을 위한 등기청구권이 발생하는 것에 불과하다고 본다.[10] 이 등기청구권의 법적 성질은 채권적 청구권으로 원칙적으로는 소멸시효의 대상이 되지만 부동산에 대한 점유가 계속되는 한 시효로 소멸하지 않으며,[11] 취득시효 완성자가 부동산에 대한 점유를 상실한 때로부터 10년간 행사하지 않으면 소멸시효가 완성한다.[12] 다만 점유를 상실하였다고 하더라도 이를 시효이익의 포기로 볼 수 있는 경우가 아닌 한 바로 소멸되는 것은 아니라고 본다.[13]

이러한 성격으로 인하여 취득시효기간 만료 당시 점유자로부터 부동산을 양수하여 점유를 승계한 현 점유자는 자신의 전 점유자에 대한 소유권이전등기청구권을 보전하기 위하여 전 점유자의 소유자에 대한 소유권이전등기청구권을 대위행사할 수 있을 뿐, 전 점유자의 취득시효 완

9) 편집대표 김용덕, 『주석민법』(한국사법행정학회, 2019), 855면(김진우 집필부분); 송덕수, “부동산 점유취득시효 제도 개정론”, 『민사법학』(한국민사법학회, 2008), 제43권 제2호, 278-279면.
10) 대법원 2006. 9. 28. 선고 2006다22074, 22081 판결; 대법원 2013. 9. 13. 선고 2012다5834 판결.
11) 대법원 1995. 2. 10. 선고 94다28468 판결.
12) 대법원 1996. 3. 8. 선고 95다34866 · 34873 판결.
13) 대법원 1995 3. 28. 선고 93다47745 전원합의체 판결.

성의 효과를 주장하여 직접 자기에게 소유권이전등기를 청구할 권원은 없다.[14)]

2) 학설의 태도

학설은 대부분 이러한 판례의 태도와 같은 채권적 청구권설에 입각하였다.[15)] 우리 민법 제245조 제1항의 문리해석상 취득시효 완성자가 등기하여야만 소유권을 취득하는 것이고 그 전까지는 등기명의인을 소유자로 볼 수밖에 없으며,[16)] 민법 제187조의 원칙을 점유취득시효에 있어서도 그대로 적용할 경우 점유취득시효 완성 후 등기부상의 권리자와 시효취득자가 합치되지 않기 때문에 제187조의 예외를 인정하여야 한다고 하거나,[17)] 소유권의 취득을 명확히 함으로써 분쟁을 방지하기 위함이라고 보기도 한다.[18)] 한편 채권적 성질을 가지는 기대권으로 보는 견해[19)]도 있다.

그러나 대상논문을 비롯한 몇몇 견해는 물권적 청구권설의 입장에서 사실상 소유권을 취득한 것과 같은 지위를 가져야 한다고 한다.[20)] 이 중에는 물권적 기대권을 인정하여야 한다는 견해[21)]도 있으며, 물권 또는 채권으로 구분하여 그 중 어느 하나만을 선택하는 것이 적절한가에 대하여 의문을 제기하는 견해[22)]도 있으며, 시효완성자의 등기청구권은 수단적 성질을 가지며 사실 상태와 등기를 통해 공시되는 권리상태의 합치를 꾀하는 방법으로 법률상의 등기청구권이며, 취득시효 완성자와 등기명의인과의 관계를 포괄적이고 특수한 법률관계로 보는 견해도 있다.[23)] 한편 명의신탁법리에 따라 취득시효 완성자가 실질적인 소유권을 취득하나 소유권이전등기 전까지 취득시효 완성자는 명의신탁자가 되고 등기명의인은 명의수탁자가 된다는 법리를 주장하기도 한다.[24)]

결국 등기청구권의 성질에 대한 학설 대립은 취득시효 완성 후 시효완성자가 이전등기를 하기 전에 시효완성 당시 등기명의인으로부터 제3자에게 소유권이전등기가 경료된 경우 시효완성자가 그 제3자에게 대항할 수 있는가에서 논의의 실익이 있다.

---

14) 대법원 1995 3. 28. 선고 93다47745 전원합의체 판결.

15) 고상용, 『물권법』(법문사, 2001), 133면 · 311면; 곽윤직, 『물권법』(박영사, 1997), 197-198면; 이영준, 『물권법』(박영사, 1996), 499면; 이은영, 『물권법』(박영사 1998), 385면 등.

16) 이영준, 앞의 책(주 15), 497면; 서민, "부동산점유취득시효 완성 후 당사자 사이의 법률관계", 『아세아여성법학』(아세아여성법학연구소, 2002), 제5호, 300면 등.

17) 윤성호, "취득시효에 있어서 등기청구권", 『법학논총』(조선대학교 법학연구소, 2003), 제9집, 234-235면.

18) 장경학, 『물권법』(법문사, 1987), 439면.

19) 서민, 앞의 논문(주 16), 301면.

20) 김용한, 『물권법론』(박영사, 1985), 144면; 김증한 · 김학동, 『물권법』(박영사, 1997), 99면; 송덕수, 앞의 논문(주 1), 253면; 이기용, "한국민법에 있어서 취득시효 완성의 효과",『민사법학』(한국민사법학회, 2007), 제37호, 12면; 배병일, "부동산취득시효의 판례5원칙에 관한 연구", 『민사법학』(한국민사법학회, 1998), 제16호, 401면 등.

21) 김용한, 앞의 책(주 20), 144면; 김증한 · 김학동, 앞의 책(주 20), 99면.

22) 이기우, "점유취득시효로 인한 등기청구권의 법적 성질", 『비교사법』(한국비교사법학회, 1999), 제11권 제2호, 413면.

23) 양창수, "2005년도 민법판례 관견", 『서울대학교 법학』(서울대학교, 2006), 제47권 제1호, 서울대학교, 2006, 306-307면.

24) 윤용석, "점유취득시효완성후의 법률관계", 『저스티스』(한국법학원, 1997), 제30권 제3호(통권 제45호), 138면.

(2) 시효완성자와 제3자와의 관계

1) 판례의 태도

점유취득시효가 완성된 경우 시효완성자와 등기명의인과의 관계에 대하여 이른바 '판례 5원칙'이 정립되어 있는데,[25] 이 경우는 제2원칙과 제3원칙이 관련되어 있다. 등기명의인이 취득시효 완성 전에 제3자에게 부동산을 양도한 경우에는 시효완성자는 시효기간 완성 당시의 등기명의인에 대하여 소유권 취득을 주장할 수 있다(판례 제2원칙).[26] 그러나 취득시효 완성 후 시효완성자가 소유권이전등기를 하지 않던 중에 등기명의인이 제3자에게 부동산을 양도한 경우에는 시효완성자는 제3자에 대하여 시효취득을 주장할 수 없다(판례 제3원칙).[27] 제3자에의 이전등기원인이 취득시효 완성 전의 것이어도 무방하고,[28] 제3자의 선악을 불문한다.[29] 이때 제3자 명의의 등기는 적법하고 유효할 것을 전제로 한다.[30] 제3자 명의로 등기되었다고 하더라도 점유자가 취

---

25) 판례 5원칙은 ① 제1원칙: 부동산에 관한 점유취득시효기간이 완성된 경우, 점유자는 원소유자에 대하여 등기 없이도 그 부동산의 시효취득을 주장하며 대항할 수 있지만, 원소유자는 점유자에 대한 이전등기의무자로서 소유권에 기한 권능을 행사할 수 없다(대법원 1993. 5. 25. 선고 92다51280 판결 등). ② 제2원칙: 점유취득시효기간이 진행되던 중에 등기부상의 소유자가 변경된 경우, 이는 점유자의 종래의 사실상태의 계속을 파괴한 것으로 볼 수 없어 시효중단사유가 될 수 없으므로, 점유자는 점유취득시효완성 당시의 등기부상의 소유자에 대하여 등기 없이도 취득시효 완성의 효과를 주장할 수 있다(대법원 1997. 4. 25. 선고 97다6186 판결 등). ③ 제3원칙: 점유취득시효가 완성되었다고 하더라도 그에 따른 등기를 하지 않고 있던 사이에 제3자가 그 부동산에 관한 소유권이전등기를 경료한 경우, 점유자는 그 제3자에 대하여 취득시효 완성의 효과를 주장하여 대항할 수 없다(대법원 1964. 6. 9. 선고 63다1129 판결 등). ④ 제4원칙: 제3원칙에 따라 점유취득시효가 언제 완성되는지에 따라 점유자와 제3자의 우열 및 대항력이 달라지게 되므로, 점유자는 실제로 점유를 개시한 때를 점유취득시효의 기산점으로 삼아야 하고 그 기산점을 임의로 선택할 수 없다. 다만 점유기간 중 계속하여 등기명의자의 변경이 없는 경우에는 취득시효 완성을 주장할 수 있는 시점에서 보아 소요기간이 경과된 사실만 확정되면 족하므로, 그 점유개시의 기산일을 임의로 선택할 수 있다(대법원 1965. 4. 6. 선고 65다170 판결; 대법원 1998. 4. 14. 선고 97다44089 판결 등). ⑤ 제5원칙: 제3원칙의 적용을 받는 경우에도, 당초의 점유자가 계속 점유하고 있고 소유자가 변동된 시점을 기산점으로 삼아도 다시 취득시효의 점유기간이 경과한 경우, 점유자는 제3자 앞으로의 소유권 변동시를 새로운 점유취득시효의 기산점으로 삼아 2차 취득시효의 완성을 주장할 수 있다(대법원 1994. 3. 22., 선고 93다46360 판결 등)(편집대표 김용덕, 앞의 책(주 9), 876-877면(김진우 집필부분)).

26) 대법원 1989. 4. 11. 선고 88다카5843, 88다카5850 판결; 대법원 1991. 1. 15. 선고 90다8411 판결; 대법원 1991. 2. 22. 선고 90다12977 판결; 대법원 1991. 4. 9. 선고 89다카1305 판결; 대법원 1991. 4. 23. 선고 90다11349 판결; 대법원 1992. 9. 1. 선고 92다26543 판결; 대법원 1997. 4. 11. 선고 96다45917 판결; 대법원 1997. 4. 11. 선고 96다45917 판결 등.

27) 대법원 1991. 6. 25. 선고 90다14225 판결; 대법원 1992. 5. 12. 선고 91다31180 판결; 대법원 1992. 5. 22. 선고 91다44193 판결; 대법원 1992. 9. 25. 선고 92다21258 판결; 대법원 1992. 12. 11. 선고 92다9968 판결; 대법원 1993. 1. 15. 선고 92다36519 판결; 대법원 1993. 5. 11. 선고 92다48918 판결; 대법원 1993. 9. 28. 선고 93다22883 판결; 대법원 1994. 2. 8. 선고 93다42016 판결; 대법원 1995. 9. 29. 선고 94다46817 판결; 대법원 1996. 3. 8. 선고 95다44535 판결; 대법원 1998. 4. 10. 선고 97다56495 판결; 대법원 2001. 5. 8. 선고 2001다4101 판결; 대법원 2007. 6. 14. 선고 2006다84423 판결 등.

28) 대법원 1998. 7. 10. 선고 97다45402 판결.

29) 대법원 1994. 4. 12. 선고 93다50666, 50673 판결.

30) 취득시효가 완성된 후 점유자가 그 등기를 하기 전에 제3자가 소유권이전등기를 경료한 경우에는 점유자는 그 제3자에 대하여는 시효취득을 주장할 수 없는 것이 원칙이기는 하지만 이는 어디까지나 그 제3자 명의의

득시효 당시의 소유자에 대한 취득시효 완성으로 인한 소유권이전등기청구권을 상실하게 되는 것이 아니라 단지 그 소유자의 점유자에 대한 소유권이전등기의무가 이행불능으로 된 것에 불과하므로, 그 후 어떠한 사유로 취득시효 완성 당시의 소유자에게로 소유권이 회복되면 그 소유자에게 시효취득의 효과를 주장할 수 있다.[31]

2) 학설의 태도

대상논문을 포함한 몇몇 학설은 이러한 판례의 태도에 문제를 제기한다. 판례는 취득시효가 완성된 후에 등기명의인이 제3자에게 처분한 경우에는 취득시효를 할 수 없게 되지만 취득시효가 완성되기 전에 등기명의인이 부동산을 제3자에게 처분한 경우에는 점유자가 취득시효를 할 수 있게 되는데, 이러한 판례의 태도를 극단적으로 보게 되면 취득시효 완성일을 기준으로 하루 차이로도 결과가 달라지게 될 수 있다. 결국 점유기간이 길어질수록 오히려 시효취득의 가능성이 낮아진다는 모순적인 결과가 초래되어 취득시효 완성자의 지위를 매우 열악하게 한다는 문제를 지적한다.[32]

그러나 이에 대하여는 시효기간 진행 중에 소유권을 취득한 자는 시효중단을 위한 조치를 취할 수 있지만, 취득시효 완성 후에 소유권을 취득한 자는 그러한 기회가 없기 때문이며, 소유자가 취득시효를 중단시킬 수 있는 지위에 있지 않음에도 취득시효 완성을 인정하면 점유자와 소유자를 공평하게 다루지 못하기 때문이라 해석하는 견해가 있다.[33] 또 점유취득시효기간이 만료된 후 이전등기를 받은 누구에게나 언제나 등기청구가 가능하다고 한다면, 항상 등기청구가

등기가 적법 유효함을 전제로 하는 것으로서 위 제3자 명의의 등기가 원인무효인 경우에는 점유자는 취득시효 완성 당시의 소유자를 대위하여 위 제3자 앞으로 경료된 원인무효인 등기의 말소를 구함과 아울러 위 소유자에게 취득시효 완성을 원인으로 한 소유권이전등기를 구할 수 있고, 또 위 제3자가 취득시효 완성 당시의 소유자의 상속인인 경우에는 그 상속분에 한하여는 위 제3자에 대하여 직접 취득시효 완성을 원인으로 한 소유권이전등기를 구할 수 있다(대법원 2002. 3. 15. 선고 2001다77352, 77369 판결).

31) 부동산에 대한 점유취득시효가 완성된 후 이를 등기하지 않고 있는 사이에 그 부동산에 관하여 제3자 명의의 소유권이전등기가 경료되어 점유자가 그 제3자에게 시효취득으로 대항할 수 없게 된 경우에도 점유자가 취득시효 당시의 소유자에 대한 시효취득으로 인한 소유권이전등기청구권을 상실하게 되는 것이 아니라 단지 그 소유자의 점유자에 대한 소유권이전등기의무가 이행불능으로 된 것에 불과하므로, 그 후 어떠한 사유로 취득시효 완성 당시의 소유자에게로 소유권이 회복되면 그 소유자에게 시효취득의 효과를 주장할 수 있으나, 취득시효 완성 후에 원 소유자가 일시 상실하였던 소유권을 회복한 것이 아니라 그 상속인이 소유권이전등기를 마쳤을 뿐인 경우에는 그 상속인의 등기가 실질적으로 상속재산의 협의분할과 동일시할 수 있는 등의 특별한 사정이 없는 한 그 상속인은 점유자에 대한 관계에서 종전 소유자와 같은 지위에 있는 자로 볼 수 없고, 취득시효 완성 후의 새로운 이해관계인으로 보아야 하므로 그에 대하여는 취득시효 완성으로 대항할 수 없다(대법원 1999. 2. 12. 선고 98다40688 판결).

32) 대상논문은 민법 제245조 제1항에서 등기를 요구하게 된 것은 민법의 기초자가 성립요건주의를 도입하였으므로 취득시효의 경우에도 등기를 하여야 하는 것으로 잘못 생각한 것이며, 더욱이 대법원도 법문에 충실한 해석을 하다 보니 그러한 판례가 형성되었다고 본다(송덕수, 앞의 논문(주 1), 254면; 송덕수, 앞의 논문(주 9), 278-279면).

33) 윤진수, "점유취득시효 완성 후 재진행의 요건", 법률신문, 2009. 8. 10.

가능하게 되어 역설적이게도 등기를 할 필요가 없다는 결론에 이른다는 견해도 있다. 이 견해는 판례 제3원칙을 인정하는 취지는 등기제도의 구현에 있어서 등기를 신뢰한 제3자가 보호받는 결과는 반사적 효과라고 한다.[34)]

대상논문은 이렇게 등기 없이도 소유권을 취득한 것과 같은 결과를 인정하여야 한다고 한다. 다만 이 경우 점유취득시효의 요건이 민법 제197조로 인하여 매우 용이한 상황에서 한층 더 용이해질 우려가 있다는 점과, 거래의 안전을 보호할 수 없게 되는 문제점이 발생한다고 하나, 점유취득시효제도가 등기하지 못한 사실상의 권리자를 보호하기 위한 것인 이상, 그 범위 내에서는 거래의 안전을 일부 후퇴시켜야 한다고 한다.[35)]

(3) 시효완성자와 등기명의인과의 관계

판례는 취득시효 완성자라 하더라도 그의 명의로 소유권이전등기를 경료하기 전까지는 소유자는 등기명의인이라는 입장을 취한다.[36)] 이에 따라 소유권이전등기를 경료하기 전에 등기명의인이 부동산을 처분할 경우 취득시효 완성자가 등기명의인에 대하여 채무불이행책임이나 불법행위책임을 물을 수 있는지, 또 등기명의인이 취득시효 완성자를 상대로 방해배제청구권을 행사할 수 있는지, 반대로 시효완성자가 여전히 점유하고 있음을 기화로 등기명의인이 시효완성자를 상대로 점유로 인한 부당이득반환청구권을 행사할 수 있는지 문제된다.

1) 판례의 태도

취득시효가 완성된 후 아직 소유권이전등기를 경료하기 전에 등기명의인이 부동산을 처분한 경우, 판례는 채무불이행책임은 부정하여 왔다. 즉, "부동산 점유자에게 시효취득으로 인한 소유권이전등기청구권이 있다고 하더라도 이로 인하여 부동산 소유자와 시효취득자 사이에 계약상의 채권·채무관계가 성립하는 것은 아니므로, 그 부동산을 처분한 소유자에게 채무불이행책임을 물을 수 없다"고 한다.[37)] 판례는 취득시효 완성자가 가지는 등기청구권을 채권적 청구권으로 보면서도, 계약상의 채권·채무관계가 성립하는 것은 아니므로 그 부동산을 처분한 등기명의인에게 채무불이행책임을 부인하는 입장이다.[38)]

불법행위책임에 관하여는 "부동산에 관한 취득시효가 완성된 후 취득시효를 주장하거나 이

---

34) 제2원칙의 경우 취득시효 완성자가 소유권자이고 제3원칙의 경우 소유권자가 아니어서 차별받는 것이 아니고, 제2원칙의 경우 그가 물권자이고 제3원칙의 경우 그가 채권자이기 때문이 아니라고 한다(이기용, 앞의 논문(주 20), 18면).

35) 송덕수, 앞의 논문(주 1), 253-254면.

36) 대법원 2006. 5. 12. 선고 2005다75910 판결.

37) 대법원 1995. 7. 11. 선고 94다4509 판결.

38) 판례는 과거부터 불법행위의 문제로 해결하고, 채무불이행의 성립여부에 관하여는 언급이 없다가 대법원 1995. 7. 11. 선고 94다4509 판결에서 채무불이행책임이 성립하지 않음을 명시하였다(이재환, "시효취득 후 등기청구권을 주장, 행사하지 않은 사이 목적물이 양도된 경우에도, 시효취득자에게 대상청구권이 인정되는지 여부", 『대법원판례해설』(법원도서관, 1997), 제27호, 89면).

로 인한 소유권이전등기청구를 하기 이전에는 등기명의인인 부동산 소유자로서는 특별한 사정이 없는 한 시효취득 사실을 알 수 없으므로 이를 제3자에게 처분하였다 하더라도 불법행위가 성립할 수 없"음이 원칙이나, "부동산의 소유자가 취득시효의 완성 사실을 알 수 있는 경우에 부동산 소유자가 부동산을 제3자에게 처분하여 소유권이전등기를 넘겨줌으로써 취득시효 완성을 원인으로 한 소유권이전등기의무가 이행불능에 빠지게 되어 취득시효 완성을 주장하는 자가 손해를 입었다면 불법행위를 구성한다"고 본다. 다만 "부동산을 취득한 제3자가 부동산 소유자의 이와 같은 불법행위에 적극 가담하였다면 이는 사회질서에 반하는 행위로서 무효"라고 하여,[39)40)] 판례는 등기명의인이 취득시효 완성자와의 관계에 있어서 취득시효 완성사실을 알았다면 그에 대하여 소유권이전등기를 이행하여야 하나 그러한 의무를 위반하였으므로 불법행위를 구성하고, 취득시효 완성사실을 몰랐다면 책임을 부인하는 입장이다.

즉 판례의 입장은 취득시효가 완성되었다 하더라도 시효취득자가 그 사실을 주장하거나 등기청구권을 행사한 후에 등기명의인이 처분한 경우에 한하여 채무불이행책임이 아닌 불법행위책임을 지는 것이므로, 등기명의인의 처분행위에 초점이 맞추어져 있다. 또 시효취득자의 시효완성사실의 주장이나 등기청구권의 행사시점이 실질적으로는 목적물이 제3자의 명의로 등기가 경료된 시점보다도 이전 시점인 등기명의인이 처분행위를 할 때로 당겨지게 되는 셈이다.[41)]

한편 판례는 부동산에 대한 취득시효기간이 완성된 경우, 시효완성자는 등기명의인에 대하여 등기 없이도 시효취득을 주장하여 대항할 수 있지만, 등기명의인은 시효완성자에 대하여 소유권에 기한 권능을 행사할 수 없다(판례 제1원칙).[42)] 따라서 취득시효 완성 후에는 명의상 소유자라 하더라도 소유권을 행사할 수 없고, 명의상 소유자에 대하여 시효취득을 주장할 수 있는 취득시효 완성자는 점유자로서 등기명의인에 대하여 점유권에 기한 방해배제청구권을 행사할 수 있다.[43)]

---

39) 대법원 1998. 4. 10. 선고 97다56495 판결.

40) "부동산에 관한 점유취득시효가 완성된 후에 그 취득시효를 주장하거나 이로 인한 소유권이전등기청구를 하기 이전에는 그 등기명의인인 부동산 소유자로서는 특별한 사정이 없는 한 그 시효취득 사실을 알 수 없는 것이므로 이를 제3자에게 처분하였다 하더라도 그로 인한 손해배상책임을 부담하지 않는 것이나, 등기명의인인 부동산 소유자가 그 부동산의 인근에 거주하는 등으로 그 부동산의 점유·사용관계를 잘 알고 있고, 시효취득을 주장하는 권리자가 등기명의인을 상대로 취득시효완성을 원인으로 한 소유권이전등기 청구소송을 제기하여 등기명의인이 그 소장 부본을 송달받은 경우에는 등기명의인이 그 부동산의 취득시효완성 사실을 알았거나 알 수 있었다고 봄이 상당하므로, 그 이후 등기명의인이 그 부동산을 제3자에게 매도하거나 근저당권을 설정하는 등 처분하여 취득시효완성을 원인으로 한 소유권이전등기의무가 이행불능에 빠졌다면 그러한 등기명의인의 처분행위는 시효취득자에 대한 소유권이전등기의무를 면탈하기 위하여 한 것으로서 위법하고, 부동산을 처분한 등기명의인은 이로 인하여 시효취득자가 입은 손해를 배상할 책임이 있다(대법원 1999. 9. 3. 선고 99다20926 판결).

41) 이재환, 앞의 논문(주 38), 89면.

42) 대법원 1977. 3. 22. 선고 76다242 판결; 대법원 1993. 5. 25. 선고 92다51280 판결.

43) 편집대표 김용덕, 앞의 책(주 9), 880면(김진우 집필부분); 대법원 2012. 11.15. 선고 2010다73475 판결.

한편 부동산에 대한 취득시효가 완성되면 시효완성자는 등기명의인에 대하여 취득시효완성을 원인으로 한 소유권이전등기절차의 이행을 청구할 수 있고 등기명의인은 이에 응할 의무가 있으므로, 등기명의인은 점유자에 대하여 부동산의 점유로 인한 손해배상을 청구할 수 없고,[44] 같은 이유로 등기명의인은 점유자에 대하여 점유로 인한 부당이득반환청구도 할 수 없다.[45]

2) 학설의 태도

채무불이행책임에 대하여 긍정하는 견해는 취득시효 완성자가 가지는 등기청구권의 성격이 채권적 청구권인 만큼 채무불이행책임을 인정할 수 있다는 견해[46]와 민법 제390조에 따른 채무불이행책임의 적용범위를 계약책임으로 한정할 필요가 없다는 견해[47] 등이 있다. 부정하는 견해로는 우선 대상논문을 포함하여 취득시효는 그 실질이 원시취득이나 실현 절차상 등기에 협력할 소극적인 지위를 인정하고 있는 것에 불과하여 법정의 의무일 수는 있어도 법정의 이전의무일 수는 없다고 하면서 채무불이행책임이 성립할 여지는 없다고 하기도 하고,[48] 민법 제390조 이하의 채무불이행책임은 당사자 간에 긴밀하고 유기적인 관계를 전제로 하여야 하지만, 취득시효 완성자와 등기명의인간의 관계는 그러한 관계에 이르지 아니한다는 이유로 채무불이행책임을 부정한다.[49] 대상논문에서도 등기청구권의 성질을 채권적 청구권이라고 본다면 이에 대응하는 등기의무(채무)가 존재하는 것이므로 채권적 청구권이라 할 수 없지만, 설령 채권적 청구권으로 보더라도 그 권리는 보통의 채권과 구별하여야 한다고 한다.[50]

불법행위책임에 관하여는 판례가 불법행위책임을 인정하기 위한 요건으로서 등기명의인이 취득시효의 완성 사실을 알았거나 알 수 있었을 것을 요한다. 그런데 만일 채무불이행책임을 인정하는 견해에 의한다면 그것으로 족하기 때문에 불법행위책임도 병존한다고 보는 것은 적절하지 않다는 것이 통설의 태도이다.[51] 대상논문도 취득시효가 완성된 후 목적부동산을 양도한 등기명의인에게 채무불이행책임은 질 수 없지만 불법행위는 문제될 수 있다고 본다.[52] 한편 채무

44) 대법원 1966. 2. 15. 선고 65다2189 판결.

45) 부동산에 대한 취득시효가 완성되면 점유자는 소유명의자에 대하여 취득시효완성을 원인으로 한 소유권이전등기절차의 이행을 청구할 수 있고 소유명의자는 이에 응할 의무가 있으므로 점유자가 그 명의로 소유권이전등기를 경료하지 아니하여 아직 소유권을 취득하지 못하였다고 하더라도 소유명의자는 점유자에 대하여 점유로 인한 부당이득반환청구를 할 수 없다(대법원 1993. 5. 25. 선고 92다51280 판결).

46) 지원림, "점유취득시효 완성 이후의 사정변경과 대상청구권", 『민사판례연구』(민사판례연구회, 1996), 제18집, 1996, 144면.

47) 윤근수, "부동산 점유취득시효 완성으로 인한 등기청구권이 이행불능된 경우 대상청구권의 성부 및 요건", 『판례연구』(부산판례연구회, 1998), 제8집, 167-168면.

48) 최병조, "대상청구권에 관한 소고 -로마법과의 비교고찰을 중심으로-", 『판례실무연구』(박영사, 1997), 제1권, 497-498면.

49) 고원석" 취득시효 완성 후 목적물이 제3자에게 이전된 경우에 있어서 취득시효 완성자의 법률상 지위", 『판례연구』(제주판례연구회, 1997), 제1집, 25면.

50) 송덕수, 앞의 논문(주 1), 254면.

51) 이재환, 앞의 논문(주 38), 544-545면; 윤근수, 앞의 논문(주 47), 158-171면.

자의 채권침해도 불법행위로 볼 수 있다고 하여 채무불이행 또는 불법행위에 기한 손해배상청구권이 경합한다고 보기도 한다.[53]

(4) 검 토

취득시효 완성의 효과와 관련하여 많은 학설들이 제기되는 근본적인 원인 중 하나는 민법 제245조에서 법률규정에 의한 물권변동임에도 불구하고 등기를 요하고 있는 점에서 비롯된다. 법률에 의한 물권변동에 해당하는 점유취득시효임에도 불구하고 특별한 이유의 제시 없이 중대한 예외를 인정하는 것은 바람직하지 못하다.[54] 그러나 판례는 이를 충실히 해석하여 여전히 등기를 하여야 소유권을 취득한다고 하고 있고, 등기청구권의 성격을 채권으로 본다. 그러나 등기청구권의 성격이 채권이냐, 물권이냐라는 논의는 결국 취득시효 완성 후 시효완성자가 소유권이전등기를 하기 전에 등기명의인으로부터 제3자에게 소유권이전등기가 경료된 경우 시효완성자가 그 제3자에게 대항할 수 있느냐의 쟁점으로 연결된다.

주지하다시피 판례는 시효완성자가 제3자에 대하여 시효취득을 주장할 수 없다고 본다. 그러나 이에 관하여는 점유기간이 길어질수록 시효완성자의 지위가 열악하게 되는 문제가 지적된다. 물론 시효기간 진행 중에 소유권을 취득한 자와 취득시효 완성 후에 소유권을 취득한 자의 지위는 다를 것이고, 취득시효 기간이 만료된 후 이전등기를 받은 누구에게나 언제나 등기청구가 가능하다고 보면 역설적으로 등기가 필요 없다는 의견도 거래안전을 해칠 수 있다는 점으로 해석한다면 타당한 지적이다. 그러나 취득시효 제도는 무권리자에게 무상으로 소유권을 취득하게 하는 제도로만 평가할 것이 아니며 진정한 권리자를 보호하는 측면으로 기능하기도 하는 양면성을 가지고 있고, 설령 진정한 권리자를 보호하지 못하는 측면이 있다 하더라도 그 자체로도 법제도로서 존재가치가 있기 때문에[55] 이러한 취지를 고려하면 취득시효를 완성한 권리자의 보호를 위하여는 일응 거래의 안전을 후퇴시킬 필요가 있다.

판례는 취득시효 완성자의 등기명의인에 대한 관계를 채권자로 보지 아니하고 그렇다고 소유자에도 이르지 않는, 불명확한 지위로 본다. 이러한 태도는 판례들 간에 일관성이 떨어지게 하는 결과를 초래한다. 취득시효가 완성된 후 아직 소유권이전등기를 경료하기 전에 등기명의인이 부동산을 처분한 경우, "계약상의 채권·채무관계가 성립하는 것은 아니"어서 채무불이행책임을 부정한다. 등기청구권을 채권적 청구권을 보면서도 계약상 채권채무관계가 성립하는 것은 아니라는 것이다. 그러나 설령 계약상의 채권·채무관계가 성립하지 않는다 하더라도 법정채권·채무

---

52) 송덕수, 앞의 논문(주 1), 254면.
53) 고원석, 앞의 논문(주 49), 20면.
54) 우리 민법 제187조와 같은 규정이 없는 독일에서는 등기를 요한다고 할 수 있겠으나 우리 민법의 경우와는 상황이 다르다(편집대표 김용덕, 앞의 책(주 9), 857면(김진우 집필부분)).
55) 이기용, 앞의 논문(주 20), 21-23면.

관계로서 등기명의인에게 소유권이전등기채무를 부담하게 함으로써 채무불이행책임을 인정할 수 있다고 본다.[56] 한편 취득시효가 완성되어도, 시효완성자 명의로 소유권이전등기가 경료될 때까지는 등기명의인이 소유자이면서도 등기명의인이 시효완성자에 대하여 소유권에 대한 권능을 행사하지 못하므로(판례 제1원칙), 시효완성자에 대하여 부동산의 점유로 인한 손해배상이나 부당이득반환청구도 못하고, 오히려 시효완성자가 등기명의인에 대하여 점유권에 기한 방해배제청구권을 행사할 수 있게 된다. 시효완성자의 등기청구권을 물권적 청구권으로 보아 소유권에 준하는 지위를 부여한다고 보면 이러한 판례의 흐름에 일관성을 부여할 수 있지 않을까 생각한다.

3. 취득시효 완성자의 대상청구권

(1) 대상청구권의 인정여부

대상청구권(代償請求權)이란 이행이 불능하게 된 결과 채무자가 이행의 목적물에 대신하는 이익을 취득하는 경우에 채권자가 채무자에 대하여 그 이익을 청구할 수 있는 권리이다.[57]

대상청구권은 채권자에게 발생하는 불이익을 구제하고 이익이동의 공평한 분배를 위하여 인정된 것이다.[58] 독일 민법과 프랑스 민법은 명문으로 대상청구권을 인정하고 있고, 스위스, 오스트리아, 일본은 명문규정은 없지만 학설에 의하여 대상청구권을 인정한다.[59]

우리 민법은 대상청구권을 명문으로 규정하고 있지는 않지만 대상청구권을 인정하여야 한다고 보는 것이 통설이고, 소수설만이 부정하여야 한다는 견해[60][61]를 취한다. 통설은 다시 그 인정범위와 관련하여 대상청구권을 일반적으로 인정하여야 한다는 견해(일반적 인정설[62])와 제한적으로 인정하여야 한다는 견해(제한적 인정설[63])로 나뉜다. 일반적 인정설은 채무자의 귀책사유

---

56) 석희태, “부동산 점유취득시효완성후의 법률관계”, 『연세법학연구』(연세대학교 법률문제연구소, 2002), 제8집 제2권, 291-292면.

57) 송덕수, 『신민법강의』(박영사, 2019), 783면.

58) 정상현, “대상청구권의 인정여부에 관한 법리 재검토”, 『성균관법학』(성균관대학교 비교법연구소, 2007), 제19권 제3호, 672면.

59) 대상청구권에 관한 외국의 입법례에 관하여는 송덕수, “대상청구권에 관한 입법론”, 『법조』(법조협회, 2011), 제60권 제9호(통권 제660호), 78-91면.

60) 부정설은 우리 민법이 로마법이나 프랑스민법에서처럼 매매계약의 성립으로 그 계약이 완성되는 체계가 아니고, 쌍무계약의 견련성으로 인하여 일방의 급부가 소멸하면 반대급부도 소멸하는 것으로 규정하고 있고, 채무자위험부담주의를 채용하고 있어 채권자에게 형평에 맞지 않는 이익의 이전상태가 발생될 여지가 거의 없다고 한다(정상현, 앞의 논문(주 58), 724-725면).

61) 정상현, 앞의 논문(주 58), 724-725면 등.

62) 곽윤직, 『채권총론』(박영사, 1997), 159-160면; 김증한, 『채권총론』(박영사, 1988), 65면; 김상용, 『채권총론』(법문사, 2000), 130면; 양창수, 『민법주해(채권(2))』(박영사, 2007), 제9권, 290면; 김증한·김학동, 『채권총론』(박영사, 1998), 170면; 권오승, 『민법의 쟁점』(법원사, 1990), 229면; 송덕수, 앞의 책(주 57), 783면; 이충훈, “대상청구권”, 『연세법학연구』(연세법학연구회, 1998), 제5집, 315면; 지원림, 앞의 논문(주 46), 152면 등.

63) 이은영, 『채권총론』(박영사, 1999), 228면; 김상명, “점유취득시효완성자의 대상청구권”, 『법학연구』(한국법학회, 2007), 제27집, 58면 등.

가 없이 급부가 불능이 되어버려 채무자가 채무를 면하게 될 때 실익이 있는데,[64] 채권자가 반대급부를 이행하면서 대상청구권을 행사할 수도 있고, 만일 대상청구권을 행사하지 않는다면 채무자위험부담주의에 따라 급부는 소멸하게 된다고 본다.[65] 채무자의 귀책사유가 있는 경우에는 채권자가 전보배상청구권과 대상청구권을 갖게 되는데, 선택적 또는 결합적으로 행사하게 된다고 본다.[66] 제한적 인정설은 다시 어떤 경우에 대상청구권을 인정할 것인가로 인하여 여러 의견이 존재한다.[67] 대상논문에서도 대상청구권은 관련되는 규정들을 모두 고려하여 전체적인 견지에서 볼 때 우리 민법은 「경제관계상 속하지 않아야 할 자에게 귀속된 재산적 가치는 그것이 마땅히 속하여야 할 자에게 돌려져야 한다」는 근본사상을 근거로 인정하고 있다.[68][69]

판례는 1992년 매매대상인 토지가 수용된 경우에 매수인이 수용보상금을 구한 사건에서 처음으로 대상청구권을 인정한 이후로[70] 점차 그 적용범위를 넓혀오고 있다.[71]

한편 대상청구권은 2009년부터 시작된 소위 제3기 민법개정위원회에서도 전체 여섯 분과위원회 중 제4분과위원회(담당: 채권법1, 위원장: 송덕수)에서 다루어졌는데, 그동안 학설 및 판례에 의하여 발전되어온 내용을 기초로 민법개정위원회의 민법 개정안(제399조의2, 제537조 제3항)[72]에

---

64) 곽윤직, 앞의 책(주 62), 159-160면; 김상용, 앞의 책(주 62), 130면; 권오승, 앞의 책(주 62), 229면.

65) 정상현, 앞의 논문(주 58), 698면.

66) 정상현, 앞의 논문(주 58), 698면.

67) 귀책사유가 있는 경우에도 인정할 것인지, 법률행위에 기한 이익도 청구할 수 있도록 할 것인지, 보험금이 '대신하는 이익'에 해당되는지, 초과가치도 인정할 것인지 등 여러 견해가 있다. 이에 관하여는 송덕수, 앞의 논문(주 59), 60-78면.

68) 송덕수, 앞의 논문(주 1), 240면.

69) 송덕수 교수님은 이미 대상논문을 발표하기 전부터 대상청구권에 대한 연구를 통하여 민법 개정시 우선적으로 고려되어야 할 사항으로 대상청구권을 지적하시며 입법론에 대한 의견을 제시하신바 있다(송덕수, "이행불능에 있어서 이른바 대상청구권 -독일민법과의 비교·검토-", 『경찰대 논문집』(경찰대학, 1984), 제4집); 송덕수, "대상청구권의 인정범위와 내용", 『판례실무연구』(박영사, 1997), 제1권; 송덕수, "대상청구권", 『민사판례연구』(민사판례연구회, 1994), 제16집). 이후 2011년에는 「대상청구권에 관한 입법론」에서 그동안의 대상청구권에 관한 연구결과를 집대성하여 대상청구권의 바람직한 입법방안을 제시하셨다. 이 논문에서는 대상청구권의 인정필요성을 강조하며 구체적으로 어떤 경우에 대상청구권을 인정할 것인가에 대한 구체적인 의견이 제시되어 있다(송덕수, 앞의 논문(주 59)).

70) 대법원 1992. 5. 12. 선고 92다4581·4598 판결.

71) 송덕수, 앞의 논문(주 59), 59면.

72) 민법개정위원회의 민법 개정안

현행	개정안
신설	제399조의2[대상청구권(代償請求權)] ① 채무의 이행을 불가능하게 한 사유로 채무자가 채권의 목적인 물건이나 권리를 갈음하는 이익을 얻은 경우에는 채권자는 그 이익의 상환을 청구할 수 있다. ② 채권자가 채무불이행을 이유로 손해배상을 청구하는 경우에, 제1항에 따라 이익의 상환을 받는 때에는 손해배상액은 그 이익의 가액만큼 감액된다.

대상청구권을 명문조항으로 반영하였다. 대상청구권이 명문의 근거 없이 판례에 의하여 계속하여 인정되고 있으며, 점차 새로운 쟁점에까지 그 인정범위를 확대해나가는 상황에서 판례에 법적 근거를 마련해주어야 한다는 것이 이유이다.[73]

(2) 대상청구권의 요건과 효과

대상청구권을 인정하기 위하여는 첫째, 급부가 후발적으로 불능이 되어야 하고, 둘째, 채권의 목적물에 관하여 그것에 대신하는 이익을 취득하여야 하며, 셋째, 급부가 불능하게 된 결과 채무자가 채권의 목적물에 대하여 '대신하는 이익'을 취득하여야 하며, 넷째, 급부가 불능하게 된 객체와 채무자가 그에 관하여 '대신하는 이익'을 취득한 객체 사이에 동일성이 존재하여야 한다.[74]

그러나 대상청구권의 성격을 채권적 청구권으로 보기 때문에 대상청구권의 요건을 갖추었다고 하여도 채무자는 그가 취득한 것 모두를 채권자에게 인도하여야 하고 대신하는 이익이 채권자에게 직접 이전되는 것은 아니다.[75] 판례 역시 대상청구권의 성격을 채권적 청구권으로 보고 있으며,[76] 부당이득반환청구권과는 별개의 독자적인 성격의 보상청구권으로 이해한다.[77]

(3) 취득시효 완성자의 대상청구권 인정여부

대상논문에서 제시된 대상판결은 취득시효 완성자에게 대상청구권을 일정한 요건 하에 인정하였다. 그러나 취득시효 완성자에게도 과연 대상청구권을 인정하여야 하는 것인가에 관하여는 여전히 논란이 있다. 이는 앞서 살펴본 취득시효 완성자의 법적 지위와 연결된 쟁점이다.

1) 판례의 태도

대법원은 초기에는 단지 취득시효 완성자에게 대상청구권을 인정할 수 있다는 판결을 하였다.[78] 이후 대상판결에서 "민법상 이행불능의 효과로서 채권자의 전보배상청구권과 계약해제권 외에 별도로 대상청구권을 규정하고 있지는 않으나 해석상 대상청구권을 부정할 이유는 없는 것

제537조(채무자위험부담주의) ③ <신설>	제537조(채무자의 위험부담) ③ 상대방이 제399조의2 제1항에 따라 이익의 상환을 청구하는 경우에는 채무자는 상대방의 이행을 청구할 수 있다. 이 경우에 상환할 이익의 가치가 본래의 채무보다 작으면 상대방의 채무는 그에 비례하여 감소한다.

73) 이에 관한 상세한 내용은 송덕수, "사회변화와 민법 개정 -그 방법과 방향<계약편(채권 총칙 포함)>, 『민사법학』(한국민사법학회, 2018), 제85호 참조; 김형석, "대상청구권 -민법개정안을 계기로 한 해석론과 입법론-", 『서울대학교 법학』(서울대학교 법학연구소, 2014), 제55권 제4호, 104면.

74) 송덕수, 앞의 책(주 57), 783-784면.

75) 송덕수, 앞의 책(주 57), 784면.

76) 등기청구권자는 등기의무자에게 대상청구권의 행사로써 등기의무자가 지급받은 수용보상금의 반환을 구하거나 또는 등기의무자가 취득한 수용보상금청구권의 양도를 구할 수 있을 뿐 그 수용보상금청구권 자체가 등기청구권자에게 귀속되는 것은 아니다(대법원 1996. 10. 29. 선고 95다56910 판결).

77) 대법원 2002. 2. 8. 선고 99다23910 판결.

78) 대법원 1994. 12. 9. 선고 94다25025 판결; 대법원 1995. 7. 28. 선고 95다2074 판결 등.

이지만, 점유로 인한 부동산 소유권 취득기간 만료를 원인으로 한 등기청구권이 이행불능으로 되었다고 하여 대상청구권을 행사하기 위하여는, 그 이행불능 전에 등기명의자에 대하여 점유로 인한 부동산 소유권 취득기간이 만료되었음을 이유로 그 권리를 주장하였거나 그 취득기간 만료를 원인으로 한 등기청구권을 행사하였어야 하고, 그 이행불능 전에 그와 같은 권리의 주장이나 행사에 이르지 않았다면 대상청구권을 행사할 수 없다고 봄이 공평의 관념에 부합한다.”[79]고 하여 대상청구권을 행사하기 위한 요건을 덧붙였다.

2) 학설의 태도

가. 인정여부

우선 취득시효의 경우에 대상청구권을 인정하여야 할 것인가에 관하여 부정하여야 한다는 견해와 긍정하여야 한다는 견해로 나뉜다.

우선 대상청구권을 인정하여야 한다는 견해는 대상청구권이 유상·쌍무계약에 국한되어 인정할 근거가 없고, 오히려 편무계약에서 채무자의 귀책사유 없이 목적물이 멸실 또는 훼손된 경우에 대상청구권을 인정하여야만 공평의 이념에 보다 부합하게 된다는 점을 근거로 이와 유사한 법률관계를 갖는 취득시효 완성자의 이전등기청구권에 대하여도 대상청구권을 인정하여야 한다고 하거나,[80] 우리 민법이 취득시효 완성자의 법적 지위를 미약하게 정하고 있는 것은 아니고 다만 등기하기 전에 목적물이 제3자에게 이전될 경우 아무런 보호를 받지 못하게 하려는 것이 동 규정의 취지는 아니고, 오히려 일정 요건을 갖춘 점유자를 보호하여 그에게 경제적 이익을 취득하게 하려는 것이 우리 민법의 취득시효 본질에 더 가까운 해석이라고 한다.[81]

반면 대상청구권을 부정하여야 한다는 견해는 소유자가 취득시효 완성자에 대하여 갖는 급부의무는 무상편무계약과 같이 대가성이 결여되어 있고, 우리 민법이 취득시효 완성자에 대하여 등기를 하여야 소유권을 취득하는 것으로 정하고 있는 등 취득시효 완성자의 법적 지위를 강하게 보호하고 있지 않으므로 대상청구권까지 인정하면서 취득시효 완성자를 보호할 필요가 없다고 하거나,[82] 취득시효 완성당시 소유자는 취득시효 완성자에 대하여 진정한 의미의 급부가 존재하지 않음에도 불구하고, 급부의무가 존재하였을 것을 전제로 하는 대상청구권을 인정하여서는 아니한다고 하거나,[83] 취득시효 완성자는 법률규정에 의하여 소유자에 대하여 단지 등기이전에 협력을 구할 수 있을 뿐이고 아직 객체 대상물에 대한 소유권을 취득하지도 못한 상황에서 추급권이 인정될 수 없다고 한다.[84] 대부분 취득시효에서는 계약상의 채권채무관계가 존재하지

79) 대법원 1996. 12. 10. 선고 94다43825 판결.
80) 김대경, “취득시효완성자의 대상청구권”, 『법학연구』(인하대학교 법학연구소, 2015), 제18권 제3호, 75면.
81) 윤근수, 앞의 논문(주 47), 177-179면.
82) 김상용, 『물권법』(법문사, 2006), 202면.
83) 심준보, “취득시효와 대상청구권”, 『민사판례연구』(박영사, 1998), 제20집, 107면.

않기 때문인 것이 주된 이유이다.85) 특히 대상논문은 취득시효의 경우 등기 없이도 사실상 소유권을 취득한다는 입장에서, 취득시효가 완성된 이후 목적부동산이 수용된 때에는 취득시효 완성자가 소유권을 취득하게 되는 것이지 채권으로서의 등기청구권을 취득하는 것이 아니므로 대상청구권을 인정할 필요가 없다고 본다. 수용보상금은 소유권의 대가이므로 대상청구권 없이도 시효취득자가 당연히 취득하게 되는 것이다.86)

나. 인정요건

대상판결은 대상청구권을 인정하기 위한 요건으로 등기명의자에 대하여 취득시효 완성을 원인으로 권리를 주장하였거나 소유권이전등기청구권의 행사를 요건으로 하고 있다.

이렇게 판례가 취득시효 완성자의 대상청구권 행사에 대하여 일정한 제한을 가하는 것이 타당하다는 의견이 있다. 등기명의인은 취득시효가 완성하더라도 자신이 시효완성자에 대하여 소유권이전등기의무를 부담한다는 사실을 알지 못하는 경우가 대부분이기 때문에 대상토지에 대한 수용보상금을 수령한 이후 시효완성자가 느닷없이 대상청구권을 행사할 경우 대상청구권의 인정근거인 공평성의 원리에 반하며,87) 만일 대상청구권을 인정한다면 등기명의인은 점유를 점유자에게 방치하고 시효취득자는 등기를 명의자에게 방치하여 모두 권리 위에 잠자고 있었음에도 불구하고 시효취득자만 보호하는 결과가 되어 공평의 원리에 반한다고 보기도 한다.88) 또, 시효취득으로 인한 등기청구권의 경우에도 대상청구권이 널리 인정된다면 시효취득 완성 후 목적물을 처분한 소유자의 책임을 제한적으로 인정하여 온 기존 판례의 입장과 실질적으로 상충하게 되므로 대상청구권의 인정범위를 적절히 조절할 필요가 있다고 보기도 한다.89)

---

84) 소유자가 처분한 경우 유효하듯이 소유자에게 귀책사유 없는 이행불능의 경우에도 시효완성자의 위험으로 보아야 한다고 한다(최병조, 앞의 논문(주 48), 499면).

85) 이기용, 앞의 논문(주 20), 29면; 지원림, 앞의 논문(주 46), 162면; 이상경, "대상청구권", 『민사재판의 제문제; 송천이시윤박사화갑기념』(민사실무연구회 · 한국민사소송법학회 · 한국민사법학회, 1995), 260면.

86) 송덕수, 앞의 논문(주 1), 255면.

87) 황익, "취득시효로 인한 소유권이전등기의무의 이행불능과 대상청구권", 『판례연구』(부산판례연구회, 1996), 제6집, 127면.

88) 취득시효가 완성하더라도 등기하여야 비로소 소유권을 취득하게 될 시효완성자가 아무런 조치를 취하지 아니하고 있는 사이에 이전등기의무가 이행불능되었을 때까지 대상청구권을 인정한다면 등기명의인은 점유를 점유자에게 방치하고 시효취득자는 등기를 명의자에게 방치하여 모두 권리 위에 잠자고 있었음에도 불구하고 먼저 권리가 실현된 자를 제쳐두고 권리를 미처 실현하지 못한 자를 더 보호하는 결과가 된다(황익, 앞의 논문(주 87), 127면).

89) 대상청구권은 채무자의 귀책사유를 요하지 않으므로, 채무자에게 귀책사유가 없는 경우에는 채권자로서는 유일한 권리가 될 수도 있는바, 취득시효 완성으로 인한 등기청구권의 경우에는 판례가 이행불능으로 인한 전보배상책임을 부정하고 불법행위책임도 제한적으로 인정하고 있으므로 결국 대상청구권의 행사가 그 경제적 목적을 달성하는데 가장 강력한 법적 수단이 될 수 있다. 따라서 시효취득으로 인한 등기청구권의 경우에도 대상청구권이 널리 인정된다면 시효취득 완성 후 목적물을 처분한 소유자의 책임을 제한적으로 인정하여 온 기존 판례의 입장과 실질적으로 상충하게 되므로 대상청구권의 인정범위를 적절히 조절할 필요가 있고, 이와 같은 견지에서 대상청구권은 이행불능의 원래의 효과인 전보배상청구권이 인정되는 범위 내에서 같은 경

그러나 반대설은 타당한 이유 없이 요건을 강화하고 있는 점은 시효취득을 가능한 한 제한하려는 부정적 시효관에 근거한 것으로 잘못이라는 지적을 한다.[90] 이행불능의 일반적인 효과로서 대상청구권을 널리 인정하면서도 시효취득의 경우에만 그 요건을 제한하는 것은 공평이념을 주된 근거로 인정된 대상청구권을 다시금 공평의 이념이라는 잣대로 재평가하는 것이라고 한다.[91] 대상논문도 목적부동산이 수용된 경우와 제3자에게 처분한 경우에 법률효과가 달라지게 되는 점과도 부합하지 않는 점은 물론, ① 이러한 행사요건을 충족한 경우와 그렇지 않은 경우를 구별할 근거가 없고, ② 결국 권리행사를 하였는지 여부에 따라 대상청구권이 발생하는지 여부가 달라지는데 공평의 관념이라는 대상청구권의 본래 취지에 부합하지 않는다는 것이다.[92]

3) 검 토

판례가 시효완성자에게 목적 부동산의 대체물을 귀속시키게 하려는 결과는 타당하다고 여겨진다.[93] 그러나 그 수단이 대상청구권이어서는 아니 된다고 보아야 할 것이다. 판례는 취득시효 완성자와 등기명의인간의 관계를 "계약상의 채권·채무관계가 성립하는 것은 아니"므로 그 부동산을 처분한 자에게 채무불이행책임을 물을 수는 없다고 하면서도[94] 대상청구권을 인정하고 있다. 이는 모순이다.[95] 특히 이 경우에 대상청구권을 인정하게 되면 대상논문이 문제제기한 바와 같이 취득시효 완성 후의 처분이 유효하다고 하는 판례와도 모순이 발생한다.[96] 또 취득시효 완성을 원인으로 하는 소유권이전등기의무가 토지의 수용으로 인하여 이행불능이 된 경우에는 이행불능 전에 등기명의자에 대하여 취득시효 완성을 원인으로 권리를 주장하였거나 소유권이전등기청구권을 행사하였음을 전제로 대상청구권을 인정하지만, 대상토지가 양도된 경우에는 원칙적으로 양수인에게 대항하지 못한다. 이 또한 모순이 된다. 시효완성 후의 원소유자의 목적물 처분을 유효하다고 하려면 취득시효 완성자에게 대상청구권을 인정하여서는 아니된다.[97]

설령 대상청구권을 인정한다 하더라도 대상청구권을 인정하기 위하여 추가요건을 요구하는 것 역시 타당하지 못하다. 취득시효 완성의 주장이나 등기청구권을 행사한 경우와 그렇지 않는 경우를 구별할 필요가 없고,[98] 부동산 점유자가 취득시효가 완성되었다고 하더라도 바로 등기청

제적 효과를 달성하기 위하여 위 전보배상청구권을 대체하거나 보완하는 정도에 그침이 바람직하고, 그렇다면 시효취득자에게 대상청구권을 인정함에 있어서도 불법행위책임의 성립기준과 유사하게, 등기청구권이 이행불능상태에 빠지기 전에 시효취득자가 소유자에 대하여 시효취득의 주장을 하였거나 그로 인한 등기청구권을 행사하였어야 대상청구권이 인정된다고 봄이 상당하다고 한다(이재환, 앞의 논문(주 38), 546-548면).

90) 이기용, 앞의 논문(주 20), 28면.
91) 김대경, 앞의 논문(주 80), 78면.
92) 송덕수, 앞의 논문(주 1), 257면.
93) 同旨: 이기용, 앞의 논문(주 20), 28면.
94) 대법원 1995. 7. 11. 선고 94다4509 판결.
95) 송덕수, 앞의 논문(주 59), 99면.
96) 송덕수, 앞의 논문(주 1), 255면.
97) 송덕수, 앞의 논문(주 1), 255면.

구권을 행사하는 경우가 어려운데도 불구하고 이를 요구하는 것은 대상청구권을 사실상 인정하지 않는 셈이 될 것이다.[99]

4. 소 결

우리 민법상 점유취득시효제도는 요건이 용이하고 취득시효 완성자의 법적 지위가 열악한 문제점이 있다. 특히 등기를 요구하는 점에서 판례는 등기청구권을 채권적 청구권으로 보지만 그로 인하여 시효완성자의 지위를 더욱 열악하게 만든다. 제3자에의 이전등기시점이 시효기간 만료 전인지 후인지에 따라 권리취득 여부가 달라지기 때문이다.

더욱이 채권적 청구권임에도 불구하고 "계약상의 채권·채무관계"는 아니어서 채무불이행 책임은 부정되고, 시효완성자가 소유자에도 이르지는 아니하는데 그렇다고 하여 등기명의인이 시효완성자에 대하여 소유권을 완전하게 행사할 수 있는 것도 아니다. 만일 시효완성자가 등기를 하지 않고도 소유권에 유사한 물권을 취득한다고 본다면 판례 간의 일관성은 어느 정도 회복될 수 있지 않을까.

대상청구권은 공평의 관념에서 비록 우리 민법상 명문의 규정이 없더라도 일반적으로 인정하고 있고, 또 인정하여야 함이 타당하다. 그러나 취득시효 완성자의 경우에는 등기 없이도 소유권을 취득한다고 보아야 하고, 그렇다고 본다면 목적부동산이 수용된다 하더라도 취득시효 완성자가 당연히 소유권자로서 수용보상금을 취득할 수 있게 되므로 대상청구권을 인정할 여지는 없다. 특히 판례와 같이 대상청구권을 인정하기 위한 전제조건으로 취득시효 완성자가 이행불능 전에 등기명의자에 대하여 권리를 주장하였거나 등기청구권을 행사하여야 한다는 제한은, 등기청구권의 행사가 있는 경우와 없는 경우를 차별하는 이유가 없으므로 타당하지 않다.

Ⅳ. 대상논문의 의미

대상논문은 점유취득시효 이론을 비롯하여 대상청구권 이론까지의 내용을 다루고 있다. 취득시효에 관한 판례이론의 문제점으로부터 도출된 쟁점은 취득시효 완성자의 대상청구권을 부정하여야 한다는 결론까지 일련의 명쾌한 논리의 흐름을 보여준다. 그리하여 대상청구권을 일반적으로는 인정하는 입장에도 불구하고 취득시효 완성자의 대상청구권은 부정하여야 하며, 설령 인정한다 하더라도 대상 판결이 제시하는 요건 역시 타당하지 않다는 결론에 이르고 있다.

98) 송덕수, 앞의 논문(주 1), 257면.
99) 여미숙, "점유취득시효 완성 후의 법률관계", 법률신문, 2020. 2. 17.

대상논문은 송덕수 교수님께서 이미 일찍부터 연구하여 오신 취득시효 이론과 대상청구권 이론의 접점에 위치한 것으로, 대상논문에서는 대상판결과 관련된 몇몇 쟁점만에 대하여만 문제 제기를 하고 있지만, 해당 쟁점들은 지금까지도 활발하게 논의되고 있으며 그 논의의 기저에는 거의 예외 없이 대상논문이 자리하고 있다. 대상논문은 이미 과거에도 가치 있는 선구자적 연구로 각광받았을 뿐 아니라, 현재에 이르러서도 각 이론의 독창적이고 논리적인 선행연구로서 확고한 입지를 굳히고 있다.[100)]

Ⅴ. 향후의 연구방향 및 내용

취득시효 완성자에게 대상청구권이 인정되려면 취득시효의 상대방이 취득시효의 완성자에 대하여 채무를 부담하여야 하고 그 채무가 이행불능이 되어야 할 뿐만 아니라, 다른 판례와도 논리적으로 흐름을 같이 하여야 한다. 그러나 민법 제245조 제1항이 등기를 요건으로 하는 점, 취득시효 완성자와 소유자 사이에 채권채무관계는 인정할 수 없지만 취득시효 완성자에게 채권적 청구권인 등기청구권을 인정하고 있는 점, 취득시효 완성자는 시효완성 당시의 등기명의인에 대하여 등기청구권을 가지나 시효완성 후의 제3취득자에 대하여는 시효취득을 주장하지 못하는 점 등은 대상청구권에까지 영향을 미친다. 이 문제들의 본질은 취득시효이지만 대상청구권의 쟁점처럼 보이기도 한다.

점유취득시효에 있어서 등기를 요건으로 하는 것은 성립요건주의가 정착되기 이전에 마련된 조문이다. 그리고 그 조문에 맞추어 거대한 판례체계가 성립되었다. 그러나 판례들에 대한 문제점들이 제기되고 활발히 논의되고 있는 만큼 점유취득시효에 대한 이론을 재정립할 필요가 있다. 대상논문에서 제시된 쟁점뿐 아니라 점유취득시효의 객체에 제한을 가하지 않는 점이나 자주점유, 기산점, 시효기간 등 대상논문에서 다루어지지 않은 쟁점들을 포함하여 이에 관한 개선방안이나 개정안이 적극 검토되어야 할 것이다.

100) 송덕수 교수님은 점유취득시효와 관련하여서는 대상 논문 이외에도 여러 쟁점들을 포함하여 2008년 「부동산 점유취득시효 제도 개정론」에서 개선방안 및 민법 개정안을 제시하셨고, 대상청구권의 경우, 2011년 「대상청구권에 관한 입법론」에서 대상청구권의 바람직한 입법방안을 제시하셨는데, 특히 대상청구권의 경우, 2009년부터 진행되었던 민법개정작업에서 민법개정위원회 중 제4분과위원회에서 위원장을 역임하시며 대상청구권에 관한 입법화에 큰 기여를 하신 바 있다.

통지 없이 이루어진 면책행위의 효과에 관한 단상*

– 이중변제에 관한 송덕수 교수님의 논문을 읽고 –

전 경 근**

I. 서 설

연대채무자 중 1인이 채권자에게 채무를 변제한 후 다른 연대채무자에게 변제를 하였다는 사실을 통지하지 않아 다른 연대채무자가 이중으로 변제한 경우 또는 주채무자가 변제한 후 수탁보증인에게 변제하였다는 사실을 통지하지 않아 수탁보증인이 이중으로 변제한 경우나 그 반대인 경우에 누구의 변제가 유효한가에 따라 구상권의 행사를 할 수 있는 사람이 달라진다. 그런데 이중변제는 채권자와 채무자 사이 및 주채무자와 보증인 사이의 법률관계를 복잡하게 하므로 이중변제가 발생하지 않도록 예방할 필요가 있고, 이를 위하여 민법은 변제를 하고자 하는 자들에게 사전통지의무와 사후통지의무를 부과하고 있다.

그런데 채무자나 보증인이 채권자의 청구에 따라 채무를 이행하기는 하였지만 다른 채무자나 보증인에게 통지하지 않은 경우의 효과에 관하여 민법이 빈틈없이 규정하고 있지는 않다. 즉 민법 제426조에서는 연대채무자 사이의 구상을 위해서는 사전통지와 사후통지를 할 것을 규정하고 있고, 보증에 관한 제445조에서는 보증인이 주채무자에게 구상하기 위한 요건으로 사전통지의무와 사후통지의무를 이행해야 하는 것으로 규정하고 있으며, 제446조에서는 주채무자가 수탁보증인에게 사후통지를 하여야 하는 것으로 규정하고 있다. 따라서 연대채무자나 주채무자 또는 보증인 중 한 사람만 통지의무를 이행하지 않은 경우에는 위 규정에 따라 처리할 수 있다. 그렇지만 이중변제가 이루어진 상황에서 두 사람 이상이 통지의무를 해태한 경우에는 어떻게 할 것인가는 명확하지 않다. 왜냐하면 이 경우에는 변제를 한 사람들 모두 다른 변제자에게 통지를

---

* 이 글은 「법학논집」 제25권 제4호(이화여자대학교 법학연구소, 2021)(송덕수 교수 정년기념 특집호)에 게재되었다.

** 아주대학교 법학전문대학원 교수.

하지 않음으로써 이중변제가 발생하는데 각각 일정한 기여를 하였기 때문이다.

현실적으로 수인의 연대채무자 중 2인 이상이 자신이 부담하는 부분을 넘는 채무를 자발적으로 이행하는 경우나, 주채무자가 채무를 이행할 자력이 충분함에도 불구하고 보증인이 채권자의 이행요구를 받지 않고 자발적으로 보증채무를 이행하는 것은 흔한 일이 아니기 때문에 대상판결이 있기 전까지는 이론적인 검토만 있었을 뿐 이중변제에 관한 실질적인 판단이 이루어지지 않았다. 그러다 대법원 1997. 10. 10. 선고 95다46265 판결(이하 대상판결이라 한다)에서 최초로 채무자의 사후통지가 없는 상황에서 수탁보증인이 사전통지 없이 이중의 면책행위를 한 경우의 구상관계에 관하여 판단하였다. 대상판결에서는 당시의 통설에 따라 나중에 이루어진 변제행위가 무효라고 보았으며, 이에 관하여는 대법원의 견해를 지지하는 판례해설이 작성된 바 있다.[1]

그렇지만 대상판결에서 제시한 논리가 합리적인 것인가에 대하여는 의문이 있는바, 이에 관하여는 1편의 평석과 1편의 관련논문이 있다.[2] 이하에서는 대상판결을 계기로 작성된 송덕수 교수님의 2편의 논문 및 그와 관련된 논의를 살펴봄으로써 사전통지와 사후통지가 이루어지지 않고 변제한 경우에 변제자들의 관계를 어떻게 설정하는 것이 바람직한가에 대하여 살펴보기로 한다.

Ⅱ. 논문의 주요내용

송덕수 교수님은 위 대법원 판결과 관련하여 「수탁보증인이 사전통지 없이 2중의 면책행위를 한 경우의 구상관계」(이하 '제1논문'이라 함)와 「연대채무 및 보증채무에 있어서 면책행위자가 통지를 하지 않은 경우의 효과」(이하 '제2논문'이라 함)라는 제목으로 2건의 논문을 발표하셨다. 제1논문은 판결에 대한 평석이며, 제2논문은 판결에서 밝힌 법리에 대한 비판으로 연구논문에 해당한다. 모두 2002년 초에 각각 다른 논문집에 게재되었는데,[3] 논문에서 다루고자 하는 중심적인 내용은 거의 동일하다는 점에서 함께 살펴보기로 한다.

---

1) 전경운, 보증채무의 경우 구상권 제한, 로스쿨 채권법, 청림출판(2006), 407-411면 참조.

2) 1편의 논문은 「송덕수, "수탁보증인이 사전통지 없이 2중의 면책행위를 한 경우의 구상관계", 민사판례연구 24권(2002.), 박영사, 250면 이하」이고, 1편의 관련문헌은 「제철웅, "보증채무 및 연대채무에서의 구상권 상실 -비교법적 검토를 통한 새로운 해석가능성의 모색", 비교사법 제9권 제4호(2002. 4.), 한국비교사법학회, 103면 이하」이다. 제철웅 교수의 논문을 관련논문이라고 하는 이유는 대상판결에서 문제된 쟁점에 관하여 다루고 있기는 하지만 판례 자체에 대한 연구가 아닌 판례에서 제시한 법리에 대한 이론적인 비판만 하였기 때문이다. 그 밖에 송덕수, "연대채무에서의 구상관계 · 대물변제", 고시연구 제30권 제1호(2003), 고시연구사, 183면 이하에도 이중변제의 구상관계에 관한 법리가 사법시험 준비를 위한 사례형 문제로 소개되어 있다.

3) 제1논문은 민사판례연구 24권에 실렸고, 제2논문은 21세기 한국민사법학의 과제와 전망(심당송상현선생화갑기념논문집)에 실려 있다.

1. 대상판결의 법리

(1) 대상판결의 사실관계[4)]

① 고려인삼상사라는 상호로 청량음료 도소매업을 하는 피고 김호진은 소외 주식회사 일화와 대리점계약을 체결하였는데, 상품공급에 따른 외상판매대금 지급보증을 위하여 보증보험계약을 체결하면서 만일 피고 김호진이 소외 회사와의 계약을 이행하지 아니하여 원고가 보험금을 지급하게 된 때에는 원고가 채권자에게 지급한 보험금액 및 지연손해금을 지급하기로 약정하였고, 피고 강인원과 김달규는 피고 김호진의 원고에 대한 채무를 연대하여 보증하였다.

② 피고 김호진과 소외 회사 담당사원인 강두희는 보증보험계약 체결 당시 상품을 공급함에 있어 매월 외상상품 판매대금 중에서 금 21,000,000원은 남겨 두고 나머지 대금에 대하여만 현금 및 어음으로 결제하기로 합의하였고, 이에 따라 피고 김호진은 소외 회사와의 거래 시에 그 달치 상품대금이 얼마인지에 관계없이 매월 금 21,000,000원을 공제한 나머지 상품대금만을 결제함으로써 거래장부에는 매월 외상잔고가 금 21,000,000원으로 기재되었고, 이와 같은 사정은 위 보증보험계약이 만료되는 1992. 12.경에도 같았다.

③ 보증보험계약이 만료될 무렵에 강두희는 피고들에게 원고와의 보증보험계약 갱신을 요구하였고 그 때마다 피고들은 빠른 시일 내에 갱신하겠다고 하였지만 보증보험계약이 갱신되지는 아니하였고, 소외 회사와 피고 김호진과의 대리점계약 및 상품공급은 위와 같은 결제방식으로 계속되어오다가 1993. 4.경에 중단되었다. 한편 1993. 4.경의 거래상황을 보면 상품대금은 27,497,980원이 남았는데, 그 중 금 6,497,980원에 대하여는 피고 김호진이 위 금액상당의 어음을 소외 회사에게 발행하여 주었고, 나머지 금 21,000,000원에 대하여는 거래장부에 미수로 남겨 두었다.

④ 위 보증보험계약 체결 당시부터 피고 김호진과의 대리점계약 만료시까지 매월 미수잔고를 금 21,000,000원으로 정리하여 온 소외 회사는 1993. 5.경 위 미수금액은 위 지급보증 보험대상에 당연히 포함된 것으로 생각하고 피고 김호진으로부터 그 때까지의 미수금액이 금 21,000,000원이라는 잔여확인서를 건네받아 원고에게 제출하면서 위 금액 상당 보증보험금액의 지급을 요구하였고, 이에 원고도 위 미수잔액이 보증보험 대상채무에 포함된 것으로 하여 소외 회사에게 1993. 7. 23. 금 21,000,000원을 지급하여 주었는데, 원고는 소외 회사에 보험금을 지급하기 전에 민법 제445조 제1항에 의한 사전통지를 하지 않았고, 피고 김호진은 보험금이 지급되

4) 사실관계는 「김만오, “주채무자가 채무를 변제하고 사후통지를 하지 않고 있는 동안에 수탁보증인이 사전통지를 하지 아니하고 다시 채무를 변제한 경우의 구상관계”, 대법원판례해설 1997년 하반기(29호, 1998), 법원도서관, 86면 이하」와 「송덕수, “수탁보증인이 사전통지 없이 2중의 면책행위를 한 경우의 구상관계”, 민사판례연구 24권(2002.), 박영사, 250면 이하」의 내용을 참고하여 정리하였다.

기 이전에 변제충당의 방법으로 21,000,000원을 소외 회사에 변제하였으나 원고에게 사후통지를 하지 않았다.

(2) 소송의 경과

1심인 춘천지방법원 1994. 12. 14. 선고 93가단6754 판결에서는 피고 김호진이 변제충당의 방법으로 21,000,000원의 채무를 변제하였다고 인정하면서, 채무를 이행하고서도 수탁보증인이 원고에게 통지를 하지 않았다는 이유로 원고 승소판결을 하였다. 그렇지만 제2심인 춘천지방법원 1998. 4. 10. 선고 97나4497 판결에서는 “상법 제680조에 의하면 보험계약자와 피보험자는 손해의 방지의 경감을 위하여 노력하여야 한다고 규정되어 있고, 보증보험과 유사한 책임보험에 관한 규정인 상법 제724조 제3항에 의하면 보험자가 제3자로부터 손해의 직접 보상을 청구 받은 때에는 지체 없이 피보험자에게 이를 통지하여야 한다고 규정되어 있는 점”과 원고가 보험계약기간이 이미 만료한 후에 소외 회사로부터 보험금의 지급을 청구 받은 때에는 이를 지체 없이 피고들에게 통지하여 피고들이 이미 소외 회사에게 변제하거나 상계하는 등으로 면책행위를 하였을 경우 소외 회사가 이중으로 이득을 보는 것을 방지할 신의칙상 의무가 있다고 하면서 이러한 의무를 위반한 점을 감안하여 피고의 책임비율을 70%로 감액하였다.

(3) 대법원 판결의 요지

민법 제446조의 규정은 같은 법 제445조 제1항의 규정을 전제로 하는 것이어서 같은 법 제445조 제1항의 사전 통지를 하지 아니한 수탁보증인까지 보호하는 취지의 규정은 아니므로, 수탁보증에 있어서 주채무자가 면책행위를 하고도 그 사실을 보증인에게 통지하지 아니하고 있던 중에 보증인도 사전 통지를 하지 아니한 채 이중의 면책행위를 한 경우에는 보증인은 주채무자에 대하여 민법 제446조에 의하여 자기의 면책행위의 유효를 주장할 수 없다고 봄이 상당하고, 따라서 이 경우에는 이중변제의 기본 원칙으로 돌아가 먼저 이루어진 주채무자의 면책행위가 유효하고 나중에 이루어진 보증인의 면책행위는 무효로 보아야 하므로 보증인은 민법 제446조에 기하여 주채무자에게 구상권을 행사할 수 없다.[5)]

2. 논문의 주요 내용

대상판결에 대한 평석으로서 제1논문과 제2논문에서 다루어진 쟁점은 두 가지로 파악된다.

---

5) 이 판결에서 다투어진 또 하나의 중요한 논점은 보증보험계약에 보증에 관한 민법 규정이 적용되는지 여부인데, 이에 관하여 대법원은 “보험계약자인 채무자의 채무불이행으로 인하여 채권자가 입게 되는 손해의 전보를 보험자가 인수하는 것을 내용으로 하는 보증보험계약은 손해보험으로, 형식적으로는 채무자의 채무불이행을 보험사고로 하는 보험계약이나 실질적으로는 보증의 성격을 가지고 보증계약과 같은 효과를 목적으로 하므로, 민법의 보증에 관한 규정, 특히 민법 제441조 이하에서 정한 보증인의 구상권에 관한 규정이 보증보험계약에도 적용된다.”고 판시하였다. 이 논점에 대한 당시의 연구로는 「정경영, “보증보험에서 보험자의 구상권”, 21세기 한국상사법학의 과제와 전망: 심당송상현선생화갑기념논문집, 박영사(2002)」가 있다.

그 하나는 보증인이 채무를 이행하면서 사전통지를 하지 않은 경우, 주채무자가 채권자에게 대항할 수 있는 사유가 있었을 때에는 이 사유로 보증인에게 대항할 수 있는바, 채권자에게 대항할 수 있는 사유가 무엇인가라는 것이고, 다른 하나는 주채무자가 보증인보다 먼저 채무를 이행하였지만 사후통지를 하지 않은 경우 보증인이 사전통지를 하지 않고 채무를 이행하였다면 주채무자에게 자신의 변제가 유효함을 주장할 수 있는가라는 것이다. 다만 민법이 연대채무에 있어서의 연대채무자 사이의 구상관계에 관하여 제426조에서 규정하고 있고, 그와 같은 법리를 주채무자와 보증인 사이의 법률관계에 적용하기 위하여 제445조와 제446조에 동일한 내용을 규정하고 있기 때문에 연대채무에 있어서의 구상요건으로서의 통지와 보증채무에 있어서의 통지를 함께 연구의 대상으로 삼고 있다.[6)]

(1) 채권자에게 대항할 수 있는 사유의 범위

민법 제426조 제1항에서는 "어느 연대채무자가 다른 연대채무자에게 통지하지 아니하고 변제 기타 자기의 출재로 공동면책이 된 경우에 다른 연대채무자가 채권자에게 대항할 수 있는 사유가 있었을 때에는 그 부담부분에 한하여 이 사유로 면책행위를 한 연대채무자에게 대항할 수 있으며, 그 대항사유가 상계인 때에는 상계로 소멸할 채권은 그 연대채무자에게 이전된다."고 규정하고 있고, 제445조 제1항에서는 "보증인이 주채무자에게 통지하지 아니하고 변제 기타 자기의 출재로 주채무를 소멸하게 한 경우에 주채무자가 채권자에게 대항할 수 있는 사유가 있었을 때에는 이 사유로 보증인에게 대항할 수 있고 그 대항사유가 상계인 때에는 상계로 소멸할 채권은 보증인에게 이전된다."고 규정하고 있다.

위 두 조항에는 '채권자에게 대항할 수 있는 사유'가 규정되어 있는데 이것이 무엇인가에 대하여는 다툼이 있다. 이에 관하여 제1논문에서는 「몇몇 문헌은, 변제가 있으면 절대적 효력이 있는 한도에서 채무가 소멸하여 그 후 다시 변제하였다 하여도 구상권 자체가 발생하지 않으므로 그 경우에는 제426조의 적용문제가 생기지 않는다.」고 하면서 변제는 제426조의 대항사유가 아니라고 보지만, 나머지 문헌은 이 문제에 관하여 침묵하고 있다고 비판하고 있다.[7)]

송덕수 교수님은 변제가 제426조의 대항사유에 포함되지 않는다고 보면서, 변제 외에 모든 연대채무자에게 효력이 있는 사유, 즉 절대적 효력이 있는 사유 모두가 대항사유에서 제외된다고 본다.[8)] 그리하여 대물변제, 공탁, 경개, 면제, 혼동 등이 있었던 경우에는 절대적 효력이 있는 범위에서 채무가 소멸하므로, 면책행위자가 자신의 부담부분을 넘어 변제를 하더라도 구상권은

---

6) 제1논문 264면 이하와 제2논문 358면 이하에서는 민법 제426조와 제445조 및 제446조의 연혁에 관하여 살펴보고 있는바, 이 글에서는 이에 대하여는 언급하지 않으려고 한다.

7) 송덕수 교수님은 "오히려 변제를 제425조 제1항의 대항사유에서 명시적으로 제외시키지 않고 있는 문헌은 아마도 변제가 그 대항사유에 포함되는 것으로 여기는 듯하다"고 본다(제1논문, 274면).

8) 제1논문, 280면.

발생하지 않으며, 따라서 제426조 제1항의 적용은 처음부터 문제되지 않는다고 한다.[9)]

나아가 제426조 제1항의 대항사유는 면책행위와 관계없는, 절대적 효력 없는 사유만이고, 그 사유는 채무자 전원이 공동으로 가지는 사유뿐만 아니라 각 채무자가 채권자에 대하여 가지는 사유라도 무방하다고 하며, 그 예로는 상계 외에 동시이행 또는 기한유예, 기한미도래, 원인행위의 무효·취소, 무능력의 항변 등을 들 수 있다고 한다.

한편 판례는 채권양도의 통지 및 승낙과 관련하여 "채권양도에 따라 채권은 그 동일성을 유지하면서 양수인에게 이전되고 채무자는 양도통지를 받을 때까지 채권자에게 대항할 수 있는 사유로 양수인에게 대항할 수 있다(민법 제451조 제2항). 여기서 '채권자에게 대항할 수 있는 사유'란 채권의 성립·존속·행사저지·배척 등 모든 사유를 말한다."라고 판시하고 있다.[10)] 이 판결에서 정의하고 있는 '채권자에게 대항할 수 있는 사유'가 이중변제 있어서의 그것과 동일하지는 않지만, 제426조나 제446조의 해석에 참고할 수 있을 것으로 본다.

(2) 사전통지와 사후통지가 없었던 경우의 법률관계

사전통지가 없이 면책행위를 한 것과 면책행위를 한 후 사후통지를 하지 않은 경우에 상호간의 구상권을 어떠한 방법으로 제한할 것인가는 더 중요한 문제이다. 이에 관하여 송덕수 교수님은 통설과 대상판결에서 제시한 법리를 비판하면서, 새로운 견해를 제시하고 있다.[11)]

우선 사전통지 및 사후통지로 인하여 발생하는 문제는 민법 제426조의 적용범위 내에서 해결되어야 하고, 제426조 제1항에서 규정하는 사전통지에 비하여 제2항에서 규정하는 사후통지가 더 중요하므로,[12)] 사후통지를 중심으로 판단하여야 하고 그 결과 먼저 변제한 사람이 사후통지를 하지 않은 경우에는 사전통지를 하지 않은 사람에 대하여 구상권을 허용하는 것으로 해석해야 한다고 한다.[13)] 따라서 제426조에서 규정하는 사전통지는 다른 연대채무자가 채권자에게 대

9) 제1논문, 281면. 그러면서 「흥미로운 것은 이처럼 나머지 문헌이 변제를 포함시키고 있음이 분명한데도 어느 누구도 변제를 그 예로 들고 있지 않다는 점이다. 즉 가타부타 말이 없다. 미해결 때문인지 아닌지 그 이유가 자뭇 궁금하다.」고 하고 있다.

10) 대법원 2019. 12. 19. 선고 2016다24284 전원합의체 판결. 이 판결에서는 양도금지특약이 붙은 채권을 양도한 경우에 채무자가 양수인에 대하여 양도금지특약으로 대항할 수 있는가가 쟁점이 되었다.

11) 이러한 논의의 전제는 면책행위자가 불이익을 면하려면 면책행위 후뿐만 아니라 면책행위 전에도 통지를 하게 함으로써 면책행위자에게 과중한 부담을 지우고 있다는 점으로부터 시작되는 것으로 보인다(제1논문 277면). 그리하여 사전통지가 아닌 사후통지를 중심으로 이중변제의 문제를 해결해야 한다고 본다.

12) 제2논문 368면. 송덕수 교수님은 민법 제426조의 해석에 있어서 "아무리 제426조 제1항이 사전의 통지를 규정하고 있더라고 그것은 원칙으로 받아들이지 않아야 하며, 제2항과 동등한 정도로 중요하다고 하지 않아야 한다. … 그리하여 동조 제2항은 설사 제2면책행위자가 사전의 통지를 하지 않았더라도 제1면책행위자가 사후의 통지를 안 한 경우에는 제2면책행위자가 선의인 한 제2면책행위자를 보호하려는 취지로 이해하여야 한다."고 주장하고 계신다.

13) 통지가 문제되는 경우는 자기의 출재 또는 출재를 대신할 수 있는 대물변제나 공탁, 상계 등으로 공동면책된 경우로 제한되며, 면제나 소멸시효의 완성과 같이 출재가 없는 경우에는 통지의 문제가 발생하지 않는다고 본다(제1논문 283-284면).

항할 수 있는 사유가 있는 경우에만 필요한 것으로 해석하여야 하며, 그 밖의 경우에는 사후통지를 하지 않은 변제자의 구상권을 제한하는 방법으로 문제를 해결할 것을 제안하고 있다.

한편 이중변제로 인한 법률효과를 제1면책행위자와 제2면책행위자가 아닌 다른 연대채무자에 대하여 어떤 방식으로 적용하여야 하는가에 관하여는 절대적 효과설과 상대적 효과설이 대립하고 있는바, 절대적 효과설에 따르면 제2면책행위자의 변제가 모든 연대채무자에 대한 관계에서 유효하게 되므로 제2면책행위자만이 구상권을 가지게 되지만, 상대적 효과설에 따르면 제2면책행위의 효력은 제1면책행위자에 대한 관계에서만 유효하며, 다른 연대채무자에 대한 관계에서는 제1면책행위자의 변제가 유효한 것으로 취급된다. 이에 관하여 통설은 상대적 효과설에 따라 제2면책행위자의 변제는 제1면책행위자에 대한 관계에서만 유효하며, 제1면책행위자가 다른 연대채무자에 대하여 구상권을 가진다고 하며, 송덕수 교수님도 이에 동의하고 계신다. 나아가 상대적 효과설에 따른 구상관계에 관하여 구체적인 예를 들어 설명하고 있다.[14)]

그리고 연대채무자 사이의 이중변제에 관한 위와 같은 논의는 주채무자와 보증인 사이의 법률관계를 규율하는 민법 제445조와 제446조의 해석에도 적용되어야 하므로, 사전에 통지에 비하여 사후의 통지에 중점을 두어야 한다고 주장하고 계신다.[15)] 이러한 점을 고려할 때 대상판결에서 주채무자의 사후통지와 보증인의 사전통지가 모두 없었다면 먼저 이루어진 주채무자의 변제가 유효하다고 판단한 것은 옳지 않은 것이라고 보았다.[16)] 특히 대상판결에서는 주채무자가 채권자에게 발행한 미수금에 대한 확인서에 근거한 청구에 따라 보증인이 그 채무를 이행한 것이므로 보증인의 구상권을 인정하는 것이 타당하며, 이런 점에서 보증인의 구상권을 인정한 제1심 판결이 정당한 것으로 보았다.[17)]

Ⅲ. 논제에 관한 당시의 국내 학설과 판례

1. 당시의 학설

앞서 살펴본 바와 같이 민법은 이중변제를 방지하기 위하여 연대채무에 관한 민법 제426조에서 변제자들에게 사전 또는 사후통지의무를 부과하고 있으며, 제445조와 제446조에서 주채무자와 수탁보증인 사이의 통지의무에 관하여 규정하고 있다. 그렇지만 연대채무자가 변제를 하는

14) 제1논문, 288면 이하. 송덕수 교수님은 이 사례를 사법시험 준비를 위한 사례형 문제로 소개하면서 계산방법에 관하여 자세하게 소개하고 있다(자세한 것은 고시연구에 실린 글(각주 2) 참조).

15) 제1논문, 293면.

16) 제1논문, 294면.

17) 제1논문, 295면.

경우에는 다른 연대채무자에게 사전의 통지를 하도록 하고 있고, 그렇지 않은 경우에는 다른 연대채무자가 채권자에게 대항할 수 있는 사유로 대항할 수 있도록 함으로써 사전통지를 하지 않은 연대채무자의 변제행위의 효과를 부정할 수 있도록 하고 있다. 그리고 변제한 후에는 다시 다른 연대채무자에게 통지하도록 하고 있는데, 이는 이중변제를 방지하기 위한 것이며, 사후통지를 하지 않아 다른 연대채무자가 다시 변제한 경우에는 그 연대채무자에 대하여는 구상권을 행사할 수 없다고 해석한다.

그렇지만 먼저 변제한 연대채무자가 사후통지를 하지 않았고, 이중으로 변제한 연대채무자는 사전통지를 하지 않은 경우에는 어떻게 할 것인가에 관하여 규정하고 있지 않다. 따라서 이러한 경우에는 변제의 효과에 관한 기본원칙으로 돌아가서 먼저 이루어진 변제가 유효한 것으로 보는 것이 당시의 통설이었고,[18] 대상판결도 이 법리를 그대로 수용하여 변제충당에 의하여 이루어진 주채무자의 변제가 유효한 것으로 보아, 사전통지를 하지 아니하고 변제한 보증인에게 구상권을 인정하지 않았다.

2. 관련된 후속연구

제1논문과 제2논문이 발표된 후에 이중변제로 인한 구상권의 제한에 관한 제철웅 교수의 논문이 발표되었다.[19] 제철웅 교수의 논문에서는 독일, 스위스, 프랑스, 일본의 법제에 관한 비교법적 검토와 함께 민법의 제정과정을 살펴보았고, 결론적으로 대상판결과 다른 방법으로 구상권의 제한에 관하여 논의를 진행한 바 있다.

제철웅 교수는 수탁보증인과 주채무자의 관계를 위임인과 수임인의 관계로 이해하여 문제를 해결하고 있다. 그 결과 통지의무를 이행하는 것은 수임인의 보고의무를 이행하는 것으로 이해하고, 그러한 의무이행이 이루어지지 않은 경우에는 구상권이 제한되는 것으로 보았다.[20] 한편 대상판결의 사안과 같이 보증인의 사전통지의무 위반과 주채무자의 사후통지의무 위반이 경합하는 경우에는 주채무자에게 손해배상의무를 부과할 수 있다고 해석하며, 이 경우 양자의 과실 정도, 책무위반의 정도를 따져 일부의 손해배상을 인정할 수 있을 것으로 본다.[21]

---

18) 연대채무에 관하여는 곽윤직, 민법주해[Ⅹ] 채권(3), 154면(차한성 집필부분); 박준서, 주석민법 채권(2)(제3판), 240면(강봉수 집필부분). 보증채무에 있어서의 통지의무 위반에 관하여는 곽윤직, 민법주해[Ⅹ] 채권(3), 349면(박병대 집필부분); 박준서, 주석민법 채권(2)(제3판), 336면(김오섭 집필부분) 참조.

19) 제철웅, "보증채무 및 연대채무에서의 구상권 상실 -비교법적 검토를 통한 새로운 해석가능서의 모색", 비교사법 제9권 제4호(2002. 4), 한국비교사법학회.

20) 자세한 것은 제철웅, "보증채무 및 연대채무에서의 구상권 상실 -비교법적 검토를 통한 새로운 해석가능성의 모색", 131면 이하 참조. 수탁보증인이 아닌 경우에는 사무관리에 관한 규정에 의하여 당사자의 법률관계를 설명하고 있다(자세한 것은 제철웅, 위의 논문, 134-135면 참조).

21) 제철웅, "보증채무 및 연대채무에서의 구상권 상실 -비교법적 검토를 통한 새로운 해석가능성의 모색", 136면.

그렇지만 연대채무의 경우에는 약간 다른 이론을 제시하고 있는데, 변제한 연대채무자가 사후통지를 해태한 상태에서 변제사실을 알지 못한 연대채무자가 사전통지를 하지 않고 변제한 경우, 사후통지를 해태한 연대채무자는 제426조 제2항에 의해 구상권을 상실하고, 사전통지를 해태한 연대채무자는 제1항에 의하여 사후통지를 해태한 연대채무자에게 구상할 수 없다고 하며, 이 경우 사후통지를 해태한 연대채무자는 사전통지를 하지 않은 연대채무자의 부담부분에 해당하는 부당이득반환청구권을 채권자에 대해 행사할 수 있다고 본다.[22)]

한편 주석민법 제4판의 민법 제445조와 제446조에 관한 주석에서는 사전통지와 사후통지가 없이 이중변제가 이루어진 경우에 관하여 논의를 하고 있지 않지만,[23)] 주석민법 제5판에서는 이에 관하여 간단하게 서술하고 있다.[24)] 이를 요약하면 부정설이 다수설이나 긍정설도 있다고 하면서, 송덕수 교수님의 제1논문에서 주장된 내용을 인용하고 있다. 그렇지만 필자는 "본조는 주채무의 소멸로 인하여 수탁보증인의 구상권이 발생할 여지가 없음에도 불구하고 수탁보증인을 보호하기 위하여 일정한 요건 아래 주채무자의 구상의무를 인정한 특별규정이므로, 그 적용범위를 넓히는 데에는 신중할 필요가 있다"고 하면서 부정설이 타당하다고 한다.[25)]

보증채무에 있어서의 이중변제에 관한 논의에 비하면 연대채무에 있어서의 이중변제에 관한 논의가 더 잘 정리되어 있다고 할 수 있다. 주석민법 제4판에서는 이중변제에 관한 논의를 통설과 소수설로 구분하여 서술하고 있고, 이중변제의 효과에 관하여는 주석민법 제3판에서의 논의를 인용하고 있지만, 필자는 사전통지와 사후통지를 연대채무자 사이의 개별적인 관계로 파악하여 해결하면 되고 상대적 효력설을 주장할 이유가 없다고 한다.[26)] 송덕수 교수님의 제1논문은 관련 부분 중 대항사유에 관한 논의부분에 인용되어 있는바, "주채무자가 채권자를 만족시킨 후 사후통지를 하지 않아 이를 알지 못하고 2중변제를 한 보증인은 사전통지를 하였는가와 무관하게 주채무자에게 전액을 구상할 수 있을 것"이라는 주장을 한 것으로 되어 있다.[27)] 그리고 주석민법 제5판 중 제426조의 주석은 제4판의 제426조에 관한 주석을 담당했던 제철웅 교수가 집필하였는데, 4판의 내용과 동일하다.[28)]

따라서 송덕수 교수님의 제1논문과 제2논문이 작성된 이후 제철웅 교수의 논문을 제외하고

22) 제철웅, "보증채무 및 연대채무에서의 구상권 상실 -비교법적 검토를 통한 새로운 해석가능성의 모색", 143면.
23) 김용담, 주석민법 채권(3)(제4판), 145면 이하(박영복 집필부분).
24) 민법에 관한 주석서인 민법주해는 민법 연대채무나 보증에 관한 부분을 담고 있는 민법주해[X]이 1995년에 발간되었기 때문에 학설만 소개되어 있고, 대상판결에 대한 논의는 담고 있지 않다{민법주해[X], 154면(차한성 집필부분) 및 355면(박병대 집필부분) 참조}.
25) 김용덕, 주석민법 채권(3)(제5판), 274면 이하(손철우 집필부분) 참조.
26) 김용담, 주석민법 채권(2)(제4판), 653면 이하(제철웅 집필부분) 참조.
27) 김용담, 주석민법 채권(2)(제4판), 648면.
28) 김용덕, 주석민법 채권(2)(제5판), 884면 이하(제철웅 집필부분) 참조.

는 이중변제에 관한 연구가 더 이상 이루어지지 않고 있다고 할 수 있다. 그리고 통설의 내용도 더 이상 진전이 없다. 이러한 결과는 대상판결에서 문제된 사안이 극히 예외적이고, 그 후 유사한 사안에 관하여 다른 판결이 선고되지 않아 연구자들의 관심을 끌지 못했기 때문으로 생각된다.

Ⅳ. 논문의 학술적 가치

제1논문과 제2논문은 수탁보증인이 사전통지를 하지 않았고, 주채무자가 사후통지를 하지 않은 상황에 관한 최초의 판결인 대법원 1997. 10. 10. 선고 95다46265 판결을 대상으로 연구한 것이다. 물론 제2논문은 판례의 평석이 아닌 연구논문이기는 하지만 대상판결이 연구의 단초가 되었다는 점에는 의문의 여지가 없다.

제1논문과 제2논문이 발표되기 전에는 사전통지와 사후통지가 모두 결여되어 이중변제가 이루어지는 경우에 어느 면책행위를 유효한 것으로 볼 것인가에 관하여는 학설의 대립이 거의 없었다고 할 수 있다. 그렇지만 대상판결이 선고된 후에도 이중변제의 문제에 관하여는 거의 논의가 없었다고 해도 과언이 아니라고 생각한다. 왜냐하면 이중변제가 빈번하게 일어나는 사건이 아니고, 또 통설에 따라 문제를 해결하는 것만으로도 충분한 해결책이라고 생각했기 때문이다.

따라서 제1논문은 대상판결에 대한 판례해설을 제외하고는 대상판결에 대한 유일한 판례평석이라는 점에서 학술적으로 매우 의미있는 것이라 할 수 있다. 다만 대상판결이 선고된 후에 유사한 취지의 판결이 전혀 선고된 바 없고, 2004년에 국회에 제출되었던 민법개정안에서도 이에 관한 개정의견을 제안하지 않았다는 점에서 학문적으로 더 이상 발전하지 못하고 중단되고 말았고, 현재로서는 거의 관심을 가지지 않는 주제가 되었다고 할 것이다.

Ⅴ. 향후의 연구방향 및 내용

연대채무자 상호간의 통지의무 불이행으로 말미암은 이중변제에 관하여는 더 이상의 논의가 진행되지 않고 있는 상황이다. 그리고 사전통지와 사후통지의 가치평가에 관한 제1논문과 제2논문의 논의를 고려하면, 외국의 입법례를 참고하여 민법 제426조과 제445조 및 제446조의 규정을 개정할 필요가 있다고 생각된다. 그렇지만 2004년 국회에 제출된 민법개정안에는 재산편에 관한 포괄적이고 망라적인 개정의견이 담겨 있음에도 불구하고 연대채무자 사이의 통지의무에 관한 제426조와 주채무자와 보증인 사이의 통지의무에 관한 민법 제445조와 제446조의 개선의견은 포함되어 있지 않았다.

한편 1990년도 말에 시작된 경제위기는 보증이라는 제도가 가지는 폐해를 잘 보여주었다. 아무런 보상없이 주채무자를 위하여 보증인이 되었지만, 경제위기로 말미암아 주채무자가 무자력이 되고난 후 보증인으로서의 채무를 이행한 사람들이 파산의 위기로 내몰렸기 때문이다. 그리하여 금융계에서는 보증을 폐지하거나 축소해야 한다는 주장을 하게 되었고, 2010년 경 은행권이 연대보증을 폐기하기로 하였으며, 2018년에 이르러서는 제2금융권에서도 연대보증을 폐기하기로 하였다.

또한 보증인의 명확한 의사없이 보증계약이 체결됨으로써 보증채무를 부담하게 되는 경우를 방지하기 위하여 2008년 「보증인 보호를 위한 특별법」이 제정되었고,[29] 이 특별법의 규정 중 보증계약 체결시 보증인의 의사를 명확하게 한다는 취지에서 보증계약을 반드시 보증인의 기명날인이 있는 서면에 의하여 체결해야 하고(현행 민법 제428조의2), 근보증의 경우에는 최고액을 서면에 기재하도록 하는(현행 민법 제428조의3) 제3조가 민법으로 포섭되는 등의 입법적 개선이 있었다. 이러한 입법적 개선이 연대채무자 사이의 이중변제의 문제나 주채무자와 보증인 사이의 이중변제로 인한 문제와는 무관한 것이고, 보증제도가 더 이상 금융권에서 활용되지 않는다면 이중변제로 인한 문제는 발생할 가능성이 줄었다고 할 수 있다.

다만 금융기관이 연대보증제도를 폐기하기로 하였다고 해서 보증제도가 더 이상 활용되지 않는 것은 아닐 것이다. 여전히 상법은 다수당사자가 채무를 부담하는 경우 연대채무가 성립하는 것으로 규정하고 있어, 상법상의 연대채무가 문제되는 경우에는 사전통지 또는 사후통지를 하지 않음으로써 이중변제가 발생할 위험이 여전히 존재하고 있다고 할 수 있다. 또한 금융권이 연대보증제도를 폐지한다고 선언한 후에도 다수의 판결에서 연대보증에 관하여 판단하고 있다. 그러므로 연대채무자가 자신의 부담부분을 넘는 채무를 이행하는 경우에는 다른 연대채무자들에게 사후통지를 하도록 함으로써 이중변제로 인한 문제가 발생하지 않도록 할 필요가 있으며, 제1논문과 제2논문에서 제시한 방안에 따라 민법 제426조를 개정할 필요가 있다. 따라서 개인적으로는 민법 제426조와 제445조를 개정하여 사전통지에 관한 제1항을 제2항으로 하고, 제2항을 먼저 규정하여 이중변제에 있어서의 구상권에 관한 내용을 명확하게 할 필요가 있을 것이다. 그 경우 변제를 하였음에도 불구하고 다른 연대채무자에게 통지하지 않은 연대채무자는 그로 말미암아 다른 연대채무자가 이중으로 변제한 경우 다른 연대채무자에게 구상할 수 없고, 반대로 다른 연대채무자에 대한 구상의무를 부담하는 것으로 규정하여야 한다. 다만 이중변제에 있어서 가장 중요한 원인제공자는 채권자이므로 이중변제의 수령에 대한 채권자의 책임을 추궁할 수 있는 규정(예를 들어 대항할 수 있는 사유에 대응하는 부당이득반환의무의 부과)을 둘 필요가 있다고 생각된다.

29) 2008. 3. 21. 제정, 법률 제8918호[시행 2008. 9. 22].

채권양도가 해제된 경우 채무자의 보호*

– 송덕수, “채권양도가 해제된 경우에 있어서 채무자의 보호”, 『민사판례연구』 제27권(2005),
송덕수, “채권양도가 해제 또는 합의해제된 경우의 민법 제452조의 유추적용
-대상판결: 대법원 2012. 11. 29. 선고 2011다17953 판결-,”
「법학논집」 제17권 제3호(이화여자대학교 법학연구소, 2013),
송덕수, “이른바 질권설정계약의 합의해지와 제3채무자 보호”,
『민사판례연구』 제38권(2016)에 대한 의미분석 –

김 병 선**

Ⅰ. 서 설

지명채권을 양도하고 채무자에 대한 양도통지까지 마친 후 양도계약이 해제된 경우 양도인은 채무자에 대하여 다시 양도채권을 주장할 수 있는가? 양도인이 양도계약의 해제를 이유로 채무자에게 다시 대항하기 위해서 어떠한 요건이 필요한가? 종래 판례는 채권양도가 해제된 경우 양도인이 해제를 이유로 다시 채무자에게 대항하려면 양수인이 채무자에게 해제사실을 통지하여야 한다고 하였다.[1] 한편 대법원은 채권양도의 해제·합의해제의 경우 민법 제452조[2]의 유추적용을 인정하기도 하였고,[3] 채권양도의 원인이 되는 계약이 해지되면 이로써 채권은 양도인에게 복귀한다고 하기도 하였으며,[4] 지명채권양도가 해제·합의해제된 경우의 법리를 질권설정계약이 해제·해지된 경우에도 동일하게 인정하는 등[5] 채권양도의 해제의 법률관계와 관련하여 주목할

* 이 글은 「법학논집」 제25권 제4호(이화여자대학교 법학연구소, 2021)(송덕수 교수 정년기념 특집호)에 게재되었다.

** 이화여자대학교 법학전문대학원 교수, 법학박사.

1) 대법원 1993. 8. 27. 선고 93다17379 판결 등.
2) 이하에서 法名없이 인용되는 조문은 민법의 조문이다.
3) 대법원 2012. 11. 29. 선고 2011다17953 판결.
4) 대법원 2011. 3. 24. 선고 2010다100711 판결.
5) 대법원 2014. 4. 10. 선고 2013다76192 판결.

만한 판결들을 내려왔다.

본 논문의 분석대상 논문들은 채권양도의 해제의 법률관계에 관한 대법원 판결들에 관한 연구들이다. "채권양도가 해제된 경우에 있어서 채무자의 보호"(『민사판례연구』 제27권(2005))(이하 '제1논문'이라고 한다)는 대법원 1993. 8. 27. 선고 93다17379 판결을 연구대상으로 하였고, "채권양도가 해제 또는 합의해제된 경우의 민법 제452조의 유추적용"(「법학논집」 제17권 제3호(이화여자대학교 법학연구소, 2013))(이하 '제2논문'이라고 한다)은 대법원 2012. 11. 29. 선고 2011다17953 판결을 연구대상으로 하였다. 한편 "이른바 질권설정계약의 합의해지와 제3채무자 보호"(『민사판례연구』, 제38권(2016))(이하 '제3논문'이라고 한다)는 대법원 2014. 4. 10. 선고 2013다76192 판결을 연구대상으로 하였다.

본 논문은 위 논문들의 저자 송덕수 교수님의 정년퇴임을 기념하여 위 논문들의 특별한 내용과 의미를 밝히기 위해 작성하게 되었다. 처음에는 분석대상논문들의 내용과 의미, 발표 당시의 학설·판례를 구분하여 서술하는 방식으로 구성하려고 하였으나, 분석대상논문들의 특별한 내용과 의미를 잘 드러내기 위하여 구체적인 쟁점별로 서술하면서 해당 부분에서 분석대상논문들의 내용 및 그와 관련된 학설·판례의 내용을 함께 소개하고자 한다.

그리하여 우선 채권양도가 해제된 경우의 법률관계에 관하여 채무자 보호 문제를 중심으로 살펴보고(Ⅱ), 이어서 채권양도의 해지의 경우(Ⅲ), 채권양도의 합의해제·합의해지의 경우(Ⅳ), 질권설정계약의 해지·합의해지의 경우(Ⅴ)에 관한 논의들을 살펴보고자 한다. 그럼에 있어서 분석대상논문의 내용과 학설·판례를 함께 소개하면서 분석대상논문의 특별한 내용에 대해서도 서술할 것이다. 그리고 끝으로 채권양도가 해제된 경우에 있어서 채무자보호 방안에 대한 필자 나름의 결론과 함께 분석대상논문의 특별한 의미와 향후의 논의의 전망에 대하여 서술하는 것으로 글을 맺고자 한다(Ⅵ).

Ⅱ. 채권양도가 해제된 경우

1. 채권양도가 해제된 경우 채무자 보호에 관한 판례·학설

(1) 판 례

① 대법원 1962. 4. 26. 선고 62다10 판결은, "지명채권의 양도계약이 해제된 경우에 있어서 새로 채권자가 된 채권양도인이 그 해제의 사유를 채무자에게 대항하려면 채권양수인이 채무자에게 통지하게 마련이요 원심이 본 바와 같이 채권양도인이 통지할 수는 없다"고 한 뒤, 그 이유는 양도계약의 해제로 말미암아 채권양수인이었던 사람이 지명채권을 새로 양도하는 사람의

지위에 놓이기 때문이라고 하였다.

② 그 뒤 대법원 1978. 6. 13. 선고 78다468 판결[6]은, 채권양도인이 채권양도계약의 해제를 이유로 채권양도통지를 철회하면서 양수인의 동의를 받지 아니한 경우에 관하여, "민법 제452조 제2항에 채권양도의 통지는 양수인의 동의없이는 철회하지 못한다고 규정하고 있는 바, 이는 채권양도인이 채무자에게 채권양도 통지를 한 이상 그 통지는 채권양수인의 동의도 없이 채권양도인이 자의로 이를 철회하지 못한다는 것으로 풀이되므로, 비록 채권양도인인 소외인과 원고 간의 채권양도계약이 해제되었고 소외인이 피고에게 양도철회 통지를 하였다 할지라도 이것을 채권양수인인 원고에게는 대항할 수 없는 것"이라고 하였다.[7]

③ 제1논문의 연구대상판결인 대법원 1993. 8. 27. 선고 93다17379 판결은 위의 첫째 판결과 같은 견지에 있다.

위 판결은 피고 1이 공사대금 변제조로 원고에게 토지에 관한 소유권이전등기를 경료해 주기로 약정하였는데, 원고와 소외인은 1990. 4. 3. 소외인이 원고의 잔여공사를 인수하면서 공사대금을 정산해 주기로 하고 그 대신 위 소유권이전등기청구권을 양수하기로 약정하고, 원고가 같은 달 6. 소외인으로부터 공사대금 일부를 지급받고 같은 달 12. 피고 1에게 위 소유권이전등기청구권의 양도사실을 통지하였으나, 소외인이 양도약정에서 정한 공사대금 지급을 지체하자 원고가 양도를 해제하고 피고 1에 대하여 소유권이전등기절차 이행을 구한 사안에 관한 것이다.

대법원은, 「지명채권의 양도통지를 한 후 그 양도계약이 해제된 경우에, 양도인이 그 해제를 이유로 다시 원래의 채무자에 대하여 양도채권으로 대항하려면 양수인이 채무자에게 위와 같은 해제사실을 통지하여야 할 것」이라고 하면서, 원고가 소외인에게 양도약정을 해제한다는 취지의 통지를 한 사실이 있더라도 양수인인 소외인이 피고 1에게 양도약정의 해제사실을 통지한 사실이 인정되지 않는 이상 피고에게 대항할 수 없다고 판단한 원심을 정당하다고 하였다.

④ 제2논문의 연구대상 판결인 대법원 2012. 11. 29. 선고 2011다17953 판결은 대법원이 채권양도가 해제·합의해제된 경우에 제452조가 적용 또는 유추적용되는지에 관하여 정면으로 판

---

6) 이 판결에 관하여 반대하는 입장에서 자세한 평석으로 서민, "지명채권 양도계약의 해제와 양수인의 지위," 『민사판례연구』 제2권(1980), 57면 이하 참조.

7) 대법원과 달리, 원심은 피고가 채권양수인이었던 원고에 대하여 채무의 지급을 거절할 수 있다고 하였다. 채권양도의 통지가 채권양도에 있어 채무자에 대한 대항요건인 것과 같이 채권양도 통지 철회도 어디까지나 채권양도 계약이 무효 또는 해제된 경우에 있어 채무자에 대한 대항요건에 불과하다 할 것이고 채권양도계약이 있고 그 대항요건이 구비된 후에 채권양도계약이 해제된 경우에는 당사자 사이에는 채권은 당연히 양도인에게 복귀하고 원상으로 회복되는 것으로 다만 양도인이 양수인의 동의를 얻어 채무자에 그 해제의 사실을 통지하지 않으면 양도인은 이를 채무자에 대항할 수 없음에 그치고 위 민법 제452조 제2항은 채권양도인으로부터 채무자에게 일단 채권양도 통지가 된 후에는 그 채권양도 계약이 처음부터 무효이거나 사후에 해제가 되더라도 양도인이 양수인과 합의하여 적법한 채권양도 통지의 철회를 하기까지는 채무자로 하여금 채권양수인을 진정한 채권자로 인정하여 그에게 채무의 지급을 강요하는 취지를 규정한 것은 아니라는 것이 그 이유이다.

단한 최초의 판결이다.

위 판결은, 「민법 제452조는 채권양도가 해제 또는 합의해제되어 소급적으로 무효가 되는 경우에도 유추적용할 수 있다고 할 것이므로, 지명채권의 양도통지를 한 후 그 양도계약이 해제 또는 합의해제된 경우에 채권양도인이 그 해제 등을 이유로 다시 원래의 채무자에 대하여 양도채권으로 대항하려면 채권양도인이 채권양수인의 동의를 받거나 채권양수인이 채무자에게 위와 같은 해제 등 사실을 통지하여야 한다. 이 경우 위와 같은 대항요건이 갖추어질 때까지 양도계약의 해제 등을 알지 못한 선의인 채무자는 해제 등의 통지가 있은 다음에도 채권양수인에 대한 반대채권에 의한 상계로써 채권양도인에게 대항할 수 있다」고 하면서, 원고가 피고에 대한 공탁금반환채권을 아천세양건설에게 양도하고 양도사실을 피고에게 통지한 후 원고와 아천세양건설이 채권양도계약을 해제하기로 합의하고 이를 피고에게 통지하였으나, 그 통지가 있기 전에 피고가 아천세양건설에 대하여 상계적상에 있는 반대채권을 가지고 있었던 사안에서, 피고는 위 합의해제 이후 원고에게 상계로써 대항할 수 있다고 판단한 원심을 정당하다고 하였다.

⑤ 제3논문의 연구대상판결인 대법원 2014. 4. 10. 선고 2013다76192 판결은 「… 민법 제452조 제1항 역시 지명채권을 목적으로 한 질권 설정의 경우에 유추적용된다고 할 것이다. 한편 지명채권의 양도통지를 한 후 그 양도계약이 해제 또는 합의해제된 경우 채권양도인이 그 해제를 이유로 다시 원래의 채무자에 대하여 양도채권으로 대항하려면 채권양수인이 채무자에게 위와 같은 해제 등 사실을 통지하여야 한다. 이러한 법리는 지명채권을 목적으로 한 질권설정 사실을 제3채무자에게 통지하거나 제3채무자가 이를 승낙한 후 그 질권설정계약이 해제, 합의해제 또는 합의해지된 경우에도 마찬가지로 적용된다고 보아야 한다. 따라서 제3채무자가 질권설정 사실을 승낙한 후 질권설정계약이 합의해지된 경우 질권설정자가 해지를 이유로 제3채무자에게 원래의 채권으로 대항하려면 질권자가 제3채무자에게 해지 사실을 통지하여야 하고, 만일 질권자가 제3채무자에게 질권설정계약의 해지 사실을 통지하였다면, 설사 아직 해지가 되지 아니하였다고 하더라도 선의인 제3채무자는 질권설정자에게 대항할 수 있는 사유로 질권자에게 대항할 수 있다」고 하면서, 제3채무자인 갑 은행이 을 주식회사와 병 주식회사 사이의 예금채권에 대한 질권설정을 승낙하였는데, 질권자인 을 회사가 갑 은행 지점에 모사전송의 방법으로 질권해제통지서를 전송하였고 갑 은행 직원이 질권해제통지서를 받은 직후 질권설정자인 병 회사에 예금채권을 변제한 사안에서, 을 회사가 질권해제통지서를 모사전송의 방법으로 갑 은행에 전송함으로써 질권설정계약 해지의 통지는 갑 은행에 도달하여 효력이 발생하였다고 할 것이므로, 아직 을 회사와 병 회사 사이에 합의해지가 되지 아니한 경우에도 선의인 갑 은행으로서는 병 회사에 대한 변제를 을 회사에도 유효하다고 주장할 수 있다고 하였다.

(2) 이러한 판례의 입장에 대하여, 판례는 양도계약의 해제로 말미암아 채권양수인이었던

사람이 지명채권을 새로 양도하는 사람의 지위에 놓인다고 하거나,[8] 양도인이 채권양도계약 해제를 이유로 다시 원래의 채무자에 대하여 양도채권으로 대항하려면 양수인이 채무자에게 해제 사실을 통지해야 한다거나,[9] 채권양도인이 해제 등을 이유로 다시 원래의 채무자에 대하여 양도 채권으로 대항하려면 채권양도인이 채권양수인의 동의를 받거나 채권양수인이 채무자에게 위와 같은 해제 등 사실을 통지하여야 한다[10]고 하여 그 표현상으로는 채권재양도와 동일하게 법률관계를 구성하는 것으로 보면서도, 근래 채권양도의 원인이 되는 계약이 해지되면 이로써 채권은 양도인에게 복귀한다고 하여 대내외적으로 양도인에게 채권이 복귀한다는 취지의 판결[11]이나 채권양도계약의 해제나 합의해제시 제452조의 유추를 정면으로 인정한 판결도 있었고, 또한 채권의 재양도로 구성하는 방식과 제452조를 유추하는 방식의 가장 큰 차이점인 "채무자 이외의 제3자에 대한 관계에서 채권의 귀속문제"와 관련하여, 양수인의 동의가 없는 한 채권은 대외적으로 양수인에게 귀속된다는 판례는 없는 점[12] 등을 근거로, 적어도 현재의 판례의 입장은 -채권의 재양도 상황처럼 양도인의 권리행사를 위해 양수인의 채무자에 대한 통지가 필요하지만- 채권 자체의 귀속은 채권의 재양도로 보지 않고 제452조의 경우와 마찬가지로 보는 취지라고 해석하는 견해도 주장되고 있다.[13]

실제로 대법원 2011. 3. 24. 선고 2010다100711 판결은 채권양도의 '원인'이 되는 계약이 해지된 경우 이로써 채권은 양도인에게 복귀하고 양수인은 원상회복의무로서 채무자에게 이를 통지할 의무를 부담한다고 하였는바, 이러한 입장을 채권양도가 해제된 경우에도 마찬가지로 적용하여 채권은 양도인에게 복귀하고 양수인은 이를 채무자에게 통지할 원상회복의무를 부담한다고 해석할 수 있다면, 채권양도해제의 효과를 둘러싼 어렵고 복잡한 논의들이 상당 부분 명쾌하게 설명될 수 있다고 생각된다. 그런데 위 판결은 위와 같은 설시에 이어 대법원 1993. 8. 27. 선고 93다17379 판결을 인용하고 있고, 위 판결 이후에 나온 대법원 2012. 11. 29. 선고 2011다17953 판결이나 대법원 2014. 4. 10. 선고 2013다76192 판결은 모두 채권양도의 해제나 질권설정계약의 합의해지를 이유로 양도인이나 질권설정자가 채무자 또는 제3채무자에게 대항하려면 양수인 또는 질권자가 통지하여야 한다고 하고 있어, 채권 자체의 귀속과 관련하여 판례의 입장에 변화가 있다고 보기는 어렵지 않을까 생각된다.

---

8) 대법원 1962. 4. 26. 선고 62다10 판결.
9) 대법원 1993. 8. 27. 선고 93다17379 판결.
10) 대법원 2012. 11. 29. 선고 2011다17953 판결.
11) 대법원 2011. 3. 24. 선고 2010다100711 판결.
12) 한편 윤진수, 『민법기본판례』(홍문사, 2020), 386면은, "판례는 양도가 무효 또는 해제된 경우에도 양수인의 동의를 받은 철회가 없으면 여전히 양수인이 채권자인 것으로 '취급'하고 있다"고 한다.
13) 최준규, "채권양도계약의 해제와 채무자 보호", 『저스티스』(한국법학원, 2016.10) 통권 제156호, 105-106면.

(3) 학 설

채권양도의 해제 및 취소에 관하여 종래 다수설은 양도가 이미 채무자에게 통지되었거나 채무자가 승낙하고 있는 경우 양수인으로부터 다시 그 해제나 취소의 사실을 채무자에게 통지하지 않으면 양도인은 채무자에게 대항하지 못한다고 하였다.[14] 이는 해제의 경우에 관한 종래 판례의 태도와 일치한다.

그 밖에 해제 또는 취소 등에 의하여 양도계약이 사후에 무효로 된 경우도 제452조 제1항의 '양도가 무효인 경우'에 포함된다는 견해도 주장되었다.[15]

한편 채권양도의 취소·해제로 인한 채권양도의 효력을 배제하려면 취소·해제 사유뿐만 아니라 양수인으로부터 채무자에게 채권양도통지가 있었다는 사실을 주장 입증하여야 할 것이라고 한다.[16]

2. 종래의 학설·판례에 대한 문제의식-논의의 출발점

종래 판례와 다수설에 의하면 채권양도가 해제·합의해제된 경우 양도인이 해제 등을 이유로 채무자에 대하여 다시 양도된 채권으로 대항하려면 '양수인'이 채무자에게 해제 등의 사실을 통지하여야 한다. 양수인의 통지가 필요한 이유는 양도계약의 해제로 양수인이었던 사람이 채권을 새로 양도하는 사람의 지위에 놓이기 때문이라고 한다.[17] 즉 채권양도의 해제의 경우를 채권이 다시 양도되는 것으로 보고, 양수인의 통지 또는 철회통지에 대한 양수인의 동의를 양도인이 채권자로서 채무자에 대하여 권리를 행사하기 위한 대항요건으로 보는 것이다.

이러한 입장에서는 대항요건이 구비되기 전까지 즉 양수인이 양도통지 철회에 동의하여 그 내용이 채무자에게 도달되기 전까지 양수인은 채권을 행사할 수 있다. 대항요건이 구비되기 전까지 채무자가 양수인에게 채무를 변제하면 -채무자의 선, 악의를 불문하고- 이는 유효한 변제이다. 또한 대항요건이 구비되기 전까지 채무자는 양도인의 채권행사를 거절할 수도 있고 양도인에게 변제할 수도 있다.[18]

연구대상논문들은 이와 같은 판례 및 학설에 대한 문제의식에서 출발하였다. 즉 채권양도의 해제는 이미 행하여진 채권양도를 없었던 것으로 되돌리는 것일 뿐 결코 양도된 채권을 양수인

---

14) 곽윤직, 『채권총론』(박영사, 2003), 217면; 김대정, 『채권총론』(도서출판 피데스, 2007), 868면; 김상용, 『채권총론』(화산미디어, 2010), 378면; 김용한, 『채권법총론』(박영사, 1988), 444면; 김주수, 『채권총론』(삼영사, 1999), 384면; 윤철홍, 『채권총론』(법원사, 2006), 385면; 이은영, 『채권총론』(박영사, 2009), 626면, 627면. 서민, 앞의 글(주 6), 60면 등.

15) 편집대표 곽윤직, 『민법주해(Ⅹ)』(박영사, 1995), 597면, 600면(이상훈 집필부분).

16) 김정만, "지명채권양도의 요건사실 및 입증책임", 『청연논총』(사법연수원, 2009), 제6집(손기식 사법연수원장 퇴임기념), 24-25면.

17) 대법원 1962. 4. 26. 선고 62다10 판결.

18) 최준규, 앞의 글(주 13), 104면. 『민법주해(Ⅹ)』(주 15), 600면(이상훈 집필부분)도 같은 취지로 보인다.

이 다시 양도하는 것이 아니므로, 그 경우 채권양도의 대항요건에 관한 제450조를 적용하는 판례와 다수설은 타당하지 않다는 것이다. 또한 채권양도가 해제된 이유는 양수인이 채무불이행을 했기 때문인데 그 경우 양수인으로 하여금 채무자에게 해제사실을 통지하게 하는 것은 현실성도 없다. 이 때 양수인이 통지의무를 부담하고 있음을 전제로 양도인이 양수인의 통지를 구하는 소를 제기하도록 하는 것은 불필요한 우회절차로서 양도인에게 가혹한 처사라는 것이다.[19)]

그리하여 연구대상논문들은 채권양도계약이 해제된 경우에 관한 판례와 학설을 그대로 받아들일 수 없다는 입장에서 독자적인 견지에서 그 경우에 관한 이론을 모색하려고 하였다. 그러한 논의는 우선 채권양도의 의미와 법적 성질을 명확하게 정리하는 데에서 출발하여, 해제의 효과에 관한 법리에 입각하여 채권양도의 해제의 경우에 양도인과 양수인의 법률관계에 관하여 논의하면서 특히 채무자 보호방안에 중점을 두었다. 이하에서 이에 관하여 자세히 살펴보기로 한다.

3. 지명채권양도계약의 해제의 특수성

(1) 채권양도의 해제의 의미-원인행위의 해제

채권양도는 채권의 귀속주체가 법률행위에 의하여 변경되는 것, 즉 법률행위에 의한 이전을 의미한다. 여기서 '법률행위'란 유언 외에는 통상 채권이 양도인에게서 양수인으로 이전하는 것 자체를 내용으로 하는 그들 사이의 합의를 가리키고, 이는 이른바 준물권행위 또는 처분행위로서의 성질을 가진다.[20)]

이러한 채권양도는 채권이전의 의무를 발생시키는 채권행위, 가령 채권의 매매나 증여와는 별개의 것이다. 채권양도와 그 원인행위와의 관계는, 채권양도는 원칙적으로 원인행위인 채권행위와 함께 행해진 것으로 보아야 하며(독자성 부정), 그 원인행위가 부존재·무효·취소·해제 등으로 효력을 잃게 되면 그에 따라 채권양도도 무효로 된다(유인성 인정).[21)] 따라서 '채권양도의 해제'는 준물권행위인 채권양도 자체가 해제된다는 의미가 아니고 그 원인행위인 매매·증여 등이 해제된다는 뜻이다.

(2) 해제의 효과와 채권양도 해제시의 문제

채권양도가 해제된 경우의 효과는 해제의 효과 문제로 논의되어야 하는데, 민법은 채권양도가 해제된 경우의 효과에 관하여 따로 규정하고 있지 않으므로 해제에 관한 일반규정이 적용되어야 한다. 민법은 해제의 효과에 관한 규정으로 제548조·제549조·제551조의 세 조항을 두고 있고, 해제의 효과에 관하여 판례는 해제가 있으면 계약의 효력이 소급해서 상실한다고 하여 이

19) 제1논문, 223-224면; 제2논문, 436면.
20) 송덕수, 『채권법총론』(박영사, 2020), [185], 대법원 2011. 3. 24. 선고 2010다100711 판결.
21) 송덕수, 『채권법총론』(주 20), [186].

른바 직접효과설의 입장에 있다.[22] 그리고 계약의 이행으로서 권리의 이전(또는 설정)을 목적으로 하는 물권행위나 준물권행위가 행하여지고, 등기나 인도와 같은 권리의 이전(또는 설정)에 필요한 요건이 모두 갖추어져 권리의 이전(또는 설정)이 일어난 경우에, 계약이 해제되면 이전(또는 설정)된 권리가 당연복귀(또는 소멸)하는가에 대하여, 판례는 이를 긍정하는 이른바 물권적 효과설을 취하고 있다.[23] 그리고 분석대상논문들의 저자의 견해도 판례와 같다.[24]

해제의 효과에 관한 판례의 입장에 의하면, 채권양도의 원인행위가 해제된 경우 채권양도는 무효로 되고 그 결과 양수인으로부터 양도인에게 다시 채권을 이전하는 행위를 할 필요 없이 채권은 양도인에게 당연복귀하게 된다. 그런데 해제는 채권양도의 당사자 사이에서 내부적으로 행해지는 것이므로 채무자로서는 해제가 있었는지를 알기가 어렵고, 채권양도의 해제가 있었음에도 채무자가 그 사실을 몰라서 양수인에게 변제할 가능성이 있으므로 채무자 보호를 위한 특별한 방안이 필요하게 된다. 채권양도에서 채무자는 해제된 계약을 기초로 '새로 이해관계를 맺은 자'가 아니므로 제548조 제1항 단서에 의해서는 보호되지 못한다.

4. 제452조의 유추적용을 제안함

채권양도의 경우 채무자 보호 방안으로 종래 판례와 다수설은 양도인이 채무자에게 대항하려면 해제 사실을 양수인이 채무자에게 통지하여야 한다고 한다. 이는 해제를 새로운 양도로 파악하여 제450조를 적용하는 것인데, 분석대상논문들은 이에 반대하는 전제에서 민법 제452조 제1항의 유추적용을 제안하였다.

학설은 채권양도가 해제에 의하여 무효로 된 경우도 제452조 제1항의 '양도가 무효인 경우'에 포함된다는 견해가 주장되고 있다. 제452조 제1항은 채권양도의 당사자가 아닌 채무자로서는 양도의 무효 등의 사유를 알지 못하므로 그를 보호하고자 하는 취지에 기한 것이므로, 여기서의 무효는 해제와 취소를 포함하는 넓은 의미로 이해해야 한다는 것이다.[25] 다른 견해는 채권양도의 해제는 제452조 제1항의 '무효인 경우'에는 해당하지 않으나 동 조항을 유추적용하는 것이 가능하다고 한다.[26][27] 제452조 제1항이 채권을 양도하지 않은 경우와 무효인 경우만을 규정하고

---

22) 대법원 1977. 5. 24. 선고 75다1394 판결; 대법원 1982. 11. 23. 선고 81다카1110 판결.

23) 대법원 1977. 5. 24. 선고 75다1394 판결; 대법원 1982. 11. 23. 선고 81다카1110 판결.; 대법원 1995. 5. 12. 선고 94다18881, 18898, 18904 판결; 대법원 2002. 9. 10. 선고 2002다29411 판결.

24) 송덕수, 『채권법각론』(박영사, 2021), [66], [67].

25) 『민법주해(Ⅹ)』(주 15), 597면(이상훈 집필부분); 지원림, 『민법강의』(홍문사, 2020), [4－309a](이 견해는 양도계약이 해제된 경우 선의의 채무자에 대한 관계에서는, －채권이 양도인에게 당연히 복귀되는 것이 아니라－양수인이 양도인에게 재양도하고 이 사실을 양수인이 통지하지 않는 한 여전히 양수인이 채권자로 다루어진다고 하면서, 대법원 1993. 8. 27. 선고 93다17379 판결을 인용하고 있다).

26) 서민, 앞의 글(주 6), 63－64면.

27) 윤진수, 앞의 책(주 12), 386면은 직접 적용되든 유추적용되든 결과적으로 차이가 있는 것은 아니라고 한다.

있는 것을 보면 그 규정의 '무효인 경우'는 특별한 의사표시(가령 해제 · 취소 · 합의해제)가 없이도 당연히 무효인 경우만을 가리키는 것으로 보아야 하고, 따라서 제452조가 해제의 경우 직접 적용될 수는 없고 유추적용할 수 있다는 것이다.

유추적용은 어떤 상황에 직접 적용할 법률규정이 없을 때 그와 유사한 다른 법률규정을 적용하는 것이다. 유추적용이 긍정되려면 당해 법률규정이 직접 적용되는 상황과 유추적용이 문제되는 상황이 충분히 유사하여야 하고, 법률규정을 통해 달성하고자 하는 법 원리가 유추적용이 문제되는 사안에도 적용될 수 있어야 한다. 제452조 제1항이 직접 적용되는 상황은 채권양도가 성립되지 않거나 무효인 상황이다. 유추 적용이 문제되는 상황은 채권양도가 해제 또는 합의해제된 상황이다. 두 상황은 결과적으로 채권양도의 효력이 발생하지 않게 되어 문제된다는 공통점을 가진다. 한편 제452조 제1항의 배후에 있는 법 원리는 채무자에 대한 신뢰보호이다. 이러한 법 원리는 채권양도의 효력이 발생하지 않게 된 사유가 무엇인지를 불문하고 적용되어야 한다. 왜냐하면 채권양도와 관련된 위 사정들은 채무자와 무관하게 이루어진 것이어서 그 사정에 따라 채무자의 신뢰보호 여부를 달리할 이유가 없기 때문이다. 즉 채권양도가 성립되지 않건, 무효이건, 해제되었건, 합의해제되었건 이를 알지 못한 채무자의 신뢰는 보호할 필요성이 있다. 그러므로 채권양도의 해제 또는 합의해제에 대한 법률 규정의 흠결은 유추 적용을 통하여 메우는 것이 바람직하다.[28)]

제452조는 의용민법에는 없었던 것으로 독일민법 제409조를 수정하여 받아들인 것인데, 독일민법 제409조는 통지나 승낙을 채권양도의 대항요건으로 하고 있지 않은 상태에서 채무자를 보호하기 위하여 두어진 여러 규정 가운데 하나이다. 즉 통지가 당연히 요구되지는 않는 상황에서 특별히 통지가 있었던 경우에 채무자를 보호하려는 취지의 규정이다. 제452조는 채권양도의 통지는 있었지만 실제로는 양도가 되지 않았거나 양도가 무효인 경우에 선의의 채무자를 보호하기 위한 규정이다. 동조 제2항은 양도통지를 철회하려면 양수인의 동의를 얻도록 하고 있어서 양수인을 보호하려는 규정처럼 보이나, 실제로는 양도인이 양도통지를 철회하면 채무자가 보호되지 않게 하는 예외를 두는 것을 전제로 하여 그 철회를 할 때 양수인의 동의를 얻도록 하는 것에 지나지 않는다. 따라서 그 규정은 당사자 사이의 다툼을 방지하고 법률관계를 명확하게 하여 채무자를 보호하려는 취지의 것으로 보아야 한다. 즉 양수인의 동의를 얻은 철회를 요구하는 것은 채권양도의 효력이 발생하지 않은 경우에, 그리하여 양도의 효력 없음을 적극적으로 주장할 필요가 없는 경우에, 적극적인 철회를 하도록 하는 시간적 한계를 설정하여 그 범위에서 채무자를 보호하고 있는 규정인 것이다. 물론 그로 인하여 양수인이 반사적으로 이익을 얻기는 하나,

28) 권영준, "세밀한 정의를 향한 여정 -박병대 대법관의 민사판결 분석-", 『법과 정의 그리고 사람: 박병대 대법관 재임기념 문집』(사법발전재단, 2017), 54면.

그 규정이 처음부터 양수인을 보호하려고 한 것은 아니며, 양수인이 그 규정에 의하여 채권을 가지게 될 수도 없다.[29)]

그러므로 채권양도의 효력이 일단 발생한 후 그 효력발생을 저지하기 위하여 적극적인 의사표시를 하여야 하는 경우, 가령 양도계약의 해제 또는 취소의 경우는 채무자보호의 한계를 설정하기 위하여 또다시 적극적인 철회를 하게 할 필요는 없다. 그 때에는 선의의 채무자만 보호하면 충분하다. 그리하여 채무자에게 해제나 취소가 있었음을 알리기만 하면 되고 통지의 적극적인 철회는 필요하지 않으며, 따라서 제452조 제2항이 정하는 양수인의 동의도 요구할 필요가 없다.[30)]

분석대상논문의 결론을 정리하면, 채권양도가 해제된 경우 양수인에 의한 통지 또는 양도인에 의한 통지의 철회와 관계없이 해제의 효과가 발생하므로, 해제 이후에는 채무자는 양수인이 아니라 처음의 양도인에게 채무를 이행하여야 한다. 다만 채무자는 그가 선의인 한 양도인에 대하여 채무이행을 거절할 수 있다. 이 경우 제452조 제1항이 유추적용되어야 하므로, 선의의 채무자는 양수인에 대하여 대항할 수 있는 사유로 양도인에게 대항할 수 있다. 또한 채무자에게 해제사실을 알리기 위하여 반드시 양수인이 통지할 필요는 없으며 처음의 양도인이 할 수도 있고 그 밖의 방법에 의하여 알려져도 무방하다. 이 때 채무자는 선의로 추정함이 옳으므로, 채무자가 자신의 선의를 증명할 필요가 없고, 채무자의 악의를 주장하는 자가 그것을 증명하여야 한다. 그리고 제452조 제2항은 유추적용하지 않는 것이 타당하다.[31)]

근래의 학설 가운데에는 분석대상논문의 견해에 찬성하는 견해들이 나타나고 있다. 유력한 견해는, 판례가 채권양도가 해제된 경우 양수인의 동의를 받은 철회가 없으면 여전히 양수인이 채권자인 것으로 취급하는 것을 비판하면서, 제452조 제1항의 반대해석상 채무자가 악의이면 양수인에게 변제하였더라도 양도인에게는 대항할 수 없는바, 이 규정은 선의의 채무자를 보호하기 위한 것이지 양수인을 여전히 채무자로 취급하여야 한다는 의미는 아니라고 한다. 그리고 제2항은, 채무자가 선의인 때에는 양도인이 양수인의 동의를 얻어 철회한 경우에만 제1항의 효과가 더 이상 생기지 않고, 양도인이 일방적으로 철회하는 것만으로는 채무자가 악의로 되는 것은 아니라는 의미로 이해한다. 한편 판례는 제452조 제2항을 근거로 양도계약이 해제된 경우를 새로운 양도가 있는 것으로 보고 있으나, 채권양도계약의 해제는 양도의 효력을 소급적으로 소멸시키는 것이지 새로운 채권양도로 볼 수 없고, 제452조 제2항은 그러한 근거가 될 수 없다는 점을 지적하고 있다. 따

29) 제1논문, 227면; 제2논문, 439면, 서민, 앞의 글(주 6), 64-65면, 67면. 『주석민법 채권총칙3』(제4판, 2014), 399-400면(최수정 집필부분). 넓은 의미에서 윤진수, 앞의 책(주 12), 387면도 같은 취지로 읽힌다. 한편 독일민법 409조의 의미와 해석에 관한 자세한 내용은 최준규, 앞의 글(주 13), 95-98면 참조. 그리고 제1논문 각주 26) 및 제2논문 각주 44)에 인용된 독일문헌도 참조.

30) 제1논문, 228-229면; 제2논문, 439-440면.

31) 제1논문, 230-231면; 제2논문, 440면.

라서 채권양도해제의 경우 양도인은 양수인의 통지 또는 양수인의 동의를 받은 철회 통지가 없더라도 채무자에 대하여 채권양도계약의 해제사실을 증명하여 이행을 청구할 수 있다고 한다.32)

채권이 소급적으로 양도인에게 복귀한다는 전제에서 제452조를 유추적용하는 입장과 채권양도의 해제를 채권의 재양도로 구성하는 입장의 실질적인 차이는 ① 채무자 이외의 제3자에 대한 관계에서 누가 채권자인지에 관하여, 채권의 재양도로 보는 경우 양수인의 채무자에 대한 –확정일자 부– 통지가 있기 전에는 양수인이 채권자이고, 제452조를 유추적용하는 경우 양도통지 철회에 대한 양수인의 동의나 양수인의 통지가 없더라도 양도인이 채권자이며, ② 양수인의 통지나 동의가 있기 전 양수인이 이행청구를 한 경우 채무자가 '양수인이 채권자가 아니라는 이유'를 들어 이행을 거절할 수 있는지에 관하여, 채권의 재양도로 보는 경우 양수인이 채권자이므로 채무자는 위와 같은 사유를 들어 이행을 거절할 수 없는 반면, 제452조를 유추적용하는 경우 양수인은 채권자가 아니므로 채무자는 이러한 사유를 들어 이행을 거절할 수 있다.33)

5. 제452조 제2항의 유추적용 문제

분석대상논문은 채권양도가 해제된 경우 제452조 제1항만 유추적용하여야 하고, 제452조 제2항까지 유추적용하는 것은 타당하지 않다는 입장이다.

채권양도가 해제된 경우 제452조를 유추적용해야 한다는 견해는 일찍이 주장된 바 있다. 즉 채권양도계약이 해제되면 채권은 해제와 동시에 양도인에게 복귀하고 양수인은 –양도인·양수인 사이에서뿐만 아니라 채무자에 대한 관계에서도– 채권을 가지지 않으므로 양수인은 채무자에 대하여 이행을 청구할 수 없으며, 채무자가 선의로 양수인에게 변제하면 그는 유효하게 면책된다고 한다(452조 1항). 그리고 제452조 제2항은 채무자를 보호하는 규정이지 표현양수인에 대한 권리창설규정이 아니고, 다만 채무자는 제452조 제2항에 의하여 적법한 해제통지가 없었음을 이유로 채권자에 대하여 항변할 수 있다고 한다.34)

분석대상논문들이 발표된 이후에도 채권양도가 해제된 경우 제452조 제2항도 유추적용해야 한다는 유력한 반론이 제기되었다. 이 견해는, 우선 채권양도의 해제, 취소의 경우 양수인의 자발적 통지를 기대하기 어렵다거나 재판상 청구 등 번거로운 절차를 거쳐야 한다는 이유만으로

32) 윤진수, 앞의 책(주 12), 386-387면.

33) 최준규, 앞의 글(주 13), 106면. 이 견해도 채권양도해제를 채권의 재양도로 구성하는 종래 판례의 입장에 반대하며 제452조를 유추적용에 찬성하는 입장이다. 다만 뒤에서 보는 것처럼 제452조 제2항도 유추적용하여야 한다고 주장하고 있다.

34) 서민, 앞의 글(주 6), 62-64면, 67면. 그런데 이 견해는 채권양도계약이 해제된 경우 채권이 양수인으로부터 양도인에게 양도되는 것과 똑같은 법률상태가 되므로, 해제에 의한 채권복귀를 채무자에게 대항하려면 양수인이 채무자에게 해제 사실을 통지하여야 한다고 한다. 민법상 채권양도의 대항요건인 양도통지의 통지권자가 양도인으로 한정되어 있다는 것이 그 이유이다(앞의 글, 60면).

유추적용을 부정할 수 없다고 한다. 그리고 채권양도계약이 해제나 취소된 경우 무효의 경우와 달리 형성권을 행사해야 계약이 소급적으로 무효가 되므로 추가로 양도통지의 철회라는 의사표시를 요구할 필요가 없다는 분석대상논문의 지적은 타당하지만, 별도의 철회의사표시가 필요하지 않다고 해서 철회에 대한 양수인의 동의도 당연히 요구되지 않는 것은 아니라고 반박한다. 즉 제452조 제2항이 양도통지의 철회에 양수인의 동의를 요구하는 것은, 양수인의 동의 없는 양도인의 일방적인 권리행사에 제동을 걸겠다는 취지에서 채권양도계약의 유무효 문제에 관하여 외부자인 채무자에게 보다 확실하고 안정된 법적 지위를 보장하기 위한 것으로, 채권 재양도의 이익상황과 비슷한 점이 있으므로 양수인의 동의를 재양도인인 양수인의 재양도통지와 기능적으로 동일시할 수 있다는 것이다. 또한 채권양도계약이 무효가 될 정도로 중대한 흠이 있는 경우에도 진정한 권리자인 양도인이 일방적으로 권리행사를 하는 것에 제한을 가한다면, 채권양도계약이 취소나 해제되는 상황처럼 덜 중한 흠이 있는 경우에는 진정한 권리자의 독자적 권리행사에 그보다 같거나 높은 수준의 제한을 두는 것이 균형이 맞다고 한다. 전자의 경우 권리자가 단독으로 권리를 행사해야 할 정당성이 후자의 경우와 같거나 그보다 크다는 것이 그 이유이다.[35)]

그런데 이러한 반론에 대해서는 다음과 같은 의문을 떨쳐낼 수 없다. 채권양도의 해제에 의하여 채권이 양도인에게 소급적으로 복귀한다면,[36)] 양도인의 권리행사에 양수인의 동의가 필요한 근거는 무엇인가? 왜 '양수인의 동의없이 채권양도인이 일방적으로 권리를 행사하는 것에 제동'을 걸거나 '진정한 권리자의 독자적 권리행사에 … 제한'을 두어야 하는가? 채권양도 통지 철회에 양수인의 동의를 요구할 것인가 여부가, 과연 채권양도의 무효·취소·해제 등 흠의 중대함에 따라 결정되는 것인가?

채권양도가 해제된 경우 채권은 양도인에게 소급적으로 복귀하고, 따라서 권리자인 양도인은 -양수인의 동의나 통지가 없더라도- 해제 사실을 증명하여 자신의 채권을 행사할 수 있다. 이 때 양수인은 원상회복으로서 채무자에게 이를 통지할 의무를 부담한다.[37)] 이는 해제의 효과

---

35) 최준규, 앞의 글(주 13), 108-110면. 한편 제철웅, 『담보법』(율곡출판사, 2011), 500-502면에 의하면 "… 채권양도의 사실이 통지된 후 그 양도계약이 취소되거나 해제되면, 채권이 채권양도인에게 복귀된다고 한다. … 이 때 채권양수인이 부당이득반환의무의 이행으로써 채권이 양도인에게 복귀되었다는 사실을 채무자에게 통지하지 않는 한, 채무자와의 관계에서는 여전히 채권양수인이 채권자의 지위를 향유할 수 있다. 즉 채무자는 채권양수인에게 채무를 이행함으로써 채권양도인에게 대항할 수 있다. 채무자가 채권양도가 취소, 해제되었다는 사실을 알았는지 여부는 문제되지 않는다. … 그런데 흔히 해제(또는 취소도 마찬가지이다)의 물권적 효력으로 인해 소유권이전등기청구권이 원고에게 복귀되지 않는가라는 의문이 있을 수 있다. 그러나 민법 제452조 제2항으로 인해 원고에게 복귀되었음을 채무자에게는 대항할 수 없게 된다는 것이다. 이런 법리가 어떻게 형성되었는가는 다음 대법원 판결이 잘 보여준다"고 하면서, 대법원 1978. 6. 13. 선고 78다468 판결을 인용하고 있다.

36) 위 반론도 해제의 경우 채권양도인이 처음부터 채권자라는 점을 인정하고 있다(최준규, 앞의 글(주 13), 105-106면, 115면).

37) 대법원 2011. 3. 24. 선고 2010다100711 판결. 일찍이 서민, 앞의 글(주 6), 62면. 지원림, 앞의 책(주 24),

에 의하여 인정되는 것이다.

이 경우 제452조 제1항을 유추적용하면, 채권양도의 해제에 대하여 선의인 채무자는 양수인에게 대항할 수 있는 사유로 양도인에게 대항할 수 있다. 그 결과 선의인 채무자는 보호받게 되고, 또한 채무자 보호를 위해서는 그것으로 충분하다.

주지하다시피 제452조 제2항은 -채권을 가지지 않았으나 채권을 가진 것 같은 외관만을 가진-표현양수인에게 권리를 창설하는 규정이 아니다. 채권양도의 해제에 제452조 제2항의 유추적용을 인정하는 것의 가장 큰 문제는 마치 양수인의 동의가 양수인의 '권리' 내지 '권한'으로 인식되는 점이며, 이는 적절하다고 할 수 없다. 계약이 해제된 경우 당사자들의 '원상회복'은 '의무'이지 '권리'가 아니다.

해제에 의하여 채권이 양도인에게 복귀하면 권리자인 양도인은 -양수인의 동의나 통지가 없더라도-해제 사실을 증명하여 권리를 행사할 수 있다고 하여야 한다. 채권양도 통지 철회에 양수인의 동의를 요구할 것인가 여부는, 채권양도의 무효·취소·해제 등 흠의 중대함에 따라 결정되는 것이 아니라, 양수인의 동의 또는 양수인의 통지가 법리적으로 요구되는가 나아가 채무자 보호 등을 위하여 필요한가에 따라 판단하여야 한다. 채권양도의 해제의 효과에 관한 특별한 법적 규율이 있다면 그에 따라야 하겠지만, 채권양도의 해제의 효과에 관한 규정이 없는 상태에서 제452조 제2항을 유추적용하여 양도인의 권리행사에 제약을 가하는 것은 근거도 없고 실익도 없으며 타당하지도 않다.

6. 제452조의 유추적용에 관한 판례의 태도와 문제점

(1) 제452조의 유추적용을 정면으로 인정한 것은 아니지만, 대법원 1978. 6. 13. 선고 78다468 판결은 제452조 제2항은 채권양도인이 채무자에게 채권양도 통지를 한 이상 그 통지는 채권양수인의 동의도 없이 채권양도인이 자의로 이를 철회하지 못한다는 것으로, 채권양도계약이 해제되고 채권양도인이 채무자에게 양도철회통지를 하였더라도 이것을 채권양수인에게는 대항할 수 없다고 하였다.[38)]

이는 양수인의 동의가 없으면 양수인이 대내외적으로 채권자라는 뜻으로, 양도통지 철회에 대한 양수인의 동의를 양도인에게 다시 채권이 이전되기 위한 일종의 '성립요건'으로 본 것이다.

[4-309a]는, 채권양도가 해제되고 양도인이 채무자에게 양도철회통지를 하였더라도 채무자는 이를 양수인에게 대항할 수 없다고 하면서, 대법원 1978. 6. 13. 선고 78다468 판결을 인용하고 있다. 이 견해는 나아가 양수인이 동의하지 않으면 양도인은 양수인에 대하여 양도된 채권을 부당이득으로 반환할 것을 청구할 수 있고, 이때 양수인은 채권을 양도하면서 그 사실을 채무자에게 통지해야 한다고 한다.

38) 대법원 1977. 5. 24. 선고 76다2325 판결도 같은 취지. 이 판결은 대법원 1978. 6. 13. 선고 78다468 판결의 환송판결이다.

이러한 논리에 따르면 채무자가 양도인에게 변제하는 것은 비채변제이고, 양수인의 동의가 없는 한 채무자는 양수인에게 채무를 이행해야 한다. 그러나 이러한 입장은 '선의의' 채무자만 보호하는 제452조 제1항의 내용과 부합하지 않는다.[39] 또한 위 판결은 채권양도의 해제로 인하여 아무런 권리도 가지지 않게 된 양수인에게 청구권을 인정하고 있는데 이는 결과적으로 양수인에게 채권을 창설해주는 중대한 잘못을 저지른 것이다.[40]

(2) 한편 대법원 2012. 11. 29. 선고 2011다17953 판결은 제452조 제1항·제2항을 인용한 뒤에, 「이는 채권양도가 해제 또는 합의해제되어 소급적으로 무효가 되는 경우에도 유추적용할 수 있다고 할 것이므로, … 채권양도인이 그 해제 등을 이유로 다시 원래의 채무자에 대하여 양도채권으로 대항하려면 채권양도인이 채권양수인의 동의를 받거나 채권양수인이 채무자에게 위와 같은 해제 등 사실을 통지하여야 한다」고 한다.

제452조의 유추적용이 필요한 이유는 채권양도가 해제되어 소급해서 무효로 되고 그 효과가 채무자를 포함하여 모든 자에게 당연히 발생하는데 민법상 채무자보호를 위한 방안이 별도로 규정되어 있지 않아서 채무자를 보호하기 위해서이다. 이때 제452조 제1항이 유추적용되면 채무자가 선의인 한 양수인에게 대항할 수 있다. 반면에 종래의 판례와 같이 채무자에 대한 대항요건을 요구하는 경우에는 -그 방법의 이론적·실질적 타당성은 별론- 그 방법으로 채무자를 보호하기 때문에 제452조의 유추적용과 같은 다른 방안은 필요하지 않게 된다. 제452조의 유추적용 방법은 채무자에 대한 대항요건 요구가 부당하다고 보는 입장에서 다른 적절한 방법으로 고안된 것이다. 그런데 위 판결은 제452조의 유추적용을 허용하면서, 그 결과로 채무자에 대한 대항요건을 요구하고 있다. 더구나 그 대항요건의 중요부분은 -제452조의 유추적용과 양립할 수 없는- 종래의 판례가 요구하고 있는 것(양수인의 통지)이어서 더욱 문제이다.[41]

7. 대항사유가 상계인 경우

위의 2011다17953 판결은 이어서 「이 경우 위와 같은 대항요건이 갖추어질 때까지 양도계약의 해제 등을 알지 못한 선의인 채무자는 해제 등의 통지가 있은 다음에도 채권양수인에 대한 반대채권에 의한 상계로써 채권양도인에게 대항할 수 있다」고 한다.[42]

---

39) 최준규, 앞의 글(주 13), 103면.
40) 서민, 앞의 글(주 6), 66-67면. 『민법주해(Ⅹ), 채권(3)』(주 15), 600면(이상훈 집필부분)도 같은 취지이다.
41) 제2논문, 441-442면.
42) 이 경우 해제 등 통지가 있었을 때 상계적상이 갖추어져야 하는가도 문제될 수 있다. 이 판결에서는 상계적상이 갖추어졌으므로 이것이 문제되지 않았다. 그러나 통지 시점에 반대채권은 있지만 상계적상에는 이르지 못한 경우 상계로 대항할 수 있는지 문제되고, 적어도 반대채권의 변제기는 도래하였어야 하는지(완화된 상계적상), 또는 그렇지 않더라도 장차 자동채권의 변제기가 수동채권의 변제기와 동시에 또는 그 이전에 도래하여야 하는지(변제기 기준설) 문제될 수 있을 것이다(권영준, 앞의 글(주 28), 55면).

채권양도가 해제된 경우 채무자가 반대채권을 취득하고 상계적상에 있었을 때에는 후에 다른 사정이 생겼더라도 상계를 허용하여 결제를 인정하는 것이 바람직하므로, 채권양도의 해제 후에도 채무자가 양수인에 대한 반대채권에 의한 상계로써 양도인에게 대항할 수 있다고 한 것은 타당하다. 다만 위 판결은 상계로 대항하기 위한 요건에 관하여 제452조를 유추적용하여, 대항요건이 갖추어질 때까지 즉 양도인이 양수인의 동의를 받거나 양수인이 채무자에게 해제사실을 통지할 때까지 채무자가 해제사실을 알지 못한 선의이어야 한다고 한다. 그런데 채권양도가 해제된 경우 채무자가 상계로 양도인에게 대항할 수 있게 하는 것은, 해제 당시 채무자가 반대채권을 가지고 있거나 상계요건이 구비되어 있었던 때에는 상계의 특수성을 고려하여 상계를 하지 않았지만 마치 상계를 하였던 것처럼 다루어 채무자를 보호하는 방법이다. 따라서 그것은 제452조와는 무관하며, 채무자가 선의인지는 불문하여야 한다. 제452조를 유추적용하여 선의의 채무자만을 보호하여야 하는 경우는 가령 해제 사실을 모르고 변제한 경우와 같이 -상계처럼- 특별한 고려가 필요하지 않은 경우이다. 따라서 채무자가 선의인 경우에만 대항할 수 있다고 한 위 판결의 해당 부분은 적절하지 않다.

요컨대 상계에 대하여는 제452조의 유추적용을 하지 않고, 그리하여 채무자가 선의인지 묻지 않고 효과가 인정되어야 한다. 구체적으로는, 해제 당시 채무자가 반대채권을 취득하고 있었으면 채무자는 해제 후에도 양수인에 대한 반대채권에 의한 상계로써 양도인에게 대항할 수 있다고 하여야 한다.[43)]

Ⅲ. 채권양도의 해지의 경우

1. 채권양도의 해지에 관한 판례

대법원 2011. 3. 24. 선고 2010다100711 판결은, 「종전의 채권자가 채권의 추심 기타 행사를 위임하여 채권을 양도하였으나 양도의 '원인'이 되는 그 위임이 해지 등으로 효력이 소멸한 경우에 이로써 채권은 양도인에게 복귀하게 되고, 나아가 양수인은 그 양도의무계약의 해지로 인하여 양도인에 대하여 부담하는 원상회복의무(이는 계약의 효력불발생에서의 원상회복의무 일반과 마찬가지로 부당이득반환의무의 성질을 가진다)의 한 내용으로 채무자에게 이를 통지할 의무를 부담한다(대법원 1993. 8. 27. 선고 93다17379 판결 등 참조)」고 하였다.

이 판결은 채권양도가 해지된 경우에 관하여 판단한 유일한 것이다. 이에 의하면 판례는 채권양도가 해제된 경우와 마찬가지로 해지된 경우에도 양도인이 채무자에게 대항하려면 양수인이 채무자에게 해지사실을 통지해야 한다는 입장에서, 해지의 경우 양수인이 통지의무를 부담한다

43) 제2논문, 442-445면.

고 한다.

2. 채권양도의 해지의 효력

채권양도(정확하게는 그 원인행위)가 해지된 경우 양수인이 채무자에게 해지사실을 통지하여야 한다는 위 판결의 법리는 해지로 인하여 채권이 양도인에게 복귀하는 때에만 문제된다. 채권양도가 해지되더라도 채권양도의 효력 자체는 그대로 유지되는 때(가령 물권행위의 무인성을 인정하는 견해)에는 채권의 귀속에 변함이 없기 때문에 채무자 보호는 문제되지 않는다. 그런데 판례는 종래 물권행위의 무인성을 부정하는 유인론을 취해왔고,[44] 또 위 판결이 준물권계약인 채권양도에 관하여도 유인론의 견지에 있기 때문에 판례의 입장에서는 채권양도가 해지된 경우에도 채무자 보호가 필요하게 된다.

해지는 계속적 계약의 효력을 장래에 향하여 소멸하게 하는 단독행위이다. 그런데 채권양도계약의 원인행위는 대체로 매매·증여와 같은 일시적 계약일 것이어서 원인행위가 '해지'되는 경우는 드물 것이다. 그런데 2010다100711 판결 사안에서처럼 예외적으로 채권양도계약의 원인행위 –위임–가 '해지'되는 경우도 있을 수 있다. 그러한 경우에는 원인행위가 '해제'된 경우와 달리 채권양도 자체의 효력은 그대로 유지된다. 해지의 경우에는 원인행위가 장래를 향해서만 무효로 되기 때문에 이미 행하여진 채권양도(준물권행위)에는 영향을 미치지 않기 때문이다. 따라서 원인행위가 해제된 경우에서와 달리 원래의 채무자의 보호가 필요하지 않게 된다.[45]

한편 해지의 효력에 관해서는 일찍이 해지는 소급효 없는 해제에 지나지 않는다고 하여 해지시점부터 물권은 당연히 양도인에게 복귀한다는 견해도 있었다.[46] 판례는 부동산명의신탁의 경우 명의신탁약정이 해지되더라도 대외적으로는 수탁자 명의의 소유권이전등기가 말소되지 않는 한 수탁자가 여전히 소유자라고 보고 있다.[47] 그런데 법률관계가 대외적인 것과 대내적인 것으로 분리되는 부동산 명의신탁의 특수성을 고려할 때 과연 이러한 판례의 입장을 물권변동에 관한 법리로 일반화할 수 있을지는 의문이다.

그에 비하여 위 판결은 종전의 채권자가 채권의 추심 기타 행사를 위임하여 채권을 양도하였으나 양도의 '원인'이 되는 그 위임이 해지 등으로 효력이 소멸한 경우에 이로써 채권은 양도인에게 복귀한다고 하여, 이 문제를 정면으로 다루고 있는 점에서 주목할 만하다.

한편 분석대상논문 이후에 발표된 견해로서 계약이 해지되면 그에 기초한 물권변동도 당연

44) 대법원 1977. 5. 24. 선고 75다1394 판결 등.
45) 제3논문, 320면. 따라서 2010다100711 판결이 채권양도의 원인행위인 위임이 해지된 경우 채권이 양도인에게 복귀한다고 한 것은 옳지 않다고 한다.
46) 곽윤직, "명의신탁 해지의 효과", 『민사판례연구』 제4권(1982), 13–15면.
47) 대법원 1982. 12. 29. 선고 82다카984 판결.

히 장래를 향하여 효력을 잃는다고 해석하는 견해도 있다. 이에 의하면 채권양도의 원인행위가 해지되면 그 시점부터 -채권재양도의 대항요건을 갖추지 않더라도- 양도인이 대내외적으로 채권자가 되고, 따라서 이 경우에도 해제시와 마찬가지로 제452조를 유추적용할 수 있다고 한다.[48)]

필자의 단견으로는 원인행위의 해제로 물권변동이 효력을 잃고 이전되었던 권리가 양도인에게 당연히 복귀한다는 것은, 해제의 소급효가 인정되기 때문이다. 해제에 의하여 계약이 소급적으로 소멸하면 그에 기초한 물권변동도 없었던 것으로 되고, 따라서 정확하게는 권리가 '복귀'하는 것이 아니라 권리는 처음부터 '이전'되지 않은 것이다. 그런데 해지의 경우에는 계약이 장래를 향하여 소멸하므로, 이미 발생한 물권변동에 자동적으로 영향을 미칠 수는 없다. 권리의 이전이 있었더라도 그 상태에서 권리이전의 법률상 원인이 소멸한 것이어서 권리이전의 효력 자체에는 영향이 없으며, 다만 당사자들은 원상회복의무(부당이득반환의무)로서 이전되었던 권리를 반환할 의무를 부담할 뿐이다.

한편 위 판결이 채권양도의 원인행위의 해지로 인하여 채권이 양도인에게 복귀한다는 전제에서, 양수인은 원상회복의무로서 채무자에게 이를 통지할 의무를 부담한다고 한 것은 지극히 타당하다. 이 법리를 원인행위의 '해제'로 채권이 양도인에게 복귀한 경우에 그대로 적용할 수 있다면 매우 타당한 결론을 도출할 수 있다고 생각된다. 양수인은 원상회복의무로서 양도의 '외관'이라고 할 수 있는 '통지'를 제거할 의무 즉 다시 채무자에게 해제사실을 통지할 의무를 부담하게 된다. 이러한 원상회복의무를 이행하지 않는 경우 양도인은 그 이행을 청구할 수 있고 소구할 수도 있으며, 그 이행(통지)여부와 무관하게 양도인은 해제사실을 증명하여 채무자에 대하여 권리를 행사할 수 있다고 할 것이다.

그런데 위 판결은 위와 같이 설시한 후 대법원 1993. 8. 27. 선고 93다17379 판결을 인용하고 있어 그 취지가 명확하지 않게 되었는데, 만일 양수인이 원상회복의무로서 통지의무를 부담하고, 그 통지가 없으면 양도인은 채무자에 대하여 해제로써 대항할 수 없다는 의미라면 그러한 결론에는 찬성하기 어렵다.

48) 최준규, 앞의 글(주 13), 107-108면. 해제의 효력에 관하여 물권적·직접적 효과설을 취하면서 해지의 경우 채권적 효과설을 취할 합리적 이유가 없다고 하는데, 채권적 효과설과 물권적 효과설은 해제에 의하여 계약이 소급적으로 소멸한 경우 이전되었던 물권 등이 당연 복귀하는가에 관한 논의이므로 해지의 효력과는 거리가 있다.

Ⅳ. 채권양도의 합의해제·합의해지의 경우[49]

1. 채권양도의 합의해제의 경우

민법은 합의해제에 대하여는 아무런 규정도 두고 있지 않은데, 판례는 부동산물권변동과 관련하여 해제와 합의해제 사이에 별다른 차이를 두지 않고 있다. 즉, 매매계약이 합의해제된 경우 매수인에게 이전되었던 소유권은 당연히 매도인에게 복귀하므로 합의해제에 따른 매도인의 원상회복청구권은 소유권에 기한 물권적 청구권이라고 하고,[50] 계약의 합의해제에서도 계약해제의 경우와 같이 이로써 제3자의 권리를 해할 수 없으며, 계약은 소급하여 소멸하게 되어 해약당사자는 원상회복의무를 부담하게 되나 이 경우 계약해제로 인한 원상회복등기 등이 이루어지기 이전에 해약당사자와 양립되지 아니하는 법률관계를 가지게 되었고 계약해제 사실을 몰랐던 제3자에 대하여는 계약해제를 주장할 수 없다고 한다.[51] 그렇다면 채권양도계약이 합의해제된 경우에도 해제의 경우와 마찬가지로 채권이 소급적으로 양도인에게 복귀한다고 하게 될 것이다.

종래 판례는 지명채권 양도계약이 합의해제된 경우에도 양수인의 통지가 있어야 채무자에게 대항할 수 있다고 하였고,[52] 이는 일방적 해제에 있어서의 대법원의 태도와 같다. 학설도 채권양도계약이 합의해제된 경우에 관하여 분석대상논문을 제외하고는 양수인이 채무자에게 통지하여야 한다는 데에 견해가 일치하고 있었다.[53]

분석대상논문의 저자도 계약의 합의해제가 있으면 해제의 경우와 같이 계약은 소급해서 효력을 잃는다는 입장이다.[54] 즉 채권양도의 합의해제에 관하여, 양수인이 해제계약에 참여한다는 점에서 양도인이 일방적으로 행하는 해제와 다르므로 해제와 합의해제의 법률효과를 다르게 정하는 것을 생각해 볼 수 있으나, 채권양도의 합의해제의 경우도 합의해제의 효과 문제로 다루어야 하고, 합의해제도 해제된 계약(여기서는 채권양도의 원인행위)이 소급해서 무효로 되는 점에서

---

49) 분석대상논문들에 의하면 채권양도의 해제·합의해제의 경우 452조 1항의 유추적용에 의하여 채무자를 보호한다는 동일한 결론에 이르고, 채권양도의 해지·합의해지의 경우에는 채권이 양도인에게 복귀하지 않기 때문에 채무자 보호 문제는 생기지 않는다는 동일한 결론에 이르게 된다. 따라서 본 논문의 목차도 채권양도의 해제·합의해제, 채권양도의 해지·합의해지의 순서로 서술하는 것이 바람직할 것이다. 다만 최근 합의해제·합의해지의 효과에 관하여 종래 판례와 다른 전제에서 유력한 견해들이 주장되고 있어, 이에 관하여 별도로 논의하고자 목차를 이같이 구성하였다.

50) 대법원 1982. 7. 27. 선고 80다2968 판결.

51) 대법원 2005. 6. 9. 선고 2005다6341 판결.

52) 대법원 1961. 10. 26. 선고 60다125 판결; 대법원 1962. 9. 27. 선고 62다379 판결.

53) 김주수, 『채권총론』(주 14), 382면; 김증한 저·김학동 증보, 『채권총론』(박영사, 1998), 302면; 김형배, 『채권총론』(박영사, 1998), 586면; 장경학, 『채권총론』(교육과학사, 1992), 438면 등.

54) 송덕수, 『채권법각론』(주 24), [54].

해제와 같으므로, 채권양도가 해제된 경우와 합의해제된 경우는 동일하게 다루는 것이 타당하다고 한다. 그리하여 채권양도가 합의해제된 경우 해제된 원인행위가 당연히 무효로 되고, 그 결과 양수인으로부터 양도인에게 채권을 다시 이전하는 행위를 할 필요 없이 채권은 양도인에게 당연 복귀하게 된다. 다만 합의해제의 경우도 결코 양도된 채권의 새로운 양도가 아니고 따라서 그 경우에도 제450조가 적용될 수는 없으므로, 합의해제에 관한 판례·학설은 타당하지 않으며, 채권양도가 해제된 경우와 마찬가지로 제452조 제1항을 유추적용하는 것이 타당하다고 한다.[55)]

일찍이 원인행위인 채권계약의 합의해제에 의하여 변동되었던 물권이 소급적으로 복귀한다는 판례에 의문을 제기하는 견해가 주장되었다. 이 견해는 합의해제에 의하여 계약의 효력은 소멸하고, 다만 그 소급효 유무는 계약의 해석에 달려있다고 한다.[56)]

생각건대 합의해제에 의한 계약의 소멸에 소급효가 인정되는가는 당사자들의 합의의 내용에 의하여 결정된다고 하는 것이 타당하다. 종래 합의'해제'라는 용어 때문에 당연히 계약의 소급적 소멸을 전제하였던 것으로 생각되는데, 그 용어의 적절성은 별론으로 하더라도, 소급효 여부가 합의의 내용에 의하여 결정된다는 것은 매우 적확한 지적이라고 생각된다.

다만 여기서 한 가지 의문이 드는 것은, 위 문헌에서 이어서 인용하고 있는 대법원 1996. 7. 30. 선고 95다16011 판결은, 「합의해제 또는 해제계약이라 함은 해제권의 유무에 불구하고 계약 당사자 쌍방이 합의에 의하여 기존의 계약의 효력을 소멸시켜 당초부터 계약이 체결되지 않았던 것과 같은 상태로 복귀시킬 것을 내용으로 하는 새로운 계약으로서, 그 효력은 그 합의의 내용에 의하여 결정되고 여기에는 해제에 관한 민법 제548조 제2항의 규정은 적용되지 아니」한다고 하였는데, '당초부터 계약이 체결되지 않았던 것과 같은 상태로 복귀시킬 것'이라는 서술은 소급효를 전제로 하는 것이므로, 위 판결에서 '합의의 내용에 의하여 결정'된다고 한 '효력'에 소급효 여부는 포함되지 않는 것은 아닌가 하는 점이다. 즉 판례는 합의해제에 의하여 계약은 소급적으로 소멸하는 것을 전제로, 해제의 효과로서 원상회복의 법률관계는 당사자의 합의 내용에 따라 규율되는 것으로 보고 있는 것은 아닌가 생각된다.

한편 합의해제 자체가 새로운 계약이므로 합의해제에 의한 물권변동을 계약에 의한 물권변동과 달리 취급하는 것은 타당하지 않다는 유력한 반론이 제기되었다. 즉 합의해제로 인하여 물권이 자동적으로 소급 복귀하는 것이 아니라는 전제에서, 합의해제로 부동산이 매도인에게 복귀

55) 제1논문, 224면; 제2논문, 436-439면.

56) 양창수·김재형, 『계약법』(박영사, 2011), 535-536면. 일본에서도 직접효과설에 입각한 다수설은, 해제계약은 기존의 계약을 해소하여 계약이 없었던 것과 같은 상태를 만들려고 하는 계약이라고 이해하고 있지만, 계약자유의 원칙에 따라 그와 같은 내용으로 한정할 필요는 없다는 반대견해도 주장되고 있다. 이에 의하면 해제계약은 기존의 계약의 효력을 없애는 것을 목적으로 하는 계약이라고 한다. 따라서 해제계약에 의하여 계약의 효력이 소급적으로 소멸하는가 장래에 향하여 소멸하는가 등은 해제계약의 내용에 따라 결정된다(田山 輝明, 『契約法(民法要義5)』(成文堂, 2006), 121-122면.

하는 상황은 전형적으로 제186조의 '법률행위로 인한 물권의 득실변경'에 해당한다는 것이다. 이러한 입장에서는 채권양도계약이 –법정해제 사유가 없는 상황에서– 합의해제된 경우 채권이 양도인에게 대외적으로 복귀하려면 다시 대항요건을 갖추어야 하므로, 채권의 재양도와 달리 볼 이유가 없다고 한다. 구체적으로 채권양도의 해제의 경우에는 제452조의 유추적용에 찬성하지만, 합의해제의 경우에는 제452조를 유추할 수 없으며 채권 재양도의 대항요건이 갖추어지기 전까지 채권은 대외적으로 양수인에게 귀속한다. 따라서 채권양수인에 대한 채무자의 변제는 채무자가 합의해제 사실을 알았는지 여부와 무관하게 유효하다. 합의해제에 따른 원상회복의무로 채권양수인은 채무자에게 합의해제 사실을 통지할 의무를 채권양도인에 대하여 부담하므로, 양수인이 이를 임의이행하지 않을 경우 양도인은 의사의 진술을 명하는 판결을 받아 강제집행할 수 있다. 양도인이 권리를 행사하려면 양수인의 동의가 필요하다는 점에서는 제452조 제2항이 (유추)적용되는 경우와 큰 차이가 없다.[57]

채권양도계약이 합의에 의하여 해제 또는 해지된 경우에는 양도되었던 채권이 다시 양도인에게 양도된 것과 마찬가지이므로, 제450조에 의한 통지 또는 승낙이라는 대항요건을 갖추어야 한다는 견해[58]도 위 반대견해와 같은 입장인 것으로 보인다.

2. 채권양도의 합의해지의 경우

대법원이 채권양도가 합의해지된 경우에 관하여 판단한 적은 없다.

분석대상논문의 입장에서는, 채권양도의 원인행위가 합의해지된 경우 원인행위가 해지된 경우와 마찬가지로 채권은 양도인에게 복귀하지 않는다. 따라서 본래의 채무자 보호 문제는 생기지 않는다.[59]

한편 합의해제 자체를 새로운 계약이라고 보는 입장에서는 채권양도계약이 합의해지된 경우에 대해서도 합의해제의 경우와 마찬가지로 해석하고 있다. 즉 당사자 일방에 의한 해지사유가 존재하지 않는 상황에서 채권양도계약이 합의해지되었다면 채권은 그 즉시 장래를 향하여 채권양도인에게 복귀하는 것이 아니라, 채권 재양도의 대항요건을 갖추어야만 대외적으로 양도인에게 이전된다.[60]

이는 채권양도계약의 해제의 경우에는 채권이 소급적으로 양도인에게 복귀하지만, 합의해제는 새로운 계약이므로 법률행위에 의한 물권변동의 요건을 갖추지 않는 한 채권은 양도인에게

57) 최준규, 앞의 글(주 13), 110–112면. 앞에서 서술한 것처럼 이 견해는 채권양도해제의 경우 제452조 제2항도 유추적용되어야 한다는 입장이다.
58) 윤진수, 앞의 책(주 12), 387면.
59) 제3논문, 322면.
60) 최준규, 앞의 글(주 13), 112면.

이전되지 않는다는 전제에서, 채권양도계약의 해지의 경우 역시 법률행위에 의한 물권변동의 법리에 따라 규율하여야 한다는 입장이다. 합의해제·합의해지의 효과에 관한 종래 판례·통설과 다른 입장이고, 분석대상논문과는 그 결론은 동일하지만 근거는 전혀 다르다.

V. 질권설정계약의 해지·합의해지의 경우

1. 이른바 '질권설정계약이 해지'된 경우에 관한 판례

판례는 지명채권양도가 해제·합의해제된 경우의 법리를 질권설정계약이 해제·합의해제 또는 합의해지된 경우에도 마찬가지로 인정하고 있다.

제3논문의 연구대상판결인 대법원 2014. 4. 10. 선고 2013다76192 판결은 「제3채무자가 질권설정 사실을 승낙한 후 질권설정계약이 합의해지된 경우 질권설정자가 해지를 이유로 제3채무자에게 원래의 채권으로 대항하려면 질권자가 제3채무자에게 해지 사실을 통지하여야 하고, 만일 질권자가 제3채무자에게 질권설정계약의 해지 사실을 통지하였다면, 설사 아직 해지가 되지 아니하였다고 하더라도 선의인 제3채무자는 질권설정자에게 대항할 수 있는 사유로 질권자에게 대항할 수 있다.」고 하였다.

위 판결에서의 쟁점은, 지명채권질권의 요건을 갖추어 질권이 설정된 후 질권설정계약이 합의해지된 경우 질권설정자가 체3채무자에게 대항하려면 어떤 요건이 필요한지 그리고 합의해지되지 않았지만 질권자가 제3채무자에게 해지사실을 통지한 경우 제3채무자가 질권설정자에게 대항할 수 있는 사유로 질권자에게 대항할 수 있는지이다. 위 판결은 앞의 문제에 대하여 질권자가 제3채무자에게 해지사실을 통지해야 한다고 하고, 뒤의 문제에 대하여 선의의 제3채무자는 질권설정자에게 대항할 수 있는 사유로 질권자에게 대항할 수 있다고 하였다.

위 판결은 질권설정계약이 합의해지된 경우와 합의해지되지 않았지만 질권자가 해지통지를 한 경우에 관한 최초이자 -현재까지는- 유일한 것이다. 그리고 제3논문은 위 판결의 쟁점에 관하여 논의한 최초의 문헌이다.

2. '질권설정계약의 해지·합의해지'의 의미

해지나 합의해지는 계속적 계약의 효력을 장래에 향하여 소멸시키는 행위인데, 질권설정계약은 계속적 계약이 아니므로, '질권설정계약의 해지·합의해지'는 올바르지 못한 표현이다. 한편 해제는 유효하게 성립한 계약을 소급해서 무효로 만드는 것인데, 위 판결의 사안에서 질권의 당사자들은 질권설정계약을 소급해서 무효로 만들려고 했던 것이 아니므로 이는 질권설정계약의

'해제'에 해당하는 것도 아니다. 위 판결에서 '질권설정계약의 합의해지'는 '이미 성립해 있는 질권을 장래에 향하여 소멸시키려는 질권설정자와 질권자 사이의 물권적 합의'이고, '질권설정계약의 해지'는 -해지권이 인정된다는 전제에서- '질권을 해지권자의 일방적 의사표시에 의하여 장래에 향하여 소멸시키는 물권적 단독행위'이다. 따라서 위 판결이 '질권설정계약의 합의해지' 또는 '질권설정계약의 해지'라고 표현한 것은 전문용어를 실질과 다르게 사용한 것으로 적절하지 못하다. 제3논문은 이 점을 지적하고 있다.[61]

3. '질권설정계약의 해지'의 경우 제3채무자의 보호 문제

'질권설정계약의 해지'(질권을 장래에 향하여 소멸시키는 단독행위)는 질권설정계약을 소급해서 무효로 만들지 않는다. 그런데 '질권설정계약의 해지'에 의하여 질권이 소멸하지 않는다면 제3채무자 보호문제는 생기지 않으나, 질권이 소멸한다면 제3채무자를 보호하여야 할 것이다.

동산질권의 경우에는 질권설정계약의 해지(일방적 행위에 의하여 질권을 소멸시키는 물권행위) 외에 질물인 동산을 반환하여야 질권이 소멸한다고 할 것이다. 그에 비하여 지명채권질권의 경우(채권증서가 없는 때)에는 질권소멸행위라는 물권행위만 있으면 질권이 소멸하며, 그 소멸을 위해 별도의 대항요건 등은 필요하지 않다. 이 경우 제3채무자는 질권소멸사실을 알기 어렵고 만일 그가 질권자에게 변제할 경우 예측하지 못한 손해를 입을 수 있다. 따라서 제3채무자 보호가 필요하게 되는데, 그 보호법리는 질권설정계약이 해제된 경우의 것, 나아가 채권양도계약이 해제된 경우의 것과 같아도 무방하다. 한편 질권설정계약이 합의해지(질권소멸의 합의)된 경우 질권설정계약의 해지의 경우와 마찬가지로 그 행위만으로 질권이 소멸하고 그 결과 제3채무자의 보호가 필요하게 되며, 그때에는 채권양도나 질권설정계약이 해제·합의해제된 경우의 법리가 적용되어도 무방하다.[62]

위 판결에서 제3채무자가 질권설정을 승낙한 후 질권설정계약이 합의해지된 경우 질권설정자가 해지를 이유로 제3채무자에게 대항하려면 질권자가 제3채무자에게 해지사실을 통지해야 한다고 하였는데, 이는 채권양도가 해제된 경우에 관한 법리를 질권설정계약이 합의해지된 경우에 적용한 것이다. 즉 지명채권에 관한 질권 성립 후 질권이 장래에 향하여 소멸한 경우 제3채무자 보호방안으로서 제349조 제1항을 유추적용한 것이다.[63]

그런데 제349조 제1항은 질권설정이 유효한 경우 제3채무자에게 대항하기 위한 요건을 규정한 것으로 이미 성립한 질권이 소멸하는 경우에는 적합하지 않다. 질권설정계약의 합의해지의

61) 제3논문, 318-319면.
62) 제3논문, 321-322면.
63) 제3논문, 323-324면.

경우는 질권이 소멸하는 경우이므로 질권이 설정되는 경우보다는 질권설정계약이 성립하지 않았거나 무효인 경우와 유사하다. 따라서 제452조 제1항을 유추적용하는 것이 타당하다. 제452조 제1항을 유추적용하게 되면 합의해지가 있으면 특별한 요건을 갖추지 않아도 질권설정자는 제3채무자에게 채권을 행사할 수 있고 제3채무자로서는 그가 선의이면 질권자에게 대항할 수 있는 사유로 질권설정자에게 대항할 수 있게 된다. 이 경우 문제 상황이 제452조 제1항 전단과 거의 비례하는 정도로 동일한 것이 아니고 전체적으로 유사하여 법률효과를 정한 후단만이 필요하므로, 제452조 제1항 전체를 유추적용하지 않고 후단("…선의인 채무자는 양수인에게 대항할 수 있는 사유로 양도인에게 대항할 수 있다")만을 유추적용하여야 한다.[64]

채권양도계약의 합의해제·합의해지 자체가 새로운 계약이라는 전제에서, 채권양도의 합의해제·합의해지를 채권의 재양도로 보는 입장에서도, 제3논문의 견해에 따라, '질권설정계약의 합의해지'는 질권이 설정된 채권을 질권설정자에게 재양도하는 것이 아니므로, 질권설정계약의 합의해지는 채권양도계약의 합의해지와 동일한 평면에서 이해할 수 없으며, 오히려 채권양도계약의 해제 또는 해지와 동일한 평면에서 이해하여야 한다고 한다.[65]

4. 질권자가 질권설정계약의 해지 사실을 통지한 경우의 효과 문제

위 판결은 질권자가 질권설정계약의 해지사실을 통지한 경우 아직 해지되지 않았더라도 선의인 제3채무자는 질권설정자에게 대항할 수 있는 사유로 질권자에게 대항할 수 있다고 한다. 이는 제452조 제1항 전체를 '질권설정계약이 해지된 경우'에 그대로 유추적용한 것이다. 이 경우 해지가 없었지만 제3채무자는 해지가 있다고 믿고 질권설정자에게 변제할 가능성이 있기 때문에 제3채무자를 보호할 필요가 있고, 그 문제 상황은 제452조 제1항이 적용되는 경우와 비슷하므로 제452조 제1항을 유추적용하는 것이 바람직하다. 다만 제452조 제1항이 그대로 유추적용되는 경우인 만큼 해지사실의 통지는 반드시 질권자가 하여야 하고 질권설정자가 하는 것으로는 부족하다.[66]

한편 위 판결의 취지에 찬성하여, 채권양도의 해제 등과 마찬가지로 채권질권설정계약의 해제 또는 합의해제, 합의해지의 경우에도 질권자가 제3채무자에게 그 해지 사실을 통지한 경우에는 아직 해지되지 아니하였다고 하더라도 선의인 제3채무자는 질권설정자에게 대항할 수 있는 사유로 질권자에게 대항할 수 있으며, '대항할 수 있다'는 것은 선의인 채무자가 양도인에 대하여 그가 표현양수인에게 한 변제 기타 면책행위를 유효한 것으로 주장할 수 있다는 의미라는 견

64) 제3논문, 324-325면.
65) 최준규, 앞의 글(주 13), 112면 각주 73).
66) 제3논문, 326-327면.

해가 주장되었다.[67)]

Ⅵ. 분석대상논문들의 의미와 전망

분석대상논문들은 채권양도가 해제된 경우의 법률관계에 관하여 오랜 기간에 걸쳐 매우 정교하고 치밀하게 논증하였다. 위 논문들을 탐구하는 과정을 거쳐 채권양도가 해제된 경우의 법률관계에 관하여 필자가 내린 나름의 결론을 정리하면 다음과 같다.

채권양도의 원인행위가 해제된 경우 채권양도는 소급적으로 효력을 잃게 되고, 양수인에게 이전하였던 채권은 양도인에게 복귀하게 된다. 여기에 대항요건(양수인의 통지, 동의 등)은 필요하지 않다. 다만 해제의 효과로서 각 당사자는 원상회복의무를 부담하므로 양수인은 채권양도의 외관을 제거할 의무 즉 채무자에게 채권양도가 해제되었다는 취지를 통지할 의무를 부담한다. 양수인이 이러한 원상회복의무를 이행하지 않을 경우 양도인은 그 이행을 소구할 수 있다. 채권양도의 해제에 관하여 선의인 채무자를 보호하기 위하여 제452조 제1항을 유추적용할 수 있고 이에 따라 선의의 채무자는 양수인에게 대항할 수 있는 사유로 양도인에게 대항할 수 있다. 한편 해제에 의하여 양도인은 다시 채권을 가지게 되므로, 양수인이 원상회복의무를 이행하지 않더라도 양도인은 해제사실을 증명하여 채무자에 대하여 이행을 청구할 수 있다.

입법론의 관점에서 제452조 제1항은 선의의 채무자를 보호하기 위한 규정으로서 독자적 존재의의가 있지만, 제452조 제2항에 의하여 진정한 권리자인 채권양도인은 양수인의 동의가 없는 한 채무자에 대하여 권리를 행사할 수 없고, 악의의 채무자가 양수인의 동의가 없다는 이유로 진정한 권리자인 양도인의 이행청구를 거절할 수 있게 되는데 이는 타당하지 않으므로, 제452조 제2항은 삭제하여야 한다는 견해가 있다. 제452조 제2항을 삭제하면, 채권양도의 부존재·무효·취소·해제 등의 경우 채권양도인은 권리자로서 권리행사에 장애가 없게 되고, 선의의 채무자는 보호될 수 있다. 이는 결국 채권양도가 해제된 경우 제452조 제1항만 유추적용하려는 분석대상논문들의 결론을 채권양도의 부존재·무효 등의 경우에 확장한 것으로, 입법론으로는 분석대상

67) 이상오, “채권질권설정계약 해지통지와 관련하여 민법 제452조 ‘채권양도통지와 금반언’ 규정을 유추 적용할 수 있는지 여부(2014. 4. 10. 선고 2013다76192 판결: 공2014상, 1037)”, 『대법원판례해설』(법원도서관, 2014), 제99호, 111-114면. 그런데 이 문헌에서는, 학설의 입장을 지명채권양도계약이 해제된 경우(다수설) 또는 합의해제된 경우(일치) 양수인이 채무자에게 통지하여야 하는 것으로 보고 있다고 소개하면서 제2논문, 433면을 인용하고(위의 글, 112면, 각주 3), 다수설이 ‘일방적 해제의 경우를 채권이 다시 양도되는 것으로 보고, 이제 새로이 양도인의 입장에 있는 처음의 양수인이 해제 사실을 채무자에게 통지하여야 한다’고 하면서 제1논문, 223면을 인용하였다(위의 글, 113면, 각주 4). 이는 제1논문과 제2논문의 취지와는 전혀 다른 것인데, 다만 학설의 입장을 정리한 내용을 인용한 것으로 선해하고자 한다.

논문들의 결론이 제시하는 방향이 궁극적으로 타당하다고 한다.[68)]

분석대상논문들의 특별한 의미와 내용에 관해서는 앞에서 자세히 살펴보았으므로 여기서는 위 논문들의 가장 중요한 의미를 언급하는 것으로 결론에 갈음하고자 한다.

필자의 소견으로는 위 논문들의 가장 중요하고 특별한 의의는 채권양도가 해제된 경우에 있어서 제452조 제1항만의 유추적용을 주장한 점이다. 채권양도해제의 경우 제452조의 유추적용을 주장한 견해들은 이전부터 존재하였지만, 분석대상논문들(특히 제1논문)은 정면으로 제2항을 배제하고 제1항만의 유추적용을 주장한 최초이자 현재까지 유일한 문헌이다.

분석대상논문들의 저자는 법률문제를 해결하는 데에 있어서 언제나 민법의 기본적인 원칙에 충실한 연구 태도를 견지해왔다. 가장 단순하고 기초적인 개념에서 출발하여 관련 민법 규정의 입법취지를 망각하지 않으려고 하였으며, 민법의 근본입장에서 문제의 해결방법을 찾으려고 하였고, 구체적 타당성이나 현실적 필요성을 이유로 해석론의 한계를 넘어서는 것을 경계하였다. 그러한 예를 일일이 열거하는 것은 불가능에 가깝지만, 몇몇 예를 들면 명의신탁은 허위표시로서 무효라는 이론,[69)] 제746조의 불법원인급여에서 '불법'의 의미를 '선량한 풍속' 위반만으로 제한하는 해석,[70)] 종류채권의 특정에서 '채무자가 이행에 필요한 행위를 완료하는 경우'(제375조)에 관한 이론,[71)] 악의의 무단점유와 취득시효에 관한 이론,[72)] 수탁보증인이 사전통지 없이 이중의 면책행위를 한 경우의 구상관계에 관한 이론,[73)] 그리고 친족법상의 계약(혼인, 협의이혼, 입양, 협의파양 등)의 성립과 효력(무효·취소)의 문제를 법률행위의 성립과 효력에 관한 이론에 입각하여 논의한 점[74)] 등을 들 수 있을 것이다.

---

68) 최준규, 앞의 글(주 13), 112-114면.

69) 편집대표 곽윤직, 『민법주해(Ⅱ)』(박영사, 1992), 358-360면(송덕수 집필부분). 「부동산실권리자 명의 등기에 관한 법률」이 제정되기 전의 명의신탁의 유효성에 관한 논의이다. 부동산명의신탁의 경우에는 가장된 행위의 법률효과의 발생이 의욕되지 않기 때문에, 즉 당사자 사이에 외관과 달리 권리를 이전시키지 않는다는 합의가 존재하기 때문에 이는 신탁행위가 아니라 가장행위로서 무효이며, 따라서 명의신탁된 재산의 취득자는 그가 선의인 경우에만 제108조 제2항에 의하여 보호될 수 있다고 하였다. 송덕수, 『물권법』(박영사, 2021), [61]도 참조.

70) 송덕수, "불법원인급여", 『민법학논총(후암곽윤직선생고회기념)』 제2권(박영사, 1995), 432면 이하.

71) 송덕수, "종류채권(상)", 『고시연구』(고시연구사, 1989. 6) 제16권 7호(184호); 송덕수, "종류채권(하)", 『고시연구』(고시연구사, 1989. 7) 제16권 8호(185호).

72) 송덕수, "악의의 무단점유와 취득시효", 『인권과 정의』(대한변호사협회, 1996), 243호. 자주점유 여부를 권원에 의하여 객관적으로 결정하여야 한다는 판례의 입장과 악의점유를 타주점유로 파악하는 판례의 입장을 비판하고, 민법의 근본입장에 입각하여 권원이 없는 악의 점유자의 시효취득을 배제하는 방안을 제시하였다. 송덕수, "악의의 무단점유와 취득시효", 『판례실무연구』 제1권(비교법실무연구회, 1997)도 참조.

73) 송덕수, "수탁보증인이 사전통지 없이 이중의 면책행위를 한 경우의 구상관계", 『민사판례연구』(2002), 제24권. 제426조에 관한 통설의 견해를 따른 판례의 태도를 비판하면서, 면책행위를 한 주채무자의 사후통지가 없는 상태에서 보증인이 이를 모르고 사전통지 없이 2중의 면책행위를 한 경우 민법에 규정이 없다고 할 것이 아니라 제446조가 적용된다고 하였다.

74) 송덕수, 『친족상속법』(박영사, 2020), [24]·[60] 이하·[125] 이하·[138] 이하 등.

분석대상논문들에서도 채권양도가 해제된 경우를 해제의 효과의 문제로서 다루어야 한다는 전제에서 출발하였고 끝까지 그 원칙에 일관하여 여러 다양한 쟁점들에 대한 해법을 제시하고 있다. 즉 채권양도의 원인행위의 해제에 의하여 채권양도가 소급적으로 효력을 잃고 양수인에게 이전되었던 채권은 양도인에게 복귀한다. 여기에 양수인의 통지나 동의 등 다른 요건은 필요하지 않다. 이 경우 해제에 대하여 선의인 채무자 보호가 문제되는데 이는 제452조 제1항을 유추적용하는 것에 의하여 해결할 수 있다. 양수인의 통지 등을 요구하는 것은 진정한 권리자인 양도인의 권리행사를 제한하는 것으로 그러한 제한을 정당화할 수 있는 근거는 어디에도 없다. 양수인의 통지를 요구하는 것이 선의의 채무자 보호에 크게 기여하는 것도 아니며 오히려 무권리자인 양수인에게 권리를 창설해주는 부당한 결과로 된다.

채권양도의 해제에 양수인의 통지를 대항요건으로 요구하는 판례에 반대하여 제452조의 유추적용에 찬성하는 많은 견해들이 주장되었지만, 그 견해들은 모두 제452조 제2항의 유추적용을 포기하지 못하였다. 그 결과 판례의 입장에 반대하면서도 결국은 판례의 결론으로부터 철저하게 절연하지 못하였고, 채권양도의 해제의 효력에 관한 법리와 부합하지 않고 채무자보호에도 별로 효과적이지 않은, 법리적 근거도 약하고 실익도 없는 입장으로 귀결하게 된 것이 아닌가 하는 아쉬움이 남는다.

채권양도의 해제·해지·합의해제, 나아가 그리고 관련하여 질권설정계약의 해지의 효력에 관하여는 여전히 해결되지 않은 많은 문제들이 남아있다. 판례의 입장도 명확하게 정리된 것은 아니고, 채권양도의 해지의 효력이나 합의해제·합의해지의 법률관계에 관해서도 규명되어야 할 여러 가지 의문들이 있다. 이러한 문제들은 -민법의 다른 많은 미해결의 문제들과 마찬가지로- 일생 동안 혼신의 힘을 다해 민법 연구에 정진해온 저자가 후학들에게 던지는 물음이고 도전이라고 할 것이다. 어떤 태도로 민법을 대하고 공부할 것인가 새삼 마음이 숙연해진다. 필자의 은사이신 저자의 정년을 축하드리며 존경과 감사의 마음을 담아 이 논문을 헌정하고자 한다.

송덕수 교수의 “명의신탁된 부동산을 명의수탁자가 처분한 경우의 법률관계: 명의신탁 유형에 관한 논의를 포함하여”에 관한 평석*

제 철 웅**

Ⅰ. 서 론

1. 법학도 사회과학의 한 분과에 속하지만 다른 사회과학과 달리 사회현상에 질서를 부여하거나 사회질서에 관한 규범을 해석하는 것을 내용으로 한다. 그렇기 때문에 다른 사회과학보다 더 사회현상을 바라보는 법학자의 관점, 세계관의 차이가 그의 학문적 내용에 미치는 영향이 적지 않다. 이 평석에서 다룰 명의신탁과 관련된 대법원 2019. 6. 20. 선고 2013다218156 전원합의체 판결은 이런 면모를 여실히 보여주는 사례이다. 13명의 대법관 중 4명이나, 특히 주심 대법관인 조희대 대법관이 명의신탁된 부동산은 불법원인급여여서 신탁자가 이를 부당이득반환청구권 또는 물권적 청구권을 행사하여 이를 회복할 수 없다는 논리를 주장하였다. 부동산실권리자명의등기법률(이하 부동산실명법이라 한다)이 제정되기 이전 우리 사회에서는 부동산을 둘러싼 투기, 공적 정보를 활용한 공직자의 축재 등이 사회적 문제가 되었다. ‘명의신탁’이라는 법적 수단이 여기에 연루되었기 때문에 ‘명의신탁’이 비난의 대상이 되었다. 이를 배경으로 해서 부동산실명법이 제정되었다. 이 법률로 명의신탁계약은 무효가 되었고, 명의신탁계약에 연관되어 명의수탁자 명의로 마쳐진 부동산 물권변동도 그 효력이 없도록 하였다. 입법 당시 명의신탁계약에 기해 부동산 명의를 수탁자 앞으로 마친 경우 이를 불법원인급여로 취급하여 부당이득반환 또는 물권적 청구권을 행사할 수 없도록 해야 한다는 주장이 없지 않았으나, 이는 채택되지 않았다.[1]

---

* 이 글은 법학논집」 제25권 제4호(이화여자대학교 법학연구소, 2021)(송덕수 교수 정년기념 특집호)에 게재되었다.

** 한양대학교 법학전문대학원 교수.

1) 재정경제원, 『부동산실명법해설』(1995), 32면 이하 참조.

그럼에도 불구하고 위 전원합의체 판결의 소수의견은 "해석론"으로써 명의신탁자의 수탁자에 대한 부당이득반환청구 및 물권적 청구권을 차단하도록 해야 한다는 주장을 한 것이다.

2. 사회현상을 바라보는 학문적 시각은 그의 성장배경, 경험, 사회적 지위 등에 깊은 영향을 받기 마련이다. '명의신탁'에 대한 입장 역시 이와 밀접하게 연관되어 있기 마련이다. '부동산 명의신탁'을 죄악시하는 시각도 있겠지만 전혀 다른 시각도 있을 수 있다. 다음은 그런 시각의 한 예를 가정적으로 제시해 본 것이다. '자본의 통상 이익을 초과하는 수익을 얻을 수 있다는 것이 알려지면 거기에 더 많은 자본이 집중되기 마련이다. 특히 자원이 희소하다면 가격이 상승하는 것은 자연스러운 것이다. 부동산 가격의 상승 역시 그 자원의 희소성과 관련될 수 있다. 그런데 우리나라의 부동산 가격을 상승시키는 자원의 희소성과 관련해서는 다른 여러 요인이 있다. 첫째, 사람들이 선호하는 지역의 희소성(예컨대 서울 강남지역)이 있다. 이는 정부 정책 실패로 인해 인위적으로 만들어진 희소성인 경우도 적지 않다. 특히 대학에 대한 정부재정의 편향적 지원, 잘못된 대학정책,[2] 그 결과 파생된 대학의 인위적 서열화, 이것과 맞물린 서열화된 대학에 더 쉽게 들어갈 수 있는 가능성 있는 지역의 발생 등이 사람들이 선호하는 지역이 형성되는 주된 원인의 하나이다.[3] 둘째, 국토개발과 관련한 공적 정보의 사적 소유화와 그로 인해 지가상승을 노린 자본유입이 부동산가격을 상승시키는 요인일 수 있다. 부동산 가격의 상승은 앞서 든 사유 이외에 여러 복합적인 정부정책의 실패와 무관할 수 없는데, 마치 '명의신탁'이 원인인 것처럼 비난의 화살을 돌리는 것은 정부의 실패를 은폐하고 좌절한 대중의 분노를 돌릴 수 있는 다른 대상을 찾은 셈이다. '명의신탁'은 매우 유용한 법기술인 '신탁'이라는 기법을 그대로 활용한 가치중립적인 법적 수단이기 때문이다.[4] 근대자본주의 사회의 상품생산질서는 재화의 단순한, 배타

---

2) 사립대학제도를 두고 있는 나라 중 사립대학에 대한 등록금 등을 정부가 통제하면서, 정부의 재정지원은 국공립학교에만 집중하는 것은 OECD 국가에서 유례를 찾기 어렵다. 상세한 것은 제철웅, 사학의 자율성과 공공성의 조화를 위한 모색, 법과 사회 27호(2004), 445면 이하 참조.

3) 초중등교육에서 학부모의 학교선택권, 특히 정부 간섭으로부터 자율성을 가진 사립학교에 자녀를 보낼 수 있는 자유는 거의 대부분의 OECD 국가에서 인정하고 있다. 이에 대한 상세한 것은 Charles Glenn/Jan de Groof, Finding the Right Balance, Vol. 1, Lemma(2002)에서 호주, 오스트리아, 벨기에, 불가리아, 캐나다, 덴마크, 영국, 핀란드, 프랑스, 독일, 그리스, 아이스랜드, 이일랜드, 룩셈부르크, 네덜란드, 뉴질랜드, 노르웨이, 포르투칼, 남아프리카, 미국, 스웨덴 등등의 나라에서의 부모의 학교선택권과 사학의 자유에 관해 소개하고 있다. 우리나라처럼 학부모의 학교선택의 자유를 부정하는 나라는 유례를 찾기 어렵다. 선진국에서는 우리나라의 농촌지역 횡성에 위치한 민족사관고등학교처럼 한적한 시골에 위치한 기숙사립학교가 적지 않기 때문에, 부유층이 굳이 자녀교육을 위해 특정 지역에 거주할 이유가 없다.

4) 영국은 '신탁'이라는 법제도를 창안하고 발전시킨 것에 깊은 자부심을 가진 나라인데, 당연히 명의신탁(nominal trust 또는 bare trust라고 불린다)이 널리 활용된다. 주식회사의 주주 중 약 80% 정도는 명의신탁을 하고 있다고 추정된다고 하기도 한다. 명의신탁의 장점에 대해서는 Graham Moffat, Trusts Law, 5th di–tion, pp. 5 참조. 명의신탁이 악용될 수 있는 경우, 가령 예상치 않은 기업 경영권 확보에 이용될 수 있기 때문에 2006년 영국 회사법(the Companies Act 2006)에서는 제22부(part 22)에서 주주로 등록된 자에게 수

적 귀속을 가능하게 하는 물권법정주의에 기반하여 발전할 수 있었다.[5] 그러나 경직된 물권법정주의는 사람들의 다양한 생활상의 필요성을 충족시켜 주기에는 역부족이다. 가령 보유하고 있는 현금을 고유재산에서 분리해서 독자적 목적, 가령 무역거래를 위해 재원으로 활용할 필요가 있을 수 있다. 거래상대방이 그것을 신뢰하여 거래를 개설하거나 지속할 수 있는 경우가 있을 것이다. 그런데 어떤 개인이 보유하고 있는 재산을 특정 목적의 사업 용도로 분리하여 다른 사람의 공취로부터 벗어나게 하는 것은 근대의 물권법 질서에서는 가능하지 않다. 그러나 이것을 가능하게 해 주는 것이 신탁이다. 특정 사업을 위해 가령 3개의 주체가 막대한 자본을 투입하면서 사업 자체의 성공을 위해 그 자본을 참여 주체의 채권자의 공취로부터 벗어나게 할 필요가 있다면, 그 자본을 참여 주체 모두로부터 독립된 법인격에 귀속시키되 그 법인격은 권리보유의 명의만 가질 수 있으면 가장 효과적일 것이다. 그 법인격은 실제의 업무는 거의 수행하지 않아야만 3개 주체가 지출할 비용을 최소화할 수 있을 것이다. 종이회사인 특별목적회사(special purpose vehicle company)가 바로 이런 목적을 위해 활용될 수 있다.[6] 이런 특별목적은 장애인이나 고령자의 일상생활을 가능하게 할 재산의 보관을 위해서도 적절하게 활용될 수 있다.[7] 여기에 활용되는 법적 기술은 '명의신탁'이며 그 자체로는 가치중립적인 것이다. 그 자체로는 가치중립적인 이런 법적 기술은 이것을 이용하는 사람의 주관적 의도에 의해 사회적으로 유해한 목적을 위해 악용될 수 있다. 그런 이유 때문에 자금세탁방지법과 같이 자금의 흐름을 면밀히 모니터링할 수 있는 시스템, 공직자의 재산의 공개, 민감정보를 접근하는 공무원의 정보사유화를 방지하기 위한 엄밀한 감찰제도, 이해상충을 방지하기 위한 법적 안전장치 등이 필요한 것이다. 부동산 가치의 상승 역시 지역 균형개발, 정부재정지원의 측면에서 국공립대학과 사립대학 간의 차별금지, 학부모의 학교선택권의 보장 등 국민들의 욕구를 다양하게 충족시켜 줄 수 있는 제도가 보다 근본적인 해결방법이다. 이런 근본적인 해결방법은 국가를 더 투명하게 만들고, 더 민주적으로 만들게 될 것이다. 그 결과 공직자들은 그동안 누려왔던 특권이 더 축소되고, 국민 위에 군림하는 것이 아니라 국민에 봉사하는 역할로 자리매김될 수 있을 것이다. 이런 근본적인 해결책을 원치 않거나 그것이 그들의 경험의 범위 내에 없을 때 희생양을 찾게 되는 것이다. '부동산실명법'은 근시안적으로 국가정책을 입안하는 정책당국이 입법할 수 있고, 할만한 바로 그러한 법이라고 볼 수도 있을 것이다.'

익자에 관한 정보제공에 관하여 상세한 규정을 두고 있다. 명의신탁을 무효로 하지 않으면서 폐해를 줄일 수 있는 방법을 찾는 것이다.

5) 이에 대해서는 Honsell/Vogt/Geiser Hrsg., Basler Kommentar Zum schweizerischen Privatrecht: Zivilgesetzbuch Ⅱ 2. Aufl., Vor art. 641 ff. 61 ff. (Wiegand) 참조.

6) 특별목적회사의 담보적 기능에 대해서는 제철웅, 개정증보판 담보법, 율곡출판사, 16면 이하 참조.

7) 특별수요신탁(Special Needs Trust)에 관하여는 제철웅/김원태/김소희, 미국의 특별수요신탁에 관한 일고찰, 원광법학 제32권 제2호(2016. 6), 153면 이하 참조.

3. 사회현상을 바라보는 시각에 있어서 법학자들 역시 다양한 관점을 가질 수 있고, 그것은 지극히 자연스러운 것이다. 그러나 입법이 된 이후 해석법학의 과제는 그 법을 기존의 법체계 내에서 적절하게 조화될 수 있도록 해석하는 것이다. 물론 법해석학의 관점에서 어떤 법을 해석할 때에도 대체로 법학자들의 세계관, 경험, 가치관 등이 영향을 미치는 경우가 빈번하다. 그렇기 때문에 다수설과 소수설로 쉽게 분화될 수 있다. 그 점에서 보면 명의신탁만큼 많은 법학자들이 즐겨 다루어온 주제도 없을 것이고, 동시에 그만큼 학설도 다양하다. 이 글은 송덕수 교수의 "명의신탁된 부동산을 명의수탁자가 처분한 경우의 법률관계: 명의신탁 유형에 관한 논의를 포함하여"라는 논문에 대한 평석으로 정년을 맞이한 송덕수 교수님에게 헌정하기 위해 작성되었다. 이 글은 송덕수 교수님(이하 저자라 한다)의 이 논문을 통해 학문적 기여, 후학들에 주는 교훈, 후학들의 과제 등을 되새겨 보고자 한다. 사회과학자들이 작성한 글을 읽으면 그 글 속에 그들의 세계관, 가치관, 성품 등이 녹아들어 있다는 것을 느끼게 된다. 이 글 역시 저자의 꼼꼼하고 자상한 성품, 그리고 특히 교육자로서의 세심함이 잘 드러난다. 아래에서는 먼저 명의신탁에 관한 저자의 관점을 소개하고, 저자의 관점의 특성, 그리고 후학들에게 남겨진 과제로서 저자의 견해에 대한 몇가지 논의점을 언급하고자 한다.

Ⅱ. 명의신탁에 관한 저자의 관점

1. 명의신탁의 유형

(1) 부동산실명법 이전까지만 하더라도 민법학자들은 명의신탁을 통정허위표시로서 무효라고 보는 견해와 신탁행위와 유사한 것으로 유효하다는 견해가 대립하고 있었다.[8] 저자는 명의신탁을 허위표시로서 무효라고 보는 입장이었다. 부동산실명법이 제정되면서 부동산 명의신탁은 무효이지만, 양도담보하거나 가등기담보한 부동산, 상호명의신탁, 신탁법이나 자본시장과 금융투자업에 관한 법률에 따른 신탁재산임을 등기한 경우는 무효의 적용범위에서 제외되었다(동법 제2조 제1호 가, 나, 다목). 또한 종중명의로 보유한 부동산, 배우자 명의로 등기된 경우, 종교단체 명의로 그 산하 조직이 보유한 부동산에 관한 물권을 등기한 경우는 조세포탈, 강제집행의 면탈 또는 법령상 제한의 회피를 목적으로 하지 않은 한 무효가 되지 아니한다. 저자는 이런 입법의 배경에 대해 서술하면서, 명의신탁의 유형과 수탁자의 처분의 효과에 대해 초점을 맞추어 이 글을 작성한다.

8) 부동산실명법 이전의 명의신탁에 관한 학설의 개관은 곽윤직 대표편집, 민법주해 Ⅱ, 358면 이하(송덕수 집필부분) 참조.

(2) 저자는 명의신탁을 전형적 명의신탁, 중간생략 명의신탁, 계약명의신탁의 3유형으로 구분하여야 할 필요성에 대해 상세히 언급하고 있다.9) 저자는 가령 소유자가 명의신탁계약에 기해 명의수탁자 앞으로 소유권이전등기를 마침으로써 외형상 신탁자로부터 수탁자에게로 물권변동이 일어나는 것을 명의신탁의 전형적 모습이라고 파악한다. 그러나 매수인이 소유권을 취득한 적이 없이 매도인에게 부탁하여 자신과 명의신탁계약을 체결한 명의수탁자 앞으로 소유권이전등기를 하거나, 명의신탁자와의 명의신탁계약을 체결한 수탁자가 매수인으로 매도인과 계약을 체결하여 소유권이전등기를 경료받는 경우는 명의신탁자가 소유권을 취득한 적이 없기 때문에 전형적인 명의신탁과 구분된다고 본다.10) 전자의 경우 명의신탁계약의 당사자 사이에 부동산 소유권에 관하여 채권관계만이 있을 뿐이고, 후자의 경우 명의신탁계약의 당사자 사이에 소유권변동=물권변동이 있기 때문에 양자는 동일하게 취급할 수 없다는 것이다. 달리 말하면 전형적 명의신탁에 적용되는 법리를 중간생략 명의신탁이나 계약명의신탁에 선불리 확대적용되는 것을 삼가야 한다고 주장했다는 것이다. 그 연장선상에서 저자는 계약명의신탁을 명의신탁의 문제가 아닌, 계약당사자 확정의 문제로 접근해야 하고, 특히 명의수탁자가 직접 계약에 나설 경우 이는 허수아비행위이며 명의신탁과는 무관한 것이라고 주장하였다.11) 이런 주장들에서 우리는 문언과 형식에 충실한 저자의 진면목이 잘 드러나고 있음을 알 수 있다.

부동산실명법 이전에도 저자는 명의신탁에 대한 부정적 관점을 취해 왔기 때문에 부동산실명법에서 명의신탁계약을 무효로 삼은 것은 적절한 입법으로 평가할 부분이었을 것이다. 그러나 해석법학자로서 새롭게 입법된 부동산실명법의 내용을 충실하게 해석하고자 노력하고 있다. 먼저 전형적 명의신탁계약은 물권을 보유하면서 그 명의로 등기되어 있거나 그 명의로 등기되어 있지 않더라도 물권을 보유한 자가 수탁자에게 물권의 명의를 이전하는 경우에만 적용된다고 한다. 소유자 아닌 자가 자기 명의로 된 부동산 소유권등기를 수탁자에게 이전해 준 경우 그 등기 역시 무효이고, 수탁자가 제3자에게 처분한다 하더라도 제3자가 소유권을 취득할 수 없기 때문에 부동산실명법 제4조 제3항이 적용될 필요가 없고, 이런 행위를 한 자에게 부동산실명법 제12조, 제13조의 제재를 가할 필요도 없다고 한다.12) 이 주장 역시 법률 문언에 충실한 저자의 관점이 두드러지게 드러나는 부분이다. 부동산실명법의 적용범위를 문언에 충실하게 제한적으로 해

9) 송덕수, 명의신탁된 부동산을 명의수탁자가 처분한 경우의 법률관계: 명의신탁의 유형에 관한 논의를 포함하여, 이화여자대학교 법학논집 제19권 제1호(2014. 9), 5면 이하 참조.

10) 송덕수(위 주 8), 7면 참조.

11) 송덕수(위 주 8), 18면 이하 참조. 송덕수 교수는 곽윤직 대표편집, 민법주해 Ⅱ, 355면 이하에서 허수아비행위이론을 소개하고 있다. 이에 따르면 허수아비와 체결된 계약은 다른 특별한 사정이 없으면 그 허수아비에게 귀속되고, 이는 가장행위와 구분된다고 한다.

12) 송덕수(위 주 8), 17면 이하. 물론 이 경우 부동산실명법 제4조 제1항도 적용되지 않기 때문에 명의신탁계약은 유효한가라는 의문이 들 수 있으나, 이 문제는 현실에서는 별다른 의미가 없다고 한다.

석해야 한다는 주장으로 경청할 부분이다. 이런 관점을 취한다면 부동산의 물권을 사실상 취득한 자, 또는 취득하고자 하는 자가 수탁자와 명의신탁계약을 체결하고 그 명의로 소유권이전등기가 마쳐지도록 하였지만, 다른 사유, 가령 매도인의 무권리 등의 사유가 있는 경우에도 마찬가지로 부동산실명법이 적용될 여지가 없다고 해석하게 될 것이다.

나아가 저자는 매도인으로부터 수탁자 명의로 부동산 물권에 관한 등기가 경료된 경우 계약명의신탁과 중간생략 명의신탁을 구분하는 지표는 법률행위의 당사자가 누구인지에 관한 해석에 달려 있다고 한다. 법률행위의 당사자가 명의수탁자인 경우 계약명의신탁이 될 것이고, 그렇지 않고 명의신탁자가 법률행위 당사자라면 중간생략 명의신탁이 된다고 해석한다. 현실의 거래에서 중간생략 명의신탁의 경우도 매매계약서는 매도인과 명의수탁자가 당사자로 기재되기 때문에 이런 기준에 따라 구분하는 것이 타당할 것이다.

2. 명의신탁의 효과

(1) 저자는 부동산실명법 제4조 제1항에 의해 명의신탁계약은 무효가 되며, 제4조 제2항 제1문의 적용에 의해 물권변동도 무효가 된다고 한다. 여기에 덧붙여 중간생략 명의신탁에서는 신탁자와 매도인 사이의 매매계약은 다른 특별한 사정이 없으면 유효하다고 한다.[13] 중간생략 명의신탁에서는 매도인이 명의신탁이 있다는 사실을 적어도 등기의 시점에서는 알 수 있고, 수탁자 명의로 등기가 되더라도 등기가 무효이기 때문에 그 매매는 원시불능에 해당된다는 주장에 대해 일응 수긍할만한 주장이라고 하는 것도 주목할 부분이다.[14] 그런데 저자는 부동산실명법이 원인행위인 매매 등을 무효로 만드는 것을 규정하지 않았고, 신탁자가 어떤 방법으로든 소유권을 취득하는 것을 금지하려 한 것은 아니기 때문에 제재를 받으면서 신탁자 명의로 등기하려는 것을 막을 이유는 없다고 보고 있다.[15] 명의신탁에 대한 저자의 부정적 인식에도 불구하고 실정법의 해석에 있어서 자신의 견해를 절제하는 모습이 잘 드러나는 부분이기도 하다.

(2) 반면 계약명의신탁에서는 명의신탁계약만 무효가 되고, 수탁자와 매도인 사이의 계약에는 영향이 없으며, 그에 따른 물권변동도 유효하다고 해석된다. 부동산실명법 제4조 제2항 단서의 문언에 충실하게 '부동산에 관한 물권을 취득하기 위한 계약에서 명의수탁자가 어느 한 쪽 당사자가 되고 상대방 당사자는 명의신탁약정이 있다는 사실을 알지 못한 경우'에는 물권변동의 무효라는 효과가 적용되지 않도록 하고 있다. 저자는 이 규정의 문언대로 해석하면서 상대방 당사자가 명의신탁약정이 있다는 사실을 안 경우에는 물권변동이 무효이고, 물권변동이 무효이기

13) 송덕수(위 주 8), 27면 참조.

14) 송덕수(위 주 8), 27면 이하 참조. 이 경우 매매도 무효로 해석해야 한다는 주장으로는 박동진, 부동산실명법 제4조에 의한 부동산 명의신탁의 효력, 저스티스 제32권 제3호, 한국법학원(1999), 74면 참조.

15) 송덕수(위 주 8), 28면 참조.

때문에 명의수탁자와 상대방 당사자와의 계약도 무효가 된다고 해석한다.[16] 여기서도 법률의 '문언'에 충실하게 해석하려고 하는 저자의 진면목이 잘 드러난다. 그런데 계약명의신탁과 중간생략등기명의신탁을 구분하는 저자의 견해를 여기에 적용하면 위의 법률효과가 적용되는 경우는 상대적으로 넓지 않을 것이다. 계약당사자를 누구로 하기로 하였는지에 관한 당사자의 의사해석에 의해 명의신탁자가 계약당사자라고 해석될 경우라면 계약명의신탁이 아니라 중간생략 명의신탁으로 해석될 것이기 때문이다. 즉 처음부터 명의수탁자가 명의신탁계약에 기해 신탁자를 위해 매매계약을 체결한다는 사실에 관하여 계약 당사자 간에 상호 이해가 있었던 경우라면 계약의 해석으로 명의수탁자와 상대방이 아니라 신탁자와 상대방 사이의 계약으로 해석할 여지가 더 많다는 것이다.

한편 다음과 같은 사안에서도 계약명의신탁은 중간생략 등기명의신탁으로 전환될 수 있을 것이다.

> 대법원 2003. 9. 5. 선고 2001다32120 판결
> "어떤 사람이 타인을 통하여 부동산을 매수함에 있어 매수인 명의 및 소유권이전등기 명의를 타인 명의로 하기로 약정하였고 매도인도 그 사실을 알고 있어서 그 약정이 부동산실권리자명의등기에관한법률 제4조의 규정에 의하여 무효로 되고 이에 따라 매매계약도 무효로 되는 경우에, 매매계약상의 매수인의 지위가 당연히 명의신탁자에게 귀속되는 것은 아니지만, 그 무효사실이 밝혀진 후에 계약상대방인 매도인이 계약명의자인 명의수탁자 대신 명의신탁자가 그 계약의 매수인으로 되는 것에 대하여 동의 내지 승낙을 함으로써 부동산을 명의신탁자에게 양도할 의사를 표시하였다면, 명의신탁약정이 무효로 됨으로써 매수인의 지위를 상실한 명의수탁자의 의사에 관계없이 매도인과 명의신탁자 사이에는 종전의 매매계약과 같은 내용의 양도약정이 따로 체결된 것으로 봄이 상당하고, 따라서 이 경우 명의신탁자는 당초의 매수인이 아니라고 하더라도 매도인에 대하여 별도의 양도약정을 원인으로 하는 소유권이전등기청구를 할 수 있다."

명의수탁자와 상대방 사이의 매매계약이 부동산실명법 제4조 제2항 단서에 의해 무효가 되는 경우, 위 판결에서 언급한 사안에 해당될 때에는 상대방과 명의신탁자 사이에 동일한 내용의 매매계약을 체결하기로 하는 별도의 약정이 있는 것과 같은 효과가 있음은 말할 것도 없다. 위

16) 송덕수(위 주 8), 35면 이하 참조. 반면 양창수, 부동산실명법의 사법적 규정에 의한 명의신탁의 규율 -소위 계약명의신탁을 중심으로, 민법연구 제5권(1999), 161면 이하, 175면에서는 부동산실명법 제4조 제2항 단서를 '부동산에 관한 물권을 취득하기 위한 계약에서 그 일방당사자가 명의신탁약정이 있다는 사실을 알지 못하는 등의 사유로 명의수탁자가 그 타방당사자인 것으로 해석되는 경우에는 그러하지 아니하다.'고 해석하자고 제안하는데, 저자는 법률규정과 거리가 먼 규정이고 부동산실명법의 규제의 실효성의 측면에서도 이를 수용하기 어렵다고 한다.

판결은 명의신탁자가 매수인으로 되는 것에 대해 동의 내지 승낙이 있는 경우이므로, 그 의사는 상대방이 명의신탁자에게 표시하여야 할 것이다.

그렇다면 위의 주장에 따라 매매계약등이 무효로 되는 사안은 명의수탁자와 거래한 상대방이 우연한 어떤 사정으로 명의신탁약정이 있다는 사실을 안 경우인 것이 대부분일 것이다.

3. 명의수탁자의 처분의 효과

(1) 전형적 명의신탁에서 명의수탁자가 처분할 경우 부동산실명법 제4조 제3항에 따라 제3자가 유효하게 부동산물권을 취득함은 말할 것도 없다. 저자는 동항의 규정인 '대항하지 못한다'라는 문언을 명의수탁자로부터 명의신탁된 부동산에 대해 물권 기타 권리를 취득하더라도 그 제3자가 명의신탁임을 들어 무효라고 주장할 수 있고, 명의신탁자 또는 소유자(중간생략 명의신탁 또는 계약명의신탁으로 무효인 경우)가 명의신탁임을 들어 물권변동이 무효임을 주장할 수 없다고 한다.[17] 여기서도 '대항할 수 없다'는 문언의 표현에 충실하게 해석하는 저자의 진면목이 잘 드러난다.

(2) 중간생략 명의신탁에서 수탁자가 제3자에게 처분한 경우 저자는 매매계약상의 매도인은 '재산권을 이전'할 채무를 부담하는데, 부동산실명법으로 인해 매도인이 명의수탁자에게 가령 소유권등기를 마쳐주었다 하더라도 매수인에 대한 재산권 이전의무가 이행되는 것은 아니므로 수탁자의 처분으로 비로소 매도인의 재산권이전의무가 이행불능되었음을 지적한다.[18] 이 때 특별한 사정이 없는 한 명의신탁의 사실을 알았다 하더라도 매도인은 이행불능에 대해 손해배상책임을 부담하지 않는다고 한다.[19] 우연히 명의신탁의 사실을 알았거나 알 수 있었다는 것만으로 매도인의 유책사유를 인정해서는 안 된다는 것이다. 중간생략등기는 여러 이유로 발생할 수 있고, 매수인의 요청에 따라 이루어진 중간생략등기는 실체관계에 부합하는 등기로서 매도인의 채무이행의 효과를 가져온다. 이런 효과를 염두에 두고 중간생략등기를 한 것에 불과할 수 있는데 수탁자의 처분이 있을 때 매도인이 신탁자에게 채무불이행책임을 추궁할 수 있다는 것은 결과적으로 신탁자를 더 두텁게 보호하는 역효과가 발생할 뿐이다. 저자는 이 점을 염두에 둔 것으로 보인다. 그렇지만 이 경우 민법 제538조에 따라 위험이 매수인에게 이전될 수 있고, 그 경우 매도인은 여전히 대금을 청구할 수 있다. 위험이 이전된 경우 매도인은 민법 제538조 제2항에 따른 책임은 남는다고 지적한다.[20]

매도인과 수탁자 사이의 관계에서는 저자는 대법원 2002.3.15. 선고 2001다61654 판결의

17) 송덕수(위 주 8), 23면 이하 참조.
18) 송덕수(위 주 8), 31면 이하 참조.
19) 송덕수(위 주 8), 31면 이하 참조.
20) 송덕수(위 주 8), 32면 참조.

의미를 '매도인은 수탁자로부터 소유명의를 회복하기 전까지는 신탁자에 대하여 그와 동시이행 관계에 있는 매매대금반환채무의 이행을 거절할 수 있고, 신탁자가 소유권이전등기청구도 할 수 없으므로 매도인에게는 손해가 없다.'는 의미라고 해석한다. 그러면서 저자는 수탁자의 처분으로 매도인은 소유권을 상실하였으므로 수탁자는 매도인에게 불법행위책임을 진다고 주장한다. 이때 매매대금과 시가 사이에 차이가 있다면 그 금액만큼 손해가 있는 것이므로 매도인은 수탁자에게 손해배상을 청구할 수 있다고 주장한다.[21] 나아가 신탁자와 수탁자 사이에서는 저자는 수탁자의 처분으로 제3자에 의한 채권침해로 해석해서 신탁자는 수탁자에게 불법행위책임을 추궁할 수 있다고 한다.[22] 이런 주장에서도 민법의 여러 제도를 규정하는 법률의 문언에 충실하게 해석하고자 하는 저자의 진면목이 잘 드러난다.

(3) 계약명의신탁으로 수탁자가 소유권을 취득한 수탁자가 제3자에게 처분한 경우 제3자가 물권을 취득하는 것은 부동산실명법 제4조 제3항과 무관한 것이다. 계약명의신탁에서는 언제나 신탁자와 수탁자 상호간에는 수탁자에게 지급한 대금을 부당이득으로 반환청구하는 관계가 남게 된다.

반면 계약명의신탁으로 부동산물권을 취득하지 못한 경우에 관하여, 저자는 다음 대법원 판결을 분석하고 있다.

대법원 2013.9.12. 선고 2010다95185 판결

"명의신탁자와 명의수탁자가 이른바 계약명의신탁 약정을 맺고 매매계약을 체결한 소유자도 명의신탁자와 명의수탁자 사이의 명의신탁약정을 알면서 그 매매계약에 따라 명의수탁자 앞으로 당해 부동산의 소유권이전등기를 마친 경우 부동산 실권리자명의 등기에 관한 법률 제4조 제2항 본문에 의하여 명의수탁자 명의의 소유권이전등기는 무효이므로, 당해 부동산의 소유권은 매매계약을 체결한 소유자에게 그대로 남아 있게 되고, 명의수탁자가 자신의 명의로 소유권이전등기를 마친 부동산을 제3자에게 처분하면 이는 매도인의 소유권 침해행위로서 불법행위가 된다. 그러나 <u>명의수탁자로부터 매매대금을 수령한 상태의 소유자로서는 그 부동산에 관한 소유명의를 회복하기 전까지는 신의칙 내지 민법 제536조 제1항 본문의 규정에 의하여 명의수탁자에 대하여 이와 동시이행의 관계에 있는 매매대금 반환채무의 이행을 거절할 수 있는데, 이른바 계약명의신탁에서 명의수탁자의 제3자에 대한 처분행위가 유효하게 확정되어 소유자에 대한 소유명의 회복이 불가능한 이상, 소유자로서</u>

21) 송덕수(위 주 8), 29면 이하 참조.

22) 송덕수(위 주 8), 32면 참조. 한편 저자는 신탁자는 수탁자에게 제공한 대금을 부당이득으로 반환청구할 수 있다고 한다. 그런데 중간생략 명의신탁에서는 매매계약의 당사자가 신탁자와 매도인이기 때문에 신탁자가 수탁자에게 대금을 제공할 여지가 없다. 따라서 제공한 대금을 부당이득으로 반환청구할 수 있다는 것은 쉽게 이해되기 어렵다.

는 그와 동시이행관계에 있는 매매대금 반환채무를 이행할 여지가 없다[강조는 평석자]. 또한 명의신탁자는 소유자와 매매계약관계가 없어 소유자에 대한 소유권이전등기청구도 허용되지 아니하므로, 결국 소유자인 매도인으로서는 특별한 사정이 없는 한 명의수탁자의 처분행위로 인하여 어떠한 손해도 입은 바가 없다."

위 법률론은 원고가 매도인으로서 피고와 매매계약을 체결하고 소유권이전등기를 경료해 주었으나, 매수인이 소외인의 명의수탁자로서 매도인과 매매계약을 체결한 사안이고, 그 사실을 매도인인 원고가 알고 있었다고 가정할 경우의 사안에 적용된다. 따라서 계약명의신탁의 사실에 대해 악의인 매도인과 체결한 매매계약상의 매수인=수탁자가 취득한 부동산을 제3자에게 처분한 경우 매도인의 권리에 관한 법률론인 셈이다. 저자는 이 경우에도 중간생략 명의신탁과 마찬가지로 매도인은 수탁자에게 매매대금과 시가의 차액만큼을 손해로 배상청구할 수 있다고 주장한다.[23)]

4. 저자의 주장의 특징

저자는 부동산실명법이 적용되는 명의신탁의 사안에 대해 이 논문에서 망라적으로 자신의 견해를 피력하고 있다. 저자는 법률 규정의 문언에 충실한 해석을 하려는 자세를 비교적 일관되게 견지하고 있다. 이 점이 저자에게 가장 돋보이는 점이고, 그의 학문방법의 한 특징이라고 해도 과언이 아니다. 충실한 학자로서, 또한 교육자로서 자상하게 학생들에게 설명하는 모습이 그려지는 듯하다. 그가 학생들의 교육용 교재를 꾸준히 집필해 왔고, 또 많은 학생들이 그 교재를 참고로 민법을 학습하고 있는 것은 바로 저자의 이런 자세와 무관하지 않을 것이다.

Ⅲ. 몇 가지 논의점

1. 중간생략 명의신탁 및 계약명의신탁에서의 수탁자의 처분과 관련된 법률문제

(1) 대법원 2002. 3. 15. 선고 20001다61654 판결

중간생략 명의신탁에서의 수탁자의 처분에 관하여 저자의 논문이 발표된 이후 대법원 판결에는 몇 가지 변화가 있었다. 먼저 저자가 비판적으로 언급한 대법원 2002. 3. 15. 선고 2001다61654 판결의 사안은 원고(명의신탁자)와 체결한 매매계약서 사본을 갖고 있던 소외2에게 처분권한이 있다고 믿은 피고(명의수탁자)가 위 소외2의 지시에 따라 제3자에게 명의신탁된 부동산의

23) 송덕수(위 주 8), 38면 이하 참조.

소유권을 이전해 주었는데, 원고(명의신탁자)가 매도인을 대위하거나 또는 매도인의 명의수탁자에 대한 손해배상채권을 양수하였음을 원인으로 해서 피고에게 손해배상을 청구한 사안이다. 대법원은 원심판결과 다른 이유에서 원고의 청구를 기각한 결론이 정당하다고 판단하였는데, 그것이 바로 "…이 사건의 경우 법 시행 이전에 이미 명의신탁자인 원고의 요구에 따라 명의수탁자인 피고 앞으로 소유명의를 이전한 소외 1로서는 명의수탁자인 피고가 이 사건 부동산을 타에 처분하였다고 하더라도, 피고로부터 그 소유명의를 회복하기 전까지는 원고에 대하여 신의칙 내지 민법 제536조 제1항 본문의 규정에 의하여 이와 동시이행의 관계에 있는 매매대금 반환채무의 이행을 거절할 수 있고, 한편 명의신탁자인 원고의 소유권이전등기청구도 허용되지 아니하므로, 결국 매도인인 소외 1로서는 명의수탁자인 피고의 처분행위로 인하여 손해를 입은 바가 없다고 해야 할 것이다."라는 것이다.

그런데 위 법률론의 논리 자체에는 적지 않은 문제가 있다. 첫째, 수탁자의 처분으로 제3자가 유효하게 소유권을 취득한 경우 매도인은 신의칙 내지 민법 제536조 제1항 본문의 규정에 의해 수탁자로부터 소유명의를 회복하기 전까지 명의신탁자=매수인의 부당이득반환청구권에 기한 대금의 반환을 거절할 수 있다고 하는 것이 문제이다. 이런 논리는 성립될 수 없기 때문이다. 왜냐하면 매도인의 명의수탁자에 대한 원인무효의 소유권이전등기는 매도인의 매수인=명의신탁자에 대한 급부가 아니고, 따라서 소유권이전등기말소등기청구와 매매대금의 반환 관계는 상호대립되는 채권이 아니어서 동시이행관계에 없기 때문이다. 수탁자가 제3자에게 처분하기 이전을 상정해 보면, 매도인과 매수인 간의 계약이 해제되더라도, 매도인의 수탁자에 대한 소유권이전등기말소등기청구에 대해 수탁자가 매도인의 매수인에 대한 대금지급과 동시이행하겠다는 항변이 가능하지 않다. 양자는 상호대립되는 관계에 없기 때문이다. 수탁자 명의의 등기는 매도인이 강행법규에 위반하여, 즉 법률상 원인 없이 마쳐준 등기에 불과한 것이고, 그 등기의 말소는 매도인의 수탁자에 대한 권리라는 것이다. 법적인 평가라는 면에서는 매도인이 매수인에 대한 급부로서 '등기명의의 이전'이 있는 것이 아니다.[24)]

둘째, 부동산실명법이 적용되어 명의신탁계약이 무효이기 때문에, 매도인이 명의수탁자가 앞으로 소유권등기를 마쳤다 하더라도 매도인은 여전히 소유자이다. 따라서 명의신탁자=매수인의 매도인에 대한 소유권이전청구권은 이행불능되지 않은 채 여전히 남아 있다. 명의수탁자가

24) 이 점이 명의신탁이 유효하였을 때와 차이가 있다. 중간생략 명의신탁이 유효한 경우 매도인은 매수인에 대한 급부로서 소유권이전등기를 해 준 것이고, 신탁자는 수탁자에 대한 유효한 명의신탁계약에 기해 급부한 셈이다. 이 과정을 단축하여 매도인으로부터 수탁자에게 직접 소유권이전등기가 마쳐진 셈이다. 그러므로 매매계약이 해제된 후 매수인=신탁자가 대금반환을 청구할 경우 매도인은 수탁자로부터 소유권이전등기의 말소가 있는 것과 상환하여 대금을 반환하겠다는 항변이 가능하다. 그러나 부동산실명법의 시행으로 이 관계가 더 이상 성립하지 않게 된 것이다. 이에 대해서는 제철웅, 등기청구권과 침해부당이득, 민사법학 제93호(2021. 12), 312면 이하 참조.

제3자에게 처분하여 매도인의 소유권이전의무가 이행불능이 되었다면 그것이 비록 매도인의 유책사유에 기인한 것이 아니라 하더라도 매수인=명의신탁자는 유책사유 없는 이행불능으로 인해 계약이 소멸되었다는 이유로 일응 자신이 지급한 대금의 반환을 청구할 수 있다. 이때 매도인의 항변사유는 동시이행의 항변권이 아닌 민법 제538조 제1항 제1문의 위험이전의 항변이 가능할 것이다. 이 항변이 가능할 경우 매도인은 매수인에게 여전히 대금지급청구권을 가지고 있으므로, 이미 수령한 대금은 그 청구권의 실현에 불과한 것이어서 이를 반환할 이유가 없다.

셋째, 한편 수탁자에 의한 처분으로 매도인은 자신의 소유권이 침해되었기 때문에 수탁자에 대해 부당이득반환청구 또는 손해배상청구를 할 수 있음은 말할 것도 없다. 그런데 위 사안에서 매도인이 이미 매수인=명의신탁자에게 대금을 모두 받았고, 매수인이 대금의 반환을 구할 수 없다면(민법 제538조에 따른 위험의 이전), 매도인은 매수인에게 민법 제538조 제2항에 따른 이익상환의무 또는 민법 제399조의 유추적용에 따른 매도인의 권리의 매수인에게의 이전만이 문제될 뿐이다.

이상과 같은 이유로 매도인에게 손해가 없다는 논리는 성립될 수 없다. 위 대법원 판결에서 내세운 법률론은 결론을 선취한 명목상의 이유에 불과할 것이다. 그렇다면 저자가 주장하는 매매대금과 시가(수탁자가 제3자에게 처분한 당시를 기준) 간의 차액만큼 매도인에게 손해가 발생한다는 논리는 어떻게 이해할 수 있을까? 이 부분은 첫째, 위험이 이전되어 매도인이 매수인=명의신탁자에게 부담하는 민법 제538조 제2항의 의무, 또는 민법 제399조의 유추적용에 따라 매수인이 취득하는 권리가 있음에도 불구하고 매도인에게 별도의 손해를 인정할 수 있을까의 문제, 둘째, 매도인이 명의수탁자에게 시가상당의 손해의 전보를 청구할 수 있을 때(불법행위법에 기한 손해배상청구이든 부당이득반환청구이든 동일), 시가가 매매대금보다 높다면 그것은 누구에게 귀속되어야 하는가의 문제로 남게 될 것이다. 민법 제536조, 제538조, 제399조, 제741조 이하, 제750조의 해석을 통해 보면, 명의신탁자가 이를 민법 제538조 제2항 또는 제399조에 따라 취득한다고 해석하는 것이 타당할 것이다. 결과적으로 위 판결의 사안에서는 매도인은 시가와 매매대금 간의 차액에 해당되는 손해의 배상을 청구할 권리가 귀속되지 않는다고 할 것이다. 그 권리는 위험이 이전되어 대금을 지급하여야 할 명의신탁자에게 귀속되어야 할 것이다.

(2) 대법원 2013. 9. 12. 선고 2010다95185 판결의 문제점

수탁자에 의한 처분의 효과에 있어서 중간생략 명의신탁과 계약명의신탁의 경우는 차이가 크다. 계약명의신탁에서 매도인과 수탁자 사이의 매매계약이 무효가 되는 경우, 수탁자가 제3자에게 한 처분은 부동산실명법 제4조 제3항에 의해 매도인에게 효력이 있게 된다. 이 경우 수탁자는 매도인에 대해 부당이득반환의무 또는 손해배상의무를 부담하게 되고, 매도인의 대금반환의무는 동시이행의 관계에 있게 된다.[25] 위 대법원 판결의 법률론과 달리 매도인은 소유권이전

25) 동시이행의 항변권은 민법 제536조 및 여타의 법률규정에 이를 규정한 경우도 있지만, 해석에 의해 인정되

등기의 말소로써 동시이행의 항변권을 행사하는 것이 아니라, 부당이득반환의무 또는 손해배상의무의 이행과 동시이행하겠다는 항변이 가능하다.[26] 양자는 동종의 금전채무이고, 상호동시이행 관계에 있기 때문에 상계가 가능할 것이다.[27] 매도인이 반환할 매매대금과 매수인=수탁자이 반환할 부당이득 또는 손해배상과의 차액만큼은 매도인 또는 매수인이 이를 행사할 수 있을 것이다.[28]

(3) 대법원 2011. 9. 8. 선고 2009다49193,49209 판결

한편 저자의 논문 발표 이후 중간생략 명의신탁에서 수탁자가 처분한 경우 명의신탁자가 수탁자에게 직접 부당이득반환청구권을 행사할 수 있다는 대법원 판결이 나왔다.[29] 여기서는 피고와 원고 사이의 명의 차용관계는 이른바 3자간 등기명의신탁관계였는데, 명의수탁자인 원고가 수탁부동산인 이 사건 도로 지분에 관하여 공공용지 협의취득을 원인으로 고양시에 이전등기를 경료하여 줌으로써 원고의 소외 매도인에 대한 말소등기의무가 이행불능되었다. 피고=명의신탁자가 소외 매도인을 대위하여 명의수탁자에게 지급된 토지보상금의 지급 청구를 한 소를 제기하였는데 원심은 피고의 청구를 인용하였다. 대법원은 다음과 같은 이유로 원심의 결론이 타당하다고 보았다.

대법원 2011. 9. 8. 선고 2009다49193,49209 판결

부동산 실권리자명의 등기에 관한 법률(이하 '법'이라 한다)에 의하면, 이른바 3자간 등기명의신탁의 경우 법에서 정한 유예기간의 경과에 의하여 기존 명의신탁약정과 그에 의한 등기가 무효로 되고 그 결과 명의신탁된 부동산은 매도인 소유로 복귀하므로, 매도인은 명의

는 경우도 적지 않다. 해석에 의해 동시이행의 항변권이 인정되는 사례는 매우 많은데, 그 중 부당이득반환청구권이나 손해배상청구권과 연관된 부분만 일별하면 다음과 같다. 대법원 2001. 7. 10. 선고 2001다3764 판결에서는 매매계약이 취소된 후 원상회복의무는 동시이행관계에 있다고 한다. 대법원 1993. 4. 9. 선고 92다25946 판결에서는 민법 제571조의 담보책임에 기한 점유반환 및 소유권이전등기의 말소(매도인의 채권)와 원상회복청구권 및 손해배상청구권(매수인의 채권) 간에도 동시이행의 관계가 있다고 한다. 위의 사안에서도 동시이행의 관계가 있음은 말할 것도 없다.

26) 이 점을 지적하는 것으로 이동진 매도인 악의의 계약명의신탁과 명의수탁자의 부동산 처분에 대한 책임 -대법원 2013. 9. 12. 선고 2010다95185 판결, 재산법연구 34권 4호(2018), 288면 이하 참조.

27) 대법원 2001. 3. 27. 선고 2000다43819 판결; 대법원 2010. 3. 25. 선고 2007다35152 판결 등 다수의 판결 참조.

28) 송덕수(위 주 8) 38면 이하; 이동진(위 주 25), 288면 참조.

29) 대법원 2019. 7. 25. 선고 2019다203811, 203828 판결도 동지의 판결이다. 이 판결과 구분해야 할 것으로 대법원 2014. 2. 13. 선고 2012다97864 판결이 있다. 이 판결에서는 양자간 등기명의신탁이 있었던 사안인데, 대법원은 명의신탁자가 명의수탁자에 대해 물권적 방해배제청구권을 행사할 수 있을지언정, 침해부당이득반환청구권을 행사할 수는 없다고 판단하였다. 이 판결은 두 가지 점에서 문제가 있다. 첫째, 명의신탁자가 명의수탁자에게 소유권이전등기를 경료해 준 것은 무효인 계약에 기한 것이므로 이런 사안은 침해부당이득반환이 아니라 급부부당이득이 문제되는 사안이다. 둘째, "손해"가 있어야만 부당이득반환청구권이 성립되는지는, 우리 학계에서는 간과되어 왔지만, 부당이득법의 해석에서 또 다른 중요한 쟁점이다. 이 문제는 여기서는 더 상론하지 않는다.

> 수탁자에게 무효인 그 명의 등기의 말소를 구할 수 있고, 한편 법에서 정한 유예기간 경과 후에도 매도인과 명의신탁자 사이의 매매계약은 여전히 유효하므로, 명의신탁자는 매도인에 대하여 매매계약에 기한 소유권이전등기를 청구할 수 있고, 그 소유권이전등기청구권을 보전하기 위하여 매도인을 대위하여 명의수탁자에게 무효인 그 명의 등기의 말소를 구할 수 있다(대법원 1999. 9. 17. 선고 99다21738 판결 참조). 그런데 법에서 정한 유예기간이 경과한 후에 명의수탁자가 신탁부동산을 임의로 처분하거나 강제수용이나 공공용지 협의취득 등을 원인으로 제3취득자 명의로 이전등기가 마쳐진 경우, 특별한 사정이 없는 한 그 제3취득자는 유효하게 소유권을 취득하게 되므로(법 제4조 제3항), 그로 인하여 매도인의 명의신탁자에 대한 소유권이전등기의무는 이행불능으로 되고 그 결과 명의신탁자는 신탁부동산의 소유권을 이전받을 권리를 상실하는 손해를 입게 되는 반면, 명의수탁자는 신탁부동산의 처분대금이나 보상금을 취득하는 이익을 얻게 되므로, 명의수탁자는 명의신탁자에게 그 이익을 부당이득으로 반환할 의무가 있다.

위 대법원 판결의 결론은 나무랄 데 없지만, 이론구성은 찬성하기 어렵다. 명의신탁자는 매도인에 대해 소유권이전등기청구권을 보유하고, 명의수탁자와의 사이에서는 아무런 법률관계도 없는데, 어떻게 위 사안에서 명의신탁자가 명의수탁자에게 부당이득반환청구권이 성립하는 것인지를 설명하기 어렵기 때문이다. 첫째, 중간생략 명의신탁에서는 매도인과 명의신탁자=매수인 사이의 매매계약은 유효하지만, 매도인이 수탁자에게 소유권이전등기를 한 것은 부동산실명법 제4조 제2항 제1문에 의해 무효이고, 따라서 매수인에 대한 채무이행으로 인정되지 않는다. 즉 매도인의 수탁자에 대한 소유권이전등기는 매수인에 대한 급부로 인정되지 않고, 법률상 원인 없이 매도인이 수탁자에게 급부한 것이 된다. 따라서 매도인은 수탁자에게 부당이득반환청구권 또는 물권적 청구권을 행사하여 등기의 말소를 구할 수 있다. 둘째, 수탁자가 제3자에게 처분하여 부동산실명법 제4조 제3항에 기해 그 처분이 유효한 것으로 인정되면 이로써 매도인의 소유권침해가 있게 된다. 그 결과 매도인은 수탁자에 대해 침해부당이득반환청구권의 행사로써 취득한 대금의 반환을 구할 수 있다. 물론 불법행위에 기한 손해배상청구권을 행사할 수도 있다. 셋째, 이 시점까지 매수인=명의신탁자는 수탁자와의 관계에서 어떤 법률관계도 유효하게 존재하지 않았다. 양자 사이의 명의신탁계약은 무효가 되었기 때문이다. 이상과 같은 사정 하에서는 명의신탁자가 명의수탁자에게 부당이득반환청구권이 성립될 수 있는 급부관계도 없었고, 침해된 권리도 없었으며, 수탁자의 이익을 위해 지출한 비용도 없었다. 따라서 명의신탁자가 자신의 권리로써 수탁자에 대해 부당이득반환청구권을 갖지 않는다.[30)]

그런데 매도인과 매수인=명의신탁자 간의 관계에서는 앞서 언급한 것처럼 매도인이 민법

30) 이에 대해서는 제철웅(위 주 23), 311면 이하 참조.

제538조 제1항 제1문에 의한 위험이전을 원용할 수 있고, 이미 매도인에게 매매대금이 지급되었다면 그것은 민법 제538조 제1항 1문의 효과가 실현된 것으로 인정될 것이다. 그 결과 매도인은 매수인에게 취득한 대금을 반환할 이유가 없는 것이다. 이때 민법 제538조 제2항은 매수인에게 매도인에 대한 이익상환청구권을 행사할 수 있도록 한다. 대법원 판결에서 인정하는 대상청구권도 인정될 수 있을 것이다. 그런데 위 대법원판결은 명의신탁자가 수탁자에 대해 부당이득반환청구를 할 수 있다고 한다. 이런 결론은 매도인의 권리가 신탁자에게 이전되었기 때문이라고 해석하는 것 이외에는 달리 뒷받침될 수 없다. 그리고 이런 결론은 민법 제399조의 유추적용을 통해서만 정당화될 수 있을 것이다. 민법 제538조 제2항이나 대상청구권은 청구에 의해 그 권리가 양도되어야 하는데, 제399조는 법률상 당연 이전되기 때문이다. 민법 제399조는 '채권자가 그 채권의 목적인 물건 또는 권리의 가액전부를 손해배상으로 받은 때에는 채무자는 그 물건 또는 권리에 관하여 당연히 채권자를 대위한다.'고 규정한다. 여기서의 채권자는 매도인으로, 채무자는 매수인으로 해석할 수 있고 매수인이 매매목적물의 가액을 전부 지급한 경우 채권자가 그 채권의 목적인 소유권을 상실하고 제3자=수탁자에 대해 손해배상청구권 또는 부당이득반환청구권을 보유한 경우 이것은 당연히 매수인=채무자에게 이전되는 것으로 해석할 수 있다는 것이다. 이 규정의 유추적용 이외에는 명의신탁자가 수탁자에게 직접 부당이득반환청구권을 가진다고 해석할 방법이 없을 것이다.

2. 계약명의신탁에 관한 문제

(1) 저자는 계약명의신탁을 법률문언에 충실하게 해석하면서, '부동산에 관한 물권을 취득하기 위한 계약에서 그 일방당사자가 명의신탁약정이 있다는 사실을 알지 못하는 등의 사유로 명의수탁자가 그 타방당사자인 것으로 해석되는 경우에는 그러하지 아니하다.'라고 해석하자는 양창수 교수의 해석론에 반대한다. 대법원 판결로 부동산실명법 제4조 제2항 단서를 저자와 같이 해석하고 있다. 이에 관하여 저자의 논문 발표 이후 이 문제를 다룬 다음의 대법원 판결은 주목할 만하다. 여기서는 딸의 부탁으로 매도인과 부동산매매계약을 체결하였으나, 매매계약체결 이후 매매목적물이 재건축대상이 되자 매도인이 사정변경을 이유로 계약해제를 주장하였고, 매도인은 딸의 부탁으로 자신이 매매계약을 체결한 것이니 소유권이전등기를 해 줄 것을 부탁하였으나 매도인은 이를 이유로 매매계약상의 채무이행을 거절하였다. 매수인이 약정한 매매대금을 공탁하고 소유권이전등기를 청구한 사안이다.

대법원 2018. 4. 10. 선고 2017다257715 판결
부동산 실권리자명의 등기에 관한 법률 제4조 제2항 단서는 부동산 거래의 상대방을 보호

하기 위한 것으로 상대방이 명의신탁약정이 있다는 사실을 알지 못한 채 물권을 취득하기 위한 계약을 체결한 경우 그 계약과 그에 따른 등기를 유효라고 한 것이다. 명의신탁자와 명의수탁자가 계약명의신탁약정을 맺고 명의수탁자가 당사자가 되어 매도인과 부동산에 관한 매매계약을 체결하는 경우 그 계약과 등기의 효력은 매매계약을 체결할 당시 매도인의 인식을 기준으로 판단해야 하고, 매도인이 계약 체결 이후에 명의신탁약정 사실을 알게 되었다고 하더라도 위 계약과 등기의 효력에는 영향이 없다. 매도인이 계약 체결 이후 명의신탁약정 사실을 알게 되었다는 우연한 사정으로 인해서 위와 같이 유효하게 성립한 매매계약이 소급적으로 무효로 된다고 볼 근거가 없다. 만일 매도인이 계약 체결 이후 명의신탁약정 사실을 알게 되었다는 사정을 들어 매매계약의 효력을 다툴 수 있도록 한다면 매도인의 선택에 따라서 매매계약의 효력이 좌우되는 부당한 결과를 가져올 것이다.

이렇게 보면 계약명의신탁에서 명의수탁자와 거래한 상대방이 계약체결 당시 명의신탁약정의 사실을 안 때에는 그 매매계약이 무효가 되기 때문에 소유권이전의무도 성립하지 않는다는 저자의 견해는 실무에서도 정착한 것으로 평가할 수 있다.

(2) 그러나 계약명의신탁을 이렇게 해석하는 것이 입법정책이었는지, 만약 그러하다면 그런 입법정책은 정당한 것인지는 별개의 문제일 것이다. 명의수탁자가 직접 계약을 하더라도 이 계약은 명의신탁자의 소유권취득 목적을 위한 것이고, 편의상 자기 명의로 소유권이전등기를 하는 것이라는 밝힌 사안(A), 명의신탁자가 명의수탁자를 대리하여 계약하면서 이 계약은 자신의 소유권취득을 목적으로 하는 것이고 편의상 자기 명의로 소유권이전등기를 하는 것임을 밝히 사안(B), 명의수탁자가 직접 계약을 체결하거나 명의신탁자가 명의수탁자를 대리하여 계약을 체결하면서 우연히 이 계약으로 취득하고자 하는 소유권의 실소유자가 따로 있다는 얘기를 하거나 그 정보를 매도인이 안 경우(C), 명의신탁자가 자신이 계약당사자로 계약하면서 등기명의를 수탁자 앞으로 해 달라고 부탁하면서 계약서를 명의수탁자와 매도인으로 하여 작성하는 사안(D) 사이에 법적 평가에서 과연 어떤 차이가 있을까의 문제는 남아 있다. 물권변동의 효력이 성립하지 않는다는 점은 위 4유형 모두 동일하다. 중간생략 명의신탁은 D유형을 선택할 수밖에 없지만, 이 경우 명의신탁자와 매도인 사이의 계약에는 아무런 영향을 받지 않는다. D유형과 A유형 간에 과연 차이가 있을지 의문이다. A유형에서 매매의 당사자가 명의신탁자와 매도인이라고 해석할 여지가 충분하기 때문이다. 마찬가지로 A유형과 B유형에서도 마찬가지로 계약당사자를 명의신탁자와 매도인이라고 해석할 수 있기 때문이다. 위 A, B, D유형은 매도인과 명의신탁자 사이에 명의신탁이 있음을 적극적으로 양해한 상태에서 체결하였지만 매매계약의 효력에는 영향을 미치지 않는다. 그런데 우연히 매도인이 명의신탁의 사실을 알게 된 C유형은 그 매매계약이 무효가 된다는 것은 이런 입법의 정당성을 의심하기에 충분할 것이다. 명의신탁에 대한 적극적인 양해가

있을 때에는 매매가 유효하지만, 우연적으로 명의신탁을 안 경우에는 매매가 무효가 된다는 것은 쉽게 납득하기 어렵기 때문이다. 물론 이런 입법도 입법재량의 범위에 있다면 어쩔 수 없겠지만, 그럼에도 불구하고 나쁜 입법임은 분명할 것이다. 이럴 때 해석법학에서 어떤 입장을 취하는 것이 더 바람직할 것인지는 법해석자들의 몫일 것이다. C유형이 다른 유형보다 특히 더 부정적 평가를 하여야 할 필요가 없다면 C유형은 당사자가 원하는 대로 법률효과를 인정해도 무방할 것이라고 본다. 그렇다면 해석론의 입장에서는 부동산실명법 제4조 제2항 단서를 계약명의신탁을 설명하는 예시의 방법으로 이해하는 것도 가능할 것이라고 본다.[31] 바로 이런 것이 법해석자도 어떤 세계관, 가치관, 생활경험을 갖고 있는가에 따라 서로 다르게 사물을 바라볼 수 있는 지점의 예라고 볼 수 있을 것이다.

Ⅳ. 결 론

이 글에서 평석자는 정년을 맞은 송덕수 교수님의 민사법학계과 민사법교육에 대한 기여를 후학의 입장에서 되새기는 계기로 송덕수 교수님의 논문을 평석해 보았다. 송덕수 교수님의 글을 읽으면 그의 성품, 법을 대하는 자세가 우러나옴을 새삼 느낄 수 있다. 이 글을 작성하면서 필자는 문언과 민사법의 기본에 충실하면서 기교를 부리지 않고 친절하게 법을 해석하고자 하는 것이 송덕수 교수님의 법과 법학을 대하는 자세임을 새삼 깨닫게 되었다. 송덕수 교수님의 글을 읽으면, 해석법학의 출발이 문언해석임을 다시 한번 일깨워 주는 것을 알 수 있게 된다. 이 점은 후학들이 본받아야 할 자세일 것이라고 생각된다. 부동산실명법에 관한 송덕수 교수님의 해석론만이 아니라 그의 학문하기는 앞으로도 주의깊은 관찰대상일 것이다. 물론 70년대 대학에서 법학을 공부하기 시작하였던 학문세대와 달리 그 이후의 학문세대들은 법률문언에 충실한 해석만이 아니라, 법적 규율의 이면에 있는 법적 가치평가, 특히 규범질서 내의 가치평가의 상호관계에 주목하면서 법률규정을 해석해야 하는 과제를 안게 되었다.[32] 그만큼 사회 구성원이 이질화되고 다양화됨으로써 단일한 가치가 아니라 다양한 가치의 충돌이 사회에 만연하게 되었기 때문이다.

---

31) 이동진(위 주 25), 206면 이하에서는 매매계약은 무효가 되지만, 계약의 보충적 해석에 의해 매도인과 명의신탁자 사이에 계약이 체결된 것으로 해석하자는 주장을 한다. 이를 통해 명의신탁자 명의로 소유권등기가 마쳐지도록 하면 된다는 것이다. 이런 주장은 해석론으로서는 뒷받침될 수 없을 것이다. 계약명의신탁약정을 한 신탁자의 입장에서는 자기 명의로 소유권을 취득하는 것을 원치 않았기 때문에 보충적 해석을 하더라도 명의신탁자와 매도인 사이에 계약이 체결되었다는 해석 자체가 당사자의 의사에 부합하지 않는, 인위적인 간주에 불과할 것이다.

32) 법률해석의 여러 기준에 대해서는 Larenz/Canaris, Methodenlehre der Rechtswissenschaft 3. Aufl., Springer (1995), S. 141 ff. 참조.

그럼에도 불구하고 법학전문대학원 체제로 법학교육이 재편되면서 학문공동체에 유입되는 인원이 현격히 줄어들고 그 성격도 급격히 변화하고 있기 때문에, 미래의 법학 학문공동체는 어떤 모습을 띠게 될지가 불명확한 게 현실이다. 송덕수 교수님과 같이 열정적으로 연구와 교육에 종사하는 새로운 인물들이 더 많이 등장하여 이런 불확실성의 시대에 빛을 비출 수 있을지 두려운 마음으로 지켜보게 된다.

점유의 권리성과 점유권 양도에 관한 고찰

–【송덕수, “점유권 양도의 허구성과 민법 제196조의 개정제안”, 『민사법학』 제91호(한국민사법학회, 2020.6)】를 중심으로–

김 영 두*

Ⅰ. 서 론

점유는 물건에 대한 사실상의 지배를 의미한다. 점유를 갖고 있는 자는 점유권도 취득하게 되는데 우리 민법은 점유권을 물권의 하나로 규정하여 다른 물권과 동일선상에서 규정하고 있다. 우리 민법 제192조에 따르면 물건에 대해서 사실상의 지배를 취득한 자는 점유권을 취득한다. 점유를 취득하는 방법에 의해서 점유권을 취득할 수도 있지만, 점유권은 승계취득도 가능하다. 민법 제196조는 점유권의 양도에 대해서 규정하고 있다. 따라서 점유권은 물건을 사실상 지배함으로 인해서 취득할 수도 있지만, 사실상 지배를 이전받는 방법으로 취득할 수도 있다.

그런데 이러한 접근방법에는 몇 가지 의문점이 발생한다. 사실상 지배를 통해서 취득하는 점유권과 점유를 이전받음으로 인해서 취득하는 점유권의 관계가 문제되기 때문이다. 예를 들어 점유를 이전받은 사람은 당연히 점유권을 취득하게 된다. 그런데 그 점유권은 민법 제192조에 의해서 물건을 점유하고 있기 때문에 취득하는 것인지, 아니면 민법 제196조에 의해서 이전 점유자로부터 취득하는 것인지, 아니면 양자 모두에 의해서 취득하는 것인지 분명하지 않다. 점유권도 물권이라면 일물일권주의의 적용을 받게 되기 때문에 어느 하나의 점유권은 소멸해야 한다. 그렇다고 예외가 인정되어 하나의 물건에 2개의 점유권을 갖고 있다고 볼 수도 없다.

이러한 문제는 현실인도 이외의 경우에도 발생하게 된다. 예를 들어 우리 민법 제192조 제2항은 간이인도에 관한 민법 제188조 제2항을 준용하고 있다. 따라서 점유권은 간이인도방법에

---

* 이 글은 「법학논집」 제25권 제4호(이화여자대학교 법학연구소, 2021)(송덕수 교수 정년기념 특집호)에 게재되었다.

* 충남대학교 법학전문대학원 교수.

의해서 양도될 수 있다. 그렇다면 이미 점유를 하고 있는 자에게 당사자의 의사표시만으로 점유권을 양도할 수 있다. 그런데 간이인도의 방법으로 점유권을 취득하는 자는 이미 물건을 점유하고 있기 때문에 점유권을 갖고 있다. 그렇다면 간이인도에 의해서 양도되는 점유권은 어떠한 점유권인지 의문이 발생한다. 점유개정의 경우도 마찬가지이다. 민법 제196조 제2항은 점유개정에 관한 제189조를 준용하고 있다. 즉 점유권은 점유개정의 방법으로 양도될 수 있다. 그런데 민법 제194조에 따르면 점유매개관계를 통하여 타인으로 하여금 점유를 하게 한 자는 간접으로 점유권을 취득하게 된다. 그렇다면 점유개정의 방법에 의해서 점유권을 양수하는 자와 점유권을 양도하는 자 사이에는 통상적으로 점유매개관계가 설정되는데, 양수인은 민법 제196조 제2항에 의해서 점유권을 취득하게 되는지, 아니면 민법 제194조에 의해서 점유권을 취득하게 되는지 논란이 될 수 있다. 예를 들어 매도인이 임차인이 되어 계속해서 물건을 점유하고 있는 경우에 점유개정의 방법으로 인도가 이루어지고, 점유권이 이전될 수 있다. 그렇다면 양수인과 양도인 사이에는 임대차계약이라는 점유매개관계가 존재하므로 양수인은 간접점유에 관한 민법 제194조에 따라 점유권을 취득하게 된다고 볼 수도 있고, 민법 제196조 제2항에 따라 점유개정의 방법에 의해서 점유권을 취득한다고 볼 수도 있다.

이와 같이 점유권의 양도에 관한 민법 제196조는 얼핏 보면 당연해 보이지만, 해결되기 어려운 쟁점들이 포함되어 있다. 이 문제는 사실 점유가 권리인가 하는 문제와 연결되어 있다. 점유를 권리라고 보는 통설적인 견해에 비판적인 견해는 민법 제196조가 품고 있는 이러한 문제점에서 기인한 측면도 있다. 이와 관련하여 「송덕수, "점유권 양도의 허구성과 민법 제196조의 개정제안", 민사법학 제91호(한국민사법학회, 2020. 6)」(이하 "대상논문"이라 한다)은 민법 제196조의 문제점을 지적하고, 더불어 점유권의 개념을 비판적으로 검토하고 있다. 대상논문 이전에 "송덕수, 민법강의(상), 박영사, 2004, 497면"은 점유권 양도에 관한 민법 제196조에 대해서 비판을 하였다. 점유권을 물권의 일종으로 취급하고, 점유권의 양도를 당연하게 생각하던 상황에서 처음으로 점유권의 양도에 대해서 비판적인 견해를 취하였다. 이러한 비판적인 입장은 2009년 민법개정시안 작성과정에 반영되어 민법 제196조의 개정에 대한 논의가 이루어졌다. 결과적으로 민법 제196조에 대한 비판적인 견해는 비록 민법개정으로 이어지지는 않았지만 민법개정시안에 일부 반영되었다. 대상논문은 점유권 양도에 대한 최초의 문제제기 이후에 해당 쟁점에 대한 더 깊이 있는 논의를 위해서 작성되었다.

이하에서는 대상논문에서 검토하고 있는 쟁점을 중심으로 우리나라의 논의를 살펴보고, 대상논문의 내용을 출발점으로 하여 관련된 쟁점들을 다시 한 번 살펴보도록 한다.

Ⅱ. 대상논문의 주요내용과 관련된 국내의 논의현황

1. 점유와 점유권

(1) 민법의 입법과정

우리 민법은 물건에 대한 사실상의 지배를 취득하면 점유권을 취득하는 것으로 규정하고 있다. 이와 관련하여 물건에 대해서 사실상의 지배를 취득한 자가 단순히 점유만을 취득하는 것인지, 아니면 점유권을 취득하는 것인지에 대해서 논란이 있다.

일본민법은 점유를 권리로 규정하고 있다. 일본의 메이지민법의 점유권에 관한 입법이유서에서는 점유가 사실인지 권리인지 논란이 있지만, 입법상 점유를 물권의 일종으로 하고 법률의 보호를 부여하는 방향으로 법안을 마련했다고 한다.[1] 이에 따라 일본민법은 점유권에 관하여 제1절 점유권의 취득, 제2절 점유권의 효력, 제3절 점유권의 소멸을 순서대로 규정하고 있다.

민법제정과정과 현행민법의 내용을 본다면 우리 민법은 일본민법과 마찬가지로 점유를 단순한 사실상태로만 파악하지 않고 점유를 취득하게 되면 점유권을 취득하는 것으로 파악하고 있다.

(2) 대상논문의 견해

대상논문은 점유와 점유권은 동일한 개념이고, 점유권에서 점유를 제외하면 남는 것이 없다는 견해를 취하고 있다. 결국 점유권은 점유에 대한 권리로서의 표현일 뿐이며,[2] 점유권의 실체는 점유이며[3] 점유권에서 점유를 빼면 남는 것이 없다.[4] 따라서 점유권이 이전된다고 할 때 이전되는 것은 점유권이 아니라 점유이다.[5] 물론 점유의 이전이라는 표현도 정확하지 않다. 점유가 이전되는 것은 기존의 점유자가 점유를 포기하고, 새로운 점유자가 점유를 취득하기 때문이다.

점유권의 이전이 사실은 점유의 이전이라고 한다면, 점유권의 양도를 위한 인도인과 인수인 사이의 합의는 점유이전에 대한 합의이며, 이는 법률행위가 아니다. 이러한 합의는 사실상 지배를 이전한다는 자연적 의사의 합치이며 행위능력이 요구되지 않는다.[6] 그리고 자연적 의사의 합치이기 때문에 착오를 이유로 취소할 수도 없다.

(3) 학설의 현황

물건에 대해서 사실상 지배를 취득한 자는 단순히 점유를 취득하는가 아니면 우리 민법과

---

1) 박세민, "일본메이지민법(물권편: 점유권)의 입법이유", 『민사법학』 제60호(한국민사법학회, 2012. 9), 400면.
2) 대상논문, 15면.
3) 대상논문, 16면.
4) 대상논문, 16면.
5) 대상논문, 17면.
6) 대상논문, 19면. 독일의 경우도 마찬가지이다. Staudiger/Bund(1996), BGB §854 Rn. 17.

마찬가지로 점유권을 취득하는가에 대해서는 학설상 대립이 있다. 우리 민법은 점유를 출발점으로 하여 여러 법률효과를 부여하고 있다. 점유자의 과실수취권이나 비용상환청구권을 규정하고 있으며, 점유가 침해된 경우에 점유보호청구권을 인정하고 있다. 이러한 법률효과를 점유권이라는 개념을 매개로 인정할 필요가 있는지 여부가 문제된다. 즉 사실상의 지배, 즉 점유를 갖고 있는 자는 일정한 법적 지위를 갖게 되고 이를 통해서 법률효과가 발생하게 되는데, 그런 효과를 점유권을 매개로 할 필요가 있는지 여부가 문제된다.

점유로 인해서 여러 법률효과를 발생시키는 원천으로서 점유권이라는 개념을 상정하여 점유로 인해서 발생하는 법률효과는 점유권에서 흘러나오는 효과라고 보는 견해가 있다.[7] 이 견해에 따르면 점유는 법률요건이고, 그로 인해서 점유권이 발생하게 되고, 점유권의 내용으로 법률효과가 부여된다. 즉 점유로 인한 법률효과를 인정하기 위한 매개개념으로 점유권이 인정된다고 한다.[8]

점유와 점유권을 표리일체의 관계이기 때문에 실제의 취급에 있어서 점유권이라 구성하든 아니하든 차이가 없다는 견해도 있다.[9]

그러나 점유권의 개념을 부정하는 견해도 있다. 이 견해에 따르면 점유라는 사실에 법률효과가 부여된다고 해서 점유가 권리가 됨을 정당화하는 것은 아니라고 한다. 즉 점유는 권리가 아니지만 법률효과를 가짐을 특징으로 한다.[10] 사실상태로부터 바로 권리가 직접 도출될 수는 없기 때문에 민법 제192조에서 점유권을 규정한 것은 타당하지 않으며, 점유권은 점유를 법적 차원에서 정당화하는 권리, 즉 점유할 수 있는 권리(본권)라는 의미로 사용되어야 한다는 견해도 있다.[11]

물권이 되기 위해서는 배타적으로 귀속되는 이익을 갖고 있어야 하며, 이러한 이익의 침해에 대해서 이를 배제할 수 있는 구제수단을 갖고 있어야 하는데, 점유는 그 자체로 점유자에게 배타적으로 이익을 귀속시키지 않으며, 비록 점유보호청구권이 인정되지만 이는 배타적 이익을 보호하기 위한 것이 아니라 법적 평화 내지 점유자의 연속성 이익을 보호하기 위한 목적에서 인정되고 있다. 따라서 점유는 물권이 될 수 없다.[12]

---

7) 곽윤직, 『물권법』(박영사, 1998), 243면. 김상용, 『물권법』(화산미디어, 2018), 247면; 지원림, 『민법강의』 제15판(홍문사, 2015), 513면.
8) 지원림, 앞의 책, 513면.
9) 곽윤직 편집대표, 『민법주해』 제4권: 물권(1) 제185~제210조(박영사, 1992), 제192조(최병조 집필), 289면; 윤철홍, 『물권법』(법원사, 2013), 158-159면; 이은영, 『물권법』(박영사, 2006), 328면.
10) 이진기, "점유의 개념과 점유법, -점유법의 체계론적 이해-", 『법학논총』 제18집(한양대학교 법학연구소, 2001), 258면.
11) 신유철, "점유제도의 연구(Ⅰ)", 『사법질서의 변동과 현대화: 김형배교수고희기념논문집』(2004), 56면.
12) 김용덕 편집대표, 『주석민법』 제5판(한국사법행정학회, 2019. 6), 점유권 총설(김형석 집필), 350면.

또한 점유라는 사실로부터 일정한 법률효과가 발생할 수 있고, 점유권이라는 매개개념을 반드시 인정할 필요가 없다. 점유권으로부터 일정한 법률효과가 발생한다는 견해는 사실상태로부터 법률효과가 발생할 수 없다는 오해에서 기인한 것일 수 있다.13)

(4) 민법개정과정

2004년 법무부 민법개정안의 작성과정에서 점유권의 개념에 관한 논의나 점유권의 양도에 관해서 개정을 검토하지는 않았다. 그러나 2009년부터 시작된 법무부 민법개정위원회의 민법개정시안 작성과정에서 점유권의 개념을 삭제하는 안이 검토되었다. 즉 점유권이라는 개념을 폐기하고 점유라는 개념만을 사용하자는 안이 제시되었다. 그 근거는 점유는 사실상의 지배이므로 권리로 파악할 필요가 없고, 점유권은 점유할 수 있는 본권으로 오해될 수 있으며, 점유로부터 발생하는 점유보호청구권 등도 점유에 대해서 법적 보호를 부여하는 것으로 볼 수 있으며, 주요 대륙법계 국가의 민법은 점유개념만을 사용할 뿐이지 점유권이라는 개념은 사용하지 않다는 점이었다.14)

그러나 최종적으로 점유권의 개념을 폐지하는 제안은 채택되지 않았다. 점유와 점유권의 문제는 이론적인 논의이며, 점유권의 개념의 존치 여부에 따라 법상태의 변화가 발생하는 것은 아니므로 점유권의 개념을 포기할 필요는 없으며, 점유권의 개념을 포기하는 것에 대한 충분한 이론적 논의나 공감대가 형성되어 있지 않다는 점 때문에 점유권의 개념을 폐지하는 제안은 개정시안에 포함되지 않았다.15)

2. 민법 제196조의 문제점

(1) 민법의 입법과정

민법제정을 위해서 정부가 제출한 민법안(이하 "정부제출 민법안")은 점유권의 양도에 관한 제185조를 규정하고 있다.

> [정부제출 민법안] 제185조(점유권의 양도) ① 점유권의 양도는 점유물의 인도로 그 효력이 생긴다.
> ② 간접점유권의 양도는 목적물반환청구권의 양도로 그 효력이 생긴다.

---

13) 정병호, "점유권 개념에 관한 입법론적 고찰", 『서울법학』 제22권 제2호(Ⅰ)(서울시립대학교 법학연구소, 2014. 11), 337면.
14) 법무부, 『2014년 법무부 민법개정시안 해설(민법총칙 · 물권편)』(2014), 385면. 개정과정에 대한 상세한 설명에 대해서는 정병호, 앞의 논문, 331-342면 참조.
15) 법무부, 2014년 법무부 민법개정시안 해설, 385면.

정부제출 민법안은 만주국민법[16] 제187조와 제188조의 내용과 동일하다.

> [만주국 민법] 제187조 점유권의 양도는 점유물의 인도로 인하여 그 효력이 생긴다.
> 제188조 간접점유권의 양도는 물건의 반환청구권의 양도로 인하여 그 효력이 생긴다.

정부제출 민법안 제185조 제1항은 점유권의 양도에 관한 의용민법 제182조 제1항에 상응하고 제185조 제2항은 목적물반환청구권에 관한 의용민법 제184조에 상응하는 규정이다.[17]

> [일본민법] 제182조(현실인도 및 간이인도) ① 점유권의 양도는 점유물을 인도함에 의하여 한다. ② 양수인 또는 그 대리인이 실제로 점유물을 소지한 경우에는 점유권의 양도는 당사자의 의사표시에 의하여 할 수 있다.
> 제183조(점유개정) 대리인이 자기의 점유물을 이후에 본인을 위하여 점유한다는 의사를 표시한 때에는 본인은 그것에 의하여 점유권을 취득한다.
> 제184조(지시에 의한 점유이전) 대리인에 의하여 점유하는 경우에 본인이 그 대리인에 대하여 이후 제3자를 위하여 그 물건을 점유할 것을 명하고, 그 제3자가 이를 승낙한 때에는 그 제3자는 점유권을 취득한다.

일본민법은 동산물권변동점유권의 경우에는 간이인도, 점유개정, 반환청구권의 양도와 같은 인도방법을 규정하고 있지 않지만, 점유권의 양도방법과 관련하여 현실인도 이외에도 제182조 제2항에서 간이인도를, 제183조에서 점유개정을, 제184조에서 목적물반환청구권의 양도를 규정하고 있다. 그런데 우리나라의 정부제출 민법안은 현실인도와 목적물반환청구권의 양도에 의한 점유권 양도방법만을 규정하고 있었다. 정부제출 민법안에서 점유권의 양도방법 중에서 간이인도에 의한 점유권 양도방법과 점유개정에 의한 점유권 양도방법을 삭제한 이유가 무엇인지 확실하지 않다. 그런데 정부제출 민법안 제185조 제2항은 논의과정에서 수정되었다. 물권변동의 경우는 물권변동의 요건으로 현실인도 외에도 간이인도, 점유개정, 반환청구권양도를 규정하고 있음에도 불구하고 점유권의 양도에는 현실인도와 반환청구권의 양도만을 규정하고 있으므로 물권양도방법과 균형을 맞추기 위해서 제2항에서 간이인도, 점유개정, 반환청구권 양도에 관한 규정을 준용하는 것으로 수정하였다.[18]

---

16) 민의원 법제사법위원회 민법안심의소위원회, 『민법안심의록 상권(총칙편, 물권편, 채권편)』(1957), 124면.
17) 민법안심의록, 124면에서는 제185조 제2항이 일본민법 제181조에 상응하는 규정이라고 설명하고 있다. 그러나 일본민법 제181조는 간접점유에 관한 규정이며, 목적물반환청구권의 양도에 의한 간접점유의 이전에 관해서는 일본민법 제184조가 규정하고 있다. 일본민법 제184조의 입법경과에 대해서는 박세민, 앞의 논문, 413-414면 참조.

(2) 대상논문의 견해

대상논문에 따르면 권리가 양도되는 경우에 권리는 동일성을 유지하면서 양도된다.[19] 즉 권리의 동일성이 유지되지 않으면 권리의 양도라는 표현을 사용할 수 없다. 그런데 점유권의 양도에 있어서 점유권은 동일성을 유지하지 못한다. 예를 들어 기존 점유자가 타주점유인 경우에 그 점유를 이전받게 되면 새로운 점유자도 점유권을 취득하게 된다. 그런데 만약 점유권을 기존 점유자로부터 이전받았다면 새로운 점유자의 점유권은 기존 점유자의 점유권과 그 내용이 동일해야 한다. 하지만 기존 점유가 타주점유라고 해서 새로운 점유자가 타주점유가 되는 것은 아니다. 그리고 기존 점유자가 악의의 점유를 하고 있는 경우에, 점유가 이전되었다고 해서 새로운 점유자의 점유가 악의의 점유가 되는 것은 아니다. 이것은 점유권의 양도에 있어서 권리가 동일성을 유지하면서 양도되는 경우가 아니라는 점을 보여준다.[20] 이 점은 간접점유의 이전의 경우에도 마찬가지이다.[21]

직접점유를 이전하기 위해서는 사실상의 지배의 이전과 인도인과 인수인 사이의 점유의 이전에 대한 합의가 필요하다. 그런데 의사의 합치는 자연적 의사의 합치에 해당하고, 물권적 합의는 아니다.[22] 따라서 점유의 이전을 위해서 행위능력까지 필요한 것은 아니며 착오에 관한 규정도 적용되는 것은 아니다.[23]

그 밖에 민법 제196조 제2항이 제188조 제2항의 간이인도를 준용한 점과 제189조의 점유개정을 준용한 부분은 불필요하다. 간이인도는 양수인이 물건을 점유하고 있는 경우에 인정되는 인도의 방법인데, 점유의 경우에는 인수인이 이미 점유를 갖고 있으므로 의사표시에 의해서 점유를 이전시킬 필요가 없기 때문이다.[24] 그리고 점유개정의 경우에도 양수인은 간접점유를 취득하게 되는데 양수인은 점유매개관계에 기초하여 간접점유를 취득하는 것이므로 별도로 양도인의 점유를 이전시킬 필요가 없다.[25] 따라서 점유권의 양도에 있어서 제188조 제2항과 제189조를 준용할 필요가 없다.

제196조에 대한 검토를 바탕으로 제196조를 삭제하는 방안[26]과 제196조의 제1항에서는 직접점유의 이전을 규정하고 제2항에서는 간접점유의 이전을 규정하는 방안[27]을 제시하고 있다.

---

18) 민법안심의록 상권(1957), 124면.
19) 대상논문, 11면.
20) 대상논문, 13면.
21) 대상논문, 14면.
22) 대상논문, 19면.
23) 대상논문, 19면.
24) 대상논문, 27면.
25) 대상논문, 27면.
26) 대상논문, 29면.
27) 대상논문, 30면.

그리고 점유권을 점유로 수정할 것도 제안하고 있다.[28)]

(3) 학설과 판례의 현황

점유권의 양도에 관한 민법 제196조에 대해서 비판적인 견해는 주로 점유권의 개념에 대한 비판과 관련되어 있다. 점유권의 개념이 불필요한 개념이라고 본다면 점유권의 양도에 관한 규정도 불필요하기 때문이다.

만약 점유는 사실상태이기 때문에 사실상의 지배가 성립하게 되면 점유가 성립하게 된다는 견해를 취한다면 점유권의 양도를 별도로 인정할 필요가 없다.[29)]

민법 제196조에 따라 점유권이 양도되는 것으로 본다면 점유권을 양도하기 위해서는 물권적 합의가 필요하게 된다.[30)] 그러나 점유권이 양도되는 것이 아니라 사실상의 지배가 이전된다는 관점에서 점유의 이전을 위해서는 물권적 합의는 필요하지 않고 자연적 의사의 합치만 있으면 된다는 견해도 있다.[31)] 그리고 만약 점유권의 양도를 위해서 물권적 합의와 사실상의 지배의 이전이 필요한데, 사실상의 지배가 곧 점유이고 점유권이라면 사실상의 지배를 위해서 다시 물권적 합의와 사실상의 지배가 필요하게 되는 순환논리에 빠지게 된다고 한다.[32)]

점유권의 개념을 인정하는 견해를 취하면서도 점유권의 양도를 위해서 물권적 합의까지는 필요하지 않고 사실상의 지배를 이전한다는 자연적 의사에 의해서 점유권이 이전된다고 보는 견해도 있다.[33)]

대법원은 비록 점유를 이전하게 된 법률행위가 양수인의 기망행위를 이유로 취소되더라도 점유를 침탈당한 것이 아니라고 판단하고 있다.[34)] 이 판결은 비록 양수인의 기망행위에 의해서 점유를 이전한 경우에도 점유이전을 위한 합의를 취소할 수 없다는 의미로 이해할 수 있으며 점유권의 이전을 위한 합의는 법률행위가 아니라 자연적 의사의 합치에 해당한다는 입장을 취한 것으로 볼 수 있다.

(4) 민법개정과정

2009년의 민법개정시안 작성과정에서 점유권의 개념을 폐지하자는 개정제안은 채택되지 않았지만, 점유권의 양도에 관한 민법 제196조는 개정시안에 포함되었다. 개정시안의 내용은 다음과 같다.

---

28) 대상논문, 31면.
29) 정병호, 앞의 논문, 351면.
30) 곽윤직/김재형, 『물권법』(박영사, 2014), 198면; 곽윤직 대표편집, 『민법주해』(Ⅳ): 물권(1), §196(이인재 집필), 324면.
31) 대상논문, 19면; 정병호, 앞의 논문, 350면.
32) 정병호, 위의 논문, 350면.
33) 김상용, 앞의 책, 2018, 269면.
34) 대법원 1992. 2. 28. 선고 91다17443 판결.

현행	개정시안
제196조(점유권의 양도) ① 점유권의 양도는 점유물의 인도로 그 효력이 생긴다. ② 전항의 점유권의 양도에는 제188조 제2항, 제189조, 제190조의 규정을 준용한다.	제196조(점유권의 양도) ① 점유권의 양도는 점유물의 인도로 그 효력이 생긴다. ② 간접점유권의 양도는 목적물반환청구권의 양도로 효력이 생긴다.

민법 제196조는 점유권의 양도에 있어서 간이인도에 관한 제188조 제2항을 준용하고 있는데, 이미 인수인이 점유를 취득하고 있는 상태에서 점유권을 양도한다는 것이 의미가 없다.[35] 점유개정에 관한 제189조는 삭제한 이유는 명확하지 않지만, 점유개정의 경우에는 점유매개관계에 기초하여 인수인이 간접점유를 취득하게 되기 때문에 별도로 간접점유를 이전한다는 표현을 사용할 필요가 없다는 점을 고려한 것으로 추측된다.[36]

원래 민법제정 당시의 정부가 제출한 민법안 제185조는 제1항은 현행민법 제196조 제1항과 동일하지만, 제2항은 개정시안 제2항과 동일하였다. 결국 2014년 확정된 제196조의 민법개정시안은 민법 제정 과정에서 정부가 제출한 민법안과 동일한 내용으로 되었다.

3. 대상논문의 의의

대상논문은 우리 민법에서 규정하고 있는 점유권의 의미와 점유권의 양도에 관한 민법 제196조가 갖고 있는 문제점을 체계적으로 정리한 논문이다. 2004년 물권법교과서를 통한 초기의 문제제기[37] 이후에 점유권에 관한 우리 민법이 갖고 있는 문제점들에 대한 논의가 이루어졌으며, 그러한 논의결과 민법 제196조에 대한 민법개정시안이 제안된 성과로 이어졌다. 대상논문은 민법개정시안을 통해서 이루어진 논의를 체계화하고 정교화하는 의미를 갖고 있으며, 향후 우리 민법의 점유권에 관한 규정에 관한 논의의 수준을 한 단계 올렸다는 의미를 갖고 있다.

35) 법무부, 2014년 법무부 민법개정시안 해설, 384면.
36) 독일민법의 경우에는 동산물권변동을 위한 인도의 방법으로 독일민법 제930조에서 점유개정에 대해서 규정하고 있지만, 점유의 이전에 있어서는 독일민법 제930조와 같은 규정을 두고 있지 않다.
37) 송덕수, 민법강의(상), 박영사, 2004, 497면.

Ⅲ. 대상논문에 관련된 쟁점의 검토

1. 점유권의 개념

(1) 점유권의 개념을 인정하는 경우에 점유권의 내용

1) 점유권의 내용

권리는 일정한 이익을 누리게 하기 위해서 법이 인정하는 힘을 의미한다.[38] 우리 민법은 소유권이나 다른 제한물권과 동일한 차원에서 점유권을 규정하고 있다는 점을 고려한다면 점유를 권리로 인정하고 있다. 그런데 점유를 권리로 인정하기 위해서는 법적으로 보호되는 이익이 있어야 한다. 점유권은 물건의 사용가치나 교환가치의 이익과 관련이 없다.[39] 그리고 점유제도는 점유자에게 일정한 이익을 귀속시키는 것이 아니라 사회의 평화라는 일반적인 법익을 보호하기 위한 제도라는 관점[40]에서 본다면 점유권의 내용을 이루는 이익을 찾기는 어렵다. 그러나 점유권의 개념을 인정한다는 관점에서 본다면 점유권에 의해서 보호되는 이익은 "사실상의 지배상태"에서 찾을 수 있다. 즉 진정한 권리자가 반환청구를 하는 경우가 아니라면 "물건을 계속해서 사실상 지배하는 상태"가 점유권에 의해서 보호되는 이익이라고 가정해 볼 수 있다. 즉 점유권은 사실상의 지배 그 자체를 보호이익으로 하는 권리라고 볼 수 있다.

점유로 인해서 발생하는 과실수취권이나 비용상환청구권, 점유보호청구권과 같은 법률효과는 그 자체가 점유권의 내용이 될 수는 없다. 불법적으로 물건을 점유하고 있는 자에게 소유자가 소유물의 반환을 청구할 수 있는 물권적 청구권은 소유권의 효과이기는 하지만, 소유권의 내용은 아닌 것과 마찬가지이다.

2) 간접점유와 점유권

점유의 종류에는 직접점유와 간접점유가 있다. 간접점유자는 점유매개관계를 통해서 타인에게 점유하게 한 자도 점유권을 취득하게 된다. 그렇다면 직접점유자가 갖고 있는 점유권과 간접점유자가 갖고 있는 점유권의 내용은 다른가?

직접점유와 간접점유의 경우에 모두 점유권이 인정된다는 점에서 동일하다. 그러나 직접점유와 간접점유에 있어서 점유보호청구권을 행사하는 방식에 있어서는 차이가 발생할 수 있다. 예를 들어 점유반환청구권은 점유권을 보호하기 위한 물권적 청구권으로 볼 수 있는데, 직접점유자는 자신에게 반환을 청구할 수 있지만, 간접점유자는 직접점유자가 그 물건을 반환받을 수

38) 송덕수, 『신민법강의』(박영사, 2019), 25면.
39) 대상논문, 25면.
40) 곽윤직 대표집필, 『민법주해』(XVII): 채권(10), §741(양창수 집필), 277면.

없거나 이를 원하지 않는 경우에만 자신에게 반환할 것을 청구할 수 있다(민법 제207조 제2항). 그리고 간접점유자가 직접점유자의 의사에 반하여 점유를 이전하였다면 점유의 침탈이 인정된다. 그러나 직접점유자가 간접점유자의 의사에 반하여 점유를 이전하더라도 점유침탈이 인정되지 않는다.[41)]

이러한 점을 고려한다면 간접점유의 경우에 점유권을 취득하더라도 그 점유권은 직접점유자의 사실상의 지배상태를 보호하기 위한 것이라고 보아야 한다. 즉 같은 점유권이더라도 간접점유자의 점유권은 직접점유자의 점유권에 종속적일 수밖에 없다.

3) 점유의 태양과 점유권

점유자의 점유는 소유의 의사에 따라 자주점유이거나 타주점유일 수 있다. 점유의 본권이 없다는 점을 알고 있었는지 여부에 따라 선의점유와 악의점유로 구분할 수 있다. 그 밖에도 점유는 과실있는 점유와 과실없는 점유, 하자있는 점유와 하자없는 점유로 구분해 볼 수 있다. 이러한 점유의 태양에 따라 점유로 인한 법률효과에 차이가 발생하게 된다. 선의의 점유자는 과실을 수취할 수 있지만, 악의의 점유자는 수취한 과실을 반환하여야 한다(민법 제201조 제1항, 제2항). 악의의 점유자는 점유물의 멸실 또는 훼손의 경우에 손해의 전부를 배상하여야 한다(민법 제202조).

그렇다면 점유의 태양에 따라 점유권의 내용이 달라진다고 할 수 있는가? 예를 들어 자주점유자가 갖고 있는 점유권과 타주점유자가 갖고 있는 점유권은 권리의 내용에 있어서 달라지는가? 결론적으로 점유의 태양에 따라 점유권의 내용이 달라진다고 볼 수는 없다. 그 이유는 다음과 같다.

권리를 양도하면 그 권리는 동일성을 유지하면서 양수인에게 이전되어야 한다.[42)] 그런데 점유권을 양도하는 경우에 만약 점유의 태양에 따라 점유권의 내용이 달라진다면 점유권은 동일성을 유지하면 양도될 수 없다. 악의의 점유자가 점유를 이전하더라도 점유를 이전받은 자의 점유는 선의의 점유일 수 있기 때문이다. 따라서 점유자의 선의/악의에 따라 과실수취권이나 손해배상책임에 있어서 법률효과의 차이가 발생할 수는 있지만, 선의와 악의는 점유권의 내용에 영향을 주지 못한다.

마찬가지로 타주점유와 자주점유의 경우에도 점유권의 내용에 차이는 없다고 보아야 한다. 타주점유자가 점유를 이전한 경우에 양수인은 자주점유자일 수 있기 때문이다.

(2) 점유권의 개념을 인정하는 경우에 발생하는 문제

점유권을 권리로 인정하고 위와 같이 사실상의 지배상태를 점유권의 내용으로 한다면 다음

41) 대법원 1993. 3. 9. 선고 92다5300 판결. 이상태, 간접점유의 연원, 『일감법학』 제11호(건국대학교 법학연구소, 2007), 21면.
42) 송덕수, 신민법강의, 48면.

과 같은 문제점이 발생하게 된다.

첫째, 점유를 취득하게 되면 점유권도 취득하게 된다. 그런데 점유를 취득하였다는 사실로부터 점유권은 복수로 발생할 수 있다. 예를 들어 직접점유를 이전하는 경우에 점유를 취득한 인수인은 민법 제192조에 의해서 점유권을 취득하게 되고, 민법 제196조에 의해서도 점유권을 취득하게 된다. 간이인도의 경우에도 양수인은 직접점유를 하고 있기 때문에 이미 점유권을 갖고 있지만, 간이인도에 의해서 다시 점유권을 취득하게 된다. 즉 점유권을 갖고 있는 양수인은 다시 점유권을 취득하게 된다. 그런데 점유권이 사실상의 지배 상태를 법익으로 한다면 여러 개의 점유권을 인정할 필요는 없다. 그리고 점유권도 물권이라면 일물일권주의에 따라 하나의 물건에는 하자의 점유권만 성립해야 한다.

둘째, 점유권은 양도하더라도 그대로 양도인에게 남아 있는 경우가 있다. 예를 들어 점유개정의 경우에는 양도인이 점유권을 양도하면 양수인이 점유권을 취득하게 되고, 권리가 양도되었으므로 양도인은 점유권을 상실해야 한다. 그런데 양도인의 점유는 자주점유에서 타주점유로 변경되기는 하지만 양도인은 여전히 점유권을 보유하게 된다. 권리를 양도하였음에도 불구하고 권리를 계속해서 보유한다는 것은 모순되는 결론이다.

셋째, 민법 제193조는 상속의 경우에 점유권이 상속인에게 이전됨을 규정하고 있다. 그런데 점유권도 물권이라면 점유자가 사망한 경우에 상속인은 점유권을 상속받게 된다. 따라서 민법 제193조는 불필요한 규정이 된다. 오히려 민법 제193조는 점유권이 상속인에게 이전되지만, 점유가 이전된다는 표현을 사용하고 있지 않으므로 사실상의 지배가 이전되지 않는 점유권의 승계취득을 규정한 결과로 된다. 그런데 점유가 이전된다는 규정이 없이 점유권만 상속인에게 승계된다는 것은 타당하지 않다.[43)]

일본민법은 점유권도 물권이기 때문에 상속에 관한 규정(일본민법 제896조)에 의해서 이 문제를 해결하고 있다.[44)] 따라서 별도로 상속에 의해서 점유나 점유권이 이전된다는 규정을 두고 있지 않다. 반면에 점유를 권리로 규정하지 않는 독일민법 제857조는 상속으로 인한 점유의 이전에 대해서 규정을 두고 있다.

(3) 소 결

점유권의 개념을 인정하게 되면 우리 민법의 규정들의 해석이 곤란한 문제들이 발생한다. 점유권의 내용이 동일함에도 불구하고 복수의 조문을 근거로 점유권이 발생하게 되며, 중복하여

---

43) 최윤석, “상속인의 점유취득, -역사적 발전과 한국 민법에의 시사점-”, 『가족법연구』 제31권 제3호(한국가족법학회, 2017), 132면. 상속에 의해서 점유가 이전되는 경우에 그 점유는 의제된 점유라고 한다. 김형석, “법에서의 사실적 지배: 우리 점유법의 특성과 문제점”, 『민사법학』 36호(한국민사법학회, 2007. 5), 172면 참조.

44) 我妻栄, 物権法, 『民法講義Ⅱ』(岩波書店, 1983), 484頁.

발생된 점유권의 관계가 문제된다. 그리고 점유개정의 경우에는 점유권을 양도하더라도 여전히 점유권을 보유하게 되는 문제도 발생한다. 그리고 뒤에서 살펴보겠지만 간이인도의 경우에는 물건을 현실적으로 지배함으로써 점유권을 갖고 있는 점유자에게 간접점유권을 이전하는 무의미한 결과도 발생하게 된다. 직접점유자에게 간접점유권을 이전한다는 것은 의미없는 일이기 때문이다. 그리고 점유권도 권리라면 상속의 경우에 당연히 상속인에게 이전되므로 상속으로 인한 점유권의 이전에 관한 규정을 둘 필요가 없는데, 우리 민법은 별도로 상속으로 인해서 점유권이 이전된다는 규정을 두고 있다.

무엇보다 점유권이 권리라고 하더라도 결국 점유권은 사실상의 지배상태를 보호되는 이익으로 할 수밖에 없다. 결국 점유권은 점유라는 발생원인과 분리될 수 없으며, 점유가 있는 곳에 점유권이 있을 수밖에 없다. 즉 점유권이 권리라고 하여도 점유라는 사실과 결합할 수밖에 없다. 따라서 점유권의 양도의 개념은 인정할 수 없다. 이전되는 것은 점유이며, 점유가 이전됨으로써 점유권이 새로 성립하는 것으로 보아야 한다.[45]

그렇다면 민법에서 점유권이라는 개념을 사용할 필요가 없다. 점유권이 사실상의 지배의 경우에만 인정된다면, 점유권이라는 용어를 점유로 대체해도 전혀 문제될 것이 없기 때문이다. 만약 점유권이라는 용어를 그대로 사용한다면 최소한 점유권의 양도에 관한 규정은 정비할 필요가 있다.

2. 점유권의 양도

(1) 직접점유의 이전

민법 제196조 제1항은 점유권의 양도는 점유물을 인도함으로써 효력이 생긴다고 규정하고 있다. 이 규정은 동산물권양도의 효력에 관한 민법 제188조 제1항에 상응하는 규정이다. 이 규정에 따르면 동산에 관한 물권을 양도하기 위해서는 당사자 사이의 물권적 합의뿐만 아니라 인도가 필요하다. 민법 제196조 제1항의 경우에도 점유권을 양도하기 위해서는 당사자의 의사의 합치가 있고, 인도가 있어야 한다. 여기서 말하는 인도는 직접점유의 이전을 의미한다.[46] 이 규정의 문제점은 다음과 같다.

첫째, 점유권을 취득하는 근거규정이 민법 제192조인지, 아니면 제196조 제1항인지 문제된다. 민법 제192조는 물건을 사실상 지배하는 자에게는 점유권이 있다고 규정하고 있다. 그렇다면 물건을 인도하여 사실상의 지배를 이전한 경우에 양수인은 사실상의 지배를 하고 있기 때문에 민법 제192조에 의해서 점유권을 취득하게 된다. 그런데 물건을 인도하게 되면 민법 제196조

45) 대상논문, 15면.
46) 대상논문, 17면.

제1항에 의해서 점유권이 양도된다. 양수인은 민법 제196조 제1항에 의해서 기존 점유자의 점유권을 승계취득하게 된다. 그렇다면 양수인은 민법 제192조 제1항에 의해서 새로운 점유권을 취득하기도 하고, 민법 제196조 제1항에 의해서 기존 점유자의 점유권도 취득하게 된다는 결론에 이르게 된다. 결국 민법 제192조 제1항이 있다면 민법 제196조 제1항은 불필요한 규정이라고 볼 수 있다. 독일민법의 경우에는 제854조 제1항에서 점유의 취득에 대해서 규정하고 있으며 사실상의 지배[47]를 갖게 되면 점유를 취득한다고 규정하고 있다. 이 규정은 우리 민법 제192조 제1항에 상응하는 규정이다. 다만 우리 민법은 점유권을 취득한다고 표현하고 있고, 독일민법은 점유를 취득한다고 표현하고 있다는 차이가 있을 뿐이다. 독일민법은 점유의 취득에 관한 규정만을 두고 있을 뿐이며 점유의 이전에 관한 규정은 두고 있지 않다.

일본민법 제182조 제1항은 우리 민법 제196조 제1항과 동일한데, 이 규정에 대해서 일본의 통설적인 설명은 우리나라와 동일하다. 즉 점유가 이전됨에 따라서 점유권도 양도된다는 것이다.[48] 그런데 이러한 통설에 대해서 점유가 이전되는 것은 아니고 점유권이라는 권리만 의제적으로 승계된다고 보는 견해도 있다.[49] 즉 양도인이 사실상의 지배를 포기하고, 양수인이 사실상의 지배를 하는 것이기 때문에 점유가 이전되는 것은 아니지만, 점유권이라는 권리가 의제적으로 양도된다고 보는 것이다.

둘째, 권리의 양도는 권리의 승계취득에 해당한다. 그렇다면 점유권의 양도에 의해서 기존 점유자가 갖고 있는 점유권이 새로운 점유자에게 승계된다. 그렇다면 기존 점유자가 갖고 있던 점유권은 무엇을 의미하는가? 권리는 권능으로 구성되어 있다. 권능은 권리의 내용을 이루는 법률상의 힘을 의미한다.[50] 소유권은 사용권, 수익권, 처분권을 내용으로 한다(민법 제211조). 지상권은 건물 등을 소유하기 위한 토지사용권을 내용으로 한다(민법 제279조). 이와 같이 민법은 각 물권의 내용을 규정하고 있지만(지역권은 제291조, 전세권은 303조, 유치권은 320조, 질권은 329조, 저당권은 제356조), 점유권만은 그 내용을 규정하고 있지 않다.

그렇다면 점유권의 내용은 무엇일까? 앞서 살펴본 바와 같이 점유권은 물건을 점유할 수 있는 권리를 가진 자가 반환을 청구할 때까지 물건을 사실상 지배를 계속할 수 있는 권능을 내용으로 한다고 생각해 볼 수 있다. 그런데 점유권의 내용을 이와 같이 이해한다면 점유권은 점유가 있는 경우에 성립하므로, 계속 지배할 수 있는 권능이 이전되는 것을 생각할 수는 없다. 점유가

47) 독일민법은 이를 사실상의 실력(tatsächlichen Gewalt)이라고 표현한다. 양창수, 독일민법전(박영사, 2008), 545면 참조.

48) 我妻 榮 · 有泉亨 · 清水 誠 · 田山輝明, 『我妻 · 有泉コンメンタール民法』-総則 · 物権 · 債権-(日本評論社, 2005.), 358頁.

49) 我妻 榮 · 有泉亨 · 清水 誠 · 田山輝明, 前揭書, 358頁.

50) 송덕수, 신민법강의, 25면.

있는 곳에 점유권이 발생하니, 점유권은 점유가 확립될 때마다 발생하는 권리라고 볼 수밖에 없다. 따라서 점유권의 양도는 인정되기 어렵다.

셋째, 점유권이 양도되는 것이라면, 점유권을 양도하기 위한 당사자의 의사의 합치는 법률행위에 해당한다. 즉 점유권의 양도를 위해서는 당사자의 합의가 필요하며 이러한 합의는 법률행위에 해당한다.[51] 그런데 과연 점유권의 양도를 위해서 법률행위가 필요한가? 대법원은 양도인이 양수인의 기망행위에 의해서 점유를 이전해 주었다고 하더라도 점유를 이전하게 된 원인이 된 교환계약을 기망을 이유로 취소하였다고 해서 점유침탈이 있는 것은 아니라고 한다.[52] 만약 이 경우에 점유권 이전의 합의가 법률행위에 해당한다면 교환계약을 취소할 수 있을 뿐만 아니라 점유권 양도의 합의도 취소할 수 있게 되어 점유권이 양도되지 않게 된다. 그렇다면 점유권은 양도인에게 남아 있게 되고, 양수인은 사실상의 지배를 하고 있지만, 점유권을 갖고 있지 못하다는 결론에 이르게 된다. 이런 점을 고려한다면 점유 이전을 위한 합의는 기존의 점유자가 새로운 점유자를 위해서 점유를 포기하면서 이를 인도하여야 하고, 새로운 점유자는 점유를 설정하는 의사로 수령하는 방식으로 이루어져야 한다. 이러한 당사자의 의사의 일치는 법률행위가 아니고 사실행위에 해당한다.[53] 즉 점유이전의 합의는 자연적 의사의 합치에 해당한다고 보아야 한다.[54] 그리고 점유이전을 위한 의사의 합치에 있어서는 법률행위나 의사표시에 관한 규정이 적용되지 않는다.[55]

(2) 간이인도

우리 민법 제188조 제2항은 동산물권변동의 효력발생과 관련하여 간이인도를 규정하고 있다. 동산물권의 양수인이 이미 동산을 점유하고 있는 경우에는 당사자의 의사표시에 의해서 물권변동의 효력이 발생한다. 이 규정은 점유권의 양도에 관한 제196조 제2항에서 준용되고 있다.

물권변동을 위한 인도의 방식에서 간이인도가 규정되어 있으므로 점유권의 이전을 위해서도 간이인도가 허용되어야 한다는 점은 당연한 것처럼 보인다. 그러나 점유권의 취득에 관한 제192조와 점유권의 양도에 관한 제196조 제1항과 민법 제188조 제2항을 실제로 결합한다면 민법 제196조 제2항이 제188조 제2항을 준용하고 있는 의미가 불명확함을 알 수 있다.

제188조 제2항을 제196조에 대입해서 해석한다면 양수인이 이미 그 동산을 점유한 때에는 당사자의 의사표시만으로 점유권의 양도의 효력이 생긴다는 결론이 도출된다.

우리 민법과 마찬가지로 점유권에 대해서 규정하고 있는 일본민법도 제182조 제2항에서 간

51) 곽윤직, 앞의 책, 150면; 곽윤직/김재형, 앞의 책, 198면; 지원림, 앞의 책, 538면.
52) 대법원 1992. 2. 28. 선고 91다17443 판결.
53) 대상논문, 18면.
54) 대상논문, 19면.
55) 대상논문, 19면.

이인도 방법에 의한 점유권의 양도를 규정하고 있다. 이 규정은 단수인도(tradition brevi manu)에 해당한다.[56] 우리 민법과 차이가 있는 점은 양수인이 점유하고 있는 경우뿐만 아니라 대리인이 점유하는 경우에도 간이인도가 가능하다는 점이다.[57] 즉 점유권의 양수인이 간접점유자인 경우에도 의사표시만에 의해서 점유권이 양도될 수 있다.

간이인도에 의한 점유권 양도와 관련하여 다음과 같은 의문이 발생한다. 먼저 양수인은 이미 점유하고 있기 때문에 점유권을 갖고 있다. 민법 제192조는 물건을 사실상 지배하는 자는 점유권이 있으므로 양수인은 점유권을 갖고 있다. 그렇다면 민법 제196조 제2항은 양수인이 점유권을 갖고 있는 경우에 적용되는데, 양도인과 양수인 사이의 합의가 있게 되면 양수인은 이미 갖고 있는 점유권 이외에도 양도인의 점유권을 승계취득하게 된다. 그런데 양수인의 점유는 직접점유이고, 양도인의 점유는 간접점유이므로 직접점유자인 양수인은 양도인의 간접점유권을 승계취득하게 된다. 직접점유권이 간접점유권보다 더 우위에 있는 권리이며, 간접점유는 점유매개관계를 통한 사실상의 지배이거나 의제된 점유라는 점을 고려한다면 직접점유자가 간접점유자로부터 점유권을 양수하는 것은 의미가 없다.

직접점유자에게 간접점유권을 양도한다는 것이 불필요하다는 점은 독일민법이 동산물권변동의 경우에는 간이인도에 대해서 규정하면서(독일민법 제929조 제2문) 점유의 이전에 있어는 간이인도를 규정하지 않은 점을 통해서 알 수 있다.

물론 독일민법 제854조 제2항은 우리 민법이나 일본민법의 간이인도와 유사한 내용이다. 그러나 이 규정은 사실상의 실력(지배)을 갖고 있는 경우는 아니지만, 사실상의 실력을 행사할 수 있는 경우에 합의(Einigung)만에 의해서 점유를 취득할 수 있다는 규정이다. 이 규정은 장수인도(tradition longa manu)에 관한 규정이며, 양도인이 양수인 앞에서 양도의 목적물을 지정하는 인도방식을 말한다.[58] 즉 독일민법 제854조 제2항은 공개된 장소에서 사실상 지배의 가능성에 대해서 합의하게 되면 양수인에게 점유가 이전되며, 사실상 지배의 가능성만으로 점유를 취득하게 된다. 만약에 점유취득자가 물건에 대한 지배를 실현한 경우에는 독일민법 제854조 제2항이 적용되는 것이 아니라 제1항에 의한 점유를 취득한 것이다.[59] 만약 지배를 실현하기 이전에 제3자가 점유하게 되면 제854조 제2항에 따른 점유의 취득은 효력을 상실하게 된다.[60] 따라서 독일민법 제854조 제2항은 양수인이 아직 점유를 취득하지 않고 있는 경우에 적용되는 규정이며, 간이

---

56) 我妻 榮 · 有泉亨 · 清水 誠 · 田山輝明, 前揭書, 362頁. 단수인도에 대해서는 홍봉주, "부동산 공시방법의 역사에 관한 비교법적 고찰", 『일감법학』 제17호(건국대학교 법학연구소, 2010), 246면.

57) 이는 독일민법 제871조에서 말하는 다중간접점유의 경우에 점유권 이전의 방법이다.

58) 홍봉주, 앞의 논문, 246면, 각주 13).

59) Staudiger/Bund(1996), BGB §854 Rn. 32.

60) Staudiger/Bund(1996), BGB §854 Rn. 26.

인도에 대해서 규정하고 있는 우리 민법 제196조 제2항이나 일본민법 182조 제2항과는 다른 의미의 규정이다. 우리 민법이나 일본민법은 양수인이 점유를 갖고 있는 경우에 적용되기 때문이다. 따라서 점유권의 양도와 관련하여 제188조 제2항이 준용되는 것은 의미가 없다. 점유권 양도의 의사표시가 있는지 여부와 상관없이 점유는 이미 인수인에게 있기 때문이다.[61)]

(3) 점유개정

민법 제196조 제2항은 점유개정에 관한 민법 제189조를 준용하고 있다. 이 두 규정을 결합한다면 다음과 같은 결론 도출된다. 점유권을 양도하는 경우에 당사자의 계약으로 양도인이 그 동산의 점유를 계속하는 때에는 양수인이 인도받은 것으로 본다. 당사자의 합의에 의해서 양도인이 계속 점유하게 되면 양수인은 점유매개관계에 의해서 물건에 대한 지배를 하게 되며, 간접점유를 취득하게 된다.

일본민법도 점유권의 양도와 관련하여 점유개정에 관해서 규정하고 있다(일본민법 제183조). 일본민법은 간접점유 대신에 대리점유라는 표현을 사용하고 있는데,[62)] 대리인이 본인을 위하여 점유하겠다는 의사를 표시하면 본인은 점유권을 취득하게 된다.

우리 민법이나 일본민법과 달리 독일민법은 점유개정의 방법에 의해서 점유를 이전할 수 있다는 규정을 두고 있지 않다. 점유개정의 방법은 결국 간접점유를 설정해 주는 결과로 되는데 간접점유에 관한 독일민법 제868조에 의해서도 점유를 취득할 수 있다면 간접점유권의 승계취득을 인정할 필요는 없기 때문이다.

우리 민법 제194조는 점유매개관계에 기초하여 타인에게 점유하게 한 자는 간접으로 점유권을 갖는다고 규정하고 있다. 따라서 이 규정에 의해서 간접점유를 취득할 수 있으므로 점유권의 양도를 위하여 민법 제189조를 준용할 필요는 없다.[63)] 만약 민법 제189조를 준용하게 되면, 당사자의 합의에 의해서 간접점유권을 취득하게 되며, 또 한편 양도인으로부터 점유권을 취득하게 되어 점유권을 이중으로 취득하는 문제가 발생한다.

(4) 목적물반환청구권의 양도

우리 민법 제196조 제2항은 제190조를 준용하고 있다. 제190조는 목적물반환청구권의 양도에 의해서 인도한 것으로 본다고 규정하고 있다. 일본민법 제184조도 우리 민법 제190조와 유사한 규정을 두고 있다. 다만 일본민법은 목적물반환청구권의 양도라는 표현을 사용하지 않고 대리인에게 제3자를 위하여 점유할 것을 요구하고 이를 제3자가 이를 승낙하게 되면 제3자가 점유권을 취득한다고 규정하고 있다. 이는 결국 목적물반환청구권의 양도에 의한 점유권 이전방법이다.

---

61) 대상논문, 18면.
62) 일본민법 제181조(대리점유) 점유권은 대리인에 의해서 취득할 수 있다.
63) 송덕수, 신민법강의, 27면. 홍성재, 앞의 책, 65면; 김용덕 편집대표, 앞의 책, 420면.

독일민법 제870조도 우리 민법 제190조와 유사한 내용을 갖고 있다. 독일민법 제870조는 간접점유를 이전한다는 표현을 사용하고 있는데, 반환청구권을 양도하는 방법으로 간접점유를 이전(Übertragung)한다는 표현을 사용하고 있다.

간접점유의 이전에 관한 규정, 즉 목적물반환청구권에 의한 간접점유의 이전에 관한 규정은 점유개정이나 간이인도와 달리 의미있는 규정이다. 간접점유이기는 하지만, 목적물반환청구권의 양도의 방법이 간접점유를 이전하기 위한 유일한 방법이기 때문이다.

(5) 소 결

점유권의 양도에 관한 민법 제196조는 그 규정의 내용을 하나씩 살펴보면 반환청구권의 양도에 의한 간접점유의 이전을 제외하면 불필요한 규정이다. 민법 제196조에 의해서 오히려 점유권의 양도를 발생을 둘러싸고 의미없는 논란이 발생하게 된다. 따라서 반환청구권의 양도에 의한 간접점유권의 양도를 제외한 나머지 점유권의 양도에 관한 규정은 삭제하는 것이 바람직하다.

Ⅳ. 결 론

우리 민법은 제196조에서 점유권의 양도에 대해서 규정하고 있다. 제1항은 사실상의 지배의 이전을 통한 점유권의 양도에 대해서 규정하고 있고, 제2항은 점유개정, 간이인도, 반환청구권의 양도에 의한 점유권 양도를 규정하고 있다.

그런데 민법 제192조에 의해서 물건에 대해서 사실상의 지배를 취득한 자는 점유권을 취득하게 된다. 따라서 민법 제196조 제1항이 없더라도 사실상의 지배가 이전되면 점유권이 이전되므로 이 규정은 불필요한 규정이다. 그리고 민법 제196조 제2항은 간이인도에 관한 민법 제188조 제2항, 점유개정에 관한 민법 제189조, 반환청구권의 양도에 의한 인도를 규정한 민법 제190조를 준용함으로써 현실인도가 아닌 방법에 의한 점유권 양도방법을 규정하고 있다. 이 중에서 반환청구권의 양도에 의한 점유권의 양도, 즉 간접점유권의 양도는 의미있는 규정이지만, 점유개정이나 간이인도에 의한 점유권 양도에 관한 규정은 불필요한 규정이다. 간이인도의 경우에 점유권의 양수인은 이미 점유를 하고 있으므로 점유권을 갖고 있다. 따라서 점유권을 갖고 있는 점유자에게 다시 점유권을 양도할 수 있다는 규정은 불필요하다. 그리고 점유개정의 경우에 점유권의 양수인이 계약에 의해서 간접점유권을 취득하게 된다. 그런데 우리 민법 제194조는 간접점유권에 대해서 규정하고 있다. 따라서 점유개정에 관한 규정을 두지 않더라도 민법 제194조에 의해서 점유권을 취득하게 되므로 점유개정에 의한 점유권의 양도에 관한 규정을 둘 필요가 없다. 따라서 반환청구권의 양도에 의한 점유권 이전에 관한 규정을 제외하고 민법 제196조는 삭제하는 것이 타당하다.

나아가서 민법 제196조의 문제는 점유권이라는 개념을 인정함으로 인해서 파생된 문제이다. 점유권은 점유가 있는 곳에 인정되는 권리이기 때문에 점유와 분리하여 점유권이라는 개념을 인정할 필요가 없다. 점유권을 매개로 여러 법률효과가 인정된다면, 점유라는 사실을 매개로 여러 법률효과를 인정할 수도 있다. 예를 들어 우리 민법은 부동산의 경우에 점유라는 사실상태의 계속에 대해서 취득시효 완성이라는 법률효과를 발생시킨다. 이러한 법률효과의 발생을 위해서 권리라는 개념을 상정할 필요는 없다. 마찬가지로 점유라는 사실상태를 매개로 법률효과가 발생하는 것도 가능하므로 점유권의 개념은 불필요한 개념이다.

제2부

송덕수 교수의 정년퇴임을 기념하는 일반논문

민법에서 법과 언어*

– 「알기 쉬운 민법」을 계기로 –

이 준 형*

Ⅰ.

송덕수 교수님의 여러 연구주제 가운데 이 글에서 다루고자 하는 주제는 지난 2006년부터 2010년까지 정부(법제처) 주도로 추진되었던 이른바 「알기 쉬운 법령」 정비사업과 그 일환으로 2008년부터 2018년까지 법무부를 중심으로 진행되었던 「알기 쉬운 민법」 추진사업에 관한 것이다.[1] 특히 2018년 법무부 민법개정안(이른바 알기 쉬운 민법안)의 구체적인 내용에 관해서는 이미 유관학회(한국민사법학회) 차원에서 의견개진이 있었으므로,[2] 여기에서는 구체적인 내용에 관해서는 언급하지 않는다. 또한 법무부 주관으로 관련 공청회도 열렸고 필자도 토론자의 한 사람으로 참가할 기회를 얻어서 당시 일본과 독일의 경험을 소개하고 의견을 개진한 바도 있다.[3] 당시 토론문을 작성하면서 필자는 언젠가는 법과 언어의 관계, 그리고 그 안에서 우리 민법이 갖추어야할 모습을 생각해볼 기회를 한 번 더 가졌으면 하고 생각했는데, 이번에 이를 시도해보고자 한다. 그리고 이렇게 생각하게 된 배경에는 이번 정년기념논문집의 취지에서 크게 벗어나지 않을 것이라는 나름의 판단이 있었음은 물론이다.

법과 언어가 서로 불가분의 관계에 있음은 굳이 설명이 필요 없을 것이다. 시인이나 소설가는 글을 쓰는 것이 직업이지만, 법률가는 글을 쓸 뿐만 아니라(판결문이나 답변서의 작성) 매일같이 엄청난 글을 읽고(소송서류의 검토, 법률·판례 등 이른바 법정보조사) 또 고도의 긴장감을 가지고

---

* 이 글은 수정·보완되어 「법학논집」 제38집 제3호(한양대학교 법학연구소, 2021)에 게재될 예정이다.
** 한양대학교 법학전문대학원 교수, 법학박사.

1) 법제처, 알기 쉬운 법령 정비기준(제9판), 법제처, 2019, 2면 내지 3면, 송덕수, 민법전의 용어와 문장구조, 박영사, 2018, 7면 내지 13면 및 28면 내지 35면 참조.
2) 한국민사법학회, 2018년 민법일부개정법률[알기 쉬운 민법]안에 관한 민법학자 의견서, 유원북스, 2018.
3) 2018. 6. 8. 열렸던 「알기 쉬운 민법」 개정을 위한 민법 개정 공청회에 제출하였던 필자의 토론문은 자료집, 37면 내지 53면에 실려 있다.

남의 말을 듣고 질문하여야 한다(고객 상담, 증인심문). 오죽했으면 법률(law)이란 영어단어 자체가 "쓰여져 있는 것"이란 바이킹 어에서 나온 것일까.[4)]

이런 이유로 외국에서는 지난 50년간 법률학과 다른 학문과의 교류가 활발하게 진행되면서 언어학과의 교류도 진행되었다. 물론 경제학이나 사회학과의 교류에 비하면 결코 그 수가 많다고 할 수는 없지만, 법언어학이란 분야를 개척하고 이제는 고전이라 할 수 있는 데이비드 멜린코프의 『법률의 언어』[5)]를 비롯하여 피터 M. 티어스마, 로렌스 M. 솔란, 하이키 E. S. 마틸라, 데니스 쿠르존 등의 저술이 우리의 입장에서 보면 시사하는 바가 많다.[6)] 다수의 학자들이 참여한 옥스퍼드 핸드북은 빠르게 성장하는 법률언어 분야의 연구 성과가 어디까지 와있는지를 잘 보여준다.[7)] 법률언어학, 특히 알기 쉬운 법률용어 운동(Plain Legal Language Movement)[8)]에 적극적인 인사들이 설립한 국제적인 조직도 조직되어 있음도 특기할 만하다. 가장 대표적인 조직으로는 1985년 영국에서 법률영어의 간소화에 관심을 가진 법률가들이 설립한 「클래러티(Clarity)」가 있는데, 그 후 한때 급격하게 국제적 조직으로 발전하였지만 비법률가의 참여가 증대함으로써 초점이 법률언어에서 언어일반으로 확대되면서 현재는 규모가 축소되었다. 그 홈페이지를 보면 유사한 목적의 많은 단체들의 소개가 나와 있다.[9)]

---

4) Peter M. Tiersma, Legal Language, University of Chicago Press, 1999, p. 17에 따르면 8세기경 스칸디나비아 반도의 바이킹이 잉글랜드의 바닷가에 출현하기 시작하였고 9세기와 10세기에는 Danelaw라 불리는 스칸디나비아 법이 잉글랜드 동쪽 지역 일부에서 시행되면서 법률 영역에서 스칸디나비아 어의 영향이 오늘날까지 남게 되었다고 한다. 또 그에 따르면 원래 앵글로 색슨 어(고대영어)에서 법률을 의미하던 riht는 권리를 뜻하는 right로 남게 되었고 lay에 해당하는 스칸디나비아(노르웨이) 어에서 law가 나온 것이라고 한다(그러므로 lay down the law는 불필요한 중복표현이라고 한다).

5) David Mellinkoff, The Language od the Law, Little, Brown and Company, 1963. 이 연구가 해당 분야의 '고전(classic book)'이라는 점에는 관련 연구자들 사이에 정설인 듯하다. 가령 Tiersma(주 4), p. vii; Michael Freeman and Fiona Smith, Law and Language(Current Legal Issues 2011, vol. 15), Oxford University Press, 2013, p. 1, note 4 참조.

6) Tiersma(주 4), Lawrence M. Solan, The Language of Statutes: Laws and Interpretation, University of Chicago Press, 2010, Heikki E. S. Mattila, Comparative Legal Linguistics(2nd ed.), Ashgate, 2013, Dennis Kurzon and Barbara Kryk-Kastovsky, Legal Pragmatics, John Benjamins Publishing Company, 2018. 그 밖에도 독일 문헌 중에는 Kent D. Lerch(hrsg.), Die Sprache des Rechts: Studien der interdisziplinären Arbeitsgruppe Sprache des Rechts der Berlin-Brandenburgischen Akademie der Wissenschaften(3. Bde), De Gruyter, 2004-2005, 프랑스 문헌 중에는 Gérard Cornu, Linguistique juridique(3^{e} éd.), L.G.D.J., 2005를 들 수 있다. 최근에는 동아시아에서도 중국과 일본을 중심으로 廖美珍, 大河原眞美, 堀田秀吾 등이 관련 연구 성과들을 발표하고 있지만, 아직 미미하다(3인 중 앞의 2인의 학문적 배경은 영문학이다).

7) Peter M. Tiersma and Lawrence M. Solan(eds.), The Oxford Handbook of Language and Law, Oxford University Press, 2012. 그 밖에도 영국의 특수한 상황에 보다 초점을 맞춘 문헌으로 Michael Freeman and Fiona Smith(eds.)(주 5)도 있다.

8) 이 운동의 간단한 역사에 관해서는 Tiersma and Lawrence M. Solan(주 7), pp. 68-70(Mark Adler 집필부분)을 참조.

9) <www.clarity-international.org/orgs> (2021. 5. 5. 최종방문) 특히 American Society of Legal Writers (1953년 결성되었고 여기서 잡지 The Scribes Journal of Legal Writing을 발간한다), Plain Language

분명한 것은 이처럼 광범위하게 퍼져있는 법률언어에 대한 불만 내지 비판은 비단 어제오늘의 일은 아니라는 사실이다. 일찍이 토머스 모어(그 자신이 영국에서 가장 지위가 높았던 법률가였던)는 1516년 자신의 저서(유토피아)에서 유토피아 사람의 입을 빌려서 법률과 재판에 대한 비판을 하고 있는바, 지나치게 길어서 일반인이 끝까지 읽을 수 없거나 너무 어려워서 이해할 수 없는 법조문이 만인을 구속한다는 것은 부당하기 짝이 없는 일이라고 갈파하였다.[10] 여기에 한 가지 사실을 덧붙이자면 또 다른 분명한 점은 법률언어에 대한 불만 내지 비판에도 불구하고 법률언어는 강제성 내지 폭력성을 갖는다는 사실이다. 커버는 이를 다음과 같이 표현했다. "법의 해석은 고통과 죽음의 들녘에서 행해진다. 이것은 여러 의미에서 그러한데, 먼저 법을 해석하는 행위는 타인에 대한 폭력을 행하겠다는 표시이자 그 원인이 된다. 가령 법관이 법문을 자신은 어떻게 이해하는지를 천명하면 그로 인하여 누군가는 자유를, 재산을, 아이를, 심지어 생명을 잃게 된다. 또한 법에서 해석이란 이미 일어난 혹은 곧 일어날 폭력을 정당화하는 수단이기도 하다. 해석자가 그의 작업을 마치면 그 다음에는 조직화된 사회적 폭력이 행사되어서 희생자의 삶이 찢겨나가게 된다. 법의 해석과 그로 인한 폭력은 서로 분리해서는 제대로 이해할 수가 없다."[11] 이렇게 불만과 비판에도 불구하고 강제와 폭력은 계속되면 그에 따라 불만과 비판은 증폭되는 악순환의 고리가 이어질 수 있고, 그러면 결국 법질서의 정당성이 위협받을 수밖에 없다.

Ⅱ.

법질서의 정당성이 위협받는 상황을 방지하기 위하여 법과 언어의 관계를 보다 진전시키려는 노력은 다양한 차원에서 이루어질 필요가 있다. 입법자, 법관, 검사, 수사관, 변호사, 증인, 통역사, 공증인, 중개사, 교수, 시민 등 다양한 직역에서 법률, 명령, 판결문, 조서, 소장, 답변서, 심문, 강의, 거래 등 다양한 기회에서 법률언어를 사용한다. 오늘날 거의 모든 사회생활을 커버한다고 할 수 있을 정도이다. 그럼에도 불구하고 법(특히 법률)과 언어의 관계에 대한 학술적인 분석은 우리 사회에서 지금까지 찾아보기 어려웠고,[12] 그것이 우리의 법률언어생활을 보다 합리

Association International(캐나다에 본부를 둔 단체로 역시 법률언어뿐 아니라 모든 분야에서 쉬운 언어를 지향한다) 등의 이름이 높다.

10) Paul Turner(ed.), Thomas More, Utopia, Penguin, 1965, p. 106{주경철(역), 유토피아, 을유문화사, 2021, 112면: "다 읽을 수 없을 정도로 양이 많고 누구도 명백하게 이해하지 못할 애매모호한 법률들로 사람을 옭아매는 것은 대단히 불공정한 일입니다."}.

11) Robert Cover, "Violence and the Word", (1985-1986) 95 *Yale Law Journal* 1601.

12) 최근 언어학자 이해윤이 법언어학의 이해, 역락, 2020을 펴냈고, 일본의 대표적인 개설서가 번역되었다(하시

적으로 만드는 데에 장애가 되었다.

법과 언어의 관계를 이해하고자 하는 노력은 법률가와 언어학자 양쪽에서 모두 있어왔다. 법률가 가운데에는 일찍이 제레미 벤담의 노력을 꼽을 수 있는데, 그는 당시 불명료하였던 법률용어의 의미를 명확히 확정함으로써[13] 그가 원하는 법률개혁을 실현할 수 있는 새로운 구조를 구축하려고 하였고, 그 과정에서 오늘날 규범논리학이라 부르는 분야를 개척하였고, 영국에서는 법철학자였던 오스틴과 하트가 언어에 대한 의식을 벼림으로써 현상에 대한 우리의 이해를 벼릴 수 있다는 신념을 확산시켰다.[14] 반면에 스칸디나비아의 악셀 해거스퇴름은 법과 언어의 문제를 법사학(보다 정확히는 로마채권법연구)에서 풀기 시작하였는데,[15] 그는 로마시민법을 초감각적인 힘의 획득과 행사의 체계로 보고 오늘날에까지도 행해지는 왕의 대관식, 법관이 사형을 언도할 때 쓰는 검은 모자, 결혼식 반지 등의 의식을 법률언어의 영역 안으로 끌어들였으며, 그의 후계자 올리브크로나는 혼인의식에서 행해지는 선서와 같이 기존의 관계에 대한 외부의 인식을 완전히 바꾸어놓는 '수행적'[16] 법률용어 연구로 이를 계승하였다.[17] 한편 법경제학과 같이 인접학문과 교류가 활발한 미국 법학계에서는 법과 문학이라는 새로운 흐름이 화이트의 기념비적 교재[18]의 출간과 함께 시작되어 와이스버그의 프랑스 비시 정권 하의 유대인 학살 연구에서는 당시 법률가들이 판결문, 논문 등 법률텍스트에서 이미 유대인에 대한 법률적 '배제 담론'을 양산하였음을 밝히면서[19] 프랑스 가톨릭계 또한 이러한 법률텍스트를 읽는 나름의 방식이 있었음을 날카롭

우치 타케치·홋타 슈고 편저, 서경숙·니시야마 치나 옮김, 법과 언어, 박이정, 2016).

13) 미국의 대표적인 법률용어사전인 Black's Law Dictionary의 편집자 Bryan A. Garner는 벤담과의 가상 인터뷰를 하는 내용의 에세이를 최근 발표하였는데("Is jargon a 'perversion of language'?", *ABA Journal*. Vol. 105 Issue 6, Jul/Aug 2019, p. 1), 이 글 말미에도 법률전문용어에 대한 벤담의 혐오를 표현하고 있다("By the heaps of filth, moral and intellectual, of which legal jargon is composed, it becomes a perpetual source of disgust, and serves as a perpetual repellent to the eye of scrutiny.").

14) Herbert L. A. Hart, The Concept of Law, Oxford University Press, 1961, p. vii.을 보면 John Austin을 인용하고 있다.

15) Axel Hägerström, "The Philosophy of Axel Hägerström"(이 글은 원래 해거스트룀 자신이 작성하여 1933년에 발표한 글이지만 여기에서는 Axel Hägerström, trans. by Robert T. Sandin, Philosophy and Religion, Routledge, 1964, p. 313 이하에 실린 것을 인용함), p. 316.

16) 언어학에서 遂行的(performative)이라 함은 I promise to marry you.과 같이 표현된 행위가 실행됨을 뜻한다(뒤의 주 26 참조).

17) Karl Olivecrona, "Legal Language and Reality", in: Ralph A. Newman(ed.), Essays in Jurisprudence in Honor of Roscoe Pound, Boobs-Merrill, 1962, pp. 151: "이것은 마술의 언어이다(p. 175)." 스칸디나비아 법현실주의에서 법과 언어에 대한 논의에 관한 개관으로는 Michael D.A. Freeman, Lloyd's introduction to jurisprudence(8th ed.), Sweet & Maxwell, 2008, 특히 Ch. 11을 참조.

18) James Boyd White, The Legal Imagination, Little Brown, 1973. 이 책은 원래 법언어학 수강생들을 위한 교재로서 쓰여진 것이다. 법률텍스트와 다른 텍스트에서 인물의 아이덴티티를 규정(구성)하는 방식(가령 나는 교실에서 혹은 교수와 관계에서 학생이라는 식의)이 어떻게 다른지에 주목하는 유명한 구성적 수사 이론(constitutive rhetoric theory)이 여기에서 제시되었다.

19) Richard Weisberg, Vichy Law and the Holocaust in France, New York University Press, 1996.

게 고발하는[20] 학문적 성취를 이루었다. 미국에서 법과 문학 운동은 한편으로는 커버[21]와 사라트,[22] 웨스트[23] 등의 연구로 국가권력(사형제도, 가부장제 등)에 대한 비판으로 나아가고, 다른 한편으로는 유럽 출신의 굿리치에 의해 읽기가 사회적, 정치적 행위로서 자리매김되고 법에 대한 전통적 읽기, 쓰기, 해석, 이해에 대한 비판적 담론의 역사가 기록되면서[24] 법경제학만큼은 아니지만 학계에서 상당한 성공을 거두었다.

반면에 법과 언어에 관해서는 언어학 쪽에서도 꽤 많은 연구가 진행되었는바, 미국에서는 주로 형사법[25]과 함께 헌법 분야에서, 특히 수정헌법 제1조가 보장하는 '표현(speech)'이 무엇인가를 규명하는 데에 언어행위이론[26]과 언어철학이 동원되었다.[27] 학계뿐 아니라 실무계에서도 법규를 문리해석 하는 데에 언어학은 큰 역할을 하였는데, 미국에 비하여 영국에서 더욱 그러하였다.[28] 물론 미국에서도 영향력 있는 법관 가운데 이른바 문언 중심적 해석을 오랫동안 지지한 경우도 없지 않지만 일부에 그쳤고,[29] 그보다는 언어학 이외의 인접학문인 언론학, 문학, 사회학, 인류학 등에서 법과 언어에 대한 연구가 많이 진행되었는데, 여기서 두 가지 뛰어난 성과만

20) Richard Weisberg(주 19), pp. 428-429.
21) Robert Cover(주 11).
22) Austin Sarat, "Speaking of Death: Narratives of Violence in Capital Trials", in: Austin Sarat and Thomas R. Kearns(eds.), The Rhetoric of law, Michigan University Press, 1994: "언어현상과 물리현상은 사실과 은유로서 현대법의 구성에 불가결하다(p. 136)." 사라는 그 후 사형판결을 둘러싼 내러티브의 분석을 통하여 사형제도가 국가살인(state killing)이라는 결론에 도달한다.
23) Robin West, Re-Imagining Justice, Ashgate, 2003: "법의 지배는 정치를 무너뜨리기 위해서가 아니라 작용하도록 하기 위해 존재하고, (…) 정치는 공동체간, 개인간에 의미를 창조하는 수단이 된다(p. 9)."
24) 미국의 법과 문학 운동을 대표하는 잡지인 Law and Literature(과거 Cardozo Studies in Law and Literature)의 편집장인 Peter Goodrich는 에딘버러에서 박사학위를 받은 후 Reading the Law, Blackwell, 1986; Language of Law, Weidenfeld & Nicholson, 1990; Law in the Courts of Love, Routledge, 1996를 통하여 법의 해체와 재구성, 그리고 법학의 쇄신('case law of love')을 시도하였고, 그 후로는 시각언어(엠블럼과 같은 이미지), 영화로 연구대상을 확대하였다.
25) Lawrence Sloan and Peter Tiersma, Speaking of Crime, University of Chicago Press, 2005.
26) John Langshaw Austin, How to Do Things with Words, Oxford University Press, 1962(김영진 역, 말과 행위, 서광사, 1992)에 따르면 일상생활의 대화는 명령, 요구, 축원-겸허, 질문-기원, 요청, 감탄의 6가지 유형의 언어행위(話行)로 인식할 수 있고, 이를 기초로 발화(utterance) 가운데에는 참-거짓이나 어떤 심상을 진술하기 위한 것이 아니라 계약, 조언, 동의, 강요라는 어떠한 행위를 수행하는(performative) 이른바 '수행적 발화' 개념이 나왔다.
27) Kent Greenawalt, Speech, Crime, and the Uses of Language, Oxford University Press, 1989; Franklyn Haiman, Speech Acts and the First Amendment, University of Chicago Press, 1993.
28) Michael Freeman/Fiona Smith, "Law and Language: An Introduction", in: Michael Freeman/Fiona Smith(eds.)(주 5), p. 5 note 53에 따르면 1830년대부터 60년 가령 이러한 경향이 강했다고 하면서 notes 54-56에서 관련 판결례를 인용하고 있다.
29) 누구보다도 Antonin Scalia을 꼽을 수 있는바, 1986년 연방대법관에 취임한 때부터 2016년 사망할 때까지 30년간 보수진영에서도 문언 중심적(textualist) 입장을 견지하였는바, 특히 Zedner v. United States, 547 U.S. 489(2006)에서는 "어떤 법률을 해석할 때에 입법의 경과를 끌어들이는 것은 정당하지 않고 또 경솔한 태도이다"라는 입장을 천명하였다.

언급하자면 하나는 구체적인 소송에서 사용된 담론 전략에 대한 분석을 들 수 있고(대표적으로 프로농구선수 오 제이 심슨 살인 사건을 대상으로 한 코터릴의 연구나 윌리엄 케네디 스미스 강간 사건을 분석한 마토시안의 연구, 그리고 대학교 구내에서 발생했던 강간 사건을 다룬 에어리히의 연구를 들 수 있다),[30] 다른 하나는 미국의 소액사건법원(small claims courts) 안에서 이루어지는 담론에 대한 콘리와 오바의 참여관찰적 연구(ethnography)를 꼽을 수 있다.[31] 반면에 유럽대륙에서는 프랑스를 중심으로 기호학 분야에서 라캉이나 그레마스가 법과 언어에 대한 새로운 관점을 열었다고 평가된다.[32]

그러나 이와 같은 언어학 기타 다른 분야의 연구 성과를 법학에 그대로 가져오기에는 법학 쪽의 준비가 제대로 갖추어지지 아니하였다. 이 점은 가령 경제학의 연구 성과를 법학(구체적으로는 법경제학)에서 수용하는 것과 비교해보면 뚜렷이 드러난다. 후자의 경우 양쪽 학문은 가령 파레토 최적과 같은 핵심적 개념을 공유하지만, 전자의 경우는 그러하지 아니하기 때문에 양쪽 학문 사이에는 연결부분에 일종의 단층 같은 것이 존재한다. 그 단층을 메우기 위한 시도를 하기에는 필자의 한계와 지면의 제약이 명백하기에 이하에서는 법과 언어를 둘러싼 다양한 법률언어의 사용례 가운데 입법, 그 중에서도 민법의 사례를 중심으로 살펴보는 데에 그치기로 한다.[33]

Ⅲ.

대륙법의 형성지인 유럽대륙의 경우는 이미 스토아 철학에서 계몽주의에 이르기까지 법률의 이해가능성을 중시하는 전통이 있었고 실제로 이를 실현하고자 하는 시도가 계속해서 있었다. 일찍이 스토아철학에서는 “법률은 모름지기 파악하기 쉽도록 짧아야 한다(Leges breve esse oportet quo facilius teneanutur)”고 주장하였고,[34] 독일의 의사이자 법률가였던 콘링도 17세기 중

30) Janet Cotterill, Language and Power in Court, Palgrave Macmillan, 2003; Greg Matoesian, Law and the Language of Identity, Oxford University Press, 2001; Susan Ehrlich, Representing Rape, Routledge, 2001.

31) John M. Conley/William M. O'Barr, Rules versus Relationship, University of Chicago Press, 1990.

32) Jacques Lacan/Alan Sheridan(trans. and ed.), Ecrits, Routledge, 2001(초판은 1977); Algirdas J. Greimas/Daniele McDowel, Ronald Schleifer, Alan Velie(trans.), Structural Semantics, University of Nebraska Press, 1983.

33) 이해윤(주 12), 18면은 International Association of Forensic Linguists가 법언어학을 Language & Law, Language in the Legal Process, Language as Evidence, Research/Teaching으로 4분한 예를 인용하면서 이러한 4분법이 독일어권의 학자들(Grewendorf, Schall을 인용)이 Sprache der Gesetze, Sprache vor Gericht, Sprache des Täter로 분류하는 것과 비슷하다고 평가한다.

34) Lucius Annaleus Seneca/Richard M. Gummere, Ad Lucilium epistulae morales Ⅰ-Ⅲ, Harvard University Press/W. Heinemann, 1967-1971, 94, 38(Poseidonios von Apameia를 인용하면서).

반(1643년) 법률은 "간결하고 명료하고 모국적이어야 한다. 그래야 법률에 좇아 살아야 하는 사람들도 이해할 수 있다. (…) 왜냐하면 법률에 좇아서 살아야만 하는 사람이 법률을 이해하지 못하는 것처럼 不正義한 것은 없기 때문이다(Igitur primum sermone utique scribendae leges fuerint brevi, plano, & patrio. Hic enim demum perspicuus est illis qui legibus vivere obstricti sunt. … Iniquius enim nihil est quam siquis secundum legem vivere debet, quam non intelligit)."고 하면서 당시의 법률을 정비할 필요가 있다고 주장한 바 있다.[35)] 특히 몽테스키외는 그의 대표저작인 『법의 정신』에서 알기 쉬운 법률의 사상을 다음과 같이 피력하여 후대의 유럽대륙 입법자들에게 지침을 제공하였다. "그 문체는 간결해야 한다. … 법률용어는 소박해야 한다. 머리를 복잡하게 짜낸 표현보다는 간략한 표현은 언제나 더 낫다. … 법률의 문구가 모든 사람에게 같은 관념을 불러일으키는지가 중요하다."[36)] 몽테스키외의 책이 나온 지 1년 후 프랑스 계몽주의의 영향을 받은 프로이센 황제 프리드리히 2세(Friedrich Ⅱ.)는 「법률의 제정 및 폐지 이유에 관하여」란 글에서 자신이 생각하는 좋은 법률의 기준을 다음과 같이 제시하였다. "규정 하나하나가 명료하고 정확하여 그 해석을 둘러싸고 어떠한 다툼도 없어야 한다. … 명확한 법률은 법 왜곡의 여지를 남기지 아니하고 문자 그대로 집행되어야 한다."[37)]

이처럼 계몽주의는 알기 쉬운 법률에 관심을 쏟았지만 법문에 영향을 거의 미치지는 못하였다. 법률을 단순화하고 법률해석을 배제하는 법률언어는 모든 나라에서 추구되었지만, 그것이 실현된 적은 없었다. 프리드리히 2세도 프로이센일반란트법 기초를 명하면서 "법률과 관련하여 짐이 이해할 수 없는 것은 다수의 법률이 정작 법률을 본보기로 삼아야 할 사람들에게 이해되지 못하는 언어로 써있다는 사실이다. 그러므로 무엇보다도 모든 법률이 우리 제국과 신민들의 언어로써 써지는 것이 바람직하다."[38)] 또한 "가능한 자연스럽고 무리가 없는 이야기체의 명료함과 단순함"을 추구하여야 하고 "과장된 표현, 새로 만든 용어 … 그리고 전문용어는 일반이 이해하기 어렵다면" 사용하지 말아야 한다고 주문하였다.[39)] 이러한 기준에 따라서 구상된 법전의 용어는 당연히 대중적이고 또 그 조문들도 단순하고 적용이 용이한 문장으로 되어 있어야 하겠지만, 조문의 길이를 줄이고 사안별로 조문을 따로 두다보니 동법은 조문의 수가 19,000개를 넘기는 법률이 되어버렸다.

---

35) Hermann Conring/Johann Wilhelm Göbel(hrsg.), Deorigine iuris Germanici, in: Ders. Opera, Bd. 6, Meyer, 1730, S. 187.
36) Charles Louis de Secondat de Montesquieu, De l'esprit des lois, Flammarion, 1979{이영희(역), 법의 정신, 학원출판공사, 1997}, 6부 29편[법을 제정하는 방법] 16장.
37) Friedrich Ⅱ., Über die Gründe, Gesetze einzuführen oder abzuschaffen, in: Gustav Berthold Volz(hrsg.), Die Werke Friedrichs des Großen, Bd. 8: Philosophische Schriften, Reimer Hobbing, 1913, SS. 22 ff.
38) 1780. 4. 14.자 내각명령.
39) 1781. 3. 24.자 규정.

반면 프로이센의 프리드리히 2세의 경쟁 상대였던 오스트리아의 마리아 테레지아(Maria Theresia) 여제는 자신의 법전 기초 작업을 맡은 위원들에게 "법률과 교과서는 서로 혼동해서는 안 된다. 그러니까 입법자의 입 속에 아니라 교회에 속하는 것은 일체 법전에서 제외"하도록 하였다(1772. 8. 4. 자 수기메모).[40] 강학적 요소는 법률에서 일체 배제하라는 이러한 입법지침에 기하여 마리아 테레지아 여제는 이전부터 전해져 내려온 '단순한 법률'이라는 이상을 위한 법률가들의 노력뿐만 아니라 오늘날까지도 법률에 대한 일반의 이해가능성에 대한 반론의 주된 근거로 인용되는 "법률은 명령하지 가르치지 않는다(lex iubeat non doceat)."는 전통도 함께 승인하고 지지하고자 하였다.

하지만 뒤에서 보듯이 오늘날에는 국민이 완벽하게 법률을 이해한다는 것은 신기루 내지 도달할 수 없는 이상에 불과하다는 회의적인 입장이 다수를 차지한다고 할 수 있다. 국민에 의한 법률의 이해와 그를 통한 법규범의 대국민 설득을 적극 옹호했던 프로이센의 프리드리히 2세가 만든 프로이센 일반란트법전, 그리고 법률에 대한 국민의 이해 못지않게 법률 자체의 정확성과 법규범의 대국민 명령으로서의 성격을 강조했던 합스부르크의 마리아 테레지아 여제가 만든 테레지아 민법전의 경험은 오늘날 유럽의 모든 법률가들이 공유하는 기억이라고 할 수 있기 때문이다.

사비니는 그의 강령적 논문인 『우리 시대 입법과 법학의 임무』에서 모름지기 어떤 입법에 대하여 체계적으로 평가하려면 그 입법이 이루어진 당시의 법학 수준을 고려하여야 한다는 입장에서 나폴레옹 민법전에 이어서 프로이센 일반란트법과(테레지아 민법전의 후신인) 오스트리아 일반민법을 모두 비판하였다.[41] 그에 따르면 먼저 체계상으로는 나폴레옹 민법전과 오스트리아 일반민법은 낡은 인스티투치오 체계를 고수하였다는 문제가 있는 데 반하여 프로이센 일반란트법은 "개개의 법률문제 그 자체를 빠짐없이 나열"하려는 오류를 범했고,[42] 다음으로 법개념의 차원에서 보면 나폴레옹 민법전과 오스트리아 일반민법은 체계상의 문제로 말미암아 몇몇 개념의 경우는 그 사용상의 문제를 드러낸 데에 반하여 프로이센 일반란트법은 지나친 결의론적(kasuistisch) 태도로 인하여 아예 개념적 예리함을 전혀 찾아볼 수가 없다고 비판한다.[43] 결국 사

---

40) Oskar Edlbacher, "Möglichkeiten und Grenzen der Gesetzessprache", in: Bundesministerium für Justiz (hrsg.), Sozialintegrierte Gesetzgebung: Wege zum guten und verständlichen Gesetz, Bundesministerium für Justiz, 1979, S. 217에서 인용.

41) Friedrich K. von Savigny, Vom Beruf unsrer Zeit für Gesetzgebung und Rechtswissenschaft(3. Auflage), J.C.B. Mohr, 1840, SS. 58-64(나폴레옹 민법전), 85-87(프로이센 일반란트법), 95-97(오스트리아 일반민법) 참조.

42) Friedrich K. von Savigny(주 41), SS. 65-66(나폴레옹 민법전), 89(프로이센 일반란트법), 97(오스트리아 일반민법) 각각 참조.

43) Friedrich K. von Savigny(주 41), SS. 66-73(나폴레옹 민법전), 87-92(프로이센 일반란트법), 98-106(오스트리아 일반민법) 각각 참조.

비니는 이들 세 법전 모두 방법론적 결함을 가지고 있고 따라서 매일 새로운 사건을 처리해야 하는 법률실무가는 법전의 문언 바깥에 존재하는 사상적 형상(gedankliche Figuren), 가령 자연법, 선례, 학설 등에 의거할 필요가 있지만, 모든 성문법은 자신만이 정통성 있는 법원(法源)임을 주장하고자 할 것이기 때문에 이를 기꺼이 인정하지는 않겠지만 그렇다고 이를 완전히 금지하는 것은 불가능하다고 주장하였다.[44)]

법전편찬에서 방법론에 대한 사비니의 위와 같은 강조는 19세기 말 독일민법 편찬자에 의하여 계승되었다. 제1초안 작업에 직접 참여했고 제2초안에도 영향을 미쳤던 빈트샤이트(Bernhard Windscheid)는 강의 도중에 "법전은 일반인을 위한 것이 아니라 법관을 위한 것이다. 법전의 가치는 법관이 이해할 수 있다는 점에서 찾을 수 있다. 일반인은 이를 이해할 필요가 없다." 고까지 하였다고 한다.[45)] 사실 이러한 발언을 한 법률가는 빈트샤이트에 한하지 않는다. 심지어 라드부르흐와 같은 법철학자조차도 규범이란 설득하는 것이 아니라 명령하는 것이라고 하였다. 그는 수범자에 대해서는 "많은 말이 필요한 것이 아니라 명령에 순종할 것"이 요구된다고 보았다. 그러므로 잘 듣는 자세가 필요한데, "그것은 법률과 오랫동안 직업적 교류를 쌓음으로써 얻을 수 있는 그런 것"이라고 하였다.[46)]

반면에 다른 한편에서는 시민이 시민법을 적어도 이해할 수 있어야 한다는 목소리 또한 끊이지 않았다. 예를 하나만 들자면 빈트샤이트와 마찬가지로 로마법 연구자 겸 판덱텐 학자였던 베커는 1888년 독일민법 제1초안이 공개되자 바로 그 체계와 언어에 대한 비판서를 발간하였는데, 그 가운데에 '언어와 관련한 죄: 대중성의 결여'란 표제가 붙은 절(제10절)을 보면 다음과 같은 내용이 나온다.[47)] "초안의 언어는 어디서도 박수를 받지 못했다. 문자 혹은 구두의 비판은 이 부분에 이르면 가장 논조가 강해지는 경우가 많고, 심지어 초안에 우호적인 사람도 언어 이야기만 나오면 바로 꼬리를 내린다. 그럼에도 불구하고 하나 칭찬할 것은 언어가 내용과 부합한다는 점이다. 사상을 관리하는 정신은 그 표현도 결정한다. 자연스럽고 건강한 흐름과 기운찬 형상, 창조의 즐거움은 도처에서 찾기 어렵다. 지나친 성실함과 부지런함, 꼼꼼함이 기분 좋은 성공을 보장하지는 않는다. 차라리 그처럼 모든 것을 모범적으로 탁월하게 하지 않고 또 어떠한 트집 잡힐 말도 하지 않으려고 하지 않았다면 아마도 결과가 더 나았을 것이다. 그러나 전체적으로 보면 기교가 지나치게 만들어가서 사소한 사항에 불필요하게 집중하면서 정작 보다 중요한 사항은 지

44) Friedrich K. von Savigny(주 41), SS. 77-78(나폴레옹 민법전), 87-91(프로이센 일반란트법), 106-108(오스트리아 일반민법) 각각 참조.

45) Louis Günther, Recht und Sprache: ein Beitrag zum Thema vom Juristendeutsch, Heymann, 1898, S. 157 Fn. 224

46) Gustav Radbruch, Einführung in die Rechtswissenschaft, K. F. Koehler, 1913, S. 26.

47) Ernst I. Bekker, System und Sprache des Entwurfes eines Bürgerlichen Gesetzbuches für das Deutsche Reich, J. Guttentag, 1888, SS. 50-57.

나쳐 넘긴다(S. 50).” 이렇게 시작한 그의 비판은 먼저 “단어란 생각의 표현이기에 그 자체로서 손에 잡히지 않는 것을 손에 잡히도록 만들기 위하여 사용된다. … 따라서 입법자는 처음부터 자신이 누구를 상대로 이야기할 것인지를 결정하고, 그에 따라 단어를 선택하여야 한다. … 설계된 법전이 대중이 아니라 오로지 법률가를 상대로만 이야기하도록 되어 있다.”고 지적한다(S. 50). 이어서 베커는 다음과 같이 비판을 이어간다. “초안에 부족한 것, 무엇보다도 그것은 법으로서 갖추어야 할 명료함이다. … 지금까지 어떤 법전보다도 유스티니아누스 황제가 편찬한 학설휘찬은 생활에서 직접 형성된 것인 만큼 가장 명료하였고, 지극히 탄력적인 그 형태는 작센슈피겔을 통해서도 널리 퍼져나갔다. 그러나 이번 초안은 학설휘찬과 정반대로 매우 도식적이고 추상적이며, 무엇보다 구체적이고 손에 잡히는 것은 극도로 피하고자 하는 것처럼 보인다(S. 51).” “다음으로 또 이번 초안에 없는 것으로서 귀에 쏙쏙 들어오고 기억하기 쉽게 짧은 구어체로 표현된 법규칙이다. [여기에서 프랑스민법의 몇 조문이 모범으로 인용된다.[48]] 물론 이와 같이 쉽게 기억되는 단어는 다의적이기에 오해의 소지가 있고 의미를 제대로 제한하려면 많은 노력이 들 수 있지만 대중 속으로 법을 가져가려면 이런 단어를 사용할 수밖에 없다. 근자에 독일의 입법들은 이 점에서 프랑스 법전을 따라가지 못하는바, 그 어느 것도 프랑스 민법전처럼 사회 속에 든든하게 자리 잡지 못했고 또 본래의 영역을 넘어 확대되지도 못하였다. 물론 여기에는 그 언어가 가지고 있는 듣기 좋은 소리도 한몫 하였는데, 바덴주의 예에서 보듯이 아무런 특색도 없고 듣기도 좋지 않았던 건조한 전용보다 프랑스 원어의 법문이 독일어 지역에 속하는 란트에서조차 주민들의 마음을 더 사로잡았다. 그렇다면 프랑스 어, 나아가 라틴계 언어가 우리 독일어보다 입법에 더 적합한 것인가? 그렇지는 않을 것이다. 우리는 어쩌면 세상에서 가장 규칙이 없는 언어를 사용하고 있기 때문에 이를 합목적적으로 잘 사용하려면 엄청난 노력이 필요할 수도 있다. 그러나 그렇기 때문에 독일어는 아주 미묘한 뉘앙스까지 표현할 수 있고, 우리가 필요하다고 느끼면 어떠한 용도로도 이를 사용할 수 있다는 사실은 이미 입증되었다. [루터가 성격번역을 하기 전에, 괴테가 독일어로 시를 쓰기 전에 … 등등 여러 예를 든 다음에 누가 이것이 가능하다고 생각했던가 하는 표현이 나오고] 프로이센 일반란트법과 오스트리아 및 작센의 민법전이 올바로 된 법률말씨를 만들어내지 못했다는 사실과 스위스 채무법 역시도 그러한 말씨를 찾아내지 못했다는 사실에도 불구하고, 독일의 어음법과 [일반]상법에는 매우 건실하고 발전가능성이 있는 독일 법언어의 씨앗이

48) 개정 전 제340조의 “부자관계존재확인은 구할 수 없다(la recherche de la paternité est interdite)”, 개정 전 제341조의 “모자관계존재확인은 구할 수 있다(la recherche de la maternité est admise)”, 현행 제312조 제1항의 “혼인 중 포태한 자는 남편이 그의 부가 된다(l’enfant conçu pendant le mariage a pour père la mari)”, 현행 제2279조 제1항의 “동산에 관하여 점유는 권원의 가치를 가진다(en fait de meubles la possession vaut titre).” 이들 가운데에는 가령 현행 제312조 제1항처럼 라틴어 법언(Pater is est qui nuptiae demonstrant)을 번역한 것도 있다.

들어있다(SS. 51-52).” 이어서 이해하기 힘든 법문의 예로서 친족자의 결정에 관한 제1초안 제1532조를 인용하고 문제점을 분석한 다음에(SS. 52-53) “가장 큰 책임은 기초위원회의 지나친 신중함에 돌릴 수 있다. 오해의 소지가 있는 어떤 내용도 들어가지 않도록 너무 많은 징표를 주워 넣고 너무 많은 기법을 초안 편찬에 남용하여 결국 일반의 언어방식과 사고방식에서 최대한 동떨어진, 그리하여 애매하고 불명료한 초안을 만드는 데 성공하였다. … 이러한 목표달성을 위하여 원칙을 제시하면서 각종 제한과 예외를 꾸겨 넣었고 그로 인하여 숨쉬기도 어렵고 이해하기도 힘든, 오해를 낳는 진부한 법조문이 만들어졌다(S. 53).” “그러한 논조가 비법률가 사이에서 확산을 가로막는다는 점에 대해서는 의문이 없지만, 법률가 특히 법관과 변호사에 대해서도 무용하다. 법률가 또한 아무리 실무경력이 많더라도 명확하게 금방 이해되는 법조문을 틀림없이 선호할 것이다. 그리고 만약 이와는 반대로 법률에는 엄격하게 정확한 내용만이 들어가야 한다는 점을 강조하게 되면 여러 가지 것을 놓치게 되는데, 첫째는 개별 법조문을 만들면서 완벽하게 흠 없이 만든다는 것은 불가능하다는 사실을 무시하는 것이고, 두 번째는 우리의 법관과 변호사들은 지적으로 훈련받은 사람이지 기계나 생각 없는 자동판매기가 아니고 또 아니어야 한다는 사실을 간과하게 된다. 생각하는 법률가라면 세상에는 개념을 완벽하게 커버하여 예외가 인정되지 않는 규칙이란 없고 언어로써 진실을 모두 표현할 수 없다는 사실 정도는 잘 알 것이다. 그는 구체적인 사실 앞에서 언제나 스스로에게 물을 것이다. 규칙을 그냥 적용할 것인가, 아니면 예외를 인정할 것인가. 그리고 이 문제는 단순히 잘 정돈된 법전만 있으면 교육받은 내용을 사용하여 스스로 해결할 수 있을 것이다(SS. 54-55).” 그리고 마지막으로 복잡한 준용 규정의 문제점을 지적한다. “이와 비슷한 것으로 이번 초안에서 찾아볼 수 있는 또 다른 나쁜 관행이 하나 있다. 앞서 다른 몇몇 법전, 가령 프랑스 민법전이나 작센 민법전을 보면 개별 조문이 나오고 이들 조문과 관련된 다른 조문들의 번호가 나오는 경우가 드물지 않았다. 과연 법전에서 그와 같은 조문번호의 표시가 바람직한지는 의문이다. 물론 그러한 조문이 어떤 경우에는 있을 것이고 법관이 이를 모두 머리 속에 넣고 있지는 않겠지만, 주석서를 찾아보면 알 수가 있는 것은 법전에 어울리지 아니하기 때문이다. 더욱이 앞서 언급한 법전에서는 이러한 조문인용이 꼭 필요한 때에 나왔기에 그로 인한 지장이 거의 없었다. 그러나 이번 초안에서는 거기서 훨씬 더 나아가 법의 내용을 조문번호로써 표시하는 지경에 이르렀다. 인용의 빈도가 훨씬 늘어났을 뿐만 아니라 법률에서 다른 단어들과 함께 쓰임으로써 마치 수학공식과 같은 모습을 띠게 되어서 발본적인 개편 없이는 조문인용을 피할 수 없게 되었다(S. 55).”[49] “국민 대다수에게는 이러한 조문과 제시된 조문번호는 들여다 볼 수 없는 것이어서 일반인의 입장에서는 법이란 자신에게 ‘일곱 봉인’이 된 책

49) 여기서 제1초안 제66조와 제744조, 제1048조, 제1330조, 제1513조, 제1886조, 제2020조를 인용한다{Ernst I. Bekker(주 47), SS. 55－56}.

과 같아서 그 내용을 알 수도 없고 나아가 알 필요도 없다는 불행한 생각을 더욱 갖도록 만들 수가 있다(S. 56)."

베커의 위와 같은 비판(불명료한 체계, 난해한 언어, 복잡한 문장구조와 조문인용)을 위시한 다른 많은 비판이 독일민법 제1초안에 쏟아지자 제2차 기초위원회 구성에는 법률가 외에 정치가, 사업가, 기타 직역대표가 참여했고, 그리하여 1898년 독일민법이 제정되었다. 위에서 간단히 살펴본 경과만으로도 드러나지만, 각국에서 민법 제정을 둘러싼 대립은 비단 학설상의 그것에 그치지 아니하고, 아니 그것보다도 오히려 더욱 누구를 위한 민법이냐 하는 문제가 쟁점이 되었다. 하지만 역사적으로 반복된 실패와 좌절의 경험에도 불구하고 유럽 각국의 입법자들은 알기 쉬운 민법의 꿈을 포기하지 않고 계속해서 추구하였고, 21세기 들어서도 그 시도는 계속되었는바, 대표적인 예가 2002년 독일민법전 중 채권관계법의 100여 년만의 대개정과 2016년 프랑스민법전 중 채권관계법의 200여 년만의 대개정에서 찾아볼 수 있다. 두 개정 모두 실질개정('현대화')과 함께 표현, 개념(용어), 조문구조 및 편장의 변화('현대어화')를 수반하는 것으로서 오늘날 우리에게 큰 참조가 되겠지만, 이들 개정에 관한 연구는 이미 다른 곳에서 여러 차례 진행된 적이 있었기에[50] 이하에서는 유럽 대륙법 국가 중 독일의 사례를 들어서 입법에서 법학자와 언어학자의 협업을 살펴보고자 한다.

17세기부터 여러 독일어학회들이 있어왔던 독일에서는 1885년 전국독일어학회(Allgemeiner Deutschen Sprachverein)가 모국어의 보호 및 외국어의 독일어화를 목표로 설립되었다. 그 결과, 오늘날에 독일의 관공서에서는 일상에서 사용되는 외래어를 독일어 표현으로 바꾸어 사용하는 일이 많다. 법학분야에서도 상당한 외국어가 독일어로 대체되었고, 그 덕분에 법개념의 난해함은 문제될지언정 그 오해가능성은 문제되지 아니한다고 할 수 있다.

일반적으로 고전적 민주법치국가에서는 법률은 명확하고 이해할 수 있을 것을 요구한다.[51] 또한 이해할 수 있는 법률이란 한 사회의 정치문화의 요소로서 기본적으로 '민주적 법치국가의 지참채무'라고 부르기도 한다.[52] 독일의 경우는 입법자가 이러한 요구를 외면하지 않아서 연방부처 공동사무처리규칙(Gemeinsame Geschäftsordnung, 약칭 GGO)은 개정 전 제25조 제1항은 법률에서 "가능한 모든 사람이 이해할 수 있도록 만들어져야" 한다고 규정했었고, 2000년 동규칙 개정 이후에는 현행 제42조 제5항 1문에서 "<u>올바른 언어를 사용하고</u> 가능한 모든 사람이 이해할

50) 여기에서는 김형배 외, 독일 채권법의 현대화, 법문사, 2003; 한불민사법학회, 개정 프랑스채권법 해제, 박영사, 2021을 드는 데 그치도록 한다.

51) Konrad von Bonin, "Verfassungsrechtliche Überlegungen zu Recht und Sprache", in: Rudolf Wassermann/Jürgen Petersen(hrsg.), Recht und Sprache. Beiträge zu einer bürgerfreundlichen Justiz, C.F. Müller, 1983, SS. 64 ff., 66.

52) Lothar Paul, "Sprachkritik in der Juristenausbildung", in: Rudolf Wassermann/Jürgen Petersen(hrsg.)(주 51), SS. 115 ff.

수 있도록 만들어져야"(밑줄 인용자) 한다고 규정을 개정하였다.

먼저 연방법무부에 의한 1단계 법령심사 기준을 보면, GGO에 따라서 법령의 심사는 먼저 연방법무부가 맡는데, 그 기준은 연방법무부가 편집하여 공간하는 『법형식 핸드북(Handbuch der Rechtsförmlichkeit)』에 모두 정리되어 있다.[53] 이 핸드북을 따르면 "언어학에서는 어떤 텍스트가 이해할 수 있는 텍스트인지를 간결함, 길이, 정확성, 분류, 배열로써 판단한다. 이상의 징표는 법령의 텍스트에도 그대로 적용된다."고 한다(난외번호 53). 이러한 기준은 70년대 초반에 언어학자들(Inghard Langer, Friedemann Schulz v. Thun, Reinhard Tausch)이 제시하였던 이른바 함부르크 모델에 기초한 것인데,[54] 이 모델에 대해서는 당시에도 이미 많은 비판이 있었다고 한다.[55] 핸드북은 여기에서 더 나아가 "법조문에서 법문의 정확성과 一意性은 특히 중요하다. 정확하고도 일의적인 법적 언명을 일반이 이해할 수 있도록 표현하는 것은 문장 작성에 시간과 노력이 요하는 힘든 일이다. 정확한 단어와 정확한 문장, 정확함과 이해가능성 사이의 균형이 중요하다."고 지적한다(난외번호 62).

다음으로 연방의회(독일어학회)에 의한 2단계 심사기준을 보면 연방의회에 넘어온 법안에 대하여 독일어학회 편집진이 법안의 의미가 명료한지, 이해가 가능한지, 언어는 적확한지를 심사하는데, 그 기준들은 독일어학회가 연방내무부와 연방법무부의 협조를 얻어서 『법률 및 공직언어 지침서: 법률용어를 시민에게 친근하게(Fingerzeiger für die Gesetzes- und Amtssprache: Rechtssprache bürgernah)』란 책자로 공간하였다. 이 책자는 필자가 직접 보지 못하여 그 내용은 여기에서 소개할 수는 없지만, 현재까지는 1998년 나온 제11판이 최신판인 듯하다.

Ⅳ.

일본의 경우는 이른바 현대어화 개정이 1991년부터 준비되어 2004년에 그 결실을 보았고, 그로부터 다시 13년이 지난 작년(2017년)에 채권관계법의 대개정이 이루어졌다.[56] 일본의 현대어화 개정은 그 명칭에서 이번 우리의 알기 쉬운 민법 개정안과 일견 유사한 느낌을 주지만, 그 실질은 단순한 언어의 변경(19세기 말에 제정되었던 메이지 민법의 가타카나 문어체를 오늘날의 히라가

53) 현재까지는 2008년 개정된 제3판이 최신판인 듯하다.

54) Verständlichkeit in Schule, Verwaltung, Politik und Wissenschaft, Ernst Reinhardt, 1974.

55) 상세한 비판의 내용은 Benjamin Lahusen/Kent D. Lerch, "Verständlichkeit als Pflicht? Zur Intransparanz des Transparenzgebots", in: Kent D. Lerch(hrsg.)(주 6), Bd. 1, 2004, SS. 239 ff. 참조.

56) 그 경과의 소개와 개정조문의 번역은 서희석, "일본민법(채권법) 개정조문 시역(試譯)", 민사법학 제79호, 2017. 6.과 같은 이, "일본 민법(채권법) 주요 개정사항 개관: 민법총칙을 중심으로", 비교사법 제24권 제3호, 2017. 8.을 참조.

나 구어체로 바꾸는 것)을 뛰어넘는 굉장히 광범위한 내용을 다루었고, 그 결과 後者의 대개정과 무관하다고 보기 어렵다. 그런데 우리 민법의 경우도 비록 우리 사회가 일본 사회와 같은 표기법의 개정을 거친 것은 아니지만, 제정으로부터 60년 이상이 경과하였고, 특히 알기 쉬운 민법 개정 시도는 일본의 2017년 개정보다는 2004년 개정과 성격이 비슷한 점(용어현대화에 대한 요구)이 있으므로, 이하에는 일본의 2004년 개정의 배경과 그 내용을 살펴보기로 한다.

먼저 현대어화의 배경을 보면, 일본민법전 조문 중 재산법에 관한 제1편 내지 제3편은 1896년 제9회 제국의회에서 법률 제89호로 성립했지만 친족상속법에 관한 제4편 및 제5편은 1898년 제12회 제국의회에서 성립한 법률 제9호로 추가된 것이다. 이 둘은 다시 1898년 칙령 제123호로 일괄하여 시행되었다. 이 중 친족상속법 부분은 제2차 세계대전이 끝난 후 가(家) 제도의 폐지 등을 내용으로 하는 이른바 발본개정(1947년 법률 제222호)이 이루어진 것을 계기로 히라가나 구어체 형식으로 바뀌었다. 이에 반해 재산법은 근저당권에 관한 규정의 추가(1971년 법률 제99호), 성년후견제도와 관련한 총칙부분의 개정(1999년 법률 제149호), 단기임대차 제도의 폐지 등을 내용으로 하는 담보제도의 합리화를 위한 개정(2003년 법률 제134호) 등 필요한 실질개정이 순차적으로 이루어지긴 했지만, 모두 부분적인 손실에 그쳤다. 그래서 제정 당시부터 카타가나 문어체의 조문형식이나 용어 대부분은 손을 대지 못한 채로 21세기에 들어서 100년 이상의 시간이 지나갔다. 이런 이유로 일상용어와 괴리가 현저하고 일반인이 매우 알기 어려운 개소도 있어서 사인 간의 법률관계를 규율하는 일반법, 기본법이라는 민법의 위상에 비추어 그 시급한 개정이 요구되었다.

일례로 일본정부가 추진했던 사법제도개혁과 관련하여 보자면 명확한 규칙과 자기책임원칙이 관철된 사후감시, 구제형 사회로 전환하기 위하여 그 기초가 되는 사법제도를 국민에게 가까이 하는 것이 사법제도 개혁의 목표 중 하나로 제시되었는데, 국민이 의사결정을 할 때의 기준이 되는 민법을 위시한 기본법제에 대하여 이를 알기 쉽게 현대사회에 적합하도록 만드는 것은 그러한 목적달성의 전제조건이 되기에 2002년 3월에 각의에서 결정된「사법제도 개혁 추진 계획」 속에도 기본법제의 개정작업을 신속하게 추진할 것이 포함되어 있다. 또한 같은 달 각의에서 결정된「규제 개혁 추진 3개년 계획(개정)」 속에서도 민법을 히라가나 구어체로 만들어서 국민들이 알기 쉽게 만들자는 내용이 구체적으로 들어있고, 2004년 3월에 각의에서 결정된「규제 개혁, 민간 개방 추진 3개년 계획」 속에는 2004년 연내라는 법안제출시기를 적시하고 있다.

일본 법무성 소관의 기본법제에 관한 현대어화의 진척상황을 보면 1995년에 형법(법률 제91호), 1996년에 민사소송법(법률 제109호), 2004년에 파산법(법률 제75호)이 각각 히라가나 구어체로 개정되었다(뒤의 둘은 내용을 포함하여 전면적인 재검토가 이루어졌고 신법의 제정이라는 형식을 취하였다). 그리고 민법은 상법(그 후 회사법제의 발본적 재검토에 따른 현대어화가 이루어진)과 함께 법률현대어화의 마지막 과제로서 남게 되었다.

이번 현대어화 개정의 경과는 크게 보면 민법전현대어화연구회에 의한 현대어화안의 작성, 현대어화안의 공표와 Public Comment 절차의 실시, 개정법률의 성립이라는 3단계로 나누어볼 수 있다. 먼저 민법현대어화에 관한 일본 법무성 민사국의 구체적인 틀은 1991년 7월에 갖추어졌다. 민사국 내에 '민법전현대어화연구회'가 조직되고 호시노 에이이치(星野英一) 동경대 명예교수가 회장이 되고 민사법학자들이 참여하여 민법전의 표기를 히라가나 구어체로 바꿀 경우의 이론상, 실무상 문제에 대한 검토작업에 착수하였다. 연구회에서는 ① 가타가나 문어체를 단순히 히라가나 구어체로 바꿀 경우의 문제점, ② 오늘날에는 일반적으로 사용되지 않는 용어를 다른 적당한 말로 바꿀 경우의 문제점, ③ 판례, 학설상 확정되어 있는 해석이지만 조문의 문구와는 맞지 않는 것을 명문의 규정으로 집어넣을 경우의 문제점 등에 대하여 축조 검토를 하여 1996년 6월에 그 결과를「민법전현대어화안」으로 정리해서 민사국장에 보고하였다. 연구회안은 법률안의 원안이 될 형식을 정비한 것으로서 표현의 통일이나 다른 법령의 용어와의 균형 등에도 배려를 하였다고 한다. 또한 단순한 현대어화라는 소기의 목적에 적합하도록 종전 규정의 의미내용에 변경을 가하지 않고 해석론에도 영향을 주지 않는다는 점에도 신중한 배려를 하였다고 한다. 위 ③의 검토사항과의 관계에서는 판례, 학설의 해석을 명문의 규정에 넣을 것을 검토한 조문에 관하여는 그 해석을 반영시킨 조문안('판례 및 학설에 따른 개정안')과 단순현대어화에 그친 개정안을 병기하는 형식을 채택하였다.[57)]

이어서 일본 법무성 민사국에서는 연구회안을 법률안 입안을 위한 기초자료로 하기로 하고 법안화를 위한 준비를 다시금 진행하고자 하였으나, 성년후견제도와 관련한 총칙부분의 개정(1999년 법률 제149호), 단기임대차 제도의 폐지 등을 내용으로 하는 담보제도의 합리화를 위한 개정(2003년 법률 제134호)과 같은 민법 자체의 실질적 개정과 채권양도의 대항요건에 관한 민법의 특례 등에 관한 법률(1998년 법률 제104호)과 중간법인법(2001년 법률 제49호)의 제정, 건물의 구분소유 등에 관한 법률의 일부개정(2002년 법률 제140호)과 같은 민사특별법의 제, 개정이 경제, 사회적으로 보다 시급하게 요구되었기 때문에 민법현대어화를 내용으로 하는 법률의 제출까지는 상당한 기간이 소요되었다. 2004년 8월에 접어들면서 법제심의회 보증제도부회에서 검토를 마친 보증제도의 재검토에 관한 법 개정과 시기를 맞춰서 민법의 현대화를 내용으로 하는 법안을 같은 해 가을 임시국회에 제출하기로 방침을 세우고, 그때까지의 검토에 기하여 연구회안에 수정을 가한 조문안(이른바「Public Comment안」)을 확정하고, 그 補足說明과 함께 공표하면서[58)] Public

57) 연구회안에 대하여는 別冊NBL編集部,『現代語化民法新旧対照条文』(別冊NBL no. 99), 商事法務, 2005 참조.
58)『現代語化民法新旧対照条文』(주 57) 325頁 참조.

Comment 모집절차를 실시하였다. 연구회안과 비교하여 눈에 띄게 바뀐 부분은 두 가지였는데, 연구회안에서는 ① 일본민법 제715조(우리 민법 제756조에 해당) 제1항의 '타인을 사용하는 자'에 대하여 '(자기 명의를 사용할 것을 허락한 자를 포함한다.)'고 하여 자기 명의를 사용한 타인이 제3자에게 가한 손해에 대해서는 그 명의사용을 허락한 자가 배상하도록 하였고, ② 공공의 이해에 관한 명예훼손이 있었던 경우의 판례법리[59]를 반영하기 위하여 새롭게 제723조의2(공공의 이해가 있는 경우의 특례)를 두어 명예침해행위가 공공의 이해에 관한 사실에 관한 경우는 그 목적이 오로지 공익을 위한 것이라고 인정되는 때에는 그 사실이 진실하다는 점을 증명하거나 그 가실이 진실이라고 믿었던 데 대하여 상당한 이유가 있었다면 행위자가 면책되도록 하는 규정이 각각 '판례 및 학설에 따른 개정안'에 들어있었으나, 「Public Comment안」에서는 이를 삭제하였다. 연구회안에서는 불법행위를 유형화하여 각 유형별로 판례, 통설에 기한 특별한 요건을 둠으로써 추상도가 높은 불법행위에 관한 규범을 보다 객관화, 구체화하려는 시도가 있었지만, 어떠한 범위에서 불법행위를 유형화하여 그 요건을 구체화할 것인지에 대해서는 다양한 의견이 있고 그 논의도 유동적인 상황에 있음을 고려하였기 때문이라고 한다. Public Comment 절차에는 민법학자, 법과대학, 법률실무가, 변호사회 등에서 도합 52건(10개 단체, 42명의 개인)의 의견이 개진되었다. 민법을 현대화하자는 점에 대해서는 찬성하는 의견이 다수를 차지하였지만, 개별적인 사항에 대해서는 다음과 같은 의견이 있었다. ① 확립된 판례, 학설에 따른 개정안에 대해서는 일본민법 제415조(우리 민법 제390조에 해당)와 제541조(우리 민법 제544조에 해당)에서 귀책사유를 삭제해야 한다는 의견, 제711조(우리 민법 제752조에 해당)에서 생명침해뿐 아니라 정신적 고통을 받은 경우까지 확대한 것에 반대하는 의견이 제시되었고, ② 조문번호를 새로 매긴 데에 대해서는 이미 상당한 문헌 등이 축적되어 있음을 고려하여 조문번호를 바꾸는 데에는 신중하여야 한다는 의견이 있었으며, ③ 괄호 속에 용어의 정의규정을 한 것에 대해서는 민법과 같은 기본법에 정의규정을 두는 것은 신중하여야 하고 정의규정을 두면 실질개정과 같은 결과가 되며 또 당연한 내용이라면 둘 의미가 없다는 이유로 반대하는 의견이 있었고, ④ 이미 정착된 '담보책임'과 같은 용어를 '담보의 책임'으로 바꾸는 등 조문표제에서 '의'의 사용이 너무 많다는 의견이 있었으며, ⑤ 그 밖에도 개별용어에 대한 의견들이 '償金', '책임지다', '現務', '노동에 종사하다' 등과 관련하여 제시되었다.

일본 법무성 민사국은 이상의 의견 중에서 ②의 조문번호 변경에 관하여는 Public Comment안을 그대로 유지하기로 하되, 나머지 의견들은 모두 이를 반영하여 새로 법률안을 작성, 확정한 후, 이를 보증제도의 재검토에 관한 실질개정과 합하여 「민법의 일부를 개정하는 법률안」으로 2004년 10월 12일 각의 결정에 부치고, 제161회 국회에 제출하였다. 2004년 11월 1일 법안을 제

59) 最高裁判所 1966년 5월 23일, 民集 20卷 5號 1118頁 참조.

출받은 참의원 법무위원회는 같은 달 2일 법안 이유 설명을 들은 후 같은 달 4일 대정부질의, 같은 달 9일 참고인 의견청취 및 질의와 대정부질의를 하고 같은 날 법무위원 만장일치로 이를 가결하였고, 같은 달 10일 열린 참의원 본회의에서도 역시 만장일치로 가결되었다. 이어 같은 달 12일 법안을 이어받은 중의원 법무위원회에서는 같은 달 16일 법안 이유 설명을 들은 후 같은 달 17일 대정부질의, 같은 달 19일 참고인 의견청취, 질의 및 대정부질의를 각각 하고 같은 날 정부원안대로 만장일치로 가결하였고, 같은 달 25일 열린 중의원 본회의에서도 만장일치로 가결하였다. 그리고 이렇게 성립된 「민법의 일부를 개정하는 법률」은 2004년 12월 1일 공포되고(2004년 법률 제147호), 2005년 4월 1일부터 시행되었다(2005년 政令 제36호). 참고로 중의원과 참의원의 각 법무위원회에서는 민법현대어화의 기본방침과 이념이 무엇인지 등에 관한 질의가 많았는데, 구체적으로 ① 일본민법 제109조(우리 민법 제125조에 해당)에 단서를 추가하고 제478조(우리 민법 제470조에 해당)에 '과실이 없었던 때'이라는 문구를 넣은 이유가 무엇인지, ② 문구를 넣지 않은 다른 조문, 가령 제94조(우리 민법 제108조에 해당) 제2항에 무과실 문구를 넣지 않은 것은 허위표시의 무효를 과실 있는 제3자에게도 주장할 수 있다는 취지를 분명하게 한 것인지, ③ Public Comment 절차에 부쳤던 「민법현대어화안」에서 판례, 통설에 따른 개정안으로 제시했던 사항 가운데에 법률안에서 그 일부는 조문화하지 않은 이유는 무엇인지 등이었다.

이러한 경과를 거쳐 이루어진 현대어화는 어떠한 내용을 가지는지를 차례로 살펴보면, 제일 먼저 표기와 문체를 가타카나 문어체에서 히라가나 구어체로 변경한 것을 꼽을 수 있다. 의미내용에 변경을 가하지 않고 현대어로 바꾼다는 소기의 목적에 비추어보면 현대어화 개정은 지금까지의 조문의 문구를 단어별로 현대어(구어)로 바꾸는 것을 기본으로 한다. 그러나 일반적으로 내용을 알기 쉽도록 정비된 현대어 조문으로 바꾸려면, 가령 현대어로서 종전의 어구에 직접 대응하는 적당한 말이 없는 경우도 있기 때문에 단어 하나씩 현대어로 바꾸는 것만으로는 의미전달이 어려워질 수 있다. 이러한 경우는 1대1 대응에 얽매이지 않고 필요에 따라 문구를 보충하거나 생략하고 등의 조치를 취하였다.

다음으로 오늘날에는 일반적으로 사용하지 않는 용어 등을 필요에 따라 다른 적당한 말로 변경한 것을 들 수 있는데, 여기에는 ① 난해하거나 일반적이지 않은 용어의 변경(예: 欠缺 → 부존재; 圍繞地 → 그 토지를 둘러싸고 있는 다른 토지; 溝渠 → 溝, 堀), ② 지금은 사용하지 않는 옛날 용어(개념)의 변경(예: 大祝日 → 국민의 축일에 관한 법률에서 정한 휴일; 校主, 塾主, 教師 및 師匠 → 학예나 기능을 가르치는 사람; 僕婢 → 가사사용인), ③ 다른 개념과 혼동을 피하기 위한 변경(예: 능력 → 행위능력; 취소 → 철회; 해제의 청구 → 해제권의 행사; 무능력자 → 책임무능력자), ④ 난해하거나 일반적이지 않은 용어의 수정(예: 用方 → 용법; 강계 → 경계; 雇傭 → 雇用)이 포함된다.

세 번째로는 확립된 판례, 통설의 해석이 법문과 맞지 않은 경우에 명시되지 않은 요건을 보충하는 등의 방법으로 필요한 최소한으로 조문을 수정한 것을 꼽을 수 있다. ① 해석상으로 어떤 요건이 필요함에도 불구하고 법문에 명시되어 있지 않은 경우(예: 채권의 준점유자에 대한 변제[일본민법 제478조]에서 '무과실') 또는 ② 해석상 어떤 사항이 조문의 적용대상에 포함되어야 함에도 불구하고 법문에는 이를 적용대상으로 언급하고 있지 않은 경우(예: 시효중단사유[일본민법 제151조, 제153조]에서 민사조정법에 따른 조정신청)는 이를 각각 보충하였다. 그리고 ③ 1923년 대심원판례에 좇아서 자기계약 및 쌍방대리(일본민법 제108조)의 예외사유에 '본인이 미리 허락한 행위'를 추가하는 등 모두 13개 조문에서 확립된 판례 및 통설의 해석을 조문에 반영하였다.

네 번째는 다른 법령의 개정, 정비로 존재의의(실효성)를 상실한 규정, 문언을 삭제, 정리한 것이다. ① 영리법인에 관한 일본민법 제35조(우리 민법 제39조에 해당)는 일본상법 제52조와 내용이 중복된다고 삭제하였고, ② 공시에 의한 의사표시에 관한 일본민법 제97조의2(민사소송법의 공시송달 규정을 인용하는 우리 민법 제113조와 달리 일본민법에서 이를 완결적으로 규정해왔음)를 그간의 실무관행에 맞게 신문게재를 요구하지 않는 쪽으로 정비하였다. ③ 공무원의 직무상 과실에 의한 채권에 선취특권(우선특권)을 규정한 일본민법 제311조 4호 및 제320조(우리 민법에 해당조문 없음)는 국가책임에 관한 관념의 변경과 국가배상법의 정비로 적용되는 경우가 사실상 거의 없으므로 삭제하였다.

다섯 번째는 표기와 형식 등을 정비하였는데, ① 최근의 입법례를 좇아서 각 조문에 조문표제와 항번호를 붙이고, ② 알기 어려운 용어에는 필요한 최소한의 정의를 추가하였다. 실무에 따르면 용어의 정의는 어떤 용어를 법령에서 사용할 경우에 사회통념상 그 의미에 廣狹이 있어 다른 해석의 여지가 있는 때에 법령을 알기 쉽고 또 해석상 문제를 최소화하기 위하여 둔다고 한다.[60] 이에 따라서 재산법에서는 '중재합의(중재법[2003년 법률 제138호] 제2조 제1항에 규정된 중재합의)'를 비롯해 '행위능력자', '요역지', '승역지', '담보부동산수익집행', '근저당권의 일부양도', '전자적 기록' 이상 7개 용어에 정의가 추가되었다. 반면에 Public Comment 안에 있었던 '법률행위', '채권의 준점유자', '소유자', '저당권자', '연대채무자'는 논자에 따라 설명방식이 달라지거나 의미가 명확하여 굳이 정의를 붙일 필요가 없다는 의견을 받아들여서 삭제하였다. ③ 또한 일정한 문구는 반복적 사용을 위하여 법문에 그 약어를 제시하기도 하였는데, 가령 일본민법 제25조 제1항(우리 민법 제22조 제1항에 해당)에서 '종래의 주소 또는 거소를 떠난 자(이하 「부재자」라 한다)가 그 재산의 관리인(이하의 절에서는 그냥 「관리인」이라 한다)를 두지 아니한 때'라고 한 것이 그 예이다. 재산법에서 이러한 예는 관리인, 부재자를 비롯하여 모두 17개에 달한다.

여섯 번째, 조문번호는 가능한 한 현행대로 유지하고, 문장구조는 새롭게 정비하였다. 그리하여 ① 민법에 관해서는 이미 상당한 양의 판례와 문헌이 축적되어 있고, 특히 기본적 사항에

60) 前田正道, 『ワ-クブック法制執務[全訂版]』, ぎょうせい, 1983, 73頁.

관한 규정은 그 조문번호가 그 규정내용의 이른바 대명사로서 관행적으로 사용된다. 예를 들어 일본민법 제90조(우리 민법 제103조에 해당)와 '공서양속 위반', 제415조(우리 민법 제390조에 해당)와 '채무불이행으로 인한 손해배상', 제709조(우리 민법 제750조에 해당)와 '불법행위책임'이 그러하다. 이러한 사정을 무시하고 편이나 장 단위로 새롭게 조문번호를 규정하면 대부분의 조문번호가 바뀌어 과거의 판례와 문헌을 참조하기가 어려워지고 혼란을 야기할 수 있다. 이런 이유로 현대어화 개정에서는 가능한 한 기존의 조문번호를 유지하고자 노력하였다. 그러나 이미 수차의 개정으로 조문이 삭제된 결과 장, 절, 관의 중간에 조문번호가 빠진 곳이 있고, 조문이 추가된 결과 가지번호나 再가지번호가 달린 조문도 있어서 전체적으로 알기 어려운 인상을 주고 있었기 때문에 조문번호를 정리한다는 관점에 따라서 최소한의 범위에서 조문번호에 변경을 가하였다. ② 제1편에 새롭게 제1장 '通則'을 두어 기존에 어느 장에도 속하지 않았던 제1조 및 제2조(개정전 제1조의2)를 여기로 속하도록 하였다. 그 결과, 제1편의 모든 장의 숫자는 하나씩 뒤로 미루어졌다. 나아가 기존의 편제를 다시 살펴서 보다 세분화할 필요가 있는 경우는 새롭게 款이나 目을 두었는데, 가령 제3편 債權 제1장 總則 제1절 債權의 效力을 다시 제1관 債務不履行의 責任 등과 제2관 債權者代位權 및 詐害行爲取消權으로, 같은 편 같은 장 제3절 多數當事者의 債權 및 債務 제4관 保證債務를 다시 제1목 總則과 제2목 貸金 등 根保證契約으로, 같은 편 같은 장 제5절 債權의 消滅 제1관 辨濟를 다시 제1목 總則, 제2목 辨濟目的物의 供託, 제3목 辨濟에 의한 代位로 분류를 세분화한 것이 그 예이다. ③ 2개의 문장으로 이루어진 조문(수개의 항으로 나누어져 있지 않은 조문)이나 항 중에서 제1문이 원칙, 제2문이 예외인 경우는 '그러나'라는 말로 연결시켜서 본문과 단서의 관계에 있음을 분명히 하고, 기존에 본문과 단서로 되어 있는 조문 가운데 제2문이 제1문의 내용에 설명을 덧붙이거나 제1문의 내용을 제한하는 것은 전단과 후단 관계로 새롭게 정리하였다(제27조 제1항을 비롯하여 30여 개 조항).

끝으로 하나의 법률로서 체제를 정비하고 그 통일성을 확보하기 위하여 이미 히라가나 구어체로 표기된 제4편과 제5편에 대해서도 필요한 최소한의 표기, 형식을 정비하였다.

V.

유럽에서는 지난 300년 동안 계몽주의가 이해할 수 있는 법률이라는 이상을 추구해왔다. 그렇지만 오늘날처럼 법률이 이해하기로 어려운 적은 없었다는 것이 일치된 의견이다. 세계적으로 명성이 높은 독일민법전에 대해서도 언어학자의 입장에서 개정의 필요성이 주장되고 있다.[61] 그

61) 가령 Ingeborg Lasser, "Verständliche Gesetze-ein Utopie? Bemerkungen aus liguistischer Sicht zur sprachlichen

렇다면 어째서 이와 같은 결과가 되었는지를 생각해볼 필요가 있다. 이해받고자 하는 주권자의 의지(의사)는 분명히 존재하였다. 로마법대전, 프로이센 일반란트법, 나폴레옹 민법전의 제정자들이 아무런 이유도 없이 주석 작업을 금지했던 것은 아니었다. 이들은 입법자와 법률 사이에 다른 사람이 끼어들지 못하도록 하였다. 그러나 얼마 안 있어 모수히 많은 주석서들이 쏟아져 나왔다. 그 많은 처방들이 잘못되었다면 이제는 진단이 맞는지부터 의심해봐야 한다. 그런데도 법률의 문구를 개선시키면 법률에 대한 이해도 함께 개선되리라는 믿음은 여전히 지배적이다. 결국 우리는 계몽주의 시대의 인식수준을 벗어나지 못하고 있다고 보아야 한다. 일찍이 이미 마리아 테레지아 여제도 법령의 초안이 나오면 먼저 愚人(헝가리어로 buta ember), 즉 지능은 평균적이지만 초등학교 수준의 교육만 받은 사람에게 보이고 그가 그 내용을 복기하지 못하면 초안을 다시 작성하도록 시켰다고 한다.[62] 프랑스의 나폴레옹 황제 역시도 스스로 나폴레옹 민법전 초안의 최초독자가 되기를 자원하였다. 그러나 프리드리히 2세 대왕, 마리아 테레지아 여제, 나폴레옹 황제의 시도를 비롯한, 지난 300년간 유럽에서 진행됐던 실험은 결국 모두 무위로 끝났다. 그렇다면 "만인의 공유재산로서의 법률이란 邯鄲之夢"이 아닐까?[63]

한편 알기 쉬운 민법 개정안과 일본의 민법현대어화법을 비교하면 양자 사이에는 다음과 같은 차이점을 발견할 수 있다. 첫째, 일본 메이지민법은 100년도 넘은 과거의 민법전으로서 표기방식(假名) 자체가 오늘날 더 이상 사용하지 않는 가타카나 방식으로 되어 있어서 오늘날 대부분의 일본인들이 정확히 읽기에 어렵고 또 거기에 사용되는 한자용어(眞名) 중에도 발음조차 할 수 없는 것이 상당수에 이른다. 이 점은 일본에서 박사학위를 받거나 학부과정부터 다녔던 한국민사법학회 산하 동아시아민법연구회(구 메이지민법연구회) 소속 민법교수들의 증언이나 동 연구회의 초청을 받아서 내한했던 일본 민법교수들의 발언에서도 확인할 수 있다. 이에 반하여 60년 전에 제정된 우리 민법은 비록 오늘날 생경한 단어가 없지는 않지만 표기방식 자체가 그때와 지금이 달라진 적이 없고(한자어의 한글화를 표기방식의 변경이라고 할 수는 없으리라), 생경한 단어 중 상당수는 이해 자체가 불가능한 것은 아니다. 둘째, 앞서 Ⅳ.에서 보았듯이 일본의 개정작업은 단지 낡은 표현이나 용어를 오늘날에 맞게 현대화하는 데에 그치지 아니하고 문장의 구조나 편절의 재구성, 나아가 판례와 학설의 일치된 해석까지도 법률에 반영함으로써 부분적이나마 법전 내용의 현대화까지도 추구하였다. 그러나 우리의 알기 쉬운 민법 개정안은 시종 표현과 용어의 변경만을 목표로 하는 국어국문학적인 개정안이라 평가할 수밖에 없다. 셋째, 일본의 민법현대

Gestaltung von BGB und ZGB der DDR", in: *Zeitschrift für Literaturwissenschaft und Linguistik* 118(2000), 34 ff.

62) Fritz Schönherr, Sprache und Recht, MANZ, 1985, S. 83.

63) Kent D. Lerch, "Gesetze als Gemeingut aller: Der Traum vom verständlichen Gesetz", Kent D. Lerch(hrsg.)(주 6), Bd. 1, 2004, SS. 225 ff., 237.

화작업은 대체로 민사법학계와 실무로부터 지지를 얻었다. 그 원인은 앞서 언급했던 첫째 이유가 그 배경이었을 것이라 짐작된다. 그런데 이번 알기 쉬운 민법 개정안이 과연 그와 같은 지지를 얻을 수 있을까? 하나의 예를 들자면 다음 제756조 제1항의 개정내용을 살펴보자.

第756條(使用者의 賠償責任) ① 他人을 使用하여 어느 事務에 從事하게 한 者는 被用者가 그 事務執行에 關하여 第三者에게 加한 損害를 賠償할 責任이 있다. 그러나 使用者가 被用者의 選任 및 그 事務監督에 相當한 注意를 한 때 또는 相當한 注意를 하여도 損害가 있을 境遇에는 그러하지 아니하다. ② 使用者에 갈음하여 그 事務를 監督하는 者도 前項의 責任이 있다. ③ 前2項의 境遇에 使用者 또는 監督者는 被用者에 對하여 求償權을 行使할 수 있다.	제756조(사용자의 책임) ① 타인을 사용하여 어느 사무에 종사하게 한 자는 피용자가 그 사무 집행에 관하여 제3자에게 입힌 손해를 배상할 책임이 있다. 다만, 사용자가 피용자의 선임과 사무 감독에 적절한 주의를 한 경우 또는 적절한 주의를 해도 손해가 있을 경우에는 그렇지 않다. ② 사용자를 갈음하여 그 사무를 감독하는 자도 제1항의 책임이 있다. ③ 제1항과 제2항의 경우 사용자나 감독자는 피용자에게 구상권을 행사할 수 있다.

위 개정내용 가운데에 '전항'을 '제1항', '전2항'을 '제1항과 제2항'으로 바꾼 것은 그동안 법제실무가 변화된 것으로 이해한다손 치더라도, 나머지 개정은 국민들이 법률의 내용을 오해하지 않도록 하기 위함이기보다는 우열을 논할 수 없는 지극히 개인적 취향에 기반한 문체(Style)의 변경에 지나지 않는다고 하면 이것은 지나친 평가일까?

이제 시선을 우리 민법에 돌려보자. 국립국어연구원에서 2003년 쉽게 고쳐 쓴 우리 민법을 발표한 바 있다.[64] 두 사람이 집필하였는데, 한 사람은 국립국어연구원 학예연구사였고, 다른 한 사람은 대학의 국어국문학과 교수였다. 내용과 이에 대한 평가는 여기에서 굳이 언급하지 않겠다. 대신에 영국의 법언어철학자 브릭스가 자신의 저서에서 언어철학자가 법철학을 할 수 없는 이유에 대하여 법에는 규범적, 정치적 측면이 있기 때문이라고 갈파한 사실을 여기에서 인용하는 것으로 대신하고자 한다.[65]

'알기 쉬운'이란 무엇인지를 다시 생각한다. 민법의 이해가능성에 관한 오늘날 프랑스의 대표적인 논객에 따르면 1804년의 나폴레옹 민법전과 1896년의 독일민법전 모두 각각의 고유한 법률언어, 법률문화, 법률전통을 갖고 있지만, 동시에 둘 다 광범위한 법규범을 2,000개 남짓한 조문들 속에 압축해내는 데에 성공하였기 때문에 이를 법률혁명(성문화혁명)이라 부를 만한데, 이들 혁명은 다른 혁명과 마찬가지로 일정한 관념(그것이 理想이든, 神話든)을 기반으로 하고, 이 관

64) 김문오·홍사만, 전면 개정을 대비하여 쉽게 고쳐 쓴 우리 민법, 국립국어연구원, 2003.
65) Brian Brix, Law, Language and Legal Determinacy, Clarendon Press, 1993.

념은 새로운 법체계를 정당화하는 몇 가지 기본원리들로 구체화할 수 있는바, 이 기본원리들을 설명하기 위하여 이른바 '3가지 의제 이론'을 제시한다.[66] 즉, ① 입법자는 완벽한(따라서 완벽하게 이해 가능한) 법률을 제정할 수 있고, ② 법관은 그 이해 가능한 법률을 법률 그대로 적용할 수 있으며, ③ 시민은 그 법률을 완벽하게 이해할 수 있다는 3가지 의제는 역사적으로 라인강의 동서 양쪽에서 모두 발견된다는 것이다. 이러한 입장에 따르면 3가지 의제는 각각 법률의 이해 가능성 개념에 대한 서로 다른 파악방식과 연결되는바, ① 입법자의 법률이해는 법률의 주관적 이해, ② 법관의 법률이해는 법률의 문맥적 이해, ③ 국민의 법률이해는 법률의 정치적 이해에 각각 상응하고, ④ 그 밖에도 법문에 포함되어 있는 일체의 법적 요소(적용요건, 효과, 법문에서 허용하는 행위, 법문에 표현된 원리, 경합하는 다른 법률상 해법, 법관이 구체화한 각 단어의 의미 등), 다시 말해서 ① 내지 ③의 이해를 종합한 법률의 법적 이해가 여기에 추가된다. 이러한 주장의 당·부당을 떠나서 우리가 '알기 쉬운 민법'을 지향한다고 할 때는 과연 누구를 전제로 이야기하는 것인지를 분명히 할 필요가 있고, 구체적으로 국민을 전제로 한다고 하더라도 어떠한 인간상의 국민을 전제로 하는지도 합의할 필요가 있으며, 그렇다면 입법자나 법관의 입장에서 '알기 쉬운 민법'은 과연 시급하지 않은지, 나아가 입법자와 법관, 국민을 이렇게 따로 떼어놓고 논할 수 있는지를 진지하게 생각해볼 필요가 있다.

街人 金炳魯가 우리 민법을 기초한 50년대는 우리 구민법(메이지 민법)이 시행되고 반백년이 지난 후이다. 街人은 당시 신생국가 초기의 정치적, 경제적, 사회적 혼란과 전쟁의 참화 속에서 일본민법의 조문 하나하나를 당시 일본의 판례와 학설을 참조로 자신만의 언어로써 재창조하면서 우리 민법을 기초하였다. 그 결과, 우리의 경우는 이미 60년 전 우리 민법 제정 당시에 街人에 의하여 당시 시행중이었던 구민법을 언어와 내용 양쪽에서, 그것도 지극히 놀라우리만큼 훌륭하게 현대(어)화하였다. 사용하는 용어도 대체로 일관되고(가령 단서는 '그러나'로 표시하였고 '경우'와 '때'로 구분하여 사용하였다), 일어날 수 있는 혼란은 표현을 달리함으로써 예방하였으며(가령 제척기간과 소멸시효를 '時效로써'란 표현으로 구별하였다), 심지어 법적용의 담당자에게도 지침이 되도록 문장의 구조를 설계하였다(증명책임의 분배에서 여전히 법률요건 분류설이 다수의 견해임을 상기할 것). 실제로 일본의 민법현대어화의 내용 중에는 우리 현행민법에 상당히 접근하는 개정내용이 들어있다. 이번 개정안에서 특히 문제로 삼은 어투의 문제만 놓고 보자면, 물론 오늘날 민법을 처음 배우는 학생의 입장에서는 민법전의 표현이 상당히 '올드'하다는 느낌이 받을 수 있다. 그러나 우리 민법이 제정된 지가 60년이 넘는 것이 사실이고, 특히 재산법 분야는 현행 법률 가운데 어느 법률보다 해방 직후의 말투('아니올시다' 식의)가 잘 보존된 법률임도 또한 사실이다. 민

---

66) Valérie Lasserre-Kiesow, La technique législative: Études sur les codes civils français et allemand, Dalloz, 2002, pp. 21 et ss.

법전이 보존을 최우선시 해야만 하는 문화재는 비록 아니지만 민법전에서 풍기는 '올드'한 분위기는 -적어도 국민들에게 그 내용이 잘못 이해될 위험이 없다면- 우리 법률문화가 적어도 60년 만큼의 연륜을 갖고 있다는 문화적 증거라 할 수 있으며, 따라서 이를 '초가집도 없애고 마을길도 넓히고' 하는 식의 새마을 운동의 대상으로 삼는 것은 우리 스스로가 소중한 것을 잃어버리는 일을 하는 것이 아닌지 조심스럽게 되돌아보아야 할 것이다.

그렇다면 앞으로 60년을 갈 '알기 쉬운 민법'을 어떻게 준비할 것인가? 단기소멸시효나 상린관계에 나오는 생경한 용어의 변경은 찬성한다. 그러나 그 못지않게 개정이 시급한 것은 법조문의 문법적 구조가 흐트러진 것을 바로잡거나(가령 제201조 제2항에서 '過失로 因하여'가 '훼손'에만 걸리는지, 아니면 '수취하지 못한'에도 걸리는지를 분명히 하는 것) 판례와 학설에서 일치하여 요구하는 요건이 드러나도록 법문을 보완 혹은 수정하는 일이다(가령 제104조에서 '상대방의 사정을 알면서 이를 이용하려는 의사'와 '급부와 반대급부의 존재'[67]). 나아가 현행 조문 배열은 타당한지(가령 제201조 내지 제203조, 제388조의 위치에 대한 재검토), 민사특별법의 제·개정으로 불필요한 조문이 있거나(가령 집합건물의 소유 및 관리에 관한 법률의 제정으로 사문화된 제215조의 삭제 또는 개정, 노동법에 의해 중요성이 줄어든 고용계약에 관한 규정의 정비) 필요한 조문이 없는지(가령 상대적으로 빈약한 附款 관련 규정의 보완), 민사특별법 중 민법전으로 옮겨올 규정은 없는지 등도 입법자, 법관, 국민의 법률이해도를 높이기 위하여 검토가 지속적으로 이루어져야 한다. 이러한 관점에서 다시금 이번 알기 쉬운 민법 개정안을 꼼꼼히 살펴보았으면 한다. 과연 이 개정안이 향후 60년을 이어갈 현대화된 민법을 앞당기는 데에 도움이 될 것인가, 아니면 장애가 될 것인가? 오늘날 법률언어의 국제적 기준이라고 할 수 있는 정확성과 명료함이 적절히 조화를 이루었는가, 아니면 어느 하나에 치우쳐 다른 하나를 훼손하였는가? 개정의 성과가 입법자로 하여금 보다 좋은 입법을, 법관으로 하여금 보다 나은 판결을 하는 데에 기여를 할 것인가, 아니면 도움이 안 되거나 오히려 혼란을 가져올 것인가? 이번 개정안의 주요내용에서 성안의 3가지 기본원칙 중 마지막에 제시된 '내용의 개정은 없도록' 하는 '국어학적' 개정이란 과연 가능한가, 그게 가능하다면 그러한 비법학적 개정이 과연 지금 필요한가? 이러한 문제들에 대한 동료, 선후배 민법학자들의 지혜를 기대한다.

---

67) 대법원 2002. 10. 22. 선고 2002다38927 판결(公2002下, 2793) 참조.

티보와 사비니의 법전편찬 논쟁에 대한 재평가*

서 을 오**

Ⅰ. 들어가며

지난 2014년은 티보와 사비니가 독일 지역 전체에 적용될 수 있는 통일된 민법전의 제정을 둘러싸고 논쟁(이른바 법전편찬논쟁, Kodifikationsstreit)을 벌였던 1814년으로부터 200주년이 되는 해였다. 그래서 독일의 하노버(Hannover) 대학,[1] 하이델베르그(Heidelberg) 대학,[2] 네덜란드의 마스트리트(Maastricht) 대학[3] 등이 각각 기념 학술대회를 진행함으로써, 이 논쟁이 현재에도 여전히 중요한 가치를 지니고 있음을 보여주었다.

그러나 우리 법학계에서는 논쟁 200주년을 재조명하는 특별한 학술 행사를 조직하거나 새로운 연구를 내어 놓지는 못했다. 우리 법학, 그 중에서도 특히 민법학이 독일 법학의 압도적 영향 속에서 성립·발전하였다는 점, 또한 독일 법학은 19세기의 역사법학파 또는 판덱텐 법학에 의하여 그 근본적인 성격을 확립하였다는 점, 그리고 이 역사법학파가 태동하게 된 결정적 계기

---

* 부족한 이 글을 통하여, 영예로운 정년퇴임을 맞이하신 송덕수 교수님께 축하와 감사의 인사를 드린다. 앞으로도 활발한 저술 활동을 지속해 나가시고, 항상 건강하시기를 진심으로 기원하며 작성한 글이다. 이 글은 법학논집」 제25권 제4호(이화여자대학교 법학연구소, 2021)(송덕수 교수 정년기념 특집호)에 게재되었다.

** 이화여자대학교 법학전문대학원 교수.

1) 2014. 9. 12-13에 걸쳐서 독일 하노버에서 열린 이 학술대회에서는, 13개국에서의 사비니 계수에 대한 19개의 발표가 이루어졌으며, 그 결과물은 "글로벌 사비니 (1814-2014). '우리 시대의 소명'으로부터 21세기의 초국가적 법으로"라는 책으로도 출간되었다: MEDER, STEPHAN/MECKE CHRISTOPH-ERIC(HRSG.), SAVIGNY GLOBAL (1814-2014). VOM >BERUF UNSRER ZEIT< ZUM TRANSNATIONALEN RECHT DES 21. JAHRHUNDERTS (2016). 한국의 사비니 계수 상황에 대해서는 최병조 교수가 발표하였으며, 위의 책 263면 이하에 Savigny in Korea라는 제목으로 수록되어 있다.

2) 하이델베르그 역사법학 연구소와 하이델베르그 법사학회가 주관한 이 학술대회에서의 발표문들은 다음의 책으로 출간되었다: HATTENHAUER, CHRISTIAN/SCHROEDER, KLAUS-PETER/BALDUS, CHRISTIAN(HRSG.), ANTON FRIEDRICH JUSTUS THIBAUT (1772-1840). BÜRGER UND GELEHRTER (2017). 제목에서도 나타나듯이, 이 책은 주로 티보에 초점을 맞추어서 그의 업적, 연구, 외국에서의 계수 등을 조명하고 있다.

3) 행사 내용은 https://rattshistoria.files.wordpress.com/2014/09/poster_savigny.jpg (최종방문일 2020. 6. 7.) 참조.

가 이 법전 편찬 논쟁이었다는 점[4]을 생각한다면, 우리 법학계의 이러한 무관심은 우리 법학을 형성한 과거와 뿌리에 대한 무관심을 반영할 것이다.[5]

이 글의 목표는, 티보와 사비니 사이의 논쟁을 보다 '공평하게' 재평가하는 것이다. 그 동안 사비니가 독일 학계에서 가졌던 압도적 의미 때문에 티보의 역할이 과소평가된 면이 있었으므로,[6] 티보의 주장 역시 사비니의 입장 못지않게 충실하게 소개하고자 한다.

이하에서는 법전편찬논쟁의 두 주역인 티보와 사비니 개인에 관하여 먼저 살펴보고(이하 Ⅱ.), 이어서 법전편찬에 관한 티보와 사비니의 주장을 살펴 본 후(이하 Ⅲ.), 이 논쟁이 현재에 대하여 가지는 의미를 생각해 보고자 한다(이하 Ⅳ.).

Ⅱ. 티보와 사비니 개인에 관하여

1. 티 보

티보(Anton Friedrich Justus Thibaut)는 1772. 1. 4에 하멜른(Hameln)에서 출생하여 1840. 3. 28 하이델베르그(Heidelberg)에서 사망하였다. 그는 그렇게 부유하지 않았지만(부친은 군대의 하급장교였음) 가족의 사랑이 충만한 행복한 유년 시절을 하멜른, 하부르그(Harburg), 하노버(Hannover) 등에서 보냈다. 18살이 되었을 때에 티보는 대학 진학이 아니라 산림감독원이 되는 양성과정을 밟았는데, 이것은 그가 어린 시절부터 자연을 무척 사랑하였기 때문이었다.[7] 그러나 이 양성과정이 그의 기대에는 매우 부합하지 못하는 것이었기 때문에, 그는 이 과정을 결국 포기하였고, 20살이 되는 1792년에 괴팅겐(Göttingen)에서 대학 공부를 시작하였다.

그의 공부 방향에 결정적인 영향을 끼친 것은 1793년에 쾨닉스베르그(Königsberg)에서 칸트(Immanuel Kant)의 강의를 들은 것이었다. 그는 또한 이때부터 로마법 공부에 관심을 가지게 되었고, 1794년부터는 키일(Kiel)에서 계속 공부를 하여 1795년에는 박사학위를 취득하고 1796년부터는 시간강사 일을 시작하였다. 그는 1799년에 키일 대학의 정교수가 되는데, 박사학위 취득 후부터 정교수가 될 때까지 극도의 경제적 궁핍 속에서도 그러한 상황을 타개하기 위한 유일한

4) 여기에 대해서는 물론 반론도 존재한다. 가령 남기윤, "사비니의 법학방법론: 한국 사법학의 신과제 설정을 위한 법학방법론 연구(8-2)", 『저스티스』(2011), 제126호, 7면 및 특히 주 7의 문헌 참조.

5) 이러한 역사에 대한 무관심은 현재 법사학 그리고 기초법학 분야 일반이 직면하고 있는 위기 상황에 대한 하나의 방증이 될 수도 있다. 법사학은 실무가들로부터 외면당하고 있을 뿐만 아니라, 법학전문대학원 체제가 도입된 이래로 학생들로부터 점점 더 소외되고 있는 것으로 보인다.

6) 가령 강희원, "역사법학과 Savigny", 『경희법학』(1998), 제33권 제1호, 40면 및 특히 주 40의 문헌 참조.

7) 참조 HATTENHAUER, HANS (HRSG.), THIBAUT UND SAVIGNY. IHRE PROGRAMMATISCHEN SCHRIFTEN, 2. Aufl. (2002), 2.

방책으로서 더욱 더 연구에 몰두하였다. 이 시기는 티보가 학자적 소양의 기초를 마련하는 데 있어서 결정적인 역할을 한 것으로 보인다.[8)]

티보는 1802년부터는 예나(Jena) 대학으로 옮기게 되는데, 그가 예나 대학으로 타고 갔던 마차를 형법학자 포이어바흐(Feuerbach, 즉 근대형법의 아버지라 불리는 Paul Johann Anselm Ritter von Feuerbach, 1775-1833)가 오는 길에 탔다는 재미있는 일화가 있다.[9)] 포이어바흐는 티보의 추천으로 키일 대학에서 일하게 된 것이었다.

티보는 예나에서 괴테(Goethe)와 쉴러(Schiller)와 교우하게 되었고, 나중의 숙적이 될 젊은 사비니도 여기에서 처음 만났다. 예나에서 티보는 쉴러의 집을 구입하여 거기에서 그의 명성을 확립하는 데에 결정적인 역할을 한 저작인 "판덱텐법 체계(System des Pandektenrechts, 1803년 제1판, 1805년 제2판)"를 저술하였다. 같은 해인 1803년에 사비니 역시 자신의 명성에 결정적 영향을 끼치게 되는 "점유론(Das Recht des Besitzes)"을 첫 저작으로서 저술하였음은 무척 의미심장한 일이다. 왜냐하면 이 두 저작은 두 사람의 상이한 성격과 학문 방법, 법학의 사명에 대한 본질적인 이해의 차이를 잘 표현하고 있으며, 이 상이한 성격을 두 사람은 이후 평생에 걸쳐 일관되게 유지하였기 때문이다.[10)]

티보의 '판덱텐법 체계'에 나타나는 그의 학문적 특징은 다음과 같다. 칸트로부터 큰 영향을 받았던 티보는 생각의 명료함을 매우 중요시했다. 후고(Gustav Hugo)와 하이제(Heinrich Heise)에 의하여 독일 민법전과 독일 민법학의 중요한 특징의 하나인 총칙이 창안되었다고 일반적으로 인정되지만, 그러한 총칙적 사고를 실제로 교과서에 적용하여 모범적인 형태로 완성하였을 뿐만 아니라, 그러한 체계적 서술이 전 독일에 파급되는 데 결정적 역할을 한 것이 바로 티보의 이 책이었다.

나아가 생각의 명료함은 자연스럽게 법소재 혹은 법원(法源)의 명료함과 연결된다. 티보가 특히 당시의 보통법(Gemeines Recht, ius commune: 물론 그 핵심은 로마법임)을 비판하였던 것도 바로 이런 이유에서였다. 로마법의 법원은 도대체 무엇이 현행법(실정법)인지를 명확하게 제시하지 못하는 경우가 많다는 것이었다.[11)] 이것은 자연스럽게 그것을 대체할 수 있는 명확한 법원으로서의 민법전의 제정이 필요하다는 논리와 연결되었다.

생각과 법소재의 명료함은 또한 티보의 법학이 자연스럽게 법률가법보다는 민중법과 더 가깝다는 사실과도 연결된다. 로마법과 같은 복잡한 법원을 다루기 위해서는 잘 훈련된 전문법률가가 필요하고, 바로 그러한 사람들에 의해서만 법학이 유지될 수 있다. 그러한 전문 법률가들이

8) 참조 HATTENHAUER, 앞의 책(주 7), 4.
9) 참조 HATTENHAUER, 앞의 책(주 7), 5.
10) 참조 HATTENHAUER, 앞의 책(주 7), 5.
11) 참조 HATTENHAUER, 앞의 책(주 7), 9.

구사하는 법언어나 법학이 평범한 민중들이 이해할 수 있는 것과 거리가 멀다는 것은 당연했고, 바로 이러한 점을 티보는 민법전의 제정을 통하여 타파하고자 했던 것이다.

티보가 개혁하고자 했던 바로 그러한 점을 철저히 옹호하고 끝까지 추구했던 사람이 바로 사비니이다. 그리고 그의 이러한 성격은 바로 그의 첫 번째 법률저작이었던 점유론에서부터 명확하게 드러난다. 점유론을 통해서 전 유럽에 깊은 감동과 반향을 불러일으켰던 사비니의 방법론 –법소재(주로 로마법 사료)에 관한 철저한 검토 및 체계적 서술– 이 19세기는 물론이고 현재에 이르기까지도 법률 문헌 작성에 있어서의 기본이 되고 있는 것은 물론 사실이다. 어쨌든 두 사람의 초기 저작에서부터 서로의 상이한 성격과 목적 의식이 명확하게 나타났다는 점은 기억할 만하다.

1805년에 티보는 예나에서 하이델베르그 대학으로 옮기게 되는데, 그 곳에서 사망할 때인 1840년까지 머무르면서, 개인적으로도 행복한 시간을 보냈을 뿐만 아니라 학문적으로도 독일 전역에 걸쳐 최고의 민법학자로서 인정을 받았고, 하이델베르그 대학의 명성이 독일 전체에 퍼지게 되는 데 결정적인 기여를 하였다.[12)]

오늘날 우리는 티보와 사비니의 논쟁에 있어서, 사비니는 독일을 대표하는 학자이고 티보는 그와 비교할 수도 없는 비중의 학자여서 오로지 사비니와의 논쟁을 통해서만 겨우 이름이 기억되는 존재라고 오해할 수도 있으나, 당시 티보는 (적어도 논쟁이 있었던 1814년의 시점에 있어서는) 오히려 사비니를 훨씬 능가하는, 독일 최고의 민법·로마법 교수로서 명성을 떨치고 있었다. 1814년의 논쟁은 독일 법학계를 대표하는 두 명의 거인이 정면으로 충돌한 건곤일척의 대결이었던 것이지, 처음부터 한 쪽이 다른 한 쪽에 비하여 일방적으로 허약한 그런 싸움이 아니었다.

또한 티보의 명성은 논쟁이 사비니의 승리로 결말이 났다고 해서 결코 수그러들지 않았다. 오히려 티보의 위치는 그가 사망할 때까지 유지되었다.[13)] 물론 사비니가 이 논쟁에서의 승리를 기점으로 하여 독일 법학에 있어서의 헤게모니를 획득하고 이후의 법 발전의 방향을 주도한 것은 부정할 수 없는 사실이다.

끝으로, 티보의 성격을 잘 보여주는 저작을 하나만 더 언급하기로 하자. 1824년에 티보는 "음악의 순수성에 대하여(Über Reinheit der Tonkunst)"라는 책을 출간하였는데, 이것은 티보가 정력적으로 활동하였던 합창단의 일이 계기가 되어, 종교음악을 중심으로 하여 보다 훌륭한 합창음악을 창조하기 위하여 어떻게 해야 하는지를 서술한 본격적인 음악이론서이다.[14)] 그는 자신의

12) 독일 전역에서 그의 강의를 듣기 위하여 학생들이 하이델베르그 대학으로 몰려들었다고 한다. 참조 HATTENHAUER, 앞의 책(주 7), 6.

13) 참조 HATTENHAUER, 앞의 책(주 7), 9.

14) 티보의 법학 저작들에 대해서는 후속 세대의 연구가 많지 않지만, 이 책은 음악학 분야에서도 최근까지도 활발한 연구의 대상이 되고 있다. 음악에 대한 티보의 기여에 대해서는, 가령 참조 PFEIFFER, HARALD,

음악 사랑에 관하여 "법학은 나의 업무이나, 음악은 나의 성전이다.(Die Jurisprudenz ist mein Geschäft, mein Musiksaal ist mein Tempel)"라는 말을 남길 정도였다.

요컨대, 티보는 항상 친구나 가족, 자신의 학생들과의 관계에 있어서 따뜻한 사랑을 나누었고, 자연과 음악의 친구였다. 그에게 있어서 삶은 온갖 역경과 어려움에도 불구하고 행복한 것이었고, 그에게 있어서 법학은 이러한 행복한 삶의 한 표현이었고, 평범한 사람들의 행복한 삶에 기여하는 것이어야 했다. 자신의 출신 배경이 애초에 귀족과는 관계가 없는 것이어서 그랬는지도 모르겠지만, 그는 최고의 법학자로서 최고의 명성을 누릴 때조차도 항상 평범한 민중도 이해할 수 있는 그러한 명료한 법학을 추구했다. 티보에게 있어서 민법전의 제정은 그러한 목표를 달성하기 위한 당연한 수단이었다.

2. 사비니

당대 최고의 법학자였고, 칸트로부터 큰 영향을 받았으며, 로마법과 민법에 관한 탁월한 저작을 남겼다는 면에 있어서 티보와 사비니는 공통점이 있지만, 다른 여러 가지 면에서 서로 대조적이었다. 여기에는 두 사람의 성장 배경과 성격도 일조를 한 것으로 보인다.

사비니(Friedrich Carl von Savigny)는 1779. 2. 21 프랑크푸르트(Frankfurt am Main)에서 출생하여, 1861. 10. 25 베를린(Berlin)에서 사망하였다.[15] 그는 대대로 법률가를 배출하였으며 매우 부유했던 명문 귀족 가문 출신이었다. 무엇하나 부족함이 없는 명문가에서 태어났으나, 사비니는 11살이던 1790년부터 13살이던 1792년에 걸쳐서 형제와 부모의 사망을 겪으면서 매우 내성적이면서 항상 죽음에 대하여 생각하는 성격으로 변해갔다. 그에게 가까운 친구가 거의 없었던 것은 당연한 결과였다. 그는 이미 젊었을 때부터 주위의 사람들로부터 우정과 사랑을 기대한 것이 아니라 오로지 존경과 권위만을 원했던 것으로 보이며, 이러한 사비니의 성격은 평생토록 유지되었다.[16] 사비니의 종교적 지도자와도 같은 탁월한 권위는 그의 신화화에도 상당히 기여했던 것으로 보인다.

그는 16살이 된 1795년부터 마부르그(Marburg)에서 대학 공부를 시작하였는데, 나중에 그의 제자가 되는 그림(Grimm) 형제(즉, 야콥 Jakob과 빌헬름 Wilhelm)와도 이때 알게 되었다. 그는 21세 때인 1800년에 형법에 관한 논문으로 박사 학위를 취득하였으나, 바로 관료나 실무가가 되는 전형적인 법률가의 경력을 쌓지 않고 1802년부터는 학문적 순례여행(peregrinatio academica)을

Thibaut und die Wiederentdeckung 'alter Chormusik', HATTENHAUER/SCHROEDER/BALDUS, 앞의 책(주 3), 343-353.

15) 사비니의 생애에 관한 개관을 위해서는 최종고, 『위대한 법사상가들』(한국학술정보, 1984), 21-53면 참조. 이 책의 54면 이하에는 사비니의 '소명'의 번역 일부도 소개되어 있다(그러나 곳곳에 번역의 오류가 있음).

16) 참조 HATTENHAUER, 앞의 책(주 7), 13.

통하여 여러 대학 등을 방문하였다. 이때 예나에서 티보와 처음 조우하였음은 앞(위 1.)에서 이미 언급하였다.

이 여행의 과정인 1803년에 앞서 언급한 점유론을 출간함으로써 사비니는 불과 24세의 나이에 유럽 전체에 자신의 이름을 알리게 되었다. 그는 1804년에는 쿠니군데 브렌타노(Kunigunde Brentano)와 혼인하는데, 이것은 그가 아킴 폰 아르님(Achim von Arnim)과 클레멘스 브렌타노(Clemens Brentano: 사비니의 부인 쿠니군데의 오빠)와 같은 독일 낭만주의의 대표자들과 교류한 결과였다.

사비니는 여러 대학의 초빙 제안을 거절한 후, 1808년에 비로소 바이어른(Bayern)에 있는 작은 도시인 란스훗(Landshut)에서 로마법 교수직을 맡게 되는데, 이것은 사비니와 같은 명문 귀족이자 유명한 법학자에게는 이례적인 일이었다. 그러나 사비니는 매우 여러 가지 점을 고려하여 이러한 선택을 한 것으로 보인다. 그는 이때부터 이미 법학에 있어서의 '칸트'[17)]가 되고자 하는 노력을 주도면밀하게 하고 있었다고 볼 수 있다. 후일 사비니는 역사법학이라는 이름으로 독일의 법학에 정체성을 부여했지만, 교수직에 대한 사회적 인식에 제고되는 데에도 큰 기여를 하였다고 볼 수 있다.

1810년이 되자 사비니는 새로 설립된 베를린 대학으로 교수직을 옮기게 되었고, 1814년에는 티보에 대한 반박으로서 그 유명한 "입법과 법학에 대한 우리 시대의 소명"을 썼다.

그런데 사비니는 단순히 교수로서 활동하는 것으로 만족하지 않았다. 1812년에는 베를린 대학의 제2대 총장이 되었고, 1817년부터 프로이센 국가자문회의(Staatsrat: 의회의 역할을 함)의 구성원이 되었고, 이런 바쁜 와중에서도 1815년부터 1831년에 걸쳐서 오늘날에도 여전히 이 주제에 관한 기본서의 역할을 차지하는 "로마법사(Geschichte des Römischen Rechts)"를 저술하였다.

그는 1842년부터 1848년까지는 프로이센의 수상(Großkanzler) 겸 입법장관(Minister für Revision der Gesetzgebung)으로서 일하였고, 동시에 이 시기에 걸쳐서 그의 주저인 "현대 로마법의 체계(System des heutigen Römischen Rechts)" 8권을 출간하였다. 1851년에는 프로이센 형법전의 제정에도 참여하였고, 1853년에는 그의 마지막 업적인 "채권법(Obligationenrecht)"을 내어놓은 후, 1861년 베를린에서 사망하였다. 그의 장례식에는 황제와 황태자, 왕자들도 전부 참여할 정도였으니, 그의 압도적 권위와 영향력에 대해서는 중언부언이 필요 없을 것이다.

17) 칸트와 사비니, 역사법학과의 관련에 관한 상세한 논의는, 임미원, "칸트와 역사법학", 『법사학연구』(2008), 제38호, 65-90면 참조. 한편 칸트와 사비니의 관계를 다소 유보적으로 보면서 객관적 관념론의 관점에서 사비니의 입장을 해석하는 입장에 대해서는, 남기윤, "사비니의 법사고와 법이론 = 한국 사법학의 신과제 설정을 위한 법학 방법론 연구(8-1)", 『저스티스』(2010) 제119호, 17면 이하 참조.

Ⅲ. 법전편찬에 관한 티보와 사비니의 입장

1. 1814년 독일의 역사적 상황

티보와 사비니가 살았던 18세기 후반과 19세기 전반의 유럽의 역사를 한 마디로 요약한다면 혁명과 복고가 될 것이다. 혁명이란 다름 아니라 프랑스 혁명(1789)을 말하고, 복고란 나폴레옹의 패배로 인하여 1814년에 성립하게 된 비인(Wien) 회의 체제를 의미한다.

프랑스 혁명의 우여곡절 속에서 나폴레옹은 1799년의 쿠데타를 통하여 정권을 잡았고 1804년에는 프랑스 황제로 즉위하였다. 그러나 나폴레옹이 스스로 말한 바와 같이, 그의 모든 전쟁에서의 승리는 그가 제정한 프랑스 민법전을 비롯한 모두 5개의 주요 법전(나폴레옹 법전)의 영향력만큼 크지는 못했다. 그만큼 1804년에 제정된 프랑스 민법전의 내용은 획기적이었을 뿐만 아니라, 자유와 평등이라는 프랑스 혁명의 이념을 유럽을 비롯한 세계 곳곳으로 전파하는 데에 결정적인 역할을 했다.

나폴레옹은 독일 지역에 대한 지배권을 확립한 후 1806년에는 신성로마제국에 속하던 분방들을 모아서 이른바 라인 연방(Rheinbund)를 성립시키는데, 이렇게 하여 같은 해에 오스트리아 왕 프란츠 2세는 스스로 황제의 지위로부터 퇴위함으로써 신성로마제국은 해체되기에 이르렀다.

이렇게 하여 라인 연방 지역, 특히 라인강 서안 지역에는 프랑스 민법전이 직접 또는 일부 수정되어 적용되게 되었고, 이 상태는 1900년에 독일 민법전이 발효할 때까지도 상당 지역에서 그대로 유지되었다.

그러나 이러한 혁명의 물결은 1813년 라이프치히 전투를 기점으로 나폴레옹이 패퇴함에 따라서 완전히 멈춰지게 되었다. 같은 해에 라인 연방은 해체되었고, 비인 회의는 이것을 독일 연방(1815-1866)으로 대체하였고, 유럽의 보수 세력은 모든 면에서 혁명 이전의 상태를 복구하고자 노력하였다.

1814년은 이처럼 유럽의 상황이 혁명에서 복고로 전환하는 바로 그 시점이었다.

2. 법적 공백의 해결 방법

위에서 언급한 바와 같이 신성로마제국은 이미 1806년에 해체되었기 때문에, 독일 지역에 있어서 종래의 보통법은 신성로마제국의 법으로서의 효력을 일단은 상실한 것으로 여겨졌다. 물론 일부 학자들은 신성로마제국의 해체 이후에도 사법으로서의 보통법은 계속 적용된다고 주장했으나, 일부 지역에서는 프랑스 민법전이 적용되기도 했고, 바이어른과 프로이센에서는 그 지역의 고유한 민법전, 즉 바이어른 민법전과 프로이센 일반란트법이 적용되기도 하였다. 1813년에 라인 연방마저도 해체된 상황에서는 이러한 법의 공백 또는 불일치 상태가 더욱 심각했다. 이

제 사법의 영역에서는 다음과 같은 세 가지 형태로 법의 공백을 메우는 방법이 고려되었다.

첫째, 프랑스 민법전을 확대적용하는 것이다. 그러나 이 방법은 프랑스에 대한 독일 분방들의 반감과 민족정서를 고려할 때 별로 실현가능성이 없었다. 더구나 나폴레옹의 영향력이 완전히 상실된 마당에서는 더욱 그러했다.

둘째, 새로운 민법전을 제정하는 것을 생각해 볼 수 있었다. 물론 독일의 분방들이 정치적 통일을 아직 이룩하지 못한 채로 신성로마제국을 대체하는 독일 연방이라는 느슨한 연맹체를 형성하고 있는 상황에서, 통일적인 민법전의 제정을 추진하는 것이 쉬운 일은 아니었다. 어쨌든 티보는 바로 이 입장을 취하였다.

셋째, 새로운 민법전의 제정을 포기하고 종래의 보통법을 그대로 유지하는 방법이 있었다. 이것은 말하자면 보통법을 통하여, 그리고 보통법의 해석에 관한 학문적 통일을 통하여 법의 통일을 달성하자는 입장이었다. 이것을 달성하기 위해서는 법학의 역할이 매우 중요해지고, 학식법(혹은 법률가법)이 사법의 핵심을 담당하게 된다. 사비니는 바로 이러한 입장에 서 있었다.

3. 티보의 입장

티보는 새로운 민법전의 제정을 위하여 무엇보다도 독일 민족의 애국주의적 단결을 촉구하였다. 나폴레옹 지배 하에 있을 때에는 프랑스 민법전의 적용을 주장하는 사람들이 많이 있었고, 심지어 나폴레옹의 몰락 이후에도 프랑스 민법전을 계속해서 적용해야 하는 입장이 있었고 실지로 라인강 서안의 상당한 지역에서도 계속하여 프랑스 민법전이 적용되기도 했다.

그러나 티보는 일관되게 프랑스 민법전의 적용에 대해서는 반대하는 입장이었다. 물론 그는 하이델베르그 대학에서 프랑스 민법의 강의를 계속하여 맡았고, 프랑스 민법의 기본이념인 자유주의에 상당 부분 동조하여 심지어 자코뱅주의자라는 비난까지도 받았음에도 불구하고, 그의 엄격한 애국주의는 프랑스 민법전의 적용을 거부하도록 이끌었다.

그래서 티보는 프랑스가 이제 패퇴하고 일종의 권력의 공백 상태가 된 1814년의 시점에서, 독일 민족의 (각 분방의 이해관계를 초월한) 대단결을 통하여 독일 민족의 미래에 크게 이바지할 수 있는, 그러한 민법전의 제정이 필요불가결하다고 보았다.

> "그러나 나는, 우리의 시민법(나는 여기에서 이 말을 통하여 사법, 형법, 소송법을 총칭할 것이다)이 완전히 신속한 변경을 필요로 하며, 또한 모든 독일 정부들이 통일된 힘으로, 개별 정부의 자의로부터 벗어난, 전 독일을 위하여 공포된 법전의 제정이 이루어지도록 노력할 때에만 독일인들이 시민적 관계에 있어서 행복해질 수 있다고 생각한다."[18)]

---

18) THIBAUT, ANTON FRIEDRICH JUSTUS, UEBER DIE NOTHWENDIGKEIT EINES ALLGEMEINEN BÜRGERLICHEN

물론 이러한 법전을 제정하기 위해서는 그에 상응하는 법률가들의 역량이 요구될 것이나, 티보는 이에 대하여 2-4년 정도의 편찬작업을 하면 충분히 민법전을 완성할 수 있을 것이라는 낙관론을 폈다.19)

4. 사비니의 입장

티보가 이러한 주장을 담은 "독일 일반 민법전의 불가결함에 대하여"라는 팜플렛을 1814년에 펴내었을 때, 그는 사비니가 이에 대하여 격렬한 반론을 펼칠 것을 전혀 예상하지 못했다. 사실 티보가 법전 편찬을 주장한다는 것 자체가 1814년이라는 상황에는 별로 맞지 않는 일이었다. 왜냐하면 독일의 정세는 이미 혁명 이전으로 회귀한다는 복고주의에 의해 지배되고 있었기 때문이다. 그렇다면 티보의 주장에 대하여 사비니뿐만 아니라 그 누구라도 굳이 대응을 할 필요도 없이, 어차피 티보의 생각이 현실화되기는 어려운 상황이었다.

그러나 사비니의 생각은 완전히 달랐다. 이 논쟁이 있기 이전까지만 하더라도 티보는 사비니에 대하여 전혀 나쁜 감정을 갖고 있지 않았고 오히려 사비니를 높이 평가하기까지 하였지만, 사비니는 티보가 제기한 이 문제에 대하여 상상을 초월하는 격렬함으로 대응하였다.

사비니가 왜 그렇게 이 문제에 대하여 철두철미하게 반론을 제기하고, 이후로 티보나 티보와 비슷한 생각을 가진 사람들에 대하여 철저히 비판을 가한 데에 대해서는 다음과 같은 몇 가지 이유를 생각해 볼 수 있다.

첫째, 사비니는 굳이 티보의 문제 제기가 없었더라도, 이 법전 편찬의 문제에 대하여 입장을 천명할 계획이었다. 사비니의 "소명"을 읽다보면 누구라도 그 문장의 수려함과 생각의 정연함에 찬탄을 금할 수가 없는데(Wieacker는 이것을 독일어로 된 법률문헌 중에서 가장 아름다운 산문의 하나라고까지 극찬하였다), 어떻게 그렇게 짧은 시간 내에 이런 글을 완성시킬 수 있는지에 대하여 놀라게 된다. 왜냐하면 사비니의 이 책은 티보의 팜플렛이 나온 후 불과 얼마 지나지 않아서 출간되었고, 사비니 스스로도 불과 "몇 주 동안" 쓴 것이라고 하고 있기 때문이다.

그러나 이에 관한 합리적인 설명은, 사비니가 이미 이 주제에 관하여 책을 준비하고 있었는데, 마침 티보가 먼저 이 문제를 제기했으므로, 사비니로서는 이것을 더 없이 좋은 기회로서 활용하였다는 것이다.

둘째, 사비니는 자신의 "소명"에서는 매우 점잖게 티보의 주장을 반박하고 있으며 심지어 티보의 애국주의를 칭송하고 있기도 하지만, 친지에게 보낸 서한을 보면 "티보가 수치스러운 글(Schandschrift)를 썼다"라고 말하고 있을 정도로, 내면으로는 티보의 주장을 철저히 격파하는 것

RECHTS FÜR DEUTSCHLAND (1814), 12.

19) THIBAUT, 앞의 책(주 18), 64.

을 자신의 중요한 과제로 설정하고 있었다.

아마도 이 점이 티보와 사비니의 결정적인 차이가 아니었나 생각된다. 즉 티보는 법전 편찬 주장을 할 때 사비니를 공격할 생각은 추호도 없었는데, 처음부터 사비니는 티보의 주장은 물론이고 티보라는 개인, 또한 그가 속하고 있는 하이델베르그 대학, 그로 대표되는 독일 내의 자유주의에 대한 철저한 공격 -이것은 상대를 완전히 절멸시킬 때까지 계속되어야 할 정도로 격렬한 증오가 뒷받침된 것이었다- 을 의도하고 있었다.

셋째, 사비니의 주장은 단순히 티보의 주장을 반박하는 데에서 끝나지 않았다. "소명"에서 제기된 사비니의 주장의 대부분은 바로 이듬해인 1815년에 창간된 "역사법학 잡지(Zeitschrift für geschichtliche Rechtswissenschaft)"의 제1호에 실린 발행인으로서의 자신의 글("이 잡지의 목적에 대하여")에서도 그대로 반복되고 있다.

즉, 사비니의 반박은 동시에 역사법학파의 탄생을 위한 초석이 되었던 것이다. 그렇다면 사비니의 주장을 제대로 이해하는 것은 역사법학파의 성격에 대한 이해에 필수적이라고 할 수 있다.

법이라고 하는 것이 어떤 민족의 역사적 소여(小輿, 즉 "민족정신"을 말함) 속에서 자연발생적으로 생겨나는 것이지 그것을 법 제정을 통하여 인위적으로 조작하는 것은 아무런 성과도 얻지 못한다는 사비니의 유명한 생각은, "민족의 본질 및 성격과 법 사이의 유기적 연관(organischer Zusammenhang des Rechts mit dem Wesen und Character des Volkes)"[20]이라는 말로 표현되었다.

그런데 우리가 주의해야 할 대목은, 사비니가 말하는 역사 그리고 민족이 우리가 일반적으로 이해하는 이 용어들의 의미와는 매우 다르다는 점이다.[21]

사비니에 있어서의 민족은 독일 민족과 같이 구체적으로 실존하는 민족을 의미하지 않는다. 그것은 구체적이고 현실적인 실체로서의 민족이 아니라, 추상적으로만 존재하는 민족이다. 바꿔 말하자면, 사비니에게 있어서 의미가 있는 민족은 (사실은) 독일 민족이 아니라 오히려 로마법 속에 존재하는 (가상적 존재로서의) 로마 민족이다.

또한 사비니가 말하는 역사는 오늘날 우리가 이해하는 바와 같은 객관적이고 실증적으로 존재하는 역사가 아니라, 추상적이고 논리적으로만 존재하는 역사에 가깝다. 즉, 사비니는 역사법학이라는, 즉 역사적 연구를 강조하는 학파를 창시했지만, 이 역사학파의 역사는 독일 민족 혹은 유럽의 어느 민족에 대한 실증적인 연구의 대상이 아니다. 오히려 사비니의 역사는 로마법이라는 시간을 초월하여 절대적 진리로서 존재하는 대상에 대한 추상적이고 개념적인 연구의 대상이다.

---

20) SAVIGNY, FRIEDRICH CARL VON, VOM BERUF UNSRER ZEIT FÜR GESETZGEBUNG UND RECHTSWISSENSCHAFT, 1. Aufl., (1814), 11.

21) 이에 관한 상세한 논증은, 이상수, "사비니에서의 법의 역사성", 『법사학연구』(2001) 제23호, 5-26면 참조.

사비니와 같이 민족과 역사를 파악하게 되면, 그가 말하는 "민족의 역사로부터 자연발생적으로 생성되는 법"의 의미도 완전히 달라지게 된다. 즉 사비니에 있어서의 법은, 법의 과거의 역사에 대한 실증적인 연구를 통해서 확인될 수 있는 것이 아니다. 오히려 그것은 법 소재(로마법)에 대한 개념적이고 체계적인 연구를 통하여 자연스럽게 드러나게 되는, 로마법 속에 내재하는 불변의 이성으로서의 법이다.

역사학파가 그 이름과는 달리 왜 개념법학으로 빠질 수밖에 없었고, 역사학파 내에서 실제로 독일 민족의 역사적 법에 대한 연구를 수행한 게르마니스텐(Germanisten)과 (사비니가 주도한) 로마니스텐(Romanisten)의 사이의 대립이 생긴 것은, 사비니의 이러한 태도로부터 기인하는 것이다. 사비니의 사후에야 사비니 재단이 설립되고 로마니스텐과 게르마니스텐이 다시 합쳐져서 사비니의 이름을 딴 법사학 잡지(Zeitschrift der Savigny-Stiftung für Rechtsgeschichte)를 지금까지 출간하기에 이르게 된 것도, 사비니의 생전에는 양 집단의 화해가 어려웠던 탓일 수도 있다.

넷째, 사비니의 주장에 따르면 법 발견 및 법 형성의 최종적인 책임자는 고도로 훈련된 법률가이다. 왜냐하면 로마법 속에 내재하고 있는 법칙으로서의 법개념과 체계를 복잡한 로마법 사료 속에서 발견해 내는 작업은 매우 뛰어난 법률가가 아니면 수행할 수 없기 때문이다. 그렇다면 그 결과물로서의 법률가법 혹은 학식법이 가장 중요한 역할을 수행하게 되는 것이고, 입법의 기능을 법학이 대신하게 되는 것이다.

티보가 불과 몇 년만 작업을 하면 민법전 편찬이 가능하다는 낙관론을 폈을 때, 사비니가 가장 강력하게 제기한 반론은, 독일 법률가들에게는 아직 그러한 역량이 없다는 것이었다. 사비니는 바이어른 민법전(CMBC, Codex Maximilianeus Bavaricus Civilis, 1756), 프로이센 일반란트법(ALR, Allgemeines Landrecht für die Preußischen Staaten, 1794), 오스트리아 민법전(ABGB, Allgemeines bürgerliches Gesetzbuch, 1812)과 같은 기존의 민법전들을 비판하면서, 그와 같이 형편없는 결과물을 내놓지 않기 위해서는 독일 법률가들은 아직도 상당한 훈련이 더 필요하다는 것을 역설하였다.

끝으로, 사비니의 주장은 철저한 보수주의라고 요약될 수 있다. 티보의 입장은 민중들도 이해할 수 있는 쉽고 간편하고 명확한 법을 지향하였고, 이것은 19세기의 가장 중요한 사회적 화두였던 자유주의라고도 표현될 수 있는 것이었다면, 명문 귀족이었을 뿐만 아니라 프로이센을 대표하는 베를린 대학의 교수이자 입법장관이었던 사비니에게 보수적 기존 질서의 유지는 절체절명의 과제였다.

이 논쟁에 있어서 티보는 그다지 격렬한 입장을 취하지 않았던 반면, 사비니는 철저하게 티보로 대표되는 법전편찬론의 입장을 배제하려고 시도했던 데에는 이러한 근본적인 입장의 차이가 작용했던 것으로 보인다.

Ⅳ. 나가며

사비니의 이러한 입장은 1848년 혁명 이후에 독일 사회가 겪게 되었던 여러 정치적·경제적 격변에도 불구하고 그가 죽을 때까지 일관되게 유지되었다.

가령 1840년(이 해에 티보가 사망함)에 출간된 그의 "현대 로마법 체계"의 서언에서 사비니는 다음과 같이 말하고 있다.

> "법학에 대한 역사적 시각이란 빈번하게, 과거에 유래하는 법형성을 최고의 것으로 인정하고 그것에 현재와 장래에 대한 불변의 지배력이 유지되어야 한다는 태도라고 파악되고 있다. 그러나 이는 완전히 오해이고 왜곡이다. 오히려 그 시각의 본질은 각 시대의 가치와 독자성을 동등하게 인정하는 데 있다. 그리고 그것은 현재를 과거와 결합시키는 살아 있는 관련(lebendiger Zusammenhang), 그 관련을 알지 못하고서는 현재의 법상태로부터 단지 외적인 현상만을 감지하고 그 내적인 본질을 파악하지 못하는 그러한 살아 있는 관련을 인식하는 데에 최고의 비중을 둔다."[22)]

결국 사비니는 현상 그 자체가 아니라 내적인 본질, 혹은 "살아 있는 관련성"을 발견하는 것을 법학의 과제로 삼고 있는데, 그 내적 관련성을 발견하기 위하여 그가 동원하는 방법이 바로 체계적 방법 혹은 개념법학[23)]이다.

> "나는 체계적 방법의 본질이, 내적 연관 또는 유연성(類緣性, Verwandtschaft)을 인식하고 서술하여 이를 통하여 개별적인 법개념이나 법규칙이 하나의 거대한 일체에로 결합되는 데 있다고 생각한다."[24)]

개념과 체계를 핵심으로 하는 이러한 개념법학의 방법을 사비니 자신은 "개념으로 하는 수학"[25)]이라고까지 표현하였다. 그리고 바로 이러한 개념법학이 19세기의 독일의 법학을 지배하였고, 일본을 거쳐서 한국에까지 도입되어 오늘날에도 우리 법학의 가장 중요한 특징을 이루고 있음은 부정할 수 없는 사실이다.

결국 사비니는 티보와의 논쟁에서 승리하였을 뿐만 아니라, 그의 역사법학이라는 방법(실상

---

22) 사비니, "『현대로마법체계』 서언", 양창수 편역, 『독일민법학논문선』(2005), 5면.
23) 개념법학의 형성에 대한 사비니의 기여에 대한 상세한 논의는, 양천수, "개념법학: 형성, 철학적, 정치적 기초, 영향", 『법철학연구』(2007) 10, 233-258면 참조.
24) 사비니, 앞의 논문(주 22), 20면.
25) 남기윤, 앞의 논문(주 17), 8면 및 주 5 참조.

은 개념법학)을 통하여 독일 법학의 미래와 독일 민법전의 내용을 결정했다. 그리고 우리는 이러한 사비니의 유산을 별다른 문제 의식 없이 충실히 계승하고 있으며, 여전히 사비니는 우리에게 있어서도 법학의 "신"이다.

그러나 19세기 후반 들어서 상황은 급격하게 바뀌었다. 그렇게 입법을 반대했던 사비니 자신도 프로이센의 입법장관이 되어 입법을 총지휘하는 입장이 되었고, 실제로 많은 법률들이 사비니의 손을 거쳐서 탄생하였다는 것은 역설적이다. 또한 경제가 급격하게 발달함으로써 더 이상 보통법과 법학에 의존하는 불확실한 법은 현실의 문제에 적절하게 대응할 수 없었다. 1871년의 독일 통일 이후에 급격하게 민법전 편찬 작업이 진행되어 결국 1900년에 독일 민법전이 발효하게 된 점은, 사비니와 티보 중에서 누가 과연 진정한 승리자인지에 대해 다시 생각하게 한다.[26]

이미 19세기 후반에 사비니와 그의 방법론은 심각한 비판에 직면했다. 가령 예링(Rudolf von Jhering)은 개념법학의 폐해에 대하여 다음과 같이 말하고 있다.

> "개념법학은, 긴 항해 끝에 종착지에 도착하였을 때, 실제의 화물, 즉 생활(Leben)을 위하여 어떠한 가치가 있는 화물을 내릴 수 있는지에 개의하지 않고 항해를 하고 있다는 것이다. 개념법학은 개념을 엄밀하게 추급하는 중에 지나치게 정교하게 예민한 구별을 행하여서, 결국 개념은 그것으로 작업을 하여야 하는 실무가가 그것을 실행하는 단계에서는 괴멸하고 만다. 개념법학은 개념을 생각 없이 제시하고, 실무가가 이를 어떻게 적용할 것인가 하는 걱정은 실무가에게 넘기는 것이다."[27]

만약 1814년의 논쟁에서 사비니가 아니라 티보의 주장이 받아들여졌다면 어땠을까 하는 상상을 해 본다. 그것은 단순한 법전 편찬을 둘러싼 논쟁이 아니라 독일 법학의 미래를 결정하는 논쟁이었다. 사비니의 역사법학파는 독일 통일에 있어서의 프로이센의 주도권과 더불어 독일 법학의 기본적인 성격을 결정하였고, 독일 법학에 대한 국제적인 명성을 불러일으킬 정도로 법학의 수준을 끌어올렸다.

그러나 이처럼 완벽해 보였던 역사법학과 개념법학 속에 숨어 있었던 보수주의, 귀족주의, 반민중주의는 그 부작용 또한 적지 않게 발생시켰다. 그러므로 오늘날 우리 법학의 미래의 방향을 생각함에 있어서 200여 년 전에 있었던 티보와 사비니의 논쟁은 여전히 현재적 가치를 가질 수 있다고 생각된다.

---

26) 티보-사비니 논쟁으로부터 독일 민법전 제정까지 역사적 과정에 대한 개관을 위해서는, 박규용, "19세기 독일민법제정의 배경과 과정: 시행 100주년을 맞아", 『한독법학』(2002) 제13집, 326-342면 참조.

27) JHERING, RUDOLF VON, SCHERZ UND ERNST IN DER JURISPRUDENZ: EINE WEIHNACHTSGABE FÜR DAS JURISTISCHE PUBLIKUM, 345-346(1884). 번역은 양창수, 앞의 책(주 22), 40면.

티보는 결코 사비니에 비하여 열등한 법률가도 아니었고, 정치적으로는 더 진보적인 입장을 취하고 있었다. 사비니의 거대한 그늘 속에 파묻힌 티보의 진정한 기여에 대한 정당한 평가가 앞으로 보다 활발하게 이루어지기를 기대한다.

사법(私法)상 차별금지와 허용되는 차별대우*

– 독일 일반평등대우법(AGG)을 중심으로 –

박 신 욱**

Ⅰ. 들어가며

대한민국헌법[1] 제11조 제1항은 "모든 국민은 법 앞에 평등하다. 누구든지 성별·종교 또는 사회적 신분에 의하여 정치적·경제적·사회적·문화적 생활의 모든 영역에 있어서 차별을 받지 아니한다"고 규정하고 있다. 그럼에도 불구하고 우리사회에서 차별에 대한 문제는 항상 주목받는 문제 중 하나이다. 차별에 관한 수많은 논문이 존재하는 것도 이에 대한 방증(傍證)으로 볼 수 있다. 실제로 사법(私法)영역에서 이러한 논문을 찾는 것은 어려운 일이 아니다. 특히 이들 선행연구는 사적자치와 차별금지법의 관계에 대해 매우 심도 있는 논의를 보여주고 있어 그 가치가 매우 높다.[2]

사람은 누구나 우리 민법의 근간을 이루는 가장 기본적인 원리라고 할 수 있는 순수한 의미의 사적자치,[3] 그 중에서 계약자유의 원칙을 통해서 계약을 체결하고 형성하는 자유 역시 보장

* 이 글은 한국민사법학회가 2020년 12월 12일 개최한 동계공동학술대회에서 발제한 글을 수정·보완하여 「민사법학」 제94호(2021)에 게재되었다. 당시 부족한 발제였음에도 불구하고 좌장을 맡아 용기를 주셨던 송덕수 교수님께 감사드림과 동시에 정년을 진심으로 축하드린다.

** 경상국립대학교 법과대학 부교수/경상대학교 법학연구소 책임연구원/법학박사.

1) 헌법 제10호.

2) 김송옥, "사적 영역에서 동성애자의 평등권 보장을 둘러싼 헌법적 쟁점", 헌법재판연구 제7권 제1호, 헌법재판연구원, 2020, 207면 이하; 김진우, "민사계약에서의 차별금지", 비교사법 제22권 제1호, 한국비교사법학회, 2015, 205면 이하; 이유정, "사법관계(私法關係)에서 평등권의 적용에 관한 연구", 이화젠더법학 창간호, 이화여자대학교 젠더법학연구소, 2010, 221면 이하; 이재희, "사적 자치와 차별금지법", 저스티스 통권 제165호, 한국법학원, 2018, 33면 이하; 이재희, "평등권의 대사인효와 그 구체적 적용방식", 저스티스 통권 제138호, 2013, 5면 이하; 이재희, "사적 차별에 대한 입법적 해결 방안으로서 일반적 차별금지법 제정에 대한 검토", 법조 제62권 제9호, 법조협회, 2013, 103면 이하 등.

3) Jan Busche, Privatautonomie und Kontrahierungszwang, Tübingen, 1999, S. 13; Thomas Dieterich, Grundgesetz und Privatautonomie im Arbeitsrecht, RdA(3/1995), S. 130; Thomas Dreier, Privatautonomie und geistige Schöpfung, in: Stephan Breidenbach/Stefan Grundman (Hrsg.), Jahrbuch Junger Zivilrechts–

받는다. 여기에는 계약을 체결할 것인지의 여부, 나아가 누구와 계약을 체결할 것인지에 대한 자유(Parteiautonomie)도 포함된다.[4] 다만 인격권, 평등권[5] 같은 기본권은 私法에서 직접적으로는 규정하고 있지 않지만, 민법의 일반조항을 통해, 혹은 특별법의 규정을 통해 私法영역에서 자신의 영향력을 완전히 상실하지 않는다.[6] 그렇기 때문에 사적자치와 평등권, 인격권과 같은 기본권들은 상호간에 약간의 긴장관계를 형성할 수도 있다.[7] 따라서 이러한 긴장관계의 흐름 속에서 지속적으로 발의되는 차별금지법(안)을 민법학의 영역에서 바라보는 것은 다음과 같은 까닭에 매우 흥미롭고 중요한 문제일 수 있다.

지금까지 우리 국회에 제안된 의안 중 "차별"이 포함된 법안은 158개이다. 여기에는 국제협약을 비준하기 위한 법안뿐만 아니라 성별 · 연령 · 학력 · 출신지역 · 장애인 · 임산부 · 다문화가정 · 정보소외계층에 대한 차별 등을 극복하고자 하는 법안이 포함되어 있다. 이 중에는 「고용상 연령차별금지 및 고령자고용촉진에 관한 법률」,[8] 「장애인차별금지 및 권리구제 등에 관한 법률」[9]과 같이 우리 사회에 존재하는 혹은 존재할 수 있는 차별을 극복하고 예방하는 데 기여하기도 하였다.[10] 그러나 이러한 시도들은 순수한 의미에서의 사적자치 영역을 축소시킬 수밖에 없다. 더욱이 연령, 장애 유무와 같이 특정한 표지(標識)로 인한 차별을 극복 · 예방하기 위한 법률을 넘어서 차별금지에 관한 일반법을 도입하고자 하는 시도 역시 지속적으로 확인된다. 그렇기 때문에 차별금지에 관한 일반법이 입법되는 경우에, 우리 민법에 어떠한 영향을 미치는지에 대해서 논의가 필요하다. 이러한 논의를 진행함에 있어서 두 가지 측면을 고려하여야 한다. 특히 순수한 의미의 사적자치와 평등권, 인격권이 긴장관계를 이루고 있는 현재 상황에서 추(錘)가 평등권 및

---

wissenschaftler, Stuttgart, 1992, S. 116; Wolf/Neuner, BGB AT, 11. Aufl. 2016, § 10 Rn. 27.

4) BeckOK BGB/Sutschet BGB § 241 Rn. 12; Hans-Joachim Musielak, Vertragsfreiheit und ihre Grenzen, JuS 2017, S. l949; Michael Horcher, Kontrahierungszwang im Arbeitsrecht-unter besonderer Berücksichtigung von § 15 Abs. 6 AGG, RdA 2014, S. 93.

5) 평등의 개념, 유형 및 적용범위 등에 대한 이해는 국가마다 그리고 학자마다 상이하다. 그러나 본고(本稿)에 평등의 개념은 상대적 평등, 다시 말해 "소극적 의미에서 불합리한 차별이 없는 상태를 평등"으로 전제한 후 논의를 시작하도록 한다. 왜냐하면 이는 우리 헌법상 보장되는 평등권이 오랜 세월이 논의를 통해 합의에 이른 것으로 판단되기 때문이다(최윤희, "차별금지법제의 현황", 저스티스 통권 제121호, 한국법학원, 2010, 593면 이하; 김해원, "'평등권'인가 '평등원칙'인가?", 헌법학연구 제19권 제1호, 한국헌법학회, 2013, 229면; 김선희, 간접차별법리에 관한 비교법적 연구, 헌법재판소 헌법재판연구원, 2017, 30면 이하).

6) 박신욱, "차별금지에 관한 일반법 도입을 위한 허용되는 차별대우 연구", 비교사법 제22권 제3호, 한국비교사법학회, 2015, 1160면.

7) Roman Lehner, Grundrechtsprobleme im Wellness-Hotel, NVwZ 2012, S. 861; 정주백, "차별금지법안에 대한 검토", 법학연구 제31권 제3호, 충남대학교 법학연구소, 2020, 12면.

8) 법률 제17326호.

9) 법률 제16740호.

10) 이외에도 "평등"이 포함되어 있는 「남녀고용평등과 일 · 가정 양립 지원에 관한 법률(법률 제17489호)」, 「양성평등기본법(법률 제17284호)」과 「외국인근로자의 고용 등에 관한 법률(법률 제17326호)」 등도 같은 맥락에서 파악할 수 있다(박신욱, 앞의 논문, 1162면 이하).

인격권에 놓이지는 않을까 하는 우려와, 또 한편으로는 국가와 사회의 경계가 모호해진 현대사회에서 개인의 평등권과 인격권이 유명무실해질 수도 있지 않을까 하는 점이다.[11)]

이에 본고(本稿)에서는 우리나라에서 현재까지 제안되었던 차별금지에 관한 일반법안들을 확인 및 분석하고, 이미 2006년 입법되어 시행되고 있는 독일의 일반평등대우법(AGG)[12)] 중 우리 민법의 영역에 영향을 미칠 수 있는 사법(私法)상 차별금지 및 차별대우가 허용되는 경우에 대해 규정하고 있는 AGG 제19조 이하의 규정과, 이들 규정이 실제로 어떻게 적용되어 순수한 의미의 사적자치원칙에 어떠한 영향을 미치고 있는지 판례를 통해 구체적으로 확인함으로써 차별금지에 관한 일반법 도입과 관련된 논의에 있어 활용될 수 있는 기초자료를 제공하고자 한다.

Ⅱ. 차별금지에 관한 일반법을 도입하기 위한 입법적 시도 및 평가

1. 개 요

2020년 12월 현재까지 우리나라에서는 차별금지에 관한 일반법을 도입하기 위한 시도가 다음과 같이 8차례 있었다.

〈차별금지법안 정보〉

의안번호	제안일자	제안자/대표발의자	의안명	제안회기
178002	2007-12-12	정부	차별금지법안	제17대(2004~2008) 제270회
178162	2008-01-28	노회찬 의원	차별금지법안	제17대(2004~2008) 제271회
1813221	2011-09-15	박은수 의원	차별금지기본법안	제18대(2008~2012) 제303회
1814001	2011-12-02	권영길 의원	차별금지법안	제18대(2008~2012) 제303회
1902463	2012-11-06	김재연 의원	차별금지법안	제19대(2012~2016) 제311회
1903693	2013-02-12	김한길 의원	차별금지법안	제19대(2012~2016) 제313회
1903793	2013-02-20	최원식 의원	차별금지법안	제19대(2012~2016) 제313회
2101116	2020-06-29	장혜영 의원	차별금지법안	제21대(2020~2024) 제379회

제17대 국회에서는 정부에서 제안한 법안[13)]과 노회찬 의원이 대표 발의한 법안[14)]이 있고,

11) 이재희, 앞의 논문, 33면 이하.
12) Allgemeines Gleichbehandlungsgesetz(vom 3. April 2013(BGBl. I S. 610)).
13) 의안번호 제178002호(이하 “정부법안”).
14) 의안번호 제178162호(이하 “노회찬 법안”).

제18대 국회에서는 박은수 의원[15]과 권영길 의원[16]이 대표 발의한 법안이 있다. 제19대 국회에는 김재연 의원,[17] 김한길 의원,[18] 최원식 의원[19] 등이 차별금지법안을 제안하였는데, 김재연 의원이 대표 발의한 차별금지법안은 권영길 법안과 동일하다. 제20대 국회에는 차별금지법안이 제안된 사례가 없었으며, 제21대 국회에는 장혜영 의원이 대표 발의한 차별금지법안[20]이 계류되어 있다.

이하에서는 권영길 법안과 동일한 김재연 법안을 제외한 7개 법안을 차별의 표지와 금지되는 차별, 차별의 구제, 허용되는 차별을 중심으로 살펴보고, 재화·용역 등의 공급이나 이용에 대한 법률안의 내용을 확인하여 각 법안에 대해 평가하도록 한다.

2. 차별의 표지와 금지되는 차별

정부법안에서는 차별의 표지를 예시적으로 정해 놓았다.[21] 나아가 이러한 사유를 이유로 "고용, 재화·용역 등의 공급이나 이용, 교육기관의 교육 및 직업훈련, 법령과 정책의 집행"의 영역에서 분리·구별·제한·배제 등 불리하게 대우하는 행위를 차별로 규정하였다. 이외에도 "외견상 성별 등에 관하여 중립적인 기준을 적용하였으나 그에 따라 특정 집단이나 개인에게 정당한 사유 없이 불리한 결과가 초래된 경우", "성별, 인종, 피부색, 출신민족, 장애를 이유로 신체적 고통을 가하거나 수치심, 모욕감, 두려움 등 정신적 고통을 주는 행위", "합리적인 이유 없이 성별 등을 이유로 특정 개인이나 집단에 대한 분리·구별·제한·배제 등 불리한 대우를 표시하거나 조장하는 광고 행위"를 차별로 규정하였다. 이러한 일반적인 차별금지사유 외에도 구체적인 차별금지사유를 적시함으로 법률의 실효성을 높이고자 하였다. 예를 들어 고용, 재화·용역 등의 공급 또는 이용, 교육기관의 교육 및 직업훈련 행정서비스 등의 제공이 그것이다.

노회찬 법안 역시 차별의 표지를 예시적으로 정해 놓았다.[22] 노회찬 법안에는 정부법안보다 차별의 표지가 다양하게 적시되어 있는데, 이 역시도 예시적 규정이기 때문에 큰 차이가 있다고 보기는 어렵다. 금지되는 차별에 대한 규정은 정부법안과 대동소이하다. 다만 집행에 있어서

15) 의안번호 제1813221호(이하 "박은수 법안")
16) 의안번호 제1814001호(이하 "권영길 법안").
17) 의안번호 제1902463호.
18) 의안번호 제1903693호(이하 "김한길 법안").
19) 의안번호 제1903793호(이하 "최원식 법안").
20) 의안번호 제2101116호(이하 "장혜영 법안").
21) 성별, 연령, 인종, 피부색, 출신민족, 출신지역, 장애, 신체조건, 종교, 정치적 또는 그 밖의 의견, 혼인, 임신, 사회적 신분, 그 밖의 사유.
22) 성별, 장애, 병력, 나이, 언어, 출신국가, 출신민족, 인종, 피부색, 출신지역, 용모 등 신체조건, 혼인여부, 임신 또는 출산, 가족형태 및 가족상황, 종교, 사상 또는 정치적 의견, 전과, 성적 지향, 성별정체성, 학력(學歷), 고용형태, 사회적신분 등.

정부법안에는 “법령과 정책의 집행”이라 하여 단순 언급한 반면, 노회찬 법안에서는 “법령과 정책의 집행에 있어서 특정 개인이나 집단을 차별하는 공권력의 행사 또는 불행사”라고 하여 구체화하였다. 노회찬 법안에서는 정부법안과 마찬가지로 일반적인 차별금지사유 외에도 구체적인 차별금지사유를 적시함으로 법률의 실효성을 높이고자 하였으며, 추가적으로 “개인이나 집단에 대하여 수치심, 모욕감, 두려움을 야기하는 등 신체적·정신적 고통을 주는 일체의 행위”를 괴롭힘으로 정의하여 이를 금지하였다.

박은수 법안에는 차별의 표지가, 예시적으로 규정된 정부법안 및 노회찬 법안과 달리 개별적으로 규정[23]되어 있다.[24] 나아가 이러한 사유를 이유로 합리적인 이유 없이 차별하는 행위,[25] 교육기관의 교육 및 직업훈련, 고용, 재화·용역 등의 공급이나 이용, 법령과 정책의 집행에 있어서 특정 개인이나 집단을 차별하는 공권력의 행사 또는 불행사와 관련하여 분리·구별·제한·배제·거부하거나 불리하게 대우하는 행위, 외견상 성별·학력·지역 등에 관하여 중립적인 기준을 적용하였으나 그에 따라 특정 집단이나 개인에게 정당한 사유 없이 불리한 결과가 초래된 경우, 성별, 인종, 피부색, 출신민족, 장애를 이유로 신체적 고통을 가하거나 수치심, 모욕감, 두려움 등 정신적 고통을 주는 행위, 성별·학력·지역·종교 등을 이유로 특정 개인이나 집단에 대한 분리·구별·제한·배제·거부 등 불리한 대우를 표시하거나 조장하는 행위 등을 금지하고 있다. 일반적인 차별금지사유 외에도 구체적인 차별금지사유를 적시하고 있는 것은 앞서 살펴본 법안들과 마찬가지이다.

권영길 법안은 차별의 표지가 노회찬 법안과 동일하다. 또한 금지되는 차별행위는 정부법안과 대동소이하다. 다만 괴롭힘을 금지하는 규정은 노회찬 법안에서 별도로 규정한 것과 달리 금지되는 차별행위에 포섭하였다. 일반적인 차별금지사유 외에도 구체적인 차별금지사유를 적시하고 있는 것은 앞서 살펴본 법안들과 마찬가지이다.

김한길 법안에는 표현상 약간의 차이는 있지만, 차별의 표지가 노회찬 법안과 동일하다. 금지되는 차별 및 구체적인 차별금지사유 역시 정부법안 및 노회찬 법안과 큰 차이가 없다.

최원식 법안은 차별의 표지가 박은수 법안과 동일하다. 또한 금지되는 차별도 박은수 법안과 대동소이하다. 특이한 점은 차별의 표지에 해당하는 이유로 인터넷, 소셜 미디어 등 온라인에서 특정 개인이나 집단을 분리·구별·제한·배제·거부하거나 불리하게 대우하는 행위를 금지되

---

23) 박신욱, 앞의 논문, 1186면.

24) 성별·연령·장애·병력·피부색·용모 등 신체조건, 인종·언어·출신국가·출신민족·출신지역(출생지, 등록기준지, 성년이 되기 전의 주된 거주지 등을 말한다) 등 출생지, 기혼·미혼·별거·이혼·사별·재혼·사실혼 등 혼인상태, 출산형태 및 가족형태, 종교, 정치적 견해, 전과·성적평등·학력·고용형태 등 사회적 신분.

25) 차별에 대해 정의하면서 다시금 “차별”이라는 용어를 사용하여 정의하는 것은 입법기술적으로 문제가 있다고 판단된다.

는 차별에 포섭하였다는 것이다. 일반적인 차별금지사유 외에도 구체적인 차별금지사유를 적시하고 있는 것은 앞서 살펴본 법안들과 마찬가지이다.

장혜영 법안에서는 차별의 표지를 예시적으로 정해 놓았는데,[26] 노회찬 법안과 달리 국적이 추가되고, 가족형태 및 가족상황, 전과, 병력이 가족 및 가구의 형태와 상황, 형의 효력이 실효된 전과, 병력 또는 건강상태로 구체화됨으로써 가장 많은 차별의 표지를 적시한 셈이다. 나아가 이러한 사유를 이유로 "고용, 재화·용역·시설 등의 공급이나 이용, 교육기관 및 직업훈련기관에서의 교육·훈련이나 이용, 행정서비스 등의 제공이나 이용"의 영역에서 분리·구별·제한·배제·거부하거나 불리하게 대우하는 경우를 차별로 규정하였다. 또한 이러한 영역에서 외견상 성별 등에 관하여 중립적인 기준을 적용하였으나 그에 따라 특정 집단이나 개인에게 불리한 결과가 초래된 경우, 성적 언동이나 성적 요구로 상대방에게 피해를 주거나 피해를 유발하는 환경을 조성하는 행위, 그리고 그러한 성적 요구에 불응을 이유로 불이익을 주거나 그에 따르는 것을 조건으로 이익 공여의 의사 표시를 하는 행위, 차별의 표지를 이유로 적대적·모욕적 환경을 조성하는 등 신체적·정신적 고통을 주어 인간의 존엄성을 침해하는 행위, 합리적인 이유 없이 차별의 표지를 이유로 특정 개인이나 집단에 대한 분리·구별·제한·배제·거부 등 불리한 대우를 표시하거나 조장하는 광고 행위, 2가지 이상의 차별의 표지가 함께 작용한 각 호의 행위 등을 금지하고 있다. 일반적인 차별금지사유 외에도 구체적인 차별금지사유를 적시하고 있는 것은 앞서 살펴본 법안들과 마찬가지이다.

3. 차별에 대한 구제

정부법안에는 차별에 대한 구제가 매우 구체적으로 규정되어 있는데, 진정, 임시조치, 손해배상, 벌칙 등이 그것이다. 특히 손해배상과 관련해서는 차별행위를 한 자가 고의 또는 과실이 없음을 증명한 경우에는 면책될 수 있도록 규정하고 있으며, 손해액 산정과 관련하여 손해를 입증할 수 없을 경우에는 그로 인하여 얻은 재산상 이익을 피해자가 입은 재산상 손해로 추정함과 동시에, 손해액 입증이 성질상 곤란한 경우 법원이 변론 전체의 취지와 증거조사의 결과에 기초하여 상당한 손해액을 인정할 수 있도록 규정하였다.

노회찬 법안에는 진정, 시정명령 및 이행강제금,[27] 임시조치, 손해배상, 벌칙 등이 차별에 대한 구제방안으로 규정되어 있다. 정부법안과의 결정적인 차이는 징벌적 손해배상이 도입되었다는 것이다. 이에 따라 금지된 차별행위가 악의적인 것으로 인정되는 경우, 법원은 차별행위를

26) 성별, 장애, 나이, 언어, 출신국가, 출신민족, 인종, 국적, 피부색, 출신지역, 용모 등 신체조건, 혼인여부, 임신 또는 출산, 가족 및 가구의 형태와 상황, 종교, 사상 또는 정치적 의견, 형의 효력이 실효된 전과, 성적 지향, 성별정체성, 학력(學歷), 고용형태, 병력 또는 건강상태, 사회적 신분 등.

27) 정부법안에서는 이를 「국가인권위원회법」에 따르도록 규정하고 있었다(정부법안 제28조 제2항).

한 자에 대하여 전항에서 정한 재산상 손해액 이외에 손해액의 2배 이상 5배 이하에 해당하는 배상금을 지급하도록 판결할 수 있을 뿐만 아니라 배상금의 하한은 500만 원 이상으로 규정하였다. 여타의 법안에서 발견되는 차별에 대한 구제방안을 표로 정리하면 다음과 같다.

〈차별에 대한 구제방안〉

구분	진정	시정명령	이행 강제금	임시조치	손해배상	징벌적 손해배상	벌칙
정부	○			○	○		○
노회찬	○	○	○	○	○	○	○
박은수	○			○	○		○
권영길	○			○	○	○	○
김한길	○	○	○	○	○	○	○
최원식	○			○	○		○
장혜영	○	○	○	○	○	○	○

박은수 · 권영길 · 최원식 법안에서의 차별에 대한 구제방안은 정부법안과 대동소이하다. 다만 권영길 법안에는 노회찬 법안에서 확인되는 징벌적 손해배상이 포함되어 있다는 점이 박은수 · 최원식 법안과 다르다. 김한길 법안과 장혜영 법안에서의 차별에 대한 구제방안은 노회찬 법안과 유사하다.

4. 허용되는 차별

정부법안에서는 특정 직무나 사업 수행의 성질상 불가피한 경우, 혹은 현존하는 차별을 해소하기 위하여 특정한 개인이나 집단을 잠정적으로 우대하는 경우와 이를 내용으로 하는 법령을 제정 · 개정하거나 정책을 수립 · 집행하는 경우에는 차별을 허용하였다. 권영길 법안과 김한길 법안 역시 대동소이한 규정을 가지고 있다.

노회찬 법안에서는 현존하는 차별을 해소하기 위하여 특정한 개인이나 집단을 잠정적으로 우대하는 경우와 이를 내용으로 하는 법령을 제정 · 개정하거나 정책을 수립 · 집행하는 경우에 한하여 차별을 허용하였다.

박은수 법안에서는 허용되는 차별로는 성별 · 언어 · 신체적 조건 등 본질적인 차이로 인한 경우, 특정 사업이나 업무의 성질상 불가피한 경우, 국적 언어 등의 차이로 인하여 불가피한 경우, 기타 합리적인 이유로 인하여 차별이 불가피한 경우로 기존의 법안보다 더욱 구체적이다.

최원식 법안에서는 고용에 있어서 직무의 성질상 불가피한 경우, 행정서비스 등의 제공에 있어서 사용자 및 교육기관장의 편의제공 의무를 이행할 때에 과도한 부담이나 현저히 곤란한 사정이 있는 경우를 제외하고는 차별을 허용하지 않는다.

장혜영 법안에서는 노회찬 법안과 마찬가지의 경우를 들어 차별을 허용하였다. 또한 특정 직무나 사업수행의 성질상 그 핵심적인 부분을 특정 집단의 모든 또는 대부분의 사람들이 수행할 수 없고, 그러한 요건을 적용하지 않으면 사업의 본질적인 기능이 위태롭게 된다는 점이 인정되는 경우에는 차별을 허용하기는 하나, 과도한 부담 없이 수용할 수 있는 경우에는 허용하지 않는다.

5. 재화·용역 등의 공급이나 이용 등

정부법안에서는 금융서비스 공급자, 교통수단·상업시설의 공급자, 의료서비스의 공급자, 문화·체육·오락, 그 밖의 재화·용역의 공급자가 차별의 표지를 이유로 재화·용역 등의 공급함에 있어 또는 이용할 수 있도록 함에 있어 차별을 금지하였다.

노회찬 법안, 박은수 법안, 권영길 법안, 김한길 법안에서는 차별금지의무를 부담하는 수범자로 정부법안에 토지·주거시설의 공급자를 추가하였다. 최원식 법안은 차별금지의무를 부담하는 수범자로 노회찬 법안에 인터넷, 소셜미디어 등 온라인서비스 공급자(OSP)[28]를 추가하였다.

장혜영 법안에서는 차별금지의무를 부담하는 수범자에 금융서비스의 공급자(제21조), 교통수단·상업시설의 공급자(제22조), 토지·주거시설의 공급자(제23조), 보건의료인 및 보건의료기관(제24조), 문화·체육·오락, 그 밖의 재화·용역의 공급자(제25조), 시설물의 소유·관리자(제26조), 국가와 지방자치단체 및 관광사업자(제27조), 정보통신서비스제공자(제28조), 신문기사, 광고 및 방송통신콘텐츠를 제작하거나 공급하는 자(제29조), 지정기부금단체, 비영리민간단체, 사회적 협동조합, 정당, 그 밖에 국가기관 및 지방자치단체의 출자·출연·보조를 받는 등 공공성이 인정되는 단체(제30조)를 포함시키고 있다.

6. 사법(私法)적 시각에서의 법안들에 대한 평가

법안들에 대한 평가에 앞서 논의되어야 하는 것은 차별금지에 관한 일반법을 도입하기 위한 당위론이다. 그러나 이와 관련해서는 이미 기존의 논문을 통해 의견을 밝힌 바 있으므로 다음과 같이 정리함으로써 차별금지에 관한 일반법을 도입하기 위한 그 자체에 대한 논의는 생략하고자 한다.[29]

---

28) 유용석/박신욱, "온라인서비스제공자 책임확장의 현상과 그 한계설정을 위한 시론", 동아법학 제89호, 동아대학교 법학연구소, 2020, 1면 이하.
29) 박신욱, 앞의 논문, 1175면 이하.

> "포괄적 차별금지법 도입과 관련하여, 혹은 이와 유사한 상황들로 인해 발생하는 保革간의 갈등상황을 언론매체를 통해 확인하는 것은 어려운 일이 아니다. […] 그러나 "합리적 이유 없는 차별을 받지 않아야 한다"는 명제는 더 이상 논의의 가치를 느낄 수 없을 정도의 보편적 명제이며, 이를 성숙한 우리 시민사회가 인정하고 있음은 주지의 사실이다. […] 이제 우리가 고민하고 집중해야 하는 것은 통일된 체계를 갖추어야 한다는 지적에 발맞추어 일반법으로의 차별금지법을 제정하는 것 자체가 문제라기보다는, 제정과정에서의 정도(程度)와 범위에 관한 문제라고 생각된다."

차별금지에 관한 일반법을 도입하기 위한 당위성을 전제로 우선 논의해야 하는 것은 차별의 표지이다. 위에서 소개한 법안은 총 8개인데, 이 중 박은수 법안과 최원식 법안을 제외하고는 차별의 표지를 예시적으로 적시하고 있다. 특히 현재 국회에 계류 중인 장혜영 법안도 차별의 표지를 예시적으로 적시하고 있다. 그렇다면 장혜영 법안과 마찬가지로 예시적으로 차별의 표지를 적시하고 있는 법률안에서 정의하고자 하는 차별의 표지는 외연(外延)이 존재하는가? 이와 관련하여 정주백 교수는 다음과 같이 정리하였다.[30]

> "이 제정법안이 명시적으로 헌법상의 평등권 이론을 접수하고 있는데, 위와 같은 헌법상의 평등이론과 동떨어져서 차별금지 사유의 外延이 한정되어 있다거나, 內包가 等이 아니라고 보기는 어렵지 않을까 생각된다."

이러한 주장은 다음과 같은 이유에서 매우 설득력이 있다. 우선 정주백 교수는 장혜영 법안 제4조 제1항이 "「대한민국헌법」상의 평등권과 관련된 법령을 제정·개정하는 경우나 관련 제도 및 정책을 수립하는 경우에는 이 법의 취지에 부합하도록 하여야 한다"라고 규정한 점을 지적하였다.[31] 이에 따라 장혜영 법안이 헌법상의 평등권 이론을 접수하고 있다는 점을 전제로 우리 헌법재판소는 어떠한 구별의 표지를 청구인이 제시한 경우에 그것이 차별을 금지하는 표지가 될 수 없다고 판시한 적이 없다. 더구나 헌법재판소에서는 차별사유가 무엇인가에 대해 검토하지 않을뿐더러, 사물 간에 다른 처우가 있다면 바로 차별이라 판단하거나 단순히 다른 처우가 있으면 정당화 심사를 할 뿐이다.[32] 이러한 분석에 기반을 두고 논의를 더 진전시켜 입법안이 법률이 되는 경우, 자유권과 달리 보호영역의 정함도 없이 가치판단이 매개되는 평등권이 사법(私法) 영역에 무제한적으로 개입할 수 있는 가능성을 열어둘 수밖에 없을 것이다.

---

30) 정주백, 앞의 논문, 17면 이하.
31) 유사한 내용으로 정부법안 제5조, 노회찬 법안 제5조, 박은수 법안 제8조, 권영길 법안 제6조, 김한길 법안 제5조, 최원식 법안 제7조 등이 있다.
32) 정주백, 앞의 논문, 17면 이하.

두 번째로 논의해야 하는 점은 소개한 법안들이 과연 우리 평등권에 대한 해석을 정확하게 발현할 수 있는지에 대한 것이다. 앞에서 언급한 바와 같이 우리 헌법재판소는 상대적 평등을 전제로 다음과 같이 적시하였다.[33)]

> 평등권에서는 '차별취급이 존재하는가', '이러한 차별취급이 헌법적으로 정당화되는가'의 2단계 심사를 거치게 된다. 평등권은 당해 공권력의 행사가 본질적으로 같은 것을 다르게, 다른 것을 같게 취급하고 있는 경우에 침해가 발생하는 것이지, 본질적으로 같지 않은 것을 다르게 취급하는 경우에는 차별 자체가 존재한다고 할 수 없다.

본질적으로 같은 것은 같게, 다른 것은 다르게 취급해야 하는 것이 헌법상 평등권, 그리고 입법자들이 추구하고자 하는 입법의 방향이라면, 오히려 분리·구별·제한·배제·거부하거나 불리하게 대우함으로써 같은 것은 같게, 다른 것은 다르게 취급하는 것도 차별로 판단하도록 의도한 것은 아닐 것이다. 그럼에도 불구하고 법률안에서의 표현은 분리·구별·제한·배제·거부하거나 불리하게 대우하는 경우에 대한 표현은 절대적인 차별로 볼 여지가 크다. 더욱이 법률안에 따르면 이러한 규정이 사법(私法)상 거래에서도 적용되는데, 계약 당사자가 친족과 거래를 원하는 경우, 혹은 기존에 형성된 신뢰관계를 기초로 당사자를 선정하고자 하는 경우조차도 위법한 행위가 되는 것이다.[34)]

세 번째로 논의해야 하는 것은 재화·용역 등의 공급이나 이용 등에 있어서 차별금지에 대한 수범자의 범위 및 허용되는 차별에 대한 내용이다. 특히 장혜영 법안에 따르면 차별의 표지를 이유로 공급·이용에 있어서 정보통신서비스제공자에게 차별을 금지하고 있으며, 신문기사, 광고, 방송통신콘텐츠를 제작하거나 공급하는 자는 제작·공급·이용에 있어서 차별이 금지된다. 「정보통신망 이용촉진 및 정보보호 등에 관한 법률(이하 "정보통신망법")」[35)] 제2조 제3호에서는 정보통신서비스제공자에 대해 정의하고 있는데, 이에 따르면 "「전기통신사업법」[36)] 제2조 제8호에 따른 전기통신사업자[37)]와 영리를 목적으로 전기통신사업자의 전기통신역무를 이용하여 정보

33) 헌재 2010. 4. 29. 2008헌마622.
34) 이와 관련하여 본 논문을 심사해주신 익명의 심사자께서는 헌법에서 특히 평등을 요구하고 있는 영역이나 기본권에 대한 중대한 제한을 초래하는 영역에서는 다른 접근이 필요한 것은 아닌지 의문을 제기해주셨다. 매우 타당한 지적이라 생각한다. 특히 사법적 영역 내에서도 세부적 분류화가 필요한 것이 아닌가라는 의문의 제기는 매우 설득력이 있다. 다만 본 논문은 차별대우에 관한 일반법 도입과 관련된 논의를 이끌어 낸다는 점에서 부득이 개별적·세부적 분류는 향후 연구를 통해 보완하도록 하겠다.
35) 법률 제17358호.
36) 법률 제17460호.
37) "전기통신사업자"란 전기통신사업법에 따라 등록 또는 신고(신고가 면제된 경우를 포함한다)를 하고 전기통신역무를 제공하는 자를 말한다.

를 제공하거나 정보의 제공을 매개하는 자"를 말한다. 특히 정보를 제공하거나 정보의 제공을 매개하는 자의 경우에는 수많은 혹은 무제한적인 차별의 표지로 인하여 영업을 이행하는 것이 불가능한 경우가 발생할 수도 있다. 예를 들어 까다로운 가입조건을 가진 결혼중개를 위한 웹 혹은 앱을 운영하는 정보통신서비스제공자는 법률안이 입법되면 영업이 불가능할 수도 있다. 더욱이 때에 따라서는 영업할 때 과도한 비용이 수반되어 정보통신서비스제공자의 경쟁력을 악화시킬 수 있다는 점도 논의해야 한다. 또한 방송통신사업자가 아닌 자가 방송통신콘텐츠를 제작함에 있어 방송통신콘텐츠를 제작하는 자에게 차별을 금지하는 경우, 평등권을 위하여 표현의 자유가 제한될 수 있음도 입법과정에서 깊이 있게 다루어져야 할 것이다. 또한 사법(私法)이 적용되는 영역에서 허용되는 차별에 대한 내용은 별도의 규정을 두고 있지 않다. 이러한 태도는 공법과 다른 사법(私法)의 특징을 전혀 고려하지 못한 태도로밖에 평가할 수 없다.

마지막으로 제기하고 싶은 의문은 이러한 일련의 입법안들이 갖는 근본적인 목적이 무엇인가를 숙고하는 과정이 있었는지이다. 차별금지에 관한 일반법의 도입으로 차별을 금지하려는 목적은 차별의 표지를 이유로 타인을 경시하는 것을 막기 위한 것이어야 하며, 조금 거칠게 표현하면 우리 입법안과 같이 다양한 예외적인 상황을 염두에 두지 못한 채 차별만을 단순히 금지하는 것은 결국 모든 사람을 동일하게 평가하겠다는 것으로밖에 볼 수 없다. 이는 결국 주체로서의 사람이 아니라 평가의 객체로서의 사람을 만들뿐이다.

Ⅲ. 독일 일반평등대우법(AGG)에 따른 사법(私法)상 거래에서 차별로부터의 보호

법무부가 2008년에 발간한 「각국의 차별금지법」에서는 유럽연합, 독일, 캐나다, 미국, 프랑스, 영국의 차별을 금지하는 법률들을 번역하여 소개하고 있다.[38] 이들 법률 중에 일반법으로서 차별금지법을 도입한 나라는 독일이 유일하다. 더욱이 독일은 우리의 법체계와 매우 유사하여 "입법자를 위해 도움을 주는 방법으로서의 비교법" 그리고 "해석의 틀로서 비교법"이라는 비교법 연구의 목적[39]을 달성하기에 가장 유용한 나라 중 하나이다. 따라서 이하에서는 독일 일반평등대우법에 대한 선행연구와 그 개관을 살펴보고(Ⅲ.1), 사법(私法)상 거래에서 차별로부터의 보호에 대한 내용을 확인(Ⅲ.2)한 후 시사점(Ⅲ.3)을 도출하도록 한다.

---

38) 법무부, 각국의 차별금지법 제1권, 피알앤북스, 2008; 법무부, 각국의 차별금지법 제2권, 피알앤북스, 2008; 법무부, 각국의 차별금지법 제3권, 피알앤북스, 2008.

39) Konrad Zweigert/Hein Kötz, Einführung in die Rechtsvergleichung, 3. Aufl., Tübingen, 1996, S. 14 ff.

1. 선행연구 검토 및 독일 일반평등대우법 개관

독일 일반평등대우법은 「일반적인 동등처우법」,[40] 「일반적 동등대우법(차별금지법)」[41] 또는 「일반평등대우법」[42]으로도 번역되어 소개되고 있다. 법률에 대한 대부분의 소개는 노동법 영역에서 이루어지고 있는데,[43] 이는 차별금지에 관한 일반법이 가장 빈번히 적용되는 영역이 고용과 관련된 영역이라는 점을 고려한다면 특이한 일은 아니다. 이외에도 제정과정에 대한 소개[44] 및 차별의 정당성에 관한 논의에 대한 소개도 존재한다.[45]

이러한 독일 일반평등대우법은 유럽연합의 차별금지정책 및 입법지침[46]에 근거하여 입법되었다.[47] 이와 관련한 중요한 입법지침들과 규제 영역들을 도식화하면 다음과 같다.[48]

물론 이 외에도 유럽연합에서는 수많은 노력을 하였다. 그러나 그림에서 볼 수 있는 바와 같이 일반적으로 「반인종차별지침」,[49] 「동등처우실현을 위한 입법지침」,[50] 「남녀동등처우원칙

---

40) 신옥주, "유럽연합의 반차별지침(Anti-Diskriminierungsrichtlinie)고찰", 공법학연구 제9권 제2호, 한국비교공법학회, 2008, 219면 이하; 이숙진, "차별금지 관련 법률의 부정합성", 경제와 사회 제84호, 비판사회학회, 2009, 230면 이하.

41) 박명준, "최근 제정 발효된 독일의 '일반적 동등대우법(차별금지법)'", 국제노동브리프 제4권 제9호, 한국노동연구원, 2006, 69면 이하; 박귀천, "독일의 성차별금지 법리와 현황", 이화젠더법학 제3권 제2호, 이화여자대학교 젠더법학연구소, 2011, 57면 이하.

42) 홍관표, "차별금지법 제정 추진상 쟁점 및 과제", 저스티스 제139호, 한국법학원, 2013, 311면 이하.

43) 오상호, "독일법상 채용차별로부터 여성지원자의 법적 보호", 노동포럼 제16호, 노동법이론실무학회, 2015, 225면 이하; 황수옥, "독일 일반평등대우법상 고용에서의 간접차별과 시사점", 산업관계연구 제26권 제4호, 한국고용노사관계학회, 2016, 31면 이하.

44) 황수옥, "독일 일반평등대우법의 제정과정과 시사점", 노동법학 제57호, 한국노동법학회, 2016, 71면 이하.

45) 박신욱, 앞의 논문, 1159면 이하; 황수옥, "독일 일반평등대우법 일반과 차별 정당성의 범위", 노동법논총 제33집, 한국비교노동법학회, 2015, 25면 이하; 황수옥, "독일 일반평등대우법 제8조에 따른 성차별의 정당성 범위", 젠더법학 제7권 제2호, 한국젠더법학회, 2016, 31면 이하.

46) 일반적으로 유럽연합의 법률은 유럽연합조약(EUV), 유럽연합의 활동방식에 관한 조약(AEUV), 유럽원자력공동체 설립조약(Euratom), 유럽연합 기본권헌장(Grundrechte-Charta) 등이 포함되는 제1차 법(Primäres Unionsrecht), 국제법상 조약(Völkerrechtliche Übereinkommen als Bestandteil der Unionsrechtsordnung), 제2차 법(Sekundäres Unionsrecht)으로 구분되며, 제2차 법의 대표적인 형식은 법규(Verordnungen)와 입법지침(Richtlinien)이다. 일반적으로 법규는 모든 구성 국가들 및 개인에게 직접 적용되는 반면, 지침은 구성 국가들에 직접 적용되는 것이 아니라, 지침의 내용을 국내법으로 자국법화해야 하는 구성 국가들이 의무를 지게 한다.

47) 신옥주, 앞의 논문, 210면.

48) 이하의 그림은 위키피디아 독일어판에서 일반평등대우법에 대한 내용을 설명하기 위하여 제시된 그림으로써, 이를 한국어로 번역한 후 그림을 수정 및 보완한 것이다(박신욱/최혜선, 독일 일반평등대우법(AGG)과 관련한 최근의 흐름과 판례의 분석, 법무부, 2014, 5면 이하).

49) Richtlinie 2000/43/EG des Rates vom 29. Juni 2000 zur Anwendung des Gleichbehandlungsgrundsatzes ohne Unterschied der Rasse oder der ethnischen Herkunft.

50) Richtlinie 2000/78/EG des Rates vom 27. November 2000 zur Festlegung eines allgemeinen Rahmens für die Verwirklichung der Gleichbehandlung in Beschäftigung und Beruf.

〈유럽연합의 입법지침과 규제 영역〉

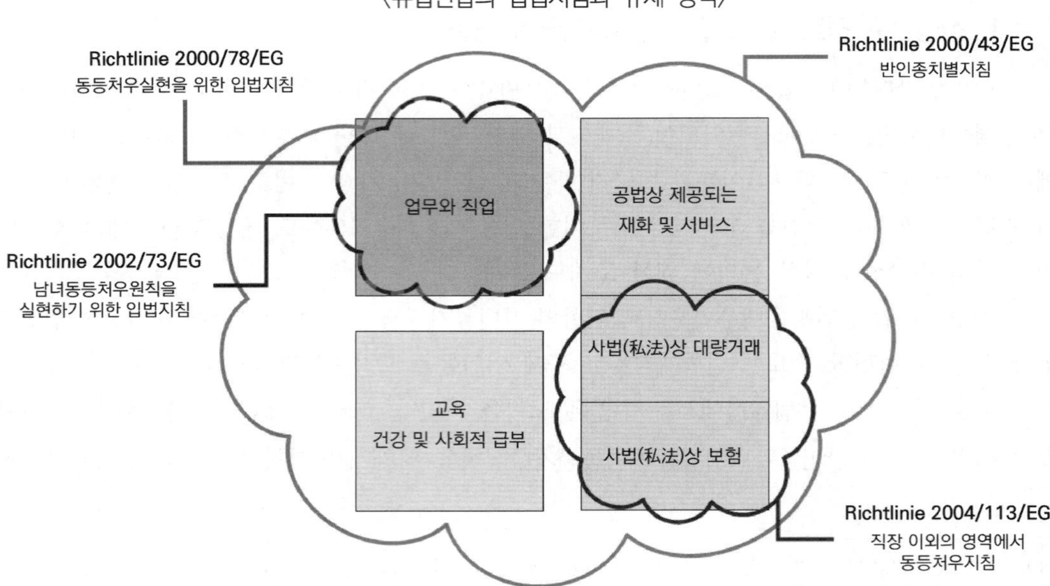

을 실현하기 위한 입법지침」[51] 및 「직장 이외의 영역에서 동등처우지침」[52]이 유럽연합의 차별금지정책의 핵심을 이루는 지침이다. 독일은 이러한 일련의 반차별지침을 기한 내에 자국법화해야 할 의무가 있었다. 이에 따라 독일은 이미 2005년부터 일반평등대우법과 같은 일반법을 만들고자 노력하였으며,[53] 그 결과로 일반평등대우법을 입법하여 2006년 8월에 발효하였다.[54] 일반평등대우법은 33개의 조문에 총 7개의 장(Abschnitt)으로 구성되어 있으며, 각 장은 총칙, 차별로부터의 취업자의 보호, 사법(私法)상 거래에서 차별로부터의 보호, 법적 보호, 공법상 근무관계에 관한 특례, 반차별국(局) 그리고 최종 조항으로 명명되어 있다. 이하에서는 총칙의 내용 중 사법(私法)상 차별금지와 관련된 내용 일부와 제3장의 내용인 "사법(私法)상 거래에서 차별로부터의 보호"에 대하여 소개하도록 한다.

---

51) Richtlinie 2002/73/EG des Europäischen Parlaments und des Rates vom 23. September 2002 zur Änderung der Richtlinie 76/207/EWG des Rates zur Verwirklichung des Grundsatzes der Gleichbehandlung von Männern und Frauen hinsichtlich des Zugangs zur Beschäftigung, zur Berufsbildung und zum beruflichen Aufstieg sowie in Bezug auf die Arbeitsbedingungen.

52) Richtlinie 2004/113/EG des Rates vom 13. Dezember 2004 zur Verwirklichung des Grundsatzes der Gleichbehandlung von Männern und Frauen beim Zugang zu und bei der Versorgung mit Gütern und Dienstleistungen.

53) 하경효, 독일 일반평등대우법에 대한 평가와 시사점, 법무부, 2009, 5면 이하.

54) BGBl. I S. 1897, 1910.

2. 사법(私法)상 거래에서 차별로부터의 보호

(1) 차별의 표지 등

독일 일반평등대우법 제1조[55]는 "이 법률은 인종, 민족적 출신, 성별, 종교 또는 세계관, 장애, 연령 또는 성적 정체성을 사유로 하는 불이익(Benachteiligungen)을 예방하고 배제하는 것을 목적으로 한다"라고 규정하였는데, 우리나라의 법률안과는 달리 차별의 표지가 다양하지 않다.[56] 또한 우리나라의 일부 법률안에서 발견되는 예시적 규정이 아닌 열거적 규정을 통해 차별의 표지를 제시하였다. 총칙의 내용 중 사법(私法)상 차별금지와 관련된 몇 가지 의미 있는 점을 지적하면 다음과 같다.

첫째, 차별을 허용한다는 점이다. 일반평등대우법에서는 반차별국(局)과 반차별 단체의 명칭 외에는 차별이라는 단어를 한 번도 사용하지 않았다. 오히려 불이익이라는 단어만을 사용하고 있다. 원문에는 차별(Diskriminierung)과 불이익(Benachteiligung)을 혼용하여 사용하고 있으나 이들 단어가 주는 의미와 차이는 뚜렷하다. 다시 말하면, 입법자는 제1조 혹은 제19조에서 언급한 차별의 표지에 따른 불이익을 주는 것을 금할 뿐 여타의 차별은 허용하는 것이다. 나아가 제1조 및 제19조에서 언급한 차별의 표지에 근거한 불이익이 있더라도 제8조 내지 제10조[57] 그리고 제20조에 따른 정당화 사유가 없는 경우에만 불이익에 따른 불법이라는 것을 명확히 하려는 의도로 차별이 아닌 불이익이라는 단어를 선택한 것으로 이해된다.[58] 그렇기 때문에 예를 들어 흡연을 한다든지 정치적 견해 혹은 국적이 같거나 다르다든지 하는 이유로 사법(私法)이 적용되는 영역에서의 차별 그 자체를 금지하지 않는 것이다.[59]

둘째, 제3자에 대한 불이익 대우의 경우에도 일반평등대우법이 적용될 수 있다. 유럽법원(EuGH)은 Coleman 판결[60]에서 평등대우의 원칙은 장애가 있는 사람에게만 제한되는 것은 아니라는 점을 지적함으로써 불이익을 받은 사람에게 차별의 표지가 있는 경우가 아니더라도 동등처우실현을 위한 입법지침이 적용될 수 있다고 판단하였다.[61] 이러한 원칙은 독일의 다수설에 따

55) 이하 조문에 특별한 언급이 없는 경우에는 독일 일반평등대우법의 조문을 말한다.
56) 다만 이하에서는 선행연구들에서 사용한 용어를 고려하여 차별이라는 용어를 사용하도록 한다.
57) 박신욱, 앞의 논문, 1164면 이하.
58) BT-Drs. 16/1780, S. 30; BeckOK BGB/Horcher AGG §1 Rn. 1.
59) 박신욱, 앞의 논문, 1162면; BT-Drs. 16/2022, S. 13; BeckOK BGB/Horcher AGG §1 Rn. 2.
60) EuGH, Urteil vom 17. 7. 2008-C-303/06.
61) 사실관계를 살펴보면, Coleman은 장애가 있는 자녀를 두고 있었는데, 출산 이후 직장에 복귀하면서 장애아동을 주로 돌봐야 한다는 이유로 다른 피고용인들보다 덜 우호적인 대우를 받았다고 주장하였다. 예를 들어 다른 피고용인과는 달리 Coleman은 출산휴가 후 기존의 직무로 돌아가는 것이 허용되지 않았으며, 노동시간의 유연성도 허용되지 않았다(오욱찬/김성희/서정희/심재진/오다은, 장애인 근로자에 대한 정당한 편의제공 의무와 공적 편의 지원 방안 연구, 한국보건사회연구원, 2018, 46면 이하).

르면 일반평등대우법에도 동일하게 적용된다.[62)]

셋째, 일반평등대우법은 민법의 공서양속과 관련된 규정[63)] 및 소비자법과는 구분된다. 공서양속과 소비자법은 논의의 여지는 있겠지만 이들의 목적은 계약 당사자 일방이 독점적 권한과 같은 경제적 우월성을 기초로 과도한 이익을 얻는 것을 방지함으로써 궁극적으로는 최소한의 공정성을 담보하기 위한 것으로 이해할 수 있다. 이를 위해 강행규범을 통해 계약형성의 자유를 제한하고 있다. 다시 말하면 분배의 정의에 일정정도 기여하는 기능을 하게 되는 것이다. 이와 달리 독일 일반평등대우법에서 사법(私法)상의 차별금지는 계약의 조건들을 통제하거나 경제적 힘의 불균형을 고려하지 않는다.

(2) 사법(私法)상 차별금지

제19조(私法상 차별금지) (1) 다음 각 호에 해당하는 私法상 채권관계의 성립, 이행 및 종료 시에 인종, 민족적 출신, 성별, 종교관, 장애, 연령 또는 성적 정체성을 사유로 하는 차별은 허용되지 아니한다.

1. 일반적으로 당사자의 외관과 관계없이 다양한 경우에 유사한 조건으로 체결되는 채권관계(대량거래)이거나, 채권관계의 성질상 당사자의 외관이 (다른 요소보다) 덜 중요한 의미를 가지고 있음과 동시에 다양한 경우에 유사한 조건들로 체결되는 채권관계의 경우
2. 私法상의 보험을 대상으로 하는 경우

제19조는 사법(私法)영역에서 차별을 금지하는 영역을 규정하고 있다. 우선 제1항 제1호에서는 대량거래 및 대량거래와 유사한 거래의 경우에 인종, 민족적 출신, 성별, 종교, 장애, 연령 또는 성적 정체성을 사유로 하는 차별을 금지하고 있다. 일반평등대우법 제1조와는 달리 세계관이 제외되어 있음에 유의하여야 한다. 이는 정치세력에 대한 극단적인 지지자들에 의한 남용을 막기 위한 입법자들의 의도적인 배제로 파악된다.[64)] 대량거래는 일반적으로 개인의 외관과는 관계없이 다양한 경우에 유사한 조건으로 성사된 거래를 말하며, 급부의 공급자는 자신의 능력범

62) BeckOK BGB/Horcher AGG §3 Rn. 14ff.; MüKoBGB/Thüsing AGG §7 Rn. 6; Monika Schlachter, Benachteiligung wegen besonderer Verbindungen statt Zugehörigkeit zu einer benachteiligten Gruppe, RdA 2010, S. 109; Frank Bayreuther, Drittbezogene und hypothetische Diskriminierungen, NZA 2008, S. 987.

63) 민법전의 번역은 대체적으로 양창수 교수가 번역한 독일민법전(양창수, 독일민법전, 박영사, 2018)의 내용을 따른다.
독일민법 제138조(양속위반의 법률행위; 폭리) ① 선량한 풍속에 반하는 법률행위는 무효이다.
② 특히 타인의 궁박, 무경험, 판단능력의 결여 또는 현저한 의지박약을 이용하여 어떠한 급부의 대가로 자신에게 또는 제3자에게 그 급부와 현저히 불균형한 재산적 이익을 약속하게 하거나 공여하게 하는 법률행위는 무효이다.

64) BT-Drs. 16/2022, S. 28; Georg Maier-Reimer, Das Allgemeine Gleichbehandlungsgesetz im Zivilrechtsverkehr, NJW 2006, S. 2577.

위 내에서 자신의 조건에 동의하고, 급부에 따른 지불의사와 지불능력이 있는 모든 사람과 계약을 체결할 의향이 있는 자를 말한다.[65] 또한 계약체결여부를 결정함에 있어 외관이 다른 요소보다 덜 중요한 대량거래와 유사한 거래의 경우에도 제19조 제1항에 적시된 차별의 표지를 근거로 한 차별을 금지한다. 예를 들어 표준화된 신용조사의 결과에 따라 결정되는 소규모 대출과 같은 계약을 체결하려는 자에게는 경제적 신용도가 외관보다 중요하게 작용한다. 반면에(그렇지만) 일회성 채권관계의 경우에는 법률이 적용되지 않는다. 그러나 일반평등대우법에서는 어떠한 거래가 대량거래에 해당하는지 혹은 일회성 채권관계인지를 구체적으로 정의하고 있지 않기 때문에 각각의 특정한 상황들을 고려하여 판단하여야 한다. 다만 약관을 사용하는 경우에는 대량거래로 볼 여지가 크다.[66] 이와 달리 임대차, 소비대차, 고용, 조합과 같이 계속적 채권관계를 유지하는 경우에는 예외가 존재할 수 있기는 하지만 많은 경우 계약 당사자들의 개별적인 선택을 기반으로 하기 때문에 대량거래에 해당한다고 보기는 어렵다.

제19조 제1항 제2호에 따르면 사보험 계약은 대량거래에 해당하는지와 관계없이 차별금지의 대상이 된다. 보험의 필요성 여부 등은 제19조 제1항 제2호의 적용에 있어 문제되지 않는다.[67] 다만 제20조 제2항에 근거하여, 차별대우가 위험조정계수를 승인한 원칙에 근거하는 경우, 특히 통계조사를 통해 보험산출적으로 결정된 위험평가에 근거하는 경우에만 허용된다.[68]

> (2) 인종 또는 민족적 출신을 원인으로 한 차별은 제2조 제1항 제5호 내지 제8호에 해당하는 여타의 私法상 채권관계의 성립, 이행과 종료에 있어서 허용되지 아니한다.

제19조 제2항으로 인해 대량거래가 아니더라도 제2조[69] 제5호 내지 제8호에 언급된 영역에

---

65) Alexander Bleckat, Auskunftsanspruch des Fluggastes nach Annullierung eines Fluges?, NZV 2017, S. 211; MüKoBGB/Thüsing AGG §19 Rn. 15ff.

66) BeckOK BGB/Wendtland AGG §19 Rn. 3; MüKoBGB/Thüsing AGG §19 Rn. 34.

67) OLG Karlsruhe, 27.05.2010-9 U 156/09.

68) BeckOK BGB/Wendtland AGG §19 Rn. 7ff.

69) 독일 일반평등대우법 제2조(적용범위) ① 다음 각 호와 관련하여 제1조에 열거된 사유로 인한 차별은 이 법률이 정한 바에 따라 허용되지 아니한다.
1. 업무영역과 직급을 불문하고 독립적·비독립적 영리행위 및 승진과 관련된 선발기준 및 고용조건
2. 임금과 해고조건을 포함한 고용조건과 근로조건, 특히 고용관계의 이행과 종료 및 승진과 관련된 개인법적·단체법적 협약 및 처분에서의 고용조건과 근로조건
3. 형태와 영역을 불문하고 직업선택을 위하여 상담을 받는 것, 그리고 직업훈련(Berufsausbildung), 직업과 관련된 심화교육, 직업전환교육, 실무경험 등을 포함한 직업교육(Berufsbildung)을 받는 것
4. 근로자단체, 고용주단체, 특정 직업군에 속하는 회원으로 구성된 단체 등에서의 회원자격과 참여, 이와 같은 단체에서 제공하는 급부의 이용
5. 사회보장과 의료서비스를 포함한 사회보호
6. 사회복지서비스

서는 인종 또는 민족적 출신을 원인으로 한 사법(私法)상 차별이 허용되지 않는다. 다만 제5호 내지 제7호에서는 사회보장, 사회보호 및 사회복지서비스 그리고 교육을 적용범위로 규정하고 있다. 다만 이러한 영역에서는 대부분 공법규정이 적용될 뿐만 아니라 사법(私法)적 근거를 갖는 사회보장 등이 극히 제한적이다. 따라서 공보험이 적용되지 않는 의료계약, 사립학교 혹은 학원 등에서의 교육[70]을 제외하고는 제19조 제2항의 규정이 갖는 의미는 축소될 수밖에 없다.

이와 달리 제2조 제1항 제8호에 규정된 "주거공간을 비롯하여 일반인이 이용할 수 있는 재화 및 서비스에 대한 접근 및 공급"의 경우에, 인종 또는 민족적 출신을 원인으로 한 차별을 금지하는 것은 사법(私法)영역에 큰 의미가 있다. 다만 적용범위가 넓지 않다. 일반인이 이용할 수 있는 재화와 서비스라 함은 계약체결을 위한 청약이 신문, 인터넷 또는 이와 비견할 수 있는 방법으로 표시가 이루어진 것으로 한정한다.[71] 따라서 불특정 다수를 대상으로 한 청약에 한하여 이 조항이 적용된다.[72] 일반인이 이용할 수 있는 급부라는 것은 대중교통, 놀이공원, 극장 등과 같이 개인의 외관(Ansehen)과 상관없이 일반인이 직접적으로 청구할 수 있는 급부를 말한다. 그렇다면 매매 혹은 임대차 계약을 체결하기 위하여 목적물을 일반에 공개 혹은 광고한 경우, 일반인이 이용할 수 있는 재화 혹은 서비스라고 볼 수 있는가 하는 의문은 일반평등대우법과 민법 사이에 존재하는 긴장관계에 있어 중요한 의미가 있다. 왜냐하면 광고를 본 모든 사람이 해당 목적물에 거주할 수 있는 것은 아니기 때문이다. 따라서 이러한 경우에까지 일반평등대우법이 적용되기는 어렵다.[73]

(3) 주택을 임대할 때에 안정적인 주민구성, 균형 잡힌 주택구성, 적절한 경제적·사회적·문화적인 환경 등을 확립하고 유지하기 위한 차별대우가 허용된다.

---

7. 교육
8. 주거공간을 비롯하여 일반인이 이용할 수 있는 재화 및 서비스에 대한 접근 및 공급
② 사회법전에 따르는 급부에는 사회법전 제1권 제33c조와 사회법전 제4권 제19a조가 적용된다. 기업에서의 노령연금에는 기업연금법이 적용된다.
③ 그 밖의 차별금지 또는 평등대우명령의 효력은 이 법률에 의하여 영향을 받지 않는다. 이는 특정한 인적 집단을 보호하기 위한 공법상 규정에도 적용된다.
④ 해고에 있어서는 오로지 해고보호에 관한 일반 및 특별 규정만이 적용된다.

70) BR-Drs. 329/06, S. 32.

71) BT-Drs. 16/1780, S. 32; BGH, 25.04.2019-I ZR 272/15.

72) BT-Drs. 16/1780, S. 32; Rainer Nickel, Handlungsaufträge zur Bekämpfung von ethnischen Diskriminierungen in der neuen Gleichbehandlungsrichtlinie 2000/43/EG, NJW 2001, S. 2669; ErfK/Schlachter AGG §2 Rn. 14.

73) Gregor Thüsing, Richtlinienkonforme Auslegung und unmittelbare Geltung von EG-Richtlinien im Anti-Diskriminierungsrecht, NJW 2003, S. 3441ff.; MüKoBGB/Thüsing AGG §2 Rn. 29.

독일에서 외국인에 의해 형성된 게토(Ghetto)는 사회적인 문제 중 하나이다.[74] 게토의 가장 큰 문제는 외국인들이 특정 지역이나 특정 건물로의 이주로 인해 이들의 사회적 통합이 어렵다는 점이다. 그렇기 때문에 경우에 따라서는 외국인의 비율이 너무 높아지지 않도록 알맞게 유지할 필요가 있다.[75] 이러한 까닭에 주택을 임대할 때에 안정적인 주민의 구성 등등을 이유로 금지되는 차별이 정당화되는 것이다. 다만 이에 근거하여 임대인에게 주택을 임대할 때에 안정적인 주민의 구성 등의 의무를 부과하는 것은 아니다.[76]

(4) 이 장(章)의 규정은 친족·상속법상 채권관계에는 적용되지 아니한다.
(5) 이 장(章)의 규정은 당사자들 또는 그 친족들 간에 특히 가깝거나 신뢰관계가 형성된 사법(私法)상 채권관계에는 적용되지 아니한다. 임대차 관계에서는 당사자들 또는 그 친족들이 동일한 토지에 있는 주택을 사용하고 있는 경우가 이에 해당한다. 단지 단기간 사용을 목적으로 하지 않는 주택의 임대는 만일 임대인이 총 50채 이하의 주택을 임대하는 경우, 일반적으로 제1항 제1호에서 의미하는 거래가 아니다.

제19조 제4항에 언급된 친족·상속법에는 동반자법(LPartG)[77]을 비롯하여 후견, 양육과 관련된 법률과 사인증여를 포함하여 사망 후 재산의 이전과 관련된 모든 사법(私法)의 내용이 포함된다.[78] 이에 따라 친족·상속법상 채권관계와 당사자 및 당사자의 친족 간에 특히 가깝거나 신뢰관계가 형성된 사법(私法)상 거래에는 차별로부터의 보호로 명명된 이 장(章)의 규정이 적용되지 않는다. 이는 이러한 일련의 계약이 대량거래와 같은 여타의 계약과는 근본적인 차이가 있기 때문이다.

제19조 제5항 제1문에서 규정된 "특히 가깝거나 신뢰관계가 형성"되어 있다는 것은 당사자

74) https://www.sueddeutsche.de/politik/fluechtlinge-das-wahre-ghetto-problem-1.2813051(2020년 11월 18일 검색).
75) Peter Derleder, Interkulturelle Konflikte in Wohnanlagen-Eine Betrachtung in Bezug auf mietrechtliche Lösungen, NZM 2008, S. 510; Peter Derleder, Vertragsanbahnung und Vertragsabschluss über Mietwohnungen und die Diskriminierungsverbote des AGG-Realitätsnahe Fallkonstellationen für den Wohnungsmarkt, NZM 2007, S. 625.
76) BeckOK BGB/Wendtland AGG § 19 Rn. 29.
77) 독일의 동반자법(LPartG)은 2001년 2월 16일 입법된 법률로써 동성인 사람들 상호간에 부양의 책임 등과 같은 의무를 발생시킬 수 있는 혼인과 유사한 공동체를 형성할 수 있도록 하기 위한 법률이다. 다만 동성혼인에 대한 권리 도입을 위한 법률(Gesetz zur Einführung des Rechts auf Eheschließung für Personen gleichen Geschlecht vom 20. Juli 2017(BGBl. I S. 2787))로 인하여 독일민법 제1353조 제1항 제1문이 "성별이 서로 다르거나 같은 두 사람의 결혼은 평생 동안 체결된다"고 개정됨으로써, 기존의 동반자 관계는 선택에 따라 혼인의 관계로 전환할 수 있게 되었으며(동반자법 제20조a), 2017년 10월부터는 더 이상 새롭게 동반자관계를 형성할 수 없는 상황이다(동반자법 제1조).
78) BeckOK BGB/Wendtland AGG § 19 Rn. 19ff.

간에 단순히 사회적 관계가 형성되어 있다는 것을 의미하는 것이 아니다. 함부르크 고등법원의 판결을 통해 유추해볼 수 있는 것은 환자, 장애인 혹은 노인에게 간병 서비스를 제공한 경우에 그들 사이에 특히 가깝거나 신뢰관계가 형성될 수 있다는 것이다.[79] 또한 제19조 제5항에 해당하는 친족에는 부모, 자녀, 의붓자식 등을 말하는 것이지, 사촌 혹은 삼촌 등은 포함되지 않는다.[80]

(3) 차별대우가 허용되는 경우

일반평등대우법에 규정된 사법(私法)영역에서의 차별금지가 갖는 의미 내지 목적은 제19조 제1항에 규정된 차별의 표지를 이유로 타인을 경시하는 것을 막기 위한 것이다. 합리적이고 객관적인 이유에 근거하여 제19조 제1항에 언급된 표지에 따라 차이를 두는 것이 오히려 타인을 경시하는 것이 아닐 뿐만 아니라 정의에 부합하는 경우는 얼마든지 상정할 수 있다. 이러한 경우에 제20조는 정당화 사유를 설정함으로써 차별대우를 허용하게 하는 것으로 이해할 수 있다. 다만 제19조 제1항에 포함되는 인종과 민족적 출신이라는 차별의 표지는 제20조에 포함되어 있지 않다. 이는 결국 대량거래에서는 인종과 민족적 출신에 따른 차별을 허용하지 않는다는 것을 의미한다.[81]

> 第20조(차별대우가 허용되는 경우) (1) 종교, 장애, 연령, 성적 정체성 또는 성별로 인해 차별대우를 하는 객관적인 이유가 있는 때에는 차별금지 위반이 되지 아니한다. 이는 특히 다음 각 호의 경우에 그러하다.
> 1. 위험의 회피, 손해의 예방 또는 이에 준하는 다른 목적을 위한 경우
> 2. 사생활 보호 또는 개인의 안전을 위하여 필요한 경우
> 3. 차별대우가 특별한 이익을 주는 반면, 평등대우로는 실익이 없는 경우
> 4. 차별대우가 한 사람의 종교와 관련되어 종교의 자유를 행사하거나, 종교단체, 법적 형태와 상관없이 종교단체에 소속된 조직, 종교를 공동 유지하는 것을 임무로 하는 협회 등에서 자기결정권을 행사하는 것과 관련하여 각각의 자기이해를 고려하여 정당화될 수 있는 경우

제20조 제1항의 객관적인 이유는 신의성실의 원칙(Treu und Glauben)에 따라 구체적인 사안에서 개별적으로 판단해야 한다.[82] 다만 민법에서의 신의성실의 원칙이 구체화(Konkretisierung)되는 과정에서 형성할 수 있는 목록화(Kategorisierung)는 불가능해 보인다. 왜냐하면 사법(私法)

---

79) OLG Hamburg, 23.12.1999-3 U 125/99; BeckOK BGB/Wendtland AGG §19 Rn. 22.
80) BeckOK BGB/Hannappel BGB §573 Rn. 41; BeckOK BGB/Wendtland AGG §19 Rn. 25; BGH, 27.01.2010-Ⅷ ZR 159/09.
81) BeckOK BGB/Wendtland AGG §20 Rn. 1ff.
82) BGH, Urt. v. 27.5.2020-Ⅷ ZR 401/18.

영역에서의 차별금지의 범위가 광범위할 뿐만 아니라 각각의 법률관계가 갖는 특유한 성질에 따라 당사자가 고려해야 하는 사항들이 달리 평가될 수 있기 때문이다.[83] 그러므로 제20조 제1항 각호의 정당화 사유는 열거적인 것이 아니라 예시적 규정에 불과하다.

제20조 제1항 제1호에 따르면 위험의 회피, 손해의 예방 또는 이에 준하는 다른 목적을 위한 차별행위는 정당화된다. 예를 들어 대량거래에서, 계약 당사자는 상대방의 외관을 고려하지 않고 체결하는 경우가 빈번하다. 그렇기 때문에 계약 당사자 혹은 일반인에게 발생할 수 있는 위험을 회피하기 위한 표준화된 조치가 필요하다. 이러한 조치를 계약 상대방이 무제한적으로 준수하도록 하는 예도 있을 수 있다. 이와 같이 필요한 조치가 적절하다면 그것이 차별대우라 하더라도 정당화되는 것이다.[84]

제20조 제1항 제2호에 따르면 사생활 보호 또는 개인의 안전을 위하여 필요한 차별행위는 정당화된다. 예를 들어 성별에 따라 사우나 영업시간을 달리하거나 여성용 주차공간을 운영하는 것 등이 대표적이다. 다만 이러한 차별행위가 정당화되기 위해서는 객관적이고 합리적인 근거에 의해 필요한 것일 뿐만 아니라 적절해야만 한다.[85]

제20조 제1항 제3호에 따르면 어떠한 차별대우가 특별한 이익을 주는 반면, 평등대우로는 실익이 없는 경우, 그 차별행위는 정당화된다. 대표적으로 언급되는 예는 대량거래의 경우 존재할 수 있는 가격할인, 특별한 조건 등이다.[86] 같은 맥락에서 학생, 연금수급자에 대한 가격할인도 허용되는 차별에 포섭될 수 있다.[87]

제20조 제1항 제4호에 따르면 종교와 관련된 차별대우가 허용된다. 누군가가 자신의 종교적 태도를 실현하는 방식으로 거래에 참여하게 되는 경우, 그는 일반적 행동의 자유와 신앙의 자유를 통해 보호된다. 이러한 행위는 기본법에 따른 정당화 사유가 존재하는 것이다. 신앙에 반하는 행동을 강요받은 결과로서, 객관적·구체적·합리적인 갈등이 존재한다면, 차별이 정당화될 수 있다.[88]

(2) 임신과 모성에 관련된 비용은 어떠한 경우에도 차별적인 보험료 또는 차별적인 급부를 초래할 수 없다. 제19조 제1항 제2호에서 종교, 장애, 연령 또는 성적 정체성을 사유로

83) BR-Drs. 329/06, S. 46; BeckOK BGB/Wendtland AGG §20 Rn. 6.
84) BR-Drs. 329/06, S. 47; BeckOK BGB/Wendtland AGG §20 Rn. 7.
85) BR-Drs. 329/06, S. 47; BeckOK BGB/Wendtland AGG §20 Rn. 9.
86) BR-Drs. 329/06, S. 47; BeckOK BGB/Wendtland AGG §20 Rn. 12.
87) AG Mannheim, 06.06.2008-10 C 34/08. 그러나 사보험의 경우, 남자와 여자에 대한 다른 요율을 적용하는 것은 더 이상 허용되지 않는다(EuGH, Urteil vom 01.03.2011-C-236/09; Michael Heese, Offene Preisdiskriminierung und zivilrechtliches Benachteiligungsverbot, NJW 2012, S. 572ff.; Hans-Peter Schwintowski, (Un-)Gleichbehandlung in der privaten Krankenversicherung, VuR 2011, S. 190ff.).
88) BR-Drs. 329/06, S. 48; BeckOK BGB/Wendtland AGG §20 Rn. 14ff.

> 하는 차별대우는, 이러한 차별대우가 적정한 위험조정계수를 승인한 원칙에 근거하는 경우, 특히 통계조사를 통해 보험산출적으로 결정된 위험평가에 근거하는 경우에만 가능하다.

제20조 제2항 제1문에 따라 임신과 모성에 관련된 비용은 어떠한 경우에도 차별적인 보험료 등을 책정할 수 없다. 그러나 제20조 제2항 제1문에 따라 종교, 장애, 연령 또는 성적 정체성을 근거로 보험료 등에 대한 차이를 둘 수 있는데, 이 경우에도 주관적 평가에 기반을 두지 않고 객관적으로 인정된 위험요인에 기반을 둔다. 왜냐하면 사법(私法)영역에서의 차별금지는 자의적인 차별로부터 보호하는 것을 목적으로 하기 때문이다.[89)]

(4) 차별에 대한 구제

> 제21조(청구권) (1) 차별금지를 위반한 경우, 차별을 당한 자는 여타의 청구권과는 별도로 침해의 배제를 청구할 수 있다. 추가적인 침해가 우려되는 경우 차별을 당한 자는 부작위를 청구할 수 있다.

제21조는 사법(私法)영역에서의 차별금지에 따른 효과를 규율한다. 우선 제21조 제1항은 방해배제 및 방해예방청구권을 예정하고 있다. 이는 인격권이 침해된 경우에 청구할 수 있는 권리와 동일하다. 특히 방해예방청구권은 청구의 시점에서 허용되지 않는 차별이 발생할 것으로 확실히 예상되는 경우에는, 거래관계가 개시되기 전이더라도 발생할 수 있다. 유의할 점은 행위자의 과책 및 위법성에 대한 인식이 요구되지 않는다는 것이다. 이는 손해배상청구권과의 명백한 구별을 의미한다. 또한, 방해배제 및 방해예방청구권의 대상은 차별로 인해 발생한 불이익이라는 결과가 아니라 허용되지 않는 차별 그 자체라는 점이다. 불이익이라는 결과는 제21조 제2항을 통해 전보받을 수 있기 때문이다. 따라서 방해배제청구권은 장래에 불이익을 주는 상황을 근거로 하여 발생하지만, 이것이 결과의 제거를 통한 이전 상태로의 복귀를 의미하지는 않는다. 일반적으로 차별은 채권관계가 형성될 때 발생하는데, 이때 불이익을 주는 규정을 적용하지 않는 것, 즉 침해를 배제하는 것이 제21조 제1항 제1문에 대한 해석이다. 여기서 발생하는 계약의 흠결은 차별이 없었다면 계약에 포함되어야 하는 내용으로 보완된다.[90)]

일반평등대우법이 제정될 당시 일반적인 방해배제 및 방해예방청구권의 도입에 대한 논의뿐만 아니라 방해배제 또는 방해예방의 한 방식으로 체결강제(Kontrahierungszwang)를 도입할 것인가에 대한 논의도 존재하였다.[91)] 아직도 논의의 여지가 남아있기는 하지만 해석론으로 특별한

89) BR-Drs. 329/06, S. 49; BeckOK BGB/Wendtland AGG § 20 Rn. 20ff.
90) BeckOK BGB/Wendtland AGG § 21 Rn. 1ff.

요건들을 충족한 경우 방해배제청구권의 일종인 체결청구권(Kontrahierungsanspruch)을 인정하고 있다.[92] 따라서 차별로 인해 계약체결이 거부되었으나, 방해배제청구권을 청구할 수 있는 시점에서 아직 계약체결이 가능하다면 방해배제청구권의 내용은 계약체결의 의무과 관련성을 갖게 된다. 이에 따라 차별을 당한 자는 체결청구권을 행사할 수 있으나, 이 청구는 계약체결이 가능할 정도로 충분히 구체적이어야 한다.

(2) 차별금지를 위반한 경우, 차별행위를 한 자는 이로 인해 발생한 손해에 대해 배상할 책임이 있다. 단, 차별행위를 한 자가 의무위반을 하지 않은 경우에는 그러하지 아니한다. 차별을 당한 자는 비재산적 손해를 입은 경우 적정한 금전배상을 청구할 수 있다.
(3) 불법행위로 인한 손해배상청구권은 영향을 받지 않는다.
(4) 차별행위를 한 자는 차별금지를 위반하는 내용의 합의를 원용할 수 없다.
(5) 제1항과 제2항에 따른 청구는 2개월 이내에 해야 한다. 그 기한이 경과한 때에는 차별을 당한 자에게 기한을 지키지 못한 책임이 없을 경우에만 청구권을 행사할 수 있다.

제21조 제2항은 손해배상에 대해 규정하고 있다. 특히 제1문과 제2문은 독일민법 제280조[93]와 구조가 유사하다. 채무자가 그 의무위반에 대한 책임이 없는 경우 채권자가 손해배상청구를 할 수 없으며, 제5조[94]와 제20조가 이에 해당한다. Hamm 고등법원의 판례에 따르면, 제3문에 따른 위자료 청구는 인격권 침해에 대한 청구와 동일하다.[95] 그렇기 때문에 경미한 침해의

91) BT-Drs. 15/4538, S. 9; Klaus Adomeit, Diskriminierung-Inflation eines Begriffs, NJW 2002, S. 1623; Johann Braun, Forum: Übrigens-Deutschland wird wieder totalitär, JuS 2002, S. 424ff.; Franz-Jürgen Säcker, „Vernunft statt Freiheit!"-Die Tugendrepublik der neuen Jakobiner-Referentenentwurf eines privatrechtlichen Diskriminierungsgesetzes, ZRP 2002, S. 286ff.; Gregor Thüsing/Konrad von Hoff, Vertragsschluss als Folgenbeseitigung: Kontrahierungszwang im zivilrechtlichen Teil des Allgemeinen Gleichbehandlungsgesetzes, NJW 2007, S. 21.

92) Susanne Sprafke, Diskriminierungsschutz durch Kontrahierungszwang, Kassel, 2013, S. 214ff.; Georg Maier-Reimer, a.a.O., S. 2582; Gregor Thüsing/Konrad von Hoff, a.a.O., S. 22; Peter Derleder NZM 2007, S. 631; Jürgen Schmidt-Räntsch, Auswirkungen des Allgemeinen Gleichbehandlungsgesetzes auf das Mietrecht, NZM 2007, S. 14;

93) 독일민법 제280조(의무위반으로 인한 손해배상) ① 채무자가 채권관계로부터 도출되는 의무를 위반하는 경우, 채권자는 그로 인하여 발생한 손해의 배상을 청구할 수 있다. 채무자가 그 의무위반에 대하여 책임 없는 경우에는 그러하지 아니하다.
② 채권자는 민법 제286조에서 정하는 추가적 요건을 충족하는 경우에만 급부의 지연으로 인한 손해배상을 청구할 수 있다.
③ 채권자는 제281조, 제282조 또는 제283조에서 정하는 추가적 요건을 충족하는 경우에만 급부에 갈음하는 손해배상을 청구할 수 있다.

94) 독일 일반평등대우법 제5조(긍정적 조치) 제8조 내지 제10조 및 제20조에 열거된 사유에 해당하지 않더라도, 제1조에 열거된 사유를 원인으로 하는 현존하는 차별을 해소 또는 완화하기 위한 적합·적정한 조치로서 행하여지는 차별적 대우는 허용된다.

경우에는 위자료를 청구하는 것이 불가능하다.[96] 제21조 제3항에 근거하여 불법행위로 인한 손해배상청구권은 영향을 받지 않는다. 차별을 당한 사람이 계약상 청구권 등을 갖는다면 이들 청구권은 권리경합의 관계에 있다. 제21조 제4항은 차별을 한 사람이 차별금지를 위반하는 내용의 합의를 원용할 수 없도록 함으로써 민법 제139조[97]에 근거한 일부무효의 법리에 대한 예외를 규정하고 있다. 약관의 경우에는 약관과 관련된 일부무효의 규정에 적용을 받겠지만, 이와 달리 약관을 통해 체결된 계약이 아닌 경우 제21조 제4항이 존재하지 않는다면, 차별행위를 한 자가 민법 제139조를 원용하여 체결된 계약의 무효를 주장할 수 있게 되기 때문이다.[98]

(5) 허용되는 차별대우와 관련된 최근 연방대법원의 최근 판례[99]

1) 사실관계 및 하급심 법원의 판단

피고는 16세 이상의 사람들을 대상으로 숙박을 제공하는 "성인전용호텔(Adults-Only- Hotel)"을 운영한다. 2016년 12월, 16세가 채 되지 않은 다섯 명의 자녀를 둔 어머니가 자신의 자녀 및 배우자와 함께 2017년 1월 30일부터 2월 3일까지 피고가 운영하는 호텔에 숙박을 요청하였다. 피고는 이러한 문의사항에 대해 호텔에서 정한 연령 제한으로 인하여 그녀의 요청에 부합하는 청약이 불가능하다고 통지함과 동시에 다른 대안을 찾는 데 도움을 주었다. 원고들은 소송을 통해 나이에 근거한 불법적인 차별로 인해 발생한 손해를 적절히 배상해줄 것과 예비적으로 원고 한 명당 500유로를 지급해줄 것을 청구하였다. 지방법원은 원고들의 청구를 기각하였다.[100]

고등법원 역시 항소심에서 원고의 청구를 기각하였다.[101] 고등법원은 여타의 법적 문제, 특히 일반적으로 당사자의 외관과 관계없이 다양한 경우에 유사한 조건으로 체결되는 제19조 제1항 제1호에 따른 대량거래와 관련하여 차별이 발생했는지의 여부와는 관계없이 문제의 핵심이 되는 것은 차별에 대한 정당화 사유인 객관적인 이유가 존재했는지의 여부라고 보았다. 이와 관련하여 고등법원은 피고가 청약에서 다섯 명의 원고를 배제한 것은 객관적인 이유가 존재하는 허용되는 차별대우라고 판단하였다.

2) 연방대법원의 판단

독일 연방대법원은 제19조 제1항에 따라 대량거래의 성립, 이행 및 종료 시에 연령으로 인한 차별은 허용되지 않지만, 제20조 제1항에 따라 객관적인 이유가 존재하는 경우에는 허용되지

95) OLG Hamm, 12.01.2011-I-20 U 102/10.
96) BeckOK BGB/Wendtland AGG §21 Rn. 22ff.
97) 민법 제139조(일부무효) 법률행위의 일부가 무효인 경우, 무효의 부분이 없어도 그 행위가 행하여졌으리라고 인정되지 않는 때에는 법률행위 전부가 무효이다.
98) BeckOK BGB/Wendtland AGG §21 Rn. 35ff.
99) BGH, Urt. v. 27.5.2020-Ⅷ ZR 401/18.
100) AG Fürstenwalde, 26.10.2017-12 C 7/17.
101) LG Frankfurt/Oder, 28.06.2018-15 S 165/17.

않는 차별행위를 정당화할 수 있다는 점을 확인하였다. 객관적 이유는 불확정한 법적 개념이기 때문에 사안에 따라 금지된 차별을 객관적 이유의 존재를 이유로 정당화하기 위해서는 법관에게 판단재량이 부여되어야 한다. 객관적인 이유가 존재하는지를 판단하면서 법관은 원칙적으로 신의성실의 원칙에 따라 구체적인 사안을 개별적으로 확인해야 하며, 제20조 제1항 제1호 내지 제4호에 규정된 예들을 판단의 기준으로 활용할 수 있다. 또한 이러한 판단을 할 때, 채권관계의 특징에서 객관적인 이유를 도출할 수 있지만, 차별행위를 한 자와 차별을 당한 자가 속한 영역(Sphäre)의 정황들도 고려해야 한다. 이에 덧붙여 대량거래로 인한 계약체결과정의 표준화가 필요한 상황들이 존재하기 때문에 객관적 이유가 존재하는지를 판단함에 있어 대량거래 유무 역시 고려해야 한다.[102] 이를 기반으로 연방대법원은 주문에서 다음과 같은 원칙을 밝혔다.

a) 차별대우를 정당화(제29조 제1항 제1문)하기 위해서 [...] 사업자는 일반평등대우법에 따라 사법상 차별이 금지되는 영역에서도 기업의 자유(기본법 제12조 제1항 제1문)를 원용할 수 있기 때문에 경제적 목표를 인용할 수 있다.
b) 한편으로는 기업가적 행동의 자유를 실현하고 다른 한편으로는 차별로부터의 보호를 실현하는 형태로 상호 이익이 적절한 균형을 이루어야 한다. 이 경우 차별을 당하는 사람에게 차별이 어느 정도로 수용될 수 있는지와 자신에게 제공되는 급부에 어느 정도로 의존하고 있는지를 고려해야 한다.

특히 주문의 b)에서 확인할 수 있는 바와 같이 이와 같은 비례성 심사는 결국 가치판단의 문제로 귀결될 수밖에 없다. 그럼에도 불구하고 허용되는 차별대우를 판단하는 데에 2단계의 통일된 기준, 다시 말해 객관적 이유의 설정기준(ⅰ)과 충돌되는 이익들의 형량을 함에 있어 판단의 기준(ⅱ)을 설정했다는 점은 나름대로의 의미가 있다.

사안에서 실제적으로 중요한 문제는 16세 이상의 사람들만을 대상으로 청약을 하는 피고의 행위가 객관적 이유가 존재한다는 이유로 정당화될 수 있는지의 여부에 관한 것이었다. 연방대법원은 피고가 호텔을 경영하면서 사적자치와 직업 자유의 범위 내에서 발생·발전된 시장의 차별화라는 개념을 추구했기 때문에 1단계 심사를 통과할 수 있다고 판단하였으며, 추구하는 목적을 달성하기 위한 차별행위가 비례성 심사를 통과할 수 있다고 보았다.

생각건대, 이 판결이 주는 가장 중요한 의미는 경제개념이 사적자치를 통해 보호될 뿐만 아니라 일반평등대우법에 따라 허용되는 차별대우의 근거로 활용될 수 있다는 점이다.

102) 확인한 바와 같이 고등법원이 제19조 제1항 제1호에 따른 대량거래의 존재 여부를 명확하게 밝히지 않았지만, 연방대법원은 대량거래의 존재를 전제로 논의를 진행하였다.

3. 시사점

지금까지 우리나라의 입법안과 독일 일반평등대우법 중 사법(私法)상 거래에서 차별로부터의 보호와 관련된 내용을 병렬적으로 소개하였다. 다음과 같이 개인적인 소견을 밝힘으로써 우리나라의 입법안이 갖는 문제 및 독일 일반평등대우법이 갖는 시사점을 적시하고, 향후 입법의 방향성에 대해 제언하고자 한다.

첫째, 차별금지에 대한 일반법 도입에 찬성한다. 앞서 적시한 바와 같이 합리적 이유 없는 차별을 받지 않아야 한다는 명제는 더는 논의의 가치를 느낄 수 없을 정도의 보편적 명제이며, 이를 성숙한 우리 시민사회가 인정하고 있음은 주지의 사실이다. 그러므로 우리 법체계에서 이를 어떻게 조화롭게 반영할 것인가를 논의해야 하는 시점이다. 다만 지금까지 제안된 법안과 같은 형태의 구조는 민법을 연구하는 학자의 관점에서 받아들이기 어렵다.

둘째, 차별의 표지는 열거적으로 규정하여야 한다. 차별금지에 대한 일반법을 도입하는 과정에서 발견되는 가장 큰 갈등은 성적 지향 및 성적 정체성과 같은 성(性) 역할과 관련된 내용이다.[103] 이와 관련하여 본인은 기존의 논문을 통해 다음과 같이 의견을 제시한 바 있다.[104]

> 이러한 종교계의 논의뿐만 아니라 일반인이 동성애를 바라보는 시각의 변화도 인지된다.[105] 또한 우리 헌법재판소와 대법원 역시 이러한 변화의 흐름을 인식하고 있다.[106] 이러한 상황적 변화뿐만 아니라 성적 지향(sexuelle Ausrichtung) 혹은 성적 정체성(sexuelle Identität)[107]은 다음과 같은 이유에서 차별금지법에 포섭될 수 있는 차별의 표지라고 판단된다. 우선, 법으로 규제되는 차별에는 몇 가지 공통적인 특징이 있다고 한다. 차별되는 집단이 사회적 소수자라는 점(ⅰ), 차별의 기간이 오랫동안 지속되었다는 점(ⅱ), 자신의 이해관계를 보호할 능력

---

103) http://www.hani.co.kr/arti/politics/assembly/970060.html(2020년 11월 30일 검색).

104) 박신욱, 앞의 논문, 1184면.

105) 허순철, "미국헌법상 동성애: Lawrence v. Texas판결의 헌법적 의의를 중심으로", 공법학연구 제9권 제1호, 한국비교공법학회, 2008, 111면.

106) 헌재 1990. 9. 10. 89헌마82; 대법원 2007. 6. 14. 선고 2004두619 판결.

107) 성(性)과 성적 지향, 성적 정체성(sexuelle Identität) 및 오스트리아 평등대우법(GlBG) 제17조 및 유럽인권재판소가 사용한 성적 지향(sexuelle Orientierung)은 다음과 같은 개념차이를 갖는다. 성(性)은 신체구조에 따른 구분이며, 따라서 성전환자는 변경된 성별에 포섭되게 된다. 일반적으로 성적 지향은 이성애, 동성애 그리고 양성애로 구분된다고 하며, 성적 정체성은 신체구조상의 특징을 도외시하고 자신의 성별을 여성 또는 남성으로 인식하는 것을 말한다고 한다(이지현, "한국에서 차별금지법 제정에 있어서 성적 지향을 둘러싼 갈등과 전망", 중앙법학 제16집 제3호, 중앙법학회, 2014, 115면). 그러나 성적 지향, 성적 정체성(sexuelle Identität) 및 성적 지향(sexuelle Orientierung)은 동일시될 수 있다고 판단된다(MüKoBGB/Thüsing AGG §1 Rn. 89). 물론 여기서 말하는 성적 지향과 성적 정체성 모두는 주관적 의지에 의해 결정되는 성적 행위 및 소아애, 사체성애, 수간과 같은 성적 애호를 포섭하지는 않는다(NK-BGB/Legerlotz AGG §1 Rn. 20).

이 취약하다는 점(ⅲ), 차별되는 집단에 속함에 있어 자신의 선택이 없거나 축소되었다는 점(ⅳ), 그리고 다른 집단으로의 소속변경이 불가능하거나 상당히 어렵다는 점(ⅴ)이 그것이다.[108]

그러나 장혜영 법안 등에서는 차별의 표지를 예시적인 방식으로 규정함으로써 앞선 주장을 의미 없게 만들어 버렸다. 왜냐하면 앞서 "Ⅱ. 6. 사법(私法)적 시각에서의 법안들에 대한 평가"에서 첫 번째로 지적한 바와 같이 외연이 한정되지 않는 차별의 표지를 적시함으로써 가치판단이 매개되는 평등권이 사법(私法)영역에 과도하게 개입할 가능성을 무제한적으로 열어둘 수밖에 없을 것이기 때문이다. 독일 일반평등대우법에서 확인한 바와 같이 차별은 적어도 민사법 영역에서는 허용되는 것이 원칙이어야 한다. 따라서 외연이 무제한적으로 열려있는 차별의 표지를 적시하는 방식은 수용하기 어렵다.

또한 "Ⅱ. 6. 사법(私法)적 시각에서의 법안들에 대한 평가"에서 두 번째로 지적한 바와 같이 지금까지의 법안들은 평등권에 대한 우리가 이해하고 있는, 다시 말해 우리가 수용하고 있는 상대적 평등의 개념이 아닌 절대적 평등을 추구한다고밖에 평가할 수 없다. 물론 장혜영 법안 제3조 제1항과 같이 "합리적인 이유 없이"라는 표현을 통해 절대적 평등이 아닌 상대적 평등을 고려하여 법률을 제안하였다고 하더라도, 이에 대한 예시규정 등이 없다. 게다가 장혜영 법안 제52조와 같이 "이 법률과 관련한 분쟁해결에 있어, 차별행위가 있었다는 사실을 피해자가 주장하면 그러한 행위가 없었다거나, 성별 등을 이유로 한 차별이 아니라거나, 정당한 사유가 있었다는 점은 상대방이 입증하여야 한다"라는 점을 고려한다면, 차별이 존재한다는 주장을 가리지 않고 마구잡이로 행할 수 있다. 더욱이 장혜영 법안 등은 피해를 받았다고 주장하는 자에 대한 대한법률구조공단 또는 그 밖의 기관 및 단체에 의한 법률구조가 가능하며,[109] 소송지원도 가능하도록 규정하고 있다.[110] 이러한 규정으로 인한 소송의 증가 및 입증책임의 어려움은 단순히 차별이 존재한다고 주장하는 자의 상대방만이 부담하게 된다. 설령 이러한 규정이 상대적 평등을 고려하여 제안되었다고 하더라도, 결국 우리 사회가 지금까지 수용하고 있는 상대적 평등을 도외시하는 결과에 이를 수밖에 없다.

---

108) 이지현, 앞의 논문, 115면.

109) 장혜영 법안 제48조(피해자를 위한 법률구조 요청) ① 진정에 관한 조사, 증거의 확보 또는 피해자의 권리구제를 위하여 필요하다고 인정하는 경우에 위원회는 피해자를 위하여 대한법률구조공단 또는 그 밖의 기관 및 단체에 법률구조를 요청할 수 있다.
② 제1항에 따른 법률구조는 피해자의 명시한 의사에 반하여 할 수 없다.
③ 제1항에 따른 법률구조의 요청의 절차·내용 및 방법에 관하여 필요한 사항은 위원회의 규칙으로 정한다.

110) 장혜영 법안 제49조(소송지원) ① 위원회는 차별행위로 인정된 사건 중에서 피진정인이 위원회의 결정에 불응하고 사안이 중대하다고 판단하는 경우에는 해당 사건의 소송을 지원할 수 있다.
② 제1항에 따른 소송지원 요건 및 절차 등은 대통령령으로 정한다.

셋째, 차별금지에 대한 일반법을 도입하게 된다면 사법(私法)의 특수성을 반드시 고려하여야 한다. 지금까지 제안된 법안들을 보면 현존하는 차별을 해소하기 위하여 특정한 개인이나 집단을 잠정적으로 우대하는 경우와 이를 내용으로 하는 법령을 제정·개정하거나 정책을 수립·집행하는 경우 등으로 규정을 매우 한정적으로 세웠을 뿐만 아니라 공법영역에서나 적용될 내용을 어떠한 제한도 없이 사법(私法)영역에까지 확장해 일괄적으로 적용하려고 한다. 더욱이 재화·용역 등의 공급이나 이용에 있어 차별을 금지할 뿐 허용되는 차별에 대하여 어떠한 언급도 존재하지 않는다.

이러한 법률안들과는 달리 독일의 일반평등대우법은 여러 방식으로 허용되는 차별을 가능하게 하고 있다. 총칙에 있는 독일 일반평등대우법 제5조에 따르면, 차별의 표지에 해당한다 하더라도 현존하는 차별을 해소 또는 완화하기 위한 적합·적정한 조치로서 행하여지는 차별적 대우는 허용된다. 더욱이 적용범위를 한정함으로써 사법(私法)영역으로의 적용가능성을 매우 제한하고 있다. 이외에도 취업자에 대한 허용되는 차별을 제8조 내지 제10조에서 규정하고 있다.[111)]

---

111) 독일 일반평등대우법 제8조(직업상 필요에 의해 허용되는 차별대우) ① 제1조에 열거된 사유를 이유로 하는 차별대우는 차별의 근거가 수행해야 할 활동의 종류 또는 그 활동 수행의 요건으로 인하여 본질적이고 결정적인 직업상 필연성이라고 인정되는 때에는, 그 목적에 적합하고 적정한 범위 내인 경우에 한하여 허용된다.
② 제1조에서 열거된 사유를 이유로 하여 동일 또는 동일가치의 노동에 대한 저액의 보수에 대한 합의는 제1조에 열거된 사유를 이유로 한 특별 보호규정을 적용한다는 방식으로는 정당화되지 않는다.
독일 일반평등대우법 제9조(종교·세계관에 의해 허용되는 차별대우) ① 제8조와는 별개로, 자기결정권의 관점에서 각각의 종교단체 또는 인적단체의 자기이해를 고려할 때 혹은 (종교단체 또는 인적단체의) 활동의 종류에 따라 만일 특정한 종교 또는 세계관을 가지는 것이 정당화될 수 있는 직업상 필요에 해당하는 경우에는, 종교 또는 세계관에 의한 차별대우는 종교단체에 의한 채용, (조직의 법적 형식을 불문하고) 그 종교단체에 소속된 조직에 의한 채용, 또는 공동으로 어떠한 종교 혹은 어떠한 세계관으로부터 도출되는 의무를 사명으로 하는 인적단체에 의한 채용 등에 허용된다.
② 종교·세계관을 이유로 하는 차별대우의 금지는 제1항에서 열거된 종교단체, (조직의 법적 형식을 불문하고) 그 종교단체에 소속된 조직 또는 공동으로 어떠한 종교 혹은 어떠한 세계관으로부터 도출되는 의무를 사명으로 하는 인적단체가 그들의 취업자에게 그들 각각이 가지는 자기이해라는 의미에서 충실하고 성실한 행위를 요구할 수 있는 권리를 제한하지 못한다.
독일 일반평등대우법 제10조(연령에 의해 허용되는 차별대우) 제8조와는 별개로, 연령을 이유로 하는 차별대우는 그 차별대우가 적정하며 합리적일 뿐만 아니라 적법한 목적에 의해 정당화된 경우에는 허용된다. 이러한 목적을 달성하기 위한 수단은 적정하고 필수적이어야 한다. 이러한 종류의 차별적 대우는 다음 각 호의 사항을 포함할 수 있다.

1. 청년, 고령의 취업자 및 후견의무 대상자의 취업을 촉진하거나 그들을 보호하기 위하여, 급여 및 취업관계의 종료와 관련된 조건을 정하는 것을 포함하여, 취업과 직업교육을 받을 수 있는 조건을 확정하는 것 그리고 특히 취업조건과 근로조건을 확정하는 것
2. 취업의 가능성을 높이기 위해서 혹은 취업과 관련된 특정한 이점을 주기 위해, 연령, 직업경험 또는 근무연한에 최소조건을 설정하는 것
3. 특수한 직업교육이 필요한 특정한 사업장에서의 고용을 위해 또는 정년에 도달하기 전에 적절한 취업기간확보의 필요성이 있는 경우에 최고연령의 제한을 정하는 것
4. 직업과 관련된 사회보장제도의 범위 내에서 특정 취업자 또는 취업자의 집단을 위해 상이한 연령제한을 설정하는 것, 그리고 직업과 관련된 사회보장제도의 범위 내에서 보험 수리적 계산을 위해 연령기준을 사

또한 적시한 바와 같이 사법(私法)영역에 적용되는 차별의 표지를 총칙에서 정한 차별의 표지와는 달리 규정하고 있을 뿐만 아니라 차별이 허용되지 않는 경우를 대량거래, 계약체결여부를 결정함에 있어 외관이 다른 요소보다 덜 중요한 대량거래와 유사한 거래, 私法상 보험으로 한정하고 있다. 그뿐만 아니라 차별이 허용되지 않는 거래형태라도 주거환경과 관련된 이유, 친족·상속의 관계, 신뢰관계가 형성되어 있는 경우 등에 해당한다면 차별대우를 허용하고 있다. 이와 더불어 독일 일반평등대우법 제20조는 차별대우에 관해 객관적 이유가 있는 경우에는 차별금지로 보지 않도록 함과 동시에 이러한 대표적인 예를 각호를 통해 적시하고 있다.

지금까지 우리 국회에 제안된 차별금지법안들은 차별금지에 관한 일반법을 도입하여 달성하려는 목표는 독일 일반평등대우법과 같을 수는 있겠지만 전혀 다른 방식으로 접근하고 있음을 확인하였다. 다시 말하면, 우리 법안들은 사법(私法)영역의 특수성을 고려하지 않았거나, 공법영역에서 적용되는 평등의 원칙을 차별이 원칙인 사법(私法)영역에 그대로 적용하려는 의도로밖에 보이지 않는다. 이와 달리 독일 일반평등대우법은 사법(私法)의 특수성이 매우 섬세하게 고려되어 있다고 볼 수 있다. 이러한 까닭에 현재와 같은 일반법으로서의 차별금지법안에 찬성할 수 없는 것이다.

넷째, 체결강제는 허용될 수 없지만, 체결청구권을 인정하는 것은 신중한 고려가 필요하다. 이와 관련하여 김진우 교수는 다음과 같이 체결강제를 반대한 바 있다.[112]

> "체약강제에 의하여 성립한 계약관계는 처음부터 반목과 갈등으로 이어질 위험을 안고 있다. 특히 계약체결을 강제당한 자는 해제·해지에 의하여 그 계약의 구속으로부터 벗어나려고 부단히 시도할 것이어서, 문제된 계약의 목적달성이 난관에 부딪히기 쉽다. 차별한 자의 면종복배(面從腹背)는 궁극적으로 차별당한 자에게 그다지 도움이 되지 않는다. 뿐만 아니라 비교법적으로도 차별금지위반의 효과로 체약강제를 인정하는 경우는 거의 찾아볼 수 없다."

이러한 주장에 동의하면서도, 체결청구권의 도입은 일정한 요건 하에서 신중하게 고려할 필

용하는 것을 포함하여 직업과 관련된 사회보장의 경우에 노령연금 또는 장해급여의 자격이나 수급을 위한 전제조건으로서 연령제한을 설정하는 것

5. 취업자가 연령을 이유로 연금을 신청할 수 있는 시점에서 (고용관계와 관련된 계약의) 해지 없이도 취업관계가 종료되도록 규정한 합의; 사회법전 제6권 제41조는 이에 영향을 받지 않는다.
6. 만일 (취업과 관련한) 계약당사자들이 나이 또는 취업기간에 따르는 보상규정을 만들었는데, 노동시장에서는 나이를 비교적 강하게 고려하기 때문에 발생하는 연령에 따른 현저하게 기회부여가 달리되는 것을 그 보상규정에서 눈에 띄게 고려하였거나 또는 보상규정에서 취업자가(경우에 따라서는 실업수당과 관련되어) 연금을 받을 수 있는 권리가 있기 때문에, 사회적 계획으로 인한 급부로부터 배제되어 있는 경우에, 경영조직법률의 의미에서 사회적 계획에 속하는 급부들 간의 차이

112) 김진우, 앞의 논문, 239면.

요가 있다. 왜냐하면 방해배제청구권 및 방해예방청구권은 허용되지 않는 차별행위를 방지하기 위해 가장 효과적이며, 체결청구권은 우리가 상정할 수 있는 방해배제청구권 중 가장 효과적이기 때문이다. 그러므로 청구권의 발생에 대한 적절한 요건이 설정된다면 계약당사자들에게 큰 부담이 되지 않을 수 있다. 예를 들어 차별로 인해 계약체결이 거부되었으나, 방해배제청구권을 청구할 수 있는 시점에서 아직 계약체결이 가능하고, 계약의 체결로 인한 차별을 받은 자의 이익이 상대방의 이익보다 현저할 것 등이 요건으로 고려될 수 있을 것이다.

다섯째, 징벌적 손해배상제도는 도입할 필요가 없다. 징벌적 손해배상제도의 도입은 2018년 「제조물 책임법」[113] 개정을 계기로 다시 한 번 우리 학계의 뜨거운 관심을 받았다. 또한 우리나라에는 이미 징벌적 손해배상제도가 산재되어 도입되어 있는 것도 현실이다.[114] 징벌적 손해배상 그 자체에 대한 반감, 법리적, 법·경제학적 논의는 별론으로 두더라도, 차별금지법이 특별법의 형태가 아닌 일반법의 형태로 도입된다는 점에서 체계상 징벌적 손해배상제도를 도입하는 것은 적절하지 않다.

여섯째, 허용되지 않는 차별대우라고 하더라도 차별대우가 객관적인 사유에 의한 것이라면 그 역시도 허용해야 한다. 여기서의 객관적 사유는 독일연방대법원의 판결에서 확인한 바와 같이 그 범위를 제한할 필요 없이 대량거래에서 발생하는 차별의 경우에도 정당화 사유로 기능하여야 한다.

Ⅳ. 나가며

자유와 평등은 우리가 가장 소중하게 여기는 일차적 가치이다. 자유주의가 약속한 자유와 평등은 봉건적 신분제의 족쇄로부터 우리를 해방시켰으며, 이는 출생신분에 기인한 사회질서가 기존에 가지고 있던 권리와의 결별을 의미한다. 중요한 것은 여기서의 평등 혹은 평등의 원칙은 논리적이거나 수학적이며 순수하게 양적인 평등을 말하는 것은 아니다. 이에 대해 김효전 교수

---

113) 법률 제14764호.

114) 가맹사업거래의 공정화에 관한 법률(법률 제16176호), 개인정보 보호법(법률 제16930호), 공익신고자 보호법(법률 제17300호), 기간제 및 단시간근로자 보호 등에 관한 법률(법률 제17326호), 대규모유통업에서의 거래 공정화에 관한 법률(법률 제15854호), 대리점거래의 공정화에 관한 법률(법률 제16648호), 대·중소기업 상생협력 촉진에 관한 법률(법률 제16996호), 독점규제 및 공정거래에 관한 법률(법률 제16998호), 부정경쟁방지 및 영업비밀보호에 관한 법률(법률 제16204호), 산업기술의 유출방지 및 보호에 관한 법률(법률 제16476호), 신용정보의 이용 및 보호에 관한 법률(법률 제16957호), 정보통신망법, 축산계열화사업에 관한 법률(법률 제16234호), 특허법(법률 제17536호), 하도급거래 공정화에 관한 법률(법률 제16649호), 환경보건법(법률 제17326호) 등에서 징벌적 손해배상제도를 도입하고 있다.

가 번역한 Heller의 논문 중 한 구절을 인용하고자 한다.[115)]

> "모든 법규는 평가를 하며, 모든 법개념은 일정한 요건사실에 다른 요건사실에 대하서 구별되고 불평등하게 취급된다는 사실에 의해서만 성립한다. 모든 사실상의 차이를 법적으로 중요하지 아니한 현상으로 도외시할 수 있는 법 개념은, 그것이 가장 철저한 평등개념일지라도 하나도 없다. […] 다만 오늘날의 기술화 된 사고에 따라서 논리적 보편성이나 수학적 평등과 법학적 정당성이 심상치 않게 혼동되어버리고 있다."

논란의 여지는 있겠지만, 인종, 민족적 출신, 성별, 장애, 연령 또는 성적 정체성은 스스로가 선택할 수 있는 영역에 놓여있다고 보기 어렵다. 종교 또는 세계관은 선택의 문제이기는 하지만 양심의 자유와 동일선상에서 비교할 수 있다. 이러한 차별의 표지와 전과, 학력 등을 동등선에 놓을 수 있을는지 상당한 의문이다. 더구나 외연이 없는 예시적 규정체계를 통한 차별표지를 적시하는 것은 구별할 수 있는 혹은 구별해야 하는 영역에서조차도 이러한 표지를 동등선에 놓는다는 것이다. 이는 Heller가 지적한 바와 같이 논리적 보편성이나 수학적 평등의 개념을 법적 정당성과 혼동하는 것이며, 이에 대한 대표적인 예가 현재 우리가 확인한 일련의 법률안이다. 그러므로 사법(私法)이 갖는 특수성을 인식한 차별금지에 관한 새로운 일반법이 도입되길 기대한다.

115) Hermann Heller, Die Gleichheit in der Verhältniswahl nach der Weimarer Verfassung, Berlin, 1929(재인용: 김효전, 바이마르 헌법과 정치사상, 산지니, 2017, 59면).

사적자치와 차별금지*

송 오 식**

Ⅰ. 들어가며

1. 개인주의와 자유주의를 기반으로 하는 근대법 질서 이후 사법에서 사적자치의 원칙은 중요한 원리로 자리잡았다. 하지만 현대에 들어와 자본주의 발전에 따른 시장의 지배와 경제력의 남용, 사회 구성원들의 다양성과 소수자인권보호, 경제적 불평등의 심화, 공공복리 등의 문제는 사적자치의 제한 내지 공정성이라는 과제를 던져주고 있다. 차별[1]의 문제는 우리 사회의 변화를 반영하여 다양하고 폭 넓게 전개되고 있다. 여성에 대한 차별은 그 동안 오랫동안 지속되어 온 사회문제였으나 법적으로는 형식적으로나마 해소가 되었다.[2] 최근 우리 사회는 고령화가 진행되면서 고령자보호가 중요한 문제가 되었고, 급증한 북한이탈주민과 국제결혼·결혼이민으로 인한 다문화가정의 현실이 맞물려 인종·민족·출신을 원인으로 한 차별문제가 발생하고 있다. 세계화, 노동시장의 유연화와 산업현장에서의 노동력부족으로 인한 이주노동자의 고용관계에 따른 차별이 사적 영역에서 특히 심각한 문제로 대두되고 있다. 그 밖에도 장애 및 연령과 종교·신앙을 원인으로 한 차별, 양심이나 신념, 사상, 정치적 견해를 원인으로 한 차별, 혼인여부·가족관계를 원인으로 한 차별, 성적 지향 및 성적 정체성을 원인으로 한 차별,[3] 전과를 원인으로 한 차별, 병력(病歷) 및 현재의 건강상태를 원인으로 한 차별, 출신학교·학력·학벌을 원인으로 한

---

* 이 글은 「법학논총」 제41권 제2호(전남대학교 법학연구소, 2021. 5)에 게재되었다.

** 전남대학교 법학전문대학원 교수.

1) 차별의 사전적 의미는 '둘 이상의 대상을 각각 등급이나 수준 따위의 차이를 두어서 구별함'이다. 차별이라는 말을 대개 부정적 의미의 용어로 받아들인다. 하지만 합리적 이유가 없는, 불법적 차별 혹은 합리적이지 않은 차별이라는 부정적인 의미로도 쓰이지만, 중립적인 의미에서 상이한 대우 자체를 의미하기도 한다. 후자로 사용될 경우, 정당한 차별, 합리적 이유가 있는 차별, 합법적 차별이라는 말로도 사용될 수 있다. 차별과 평등의 다양한 의미에 대해서는 이준일, 『차별없는 세상과 법』, 홍문사, 2012, 1장 참조.

2) 여성의 차별문제를 소수자차별문제로 접근하는 경우 양적 소수자가 아니라 질적 소수자로서 구분하는 것이다.

3) 한국사회에서도 '성적 지향'은 포괄적 차별금지법 제정의 가장 큰 장애요소로서 꼽힌다. 어쩌면 본고의 주제인 '사적자치와 차별금지'와 관련하여 여전히 뜨거운 논쟁 중인 분야이기도 하다.

차별, 빈부격차 및 경제력에 따른 차별 문제 등이 나타나고 있다. 이제 사적 영역에서 국가법질서의 불개입·중립으로부터 사적 차별금지가 요청되고 있다. 이러한 현실에서의 다양한 차별 문제에 대하여 문제영역별로 또한 개별 사례별로 사적 영역에서의 차별금지의 범위와 한계, 그 내용에 대하여 규율해야 하는 것이 당면 과제이다.

2. 자유와 평등 사이의 관계는 그 가치가 갖는 중요성으로 인하여 헌법과 인권법 영역에서 개인적 권리로서 인식된 이래 법적으로 계속 논쟁의 대상이 되어 왔다.[4] 자유와 평등은 자유민주주의 국가에서 기본적인 이념이지만 실제 적용면에서 긴장관계 내지 갈등관계를 자아내기도 한다. 전통적으로 공적 영역이 아닌 사적 영역은 자유의 영역이고, 자유가 평등에 대하여 우위에 있다고 인식하는 것이 일반적 경향이었다. 사적 영역에서 사적자치는 누구도 부정할 수 없는 사법상의 대원칙이다. 한편으론 사적자치의 헌법상 표현인 사적자치권 내지 자기결정권은 단순한 자유권을 넘어서서, 개인은 법질서의 틀 안에서 합법적으로 구속력 있는 규율을 만들 수 있다는 것이다. 사적 자치는 민법이나 헌법에서 적극적으로 규정을 하고 있지 않지만 그 헌법적 근거를 제10조의 행복추구권과 일반적 행동자유권에서 찾으며, 헌법 제37조 제1항에 의하여 계약자유도 일반적으로 보장된다고 하는 것이 통설과 헌법재판소의 입장이다.[5] 헌법 제23조와 제15조, 제119조 제1항에 의하여 개별적으로 보장되기도 한다.

3. 개인이 자기의 생활관계를 그의 자유로운 의사에 기인하여 처리할 수 있다는 사적자치의 원칙의 구체적 표현인 계약자유의 원칙은 근대 자연법사상에 의해 법이론화되었고, 근대 민법전에 명문화되었다.[6] 비록 우리 민법은 사적자치의 원칙 또는 계약자유의 원칙을 명문으로 규정하고 있지 않으나 사법의 기본원리라는 것에 대해서는 이론(異論)이 없다. 하지만 사적자치는 오늘날 형식적 합리성을 전제로 한 사법상 진리로서 무제한 인정되는 것이 아니라 민법 자체로도 법률행위가 선량한 풍속이나 기타 사회질서에 위반한 경우에는 그 효력을 부정하며 더 나아가 사적 자치라는 이름으로 행해지는 행위가 위법성이 인정되고 귀책사유가 있는 경우에 불법행위로서 손해배상책임을 지게 된다.[7] 사적자치의 구체적 표현으로서 계약체결의 자유, 계약상대

---

4) 사적자치를 법적 강제의 부재를 의미하는 소극적인 자유라고도 하다. 장영철, 기본권으로서 사적자치에 관한 고찰, 서울법학 제25권 제3호, 서울시립대학교 법학연구소, 2017. 11, 6면.

5) 헌재 1991. 6. 3. 89헌마204.

6) 프랑스민법 제1134조 제1항은 “적법하게 형성된 합의는 이를 성립시킨 당사자 사이에서는 법률에 대신한다.”고 규정하고 있으며, 스위스채무법은 제19조 제1항은 “계약의 내용은 법률의 범위 내에서 자유로이 정할 수 있다”고 규정하고 있다.

7) 어느 일방이 교섭단계에서 계약이 확실하게 체결되리라는 정당한 기대 내지 신뢰를 부여하여 상대방이 그 신뢰에 따라 행동하였음에도 상당한 이유 없이 계약의 체결을 거부하여 손해를 입혔다면 이는 신의성실의

방선택의 자유, 계약내용의 자유, 계약방식의 자유는 오늘날 광범위한 영역에서 특별법에 의하여 제한되면서 계약공정의 원칙으로 변모하고 있다.

4. 사적 영역에서 사인의 차별대우에 대한 헌법상의 평등권 보장 주장은 결국 사적 영역에서 개인의 차등대우 자유를 제약하게 된다는 문제를 발생시킨다. 근대민법은 모든 사람을 인격자로 상정하고 '합리적 이성인'으로서 동등하게 취급한다. 이러한 사적자치의 영역은 오늘날 다양한 생활관계의 등장과 자연인 이외의 자에게도 법적으로 권리의 주체성을 인정하면서 확대일로에 있다. 현대사회에 들어와 자본주의의 발달에 따라 경제적 불평등의 심화로 말미암아 경제적 강자와 약자로 구분되고 그러한 예로서, 자본단체인 기업과 소비자, 기업과 근로자, 임대사업자와 임차인, 금융업자와 금융소비자, 보험자와 보험계약자의 형태로 나타나게 되었다. 경제면에서뿐만 아니라 사회 곳곳에서 사인간 세력 불균형의 심화가 일어나고 있는데, 특히 오늘날 차별금지의 문제는 소수자 또는 사회적 약자를 보호하기 위한 '소수자인권'과 결부되면서 성별, 종교, 연령, 장애, 인종, 민족적 출신, 성적 지향 등에 의한 사적 영역에서 차별금지 내지 동등대우를 요구하게 되었다. 결국 사적 차별금지가 사적자치의 어느 영역에 적용될 수 있는지가 중요한 쟁점이 되었다.

5. 차별금지 문제는 오늘날 국가나 지방자치단체와 개인간의 공법 관계에서 문제되기보다는 오히려 개인과 개인, 개인과 단체의 사적 관계에서 더욱 부각되고 있다.[8] 평등권을 헌법재판소의 표현처럼 국민의 기본권 보장에 관한 우리 헌법의 최고원리이자 기본권 중의 기본권이라고 한다면,[9] 기본권의 대사인적 효력의 문제와 연관된다. 오늘날 기본권은 대국가적 효력을 가질 뿐만 아니라 사인간의 거래에도 민법의 일반조항을 통하여 간접 적용되는 것을 인정하는 것이 통설과 판례의 입장이기 때문에 차별금지의 문제는 기본권의 대사인적 효력의 문제로 귀착되기도 한다. 사적자치를 헌법재판소의 표현처럼 '사적자치권'으로서 자유권으로 본다면 사적자치와 차별금지의 문제는 자유권적 기본권과 평등권의 충돌이라는 기본권의 충돌 문제로 귀결된다.

결국 양 기본권이 충돌하는 경우에 어떠한 원리로서 사적자치가 제한될 수 있는지가 규명되어야 한다. 현재도 개별적 차별금지법이 존재하는 상태에서 포괄적 차별금지법의 제정 필요성이 인정된다면 사법학 영역에서는 차별금지사유, 차별금지유형, 차별금지영역, 차별금지의 예외, 차별피해에 대한 구제 등이 중요한 연구과제가 된다.[10]

원칙에 비추어 볼 때 계약자유의 원칙의 한계를 넘는 위법한 행위로서 불법행위를 구성한다. 대법원 2004. 5. 28. 선고 2002다32301 판결.

8) 양천수, 민사법질서와 인권 -민사법과 인권의 상호연관성을 중심으로 하여-, 집문당, 2013, 137면.

9) 헌재 1989. 1. 25. 88헌가7.

Ⅱ. 사적자치와 사적자치권

1. 사적자치원칙의 현대적 변용-계약공정의 원칙으로

사적자치는 사법의 핵심원리로서 로마법에 그 연원을 두고 있다. 사적자치의 원칙이 오늘날 상당부분 제한되고 있는 것이 사실이지만, 그 위상에 대해서는 이것을 전통적인 계약자유의 원칙의 확장태로 보아 사유재산권존중의 원칙, 과실책임의 원칙과 함께 민법의 3대원리의 하나로서, 민법상 기본원리라는 것에 대하여 이론(異論)의 여지는 없다.[11] 사적자치는 개인주의·자유주의를 사상적 기반으로 하고 있으며, 인간의 행위는 이성에 근거한 합리성에 전제를 두고 있다는 데서 출발한다. 이와 같은 자유주의적 법모델은 모든 법적 주체가 자유롭고 평등하다는 점을 전제로 한다. 동시에 국가가 개입하지 않아도, 시민사회를 구성하는 법적 주체들이 자율적으로 법률관계를 형성하며 법적 문제를 해결할 수 있다고 믿는다.

사적자치는 민법에서 계약자유, 단체결성의 자유, 소유의 자유, 혼인의 자유, 유언의 자유로 표출된다. 사적자치원칙 하에서 개인은 권리와 의무를 발생시키거나 변경시키거나 소멸시킬 수 있는 자격이 있다. 순수한 사법적 개념으로서의 사적자치를 정의한다는 것이 용이하지 않지만,[12] 일반적으론 '자기 결정에 따라 자신의 사적인 법률관계를 형성하는 원칙' 혹은 국가의 간섭 없이 자기 책임 하에 자신의 필요에 따른 법률관계의 형성이라고 설명된다.[13] 오늘날 사법학자들은 사법학의 고유개념으로서 사적자치를 정의하는 견해와 법질서 내에서 인정되는 제한적 개념으로 정의하는 견해로 나누어진다. 전자의 예로서는 개인이 자기의 법률관계를 그의 자유로운 의사에 의하여 형성할 수 있는 것을 인정하는 것[14]이라거나, 자기 일을 자기결정에 의하여 자기책임으로 자기지배 한다는 당위라고 하는 견해[15]가 있고 후자의 예로서는 '법질서의 한계 내'에서 자기의 의사에 기하여 법률관계를 형성할 수 있다는 원칙,[16] 사적자치의 개념 속에 차별금지까지 염두에 두고 자기결정과 평등보호를 전제로 한 사인이 '법질서의 한계 내에서 자기의

---

10) 이러한 의미에서 평등권을 '가장 어려운 권리(the most difficult right)'라고 캐나다 대법원장이 표현하기도 한다. Hon. Beverly McLachlin, "Equality, The Most Difficult Right"(2001) 14 S.C.L.R.(2d) 17.

11) 곽윤직·김재형, 민법총칙 제8판, 박영사, 2012, 38면. 송덕수, 민법총칙(제4판), 박영사, 2018, 35면, 35면; 이에 대해서 사적자치의 대원칙으로부터 법률행위자유의 원칙 내지 계약자유의원칙, 소유권 절대의 원칙 및 과실책임의 원칙이 도출된다고 보는 견해도 있다. 이은영, 민법총칙, 박영사, 2005, 67면.

12) 사적자치의 한계를 유형화, 체계화, 사례화 한 연구로는, G. Paulus, Christoph/Zenker, Wolfgang, Grenzen der Privatautonomie, JuS 2001, S. 1 ff.

13) 사적자치의 용어는 법과 철학뿐만 아니라 교육학에서도 사용된다.

14) 곽윤직·김재형, 민법총칙 제8판, 박영사, 2012, 38면.

15) 이영준, 민법총칙, 박영사, 1987, 13면.

16) 송덕수, 위의 책, 35면.

자유로운 의사에 따라 법률관계를 형성하는 것'이라는 견해도 있다.[17]

민법의 상위법으로서 헌법을 염두에 두고 인간으로서의 존엄과 가치(헌법 제10조), 보다 구체적으로는 그 한 내용인 일반적 행동자유라는 이념에 기한, 각자가 자기의 법률관계를 자기의 의사에 따라 자주적으로 처리할 수 있고, 국가나 법질서는 여기에 개입해서는 안 된다는 민법의 기본원칙[18]으로 설명하기도 한다. 헌법재판소는 '사적자치의 원칙'이란 '인간의 자기결정 및 자기책임의 원칙에서 유래된 기본원칙으로서, 법률관계의 형성은 고권적인 명령에 의해서가 아니라 법인격자 자신들의 의사나 행위를 통해서 이루어짐'을 뜻한다[19]고 한다.

헌법 제10조의 행복추구권에서 도출되는 일반적 행동자유권이 보호하는, 사법의 기본원리인 사적 자치는 원칙적으로 권리자에게 법적 지위의 자유로운 처분권을 인정한다.[20] 사적 자치의 원칙 내지 계약자유의 원칙은 사법상 대원칙으로서 민법에 규정되어 있지 않은데, 헌법재판소에서 계약자유의 원칙의 내용과 헌법상의 지위에 대하여 설시하고 있다.[21] 즉 「이른바 계약자유의 원칙이란 계약을 체결할 것인가의 여부, 체결한다면 어떠한 내용(內容)의, 어떠한 상대방과의 관계에서, 어떠한 방식으로 계약을 체결하느냐 하는 것도 당사자 자신이 자기의사로 결정하는 자유뿐만 아니라, 원치 않으면 계약을 체결하지 않을 자유를 말하여, 이는 헌법상의 행복추구권속에 함축된 일반적 행동자유권으로부터 파생되는 것이라 할 것이다.」[22]고 한다.

헌법 제10조는 사적 자치를 자기의사에 의한 자기결정으로 법률관계를 자유롭게 창설, 변경, 종료할 수 있는 자유로서 보장하고 있다. 헌법 제11조가 평등권을 규정하여 차별금지사유로서 제시하는 성별, 종교, 사회적 신분을 들고 있으나 일정한 경우 사적 자치에 의한 차별이 정당화될 수 있다. 예컨대, 종중유사단체의 회칙이나 규약에 의한 남성회원한정특약,[23] 분양계약 또는 수분양자들의 협의에 의한 경업제한,[24] 공서양속의 원칙이 배제되는 경매절차,[25] 카지노사업자와 카지노이용자 사이의 카지노 이용을 둘러싼 법률관계로서 배팅한도액 및 출입제한[26] 등을

---

17) 김준호, 민법총칙 제10판, 법문사, 2016, 24면.

18) 지원림, 민법강의, 홍문사, 2017, 17면.

19) 헌재(전) 2011. 2. 24. 2008헌바87.

20) 독일에서도 독일기본법 제2조 제1항 인간의 존엄과 가치로부터 사적자치의 근거를 찾는다.

21) 프랑스 헌법위원회에서도 계약자유의 원칙이 헌법상의 가치가 아니라고 1994년에 판결하였다가 1998년에 "입법자는 1789년 인간과 시민에 관한 권리선언 제4조에서 규정한 자유를 명백하게 부인할 수 없는 만큼, 합법적으로 체결된 계약의 경제성에 대하여는 중대한 손해를 끼칠 수 없다"고 하여 견해를 바꾸었다. Désis. n° 98-401, *JO* 14 juin 1998, p. 9033.

22) 헌재 1991. 6. 3. 89헌마204.

23) 대법원 2011. 2. 24. 선고 2009다17783 판결; 이른바 YMCA사건에서 사단의 구성원을 성년남자로만 한정하는 회칙에 대해서는 평등권을 침해하는 것으로 판단하였다. 대법원 2011. 1. 27. 선고 2009다19864 판결.

24) 대법원 1997. 12. 26. 선고 97다42450 판결; 대법원 2006. 7.4 자 2006마164, 165 결정; 대법원 2004. 9. 24. 선고 2004다20081 판결; 대법원 2009. 12. 24. 선고 2009다61179 판결.

25) 대법원 1980. 2. 4.자 80마2 결정.

26) 대법원 2014. 8. 21. 선고 2010다92438 전원합의체 판결.

들 수 있다.

근대민법이 상정하고 있는 합리적인 인간관을 바탕으로 한 대등한 사인 사이의 법률관계를 기반으로 하는 사적자치의 원칙은 사회경제적 변화로 말미암아 변화를 맞게 되었다. 즉 경제적 강자와 약자의 분화로 말미암은 경제적 강자에의 예속, 독과점기업의 등장으로 말미암은 시장지배와 경제력의 남용, 대량생산·대량소비사회에서 소비자보호, 사회구성원의 다양성에 따른 취약계층과 소수자보호 등이 국가적 차원에서 중요한 화두로 등장하면서 사적자치원칙은 중대한 전환을 맞이하게 되었고, 사적자치를 제한하는 광범위한 입법이 행해져왔다. 근로기준법을 위시한 노동법, 주택임대차보호법과 상가건물임대차보호법, 독점규제 및 공정거래에 관한 법률, 할부거래법과 방문판매법, 전자상거래등 소비자보호에 관한 법률, 금융소비자보호법과 같은 소비자계약법, 취약계층과 소수자보호를 위한 남녀고용평등법, 장애인차별금지법, 고령자고용법 등은 여러 사적 영역에서 사적자치를 제한하고 있다.

근대입헌주의하에서 이제 사적자치가 민법 고유의 독자적인 규율원리라고 주장하는 견해는 존재하지 않는다. 헌법상의 기본권은 제1차적으로 개인의 자유로운 영역을 공권력의 침해로부터 보호하기 위한 방어적 권리이지만 다른 한편으로 헌법의 기본적인 결단인 객관적인 가치질서를 구체화한 것으로서, 사법을 포함한 모든 법 영역에 그 영향을 미치는 것이므로 사인간의 사적인 법률관계도 헌법상의 기본권 규정에 적합하게 규율되어야 한다. 또한 사적자치는 민법 자체 내의 지도원리에 의하여 그 행사가 과도하게 남용되지 않도록 제한하기도 하고,[27] 기본권의 대사인적 효력에 의하여 기본권이 사법에 침투함으로써 당사자의 이익을 형량을 고려하여 제한되기도 한다.

사적 자치는 자기결정(물적 요소)에 의한 의사표시(인적 요소)에 법질서에 의한 승인(효력)을 본질로 한다. 따라서 사적 자치는 법질서의 형성과 상관관계에 있고 타인의 인격권과 충돌하는 상황에서 제한된다. 계약자유를 사적자치의 법률행위영역에서 나타나는 특별한 기본권[28]이라고 하거나 제도보장이라는 전제 하에 입법자의 넓은 형성의 여지를 인정하기도 한다.[29] 뿐만 아니라 계약자유의 원칙은 헌법 제37조 제2항의 국가안전보장·질서유지 또는 공공복리를 위하여 필요한 경우 법률로서 제한할 수 있으며, 기업과 소비자간 정보의 비대칭성으로 인한 소비자보호의 필요성에 따라 광범위하게 제한되고 있다. 이제 계약자유의 원칙은 정의라는 가치를 투영한 '계약공정의 원칙'으로 변화하고 있다.

---

27) 민법에 규정되어 있는 신의성실의 원칙(제2조 제1항), 권리남용금지의 원칙(제2조 제2항), 선량한 풍속 사회질서위반 금지원칙(제103조)이 대표적인 예이다.

28) 장영철, 사법의 헌법화에 대한 소고 -독일과 한국의 헌법판례를 중심으로-, 서울법학 제25권 제4호, 2018. 2., 7면.

29) 헌재 1999. 4. 29. 96헌바55.

2. 기본권의 일유형으로서 사적자치권

사적자치의 원칙을 사법학의 고유영역으로서 국가법 이전에 존재하는 천부적 자연권으로 보는 견해도 존재하지만, 오늘날에는 헌법상 보장되는 제도보장으로서의 성격을 갖는다고 하는 데에는 무리 없는 주장으로 보인다.[30] 그런데 이러한 사적자치를 제도로서뿐만 아니라 기본권으로 인정할 수 있을 것인가. 기본권으로서 '사적자치권'을 헌법재판소가 언급하고 있기 때문에 과연 사적자치권의 의의와 내용이 무엇이 될 것인가는 논의가 필요하다. 민법의 기본원리로서 사적자치의 원칙을 상정하고 있기 때문에 사적자치권이란 개념은 사법학자들에게는 생소한 용어이다.

헌법학자들의 대다수는 사적자치는 인간존엄 및 가치에 근거한 기본권의 핵심내용으로서 헌법 제10조의 인간의 존엄과 행복추구권에서 파생되는 일반적 행동자유권의 한 내용으로 도출하고 있고 헌법재판소도 같은 입장이다.[31] 경제질서 조항인 헌법 제119조 제1항은 사유재산제도와 사적자치의 원칙 및 과실 책임의 원칙을 기초로 하는 자유시장경제질서를 기본으로 하고 있음을 선언하고, 헌법 제10조는 국민의 행복추구권과 여기서 파생된 일반적 행동자유권 및 '사적자치권'을 보장하고 있는바,[32] '사적자치의 원칙'이란 '인간의 자기결정 및 자기책임의 원칙'에서 유래된 기본원칙으로서, 법률관계의 형성은 고권적인 명령에 의해서가 아니라 법인격자 자신들의 의사나 행위를 통해서 이루어짐'을 뜻한다고 한다.

사법관계에서 자기결정권은 개인의 사사(私事)에 관한 자기결정권과 계약을 통한 생활관계 형성에 임한 경우의 자기결정권이 주로 문제된다. 또한 인격권과 밀접한 관련이 있다. 사적 자치는 인간의 일반적인 자기결정 원칙의 일부분이기도 하다.[33] 자기결정의 원칙은 법질서에 선재하면서도 법질서에서 실현되어야 하는 가치로서 자유민주주의를 표방하는 모든 나라의 헌법이 비

---

30) 바이마르헌법(제152조)상 계약자유(사적자치)는 법률의 범위 내에서 보장된다는 규정해석상 제도보장으로 분류하였고, 이는 칼슈미트의 제도보장이론에 따라 법질서에 의해 형성되는 객관적 성격의 제도로서 주관적 공권인 자유권과 구분되는 것으로 보았다. 이 경우 개인은 제도보장의 형성자인 입법자에 대해 기본권침해 주장은 할 수 없다. 하지만 입법에 의해 마련된 제도에 의하여 법률관계를 형성하는 경우 개인의 주관적 권리가 생성될 수 있다. 장영철, 기본권으로서 사적자치에 관한 고찰, 서울법학 제25권 제3호, 서울시립대 법학연구소, 2017. 11. 30, 26-28면; 헌법재판소에서도 사적자치의 원칙을 헌법상 보장된 주관적 권리가 아니라 제도보장의 일종으로서 입법자의 형성의 자유가 광범위하게 인정되는 분야라고 한다. 헌재 1999. 4. 29. 96헌바55.

31) 헌재 2010. 5. 27. 2008헌바61; 헌재 2009. 6. 25. 2007헌바39; 2003. 5. 15. 2001헌바98; 헌재 1991. 6. 3. 89헌마204.

32) 헌재 1998. 8. 27. 96헌가22 등

33) Flume, Allgemeiner Teil des Bürgerlichen Rechts, Zweiter Band Das Rechtsgeschäft, 3.Aufl., 1979, S. 1; H. P. Westermann, Erman, Handkommentar zum Bürgerlichen Gesetzbuch, 1, Band 11. Aufl., 2004., Einl §104 Rn. 1: Palandt Kommentar, Bürgerliches Gesetzbuch, 44Aufl., 1985, Überbl v §104 Anm. la.

록 명문으로 규정하고 있지 않더라도 이를 보장하고 있다. 우리 헌법에서도 기본권으로서 자기결정권에 대해서 규정하고 있지 않지만 통상 헌법 제10조의 행복추구권 내지 인간의 존엄성존중의 이념에 근거를 두고 있다. 헌법재판소는 인간은 누구나 자기 운명을 스스로 결정할 수 있는 자기결정권을 가진다고 한 다음, 그 근거를 헌법 제10조로부터 도출하고 있다. 즉, 행복추구권에서 파생되는 자기결정권 내지 일반적 행동자유권은 이성적이고 책임감 있는 사람의 자기 운명에 대한 결정·선택을 존중하되 그에 대한 책임은 스스로 부담함을 전제로 한다고 설명한다.[34] 달리 말하면, 개인은 사적 영역에 관해서 사회나 국가로부터 간섭이나 침해를 받지 아니하고 사적 사항을 스스로 결정하여 자신의 생활영역을 자유로이 형성할 수 있는 권리라고 할 수 있다.[35] 이러한 헌법상 기본권으로서 자기결정권은 사법관계에서도 여러 가지 논거로 사용되고 있다.

앞에서 언급한 것처럼 헌법재판소는 사적 자치가 쟁점이 된 사안에 대하여 '사적 자치권'이란 용어를 사용하여 마치 사적 자치가 헌법에 규정되어 있지 않지만 기본권으로서 보호되어야 하는 것처럼 설시하고 있다.[36] 물론 사적자치권이란 용어를 사용하지 않더라도 사적 자치는 '자기결정권'의 제도적 표현으로 보는데 무리는 없다. 기본권으로서의 사적자치를 사적자치권으로 명명한다면, 이러한 사적자치권은 우선 방어권적 성격을 갖는다.[37] 즉 사적자치권은 국가에 대한 개인의 소극적인 지위에서 법적 규제로부터 자유로운 방어권적 성격을 갖는다. 방어권으로서 사적자치권은 행복추구권에서 파생된 일반적 행동자유권을 근거로 자기의사와 자기결정에 의한 법률행위형성의 자유, 법률행위 상대방과 법률행위내용 및 방식결정의 자유 등을 보호내용으로 한다. 따라서 기본권으로서 사적자치의 보호범위가 광범위한 것에 비례하여 역설적으로 입법자의 형성재량도 매우 넓어 법적 제한의 가능성도 확대된다. 기본권으로서 사적자치권은 사적자치원칙을 실현하기 위한 수단으로 양자는 상호 기능적 협력관계에 있게 된다. 또한 사적자치를 단순히 제도보장으로서 인정할 뿐만 아니라 기본권으로 파악한다면 사적 영역에서 사적자치권과 차별금지의 평등권이 충돌되는 문제가 발생하게 된다.

---

34) 헌재 1990. 9. 10. 89헌마82; 헌재 2002. 10. 31 99헌마40; 헌재 2015. 4. 30. 2013헌마873.

35) 자기결정권이 대두된 배경을 보면, 1960년대 이래 사회변동과 함께 다양하고 새로운 권리·자유의 분출상황이 있었다. 평화적 생존권이나 환경권을 시작으로 하여 일조권·조망권·알권리·엑세스권·프라이버시권·학습권·건강권·혐연권·끽연권이 있었고, 각종의 인격권이 등장과 함께 출산·임신중절이나 존엄사와 동성애 문제가 그것이다.

36) 이와 같은 견해로는, 장영철, 기본권으로서 사적자치에 관한 고찰, 서울법학 제25권 제3호, 서울시립대 법학연구소, 2017. 11. 30, 4면 이하.

37) 기본권으로서의 사적자치도 방어권 이외에 제도보장, 청구권, 생존권, 보호의무의 기능을 갖는다고 하며, 사적자치권은 사적차지원칙을 실현하기 위한 수단으로 상호기능적 협력관계에 있게 된다는 견해가 있다. 장영철, 위의 논문, 26면 이하.

Ⅲ. 사적 자치의 제한원리로서 차별금지

1. 사적자치의 원칙의 제한

오늘날 사적자치는 광범위하게 제한되고 있다. 계약자유의 원칙이 적용되는 범위는 순수하게 개인과 개인의 거래에 국한되고 있다고 말할 수 있을 정도이다. 사회적 변화로 말미암아 계약자유로부터 광범위한 사적 영역에서 계약공정이 요구되는 시대에 있다. 사인의 차별대우에 대한 사법영역에서 헌법상의 평등권 보장 주장은 결국 사회 거래 영역에서 개인의 사적자치를 제약하게 된다는 문제를 발생시킨다. 근대민법은 모든 사람을 인격자로 상정하고 합리적 이성인으로서 동등하게 취급한다. 그러나 현대사회에 들어와 자본주의의 발달에 따라 경제적 불평등의 심화로 말미암아 경제적 강자와 약자로 구분되고 그러한 예로서, 자본단체인 기업과 소비자, 기업과 근로자, 임대사업자와 임차인, 금융업자와 금융소비자, 보험자와 보험계약자의 형태로 나타나게 되었다. 특히 차별금지의 문제는 소수자인권보호와 결부되면서 성별, 종교, 연령, 장애, 인종, 민족적 출신, 성적 지향 등에 의한 사적 영역에서 차별금지 내지 동등대우를 요구하게 되었다.

위와 같은 문제는 결국 앞에서 살펴본 것처럼 민법의 최고이념을 공공복리로 보느냐 그렇지 않으면 사적 자치로 보느냐에 따라 실제 적용에 있어서 사적 자치의 제한에 대한 견해가 달라지게 된다.[38] 사적 자치 내지 계약자유의 원칙이 제한되는 경우를 보면 크게 네 가지로 대별할 수 있다.[39]

첫째, 민법 자체에 의한 제한이다. 사적자치에 의해 형성된 법률행위의 내용을 제한하는 민법 제103조나 제104조의 규정이 이에 해당한다. 선량한 풍속이나 사회질서라는 도의관념과 법률행위의 불공정성이 기준으로 작용한다.[40] 일반조항이 아닌 계약법상 제608조의 소비차주보호규정도 존재한다.[41] 이 방법은 민법의 자유주의적 기본원리를 존중하면서 부분적·예외적으로 이

38) 대개의 민법학자들은 공공복리를 민법의 최고이념으로 꼽지만 사적자치의 원칙이 헌법상 개인의 존엄과 가치를 보장하기 위한 유일한 수단이라고 보는 견해도 있다. 이러한 견해로는, 이영준, 앞의 책, 13면.

39) 동일한 기준으로 구분하는 견해로는, 양천수, 민사법질서와 인권 -민사법과 인권의 상호연관성을 중심으로 하여-, 집문당, 2013, 129-131면.

40) 초기의 판례는 일반조항에 의한 사적 자치의 제한에 대하여 비교적 너그럽게 대하였으나, 개인간의 거래에서 사적 자치의 이념을 중요시하는 판례를 꾸준히 내고 있다. 즉 사적 자치에 따라 당사자가 유효하게 성립시킨 계약상의 책임을 법원이 간섭하여 공평의 이념이나 신의칙과 같은 일반원칙에 의하여 제한하는 것은 사적 자치의 원칙을 중대하게 위협하는 것이라고 한다(대법원 2016. 12. 1. 선고 2016다240543 판결, 대법원 2015. 10. 15. 선고 2012다64253 판결, 대법원 2004. 1. 27. 선고 2003다45410 판결). 위 판결들에서 법원이 '매우 신중히', 극히 예외적으로', '중대한 위협' 등의 표현을 사용하는 것은 판례가 사적 자치에 대하여 일반조항을 통한 법원의 간섭에 대해 매우 소극적이고 부정적인 인상을 표현하는 것이라고 한다. 김동훈, 사적자치의 원칙의 헌법적·민사법적 의의 -헌재 결정례와 대법원 판례의 비교·분석을 중심으로-, 법학논총 제30권 3호, 국민대학교 법학연구소, 2018. 2, 50면.

를 수정한다는 점에서 체계합치적인 장점을 갖는다. 그러나 바로 이 때문에 여전히 권리자 위주의 기본권에 치우친다는 단점을 내포하기도 한다.

둘째, 특별법에 의한 제한이다. 이는 다시 공익이나 공공복리를 목적으로 하는 특별법과 민사특별법에 의한 제한으로 나눌 수 있다. 사적 자치 제한의 법리로서 공익에 대해서 시야를 넓혀 보면 특정 사회가 형성, 유지, 발전시키고자 하는 질서의 내용이 곧 공익이라고 할 수 있고, 국가(입법, 행정, 사법)는 공익인 이런 질서의 형성, 유지, 발전의 고유한 임무가 있다고 볼 수 있다.[42] 전자(공익)로서는 일정한 경우 계약체결이 강제되는데 공법상의 체약강제로는 사람의 생존에 필수적인 재화와 용역을 제공하는 공익적 독점기업[43]과 공공적 직무·공익적 직무담당자, 독점적 지위를 누리는 당사자에게는 체약의무가 주어진다. 후자(공공복리)의 방법은 민법이 아닌, 민법과는 독립된 민사특별법에 사적자치의 제한규정을 마련하는 것이다. 경제적 지위가 열악한 소비차주를 보호하기 위한 이자제한법과 대부업법, 주택임차인의 보호를 위한 주택임대차보호법과 상가건물임차인의 보호를 위한 상가건물임대차보호법, 보증의 문제를 해결하기 위한 보증인보호법 등을 별도로 입법하는 것이 이에 해당한다. 고용관계의 문제를 해결하기 위해 사회법의 일종인 근로기준법 등의 노동법을 별도로 입법하는 것도 이에 해당한다고 할 수 있다. 소비자보호를 위한 소비자계약법도 이에 해당한다. 비록 공법적 색채를 가지고 있다 할지라도 할부거래법, 방문판매법, 전자상거래소비자보호법, 약관규제법은 사적자치를 제한하는 민사특별법의 성격을 가지고 있다.

이러한 방법은 특별법에 의하여 민법이 상정하지 않은 다양한 법률효과를 부여함으로써 민법 자체의 제한방법보다 더 효과적으로 일방 당사자의 권리를 보장하는 사적자치의 폐해를 규율할 수 있는 장점이 있다. 그러나 반대로 민법이 지향하는 원리 또는 가치와 체계적으로 충돌할 수 있는 단점도 안고 있다.[44]

41) 제한능력자제도를 두어 미성년자(제5조 이하), 피성년후견인(제9조 이하), 피한정후견인(제12조 이하)을 보호하는 것도 일종의 민법이 인정하는 약자보호제도라고 할 수 있다.

42) 최송화, 공익론-공법적 탐구, 서울대학교 출판부, 2004, 311면. 공익을 사변적으로만 논하는 것이 아닌 한 공익은 공동체적 가치개념으로서 공동체에 대한 역사적 인식과 경험, 사회의 구성과 사상의 변천에 의해 달리 이해되었다(공익의 법문제화, 법학 47권 3호, 2006. 9, 12면).

43) 전기통신사업법 제3조, 도로교통법 제50조 제6항, 수도법 제39조, 전기사업법 제14조, 도시가스사업법 제19조 등.

44) 양천수, 앞의 책, 130면; 대법원은 「사유재산제도와 경제활동에 관한 사적자치의 원칙에 입각한 시장경제질서를 기본으로 하는 우리나라에서는 원칙적으로 사업자들에게 계약체결 여부의 결정, 거래상대방 선택, 거래내용의 결정 등을 포괄하는 계약의 자유가 인정되지만, 시장의 지배와 경제력의 남용이 우려되는 경우에는 그러한 계약의 자유가 제한될 수 있다 할 것이고, 이러한 제한 내지 규제는 계약자유의 원칙이라는 시민법 원리를 수정한 것이기는 하나 시민법 원리 그 자체를 부정하는 것은 아니며, 시민법 원리의 결함을 교정함으로써 그것이 가지고 있던 본래의 기능을 회복시키기 위한 것으로 이해할 수 있다.」고 한다. 대법원 2007. 11. 22. 선고 2002두8626 판결.

셋째, 헌법에 의한 제한을 모색하는 방법이 있다. 이 방법은 헌법이 규정하는 기본권의 효력으로서 사적자치를 제한하고자 하는 것이다. 본고에서 논의하고 있는 차별금지와 관련한 평등권이라는 기본권이 국가적 효력을 가질 뿐만 아니라 사인간의 법률관계에도 효력이 있음을 전제로 하여 사인 사이의 이해관계를 조정하고자 하는 것이다. 다만 이 방법이 효과적이려면 기본권의 효력이 사인간의 법률관계에 직접 효력을 미칠 수 있어야 한다. 그러나 통설적 입장은 민사법의 독자성과 기본질서를 존중한다는 측면에서 헌법상 기본권은 민사법이 규정하는 일반조항(예컨대, 제103조 혹은 제750조) 등을 통해 단지 간접적으로만 민사법관계에 적용된다고 한다.[45] 이 점에서 이 접근방법은 해석상 한계를 가지고 있으며 결국 입법에 의한 차별금지가 궁극적 해결방법이 된다.

간접적용설에서는 기본권을 우선 국가권력에 대한 국민의 '방어권'이지만 또한 공동생활의 기초가 되고 이른바 파급효과(방사효과)를 미치게 되고, 그러한 기본권의 파급효과가 사적인 법률관계에 뚫고 들어가는 창구가 바로 사법상의 일반원칙이라고 한다. 결국 기본권의 파급효과 때문에 신의성실 · 권리남용 · 공서양속 · 공정성 · 불법행위금지 등 사법상의 일반원칙을 해석 · 적용하는 경우에는 반드시 기본권적인 가치의 실현에 그 초점이 맞추어져야 된다고 한다. 근래에는 국가의 기본권보호의무를 가지고 기본권의 효력을 설명하려는 견해도 유력하다.[46] 즉 사인 사이의 '사법(私法)관계에서 기본권제약이 발생하면 기본권보호의무'는 '기본권의 대사인적 효력'으로 나타난다고 한다. 기본권보호의무는 기본권이 보장한 기본권주체의 지위를 제3자의 침해로부터 보호하여야 한다는 국가의 의무에 근거를 두고, 이 의무는 모든 법영역에서 실현되므로 당연히 사적 주체 서로 간의 관계에서도 형성된다는 것이다.[47] 즉 기본권보호의무를 지는 법관이 사법의 일반조항을 통해서 기본권을 적용하므로, 기본권이 사인 사이의 관계에 간접적으로 효력을 미친다는 것이다. 따라서 기본권의 보호명령기능은 사법질서에서 기본권의 효력을 기본권의 본질과 내용에 맞게 해결할 해석학적으로 가장 명확한 출발점이라고 한다.[48]

---

45) 성낙인, 헌법학(제18판), 법문사, 2018, 961면; 사인간의 기본권의 효력을 긍정하면서도, 현재 한국 법질서가 가지고 있는 틀 안에서는 기본권의 사인간의 효력이 실제 적용되는 경우는 거의 없다는 견해로는 전광석, 한국헌법론, 2005, 170면; 김일환, 우리나라 헌법상 기본권의 대사인적 효력 논의의 비판적 고찰, 헌법학연구 제6권 제2호, 2000, 84면.

46) 송기춘, 헌법 제10조 후문의 헌법이론적 의의, 민주법학 제17호, 민주주의법학연구회, 2000, 220-221면; 장영철, 사법의 헌법화경향에 대한 소고 -독일과 한국의 헌법판례를 중심으로-, 서울법학 제25권 제4호, 2018. 2, 11면; *Georg Hermes*, Grundrechtsschutz durch Privatrecht auf neuerGrundlage?, in: NJW 1990, S. 1768; *Christian Starck*, Grundrechtliche Schutzpflichten, inders., Praxis der Verfassungsauslegung, Baden-Baden 1994, S. 67; *Klaus Stern*, Das Staatsrecht der Bundesrepublik Deutschland, Bd. Ⅲ/1, München 1988, S. 1560.

47) 기본권의 대사인적 효력과 기본권보호의무의 관련성에 대한 상세는, 허완중, 기본권의 대사인적 효력과 기본권보호의무 그리고 기본권충돌의 관계, 헌법논총 제25집, 헌법재판소, 2014, 25면 이하 참조.

48) Klaus Stern, Das Staatsrecht der Bundesrepublik Deutschland, Bd. Ⅲ/1, München 1988, S.1572. 이처럼 기

헌법상의 권리가 사법영역에 대하여 어떠한 효력을 가지는가 하는 문제는 결국 헌법과 민법이 어떠한 관계를 가지는가와 밀접한 관계가 있다. 입헌국가에서 기본권이 사인간에 영향을 미치지 않는다고 하는 전통적인 이원적 사고는 더 이상 유지되기 어렵다.[49] 기본권은 주관적 공권인 동시에 객관적 가치질서로서의 의미를 지니며, 국가는 기본권보호의무를 부담하고 그러한 의무는 사법관계에서도 요청되기 때문이다. 헌법과 민법은 개인의 자유와 인격, 평등, 소유, 가족이라는 가치와 삶의 기본적 양상에 대하여 법익으로 보호하고자 하는 기본법이라고 할 수 있다. 다만, 민법은 일차적으로 사인과의 관계를 다루는데 반하여 헌법은 일차적으로 국가 내지 공권력과의 관계에서 개인(국민)과의 관계를 다루고, 이차적으로 사인 사이의 관계를 고려한다는 점에서 차이가 있다. 이러한 점에서 양자는 일정부분 교착하며 융합하게 된다.[50] 다만 헌법과 민법은 그 규범의 목적과 고유의 작용원리가 있는 만큼 기본권의 대사인적 효력의 범위 설정에 있어서 민법의 기본질서가 훼손되지 않도록 하는 것이 필요하다.

넷째, 인권법에 의한 제한방법이 있다. 인권은 보통 자연법적이고 천부적인 권리로 이해된다.[51] 인권이 인간으로서 존엄과 가치의 필수요소인 자유와 평등에 기반한, 보다 보편적인 합의에 의해 도출된 자연권이라고 한다면 기본권은 실정법상의 권리이다.[52] 법과 국가의 목적이 인권의 보장과 실현에 있는 만큼 모든 법체계의 헌법기초자는 적어도 인권을 기본권으로 규정해야 한다. 이는 인권과 기본권이 중첩될 수 있음을 의미한다.[53] 따라서 인권은 기본권이라는 헌법적 권리로 전환됨으로써 보호영역이 비교적 명확해지고, 강제적 관철이 가능해진다.[54] 실제 형법, 형사소송법, 행정법뿐만 아니라 많은 실정법들은 인권을 보장하기 위한 구체적 규정들을 가지고 있고, 우리나라에도 소수자 인권보호를 위한 「남녀고용평등법」, 「장애인차별금지법」, 「고용상 연

본권의 대사인적 효력을 기본권보호의무의 발현으로 보거나 양자의 관련성을 강조하기도 한다. 정태호, 기본권보호의무, 인권과 정의 제252호, 대한변호사협회 1997. 8, 107-108면.

49) 공·사법 이원론에 따를 때 국가가 공법 영역에서 추구해야 할 공적·도덕적 가치를 사적 영역에서 사법으로 규율되는 시민이 행동에 대해서까지 강요할 수 없다고 한다. Edward Piciker, Anti-discrimination as a Program of Private Law?, German Law Journal, Vol.4, p. 778.

50) 송오식, 기본권과 사권의 관계 -헌법과 민법의 관계-, 법학논총 제37집 제1호, 2020. 3, 331면.

51) 인권의 특성으로 보편적인 주체성이 인정되는 보편적 권리, 어떠한 시대와 공간에서도 인정되어야만 하는 권리라는 의미에서 도덕적 권리, 근본적 권리, 추상적 권리, 우월적 권리라는 점을 들 수 있다. R. Alexy, Die Institutionalisierung der Menschenrechte im demokratischen Verfassungsstaat, S. Gosepath/G. Lohmann (편), Philosophie der Menschenrechte, 2ed. Frankfurt/M. 1999, S.246ff.

52) 광의의 인권이란 생래적 자연권을 의미하지만, 협의의 인권은 법제화를 전제로 하는 헌법 및 법률상의 권리로 보는 견해가 이에 해당한다. 전광석, 한국헌법론, 집현재, 2018, 203면; 인권과 기본권 두 용어가 개념적으로 분명히 구별되고, 그 기능에 차이가 있다는 점에 착안하여 양자를 구별하여 사용하여야 한다는 견해로는, 허완중, 헌법 으뜸편(기본권론), 박영사, 2020, 5면,

53) 실정헌법상 기본권으로서의 평등과 인권의 차원에서 바라보는 차별금지는 포함하는 내용에 있어 적지 않은 차이를 보인다. 송석윤, 사회적 차별과 법의 지배(정인섭 편), 박영사, 2004, 3면.

54) 이준일, 인권법, 홍문사, 2019, 9면.

령차별금지 및 고령자고용촉진에관한법률」 등의 개별법이 존재하고, 「국가인권위원회법」도 존재한다.

실정법에서 '인권'이란 용어의 사용례는 헌법 제10조 제2문의 「국가는 개인이 가지는 불가침의 기본적 인권을 확인하고 이를 보장할 의무를 진다」와 국가인권위원회법 제1조 목적규정에서 「모든 개인이 가지는 불가침의 기본적 인권을 보호하고 그 수준을 향상시킴으로써 인간으로서의 존엄과 가치를 구현하고 민주적 기본질서의 확립에 이바지함을 목적으로 한다」에서 찾을 수 있다. 국가인권위원회법 제2조 제1호는 '인권'의 정의를 시도하고 있다. 즉, 인권이라 함은 「헌법 및 법률에서 보장하거나 대한민국이 가입·비준한 국제인권조약 및 국제관습법에서 인정하는 인간으로서의 존엄과 가치 및 자유와 권리를 말한다」고 하여 실효적 국내규범뿐만 아니라 효과적인 사법적 구제수단을 갖추지 못한 국제규범에서 인정하고 있는 보호영역까지 포괄하고 있다.[55)]

현대사회에서 국제적 인구이동에 따른 국가구성원의 다양성과 기존 법질서에 의하여 보호받지 못하는 소수자[56)] 내지 사회적 약자들이 존재한다. 이들의 평등권과 함께 생존권 보장이 중요한 경우 소수자인권의 측면에서 법률로서 사적자치를 제한하게 된다. 소수자의 문제는 결국 차별의 문제로서 소수자인권 또는 소수자의 평등권의 문제로 귀착된다. 만약 사인이 다른 사인을 그가 가진 어떤 인적 속성 -예컨대, 인종적 또는 민족적 출신- 을 이유로 사적 계약체결의 상대방으로 인정하지 않고 거부한다면, 이는 그를 구성원으로 인정하지 않는 것이면서 그의 사회적 존재에 대해 거부하고 공동체의 일원으로 인정하지 않는 것이 된다. 이러한 이유로 사적 차별로부터의 개인의 평등권 보호는 인간의 존엄성 보호, 인격주체성에 대한 존중과 연결된다. 그리고 개별 법질서는 이에 대하여 명시적·구체적 규정을 두고 있지 않다 하더라도, 자신의 존재이유로서 인간의 존엄을 보호하고 사적 차별로부터 사인을 보호할 잠재적 의무를 부여받고 있다고 할 수 있다.[57)]

헌법 제10조 평등권 규정에서 「누구든지 성별·종교 또는 사회적 신분에 의하여 정치적·경제적·사회적·문화적 생활의 모든 영역에 있어서 차별을 받지 아니한다」라고 규정하고 있는데, '성별, 종교, 사회적 신분'을 언급함으로써 이러한 특징을 차별기준으로 삼아서는 안된다는 것을 명시적으로 표현할 뿐, 어떠한 인적 집단이나 사실관계가 같기 때문에 법적으로 같게 취급해야

55) 「세계인권선언」은 제2조 제1항에서 모든 사람은 인종, 피부색, 성, 언어, 종교, 정치적 또는 그 밖의 견해, 민족적 또는 사회적 출신, 재산, 출생, 기타의 지위 등에 따른 어떠한 종류의 구별도 없이, 이 선언에 제시된 모든 권리와 자유를 누릴 자격이 있다고 규정하고 있고, 「시민적 권리 및 정치적 권리에 관한 국제규약」과 「경제적, 사회적 및 문화적 권리에 관한 국제규약」도 각각 제2조에서 이와 유사한 내용을 규정하고 있다. 여기서 모든 사람을 권리의 주체로 삼고 있는 점이 특색이다.

56) 소수자는 이미 사회적으로 충분히 확인된 경우도 있지만 사회적 발언권을 얻지 못해 여전히 음지에 묻혀 드러나지 않은 소수자도 존재할 수 있다. 이를 발굴되지 않은 소수자라고 한다. 이준일, 위의 책, 875면.

57) Jörg Neuner, Diskriminierungsschutz durch Privatrecht, JZ(2008), S. 58.

할 것인가에 관해서는 구체적으로 제시하는 바가 없다.[58] 인간으로서 존엄과 가치를 표방하는 인권은 비록 실정법에 명시되어 있지 않더라도 사적 자치를 제한하는 지도원리로서 작동될 수 있다. 여기서 수많은 인적 집단 중에서 어떠한 집단을 소수자인권 측면에서 보호대상으로 삼을 것인가 하는 것은 사회적 합의를 통하여 결정하여야 한다.

2. 사적 자치 제한원리로서 차별금지

(1) 차별금지법의 사적 전개

차별금지의 법제화는 1919년 영국에서 성차별철폐법(Sex Discrimination Removal) 시행으로 여성의 특수직업과 공무원 진출에 대한 차별금지를 명시한 이후, 오늘날의 평등법들의 기본골격은 1970년대부터 본격적으로 발전해왔다. 1975년 성차별금지법(Sex Discrimination Act), 1976년 인종차별금지법(Race Relations Act), 1995년 장애인차별금지법(Disability Discrimination Act), 다양한 형태로 존재하는 고용평등법안 규정들을 통합하여 2006년 평등법(Equality Act)을 제정하였는데, 동법을 통하여 반차별법제를 강제하며, 또 인권에 대한 이해와 인식을 촉진할 수 있는 평등인권위원회(Commission for Equality and Human Rkghts)를 설립하는 것이었다. 동법은 고용영역과 더 광범위한 영역에서 차별을 금지하고 있다.

미국의 차별금지법은 1964년 '민권법'으로부터 비롯되었다. 동법은 미국 역사의 특성상 흑인에 대한 차별문제로부터 출발하여 인종, 종교, 성별, 또는 출신국가에 근거한 차별을 금지하면서 고용과 공공장소, 학교에의 동등한 접근을 요구하였다. 또한 차별에 근거한 불평등한 투표자 등록 요구사항에 적용되어 투표권을 강화하였다. 그러나 이는 차별을 종식시키지는 못하였으나 차별금지에 대한 논의의 촉발과 함께 진전시켰다. 개별법으로는 1972년의 교육수정법 제9장 (Title IX of Education Amendments), 1975년의 연령차별금지법 (Age Discrimination Act), 1990년의 장애인차별금지법(Americans with Disabilities Act) 등을 들 수 있다.

2000년에 들어서서 유럽연합은 반차별지침으로 불리는 4개의 차별금지지침을 제정하였다. 유럽공동체설립조약(Treaty establishing the European Community, TEC) 제13조는 이사회가 성별, 인종적 또는 민족적 출신, 종교나 신념, 장애, 연령 또는 성적 지향에 근거한 차별과 투쟁하기 위한 적절한 결정을 할 수 있다고 규정하고 있고, 이에 근거하여 유럽연합의 이사회는 이사회지침을 채택했다. 유럽연합의 4개 지침은 2000년부터 제정이 되었는데, EU 이사회 지침(Directive) 2000/43/EC의 차별금지사유는 '인종적 또는 민족적 출신(racial or ethnic origin)'[59]이다. 위 이사회 지침은 '인종적 또는 민족적 출신'을 이유로 한 사회적 보호(사회보장 및 의료보장 등), 사회적

58) 한수웅, 기본권의 새로운 이해, 법문사, 2020, 268면.
59) 국적을 이유로 한 상이한 대우는 당해 이사회 지침의 적용대상이 아니다.

혜택, 교육, 공중이 이용 가능한 재화 · 용역에의 접근 및 그 공급에 있어서의 차별만을 그 대상으로 하고 있어서, 그 이외의 '종교나 신념, 장애, 연령, 성적 지향'을 이유로 한 이 분야에서의 차별에 대해서는 이를 규율하는 지침은 별도로 존재하지 않았다. 이후 이사회 지침 2000/78/EC에서는 '종교나 신념, 장애, 연령 또는 성적 지향'을 차별금지대상으로 하였고, 유럽의회 및 이사회지침 2002/73/EC와 이사회지침 2004/113/EC에서는 '성별'을 포함시켰다.

독일은 2006년 유럽연합의 4개 지침에서 규정하고 있는 모든 차별금지 사유를 이유로 한 차별을 「평등대우의 원칙의 실현을 위한 유럽 지침의 이행을 위한 법률」(일반평등대우법)이라는 단행법으로 2006. 8. 14. 제정하여 국내에 수용하였다.[60][61] 차별금지사유로서는 '인종,[62] 민족적 출신,[63] 성별,[64] 종교, 세계관, 장애, 연령, 성적 정체성'을 포함하고 있다. 고용 및 직업분야에 있어서는 이사회지침 2000/43/EC 및2000/78/EC와 유럽의회 및 이사회지침 2002/73/EC가 '성별, 인종적 또는 민족적 출신, 종교나 신념, 장애, 연령, 성적 지향'의 차별금지 사유를 이유로 한 고용 및 직업 분야에서의 차별에 대해 유사하게 규율하고 있다. 다만 사회적 보호(사회보장 및 보건서비스 포함), 사회적 혜택, 교육에 관해서는 '인종, 민족적 출신'을 이유로 한 차별만이 일반평등대우법의 적용대상이다. 이사회 지침 2000/43/EC와 2004/113/EC는 공 · 사 영역 모두를 적용 범위로 포함하지만, 독일 일반평등대우법은 제3절에서 사법상 거래에서의 차별에 한정하여 '인종, 민족적 출신, 성별, 종교, 장애, 연령, 성적 정체성'을 이유로 한 차별의 금지, 차별금지의 예외, 차별은 받은 사람의 청구권으로서 방해배제청구, 중지청구, 손해배상청구 등을 규정하고 있다.

---

60) 독일의 일반평등대우법(AGG)에 대해서는, 홍관표 · 차원일, 독일의 일반평등대우법(AGG)과 차별금지 판결, 전남대학교출판부, 2016, 15면 이하 참조.

61) 동법의 입법 전후에 계약적 차별금지에 대하여 '계약자유의 최후의 그리고 핵심적 보루를 허무는 것', '사적 자치의 종말(Eduard Picker)', '사적 자치를 내부로부터 파괴하는 트로이의 목마'라고 하거나 사법적 차별금지는 사적 자치를 심히 제한하므로 위헌이라고 하거나, 계약적 차별금지로 대표되는 '사법의 헌법화 내지 공법화 현상'을 들어 이제 도대체 무엇이 사적 자치의 영역에 남아 있는지가 의심스러운 지경에 이르렀다고 하거나, 심지어 '프랑스혁명 이래 유럽에서의 가장 심대한 사법시스템의 변화 중의 하나'로 평하기도 하면서 격론을 이어갔다. 이는 사적 자치의 중요성을 강조해왔던 1970년대 이후 독일학계의 흐름에 역행되는 것이었기 때문에 사법학자들의 반대가 심했다. 이에 대해서는 김진우, 민사계약에서의 차별금지 -DCFR과 그것의 우리 사법(私法) 및 차별금지기본법의 입법에의 시사점, 비교사법 제22권 제1호, 한국비교사법학회, 2015.2, 208-209면; 김동훈, 사적 자치의 원칙의 헌법적 민사법적 의의 -헌재 결정례와 대법원 판례의 비교분석을 중심으로-, 법학논총 제30권 제3호, 2018. 2, 44면 이하.

62) 인종을 이유로 한 차별은 어떤 사람이 추정적으로 또는 실제로 특정 인종에 속하기 때문에 다른 사람과 달리 대우받는 것을 의미한다. DCFR에서는 차별행위를 하는 자가 상대방을 다른 인종으로 이해할 가능성을 열어두기 위하여 인종 개념을 원칙적으로 주관적인 것으로 파악한다.

63) 출신민족을 이유로 한 차별은 어떤 사람이 추정적으로 또는 실제로 공통으 전통, 문화 또는 언어를 가진 집단에 속하기 때문에 다른 사람과 달리 대우받는 것을 의미한다.

64) 독일기본법 제3조 제2항은 "남자와 여자는 동권이다(gleichberechtigt)"라고 하여, 우리 헌법과 마찬가지로 양성의 평등을 일반적인 법 앞의 평등과 별도로 정하고 있다. 이를 독일헌법재판소는 제3조 제2항가 제3항은 일반적 평등원칙을 구체하고 있으며, 이로써 거기서 인정되는 입법자의 내용형성의 자유에 확고한 경계를 설정하고 있다고 한다. BVerfGE 21, 329(343).

특히 사법영역에서 차별금지 규정을 둔 DCFR(유럽민사법의 공통기준안)은 눈여겨볼 만하다. DCFR은 유럽의 통합사법을 마련하기 위한 기초 단계로 유럽 사법학자들이 채권법 전반에 걸쳐 만든 결과물이다. 사법의 모델법으로서 DCFR의 특색은 계약 기타의 법률행위에서의 성별, 출신민족 또는 인종에 기한 차별이 상대방의 계약자유와 인간의 존엄성을 경시하는 반사회적 행위의 하나로 평가하면서 이를 일반적으로 금지하고, 그 위반에 대하여 민사법적 제재수단을 마련하였다는 점이다. 즉, DCFR은 성별, 출신민족 또는 인종을 이유로 한 차별이 당사자 일방에게 불합리한 불이익을 초래하는 경우, 불이익을 입은 자에게 손해배상청구권이나 계약체결을 요구할 수 있는 권리를 비롯한 일련의 구제수단을 인정한다. 차별금지를 비롯한 인권의 보호는 DCFR의 차별금지에 관한 규정들에 특히 강력히 반영되어 있는 동 규범집의 최우선적 원칙의 하나이다.

나아가 DCFR 제1권은 모델규칙(Model Rules)의 앞부분에서(37-62면) "제 원칙"(Principles)이라는 제하에 자유, 안정성, 정의 및 효율성의 네 가지 지도이념을 제시하면서, "자유, 특히 계약의 자유는 정의를 위하여 -가령 차별이나 지배적 지위의 남용을 방지하기 위하여- 제한될 수 있다."고 언급한다. 그리고 차별금지에 관한 규정들은 DCFR에서 정의 관념이 가장 뚜렷이 발현된 예라고 한다. 다만 시장경제의 원리가 작동하고 사적 자치가 사법의 중핵을 이루는 법질서에서는 계약적 차별금지에 대하여 일정한 한계가 그어져야 한다고 한다.

차별금지에 대한 국제적 동향을 보면, 성별, 인종적 또는 민족적 출신, 피부색, 장애, 연령 등의 차별금지사유로부터 종교나 정치적 신념, 성적 정체성 내지 성적 지향으로까지 확대되었음을 알 수 있고, 차별금지영역에 있어서도 고용영역으로부터 사회적 보호(사회보장 및 보건서비스 포함), 사회적 혜택, 교육을 거쳐 사법영역인 재화 및 용역의 공급 등 사법상 거래에까지 확대되고 있음을 알 수 있다.

(2) 우리나라 현황과 차별금지법의 쟁점

우리나라 현행 법제를 살펴보면, 사적 차별을 규율하는 개별적 차별금지법률이 이미 시행되고 있다. 차별금지법의 효시는 1987년 12월에 제정되어 1988년 4월에 시행된 「남녀고용평등법」(현재 남녀고용평등과 일·가정 양립 지원에 관한 법률로 법명 변경)이다.[65] 이후 1998년 「파견근로자 보호 등에 관한 법률」, 2001년 「국가인권위원회법」과 2007년 「장애인차별금지 및 권리구제에 관한 법률」(이하 '장애인차별금지법'이라 한다), 「기간제 및 단시간근로자 보호 등에 관한 법률」,[66]

65) 적극적 남녀평등촉진법이라고 할 수 있는 「여성발전기본법」, 「여성기업지원에 관한 법률」, 「경력단절여성 등의 경제화동촉진법」, 「여성농어업인육성법」, 「여성과학기술인 육성 및 지원에 관한 법률」 등이 있다.

66) 파견근로자 보호 등에 관한 법률과 기간제 및 단시간근로자 보호등에 관한 법률을 묶어서 비정규직차별금지법이라고 한다. 파견근로자에 대한 차별금지는 1998년에 제정된 파견 근로자 보호 등에 관한 법률을 2006년 12월 21일에 전문 개정하여 제21조 균등처우의 규정을 '차별처우 금지 및 시정'으로 개정하여, 차별금지조항과 차별구제에 관한 조항을 신설, 추가함으로써 이루어졌다.

2008년 「연령차별금지 및 고령자고용촉진에 관한 법률」(이하 '연령차별금지법'이라 한다) 등이 연이어 제정·시행되었다.

비교적 넓은 범주에서 사적 차별을 규율하고 있는 것으로 국가인권위원회법을 들 수 있고,[67] 특정 영역에서 특정한 표지에 기한 차별을 금지하면서 사적 차별도 함께 규율하고 있는 것으로는 장애인차별금지법, 남녀고용평등법, 연령차별금지법 등이 있다. 개별 법률의 일부 규정으로서 예컨대, 근로기준법 제6조의 사용자의 성별, 국적, 신앙, 사회적 신분을 이유로 한 차별금지 규정, 다문화가족지원법 제10조의 아동·청소년 보육·교육과 관련하여 다문화가족 구성원인 아동·청소년에 대한 다문화가족 구성원이라는 이유로 한 차별금지 등을 들 수 있다. 이러한 개별 법률이 적용되지 않는 경우에도 사적 영역에서 차별금지 위반행위에 대해서 민법 제2조, 제103조, 제750조, 제751조 등 민법 일반규정을 통해 규율하는 것도 가능하다.

국가인권위원회법을 제외한 개별적 차별금지법은 특정 사유 또는 영역과 관련하여 특별히 차별을 금지할 필요성이 있기 때문에 제정되었다. 현행 차별금지 법률들을 보면 차별금지사유에 대해서는 장애, 연령, 성별, 근로형태에 한정되어 있고,[68] 다만 국가인권위원회법에서는 성별, 종교, 장애, 나이, 사회적 신분, 출신 지역(출생지, 등록기준지, 성년이 되기 전의 주된 거주지 등을 말한다), 출신국가, 출신민족, 용모 등 신체조건, 기혼·미혼·별거·이혼·사별·재혼·사실혼 등 혼인 여부, 임신 또는 출산, 가족 형태 또는 가족 상황, 인종, 피부색, 사상 또는 정치적 의견, 형의 효력이 실효된 전과(前科), 성적(性的) 지향, 학력, 병력(病歷) 등 대상을 망라하고 있다. 사회계층의 다양화와 다문화사회로의 진입은 종전에 예상하지 못한 차별사유를 등장시켰고, 우리 사회에서도 출신국가, 출신민족, 피부색에 의한 인종차별문제가 대두하였다.[69]

차별금지사유로 종교 내지 신앙은 사인간의 고용관계와 관련하여 비교적 그 침해 사례가 자주 등장하는 편이다. 종교를 차별금지사유로 규정하고 있는 헌법, 국가인권위원회법 및 근로기준법을 제외하면 다른 법률에서 찾아보기 힘들다.[70] 이들 법률조항들도 종교적 차별의 금지

---

67) 국가인권위원회법을 일반적 차별금지법의 범주에 포함하여 분석하고 있는 이준일, 앞의 책(주 29), 177면 이하. 그러나 국가인권위원회법이 비교적 넓은 범위의 차별금지사유에 대해 규정하고 있는 것은 사실이지만, 본질적으로 국가인권위원회법은, 인권 침해로부터 인권을 보장하기 위한 자율적 분쟁해결 조정기구인 국가인권위원회의 조직, 권한 및 그 행사 절차를 규율하는 조직 및 절차에 관한 법이고, 실체법으로서 차별금지를 내용으로 하여 본격적으로 규율하고 있는 법은 아니기 때문에 국가인권위원회법을 일반적 차별금지법의 범주에 포함시키기 어려운 측면이 있다. 이재희, 각주 79) 참조.

68) 남녀고용평등법에서는 성별, 혼인, 가족 안에서의 지위, 임신 또는 출산 등의 사유를 들고 있다(동법 제2조 제1호).

69) 인종을 이유로한 귀화 여성의 사우나 이용 거부(국가인권위원회 2011. 11. 25.자 11진정0575700 결정), 인종을 이유로 한 레스토랑 출입 거부(국가인권위원회 2007. 9. 1.자 07진차525 결정), 인종과 피부색을 이유로 한 클럽 입장 제한(국가인권위원회 2019. 7. 22.자 18진정0521300 결정), 인종과 피부색을 이유로 한 고용차별(호텔 세탁업무 채용 거절)(2019. 12. 26.자 19진정0252500 결정) 외국인이라는 이유로 모기지신용보험 가입 제한(국가인권위원회 2010. 7. 29.자 10진정268700 결정) 등의 사례가 보고된 바 있다.

70) 이는 우리나라의 종교적 상황과 연관된 것으로 보인다. 유럽에서 구교와 신교의 대립에 따른 종교의 자유

등 원칙적인 규정만을 두고 있을 뿐 대부분이 법률의 해석의 문제로 남겨두고 있어서 사실상 문제해결에는 큰 도움을 주지 못하고 있다.

현재 우리나라에서 일반적 평등대우법 내지 포괄적 차별금지법의 제정이 수년간 답보상태에 빠져 있는 것은 차별금지사유 중 '성적 지향' 내지 '성적 정체성' 때문이다. 이미 헌법 제11조 평등권 조항에서 차별금지사유로 성별, 종교, 사회적 신분을 규정하고 있는데, 물론 이 규정은 예시규정으로 보아야 하고 이외에도 차별금지사유는 인정될 수 있다. 그 밖에 개별법으로 장애, 연령, 고용형태 등이 실정법에서 규율되고 있다. 그 밖에 국가인권위원회법에서 열거하고 있는 차별사유 중 출신지역, 출신국가, 출신민족, 용모 등 신체조건, 혼인여부, 임신 또는 출산, 가족형태 또는 가족 상황, 인종, 피부색, 사상 또는 정치적 의견, 전과, 학력, 병력 등의 사유에 대해서는 반대 견해가 없지만 '성적 정체성 내지 성적 지향'에 대해서는 반대견해가 있고,[71] 그로 말미암아 포괄적 차별금지법이 제정이 이루어지지 않고 있다.[72]

사적자치와 관련하여 오히려 차별금지영역이 중요한 쟁점이라고 말할 수 있다. 헌법 제11조 제1항에서는 정치적·경제적·사회적·문화적 생활의 모든 영역을 차별금지영역으로 제시하고 있다. 이들 중 사적자치와 관련되는 영역은 정치적 영역이 제외된 경제적·사회적·문화적 영역이 될 것이다. 차별금지영역에 대해서는, 장애인차별금지법을 제외하고 대개의 개별법들은 주로 고용영역에서의 차별금지에 집중되어 있고,[73] 「국가인권위원회법」에서는 고용, 재화·용역·교통수단·상업시설·토지·주거시설의 공급, 교육시설이나 직업훈련기관에서의 교육·훈련이나 그 이용 등을 들고 있다.[74] 실제 오늘날 민법상 전형계약으로 고용계약이 규정되어 있지만, 대개의 고용계약은 노동법원리에 의하여 규율되고 있고, 민법의 고용관계규정의 적용범위는 겨우 가사노동관계에 한정될 뿐이고,[75] 그 이외의 노동관계에 있어서는 다만 보충적으로 적용되는데 지나지 않는다.[76] 차별금지 개별 법률에서는 고용계약관계에서 차별금지규범의 수범자를 '사용자'

내지 신앙의 자유는 연혁적으로 차별문제로서 매우 중요한 비중을 차지하였지만 우리나라에서는 종교간 갈등이 사회적으로 이슈가 된 적이 별로 없고, 다만 종교재단이 운영하는 사립학교 직원 채용 등에서 차별문제가 등장하였다.

71) 음선필, 포괄적 차별금지법에 대한 헌법적 평가, 홍익법학 21권 3호, 2020, 125면 이하; 이승구, 성적 지향에 대한 신학적 이해와 차별금지법, 기독교사상 743, 2020. 11, 44면 이하.

72) 노무현 정부 때인 2007년에 차별금지법이 처음 발의된 이후로 14년이 지났지만 아직 입법이 이루어지지 않고 있다.

73) 장애인차별금지법에서는 차별금지영역으로 고용, 교육, 서비스, 공공서비스로 되어 있어서 상대적으로 차별금지영역이 넓은 편이다.

74) 국가인권위원회법 제2조 3호 나목. 동법에서는 일반이나 공중에의 공급과 상관없이 3호 본문에 해당하는 광범위한 사유로 '특정한 사람을 우대·배제·구별하거나 불리하게 대우하는 행위'를 평등권 침해의 차별행위라고 규정하여 광범위하게 영역설정을 하고 있어서 사적자치의 형해화 우려가 있는 규정이다.

75) 근로기준법 제11조 제1항 단서는 적용범위의 예외로서 "동거하는 친족만을 사용하는 사업 또는 사업장과 가사사용인에 대하여는 적용하지 않는다"고 규정한다.

76) 송오식, 계약법(이론·판례), 동방문화사, 2017, 339면; 송덕수, 채권법각론, 박영사, 2016, 318면; 대법원은

로 규정하고 있는데, 사용자라 함은 사업주 또는 사업경영 담당자, 그 밖의 근로자에 관한 사항에 대하여 사업주를 위하여 행위하는 자를 말한다(근로기준법 제1항 제2호). 전통적으로 공적 영역이라기보다는 사적 영역인 고용영역에서 차별을 금지하는 것은 고용문제가 생존권적 기본권과 밀접한 관련이 있기 때문이다. 따라서 오늘날 논의의 초점은 사법적 법률관계의 어느 영역까지 그 범위를 넓혀야 하는가로 옮겨지고 있다. 만약 사적자치를 불가침 불가양의 초국가적 자연권적 성격을 갖는 근본원칙이라는 주장을 고수한다면 차별금지에 의한 사적자치의 제한은 최소한에 머물러야 할 것이다.

주요한 쟁점 중의 하나가 재화나 용역이 사회일반 내지 공중에 제공된 것인지를 불문하고 차별을 금지할 것인가이다. 2020년 6월 장혜영 의원이 대표발의한 포괄적 차별금지법안에서는 고용, 재화·용역 등의 공급이나 이용, 교통수단, 상업시설, 토지, 주거시설, 의료서비스, 문화 등의 공급이나 이용 교육기간의 교육기회 및 교육내용 등이 사법영역에서 이루어지는 차별을 금지하고 있다. 동 법안에서는 재화나 용역, 시설 등의 공급이나 이용에서 그것이 사회일반 내지 공중에 제공된 것인지를 불문하고 차별을 금지하고 있다. 이는 B2C 거래뿐만 아니라 C2C 거래까지도 포함한다는 의미로 보이고 시행되는 경우 개인들의 법률생활에도 지대한 영향을 미칠 것으로 보인다.

대량생산·대량유통·대량소비시대에 소비자들은 철저하게 익명성을 띠게 되고 사업자들은 소비자의 인적 속성에 대해서는 관심을 가지지 않고 오직 소비자의 소비성향에 대해서만 주의를 기울인다. 온라인에서 거래되는 사업자와 소비자 사이의 B2C의 거래에 대해서는 위와 같이 차별문제가 발생할 가능성이 낮지만,[77] 오프라인상의 거래에서는 여전히 차별문제가 상존한다. 물론 소비자계약이라 할지라도 사업자측에서 미리 프로그래밍된 계약단계에서 일정한 거래제한을 하는 것은 가능하지만 아직까지 문제는 순수한 사인 사이의 개별적 거래에 대하여도 차별금지가 관철된 경우에는 사적 자치가 인정될 여지가 거의 없게 되고, 이는 사법의 전통적 기초를 송두리째 뒤흔들 수 있다.[78] 따라서 1차적으로는 종전의 개별 법률에서 인정하고 있는 고용계약관계와 교육 관련 용역계약관계, 공중과 사회일반에 제공되는 재화와 용역계약 등을 생각할 수 있고 다음

사립학교 교원의 임용계약은 사립학교법 소정의 절차에 따라 이루어지는 것이지만 그 법적 성질은 '사법상의 고용계약'에 다름 아닌 것으로 누구를 교원으로 임용할 것인지의 여부는 원칙적으로 당해 학교법인의 자유의사 내지 판단에 달려 있고, 또한 이러한 임용계약에 조건을 붙일 수도 있는 것이며 그 계약이 조건부일 때에는 당연히 그 조건의 성취 여부에 따라 계약의 효력이 좌우된다고 한다(대법원 2000. 12. 22. 선고 99다55571 판결; 대법원 2008. 9. 25. 선고 2008다42997 판결). 또한 어떠한 기준과 방법으로 보수를 지급할 것인지의 여부는 원칙적으로 학교법인의 자유의사 내지 판단에 달려있다(대법원 2018. 11. 29. 선고 2018다207854 판결).

77) 물론 온라인거래의 경우에도 보험이나 대출의 경우 계약당사자의 사항을 고려하여 교묘하게 차별을 내재한 프로그래밍을 하는 경우 차별의 문제는 발생할 수 있다.

78) 김진우, 앞의 논문, 208면.

으로 주거서비스, 의료서비스 등 생활에 필요불가분의 재화와 용역등이 고려되어야 할 것이다.[79)]

3. 사적 영역에서 차별금지 규율 근거와 원리

사적 영역에서 차별금지를 이유로 한 사적자치제한의 규율 근거는 무엇일까. 오늘날 공법영역에서는 차별금지가 거의 문제가 되지 않는다. 다만 사적 영역에서도 사인간의 관계에 대하여 개별 법률을 통하여 광범위하게 제한되고 있고, 민법 일반규정의 해석을 통하여 법률행위의 효력을 상실시키거나 계약자유의 한계를 일탈한 경우 위법성에 대하여 책임을 물을 수도 있다. 이러한 경우들은, 이미 사적자치 자체에서도 예상되는 정당화될 수 있는 제한일뿐이며, 그 자체로 곧바로 사적자치를 침해하는 것은 아니다. 이하에서는 사적 영역에서 차별금지를 정당화하는 근거에 대하여 살펴보기로 한다.

(1) 민사법질서 형성의 근거로서 헌법

헌법상의 기본권은 제1차적으로 개인의 자유로운 영역을 공권력의 침해로부터 보호하기 위한 방어적 권리이지만 다른 한편으로 헌법의 기본적인 결단인 객관적인 가치질서를 구체화한 것으로서, 사법을 포함한 모든 법 영역에 그 영향을 미치는 것이므로 사인간의 사적인 법률관계도 헌법상의 기본권 규정에 적합하게 규율되어야 한다. 다만 기본권 규정은 그 성질상 사법관계에 직접 적용될 수 있는 예외적인 것을 제외하고는 사법상의 일반원칙을 규정한 민법 제2조, 제103조, 제750조, 제751조 등의 내용을 형성하고 그 해석 기준이 되어 간접적으로 사법관계에 효력을 미치게 된다고 하는 간접적용설이 통설과 판례의 입장이다.

헌법의 평등권 규범이 가장 광범위하게 영향을 미친 영역으로는 민법 중 가족법 분야이다. 친족법과 상속법의 많은 조항들이 남녀평등이라는 헌법 제10조 평등규범에 위배된다는 논거로 폐지되거나 개정되었다. 구민법 당시까지 처는 미성년자, 금치산자, 한정치산자와 함께 무능력자로 취급되었다가 폐지되었다.[80)] 민법 제정 당시 그 후 1990년에 대대적으로 호주제도의 폐지(제778조 이하)와 함께 대폭적으로 가족법이 개정되었다. 혈족에서 자매의 직계비속과 직계존속의 자매비속의 포함(제768조), 가족의 범위(제779조), 자의 성과 본(제781조), 부계와 모계를 동등하게 한 친족의 범위(제777조), 여자의 재혼금지기간 폐지(제811조), 서양자제도 폐지(제876조), 상속분에서 호주상속인인 장남의 우대와 혼인한 딸의 차별로부터 동등한 지분(제1009조) 등이 그것이

---

79) 실제 최근 논의되고 있는 포괄적 차별금지법안(기존의 인권위안 내지 법무부안)에 대하여 사법학자들은 사법학에 지대한 영향을 미치는 법률안임에도 불구하고 별다른 반응을 보이지 않고 있으며, 이에 관한 논의는 주로 인권법·국제법 차원에서 이루어지고 있다. 김진우, 위의 논문, 209면.

80) 한국 최초 여성 변호사 이태영이 가족법개정을 요구하는 진정서를 가지고 김병로 대법원장을 찾아갔을 때 “내가 살아있는 동안은 그 법의 일자 일획도 못 고친다”, “1천 5백만 여성들이 불평 한마디 없이 다 좋다고 잘 살고 있는데 어째서 평지풍파를 일으키느냐?”고 호통을 친 에피소드가 있다. 김병로 대법원장이 물러난 1957년에 개정안이 통과되었다.

다. 민법상 형식적으로는 남녀평등이 이루어져 법적 지위에 있어서 여성에 대한 차별적 조항은 존재하지 않게 되었다.

헌법상 평등권 규범을 근거로 하여 사적자치를 통한 법률관계 형성을 제한하는 것, 개별 법률의 입법 과정 없이 직접 적용하는 것에 대하여는 회의적인 견해가 대부분이다. 다만 원칙적으로 헌법을 구체화하는 개별 법령 및 민사법적 규율에 의해 사적자치를 제한할 수 있되, 이러한 개별법 차원의 규율에 흠결이 있는 등 예외적인 경우에는 헌법 규범을 직접 근거로 하는 것도 가능하다고 본다.[81] 헌법 제10조에서 규정하는 「인간으로서의 존엄과 가치」나 「행복추구권」[82]은 헌법과 민법이 중층적으로 인정하는 중요한 가치라고 할 수 있다. 따라서 사적 영역에서의 차별로 인하여 상대방의 인간의 존엄과 가치가 침해당하는 경우에는 민사법질서의 근거로서 헌법이 될 수 있다고 본다. 우리 민법은 재산권과 가족권을 사권으로서 상정하고 있고, 인격권에 대해서는 별도의 규정을 두고 있지 않고, 다만 불법행위법에서 생명, 신체, 자유, 명예(제751조·제752조)만을 인격권의 법익으로서 열거하고 있을 뿐이다. 독일민법에서 규정하고 있는 성명권(독일민법 제12조)이나 초상권, 프라이버시권, 인격적 색채와 아울러 재산적 색채를 지닌 퍼블리시티권, 개인정보권 등에 대해서는 구체적인 규정이 없다. 그렇다고 하여 이러한 인격적 법익이 침해당한 경우 입법적 흠결이라 하여 권리구제를 소홀히 해서는 안되는 것이며, 조리의 법원성을 인정하고 있는 민법기초자의 의사에도 부합하지 않는다.[83]

사적 영역에서 합리적인 이유 없이 차별을 받는 피해자들은 인격적 법익을 침해받게 된다. 인간의 본질적 동등성을 인정하는 것이야말로 인격성에 대한 상호 존중이면서 기본적 사회질서의 원리이다. 사회구성원의 다양성과 사회적 접촉관계가 빈번해진 현대에 들어와서 비록 개별 법질서에서 명시적·구체적 규정을 두고 있지 않더라도 사회구성원간에는 상대의 인격권에 대하여 상호 존중하고 보호 내지 배려의무가 존재한다. 이러한 권리에 대해서는 사법적 질서에로의 편입이 필요하다.

대법원도 헌법 제11조는 “모든 국민은 법 앞에 평등하다. 누구든지 성별·종교 또는 사회적

---

81) 이에 대해서는 송오식, 기본권과 사권의 관계 -헌법과 민법의 관계-, 법학논총 제37집 제1호, 한양대학교 법학연구소, 2020. 3, 329-330면 참조; 동지, 이재희, 사적 자치와 차별금지법, 포괄적 차별금지법의 제정: 의미와 쟁점, 2017 서울대학교 인권센터 국제학술회의 자료집, 2017. 9, 133면; 이와 반대로 민법 또는 사적자치를 헌법에 의하여 비로소 일정한 경계 안에서 그 권한이 부여된 자율의 공간이라고 하거나 헌법이 언제든지 간섭을 재개할 수 있는 일시적 특혜영역이라고 하는 소극적 파악은 배척되어야 한다는 견해가 있다 양창수, 앞의 논문, 75면.

82) 행복추구권으로부터 파생되는 자기결정권은 민사법에서 환자의 자기결정권으로서 의사의 설명의무, 개인정보자기결정권으로서 개인정보주체의 동의를 필요로 하는 법적 근거가 되고 일반적 행동자유권으로부터 파생되는 계약자유는 일상생활 속에서 법률관계를 자신의 의사에 따라 설계할 수 있게 하는 근거로서 작용한다.

83) DCFR에서는 계약 기타의 법률행위에서 성별, 출신민족 또는 인종에 기한 차별이 상대방의 계약자유와 인간의 존엄성을 경시하는 반사회적 행위로 평가하여 이를 일반적으로 금지하고 있다.

신분에 의하여 정치적 · 경제적 · 사회적 · 문화적 생활의 모든 영역에 있어서 차별을 받지 아니한다."라고 규정하여 모든 국민에게 평등권을 보장하고 있다. 따라서 사적 단체를 포함하여 사회공동체 내에서 개인이 성별에 따른 불합리한 차별을 받지 아니하고 자신의 희망과 소양에 따라 다양한 사회적 · 경제적 활동을 영위하는 것은 그 인격권 실현의 본질적 부분에 해당하므로 평등권이라는 기본권의 침해도 민법 제750조의 일반규정을 통하여 사법상 보호되는 인격적 법익침해의 형태로 구체화되어 논하여질 수 있고, 그 위법성 인정을 위하여 반드시 사인간의 평등권 보호에 관한 별개의 입법이 있어야만 하는 것은 아니라고 한다.[84)]

헌법례 중에는 사적 영역에서의 차별금지를 명문으로 규정한 경우도 있다. 예컨대, 남아프리카공화국 헌법 제9조 제4항에서는, 전항에서 규정한 차별금지사유 -인종, 사회적 성, 생물학적 성별, 임신, 혼인상태, 인종적 및 사회적 출신, 피부색, 성적 취향, 나이, 장애, 종교, 양심, 신앙, 문화, 언어, 출생 등- 를 근거로 '어떠한 사람'도 다른 사람을 부당하게 직접적 및 간접적으로 차별해서는 안되고, 이러한 부당한 차별을 예방 또는 금지하기 위하여 입법적 구체화가 이루어져야 한다고 규정하고 있다.[85)]

합리적이지 않은 차별사유로 당사자 일방에게 불합리한 불이익을 초래하는 경우, 특히 계약관계에서 일방당사자의 정의관념에 반하는 차별에 대해서는 헌법상의 평등권 규범이 대사인적 효력을 갖는다고 할 것이다.

(2) 공동체질서 정의를 위한 이익형량

차별의 문제는 자유와 평등, 사적자치권과 평등권, 헌법과 민법이라는 양자 사이의 긴장과 충돌의 문제이기도 하다. 사적자치와 차별은 각각 자유와 평등이라는 이념적 사상적 기초에 터잡고 있으며, 현대국가에서 평등은 자유와 마찬가지로 중요성을 가지며 실질적 평등 · 사회적 평등이 더 중요시되고 있다.[86)] 또한 사적자치을 기본권의 일유형으로 보는 경우 사적자치권과 평등권이라는 기본권 혹은 인간의 존엄과 가치(인격권) 및 행복추구권과 평등권이라는 기본권의 충돌문제이기도 하고, 민법의 기본질서 및 원리와 헌법의 기본권 내지 인권과의 관계이기도 하다.

차별을 받지 않을 권리가 인간의 기본적 권리이듯이 개인은 자신의 선호와 의사에 따라 자유롭게 법률행위를 통하여 생활관계를 영위해 나갈 수 있는 차등대우할 자유가 있다. 기본권의

---

84) 대법원 2011. 1. 27. 선고 2009다19864 판결에서 서울기독교청년회(서울YMCA)가 남성 회원에게는 별다른 심사 없이 총회의결권 등을 가지는 총회원 자격을 부여하면서도 여성 회원의 경우에는 지속적인 요구에도 불구하고 원천적으로 총회원 자격심사에서 배제하여 온 것은, 여성 회원들의 인격적 법익을 침해하여 불법행위를 구성한다고 하였다.

85) 남아프리카공화국 헌법 Art. 9 Equality 4. No person may unfairly discriminate or indirectly against anyone on one or more grounds in terms of subsection (3). National legislation must be enacted to prevent or prohibit unfair discrimination.

86) 이러한 의미에서 평등의 추이가 경제적 차별로부터 사회적 차별로 옮겨가고 있다.

충돌은 하나의 동일한 사안에서 복수의 기본권주체가 서로 대립적인 이익을 가지고 국가에 대하여 각자 자신의 기본권을 주장하는 경우를 말한다. 사법관계에서도 기본권이 충돌하는 경우를 발견할 수 있다. 채권자가 채권자취소권을 행사하는 경우 채권자의 재산권과 채무자와 수익자의 일반적 행동의 자유권이나 수익자의 재산권[87] 사이에 충돌이 일어나게 된다.

또한 구체적 소송을 담당하는 민사법원의 법관이 기본권의 대사인적 효력으로 인하여 당해 사건에 적용되는 사법규정의 해석과 적용을 함에 있어서 양 당사자의 기본권을 고려해야 하는 경우도 기본권의 충돌이 발생하게 된다. 예컨대 작가가 문학작품에서 개인의 명예를 훼손하는 내용을 담아 손해배상청구가 문제되는 경우, 작가의 예술의 자유와 피해자의 인격권이 충돌하게 되고,[88] 언론의 자유와 인격권의 충돌의 문제도 발생한다.[89]

기본권의 충돌시 해결방안으로서 헌법학자들은 독일의 학설과 판례에 의하여 형성되고 제시된 이론인 기본권의 서열이론, 법익형량의 원리, 실제적 조화의 원리(규범조화적 해석)의 세 가지 가능성을 대체로 설명하고 있다. 기본권의 서열이론이란, 기본권 사이에 확정된 위계질서가 존재한다는 것을 전제로 기본권이 충돌하는 경우 그 서열을 기준으로 하여 하위의 기본권은 상위의 기본권 실현을 위하여 희생되어야 한다는 이론으로 설명한다. 예컨대 생명권이 다른 기본권보다 상위에 있다는 주장이나 인격적 가치나 정신적 가치를 보호하기 위한 기본권이 재산적 가치를 보호하기 위한 기본권보다 우위에 있다는 주장 또는 자유를 위한 기본권이 평등을 실현하기 위한 기본권보다 우위에 있다는 주장 등을 한다. 또한 동위기본권이 상충할 때는 인격적 가치와 자유 우선을 제시한다. 그러나 이 견해는 기본권에는 확정된 위계적 서열을 매길 수 있다는 전제에 서 있는 만큼 그 서열을 매길 수 없는 동등한 기본권의 경우에 위에 제시된 내용만으로 해결할 수 없다는 비판이 가능하다.[90]

실제적 조화의 이론은 헌법의 통일성의 관점에서 상충하는 기본권을 모두 최대한으로 실현시키기 위하여 조화의 방법을 찾는 시도로 설명한다.[91] 즉 헌법규범간의 우열관계로 해결하는 것이 아니라 '헌법의 통일성'의 관점에서 상충하는 헌법규범 모두가 최적의 효력을 발휘할 수 있도록 해석해야 한다는 원칙이라고 한다. 따라서 헌법이 하나의 통일체를 형성한다는 것은, 헌법 내에서 헌법규정들이 서로 충돌하는 경우 양자 중 하나를 배제해야 하는 것이 아니라 서로 조화시켜야 한다는 것을 의미한다고 한다.[92]

---

87) 헌재 2007. 10. 25. 2005헌바96(채권자취소권).
88) 한수웅, 기본권의 새로운 이해, 법문사, 2020, 100면.
89) 헌재 1991. 9. 16. 89헌마165.
90) 한수웅, 위의 책, 122-123면.
91) 권영성, 헌법학, 법문사, 2010, 342면; 허영, 한국헌법론, 박영사, 2010, 272면.
92) 규범조화적 해석의 구체적 방법으로는 과잉금지의 방법, 대안식 해결방법, 최후수단 억제의 방법을 제시한다.

법익형량의 이론은 법학에서 법익 충돌 시 시도하는 전통적인 방법으로서 학자에 따라서는 실제적 조화의 원칙과 근본적으로 동일한 내용으로 이해하는 견해도 있고,[93] 기본권의 서열이론과 동일한 것으로 이해하여 이념적으로 실제적 조화의 이론과 대립관계에 있는 해결방법으로 보기도 한다.[94] 법익형량이론이란, 개별사건의 모든 본질적인 상황을 고려하는 구체적 법익형량을 통하여 가능하면 양 법익을 조화시키고자 시도하고 만약 이것이 실현될 수 없다면 어떠한 법익이 후퇴해야 하는지를 밝힘으로써 법익충돌을 해결하고자 하는 이론이다. 독일 연방헌법재판소가 기본권충돌을 해결하는 방법으로서 법익형량의 이론을 제시한 이래,[95] 아직까지 이를 확고한 입장으로 견지하고 있다.

우리나라 헌법재판소는 '서열이론, 법익형량의 원리, 실제적 조화의 원리' 중에서 그때 그때마다 적절한 해결방법을 선택해야 한다고 판시하고 실제 기본권의 서열 가능성을 엿볼 수 있는 결정도 하고 있다. 예컨대, 흡연권과 혐연권의 충돌에 관한 결정[96]에서는 흡연권과 혐연권의 관계처럼 상하의 위계질서가 있는 기본권끼리 충돌하는 경우에는 상위기본권우선의 원칙에 따라 하위기본권이 제한될 수 있다고 보아서 흡연권은 혐연권을 침해하지 않는 한에서 인정된다고 판단한 바 있다.[97]

그러나 현재 헌법재판소와 대법원은 기본권의 충돌의 문제를 이익형량의 원칙에 입각하여 이른바 '실제적 조화의 원칙'(규범조화적 해석)에 따라 해결을 시도하고 있는 것으로 보인다. 즉 "기본권들이 충돌하는 경우에 기본권의 서열이나 법익의 형량을 통하여 어느 한 쪽의 기본권을 우선시키고 다른 쪽의 기본권을 후퇴시킬 수는 없다고 할 것이다. 사적자치의 원칙은 헌법 제10조의 행복추구권 속에 함축된 일반적 행동자유권에서 파생된 것으로서 헌법 제119조 제1항의 자유시장

93) 홍성방, 헌법학(상), 2010, 박영사, 382면; 이준일, 헌법재판의 법적 성격, 헌법학연구 제12권 제2호, 2006. 6, 329면; 한수웅, 기본권의 새로운 이해, 법문사, 122면.

94) 권영성, 앞의 책, 342면에서 법익형량의 원칙을 기본권 상호간에 효력의 우위를 가리기 위한 추상적 기준에 의한 법익형량으로 이해하여, 추상적 기준으로서 생명권·인격권 우선의 원칙, 생존권우선의 원칙 등을 제시하고 있다; 계희열, 헌법학(중), 박영사, 2004, 126면에서는 기본권 위계질서를 전제로 하여 법익의 우열을 확정하는 방법으로 기술하고 있다; 허영, 위의 책, 271면 이하에서 이익형량의 방법의 접근을 위하여 기본권 상호간에 일정한 위계질서가 있다는 것을 전제로 상위기본권 우선의 원칙, 인격적 가치 우선의 원칙, 자유우선의 원칙에 따라 하나의 기본권을 다른 기본권에 우선시키는 것으로 기술하고 있다.

95) BVerfGE 7, 198. 이른바 Rüth 결정으로서, 시사평론가이자 함부르크 주의 공보실장인 Rüth는 나치정권 당시 반유태인 선전영화를 감독한 V. Harlan을 공적으로 비판하면서, 영화배급사, 극장주 및 관객에게 그의 영화를 배급·상영·관람하지 말 것을 호소하였다. 이에 영화배급사는 Rüth를 상대로 손해배상청구소송을 제기하였고 민사법원은 청구를 인용하는 판결을 하였다. 이에 Rüth가 법원의 판결에 대하여 제기한 헌법소원심판에서, 연방헌법재판소는 처음으로 자유권의 이중적 성격, 즉 객관적 가치질서로서 자유권의 성격을 언급함으로써 민사법원이 불법행위를 판단함에 있어서 표현의 자유가 불법행위조항에 미치는 영향을 고려하여야 한다고 판시하여 법원의 판결을 파기 환송하였다.

96) 헌재 2005. 11. 24. 2002헌바95.

97) 헌재 2004. 8. 26. 2003헌마457.

경제질서의 기초이자 우리 헌법상의 원리이고, 계약자유의 원칙은 사적자치권의 기본원칙으로서 이러한 사적자치의 원칙이 법률행위의 영역에서 나타난 것이므로, 채권자의 재산권과 채무자 및 수익자의 일반적 행동의 자유권 중 어느 하나를 상위기본권이라고 할 수는 없을 것이고, 채권자의 재산권과 수익자의 재산권 사이에서도 어느 쪽이 우월하다고 할 수는 없을 것이기 때문이다. 따라서 이러한 경우에는 헌법의 통일성을 유지하기 위하여 상충하는 기본권 모두가 최대한으로 그 기능과 효력을 발휘할 수 있도록 조화로운 방법을 모색하되(규범조화적 해석), 법익형량의 원리, 입법에 의한 선택적 재량 등을 종합적으로 참작하여 심사하여야 할 것이다."[98]라고 판시하고 있다.

생각건대, 오늘날 헌법과 민법은 개인의 자유와 인격, 평등, 소유, 가족이라는 가치와 삶의 기본적 양상에 대하여 별 차이를 보이지 않고 법익으로 보호하고자 하는 '기본법'이라는 사실을 알 수 있다. 다만 민법은 일차적으로 사인과의 관계를 다루는데 반하여 헌법은 일차적으로 국가 내지 공권력과의 관계에서 개인(국민)과의 관계를 다루고, 이차적으로 사인 사이의 관계를 고려한다는 점이 다를 뿐이다.[99][100] 다만 민법에 기본원리로서 사적 자치의 영역에서 인정되는 자유와 권리를 민법상의 원칙 내지 법익에서 더 나아가 사적자치권으로 구성한다면, 또 다른 기본권인 평등권과의 충돌이 발생하는 경우에 합리적 해결방안을 모색해야 한다.[101]

사적 영역에서의 차별이 평등권을 침해하는 정도를 넘어서 인간의 존엄과 가치를 침해하는 경우에는 이러한 차별행위는 사인에 의한 것이더라도 국가에 의한 것과 마찬가지로 금지된다. 그리고 사적 차별로 인한 피해가 심각하거나, 개별 자유권과 평등권을 동시에 침해하는 경우에는 사적 자치, 자유권과 평등권 보장 사이의 형량 사이에서 이러한 점이 고려되어 평등권 보장 요청이 더 정당화될 수 있다.[102] 차별로 인한 평등권의 침해가 인적 차별요소와 관련성을 갖는

---

98) 반론권과 언론의 자유가 충돌하는 사안에서, "반론의 제도와 언론의 자유의 관계는 단순히 제도의 평면적 비교나 판단보다 기본권간의 조화라는 전체적인 관점에서 평가되어야 한다. 현행 정정보도청구권제도는 그 명칭에 불구하고 피해자의 반론게재청구권으로 해석되고 이는 언론의 자유와는 비록 서로 충돌되는 면이 없지 아니하나 전체적으로는 상충되는 기본권 사이에 합리적인 조화를 이루고 있는 것으로 판단된다."고 판시하고 있다. 헌재 1991. 9. 16. 89헌마165; 그 밖에 헌재 2005. 11. 24. 2002헌바95; 헌재 2011. 12. 29. 2010헌마293; 헌재 2013. 5. 30. 2009헌마514.

99) "우리의 헌법, 그것이 민법전이다"라는 전통이 형성되어 있는 프랑스의 민법 교과서에는 민사적 자유 또는 민사적 평등이라는 말을 자주 사용하는데, 이는 1791년 헌법의 전문(前文)이 된「인권선언」에 표현되어 있다. 즉 민사적 평등의 원칙(제1조), 개인적 자유의 원칙(제4조, 제5조, 제19조), 사적 소유권의 존중의 원칙(제17조) 등이 그것이다.

100) 국가·사회의 이원론적 관점에서 국가 영역에 포함되지 않는 개개인의 행위는 헌법이 규율하지 않는 것이 원칙이라는 입장에서는 사적 영역에서의 차별금지는 이 원칙에 대한 예외가 될 수 있다.

101) 부동산의 이중매매가 행해진 경우에도 실제 제1 매수인과 제2 매수인 사이에 권리의 충돌이 발생하게 된다. 이 경우 민법에서는 계약자유의 원칙하에 채권자평등의 원칙에 따라 처리하지만, 만약 제2의 매수인이 등기를 갖추어 소유권을 취득하면 비록 제1매수인이 먼저 채권을 취득하였더라도 물권이 채권에 우선하게 되는, 권리의 서열에 따라 문제를 해결하게 된다.

102) 이재희, 앞의 논문, 59면.

지 여부, 개인의 인격에 밀접하게 결합되어 있어서 개인의 의사에 따라 이를 분리하거나 변경할 수 없는 것인지 여부, 일정한 고립된 소수자나 사회적 약자에 대한 차별인지 등을 고려해야 하며, 이에 해당하는 경우 사적 영역에서의 평등권 보장이 더 정당화될 수 있다.

현재 개별 차별금지법에서 규정한 차별금지사유와 차별금지영역에 포섭되지 않는 경우, 민사법에서 별도로 차별을 받지 않을 권리를 규정하고 있지 않기 때문에, 민사구제를 받는데 한계가 있다. 사적자치권과 평등권의 충돌처럼, 기본권충돌에서 그 해결방법을 추구해야 하는 경우란, 입법자가 구체적인 입법을 통하여 상충하는 법익간의 관계를 확정적으로 규율하지 않았기 때문에, 법관이 일반조항 등 해석을 요하는 사법조항의 해석과 적용의 과정에서 대립하는 양 당사자의 기본권을 고려해야 하는 경우이다. 결국 기본권충돌을 비롯하여 법익간의 충돌은 스스로 법익형량을 통하여 해결할 수밖에 없고, 이 경우 규범의 통일성을 유지하기 위하여 상충하는 기본권 모두가 최대한으로 그 기능과 효력을 발휘할 수 있도록 규범조화적 해석을 하는 것이 바람직하다고 본다.[103)]

(3) 형량의 구체화 작업으로서 차별금지 입법

기본권충돌의 제1차적 준거는 기본권해석의 문제라는 인식을 통하여 유사충돌을 해결하고, 제2차적 준거로서 헌법의 원칙을 제시하는데, 앞에서 살펴본 것처럼 법익형량의 원칙(생명권, 인격권 우선의 원칙, 생존권 우선의 원칙, 자유권 우선의 원칙)과 형평성의 원칙(공평한 제한의 원칙, 대안발견의 원칙) 등을 들고, 제3차적 준거로서 입법에 의한 해결론을 제시한다. 사적자치와 차별금지의 충돌이 있는 경우에도 마지막 해결 준거로서 입법을 통한 해결책이 모색된다. 일반적 행동자유권의 일종으로서 사적 자치 내지 계약자유는 법 앞에 선재(先在)하는 것으로서 절대적인 자유 내지 권리가 아니라 법질서에 의하여 비로소 형성되며, 입법자는 필요한 경우 이를 법률로써 제한할 수 있다. 이 점에서 입법자가 구조적·사회적 차별을 금지하고 실질적 평등을 구현하기 위하여 계약의 자유를 일정 범위에서 제한하는 것은 정당화될 수 있다.

결국 입법을 통하여 차별을 해소하는 경우 차별받지 않을 권리의 구체화, 차별금지사유와 차별금지영역의 명료화, 권리구제의 실효적 측면에서 장점이 있게 된다. 다만 사적 자치 영역인 계약과 법률행위까지 일정한 제한을 가하는 경우 -특히 일반이나 공중에 제공되는 재화나 용역 혹은 시설이 아닌 경우까지 확대하는 경우- 개인은 계약교섭단계에서부터 상대방선택의 자유를 상실하게 되어 사적자치를 형해화할 가능성이 상존한다. 그렇다 하더라도 사적 영역에서의 차별금지에 대해 헌법에 직접 규정되어 있지는 않지만 민사적 평등은 평등보장의 헌법사적 배경, 기

103) 사법에서도 인격권 침해에 관하여 불법행위에 의한 정신적 손해 여부가 문제된 경우, 침해이익과 피침해이익의 형량에 의하여 그 위법성 여부가 판단되어야 한다. 그 동안 민법학에서는 권리의 충돌에 관하여 물권, 채권, 특수채권 등으로 구분하여 설명하였고, 인격권 대 인격권의 충돌 문제에 대하여 별로 논의하지 않았다.

본권으로 평등권의 이념과 기본권의 대사인적 효력에 따라 보장될 수 있다. 또한 사적 차별이 문제되는 경우, 사적 자치와 사적 차별금지 중 어느 한쪽이 처음부터 절대적 우위에 있다고 보는 것보다는 구체적 사정을 충분히 고려한 형량이 이루어져야 한다. 또한 사적 영역, 특히 사적자치가 적용되는 영역에서는 형량의 구체화 작업으로서 차별금지가 입법형성에 의하여 이루어질 것이 필요하다.

이미 우리나라에는 개별적 차별금지법이 존재하고 우리 사회에서 차별금지가 필요한 영역과 차별사유에 대해서는 특별법으로 규정하고 있고, 차별금지가 행해진 경우 권리구제수단을 마련하고 있다. 비교적 넓은 범주에서 사적 차별을 규율하고 있는 것으로 국가인권위원회법이 있고, 특정영역에서 특정한 표지에 기한 차별을 금지하면서 사적 차별도 함께 규율하는 것으로 장애인차별금지법, 남녀고용평등법, 연령차별금지법 등이 있다. 그러나 그 동안 국가인권위원회법이 갖는 한계에 대하여 여러 지적이 있었다. 여전히 차별금지 사유 및 차별유형 규율에 있어서 흠결이 문제될 수 있고,[104] 취할 수 있는 구제조치에 한계가 있어서 사적 차별금지의 실효적 측면에서 한계가 있다는 것이다.

개별법령을 적용하거나 흠결시 민법 일반조항을 적용하여 사법절차를 통해 사적 차별을 규율할 수도 있겠지만, 민법 일반조항을 통한 사적 차별 규율을 위해서는 차별금지라는 목적을 위해 '일반조항에의 도피'라는 비판을 극복할 적절한 해석론을 개발해야 하고,[105] 어떠한 요건 하에 차별금지를 인정할 수 있을 것인지의 문제와 일반조항 적용의 요건을 충족하지 못하는 경우 -대부분의 민사적 계약영역에서는 그러하겠지만- 여전히 남는 문제가 있다.[106] 결국 현재의 개별차별금지법과 국가인권위원회법이 갖는 한계로 말미암아 보다 일반적인 차별금지법이 필요하다고 본다.[107] 사적 영역에서의 차별을 금지하는 것은 차별피해자 개인의 평등권을 보호하는 것

---

104) 예컨대, 언어, 출신학교, 성별정체성, 고용형태, 경제력 및 사회적 지위, 직업, 노조활동 여부, 국적, 문화, 유전정보 등의 사유가 빠져있으며, 금지되는 유형에서 간접차별이 규정되어 있지 않다. 이재희, 사적 자치와 차별금지법, 저스티스 통권 제165호, 2018. 4, 62면.

105) 법원에서는 오히려 사법적극주의에 대한 비판을 우려하여, 예외적으로 차별문제가 심각한 경우에만 일반조항을 원용하고, 그 외에는 차별판단에 소극적인 태도를 보일 가능성이 크다. 더욱이 우리의 헌법소송체계에서, 법원의 재판에 대하여 헌법재판소에 재판소원을 청구할 가능성이 원칙적으로 봉쇄되어 있고, 입법적 차별금지규율의 흠결 문제에 대해 입법부작위 소원 청구가 인용될 가능성 또한 현실적으로 거의 희박하다. 이재희, 사적 자치와 차별금지법, 저스티스 통권 제165호, 2018. 4, 64면.

106) 이재희, 평등권의 대사인효와 그 구체적 적용방식: 일반조항 해석과 관련하여, 저스티스 통권 제138호, 2013, 5면, 26면 이하 참조.

107) 차별금지에 대하여 일반 평등대우 혹은 포괄적(일반적) 차별금지 접근방법과 개별적 차별금지의 두 가지 접근방법이 있다. 포괄적 차별금지법도 다시 차별사유나 차별영역을 모두 포함하는 '좁은 의미의 일반적 차별금지법'과 차별사유나 차별영역을 각각 포괄적으로 규율하는 '넓은 의미의 일반적 차별금지법'으로 나누기도 한다. 포괄적 차별금지의 접근방법을 취하면 과도하게 사적 자치를 제한할 가능성이 있고, 후자의 방법을 취하면 평등대우의 문제가 사적 영역에서 여전히 논란이 되는 문제점을 안게 된다. 포괄적 차별금지법에 동의하는 견해로는, 박신욱, 차별금지에 관한 일반법 도입을 위한 허용되는 차별대우 연구, 비교사법 제22권 3

이면서 차별행위의 목표가 되는 소수자 인권을 보호하는 것이고, 사회의 차별적 구조를 개선하고 인권의 보장 수준을 전반적으로 향상시키게 된다.[108] 특히 민사계약의 차별금지에 관한 입법은 법률을 통해 분쟁의 해결기준이 제시됨으로써 사법의 일반조항을 통한 해결보다 법적 투명성·안정성 측면에서 분쟁당사자의 예측가능성을 높여준다.[109] 특히 법률에 차별받지 아니할 권리를 명시하고 그 침해에 대한 구제수단이 명시적으로 규정될 경우, 사적 영역, 특히 민사계약에서 차별금지가 더욱 실효성을 갖게 될 것이다.[110] 입법을 하는 경우에도 민법에의 수용도 생각할 수 있으나 계약적 차별금지는 차별금지법과 같은 특별법으로 제정되어야 한다.

다음으로 차별금지영역에서도 최소한 일반인 내지 공중에게 제공된 재화와 용역, 시설에 대한 거래, 사인이라 할지라도 독점적 지위를 차지한 자와의 생활에 필수적인 거래, 주거계약, 보험에서는 계약적 차별금지는 허용되지 않는다고 해야 한다.[111] DCFR에서 제시한 차별사유인 성별, 출신민족 또는 인종을 포함하여 장애, 연령, 사회적 신분, 피부색깔, 종교 등 차별대우로 불이익을 받아서는 안되는 소수자들이 포함되어야 한다.[112]

다만 일정한 경우 차별이 허용될 수 있는데, 합법적인 목적에 의하여 정당화되는 불평등한 대우는 그러한 목적을 달성하기 위하여 사용된 수단이 적절하고 필요한 것이면 차별에 해당하지 않는다고 보아야 한다.[113] 이는 차별의 판단에서 필요한 유연성을 확보하려는 취지를 가지며, 인간의 존엄성을 해치지 않는 범위 내에서 소극적 의미의 계약자유를 보장하는 기능을 갖는다. 이러한 차별금지의 제한은 어떠한 형태의 차등대우를 바로 위법한 차별로 분류하는 기계적 판단을 방지하고, 불이익의 방지나 전보를 위한 특별한 조치(긍정적 차별)를 가능케 하는 근거로 작용하게 될 것이다.[114]

호, 2015. 8, 1159면 이하; 홍성수, 포괄적 차별금지법의 필요성 -평등기본법을 위하여-, 이화젠더법학 제10권 제3호, 2018. 12. 1면 이하; 안진, 개별적 차별금지법의 성과와 한계: 포괄적 차별금지법 제정을 위한 검토, 법학논총 제37권 제3호, 전남대학교 법학연구소, 2017. 8, 199면 이하;

108) 아재희, 앞의 논문, 64면.

109) 독일의 일반평등대우법(AGG) 제3절은 사법상 거래에서 차별로부터의 보호를 규정하고 있는데, 제19조는 '사법상 차별금지'라는 제호 하에 제1항에서 사법상 채권관계의 성립, 이행 및 종료에 있어서 다음의 각호에 열거된 사유로 인한 차별은 허용되지 아니한다고 규정하고, 제1호는 거래당사자와 무관하게 균등한 조건으로 다수 이루어지는 전형적인 거래(대량거래) 또는 채권관계의 종류에 비추어 거래상대방과 무관하게 동일한 조건으로 다수 이루어지는 거래, 제2호는 사법상의 보험을 대상으로 하는 거래에 대하여 규정하고 있다.

110) 동지, 김진우, 앞의 논문, 237면.

111) 독일 일반평등대우법 제19조 제1항 및 제2항에서는 "전형적으로 사람에 따른 구별 없이 비교가능한 조건으로 다수 이루어지는 경우(대량거래) 또는 채권관계의 종류에 따라 개인의 특성이 부수적인 의미를 갖고 비교가능한 조건으로 다수 이루어지는 것인 경우이거나 사법상 보험을 대상으로 하는 경우이다."라고 규정한다.

112) 포괄적 차별금지법안(장혜영 안)에서는 성별, 장애, 나이, 언어, 출신국가, 출신민족, 인종, 국적, 피부색, 출신지역, 용모 등 신체조건, 혼인여부, 임신 또는 출산, 가족 및 가구의 형태와 상황, 종교, 사상 또는 정치적 의견, 형의 효력이 실효된 전과, 성적지향, 성별정체성, 학력, 고용형태, 병력 또는 건강상태, 사회적 신분 등 차별금지사유도 포괄적으로 열거하고 있다.

113) DCFR 제2권 제2장 Ⅱ. 2:103 참조.

Ⅳ. 차별피해에 대한 민사적 구제

사적 영역에서 차별행위금지 위반행위로 인해 피해를 입은 피해자가 구제받을 수 있는 일반적 근거로 민법을 들 수 있다. 민법은 차별금지 및 그 구제에 관하여 직접적인 규정을 두고 있지는 않지만, 헌법상 기본권인 평등권이 대사인적 효력이 있기 때문에 민법의 일반조항인 제2조, 제103조, 제750조, 제751조를 통해 간접적으로 적용될 수 있고, 이에 따라 피해자는 계약의 수정, 법률행위의 무효, 손해배상청구를 하는 것도 가능하다. 만약 제103조 반사회적 법률행위로 인정된다면 계약의 무효를 통하여 계약의 조정으로 나아갈 것이다. 또한 제750조의 불법행위에 의한 손해배상청구권을 인정함으로써 차별행위에 대한 간접적인 통제수단이자 피해구제 방법이 될 수 있다.

여기서 민사계약에서의 차별금지에 위반한 행위에 대한 민사적 구제의 방법으로는 우선 단계별로 나누어 볼 수 있다. 즉 계약교섭 중 차별적 사유로 일방 당사자가 부당하게 계약교섭 체결을 거부하거나 파기한 경우, 계약이 성립하였으나 부당한 차별적 사유로 계약을 이행하지 않는 경우, 계약의 부당한 해제 혹은 해지를 한 경우[115] 등을 상정하고 그에 맞추어 어떠한 법적 근거 하에 구제수단을 부여할 것인지 검토하여야 한다.

1. 계약 교섭 중 당사자 일방의 부당 파기

차별금지사유에 해당하는 사유로 차별금지에 해당하는 민사적 계약의 체결을 거부하거나 계약 교섭 중 당사자 일방의 부당한 파기의 경우 설사 법률에 의한 체약강제가 인정된다고 하더라도 계약 상대방이 계약체결을 원하지 않을 경우 특별법에서 정한 형벌 혹은 시정명령과 시정명령 불이행시 이행강제금과 함께 민사상 손해배상의 문제로 나아가게 된다. 이 경우 아직 당사자 사이에 계약이 체결되지 않았으므로 상대방의 차별을 받지 않을 권리를 침해한 것으로 되어 불법행위[116]에 의한 손해배상책임을 지게 될 것이다.[117] 이 경우 재산적 손해와 비재산적 손해

---

114) 차별의 허용문제에 대해서는, 박신욱, 차별금지에 관한 일반법 도입을 위한 허용되는 차별대우 연구, 비교사법 제22권 3호(통권 70호), 2015. 8, 1159면 이하 참조.

115) 민법상 해제와 해지 사유로 법정해제 · 해지와 약정해제 · 해지를 인정하고 있고, 계약시 해제 · 해지 유보사항이 아니거나 채무불이행 이외의 사유로 계약을 해제 또는 해지하는 경우에 부당한 해제 또는 해지의 문제가 발생할 수 있다.

116) 우선 민법 제750조는 불확정개념으로 되어 있고 개방적 구성요건으로 규정되어 있어서 어떠한 차별금지위반이 위법한지 여부가 법관의 재량에 맡겨져 있다. 따라서 사회구성원들이 구체적으로 어떠한 차별행위가 금지되는지에 대해서도 예측할 수 없고, 차별행위를 하였을 때 어떠한 위험을 부담하는가, 즉 손해배상을 어느 정도 해야 하는지에 대한 예측을 할 수 없어서 예방적인 기능을 수행하는데 한계가 있다. 뿐만 아니라 모든 차별행위를 당한 피해자가 소송을 제기하지 않으며, 소송을 제기하더라도 증명책임, 경제적 시간적 비용부담, 손해액 산정의 관문을 통과하여야 한다. 이러한 소송상 또는 소송외적 어려움 때문에 최소한 차별행위의 유형을 보다 구체적으로 법률에 규정할 필요가 있다.

117) 계약체결상의 과실이론을 적용하여 상대방에게 채무불이행에 의한 손해배상책임을 물을 수도 있을 것이다.

로서 정신적 손해도 손해배상의 범위에 포함되어야 한다. 증명책임에 대해서는, 개별적인 차별금지법이 아닌 민법의 일반규정으로 구제를 받기 위해서는 그러한 차별금지 위반 행위가 신의칙에 위반하는 행위로서 권리남용에 해당한다는 사실, 선량한 풍속 기타 사회질서에 위반하는 행위라는 사실, 고의·과실로 인한 위법한 행위로서 손해가 발생하였다는 사실의 증명책임 문제가 뒤따른다. 따라서 자신이 차별받았다고 주장하는 자가 그러한 차별이 있었음을 추정할 수 있는 사실을 입증한 경우, 상대방은 그러한 차별이 없었음을 증명할 책임을 부담하는 것으로 증명책임의 전환이 필요하다.[118] 계약교섭에서의 차별은 드러내지 않고 자의적으로 교묘하게 행해질 가능성이 농후하므로 증명책임의 전환을 통해서 권리구제가 용이하게 이루어지게 할 필요가 있다.

악의적으로 위법한 차별을 하는 경우 징벌적 손해배상제도의 도입을 고려해볼 만하다. 여기서 악의적이란 차별행위의 고의성, 차별행위의 지속성 및 반복성, 차별피해자에 대한 보복성, 차별 피해의 내용 및 규모,[119] 차별행위를 한 자의 재산상황 등을 고려하여 손해액의 몇 배까지의 징벌적 손해배상금을 인정함으로써 차별금지 위반행위에 대한 억제와 제재를 꾀할 수 있게 된다.[120] 손해가 발생된 것은 인정되나, 피해자가 재산상 손해를 입증할 수 없을 경우에는 차별행위를 한 자가 그로 인하여 얻은 재산상의 이익을 피해자가 입은 재산상의 손해로 추정함으로써 손해배상액에 대한 증명책임을 완화할 필요가 있다.[121] 손해가 발생하였으나 손해배상액의 획정이 곤란한 경우 법정 손해배상을 인정할 실익이 있다.[122]

2. 계약 성립 후 계약의 불이행

계약이 체결되어 계약성립 후 차별적 사유로 상대방이 계약의 이행을 하지 않은 경우 채무불이행에 의한 구제수단이 인정된다. 상대방의 계약 이행의사가 없으므로 민사책임으로는 손해배상 내지 법정해제로 귀결되는데, 이러한 민사책임 이외에 차별금지위반행위에 대해서는 특별법상의 제재수단이 가해지고 징벌적 손해배상, 법정 손해배상이 인정될 수 있다. 이 경우에는 상

다만 이 경우 특별법으로 민사적 계약에서 차별금지를 규정한 경우 증명책임의 전환 규정(DCFR Ⅱ. 2:105)을 둘 가능성이 많으므로 채무불이행책임으로 이론구성할 실익은 별로 크지 않게 된다.

118) 장애인차별금지법 제47조에서 입증책임을 배분하고 있다. 즉 제1항에서는 차별행위가 있었다는 사실은 차별행위를 당하였다고 주장하는 자가 입증하여야 하고, 제2항에서는 차별행위가 장애를 이유로 한 차별이 아니라거나 정당한 사유가 있었다는 점은 차별행위를 당하였다고 주장하는 자의 상대방이 입증하여야 한다고 한다. 또한 포괄적 차별금지법안 제51조 제1항 단서에서도 유사한 형태의 입증책임 분배규정을 두고 있다.

119) 포괄적 차별금지법안 제51조 제3항.

120) 포괄적 차별금지법안 제51조 제3항에서는 손해액의 2배 이상 5배 이하의 배상액을 정하고 있다. 다만 배상금의 하한은 500만 원으로 정하고 있다. 우리나라 법률 중 징벌적 손해배상을 인정하는 대부분의 규정들은 3배 배상이다.

121) 포괄적 차별금지법안 제51조 제2항

122) 포괄적 차별금지법안 제51조 제3항 단서에서 배상금의 하한은 500만 원 이상으로 정한다고 한 것도 일종의 법정 손해배상이라고 할 수 있다.

대방의 악의성이 인정될 가능성이 높기 때문에 징벌적 손해배상 책임을 통해서 피해자 구제가 이루어질 수 있다.

계약의 상대방이 착오에 의한 취소를 주장하는 것도 가능하다. 통상 차별사유를 이유로 취소하는 경우에는 동기의 착오일 가능성이 높다. 착오의 요건으로서 법률행위의 내용의 중요부분에 관한 것일 것과 중과실이 없을 것의 요건을 충족해야 하므로 실제 착오에 의한 계약의 취소는 인정되지 않을 것이다.

차별금지에 위반된 합의의 효력을 인정할 것인가. 그러한 합의는 무효로 되지 아니하고 차별행위를 한 사람은 그 합의를 주장할 수 없으나 차별을 받은 사람이 차별금지에 반하는 합의를 주장하는 것은 가능하다고 할 것이다.[123] 계약의 무효화가 차별을 받은 사람에게 도움이 되지 않는 경우가 있을 수 있으므로 소비자법이나 주택임대차법에서와 같이 입법시 편면적 강행규정으로 고려할 필요가 있다.[124]

3. 계약의 부당한 해제 혹은 해지

계약이 성립하여 일단 효력이 발생한 후에 그 일방당사자가 일방적으로 부당하게 계약을 해제 혹은 해지한 경우의 문제이다. 민법은 계약 당시 당사자의 약정에 의하여 해제권을 유보하거나 채무불이행이 있는 경우에 각각 약정해제권과 법정해제권을 인정하고 있다(제543조 이하). 그 외에 각각 전형계약 중 계속적 계약에서 일정한 사유가 있는 경우 법정해지권을 인정하고 있다. 매매계약의 경우 계약금은 해약금으로 추정되기 때문에 상대방의 이행의 착수가 있기 전까지 계약금을 제공한 자는 계약금을 포기하고 계약금을 받은 자는 배액을 상환하여 계약을 해제할 수 있다(민법 제565조). 사정변경에 의해서도 일정한 요건을 충족한 경우 해제권을 인정할 수 있다고 한다.[125] 위와 같은 사유가 없음에도 불구하고 차별적 사유로 부당하게 계약을 해제 혹은 해지한 경우 그 효력을 인정할 것인가. 물론 이 경우에는 해제 혹은 해지의 효과가 발생하지 않기 때문에 계약은 소멸하지 않고 원래대로의 계약관계에 따라 계약당사자에게 권리와 의무가 귀속되게 될 것이고 결국 채무불이행책임이 문제될 것이다.

부당한 해제 혹은 해지가 차별금지위반행위에 해당된다면 차별을 받지 않을 권리에 의거하여 차별행위의 중지를 청구할 수 있으며, 부당해제와 부당해지로 인하여 손해가 발생한 경우에

---

123) 독일 일반평등대우법 제21조 제4항. 사법상 채권관계에서의 차별과 관련하여 차별행위를 한 사람만이 차별금지에 반하는 합의를 원용할 수 없도록 하여 편면적 강행규정으로 한 것은 일부무효의 원칙을 규정한 독일민법 제139조의 적용을 배제한 것으로서, '채권법현대화'에 의거한 입법기법이다.

124) Druchsache 16/1780. S.47. 이러한 규정들은 우리나라에서도 민법 제289조, 제652조, 보증인보호법 제11조, 주택임대차계약 제10조, 상가건물임대차보호법 제15조 또는 할부거래법 제43조, 방문판매법 제52조, 전자상거래소비자보호법 제35조 등과 같은 소비자계약법에서 발견할 수 있다.

125) 대법원 2007. 3. 29. 선고 2004다31302 판결.

는 손해배상을 청구할 수 있다. 이 경우에도 그러한 해제 혹은 해지의 의사표시가 악의적인 것으로 인정되는 경우 징벌적 손해배상의 청구가 가능하다.

4. 차별행위의 방해배제 및 중지청구권

계약관계에서 차별을 받은 사람이 차별금지에 대한 위반이 있는 경우에 위의 청구권 외에 차별행위의 배제(제거) 및 중지청구를 청구할 수 있을 것인가. 법원은 차별행위에 관한 소송이 제기되기 전 또는 소송제기 중에, 피해자의 신청으로 피해자에 대한 차별이 소명되는 경우 본안 판결 전까지 차별행위의 중지 등 그 밖에 적절한 임시조치를 명할 수 있고,[126] 피해자의 청구에 따라 차별적 행위의 중지, 그 시정을 위한 적극적 조치 및 손해배상 등의 판결을 할 수 있다.[127]

차별행위의 방해제거 및 중지청구는 권리의 예방적 보호수단으로 의미가 있다. 징벌적 손해배상이 사후적인 손해배상의 수단을 통하여 억지적 효과를 노린다면 차별행위의 방해배제 및 중지청구는 사전적 권리 보호 수단이다. 이 청구권은 손해가 발생하기 이전이라도 민사적 계약관계에서 차별행위의 위법성이 인정되거나, 계속적인 침해가 우려되는 경우에 인정될 수 있다. 차별행위의 방해예방을 청구하는 경우 손해배상의 담보를 청구할 수 있다.[128] 이러한 구제수단은 침해 또는 예견된 침해에 비례해야 하고, 구제수단이 갖는 억지적 효과도 고려하여야 한다.[129]

Ⅴ. 나가며: 계약관계에서 공동체적 공정 실현

자유와 평등은 인간의 존엄과 가치를 보장하기 위한 필수적 조건이다. 양 가치는 헌법 내에서 중요한 기본권으로 자리잡고 있고, 그 가치의 고유성과 독자성, 연혁적 배경으로 인해 종전에는 양자의 관계설정이 용이하지 않았다. 그러나 현대 사회적 법치국가에서 자유와 평등은 서로 모순·대립하지 않고, 상호간 존립의 근거가 된 복잡한 연관관계를 맺고 있으며,[130] 자유와 평등 사이의 관계를 법이 적극적으로 상호 정서하는 역할을 하는 것으로도 이해할 수 있게 되었다.[131] 자유와 평등은 부분적으로는 서로의 근거가 되고 부분적으로는 서로에 대하여 한계를 설정하는 관계이며, 따라서 이들 사이에 부단히 균형을 형성하고자 한 노력이 필요한 것이었다.[132]

126) 차별금지법안 제59조 제1항 참조.
127) 차별금지법안 제59조 제2항 참조.
128) 민법 제214조 참조.
129) DCFR Ⅱ. 2:104 제2항 참조.
130) Konrad Hesse, 계희열 역, 현대국가지서의 기본원리로서의 평등과 자유, 헌법의 기초이론, 박영사, 2001, 210-211면.
131) Konrad Hesse, 위의 논문, 211-212면.

사적자치의 구체적 실현체인 계약자유란 미명하에 경제적 강자와 약자간의 거래(특히, 고용계약, 도급계약, 소비대차계약, 독점기업의 물품판매)의 등장으로 나타난 종속적 지위로 인한 계약상의 폐단을 시정하여 분배적 정의를 실현하기 위한 국가의 사회정책, 노동정책 혹은 경제정책에 의한 정책적 통제가 점차 증대하였다. 이제 국제적 교류의 확대와 사회구성원과 사회계층의 다양화, 사회인식의 변화는 사회적 약자의 문제를 소수자 인권의 문제로 바라보게 되었고, 공적인 영역에서뿐만 아니라 이들의 생존권과 평등권 보장을 위한 사적 영역에서의 차별금지의 해소가 사회공동체의 공정을 위해 중요하게 되었다. 현재 개별적 차별금지법에 의하여 일정부분 규율되고 있지만, 여전히 차별금지 사유와 차별금지영역에서 흠결을 보이고 있고, 특히 사적 영역에서 그 괴리가 크다고 할 수 있다.

외견상 사법상의 사적자치와 헌법상의 평등권 규범이 긴장관계에 있거나 충돌이 있는 것처럼 보이지만 사적자치라는 전통적인 사법상의 원리도 공동체가 인정하는 법질서 내에서 작동되어야 하는 한계를 갖는다고 할 수 있고, 계약공정의 확보는 오늘날 사법관계에서 중요한 화두가 되었다. 자유와 평등의 양가치가 충돌할 때 사회통합과 사회공동체질서 정의를 위해서 규범조화적 해석이 필요하며, 형량의 구체화 작업으로서 일반적 차별금지 입법이 필요하다. 이는 사법관계에서 수범자의 규범인식의 용이성을 위해서 규범의 통일성과 체계성을 확보하는 차원에서도 필요한 작업이다.

계약적 차별금지위반행위에 대해 실효적인 민사적 권리구제를 위해서 계약단계별로 차별행위의 억지와 사후적 손해배상이 필요하다. 손해배상에 있어서도 징벌적 손해배상과 법정손해배상을 통해서 가해행위의 억지와 피해자의 보호가 필요하고, 차별행위에 대한 방해배제 및 방해예방청구권도 인정할 필요가 있다. 이제 계약관계에서도 사적자치는 차별금지규범에 의해 제한되어 계약자유로부터 계약공정으로의 추이를 나타내고 있다. 계약자유의 원칙은 이제 정의라는 프리즘을 통과하여 구체적 차별금지 내지 실질적 평등권이 보장된 '계약공정'의 원칙으로 변용되어야 한다.

---

132) 이재희, 사적자치와 차별금지법, 저스티스 165권, 2018. 4, 38면.

일본 착오법의 현대화*

– 일본 개정민법(2017)상 착오규정의 검토 –

서 희 석**

Ⅰ. 서 론

최근 일본에서는 민법(특히 채권법)이 전면개정되어(2017. 6. 2.) 시행되었다(2020. 4. 1.). 이번 민법의 개정은 일본민법이 제정(1896)·시행(1898)된 지 120년만의 일로서 그 변화의 폭이 민법총칙과 (법정채권을 제외한) 채권법 전반에 미친다는 점에서 주목된다.[1)]

본고의 목적은 이번에 실현된 일본의 개정민법 중에서 가장 논의가 많았고 또한 변화가 큰 사항 중의 하나로 평가되는 착오규정(제95조)의 개정배경과 내용을 검토·소개하는 데에 있다. 개정민법상 착오규정은 우선 요건과 관련하여 '법률행위의 요소의 착오'의 의미를 판례법리를 반영하여 그 의미를 명확히 하였고(법문에서 '요소'라는 표현을 삭제함) 또한 '동기의 착오'를 일정한 요건 하에 착오의 일유형으로 명문화하였다. 또한 효과와 관련하여서도 착오를 무효사유에서 취소사유로 수정하였고, 표의자에게 중과실이 있는 경우에도 착오취소가 허용되는 예외사유(상대방의 악의 또는 중과실, 공통착오)를 명문으로 인정하였을 뿐만 아니라, 착오를 통해 새롭게 이해관계를 맺은 제3자보호에 관한 규정을 신설하면서 그 요건을 선의무과실로 하였다. 이러한 변화는 착오와 관련하여 일본민법의 해석론의 영향을 받은 우리 민법의 해석론과 관련하여서도 시사하는 바가 있다고 생각한다.[2)]

---

* 이 글은 송덕수 교수님(이화여자대학교)의 학은에 감사드리고 정년을 축하하기 위하여 작성된 것으로, 「법학연구」 제62권 제3호(부산대학교 법학연구소)(2021. 8)에 같은 제목으로 게재되었다.

** 부산대학교 법학전문대학원 교수.

1) 일본민법 개정의 배경 및 경위에 관하여는 우선, 졸고, "일본 민법(채권법) 주요 개정사항 개관 -민법총칙을 중심으로-", 비교사법 제24권 제3호(2017. 8)(이하, "일본 민법(채권법) 주요 개정사항 개관"으로 인용), 1070-1078면을 참조.

2) 일본의 개정민법상 착오규정을 부분적으로 소개하는 문헌으로서, 윤태영, "의사표시에 관한 일본 민법 개정 내용의 고찰", 아주법학 제12권 제2호(2018. 12), 106-114면; 서희석, 일본 민법(채권법) 주요 개정사항 개

아래에서는 우선 개정 전 착오규정의 특징과 그에 관한 학설 · 판례의 전개를 정리한 후(Ⅱ), 개정 전 착오규정이 어떠한 배경 하에 개정되었는지를 착오규정의 개정과정을 조감하면서 살펴보기로 한다(Ⅲ). 이어서 개정민법상 착오규정의 변화를 그 의의와 함께 정리한 후(Ⅳ), 결론에 갈음하여 우리 민법의 해석론과 관련한 평가를 간단히 덧붙여 보기로 한다(Ⅴ).

Ⅱ. 개정 전 착오규정의 특징과 학설 · 판례의 전개

1. 착오규정의 입법과 그 특징

널리 알려진 바와 같이 '일본민법'(일명 '메이지민법')은 이른바 '구민법'(일명 '브와소나드민법')을 수정하는 형태로 제정(1896년) · 시행(1898년)되었는데,[3] 제정된 착오규정은 구민법과는 상당히 다른 형식과 내용을 갖는 것이었다. 구민법의 착오규정이 프랑스민법에 유래하면서도 이를 보다 구체화하여 착오의 유형을 열거하고 그 효과도 2원적(무효 · 취소)으로 구성하는 방식을 채택하고 있었음에 반해[4] 메이지민법은 독일민법초안과 같이 착오의 개념 내지 요건을 통일화하였고, 그 효과도 일원화하는 방식을 채택하였다. 즉 일본민법은 아래 조문에서 보는 바와 같이 착오의 요건을 법률행위의 '요소의 착오' 및 '중대한 과실이 없을 것'으로 통일화하였고, 그 효과도 '무효'로 일원화하였다.

일본민법(2017년 개정 전)
제95조 의사표시는 법률행위의 요소에 착오가 있을 때에는 무효로 한다. 다만, 표의자에게 중대한 과실이 있을 때에는 표의자 스스로 그 무효를 주장할 수 없다.

일본민법상 착오규정의 입법이유(수정이유)를 정리하면 다음과 같이 될 것이다.[5] 첫째, 제95

관, 1084-1089면이 있다.

3) 일본민법의 입법과정에 관하여는, 우선, 岡孝 저, 이준형 · 김성수 · 윤태영 역, "일본메이지민법의 제정에 관하여 -『民法(前三編)修正案理由書』의 의의", 민사법학 제54권 제1호(2011. 6)(이하 "岡, 메이지민법의 제정"으로 인용), 237-238면; 졸고, "의사표시에서 '선의의 제3자보호규정'의 비교법적 연원 -일본민법 · 만주국민법의 입법연혁의 분석을 통하여-", 민사법학 제94호(2021. 3)(이하 "의사표시에서 선의의 제3자보호규정"으로 인용), 84-86면을 참조.

4) 구민법에 규정된 착오의 유형은 합의의 성질의 착오, 목적의 착오, 원인(cause)의 착오, 동기의 착오, 人(신상)의 착오(이상 제309조), 물건의 착오(제310조), 법률의 착오(제311조)로 분류되지만, 이들은 다시 크게 ① 승낙을 조각하는 착오(=무효)와 ② 승낙의 하자가 되는 착오=취소)의 두 가지 유형으로 대별된다. 상세는 서희석, 의사표시에서 선의의 제3자보호규정, 92-94면을 참조.

5) 이하, 서희석, 의사표시에서 선의의 제3자보호규정, 96-98면을 요약 · 정리한 것이다.

조 본문과 관련하여 메이지민법은 통일화(요건)·일원화(효과) 방식의 착오규정을 두었는데 그 이유는 **'거래의 안전'을 위한 착오요건의 한정**으로 이해할 수 있을 것이다. 즉, 착오에 관한 여러 입법례의 어느 경우에도 당사자의 의사를 중시하여 그 중심이 된 목적물의 성질에 관하여 착오 있는 경우에 합의의 효력을 차단하고 있고, 특히 독일민법초안의 경우에는 당사자의 내심(心情)에 의하여 의사표시의 효력 여하가 좌우되어 버리는 문제가 있으므로, 의사주의에 충실한 이러한 태도를 취하지 않고 거래의 안전을 위하여 '법률행위의 요소'에 착오가 있는 경우에 한하여 의사표시를 무효로 하도록 한 것이다. '법률행위의 요소'가 무엇인지에 관하여 착오규정의 기초자인 토미이 마사아키라(富井政章)는 그의 저서에서 "메이지민법이 근시의 입법사상에 기초하여 착오의 종목을 열거하는 방식을 버리고 개괄적으로 의사와 표시의 불일치를 초래하는 가장 현저한 것을 지정하는 방식을 택했다"고 하면서 '법률행위의 요소'가 바로 그것으로서 이는 "**의사표시의 내용 중 중요한 부분(要部)**"을 의미한다고 설명하고 있다.[6] 대개 법률행위의 요소에 착오가 있는 경우에는 표의자의 의중에서 의도한 바(내심의 의사)와 그 표시한 바가 부합하지 아니하는 정도가 더욱 심할 것이기 때문에 이를 무효가 인정되는 착오로 한 것이다. 이러한 입법방식은 비교법적으로는 요건을 통일하고 효과를 무효로 하였다는 점(또한 표의자에게 중대한 과실이 없어야 의사표시의 무효가 인정된다는 점)에서 독일민법 제1초안에 가까운 것이지만, '의사표시의 내용' 중 중요한 부분인 '요소'의 착오로 요건을 한정하였다는 점에서 독일민법 제1초안과도 구별되는 것이다.

둘째, 단서규정과 관련하여서는 표의자에게 중대한 과실이 있는 경우에는 표의자 스스로 무효를 주장할 수 없도록 하여 본문의 요건(요소의 착오)에 더하여 착오의 요건을 더욱 한정하고 있다. 즉, 의사표시가 착오로 무효인 경우에도 표의자의 과실로 그 착오가 생겨 상대방에게 손해를 발생시킨 경우에는 표의자에게 손해배상책임이 발생하지만, 이에 대해서는 손해배상법의 원칙에 맡겨 별도로 규정을 두지 않되, 만일 표의자에게 중대한 과실이 있는 경우에는 요소에 착오가 있다 하더라도 의사표시의 무효를 주장할 수 없도록 하여 결국 의사표시의 유효를 통한 '거래의 안전'을 도모하고자 한 것이다. 손해배상보다는 법률행위의 효력을 인정하는 것이 상대방을 더욱 충실하게 보호하는 방법이기 때문이다. 이러한 입법은 독일민법 제1초안에 따른 것이다.[7] 그런데 단서의 문언은 메이지민법의 원안(법전조사회 주사회)에서는 "다만, 표의자에게 중대한 과실이 있을 때에는 <u>그러하지 아니하다</u>"였는데, 논의과정에서 현재와 같이 수정되었다[8]는 점에도 주의할 필요가 있다. 즉 "손해배상 대신에 원래 무효인 의사표시를 유효로 한다는 것은 이상하다"는

6) 大村敦志『民法読解·総則編』(有斐閣, 2009)(이하 "大村, 民法読解"로 인용), 319면(富井政章『民法原論第1巻』(有斐閣, 1903) 433-442頁 부분).

7) 이에 대해 大村, 民法読解, 324면은, 단서규정(=독일민법 제1초안)에 대한 비판에도 불구하고 이를 참조하여 입법한 것이라는 점에서 메이지민법은 "독일민법 제1초안을 주체적으로 선택한 것"이라고 평가하고 있다.

8) 大村, 民法読解, 324면.

비판이 있었고, 이에 따라 단서삭제론과 문언수정론의 논의가 전개되었다.[9] 결국 원안과 같이 '당연유효'라는 귀결을 버리고 "상대방의 선택에 맡긴다는 생각"이 채택되어 문언이 수정되었다(법전조사회 총회).[10] 따라서 중과실의 경우에는 표의자가 스스로 무효를 주장하지는 못하는 것으로 결착되었는데, 문언상 상대방(또는 제3자)이 무효를 주장하는 것은 가능하게 되었다.

요컨대 일본민법의 착오규정은 통일화(요건) · 일원화(효과) 방식의 입법으로서, 의사주의적 관점에서 착오 있는 의사표시를 무효로 하지만, 거래의 안전을 위해 '법률행위의 요소'(의사표시의 내용 중 중요한 부분)에 착오가 있어야 하고 아울러 표의자에게 '중대한 과실'이 없어야 무효가 인정되도록 착오의 요건을 한정함으로써 의사주의의 단점을 보완하고자 한 입법으로 평가할 수 있을 것으로 본다.

2. 학설(착오론)의 전개

일본민법 제95조에 대해서는 본조에서 말하는 '착오'에 이른바 '표시행위의 착오'(표시착오)[11] 외에 '동기의 착오'(동기착오)도 포함되는지 여부, 또한 포함될 경우에 의사표시가 무효가 되기 위한 요건을 어떻게 해석할 것인지의 문제가 최대의 쟁점이 되어 왔다.[12] 전자는 동기의 착오를 표시행위의 착오와 구별하지 않고 일원적으로 파악할지(일원론), 양자를 구별하여 이원적으로 파악할지(이원론)의 문제이고, 후자는 착오일원론을 취할 경우에 있어서의 착오무효의 요건의 문제이다. 이러한 문제에 관하여는 다양한 학설(착오론)이 전개되어 왔지만 이들 학설을 시계열적으로 정리하면 대체적으로 다음 세 가지 -전통적 통설(고전학설), 유력설(현대학설), 새로운 견해(신학설)- 로 이를 유형화할 수 있을 것으로 본다(이하 이러한 입장을 "3유형론"이라 한다).[13] 이하 위 3유형론에 따라 일본민법상 착오론을 정리하기로 한다.[14]

(1) 전통적 통설(고전학설)의 형성: 동기표시설(착오이원론)

전통적으로는 일본민법 제95조의 착오는 원칙적으로 표시행위의 착오에 한정되는 것으로

---

9) 大村, 民法読解, 324면.
10) 大村, 民法読解, 324면.
11) 일본의 종래의 학설상으로는 '표시행위의 착오' 또는 '표시착오'에는 '표시상의 착오' 및 '표시행위의 의미의 착오'의 두 가지 유형이 포함된다. 전자는 가령 한국 圓을 중국 元과 같다고 착각하여 표기하는 경우이고, 후자는 가령 홍콩달러와 미국달러의 가치가 같다고 혼동하여 표기하는 경우이다.
12) 民法(債権法) 改正検討委員会『詳解 · 債権法改正の基本方針 I (序論 · 総則)』(商事法務, 2009)(이하 "詳解 · 債権法改正の基本方針"으로 인용) 106頁.
13) 이러한 해석론(3유형론)을 주도하는 것으로 山本敬三『民法講義 I 総則〔第2版〕』(有斐閣, 2005)(이하, "山本, 民法講義"로 인용) 157頁以下; 大村, 民法読解, 314면 이하.
14) 일본민법의 착오론에 관하여는 각주 13)의 문헌 외에 中松纓子「錯誤」星野英一『民法講座 · 第1巻 · 民法総則』(有斐閣, 1984) 387頁以下도 참조. 한편 일본민법의 착오론을 소개하는 국내문헌으로 송덕수, "착오론의 역사적 발전", 법률행위론의 사적전개와 과제(이호정교수 화갑기념논문집, 2002), 162-165면을 참조

해석되어 왔다. 이에 의하면 동기의 착오가 있는 경우 동조는 적용되지 않고 의사표시는 원칙적으로 유효로 해석된다. 표시행위의 착오와 동기의 착오를 구별하는 것을 전제로 한다는 점에서 이를 '착오이원론'이라 명명할 수 있다. 이와 같이 메이지민법 제95조의 착오는 표시행위의 착오만을 의미하는 것이지만, 판례[15] 및 전통적인 통설[16]에 의하면 "동기가 표시되어 법률행위의 내용이 된 경우"에는 동조가 적용되어 의사표시는 무효가 되는 것으로 해석한다는 점에 특징이 있다(이를 '동기표시구성' 또는 '동기표시설'이라 한다).

이 동기표시구성은 엄밀하게는 동기가 표시되었는지를 중시하는 입장(표시중시설)과 법률행위의 내용이 되었는지를 중시하는 입장(내용화중시설)으로 나뉜다. 전자(표시중시설)는 이른바 '신뢰주의'의 관점, 즉 동기가 표시되었다면 그러한 동기에 관한 착오를 고려하더라도 상대방의 신뢰를 해할 가능성이 적어진다는 생각에 기초한 것이다. 반면 후자(내용화중시설)는 이른바 '합의주의'의 관점, 즉 동기에 해당하는 경우에도 당사자가 한 합의의 내용에 포함된다면 그 동기의 착오는 표시행위의 착오와 마찬가지로 법률행위의 내용에 관한 착오로 인정해도 좋다는 생각에 기초한 것이다.[17] 전통적인 통설은 신뢰주의의 관점에서 동기가 표시되었는지를 중시한다.[18] 이에 대해 판례는 적어도 태평양전쟁 이전에는 동기가 법률행위의 내용이 되었는지를 중시하는 것이 많았으나,[19] 태평양전쟁 이후에는 오히려 동기의 표시를 중시하는 입장이 많다.[20] 그러나 한편으로는 동기가 표시되었다 하더라도 법률행위의 내용이 되지 않았다는 이유로 착오무효의 주장을 부정한 것도 있어서[21] 통일적인 이해가 용이한 것은 아니다.[22]

(2) 유력설(현대학설)의 등장: 상대방의 인식가능성설(착오일원론)

이와 같이 전통적인 통설이 동기의 착오와 표시행위의 착오를 구별하는 전제에 서면서 동기가 표시되어 법률행위의 내용이 되었는지에 따라 동기의 착오를 무효로 할지가 결정된다고 이해하는 반면 이후의 학설에서는 동기의 착오와 표시행위의 착오를 구별하지 않고 어느 경우에도 제95조의 착오에 포함된다는 견해가 유력하게 등장하였다.[23] 착오를 이원적으로 파악하는 전통

---

15) 大判大正3年[1914]12月15日民録20輯1101頁; 大判大正6年[1917]12月15日民録23輯284頁; 最判昭和38年[1963]3月26日判時331号21頁; 最判平成元年[1989]9月14日判時1336号93頁 등.

16) 일본에서 착오론은 토이미(富井, 입법기초자)를 거쳐 하토야마 히데오(鳩山秀夫)에 의해 통설적 견해(고전학설)로 형성되어 이것이 당시 일본판례에 영향을 미쳤고, 이어서 와가츠마 사카에(我妻 榮)에 의해서 판례의 법리를 포함하여 집약되었다(서희석, 의사표시에서 선의의 제3자보호규정, 120면 각주 153) 참조).

17) 山本, 民法講義, 165-165면.

18) 가령, 我妻 榮『民法總則(民法講義Ⅰ)』(岩波書店, 1933) 317頁以下.

19) 大判大正3年[1914]12月15日民録20輯1101頁; 大判大正6年[1917]12月15日民録23輯284頁等.

20) 最判昭和38年[1963]3月26日判時331号21頁; 最判平成元年[1989]9月14日判時1336号93頁等.

21) 最判昭和37年[1962]12月25日訟月9巻1号38頁/集民63巻953頁等.

22) 이상, 詳解・債権法改正の基本方針, 107면.

23) 舟橋諄一「意思表示の錯誤—民法第95条の理論と判例」九州帝国大学法文学部『十周年記念法学論文集』(岩波書店, 1937年) 627頁以下; 川島武宜「意思欠缺と動機錯誤」九州帝国大学法文学部『民法解釈学の諸問題』(弘

적인 통설(착오이원론)에 대하여 이러한 견해를 '착오일원론'이라고 할 수 있는데, 착오일원론이 유력하게 등장하게 된 이유로 다음 두 가지를 들 수 있다. 첫째, 표시행위의 착오와 동기의 착오를 구별하기가 실제로는 대단히 어려울 수 있다는 점이다. 이러한 점은 특히 동일성의 착오와 물건의 성질(성상)의 착오에서 나타나는데, 전자에서는 의사와 표시가 일치하지 않기 때문에 표시행위의 착오에 해당하는 반면 후자에서는 의사와 표시는 일치한다는 점에서 동기의 착오에 해당하게 된다.[24] 그 결과 전통적인 통설에 의하면 전자의 경우 착오무효가 인정되지만, 후자의 경우(동기가 표시되지 않는 이상) 착오무효가 인정되지 않게 되는데, 이는 공평에 반하는 것이다.[25] 둘째, 상대방의 신뢰보호 · 거래안전의 관점에서 표시행위의 착오와 동기의 착오는 차이가 없다는 점이다. 즉 동기의 착오의 경우에 한하지 않고 표시행위의 착오의 경우에도 의사표시를 무효로 하는 한 표시에 대한 상대방의 신뢰를 깨트려 거래안전을 해하게 된다는 점에서는 공통한다. 따라서 동기의 착오를 표시행위의 착오와 구별하여 취급할 이유가 없다는 것이다.[26]

이와 같이 착오일원론의 입장에 서게 되면 표시행위의 착오와 동기의 착오의 양자에서 착오무효가 인정되기 위한 요건을 통일적으로 설정되게 되는데, 이때 이 견해가 중시하는 것은 상대방의 정당한 신뢰를 보호한다는 관점이다. 즉 상대방이 표의자의 표시를 신뢰하고 그 신뢰가 정당한 것이라면 착오무효는 인정되지 않는 반면, 상대방이 표의자의 표시를 신뢰하지 않는 경우나 신뢰하였다 하더라도 그 신뢰가 정당한 것이 아닌 경우에는 착오무효를 인정해도 된다. 요컨대 상대방의 정당한 신뢰가 존재하지 않는 경우에는 그러한 상대방을 보호할 필요가 없기 때문에 표의자에게 착오무효를 인정할 수 있게 된다. 언제 상대방의 정당한 신뢰가 존재하지 않아 착오무효가 인정되는지에 관하여는 크게 두 가지의 학설이 대립한다. 하나는 표의자가 착오에 빠졌다는 것을 상대방이 알거나 알 수 있었던 경우에는 상대방에 정당한 신뢰가 있었다고 할 수 없는바 착오무효를 인정할 수 있다는 견해(일명 '**착오의 인식가능성설**')이다.[27] 이 견해는 상대방에

文堂, 1949年) 200頁以下 · 219頁以下; 野村豊弘「意思表示の錯誤—フランス法を参考にした要件論(6)」法学協会雑誌93巻5号(1976年) 74頁以下; 幾代通『民法総則〔第2版〕』(青林書院, 1984年) 268頁; 星野英一『民法概論Ⅰ(序論 · 総則)』(良書普及会, 1971年) 200頁; 四宮和夫『民法総則〔第4版〕』(弘文堂, 1986年) 175頁以下; 近江幸治『民法講義Ⅰ(民法総則)〔第4版〕』(弘文堂, 2003年) 186頁; 川井健『民法概論1(民法総則)〔第2版〕』(有斐閣, 2000年) 215頁; 平野裕之『民法総則』(日本評論社, 2003年) 260頁以下等. 학설의 현황은 山本, 民法講義, 167면을 참조.

24) 동일성 착오의 예로서, 가령 X가 Y화랑으로부터 피카소의 판화작품 B를 800만엔에 구입하였는데, 후에 X가 구입하려던 판화작품은 실은 그 옆에 진열되어 있었던 A였음에도 불구하고 A와 B를 혼동한 경우를 들 수 있다. 성질(성상)의 착오의 예로서, X는 Y화랑에 있던 판화를 피카소의 A작품이라고 생각한 나머지 "이 판화를 800만엔에 사겠다"고 했고 이에 Y가 승낙하였지만, 나중에 그 판화는 실은 B였다는 것이 판명된 경우를 들 수 있다. 위 두 가지 예에서 X는 모두 피카소의 작품 A를 구입하려고 하였으나 B를 구입하고 말았다는 점에서는 공통하지만, 전자는 표시행위의 착오로 후자는 동기의 착오로 취급된다(이상, 山本, 民法講義, 168면).

25) 山本, 民法講義, 169면.

26) 山本, 民法講義, 169면.

게 착오의 인식가능성이 있었는지를 기준으로 착오무효의 인정여부를 판단하기 때문에 상대방에게 그러한 인식가능성이 없다면 착오무효는 인정되지 않는다. 다른 하나는 착오에 빠진 사항을 표의자가 중시하고 있다는 점을 상대방이 알거나 알 수 었었던 경우에는 상대방에게 정당한 신뢰가 존재하지 않기 때문에 착오무효를 인정해도 좋다는 견해(일명 '**착오사항의 중요성 인식가능성설**')이다.[28] 이 견해는 표의자가 중시한 사항에 대해 착오가 있다면 착오무효를 인정할 필요가 있는 반면, 무엇을 중시하는지는 사람마다 다르기 때문에 항상 착오무효를 인정하면 상대방의 신뢰를 해할 가능성이 생기게 된다고 한다. 따라서 착오무효를 인정하기 위해서는 표의자가 무엇을 중시하고 있는지를 상대방이 알거나 알 수 있었다고 할 수 있는지가 관건이 된다. 따라서 이 견해에 의하면 표의자가 착오에 빠진 사항이 중요하다는 것에 대한 상대방의 인식가능성이 착오무효의 요건이 된다.

착오의 인식가능성설과 착오사항의 중요성 인식가능성설의 차이는 상대방이 표의자가 무엇을 중시하는지는 알고 있었지만 표의자가 착오에 빠졌다는 사실은 알 수 없었던 경우에 나타나는데, 이 차이는 특히 공통착오의 경우에 현저하다.[29] 전자의 견해에 의하면 표의자뿐만 아니라 상대방도 착오에 빠진 경우라면 상대방이 표의자가 착오에 빠졌다는 것을 인식할 수 없었던 경우이기 때문에 착오무효는 인정되지 않게 된다. 반면 후자의 견해에 의하면 착오무효는 표의자가 무엇을 중시하고 있었는지를 상대방이 알고 있었다면 족하기 때문에 착오무효가 인정된다. 이러한 차이가 있기 때문에 일방적 착오의 경우에는 전자의 견해에 따라 착오의 인식가능성을 착오무효의 요건으로 하면서도 공통착오의 경우에는 착오의 인식가능성을 요건으로 하지 않는 견해도 있고,[30] 착오의 인식가능성이나 착오사항의 중요성 인식가능성 중 어느 하나가 인정되면 상대방의 정당한 신뢰는 없는 것이므로 착오무효의 요건을 충족한다고 해석하는 견해도 존재한다.[31]

이상을 요컨대 상대방의 인식가능성설은 동기의 착오와 표시행위의 착오를 구별하지 않으면서(착오일원론) 상대방의 신뢰보호 내지 거래안전의 관점에서 상대방에게 착오에 대한 인식가능성이나 착오사항의 중요성에 대한 인식가능성이 존재하는지 여부에 따라 착오무효를 인정하고

27) 川島武宜『民法総則』(有斐閣, 1965年) 289頁以下; 幾代, 앞의 책, 273면 등(이상, 山本, 民法講義, 169면에서 재인용).

28) 野村豊弘 「意思表示の錯誤―フランス法を参考にした要件論(7)」法学協会雑誌93巻6号(1976年) 77頁以下; 近江, 앞의 책, 189頁(이상, 山本, 民法講義, 170면에서 재인용).

29) 山本, 民法講義, 170면.

30) 小林一俊『錯誤法の研究〔増補版〕』(酒井書店, 1997年) 415頁以下·436頁以下; 須田晟雄「要素の錯誤―判例の分析を中心にして(8)」北海学園大学法学研究13巻2号(1977年) 147頁·153頁以下(이상, 山本, 民法講義, 171면에서 재인용).

31) 四宮, 앞의 책, 180면(山本, 民法講義, 171면에서 재인용).

자 하는 견해이다. 그러한 인식가능성이 존재하였다면 상대방의 정당한 신뢰는 존재하지 않는 것이고 그러한 상대방을 보호할 필요가 없기 때문에 착오무효를 인정할 수 있게 된다. 이 견해는 착오를 일원적으로 파악한다는 점에서는 전통적인 통설과는 접근법이 다르지만 상대방의 신뢰를 보호하는 것을 목적으로 한다는 점에서는 전통적인 통설을 발전시킨 것으로 이해할 수도 있다.[32)]

(3) 착오론의 새로운 전개(신학설): 당사자가 한 합의를 존중하는 견해(합의주의)

이상에서 검토한 상대방의 인식가능성설이 대략 1970년대까지는 학설상으로 착오무효에 관한 유력한 학설로 존재하였다. 그런데 그 이후 최근에는 상대방의 신뢰를 중시하는 것(신뢰주의)이 아니라 당사자에게 합의가 존재하였는지의 관점에서 착오법을 재구성하려는 시도(합의주의)가 새롭게 등장하고 있다. 여기에도 착오를 일원적으로 파악하는지, 이원적으로 파악하는지에 따라 다음 두 가지 견해의 대립이 존재한다.

1) 신이원론(착오 외 구성설)

이 학설은 전통적인 통설과 같이 표시행위의 착오와 동기의 착오를 구별하지만, 동기의 착오에 관한 문제를 착오법의 외부에서 취급하여야 한다는 견해이다.[33)] 이 학설이 동기의 착오를 표시행위의 착오와 구별하는 이유는 표의자의 귀책성의 정도에서 양자간에 차이가 존재하기 때문이다. 즉 표시행위의 착오란 언어를 사용하여 의사를 외부에 표시할 때에 실패한 경우이다. 이러한 '언어사용의 실패'는 누구에게도 일어날 수 있고 또한 미리 이러한 경우에 대처할 방법도 없기 때문에 제95조의 착오로 보호할 수밖에 없다.[34)] 반면 동기의 착오는 정확한 정보의 수집에 실패하여 잘못된 의사를 형성한 경우이다. 이러한 '정보수집의 실패'에 있어서는 합의에 의하여 그 리스크를 미리 상대방에게 전가해둘 수 있지만, 만일 그것을 하지 않았다면 그 불이익을 표의자가 부담하더라도 할 수 없는 것이다.[35)] 표의자가 동기의 착오, 즉 정보수집의 실패에 관한 리스크를 상대방에게 전가하기 위해서는 미리 상대방과의 사이에 그 취지에 관한 합의가 필요하다. 그와 같은 리스크 전가에 관한 합의로서 '조건'을 설정하거나 (품질 등에 관하여) '보증'조항을 두는 것을 그 예로 들 수 있다. 조건의 경우 정지조건이라면 효력은 발생하지 않고 해제조건이라면 계약은 실효하게 된다. 보증을 합의해둔 경우에는 그 위반에 대해 채무불이행책임을 물을 수 있게 된다.[36)] 그러나 이러한 합의가 없다면 설사 동기가 표시되거나, (상대방에게) 착오의 인식가능성이나 착오사항의 중요성의 인식가능성이 있다 하더라도 의사표시는 효력을 잃지 않고 유효

32) 詳解・債権法改正の基本方針, 107면.

33) 高森八四郎「錯誤無効の意義」同『法律行為論の研究』(関西大学出版部, 1991年) 191頁; 磯村保「錯誤の問題」林良平＝安永正昭編『ハンドブック民法 I』(有信堂高文社, 1987年) 41頁以下等(이상, 山本, 民法講義, 172면에서 재인용).

34) 山本, 民法講義, 172면.

35) 山本, 民法講義, 172면.

36) 山本, 民法講義, 177면; 大村, 民法読解, 337면.

하게 존속한다.[37] 정보수집의 리스크를 회피하기 위한 방책이 있었음에도 그것을 하지 않은 표의자는 보호할 가치가 없기 때문이다.[38]

2) 신일원론(합의원인설)

표시행위의 착오와 동기의 착오를 구별하지 않고 합의주의의 관점에서 착오법을 일원적으로 재구성하려는 견해이다.[39] 이 견해는 표시행위의 착오와 동기의 착오의 구별은 제95조에서 의미가 없다고 하면서, 제95조의 착오는 법률행위의 요소를 기준으로 하여 법률행위의 어느 부분에 착오가 있는지에 따라 고려되는 착오의 범위를 확정한다는 입장을 채용한다. 이 견해는 합의의 원인이 존재하지 않으면 합의의 구속력은 부정된다는 생각을 전제로 제95조에 의해 착오무효가 인정되는 것은 합의의 구속력을 정당화하는 이유(합의의 원인=cause)가 착오에 의해 존재하지 않기 때문으로 이해한다. 따라서 법률행위의 요소의 착오란 그러한 합의의 구속력을 정당화하는 이유 즉 합의의 원인(cause)에 관한 착오로 해석하게 된다.[40]

3. 판례의 전개

판례는 당시의 학설의 상황을 반영하고 또한 학설에 영향을 미치는 것이기 때문에 학설과의 관련 속에서 검토하는 것이 타당한 것이지만, 논점에 관한 리딩케이스가 되는 판례를 분류하여 소개하는 것은 가능하다. 특히 개정 전 민법 제95조는 법조문의 표현이 추상적이어서 판례의 전개가 중요한 의미를 갖는다. 제95조에 관하여는 이미 1910년대(大正3年=1914年)에 법률행위의 '요소의 착오'의 의미에 관한 리딩케이스가 되는 판례가 등장하였고, 이후 '동기의 착오'에 관한 리딩케이스가 1950년대에 형성되었다. 또한 '착오의 효과'에 관하여 제3자에 의한 무효주장을 허용하지 않는 이른바 '상대적 무효론'을 설시하는 리딩케이스 판례가 1965년에 등장하였다. 이하 위 세 가지 논점에 관하여 리딩케이스로 인정받고 있는 판례를 중심으로 그 동향을 간단히 소개하기로 한다.

(1) 법률행위의 요소의 착오

A가 B소유 부동산의 시가가 실제로는 700엔임에도 불구하고 1,500엔이라고 오신하여 저당권을 설정받고 B와의 사이에서 清酒의 판매를 시작했는데 후일 착오무효를 주장한 사안에서, <大審院大正3年[1914]12月15日判決 · 民録20輯1101頁>은 다음과 같이 판시하였다. "의사표시의 연유(동기)에 속하는 사실이라 하더라도 표의자가 의사표시의 내용으로 한다는 의사를 명시

---

37) 山本, 民法講義, 177면.

38) 大村, 民法読解, 338면.

39) 森田宏樹 「『合意の瑕疵』の構造とその拡張理論(1)」NBL482号(1991年) 24頁以下; 四宮和夫=能美善久『民法総則〔第6版〕』(弘文堂, 2002年) 217頁以下((이상, 山本, 民法講義, 178면에서 재인용).

40) 山本, 民法講義, 179면.

또는 묵시적으로 표시한 때에는 의사표시의 내용을 조성하는 것이고, 목적물의 가액과 같은 것도 의사표시의 내용이 될 수 있는바, 법률행위의 요소에 해당하는지 아닌지는 표의자의 의사에서 어느 사실을 법률행위의 요소로 한 것이 합리적인 경우, 즉, 통상인을 표의자의 지위에 두어도 같은 의사표시를 하였다고 인정되는 경우일 것이 요구되며, 착오가 없으면 표의자가 그 의사표시를 하지 않는다고 인정되는 경우에 법률행위이 요소의 착오가 존재하는 것이다. 따라서 목적물의 가액에 관한 착오라고 하더라도 이 기준에 적합한 것이라면 법률행위의 요소의 착오가 된다."[41)]

또한 A가 항소심판결이 나와 승소하였다는 사실을 모르고 B와의 사이에서 화해계약을 체결하고 이후 A가 착오무효를 주장한 사안에서, <大審院大正7年[1918]10月3日判決 · 民録24輯1852頁>은 다음과 같이 판시하였다. "법률행위의 요소란 법률행위의 주요부분으로서, 주요부분이란 표의자가 의사표시의 요부(要部)로 하고 만약 착오가 없으면 의사표시를 하지 않았을 것이고, 의사표시를 하지 않는 것이 일반 거래관념에 비추어 지당하다고 인정되는 것을 요한다."[42)]

법률행위의 요소의 의미에 관하여 학설이 이른바 '주관적 인과성'과 '객관적 중요성'으로 표현하는 것은 이들 판례에 유래하는 것이다.

(2) 동기의 착오

동기의 착오는 효과의사와 표시행위는 일치하지만 그 의사의 형성과정에 착오가 있는 경우를 말하며 일본민법 제95조의 착오에는 원칙적으로 포함되지 않는 것이다. 그러나 판례는 동기의 착오는 원칙적으로 민법 제95조의 착오에 해당하지 않지만, "동기가 표시되어 법률행위의 내용이 되었을 때"에는 동기의 착오가 동조의 착오로 고려된다는 해석론(이른바 동기표시구성)을 일찍이 형성해왔다(학설상으로는 와가츠마의 동기표시설에 영향을 받은 것으로 알려져 있다). 리딩케이스로서 <最高裁昭和29年[1954]11月26日判決 · 民集8巻11号2087頁>은 "의사표시를 함에 있어서 동기는 표의자가 당해 의사표시의 내용으로서 이를 상대방에게 표시한 경우가 아닌 한 법률행위의 요소로 되지 않는 것으로 해석하는 것이 상당하다"고 판시하였는데, 그 후 판례는 추상적인 설시 수준에서는 시종 이 태도를 관철하고 있다[43)]('의사표시의 내용'은 '법률행위의 내용'으로도 표현되며 양자는 엄밀하게 구분되어 사용되는 것으로는 보이진 않는다). 한편 <最高裁平成元年[1989]9月14日判決 · 集民157号553頁>은 동기의 표시는 명시적으로뿐만 아니라 묵시적으로도 가능하며 그러한 동기가 표시되어 법률행위의 내용이 될 필요가 있다고 판시하였다.[44)]

---

41) 日本弁護士連合会編『実務解説 改正債権法』(弘文堂, 2017)(이하 "일본변호사연합회"로 인용) 14頁의 판례소개를 참조하였다.

42) 일본변호사연합회, 14면의 판례소개를 참조하였다.

43) 大中有信「3. 意思表示」潮見佳男 · 千葉恵美子 · 片山直也 · 山野目章夫編『詳解 · 改正民法』(商事法務, 2018)(이하 "大中, 意思表示"로 인용) 22頁.

그런데 위 리딩케이스(最高裁昭和29年[1954]11月26日判決) 이후의 판례에서 '동기의 표시'와 '법률행위의 내용'의 관계를 둘러싸고 판례의 태도가 항상 일치하는 것은 아니다. 우선 동기의 표시가 존재하는 것을 인정하면서도 법률행위의 내용이 되었는지가 문제된 것이 존재(最高裁昭和37年[1962]12月25日判決 · 集民63号953頁, 最高裁平成元年[1989]9月14日判決 · 集民157号553頁等)하는 반면, 법률행위의 내용화가 아니라 요소성(주관적 인과성, 객관적 중요성)만을 판단하는 것이 있다(最高裁昭和38年[1963]10月18日判決 · 集民68号455頁, 最高裁昭和39年[1964]9月25日判決 · 集民75号525頁等).[45] 나아가 최근 보증계약에서 주된 채무자가 이른바 반사회적 세력(폭력단 등)인지 여부가 보증계약 체결의 동기라고 위치지운 후 "동기는 설사 그것이 표시된다 하여도 당사자의 의사해석상, 그것이 법률행위의 내용이 되었다고 인정되지 않는 한 표의자의 의사표시에 요소의 착오는 없다고 해석하는 것이 상당하다"고 하여 명확하게 동기의 표시에 덧붙여 법률행위의 내용화를 요구하는 것이 등장하였다(最高裁平成28年[2016]1月12日判決 · 民集70巻1号1頁, 最高裁平成28年[2016]12月19日判決 · 判時2327号21頁等).[46]

한편 사실인식의 잘못이 문제가 되었으면서도 요건으로서 동기의 표시에는 아무런 언급을 하지 않고 법률행위의 내용화만을 문제시하는 판례가 있고(最高裁昭和32年[1957]12月19日判決 · 民集11巻13号2299頁, 最高裁昭和34年[1959]5月14日判決 · 民集13巻5号584頁等), 그 밖에 착오가 표의자의 상대방에 의해 야기된 사안에서 동기의 표시에 대해서는 마찬가지로 언급하지 않고 단적으로 요소의 착오인지(요소성을 갖추었는지) 아닌지만을 문제시하는 것도 있다(最高裁昭和37年[1962]11月27日判決 · 判時321号17頁, 最高裁昭和40年[1965] 6 月25日判決 · 集民79号519頁等).[47]

(3) 착오무효의 주장자

개정 전 민법은 "표의자에게 중대한 과실이 있을 때에는 표의자 스스로 그 무효를 주장할 수 없다"고 표현하고 있기 때문에 중과실의 경우에는 표의자가 스스로 무효를 주장하지는 못하지만 문언상 상대방(또는 제3자)이 무효를 주장하는 것은 가능한 것으로 해석된다.[48] 그러나 이에 대해서는 표의자보호를 목적으로 하는 착오의 제도로서는 부당한 입법이라는 비판이 유력하였고,[49] 판례에서도 이러한 비판은 받아들여졌다. 즉, A가 B에 대하여 토지명도청구를 하였는바 B는 A에 의한 토지의 취득에 관하여 착오가 있다(다른 토지를 취득하였다)고 주장하며 A의 소유권을 부정한 사안에서 ＜最高裁昭和40年[1965]9月10日判決 · 民集19巻6号1512頁＞은 "민법 제95조

44) 일본변호사연합회, 14-15면.
45) 大中, 意思表示, 23면.
46) 大中, 意思表示, 23면.
47) 大中, 意思表示, 23면.
48) 서희석, 의사표시에서 선의의 제3자보호규정, 98면 · 121면 참조.
49) 我妻 榮『民法總則(民法講義Ⅰ)』(岩波書店, 1933) 322頁.

의 입법취지는 하자있는 의사표시를 한 당사자를 보호하려는 것에 있는 것이므로 표의자 A 자신이 그 의사표시에 어떠한 하자도 인정하지 않고 착오를 이유로 의사표시의 무효를 주장할 의사가 없음에도 불구하고 제3자 B가 착오에 기한 의사표시의 무효를 주장하는 것은 원칙적으로 허용되지 않는다"고 판시하였다. 이것은 착오무효의 주장은 원칙적으로 표의자로 한정된다는 것으로 이른바 '상대적 무효론'을 설시한 판례로 설명되고 있다.[50]

Ⅲ. 착오규정의 개정과정

개정민법상 착오규정은 대체적으로 "채권법개정의 기본방침 → 중간시안 → 요강안(최종안)"의 세 가지 단계를 거쳐 개정이 실현되었다(이러한 개정단계는 다른 개정사항에서도 공통적인 것이다).[51] 이하 각 단계에서 어떠한 부분의 개정이 의도되었고 그에 관한 논의는 어떠하였는지를 중심으로 검토한다.

1. 채권법개정의 기본방침[52]

【1.5.13】 착오

<1> 법률행위의 당사자 또는 내용에 관하여 착오에 의해 진의와 다른 의사표시를 한 경우에 그 착오가 없었으면 표의자가 그 의사표시를 하지 않았을 것으로 생각되고 또한 그와 같이 생각하는 것이 합리적인 때에는 그 의사표시는 취소할 수 있다.

<2> 의사표시를 할 때에 사람이나 물건의 성질 기타 당해 의사표시에 관한 사실을 잘못 인식한 경우에는 그 인식이 법률행위의 내용이 된 때에 한하여, <1>의 착오에 의한 의사표시를 한 경우에 해당한다.

<3> <1><2>의 경우에 표의자에게 중대한 과실이 있었을 때에는 그 의사표시는 취소할 수 없다. 다만, 다음의 어느 하나에 해당할 때에는 그러하지 아니하다.

<가> 상대방이 표의자의 착오를 알고 있었던 때

<나> 상대방이 표의자의 착오를 알지 못한 데 대하여 중대한 과실이 있을 때

<다> 상대방이 표의자의 착오를 유발한 때

<라> 상대방도 표의자와 동일한 착오를 한 때

<4> <1><2><3>에 의한 의사표시의 취소는 선의무과실의 제3자에게 대항할 수 없다.

---

50) 일본변호사연합회, 9면; 大中, 意思表示, 29면; 大村, 民法読解, 318면.

51) 2017년 민법개정의 배경 및 경위에 대해서는 우선 서희석, 일본 민법(채권법) 주요 개정사항 개관, 1072-1078면을 참조.

52) 民法(債権法)改正検討委員会編 『債権法改正の基本方針』(商事法務, 2009)(이하 "債権法改正の基本方針"으로 인용한다). 이 문헌은 2006년 10월에 발족한 사적인 연구조직인 민법(채권법)개정검토위원회에 의한 채권법의 개정제안을 집약한 것이지만, 2009년 11월 이후 법무성 법제심의회의 '민법(채권관계) 부회'에 의한 공식적인 개정작업에서 중요한 참고자료로 활용되었다.

기본방침은 개정 전 민법 제95조의 대폭적인 개정을 제안하는 것이다. 우선 '표시행위의 착오'(표시착오)와 동기의 착오(사실착오)는 기본적인 성격이 다르다고 보아 제95조 본문을 수정하였는데 <1>에서 착오에 관한 기본원칙을 표시행위의 착오에 입각하여 규정하고 <2>에서 동기의 착오에 관한 특유의 요건을 규정하고 있다. 이와 같이 표시행위의 착오와 동기의 착오를 구별하는 것은 동기의 착오에서는 표의자의 주관과 현실의 사실과의 사이에 차이가 있음에 반해 표시행위의 착오의 경우 그러한 차이가 문제가 되지 않으므로 동기의 착오의 경우에는 표시행위의 착오와는 다른 고려를 할 필요가 있다는 생각 때문이다. 이와 같이 착오를 표시행위의 착오와 동기의 착오로 나누어 규율하면서 착오의 효과를 무효에서 취소로 수정하였다. 또한 <3>에서는 개정 전 민법 제95조 단서상의 중과실요건을 유지하면서 아울러 그 예외로서 표의자에게 중과실이 있는 경우에도 취소가 가능한 경우를 나열하고 있고, 마지막으로 <4>에서는 제3자보호에 관한 규정을 신설하였다.[53]

(1) 착오의 요건과 효과의 수정

가. 착오의 요건의 수정: '착오'의 유형화와 법률행위의 '요소'의 수정

제안 <1>은 개정 전 민법 제95조 본문 소정의 "법률행위의 요소에 착오가 있었던 때"라는 요건을 '착오'에 관한 요건과 법률행위의 '요소'에 관한 요건으로 나누어 각각에 대해 다음과 같은 수정을 가하고 있다.

먼저 '착오'에 관하여는 "법률행위의 당사자 또는 내용에 관하여 착오에 의해 진의와 다른 의사표시를 한 경우"를 요건으로 하였는데, 이것은 '표시행위의 착오'를 대상으로 한다는 것을 의미한다.[54]

다음으로 법률행위의 '요소'에 관하여는 '주관적 인과성'과 '객관적 중요성'을 기준으로 하는 판례 및 전통적인 통설의 생각에 따라 "그 착오가 없었으면 표의자가 그 의사표시를 하지 않았을 것으로 생각되고" 또한 "그와 같이 생각하는 것이 합리적인 때"를 요건으로 하였다. 후자 즉 '객관적 중요성'에 대해서 판례 및 전통적인 통설에서는 "통상인이라도 그와 같은 의사표시를 하지 않았을 것으로 생각될 때"를 의미하는 것으로 표현해왔으나, 기본방침에서는 주관적 인과성이 인정되더라도 의사표시의 효력이 부정되면 거래의 안전이 심하게 침해될 수 있기 때문에 거래의 통념에 비추어 정당하다고 인정되는 경우에 한정할 필요가 있다고 보아 표현을 위와 같이 수정한 것이라고 설명된다.[55](다만 판례 및 전통적인 통설의 생각과 근본적으로 다르다고는 생각되지 않는다). 전자 즉 주관적 인과성을 필요로 하는 이유는 착오가 없어도 표의자가 그 의사표시를

53) 이상, 債権法改正の基本方針, 28면.
54) 債権法改正の基本方針, 28면.
55) 詳解 · 債権法改正の基本方針, 115면.

하였다고 한다면 표의자를 보호할 필요가 없기 때문이고, 후자 즉 객관적 중요성을 요구하는 이유는 주관적 인과성만으로 착오를 고려한다면 거래의 안전을 심하게 해하게 될 것이기 때문이다.[56)]

나. 착오의 효과의 수정: 무효에서 취소로

제안 <1>에서는 착오의 효과를 무효에서 취소로 개정할 것을 제안하고 있다. 이것은 이미 종래의 통설에서 지적되었던 바와 같이 착오의 효과를 의사주의의 관점에서 무효로 하는 것보다는 거래의 안전을 위하여 취소로 할 필요가 있다는 점[57)]을 반영한 것이라 할 수 있는데, 기본방침에서는 이를 다음과 같이 설명한다. 즉, 착오제도의 취지가 잘못된 의사표시를 한 자를 그 의사표시에의 구속으로부터 해방시키는 것에 있다고 한다면 그와 같은 해방을 실제로 요구할 것인가의 여부는 그 의사표시를 한 자의 결정에 맡기는 것이 요청된다. 다만, 그와 같은 결정이 언제라도 자유롭게 가능하다면 상대방은 불안정한 지위에 계속하여 놓여지게 될 위험이 있다. 이런 경우에 대비하여 정비된 것이 '취소제도'라고 이해할 수 있다면 착오의 효과도 단적으로 취소로 구성할 필요가 있다.[58)]

(2) 동기의 착오(사실착오)의 명문화

제안 <2>에서는 동기의 착오 내지 사실착오에 관하여 판례의 생각에 따라 사실에 대한 잘못된 인식이 법률행위의 내용이 된 때에 한하여 의사표시의 취소를 인정하고 있다. 이때 제안의 대상이 된 '사실착오'의 의미에 관하여는 "의사표시를 할 때에 사람이나 물건의 성질 기타 당해 의사표시에 관한 사실을 잘못 인식한 경우"로 정식화하고 있는데, "사람이나 물건의 성질"에 관한 착오가 사실착오의 대표례로서 이해를 쉽게 하기 위하여 이를 예시한 것이다.[59)]

이를 전제로 제안 <2>에서는 그 잘못된 인식이 "법률행위의 내용이 된 때" 즉 합의한 때에 한하여 의사표시를 취소의 대상으로 하였다. 사실에 대한 인식이 현실과 합치하는 것인지는 각 당사자가 부담하여야 할 리스크이다. 표의자가 자신의 인식을 단지 표시하였다든지, 표의자가 잘못 인식하고 있다는 것 또는 그 잘못 인식한 사항이 표의자에게 중요하다는 것을 상대방이 인식하였다든지 하는 것만으로 상대방이 그 의사표시가 취소되어버리는 리스크를 부담할 이유는 없다. 이러한 현실에 관한 리스크의 轉嫁는 현실에 대한 인식이 합의의 내용으로 포함됨으로써 정당화될 수 있을 것으로 생각된다. 제안 <2>는 이러한 '합의주의'의 생각에 기초한다.[60)]

---

56) 債権法改正の基本方針, 29면.
57) 이미 1930년대에 와가츠마의 저술에서 그와 같은 생각이 주장되었다. 또한 와가츠마의 그러한 생각이 「만주국민법」의 착오규정으로 연결되었다는 지적으로, 서희석, 의사표시에서 선의의 제3자보호규정, 122면 이하를 참조.
58) 이상, 債権法改正の基本方針, 29면.
59) 이상, 債権法改正の基本方針, 29면.
60) 이상, 債権法改正の基本方針, 29면.

판례는 “동기가 상대방에 ‘표시’되어 법률행위의 내용이 될 것”을 요건으로 하고 있지만 이 ‘표시’는 묵시적으로도 할 수 있는 것으로 해석되고 있어서 현실적으로 표시되었는지 여부가 중시되고 있는 것은 아니다.[61] ‘합의주의’에 의하면 기준이 되는 것은 “법률행위의 내용으로 되었는지” 여부이다. 따라서 법률행위의 내용과 별도로 특히 ‘표시’를 요구하는 것은 의미가 없다. 이에 제안 <2>에서는 “그 인식이 법률행위의 내용이 된 때에 한하여”를 요건으로 규정한 것이다.[62]

한편, 제안 <2>에서는 이상의 요건이 갖추어진 때에 “<1>의 착오에 의한 의사표시를 한 경우에 해당한다”고 규정한다. 이것은 이상의 요건이 갖추어진 때에 <1> 중에서 전단인 “법률행위의 당사자 또는 내용에 관하여 착오에 의해 진의와 다른 의사표시를 한 경우”에 해당한다는 것으로, 나아가 후단의 요건인 “그 착오가 없었으면 표의자가 그 의사표시를 하지 않았을 것으로 생각되고 또한 그와 같이 생각하는 것이 합리적인 때”에 해당하면 그 의사표시는 취소할 수 있다는 의미이다.[63]

(3) 착오취소의 소극요건(=중과실)과 그 예외

제안 <3>에서는 현행민법 제95조의 단서를 기본적으로 유지하여 표의자에게 ‘중대한 과실’이 있을 때에 ‘취소’를 인정하지 않는다고 하면서 아울러 다음과 같은 경우에 그 예외를 인정하고 있다.

먼저 상대방이 표의자의 착오를 알고 있었던 때(<가>)에는 개정 전 민법의 해석으로도 표의자는 착오무효를 주장할 수 있다고 해석하는 것이 통설이었다.[64] 이 경우에는 상대방에게 보호할 만한 신뢰가 없는 이상 착오무효의 주장이 인정되어도 어쩔 수 없다고 생각되기 때문이다. 또한 표의자의 착오를 알지는 못했으나 쉽게 알 수 있었던 경우에도 상대방의 신뢰가 보호할 가치가 있다고는 할 수 없다. 따라서 기본방침은 상대방이 표의자의 착오에 대해 악의인 경우(<가>)뿐만 아니라 모르는데 중대한 과실이 있을 때(<나>)에도 표의자에게 중대한 과실이 있다 하더라도 착오취소가 가능한 것으로 하였다.[65]

또한 상대방이 표의자의 착오를 유발(야기)한 경우(<다>)(이른바 ‘야기형 착오’의 경우)에는 상대방이 그 결과(취소의 결과)를 받아들여야 하는 지위에 있다고 할 것인바 설사 표의자에게 중대한 과실이 있다 하더라도 이를 이유로 상대방이 착오취소의 주장을 배척하는 것이 허용된다고 할 수는 없다.[66] 따라서 기본방침은 이른바 야기형 착오의 경우 표의자에게 중대한 과실이 있다

61) 債権法改正の基本方針, 29면.
62) 이상, 債権法改正の基本方針, 29면.
63) 이상, 債権法改正の基本方針, 29면.
64) 詳解・債権法改正の基本方針, 119면.
65) 이상, 詳解・債権法改正の基本方針, 119면.

하더라도 취소를 할 수 있는 것으로 하였다.[67]

한편 상대방이 표의자와 공통의 착오에 빠진 경우(<라>) 개정 전 민법의 해석으로도 상대방도 착오를 하고 있는 이상은 법률행위의 효력을 유지할 이익은 없는 것으므로 표의자에게 중대한 과실이 있다 하더라도 무효주장을 인정하여야 한다는 견해가 유력하였다.[68] 동일한 착오를 하고 있는 상대방이 표의자에게 중대한 과실이 있다는 점을 지적하여 표의자에 의한 착오무효의 주장을 배척할 수 있다는 것은 역시 문제라고 하여야 할 것이다. 따라서 기본방침은 상대방이 표의자와 공통의 착오에 빠진 경우(<라>) 표의자에게 중대한 과실이 있다 하더라도 의사표시의 취소가 가능한 것으로 하였다.[69]

(4) 선의무과실의 제3자보호규정의 신설

제안 <4>에서는 착오취소의 대해 제3자보호규정을 신설할 것을 제안하고 있다. 개정 전 민법에서도 선의의 제3자보호에 관한 제96조 제3항(사기)의 규정을 유추적용하여야 한다는 점이 학설상 유력하게 주장되고 있었는바,[70] 기본방침에서는 학설의 이러한 주장을 받아들여 제3자보호규정을 신설할 것을 제안한 것이다.

문제는 제3자보호의 요건이다. 제안 <4>에서는 허위표시(개정 전 민법 제94조)와 달리 '선의무과실'을 제3자보호의 요건으로 설정하였다. 제3자의 보호요건이 선의로 족한 것은 허위표시의 경우와 같이 '고의책임원리' -고의로 잘못된 표시를 한 자는 그 표시에 따른 책임을 부담하여야 한다- 가 타당한 경우로 한정된다고 생각되는바, 착오를 포함한 그 밖의 경우에는 일반원칙대로 제3자의 신뢰가 보호되는 것은 그것이 정당한 것일 때 -과실이 없을 때- 에 한하는 것으로 해석하여야 할 것이다. 사기 및 부실표시(【1.5.15】)[71]와 착오는 실무에서는 중첩적으로 문제시되는 경우도 있으므로 제3자보호요건을 통일할 필요가 있다.[72]

이와 같이 기본방침상 착오규정의 개정제안은 개정 전 일본민법상 착오규정에 대폭적인 수정을 가하는 것으로, 일부 요건과 표현에서 약간의 변화가 있는 외에는 이후의 논의과정에서도 기본적으로는 그대로 유지되었다.

---

66) 詳解 · 債権法改正の基本方針, 119면.
67) 이상, 債権法改正の基本方針, 29면.
68) 학설의 현황은 詳解 · 債権法改正の基本方針, 119면을 참조.
69) 이상, 詳解 · 債権法改正の基本方針, 179면.
70) 학설의 현황은 詳解 · 債権法改正の基本方針, 120면을 참조.
71) 기본방침에서 제안되었으나 중간시안 이후 삭제되었다. 기본방침의 부실표시의 제안에 관하여는 서희석, "일본민법개정시안에서 소비자법의 위치", 재산법연구 제26권 제2호(2009. 10), 380면 이하를 참조.
72) 이상, 債権法改正の基本方針, 29면.

2. 중간시안[73)]

2. 착오(민법 제95조 관계)

민법 제95조의 규율을 다음과 같이 개정한다.

(1) 의사표시에 착오가 있는 경우에 표의자가 그 진의와 다르다는 것을 알았다면 표의자는 그 의사표시를 하지 않았을 것이고, 또한 통상인이라도 그 의사표시를 하지 않았을 것으로 인정될 때에는 표의자는 그 의사표시를 취소할 수 있도록 한다.

(2) 목적물의 성질, 상태 기타 의사표시의 전제가 되는 사항(事項)에 착오가 있고 또한 다음 어느 하나에 해당하는 경우에 당해 착오가 없었다면 표의자가 그 의사표시를 하지 않았을 것이고, 또한 통상인이라도 그 의사표시를 하지 않았을 것으로 인정될 때에는 표의자는 그 의사표시를 취소할 수 있도록 한다.

가. 의사표시의 전제가 되는 당해 사항에 관한 표의자의 인식이 법률행위의 내용이 되었을 때

<u>나. 표의자의 착오가 상대방이 사실과 다른 것을 표시하였기 때문에 생긴 것일 때</u>

(3) (1) 또는 (2)의 의사표시를 한 것에 관하여 표의자에게게 중대한 과실이 있었던 경우에는 다음 어느 하나에 해당할 때를 제외하고, (1) 또는 (2)에 의한 의사표시의 취소를 할 수 없는 것으로 한다.

가. 상대방이 표의자가 (1) 또는 (2)의 의사표시를 한 것을 알거나 모르는데 중대한 과실이 있는 때

나. 상대방이 표의자와 동일한 착오에 빠져 있었을 때

(4) (1) 또는 (2)에 의한 의사표시의 취소는 선의이고 과실 없는 제3자에 대항할 수 없는 것으로 한다.

※ (주) (2) 나.(부실표시)에 대해서는 규정을 두지 않는다는 생각이 있다.

중간시안은 전술한 채권법개정의 기본방침상 착오규정의 개정제안을 거의 그대로 받아들이면서, 다만 상대방의 부실표시에 의해 유발된 동기의 착오의 취급을 약간 달리하고 있다는 점에서 차이가 있다. 즉, 기본방침에서는 유발된 착오를 <3>의 <다>에서 표의자에게 중과실이 있는 경우의 예외사유(취소가능)로 규정하고 있었음에 반해 중간시안에서는 유발된 착오 중 부실표시에 의해 유발된 경우로 대상을 좁히고 이를 동기의 착오의 문제로 보아 (2)의 나.로 그 위치를 바꾸고 있다. 이에 의하면 동기의 착오는 동기가 법률행위의 내용이 된 경우(가.)뿐만 아니라 상대방의 부실표시에 의해 유발된 경우(나.)에도 취소의 대상이 된다. 다만 부실표시의 규정을

73) 2009년 11월에 법무성 법제심의회에 '민법(채권관계) 부회'가 설치되어 민법개정이 공식적으로 논의된 이후 부회에서의 개정논의는 '채권법개정의 기본방침' 등 중요자료에 대한 심의를 거쳐 '중간시안'을 작성하고 최종적으로 '요강안'을 작성함으로써 그 임무를 마치는 것으로 예정되었다(이후 요강안을 바탕으로 법무성에서 '민법개정안'을 작성하여 국회에 제출한다). 중간시안은 우선 2009. 11.부터 2011. 4.까지 논제의 검토를 통하여 심의대상이 되는 논점을 정리한 「민법(채권관계)의 개정에 관한 중간적인 논점정리」(중간적인 논점정리)의 과정을 거쳤는데, 이후 법조, 실무, 학계 등의 의견수렴을 거쳐 위 중간적인 논점정리에 대한 집중적인 심의를 통하여 「채권법 개정에 관한 중간시안」(중간시안)을 결정·공표하게 되었다. 중간시안의 내용 및 취지는 商事法務 編『中間試案の補足説明』(商事法務, 2013)(이하 "中間試案の補足説明"으로 인용한다)에 잘 설명되어 있다.

명문으로 둘 것인지에 대해서는 (주)에서 선택의 여지를 남겨두었다.

(1) 표시행위의 착오에 관한 규율

가. 요건의 명확화

본문 (1)은 이른바 '표시행위의 착오'(표시착오)에 관한 것이다. 본문 (1)의 "의사표시에 착오가 있는 경우"란 이른바 의사표시의 착오, 즉 의사와 합치하지 아니하는 표시행위를 한 경우를 표현하려고 한 것으로 동기의 착오는 "의사표시에 착오가 있는 경우"에 해당하지 않는다.[74]

본문 (1)은 표시행위의 착오에 관하여 "법률행위의 요소에 착오가 있는 경우"에 그 효력을 부정하는 개정 전 민법 제95조의 규율내용을 기본적으로 유지한 위에, '요소의 착오'의 내용을 판례의 생각에 따라 구체화함으로써 규율내용을 명확히 하려는 것이다.[75] 요소의 착오의 내용에 대해서 판례(大判大正7年[1918]10月3日民録24輯1852頁 등)는 그 착오가 없었다면 표의자는 의사표시를 하지 아니하였을 것으로 생각되고(주관적 인과성) 또한 통상인이라도 그 의사표시를 하지 아니할 것으로 인정되는(객관적 중요성) 것을 말한다고 판시하고 있는바, 이러한 정식화는 학설상으로도 지지되고 있다. 이를 법문으로 받아들여 구체화한 것이 본문 (1)이다. 즉, 주관적 인과성은 "표의자가 그 진의와 다르다는 것을 알았다면 표의자는 그 의사표시를 하지 않았을 것"으로, 객관적 중요성은 "통상인이라도 그 의사표시를 하지 않았을 것으로 인정될 때"로 표현함으로써, 표시행위에 착오가 있기 때문에 의사표시의 효력이 부정되기 위한 요건을 명확히 하려고 한 것이다.[76] 기본방침보다 판례의 표현에 보다 충실하도록 개정된 점이 특징이다.

나. 효과의 수정: 무효에서 취소로

본문 (1)은 또한 착오에 의한 의사표시의 효과를 취소로 수정하고 있다. 그 이유로서 첫째, 판례(最判昭和40年[1965]9月10日民集19巻6号1512頁)가 원칙적으로 표의자 이외의 제3자는 착오무효를 주장할 수 없다고 판시하고 있는바, 상대방으로부터 효력을 부정할 수 없다는 점에서 그 효력이 '취소'와 유사하다는 점, 둘째, 착오의 효과를 무효로 하면 주장기간에 제한이 없어서 취소보다 표의자에게 유리하지만, 착오자를 사기에 의해 의사표시를 한 자(피사기자)보다 더 보호할 합리적 이유가 없다는 점(착오자는 스스로 착오에 빠진 것이지만, 피사기자는 사기자의 기망에 의해 착오에 빠진 것이므로 착오자를 보다 보호하는 것은 균형을 잃는 것이라는 점)의 두 가지를 들 수 있다.[77]

(2) 동기의 착오에 관한 규율

가. 배경 및 취지

본문 (2)는 동기의 착오, 즉 효과의사와 표시행위는 일치하지만 그 의사의 형성과정(동기)에

74) 中間試案の補足説明, 15면.
75) 中間試案の補足説明, 15면.
76) 中間試案の補足説明, 15면.
77) 中間試案の補足説明, 15-16면.

착오가 있는 경우에 관하여 판례의 생각에 따라 동기의 착오에 관한 규율을 명확히 하려는 것이다. 동기의 착오에 관한 규율을 두는 이유는 착오가 문제되는 많은 사안이 동기의 착오에 관련된 것이고, 판례가 그러한 경우에 착오의 효력이 부정되는 일정한 법리를 형성하고 있기 때문이다.[78]

판례 및 전통적인 학설은 표시행위의 착오와 동기의 착오를 구별하여 동기의 착오는 원칙적으로 민법 제95조의 착오에 해당하지 않지만, "동기가 표시되어 법률행위의 내용이 되었을 것" 등의 요건을 충족하면 동기의 착오가 동조의 착오로 고려되고 이 경우에는 그것이 요소의 착오(주관적 인과성, 객관적 중요성)에 해당하면 의사표시는 무효가 된다고 해석해왔다. 본문 (2)는 판례 및 전통적인 학설의 이와 같은 생각을 받아들여 동기의 착오로서 두 가지 유형(가, 나)을 설정하고 각각의 경우에 당해 착오가 없었다면 표의자가 그 의사표시를 하지 않았을 것이고, 또한 통상인이라도 그 의사표시를 하지 않았을 것으로 인정될 때에는 표의자는 그 의사표시를 취소할 수 있다는 취지를 규정한 것이다.[79]

그런데 이러한 태도는 일본민법의 착오론 중 이른바 유력설(현대학설) 내지 착오일원론(동기의 착오를 착오의 일유형으로 포함시키는 이론 내지 학설)의 입장과는 다른 것이다. 착오일원론은 전술(Ⅱ.2.(2))한 바와 같이 표시행위의 착오와 동기의 착오를 구별하지 않고, 착오 일반에 대해서 상대방의 정당한 신뢰를 보호하기 위하여 표의자가 착오에 빠졌다는 점 또는 착오에 빠진 사항의 중요성에 대해 상대방의 인식가능성을 요건으로 하여 착오무효를 인정하는 학설이다. 이 학설에 따를 경우에는 본문 (2)와 같이 표시행위의 착오와 동기의 착오를 별도로 규율하는 것이 아니라 표시행위의 착오에 관한 본문 (1)에서 (동기의 착오를 포함한) 착오 일반을 대상으로 상대방의 인식가능성을 요건으로 하여 취소를 인정하는 형태가 되었을 것이다. 그러나 이것은 '동기의 표시' 또는 '법률행위의 내용이 되었을 것'이라는 종래 판례의 정식(定式)과는 다른 것으로 인식가능성을 중시하는 생각이 실무에 정착되어 있다고 할 수 있는지 의문이고, 그 귀결이 종래의 실무와 일치하는 것인지도 명확하지 않다는 문제점이 있다. 이에 중간시안에서는 이러한 생각을 취하지 않고, 표시행위의 착오와 동기의 착오를 구별하는 판례와 전통적인 통설의 생각(착오이원론)을 채용하고 동기의 착오에서 착오취소가 인정되기 위한 요건을 명확히 하고자 하였다.[80]

나. 동기의 착오에서 취소의 요건

본문 (2)에서 '동기'는 "목적물의 성질, 상태 기타 의사표시의 전제가 되는 사항(事項에 관한 인식)"으로 표현되어 있다. 가령 목적물의 진위(眞僞), 성능, 상대방의 속성, 향후 시장 상황의 변화 등 표의자가 의사결정을 함에 있어서 고려한 요소에 대한 인식을 종래 '동기'로 불러왔는데

78) 中間試案の補足説明, 16면.
79) 中間試案の補足説明, 16면.
80) 中間試案の補足説明, 16면.

여기서는 이러한 인식의 대상을 포괄하여 '**의사표시의 전제가 되는 사항**'으로 표현하고 있다(목적물의 성질, 상태는 그 예시이다). 다만 동기를 어떻게 표현할지에 관하여 계속하여 검토의 여지는 남아 있다.[81]

그러한 동기에 착오가 있고 ① 의사표시의 전제가 되는 당해 사항에 관한 표의자의 인식(=동기)이 법률행위의 내용이 되거나(가.) ② 표의자의 착오가 상대방이 사실과 다른 것을 표시(=부실표시)하였기 때문에 생긴 경우에(나.), 당해 동기의 착오가 요소의 착오가 되기 위한 판례의 요건, 즉 당해 착오가 없었다면 표의자가 그 의사표시를 하지 않았을 것이고(=주관적 인과성) 또한 통상인이라도 그 의사표시를 하지 않았을 것(=객관적 중요성)으로 인정될 때에는 표의자는 동기의 착오에 의한 의사표시를 취소할 수 있다. 여기서 동기의 착오가 착오취소의 대상이 되기 위하여 요구되는 두 가지 요건(①②)에 관하여 살펴볼 필요가 있다.

먼저 동기의 착오가 있고 당해 **동기가 법률행위의 내용이 되는 경우**(①)를 요건화한 것은 동기의 표시는 고려하지 않고 동기가 법률행위의 내용이 되었는지를 중시하는 입장(내용화중시설)에 따른 것이다. 동기의 착오에 관한 판례법리에 관하여는 동기의 표시를 중시하고 있다고 보는 이해가 있는 반면, 동기의 표시 여부보다는 당해 사항이 법률행위의 내용으로 되었는지를 중시하고 있다는 이해도 있는데, 중간시안에서는 전술한 기본방침의 태도와 마찬가지로 후자의 이해에 입각해있다. 즉, 판례에는 "동기가 표시되었다 하더라도 의사해석상 동기가 법률행위의 내용이 되지 않았다고 인정되는 경우에는 동기의 착오는 법률행위를 무효로 만드는 것이 아니다"라는 일반론을 설시하는 것[82]이 있고, 동기의 표시의 유무에 불구하고 동기가 법률행위의 내용이 되었는지를 문제삼는 것이 있는 반면, 동기의 표시를 중시하는 듯한 판례의 경우에도 동기의 표시가 없는 한 의사표시의 내용이 되지 않는 것으로 보아 착오취소의 대상에서 제외한 것으로 이해되는 것이 많다는 점 등으로부터 판례를 종합적으로 평가하면 동기의 표시의 유무보다도 당해 사항이 법률행위의 내용으로 되었는지가 중시되고 있다는 이해가 가능하다는 것이다.[83] 이에 반해 동기가 표시되었는지 여부를 중시하는 입장(표시중시설)은 동기가 표시되어 있으면 동기에 관한 착오를 고려하더라도 상대방의 신뢰를 해하는 정도가 적어진다는 점을 이유로 하고 있지만, 이에 대해서는 착오 리스크의 부담에 대해 상대방의 신뢰를 중시하는 입장으로부터 동기가 표시되었다 하더라도 상대방이 착오의 유무를 판단할 수는 없으므로 "상대방의 정당한 신뢰가 없는 경우"라고는 할 수 없다는 비판이 있고, 또한 착오 리스크의 부담에 대해 당사자의 합의를 중시하는 입장으로부터는 표의자가 동기를 일방적으로 표시하였다는 점으로부터 그 착오의 리스크를 상대방

81) 中間試案の補足説明, 16-17면.
82) 最判昭和37年[1962]12月25日集民63巻953頁.
83) 中間試案の補足説明, 17-18면.

에게 전가하는 것을 정당화할 수 있는 이론적 근거가 명확하지 않다는 비판이 있다.[84] 실질적으로도 가령 일방 당사자가 계약을 체결하는 이유를 설시하고 상대방이 그를 알았거나 알 수 있었다는 점만으로(가령 일정 수준의 이익실현이 가능하다고 생각하므로 투자하고 싶다고 말한 경우) 착오를 주장할 수 있다고 하면 거래의 안전을 현저히 해할 수 있어서 부당하다고 생각된다.[85]

한편 '동기의 표시'를 법률행위의 내용화와 더불어 동기의 착오의 취소요건으로 표현하는 것도 고려의 여지는 있으나, 이 경우 '동기의 표시'와 '법률행위의 내용화'의 관계를 둘러싸고 복잡한 해석론상의 문제가 제기될 가능성이 있어서 입법론으로서 적절치 않고, 따라서 동기의 표시는 별도의 요건으로 표현하지 않은 것이다.[86] 다만 동기의 표시가 없으면 법률행위의 내용이 되는 일은 없다는 점에서 동기의 표시는 법률행위의 내용이 되기 위한 전제로서 위치지워진다고 할 것이다.[87]

다음으로 **상대방이 사실과 다른 표시를 하였기 때문에 동기의 착오에 빠진 경우**(②)는 상대방의 '부실표시'에 의해 표의자의 동기의 착오가 유발(야기)된 경우를 규율하기 위한 것이다. 즉, 이 경우에는 그 동기가 법률행위의 내용이 되었는지를 요구하는 ①의 요건을 충족하지 않더라도 착오로서 고려되어 주관적 인과성과 객관적 중요성의 요건을 충족하면 의사표시를 취소할 수 있다는 뜻을 명문화한 것이다.[88] 이것은 기본방침에서 착오와는 별도로 신설이 제안된 '부실표시(不実表示)'(【1.5.15】)에 관한 규율을 착오에 관한 규율의 일부로 편입한 것이다. 부실표시가 (중간시안에서는 제외되었으나 착오와 관련하여) 검토의 대상이 된 배경에는 현실의 재판례에서는 상대방이 사실과 다른 표시를 하였기 때문에 표의자가 동기의 착오에 빠진 경우에는 "동기가 표시되었을 것", "동기가 법률행위의 내용이 되었을 것" 등의 요건을 충족하지 않더라도 착오무효가 인정되어 왔다는 이해가 존재한다.[89] 부실표시의 규율이 착오에 관한 이와 같은 이해에 기초한 것이라면 단적으로 동기의 착오의 규율의 일부로서 위치시키는 것이 보다 자연스럽다고 생각된다. 이러한 이유에서 부실표시에 관한 규율을 착오에 관한 규율의 일부로 규정한 것이다.[90]

동기의 착오가 상대방의 부실표시에 의하여 야기된 경우를 착오취소의 대상이 되기 위한 요건의 하나로 규정한 것은, 상대방이 사실과 다른 표시를 한 경우에는 표의자는 그것을 신뢰하여 오인을 할 위험성이 높기 때문에 표의자를 그 의사표시에서 해방할 필요성이 있는 반면, 상대방은 스스로 잘못된 사실을 표시하여 표의자의 착오를 야기한 이상, 그 의사표시의 취소라는 결

84) 中間試案の補足説明, 18면.
85) 中間試案の補足説明, 18면.
86) 中間試案の補足説明, 18면.
87) 中間試案の補足説明, 18면. 같은 견해로, 森田宏樹「民法95条(動機の錯誤を中心として)」広中俊雄＝星野英一編『民法典の百年Ⅱ－個別的観察(1) 総則編・物権編』(有斐閣, 1998) 192頁.
88) 中間試案の補足説明, 19면.
89) 中間試案の補足説明, 19면.
90) 中間試案の補足説明, 19면.

과를 수인하는 것도 어쩔 수 없다는 점에서 의사결정의 기초가 된 정보수집의 오류의 리스크를 상대방에게 전가하는 것이 가능하다는 생각에 기초한 것이다. 이것은 당사자간에 일반적인 의미에서 '정보나 교섭력의 격차'가 존재하는 경우(일본 「소비자계약법」 제1조 참조)에 관계없이 타당한 것으로, 본문 (2) 나.는 이른바 약자 보호 등의 정책적인 목적에서 도입이 주장된 것은 아니다.[91] 이에 대해서는 표의자가 사업자인 경우에는 자기책임의 원칙이 보다 강하게 적용되는 것이 타당하고, 상대방이 사실과 다른 표시를 하였다 하더라도 그것으로부터 직접 의사표시의 기초가 되는 정보의 수집에 관한 리스크를 상대방에게 부담시키는 것은 리스크 분배의 태양으로서는 적당하지 않다는 비판이 있다.[92] 이러한 비판이 있다는 점을 감안하여 (주)에 이를 반영한 것이다.[93] 그러나 설사 부실표시가 동기의 착오를 야기하였다고 하더라도 바로 의사표시의 취소가 인정되는 것이 아니라 요소성(주관적 인과설, 객관적 중요성)의 요건과 무중과실의 요건을 아울러 충족하여야 하기 때문에 이들 요건을 적절히 판단한다면 부실표시에 관한 본문 (2) 나.가 부당한 결론으로 연결될 것이라는 우려는 불식될 수 있을 것으로 생각된다.[94]

그 밖에 본문 (2) 나.에서 동기의 착오가 부실표시에 의해 야기된 경우에 착오취소의 대상이 되기 위한 요건으로서 논의된 문제점들을 간단히 정리하면 다음과 같다. 첫째, 상대방에 의해 표시된 사항이 표의자가 의사결정을 하는데 있어서 중요한 사항이어야 하는지(표시사항의 중요성 요건)는 묻지 않는다. 표시사항의 중요성 요건은 주관적 인과성과 객관적 중요성의 요건 속에서 검토되기 때문이다.[95] 둘째, 본문 (2) 나.의 '표시'는 부작위를 배제하지 않는다. 가령 상대방이 이익이 되는 사실만을 표시하고 그것과 표리일체가 되는 불이익이 되는 사실을 고지하지 않는 경우(가령 주택의 매매계약에서 경관이 좋다는 사실만을 강조하고 곧 인근주택의 건설계획이 있다는 사실을 알리지 않은 경우)에는 표의자는 그 불이익사실이 존재하지 않는다고 생각하는 것이 통상이기 때문에 의사표시가 이루어지기까지 상대방의 언동을 전체로서 본다면 그 불이익사실이 존재하지 않는다는 표시가 있었다고 평가할 수 있기 때문이다.[96] 셋째, 상대방이 사실과 다른 표시를 한 것에 대해 귀책사유(고의 또는 과실)를 별도의 요건으로 하지 않는다. 상대방에게 귀책사유가 없는 경우에도 그 표시가 없으면 하지 않았을 의사표시의 구속력으로부터 표의자를 해방시키고자 하는 것이 본문 (2) 나. 요건을 신설하는 취지이고, 또한 요소성(주관적 인과성, 객관적 중요성)과 무중과실의 요건을 적절히 판단하면 상대방의 귀책사유를 요구하지 않는 것으로부터 발생하는

91) 中間試案の補足説明, 20면.
92) 中間試案の補足説明, 20면.
93) 中間試案の補足説明, 20면.
94) 中間試案の補足説明, 20면.
95) 中間試案の補足説明, 20면.
96) 中間試案の補足説明, 21면.

우려는 불식될 수 있을 것으로 생각되기 때문이다.97) 넷째, 표의자의 부실표시에 대한 신뢰가 정당한 것이어야 하는지(신뢰의 정당성)는 별도의 요건으로 하지 않는다. 표의자의 신뢰가 정당하지 않은 경우에도 표의자의 무중과실 요건의 적절한 판단에 의해 합리적인 해결이 가능하기 때문이다.98)

(3) 표의자에게 중과실이 있는 경우의 규율

개정 전 민법 제95조 단서는 표의자에게 중과실이 있는 경우에까지 상대방의 희생 하에 표의자를 보호하여야 하는 것은 아니므로 착오무효의 주장을 제한하는 규정인데, 중간시안은 이 단서규정의 취지가 합리적이라고 보아 이를 원칙적으로 유지하였다. 다만 이와 더불어 그 예외로서 표의자에게 중과실이 있어도 여전히 착오취소가 가능한 경우로서 2가지 경우를 규정하였다.99) 이것은 기본방침의 4가지 예외사유 중 <3><다>(상대방이 표의자의 착오를 유발한 경우)를 제외한 3가지 예외사유를 유지한 것이다(<가>와 <나>는 통합).

첫 번째는 표의자의 의사표시에 착오가 있다는 것(본문 (1)의 경우) 또는 표의자가 의사표시의 전제가 되는 사항에 대해 오신을 하고 이를 전제로 의사표시를 하고 있다는 것(본문 (2)의 경우)을 상대방이 알고 있거나 모르는데 중과실이 있는 경우이다(가.). 표의자의 의사표시가 착오에 의한 것이라는 사실을 상대방이 알고 있을 때에는 상대방을 보호할 필요가 없기 때문에 표의자는 중과실이 있어도 무효를 주장할 수 있다는 것이 통설이다.100) 또한 의사표시가 착오에 의한 것이라는 사실을 상대방이 몰랐다고 하더라도 모르는데 중과실이 있었다면 상대방이 악의인 경우와 동등하게 취급할 수 있다고 할 것이다.101)

두 번째는 상대방이 표의자와 동일한 착오에 빠져 있는 경우이다(나.). 이른바 공통착오의 경우에는 상대방도 표의자와 같은 착오에 빠진 이상은 법률행위의 효력을 유지해서 보호해야 할 정당한 이익을 상대방이 갖고 있다고 할 수 없으므로 중과실이 있는 표의자의 착오주장은 제한되지 않는다는 견해가 유력한바, 중간시안은 학설의 이러한 태도를 채용한 것이다.102) 한편 표의자가 중과실로 잘못 의사표시를 하였으나 상대방이 표의자가 본래 의도한 의미로 이해한 경우(가령 표의자가 부주의로 1,000만엔의 의사로 '100,000,000엔'에 부동산을 매수한다고 청약하였으나 상대방도 이를 1,000만엔으로 이해한 경우)라든가, 표의자와 상대방이 표시행위의 의미에 대해 공통의 착오에 빠진 경우(가령, 표의자가 달러와 파운드를 같은 의미로 오해하여 1달러로 산다는 의사로 '1파운드'

97) 中間試案の補足説明, 22면.
98) 中間試案の補足説明, 22면.
99) 中間試案の補足説明, 23면.
100) 中間試案の補足説明, 23면.
101) 中間試案の補足説明, 23-24면.
102) 中間試案の補足説明, 24면.

라고 표시하였는데, 상대방도 달러와 파운드를 같은 의미라고 오해하고 있던 경우)는 일견 공통착오의 사안으로도 보이지만 계약은 당사자의 공통의 이해에 기초하여 해석되어야 한다는 원칙(이른바 자연적 해석의 원칙)에 의하면 위의 어느 예에서도 표의자가 본래 의도한 대로 의사표시를 한 것으로 해석되므로 애초에 착오의 문제가 아니다. 본문 (3) 나.가 적용되는 것은 거의 동기의 착오의 경우로 한정될 것으로 생각된다.[103)]

(4) 선의무과실의 제3자보호규정의 신설

본문 (4)는 민법 제95조에 취소가능한 착오에 의한 의사표시를 전제로 새롭게 이해관계를 갖게 된 제3자가 보호받기 위한 요건에 관한 규정을 새롭게 두기 위한 것으로 기본적으로 기본방침의 태도를 유지하는 것이다. 현행 제95조에는 관련 규정이 없기 때문에 착오무효를 제3자에게 대항할 수 있는지에 대해 견해가 나뉘어 있다. 착오에 관하여는 착오가 법률행위의 요소에 관한 것이어야 하고 표의자에게 중과실이 없어야 한다는 엄격한 요건을 충족하여야 무효주장이 가능한다는 점에서 착오자 보호를 중시하여 착오무효는 선의의 제3자에게도 주장할 수 있다는 견해가 있는 반면, 착오와 사기는 표의자가 착오에 빠졌다는 점에서는 공통하고, 속아서 착오에 빠진 자보다도 스스로 착오에 빠진 자를 더 두텁게 보호하는 것은 균형을 잃은 것이라는 점에서 사기에 관한 (개정 전 민법) 제96조 제3항을 유추적용하여 제3자를 보호하여야 한다는 견해도 유력하다. 나아가 제3자 보호의 요건으로서 선의로 족하다는 견해와 선의 외에 무과실이 필요하다고 보는 견해가 있다.[104)]

의사표시 관련 규정에서 제3자가 보호받기 위한 요건은 일관된 생각에 따라 정할 필요가 있다. 중간시안은 표의자가 권리를 잃는 효과를 정당화하기 위해서는 제3자의 신뢰가 보호할 가치가 있는 것, 즉 제3자의 선의무과실을 필요로 한다는 점을 원칙으로 하고 무효원인, 취소원인의 성질에 따라 검토하여야 한다는 생각에 따라 착오취소에서의 제3자보호의 요건을 선의무과실로 정한 것이다. 즉, 착오에 의해 의사표시를 한 자는 비진의표시(심리유보)[105)]나 통정허위표시를 한 자와는 달리 의사와 표시가 다르다는 것을 알고서 의사표시를 한 것은 아니어서 표의자의 태양이 유형적으로 악질적인 경우라고는 할 수 없는바, 제3자보호의 요건으로서 선의무과실을 필요로 한다는 원칙을 수정할 필요는 없기 때문이다. 또한 무과실요건의 적용에 의해 사안에 따른 타당한 결론을 이끌어낼 수도 있을 것으로 생각된다.[106)]

한편 제3자의 주관적 요건(선의 및 무과실)의 증명책임에 관하여는 현재 제3자가 자신의 선

103) 中間試案の補足説明, 24면.
104) 中間試案の補足説明, 25면.
105) 기본방침과 중간시안에서는 심리유보의 경우 선의의 제3자에게 대항할 수 없다는 규정의 신설을 제안하고 있는데 이것은 그대로 민법개정으로 연결되었다(개정민법 제93조).
106) 中間試案の補足説明, 25면.

의(및 무과실)를 증명하여야 한다는 견해가 일반적이지만, 현행법과 마찬가지로 별도의 규율을 두지 않고 해석론에 맡기는 것으로 하였다.107)

3. 최종 개정규정

개정민법(2017년)
第95조(착오) ① 의사표시는 다음의 착오에 기한 것으로 그 착오가 법률행위의 목적 및 거래상의 사회통념에 비추어 중요한 것인 때에는 취소할 수 있다. 1. 의사표시에 대응하는 의사를 결여한 착오 2. 표의자가 법률행위의 기초로 삼은 사정에 대한 인식이 진실에 반하는 착오 ② 전항 제2호의 규정에 의한 의사표시의 취소는 그 법률행위의 기초로 된 사정이 표시되어 있었을 때에 한하여 할 수 있다. ③ 착오가 표의자의 중대한 과실에 의한 것인 경우에는, 다음의 경우를 제외하고 제1항의 규정에 의한 의사표시의 취소를 할 수 없다. 1. 상대방이 표의자에게 착오가 있는 것을 알았거나 중대한 과실에 의해 알지 못했던 때 2. 상대방이 표의자와 동일한 착오에 빠져있던 때 ④ 제1항의 규정에 의한 의사표시의 취소는 선의이고 과실 없는 제3자에게 대항할 수 없다.

(주) 일본민법은 항(項)을 아라비아 숫자(1은 생략, 2, 3)로 표기하고, 호(号)는 한자(一, 二, 三)로 표기하지만, 본고에서는 우리 민법의 표기법에 따라 항(①, ②, ③)과 호(1, 2, 3)를 표기하였다.

최종적으로 개정된 착오규정은 중간시안의 그것에서 부실표시에 의해 유발된 동기의 착오의 취소를 명문으로 인정하는 (2) 나.를 삭제하고(제2항) 표시행위의 착오와 동기의 착오의 요건에 관한 표현을 정리한 점(제1항, 제2항) 외에 제3항과 제4항은 중간시안의 내용을 그대로 이어받아서 성립하였다. 이하 중간시안에서 달라진 점(제1항, 제2항)에 대해서만 설명하고 개정법 전체의 내용 및 의의에 관하여는 Ⅳ에서 별도로 정리하기로 한다.108)

(1) 표시행위의 착오(제1항)

제1항은 본문에서 개정 전의 '법률행위의 요소'를 "그 착오가 법률행위의 목적 및 거래상의 사회통념에 비추어 중요한 것"으로 표현을 바꾸고 있다.109) 이것은 법률행위의 요소에 착오가 인정되기 위하여 판례 및 학설이 인정해온 두 가지 요건, 즉 '주관적 인과성'(그 점에 관하여 착오가 없었다면 표의자는 의사표시를 하지 아니하였을 것)과 '객관적 중요성'(일반인도 그와 같은 의사표시

107) 中間試案の補足説明, 25면.

108) 아래 항목의 설명은 서희석, 일본 민법(채권법) 주요 개정사항 개관, 1085-1087면, 1088-1089면의 기술에 기초하여 가필 보완한 것이다.

109) 潮見佳男『民法(債権関係)改正法案の概要』(金融財政事情研究会, 2015)(이하 "潮見, 民法(債権関係)改正法案の概要"로 인용) 7頁.

를 하지 아니하였을 것)을 통합한 것이다.[110] 중간시안에서는 '법률행위의 요소'의 내용을 위 두 가지 요건(주관적 인과성, 객관적 중요성)에 따라 구체화함으로써 규율내용을 명확히 하고자 하였으나 개정법에서는 이를 통합하여 명료하게 표현한 것이다. 다시 말하면 "그 착오가 법률행위의 목적 및 거래상의 사회통념에 비추어 중요한 것"이란, 중요성을 판단하기 위해서는 ⅰ) 그 법률행위의 목적이 무엇인지가 중요한 고려요소가 된다는 점 및 ⅱ) 그 착오가 일반적으로도 중요한 것이어야 한다는 점을 나타내는 것이다.[111] ⅰ)이 주관적 인과성에, ⅱ)가 객관적 중요성에 각각 대응하는 요건으로 이해된다. 이와 같이 개정민법상 "그 착오가 법률행위의 목적 및 거래상의 사회통념에 비추어 중요한 것"은 개정 전 민법상 '법률행위의 요소'와는 그 표현방법이 상당히 다르지만, 개정민법의 해석에 있어서 개정 전 민법의 판례·학설이 채용하고 있던 '법률행위의 요소'의 판단구조를 변경하는 것은 아니라고 설명되고 있다.[112]

제1항은 이와 같은 요건을 공통의 요건으로 하여 착오의 유형으로서 이른바 표시행위의 착오(표시착오)(제1호)와 동기의 착오(제2호)가 모두 취소의 대상이 됨을 분명히 하였다. 즉, "의사표시에 대응하는 의사를 결여한" 이른바 표시행위의 착오의 경우 "그 착오가 법률행위의 목적 및 거래상의 사회통념에 비추어 중요한 것"인 때에는 이를 취소할 수 있다. 반면에 동기의 착오(법률행위의 기초로 삼은 사정에 대한 인식이 진실에 반하는 착오)의 경우 제2항의 요건(=법률행위의 기초로 된 사정의 표시)까지 아울러 갖추고 "그 착오가 법률행위의 목적 및 거래상의 사회통념에 비추어 중요한 것"이라면 취소가 가능하다.

(2) 동기의 착오(제1항 · 제2항)

제1항 제2호 및 제2항은 이른바 동기의 착오가 취소의 대상이 된다는 점 및 그 경우 취소의 요건을 규정한 것이다. 원래 착오제도는 "내심의 효과의사와 표시의 불일치"를 문제삼는 것이기 때문에 동기의 착오가 있다 하더라도 의사표시의 효력에는 영향이 없는 것이 원칙이다. 그러나 실제에는 동기의 착오가 문제되는 사례가 압도적으로 많기 때문에 학설은 동기의 착오를 어떻게 취급할 것인지를 둘러싸고 다양한 논의를 전개해왔고(착오론), 판례도 일정한 경우에는 동기의 착오를 무효로 인정해왔다. 개정법은 이 동기의 착오에 관한 규정을 명문화하였는데, 문제는 그 요건을 어떻게 설정할 것인가였다. 이것은 판례가 "동기가 명시적 또는 묵시적으로 표시되어 법률행위의 내용이 될 것"[113]을 요구하고 있는 것과 관련하여 동기의 표시에 중점을 둘 것인지(표시중시설), 법률행위의 내용이 될 것에 중점을 둘 것인지(내용화중시설)의 어느 쪽을 선택하여 입

110) 潮見, 民法(債権関係)改正法案の概要, 7-8면.
111) 潮見, 民法(債権関係)改正法案の概要, 8면.
112) 潮見, 民法(債権関係)改正法案の概要, 8면.
113) 가령, 最判平成元年[1989]9月14日判時1336号93頁.

법할 것인지의 문제로 현실화되었는데, 기본방침과 중간시안에서는 전술한 바와 같이 모두 후자(내용화중시설)의 입장에서 입법을 제안하고 있었다.[114] 즉, 기본방침에서는 "의사표시를 할 때에 사람이나 물건의 성질 기타 당해 의사표시에 관한 사실을 잘못 인식한 경우에는 그 인식이 법률행위의 내용이 된 때"에 한하여"(【1.5.13】 <2>), 또한 중간시안에서는 "목적물의 성질, 상태 기타 의사표시의 전제가 되는 사항(事項)에 착오가 있고 또한 의사표시의 전제가 되는 당해 사항에 관한 표의자의 인식이 법률행위의 내용이 되었을 때"에(2(2)가.) 동기의 착오의 요건을 충족하는 것이고, 이후 요소성의 요건(주관적 인과성, 객관적 중요성)을 충족하면 동기의 착오에 의한 의사표시의 취소가 가능하다는 취지를 제안하고 있었다. 그러나 '법률행위의 내용이 될 것'을 동기의 착오의 요건으로 규정할 경우 착오가 인정되는 범위가 좁아진다는 법조실무계 등으로부터의 반대가 강하였는바,[115] 최종적으로는 이러한 입장이 받아들여져서 '표시'만을 요구하는 것으로 귀착하였다. 이러한 논의를 거쳐 개정법은 동기의 착오를 "표의자가 법률행위의 기초로 삼은 사정에 대한 인식이 진실에 반하는 착오"로 정의하고(제1항 2호), "그 법률행위의 기초로 되어있는 사정이 '표시'되어 있는 때에 한하여"(제2항), 제1항의 평가("그 착오가 법률행위의 목적 및 거래상의 사회통념에 비추어 중요한 것"일 것)를 거쳐 취소할 수 있다고 규정하게 되었다.

여기서 "법률행위의 기초로 삼은 사정에 대한 인식이 진실에 반하는 경우"란 가령 표의자가 양도소득세가 부과되지 않는다고 인식하여 다액의 양도소득세가 부과되지 않는다는 사정을 재산분여의 기초로 삼은 경우에 그 다액의 양도소득세가 부과되지 않는다는 인식이 진실에 반한 경우를 예로 들 수 있다.[116] 이 경우 다액의 양도소득세가 부과되지 않는다는 점을 전제로 재산분여한다는 취지가 '표시'되었다는 점이 인정된다면 그 의사표시는 취소할 수 있다.[117] 이 경우 '표시'는 묵시의 표시도 포함한다.[118]

(3) 부실표시에 의해 유발된 동기의 착오 규정의 삭제

한편 중간시안에서는 표의자의 동기의 착오가 상대방의 부실표시로 야기된 경우(이른바 '야

---

114) 이것은, "정보수집에 관한 자기책임의 원칙"을 전제로 사실(동기)에 관한 리스크를 상대방에게 전가하는 것을 정당화하기 위해서는 그것이 합의의 내용이 되어 있을 것을 필요로 한다는 견해(山本敬三「『動機の錯誤に関する判例の状況と民法改正の方向(下)」NBL1025号44頁)가 유력하였는데, 기본방침과 중간시안은 이 견해의 입장을 택하였기 때문으로 이해된다.

115) 제86회 부회 의사록, 7면.

116) 부회자료 83-2, 2면.

117) 일본변호사연합회, 12면. 이에 반해 '내용화중시설'의 입장에서는 제2항에서의 "그 법률행위의 기초로 된 사정이 표시되어 있었을 때"란 (종래의 판례에서 동기가 표시되어 법률행위의 내용이 될 것을 요구하고 있다는 점이 여전히 타당하다고 보아) 당해 사정이 법률행위의 기초로 되어 있었다는 표의자의 인식을 상대방도 이해(양해)하여 법률행위의 내용이 되었을 때로 이해하게 될 것이라고 한다(潮見, 民法(債権関係)改正法案の概要, 8-9면).

118) 부회자료 83-2, 3면.

기형 착오')에도 취소가 가능하다는 취지가 규정되어 있었으나, 그 명문화에는 반대도 강하여 최종적으로는 삭제되었다. 즉. 전술한 바와 같이 중간시안에서는 기본방침상 유발된 착오의 경우에 표의자에게 중과실이 있는 때에도 착오취소가 가능하다는 취지의 입법제안을 받아들이되 다만 그 적용 범위를 수정하여 표의자의 동기의 착오가 상대방의 부실표시 때문에 생긴 것일 때에는 당해 동기가 법률행위의 내용이 되었는지 여부와 무관하게 요소성의 판단을 거쳐 당해 의사표시의 취소가 가능하다는 취지의 입법이 제안되었다(2 (2) 나.). 이것은 표의자보호 및 이해하기 쉬운 민법의 견지에서 제안된 것이었다.[119] 그러나 그 후의 심의과정에서 "야기형 착오를 명문화하면 중소사업자가 대형사업자에 대해 사실을 오인하여 표시한 경우에 대형사업자에 의한 착오취소가 용이하게 인정될 것이므로 타당하지 않다"는 취지의 비판이 있었고(제88회 부회의사록 31면 이하), 최종단계에서 명문화를 단념하기에 이르렀다.[120] 또한 명문화를 단념한 이론적 근거로서 ① 잘못 인식한 사정이 당해 법률행위의 기초(전제)가 되었는지의 여부를 묻지 않고 단지 상대방이 동기의 착오를 야기하였다는 점만으로 착오취소를 인정하면 취소의 범위가 지나치게 넓어진다는 점, ② 야기형 착오는 동기의 착오의 규정에 의해 구제가 가능하다는 점의 2가지가 제시되었다(부회자료 83-2, 3면).[121]

이와 같이 야기형 착오는 착오취소의 대상에서 제외되었으나, 이 경우는 상대방이 표의자의 착오에 대해 악의이거나 모르는데 중과실이 있는 경우(이 경우에는 제3항 제1호에 의해 중과실있는 표의자에게도 취소가 인정된다)보다 상대방을 보호할 필요성은 더욱 낮다고 하여야 할 것이다.[122] 따라서 여전히 표의자에게 착오취소를 인정하여 구제할 필요성은 있다고 할 것인데, 개정민법의 해석론으로도 그 가능성이 제시되고 있다. 전술한 바와 같이 야기형 착오를 법률행위의 기초로 삼은 사정이 (묵시적으로) 표시된 경우로 보아 본조 제2항에 의한 동기의 착오의 사안으로서 그 구제가 가능하다는 해석론이 심의과정에서 이미 제시된 바 있고,[123] 학설상으로도 이를 지지하는 견해가 유력하다.[124] 또한 야기형 착오의 경우도 제3항 제1호의 해석범위에 포함하거나 이에 준하여 취소가 가능하다고 해석하는 견해도 있다.[125]

---

119) 일본변호사연합회, 521면.
120) 일본변호사연합회, 521면.
121) 일본변호사연합회, 521-522면.
122) 소비자계약의 사안에서라면 소비자에게 부실고지에 의한 취소권이 인정될 것이다(山野目章夫『新しい債権法を読みとく』(商事法務, 2017), 49면).
123) 부회자료 83-2, 3면.
124) 潮見, 民法(債権関係)改正法案の概要, 10面; 角田美穂子「第1節 法律行為」大村敦志・道垣内弘人編「解説・民法(債権法)改正のポイント』(有斐閣, 2017)(이하 "角田, 法律行為"로 인용) 23頁.
125) 일본변호사연합회, 12면(제3항 제1호 및 제2호에 준하여 해석).

Ⅳ. 착오규정의 개정내용과 의의

개정민법상 착오규정은 다음 다섯 가지 점에서 개정 전 민법을 수정한 것으로 정리할 수 있을 것으로 본다. 각각의 경우에 그 이론·실무상 의의 내지 전망을 덧붙여보기로 한다.

1. '법률행위의 요소'의 의미의 명확화

개정 전 일본민법에서는 "의사표시는 법률행위의 요소에 착오가 있었던 때에는 무효로 한다"고 규정하고 있었다(제95조 본문). 그런데 "법률행위의 요소"의 의미가 무엇인지에 관하여는 조문상으로는 명확하지 아니한 문제가 있었고, 이에 대해 판례는, 의사표시의 내용의 주요부분으로서 이 점에 대해 착오가 없었다면 표의자는 의사표시를 하지 않을 것이고(주관적 인과성), 또한 의사표시를 하지 않는 것이 일반거래관념에 비추어 정당하다고 인정되는 것(객관적 중요성)을 의미한다고 판시해왔다.

개정민법에서는 '법률행위의 요소'를 "법률행위의 목적 및 거래상의 사회통념에 비추어 중요한 것"으로 바꾸어 조문화함으로써 판례법리를 유지하되 보다 명료한 표현이 되도록 하였다. 이로써 '법률행위의 요소'란 표의자의 착오(표시행위의 착오, 동기의 착오)에 의한 의사표시가 "(표의자가 기도한) 법률행위의 목적이나 거래상의 사회통념에 비추어 중요한 것"인지를 판단하는 평가기준(=중요성의 판단기준)이라는 점이 명확해졌다고 할 것이다. 개정민법상으로는 '요소'라는 표현도 삭제되었기 때문에 이후 착오(에 의한 의사표시)의 요건에 관한 해석론은 '표시행위의 착오'와 '동기의 착오'의 두 가지 유형의 착오를 대상으로 "그 착오가 법률행위의 목적 및 거래상의 사회통념에 비추어 중요한 것"으로 인정되는지 여부를 둘러싸고 전개될 것으로 예상된다. 여기서 '표시행위의 착오'란 "의사표시에 대응하는 의사를 결여한 착오"(의사와 표시가 불일치하는 착오)로 정의되어 있고(제1항 제1호), 동기의 착오란 "표의자가 법률행위의 기초로 삼은 사정에 대한 인식이 진실에 반하는 착오"로 정의되어 있다(제1항 제2호). 한편 동기의 착오에 의한 의사표시는 법률행위의 기초로 삼은 사정이 표시된 경우에 한하여 취소의 대상이 된다(제2항. 아래 2.에서 재론).

2. 동기의 착오의 명문화

개정 전 민법에서 착오론의 핵심은 동기의 착오를 어떻게 취급할 것인가에 있었는데, 전술한 바와 같이 동기의 착오에 관하여는 (민법 제95조의 착오로 인정하지 않는) 이원론과 (민법 제95조의 착오로 인정하는) 일원론의 대립이 있었고 최근의 학설상으로도 양자의 대립은 그대로 유지되고 있었다. 동기의 착오가 착오의 해석론으로서 중요한 이유는 실제 사안에서 동기의 착오가 문제되는 경우가 압도적으로 많았기 때문이었다. 이에 대해 판례는 (이원론의 입장에서) 동기의 착오가 착오로서 인정되기 위해서는 "동기가 명시적 또는 묵시적으로 표시되어 법률행위의 내용이 될 것"[126]을 요구하고 있었는데 그 의미의 해석과 관련하여 학설은 동기의 표시에 중점을 둘 것인지(표시중시설), 법률행위의 내용이 될 것에 중점을 둘 것인지(내용화중시설)로 양분되어 있었다. 기본방침과 중간시안에서는 전술한 바와 같이 모두 후자(내용화중시설)의 입장에서 입법을 제안하고 있었으나, 최종적으로는 전자(표시중시설)의 입장이 입법화되었다. 즉, 동기의 착오에 의한 의사표시는 그 법률행위의 기초로 되어있는 사정이 '표시'되어 있었을 때에 한하여 취소가 가능한 것으로 결착되었다(제2항). 다만 '표시'의 의미를 어떻게 이해할지에 관하여는 향후에도 논란이 계속될 것으로 생각된다. 법률행위의 기초로 되어있는 사정이 '표시'만 되면 법률행위의 내용이 되었을 것을 묻지 않고 착오취소의 대상이 되는 것으로 폭넓게 해석할지, 그 경우에도 여전히 법률행위의 내용이 될 것을 요구하는 것으로 해석할지는 향후 판례의 태도를 지켜봐야 할 것으로 생각된다.

다만 실무상으로는 동기의 착오 규정이 명문화됨으로써 종래 해석에 의해 인정되어온 동기의 착오에 관하여 그 성립이 법률의 명문에 의해 안정적으로 인정될 수 있게 되어 표의자 보호에서 진전이 이루어질 것이라고 기대되고 있다.[127] 뿐만 아니라 (최종단계에서 명문화에서 제외된) 상대방의 부실표시에 의해 유발된 동기의 착오의 사안의 경우에도 "법률행위의 기초로 되어 있는 사정이 (묵시적으로) 표시된 것"으로 해석할 수 있다는 점이 심의과정에서 인정되었고, 이 경우에는 상대방 보호의 필요성도 낮기 때문에 향후에 적극적인 착오취소의 주장을 통한 표의자 보호의 가능성이 커졌다는 평가가 있다.[128]

3. 착오의 효과: 무효에서 취소로[129]

개정민법은 착오의 효과를 무효에서 취소(정확하게는 취소가능)로 개정하고 있다(제1항). 개정 전 민법에서 착오의 효과를 무효로 규정하는 것은 의사주의에 입각한 것이다. 즉 의사표시에 대응하는 의사를 결한 경우이기 때문에 이론상 이를 무효로 한 것이다. 그러나 착오는 "의사와 표시의 불일치"(의사의 흠결)에 따른 귀결이라기보다 표의자보호를 위한 제도로 이해되어야 한다. 다시 말하면 착오제도의 취지 내지 의의는 착오로 의사표시를 한 자(착오자)를 그 의사표시의 구속에서 해방시키는 것에서 구할 수 있다. 그렇다면 그러한 해방을 실제로 요구할 것인지의 여부는 그 의사표시를 한 자의 결정에 맡겨둘 필요가 있다. 다만 그러한 결정을 언제까지라도 가능하

126) 가령, 最判平成元年[1989]9月14日判時1336号93頁.
127) 일본변호사연협회, 13면.
128) 일본변호사연합회, 13면.
129) 서희석, 일본 민법(채권법) 주요 개정사항 개관, 1087-1088면을 참조한 것이다.

다고 한다면 상대방은 불안정한 지위에 계속해서 놓이게 된다. 이러한 점을 감안하여 정비된 것이 취소제도라면 착오의 효과도 단적으로 취소로 구성하는 것이 타당하다.[130] 판례도 이른바 '상대적 무효론'에 따라 원칙적으로 표의자 이외의 제3자 및 상대방은 착오무효를 주장할 수 없다고 해석하고 있었다.[131] 또한 착오를 주장할 수 있었음에도 장기간에 걸쳐 주장하지 않은 경우에는 신의칙 내지 권리실효의 원칙이 적용되어 착오무효를 주장할 수 없다는 해석이 유력하였다.[132] 이와 같은 점에서 취소의 효과는 이를 사기·강박에서와 마찬가지로 취소로 구성하는 것이 타당하다는 것이 학설상 유력하였고, 개정민법은 이를 받아들여 착오의 효과를 무효에서 취소로 개정한 것이다.[133]

개정민법에서 착오의 효과를 무효에서 취소로 수정한 것은 오랜 학설상의 논의와 판례의 태도(상대적 무효론)가 있었기 때문에 가능한 것이었다. 이로써 일본민법에서 착오의 효과를 취소가 아닌 무효로 규정함에 따라 제기되었던 거래안전상의 문제는 상당부분 해소될 것으로 기대된다. 한편 착오의 효과가 취소로 수정됨에 따라 표의자 또는 그 대리인이나 승계인에 한하여 취소가 가능하게 되었고(개정민법 제120조 제2항), 취소권의 행사기간의 제한(민법 제126조)[134]을 받게 되었는바, 이것은 실무상으로도 중요한 변화이다.[135]

4. 착오자의 중과실과 착오취소의 예외적 허용

개정민법 제95조 제3항은 표의자에게 중과실이 있는 경우의 착오무효의 예외를 규정하는 개정 전 민법 제95조 단서의 취지를 유지하면서 아울러 상대방이 표의자의 착오에 대해 악의 또는 중과실인 경우와 공통착오의 경우에 그 예외(착오취소의 허용)를 규정하고 있다. 이 두 가지 예외의 경우에는 표의자의 착오주장을 제약하여 상대방을 보호하거나 상대방의 신뢰에 배려할 필요가 없다는 유력한 견해를 조문화한 것이다.[136] 이는 개정 전 민법 하에서 거의 異論이 없었던 학설의 생각을 명문화한 것이어서[137] 기본방침과 중간시안의 제안은 최종적으로 개정민법에 그

---

130) 이상, 債権法改正の基本方針, 29면.

131) 最判昭和29年[1954年]11月26日 · 民集 8 巻11号2087頁; 最判昭和40年[1965年]9月10日 · 民集19巻6号1512頁等.

132) 일본변호사연합회, 9면.

133) 개정 전 민법이 착오의 효과를 무효로 규정한 것에 대해서 종래의 통설을 집대성한 와가츠마는 의사주의에 지나치게 경도된 부당한 것이라고 강하게 비판하고 있었다. 이것은 비록 일본민법이 착오의 요건을 법률행위의 요소의 착오로 한정하고 중대한 과실이 없을 것을 요건으로 하여 의사주의의 단점을 보완하고 있으면서도 그 효과를 무효로 하였을 경우의 거래안전에 대한 우려를 표현한 것으로 이해된다. 이러한 비판은 와가츠마가 깊이 관여한 「만주국민법」의 제정에도 반영되어 만주국민법에서는 착오에 관하여 개정 전 일본민법의 체계에 따르면서도 그 효과는 무효에서 취소가능으로 개정하였다. 서희석, 의사표시에서 선의의 제3자 보호규정, 122면 이하를 참조.

134) 추인을 할 수 있는 때로부터 5년, 행위 시부터 20년.

135) 일본변호사연합회, 13면.

136) 서희석, 일본 민법(채권법) 주요 개정사항 개관, 1088-1089면.

대로 유지되었다.138)

표시행위의 착오 또는 동기의 착오가 법률행위의 목적 및 거래상의 사회통념에 비추어 중요한 것으로 인정되더라도 그 착오가 표의자의 중대한 과실에 의한 것일 때에는 착오에 의한 의사표시는 취소할 수 없다. 따라서 표의자의 중대한 과실은 착오취소가 인정될 것인지 여부를 판단하는 중요한 요건의 하나라 할 것이다(이것은 현행 한국민법에서도 마찬가지이다). 그런데 개정민법 제3항은 표의자에게 중과실이 있더라도 착오가 있다는 사실에 대해 상대방이 악의이거나 중대한 과실로 몰랐던 경우와 상대방도 표의자와 동일한 착오에 빠진 경우에 착오취소를 인정하는 것이다. 이것은 같은 취지의 학설을 명문화한 것이고 기본방침의 제안 이후 특별히 반대도 없었기 때문에 당연한 입법이라는 인상이 없는 것은 아니지만 그 실무상 의의는 적지 않을 것으로 생각한다. 착오(동기의 착오가 표시된 경우도 마찬가지)가 법률행위의 목적 및 거래상의 사회통념에 비추어 중요한 것으로 인정되더라도 표의자의 중과실 요건에 의해 착오주장이 제한되는 경우는 실제로 많이 발생할 수 있다. 따라서 그러한 경우에도 두 가지 예외사유(상대방의 악의·중과실, 공통착오)에 착오취소가 허용된다는 점이 명문화된 것은 착오취소의 인정범위가 그만큼 넓어질 수 있다는 것을 의미하는 것이다. 관련하여 실무상 같은 사안에서의 "해결지침이 명확하게 된 것"139)이라는 평가가 있다.

5. 선의무과실의 제3자보호규정의 신설

개정민법은 취소가능한 착오에 의한 의사표시를 전제로 새롭게 이해관계를 갖게 된 제3자가 보호받기 위한 요건에 관한 규정을 신설하였다(제4항). 개정 전 민법 제95조에는 관련 규정이 없기 때문에 착오무효를 제3자에게 대항할 수 있는지가 문제될 수 있었는데, 개정민법은 착오와 사기는 표의자가 착오에 빠졌다는 점에서는 공통하고, 속아서 착오에 빠진 자보다도 스스로 착오에 빠진 자를 더 두텁게 보호하는 것은 균형을 잃은 것이라는 점에서 사기에 관한 개정 전 민법 제96조 제3항을 유추적용하여 제3자를 보호하여야 한다는 다수설의 입장(96조3항 유추적용설)을 채택하고, 아울러 보호받는 제3자의 신뢰는 보호할 가치가 있는 정당한 경우에 한하여야 한다는 생각을 받아들여 (사기에 관한 개정민법 제96조 제3항과 마찬가지로) 제3자보호의 요건으로 선의 외에 무과실을 추가하였다. 이로써 제3자의 정당한 신뢰를 보호하고 거래의 안전을 도모할 수 있게 되었다.140)

---

137) 潮見, 民法(債権関係)改正法案の概要, 9면.

138) 다만, 기본방침상 '유발된 착오'의 경우에 표의자에게 중과실 있는 경우에 대한 착오취소의 예외적 허용은 이후 중간시안에서는 '부실표시'에 의해 유발된 동기의 착오에 관한 규정(제2항)으로 자리를 옮겼고 최종적으로는 명문화되지 않았다.

139) 일본변호사연합회, 13면.

개정 전 민법 제95조에는 제3자보호에 관한 규정이 없었고 착오가 인정될 경우의 효과도 (취소가 아니라) 무효였기 때문에 제3자보호(거래안전)의 필요성은 사실은 사기취소의 경우보다 더 컸다고 할 수 있다. 개정 전 민법은 이러한 문제점을 96조3항 유추적용설과 같은 해석론에 의해 극복해온 셈인데 개정민법의 실현으로 이제는 명문으로 제3자보호가 도모되기에 이르렀다. 다만 제3자보호의 요건으로서 선의 외에 무과실을 요건으로 추가하였다는 점에 주의할 필요가 있는데, 이것은 개정민법상 의사표시 관련 규정 전반(강박은 제외)에서 제3자보호에 관한 규정을 두고 아울러 그 요건을 '선의의 제3자'와 '선의무과실의 제3자'로 2원화하는 입법을 실현하였다는 점과 관련된다. 즉, 개정 전 민법에서는 허위표시(제94조)와 사기(제96조)에서만 선의의 제3자보호에 관한 규정을 두고 있었는데, 개정민법에서는 심리유보(제93조)와 착오(제95조)에 제3자보호에 관한 규정을 신설하였고, 아울러 그 요건을 '선의의 제3자'(심리유보, 허위표시)와 '선의무과실의 제3자'(착오, 사기)로 이원화하는 선택을 하였다. 심리유보나 허위표시의 경우 고의책임원리(고의로 잘못된 표시를 한 자는 그 표시에 따른 책임을 부담하여야 한다)에 따라 제3자보호요건은 선의로 충분하다고 생각되나, 착오의 경우 표의자가 모르고 잘못된 의사표시를 하였다는 점에서 심리유보나 허위표시의 경우보다 귀책성이 낮다고 할 수 있고, 또한 착오와 사기는 실제의 분쟁에서는 중첩적으로 문제가 되는 경우도 있기 때문에 제3자보호요건을 통일화시키는 것이 혼란을 피하는 길이기도 하다. 따라서 착오의 경우 사기와 마찬가지로 제3자보호요건을 선의무과실로 통일하였다.[141] 이와 같이 제3자보호의 요건을 이원화한 것은 "보호받는 제3자요건의 상대화"라고 할 수 있고 이로써 착오나 사기에 의한 의사표시의 경우 실무상 (상대방 이외의) 제3자보호에 일정한 제한이 가해질 것으로 예상된다.[142] 다만 이에 대해서는 선의 외에 무과실을 요구하는 것은 제3자에게 가혹하다는 비판도 있다.[143]

V. 결론에 갈음하여 한국민법의 해석론과 관련한 평가

이와 같이 일본의 개정민법은 크게 5가지 점에서 착오규정에 관하여 대폭적인 수정을 실현하였고, 이는 "착오법의 현대화"[144]로 평가할 만하다. 그렇다면 이러한 일본민법상 착오규정의 변화는 우리 민법과 관련하여서는 어떠한 평가가 가능할 것인가?

140) 潮見, 民法(債権関係)改正法案の概要, 10면.
141) 詳解・債権法改正の基本方針, 120-121면.
142) 서희석, 의사표시에서 선의의 제3자보호규정, 142면.
143) 일본변호사연합회, 13면.
144) 角田, 法律行為, 20면.

5가지 변화(이하 ①~⑤로 표기한다) 중 우리 민법과 관련하여서는 이론적 관점에서는 ①②가, 실무적 관점에서는 ④⑤의 변화가 주목된다. ③(착오의 효과)은 이미 우리 민법에서 실현하고 있기 때문에 특별히 의미는 없다.

우선 "법률행위의 요소의 의미를 명확화"한 것(①)은 법률행위의 요소의 의미가 착오의 중요성의 판단기준이라는 점을 명확히 한 것이므로 우리 민법과 가까워진 것으로 평가가 가능할 것으로 본다. 우리 민법상으로는 "법률행위의 요소의 착오"를 "법률행위의 내용의 중요부분의 착오"로 표현하고 있다는 점에서 그러하다. 다만 일본 개정민법이 착오의 유형을 '표시행위의 착오'와 '동기의 착오'로 이원화하여 정립한 것과 관련하여 우리 민법의 해석론으로도 이러한 태도를 수용할 수 있을지는 검토가 더 필요하다고 본다. 우리 민법상으로는 적어도 '법률행위의 내용의 착오'를 취소가 인정되는 착오로 명시하고 있기 때문에 착오의 유형으로서는 '법률행위의 내용의 착오'와 '동기의 착오'가 문제된다고 이해할 수 있기 때문이다. 다만 그와 같이 이해할 경우에는 착오의 본래의 의미를 "의사와 표시의 불일치"(표시행위의 착오)로 이해하는 것 자체가 타당한지에 대한 근본적인 문제제기로 연결될 수도 있다. 다음으로 "동기의 착오의 명문화"(②)는 그 자체만으로 큰 변화이긴 하지만 현행 한국민법상으로도 판례는 동기의 착오를 이른바 '동기표시설'에 입각하여 취소가 인정되는 착오의 유형으로 포섭하고 있기 때문에,[145] 동기의 착오가 명문으로 인정되었다는 점 외에는 해석론상 큰 차이는 없다고 생각된다.

이와 같이 이론적으로는 근본적인 문제를 포함하고 있지만 일본민법의 개정이 한국민법의 현재의 해석론에 큰 영향을 미칠 수 있다고는 생각되지 않는다. 이에 반해 실무적으로 "착오자에게 중과실이 있는 경우의 착오취소의 예외적 허용"(④)과 "선의무과실의 제3자보호규정의 신설"(⑤)은 향후 우리 민법의 해석론과 관련하여서도 시사하는 바가 있다고 생각된다.

먼저 ④와 관련하여 우리 민법에서도 착오자에게 중과실이 있는 경우에는 착오취소가 인정되지 않는다. 다만 상대방이 착오의 사실을 알았거나 모르는데 중과실이 있는 경우에 그 예외가 인정되는지는 명확하지 아니하다. 그런데 최근의 판례에서 대법원은 의사표시의 착오가 표의자의 중대한 과실로 발생하였으나 상대방이 표의자의 착오를 알고 이용한 경우, 제109조 제1항 단서 규정은 표의자의 상대방의 이익을 보호하기 위한 것이라는 이유로 의사표시의 취소를 긍정하는 판단을 하고 있다.[146] 문제는 상대방이 표의자의 착오를 알았지만 이를 이용했다고 할 수 없는 경우, 나아가 표의자의 착오를 중대한 과실로 모른 경우에도 취소가 긍정되는지이다. 현재의 판례의 태도만으로는 위와 같은 경우에 착오취소가 인정되는지는 명확하지 아니하다고 할 것이

145) 다만 한국의 판례가 동기의 표시에 중점을 두고 있는지 법률행위의 내용화에 중점을 두고 있는지가 반드시 명확한 것은 아니다(이 점이 특히 의식되고 있지는 않은 것으로 보인다).

146) 대법원 2014. 11. 27. 선고 2013다49794 판결.

다.[147] 사견으로는 상대방의 악의·중과실의 경우에 착오취소를 예외적으로 허용하는 일본 개정민법의 태도는 우리 민법의 해석론으로도 충분히 고려의 가치가 있다고 생각된다. 또한 공통착오의 경우에 착오취소를 긍정하는 일본의 개정민법의 태도도 우리 민법의 해석론에 참고할 가치가 있다고 생각된다. 공통착오의 사안에서 우리 대법원은 이른바 보충적 해석론에 입각한 해결을 긍정하고 있는데,[148] 표의자의 착오에 중과실이 인정되는 경우라도 상대방도 같은 착오에 빠졌다면 착오취소를 인정하는 것이 당사자의 이해관계의 조정을 위한 바람직할 해결책이 될 수도 있을 것으로 본다.

다음으로 선의무과실의 제3자보호규정을 신설한 것(⑤)은 "보호받는 제3자요건의 상대화"라는 관점에서 향후에 우리 민법의 해석론에도 시사하는 바가 있다고 생각한다. 우리 민법상 비정상적 의사표시에 관한 4가지 규정에서 보호받는 제3자의 요건은 모두 '선의'로 통일화되어 있지만 특히 '비진의표시 및 허위표시'와 '착오 및 사기·강박'의 제도적 의의가 같다고는 볼 수 없다는 점에서 보호받는 제3자가 모든 경우에서 항상 선의이기만 하면 족한 것인지는 검토의 여지가 있기 때문이다.[149] 다만 이것이 해석론의 범주를 넘는 것이라면 장래적으로는 입법론으로도 검토의 대상이 될 수 있다고 본다.

---

147) 이에 대해 위 우리 판례의 입장이 일본민법의 변화(악의, 중과실)와 일치한다는 견해가 있다(윤태영, 의사표시에 관한 일본 민법 개정 내용의 고찰, 107면 각주 27).

148) 대법원 2006. 11. 23. 선고 2005다13288 판결; 대법원 2014. 4. 24. 선고 2013다218620 판결.

149) 서희석, 의사표시에서 선의의 제3자보호규정, 142면.

과거청산과 소멸시효*

- 제2기 진실과화해를위한과거사위원회의 출범에 즈음하여 -

최 광 준**

Ⅰ. 들어가며

우리의 역사를 돌이켜 보면, 오늘날 길거리를 지나는 사람들의 화사한 웃음이 믿기지 않을 정도로 한국인들에게는 많은 아픔과 슬픔이 있었다. 일제강점기 시절의 시련과 한국전쟁의 참화 속에서 많은 민간인들이 죽임을 당했고 독재정권의 탄압 속에 국민들은 시달려야 했으며 많은 젊은 이들이 죽어 나갔다.

우리 정부는 90년대부터 사건별로 개별적인 진상규명위원회를 구성해 오다가 1998년 김대중 대통령의 취임 후, 2000년이 되어서 인권침해사망사건을 포괄적으로 다루는 「대통령소속의문사진상규명위원회」(이하 위문사위)를 발족한다. 그러나 안타깝게도 기대했던 만큼 많은 성과를 내지는 못했다. 의문사위의 조사권한이 극히 제한돼 있었고, 조사기간도 한정되어 있었다. 또한 '의문사진상규명에 관한 특별법'에는 '민주화운동과 관련된' 죽음에 대해서만 인용결정을 하도록 되어 있어서, '국가 공권력의 직·간접적인 개입'으로 사망했다는 점이 밝혀지더라도 '민주화운동 관련성'의 요건이 인정되지 않으면 기각결정을 해야 했다. 의문사의 문제가 인권 중에서도 '생명권의 침해'라고 하는 가장 중대한 인권침해의 문제이고, 희생자가 민주화운동에 가담했는지의 여부는 문제의 핵심이 아니라는 점을 그 당시 우리 사회는 제대로 인식하지 못하고 있었던 것이다. 이후 이러한 의문사위의 한계를 극복하기 위해 포괄적 과거청산을 목표로 「진실과 화해를 위한 과거사 정리위원회」(이하 진실화해위)가 설립되어 조사활동을 벌였고, 한국동란 중 집단학살 사건

---

* 이 글은 최광준, "인권침해에 대한 국가의 책임, 소멸시효완성의 항변과 신의칙 -대법원 2013.5.16. 선고 2012다202819 전원합의체판결을 중심으로-", 「경희법학」, 제51권 제2호(2016)와 최광준, "과거청산의 어제와 오늘 -제2기 진실과화해를위한과거사정리위원회의 출범에 즈음하여-", 「경희법학」, 제55권 제4호(2020)를 중심으로 재구성한 것임을 밝힌다.

** 경희대학교 법학전문대학원 교수, 진실과화해를위한과거사정리위원회 위원, 한국재산법학회 회장.

과, 조작간첩사건 등 많은 사건의 진실을 밝혀냈고, 2010년 12월 그 활동을 종료했지만, 그 때까지도 해결되지 못한 사건들이 산재해 있다. 그리고 마침내 오랜 진통 끝에, 2020년 12월 10일 피해자와 유족을 포함하는 시민사회의 숙원이었던 제2기 진실화해위가 출범하게 되었다. 2020년 5월 제20대 국회에서 개정된 「진실과 화해를 위한 과거사정리 기본법」이 국회 본회의를 통과하였는데, 이 기본법에 의하면 제2기 위원회는 위원장을 포함하여 9인의 위원으로 구성되어 3년간 활동할 수 있으며 필요한 경우 1년의 범위내에서 연장이 가능하다. 2005년의 기본법이 15인의 위원회 위원과 4년간의 활동 기간 및 2년의 범위내에의 연장 가능성을 부여하고 있었던 점과 대조적이다.

우리 정부는 국가적인 차원의 진상규명을 결정[1)]하였으면서도 포괄적인 인권회복방안을 함께 고민하지 못했기 때문에, 현재의 사법부가 여러 가지의 난제들을 떠안게 되었다. 의문사위와 진실화해위 등을 구성하여 인권침해사건들에 대한 진상을 규명해 놓고, 이에 대한 책임은 질 수 없다면서 피고인 국가는 -그 어느 소송에 있어서나 예외 없이- 소멸시효완성의 항변으로 일관하고 있다.[2)] 이에 대해 사법부는 어떠한 판단을 해야 하겠는가?

인권회복을 위한 사법부의 노력으로 인해 피고인 국가의 소멸시효항변이 권리남용 내지 신의칙 위반으로 저지되기에 이르렀고, 결국 소멸시효의 문제를 상당부분 극복할 수 있었다.

그러나 대법원 2013.5.16. 선고 2012다202819 전원합의체판결에서는 진실화해위의 진실규명결정이 있은 후 상당한 기간 안에 소를 제기해야만 피고인 국가의 소멸시효항변을 배척할 수 있다고 판시하면서, '상당한 기간안의 소의 제기'라는 새로운 요건을 추가하여 많은 논란을 야기하였다. 이 판결에서는 상당한 기간은 특별한 사정이 없는 한 민법상 시효정지의 경우에 준하여

1) 사건유형별로 과거사 사건 일부에 대해서는 보상의 문제를 고려하기도 했지만, 국가의 책임에 의한 인권침해 전반에 관한 배·보상의 문제를 함께 고민하지 못했다. 그동안 있어 왔던 과거사정리위원회의 설치근거 법령들을 보면 다음과 같다. 5.18민주화운동등에관한특별법(법률 제5029호, 1995. 12. 21. 시행), 거창사건등관련자의명예회복에관한특별조치법(법률 제5148호, 1996. 4. 6. 시행), 민주화운동관련자명예회복및보상등에관한법률(법률 제6123호, 2000. 5. 13. 시행), 제주4.3사건진상규명및희생자명예회복에관한특별법(법률 제6117호, 2000. 4. 13. 시행), 의문사진상규명에관한특별법(법률 제6170호, 2000. 1. 16. 시행), 5.18민주화유공자예우에관 한법률(법률 제6650호, 2002. 7. 27. 시행), 삼청교육피해자의명예회복및보상에관한법률(법률 제7121호, 2004. 7. 30. 시행), 노근리사건희생자심사및명예회복에관한특별법(법률 제7175호, 2004. 6. 6. 시행), 진실과화해를위한과거사정리기본법(법률 제7542호, 2005. 12. 1. 시행), 군의문사진상규명등에관한특별법(법률 제7626호, 2006. 1. 1. 시행), 10.27 법난피해자의명예회복등에관한법률(법률 제8995호, 2008. 6. 29. 시행), 6.25 전쟁납북피해진상규명및납북피해자명예회복에관한법률(법률 제10190호, 2010. 9. 27 시행), 부마민주항쟁관련자의명예회복및보상등에관한법률(법률 제11851호, 2013. 12. 5. 시행) 등. 이 중에서 특히 의문사진상규명에관한특별법이나 진실화해를위한과거사정리기본법에는 배·보상에 관한 내용이 결여되어 있었다.

2) 2000년대부터 의문사유가족이 과거사 사건을 담당하는 법무부 소속 담당 검사에게 '과거사 사건에 있어 피고인 국가는 소멸시효로 항변하지 말 것'을 공식서한을 보내 촉구한 바 있으나 그때마다 '피고인 국가로서는 모든 가능한 항변 수단을 사용할 수밖에 없다'는 의례적인 한 줄 답변만을 받을 수 있었을 뿐이었다. 지금도 이러한 정부의 입장에 변함이 없다는 점을 매우 안타깝게 생각한다.

단기간으로 제한되어야 하고, 단기소멸시효 기간인 3년을 넘을 수 없다고 판시하면서 진실규명 후 2년 10개월 만에 제기된 소송을 상당한 기간 안에 제기된 것으로 보았다. 많은 하급심 법원은 이 판결에 따라 '상당한 기간'의 요건을 검토하기에 이르렀고, 진실규명 후 3년을 기준으로 시효항변의 여부를 결정하게 되었다. 그런데 대법원 2013.12.12. 선고 2013다201844 판결에서는 재심에서 무죄판결이 확정된 후 국가기관의 위법행위 등을 원인으로 국가를 상대로 손해배상을 청구하는 경우에 채권자는 특별한 사정이 없는 한 재심무죄판결 확정일로부터 민사상 시효정지의 경우에 준하는 6개월 안에 권리행사를 해야 한다고 판시하여, 인권피해자들을 심한 혼란에 빠뜨렸다.

한편 2018년 헌법재판소는 소멸시효에 관한 민법 제166조 제1항 및 제766조 제2항의 객관적 기산점 조항이 과거사 사건의 특수성을 고려하고 있지 않아 위헌이라는 취지의 결정을 내렸는데 이 헌법재판소의 결정은 법적으로 매우 중요한 의미를 갖는다.

제2기 진실화해위의 출범을 환영하면서도 우려가 되는 것은 진실규명의 노력 이후의 시점이다. 진실을 규명하기 위해 최선의 노력을 경주했음에도 불구하고 여전히 그 진실을 밝혀내지 못하게 되는 사건들과 그 희생자들에 대해서는 어떠한 조치를 취해야 하겠는가? 과거사 사건과 관련하여 우리 인류에게 주어진 매우 중요한 과제는 이런 반인권적인 범죄가 다시는 반복되지 않도록 희생자들의 삶과 죽음을 '기억'하는 데 있다.[3] 이들을 기억하지 못하고 망각한다면 우리는 인간과 인류로서의 가치를 스스로 상실해 버리는 결과가 되고 말 것이다. "그 어느 인간도 그 자체로 전체인 섬이 아니다. 인간은 누구나 대륙의 한 조각이며 큰 것의 일부이다. (중략) 그 누구의 죽음도 나를 줄어들게 하나니, 그것은 내가 인류에 속하기 때문이다. 그러니 누구를 애도하고자 종이 울리는지 사람을 보내 묻지 말라. 그것은 바로 그대를 위해 울리는 것이니…." 이것은 16~17세기의 성공회 신부 John Donne(존 던)의 기도문인 '묵상 17'에 나오는 문구이다. 인권희생자들을 기억하는 것은 인간의 존엄과 인류의 가치를 지키는 것이다. 결국 우리 모두에게는 희생자들을 기억해야 할 의무가 있다고 할 수 있다. 이것은 죽은 이들을 위한 것이 아니라 오늘날 인류를 구성하는 우리들 자신을 위해 실천해야 하는 의무인 것이다. 그렇다면 우리는 이 의무를 어떻게 실천해 나갈 수 있을까?

2000년의 의문사위 활동과 이 위원회의 한계를 극복하고 포괄적 과거청산을 목표로 활동했던 2005년 1기 진실화해위를 소개한 후 피해자들에 대한 배·보상과 관련하여 국가배상청구와 소멸시효의 법률적 문제를 살펴보고, 과거청산의 궁극적인 과제에 대해 고민해 보고자 한다.

---

3) 국내에서의 기억논의에 관해서는 정근식, "한국에서의 사회적 기억 연구의 궤적", 「민주주의와 인권」, 제13권 제2호, 2013, 347면 이하 참조.

Ⅱ. 대통령소속의문사진상규명위원회

수십년간 지속된 독재정권의 탄압 속에 국민들은 시달려야 했고 울분을 달래야 했고 많은 젊은이들이 억울한 죽임을 당해야 했다. 이들의 죽음에 대해 당시 독재정권은 '자살'[4] 또는 '사고사'라고 발표했지만 국민들은 이를 납득할 수 없었다. 그래서 이런 의문의 죽음을 '의문사'라고 부르게 되었다. '의문사'를 일컬어 '아직 밝혀지지 않은 박종철 사건'이라고도 한다. 박종철의 죽음도 진실이 밝혀지기 전까지는 의문사였던 것이다.[5]

2000년 10월에 활동을 시작한 의문사위는 같은 해 12월까지 2개월간 의문사 사건에 대한 진정을 접수하였는데 80건의 진정서가 제출되었다.[6] 80개 중 2개의 사건은 위원회의 조사범위에 해당되지 않는다고 판단되어 각하되었고 5개의 사건은 위원회가 -진정이 없이- 직권으로 조사하기로 결정하였다. 1기 위원회는 법정 조사 활동 마감일이었던 2002년 9월 16일까지 의문사 사건 83건에 대해 조사한 결과 19건을 민주화운동과 관련하여 위법한 공권력의 행사로 발생한 의문의 죽음으로 인정했다. 그리고 33건은 기각했으며, 30건에 대해서는 진상규명 불능 결정을 내렸다.

비록 30건이나 되는 사건이 진상규명 불능으로 남았지만, 주어진 권한과 시한을 고려해 볼 때 위원회는 상당한 진상규명의 성과를 거두었다. 위원회는 중앙정보부에 연행되었다가 자살한 것으로 발표되었던 최종길 교수가 고문을 당했고, 그 사망과정이 조작되었다는 것을 밝혀냈다. 삼청교육대 관련자로 청송교도소에서 사망한 박영두가 교도관에게 구타당해 죽은 사실도 규명했다. 한편 군부대 내에서 자살한 것으로 발표되었던 허원근 일병이 타살되었고, 그 죽음의 진상이 은폐되었다는 사실도 규명했다. 이 밖에도 장기수들에 대한 강제 전향공작과 학생 민주화운동가들에 대한 강제징집 및 감시활동의 실상도 상당부분 규명했다.[7]

그러나 많은 관심을 끌었던 장준하 사건을 포함한 30개의 사건은 여전히 진상규명 불능으로 판정될 수밖에 없었다.

---

4) 주목할 것은 군사정권에 의해 허위로 자살이라 발표된 죽음 외에도 저항을 위한 자살이 있었다는 점이다. 당시 상당수의 젊은이들이 독재권력에 저항하기 위해 분신, 투신, 할복 등의 방법으로 목숨을 스스로 끊었는데, 언론의 자유가 없고, 권력이 모든 것을 완벽하게 통제하며, 저항세력은 조직화되어 있지 못한 상태에서 자신의 목숨을 바쳐 저항의 의지를 표시하는 것은 제국주의 침략기부터 한국에서는 저항의 한 방식이었던 것이다. 저항을 위한 자살과 함께 국가 정보기관에 대한 협조를 거부하고, 조직의 비밀유지를 위해 수행된 자살도 상당수 있었을 것이라고 예상된다, 홍석률, "의문사 진상규명 -과거청산을 위한 진상규명의 시도와 쟁점", 「민주사회와 정책연구」, 2005, 112면 참조.

5) 군사독재기간 동안 희생된 사람들은 300여 명에 이를 것으로 추산된다. 조현연, 「한국 현대정치의 악몽」, 책세상, 2000, 116면 참조.

6) 원래 유족단체들은 40여 건이 접수될 것으로 예상했었으나 이를 훨씬 상회하는 수의 진정서가 접수되었다.

7) 홍석률, 앞의 글, 116면.

제1기 위원회가 법정 조사 기한을 마감하고, 보고서 발간 등 마무리 작업을 하고 있던 무렵에 다시 의문사 특별법 개정 논의가 시작되었다. 마침내 2002년 11월 14일 3차 법개정안이 국회를 통과하였다. 위원회는 진상규명 불능이라고 판단한 30개 사건과 기각된 사건 중 위원회가 조사 재개를 전원일치로 결정하는 사건에 한하여 최대 1년간 더 조사할 수 있게 되었다.

이에 따라 2003년 7월 제2기 위원회가 발족하게 되었다. 위원장은 그대로 한상범(법학 교수)이었고, 상임위원에 김희수(변호사)와 홍춘의(공무원), 그리고 위원으로는 이석영(농학 교수)이 연임되었고, 나머지 위원들은 모두 새로 임명되었는데, 그들은 황상익(의학 교수), 서재관(의사), 강경근(법학 교수), 이기욱(변호사), 전해철(변호사) 등이었다.

제2기 위원회의 조사활동은 짧은 기간이었음에도 불구하고 사회적으로 많은 어려움에 봉착했다. 2기 위원회가 조사활동중이던 2004년 3월 12일 노무현 대통령 탄핵소추안이 국회에서 가결되자 위원 5인과 민간출신 조사관 33인이 대통령 탄핵소추 가결을 규탄하는 시국성명서를 발표하였는데, 당시 대통령 권한대행이던 고건 국무총리는 이를 공무원의 정치적 중립 및 집단행동 금지원칙을 위반한 행위로 보았던 것이다. 위원회는 감사원의 특별감사를 받았고, 상임위원 김희수는 국가공무원법 위반으로 검찰에 고발까지 당하는 사태가 발생하였다.

또한 위원회가 2004년 6월 전향공작 및 강제급식 등으로 인해 사망한 장기수, 최석기, 박윤서, 손윤기의 죽음을 의문사로 인정하자 사회적으로 일대 파문이 일어났다. 1기 의문사위는 이들 사건에 있어 위법한 공권력의 개입이 있었다는 사실은 인정했으나 이들의 사망 당시 대한민국의 존립, 안전을 부정하고 자유민주주의적 기본질서에 위해를 가하려는 의사가 없었다고 단정할 수 없기 때문에 민주화운동 관련성은 인정하지 않는 결정을 내렸다. 반면 2기 위원회는 자유민주주의적 기본질서의 위해를 가하려는 의사 여부를 추측하여 단정하는 것 자체가 양심의 자유의 한 축을 이루는 양심추지금지원칙에 위반한다고 판단했다. 또한 이들이 사상전향을 거부한 행위 자세는 국민의 권리인 양심의 자유에 해당하기 때문에 민주화운동 관련성이 있다고 인정하였다. 이러한 결정이 공표되자 한국의 주류 언론들은 의문사 위원회가 '간첩'을 민주화운동가로 인정했다고 하면서 선정적으로 보도했고, 이에 반공단체의 성원들이 위원회로 몰려와 시위를 벌이고, 또한 사무실까지 난입하는 사태가 발생하였던 것이다.[8)]

위원회는 1기 위원회에서 진상규명 불능으로 결정된 30개 사건과 기각 사건 중 이의가 제기되어 위원회에서 조사하기로 결정한 사건 11건을 합하여 도합 44건에 대해 법정 조사기한인 2004년 6월 30일까지 조사를 했다. 그 결과 새롭게 11개 사건을 위법한 공권력의 개입과 민주화운동과 관련된 의문사로 인정했고, 7개 사건은 기각했으며, 24개 사건은 여전히 진상규명 불능으로 판정했다. 2기 위원회는 1987년 군부대에서 단순폭행으로 사망했다고 발표된 정연관 사건

8) 홍석률, 위의 글, 119면.

이 이 당시 이루어진 대통령 선거 과정에서 자행된 군부재자 투표 부정과 관련이 있었다는 사실을 밝혀냈다. 또한 민주화운동에 참가한 학생들에 대한 강제징집 과정과 이들을 감시하고, 프락치로 활용하는 과정이나 강제전향 공작의 실상에 대해서도 진상을 밝혀내는 성과를 거두었다.[9] 또한 2기 위원회는 의문사 재발 방지를 위해 '사인확인제도에 대한 입법안'을 성안하고, 입법 공청회를 개최하는 등 유사 사건의 재발 방지를 위한 법적, 제도적 조치를 위한 노력도 기울였다. 이렇게 해서 2년 9개월간의 의문사진상규명활동이 종료되었다.[10] 의문사진상규명위원회에서 끝내 '진상규명 불능'으로 결정된 사망사건들에 대해서는 아래에 소개하는 진실화화해위원회에서 재조사할 수 있는 가능성이 열리게 되었다.

Ⅲ. 제1기 진실과 화해를 위한 과거사정리위원회

1. 서

2003년 2월에 취임한 노무현 대통령은 국가보안법 폐지를 포함하여 과거청산, 사립학교와 언론관계법 등 4대 개혁과제를 제시했는데, 특히 과거청산과 관련하여 2004년 8월 15일 광복 60주년 경축사에서 '보편적 방식에 입각한 포괄적 과거사 청산'을 제안하였다.[11][12]

---

9) 홍석률, 위의 글, 119면 참조.

10) 당시 의문사 특별법은 조사권한이 취약했다는 점이 가장 큰 문제점으로 지적되었다. 의문사 특별법은 임의적인 진술에만 의존하여 조사할 수 있도록 규정되어 있었고, 동행명령권이 있었으나 단지 과태료에 처할수 있는 미약한 힘으로는 출석을 거부할 경우 다른 진상파악의 방법이 제도적으로 전무하였으며, 위원회에 나와서 허위진술을 일삼아도 이 또한 진상파악을 할 수 있는 다른 방법이 전혀 고안되어 있지 아니하였다는 점, 권위주의적 통치하에서 이루어진 국가 폭력의 개입 여부가 의문사 사건들의 대다수 핵심적인 사항이었는데도 정작 국정원, 기무사등 관련 국가기관들이 정보공개 등에 비협조로 일관하여도 관련 정보에 접근할 수 있는 방법이 전무하여 진상파악을 하는 데에는 본질적인 취약점을 갖고 있었다. 또한 국가기관이 아닌 개인이나 단체 등이 진상파악에 필요한 자료를 갖고 있는 것이 분명한 데도 소지인이 임의제출하지 않는 이상 진상파악에 필요한 그 어떠한 조치도 취할 수 없는 한계를 지니고 있었다는 점이 지적되기도 했다; 김성길, "과거사법 제정 과정과 현황, 이후 방향에 대하여 -통과된 과거사법의 문제점을 중심으로", 광복 60년 (제6차) 종합학술대회 올바른 과거청산을 위한 전국순회 심포지엄 종합자료집: 청산하지 못한 역사 어떻게 할 것인가?, 올바른과거청산을위한범국민위원회 2005, 41-42면.

11) "반민족 친일행위만이 진상규명의 대상은 아닙니다. 과거 국가권력이 저지른 인권침해와 불법행위도 그 대상이 되어야 합니다. 진상을 규명해서는 다시는 그런 일이 없도록 해야 할 것입니다. 저는 이 자리를 빌려 지난 역사에서 쟁점이 됐던 사안들을 포괄적으로 다루는 진상규명특별위원회를 국회 안에 만들 것을 제안드립니다. 이미 국회에서는 진상규명과 관련하여 열세건의 법률이 추진되고 있습니다. 그러나 법안마다 기준이 다르고 이해관계가 엇갈리기 때문에 개별적으로 다루기가 어려운 것이 사실입니다. 국회가 올바른 진상규명이라는 원칙에만 동의한다면 구체적인 방법은 국민 여러분의 의견을 수렴해서 충분히 합의할 수 있을 것입니다. 그리고 그동안 각종 진상조사가 이루어질 때마다 국가기관의 은폐와 비협조 문제가 논란의 대상이 되어 왔습니다. 그러나 이번만은 그런 시비가 없어야 할 것입니다. 고백해야 할 일이 있으면 기관이 먼저 용기 있게 밝히고 새롭게 출발해야 합니다."(대통령비서실, 노무현 대통령 연설문집 제2권, 2005, 258면).

이를 계기로 과거사청산 운동을 추진하던 시민단체 및 피해자단체들의 입법 활동이 촉발되었다. 2004년 11월 9일에는 당시까지 해결되지 못한 과거청산 문제들을 포괄적으로 해결하기 위해 시민운동단체인 '올바른 과거청산을 위한 범국민위원회'(이하 '범국민위원회')가 결성되었다. 범국민위원회는 여러 한계로 인해 의문사위에서 해결되지 못한 의문사 사건과 특히 의문사 특별법이 민주화운동관련성을 요건화함으로써 해결할 수 없었던 민주화운동 관련성이 없는 군의문사 사건 및 민간인 집단희생 사건을 통합하는 포괄적인 과거청산 입법을 추진하면서 과거사 관련 법안을 준비하였고, 정치권과 연계하여 입법 활동을 전개해 나갔다.

하지만 포괄적 과거청산법에 대한 정치권의 입장대립[13]으로 인해 입법은 계속 지연되었다.

2. 입법 과정

범국민위원회는 과거청산과 관련된 각종 법률들과 의문사위에서의 활동경험 등을 바탕으로 의문사위에서의 한계점을 극복하기 위한 방향으로 '범국민위원회안'을 만들었다.

이에 따라 범국민위원회안은 위원회의 조사권한을 강화하기 위한 여러 규정을 두고 있었다.[14] 피조사자가 동행명령에 불응할 경우 형사처벌이 가능하도록 하고 있었으며 국가기관 자료제출명령권 규정을 두어 진실규명과 관련하여 자료 및 물건의 제출 명령을 받은 기관 등은 정당한 사유 없이 자료 및 물건의 제출을 거부할 수 없도록 하였다. 범국민위원회안은 또한 금융기관에 대한 금융거래자료제출요구권, 공소시효정지, 검찰에 대한 압수, 수색, 검증 영장청구 의뢰권 등을 조사권한에 포함시키고 있었다.

---

12) 노무현 대통령의 8.15 경축사 이후 국정원, 경찰청, 국방부는 자체적으로 진실규명위원회를 구성하기에 이른다. 경찰은 2004년 9월 민간이 참여하는 '경찰청 과거사진상규명위원회'를 조직하고 2007년 11월까지 대표적인 경찰관련 과거사 사건 10개를 선정하여 진상을 규명했다. 이 10개의 사건은 서울대 깃발사건, 민청련 사건, 강기훈 유서대필 사건, 남민전 사건, 대구 10-1 사건, 보도연맹원 학살 의혹 사건, 나주부대 사건, 진보의련 사건 등이었다. 국가정보원 또한 2004년 11월 민간위원을 포함한 '국정원 과거사건진실규명을통한발전위원회'를 발족시켜 2007년 10월까지 국정원사건들에 대한 진상규명활동을 했는데, 조사과정과 내용은 비공개를 원칙으로 하되 조사 결과는 공개하는 방식을 취했다. 국정원이 조사한 주요 사건으로는 김형욱 실종사건, 김대중 납치사건, 동백림 사건, 부일장학회 강제헌납, 경향신문 매각사건, 민청학련 및 인혁당 사건, 남한조선노동당 사건, KAL기 폭파사건 등이 있었다. 국방부는 다른 국가기관보다 늦게 2005년 5월 국방부과거사진상규명위원회를 조직하고 2007년 1월까지 국방부 관련 과거사 사건들을 조사했다. 국방부 관련 주요사건들은 12.12 쿠데타, 5.17 비상계엄확대, 5.18 사건, 삼청교육대사건, 강제징집·녹화사업, 실미도 사건, 10.27 법난사건과 신군부집권기간의 언론통제, 보안사 민간인 사찰, 재일통포 및 일본관련 간첩 조작 의혹사건 등이었다. 국정원, 경찰청, 국방부 등 관련기관의 진상규명활동은 여러 가지 내재적인 한계를 지니고 있었지만, 부분적이나마 과거의 잘못을 관련 기관이 직접 나서서 조사했다는 점에서 그 의의를 찾을 수 있을 것이다.

13) 당시 언론을 통해 발표된 정치권의 갑론을박에 관해 상세한 것은 황현숙, "민주화 이후 한국의 과거청산 - 진실과화해위원회의 성과와 한계를 중심으로"(서강대 석사학위논문), 2014, 46면 이하 참조.

14) 김성길, 앞의 글, 41면: "과거청산 범국민위에서 작성한 법률안은 그동안 과거청산과 관련된 각종 법률들과 의문사위원회에서의 활동경험 등을 종합하여가장 효과적인 과거청산법안이 무엇인지를 반영한 법안이었다. 의문사진상규명에 관한 특별법은 수없이 지적되었듯이 조사권한상으로 본질적인 진상규명이 어려운 조건으로 구성된 법률이었다."

그러나 당시 집권당인 열린우리당은 범국민위원회안에 대해 유보적인 입장을 취했다. 열린우리당은 동행명령권에 대해 피조사자가 조사에 불응할 경우 형사처벌 대신 과태료 규정으로 수정하고, 자료제출명령권에 대해서도 군사·외교·대북관계의 국가기밀에 관한 사항의 경우 주무부장관의 소명이 제출된 경우에는 예외를 두도록 하였다. 또한 열린우리당은 위원회의 홍보 권한은 불필요하고, 조사보고 전에 언론·출판물을 통해 조사대상자 및 그의 가해행위와 관련한 위원회의 조사내용을 공개하지 못하도록 하며, 조사 종료 전 조사내용 공표를 금지해야 한다는 입장이었다.

한편 당시 제1야당인 한나라당은 과거사정리를 현대사 연구라는 학술적 차원에서 규명하고, 학술원 산하에 이를 수행할 기구(한국현대사조사·연구위원회)를 두자고 주장하였다.[15] 그리고 진실규명 범위도 항일독립운동과 해외동포사, 대한민국의 정통성을 부정하는 세력에 의한 테러 인권유린을 포함하여 확대할 것을 주장하였다.

마침내 제17대 국회가 개원하자 각 정당은 각기 다른 법안을 제출하기에 이르렀다. 열린우리당은 「진실규명과 화해를 위한 기본법」(원혜영 의원 외 150인, 2004. 10. 20.), 한나라당은 「현대사 조사·연구를 위한 기본법」(유기준 의원 외 120인, 2004. 9. 23.), 민주노동당은 「진실 미래를 향한 과거청산 통합 특별법」(이영순 의원 외 10인, 2004. 10. 21.)을 제출하였지만 각 정당은 입장 차이를 좁히지 못하고 그해 정기국회에서 입법안을 처리하지 못하였다.[16]

그리고 많은 진통과 우여곡절 끝에 2005년 5월 3일 마침내 「진실과 화해를 위한 과거사정리 기본법」(이하 기본법)이 국회 본회의를 통과했다. 이 기본법은 2005년 5월 31일 공포되어 2005년 12월 1일부터 시행되었다.

1기 진실화해위원회의 활동 기간 중 세 명의 위원장이 임명되었는데, 초대 송기인, (카톨릭 사제, 2005년 12월 1일-2007년 11월 30일), 제2대 안병욱[17] (사학 교수, 2007년 12월 1일-2009년 11월

15) 박근혜 한나라당 대표는 '과거사 진상조사 특별위원회'를 수용하되, 해방공간 및 한국전쟁 과정의 친북 좌익 행위도 조사해야 한다고 주장했다. 이번 기회에 과거의 역사를 되짚어보고 교훈을 얻기 위해서 "중립적인, 검증적인 학자들이 과거사를 짚어보고" "6·25 전쟁 때 정말 우리나라를 해방 후 자유민주주의와 공산주의로 헷갈려 있을 때, 우리의 선택이 옳았던 것인가? 6·25 침략으로부터 누가 지켜냈고, 6·25때 만행으로 피해를 입었던 사람들도 밝혀내고, 4·19혁명이 일어날 지경까지 부정부패하고 무능했던 사람들은 누구냐? 5·16 후 산업화 과정의 공과는 무엇이고, 공산주의와 자유민주주의가 대립한 냉전시대에 국가안보를 누가 지켜냈고, 위협했나? 누가 피해를 입었는가를 이번 기회에 공정하게 규명해보자"는 것이었다. 박근혜 대표의 발언은 이후 한나라당이 제출한 현대사정리법의 방향과 일치하는 것이었는데 '과거의 공과 과를 모두 따지자'는 그녀의 주장은 그녀와 당시 보수세력이 과거청산의 문제가 피해자인 국민의 인권 회복과 재발 방지에 있다는 문제의식을 전혀 가지고 있지 않았음을 잘 보여주고 있다. 박근혜 전 대표의 발언 전문은 아래의 사이트에서 확인할 수 있다. http://www.ohmynews.com/NWS_Web/View/at_pg.aspx?CNTN_CD=A0000204900&CMPT_CD=SEARCH.

16) 입법과정에 관해 상세한 것은 정근식, "민간인 학살사건 진상규명을 위한 활동의 현황과 과제", 「제노사이드 연구」, 제1호, 2007, 13면 이하 참조.

17) 안병욱 위원장은 진실화해위의 전신인 의문사위의 비상임위원을 지낸 바 있다.

30일), 제3대 이영조[18] (진실화해위 상임위원, 2009년 12월 1일-2010년 12월 31일) 등이었다.

진실화해위는 위원장 1인과 상임위원 3명 그리고 비상임위원 11명 등 총 15명의 위원으로 구성되어 있었다. 위원장을 포함한 위원의 임기는 2년이었으며 연임이 가능했다.

위원회는 과거사정리법 시행일인 2005년 12월 1일부터 2006년 11월 30일까지, 1년간 위원회와 진실규명 신청을 받았다(과거사정리법 제19조). 총 10,860건이 접수되었고, 민간인 집단 희생(7,922건)과 적대세력 관련(1,687건) 사건이 전체의 88.6%로 가장 비중이 높았다. 진실화해위는 8,450건의 진실규명결정, 528건의 진실규명불능결정을 내렸고 1,729건에 대해서는 각하[19]결정을 했다.

국방부, 군의문사진상규명위원회, 국가보훈처 등으로 97개의 사건이 이송되었고 또 신청접수 후 신청인이 신청을 취하한 사건은 351건이었다(진실화해위 2010, 76-78). 진실화해위는 2010년 6월 30일까지 10,860건이 신청사건과 직권조사 사건 15건, 분리·병합처리 사건을 포함한 11,175건의 진상규명을 완료하고, 종합보고서를 작성한 이후 2010년 12월 31일 해산하였다.

진실화해위는 여러 한계에도 불구하고 주요 인권침해 사건을 규명해 법원의 재심 판결을 이끌어 내거나 유족들의 명예회복과 보상조치를 가능하게 하는 성과를 거두었다. 진실화해위가 규명한 사건에는 항일독립운동은 신흥무관학교 출신 항일 독립운동, 반탁운동가 소련 유형사건 등이 대표적인 사례이고, 민간인 집단희생은 고양 금정굴 사건, 경산 코발트광산 사건, 함평 11사단 사건 등이 있으며, 인권침해는 민족일보 조용수 사건, 강기훈 유서대필 사건, 이수근 간첩사건 등이 있다.

특히 한국전쟁 전후의 민간인희생 사건은 위원회가 처리한 사건의 73.4%에 달할 정도로 큰 비중을 차지했다. 진실화해위 이전에 정부차원에서 거창사건이나 제주4·3사건, 노근리 사건을 다루었지만, 한국전쟁기 민간인 학살을 전국적인 차원에서 포괄적으로 다룬 것은 진실화해위가 최초였다. 국민보도 연맹원 학살사건, 인민군 점령기의 부역혐의자 학살사건, 미군 폭력에 의한 민간인 희생 사건 등에 대한 진상[20]을 규명해 냈다.

그러나 1기 진실화해위에 대해서는 다음과 같은 비판[21]이 있다.

① 1기 진실화해위가 직권조사의 권한을 가지고 있음에도 불구하고 지나치게 피해자의 신

18) 한국의 뉴라이트로 잘 알려져 있던 이영조 위원장이 임명될 당시는 보수진영의 이명박 대통령 시절인데, 이영조 위원장의 임명에 관해서는 많은 사회적 논란이 있었다. 이에 관해 상세한 것은 예를 들어 정희상, "뉴라이트가 접수한 과거사위원회", 시사인 2009년 12월 21일 참조. https://www.sisain.co.kr/news/article-View.html?idxno=6060.

19) 각하 사건 중에는 항일독립운동 신청 사건이 많은데, 국가보훈처 등 관련기관에서 종결된 사건을 진실화해위에 재접수했거나 항일독립운동의 범주에 해당하지 않는 사건이 많았기 때문이라고 한다, 황현숙, 앞의 논문, 61면 각주 46.

20) 상세한 것은 김상숙, "진실과화해위원회의 활동을 중심으로 본 한국전쟁 전후 민간인학살 진상규명현황과 향후 과제", 「기억과 전망」 제27권, 2012, 131면 이하 참조.

21) 김상숙, "진실화해법 개정과 2기 진실화해위의 과제", 「Issue & Review on Democracy」, 51호, 2021, 4면 이하.

청에 의존한 나머지 미처 조사대상으로 삼지 못한 사건들이 많다는 비판이 있다.[22]

② 1기 진실화해위에서는 각하 또는 진실규명 불능으로 처리한 사건들이 매우 많다는 점에 대한 비판이 있다.[23]

③ 진실규명활동 후 후속 조치가 미흡했다는 점이 비판을 받고 있다. 특히, 피해자 배·보상 문제와 관련해서는 특별법 제정 등을 정부에 권고[24]했으나 정부는 이를 외면했으며 과거사연구재단의 설립 건의도 받아들여지지 않은 점을 지적하고 있다.[25]

④ 한시기구로서의 한계와 시간의 제약 및 전문성 부족에 대한 비판도 있다.[26]

---

22) 김상숙, 위의 글, 4면; 김태우, "진실화해위원회의 미군 사건 조사보고서에 대한 비판적 검토", 「역사연구」, 제21호, 2011, 112면. 신청사건 중심으로 접근함으로써, 과거사 정리를 개별화된 '희생자 중심'의 진상 규명 및 경제적·상징적 보상이나 명예 회복 문제로 축소하는 결과를 낳았다는 비판도 있다, 김영수, "한국 과거사정리와 국가의 전략", 「역사연구」, 제21호, 2011, 157면. 왜 애초의 예상보다 신청 건수가 적었는가에 대해서는 그 이유로 ① 법으로 정해진 신청 기간(1년)이 짧았고, ② 신청 기간에 공영방송 등을 통한 국민적 홍보 부족으로 피해자들이 위원회의 존재를 몰라 신청하지 못한 경우가 많았으며, ③ 일부 피해자들은 위원회의 존재를 알았다 해도 수십 년간 겪어온 연좌제 피해와 트라우마로 인해 국가기관에 대한 불신과 공포가 남아 있어 신청하지 못한 경우도 많았다고 한다, 김상숙, "진실과화해위원회의 활동을 중심으로 본 한국전쟁 전후 민간인학살 진상규명현황과 향후 과제", 「기억과 전망」 제27권, 2012, 135면.

23) 불능이나 각하가 많이 나온 이유로는 사건의 진상을 입증할 증거자료가 아예 부족했던 경우뿐 아니라, 입증할 자료는 충분했으나 2010년 상반기 이명박 정부에서 이영조 위원장 등 위원 다수를 당시 친여권 인사로 새로 임명하면서 위원회의 진실규명 결정 기조가 바뀌면서 불능 또는 각하 결정된 경우로 나눌 수 있다고 하면서 그 근거로 진실규명 불능 결정한 454건 가운데 78%에 달하는 354건이 2010년 상반기에 처리되었다는 점을 들고 있다, 김상숙, "진실화해법 개정과 2기 진실화해위의 과제", 「Issue & Review on Democracy」, 51호, 2021, 5면.

24) 진실화해위 권고사항 이행의 전반에 관해서는 한성훈, "과거청산과 민주주의 실현: 진실화해위원회 활동과 권고사항의 이행기 정의를 중심으로", 「역사비평」, 제93호, 2010 참조.

25) 김상숙, "진실화해법 개정과 2기 진실화해위의 과제", 「Issue & Review on Democracy」, 51호, 2021, 5-6면; 황현숙, 앞의 논문, 70면 이하; 권고조치 중에서 위령사업은 그런대로 잘 추진되었지만 재심권고나 국가의 사과권고의 이행률이 매우 낮은 근본적인 원인은 국가기구내에서 진실화해위의 위상이 낮게 배치되어 있고 위원회의 진실규명이나 권고의 법적 효력에 대한 규정이 모호하기 때문이라고 지적한다, 정긍식, "진실규명과 화해, 어디까지 왔는가? 진실화해위원회 활동의 결산", 「황해문화」, 제67호, 2010, 109-110면. 이명박 정부에서의 후속처리과정의 문제점에 관해서는 김동춘, "한국전쟁과 학살, 그 기억과의 전쟁 -진실화해를 위한 과거사정리 위원회 활동을 중심으로", 「제주4.3연구소 국제세미나 자료집」, 제주4·3연구소, 2013, 120면 이하 및 김동춘, 「이것이 기억과의 전쟁이다」, 사계절, 2013; 최정기, "과거청산에서의 기억전쟁과 이행기 정의의 난점들 -광주민주화운동 관련 보상과 피해자의 트라우마를 중심으로", 「지역사회연구」 제14권 제2호, 2006, 3면 이하 참조.

26) 김상숙, 위의 글, 4-5면: "진실화해위가 수행했던 진실규명의 주요 과제로는 ① 개별 희생자의 희생 사실 인정, ② 사건 전개 과정의 역사적 재구성을 통한 사건의 구조적 진실규명, ③ 가해의 지휘·명령체계 확인을 통한 국가 책임성 확인, 세 가지를 들 수 있다. 그런데 이 세 가지 과제는 서로 연관되어 있으면서도 각각 조사 대상, 조사 방법, 조사에 드는 기간, 필요한 결과물이 다르다. 그런데 진실화해위에서는 각각 다른 방식으로 수행해야 할 이 세 가지 차원의 조사 전체를 개별 조사관이 담당하고, 하나의 단위 사건 보고서 안에 종합하는 방식을 취했다. 이는 당시에는 전국 각지에서 발생한 사건에 대한 조사연구 결과가 거의 축적되어 있지 않은 상태였고, 진실화해위 역시 조사 기간과 조사 권한의 제약, 유관기관의 비협조 등 조사 여건의 제약이 있는 상태에서 조사했기 때문에 불가피했던 것이라고 볼 수도 있으나 이로 인해 사건의 역사적·구조적 진실규명으로 나아가기에는 부족했으며, 학살을 지시한 최상부의 명령체계 등 사건의 전말을 규명할 수

⑤ 위원회가 시민사회보다는 제도권 정당들이나 정세 변화의 영향을 많이 받았다는 점을 비판한다.[27)]

⑥ 규정상 위원회의 활동중 조사내용을 공개할 수 없어 시민사회의 역사의식이나 시민의식을 고양할 할 수 있는 사회적 학습이 부족했다는 비판이 있다.[28)]

기본법은 이행기 정의[29)]의 모델 중 책임자 처벌을 구성요소로 하는 진실정의 모델이 아니라 가해자와 피해자의 공존을 구성요소로 하는 진실화해 모델에 의하고 있는데, 진실화해 모델의 성공을 위해서는 화해 당사자의 확정과 가해자의 고백이나 사죄와 함께 피해자의 용서가 이루어져야 하고 최소한 피해자들이 인정할 수 있는 회복조치가 수반되어야 한다.[30)] 하지만 한시기구인 당시 위원회의 위상으로는 이러한 과제를 수행하기에 역부족이었다. 처벌이 전제되지 않는 과거청산은 이렇게 빈약한 결과를 낳을 수밖에 없다는 견해가 있다.[31)]

진실화해위의 또 다른 한계는 이 위원회가 '과거청산'을 목적으로 하는 다른 위원회들과는 달리 '과거사 정리'의 성격이 지나치게 강했다는 점에서 찾을 수 있다. '청산'이 좀 더 강하고 적극적인 해결을 내포하고 있다면, '정리'는 좀더 약하고 소극적인 해결을 의미한다.[32)]

있는 조사도 상당히 부족했다." 진실화해위의 구성원들은 내부의 의사소통이나 부서간 협조 수준이 그다지 높지 못했으며 전문성도 충분하지 않아 중요한 조사업무가 균등하게 분배되지 않고 일부의 구성원들에게 집중되는 현상이 있었다는 지적도 있다, 정근식, "진실규명과 화해, 어디까지 왔는가? 진실화해위원회 활동의 결산", 「황해문화」 제67호, 2010, 98면.

27) 1기 진실화해위가 시민사회의 입법 운동에 의해 성사되었음에도 불구하고 위원회 설립 후 제도화된 활동 단계에서는 시민사회단체들이 배제된 채 구체적 전략과 힘을 갖지 못했으며 과거청산 운동의 주요한 축이었던 피해자와 유족들은 이해집단 내지는 민원인으로 전락했다는 것이다, 김상숙, 위의 글, 6면.

28) 정근식, "진실규명과 화해, 어디까지 왔는가? 진실화해위원회 활동의 결산", 「황해문화」 제67호, 2010, 110-111면.

29) '이행기 정의'의 개념에 관해서는 이재승, "이행기의 정의", 「법과 사회」, 제22권, 2002, 47면 이하; 이영재, "이행기 정의의 본질과 형태에 관한 연구." 「민주주의와 인권」, 제12권 1호, 2012, 121면 이하 참조. 5.18과 이행기 정의 개념에 관해서는 정근식, "5월운동의 성과와 한계 : 과거청산과 이행기 정의 사이에서", 「경제와 사회」, 2020, 12면 이하 참조.

30) 정근식, "진실규명과 화해, 어디까지 왔는가? 진실화해위원회 활동의 결산", 「황해문화」 제67호, 2010, 95면.

31) 한홍구, "이명박시대의 과거청산과 역사논쟁", 「역사와 현실」 69호, 2009.

32) 정근식, "진실규명과 화해, 어디까지 왔는가? 진실화해위원회 활동의 결산", 「황해문화」 제67호, 2010, 95면; '과거사 청산'이 아니라 '과거청산'이라고 해야 하는 이유는 분명히 과거는 '지나갔으며' 돌이킬 수 없지만 잘못된 과거의 사건이 현재의 정치 사회내에서 영향력을 미칠 수 있는 지위에 남아 있으며 피해자가 생존해 있는 경우 어떤 형태로든 이것을 정리하지 않고서는 관계의 형성, 공공질서의 정상적인 작동이 어렵기 때문이라고 한다, 김동춘, "한국 과거청산의 성격과 방향", 「민주사회와 정책연구」 제8호, 2005, 23면.

Ⅳ. 과거사 사건 판결과 소멸시효 항변

과거사 사건 피해자들에 대한 포괄적인 배상이나 보상에 관한 정부의 조치가 부재했기 때문에 과거사 사건 피해자들은 국가를 상대로 국가배상청구를 할 수밖에 없었다. 이러한 소송에서 계속적으로 문제가 되었던 것은 소멸시효였다. 피고인 국가가 과거사 사건들에 있어 오랜 시간이 지난 사건이라는 점을 이유로 예외 없이 소멸시효 항변을 하고 있기 때문이다. 형사법상의 공소시효와 민사법상의 소멸시효는 다르다. 소멸시효는 절대적인 것이 아니다. 소멸시효의 항변은 채무자의 선택의 문제이다. 다시 말해 피고인 국가는 자기의 책임으로 죽거나 피해를 입은 국민의 손해배상청구소송에서 소멸시효를 이유로 항변을 할지 이러한 항변을 하지 않을지를 스스로 선택하고 결정할 수 있는 것이다. 그러나 피고인 국가는 우리 역사상 단 한번도 국과거청산과 관련된 국가배상청구소송에서 소멸시효항변을 포기한 적이 없었다.[33]

과거사 사건손해배상청구소송에서 법원은 신의칙을 적용하여 피고인 국가의 소멸시효항변을 저지하기도 했지만, 대법원의 판결이 피해자인 권리자가 진실화해위 등의 결정이 있은 후 상당한 기간 안에 권리주장을 할 것을 요건화하면서, '상당한 기간'을 3년이라고 했다가 '재심 결정 후 6개월'이라고 하는 등 과거사피해자들에게 불리한 판단을 내리는 등 과거사피해자들을 혼란에 빠뜨렸다. 한편 소멸시효에 관한 민법 제166조 제1항 및 제766조 제2항의 객관적 기산점 조항이 과거사 사건의 특수성을 고려하고 있지 않아 위헌이라는 취지의 결정을 내렸는데 이 헌법재판소의 결정은 매우 중요한 의미를 갖는다.

여기서는 우리 판례가 소멸시효항변을 저지하기 위해 사용하고 있는 신의칙의 유형을 간략히 소개한 후 문제되는 대법원 판결을 비판적으로 고찰하고 헌법재판소결정을 바탕으로 소멸시효제의 존재이유를 검증해 보기로 하겠다.

1. 소멸시효와 신의칙의 유형

소멸시효에 신의칙을 적용하는 판례는 일반적으로 다음의 네 가지 유형으로 나누어진다.[34]

---

33) 반인도적 국가범죄의 경우 피고인 국가가 소멸시효항변을 할 수 없다고 보는 것이 합당하다는 견해가 있다. 임상혁, "거창사건 피해자에 대한 국가배상: 입법적, 사법적 해결의 검토: 거창사건 관련 판결과 소멸시효 항변", 「법과 사회」 제27권(2004), 177면.

34) 대법원 1994. 12. 9. 선고 93다27604 판결. 이 네 가지 유형에 관해서는 이범균, "국가의 소멸시효 완성 주장이 신의칙에 반하여 권리남용에 해당하는지 여부에 관한 판단 기준", 대법원판례해설 제54호(2006), 22면 이하 참조. 소멸시효항변을 저지할 수 있는 신의칙을 4가지 유형으로 구분하고 있는 견해로는, 강우찬, "국가배상소송에서 국가의 소멸시효 완성주장에 대한 기산점 인정 및 신의칙 위반 여부에 관한 검토", 법조(제55권 제2호), 법조협회(2009), 268-269면; 김상훈, "과거사 국가배상사건에서 국가의 소멸시효 항변 제한법리 -대법원 2013. 12. 12. 선고 2013다201844 판결 등 타당성 검토-", 민사법연구(제22권), 대한민사법학회(2014), 35-36면; 김상훈, "재심절차에서 무죄 확정판결을 받은 자의 손해배상 청구에 대한 소멸시효 항변

① 채무자가 시효완성 전에 채권자의 권리행사나 시효중단(청구, 압류 · 가압류 · 가처분 및 채무의 승인)을 불가능하게 만들었거나 현저히 곤란하게 하였거나, 또는 시효중단 등의 조치가 불필요하다고 믿도록 만드는 행동을 한 경우(제1유형),

② 채권자가 권리행사를 할 수 없는 객관적인 장애사유가 있는 경우(제2유형),

③ 시효가 완성된 후라 하더라도 채무자가 시효를 원용하지 아니할 것 같은 태도를 보임으로써 권리자로 하여금 채무자가 시효를 원용하지 않을 것이라고 신뢰하게 한 경우(제3유형), 또는

④ 채권자보호의 필요성이 크고, 동일한 조건의 다른 채권자가 채무의 변제를 수령하는 등의 사정을 고려할 때 채무이행의 거절을 허용하는 것이 현저하게 부당하거나 불공평한 것으로 판단되는 등의 특별한 사정이 존재하는 경우(제4유형)

제1유형은 채무자가 권리행사 자체를 물리적으로 불가능하게 하거나, 권리자의 권리행사를 미루도록 유인하는 등, 채무자가 적극적으로 어떤 행동을 하여 채권자로 하여금 권리행사를 제때에 하기 어렵게 만든 경우이다. 이러한 적극적인 행동이 없거나, 어떠한 행동이 있었더라도 채권자의 권리행사를 어렵게 하는 정도에 이르지 않았다면 신의칙위반에 해당하지 않는다.

제2유형은 채권자의 권리행사가 객관적으로 불가능한 사실상의 장애사유가 있는 경우이다. 한편 관련 대법원 판례해설에 따르면, 이러한 장애사유에 해당하려면 일반인의 시각에서 봤을 때 그러한 권리를 행사한다는 것을 기대하기 어려운 사정이 있어야 하며, 채권자의 권리불행사가 사회적으로도 상당한 것이어야 하는데, 이러한 상태가 반드시 채무자에 의하여 유발되었을 필요는 없다고 한다.[35][36]

의 허용 여부", 대법원판례해설(제97호, 2013 하), 법원도서관(2014), 17-18면; 남효순, "일제징용시 일본기업의 불법행위로 인한 손해배상청구권의 소멸시효남용에 관한 연구", 법학(제54권 제3호), 서울대학교 법학연구소(2013), 410-411면; 박준용, "진실 · 화해를 위한 과거사정리 기본법에 따른 진실규명결정과 국가배상소송", 판례연구(제25집), 부산판례연구회(2014), 377-378면; 이영창, "불법행위에 기한 손해배상청구에 대한 소멸시효 항변 -과거사 사건을 중심으로-", 민사재판의 제문제(제22권), 한국사법행정학회(2013), 357면; 이영창, "과거사 사건의 사실확정 및 소멸시효 문제", 대법원판례해설(제95호, 2013 상), 법원도서관(2013), 440면; 최창호 · 유진 · 전성환, "과거사 사건에 있어 법원의 소멸시효 남용론에 대한 비판적 고찰", 법조(제686권), 법조협회(2013), 50-51면; 한삼인 · 차영민, "국가의 소멸시효항변과 신의성실의 원칙 -대법원 2013. 5. 16. 선고 2012다202819 판결을 중심으로-", 법학논고(제43집), 경북대학교 법학연구원(2013), 143면. 24); 홍관표, "과거사 사건의 소멸시효와 신의성실의 원칙 문제 -대법원 판결의 입장 변화를 중심으로-"국가배상소송에서 국가의 소멸시효 완성주장에 대한 기산점 인정 및 신의칙 위반 여부에 관한 검토", 법조(제713호), 법조협회(2016), 123-126면. 조용환, "역사의 희생자들과 법 -중대한 인권침해에 대한 소멸시효의 적용문제", 법학평론(제1권), 서울대학교 법학평론 편집위원회(2010), 19-20면은 '제1유형'을 세분하여 채무자가 시효완성 전에 '채권자의 권리행사나 시효중단을 불가능 또는 현저히 곤란하게 한 경우'와 '채권자로 하여금 권리행사나 시효중단 조치가 불필요하다고 믿게 하는 행동을 한 경우'로 나누어 5가지 유형으로 구분하여 설명하고 있다.

35) 이주현, "채권자의 권리행사가 객관적으로 불가능한 사실상의 장애사유가 있음에 불과한 경우 채무자의 소멸

제3유형은 제1유형과 같은 맥락에서 이해할 수 있다. 두 유형 모두 채권자의 권리불행사가 '채무자의 적극적인 잘못된 언동'으로 초래되었다는 공통점을 가지기 때문이다. 차이점은 제3유형에 있어서는 이미 시효가 완성된 후의 채무자의 행위가 문제되는 것이다.

제4유형은 채무이행거절을 인정하는 것이 현저히 부당하거나 불공평한 경우에 해당되는 등의 특별한 사정이 있는 경우로써 이익형량의 결과 채무자의 소멸시효 완성주장을 도저히 받아들이기 어려운 경우에 해당한다. 현저한 불균형이 요구되기 때문에, 네 가지 신의칙의 유형 중에서도 가장 좁은 문을 통과해야 인정될 수 있는 것이라고 할 수 있다.

2. 문제되는 대법원 판결

(1) 대법원의 입장

대법원 2013. 5. 16. 선고 2012다202819 전원합의체 판결은, 1950. 10월 경 부역자들에 대한 학살사건(진도민간인학살사건)에 관한 것으로, 2009. 4. 6. 진실화해위의 진실규명결정이 있은 이후 2년 10개월 만인 2012. 2. 14. 국가를 상대로 손해배상을 구한 사안이다. 위 전원합의체판결은 국가의 소멸시효 항변 제한에 관한 기존 판례의 입장과 상당한 거리를 두면서 제3유형의 신의칙 위반 유형을 적용하였는데, 원고들에게 상당한 기간 안에 권리행사를 할 것을 요구하면서 '상당한 기간'에 관해서는 진실과화해위원회 등 과거사위원회를 통한 진상규명결정일로부터 3년(민법상의 단기소멸시효)이라고 판시하였다. 이에 따라 과거사 피해자들 사이에서는 진상규명결정 후 3년 안에 권리행사를 하면 된다고 하는 일정한 신뢰가 구성되어 가고 있었다. 그런데 대법원 2013. 12. 12. 선고 2013다201844 판결에서는 국가의 소멸시효항변을 권리남용 제2유형의 신의칙 위반으로 판단하면서 원고들은 재심무죄판결 확정시와 형사보상결정 확정시를 기준으로 6개월(민법상 시효정지 기간) 안에 권리행사를 해야 한다고 판시함으로써 상당한 기간의 인정범위를 대폭 축소하여 많은 과거사피해자들을 당황하게 만들었다.

이들 대법원 판결의 내용을 정리하면 다음과 같다.[37]

시효 항변이 신의칙에 반한다는 이유로 허용하지 않을 수 있는지 여부", 대법원판례해설 제42호, 2003, 577면.

36) 그런데 국가가 우월적 지위를 이용하여 인권피해자의 권리행사를 객관적으로 불가능하게 만들었다면, 그 기간 동안에는 아직 민법 제166조 제1항상의 '권리를 행사할 수 있는 때'가 도래하지 않은 것으로 봐야 하지 않을까? 다수의 판례가 이러한 입장에서 판결하였다. 예를 들어 대법원 1993. 7. 13. 선고 92다39822 판결; 대법원 2001. 4. 27. 건고 200000다31168 판결; 대법원 2003. 2. 11. 선고 99다66427 판결; 대법원 2003. 4. 8. 선고 2002다64957 판결; 대법원 2006. 1. 26. 선고 2004다19104 판결 등.

37) 이 판결에서는 진실화해위 결정의 증명력에 대해서도 판단하였는데, 다수의견은 진실화해위의 결정을 하나의 '증거'로 보고 별도의 증거조사가 필요하다고 판단하였다. 이에 대해, 과거사정리법 및 진실화해위원회 설립 취지를 무시하고 결과적으로 사건을 진실규명이 없었던 원점으로 다시 돌려놓았다는 비판을 받고 있다. 이 판결에서 이인복, 이상훈, 김용덕, 김소영 대법관의 소수의견을 음미할 필요가 있다: "피해자가 정리위원회의 진실규명결정을 증거로 제출하면서 국가를 상대로 국가 소속 공무원의 불법행위를 원인으로 한 손해배

① 대법원 판결은 위에서 소개한 신의칙 제3유형을 적극적으로 적용하면서 피고인 국가가 시효를 원용하지 아니할 것 같은 태도를 보여 피해자인 권리자가 이를 신뢰하였던 경우, '상당한 기간' 안에 자기의 권리를 행사하였다면, 피고인 국가가 소멸시효 완성을 주장하는 것은 신의성실 원칙에 반하는 권리남용으로 허용될 수 없다는 견해를 취했다.

② 대법원 판결은 피고인 국가가 과거사정리법의 제정 등을 통하여 진실을 규명하고 피해자 및 유족에 대해서 피해회복조치를 취하겠다고 선언함으로써 피해자 등이 국가배상청구의 방법으로 손해배상을 구하는 사법적 구제방법을 취하는 것도 궁극적으로는 수용하겠다는 취지를 담아 선언한 것이라고 볼 수 있으며, 구체적인 소송사건에서 소멸시효로 항변하지 않겠다는 의사를 표명한 취지가 내포되어 있다는 입장이다.[38)39)]

③ 대법원에 따르면 과거사정리법의 적용대상에 포함되는 경우임에도 불구하고 진실규명신청이 없었던 경우에는 피고인 국가의 소멸시효항변은 특별한 사정이 없는 한 권리남용에 해당하지 않는다.

④ 국가에게 국민에 대한 보호의무가 있지만 그러한 이유만으로 피고인 국가를 일반의 개인 채무자와 달리 취급할 아무런 이유가 없다.

⑤ 피고인 국가의 소멸시효 항변을 저지할 수 있는 '상당한 기간'은 특별한 사정이 없는 한

상을 청구하는 경우, 진실규명결정은 그 내용에 중대하고 명백한 오류가 있는 등으로 인하여 그 자체로 증명력이 부족함이 분명한 경우가 아닌 한 매우 유력한 증거로서의 가치를 가진다고 할 것이어서 피해자는 그것으로써 국가 소속 공무원에 의한 불법행위책임 발생 원인사실의 존재를 증명하였다고 봄이 타당하다. 이 경우 진실규명결정의 내용을 부인하며 가해행위를 한 바가 없다고 다투는 국가가 그에 관한 반증을 제출할 책임을 부담한다고 보아야 한다. 즉 국가는 진실규명결정의 내용이 사실과 다르다는 점에 관한 구체적인 사유를 주장하고 이를 뒷받침할만한 반증을 제출함으로써 진실규명결정의 신빙성을 충분히 흔들어야만 비로소 피해자 측에 진실규명결정의 내용과 같은 사실의 존재를 추가로 증명할 필요가 생기고, 국가가 그 정도의 증명에 이르지 못한 경우에는 함부로 진실규명결정의 증명력을 부정하고 그와 다른 사실을 인정할 수는 없다."

38) 대법원은 "…국가가 과거사정리법의 제정을 통하여 수십 년 전의 역사적 사실관계를 다시 규명하고 피해자 및 유족에 대한 피해회복을 위한 조치를 취하겠다고 선언하면서도 그 실행방법에 대해서는 아무런 제한을 두지 아니한 이상, 이는 특별한 사정이 없는 한 그 피해자 등이 국가배상청구의 방법으로 손해배상을 구하는 사법적 구제방법을 취하는 것도 궁극적으로는 수용하겠다는 취지를 담아 선언한 것이라고 볼 수밖에 없고, 거기에서 파생된 법적 의미에는 구체적인 소송사건에서 새삼 소멸시효를 주장함으로써 배상을 거부하지는 않겠다는 의사를 표명한 취지가 내포되어 있다고 할 것이다."라고 판시하였다. 그런데 국가를 상대로 하는 소송에서 예외없이 소멸시효항변을 당하고 있는 피해자들이 실제로 이런 신뢰를 하고 있었을까? 적어도 진실화해위의 전신이라 할 수 있는 의문사위에서 의문사사건의 진실이 밝혀지고, 유가족들이 소를 제기하기 시작한 2002년도 무렵에는 실제로 이러한 신뢰가 있었다고 할 수도 있겠지만, 의문사유가족이 제기한 국가배상청구소송에서부터 예외없이 소멸시효항변으로 일관하던 정부의 입장을 모르는 이는 적어도 진실화해위의 조사로 진실이 밝혀진 사건과 관련된 원고들 중에는 아무도 없었을 것이다.

39) 그렇다면 소멸시효를 문제 삼지 않고 피해자구제를 해 줄 것처럼 선행위를 해 놓고 이제 와서 소멸시효의 항변을 하는 것은 모순행위금지 또는 금반언의 원칙상 허용될 수 없다고 하는 것이 옳지 않을까? 이에 대해서는 최광준, "인권침해에 대한 국가의 책임: 소멸시효완성의 항변과 신의칙 –대법원 2013. 5. 16. 선고 2012다202819 전원합의체 판결을 중심으로", 「경희법학」, 제51권 제2호, 2016 참조.

> 민법상 시효정지의 경우에 준하여 단기간으로 제한되어야 하고, 단기소멸시효 기간인 3년을 넘을 수는 없다. 또한 재심무죄판결 확정시와 형사보상결정 확정시를 기준으로 6개월(민법상 시효정지 기간) 안에 권리행사를 해야 한다.

이후 대법원 및 하급심 판례가 일관되게 위 대법원의 견해를 따르고 있었다.[40)]

(2) 비판적 검토

1) 신뢰의 구성

대법원이 위의 신의칙 제3유형을 적용하는 취지는 2000년 의문사위가 구성된 이후 의문사유가족이 주장해 왔던 논리와도 일맥상통하는 부분이 있다. 국가가 의문사위를 대통령직속기관으로 설치하여 진상을 규명해 놓고서 배상은 피하겠다고 소멸시효항변을 하는 것은 모순된 행위로써 도저히 이해할 수 없다는 주장이 바로 그것이다. 따라서 의문사유가족들은 피고인 국가가 소멸시효를 이유로 항변하지 말 것과 사법부는 이를 허용하지 말 것을 호소하였던 것이다. 하지만, 피고인 국가는 예외 없이 소멸시효 항변으로 일관하였고, 의문사희생자 유가족들의 신뢰와 기대는 여지없이 무너져 버리고 말았다. 의문사위의 2기 활동까지 모두 종료되고 난 후, 2005년이 되어서야 비로소 진실화해위가 구성되었는데, 의문사위에서 밝혀진 사건에 대한 소송이 진행되던 2002년 무렵부터는 진실화해위에서 진실을 밝혀 국가의 책임을 입증한다고 하더라도 소송에 있어서는 피고인 국가의 소멸시효항변이라는 커다란 장애에 부딪힐 것이라는 사실을 모르고 있었을까? 이런 상황인데도 불구하고 인권피해자들은 진실화해위에서 밝혀진 진실에 대해서는 피고인 국가가 소멸시효를 이유로 항변하지 않을 것이라고 신뢰하고 있었을까? 적어도 진실화해위의 전신이라 할 수 있는 의문사위에서 의문사사건의 진실이 밝혀지고, 유가족들이 소를 제기하기 시작한 2002년 무렵에는 실제로 이러한 신뢰가 있었다고 할 수도 있겠지만, 의문사유가족이 제기한 국가배상청구소송에서부터 예외없이 소멸시효항변으로 일관하던 정부의 입장을 모르는 이는 적어도 진실화해위의 조사로 진실이 밝혀진 사건[41)]과 관련된 원고들 중에는 아무도 없었을 것이다.[42)] 따라서 진실화해위의 결정이 있은 이후에도 소송을 제기하는 것을 망설이고 있

---

40) 좋은 예로서, 통영 민간인 학살사건에서 1심 법원은 객관적 장애사유와 채권자 보호의 필요성을 근거로 국가의 소멸시효 주장 원용을 배척했는데(서울중앙지방법원 2013. 5. 1. 선고 2012가합526022 판결), 이 대법원 판결 이후에 선고된 항소심에서 서울고등법원은 '채무자가 시효를 원용하지 않을 것 같은 태도를 보여 채권자로 하여금 신뢰하게 한 경우'에 해당한다고 보아 시효를 배척하였다(서울고등법원 2013. 12. 20. 선고 2013나2009206 판결).

41) 진실화해위의 진실규명결정은 2007년 4월 17일에 이르러서야 시작되었다, 진실·화해를위한과거사정리위원회, 「진실화해위원회 종합보고서 I」, 진실·화해를위한과거사정리위원회, 2010, 229면 이하 참조.

42) 같은 의견으로 홍관표, "과거사 사건의 소멸시효와 신의성실의 원칙 문제 -대법원 판결의 입장 변화를 중심으로-" 국가배상소송에서 국가의 소멸시효 완성주장에 대한 기산점 인정 및 신의칙 위반 여부에 관한 검토", 법조(제713호), 법조협회, 2016, 149-151면: "과거사정리위원회의 진실규명결정이 있으면 국가가 소멸

지는 않았을까? 선불리 소송을 제기하기보다는 소멸시효항변 등으로 책임을 회피하려는 피고 국가를 상대로 해야 했기에 더 많은 준비의 시간이 필요하지는 않았을까? 대법원은 이러한 측면을 전혀 고려하지 않았다.

희생자들이 실제로 신뢰했는가의 여부를 제외하면, 이 대법원 판결에서와 같이, 의문사위나 진실화해위를 통해 과거 인권침해의 진상을 밝히도록 하는 국가의 행위 안에는 배·보상의 의사도 내재되어 있는 것으로 보는 것이 적어도 객관적으로 합리적이라는 점에 동의할 수 있다면, 진실화해위와 관련법을 제정하고 진상규명결정을 한 행위는 선행위가 되고, 소멸시효항변은 선행위에 대한 모순행위가 되어 금반언의 원칙을 적용할 수도 있을 것이라는 견해가 있다.[43]

2) 국가와 개인은 다르다

대법원은 객관적 장애사유를 인정하지 않고, 채권자 보호의 필요성과 관련해서도 국가를 일반 개인적 채무자와 구별할 필요가 없다고 하면서 국가가 아닌 일반 채무자의 소멸시효 완성에서와 같은 특별한 사정이 인정될 때만 권리남용에 해당한다고 판단하였는데, 이에 대해 사법부가 과거사청산의 의지를 포기하거나 후퇴시킨 것이 아닌가 하는 의문이 제기된다. 국가는 헌법 제10조에 따라 "개인이 가지는 불가침의 기본적 인권을 확인하고 이를 보장할 의무를 진다".[44] 국가는 국민에 대한 보호의무에 의해 그 존립가치를 인정받는 것이다. 그러한 국가가 공권력을 남용하여 국민의 생명과 자유를 침해하여 자기의 존립가치를 부정하는 경우를 일반 사인간의 문제와 동일선상에서 보는 것은 어불성설이다. 어느 개인도 다른 개인에 대하여 기본적 인권을 보장하는 의미에서의 보호의무를 부담하지는 않는다. 즉, 국가가 국민에 대해서 갖는 보호의무와 일반채무자가 타 개인에 대해서 가질 수 있는 보호의무는 근본적으로 그 성격을 달리하는 것이

시효의 완성을 들어 권리소멸을 주장하지는 않을 것이라는 신뢰를 가질 만한 특별한 사정이 있다고 인정했으나, 이는 사실이 아닌 가정 내지 상상에 기반한 것으로 실체적 진실과 부합하지 않는다. 대한민국은 과거사 사건과 관련하여 한번도 시효완성 항변을 하지 않을 것이라는 신뢰를 피해자 및 유족에게 부여한 바 없고, 피해자나 유족 역시대한민국이 손해배상소송에서 시효완성 항변을 하지 않을 것이라고 신뢰한 적이 없으며 이를 기대한 적도 없었다고 보는 것이 사실에 부합한다. 대한민국이 과거사 사건과 관련된 손해배상소송에서 1심부터 과거의 잘못을 인정하고 반성하면서 시효완성의 이익을 포기한 사례가 있었던가…이미 다른 진실규명결정에 따른 개별 손해배상청구 소송에서 피고 대한민국의 시효완성 항변이 현실적으로 지속되고 있는 상황에서, 2009년 4월 6일 진실규명결정에 이르러 갑자기 특별한 사정도 없이 피고 대한민국이 시효완성의 항변을 하지 않을 것이라는 신뢰를 유족들이 가질 만했다고 인정하는 것은 어불성설이다."

43) 최광준, "인권침해에 대한 국가의 책임: 소멸시효완성의 항변과 신의칙 –대법원 2013. 5. 16. 선고 2012다202819 전원합의체 판결을 중심으로", 「경희법학」, 제51권 제2호, 2016.

44) 민사법에 한정하지 않고, 국민에 대한 기본권보장이나 법해석학적 관점에서도 국가의 소멸시효항변이 허용될 수 없다는 취지의 견해로는 송기춘, "조작간첩사건과 법원의 판결에 대한 국가배상청구 가능성",「세계헌법연구」 제13권 1호, 국제헌법학회 한국학회, 2007, 85면 이하; 이덕연, "거창사건에 대한 대법원판결(2008. 5. 29. 2004다33469)평석 –견벽청야(堅壁淸野)의 군사작전과 법리구성의 구조적 유사점을 주목하여", 저스티스 제129호, 한국법학원, 2012, 297면 이하 및 김창록, "특집 –故 故崔鍾吉 敎授 30주기 추모학술회의: 과거청산과 시효", 공익과 인권(제1권 1호), 서울대학교 공익인권법센터(2004) 참조.

다. 대법원의 표현을 빌리자면, '국가가 국민에 대한 보호의무를 부담한다는 이유만으로 개인(일반 채무자)과 달리 취급할 이유가 없을 수도 있겠지만, 그렇다면 여기서 말하는 국가의 보호의무의 성격은 어떤 것인지, 그리고 그 보호의무를 위반했을 때 그러한 행위가 우리의 사회질서를 어떻게 붕괴시킬 수 있는지, 공권력을 남용하여 국민에 대한 인권침해를 한 행위 자체를 넘어서, 이러한 불법행위를 조직적으로 은폐하고 조작한 것이 우리의 사회질서에 얼마나 치명적인 결과를 초래할 수 있는 것인지를 함께 고려하였더라면, 국가의 보호의무를 이렇게 가볍게 평가할 수는 없었을 것이다.

대법원의 입장은 아마도 법적 안정성을 수호하려는 취지에서 여지껏 사인들간의 문제로서만 다루어왔던 소멸시효항변에 적용되는 법리가 피고가 국가가 되었다고 해서 달리 적용하지 않음으로서 법적 안정성을 지키는 것으로 이해했던 것으로 추정된다. 그러나 이는 법적 안정성에 대한 잘못된 이해에서부터 비롯된 것이다. 법적 안정성은 전혀 다른 문제에 대해서도 똑같은 규정을 적용해서 지켜지지 않는다. 일반인이 가장 예상하기 쉽고 이해하기 쉬운 공평한 해결책을 찾는 것이 법적 안정성을 지키는 길이다. 국가를 개인과 동일하게 취급하겠다는 의도는 법적 안정성을 지키기는커녕 법적 안정성과 사회질서를 무너뜨릴 수 있는 매우 위험한 발상이다.[45]

유엔이 유엔기본원칙을 통해 중대한 인권침해에 대한 민사적 손해배상청구에 대하여 소멸시효가 적용되지 않는다고 한 것은, 공권력에 의한 인권침해가 사인간의 인권침해와 다른 의미를 갖기 때문이다.

인권회복을 통한 기본권보장의 의무는 행정부뿐만이 아니라 사법부에도 주어지는 것이다. 헌법재판소의 표현을 빌리자면, "…법원은 기본권을 보호하고 관철하는 일차적인 주체이다. 모든 국가권력이 헌법의 구속을 받듯이 사법부도 헌법의 일부인 기본권의 구속을 받고, 따라서 법원은 그의 재판작용에서 기본권을 존중하고 준수해야 한다. 법원이 기본권의 구속을 받기 때문에 법원이 행정청이나 하급심에 의한 기본권의 침해를 제거해야 하는 것은 당연한 것이다. 기본권의 보호는 제도적으로 독립된 헌법재판소만의 전유물이 아니라 모든 법원의 가장 중요한 과제이기도 하다."[46]

(3) 상당한 기간

대법원은 "상당한 기간내에 권리행사가 있었는지 여부는 채권자와 채무자 사이의 관계, 신뢰를 부여하게 된 채무자의 행위 등의 내용과 동기 및 경위, 채무자가 그 행위 등에 의하여 달성하려고 한 목적과 진정한 의도, 채권자의 권리행사가 지연될 수밖에 없었던 특별한 사정이 있었

45) 유엔이 유엔기본원칙을 통해 중대한 인권침해에 대해서는 민사적 손해배상청구에 대하여 소멸시효가 적용되지 않는다고 한 것은 무엇을 의미하겠는가? 국가를 개인과 동일하게 취급했다면 이러한 입장을 취하는 것이 가능했겠는가?.

46) 헌재 1997. 12. 24. 96헌마172 · 173(병합).

는지 여부 등을 종합적으로 고려하여 판단할 것이다."라고 하면서도 상당한 기간에 관해 결국 최장 6개월로 규정되어 있는 시효정지기간에 준하는 단기간을 기준으로 하고 있었다. 인권침해사건들을 시효정지사건들과 동일시하는 것이 과연 정당할까? 일반적인 시효정지사건에 있어서는 가해자와 가해행위 등을 피해자인 채권자가 잘 알고 있는 경우로서 가해행위가 있었을 때부터 소멸시효가 진행되고 있는 중에 전시 · 사변 등 시효정지의 원인이 발생하여 권리구제를 받지 못했을 경우, 원칙적으로는 채권자에게 주어진 소멸시효기간이 다 경과하였음에도 불구하고 권리구제를 받기 어려웠던 사유가 존재하는 기간을 시효계산에서 제외시켜 주면서, 이 사유에서 벗어나자마자 상당한 기간 안에 곧바로 소를 제기하라는 의미가 담겨져 있다. 시효정지사건에 있어서의 '상당한 기간'이란 (사법제도상) '가능한 한 가장 빠른 시간'이라고 할 수 있다. 그 결과 정지시효기간을 1개월내지 6개월로 입법화한 것이다. 그런데 이렇듯 '가능한 한 빠른 시간'이라는 기준을 과거인권침해사건들에 똑같이 적용해야 하는 근거는 어디에 있는가? 과거인권침해사건들은 대부분 국가기관의 조직적인 은폐와 조작에 의해 여지껏 국민들이 그 가해행위나 가해자 등을 알지 못하는 상태로 그 진실이 감추어져 있었던 사건들이다. 이 점에서 일반적인 시효정지사건들과는 근본적으로 다르다. 인권침해사건들은 진실화해위 등의 진실규명에 의해 비로소 그 실체가 드러난 사건들이다. 피해자 유가족들조차도 그 사건의 진상을 전혀 모르고 있었던 경우가 대부분이다. 과거인권피해자의 경우에도 과거사위원회의 진실결정이 있고 나서 '상당한 기간' 안에 권리구제를 위한 소를 제기해야 한다는 점에 대해서는 아무도 반대하지 않을 것이다. 그러나 왜 그 상당한 기간의 기준이 시효정지에 있어서와 마찬가지로 '사법제도상 가능한 한 가장 빠른 시간'인지는 의문이 아닐 수 없다. 수십 년이 지난 이제야 사건의 실체를 알게 된 유가족들로서는 이제부터 정신적 충격을 극복[47]해야 하고 냉철한 마음으로 현실을 직시하면서 국가를 상대로 하는 어려운 소송을 준비해야 했을 것이다. 더구나 이 대법원판결에서 판시한 바와 같이 과거사위원회의 결정사항이 소송상 단지 하나의 증거에 지나지 않는 상황에 있어서는 피고인 국가가 책임 자체를 부정하는 경우를 항상 염두에 두고 있어야 한다. 다행히 가해공무원의 신원이 밝혀진 경우라면 이들의 자백을 받아내기 위한 노력도 했어야 할 것이고, 이 모두를 위해서는 시간이 필요하다. 법원은 결국 인권피해자가 처한 입장을 올바로 인식하지 못하고 있었던 것 같다. 때문에 인권침해사건들에 있어서도 시효정지기간에 준하는 단기간을 기준으로 하고 있는 것이라는 생각이 든다. 인권피해자의 입장에서는 피고인 국가가 계속적으로 소멸시효를 이유로 항변하고 있는 상황에서, 진실화해위의 결정만을 믿고 섣불리 소송을 제기할 수 없는 특별한 사정이 있었다는 점을 고려했어야 했다. 어김없이 예상되는 피고 국가의 소멸시효항변에 대해 개별사건별로

---

47) 유가족이 극복해야 하는 정신적 문제에 대해서는 정원옥, "의문사 유가족의 애도전략 -유령과 함께 살기", 민주주의와 인권 제12권 3호, 전남대학교 5.18연구소, 2012, 235면 이하 참조.

이 항변을 저지할 수 있는 법률적 논리를 개발하면서 소송에 철저하게 대비하기 위해서는 전문 변호사의 선임과정을 포함하여 상당한 준비기간이 필요하다. 소멸시효기간을 채무자가 아닌, 채권자의 입장에서 보면, 일반적으로 이 기간 안에는 언제든지 채권자가 자기 권리주장을 하는 것이 보장되어 있으며, 따라서 그 기간 동안은 채권자의 권리가 보호받고 있다고 볼 수 있다. 채권자는 그 기간 동안 자기의 권리행사를 위한 증거도 수집할 수 있고, 증인도 확보할 수 있을 것이다. 또한 그 기간 안에는 소를 제기하는 시기를 자유롭게 결정할 수 있는 권리도 가지고 있다. 그런데, 과거인권침해사건에 있어서는 채권자에게 이러한 기간이 존재하지 않는다. 그 오랜 시간 동안 사건의 실체조차 알 수 없었던 채권자에게 보장되는 권리보호의 기간이 거의 전무하다. 자신이 채권자의 자격이 있다는 사실조차도 이제야 알게 된 사람에게 '사법상 가능한 가장 빠른 시간' 안에 권리행사를 하라고 무리한 요구를 하고 있는 것이다. 이러한 사정을 종합해 보면, 시효정지의 기간인 6개월은 부당하게 짧다고 할 수 있다.[48] 따라서 과거인권침해사건들에 있어서는 단기소멸시효기간인 3년을 원칙으로 하는 것이 합리적이라는 주장이 있었다.[49]

Ⅴ. 헌법재판소의 결정과 소멸시효제도의 존재이유

1. 헌법재판소 결정의 내용

2018년 헌법재판소[50] 민법 제166조 제1항, 제766조 제1항, 제2항, 국가재정법 제96조 제2항, 구 예산회계법 제96조 제2항이 원칙적으로는 합헌이지만, 과거사 사건에 관하여는 「민법」 제166조 제1항, 제766조 제2항이 위헌이라는 결정을 내렸다.[51]

---

48) 홍성균, "소멸시효 기산점에 관한 객관적 체계의 완화 -대법원 판례의 '객관적 인식가능성'을 중심으로", 「비교사법」, 제25권 제4호, 2018, 1361면 이하에서는 시효정지의 사유는 모두가 채권자, 채무자에게 책임이 없는 경우임에 반하여, 소멸시효 항변의 신의칙에 따른 허용한계에 속하는 4개 사유는 모두 일정 정도 채무자에게 책임이 있는 경우이므로, 성격이 서로 다름에도 불구하고 시효정지기간을 기준으로 하는 것은 적절하지 못하다고 한다.; 김제완, "국가폭력에 의한 특수유형 불법행위에 있어서 손해배상청구권의 소멸시효 -거창사건 항소심판결(부산고등법원 2004. 5. 7. 선고 2001나15255 판결)에 대한 비판적 검토-", 인권과 정의(제368호), 대한변호사협회(2007), 75-77면은 유사한 취지에서 국가와 국민과의 관계의 특수성을 강조하고, 당사자가 국가라는 사정만으로는 신의칙을 적용할 수 없다는 점을 수긍할 수는 있지만, 문제가 된 해당 권리의 성격과 일응 소멸시효기간이 만료하게 된 경위 등을 전혀 고려하지 않은 채 신의칙 적용의 타당성 여부를 판단할 수 없다고 한다.

49) 최광준, "인권침해에 대한 국가의 책임: 소멸시효완성의 항변과 신의칙 -대법원 2013. 5. 16. 선고 2012다202819 전원합의체 판결을 중심으로", 「경희법학」, 제51권 제2호, 2016.

50) 헌재 2018. 8. 30. 2014헌바148, 162, 219, 466; 2015헌바50, 440(병합); 2014헌바223, 290; 2016헌바419(병합).

51) 헌법재판소 결정에 관해 상세한 것은 홍관표, "국가에 대한 손해배상청구권과 소멸시효 -과거사 사건을 중심으로", 「법학논총」 제39건 제2호, 2019; 송덕수, "이른바 과거사 사건에 관한 현재의 법 상태", 「법학논집」 제25권 제1호, 2020; 박보영, "과거사 사건에서 소멸시효의 적용 -헌재 2018. 8. 30. 2014헌바148등(병합)에

민간인 집단 희생사건, 중대한 인권침해사건 · 조작의혹사건 등 과거사정리법[52]이 규정하는 주요 과거사 사건에 대해서까지 「민법」 제166조 제1항, 제766조 제2항의 객관적 기산점을 적용하도록 규정해 놓은 것 자체가 위헌이라는 견해다. 국가의 국민에 대한 인권침해사건인 과거사 사건을 전혀 구별하지 않고 일반 개인에 대한 불법행위와 똑같이 취급하는 것은 소멸시효제도를 통한 법적 안정성과 가해자 보호만을 지나치게 중시한 나머지 합리적 이유가 없으며 과거사 사건에 관한 국가배상청구권의 보장 필요성을 외면한 것으로서 입법형성의 한계를 일탈하여 청구인들의 국가배상청구권을 침해하고 있기 때문에 위헌이라는 것이다.

헌법재판소는 구체적으로 다음의 이유를 들고 있다.

① 과거사 사건은 과거사정리법 제정 경위 및 취지 등에 비추어 볼 때 국가기관의 조직적 은폐와 조작에 의해서 피해자들이 그 가해자나 가해행위, 가해행위와 손해와의 인과관계 등을 정확하게 알지 못하는 상태에서 오랜 기간 진실이 감추어져 왔다는 특성이 있어 사인간 불법행위 내지 일반적인 국가 배상 사건과는 근본적으로 다른 사건 유형에 해당되는 것임에도 불구하고 과거사 사건의 특성을 구분하지 아니한 채 사인간 불법행위 내지 일반적인 국가배상 사건에 대한 소멸시효 정당화 논리를 그대로 적용하는 것은 헌법 제11조의 평등원칙에도 부합하지 않는 것이다.[53]

② 과거사 사건의 이러한 특성으로 인해 소멸시효제도의 입법취지 중 '채무자의 증명곤란으로 인한 이중변제 방지'나 '권리행사 태만[54]에 대한 채권자의 제재 필요성과 채무자의 보호가치 있는 신뢰'는 그 근거가 되기 어렵다는 것이다.

③ 과거사 사건에 대해 오랫동안 국가배상청구권을 행사하기 어려운 상황이었음에도 헌법 제10조 제2문의 헌법상 기본권 보호의무를 지는 국가가 소멸시효를 「민법」 제766조 제2항 내지 제166조 제1항으로부터 기산함으로써 국가배상 청구권이 이미 시효로 소멸되었다고 선언하는 것은 헌법 제10조에 반한다는 것이다.

④ 국가배상청구권의 시효소멸을 통한 법적 안정성의 요청이 헌법 제10조가 선언한 국가의 기본권 보호의무와 헌법 제29조 제1항이 명시한 국가배상청구권 보장 필요성을 완전히 희생시킬 정도로 중요한 것이라고 보기 어렵다.

⑤ 과거사 사건에 있어서는 그 특성상 피해자의 진상규명을 저해하여 국가에 대해 손해배

대한 평석-, 「저스티스」(제173권), 2019 참조.

52) 과거사정리법 제2조 제1항 제3호 및 제4호.

53) 이 헌법재판소의 결정 이전에도 국가와 개인은 달리 취급되어야 한다는 주장이 있었다. 최광준, "인권침해에 대한 국가의 책임: 소멸시효완성의 항변과 신의칙 –대법원 2013. 5. 16. 선고 2012다202819 전원합의체 판결을 중심으로", 「경희법학」, 제51권 제2호, 2016.

54) 이는 가해자가 국가인 경우와 일반 개인인 경우가 서로 다르게 취급되어야 한다는 주장을 받아들인 것으로 이해된다. 이 주장에 관해서는 최광준, 위의 글 참조.

상을 청구할 수 없었던 경우가 많았음에도 불구하고 불법행위 시점으로부터 소멸시효의 객관적 기산점을 적용하도록 하는 것은 피해자와 가해자 보호의 균형을 이루고 있는 것으로 보기 어렵고 손해의 공평·타당한 분담이라는 손해배상제도의 지도원리에도 부합하지 않는다는 점을 들었다.

헌법재판소는 다른 한편 「민법」 제766조 제1항의 주관적 기산점 및 단기소멸시효에 관하여는 불법행위로 인한 손해배상청구에 있어 피해자와 가해자 보호의 균형을 도모하기 위한 것으로 과거사 사건에 있어서도 합리적 이유가 인정된다고 판단하면서 과거사 사건 중 '민간인 집단 희생사건'의 경우에는 피해자 등이 진실화해위의 '진실규명결정을 안 날'로부터 3년 이내에 국가배상을 청구하여야 하고, '중대한 인권침해사건과 조작의혹사건' 중 유죄확정판결을 받았던 사건의 경우에는 피해자 등이 '재심판결 확정을 안 날'로부터 3년 이내에 국가배상을 청구하여야 「민법」 제766조 제1항의 단기소멸시효 완성을 저지할 수 있다는 점을 밝혔다.[55]

2. 소멸시효제도의 존재이유

여기서는 소멸시효제도의 존재이유를 과거사 사건을 대상으로 검토해 보고, 위 헌법재판소 결정과 같은 결론에 이를 수 있는지를 검증해 보기로 하겠다.

일반적으로 소멸시효 제도의 존재이유로 ① 법적 안정성의 제고, ② 입증곤란의 구제, ③ 권리행사의 태만에 대한 제재의 세 가지를 든다. 이에 더하여 일부에서는 권리자가 더 이상 권리를 행사하지 않을 것으로 믿은 의무자의 신뢰보호를 추가하기도 한다.[56] 그런데 이러한 소멸시효의 일반적 존재이유를 인권침해사건에 연결하면 어떠한 결과가 도출될 수 있을까?

① 법적 안정성의 제고

일정한 사실상태가 오랫동안 계속되면, 사회는 이것을 진실한 권리관계에 부합하는 것으로

---

55) 이는 다수의견을 정리한 것이다. 재판관 3인은 반대의견을 고수하였는데, 반대의견은 당해 사건에서 청구인들은 심판대상조항들에 대한 해석·적용을 다투기 위한 방편으로 헌법소원심판을 청구한 것으로, 법률조항 자체의 위헌 여부를 다투는 것이 아니라 당해사건 재판의 기초가 되는 사실관계의 인정이나 평가 또는 개별적·구체적 사건에서의 법률조항의 단순한 포섭·적용에 관한 법원의 해석·적용이나 재판 결과를 다투는 것에 불과하므로 재판소원을 금지한 헌법재판소법 제68조 제1항의 취지에 비추어 허용될 수 없고 부적법 각하하여야 한다는 것이었다.

56) 곽윤직 편집대표, 민법주해 Ⅲ-총칙(3)(윤진수 집필부분), 박영사, 1992, 390-392. 입증곤란을 구제한다는 논거는 입증자료가 충분히 확보되어 현존하더라도 여전히 소멸시효가 적용된다는 점에서 소멸시효 제도를 지지하는 독자적 논거가 될 수 없고, 권리행사의 태만에 대한 제재라는 논거도 권리자에게 권리행사의 법적 의무가 부과되는 것이 아니라면 왜 권리불행사가 권리의 박탈이라는 결과를 가져오는지 설명하기 어려운 점 등으로 미루어 소멸시효 제도의 가장 강력한 존재근거는 법적 안정, 즉 유동적인 법률상태의 '매듭짓기'라는 견해가 유력하다. 권영준, "소멸시효와 신의칙", 재산법연구 제26권 제1호, 2009, 10면 및 김태봉, "국가기관의 인권침해행위에 기한 손해배상청구사례와 소멸시효항변의 제한 법리", 법학논총(전남대), 제35권 제2호, 2015. 12, 210면 참조.

믿게 되고, 그것을 기초로 하여 다수의 새로운 법률관계를 맺어 새로운 사회질서가 형성되기 때문에 이를 보호하자는 것이다. 이것이 지켜지지 않으면, 거래의 안전이 위협되고, 사회질서가 문란하게 될 수 있다는 것이다. 그런데 국민을 보호해야 하는 국가가 국민의 인권을 침해하고, 그 우월적 지위를 이용하여 오랜 기간 동안 권리구제를 막고 있었던 경우에도, 이제와서 국가가 책임을 다하는 것이 거래의 안전을 위협하고 사회질서를 문란하게 하는 것일까? 오히려 그 반대가 되어야 할 것이다. 법적 안정성을 지키기 위해서는, 채무자인 국가가 자기의 우월적 지위를 이용하여 진실을 은폐하거나 방해해 온 과거사 사건에 있어서 소멸시효로 항변하는 것을 허용해서는 안된다고 할 것이다.

② 입증곤란의 구제

불법행위사건에 있어서는 원칙적으로 청구자가 행위와 손해 사이의 인과관계 등 모든 요건을 입증해야 하는데, 실제 소송에 있어서는 다툼이 있는 경우 피청구인도 반대의 입증을 하여 청구인의 주장을 배척할 필요가 있게 된다. 이때에 반대입증의 곤란을 구제하기 위해서 소멸시효가 존재한다는 것이 하나의 논거가 되고 있다. 그러나, 과거인권침해사건에 있어서와 같이, 진실화해위 등의 노력으로 어려운 과정을 거쳐 입증자료가 확보되어 현존하는 경우에도 원고의 입증곤란이나 인권침해사실에 대한 (반대)입증에 있어서도 우월적 지위에 있는 피고 국가의 (반대)입증곤란은 그 기본전제가 성립하지 않으며, 따라서 소멸시효항변을 정당화할 수 있는 논거가 될 수 없다.

③ 권리행사의 태만에 대한 제재

시효제도의 존재이유로서 '법은 권리 위에 잠자는 자를 보호하지 않는다'[57]는 논거를 자주 인용하고 있다. 법은 권리 위에 잠자는 자를 보호해 주지 않기 때문에 권리가 있음에도 불구하고 오랜 기간 동안 그 권리를 행사하지 않은 것에 대한 불이익은 권리자에게 돌아가야 하고 따라서 의무자에게는 소멸시효로 항변할 수 있는 권리가 주어져야 한다는 논리이다. 그러나 과거사 사건은 피고인 국가의 은폐, 방해 또는 직무유기로 인해 오래 시간 동안 진실이 밝혀질 수 없었던 사건들이다. 많은 경우에 있어 국가공권력에 의한 불법행위의 사실조차 제대로 모르고 있었던 과거사 사건 피해자들을 탓할 수는 없는 노릇이다.

④ 권리불행사에 대한 의무자의 신뢰보호

권리자가 장기간 권리를 행사하지 않음으로 해서 의무자로 하여금 권리불행사에 대한 신뢰를 구성하게 하였고 이 신뢰에 대한 보호를 위해서 소멸시효제도가 필요하다는 것이다. 그러나 피고인 국가의 은폐, 방해 또는 직무유기로 인해 진실이 밝혀지지 않았던 과거사 사건에 있어서

57) 이 로마법상의 원칙은 "ius vigilantibus scriptum est"로서 직역하면 "법은 깨어있는 자를 위해 쓰여진 것이다."이다. 계속적으로 진실규명을 외쳐 온 과거사 사건 피해자들이 언제 깨어있지 않았던 순간이 있었을까?

는 피고인 국가가, 피해자가 권리를 행사하지 않을 것이라는 점을 신뢰한다는 논거는 위 ③과 같은 이유로 성립할 수 없는 것이다.

국가로서는 국민을 보호할 의무가 있는 까닭에 국민은 국가를 믿고 국가가 취한 조치가 적법하게 이루어졌을 것이라는 데 대해서 의심을 하지 아니하는 것이 일반적이고, 이와 같이 국가를 믿은 것에 어떠한 잘못이 있거나 권리행사에 태만이 있다고 볼 수는 없다고 할 것인데, 오히려 위법행위를 한 국가가 그 위법에 대해 아무런 조치를 취하지 않고 있다가 뒤늦게 그 위법을 몰랐던 피해자들에 대해 소멸시효 완성을 주장한다는 것은 소멸시효의 존재이유 등의 측면에서도 용납될 수 없는 것이다. 또한 법규를 제정하고 집행하는 국가기관의 위법행위에 대하여 소멸시효를 적용하여 그 책임을 면하게 하는 것은 법규에 대한 존중감을 잃게 함으로써 법적 안정성에 치명적인 타격을 줄 것이다.[58)]

위와 같이 소멸시효제도의 존재이유를 과거사 사건에 적용해서 검토해 본 결과 그 어느 것도 과거사 사건에 있어 피고인 국가가 소멸시효를 이유로 항변하는 것을 정당화하지 못하는 것을 알 수 있다.

서울고등법원의 판례[59)] 중에는 소멸시효제도의 본질에 관해 다음과 같은 입장을 취하기도 했다. "일반적으로 소멸시효 제도는, 일정 기간 계속된 사회질서를 유지하고 시간의 경과로 인하여 곤란하게 되는 증거보전으로부터 구제하며 자기의 권리를 행사하지 아니하고 권리 위에 잠자는 자를 법적 보호에서 배제하기 위하여 인정된 제도이다. 즉, 시효제도는 원칙적으로 진정한 권리자의 권리를 확보하고, 변제자의 이중변제를 피하기 위한 제도이므로, 권리자가 아니거나 변제하지 않은 것이 명백한 진정한 권리를 희생하면서까지 보호할 필요는 없다 할 것이다. 또한, 시효제도는 권리자로부터 정당한 권리를 빼앗으려는 데 있는 것이 아니라 채무자에게 근거 없는 청구를 받았을 때 사실의 탐지 없이 방어할 수 있는 보호수단을 주려는 데 있는 것이었다. 위와 같은 시효제도의 본질론에 비추어 볼 때, 이 사건과 같은 경우에 국가의 손해배상책임에 대하여도 시효소멸을 인정하는 것은 시효제도의 취지에도 반한다."

유엔세계인권선언, 자유권규약과 유럽인권협약 등 국제인권법조약이 일관되게 인권침해사건에 대해서 소멸시효의 적용을 배제하고 있는 이유가 바로 여기에 있는 것이다.[60)]

---

58) 김태봉, 앞의 글, 224면.

59) 서울고등법원 2006. 2. 14. 선고 2005나27906 판결. 이 판결 및 사건에 관해 상세한 것은 김평우, "소멸시효 항변과 신의칙 -고(故) 최종길 교수 사건【서울고등법원 2005나 27906호 손해배상(기)】 판결을 중심으로", 서강법학 제8권(2006), 이광택, "차철권 전 중정수사관은 47가지 거짓말 하고 있다", 「신동아」 2002. 6, 유봉인, "기억의 문제와 의문사진상규명 -최종길 교수사건의 진상규명 조사를 중심으로", 「기억과 전망」 제4권, 민주화운동기념사업회, 2003 참조.

60) 여기에 관해 상세한 것은 이재승, "집단살해에서 소멸시효와 신의칙", 「민주법학」(제53호), 민주주의법학연구회, 2013 참조.

결론적으로 국가의 책임이 인정되는 인권침해사건에 있어 피고인 국가의 소멸시효항변을 인정하는 것은 소멸시효제도의 존재이유와 입법취지에도 맞지 않는다고 할 것이다.[61] 인권회복과 소멸시효가 충돌하게 되면, 소멸시효가 양보되는 것이 소멸시효제도의 취지에 부합한다고 할 수 있다.

소멸시효에 관해 위와 같은 주장[62]은 이미 수년 전부터 있어 왔던 것이다. 그동안 판례상으로 별다른 호응이 없었지만, 이제 와서라도 헌법재판소가 위의 주장과 일치하는 논거로 민법상의 소멸시효 규정에 대해 위헌결정을 내린 것은 참으로 다행스러운 일이다.[63]

Ⅵ. 나가며

2020년 12월 10일, 제1기 위원회가 종료된 지 10여 년 만에 오랜 진통 끝에 제2기 진실화해위가 출범하였다. 위원회는 출범 첫날부터 진실규명신청서를 받기 시작했고 12월 말 현재 1,302명이 678건의 사건을 접수해 놓은 상황이다. 그런데 제1기 위원회의 15명에 비해 거의 절반으로 축소된 9명의 위원조차 –위원장 외에는– 확정되지 못한 실정이다. 왜 이럴까? 정치권의 대립이 왜 국민의 인권을 회복하고자 하는 진실화해위원회에 영향을 미치는 것일까? 과거청산이 정치적인 문제인가[64]? 이는 과거청산이 인권의 문제이자, 과거 미해결된 형사사건의 해결이라는 점에 대한 사회적 인식이 아직도 부족하다는 것을 보여주고 있는 것이다. 안타까운 일이 아닐 수 없다.

과거사 사건을 여러 유형, 사건별로 분류할 수 있겠지만, 이들은 모두가 '인권침해사건'이라는 공통점을 가지고 있다. 분류의 편의상 '민간인학살사건'을 '일반 인권침해사건'과 구별하고 있지만, '민간인학살사건'이야말로 대표적인 '인권침해사건'이라고 할 수 있다.

애초에 과거 인권침해사건들에 대한 진상규명을 계획하는 단계에서부터 정부는 배·보상의 문제 및 인권피해자의 트라우마 치유 및 이들의 삶과 죽음에 대한 기억과 인권교육 등을 포함하

---

61) 기간, 실효 등 유사한 타제도와의 비교연구 및 시효제도의 본질에 관해서는 Piekenbrock, Andreas *Befristung, Verjährung, Verschweigung und Verwirkung*, Mohr Siebeck: Tübingen, 2006 참조.

62) 최광준, "인권침해에 대한 국가의 책임: 소멸시효완성의 항변과 신의칙 –대법원 2013. 5. 16. 선고 2012다202819 전원합의체 판결을 중심으로", 「경희법학」, 제51권 제2호, 2016.

63) 헌법재판소의 이 결정 이후 다수의 판례가 과거사 사건 피해자들에게 유리한 판결을 내리고 있다. 이들 판결에 대해서는 송덕수, 앞의 글, 52면 이하 참조.

64) 정근식, "민간인 학살사건 진상규명을 위한 활동의 현황과 과제", 「제노사이드연구」, 제1호, 2007, 31면: "한국에서 과거청산은 단순히 권위주의 독재체제로부터 민주주의체재로의 이행에서 비롯된 정의의 실현의 문제가 아니라 보다 거시적이고 복잡한 차원의 정의의 문제를 포함하고 있다."; 김한균, "국가범죄와 과거사 청산 완결의 과제: 진실·화해를 위한 과거사정리 기본법 개정 방향", 형사정책연구 제28권 제1호, 형사정책연구원, 2017, 174: "한국에서 과거·불법청산은 장기간에 걸쳐 집요한 저항과 정치적 갈등 속에 진행되어 왔다."

는 과거청산의 포괄적인 로드맵을 구상했어야 했다.

과거청산을 의미하는 '이행기 정의(transitional justice)'의 일반화된 이론은 진정한 '피해자 구제(reparation)'의 개념에는 피해가 발생하기 이전의 상태로 되돌리는 원상회복(restitution), 금전배상(compensation), 법률적, 의료적, 심리적 치료를 통한 재활(rehabilitation), 사죄(satisfaction) 외에 재발방지책 마련 등 모든 방법을 포함한다고 설명하고 있다. '과거청산'은 또한 독일어의 'Vergangenheitsbewältigung(과거극복)'이란 용어와 일치한다. 독일에서 의미하는 '과거극복'이란 가해자에 대한 처벌이나 피해자에 대한 구제에 실패한 범죄행위에 대한 해결을 의미하는 것이지, 과거의 역사를 정리하자는 것과는 그 궤를 달리하는 것이다. 그럼에도 불구하고 국내에서는 '과거사' 또는 '과거사 정리'라는 용어가 공공연하게 사용되고 있는 실정이다. '과거사 정리'는 선택의 문제일 수도 있지만, 인권침해사건과 관련된 '과거청산'은 필연적 과제다.

제2기 진실화해위가 아직도 많이 남아 있는 과거사 사건의 진상을 밝히기 위해 주어진 권한 안에서 최선을 다하더라도 여전히 그 실체적 진실을 밝혀내기 어려운 사건들이 있을 수 있다는 점을 우리는 염두에 두어야 한다. 진실이 밝혀진 사건이나 밝혀지지 못한 사건이나 모두 우리 역사의 비극임에 틀림이 없다.

과거청산의 궁극적 과제는 희생자들을 기억하는 것이다. 죽음의 진상을 다 밝혀낼 수 없어 사법적으로 국가기관의 책임을 물을 수는 없으나 여러 확정적인 정황상 국가폭력에 의해 억울한 죽임을 당했다고 판단되는 희생자들과 이러한 확신을 가지고 평생을 살아온 또는 그렇게 살다가 이 세상을 떠나버린 유가족들의 이름과 삶도 함께 기억해야 한다. 진상이 규명된 사건은 그 진상을 상세히 기록하고 진상이 다 밝혀지지 못한 사건 또한 밝혀내지 못한 한계의 내용과 함께 기록되고 기억되어야 한다. 하지만 기억을 실천에 옮기는 것은 매우 힘든 일이다. 사람들로 하여금 기억하도록 강제할 수도 없는 노릇이다. 그렇다면 어떻게 해야 할까? 우리 인류는 이들을 어떻게 기억할 수 있을까?

과거사 사건에서 중요한 원칙은 진실규명과 가해자 처벌, 그리고 피해자 구제이다. 그러나 피해자들에 대한 포괄적인 배상이나 보상에 관한 정부의 조치가 부재했기 때문에 과거사 사건 피해자들은 국가를 상대로 국가배상청구를 할 수밖에 없었다. 이러한 소송에서 계속적으로 문제가 되었던 것은 소멸시효였다. 피고인 국가가 과거사 사건들에 있어 오랜 시간이 지난 사건이라는 점을 이유로 예외 없이 소멸시효 항변을 하고 있기 때문이다. 형사법상의 공소시효와 민사법상의 소멸시효는 다르다. 소멸시효는 절대적인 것이 아니다. 소멸시효의 항변은 채무자의 선택의 문제이다. 다시 말해 피고인 국가는 자기의 책임으로 죽거나 피해를 입은 국민의 손해배상청구소송에서 소멸시효를 이유로 항변을 할지 이러한 항변을 하지 않을지를 스스로 선택하고 결정할 수 있는 것이다. 그러나 피고인 국가는 우리 역사상 단 한번도 국과거청산과 관련된 국가배상청구소송에서 소멸시효항변을 포기한 적이 없었다. 판례는 신의칙을 적용하여 피고인 국가의 소멸시효항변을 저지하기도 했지만, 신의칙을 적용하는 경우에도 피해자가 '상당한 기간' 안에 소를 제기해야 한다는 요건을 적용하면서, '상당한 기간'을 3년으로 보다가 6개월로 보는 등 피해자들을 혼란에 빠지게 하였다. 이와 같이 어려운 상황에서 돌파구를 제시한 것이 2018년 헌법재판소의 결정이었다. 이 결정은 소멸시효에 있어서는 피고인 국가와 일반채무자를 달리 취급해야 한다는 민사법학계의 작은 목소리를 들어 준 것으로 평가된다.

진정한 의미에서의 과거청산은 손해배상금의 개별적인 지급만으로 끝나지 않는다. 독일의 기억·책임·미래재단[65]과 같은 특수법인으로서의 재단을 설립해서 피해자에 대한 배·보상과 트라우마치료 등을 포함하여 과거인권침해사건 피해자들을 포괄적으로 보호하고, 기억과 재발방지를 위해 폭넓은 정책을 실천할 수 있도록 하는 국가적인 조치가 필요하다. 희생자를 기억하기 위한 구체적인 방법을 모색함에 있어서는 독일의 다양한 기억문화 활동이 시사하는 바가 크다. 독일에서는 20세기 후반부터 홀로코스트 희생자들을 기억하고 추모하는 방법으로서 정태적이고 위압적인 근대 기념비의 범주를 벗어나 '반(反)기념비(counter-monument)', 또는 '비(非)기념비(non-monument)'의 형태를 많이 취하고 있다. 반기념비나 비기념비는 고정되어 있지 않고 일시적이거나 비가시적인 특징을 가지고 있다. 그 대표적인 것으로 '유실된 집'과 '버스정류장' 작품을 살펴 볼 수 있었다. 한 사람 한 사람의 희생자를 모두 기억하는 방법으로 우리도 한국의 사정에 맞게 슈톨퍼슈타인 프로젝트를 실행해 볼 수도 있을 것이다. 죽은 이들을 기억하기 위한 쌍둥, Wodiczko, Gonzales-Torres 등의 작품활동도 우리가 희생자를 기억하기 위한 방법을 찾는데 있어 좋은 참고가 될 수 있을 것이다. 국내에서는 문화공간 [81+]가 제안되었는데, 이는 일반 시민들이 전시나 공연 관람, 세미나 참석 등 그들의 일상생활 속에서 인권과 [81+]라는 기호적 의미와 희생자들의 삶을 생각할 수 있는 복합문화공간을 말한다. 현대를 살아가는 우리들이 일상속에서 희생자들과 자연스럽게 연결되고 그들을 기억하게 되는 것이 희생자들도 원하는 추모의 방법일 것이다.

홀로코스트 희생자들을 기억하기 위해 설립된 '기억의 터'는 전 세계에 걸쳐 200여 개가 넘는데 어쩌면 한국에는 더 많은 기억의 터가 필요할지도 모른다.

제2기 진실화해위의 성공적인 활동과 함께 하루빨리 포괄적인 과거청산재단[66]이 설립되어

---

65) 이 재단에 관해서는 Goschler, Constantin (Hrsg.), *Die Entschädigung von NS-Zwangsarbeit am Anfang des 21. Jahrhunderts: Die Stiftung 'Erinnerung, Verantwortung und Zukunft' und ihre Partnerorganisationen*, Wallstein, 2012 참조.

66) "재단이 설립되면 진실규명한 사건의 홍보책자나 팜플렛 출간, 가해자나 피해자들의 증언집 발간, 유족의 정신적 피해 실태조사 및 국민적 공론화작업, 공론의 장으로 가해자들을 이끌어내 화해 도모, 사건을 문학 혹은 영화화, 중고등학생 교육용 교재 발간, 인권침해 현장이나 학살지 순례 및 탐방코스 개발, 외국 피해자들과의 연대 등 수많은 추가적인 작업이 진행될 수 있을 것이다", 김동춘, "지연된 진실규명, 더욱 지연된 후속

과거사 피해자들을 모두 기억하고 추모하며 교육할 수 있는 공간이 마련되기를 바라마지 않는다.

이러한 바람과 함께, 베를린의 '학살된 유럽 유대인 추모관(Memorial to the Murdered Jews of Europe)[67]'을 위한 자료집 서문[68]에 실려 있는 전 독일 연방의회 의장 Wolfgang Thiers 의 글을 소개하며 이 글을 마친다.

> "이는 육백만의 홀로코스트 희생자들에게 바쳐진 것이다. 이 추모관은 독일 역사상 가장 참혹한 범죄에 대한 기억을 상기시키고 미래의 세대들에게 인권의 보호와 법치국가의 수호, 그리고 법 앞에서의 인간의 평등권 보호가 얼마나 중요한 것인지를 일깨워 줄 것이다. 이 추모관은 만인에게 개방되어 있는 한편 개개인의 사적인 기억과 추모와 애도의 공간이기도 하다. (이 추모관내의) 정보실을 통해서 희생자들은 그들의 이름과 얼굴을 되찾게 될 것이다. 여기서는 희생자 개개인과 그 가족들의 운명적 삶이 중심에 있으며, 그들의 삶과 고통, 죽음이 기록되어 있다. 홀로코스트의 공포를 (집단적인 것이 아니라) 인격화시키고 개별화시킨 것은 의도된 것이며 이 전시의 핵심이다. 우리는 죽임을 당한 이들을 상상을 초월하는 무수히 많은 숫자의 익명성으로부터 끄집어내고 그들(한 사람 한 사람)의 삶과의 연결고리를 만들어나가야 한다."

작업 –진실화해위원회 활동의 완수를 위한 과제들", 「역사비평」, 통권 100호, 2012, 211–212면; 정근식 외, 「화해·위령 및 과거사연구재단설립방안」, 진실화해위 연구용역 결과보고서, 2009, 184–185면에서는 재단의 목적에 따라 ① (가칭)책임·화해·미래재단, ② (가칭)진실·화해 재단, ③ (가칭)과거사연구재단을 세 가지 명칭을 제안하고 있다.

67) 이 추모관에 관해 상세한 것은 구연정, "독일 기억문화의 정치화와 베를린의 홀로코스트 추모비(2005)에 나타나는 미학적 형식의 문제", 「독일어문학」 제83집, 2018 참조.

68) Thierse, Wolfgang in: *Materialien zum Denkmal für die ermordeten Juden Europas*, Berlin 2007, 5면: "Es ist den sechs Millionen Opfern des Holocaust gewidmet und soll die Erinnerung an das grausamste Verbrechen der deutschen Geschichte wach halten. Das Denkmal ehrt die Opfer und mahnt künftige Generationen, die Menschenrechte zu schützen, den Rechtsstaat zu verteidigen, die Gleichheit der Menschen vor dem Gesetz zu wahren. In seiner Offenheit bietet es Raum für persönliches Erinnern, Gedenken und Trauern. Im Ort der Information bekommen die Opfer des Holocaust Namen und Gesicht. Hier stehen die Schicksale einzelner Opfer und ihrer Familien im Mittelpunkt, hier wird ihr Leben, Leiden und Sterben dokumentiert. Die Personalisierung und Individualisierung des mit dem Holocaust verbundenen Schreckens ist gewollt, sie zieht sich wie ein roter Faden durch die gesamte Ausstellung. Sie soll die Ermordeten aus der Anonymität der nicht fassbaren Opferzahl herausholen, das eigene Gedenken mit konkreten Lebensgeschichten verbinden.".

법인격 부인론의 역적용에 대한 소고*

- 대법원 2021. 4. 15. 선고 2019다293449 판결을 계기로 -

김 태 선**

Ⅰ. 들어가며

평석 대상 판결은 채무자인 개인이 새로운 회사를 설립하고 그의 사업상 자산을 신설 회사로 이전한 사안으로, 대법원은 개인의 채권자가 신설 회사를 상대로 채무의 이행을 청구할 수 있다고 판시하여 배후자의 행위 또는 채무에 대한 책임을 법인에게 지우는 법인격 부인론의 역적용이 적용되는 사실관계를 정면으로 보여주고 있다. 이와 같이 법인격 부인론의 역적용으로 볼 수 있는 결론이 판결을 통해 나타나고 또 앞으로도 나타날 것으로 보이는바, 위 법리를 둘러싼 논의는 종래의 긍정설과 부정설의 입장을 넘어 법리를 보다 섬세하게 검토하고 발전시키는 것으로 진전될 필요가 있다고 본다.

이 글은 대상 판결을 계기로, 법인격 부인의 역적용을 긍정하는 다수설과 입장을 같이하면서 당해 법리의 법리적 근거를 살펴보고 이를 보다 구체적화하려는 시도이다. 대상 판결은 어떠한 경우에 개인의 채무를 회사에 대해 이행청구할 수 있는지 간략하게나마 일반론을 제시하고 있는데, 이에 대한 평석을 겸하여 위 법리를 검토해본다.

---

* 이 글은 「법학논집」 제25권 제4호(이화여자대학교 법학연구소, 2021)(송덕수 교수 정년기념 특집호)에 게재되었다. 이 연구는 2020년 서강대학교 교내연구비 지원에 의한 연구이다(202010020.01).

** 서강대학교 법학전문대학원 교수.

Ⅱ. 대상 판결의 내용

1. 사안의 개요

사안의 분석에 필요한 한도에서 사실관계를 정리하면 다음과 같다.

가. 원고는 2012. 10.경 A에게 원고 소유의 토지와 공장건물(이하 '이 사건 부동산'이라 한다)을 대금 15억 원에 매도하는 매매계약을 체결하였다.

나. A는 원고에게 이 사건 부동산에서 아들인 B가 사업체를 운영할 예정이니 매수인 명의를 B로 변경하여 달라고 요청하여, 원고는 2013. 5.경 B와의 사이에 이 사건 부동산을 13억 원에 매도하기로 하는 내용의 매매계약과, 위 토지 중 도로 지분 및 토목공사를 3억 3,000만 원에 매도하기로 하는 내용의 매매계약을 체결하였다(이하 위 각 매매계약을 통틀어 '이 사건 매매계약'이라고 한다).

다. B는 2013. 8.경 원고에게, '이 사건 매매계약 대금 중 미지급액이 1억 6,000만 원, 부가가치세가 50,754,000원'이라는 내용의 사실확인서(이하 이에 기한 채무를 '이 사건 채무'라고 한다)에 자신이 운영하는 개인사업체의 명판 및 자신의 인장을 날인하였다. B는 2004. 4.경부터 위 개인사업체 명의를 상호로 하여 사업자등록을 하고 영업을 하였는데 이 사업체는 법인은 아니었다. B의 아버지인 A는 보증인으로 서명날인하였다.

라. B는 2015. 10.경 위 개인사업체로 영위하던 영업을 폐업하고 동일한 영업을 목적으로 하는 피고 회사를 설립하여 그 대표이사로 취임하였다. 위 개인사업체의 폐업 당시 사업장소재지와 피고 회사의 본점 소재지는 동일하였다.

마. B는 2015. 11.경 피고와 사이에, 위 개인사업체의 자산 및 부채 등 사업 일체를 피고 회사에게 포괄적으로 양도하는 내용의 포괄양수도계약을 체결하고 피고 회사에게 영업재산 일체를 양도하는 한편, 2016. 1.경 이 사건 부동산에 관한 소유권이전등기를 마쳐주었다. B는 위 양도대가로 피고 회사의 발행주식 50%만을 취득하였다. 피고 회사는 포괄적으로 위 개인사업체의 장부상 부채를 모두 인수하였으나, 이 사건 채무는 인수하지 않았다.

바. 피고 회사는 자본금 3억 원으로 설립되어 설립이래 B가 50%의 주식을, B의 형인 C가 30%의 주식을, B의 아버지인 A가 20%의 주식을 각 보유하고 있다. 피고 회사의 이사는 설립 이래 A,B,C이고, 그 대표이사만이 2016. 6. 경 C에서 A로 변경되었다.

사. 원고는 피고 회사를 상대로, B와 A가 부담하는 이 사건 채무를 법인격 부인의 법리에 따라 피고 회사도 공동으로 부담한다고 주장하며 그 지급을 구하는 소를 제기하였다.

2. 소송의 경과

(1) 1심의 판단(수원지방법원 평택지원 2018. 7. 11. 선고 2017가합836 판결)

1심 법원은 피고의 법인격이 형해화되어 있거나 A, B가 피고의 법인격을 남용하였다고 인정하기에 부족하다고 보아 원고의 청구를 기각하였다.

1심 법원은 위와 같은 판단을 하면서, 종래 판례에 나타난 법인격 부인의 일반론 가운데 회사가 개인 기업에 불과한 경우에 관한 일반 법리를 설시하였다. 이는 "회사가 외형상으로는 법인의 형식을 갖추고 있으나 법인의 형태를 빌리고 있는 것에 지나지 아니하고 실질적으로는 완전히 그 법인격의 배후에 있는 타인의 개인기업에 불과하거나 그것이 배후자에 대한 법률적용을 회피하기 위한 수단으로 함부로 이용되는 경우에는, 비록 외견상으로는 회사의 행위라 할지라도 회사와 그 배후자가 별개의 인격체임을 내세워 회사에게만 그로 인한 법적 효과가 귀속됨을 주장하면서 배후자의 책임을 부정하는 것은 신의성실의 원칙에 위반되는 법인격의 남용으로서 심히 정의와 형평에 반하여 허용될 수 없고, 회사는 물론 그 배후자인 타인에 대하여도 회사의 행위에 관한 책임을 물을 수 있다고 보아야 한다."는 것이다.

(2) 원심의 판단(서울고등법원 2019. 10. 30. 선고 2018나2042338 판결)

원심은 채무면탈이라는 위법한 목적달성을 위해 피고의 법인격이 남용된 것이라고 보고, 피고 회사에 대해 B가 원고에 대해 부담하는 이 사건 채무를 이행할 의무가 있다고 판단하였다. B가 기존 개인사업체와 실질적으로 동일한 피고를 설립하여 그 가족과 함께 이를 지배하면서 이 사건 포괄양수도계약에 따라 개인사업체의 영업자산을 피고에게 유용하거나 정당한 대가의 지급 없이 이전하였고, 이는 B의 원고에 대한 이 사건 채무의 면탈이라는 위법한 목적달성을 위하여 회사제도 내지 피고의 법인격을 남용한 것이라고 보았다.

3. 대상 판결의 요지

대상 판결은 원심의 판단을 지지하며 원고는 B뿐만 아니라 피고에 대해서도 이 사건 채무의 이행을 청구할 수 있다고 판단하였다.

대상 판결은 이를 뒷받침 하는 일반론으로, "개인과 회사의 주주들이 경제적 이해관계를 같이 하는 등 개인이 새로 설립한 회사를 실질적으로 운영하면서 자기 마음대로 이용할 수 있는 지배적 지위에 있다고 인정되는 경우로서, 회사 설립과 관련된 개인의 자산 변동 내역, 특히 개인의 자산이 설립된 회사에 이전되었다면 그에 대하여 정당한 대가가 지급되었는지 여부, 개인의 자산이 회사에 유용되었는지 여부와 그 정도 및 제3자에 대한 회사의 채무 부담 여부와 그 부담 경위 등을 종합적으로 살펴보아 회사와 개인이 별개의 인격체임을 내세워 회사 설립 전 개인의 채무 부담행위에 대한 회사의 책임을 부인하는 것이 심히 정의와 형평에 반한다고 인정되는 때에는 회사에 대하여 회사 설립 전에 개인이 부담한 채무의 이행을 청구하는 것도 가능하다고 보아야 한다."고 설시하였다.

대상 판결은 ① B가 이 사건 채무를 면탈하기 위한 목적으로 자신의 개인사업체와 영업목적이나 물적 설비, 인적 구성원 등이 동일한 피고를 설립한 것이고, ② B가 50%의 주식을 보유하고 있을 뿐만 아니라 B를 제외한 피고의 주주들도 B와 경제적 이해관계를 같이 하는 등 B가 피고를 실질적으로 운영하면서 마음대로 이용할 수 있는 지배적 지위에 있었던 점, ③ 피고 설립 당시 B의 소유였던 이 사건 부동산을 포함하여 개인사업체의 모든 자산이 피고에게 이전된 반면, B는 자본금 3억 원으로 설립된 피고 주식 중 50%를 취득한 외에 아무런 대가를 지급받지 않은 점을 들어, 주식회사인 피고가 그 주주인 B와 독립된 인격체라는 이유로 원고가 B의 이 사건 채무 부담행위에 대하여 피고의 책임을 추궁하지 못하는 것은 심히 정의와 형평에 반한다고 하였다.

Ⅲ. 평 석

1. 법인격 부인론의 일반론

법인은 법률에 의하여 권리능력이 인정되는 단체 또는 재산이다. 법률은 단체 자체 또는 일정한 목적을 위하여 제공된 재산에 대해 법인격을 인정하여 권리·의무의 주체가 될 수 있게 함으로써 법률관계의 간명화를 도모한다.

법인은 그것을 설립하거나 운영하는 사원과 별개의 법인격을 가진다. 따라서 법인의 재산은 그 구성원인 사원의 채무에 대한 책임 재산이 되지 않는다. 마찬가지로, 법인의 사원은 법인의 채무에 대한 책임을 지지 않는다. 후자의 원칙, 즉 사원이 법인의 채무에 대해 직접적으로 채무를 부담하지 않는 것을 유한책임의 원칙이라고 하며, 이로 인해 법인이라는 단체 형식이 널리 각광받게 되었다. 유한책임 원칙은 특히 물적회사인 주식회사에서 주주가 자신이 투자한 자본금의 한도 내에서만 책임을 질 뿐, 개인 재산으로 회사의 채무를 책임지지 않도록 하여 회사에 대한 투자를 유인하고 자본의 집중을 촉진시키는 역할을 하여 왔다.[1)]

법인제도와 유한책임의 원칙은 이처럼 중요한 역할과 기능을 수행하지만, 이들 제도가 반드시 논리 필연적이라거나 불가변의 원칙이라고 볼 수는 없다.[2)] 법률이 법인격을 인정한 주된 이

1) Olsen, 419 N.W.2d at 213.: 114Am. Jur. Proof of Facts 3d 403, §1. Introduction; scope of article에서 재인용.

유는 법인을 둘러싼 법률관계를 간명하게 하기 위함이고, 유한책임 원칙 역시 물적회사의 주된 특장점일 뿐이므로, 배후자가 법인격이라는 '장막(veil)'에 숨어 자신이 마땅히 부담해야 할 책임을 회피하려는 경우, 그리하여 법인격과 유한책임 원칙을 예외 없이 관철된다면 정의와 형평에 반하는 결과를 초래할 경우,[3] 법원은 법인격을 부인하고 -보다 정확히 말하면 배후자인 사원의 유한책임을 부인하고[4]- 그에게 법인의 행위 혹은 채무에 대한 책임을 지운다.

회사법의 용어로 법인격 부인 법리를 정의한다면, "회사가 사원으로부터 독립된 실체를 갖지 못한 경우에 회사와 특정의 제3자간의 문제된 법률관계에 한하여 회사의 법인격을 인정하지 아니하고 회사와 사원을 동일시하여 회사의 책임을 사원에게 묻는 것"이다.[5] 법인격 부인의 법리는 19세기 후반부터 주로 미국의 판례에 의하여 형성·발전되어 왔으나, 독일에서도 동일한 이론이 발전하여 왔고(실체파악이론, Durch-griffslehre), 일본에서도 같은 이론이 채택되어왔다고 한다.[6] 우리나라의 학설은 이를 긍정하고 판례 역시 이를 수용하며, 판례는 위 법리의 근거에 관해서는 신의칙 내지 권리남용에서 찾고 있다.[7]

2. 역적용의 문제게 관한 기존의 논의

(1) 학설의 태도

위와 같이 법인의 행위에 대한 책임을 그 배후자에게 지우는 것을 법인격 부인 법리라 한다면, 법인격 부인론의 역적용은 반대로 배후자의 행위 또는 채무에 대한 책임을 법인에게 지우는 것을 말한다. 예컨대 배후자가 재산을 은닉하거나 채무를 면탈할 목적으로 회사를 설립하고 출자하거나 회사에 재산을 이전하는 경우, 회사와 배후자의 동일성을 인정하여 배후자의 채무에 대한 책임을 회사가 지도록 하는 것이다.[8]

사원의 유한책임을 부정하고 회사의 책임을 사원에게 묻는 법인격 부인론에 관해서는 학설상 위 법리의 적용범위나 보충적 성격 등에 관해 다소간의 이견은 별론으로 하되 법리의 수용에 대해 논란이 없다. 판례 역시 법인격 부인론을 채택하였다는 점에는 학설상 이견이 없다. 그러나

---

2) 김건식, "법인격과 법인격 부인법리 -우리 판례를 중심으로", 『BFL』 (서울대학교 금융법센터, 2015), 제69호, 24면.

3) 114Am. Jur. Proof of Facts 3d 403, §1. Introduction; scope of article; 김건식, 앞의 논문(주 2), 25면.

4) 임재연, 『회사법 I 』,(박영사, 2017), 56면. 송옥렬, 『상법강의』(홍문사, 2020), 708면은 유한책임과 법인격은 서로 다른 방향에서 재산을 분리한다는 기능을 가지며, 사원의 유한책임이 사원의 재산에 대해서 회사채권자가 강제집행을 하지 못하도록 하는 장치임에 비하여, 법인격은 반대로 회사재산에 대하여 사원의 채권자가 강제집행을 하지 못하도록 하는 것이라고 설명한다.

5) 이철송, 『회사법강의』(박영사, 2020), 48면, 송옥렬, 앞의 책(주 4), 709면.

6) 편집대표 정동윤, 『주석 상법 [회사(1)] 』(한국사법행정학회, 2014), 85면.

7) 대법원 2001. 1. 19. 선고 97다21604 판결; 대법원 2008. 9. 11. 선고 2007다90982 판결은 "신의성실의 원칙에 위배되는 법인격의 남용"이라고 하고 있다.

8) 14Am. Jur. Proof of Facts 3d 403, §7.

법인격 부인론의 역적용을 인정할지에 대해서는 견해가 갈린다.

학계에서는 법인격 부인론을 인정하면서도 법인격 부인론의 역적용에 대해서는 소극적인 입장이 있다.[9] 종래 판례가 법인격 부인론의 역적용을 수용한 것으로 평가할지에 대해서도 설명이 나뉜다. 아래에서 보는 바와 같이 채무면탈 목적의 회사 설립 사안에 관한 기존의 판례가 법인격 부인론의 역적용을 인정한 것으로 해석하는 경우도 있고,[10] 판례는 아직 법인격부인의 역적용이라는 개념을 여러 정책적 고찰을 통해 선택한 것이라고 보기 어렵다는 입장도 있으며,[11] 하급심 판례 가운데 방론으로 이를 다룬 경우가 있었으나 이를 정면으로 다룬 대법원 판결은 찾아보기 어려웠다.

학설의 내용을 구체적으로 살펴보면, 법인격 부인론의 역적용을 인정할 것인지에 관하여 적용부정설은 (1) 주주의 채권자는 주주인 채무자의 소유주식에 대해 강제집행을 할 수 있으므로 회사를 상대로 직접 책임을 묻는 것은 실익이 크지 않고,[12] (2) 주주인 채무자의 회사에 대한 출자가 사해행위의 목적으로 행하여진 경우에는 채권자취소권을 행사하여 구제받을 수 있으며,[13] 회사를 설립한 목적이 불분명하다면 법원에 해산을 청구하는 방법도 있으므로(상법 제176조 제1항) 이처럼 다양한 채권 회수 방법이 있음에도 법인격 부인론의 역적용을 인정하는 것은 법인 제도의 큰 틀을 훼손할 우려가 있다고 한다.[14]

이에 대하여 적용긍정설은 (1) 주식을 강제집행하는 것은 재산을 직접 강제집행하는 것과 달리 환가가 쉽지 않고, (2) 설립목적이 불법이라는 것은 주로 공익적 사유를 의미하므로 채무면탈 목적의 회사설립 사안의 경우 회사의 해산명령에 대한 청구(제176조)가 수용되지 않을 가능성이 높으며, (3) 채권자취소권은 단체법상 행위인 회사의 설립행위에 대하여 적용되기 어렵다고 한다. 이러한 적용긍정설이 다수설이다.[15] 한편 역적용이 문제되는 사안들은 배후자가 회사를 신설하고 그 회사와 함께 행한 위법행위이므로, 법인격부인에 의한 책임이 아니라 배후자와 신설회사의 불법행위에 따른 부진정연대책임의 법리를 검토해야 한다는 견해도 가능하다. 그러나 역적용이 문제되는 사안들이 위법행위가 되는지는 사안별로 다를 수 있고, 법인격부인에 따른 책임은 불법행위에 따른 책임과는 별개이므로 해당 법리를 검토하는 것은 여전히 의미가 있다.

9) 김홍기, 『상법강의』(박영사, 2020), 302-303면. 이철송, 앞의 책(주 5), 58면.
10) 김정호, 『회사법』(법문사, 2020). 43-44면; 장덕조 『회사법』(법문사, 2020), 18면; 홍복기·박세화, 『회사법강의』(법문사, 2019), 40면.
11) 송옥렬, 앞의 책(주 4), 714면.
12) 김홍기, 앞의 책(주 9), 302면; 이철송, 앞의 책(주 5), 58면.
13) 김홍기, 앞의 책(주 9), 302면.
14) 김홍기, 앞의 책(주 9), 302면.
15) 김건식·노혁준·천경훈 『회사법』(박영사, 2020), 66면; 김정호, 앞의 책(주 10), 48면; 송옥렬, 앞의 책(주 4) 714면; 임재연, 앞의 책(주 4), 71면; 장덕조, 앞의 책(주 10), 18면; 최기원 『신회사법론』(박영사, 2012), 60면; 최준선 『회사법』(삼영사, 2018), 75면; 홍복기·박세화, 앞의 책(주 10), 40면.

위에서 언급한 바와 같이 종래 판례가 법인격 부인론을 수용하고 있는지에 대해서도 서로 다른 해석들이 존재하는데 이는 법인격 부인에 관한 특정한 유형의 판례를 어떻게 이해할 것인가와 관련되어 있다. 법인격 부인에 관한 많은 판결들이 채무면탈 목적으로 회사를 설립한 이른바 사해설립 사안에 관한 판결들인데, 구체적으로는 동일한 지배주주가 기존 회사의 채무면탈 목적으로 신설 회사를 설립한 경우 기존 회사의 채권자가 신설 회사를 상대로 기존 회사와의 동일성을 주장하며 채무의 이행을 구하는 것이다.[16)]

이때 기존 회사와 신설 회사는 상호간 직접적인 관련성이 없으므로, 배후자와 법인간에 적용되는 법인격 부인의 법리가 어떻게 작동하는지 문제된다. 판례는 간략히 "기존회사의 채권자에 대하여 위 두 회사가 별개의 법인격을 갖고 있음을 주장하는 것은 신의성실의 원칙상 허용될 수 없다"고 설시하는데, 문헌들은 이러한 사안에서 두 단계로 법인격 부인 이론이 적용된다고 분석한다. 첫 번째 단계로 원래의 법인격 부인의 법리가 적용되어 기존회사의 법인격이 부인되어 지배주주에게 기존회사의 채무에 대한 책임이 인정되고, 두 번째 단계로 법인격 부인론의 역적용이 일어나 이러한 지배주주의 책임을 신설 회사가 지게 된다는 것이다.[17)]

문헌에 따라서는 위 두 번째 단계에 주목하여 판례가 법인격 부인의 역적용을 인정한다고 보기도 한다.[18)] 반면 법인격 부인론의 역적용은 특정 주주의 책임을 회사에 지우는 것으로서 다른 주주의 이해관계를 침해할 수 있어 복잡한 정책적 고려가 필요한데, 법원은 위와 같은 사안을 단순히 법인격 부인의 한 유형으로 처리하고 있을 뿐, 독립된 정책적 고려를 통해 법인격 부인론의 역적용을 채택했다고 보기 어렵다는 견해도 있다.[19)] 하급심 판결 가운데에는 사원의 책임을 회사에 대해 묻는 청구를 다루며 그 요건에 관해 설시한 경우가 있는데, 문헌 가운데에는 위 하급심 판결을 법인격 부인론의 역적용에 관한 판례로 소개하기도 한다.[20)] 이하에서는 기존 판례의 흐름을 개괄적으로 정리한 후, 법인격 부인론의 역적용과 관련된 채무면탈 목적의 회사 설립 사안의 판례들을 자세히 살펴본다.

(2) 판례의 태도[21)]

1) 판례 흐름의 개관

대법원이 법인격 부인에 관해 최초로 판단한 것은 대법원 1977. 9. 13. 선고 74다954 판결

---

16) 대법원 2004. 11. 12. 선고 2002다66892 판결; 대법원 2007. 7. 13. 선고 2004다36130 판결.

17) 송옥렬, 앞의 책(주 4), 713면, 송호영, "기존회사의 채무면탈의 의도로 신설회사가 설립된 것인지의 여부가 문제되는 경우", 민사판례연구회 편, , 『민사판례연구 XXXII』(박영사, 2010), 119면.

18) 김정호, 앞의 책(주 10), 43-44면; 홍복기·박세화, 앞의 책(주 10), 40면.

19) 송옥렬, 앞의 책(주 10), 714면. 임재연, 앞의 책(주 4), 73면도 판례가 명시적으로 법인격부인론의 역적용이라는 새로운 법리를 채택한 것으로 볼 것인지는 의문이라고 한다.

20) 서울고등법원 2004. 12. 16. 선고 2004나12617 판결. 김건식·노혁준·천경훈, 앞의 책(주 15) 66면에 소개되어 있다.

21) 판례에 나타난 법인격 부인 또는 남용의 유형과 그에 관한 상세한 분석으로 김재형, "1. 법인격, 그 인정과 부정 -법인격 부인 또는 남용에 관한 판례의 전개를 중심으로-" 『민법론Ⅳ』(박영사, 2011). 4-16면.

로서, 이 사안의 원심은 주식회사가 형해화되어 기업주가 회사의 채무를 단독으로 혹은 회사와 함께 부담한다고 판단하였으나 대법원은 회사가 “형해”에 불과하다고 인정한 것은 잘못이라며 원심의 판단을 파기하였다.

그 후 편의치적을 다룬 대법원 1988. 11. 22. 선고 87다카1671 판결이 나왔는데, 편의치적이란 선박회사의 지배주주가 파나마 등 제3국에 편의를 위해 형식적으로 회사를 설립하고 그 명의로 선박의 적을 두는 것을 말한다. 위 사안에서는 선박에 대해 실질적으로 소유권을 가진 선박회사를 상대로 선박압류가 이루어지자 제3국에 설립된 형식적 회사가 제3자이의의 소로서 선박의 소유권을 주장하였는데, 대법원은 법률의 적용을 회피하기 위하여 선박회사가 형식적 회사와 별개의 법인격을 가지는 회사라고 주장하는 것은 신의성실의 원칙에 위반하거나 법인격을 남용하는 것으로 허용될 수 없다고 하여 문제된 선박을 선박회사의 것으로 인정하였다. 이것이 최초로 법인격부인의 법리를 수용한 첫 판결이라는 것이 대체적인 학계의 평가이다.[22)]

2000년대 들어 대법원은 법인격 부인론을 명확히 채택하면서,[23)] 개별 유형에 따라 판단기준을 세분화하는 것으로 나아갔다. 법인격 부인론이 적용된 구체적인 사안들은 ① 회사가 그 법인격의 배후에 있는 타인의 개인기업에 불과하거나(법인격의 형해화), 배후자에 대한 법률적용을 회피하기 위한 수단으로 사용된 경우,[24)] ② 기존회사의 채무를 면탈할 목적으로 신설회사를 설립하는 경우[25)] ③ 모회사가 법률적용을 회피하기 위하여 또는 채무면탈을 목적으로 자회사를 신설한 법인격 남용사안[26)]으로 나누어 볼 수 있다.[27)]

대법원 2008. 9. 11. 선고 2007다90982 판결에 이르러서는 일반론으로서 (1) 법인격의 남용과 (2) 법인격의 형해화를 구분하면서 각각을 인정하기 위한 요건을 다음과 같이 상세하게 설시

---

22) 다만 위 판결은 편의치적제도가 허용될 수 있는 법적 한계 및 외관상 실질상 채무자 소유인 재산에 대한 가압류의 허부 등을 다룬 것일 뿐, 법인격부인론에 의거한 판단으로 볼 수 없다는 견해도 있다. 이에 관한 상세, 송호영, 앞의 논문(주 17), 111면. 이철송, 앞의 책(주 5), 59면은 위 판결에 대해 ‘형식적 회사의 법인격을 부인하고 그 지배주주의 소유물로 인정하는 것도 아니고, 형식적 회사와 직접적인 지배관계로 연결되지 않은 선박회사의 소유로 인정하는 것은 일반적으로 인정되는 법인격부인론의 요건과는 크게 괴리된다’고 기술하고 있다.

23) 대법원 2001. 1. 19. 선고 97다21604 판결은 법인격 부인의 법리를 적용하여 법인 제도를 남용한 배후자에 대해 책임을 인정하고 법인격 부인의 근거로 신의칙을 들고 있으며, 법인격이 부인될 수 있는 경우로 1) 법인격이 형해화된 경우와 2) 법인격이 남용된 경우라는 두 가지 유형을 제시하였다. 이후 대법원 판결은 두 경우의 요건을 상세히 설시하는 것으로 전개되었다.

24) 위 대법원 2001. 1. 19. 선고 97다21604 판결(법인격 남용을 긍정함); 대법원 2008. 9. 11. 선고 2007다90982 판결(법인격 남용을 부정함).

25) 대법원 2004. 11. 12. 선고 2002다66892 판결(법인격 남용을 긍정함); 대법원 2008. 8. 21. 선고 2006다24438 판결(법인격 남용을 부정함).

26) 대법원 2006. 8. 25. 선고 2004다26119 판결(법인격 남용을 부정함).

27) 법인격 부인에 관한 대법원 판결의 흐름에 관한 소개로서 김상중, “민법총칙” 『2000년대의 민사판례의 경향과 흐름』(박영사, 2012), 105면.

하였다.

> "회사가 외형상으로는 법인의 형식을 갖추고 있으나 법인의 형태를 빌리고 있는 것에 지나지 아니하고 실질적으로는 완전히 그 법인격의 배후에 있는 사람의 개인기업에 불과하거나, 그것이 배후자에 대한 법률적용을 회피하기 위한 수단으로 함부로 이용되는 경우에는, 비록 외견상으로는 회사의 행위라 할지라도 회사와 그 배후자가 별개의 인격체임을 내세워 회사에게만 그로 인한 법적 효과가 귀속됨을 주장하면서 배후자의 책임을 부정하는 것은 신의성실의 원칙에 위배되는 법인격의 남용으로서 심히 정의와 형평에 반하여 허용될 수 없고, 따라서 회사는 물론 그 배후자인 타인에 대하여도 회사의 행위에 관한 책임을 물을 수 있다고 보아야 한다.
> 여기서 회사가 그 법인격의 배후에 있는 사람의 개인기업에 불과하다고 보려면, 원칙적으로 문제가 되고 있는 법률행위나 사실행위를 한 시점을 기준으로 하여, 회사와 배후자 사이에 재산과 업무가 구분이 어려울 정도로 혼용되었는지 여부, 주주총회나 이사회를 개최하지 않는 등 법률이나 정관에 규정된 의사결정절차를 밟지 않았는지 여부, 회사 자본의 부실 정도, 영업의 규모 및 직원의 수 등에 비추어 볼 때, 회사가 이름뿐이고 실질적으로는 개인 영업에 지나지 않는 상태로 될 정도로 형해화되어야 한다. 또한, 위와 같이 법인격이 형해화될 정도에 이르지 않더라도 회사의 배후에 있는 자가 회사의 법인격을 남용한 경우, 회사는 물론 그 배후자에 대하여도 회사의 행위에 관한 책임을 물을 수 있으나, 이 경우 채무면탈 등의 남용행위를 한 시점을 기준으로 하여, 회사의 배후에 있는 사람이 회사를 자기 마음대로 이용할 수 있는 지배적 지위에 있고, 그와 같은 지위를 이용하여 법인 제도를 남용하는 행위를 할 것이 요구되며, 위와 같이 배후자가 법인 제도를 남용하였는지 여부는 앞서 본 법인격 형해화의 정도 및 거래상대방의 인식이나 신뢰 등 제반 사정을 종합적으로 고려하여 개별적으로 판단하여야 한다."

이처럼 판례는 (1) 법인격의 형해화와 (2) 법인격의 남용을 개념적으로 구분하고 (1) 법인격의 형해화는 회사가 외형상으로는 법인의 형식을 갖추고 있으나 법인의 형태를 빌리고 있는 것에 지나지 아니하고 실질적으로는 완전히 그 법인격의 배후에 있는 사람의 개인기업에 불과한 경우이고, (2) 법인격의 남용은 회사가 배후자에 대한 법률적용을 회피하기 위한 수단으로 함부로 이용되는 것이라고 한다.

그리고 (2) 배후자가 법인 제도를 남용하였는지의 여부는 채무면탈 등의 남용행위를 한 시점을 기준으로 하여, 회사의 배후에 있는 사람이 회사를 자기 마음대로 이용할 수 있는 지배적 지위에 있고, 그와 같은 지위를 이용하여 법인 제도를 남용하는 행위를 할 것이 요구되며, 앞서 본 법인격 형해화의 정도 및 거래상대방의 인식이나 신뢰 등 제반 사정을 종합적으로 고려하여 개별적으로 판단하여야 한다고 설명한다.

이에 따라 법인격 부인론에 관한 판례를 '법인격의 형해화' 사안과 '법인격의 남용' 사안으로 분류하면서,[28] 후자의 사안에서는 채무면탈의 목적 등 주관적 목적을 요구한다는 것이 일반적인 해석으로 보인다. 주관적 목적이 필요한가에 대하여는 학설상 이견이 존재한다.[29]

이하에서는 위와 같은 판례의 흐름을 염두에 두면서 이들 중 법인격 부인론의 역적용과 관련성을 가졌다고 생각되는 채무면탈 목적의 회사 설립 사안들을 보다 자세히 살펴본다.

2) 채무면탈 목적의 회사 설립 사안들

가. 대법원 2004. 11. 12. 선고 2002다66892 판결

원고들은 A회사의 건물 일부를 임차한 임차인들로서, A회사가 파산하여 임대보증금을 반환받지 못하자 피고 B회사를 상대로, B회사가 실질적으로 A회사와 동일한 회사임을 주장하며 임대차보증금의 반환을 청구하였다.

대법원은 다음과 같은 사실관계를 근거로, A회사가 채무를 면탈할 목적으로 기업의 형태·내용이 실질적으로 동일한 B회사를 설립한 것으로 인정되고, 따라서 B회사가 A회사와 별개의 법인격을 내세워 그 책임을 부정하는 것은 신의성실의 원칙에 반하거나 법인격을 남용하는 것으로서 허용될 수 없다고 판단하였다.

위와 같은 판단의 근거가 된 사실관계는 ① A회사와 B회사의 상호, 상징, 영업목적, 주소, 해외 제휴업체 등이 동일하거나 비슷한 점, ② B회사의 이사진과 주주들이 A회사와 동일하거나, 다른 경우에도 A회사의 지배주주이자 대표이사의 친·인척이거나 A회사의 직원이었던 점, ③ B회사가 대외적으로 A회사와 동일한 회사인 양 홍보하고 B회사의 임원들이 A회사에서의 직책대로 활동함에 따라 B회사는 외부에서 A회사와 동일한 회사로 인식된 채로 공사 등을 수주한 점, ④ B회사 내부적으로도 A회사의 대표이사이자 지배주주가 B회사의 회장으로서 역할을 수행하

---

28) 이러한 두 가지 유형이 판례를 인식하는 데 도움이 될 수는 있지만, 실제로 두 유형이 엄밀히 구분된다고 보기 어려우며, 법인격 남용이라는 큰 틀에서 여러 사안들을 포괄할 수 있다는 견해로서 김재형, 앞의 논문(주 221), 20면.

29) 법인격 남용의 경우에 주관적 요건이 필요하다는 긍정설로서 차한성, "법인격부인론", 민사판례연구회 편, 『민사판례연구 XXIV』(박영사, 2002), 579면, 부정설로서 남장우, "회사법인격무시의 법리", 박사학위청구논문, 고려대학교 대학원(1995), 215면, 원용수 "법인격부인(남용)의 법리와 성립요건", 『상사판례연구』(한국상사판례학회) 제20집 제1호, 29면. 김재형, 앞의 논문(주 21), 27면은 법인격을 인정하여 유한책임의 원칙을 관철하는 경우에 형평에 맞지 않는 부당한 결과를 초래하는지 여부를 고려하여야 할 것이며, 따라서 판례에서 들고 있는 주관적 요소는 형평성 기준으로 대체되어야 한다고 한다. 이성철, "판례를 중심으로 본 법인격부인론 -서울고등법원 1974. 5. 8. 선고 72나2582(대법원 1977. 9. 13. 선고 74다954 판결) 판결에서 대법원 2009. 4. 9. 선고 2009다10812(2008. 9. 11. 선고 2007다90982 판결) 판결까지-", 『법조』(법조협회, 2009), 통권 639호, 81-88면은 위와 같은 긍정설과 부정설을 소개하고 판례가 긍정설의 입장에 따른 것으로 분석하면서도, 긍정설에 따르더라도 실제로 주관적 목적의 입증도 구체적인 객관적 사실관계를 입증함으로써 상당부분 해소될 수 있어 실제로 이를 다툴 실익과 논쟁은 크지 않다는 취지이다.

는 것으로 보이는 점, ⑤ A회사가 B회사에게 건설업면허를 양도하여 B회사가 A회사의 건설업자로서의 지위를 승계한 점 등이다.

나 대법원 2008. 8. 21. 선고 2006다24438 판결[30)]

원고는 A제약회사에 대한 대출금 채권을 양수한 채권양수인으로서, 피고인 B제약회사에 대하여 위 대출금 채권의 지급을 구하면서 그 중 하나의 청구원인으로 B사가 A사와 실질적으로 동일한 회사임을 주장하였다.

B사는 A사가 부도가 난 후, A사와 같은 소재지에서 동종 영업을 목적으로 설립되었다. B사의 주주와 임원들은 A사의 지배주주이자 대표이사인 甲의 처, 자녀 및 A사의 직원들이었으며, B사는 A사 소유 재산의 경매절차에서 부동산과 공장시설 등을 낙찰받았다. 또한 B사는 A사로부터 의약품 제조업 관련 등록과 인·허가에 관한 일체의 권리·의무를 대금 1억 5천만 원에 양수하고 위 양수도계약을 기초로 행정관청으로부터 의약품 제조업 변경허가를 받았는데, 대금 중 절반은 A사가 부과받았던 과징금을 대납하는 방식으로 지급하고 나머지 대금은 면제받았다. B사는 A사 근로자들을 대부분 그대로 승계하였고 A사의 지배주주이자 대표이사였던 甲을 관리자로 등록하여 B사가 생산하던 것과 동일한 다수의 의약품을 생산하고 있었다. B사가 설립된 경위를 보면, A사 직원이 B사를 설립하고 A사의 물적 시설을 낙찰받은 뒤, 공익요원으로 근무하던 甲의 장남에게 경영권을 넘겨주는 방식이었으며, 위 직원을 제외한 나머지 주주들은 모두 甲의 처 또는 자녀들로서 이들에게 별다른 수입원이 없었다.

원심은 B사가 실질적으로 A사와 동일한 회사로서 甲이 A사의 채무를 면탈할 목적으로 B사를 설립하였다고 판단하였으나, 대법원은 원심을 파기 환송하였다.

대법원은 B사는 A사와 기업의 형태·내용이 같고 모두 甲에 의하여 지배되고 있는 회사라는 점은 인정하였지만, B사가 A사의 채무를 면탈하기 위하여 신설된 것이라는 점을 인정하지 않았다. 대법원은 ① B사가 A사 소유 부동산 등을 낙찰받으며 납입한 낙찰대금 10억 4,500만 원 중 837,820,050원이 B사 명의로 대출받거나 차용한 금원으로 지급된 점, ② B사가 의약품 제조 허가권 등과 관련하여 A사에게 7,500만 원을 대금으로 지급한 점을 들면서, B사가 A사의 채무를 면탈하기 위하여 신설된 것이라고 인정하려면, 이 사건 의약품 제조 허가권 등에 대한 가액평가나 대금의 일부 면제가 부당하게 이루어졌거나, 거래처를 비롯한 영업권이 아무런 대가 없이 이전되었거나, 그 밖에 A사의 자산이 B사의 설립비용 등의 자금으로 유용되었다는 사실 등 A사의 채권자에게 불리한 결과를 초래하는 채무면탈에 관한 사정이 인정될 수 있어야 한다고 판시하였다.

30) 이 판결에 대한 상세한 사실관계와 평석에 대하여 송호영, 앞의 논문(주 17).

다. 대법원 2011. 5. 13. 선고 2010다94472 판결

아파트 신축사업을 추진하던 A회사와 B회사가 사업부지인 토지의 공유지분을 소유하고 있던 원고와의 사이에, 원고로부터 공유지분을 이전받는 대신 신축 아파트 1세대를 분양해 주기로 하는 내용의 약정을 체결하면서 담보로 당좌수표를 발행해 주었고, 위 약정에 따라 B회사와 원고가 분양계약을 체결하고 A회사가 공유지분을 이전받았다. 아파트 공사 진행 중 A, B회사는 위 토지와 사업권을 C회사와 D회사를 거쳐 E회사에 매도하였다.

대법원은 ① 위 회사들은 모두 영업목적이 동일하고 법인 소재지도 상당 부분 일치하는 점, ② 위 회사들은 B회사의 대표이사였던 자가 사실상 지배하는 회사인 점, ③ 위 토지 외에 별다른 자산이 없었던 A, B회사가 부도가 이미 발생하였거나 임박하여 위 토지와 사업권을 정당한 대가를 지급받지 않고 C회사에 양도한 것으로 보이고, C회사에서 D회사를 거쳐 E회사에게 위 토지와 사업권이 이전되는 과정에서도 정당한 대가가 지급되었다고 볼 만한 자료가 없는 점, ④ A, B회사가 원고에게서 이전받은 공유지분이 포함된 위 토지와 사업권을 C회사에 양도하면서 위 약정 등에 따른 원고 채무를 부도난 A, B회사에 남겨둔 점 등을 종합할 때, 위 회사들은 B회사의 대표이사였던 자가 사실상 지배하는 동일한 회사로서 A, B회사가 원고에 대한 채무를 면탈할 목적으로 다른 회사의 법인격을 내세운 것으로 볼 여지가 충분하므로, A, B회사의 채권자인 원고는 A, B회사뿐만 아니라 E 회사에 대해서도 위 약정에 기한 채무의 이행을 청구할 수 있다고 하였다.

이 사안은 기존 회사가 채무를 면탈할 목적으로 신설회사를 설립한 경우 뿐만 아니라 이미 설립되어 있는 다른 회사를 이용한 경우에도 기존회사의 채권자가 두 회사 모두에 채무이행을 청구할 수 있다고 본 점에 특징이 있다.

라. 법인격 부인론의 역적용에 관한 하급심 판결

서울고등법원 2004. 12. 16. 선고 2004나12617 판결[31]은 '회사의 채권자가 사원에게 직접 책임을 묻는 경우'와 '사원의 채권자가 회사에 대하여 직접 책임을 묻는 경우'를 구별하여 후자의 경우 엄격한 요건이 충족되어야 한다는 취지로 판시하였다. 후자의 사안이 바로 강학상 법인격 부인론의 역적용을 의미하므로, 위 판결은 법인격 부인론의 역적용 논의에 있어 살펴볼 필요가 있다.

법원은 "법인격 남용의 목적을 갖고 있는 배후자가 회사법에서 요구되는 자본충실의 원칙도 무시한 채 오로지 그와 같은 목적으로 신 법인을 설립한 경우에는 그 신 법인에 대하여도 배후자 내지 배후자의 개인기업과 다름없는 구 법인의 법률행위로 인한 법적 효과를 주장할 수 있다고 보는 것이 정의와 형평의 이념에 부합할 것"이라고 하였다.

---

31) 상소를 하지 아니하여 2005. 1. 11. 확정됨.

그리고 "이 이론을 적용하게 되면 당해 특정 사안에 한하여 회사와 그 배후에 있는 개인이 동일체로 취급되어 ① 회사의 채권자는 사원에게 직접 책임을 물을 수 있고(회사 → 개인), ② 사원의 채권자는 회사에 대하여(개인 → 회사), 직접 책임을 물을 수 있게 된다"고 하면서, "②의 경우에 있어서는 상법이 회사에 대하여 자본충실의 원칙을 엄격하게 요구하고 있는 점에 비추어 볼 때 단순한 '법인격의 남용'이라는 주관적 목적에서 나아가 객관적으로도 자본충실의 원칙이 위배될 만큼 현저하게 '법인격이 형해화'된 경우, 즉 가장납입 등으로 실제 자본유입이 없거나 오로지 사원 개인의 재산으로만 자본이 구성되고 추가 자본 납입이 없으며 당해 사원 개인 외 다른 주주들은 모두 허무인과 다름없는 경우 등에만 엄격하게 적용함이 마땅하다"라고 판시하였다.

이 사안에서 원고인 기술신용보증기금은 A회사의 은행 대출금 채무를 보증하였다가 A회사의 부도로 대출금을 변제한 구상금채권자이고, 甲, 乙, 丙과 B회사는 구상금채무의 연대보증인들이다. 甲은 A회사의 설립자이고, 乙은 甲의 妻로서 A회사의 대표이사이며, 丙은 甲, 乙의 아들이자 A회사의 이사이고, B회사는 甲이 설립하여 대표이사인 회사이다.

원고는 C회사와 D회사를 상대로, 甲이 A, B회사 및 甲의 채무를 면탈할 목적으로 C, D회사를 설립하여 법인격을 남용하였으므로, C, D회사들은 A, B회사 및 甲과 연대하여 원고에게 구상채무를 이행할 의무가 있다고 주장하였다.

이들 회사의 상황을 보면, A회사는 甲이 그 처인 乙을 대표이사로 하여 방모사 생산·판매업 등을 목적으로 설립하였고 이사들은 甲의 가족 또는 친인척이며, B회사 역시 甲이 설립하여 대주주의 지위에 있는 A회사와 동종 사업체이다.

C, D회사도 모두 A회사와 동종 사업을 목적으로 한 회사로서, 이들 회사는 A, B회사의 직권폐업 내지 사실상 폐업시기를 전후하여 설립되었고, A회사의 본점 소재지는 C회사의 주된 사업장으로 되었다가 현재는 D회사의 본점 소재지이며, C회사는 A회사가 사실상 부도가 발생된 시점부터 그 공장건물에서 종전의 A회사의 거래선을 이어 받아 영업을 계속해왔다.

법원은 원고가 C, D회사들에게 A, B회사가 부담하는 채무의 이행을 구하려면, ① C, D회사들이 甲이 설립하였던 A, B회사와 사업목적 및 본점소재지가 동일하고, ② 임원과 주주 등 인적 구성이 동일하거나 거의 동일시될 수 있으며, ③ 물적 구성, 즉 추가 자본납입이 없거나 하는 등 자본충실의 원칙을 현저하게 위배함으로써 법인의 형해화까지 될 정도여야 하고, ④ 甲에게 법인격의 남용 목적이 있었음이 인정되어야 할 것이라고 전제하고, 이들 회사의 상황이 위와 같기는 하나, 그럼에도 불구하고 (1) 임원이나 주주의 구성원이 완전하게 같지는 아니한 점, 특히 C회사의 사업원년도 대주주는 제3자였고 그 외에도 제3의 주주가 있는 점, (2) D회사의 경우는 주권 발행을 원칙으로 하는 데다가, 유상증자를 통하여 계속 자본을 증가시켜 왔고 그 주주 중에는 제3자도 있는 점, (3) D회사는 현재 甲이 아닌 丙이 대표로 있는 점을 들어 C, D회사들의 주식분포가 오로지 장부상의 변동에 기한 위장분산이라는 등에 관한 증거가 없는 이상, A, B회사 또는 甲의 자금이 C, D회사들에 어느 정도 유입되었다는 사정만으로 C, D회사들이 새로운 자본 출자 없이 오로지 A회사나 B회사로부터 유입된 자본만으로 운영되는, 자본이 형해화된 회사로서 A, B회사와 동일한 법인이라거나 甲의 개인기업이라고 단정지을 수는 없다고 하여 원고의 청구를 기각하였다.

3. 역적용 법리의 고찰

(1) 법인격 남용을 인정하기 위한 객관적 요소

채무면탈 목적의 회사 설립 사안은 '채무면탈'이라는 위법한 목적달성을 위하여 회사제도를 남용한 법인격 남용 사안으로 다루어지고 있다. 따라서 주관적 요건으로서 '채무면탈 목적'을 요구하는 것으로 파악할 수 있다. 다만 실제 판례를 살펴보면 객관적 사실관계를 통해 당해 사안이 채무면탈 목적의 법인격 남용에 해당하는지를 종합적으로 판단하고 있다. 즉 채무면탈 목적은 객관적 사실관계를 통해 추단되고 있는 것으로 보이므로,[32] 어떠한 객관적 사실을 법인격 남용의 요소들로 볼 것인지가 중요할 것이다.

판례는 채무면탈 목적의 법인격 남용을 뒷받침하는 객관적인 사실 내지 기준들로서 ① 회사와 신설회사 모두에 지배적 지위를 가진 배후자가 있는 가운데 ② 기존회사와 신설회사간 주소, 상호, 영업의 동일성의 정도, ③ 이사와 주주의 구성 등에 있어서의 동일성의 정도, ④ 기존회사의 자산이 신설회사로 부당하게 이전되거나 기존회사의 자산이 신설회사의 설립 자금 등으로 유용되었는지 여부 등을 제시한다. 이중 가장 중요하게 취급하는 요소는 ④로 생각된다. 대법원 2008. 8. 21. 선고 2006다24438 판결에서는 ①, ②가 모두 인정되더라도, ④의 요소가 인정되지 않음을 들어 채무면탈 목적의 법인격 남용을 인정하지 않았다. 또한 채무면탈 목적의 법인격 남용을 인정한 대법원 2011. 5. 13. 선고 2010다94472 판결에서도 자산이 이전되는 과정에 정당한 대가가 지급되었다고 볼 자료가 없는 점을 결론을 뒷받침하는 중요한 이유로 설시하고 있다.

이는 해당 유형의 사안에서 자연스러운 결과로 생각된다. 채무면탈이란 결국 기존회사의 재산을 감소시켜 책임재산의 부족을 초래하는 것이고, 기존회사 재산의 염가의 매각 혹은 무상의 이전이야말로 전형적으로 책임재산의 부족을 초래하는 행위이기 때문이다. 따라서 채무면탈 목적으로 법인격을 남용하였다는 판단 과정에서 ④의 요소가 가장 핵심적인 것은 당연하다. 그리고 이처럼 ④와 같은 요소가 핵심적인 역할을 하는 법인격 남용의 사안에서는 법인이 배후자의 개인기업에 불과할 정도로 '형해'화된 지경에 이르지 않더라도 법인격 부인론의 적용이 가능하다. 즉 ①, ②, ③의 요소를 통해 검토되는 배후자의 지배관계나 주주나 이사진의 인적 동일성

32) 송옥렬, 앞의 책(주 10), 712면도 같은 취지.

요소는 법인격 형해화 사안보다 상대적으로 완화된다고 볼 수 있다.[33)]

(2) 법인격부인론을 통한 사안 해결의 타당성

이러한 사안에서 기존회사의 채권자는 채권자취소권(민법 제406조)을 행사할 수도 있겠으나, 판례는 ②, ③의 요소 즉 기존회사와 신설회사간에 주소, 상호, 영업의 동일성의 정도나 이사 및 주주 구성의 동일성의 정도가 심대할 경우 법인격부인론의 법리로도 채권자 구제의 길을 열어주고 있다고 해석할 수 있다.

기존회사의 재산으로 신설회사의 자본금이 납입된 경우에는 단체법적인 회사 설립행위를 사해행위로 보아 취소하기 어렵다는 점을 고려해볼 때, 그리고 법인격부인론에 의한 해결이 굳이 보충적으로 적용되어야 할 이유가 없다는 입장에 설 때,[34)] 해당 유형의 사안을 법인격부인 법리로 포섭하는 판례의 태도를 수긍할 수 있다. 법인격의 인정과 유한책임의 원칙은 법인 제도의 중요한 역할과 기능을 수행하지만 이들 제도가 반드시 논리 필연적이라거나 불가변의 원칙이라고 볼 수는 없으며, 법인격 남용으로 말미암아 정의와 형평에 반하는 결과가 발생할 경우 그 법인격 자체를 일시 정지시키는 방법이 가장 유효·적절한 권리구제수단이 될 수 있다는 점에서 판례의 결론에 찬성한다.

회사의 법인격이 부인되면 그 회사의 독립성이 부정되어 회사와 사원은 법적으로 동일한 실체로 취급되고 회사의 채권자는 사원에 대해 회사의 채무에 대해 책임을 진다. 이것이 전통적인 법인격 부인론의 효과이다. 그런데 채무면탈 목적의 회사 설립 사안에서 신설회사가 기존회사의 채무에 대해 책임을 진다는 판례의 결론에는 좀 더 설명할 문제들이 남아 있다. 이 경우 신설회사와 기존회사간에는 배후자-회사라는 관계가 표면상 성립되지 아니한다. 즉 신설회사가 기존회사의 주식을 보유하며 신설회사를 지배하는 관계가 아니라는 점에서, 채무면탈 목적의 회사설립사안은 모자회사관계에서의 법인격 남용 유형과 사안을 달리한다. 모자회사관계에서는 법률적용의 회피를 위해 자회사를 설립하여 지배한 모회사에 대해 그 법률적용의 회피라는 목적과 모회사의 지배행위를 근거로 모회사에 대해 자회사 행위의 책임을 지운다. 그렇다면 신설회사가 기존회사의 채무를 부담하는 근거는 어떻게 설명될 수 있는가?

우선 앞서 살펴본 기존 문헌의 설명으로서, 두 단계로 법인격 부인론이 적용된다는 설명이 가능하다. 즉 첫 번째 단계로 원래의 법인격 부인 법리대로 기존회사의 법인격이 부인되어 지배

33) 김원기, "법인격부인론의 역적용", 『기업법연구』(한국기업법학회, 2016), 제24권 제2호, 165면은 채무면탈을 위한 회사설립과 같은 경우에는 그 사기성(fraud)이 더 큰 요소로 부각되지 지배관계가 절대적인 요소로 부각되지는 않는다고 기술한다. 최준선, 앞의 책(주 15) 76면도 같은 취지임.

34) 남장우, 앞의 논문(주 29) 219-221면은 법인격무시의 경우와 다른 일반사법 이론에 의한 해결의 결과가 동일하다면 굳이 선후를 구별할 필요는 없을 것이며, 법인격무시는 사원에 대한 직접적인 채권의 실현을 인정하는 것이기 때문에 정의와 형평의 관념에 합치하는 한, 보다 적절한 구제수단이 될 것이라고 한다.

주주에게 기존회사의 채무에 대한 책임이 인정되고, 두 번째 단계로 법인격 부인론의 역적용이 일어나 이러한 지배주주의 책임을 신설회사가 지게 된다는 논리 구성으로,[35] 판례를 보다 체계적으로 설명할 수 있는 방법이라 생각된다. 한편 보다 간명한 구성으로, 기존회사는 신설회사의 배후자이며 법인격의 역적용을 통해 배후자의 책임을 신설회사가 부담한다는 이론 구성도 가능할 것이다. 다만 채무면탈 목적의 회사설립 사안들에서 통상 기존회사는 법률적으로는 신설회사의 주주가 아니므로, 기존회사가 신설회사의 배후자라는 논리 구성은 결국 기존회사와 실설회사 간 지배주주를 포함한 인적 동일성에서 그 근거를 찾아야 할 것이다. 이처럼 기존회사가 신설회사의 배후자가 될 수 있는 가장 전형적인 사례는 기존회사의 지배주주인 배후자가 신설회사의 지배적 지위를 가지는 경우이므로, 이하에서는 이러한 사안을 상정하여 어떠한 객관적 사실관계를 요소로 삼아 역적용 법리가 적용될 수 있을지를 판례상 요구되는 객관적 요소들을 연관시켜 생각해 봄으로써 보다 구체적인 법리의 구성을 시도한다.

(3) 법리의 세밀화

1) 기존회사의 배후자가 지는 책임의 근거

우선 판례 및 두 단계의 법인격 부인론을 통해 공통적으로 요구되는 것은 배후자의 기존회사에 대한 지배적 지위이다. 학설은 채무면탈 목적의 회사 설립 사안에서는 법인격 형해화 사안과 같이 회사가 독자적인 존재 의의를 상실할 정도의 완전한 지배력의 행사가 요구되지 않는다고 해석한다.[36] 그렇다면 과연 배후자의 지배적 지위가 어떤 정도로 요구될 것인가.

이러한 현상을 경제적 관점에서 들여다보면, 배후자는 기존회사에서 지배적 지위에 있음을 기화로, 기존회사의 자산을 자신이 지배하는 신설회사에 부당하게 이전시킴으로써 신설회사에서의 지배적 지위에서 향유할 수 있는 경제적 이익을 도모하려는 것임을 알 수 있다. 그렇다면 기존회사에서의 배후자의 지배적 지위 여부는 기존회사의 자산 유출이라는 비정상적인 의사결정이 배후자에 의해 지배되었느냐의 측면에서 판별함이 타당하다고 생각된다.

이처럼 기존회사의 지배적 지위에 있는 자가 기존회사의 중요한 책임재산들을 부당하게 외부로 이전시키는 사안은 독일에서 실체파악책임론의 유형 중 하나로서 배후자의 책임을 인정하는 사안인 이른바 '타인지배" 혹은 "존재를 무력화하는 침해에 따른 책임"을 연상시킨다.[37] 독일에서는 미국의 법인격부인론을 변용시킨 실체파악책임론을 발전시켜 왔는데, 소수의 학설이 실체파악책임론의 한 유형으로 파악해온 "타인지배에 따른 책임" 사안은 법인의 의사결정이 특정 사원에게 과도하게 종속되어 법인의 활동이 법인 자신의 고유한 이익을 위해서가 아니라 법인

35) 송옥렬, 앞의 책(주 10), 713면; 송호영, 앞의 논문(주 17), 119면,
36) 김원기, 앞의 논문(주 33), 165면; 최준선 앞의 책(주 15), 76면.
37) 이에 관한 자세한 설명으로 송호영, "독일법상 법인실체파악이론의 운영과 우리 법에의 시사점", 『비교사법』(한국비교사법학회, 2007) 제14권 제3호(상), 444면.

외부의 다른 이익을 위해서 행하여질 경우, 그 사원에게 직접적인 책임을 지우는 것이라 한다.[38] 종래 통설과 판례는 이러한 사안이 주식회사인 경우에는 지배기업의 종속회사 행위에 대한 책임을 인정하는 콘체른 규정으로, 콘체른 규정을 적용할 수 없는 유한회사의 경우에는 그 규정의 유추적용으로 해결한다는 입장이었으나, 2000년대 초반 독일연방재판소를 계기로 타인지배를 받는 유한회사 사안을 "회사의 존재를 무력화하는 침해"라는 실체파악책임의 한 유형으로 파악하여 지배사원(혹은 지배기업)의 책임을 인정하기에 이르렀다고 한다.[39] 독일의 실체파악책임의 유형으로서 "회사의 존재를 무력화하는 침해"에 관한 문헌의 설명은 다음과 같다.

> "이러한 존재를 무력화하는 침해는 구체적으로 ① 회사의 자본이나 생산시설 및 기타 재산가치를 유출시키거나, ② 회사가 위험한 거래(Risikigeschäfte)를 하게 하여 파산을 초래하거나 회사채권자에게 피해를 끼칠 수 있는 投機行爲를 하거나, ③ (종속)회사가 지주회사의 유동성관리에 복속되어 회사재산을 유동성관리단에 예입하여 회사고유의 유동성보유를 포기하는 이른바 현금관리(Cash Management; Cash Pool)를 하거나, ④ (종속)회사의 고유한 재산(적극재산, 청구권, 인력, 수주계약, 무체재산권 등)이 유출되어 다른회사로 넘어가는 이른바 유한회사릴레이(GmbH-Stafette)의 경우, ⑤ 회사의 정관작성을 통하여 모든 好機(Chancen)는 다른 회사가 누리는 반면, 모든 위험을 떠안기로 되어있는 이른바 陪僕會社(Aschenputtel-Gesellschaft)의 경우에서 인정된다. 이러한 侵害(Eingriff)의 결과는 바로 회사가 破産하거나 破産危險에 직면하는 것 또는 破産이 深化(Insolvenz-vertiefung) 되는 것이다.[40]"

이러한 독일의 논의는 법인이 고유의 이익을 위한 독자적인 활동을 하지 못하고 그 자산이 부당하게 유출되는 사안들이 법인격부인론이 작동할 수 있는 보편적인 사안들임을 보여준다. 또한 그와 같이 법인의 의사결정을 지배할 수 있는 배후자의 지위가 법인격 부인에 따른 배후자 책임의 근거가 됨을 알 수 있다.

주식회사에서의 의사결정에 대한 지배적 지위는 주식의 분포, 이사 등 경영진의 구성, 업무권한 등을 복합적으로 살펴야 하고, 예컨대 주주 가운데 배후자의 가족이나 친인척이 아닌 제3자가 있다고 하더라도 그것만으로 배후자의 지배적 지위가 부정되는 것은 아니라고 보아야 한다. 즉 주주나 이사의 일부 중 제3자가 있다고 하더라도 지분 구조와 경영진의 구성, 업무권한

38) 송호영, 앞의 논문(주 37), 441면.
39) 송호영, 앞의 논문(주 37), 444-445면.
40) 이처럼 회사의 存在를 無力化하는 侵害라고 인정될 경우에는 회사채무에 대한 책임실체파악이 가능하게 되는데, 그렇지만 여기에도 補充性의 原則(Subsidiaritätsgrundsatz)이 적용되어 유한회사법상 자본유지조항(§§ 30, 31 GmbHG)이나 업무집행자(Geschäftsführer)의 주위의무위반에 따른 손해배상책임조항(§ 43 GmbHG)을 우선적으로 적용되고 이러한 조항으로 여의치 않을 경우에 보충적으로 사원의 책임을 인정한다고 한다. 송호영, 앞의 논문(주 37), 446면.

등을 종합적으로 고려하여 배후자가 회사의 의사결정을 지배하고 있다고 판단될 경우에는 기존회사 채무에 대한 배후자 책임의 기초가 되는 그의 지배적 지위를 인정함이 타당하다. 반대로 주식 분포상 대부분의 주식을 특정인이 보유한다 하더라도, 경영진의 구성이나 업무권한의 측면에서 볼 때 독립적인 경영이 이루어진다면 기존회사에 대한 배후자의 지위가 부정될 수도 있을 것이다.

2) 신설회사로의 자산 이전을 통한 기존회사의 이익

그런데 판례는 배후자인 사원에게 기존회사 채무에 대한 책임을 인정하는 것에서 한 걸음 더 나아가, 그 배후자가 지배적 지위를 점하고 있는 신설회사의 책임을 인정하고 있다. 앞서 보았듯이 이를 법인격 부인론의 역적용으로 분석하기도 한다. 신설회사의 책임 인정이라는 이같은 결론의 타당성을 뒷받침하는 근거는 무엇일까? 판례는 앞서 보았듯이 배후자가 신설회사에도 지배적 지위를 가진 가운데 기존회사와 신설회사간의 주주와 이사 등 인적 동일성의 정도를 고려한다. 배후자가 신설회사에 가지는 지배적 지위는 어떤 기준으로 인정될 수 있으며, 기존회사와 신설회사간의 인적 동일성은 어느 정도에 이르러야 하는가?

이러한 사안에서는 신설회사가 기존회사의 자산을 정당한 대가를 지불하지 않고 이전받았고, 따라서 기존회사 채무에 대해 책임을 져야 할 배후자가 신설회사를 통해, 달리 말하면 신설회사의 법인격을 이용해 기존회사의 자산으로 인한 이익을 향유한다는 점을 중요하게 고려해야 할 것이다. 기존회사의 자산에 기초해 배후자가 누리는 이익은 특히 기존회사가 파산에 직면한 상황에서는 기존회사의 채권자에게 귀속될 것이었으므로 정의와 형평에 반하는 것이고, 이러한 결과는 배후자가 기존 회사의 자산을 직접 자신 앞으로 이전하지 않고 신설회사라는 법인격을 이용하였다는 점만으로 용인될 수 있는 것은 아니다.

이 경우 배후자가 직접 신설회사의 주식을 보유하는 형태로 이익을 향유한다면 배후자가 가지는 신설회사의 주식을 강제집행의 대상으로 삼을 수 있기에, 그 환가의 용이성은 별론으로 하더라도 신설회사에 대해 직접 책임을 물을 필요가 크지 않다는 반대론이 일정 정도 설득력을 가진다. 그러나 배후자가 직접 신설회사의 주식을 보유하지 않고 이익을 향유하는 경우는 어떠할까? 예컨대 배후자가 차명으로 주식을 취득하는 경우, 혹은 경제적 이해관계를 같이 하는 가족이나 친지 혹은 지인에게 주식을 취득하게 하고, 회사의 운영을 담당하면서 기존회사의 자산을 이용해 발생하는 신설회사 수익을 대부분 누리는 사안을 예상하기 어렵다고 할 수 있을까?[41]

법인격 부인론의 역적용을 다룬 미국의 한 문헌은 이와 유사한 가상적 사안을 전개하며 이러한 사안에서 법인격 부인론의 역적용은 "정의로 향하는 간결한 길(straightforward path to justice)"

41) 김원기, 앞의 논문(주 33) 165면은 법인격 부인론의 역적용을 부인하는 부정설에 대한 비판으로 대부분의 주식이 차명인 현실을 지적한다.

라고 주장한다.[42] 위 가상적 사안에서 대표이사인 회사 설립자는 가족과 지인에게 주식을 취득하게 하고 이사직을 맡기되, 이들 이사 및 주주는 어떠한 배당도, 급여도, 비용도 받지 않고 사업에도 관여하지 않으며 이사회도 참여하지 않는다. 대표이사는 주식을 취득하지 않고 회사로부터 정식으로 급여를 받지도 않되, 회사 명의로 차량과 리조트를 취득하여 대표이사 개인을 위한 용도로 사용하고 회사에서 발생하는 수익 역시 모두 대표이사의 개인적인 비용을 위해 지출한다.[43] 위 문헌은 미국 법원이 법인격 부인론의 역적용을 수용하고 있지만 실제로 역적용이 인정된 사안들은 1인회사나 가족회사와 같이 배후자가 회사의 전(全) 주식을 실질적으로 소유하고 있는 경우에 한정되고 있음[44]을 비판하며 위와 같이 배후자가 주식을 소유하지 않은 사안에서도 법인격 부인론의 역적용이 인정될 있어야만 타당성 있는 결론이 가능하다고 주장한다.[45]

이상의 논의를 생각해볼 때, 배후자가 신설회사에서 점하는 지배적 지위와 기존회사 및 신설회사간의 인적 동일성을 판단할 때는 신설회사로부터 발생하는 이익을 누가 주되게 향유하는지, 이익의 귀속에 대한 결정을 포함하여 회사의 전반적인 운영을 누가 하고 있는지를 살펴보는 것이 필요하다고 본다. 즉 이러한 사안에서 이익의 귀속 주체, 회사의 운영 주체를 실질적으로 살피지 않은 채 주주 구성이나 이사 등 경영진 구성의 기계적 동일성만을 기준으로 삼아 제3의 주주가 있거나 기존회사와 일부 임원이 다르다는 이유만으로 신설회사의 책임을 부정하는 것은 구체적 타당성을 결여한 결론이 될 수 있다. 배후자 내지 배후자와 경제적 이해관계를 같이 하는 주체들이 신설회사의 자산을 마음대로 운영하며 회사의 이익을 향유하고 있다면 배후자의 지배적 지위를 인정하고 이를 기초로 신설회사에게 책임을 지울 수 있다고 보아야 한다.

3) 신설회사의 다른 주주나 채권자의 이해관계 문제

미국에서 법인격 부인론의 역적용을 법리상 수용하고 있지만 실제로 1인 회사나 가족회사와 같이 배후자가 회사의 전(全) 주식을 실질적으로 소유하고 있는 경우로 그 적용을 한정하는

42) Nicholas B. Allen, *Reverse Piercing of the Corporate Veil: A Straightforward Path to Justice*, 85 St. JOHN's L. REV. 1147, 1149 (2011).

43) Nicholas B. Allen, supra note 42, 1157-1158.

44) Nicholas B. Allen, supra note 42, 1156-1166. 법인격 부인론의 역적용이 필요한 사안에서도 그 적용에 소극적이라면, 이는 채무자에게 채무면탈의 로드맵을 제공해주는 것이 될 뿐이라고 비판한다. 위 문헌에서 소개하고 있는 미국에서 법인격 부인론의 역적용이 사안들로서, GRY Partners LLP v. Tabernash Meadows Water & Sanitation, District, No. 2006CV220, 2008 WL 5597587 (D. Colo. June 12, 2008)(해당 회사는 유한 책임 파트너십으로서, 배후자 외 다른 파트너로는 자본금을 실제 납입하지 아니한 배후자의 아내만이 있고 해당 회사의 채권자도 없는 경우); Shem, LLC v. Buhler, No. 06 CV 687, 2008 WL 4532827 (D. Colo. June 27, 2008), affd, No.08CA2138, 2009 WL 2810330 (Colo. App. Sept. 3, 2009)(1인 회사 사안); 가족회사 사안으로서 김정호, 앞의 책(주 10) 44-47면에 소개된 L Litchfield Asset Mgmt. Corp. v. Howell, 799 A.2d 298, 312 n.14 (Conn. App.Ct. 2002) 사안. 다만 미국 정부가 개인의 납세 의무를 그가 배후자로 운영하는 회사에 묻는 법인격부인론의 역적용은 광범위하게 인정되고 있다고 한다. Nicholas B. Allen, supra note 42, 1156.

45) Nicholas B. Allen, supra note 42, 1187.

주된 이유는 배후자와 무관한 주주나 회사 채권자의 이해관계를 침해할 수 있다고 보기 때문이라 한다.[46] 독일에서는 법인격 부인론의 역적용(역실체파악)을 부정하는 것이 다수설인데, 그 근거 역시 회사의 재산은 회사 채권자를 위해 유지되어야 한다는 것이라고 한다.[47]

그런데 채무면탈 목적의 설립 사안들은 신설회사가 정당한 대가 없이 기존회사 혹은 배후자의 자산을 취득함으로써 신설회사의 주주는 뜻하지 않게 회사 가치가 증가하는 간접 이익을, 신설회사의 채권자 역시 뜻하지 않게 책임재산 확보라는 이익을 얻게 되었다는 점에서 위와 같은 부정설의 논리가 그대로 적용되기는 어렵다고 생각된다. 물론 수익자가 얻은 이익을 한도로 하는 채권자취소권의 행사와는 달리, 기존회사의 채권자가 신설회사를 상대로 그 채권을 청구할 경우 신설회사가 취득한 이득액이 청구의 한도가 되지는 아니한다. 그러나 그 점만으로 이러한 사안에서 다른 주주나 채권자의 이해관계를 내세워 신설회사의 책임을 부정할 것은 아니라고 본다. 특히 신설회사가 기존회사의 자산 및 부채를 포괄적으로 혹은 대부분 양수하면서 특정 채무만을 선별적으로 인수하지 않는 경우, 신설회사의 채권자 보호를 이유로 기존회사 채권자의 청구를 부인하는 것은 형평에 반하는 결과가 된다.

판례가 기존회사와 신설회사간의 물적 동일성 즉 ② 기존회사와 신설회사간 주소, 상호, 영업의 동일성의 정도를 고려하는 것도 이러한 판단과 관련지어 볼 수 있다. 즉 신설회사가 독자적인 자산이나 사업을 영위한 바 없어 신설회사의 실체가 대부분 기존회사의 자산과 사업에 근거한 것 뿐이라고 판단된다면, 게다가 그러한 자산과 사업이 정당한 대가 없이 이전되었다면 신설회사 자산에 대해 주주나 채권자가 가지는 이해관계가 기존회사의 채권자의 그것보다 절대적으로 우위에 있다고 보기 어려울 것이다. 이때에는 법인격 부인론의 역적용을 통하여 기존회사의 채권자도 신설회사의 채권자와 마찬가지로 보호함이 형평에 부합하는 결론이다.

4. 대상 판결에 대한 평가

대상 판결은 배후자가 설립하여 대표이사로 운영하면서 그의 가족이 함께 주식을 소유하고 있는 신설회사에 대해 배후자의 채권자가 채무변제를 청구할 수 있다고 하였다. 이는 기존의 채무면탈 목적의 회사설립 사안과 달리 배후자인 개인의 채무를 신설회사에 곧바로 책임지우고 있다는 점에서 법인격 부인론의 역적용을 더욱 뚜렷하게 보여준 사안이라 할 수 있다.

대상 판결은 그 결론을 뒷받침하는 일반론으로, “개인과 회사의 주주들이 경제적 이해관계를 같이 하는 등 개인이 새로 설립한 회사를 실질적으로 운영하면서 자기 마음대로 이용할 수

---

46) Nicholas B. Allen, supra note 42, 1161. 위 문헌은 무고한 주주가 있다면 그의 투자금을 배후자의 채권자보다 먼저 반환받도록 하는 방법을 강구해볼 필요가 있다고 주장한다.

47) 송호영, 앞의 논문(주 37), 448면.

있는 지배적 지위에 있다고 인정되는 경우로서, 회사 설립과 관련된 개인의 자산 변동 내역, 특히 개인의 자산이 설립된 회사에 이전되었다면 그에 대하여 정당한 대가가 지급되었는지 여부, 개인의 자산이 회사에 유용되었는지 여부와 그 정도 및 제3자에 대한 회사의 채무 부담 여부와 그 부담 경위 등을 종합적으로 살펴보아 회사와 개인이 별개의 인격체임을 내세워 회사 설립 전 개인의 채무 부담행위에 대한 회사의 책임을 부인하는 것이 심히 정의와 형평에 반한다고 인정되는 때에는 회사에 대하여 회사 설립 전에 개인이 부담한 채무의 이행을 청구하는 것도 가능하다고 보아야 한다."고 하였다.

우선 "개인과 회사의 주주들이 경제적 이해관계를 같이 하는 등 개인이 새로 설립한 회사를 실질적으로 운영하면서 자기 마음대로 이용할 수 있는 지배적 지위에 있다"고 판시한 부분을 살펴본다. 법인격 남용 사안에서 배후자가 회사를 자기 마음대로 이용할 수 있는 지배적 지위에 있어야 한다는 점은 기존 판례에서도 설시된 바 있는데,[48] 대상 판결은 그 예로 '개인과 회사의 주주들이 경제적 이해관계를 같이하는 경우'를 명시하여 배후자의 지배적 지위를 판단하는 일정한 기준을 제시하고 있다. 이에 따르면 신설회사는 반드시 배후자 1인 회사일 것이 요구되지 않으며, 가족회사는 물론 주주들이 배후자와 경제적 이해관계를 같이하여 배후자가 회사를 마음대로 운영할 수 있다고 볼 수 있는 사안에서는 배후자의 책임을 회사에 물을 수 있다. "배후자가 회사를 마음대로 운영할 수 있는지"가 중요하고, 주주 가운데 제3자의 주주가 있다고 하더라도 그 사실만으로 무조건 법인격 부인의 역적용을 배척할 것은 아니라 본다.

다음으로, "회사 설립과 관련된 개인의 자산 변동 내역, 특히 개인의 자산이 설립된 회사에 이전되었다면 그에 대하여 정당한 대가가 지급되었는지 여부, 개인의 자산이 회사에 유용되었는지 여부와 그 정도"를 검토한 것은 기존 채무면탈 목적 회사설립사안에서 판례가 ④ "신설회사가 기존회사의 자산을 취득함에 있어 대가를 지급하지 않거나 기타 기존회사의 자산을 유용하였는지 여부"를 검토한 것과 같다. 해당 유형의 사안에서 핵심적으로 요구되는 요소라는 점에서 적절한 판시이다.

마지막으로 "제3자에 대한 회사의 채무 부담 여부와 그 부담 경위 등"은 대상 판결 사안에서는 신설회사가 배후자 개인사업상의 장부상 채무를 포괄적으로 인수하면서도 원고의 채무를 인수하지 않은 점을 지적한 것으로 보인다. 이러한 경우 기존회사의 채권자를 보호하여 신설회사에 대해 배후자 채무의 책임을 묻도록 허용하는 것이 정의와 형평에 부합한다는 점에서, 대상 판결이 들고 있는 위 요소 역시 타당성이 있다고 여겨진다.

48) 대법원 2008. 9. 11. 선고 2007다90982 판결.

5. 보론: 법인격 부인론의 역적용에 관한 하급심 판결에 대하여

서울고등법원 2004. 12. 16. 선고 2004나12617 판결은 법인격 부인론의 역적용이 자본충실의 원칙이 위배될 만큼 현저하게 '법인격이 형해화'된 경우, 즉 가장납입 등으로 실제 자본유입이 없거나 오로지 사원 개인의 재산으로만 자본이 구성되고 추가 자본 납입이 없으며 당해 사원 개인 외 다른 주주들은 모두 허무인과 다름없는 경우 등에만 적용되어야 함을 전제로 하였다. 그리고 기존회사와 신설회사 간에 임원이나 주주의 구성원이 완전하게 같지 않고 신설회사에 제3의 주주가 있는 점, 신설회사의 주식 분포가 오로지 장부상의 변동에 기한 위장분산이라는 증거가 없는 점 등을 이유로 신설회사의 책임을 부정하였다.

그러나 신설회사의 책임을 인정하는 근거는 신설회사의 법인격이 형해화되었기 때문이 아니라 배후자가 기존회사의 자산을 자신이 지배하는 신설회사에 부당하게 이전시킴으로써 기존회사의 채권자들에게 귀속되어야 할 이익을 향유하기 때문이며, 이러한 정의와 형평에 반하는 결과가 신설회사라는 법인격을 통해 이루어졌다는 이유만으로 용인되어서는 안된다는 점에 있다고 할 것이다. 미국 판례가 언급하였듯이, "법인에게 부여된 법인격이라는 지위는 법의 한계(the ends of justice)를 보완하기 위해 도입된 것이지 이를 해치기 위해 도입된 것이 아니다"[49].

따라서 신설회사 책임의 근거가 되는 배후자의 지배적 지위는 반드시 배후자가 형식적으로나 실질적으로 1인 주주인 경우에만 인정된다고 볼 것은 아니고, 배후자와 그 경제적 이해관계를 같이하는 주체들이 회사를 운영하면서 회사의 이익을 향유하는지를 살펴 판단되어야 한다는 점에서 위 고등법원이 제시한 기준에 찬성하기 어렵다. 특히 채무면탈 목적의 회사 설립 사안은 기존 회사의 재산이 부당하게 신설회사에 이전되었다는 점에 초점을 두어야 한다는 점에서도 그러하다.

이 사안에서도 위에서 고찰한 법리와 같이 기존회사의 자산을 신설회사로 부당하게 이전하는 의사결정이 배후자에 의해 지배되었는지와 그 배후자 및 배후자와 경제적 이해관계를 같이하는 자들이 신설회사를 통해 원해 기존회사의 채권자들에게 귀속되어야 할 이익을 향유하고 있는지를 살펴야 할 것이다. 그리고 그와 같은 점들이 인정된다면 신설회사의 기존회사 채무에 대한 책임을 인정함이 옳고, 위 판결이 설시한 바와 같이 기존회사와 신설회사 간에 임원이나 주주의 구성원이 완전하게 같지 않고 신설회사에 제3의 주주가 있다거나 신설회사의 주식분포가 오로지 장부상의 변동에 기한 위장분산이라고 볼 수 없다는 이유만으로 이를 부인함은 타당하지 않다.

---

49) Nicholas B. Allen, supra note 42, 1159; Shamrock Oil & Gas Co. v. Ethridge, 159 F. Supp 693, 697 (D. Colo. 1958).

오스트리아, 스위스에 있어서 기업재단의 문제*

김 화**

Ⅰ. 현대사회에 있어서 재단의 의미와 기업재단

현대에 있어서 재단(Stiftung)은 여러 가지 역할을 요구받고 있다. 출연자에 의해서 일정한 목적을 위하여서 바쳐진 재산의 집합체로서의 재단은, 현대에서는 재단을 위하여 재산을 출연한 재산출연자(Stifter) 또는 재단을 통해서 일정한 이익을 향유하는 이익수혜자(Destinatär)와 구별되는 독자적인 법인격을 인정받고 있기 때문이다.[1] 즉, 재단설립의 출연자 및 재단으로부터 이익수혜자와 재단은 법적으로 구별되는 주체이고 이는 결국 다른 인적결합체와는 달리 재단은 당해 재산을 지배하는 소유자가 따로 존재하지 아니하며, 이익이 귀속되는 구성원(Mitglieder)도 존재하지 아니한다는 특징을 가지게 된다. 결국 재단은 출연자, 이익수혜자, 나아가 재단의 관리자(Verwalter)와 구별되며, 이를 통해 출연된 재산이 독자적으로 존재하면서 영구적으로 사회에 필요한 여러 가지 기능을 수행할 수 있게 된다는 것을 의미하게 된다.

따라서 재단의 존재이유를 결정하게 되는 재단의 목적(Zweck)이라는 것이 핵심적인 의미를 가지게 되고, 그 출연된 재산과 관련하여 재단의 본질을 결정하게 된다.[2]

이러한 재단의 목적과 관련해서 공익적 목적을 추구하는 경우가 다수 있고, 이른바 공익적 목적추구라는 것은 일반적으로는 국가기능의 영역으로 이해되고 있으므로, 이러한 재단의 설립 및 재단의 활동과 관련하여서는 출연자의 자유로운 의사에 기한 재단의 설립이라는 사법적인 측면 외에도 재단의 공익적 목적 및 그 관리라는 공법적인 측면도 함께 존재하게 된다.[3] 즉, 재단

---

* 이 글은 같은 제목으로 「비교사법」 제28권 제2호(2021), 245면 이하에 게재되었다.
** 이화여자대학교 법학전문대학원 교수.

1) 재단과 관련하여서는 이른바 비법인재단도 존재할 수 있으므로, 이하에서 언급하는 재단은 재단법인을 지칭하는 것으로 한다.
2) Rawert, "Der Stiftungsbegriff und seine Merkmale", in: Hopt, Klaus J./Reuter, Dieter(Hrsg.), Stiftungsrecht in Europa, 2001, S. 115.
3) HKK/Pennitz, 2003, §§80-89 BGB, Rn. 5.

과 관련하여서는 다양한 법영역의 문제가 동시에 발생하게 되는 것이다.

재단을 설립하는 출연자의 경우 일반적으로 자신이 이룩한 재산은 자신의 사망으로 상속인에게 넘어가게 된다. 그러나 출연자는 자신이 이룩한 재산을 상속인들이 잘 관리해 나갈 수 있을지에 대해서 확신할 수 없고, 또한 상속인들을 통해서 본인이 이룩한 재산이 시간의 흐름에도 불구하고 계속적으로 존재할 수 있다는 점을 담보할 수도 없다. 뿐만 아니라 출연자는 자신이 이룩한 재산이 단순히 자신의 상속인만을 위해서가 아니라 세대간을 넘어서 자신의 후손과 그들의 복리를 위하여 쓰여질 수 있기를 바랄 수도 있다. 이러한 이유로 가족재단(Familienstiftung)이라는 법적 형태는 이러한 목적을 위한 법적 도구로서 이미 몇백년간 사용되어 왔다.

그러나 이러한 개인적인 목적 외에도 출연자로서는 자신이 이룩한 재산이 자신의 의사에 따라서, 자신이 원하는 목적을 위해서, 유한한 개인의 시간의 한계를 넘어서 이루어지기를 바랄 수 있다. 즉, 재단이라는 법적 형태를 통하여서 한 개인은 인간이 가지는 시간적 한계를 넘어 영속하고자 하는 자신의 소망을 일정부분 실현시킬 수 있게 되는 것이다.[4] 이러한 출연자의 소망과 관련해서 재단이라는 법적 형태는 출연자를 통해서 형성된 특정 목적을 수행하며, 재단출연자나 재단을 통한 이익수혜자와는 법적으로 구별되면서 영속할 수 있는 독자적인 법적 주체가 될 수 있다는 점에서 매우 큰 의미를 갖고 있다.

앞서 언급한 목적이 출연자의 재단을 통해 이루고자 하는 일종의 소망이며 재단이라는 제도의 사회적 기능에 대한 설명이라면, 재단출연자의 출연재산이라는 점에 주목하여 살펴본다면 현대사회에서 재단과 기업간의 일정한 연관성은 쉽게 상상할 수 있다. 즉, 출연자의 재산출연을 위해서는 자신의 일정한 재산이 필요하고, 이러한 재산의 형성이 일정한 기업 활동과 관련이 있는 경우를 현대사회에서는 일반적으로 상정할 수 있으며, 이러한 기업을 통하여 출연된 재산으로 설립된 재단이 다시 기업 활동에 필요불가결하게 참여하게 되는 경우 또한 쉽게 생각해 볼 수 있을 것이다.[5]

그러나 실제에 있어서 이보다 더 중요한 의미를 갖는 것은 출연자가 기업을 운영하는 기업인으로서 자신이 이룩한 기업이 영속될 수 있기를 바라면서, 본인이 이룩한 기업이 매각되지 않고, 고유의 기업문화, 기업의 정신을 유지하고 일정한 피용자들과 관계를 맺으며 나아가기를 소망하는 경우이다. 이러한 경우에 기업인은 기업과 일정한 관련을 맺는 재단을 설립하고, 이러한 재단이라는 법제도를 통해서 기업의 유지와 관련한 목적을, 재단을 이용하여 한정된 자신의 생애를 넘어서 영구히 수행하는 것을 기대할 수 있다.[6] 이러한 후자의 목적을 위하여, 또는 이러한

4) 이를 가장 중요한 재단설립의 목적으로 언급하는 것으로 HKK/Pennitz, 2003, §§80-89 BGB, Rn. 1.

5) 예를 들어 출연자의 출연재산이 자신이 보유하는 기업에 대한 지분권인 경우가 있을 수 있고, 이를 통해서 재단이 다시 기업의 의사결정에 중요한 영향력을 행사하게 되는 경우를 생각해 볼 수 있다.

6) 이러한 의미에서 기업이라는 것은 재단출연자인 기업주의 입장에서는 예술가의 예술작품과 같이 자신의 업

일의 수행이 재단의 본래의 업무인 경우에, 이러한 업무를 수행하는 재단을 본래적 의미의 기업재단(Unternehmenstiftung)이라고 할 수 있을 것이다.[7)]

문제는 이러한 의미의 기업재단을 법적으로 허용할 것인가이다. 이는 재단은 본질적으로 어떠한 활동을 하여야 하는가의 문제와 관련이 있으며, 이는 다시금 이러한 재단의 활동을 결정하는 재단의 목적은 어디까지 법적으로 허용될 수 있는가라는 질문으로 치완될 수 있다.[8)] 결국 재단의 목적이라는 것은 재단의 고유성을 정의하는 것이며, 이를 통해서 재단은 어떠한 일들을 감당할 것인가가 결정되기 때문이다.[9)]

이러한 문제와 관련하여서 서로 대치되는 법적 가치의 긴장관계가 들어나게 된다. 즉, 재단이라는 특별한 법형식을 이용하여서 자신의 목적을 달성하려는 개인에 대하여서 국가는 이를 적절히 통제할 수 있어야 한다는 입장[10)]과 헌법상 널리 인정되고 있는 법인설립의 자유가 최대한 보장될 수 있어야 한다는 입장[11)]의 대립이다. 이와 관련하여서 재단설립, 특히 재단의 본질을 결정하는 재단목적의 형성과 관련하여 이를 어디까지 출연자의 의사에 맡겨둘 것인가의 문제는 각 나라별로 서로 다른 입장을 취할 수 있다.

특히 고찰의 대상으로 삼은 오스트리아, 스위스의 경우가 우리나라에 있어서 중요한 의미를 갖는 것은 오스트리아의 경우 재단설립에 있어서 개인의 자유를 보장하고, 이를 통해서 국가경제에 이바지하기 위하여서 이른바 사재단법(Privatstiftungsgesetz: PSG)이라는 특별법을 제정하여 운용 중에 있고, 스위스의 경우 이러한 특별법을 제정하지는 않고, 스위스민법(Zivilgesetzbuch: ZGB)을 통해서 이를 규율하고 있으나, 이와 관련된 실무상의 요청에 따라서 계속적으로 재단과 관련된 개정의 논의가 진행되어 왔고, 이러한 사회적 요청들에 따라 재단관련 규정들을 일부 개

적이자 시간적 한계를 넘어 존재하며 자신의 대체가 될 수 있는 대상을 의미한다. 이를 통해 인간으로서의 유한한 삶을 넘어서 역사 속에서 영속적으로 존재할 수 있게 된다는 점을 의미한다는 견해로 Schulze, “Die Gegenwart des Vergangen”, in: Hopt, Klaus J./Reuter, Dieter(Hrsg.), Stiftungsrecht in Europa, 2001, S. 55.

7) 이러한 의미에서 기업이 출연한 공익재단은 일반적인 의미의 기업재단(Unternehmensstiftung)과는 구별되어 사용되어야 할 것으로 생각된다. 기업출연의 공익재단의 경우 그 출연자가 기업이라는 점에 특징이 있을 뿐 그 활동목적 등에 있어서는 일반적인 공익재단과 차이가 없기 때문이다. 이러한 의미로 고상현, “기업재단에 관한 법적연구”, 전남대학교 「법학논총」 제39권 제1호(2016), 916면; 이른바 기업재단의 의미 등에 대한 상세한 설명으로는 Kronke, Stiftungstypus und Unternehemsträgerstiftung, 1988 참조.

8) 특히 기업재단의 경우 그 재단의 목적이 아닌 그 활동에 관한 문제(Tätigkeitsproblem)라는 점을 지적하는 견해로 Rawert, “Der Stiftungsbegriff und seine Merkmale”, in: Hopt, Klaus J./Reuter, Dieter(Hrsg.), Stiftungsrecht in Europa, 2001, S. 122.

9) Rawert, “Der Stiftungsbegriff und seine Merkmale”, in: Hopt, Klaus J./Reuter, Dieter(Hrsg.), Stiftungsrecht in Europa, 2001, S. 115.

10) 이러한 입장에 선 경우 재단에 대한 국가의 적절한 통제 및 재단설립에 의해서 허가주의와 쉽게 연결될 수 있을 것이다.

11) 이는 재단의 설립과 그 법인격의 부여와 관련하여서 자유설립주의와 쉽게 연결될 수 있을 것이다.

정 내지 신설한 바 있기 때문이다.[12] 또한 스위스의 경우 특정 경제적 목적을 추구하는 기업재단을 허용할 것인가와 관련하여서 개정과정에서 심도깊은 논의가 이루어졌고, 이에 대해서는 스위스연방대법원(Schweizerisches Bundesgericht: BG)의 중요한 판결도 나오게 되었다. 특히 주목해야 할 부분은 우리 민법과 달리 재단(Stiftung)을 규정하고 있는 스위스민법 제80조[13]는 재단이 추구해야 할 특정한 목적(besonderer Zweck)의 존재를 요구하고 있지만, 그 특정한 목적이 어떠한 것이어야 하는가에 대해서는 규정하고 있지 않으며, 또한 재단의 목적이 비영리적 성격을 띠어야 한다는 것도 요구하고 있지 않고 있다는 점이다.[14]

Ⅱ. 재단에 있어서 역사적 변천과 발전과정의 고찰

1. 재단법의 발전과정 고찰의 필요성

재단과 관련하여서 각 국가들은 다양한 규제 및 규율의 방식을 마련하고 있고 이를 특별법으로 처리하는 국가도 있으며,[15] 이와 달리 재단도 일종의 법인의 하나로서 민법의 일반규정으로 규율하고 있는 국가들도 있다. 또한 재단에 대하여 국가의 통제와 재단목적의 한계를 분명히 하고 있는 국가들부터, 최대한 자유로운 재단의 설립과 활용, 이를 통한 국가경제의 발전을 도모하는 나라들도 있다.[16] 이러한 다양한 재단과 관련된 모습들을 비교법적으로 정확하게 고찰하기 위해서는 이러한 재단법들이 어떠한 역사적 발전과정을 거쳐 왔는지, 또한 어떠한 시점에서, 어떠한 이유로 이렇게 다양한 모습을 가지게 되었는지를 통시적으로 살펴볼 필요가 있다. 이러한 고찰을 통하여서 앞으로 재단법이 나아가야 할 방향과 세계적인 조류의 방향을 읽을 수 있을 것이다.

---

12) 스위스민법상 재단관련 규정의 개정에 대해서는 CHK/M. Eisenring, 3. Aufl. 2016, Art. 80 ZGB, N. 1 ff. 참조. 스위스의 경우 이러한 실무상의 계속적인 재단관련 규정의 개정요구에 따라서 2006년 ZGB §§ 83a, 83b, 84a 등의 수개의 조문을 신설하였다.

13) ZGB Art. 80: Zur Errichtung einer Stiftung bedarf es der Widmung eines Vermögens für einen be-sondern Zweck.

14) 독일민법(BGB) 제80조 제2항도 이와 유사한 규정을 가지고 있다. 즉, 재단의 목적과 관련하여서 재단의 목적은 계속적이고 항구적인 실현이 확보되었다고 추단되며 그 목적이 공공복리를 위해롭게 하지 아니하는 경우에 이를 인정하고 있다. 즉, 적극적인 재단의 목적설정이 아닌 공공복리에 반하지 아니한다는 매우 넓은 한계 내에서 자유롭게 재단의 목적을 설정할 수 있는 것으로 규정하고 있다. 독일민법의 내용 및 번역에 대해서는 양창수, 『독일민법전』, 2021 참조.

15) 대표적인 예로서 오스트리아의 사재단법을 들 수 있다.

16) 대표적으로 자유로운 재단설립을 통하여서 유럽 각국의 중요한 기업들을 지배하는 이른바 지주재단(Holdingstiftung)들이 그 근거지를 두고 있는 리히텐슈타인을 들 수 있다.

2. 재단법의 역사적 발전과정에 대한 개관

(1) 재단의 역사적 발전 형태와 재단목적

재단이라는 법적 형태는 그 구체적인 명칭에 있어서 차이가 있을 수는 있지만, 기본적으로 어떠한 법제도에서건 나타나는 현상으로서 그 기본적인 특징은 출연자의 사망에도 불구하고 재단은 영속하며, 또한 이러한 출연자의 사망에도 불구하고 출연자가 재단을 통해서 마치 그가 속했던 공동체에서 현존하는 것과 같은 기능을 수행할 수 있다는 것이다. 이러한 재단의 시간적 한계를 넘어서는 영구무한성이라는 것은 출연자가 자신의 죽음이라는 시간적 한계를 넘어서서 영속적으로 존재할 수 있게 해준다는 것에 다름이 아니다.

자신의 재산을 통하여 이러한 개인의 역사적 영속을 가능하게 해주는 방법으로는 다양한 법적 기술이 동원될 수 있고, 이와 관련하여서는 특히 다음과 같은 점이 확보되어야 했다. 즉, 출연자가 출연한 재산은 소멸되지 않고 영속적으로 존재하여야 한다는 점과 출연자가 정한 목적에 따라서 이러한 재산이 사용되어야 하고, 이러한 출연자의 출연의사와 일치하는 재산의 사용이 담보될 수 있도록 이를 감독하는 기능이 필요하다는 것이다. 출연자는 자신이 이룩한 재산을 자신이 의도하는 목적을 위하여 계속적으로 활용될 수 있도록 하기 위하여, 자신의 상속인을 믿고, 그를 통해서 이러한 목적을 달성하도록 할 수도 있겠지만, 이는 앞서 언급한 바와 같이 상속인이 계속적으로 자신이 의도한 목적을 충실하게 이루어주리라는 점을 확신할 수 없으며, 또 다른 방법으로서 자신의 재산을 영속하는 국가기관에 증여하고 자신이 생각한 일정한 목적을 위해서 사용해 주기를 요구할 수도 있겠지만, 국가기관에 의한 관리의 경우 그 활용이 충분히 효율적이지 않을 수 있다는 위험이 상존한다.[17] 따라서 이러한 이유로 재단이라는 독자적인 법적 형태가 필요할 수밖에는 없게 되었다. 그러나 재단이라는 법적 형태는 역사적으로 한번에 지금과 같은 모습으로 형성된 것은 아니었으며, 매우 오랜 시간에 걸쳐 발전되어 온 것으로서 특히 서구에 있어서 재단의 발전에 가장 큰 역할을 한 것은 초기 기독교 전통이었다.[18] 즉, 기독교는 로마시대를 거쳐서 중세시대에 이르기까지 사회를 정신적으로 지배하였던 종교전통으로서 일정한 법제도의 형성, 발전도 이러한 정신적 배경과 무관할 수는 없었기 때문이다.

기독교의 경우 자신의 재산이 단순히 자신의 상속인들을 위해서만 남겨져서는 안되며 오히려 신(神)을 위하여서 쓰여져야 하고, 나아가 이를 통해서 자신의 영혼이 구원받을 수 있다고 하는 기독교 전통을 형성하고 있었다.[19] 이러한 기독교 전통은 특히 교회를 통해서 이루어졌는데,

---

17) 이를 지적하는 견해로 HKK/Pennitz, 2003, §§80-89 BGB, Rn. 2.

18) Schulze, "Die Gegenwart des Vergangen", in: Hopt, Klaus J./Reuter, Dieter(Hrsg.), Stiftungsrecht in Europa, 2001, S. 57 f.

19) 특히 기독교의 교부들에 의해서 이러한 교리가 확립되었다고 한다: Schulze, "Die Gegenwart des Vergangen",

이러한 기독교 교리에 의해서 가난한 자들을 위해서 자신의 일정한 재산을 자신의 생에 마지막으로 출연하고, 이러한 출연한 재산에 대한 관리는 당해 지역의 주교가 맡는 형태였다.[20]

이를 통해 현대적 관점으로는 이른바 종교적 내지 자선 목적을 위한(ad pias causas) 재산의 기부가 이루어지게 되었다.[21] 이와 관련하여서 로마법상으로도 출연자의 출연재산이 공익적 목적을 위하여 계속적으로 유지될 수 있도록 인정하고 있었고 당해 출연된 재산의 이용 및 수익이 출연자가 결정한 일정한 목적을 위해서 계속적으로 쓰일 수 있도록 하였다는 점에서 출연자에게는 매우 매력적인 제도가 될 수 있었다. 이러한 의미에서 piae causae라는 것은 종교적 내지 자선목적이라는 출연자의 일정한 출연목적을 지칭하는 것으로도 볼 수 있지만, 법적 용어(terminus technicus)로서 초기적 형태의 재단과 같은 제도를 말하는 것이라고도 할 수 있다.[22] 또한 이러한 자선 목적의 활동을 위해서 세금감면과 같은 다양한 혜택이 부여되었다.

이러한 기독교적 재단의 원시적 형태는 시대의 발전에 따라서 그 감독기능을 주교가 아닌 시(市)가 맡게 되었으며, 이뿐만 아니라 도움이 필요한 가족구성원들에게 재정적 도움을 주기 위해서 재산을 출연하고 기능하는 현대적인 의미에서의 가족재단의 원형도 만들어지게 되었다.[23] 이러한 모습들은 현대적인 의미에 있어서 재단의 원형으로 파악할 수 있지만, 아직까지는 재단을 독자적인 법형식 내지 제도로 파악하는 것이 아니라, 재단이 가지는 자선적 목적(piae causae)이 재단을 특별하게 취급하게 하는 근거로 생각되었다.[24]

이러한 재단의 형태는 16세기에 일어서 큰 변화를 맞게 되는데, 즉 기존의 교회가 아닌 제후 또는 국가권력이 재단의 감독과 관련된 기능을 수행하게 되며, 각 국가들은 재단과 관련된 다양한 법률을 마련하면서 기존에 적용되었던 교회법의 적용이 배제되게 되었다. 이를 통해 재단은 기존의 종교적인 색채를 벗고 오히려 재단이 가지는 공익적 목적이라는 점이 강조되게 되었

---

in: Hopt, Klaus J./Reuter, Dieter(Hrsg.), Stiftungsrecht in Europa, 2001, S. 57.

20) HKK/Pennitz, 2003, §§80-89 BGB, Rn. 8; 이러한 로마법과 교회에 의한 공익적 목적의 재산의 출연은 기존의 유럽에서 존재하던 전통과 결합되게 되었는데, 이는 출연자의 재산출연에 의하여서 출연자 자신은 실제적으로 존재하는 것은 아니지만 해당 공동체에서는 마치 출연자가 존재하는 것과 같이 보는 경우가 있었고, 이는 죽은 자에 의한 소제기(Klage der toten Hand)를 허용하고 있는 것에서 명확하게 보여지게 된다. 이러한 전통에 있어서 주목할 점은 출연자의 사망을 넘어서 그의 출연재산에 의해서 출연자, 관리자(Verwalter), 이익수혜자(Destinär)의 결합을 통한 일종의 인적결합체(Personenverband)를 그 본질로서 상정하게 되었다는 것이다. 이에 대해서는 Schulze, "Die Gegenwart des Vergangen", in: Hopt, Klaus J./Reuter, Dieter(Hrsg.), Stiftungsrecht in Europa, 2001, S. 59 참조.

21) Schulze, "Die Gegenwart des Vergangen", in: Hopt, Klaus J./Reuter, Dieter(Hrsg.), Stiftungsrecht in Europa, 2001, S. 58.

22) HKK/Pennitz, 2003, §§80-89 BGB, Rn. 8.

23) Schulze, "Die Gegenwart des Vergangen", in: Hopt, Klaus J./Reuter, Dieter(Hrsg.), Stiftungsrecht in Europa, 2001, S. 60; HKK/Pennitz, 2003, §§80-89 BGB, Rn. 10 f.

24) Schulze, "Die Gegenwart des Vergangen", in: Hopt, Klaus J./Reuter, Dieter(Hrsg.), Stiftungsrecht in Europa, 2001, S. 62.

다. 이는 기존의 종교적이며, 박애적인 성격의 자선목적(piae causae)이라는 재단의 목적이 이른바 일반적인 공익성(utilitas publica)으로 대체되어 흡수되게 되었다는 것을 보여준다.

(2) 근대적 재단형태로의 발전

19세기에 들어서면서 각 국가들은 다양한 형태의 재단과 관련된 제도를 마련하게 되고, 이에 따라서 다양한 규정형태, 즉 재단설립의 자유를 인정할 것인가 또는 국가의 허가를 요구할 것인가 등에 대한 서로 다른 다양한 규정들이 만들어지게 되었다. 특히 이 시기에는 기존에 재단에 감당하던 이른바 자선적 목적의 사업은 국가가 감당해야 할 과제의 하나로 보게 되고, 이를 통해서 발생할 수 있는 여러 가지 부작용들에 대한 고려로 재단에 대해서는 이른바 고권적 허가(hoheitliche Genehmigung)를 필요로 하는 것으로 변화되었다.[25)]

이를 기초로 재단은 프로이센일반란트법(ALR)에서는 국가의 감독(Oberaufsicht)을 받는 것으로 규정되었고, 1804년 프랑스민법(code civil)에서도 공익적 목적의 시설(Anstalt)에 대해서는 허가를 요하도록 규정되었다.[26)] 특히 19세기 독일에 있어서 인적결합체(Personenvarband)와 구별되어 일정한 목적에 바쳐진 재산을 재단으로 정의하며, 출연자의 사적 의사에 의해서만 재단이 성립되는 것이 아니라, 재단설립을 위해서는 국가의 허가(staatliche Genehmigung)를 필요로 한다고 보았고, 이는 재단이라는 것의 실제가 이른바 법적 의제(juristische Fiktion)의 산물이며, 따라서 사적자치의 원칙과는 이격(離隔)되어 있는 것이라고 보았기 때문이다.[27)] 또한 재단을 일종의 법적 의제로 보았기 때문에 재단설립에 대해 국가의 허가가 필요하다는 것은 재단의 목적에 대해서도 공익적 목적에 대해서만 재단의 목적으로 인정될 수 있다는 태도와도 연결되게 되었다.[28)]

이러한 재단에 대한 고전적인 법적 태도는 현대에 와서 재단의 목적과 관련하여 널리 범용재단(Allzweckstiftung)을 인정하는 것으로 변화되게 되었고, 이는 재단의 본질에 대해 일종의 법적 의제가 아니라 거래상 실제하는 주체로 보는 점과 특히 헌법상 인정되는 재단설립의 보장 내지 보호의 논의에 근거하고 있다.

이를 통해서 알 수 있는 것은 재단법의 경우 그 기원은 로마법상 인정되고 기독교 전통에 바탕을 둔 종교적, 자선목적의 재산출연(piae causae)에 관한 제도이며 재단의 목적은 최초에는 종교적 배경에 따른 자선적 목적과 이와 함께 가족구성원에 대한 경제적 배려에 있었다는 점이

25) HKK/Pennitz, 2003, §§80-89 BGB, Rn. 13.
26) HKK/Pennitz, 2003, §§80-89 BGB, Rn. 17.
27) 재단을 일종의 법인으로 보고 이러한 법인의 본질을 법적 의제로 보는 견해(Fiktionstheorie)는 사비니(Saviny)의 1840년 저작인 "현대 로마법의 체계(System des heutigen römischen Rechts)"에서 큰 영향을 받았다고 한다: Schulze, "Die Gegenwart des Vergangen", in: Hopt, Klaus J./Reuter, Dieter(Hrsg.), Stiftungsrecht in Europa, 2001, S. 65.
28) 이러한 의미로 HKK/Pennitz, 2003, §§80-89 BGB, Rn. 20; 이에 대하여서 법인의 실제를 주장했던 것으로는 기르케(Gierke)의 견해를 들 수 있다(HKK/Pennitz, 2003, §§80-89 BGB, Rn. 21).

다. 이러한 재단의 본질에 대해서는 재단을 통해서 출연자가 물리적인 죽음에도 불구하고 계속적으로 존재한다는 일종의 비유적 가정에서 근거하여서 일종의 영속하는 인적결합체로 보고 있었다. 그러나 이러한 관점은 시간의 흐름에 따라 변화되어 재단은 기존의 인적결합체가 아닌 독자적인 법인격을 갖춘 법인으로 파악하면서 재단의 설립과 관련하여서는 국가의 허가, 또는 등록을 요건으로 하지만 또한 일정 정도 헌법상 보호의 대상이 되는 것으로 보게 되었다.[29)]

(3) 현대적 재단의 다양한 형태 고찰

역사적 흐름에 따른 이러한 다양한 재단의 발전형태를 기초로 크게 3가지의 재단의 규정형식을 구별해 볼 수 있다.[30)] 첫째는 특별하게 정해진 목적, 즉 자선목적(piae causae)의 재단만을 인정하는 경우이며 이러한 특별한 목적의 존재가 재단이라는 특별한 법형식의 존재를 정당화한다고 보는 것이다. 둘째로 재단의 목적을 이러한 종교적, 자선적 목적이 아닌 공익적 목적으로 제한하는 태도이다.[31)] 이러한 재단은 공동체 또는 국가가 하는 공익적 활동에 대해서 이를 함께 수행하는 구조라고 볼 수 있을 것이다. 세 번째로 재단의 본질을 출연자의 특별한 목적에 바쳐진 재산으로 보는 것으로 이를 통해서 재단은 출연자의 다양한 사적 목적을 충족시킬 수 있다고 보는 태도이다. 문제가 되는 것은 개인의 재단설립에 대해서 국가는 어느 정도로 제한을 부가할 수 있는가라는 점이며 이는 앞서 언급한 바와 같이 이른바 공익성이라는 제한을 요구할 것인가 또는 강행법규 및 사회상규에 반해서는 안된다는 넓은 의미의 제한만을 가할 것인가의 문제가 될 수 있다.[32)]

Ⅲ. 기업재단의 정의에 관한 고찰

오스트리아법, 그리고 스위스법의 경우에 이른바 기업재단이라는 재단의 유형을 따로 규정해 두고 있지는 않다.[33)] 따라서 이른바 기업재단이라는 것이 어떠한 의미인가에 대해서는 학설

---

29) 재단의 토대를 일종의 은유로서의 출연자와 공동체의 인적결합이 아니라 공익적 목적에 바쳐지고, 특별한 관리 하에 있는 재산으로 파악한 것은 휴고 그로티우스(Hugo Grotius)의 견해라고 한다: HKK/Pennitz, 2003, §§ 80-89 BGB, Rn. 20.

30) 이러한 범주화에 대해서는 Schulze, “Die Gegenwart des Vergangen”, in: Hopt, Klaus J./Reuter, Dieter (Hrsg.), Stiftungsrecht in Europa, 2001, S. 70 f. 참조.

31) 이러한 경우 가족재단의 경우와 같이 가족구성원의 복리를 위한 경우가 문제가 될 수 있으나, 이러한 사적인 유용을 위한 가족재단의 경우라도 경제적으로 곤란한 상황에 놓인 가족구성원을 돕는 것을 내용으로 하고 있으므로 이러한 차원에서는 넓은 의미에서 공익성에 포함될 수 있을 것이다.

32) 앞서 언급한 바와 같이 19세기 독일에서는 재단이란 일종의 법적 의제라고 보았기에 국가의 허가를 재단설립의 요건으로 연결시킬 수 있었다.

33) Riemer, “Stiftungen im schweizerischen Recht”, in: Hopt, Klaus J./Reuter, Dieter(Hrsg.), Stiftungsrecht in

상으로 논해지고 있고, 이는 몇 가지 형태로 분류해 볼 수 있다.

일반적으로 기업재단(Unternehmenstiftung)이라는 것은 재단과 기업이 서로 일정하게 연관되어 있는 것을 의미하며, 크게 3가지로 분류해 볼 수 있다.[34]

첫째는 기업운영에 대한 책임주체로서의 기업재단(Stiftung als Unternehmensträgerin)을 생각해 볼 수 있다. 이는 재단이 스스로 기업을 운영하거나 스스로 기업에 대해서 책임을 지는 주체로 참여하는 것을 의미한다. 둘째로 기업의 지분보유자로서의 기업재단(Stiftung als Unternehmensbeteiligte)을 생각할 볼 수 있다. 이는 재단이 기업운영에 있어서 지분권을 가지고 참여하는 것을 말한다. 셋째로 그 외 기업과 일정한 관련을 가지고 있는 재단(Stiftung mit sonstigem Unternehmesbezug)을 상정할 수 있다. 이는 재단이 기업운영자와 일정한 관련을 가지고 있거나 또는 이러한 자를 이익수혜자로 삼고 있는 경우를 의미한다. 그러나 이러한 형태상의 분류는 절대적인 것이 아니고, 이 외에도 다양한 기준을 통해서 기업재단의 유형을 나눌 수 있다. 왜냐하면 일정한 재단이 기업과 관계 맺는 방식과 유형은 다양할 수 있기 때문이다.[35]

앞서 언급한 분류와 달리 기업재단을 다음의 2가지 형태로 나누어 고찰하는 고전적인 견해도 존재한다. 즉, 지분보유재단(Beteiligungsträgerstiftung)과 기업운영재단(Unternehmensträgerstiftung)으로 나누어 살펴보는 것이다.[36] 이는 각 유형의 기업재단을 허용할 것인가의 문제와 관련되어 있다.

지분보유재단(Beteiligungsträgerstiftung)이란 재단이 특정기업에 지분권 등으로 참여하고 있는 것을 의미하고, 이는 본질적으로 그 허용성 여부와 관련하여서 큰 문제가 없다. 그러나 기업운영재단(Unternehmensträgerstiftung), 이른바 좁은 의미에 있어서 기업재단은 재단의 목적이 주로 기업의 경영에 있는 것을 말하며, 적어도 이러한 좁은 의미의 기업재단에 대해서는 이를 허용할 것인가와 관해서 학설상 치열한 다툼이 있다. 앞서 언급한 3개의 유형으로의 분류 방법 중에서 특히 중요한 것은 이른바 기업운영자로서의 재단의 경우이다. 이는 재단이 관련 기업에 대하여서 결정적인 영향력을 가지게 되며 당해 기업에 대해서 지분권(Mitgliedschaftrecht)을 행사하는 것을 통해서 드러난다.

이러한 기업재단을 통해서 출연자가 달성하고자 하는 목적은 무엇인가에 대한 질문은 결국

Europa, 2001, S. 518.

34) 이러한 기업재단의 분류에 대해서는 리히텐슈타인의 재단법에서의 논의를 차용하였다. 리히텐슈타인의 재단법에 관해서는 Lampert/Taisch, “Stiftungen im liechtensteinischen Recht”, in: Hopt, Klaus J./Reuter, Dieter (Hrsg.), Stiftungsrecht in Europa, 2001, S. 521 ff. 참조.

35) 좀더 다양한 방식의 기업재단의 분류에 대해서는 고상현, “기업재단에 대한 법정책적 고찰”, 숭실대학교 「법학논총」 제47집(2020), 423면 이하 참조.

36) 이러한 분류로 Hof, “Stiftungen in deutschen Recht”, in: Hopt, Klaus J./Reuter, Dieter(Hrsg.), Stiftungsrecht in Europa, 2001, S. 334.

기업재단이 사회 내에서 수행하는 역할과 기업재단에 대한 사회적 수요라는 문제와 연결되어 있다. 앞서 언급한 바와 같이 출연자는 시간적으로 영속할 수 있는 법인격을 갖춘 재단을 설립함을 통하여서 기업의 운영, 기업의 정책, 기업의 발전에 대해서 일정한 예방책을 강구할 수 있고, 또는 출연자에게 가족구성원이 있는 경우에는 자신의 후손들에 대한 출연자의 소망을 자신의 기업과 연결시켜서 성취할 수도 있다.[37]

즉, 출연자의 입장에서는 자신의 기업을 자신의 생존 기간 내에 가능한 성장시키려 하고, 또한 자신의 죽음 이후에도 이러한 자신의 재산이 유지되고 증가되기를 기대하게 된다. 기업의 측면에서도 경영을 통하여서 기업의 고유한 문화가 변화되지 않고 계속되기를 추구하게 된다. 이러한 출연자의 소망은 이를 목적을 갖는 재단을 설립하는 것을 통하여 달성될 수 있다. 가족과 관련하여서도 출연자는 자신의 후손들(Nachkommen)이 자신의 기업과 계속적으로 결합되기를 바랄 수 있다. 즉, 자신의 후손들이 자신의 기업의 경영자가 되거나 또는 자신의 기업에서 발생하는 이윤에 대한 수혜자가 되기를 바라는 것이다. 이러한 출연자의 고려는 재단을 매개체로 하여서 자신의 후손들이 기업의 운영에 참여하거나 또는 적극적으로 기업을 경영할 수 있도록 하는 것을 통해 달성될 수 있다.

Ⅳ. 오스트리아에 있어서 기업재단의 문제

1. 오스트리아법에 있어서 재단의 법적근거

(1) 재단설립의 법적근거에 대한 이원적 체계

오스트리아에 있어서 재단, 특히 재단의 설립근거가 되는 재단법은 크게 2가지로 나누어져 있다. 첫째는 이른바 재단 및 기금에 관한 연방법(Bundesstiftungs- und Fondsgesetz: BStFG)이다.[38] 이는 전통적으로 인정되어 왔던 공익(gemeinnützig) 재단 및 기금(Fond)을 규율하기 위하여서 제정되었다. 그러나 이러한 재단 및 기금에 관한 연방법을 설립근거로 하여서 설립된 재단은 2000년을 기준으로 하여 214개에 불과하다고 한다. 오스트리아법에 있어서 재단설립의 또 다른 법적 근거는 사재단법(Privatstiftungsgesetz: PSG)이다. 이는 재단 및 기금에 관한 연방법이 재단의 목적을 공익의 목적으로 제한하고 있는데서 오는 여러 가지 불합리함을 해소하기 위하여서 1993

37) 이러한 의미에서 기업재단(Unternehmenstiftung)과 가족재단(Familienstiftung)이 서로 밀접한 관련을 맺거나 또한 일정한 범위 내에서는 중첩되는 형태로 나타나는 경우를 흔히 볼 수 있다. 이러한 의미로 Kronke, "Familien- und Unternehmesträgerstiftungen", in: Hopt, Klaus J./Reuter, Dieter(Hrsg.), Stiftungsrecht in Europa, 2001, S. 160.

38) 동법은 1975년에 발효되었다.

년에 제정되었다.

이렇게 오스트리아에 있어서 재단에 대한 이원적 규정체계를 가지게 된 것은 독일민법(Bürgerliches Gesetzbuch: BGB)이나 스위스민법(Zivilgesetzbuch: ZGB)과 달리 오스트리아민법(Allgemeines Bügerliches Gesetzbuch: ABGB)에서는 재단에 개념이나 본질에 대해서는 규정하지 않고 있기 때문이라고 한다.[39)]

앞서 언급한 사재단법에 의한 재단의 설립은 재단 및 기금에 관한 연방법에 의한 설립보다 중요한 의미를 가지고 있다. 통계적으로도 2000년을 기준으로 재단 및 기금에 관한 연방법을 기초로 하여 설립된 재단이 214개에 불과한데 비하여서, 사재단법에 의한 재단의 설립은 1,388개이며 이러한 사재단의 경우 주식회사(Aktiengesellschaft)와 비견될 정도로 오스트리아에서는 일반적으로 인정되고 있다.

사재단법에 의한 재단의 활성화의 근거로는 보통 세제상의 이점, 재단의 설립과 그 내용에 대한 출연자의 넓은 형성의 자유(Gestaltungsfreiheit), 그리로 이러한 사재단의 활동에 대한 출연자의 개입가능성(Eingriffsmöglichkeit)을 들고 있다.[40)]

(2) 사재단법의 제정 및 발전

1) 개 설

사재단법은 1993년 1월에 오스트리아 법무부(Bundesministerium für Justiz)에서 초안을 준비하여, 동년 7월에 이에 대한 정부안(Regierungsentwurf)이 마련되었고, 9월에 사재단법으로 제정되었다.

사재단법은 기존의 재단 및 기금에 관한 연방법이 가지고 있는 여러 가지 단점을 극복하기 위하여서 마련되었으며, 특히 기존의 재단 및 기금에 관한 연방법과는 차이가 있는데 재단설립의 목적에서 공익성을 더 이상 요구하지 않고, 재단출연자가 자신의 목적과 필요에 따라 이를 결정할 수 있도록 해두었다는 것이다. 따라서 앞서 언급한 기업재단의 허용성과 관련하여서 이러한 사재단법에서 정하고 있는 재단의 목적제한과 관련된 논의는 매우 중요한 의미를 갖는다고 할 수 있다.

2) 사재단법의 제정배경 및 목표

이러한 중요한 의미를 가지고 있는 사재단법의 제정배경은 다른 무엇보다도 오스트리아 자본시장(inländische Kapitalmarkt)의 강화에 있다고 할 수 있다. 즉, 지금까지 재단 및 기금에 관한 연방법은 재단의 설립목적을 공익적(gemeinnützig) 또는 자선(mildtätig)의 목적으로만 제한하고

39) Doralt/Kalss, “Stiftungen im österreichischen Recht”, in: Hopt, Klaus J./Reuter, Dieter(Hrsg.), Stiftungsrecht in Europa, 2001, S. 420.

40) Doralt/Kalss, “Stiftungen im österreichischen Recht”, in: Hopt, Klaus J./Reuter, Dieter(Hrsg.), Stiftungsrecht in Europa, 2001, S. 420.

있었기 때문에, 그 외에 다른 개인적 목적을 가지고 있었던 출연자로서는 오스트리아의 재단법을 이용해서는 자신들의 목적을 달성할 수가 없었다. 따라서 이와 관련해서 재단설립의 자유가 매우 넓게 보장되는 리히텐슈타인에 재단을 설립하고, 특히 이러한 재단을 통해서 일정한 기업을 운용 또는 지배하려는 경우가 많이 발생하게 되었다.

사재단법은 이러한 국부의 외국으로의 유출을 막고 국가경제를 보호하고자 하는 목적으로 제정되었다. 이외에도 기존에는 공익 또는 자선목적의 재단이 설립되는 경우가 많지 않았기 때문에 재단의 목적설정을 재단설립을 원하는 개인에게 맡겨서 재단이라는 법적인 도구를 쉽게 활용할 수 있도록 하게 함으로써, 사인(私人)이 공익과 관련된 내용, 즉 경제, 문화 또는 지식의 발전을 위하여 조력할 수 있는 길을 열어두려고 하였다.[41)]

이러한 목적이 충분히 달성되었는가와 관련하여서는 매우 긍정적으로 평가된다. 실례로 2000년을 기준으로 사재단법에 의해 설립된 재단은 1,388개였는데, 2006년 12월을 기준으로는 2,875개로 폭발적으로 증가하게 되었다.[42)] 그러나 기업재단과 관련하여서는 사재단법에서 재단 및 기금에 관한 연방법과 같이 재단의 목적을 제한하고 있지는 않지만, 허용될 수 없는 재단의 목적을 규정하는 방식, 즉 소극적인 방식으로 재단의 목적을 제한하고 있으므로,[43)] 사재단법에 의해서도 기업재단의 설립의 자유가 완전히 열렸다고 볼 수는 없다.

2. 오스트리아 사재단법에 있어서 재단목적과 그 제한

(1) 사재단법에 있어서 재단의 의미

사재단법에 있어서 재단의 의미에 대해서는 이를 제1조 제1항에 규정하고 있다. 즉, 사재단이라는 것은 일종의 법적 주체(Rechtsträger)로서, 이는 출연자에 의하여서 출연된 재산이며, 재단 출연자에 의해서 결정되고, 허용되는(erlaubt) 목적의 이행을 위하여서, 또한 이렇게 출연된 재산의 사용(Nutzung), 관리(Verwaltung), 환가(Verwertung)를 수행하는 주체라고 보고 있다. 또한 재단의 법적 성격에 대해서는 재단의 법인격(Rechtspersönlichkeit)을 인정하고 있으며, 다만 그 주소를 반드시 오스트리아 내에 가질 것을 요구하고 있다.[44)]

이러한 사재단의 넓은 인정은 재단의 본질 또는 재단이 왜 설립되는가의 문제와 관계가 있다. 재단은 일정한 재산이 출연자나 또는 출연자의 상속인들과 결합되는 것보다는 재단을 통하여서 지속적이고 목적지향적으로 운영되는 것이 일정한 목적 실현에 있어서는 더 효과적이라는

41) 이러한 사재단법의 입법이유에 대해서는 정부안제출설명서(Erläuterung zur Regierungsvorlage(ErlRV), Allgemeiner Teil) 참조: Arnold, PSG-Kommentar, 2. Aufl. 2007, Einl., Rz. 4에서 재인용.
42) Arnold, PSG-Kommentar, 2. Aufl. 2007, Einl., Rz. 7.
43) 사재단법(PSG) 제1조 제2항 참조.
44) 사재단법(PSG) 제1조 제1항 참조.

판단을 기초로 하고 있다. 따라서 이러한 재단설립을 통하여서 출연된 재산의 독립성(Verselbständigkeit)이 유지되어야 하고, 출연된 재산의 사용과 관련하여서 출연자의 의사에 구속되어야 한다고 보는 것이다.[45)]

(2) 사재단법에 있어서 재단의 목적

1) 개인목적을 위한 사재단의 설립-가족재단과의 비교

사재단법에 있어서 기존의 재단 및 기금에 관한 연방법에 의한 목적제한, 즉 원칙적으로 공익 또는 자선의 목적을 위한 재단설립만을 허용하고 있었던 것에 대한 반성으로 제정된 것이기 때문에, 공익뿐만 아니라 사적 목적(eigennützig)을 위한 재단의 설립도 허용된다. 공익 목적(gemeinnützige Zwecke)이라는 것이 재단의 활동을 통하여서 공공의 안녕(Gemeinwohl)을 증진시키는 것을 말한다면, 재단을 통해서 수혜를 입는 대상이 특정집단에 한정된다고 하여도 여전히 공익적 목적이라고 볼 수 있다.[46)]

사적 목적에 있어서 그 주된 목적이 일정한 자의 부양을 목적으로, 또한 이러한 부양목적이 세대를 넘어서 계속적으로 이루어지도록 하는 것도 일정한 제한 하에서 인정한다. 즉, 오스트리아 사재단법 제35조 제2항에서는 재단의 목적이 주로 특정 자연인(natürliche Personen)의 부조(Versorgung)를 목적으로 하는 경우에도 재단설립을 인정하지만 재단이 설립 후 100년이 지나면 원칙적으로 재단해산을 결의하도록 규정하고 있다.[47)]

사적 목적의 재단의 경우 재단의 목적이 공익성을 띠고 있지는 않으나, 이러한 출연자의 특정한 목적을 달성하기 위한 재단의 설립도 사재단법에서는 허용하고 있으며, 나아가 재단설립을 통하여서 이러한 사적 목적을 달성하고자 하는 사회의 요구를 법적인 제도로서 수용하고자 한 것이 사재단법의 제정 목적이라고 평가되고 있다. 이러한 사적목적의 재단 중에서 일정한 가족구성원(Familiengehörige)의 부조를 위해서 설립된 재단을 이른바 가족재단(Familienstiftung)이라고 부를 수 있을 것이다.[48)]

2) 기업재단의 분류 및 사재단법에 따른 허용여부

이른바 기업재단의 경우 오스트리아에서도 독일의 경우와 동일하게 이를 2가지의 형태로 구분하여서 고찰하고 있다. 즉, 지분보유재단(Beteiligungsträgerstiftung)과 기업운영재단(Unternehmensträgerstiftung)으로 구별하여서 다루고 있다. 기업운영재단이란 앞서 살펴본 바와 같이 재단이

45) 사재단법에 대한 정부안제출설명서(Erläuterung zur Regierungsvorlage(ErlRV), Allgemeiner Teil) 참조: Arnold, PSG-Kommentar, 2. Aufl. 2007, Einl., Rz. 4에서 재인용.

46) Arnold, PSG-Kommentar, 2. Aufl. 2007, Einl., Rz. 10.

47) 사재단법(PSG) 제35조 제2항.

48) Arnold, PSG-Kommentar, 2. Aufl. 2007, Einl., Rz. 10. 그러나 이러한 가족재단에 대해서는 사재단법에서 명문의 정의규정을 마련하고 있지는 않다.

직접적으로 기업을 운영하는 형태이며, 지분보유재단이란 재단이 특정 기업에 참여 내지 지분을 가지고 있는 형태를 말한다. 이러한 지분보유재단은 오스트리아 사재단법상 원칙적으로 허용되지만, 기업운영재단의 경우 사재단의 목적을 제한하고 있는 사재단법 제1조 제2항에 의해서 허용되지 않는 것으로 보고 있다.[49)]

3. 오스트리아 사재단법에 있어서 제한되는 재단의 목적과 기업재단과의 관계

(1) 사재단법 제1조 제2항에 따른 재단목적의 제한

기본적으로 오스트리아 사재단법은 재단의 설립목적을 재산출연자의 자유로운 의사결정에 맡겨두고 있지만, 이는 무제한적이지 않으며 일정한 법률상 제한을 인정한다. 그러나 그 제한 방식에 있어서 우리 민법의 경우와 같이 일정한 목적의 재단의 설립만을 허용하는 방식이 아니라, 자유롭게 재단의 목적을 결정하되 일정한 목적을 위한 재단은 그 설립이 인정되지 않는 소극적인 방식을 취하고 있다.

사재단법에서 재단의 목적의 제한은 크게 2가지로 나누어 살펴 볼 수 있다. 첫째로 사재단법 제1조 제2항에서 사재단(Privatstiftung)을 정의하면서 간접적으로 재단의 목적은 허용되는 목적(erlaubter Zweck)이어야 함을 밝히고 있다. 둘째로, 이보다 좀더 구체적, 직접적으로 재단목적을 제한하고 있는 사재단법 제1조 제2항은 재단과 관련하여서 다음의 3가지 경우를 명시적으로 금지하고 있다.

사재단법 제1조 제2항 제1호는 재단이 단순한 부수적 활동(bloße Nebentätigkeit)을 넘어서서 영업적 활동(gewerbsmäßige Tätigkeit)을 영위하는 것을 금지하고 있다. 본조 제2항 제2호는 재단이 회사(Handelsgesellschaft)의 기업운영을 맡는 것을 금지하고 있으며, 마지막으로 제3호는 재단이 등록된 합명회사(eingetragene Personengesellschaft)의 무한책임사원(unbeschränker haftender Gesellschafter)이 되는 것을 금지하고 있다.

기업재단과 관련하여서 특히 문제가 되는 것은 제1호와 제2호의 경우이다. 즉, 제2호는 명시적으로 재단이 일정한 회사의 운영을 맡기 위해서 설립되는 것을 금지하고 있기 때문에 재단이 이른바 기업운영재단에 해당하는 경우에는 오스트리아 사재단법에서도 허용되지 않는다.

재단 자체가 영업적 활동을 주된 목적으로 하는 경우도 사재단법 제1조 제2항 제1호에 의해서 금지된다. 영업적 활동의 정의에 대해서 사재단법에서는 따로 규정을 마련하고 있지는 않으나, 이는 오스트리아 상법상의 개념(handelsrechtliche Terminologie)에서 이해하고 있는 바와 동일한 것으로 보고 있다.[50)]

49) Arnold, PSG-Kommentar, 2. Aufl. 2007, Einl., Rz. 10.
50) Arnold, PSG-Kommentar, 2. Aufl. 2007, § 1, Rz. 16.

이러한 영업적 활동의 금지 규정의 입법이유에 대해서는 만약 재단이 영업활동을 하는 경우 재단이 영업에 따른 위험에 직접적으로 노출되기 때문이라고 보고 있다. 이러한 영업적 활동의 금지와 관련하여서 오스트리아대법원(Oberste Gerichtshof: OGH)은 의미 있는 판결을 내린 바 있다. 즉, 사재단이 일정한 기업집단(Konzern)을 주도하는 법인(Konzernspitze)으로 활동하거나, 또는 일정한 범위 내에서 이러한 사재단을 통해서 기업집단의 운영을 담당하는 것은 사재단법 제1조 제2항 상의 제한에 걸리지 않는다고 판단한 것이다.[51] 그러나 이러한 기업집단의 운영(Konzernleitung)이 사재단법에서 금지하고 있는 영업적 활동과 동일하게 볼 수 있거나, 또는 이러한 지주법인으로서의 사재단을 이용한 기업집단의 운영이 일정한 회사의 기업운영을 맡는 것과 같이 볼 수 있는 경우라면 이러한 사재단의 설립 및 운영은 금지된다고 보았다.

일정한 회사의 운영을 사재단이 책임지는 것을 금지하는 것도 또한 이러한 재단의 활동에 따른 위험을 최종적으로 책임질 수 있는 자가 재단에는 존재하지 않기 때문이라고 보고 있다.[52]

(2) 자기목적적 재단의 설립금지(Verbot der Selbstzweckstiftung)

기업재단과 관련하여서 중요한 쟁점 중의 하나는 이른바 자기목적적 재단, 즉 출연자가 출연한 재단을 보전하고 이를 관리하는 것만을 목적으로 하는 재단의 설립이 가능한가의 문제이다.

이와 관련해서는 2가지 점이 문제가 되고 있다. 첫째는 재단의 본질과 관련된 문제이다. 즉, 사재단법 제1조 제1항에서 규정하고 있는 바와 같이 재단은 그 본질에 있어서 일정한 외부적 목적[53]을 가져야 하는 것인데, 단순히 출연된 재산의 관리만을 하는 것을 재단의 목적으로 볼 수는 없기 때문이다. 둘째로 이른바 자기목적적인 재단의 경우 이러한 재단을 통하여서 특정 기업의 지배력을 영속적으로 가지게 되는 것이 가능해진다는 점이다.

이러한 자기목적적 재단이 사재단법에서 허용하는 재단의 목적이 될 수 있는가에 대해서는 기본적으로 단순히 재산의 관리만을 목적으로 하는 경우는 허용되는 재단의 목적이 될 수 없다고 보고 있다.[54] 사재단의 경우 재단목적의 대상이 일반 공중이든 아니면 특정 개인이든 이를 구별하여 제한하고 있지는 않으나, 사재단이 오로지 자신이 지분을 가지고 있는 기업에 대하여서 출연재산을 보존하고, 그 수익을 다시 재투자하는 것은 자기목적적 재단으로 보고 허용하지 않고 있다.

이러한 자기목적적 재단의 경우, 자기목적적인가 여부를 판단하는 것이 실무상 쉽지 않고,

---

51) OGH 1.12.2005, 6 Ob 217/05 p: Arnold, PSG-Kommentar, 2. Aufl. 2007, §1, Rz. 16a

52) 사재단법에 대한 정부안제출설명서(ErlRV) 제1조 제2항: Arnold, PSG-Kommentar, 2. Aufl. 2007, §1, Rz. 18에서 재인용.

53) 재단의 목적은 직접적으로 외부를 지향해야 한다(Der Zweck muss unmittelbar nach Außen gerichtet sein)고 본다: Arnold, PSG-Kommentar, 2. Aufl. 2007, §1, Rz. 13a

54) Arnold, PSG-Kommentar, 2. Aufl. 2007, §1, Rz. 13.

또한 적어도 사재단법의 규정 자체가 재단의 목적이 자기목적적이어는 안된다는 것을 규정하고 있지는 않다는 점에서 논란이 될 수 있다.[55] 그러나 통설은 자기목적적 재단은 인정될 수 없다고 보고 있으며, 그 근거로 재단은 일정한 목적에 기능하기 위해서 설립되는 것이지, 자기 자신이 목적이 될 수는 없으며,[56] 또한 사재단법 제9조 제1항 제3호는 재단설립증서(Stiftungsurkunde)의 최소요건으로서 재단의 수혜자 또는 수혜자를 확정할 수 있는 사항을 기재하도록 하고 있고, 공익을 위한 재단의 경우 그 수혜자를 공중으로 하게 되는데,[57] 자기목적적 재단의 경우 이러한 수혜자를 상정하기 어렵기 때문이라고 한다. 또한 출연재산을 보전하는 것만이 재단의 목적이 되는 경우, 재단의 이익수혜자들의 정보공개청구권과 같은 재단 통제를 위한 법적 수단들이 무력화된다는 점도 자기목적적 재단을 허용할 수 없는 근거로 보고 있다.[58] 더불어 사재단법의 입법이유에서도 재단의 목적은 직접적으로 외부를 향해야 하므로, 단순히 재단 자체의 재산을 관리하는 것은 사재단법에서 말하는 재단의 목적이 될 수 없다고 보고 있다.[59]

Ⅴ. 스위스에 있어서 기업재단의 문제

1. 스위스에 있어서 재단설립과 관련된 특징

스위스법에 있어서 재단은 스위스민법(ZGB) 제80조 이하에서 규정하고 있다. 따라서 특별법을 근거로 하여 설립되는 재단이 아닌 한, 기본적으로 스위스법상 재단의 설립은 스위스민법 제80조 이하의 규정의 내용을 근거로 하고 있다.

앞서 살펴본 오스트리아의 예와 달리 스위스에서는 독일민법(BGB)의 경우와 같이 일반적으로 민법에서 재단의 설립에 관한 근거를 마련하고 있다. 그러나 스위스민법에 따른 재단이라고 하더라도 이는 크게 2가지 카테고리로 구별할 수 있다.

첫번째는 일반적인 재단으로서 그 설립을 위하여 관계당국의 허가를 요하는 것을 말한다.[60] 두 번째는 이른바 가족재단 또는 교회재단(Familien- und kirchlicher Stiftung)으로, 이러한 재단의 경우 재단설립의 자유가 최대한 보장되고 또한 일반적인 재단과 달리 상업등기부(Handelsregister)의 등기의무도 면제된다.[61] 즉 가족재단 또는 교회재단에 대해서는 스위스법은 매우 넓은 설립

55) 이러한 논의로 Arnold, PSG-Kommentar, 2. Aufl. 2007, §1, Rz. 13.
56) Arnold, PSG-Kommentar, 2. Aufl. 2007, §1, Rz. 13.
57) Arnold, PSG-Kommentar, 2. Aufl. 2007, §1, Rz. 13d.
58) Arnold, PSG-Kommentar, 2. Aufl. 2007, §1, Rz. 13a.
59) 사재단법에 대한 정부안제출설명서(ErlRV) 제1조 제1항: Arnold, PSG-Kommentar, 2. Aufl. 2007, §1, Rz. 13a.
60) 스위스민법은 이른바 규범주의 시스템(Normativsystem)을 취하고 있다.

의 자유를 부여하고 있다.[62)]

또한 스위스 재단규정과 관련하여서 독특한 점은 직업상(beruflich) 노년연금(Altersvorsorge), 유족연금(Hinterlassenenvorsorge), 장애연금(Invalidenvorsorge)을 책임지는 재단이 존재한다는 것이다. 일반적으로 이러한 개인연금재단(Personalvorsorgestiftung)의 규모는 일반적 재단의 규모의 약 3배에 달한다고 한다.[63)] 스위스의 경우 재단설립이 비교적 자유로우며 또한 전체 국가경제에서 차지하는 의미도 매우 크다. 이러한 이유로 스위스 경제의 중요한 부분을 해외자본을 통해 설립된 스위스 재단이 맡고 있다. 이와 함께 앞서 언급한 개인연금재단의 경우도 스위스 전체 경제에 있어서 그 의미가 커지고 있는 실정이다.[64)]

특히 스위스민법의 재단관련 규정에 있어서 의미있는 부분은 실무에서의 논의를 바탕으로 재단관련 규정의 개정 및 신설이 이루어졌다는 점이다다. 즉, 2000년도부터 시작된 재단관련 규정의 개정에 대한 논의의 결과로 2006년에 재단과 관련된 민법규정이 개정되었으며 특히 중요한 내용들로는 재단출연자가 일정한 조건 하에서 재단의 목적을 변경할 수 있도록 하는 스위스민법 제86a조와 재단이 무자력이 된 경우에 있어서 일정한 조치의무를 규정하고 있는 제84a조 등을 들 수 있다.[65)]

2. 스위스에 있어서 재단설립에 대한 통제

앞서 언급한 바와 같이 스위스에서는 재단의 설립과 관련하여서 자유설립주의가 아닌 허가주의를 채택하고 있다. 이는 재단이 상업등기부에 등록되어 법인으로 설립되기 전 관계당국이 그 설립의 법적 근거가 제대로 갖추어져 있는지 여부를 평가하게 된다는 것을 말한다.

스위스법에 있어서 재단의 설립은 2가지 방식, 즉 공정증서(notarielle Urkunde)의 방식으로 하거나, 또는 유언(Testament)의 형식으로 가능하며, 실질적으로 재단이 설립하기 위해서는 출연재산과 이에 대한 재단의 목적이 결정되어야 한다.[66)] 또한 관계당국은 이러한 출연재산이 정해

61) Riemer, “Stiftungen im schweizerischen Recht”, in: Hopt, Klaus J./Reuter, Dieter(Hrsg.), Stiftungsrecht in Europa, 2001, S. 511.

62) 스위스민법 제87조에 따르면 원칙적으로 가족재단과 교회재단의 경우 관계당국의 통제 하에 있지 않는 것으로 규정하고 있다.

63) Riemer, “Stiftungen im schweizerischen Recht”, in: Hopt, Klaus J./Reuter, Dieter(Hrsg.), Stiftungsrecht in Europa, 2001, S. 511.

64) 스위스에서 재단과 관련된 역사는 매우 깊으며, 이미 1853년에 쮜리히 주(州)에서 재단법이 제정되었다. 재단관련 법제는 이후 계속적으로 발전하여 왔지만, 특히 2차 세계대전 이후의 높은 경제발전에 따라 급속히 발전되었다고 한다: Riemer, “Stiftungen im schweizerischen Recht”, in: Hopt, Klaus J./Reuter, Dieter (Hrsg.), Stiftungsrecht in Europa, 2001, S. 512.

65) CHK/M. Eisenring, 3. Aufl. 2016, Art. 80 ZGB, N. 1.

66) Riemer, “Stiftungen im schweizerischen Recht”, in: Hopt, Klaus J./Reuter, Dieter(Hrsg.), Stiftungsrecht in Europa, 2001, S. 513.

진 목적을 위해서 쓰여지는지에 대해 감독권을 가지게 된다.[67)]

쟁점이 되는 재단의 목적에 대해서 스위스민법 제80조는 특정목적(besonderer Zweck)이 재단의 목적으로서 존재해야 한다고 규정하고 있을 뿐, 그러한 목적이 무엇이어야 하는가에 대해서는 직접적으로 규정하고 있지 않기 때문에 이에 대하여 이론상 다투어지고 있다.

3. 스위스법에 있어서 기업재단 및 가족재단의 문제

(1) 스위스법에 따른 기업재단 및 가족재단의 의미

스위스민법의 경우 가족재단을 명시적으로 인정하면서 교회재단의 경우와 같이 최대한 자유로운 설립과 운영을 보장하고 있다. 여기서 가족재단(Familienstiftung)이란 재단의 이익수혜자의 범위가 일정한 가족 구성원인 경우를 말한다.

가족재단의 중요한 특징으로는 이익수혜자들인 가족구성권에 대한 지원의 필요가 있는 경우에만, 즉 교육, 결혼 또는 경제적 곤궁 등의 일정한 요건을 갖춘 경우에만 인정된다는 것이다.[68)]

기업재단의 경우 실무상으로는 기업재단이라는 용어가 사용되고 있으나, 재단과 관련된 규정들에서 기업재단이라는 용어를 명시적으로 언급하고 있지는 않다. 이는 강학상 크게 2가지 형태로 구별되는데, 이른바 재단 자체가 일정한 기업운영의 직접적인 책임자로서 기능하는 경우(Direktträgerstiftung)와 재단이 일정한 기업에 참여하여 중요한 지분을 가지고 있는 경우(Holdingsstiftung)로 나눌 수 있다. 후자의 경우가 스위스의 여러 중요 기업들의 기업형태이며, 이러한 기업재단, 즉 일정한 경제적 목적을 재단의 목적으로 하는 재단의 존재를 인정할 수 있을 것인가에 대해서 첨예하게 다투어지고 있다.[69)]

(2) 재단의 목적에 따른 세제혜택

어떠한 재단이 어떠한 목적을 추구하느냐의 구별과 관련해서 가장 중요한 의미를 갖는 것은 세제혜택을 어떠한 재단이 누릴 수 있는가에 있다. 공공의(öffentlich), 또는 공익적(gemeinnützig) 목적을 추구하는 재단의 경우 면세의 혜택이 부여된다.[70)] 따라서 가족재단의 경우 원칙적으로 면세의 혜택을 받을 수 없다. 문제가 되는 것은 기업재단의 경우인데 영업적 목적의 경우 이는 원칙적으로 공익목적이라고 볼 수 없고 따라서 면세의 혜택도 받을 수 없으나, 예외적으로 기업유지에

67) ZGB Art. 84 Abs. 2.

68) Riemer, “Stiftungen im schweizerischen Recht”, in: Hopt, Klaus J./Reuter, Dieter(Hrsg.), Stiftungsrecht in Europa, 2001, S. 514.

69) Riemer, “Stiftungen im schweizerischen Recht”, in: Hopt, Klaus J./Reuter, Dieter(Hrsg.), Stiftungsrecht in Europa, 2001, S. 515.

70) 연방직접세법(Bundesgesetz über die direkte Bundessteuer) 제56조 f목.

따른 이익이 공익적 목적에 우선하지 않으며, 동시에 당해 재단이 사업운영의 업무를 담당하지 않는 경우에는, 기업에 대한 지분을 취득하거나 관리하는 것도 공익적 목적으로 보고 있다.[71)]

4. 경제적 목적을 추구하는 기업재단의 허용여부

(1) 재단의 경제적 목적추구에 대한 학설대립

경제적 목적을 추구하는 기업재단을 허용할 것인가는 스위스의 재단관련 규정과 관련하여서 계속적으로 논쟁의 대상이 되어왔다. 스위스의 경우 재단관련 규정들에 대한 개정논의가 있었고, 이는 특히 경제적 목적을 위한 재단을 허용할 것인가와 관련이 있었다.

이와 관련하여서는 경제적 목적을 추구하는 재단은 허용될 수 없으며 오로지 이상적인(ideal) 목적의 재단만이 허용되어야 한다는 견해가 존재한다.[72)] 이에 따르면 이른바 기업의 유지만을 위하여 인정되는 재단(perpetuum mobile Stiftung)도 이른바 경제적 목적추구를 위한 재단으로서 허용될 수 없다고 보고 있다. 즉, 재단이 이상적 목적만을 추구해야 한다는 제한은 재단의 목적을 규정하고 있는 스위스민법 제80조에서 명시적으로 존재하지는 않지만, 재단의 당연한 개념으로서 인정되어야 한다고 본다.

이에 따르면 재단과 관련된 규정은 상법이 아닌 민법에 규정되어 있으며, 재단에 대한 국가의 감독을 규정하고 있는 스위스민법 제84조 제2항에 비추어보더라도 재단은 이른바 이상적 목적추구를 예상하고 있다고 본다. 만약 그렇게 보지 않는다면 이른바 기업운영에 부수되는 위험에 대해서 국가의 감독을 인정한다는 것이고, 이는 당해 감독기관의 업무범위에 속할 수 없다고 보는 것이다. 이와 함께 다른 중요한 논거로서 재단과 관련한 채권자보호(Gläubigerschutz)는 상업적인 기업을 대상으로 마련되어 있는 것이 아니기 때문에 이러한 점에 비추어 보아도 경제적 목적을 추구하는 재단의 허용은 입법자의 의사에 반한다고 보고 있다.

기본적으로 공익적 목적을 위한 재단의 설립이 활발하지 않은 상태에서 이러한 경제적 목적을 추구하는 재단의 설립을 인정하는 경우 이는 기업들로 하여금 기업을 통제하는 여러 상법 및 회사법 상의 규정을 회피하는 통로로서 활용될 수 있는 위험이 존재한다는 것도 추가적인 이유로 들고 있다.[73)]

그러나 이에 대하여 반대하는 견해는 주된 근거를 이른바 사적자치에 따른 재단설립의 자

---

71) Riemer, “Stiftungen im schweizerischen Recht”, in: Hopt, Klaus J./Reuter, Dieter(Hrsg.), Stiftungsrecht in Europa, 2001, S. 516.

72) Berner Kommentar/Riemer, Das Personenrecht, syst. Teil N 82: BSK/Grüninger, 3. Aufl. 2006, Art. 80, N. 17 ff.에서 재인용.

73) 예를 들어 회사의 경우 적용되는 최소자본확충규정과 같은 통제규정을 재단설립을 통해서 우회할 수 있는 위험이 있을 수 있다: Riemer, “Stiftungen im schweizerischen Recht”, in: Hopt, Klaus J./Reuter, Dieter (Hrsg.), Stiftungsrecht in Europa, 2001, S. 517.

유와 재단의 자유에서 찾고 있다. 즉, 재단설립의 목적은 어떠한 이상적인 목적으로 제한될 수는 없다고 보는 것이다. 또한 경제적 목적의 추구라는 것은 이른바 특정한 구성원을 위하여 경제적 이익을 추구한다는 것을 의미하는 것인데 재단이라는 것은 기본적으로 이러한 경제적 이익수령자로서의 구성원이 존재하지 않으며, 단순히 이익수혜자(Destinatär)만이 존재하는 것이라는 점을 강조하고 있다.

국가의 감독권 여부와 관련하여서도 국가의 감독권 행사가 단순히 어떠한 국가적 조력(staatliche Förderung)이라고만 볼 수는 없으며 재단에 있어서 권한남용 등에 대해서는 이를 제한하는 기능도 인정해야 한다고 보고 있다.[74)]

(2) 경제적 목적을 추구하는 재단의 허용여부에 대한 스위스연방대법원의 판결

재단의 목적에서 경제적 목적의 추구가 가능한가에 대해서는 학설상 계속적으로 다투어져 왔으나, 이에 대하여서 스위스연방대법원(BG)은 2001년에 재단의 경제적 목적추구를 인정하는 중요한 판결을 내린 바 있다.[75)] 문제가 된 것은 일정한 기업집단(Konzern)에 대하여서 이를 일종의 가족재단으로서 유지하고자 하는 목적의 재단설립이 허용되는가에 대한 것이었다.[76)] 이에 대하여서 스위스연방대법원은 이른바 지주재단(Holdignsstiftung), 즉 기업에 대하여 지분참여를 하고 있는 재단의 경우에 경제적 목적을 추구하는 재단으로서 그 허용성을 인정하였다. 그 논거로는 재단설립의 자유와 더불어 법률에서 재단목적에 대한 특별한 제한규정이 없다는 점을 들고 있다. 즉, 스위스민법 제335조의 경우 가족재단에서는 특별한 목적제한을 두고 있지만, 그 외에는 재단의 목적에 특별한 제한을 두고 있지 않다. 즉, 사적자치와 재단설립의 자유에 따라서 재단의 목적이 이상적인 목적을 가져야 한다는 제한은 찾을 수 없다는 것이다.

문제는 이러한 재단의 경우 국가의 감독이 필요하며 또한 이러한 재단이 경제적으로 의미가 있는가에 대한 점이었다. 이에 대하여 스위스연방대법원은 실제에 있어서 영구적으로 일정한 경제적 목적을 위해서 바쳐진 재산으로서 재단의 필요성이 국가감독기능 증가 등에 따른 불이익보다 더 크다고 할 수 있으며, 경제적 목적을 추구하는 재단을 제한하기 위한 개정의 시도가 계속적으로 있었으나 이는 결국 성공하지 못했고 입법사적으로 재단의 경제적 목적추구를 인정하지 않으려 했다는 점에 기초한 법규정의 역사적 해석(subjektiv-historische Auslegung)을 통해서는 법률이 특별히 규정하지 않은 재단 목적의 제한을 정당화시킬 수는 없다고 보았다. 더불어 재단과 관련된 규정이 다른 회사관련 규정들과 달리 채권자보호와 관련이 없다는 점이 인정되지만 이것이 명시적인 법적 근거없이 재단설립의 자유를 제한할 수 있는 논거가 될 수는 없다고 보았다.

74) BSK/Grüniger, 3. Aufl. 2006, Art. 80 ZGB, N. 19 ff.
75) BGE 127 Ⅲ, S. 337 ff.
76) 물론 이것이 유일한 재단의 목적은 아니었고, 추가적으로 재능있는 청소년들의 교육을 위한 지원, 학문적 연구에 대한 지원 등도 재단의 목적이었다.

Ⅵ. 우리법에의 시사점

앞서 살펴본 바와 같이 재단과 관련된 유럽에서의 전통은 기본적으로 종교적, 자선적 목적을 기초로 하여서 성립되었으며, 이는 종교적 배경 외에도 자신이 이룩한 재산에 대해서 자신의 사후에서도 자신이 원하는 일정한 목적을 위해서 영속적으로 존재할 수 있게 함으로써 일종의 비유 내지 은유로서 출연자의 죽음을 넘어선 영속성에 도달하려는 소망에서 비롯되었다. 이러한 점은 재단의 본질에 대해서 일종의 인적결합체로 보게 하였고, 이러한 고전적인 형태의 재단은 계속적으로 시대의 변화에 따라서 각 국가에서 다양한 방식으로 전개되게 되었다. 특히 각 국가에서의 다양한 형태의 재단관련 규정의 핵심은 재단이라는 독특한 법적 형태를 어떠한 근거에서 정당화할 것인가에 대한 것이었다. 즉, 이는 재단이 가지는 독특한 목적, 즉 자선적 목적이나 또는 이를 좀더 일반화한 이른바 공익적 목적이라는 것 때문인가, 아니면 재단, 즉 일정한 목적을 위해서 바쳐진 재산이라는 실체를 인정하고 이에 대해서는 기본적으로 재단설립의 자유와 사적자치의 원칙이 적용되어야 할 것인가에 대한 대립이라고 볼 수 있다.

이와 함께 오스트리아 사재단법의 제정에서 볼 수 있듯이 자유로운 목적의 재단설립을 제한하는 경우 국내의 자본이 자유로운 재단설립을 인정하는 타국으로 유출될 수 있고, 이에 관해서는 결과적으로 국내자본시장에 악영향을 준다는 실제적인 필요성도 생각해 보아야 할 것이다. 이는 스위스, 특히 리히텐슈타인의 경우 비교적 자유로운 재단설립과 세제상의 혜택 등으로 인하여서 많은 기업들이 자신의 기업을 최종적으로 지배하는 일종의 지주재단을 설립하여 국가경제에 이바지하고 있다는 경제적 순기능도 함께 고려해 볼 필요가 있다. 전반적인 재단법의 발전형태로 보았을 때 현대의 재단들은 단순히 출연된 재산을 관리하는 것에 그치는 것이 아니라 일종의 기업재단으로, 즉 적극적으로 경제적 활동을 하는 방향으로 진화해 나가고 있다는 것을 확인할 수 있다.[77] 그러나 이러한 추세에 대해서는 지금까지 법적으로 잘 정립되어 있던, 상업적 회사를 위하여 마련된 규정들이 이러한 재단에도 적용되어야 하는가의 문제와 재단의 설립을 통해서 이러한 규정들을 우회할 수 있고, 이는 결국 채권자보호에 흠결을 가져오는 것이 아닌가라는 우려가 제기될 수 있다. 또한 재단의 본질론에서 재단의 여러 특성 중 재단 자체는 독립적인 법적 주체로서, 인적결합이 아니므로 그 구성원이라는 것이 있을 수 없고, 특히 출연자의 출연의 사라는 점에 매우 강력하게 구속되어 있다는 점, 특히 재단은 그 자체로 일정한 목적을 위해서 공동체라는 외부를 향하여 활동하는 존재이지, 자기목적적, 즉 당해 출연된 재산의 법형식을 이용한 영속성만을 추구하기 위한 존재가 아니라는 점에서 많은 의문이 제기되게 된다.

그러나 시대의 변화에 따라서 사회에서의 실제적 필요성이 대두되게 되고 이에 대해서 법

77) BSK/Grüniger, 3. Aufl. 2006, Vor Art. 80-89 ZGB, N. 16.

제도는 일정한 답을 주어야 한다는 점과 기업들의 경우 자신들의 기업의 영속성을 보장하고, 일정한 기업가치가 계속적으로 보장되기 원한다는 점에서 출연자의 출연의사에 강하게 구속될 수밖에 없는 재단이라는 법형식에 눈돌릴 수밖에 없다는 점은 인정하지 않을 수 없을 것이다. 재단이라는 형식을 통해서 기업에 대한 지배력을 일정한 가족집단과 그 후손들이 영구적으로 보유할 수 있다는 점에 있어서는 우려가 있지만 이러한 점들에 대한 보완과 특히 재단을 관리, 감독하는 국가기관이 할 수 있는 일들에 대한 명확한 경계설정, 그리고 재단 자체에 있어서도 재단의 지나친 채무부담과 무자력 등의 경우에 이를 통제하거나 보고할 수 있는 새로운 시스템을 생각해 볼 수 있다면, 기존의 전통적인 이른바 비영리적 목적만을 유일하고 이상적인 재단목적이자 재단인정의 근거로 생각하며 영리적 목적 및 이와 관련된 기업재단은 그 본질상 인정되기 어려운 것으로 보는 우리법의 경직성에서 벗어날 수 있는 기회가 되리라 생각한다.[78]

---

78) 우리 민법상 영리목적과 비영리목적의 구별과 관련해서는 김진우, “영리법인과 비영리법인의 구별”, 「재산법연구」 제36권 제3호(2019) 참조.

기업의 사회적 책임 규범화에 대한 국제기준과 법적 과제*

박 수 곤**

Ⅰ. 들어가며

20세기에 들어 자유방임적 시장경제질서가 그 한계를 드러내자 기업의 사회적 책임 또는 기업윤리에 대한 논의가 촉발되기 시작하였다. 특히, 20세기 후반에 들어서는 정보화와 세계화라는 경제환경의 변화에 따라 경영학적 관점이나 경제학적 관점을 초월하여 법학적 관점에서도 '기업의 사회적 책임'(Corporate Social Responsibility: 이하, 'CSR'로 표시)에 대한 관심이 확대되었다.[1] 특히, 법학분야에 있어서는 노동법, 공정거래법, 소비자법, 환경정책기본법 등 다양한 법분야에서 CSR에 관한 논의가 진행되고 있다. 그런데 이러한 CSR에 관한 논의가 국제적인 관심을 끌게 된 계기는 유엔이나 OECD 그리고 국제표준화기구와 같은 국제기구들이 앞장서서 CSR활동에 관한 기준을 제시하면서부터라고 이야기할 수 있는데, 이후 다국적 기업을 포함한 민간분야에서는 이러한 국제기준에 부합하는 기업윤리강령과 같은 자율적 기업행위규약을 시행하고 있으며, 각국의 정부에서도 이와 같은 국제기구가 제시한 국제기준을 부분적으로는 국내법에 수용하는 사례들도 발견된다. 그리고 이는 기업의 경영과정에서 CSR의 실천문제를 기업의 자율적 선택에 전적으로 위임하는 것은 기업뿐만 아니라 이해관계자를 포함하여 공동체 전체에게 부정적인 효과를 초래할 수 있다는 인식에 기초한 조치라고 할 것이다.

한편, CSR에 대해서는 그 개념과 관련하여서도 여전히 논의가 진행중이다. 즉, CSR 개념의 모호성으로 인하여 CSR을 규범화하고자 하더라도 어느 범위에서 어떻게 규범화할 것인지가 우

---

* 이 글은 「재산법연구」 제38권 제1호(2021. 5)에 게재되었다.

** 경희대학교 법학전문대학원 교수.

1) 기업의 사회적 책임에 대한 경영학적 또는 경제학적 관점에서의 분석에 대해서는, 이병철, 윤창술, 손수진, "기업의 사회적 책임과 법적 질서 -자유주의 시장경제질서와 사회적 자본으로서의 신뢰에 대하여-", 「한양법학」, 제20집, (2007. 2), 33면 이하도 참조. 한편, 환경정의의 법리에 기초하여 기업의 사회적 책임에 대해 분석한 글로는, 한철, "기업의 사회적 책임(CSR) -그 현대적 과제-", 기업법연구, 제21권 제1호, (2008. 3), 149면 이하도 참조.

선적으로 해결하여야 할 과제로 부상한다. 즉, CSR을 규범화 또는 제도화할 경우, 법적 의무로서의 CSR을 구상할 것인지 아니면 선언적 의미에서 자율규제 수단으로서의 CSR을 전제로 할 것인지가 문제라는 것이다. 이하에서 살피는 바와 같이, 국제기구에서 제시한 국제기준으로서의 CSR 활동과 관련하여 이를 법적 의무화한 사례가 일반적이지는 않다. 대체로 이들 국제기준에서는 기업경영에서의 윤리적 측면을 중시하고 있으며, 그와 같은 윤리경영의 이행실적을 어떻게 평가할 것인지에 대한 방안을 제시하는 것이 일반적이기 때문이다.

다른 한편, 우리나라에서도 각종의 특별법을 통하여 노동, 환경, 인권과 관련하여 일정한 CSR활동을 상정하고 있으나, 회사법 영역에서의 CSR활동에 관한 직접적인 근거규정은 존재하지 않는 것으로 평가된다. 이러한 사정으로 인하여 기업의 사회적 책임과 관련한 일반규정을 회사법영역에서도 도입할 필요가 있는 것은 아닌지에 대한 논의도 여전히 지속되고 있다. 본고에서는 CSR의 규범화와 관련한 이러한 국내의 상황에 대한 문제인식을 토대로 CSR의 규범화를 위한 법적 과제가 무엇인지를 분석하고자 하며(Ⅳ), 이를 위하여 국제기구가 기존에 제시한 국제기준(Ⅱ) 및 외국의 입법동향(Ⅲ)을 우선적으로 검토하고자 한다.

Ⅱ. 기업의 사회적 책임과 관련한 국제적 기준

1. UN 글로벌 콤팩트

CSR과 관련한 국제기준으로는 UN 글로벌 콤팩트(United Nations Global Compact: UNGC) 10대 원칙을 우선적으로 들 수 있다.[2] 동 원칙은 기업의 지속적 성장을 위한 기업 운영 전략을 선언한 것으로서 1948년의 세계인권선언, 1998년의 노동에서의 권리와 기본원칙에 관한 ILO선언, 1992년의 환경과 개발에 관한 리우선언, 2003년의 국제연합 부패방지협약을 바탕으로 하고 있다.[3] 따라서 현재 157개국 14,000여 회원(11,000여 기업회원 포함)이 가입하고 있는 UNGC는 인권, 노동, 환경, 반부패의 네 영역에 걸쳐 다음과 같은 원칙을 제시하고 있다. 우선, 인권과 관련한 것으로서 ① 기업은 국제적으로 선언된 인권 보호를 지지하고 존중해야 하고, ② 기업은 인권 침해에 연루되지 않도록 적극 노력한다. 다음으로, 노동과 관련한 것으로서, ③ 기업은 결사

---

2) 1999년 스위스 다보스 세계경제포럼에서 코피 아난(Kofi Annan) 당시 유엔 사무총장이 기업의 사회적 윤리활동을 강조한 것이 발단되어 2000년 7월에 글로벌 콤팩트 창설회의가 뉴욕 유엔본부에서 개최되고 많은 세계의 비즈니스 리더들, 기업, 유엔기구, 노동시민단체 대표들이 참석하여 글로벌 콤팩트 10대 원칙이 제정되기에 이른다.

3) 이유민, “기업의 사회적 책임과 기업지배구조 관계의 회사법적 검토”, 「기업법연구」, 제31권 제4호, (2017. 12), 218면 각주 40.

의 자유와 단체교섭권의 실질적인 인정을 지지하고, ④ 모든 형태의 강제노동을 배제하며, ⑤ 아동노동을 효율적으로 철폐하고, ⑥ 고용 및 업무에서 차별을 철폐한다. 다음으로, 환경과 관련한 것으로서 ⑦ 기업은 환경문제에 대한 예방적 접근을 지지하고, ⑧ 환경적 책임을 증진하는 조치를 수행하며, ⑨ 환경친화적 기술의 개발과 확산을 촉진한다. 마지막으로 반부패와 관련하여 ⑩ 기업은 부당취득 및 뇌물 등을 포함하는 모든 형태의 부패에 반대한다.

한편, UNGC는 비즈니스 활동에서 위와 같은 10대 원칙을 주류화하고, 지속가능발전목표(Business and Sustainable Development Goals: SDGC)[4] 등 포괄적인 유엔의 목표달성을 지원하는 것을 목표로 삼고 있다. 즉, UNGC는 지속가능한 발전과 모범적 기업시민성의 활성화를 촉진시키는 자발적 이니셔티브로서 법적 강제력이 인정되지 않는다. 아울러 기존에 이미 세계적으로 인정되고 있는 원칙을 계승하고 있는 규칙체계이기는 하나, 기업과 투자자들 사이의 네트워크로서 배움과 경험 또는 지식의 상호 공유를 위한 포럼이라고 할 수 있다. 다만, UNGC에 참여하는 기업들은 10대 원칙의 이행보고서(Communication on Progress: COP)를 매년 작성하고 이를 공개하여야 한다.[5] 그리고 이와 같은 보고서를 통하여 기업의 사회적 책임에 대한 경영진단 및 개선책을 모색할 수 있게 하고 이는 기업의 지속가능한 성장과 연계된다고 할 수 있다. 반면, UNGC는 기업 관행을 감시하거나 비자발적 순응을 강요하기 위한 수단이 아니므로, 오히려 기업의 홍보수단으로 이용된다는 비판도 있다.[6] 그럼에도 불구하고 UNGC는 기업의 사회적 책임에 대한

---

4) 지속가능발전목표(SDGs)는 전세계의 빈곤 문제를 해결하고 지속가능발전을 실현하기 위해 2016년부터 2030년까지 유엔과 국제사회가 달성해야 할 목표라고 한다. SDGs는 2000년부터 2015년까지 중요한 발전 프레임워크를 제공한 새천년개발목표(Millennium Development Goals: MDGs)의 후속 의제로 193개 유엔 회원국에 의해 2015년 9월 채택되었다. 17개 목표와 169개 세부목표로 구성된 SDGs는 사회적 포용, 경제성장, 지속가능한 환경의 3대 분야를 유기적으로 아우르며 '인간 중심'의 가치 지향을 최우선시 한다. 유엔글로벌콤팩트는 세계 곳곳의 기업이 SDGs를 기반으로 투자, 솔루션 개발, 기업 활동을 통해 지속가능발전을 증진할 것을 촉구하고 있으며, 기업은 SDGs를 기업 전략 및 활동에 연계함으로써 부정적인 영향을 최소화하고, SDGs의 성공적인 달성에 기여할 수 있다고 홍보하고 있다. 이상과 같은 홍보내용에 대해서는, http://unglobalcompact.kr/about-us/sdgs/ 참조.

5) UNGC의 10대 원칙에 대한 이행보고서를 정해진 시기에 보고하지 않을 경우, 최초에는 '미보고' 단계로 UNGC 웹사이트에 표시되고, 2년째 보고하지 않을 경우에는 '활동 부재' 단계로 표시된다고 한다. 이 경우 더 이상 UNGC 지역 네트워크 활동이나 행사에 참석하지 못하며, UNGC 이름과 로고도 사용하지 못한다. 3년째 이행보고서가 제출되지 않으면 UNGC 회원 명단에서 삭제될 수 있다. 2010년 2월에는 한국의 기업 중 '한국도로공사', '우리은행', '대우증권', '마이다스에셋자산운용'이 회원명단에서 삭제되기도 하였다.

6) UNGC는 회원과 이해관계자가 UNGC와 10대 원칙을 널리 알리고 이에 대한 지지를 표명하도록 로고 사용을 적극적으로 권장하고 있으며, 이러한 목표 하에 UNGC 가입자와 이해관계자는 "We Support the Global Compact" 로고와 "Communication on Progress" 로고를 사용할 수 있는데, UNGC 사무국에서는 2004년부터 UNGC의 온전성을 보호하고 악용되는 것을 방지하기 위하여 소위 '온전성 조치'(integrity measures)를 취하게 되었다. 즉, 이러한 로고의 사용이 기업의 홍보수단으로만 이용되는 것을 방지하기 위하여 UNGC에 참여하는 회원들로 하여금 콤팩트의 로고를 본연의 목적으로만 사용하도록 하고 있다. 이상과 같은 취지의 설명에 대해서는, 김병준, "인권보호를 위한 기업의 사회적 책임 규범화의 국제적 논의와 평가", 「국제법학회논총」, 제58권 제2호, (2013. 6), 196면도 참조.

중요한 국제적 표준의 하나라고 할 수 있는 ISO 26000의 토대가 되었으며, 국제적으로 CSR 관련 국가정책의 수립에 있어서도 큰 영향을 주고 있다고 평가할 수 있다.

2. ISO 26000

(1) 제 정

ISO 26000은 제네바에 본부를 둔 국제표준화기구(International Organization for Standardization: ISO)에서 제정한 기업의 사회적 책임에 관한 세계적인 표준이다. 즉, 2010년 11월에 국제표준화기구가 각 국가 간의 서로 다른 CSR 내용을 통합·조정하여 "사회적 책임에 관한 가이드라인(Guidance on Social Responsibility)"이라는 명칭의 국제표준으로서 제정한 ISO 26000은 사회적 책임을 이행하고 커뮤니케이션을 제고하는 방법과 관련하여 지침을 제공한다. ISO 26000의 제정에 있어서는 소비자, 정부, 기업, 노동, NGO 및 기타 서비스·지원·연구기관이라는 6대 이해관계자를 대표하여 다자간 이해관계자 접근방식으로 참여한 90여 개국 이상의 전문가들로 구성된 '사회적 책임에 관한 자문그룹'(ISO Advisory Group on Social Responsibility)이 주도적인 역할을 하였으며,[7] 이러한 사정으로 인하여 ISO 26000은 기업과 같은 민간조직 이외에 공공조직을 포함하여 모든 유형의 조직들이 지켜야 할 사회적 책임에 대한 국제적 기준이라고 할 수 있다. 따라서 어느 조직이나 ISO 26000 지침서를 참조로 하여 미래의 지속 가능성을 확보하기 위한 활동을 준비할 수 있다.

(2) 내용과 기능

ISO 26000은 기업의 사회적 책임을 가리키는 기존의 CSR이라는 표현 대신에 SR(Social Responsibility)이라는 용어를 사용하고 있으며, 기업 또는 조직의 사회적 책임과 관련하여 7개의

7) ISO 26000은 세계화에 따른 빈곤과 불평등에 대한 국제사회의 문제해결, 경제성장과 개발에 따른 지구환경 위기 대처 및 지속가능한 생존과 인류번영을 위한 새로운 패러다임의 요구에 따라, 2004년 국제표준화기구에서 표준개발이 결정되었고 2005년 3월 1차 총회부터 2010년 5월 8차 총회까지 5년에 걸쳐 개발된 사회적 책임에 관한 국제표준으로서, 2013년에 이르러서는 세계적으로 1만 개가 넘는 단체가 ISO 26000 지침을 사용하게 된다. 즉, 사회적 책임에 대한 관심이 고조되면서 ISO는 2001년 ISO 소비자 정책 위원회(ISO/COPOLCO)가 사회적 책임에 관한 국제 표준 개발의 타당성을 검토할 수 있도록 결의안을 승인하였다. 거의 2년에 걸친 연구 결과 ISO는 새로운 표준을 개발하기 위해 사회적 책임에 관한 ISO 실무그룹(ISO/WG SR)을 구성하기로 결정했다. 실무그룹은 선진국 및 개발도상국의 국가표준기구(스웨덴의 ISO 멤버인 SIS와 브라질의 ISO 멤버인 ABNT)가 공동으로 이끌었다. 총 8차례의 국제 총회를 개최하고 25,000건에 달하는 서면 의견을 검토한 후에야 의견의 일치를 이룰 수 있었다. 또한 ISO와 ISO/WG SR은 정교한 이해 관계자 대화 프로세스를 기반으로 급진적인 반대 의견에 대응하는 새로운 방법을 개발함으로써 국제적 합의를 달성할 수 있었다. 2010년 11월에 발행된 ISO 26000은 거의 5년에 걸친 혁신적이고 도전적인 프로세스를 통해 개발되었다. 특히 개발도상국에서 많은 워크숍을 개최함으로써 이해를 증진하고 역량을 강화하였다. 실제로 프로세스의 각 단계는 상호 이해를 증진하고 99개국, 40개 국제기구, 450명의 전문가들의 참여를 확보하기 위해 실무그룹의 지도부와 ISO 임원에 의해 검토되었다. ISO 26000이 언제, 어떻게 개발되었는지와 관련한 이상과 같은 설명에 대해서는, https://ko.wikipedia.org/wiki/ISO_26000 참조.

분야를 나누고 있다. 구체적으로는 사회적 위험과 영향을 파악하고 이를 관리하기 위하여 ① 조직 거버넌스(Organizational governance), ② 인권(Human right), ③ 노동 관행(Labour practices), ④ 환경(Environment), ⑤ 공정 운영 관행(Fair operating practices), ⑥ 소비자 문제(Consumer issues), ⑦ 지역사회 참여와 발전(Community involvement and development)을 핵심 주제로 삼고 있다.[8] 아울러, 이와 같은 7개의 핵심주제와 함께 7개의 기본원칙을 채택하고 있다. 구체적으로는 ① 조직자체의 감시체제 및 부정행위 발생시 대응조치의 책임성, ② 조직의 의사결정과 관련한 투명성, ③ 인간, 환경, 동물 및 이해관계자의 이익을 위한 윤리적 행동, ④ 조직의 이익보다 다른 이해관계자의 이익존중, ⑤ 공개되고 공정하게 시행되는 법률준수, ⑥ 국제행동규범의 존중, ⑦ 인권존중이 그것이다.[9]

기능적인 면에서 볼 때, ISO 26000은 기업이나 조직이 지속 가능한 개발에 공헌할 수 있도록 지원하는 것을 목표로 한다. 아울러, 단순한 법의 준수가 목표가 아니라 법을 준수하는 것이 기업이나 조직으로서의 기본적인 의무이며 사회적 책임의 핵심 분야에 해당된다는 것을 인식할 수 있도록 한다. 또한, 사회적 책임에 대한 공동의 이해를 증진시키고 사회적 책임을 위한 다른 방법이나 계획을 대체하는 것이 아니라 이를 보완하는 역할을 한다고 할 수 있다.

(3) 평가와 전망

ISO 26000이 발간된 이후 미국, 프랑스, 영국, 독일, 스웨덴, 덴마크, 네덜란드, 남아프리카공화국, 일본 등 많은 나라들에서 이를 자국의 CSR 국가표준으로 도입하였으며, 우리나라도 2012년 8월부터 ISO 26000을 보급하고 있다.[10] 그러나 기업이나 조직이 다양한 프로그램이나 비즈니스 의사 결정을 통해 CSR을 이행할 때 위에 언급된 핵심 주제를 고려하지 않을 수도 있다. 그리고 그와 같은 핵심 주제를 고려하지 않을 경우 언론의 감시뿐만 아니라 민·형사 소송, 브랜드 명성을 훼손시킬 수 있는 소비자 민원 증가로 이어질 수 있다. 아울러, 인적 자원이나 인권 문제에 관심을 기울이지 않을 경우 불필요한 사회적 비난을 초래할 수 있다. 마찬가지로 공정거래 관행을 따르지 않을 경우, 금전적 손해와 이미지 훼손으로 이어질 수 있다. 요컨대, ISO 26000은 기업의 사회적 책임(CSR)을 이행할 때 어떠한 활동을 해야 하고 어떠한 의식을 반영해야 하는 지에 대해 기업을 포함한 모든 조직에게 명확한 지침을 제공하기 위해 개발되었다.[11]

---

8) ISO Publication, *Guidance on Social Responsibility: ISO 26000*, International Organization for Standardization, 2010, p. 19.

9) 권한용, "기업의 사회적 책임에 대한 국제적 논의와 법적 과제", 「동아법학」, 제53호, (2011. 11), 727면.

10) 김병준(주 6), 200면 각주 73.

11) ISO 26000 지침을 준수함으로써 기업이 받을 수 있는 혜택으로는 다음과 같은 것들을 들 수 있다. 우선, 기존의 법률이나 규제를 준수하고, 향후 제정될 법률이나 규제를 파악하는 등 체계적인 접근법을 통해 법률 및 규제 요건에 대한 준수 체계를 개선할 수 있다. 그리고 기업의 사회적 책임을 국제 규범 및 표준에 의거하여 이행하고 있음을 입증할 수 있으며, 정부가 ISO 26000 준수 여부를 중요한 자격 기준으로 간주하고 있기 때

ISO 26000에 포함된 핵심 주제는 기업의 주요 경영 철학 및 관행에 반드시 반영될 필요가 있다고 할 것이다. 그러나 ISO 26000은 기업이 반드시 준수해야 할 표준이 아니라 가이드라인이다. 즉, 조직이나 기업의 사회적 책임 활동 또는 프로그램이 ISO 26000을 준수할 것인지의 여부는 각 조직이나 기업의 자발적인 결정에 따른다는 것이다. 환언하면, ISO 26000은 제3자에 의한 인증제도가 아니라 ISO 26000과 관련된 사회적 책임보고서가 실체관계에 부합하게 작성되었는지 살피는 기업이나 조직 스스로의 검증체계를 채택하고 있다는 점에서 CSR과 관련한 다른 국제규범과 마찬가지로 구속력이 없기 때문에 그 이행여부를 감시하거나 평가함에 있어서 한계가 있다는 것이다. 다만, 위에서도 언급한 바와 같이 다른 유형의 CSR관련 국제규범과는 달리 CSR의 이행주체로서 모든 유형의 조직을 포함하고 있을 뿐만 아니라 사회적 책임의 필요성에 대한 선언적 구호가 아니라 구체적인 실행방법까지 제시하고 있다는 점에서 평가할만하며, 견해에 따라서는 여러 이해관계자와 국가들이 합의를 통하여 제정되었다는 점에서 새로운 국제기준의 방향을 제시하고 있다는 평가도 있다.[12)]

3. OECD 다국적 기업 가이드라인

국제기구 중에서는 '경제협력개발기구'(OECD)가 가장 먼저 기업의 사회적 책임에 관한 규범을 제시하였는데, OECD 차원에서의 CSR관련 규범으로는 1976년의 'OECD 다국적 기업 가이드라인'(OECD Guidelines for Multinational Enterprises)을 들 수 있다.[13)] 동 가이드라인은 다국적 기업의 부정적 영향을 최소화하되 사회적, 경제적, 환경적 책임을 강화하기 위한 방안의 모색을 위하여 마련된 것으로서 1976년 제정 이후에도 수 차례에 걸쳐 개정이 되었으며, 2011년 5월 25일의 개정 가이드라인에서는 다국적 기업의 사회적, 경제적, 환경적 책임에 관한 다양한 원칙과 절차를 제시하였다.[14)] 동 '가이드라인'의 제1부(본문)는 총 11개의 장으로 구성되어 있으며, 구체

문에 정부가 발주하는 사업의 입찰에 참여할 경우, 경쟁업체와 대비하여 경쟁력을 확보할 수 있을 것이다. 또한, 주요 인력, 고객, 클라이언트, 사용자를 유지하고 새롭게 확보할 수 있는 능력을 제고하고, 직원의 사기를 제고하여 헌신을 유도하여 생산성을 확보할 수 있을 것이며, 투자자나 NGO, 기타의 활동가, 정부가 기업을 바라보는 관점을 개선시킬 수 있을 뿐만 아니라 지속 가능성 관련 위험에 대한 경영진의 인식을 제고하고 기업의 비즈니스 관행에 CSR을 반영할 수 있을 것이다. 또한, 자원의 효율적 사용, 비용 감소에 관한 비즈니스 의사 결정의 개선, 경쟁사의 벤치마킹을 통한 CSR 관행 향상, 브랜드의 이미지와 명성의 제고, 소비자 만족도 향상으로 인한 소비자 선호도 증가, 지역사회 및 환경 운동가들과의 관계 개선, 공정 거래 기업으로서의 이미지 구축 등 다양한 혜택을 받게 될 것이다. 이상과 같은 설명에 대해서는, https://ko.wikipedia.org/wiki/ISO_26000 참조.

12) 이유민(주 3), 220면.

13) 동 가이드라인은 지금까지 한국 등 35개 OECD 회원국과 비회원국 13개국을 포함하여 총 48개국이 수락하였다.

14) 2011년 가이드라인은 1979년, 1982년, 1984년, 1991년, 2000년에 걸쳐 개정된 것으로서 그 구체적인 내용에 대해서는, 김종철, 「2011 OECD 가이드라인 개정부분과 그 평가」, 기업과 인권 전문가 세미나: 기업과 인권에 관한 국제적 최신동향과 국내적 함의, 한국인권재단, 2011, 30-41면도 참조(이유민(주 3), 219면에서 재

적으로는 ① 개념 및 원칙, ② 일반정책, ③ 정보공개, ④ 인권, ⑤ 고용 및 노사관계, ⑥ 환경, ⑦ 뇌물공여, 뇌물청탁 및 강요 방지, ⑧ 소비자 보호, ⑨ 과학 및 기술, ⑩ 경쟁, ⑪ 조세의 분야에서 기업윤리에 대해 규정하고 있다.

동 가이드라인은 국제적 기준에 부합하는 CSR활동과 관련한 기업의 자발성을 강조한다. 즉, 동 가이드라인 제1부 제1장에서는 개념 및 원칙이라는 표제하에 그 제1조에서 "본 가이드라인은 가입국 정부들이 공동으로 다국적 기업에게 제시하는 권고사항이다. 본 가이드라인은 법률과 국제기준에 부합하는 모범관행의 원칙 및 기준을 제시하고 있다. 기업은 자발적으로 가이드라인을 준수하며, 본 가이드라인은 법적 구속력이 없다. 그럼에도 본 가이드라인에서 다루어지는 일부 사항은 국내법이나 국제적 약속(international commitments)에 의해 규제될 수 있다."라고 규정하고 있다. 그리고 2011년 5월 25일 OECD 이사회(Council)에서는 동 가이드라인의 준수와 이행의 실효성을 확보하기 위하여 그 제2부에서 '가이드라인의 이행절차'에 대해 규정하고 있는데 특히, 가이드라인을 수락한 가입국에 '국내연락사무소'(National Contact Points: NCP)를 운영하도록 하고 있다.[15] 그리고 국내연락사무소는 매년 회의를 갖고 연차보고서를 작성하여 투자위원회(Investment Committee)에 보고하도록 하고 있으며, 동 보고서에는 구체적 사안에 있어서의 이행활동을 포함하여 NCP 활동의 성격 및 결과에 대한 정보를 포함하여야 한다. 즉, 국내연락사무소 제도를 통하여 우회적으로 가이드라인의 효율성을 강화하고 있다고 할 수 있다.[16]

한편, OECD 다국적 기업 가이드라인에 대한 이사회 결정에서는 NCP와 관련한 절차지침으로서 "국내연락사무소의 역할은 가이드라인의 효과성을 높이는 것이다. NCP는 기능적 동등성이라는 목적을 달성하기 위한 핵심 기준인 가시성, 접근성, 투명성, 책임성 기준에 따라 운영된다."고 천명한 뒤, 절차지침에 대한 해설에서 ① 가시성이란 "이사회 결정에 합치하여 가입국 정부

인용).

15) OECD 이사회 결정에서는 국내연락사무소와 관련하여 "1. 가입국은 홍보활동을 수행하고, 질문을 처리하고, 부속된 절차 지침을 고려하여 구체적 사안에서 가이드라인 이행과 관련해 발생할 수 있는 문제의 해결에 기여함으로써, 본 가이드라인의 효과를 제고하기 위하여 국내연락사무소(이하, "NCP")를 설립하여야 한다. 업계, 근로자단체, 기타 비정부기구 및 기타 이해 당사자에게 그러한 시설의 이용가능성을 알려주어야 한다. 2. 각국 NCP는 가이드라인에 의하여 규율되는 자신들의 활동과 관련된 문제에 관하여 필요한 경우 상호 협력해야 한다. 일반적 절차로서 다른 NCP와 접촉하기에 앞서 국내적 차원에서 논의 를 시작하여야 한다. 3. NCP들은 경험을 공유하기 위하여 정기적으로 회합하고 투자위 원회에 보고한다. 4. 가입국은 국내적 예산의 우선순위 및 관행을 고려하면서, NCP 에 인적 및 재정적 자원을 제공하여 NCP가 자신의 역할을 효과적으로 이행할 수 있도록 한다."라고 하였다. 이러한 OECD 이사회의 결정에 따라 우리나라에서도 'OECD 다국적기업 가이드라인 이행을 위한 국내연락사무소 운영규정'(산업통상자원부 공고 2018-584호)을 두고 있으며, 동 규정 제3조에서는 일반원칙이라는 표제 하에서 "① 사무소는 대한민국 영토 안에서 활동하고 있는 다국적기업이나 대한민국 국적을 가진 다국적기업들로 하여금 가이드라인을 이행하도록 장려하여야 한다. ② 가이드라인의 해석과 적용은 국내 법령과 가이드라인의 목적을 고려하여 조화로운 범위 내에서 이루어져야 한다. ③ 다국적기업은 가이드라인을 자발적이고, 책임 있는 자세로 준수하여야 한다."라고 규정하고 있다.

16) 같은 취지의 평가로는, 권한용(주 9), 734면.

는 NCP를 지명하고, 업계, 근로자단체, 비정부기구를 포함한 기타 이해관계자에게 가이드라인의 이행에 있어 NCP 시설의 이용가능성에 관 해 정보를 제공하기로 합의한다. 정부는 자국 NCP에 관한 정보를 공표하고, 가이드라인과 관련된 세미나 및 회의 주최를 포함하여 가이드라인 홍보를 위해 적극적 역할을 수행할 것이 기대된다. 이러한 행사들은 업계, 노동계, 비정부기구 및 기타 이해관계자와 협력하여 마련될 수 있으나 매번 이들 모든 그룹과 반드시 협력해야만 하는 것은 아니다."라고 하며, ② 접근성이란 "NCP에 대한 용이한 접근은 그 효과적 기능수행에 있어 중요하다. 여기에는 업계, 노 동계, 비정부기구, 기타 일반대중의 접근을 촉진할 것이 포함된다. 이 점에서, 전자적 의사소 통도 도움이 될 수 있다. NCP는 모든 합법적인 정보 요청에 응해야 하며, 관련 당사자들이 제기한 구체적 쟁점들을 효율적이며 시기적절하게 다룬다."고 하고 있다. ③ 투명성과 관련하여서는 "투명성은 NCP의 책임성에 대한 기여, 일반대중의 신뢰 확보에 있어 중요한 기준이 된다. 따라서 일반적 원칙으로써, NCP는 투명하여야 한다. 그럼에도 불구하고 NCP가 구체적인 사례에서 가이드라인을 이행함에 있어 '주선'을 제공하는 경우 절차의 비밀을 확립하기 위해 적절한 조치를 취하는 것은 NCP의 효과성을 높일 수 있다. 비밀유지가 가이드라인의 효과적 이행을 위한 최선의 방법이 아닌 경우 그 결과를 공개하여야 할 것이다."라고 설명하고 있으며, ④ 책임성과 관련하여서는 "가이드라인의 인지도를 위한 적극적 역할 수행 -기업과 그들이 활동하고 있는 사회 간에 발생하는 문제를 관리하는데 조력을 제공할 수 있는 NCP의 잠재적 역량- 을 통해서 국내연락사무소의 활동을 대중에게 알릴 수 있을 것이다. 국가 차원에서는 의회가 이에 관한 역할을 수행할 수 있다. NCP 연례 보고 및 정례 회의는 경험을 공유하고, 이에 대한 '모범 관행'을 장려할 기회를 제공한다. 위원회 역시 의견을 교환하고, 이를 통해, 경험을 공유하고 NCP 활동의 효과성을 평가할 수 있을 것이다."라고 설명하고 있다.

다른 한편, NCP는 영국에서와 같이 단일정부기관으로 된 경우가 있는가 하면, 헝가리나 슬로바키아와 같이 복수의 협력기관을 포함하는 경우도 있으며, 스웨덴에서와 같이 기업, 무역협회, 노조 등이 포함된 삼자형태 이외에 시민단체까지 포함된 사자형태도 있다. 위에서도 언급한 바와 같이 NCP는 다국적 기업 가이드라인의 이행을 홍보하고 그 활동상황에 대하여 매년 연차보고서를 작성하여 OECD에 보고하여야 한다. 따라서 사자형태의 조직을 갖춘 국가에서는 시민단체들도 NCP의 연차보고서를 참고하게 되며, 이러한 사정으로 인하여 사자형태의 조직을 갖춘 국가에서는 다국적 기업의 사회적 책임을 감시하고 통제하기가 보다 용이하므로 이들의 CSR에 대한 역할이 제고될 수밖에 없다고 한다.[17]

17) 이상과 같은 설명은, 권한용(주 9), 735면.

4. GRI 지속가능성 보고서

GRI(Global Reporting Initiative)는 1997년에 최초로 설립되어 미국의 환경시민단체인 Coalition for Environmentally Responsible Economies(CERES)를 중심으로 운영되다가 2002년 유엔환경계획(UNEP)이 공동으로 참여하면서 상설기구화되었다.[18] GRI의 주요 업무는 사회, 경제, 환경 등에 대한 기업의 지속가능성 실천성과를 측정하고 보고할 수 있는 '지속가능 보고'(Sustainability Reporting)[19]에 대한 가이드라인을 정한 뒤[20] 이를 발표하고 각 나라 기업에게 보고서를 작성할 것을 권하는 것으로서, GRI 지속가능성 보고서 가이드라인은 기업의 자발적 사회적 영향 평가보고서로서 국제사회에서 영향력이 크다고 평가할 수 있다.[21]

한편, 지속가능성 보고서의 작성과 관련하여서는 법적 강제력이 없으므로 미작성에 대한 불이익도 없다고 할 수 있다. 그러나 환경 문제 등에 대한 세계적인 관심이 제고됨으로 인하여 GRI 지속가능성 보고서를 작성한 기업에 대해서는 국제적인 평가가 높아질 수밖에 없을 것이다.[22] 다만, GRI는 2016년 10월 19일에 기존의 지속가능보고 가이드라인인 'GRI G4'를 대체하는 것으로서 'GRI 표준'(GRI Standard)을 공표하여[23] 더욱 강제성이 짙어진 기준을 제시하고 있으며, 2018

---

18) GRI가 세워지기 이전인 1989년 22만 톤의 원유를 싣고 있던 미국의 대형 유조선 엑슨 발데스호가 알래스카 프린스윌리엄사운드 해안에서 암초에 부딪히며 좌초하는 사고가 발생했다. 이 사건으로 무려 4만 톤의 원유가 알래스카 해안에 유출돼 극심한 환경오염을 유발했다. 사고 이후 미국의 환경단체인 CERES는 이 같은 사고의 재발을 막기 위해 1997년 유엔환경계획과 협약을 맺고 GRI를 세웠다.

19) 1990년대 이후의 사회적 분위기 변화에 따라 기업들이 기업활동의 사회적 영향을 파악하고 이를 보고하는 것이 이해관계자들의 수요를 충족시키는 한편 기업의 이미지 제고에도 기여한다는 점에 착안하여 이루어진 '기업보고'(Corporate Reporting) 관행을 '사회적 보고'(Social Reporting)라고도 부르는데, 이를 기업의 경제적, 사회적, 환경적 영향에 대한 정보를 포함하고 있다는 점에서 '지속가능성 보고'라고 부르기도 한다. 김병준(주 6), 202면.

20) 2000년 6월에 지속가능성 보고 가이드라인이 발표되었으며, 2002년 7월에 두 번째 버전인 G2가 발표되고 2006년 후반에는 세 번째 가이드라인인 G3가 발표되었다. G3은 기업의 규모나 지리적 상황 및 업종을 불문하고 모든 기업의 핵심보고 내용을 약술하고 있으며, 기관들이 자발적이고 융통성 있게 지속 가능 관련 정보를 공개할 수 있는 프레임워크를 제공했다는 점, 특히, 3,000명 이상의 전문가들이 G3 개발에 참여함으로써 조직의 내부와 외부의 이해관계자들의 이익을 중심으로 조직의 성과를 평가하는 '이해관계자 접근법'(Stakeholder Approach)을 지향하였다는 점에서 좋은 평가를 받기도 하였다. 그리고 2013년 5월에는 G4가 발표되었는데, G4 가이드라인 역시 G3 가이드라인과 마찬가지로 '이해관계자'를 기업, 노동자, 시민사회, 투자자집단, 회계법인, 다양한 분야의 전문가 등을 그 범주에 다루고 있다.

21) 김병준(주 6), 203면.

22) 이런 이유 때문에 보고서를 제출하는 기업 숫자는 GRI 설립 첫해 10개에서 2016에는 글로벌 250대 기업 중 92%가 지속가능 관련 정보를 공개하는데, 그중 74%가 GRI 기준을 적용하고 있다. 현재 GRI 데이터베이스에는 2만3,000개 이상의 GRI 보고서가 저장되어 있으며, 한국에서는 현대자동차가 2003년 최초로 GRI 가이드라인에 부합하는 지속가능 보고서를 발간했고 같은 해 포스코와 삼성SDI가 뒤를 이었다. 2016년에는 총 108개의 보고서가 발간되었으며 보고서의 99%는(한 개 제외) GRI 가이드라인을 활용했다고 한다.

23) 'GRI G4 가이드라인'이 'GRI Standards'로 개정되면서 GRI 101, 102, 103, 200, 300, 400으로 재구성되었다. 보다 구체적으로, GRI 101, 102, 103은 보편적 기준(universal standards)으로서 GRI 101은 보고서 원칙 등

년 7월 1일부터는 G4 가이드라인이 아닌 'GRI 표준'을 적용하여야 한다. 즉, 기존의 지속가능성 보고서 가이드라인은 권고 또는 조언의 수준에 머물렀다면, 'GRI 표준'은 비록 보고하지 않기로 선택할 수 있는 여지는 있으나 보고의무의 수준이 강화되었다고 평가할 수 있다는 것이다.[24)]

Ⅲ. 기업의 사회적 책임과 관련한 외국의 입법동향

1. 미 국

미국에서는 주로 기업의 기부행위를 중심으로 기업의 사회적 책임에 관한 초기 활동이 진행되었다. 그리고 미국의 각 주에서는 이러한 기부행위에 대한 유효성을 인정하는 근거를 마련하여 왔다.[25)] 예컨대, 1984년의 개정 모범사업회사법에서는 "회사는 공공의 복지 또는 자선, 과학 또는 교육의 목적을 위하여 기부할 수 있다"고 규정하기에 이른다(동법 제3.02조 제13항). 아무튼, 미국에서는 주주자본주의에 방점을 두어, CSR에 대한 내용을 국가주도로 규범화하는 것이 아니라 이를 개별 기업의 문제로 간주하여 정부의 개입을 최소화하고자 하였다고 평가할 수 있다. 그러나 1960년대부터 1970년에는 기업의 이해관계자에 대한 책임을 강조하는 입법화가 추진되기도 하였다. 대표적으로는 '소비자안전법'(Consumer Product Act.)이라든가 '직업안전 및 건강법'(Occupational Safety and Health Act.) 또는 '환경보호법'(Environmental Protection Act.) 등을 그 예로 들 수 있다. 그리고 1980년대에 들어서는 적대적 M&A의 증가 등으로 인하여 회사 경영에 있어서 기업의 이해관계자를 고려하도록 하는 입법활동이 이루어지기도 하였다.[26)]

한편, 미국법률협회(American Law Institute: ALI)에서 1994년에 발표한 '회사의 지배구조의

의 내용, GRI 102는 일반적 공시내용, GRI 103은 경영방식 보고방법 내용을 담고 있다. GRI 200, 300, 400은 주제별 기준(topic-specific standards)으로서 GRI 200은 경제, GRI 300은 환경, GRI 400은 사회 주제에 대한 기준이다.

24) 개정된 'GRI 표준'은 우선, '모듈화된 구조'로서 기존의 가이드라인과 비교하여 더 통합되고 체계화된 구조로 개정됨으로써, 전체 체계를 바꾸지 않고도 각각의 기준을 업데이트 하거나 추가할 수 있게 되었다. 또한, 경제환경사회 구분 하에 유연하고 구체적인 주제에 대한 보고가 가능해졌다고 할 수 있는데, 예를 들어, 수자원 보존 관련 영향에 대한 보고를 하기 위해 수질 기준(water standards)만을 활용할 수 있다. 다음으로 개정된 'GRI 표준'은 단어의 사용이 더욱 명확하면서도 의무(requirements), 권고(recommendations), 제안(guidance)의 구분을 분명히 함으로써 명확성이 증대되었다. 특히, 의무사항은 'shall'로, 권고사항은 'should'로 표기되고 있다.

25) 1919년 텍사스 주에서 처음으로 근거규정을 두었으며, 이후 대부분의 주 회사법에서 이를 계승하였다고 한다.

26) 즉, 적대적 M&A로 인하여 대량해고와 공장폐쇄와 같은 사회문제가 발생하자 그에 대한 방어책으로서 '기업이해관계자규정'(Corporate Constituency Statues)이 입법화되었는데, 그 내용은 회사법상 기업은 경영자에게 수익극대화에 대한 의무를 지니는 동시에 회사 이해관계자를 고려할 의무를 부담한다는 것이다. 1983년에 펜실베니아주에서 최초로 도입된 이후 현재 약 30여개 주에서 도입하고 있다고 한다. 이상과 같은 설명은, 이유민(주 3), 222면.

원칙: 분석과 권고' 제2.01조에서는 회사는 회사와 주주의 이익증대 여부와 관계 없이 ① 자연인과 같은 정도로 법이 정하는 한계 내에서 활동하여야 하고, ② 책임을 질 수 있는 영업활동에 적합하다고 합리적으로 판단되는 윤리적인 고려를 할 수 있으며, ③ 공공복지 · 인도적 · 교육적 · 자선적 목적을 위하여 합리적인 규모의 재산사용을 할 수 있다고 규정하고 있다. 그런데 2000년대에 들어 Enron이나 WorldCom과 같은 주요 기업의 회계비리사건이 발생하면서 기업경영에서의 윤리의식이 더욱 강조되어 2002년에는 Sarbanes-Oxley 법이 제정되기에 이른다. 동법에서는 CSR의 구성요소 중 기업의 지배구조를 강조하여 재무보고서에 대한 기업의 책임, 정기보고서 공시, 내부통제에 대한 경영자 평가, 실시간 공시 등의 공시관련 조항을 통하여 기업의 투명성을 강화하고자 하였다.[27)]

다른 한편, 최근에는 이사의 사회적 책임과 관련하여 회사법에 일반규정을 두는 사례가 증가하고 있다. 1983년 캘리포니아주가 최초로 회사법에서 "이사회, 이사회에 설치된 각종 위원회, 개개의 이사 및 임원은 그 지위에 기하여 업무를 집행하는 경우, 회사의 최선의 이익을 검토함에 있어서 회사의 종업원, 거래처, 고객, 회사의 영업소 또는 시설이 있는 지역주민 및 다른 모든 요인을 고려하여야 한다"고 규정하게 된다(동법 §1 B). 이후 미네소타주 사업회사법,[28)] 조지아주 회사법,[29)] 인디아나주 회사법,[30)] 뉴저지주 회사법[31)] 등에서도 유사한 규정을 입법하였다. 비록 이러한 회사법상의 변화의 움직임이 위에서도 언급한 적대적 M&A의 증가라는 당시의 기업환경 하에서 이사의 사회적 책임을 강조한 것이기는 하나 이사에게 주주 이외의 이해관계자의 이익을 고려할 수 있는 자유재량권을 인정하였다는 점에서 주목할만하다.[32)]

---

27) 이상과 같은 설명은, 이유민(주 3), 222면.

28) 동법 제302A · 151조 제5항에서는 "회사가 그 지위에 기한 의무를 이행하는 경우, 회사의 최선의 이익을 검토함에 있어서 회사의 종업원, 고객, 거래처, 채권자, 주와 국가의 경제, 지역사회 및 사회적 사정을 고려할 수 있다. 이사는 회사와 그 주주의 단기적 이익은 물론 장기적 이익을 고려할 수 있다. 이러한 이익은 회사의 계속적 독립성에 의하여 최선으로 만족시킬 가능성을 포함한다."고 규정하고 있다.

29) 동법 §14-2-202 b 5에서는 "이사가 각자의 지위에 기하여 의무를 이행하는 경우, 무엇이 회사에 최선의 이익기 되는가를 결정함에 있어서 이사회, 이사회의 각종위원회 및 개개의 이사는 회사 또는 주주에 대한 어떠한 행동의 영향을 고려함과 동시에 종업원, 고객, 거래처, 회사 및 종속회사의 채권자, 회사의 영업소 또는 다른 설비 및 종속회사가 존재하는 지역사회의 이익 및 이사가 적절하다고 생각하는 다른 모든 요인을 고려할 수 있다."고 규정하고 있다.

30) 동법 §23-1-35-1 d에서는 "이사가 회사의 최선의 이익을 고려하는 경우, 회사의 주주, 종업원, 거래처, 고객 및 회사의 영업소 또는 다른 설비가 존재하는 지역사회에 대한 행동의 영향 및 이사가 적절하다고 생각하는 다른 요인을 고려할 수 있다."고 규정하고 있다.

31) 동법 §14 Av: 6-1-2에서는 "회사에 대한 의무를 이행하는 경우, 무엇이 회사에 최선의 이익이 되는가를 합리적으로 결정함에 있어서 이사는 주주에 대한 어떠한 행동의 영향을 고려함과 동시에 다음 사항을 고려할 수 있다. ① 회사의 종업원, 거래처, 채권자 및 고객에 대한 행동의 영향, ② 회사가 영업하는 지역사회에 대한 행동의 영향, ③ 회사 및 주주의 단기적 이익은 물론 회사의 계속적 독립성에 의하여 그러한 이익이 최선으로 만족될 가능성을 포함하는 장기적 이익"이라고 규정하고 있다.

32) 이와 같은 취지의 설명으로는, 안택식, 「회사법강의」, 형설출판사, 2009, 69면. 다만, 코네티컷주에서는 이사

2. 유럽연합

유럽에서는 미국보다 먼저 CSR에 대한 문제에 관심을 가졌으며 그 이유는 유럽에서는 사회적 연대성을 중요시하므로 기업도 법적 의무의 개념을 초월하여 사회안정화에 기여할 수 있는 존재로 이해되어 왔기 때문이라고 한다.[33] 따라서 유럽고용전략, EU친환경라벨, 친환경경영 및 감사제도 등의 분야에서 기업의 자발적인 책임경영 또는 윤리경영이 쉽게 확산되었다고 한다.[34] 이러한 사정으로 유럽에서의 CSR의 개념 및 그와 관련한 활동의 전개과정은 유럽 각국의 정부가 주도하고 기업이 화답하는 방향으로 진행되었다고 평가할 수 있다.

한편, 유럽연합 차원에서의 본격적인 CSR 활동은 2000년 이전까지는 다소 소극적이었으며, 2001년 리스본 유럽정상회의를 계기로 자발적 연성규범에 따라 CSR을 이행할 수 있도록 유도하였다. 다만, 유럽집행위원회는 1995년에 CSR Europe을 설립한 후, 2001년 7월에는 유럽에서의 CSR 촉진을 위한 Green Paper[35]를 발간하였는데, 여기서는 기업의 사회적 책임을 "기업활동과 활동에 관련되는 파트너와의 관계에서 사회 및 환경에 대한 관심사를 기업이 자발적으로 기업활동에 통합하는 것"이라고 설명하고 있다. 또한, 유럽연합은 CSR이 회원국 정부의 정책을 대체하는 것은 아니지만 각국의 정부가 추구하는 정책목표를 실현하는데 공헌할 수 있음을 인식하고 CSR을 촉진하기 위하여 8개의 영역에 걸친 세부 프로그램을 제시하고 있다.[36] 그러나 CSR에 대한 세부적 논의를 유럽의 기업가들이 쉽게 받아들이지는 않았다고 한다. 예컨대, 2002년의 녹서를 통하여 살필 수 있는 설문조사 결과에 의하면, CSR의 필요성에 대한 공감에도 불구하고 기업가들과 시민사회나 노동조합 사이의 견해차이가 크다고 한다. 즉, 기업가들은 지속가능한 발전의 관점에서 CSR의 개념을 다루고자 하나, 시민사회와 노동조합은 기업의 자발적인 주도에 의한 CSR 활동 보다는 이해관계인의 참여가 보장되는 CSR 활동에 방점을 둔다는 것이다. 그러나 이

에게 회사의 이해관계자의 이익을 고려할 것을 강제하고 있으며, 이는 이사의 사회적 책임을 이사의 경영판단 또는 자유재량의 문제로 다루지 않고 있음을 의미한다고 한다.

33) 이러한 취지의 평가로는, 노영순, 「문화, 관광분야 기업의 사회적 책임(CSR) 확산을 위한 기초연구」, 한국문화관광연구원, 2014, 39면.

34) 이러한 설명으로는, 권한용(주 9), 730면.

35) Commission of The European Communities, 「Green Paper: Promoting a European framework for Corporate Social Responsibility」, Brussels, 2001. 7. 18, COM(2001) 366 final. p. 4.

36) CSR 촉진을 위한 세부 프로그램은 "① 아직 CSR이 활성화 되지 않은 회원국에 CSR을 홍보할 것, ② CSR의 성공적 수행을 위해서는 다자간 개입이 필수적이므로, 정기적으로 CSR 다자간 포럼을 개최해 CSR 활동을 장려할 것, ③ EU 회원국과의 협력을 통하여 지역차원의 CSR 발전을 도모할 것, ④ 소비자에게 투명한 상품정보를 제공하는 것을 지원할 것, ⑤ 수준별 CSR, 경쟁력 및 지속가능한 개발, 혁신 및 기업지배구조에 대한 연구를 지원할 것, ⑥ 학교 커리큘럼에 CSR 관련 과목을 도입할 것, ⑦ 중소기업들에게 CSR 활동을 위한 구체적 방향을 제시할 것, ⑧ CSR의 국제적 홍보를 지원할 것"이 그것이다. 이상과 같은 설명은, 정운용, "기업의 사회적 책임 제고를 위한 입법론적 제언", 「기업법연구」, 제25권 제3호, (2011. 9), 186면 각주 48 참조.

러한 이해관계인들의 대립적인 관점에도 불구하고 2002년의 유럽연합 녹서는 ① CSR의 자발적 성격, ② CSR의 실무에 대한 신뢰성과 투명성, ③ EU의 가치를 증진시키는 목표에의 부합, ④ 경제, 사회, 환경, 소비자를 위한 CSR의 포괄적 접근, ⑤ 중소기업의 특성과 필요성 고려, ⑥ 기존의 국제협정과 수단들(예컨대, ILO의 핵심 노동기준과 OECD 다국적 기업 가이드라인 등)을 지지하고 그에 부합하는 활동을 할 것을 기본원리로 요구하고 있다.[37] 요컨대, 이러한 EU 차원에서의 제안은 기업의 자율적 규제를 근간으로 하고 있는 것으로 평가할 수 있다. 그러나 자율적 규제에는 그 자체로 한계가 있으며, 따라서 법적 규제를 통한 보완적 관계의 유지가 필요하기에 CSR의 규범화라는 측면에서의 접근도 필요하다고 할 것이다.

다른 한편, 회사법 영역에서의 CSR활동과 관련하여, 2014년에 들어 유럽연합은 '비재무적 정보 보고에 관한 지침'(CSR지침)[38]을 마련하여 기업들로 하여금 비재무적 정보에 대해서도 공개하도록 하고 있다. 특히, 종업원이 500인 이상으로서 공공적 이해관계가 있는 대기업을[39] 적용대상으로 하는[40] CSR지침에서는 모회사와 자회사의 비재무정보를 통합하여 보고할 것을 요구하고 있는데, 이는 여러 자회사로 연계되어 있는 기업의 경우에는 자금의 흐름이나 재정상황의 파악이 곤란할 수 있기 때문이다. 그러므로 CSR지침의 적용대상인 기업들은 영업보고를 함에 있어서 환경보호나 근로자의 요구에 관한 사항, 인권의 존중, 부패 및 뇌물과의 전쟁에 대한 개념, 상당한 주의 절차, 기업이 당면한 실질적 위험 등과 같은 비재무적 정보를 포함하여 보고서를 작성하여야 한다. 그리고 그와 같은 내용을 명시하지 않을 때에는 그 이유를 제시하여야 한다. 다만, CSR지침의 적용대상인 기업들이 이와 같은 보고를 함에 있어서 특별한 형식이나 양식을 갖추어야 하는 것은 아닌데, 그 이유는 보고에 있어서의 표준을 제시할 경우 그 자체가 기업활동에 대한 부담으로 작용할 수 있기 때문이라고 한다.[41] 아울러, CSR지침에서는 보고서 작성과 관련하여 회원국의 선택사항에 대해서도 규정하는 한편,[42] 비재무보고 이외에 기업경영에 있어서의 핵

37) 권한용(주 9), 732면.

38) Directive 2014/95/EU.

39) Directive 2014/95/EU는 Directive 2013/3495/EU(특정 대규모 기업 및 단체의 비재무적 및 다양성 정보 공개에 관한 지침)를 개정한 유럽지침인데, 2013년 지침에서는 공공적 이해관계가 있는 대기업을 자본시장 상장회사인 금융사 또는 보험사로서 (i) 대차대조표 총액이 2000만 유로, (ii) 매출액이 4000만 유로, (iii) 연평균 250명 이상의 종업원, 이들 세 가지 항목 중에 두 개 이상을 충족하는 회사를 의미한다고 하였다.

40) CSR지침의 입법이유(8)에 따르면 동 지침에 따른 보고의무로 인하여 중소기업에게 지나친 행정비용 부담을 주지 않도록 하기 위하여 일정 규모의 대기업만을 지침의 적용대상으로 하였다. 즉, 동 지침에 따른 보고의무가 있는 기업이 유통상 연관성이 있는 중소기업이나 하도급관계에 있는 중소기업에게 보고의무를 부과함으로써 이들 중소기업에 부담을 주지 않고자 한 것이며, 따라서 중소기업은 자발적으로 보고의무를 부담하여야 한다. 이유민, "기업의 사회적 책임에 관한 회사법적 연구", 성균관대학교 박사학위논문, (2019. 2), 76면.

41) CSR지침에서는 이러한 비재무보고 사항에 대한 점검 및 공시와 관련하여 기업의 지배기구 및 감독기관에게 그 책임을 부여하고 있다.

42) 즉, 회원국들은 ① 급하지 않은 사항에 대해서는 기업들로 하여금 보고서 작성에 있어서 기재하지 않아도 되는 예외를 허용할 것인지의 여부, ② 영업보고서의 일부분이 아닌 별도의 비재무보고서 작성을 허용할 것

심적 구성원인 이사진들의 연령, 성, 교육적·직업적 배경과 관련한 다양성에 대해서도 보고하도록 규정하고 있다.

3. 영 국

우선, 영국에서는 기업의 사회적 책임을 강화하기 위한 방안으로서 1982년부터 통상산업부(Department of Trade and Industry: DTI)의 지원하에 기업의 사회적 책임활동을 평가하는 지표로서 '지역사회 속의 기업'을 결성하여 기업의 사회적 책임을 강화하기 위한 프로그램을 추진하였으며, 2002년에는 지역사회, 환경, 시장, 사업장으로 구성된 기업책임지수(CRI)를 제정하였다. 그리고 2000년에는 세계 최초로 CSR장관을 선임하고 정보공개법 제정을 통하여 기업의 환경, 사회적, 윤리적 요소를 고려한 의사결정 원리에 대한 정책을 국민에게 제출하게 하였으며,[43] 2001년 7월에는 수정연금법을 통하여 사회적 책임투자(SRI)를 연금펀드 투자기준으로 의무화하였다.[44]

한편, 기업의 사회적 책임과 관련한 회사법상의 입법동향과 관련하여서는 2006년의 회사법을 언급하지 않을 수 없다. 즉, 영국에서는 2006년 회사법을 통하여 기존에 명문의 근거가 없었던 이사의 의무를 명문화하였는데, 구체적으로는 동법 제10장 제2절에서 이사의 일반적 의무[45]를 도입하는 한편 그와 같은 의무의 하나로서 제172조에서의 '이사의 회사의 성공증진을 위한 의무'(Duty to Promote the Succes of the Company)를 언급하고 있다. 특히, 제172조에서는 이사가 회사의 성공을 촉진하기 위하여 노력하여야 하는 과정에서 고려하여야 할 사항으로서 "① 의사결정에 의해 장기적으로 발생할 가능성이 있는 결과, ② 당해 회사 종업원의 이익, ③ 공급업자, 고객 등과 당해 회사와의 사업상 관계를 촉진할 필요성, ④ 당해 회사의 사업이 공동체 및 환경에 미치는 영향, ⑤ 높은 수준의 영업행위 규준에 대한 회사의 평판을 유지하기 위한 바람직한 상황, ⑥ 회사의 주주 상호간 취급에 있어 공정하게 행위할 필요성 등"을 적시하고 있는데, 이러

인지의 여부 및 기업들이 별도의 보고서를 작성하는 경우 이를 영업보고서와 함께 인터넷 사이트에 공시할 것인지 아니면 별도의 사이트를 사용할 수 있게 할 것인지의 여부, ③ 결산 이외의 비재무보고에 대해 별도의 확인절차를 거치도록 할 것을 요구할 것인지의 여부에 대해 결정할 수 있다.

43) 특히, 탄소배출과 관련한 기후변화에 미치는 영향과 빈곤층지원, 지역사회 투자, 지배구조개선, 투명성 등을 포함한 다양한 분야에서의 성과도 평가하여 공개하고 있다. 이상과 같은 설명은, 김동근, "회사본질과 기업의 사회적 책임", 「기업법연구」, 제27권 제4호, (2013. 12), 241-242면.

44) 영국 최초의 사회책임투자 리서치 기관인 윤리투자리서치서비스(EIRIS)의 2003년 보고에 의하면, 영국의 상위 250개 연금 펀드 가운데 90%가 투자 전략을 수립할 때 사회, 환경, 윤리적 측면을 고려할 것을 투자원칙 조항에 명시하고 있다고 응답했다고 한다. 이상과 같은 설명은, 정운용, 앞의 글, 186면.

45) 2006년 영국 회사법상 이사의 일반적 의무는 제171조 내지 제177조에 걸쳐서 규정하고 있는데, 제171조는 이사의 권한 준수의무, 제172조는 회사의 성공증진 의무, 제173조는 독립적 판단 수행에 대한 의무, 제174조는 경영능력주의 의무, 제175조는 이익충돌금지 의무, 제176조는 제3자로부터의 이익 취득 금지 의무, 제177조는 제안된 거래 또는 주선에 의한 이익 공고 의무에 관한 것이다. 이사의 이상과 같은 일반적 의무 위반은 보통법 또는 형평법상 이사의 회사에 대한 다른 신인의무 위반과 동일한 효력을 가진다(동법 제178조).

한 태도는 주주 이외의 이해관계집단의 이익도 고려하도록 의무화하고 있다는 점에서 주목할만하다. 다만, 이러한 태도에도 불구하고 영국회사법상 주주의 이익을 최우선 가치로 하고 있다는 점을 감안할 때, 영국회사법에서 실질적 의미에서의 CSR원칙이 도입된 것으로 보기는 어렵다는 평가도 있다.[46)]

다른 한편, 2006년의 영국회사법 제417조에서는 '경영검토에 관한 이사의 보고'(Contents of Directors' Report: Business Review)에 대해 규정하고 있다. 이는 이해관계자 집단에게 영향을 미치는 회사의 영업행위에 대한 보고서를 제출하게 하는 것인데, 소기업을 제외하고는 이사의 보고서에 '경영검토'(Business Review)가 포함되어야 한다는 것이다(동법 제417조 (1)). 그리고 이러한 경영검토는 회사의 구성원과 관련한 정보를 제공하는 것이며, 이는 회사의 구성원으로 하여금 이사가 제172조에서 규정하는 의무를 제대로 수행하는지를 파악하게 하기 위함이라고 한다(동법 제417조 (2)). 경영검토에는 회사 영업의 공정한 검토와 회사가 직면하고 있는 주요 위험과 불확실성에 대한 설명이 포함되어야 하며(제417조 (3) (a), (b)), 회계연도 동안 회사 영업의 수행과 발전에 관한 사항과 영업연도 말, 영업의 규모와 세부 사항이 포함된 회사의 대차대조표와 이와 관련 분석이 포함되어야 한다(제417조 (4) (a), (b)). 또한 경영검토에는 회사 영업의 현황, 수행, 발전의 이해를 위하여 필요한 사항이 포함되어야 한다(제417조 (5)).[47)]

4. 독 일

독일에서의 기업의 사회적 책임과 관련한 논의는 1920년대 기업의 공공적 성격을 부각하기 위하여 Rathenau, Haussmann 등에 의해 '기업자체'(Unternehmen an sich) 사상이 주장되면서 시작되었다고 할 수 있다. 즉, '기업자체'사상이란 기업을 그 법률적 지반인 사원과는 별개로 그 자체를 독립적 존재로 파악하고, 사원 개개인의 이해관계를 떠나 국민경제의 입장에서 회사를 보호·유지하고 또 이에 상응하는 책임을 부여하여야 한다는 입장이다. 이러한 기업자체 사상은 "이사는 자기의 책임에서 기업과 종업원의 복지와 국가·국민의 공동의 이익이 요구하는 바에 따라 회사를 운영하여야 한다"는 내용으로 1937년 독일주식법 제70조 제1항에 반영되었다. 그러

---

46) 곽관훈, "기업의 사회적 책임(CSR) 논의의 최근 동향", 「경영법률」, 제27권 제2호, (2017. 1), 216면.

47) 구체적으로는 "(a) 미래 발전가능성, 수행 회사의 현황에 영향을 미칠 주요 동향 및 요인과; (b) (ⅰ) 환경적인 문제들(환경적인 회사의 영업의 영향을 포함하여) (i)에 회사의 사업의 영향을 포함하여 환경 문제 (환경), (ⅱ) 회사의 직원 및 (ⅲ) 그 문제와 관련하여 회사정책과 이러한 정책의 효과에 대한 정보를 포함한 사회 및 지역 사회 문제; (c) 회사와 영업에 중요한 계약적 또는 다른 합의들을 체결한 당사자에 대한 정보."를 들 수 있다. 만약 경영검토에 있어서 (b)와 (c)에서 언급하는 사항에 대한 정보가 포함하고 있지 않은 경우, 그와 같이 포함되지 않은 정보의 종류를 알려야 한다. 다만 동 조항에 따른 정보의 공개가 회사의 이익에 심각한 손해를 발생시킨다거나 (c)에서의 당사자에게 심각한 피해가 발생되거나 또는 공공의 이익에 반한다고 판단되는 경우, 이사의 정보공개의무는 경감된다(제417조 (10) (11) 참조).

나 제2차 세계대전 후 동 규정은 나치의 전체주의적 사상에 기초한 지도자이념(Führersprinzip)의 소산이라고 비판을 받아 1965년 독일 주식법(Aktiengesetz) 개정시 삭제되고, 현행 주식법 제70조에서는 "이사는 자기의 책임 하에 회사를 경영하여야 한다"라고만 규정하고 있다. 그러나 독일에서는 1951년 "광업과 철강업종의 기업에 있어서 감사회 및 이사회에서의 노동자의 공동결정에 관한 법률"(소위, '공동결정법')을 만들어 광산이나 철광업을 영위하는 기업은 노동자와 출자자를 동수로 하여 이사회를 구성하고 반드시 노무이사를 선임하도록 하였다.[48] 특히, 1976년의 신공동결정법[49]에 의하여 종업원이 2천명을 초과하는 기업의 감사회에 노동자측과 사측이 대등한 입장으로 참가하도록 하였다.[50] 그리고 이는 노동자가 기업의 구성원으로서 경영에 참가할 수 있다는 경영참가적 기업관에 기초한 것으로서 기업의 사회성을 입법에 반영한 사례라고 평가할 수 있다.[51]

한편, 독일은 2001년 4월에는 지속성장개발위원회를 설립하여 국가차원에서 지속성장 전략을 실행하기 위한 구체적 행동영역을 명시하도록 하며, 지속성장을 이해하고 이를 증진하기 위한 프로젝트를 추진하는 업무들을 담당하고 있다. 또한, 기업의 사회공헌 활동의 일환으로 기업과 국가간의 전략적 협력관계를 이끌어가기 위하여 2010년에는 'CSR Action Plan'을 도입하였는데, 이는 기업과 공공기관에 대한 사회적 책임의식을 안정시키고 중소기업의 참여를 폭넓게 확대함으로써 기업과 공공행정기관의 사회적 책임풍토를 토착화하고 기업의 사회공헌활동에 대한 신뢰성을 제고하는 것을 목표로 한다.[52] 다른 한편, 독일에서는 2014년에 제정된 유럽연합의 '비재무적 정보 보고에 관한 지침'(CSR지침)을 2017년 4월 11일의 'CSR지침 전환 법'에 따라 독일상법전에 반영하였다.[53]

5. 프랑스

기업의 사회적 책임에 관한 입법활동과 관련하여서는 프랑스가 유럽 내에서도 선도적인 태도를 취하는 것으로 평가할 수 있다. 특히, 기업의 자발적인 참여를 의무화한 것으로서 법령 제정 당시에는 그 위반에 대한 제재가 불분명한 경우들도 있다. 예컨대, 이러한 것들로는 기업으로 하여금 환경적·사회적 정보를 보고하게 하는 의무라든가,[54] 오늘날에는 기업에게 간접적으로

48) 이상과 같은 설명은, 이철송, 「회사법강의」, 제19판, 박영사, 2011, 60-61면.
49) Gesetz über Mitbestimmung der Arbeitnehmer vom 4. Mai 1976(BGBl. Ⅰ S. 1153.
50) 방준식, "독일 공동결정제도의 성립과 발전", 「법학논총」, 제24권 제1호, 한양대 법학연구소, (2007. 3), 2면 이하.
51) 송호신, "기업의 사회적 책임(CSR)에 대한 배경과 회사법적 구현", 「한양법학」, 제21권 제1집, (2010. 2), 146면.
52) 성승제, "사회적 책임에 대응한 기업법제 개선방안 연구", 한국법제연구원, 2013, 102-103면.
53) 구체적인 내용에 대해서는, 이유민(주 40), 101-102면.

의무부담되고 있는 사항으로서 이사회 및 감사회에서의 양성평등 및 직업적 평등에 관한 사회적 책임의 이행상황에 대한 보고의무,[55] 원격근로,[56] 50인 이상의 기업에 있어서는 직업적 평등을 존중할 의무,[57] 인적 재원의 사전적·예방적 관리를 위한 조치의무[58] 등을 들 수 있다. 아울러, 프랑스에서는 위에서 언급하였던 2014년 유럽연합의 '비재무적 정보 보고에 관한 지침'(CSR지침)을 2017년 8월부터 시행하고 있다.

한편, 기업의 사회적 활동이 선도적으로 이루어지고 이를 바탕으로 기존의 법령이 개정되는 예도 있다. 특히 인적 자원의 관리분야에서 이러한 현상을 발견하기가 용이하며, 기업의 사회적 활동과 관련하여 직면하는 문제로는 누구를 고용할 것인지, 차별금지를 어떻게 실천할 것인지, 장애인의 처우는 어떻게 할 것인지, 청년이나 고령자의 일자리는 어떻게 할 것인지, 근로조건이나 노사관계, 보건 및 안전의 문제, 교육 및 동등한 처우를 어떻게 실현할 것인지 등이 있다. 이와 관련하여 프랑스에서는 청년의 안정적 일자리 확보, 노인의 고용 또는 고용유지 촉진, 세대간 능력 및 기술 교류 촉진 등을 목적으로 하는 2013년 3월 1일의 법 제2013-185호를 예로 들 수 있다. 동법에서는 300인 이상을 고용하는 기업에 대해서는 위와 같은 내용을 의무화하고 있으며, 종업원 300인 이하의 기업에서는 위와 같은 내용이 권고사항으로서 해당 기업이 자발적으로 시행할 경우에는 그 규모에 따라 재정적 지원을 하고 있다.

다른 한편, 근로현장에서의 안전과 보건에 대해서는 각종의 국제기준(예컨대, ISO 26000)이 노동법에서도 반영되고 있다. 예컨대, 프랑스 노동법전 제R.4511-1조 이하에서는 외부기업에 작업을 의뢰하는 기업은 작업장에 관여하는 모든 자의 안전을 보장하기 위하여 위험예방조치가 이루어지도록 감독할 의무가 있다고 규정하고 있다. 따라서 도급인과 수급인의 관계라 하더라도 현장에서 발생할 수 있는 위험의 예방을 위하여 필요한 제반 정보를 상호 교환하여야 할 의무가 부과된다.[59] 그리고 프랑스 노동법전에서는 특히 사용자의 피용자에 대한 보호의무와 관련하여 보다 엄격한 태도를 취하고 있다. 즉, 동법 제R.4511-6조에서는 "모든 기업의 대표는 자신이 사용하고 있는 노동자의 보호를 위하여 필요한 예방조치의 적용에 대하여 책임을 진다."라고 규정

54) 이는 2001년 5월 15일의 법 제2001-420호 제116조에 의해 도입된 의무로서, 프랑스상법전 제L.225-102-1조 제5항 참조. 동조의 규정에 의하면 기업활동으로 인한 환경적·사회적 정보에 대한 보고의무는 프랑스에서 영업하는 기업뿐만 아니라 다국적 기업 및 프랑스 기업의 계열사 모두에게 적용되며, 작성되는 보고서는 법령에 따라 사회지표들을 수치화하거나 기술하여야 하고, 또한 이러한 정보들은 이사회나 집행이사회 보고서에 반드시 포함되어야 한다.
55) 프랑스상법전 제L.225-37조 제7항, 제L.225-68조 참조.
56) 2012년 3월 22일의 법에 의해 도입된 제도로서 프랑스 노동법전 제L.1222-9조 내지 제L.1222-11조에서 그 개념 및 내용에 대해 규정하고 있다.
57) 이 의무는 2012년 12월 18일의 데크레 제2012-1408호에 의해 도입된 것이다.
58) 프랑스 노동법전 제L.5121-3조 참조.
59) 프랑스 노동법전 제R.4512-5조 참조.

하고 있으며, 프랑스 법원에서도 이와 같은 의무위반에 대해 형사책임을 묻기도 한다.[60]

6. 일 본

유럽과 비교하여 일본에서는 CSR에 대한 관심이 늦었다고 할 수 있는데 그 이유는 전통적으로 기부문화가 발전하지 못하였으며, 국민의 복지는 정부가 주도하여야 한다는 인식이 기업인들에게 있었기 때문이라는 평가도 있다.[61] 아무튼, 일본에서의 CSR의 정의에 대한 인식은 포괄적이라고 할 수 있으나, 실제로 일본 정부가 관여하는 부분은 제한적이라고 한다. 즉, 국가주도의 유럽과는 달리 일본정부는 법적 구속력에 의한 통제보다는 가이드라인이나 이니셔티브를 강조하여 민간기업이 스스로 규범을 정하고 이를 준수하도록 유도하는 자율규제의 방식을 채택하였다.[62]

한편, 일본에서 현대적 의미의 CSR 개념이 확산된 것은 2000년대에 들어서라고 할 수 있다. 즉, 2001년 ISO 소비자정책위원회 총회에서 CSR에 대한 국제표준화에 대해 논의가 시작되면서 CSR이 일본에 알려지게 되고, 2003년 경제동우회가 CSR에 대한 보고서를 발표하는 것이 CSR에 대한 논의의 확산에 기여하였으며, 이후 일본정부와 경제계에서도 CSR에 대한 다양한 관점에서의 조사와 연구를 진행하였다고 한다. 우선, 내각부에서는 2002년 12월에 "소비자에게 신뢰받는 사업자가 되기 위한 자주행동기준 내지 지침"을 만들었고, 2008년 5월에는 "안전·안심으로 지속가능한 미래를 위한 사회적 책임에 관한 연구회 보고서"를 발표하였다. 환경성에서는 2005년 1월에 지속가능한 환경, 경제활성화를 위한 경제주체 상호간의 소통활성화를 정책제안으로 제시하기 위하여 "사회적 책임에 대한 연구회 보고서"를 작성하였고, "환경정보제공촉진 등에 의한 특정사업자 등의 환경을 배려한 사업활동의 촉진에 관한 법률(환경배려촉진법)"을 제정하여 시행하였으며, 2011년 10월에는 "지속가능한 사회형성을 위한 금융행동원칙", 2012년 3월에는 "환경보고서 가이드라인"을 각각 작성하였다. 후생노동성은 2004년 6월 "노동에 있어 CSR 추진을 위한 연구회 보고서"를 작성하였다.[63] 그리고 일본의 경제산업성은 리스크 관리, 법령준수 이외에 기업경쟁력 제고를 위한 지원도 하고 있는데, 2004년에는 "기업의 사회적 책임에 관한 원탁회

---

60) 위와 같은 사유를 이유로 한 대표의 형사책임에 대해서는 프랑스 노동법전 제R.4512-7조 참조. 동조가 적용된 사례로는, Cass. crim., 12 mai 1998, *JurisData*, n° 1998-002717.

61) 노영순(주 33), 49면.

62) 손성기, "기업의 사회적 책임에 대한 법적 연구", 고려대학교 박사학위논문, (2016. 6), 45면.

63) 동 보고서에서는 기업의 본래적 사명은 노동자를 충분히 배려하여 노동자의 개성과 능력이 충분히 발휘될 수 있도록 하는 것이라고 하고 있다. 그리고 이를 바탕으로 고용·노동에 관한 기업의 사회적 책임으로서 ① 다양한 재능을 가지고 있는 개인이 그 재능을 충분하게 발휘할 수 있도록 인재를 육성하고, 개개인의 개성을 발휘할 수 있는 환경 정비와 모든 개인에게 능력을 발휘할 수 있는 기회를 부여하며 안심하고 일할 수 있는 환경의 정비, ② 해외 진출 시 현지 종업원에 대한 책임 있는 행동, ③ 인권에 대한 배려를 행할 것을 요구하고 있다.

의”를 설치하여 같은 해 9월에 보고서를 공표하였다.[64)]

다른 한편, 일본에서의 회사법상 CSR의 도입과 관련한 논의는 다음과 같다. 1966년 일본 상법 개정에 즈음하여 기업의 사회적 책임이라는 개념이 사용되기 시작하였고, 1970년대 중반에 이르러 본격적인 입법논의로 이어졌다. 특히, 회사법 개정과 관련하여 ‘기업의 사회적 책임’을 도입함에 있어서 일반규정에 의할 것인지 아니면 회사법상의 개별 제도들을 개선하여 도입할 것인지의 여부가 논의의 중심에 있었다. 일반규정의 도입에 찬성하는 견해는 독일의 구 주식법 제70조 제1항의 사례를 모범으로 삼고자 하였으며 그 논거로서 기업은 사적 소유물이 아니어서 일반대중에게도 큰 영향을 미치므로 사회적 책임에 대한 일반규정을 둘 필요가 있다는 것이다. 반면, 개별 제도의 개선을 지지하는 견해는 일반규정의 도입을 통하여 법적 강제력을 부여하는 방안의 비합리성 및 그 적용범위 획정의 곤란, 이사의 재량확대로 인한 문제점 등을 논거로 제시하였다. 즉, 기업의 사회적 책임에 관한 일반규정의 도입에 반대하는 견해는 특히, “이사가 공동의 이익을 명분으로 하여 주주의 이익을 해칠 염려”가 있다거나, “사회적 책임에 관한 규정을 두더라도 그것이 훈시적인 규정에 불과하므로 재판규범으로서의 실효성이 의심”된다거나 “사회가 극단적인 우익이나 좌익으로 기울 경우 정치적 권력에 악용될 우려”가 있음을 논거로 제시한다.[65)] 그러나 당시에는 일반규정의 도입에 반대하는 견해가 우위에 있었으며 종국적으로는 입법으로 연결되지 못하였다.[66)] 다만, 2005년 신회사법이 제정됨에 따라 기업의 내부통제시스템이 도입되었는데, 그 배경에는 기업의 대규모 스캔들과 같은 위법행위를 사전에 차단하기 위한 것이었다. 따라서 이러한 내부통제시스템은 CSR의 한 부분을 차지한다는 점에서 CSR의 법제화라고 평가하는 견해도 있다.[67)]

---

64) 동 보고서에서는 CSR을 둘러싼 국내외의 동향, CSR의 기본적 관점과 구체적 방안, 기업이 가져야 할 의식 및 향후 과제 등을 광범위하게 다루고 있다. 이는 CSR을 단순히 기존의 메세나 운동 또는 자선활동에 제한된 활동이 아니라, ‘소비자, 투자가, 종업원, 지역사회 등의 이해관계자의 관계를 중시하고 가장 기초적인 법률준수와 함께 환경보전, 소비자보호, 공정한 노동기준, 인권, 인재교육, 안전위생, 지역사회공헌 등 광범위한 요소들로 구성된 것’이라고 정의하고 있다. 또한, CSR경영은 단순히 기업이 사회공헌을 행하는데 그치는 것이 아니라 그 기업의 경영자체가 개선되어 기업경쟁력의 강화에 도움이 되도록 하는 것이라는 점을 강조하고 있다. 동 보고서를 통해 제시하고 있는 CSR은 2가지 특징을 가지고 있는데, 먼저 기본적으로 강조되는 법령준수의 의무뿐만 아니라 환경, 안전, 노동, 인권, 자선행위 등 다양한 관점에서의 CSR을 의미한다는 점이다. 두 번째 특징으로는 CSR경영을 기업가치 향상을 위한 방안으로 인식하는 사고방식이 전반적으로 나타나고 있다는 점이다. 이러한 측면에서 CSR경영을 유도할 수 있는 사회적 책임투자(Socially Responsible Investment: SRI)도 점차적으로 그 필요성이 인정되고 있다. 이상과 같은 설명은, 곽관훈, “일본 회사법상 CSR경영원칙 도입에 관한 논의”, 「일감법학」, 제18호, (2010. 8), 236면.

65) 이철송(주 48), 62면.

66) 곽관훈(주 46), 217면.

67) 손성기(주 62), 50면.

Ⅳ. 기업의 사회적 책임의 규범화와 법적 과제(국제기준과 해결과제)

1. 기업의 사회적 책임에 대한 국내에서의 관련 입법 현황

우리나라에서도 CSR의 법제화를 위한 노력이 있었으며, 직접적으로 CSR을 언급하고 있지는 않으나 실질적으로 CSR에 관한 특별법에서의 규정들을 발견하는 것은 어렵지 않다. 특히, 제정 당시에는 CSR활동을 염두에 둔 것은 아니지만, 현재의 기준에 따를 경우 CSR과 맥을 같이 하는 법률들이 다수 있다. 예컨대, 근로기준법, 소비자기본법, 공정거래법, 하도급공정화에 관한 법률, 환경보전법, 남녀차별금지법 등이 그것이다. 반면, 산업발전법, 지속가능발전법, 중소기업진흥법, 국민연금법 등에서의 일부 규정들은 CSR의 확대와 함께 개정 또는 신설된 규정들이라고 평가할 수 있다.

우선, 「근로기준법」상 CSR에 관한 규정으로는, 근로조건의 결정에 관한 제4조,[68] 균등한 처우에 관한 제6조,[69] 법령의 주요 내용을 게시하게 하고 있는 제14조, 부당해고의 금지에 관한 제23조, 최저연령과 관련한 제64조, 사용금지에 관한 제65조, 야간근로와 휴일근로의 제한에 관한 제70조, 안전과 보건에 관한 동법 제6장의 규정 등을 들 수 있다. 그리고 동조의 규정들을 위반하는 경우에 대한 벌칙규정을 두는 등 이들 중 일부에 대해서는 법적 의무로 규정하고 있는 경우도 있다. 그리고 「소비자기본법」 제1조에서는 "이 법은 소비자의 권익을 증진하기 위하여 소비자의 권리와 책무, 국가·지방자치단체 및 사업자의 책무, 소비자단체의 역할 및 자유시장경제에서 소비자와 사업자 사이의 관계를 규정함과 아울러 소비자정책의 종합적 추진을 위한 기본적인 사항을 규정함으로써 소비생활의 향상과 국민경제의 발전에 이바지함을 목적으로 한다."고 규정한 뒤, 제4조에서는 '소비자의 기본적 권리'에 대해 규정하는 한편, 제3장 제2절(제18조 내지 제20조의4)에서 사업자의 책무 등에 대해 규정하고 있는데 제18조에서는 '소비자권익 증진시책에 대한 협력', 제19조에서는 '사업자의 책무',[70] 제20조에서는 '소비자의 권익증진 관련기준의 준

68) 동조에서는 "근로조건은 근로자와 사용자가 동등한 지위에서 자유의사에 따라 결정하여야 한다."라고 규정하고 있다.

69) 동조에서는 "사용자는 근로자에 대하여 남녀의 성을 이유로 차별적 대우를 하지 못하고, 국적·신앙 또는 사회적 신분을 이유로 근로조건에 대한 차별적 처우를 하지 못한다."라고 규정하고 있다.

70) 제19조에서는 '사업자의 책무'라는 표제 하에서 "① 사업자는 물품 등으로 인하여 소비자에게 생명·신체 또는 재산에 대한 위해가 발생하지 아니하도록 필요한 조치를 강구하여야 한다. ② 사업자는 물품 등을 공급함에 있어서 소비자의 합리적인 선택이나 이익을 침해할 우려가 있는 거래조건이나 거래방법을 사용하여서는 아니 된다. ③ 사업자는 소비자에게 물품 등에 대한 정보를 성실하고 정확하게 제공하여야 한다. ④ 사업자는 소비자의 개인정보가 분실·도난·누출·변조 또는 훼손되지 아니하도록 그 개인정보를 성실하게 취급하여야 한다. ⑤ 사업자는 물품 등의 하자로 인한 소비자의 불만이나 피해를 해결하거나 보상하여야 하며, 채무불이행 등으로 인한 소비자의 손해를 배상하여야 한다."라고 규정하고 있다.

수', 제20조의2에서는 '소비자중심 경영의 인증', 제20조의3에서는 '소비자중심 경영인증기관의 지정', 제20조의4에서는 '소비자중심 경영인증의 취소'에 대해 각각 규정하고 있다. 그리고 동법 제7장(제45조 내지 제52조)에서는 '소비자 안전'에 관한 사업자의 의무에 대해서도 규정하고 있다. 따라서 이들 규정들은 직·간접적으로 CSR활동과 관련이 있는 규정으로 평가할 수 있다. 다만, 이들 규정들을 위반한 경우에 대한 벌칙규정이 있기는 하나 대부분은 사업자의 책무로서 그 실천을 권고한 것으로 평가할 수 있다.

다음으로, 「독점규제 및 공정거래에 관한 법률」(약칭, 공정거래법) 제1조에서는 "이 법은 사업자의 시장지배적지위의 남용과 과도한 경제력의 집중을 방지하고, 부당한 공동행위 및 불공정거래행위를 규제하여 공정하고 자유로운 경쟁을 촉진함으로써 창의적인 기업활동을 조장하고 소비자를 보호함과 아울러 국민경제의 균형있는 발전을 도모함을 목적으로 한다."라고 규정한 뒤, 제2장(제3조 내지 제6조)에서는 '사업자의 시장지배적 지위의 남용을 금지'하고 있으며, 제4장(제19조 내지 제22조의2)에서는 '부당한 공동행위를 제한'하는 한편 제5장(제23조 내지 제24조의2)에서는 '불공정거래행위 및 특수관계인에 대한 부당한 이익제공을 금지'하고 있다. 따라서 이러한 규정내용은 CSR활동과 직·간접적으로 관련이 있다고 평가할 수 있다. 그리고 이들 규정에 위반하는 행위에 대해서는 각각 벌칙규정(제6조, 제22조, 제24조의2)을 두고 있다는 점에서 법적 의무로서의 기업의 사회적 책임에 관한 규정이라고 평가할 수도 있다. 다음으로, 「하도급거래 공정화에 관한 법률」(약칭, 하도급법) 제1조에서는 "이 법은 공정한 하도급거래질서를 확립하여 원사업자(원사업자)와 수급사업자(수급사업자)가 대등한 지위에서 상호보완하며 균형 있게 발전할 수 있도록 함으로써 국민경제의 건전한 발전에 이바지함을 목적으로 한다."라고 규정한 뒤, 제4조에서는 '부당한 하도급대금의 결정을 금지'하고 있으며, 제5조에서는 '물품 등의 구매강제를 금지'하고 있다. 동법 제8조에서는 '부당한 위탁취소를 금지'하고, 제10조에서는 '부당반품을 금지'하며, 제11조에서는 '위탁시 정한 하도급대금의 감액을 금지'하고 있다. 또한, 제12조에서는 '물품 구매대금 등의 부당결제 청구를 금지'하고, 제12조의2에서는 '경제적 이익의 부당요구를 금지'하며, 제12조의3에서는 '기술자료의 제공 요구를 금지'할 뿐만 아니라 제13조에서는 '하도급대금의 지급'에 있어서의 공정성을 확보할 것을 규정하고 있다. 아울러, 제17조에서는 '부당한 대물변제를 금지'하고, 제18조에서는 '부당한 경영간섭을 금지'하며, 제19조에서는 '보복조치를 금지'하고 있다. 비록, 동법이 도급인과 수급인 사이라는 특정한 법률관계를 주된 규율대상으로 삼고 있기는 하나, 이상과 같은 규정내용은 이해관계자들에 대한 기업의 사회적 책임과도 직·간접적으로 관련성이 있다고 평가할 수 있으며, 이들 규정들을 위반한 경우에는 벌칙규정(제25조, 제25조의3, 제30조 등)을 두어 제재하고 있다는 점에서 법적 의무로서의 CSR을 규정한 것으로 평가할 수 있다.[71)]

---

71) 「가맹사업거래의 공정화에 관한 법률」(약칭, 가맹사업법) 제1조에서는 "이 법은 가맹사업의 공정한 거래질

다음으로, 「산업발전법」 제1조에서는 “이 법은 지식기반경제의 도래에 대응하여 산업의 경쟁력을 강화하고 지속가능한 산업발전을 도모함으로써 국민경제의 발전에 이바지함을 목적으로 한다.”라고 규정한 뒤, 제18조[72]에서는 ‘지속가능한 산업발전의 평가기준 및 지표’에 대해 규정하는 한편, 제19조[73]에서는 지속가능경영 종합시책에 대해서 각각 규정하고 있는데 여기서 ‘지속가능한 산업발전의 도모’ 또는 ‘지속가능경영’이라는 표현은 기업의 사회적 책임과 맥을 같이 한다고 평가할 수 있다. 특히, 제19조에서는 ‘기업 지원 관련 기관이나 단체를 지속가능경영 지원센터로 지정’하여 예산지원까지 가능하도록 하고 있는데, 이러한 규정태도는 CSR정책을 구체적으로 실현시키고자 하는 의지가 반영된 것으로 평가할 수 있다. 다만, 제19조에서도 명시하는 바와 같이 ‘기업의 자율적 지속가능경영’을 강조하고 있다는 점에서 동법에서의 규정내용이 기업의 사회적 책임과 관련성이 있다고는 할 수 있으나 그와 같은 책임을 법적 책임으로 이론구성하는 것으로 평가하기는 어렵다.

다음으로, 2007년에 제정된 「지속가능발전법」 제1조에서는 “이 법은 지속가능발전을 이룩하고, 지속가능발전을 위한 국제사회의 노력에 동참하여 현재 세대와 미래 세대가 보다 나은 삶의 질을 누릴 수 있도록 함을 목적으로 한다.”라고 규정하고 있다. 그리고 동법 제2조[74]에서는

서를 확립하고 가맹본부와 가맹점사업자가 대등한 지위에서 상호보완적으로 균형있게 발전하도록 함으로써 소비자 복지의 증진과 국민경제의 건전한 발전에 이바지함을 목적으로 한다.”라고 규정한 뒤, 제2장에서는 ‘가맹사업거래의 기본원칙’에 대해 규정하면서 제5조에서는 ‘가맹본부의 준수사항’과 제6조에서는 ‘가맹사업자의 준수사항’에 대해 규정하고 있으며, 제3장(제6조의2 내지 제15조의5)에서는 ‘가맹사업거래의 공정화’와 관련한 각종의 행위규범을 제시하고 있다. 이들 규정들은 가맹사업자와 가맹본부 사이의 특정한 관계를 주된 규율대상으로 한 것이기는 하나, 이해관계자들에 대한 기업의 사회적 책임과 직·간접적으로 관련성이 있다고 평가할 수 있으며, 아울러 이들 규정에 위반하는 행위에 대해서는 벌칙규정(제33조 내지 제35조, 제41조 내지 제43조 등)을 두고 있다는 점에서 법적 의무로서의 CSR을 규정한 것으로 평가할 수 있다.

72) 제18조에서는 “① 산업통상자원부장관은 지속가능한 산업발전을 위하여 산업의 지속가능성을 측정·평가하기 위한 평가기준 및 지표를 설정하여 운영할 수 있다. ② 산업통상자원부장관은 제1항에 따른 평가기준과 지표를 활용하여 산업의 지속가능성을 측정·평가하고 그 결과를 산업발전시책에 반영하도록 노력하여야 한다.”라고 규정하고 있다.

73) 제19조에서는 “① 정부는 기업이 경제적 수익성, 환경적 건전성, 사회적 책임성을 함께 고려하는 지속가능한 경영(이하 ‘지속가능경영’이라 한다) 활동을 추진할 수 있도록 5년마다 종합시책을 수립·시행하여야 한다. ② 제1항에 따른 종합시책에는 다음 각 호의 사항이 포함되어야 한다.: 1. 기업의 지속가능경영 촉진정책의 기본방향 및 목표; 2. 지속가능경영의 국제표준화 및 규범화에 대한 대응 방안; 3. 지속가능경영을 통한 산업경쟁력 제고 방안; 4. 기업의 자율적인 지속가능경영 기반 구축 및 확대 방안. ③ 산업통상자원부장관은 제1항에 따른 종합시책에 따라 연차별 시행계획을 수립·시행하여야 한다. ④ 정부는 기업이 자율적으로 지속가능경영을 추진하도록 필요한 지원을 할 수 있다. ⑤ 산업통상자원부장관은 기업의 지속가능경영을 효율적으로 촉진하기 위하여 기업 지원 관련 기관이나 단체를 지속가능경영 지원센터로 지정할 수 있다. ⑥ 산업통상자원부장관은 지속가능경영 지원센터에 대하여 예산의 범위에서 업무수행 및 운영에 필요한 비용을 출연 또는 보조할 수 있다. ⑦ 산업통상자원부장관은 지속가능경영 지원센터가 제8항에 따른 지원기준에 미달하게 되는 경우에는 지정을 취소할 수 있다. ⑧ 지속가능경영 지원센터의 지정 및 지정취소의 기준·절차 및 운영에 필요한 사항은 대통령령으로 정한다.”고 규정하고 있다.

74) 제2조에서는 “이 법에서 사용하는 용어의 뜻은 다음과 같다. 1. ‘지속가능성’이란 현재 세대의 필요를 충족시

동법에서 규정하는 지속가능성과 지속가능발전의 개념에 대해 각각 규정하고 있다. 아울러, 제13조에서는 '지속가능발전지표 및 지속가능성 평가'와 관련하여 규정하고 있으며, 제14조에서는 '지속가능보고서'에 관하여 규정하는 한편, 동법 제4장(제15조 내지 제19조)에서는 환경부장관 소속의 지속가능발전위원회의 설치 및 운영에 대해 규정하고 있다. 다만, 동법이 지속가능발전을 위한 국가 및 지방자치단체의 역할을 강조하고 있다는 점에서 기업의 사회적 책임과 연관성이 있다고 평가할 수는 있으나, 직접적으로 기업의 책무에 대해 규율하지는 않는다는 점에서 CSR의 법제화와 관련한 사례로 평가하기는 어렵다.

다음으로, 「저탄소 녹색성장 기본법」(약칭, 녹색성장법) 제1조에서는 '경제와 환경의 조화로운 발전'을 위한 '녹색기술과 녹색산업'을 강조하고 있다. 그리고 동법 제6조에서는 '사업자의 책무'라는 표제 하에서 "① 사업자는 녹색경영을 선도하여야 하며 기업활동의 전 과정에서 온실가스와 오염물질의 배출을 줄이고 녹색기술 연구개발과 녹색산업에 대한 투자 및 고용을 확대하는 등 환경에 관한 사회적·윤리적 책임을 다하여야 한다. ② 사업자는 정부와 지방자치단체가 실시하는 저탄소 녹색성장에 관한 정책에 적극 참여하고 협력하여야 한다."라고 규정하고 있는데, 기업의 사회적 책임과 관련하여서는 환경친화적 기업경영이라는 측면도 포함된다는 점에서 여러 경제주체들의 책무에 대해 규정하고 있는 동법은[75] CSR의 법제화와 관련한 사례로 평가할 수 있을 것이다. 다만, 기업이 환경에 관한 사회적·윤리적 책임을 다할 것을 선언적으로 규정하고 있을 뿐 그 위반 또는 해태에 대한 제재 또는 불이익에 대해서는 언급하지 않고 있다는 점에서 이와 같은 책임을 법적 책임으로 이론구성하기는 어려울 것이다. 그러나 동법 제31조 및 제32조에서 규정하는 바와 같이 녹색기술·녹색산업에 대해서는 지원과 특례를 인정할 수 있으며, 녹색

키기 위하여 미래 세대가 사용할 경제·사회·환경 등의 자원을 낭비하거나 여건을 저하(저하)시키지 아니하고 서로 조화와 균형을 이루는 것을 말한다. 2. '지속가능발전'이란 지속가능성에 기초하여 경제의 성장, 사회의 안정과 통합 및 환경의 보전이 균형을 이루는 발전을 말한다."라고 규정하고 있다.

75) 제4조 및 제5조에서는 국가와 지방자치단체의 책무에 대해 규정하고 제7조에서는 국민의 책무에 대해서도 규정하고 있다. 특히, 제50조에서는 '지속가능발전 기본계획의 수립·시행'이라는 표제 하에서 "① 정부는 1992년 브라질에서 개최된 유엔환경개발회의에서 채택한 의제21, 2002년 남아프리카공화국에서 개최된 세계지속가능발전정상회의에서 채택한 이행계획 등 지속가능발전과 관련된 국제적 합의를 성실히 이행하고, 국가의 지속가능발전을 촉진하기 위하여 20년을 계획기간으로 하는 지속가능발전 기본계획을 5년마다 수립·시행하여야 한다. ② 지속가능발전 기본계획을 수립하거나 변경하는 경우에는 「지속가능발전법」 제15조에 따른 지속가능발전위원회의 심의를 거친 다음 위원회와 국무회의의 심의를 거쳐야 한다. 다만, 대통령령으로 정하는 경미한 사항을 변경하는 경우에는 그러하지 아니하다. ③ 지속가능발전 기본계획에는 다음 각 호의 사항이 포함되어야 한다.: 1. 지속가능발전의 현황 및 여건변화와 전망에 관한 사항; 2. 지속가능발전을 위한 비전, 목표, 추진전략과 원칙, 기본정책 방향, 주요지표에 관한 사항; 3. 지속가능발전에 관련된 국제적 합의 이행에 관한 사항; 4. 그 밖에 지속가능발전을 위하여 필요한 사항. ④ 중앙행정기관의 장은 제1항에 따른 지속가능발전 기본계획과 조화를 이루는 소관 분야의 중앙 지속가능발전 기본계획을 중앙추진계획에 포함하여 수립·시행하여야 한다. ⑤ 시·도지사는 제1항에 따른 지속가능발전 기본계획과 조화를 이루며 해당 지방자치단체의 지역적 특성과 여건을 고려한 지방 지속가능발전 기본계획을 지방추진계획에 포함하여 수립·시행하여야 한다."라고 규정하고 있다.

기술·녹색산업의 표준화 및 인증제도를 시행함으로서 CSR활동과 관련하여 기업의 자발적 참여를 유도하고 있는 것으로 평가할 수 있다.

다음으로, 「중소기업 진흥에 관한 법률」(약칭, 중소기업진흥법) 제1조에서는 "이 법은 중소기업의 구조 고도화를 통하여 중소기업의 경쟁력을 강화하고 중소기업의 경영 기반을 확충하여 국민경제의 균형 있는 발전에 기여함을 목적으로 한다."라고 규정한 뒤, 제2조 제11호[76]에서는 중소기업의 '사회적 책임경영'에 대해 정의규정을 두고 있다. 즉, 2012년에 신설된 '중소기업의 사회적 책임경영'이라는 표제의 동법 제8절은 3개의 조문으로 구성되어 있는데, 제62조의7에서는 '사회적 책임경영의 지원'에 대하여, 제62조의8에서는 '사회적 책임경영 중소기업육성 기본계획의 수립'에 대해서, 제62조의9에서는 '사회적 책임경영 중소기업지원센터의 지정'에 대해서 각각 규정하고 있다. 이들 중 특히 제62조의7 제1항에서는 "중소기업은 회사의 종업원, 거래처, 고객 및 지역사회 등에 대한 사회적 책임을 고려한 경영활동을 하도록 노력하여야 한다."라고 규정하고 있는데, 이러한 태도는 CSR활동을 직접적으로 규정하고 있다는 점에서 의미가 있다. 다만, 동법에서의 관련 규정 또한 CSR활동과 관련한 기업의 자발적 참여를 유도하고 있는 것으로 평가할 수 있다.

다음으로, 「국민연금법」은 2015년의 개정을 통하여 그 제102조 제4항에서 기금의 관리·운용에 있어서 "장기적이고 안정적인 수익 증대를 위하여 투자대상과 관련한 환경·사회·지배구조 등의 요소를 고려할 수 있다."라고 규정하고 있다. 즉, 동법에서 CSR활동과 관련한 직접적인 언급을 하고 있지는 않지만, 소위 '사회책임투자'(SRI)라는 개념을 도입하고 있다는 점에서 의미가 있다. 공적 연기금의 경우에는 그 특성상 중장기적으로 자산을 보유하여야 하므로 투자대상기업의 재무정보는 물론이요 그 이외의 ESG요소(환경(Environment)·사회(Social)·기업지배구조(Governance))는 투자를 위한 의사결정에 있어서 중요한 판단자료로 작용한다. 따라서 국민연금법의 이러한 태도는 CSR활동과 관련성이 있다는 점에서 의미가 있다. 다만, ESG요소를 참작하는 것이 법적 의무사항은 아니라는 점에서 한계는 있을 수 있다.

다음으로, 「자본시장과 금융투자업에 관한 법률」(약칭, 자본시장법)에 따른 상장법인의 사업보고서 제출과 관련하여 일정한 비재무적 정보에 대해서도 공시를 의무화하는 내용의 개정안이 발의되기도 하였으나, 종국적으로는 입법으로 연결되지는 못하였다.[77]

이상에서 살핀 우리나라에서의 CSR 관련 입법내용은 크게 나누어 CSR을 염두에 둔 입법과 CSR을 염두에 둔 것은 아니지만 직·간접적으로 CSR과 관련성이 있는 입법으로 나눌 수 있다.

---

76) 본호에서는 "'사회적책임경영'이란 기업의 의사결정과 활동이 사회와 환경에 미치는 영향에 대하여 투명하고 윤리적인 경영활동을 통하여 기업이 지는 책임을 말한다."라고 규정하고 있다.

77) 자본시장법 개정안의 내용 및 전개과정에 대해서는 이유민(주 40), 60-61면.

그런데 이 후자의 경우들에 있어서는 CSR과 관련한 활동을 권고하는 한편, 경우에 따라서는 위반행위에 대한 제재가 수반된다는 점에서 CSR이 법적 의무로 다루어지는 경우들도 다수 발견된다. 반면, CSR을 염두에 둔 입법들에서는 CSR이 법적 의무로서 기획된 것으로 평가하기는 어려우며, 대부분의 경우 기업의 자발적 참여를 권고하는 수준에 머무르고 있다고 평가할 수 있을 것이다. 이러한 사정으로 인하여 이들 법령들에서는 CSR의 개념 또한 대단히 추상적이며 그 실효성에 대한 의문의 제기가 어쩌면 당연한 논리적 귀결인지도 모른다. 따라서 상법에서의 CSR 관련 일반규정 도입을 통한 CSR의 규범화에 대한 논의가 여전히 실익이 있다고 할 수 있다.

2. 상법상 일반규정에 의한 CSR 도입 방안에 관한 논의의 전개

(1) 서

CSR활동의 제고를 위한 방안으로서 이를 법적 의무로 구성할 것인지에 대해서도 견해가 나뉘지만, 법률을 통하여 도입한다고 하더라도 그 합리적인 방안이 무엇인지에 대해서는 의견이 분분하다. 특히, CSR을 일반규정에 의하여 도입하자는 견해가 있는가 하면, 구체적인 기업의 영리활동이 사회에 미치는 영향을 분석하여 개별적으로 조문화하거나 기존의 관련 규정을 개정하는 것이 바람직하다는 견해도 있다. 따라서 현행 상법상 관련 규정의 해석을 통하여 CSR의 근거를 찾는 것이 가능한지에 대해 우선적으로 살핀 뒤, 일반규정에 의한 CSR 도입과 관련한 논의를 검토할 필요가 있다.

(2) 상법상 이사의 의무와 CSR

CSR이라는 개념이 기업에서의 주주와 종업원 이외에도 소비자나 지역사회 등 다양한 이해관계자들의 이익을 실현하는 것을 의미한다고 이해한다면 그 이행의 중심에는 기업의 기관에 해당하는 이사가 등장할 수밖에 없다. 따라서 대다수의 기업활동에 있어서는 이사의 사회적 책임과 기업의 사회적 책임이 중첩적이라고 할 수 있다. 그런데 이사의 책임에 관한 일반규정으로는 이사의 선관주의의무의 근거가 되는 상법 제382조 제2항과 이사의 충실의무에 관한 상법 제382조의3 등을 들 수 있다. 그런데 이 두 의무가 이사의 회사에 대한 의무만을 규정한 것이 아니라 주주, 채권자, 소비자 및 지역주민 등 회사의 이해관계자에 대한 관계에서도 부과되는 의무인지가 의문일 수 있다. 그런데 이를 긍정하는 견해는 ① 현대의 거대회사에 있어서 이사는 단순히 회사의 이익추구뿐만 아니라 다양한 사회적 책임을 이행할 것을 요청받고 있으며, ② 상법 제382조의3을 신설할 때 참조하였던 일본상법 제254조의3의 가안에 따르면 "이사는 주주 및 채권자의 이익을 고려하여 회사를 위하여 성실히 업무를 수행할 의무를 부담한다"고 규정하였을 뿐만 아니라 ③ 상법 제382조의3에서 정한 '법령'은 모든 법령을 포함한다는 점을 들고 있다.[78)]

78) 안택식(주 32), 65-67면.

즉, 이러한 견해에 따를 경우, 이사의 충실의무에 관한 상법 제382조의3의 규정은 “이사는 법령, 정관 또는 주주총회의 결의를 준수하여 주주, 채권자, 종업원, 소비자, 지역주민 등의 이익을 고려하여 회사를 위하여 충실히 그 직무를 수행할 의무를 진다.”는 CSR 일반규정으로 해석할 수 있게 된다. 그러므로 이사가 동조의 규정에 위반하여 회사의 이해관계자에게 손해를 입힌 경우에는 이사의 제3자에 대한 책임과 관련한 상법 제401조에 의한 손해배상책임을 진다는 논리도 가능하게 된다. 그러나 이러한 논리구조는 해당 조문의 지나친 확대해석의 결과라고 할 수 있으므로 바람직하지 않고, 오히려 회사법 내에서 CSR에 관한 일반규정을 두는 것이 바람직하다는 견해가 있으며, [79] 충실의무 조항의 취지가 CSR을 염두에 두었다거나, CSR을 위해 도입된 것도 아니기 때문에 제382조의3을 CSR의 법적 근거가 된다고 보는 것은 결과론적인 고찰에 불과하다는 견해도 있다.[80]

한편, 전통적인 주주중심주의 기업관에 따를 경우, 이사는 주주의 대리인으로서 주주의 이익을 위해 최선을 다할 의무를 지니나, 오늘날에는 위에서 언급한 바와 같이 주주뿐만 아니라 기업에 관계된 다양한 이해관계인들의 이익을 포함한 회사의 이익을 위해 최선을 다할 충실의무 또는 주의의무가 이사에게 부과된다고 이해되기도 한다. 그러나 기업경영과 관련한 경제적 상황과 사회적 인식이 주주중심주의에서 이해관계자주의로 변화한다고 하여 그 법적 근거를 설명함에 있어서 이사의 책임에 관한 규정을 원용하는 입장은 해석의 한계를 일탈하였다고 볼 수 있다. 특히, 기업의 자발적 참여가 중시되는 다양한 CSR활동의 특성을 고려할 때, 이사가 그와 같은 영역에 속하는 CSR활동의 이행에 소극적이었다고 하여 마치 법적 의무 위반에 따른 손해배상책임까지 지게 하는 것은 무리한 해석이라고 할 수 있다.[81]

(3) 상법상 일반규정에 의한 CSR의 규범화

현행 우리 상법에서는 아직까지 CSR에 관한 일반규정이 없으나 그 도입에 대한 논의마저 없었던 것은 아니다. 구체적인 방안으로는 크게 3가지 정도의 가능성이 주장되기도 하였다. 우선, ① 회사법에서의 일반원칙으로서 “회사는 그 사회적 책임을 다하여야 한다.” 또는 “회사는 공공복리에 적합하도록 운영되어야 한다.”라는 식의 규정을 두는 방법, 다음으로 ② 이사의 의무에 관한 규정내용을 개정하여 “이사는 그 직무를 수행함에 있어서 주주, 채권자, 종업원, 소비자, 지역주민의 이익을 고려하여야 한다.”라는 식의 규정을 두는 방법, 다음으로 ③ “회사는 영리를 목적으로 한 경영활동에 있어서 회사의 종업원, 거래처, 고객, 지역사회 등 이해관계자에 대한 사회적 책임을 고려하여야 한다.”라는 식의 규정을 두는 방법들이 제시되기도 하였다.

---

79) 송호신(주 51), 154-155면.
80) 최준선, “기업의 사회적 책임론”, 「성균관법학」, 제17권 제2호, (20014. 12), 500면.
81) 상법 규정의 해석에 의한 CSR허용의 한계에 대해서는, 권용수, “기업의 사회적 책임 구현방안에 관한 법적 연구”, 건국대학교 박사학위논문, (2014. 12), 91면 이하 참조.

한편, 이러한 일반규정의 도입방안에 대해서는 찬성과 반대의 견해가 대립하고 있다. 우선, 찬성론의 논거는 다음과 같다. ① 각종의 특별법에서도 이해당사자의 이익을 적절히 배려해야 할 의무를 부과하고 있는데, 기업의 기본법이라고 할 수 있는 상법에서 주주의 이익을 위한 이윤의 추구만을 강조한다면 일반법과 특별법상의 해석원리의 상충을 해결할 수 없어서 법적용상의 혼란을 피할 수 없게 된다고 한다. ② CSR의 개념과 내용이 불분명하기는 하지만 민법이나 헌법과 같은 일반법에서도 신의성실의 원칙이나 공공복리의 원칙과 같이 그 개념을 명확히 할 수 없는 추상적 개념들이 규정되어 있으므로 상법에서 그와 같은 CSR을 도입한다고 하여 문제될 것이 없다고 한다. ③ CSR을 일반규정에 의해 도입할 경우, 주주의 권한 축소와 이사의 권한 확대가 예상될 수 있으나 이러한 일반규정의 신설로 인하여 이사회의 행위기준이 분명해질 수 있다고 한다. ④ 일반규정을 신설하는 경우, 회사법상으로도 기업이 사회적 제도이며 주주의 전유물이 아니라는 것을 분명히 할 수 있다고 한다.[82] 아울러, ⑤ CSR을 긍정하는 것이 일반인의 도덕감정에도 부합한다는 주장도 있다.[83] 다음으로, 지금까지는 다수의 견해라고 평가할 수 있는 반대론의 논거는 다음과 같다. ① 기업의 사회적 책임론은 이윤의 추구를 목적으로 하는 회사의 본질을 고려할 때 이를 회사법에서 수용할 경우 회사법의 구조를 변형시키고 이는 종국적으로 회사의 영리성을 제어하는 구실이 될 수 있으며, ② 기업의 사회적 책임은 그 의무내용이 모호하므로 행위규범으로서 기능할 수 없는데, 이는 민법상 신의성실의 원칙이나 권리남용금지의 원칙과 비교하여 마찬가지의 것으로 다룰 수도 있으나, 민법상 일반원칙에서는 구체적인 법률관계의 당사자가 권리의 행사나 의무의 이행에 있어서 사회통념에 따라 쉽게 인식할 수 있는 규범이므로 규범내용이 불분명해지는 문제는 없다고 한다. ③ 또한, 사법상 권리자가 없는 의무가 존재할 수 없는데, 기업의 사회적 책임에서의 권리자는 그 범위가 막연하므로 권리자를 특정할 수 없다는 문제점이 있다고 한다.[84] ④ 아울러, CSR을 일반규정에 의해 도입할 경우, 그 내용을 계수화할 수 없으며 객관적인 판단기준이 없기 때문에 경영자의 재량권의 확대를 가져올 염려가 있다고 한다.[85]

생각건대, 국내의 특별법에서 CSR활동과 관련한 근거규정들을 다수 포함하고 있다는 점에서 상법에서도 CSR활동과 관련한 근거규정을 두는 것은 의미가 없지 않다. 다만, CSR의 포섭범위가 광범위하여 이를 일반규정의 형식으로 상법에 도입할 경우에는 현실적인 측면에서 법적용의 한계 내지 남용의 문제를 초래할 수 있으므로, CSR의 이행이나 실천을 유도할 수 있는 개별규정의 신설 내지 관련 규정의 개정을 모색하는 것이 보다 현실적이라고 할 것이다.

82) 이상과 같은 설명은 송호신(주 51), 157-158면 참조.
83) 김두진, "주식회사의 사회적 책임론과 그 법제화방안", 「외법논집」, 제42권 제1호, (2018. 2), 144면.
84) 이철송(주 48), 63-64면.
85) 서돈각, "현행 주식회사법제에 관한 문제점과 상법개정의 방향", 「상법연구 (2)」, 법문화, 1980, 174-175면.

3. 기업의 사회적 책임의 법제화를 위한 해결과제

(1) 기업의 사회적 책임과 규율방식: 법적 의무와 자발적 노력 유도의 병행

국내에서의 CSR과 관련한 논의도 그 양적 범위를 넘어서 질적인 측면에서의 CSR이행 또는 실천방안에 무게중심이 옮겨지고 있는 상황이다. 즉, 지금까지의 CSR과 관련한 논의나 정책은 기업의 자발적 참여를 기초로 하고 있었으나 실효성 측면에서의 자율규제의 한계로 인하여 그에 대한 비판이 적지 않았으며 CSR활동의 실효성을 제고하기 위하여 법적 규제의 보완이 있어야 한다는 목소리가 꾸준히 제기되고 있는 실정이다. 아울러, 기업의 자발적인 CSR활동이라는 것이 경우에 따라서는 그 동기가 불순할 수도 있다고 한다. 특히, 공동체적 성격이 강한 분야에서의 기업활동에 있어서는 강제적 규제나 이행입법이 필요하기도 한데, 대표적으로는 사업장의 보건, 안전, 환경, 복지 등과 관련하여서는 이미 관련 법령에서 일정한 기준을 제시하는 한편, 그 기준을 위반할 때에는 법적 규제의 대상으로 된다. 그러나 자율규제가 이윤추구를 주된 목적으로 하는 기업의 본질상 한계가 있다고 하여 모든 사항에 대해 법적 규제 또는 법적 강제를 동원할 수는 없다. 즉, CSR활동의 실효성을 제고하기 위해서는 자율규제와 법적 규제가 병행되는 방향으로 제도운용을 구상하는 것이 바람직하다고 할 수 있다.[86]

한편, 자율규제와 법적 규제가 병행될 수 있는 구체적 방안은 무엇일까? 이는 자율규제와 법적 규제를 혼용하는 방안이 그것이라고 할 수 있다. 즉, 입법적 조치를 취하는 경우에 있어서도 비구속적 조치를 포함시키는 방안이 이에 해당한다고 할 수 있는데, 이는 기업이 자율적 행위준칙을 정하여 그 준칙을 이행할 것을 법적 규제의 의무사항에 포함시키는 방안이다. 아울러 일정 정도의 CSR활동 실적이 확인되는 경우에는 각종의 혜택(예컨대, 조세감면이나 공공조달 분야에서의 입찰, 기타 기술적·재정적 지원)을 제공할 수 있음을 밝히는 것이다. 그리고 이 방안 중 일부는 위에서 언급한 국내 CSR관련 특별법에서도 채택하고 있는 방안이다. 다음으로, CSR활동의 이행과 관련하여 기업으로 하여금 그 내용을 공개하는 보고서를 작성하게 할 것을 의무화하는 것도 방안이라고 할 수 있다.[87] 특히, 후술하는 바와 같이 비재무적 정보에 대한 공시를 의무화하는 것도 그 구체화라고 할 것이다.

다른 한편, CSR활동과 관련한 기업의 자율규제에 대한 법적 규제가 보완적으로 실시되더라도 여전히 문제가 남아 있을 수 있다. 사실, CSR의 이행은 법적 규제보다는 기업의 인식과 의지가 가장 중요하다고 할 수 있다. 즉, 기업 스스로 CSR과 관련하여 자율규제와 법적 의무를 준수하도록 정부 차원에서의 행정적, 법적 지원이 따라야 할 것이다. 특히, 기업의 규모나 사업내용

86) 같은 취지의 설명으로는, 권한용(주 9), 724면.
87) 권한용(주 9), 726-727면.

을 고려하여 CSR의 이행과 관련한 규율수단의 적용을 달리할 필요도 있을 것이다.

(2) 기업의 지배구조와 기업의 사회적 책임

기업의 지배구조는 “기업을 감독하고 관리하며 통제되는 방식에 영향을 미치는 절차, 관행, 정책, 법률 및 제도의 집합”으로 개념 정의된다. 그런데 기업지배구조를 크게 나누어 미국식과 독일식으로 나눌 수 있다면, 미국식은 주주중심주의를 기본으로 하나 독일식은 이해관계자주의를 기본으로 한다고 평가할 수 있다. 그러나 우리나라에서의 주식회사 기업은 주식소유를 기반으로 하는 기업의 소유자 지배라는 기업구조의 패턴이므로 주주 이외의 근로자나 종업원, 소비자 및 지역주민 등의 이해관계는 고려의 대상이 될 수 없었다고 평가할 수 있다. 즉, 우리 상법상의 기업은 그 주체가 자본가인 주주이며, 경영자와 노동자는 기업에서의 주체적 지위를 인정받지 못하고 있다는 것이다. 따라서 기업의 경영이 대주주의 이익에 따라 이루어지기 때문에 채권자, 노동자, 소비자 등의 이해관계인의 이해요구가 기업내에서 반영되기 어렵다고 할 수 있다. 그러나 기업지배구조의 관계에서 CSR의 실효성 확보를 위해서는 기업의 조직 내에서의 견제기관과 감시기관들에 대한 재검토가 필요하다고 할 수 있다. 즉, 현행 회사법 체계에서는 기업 내의 견제와 감사기관으로서 사외이사와 감사 또는 감사위원회를 두고 있는데 기업의 사회적 책임과 관련하여 이들 사외이사나 감사위원회에 근로자, 소비자, 지역주민 등의 이해관계자들이 참가할 수 있는 방안을 검토할 필요가 있을 것이다. 특히, 사외이사 제도와 관련하여서는 독일에서 실시되어 유럽의 다른 나라에도 영향을 미치고 있는 공동결정제도가 우리나라에도 시사하는 바가 크다고 할 것이다.[88]

요컨대, 전통적인 기업지배구조론은 주주중심주의에 입각하여 주주와 다른 이해관계자 사이에 발생하는 대리인 문제를 해결하는데 방점을 두었다면, 기업의 사회적 책임론은 주주뿐만 아니라 이해관계자의 이익도 고려하여야 한다는 점에 방점이 두어진다는 점에서 두 이론의 논의가 다소 상반된 방향으로 전개되어 온 것도 사실이다. 그러나 기업의 사회적 책임을 제고하기 위해서도 기업지배구조의 개선이 수반되어야 하며, 기업지배구조론에서도 이해관계자 보호를 위한 방안의 모색이 수반되는 방향으로 논의가 진행되어야 할 것이다. 즉, 기업지배구조는 더 이상 주주중심주의를 바탕으로 한 이념이 아니며 기업의 사회적 책임과 접목되어 이해관계자와의 관계를 고려한 기준과 규정을 마련하는 방향으로 발전되어야 한다고 할 것이다.[89]

(3) 사회책임 정보의 공시 의무화

비재무정보 또는 지속경영가능정보라는 용어로도 불리우는 사회책임정보는 기업의 비재무적 정보 중에서 기업이 사회와 지속적인 관계를 형성하면서 이해관계자 모두에게 필요한 정보를

88) 이상과 같은 설명은, 송호신(주 51), 161-165면.
89) 이유민(주 40), 179면.

제공하여야 한다는 의미에서의 정보를 가리킨다. 그런데 기업의 사회적 책임을 법제화한다고 할 경우, 그 실효성을 제고하기 위해서는 기업의 이러한 비재무적 정보의 공시를 의무화할 필요가 있다는 주장들이 꾸준히 제기되고 있다. 그 근거로는 사회책임정보의 공시는 이해관계자들로 하여금 기업의 사회적 책임 활동에 대한 감시 또는 감독을 가능하게 한다는 점을 들 수 있다. 또한, 오늘날에는 기업이 비재무적 리스크로 인하여 이미지가 실추되고 막대한 손실을 입는 경우가 있는데, 이러한 사정으로 인하여 기업에 대한 투자판단에 있어서 재무적 요소뿐만 아니라 비재무적 요소도 함께 고려하여야 하기 때문이다.[90] 아울러, 위에서 살핀 각종의 국제기준에 따른 각국에서의 CSR 관련 표준이 제정되면서 기업들이 관련 보고서를 작성하는 것이 일반화되고 있는데, 이러한 사정으로 인하여 기업차원에서도 사회책임 정보를 종합하여야 하는데 그 수집 및 공개과정에서 이해관계자들의 참여와 모니터링을 통하여 기업의 경쟁력이 제고될 수 있다고 한다.[91] 따라서 오늘날에는 사회책임정보에 대한 수요와 중요도가 증가함에도 불구하고 현재 우리나라에서는 사회책임정보가 제한적으로 그리고 기업적 자발적 참여에 의하여 공개될 뿐이고 그 수도 많지 않다. 그러나 위에서 살핀 바와 같이, 외국의 입법례에서는 전세계적으로 이러한 사회책임정보에 대해서도 공시를 의무화하고 있는 것으로 평가할 수 있다. 향후 관련 법령의 개정에 있어서 적어도 일정 규모 이상의 기업에 대해서는 일정한 유형의 사회책임정보에 대한 공시를 의무화할 필요가 있을 것이다.

(4) CSR위원회의 설립

기업의 사회적 책임과 관련한 업무는 그 영역이 광범위하므로 CSR활동의 효율성을 제고하기 위해서는 기업 내에서 이를 담당하는 독립적인 부서를 설치하고 전담인력을 배치하여 CSR에 대한 인식공유 및 전략과 실행, 사후관리가 이루어지는 것이 바람직하다고 할 수 있다. 그러나 현재 우리나라 대부분의 기업에서는 CSR활동을 기업의 이미지 제고를 위한 부수적 업무로 인식하므로 이에 대한 이사회의 논의가 진행된다거나 체계적인 보고체계를 거치는 사례를 발견하기는 용이하지 않다. 따라서 효과적인 CSR활동의 이행을 담보하기 위해서는 최고 경영진 산하에 CSR위원회를 설치하는 방안을 모색할 필요가 있다는 주장도 있다.[92] 특히, 우리 상법 제393조의 2에서는 이사회 내에 위원회를 설치할 수 있도록 하고 있으므로, 정관에서 정하는 바가 있으면 이사회 내에 CSR위원회를 설치할 수 있다. 다만, CSR위원회의 설치를 법적으로 강제할 수 있는

90) 특히, 환경·인권·노동·반부패·투명한 지배구조·지역사회의 공헌도 등과 같은 다양한 사회적 성과를 중시하는 지속가능경영을 실천하는 기업을 대상으로 하는 사회책임투자(SRI)가 일반적인 투자보다 높은 수익률을 올린다는 결과가 계속 발표되면서 현재 전세계적으로도 사회책임투자가 크게 성장하고 있다고 한다.

91) 이상과 같은 설명에 대해서는, 손성기(주 62), 161-162면.

92) 서의경, "기업의 사회적 책임(CSR) 확산을 위한 입법적 검토 -상법을 중심으로-", 「상사판례연구」, 제27집 제4권, (2014. 12), 34면.

지의 여부는 별도의 검토가 필요할 수 있는데, 그 이유는 CSR위원회를 설치함으로 인하여 CSR의 실효성 제고에는 기여할 수 있으나 이를 기업의 규모를 고려하지 않고 모든 유형의 기업에 강제할 경우에는 특히 중소기업에 있어서 부담으로 작용할 수 있기 때문이다. 즉, 상법 제542조의11에서 규정하는 감사위원회의 사례와 마찬가지로 기업의 자산규모를 고려하여 CSR위원회 설치의 의무화 여부를 결정하고 기타 기업에 대해서는 자발적인 설치를 유도하는 것이 바람직할 것이다.[93]

V. 나가며

우리 사회에서도 이제는 기업의 사회적 책임이라는 표현이 어느덧 익숙한 개념으로 자리 잡고 있다. 그리고 기업의 사회적 책임과 관련하여 근로기준법, 소비자기본법, 환경정책기본법, 산업발전법, 중소기업진흥법 등 다양한 특별법에서 관련 규정을 두고 있는 것이 사실이다. 그리고 이들 규정들 중 일정부분은 국제기준을 참조하여 기업의 사회적 책임을 법적 의무화하고 있는 것으로 평가할 수 있는 경우도 있다. 이와 같이 기업의 사회적 책임 활동에 대해서는 그 필요성에 대한 국내외에서의 공감대가 형성된 것은 사실이며 국제기구들에 의한 다양한 국제적 기준들이 제시되어 그에 대한 각국 국내법에서의 반영절차가 이루어지기도 하였으나, 여전히 기업의 사회적 책임이라는 개념 자체에 대해서도 그 의미가 다양하게 사용되고 있는 것도 현실이다. 또한, CSR활동 중에는 본질적으로 기업의 자율규제에 맡겨야 할 부분과 법적 강제수단을 동원하여 그 이행을 강제하여야 할 부분이 구분될 필요가 있기에 CSR을 규범화하는 것이 용이하지 않은 것도 사실이다. 또한, CSR을 규범화하고 더 나아가 법적으로도 의무화한다고 하더라도 이를 모든 기업에 공통적으로 적용할 수 없는 경우도 있다. 특히, 중소기업의 경우에 있어서는 CSR을 규범화하여 강제할 경우, 기업경영에 있어서 큰 부담으로 작용할 수도 있으므로 자율규제에 맡기는 것이 합리적인 경우도 있을 수 있으나, 그와 같이 자율규제에 맡길 경우에는 기업의 경쟁력 약화와 더 나아가 이해관계자를 포함한 공동체의 이익에 위해가 초래될 수 있는 경우도 있다. 따라서 CSR활동의 긍정적인 측면에도 불구하고 예상되는 부작용을 최소화하기 위해서는 CSR활동의 유형을 나누어 공동체의 이익과 직접적으로 관련되는 영역에 대해서는 그 이익의 경중을 고려하여 이를 법적 의무로서 규율하되 기업의 규모 등을 고려하여 수범자의 범위를 조정하는 탄력적 태도를 취할 필요도 있다. 그리고 공동체의 이익과 직접적인 관련이 없거나 그 이익의 크기가 중대하지 않은 영역에 있어서의 CSR활동과 관련하여서는 자율규제와 법적 규제를 혼용하는

93) 서의경(주 92), 36-37면.

방안을 마련할 필요가 있을 것이다. 무엇보다도 CSR활동과 관련하여서는 기업의 인식이나 의지가 중요하므로 기업이 주도하여 CSR활동을 전개할 수 있는 동인을 제공하는 방향으로 관련 제도를 설계할 필요가 있다. 아울러, 우리나라에서도 국제적으로 통용될 수 있는 CSR관련 인증제도를 신설하거나 국내에서도 기존에 이미 활용하고 있는 CSR 관련 제도를 연계하는 CSR 플랫폼을 구축할 필요도 있을 것이다.

현행 민법규정의 적용 및 해석과 관련한 몇 가지 법적 문제*

– 총칙 및 물권규정을 중심으로 –

김 성 욱**

Ⅰ. 서 론

현행 민법은 1960년 1월 1일부터 시행되었고, 2020년 현재까지 30여 차례 이상의 개정이 이루어졌다. 그런데 최근의 민법개정 이후에도 여전히 일부규정의 적용에 관하여 새로운 입법론이 필요하다는 견해가 있으며, 일부규정의 해석 및 적용과 관련한 종래 학설 및 판례입장에 대하여 비판적 시각에서 바라보는 견해도 있다. 본고는 민법상의 다양한 규정 중에서 총칙규정 및 물권규정을 중심으로 일부규정의 적용 및 해석과 관련한 몇 가지 법적 문제를 중심으로 검토하고자 한다. 우선 총칙규정과 관련해서는 첫째, 가상화폐의 성질과 규제문제, 둘째, 법률행위의 취소와 손해배상의 한계, 셋째, 표현대리규정의 법정대리 적용문제, 넷째, 보정해석의 문제 등을 중심으로 검토하고자 한다. 그리고 물권규정과 관련해서는 첫째, 점유침탈과 손해배상의 관계, 둘째, 공동저당에서 후순위저당권자의 대위문제, 셋째, 유치물에 대한 점유의 적법성 기준, 넷째, 질권에 기한 물권적 청구권의 규율방식 등을 중심으로 검토하고자 한다.

---

* 송덕수 교수님의 정년퇴직을 진심으로 축하드리며 앞으로의 나날들이 더욱 즐겁고 행복하시기를 기원하며 작성되었다. 이 글은 같은 제목으로 한국재산법학회 학술지 「재산법연구」(2020. 11)에 게재된 것이며, 본문의 일부내용을 수정 및 보완한 것이다.

** 제주대학교 법학전문대학원 교수, 법학박사.

Ⅱ. 총칙규정의 적용 및 해석문제

1. 가상화폐의 성질과 규제문제

최근에 비트코인과 같은 가상화폐가 세계 각국에서 거래되면서 투기적 수단으로 악용되고 있다는 비판에 따라 합리적인 규제의 필요성이 제기되고 있다.[1] 그런데 전술한 비트코인이 민사거래행위의 객체가 될 수 있다고 하더라도 그 법적 성질에 대해서는 다양한 견해가 제시될 수 있다. 만약 가상화폐가 물건의 범주에서 거래되는 것으로 인정된다면 민법총칙 제98조의 물건의 정의 규정에 기초하여 관련법리가 적용될 것이지만, 그에 해당되지 않을 경우에는 다른 규정 내지 다른 법률의 적용가능성을 살펴보아야 한다. 이와 관련하여 최근 대법원의 입장을 살펴보면,[2] 비트코인은 가상화폐의 일종으로서 재산적 가치가 있는 무형의 재산으로서 몰수대상이 된다고 판시하였다.[3] 이러한 판례입장에 의하면 가상화폐는 재물에는 해당되지 않지만 재산상의 이익에는 해당된다는 것이다. 대법원의 입장과 같이 비트코인이 재물에 해당되지 않는 것으로 본다면 민법상의 물건에도 해당되지 않는다.[4] 왜냐하면 재물성의 판단에 있어서 '물(物)'은 민법상의 물건성과 관련이 있기 때문이다. 이와 관련하여 비트코인의 재물성을 인정해야 한다는 견해가 있다. 즉 "비트코인 정보는 이미 블록체인 시스템에 의하여 시스템에 참여하는 자의 작업증명 절차를 통하여 타인에게 이전되었음을 확인할 수 있고, 암호화된 공개키와 비밀키를 통해 해당 정보가 일치하게 되면 자동적으로 해당 비트코인의 거래 확인과 더불어 상대방에게 소유권이 이전되므로, 기존 비트코인 소지자의 점유와 이용가능성은 완전히 차단되고 배타적으로 상대방이 이를 획득하게 되는 결과, 이는 물리적 관리가능하다는 것이 확인된다고 볼 수 있을 것이다. 이러한 관점에서 보면 모든 전자적 정보가 재물에 해당된다고 할 수는 없겠지만 기술적으로 구현 가능한 범위 내에서는 재산적 가치가 있는 전자 정보도 '재물'에 해당된다고 볼 여지는 있다"

---

1) 2009년 사토시 나카모토는 세계 최초로 암호화폐인 비트코인을 개발하였는데, 개발 당시에는 가상화폐라는 개념은 다소 생소한 것이었다. 최근에는 가상화폐에 대한 규제논의와 함께 블록체인 기술이 보다 빠르게 발전함으로써 안전성과 효율성이 담보된다면 가상통화가 일반적인 지급수단으로서 활용될 가능성도 적지 않다는 견해도 있다(박선종, "가상화폐의 법적 개념과 지위", 일감법학 제42권, 건국대학교 법학연구소, 2019, 147면).

2) 대법원 2018. 5. 30. 선고 2018도3619 판결.

3) 본 대상판결의 1심 판결은 비트코인은 현금과는 다르게 물리적인 실체가 없이 전자화된 파일의 형태로 되어 있기 때문에 몰수가 부적절하다고 판시하였다. 이에 대하여 제2심판결은 비트코인은 범죄수익은익규제법에 따른 '재산(재산상 이익)'에 해당하므로 몰수할 수 있다고 판시하였다. 그런데 전술한 사안이 관련 법률상의 '중대범죄'에 해당되지 않을 경우에는 당해 비트코인을 몰수할 수 없는 문제가 발생할 수 있으며, 이러한 문제는 해결할 수 있는 입법적 조치가 필요하다는 견해가 있다(이정훈, "블록체인과 가상화폐의 형사법적 문제와 전망", 67면).

4) 현행 형법은 관리할 수 있는 동력을 재물로 간주하고 있다(제346조, 제354조, 제361조, 제372조).

는 견해가 있다.[5)] 그런데 비트코인의 재물성이 인정된다고 하여 민법상의 물건의 범주에도 반드시 포함된다고 단정할 수는 없다. 즉 비트코인에 대한 물리적 관리가능성이 인정된다는 전제에서 재물에 해당하는 것으로 보더라도, 유체물 및 전기 기타 관리할 수 있는 '자연력'만을 물건이라고 규정하고 있는 민법 제98조에 의하면,[6)] 비트코인을 민법상의 물건에 포함시키는 것은 해석론의 한계를 넘는 것으로 볼 수 있는 여지가 있기 때문이다. 다만 민법상의 물건의 범주에 비트코인와 같은 가상화폐가 포함되지 않는다고 하더라도, 유통성이 인정될 수 있는 재산권의 객체에는 해당될 수 있다. 왜냐하면 매매계약의 대상은 물건이 아니라 재산권이며(제563조), 교환계약의 대상도 금전이외의 재산권(제596조)이기 때문이다. 그러므로 비트코인이 민사거래의 대상이 됨에도 불구하고 아무런 법적 근거 없이 거래행위를 제한하거나 규제하려는 것은 타당하지 않다는 견해는 일응 설득력이 있다.[7)] 또한 비트코인과 같은 가상화폐를 보유한 자가 사망할 경우, 그가 보유한 가상화폐가 물건에 해당되지 않는 것으로 보더라도 상속세의 과세대상 재산에는 포함될 수 있다. 왜냐하면 「상속세 및 증여세법」 제2조 제3호에 의하면, "상속재산이란 피상속인에게 귀속되는 모든 재산을 말하며, 금전으로 환산할 수 있는 경제적 가치가 있는 모든 물건과 재산적 가치가 있는 법률상 또는 사실상의 모든 권리를 포함한다."라고 규정하여 물건이 아닌 전자적 가치물에 대해서도 포섭의 가능성을 열어두고 있기 때문이다.

2. 표현대리 규정의 법정대리 적용문제

현행 민법은 사적 자치의 확장 내지 보충을 위하여 대리제도[8)]를 마련하고 있지만, 이와 별도로 거래안전을 위하여 본래 무효인 대리행위의 효과를 본인에게 미치게 하는 표현대리제도를 함께 두고 있다.[9)] 다만 표현대리규정이 법정대리에도 적용되는지에 관하여, 종래 판례는 민법 제126조의 표현대리규정은 거래의 안전을 도모하여 거래 상대방의 이익을 보호하기 위하여 마련되었기 때문에, 임의대리뿐만 아니라 법정대리에도 적용된다는 입장이다.[10)] 또한 판례는 대리

---

5) 이정훈, "블록체인과 가상화폐의 형사법적 문제와 전망", 68면.

6) 자연력이란 자연계에 존재하는 힘 또는 이와 유사한 것을 의미한다(한국사법행정학회 편, 「제5판 주석민법: 총칙 2」, 2019, 98면).

7) 정다영, "암호화화폐 거래에 대한 민사법적 고찰", 민사법의 이론과 실무, 민사법의 이론과 실무학회, 2019, 63면.

8) 현행 민법은 대리제도를 통하여 개인의 생활영역을 확장하거나 또는 부족한 능력을 보충받을 수 있도록 관련규정을 마련하고 있으며, 대리권이 없는 자가 대리행위를 한 경우에도 표현대리제도를 통하여 상대방의 이익을 보호하고 있다(윤일구, "민법 제126조의 표현대리와 대리권 남용의 관계 -이른바 "명성수기통장사건"을 중심으로-", 법학연구 제52권, 한국법학회, 2013, 168면); 표현대리는 그 본질은 무권대리로 보아야 하지만 거래안전을 위하여 외관을 창출한 형성한 본인이 무권대리행위에 대하여 마치 유권대리와 유사한 민사책임을 법률규정에 의하여 부담하는 제도로 이해할 필요가 있다(최문기, "표현대리의 본질론", 경성법학 제21권 제2호, 경성대학교 법학연구소, 2012, 5면).

9) 대법원 1983. 12. 13. 선고 83다카1489 전원합의체 판결.

권 소멸 후의 표현대리에 관한 민법 제129조도 법정대리에 적용된다는 입장이다.[11]

생각건대, 표현대리 규정의 입법취지는 거래의 안전을 도모하는 것이므로 제126조 및 제129조의 표현대리책임은 법정대리의 경우에도 적용될 수 있다는 종래의 판례의 입장이 타당한지에 대하여 검토할 필요성이 있다. 그런데 표현대리규정이 법정대리에 적용될 수 있는지를 살펴보기 위해서는 제한능력자제도에 관한 종래 판례의 입장을 살펴보는 것이 선행되어야 한다. 왜냐하면 종래 양 제도의 판례 법리를 종합적으로 고려한다면 상호 충돌되는 것이 아니라 우열적 관계에 있다고 보이기 때문이다. 즉 종래 판례에 의하면, "행위무능력자제도(제한능력자제도)는 사적자치의 원칙이라는 민법의 기본이념, 특히, 자기책임 원칙의 구현을 가능케 하는 도구로서 인정되는 것이고, 거래의 안전을 희생시키더라도 행위무능력자(제한능력자)를 보호하고자 함에 근본적인 입법 취지가 있다"는 입장을 확고하게 유지하고 있는 것으로 보인다.[12] 이러한 종래의 판례의 입장이 타당하다고 생각되므로, 이를 다른 제도와의 관계에 있어서도 그대로 유지하는 것이 타당할 것으로 보인다. 이러한 전제에 의한다면, 현행 민법상의 표현대리제도 및 제한능력자제도의 입법취지에 관한 종래 판례의 입장을 통합적 시각에서 살펴본다면, 거래안전을 보호할 목적으로 마련된 민법상의 제도와 거래안전을 희생시키더라도 제한능력자를 보호하기 위하여 마련된 제한능력자제도가 경합되는 것으로 보일 경우에는 최대한 제한능력자를 보호하는 방향에서 관련분쟁을 해결하는 것이 타당할 것으로 생각한다. 따라서 표현대리규정이 법정대리에 당연히 적용될 수 있다는 판례의 기본입장은 타당하지 않으며, 이를 일반화하여 이해할 필요도 없다. 즉 표현대리규정이 법정대리에 적용되는 것이 타당한지를 판단함에 있어서는 제한능력자에게 전적으로 민사책임을 귀속시키는 것이, 거래안전을 도모하려는 표현대리제도와 거래안전을 희생시키면서도 제한능력자를 보호하려는 제한능력자제도와의 관계에서 전자의 보호가치가 우월하다는 전제가 충족되어야 하는 것인데, 어느 것이 보호가치가 보다 큰 것인지의 여부는 관련제도의 존재이유와 입법취지를 종합적으로 고려하여 판단할 사항이며, 그러한 보호가치의 상대적 우월성의 문제는 그러한 전제사실을 고려하면서 타당성의 여부를 도출하는 것이 균형적인 사고이다. 그러므로 본인인 제한능력자가 고의로 제3자에게 외관형성을 적극적으로 한 경우가 아니라면, 상대방이 선의무과실이라고 하더라도 원칙적으로 제한능력자에게 전적으로 민사책임을 귀속시키지 않는 것이, 거래안전을 희생시키면서 제한능력자를 보호하려는 제한능력자제도 및 법정대리제도의 입법취지에 부합되는 것으로 보인다.[13]

---

10) 대법원 1997. 6. 27. 선고 97다3828 판결.
11) 대법원 1975. 1. 28. 선고 74다1199 판결.
12) 대법원 2007. 11. 16. 선고 2005다71659,71666,71673 판결.
13) 기타의 문제로 현행 민법은 권리능력의 주체인 사람의 연령을 표시하는 규정들을 두고 있지만, 연령표시방식은 비통일적으로 규정되어 있다. 예를 들어 성년연령규정(제4조)에서는 '19세'로, 약혼연령규정(제801조)

3. 법률행위의 취소와 손해배상책임의 한계

현행 민법에 의하면, 착오자에게 경과실이 있는 경우에도 제109조에 근거하여 당해 법률행위를 취소할 수 있고, 취소의 의사표시가 상대방에게 도달되면 당해 법률행위는 소급적으로 무효가 된다. 그런데 경과실의 착오자가 취소권을 행사함으로써 손해가 발생한 경우에 위법성이 조각된다는 점에서 민법 제750조가 적용되지 않더라도, 다른 규정에 의하여 거래상대방이 보호될 수 있는 가능성 및 한계 등에 대해서는 검토할 필요가 있다.[14] 생각건대, 착오자의 취소권 행사는 제109조에 기한 적법한 권리행사로서 위법성이 조각되어야 하므로 제750조의 위법성 판단에도 동일하게 적용되어야 한다는 점에 대해서는 의문이 없다. 왜냐하면 취소권 행사 자체를 제109조에 기한 적법한 행위로서 허용하면서, 동시에 제750조의 위법한 행위로 법적 평가를 달리하는 것은 논리모순이기 때문이다. 그런데 경과실의 착오자가 취소권을 행사함으로써, 선의·무과실의 거래상대방에게 손해가 발생하였다면, 이러한 경우에는 민법 제750조는 적용될 수 없지만, 민법 제535조 제1항을 유추 적용하여 선의, 무과실의 거래상대방에 대하여 신뢰이익의 배상을 해 주도록 하는 것이 타당할 것으로 보인다. 다만, 취소사유가 착오가 아닌 제한능력을 이유로 취소권을 행사하는 경우에는 제한능력자를 절대적으로 보호하고 있는 제한능력자제도의 입법취지를 고려하여 취소로부터 발생하는 손해에 대한 위험은 상대방이 인수하도록 하는 것이 적절한 법익형량인 것으로 보인다.

에서는 '18세'로, 동의 없는 혼인의 취소청구권의 소멸규정(제819조)에서는 '19세'로, 파양 청구권자 규정(제906조)에서는 '13세'로 연령을 표시하고 있다. 이에 반하여 혼인적령규정(제807조)에서는 '만 18세'로, 유언적령규정(제1061조)에서는 '만 17세'로 규정하고 있다. 생각건대, 민법 제3조에 따라 사람은 모체로부터 전부 노출되어 태어난 때부터 권리능력의 주체가 되므로 연령을 계산함에 있어서도 태어난 때를 기산점으로 하는 것이 타당하다. 그러므로 전술한 제807조 및 제1061조 등의 경우에도 '만'이라는 표현을 삭제하고 모든 연령표시를 통일시키는 것도 입법론적으로 검토할 필요는 있다.

14) 계약의 취소로 인하여 손해배상책임이 발생할 수 있는지의 여부에 대하여, UNIDROIT의 국제상사계약원칙(Principles of International Commercial Contracts, 이하 PICC)은 당해 계약의 취소사유를 알았거나 알았어야 했던 당사자는 계약의 취소 여부와는 상관없이, 상대방이 만약 계약을 체결하지 않았더라면 그가 놓였을 지위에 놓이도록 하는 정도의 손해배상을 하여야 한다. PICC의 착오 규정의 체계 및 특징에 대해서는 다음의 것을 참고할 것. Stefan Vogenauer/Jan Kleinheisterkamp, Commentary on the UNIDROIT principles of international commercial contracts (PICC) (New York: Oxford University Press, 2009), pp. 414-486(박현정, "PICC, PECL, DCFR 및 CESL상의 착오의 비교검토", 외법논집 제39권 제4호, 한국외국어대학교 법학연구소, 2015, 102면); 한편, 유럽계약법위원회(Commission on European Contract Law, 이하 CECL)의 유럽계약법원칙(Principles of European Contract Law, 이하 PECL)은 계약을 취소하는 착오자는 그 상대방에게 손해배상청구를 할 수 있으며 부정확한 정보의 제공으로 인한 착오로서 취소권 행사가 부정되는 경우에도 손해배상은 청구할 수 있다. PECL의 제4:117조의 손해배상규정을 보면 (1) 계약을 취소하는 착오자는 그 상대방이 착오를 알았거나 알 수 있었던 경우에는 당해 계약이 체결되지 않은 것과 같은 지위에서 손해배상을 청구할 수 있다. (2) 계약을 취소할 수 있는 착오자가 그 권리를 불행사하거나 그 권리가 상실된 경우에, 착오로부터 발생하는 손실에 대하여 (1)항에 의하여 배상청구를 할 수 있다(박현정, "PICC, PECL, DCFR 및 CESL상의 착오의 비교검토", 109면).

4. 보정해석의 문제

현행 민법규정 중에는 법문의 표현이 명백하게 부적절[15]하다는 점에 대하여 이의가 없음에도 불구하고 보정해석[16]을 통하여 관련규정을 그대로 존치시키고 있는 경우가 있다. 예를 들어 민법 제6조 및 제7조에 의하면, 법정대리인이 범위를 정하여 처분을 허락한 재산은 미성년자가 임의로 처분할 수 있지만, 법정대리인은 미성년자가 아직 법률행위를 하기 전에는 법률행위의 동의와 재산처분의 허락을 취소할 수 있다. 제8조에 의하면, 미성년자가 법정대리인으로부터 허락을 얻은 특정한 영업에 관하여는 성년자와 동일한 행위능력이 있지만, 법정대리인은 전항의 허락을 취소 또는 제한할 수 있다고 규정하고 있다. 법률행위의 취소는 법률행위가 성립된 후에 그 효력이 유동적 상태이기는 하지만 유효하게 발생하고 있는 상태라는 것을 전제로, 이미 유효하게 발생하고 있었던 법률행위의 효력을 특정한 취소권자의 의사표시에 의하여 비로소 소급적으로 무효화시키는 상대방 있는 단독행위(법률행위)이다. 그러므로 법률행위를 하기 전이라면 취소의 의사표시를 할 수 있는 전제가 충족되지 않은 상태이므로, 이러한 경우에는 의사표시를 거두어 들이는 철회로 해석하는 것이 일반적이다. 물론 민법 7조 및 제8조 제2항의 취소를 철회의 의사표시로 보정해석을 함으로써 법문상의 잘못된 표현을 보완하는 방법도 생각해볼 수 있지만, 관련규정의 표현이 명백하게 잘못된 것이라는 점에 이설이 없다면 오히려 정확한 용어로 수정하여 법문상의 잘못된 표현을 근본적으로 해소시키는 것이 보다 적절할 것으로 보인다.

Ⅲ. 물권규정의 적용 및 해석문제

1. 점유침탈과 손해배상의 관계

현행 민법 제204조 제1항은 “점유자가 점유의 침탈을 당한 때에는 그 물건의 반환 및 손해의 배상을 청구할 수 있다”고 규정하고 있다. 즉 점유자가 점유의 침탈을 당한 때에는 물건의 반환청구는 물론이고 손해배상청구도 가능한 것으로 규정하고 있다. 그런데 점유자가 점유침탈을

15) 한국 민법전은 AD 6세기에 제정된 로마법대전과 함께 세계에서 가장 난해한 법전이라고 한다. 민법전은 대략 60%의 조문이 일본민법의 조문을 직역한 것이기 때문에 일본식 용어와 표현이 그대로 사용되고 있으며, 문법적으로 맞지 않거나 문장 자체가 되지 않는 것도 있을 뿐만 아니라 불명확한 표현이나 일상생활에는 거의 쓰이지 않는 표현도 있기 때문에 수정할 부분이 적지 않다고 한다(윤철홍, “알기 쉬운 민법 개정작업의 경과와 주요내용”, 법조, 법조협회, 2016, 189-190면).

16) 법조문의 내용이 입법자의 의사에 반하여 잘못 표현되고 있는 것이 명백한 경우에 예외적으로 이를 바로잡아 옳게 해석하는 방법을 보정해석이라고 하며, 이러한 보정해석의 전제는 명백하게 잘못 표현된 법조문이라는 점에서 관련규정의 개정작업보다 더 신속하게 이루어질 필요가 있다.

당할 경우에 언제나 손해배상청구가 인정되는 것은 아니다. 왜냐하면 점유자가 사실적 지배이익을 하고 있다는 것과 점유자가 점유물을 침탈한 자에게 손해배상청구를 할 수 있다는 것은 다른 차원의 문제이기 때문이다. 즉 현행 민법 제204조 내지 제206조는 점유보호청구권과 함께 손해배상청구권도 규정되어 있지만, 물권적 청구권인 점유보호청구권과 채권인 손해배상청구권은 각각 별개의 독립된 법률요건 및 법률효과로서 인정되는 것이다. 특히 손해배상청구권은 점유보호청구권의 내용이 아니고 불법행위에 기인하는 채권적 권리이므로, 점유물의 침탈자에게 손해배상책임이 인정되기 위해서는 점유자에게 귀속된 정당한 법익의 침해로 인하여 손해가 발생하여야 하고, 귀책사유가 존재하여야 하며, 행위의 위법성과 인과관계 등이 존재하여야 한다. 즉 점유침탈에 관한 민법 제204조 제1항에, '물건의 반환 및 손해의 배상'이라고 표현하고 있더라도 점유보호청구권 이외에 손해배상청구도 당연히 허용되는 것으로 해석할 수는 없다. 왜냐하면 점유침탈의 경우라도 손해배상을 부정하는 것이 오히려 타당한 경우도 있을 수 있기 때문이다. 예를 들어 유치권자가 점유하고 있는 유치물을 소유자의 동의 없이 그리고 보존행위에 해당하지 않음에도 불구하고 적극적으로 사용하고 있던 중에 유치물의 침탈행위가 있었던 경우이다. 이러한 경우에는 유치권자가 점유침탈자를 상대로 사용이익에 준하는 손해배상청구권을 행사할 수는 없다고 보아야 한다. 왜냐하면 유치권자가 자신의 권능을 초과하여 위법하게 유치물을 사용하는 경우라면, 과실을 수취하여 변제충당을 할 수 없는 경우에 해당하고, 이러한 경우에는 오히려 소유자에 대한 관계에서 부당이득반환의무가 존재하기 때문이다. 이렇게 유치권자가 향유하였던 이득이 오로지 부당한 상태에서 유치물의 침탈행위가 있었던 상황이라면, 그러한 상황에서 유치권자가 점유침탈자를 상대로 정당한 이익의 손실 내지 정당한 법익침해를 이유로 하여 부당이득반환청구를 하거나 손해배상청구를 할 수 있다는 것은 논리모순으로 보인다. 그러므로 현행 민법상 점유보호청구권의 관련규정에 손해배상책임이 함께 규정되어 있다고 하더라도, 점유침탈로 인한 손해배상책임이 논리 필연적으로 발생하는 것이 아니다.[17)] 그러므로 입법론으로는 관련규정에서 손해배상부분을 삭제하고, 그에 관한 문제는 부당이득 및 불법행위에 관한 일반 법리에 따라 개별적으로 해결하는 방식이 보다 적절할 것으로 보인다.

2. 공동저당에서 후순위저당권자의 대위문제

최근 대법원은 공동저당에서 후순위저당권자의 대위여부와 관련하여, "먼저 경매된 부동산의 후순위저당권자가 다른 부동산에 공동저당의 대위등기를 하지 아니하고 있는 사이에 선순위저당권자 등에 의해 그 부동산에 관한 저당권등기가 말소되고, 그와 같이 저당권등기가 말소되

17) 다만 민법 제201조의 과실수취권이 인정되는 점유자의 경우에는, 과실수취권이 인정되는 범위에서 점유를 침탈한 자에 대하여 손해배상청구를 할 수 있을 것으로 보인다.

어 등기부상 저당권의 존재를 확인할 수 없는 상태에서 그 부동산에 관하여 소유권이나 저당권 등 새로 이해관계를 취득한 사람에 대해서는, 후순위저당권자가 민법 제368조 제2항에 의한 대위를 주장할 수 없다."라고 판시하였다.[18] 이에 대하여 등기의 공신력을 인정하지 않는 현행 민법의 해석론 차원에서 대위등기가 필요하지 않다고 보아야 하는지, 아니면 권리보전절차까지 경료한 자만이 보호되어야 하는지를 검토할 필요가 있다.

생각건대, 전술한 판례에 대하여 등기의 공신력을 인정하지 않는 현행 민법의 해석론으로는 대위등기 불요설의 입장이 타당하다는 주장도 있을 수 있으며, 변제자대위와 관련한 제482조 제2항 제1호 및 제5호와의 유사성으로 접근한 대상판결의 방식은 적절하지 않다는 등 다양한 견해가 제시될 수 있다.[19] 그런데 대상판결은 법률규정에 의하여 권리를 취득한 자와 권리취득 사실이 공시되지 않아서 이를 전혀 알지 못한 제3취득자와의 우열관계를 어떻게 설정하는 것이 타당한지와 관련하여, 등기의 공신력이 인정되지 않는다고 해서 언제나 권리취득자가 불이익을 입지 않고 절대적으로 보호되어야 하는 것이 타당한지의 여부에 대하여 판결을 내린 것으로 이해된다. 그리고 대상판결은 변제자대위에 있어서 법률규정에 의하여 권리를 이전받은 대위변제자와 이를 명확하게 알지 못할 수 있는 제3취득자의 우열관계를 규율하고 있는 민법 제482조 제2항 제1호 및 제5호의 입법취지를 참고해 보면, 대상판결과 그 외연적 모습에서 유사성을 찾을 수 있기 때문에 참조조문으로 적시한 것으로 보인다. 물론 명시적인 관련규정이 부존재하다는 비판도 있을 수는 있다. 그런데 제2조의 신의칙 또는 공평의 관념이라는 추상적인 근거보다는 외연적 유사성이 있는 구체적인 규정을 언급하는 것이 보다 적절할 것으로 보인다. 특히 법률규정에 의하여 권리를 취득한 자라고 하더라도 제3취득자와의 관계에서 권리보전을 할 수 있는 법적 절차를 소홀히 할 경우에는 불이익을 입게 하는 것이 오히려 적절한 법익형량으로 보인다. 이와 관련하여 종래 취득시효 사건에서 판례는 취득시효 완성 후 등기 전 등기명의인이 처분행위를 한 경우에, 일정한 부담이 있는 권리를 취득하게 된다는 입장도, 결국 신속하게 권리보전절차(등기)를 소홀히 한 시효취득자가 일정한 불이익을 입을 수 있다는 것으로서 적절한 법익형량을 전제한 것으로 보인다.[20] 물론 해석기관에 지나지 않는 법원의 법 형성적 판결이 다양한 유형에서

18) 대법원 2015. 3. 20. 선고 2012다99341 판결.

19) 학설상황에 대하여 살펴보면, 저당권이 말소된 등기부를 신뢰한 제3자 보호 및 거래의 안전을 위하여 후순위저당권자는 대위의 등기 없이는 제3자에게 대항할 수 없다는 견해(곽윤직, 김재형, 「물권법」, 박영사, 2014, 489면)와 등기부상 공동저당권이 말소된 사실과 후순위저당권이 있는 사실을 확인할 수 있으므로 대위의 등기 없이도 제3자에게 대항할 수 있다는 견해(이영준, 「물권 법」, 박영사, 2009, 931면)가 있다. 특별규정이 없는 한 새로운 이해관계인인 제3자가 나타난 경우에도 후순위권리자의 대위는 법률상 당연히 일어나므로 대위의 등기 없이도 제3자에게 대항할 수 있다는 견해(송덕수, 「물권법」, 박영사, 2014, 526면), 저당권등기가 말소되면 대위할 저당권이 존재하지 않으므로 대위가 불가능하다는 견해(이은영, 「물권법」, 박영사, 2006, 489면)도 있다(이성진, "공동저당의 대위등기와 후순위저당권자의 대위", 「영남법학」, 영남대학교 법학연구소, 2016, 159면).

지속적으로 집적되는 것은 문제라는 생각도 들지만, 다른 한편에서는 합리적인 법익형량을 목적으로 하는 판례의 결단에 대하여 일정부분 공감이 되는 부분도 있다. 그러므로 위 대상판결은 폐기되어야 할 정도의 문제점은 없는 것으로 보인다.

3. 유치물에 대한 점유의 적법성 문제[21)]

유치권의 성립요건으로서의 점유는 적법한 점유이어야 한다(제320조 제2항). 이와 관련하여 독일민법은 고의의 불법행위에 의하여 목적물을 취득하였다면 유치권의 성립이 부정되고(독일민법 제273조 제2항 단서), 과실에 의한 불법행위인 경우에는 유치권의 성립을 인정한다. 스위스민법은 채권자가 부담한 의무, 물건의 인도 전이나, 인도시에 채무자가 정한 규정 또는 공공질서에 위반되는 경우에도 유치권의 발생을 부정하여(스위스민법 제896조 제2항), 유치권이 배제되는 경우를 보다 더 넓게 인정하고 있다. 현행 민법은 독일민법과 스위스민법의 중간적 태도를 취하고 있는 것으로 보인다.[22)] 그런데 처음에는 적법하게 점유를 취득하였지만, 그 이후에 점유권원이 소멸된 경우에도 유치권을 인정할 것인지와 관련하여, 유치권의 성립을 부정하는 견해,[23)] 소멸을 과실 없이 알지 못한 경우에는 인정하는 견해,[24)] 소멸에 관하여 악의이거나 선의이지만 중과실이 있는 경우에는 부정해야 한다는 견해[25)]가 있다. 종래 판례는 점유자가 필요비·유익비 지출 당시 점유권원이 없음을 알았거나 중대한 과실로 알지 못하였다고 인정할만한 사유를 반환청구권자가 주장 및 증명하는 경우에 한하여 유치권의 성립을 부정하고 있다.[26)]

생각건대, 다양한 유형을 상정할 수 있겠지만, 예를 들어 점유자가 필요비·유익비 지출 당시 채권관계의 상대방이 아닌 진정한 소유자에게 대항할 수 없는 점유권원에 기하여 비용을 지출하였다는 사실을 경과실로 알지 못한 경우에 유치권의 성립을 인정할 것인지에 대해서는 검토의 여지가 있다. 왜냐하면 점유자가 필요비·유익비 지출 당시 채권관계의 상대방이 아닌 진정한 소

20) 대법원 2006. 5. 12. 선고 2005다75910 판결.
21) 이 부분은 다음의 것을 참고한 것이다. 김성욱, "유치물과 관련한 몇 가지 법적 문제", 집합건물법학 제35집, 한국집합건물법학회, 2020.
22) 곽윤직, 김재형, 「물권법」, 박영사, 2015, 382면; 한국사법행정학회 편, 「주석 민법: 물권3」, 한국사법학회, 2019, 320면.
23) 고상룡, 「물권법」, 법문사, 2002, 540면; 이상태, 「물권법」, 법원사, 2011, 393면; 송덕수, 「물권법」, 법문사, 2012, 418면.
24) 이영준, 「물권법」, 박영사, 2009, 775면.
25) 김증한, 김학동, 「물권법」, 박영사, 1998, 459면.
26) 물건의 점유자는 제197조에 의하여 자주, 선의, 평온, 공연한 점유로 추정되고, 제200조에 의하여 적법한 점유로 추정된다(민법 제197조 제1항, 제200조). 따라서 점유물에 대하여 필요비 및 유익비를 지출한 경우에, 이러한 비용의 상환청구권을 기초로 유치권 주장을 배척하려면 당해 점유가 불법행위로 개시되었거나 또는 점유자가 필요비 및 유익비의 지출 당시에 이를 점유할 수 있는 권원이 없었다는 점에 대하여 악의 내지 중과실로 알지 못하였다고 인정될 수 있는 사유를 상대방 당사자가 주장 및 증명해야 한다(대법원 2011. 12. 13. 선고 2009다5162 판결).

유자에게 대항할 수 없는 점유권원에 기하여 비용을 지출하였다는 사실을 경과실로 알지 못한 경우라면, 소유자에 대한 관계에서 귀책사유에 기한 불법행위로 점유를 시작한 경우와 유사한 모습이고, 그러한 점유자에게 대세적 효력이 있는 물권으로서의 유치권을 인정하여 절대적으로 보호하는 것이 타당한지에 대하여 의문이 있기 때문이다. 또한 현행 법률에 의하면 유치권은 법정담보물권으로서 당해 피담보채권과 권리자체가 공시되지 않을 뿐만 아니라 모든 제3자에게 대항할 수 있는 사실상 최우선순위의 담보권이다. 이러한 현행 유치권의 특수성과 다양한 이해관계인의 법적 지위 등을 종합적으로 고려해본다면, 불법점유인지의 여부를 판단함에 있어서는 채권관계의 상대방뿐만 아니라 진정한 소유자와의 관계 등도 종합적으로 고려하는 것이 타당할 것으로 보인다.[27)]

4. 질권에 기한 물권적 청구권의 규율방식

현행 민법은 소유권에 관한 물권적 청구권(제213조 및 제214조)을 다른 권리에도 준용하는 규정을 적지 않게 두고 있다. 준용이란 일정한 규정을 유사한 다른 사항에 적용하는 논리방법을 말하는데, 준용의 방식을 사용하게 되면 법조문의 숫자를 줄일 수 있는 효과를 거둘 수 있다. 예를 들어 제290조 제1항은 "제213조, 제214조, 제216조 내지 제244조의 규정은 지상권자간 또는 지상권자와 인지소유자간에 이를 준용한다."라고 규정하고 있고, 제301조(준용규정)는 "제214조의 규정은 지역권에 준용한다."라고 규정하고 있으며, 제319조는 "제213조, 제214조, 제216조 내지 제244조의 규정은 전세권자간 또는 전세권자와 인지소유자 및 지상권자간에 이를 준용한다."라고 규정하고 있고, 제370조는 "제214조, 제321조, 제333조, 제340조, 제341조 및 제342조의 규정은 저당권에 준용한다."라고 규정하고 있다.

그런데 질권은 점유를 수반하는 본권임에도 불구하고 소유권에 관한 물권적 청구권(제213조 및 제214조)을 준용하는 규정이 존재하지 않는다. 물론 소유권에 관한 물권적 청구권 규정을 질권에 준용하는 것을 부정하는 견해가 있다. 이 견해에 의하면, 현행 민법은 다른 물권과 다르게 질권에 기한 물권적 청구권을 특별히 부인하려는 취지이고, 이러한 취지는 입법과정에서 명백히 나타나 있다고 한다.[28)] 또한 점유개정에 의한 질권설정이 부정된다는 점에서 동산질권은 점유와

---

27) 정당한 점유권원 없이 타인 소유의 물건을 불법점유한 자로부터 제3자가 당해 물건을 임차한 경우, 직접점유자는 임대차에 기한 적법점유자로 볼 여지는 있지만, 간접점유자는 소유자에 대한 관계에서 불법점유자가 된다. 이 경우에 소유자는 민법 제213조에 기하여 반환청구를 할 수 있는데, 이 경우에 직접점유자인 임차인이 점유자가 유익비 지출 당시 소유자에게 대항할 수 없는 점유권원에 기하여 비용을 지출하였다는 사실을 경과실로 알지 못하였다는 사실이 주장 및 증명된 경우에는 유치권에 기하여 반환을 거절할 수 없다고 보는 것이 타당하다. 즉 직접점유자인 임차인이 유익비 지출 당시 채권관계의 상대방이 아닌 소유자에게 대항할 수 없는 점유권원에 기하여 비용을 지출하였다는 사실에 대하여 선의이면서 과실이 없는 경우에 한하여 유치권의 성립을 인정하는 것이 이해관계인의 법익을 균형 있게 조화하는 것으로 보인다.

28) 양창수, 김형석, 「권리의 보전과 담보」(민법Ⅲ), 박영사, 2012, 325면; 박의근 "점유권, 소유권에 기한 물권적 청구권의 차이와 이에 대한 엄격한 구별의 필요성 -유치권·질권에 기한 물권적 반환청구권을 중심으로-",

밀착되어 있고, 일반적으로 동산질권은 점유의 상실로써 소멸된다고 관념된다. 또한 동산질권에서 소유권에서와 같은 목적물반환청구권이 인정된다면 질권자 이외의 다른 채권자를 해칠 염려가 있다고 한다. 그리고 질권에 기한 방해제거청구권이나 방해예방청구권을 인정하여도 동산질권에서는 그 실익이 없다고 한다. 왜냐하면 동산에서는 이들 청구권은 거의 문제되지 않고 주로 반환청구권이 문제되기 때문이다. 또한 질권에 기한 물권적 청구권을 인정하지 않더라도 다른 수단에 의하여 충분히 질권자는 보호받을 수 있다고 한다.

생각건대, 소유권에 관한 물권적 청구권 규정을 질권에 준용하는 것을 부정하는 견해도 일응 타당한 면이 있지만, 각각의 권리의 성질을 고려하여 유사성을 발견할 수 있다면 관련규정을 유추적용하거나 아니면 입법적으로 준용규정을 신설하는 방안을 검토하여야 한다.[29] 예를 들어 소유권에 관한 물권적 청구권 규정을 질권에 유추적용하지 않게 된다면 질권자가 목적물을 유실하거나 사기 등에 의하여 점유를 상실한 때에는 점유물의 회수가 불가능하여 권리자의 권리보호에 미흡한 측면이 있다. 점유물반환청구권은 점유침탈의 경우에만 인정되기 때문이다. 따라서 관련제도의 입법취지 및 권리의 성질을 고려하여 소유권에 관한 여러 규정을 유추 적용하는 방법을 고려해 볼 수는 있겠지만, 그것보다는 현행 민법이 지역권·전세권·저당권 등에 있어서 각각의 권리의 성질과 유사성이 있는 경우에는 준용규정을 마련하여 관련 사안에 적용하고 있는 것처럼, 질권의 경우에도 명시적인 준용규정을 신설하면서 다른 이해관계인과의 법익형량을 조정하는 방안을 검토하는 것이 보다 적절할 것으로 보인다.

Ⅳ. 결 론

지금까지 현행 민법전의 민법총칙 및 물권법의 적용 및 해석과 관련하여 몇 가지 쟁점에 대하여 살펴보았고, 그 주요한 내용을 정리하면 다음과 같다.

민법총칙의 적용 및 해석문제와 관련하여, 첫째, 최근 대법원 판결에서 비트코인의 재산적 가치를 인정하여 비트코인의 몰수를 인정하였다고 해서 그것이 바로 소유권의 객체로서 재물에 해당되는 것으로 단정할 수 없다. 설령 비트코인에 대한 물리적 관리가능성이 인정된다는 전제에서 재물에 해당한다고 주장하는 견해도 있지만, 유체물 및 전기 기타 관리할 수 있는 '자연력'만을 물건이라고 규정하고 있는 민법 제98조에 의하면, 비트코인을 민법상의 물건에 포함시키는

홍익법학 제16권 제1호, 홍익대학교 법학연구소, 2015, 301면.

29) 종래 독일민법(BGB) 제1227조는 질권의 경우에 우리 민법과는 다르게 소유권에 기한 물권적 청구권의 규정을 준용하였다(박의근, "점유권, 소유권에 기한 물권적 청구권의 차이와 이에 대한 엄격한 구별의 필요성 - 유치권·질권에 기한 물권적 반환청구권을 중심으로-", 301면).

것은 해석론의 한계를 넘는 것으로 볼 수 있다. 다만 민법상의 물건의 범주에 비트코인와 같은 가상화폐가 포함되지 않는다고 하더라도, 유통성이 인정될 수 있는 재산권의 객체에는 해당될 수 있다. 그러므로 민법상의 매매의 대상이 됨에도 불구하고 아무런 법적 근거 없이 거래행위를 제한하거나 규제하려는 것은 타당하지 않다. 둘째, 본인인 제한능력자가 고의로 제3자에게 외관형성을 적극적으로 한 경우가 아니라면, 상대방이 선의무과실이라고 하더라도 원칙적으로 제한능력자에게 전적으로 민사책임을 귀속시키지 않는 것이, 거래안전을 희생시키면서 제한능력자를 보호하려는 제한능력자제도 및 법정대리제도의 입법취지에 부합되는 것으로 보인다. 셋째, 경과실의 착오자에게 취소권이 허용되었더라도, 거래상대방이 선의, 무과실인 상태에서 손해가 발생하였다면 민법 제535조 제1항을 유추 적용하여 선의, 무과실의 거래상대방의 신뢰이익은 배상해주는 것이 적절한 법익형량이다. 다만, 취소사유가 착오가 아닌 제한능력을 이유로 취소권을 행사하는 경우에는 제한능력자를 절대적으로 보호하고 있는 제한능력자제도의 입법취지를 고려하여, 취소로부터 발생하는 손해에 대한 위험은 상대방이 인수하도록 하는 것이 적절한 법익형량인 것으로 보인다. 넷째, 민법 7조 및 제8조 제2항의 취소를 철회의 의사표시로 보정해석을 함으로써 법문상의 잘못된 표현을 보완하는 방법도 생각해볼 수 있지만, 전술한 것처럼 관련규정의 표현이 명백하게 잘못된 것이라면 오히려 관련규정상의 용어를 정확한 용어로 수정하여 법문상의 잘못된 표현을 근본적으로 해소시키는 것이 보다 적절한 것으로 보인다.

물권법의 적용 및 해석문제와 관련하여, 첫째, 현행 민법상 점유보호청구권의 관련규정에 손해배상책임이 함께 규정되어 있다고 하더라도, 점유침탈로 인한 손해배상책임이 논리 필연적으로 발생하는 것이 아니다. 그러므로 입법론으로는 관련규정에서 손해배상부분을 삭제하고, 그에 관한 문제는 부당이득 및 불법행위에 관한 일반 법리에 따라 개별적으로 해결하는 방식이 보다 적절할 것으로 보인다. 둘째, 최근 공동저당에 있어서 후순위저당권자와 이해관계인의 우열관계에 대한 대법원 판례 입장에 대하여 등기의 공신력을 부정하는 현행 민법의 입장에 초점을 두면서 비판적으로 바라보는 시각도 존재할 수는 있다. 그런데 등기의 공신력이 인정되지 않는다고 해서 언제나 권리취득자가 불이익을 입지 않고 절대적으로 보호되어야 하는 것이 타당하다고 볼 수 없으며, 법률규정에 의하여 권리를 취득한 자라고 하더라도 제3취득자와의 관계에서 권리보전을 할 수 있는 법적 절차를 소홀히 할 경우에는 불이익을 입게 하는 것이 오히려 적절한 법익형량으로 보아야 할 것이다. 셋째, 점유자가 유익비 지출 당시 채권관계의 상대방이 아닌 진정한 소유자에게 대항할 수 없는 점유권원에 기하여 비용을 지출하였다는 사실을 경과실로 알지 못한 경우라면 소유자에 대한 관계에서 귀책사유에 기한 불법행위로 점유를 시작한 경우와 유사한 모습이고, 이러한 점유자에게 물권인 유치권을 인정하여 절대적으로 보호하는 것은 타당하지 않다. 그러므로 불법점유인지의 여부를 판단함에 있어서는 채권관계의 상대방뿐만 아니라 진정한 소유자와의 관계 등도 종합적으로 고려하는 것이 타당한 것으로 보인다. 넷째, 관련제도의 입법취지 및 권리의 성질을 고려하여 소유권에 관한 여러 규정을 질권에 유추 적용하는 방법도 고려해 볼 수는 있겠지만, 그것보다는 현행 민법이 지역권 · 전세권 · 저당권 등에 있어서 각각의 권리의 성질과 유사성이 있는 경우에는 준용규정을 마련하여 관련 사안에 적용하고 있는 것처럼, 질권의 경우에도 명시적인 준용규정을 신설하면서 다른 이해관계인과의 법익형량을 조정하는 방안을 검토하는 것이 보다 적절할 것으로 보인다.

권원 중심의 취득시효 법리와 자주점유 판단*

– 성립요건주의, 등기의 추정력과 관련하여 –

이 계 정**

Ⅰ. 서 론

부동산 점유취득시효[1]가 성립하려면 20년간 소유의 의사로 평온, 공연하게 점유하였을 것을 요구한다(민법 제245조 제1항). 그런데 전후 두 시점에 점유한 사실이 있는 경우에는 그 점유는 계속된 것으로 추정하고, 점유의 평온, 공연도 추정되므로(민법 제197조 제1항, 제198조) 취득시효를 둘러싼 다툼에 있어서 소송의 승패는 점유자가 '소유의 의사로 점유하였는지 여부', 즉 자주점유를 하였는지 여부에 좌우된다고 해도 과언이 아니다.

해방과 6.25. 전쟁 등을 거치면서 소유자의 행방불명, 등기부의 멸실 등으로 소유자가 부동산을 관리할 수 없는 경우가 많이 있었고, 의사주의 영향으로 등기를 갖추지 않은 채 부동산이 전전양도되는 경우가 발생하여 등기와 현실적 점유상태가 불일치하는 문제도 무시할 수 없었는바, 이러한 상황에서 현실적인 점유자를 보호하기 위한 수단으로 취득시효가 중요한 기능을 발휘해 왔다.[2] 이로 인하여 취득시효는 진실한 권리자를 보호하는 제도가 아니라 오랫동안 계속된 점유상태에 대한 보호를 위한 것이라는 견해, 즉 '기성사실존중주의(旣成事實尊重主義)'가 지배적이었다. 실제에 있어서도 점유자에게 매우 유리한 방향으로 취득시효제도가 운영되어 왔다. 앞서 본 바와 같이 취득시효에 있어서 '소유의 의사 유무'가 관건인데, 소유의 의사는 추정된다는 법리를 바탕으로 점유자는 소유권 취득을 위한 법률행위 등을 하였음을 주장할 필요도 없고 상

---

* 그동안 학계의 모범을 보여 오신 송덕수 교수님의 정년을 누구보다 진심으로 축하드리고 싶다. 이 글은 같은 제목으로 「저스티스」 통권 제183호에 게재되었다.

** 서울대학교 법학전문대학원 부교수 · 법학박사.

1) 본 논문에서는 부동산 취득시효 중 점유취득시효에 한정하여 논의를 하므로 본 논문에서 '취득시효'라고 언급하는 경우 이는 '부동산 점유취득시효'를 의미함을 밝혀둔다.

2) 편집대표 곽윤직, 민법주해(5), 물권(2), 박영사, 1999(이하 '민법주해(5)'로 약칭한다), 367면 참조(윤진수 집필부분); 임동진, "취득시효의 기산점과 완성시점", 민사판례연구(1), 민사판례연구회(1979), 98면 참조.

대방이 소유의 의사가 없다는 점을 주장·입증해야 한다고 함으로써[3] 상대방으로서는 시간의 경과로 이미 증거가 산일된 상황에서 소유의 의사 추정을 번복하는 것이 사실상 불가능한 경우가 많았다.

그러나 점유를 장기간 하였다고 하여 이와 같은 혜택을 부여하는 것이 우리 법체계에 맞는지 검토할 필요가 있다. 우리 법이 의사주의에서 성립요건주의로 전환한 지도 60년이 넘었고, 그에 따라 '등기를 하지 않으면 소유권을 취득할 수 없다'는 통념이 정립된 상황이다.[4] 이런 상황에서 장기간 점유를 하였다고 하여 점유 취득의 원인이 되는 법률행위 등이 전혀 밝혀지지 않은 상황에서 점유자에게 소유권 취득의 효과를 인정할 수 있는지 상당한 의문이 있다. 점유 중심으로 소유권 취득을 인정하는 것은 등기 중심의 우리 민법의 질서에 반할 소지가 많기 때문이다. 또한, 소유권 등기가 있는 경우에 그 등기가 표상하는 소유권이 있는 것으로 인정되는 '등기의 추정력'이 우리 법상 인정되는데,[5] 타인 명의로 등기되어 있는 부동산의 점유자에 대하여 '소유의 의사'를 추정하는 혜택을 부여하는 것이 맞는지 의문이 있다. 특히, '소유의 의사'를 점유자의 주관적 의사로 보면서도 이를 객관적으로 판단해야 한다고 설명하는 통설이 모순이 아닌지 필자는 상당한 의문이 들었다.

이하에서는 (1) 우리 취득시효 입법에 영향을 준 프랑스 민법과 일본 민법에서의 취득시효에 대해서 검토함으로써 의사주의를 취하고 있는 프랑스 민법이나 일본 민법의 취득시효 법리가 성립요건주의를 취하면서 등기 추정력을 인정하는 우리 법제에서도 과연 타당한 법리인지 검토하고, (2) 지배적 견해인 '기성사실존중주의'를 비판적으로 고찰하고 우리 법제에서는 권원 중심의 취득시효 법리를 전개하는 것이 타당하다는 점을 논증하고, (3) 권원 중심의 취득시효 법리에 근거하여 자주점유 추정 규정의 문제점, 타주점유의 자주점유로의 전환의 문제 및 오상권원에 관한 법리를 순차로 검토하고자 한다.

---

3) 이러한 취지의 대표적인 판결로는 대법원 1983. 7. 12. 선고 82다708, 709, 82다카1792, 1793 판결(전원합의체)(공 1983, 1248). "점유자가 스스로 매매 또는 증여와 같이 자주점유의 권원을 주장하였으나 이것이 인정되지 않는 경우에도, 원래 자주점유의 권원에 관한 입증책임이 점유자에게 있지 아니한 이상 그 주장의 점유권원이 인정되지 않는다는 사유만으로 자주점유의 추정이 번복된다거나 또는 점유권원의 성질상 타주점유라고 볼 수는 없는 것이다."라고 판시하고 있다.

4) 성립요건주의가 정착됨에 따라 나아가 등기의 공신력까지 긍정적으로 검토해야 한다는 입장으로는 권영준, "등기의 공신력 -1957년, 그리고 2011년", 법조 제661호(2011), 70면.

5) 등기의 추정력은 명문의 규정에 의해서 인정된 법리가 아니라 판례에 의해서 인정되는 법리이다. 관련 판례로는 대법원 1997. 6. 24. 선고 97다2993 판결(공 1997하, 2278); 대법원 1997. 9. 30. 선고 95다39526 판결(공 1997하, 3253).

Ⅱ. 의사주의, 등기, 취득시효

1. 프랑스의 의사주의, 등기, 취득시효

(1) 프랑스는 당사자의 물권변동을 목적으로 하는 의사표시가 있으면 물권변동의 효력이 발생한다는 의사주의를 취하고 있다(프랑스 민법 제711조). 다만, 의사표시를 요건으로 하는 법률행위에 대하여 서증우선주의가 지배하는 법정증거주의를 채택하고 있는바,[6] 당사자들은 공증인에 의하여 작성된 계약서 등 공정증서를 구비하는 방식에 의해 물권변동이 이루어지게 하고 있다.

그런데 프랑스의 등기는 물권을 공시하는 공부(公簿)가 아니라 위에서 언급한 공정증서와 그 안에 포함된 계약서를 시간순으로 편철한 것에 불과하다. 즉 우리와 달리 프랑스의 등기가 공시하는 것은 권리 그 자체가 아니라 '법률행위(acte)'에 불과한 것으로[7] 등기에 대하여 권리추정력이나 권리이전적 효력은 없으며 대항문제에 있어서 제3자를 위한 정보제공적 효력만 있다.[8]

이에 따라 부동산소유권에 기하여 권리 행사를 하고자 하는 자는 자신에게 소유권이 있음을 입증하기 위해 소위 '악마의 증명(probatio diabolica)'을 해야 하는 난점이 따른다. 즉 자신의 소유권을 증명하고자 하는 자는 등기를 하였다는 점만으로는 소유권을 증명할 수는 없고, 자신의 전소유자의 소유권, 그 전소유자의 전소유자의 소유권 등을 무한정 소급하여 증명해야 하는 '악마의 증명'을 해야 하는 것이다. 취득시효는 이러한 '악마의 증명'으로부터 진정한 권리자를 구제하기 위해 활용되고 있다. 현재의 점유는 등기부에 편철된 공정증서 상의 소유자와의 법률행위에 기하여 이루어진 것이고 그 점유를 승계하여 일정기간 점유하였다는 점을 증명함으로써 -즉 취득시효가 완성되었음을 증명함으로써- 소유권을 쉽게 증명할 수 있는 것이다.

결국 프랑스의 의사주의에서 취득시효는 권리자의 권리를 빼어서 무권리자에게 주는 제도라기보다는 오래 전에 발생한 소유권취득원인의 증명책임을 면제해 주는 것으로 이해하는 소송법설 내지 법정증거설이 지배적이다.[9]

(2) 프랑스 민법은 점유 개념에 있어 주관주의를 택하였으므로 소유자로서 물건을 지배한

---

6) 법정증거주의와 관련된 설명으로는 양창수, "보증의 성립에 관한 프랑스의 법리 -법적 거래에서 서면의 의미에 대한 일고", 서울대학교 법학 제48권 제3호(2007), 80면 이하; 사법정책연구원, 프랑스 민사소송에서의 증거법에 관한 연구, 2017, 31면 이하.

7) 七戸克彦, "登記の推定力", 法學研究(慶大) 62卷 11号(1989. 11), 53頁.

8) Larroumet, *Droit civil, Les biens, Droits réels principaux*, t. Ⅱ, 3è éd., Economica, 1997, n° 43, 686; 편집대표 김용덕, 주석민법 물권(1)(제5판), 한국사법행정학회, 2019(이하 '주석민법 물권(1)'로 약칭한다), 440면(김형석 집필부분).

9) Larroumet, 앞의 책(주 8), n° 687-688; 남효순, "프랑스민법상의 점유 및 취득시효", 판례실무연구(1), 박영사(1997), 209면; 藤原弘道, 時效と占有, 日本評論社, 1985, 67-68頁.

다는 의사(l'animus domini)를 가지고 물건을 지배하여야 '점유'로 인정이 된다.[10] 이와 달리 l'animus domini가 없는 경우에는 '가점유(la détention précaire)'로 분류된다.

프랑스 민법은 '점유'의 효과로 취득시효를 인정하고 있는데, 취득시효를 위해서는 '소유자의 권원(à titre de propriétaire)으로 하는 점유'를 요구하며(구 프랑스 민법 제2229조, 현 프랑스 민법 제2261조[11]) '소유자의 권원(à titre de propriétaire)으로 하는 점유'는 추정된다고 규정하고 있는바(프랑스 민법 제2264조) '소유자의 권원'을 l'animus domini라고 보았다.[12] 이러한 이해를 바탕으로 프랑스 민법은 '소유자의 권원으로'와 '소유의 의사로'가 동일한 내용으로 이해되었다. 이와 같은 이해 방식에 따르면 자주점유 판단에 있어서 소유자의 점유의 취득 원인이 되는 '권원'이 객관적으로 존재하는지 여부, 존재한다면 '권원'이 무엇인지 여부보다는 점유자의 내심의 의사에 기하여 '소유의 의사'를 판단해야 한다는 '주관설'이 프랑스의 해석론에 부합한다.[13] 실제로도 프랑스에서는 점유가 매매 등 법률행위에 의하여 개시된 경우뿐만 아니라 단순한 사실행위(un simple fait), 즉 횡령이나 절도 또는 무주물에 대한 선점 등에 의하여 점유가 개시된 경우에도 자주점유가 인정될 수 있고, 따라서 도둑이나 횡령자와 같은 점유자도 자주점유자로 인정될 수 있다고 설명한다.[14]

한편, 소유의 의사가 인정되지 않는 점유는 가점유[15]라고 하여 점유보호에서 제외하고 있

---

10) 자세한 것은 Malaurie/Aynés, *Les biens*, Defrénois, 2010, n° 492. 다만 프랑스민법에 직접적으로 l'animus domini에 대하여 규정하고 있는 조항은 존재하지 않는다. 이와 달리 우리 법은 점유를 사실상의 지배로 보고 소유의 의사를 점유의 요건으로 인정하고 있지 않는 객관주의를 취하고 있다. 독일 민법은 물건의 점유는 "물건에 대해 사실상 실력을 행사함으로써 취득되"고(독일민법 제854조 제1항) "점유자가 물건에 대한 사실상의 실력을 포기하거나 기타의 방법으로 이를 상실함"으로써 종료된다(독일민법 제856조 제1항)고 규정함으로써 우리와 마찬가지로 객관주의를 취하고 있다. 이 점에 관하여는 정병호, "점유권 개념에 관한 입법론적 고찰", 서울법학 제22권 제2호(Ⅰ), 서울시립대학교 법학연구소(2014), 338-339면.

11) 프랑스에서는 2005년 프랑스민법 제정 200주년을 맞이하여 프랑스민법전의 현대화를 위한 일환으로 프랑스 민법전 중 '채권(제3권 제3편)과 시효(제3권 제20편)에 대한 개정시안'을 마련하였고, 그 중 시효부분이 시효에 관한 2008년 법률(LOI n° 2008-561 du 17 juin 2008 portant réforme de la prescription en matière civile)에 의하여 가장 먼저 법률로 확정되었다. 이에 대한 소개로는 김미경, "프랑스 민법상 부동산 취득시효 -정당한 권원과 이중양도", 민사법학 제63-2호(2013), 210면 이하.

12) 남효순, "프랑스민법상의 점유제도", 서울대학교 법학 제37권 제2호(1996), 203면.

13) 이러한 프랑스의 '주관설'은 당시 독일 보통법학의 '주관주의(사비니에 의해 주창된 것으로 점유의 주관적 의사에 방점을 두고 점유를 설명하려는 입장)'에 영향을 받은 것이다{田中整爾, "占有における権原と意思との関係について-権原の意義·機能の推移をめぐって", 現代私法学の課題と展望: 林良平先生還曆記念論文集(上), 有斐閣(1981), 31頁 이하}. 그러나 독일 보통법학의 주관주의는 점유자에게 점유보호청구권을 부여하기 위한 요건에 관한 논의인 반면, 프랑스의 주관설은 점유자에게 취득시효의 효과를 부여하기 위한 요건으로 그 맥락이 다르다는 점에서 프랑스의 주관설은 문제가 있다. 특히 취득시효의 성립 여부에 있어서는 '권원'의 중요성을 무시할 수 없는바, '권원'의 중요성이 강화될수록 주관설은 혼란을 낳는다. 뒤에서 보는 바와 같이 프랑스의 주관설과 마찬가지로 일본도 '소유의 의사'를 내심의 의사로 보는바, 이러한 사고는 취득시효에서 '권원'을 강조하는 사고와 충돌을 예정하고 있다.

14) Larroumet, 앞의 책(주 8), n° 114; Malaurie/Aynés, 앞의 책(주 10), n° 492. 뒤에서 보는 바와 이러한 주장은 우리 법상 타당하지 않다.

15) 정확히는 '물권자의 의사'가 없는 점유를 가점유라고 하지만{남효순, 앞의 논문(주 9), 188면}, 소유의 의사

다.[16] 임차인의 점유, 수치인의 점유가 대표적인 가점유로 가점유인지 점유인지 여부는 소유의 의사 유무에 따라 구별된다고 할 수 있다. 프랑스에서는 가점유는 점유가 아니라고 보므로 가점유에 대해서 취득시효, 과실취득권 등 점유에 부여한 혜택을 부여하지 않고 있다(프랑스 민법 제2266조). 다만, 1975년 7월 9일자 법률에 의하여 가점유자에게도 점유소권은 인정된다(프랑스 민법 제2278조).[17]

(3) 프랑스의 취득시효제도는 일반취득시효와 단기취득시효로 구별된다.

일반취득시효가 인정되기 위해서는 30년간 대상 부동산을 소유자의 권원(à titre de pro-priétaire)으로 평온, 공연, 명백하게(non équivoque) 중단 없이 점유하여야 한다(프랑스 민법 제2261조, 제2272조). 한편, 단기취득시효의 경우에도 마찬가지로 점유자가 소유자의 권원으로 평온, 공연, 명백하게 중단 없이 점유하여야 하나, 선의이고 정당한 권원(juste titre)에 의한 점유의 개시를 요구하며 이러한 요건을 갖춘 경우에 취득시효 기간은 10년으로 단축된다(프랑스 민법 제2272조).

앞서 본 바와 같이 '소유자의 권원(à titre de propriétaire)으로'를 '소유자의 의사'로 해석하나, '정당한 권원'의 경우에는 '권원'을 이와 같이 해석하지 않는다는 점을 주목할 필요가 있다. 단기취득시효에서 '권원'은 법률행위 그 자체를 가리키는 것으로, '정당한 권원'으로 인정되려면 양도인이 소유자였다면 유효한 소유권이전이 가능할 수 있는 법률행위에 해당하여야 한다.[18] 대표적으로 매매, 교환, 증여 등의 행위가 이에 해당하며, 임대차는 이에 해당하지 않는다. '정당한 권원'은 로마법상의 사용취득의 요건으로 인정되던 정당한 권원(iusta casusa)을 포띠에(Pothier)가 프랑스에 도입한 것으로 평가된다.[19] 로마법상의 사용취득(usucapio)이 인정되려면 사용취득자의 점유가 취득을 정당화시켜주는 권원(titulus)에 기초한 것이어야 했다.[20] 여기서 정당한 권원

가 인정되지 않는 점유가 대표적인 가점유이므로 위와 같이 표현한 것이다.

16) 관련하여 로마법의 경우에 점유자는 점유에 대한 침해가 있는 경우 특시명령(interdicta)에 의하여 보호를 받았다. 특시명령의 보호를 받았던 점유자는 주로 소유의 의사로 물건을 사실상 지배하는 자주점유자였으나, 그 외의 제한된 수의 타주점유자{예컨대, 永小作權者, 容假占有(precarium)를 가진 자, 질권자, 계쟁물보관인(sequester)}도 점유의 침탈이 있으면 특시명령의 보호를 받을 수 있었다. 반면 단순한 타주점유자(예컨대 임차인, 사용차주, 수치인, 수급인 등)는 특시명령의 보호를 받을 수 없었다. Kaser/Knütel/Lohsse, *Römisches Privatrecht*, 21. Aufl., 2017, §19 Rn. 11ff.; 김형석, "법에서의 사실적 지배: 우리 점유법의 특성과 문제점", 민사법학 제36호(2007), 153면 이하.

17) 남효순, 앞의 논문(주 9), 189면.

18) Henri et Léon Mazeaud/Jean Mazeaud/François Chabas, *Leçons de Droit civil*, t. Ⅱ. *Biens, Droit de propriété et ses démembrements*, 8è éd., Montchrestien, 1994, n° 1501; Larroumet, 앞의 책(주 8), n° 114; 김미경, 앞의 논문(주 11), 218면; 백명선, "프랑스 민법상 부동산 취득시효의 요건에 관한 연구", 민사법학 제32호(2006), 225-226면. 뒤에서 보는 일본 구민법 재산편 제181조도 프랑스의 영향으로 정권원을 위와 같이 정의하고 있다.

19) Henri et Léon Mazeaud/Jean Mazeaud/François Chabas, 앞의 책(주 18), n° 1501.

20) 최병조, "로마법상 사용취득(usucapio)의 권원 개념(Ⅰ)-表見權原과 誤想權原", 서울대학교 법학 제50권 제

은 아무런 문제없이 원시적인 취득을 인정할 수 있는 소유권의 포기(pro derelicto)뿐만 아니라 시민법상의 소유권 취득을 가능하게 하는 원인관계, 즉 매매(pro emptore), 증여(pro donato), 유증(pro legato) 등을 의미한다.[21)]

뒤에서 보겠지만 우리 판례는 "취득시효에 있어서 자주점유의 요건인 소유의 의사는 객관적으로 점유취득의 원인이 된 점유권원의 성질에 의하여 그 존부를 결정하여야 한다."라고 반복하여 설시하고 있는데[22)] '권원'의 의미를 로마법과 프랑스법과 같이 점유의 기초가 되는 법률행위 내지 원인관계로 해석하게 되면 우리 판례의 법리는 로마법의 사용취득, 프랑스법의 단기취득시효의 법리에 접근하게 된다.

한편, 프랑스에서 가점유를 점유로 전환시키기 위해서는 '권원의 변화'가 요구된다(프랑스 민법 제2268조). 여기서의 '권원(titre)'은 위에서 본 단기취득시효에서의 '권원'의 의미와 같다. 따라서 가점유자는 제3자가 소유자였다면 유효한 소유권이전이 가능할 수 있는 법률행위를 제3자와 함으로써 자신의 가점유를 취득시효가 가능한 점유로 전환할 수 있다.[23)] 대표적으로 자신을 소유자라고 오인하고 있는 제3자로부터 물건을 매수하는 행위를 하는 것이다. 가점유자가 단순히 내심 소유의 의사를 가지게 된 시점부터 가점유가 점유가 되는 것은 아니라는 점을 유의할 필요가 있다. '아무도 자신이 스스로 점유의 권원을 바꿀 수 없다(Nemo sibi ipse causam possessionis mutare potest)'는 법언이 적용된 결과이다.[24)] 가점유가 점유로 전환되기 위해서 변경되어야 하는 것은 내심의 의사가 아니라 점유의 취득원인인 '권원'인 것이다.

한편, 가점유자는 제3자의 소유권을 인정하지 않고 자신을 소유자라고 주장함으로써 가점유를 점유로 전환시킬 수 있다(프랑스 민법 제2268조). 그러나 단순히 가점유자가 위와 같은 주장을 하였다는 것만으로는 가점유가 점유가 되지 않는다. 소유자가 이러한 가점유자의 행동에 대하여 다툴 수 있었음에도 아무런 반응을 하지 않음으로써 종국적으로 점유를 포기하였다고 볼 수 있는 경우에 비로소 인정되는 것이다.[25)] 이러한 점유의 포기는 소유자의 소유권 포기로 볼

2호(2009), 456면. 참고로 저자는 로마법상 usucapio의 역어를 기존의 '사용취득'에서 '점용취득'으로 변경할 것을 제안하고 있다. 이에 대하여는 최병조, 로마법의 향연, 길, 2019, 일러두기 참조.

21) Kaser/Knütel/Lohsse, 앞의 책(주 16), § 19 Rn. 8. 이와 관련하여 최병조 교수는 "사용취득제도는 前主의 권리에 의존하지 않는다는 점에서 원시취득의 성격을 띠지만, 권원을 요구함으로써 前점유자에 대한 어떤 법률적인 관계의 존재를 전제한다는 점에서 승계취득적인 성격이 있는 중간적 성격의 제도인 것이고, 실제로 로마의 법률가도 사용취득을 '양도'(alienatio)에 속하는 것으로 이해했던 것이다."라고 의미 있는 분석을 하고 있다{최병조, "부동산의 점유취득시효와 점유자의 소유의사의 추정 -민법 제245조 제1항, 제197조 제1항 및 양 조문의 관계에 관한 역사적·비교법적 고찰", 서울대학교 법학 제37권 제1호(1996), 111면}.

22) 대표적으로 대법원 1983. 7. 12. 선고 82다708, 709, 82다카1792, 1793 판결(전원합의체)(공 1983, 1248).

23) William Dross, *Possession et prescription acquisitive*, Art. 2258 à 227, *JurisClasseur Civil Code*, n° 19.

24) Benoît Grimonprez, *Répertoire de droit civil-prescription acquisitive*, Dalloz(2018), n° 33.

25) Malaurie/Aynés, 앞의 책(주 10), n° 502.

수 있는데, 이는 앞서 본 것처럼 로마법상 사용취득이 인정되는 '권원(titulus)'에 해당한다. 따라서 가점유자가 소유자라고 주장함으로써 '소유권 포기라는 권원'을 취득하였다고 볼 수 있는 경우에 점유 양태가 변경된다고 할 수 있다.

결국 가점유자가 가점유를 점유로 전환하기 위해서는 '권원의 전환'이 필요한데, 이는 소유권 취득을 가능하게 하는 원인관계(제3자와 법률행위, 소유자의 소유권 포기)가 있어야 함을 의미한다고 볼 수 있다.

2. 일본의 의사주의, 등기, 취득시효

(1) 일본 구민법[26]은 프랑스 민법을 충실히 따라서 만들어졌다. 일본 구민법 증거편 제138조 제1항은 "부동산의 취득시효는 소유자의 명의로 점유하여 그 점유가 중단 없이 계속하여 평온하고 공연하게 정해진 기간을 계속하여야 한다."라고 규정하여 30년의 점유 기간을 요하는 일반취득시효를 규정하였다. 한편, 일본 구민법 제140조 제1항은 위 제138조 제1항의 요건 외에 '정권원'으로 기인한 점유자는 15년의 점유 기간으로 취득시효를 주장할 수 있는 단기취득시효를 규정하였다.

여기서 '소유자의 명의로' 하는 점유는 '법정점유'로 '법정점유'란 '점유자가 자기를 위하여 소유할 의사를 가지고 하는 유체물의 소지(일본 구민법 재산편 180조 1항)'라고 정의되며,[27] 앞서 본 프랑스의 '점유' 개념에 해당한다. 일본 구민법은 '법정점유'와 상반되는 개념으로 '용가점유(容假占有)'를 인정한다. '용가점유(容假占有)'는 프랑스 민법의 가점유(la détention précaire)에 상응하는 것으로 '점유자가 타인을 위하여 그 타인의 명의로 하는 물건의 소지'(일본 구민법 재산편 제185조 제1항)를 의미하는데, 위임, 사용대차, 임대차 계약에 기한 수임인, 차주, 임차인의 점유가 대표적이며,[28] '용가점유'에 대해서는 취득시효를 인정하지 않았다(일본 구민법 증거편 제138조 제2항). 이와 같이 일본 구민법은 프랑스의 '점유' 개념에 해당하는 법정점유 및 프랑스의 '가점유'에 해당하는 용가점유를 각 받아들이고, 법정점유 즉, '소유자의 명의로' 하는 점유에 대하여만 취득시효를 인정하였는바, 이러한 '소유자의 명의로' 하는 점유는 앞서 본 프랑스의 일반취득시효의 요건인 '소유자의 권원(à titre de propriétaire)'에 의한 점유를 그대로 수용한 것으로 평가된다.[29]

한편, 일본 구민법은 프랑스 민법과 마찬가지로 점유자의 내심의 의사에 의하여 용가점유가 법정점유로 전환될 수 없음을 규정하였다. 즉 일본 구민법 재산편 제185조 제3항은 다음의 두

26) 메이지민법이 시행된 1898년 이전의 일본 민법전을 의미한다. 일본 구민법 제정에 있어서 프랑스학자 브와소나드(Boissonade)의 영향이 상당했던 점은 주지의 사실이다.
27) 藤原弘道, 앞의 책(주 9), 71頁.
28) 박세민, "일본메이지민법(물권편:점유권)의 입법이유", 민사법학 제60호(2012), 405면.
29) 藤原弘道, 앞의 책(주 9), 71頁.

경우, 즉 ① 점유를 하게 한 사람에게 고지한 재판상 또는 재판외의 행위가 그 사람의 권리에 대하여 명확한 이의를 포함한 때, ② 점유를 하게 한 사람 또는 제3자에게 나온 권원의 전환으로 그 점유에 새로운 원인을 붙인 때에 점유의 용가성이 소멸하여 법정점유로 전환된다고 규정하였다.

(2) 위와 같이 일본 구민법은 프랑스 민법과 같이 점유에 소유의 의사를 요하는 소유자의사설에 따라 점유를 규정하였다. 그러나 1898년에 공포·시행된 일본 민법은 소유자의사설을 버리고 "점유권은 자기를 위하여 하는 의사로 소지함으로써 취득한다."고 규정함으로써(제180조) 점유 개념에서 소유의 의사라는 표지를 분리시켰다. 즉 일본 민법에서 점유의 성립을 위하여 요구되는 '자기를 위하여 하는 의사'는 '소지로 인한 사실상의 이익을 자기에게 귀속시키려는 의사'인바,[30] 일본 구민법상 용가점유를 하는 수임인, 차주, 임차인에 대해서도 점유를 인정하게 된 것이다.

취득시효와 관련하여 원래 일본 민법 초안 제162조 제1항은 "20년간 평온하고 공연하게 타인의 물건을 점유한 자는 그 소유권을 취득한다.", 같은 조 제2항은 "10년간 평온하고 공연하게 타인의 부동산을 점유하는 자가 그 점유개시 시에 선의이고 과실이 없는 때에는 그 부동산의 소유권을 취득한다."라고만 규정하여 '소유의 의사로'가 누락되어 있었다. 이에 대하여 위와 같이 소유자의사설을 버리고 점유의 개념을 새롭게 규정함으로써 '소유의 의사로'를 삽입할 필요성이 있었는바, 법전조사회 심의과정에서 '소유의 의사로'를 삽입하여 현재에 이르게 된 것이다.[31] 다만, 일본 민법 제정과정에서 '정권원'이라는 용어가 위와 같이 '선의'로 바뀜에 따라 '권원'에 해당하는 법률행위가 없는 오상권원이나 상속의 경우에도 점유자가 선의이면 소유의 의사에 기한 점유로 취득시효를 할 수 있다고 볼 수 있게 되었는바, '취득시효'에 있어서 권원이 가지는 의미가 축소되고 '소유의 의사'를 내심적 의사로 오인할 여지가 커지게 되었다.[32]

다만, 일본 민법은 일본 구민법 제185조 제3항에 해당하는 조항을 유지하여 타주점유가 내심의 의사에 의해 자주점유로 전환될 수 없다는 점을 규정하였다. 즉 제185조는 "권원의 성질상 점유자에게 소유의 의사가 없는 것으로 하는 경우에는 그 점유자가 자기에게 점유를 하게 한 자에 대하여 소유의 의사가 있음을 표시하거나 또는 새로운 권원에 의하여 다시 소유의 의사로써 점유를 시작하지 아니하면 그 점유의 성질이 변하지 않는다."고 규정하였다.[33]

---

30) 川島武宜·川井健 編集, 新版 注釋民法(7), 有斐閣, 2007(이하 '新版 注釋民法(7)'이라고만 한다), 12頁(稻本洋之助 執筆部分); 田中整爾, 占有論の硏究, 有斐閣, 1975, 142頁.

31) 法典調査會, 民法議事速記錄 第5卷, 126-127丁.

32) 이에 대해 藤原弘道는 일본 민법의 '소유의 의사로' 하는 점유는 당초부터 원류인 일본 구민법과 프랑스 민법에 있어서보다 더 넓게 해석될 맹아를 배태하고 있었다고 평가한다{藤原弘道, 앞의 책(주 9), 88頁}.

33) 일본 구민법에는 소유의 의사를 '고지'하여야 한다고 하였으나 고지라고 할 때에는 그 적용이 지나치게 좁기 때문에 일본 민법은 소유의 의사를 '표시'하는 것으로 수정한 것이며, 그 외에는 일본 구민법과 달라진 것은 아니다{廣中俊雄 編著, 民法修正案(前三編)の理由書, 有斐閣(1987), 226頁}.

(3) 일본은 의사주의를 취하면서도 등기제도는 프랑스와 같이 계약서를 연대순으로 편철하는 방식이 아니라 독일식 등기제도를 받아들여 물적편성주의를 취하고 있다. 의사주의 하에서는 물권변동과 그 원인은 분리할 수 없는 것이므로 등기의 대상도 계약 등 물권변동의 원인 그 자체가 되어야 할 것이나, 일본에서는 물권변동의 원인인 계약 등을 등기하는 것보다는 물권변동 자체를 등기하는 시스템에 가깝게 구성되어 있다.[34] 즉 프랑스의 등기는 '계약이 있었다'는 사실에 대한 사항을 보여줄 뿐 권리에 대한 사항을 보여주는 것이 아니나, 일본의 등기는 '권리'에 대한 사항까지 공시하고 있는 것이다.

이처럼 '권리'에 대한 사항까지 공시하고 있으므로 공시된 권리가 실제와도 일치한다는 점, 즉 등기의 진정성을 담보하는 것이 요구된다. 이를 위한 수단으로 일본은 공동신청주의, 등기연속주의 및 첨부정보의 제출의무를 채택하고 있다.[35] 구체적으로 설명하면, 독일은 등기절차에 있어서 등기에 의하여 불이익을 받는 자(등기의무자)의 등기승낙을 제출하게 하는 형식적 합의주의(Das formelle Konsensprinzip)를 채택함으로써 등기의 진정성을 확보하고 있는데(독일 토지등기법(GBO) 제19조), 일본도 이를 그대로 받아들인 공동신청주의를 채택하고 있다(일본 부동산등기법 제60조).[36] 또한, 등기관이 등기부상 현재의 등기명의인을 기준으로 등기를 하게 하는 등기연속주의를 채택함으로써 부진정한 등기의 발생을 방지하고 있다. 끝으로 등기신청시 인감증명서, 등기식별정보의 제공 등을 통하여 당사자의 의사의 진정성을 확인하고 있다.[37]

이와 같이 일본은 의사주의를 취하면서 등기에 있어서는 독일의 등기제도를 받아들여 등기의 진정성 보장을 위한 수단을 갖추었는바, 진정한 소유자의 소유권 증명에 있어서 취득시효의 역할은 미미하고 등기가 그 역할을 담당하고 있다.[38] 이 점은 프랑스와 구별된다. 프랑스에서는

---

34) 鎌田薫 "不動産物權變動の理論と登記手續きの實務-日本的「フランス法主義」の特質", 不動産登記をめぐる今日的課題-不動産登記制度100周年記念論文集, 法務省法務総合研究所編, 日本加除出版(1987), 91-92頁.

35) 小林久起, "登記申請に對する登記官の審査", 新不動産登記講座③, 日本評論社(1998), 170-174頁; 鎌田薫, 앞의 논문(주 34), 89頁; 구연모, 부동산등기의 진정성 보장 연구, 경인문화사, 2014, 35면. 위 내용은 우리나라의 등기제도에 대한 설명이기도 하다.

36) 일본 부동산등기법은 2004년 전면 개정되었으나 공동신청주의는 그대로 유지하고 있다. 이에 대한 소개로는 박광동, "일본의 부동산등기법의 전면 개정", 법학연구 제21집(2006. 2), 한국법학회, 214면.

37) 일본의 구 부동산등기법은 본인확인수단으로 등기의무자의 인감증명서와 登記濟證의 제공을 요구하였으나(일본 구 부동산등기법 제35조 제1항 제3호, 제60조), 개정 부동산등기법은 온라인신청에 있어서 전자증명서 또는 서면신청에 있어서 인감증명서와 등기의무자의 登記識別情報의 제공을 요구하고 있다(일본 부동산등기법 제21조 본문, 제22조 본문). 등기식별정보에 대한 설명으로는 http://houmukyoku.moj.go.jp/ fu-kushima/table/QandA/all/sikibetu.html (2021. 1. 17. 방문).

38) 우리의 경우에는 등기가 있으면 그 등기가 표상하는 권리에 있다는 점에 대하여 법률상의 권리추정을 인정한다{대법원 2001. 8. 21. 선고 2001다23195 판결(공2001하, 2043) 등 다수}. 이와 달리 일본의 경우 등기부상의 소유자는 소유자로 추정된다는 점 자체는 인정하고 있으나, 그 추정이 법률상 추정인지 사실상 추정인지에 대해서 견해가 대립되고 있다{七戸克彦, 앞의 논문(주 7), 29頁 이하; 新版 注釋民法(7), 98-101頁(田中整爾 執筆部分)}. 사실상 추정설의 중요한 논거는 독일과 달리 등기의 공신력이 인정되지 않는다는 점을

앞에서 바와 같이 취득시효는 '악마의 증명'의 어려움을 해소하고자, 즉 소유권을 쉽게 증명하기 위한 제도로서의 성격이 강한 반면에 일본은 그렇지 않다는 점이다.

그럼에도 불구하고 일본은 취득시효의 천국이라고 할 정도로 취득시효가 널리 활용되고 있는데, 이는 취득시효의 취지에 관하여 프랑스와 달리 영속된 사실상태에 의해 형성된 사회질서의 유지에 강조점을 두었기 때문이다.[39)]

이에 따라 소유권 취득이 가능한 법률행위가 없는 경우(즉 권원이 없는 경우) 예를 들면 도인(盜人)이나 부동산침탈자에 대해서도 장기간 점유를 하면 취득시효 성립을 인정할 수 있다고 보았다.[40)] 특히 '소유의 의사'를 '마치 소유자가 그 소유물에 대하여 가지고 있는 것과 동일한 의사'라고 하여 내심적 의사임을 지칭하는 것으로 설명함으로써[41)] 장기간 점유자에 대하여 취득시효를 쉽게 인정하게 된 것이다. 이러한 일본의 기성사실존중주의는 취득시효의 '소유의 의사' 판단에 있어서 반드시 점유자가 권원을 수반할 필요는 없다는 논리에 영향을 미쳤다. 나아가 일본 민법 제186조는 우리 민법 제197조와 같이 소유의 의사를 추정함으로써 점유자로 하여금 권원 입증의 부담에서 자유롭게 하였는바, 취득시효에 있어서 권원의 의미가 몰각되는 계기를 만들었다.

다만, 앞서 본 바와 같이 일본 민법 제185조는 권원의 성질상 타주 점유가 성립함을 규정하고 있는데 위 규정의 영향으로 통설·판례는 소유의 의사는 권원의 성질에 의해 객관적으로 결정하여야 한다고 보고 있다.[42)] 그러나 한편으로는 소유의 의사를 내심의 의사로 보면서도 권원의 성질에 의하여 객관적으로 결정한다는 것은 모순되는 것으로 비춰질 수 있다. 권원의 성질상 타주점유라 하더라도 '소유자로서 물건을 지배하려는 내심의 의사'를 가질 수 있는바, 그러한 내심의 의사를 무시하는 형국이 되기 때문이다. 나아가 일본 민법 제185조는 타주점유자가 자주점유자가 되려면 위와 같은 소유자로서의 내심의 의사를 갖는 것만으로는 부족하고 새로운 권원에 기한 점유를 요구하고 있는바, 소유의 의사를 '내심의 의사'로 지칭하는 것과 맞지 않는 면이 있다.[43)] 또한, 소유의 의사를 추정하고 있는 일본 민법 제186조에 의해 소유의 의사는 권원의 성

들고 있다. 어떤 견해를 취하든 일본의 등기는 소유권을 쉽게 증명할 수 있는 수단이 된다.

39) 我妻榮, 新訂 民法總則, 岩波書店, 1973, 431頁; 最判 昭和45(1968)年12月18日 民集24卷13号2118頁 등.

40) 田中整爾, 앞의 책(주 30), 196頁; 我妻榮, 物權法, 岩波書店, 1962, 319頁; 藤原弘道, 앞의 책(주 9), 56頁.

41) 末川博, 物權法, 日本評論新社, 1961, 193頁; 我妻榮 교수도 "소유자로서 점유하는 의사"라고 하여 같은 방식으로 설명한다{我妻榮, 앞의 책(주 40), 318頁}.

42) 新版 注釋民法(7), 54頁(稻本洋之助 執筆部分); 最判 昭和45(1968)年6月18日 判例時報600号83頁.

43) 이렇게 모순되는 듯한 태도는 일본 구민법의 기초가 된 브와소나드 민법 초안에도 볼 수 있다. 브와소나드는 프랑스 민법과 마찬가지로 주관설의 입장에서 '소유의 의사'를 '소유자로서 물건을 지배한다는 내심적 의사(l'animus domini)'로 보면서도 점유자가 자기를 위해서 물건을 가지려는 내심적 의사가 있다고 하더라도 점유의 성질이 그 주장하는 정당성(la légitmité de cette prétention)과 상반될 때는 용가점유(容假占有)로 인정되며, 용가점유를 소유의 의사가 인정되는 법정점유로 전환하기 위해서는 권원의 전환이 필요하다고 설명하고 있다(이에 따른 입법이 앞서 본 구민법 재산편 제185조 제3항이다). 즉 소유의 의사를 내심적 의사로 보면서도 그 판단에 있어서는 내심이 아니라 권원이 중요하다는 점을 밝히고 있는 것이다(Boissonade,

질에 의해 객관적으로 결정된다는 법리는 한계를 노정하고 있다.

3. 비교법적 고찰의 시사점

지금까지 우리 취득시효 입법에 영향을 준 프랑스 민법, 이를 계수한 일본 민법을 살펴보았다. 취득시효가 프랑스 민법에서는 진정한 소유자의 소유권 증명에 대한 부담을 덜어주는 기능을 한다는 점에서 진정한 소유자의 소유권을 강화하는 역할을 한다. 그러나 일본 민법의 경우 이와 달리 진정한 소유자의 소유권을 빼앗는 기능을 하고 있다. 같은 제도를 어떤 관점으로 바라보느냐에 따라 취득시효가 달리 운영되었던 것이다.

자주점유를 추정하는 일본 민법 제186조는 구 프랑스 민법 제2230조를 계수하여 제정된 것이다.[44] 그런데 구 프랑스 민법 제2230조의 추정은 진정한 소유자의 소유권 보호를 위해서 원용되는 반면 일본 민법 제185조의 추정은 진정한 소유자의 소유권을 빼앗기 위해 원용되는 것이다.

결국 취득시효를 바라보는 관점이 취득시효 운영에 있어서 매우 중요한데, 우리 취득시효와 관련하여 취득시효가 일본법의 영향으로 본래의 취지에 맞지 않게 운영되고 있는 것이 아닌지 장을 바꾸어 검토하기로 한다.

Ⅲ. 성립요건주의, 등기 및 권원 중심의 취득시효 법리

1. 취득시효제도의 취지와 소유의 의사

우리나라에서는 취득시효제도의 취지와 관련하여 실질적으로 권리를 취득하였으나 이를 증명하지 못하는 권리자를 보호하려는 데 있다고 설명하는 견해도 있다.[45] 그러나 오래 계속된 사실상태가 진실한 권리관계에 부합하지 않더라도 오랜 기간이 지난 후에 새삼스럽게 그 사실상태를 뒤집어 놓으면 혼란이 초래되는바, 취득시효제도는 '사회의 법적 평화와 법적 안정성을 도모하기 위한 제도'라고 지배적으로 설명되고 있다.[46] 판례도 "취득시효제도는 법률관계의 안정을 기하기

Projet de Code civil pour l'Empire du Japon: accompagné d'un commentaire, tome 1, Novelle édition, 1890, pp. 359-360, 393-394).

44) 구 프랑스 민법 제2230조는 "타인을 위하여 점유를 개시하였음이 입증되지 않는 경우에, 항상 자기를 위하여 소유자의 권원으로(à titre de propriétaire) 점유하는 것으로 추정한다."고 규정하고 있으며 현재는 제2256조에서 규정하고 있다.

45) 송덕수, 물권법(제4판), 박영사, 2019, 313면; 이은영, 물권법(제4판), 박영사, 2006, 382면(취득시효는 점유자에게 본권에 관한 증명책임을 면제해 주는 제도라고 설명하고 있다).

46) 곽윤직 · 김재형, 물권법[제8판(전면개정)보정], 박영사, 2015, 259면; 김증한 · 김학동, 물권법(제9판), 박영사, 2004, 143면; 지원림, 민법원론(제2판), 홍문사, 2019, 161, 1069면.

위하여 일정한 사실상태가 상당기간 계속된 경우에 그 사실상태가 진실한 권리관계와 일치하느냐의 여부를 따지지 아니하고 그 사실상태를 존중하여 이를 진실한 권리관계로 인정하려는 제도"라고 설시하고 있다.47) 이러한 통설과 판례는 앞서 본 일본의 기성사실존중주의와 다르지 않다.

한편, 소유의 의사와 관련하여서도 소유의 의사라 함은 어느 물건을 마치 소유자인 것처럼 지배하려는 자연적 의사를 말한다고 통설은 설명하고 있으며48) 도인(盜人)도 자주점유자가 될 수 있다고 본다.49) 그 논리적 귀결로 자주점유가 성립하기 위하여 반드시 권원이 필요한 것은 아니라고 설명하였다. 이러한 통설은 '소유의 의사는 내심적 의사'를 지칭하는 것이라는 일본의 지배적 견해에 영향을 받은 것이라고 할 수 있다(이러한 일본의 지배적 견해는 프랑스의 주관설에 영향을 받은 것임은 앞에서 설명한 바와 같다).

그럼에도 불구하고 통설은 소유의 의사는 점유취득의 원인이 되는 권원의 성질에 의하여 객관적으로 결정하여야 한다고 설명해왔다.50) 이로 인하여 법리적인 혼란이 계속 발생할 수밖에 없었다. 즉 소유의 의사는 내심적 의사임에도 왜 권원에 따라 판단해야 하는지가 해명되지 않는다는 점에서 통설은 지속적인 논쟁거리를 제공하였다. 어떻게 보면 내면적 요소인 '소유의 의사'를 권원의 성질에 의하여 외부적 객관적으로 판단하는 것 자체가 모순이라고 할 수 있다.51) 소유의 의사를 위와 같이 자연적 의사, 내심적 의사로 파악하는 것은 물건에 대한 지배관계를 대세적으로 명확하게 규율하기 위한 물권법의 법리와 맞지 않는다고 할 수 있다.52) 이러한 문제가 정면으로 다루어져 소유의 의사에 대하여 새로운 장을 연 판결이 뒤에서 보는 대법원 1997. 8. 21. 선고 95다28625 전원합의체 판결이다.

2. 기성사실존중주의에 대한 비판

(1) 취득시효의 운영에 있어서 기성사실존중주의가 거리낌 없이 받아들여질 수 있었던 이유는 소유의 의사를 내심적 의사로 보았던 것 이외에도 소유의 의사를 추정하는 민법 제197조가 있었기 때문이다. 통설은 민법 제197조의 추정 규정을 잠정적 진실로 보아 전제사실로부터 일정한 사실을 추정하는 진정한 법률상의 추정이 아니라 그 전제사실이 없는 무전제의 추정(무조건의 추정)이라고 해석하였고, 추정을 깨기 위해서는 소유자가 본증을 해야 한다고 보아왔다.53) 아울

47) 대법원 1986. 2. 25. 선고 85다카1891 판결(공 1986, 532).

48) 송덕수, 앞의 책(주 45), 237-238면; 곽윤직 · 김재형, 앞의 책(주 46), 195면; 민법주해(5), 375면(윤진수 집필부분).

49) 대표적으로 주석민법 물권(1), 245면(김진우 집필부분).

50) 곽윤직 · 김재형, 앞의 책(주 46), 195면; 이영준, 물권법(전정신판), 박영사, 2009, 344면; 이은영, 앞의 책(주 45), 390면.

51) 이기용, "취득시효의 요소로서의 자주점유의 법리", 비교사법 제5권 1호(1998), 280면.

52) 유남석, "부동산점유취득시효에 있어서 '소유의 의사'의 추정과 무단점유", 인권과 정의 제255호(1997), 94면.

러 실무에서는 주장책임까지도 소유자가 부담한다고 해석하여 소유자가 타주점유임을 주장해야 하며, 점유자는 '소유의 의사가 있는 점유'임을 주장할 필요가 없이 오로지 20년간 점유하였음을 주장하면 주장책임을 다한 것으로 인정한다.54)

이러한 해석에 따르면 취득시효를 주장하는 점유자는 자신의 점유 취득 원인, 즉 권원에 대해서 어떠한 주장도 할 필요도 없고 입증도 할 필요도 없다. 심지어는 권원으로 특정 매매를 주장하였으나 그러한 매매가 인정되지 않는 경우에도 자주점유의 추정이 번복되는 불이익을 받지 않게 된다.55) 또한, 소유자는 본증을 통해 자주점유 추정을 깨야 하는바, 본증을 통해 점유자의 권원의 부존재를 입증하는 것은 매우 어렵다. 예를 들어 갑(점유자)이 을(소유자)에 대하여 취득시효 완성을 원인으로 소유권이전등기를 구하면서 '갑이 1965. 1.경 등기명의자가 아닌 병으로부터 매수하여 점유하였다'고 주장하는 경우에 을은 추정을 번복하기 위해서는 1965. 1.경 병과의 매매가 없었다는 사실을 증명해야 한다.56) 주장되는 갑과 병 사이의 매매계약은 을이 관여한 매매계약도 아니고 이미 오랜 시간 경과하여 증거가 산일된 상황에서 을이 매매계약 체결 사실의 부존재를 증명하는 것은 사실상 불가능하다. 설령 그와 같은 증명을 하였다고 하더라도 갑으로서는 새로운 권원을 주장하여 을의 그동안의 매매계약 부존재 입증 노력을 물거품으로 만들 수 있다.

이러한 해석론에 따라 장기간의 점유가 있으면 이를 존중하여 취득시효를 인정해야 한다는 기성사실존중주의는 우리 취득시효제도의 운영을 지배하여 왔다.

(2) 우리 법은 프랑스, 일본과는 달리 성립요건주의를 따르고 있다. 성립요건주의는 의사주의에 비해 등기 중심으로 물권법 질서가 구축된다. 등기를 함으로써 소유권을 취득한 자는 이미 적법한 공시방법을 갖추었으므로 소유권을 표상하기 위해 물리적인 점유를 하여야 하는 것은 아니다. 즉 성립요건주의에서는 점유와 부동산의 견련 정도는 미약할 수밖에 없고 등기와 부동산의 견련 정도는 강화되는 것이다.57) 부동산에 대한 권리 부여에 있어서도 마찬가지이다. 점유에 의한 권리 부여보다는 등기에 의한 권리 부여가 더 정당화되는 것이다. 이에 따라 우리 민법 제200조는 "점유자가 점유물에 대하여 행사하는 권리는 적법하게 보유한 것으로 추정한다."고 하여 점유에 대하여 권리추정력을 인정하고 있으나, 등기되어 있는 부동산에 대하여는 점유의 권

53) 이시윤, 신민사소송법(제13판), 박영사, 2019, 550-551면; 정동윤 · 유병현 · 김경욱, 민사소송법(제7판), 법문사, 2019, 574면; 송덕수, 앞의 책(주 45), 241면.

54) 사법연수원, 요건사실론, 2019, 13, 100면.

55) 대법원 1983. 7. 12. 선고 82다708,709,82다카1792,1793 판결(전원합의체)(공 1983, 1248); 대법원 2002. 2. 26. 선고 99다72743 판결(공 2002상, 777).

56) 대법원 2000. 3. 16. 선고 97다37661 판결(전원합의체)(공 2000상, 962)을 변형한 것이다. 위 판결에서 다수의견은 "등기를 수반하지 아니한 점유임이 밝혀졌다고 하여 이 사실만 가지고 바로 점유권원의 성질상 소유의 의사가 결여된 타주점유라고 할 수 없다."라고 판시하였다.

57) 유남석, 앞의 논문(주 52), 99면; 최병조, 앞의 논문(주 21), 136면.

리추정력은 인정되지 않는 것이다.[58)]

우리 부동산등기법은 앞서 본 일본의 부동산등기법과 마찬가지로 독일의 등기제도를 받아들여 물적편성주의를 취하고 있다. 등기가 '권리'에 대한 사항까지 공시하고 있는데, 등기의 진정성을 담보하고자 공동신청주의(부동산등기법 제23조 제1항), 출석주의(같은 법 제24조 제1항 제1호), 등기연속주의 및 등기필정보 등 첨부정보의 제출의무(같은 법 제50조)를 채택하고 있다. 위와 같이 성립요건주의와 등기제도의 정비를 바탕으로 등기의 권리추정력을 인정하고 있으며 그 추정에 있어서도 사실상 추정이 아니라 법률상 추정으로 보고 있다.[59)]

이와 같이 등기 중심으로 구축된 우리의 소유권 질서에서 기성사실존중주의는 정당성을 인정받기 어렵다. 기성사실존중주의는 장기간 점유라는 기성사실을 존중하여 등기한 소유자의 권리를 빼앗는 것을 정당화하는바, 등기보다는 점유를 우선시하는 해석으로 등기의 권리추정력 및 등기된 부동산에 대한 점유의 권리추정력 제한(등기된 부동산에 대하는 점유의 권리추정력이 인정되지 않는다는 법리)과 조화되지 않는 것이다.[60)] 앞서 우리 취득시효 법제의 기원이 된 프랑스의 취득시효에서 보았듯이 원래 취득시효 제도는 점유를 기반으로 생성된 것으로 등기제도가 고려된 것이 아니다. 취득시효의 기원이 되는 로마법상 사용취득(usucapio)도 마찬가지다. 따라서 부동산 공시방법으로서 등기제도가 발전되고 정비될수록 점유제도와 이를 기반으로 한 취득시효제도의 역할은 축소되어야 하는 것이다.[61)] 우리 민법이 의사주의에서 성립요건주의로 전환하였으나 현행 민법 시행 이후에도 법생활에 있어서는 상당기간 동안 의사주의를 채택한 의용민법에 따른 부동산 거래의 관행이 잔존하고 있었으므로 취득시효 제도에 정당성을 인정할 수 있었다. 그러나 이제는 성립요건주의에 따른 법제가 정비된 상황에서 취득시효의 입지는 줄어들 수밖에 없는 것이다. 성립요건주의를 취하면서 등기의 추정력을 인정하는 독일의 경우 등기부취득시효만 인정할 뿐 등기된 부동산에 관하여 점유취득시효를 인정하지 않는 이유가 바로 여기에 있다(독일 민법 제900조, 제927조 참조).[62)]

---

58) 곽윤직 · 김재형, 앞의 책(주 46), 204면; 이진기, 물권법, 박영사, 2020, 71면; 이은영, 앞의 책(주 45), 353면; 대법원 1982. 4. 13. 선고 81다780 판결(공 1982, 499) 등 참조. 관련하여 의사주의를 취하고 있는 일본은 제188조가 점유의 권리추정력을 규정하고 있는데, 위 조항이 등기된 부동산에도 적용되는지에 대해서 우리와 달리 견해가 대립되고 있다. 그 견해대립에 대하여는 新版 注釋民法(7), 98-101頁(田中整爾 執筆部分), 98-100頁 참조.

59) 대법원 2001. 8. 21. 선고 2001다23195 판결(공2001하, 2043); 대법원 2005. 9. 29. 선고 2003다40651 판결(공 2005하, 1681) 등 다수.

60) 이에 대해 김형석 교수는 "등기된 부동산에 관한 한 점유취득시효는 우리 민법의 체계에 부합하지 아니하는 異物(Fremdkörper)로서 평가되어야 한다."고 표현한다{김형석, 앞의 논문(주 16), 178면}.

61) 이기용, "타인의 토지의 매매와 자주점유의 추정", 저스티스 통권 제68호(2002), 216면.

62) 독일의 취득시효 제도에 대해 소개한 글로는 김진우, "독일의 부동산취득시효와 그 시사점", 민사법의 현대적 과제와 전망(남강 서광민교수 정년기념논문집), 서광민교수정년기념논문집 간행위원회(2007); 송덕수, "부동산 점유취득시효 제도 개정론", 민사법학 제43-2호(2008); 박종찬, "부동산 점유취득시효 제도 -비교법적 검토와 개선방안을 중심으로", 강원법학 제38권, 강원대학교 비교법학연구소(2013) 참조.

3. 권원 중심의 취득시효 법리의 정당성

(1) 위에서 살펴본 바와 같이 일본의 기성사실존중주의를 추수하는 우리의 취득시효 제도의 운영은 전면적으로 재검토할 필요가 있다. 취득시효는 그 정당성이 인정될 수 있는 범위에서만 인정하는 것이 필요하다. 그렇다면 취득시효는 어떤 경우에 그 정당성이 인정될 수 있는가?

앞서 본 바와 같이 프랑스의 취득시효는 소유자로 하여금 '악마의 증명'의 부담을 면하게 함으로써 소유자를 보호하고자 활용되고 있다는 점을 주목할 필요가 있다. 기성사실존중주의가 아니라 주로 권리가 있는 자를 보호하기 위하여 취득시효가 운영되고 있는 것이다.

우리 법상으로 취득시효 제도는 어떤 경우든지 등기를 한 자, 즉 소유자의 권리를 소멸시키는 제도이므로 프랑스와 같이 소유자를 보호하기 위한 제도로 운영될 수는 없다. 그러나 프랑스의 취득시효의 취지, 즉 정당한 권리자에게 권리를 귀속시키기 위한 제도라는 점을 우리 법에 접목하면, 취득시효 제도는 소유권 취득을 가능하게 하는 원인관계, 즉 소유권 취득의 원인이 되는 권원을 갖춘 자에게 소유권을 부여하기 위한 제도로 운영되는 것이 타당할 것이다. 해당 점유자가 소유권의 이전을 정당화시켜 줄 수 있는 원인관계를 갖춘 경우에 소유자를 희생하면서까지 점유자를 보호할 예외적 정당성이 인정될 수 있는 것이다.

한편, 우리 법에는 일본 민법 제185조에 해당하는 조문이 없는바, 취득시효와 관련하여 '권원'을 명문으로 규정하고 있지 않아 '권원'의 의미에 대해서 다소 혼란이 있다. '권원'의 의미를 법률행위 내지 상속 등의 법률요건뿐 아니라 사실행위까지를 포함하여 점유취득의 원인이 된 일체의 사실관계를 말하는 것으로 이해하는 견해가 있고,[63] 판례도 같은 입장에서 "권원의 성질상 타주점유이다"라고 판시하고 있다.[64] 위 견해에 따르면 권원이 없는 점유는 없게 된다. 그러나 필자는 앞서 살펴본 취득시효의 연원에 비추어 로마의 사용취득, 프랑스의 취득시효제도에서 쓰는 개념에 맞게 '권원'을 정의하는 것이 타당하다고 생각한다. 따라서 '권원'의 개념은 점유 취득의 원인이 되는 법률행위 내지 상속 등의 법률요건으로 정의하고자 하며, 자주점유로 인정되기 위해서는 소유권 취득이 가능한 권원이 인정되어야 한다.

(2) 취득시효는 소유권 취득의 원인이 되는 권원을 갖춘 자에게 소유권을 부여하는 제도라고 이해하는 관점은 '소유의 의사'와 관련하여서도 의미가 깊다. '소유의 의사'를 자연적 의사, 내심적 의사로 보면서도 이를 외부적 객관적으로 판단하는 것 자체가 모순일 수 있다는 점은 앞에서 지적한 바와 같다.

---

63) 田中整爾, 앞의 논문(주 13), 42頁; 한기택, "부동산 점유의 권원이 매매 등 소유권이전 목적의 법률행위로서 등기를 수반하지 아니한 것임이 밝혀진 경우 그 점유는 타주점유인가?", 민사판례연구 23, 박영사(2001), 97면.

64) 대법원 1990. 11. 13. 선고 90다카21381, 21398 판결(공 1991, 83).

취득시효는 대세효를 갖는 소유권 취득과 직결되므로 취득시효의 요건은 외부적으로 관찰될 수 있어야 하며, 소유의 의사도 외부적으로 관찰될 수 있어야 한다. 대세효의 전제는 외부에 그 요건이 표시됨을 전제로 한다. 단순히 점유자가 내심에 소유자와 같이 물건을 지배할 의사가 있었다는 것만으로는 소유권 취득의 효과를 부여하기 어려운 것이다. 이와 같이 소유의 의사의 판단에 있어서 외부적 판단을 하여야 한다면 소유의 의사에 대한 정의 자체도 이제는 규범적 관점을 투영하여 수정하여야 한다.[65] 즉 소유의 의사의 개념은 그 시대의 법제, 법의식(法意識)을 기초로 규범적으로 판단하여야 하는 것인바, 우리 법이 취하고 있는 성립요건주의, 등기의 추정력에 비추어 소유의 의사를 정의하는 것이 요청된다. 성립요건주의를 도입한 지 60년이 넘어 등기를 하지 않으면 소유권을 취득할 수 없다는 관념이 정립된 현 시점에서, 등기를 하지 않은 자가 부동산에 대하여 '마치 소유자와 같이 물건을 지배하려는 의사'를 가지고 있다고 인정하는 것은 특별한 사정이 없는 한 규범적으로 어렵다. 현재의 법제에서 등기를 하지 않은 자가 부동산에 대하여 소유의 의사를 인정할 수 있는 예외는 앞서 본 바와 같이 소유권 취득의 원인이 되는 권원을 갖춘 경우가 이에 해당될 것이다.[66] 이런 관점에서 '소유의 의사로'는 '소유권을 이전할 수 있는 권원에 기하여'로 읽힐 수 있는 것이다.[67] 이러한 해석을 통해 우리 취득시효의 법리는 앞서 본 바와 같이 로마법의 사용취득, 프랑스의 단기취득시효의 법리에 접근하게 된다.

이와 같이 소유의 의사를 정의하면 소유의 의사에 관한 모순적 입장을 극복할 수 있다. 소유권을 이전할 수 있는 권원에 기한 점유가 자주점유이므로 자주점유 판단은 점유취득의 원인이 되는 권원의 성질에 의하여 객관적으로 결정하는 것이 당연한 귀결이기 때문이다. 판례가 객관설의 입장에서 "점유자의 점유가 소유의 의사 있는 자주점유인지 아니면 소유의 의사 없는 타주점유인지의 여부는 점유자의 내심의 의사에 의하여 결정되는 것이 아니라 <u>점유 취득의 원인이 된 권원의 성질이나 점유와 관계가 있는 모든 사정에 의하여 외형적·객관적으로 결정</u>되어야 한다."고 판시하고 있는바(밑줄-필자),[68] 이러한 입장은 소유의 의사에 기한 점유를 소유권을 이전할 수 있는 권원에 기한 점유로 이해하였을 때 논리적으로 이해할 수 있다.[69] 앞서 본 '소유의

65) 이영준 변호사는 "어차피 점유제도는 평화유지를 위한 것이므로 그 범위 내에서 소유의 의사도 규범적 의미를 갖게 되는 것이다."라고 표현한다{이영준, 앞의 책(주 50), 344면}, 위 주장에 찬성하는 견해로 민법주해(5), 377면(윤진수 집필부분). 같은 취지의 주장으로는 김중기, "무단점유의 타주점유성", 판례연구 제8집, 부산판례연구회(1998), 87면(자주점유의 개념을 다수 수정하여 그 속에 규범적 요소를 포함시켜야 함을 주장하고 있다).

66) 대표적으로 소유자로서 외관을 가지는 제3자와 매매 등 법률행위를 한 경우, 우리 법은 등기의 공신력을 인정하지 않으므로 권원에 기하여 등기를 마쳤으나 등기가 무효인 경우가 있을 수 있는바, 이 경우에도 점유자에 대하여 소유의 의사를 인정할 수 있다. 이 경우에 취득시효는 등기에 공신력을 부여하는 효과를 부여하는 것이다.

67) 同旨 최병조, 앞의 논문(주 21), 109면.

68) 대법원 2002. 2. 26. 선고 99다72743 판결(공 2002상, 777) 등 다수.

의사'에 관한 통설은 소유의 의사를 내심적 의사로 보면서도 권원의 성질에 기하여 판단하여야 한다는 점에서 모순이 있었는바, 소유의 의사를 필자와 같이 정의함으로써 위와 같은 모순이 극복될 수 있다.

4. 권원 중심의 취득시효 법리와 대법원 판결의 음미

(1) 권원이 없는 무단점유에 관한 판단

앞서 언급한 바와 같이 소유의 의사에 관하여 규범적 관점을 투영하여야 한다. 대법원이 취득시효의 법리에 관하여 새로운 장을 연 1997. 8. 21. 선고 95다28625 전원합의체 판결[70]도 이러한 관점에서 이해할 수 있다. 위 판결에서 다수의견은 '점유 개시 당시에 소유권 취득의 원인이 될 수 있는 법률행위 기타 법률요건이 없이 그와 같은 법률요건이 없다는 사실을 잘 알면서 타인 소유의 부동산을 무단점유한 경우, 즉 권원 없는 점유의 경우에도 자주점유가 추정된다는 종래의 판결을 폐기하고 그와 같은 경우 자주점유의 추정이 깨진다'는 취지로 판시하였다.[71] 권원 없는 점유의 경우에도 자주점유가 추정된다는 종래의 판결은 도인(盜人)도 자주점유자라는 법리에 근거한 것이다. 앞서 본 바와 같이 '소유의 의사'를 자연적 의사, 내심적 의사로 본다면 종래의 판결이 타당하다고 할 수 있다. 실제로 점유자의 소유의 의사는 주관적, 사실적인 것이고, 본권적 질서에서 요구되는 소유자로서의 권리의식과는 전연 다른 것이라고 주장하는 견해는 종래 판결이 타당하다고 하면서 위 전원합의체 판결에 비판적이다.[72]

그러나 '소유의 의사'는 자연적 의사가 아니라 규범적 관점을 투영하여 '소유권을 이전할 수 있는 권원에 기한 의사'로 보아야 하는바, 그러한 권원이 없는 점유는 자주점유로 볼 수 없는 것이다. 도인(盜人)이나 부동산침탈자에 대해서까지 소유의 의사를 인정하여 취득시효의 혜택을 부여하는 해석은 전체 법질서, 보편적인 법관념을 고려할 때 받아들일 수 없다.[73] 위 전원합의체 판결은 '소유의 의사'의 정의에 규범적 관점을 투영한 것으로 이해할 수 있다. 위 판결의 다수의

---

69) 뒤에서 보는 바와 같이 판례가 부가적으로 언급하는 '점유와 관계가 있는 모든 사정'은 '권원의 존부'를 직접적으로 밝히기 어려우므로 이를 밝히기 위해 고려해야 하는 제반사정으로 이해할 수 있다. 이와 같이 이해하면 자주점유인지 여부는 결국 '권원의 존부'에 의해서 결정되는 것이다.

70) 공 1997상, 2501.

71) 위 판결에 찬성하는 평석으로는 김동국, "자주점유의 추정과 악의의 무단점유", 판례연구, 전주지방법원(1999); 김영훈, "부동산점유취득시효에 있어서 자주점유의 추정과 그 번복" 실무연구자료 3권, 대전지방법원(1999); 유남석, 앞의 논문(주 52). 반대하는 평석으로는 조성민, "무단점유의 경우에 자주점유의 추정이 깨지는지 여부", 판례월보 제326호(1997).

72) 가령 전하은, "악의의 무단점유 -특히 점유취득시효와 관련하여", 민사재판의 제문제 제8권(1994), 민사실무연구회, 134-135면; 전하은, "악의의 무단점유에 관한 의견", 판례실무연구(1), 박영사(1997), 384면.

73) 취득시효제도의 기원이라 할 수 있는 로마법의 사용취득에서도 도품은 그 객체가 될 수 없었다. Kaser/Knütel/Lohsse, 앞의 책(주 16), §25 Rn. 8.

견에 대한 보충의견은 "다수의견이 점유자의 점유가 소유의 의사가 있는 점유인지 여부를 점유자의 내심의 의사가 아니라 점유 취득의 원인이 된 권원의 성질이나 점유와 관계가 있는 모든 사정에 의하여 외형적·객관적으로 결정하여야 한다고 한 것은 소유의 의사가 점유자의 자의에 따라 변하여서는 아니된다는 규범적 의미를 가지고 있음을 긍정한 것이다."라고 판시함으로써 이 점을 명확히 하고 있다(밑줄-필자).

위 판결에 대하여 우리 법이 자주점유와 악의의 점유를 구별하고 있고 악의의 무단점유자도 자주점유자로 인정할 수 있다는 점을 무시하였다는 비판도 있다.[74] 그러나 위와 같이 규범적 관점에서 자주점유의 개념을 달리 정하게 되면 위 판결은 그러한 자주점유의 개념에 좇은 판결이라고 평가할 수 있다. 다만, 위 판결에서 권원의 성질이나 점유와 관계가 있는 모든 사정에 의하여 결정된다고 하였는바, 권원의 성질 이외에도 점유와 관계가 있는 모든 사정이 독자적인 의의가 있는 것처럼 읽힐 수 있으나 판례가 언급하는 '점유와 관계가 있는 모든 사정'은 권원 유무와 권원이 있는 경우 그 내용을 파악하기 위한 사정이라는 점에서 필자가 주장하는 '권원 중심의 취득시효 법리'에 여전히 부합한다고 할 것이다.[75]

위 판결은 자주점유의 판단과 관련하여 다음과 같은 권원 중심의 사고를 요청한다. 첫째, 점유의 권원이 있는지를 심리하여 권원이 없는 점유, 즉 무단점유인 것이 밝혀지면 더는 자주점유 추정이 유지되지 않는다.[76] 둘째, 점유의 권원이 밝혀졌으면 그 권원이 소유권 이전이 가능한 권원인지 여부에 따라 자주점유인지 타주점유인지를 판단하고, 소유권 이전이 가능한 권원인지 여부가 불분명한 경우에는 민법 제197조에 의하여 자주점유로 추정한다.[77] 셋째, 점유의 권원이 있는지 없는지 자체가 밝혀지지 아니한 경우에는 민법 제197조의 해석론에 따라 자주점유 여부를 결정한다.

---

74) 송덕수, "부동산 점유취득시효의 요건으로서의 자주점유와 악의의 무단점유 -대상판결: 대법원 1997. 8. 21. 선고 95다28625 전원합의체 판결", 민사법학 제16호(1998), 304면; 주석민법 물권(1), 870-871면(김진우 집필부분, 위 판결에 대하여 법률변경적 법형성이라고 비판한다).

75) 위 판결에서 "점유자가 진정한 소유자라면 통상 취하지 아니할 태도를 나타내거나 소유자라면 당연히 취했을 것으로 보이는 행동을 취하지 아니한 경우 등 외형적·객관적으로 보아 점유자가 타인의 소유권을 배척하고 점유할 의사를 갖고 있지 아니하였던 것이라고 볼 만한 사정"이 증명된 경우에 자주점유 추정이 깨진다고 판시하고 있는데, 위와 같은 사정은 권원이 없다는 점을 증명할 수 있는 중요한 하나의 예로 이해할 수 있다.

76) 위 판결에서는 정확히는 악의의 무단점유자에 대해서는 자주점유 추정이 유지되지 않는다고 판단하였으나 객관적으로 권원이 없는 점유임이 밝혀진 경우에는 선의의 무단점유자라는 특별한 사정이 없는 한 惡意의 무단점유자로 보아 자주점유 추정이 깨진다고 보아야 할 것이다. 그리고 선의의 무단점유자라는 특별한 사정은 무단점유자가 입증해야 한다고 보는 것이 타당하다. 선의의 무단점유자에 대해서 자주점유를 인정할지 여부는 뒤에서 보는 '오상권원'의 문제로 접근해야 할 것이다.

77) 실제 소송에 있어 점유의 권원이 밝혀졌으나 권원의 성질상 자주점유인지 타주점유인지 애매한 경우는 많지 않고, 점유 권원이 있는지 없는지 자체가 문제 되는 경우가 대다수이다.

(2) 타인의 토지 매매와 자주점유 추정 번복 여부

권원 중심의 취득시효 법리와 관련하여 음미가 필요한 또 하나의 전원합의체 판결은 대법원 2000. 3. 16. 선고 97다37661 전원합의체 판결[78]이다. 위 판결의 이해를 돕기 위하여 사실관계와 쟁점을 정리하면 다음과 같다.

1) 사실관계와 쟁점

① 이 사건 토지에 관하여는 1929. 12. 16. 원고의 부(父) 명의로 소유권보존등기가, 1990. 7. 23.에는 상속을 원인으로 원고 등 공동상속인들 명의의 소유권이전등기가 각 순차로 마쳐졌다. 원고가 공유물의 보존행위로 점유자인 피고를 상대로 이 사건 토지의 인도 등을 구하였다. 피고는 다음과 같은 취지로 취득시효가 완성되었다는 주장을 하였다.

“소외 갑이 1950. 2.경 원고의 아버지로부터 이 사건 토지를 매수하여 이를 채소밭으로 경작하여 오다가 1960년경 소외 을에게 이를 매도하였고, 을은 1965. 1.경 소외 병에게 이를 매도하였다. 병은 그 때부터 소유의 의사로 평온·공연하게 이 사건 토지를 점유하여 20년이 경과되는 1985. 1. 31. 이 사건 토지를 시효취득하였다. 병은 1985. 5.경 피고에게 이 사건 토지를 매도하였다.”[79]

② 실제로 원고의 아버지와 갑 사이, 갑과 을 사이에 피고가 주장하는 것과 같은 매매계약이 있었는지는 소송에서 밝혀지지 않았다. 다만, 병이 1965. 1.경 을로부터 이 사건 토지를 매수하여 이 사건 토지를 점유하여 왔고, 1985. 5.경 피고에게 이 사건 토지를 매도하여 피고가 그

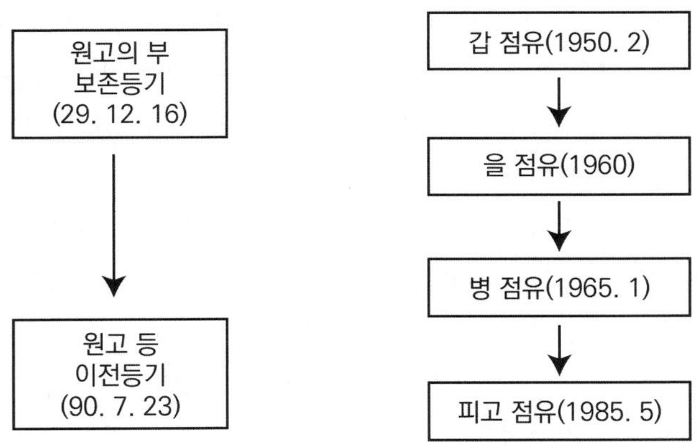

78) 위 판결에 대한 평석으로는 이기용, 앞의 논문(주 61), 203면 이하; 한기택, 앞의 논문(주 63), 71면 이하.

79) 피고의 주장은 정확히는 신의칙 항변이다. 즉 병에 대한 위 매매를 원인으로 한 소유권이전등기청구권을 보전하기 위하여 원고를 포함한 이 사건 토지의 공유자들에 대하여 병을 대위하여 위 취득시효 완성을 원인으로 한 소유권이전등기절차를 구할 지위에 있는 피고에게 원고가 이 사건 토지의 소유권에 기하여 인도 등을 구하는 것은 신의칙에 반한다는 항변이다.

후 이 사건 토지를 점유·사용하고 있는 점은 인정되었다. 이 사건의 쟁점은 병이 1965. 1.경 등기명의자가 아닌 을로부터 매수하여 점유하였다는 사정을 가지고 타주점유라고 인정할 수 있는지 여부이다.

2) 대법원의 판단과 권원 중심의 사고

이에 대하여 다수의견은, 점유자가 주장하는 권원이 타인의 토지의 매매여서 곧바로 소유권을 취득할 수 없다고 하더라도 매도인에게 처분권한이 없다는 것을 잘 알면서 이를 매수하였다는 등의 특별한 사정이 없는 한 자주점유 추정은 유지된다고 판시하면서 병의 자주점유를 인정하였다. 한편, 반대의견은 부동산 점유의 권원이 등기를 수반하지 아니한 매매 등 소유권이전 목적의 법률행위로 밝혀졌다면 자주점유의 추정은 유지될 수 없다고 판단하였다.

앞서 본 바와 같이 자주점유 판단과 관련하여 권원 중심으로 사고를 하는 것이 필요한바, 점유의 권원이 밝혀졌으면 그 권원의 성질이 자주점유인지 타주점유인지 여부를 법원이 판단하되, 그 권원의 성질에 비추어 소유권 취득이 가능한 권원인지가 불분명한 경우에는 민법 제197조에 의하여 자주점유로 추정해야 할 것이다. 이 사건에서도 다수의견, 반대의견은 밝혀진 권원 즉 '타인의 토지에 대한 매매'의 성질에 비추어 병의 점유를 타주점유로 볼 수 있는 것이 아닌지를 검토한 것이다.

취득시효는 소유권 취득의 원인이 되는 권원을 갖춘 자에게 소유권을 부여하기 위한 제도로 운영되는 것이 바람직하다는 점은 앞에서 본 바와 같은바, 과연 병이 위와 같은 권원을 갖추었는지 문제가 된다. 매도인이 등기부상 소유자가 아니라고 하더라도 타인의 권리 매매라는 형식을 통해 매수인에게 소유권이 이전될 수 있는바, 이 점에서 병은 특별한 사정이 없는 한 소유권 취득의 원인이 되는 권원을 갖추었다고 할 수 있다. 만약 이와 달리 소유권 취득이 가능한 원인관계가 아니었던 경우에는 타주점유로 인정된다. 예를 들어 위 사안에서 소외 갑이 등기명의자인 원고의 아버지, 즉 등기명의자로부터 매수하였다는 점을 주장함이 없이 단지 을이 병에게 매도하였다는 점을 주장한 경우에는 위 매매가 있었다는 것만으로 병이 소유권을 취득할 수 없으므로 자주점유를 인정할 수 없는 것이다.[80] 또한 병이 매수할 당시 매도인 을에게 처분권한이 없다는 점을 잘 알면서 매수하였다면 악의의 무단점유에 준하여 볼 수 있으므로 자주점유를 인정할 수 없다. 대상판결의 경우 이러한 특별한 사정(소유권 취득이 가능한 원인관계가 아니라는 사정)에 대한 입증이 없으므로 자주점유 추정은 유지된다고 할 수 있다.

반대의견에 대하여 살펴보면, 우리 법이 취득시효의 요건이 완성된 경우에 '등기함으로써'

80) 점유 개시 당시에 당해 부동산에 관하여 소유권 등기가 있었던 경우 그 소유자를 제쳐두고 제3자와 사이에 부동산에 대한 매매 등 법률행위를 한다는 것은 이례적인 일이므로, 그 소유자와 사이에 법률행위가 존재하지 않는다면 점유자는 점유개시 당시에 권원이 존재하지 않는 것으로 볼 수 있기 때문이다{유남석, 앞의 논문(주 52), 105-106면 참조}.

그 소유권을 취득한다고 규정하고 있는 점, 즉 등기는 점유취득시효의 요건이 아니라는 점을 주목할 필요가 있다. 따라서 반대의견과 같이 등기를 수반하지 않았다는 점만으로 타주점유로 보아 취득시효를 부정할 수는 없다. 반대의견은 실정법으로 존재하는 점유취득시효 자체를 폐기하는 해석이므로 쉽게 따르기는 어려운 것이다.[81]

그런데 실제 이 사건에서 가장 중요한 쟁점 중의 하나는 바로 피고의 주장, 즉 "갑이 1950. 2.경 등기명의인인 원고의 아버지로부터 이 사건 토지를 매수하였다."는 주장의 진위 여부에 있다.[82] 위 주장이 사실이 아니라면 병은 소유권취득의 원인이 되는 권원을 갖추었다고 보기 어렵기 때문이다. 그런데 이미 시간이 오래된 상황에서 위 주장의 진위 여부를 밝히기 위한 증거는 이미 소멸되었을 가능성이 농후하다. 어떻게 보면 점유자인 피고의 위와 같은 주장은 피고가 장기가 등기를 하지 않은 사정에 비추어 허위일 가능성도 상당하다. 그럼에도 불구하고 위 주장의 진위 여부에 있어서 피고에게 유리하게 해석할 수밖에 없는 이유는 자주점유를 추정하고 있는 민법 제197조 제1항에 기인한다. 뒤에서 보겠지만 자주점유 추정 규정이 과연 우리 법체계상 타당한지 상당한 의문이 있다.

(3) 소 결

위에서 중요한 두 전원합의체 판결을 살펴보았다. 필자가 주장하는 취득시효에 있어서 권원 중심의 사고는 위 판결들과 모순되는 것이 아니다. 오히려 필자가 주장하는 소유의 의사에 대한 해석론을 통해 대법원 판결이 보다 더 명확하게 이해될 수 있다. 대법원 판결이 의도하건 의도하지 않았건 권원 중심의 사고에 접근하고 있는바, 기성사실존중주의의 폐해를 직시하고 성립요건주의하에서 취득시효를 제한하는 것이 타당하다는 점을 어느 정도 염두에 둔 결과물이라고 평가할 수 있다.

Ⅳ. 권원 중심의 취득시효 법리와 세부 쟁점 고찰－자주점유 추정, 타주점유의 전환, 오상권원

1. 문제점

앞서 기성사실존중주의를 비판하면서 취득시효는 소유권 취득의 원인이 되는 권원을 갖춘

81) 同旨 한기택, 앞의 논문(주 63), 73-74면; 주석민법 물권(1), 430면(김형석 집필부분).

82) 점유자와 소유자 사이에 매매계약이 체결되었다 하더라도 그 대금이 완납되기 전에는 매수인이 매매 목적물인 토지를 소유자와 동일한 지배를 하려는 의사를 가지고 점유하게 되었다고 할 수는 없으므로, 그 점유는 여전히 타주점유로 남게 된다(대법원 1995. 12. 22. 선고 95다30062 판결). 따라서 자주점유 인정 여부와 관련하여 실제 심리해야 하는 점은 매매계약 체결 여부와 대금 지급 여부가 될 것이다.

자에게 소유권을 부여하기 위한 제도로 운영되는 것이 타당하다는 점, 자주점유 판단과 관련하여 권원 중심의 사고를 하여야 한다는 점을 설명하였다. 현재 취득시효가 본래의 취지에서 벗어나 운영되어 온 가장 주요한 원인 중의 하나는 자주점유 추정 규정 때문이다. 이하에서는 자주점유 추정 규정의 정당성, 그에 대한 해석과 입법론을 검토하고자 한다. 아울러 타주점유를 자주점유로 전환하기 위한 요건, 오상점유의 경우 일정한 경우 자주점유로 볼 수 있는바 권원 중심의 사고와 어떻게 관련되는지 살펴보고자 한다.

2. 자주점유 추정 규정에 대한 해석론과 입법론

(1) 우리 민법의 자주점유 추정 규정은 구 프랑스 민법 제2230조에서 유래한다. 구 프랑스 민법 제2230조는 "타인을 위하여 점유를 개시하였음이 입증되지 않는 경우에, 항상 자기를 위하여 소유자의 권원으로(à titre de propriétaire) 점유하는 것으로 추정한다."라고 규정하고 있다.[83] 앞서 본 바와 같이 여기서 '소유자의 권원(à titre de propriétaire)'을 소유자로서 물건을 지배한다는 의사(l'animus domini)로 해석하였다.

일본 구민법은 프랑스 민법을 충실히 계수하여 재산편 제186조는 "점유자는 항상 자기를 위하여 점유하는 것이라는 추정을 받는다. 그러나 점유의 권원 또는 사정에 의하여 용가의 증거가 있는 때에는 그러하지 아니하다."라고 규정하였다. 이 조문은 브와소나드(Boissonade) 초안 제198조에 기초한 것인데, 브와소나드는 일상생활에서 부동산 점유자가 타인을 위하여 점유하는 경우보다 자기를 위하여 소유자로서 점유하는 경우가 많다는 점을 그 논거로 삼았다.[84]

일본 민법 제186조 제1항도 점유자는 소유의 의사로 점유를 하는 것으로 추정한다고 규정하고 있는데, 구민법을 기초한 브와소나드의 견해를 그대로 승계한 것으로 평가하고 있다.[85]

(2) 이러한 입법 연혁(브와소나드의 견해)에 비추어 우리 민법의 자주점유 추정 규정도 사물의 개연성을 바탕으로 경험칙에 기반한 추정으로 볼 수 있다. 그렇다면 과연 위와 같은 경험칙, 즉 부동산 점유자가 소유자로서 점유하는 경우가 많다는 경험칙이 타당한지 검토를 할 필요가 있다. 의사주의를 취하는 프랑스의 경우 자주점유 추정 규정은 진정한 소유자로 하여금 소유권 증명에 대한 부담을 덜어주는 기능을 한다는 점에서 일응 브와소나드가 제시한 경험칙을 수긍할 수 있다. 프랑스에서의 자주점유 추정 규정은 우리와 달리 진정한 소유자를 보호하기 위한 순기

83) 현재는 제2256조에서 규정하고 있다.
84) Boissonade, 앞의 책(주 43), p. 396.
85) 藤原弘道, 앞의 책(주 9), 118頁. 일본 민법 제186조 제1항은 우리 민법 제197조 제1항과 같이 점유자는 소유의 의사로 선의, 평온 및 공연하게 점유한 것으로 추정한다고 규정하고 있는바, ① 이를 통해 점유보호의 목적을 달성하는 데 편리하다는 점, ② 신속한 점유 보호를 도모하기 위해서 매우 필요하다는 점을 입법이유로 언급하고 있다.

능을 담당하는 것이다.[86)]

그러나 성립요건주의와 등기의 추정력을 인정하는 우리나라의 경우는 다르다. 우선 '소유의 의사'를 '소유권을 이전할 수 있는 권원에 기하여'라고 읽는 필자의 견해를 전제로 논한다. 우리 법은 등기의 추정력을 인정하고 있으므로 현재 소유권 등기를 한 사람의 등기원인에 대해서도 법률상 추정력이 인정되는바,[87)] 등기를 한 사람에 대해서 '권원'을 추정할 수 있다. 그럼에도 불구하고 점유자에 대해서 '권원'을 추정하는 것은 등기의 추정력에 반한다. 특히 민법 제200조가 점유에 대하여 권리추정력을 인정하고 있으나 등기되어 있는 부동산에 대하여는 점유의 권리추정력은 인정되지 않는바, 그럼에도 불구하고 점유에 대하여 '권원의 존재'를 추정하는 자주점유 추정 조항은 위 법리에도 반한다.

'소유의 의사'를 내심적 의사로 파악하는 견해에 의하더라도 자주점유 추정 조항의 타당성을 인정하기 어렵다.[88)] 성립요건주의하에서는 부동산을 소유할 의사가 있는 사람은 등기를 하여야 소유권을 취득한다고 생각하는 것이 통상적이며 등기를 하지 않은 채 부동산을 소유자로서 지배하려는 의사를 가지는 경우는 이례적이다. 위 자주점유 추정 조항은 의사주의 하에서는 타당할 수도 있으나 성립요건주의 하에서는 그 타당성을 매우 인정하기 어려운 것이다. 자주점유 추정조항은 의용민법부터 있었던 조항으로 1958년 민법을 새로 제정하면서 물권변동에 관하여 성립요건주의로 전환하였음에도 그 변화된 법질서를 반영하지 않은 채 존치된 조항으로 현재의 법체계상 타당성을 인정받기 어려운 조항이라고 할 것이다.

비교법적으로 보면 성립요건주의를 취하고 있는 독일의 경우 자주점유 추정 규정은 존재하지 않는다. 부동산의 자주점유는 점유가 아니라 소유자로 등기부에 등기된 것으로부터 그에 상응하는 자주점유의사가 추정될 수 있기 때문이다.[89)] 이에 자주점유로부터 법률효과를 도출하려는 자가 자주점유를 주장하고 증명해야 한다고 보고 있다.[90)]

결국 우리 민법의 자주점유 추정 규정은 우리 민법의 질서에 비추어 그 타당성을 인정받기 어렵다.

---

86) 최명구, "취득시효의 존재이유와 소유의 의사에 대한 비교법적 검토", 토지법학 제25-2호(2009), 112면.

87) 대법원 2004. 9. 24. 선고 2004다27273 판결(공 2004하, 1731), 대법원 2013. 1. 10. 선고 2010다75044,75051 판결(공 2013상, 289).

88) 브와소나드는 '소유의 의사'를 필자와 다르게 주관설의 입장에서 '소유자로서 물건을 지배한다는 내심적 의사(l'animus domini)'로 보았음은 앞에서 본 바와 같다.

89) MükoBGB/Kohler, 7. Aufl. 2017, BGB §900 Rn. 4.

90) MüKoBGB/Schäfer, 8. Aufl. 2020, BGB §872 Rn. 15-16; MüKoBGB/Ruhwinkel, 8. Aufl. 2020, BGB §927 Rn. 1-2. 독일에는 30년간 자주점유를 하는 경우 공시최고절차에 의한 소유권취득이 가능한바(독일 민법 제927조 제1항), 자주점유는 추정되지 않으며 점유자가 자주점유를 주장하고 증명해야 한다. 심지어는 동산 취득시효의 경우에도 자주점유는 추정되지 않는다는 점이 입법자료에서 확인되고 있다(Benno Mugdan, *Die Gesamten Materialien zum Bürgerlichen Gesetzbuch für das Deutsche Reich*, Band 3 Sachenrecht (1899/1979), S. 638).

(3) 2013년도에 법무무 민법개정위원회 전체회의에서 확정된 민법 개정시안은 민법 제197조 제1항에서 자주점유의 추정을 배제하였다.[91] 즉 위 위원회는 제197조 제1항을 “점유자는 선의로 평온하고 공연하게 점유한 것으로 추정한다.”라고 규정할 것을 제안하였다.

개정배경으로 ‘민법 제197조에 따라 자주점유가 추정되므로 시효취득이 쉽게 이루어지는데, 이러한 시효취득의 용이화가 진정한 권리자의 희생 하에 시효취득자를 과도하게 보호하다는 우려’를 반영한 것이라고 설명하고 있다. 아울러 실제 점유자 가운데 타주점유자가 적지 않기 때문에 자주점유의 추정을 배제하여 취득시효의 이익을 받고자 하는 자가 스스로 자주점유를 입증하도록 함이 상당하다는 점을 밝히고 있다. 앞서 본 바와 같이 자주점유 추정규정은 성립요건주의를 취하는 우리 법제에 부합하지 않는다는 점에서 이러한 개정시안은 타당하다.[92] 이를 통해 자주점유 추정 규정에 근거하여 점유자에게 과도한 혜택을 부여함으로써 소유자의 권리를 박탈하는 방식으로 발전되어 온 취득시효제도의 운영이 시정될 수 있다.

(4) 위에서 본 바와 같이 자주점유 추정은 경험칙을 법규화하였으나 그 경험칙은 우리나라의 경험칙이 아니라 프랑스의 경험칙인바, 추정의 전제가 되는 경험칙의 타당성을 인정하기 어렵다. 위에서 본 민법 개정시안도 자주점유 추정 조항이 타당하지 않다는 점을 명료하게 보여준다. 자주점유 추정을 삭제하는 방향으로 민법이 개정될 때까지는 자주점유 추정 규정에 대한 해석론에 근거하여 실무가 운영될 수밖에 없는바,[93] 필자의 해석론을 전개하면 다음과 같다.

우선 점유자는 추정되는 사실을 특정할 필요가 있다. 앞에서 본 바와 같이 통설은 자주점유 추정에 대하여 전제사실이 없는 무전제의 추정(무조건의 추정)이라고 보나 이는 정확하지 않다. 자주점유 추정 규정은 점유라는 전제사실에 의해서 소유의 의사를 추정하는 규정으로 무전제의 추정은 아니다. 다만, 점유라는 요건사실에 의해서 또 다른 요건사실인 ‘소유의 의사’가 추정된다는 점에서 통상의 법률상 추정과 다른 것이다.[94] 따라서 점유자는 점유라는 사실을 입증함으로

91) 법무부 민법개정자료발간팀 편, 2013년 법무부 민법 개정시안 조문편, 법무부, 2013, 91면; 권영준, “2013년 민법 개정시안 해설(민법총칙·물권편)”, 2013년도 법무부 연구용역 과제 보고서, 332면 이하. 아울러 2013년 민법 개정시안에서는 취득시효의 요건으로 선의, 무과실을 요구함으로써 취득시효의 역할을 약화시키고 있다.

92) 자주점유 추정 삭제에 동의하는 견해로는 송덕수, 앞의 논문(주 62), 303면; 이종구, “점유취득시효제도의 개정에 관한 연구”, 외법논집 제36권 제1호(2012), 147면.

93) 자주점유 추정 규정은 취득시효에 적용되지 않는다는 주장도 있으나{최병조, 앞의 논문(주 21), 103면}, 입법 연혁에 비추어 자주점유 추정 규정은 점유로 인한 효과라 할 수 있는 취득시효와 관련이 깊은 조항이므로 이를 받아들이기 어렵다.

94) 同旨 전원열, 민사소송법 강의, 박영사, 2020, 389면. 한편, 대법원 1997. 8. 21. 선고 95다28625 판결(전원합의체)(공 1997하, 2501)의 다수의견에 대한 보충의견은 “민법 제197조 제1항이 물건의 점유자가 그 물건을 소유의 의사로 점유한 것으로 추정한다라고 한 규정은 물건의 점유라는 전제 사실로부터 점유자의 소유의 의사를 추정하는 법률상의 사실 추정 규정으로서 사물의 개연성을 바탕으로 한 경험칙을 법규화한 것이다.” 라고 하여 법률상의 사실 추정 규정으로 보고 있다.

써 추정되는 '권원'에 대하여 밝혀야 하며, 점유를 통해 점유자의 상정 가능한 '모든 권원'이 추정되는 것이 아니라 점유자가 주장하는 '특정 권원'이 추정되는 것이다. 자주점유 추정의 전제가 되는 경험칙이 우리 법질서하에서는 타당하지 않으므로 자주점유 추정 규정은 되도록 엄격하게 해석하여야 한다. 실무적으로도 점유자로 하여금 점유자가 주장하는 소유권 취득의 원인에 관하여 석명을 구해야 할 것이다.

일단 점유자가 '특정 권원'을 주장하는 경우에 자주점유 추정 규정이 적용됨에 따라 소유자는 '특정 권원의 부존재'를 입증해야 할 것이다. 다만, 입증의 정도와 관련하여 추정의 전제가 되는 경험칙이 타당하지 않다는 점을 충분히 고려해야 한다. 추정의 논거를 구체적으로 살피지 않고서 일률적으로 효과를 부여하는 것은 구체적 타당성에 반하기 때문이다.[95] 따라서 추정의 전제가 되는 경험칙이 타당하지 않은 점, '권원'과 관계되는 행위를 한 사람은 점유자이지 소유자가 아니라는 점(증거와의 거리), '권원의 부존재'를 입증하는 것은 매우 어렵다는 점 등을 고려하여 '특정 권원의 부존재'의 입증은 확신의 정도에 있어서 십중팔구 정도의 '고도의 개연성'이 아니라 50%를 넘는 '우월한 개연성'의 입증만으로 충분하다. 이에 따라 특정 권원이 부존재할 개연성이 50%를 넘는 사정을 입증하면 그 증명책임을 다한 것으로 보아야 할 것이다.[96]

대법원은 "점유자가 진정한 소유자라면 통상 취하지 아니할 태도를 나타내거나 소유자라면 당연히 취했을 것으로 보이는 행동을 취하지 아니한 경우 등 외형적·객관적으로 보아 점유자가 타인의 소유권을 배척하고 점유할 의사를 갖고 있지 아니하였던 것이라고 볼 만한 사정"이 증명되는 경우 추정이 번복된다고 반복하여 판시하여 왔다.[97] 대법원이 다소 부수적으로 보일 수 있

95) 최은희, "미국증거법상 증명책임과 추정", 인권과 정의 제409호(2010), 62면 참조.

96) 실무에서는 취득시효 소송실무의 문제점을 직시하고 소유자의 입증의 정도를 경감해야 한다는 의견이 종전부터 강하게 제기되어 왔다. 관련 문헌으로는 허상수, "자주점유의 추정과 번복", 판례연구 3, 부산판례연구회(1993), 78면; 강동명, "자주점유의 추정을 깨뜨리기 위한 입증의 정도 –지방자치단체 등이 사유지를 '도로'로 지목을 변경하여 도로를 개설하거나, 사유지를 기존도로에 편입시켜 공중의 통행에 제공하여 점유사용하여 온 경우를 중심으로", 재판과 판례 제4집, 대구판례연구회(1995), 27면; 김동국(주 71), 341면(취득시효를 주장하는 점유자가 '소유의 의사'를 본증으로 입증하여야 한다고 주장한다). 독일의 경우 손해배상의 인과관계나 손해액 입증과 같이 입증의 어려움이 인정되는 경우에 증명도를 '고도의 증명'이 아닌 '우월한 증명(überwiegenden Wahrsheinlichkeit)'으로 경감하여 입증자가 주장하는 사실의 존재에 대한 증명이 사실의 부존재에 대한 증명보다 우월한 경우에 증명되었다고 보고 있는바(Musielak/Voit, *Zivilprozessordnung: ZPO*, 17. Aufl., 2020, § 294 Rn. 3), 우리 법에서도 '특정 권원의 부존재'에 대한 증명을 '우월한 증명'으로 낮출 필요가 있다{同旨 유남석, 앞의 논문(주 52), 99면}. 우리 판례를 보면 일정한 경우에 증명도를 낮추고 있으며{대법원 1995. 12. 12. 선고 94다52096 판결(공 1996상, 356); 대법원 1994. 11. 25. 선고 94다32917 판결(공 1995상, 94)} 법관에 대한 설문조사결과 대다수의 법관은 민사사건에서 사건마다 입증의 정도가 다르다는 입장에 동의한다{설민수, "민사·형사 재판에서의 입증의 정도에 대한 비교법적·실증적 접근", 인권과 정의 통권 제388호(2008), 102면}.

97) 대법원 1991. 11. 26. 선고 91다25437 판결(공 1992, 290); 대법원 1994. 11. 8. 선고 94다28680 판결(공 1994하, 3246); 대법원 1995. 3. 17. 선고 94다14445, 14452 판결(공 1995상, 1708); 대법원 1995. 11. 24. 선고 94다53341 판결(공 1996상, 143); 대법원 1997. 8. 21. 선고 95다28625 판결(전원합의체)(공 1997하, 2501).

는 소유자의 태도, 행동, 주변 정황 등의 입증을 통해 자주점유 추정이 번복됨을 명확히 하고 있는바, '권원의 부존재'의 입증이 매우 어려우므로 소유자의 입증의 정도를 완화하고자 위와 같이 판시한 것으로 평가할 수 있다.[98)]

또한, 대법원은 점유자인 국가나 지방자치단체가 해당 토지를 매수하였다거나 국유재산법 등에 정한 공공용 재산의 취득절차를 거쳤다고 볼 만한 자료를 제출하지 않은 경우에는 특별한 사정이 없는 한 자주점유의 추정이 번복된다고 보고 있는바,[99)] 증명책임을 지지 않는 점유자가 권원을 입증할 자료를 제출하지 않은 사정을 중시한 위와 같은 판결은 '특정 권원의 부존재'에 대한 고도의 개연성이 아니라 '우월한 개연성'을 요구하고 있는 것으로 이해할 수 있다.

관련하여 대법원 1983. 7. 12. 선고 82다708,709,82다카1792,1793 전원합의체 판결을 검토할 필요가 있다. 대법원은 "점유자가 스스로 매매 또는 증여와 같은 자주점유의 권원을 주장하였으나 이것이 인정되지 않는 경우에도 원래 이와 같은 자주점유의 권원에 관한 입증책임이 점유자에게 있지 아니한 이상 그 점유권원이 인정되지 않는다는 사유만으로 자주점유의 추정이 번복된다거나 또는 점유권원의 성질상 타주점유라고는 볼 수 없다."라고 판시하면서 점유자의 자주점유를 인정하였다.[100)] 그러나 점유자가 자신이 관여한 점유 취득 원인에 대해서 상대방이 적극 다투는 상황에서 점유자가 그 원인을 증명할 자료를 제대로 제출하지 못하는 경우에는 특별한 사정이 없는 한 이러한 사정은 자주점유 추정을 번복할 수 있는 사정으로 보는 것이 타당하다. 점유자가 자신이 한 법률행위 등을 권원으로 주장하는 경우에 점유자가 해당 증거를 분실하거나 소실할 만한 특별한 사정이 없음에도 이를 제출하지 못한다는 사정은 통상의 진정한 소유자로 보기 어려운 사정에 속하기 때문이다.[101)]

3. 타주점유의 자주점유로의 전환, 상속인의 점유

(1) 타주점유가 자주점유로 전환되기 위해서는 ① 타주점유자가 새로운 권원에 의하여 소

---

98) 同旨 배병일, "취득시효상의 자주점유의 해석과 헌법상 재산권의 보장", 저스티스 통권 제126호(2011), 88면.

99) 대법원 2001. 3. 27. 선고 2000다64472 판결(공 2001상, 1001); 대법원 2012. 5. 10. 선고 2011다52017 판결(공 2012상, 989); 대법원 2017. 9. 7. 선고 2017다228342 판결(공 2017하, 1906). 다만, 대법원은 토지에 관한 지적공부 등이 6·25 전란으로 소실되었거나 기타의 사유로 존재하지 아니하여 관련 서류를 제출할 수 없는 경우를 '특별한 사정'으로 보아 자주점유 추정을 유지하고 있다{대법원 2007. 12. 27. 선고 2007다42112 판결(공 2008상, 133) 등 참조}. 이에 대한 해설로는 김동윤, "국가가 취득시효의 완성을 주장하는 토지의 취득절차에 관한 서류를 제출하지 못하고 있다는 사정만으로 자주점유의 추정이 번복되는지 여부(일제시대 초기 토지대장에서 삭제된 토지의 경우)", 대법원판례해설 제71호(2007하반기), 법원도서관(2008).

100) 같은 취지의 판시로는 대법원 2002. 2. 26. 선고 99다72743 판결(공 2002상, 777); 대법원 2017. 12. 22. 선고 2017다360, 377 판결(공 2018상, 309).

101) 다만, 위 전원합의체 판결은 피고가 1923년경부터 점유한 사안으로 점유자가 해당 증거를 제출하기 힘든 특별한 사정이 인정된다고 할 수 있다.

유의 의사를 가지고 점유를 시작하거나 ② 타주점유자가 그로 하여금 타주점유를 하게 한 자(간접점유자)에게 소유의 의사가 있음을 표시하여야 하며, 간접점유자가 없는 경우에는 소유의 의사를 객관적으로 인식할 수 있는 것으로 충분하다는 것이 통설이다.102) 판례의 태도도 같다.103)

이러한 통설과 판례는 앞서 본 프랑스 민법 제2268조, 이를 계수한 일본 민법 제185조를 바탕으로 전개되는 주장으로 우리 실정법에 근거가 있는 것은 아니다. 통설과 판례의 첫 번째 유형(새로운 권원에 기한 자주점유 전환)은 아무런 문제가 없으나 두 번째 유형(소유의 의사 표시에 의한 자주점유 전환)에 대해서는 다소 의문이 있다.

'소유의 의사'를 내심적 의사로 본다면 내심의 변화된 의사를 단순히 표시함으로써 자주점유로의 전환이 정당화될 수 있다.104) 그러나 앞서 논증한 바와 같이 '소유의 의사'는 '소유권을 이전할 수 있는 권원에 기하여'로 읽어야 하는바, 소유의 의사가 있음을 표시하였다고 하여 타주점유자에게 '소유자로서의 권원'이 인정된다고 볼 수 없다. 따라서 통설과 판례가 타당하다고 보기 어렵다.

이에 대해서는 앞서 본 프랑스의 해석론, 즉 가점유자는 제3자의 소유권을 인정하지 않고 자신을 소유자라고 주장을 하였다는 것만으로는 점유자(우리 민법상 자주점유자)가 되지 않고, 소유자가 이러한 가점유자의 행동에 대하여 아무런 반응을 하지 않음으로써 종국적으로 소유권을 포기하였다고 평가할 수 있는 경우에 비로소 점유자로 인정된다는 점을 참고할 필요가 있다. 즉 권원 중심의 사고를 관철할 필요가 있는바, '소유권의 포기'라는 권원이 인정되는지 여부를 심리하는 것이 필요하다. 타주점유자가 소유의 의사가 있음을 표시하였고, 그 이후 소유자의 태도, 행동 등 제반 사정에 비추어 소유자가 '소유권을 포기'하였다고 평가할 수 있는지를 심리해야 하며, 이를 긍정할 수 있는 경우에 비로소 타주점유가 자주점유로 전환되는 것이지 타주점유자가 소유의 의사를 표시하였다고 하여 그것만으로 자주점유로 전환되는 것은 아닌 것이다.

가령, 타주점유자가 그 토지 위에 가옥을 지어 그 중 1채를 타에 임대하고 텃밭을 일구어 경작하면서 그 부분에 대한 재산세나 종합토지세를 납부한 경우에 판례는 타주점유가 자주점유로 전환되지 않았다고 판단한다.105) 필자의 견해에 따르면 위와 같은 점유자의 행위를 가지고 과연 소유자가 소유권을 포기하였다고 평가할 수 있는지 문제가 되는바, 그렇게 볼 수 없으므로

102) 곽윤직 · 김재형, 앞의 책(주 46), 195-196면; 김증한 · 김학동, 앞의 책(주 46), 201면; 김용한, 물권법론(재전정판), 박영사, 1996, 178-179면; 김상용, 물권법(제2판), 화산미디어, 2013, 263면.

103) 대법원 1966. 10. 18. 선고 66다1256 판결(집 14(3)민, 157). 다만, 판례는 두 번째 유형(소유의 의사 표시에 의한 자주점유 전환)에서 소유의 의사의 통지를 엄격하게 해석하여 실질적으로 타주점유의 자주점유로의 전환을 거의 인정하지 않고 있다{위 판례에 대한 전반적인 소개로는 주석민법 물권(1), 432면(김형석 집필부분)}.

104) 내심적 의사에 대하여 표시까지 요구하는 이유는 앞에서 본 바와 같이 '아무도 자신이 스스로 점유의 권원을 바꿀 수 없다(Nemo sibi ipse causam possessionis mutare potest)'는 법언에 근거한다.

105) 대법원 1996. 6. 28. 선고 94다50595,50601 판결(공 1996하, 2321).

자주점유로의 전환이 인정되지 않는 것이다.

(2) 민법 제193조는 "점유권은 상속인에 이전한다."라고 규정하고 있다. 따라서 상속인은 피상속인이 가지고 있던 점유의 성질을 그대로 승계하는바, 피상속인이 타주점유라면 상속인은 타주점유로 보아야 할 것이다. 그런데 피상속인이 타주점유라 하더라도 상속인이 현실적으로 사실상의 지배를 취득하였음을 이유로 자주점유를 주장할 수 있는지 문제가 된다. 상속인의 현실적인 지배에 의해 타주점유에서 자주점유로의 변경이 가능하다는 긍정설과 피상속인의 점유의 성질은 지속되므로 상속인이 현실적으로 지배한다고 하더라도 자주점유로의 변경이 불가능하다는 부정설이 대립하고 있다.106) 판례는 부정설을 따르고 있다.107)

이에 대하여는 권원 중심의 사고를 그대로 관철할 필요가 있다. 상속인이 현실적으로 지배하였다는 사정은 '소유권의 이전이 가능한 권원'에 해당하지 않으므로 이를 이유로 타주점유가 자주점유로 변경될 수 없다. 따라서 부정설과 판례가 타당하다.108)

4. 경계토지에 대한 오상권원(誤想權原)

토지의 매수인이 인접한 제3자의 토지를 포함하여 매수한 것으로 착오하여 제3자의 토지에 대해서도 점유를 개시한 경우에 '오상권원'이 문제가 된다.

원래 '오상권원' 즉 권원이 있다고 착오를 일으킨 경우에 그 착오만으로는 원칙적으로 취득시효를 인정할 수는 없다. 앞서 '무단점유'에 관한 논의에서 보았듯이 권원이 객관적으로 존재하지 않으면 취득시효를 인정할 수 없기 때문이다. 그렇다면 어떤 경우에 예외적으로 '오상권원'이 보호될 수 있는지 문제가 된다. 이 점에 관하여는 로마법의 사용취득에 관한 논의를 참고할 필요가 있다. 로마법에서는 착오에 있어서 합리적인 선에서 점유자의 탓으로 돌릴 수 없는 경우만 보호를 하였는바, 착오에 정당한 이유가 있는 경우에만 사용취득이 가능하도록 하였다.109) 착오에 정당한 이유가 있는 경우에만 오상을 통해서 존재한다고 관념된 가상의 권원이 마치 실재의 권원인 양 인정될 수 있는 것이다. 이러한 사고는 취득시효에 있어서 권원 중심의 사고와 부합한

---

106) 긍정설을 취하는 문헌으로는 김증한 · 김학동, 앞의 책(주 46), 207면; 고상룡, 물권법, 법문사, 2001, 210-211면; 곽윤직 · 김재형, 앞의 책(주 46), 202면. 부정설을 취하는 문헌으로는 이영준, 앞의 책(주 50), 364면; 김상용, 앞의 책(주 102), 272면.

107) 대법원 1992. 9. 22. 선고 92다22602, 22619 판결(반소)(공 1992, 2979); 대법원 1993. 9. 14. 선고 93다10989 판결(공 1993하, 2764); 대법원 1995. 1. 12. 선고 94다19884 판결(공 1995상, 872).

108) 일본 최고재판소는 상속인의 사실적 지배가 외형적 객관적으로 보아 독자의 소유의 의사에 기초한 것으로 볼 수 있는 경우에 타주점유자의 상속인에 대해서 취득시효 성립을 인정하였는바(最判 平成8(1996)年11月12日 民集50巻10号2591頁), '소유의 의사'를 내심적 의사로 해석하여 전개한 법리라는 점에서 타당하다고 보기 어렵다{위 판결에 대한 소개로는 윤태영, "취득시효 요건으로서의 자주점유", 토지법학 제26-2호(2010), 71-72면}.

109) 최병조, 앞의 논문(주 20), 475면.

다. 권원이 객관적으로 없는 점유자는 원칙적으로 보호하지 않되, 다만 착오가 정당한 경우에는 착오한 대로의 권원에 기한 점유의 효과를 인정하는 것이다.

이러한 입장은 실제 대법원이 그동안 판시하여 온 경계토지의 취득시효 성부에 대한 판시와도 부합한다. 대법원은 자신 소유의 대지 위에 건물을 건축하면서 인접 토지와의 경계선을 정확하게 확인해 보지 아니한 탓에 착오로 건물이 인접 토지의 일부를 침범한 경우에 그 침범 면적이 통상 있을 수 있는 시공상의 착오 정도를 넘어 상당한 정도에까지 이르는 경우에는 자주점유라고 볼 수 없으나, 침범 면적이 상당한 정도에 이르지 않은 경우에는 자주점유의 추정이 유지된다고 판시하여 왔다.[110]

이러한 대법원 판결은 경계토지를 침범한 면적이 상당한 경우에는, 그 침범부분에까지 권원이 있다고 착오를 하였으나 그 착오에 정당한 이유를 인정할 수 없다고 판단한 것이다. 오상권원에 대하여 앞서 본 권원 중심의 사고를 통해 대법원 판결의 태도를 긍정할 수 있다.

V. 결 론

본 논문에서는 취득시효제도의 운영에 있어서 지배적 견해인 기성사실존중주의(장기간 점유가 있으면 이를 존중하여 취득시효를 인정해야 한다는 주의)를 비판적으로 고찰하고 성립요건주의를 취하면서 등기의 추정력을 인정하는 우리 법제에서는 권원 중심의 취득시효 법리를 전개하는 것이 타당하다는 점을 논증하였다. 지금까지의 논의를 요약하면 다음과 같다.

첫째, 우리 취득시효 입법에 영향을 준 프랑스 민법, 일본 민법을 살펴보면 프랑스에서는 취득시효가 진정한 소유자의 소유권 증명에 대한 부담을 덜어주는 기능을 하는 반면, 일본에서는 취득시효가 기성사실존중주의에 의해 진정한 소유자의 소유권을 빼앗는 기능을 하고 있다. 우리 취득시효의 운영에 있어서 일본의 기성사실존중주의가 상당한 영향을 미쳤는바 이에 대한 재검토가 필요하다.

둘째, 성립요건주의와 등기의 추정력을 인정하는 우리 법제에서는 등기 중심으로 물권법 질서가 구축되어야 하는바, 등기보다 점유를 우선시하는 기성사실존중주의는 정당성을 인정받기 어렵다. 우리 법상 취득시효는 제한적으로만 인정되어야 하는바, 소유자를 희생하면서까지 점유자를 보호할 예외적 정당성이 인정되는 경우, 즉 해당 점유자가 소유권 취득의 원인이 되는 권원을 갖춘 경우에 한하여 취득시효가 인정된다고 보아야 한다(권원 중심의 취득시효 법리). '소유의

110) 대법원 1999. 6. 25. 선고 99다17760 판결(공 1999하, 1514); 대법원 2000. 4. 25. 선고 2000다348 판결(공 2000상, 1278); 대법원 2004. 5. 14. 선고 2003다61054 판결(공 2004상, 991).

의사'에 대한 정의에 있어서도 우리 법제에 기초한 규범적 관점을 투영해야 하는바, '소유의 의사에 기한 점유'는 '소유권을 이전할 수 있는 권원에 기한 점유'로 정의할 수 있다.

셋째, 취득시효 제도가 본래의 취지에서 벗어나 운영되어 온 이유는 민법 제197조 제1항의 자주점유 추정 규정 때문이다. 자주점유 추정 규정은 의사주의하에서 점유자가 소유자로 점유하는 경우가 많다는 경험칙에 근거한 입법인바, 성립요건주의를 취하는 우리 법하에서는 타당하지 않으므로 삭제되어야 한다. 다만, 삭제되기 전까지는 위 추정 규정의 영향력을 제한하는 해석론이 요구되는바 이에 대한 논의를 전개하였다. 한편, 타주점유를 자주점유로 전환하기 위한 요건, 오상권원에서 취득시효가 인정되는 범위와 관련하여서도 필자가 주장하는 권원 중심의 취득시효 법리가 관철되어야 한다.

우리 민법은 1958. 2. 22. 제정된 이래 50년이 지나도록 큰 손질을 보지 못하고 있는 상황이다. 특히 성립요건주의로 전환하였음에도 의사주의를 취하고 있는 일본 민법의 취득시효의 내용을 그대로 수용함으로써 법체계의 정합성이 흔들리고 성립요건주의, 등기의 추정력과 조화되지 않는 법리가 발전하게 되었다. 하루 빨리 법 개정이 조속히 이루어져 한국의 법질서에 맞는 민법전을 들고 수업을 하였으면 하는 바람이다.

부동산 점유취득시효와 등기의 조화*

– 영국 점유취득시효법제의 개혁 과정으로부터의 시사점 –

진 도 왕**

Ⅰ. 머리말

점유로 인한 부동산의 시효취득은 일정 기간 지속된 점유의 사실로부터 권리를 부여하는 제도이다. 우리 민법은 제245조 제1항에서 “20년간 소유의 의사로 평온, 공연하게 부동산을 점유하는 자는 등기함으로써 그 소유권을 취득한다”고 규정하여 그 요건과 효과를 제시하고 있다. 이 시효취득에서의 점유에 관한 요건은 다시 민법 제197조 제1항과 제198조에 의해서 좀 더 분명해지는데,[1] 즉 점유자의 점유는 거기에 소유의 의사와 평온성 및 공연성이 추정되고, 또한 전후양시에 점유사실이 있으면 그 점유는 계속된 것으로도 추정된다. 이러한 규정들에 따르면, 점유자는 위 시효취득의 여러 요건들에도 불구하고 단지 20년의 점유사실만을 입증하는 것으로써 해당 부동산의 소유권을 취득할 수도 있게 된다.[2] 더욱이 제245조 제1항은 시효취득의 대상인 부동산에 관하여 특별한 제한을 두고 있지 않으므로 이미 타인 명의로 등기되어 있는 부동산까지도 시효취득이 가능하다. 이렇듯 부동산 점유취득시효는 소유자 아닌 점유자가 부동산의 소유

---

* 이 글은 이화여자대학교 법학전문대학원 송덕수 교수님의 정년을 기념하여 작성된 것이다. 교수님의 연구논문과 저서를 통해 많은 배움을 얻었던 후학의 한 사람으로서, 이에 부족한 글로나마 존경과 감사의 마음을 전해드리고자 한다(이 글은 「민사법학」 95호(2021. 6. 발행)에 게재되었다).

** 국립인천대학교 법학부 부교수(dwjin@inu.ac.kr).

1) 우리 민법상 점유 관련 규정들을 점유보호에 관한 규범과 권리취득에 관한 규범으로 구분한다면, 민법 제197조와 198조 등은 후자에 해당한다. 김형석, “법에서의 사실적 지배 -우리 점유법의 특성과 문제점”, 민사법학 제36호, 2007, 158면. 또한 이러한 점유 규정들을 그 기능에 상응하여 점유침탈의 금지규범, 실질적 점유자우선규범, 공시기능규범으로 구분하기도 한다. 이진기, “占有法의 理解를 위한 試論”, 재산법연구 제22권 제3호, 2006, 6면.

2) 제245조 제1항은 시효를 완성한 점유자가 “…등기함으로써 그 소유권을 취득한다.”고 규정하므로 점유자가 20년간 점유한 사실을 입증함에 더하여 소유권이전등기청구권의 행사를 통해 자기 명의로 등기가 경료된 때에야 비로소 소유권 취득이 완결된다.

권을 취득하는 다소 파격적인 법률효과를 가지고 있음에도 불구하고, 그 법률요건은 시효취득의 적용범위를 적절히 제한하고 있지 않으며, 오히려 그 적용범위가 과도하게 확장될 수 있는 우려를 안고 있다.[3)]

본래 점유취득시효는 시효제도의 일반적 정당화 이론에 기초하여 그 존재의의를 인정받아 왔다. 즉, 일정 기간 지속된 사실 또는 상태를 그대로 유지하게 하는 것이 사회질서나 법률관계의 안정을 꾀하고 증거보전의 곤란을 해소하는 데 필요하다는 관점에서,[4)] 점유취득시효는 진정한 소유자에 대한 배려보다는 오랜 기간 현실적 점유상태를 이어 온 점유자를 보호하는 제도로 인식되었다. 그러나 다른 일각에서는 동제도의 효과만을 놓고 보았을 때 결과적으로 진정소유자의 권리를 빼앗아 점유자에게 주는 제도로 평가하거나, 극단적으로는 타인 부동산의 절취를 법이 허용하는 것과 다름 아니라고도 한다. 이에 대해서는 동제도의 의의를 소유권 취득의 원인이 존재하지만 등기만 하지 않은 자가 그 소유권 취득 원인을 입증할 수 없는 경우에 그에게 소유권 취득의 기회를 제공하는 데에 있다고 선해하기도 한다.[5)] 물론 이러한 선해는 참으로 정의로운 취지를 담고 있지만, 정작 우리의 점유취득시효 규정은 그 정의로운 취지만을 구현해 내기에는 너무도 낮은 진입장벽을 갖추고 있다. 앞서 언급한 바와 같이, 법규정의 구조상 점유취득시효는 꼭 보호해야 할 가치 있는 점유자만을 솎아내기에는 지나치게 개방적인 구조를 띠고 있기 때문이다. 그리하여 그간의 학설과 판례는 선의·무과실 요건의 추가,[6)] 자주점유 요건의 강화 또는 추정번복의 확대,[7)] 이른바 판례 5원칙[8)]의 도입 등 점유취득시효제도의 문턱을 높임으로써 그

---

3) 송덕수, "부동산 점유취득시효 제도 개정론", 민사법학 제43권 제2호, 2008, 276면. 엄밀히 말해서 시효취득 규정상 각 점유요건은 그 적용범위를 제한하는 것과 같은 외견을 띠고 있긴 하지만, 위 점유법상의 추정조항들로 인하여 그러한 제한기능은 파훼되고, 다만 해석론을 통해 그 적용범위의 확대를 억제하고 있다.

4) 대법원 1986. 2. 25, 선고 85다카1891 판결; 대법원 1979. 7. 10, 선고 79다569 판결; 헌재 1993. 7. 29. 92헌바20 등.

5) 이은영, 「물권법」 제4판, 박영사, 2006, 382면; 송덕수, 「물권법」 제3판, 박영사, 2017, 309면(그러나 그 취지에 맞도록 현행 부동산 점유취득시효제도의 수정이 필요하다는 입장이며, 기본적으로는 우리 민법이 부동산 물권의 공시방법을 등기로 정하고 있으면서도 단순한 점유로써 등기를 뒤엎게 하는 현행의 점유취득시효에 관하여 부정적인 입장임. 송덕수(각주 3), 위의 논문, 277-78면); 여미숙, "점유취득시효 완성자의 대상청구권", 사법 통권 제55호, 2021, 326면 각주 97(동시에 형식주의를 취하고 있는 우리 민법하에서 타인 명의로 등기된 부동산에 대하여 아무런 제한 없이 점유취득시효의 대상이 되도록 할 것인지에 대한 입법론적 검토가 필요하다고 주장함).

6) 송덕수(각주 3), 위의 논문, 303-04면(타인의 부동산임을 알면서도 그 부동산을 점유한 자에게 취득시효를 부인하기 위해서, 그리고 취득시효를 미등기 부동산에 한정하지 않는 한 성립요건주의 하에서의 점유취득시효는 비정상적인 것이어서 '선의' 요건의 추가가 필요하다고 주장함); 신명훈, "무단점유와 취득시효", 서울지법 판례연구, 1997, 212면(자주점유의 추정번복의 방법으로 악의의 무단점유의 점유취득시효 적용을 차단하는 판례의 이론적 결함을 방지하기 위해서 선의요건의 추가가 필요하다고 주장함); 윤철홍, "한국민법의 개정작업과 과제", 법학논총 제23집, 2010, 137-38면.

7) 대표적으로, 대법원 1997. 8. 21 선고 95다28625 전원합의체 판결(악의의 무단점유의 경우 자주점유의 추정이 번복되는 것으로 판결함). 이 판결에 대해서는 결론의 타당성은 인정되나 이론적 흠결이 있음을 지적하고 있다. 송덕수, "不動產 占有取得時效의 要件으로서의 自主占有와 惡意의 無斷占有-對象判決: 大法院 1997.

적용범위를 좁히는 해석론에 집중해 왔다. 그러나 이러한 해석론에 대해서는 다시 비판적 해석론[9)]이 제기되는 등 다양다층적 해석의 갈래들로 인하여 동제도의 해체·조립이 거듭되면서 이제는 그 근거규정의 원형을 떠올리기 무색할 지경에 이르렀다.

무엇보다 현행의 부동산 점유취득시효제도에는 근본적인 문제점이 발견되는데, 우리 민법이 부동산 소유권 취득에 있어서 등기주의를 채택하고 있음에도 불구하고, 등기된 소유자보다 우선하여 점유자에게 우월한 지위를 부여한다는 것이다. 이것은 기본적으로 등기제도와의 조응에 관한 문제라고 볼 수 있다. 즉, 우리 민법이 부동산물권의 공시방법을 등기로 정하는(민법 제186조) 한편 그 등기에 권리추정력을 인정하는 한,[10)] 이미 등기되어 공시된 부동산을 점유자가 20년 이상 점유해왔다고 하여서 그 부동산의 등기명의인인 진정소유자를 축출할 수 있다는 것은 분명히 등기제도와 어울리지 않는다. 이는 설령 점유자에게 해당 부동산의 소유권 취득의 원인이 실제로 존재했었다고 하더라도 사정이 크게 달라지지 않는다. 어쨌든 성립요건주의 하에서는 등기를 하지 않는 한 무권리자로 취급된다는 점에서, 사실상 부동산 점유취득시효제도는 진정권리자(등기명의자)의 권리를 박탈하여 이를 무권리자에게 부여하는 제도로 평가할 수밖에 없고,[11)] 이에 대해 딱히 설득력 있는 반론을 찾아보기 힘들다. 요컨대 등기주의를 취하고 있는 법제하

---

8. 21. 宣告 95다28625 全員合議體 判決", 민사법학 제16호, 1998, 312면; 박종찬, "不動產 占有取得時效 制度 -비교법적 검토와 개선방안을 중심으로", 강원법학 제38권, 2013, 84, 87면(자주점유의 추정규정을 삭제하거나, 시효완성자로 하여금 자주점유의 입증책임을 부과해야 하다고 주장함). 그 외 자주점유 추정규정에도 불구하고 그 추정의 번복을 꾀하는 판례는 굉장히 많다.

8) 가령, ① 시효가 완성된 경우 점유자는 원소유자에 대하여 등기 없이도 그 부동산에 대한 시효취득을 주장하여 대항할 수 있고(대법원 1993. 5. 25. 선고 92다51280 판결 등), ② 시효 진행 중에 등기명의인이 변경된 경우 점유자는 취득시효 완성 당시의 등기명의인에 대하여 시효취득을 주장할 수 있고(대법원 1997. 4. 25. 선고 97다6186 판결 등), ③ 점유자가 취득시효를 완성한 이후에 등기하지 않은 상태에서 제3자가 그 부동산에 대한 소유권이전등기를 마친 경우에는 점유자는 그 제3자에 대해 시효취득을 주장하여 대항할 수 없고(대법원 1998. 7. 10. 선고 97다45402 판결 등), ④ 다만 ③의 경우에, 그 점유자가 점유를 계속함으로써 그 제3자의 등기 경료시점부터 다시 2차의 취득시효를 완성한 때에는 그 제3자를 상대로 시효취득을 주장할 수 있고(대법원 1994. 3. 22. 선고 93다46360 전원합의체 판결 등), 나아가 2차 취득시효가 개시되어 그 시효기간이 완성되기 전에 등기명의인이 변경된 경우에는 점유자는 취득시효 완성 당시의 등기명의인에 대해 시효취득을 주장할 수 있으며(대법원 2009. 7. 16. 선고 2007다15172 전원합의체 판결 등), ⑤ 취득시효를 주장하는 점유자는 실제로 점유를 개시한 때를 그 기산점으로 삼을 수 있고, 기산점을 임의로 선택할 수 없으며, 다만 점유기간 중에 등기명의인 변경이 없는 때에는 점유개시의 기산점을 임의로 선택할 수 있다(대법원 1995. 5. 23. 선고 94다39987 판결; 대법원 1998. 5. 12. 선고 97다8496, 8502 판결 등).

9) 특히 판례5원칙에 대한 상세분석과 비판론에 대하여는, 강구욱, "부동산 취득시효 관련 판례 5원칙에 관한 연구", 민사소송 제18권 제1호, 2014. 또한 현행 부동산점유취득시효 전반에 관한 기존 해석론에 대한 비판론으로, 이진기, "등기 없는 점유시효취득의 새로운 이해", 민사법학 제84호, 2018.

10) 민법상 등기의 추정력에 관한 명문의 규정은 없으나, 우리 판례가 인정하고 있다. 가령, 대법원 1997. 6. 24. 선고 97다2993 판결 등.

11) 김형석, 위의 논문, 177면 각주 82("오래 전에 소유권 취득의 원인이 진정으로 존재하였다고 하더라도 등기가 없다면 소유권은 취득되지 않았다(제186조)."는 점을 상기시키며 부동산 점유취득시효는 사실상 진정한 권리자의 권리를 빼앗아 무권리자에게 주는 것이라고 평가함).

에서 현행의 부동산점유취득시효제도는 그 자체로 논리적 모순을 내포하고 있으며, 더 나아가 등기소유자의 희생과 점유자의 권리취득 사이에서 불거지는 불공평의 문제로부터도 자유롭지 못하다.

한편, 영국에서는 위와 동일한 문제의식으로부터 기존의 점유취득시효법리에 대해 대대적인 변화를 꾀한 바 있다. 후술하는 바와 같이, 영국은 2002년 토지등기법(Land Registration Act 2002) 개정을 통해 현대적 등기제도의 안착을 꾀하는 입법을 단행하였고, 그 과정에서 등기제도와 조화를 이룰 수 있도록 기존의 점유취득시효법리를 재설계하였다. 이처럼 영국법은 그 유구한 전통에도 불구하고 -1925년의 토지등기법을 포함하더라도- 비교적 근래에 들어서야 본격적으로 토지소유권과 등기제도를 접목하기 시작하였는데, 그 파급효과는 토지소유권법의 근간을 바꿀 정도로 상당하다고 볼 수 있다. 즉, 그 이전까지 점유를 중심으로 한 토지소유권에서 이제는 등기를 중심으로 한 새로운 소유권 질서가 정립된 것이다. 이러한 변화는 특히 부동산 점유취득시효에 직접 영향을 끼쳤는데, 시효취득의 대상으로서 등기토지와 미등기토지를 그 성질과 효용 측면에서 달리 취급하고, 등기토지에 대한 시효취득의 경우에는 토지등기법상 시효완성자의 소유권 취득절차를 엄격히 제한함으로써 결과적으로 등기소유자에 대한 보호를 강화하였다. 이는 토지소유권의 중심을 점유가 아닌 등기에 둠으로써 궁극적으로 점유취득시효가 등기제도의 틀을 이탈하지 않도록 재편한 것이라고 할 수 있다.

이하에서는 위 영국의 개혁입법을 살펴보고, 이를 통해 우리 부동산 점유취득시효제도를 재론(再論)하고자 한다. 이 재론에 있어서 영국의 사례가 가지는 의미는 다음과 같다. 첫째, 영국법은 토지소유권의 기초를 점유에서 등기로 그 중심축을 이동시킴으로써 우리 민법상 성립요건주의로 요약되는 등기 중심적 질서와 매우 유사한 환경을 조성하게 되었는바, 그럼에도 불구하고 양국이 부동산 점유취득시효를 대하는 태도가 사뭇 다르다는 점에서 그 비교검토에 의미가 있다. 둘째, 국내 선행연구들이 비교검토의 대상으로 삼고 있는 외국입법의 주요는 대체로 독일·프랑스·일본에 편중되어 있는데,[12] 그간 상대적으로 소외되었던 영국의 점유취득시효제도를 살피는 것은 한편으로 기울어진 논의의 장을 균형있게 가다듬는 계기가 되고, 더 나아가 향후 우리 입법론에 보다 다양한 시각을 제공해 줄 수 있을 것이다.[13]

---

12) 이는 우리 민법상 취득시효제도가 프랑스와 일본을 거쳐 계수된 입법연혁에 기인할 것이다. 이기용, "한국민법에 있어서 취득시효 완성의 효과", 민사법학 제37호, 2007, 3면. 프랑스와 일본의 법제를 비교대상으로 삼은 가장 최근의 연구로, 이계정, "권원 중심의 취득시효 법리와 자주점유 판단 -성립요건주의, 등기의 추정력과 관련하여", 저스티스 통권 제183호, 2021.

13) 영미법계의 부동산 점유취득시효제도에 관한 연구가 전혀 없는 것은 아니지만 숫적으로 매우 미미하다. 가령, 주지홍, "미국법상 adverse possession doctrine(불법점유원칙)의 비교법적 연구", 강원법학 제35권, 2012; 홍봉주, "영국에서 등기제도가 점유취득시효에 미친 영향", 성균관법학 제21권 제3호, 2009; 박홍래, "우리나라의 점유취득시효와 미국의 Adverse Possession과의 비교연구", 민사법학 제26호, 2004; 박찬주,

Ⅱ. 영국법상 부동산 점유취득시효[14)]

1. 개 관

(1) 배경: 점유 중심의 권원체계

영국법상 부동산 점유취득시효를 이해하기 위해서는 먼저 그것이 법제도로 인식될 당시의 법적 환경을 살펴볼 필요가 있다. 현재 영국의 점유취득시효법은 제소기간제한법이나 토지등기법과 같은 성문법에 규정되어 있으나, 그 본류는 보통법에서 출발하였다. 보통법 자체가 경험칙을 바탕으로 축적된 판례법리의 체계임을 감안한다면, 물권법 역시 경험적 사실에 기초하여 정립되었음을 짐작할 수 있다. 특히 토지에 관한 재산권의 관념 또는 그 권원(title)의 기초를 물리적 점유(physical possession)라는 경험적 사실에서 찾고자 하였다.[15)] 물리적 점유는 로마법에서도 중요한 개념요소였지만, 영국에서는 토지에 대한 권원을 확인함에 있어서 거의 결정적인 역할을 하는 개념이었다.[16)] 특히 과거 수 세기에 걸쳐 영국 물권법을 지배했던 "seisin"[17)]개념도 결국 위 물리적 점유로부터 발전된 것이었다. 이 "seisin"은 자유보유부동산권(freehold estate)을 표상하는 점유[18)]를 일컫는 것인데, 이는 영국 봉건제 시대의 산물이기도 하다. 즉, 봉건제 하에서는 오직 국왕만이 토지의 소유권자이며, 그 외의 개인은 국왕으로부터 부여받은 보유권("-hold")을 가질 뿐이었는데, 이 보유권은 토지에 대한 지배 또는 사용권능에 따라 다양하게 분화되었다. 가령, 토지에 대해 자유로운 권리행사가 가능한 자유보유부동산권이 있는가 하면, 그에 비해 권리행사에 제약을 받는 비자유보유부동산권(non-freehold estate)도 있었다.[19)] 이들 권원은 모두 점

"부동산 시효취득", 사법연구자료 제16집, 1989.

14) 이 글에서 영국법은 잉글랜드(England)와 웨일즈(Wales)에 적용되는 법을 말한다. 영국연방에 포함되어 있으나 독자적인 법을 운용하고 있는 스코틀랜드(Scotland)는 연구대상에서 제외하였다.

15) Kevin Gray & Susan Francis Gray, "The Idea of Property in Land" *in Susan Bright and John Dewar (eds)*, Land Law: Themes and Perspectives 18-19(Oxford University Press, 1998).

16) Barry Nicholas, An Introduction to Roman Law 107-15(Oxford University Press, 1962).

17) 이것의 적확한 번역표현을 찾기 힘들다. 다만, 이를 "봉건적 점유"로 표현하고 그 역사적 배경을 설명하는 논문으로, 홍봉주, 위의 논문, 102면. 원래 seisin은 점유(possession)와 구별하여 사용된 것은 아니고, 그 대상에서도 부동산과 동산을 달리 구별하지 않았다. 그러다가 seisin은 단순한 점유의 의미를 넘어서, 토지에 대한 자유보유부동산권(freehold estate)을 가진 자의 점유 또는 그 자유보유권을 행사할 수 있는 자의 지위를 의미하게 되었다. 그러므로 seisin은 그 자가 자유보유권을 가지고 있다는 것 또는 해당 토지가 자유보유권의 대상이라는 것을 표상한다. Charles Harpum, Stuart Bridge and Martin Dixon, Megarry & Wade: The Law of Real Property 45-6(Sweet & Maxwell, 8th ed, 2012).

18) seisin개념은 자유보유부동산권(freehold estate)과 비자유보유부동산권(non-freehold estate)을 구분하는 기준이 된다. 현재의 시각에 볼 때, 전자는 소유권에 근접한 권리이고, 후자에는 토지임차권(leasehold)이 포함된다. 그런데 당시의 seisin은 전자에 대해서만 인정되었고, 후자에 대해서는 인정되지 않았다. Id.

19) Jesse Dukeminier & James E. Krier, Property 197-201(Aspen Publishers, 5th ed, 2002).

유를 기초로 하고 있지만, 그 권원에는 일정한 우열이 존재하고 있었던 것이다. 이로부터 이른바 "권원의 상대성(relativity of title)"개념이 도출된다. 따라서 어떤 토지에 관하여 법적 다툼이 있는 경우에 그 주된 쟁점은 누가 더 우월한 권원(a better title)을 보유하고 있는지를 입증하는 데에 있다. 이렇듯 점유를 기초로 하는 권원체계와 권원의 상대성 개념은 토지의 현재 점유자에게 있어서는 상당한 불안요소로 작용하게 된다. 점유자가 오랜 기간 토지를 점유하여 사용해 왔다고 하더라도, 그 점유자보다 더 우월한 권원을 가진 자에 대해서는 자신의 권리를 주장할 수 없었기 때문이다.[20] 이러한 문제를 해결하고자 영국법은 일정의 기간을 정해두고, 그 기간이 도과한 경우 그 우월한 권원을 가진 자의 권리행사를 제한하였다. 그리고 나중에는 단지 그 권리행사를 제한하는 것에 그치지 않고, 현재의 점유자에게 그 권리를 취득시키게 하는 점유취득시효법리를 고안하기에 이르렀다.[21]

(2) 전개과정

영국의 점유취득시효제도[22]의 전개과정은 크게 두 갈래의 관점에서 파악할 수 있다. 그 하나는 소유권자의 권리불행사에 대한 법적 규율에서 출발한 것으로서, 이른바 제소기간제한법의 변천에 따른 영향을 들 수 있다. 그리고 다른 하나는 토지등기 관련 입법(land registration legis-lation)이 미친 영향을 고려해 볼 수 있다.

먼저 제소기간제한법의 변천에 따른 점유취득시효법리의 전개과정을 살펴본다. 우선, 1275년에 제정된 법률에서는 국왕 리차드 1세가 즉위했던 1189년을 기준시점으로 하여, 그 이후의 점유에 대해서만 정당한 권원을 가진 것으로 보았는데, 이 법률은 오늘날의 제소기간제한법의 원형으로 평가되고 있다.[23] 그러나 이후의 제소기간제한법은 위의 법률처럼 특정의 역사적 사건을 기준으로 권원의 정당성을 따지기보다는 특정의 권리행사 기간을 명시하는 형태를 띠게 되었다. 가령, 1623년의 개정법에서는 소유자가 자신 토지를 점유하고 있는 자에 대하여 퇴거청구할 수 있는 기간을 20년으로 정하였다. 그리하여 동법은 그 기간의 경과로써 소유자의 제소권을 소

---

20) 그러나 더 우월한 권원을 입증하지 못하는 한, 현재의 점유자에게 정당한 권원이 있는 것으로 본다. Cholmondeley v Clinton(1820) 37 ER 527, 577(Eldon LC).

21) Gray & Gray, supra note 15, at 1158.

22) 영국법상 부동산에 관한 점유취득시효제도로 거론되는 것은 보통 "adverse possession"과 "(acquisitive) prescription"이 있는데, 기간의 경과라는 사실로부터 특정 권리를 취득하는 모습에서 양자는 유사성을 띠고 있다. 그러나 전자는 자유보유부동산권(freehold, fee simple) 취득에 관한 것인 반면, 후자는 지역권과 같은 사용권(easement) 취득에 관련된 것이다. Fiona Burns, Adverse Possession and Title-By-Registration System in England, 35 Melbourne Univ. L. Rev. 773, 779(2011); Buckinghamshire County Council v. Moran[1990] Ch 623, 644.

23) 리차드 1세의 즉위시점을 기준으로 그 이후인 현재의 점유자에 대해 그와 같은 법적 보호를 제공한 데에는 정치적 고려가 배경이 되었다고 한다. 즉, 현재의 영주가 종전의 영주로부터 불법적으로 빼앗아 점유하고 있는 토지라 하더라도, 그 토지의 현재 영주에게 정당한 권원을 인정함으로써 그로 하여금 국왕에게 충성의무를 부담케 하는 것이 더 이익이 되기 때문이다. 홍봉주, 위의 논문, 102면.

멸시키긴 하였지만, 그 소유자의 부동산에 대한 권원까지 상실시킨 것은 아니었다.[24] 이 무렵 영국의 법원들은 소유권자의 이익에 배치되는 이른바 “적대적 점유(possession inconsistent with the true owner's interest: ‘adverse possession’)”를 통해서 그 소유권자를 배척시킬 수 있는 점유취득시효법리를 제시하기 시작하였다.[25] 그러나 이 판례법리는 당시 실무에서 큰 호응을 얻지 못하였다. 다만 적대적 점유보다 완화된 수준에서 부동산법률위원회(the Real Property Commission)가 제시한 개정안이 실제 입법에 반영되었다. 이것이 바로 1833년의 부동산제소기간제한법(Real Property Limitation Act)인데, 동법에서는 점유자의 토지에 대한 “실질적 점유(actual possession)”가 그 토지 소유권자의 모든 권리를 소멸시키고, 그의 권원은 점유자에게 이전된다고 규정하는 한편, 이때 그 점유가 소유권자의 이익에 배치되는지 여부는 고려하지 않았다.[26] 이로써 동법은 그때까지 영국 법원들이 견지했던 적대적 점유를 실질적 점유로 대체하였는데, 이는 점유취득시효의 성립을 다소 수월히 함으로써 토지양도의 용이성 또는 명확성이나 현실 거래관계와의 부합 등의 공익적 목적을 꾀하기 위함이었다.[27] 또한 1874년 개정된 부동산제소기간제한법에서는 제소기간을 12년으로 단축하였다.[28] 그러다가 1879년 Leigh사건에서 영국 항소법원은 점유자가 점유취득시효를 통해 해당 토지의 소유권을 취득하기 위해서는 그 점유가 원소유자의 이익에 배치되는 것이어야 한다는 판결[29]을 내림으로써 적대적 점유요건을 다시 부활시켰다. 이후 1939년 제소기간제한법에서는 점유취득시효의 요건으로서 적대적 점유가 명시되었고,[30] 1980년 제소기간제한법에서는 제소기간 12년이 재확인되었다.[31]

한편, 영국의 점유취득시효제도는 토지등기법과 함께 변화·발전되어 왔다. 그러나 후술에서 알 수 있듯이, 등기제도의 안착이 쉽게 이루어지지 않은 탓에 점유취득시효법리도 빈번한 부침을 겪었다. 우선 1862년의 토지등기법은 등기제도를 최초로 도입하였고,[32] 이러한 등기제도를 고려한 1875년의 토지양도법(Land Transfer Act)에서는 등기된 토지에 대하여 점유취득시효법리의 적용을 허용하지 않았는데, 이는 엄밀히 말하면 당시 등기토지에 대해 제소기간제한법리가 적용되지 않은 결과였다.[33] 그러나 1897년의 토지양도법은 등기강제주의를 취하는 동시에 등기

24) Susan L. Martin, Adverse Possession: Practical Realities and Unjust Enrichment Standard, 37 Real Est. L.J. 133, 134(2008).
25) Beaulane Prop. Ltd. v. Palmer, [2005] 4 All E.R. 461, ¶ 72.
26) Id. at ¶70.
27) Martin, supra note 24, at 135.
28) Id. at 135.
29) Leigh v. Jack [1879] Ex. D. 264.
30) Limitation Act of 1939, 2&3 Geo. 6, c. 21(Eng.).
31) Limitation Act of 1980, c. 804(Eng.).
32) 이 법은 등기강제주의를 취한 것은 아니었기 때문에 등기제도의 안착을 이루어내지는 못하였다.
33) Land Transfer Act of 1875, sec. 21(Eng.).

토지에 대하여도 점유취득시효를 주장할 수 있도록 하였다.[34] 다만, 등기토지의 경우에는 그 점유자(시효취득자) 명의로 등기변경(rectification)이 있기 전에 해당 토지가 제3자에게 처분되면, 그 점유자의 권리는 보호받지 못했다. 그리하여 동법은 점유자의 권리보호를 위해 점유자로 하여금 제소기간 경과 후, 등기변경 신청 전에 미리 사전통지(처분금지의 경고, caution against dealings)를 신청할 수 있도록 하였다.[35] 한편, 제소기간 경과 후 등기명의 변경 전에 등기명의인이 해당 토지를 처분할 수 있다는 점에 대해서는, 점유취득시효의 기초가 되는 제소기간제한법리가 등기토지와 미등기토지에 동일하게 적용되어야 한다는 취지의 비판이 있었다. 이러한 지적에 대한 법원은 점유자와 등기명의인의 관계를 신탁법리로 이론구성하였고, 이는 고스란히 1925년의 토지등기법(Land Registration Act 1925)에 반영되었다.[36] 마지막으로 가장 최근에 개정된 2002년의 토지등기법에서는 점유취득시효와 등기제도의 조화를 꾀하는 한편 동제도의 정당성이 주로 미등기토지에서만 유효한 것임을 전제로, 결국 등기토지에 대한 점유취득시효의 적용을 엄격히 제한하고 있다.[37]

(3) 정당화 근거

다양한 정당화 이론들이 제시되어 있는데,[38] 이를 간추려 보면 다음과 같다.

첫째, 점유취득시효는 제소기간제한법을 한 축으로 삼고 있으므로, 그것은 당연히 제소기간제한법의 정책적 함의로부터 설명될 수 있다.[39] 가령, 과거의 사실로부터 법적 분쟁이 발생한 경우 입증곤란으로 인해 소송을 통한 해결이 어려우므로 제소기간의 제한이 필요하다. 또한 제소기간의 제한은 권리자로 하여금 성실한 권리행사를 하도록 유도할 것이다. 이런 점에서, -제소기간제한법 적용의 효과로서- 점유취득시효는 "해묵은 소송(stale claim)"에서의 입증곤란으로부터 점유자를 보호할 수 있고, 다른 한편 소유권자로 하여금 자신 토지에 대한 성실한 권리행사를 독려할 수 있다고 한다.[40]

둘째, 토지의 소유자와 실제 점유자가 불일치하는 경우, 점유취득시효제도와 같은 권리배분 모델이 없다면 해당 토지는 시장에서 거래될 수 없게 된다는 점을 든다. 토지가 시장에서 용이하게 거래될 수 없다면, 그 토지의 효용가치는 극대화될 수 없을 것이다.[41]

---

34) Land Transfer Act of 1897, sec. 12(Eng.).
35) Martin Dixon, Modern Studies in Property Law(Vol. 5) 44-45(Hart Publishing, 2009).
36) Id; Land Registration Act of 1925, s 75(1). 점유자와 등기명의인의 관계를 신탁관계로 보면, 등기명의인은 그 신탁상의 의무에 구속되므로 해당 토지를 제3자에게 처분할 수 없게 된다.
37) Land Registration Act of 2002, s 96(1), (3).
38) 다양한 정책적 근거들에 대한 설명으로, 주지홍, 미국법상 Adverse Possession Doctrine(불법점유원칙)의 비교법적 연구, 강원법학 제35권, 강원대학교 비교법학연구소, 2012, 394-98면.
39) Law Commission, Land Registration for the Twenty-First Century: A Consultative Document(Law Com. No. 254, 1998), para 10.6.
40) Buckinghamshire County Council v Moran [1990] Ch 623, 644(Nourse LJ).

셋째, 인접토지와의 경계가 불분명하여 인접토지 일부를 자신의 토지로 오인한 상태에서 점유한 경우, 점유취득시효제도는 좋은 해결방안이 될 수 있다고 한다. 즉, 경계의 불분명성이 오래 지속된 상태에서 진정한 소유권자를 확정하는 데에 어려움이 따르고, 또한 자신 토지로 오인한 자가 해당 토지에 대해 지출한 비용의 처리 문제 역시 해결이 복잡한데, 이때 점유취득시효는 이러한 문제들을 일거에 해결할 수 있다는 것이다.[42)]

넷째, 점유취득시효는 미등기토지의 거래비용을 낮춤으로써 그 토지의 거래를 원활하게 만든다.[43)] 이는 점유 중심의 권원체계와 권원의 상대성이 특히 미등기토지에 있어서 많은 비용문제를 발생시키는 점에 착안하고 있다. 가령, 미등기토지가 거래되는 경우에 권원의 상대성을 감안하면 매수인은 매도인이 가장 우월한 권원을 보유하고 있는지에 관심을 둘 수밖에 없고,[44)] 이에 매도인은 적어도 제소기간제한법상의 제소기간 이상의 점유권원을 입증해 주어야 할 것이다.[45)] 필요에 따라서는 매도인에게 권리를 양도한 그 이전 소유자들까지 소급하여 권원을 입증해야 할 수도 있는데, 여기에는 필연적으로 많은 조사비용이 투입될 것이다. 이때 점유취득시효는 매도인의 권원입증부담이나 권원조사비용을 제거함으로써 토지의 거래를 용이하게 해준다.[46)]

2. 영국 점유취득시효법리의 구체적 내용: 2002년 토지등기법 이전의 모습

(1) 점유취득시효의 요건

점유취득시효의 요건은 1980년 제소기간제한법의 규정에서 그 단서를 찾을 수 있다. 그에 따르면, 점유취득시효는 "제소기간의 경과로써 이익을 얻게 될 자가 토지를 점유하고 있는 경우 (land is in the possession of some person in whose favour the period of limitation can run)"라고 정의하고 있다. 여기서 점유취득시효가 적용되는 제소기간은 12년이다.[47)] 그러나 점유자가 토지를 어떻게 점유해야 하는지, 즉 점유의 개념 또는 내용에 관해서는 구체적인 언급이 없다. 점유취득

41) Law Com. No. 254, para 10.7. 그러나 이 근거는 점유취득시효가 점유자에게 권리를 분배해야 하는 본질적인 당위에 대해서는 충분한 설명을 제공하지 않는다. 즉, 소유자와 현재 점유자가 불일치하여 그 사이에 권리다툼이 지속되면 당연히 토지의 거래가 교착에 빠질 것이고, 그 중 누구에게라도 권리를 분배하면 결과적으로 그 교착상태로부터 해방될 것임은 자명하다. 다시 말해, 소유자 또는 점유자를 막론하고 권리귀속이 분명해지면 그 어느 경우라도 토지거래의 교착상태는 사라질 것이므로, 여기서의 핵심은 소유자와 점유자 중 누구에게 그 권리를 분배하는 것이 정당한가이다. 그런데 이 정당화이론은 소유자가 아닌 점유자에게 권리를 분배하는 것이 시장에서의 토지거래를 특히 더 용이하게 되는 이유를 밝히고 있지 않다.

42) Law Com. No. 254, para 10.8.

43) Law Com. No. 254, para 10.9.

44) 현재 토지점유자인 매도인의 권원보다 더 우월한 권원을 보유한 자가 존재할 수도 있기 때문이다. Burns, supra note 22, at 779-80.

45) 영국법상으로는 거래당시 기준으로 최소 15년간의 권원입증을 요하고 있다. Law of Property Act 1925, s. 44(1); Law of Property Act 1969, s. 23.

46) Martin Dockray, Why Do We Need Adverse Possession? [1985] Conveyancer 272, 278.

47) Limitation Act 1980, c 58, s 15.

시효에서의 점유에 관한 해석은 판례에 의해 메워져 왔다. 판례에 따르면, 점유취득시효의 요건으로서 점유는 "사실상의 점유(factual possession)"와 "점유의사(intention to possess)"로 구성된다.[48)]

사실상의 점유는 토지의 원소유자를 배제(dispossessing the paper owner)시킴으로써 또는 버려진 토지(abandoned land)를 점유함으로써 인정될 수 있다.[49)] 그러한 점유는 적절한 수준의 물리적 지배(physical control)를 요구하며, 또한 그것은 단독적·배타적 지배(single and exclusive possession)이어야 한다. 여기서 어느 정도의 배타적·물리적 지배가 요구되는지는 구체적 사안에 따라 다를 수 있는데, 즉 해당 토지의 특징이나 그 토지가 일반적으로 사용되는 방식 등을 고려하여 판단해야 한다. 가령, 버려진 토지의 경우에는 점유자가 해당 토지에서 정기적으로 사냥을 하는 행위만으로도 위의 점유에 해당할 수 있다. 그러나 버려진 토지가 아니라면 사냥이나 가축을 방목하는 행위만으로는 원소유자를 배제시키는 점유라고 볼 수 없다. 또한 그 점유는 적대적(adverse)이어야 하는데, 그 의미에 관해서는 소유자의 동의가 없는 점유[50)] 내지는 소유자의 이익에 배치되는 점유[51)]라고 설명하고 있다. 마지막으로 그 점유는 평온하고 공연(peaceable and open)하여야 한다.[52)] 점유자의 점유가 사기나 은비(fraud or concealed)에 기초한 경우에는 제소기간제한법상 원소유자에 대해 시효가 진행하지 않기 때문에 점유취득시효도 적용될 수 없다.[53)]

한편 점유자에게는 점유의사가 있어야 한다. 점유의사는 자신의 이익을 위해 점유 그 자체를 행할 의사를 말하는 것이고, 꼭 소유할 의사 또는 소유자가 되겠다는 의사까지 요구하는 것은 아니다.[54)] 그런데 이러한 점유의사는 실무적으로 사실상 점유 또는 물리적 지배 사실로부터 쉽게 인정되기도 한다.[55)] 또한, 착오에 의한 점유라 하더라도 점유의사는 인정될 수 있으며,[56)] 선

---

48) Dixon, supra note 35, at 71-73.

49) 이는 점유자의 점유개시시점 또는 제소기간제한법상 시효의 기산점을 언제로 보아야 하는지와 관련이 있다. 전통적으로 영국 판례는 점유자가 해당 토지에 물리적 지배를 행사하게 되면서 소유권자의 점유가 배제된 상태(dispossession)와 소유권자가 해당 토지에 대한 점유를 중단한 후에 점유자의 물리적 지배가 시작된 상태(discontinuance; abandonment)를 구별하여 판단하였다. Rains v Buxton(1880) 14 Ch D 537 539-540. 법리 자체만으로 볼 때, 전자의 경우에는 점유자에게 보다 적극적인 물리적 지배행위를 요하지만, 후자의 경우에는 전자에 비해 덜 적극적인 지배행위로도 충분하다. 그러나 법원은 소유자의 점유계속의 추정을 하고 있기 때문에, 후자의 경우에 있어서도 제소기간제한법상의 시효가 쉽게 기산되지 않는다. Powell v McFarlane(1979) 38 P & CR 452, 470-471.

50) Roberts v Swangrove Estates Ltd [2008] Ch 439 para. 33.

51) Topplan Estates Ltd v Townley [2004] EWCA Civ. 1369 para. 40.

52) Browne v Perry [1991] 1 WLR 1297, 1302.

53) Limitation Act 1980, s. 32(1).

54) 앞서 살펴본 바와 같이, 영국의 물권법은 역사적으로 국왕만이 절대적 소유권을 보유하는 봉건제적 질서로부터 영향을 받았으므로, 애초 점유취득시효법리에 "소유의 의사"와 같은 개념이 들어설 수도 없었다.

55) 가령, 해당 토지 위에 담장을 쌓아두는 행위로부터 점유의사를 인정한 판결로, George Wimpey & Co Ltd v Sohn [1967] Ch 487, 511; Lambeth London Borough Council v Blackburn [2001] EWCA Civ 912 para. 25. 또한, 해당 토지에서 경작을 한 행위로부터 점유의사를 인정한 판결로, Powell v McFarlane(1979) 38 P & CR 452, 478.

의·악의는 점유의사의 성립에 관련이 없는 것으로 본다.57)

(2) 점유취득시효의 중단사유와 점유기간의 합산

1980년 제소기간제한법에서는 토지에 대한 소유자의 권리행사 기간을 12년으로 정하고 있는데, 제소기간의 경과는 결국 점유취득시효기간의 완성을 의미할 것이다. 동법에서는 제소기간의 연장 또는 취득시효의 중단사유도 아울러 제시하고 있다.

대표적으로 점유자의 소유자 권원에 대한 승인(acknowledgement)은 취득시효의 중단사유가 된다.58) 가령, 소유자가 점유자를 상대로 점유회복소송을 제기하면 점유자로서는 소유자의 권원을 인식하기에 충분하므로 이를 승인으로 보아 시효의 진행을 중단시킨다.59) 또한 소유자가 점유자에게 해당 토지의 매수나 임대차를 제안한 경우에도 이를 묵시적 승인으로 보아 시효가 중단된다.60) 그런데 이러한 사실들은 반드시 문서로 작성되어야 하며, 단순히 구두로 전달한 것만으로는 중단사유에 해당하지 않는다.61) 또한 토지의 소유권자가 제한능력자인 경우, 그 제한능력이 해소된 날부터 6년의 제소기간이 추가적으로 연장될 수 있다.62) 즉, 정신장애를 가지고 있는 소유자는 자신이 점유를 상실한 날부터 12년 또는 정신장애로부터 회복된 날부터 6년 중에서 더 장기의 기간을 적용하여 점유회복소송을 제기할 수 있다.63) 이에 따라 해당 토지에 대한 점유자의 점유취득시효도 그만큼 시효완성이 유예되는 효과가 발생할 것이다. 또한 점유자의 사기(farud) 또는 고의적 은폐(concealment)로 인해 소유자가 동법상 제소기간 내에 자신의 권리를 행사하지 못한 경우, 소유자가 그 사실을 인지하였거나 또는 인지할 수 있었을 때까지 그 제소기간의 시효는 진행하지 않는다.64) 따라서 점유자의 점유취득시효의 완성도 그만큼 유예될 것이다. 한편, 순차적으로 연속된 점유의 경우 그 점유기간의 합산이 허용된다. 다만, 연속된 그 점유는 모두 adverse possession의 요건을 충족하여야 한다.65)

(3) 점유취득시효의 효과

제소기간의 경과로써 점유취득시효가 완성되면, 소유권자는 점유회복소송 등 자신 토지에 대한 권리를 행사할 수 없게 되고, 그 반사적 효과로서 점유자는 이제 해당 토지의 권리자가 된다. 이에 대해서는 해당 토지의 등기 유무에 따라 그 접근방식에 다소 차이가 있다. 우선, 미등기

56) Roberts v Swangrove Estates Ltd [2008] Ch 439 para. 87.
57) Id.
58) Limitation Act 1980, s. 29.
59) BP Properties Ltd v Buckler [1987] 55 P & CR 337, 344.
60) Edginton v Clark [1964] 1 QB 367.
61) Limitation Act 1980, s. 30(1).
62) Limitation Act 1980, s. 28(1).
63) Limitation Act 1980, s. 28(4).
64) Limitation Act 1980, s. 32(1).
65) Limitation Act 1980, Schedule 1, para. 8(2); Allen v Matthews [2007] 2 P & CR 21, para. 85.

토지의 점유취득시효가 완성되면 점유자는 점유가 개시된 때로부터 해당 토지에 대하여 보통법상의 완전한 권리(a fee simple absolute)를 취득한다. 그리하여 점유자는 이제 해당 토지에 대한 모든 권리를 행사할 수 있으므로, 그 토지를 타인에게 양도하거나 유증의 대상으로 삼을 수 있다.[66] 점유자가 취득하는 권리는 원시취득에 해당하는 것이어서 원소유자로부터 이전받는 것은 아니다. 그러나 원소유자가 해당 토지 위에 부담을 안고 있었던 권리 -가령, 지역권(easement)- 들은 제소기간 제한에 걸리지 않는 한 그대로 점유자의 부담으로 존속한다.[67]

그런데 등기된 토지에 대한 점유취득시효에서는 미등기토지의 경우와 다른 양상을 발견할 수 있다. 원래 제소기간이 경과하면 원소유자의 권리는 소멸해야 하는 것인데, 등기된 토지의 경우에는 그 권원이 등기에 기초하는 것이어서, 아무리 제소기간이 경과하였더라도 등기부에 소유자 명의의 기록이 남아 있는 한 그 권리의 즉각적 소멸은 어렵다. 그러므로 점유취득시효가 완성되더라도, 점유자 명의로 등기가 변경되기 전까지는 점유자가 취득한 권리의 권원을 기술적으로 설명하기 애매한 것이다. 이러한 간극을 메우기 위해서 1925년의 토지등기법은 신탁법리를 활용하였다. 즉, 제소기간이 경과하더라도 원소유자의 권원이 즉각 소멸되는 것은 아니지만, 대신 원소유자는 시효완성자인 점유자를 위하여 신탁상의 수탁자 지위를 가지게 된다.[68] 이렇듯 1925년의 토지등기법은 점유취득시효법리가 미등기토지와 등기토지에 동일하게 적용되게 하려는 입장을 견지하였다. 그러나 이러한 태도, 특히 신탁법리의 적용은 2002년 토지등기법 이전까지 많은 비판을 낳게 되었다.

3. 사법위원회(Law Commission)의 개정논의: 기존 점유취득시효법리에 대한 비판론

1996년 영국 사법위원회(Law Commission)와 토지등기국(Land Registry)은 토지등기시스템의 혁신을 위해 토지등기법 개정논의에 착수하였다. 이 공동작업의 정책적 목적은 크게 두 가지로 요약할 수 있는데, 토지거래의 전산화와 그에 따른 물권법의 원칙의 수정이었다. 이러한 정책목표 하에서 특히 기존 점유취득시효법리에 관한 논의가 심도있게 다루어졌다.[69] 이와 관련하여 사법위원회의 논의의 대전제는 점유취득시효법리가 등기제도의 작동원리와 조응할 수 있어야 하고, 동시에 그 적용범위는 부동산 거래를 용이하게 하면서도 부당한 결과를 막을 수 있는 한도로 제한되어야 한다는 것이었다.[70] 그리고 기존의 점유취득시효법리는 미등기토지에 대해서는 그

66) Mabo v Queensland(No 2) [1992] 175 CLR 1, 209; Rosenberg v Cook [1881] 8 QBD 162, 165.
67) St Marylebone Property Co Ltd v Fairweather [1962] 1 QB 498, 533 (CA).
68) Land Registration Act 1925, s. 75(1).
69) Law Commission, Land Registration for the Twenty-First Century: A Consultative Document(Law Com. No. 254, 1998), Part I; Martin Dixon, Modern Land Law 19-21(7th ed. 2010).
70) Law Com. No. 254, para 10.19.

정당성이 유효한 것이지만, 등기된 토지에 있어서는 그렇지 않다는 결론을 도출하였다. 이는 미등기토지의 권원의 기초는 점유인 반면, 등기토지의 권원의 기초는 등기 그 자체에 있다는 양자 간의 본질적 차이점에 주목한 결과이다.[71)]

앞서 살펴본 바와 같이, 점유 중심의 권원체계와 권원의 상대성은 토지거래에 있어서 불안요소로 작용한다. 이 경우 점유취득시효제도는 현재 점유자 외의 기타 권리자들의 권리를 소멸시킴으로써 그 불안요소를 제거하고, 더 나아가 토지거래의 효율을 높인다. 이것은 미등기토지의 경우에 특히 그러하다. 그러나 등기제도 하에서는 등기가 권원을 증명하는 결정적 요소가 되므로, 위와 같은 불안요소는 발생하지 않는다. 등기토지가 거래되는 경우, 매수인은 등기를 통해 매도인 권원의 적법성과 건전성을 쉽게 확인할 수 있으므로 그 권원조사에 큰 비용이 소요되지 않는다. 그렇다면 등기토지의 경우에는 미등기토지에서와 같은 점유취득시효의 정당성과 효용성이 크게 발휘된다고 보기 어려울 것이다. 다만, 등기된 토지의 경우에도 점유취득시효가 유익한 기능을 하는 경우가 없지는 않다. 가령, ① 등기명의인이 불명이거나 사망하였거나, 자신 소유의 토지를 버린 경우,[72)] ② 피상속인이 사망한 후 상속등기 없이 상속인이 토지를 점유하는 경우,[73)] ③ 등기명의인들끼리 서로 등기토지를 교환하기로 합의한 후 등기이전을 하지 않은 경우[74)]에는 점유취득시효를 적용하여 등기명의인을 배척하고 현재 점유자에게 권리를 귀속시키는 것이 해당 토지의 거래효율을 높이는 것이고, 또 그러한 결과가 부당한 것도 아니게 된다.

4. 2002년 토지등기법에서의 점유취득시효 관련 주요내용

위의 영국 사법위원회의 입장은 2002년의 토지등기법에 상당 부분 반영되었다. 그 중에서 특기할 점은 미등기토지와 등기토지를 구별하고, 미등기토지에는 기존의 점유취득시효법리를 그대로 적용하되, 등기토지에는 그 적용을 엄격히 제한하는 장치를 마련한 것이다. 다만, 동법은 기존 점유취득시효법리의 실체법적 요건들에 수정을 가한 것은 아니고, 절차법적 측면에서 등기명의인에 대한 보호를 강화하고 있다. 새로 신설된 점유자의 권리취득 절차에 따르게 되면, 등기토지의 경우에 이전과 같이 점유자가 시효기간 완성만으로 그 즉시 권리취득을 주장할 수 없고, 등기명의인은 점유취득시효에 의해 자신의 권리를 상실할 수 있는 가능성이 현저히 줄어들게 되었다. 이하에서는 2002년 토지등기법상 등기토지에 대한 점유취득시효의 적용법리만을 소개하기로 한다.

---

71) Law Com. No. 254, para 10.2, 10.3.
72) Law Com. No. 254, para 10.13.
73) Law Com. No. 254, para 10.14(2).
74) Law Com. No. 254, para 10.14(1).

(1) 등기토지에 대한 점유취득시효완성자(점유자)의 권리취득절차

우선 2002년의 토지등기법은 등기가 권원의 결정적인 증거라는 것과 등기내용의 정확성을 보장한다는 내용을 담고 있다(등기의 공신력).[75] 이는 등기토지와 미등기토지의 본질적 차이를 반영한 결과이며, 이로써 점유취득시효법리의 적용에 있어서도 각기 다른 법적 취급을 이끌어낼 수 있다. 특히 등기토지에 대한 법적 취급으로서, 동법 제96조는 등기명의인에 대하여 제소기간 제한법(Limitation Act 1980)상의 적용을 유보하면서,[76] 그 경우 점유자의 점유취득시효와 관련한 구체적 사항들을 동법 부칙6(Schedule 6)에 별도로 규정하고 있다. 이에 따르면, 등기토지에 대해 10년간 −점유취득시효 요건을 갖추어서− 점유한 자는 일단 등기소에 자신 명의의 등기를 신청할 수 있다.[77] 다만 그 점유자가 해당 토지의 점유권원에 관한 소송에서 피고 지위에 있는 경우 또는 등기신청이 가능한 날의 직전 2년 내에 점유권원에 관한 소송에서 패소한 경우에는 그 등기를 신청할 수 없다.[78] 절차적으로 볼 때, 이러한 점유자의 등기신청은 권리취득이라는 결말에 맞닿아 있는 것이 아니라, 오히려 점유취득시효 관련 법률관계를 풀어나가는 과정의 출발점에 불과하다.

즉, 점유자가 등기신청을 하면 등기관은 그 신청의 적합성을 판단한 후 그러한 신청사실을 등기명의인뿐 아니라 관련 이해당사자들에게 통지(notice)하여야 하는데, 그 이해당사자에는 해당 토지 위에 설정된 제한물권 등의 권리자나 신탁상의 수익자들도 포함된다.[79] 등기관으로부터 통지를 받은 등기명의인은 그 점유자의 등기신청에 대해 반대의사를 다시 통지할 수 있다.[80] 만약 반대의사를 통지하지 아니하면, 점유자는 해당 토지에 대한 새로운 권리자가 된다. 그러나 등기명의인이 반대의사를 표하게 되면, 그 다음 단계의 절차로 접어들게 된다. 이에 대해 동법은 위 등기명의인의 반대의사를 무력화시킬 수 있는 예외 사유들을 열거하고 있는데, 점유자는 이 사유들을 입증함으로써 새로운 권리자가 될 수 있다. 첫째, 금반언(estoppel) 원칙에 비추어 보았을 때 등기명의인의 반대가 비양심적인 경우이다.[81] 즉, 등기명의인에게 현재의 반대의사와 배치되는 행위가 선행되었던 사실이 인정되어야 한다. 가령, 등기명의인이 점유자의 권원에 관한 착오를 이미 알고 있었으면서도 그것을 바로잡고자 하지 않았다면, 이는 금반언 원칙에 위배되는 것으로서 비양심성이 인정될 수 있다.[82] 둘째, 등기명의인의 반대의사가 있은 후, 점유자에게

---

75) Land Registration Act 2002, s. 58(1); Law Commission, Updating the Land Registration Act 2002: A Consultation Paper(Law Com. CP. No. 227), para. 1.36.

76) Land Registration Act 2002, s. 96(1).

77) Land Registration Act 2002, Schedule 6, para. 1(1).

78) Land Registration Act 2002, Schedule 6, para. 1(3)(a)−(b).

79) Land Registration Act 2002, Schedule 6, para. 2(1), 12.

80) Land Registration Act 2002, s. 73.

81) Land Registration Act 2002, Schedule 6, para. 5(2).

82) Law Com. No. 254, para 10.16, fn. 42.

다른 권원이 발생하여 결과적으로 새로운 권리자가 될 수 있는 경우이다.[83] 가령, 점유자가 해당 토지를 유증 또는 상속받은 경우가 이에 해당한다.[84] 셋째, ① 해당 토지가 점유자의 토지와 인접해 있고, ② 그 경계가 동법상 확정되지 않았고,[85] ③ 점유자가 점유기간(10년) 동안 해당 토지를 자신의 것(belonged to him)이라고 믿었으며, ④ 점유자가 등기를 신청하기 전 1년 이상의 기간 동안 해당 토지에 대한 권원이 등기되어 있었던 경우이다.[86]

한편 점유자의 등기신청이 반려되더라도 점유자는 등기 신청한 날로부터 다시 해당 토지의 점유(adverse possession)를 개시하여 등기신청이 반려된 날을 기준으로 2년이 경과하게 되면, 등기의 재신청을 할 수 있게 된다.[87] 물론 이때에도 점유자가 해당 토지의 점유권원에 관한 소송에서 피고 지위에 있거나, 등기신청가능일 직전 2년 내에 점유권원에 관한 소송에서 패소하였거나 또는 그 판결로 인해 해당 토지로부터 퇴거당했다면 등기를 재신청할 수 없다.[88]

(2) 등기토지에 대한 점유취득시효의 법적 효과

2002년 토지등기법에서 또 하나 주목할 부분은 등기토지에 대한 점유취득시효에 있어서 시효완성자(점유자)와 등기명의인 사이의 관계설정이다. 1925년 토지등기법에서는 그들 간의 관계를 신탁법리에 기대어 설명하였지만, 2002년 토지등기법에서는 그러한 신탁법리의 적용을 폐기하고, 점유자는 등기명의인으로부터 해당 토지에 대한 권리를 이전받는 승계인(successor)의 지위에 있는 것으로 이론구성하였다.[89] 이렇듯 등기토지에 대한 점유취득시효의 효과로서 등기명의인으로부터 점유자에게 그 권리가 이전되는 것으로 설명하게 되면, 점유자는 그 시효완성 전에 해당 토지 위에 설정되어 있던 다른 권리 등의 부담을 안게 될 것이다. 이것이 일반적인 원칙일 수 있겠지만, 동법은 다소 다른 입장을 취하고 있다. 즉, 점유자가 동법에서 제시한 절차에 따라 마침내 새로운 권리자로 등기된 경우, 그 등기 전에 해당 토지 위에 설정되어 있던 다른 권리들은 모두 소멸하게 된다.[90] 이러한 입장은 동법의 다른 절차규정과 논리적으로 정합한다. 앞에서

83) Land Registration Act 2002, Schedule 6, para. 5(3).
84) Ernst Jacobus Marais, Acquisitive Prescription in View of the Property Clause 112-13(Aug. 2011)(unpublished Ph.D. dissertation, Stellenbosch University)(on file with Stellenbosch University).
85) 2002년 토지등기법은 등기가 권원을 입증하는 결정적인 요소로 파악하고 있으나(Land Registration Act 2002, s. 58(1)), 경계(boundary)에 관한 한 비교적 소극적인 태도를 취하고 있다. 즉, 동법에서 제시한 세부원칙에 따라 별도로 입증된 경우가 아니라면, 토지가 등기되었다는 사실만으로 바로 그 경계까지 정확히 확정된 것은 아니라고 한다(Land Registration Act 2002, s. 60(1)-(2)).
86) Land Registration Act 2002, Schedule 6, para. 5(4).
87) Land Registration Act 2002, Schedule 6, para. 6(1).
88) Land Registration Act 2002, Schedule 6, para. 6(2).
89) Land Registration Act 2002, Schedule 6, para. 9(1); Law Commission, Land Registration for the Twenty-First Century: A Conveyancing Revolution(Law Com. No. 271, 2001), para 14.71. 또한 등기명의인은 시효완성자가 그 점유기간 동안 자신 토지를 사용한 것에 대해 손해배상이나 부당이득반환을 청구할 수 없다. Law Com. No. 271, para. 14.72.
90) Land Registration Act 2002, Schedule 6, para. 9(3).

살펴본 바와 같이, 점유자가 해당 토지에 대한 새로운 권리자로 되는 과정에서, 기존 등기명의인 뿐 아니라 이해당사자(해당 토지에 설정된 기타 권리의 귀속주체)들도 점유자의 등기신청에 반대의사를 표할 수 있었다. 또한 그 반대의사를 통지한 이후에는 해당 토지의 점유회복을 위해 그 점유자를 상대로 소송을 제기할 수도 있었다. 이렇듯 동법이 점유자의 등기신청과정에서 이해당사자들에게 등기명의인과 똑같은 권리와 기회를 부여하고 있었다면, 이 모든 절차상의 장애요소들을 극복해 낸 점유자에게 어떤 부담도 존재하지 않는 권리를 부여하는 것이 타당하다. 다만 동법은 여기에 다시 예외를 두고 있는데, 즉 등기명의인 등의 반대의사를 무력화시키는 3가지 예외사유(① 금반언에 의한 비양심성 인정, ② 다른 권원의 발생, ③ 인접토지 간 경계가 확정되지 않은 경우)가 충족됨으로써 점유자가 권리를 취득하게 된 경우에는 이해당사자들의 권리는 소멸하지 않는다.[91]

5. 정 리

이상에서 영국의 점유취득시효법리에 관하여 살펴보았다. 영국의 점유취득시효제도는 제소기간제한법과 토지등기법의 발전과 함께 형성되어 왔으나, 특히 2002년에 개정된 토지등기법을 통해 큰 변화를 맞이하였다. 동법의 취지는 점유취득시효법리가 등기제도와 조응하는 방향으로 수정되어야 하고, 그 적용범위는 토지거래를 용이하게 하거나 부당한 결과를 막는 한도로 설정되어야 한다는 것이다. 이러한 취지에서, 동법은 미등기토지와 등기토지를 구분하고, 각각의 경우 점유취득시효에 관한 법적 취급을 달리하고 있다. 특히 등기토지의 경우 점유자에게는 사전등기신청권을 부여하면서도 동시에 등기명의인에게는 그 등기신청에 대한 반대의사를 표함으로써 이를 저지할 수 있는 기회를 제공하고 있다. 이 외에도 반대의사의 통지 이후의 점유권원에 관한 소 제기, 반대의사를 무력화시키는 예외사유, 또는 등기신청이 반려된 이후의 재신청 등과 같은 장치들을 마련하였다. 이 장치들이 활용되는 과정에서 등기명의인과 점유자 사이에 벌어지는 공방(攻防)은 그중 누가 더 법적으로 보호받을 가치가 있는지를 면밀히 들여다 보게 하고, 그로써 부당한 결과발생을 최소화한다. 그러나 일반적으로 등기명의인이 위와 같은 시효취득에 관한 통지를 받고서 아무런 반대의사도 표하지 않는 경우는 거의 없을 것이기 때문에, 등기명의인의 불명 또는 사망 등의 경우가 아닌 한, 이제 등기토지에 대한 점유취득시효법의 적용은 실질적으로 불가능하다고 보아도 과언이 아니다.

91) Land Registration Act 2002, Schedule 6, para. 9(4).

Ⅲ. 우리 민법상 부동산 점유취득시효와 등기의 조화: 등기된 부동산의 점유취득시효 대상성 검토

1. 부동산 물권변동에 있어서 등기 중심의 질서: 성립요건주의와 권리추정력

우리 민법은 당사자의 의사표시에 더하여 등기라는 공시방법까지 갖추어야만 부동산의 물권변동이 발생하는 것으로 보고 있다(성립요건주의 또는 형식주의).[92] 과거 의용민법하에서는 물권변동에 관하여 의사주의(대항요건주의)를 취하고 있었으나, 우리 민법이 제정된 후부터 성립요건주의를 채택하였고, 현재까지 이 원칙은 우리 물권법 질서의 중추로 자리매김하였다. 따라서 성립요건주의를 취하는 한, 등기는 부동산에 관한 물권변동의 효력을 발생시킨다. 한편 우리 민법은 명문의 규정을 두고 있진 않지만, 학설과 판례가 등기에 추정력을 인정하는 데에 일치하고 있다.[93] 즉, 어떤 등기가 있으면 그에 대응하는 실체적 권리관계가 존재하는 것으로 추정되므로, 등기상 권리는 그 등기의 명의인에게 귀속되는 것으로 추정될 뿐 아니라 그 등기에 의해 유효한 물권변동이 있었던 것으로 추정된다.[94] 요컨대 우리 민법상 등기에는 권리변동의 효력과 권리추정력이 인정된다.

이러한 등기의 권리변동효와 권리추정효는 우리 민법이 부동산에 관한 한 등기에 중심을 두고 운용되고 있음을 보여주는 대목이다. 등기명의인에게 해당 부동산에 관한 등기부상 권리를 취득시키는 효력을 발생시키고, 역시 등기명의인은 그 등기부상 권리를 적법하게 보유하게 된 것으로 추정도 하기 때문이다. 권리추정효는 등기명의인에게 그 권리귀속의 입증을 달리 부담시키지 않으므로 권리다툼에 있어서도 훨씬 우월한 위치를 보장한다. 이렇듯 등기를 통해 권리변동 여부를 결정하고, 물권귀속의 입증에 관하여는 등기의 추정력이 인정되는 것은 결국 우리 민법상 부동산에 관한 규율질서가 등기를 중심으로 작동되고 있음을 보여준다. 이러한 등기 중심적 사고는 점유의 추정력(민법 제200조)에 관한 해석론에서도 잘 드러난다. 동조는 점유자가 점유물에 대한 권리를 적법하게 보유한 것으로 추정하는 규정인데, 법문상 동산과 부동산의 구별 없이 오직 점유물이라고만 규정하고 있으므로 그 점유의 추정력이 미치는 객체범위에 관하여는 해석에 맡겨져 있다. 그러나 학설과 판례 공히 등기된 부동산에 대해서는 동조의 적용을 부정함으

---

92) 송덕수, 앞의 책, 60면; 곽윤직·김재형, 「물권법[민법강의 Ⅱ]」 제8판, 박영사, 2015, 48면.

93) 송덕수, 앞의 책, 114면; 곽윤직·김재형, 앞의 책, 145면.

94) 대법원 1983. 11. 22. 선고 83다카950 판결("…소유권보존등기 및 소유권이전등기가경료되었다면 그 등기의 효력으로 피고는 소유권자로 추정을 받으므로…"); 대법원 1979. 7. 10. 선고 79다645 판결("등기의 추정력은 어떤 부동산에 관하여 등기부상에 기재된 법률관계가 일응 진정한 것으로 다루어 지나는 것이므로…"); 대법원 1966. 1. 31. 선고 65다186 판결("부동산 물권변동에 관한 등기가 있으면, 등기된 권리의 변동은 일응 유효하게 성립되었다고 추정되는 것이며, …").

로써 부동산에 있어서 등기 중심적 질서를 강조하고 있다.[95] 등기의 권리추정효를 인정하면서 동시에 부동산에 대한 단순한 점유의 사실로써도 권리추정효를 부여하는 것은 논리적으로 타당하지 않다. 반면 미등기 부동산에 대한 점유추정력에 관하여는 긍정설[96]과 부정설[97]이 대립하고 있으나, 긍정설조차도 미등기 부동산에 대하여는 달리 등기에 의존할 수 있는 가능성이 없다는 점을 들어서 점유추정력의 예외적 적용을 주장하고 있으므로,[98] 결국 어느 입장에서든 등기 중심적 사고가 그 전제로 깔려있다고 보아야 한다. 또한 판례는 미등기토지에 점유자가 있더라도 토지대장등본에 소유자로 등록된 자가 따로 존재한다면, 그 대장상에 소유자로 등재된 자는 보존등기를 신청할 수 있는 지위에 있으므로 그 자에게 일단의 소유권 귀속의 추정이 이루어진다고 보았다.[99] 이는 비록 토지대장에 등재된 것에 불과하더라도 등기신청을 통해 등기명의인의 지위에 거의 근접한 자가 그 토지의 점유자보다 우위에 있음을 인정한 것이므로, 역시 등기 중심의 질서를 반영한 결과라고 풀이된다.

2. 점유취득시효에 관한 해석론의 한계: 등기와의 부조화

부동산 점유취득시효는 매우 이례적인 소유권 취득의 원인이 되므로 그 적용은 지극히 제한적이어야 한다는 데에 이론이 없다. 이는 특히 점유로 하여금 등기를 역전(逆轉)하게 함으로써 등기 중심의 질서에 배치되는 결과를 만들어 내기 때문이다. 이렇듯 동제도에 내재된 질서역행에 대해서는 일찍이 많은 우려와 지적이 제기된 바 있으며, 이는 다시 점유취득시효의 적용범위 제한론으로 이어지고 있다.

특히 점유취득시효의 존재의의 또는 취지에 관하여 기존의 주류로부터 전환적 발상을 시도하는 점이 주목된다. 주지하는 바와 같이, 기존의 주류는 시효제도의 일반적 존재이유로서 사회질서의 안정을 꼽는 것으로부터 출발하여, 이를 장기간의 점유사실에 대한 존중과 연결시킴으로써 점유취득시효의 정당화를 끝맺음한다.[100] 그러나 이는 점유 중심적 사고에 기초한 것으로서

---

95) 송덕수, 앞의 책, 120면. 그러나 등기 여부를 불문하고 부동산에도 점유추정력이 인정된다는 소수설로, 방순원, 신물권법, 일한도서, 1960, 75면.

96) 이은영, 「물권법」 제4판, 박영사, 2006, 353면; 김상용, 「물권법」, 화산미디어, 2009, 273면; 고상룡, 「물권법」, 법문사, 2001, 216면; 이상태, 「물권법」 제5판, 법원사, 2007, 174면.

97) 송덕수, 앞의 책, 120면(민법 제200조는 동산에 한하여 적용되므로, 부동산에 관하여는 그 등기 여부를 불문하고 점유의 추정력은 인정되지 않아야 하고, 이때에는 추정력 보다는 보통의 증명책임의 문제만 남는다고 주장함); 이영준, 「물권법」 제2판, 박영사, 2004, 340면.

98) 민법주해[Ⅳ](편집대표 곽윤직), 물권(1) 제200조(최병조 집필부분), 박영사, 2011, 345면.

99) 대법원 1976. 9. 28. 선고 76다1431 판결.

100) 민법주해[Ⅴ](편집대표 곽윤직), 물권(2) 취득시효 전론(윤진수 집필부분), 박영사, 2011, 360면; 대법원 1986. 2. 25, 선고 85다카1891 판결("취득시효제도는 법률관계의 안정을 기하기 위하여 일정한 사실상태가 상당기간 계속된 경우에 그 사실상태가 진실한 권리관계와 일치하느냐의 여부를 따지지 아니하고 그 사실상태를 존중하여 이를 진실한 권리관계로 인정하려는 제도로서…"); 대법원 2016. 10. 27 선고 2016다224596

현재의 등기 중심적 질서와 조화롭지 못하다. 오랫동안 지속된 점유사실을 존중하는 것이 사회질서의 안정을 실현한다는 점 그 자체에는 일응 타당한 면이 없지 않지만,[101] 그 과정에서 현재의 등기 중심의 질서가 흐뜨러지는 점도 고려되어야 한다. 특히 장기점유사실의 존중은 자주점유의 추정규정(민법 제197조)과 결합되면서 점유취득시효의 적용범위를 확대시키고, 그에 따라 성립요건주의와 권리추정력으로 요약되는 등기주의를 잠식시키는 면도 있다.[102] 앞서 살펴본 과거 영국의 사례에서도 알 수 있듯이, 점유취득시효제도 그 자체 또는 이를 장기점유사실로써 정당화하는 것은 점유를 권원의 기초로 삼는 점유 중심의 재산법 질서 하에서 자연스러운 것이나, 그와 달리 등기에 중심을 둔 우리의 법질서에서는 필연적으로 등기와의 균형까지 감안된 정당화 이론이 요구된다.

그런데 최근에는 위의 장기점유사실의 존중으로부터 탈피하여 진정한 권리자를 보호하는 데에 점유취득시효의 존재이유를 두는 견해가 유력해지고 있다.[103] 물론 여기서의 진정한 권리자란 과거 소유권 취득원인이 존재하여 해당 부동산을 점유해 왔으나, 등기를 하지 않은 상태에 있다가, 이제는 그 취득원인을 입증할 수 없게 된 자를 말한다.[104] 이렇듯 점유취득시효제도의 취지를 장기점유사실의 존중보다는 진정한 권리자의 보호에 초점을 두게 되면, 결국 동제도의 적용대상은 단순 점유자들 중에서도 특히 보호할 가치 있는 점유자로 좁혀지게 되므로 그만큼

판결("부동산에 대한 취득시효 제도의 존재이유는 부동산을 점유하는 상태가 오랫동안 계속된 경우 권리자로서의 외형을 지닌 사실상태를 존중하여 이를 진실한 권리관계로 높여 보호함으로써 법질서의 안정을 기하고…"). 관련 학설과 판례의 상세는, 김성욱, "부동산 점유취득시효와 관련한 몇 가지 법적 문제", 안암법학 제49호, 2016, 239면 이하 참조.

101) 이에 대한 기존의 견해들은 보통 과거 우리의 법적 환경과 현실을 근거로 들고 있다. 가령, 민법 제정 이전의 의사주의 하에서 진정소유자와 등기가 불일치한 상황에서 민법 제정과 함께 성립요건주의로의 대전환이 이루어진 점, 6·25 전쟁으로 등기부의 상당이 멸실된 점, 민법 제정 이후에도 상당기간 부동산등기제도가 안착되지 못한 점 등을 들어서 장기간의 점유사실상태를 존중하여 사회질서와 법적 안정성을 기해야 할 필요가 있었다고 한다. 김성욱, 위의 논문, 244면; 민법주해[Ⅴ], 위의 책, 367면. 그러나 민법이 제정된 지 60년이 넘었을 뿐 아니라 등기제도가 상당한 수준으로 정착된 현 시점에서 위의 근거들은 다소 설득력을 잃고 있다.

102) 이계정, 위의 논문, 199면(기성사실존중주의는 등기 중심으로 구축된 우리의 소유권 질서에서 그 정당성을 인정받기 어렵다고 주장함).

103) 고상룡, "소유의 의사로 점유한다는 것의 의미", 판례월보 133, 1981, 144면; 송덕수(각주 3), 위의 논문, 303면; 송덕수(각주 7), 위의 논문, 284면; 김성욱, 위의 논문, 243-45면; 여미숙, 위의 논문, 327면 각주 97; 이계정, 위의 논문, 201-02면. 그러나 이에 대해서는 시효제도의 의의는 진정한 권리자를 보호하는 측면도 있지만, 그렇지 않은 측면도 있다고 하면서, 시효로 인하여 권리를 보유하게 된 자가 원래부터 진정한 권리자일 수도 있지만, 그렇지 않더라도 그 나름의 근거(법률관계의 안정 등)로써 정당화될 수 있으며, 취득시효의 경우에는 자주점유의 해석론이 전자의 측면을 확보하고 후자의 측면을 줄여나가는 노력의 일환이라고 보는 견해도 있다. 이기용(각주 12), 위의 논문, 22, 32면.

104) 여기서 진정권리자는 법률상 권리자는 아니다. 성립요건주의 하에서 아무리 소유권취득원인이 진정으로 존재했더라도 등기를 갖추지 않으면 법률상 소유자라고 할 수 없다. 다만 보호할 가치가 있는 사실상의 권리자로 볼 수는 있겠지만, 보호할 가치가 있다고 하더라도 실제로 법이 보호해야 하는지 여부는 더 종합적인 검토를 통해 결정되어야 한다.

등기제도와의 불협화음을 누그러뜨릴 수도 있을 것이다. 즉, 점유자에게 소유권 취득의 원인이 진정으로 존재한다는 사실은 등기명의인의 희생을 수긍하는 것이 그나마 덜 불편하게 하고, 나아가 정책적 측면에서 등기 중심적 질서의 양보를 요청하는 것이 덜 궁색할 수 있다.[105] 물론 이러한 태세전환만으로 모든 문제가 순조롭게 해결되진 않는다. 점유취득시효가 진정권리자 보호라는 취지에 맞게 운용되기 위해서는 좀 더 구체적 장치들이 필요하다.

이에 대해 학설은 몇몇의 해법을 제시하고 있다. 가령, 입법론의 하나로서 점유취득시효 규정에 '정당한 권원' 요건을 추가하는 것이다.[106] 점유취득시효의 존재이유를 위와 같이 진정한 권리자 보호에 둔다면, 점유자에게 진정한 권리자로서의 자격, 즉 소유권 취득원인 또는 그러한 권원을 요구하는 것이 당연한 귀결이다. 한편 권원을 기초로 자주점유의 개념과 판단기준을 재해석함으로써 등기 중심의 질서와의 조화를 꾀하고자 하는 견해도 주목할만 하다. 이 견해 역시 점유취득시효의 제도적 취지를 진정한 권리자 보호에 맞추면서, 점유자가 소유권 취득의 원인이 되는 권원을 갖춘 경우에 자주점유를 인정할 수 있고, 또 시효취득도 그러한 한도 내에서 제한적으로 인정되어야 한다고 주장한다.[107] 그러나 이러한 해법들은 점유취득시효의 취지가 진정한 권리자 보호에 있다는 전제에서 출발한 것임에도 불구하고, 오히려 그 취지의 실현에 문제점을 발생시키는 순환에 놓여져 있다. 즉, 점유취득시효가 그 정당성을 발휘하는 경우란 점유자에게 소유권 취득의 원인이 진정으로 존재하였으나 그 입증이 어려울 때일 것인데, 그 입증곤란의 소유권 취득원인 또는 그러한 권원을 다시 점유취득시효 성립의 요건으로 삼거나 자주점유 판단의 기초요소로 두고 있기 때문이다. 소유권취득의 원인을 입증하기 수월하다면, 점유자는 굳이 점유취득시효를 활용할 것 없이 그 취득원인을 입증하여 자신의 권리를 소구하면 된다. 더욱이 우

105) 꼭 들어맞는 비교는 아니지만, 우리 판례가 미등기의 부동산매수인에 대해 일정 부분 특별한 배려를 제공하는 것도 같은 맥락에서 이해할 수 있다. 가령, 우리 법제가 취하는 성립요건주의를 관철한다면, 매수인의 등기청구권은 그 성질이 채권에 불과하므로 아무리 목적물을 인도받아 사용·수익하는 매수인이라도 그의 등기청구권은 소멸시효의 일반원칙에 따라 소멸시효에 걸려야 옳지만, 우리 판례는 그 미등기매수인을 권리 위에 잠자는 것이라 볼 수 없고, 매도인의 명의로 남아있는 등기를 보호하기보다 그 매수인의 사용·수익 상태를 보호하는 것이 타당하므로 미등기매수인의 등기청구권은 다른 채권과 달리 소멸시효에 걸리지 않는다고 한다(대법원 1976. 11. 6. 선고 76다148 전원합의체 판결). 이는 소유권 취득의 원인은 있으나 등기만 하지 않은 미등기매수인을 정책적으로 특별히 보호하고자 하는 취지에 있다. 그러나 개인적으로 이러한 판례의 입장에 동의하지 않는다. 같은 취지, 송덕수, 위의 책, 110면.

106) 송덕수(각주 3), 위의 논문, 303면; 민법주해[Ⅴ], 위의 책(윤진수 집필), 361면(다만, 이 견해는 점유취득시효의 존재이유를 재화효용의 극대화로 설정하고, 이러한 취지를 달성하기 위해서는 점유자가 소유자로부터 소유권을 취득하는 것이 불가능하거나 그 목적물이 점유자에게 더 가치 있음이 확실한 경우에 한하여 점유취득시효가 인정되어야 한다고 보면서, 점유취득시효가 이 한도 내에서 작동되기 위해 점유자의 善意와 正權原의 존재를 요건화해야 한다고 주장함).

107) 이계정, 위의 논문, 201-03면(성립요건주의와 추정력에 비추어 소유의 의사를 정의해야 한다고 하면서, 현재의 법제에서 등기를 하지 않은 자가 부동산에 대하여 소유의 의사를 인정할 수 있는 예외는 소유권 취득의 원인이 되는 권원을 갖춘 경우라고 주장함.).

리 판례는 미등기매수인이 목적물을 인도받아 사용·수익하고 있는 경우에 그의 등기청구권을 일반 채권과 달리 취급하여 소멸시효의 적용도 배제하고 있으므로, 그 권리 행사에 시간적 제약도 크지 않다.[108] 그러므로 소유권 취득원인이 존재하지만 그 입증이 곤란한 점유자에게 소유권 취득의 기회를 실질적으로 제공할 수 있어야 비로소 점유취득시효제도의 취지가 제대로 구현될 수 있다. 그럼에도 불구하고 점유자에게 있어서 현실적으로 입증이 어려운 소유권 취득원인 등을 점유취득시효의 성립요건이나 자주점유의 판단요소로 삼게 되면, 일단은 점유취득시효의 운용상의 문제점, 즉 무분별한 적용범위의 확대를 막는 데에는 기여할 것으로 보이지만, 자칫 자신의 소유권 취득원인을 입증하지 못한 진정한 권리자까지 배척될 위험을 안고 있다.[109] 게다가 점유취득시효 관련 실제 소송의 대부분은 점유자의 점유권원의 존부 그 자체가 주요 쟁점이 되고 있는데,[110] 이는 분쟁화된 사례의 상당수가 소유권 취득원인의 입증에 있어서 곤란을 겪고 있는 경우임을 보여준다. 그렇다면 위의 해법들은 그들이 설정한 점유취득시효의 제도적 취지와의 논리적 연결성은 확보하였다 하더라도, 그 취지의 구체적 실현의 문제는 여전히 남게 된다.

한편 위와 같은 제도취지의 재고(再考)론 외에도 다양한 점유취득시효의 제한적 해석론들이 축적되어 있는데. 이러한 해석론들의 대부분은 사실 등기와의 충돌문제를 염두에 두고 있다. 가령, 논란의 한가운데에 있는 '판례 5원칙' 중 제2, 제3유형[111]은 시효완성자(점유자)의 법적 지위에 관한 것으로서, 그 실질은 등기명의인인 양수인(제3자)과의 관계 설정에 있으므로 결국 점유와 등기의 긴장관계를 풀어내고자 하는 시도이다. 그러나 이러한 시도는 썩 만족스러운 결과를 도출하지 못한다. 즉, 원소유자로부터 등기명의를 이전받은 양수인을 시효완성 시점 전후로 구분하여, 전자에 대해서는 시효완성자(점유자)가 시효취득을 주장할 수 있도록 하고, 후자에 대해서는 시효취득을 주장할 수 없도록 이론구성한 것은, 점유취득시효의 취지(장기점유사실의 존중)[112]를 살려 시효완성자(점유자)를 보호하면서도 다른 한편 등기명의인인 양수인을 완전히 외면할 수 없었던 데에 기인할 것이다.[113] 특히 후자인 제3유형의 경우는 이중매매의 구조에 빗대어 설명하기도 하는데,[114] 결국 성립요건주의 하에서 등기명의인의 지위나 등기제도와의 조화를

108) 대법원 1976. 11. 6. 선고 76다148 전원합의체 판결. 본문 각주 106 참조.

109) 실제로 점유취득시효에 있어서 정당한 권원 요건의 추가를 주장하는 견해에서도 그 요건추가로 인하여 취득시효의 적용범위가 너무 좁혀져서 실질적인 소유자마저 보호되지 못할 가능성을 우려하고 있다. 송덕수(각주 3), 위의 논문, 303면.

110) 이계정, 위의 논문, 205면 각주 77.

111) 본문 각주 8 참조.

112) 만일 점유취득시효의 취지를 진정한 권리자 보호에 둔다면, 그 점유자가 진정한 권리자임이 밝혀지는 한 양수인의 등기 시점(시효완성의 전 또는 후)에 관계없이 시효취득의 주장을 할 수 있어야 그 취지에 부합한다.

113) 이기용, 위의 논문, 32-33면("시효제도와 등기제도 양자를 유지하고자 하는 한 이른바 점유취득시효에 있어서 판례의 제3유형의 결과는 이 두 가지 제도의 충돌을 조정하기 위한 불가피한 결론"이라고 함).

114) 대법원 1986. 8. 19. 선고 85다카2306 판결; 대법원 1965. 7. 6. 선고 65다914 판결.

고려한 결과일 것이다. 그러나 이것은 시효완성자 입장에서 볼 때 결과적으로는 점유기간이 오래 지속될수록 오히려 시효취득의 가능성이 줄어드는바, 이는 점유취득시효가 오랜 점유를 그 본질적 특징으로 가진다는 점에서 매우 불합리하다.[115] 불합리의 문제는 등기명의를 이전받은 양수인의 입장에서도 발생한다. 즉, (점유자의)시효완성 전에 양수인이 원소유자와 해당 부동산에 대한 소유권 취득의 원인행위를 한 경우, 만일 그 양수인이 그 시효완성 전에 신속히 등기를 하면 제2유형에 해당하여 자신이 취득한 소유권을 보호받지 못하는 반면, 그 시효완성 후에야 뒤늦게 등기를 하면 제3유형에 해당하여 오히려 그 소유권을 보호받을 수 있게 되는데, 이는 사실상 등기를 성실히 이행한 양수인보다 그를 게을리한 양수인을 더 보호하는 게 된다.[116] 요컨대 양수인의 권리취득 시점에 따라 시효취득의 성부가 갈리는 것은 우연한 사정에 맞추어 법효과를 달리 부여하는 것이어서 타당하지 않다.[117] 법적용의 일관성을 기하고자 한다면, 차라리 그 권리취득 시점에 구애됨이 없이 점유자(시효완성자) 또는 등기명의인(양수인) 중 어느 한편을 보호하는 것이 옳다. 그러나 어느 경우이든 점유취득시효와 등기 사이의 불협화음을 재확인하게 될 뿐이다.

한편 위 판례법리의 적용결과에 대한 비판론으로서, 시효완성자의 법적 지위 또는 그 등기청구권의 법적 성질을 물권에 기대어 설명하는 해석론도 등장하게 되었다.[118] 즉, 시효완성자인 점유자를 사실상 소유자에 준하는 지위로 봄으로써, 점유자(시효완성자)와 등기명의인(양수인)의 관계를 [채권-물권]에서 [물권-물권]의 구도로 전환시키는 것이다.[119] 이렇게 되면 위 판례 5원칙(제3유형)이 등기명의인 또는 등기제도를 배려함으로써 빚어지는 불합리를 해결할 수도 있다. 환언하면, 점유자의 지위는 이제 물권적 성질을 띠게 되므로 그 점유자가 시효완성 후의 등기명의인(양수인)에게 자신의 권리(물권)를 주장하는 것이 받아들일 수 없는 일은 아닌게 되고, 동시

---

115) 전원열, "부동산의 점유취득시효 완성 후의 법률관계에 관한 고찰", 사법연구자료 제22집, 1995, 305-307면. 그러나 이에 대해서는 민법 제245조 제1항의 "등기함으로써"의 의미를 등기청구권이 아닌 등기신청권으로 이해하는 견해가 있다. 이에 따르면 동조는 시효취득의 요건을 완성한 점유자에게 스스로 등기하여 소유권 취득을 완성시킬 수 있도록 한 것이므로, 점유자가 시효완성 후에도 등기를 하지 않다가 원소유자로부터 등기를 이전받은 양수인에게 시효취득을 주장할 수 없는 것은, 단순히 점유기간이 길어질수록 시효취득의 가능성이 희박해지는 것으로 평가할 게 아니라, 시효완성으로 등기할 수 있음에도 등기하지 않은 점유자가 감수해야 할 불이익이라고 한다. 이진기(각주 9), 위의 논문, 19-20면.

116) 이기용, "占有取得時效와 登記", 민사법학 제9권 제1호, 1993, 165면; 강구욱, 위의 논문, 449면.

117) 민법주해[Ⅴ], 위의 책, 398면.

118) 가령, 김상용, 위의 책, 370면(시효완성자의 등기청구권을 물권적 기대권으로 설명함); 송덕수, 위의 책, 312면(점유취득시효의 요건을 갖추면 사실상 소유권취득을 인정해야 한다고 함); 윤용석, "점유취득시효완성후의 법률관계 -대법원 1996. 3. 8. 선고 95다34866, 34873 판결", 저스티스 제30권 제3호, 1997, 139면(명의신탁법리를 차용하여, 시효완성자는 등기명의인에 대해 등기 없이도 소유권을 취득하나, 제3자와의 관계에서는 등기를 갖추어야 소유권을 주장할 수 있다고 설명함).

119) 이는 판례 5원칙이 시효완성자(점유자)의 등기청구권을 채권으로 전제하는 데에서 위의 불합리가 발생한다는 인식에 출발한다. 강구욱, 위의 논문, 452면.

에 점유자의 점유기간이 장기일수록 시효취득이 어려워지는 불합리도 자연히 해결되는 것이다. 즉, 위의 불합리를 제거하면서도 등기와의 충돌을 최대한 모면할 수도 있다. 그러나 점유자의 법적지위나 그 등기청구권을 물권으로 파악하는 것은 의사주의 하에서 가능한 이론구성일 수는 있어도, 우리가 취하고 있는 성립요건주의에서는 그 타당한 근거를 찾기 힘들다. 또한 "…등기함으로써 그 소유권을 취득한다."고 규정한 민법 제245조 제1항의 법문을 살피더라도, 아직 등기를 갖추지 않은 점유자에게 물권자의 지위를 부여하는 것은 다소 무리한 해석으로 보인다.

3. 입법론 검토: 등기부동산에 대한 점유취득시효의 원칙적 적용 배제

등기부동산을 점유취득시효의 적용대상에서 배제하자는 입법론은 사실 그리 새로운 것은 아니다. 비록 등기제도의 완비 등을 전제로 한 가능성의 전망 차원이긴 하지만, 이미 몇몇 선행연구들에서 점유취득시효제도의 개선방향의 하나로 언급된 바 있다.[120] 그리고 이는 최근 민법 개정작업에서도 제안되어 논의된 적이 있으나, 결국 개정시안에 채택되진 못하였다.[121] 그러나 최근까지 이어 온 여러 해석론들의 한계를 떠올린다면, 위 입법론은 여전히 논의해 볼 가치가 있는 것으로서 진부하다고 치부할 수도 없을 것이다. 물론 위의 해석론들은 각각 그 나름의 가치와 의미를 지니고 있지만, 그렇다고 등기와의 충돌문제 전부를 종결시킬 정도로 완벽성을 갖추었다고 보기도 힘들다. 앞서 살펴본 바와 같이, 대표적인 해석론들은 유력한 비판론의 지적에 설득력 있는 반박을 내지 못하고, 그 비판론도 역시 재비판론에 대해 완벽한 해명을 제공하지 못하는 것 같다. 이 모든 해석론들을 감당하자면, 부동산 점유취득시효에 관한 민법 제245조는 그 형체를 상실하게 될 것도 같다. 성문법 국가에서 해석론의 치열한 경주는 지극히 자연스러운 현상이라고 하더라도, 이렇게도 많은 해석론들에 둘러싸인 동규정이 과연 법적 안정성과 사회질서의 안정에 기여하는 법규범일 수 있을지 고민하게 만든다. 법문의 틀 안에서 이루어지는 해석론은 한계에 부딪힐 수 있고, 이에 때로는 과감한 입법적 결단도 필요할 것이다.

점유취득시효의 적용대상을 미등기부동산에 한정하고 등기부동산을 원칙적으로 배제하는 것은 무엇보다 우리 민법이 서 있는 등기 중심적 질서에 조응한다. 부동산 물권변동 전반에 걸쳐

---

120) 송덕수(각주 3), 위의 논문, 301-02면; 박종찬, 위의 논문, 87-88면; 이기용, 위의 논문, 34면; 김형석, "민법 개정작업에 대한 단상 -2014년 법무부 민법 개정시안 물권편을 소재로", 민사법학 제85호, 2018, 153면.

121) 2009년에 발족한 법무부 개정위원회 제4분과에서 물권편의 부동산 점유취득시효에 관한 개정시안 작업을 진행한 바 있고, 그 과정에서 점유취득시효가 가지는 역기능이 지적되어 점유취득시효는 원칙적으로 미등기의 부동산에만 허용하고, 등기된 부동산 중에는 등기부상 소유자를 알 수 없거나 20년의 취득시효시간 개시 당시에 소유자가 사망하였거나 실종선고를 받은 경우에만 인정하자는 의견도 제시되었다고 한다. 송덕수, "시효제도의 개정방향", 민사법학 제48호, 2010, 122-23면. 그러나 이 개정제안은 2014년 최종 개정시안에 반영되지 않았고, 대신 자주점유의 추정폐지와 선의·무과실 요건의 추가가 채택되었다. 법무부 민법개정총서11, 2014년 법무부 민법 개정시안 해설 -민법총칙·물권편-, 2017, 350-53면.

등기를 성립요건 "주의(主義)"씩이나 되는 거대한 흐름에 올려두고, 그 아래에서는 등기에 비해 불완전하기 그지없는 점유로써 등기주의를 역행하게 하는 것은 분명히 조화롭지 못하다. 통상 등기주의 하에서는 부동산의 진정한 소유자를 증명하는 방법이 등기인데, 점유취득시효에 있어서는 그러한 등기의 역할을 점유(특히 자주점유)에게 맡기고 있는 것이다. 이러한 부조화를 시정하는 가장 단순하고 직접적인 방법은 등기부동산을 원칙적으로 점유취득시효의 적용대상에서 제외하는 것이고, 다만 위 등기의 제대로 된 역할을 기대할 수 없을 때에 한하여 예외적으로 점유의 대체투입을 고려할 수도 있을 것이다. 이는 법체계의 일반적인 모습에도 부합한다. 법을 포함한 모든 규범체계는 먼저 원칙을 규정하는 것으로 출발하여, 거기에 일정 기준으로 설정된 예외를 마련함으로써 구체적 타당성을 보완한다. 물권 질서의 원칙인 등기주의의 관점에서 볼 때, 우리의 점유취득시효법은 그 원칙에 반하는 내용을 오히려 원칙으로 삼고, 이로써 발생하는 원칙(등기주의)파괴의 문제를 수습하기 위해 예외허용을 위한 해석론을 요청하고 있다. 그렇다보니 그 해석론들도 원칙에 대한 예외가 아니라 원칙으로 되돌아가기 위한 예외의 허용기준을 규명하고 있다. 처음부터 등기주의에 부합하는 내용을 점유취득시효의 원칙으로 삼고, 그에 대한 예외를 고민하였다면, 불필요한 해석론의 전개를 어느 정도 줄일 수 있었을지 모른다.

물론 그간 우리의 점유취득시효제도가 등기부동산에까지 적용된 데에 전혀 효용이 없었다고 할 수는 없다. 그러나 그것은 규범적인 이유보다는 현실적 고려에 기인한다. 입법연혁상 우리 점유취득시효는 프랑스와 일본의 그것을 수용한 것인데,[122] 정작 그 두 나라는 우리 법과 거리가 먼 의사주의를 취하고 있고, 특히 프랑스의 경우에는 우리에 비견할 만한 등기제도도 갖추고 있지 않았다.[123][124] 일견, 매우 상이한 법체계에서의 점유취득시효제도가 원형 그대로 우리 법체계 안에서 그 규범적 당위성을 가지기는 어려울 것이다. 그럼에도 불구하고 우리 점유취득시효가 등기부동산까지 그 적용대상으로 삼는 데에는 과거 민법 제정 전후의 부동산 거래 현실이 고려되었을 것이다. 즉, 의사주의로부터 성립요건주의로의 전환과정에서 거래현실은 등기에 관한 성숙한 인식을 안착시키지 못했기 때문에 등기 없이 부동산 거래가 이루어지기도 하였다. 그

122) 송덕수(각주 3), 위의 논문, 278면.

123) 프랑스에서의 등기는 우리처럼 물권의 공시 기능, 권리변동효, 권리추정효를 가지는 것이 아니라, 부동산 거래계약서와 공정증서 등 부동산 권리취득을 증명하는 서류들을 시간순으로 편철한 것으로서, 이는 대항문제에 있어서 제3자를 위한 정보제공에 의미가 있을 뿐이다. 즉, 이러한 서류편철은 권리 그 자체가 아닌 그 권리 취득의 원인행위를 공시하는 것이다. 이계정, 위의 논문, 188-89면.

124) 일본의 경우에는 의사주의를 취하면서도 독일식 등기제도를 운용하고 있는데, 등기의 추정력이 인정되기 때문에(법률상 추정인지 사실상 추정인지는 학설이 갈림) 진정한 소유자의 증명에 있어서는 점유취득시효의 역할은 미미하다고 한다. 그럼에도 불구하고 일본에서도 점유취득시효는 널리 활용되고 있는데, 이는 장기점유사실의 존중에 따라 사회질서의 안정에 제도적 취지를 두고 있기 때문이라고 한다. 이계정, 위의 논문, 195-96면. 그러나 일본에서는 점유취득시효의 역기능 때문에 거북한 제도로 받아들여진다고 한다. 김형석(각주 1), 위의 논문, 177면.

에 따라 부동산의 등기와 현실적 점유상황이 일치하지 않는 문제도 적지 않았던 점을 상기해 보면,[125] 명실공히 입법으로써 선언한 등기주의 원칙만을 고수하는 것이 현실에서는 오히려 비효율적이면서도 구체적 타당성을 갖기 힘들었을 수 있다. 그리하여 타인 명의의 등기부동산이라고 하더라도 현실의 점유자가 진실한 권리자일 개연성이 있다는 점을 들어 점유취득시효를 통해 그 점유자의 보호에 치중한 면도 없지 않다. 그러나 모두가 공감하는 바와 같이 위 과거의 상황은 현재의 모습과 매우 다르다. 지금의 부동산 거래현실에는 등기에 관한 인식이 확고히 자리잡혀 있다. 이제 부동산 거래현실을 이유로 타인 명의의 등기부동산을 점유로써 시효취득하는 것은 그 설득력을 잃고 있다.

점유취득시효의 제도적 취지를 진정한 권리자 보호에 두는 한, 등기와 현실의 점유상태가 일치하지 않는 상황에서 동제도의 효용이 크게 발휘되는 경우는 진정한 권리자의 권리입증이 등기에 기초하지 않는 환경에서이다. 이는 앞서 언급했던 프랑스의 사례를 통해 실증된다. 즉, 의사주의 하에서 부동산의 소유권 취득이 이루어지면서도 그것의 공시방법이 권리변동효나 권리추정효를 갖지 못한 경우, 등기와 현실점유상태의 불일치가 빈번할 수밖에 없고, 그 사이에서 진정한 권리자의 소유권을 입증하는 방법도 달리 없는 환경에서는 해당 부동산의 등기 여부와 관계없이 점유취득시효가 순기능을 발휘한다. 프랑스에서의 등기란 권리 그 자체가 아닌 그 원인행위사실의 존재만을 보여주므로, 진정한 소유자가 자신의 소유권을 입증하기 위해서는 그 원인행위 당시의 전소유자의 권리를 입증해야 하고, 필요하다면 거슬러 올라가 그 이전 소유자들의 권리까지도 증명해야 한다.[126] 이러한 환경에서는 차라리 점유취득시효제도가 진정한 권리자를 보호하는 데에 효과적이다. 반면에 우리의 경우처럼 등기에 권리변동효와 권리추정효가 인정되는 환경에서는 등기를 갖추기만 한다면 수월히 소유권을 입증할 수 있으므로 굳이 점유취득시효에 기대어야 할 필요성은 크지 않다. 따라서 점유취득시효에서의 등기부동산은 동제도의 취지나 효용이 제대로 구현될 수 있는 적용대상이라고 수 없고, 오히려 등기 중심적 질서에 역행하는 원인이 될 뿐이다.

우리와 똑같진 않지만, 역시 등기주의를 채택하고 있는 영국에서도 이와 같은 논의가 있었음은 이미 살펴본 바와 같다. 즉, 점유취득시효는 미등기토지에 있어서 진정한 권리자가 부담해야 할 권원입증의 비용문제를 해결함으로써 결과적으로 토지거래의 효율을 높이지만, 등기토지의 경우에는 등기가 권원입증의 기초가 되므로 그러한 효용이 미미하다는 것이다. 이러한 지적이 받아들여지기 전까지, 영국의 점유취득시효는 우리의 경우와 마찬가지로 미등기토지뿐 아니라 등기토지까지도 그 적용대상으로 삼고 있었고, 특히 등기토지의 경우 시효완성자와 등기명의

125) 김성욱, 위의 논문, 244면; 송덕수(각주 3), 위의 논문, 278면.
126) 김형석(각주 1), 위의 논문, 176-77면.

인의 관계를 신탁법리로 설명함으로써 등기제도와의 충돌을 해결하려 한 바가 있다.[127] 그러나 이러한 신탁법리는 애초 등기토지와 미등기토지를 구분하지 않았던 영국 점유취득시효법의 틀에 갇힌 나머지, 어쨌든 그 두 경우에 동일한 법효과가 발생하여야 공평하다는 사고에서 급조된 것일 뿐이었다. 이러한 지적들을 받아들인 2002년의 토지등기법은 등기토지에 대한 시효완성자의 소유권취득 절차를 매우 엄격히 제한함으로써 실질적으로 등기토지에 대한 점유취득시효가 거의 불가능하게 만들었다. 여기에서 흥미로운 것은 영국의 점유취득시효법제가 실체법상의 문제를 절차법적으로 해결하고 있는 점이다. 앞서 살펴본 대로, 영국의 토지등기법은 등기토지에 대한 점유취득시효의 적용을 전면 부정하진 않지만, 점유자가 시효취득을 근거로 등기신청을 할 경우 이를 해당 토지의 등기명의인에게 통지하여 그에 대한 대응의 기회를 제공하고 있다. 이러한 절차가 진행되는 중에 등기명의인의 반대의사가 없거나 또는 그 반대의사가 법적으로 받아들여질 수 없는 경우를 제외하고는 점유자는 그 등기토지를 시효취득할 수 없게 되는데, 이는 사실상 등기토지를 점유취득시효의 적용대상에서 배제하는 것과 다르지 않다. 일반적으로 등기명의인이 위와 같은 시효취득에 관한 통지를 받고서 아무런 반대의사도 표하지 않는 경우는 거의 없기 때문이다. 영국 외에도, 등기주의를 채택하고 있는 법제에서는 미등기부동산을 점유취득시효의 주된 적용대상으로 삼고, 등기부동산은 매우 제한적인 범위 내에서 허용하고 있음을 알 수 있다.[128] 가령, 스위스 민법상 점유취득시효의 적용대상은 미등기부동산의 경우와 등기부상 소유자가 불명, 사망, 실종선고된 경우로 한정하고 있는데, 이러한 입법례 역시 등기부동산에 대한 점유취득시효의 원칙적 적용배제에 힘을 실어준다.[129]

한편, 등기 중심적 질서 하에서 점유취득시효의 성부는 점유자의 사정뿐 아니라 등기명의인의 사정에도 관심을 두어 판단되어야 한다. 이는 등기주의를 취하면서도 점유로써 그 등기를 역전케 하는 결과에 대해 좀 더 설득력 있는 근거를 제공하는 방법이 될 것이다. 점유자의 사정(20년간 소유의 의사로 평온·공연하게 점유함)만을 들어서 등기명의인의 권리소멸을 주장하기보다는, 거기에 더하여 등기의 상태 또는 등기명의인의 사정까지 그 근거로 삼는다면, 비록 등기주의 하에서라도 위 점유의 역전현상에 대해 훨씬 더 수긍하기가 편해진다. 위의 입법례들에서도 그러한 점을 발견할 수 있다. 가령, 부동산의 미등기 상태, 등기명의인의 불명·사망·실종선고의 사

127) 이와 유사한 국내의 해석론으로, 윤용석, 위의 논문, 139면. 그러나 영국의 신탁법리는 우리의 명의신탁과는 다소 차이가 있다.

128) 이미 몇몇의 선행연구들에서 이러한 입법례들을 밝히고 있다. 가령, 송덕수(각주 3), 위의 논문, 293-300면, 302면(독일, 스위스, 대만, 오스트리아 등의 사례를 들면서, 그 중 스위스의 점유취득시효가 우리 법에 참고가 될 만하다고 평가함); 김형석(각주 1), 위의 논문, 176면 각주 77; 박종찬, 위의 논문, 73-76면.

129) 다만, 스위스 등의 입법례들은 실체법인 민법에 점유취득시효의 적용대상을 직접 규정하는 형태를 띠므로, 절차법적 해결을 꾀하는 영국의 경우와 차이가 있다. 그러나 양자 간에 접근방식의 차이는 있더라도, 결국 등기부동산에 대한 점유취득시효가 지극히 제한적으로 적용된다는 점에서는 별 차이가 없다.

정, 등기명의인이 점유자의 시효취득 주장에 대해 반대의사를 표명하지 않는 사정 등은 그 등기에도 불구하고 점유자의 시효취득을 충분히 정당화시켜 주는 것이다. 물론 소유권 취득원인은 있으되 등기만을 갖추지 않은 진정한 권리자(점유자)를 보호한다는 취지에서 볼 때, 점유취득시효의 성부판단에 등기명의인의 사정까지 고려하는 것은 그 점유자에게 다소 가혹할 수도 있다. 그러나 여기서 말하는 진정한 권리자는 엄밀한 의미에서 법률상 소유자는 아니다. 등기주의에서는 아무리 소유권 취득원인을 가지고 있더라도 등기를 하지 않으면 그를 법률상 소유자로 인정하지 않는다. 다만 정책적 차원에서 그를 보호할 가치 있는 사실상 권리자로 파악하는 것은 큰 문제가 없겠지만, 그 조차도 법이 반드시 보호해야만 하는 당위로 곧바로 연결되지 않는다. 더 종합적인 검토가 필요하다. 가령, 점유취득시효에 있어서 등기명의인을 '권리 위에 잠자는 자'로 묘사하여 그 희생을 물을 수 있다면, 소유권 취득원인이 있음에도 불구하고 그 입증이 곤란할 지경에 이르기까지 등기를 하지 않은 점유자에게도 어느 정도의 희생을 감수시켜야 한다. 등기에 관한 인식이 충분히 성숙해 있는 지금의 부동산 거래현실을 감안하면 더더욱 그러하다. 그렇다면 아무리 진정한 권리자라고 하더라도 등기 중심적 질서를 역행하면서까지 무조건 보호해야 할 당위는 없는 것이고, 해당 부동산의 현재 등기 상태나 등기명의인의 사정까지 고려함으로써 등기부동산에 대한 점유취득시효의 적용을 제한하는 것이 불합리하다고만 볼 수는 없을 것이다.

Ⅳ. 맺음말

본고에서 살펴 본 영국의 점유취득시효법제의 개혁과정은 우리 민법 제정 이후의 상황과 매우 흡사하다. 영국의 경우 오랜 시도에도 불구하고 1925년 토지등기법에 이르러서야 현대적 등기제도 정비에 본격적인 박차를 가할 수 있었으나, 그 등기제도가 뜻대로 안착되진 못하였다. 그 과정에서 점유취득시효와 등기 사이의 갈등이 큰 문제로 부각되었으나, 2002년 토지등기법에서 등기토지에 대한 점유취득시효의 적용을 실질적으로 배제함으로써 결국 점유취득시효와 등기의 조화를 만들어 냈다. 한편 60여 년 전 우리 민법이 의사주의를 버리고 성립요건주의를 채택한 당시에도 등기제도의 즉각적인 안착은 이루어지지 않았다. 성립요건주의로의 전환과정에서 거래현실은 등기에 대한 성숙한 인식을 갖추지 못했으므로, 비록 등기와의 갈등을 감수하더라도 때로는 현실의 점유자를 보호하기 위해 등기부동산에까지 점유취득시효법리를 적용하였다. 그러나 등기주의 하에서 등기된 부동산이 점유로써 시효취득되는 것은 매우 이질적인 현상임에도 불구하고, 우리 법은 그것으로부터 불거지는 문제들을 오로지 해석론에 의지하여 해결하고자 하였다. 이 지점에서 우리와 영국이 취한 선택은 매우 달랐음을 알 수 있다. 등기주의를 채택한 많은 다른 국가들의 점유취득시효법제가 그러하듯, 영국도 그와 유사한 결과를 낼 수 있도록 등기토지에 대한 점유취득시효법리를 조정하기 위해 개혁입법을 단행하였으나, 우리는 여전히 민법 규정의 틀 안에서 해석론을 펼치며 그들과 사뭇 다른 길을 걷고 있다.

우리 민법에 규정된 제도들 중에서 점유취득시효만큼 수 많은 해석론들이 축적된 예를 찾아보긴 힘들 것이다. 분명 그 해석론들은 선행연구들의 귀중한 산물이며, 그간 우리의 점유취득시효법리를 보다 더 정교하게 만든 주역이라 할 것이다. 그럼에도 불구하고 법문의 틀 안에서의 해석론 그 자체가 가지는 한계도 이제는 인정해야 하지 않을까 생각한다. 이 글에서 소개한 영국을 비롯하여 등기주의를 채택한 여러 해외 입법례들이 이를 방증하고 있다. 생각건대, 우리 점유취득시효법이 등기부동산에까지 적용되는 것은 등기 중심의 물권법 질서와 조화롭지 못하며, 등기부동산에 대해서는 점유취득시효제도의 본래적 기능과 효용도 크게 발휘되지 않는다. 따라서 등기부동산에 대한 점유취득시효의 적용은 원칙적으로 배제하되, 필요한 한도 내에서 지극히 예외적으로 허용하는 개정입법이 요구된다. 가령, 등기명의인이 불명 또는 사망 내지는 실종선고된 경우, 등기명의인이 자신 소유의 토지를 버린 경우, 등기명의인들끼리 서로 등기토지를 교환하기로 합의한 후 등기이전 없이 점유만 이전한 경우 등에는 점유취득시효를 인정하더라도 그 등기명의인에게 그리 부당한 결과를 발생시키지 않고, 또 궁극적으로 우리 민법 질서에서 크게 벗어나 보이지도 않는다.

공유자의 지분권과 공유물의 보존행위*

- 대법원 2020. 5. 21. 선고 2018다287522 전원합의체 판결을 중심으로 -

박 근 웅**

Ⅰ. 들어가며

민법은 제262조 이하에서 공동소유에 관한 규정을 두고, 그 중 공유에 대해서는 제262조 내지 제270조에서 이를 규율하고 있다.[1] 제262조 제1항은 공유에 관한 정의규정으로, '물건이 지분에 의하여 수인의 소유로 된 때'를 공유라 한다. 지분은 합유에도 인정되는 개념으로 지분이 공유를 설명하는 충분한 징표가 된다고 말하기는 어렵다. 그럼에도 공유에서 지분은 필수적 요소가 된다. 또한 입법자는 지분 자체의 처분성을 인정하고, 공유자는 공유물 전부를 지분의 비율로 사용·수익할 수 있음을 선언하고 있다(제263조 참조).

한편 각 공유자에게 지분(및 이에 대한 권리)이 인정된다고 하더라도 여러 사람이 하나의 물건을 소유하고 있다는 점에서 공유물 자체와 관련해서만큼은 공유자 상호 간에 일정한 제약이 있을 수밖에 없다.[2] 다른 공유자의 동의 없는 공유물의 처분이나 변경은 허용되지 않고(제264조), 공유물의 관리에 관한 사항은 공유자의 지분의 과반수로서 결정하도록 한 것(제265조 본문)은 이러한 이유에서이다. 반면 공유물에 관한 사항이기는 하지만 보존행위에 해당하는 경우에는 공유자 각자가 이를 수행할 수 있다(제265조 단서). 통상 보존행위는 다른 공유자에게도 이익이 되는 것이 보통이고 긴급을 요하는 경우가 많기 때문이다.[3] 이때 보존행위는 공유물의 멸실·훼

* 이 글은「토지법학」제37권 제1호(한국토지법학회, 2021)에 게재되었다.

** 부산대학교 법학전문대학원 조교수.

1) 이하 법명을 생략한 것은 '민법'을 의미한다.

2) 공유는 단지 수인이 하나의 물건을 공동으로 소유하고 있는 것에 불과하고 수인 사이에 어떠한 단체성이나 인적 결합관계가 없기 때문에 엄밀하게는 하나의 물건에 소유자가 다수 있는 것이며 이를 공동소유라고 할 수도 없다는 지적도 있다(이준현, 공동소유 제도에 대한 재검토 소고, 민사법학 제93호, 한국민사법학회, 2020, 120면).

3) 주석민법/최준규 집필부분, 물권(2), 한국사법행정학회, 2019, 45면.

손을 방지하고, 그 현상을 유지하기 위하여 하는 사실적·법률적 행위를 말하는 것인데, 구체적으로 어떠한 행위가 보존행위에 해당하는지는 사안마다 개별적 평가가 필요하다.

최근 대법원은 공유물의 소수지분권자가 다른 공유자와 협의하지 않고 공유물의 전부 또는 일부를 독점적으로 점유하는 경우 다른 소수지분권자가 그를 상대로 공유물의 인도를 청구할 수는 없다고 하였다.[4] 이러한 결론을 지지하는 핵심적 근거 중 하나는 소수지분권자의 다른 소수지분권자에 대한 인도청구를 제265조 단서에서 정한 보존행위로 볼 수 없다는 점에 있다. 애초에 보존행위를 공유자 각자가 단독으로 할 수 있도록 한 것은 보존행위가 다른 공유자에게도 이익이 되기 때문이라는 점을 고려해야 한다는 점을 강조한다. 이와 별개로 2020년 전원합의체 판결은 소수지분권자의 다른 소수지분권자에 대한 방해배제청구는 인정하며 그 근거로 지분권을 제시한다. 공유자가 자신의 공유물에 관한 권리의 침해상황에서 그 배제 또는 회복을 구하는 때에 공유물의 보존행위가 근거가 되는지 아니면 공유자 자신의 지분권이 근거가 되는지의 문제는 제263조나 제265조와 같은 공유에 관한 조문의 체계를 어떻게 바라보는가에 따라 그 해결이 달라질 수 있다. 특히 공유자 사이의 침해상황을 전제한다면, 권리구제의 정도를 어느 선에서 인정할 것인가 하는 정책적 고려도 중요한 평가요소가 됨은 물론이다.

사실 특정 소수지분권자가 공유물의 전부 또는 일부를 다른 공유자와 협의 없이 독점적으로 사용·수익한 경우의 다른 소수지분권자의 권리구제 문제는 전혀 새로운 이슈는 아니다. 종래 대법원은 1994년도에 전원합의체 판결을 통해 이미 이 문제를 깊이 있게 다룬 바가 있었고,[5] 학계에서도 이와 관련한 선행 연구들이 적지 않다. 다만 2020년 전원합의체 판결로 법원이 그 입장을 새롭게 정리하였음에도 논란의 여지가 사라진 것은 아니다. 2020년 전원합의체 판결만 보더라도 6인의 반대의견이 팽팽하게 대립하였음을 확인할 수 있다.

이 글은 2020년 전원합의체 판결을 통해 다시 점화된 공유자 사이의 이해충돌의 문제를 다루고자 한다. 그 핵심적 주제 중 하나는 공유자의 지분권의 의미와 공유물의 보존행위의 적용범위를 분명히 하는 것이다(Ⅲ). 이를 위해 먼저 2020년 전원합의체 판결의 내용과 전후의 논의과정을 개관하기로 한다(Ⅱ).

---

4) 대법원 2020. 5. 21. 선고 2018다287522 전원합의체 판결(이하 '2020년 전원합의체 판결'이라 한다).

5) 대법원 1994. 3. 22. 선고 93다9392, 93다9408 전원합의체 판결(이하 '1994년 전원합의체 판결'이라 한다).

Ⅱ. 대법원 2020. 5. 21. 선고 2018다287522 전원합의체 판결

1. 2020년 전원합의체 판결 이전 논의

(1) 법원의 입장

공유물의 소수지분권자가 다른 공유자와 협의 없이 자신의 지분 범위를 초과하여 공유물의 전부 또는 일부를 배타적으로 점유하고 있는 경우 다른 소수지분권자가 공유물의 보존행위로서 공유물의 인도를 청구할 수 있는지가 문제된 사안에서, 법원은 종래 보존행위를 근거로 이를 인정하여 왔었다.[6] 다만 그 당부에 대해서는 논란이 없지 않았고 대법원 1994. 3. 22. 선고 93다9392, 93다9408 전원합의체 판결을 통해 6인의 반대의견이 제기되기도 하였다.[7] 이 판결에서 반대의견은 공유물인 건물 등을 점유하고 있는 소수지분권자에 대하여 다른 소수지분권자가 그 건물 등의 인도를 청구하는 것은 공유물의 보존행위에 속한다고 볼 수 없다고 보았다. 그 논증이 분명하지는 않지만, 반대의견은 다음과 같은 점에서 유의미한 내용을 담고 있다. 하나는 제265조 단서의 목적론적 해석을 통해 그 적용범위를 구체화하고 있다는 점이다. 즉 제265조 단서의 취지와 관련해, “민법이 이와 같이 공유자 각자로 하여금 공유물 전부에 관한 보존행위를 다른 공유자와의 협의 없이 단독으로 할 수 있게 한 이유는 이와 같은 보존행위는 다른 공유자에게 해롭지 아니하고 오히려 이익이 되는 것이 보통이며 긴급을 요하는 경우가 많기 때문”이라고 이해한다. 이러한 전제는 뒤에서 자세히 언급하겠으나 이 문제와 관련한 2020년 전원합의체 판결의 중요한 근거가 되었다. 다른 하나는 소수지분권자의 다른 소수지분권자에 대한 인도청구를 인정하게 되면, 공유물을 점유·사용하는 소수지분권자가 가지고 있는 “지분의 비율에 따른 사용·수익권”까지 근거 없이 박탈하게 되고 인도청구를 하는 소수지분권자 입장에서도 자신이 소유하고 있는 지분의 범위를 넘어 공유물을 전부 점유하게 하는 부당한 결과를 가져오게 된다는 설명이다. 마지막으로 다수의견에 의할 경우에는 공유물인 건물 등을 점유하고 있는 소수지분권자가 공유물을 명도받아 자신이 단독으로 점유하게 되는데, 이와 같은 결과는 소수지분권자가 공유물을 배타적으로 점유하는 점에서는 명도를 청구하기 전의 상태와 다를 바가 없고, 또 전소송에서 패소하여 공유물을 명도하여 준 소수지분권자가 명도를 받은 소수지분권자를 상대로 다시 명도청구소송을 제기할 수 있게 되어 무의미한 소송의 반복을 피할 수 없게 된다는 점도 폐단으로 지적한다.

---

6) 대법원 1966. 4. 19. 선고 65다2033 판결; 대법원 1971. 7. 20. 선고 71다1040 판결; 대법원 1978. 5. 23. 선고 77다1157 판결; 대법원 1979. 6. 12. 선고 79다647 판결; 대법원 1983. 2. 22. 선고 80다1280, 1281 판결; 대법원 1991. 1. 15. 선고 88다카19002, 19019 판결 등.

7) 안우만, 윤영철, 김용준, 박만호, 안용득, 박준서 전 대법관의 반대의견.

이러한 반대의견에도 불구하고 1994년 전원합의체 판결의 다수의견은 소수지분권자의 다른 소수지분권자에 대한 공유물 인도청구를 보존행위라는 이유로 인정하였고, 이후 판결들을 통해서도 이러한 입장이 반복적으로 확인되어 왔었다.[8)]

(2) 학계에서의 논의

학계에서는 소수지분권자가 별다른 협의 없이 공유물을 독점적으로 점유하며 이를 사용·수익하고 있더라도 다른 소수지분권자가 보존행위로 그 인도를 청구할 수는 없다는 주장이 다수였던 것으로 평가된다. 공유자 중 1인이 보존행위를 할 수 있도록 한 것은 공유자 모두에게 이익이 되기 때문인데, 공유자 사이에 인도청구를 인정하는 것은 공유자들 사이에 이익이 충돌되는 것이어서 허용되지 않는다고 하거나,[9)] 공유물의 보존행위는 그 침해행위가 공유물의 멸실·훼손 등 처분변경과 같은 행위라고 볼 수 있어야만 그 현상유지를 위한 개념으로 성립할 여지가 있는 것이며 단순히 공유자 상호간에 지분권의 침해에 그치는 정도라면 이는 관리사항의 위배에 불과하여 보존행위라는 개념이 성립하기 어렵고, 공유물 자체의 인도청구를 인정하면 종전의 점유자인 소수지분권자로서는 자기 지분에 해당하는 권리마저 내어주는 것이 되므로 정당하지 않으므로 이론상으로는 침해받는 지분권자는 지분권에 기한 방해배제청구권의 행사로서 자기지분의 범위에 있어서 공유물을 사용·수익하는 것을 방해하여서는 안 된다는 소극적 부작위의무의 이행을 청구할 수 있고, 만약 일부 공유자의 사용·수익이 처분변경적인 성격을 갖는 때에는 그와 같은 사용·수익을 중단하라는 적극적 부작위의무 이행을 청구함과 동시에 소극적 부작위의무의 이행청구까지 나아갈 수 있다는 지적이 있었다.[10)] 그 외에도 반대의견의 논지와 같이 인도청구를 인정하는 것은 새로운 분쟁을 야기할 뿐이기 때문에 인도나 명도 청구의 경우에는 지분 과반수에 의하거나 공유물의 관리방법에 관한 결정에 의한 것이 아닌 한 이를 전부 기각해야 한다는 주장도 있었고,[11)] 반대의견과 같은 취지에서 보존행위를 이유로 소수지분권자의 정당한 권리까지 박탈할 수는 없으며, 특히 보존행위를 단독으로 할 수 있게 한 이유는 이와 같은 보존행위는 다른 공유자에게 해롭지 아니하고 오히려 이익이 되는 것이 보통이며 긴급을 요하는 경우가 많기 때문이라고 하는 전제에서 공유자 사이의 반환청구는 보존행위로 인정하기 어렵다는 지적도 있었다.[12)]

---

8) 대법원 2003. 11. 13. 선고 2002다57935 판결; 대법원 2014. 5. 16. 선고 2012다43324 판결 등.

9) 곽윤직·김재형, 물권법(민법강의Ⅱ), 박영사, 2015, 288면. 종래 대법원 1995. 4. 7. 선고 93다54736 판결도 같은 취지의 판시를 하고 있었다.

10) 김영일, 공유자상호간의 공유물의 보존행위 -일부지분권자가 협의없이 공유물을 독점적·배타적으로 사용·수익하는 경우, 그 배제를 위한 타지분권자의 인도(명도)청구에 관하여-, 민사재판의 제문제 제4권, 한국사법행정학회, 1986, 23-27면.

11) 홍대식, 공유물의 보존행위: 공유물의 인도청구와 말소등기청구, 재판실무연구 제2권, 수원지방법원, 1997, 189-190면.

12) 김재형, 공유물에 대한 보존행위의 범위, 민법론Ⅰ, 박영사, 2004, 216면.

2. 2020년 전원합의체 판결의 내용

(1) 사실관계

A와 B는 파주시 (주소 생략) 전 7,732㎡(이하 'X토지'라 한다) 중 각 1/2 지분을 공유하고 있던 중 각 사망하였고, 甲은 B의 상속인으로서 1992. 11. 28. X토지 중 B의 지분 1/2에 관하여 1992. 6. 28.자 협의분할에 의한 상속을 원인으로 한 지분권이전등기를 경료하였다.

한편 乙은 A의 장남으로서, A가 1995년경 사망하면서 C, D, E, F, G 등과 함께 A를 공동상속하였다. 乙은 2011년경부터 X토지 중 일정한 부분(이하 'ㄱ 부분'이라 한다) 6,342㎡ 지상에 소나무를 식재하고 이를 점유하고 있다.

甲은 乙을 상대로 ㄱ 부분 지상에 식재된 소나무 기타 일체의 시설물을 수거하고 ㄱ 부분을 인도하고, X토지의 부당한 사용으로 인한 이익에 대해 부당이득으로 반환할 것을 구하는 소송을 제기하였다.

(2) 사건의 경과

1심법원과[13] 2심법원[14] 모두 甲의 청구를 인용하였다. 특히 ㄱ 부분의 인도청구와 관련해서는, 소수지분을 소유하고 있는 공유자나 그 소수지분에 관한 소유권이전등기청구권을 가지고 있는 사람이라 할지라도 다른 공유자와의 협의 없이는 공유물을 배타적으로 점유하여 사용·수익할 수 없으므로, 다른 공유자는 자신이 소유하고 있는 지분이 과반수에 미달되더라도 협의 없이 공유물을 점유하고 있는 소수지분 공유자에 대하여 공유물의 보존행위로서 공유물의 인도를 청구할 수 있다는 종전의 대법원 선례들이 전제된 것이었다.[15]

(3) 대법원 판결의 요지

1) 다수의견

① 공유물 인도청구-부정

다수의견은 공유자 사이의 공유물 인도청구를 부정하였다. 제265조 단서의 취지를 고려한다면 여기에서의 보존행위라고 보기 어렵다는 이유에서이다. 또한 이와 같은 청구를 인정한다면 종전에 점유하던 소수지분권자가 적법하게 보유하는 '지분비율에 따른 사용·수익권'까지 근거 없이 박탈하는 부당한 결과가 되고, 인도청구하는 소수지분권자 입장에서도 다른 공유자를 전면적으로 배제하고 자신만이 단독으로 공유물을 점유하도록 인도해 달라고 청구할 권원은 없다고

---

13) 의정부지방법원 2017. 11. 30. 선고 2015가단120970 판결.

14) 의정부지방법원 2018. 10. 18. 선고 2017나214900 판결.

15) 1심 법원은 대법원 1994. 3. 22. 선고 93다9392, 93다9408 전원합의체 판결, 대법원 2003. 11. 13. 선고 2002다57935 판결, 대법원 2015. 11. 26. 선고 2015다206584 판결을 인용하고 있고, 2심에서는 이러한 1심 법원의 판단을 그대로 인용하였다.

한다.

뿐만 아니라 공유물에 대한 인도 판결과 그에 따른 집행의 결과는 인도 전의 위법한 상태와 다르지 않고, 실효성의 측면에서도 지분권에 기한 방해배제청구권이 위법 상태를 시정할 수 있는 충분한 수단이 된다고 한다.

② 지분권에 기초한 방해배제-긍정

다수의견은 공유자의 지분권을 기초로 공유물을 독점적으로 점유·사용하는 다른 공유자를 상대로 방해배제청구권을 행사할 수 있다고 한다. 제263조에서 인정하는 공유자의 공유물에 대한 사용·수익권은 공유자들 사이에 공유물 관리에 관한 결정이 없는 경우에도 인정되는 것이고, 이러한 공유자들의 사용·수익권이 추상적·관념적인 것에 불과하거나 구체적으로 실현할 수 없는 권리라고 할 수 없다는 이유에서이다.

만일 일부 공유자가 공유물의 전부나 일부를 독점적으로 점유한다면 이는 다른 공유자의 지분권에 기초한 사용·수익권을 침해하는 것이므로 공유자는 제214조에 따른 방해배제청구권을 행사할 수 있고, 공유물에 대한 지분권은 공유자 개개인에게 귀속되는 것이므로 공유자 각자가 행사할 수 있다고 한다.

구체적으로 원고는 공유물의 종류(토지, 건물, 동산 등), 용도, 상태(피고의 독점적 점유를 전후로 한 공유물의 현황)나 당사자의 관계 등을 고려해서 원고의 공동 점유를 방해하거나 방해할 염려 있는 피고의 행위와 방해물을 구체적으로 특정하여 방해의 금지, 제거, 예방(작위·부작위의무의 이행)을 청구하는 형태로 청구취지를 구성할 수 있고, 법원은 이것이 피고의 방해 상태를 제거하기 위하여 필요하고 원고가 달성하려는 상태가 공유자들의 공동 점유 상태에 부합한다면 이를 인용할 수 있다고 한다.

2) 박상옥, 민유숙, 이동원, 김상환, 노태악 대법관의 반대의견(이하 '반대의견 1'이라 한다)

반대의견 1은, 피고의 독점적 점유는 지분 범위를 초과하는 범위만이 위법한 것이 아니라 전체가 위법하다고 이해한다. 점유의 사실적, 불가분적 성질을 고려한 결과이다. 또한 공유자들 사이에 아무런 합의나 결정이 없어서 피고가 보유하는 '지분비율에 의한 사용·수익권'이 어떠한 내용의 것인지 구체적으로 특정되지 않았다면 피고가 내세우는 사용·수익권이란 단지 관념적인 것에 불과하므로, 피고에게 공유물 전부의 인도를 명하더라도 피고의 권리를 침해한다고 볼 수 없다고 주장한다.

또한 반대의견 1은 공유물을 공유자 한 명이 독점적으로 점유하는 경우 이러한 위법 상태를 시정하여 공유물의 현상을 공유자 전원이 사용·수익할 수 있는 상태로 환원시킬 목적으로 방해를 제거하거나 공유물을 회수하는 것은 공유물의 보존을 위한 행위에 해당한다고 보고, 공유물의 보존행위에 해당하는 경우에는 원고가 자신의 지분에 한정되지 않고 공유물 전부의 인도를 청구할 수 있다고 한다.

공유물을 인도받게 되었을 때 원고가 취득하게 되는 점유는 모든 공유자들을 위한 것으로 이러한 점유가 공유물을 위법하게 독점하던 피고의 종전 점유와 같은 것이라고 할 수 없고, 인도집행의 과정에서 공유자인 피고가 배제되는 것은 위법 상태를 해소하기 위한 일시적인 현상에 불과하다고 한다. 결국 원고의 인도청구를 보존행위로서 허용한다고 하여 그 자체로 피고의 지분에 따른 사용·수익권을 박탈한다고 할 수 없다는 취지이다. 또한 제265조 단서에 따른 보존행위를 실현하기 위한 차선책으로서 공유자 중 1인인 원고가 일단 피고의 점유를 해제한 뒤 이를 공유자들의 공동 이용에 제공하도록 하는 것은 부득이하다고 주장한다.

3) 이기택 대법관의 반대의견(이하 '반대의견 2'라고 한다)

반대의견 2는 다수의견이 소수지분권자의 인도청구를 부정하면서도 방해배제청구를 긍정하는 것에 반대한다.

우선 공유자들 사이에 공유물의 사용·수익 방법에 관한 결정이 이루어지지 않은 상태에서 공유자들이 가지는 '지분비율에 따른 사용·수익권'은 일반적·추상적 권리에 불과하므로 공유자들이 단순히 법에서 정한 '지분비율에 따른 사용·수익권'을 가짐을 근거로 하여 그러한 사용·수익권을 실현한다는 명목으로 특정한 형태의 방해배제나 인도를 청구하는 것은 허용될 수 없다고 한다.

또한 다수의견이 말하는 '공유자들이 아무런 결정 없이 공유물을 비독점적으로 공동 사용·수익하는 상태'는 관념적인 가정에 불과하므로 다수의견은 불가능한 상태를 달성하기 위한 명목으로 방해배제를 인정하는 것이라고 비판한다.

이러한 전제에서 원고 역시 소수지분권자에 불과하여 공유물을 사용·수익할 수 있는 구체적인 권리가 없으므로, 피고의 점유가 위법하더라도 원고가 그 배제를 청구할 수 없어 현재의 상태가 유지될 수밖에 없고, 피고가 공유 토지를 지상물의 소유를 통해 점유하더라도 이는 피고가 공유 토지를 점유하는 한 태양에 불과하여 원고가 그 수거·철거를 청구할 수도 없다고 한다.

3. 2020년 전원합의체 판결 이후 논의

2020년 전원합의체 판결 이후 대법원은, 대법원 2020. 9. 7. 선고 2017다204810 판결과[16)]

16) 상가건물의 시설관리와 임대대행권을 취득한 갑 주식회사가 위 상가건물의 구분소유자 전체의 동의를 받지 아니하고 상가 4, 5층의 내부시설을 철거한 후 사우나를 설치함으로써 구분점포들 사이의 구분이 폐지되었는데, 구분폐지되어 하나의 공유물이 된 전유부분에 대한 공유지분 과반수의 동의를 얻지 못한 채 구분폐지 전 구분소유자였던 공유지분권자로부터 점유할 권리를 이전받은 을이 4층 전유부분 중 일부인 매점 및 식당 부분을 단독으로 점유·사용하자 4층 일부의 구분점포에 관한 소유권이전등기를 마친 병이 을을 상대로 매점 및 식당 부분의 인도를 구한 사안에서, 소수지분권자인 병으로서는 위 전유부분에 한하여 그 공유지분권에 따라 공유물의 보존행위로서 매점 및 식당 부분을 단독으로 점유하는 을을 상대로 방해 상태를 제거하거

대법원 2020. 10. 15. 선고 2019다245822 판결에서[17] 2020년 전원합의체 판결의 다수의견과 같은 취지를 확인하고 있다.

2020년 전원합의체 판결 이후 이 문제를 바라보는 학계의 시선은 비교적 다양하다. 반대의견을 비판하며 다수의견의 취지에 동의하는 문헌이 있는 반면에,[18] 지분은 하나의 소유권을 대상으로 하는 공유자들 사이의 내부적 소유비율로서 독립한 물권이 아니라는 전제에서 다수의견을 비판하는 문헌도 찾아볼 수 있다.[19] 또한 2020년 전원합의체 판결의 다수의견과 반대의견들 모두 공유물의 무단 점유 또는 무효등기 등의 위법상태 등을 통일적 근거에서 해결하고 있지 못하다고 하면서 상대적으로 반대의견 1과 같은 보존행위설이 문제 해결에 근접한 것으로 보는 주장도 제기된다.[20]

Ⅲ. 대상판결에 대한 검토 – 지분권과 보존행위의 의미를 중심으로

1. 공유물 사용·수익에 관한 민법 규정

민법 제263조는 공유자가 공유물 전부를 지분의 비율로 사용·수익할 수 있음을 밝히고 있다. 한편 제265조는 공유물의 관리에 관한 사항은 공유자의 지분의 과반수로써 결정한다고 정한다. 이때 공유물의 관리에 관한 사항은 공유물의 처분·변경에 이르지 아니하는 정도로 그 물건을 보존·이용·개량하는 것을 말하는 것이고, 특히 이용은 공유자의 시각에서는 공유물의 사용·수익의 문제를 칭하는 것으로 이해된다.[21] 그렇다면 제265조와의 관계에서, 제263조가 말하는

나 공동 점유를 방해하는 행위의 금지 등을 청구할 수 있으나 매점 및 식당 부분의 인도는 구할 수 없다고 한 사례이다.

17) 집합건물의 소유 및 관리에 관한 법률상 전체공용부분에 해당하는 건물부분을 독점적으로 점유하는 공유자인 피고들을 상대로 원고가 공유자로서 그 인도를 청구할 수는 없고, 다만 공유자의 지분권에 기초한 방해배제로서 유리문 등 지상물의 철거를 청구할 수 있다고 한 사례이다.

18) 장보은, 공유자간 이행의 충돌, 해결방안과 그 한계 –소수지분권자의 배타적 공유물 점유 사안을 중심으로– –대법원 2020. 5. 21. 선고 2018다287522 전원합의체 판결–, 법조 제69권 제4호, 법조협회, 2020, 394면 이하.

19) 이진기, 대법원 전원합의체 판결과 법이론의 부조화 –대법원(전합) 2020. 5. 21. 선고 2018다287522 판결의 평석–, 민사법학 제92호, 한국민사법학회, 2020, 8면 이하. 이 견해에서는 원래 공유자의 1인은 소유권이 아니라 지분권을 가지기 때문에 소유자가 가지는 소유물반환청구권과 방해배제청구권을 향유하는 주체가 될 수 없는 것이지만, 그럼에도 입법자가 권리구제의 공백을 메우고 지분의 과반수로 공유물의 관리에 관한 사항을 결정하여야 한다는 원칙을 깨고 예외적으로 보존행위의 이름으로 다른 공유자의 관여 없이 각 공유자가 단독으로 공유이익을 보호할 수 있는 기회를 제공한 것이 제265조 단서라고 이해한다.

20) 장병주, 공유자 1인의 독점적 공유물 점유와 소수지분권자의 권리, 민사법의 이론과 실무 제23권 제3호, 민사법의 이론과 실무학회, 2020, 146면 이하.

21) 공유물을 그 자체 경제적 용도에 따라 활용하는 것을 뜻하는 이용은, 각 공유자 개인적 수요를 충족하기 위한 사용·수익과 그 관점에서 차이가 있기는 하다[주석민법/최준규(주 3), 38면].

'지분의 비율로 사용·수익할 수 있다'는 의미가 무엇인지 문제될 수 있다.

문헌에 따라서는 지분비율로 사용·수익한다는 의미 자체가 대단히 추상적이고 관념적인 것이라고 전제하고, 지분비율에 따른 사용·수익권능은 제265조에 의한 일종의 단체적 의사결정에 의하여 그 구체적 내용이 결정되어야 한다고 설명하기도 한다.22) 2020년 전원합의체 판결의 반대의견 2가 공유자들 사이에 공유물의 사용·수익 방법에 관한 결정이 이루어지지 않은 상태에서 공유자들이 가지는 '지분비율에 따른 사용·수익권'이란 일반적·추상적 권리에 불과하고 이를 소로써 청구할 수 있는 구체적인 권리라고 할 수 없다고 주장한 것도 유사한 맥락으로 이해된다.

그러나 특히 반대의견 2에 대해서는 제263조에서 엄연히 규정하고 있는 공유자의 권리를 일반적·추상적 권리라는 공허한 권리로 격하시킬 수 없고 공유물의 사용·수익권은 그 자체 개별적·구체적 권리로 보아야 한다는 반론도 유력하게 제기되고 있다.23)

생각건대 입법자가 제263조에서 별도로 공유자에게 사용·수익의 권능을 부여한 의미를 고려한다면, 제265조에 따라 지분 과반수의 결정이 있기 전이라 하더라도 각 공유자의 공유물에 대한 사용·수익의 권리에 그 구체성을 인정하는 것이 보다 체계적인 해석이 아닐까 싶다. 제263조가 지분의 처분과 지분에 따른 사용·수익의 내용을 정하는 조항이라는 점에서, 공유물 그 자체를 전제로 그 처분·변경이나 관리·보존을 정하고 있는 제264조 및 제265조와는 독립적 의미를 갖는다고 볼 수 있기 때문이다. 또한 제263조에서의 사용·수익권능이 단지 일반적·추상적 성격에 지나지 않는다면 제265조 본문 외에 이를 별도로 두어야 할 이유도 없다 할 것이다. 다만 제265조와 제263조의 다의적 해석가능성을 고려한다면 지분권 그 자체의 본질이나 내용에 대해 조금 더 깊이 있는 검토가 필요해 보인다. 이 점은 항을 바꾸어 논하기로 한다.

2. 공유지분권의 의미와 지분권침해의 회복

(1) 물권성

앞에서 살핀 것처럼, 2020년 전원합의체 판결의 다수의견은 지분권에 기한 방해배제청구권을 통해 공유에 있어 다른 공유자와의 협의 없이 공유물을 독점적으로 사용하는 부적법한 공유물 사용관계의 해결책을 모색하고 있다. 종래 지분권은 소유권의 성질을 갖는 것이어서 각 공유자는 지분에 따라 공유물 전부를 사용·수익할 수 있는 권능을 가지고 있고, 그 지분권의 본질에 의해 각 공유자는 단독으로 물권적 청구권을 행사할 수 있다는 이른바 지분권설의 입장이 판례

22) 양창수·권영준, 권리의 변동과 구제, 박영사, 2017, 323-324면. 다만 나아가 이 문헌이 공유자의 지분권을 일반적·추상적 권리로 평가하는지는 분명하지 않다.

23) 권영준, 2020년 민법 판례 동향, 서울대학교 법학 제62권 제1호, 2021, 233-235면.

에 의해 채용된 것이다.

그런데 선행연구 중에는 소유권과 지분은 구별되어야 하며, 지분은 하나의 소유권을 대상으로 하는 공유자들 사이의 내부적 소유비율로 독립한 물권이 아니라는 주장이 제기되고 있다.[24) 이 견해는 상당히 치밀한 논증을 통해 종전에 통설이 인정하는 지분권은 곧 소유권의 일종이라는 시각에 반론을 제기한다. 그 핵심적 내용은 아래와 같다.

이 견해는 우선 제263조 전단에서의 지분의 처분성은 공유가 '느슨한 공동소유'라는 사실에 착안하여 각 지분권자의 이익을 최대한 도모하기 위하여 공유물을 분할하지 않은 상태에서도 유동화할 수 있도록 입법자가 만든 창작물에 불과하다고 전제하고, 지분권을 물권으로 파악하는 것은 물권법정주의에 반하고 지분에는 물권이 구비해야 하는 특정성이 흠결되어 있다고 지적한다. 또한 지분권자의 목적물 사용·수익권능은 지분 과반수의 결정에 의한 관리방법을 기초로 하는 것이어서 지분권자가 목적물을 사용·수익하는 권능을 가진다는 명제는 허구이며, 각 공유자가 물권적 청구권을 행사하여 그의 권리를 보존할 수 있다면 각 공유자에게 보존행위를 허용하는 제265조 단서는 규정이익을 상실하게 된다고도 한다. 나아가 공유지분과 합유지분은 그 본질을 같이 하는 것인데 공유지분을 물권으로 보는 것은 공유와 합유를 서로 다르게 취급하는 것으로 일관되지 않는다고 하고, 또한 지분이 물권이라는 주장은 점유를 공시방법으로 하는 동산의 공유에는 적합하지 않다는 점을 지적한다.

이러한 지적은 상당부분 일리가 있다. 다만 소유권 그 자체가 법정된 물권의 종류임을 감안하면 질적인 변화 없이 단지 소유권의 분량적 일부인 지분권에[25) 물권성을 인정하는 것이 물권법정주의에 반하는 것이라 단정할 수 있는지 의문이다. 특정성의 측면에서도 소유권의 분량적 일부로서의 지분이 공유물 전체에 미치는 이상 공유물 자체가 하나의 물건으로 특정되어 있다면 이를 인정하는데 문제가 없는 것으로 생각되기도 한다. 제263조 후단에서의 공유자의 사용·수익권은 제265조 본문을 통한 과반수 지분에 의한 결정을 전제로 인정되는 것이며 지분 자체에 따른 물권적 청구권을 인정하게 되면 제265조 단서의 이익을 상실하게 된다는 지적도, 분명하지는 않아 보인다. 제265조 단서 보존행위의 의미는 공유물의 멸실·훼손을 방지하고 그 현상을 유지하기 위하여 하는 사실적·법률적 행위를 지칭하는 것으로 물권적 청구권을 제외하더라도 충분한 의의를 가지며, 오히려 물권적 청구권까지 보존행위에 해당한다고 보는 것은 종전부터 보존행위의 개념을 지나치게 확대한 것이라는 지적이 있어 왔다.[26) 반대로 제265조 단서의 의미를 강조하게 되면, 제263조 후단의 규정이익이 상실되는 문제점도 발생할 것이다. 한편 앞서 본 견

24) 이진기, 앞의 글(주 19), 8-13면.
25) 이른바 양적분할설이 통설의 입장이다[곽윤직·김재형, 앞의 책(주 9), 283면; 송덕수, 물권법(제3판), 박영사, 2017, 356면; 이영준, 물권법(全訂版新), 박영사, 2009, 582면 등].
26) 김재형, 앞의 글(주 12), 229면.

해는 공유지분과 합유지분은 그 본질을 같이하는데 공유지분을 물권으로 보는 것은 양자를 다르게 취급하는 것으로 일관되지 않다고 하지만, 공유와 합유는 그 공동소유에서의 단체성의 인정여부에서 차이가 있고, 양 제도에서의 지분이 본질적으로 같게 취급되어야 할 당위성이 있는지는 의심스럽다. 단체성을 전제로 하지 않는 개인적 성격의 공동소유 형태인 공유에서 지분에는, 수인이 하나의 물건을 소유한다는 형태상 제약으로 인해 불가피한 경우가 아니라면, 그 자체로 구체적 권리성을 인정하는 것이 제도의 모습과 어울린다는 느낌을 지우기 어렵다. 제263조가 공유지분의 처분성과 함께, 논란의 여지는 있지만 공유지분을 근거로 한 사용·수익권을 인정하고 있는 것은 입법자가 그 지분의 성질을 소유권과 유사한 것으로 전제하였기 때문이라고 이해하는 것이 조금 더 자연스러워 보인다. 마지막으로 지분이 물권이라는 주장은 점유를 공시방법으로 하는 동산의 공유에는 적합하지 않다는 지적도 상당히 설득력이 있다. 다만 이론상으로는 점유가 현실적 소지에 한정되지 않고 동산에서의 공동점유 관념도 개념 자체는 인정될 수 있다는 점에서[27] 이 점이 지분의 물권성을 부정할 결정적 이유가 될 수 있는지 의문이다. 소송의 국면에서 비독점 공동사용상태를 구현하는 과정에 어려움이 있을 수 있지만 이 또한 법원의 역할이라는 지적도 있다.[28]

(2) 사용 · 수익권능의 구체성

앞서 살핀 것처럼, 2020년 전원합의체 판결의 반대의견 2와 다수의견은 제263조 후단의 공유자의 사용·수익권능의 구체성 인정여부에 차이가 있다. 동의하지는 않지만, 보는 시각에 따라서는 제263조 후단에서의 사용·수익권은 제265조 본문에 의해 비로소 구체화되는 추상적 권리라고 이해하는 것이 간명하다고 생각되기도 한다.

이와 관련해서는 우선 살펴볼 점이 있다. 종래 대법원이 소수지분권자에게도 인정했던 부당이득반환청구권이나 손해배상청구권과의 관계이다.[29] 한 유력한 문헌에 따르면, 이러한 청구권은 공유물 사용·수익권의 구체적 권리성을 전제로만 인정될 수 있다고 하고, 나아가 인도청구나 방해배제청구를 허용하지 않으면서 이와 같은 공유물 사용·수익권을 전제로 한 금전수취의 권리만을 인정하는 것은 물권의 속성을 지니는 공유지분권을 차임수취권으로 강등시키는 결과가 된다고 지적한다.[30] 이와 같은 취지의 지적에는 전반적으로 공감할 수 있지만, 다만 제263조 후

27) 민사집행법 제190조 참조.
28) 권영준, 앞의 글(주 23), 239-240면.
29) 종래 대법원은 "과반수 지분의 공유자는 공유자와 사이에 미리 공유물의 관리방법에 관하여 협의가 없었다 하더라도 공유물의 관리에 관한 사항을 단독으로 결정할 수 있으므로 과반수 지분의 공유자는 그 공유물의 관리방법으로서 그 공유토지의 특정된 한 부분을 배타적으로 사용·수익할 수 있으나, 그로 말미암아 지분은 있으되 그 특정 부분의 사용·수익을 전혀 하지 못하여 손해를 입고 있는 소수지분권자에 대하여 그 지분에 상응하는 임료상당의 부당이득을 하고 있다 할 것이므로 이를 반환할 의무가 있다 할 것"이라고 판시하여 왔다(대법원 2002. 5. 14. 선고 2002다9738 판결 등).
30) 권영준, 앞의 글(주 23), 234-235면.

단에서의 '지분의 비율로' 사용·수익할 수 있다는 문언과 관련해서는 그 해석이 쉽지 않다는 점이 고민이다. 이와 같은 '지분의 비율'이라는 표현은 가령 제266조에도 등장하는데, 제266조는 관리비용과 관련해 지분의 비율에 따른 부담을 정하는 조문이다. 지분권을 곧 공유물 전체에 대한 분량적 일부로 정의하고 소유권과 유사한 구체적 권리성을 인정하는 경우, 특히 그 '사용'에서 '지분의 비율'이라는 제한이 부가될 수 있는 상황은 오히려 예외적이다. 만일 공유자 일방의 점유 사용을 전제로 한다면 제265조 본문에 따른 절차를 거치지 않고는 그 자체 지분의 비율을 초과한 사용·수익의 문제로 귀결될 수밖에 없고, 비독점적 사용을 전제로 한다면 굳이 '지분의 비율'이라는 제한을 붙이는 것이 무의미해지기 때문이다. 이러한 측면에서 보자면, 제266조 비용부담의 문제와 유사하게 제263조 후단에서 '지분의 비율로 사용·수익'한다는 의미는 가령 법정과실에 상응하는 사용이익 상당의 금전적 이익, 즉 '수익'을 지분비율로 취득한다는 의미로만 이해하는 것이 매끄러워 보인다.[31] 즉 제263조 후단에서의 '수익'은 그 자체로 구체적 권리로서의 성격을 갖고 다른 공유자들에 대한 부당이득반환청구권이나 손해배상청구권으로 그 내용이 실현되기도 하는 것이다. 이때 주목해야 할 점이 있다. 예컨대 과반수 지분을 소유한 공유자가 제265조 본문에 의해 공유물을 관리하기로 하였더라도 그에 따라 독점적으로 수익을 얻는다면 제263조 후단에 의하여 그것이 다른 공유자에 대해 부당이득이 된다는 사실이다. 이러한 점은 반대의견 2와 같이 제265조 본문을 통해서만 각 공유자의 사용·수익권이 구체화될 수 있다는 논증과는 배치되는 것이며, 반대의견 2를 지지할 수 없는 이유이기도 하다. 공유자의 공유물에 대한 '수익권'의 측면에서만큼은 분명하게 제263조 후단이 그 구체적 권리성을 뒷받침하는 근거규정이라 할 수 있다.

한편 이상과 같은 '수익권'과 달리 공유자의 '사용권'의 측면에서도 지분권을 구체적 권리로 인정할 수 있는지는 한 번 더 숙고하게 된다. 그럼에도 결론적으로 제263조 후단의 공유자의 사용권도 그 자체 구체적 권리이며, 이를 통해 물권적 청구권이 도출될 수 있다고 생각한다. 제263조 후단의 지분에 기초한 '수익권'을 구체적 권리로 인정하는 것이 해석상 당연한 결론인 이상 이와 달리 '사용권'만이 추상적 권리라 이해할 이유가 없기 때문이다. 또한 공유자 1인이 공유물 전체를 무단으로 사용하는 상황을 방치하는 것은 바람직하지도 않다. 뒤에서 살피겠지만 이를 보존행위의 개념에 포함시키는 것은 타당하지 않다. 결국 지분권에 기초한 사용권을 추상적 권리로 격하하면, 다른 공유자에 의해 지분권에 침해를 입은 공유자는 금전적 청구 또는 단지 공유관계 해소를 통해서만 그 권리를 구제받을 수 있을 뿐이라고 해야 하는데, 조금 과장되게 표현한

31) 제263조 후단의 공유물 전부를 지분의 비율로 사용, 수익할 수 있다는 규정은 개선할 필요가 있어 보인다. '지분의 비율로'라는 제한은 공유물의 수익에는 어울릴 수 있지만 사용에는 적합하지 않기 때문이다(이 점을 지적하는 취지로 이동진, 민법 중 공유에 관한 규정의 입법론적 고찰, 공동소유에 관한 연구, 박영사, 2020, 18면).

다면 실제로는 이와 같은 위법상태를 서로 형성하게끔 조장하는 결과를 가져올 수도 있다 할 것이다. 이와 같은 위법 상태를 방치하고 단지 공유관계 해소만을 해결방안으로 제시하는 것 보다는, 현실적으로 관철하는 것이 까다롭더라도 비독점적인 공동사용상태를 실현하기 위해 노력하는 것이 바람직해 보임은 물론이다.

그렇다면 실제적으로는 제265조 본문에 의하지 않고도 독자적으로 구체성을 갖는 지분권에 의한 사용의 의미가 무엇인지를 밝혀야 할 것이다. 생각건대 비독점적 사용권이 이에 해당하는 것으로 볼 수 있다. 자세한 내용은 다음 항에서 다루도록 한다.

(3) 사용 권능의 내용과 회복방법

공유자가 공유물을 사용하는 모습은 주로 독점적인 모습일 것이다. 다만 경우에 따라서는 비독점적인 사용도 생각해 볼 수 있다. 2020년 전원합의체 판결의 다수의견은 공유물을 비독점적으로 공동 사용하는 방법의 예로 공유 토지를 통행의 목적으로 사용하는 것을 들고 있다. 반대의견 2는 가령 이와 같이 공유자들이 공유 토지를 통행로로 사용하는 것이 토지를 공동 사용하는 방법 중 하나인 것은 맞지만, 원고가 이를 통행로로 사용하겠다고 청구할 근거는 없다고 비판한다. 그러나 이러한 비판에는 동의하기 어렵다. 다른 공유자의 공유물에 대한 협의 없는 독점적 점유사용에 대해 공유자가 그 사용의 권리를 주장하여 방해배제를 청구하는 경우에 있어서 원고인 공유자의 청구는 단순히 비독점적 사용이 가능한 상태로 회복시켜 달라는 것이지 특정한 방식 예컨대 통행로로 사용되도록 해달라는 것은 아니기 때문이다. 관념적으로 이와 같은 비독점적 공동 사용을 상정하는 것도 충분히 가능하며 또한 제265조 본문을 전제로 하지 않더라도 이와 같은 사용의 권능은 지분권자로서 당연히 누려야 할 권리임이 분명하다는 점에서 제263조 후단의 사용권에 구체적 권리성을 인정하는 것이 타당하다고 생각한다.[32)]

다만 제263조 단서에서 인정되는 지분을 기초로 한 사용권은 비독적점 사용권에 국한되는 것으로 한정 해석하여야 한다. 만일 독점적인 공유물의 사용을 전제로 한다면, 제265조 본문에 의해 그 내용이 구체화되기 전에는 지분권만으로는 그 정당성을 인정받기 어렵다고 할 것이다. 어느 일방 공유자의 독점적인 공유물의 사용은 다른 공유자의 사용을 필연적으로 제한하기 때문이며, 제265조 본문은 이를 예정한 조항으로 이해되기 때문이다. 반대로 다른 공유자의 사용을 제한하지 않는 형태의 비독점적 사용이라면 이를 굳이 지분의 과반수로 결정하도록 제한할 이유도 없다.

한편 제263조 후단에서의 지분권에 기한 사용권이 구체적 권리로 인정된다면 당연히 지분권을 통해서도 물권적 청구권을 행사할 수 있다고 보아야 한다. 다만 이와 같은 비독점적인 공동

---

32) 이동진 교수 또한 수익을 수반하지 않는 단순한 사용이라면 다른 공유자의 사용을 방해하지 않는 한 자유롭게 허용하여도 무방하다는 입장이다[이동진, 앞의 글(주 31), 18면].

사용의 개념을 전제로 한다면 개념 내재적으로 공유물의 인도청구는 이에 부합되기 어렵다. 인도청구는 결과적으로 공유자에게 점유를 회복시키는 것이고, 공유물의 점유는 특별한 사정이 없는 한 그 자체가 독점적인 사용으로 평가될 수 있기 때문이다.[33] 즉 회복자인 공유자가 점유를 회복한 한도에서는 잠정적이라고 할지라도 다른 공유자의 사용은 제한될 수밖에 없다.[34] 결국 지분권을 근거로 한 물권적 청구는 방해배제청구의 형태로 인정하는 것이 적절하다.

덧붙여 다수의견과 반대의견 1의 논의구도에서 문제되는 쟁점 중 하나는 인도청구권을 인정하는 것이 종전에 독점적으로 공유물을 사용·수익하던 공유자의 사용·수익권을 부당하게 박탈하게 되는 것인가 하는 문제였다. 다수의견은 이때 피고인 종래 공유자의 독점적 점유는 그 자신의 지분비율을 초과하는 한도에서만 위법하다고 하였고, 반면 반대의견 1은 피고의 독점적 점유 전체가 위법하다고 하였다. 반대의견 1은 그 근거로 피고가 내세우는 사용·수익권은 단지 관념적인 것에 불과하다는 설명을 덧붙이고 있다. 피고인 공유자의 독점적 점유의 위법성을 따지자면 반대의견 1이 밝히고 있듯이 그 전체가 위법하다고 보는 것이 타당할 것이다. 제265조에 따라 결정되지 않은 독점적인 피고의 점유를 분량적 개념에서 일부 위법인 것처럼 평가하는 것은 의문이다. 위법성이 일부에 인정되기 때문이라기보다는, 인도청구를 인정하게 되면 피고인 공유자가 비독점적이나마 공유물을 사용·수익할 수 있는 권리까지도 박탈될 가능성이 있다는 점이 핵심이 될 것이다. 결국 인도청구 형태의 권리구제는 적절하지 않은 것으로 생각된다.

3. 보존행위가 인도청구의 근거가 될 수 있는지 여부

2020년 전원합의체 판결을 통해, 대법원은 공유물의 소수지분권자가 다른 공유자와 협의 없이 공유물의 전부 또는 일부를 독점적으로 점유하고 있는 경우 다른 소수지분권자가 공유물에 대한 보존행위로서 그 인도를 청구할 수 있다고 판단한 종전의 선례들을 파기하였다. 그 핵심적

---

33) 점유라함은 물건이 사회관념상 그 사람의 사실적 지배에 속한다고 보아지는 객관적 관계에 있는 것을 말하므로 타인의 간섭을 배제하는 면이 있다(대법원 1974. 7. 16. 선고 73다923 판결 등 참조).

34) 반대의견 1이 보존행위를 전제로 한 인도청구에서 주장하는 내용 중, “원고는 자신만을 위해서가 아니라 전체 공유자를 위한 보존행위로서 공유물을 인도받게 되므로 원고가 취득하게 되는 점유는 모든 공유자들을 위한 것으로 보아야 하고, 이러한 점유가 공유물을 위법하게 독점하던 피고의 종전 점유와 같은 것이라고 할 수 없다. 원고의 인도청구를 허용하는 것은 원고 단독으로 점유를 취득하도록 하기 위한 것이 아니라 피고의 위법한 독점적 점유를 배제하기 위한 것이고, 인도 집행의 과정에서 공유자인 피고가 배제되는 것은 위법 상태를 해소하기 위한 일시적인 현상에 불과하다. 따라서 원고의 인도청구를 보존행위로서 허용한다고 하여 그 자체로 피고의 지분에 따른 사용·수익권을 박탈한다고 할 수 없다”는 취지가 있다. 다만 이러한 내용이 극단적으로 실현된다면 이는 실상 방해배제의 모습이라고 보아야 하는 것이 아닌지 의문이 있다. 또한 이미 인도 집행 과정에서 공유자인 피고가 배제된다면 그 자체로 독점적인 점유로 평가받아야 할 것이고, 제263조 후단만으로 그 구체성을 인정하기는 곤란하다고 생각된다.

근거 중 하나는 이와 같은 인도청구는 제265조 단서에서의 보존행위로 보기 어렵다는 것이다. 즉 공유물의 보존행위는 공유물의 멸실 훼손을 방지하고 그 현상을 유지하기 위하여 하는 사실적 법률적 행위로서 이러한 공유물의 보존행위를 각 공유자가 단독으로 할 수 있도록 한 취지는 그 보존행위가 긴급을 요하는 경우가 많고 다른 공유자에게도 이익이 되는 것이 보통이기 때문이므로 어느 공유자가 보존권을 행사하는 때에 그 행사의 결과가 다른 공유자의 이해와 충돌될 때에는 그 행사는 보존행위로 될 수 없다고 보아야 한다고 전제한다.[35] 결국 공유물을 점유하는 다른 공유자의 이해와 충돌하는, 공유자 사이의 공유물 인도청구의 사례는 보존행위로 접근하기 어렵다는 의미이다. 이에 대해 반대의견 1은 공유에서 보존행위로서의 인도청구가 가능하다고 본다.

제265조 단서에서의 보존행위의 의미는 사실 분명하지 않다. 예컨대 원인무효인 제3자 명의의 등기의 말소를 구하는 것이 보존행위에 해당하는 것인지,[36] 방해배제청구도 보존행위의 개념에 포함될 수 있는지[37] 등은 논란의 여지가 있는 문제들이다. 보존행위는 그 내용과 실행수단이 확정되지 않은 열린 개념이라 할 것이다.[38]

그런데 다수의견이 제시하는 보존행위의 개념에는 몇 가지 요소들이 내포되어 있다. ① 공유물에 관한 행위, ② 멸실·훼손을 방지하고 그 현상을 유지하기 위한 것, ③ 사실적·법률적 행위를 불문함, ④ 다른 공유자에게도 이익이 되어야 할 것 등이 그에 해당한다. 이 중 다수의견의 핵심적 근거가 되었던 점은 ④의 요소이고, 이 점에서 제118조 등 민법 다른 부분에서의 보존행위 개념과 차별점이 있다고 생각된다. 그런데 보존행위 개념도 법률체계에 비추어 구체화되어야 할 것이고, 제265조의 체계적 지위나 그 입법목적과 분리해서 정의될 수는 없을 것이다. 입법자가 지분권도 아닌 공유물 자체에 대한 보존행위를, 단지 지분을 가지고 있기만 하면 그 다소(多少)와 무관하게 공유자 각자가 할 수 있도록 한 취지를 고려한다면, 다수의견이 '다른 공유자에게도 이익이 된다'는 점을 제265조 단서 보존행위의 개념요소로 포함하고 있는 취지에 수긍할

35) 이와 같은 제한론은 종전에 대법원 판결을 통해서도 이미 제시된 바 있다. 대법원 1995. 4. 7. 선고 93다54736 판결 참조. 이와 관련해 1994년 전원합의체 판결과 조화되지 않는다는 평가를 하기도 하였다(윤진수, 민법기본판례, 홍문사, 2015, 186면 참조).

36) 판례는 이를 보존행위로 인정하고 있다. 가령 대법원 1982. 3. 9. 선고 81다464 판결은 "부동산의 공유자의 한사람은 그 공유물에 대한 보존행위로서 공유물에 관한 원인무효의 등기 전부의 말소를 구할 수 있다"고 한다. 대법원 1996. 2. 9. 선고 94다61649 판결, 대법원 1994. 11. 18. 선고 92다33701 판결 등도 같은 결론을 따르고 있다.

37) 대법원 1968. 9. 17. 선고 68다1142, 68다1143 판결은 "건물의 공유지분권자는 동 건물 전부에 대하여 보존행위로서 방해배제 청구를 할 수 있다"고 한다. 그러나 2020년 전원합의체 판결은 이와 같은 선례를 직접 파기하지는 않았으나 방해배제청구의 근거를 지분권 자체로 보고 있다. 이와 같은 실질적 판례의 변경에 대한 변경이유가 설명되지 않은 문제점을 지적하는 문헌으로 장병주, 앞의 글(주 20), 148면 참조.

38) 이진기, 앞의 글(주 19), 16면.

수 있다.

공유에 있어 소수지분권자가 다른 공유자의 협의 없이 공유물을 독점적으로 점유하고 있는 다른 소수지분권자를 상대로 공유물의 인도청구를 하는 경우에 집중해서 살펴보자면, 위의 보존행위의 요소 중에서 ②의 요소와 ④의 요소가 문제가 될 수 있다. 우선 앞의 문제에 있어, 공유에서 소수지분권자의 협의 없는 공유물의 독점적 점유·사용이 공유물의 멸실·훼손을 가져오는 행위인지에 대해 회의적인 시각이 있을 수 있다.[39] 반대로 공유물을 정당한 권원 없이 점유하는 것 자체가 공유물의 훼손이고 현상 유지에 반하는 행위라는 주장도 가능할 수는 있을 것이다. 마치 보존행위가 사실적 행위에 한정되지 않는 것과 유사하게, 공유물의 멸실·훼손도 반드시 사실적 개념으로 한정될 이유는 없을 것이고, 공유물의 사용·수익의 가치가 정당하지 않게 누군가에게 귀속되는 상황도 넓게 본다면 보존행위에 포함되어야 한다는 주장도 충분히 입론 가능해 보인다. 곰곰이 생각해 본다면 그러한 사용가치의 정당하지 않은 귀속의 상황이 초래하는 공유물의 훼손의 결과는 공유물 그 자체보다는 공유자의 지분권을 대상으로 하여 발생하는 것으로 이해할 여지가 커 보이고[40] 이와 같은 물권적 청구를 공유물에 관한 행위로 평가할 수 있는지도 분명치 않지만(① 요소),[41] 이러한 점만으로는 이와 같은 인도청구를 쉽사리 보존행위가 아니라고 단정하기에는 충분치 않아 보인다.

조금 더 중요한 문제는, 이와 같은 인도청구가 '현상 유지'라는 보존행위의 개념요소에 적합한 것인가 하는 점이다. 공유물에 대한 공유자의 비독점적 사용의 상태 또는 제265조 본문에서의 공유물의 관리를 결정할 수 있는 전제상태로 복귀시키는 것 이상으로 당해 인도청구를 한 공유자에게 오히려 독점적 점유를 인정하게 되는 것은 아닌지 의심이 들 수 있다. 이에 대해 반대의견 1은 원고는 자신만을 위해서가 아니라 전체 공유자를 위한 보존행위로서 공유물을 인도받게 되므로 원고가 취득하게 되는 점유는 모든 공유자들을 위한 것으로 보아야 하고, 이러한 점유가 공유물을 위법하게 독점하던 피고의 종전 점유와 같은 것이라고 할 수 없다고 반론한다. 그러나 종전에 독점적으로 점유하던 피고 공유자가 인도 집행의 과정에서 배제되는 것은 그 자체가 원고에게 독점적인 점유의 상황을 만들어 주는 것이고 제275조에 의해 이러한 독점적인 점유에 대한 정당성을 갖지 못한 원고가 이러한 상황을 취득하게 되는 것 자체가 '현상 유지'의 개념에

---

39) 그 침해행위가 공유물의 멸실·훼손 등 처분변경과 같은 행위라고 볼 수 있는가, 아니면 이에는 이르지 아니하고 내부적으로 공유자 상호간에 지분권의 침해에 그치는 정도의 사용·수익인가를 구분하여 전자의 침해행위가 있는 경우에만 공유물의 현상유지를 위한 보존행위가 성립할 수 있는 것이고 후자의 경우에는 아예 공유물의 보존행위라는 개념이 성립할 여지가 없는 것이라는 지적에 김영일, 앞의 글(주 10), 24면.

40) 물론 이와 같은 인도청구권을 포함한 물권적 청구권을 보존행위로 인정하게 된다면 공유자의 권리구제를 보다 용이하게 해 주는 실천적 측면에서의 장점이 있을 것이다[김재형, 앞의 글(주 12), 204면 참조].

41) 이런 이유에서 결론적으로 보존행위라고 하는 개념을 공유물의 인도청구나 말소등기청구까지 포함한다고 보는 것은 보존행위의 개념을 지나치게 확대한 것이라는 지적이 있다[김재형, 앞의 글(주 12), 229면].

부합하는지는 의문이다.[42] 2020년 전원합의체 판결에서 다수의견에 대한 보충의견이 지적하는 것처럼, 인도 판결과 강제집행의 결과는 원고의 단독 점유를 실현하는 데서 끝나고 이를 다른 공유자들에게 제공하여 공동 점유 상태로 이어질 것이라는 점에 대한 보장이 없고, 방해금지 등을 통해 현재의 위법 상태(피고의 단독 점유)를 최종적으로 달성해야 할 적법한 상태(공동 점유)로 곧바로 만들 수 있는데도 이를 초과한 상태를 창출할 이유는 없어 보인다.

한편 보존행위를 근거로 인도청구를 인정할 것인지 문제와 관련해, 다수의견의 보다 핵심적인 근거는 뒤의 문제, 즉 ④ 요소의 불비를 지적하는 것이었다. 보존행위로 인도청구를 인정하는 것은 그 상대방이 된 공유자의 이해와 충돌하는 것이고 제265조 단서의 취지에 맞지 않는다는 것이다. 이러한 다수의견의 지적에 대해서 반대의견 1은 소수지분권자인 피고가 공유물을 독점할 권리가 없으므로 피고의 독점적 점유는 위법하고, 청구의 상대방이자 위법행위를 저지른 당사자인 피고가 위법한 상태를 유지하면서 누리는 이익은 보존행위 여부를 판단할 때 고려하여야 할 사항이 아니라고 반론한다. 그러나 피고인 공유자의 위법한 '독점적' 점유는 물론 위법하고 보호가치가 없는 것이지만, 내재되어 있는 '비독점적' 사용의 권리까지 보호가치가 없는 것은 아니다. 인도청구의 경우, 당연히 이러한 피고의 이해관계가 충돌하는 문제가 발생할 수 있는 것이며, 이를 제265조 단서에서의 보존행위 개념으로 포섭할 수는 없다.

결론적으로 공유에 있어 소수지분권자가 다른 공유자의 협의 없이 공유물을 독점적으로 점유하고 있는 다른 소수지분권자인 공유자를 상대로 인도청구를 하는 것을 보존행위의 개념에 포함시키기 곤란하다.

4. 논의의 확장

(1) 제3자의 침해의 경우

2020년 전원합의체 판결은 종전의 선례를 변경하였지만 그 변경에 있어 "공유물의 소수지분권자가 다른 공유자와 협의 없이 공유물의 전부 또는 일부를 독점적으로 점유하고 있는 경우 다른 소수지분권자가 공유물에 대한 보존행위로서 그 인도를 청구할 수 있다고 판단한 (…) 판결 등은 이 판결의 견해에 배치되는 범위에서 이를 변경하기로 한다"고 밝히고 있다.[43] 따라서 가

42) 다수의견에 대한 보충의견은 다음과 같은 비판을 한다. "인도 판결과 강제집행의 결과는 원고의 단독 점유를 실현하는 데서 끝나고 이를 다른 공유자들에게 제공하여 공동 점유 상태로 이어질 것이라는 점에 대한 보장이 없다. 또한 방해금지 등을 통해 현재의 위법 상태(피고의 단독 점유)를 최종적으로 달성해야 할 적법한 상태(공동 점유)로 곧바로 만들 수 있는데도 이를 초과한 상태를 창출할 이유는 없다."

43) 폐기되는 판결로 2020년 전원합의체 판결은 대법원 1966. 4. 19. 선고 65다2033 판결, 대법원 1971. 7. 20. 선고 71다1040 판결, 대법원 1974. 6. 11. 선고 73다381 판결, 대법원 1976. 6. 8. 선고 75다2104 판결, 대법원 1978. 5. 23. 선고 77다1157 판결, 대법원 1979. 6. 12. 선고 79다647 판결, 대법원 1983. 2. 22. 선고 80다1280, 1281 판결, 대법원 1991. 1. 15. 선고 88다카19002, 19019 판결, 대법원 1994. 3. 22. 선고 93다

령 공유물의 전부 또는 일부를 제3자가 정당한 권원 없이 독점적으로 점유하고 있는 경우, 여전히 종전의 판례의 법리가 적용된다고 한다면 그 공유물의 반환청구는 공유물의 보존행위로 평가될 것이다.[44] 이와 같은 종전의 태도가 어떻게 변화할 것인지는 지켜볼 문제라 할 것이다. 특히 2020년 전원합의체 판결은 소수지분권자 사이의 인도청구를 부정하며 그 근거로 보존행위를 제시할 수 없는 까닭과 관련하여, 보존행위를 공유자 중 1인이 단독으로 할 수 있도록 한 것은 보존행위가 다른 공유자에게도 이익이 되기 때문인데 인도청구를 하는 공유자와 공유물을 점유하는 피고인 점유의 이해가 충돌하는 점을 핵심적인 이유로 들었다. 제3자가 공유물을 점유하는 경우는 공유자 사이의 이해가 충돌하지 않는다는 점에서 이와는 맥락을 달리하는 것으로 이해될 수도 있다.

나아가 이 문제에 있어서 물권적 청구가 '현상유지'라는 보존행위의 개념적 징표에 부합하는지 판단도 앞서 공유자 사이의 인도청구의 문제와는 결을 달리 하는 측면이 있다. 공유자 사이에는 방해배제만으로도 공동점유 상태를 회복할 수 있다는 점에서 공유물의 인도청구는 현상유지를 초과한 행위로 평가될 수 있지만, 가령 제3자가 공유물을 점유하는 경우에는 그 방해배제만으로는 그 위법한 제3자에게도 공동의 점유를 인정하는 결과가 되므로 현상유지에 충분하지 않다. 공유물의 이용에 관한 사항이 과반수 지분에 의해 결정되지 않은 이상, 이를 공유자의 비독점적 공동 사용의 상태에 회복하는 것이 그 현상유지의 의미라 할 것이지만 이와 같은 현상유지의 방법은 실제 생각하기 어렵고, 일부 공유자의 인도청구를 인정하는 것이 권리자의 권리회복에 도움이 될 수도 있으리라 생각된다.[45] 앞서 언급한 것처럼 이때 다른 공유자의 이해와 충돌하거나 다른 공유자에게 추가적인 불이익을 가져오게 되는 것도 아니다.

한편 이와 같은 제3자의 침해의 경우, 보존행위를 인정하는 문제와는 별도로 지분권을 기초로 한 인도청구를 허용할 수 있는가 하는 문제도 생각해볼 여지가 있다. 이때 공유자 사이의 인도청구의 문제와는 달리 다른 공유자의 공유물에 대한 비독점적 사용권을 침해하는 문제는 발생하지 않는다. 다만 제263조 후단의 점유권, 즉 제265조 본문에 의해 독점적인 이용에 대한 권원이 부여되지 않은 비독점적 사용권을 기초로 공유물 자체의 인도를 구할 수 있는지는 쉽지 않은

9392, 9408 전원합의체 판결, 대법원 1996. 6. 14. 선고 95다33290, 33306 판결, 대법원 1996. 12. 23. 선고 95다48308 판결, 대법원 1998. 8. 21. 선고 98다12317 판결, 대법원 2003. 11. 13. 선고 2002다57935 판결, 대법원 2007. 4. 13. 선고 2005다688, 695 판결, 대법원 2007. 8. 24. 선고 2006다40980 판결, 대법원 2007. 8. 24. 선고 2006다40997, 41006 판결, 대법원 2013. 3. 28. 선고 2012다104458, 104465 판결, 대법원 2014. 5. 16. 선고 2012다43324 판결, 대법원 2014. 5. 29. 선고 2012다109804 판결, 대법원 2014. 12. 24. 선고 2014다58719 판결을 예시하고 있다. 예시라는 의미는 2020년 전원합의체 판결이 "(…) 판결 등"이라고 표현하기 때문이다.

44) 대법원 1996. 10. 15. 선고 96다23283 판결 등 참조.

45) 인도청구가 아닌 말소등기청구 등이 문제되는 경우라면 보존행위로서 다른 공유자의 지분에 해당하는 부분까지의 말소를 구할 수 있다는 점에서 공유자의 권리구제를 용이하게 하는 측면은 더욱 부각될 수 있다.

문제이다. 현실적으로 인도청구 외에 방해배제청구만으로는 충분한 권리구제가 되지 않는 것이 아닌가 의문이 있을 수도 있으나 다른 공유자를 위한 보존행위 개념을 사용하지 않는 이상, 자신의 권리를 넘는 권리행사를 허용하기는 어려워 보이고, 위법한 제3자와 지분권에 기초한 물권적 청구를 하는 공유자 사이에 공동 점유의 상태가 만들어진다고 하더라도 제265조 본문에 따른 독점적 점유권을 획득하지 않은 이상 불충분한 회복이라 볼 수도 없을 것이다.

(2) 소수지분권자로부터 임차한 제3자에 대한 인도청구

2020년 전원합의체 판결에서 반대의견 1은 소수지분권자가 제3자에게 공유물을 임대하여 제3자가 공유물을 점유하는 경우 다른 공유자들은 임차인을 상대로 공유물 인도를 청구할 수 있다고 하며 다수의견도 마찬가지일 것이라고 한 다음 이러한 다수의견은 소수지분권자가 스스로 점유하는 경우와 이를 임대한 경우를 달리 취급하는 것으로서 부당하다고 한다.

이에 대해 다수의견에 대한 보충의견은 소수지분권자의 임대행위가 공유자들에게 공유물의 관리행위로서 효력을 갖는 것은 아니지만, 그렇다고 해서 다른 공유자들이 소수지분권자로부터 공유물을 임차한 제3자에 대해 공유물 인도를 청구할 수 있다는 결론이 당연히 도출되는 것은 아니라고 밝히고 있다.[46] 나아가 이 보충의견에서는, 임대권한이 없는 자의 임대차계약도 임대인과 임차인 사이에서는 유효하며, 만일 누군가에게 물건을 점유할 권원이 있어 소유자가 소유물 반환을 청구할 수 없다면 그로부터 매매, 임대차 등을 통해 점유할 권리를 이전받은 자에 대해서도 소유자는 소유물 반환을 청구할 수 없을 것이므로,[47] 소수지분권자로부터 임차한 제3자에 대한 인도청구도 허용되지 않을 것이라고 한다. 소수지분권자는 공유물을 공동으로 점유할 권리가 있고, 임차인은 임대차계약을 통해 그 소수지분권자로부터 점유할 권리를 이전받았으므로, 다른 공유자가 공유자인 임대인에게 공유물 인도를 청구할 수 없다면 그 임차인을 상대로도 인도를 청구할 수 없다는 것이다.

이때 임차인은 소수지분권자인 공유자의 비독점적 공동 사용권의 한도에서는 그 사용에 대한 채권적 권리를 취득하는 것이라 할 수 있다. 이와 같은 채권적 권리를 제3자인 다른 공유자에게 주장할 수 있는 근거는 명확하지 않다. 다만 2020년 전원합의체 판결의 결론과의 정합성을 고려한다면 이와 같은 보충의견이 그 결론에 있어서는 보다 타당성이 있다고 할 것이다.[48]

---

46) 김재형, 안철상 대법관의 보충의견.

47) 보충의견이 근거로 제시한 판례는 대법원 1988. 4. 25. 선고 87다카1682 판결, 대법원 2001. 12. 11. 선고 2001다45355 판결 등이다. 앞의 판례는 토지의 매수인이 매매계약의 이행으로 토지를 인도받은 후 그 토지 위에 건물을 건축하여 이를 제3자에게 이전한 사례이다. 이때 건물을 취득한 자는 매수인의 토지에 대한 점유·사용권까지 취득한 것이므로 매도인은 그 건물소유자에 대해 건물 철거와 대지 인도를 청구할 수 없다고 판단하였다. 한편 뒤의 판결은 대물변제 약정에 따라 부동산 소유권을 이전받게 되는 자로부터 다시 이를 임차하여 점유·사용하고 있는 자에게 인도나 부당이득반환을 청구할 수 없다는 취지이다.

48) 같은 취지로 장보은, 앞의 글(주 18), 409-410면.

Ⅳ. 나가며

2020년 전원합의체 판결을 기점으로, 공유물이 일부 소수지분권자에 의해 독점적으로 사용·수익되는 경우 다른 소수지분권자인 공유자가 그 인도청구를 구할 수는 없게 되었다. 대법원은 단지 공유자의 지분권을 근거로 한 방해배제청구가 허용된다는 입장인데, 이와 같은 판례의 태도는 결론적으로 타당하다. 지분권이 무엇인지에 대해 우리 입법자는 침묵하고 있기 때문에 이를 근거로 하여 물권적 청구권을 행사할 수 있는지, 지분권이 구체성을 갖는지 등에 대해서는 논란이 여전히 남아 있다. 이 문제는 제263조와 제265조를 어떤 방식으로 바라볼 것인가 하는 문제와 관련한다. 이 글에서는 제265조는 공유자 사이에 그 사용에 대한 결정이 필요한 독점적 사용의 경우에 적용되는 규정으로 해석하였다. 제265조가 적용되는 독점적 사용의 경우에는 지분과반수로 지지되지 않는 이상 지분권 자체만으로 구체적 권리성을 지닌다고 보기 어렵다. 물론 이러한 경우에도 공유자의 지분비율에 따른 수익권은 제263조 후단을 근거로 인정될 수 있다. 이 점에서 과반수 지분에 의해 결정된 관리의 방식이라도 그 공유물을 사용하지 못한 공유자는 부당이득 등의 모습으로 그 사용의 권리를 실체화할 수 있다.

한편 다른 공유자의 사용을 제한하지 않는 비독점적 사용을 전제로 한다면, 이는 제265조에 의한 결정이 전제되지 않더라도 그 자체로 구체적 권리로서 평가되어야 한다. 다만 비독점적 사용을 위한 지분권을 구체적 권리로 인정하여 물권적 청구를 인정한다 하더라도 공유자간 인도청구의 방식은 적정하지 않다는 것이 이 글의 결론이다.

종래 대법원은 보존행위를 근거로 공유자 사이에 공유물의 인도청구를 인정하여 왔었다. 그러나 다른 공유자와 이해가 충돌하는 공유자 사이의 문제에 있어 보존행위를 근거로 인도청구를 인정하는 것은 적절하지 않다. 소수지분권자 사이에서는 지분권을 근거로 물권적 청구의 인정 가능성을 논하는 것이 타당하며, 이때 물권적 청구는 방해배제의 방식이 적절하고 충분할 것이다.

부동산에의 부합의 요건에 관한 비판적 고찰*

김 태 관**

Ⅰ. 들어가며

민법 제256조[1] 본문에서는 소유권취득 원인의 하나로 "부동산의 소유자는 그 부동산에 부합한 물건의 소유권을 취득한다."고 규정하고, 또한 제256조 단서에서는 부동산에의 부합에 관한 예외로서 "그러나 타인의 권원에 의하여 부속된 것은 그러하지 아니하다."라고 규정하고 있다. 위 법조는 이른바 첨부 중 부합, 좀 더 구체적으로는 부동산에의 부합을 규정한 것이다. 그런데 제256조 본문의 부합이라는 용어는 저당권의 효력 범위를 규정한 제358조에서도 동일하게 사용하고 있고, 제256조 본문의 부합과 동일한 의미로 이해되고 있다.[2] 제256조 단서의 부속이라는 용어는 전세, 임대차 등의 종료시 부속물의 수거의무, 수거권, 매수청구권 등을 규정하면서 "부속"이라는 용어를 사용하고 있는데(제316조, 제615조, 제646조 등), 여기의 부속은 부속된 후에도 독립성이 인정되어 소유권이 이를 부속한 사용권자에게 남아 있게 되는 경우를 말한다고 설명한다.[3]

그런데 제256조의 문언만으로는 어떤 물건이 "어떤 경우"에 부동산에 "부합하였다"고 볼 것인지는 반드시 명확하지 않다. 또한 여기서 "권원"은 어떤 것을 의미하는지, 제256조 단서의 "부속"은 제256조 본문의 "부합"과 어떻게 구분이 되는 것인지, 그 문언만으로는 명확하지 않다.

그로 인해 학설상으로도 이에 대한 다툼이 있는데, 제256조를 실제 사안에 해석·적용하고 있는 대법원도 이에 관하여 몇 가지의 기준을 제시해 왔다.

---

* 이 글은 「일감부동산법학」 제22호(건국대학교 법학연구소, 2021. 2)에 게재한 내용을 일부 수정한 것이다.

** 연세대학교 법학전문대학원 부교수, 변호사, 법학박사.
Associate Professor/ Attorney at Law/ Ph.D. in Law, Law School, Yonsei University

1) 이하 본문에서 조문만을 기재한 것은 민법의 조문임.

2) 편집대표 곽윤직, 민법주해[Ⅴ]: 물권(2), 박영사, 1992, 492(권오곤 집필부분. 이하 "민법주해[Ⅴ]"로만 인용한다).

3) 민법주해[Ⅴ], 492.

먼저, 제256조 본문의 부합에 관한 대법원 판례는 크게 2가지로 나타난다.

"어떠한 동산을 부동산에 부합된 것으로 인정하기 위해서는 그 동산을 훼손하거나 과다한 비용을 지출하지 않고서는 분리할 수 없을 정도로 부착·합체되었는지 여부(밑줄: 필자 가필. 이하 같음)와 그 물리적 구조, 용도와 기능면에서 기존 부동산과는 독립한 경제적 효용을 가지고 거래상 별개의 소유권의 객체가 될 수 있는지 여부 등을 종합하여 판단하여야 한다."[4]고 판시하고 있는 것이 그 하나이다. 또 주로 건물의 증·개축과 관련하여 나타나고 있는데, "건물이 증·개축된 경우에 증·개축 부분이 기존건물에 부합된 것으로 볼 것인가 아닌가 하는 점은 증·개축 부분이 기존건물에 부착된 물리적 구조뿐만 아니라, 그 용도와 기능의 면에서 기존건물과 독립한 경제적 효용을 가지고 거래상 별개의 소유권 객체가 될 수 있는지의 여부 및 증·개축하여 이를 소유하는 자의 의사 등을 종합하여 판단하여야 한다."[5]고 판시하고 있는 것이 다른 하나이다.

후자의 판시는 전자의 판시에서 두 번째로 제시한 기준을 증·개축부분의 기존건물에의 부합 여부의 판단에서 구체적으로 판시한 것이라고 보이기 때문에, 결국 대법원의 부동산에의 부합을 인정하는 기준은 전자의 판시라고 할 수 있다. 이 판시의 내용에는 훼손하거나 과다한 비용을 지출하지 않고서는 분리할 수 없을 정도의 "부착·합체"라는 기준(이하 "부합의 제1기준"이라고 한다) 외에 "거래상 소유권의 객체가 될 수 있는지 여부"라는 기준(이하 "부합의 제2기준"이라고 한다)을 또 하나의 기준으로 들고 있다.

그리고 제256조 단서와 관련해서는 "타인이 그 권원에 의하여 부속시킨 물건" 중 "그 부속된 물건이 분리하여 경제적 가치가 있는 경우"에 한하여 부속시킨 타인의 소유에 귀속되고, "분리하여도 경제적 가치가 없는 경우"에는 원래의 부동산 소유자의 소유에 귀속되는 것이며, 여기서 "경제적 가치의 판단"은 부속시킨 물건에 대한 "일반 사회통념상의 경제적 효용의 독립성 유무"를 그 기준으로 하여야 한다고 판시하고 있다.[6] 다만, "부동산에 부합된 물건이 사실상 분리복구가 불가능하여 거래상 독립한 권리의 객체성을 상실하고 그 부동산과 일체를 이루는 부동산의 구성 부분이 된 경우"에는 타인이 권원에 의하여 이를 부합시켰더라도 그 물건의 소유권은 부동산의 소유자에게 귀속된다고 판시하고 있다.[7]

위 판례에서는 제256조 단서의 부합의 예외로서 부속을 인정하기 위해서는 "부속자에게 권원이 있을 것"(권원요건)과 "부속물이 분리하여 경제적 가치가 있을 것"(부속물의 독립성요건)을 요하는데, 그 경제적 가치의 판단은 "사회통념상" 경제적 효용의 독립성을 기준으로 하여야 한다는 것이다. 다만, "부합물이 분리복구가 불가능할 정도로 부동산과 부착·합체되어 그 부동산의

4) 대법원 2003. 5. 16. 선고 2003다14959, 14966 판결 등 참조.
5) 대법원 1994. 6. 10. 선고 94다11606 판결; 대법원 2002. 10. 25. 선고 2000다63110 판결 등 참조.
6) 대법원 1975. 4. 8. 선고 74다1743 판결 등 참조.
7) 대법원 2012. 1. 26. 선고 2009다76546 판결 등 참조.

구성부분이 된 경우"(후술하겠지만 강한 부합)에는 부합물이 그 권리의 객체성을 상실하여 제256조 단서가 적용될 수 없다고 판시한 것이다.

여기서 판례는 먼저 제256조 본문에 관한 부합의 제2기준에서 "거래상 소유권의 객체성"을 제시하고, 제256조 단서의 부속물에 대한 부합의 예외를 인정하는 기준으로서 "경제적 효용의 독립성"을 제시하고 있으며, 나아가 제256조 단서의 예외로서 "독립한 권리의 객체성"의 상실을 들고 있다. 이 세 가지 기준은 소유권의 객체성 또는 물건성에 관한 것으로 어떻게 보면 매우 유사한 것처럼 보이는데, 이 세 가지 기준은 같은 의미로 이해하여야 하는지 의문이 있다.

한편, 제256조 본문의 부합의 "제1기준"은 "부착·합체의 정도"를 제시하고 있는데, 제256조 단서의 부속의 기준으로서 "경제적 효용의 독립성" 여부와 관련하여 "분리하여"라는 기준은 부합의 제1기준과 어떤 관계가 있는지, 그리고 제256조 단서의 예외로서 "권리의 객체성 상실"과의 관계는 어떻게 되는지도 의문일 뿐더러 그 판시만으로 이해가 쉽지도 않다.

이하에서는 이와 같은 의문을 해결하기 위한 전제적 논의로 부동산에의 부합에 관한 일반론(Ⅱ)을 간단히 살펴보고, 본론으로 들어가 제256조 본문의 부합의 2가지 기준(Ⅲ), 제256조 단서의 부속에 관한 기준(Ⅳ)을 순서대로 살펴보고 난 다음, 필자 나름의 결론(Ⅴ)을 내리는 것으로 마무리하도록 하겠다.

Ⅱ. 부동산에의 부합에 관한 일반론

1. 의 의

부합(Verbindung)은 소유자를 달리하는 여러 개의 물건이 서로 결합하여 1개의 물건으로 되는 것을 말한다.[8] 민법은 부합을 '부동산에의 부합'(민법 제256조)과 '동산간의 부합'(민법 제257조)의 두 가지로 나누어 규율하고 있는데, 부동산에의 부합은 부동산의 소유자가 그의 부동산에 부합한 물건의 소유권을 취득하는 경우이다.

2. 요 건

부동산에의 부합에 관한 요건으로 ⅰ) 부합물과 피부합물에 관한 요건, ⅱ) 부합의 정도에 관한 요건을 들고 있다.[9]

8) 민법주해[Ⅴ], 492; 편집대표 김용덕, 주석민법[물권1](제5판), 한국사법행정학회, 2019, 988(김진우 집필부분. 이하 "주석민법[물권1]"이라 한다).
9) 민법주해[Ⅴ], 493-494; 김준호, 물권법 제10판, 법문사, 2017, 200-202은 "권원에 의한 부속에 해당하지 않을 것"을 부합의 요건으로 들고 있는데, 이를 부합의 요건이 아니라 그 효과에서 그 예외로 설명하는 경우도

(1) 부합물과 피부합물에 관한 요건

i)의 요건과 관련하여, 피부합물이 부동산이어야 한다는 데는 이론이 없다. 그러나 부합물이 동산에 한정되는지에 대해서는 학설상 동산한정설(다수설)[10]과 부동산포함설[11]로 갈리는데, 판례는 부동산포함설의 입장이다.[12] 생각건대, 우리 법제가 건물을 토지와 별개의 부동산으로 보고 있고, 비록 구분소유권의 객체에 이르지 못하는 정도의 시설물에 대해서도 이를 동산으로 볼 수 없는 경우에는 부합의 법리에 의하여야 한다는 점에서 판례의 입장이 타당하다.[13]

(2) 부합의 정도에 관한 요건

ii)의 요건과 관련하여, 부합으로 인한 소유권의 변동이 있기 위해서는 부합의 원인은 인위적인 것이든 자연적인 것이든 불문하지만,[14] 부착·합체는 일정한 정도에 이르러야 한다. 그러나 어느 정도의 부착·합체가 있어야 부합이 인정되는지에 관하여 학설상 견해가 갈린다. 소수설은 부동산에의 부합은 "분리·복구하는 것이 사회경제상 불리한 정도"이면 족하고, 반드시 "분리·복구가 곤란할 정도"일 것을 요하지 않는다고 하여 부동산에의 부합은 동산간의 부합보다는 그 요건이 완화된다고 한다(이원론).[15] 그에 반해 다수설은 부동산에 부합한 동산을 훼손하거나 과도한 비용을 지출하지 않고서는 분리할 수 없을 정도로 부착·합체되어야 한다고 하여 부합의 정도에 관하여 부동산에의 부합과 동산간의 부합을 구별하지 않는다(일원론).[16] 판례는 "부합이라 함은 훼손하지 아니하면 분리할 수 없거나 분리에 과다한 비용을 요하는 경우는 물론, 분리하게 되면 경제적 가치를 심히 감손하는 경우도 포함한다."라고 판시하여 다수설과 같이 부합의 제1기준을 제기하거나,[17] "어떠한 동산이 … 부동산에 부합된 것으로 인정되기 위해서는 그 동산을 훼손하거나 과다한 비용을 지출하지 않고서는 분리할 수 없을 정도로 부착·합체되었는지 여부 및 그 물리적 구조, 용도와 기능면에서 기존 부동산과는 독립한 경제적 효용을 가지고 거래상 별개의 소유권의 객체가 될 수 있는지 여부 등을 종합하여 판단"해야 한다고 판시하여 다수설과

있다. 예컨대, 곽윤직/김재형, 물권법 제8판, 박영사, 2016, 276-277; 주석민법[물권1], 990-991.

10) 김상용, 물권법 제3판, 화산미디어, 2016, 402; 김용한, 물권법론 전정판, 박영사, 1996, 304; 윤철홍, 물권법 개정판, 법원사, 2013, 214; 이영준, 물권법 전정신판, 박영사, 2009, 504; 이은영, 물권법 제4판, 박영사, 2006, 496; 장경학, 물권법, 법문사, 1987, 480.

11) 고상룡, 물권법, 법문사, 2001, 342-3; 송덕수, 물권법 제3판, 박영사, 2017, 341; 이상태, 물권법 9정판, 법원사, 2015, 251; 민법주해[Ⅴ], 494; 홍성재, 물권법 신정2판, 동방문화사, 2017, 395.

12) 대법원 1962. 1. 31. 선고 4294민상445 판결; 대법원 1994. 6. 10. 선고 94다11606 판결.

13) 민법주해[Ⅴ], 493.

14) 대법원 1962. 1. 13. 선고 4294민상445 판결; 고상룡(주 11), 343; 곽윤직, 물권법 제7판, 박영사, 2003, 201; 김증한/김학동, 물권법 제9판, 박영사, 1997, 167; 송덕수(주 11), 342; 양형우, 민법의 세계 제3판, 피앤씨미디어, 2010, 558; 윤철홍(주 10), 214.

15) 고상룡(주 11), 343; 김증한/김학동(주 14), 166.

16) 곽윤직(주 14), 201; 김상용(주 10), 402; 송덕수(주 11), 342; 윤철홍(주 10), 215; 이영준(주 10), 466; 이은영(주 10), 497.

17) 대법원 1962. 1. 31. 선고 4294민상445 판결.

달리 부합의 제1기준과 함께 제2기준도 제시하고 있다.[18]

3. 효 과

(1) 원 칙

부합물은 피부합물과 소유자를 달리하는 별개의 물건이지만, 피부합물인 부동산에 결합하여 사회통념상 부동산과 하나의 물건처럼 됨으로써 그 부동산의 소유자가 원칙적으로 그 부동산에 부합된 물건의 소유권을 원시취득하고,[19] 반면 그 부합물의 소유권은 소멸한다.[20] 부동산에 부합한 동산의 가격이 부동산의 가격을 초과하더라도 동산의 원소유자가 부동산의 소유권을 취득하지는 못한다.[21]

(2) 예 외

어느 부동산에 타인이 권원에 의하여 어느 물건을 부속시킨 때에는 그 부속물은 부동산에 부합하지 않고 그 타인의 소유가 된다(제256조 단서). 즉, 제256조 단서의 적용을 위해서는 "권원의 존재"와 "물건의 부속"이 필요한데, 통설과 판례는 여기서 권원을 타인의 부동산에 자기의 동산을 부속시켜서 부동산을 이용할 수 있는 권리인 지상권·전세권·임차권 등으로 이해한다.[22] 또 물건의 부속에 대해, 부동산에 부합하는 물건이 그 부동산과 일체를 이루는 부동산의 구성부분이 되지 않고 독립성을 가져야 한다고 한다.[23] 독립성에 관하여는 구체적으로 앞서 본 사회통념상의 경제적 효용의 독립성을 말한다고 한다.[24]

Ⅲ. 부합의 2가지 기준에 대한 검토

1. 부합의 제1기준에 대한 검토

(1) 판례의 입장

판례는 앞서 본 대로 제256조 본문에서 말하는 부합의 제1기준으로 "그 동산을 훼손하거나

18) 대법원 2009. 9. 24. 선고 2009다15602 판결.
19) 민법주해[Ⅴ], 499; 주석민법[물권1], 990.
20) 양창수/권영준, 권리의 변동과 구제, 박영사, 2012, 272.
21) 대법원 1981. 12. 8. 선고 80다2821 판결; 민법주해[Ⅴ], 499; 곽윤직(주 14), 201; 김증한/김학동(주 14), 167; 송덕수(주 11), 342.
22) 대법원 1989. 7. 11. 선고 88다카9067 판결; 대법원 2018. 3. 15. 선고 2015다69907 판결; 고상룡(주 11), 343; 곽윤직(주 14), 201; 이은영(주 10), 498; 송덕수(주 11), 342.
23) 대법원 1985. 12. 24. 선고 84다카2428 판결; 곽윤직(주 14), 201; 곽윤직/김재형(주 9), 277; 송덕수(주 11), 342; 양형우(주 14), 559.
24) 대법원 2007. 7. 27. 선고 2006다39270, 39278 판결; 대법원 1975. 4. 8. 선고 74다1743 판결.

과다한 비용을 지출하지 않고서는 분리할 수 없을 정도로 부착·합체되었는지 여부"를 들고 있다. 즉, 제257조는 동산의 부합에 관하여 "부합하여 훼손하지 아니하면 분리할 수 없거나 이에 과다한 비용을 요할 경우"라고 규정하고 있는데, 판례는 이를 부동산의 부합의 경우에도 그대로 적용하고 있다. 다만, 과다한 비용이 들지 않더라도 분리로 인하여 경제적 가치를 심히 훼손시키는 경우도 부합으로 보고 있다.

판례는 ① 볼트와 너트로 건물의 후면 외벽에 고정된 지상 12층의 철골 구조체 주차시설에 대하여는 주차시설을 건물의 훼손이나 해체작업 없이 별다른 기술적 어려움 없이 분리될 수 있다고 하여 부합물이 아니라고 한 사례,[25] ② 보일러, 열교환기, 순환펌프, 물탱크, 소방설비, 배관설비, 방송설비, 전화설비 등에 관하여 위 물건이 건물에 볼트와 너트 등으로 고정되어 있어 분리가 용이하다는 이유로 부합물이 아니라고 한 사례,[26] ③ 승객용 엘리베이터, 자차자동경보시스템 중 중앙감시반, 출차주의등, 발전기 등에 대하여 부합물이 아니라고 한 사례[27] 등에서 부합의 제1기준에 미치지 못하는 정도의 부착·합체에 대해서는 부합으로 인정하지 않는다.

(2) 학설의 입장

1) 부합의 의미

제256조 본문의 부합의 의미에 대해, 앞서 본 대로 학설상 판례와 마찬가지로 부동산에의 부합과 동산간의 부합을 구별하지 않고 동산 간 부합에서와 같이 피부합물인 부동산에 부합한 동산을 "훼손하거나 과도한 비용을 지출하지 않고서는 분리할 수 없을 정도"로 부착·합체되어야 한다고 하는 다수설(일원설)[28]과 제256조를 그 문언대로 해석하여 부동산에의 부합은 동산간의 부합보다는 그 요건이 완화된다고 하여 부동산에의 부합은 "분리·복구하는 것이 사회경제상 불리한 정도의 부착·합체"면 족하고, 반드시 분리·복구가 곤란한 것임을 요하지 아니한다는 소수설(이원설)[29]로 나뉜다. 다수설이 제시하는 부합의 제1기준은 문언상 동산간 부합에 관한 제257조와 동일한데, 부동산에의 부합에서도 이와 같이 엄격한 부착·합체의 정도를 요구하는 이유는 부합에서 동산간 부합과 부동산에의 부합을 달리 취급할 필요가 있다고 하기 어려운 점, 부합제도의 존재이유와 관련하여 통설은 부합 물건에 대한 분리가 물리적으로 가능하더라도 이를 허용하는 것이 사회경제상 현저히 불리한 경우, 부합된 물건의 사회경제적 가치의 보전을 위해

---

25) 대법원 2002. 4. 12. 선고 2001다75257 판결.

26) 서울고등법원 2010. 5. 19. 선고 2007나17136(본소), 2007나17323(병합), 2007나17330(반소) 판결(확정).

27) 서울고등법원 2009. 9. 25. 선고 2008나47031(본소), 2008나47048(반소) 판결. 이 판결은 대법원 2008. 5. 8. 선고 2007다36933,36940 판결의 환송 후 판결로 대법원의 심리불속행 기각판결로 확정되었다.

28) 곽윤직(주 14), 201; 김상용(주 10), 402; 송덕수(주 11), 342; 윤철홍(주 10), 215; 이영준(주 10), 466; 이은영(주 10), 497.

29) 고상룡(주 11), 343; 김증한/김학동(주 14), 166; 제철웅, "토지에의 부합과 그 예외", 고시연구 27권 11호, 고시연구사(2000), 31-32.

분리복구를 허용하지 않고 하나의 물건으로 누군가에게 귀속시키는 공익적 목적의 제도로 이해하는 이상 그 부착·합체의 정도는 부합의 제1기준에서 제시하는 정도의 엄격한 결합을 요구한다고 본다.

반면, 소수설은 제256조와 제257조의 문언을 살펴보았을 때, 제256조는 "그 부동산에 부합한 물건"의 소유권을 취득한다고 하고, 제257조는 동산과 동산이 부합하여 "훼손하지 아니하면 분리할 수 없거나 그 분리에 과다한 비용을 요할 경우" 주된 동산의 소유자가 그 합성물의 소유권을 취득한다고 규정한다. 후자는 전자와 달리 부합(물건과 물건의 견고한 결합이라는 문언적 의미)만이 아니라, 추가적인 요건(훼손하지 않으면 분리불가능하거나 분리에 과다한 비용을 요할 경우)이 있어야 비로소 부합의 종된 물건의 소유권이 상실됨을 분명히 하고 있기 때문에 다수설과 달리 그 제256조를 그 문언대로 해석하여 부동산에의 부합은 동산간의 부합보다는 그 요건이 완화된다고 보는 것이다. 일례로 동산인 수목은 식재에 의하여 부동산인 토지에 부합되지만, 토지나 수목을 훼손하지 않으면 수목을 토지에서 분리하는 것이 불가능하거나 수목을 토지에서 분리하는데 과다한 비용이 들지도 않는다는 것을 든다.[30]

그러나 위 학설들은 부합의 기준으로서 그 부착·합체의 정도에서 차이가 있지만, 공히 부동산에의 "부합" 여부를 어떤 물건의 부동산에의 "부착·합체의 정도"를 기준으로 판단한다는 점에서 공통점이 있다. 특히 다수설은 판례도 다수설과 마찬가지라고 이해한다.[31]

2) 학설 대립의 배경

소수설이 제256조 본문의 부합의 제1기준에 대해, 동산간 부합의 기준과 달리 이해하는 것은 앞서 본 문언상의 차이도 있지만, 제256조 단서의 "부속"과의 관계를 고려한 것이라고 할 수 있다. 제256조 단서의 적용을 위해서는 제256조 본문의 적용을 받는, 즉 부합의 제1기준의 작용을 받는 것을 전제로, 타인의 권원에 의한 부속의 경우에는 그 부속물의 소유권이 타인에게 유보될 수 있어야 한다. 즉 그 부속물은 부동산과 독립된 물건이어야 한다. 그런데 제256조 본문의 부합의 제1기준인 "그 분리에 훼손 또는 과도한 비용을 요하는 정도의 부착·합체"가 되었을 때 그 부속물이 피부합물인 부동산과의 관계에서 독립된 물건으로서의 성질을 유지할 수 있는가? 라는 문제가 있다.

이 문제를 해결하기 위한 방법으로 소수설은 제256조 본문의 부합의 기준을 완화(확대)하는 해결책을 제시하여 부동산에의 부합은 "분리·복구하는 것이 사회경제상 불리한 정도의 부착·합체"이면 족하고, 반드시 분리·복구가 곤란한 것임을 요하지 아니한다고 한다.

30) 제철웅, "물권의 객체로서의 물건 -민법해석방법에 대한 약간의 문제제기를 겸하여-", 중앙법학 제2호, 중앙법학회(2000. 8), 23-24.
31) 민법주해[Ⅴ], 494.

반면, 다수설은 제256조 본문의 부합의 기준으로 판례의 제1기준을 유지하면서, 제256조 단서의 적용을 위해 부합의 정도를 2분한다(부합2분론). 즉, 다수설은 제256조 단서가 적용되기 위해서는 부속물이 어느 정도의 “독립성”을 가져야 하는바,[32] 제256조 단서가 적용되는 범위를 획정하기 위해 제256조의 단서의 “부속”[33]이라는 용어에 주목하면서, “부속된 물건이 부동산의 구성부분으로 되는 경우”에는 부합이 성립하고, 제256조의 단서 규정은 적용되지 않는다고 한다.[34] 즉, 부합의 정도를 2분하여 부동산의 본체적 구성부분과 비본체적 구성부분[35]으로 구분하거나 또는 강한 부합과 약한 부합[36]으로 구분하여 후자에 한해 부속물의 독립성을 인정하여 제256조 단서의 적용을 긍정한다.

물론 이러한 “부합2분론”에 대해서는 다음과 같은 비판이 있다.

먼저 부합의 기준에 관한 다수설의 입장에 의하면, 용이하게 분리할 수 있는 “약한 부합”은 분리에 훼손이나 과다한 비용을 부담하는 것이 아니므로, 부합의 범위 밖이라고 볼 수 있고, 또한 권원 없이 “약한 부합”이 된 경우에는 부동산의 소유자가 “약한 부합물”의 소유권을 취득하게 되는데, 이는 “분리에 따른 사회경제적 손실”이 생길 여지가 없는 데도 불구하고 단순히 그 부속에 권원이 없다는 이유로 “약한 부합물”의 소유권을 박탈하는 것은 부당하다는 것이다.[37] 따라서 부합의 기준을 일원적으로 파악할 때(다수설)에도, 이른바 “강한 부합”만을 부합이라고 보아야 한다는 것이다.

다음으로, 부합의 기준에 대해서는 다수설과 같은 입장에 있지만, 제256조는 충분한 검토 없이 이루어진 입법으로 부합의 개념에 충실하면 본문과 단서의 관계가 깨지고, 본문과 단서의 관계에 충실하면 부합의 개념이 깨지는 딜레마 상황에 빠지게 되는 것이므로 입법론으로 제256조 단서는 삭제되어야 한다는 견해도 있다.[38]

---

32) 곽윤직(주 14), 349; 박재영, “건축중인 건물의 소유권귀속”, 사법논집 제46집, 법원도서관, 2008, 520; 대법원 1985. 12. 24. 선고 84다카2428 판결; 대법원 2002. 10. 22. 선고 2002다44182, 44199 판결; 대법원 1985. 4. 23. 선고 84도1549 판결 등 참조.

33) 부속의 의미를 부동산에 부착된 것이 사회관념상 독립된 물건으로 인정되는 것(김준호(주 9), 201), 동산이 부동산의 본체적 구성부분으로 되지 아니할 정도로 결합된 것(이영준(주 10), 500), 부동산의 구성부분으로 되지 않는 경우(곽윤직/김재형(주 9), 277) 등이라고 한다.

34) 가령 곽윤직(주 14), 274 참조.

35) 이영준(주 10), 500. “본체적 구성부분”과 “비본체적 구성부분” 또는 “외양적 구성부분”의 구별에 관한 상세한 설명은 이영준(주 10), 37-38 참조.

36) 강합 부합과 약한 부합에 대하여는 민법주해[V], 495-497 참조.

37) 新田敏, “附合”, 編集代表 星野英一, 民法講座 3, 有斐閣, 1984, 20; 엄동섭, “민법상 첨부제도(부합, 혼화, 가공)에 관하여”, 민법학논총 제이, 후암곽윤직선생고희기념논문집, 박영사, 1995, 140.

38) 명순구, “「민법」 제256조 단서에 관한 해석과 입법에 대한 비판”, 법학연구 제26권 제3호, 연세대학교 법학연구원(2016. 9), 68-77 참조: 정우형, “부동산 부합의 인정범위에 관한 소고”, 법학연구 제6권, 경상대학교 법학연구소(1997), 90.

3) 검 토

가. 부합제도의 존재이유

국내에서는 일본과 달리 부합제도의 근거에 대해, 상세하게 논하고 있지 않은데, 부합제도를 물건의 현상을 유지하면서 두 이해 당사자의 이익을 적절히 조절하기 위한 제도로 이해하는 일부 견해[39]를 제외하면, 거의 이론이 없을 정도의 통설은 부합을 소유자가 다른 두 개 이상의 물건이 결합하여 1개의 물건이 되는 것을 말하는데, 사회관념상 분리하는 것이 불가능하거나 이를 원상으로 회복하는 것이 물리적으로 가능하다고 하더라도 이것이 사회경제상 대단히 불리하므로, 그 분리복구를 허용하지 않고 그것을 하나의 물건으로서 어느 누구에게 귀속시키는 것에 있다고 설명한다.[40]

한편, 제256조의 성립에 영향을 미친 일본 민법 제242조 본문은 "부동산의 소유자는 그 부동산에 종(從)으로서 부합한 물건의 소유권을 취득한다."고 규정하고 있는데, 일본의 학설[41]은 부합의 성립을 결정하는 기준이나 요건을 부합의 근거로부터 설명하는 경향이 있다.[42]

일본의 통설은 우리의 통설과 마찬가지로 부합의 근거를 사회경제적인 불이익의 회피나 사회경제적 가치의 보존에서 구하고 있다.[43] 이 견해에 따르면 부합이라는 제도는 결합된 물건을 원상으로 회복시킴으로써 낭비되는 노력이나 비용을 회피하거나 완성된 물건의 가치를 감소시키지 않기 위한 제도이며, 부합한 물건을 손상시키는지 또는 과도한 비용을 지출하지 않으면 분리할 수 없는 정도로 부착·합체하고 있는지 여부에 따라 판단된다. 또한 부합의 근거를 사회경제적 가치의 보존에서 구하고 있기 때문에 부합의 성립 여부에 관한 규정은 강행규정으로 이해한다.[44] 이는 우리 통설도 마찬가지로 본다.[45]

또한 일본의 유력설은 부합의 근거를 일물일권주의와 거래의 안전에서 구하고 있다(거래안전설 또는 거래관념설). 이 견해에 따르면 부합제도는 부합한 부분에 별도의 권리를 인정하면, 일

---

39) 이은영(주 10), 495.

40) 고상룡(주 11), 339; 곽윤직(주 14), 199; 김민중, 물권법강의, 로앤피플, 2007, 189; 김상용(주 10), 399; 이영준(주 10), 502; 민법주해[Ⅴ], 491.

41) 부합의 근거나 기준에 관한 일본학설의 변천과정은 정우형, "부동산부합에 관한 연구", 한양대학교 대학원 박사학위논문(1996), 19 이하 참조.

42) 瀬川信久, 不動産附合法の研究, 有斐閣, 1981, 7-37; 新田敏(주 37), 1 이하; 坂井智典, "民法第242条の要件に関する一考察", 広島法学 41巻 4号, 広島大学法学会, 2018, 129 이하 등 참조.

43) 船橋諄一, 物権法, 有斐閣, 1981, 363-366; 松坂佐一, 民法提要(物権法)第4版増訂, 有斐閣, 1990, 173-174; 我妻榮·有泉亨補訂, 新訂 物権法, 岩波書店, 1997, 304 이하 등 참조. 또한 사회경제적인 불이익의 회피와 사회경제적 가치의 보존이 같은 개념인지에 대해서는 의문이 없는 것은 아니다(이 점에 대하여 新田敏, "借家の增改築と民法二四二条", 法學研究 39巻 1号, 慶應義塾大學法學研究會, 1966, 27 참조).

44) 川井健/川島武宜編, 新版注釋民法(7): 物權(2), 有斐閣, 2007, 397(五十嵐淸/瀬川信久 집필부분. 이하 "新版注釋民法(7): 物權(2)"라고만 한다).

45) 민법주해[Ⅴ], 491; 주석민법[물권1], 987.

물일권주의에 반하여 부동산에 대해 권리를 취득한 제3자의 거래안전을 해치기 때문에 거래사회의 관념상 1개의 물건으로 생각될 수 있으면 부합이 성립되고, 이 기준은 강행규정이 된다고 한다. 즉, 부합의 성립 여부는 부합물이 결합의 결과, 거래관념상 독립성을 상실하기에 이르렀는지 여부에 따라 판단된다고 한다.[46)]

일본의 다른 유력설은 부합의 근거를 사적 이익을 조정하는 권리남용금지의 이념에서 찾는다(권리남용금지설). 이 견해는 권리자라도 스스로는 이익을 얻지 않고 다른 사람에게 불이익을 주기만 하는 경우 또는 다른 사람에게 현저한 불이익을 주는 경우에는 권리를 행사할 수 없다는 법원리를 부합의 근거로 하며, 이 견해에서 부합의 성립 여부는 부착된 동산 또는 부동산이 분리에 의하여 물리적 내지 가치적으로 현저하게 손상되는지, 혹은 분리에 과도한 비용을 요하는지에 의해 판단된다.[47)] 또한 당사자가 합의하면, 일본 민법 제242조 본문의 적용을 배제할 수 있고, 동조 단서의 "권원에 의해 그 물건을 부속시킨 타인의 권리를 방해하지 않는다"는 규정은 이것을 규정한 것이라고 한다. 즉, 이 견해는 부합의 성립 여부도 임의규정으로 이해한다.

나. 검 토

부합의 제1기준에 대해, 소수설은 "약한 부합"은 분리에 훼손이나 과다한 비용을 부담하는 것이 아니므로, 부합의 범위 밖이라거나 부합의 개념에 해당하지 않는다고 비판한다.

그러나 제256조 본문의 부합에 의한 부합물의 소유권 소멸과 그 보상이라는 관점에서 볼 때, 부합물의 소유권을 소멸시키는 것을 정당화할 만한 부합의 기준이 필요하다고 본다. 그런데 부합의 제1기준 자체를 완화하는 소수설의 입장은 정당한 권원 없이 부속을 시킨 경우, 그 분리복구에 훼손 또는 과도한 비용이 소요되지 않을 정도의 부착·합체임에도 그 부합물의 소유권을 소멸시켜 부합물의 소유자로부터 그 소유권을 박탈할 수 있다는 것인데, 이것이 과연 타당한가?라는 근본적인 의문이 있다. 적어도 권원이 부속된 약한 부합물의 소유권 소멸을 정당화하기 위해서는 그 부착·합체의 정도가 분리복구에 훼손 또는 과도한 비용이 소요될 정도의 부착·합체를 요구하는 부합의 제1기준이 타당하다고 본다. 즉, 소수설이 말하는 약한 부합은 부합의 적용대상이 되지 않는 것으로 봄이 타당하다.

또한 판례가 제256조 단서의 부속물의 독립성 여부를 "사회통념상" 경제적 가치(효용)의 독립성 여부로 판단하여야 한다고 판시하고 있는 바와 같이 통설과 판례는 물건의 독립성의 판단기준에 대하여 "물리적 형태"만이 아니라 "사회통념 내지 거래관념"에 따라 독립성의 유무를 판단해 왔다.[48)] 따라서 소수설이 주장하는 바와 같이 약한 부합에 분리에 훼손이나 과다한 비용을

46) 川島武宜, 新版 所有権法の理論, 岩波書店, 1987, 161-165 등 참조.
47) 瀬川信久(주 42), 326-327; 新版注釈民法(7): 物権(2), 398 참조.
48) 이영준, 민법총칙 개정증보판, 박영사, 2007, 868; 홍성재(주 11), 408.

부담할 정도로 부착·합체가 된 정도라면, 그 물리적 형태의 면에서 일응 그 부합물의 물건으로서의 독립성이 소멸할 수 있겠지만, 그 부합물이 분리하여 독립하여 거래의 대상을 삼을 수 있을 정도의 경제적 가치가 있다면, 사회통념이나 거래관념상 이의 물리적 형태에도 불구하고 그 부합물의 물건으로서의 독립성을 인정할 수 있다. 따라서 소수설의 비판은 물건의 독립성에 관하여 그 물리적 형태만을 기초로 한 것으로 타당하지 않다.

마지막으로 통설이 제시하는 부합의 근거인 사회경제적 가치보전의 정식이 타당한지 의문을 갖고 있다. 통설은 부합의 근거에 관하여 사회경제적 가치보존설의 입장에서 부합에 의해 생긴 물건을 한 개의 물건으로 존속시키고, 분리복구를 허용하지 않는 부합의 효과에 대해서는 강행규정으로 이해한다.[49] 그러면서도 통설은 부합의 제1기준을 전제로 하면서 부합2분론에 의해 제256조 단서의 정당한 권원에 의한 약한 부합의 경우에는 제256조 본문의 부합에 의한 부합물의 독립성 소멸 또는 소유권 소멸이라는 부합의 효과를 저지할 수 있다고 한다.

약한 부합의 경우, 그 부합물이 사회통념상 경제적 가치의 독립성이 인정되더라도, 정당한 권원에 의하지 않을 때에는 제256조 본문에 의해 부합물의 소유권은 소멸하지만, 정당한 권원에 의하는 경우에는 제256조 단서에 의해 부합물의 소유권은 유지된다. 그렇다면, 약한 부합에서 그 부합물이 사회통념상 경제적 가치의 독립성이 인정되더라도, 부합물의 물건으로서의 독립성 유지는 권원의 유무에 의해 좌우되는 셈이다. 이는 결국 약한 부합의 경우에는 그 부합물의 경제적 독립성이 인정되더라도 부합물의 부합 여부는 권원, 즉 당사자 사이의 합의에 의해 좌우될 수 있다는 말과 다르지 않다. 이러한 점에 비추어 보면, 과연 통설이 들고 있는 부합의 근거로서 사회경제적 가치의 보전이라는 정식이 전적으로 타당한지 의문이 들 수밖에 없다. 즉, 강한 부합에 대해서는 통설이 말하는 "사회경제적 가치의 보전"이라는 입장이 타당할지 모르나, 적어도 약한 부합의 경우에는 당사자 사이의 이해조정을 위한 제도로서 부합을 이해함이 타당하다고 본다.

2. 부합의 제2기준에 대한 검토

(1) 판례의 입장

부합의 제2기준은 주로 건물의 증·개축과 관련하여 나타나고 있는데, 대법원 1981. 12. 8. 선고 80다2821 판결에서 건물 증·개축에 있어서의 부합 여부에 대하여, "기존건물에 붙여서 증·개축된 건물부분이 물리적 구조상이나 용도, 기능 및 거래의 관점에서 사회적, 경제적으로 볼 때 그 자체로서는 구조상 건물로서의 독립성이 없고 종전의 건물과 일체로서만 거래의 대상이 되는 상태에 있으면 부합이 성립한다."고 하여 일응의 기준을 제시한 이래, 대법원 2002. 10. 25. 선고 2000다63110 판결 등에서 "증·개축 부분이 기존건물에 부착된 물리적 구조뿐만 아니라, 그 용

49) 민법주해[Ⅴ], 491; 주석민법[물권1], 987.

도와 기능의 면에서 기존건물과 독립한 경제적 효용을 가지고 거래상 별개의 소유권 객체가 될 수 있는지의 여부 및 증·개축하여 이를 소유하는 자의 의사 등을 종합하여 판단하여야" 한다고 판시하여 증·개축 부분이 거래상 독립한 별개의 소유권의 객체로 다루어질 수 있는지 여부라는 부합의 제2기준에 의해 제256조 본문의 부합 여부를 판단하고 있다. 즉, 증·개축된 부분의 독립성 여부를 판단하는 가장 핵심적인 기준은 "거래상 별개의 소유권 객체가 될 수 있는지 여부"이고, 이를 판단하기 위한 요소로 물리적인 구조, 용도, 기능, 그리고 증·개축하여 이를 소유하는 자의 의사 등을 종합적으로 고려하고 있는 것이다. 따라서 증·개축부분이 거래상 별개의 소유권의 객체가 될 수 있는 것이라면 기존건물에 부합하지 않고 별개의 독립한 소유권의 대상으로 남게 되고, 거래상 별개의 소유권의 객체가 될 수 없는 정도라면 기존건물에 부합된다고 보는 것이 부합의 제2기준이다.

(2) 학설의 입장

통설은 건물의 증·개축부분의 부합 여부와 관련하여, 건물에의 부합에 관한 개별문제(특수한 문제)[50]로 다루면서 건물에의 부합도 부합에 관한 제1기준에 의해 부합 여부를 판단하여야 한다고 하면서도(강한 부합과 약한 부합이 있을 수 있음),[51] 구체적인 사안으로 들어가서는 판례와 마찬가지로 부합의 제2기준에 의해 증·개축부분이 종래의 건물과 별개의 건물인 경우(예컨대, 물리적으로 별개의 동으로 건축된 경우)에는 부합이 성립하지 않는다고 한다.[52]

그리고 증·개축부분은 독립성을 가지 않는 경우에는 증·개축에 대한 권원 여부를 불문하고 제256조 본문에 의해 기존건물에 부합이 되고, 증·개축부분이 독립성을 갖는 경우에는 제256조 단서가 적용된다고 한다.[53] 그 증·개축된 부분의 독립성은 경제상 효용의 독립성, 장벽에 의한 확정적 폐쇄성, 독립된 출입구의 존재 등의 요소를 고려하여 판단한다.[54]

학설의 특징은 먼저 부합의 요건으로는 부합의 제1기준을 제시할 뿐 제2기준을 제시하지 않는다. 그러나 건물에의 부합에 관한 특수문제로 들어가면 증·개축부분의 부합을 다루면서 판례와 마찬가지로 부합의 제2기준을 들고 있다. 다음으로 증·개축부분이 독립성을 갖는 경우, 제256조 단서를 적용하여 그 권원 여부에 따라 증·개축부분의 소유권귀속을 정한다(후술하는 바와 같이 이설 있음).

---

50) 곽윤직/김재형(주 9), 277.
51) 민법주해[Ⅴ], 497.
52) 민법주해[Ⅴ], 497.
53) 곽윤직/김재형(주 9), 278.
54) 민법주해[Ⅴ], 498.

(3) 부합의 제2기준에 대한 검토

1) 부합의 제2기준

증·개축된 건물의 경우에 증·개축부분의 분리에 과다한 비용을 요하는 경우가 통상적이므로 앞서 본 부합의 제1기준("부합물을 분리하는 경우에 해당 부동산을 훼손하지 아니하면 분리할 수 없거나 분리에 과다한 비용을 요하는지 여부")은 부합 여부의 판단에서 유용하지 않다. 이 때문에 판례는 건물이 증·개축된 경우에 증·개축부분의 기존건물에의 부합 여부는 "증·개축부분이 기존건물에 부착된 물리적 구조뿐만 아니라, 그 용도와 기능면에서 기존건물과 독립한 경제적 효용을 가지고 거래상 별개의 소유권의 객체가 될 수 있는지 여부 및 증·개축하여 이를 소유하는 자의 의사 등을 종합하여 판단하여야 한다."고 판시하고 있는 것이다.[55)]

그런데 증·개축한 부분이 독립한 소유권의 객체가 되는 경우는 현행법상 집합건물의 소유 및 관리에 관한 법률(이하 "집합건물법"이라고만 한다)에 의해 구분소유권이 성립하는 경우에 한하기 때문에, 구분소유권의 성립과 민법 제256조의 부합의 성립은 표리일체의 관계에 있게 된다.[56)] 즉, 증·개축된 부분이 구분소유권의 객체가 될 수 있는 경우에 독립된 소유권의 객체가 되고, 이 경우의 증·개축부분은 기존건물에 대한 부합물로 볼 수 없게 된다. 구분소유권이 성립하려면 구분된 건물부분이 ① 구조상·이용상의 독립성을 가지고, ② 건물소유자의 구분소유의 의사가 인정되어야 하는바, 판례가 제시하는 부합의 제2기준은 결국 구분소유권 성립 여부에 대한 판단기준이 그대로 적용되는 것이다.

2) 검 토

그런데 판례가 제시하는 부합의 제2기준은 부합의 인정기준이 될 수 있는가?

부동산에의 부합은 피부합물인 부동산과 부합물이 분리복구를 할 때 훼손 또는 과도한 비용을 요할 정도로 부착·합체한 경우, 부합물의 소유권은 법문상 부동산의 소유자가 취득한다고 규정하고 있지만(제256조 본문), 실제로는 부합물은 피부합물인 부동산에 흡수되면서 그 물건으로서의 독립성을 상실하여 부합물의 소유권은 소멸하게 된다.[57)] 즉, 부합물이 피부합물인 부동산에 결합되어 부동산의 일부로 그 물건성을 상실하고 그 소유권이 소멸하는 현상을 규율하는 것이 제256조 본문의 부합이다.

그런데 건물의 증·개축과정을 보면, 독립된 부합물(예컨대, 건축자재 등)을 피부합물인 기존건물에 부착·합체시킬 때, 처음에는 그 부합물이 피부합물인 기존건물에 결합되어 그 부합물(건

---

55) 대법원 1994. 6. 10. 선고 94다11606 판결; 대법원 1996. 6. 14. 선고 94다53006 판결; 대법원1999. 7. 27. 선고 98다35020 판결; 대법원 2002. 10. 25. 선고 2000다63110 판결 등 다수.

56) 김득환, "1동 건물의 증·개축 부분이 구분건물로 되기 위한 요건", 대법원판례해설 통권 제33호, 법원도서관, 2000, 293.

57) 양창수/권영준(주 20), 272.

축자재 등)의 독립성은 상실되겠지만, 일정한 단계의 공정에 이르면, 건물의 신축과정과 같이 그 부합물들이 축적되어 오히려 당초의 부합물(건축자재 등)과 다른 전혀 다른 새로운 독립된 물건(구분건물)이 완성된다. 이러한 경우가 판례에서 다루고 있는 건물의 증·개축부분에 대한 부합의 제2기준이 문제되는 상황이다. 부합물(건축자재 등)이 피부합물(기존건물)과 결합하여 물건으로서의 독립성을 상실하여 그 소유권이 소멸하는 단계까지는 제256조의 부합 규정이 적용되는 국면이지만, 그 부합물들이 피부합물(기존건물)과 독립된 새로운 물건으로서의 독립성을 갖게 되는 단계에 이르면, 이는 제256조의 적용이 문제되는 국면이 아니라 물권변동의 일반원칙에 의해 새로운 물건의 등장과 그 새로운 물건에 대한 소유권의 원시취득의 문제로 보아야 한다. 예컨대, 건물의 증·개축으로 인해 생긴 증·개축부분이 집합건물법에 의한 구분소유의 요건을 갖출 경우, 이는 제256조의 적용국면(부합물의 소유권 소멸국면)이 아니라 제187조에 의한 물권의 (원시) 취득국면이라는 것이다. 이 경우 증·개축부분이 집합건물법 제1조에 의한 구분소유권의 요건을 갖추면 증·개축부분에 대한 구분소유권을 취득하게 되는 것이고, 그 반사적 효과로 부합이 성립되지 않을 뿐이다. 이는 건물이 언제나 토지와 별개의 부동산으로서 다루어지기 때문에 부합은 인정될 수 없고,[58] 입목법상 등기된 입목이나 명인방법을 갖춘 수목이 토지와는 별개의 부동산으로 취급되므로 부합은 인정되지 않는 것과 마찬가지의 현상이다.[59]

결론적으로 판례가 들고 있는 부합의 제2기준은 부합의 인정기준이라기보다는 새로운 구분소유권의 성립요건이며, 부합의 인정기준으로 볼 수 없다.

3) 제256조 단서의 적용이 문제되는가?

건물의 증·개축부분에 대한 부합 여부를 판단함에 있어서 통설은 그 증·개축부분의 독립성이 인정되는 경우, 제256조 단서의 적용을 전제로 증·개축을 한 자의 "권원"에 의한 증·개축 여부를 검토한다.[60] 이에 의하면, 증·개축부분이 독립성이 인정되지 않을 때에는 기존건물에 부합되고, 이는 권원에 의한 증·개축도 마찬가지이며, 증·개축부분이 독립성이 인정되더라도 권원에 의한 증·개축이 아닌 경우에는 증·개축부분은 기존건물에 부합하게 될 뿐이다.

이에 대해 소수설에는 통설과 달리 기존건물의 증·개축에서 그 증·개축부분의 소유권은 전적으로 그 부분이 독립성을 갖추고 있는지 여부에 의해 결정되고, 증·개축부분이 독립한 건물로 인정되는 이상 그 건물은 증·개축자의 권원 유무를 불문하고 그에게 귀속된다는 견해,[61] 동

58) 민법주해[Ⅴ], 494.
59) 민법주해[Ⅴ], 494.
60) 민법주해[Ⅴ], 498; 신국미, "부동산부합의 법리에 관한 연구", 부동산법학 제17집, 한국부동산법학회(2010. 10), 131; 곽윤직/김재형(주 9), 278은 "건물의 임차인 등이 건물소유자의 승낙을 얻어 증·개축을 한 때에는 제256조 단서에서 말하는 권원에 의하여 부속된 경우에 해당"한다고 하면서 "증·개축부분이 독립성을 가지는 경우에만 제256조 단서가 적용될 수 있다."고 한다.
61) 주석민법[물권1], 993. 제철웅(주 29), 38에서 토지에의 부합을 상정한 것이지만, "권원이 없는 자에 의한 부

산만이 부동산에 부합할 수 있다는 전제 하에서 건물의 증·개축부분은 단순히 동산의 집합에 불과하다고 보아 민법 제256조 본문에 따라 항상 기존건물의 소유자가 전체 건물의 소유권을 취득한다는 견해[62] 등이 있다.

판례는 우선 증축부분이 별개의 독립한 거래의 대상이 될 수 없는 경우(예컨대, 건물내부에 합판 등을 붙인 경우 등)에는 이를 기존건물의 구성부분으로 보아 제256조 단서의 적용대상이 아니라고 판단하고 있다. 즉, 증축부분이 구조나 기능상 독립한 거래의 대상이 될 수 없는 경우에는 기존건물의 소유자가 아닌 증축자에게 증축의 권원이 있다고 하더라도, 증축 부분은 기존건물의 구성부분에 불과하므로 민법 제256조 단서에 불구하고 기존건물의 소유권에 귀속한다고 판시하고 있다.[63] 그리고 증축부분이 구조나 기능, 그리고 증축자의 의사 등에 비추어 독립한 거래의 대상이 될 수 있는 경우에는 이를 이유로 기존건물에 부합되지 않는다고만 판시하고 있고, 증축할 권원이 있었는지 여부에 대해서 별도로 언급하지는 않고 있다는 점[64]에서 통설과 같은 입장으로 보기는 어렵다고 생각된다.

생각건대, 앞서 본 바와 같이 부합의 제2기준은 부합인정기준이 아니라 새로운 물건의 생성과 그에 따른 소유권의 원시취득의 국면, 즉 제187조에 의한 물권취득의 국면을 설명하고 있는 것에 불과하다. 따라서 증·개축부분이 구분소유권의 요건을 갖추는 경우 그 증·개축부분에 대한 소유권의 원시취득은 물권의 원시취득에 관한 일반원칙에 따라 결정할 문제이지, 제256조 단서가 적용될 국면은 아니다. 그런 점에서 통설은 제256조의 적용범위를 오해하고 있다고 보아야 한다.

특히 통설이 제256조 단서의 적용의 전제로 기존건물의 임차권자가 증·개축부분의 권원에 대해 언급하면서 "임차권"뿐만 아니라 "건물소유자의 승낙"을 언급하고 있는데,[65] 이는 통설이 제256조 단서의 "권원"에 대해 "지상권, 전세권, 임차권 등과 같이 타인의 부동산에 자기의 동산을 부속시켜서 그 부동산을 이용할 수 있는 권리"[66] 또는 "타인의 부동산에 지상물을 정착시킬 권능을 그 내용으로 포함하는 부동산이용권, 즉 지상권·전세권·임차권 등을 말한다"[67]라고 설명하고 있는 것과도 배치된다.

속에도 제256조 단서를 확대적용하는 것이 바람직하다고 주장한다. 즉, 권원이 없이 부속한 경우에도 부속자에게 부속물의 소유권을 유보하자는 것이다. 그러나 이는 제256조 단서의 적용범위를 이와 같이 해석할 이유는 없다고 본다.

62) 엄동섭(주 37), 145.
63) 대법원 1975. 4. 8. 선고 74다1743 판결 등.
64) 대법원 1977. 5. 24. 선고 76다464 판결 등.
65) 곽윤직/김재형(주 9), 278.
66) 곽윤직/김재형(주 9), 277; 김준호(주 9), 201; 송덕수(주 11), 331; 이영준(주 10), 499; 대법원 1989. 7. 11. 선고 88다9067 판결.
67) 민법주해[Ⅴ], 498.

이 때문에 증·개축부분이 독립성을 갖는 경우, 이에 대해 제256조 단서의 적용을 긍정하는 것에는 동의하지만, 이를 전제로 할 때 통설이 이해하는 "권원"의 의미에 대해 비판적인 입장은 통설에서 이해하는 '권원'은 건물에 있어서 사용수익권능일 뿐인데, 구분소유권의 객체가 될 수 있을 정도의 증·개축을 할 수 있는가? 라고 비판하면서 그 "권원을 단순히 용익권능을 넘어 -타인 토지 위에 건물, 수목, 기타 공작물의 소유를 정당화하는 제279조와 그 물건의 수거를 규정하는 제285조의 예에서와 같이- '물건의 부합'과 '부합된 물건의 분리'를 권리의 내용으로 하는 권능으로 제한하여 새겨야 한다"[68]고 하거나, "제256조 단서의 적용에 있어서는 부합의 규정이 임의규정이므로 이 단서는 동산의 원소유자가 합의나 관습에 의하여 그 소유권을 유보하는 경우라고 하며, 단서의 '권원'은 '부동산을 사용·수익할 권리'가 아니라 '부착한 동산의 소유권을 유보하는 권리'라고 해석하고, 이 '권원'은 토지의 사용권에 한정하지 않는다."[69]고 한다.

그러나 위와 같이 권원의 의미에 대해 통설과 달리 이해하는 입장도 결국은 증·개축부분이 독립성을 갖는 경우, 이에 대해 제256조 단서의 적용을 긍정하는 것을 전제로 하기 때문에 등장한 것에 불과하다.

이미 설명한 바와 같이 제256조 본문과 단서가 예정한 것은 부합물이 피부합물인 부동산에 일정한 정도로 결합된 경우, 원칙적으로 부합물은 피부합물과의 결합으로 독립성이 상실되어 그 소유권이 소멸하고(제256조 본문), 예외적으로 권원에 의해 부합물이 일정정도 독립성을 갖고 결합된 경우에는 부합물의 소유권 소멸이 저지된다는 것이다. 즉, 제256조는 그 부합물이 피부합물과 결합되었지만, 피부합물과 독립된 새로운 물건으로 창조되는 상황을 규율하는 것은 아니라는 것이다. 독립된 새로운 물건이 창출된 경우 그 물건의 소유권귀속은 물권법 일반이론에 의해 결정될 문제일 뿐이다.[70]

일부 견해는 "현행 민법은 원칙적으로 권원 없이 축조한 건물소유자에 대하여 그 철거를 청구(제214조)하는 토지소유자의 권리 외에 다른 구제수단을 알지 못하여 그 건물의 소유자에게는 물론 국가경제적으로도 커다란 손실이 아닐 수 없으므로, 제256조의 요건을 유추하여 확장함으로써 독립된 건물에 대하여도 부합된 동산에 대한 법리를 적용하는 방안을 검토할 필요가 있다."[71]

68) 이진기, "민법 물권편 총칙과 물권변동의 기본문제 -민법개정의 방향을 중심으로-", 민사법학 제55호, 한국민사법학회(2011. 9), 120.

69) 정조근, "부합의 법리", 부산여대 논문집 제24집, 신라대학교(1987), 258.

70) 고상룡, "수목의 부합여부", 고시계 통권 42호, 고시연구사(1990. 8), 163은 건물의 임차권(전세권 포함)은 보수나 증·개축을 그 내용으로 하고 있지 않기 때문에 권원에 포함되지 않는다고 한다. 그러므로 '권원'의 유무와 관계없이 증·개축의 부합의 요건을 충족하는 한 부합이 된다. 따라서 임차인이 증·개축에 의하여 소유권을 유보할 수 있는 것은 구분소유권이 성립할 수 있는 독립성이 있는 경우에 한정하고, 이러한 경우에는 그 자체가 독립된 부동산물권의 객체가 되기 때문에 부합의 문제가 생기지 않는다고 한다.

71) 이진기(주 68), 123.

고 하는데, 앞서 본 대로 부합물이 피부합물과 독립된 새로운 물건이 된 경우 제256조가 예정한 범위를 벗어난 것이므로 제256조 단서를 유추적용할 것은 아니라고 본다. 그리고 통설이 제256조 단서의 권원에 "임차권" 외에 "건물소유자의 승낙"을 들고 있는 것도 권원 없는 증·개축부분의 철거를 염두에 둔 것으로 보이는데, 그렇다고 하더라도 건물소유자의 승낙만으로 제214조의 철거청구에 대한 권원이 될 수 있을지 의문이다.

Ⅳ. 제256조 단서의 부속의 기준과 부합의 제1기준과 제2기준과의 관계

1. 제256조 단서의 부속의 기준

판례는 제256조 단서와 관련해서는 "타인이 그 권원에 의하여 부속시킨 물건" 중 "그 부속된 물건이 분리하여 경제적 가치가 있는 경우"에 한하여 부속시킨 타인의 소유에 귀속되고, "분리하여도 경제적 가치가 없는 경우"에는 원래의 부동산 소유자의 소유에 귀속되는 것이고, 여기서 "경제적 가치의 판단"은 부속시킨 물건에 대한 "일반 사회통념상의 경제적 효용의 독립성 유무"를 그 기준으로 하여야 한다고 판시하고 있다.[72] 다만, 부동산에 부합된 물건이 사실상 분리복구가 불가능하여 거래상 독립한 권리의 객체성을 상실하고 그 부동산과 일체를 이루는 부동산의 구성 부분이 된 경우에는 타인이 권원에 의하여 이를 부합시켰더라도 그 물건의 소유권은 부동산의 소유자에게 귀속된다고 판시하고 있다.[73] 즉, 판례는 제256조 단서의 적용과 관련하여 권원에 의해 부속한 물건 중 분리해서 경제적 가치가 있는 경우 부속물의 소유권은 부동산에 부합되어 소멸하지 않지만, 권원에 의해 부속시킨 것이라도 부합물이 분리복구가 불가능하여 그 부동산과 일체를 이루는 구성부분이 된 경우 거래상 독립한 권리의 객체성을 상실하여 부합물의 소유권은 소멸한다고 판시한다.

2. 부합의 제1기준과 제256조 단서의 부속과의 관계

훼손하거나 과도한 비용을 지출하지 않고서는 분리할 수 없을 정도의 부착·합체라는 부합의 제1기준과의 관계에서, 판례는 "부속"된 경우라고 밝히고 있을 뿐, "부속"이 의미하는 부착·합체의 정도를 밝히지 않고 있다. "부속물"에 대해 "분리"를 전제로, "경제적 가치"가 있는 경우를 제256조 단서의 적용기준으로 제시하면서, 부동산에 부합된 물건이 사실상 분리복구가 불가능하여 거래상 독립한 권리의 객체성을 상실하고 그 부동산과 일체를 이루는 부동산의 구성부분

72) 대법원 1975. 4. 8. 선고 74다1743 판결 등 참조.
73) 대법원 2012. 1. 26. 선고 2009다76546 판결 등 참조.

이 될 정도의 부착·합체가 된 경우(강한 부합)에는 제256조 단서 적용의 요건인 부합물의 일정한 정도의 독립성을 소멸시킬 정도의 결합으로서 제256조 단서가 적용되지 않는다고 한다.

학설은 "부속"이 의미하는 부착·합체의 정도를 부합물의 "독립성"과 연관지어서 어떻게 이해할 것인지에 대한 다툼이 있음을 이미 살펴보았다. 여기서 통설은 판례의 제1기준에 대해 비판적인 소수설의 비판에 대해 부합2분설에 따라 부합의 제1기준을 부속에도 적용한다는 전제하에 "부속=약한 의미의 부합"이라는 정식을 취하고 있고, 이러한 입론이 타당함은 앞서 보았다. 또한 통설은 판례의 제256조 단서의 부속에 관한 판시(강한 부합=부속의 불성립)는 통설의 부합2분론의 입장을 취한 것으로 이해한다.[74]

그런데 판례는 사실상 "분리복구가 불가능"하여 거래상 독립한 권리의 객체성을 상실하고 그 부동산과 일체를 이루는 "부동산의 구성부분"이 될 정도의 부착·합체가 되어 부합물의 물건성을 상실한 경우(강한 부합)를 제외하면, "부속물"에 대해 "분리(가능성)"를 전제로, "경제적 가치 또는 효용의 독립성"이 인정되는 경우에는 제256조 단서를 적용한다.

여기서 판례가 "부속"의 기준으로 "분리가능"할 정도의 부합·합체를 요구하는 것으로 볼 수 있을까? 만일 그렇다면 앞서 본 판례의 제1기준에 대해 비판적인 소수설의 입장과 유사한 기준으로 볼 수 있을 것이다.

그러나 제256조 단서는 제256조 본문의 예외를 규정하는 것이므로, 제256조 본문에서 요구하는 정도의 부착·합체의 기준을 고려하면, 판례가 제시하는 "분리"가능성("분리하여"라는 문구)은 제256조 본문의 부합이 성립되어 부합물이 피부합물인 부동산의 일부로 결합되어 있는 상황에서 제256조 단서의 적용을 위한 부합물의 물건으로서의 독립성을 판단하기 위해 그 전제로서 "분리"를 가정한 것으로 보는 것으로 족하며, 그 자체를 부속의 기준으로 삼을 필요는 없다고 본다.

따라서 판례는 제256조 단서의 적용과 관련하여 부속물의 독립성에 관한 기준을 제시한 것으로 새기면 족하고, 그렇게 새기는 것이 그 다음 판시인 분리복구가 불가능하여 권리의 객체성을 상실한 경우(강한 부합)에는 제256조 단서의 적용이 되지 않는다는 판시와도 정합성을 갖는다.

결국 제256조 단서의 부속에 관한 판례는 부합의 제1기준과 별개의 독자적인 부착·합체의 기준을 제시하고 있는 것이 아니라 부합물의 물건으로서의 독립성 여부에 관한 판시를 하고 있다고 보아야 한다.

3. 제256조 단서의 경제적 효용의 독립성과 제2기준과의 관계

제256조 단서의 적용을 위한 전제로서 부합물의 독립성과 제2기준에서 제시하는 물건의 독

74) 이계정, "경매에 있어서 부합물, 종물, 제시외 건물의 적정한 처리방안", 저스티스 통권 제137호, 한국법학원 (2013), 169.

립성의 관계는 어떻게 이해할 것인가? 앞서 본 대로 통설은 제256조 단서의 적용을 위한 전제로서 부합물의 독립성과 제256조 본문의 부합의 제2기준으로서의 물건의 독립성을 같은 의미로 이해하고 있다. 예컨대, 기존건물에 증·개축을 한 경우 그 증·개축부분이 구분소유권의 성립요건을 갖추어 독립성이 인정되는 경우, 통설은 증·개축부분의 소유권귀속판단에 제256조 단서를 적용한다.[75] 그래서 이 경우의 권원을 어떻게 이해할 것인지를 두고 학설이 갈리고 있음은 앞서 본 바와 같다.

그러나 소수설은 명확하게 그 이유를 밝히지 않고 단지 증·개축부분이 새로운 물건으로서의 독립성을 갖추고 있는지 여부에 의해 소유권귀속판단을 하여야 한다고 한다.[76]

앞서 이미 부합물이 피부합물의 소유권에 흡수되어 그 독립성을 상실하게 되어 그 소유권이 소멸하는 경우와 그 소유권의 소멸을 저지하는 경우를 상정한 것이 제256조의 규율영역이라고 밝힌 바 있는데, 그 연장선상에서 제256조 단서의 적용기준으로서 경제적 효용의 독립성 문제도 마찬가지이다. 제256조의 본문이 적용되는 것을 전제로 하는 것이기 때문에 제256조 단서의 존재의의는 제256조 본문에 의한 부합물의 소유권 소멸을 저지하는 것에 있다. 따라서 건물의 증·개축으로 인해 그 부분이 구분소유권의 요건을 갖추어 피부합물인 기존건물과 독립된 물건으로 인정되는 경우 부합으로 인해 그 부합물의 독립성 소멸을 전제로 한 결합이라는 제256조 본문의 적용대상이 아니다. 그러므로 당연히 제256조 단서도 적용될 여지가 없는 것이다.

결국 "제256조 단서의 적용요건으로서 경제적 가치의 독립성=제256조 본문의 부합으로 인해 피부합물인 부동산에 흡수되어 그 독립성이 소멸되는 부합물 자체의 독립성"을, "부합의 제2기준으로서의 독립성=부합의 결과 생긴 피부합물인 부동산과 별개의 물건으로서의 독립성"을 각 의미하는 것으로 보아야 한다.

마지막으로 제256조 단서의 강한 부합으로 인한 제256조 단서의 예외인 "권리의 객체성 상실"에서 권리의 객체성 상실은 제256조 본문의 부합물이 피부합물에 강하게 결합되어 그 독립성이 완전히 소멸될 정도로 부착·합체된 경우를 의미한다.

Ⅴ. 나가며

이상과 같이 부동산에의 부합에 관한 종래 학설과 판례의 입장에 대해 비판적 고찰을 수행하였다. 그 결과를 다음과 같이 정리할 수 있다.

75) 민법주해[Ⅴ], 498.
76) 주석민법[물권1], 993.

첫째, 제256조의 본문의 부합과 단서의 부속은 부합물이 피부합물인 부동산과 결합하여 부합물의 물건으로서의 독립성이 소멸하거나 그 소멸의 저지에 관한 것을 규율하는 것이다.

둘째, 제256조 본문의 부합의 제1기준은 통설과 판례와 마찬가지로 그 분리복구로 인한 훼손이나 과다한 비용을 요할 정도의 부착·합체로 이해함이 타당하고, 그 이유로는 강한 부합에서는 부합물과 부동산의 사회경제적 가치의 보존을, 약한 부합에서 권원 여부에 의해서도 부합물의 소유권이 소멸할 수 있다는 점에서 당사자 사이의 이해조정을 들 수 있다.

셋째, 제256조 본문의 부합의 제2기준은 부합의 기준으로 보아서는 안된다. 판례가 들고 있는 부합의 제2기준은 제256조의 규정이 적용되는 국면(부합물이 피부합물에 부착·합체되어 그 독립성을 소멸하거나 그 저지되는 국면)을 벗어나 부합물이 피부합물인 부동산과 별개의 독립된 물건으로 창출되는 국면에 관한 것이기 때문이다. 이는 제256조의 적용이 아니라 제187조가 적용되거나 집합건물법이 적용될 국면이다. 따라서 건물의 증·개축부분이 독립성을 갖는 경우에는 통설과 같이 제256조 단서를 적용해서는 안된다.

넷째, 제256조 단서의 부속에 관한 판시 중 사회통념상 경제적 효용의 독립성은 제256조 본문이 적용되는 것을 전제로 한 것으로 부합의 제2기준과는 무관하다.

중국의 전권제도와 그 활용방안*

김 용 길**

Ⅰ. 서 론

고대의 법률제도는 기원전 4000년경에 인류사회에 사유제도와 계급 등이 생기고, 국가와 법이 출현하면서 시작되었다.[1] 중국 민법의 연원을 살펴보면 고대 법제는 주로 전쟁에서 비롯되었는데 중국 고대 사회에서 중요한 국가적 행사는 전쟁과 제사였다. 이러한 고대사회에서는 두 가지 기본적인 규범체계가 형성되었는데 그것이 바로 형(刑) 및 예(禮)이다. 고대에서 법은 대부분 형벌을 가리켰으며 일반적으로 법과 형을 구분하지 않았는데,[2] 법률은 형서(刑書)의 형식으로 주로 형법의 규칙이었고 민사관계에 대한 법률분쟁들은 기본적으로 형법을 적용하여 해결하거나 제재하였다. 그리고 중국의 고대 법제는 사회생활을 '예(礼)'에 따라 규율하였다.[3]

중국의 전권은 고대 민간의 관습에서 그 기원을 찾을 수 있는데, 이는 중국민족의 고유의 특색을 갖춘 물권의 한 유형으로서, 전권자가 전가를 전권설정자에게 지급하고 그 타인의 부동산을 점유하면서 그를 사용 및 수익하는 권리를 말한다. 전권은 원래 전권설정자가 자금융통을 해결하고자 하는 경우에 중국민족의 전통적인 가(家)본위사상 및 효문화의 영향 등으로 조상이 물려준 전택(田宅)의 소유권을 경솔하게 타인에게 이전하지 않으려는 동기에서 발전된 것이다. 용익적 기능에 더하여 금융담보기능이 있는 용익물권으로서의 중국의 전권은 전권설정자를 보호하려고 하는데, 그 내부에는 회속(回贖)[4]이 그 중심에 있다. 전권자가 원래의 전가(典價)로 목적

---

* 이 글은 한국법학회의 「법학연구」 제21권 2호에도 게재되었다.

** 원광대학교 법학전문대학원 교수, 법학박사.

1) 曾尔恕 主编, 「外国法制史」, 北京大学出版社, 2009, 2页; 占茂华主编, 中国法制史-理论·实务·案例, (北京: 中国政法大学出版社), 2010, 11页.

2) 姜光文·金玲美, 「中國法講義」, 박영사, 2017, 15면.

3) 허성진·김용길, "중국 2020년 민법전 제정에 따른 주요 변화에 대한 고찰", 「가천법학」 제13권 제4호, 가천대학교 법학연구소, 2020, 134면.

4) 回贖은 出典人이 典权設定期間 만료 시에 부동산을 되찾는다는 의미이다.

물을 회속함으로써 소유권이 안정된 상태로 원상회복되는 경우에, 용익물권으로서 본래의 기능을 하는 것이다. 경제적 약자인 전권설정자를 보호하고자 하는 중국 전권의 구조는 "약자와 곤란한 자를 돕는다(濟弱扶傾)"는 중국 전통의 도덕관념 및 유가의 "균형(均平)"의 경제사상과 부합하며, 천지만물의 질서 속에서 조화를 추구하려는 중국 전통적인 법률문화 가운데에서 천인합일의 이념을 보여 주는 제도이다.[5)]

사회의 제반 환경이 변화함에 따라서 중국의 전권은 점차 감소하는 추세에 있다. 전권제도를 완전히 계승한 대만에서도 전권의 이용률은 계속 하락하고 있었는데 이를 개선하기 위하여 2010년에 대만민법상 전권제도를 전면적으로 개정하여 현대화하였지만 아직도 이용률이 저조한 편이다. 중화민국에서 수립된 전권은 중화인민공화국이 성립된 이후에 법률규정에서 폐지되었고 다시 관습법으로 되돌아갔다. 2007년에 제정된 물권법의 입법과정에서도 전권을 물권으로 도입할 것인지의 여부에 관한 논쟁이 제기되었지만 물권법에 편입되지 못하였다. 그 후 중국민법전의 편찬과정에서도 전권제도에 관한 성문화여부에 논쟁이 있었지만 결국 2021년 1월부터 시행되고 있는 중국민법전에는 도입되지 못하였다. 그러나 전권에 대한 필요성이 꾸준히 제기되었고, 그 효용성 등 필요성 또한 대단히 크기 때문에 언젠가는 중국 물권법에 도입되리라고 보여진다. 이하에서는 이러한 관점에서 중국 전권의 역사적인 흐름을 살펴보고 현대화된 우리나라 전세권의 성공 경험을 살려서 중국에 그 도입방안을 알아보고자 한다.

Ⅱ. 근대 이전에서 중국의 전권 제도

1. 중국법의 개괄적 이해

중국에서 법의 개념을 이해하는 데에는 2가지 사상적 계보가 있는데 그 하나는 중국의 전통적인 법사상이고 또 다른 하나는 1949년 이후에 소련을 통해서 들어온 마르크스주의의 법개념이다. 근대 이전에 법이라고 하면 형벌을 의미하는 경우가 많았고 법과 형(刑)은 서로 대체되기도 하였다.[6)] 중국에서 가장 오래된 문서인 상서(尙書)·여형(呂刑)에서는 당시의 소수집단들인 묘족들이 명령을 듣지 않자 다섯 가지 형을 만들었는데 그것을 법이라 하였으며,[7)] 여기에서 법은 형벌의 총합이라는 의미로 사용되고 있었다.[8)] 이처럼 형벌의 의미를 나타내는 법은 당초에는 예

5) 조효서, "中國 典權制度의 현황과 입법상 과제", 「토지법학」 제35권 제2호, 한국토지법학회, 2019, 184-185면.
6) 姜光文·金玲美, 전게서, 5면.
7) 苗民弗用靈 制以刑 惟作五虐之刑曰法.
8) 夏王朝時代에는 천벌(天罰)의 法制觀을 지도사상으로 하였다. 王立民主编, 「中国法制史」, 北京大学出版社, 2008, 11页; 占茂华主编, 前揭書, 19页.

(禮)와 상대되는 개념이었다. 중국에서 전통적인 법사상은 유가와 법가의 결합으로 형성되었는데 기원전 5세기경 전국시대 위(魏)나라에서 편찬된 성문법전은 처음에는 법경(法經)이라고 하였다. 그 후에는 한률(漢律), 당률(唐律), 대명률(大明律) 등 율이라고 하였는데 이때 법은 형과 더불어 율과 같은 뜻으로 쓰였다. 이러한 법개념들은 이렇다 할 변화없이 근대에 이르게 되는데 중국 고대의 법은 통치의 수단이라는 측면이 보다 강하고, 형이나 강제적 규정이라는 측면은 작다고 할 수 있다. 즉 법을 정의나 권리, 평등 등의 실체적인 가치와 연계하기보다는 권력을 통해 만든 것이 법이라는 실증주의적인 법 이해가 근대 이전에서는 주류를 이루었다.

19세기 중반 이후 서양에 의하여 문호가 개방되면서 많은 혼란과 내전을 거친 후 1949년에 중국 공산당의 영도 하에 사회주의 정권을 수립하였다. 이때에 절대적인 영향을 끼친 마르크스주의의 법 이해에 따르면 법은 종교나 철학 그리고 도덕과 같이 경제기반인 생산력의 수준 및 생산관계에 의하여 규정되는 상부구조에 속하기 때문에 따라서 법은 그 사회의 생산관계를 잘 반영하고 있는 이데올로기에 불과하다고 보며, 또한 법은 국가의지의 표현이라는 방식을 취하나 본질적으로는 그 당시 사회지배계급의 의지를 상당히 반영하고 있다고 한다.

이러한 점들을 감안하여 오늘날 중국의 법개념을 살펴보면 법은 통치를 위한 수단이면서, 지배계급의 이익을 수호하고, 지배계급의 의지를 반영한 형식으로서 국가 내지 국가권력이 제정한 규범이다. 즉 여기의 법개념에는 전통사상의 영향을 받은 법의 도구성 그리고 일정한 시대에만 존재하는 이데올로기로서의 법의 의존성과 기만성(欺瞞性) 그리고 법의 국가권력에 대한 종속성 등의 특징이 있다. 중국에서 법치(法治)는 인치나 덕치의 상대되는 개념으로서, 법치의 대상은 국가권력이나 위정자들이 아니라 일반 국민들이며, 따라서 법은 국가권력 또는 위정자를 제어하는 장치나 질서보다도 오히려 국가권력이 정한 통치수단으로 여겨지고 있다. 따라서 이는 성문법이나 법실증주의적 법 이해를 강화시킬 수는 있지만 법의 독립성이나 자율성은 저해시키게 된다.[9)]

2. 중국 전권의 의의

중국에 있어서 전권이 생겨난 지는 오래되었는데 중국인들은 조상으로부터 이어받은 토지를 매도하는 것을 불효로 여겼다. 조상이 물려 준 토지를 매각하지 않고 이를 이용하여 금전을 융통하고 그 토지를 도로 되찾을 수 있는 전권을 많이 이용하였는데,[10)] 이는 조상에게 받은 토지를 타인에게 매각하지 않고 당해 토지를 전권설정의 방법으로 금전을 빌리는 것이다. 이 경우에 출전인(出典人, 전세권설정자)은 약정기한에 따라 전금(典金, 전세금)을 다시 반환하여 회속할 수 있고, 전권자는 전물(典物)을 경작·이용 등으로 이익 및 수확을 얻으면서, 만약 출전인이 회속하지

9) 姜光文·金玲美, 전게서, 13면.
10) 鄭玉波, 「民法物權」, 三民書局股份有限公司, 1986, 174頁.

않는 때에는 그 전물의 소유권을 취득하도록 함으로써, 전권설정자인 출전인에게는 물론 전권자에게도 매우 효용이 높은 토지의 이용방법이 되었다. 이러한 전권이 언제부터 중국에서 관습적으로 행하여졌는가는 확실하지 않다. 그러나 주나라 말기나 춘추시대 초기 이후라는 것은 분명한데 그 이유는 고대 중국에서의 토지는 공유(公有)였는데 토지사유제도의 원칙이 인정된 것은 주말춘추초이기 때문이다.[11] 그런데 이렇듯 토지사유제도가 인정되었지만 본래 중국은 대가족제도를 영위하고 있었고, 따라서 토지는 개인소유가 아니고 가(家)의 소유에 속하였었는데 이는 양도가 불가능한 것으로 간주되었다. 그러나 이런 비양도성은 가족법상 양도제한으로 점점 완화되었고 후에는 양도시에 가(家)의 동의를 받아야 하는 것으로 축소되었다. 부동산의 양도방법으로는 종국적 양도로써 통상의 매매와 잠정적인 환매권유보부매매의 두 가지 경우를 상정할 수 있는데, 당사자간의 의사가 명확하지 않은 경우에는 환매권유보부매매로 보았었다. 그 이유는 본래 환매권유보부매매만이 허용되었기 때문이었다. 이러한 환매권유보부매매를 그때 당시에는 "전(典)" 혹은 "전매(典賣)"라고 불렀고, 여기에서의 "전(典)"은 돈을 빌린다는 것을 의미하였다.[12]

3. 당나라 이전시대의 전권

夏나라와 商나라 시대에[13] 이미 정전제(井田制)가[14] 시행되었고, 주나라에서는 조(助)의 세법을 시행하였는데,[15] 따라서 이때에도 이미 공전과 사전이 있었으며,[16] 이에 따라 周나라 말기에는 대토지 사유가 행해졌다. 이러한 대토지사유는 고대의 상업을 발달시키면서 또 다시 대토지사유를 형성하게 되었는데, 여기에서 축적된 富는 고리대자본이 되어 백성들을 압박하기도 하였다. 이러한 가혹한 상황은 그 이후 漢나라나 晉나라 이후에도 지속되었다. 정치적인 혼란과 전쟁, 흉년 등으로 궁핍했던 백성들은 불공정한 금액으로 가재도구를 매각하거나 고리를 부담하고 빌릴 수 있었다. 한편으로 돈을 빌려준 채권자는 채무자의 채무불이행시에 채권확보를 위하여

11) 김대규, "중화민국의 전권과 우리 전세권의 비교 고찰", 「재산법 연구」 제5321호, 한국재산법학회, 1988, 134면.

12) 이은영, "중화민국 민법의 전권에 관한 연구,"「현대민법학의 제문제(김증한박사 화갑기념 논문집)」, 박영사, 1981, 383면.

13) 商朝時代에는 夏朝時代의 天罰의 法制觀에 진일보하여 신(神)을 강조하였다. 王立民主编, 전게서, 14页.

14) 맹자는 세금을 부과하는 방법으로 원래 십일(什一)의 힘을 조력토록 한 것이며, 이러한 제도는 하나라, 은나라, 주시대부터 내려 온 것이라 하였다. "하후씨(夏后氏)는 五十묘(畝)에 공법을 썼으며, 은나라 사람들은 七十畝에 助법을 썼고, 주나라 사람들은 百畝에 철(徹)법을 썼는데, 그러나 실제는 모두 십일(什一)의 법이 적용된 것이다". 「孟子」, 「滕文公」 上 夏后氏五十而貢 殷人七十而助 周人百畝而徹 其實皆什一也, 오종일, "맹자의 정전론과 정전제도의 사상적 연원", 「동양철학연구」 제37권, 동양철학연구회, 2004, 341면.

15) 맹자는 「詩經」 「小雅 · 大田」편을 인용하여 당시에 백성들이 私田보다 公田의 곡식이 잘 자라는 것을 바라고 있었으며, 백성을 위하여 세금을 줄이는 방법으로 정전제도를 시행하는 것이 가장 좋다고 하였다. 「孟子」, 「滕文公」 上. 詩云雨我公田 遂及我私 惟助爲有公田 由此觀之 雖周亦助也.

16) 맹자는 「詩經」 「小雅 · 大田」편을 인용하여 주나라 당시에 公田과 私田이 이미 있었으며, 백성들은 먼저 공전을 생각하고 그 다음에 사전을 생각하였다. 즉 선공후사의 정신이 있었다. 「孟子」, 「滕文公」 上 朱註: 言順天 雨於公田 而遂及私田 先公而後私也.

담보가 필요하였는데 중국의 先秦시대에도 담보제도가 있었으며,[17] 그 과정에서 전권도 매우 중요한 역할을 하였다. 漢代에서는[18] 동산질이 많았으며 漢魏六朝시대에는 담보로서 人質이 많았고, 六朝시대에는 토지의 환매조건부 매매인 첩매(貼賣)[19]나 점유질도 있었다. 梁나라에는 무점유질의 부동산담보도 있었다. 이처럼 중국의 담보제도는 환매조건부 매매가 점유질에 앞섰고, 점유질은 무점유질에 선행되었다.[20]

4. 당·송시대의 전권

당[21]·송시대에는 貼·貼買·貼典·質·質當·質賣·典·典賣[22]·典質·典當·抵當·倚當 등이 채권 확보를 위하여 설정된 물적 담보로 쓰였다. 貼은 일찍부터 금융의 융통방법으로서 행하여졌는데 이는 매매의 일종으로 기한부 매매이며, 貼賣도 환매약관부 매매에 유사하다.[23] 기타 典貼·貼典 등이 典과 병칭되거나 典質과 혼동되었는데 典과 質은 공통된 성질을 가진 물적담보의 형식이라 할 수 있다. 貼은 매매라 할지라도 그 본질은 채무이행에 대한 담보로 여겨지며, 이 같은 환매약관부 매매는 담보의 원초적인 형태라는 것이다. 典·質은 典賣·典質·倚質·典貼 등과 같이 담보물의 점유를 상대방에게 이전하는 점유질인 것이다.[24] 이를 貼과 비교해 보면, 목적물의 점유를 매수인에게 이전하는 형태는 같지만, 貼은 법률형식상으로는 매매이므로 채무이행이라는 법률관계가 없으나 전질의 법률형식은 채권담보이다. 貼은 환매약관부 매매이기 때문에 일정기한 내에 환매를 조건으로 소유권을 이전하는 것으로서 해제조건부 소유권양도인데 비하여, 전질은 담보물의 점유를 질권자인 質取主에게 이전시에도 소유권은 질권설정자인 質入主에게 남아있는 것이므로 상호 다르다. 즉 당·송[25]시대의 점유질인 전질은 채권이자에 더하여 전질부동산의 모든 수익으로 충당하는 利質이고, 청려권(請戾權)이[26] 무제한으로 존속되는 영구질

---

17) 仁井田陞, 「中國法制史硏究」(土地法·去來法), 東京大學出版會, 1960, 477-478頁.
18) 漢朝時代에는 사유토지에 대하여 제한적인 점유가 있었다. 차임계약에 관한 담보로서 저당방식이 채용되었는데, 일반적으로 질(質) 또는 췌(贅)라고 하였다. 王立民主编, 前揭書, 87-89页.
19) 첩매(貼賣)는 매매 목적물인 토지의 소유와 동시에 그 점유가 매수인에게 이전하고 매도인이 일정한 기간 즉 荒田은 7년 그리고 熟田은 5년에 매매대금을 모두 반환하면 토지반환을 받게 되나, 기한 내에 매매대금을 반환하지 않게 되면 토지는 매수인의 소유로 되는 것이었는데, 이는 점유질이고 귀속질이라고 볼 수 있다. 이 貼은 "天叶切 以物質錢", 즉 물건을 잡히고 받은 돈에 볼모로써 기한부 환매약관부 매매로 여겨지며, '典質'로도 쓰였는데, 貼은 質로도 풀이될 수 있다. 상게서, 488页.
20) 戴炎輝, 「中國法制史」, 三民書局, 民國 55년(1966), 287页.
21) 唐朝時代의 法律形式으로는 律令格式 및 典 등이 있었다. 王立民主编, 前揭書, 133页.
22) 송나라시대의 典賣는 전당과 매매를 가리킨다. 典當은 回贖하는 것을 조건으로 하는 일종의 특수한 매매이다. 占茂华主编, 前揭書, 233页.
23) 戴炎輝, 前揭書, 311页.
24) 윤대성, 「한국전세권법연구」, 한국학술정보(주), 2009, 160면.
25) 宋朝時代의 부동산매매는 絶賣와 活賣로 구분된다. 王立民主编, 前揭書, 174-175页.
26) 請戾權은 빌린 돈을 갚은 후에 전질을 종료시키는 권한을 말한다.

로 볼 수 있다. 전당계약의 업주(業主)는 전주(錢主)의 典價를 취할 수 있으며, 30년의 법정기한내에서 수시로 원가로서 목적물을 회속할 수 있다.[27] 아울러 점유질인 전질은 그 회수에 반드시 속(贖)[28]을 받으므로 원리소각질은 물론 死質도 아니다. 한편 指當은 채무자가 담보물의 점유를 계속하지만, 채권자는 목적물을 점유하지 않고 있다가 채무가 이행되지 않는 경우에는 재판도 없이 간단하게 목적물의 점유를 취득할 수 있는 권리로서 무점유질이다.[29] 여기에서도 부동산 점유질인 典·質에서 전권의 연원을 밝힐 수 있다.

5. 원·명시대의 典·買

원나라와[30] 명나라시대에는 부동산질을 質·質典·質當·質賣·典質·典·典賣·典買 또는 當 등이라고 하였는데, 典賣·典買처럼 대개 전과 매매가 병칭되었으나 각각 별개라 할 수 있다. 이 시기의 전질도 객체인 부동산을 담보에 제공하기 위하여 상대방에게 인도하는 것이었으며 따라서 부동산의 典·質도 점유질로서 상대방에게 담보의 객체인 부동산의 인도가 질계약의 성립요건이었다(要物契約). 즉 인도는 부동산질권의 존재를 공시하는 기능이었다. 원나라시대에 부동산의 매매와 전당(典當)계약에는 5개의 절차를[31] 필수적으로 거쳐야 효력이 발생되었다. 명나라시대에는 토지·가옥의 전당절차와 매매가 거의 같았으며, 전세제도에 대한 명확한 규정이 있었다. 동산전당을 질압(質押)이라고 하는데 3分(3%)의 이자제한이 있었다.[32] 大明律集說附例에 따르면 典買는 부동산을 담보하기 위하여 상대방에게 점유를 이전하고 금전을 빌리는(取其財) 것을 '典'이라 하고, 상대방에게 부동산의 소유권을 이전하고 상대방으로부터 대가를 받는(易其財) 것을 '賣'라고 하였다. 특히 典은 목적물을 청려(贖)할 수 있는데 비하여 賣는 그렇지 않다고 하였다.[33] 한편, 무점유질인 부동산저당도 발달되었는데 이를 指當·指地·指房·抵押으로 불렸다.[34] 한편 질계약에 있어서는 典買房屋契式, 典房契, 當屋契 등 계약서를 작성 및 교부하였다.[35] 典買房屋契式은 목적물이 몇 칸, 몇 架의 房屋과 함께 그 대지도 典賣되었고, 典房契에서는 질권설정자인 質人主는 이자를, 질권자인 質取主는 房錢의 지불을 요하지 않는다는 취지, 그리고 기간만

27) 王立民主编, 前揭書, 175页.
28) 소비대차에 있어서 元本을 말한다.
29) 仁井田陞, 前揭書, 513-527頁.
30) 元朝時代에는 전체 국민을 4등급으로 구분하였는데, 고려인과 발해인들은 漢族, 여진, 거란족과 더불어 3등급이었다. 王立民主编, 前揭書, 195页.
31) 经官给据, 先问亲邻, 签押文契´ 印契税契, 过割赋税 등. 王立民主编, 前揭書, 196页; 占茂华主编, 前揭書, 270页.
32) 占茂华主编, 前揭書, 294页.
33) 윤대성, 전게서, 162면.
34) 仁井田陞, 前揭書, 613-614頁.
35) 상게서, 589-590頁.

료 전에 질입주가 목적물의 반환을 요하는 때는 罰銀의 지불 및 양당사자가 위약하지 않을 것 등을 기재하였고, 當屋契는 典이 아니고 當이지만 典房契와 유사한 내용이었다.[36] 계약서가 완성된 후 관공서에 税錢을 납부하면 공적증명서인 契本을 첨부하여 돌려주었는데 이를 '稅契'제도라고 한다.[37] 稅契過割의 제도는 조선시대의 '大明律直解'에 의하여 立案제도로 계수되었다.[38] 원·명 시대의 부동산질의 법률형식은 당·송시대처럼 점유질·수익질·이질이었다.

6. 청대의 典

청나라시대에는 부동산의 전당제도가 완비되었다.[39] 清代에서도 '大清律' 典賣律에 '大明律直解' 典賣田宅條와 같은 내용을 둠으로써 明代의 典買가 계속되었으므로 결국 청대의 典에 있어서도 명대와 같이 점유질·수익질·이질이었다. 清代에서는 回贖(請戻)을 제한하는 한편, 典과 絕賣를 엄격하게 나눔으로써 典約을 소유권 취득의 단계로 인정하였다.[40] 청의 擁正 13년(1735년)에 황제의 명령인 諭에[41] 따르면 '活賣 및 典業은 민간에서 일시적인 금전대차로서 매매 납세와 같지 않다'고 함으로써 典이 금전대차를 위한 것으로, 매매와는 달랐다.[42] 또한 청의 乾隆 년간(1735~1795년)에 부동산을 거래하면서 典賣계약서의 내용이 분명하지 않은 것이 많아서, '乾隆 18년 이전계약서로서 내용이 불명한 재산에 대하여 30년 이상의 것 중에서 회속이라고 기재한 것 이외에는 絕賣로[43] 하였는데 이는 대금을 내고서 다시 회속하는 것을 허용하지 않았다. 다만, 30년 내의 것으로 계약서에 絕賣의 기재가 없는 경우는 대금지급 후에 典物을 다시 되찾는 것(請戻)을 허용한다'고 例(施行規則)를 정하였다.[44] 그 후 典에 있어서 기간제한이 없는 것은 부동산개량이나 회속에 있어서 분쟁이 많이 발생하였기 때문에 戶部의 시행세칙인 戶部則例에 규정하였다.[45]

---

36) 윤대성, 전게서, 164면.
37) 稅契는 관사의 발급에 따라 증거력이 주어졌고, 공증력을 인정되는 동시에 불가쟁력인 공신력까지 주어졌다. 동시에 공과의 부담자인 토지소유자 및 질을 취득한 質取主의 명의변경절차로서 '過割'이있었다. 仁井田陞, 前掲書, 600-601頁.
38) 윤대성, 전게서, 165면.
39) 王立民主编, 前揭書, 239-240页; 占茂华主编, 前揭書, 321页.
40) 久保木康晴, "中國民法にみる典權について", 「創價法學」 第9卷 第3·4號, 創價大學, 昭和53(1978), 73頁.
41) 청(淸)대 공문(公文)의 한 가지로 유지(諭旨)이다. 즉 황제가 자기 의사를 관청에 유시하는 공문을 말한다.
42) 王立民主编, 前揭書, 239页.
43) 絶賣는 목적물을 완전히 팔아서 소유권이 넘어가는 매매를 말한다.
44) 윤대성, 전게서, 166면.
45) 久保木康晴, 前揭書, 73頁.

Ⅲ. 근대 이후에서 중국의 전권 제도

1. 중화민국의 전권제도

(1) 중화민국 민법전의 입법

중국은 청말에 아편전쟁(1840~1843년)을 기화로 태평천국의 난(1850~1864년)으로서 내적 구조의 변화를 맞아 서세동점에 의한 대외적 지위의 저하로 清朝의 붕괴가 시작되었다. 이때에 나타난 근대적인 사상은 청말의 혼란에 의한 위기의식의 발생에 따라 정치와 경제의 현상을 개조하려는 '經世致用'의 사조와 서구 열강의 위력을 체험함으로써 서구의 자연과학이나 근대사상을 평가한 '洋務運動' 및 '變法自疆運動'과 한족의 지위를 향상시키고, 만주족을 배격하는 反滿興漢의 민족주의사상이었다.

이러한 급격한 변화속에서 청조는 1908년에 '憲法大綱'을 공포함으로써 입헌군주제를 확립하였는데 이것이 근대적인 법전을 편찬하게 되는 배경이 되었다.[46] 光緒 28년(1902년)부터 修訂法律大臣이라는 기관을 설치하고 근대 법전의 편찬에 착수하였는데, 宣統 2년(1910년)에 大淸刑律을 공포하고, 상률 등 여러 법 분야에도 파급되었다. 이처럼 근대적인 법전편찬 사업이 진행됨으로써 구법에 익숙한 관료들의 집무에 혼란이 일어나게 되자 修訂法律館을 제정하였다. 이 수정법률관은 민법전초안 및 그 부속법을 기초하고, 수정법률관이 당면과제를 위한 활동을 개시한 것이 大淸民律의 기초이었다.[47] 중국에서는 전통적으로 법이 통치의 수단이었으므로 공법적인 것이 주가 되었기 때문에 사법적인 관습을 조사할 필요가 있어서 光緒 33년(1907년) 12월 및 光緒 34년(1908년)[48] 5월에 중국 전역의 관습을 조사하였다.[49]이와 더불어 외국인 고문을 위촉하여 동서양의 민상법을 참작하고 이를 채용하도록 노력하였는데 외국인 고문 중에는 일본인 법학자인 志田鉀太郎과 松岡義正을 초빙하여 그 견해를 참작하였다.[50]

이러한 외국법의 계수과정에서도 예부터 내려오는 禮敎를 손상하지 않도록 하였으며 그 결과 大淸民律의 親屬·繼承의 대부분이 종래의 禮學館의 테두리에 남게 되었다.[51] 宣流 3년(1911

---

46) 占茂华主编, 前揭书, 344-345页.

47) 윤대성, 전게서, 170면.

48) 至光绪三十四年, 大清律例修订完竣, 共删除345条, 综计篇目30, 律文共389条, 例文共1327条, 附禁烟条例12条, 秋审条款5门,165条, 名曰大清现行刑律; 谢振民编著 张知本校订, 「中华民国立法史」 下册, 中国政法大学出版社, 2009, 742页.

49) 島田正郎, "淸末における民商律草案の編纂について", 「法律論叢」 第34巻 第6號, 明治大学 法律研究所, 1966, 137-138頁.

50) 谢振民编著 张知本校订, 前揭书, 744页.

51) 島田正郎, 前揭書, 138-139頁.

년) 8월에 탈고하여 편찬이 완성된[52] 大清民律草案(民律 제1차 草案)은[53] 資政院에 제출되어 심의에 붙여지도록 주청하였으나 신해혁명으로 인하여 宣統帝의 퇴위와 더불어 清朝의 멸망으로 공포되지 못하였다. 이 민률초안은 외국법의 계수에 급급하여 고유의 法源을 경시한 점이 있으며, 특히 물권편에 두어야 할 老佃·典·先買 등 민간에서 행하여지는 것을 규정하지 않은 문제점이 있다.[54] 결국 관습조사를 하였음에도 민률초안에는 부동산질권만을 규정하고[55] 전권제도는 도입되지 못하였다.[56] 그러나 특별법인 '清理不動産典當辦法'을[57] 마련하여 전권의 회속을 제한하고, 絕賣와 엄격히 구별하도록 하였다.[58]

(2) 중화민국 민법전상 전권제도

신해혁명이[59] 발생한 후에 민국이 성립되었는데 이때 법전편찬회가 설립되었다.[60] 광동정부는 民國 원년(1911년) 12월 5일 국무원에 '대청민률초안 및 大清民刑訴訟律草案을 至急 頒布實施할 것의 稟請'을 내었으나 채택되지 못하였다. 민국 3년(1914년) 2월에 法律编查会가 설립되었는데, 민국 4년(1915년)에 法律编查会는 민법 초안의 기초에 착수하였으며, 민국 7년(1918년) 7월에 정부는 修訂法律館을 설립하였다.[61] 그러는 동안에 광동의 군정부가 들어서고 민국 10년(1921년) 3월 2일에 정부령으로서 광동정부 수정민률이[62] 공포되었다. 한편 북경 정부는 대청민률초안 중 총칙 및 채권2편을 수정한 민률총칙 및 민률채편을 만들고, 물권·친속·계승편은 민률초안 대신에 대청형률을 유용하여 '民國繼續適用現行律民事部分'을 선포하였다.[63] 민국 14년(1925년)에는 민국 4년(1915년)에 法律編查會가 민법초안의 기초에 착수하여 중국 각성의 민상사 관습을 조사하고 각국의 최신 입법례를 참조하여 중화민국민률초안을 탈고하였는데[64] 이것이

52) 谢振民编著 张知本校订, 前揭書, 744页.

53) 大清民律草案凡5编, 第一编总则共8章, 第二编债权共8章, 第三编物权共7章, 亲属法分7章, 继承法分6章, 以上五编前三编共1316条, 计总则编 323条, 债权编 654条, 物权编 339条, 后二编亲属法都 143条, 继承法都110条; 谢振民编著 张知本校订, 前揭書, 745-746页.

54) 楊幼炯, 「中國近代法制史」, 24页; 島田正郎, 前揭書, 144頁.

55) 第三编物权 共7章, 第一章通则, 第二章所有权, 分4节: (1)通则, (2)不动产所有权, (3)动产所有权, (4)占有, 第三章地上权, 第四章永佃权, 第五章地役权, 第六章担保物权, 分5节: (1)通则, (2)抵押权, (3)土地债务, (4)不动产质权, (5)动产质权, 第七章占有.

56) 윤대성, 전게서, 173면.

57) "清理不動産典當辦法"은 辛亥革命으로 大清民律草案이 공포되지 않은 것을 기화로 民國 4년(1915년) 10월 9일에 政 제44호로 공포되었다.

58) 久保木康晴, 前揭書, 73頁.

59) 1917년 10월 혁명으로부터 현재의 중국 법률제도가 발전되었다. 曾尔恕 主编, 前揭書, 7页.

60) 设法典编纂会, 会长由法制局长兼任, 并置编纂调查各员, 从事于民法, 商法, 民刑事诉讼法之草订.

61) 谢振民编著 张知本校订, 前揭書, 747页.

62) 廣東政府修正民律은 청나라의 修訂法律館이 기초한 民律草案으로서 군정부의 신입법주의에 저촉되는 두 세 가지의 점을 삭제하였을 뿐이다. 윤대성, 전게서, 174면.

63) 島田正郎, 前揭書, 147頁.

64) 占茂华主编, 前揭書, 2010, 391页.

제2차 민률초안이다.[65)]

한편 국민정부가 민국 16년(1927년) 4월에 남경에서 시작되면서 민법전을 제정하고자 하였는데 이 민법전은 大清民律草案과는 상당히 다른 원칙을 채택하였다. 민국 18년(1929년) 10월 30일에 입법원에 이송된 중앙정치회의 제202차 회의에서 가결된 '中華民國民法物權編立法原則' 중[66)] 제10항 내지 제14항에서 전권에 관한 입법원칙을 다음과 같이 정하였다.[67)]

> 제10항 典價를 지급하고 타인의 不動産을 占有하여 사용 및 수익하는 자를 典權人이라 한다(十, 支付典價 占有他人之不動産 而爲使用及收益者, 爲典權人).
> 제11항 典權의 존속기간은 30년을 초과할 수 없으며, 약정기한이 30년을 넘는 것은 30년으로 단축한다(十一, 典權在續期間 逾不得三十年, 約定期限逾三十年者, 縮短爲三十年).
> 제12항 出典人은 典權을 설정한 후 여전히 典物의 소유권을 타인에게 讓與할 수 있다(十二, 出典人於典權設定後, 仍得將典物之所有權 讓與他人).
> 제13항 出典人이 典期가 만료된 후 2년을 경과하여도 원가로 回贖하지 않으면 典權人은 즉시 典物의 소유권을 취득한다. 典權의 존속기간을 정하지 않은 것은 出典人이 언제든지 典物을 回贖할 수 있지만, 出典한 후 30년이 경과하여도 回贖하지 않으면 典權人은 즉시 典物의 소유권을 취득한다(十三, 出典人於典期屆滿後 經過二年 不以原典價贖回者, 典權人卽取得典物之所有權, 典權未定存續期間者, 出典人得隨時原典價回贖典物, 但自出典後 經過三十年不回贖者, 典權人卽取得典物之所有權).
> 제14항 出典人이 典權人에 대하여 典物의 소유권을 讓與할 것을 표시하면, 典權人은 시가로 找貼하여 전물소유권을 취득할 수 있다. 다만 找貼은 1차에 한한다(十四, 出典人對於典權人表示讓與其典物之所有權者, 典權人得按時價找貼 取得典物所有權, 但其找貼以一次爲限).

입법원은 이러한 원칙에 입각하여 제2차 민법편찬에서 전권을 입법하였는데 이는 민국 18년(1929년) 11월 30일에 공포되어 민국 19년(1930년) 5월 5일부터 시행되었다.[68)]

---

65) 《第二次民律草案》 分五编, 第一编"总则"共二百二十三条, 第二编"债"共五百二十一条, 第三编"物权"共三百一十条, 第四编"亲属"共一百 四十一条, 第五编"继承"共一百二十五条.
66) 物权编 共9章, 废第一次草案物权编第六章担保物权, 将抵押权ˊ 质权各立一章, 并增典权一章, 全编共310条, 较前少 29条.
67) 谢振民编著 张知本校订, 前揭書, 772-773页.
68) 民法 第三编《物权》 全编共分10章, 自第757条至第966条, 都 210条, 第一章总则, 第二章所有权, 分为4节: (1)通则, (2)不动产所有权, (3)动产所有权, (4)共同, 第三章至第六章为地上权, 永佃权, 地役权, 抵押权, 第七章质权, 分为2节: (1)动产质权 (2)权利质权, 第八章 典权, 第九章留置权, 第十章占有; 谢振民编著 张知本校订, 前揭書, 774页.

(3) 검 토

제1차 민률초안인 대청민률초안에서는 전권에 대한 규정이 없었는데 법안기초자는 전권과 담보물권인 부동산질권을 동일시하였다. 이러한 대청민률초안이 資政院에서 의결되었지만 시행되지 못하였다. 제2차 민률초안에서 물권편의 기초자인 法律編査會의 黃右昌은 부동산질권 이외에 전권을 새로 규정함으로써 전권을 부활시켰다.[69] 제2차 민률초안에는 제1차 민률초안이 영향을 주지 않았으나, 북경대학 교수인 黃右昌은 제7장 질권에 이어 제8장 전권을 신설하여 제1차 민률초안의 미비점을 개선하였다. 다만 초안 제982조가 '부동산질권은 전권의 규정에 준용할 수 있다'고 규정하였고, 또한 동 초안 제1002조가 '전권은 저당권, 질권의 규정을 준용할 수 있다'고 함으로써, 부동산질권과 함께 질권이 담보물권의 일종으로 보고 있음을 알 수 있다. 이는 중화민국민법 물권편입법원칙 제10항 내지 제14항에 따른 전권의 고유성이 입법에 반영되었다고 할 수 있다.[70]

2. 만주국의 전권제도

(1) 만주국의 전권제도의 개요

청조에 속하였던 만주는 그러한 역사적인 이유로 淸朝의 법제를 따랐다. 그러나 청말에 이르러 만주는 군벌의 통치로 大淸會典의 체제는 무력화되었다. 일본의 식민정책과 군벌의 합작으로 만주국이 건국되었는데, 大同 元年(1932년) 3월 9일에 教令 제3호를 발포하여 잠정적으로 종전 법령을 원용하도록 하였다.[71] 그러나 신생국으로서 독자적인 법전이 필요하였고, 치외법권을 철폐하기 위해서도 법령 정비가 요청되었다. 그런데 청조의 법전이 있음에도 불구하고 각 지방에서 행하여지는 법관습이 매우 중요시 되었는데 특히 만주에 있어서는 관습에 의한 거래가 활발하였다. 만주의 전권 등 법적 관행을 수년 동안 조사하였는데 조선은행 조사국의 「滿洲의 不動産權에 관한 조사」[72]에 의하면, 전권에 대하여 "典이라 함은 타인으로부터 일정한 금전의 융통을 받고 이에 대하여 자기의 부동산을 사용, 수익하게 하는 행위로서, 후일 이와 동액인 금전을 급부하고, 사용, 수익을 종료시킬 수 있는 것을 말한다"고 하였다. 즉 典은 금전융통행위이지만 전권은 용익권적 성질을 가지며, 그 효력에 있어서 환매약관부 매매와 비슷한 소유권의 이전에 있다고 한다. 그러나 남만주철도주식회사의 「滿蒙諸慣習概要」에[73] 따르면 當 및 典을 담보권으로 취급하고 있으며,[74] 가옥의 임대차는 이와 다르게 사용임대차로 다루기도 하였다. 이처럼

---

69) 谢振民编著 张知本校订, 前揭書, 747页.
70) 윤대성, 전게서, 176면.
71) 菅原達郎, "滿洲國に於ける土地制度の調査と土地法規の制定に就いて", 「法律時報」 第11巻 第6號, 1939, 519-520頁.
72) 朝鮮銀行調査局, 「滿洲ノ不動産權ニ關スル調査」(大正 6년(1917)), 37-39頁.
73) 南滿洲鐵道株式會社 總務部 調査課, 「滿蒙諸慣習概要 · 土地商租」(滿鐵調査資料 제1편), 滿蒙文化協會出版部, 大正 9년(1920).

滿蒙의 관습에 의하면 典 이외에 가옥의 임대차가 행하여졌으며, 전권이 典物의 사용, 수익권을 典价를 받고서 일정기간의 매매를 하는 것으로도 보기도 하였는데 이때는 담보물권이 아니라고 하였다. 그러나 關東州에서는 전권을 질권으로 보기도 하였다. 관습상의 전권은 '當'이라고 하는 것에 전권과 低押이 포함되어서, 典은 그 점유를 상대방에게 이전하지만 押은 점유를 이전하지 않는 것이다. 또한 반드시 부동산에만 한하지 않고 동산으로서도 하는 것도 있었다.[75]

(2) 만주국 민법상 전권제도

만주국이 건국된 후에 사법사무는 대개 滿鐵의 사람들이 담당하였다. 그러나 만주국은 사법부의 업무를 일본의 사법성에 의뢰하였다. 만주국에서 민법전을 편찬하면서 법전제정위원회가 심의 의결한 '物權法要綱'에 따르면, 물권의 종류 및 내용은 중화민국민법과 같은 정도로 하였으므로 여기에서의 典权도 중화민국민법전과 같은 담보물권의 일종으로 파악된다.[76] 또한 物權法要綱을 구체화하여 '民法 物權編 制定大綱에 관한 顧問會議 決定事項'을 만들었는데 여기에서 물권의 종류는 점유권 · 소유권 · 지상권 · 耕種權 · 지역권 · 유치권 · 질권 · 저당권과 典权으로 정하였다. 그리고 전권은 당시의 만주의 관행이나 일본민법 및 중화민국민법상의 부동산질에 대한 내용을 참작하였다.[77] 만주국의 민법전을 제정함에는 재산편인 총칙 · 물권 · 채권편만을 康德 4년(1937년) 6월 15일에 참의부 어전회의에서 의결하고 당일에 칙령 제130호로서 '民法 제1편 제2편 제3편'을 공포하였다. 이 만주국민법전은 康德 4년(1937년) 12월 1일부터 시행하였는데 이때에 민법전 제정에 따른 찬반토론은 없었다. 만주국민법전상 전권은 민간에서 전해내려오는 관습법의 일종이었지만, 만주국민법전의 제2편 물권 중 제7장 전권으로 편입되어, 이로써 제294조 내지 제311조의 18개 조문으로 규정되었다.

3. 대만 민법상 전권제도

대만의 전권제도는 일제에 합병되기 이전부터 부동산에 대한 전권설정이 있었다. 그러나 일본이 대만을 지배할 당시에 일본에는 전권제도가 없었고, 부동산질권만이 있었으므로 그 권리의 실현방법이 문제되었다. 그 후 대만은 1945년에 해방이 된 이후에도 대만 민법상 부동산 질권제도가 없었기 때문에 그 권리의 수용여부가 또 다시 문제되었다. 대만 민법상 물권편의 전권 규정은 1929년 11월 30일에 국민당 정부가 공포한 이후에, 2010년 1월 1일에 전면적으로 개정하였

---

74) 南滿洲鐵道株式會社 總務部調查課, 「滿蒙諸慣習概要 · 土地商租」(滿鐵調查資料 제1편), (大連: 滿蒙文化協會出版部, 大正 9년(1920)), 28-30頁.

75) 윤대성, 전게서, 178-179면.

76) 菅原達郞, "滿洲國に於ける土地制度の調査と土地法規の制定に就いて", 「法律時報」, 第11卷 第6號, 1939, 522頁.

77) 上揭書, 523頁.

다. 구 민법상의 전권은 대만민법 제911조 내지 제927조까지 17개 조문으로 구성되어 있었는데, 2010년 개정에서는 6개 조문은 현행대로 유지하고, 10개 조문을 개정하면서 4개 조문을 신설하고 1개 조문은 삭제하여 20개 조문으로 구성되었다.

대만 구민법 제911조는 "전권이란 전가를 지급하고 타인의 부동산을 점유하여 사용, 수익을 하는 권리"라고 하였는데 개정 민법에서는 이를 "전권은 전가(典價)를 지급하고 타인의 부동산을 사용 및 수익하며, 그 타인이 회속하지 않는 경우에는 그 부동산의 소유권을 취득하는 권리"로 변경하였다. 즉 전물에 대한 점유는 용익물권으로서 당연히 전물을 사용·수익하는 것이라고 하면서, 이것은 전권의 효력에 속하는 문제이지 성립요건은 아니라는 것이다.[78] 이는 전권의 용익물권성을 인정함과 아울러 전권자가 법에 의하여 목적물의 소유권을 취득할 수 있음을 천명한 것이다.

개정 민법은 우선, 전권의 용익물권성을 강화하였는데, 전권자는 목적물의 성질에 따라 전물을 사용 및 수익하여야 하며, 목적물을 영구히 이용가능 하도록 유지하여야 한다. 이러한 규정을 위반하여 전권설정자의 제지를 받은 후에도 전권자가 규정위반의 행위를 하는 때에는 전권설정자가 그 전물을 회속할 수 있도록[79] 하였다. 전권자의 목적물에 대한 용익범위는 용익물권 중에서 가장 넓어서 소유권과 같다. 둘째, 전권의 처분을 일체화하였다. 토지와 건물의 복잡한 법률관계를 간명하게 하기 위하여 토지와 토지상에 있는 건물이 동일인의 소유에 속하고, 이에 전권을 설정한 경우에 전권자는 그 목적물을 분리하여 전전(轉典)하거나 전권을 분리 처분하지 못하도록 하고 있다.[80] 아울러 건물의 경제적인 가치를 유지하고 재산권을 보장하고자 하는 헌법의 취지를 살리기 위하여 전권을 양도하는 경우에 목적물이 토지이고 전권자가 그 토지상에 건물이 있는 때에는 그 전권과 건물은 분리양도하거나 기타 처분해서는 안되도록 규정하고 있다.[81] 넷째 전물의 멸실에 대한 위험부담 법리가 변경되었다. 구민법 제920조 제2항은 전권의 존속기간 중에 목적물이 불가항력으로 인하여 일부 또는 전부가 멸실된 때에, 전권자는 목적물의 50%의 위험을 부담하고, 본래 전가의 한도로만 유한책임을 부담한다고 하였다. 전권자의 이러한 불공평을 파악하여 "전권설정자가 목적물의 잔여부분을 회속한 때에는 원래 전가에서 멸실부분의 전가를 공제하여야 한다. 멸실부분의 전가는 멸실시 목적물의 멸실부분의 가치와 멸실시 목적물의 가치비율에 따라 계산한다고 정하고 있다.[82]

다섯째, 전전(轉典)의 회속권에 관한 행사방법을 새로 마련하였다. 전전은 전권자가 전권으

78) 조효서, 中國 典權制度의 현황과 입법상 과제, 「토지법학」 제35권 제2호, 한국토지법학회, 2019, 186-187면.

79) 鄭冠宇, 「民法物權 三版」, 新学林, 2013, 438页; 대만 민법 제917조의1.

80) 대만 민법 제915조의4.

81) 대만 민법 제917조 제2항.

82) 대만 민법 제920조 제2항,

로 투자유통을 하는 방법의 하나로서 법률상 허용되어 온 것인데[83] 이것은 전전을 하고 난 이후에 전권설정자가 회속권을 행사하는 경우에 전권자나 전전권자(轉典權者) 중에서 어느 누구를 상대로 하는지에 대한 내용이 없어서 복잡한 문제가 있었다. 이를 해결하기 위하여 전권설정자가 전전을 한 목적물에 대하여 전권자에게 회속의 의사표시를 한 경우에, 전권자는 상당기간 내에 전전권자에게 목적물을 회속하여 전전권에 대한 말소등기를 하여야 하며, 이를 하지 않은 때에, 전권설정자는 원전가(原典價)의 범위 내에서 최종 전전가(轉典價)로 최후의 전전권자에게 목적물을 직접 회속할 수 있다.[84] 제1항의 경우에 전전가가 원전가보다 더 낮은 때에는 전권자나 전전권자는 설정자에게 원전가와 전전가 간의 차액을 청구할 수 있으며, 전권설정자는 각각의 청구권자를 위하여 그 차액에 대하여 공탁을 할 수 있다.[85] 여섯째, 목적물의 회속시 발생할 수 있는 제반 문제를 해결하였다. 즉 목적물을 회속하는 경우에 전권자가 목적물의 수선이나 재건, 또는 유익비의 지출로 인하여 목적물의 가치가 증대된 때에는 전권설정자가 목적물의 현존이익범위 내에서 상환할 의무를 부담한다.[86] 그러나 전권설정 후 전권자가 그 토지상에 전권설정자의 동의없이 공작물이나 건축물을 설치하거나 나무를 심은 경우에 설정자는 시가로 구매할 수 있다.[87] 이러한 개정을 통하여 대만 민법상 전권의 전통적인 개념과 중요한 의의를 적절히 유지하고, 전권설정자의 목적물 회속 및 전권자의 용익물권에 필요한 규정들을 보완하였다. 그러나 아직도 해결해야 하는 일부의 문제는 여전히 남아 있으며, 특히 전통을 가진 전권제도가 대만에서 당사자들을 제대로 포용하지 못함으로써 활용도가 높지 않다는 점이 있다.[88]

4. 중화인민공화국의 전권

(1) 중화인민공화국의 전권 입법

1949년 중화인민공화국의 성립 후 중국 정부는 중화민국의 민법전을 폐지하면서 전권(典权)도 사라지게 되었다. 사회주의 공유제의 기본경제제도를 채택한 중화인민공화국은 토지사유제를 폐지하여 농촌토지를 1950년대 초에 인민공사화하였고, 1960년대에 城鎮의 토지와 가옥은 모두 재산권을 일체화함으로써 전통적인 전권은 그 제도적인 토대가 없어졌다. 1980년대에 개혁·개방과 경제체제개혁을 위하여 용익물권에 관한 제도를 마련하기 시작하였는데, 민법통칙에서는 국유토지사용권, 농촌토지도급경영권 등의 용익물권을 도입하였다. 그러나 전권에 대하여는 규

83) 대만 민법 제915조.
84) 대만 민법 제924조의1 제1항.
85) 대만 민법 제924조의1 제2항.
86) 대만 민법 제927조 제1항.
87) 대만 민법 제927조 제2항
88) 조효서, 전게논문, 192-193면.

정은 없었으며, 몇몇 부문규장 및 최고인민법원의 사법해석에서 전권이 규정되었다. 1950년에 내무부가 제정한 '토지개혁지역의 전당토지 및 가옥문제에 관한 처리의견(초안)',[89] 1951년에 사법부가 제정한 '典当처리문제에 관한 회답',[90] 1969년에 국가방산관리국이 제정한 '개인주택개조시 가옥전당문제에 관한 의견',[91] 1979년에 최고인민법원이 제정한 '최인민법원의 민사정책법률을 집행함에 있어서 약간의 문제에 관한 의견',[92] 1984년에 최고인민법원이 제정한 '최고인민법원의 민사정책법률을 집행함에 있어서 약간문제에 관한 의견'[93] 등이 있다.[94]

(2) 물권법의 제정과정

중국에서 소유제의 개혁과 물권법의 제정과정은 1979년에 농가의 생산도급제 및 경영도급제도를 실시하여 생산성이 극히 낮은 인민공사를 전격 해체하고 개인농의 체제로 복귀하였으며, 1988년 3월에 열린 제7기 전국인민대표대회(이하에서 '전국인대'라고 함) 1차회의에서는 私營經濟의 발전과 합법적 권리 및 이익을 인정하도록 하는 헌법을 수정하였다.[95] 물권법은 1993년에 기초작업이 시작되었는데 전국인대 상무위원회는 물권법제정을 중요시하였다.[96]그 후 1998년 3월에 민법제정소조는 민법분야의 대가인 梁慧星 교수에게[97] 「物權法立法方案(草案)」을 작성하도록 하면서, 인민대학의 王利明 교수에게도[98] 물권법초안에 관한 작업을 위임하였다. 梁慧星 교수와 王利明 교수의 초안발표 후 2001년 5월 22일부터 29일까지 전국인대 법제공작위원회에서는 두 교수의 초안에 대한 심의과정에서 파악된 각종 의견을 수렴 후 2001년 12월에 「中華人民共和國(意見募集案)」을[99] 다시 만들어 2002년 1월에 정부와 지방의 행정기구 그리고 인민대표대회 및

89) 中央人民政府内务部关于土地改革地区典当土地房产问题的处理意见(草案) 제3항에서 농민 사이의 전당계약이 유효하며 전당관계를 계속하여 유지하거나 계약에 따라 回贖(出典人이 典权設定期間 만료 시 부동산을 되찾는 의미이다)할 수 있다고 하였다.

90) 司法部关于典当处理问题的批复에서 토지개혁 이전 농촌의 전당문제에 대하여 이미 처리한 것은 변동되지 않는다. 일반적 농촌의 전당관계는 계속 유효한데, 다만 지주의 전권관계는 반드시 폐지하여야 한다고 하였다.

91) 国家房产管理局关于私房改造中处理典当房屋问题的意见에 의하면 家屋出典(가옥의 典权設定)은 가옥임대와는 다르다. 家屋出典을 개조한다면 형식상으로는 出典人(전권설정자)을 변동하는 것이나, 실제적으로는 承典人(典权者) 명의로서 家屋出典에 대하여는 이를 전당관계로 처리하여야 한다.

92) 最高人民法院关于贯彻执行民事政策法律的意见에 의하면 노동인민의 가옥전당관계는 인정하여야 한다. 典权設定期間이 만료되면 回贖할 수 있다고 한다.

93) 最高人民法院关于贯彻执行民事政策法律若干问题的意见 제58조에 의하면 법률 정책이 허락하는 범위 이내에서의 가옥의 전당관계는 인정하여야 한다. 그러나 토지개혁을 통에서 이미 해결된 이러한 관계는 변동이 없다. 전권설정기간의 만료 후 10년이 경과되거나 전권설정계약에 내용이 없을 때 30년이 경과한 경우에는 원칙상 絶賣로 본다고 규정하고 있다.

94) 윤대성, 전게서, 208-209면.

95) 김용길, "中國 物權法의 體系에 대한 考察", 「원광법학」 제23집 제3호, 원광대학교 법학연구소, 2007, 155면.

96) 「中華人民共和國物權法」, 中國法制出版社, 2007, 40页.

97) 梁慧星, 1944年生, 四川省 青神縣 出身, 中國社會科學院 法學研究所 研究員, 教授.

98) 王利明,1960年生, 湖北省 仙挑縣 出身, 中國人民大學法學院 教授, 全國人代法律委員會 委員.

99) 法制工作委員會가 만든 물권법 초안은 제26장 제329조로 구성하였다.

각 대학의 연구기관들, 법원과 법률 실무부처 등에 초안자료를 보내고 의견을 구하였다. 2002년 11월 공산당 제16차 전국인대에서는 개인재산보호법률제정에 관한 원칙을 마련하였고, 동년 12월 제9기 전국인대 상무위원회에서 물권법의 초안을 처음 심의하였다.[100] 2004년 3월에 전국인대 제10계 2차회의에서 공민재산의 불가침을 선언한 헌법 수정안을 공포한 이후에 물권법 초안에 대한 2차 심의를 거쳐, 동년 7월 8일에 「中華人民共和國物權法草案」을 발표하고 동년 8월 20일까지 수정의견을 재차 구하였다. 2005년 6월의 3차심의에서는 사유제의 도입으로 파생될 공유제의 보호에 관한 필요성을 논의한 후 동년 7월 8일에 초안을 수정하였다.[101] 2005년 10월에 물권법 제4차 심의를 하면서 상무위원회는 공유제를 주체로 하되 다양한 소유제도를 인정하는 기준을 마련하였다. 2006년 3월의 전국인대에서는 보수파의 맹공격으로 물권법의 제정을 보류하는 심각한 사태를 맞기도 하였다.[102] 2006년 8월 22일부터 개최된 상무위원회의 제5차 물권법 심의에서 전국인대 법률위원회의 후캉성(胡康生)부주임은 중국이 시행하는 사회주의 시장경제체제의 성질은 공유제를 주체적 지위에 변함없이 그대로 두면서 공유재산 및 사유재산이 평등하게 보호받게 된다는 점을 밝혔다. 그 후 제24차 전국인대 상무위원회 전체회의는 2006년 11월 29일에 개최된 제6차 심의에서 주택용지의 사용기간을 연장할 경우 추가임차료(土地轉讓金) 조항을 삭제하였다.[103] 2006년 12월 24일 개최된 제7차 심의에서는 도로와 교량 수금권에 관한 질권설정조항이 최종 삭제되었다.[104]그리고 2007년 3월 16일에 제10계 전국인대 5차회의 최종일에 전체회의를 개최하여 물권법을 찬성 2,799표, 반대 52표, 기권 37표로 압도적으로 통과시켜 주석령 제62호로 공포하였다. 중국 물권법은 총칙, 소유권, 용익물권, 담보물권, 점유의 총 5편, 제19장, 제247조로 구성되어 2007년 10월 1일부터 시행되었다.

---

100) 王胜明 主編, 「中華人民共和國物權法解讀」, 中國法制出版社, 2007, 3页.

101) 2005년 6월 8일 및 6월23일 法律委員會의 재차심의에서는 最高人民法院의 관련 인사들도 참석하였다. 2차 審議稿의 총22장으로 된 297개의 조항에서 2개 장 및 61개 조항을 삭제하고 새롭게 33개의 조항을 추가하여 최종적으로 20장 268개 조항으로 구성되었다. 金容吉 · 朴冬梅, "中國의 物權法制定動向에 관한 考察", 「成均館法學」 第18卷 第3號, 成均館大學校 比較法硏究所, 2006, 242면.

102) 上揭論文, 239면; 물권법 제정에 관한 최대의 논쟁은 북경대학 법학원에서 법철학을 강의하는 궁셴텐(鞏獻田) 교수가 2005년 8월 12일에 제기한 공개장에서 유발되었다. 그는 여기에서 物權法 草案이 헌법에서 규정한 사회주의 기본원칙을 위배하였고, 국유자산의 유실 및 사유화를 방임하고 조장하는 법률이며, 일부의 사람들이 비합법적으로 형성한 재산을 합법화하는 법률이라고 강하게 비판하였다. 이러한 논쟁으로 인하여 중국 정부는 깊은 고민에 봉착하게 되었는데 정부는 鞏獻田 교수의 이론에 찬성하지는 않았으나 다만 그가 지적하는 모순이 현실적으로 존재함을 부인할 수 없었으며 또한 현재 그러한 모순을 쉽게 해결할 수 있는 효율적인 방안도 없었다. 葛云松, "中國的新物權法概覽", 「民事法制의 現代化와 東北亞 民事法 統合의 課題」, 韓國民事法學會 冬季學術大會, 2007, 297면.

103) 新京報, 2006. 10. 30일자.

104) 新華網, 2006. 12. 24일자.

(3) 물권법 제정과정에서의 전권

1) 의 의

중국에서 전권제도에 관한 연구는 주로 물권법 입법과정에서 전권의 존폐여부에 대하여 논란이 집중되었다.[105] 이 단계에서는 전권제도의 존폐에 대한 논쟁의 시작이라고 할 수 있는데, 그 당시에 전권폐지설을 주장하는 중국학자들은 주로 대만학자들의 전권에 대한 연구를 참고하면서 전권제도는 분쟁이 많이 발생할 수 있고, 공평하지 못하며 또한 법리가 원활하지 못하다고 하면서 중국적 특색이 있는 부동산질권제도를 마련하여 전권을 대체하도록 제시하였다.[106] 아울러 전권은 이미 몰락하여 중화민족의 전통적인 기능이 상실되었으며, 따라서 전권제도 자체에 이러한 고유의 결함이 있으므로 물권법에서는 전권에 관한 규정을 둘 필요가 없다는 것이다.[107] 이에 대하여 전권유보설을 주장하는 중국학자들은 물권법정주의를 취하는 물권법에 전권을 넣어야 한다고 하였다.[108]그 주된 이유는 전권을 물권법에 규정하게 되면 용익과 금융융통의 경로가 증가되며, 아울러 전권은 중국 고유의 특색있는 제도로서 이어온 전통을 계승하고 중화민족적인 특색을 유지한다는 의미가 담겨져 있다는 것이다. 즉 梁慧星 교수의 「中國民法典草案建議稿」[109] 및 「中國民法典草案建議稿附理由 物權編」[110] 그리고 王利明 교수의 「中國民法典學者建議稿及立法理由 物權編」,[111] 「中國民法典草案建議稿及說明」,[112] 「中华人民共和国民法(草案) '征求意见稿'」 및 「委员长审议稿」는 모두 典权을 규정하였다. 결국 「物权法草案修订稿」는 전권을 모두 반영하지 않았다. 그러나 중국 민법전 중 물권법 초안을 마련하는 과정에서 전권은 몇 차례 도입됨으로써 입법에 대한 찬반양론이 거세게 제기되었는데 그 이론적 근거는 다음과 같다.[113]

---

105) 조효서, 전게논문, 193면.
106) 马新彦: "典权制度弊端的法理思考", 「法制与社会发展」, 1998年 第1期, 18-24页.
107) 张新宝, "典权廢除論", 「法学杂志」, 2005年 第5期, 7-9页.
108) 王利明, 「中国物权法草案建议稿及说明例」, 中国法制出版社, 2001年版; 梁慧星, 「中国物权法草案建议稿: 条文´ 说明´ 理由与参考立法例」, 社会科学文献出版社, 2000年版.
109) 梁慧星, 「中國民法典草案建議稿」(法律出版社, 2003) 제14장에서는 제498조부터 제513조까지 16개 조항을 두어 典权을 규정하였다.
110) 梁慧星 主编, 「中國民法典草案建議稿附理由 物權編」(法律出版社, 2005) 제14장에서는 제498조부터 제513조까지 16개 조항을 두어 典权을 규정하였다.
111) 王利明, 「中國民法典學者建議稿及立法理由 物權編」(法律出版社, 2005) 제3장 제6절에서 제934조에서부터 제954조까지 21개 조항이 典權에 관한 규정이다.
112) 王利明, 「中國民法典草案建議稿及說明」(中國法制出版社, 2004) 제3장 제6절에서 제934조에서부터 제954조까지 21개 조항이 典權에 관한 규정이다.
113) 崔建遠 主编, 「我國物权立法難點問題研究」, 清華大學出版社, 2005, 143-147页; 屈茂輝, "典权存廢論", 「湖南省政法管理于部學院學報」, 2000年 2期, 16页 이하; 张新宝, "典权廢除論", 「法学杂志」, 2005年 第5期, 6-9页; 馬新彦, "典权制度弊端的法律思考", 「法制与社会发展」, 1998年 第1期, 18-24页.

2) 전권의 입법에 대한 입장

가) 전권폐지설

물권법과 관련한 전권폐지설의 이론적 근거는 우선, 부동산을 파는 것에 대한 국민들의 의식이 변화되었다는 것이다. 중국의 전통사상과 관념에 얽매임으로 인하여 선조의 재산을 팔아먹는 것은 '敗家'하는 것으로서, 전권의 출현은 사람들의 웃음거리로 여겨진다는 것이다. 아울러 중국은 현재 사회주의 시장경제체제가 어느 정도 구축되었으므로 부동산의 매매나 저당, 임대 등의 방법이 상당히 일반화되었으므로 전통적인 전권을 도입할 만한 여건이 아니라는 것이다. 둘째, 전권은 중국의 고유하고 독특한 제도인데, 오늘날 세계 각국의 민법은 대부분 이러한 전권제도가 없기 때문에 물권법의 국제화 측면에서 전권을 폐지하는 것이 당연하다고 한다. 셋째, 전권의 자금융통기능이 여러 가지 다양한 융자수단으로 대체되었다는 것이다. 예를 들어 임대, 매매, 저당, 부동산 담보대출 등이 바로 그러한 것들이다. 전권자의 입장에서 볼 때 매매대금에 버금가는 전가 역시 상당히 큰 부담이고, 전권설정자의 입장에서 보는 경우에도 부동산의 사용권이나 수익권이 완전하게 상실되므로 부동산의 매매와 같다는 것이다. 한편 저당권설정자가 비점유담보인 저당제도를 이용한다면 저당권자로부터 상당히 많은 금전을 융통할 수 있을 뿐만 아니라 설정자는 당해 부동산을 마음대로 사용, 수익할 수 있게 되며, 또한 부동산을 소유한 자가 그를 사용하지 않을 때에는 부동산을 임대한다면 이익을 많이 얻게 될 수 있으므로 꼭 전권이 필요하지 않다는 것이다.[114] 대만에서도 2010년에 민법을 개정하여 전권에 관한 규정을 현대화하였지만 여러 가지 제약으로 인하여 여전히 활용도는 높지 않다는 것이다.[115] 특히 대만에서 이러한 전권에 관한 규정을 여전히 둔 것은 극소수의 전권계약이 아직도 남아 있기 때문이라는 것이다. 또한 중국에서 현재 이러한 전권제도를 많이 이용하고 있지 않으므로 설사 전권을 입법하여도 그 실익은 별로 없을 것이라고 한다. 어찌되었든 전권이 없다고 하여도 다른 금융수단으로 충분히 해결할 수 있다는 것이다.[116] 넷째, 중국은 현재 토지공유제도를 시행하고 있으므로 토지에 전권을 설정하는 것이 법적으로 가능하지 않고, 가옥에 전권을 설정하여 이용하는 실태가 극히 소수이므로 전권을 규정하는 의의는 그리 크지 않다는 것이다.[117]

나) 전권유보설

전권유보설의 입장에서는 우선, 전권은 중화인민공화국(중국) 고유의 특색을 갖춘 부동산 물권제도로, 그에 대한 유구한 역사를 가지고 있으며, 오늘날도 여전히 전권의 이용관계가 현실

114) 王译鉴, 「民法物权2: 用益物权 · 占有」, 中国政法大学出版社, 2001, 104页; 张新宝, "典权廢除論", 「法學雜誌」, 2005年 第5期, 8页.

115) 조효서, 전게논문, 193면.

116) 윤대성, 전게서, 213-214면.

117) 中国社会科学院法学研究所中国物权法课题组編, "关于制定中国物权法的基本思路, 「法学研究」, 1995年 第2期.

적으로 있다는 것이다. 둘째, 중국은 개혁·개방 이후에 주택제도개혁의 조치에 따라 개인주택들이 나날이 늘어나고 있다. 따라서 물권법에서 부동산을 이용하는 금융융통의 수단을 더 추가하는 때에는 거래활성화와 경제의 발전 등에 이익만 갖다 줄 뿐이고, 전혀 해롭지 않다는 것이다.[118] 또한 부동산 소유자가 처분을 원하지도 않고, 사용하지 못하는 경우에 타인에게 임대를 한다면 관리자의 선임이라든가 부동산의 유지관리 등에 관한 비용과 여러 가지 복잡한 문제에 직면하게 되지만, 전권을 이용하게 되면 그러한 문제를 모두 해결하게 된다는 것이다. 셋째, 중화인민공화국이 성립된 이후에 부동산에 대한 전권관계는 민사정책이나 사법해석 등을 통해서 잘 해결해 왔지만 이제는 체계적인 입법이 필요하다는 것이다.[119] 넷째, 전권에는 저당제도로 대체할 수 없는 특수한 기능이 있다는 것이다. 전권은 기본적으로 용익물권으로서 전세권설정자의 각종 용익의 필요에 따라 경제적 이익을 만족시켜 주는 것 이외에도 전권자가 해당 부동산을 점유하여 그에 대한 용익적 수요의 측면도 만족을 줄 수가 있는 것이다. 그러나 저당제도의 경우에는 비점유적인 특성에 따라 등기를 갖추기 때문에 비록 채권자가 부동산을 직접 점유하지 않아도 채권담보의 목적은 실현할 수 있지만 그러나 이것은 용익목적이 아닌 순수한 담보만을 목적으로 하는 담보물권제도라고 할 수 있다. 따라서 당사자의 일방이 타방의 부동산을 용익하려고 하고, 타방은 부동산으로 금전을 융통하고자 하는 경우에는 중국의 현행 제도에서는 전권 이외에 다른 방도가 없다고 한다.[120] 다섯째, 오늘날 중국은 토지의 유상사용제도를 시행하고 있는데, 그러한 토지에 대하여 전권설정 여부나 공민이나 기업 등이 토지사용권을 취득시 전권제도의 적용여부를 연구할 필요가 있다는 것이다. 이러한 논의가 진행되는 동안 물권법초안은 전국인민대표대회의 제1, 2차 심의에서는 전권을 도입하였으나 제3차 심의에서는 이를 삭제하였다. 그 이유는 전권폐지설처럼 물권법에 전권을 규정하지 않는 것이 더 타당하다는 것이다.[121]

다) 전권의 도입에 관한 재론

그동안 중국에서 민법전의 편찬은 시급하고 중요한 정책과제로 되어 있었다. 이는 2014년 10월에 열린 제18기 중국공산당 중앙위원회에서 민법전의 편찬을 중대한 임무로 규정함에 따라 민법통칙을 기초로 하여 민사 법률에 대한 체계적인 정리 및 민사 법률제도의 보편적인 적용 원칙을 마련하였다.[122] 2015년 3월에 법제위원회의 민법전의 편찬을 위하여 먼저 민법통칙을 토대로 한 민법총칙에 관한 제정 작업을 시작하였다. 전권유보설을 주장하는 학자들은 민법전 제정

118) 崔建遠, “物权法定主义及物权种类”, 「人民法院報」, 2005年 7月 25日字.
119) 李婉丽, “中国典权法律制度研究”, 梁慧星 主编: 「民商法论丛」 第1卷, 法律出版社, 1994年版, 446-447页.
120) 上揭論文, 446-447页.
121) 全国人民代表大会 法律委员会 “关于中华人民共和国物权法(草案)」修改情况的汇报”, 2005年 6月24日.
122) 전국인민대표대회공표자료; 关于《中华人民共和国民法典(草案)的说明-2020年5月22日在第十三届全国人民代表大会第三次会议上-http://www.npc.gov.cn/npc/c30834/202005/50c0b507ad32464aba87c2ea65bea00d.shtml(방문일자 2021. 3. 8.)

작업을 새로운 기회로 삼아 민법전 물권편에 전권제도를 명문화할 것을 주장함으로써 전권제도의 도입에 관한 토론이 다시 등장하게 되었다. 2016년 3월에 제12기 전국인대에서는 민법총칙을 제정한 후 민사관련 법률을 모두 통합할 것이라고 함으로써 민법전 편찬이 입법 절차에 들어갔음을 발표하였다.[123] 2017년 3월에 제12기 제5차 전국인대에서 민법총칙이 통과되어 동년 10월 1일부터 시행되었다.[124] 2018년 8월 제5차 상무위원회 회의에서 산아제한에 관한 내용을 삭제하고, 이혼숙려기간을 새로 신설하였다. 2019년 6월에 상무위원회 제13기 제11차 회의에서 혼인가족편 및 상속편초안을 심의하였고, 동년 12월에는 민법총칙을 민법전 초안에 편입하기로 결정하였다. 제15차 회의에서는 민법전에 대한 안건을 심의하였고, 2020년 전국인대 제13기 제3차 회의에서 민법전을 의결하기로 결정하였다. 드디어 2020년 5월 22일 전국인대 제13기 제3차 회의에서 <중화인민공화국민법전(초안)>의 심의를 시작하여 5월 28일에 심의를 통과한 후 2021년 1월 1일부터 시행되었다.[125] 민법전의 시행과 동시에 민법통칙, 민법총칙, 담보법, 물권법, 계약법, 권리침해 책임법, 혼인법, 상속법, 입양법 등은 폐지된다. 그러나 아쉽게도 이번에 제정된 중국 민법전에는 전권이 도입되지 못함으로써 관습법의 형태로 남게 되었다.

Ⅳ. 중국에서 전권제도의 활용방안

1, 전권제도의 필요성

전권은 중국의 고대 법률에 규정되고 있었는데[126] 오늘날에도 토지와 주택은 여전히 중국인들에게도 매우 중요한 문제이다. 특히 조상으로부터 전래된 재산을 보존한다는 관념은 그 뿌리가 대단히 깊다고 할 수 있다. 목적물의 소유권을 이전하지 않기 때문에 전권제도는 중국민족의 가(家)본위사상과 효문화를 반영하고 있으며, 양당사자 사이의 전권설정은 상호부조의 의미도 있으므로 사회정의의 구현이기도 하다는 것이다.[127] 전권은 특성상 용익기능과 담보기능을 겸하는데, 전권설정자는 유휴부동산으로 금융을 융통할 수 있는 한편 소유권을 유보하여 장래의 사용에 대비할 수도 있으며, 전권을 통하여 목적물을 충분히 용익하도록 함으로써 그 사용가치를 배가할 수도 있다. 전권자는 전가를 지급하고 일정기간 설정자의 부동산을 용익할 수 있으며, 그

123) 전국인민대표대회공표자료 新中国民法典编纂历史沿革 -http://www.npc.gov.cn/zgrdw/npc/lfzt/rlyw/2016-10/26/content_1999692.htm(방문일자 2021. 3. 8.)
124) 허성진 · 김용길, 전게논문, 135면.
125) 상게논문, 135면.
126) 柴荣, "典权制度探析-从民间基础的角度谈民法中保留'典'的必要性", 「江汉论坛」, 2007年 第4期, 136页.
127) 石佳友, 「民法典与社会转型」, 中国人民大学出版社, 2018, 34页.

기한이 완성되면 지급된 전가를 도로 찾을 수 있다. 전권제도는 주택가격이 비싸서 구매할 수 없거나, 임대료가 높은 경우에도 거주난의 문제를 일부 완화시킬 수 있다.[128] 특히 유휴주택을 전권을 이용하여 잘 활용할 수도 있으며, 채권자를 안심시킬 수 있는 강력한 담보물로도 활용될 수 있다. 특히 전권에는 저당제도로도 대체할 수 없는 특수한 기능이 있는데, 용익물권으로서 전세권설정자의 각종 용익의 필요에 따라 경제적 이익을 만족시켜 주는 것 이외에도 전권의 경제적 활용에 대한 방안은 매우 크다고 할 수 있다.

2. 전권제도의 문제점 및 활성화방안

대만민법에서는 전권을 부동산질로 잘못 채택하였기 때문에 전권의 법적 성격에 대한 견해차가 크게 발생하였다.[129] 전권은 주종관계를 전제로 하지 않으므로 담보물권이 아니라고 할 수 있다. 통설은 전권이 용익물권이며,[130] 담보물권은 아니나 담보기능이 있을 뿐이라고 한다.[131] 첫째, 전권제도에서 기한 내에 전권설정자가 회속권을 행사하지 않는 경우에 직접 소유권변동이 발생한다는 규정은 상당히 무리한 점이라고 할 수 있다. 따라서 전권설정자가 기간내에 회속하지 않을 때에는 경매절차를 도입하여 해결하는 것이 바람직하다. 둘째, 전권제도가 전권설정자를 전권자보다 더 보호하는 것은 바람직하지 않다고 할 수 있다. 목적물이 불가항력으로 인하여 멸실된 경우에 그 위험책임 및 목적물이 자연적 원인으로 인하여 가치가 감소된 때의 책임 등을 전권자에게 모두 전가하고 있는데 이를 개선할 필요가 있다. 즉 전권자와 전권설정자의 보호는 공평의 원칙에 의거하여 이익의 균형을 추구하여야 한다. 전권자는 목적물을 그 용도에 따라 용익할 권리가 있는데 구체적으로는 설정계약에 의하게 된다. 전권의 용도대로 사용하지 않는 경우에는 전권자에게 소멸을 청구할 수 있도록 하여야 하며, 전권이 침해를 받은 경우에는 소유물반환청구권이나 방해제거청구권 또는 방해예방청구권 등 물권적청구권을 행사하도록 하는 것이 필요하다, 셋째, 전권기간이 30년으로 매우 장기의 기간과 불확실한 회속 기간, 그리고 회속권의 행사를 전권설정자가 결정한다는 것은 전권관계 및 소유권의 귀속이 장기적으로 불확실하게 되어 분쟁이 발생할 수도 있으므로 이를 개선하는 것이 바람직하다. 즉 한국 민법 제312조의 전세권을 참작하면서 전권의 존속기간을 10년을 초과하지 못하도록 최장기간을 규정하는 것이 필요하고, 아울러 전권 존속기간이 1년 미만인 때에는 이를 1년으로 하는 등 어느 정도 제한을 할 필요가 있을 것이다. 넷째, 목적물의 시가와 원전가의 차액의 발생 그리고 목적물의 사용이 무제

128) 조효서, 전게논문, 196면.

129) 王泽鉴, 「民法物权(第二版)」, 北京大学出版社, 2010, 343页.

130) 중국민법전의 물권편에서는 용익물권에 전권을 규정하여야 한다; 房绍坤, “民法典物权编用益物权的立法建议”, 「清华法学」, 2018年第2期, 65页.

131) 谢在全, 「民法物权论(修订五版之中册)」, 中国政法大学出版社, 2011, 551-552页.

한적인 점도 분쟁의 요인이라고 할 수 있다. 이러한 경우에도 한국민법 제312조의2를 참작하여 시장상황에 따라서 당사자에게 전가의 증감청구권을 부여하는 것이 바림직하다고 할 수 있다. 다섯째, 전권제도가 보다 활성화되기 위해서는 부동산등기제도가 완비되어야 한다. 누구든지 전물의 권리의 변동관계를 정확히 파악하게 할 수 있다면 전권의 활성화에 도움이 될 수 있을 것이다.

Ⅴ. 결 론

중국에 있어서 전권이 생겨난 지는 오래되었는데, 중국인들은 조상으로부터 이어받은 토지를 타인에게 매도하는 것을 불효로 여겼다. 조상이 물려 준 토지를 매각하지 않고 이를 이용하여 금전을 융통하고 그 토지를 도로 되찾을 수 있는 전권을 많이 이용하였는데, 이는 조상에게 받은 토지를 타인에게 매각하지 않고 당해 토지를 전권설정의 방법으로 금전을 빌리는 것이었다. 이처럼 전권제도는 중국의 긴 역사속에서 금융융통과 용익기능 등 중요한 기능을 담당하였다. 오늘날에 있어서도 금융융자와 용익을 위한 각종 제도가 많이 생기고 있지만 전권처럼 용익기능과 담보기능을 겸비한 물권적 유형은 거의 없다고 볼 수 있다. 중국은 물권법을 제정하는 과정에서 전권의 도입 여부에 대한 치열한 논쟁을 거쳤으나 입법화되지 못하였고, 2021년 1월 1일부터 시행되는 민법전에도 전권을 도입하지 못하였다. 그러나 중국의 사회주의 시장경제상 급속한 발전을 살펴볼 때에 많은 장점을 가진 전권의 적용 범위는 점점 더 확장될 것으로 보인다. 따라서 성공적으로 전세권의 현대화를 이룩한 한국 민법상의 전세권을 참작하여 중국에서 전권제도가 제도적으로 도입되어 활성화되기를 바라고, 또한 중국법원도 전권제도가 관습법으로서 제대로 정착되도록 노력하여야 할 것이다.

종류채권의 특정 요건에 관한 고찰*

오 종 근**

Ⅰ. 서론－종류채권 특정의 의의와 문제 제기

종류채권은 채권의 목적인 급부의 대상을 종류로만 지정한 채권을 말한다.[1] 종류로 지정된 급부 대상에는 물건 이외에 노무, 권리도 포함되지만, 민법 제375조는 급부의 대상이 '물건'인 종류(물)채권을 규율하고 있다. 즉 특정물의 인도를 채권의 목적으로 하는 특정물채권에 관한 규정(제374조)에 이어, 제375조는 채권의 목적(물)이 종류로만 지정된 물건(종류물)인 종류채권에 대해 규율한다. 따라서 제375조가 말하는 종류채권이란, 종류로 지정된 물건(종류물) 중에서 일정 수량의 인도를 목적으로 하는 채권이라고 할 수 있다. 이하에서는 이러한 제375조가 말하는 종류채권[2]을 중심으로 논의한다.

종류채권에서 채무자가 채무를 이행하기 위해서는, 지정된 종류에 속하는 물건 중에서 이행하여야 할 수량의 물건을 선정하는 절차를 거쳐야 한다. 이를 종류채권의 '특정'이라고 한다. 이처럼 종류채권의 특정은 그 채무를 이행하는 절차 중 한 과정이지만, 그 결과로서 이제 채권의 목적물이 특정된 물건으로 확정되게 된다(제375조 제2항). 즉 종류채권은 성립 당시 목적물이 종류로만 지정되어 있으므로 상대적으로 불확정 상태에 있었는데, 특정 절차를 통해 채권의 목적물이 특정된 물건으로 확정되는 것이다.

종류채권에서 목적물이 특정된 물건으로 확정되면, 이제 채무자는 원칙적으로 그 특정된 물건을 채권자에게 인도하여야 하며,[3] 특정된 물건이 멸실된 경우, 급부의무를 면한다. 즉, 목적물

---

* 이 글은 「법조」 제70권 제3호(2021. 6)로 게재되었다.
** 이화여자대학교 법학전문대학원 교수.

1) 송덕수(1), 『민법주해 제8권(채권 1)』, 박영사(1995), 134면; 안법영(1), 『주석민법 채권총칙 1 제4판』, 한국사법행정학회(2013), 143면.

2) 종류채권은 성립 당시 채권의 목적물이 종류로만 지정되고, 아직 특정되지 않았기 때문에 '불특정물채권'이라고도 한다.

3) 특정 이후 채무자가 다른 물건으로 변경하여 인도할 수 있는 권리(변경권)가 있는가에 대해서는 논란이 있

이 특정되기 전에는, 채무자가 이행하기로 한 종류물의 일부가 멸실되어도, 같은 종류의 다른 물건이 존재하는 이상 채무자는 이를 조달하여 이행할 의무가 있어서 소위 '급부위험'을 채무자가 부담한다. 반면에 특정 이후에는 목적물이 특정된 물건으로 확정되었으므로, 특정된 물건이 멸실되면, 채무자는 다른 물건을 조달하여 이행할 의무가 없게 되어, 소위 '급부위험'을 채권자가 부담하게 된다.[4] 이처럼 종류채권의 특정으로 급부위험이 채무자에서 채권자에게 이전하므로, 언제 특정이 성립하느냐는 채무자와 채권자에게 매우 중요하다. 한편 종류채권에서 특정에 따른 법률적 효과는 나라마다 달라서, 목적물의 소유권이 채권자에게 이전하거나,[5] 소위 '대가위험'이 채권자에게 이전하기도 한다.[6][7]

민법은 "채무자가 이행에 필요한 행위를 완료"한 때와 "채권자의 동의를 얻어 이행할 물건을 지정한 때"에 종류채권의 특정이 성립한다고 규정(제375조 제2항)하는데, 각 기준의 법적 의미가 명확하지 않아서 해석의 여지가 있다. 우선 "이행에 필요한 행위를 완료"한 때와 관련하여, 후술(각주 51)하는 바와 같이 통설은 특정을 위해서는 이행의 제공 이외에 목적물이 다른 종류물과 분리될 것을 요구하는데, 다른 종류물과 구별될 수 있으면 충분한 것이 아닌가? 라는 의문이 있다. 송부채무에서는 우선 그 개념에 대해 혼란이 있고, 후술(각주 64)하는 바와 같이 통설은 운송기관을 통해 발송하면 특정된다고 하는데, 독일민법 제447조와 같은 명문 규정이 없는 상태에서, 과연 발송만으로 특정된다고 할 수 있는가? 라는 의문이 있다. 다음으로 "채권자의 동의를 얻어 이행할 물건을 지정한 때"와 관련해서는, 우선 "채권자의 동의"가 어떤 의미를 갖는가에 대

지만, 통설은 원칙적으로 긍정한다: 송덕수(1), 앞의 책(주 1), 159면; 안법영(1), 앞의 책(주 1), 188면.

4) 송덕수(1), 앞의 책(주 1), 157면; 안법영(1), 앞의 책(주 1), 185면; 김증한/김학동, 『채권총론 제6판』, 박영사(1998), 35면; 송덕수(2), 『채권법총론 제5판』, 박영사(2020), 74면; 안법영(2), "종류물의 특정과 채권자지체, 그리고 하자담보책임", 『사회변동과 사법질서』, 박영사(2000), 119면; 지원림, 『민법강의 제18판』, 홍문사(2021), 943면.

5) 물권변동에 관해 의사주의를 취하는 일본에서는, 소유권 이전을 목적으로 하는 종류채권에서 목적물이 특정되면, 특정된 목적물의 소유권이 채권자에게 이전한다는 것이 판례이다: 金山正信/金山直樹, 『新版注釋民法 제10권 Ⅰ』, 有斐閣(2003), 252면.

6) 2017년 개정 전 일본민법 제534조 제2항은 불특정물에 관한 계약에서는 특정된 때부터 대가위험이 채권자에게 이전한다고 규정하였다. 그러나 개정 일본민법은 이를 삭제하고, 특정 여부와 관계없이, 대가위험은 원칙적으로 채무자가 부담(536조)하는 것으로 개정하였다. 또한 독일민법에서는, 매수인의 요청으로 매도인이 매매 목적물을 발송하기로 한 경우(송부매매), 매도인이 종류에 속하는 물건을 선정하여 운송인에게 인도하면 종류채권의 특정이 발생하며(제243조 제2항), 동시에 급부위험 및 대가위험도 매수인에게 이전한다(제447조).

7) 종류채권에서 특정 시점은 특정에 따른 법률효과를 염두에 두고 해석되어야 한다. 특정의 법률적 효과가 급부위험의 이전에 그치는가, 아니면 대가위험의 이전 또는 목적물의 소유권 이전까지 미치느냐에 따라 특정 시점에 관한 해석에서 차이가 발생할 수 있기 때문이다. 가령 潮見佳男(1), "種類債權の特定", 『민법판례백선 Ⅱ 債權 제8판』, 別冊Jurist 제238호(2018. 3), 5면에 따르면, 2017년 개정 전 일본민법 하에서는 종류채권이 특정되면 급부위험과 대가위험이 채무자에서 채권자에게 이전하였으나, 2017년 개정 일본민법 하에서는 그 이전 시점이 '특정'에서 '인도'로 변경되었으므로, 추심채무에서 특정 요건으로 구두 제공 이외에 목적물의 '분리'를 획일적으로 요구했던 개정 전 일본민법 하의 해석은 개정 일본민법 하에서는 수정되어야 한다고 한다.

해 밝힐 필요가 있다. 후술(각주 76)하는 바와 같이 통설은 이를 채무자에게 목적물을 특정할 수 있는 지정권을 부여한 것으로 해석하는데, 해당 규정이 없더라도 본래 목적물을 특정할 수 있는 권한은 채무자에게 있음이 원칙인데, 이를 통설처럼 해석하는 것이 과연 타당한가? 라는 의문이 있다. 한편 이와 관련하여 판례상 혼란도 나타난다. 후술하는 바와 같이 일부 판례(대법원 2003. 3. 28. 선고 2000다24856 판결 등)는 채무자 소유의 토지 중 일정 면적의 토지 소유권을 이전할 채무를 제한종류채권으로 보고, 채무자가 지정권을 행사하지 않는 경우 선택채권에서 선택권의 이전에 관한 규정을 유추 적용하여 지정권이 채권자에게 이전한다고 하는데, 다른 판례(대법원 2011. 6. 30. 선고 2010다16090 판결 등)는 유사한 사안에서 이를 제한종류채권이 아니라 선택채권으로 인정한다. 이러한 혼란이 어디에서 연유하는지를 살펴보고 합리적인 해결책을 모색할 필요가 있다. 또한 민법이 제시한 기준 이외에도 목적물의 특정이 인정될 수 있는 경우를 생각할 수 있다. 이하 차례대로 살펴본다.

Ⅱ. 종류채권 특정에 관한 연혁과 입법례

1. 민법 제375조의 연혁

민법 제375조는 제1항에서 "채권의 목적을 종류로만 지정한 경우에 법률행위의 성질이나 당사자의 의사에 의하여 품질을 정할 수 없는 때에는 채무자는 중등 품질의 물건으로 이행하여야 한다."라고 규정하고, 제2항에서 "전항의 경우에 채무자가 이행에 필요한 행위를 완료하거나 채권자의 동의를 얻어 이행할 물건을 지정한 때에는 그때부터 그 물건을 채권의 목적물로 한다."라고 규정한다. 민법 제375조는 일본민법 제401조와 유사하다. 민법 제정 입법자료인 민법안심의록에 따르면, 현행 민법 제375조에 해당하는 민법 정부초안 제366조는 일본민법 제401조와 동일 취지이며, 만주국민법 제362조, 중화민국민법 제200조와 동일하며, 그 밖에 참조한 외국 입법례로는 독일민법 제243조와 스위스채무법 제71조를 들고 있다. 정부초안 제366조에 대한 국회심의에서는 별다른 논의 없이 원안을 그대로 받아들였다.[8] 이하에서는 민법 제정 당시 참조하였다고 열거된 입법례 중에서 일본민법 제401조, 독일민법 제243조, 스위스채무법 제71조의 내용에 대해서만 살펴보기로 한다.

2. 일본법

종류채권의 특정에 대해 규정하는 일본민법 제401조는 제1항에서 "채권의 목적물을 종류로

8) 民法案審議錄, 『제26회 국회 정기회의 속기록』 제62호 부록, 국회사무처(1957), 232면.

만 지정한 경우에 법률행위의 성질이나 당사자의 의사에 의하여 그 품질을 정할 수 없는 때에는 채무자는 중등 품질의 물건으로 급부하여야 한다."라고 규정하고, 제2항에서 "전항의 경우에 채무자가 물건을 급부함에 필요한 행위를 완료하거나 채권자의 동의를 얻어 급부할 물건을 지정한 때에는, 이후 그 물건을 채권의 목적물로 한다."라고 규정하는데, 그 내용은 우리 민법 제375조와 거의 일치한다. 일본민법 제401조에 대해서는, 2017년에 개정된 일본민법(채권법)에 대한 논의과정에서는 개정 의견이 제시되기도 하였다. 즉 법제심의회 민법(채권관계) 부회에서는, 중간시안을 거쳐 요강가안 제2차안에 이르기까지, 제401조 제2항에 "채권자와 합의에 따라 급부할 물건을 정한 때"라는 문구를 넣는 개정안이 제안되었다.[9] 이는 채권자와 채무자의 합의로 특정될 수 있음을 표현하기 위한 것이었다. 대신에 같은 항의 "채무자가 채권자의 동의를 얻어 급부할 물건을 지정한 때"라는 문구는 삭제하는 것으로 하였다. 삭제 근거는 위의 신설 문구가 이러한 지정권자의 지정에 따른 특정을 포함하기 때문이라고 하였다. 그렇지만 "채권자와 합의에 따라 급부할 물건을 정한 때"란 문구가 합의에 따른 특정과 지정권자의 지정에 따른 특정을 모두 포함하는지에 대해 의문[10]이 없지 않았기 때문에, 요강가안 제3차안에서 현행 제401조 제2항을 그대로 유지하는 것으로 하였다.

일본민법에서 종류채권의 목적물이 특정되면, 특정된 물건의 소유권이 채무자에서 채권자에게 이전한다. 물권변동에 대해 의사주의를 취하는 일본민법에서는 물권변동을 목적으로 법률행위를 한 때 원칙적으로 물권이 변동하지만(동법 제176조), 그 시점에 물권변동을 발생시키는 것에 장애 사유가 있으면 그 장애가 제거 또는 소멸된 시점에 물권변동의 효과가 발생한다. 따라서 종류매매에서 목적물이 특정되기 전에는 아직 소유권이 이전하지 않지만, 목적물이 특정된 시점에 당연히 소유권이 매수인에게 이전한다는 것이 판례이다.[11] 또한 2017년 개정 전 일본민법에 따르면, 종류채권의 목적물이 특정되면 특정된 물건으로 채권의 목적물이 확정됨에 따라, 특정 이후 그 목적물이 멸실되는 경우 채무자는 다른 물건으로 이행할 필요없이 급부의무를 면하게 되어, 소위 급부위험이 채권자에게 이전한다. 이 경우 쌍무계약에서 채권자가 부담하는 반대급부의무도 소멸하는가? 하는 것이 소위 대가위험의 문제이다. 이에 대해 2017년 개정 전 일본민법 제534조는 제1항에서 특정물에 관한 물권의 설정 또는 이전을 목적으로 하는 쌍무계약에서, 그 물건이 채무자의 책임 없는 사유로 멸실되거나 손상된 때에는 채권자의 부담으로 돌아간다고 규

9) 法制審議會 民法(債權關係)部會 部會資料 83-2·7면: 潮見佳男(2), 『新債權總論 I』, 信山社(2017), 218면 각주 25).

10) 후술하는 바와 같이, 우리 민법 제375조 제2항과 일본민법 제401조 제2항에 규정된 "채무자가 채권자의 동의를 얻어 급부(이행)할 물건을 지정한 때"에서 "채권자의 동의"가 특정에 대한 합의를 의미하는지 아니면 지정권의 부여를 의미하는지에 대해 논란이 있다.

11) 대심원판결 昭和 7.6.25(특정 전에는 소유권이 이전하지 않음); 최고재판소판결 昭和 35.6.24(특정된 시점에 소유권이 당연히 이전함): 金山正信/金山直樹, 앞의 책(주 5), 252면.

정하고, 제2항에서 “불특정물에 관한 계약에서는 제401조 제2항의 규정에 의해 그 물건이 확정된 때부터 전항의 규정을 적용한다.”라고 규정하였다. 위 규정에 따르면, 종류채권에서 목적물이 특정되면, 위험부담이 채무자에서 채권자에게 이전하며, 판례도 특정 시점을 기준으로 하여 특정 이후에는 대가위험을 채권자가 부담한다고 하였다.[12] 반면에 학설상으로는 대가위험의 이전 시점에 대해 특정 시점 이외에도, 인도 시점, 소유권 이전 시점 등 다양한 견해가 주장되고 있었다.[13] 그러나 2017년 일본민법 개정으로 제534조는 삭제되었다. 이로 인해 대가위험에 대해서는, 제536조 제1항에 따라 원칙적으로 채무자가 위험을 부담하지만, 채권자의 책임 있는 사유로 이행불능된 경우(제536조 제2항), 수령지체 중 당사자 쌍방의 책임 없는 사유로 이행불능된 경우(제413조의2 제2항)에는 채권자가 위험을 부담한다. 또한 매매계약에 대해 특별규정을 신설하여, 특정된 목적물이 매수인에게 인도된 시점을 기준으로, 인도 이후 목적물이 당사자 쌍방의 책임 없는 사유로 멸실 또는 손상된 경우, 매도인은 급부위험을 면하지만, 반대급부도 청구할 수 없다(제567조 제1항). 수령지체 이후 당사자 쌍방의 책임 없는 사유로 목적물이 멸실, 손상된 경우에도 마찬가지이다(제567조 제2항). 이로써 종류매매에서 급부위험과 대가위험은 특정 시점이 아니라 인도 시점을 기준으로 채무자에서 채권자에게 이전되는 것으로 변경되었다.[14]

3. 독일법

독일민법은 종류채권의 특정에 대해 제243조 제1항에서 “종류만으로 정해진 물건에 대해 채무를 지는 자는 중등의 종류 및 품질을 가지는 물건을 급부하여야 한다.”라고 규정하고, 제2항에서 “채무자가 그러한 물건의 급부를 위하여 채무자측에 요구되는 것을 한 때에는, 채권관계는 그 물건에 한정된다.”라고 규정하였다.[15] 우리 민법 제375조와 달리, 채무자의 지정에 따른 특정을 규정하고 있지 않지만, 채권자와 채무자의 합의에 따라 종류채권의 목적물을 지정할 수 있는 권한을 채무자나 채권자 또는 제3자에게 부여할 수 있으며, 이러한 지정권을 가진 자가 목적물을 지정하여 특정할 수 있음은 명문 규정이 없더라도 당연히 인정된다고 한다.[16] 아울러 채무자와 채권자의 합의로 목적물을 특정하는 것도 당연히 인정된다.

독일민법에서 종류채권의 목적물이 특정되면 채권의 목적물이 제한되므로, 특정된 목적물이 멸실되는 경우, 특정물채무와 마찬가지로 이행불능이 되어, 채무자는 급부의무를 면한다.[17]

---

12) 金山正信/金山直樹, 앞의 책(주 5), 258면, 259면.
13) 金山正信/金山直樹, 앞의 책(주 5), 260면 이하.
14) 潮見佳男(2), 앞의 책(주 9), 215면 이하.
15) 독일민법 제243조의 제정 경과에 대해서는 송덕수(1), 앞의 책(주 1), 128면 이하 참조.
16) Emmerich, Münchener Kommentar zum BGB 8. Aufl., C.H. Beck(2019), § 243 Rn. 4, Rn. 24.
17) Emmerich, 앞의 책(주 16), § 243 Rn. 22.

즉 특정 시점을 기준으로 급부위험이 채무자에서 채권자에게 이전된다. 반면에 대가위험은 원칙적으로 특정 시점이 아니라 인도 시점을 기준으로 한다. 채무자가 급부의무를 면하는 경우 반대급부청구권도 소멸하여 채무자가 대가위험을 부담하지만(제326조), 매매계약에서는 인도 시점을 기준으로 하여 인도 이후에는 대가위험이 채무자에서 채권자에게 이전된다(제446조).[18] 다만 채무자가 이행지 이외의 장소로 목적물을 발송함으로써 채무자에게 요구되는 급부행위를 다한 것이 되는 송부매매에서는, 종류채권의 채무자가 목적물을 선정하여 운송인에게 인도할 때 특정이 일어나는데,[19] 그러한 발송이 채권자의 요청에 따른 것인 경우에는 운송인에게 인도한 시점에 급부위험과 대가위험이 모두 채권자에게 이전한다(제447조).[20]

4. 스위스법

스위스채무법은 종류채권의 특정에 대해 제71조 제1항에서 "채무를 지는 물건이 종류로만 정해진 경우, 법률관계에서 다른 것이 나타나지 않는 한, 선정권은 채무자에게 있다."라고 규정하고, 제2항에서 "그러나 채무자는 중등 품질에 미달하는 물건을 제공해서는 안 된다."라고 규정한다. 선정권(Auswahlrecht)이 채무자에게 있다는 제71조 제1항은 임의규정이다.[21] 채무자가 종류채권의 목적물을 선정하였더라도 이행하기 전까지는 선정을 철회할 수 있다는 것이 지배적인 견해이다.[22] 다만 선정의 철회가 상대방의 정당한 신뢰에 위반되는 경우 신의칙에 따라 철회가 제한된다.[23] 종류채권의 채무자는 중등 품질에 미달하는 물건을 제공해서는 안 된다. 즉 최소한 중등 품질의 물건으로 이행하여야 한다. 가령 종류물의 품질이 2개 등급만 있는 경우, 중등 품질이 없으므로 상품으로 이행하여야 한다.[24] 제71조 제2항 역시 임의규정이다.

스위스법에서는 종류채권의 채무자가 목적물을 선정하고 이를 채권자에게 통지하였더라도, 그 자체만으로는 급부위험이 이전되는 효과가 발생하지 않는다.[25] 급부위험이 채무자에서 채권자에게 이전하는 것은 특정과 결부되는 것이 아니라 급부의 제공(Erbringung der Leistung) 내지는 수령지체와 결부된다.[26] 이러한 점에서 특정 시점에 급부위험이 이전하는 독일법과 차이가 있는

18) 수령지체가 있는 경우에도 인도와 동일하게 취급된다(독일민법 제446조 3문).
19) Emmerich, 앞의 책(주 16), § 243 Rn. 27.
20) 다만 소비자가 사업자로부터 동산을 매수하는 소비재매매에서는 제447조가 적용되지 않으므로(제474조), 상품에 대한 종류매매에서 상품을 소비자에게 발송하기로 한 경우, 특정은 사업자가 소비자에게 상품을 발송할 때(운송인에게 인도한 때) 일어나지만, 급부위험과 대가위험은 상품이 소비자에게 인도된 때에 비로소 소비자에게 이전된다: Emmerich, 앞의 책(주 16), § 243 Rn. 27.
21) Koller, Schweizerisches Obligationenrecht Allgemeiner Teil 3. Aufl., Stämpfli(2009), 580면.
22) Koller, 앞의 책(주 21), 581면; Urs Leu, Basler Kommentar Obligationenrecht I 6. Aufl., Helbing Lichtenhahn(2015), Art. 71 Rn. 4.
23) Koller, 앞의 책(주 21), 582면.
24) Koller, 앞의 책(주 21), 581면.
25) Koller, 앞의 책(주 21), 582면.

것처럼 보이지만, 실질적으로는 그렇지 않다고 한다.[27] 스위스법과 독일법에서 특정이 인정되기 위한 요건에 차이가 있기 때문이다. 즉, 스위스법과 달리, 독일법에서는 인도할 물건을 선정하는 것만으로는 특정이 일어나지 않고, 채무자가 "급부를 위해 그에게 요구되는 행위를 한" 경우에 비로소 특정이 일어난다. 이는 스위스법에서 급부위험의 이전이 일어나는 '급부의 제공'과 거의 일치한다. 수령지체의 경우 급부위험이 이전하는 것도 스위스법과 독일법이 일치한다.[28]

Ⅲ. 종류채권 특정의 요건

제375조 제2항은, 종류채권의 목적물이 특정되기 위해서는 ① 채무자가 이행에 필요한 행위를 완료하거나 ② 채무자가 채권자의 동의를 얻어 이행할 물건을 지정할 것을 요구한다. 그러나 제375조 제2항은 임의규정이므로,[29] 채권자와 채무자의 합의로 특정 방법을 다르게 정할 수 있다. 또한 특정 방법에 관한 관습이 있으면, 그 관습이 제375조 제2항에 우선한다(제106조 참조).[30]

한편 채무자가 이행에 필요한 행위를 완료함으로써 특정이 발생하기 위해서는, 선정된 목적물이 적합한 품질을 갖추고 있어야 한다. 채무자가 적합한 품질을 갖추지 못한 목적물을 선정하였다면, 이는 "이행에 필요한 행위를 완료"하였다고 볼 수 없기 때문이다. 이는 채무자가 "채권자의 동의를 얻어 이행할 물건을 지정"하는 경우도 마찬가지이다.[31]

1. 적합한 품질의 물건

(1) 품질 기준

종류채권에서 같은 종류에 속하는 물건들의 품질이 다른 경우, 채무자는 어느 품질의 물건으로 이행하여야 하는 문제가 제기된다. 제375조 제1항은 "채권의 목적을 종류로만 지정한 경우에 법률행위의 성질이나 당사자의 의사에 의하여 품질을 정할 수 없는 때에는 채무자는 중등 품질의 물건으로 이행하여야 한다."라고 규정하여, 그 기준을 제시하고 있다.

법률행위의 성질에 따라 종류채권 목적물의 품질이 확정될 수 있다. 가령 소비대차나 소비임치에서는 차주 또는 수치인이 반환하여야 할 물건은 애초에 수령한 물건과 동일한 품질의 물

26) Koller, 앞의 책(주 21), 582면.
27) Koller, 앞의 책(주 21), 583면.
28) Koller, 앞의 책(주 21), 583면.
29) 송덕수(1), 앞의 책(주 1), 150면
30) 송덕수(1), 앞의 책(주 1), 146면
31) 송덕수(1), 앞의 책(주 1), 147면; 안법영(1), 앞의 책(주 1), 160면.

건이어야 한다(제598조, 제702조).

당사자들이 합의하여 목적물의 품질을 정할 수도 있다. 이러한 합의는 계약 체결 당시뿐만 아니라 그 이후에도 가능하며, 명시적 합의 이외에 묵시적 합의도 가능하다. 결국 목적물의 품질에 관한 합의가 있었는지는 계약 해석의 문제이다.

법률행위의 성질에 따른 확정과 당사자의 의사에 따른 확정 사이에 순위를 정한다면, 사적자치의 원칙상 후자가 우선한다.[32)]

목적물의 품질이 법률행위의 성질이나 당사자의 의사에 따라 확정될 수 없는 경우, 제375조는 보충적으로 중등 품질의 물건으로 이행하여야 한다고 규정한다. 그러나 중등품이 아닌 다른 품질의 물건으로 이행하는 거래 관행[33)]이 있으면 그것이 우선한다(제106조).

(2) 중등 품질

제375조 제1항이 중등 품질의 물건을 이행하여야 한다고 규정한 것은, 동일한 내용의 일본민법 제401조 제1항을 참조한 것인데, 일본민법 제1항은 독일법을 참조하여 제정된 것이라고 한다.[34)] 일본민법 제정 당시 해당 규정을 기초하였던 穗積陳重에 따르면, 최하품과 최상품을 제외하고 그 사이에 있는 품질의 물건이면 어느 것이나 이행할 수 있게 한 프랑스민법이나 이를 참조한 일본 구민법은 실용성이 적고 분쟁을 발생시켜 불합리하고, 중등 이상 품질의 물건을 이행할 수 있게 한 스위스채무법은 채권자에게 유리하지만 역시 중등 이상인가 이하인가에 대해 분쟁을 발생시키기 때문에, 중등 품질의 물건을 이행하도록 규정하였다고 한다.[35)]

종류물 중 어떤 물건이 중등 품질인가는 거래 관념에 따라 결정해야 한다.[36)] 제한종류채권에서는 그 제한된 범위에서 중등 품질의 물건을 이행하여야 한다. 종류물의 품질이 시간과 장소에 따라 다른 경우, 원칙적으로 이행기와 이행지가 기준이 되어야 한다.[37)] 이행을 위해 선정된 물건이 중등 품질의 물건인지에 대해 당사자 사이에 다툼이 있는 경우, 최종적으로 법원이 결정한다.[38)]

---

32) 송덕수(1), 앞의 책(주 1), 146면과 안법영(1), 앞의 책(주 1), 158면은 양자는 순위의 문제가 아니라 서로 구별되는 다른 기준으로서 함께 고려된다고 한다.

33) 가령 곡물에 관한 매매계약에서 곡물의 용도가 식용인지 아니면 사료용인지에 따라 거래 관행에서 요구되는 품질이 다를 것이다.

34) 金山正信/金山直樹, 앞의 책(주 5), 211면.

35) 金山正信/金山直樹, 앞의 책(주 5), 211면.

36) 송덕수(1), 앞의 책(주 1), 146면; 안법영(1), 앞의 책(주 1), 158면.

37) 송덕수(1), 앞의 책(주 1), 147면; 안법영(1), 앞의 책(주 1), 158면.

38) 일본의 판례(대심원판결 大正 5.10.7 民錄 22.1853)는 매매 목적물인 목재의 품질과 관련하여, 特別上等, 上等, 中等, 並等, 下等의 5단계로 구분하고, 중간의 3개 등급(上等, 中等, 並等)을 중간 품질로 인정하였다: 田山輝明, 『民法コンメンタール 제9권』, ぎょせい(1989), 183면.

(3) 품질 위반의 효과

종류채권에서 이행하기 위해 선정된 물건이 제375조에 따른 품질에 적합하지 않은 경우, 특정은 성립하지 않는다고 할 것이다.[39] 특정이 성립하려면, 채무자가 이행에 필요한 행위를 완료하거나 채권자의 동의를 얻어 이행할 물건을 지정하여야 하는데, 선정된 목적물의 품질이 적합하지 않은 경우, 채무자가 이행에 필요한 행위를 한 것이라고 볼 수 없고, 적법한 지정이라고 할 수 없기 때문이다. 다만 채권자와 채무자의 합의로 목적물을 선정한 때에는, 선정된 목적물이 품질에 적합하지 않더라도 일단 특정은 발생하였다고 할 것이다.[40] 당사자들이 해당 목적물이 품질에 적합하지 않은 사실을 인식하면서도 이를 선정한 것이라면, 종류채권 목적물의 품질을 당사자들의 합의로 사후적으로 달리 정한 것이라고 볼 수 있으므로 특정이 인정될 수 있다. 반면에 당사자들이 이를 인식하지 못한 채 합의로 목적물을 선정한 경우는, 일단 특정은 인정되더라도, 이렇게 특정된 목적물을 인도하는 것은 채무의 내용에 따른 이행이라고 볼 수 없으므로, 채권자는 채무불이행책임 내지는 담보책임을 물을 수 있다.

이행하기로 한 목적물이 적합한 품질을 갖추지 못하여 특정이 성립하지 않는 경우, 채권자는 채무자가 제공한 물건의 수령을 거부하고, 적합한 품질의 다른 물건으로 이행할 것을 청구할 수 있다. 설사 채권자가 이를 수령하였더라도, 이는 채무 내용에 좇은 이행이라고 할 수 없으므로, 채권자는 채무불이행책임(제390조) 내지는 담보책임(제581조, 제567조)을 물을 수 있다. 따라서 채권자는 담보책임에 관한 규정(제581조)에 따라, 수령 이후에도 이를 반환하고 적합한 품질의 다른 물건으로 이행할 것을 청구할 수 있다. 채무불이행의 효과로서 채권자에게 추완청구권이 인정되는지에 대해 논란이 있지만,[41] 이를 긍정한다면, 채권자는 채무불이행책임으로도 적합한 품질의 다른 물건으로 이행할 것을 청구할 수 있다. 다른 한편 채권자는 수령한 물건이 적합한 품질을 갖추지 못하였더라도 이를 그대로 보유하기로 하고, 대신 채무자에게 채무불이행책임 내지는 담보책임에 따른 손해배상만을 청구할 수도 있다. 이 경우 채권자가 보유하기로 한 물건은 종류채권의 목적물로 특정되었다고 할 것이고, 일종의 합의에 의한 특정이 있었다고 할 것이다.

(4) 상등 품질 물건의 인도

종류채권의 채무자가 제375조 제1항에 따라 정해지는 품질보다 상등 품질의 종류물을 인도

39) 송덕수(1), 앞의 책(주 1), 147면; 안법영(1), 앞의 책(주 1), 160면; 김대정, 『채권총론』, fides(2006), 50면; 송덕수(2), 앞의 책(주 4), 68면; 지원림, 앞의 책(주 4), 940면; 潮見佳男(2), 앞의 책(주 9), 211면; Emmerich, 앞의 책(주 16), § 243 Rn. 20.

40) 金山正信/金山直樹, 앞의 책(주 5), 248면. 또한 송덕수(1), 앞의 책(주 1), 151면은 당사자의 합의에 의해 목적물을 선정한 때에는 품질 문제는 발생하지 않는다고 한다.

41) 통설은 추완청구권을 이행청구권의 한 모습(변형 내지 연장)으로 보며, 명문 규정이 없더라도 당연히 인정된다고 한다. 이에 대한 자세한 논의는 오종근, "추완청구권", 법학논집 제22권 제3호(2018. 3), 3면 이하 참조.

한 경우, 이를 채무의 내용에 적합한 이행이라고 할 수 있는가? 일부 견해[42]는, 정해진 품질보다 상등 품질의 물건으로 인도는 원칙적으로 채무 내용에 적합한 이행이 아니며, 채무자가 상등품의 물건으로 인도하기 위해서는 채권자의 동의를 받아야 한다고 한다. 그러나 일반적으로 상등 품질의 물건으로 인도하는 것은 채권자에게 이익을 가져오므로, 채권자가 이를 부적합한 이행이라고 하여 특정을 부정하거나 그 수령을 거부할 이유가 없으며, 이를 거부하는 것은 신의칙에 반할 것이다. 다만 예외적으로 상등 품질의 물건으로 인도하는 것이 채권자의 이익에 반하는 경우, 가령 인도된 물건의 품질에 따라 대가가 달라서 채권자의 반대급부의무가 가중되는 경우에는 적합한 이행이라고 볼 수 없다.[43] 이 경우 채권자는 전술한 품질 위반의 효과를 주장할 수 있다.

반면에 상등 품질의 물건으로 인도는 채무자에게 불이익을 초래한다. 이 경우 채무자는 인도된 상등 품질 물건의 반환을 청구하고, 품질에 적합한 다른 물건으로 이행할 수 있는가? 채무자가 상등 품질을 인식한 채 인도하였다면, 원칙적으로 반환청구를 할 수 없을 것이다.[44] 채무자가 이를 인식하지 못한 경우에는 어떤가? 채무자가 상등 품질의 물건으로 인도한 것은 원칙적으로 적합한 이행이라 할 것이므로 채무자가 반환을 청구할 수 없다.[45] 다만 채무자가 상등 품질의 물건으로 이행한 것이 착오 요건을 갖추면, 이러한 변제(이행)행위를 취소함으로써 반환을 청구할 수는 있다.

2. 특정 방법

종류채권의 목적물이 특정되면, 특정된 물건이 채권의 목적물로 확정되므로(제375조 제2항), 급부위험이 채무자에서 채권자에게로 이전한다. 즉 특정 이전에 이행하기로 한 물건이 멸실된 경우, 이행할 수 있는 다른 종류물이 존재하는 한 채무자는 이를 조달하여 이행할 의무가 있지만, 특정 이후 특정된 물건이 멸실된 경우, 채무자는 다른 물건을 조달하여 이행할 필요 없이 급부의무를 면한다. 물론 특정된 물건이 멸실된 경우에도 채무자 스스로 다른 물건으로 변경하여 이행하는 것은, 채권자의 이익을 해치지 않는 한,[46] 원칙적으로 허용된다.[47] 채무자가 이러한 변경권을 행사하는 것은, 특정된 물건의 멸실에 채무자에게 책임이 있어서 채무불이행책임을 지는 것을 회피하기 위하여, 또는 위험부담 원칙(제537조 참조)에 따라 채권자에게 반대급부를 청구할 수 있는 권리가 상실되는 것을 회피하기 위하여 실익이 있다.

42) 김병선, "고품질의 물건을 급부한 경우의 법률관계", 법학논집 제18권 제4호(2014. 6), 130면.
43) 안법영(1), 앞의 책(주 1), 164면; Emmerich, 앞의 책(주 16), § 243 Rn. 21.
44) 안법영(1), 앞의 책(주 1), 164면.
45) 송덕수(1), 앞의 책(주 1), 149면; 송덕수(2), 앞의 책(주 4), 70면; Emmerich, 앞의 책(주 16), § 243 Rn. 21.
46) 가령 채권자가 이미 특정된 물건을 검사하였는데, 특정된 물건이 변경됨으로써 재차 검사 절차를 거쳐야 한다면 채권자의 이익을 해칠 수 있다.
47) 송덕수(1), 앞의 책(주 1), 159면.

이처럼 종류채권 목적물의 특정은 급부위험이 이전되는 효과를 발생시키므로, 그 특정이 어떤 방법으로 언제 발생하느냐? 하는 것은 채무자와 채권자 모두에게 중요한 문제이다. 민법 제375조 제2항은 이에 대해, ① 채무자가 이행에 필요한 행위를 완료한 때와, ② 채무자가 채권자의 동의를 이행할 물건을 지정한 때 특정이 일어난다고 규정한다. 그러나 규정에는 없지만, 채권자와 채무자가 합의하여 종류채권의 목적물을 특정할 수 있는 것도 계약자유의 원칙상 당연히 인정되어야 할 것이고, 이행할 물건을 지정할 수 있는 권리가 채권자 또는 제3자에게 부여된 경우도 있을 수 있다. 그 밖에 종류물이 멸실되어 이행되어야 할 수량만 남은 경우, 자동적으로 특정이 일어나느냐의 문제도 있다.

(1) 당사자의 합의에 의한 특정

계약자유의 원칙상 종류채권에서 목적물의 특정 방법은 당사자가 자유롭게 정할 수 있다. 종류채권의 채권자와 채무자가 합의하여 목적물을 특정할 수 있음은, 명문 규정이 없더라도, 계약자유의 원칙상 당연히 인정된다. 통설은 이 경우 특정은 합의만으로는 발생하지 않으며, 선정된 목적물이 분리되어야 한다고 한다.[48] 그러나 채무자가 일방적으로 목적물을 선정하여 특정하는 경우는 이를 객관적으로 인식할 수 있기 위하여 목적물의 분리가 필요하겠으나, 채권자와 채무자가 합의하여 특정하는 경우는 반드시 분리될 필요는 없고, 선정된 물건이 다른 종류물과 구별될 수 있으면 충분하다.[49]

당사자의 합의하여 목적물을 특정하면, 아직 채무자가 이행에 필요한 행위를 완료하기 전이더라도, 그때부터 특정된 물건이 종류채권의 목적물로 된다. 종류채권은 특정된 때부터 급부위험이 채무자에서 채권자에게로 이전되므로, 당사자들이 합의하여 목적물을 특정하는 것은 급부위험을 조기에 채권자에게 이전하는 효과를 발생시킨다.

한편 채무자가 "이행에 필요한 행위를 완료"함으로써 종류채권의 목적물이 특정된 경우는, 특별히 채권자의 이익을 해치지 않는 한, 채무자는 원칙적으로 다른 물건으로 변경하여 이행할 수 있다.[50] 종류채권은 목적물의 개성에 중점을 두지 않고, 특정은 종류채권을 이행하기 위한 수단으로서 의미밖에 없는 것이어서, 특정 이후에도 종류채권으로서 성질을 잃지 않기 때문이다. 반면에 채무자와 채권자가 합의하여 목적물을 특정하였을 때는, 그렇게 특정된 물건을 채무자가 일방적으로 다른 물건으로 변경하는 것은 채권자의 의사에 반하므로 원칙적으로 허용될 수 없

48) 송덕수(1), 앞의 책(주 1), 151면; 안법영(1), 앞의 책(주 1), 166면.

49) 일본의 통설은, 우리나라 통설처럼, 당사자가 합의하여 특정할 때도 목적물의 분리·독립이 필요하다고 한다. 물권변동에 관해 의사주의를 취하는 일본민법에서는 종류채권의 목적물이 특정되면 소유권이 채권자에게 이전되고, 2017년 개정 전 일본민법 제534조에 따라 특정 시점에 대가위험이 채권자에게 이전된다는 점에서 분리·독립이 필요할 수 있다. 그러나 일본에서도 분리·독립까지는 불필요하다는 견해가 유력하게 주장된다. 이에 관해서는 金山正信/金山直樹, 앞의 책(주 5), 238면 참조.

50) 송덕수(1), 앞의 책(주 1), 159면; 안법영(1), 앞의 책(주 1), 188면.

다.[51] 또한 채권자가 특정에 대해 합의하는 과정에서 종종 목적물을 검사하는 경우가 있는데, 채무자의 일방적인 변경은 채권자에게 새로운 검사 부담을 초래하여 채권자의 이익을 해칠 수도 있다.

(2) 채무자가 이행에 필요한 행위를 완료한 때

제375조 제2항은 "채무자가 이행에 필요한 행위를 완료한 때" 특정이 일어난다고 규정한다. 종류채권의 성질상 의무자인 채무자가 종류물 중에서 목적물을 선정할 수 있는 것은 당연하고, 이 규정은 그 특정 시점을 규정한 것이라고 할 것이다. 입법론적으로 종류채권의 특정 시점으로는, 채무자가 이행할 물건을 다른 물건과 분리한 때(분리설), 이행에 필요한 행위를 완료한 때(이행행위설), 채권자가 물건을 수취한 때(수취설)를 상정할 수 있다. 그런데 채무자가 이행에 필요한 행위를 완료하면, 채권자의 수령행위 등 협력행위로 곧바로 채무가 이행되어 소멸할 수 있었을 것인데, 채권자가 협력하지 않아서 채무가 이행되지 않았다면, 그 시점 이후에는 급부위험을 채권자가 부담하는 것이 타당하다. 또한 채권자가 특정 시점을 인식할 수 있다는 점에서도 타당하다. 따라서 민법이 "채무자가 이행에 필요한 행위를 완료한 때" 특정이 발생하고, 그 시점에서 급부위험을 채무자에서 채권자에게 이전하게 한 것은 타당하다.

다만 채무의 유형에 따라 "이행에 필요한 행위를 완료한 때"가 언제인가? 라는 해석의 문제가 제기된다. 학설은, 이행에 필요한 행위를 완료한 때는 변제의 제공(제460조)이 있는 때와 대체로 일치하지만, 특정을 위해서는 목적물의 분리가 추가적으로 요구되는 점에서 양자가 동일한 것은 아니라고 한다.[52] 종류채권의 특정은 목적물을 확정하고 급부위험을 이전하기 위한 요건임에 반하여, 변제의 제공은 채무자가 지체책임을 면하고(제461조) 채권자에게 수령지체책임(제400조)을 지우기 위한 요건이므로, 양자를 일치시킬 이유는 없다. 특히 종류채권의 특정은 그 본질적 특성상 특정된 물건이 다른 종류물과 구별되어야 한다.[53] 따라서 종류채권의 채무자가 변제의 제공 중 '현실의 제공'을 한 경우에는 그 시점에 특정도 일어난다고 보는 것이 원칙이겠으나, 이행할 물건을 다른 종류물과 구별함이 없이, 채권자의 협력이 있으면 이행할 준비만 하고 구두로 변제의 제공을 하는 '구두 제공'만으로는 아직 특정이 인정되기에 부족하다.

특정 시점이 되는 "채무자가 이행에 필요한 행위를 완료한 때"는 채무의 내용에 따라 다르게 된다. 문헌들은 일반적으로 채무를 급부행위를 하는 장소와 급부 효과가 발생하는 장소에 따라 지참채무, 추심채무, 송부채무로 구분하고, 각각의 경우 특정 시점을 검토한다.

---

51) 송덕수(1), 앞의 책(주 1), 159면.

52) 송덕수(1), 앞의 책(주 1), 152면; 안법영(1), 앞의 책(주 1), 169면.

53) 대체로 학설은 특정된 물건이 다른 종류물과 분리되어야 한다고 하지만, 다른 종류물과 구별될 수 있는 표지가 갖추어지면 충분하다고 생각한다.

1) 지참채무

지참채무는 채무자가 목적물을 채권자의 주소 또는 영업소에 가지고 가서 이행(인도)하여야 하는 채무를 말한다(제467조).[54] 종류채무는 지참채무가 원칙이다(제467조 제2항). 이 경우 채권자의 주소 또는 영업소는 급부행위를 하는 장소임과 동시에 급부행위의 효과(이행에 따른 채무 소멸: 변제)가 발생하는 장소이기도 하다.[55] 채권자의 주소 또는 영업소 이외에 당사자들이 합의한 제3의 장소에 채무자가 물건을 가지고 가서 이행하여야 하는 경우도, 그곳에서의 급부행위로 동시에 급부행위의 효과가 발생한다면, 법률적으로 지참채무와 동일하게 취급될 것이다.[56]

이러한 지참채무에서는, 채무자가 이행할 물건을 분리하여 이행지인 채권자의 주소나 영업소(혹은 합의된 제3의 장소)에 가지고 가서 채권자가 언제든지 수령할 수 있는 상태에 두는 현실적 제공이 있는 때가 "이행에 필요한 행위를 완료한 때"라고 할 것이다.[57] 목적물을 이행장소에 가져가는 것은 채무자가 할 수도 있고, 운송인에게 맡겨 발송할 수도 있으나, 발송한 것만으로는 특정이 발생하지 않고, 이행장소에 도달하여 현실적 제공이 있어야 비로소 특정이 일어난다. 이때 채권자가 특정된 물건을 수령하면 종류채무는 이행으로 소멸하고, 채권자가 수령을 거부하면 종류채권의 목적물은 특정된 물건으로 확정된다.

지참채무에서 채권자가 미리 수령을 거절한 경우, 채무자는 현실적 제공이 없어도 구두 제공만으로 "이행에 필요한 행위를 완료한" 것으로 인정할 수 있다. 물론 이 경우에도 특정이 인정되기 위해서는 그 본질적 특성상 이행할 물건이 다른 종류물과 구별되어 있어야 한다.

2) 추심채무

추심채무는 채권자가 수령할 준비를 하여 채무자의 주소 또는 영업소에 와서 추심을 하면, 이에 응하여 채무자가 이행(인도)하는 채무를 말한다.[58] 이 경우 채무자의 주소 또는 영업소가 급부행위를 하는 장소임과 동시에 급부행위의 효과(이행에 따른 채무 소멸: 변제)가 발생하는 장소이기도 하다.[59] 당사자들이 합의한 제3의 장소에서 채권자가 수령할 준비를 하여 추심을 하면, 이에 응하여 채무자가 채무를 이행해야 하는 경우도, 법률적으로 추심채무와 동일하게 취급될 것이다.[60]

---

54) 곽윤직, 『채권총론 제6판』, 박영사(2006), 30면; 김상용, 『채권총론 제2판』, 화산미디어(2014), 44면; 김형배, 『채권총론 제2판』, 박영사(1998), 62면.

55) Krüger, Münchener Kommentar zum BGB 8. Aufl., C.H. Beck(2019), § 269 Rn. 6.

56) 송덕수(1), 앞의 책(주 1), 152면; 송덕수(2), 앞의 책(주 4), 72면; 지원림, 앞의 책(주 4), 941면.

57) 송덕수(1), 앞의 책(주 1), 153면; 안법영(1), 앞의 책(주 1), 171면; 김증한/김학동, 앞의 책(주 4), 34면; 김형배, 앞의 책(주 54), 62면; 金山正信/金山直樹, 앞의 책(주 5), 227면.

58) 곽윤직, 앞의 책(주 54), 30면; 김상용, 앞의 책(주 54), 44면; 김형배, 앞의 책(주 54), 62면. 독일민법은 추심채무를 원칙으로 한다(동법 제269조 참조).

59) Krüger, 앞의 책(주 55), § 269 Rn. 5.

60) 송덕수(1), 앞의 책(주 1), 154면; 송덕수(2), 앞의 책(주 4), 72면; 지원림, 앞의 책(주 4), 941면.

추심채무에서는 채무자가 목적물을 분리하여 채권자가 와서 추심하면 언제든지 이행할 준비를 하고 이를 채권자에게 통지하여 수령을 최고한 때, 즉 구두 제공이 있는 때에 특정이 발생한다는 것이 통설[61]이다. 그러나 이행기가 확정된 추심채무에서도 채권자에게 통지하는 것이 필요한지에 대해서는 의문이 있다. 채무자가 이행기에 이행할 목적물을 구분하고, 채권자의 추심이 있으면 언제든지 이행할 준비를 하였으면, 채무자는 "이행에 필요한 행위를 완료"하였다고 할 것이다. 어차피 이행기에 추심을 위해 오기로 예정되어 있는 채권자에게 수령을 최고하는 통지를 하는 것은 불필요하다. 채무자가 채무불이행책임을 면하거나 채권자를 수령지체에 빠지게 하기 위해서는 이행의 제공이 요건이므로(제461조, 제400조), 추심채무에서도 채권자에 대한 통지가 필요하겠지만, 특정은 채무자가 "이행에 필요한 행위를 완료"하면 충분하므로 통지가 불필요하다고 하겠다.[62] 반면에 이행기가 정해지지 않았거나 불확정이어서 채권자가 이행기의 도래를 알지 못한 경우는 채권자에 대한 통지가 필요하다고 할 것이다. 특정은 급부위험을 이전시켜서 채권자의 이익에도 중대한 영향을 미치므로, 언제 특정이 일어나는지에 대해 채권자도 인식할 수 있어야 하며, 따라서 채무자는 채권자에게 통지함으로써 목적물이 특정될 것임을 알릴 필요가 있기 때문이다.

또한 채무자가 미리 이행에 필요한 준비를 하고 목적물을 분리하였더라도, 아직 이행기가 도래하기 전이라면 이행기가 도래할 때까지 특정은 발생하지 않는다고 할 것이다.[63] 종류채권의 특정은 급부위험의 이전을 발생시키므로, 특정의 효력이 언제 발생하는가는 채권자의 이익에도 중대한 영향을 미치며, 따라서 채무자가 이행기 전에 이행 준비를 마쳐서 급부위험의 이전 시점을 일방적으로 앞당기는 것은 곤란하기 때문이다.

3) 송부채무

송부채무의 개념에 대해서는 혼란이 있다. 일부 견해는 채권자 또는 채무자의 주소(또는 영업소) 이외의 제3지에 급부 목적물을 송부해야 하는 채무를 송부채무라고 한다.[64] 이때 그 제3지가 본래 이행장소인 경우는 지참채무와 마찬가지로 그 장소에서 현실적 제공한 때 특정되고, 채권자의 요청에 따라 호의로 채무자가 제3지에 송부하는 경우에는 목적물을 분리하여 발송한 때 특정이 발생한다고 한다.[65]

---

61) 송덕수(1), 앞의 책(주 1), 154면; 곽윤직, 앞의 책(주 54), 30면; 김대정, 앞의 책(주 39), 53면; 김상용, 앞의 책(주 54), 44면; 김증한/김학동, 앞의 책(주 4), 34면; 김형배, 앞의 책(주 54), 63면; 송덕수(2), 앞의 책(주 4), 73면; 지원림, 앞의 책(주 4), 941면. 반면에 이은영, 『채권총론 제4판』, 박영사(2009), 112면은 추심채무에서도 구두 제공으로는 불충분하고 현실 제공이 있어야 한다고 한다.

62) 同旨: 金山正信/金山直樹, 앞의 책(주 5), 230면.

63) Emmerich, 앞의 책(주 16), §243 Rn. 29.

64) 곽윤직, 앞의 책(주 54), 30면; 김상용, 앞의 책(주 54), 45면; 김형배, 앞의 책(주 54), 63면.

65) 곽윤직, 앞의 책(주 54), 30면; 김상용, 앞의 책(주 54), 45면; 김형배, 앞의 책(주 54), 64면.

다른 견해는 채무자가 급부 목적물을 채권자의 주소 또는 합의된 제3지에 송부해야 하는 채무를 송부채무라고 한다.[66] 이 견해에 따르면, 송부채무에서 채무자는 자신의 주소(또는 영업소)에서 급부 목적물을 운송기관에 맡겨 송부함으로써 자신의 급부행위를 하고, 급부의 효과 즉 채무의 소멸(변제)은 채권자의 주소 또는 제3지에서 급부 목적물이 채권자에게 인도됨으로써 발생한다.[67] 즉 지참채무 및 추심채무와 달리, 급부장소(채무자 주소)와 급부효과 발생지(채권자 주소 또는 제3지)가 일치하지 않는다. 이 견해에 따르면, 채무자가 급부 목적물을 분리하여 송부하면 이행에 필요한 행위를 다한 것이 되므로, 이때 특정이 발생한다고 한다.[68]

전자의 견해는 채무 이행 장소가 채권자 주소이면 지참채무, 채무자 주소이면 추심채무라고 하고, 송부채무는 이행장소가 제3지인 것을 전제로 하는 것 같다. 그러나 지참채무, 추심채무, 송부채무는 이행장소보다는 채무자의 급부행위 내용에 따라 구분하는 것이 타당하다. 전술한 바와 같이 채무자가 목적물을 가지고 가서 채권자에게 인도해야 하는 채무에서는 그 인도 장소가 채권자의 주소이건 제3지이건 관계없이 법률적으로 동일하게 지참채무로 취급하는 것이 타당하고, 채권자가 와서 추심을 하면 채무자가 목적물을 인도하는 채무에서는 그 추심 장소가 채무자의 주소이건 제3지이건 관계없이 법률적으로 동일하게 추심채무로 취급하는 것이 타당하다. 따라서 후자의 견해와 같이, 송부채무는 채권자의 주소 또는 제3지로 채무자가 목적물을 송부해야 하는 채무라고 이해하여야 한다.

송부채무에서 종류채권의 특정은 채무자가 이행할 목적물을 분리하여 운송기관을 통해 이행지로 발송한 때에 특정이 발생한다는 것이 통설[69]이다. 송부채무에서 채무자가 할 급부행위는 목적물을 이행지로 발송하는 것이므로, 발송한 때가 “채무자가 이행에 필요한 행위를 완료한 때”에 해당하여 특정이 발생한다고 해석하는 것이다. 이에 따르면, 이행지로 운송 중 채무자에게 책임 없는 사유로 목적물이 멸실된 경우, 채무자는 급부의무를 면한다. 특정 시점 이후에는 급부위험을 채권자가 부담하기 때문이다. 이처럼 운송 중 목적물이 멸실되는 위험을 채권자가 부담하는 것은 과연 타당한가? 독일민법은 제447조에서, 매도인이 매수인의 요청으로 매매 목적물을 이행지[70] 이외의 장소로 송부하는 경우에는 매도인이 운송기관에 목적물을 인도한 때부터 위험이 매수인에게 이전한다고 규정한다.[71] 따라서 독일민법 하에서는 송부채무인 종류매매에서는

66) 송덕수(1), 앞의 책(주 1), 156면; 안법영(1), 앞의 책(주 1), 177면; 송덕수(2), 앞의 책(주 4), 73면; 지원림, 앞의 책(주 4), 941면.
67) 송덕수(1), 앞의 책(주 1), 156면.
68) 송덕수(1), 앞의 책(주 1), 156면; 안법영(1), 앞의 책(주 1), 178면.
69) 송덕수(1), 앞의 책(주 1), 156면; 안법영(1), 앞의 책(주 1), 178면.
70) 여기에서 ‘이행지(Erfuellungsort)’는 채무자의 ‘급부행위지(Leistungsort)’를 의미한다: Krüger, 앞의 책(주 55), § 269 Rn. 2.
71) 지참채무를 원칙으로 하는 우리 민법(제467조)과 달리, 독일은 본래 추심채무가 원칙이므로(독일민법 제269조), 운송 중의 위험은 본래 채권자가 부담할 사정이었다는 점에서, 독일민법 제447조 규정은 일관성이 있다.

채무자(매도인)가 목적물을 운송기관을 통해 발송한 때 급부위험과 대가위험이 채권자(매수인)에게 이전하고, 같은 시점에 종류매매 목적물의 특정도 발생한다고 해석하는 것이 일관된 해석이다. 그러나 이러한 규정이 없는 우리 민법하에서는 동일한 해석을 할 이유가 없다. 통설은 지참채무와 추심채무에서 특정 시점과도 균형이 맞지 않는다. 전술한 바와 같이, 지참채무에서는 채무자가 채권자 주소에 목적물을 가지고 가서 현실 제공한 때에 특정이 발생한다. 이는 채권자가 수령하면 곧바로 이행이 완료될 것인데 수령하지 않았고, 채권자는 통상 수령지체에 빠지게 되므로, 그 시점에 특정이 발생하고, 급부위험도 이전한다고 함이 공평하다. 추심채무에서도 채무자가 목적물을 구분하여 이행할 준비를 하고 채권자의 추심을 기다린 경우, 채권자가 추심을 하여 목적물을 수령하면 이행이 완료될 것인데 추심을 하지 않았던 것이므로, 역시 그 시점에 특정이 발생하고, 급부위험도 이전한다고 함이 공평하다. 그러나 일반적으로 송부채무에서 운송기관이 목적물을 운송하는 것은 채권자의 지배 영역에 있지 않고, 운송 중 목적물이 멸실한 것에 대해 달리 채권자에게 책임을 지울 요소가 없다. 따라서 송부채무에서 운송 중 목적물이 당사자 쌍방에게 책임 없는 사유로 멸실된 경우, 급부위험 내지는 대가위험을 채권자가 부담하는 것은 타당하지 않다.

그렇다면 송부채무에서 특정은 언제 발생하는가? 송부채무가 본래 지참채무적 성질을 가지는 경우, 즉 채권자 주소 혹은 제3지에서 목적물을 채권자에게 인도함으로써 이행이 완료되는데, 목적물을 채무자가 가져가는 것이 아니라 운송기관을 통해 송부하기로 한 경우는, 지참채무와 같이, 운송기관이 목적물을 채권자에게 제공한 때 비로소 특정이 발생한다고 하여야 한다. 반면에 송부채무가 본래 추심채무적 성질을 가지는 경우, 즉 채무자 주소 혹은 제3지에 채권자가 와서 추심을 하여 목적물을 인도받는 채무인데, 채권자의 요청에 응해 채무자가 호의로 채권자의 주소 혹은 제3지로 목적물을 송부한 경우는, 운송 중의 위험은 본래 채권자가 부담하였을 사정이므로, 운송기관을 통해 발송하였을 때 특정이 발생하고, 이때 급부위험도 채권자에게 이전한다고 하여야 한다.

물론 송부채무에서 위험 이전 시기에 대해 다른 약정이나 거래관행이 있는 경우는 이에 따른다. 국제상품거래에서 빈번히 이용되는 FOB(Free on Board) 거래조건은 매도인이 상품을 운송선박에 적재하면, 매도인의 인도의무가 완료되고, 그 이후 상품의 멸실이나 손상에 관한 비용과 위험을 매수인이 부담한다.[72] CIF(Cost, Insurance and Freight) 거래조건은 보험료, 운송비용 등을 매도인이 부담하지만, 역시 상품 선적 후 상품의 멸실이나 손상에 관한 위험을 매수인이 부담한다.[73] 이 경우 특정은 상품이 선적되고, 이를 매수인에게 통지하였거나 선하증권이 발송된 때 발

72) 안법영(1), 앞의 책(주 1), 181면.
73) 안법영(1), 앞의 책(주 1), 181면.

생한다.[74)]

(3) 채무자가 채권자의 동의를 얻어 이행할 물건을 지정한 때

당사자들이 목적물을 특정할 자를 정하고 그의 지정에 따라 목적물을 특정하는 것도 계약자유의 원칙상 당연히 인정된다. 이때 당사자들은 목적물을 특정할 수 있는 지정권을 채권자, 채무자, 제3자에게 부여할 수 있다.[75)] 제375조 제2항 후단은 그중에서도 지정권이 특히 채무자에게 부여된 경우를 규정하지만,[76)] 동 규정은 지정권이 채권자 또는 제3자에게 부여된 경우에도 유추 적용될 수 있다.

1) "채권자의 동의"의 의미

제375조 제2항 후단은 채무자가 "채권자의 동의를 얻어 이행할 물건을 지정한 때"는 그때부터 그 물건을 종류채권의 목적물로 한다고 규정한다. 이때 "채권자의 동의"가 의미하는 내용에 대해 논란이 있다. 즉 채권자의 동의가 '급부할 물건'에 대한 동의인가? 아니면 '(급부할) 물건을 지정'하는 것에 대한 동의인가? 통설[77)]은 후자로 해석한다. 즉 채권자의 동의는 채무자가 지정하여 특정해도 좋다는 의미로서, 채무자에게 지정권을 부여하는 것에 대한 동의라고 한다. 반면에 전자로 해석하는 견해[78)]는, 채무자가 어떤 물건을 급부할 물건으로 선정하고, 이어서 채권자가 그 물건을 종류채권의 목적물로 하는 것에 대해 동의하는 것이 "채권자의 동의"의 의미라고 한다.

그러나 전자는 채권자와 채무자의 합의에 의한 특정과 다를 바가 없으며, 제375조가 임의규정인 점에 비추어 보면 굳이 규정할 필요도 없는 사항을 규정한 것이 된다. 또한 이러한 해석은 "채권자의 동의"가 채무자의 "지정"에 앞서는 것으로 규정한 제375조 제2항 후단의 문언과도 모순된다. 하지만 "채권자의 동의"는, 통설처럼, 채무자에게 목적물을 특정할 수 있는 지정권을 부여하는 것에 대한 동의에 그치는 것은 아니다. 본래 종류채무에서 이행할 물건을 지정하는 것은 채무자가 이행행위를 하는 과정 중의 한 절차이므로, 종류물 중 어느 물건으로 이행할 것인지를 스스로 지정할 수 있고, 이러한 지정권은 이를 배제하는 특별 약정이 없는 한 채무자에게 인정되

74) Emmerich, 앞의 책(주 16), § 243 Rn. 27.

75) 송덕수(1), 앞의 책(주 1), 151면; 안법영(1), 앞의 책(주 1), 167면.

76) 제375조 제2항 후단은 동일한 내용의 일본민법 제401조 제2항 후단을 참조한 것인데, 동 규정의 기초위원(梅謙次郎)은 종류채권의 채권자와 채무자가 합의하여 직접 목적물을 특정하는 것을 염두에 두었다고 한다. 이에 대해서는 金山正信/金山直樹, 앞의 책(주 5), 236면 참조.

77) 송덕수(1), 앞의 책(주 1), 151면; 안법영(1), 앞의 책(주 1), 167면; 곽윤직, 앞의 책(주 54), 31면; 김증한/김학동, 앞의 책(주 4), 35면; 송덕수(2), 앞의 책(주 4), 71면; 이은영, 앞의 책(주 61), 113면; 현승종, 『채권총론』, 일신사(1975), 54면. 일본의 통설도 같다: 金山正信/金山直樹, 앞의 책(주 5), 240면.

78) 金山正信/金山直樹, 앞의 책(주 5), 240면. 한편 이태재, 『채권총론 개정판』, 진명문화사(1987), 65면은 "채권자의 동의"는 채무자에게 지정권을 부여하는 의미 이외에, 직접 목적물을 확정하는 것에 대한 동의도 포함한다고 한다.

며,[79] “채권자의 동의”가 있어야만 채무자에게 인정되는 것이 아니기 때문이다.[80] 오히려 제375조 제2항 후단에서 규정하는 “채권자의 동의”는 채무자가 이행에 필요한 행위를 완료하기 전에 미리[81] 목적물을 지정하여 특정하는 것에 대한 동의를 의미한다고 해석하여야 한다. 종류채권에서 목적물이 특정되면 급부위험이 채무자에서 채권자에게로 이전되는 효과가 발생하는데, 제375조 제2항 후단의 “채권자의 동의”에는 제2항 전단(“채무자가 이행에 필요한 행위를 완료”한 때)에 앞서서 채무자가 이행할 물건을 지정한 때에 급부위험이 채권자에게 이전하는 불이익을 감수하겠다는 의미가 포함되어 있다. 이러한 점에서 제375조 제2항 후단의 “채권자의 동의”는 쉽게 인정할 것이 아니다.[82]

2) 지정권의 행사

종류채권의 채무자가, 이행에 필요한 행위를 완료하기 전이라도, 채권자의 동의를 얻어 목적물을 지정하여 특정할 수 있는 권한을 지정권이라고 할 수 있다. 통설[83]은 이러한 지정권을 형성권이라고 한다. 통설[84]은 채무자가 이행할 목적물을 지정하고, 이를 다른 종류물과 분리하면, 그 시점에 특정이 발생한다고 한다. 반면에 채무자의 지정행위는 단순히 이행할 목적물을 선정하는 사실행위일 뿐이라는 견해[85]도 있다. 지정권을 형성권이라고 하면, 채무자가 이행할 목적물을 지정하는 행위는 형성권의 행사로서 채권자에 대한 의사표시로 하여야 한다.[86] 반면에 채무자의 지정행위가 사실행위라는 견해에 따르면, 채권자에 대한 의사표시는 불필요하고, 채무자가 이행할 목적물을 지정하여 분리하는 것만으로 특정이 일어난다.[87]

지정권은 지정권자의 일방적인 지정행위로 종류채권의 급부 목적물을 확정시키는 효력을 발생시키며, 이는 선택채권에서 급부를 확정시키는 선택권과 유사하다. 또한 지정권의 행사로 종류채권의 목적물이 확정되면 급부위험이 채무자에서 채권자에게로 이전하는 효과가 발생한다.

79) 대법원 1994. 8. 26. 선고 93다20191 판결은, 甲이 보유하는 X 회사 주식을 乙 은행에 담보로 제공하기로 한 약정에 따라 乙 은행이 甲이 보유하는 X 회사 주식의 주권을 특정하여 인도를 청구한 사안에서, 乙 은행의 채권은 제한종류채권이며, 인도할 주권의 특정은 쌍방 어느 쪽에서도 할 수 있다고 하였다. 그러나 종류채권에서 이행할 목적물을 채권자가 지정하는 것은 채무자에게 부당한 간섭이 되므로, 채권자의 지정권은 당사자들의 합의가 있거나 거래 관행이 존재하는 경우에만 인정될 것이다.

80) 김대정, 앞의 책(주 39), 54면은 제375조 제2항 후단은 지정권에 대한 합의가 없는 경우, 채권자의 동의를 요건으로 채무자의 지정권을 인정한 것으로 해석한다. 그러나 본래 종류채권의 채무자는, 당사자의 합의나 채권자의 동의가 없어도, 원칙적으로 목적물을 지정할 수 있는 권한을 갖는다.

81) 지정권자가 이행할 목적물을 지정하고 이를 분리하면 그 시점에 특정이 일어난다: 곽윤직, 앞의 책(주 54), 31면; 김대정, 앞의 책(주 39), 51면; 김상용, 앞의 책(주 54), 45면.

82) 동지: 金山正信/金山直樹, 앞의 책(주 5), 245면.

83) 송덕수(1), 앞의 책(주 1), 151면; 안법영(1), 앞의 책(주 1), 167면.

84) 송덕수(1), 앞의 책(주 1), 151면; 안법영(1), 앞의 책(주 1), 167면.

85) 金山正信/金山直樹, 앞의 책(주 5), 243면.

86) 안법영(1), 앞의 책(주 1), 167면; 김대정, 앞의 책(주 39), 51면.

87) 金山正信/金山直樹, 앞의 책(주 5), 243면.

따라서 지정권의 행사가 단순한 사실행위로서 채권자에 대한 의사표시가 불필요하다고 하면, 채권자가 특정 여부와 그 시점을 알 수 없어서 채권자의 이익을 해칠 수 있다. 따라서 지정권은 형성권이라고 하여야 하고, 채권자에 대한 의사표시로 행사하여야 한다.

종류채권에서 채권자의 동의로 채무자가 이행할 물건을 지정한 경우, 지정된 물건이 다른 종류물과 분리되어야 특정이 성립한다는 것이 통설[88]이다. 특정의 본질적 특성상 지정된 물건이 다른 종류물과 구별되어야 하는 것은 당연하다. 통설은 다른 종류물과 분리되어야 한다고 하지만, 반드시 물리적인 분리가 요구되는 것은 아니다. 그러나 최소한 채무자가 일방적으로 지정한 물건이 다른 종류물과 구별되도록 외형적으로 표시되어야 한다. 종류물이 특정된 때부터 급부위험이 채무자에서 채권자에게로 이전되어서, 특정 여부는 채권자의 이익에 중대한 영향을 미치므로, 지정된 물건이 객관적으로 인식될 수 있어야 하기 때문이다.[89]

3) 채권자 또는 제3자가 지정권자인 경우

제375조 제2항 후단은 지정권이 채무자에게 부여된 경우를 규정하지만, 당사자의 약정으로 지정권을 채권자 또는 제3자에게 부여하는 것도 가능하다.[90] 채권자 또는 제3자가 지정권자인 경우에도 채무자가 지정권자인 경우에 준하여 처리될 것이다. 지정권자인 채권자 또는 제3자가 이행할 물건을 지정하고, 지정된 물건이 다른 종류물과 외형적으로 구별될 때 특정이 일어난다.

반면에 채권자 또는 제3자가 지정권자인 경우, 채무자가 지정권자인 경우와 달리, 채권자 또는 제3자는 어떤 물건을 지정하였는지를 채무자에게 알려주어야 한다. 전술한 바와 같이, 지정권의 행사를 형성권의 행사라고 보면, 채권자 또는 제3자는 지정권의 행사를 채무자에 대한 의사표시로 하면 되고, 지정권의 행사가 단순한 사실행위라고 보면, 채권자 또는 제3자는 지정행위가 있었음을 채무자에게 통지(사실의 통지)하면 된다.

또한 지정권자인 채무자 또는 제3자가 부적합한 품질의 물건을 지정한 경우는, 채권자가 특정의 효력을 부정하고, 그 물건의 수령을 거부할 수 있다. 반면에 지정권자인 채권자가 부적합한 품질의 물건을 지정한 경우는, 채권자의 의사가 관여된 것이므로, 채권자와 채무자가 합의하여 목적물을 선정한 경우와 마찬가지로 일단 특정의 효력은 발생한다. 물론 이 경우 채권자가 채무의 부적합한 이행을 이유로 채무불이행책임 또는 담보책임을 물을 수 있는 것은 별개이다.

4) 지정권의 불행사

지정권자가 지정권을 행사하지 않거나 행사할 수 없는 경우, 종류채권의 법률관계는 어떻게 처리되는가?

---

88) 송덕수(1), 앞의 책(주 1), 151면; 안법영(1), 앞의 책(주 1), 167면.
89) 金山正信/金山直樹, 앞의 책(주 5), 242면.
90) 송덕수(1), 앞의 책(주 1), 151면; 안법영(1), 앞의 책(주 1), 167면.

가) 선택권 이전에 관한 규정의 유추 적용

① 학설 및 판례

지정권자가 지정권을 행사하지 않거나 지정할 수 없는 경우, 선택채권에서 선택권의 이전에 관한 규정(제381조, 제384조)을 유추 적용할 것인가에 대해 논란이 있다.[91] 소수설[92]은 유추 적용을 긍정하지만, 다수설[93]은 이를 부정한다. 부정설은 종류채권에서는 종류물의 개성은 중요시되지 않고, 지정권은 급부 목적물을 확정하는 것 이상의 의미를 지니고 있지 않은 점에서 선택채권에서 선택권과 다르다는 것을 근거로 제시한다.[94] 따라서 지정권자가 지정권을 행사하지 않으면, 지정권이 부여되지 않은 경우처럼 제375조 제2항 전단에 따라 채무자가 이행에 필요한 행위를 완료한 때에 특정된다고 한다.

판례[95]는 제한종류채권에서 채무자가 이행할 목적물을 지정하지 않는 경우, 선택채권에서 선택권 이전에 관한 규정(제381조)을 준용하여, 채권자가 목적물을 지정할 수 있다고 한다. 이에 관한 최초의 대법원판결인 대법원 2003. 3. 28. 선고 2000다24856 판결을 살펴본다. 甲과 乙은 제소전 화해를 하였는데, 甲이 乙에 대한 1억 원 금전지급채무를 이행하지 않는 경우, 甲이 소유한 19필지의 토지(총 25,402평) 중 7,000평의 소유권을 乙에게 이전하는 내용이다. 甲이 위 금전지급채무를 이행하지 않으므로, 乙은 위 화해조서에 따라 토지 소유권의 이전을 요구하였는데, 乙의 최고에도 불구하고, 甲이 이행할 토지를 지정하지 않자, 채권자 乙은 위 19필지의 토지 중

91) 제375조 제2항 후단과 동일한 규정이 있는 일본민법(제401조 제2항 후단)에서도 같은 논의가 있다. 선택채권의 선택권 이전에 관한 규정의 준용을 부정하는 견해가 통설이다. 일본 판례는 과거 제한종류채권에서 목적물의 특정에 대해 선택채권의 선택권 이전에 관한 규정의 준용을 긍정하였다(대심원판결 大正 5.5.20. 民錄 22.999; 대심원판결 大正 8.5.10. 民錄 25.845 등). 가령 대심원판결 大正 5.5.20. 民錄 22.999는 甲이 소유 토지 중 일정 면적을 乙에게 증여하기로 약정하였다. 당사자들이 정한 제3자 丙이 이행할 토지를 선택하였는데, 채권자 乙이 이의를 제기하였고, 그 후 이행기까지 제3자 丙의 선택이 없어서, 채무자 甲이 이행하지 않으므로, 채권자 乙이 스스로 선택하여 이전등기청구를 하였다. 대심원은 乙의 채권이 선택채권인지 제한종류채권인지 확정하여야 하며, 제한종류채권인 경우에도 선택채권의 선택권 이전에 관한 규정이 제한종류채권에서 선택권 불행사의 경우에 준용된다고 하였다. 대심원판결 大正 8(1919년). 5. 10. 民錄 25. 845도 자기 소유 토지(田) 중 일정 부분을 증여하는 계약의 채권을 제한종류채권이라고 하고, 선택채권의 선택권 이전에 관한 규정을 준용하였다. 그러나 그 후 최고재판소는 거의 동일한 사안에서 채권의 법적 성질을 제한종류채권이 아니라 선택채권으로 판단하고, 선택권 이전에 관한 규정을 적용하였다(최고재판소판결 昭和 42(1967년). 2. 23. 民集 21. 1. 189; 최고재판소판결 昭和 54(1979년). 4. 17. 裁判集 民 126. 639): 위의 서술은 金山正信/金山直樹, 앞의 책(주 5), 306-309면. 위 문헌은 이러한 판례 변화를 사실상 판례가 변경된 것이라고 한다.

92) 김기선, 『한국채권법총론 제3전정판』, 법문사(1987), 69면; 이태재, 앞의 책(주 78), 63면.

93) 송덕수(1), 앞의 책(주 1), 151면; 안법영(1), 앞의 책(주 1), 168면; 김대정, 앞의 책(주 39), 52면; 김상용, 앞의 책(주 54), 43면; 김형배, 앞의 책(주 54), 61면; 송덕수(2), 앞의 책(주 4), 71면; 현승종, 앞의 책(주 77). 54면; 오수원, "부대체물을 목적으로 하는 종류채권의 특정", 법학논총(조선대) 제15집 제2호(2008), 352면.

94) 송덕수(1), 앞의 책(주 1), 151면; 안법영(1), 앞의 책(주 1), 167면.

95) 대법원 2003. 3. 28. 선고 2000다24856 판결; 대법원 2009. 1. 30. 선고 2006다37465 판결.

2개 필지의 토지(총 6,904평)를 지정하였다. 원심법원과 대법원은 제한종류채권인 乙의 채권의 목적물이 채권자 乙의 지정으로 특정되었다고 판단하였다. 그 근거는 다음과 같다:

제한종류채권에 있어 급부 목적물의 특정은, 원칙적으로 종류채권의 급부 목적물의 특정에 관하여 민법 제375조 제2항이 적용되므로, 채무자가 이행에 필요한 행위를 완료하거나 채권자의 동의를 얻어 이행할 물건을 지정한 때에는 그 물건이 채권의 목적물이 되는 것이나, 당사자 사이에 지정권의 부여 및 지정의 방법에 관한 합의가 없고, 채무자가 이행에 필요한 행위를 하지 아니하거나 지정권자로 된 채무자가 이행할 물건을 지정하지 아니하는 경우에는 선택채권의 선택권 이전에 관한 민법 제381조를 준용하여 채권의 기한이 도래한 후 채권자가 상당한 기간을 정하여 지정권이 있는 채무자에게 그 지정을 최고하여도 채무자가 이행할 물건을 지정하지 아니하면 지정권이 채권자에게 이전한다고 봄이 상당하다. 채무자 甲이 채권자 乙의 최고에도 불구하고 제한종류채권인 화해조서상 이행할 토지의 지정을 회피하자 부득이 채권자 乙이 현실적으로 이행 가능하고 면적 7,000평에도 들어맞는 방법으로 이 사건 토지를 지정함으로써 화해조서상의 7,000평은 이 사건 토지로 특정되었다고 한 원심의 판단은 정당하다.

② 검 토

선택채권과 종류채권은 모두 성립 당시 급부의 대상이 확정되어 있지 않다가, 후에 채무자 등의 선택(혹은 지정)으로 확정되는 점에서 유사하다. 통상적으로 선택채권은 종류채권과 비교하여 급부 대상이 한정되어 있지만, 제한종류채권 역시 종류물의 범위가 제한되어서 양자의 구별이 쉽지 않다.[96] 기본적으로 당사자의 의사에 기초하여 양자를 구별하여야 하는데, 당사자의 의사가 범위에 속한 급부 대상들의 개성을 중요시하지 않아서 어느 것이 급부 목적물로 특정되더라도 당사자들의 이해에 큰 의미가 없는 경우는 제한종류채권이라고 할 것이고, 각 급부의 개성이 중요시되어 선택권자의 선택이 당사자들의 이해관계에 큰 의미를 갖는 경우는 선택채권이라고 할 것이다.[97] 또한 종류채권에서는 급부의 대상들이 적합한 품질(혹은 가치)을 가져야 한다. 따라서 해당 종류물에 속하는 물건들의 품질(혹은 가치)이 다른 경우, 제375조 제1항에 따라 정해진 품질(혹은 가치)에 속하는 물건으로 이행하여야 한다. 가령 중등 품질의 종류물을 이행하여야 할 종류채무에서, 지정권을 가진 채무자는 하등 품질의 물건을 지정할 수 없으며, 지정권을 가진

96) 가령 채무자가 소유한 토지 중 일정 면적의 토지의 소유권을 이전하기로 하는 채권의 경우, 이를 제한종류채권으로 본 판결(대법원 2003. 3. 28. 선고 2000다24856 판결; 대법원 2009. 1. 30. 선고 2006다37465 판결)이 있는가 하면, 이를 선택채권으로 본 판결(대법원 2011. 6. 30. 선고 2010다16090 판결; 대법원 2014. 1. 23. 선고 2011다57685 판결)이 있다.

97) 송덕수(1), 앞의 책(주 1), 141면; 안법영(1), 앞의 책(주 1), 153면; 김대정, 앞의 책(주 39), 48면; 김상용, 앞의 책(주 54), 41면; 김증한/김학동, 앞의 책(주 4), 32면; 김형배, 앞의 책(주 54), 59면; 송덕수(2), 앞의 책(주 4), 66면. 각 급부의 개별적 가치가 중시되는 경우를 선택채권이라 하고, 그렇지 않은 경우를 종류채권으로 보는 견해{이태재, 앞의 책(주 78), 76면; 김기선, 앞의 책(주 92), 87면}도 기본적으로 동일하다.

채권자는 상등 품질의 물건을 지정할 수 없다. 종류채권에서 이행할 목적물의 지정은 채무 이행을 위한 절차에 지나지 않으며, 지정권을 누가 행사하던 항상 적합한 품질(혹은 가치)의 물건이 지정되어야 하기 때문이다. 따라서 누가 지정권을 갖는가는 상대적으로 의미가 크지 않다. 반면에 선택채권에서 선택의 대상이 되는 급부들은 동일한 가치를 전제로 하지 않는다. 선택권자는 선택의 대상 중 주관적으로 자신에게 가장 큰 이익을 주는 급부를 선택할 수 있다. 선택권을 가진 채무자는 자신에게 주관적 가치가 가장 적은 급부를 선택할 수 있으며, 반대로 선택권을 가진 채권자는 자신에게 주관적 가치가 가장 큰 급부를 선택할 수 있다. 따라서 누가 선택권을 가지는가는 당사자들에게 큰 의미가 있다.[98] 이처럼 종류채권과 선택채권은 법적 성질이 다르고, 급부 목적물을 확정하는 지정과 선택의 의미도 각각 다르므로, 선택채권의 선택권 및 그 이전에 관한 규정들은 종류채권에 적용될 것이 아니다.

위 대법원판결은 제한종류채권에서 채무자가 이행에 필요한 행위를 하지 않거나 지정권자로 된 채무자가 이행할 물건을 지정하지 않는 경우, 선택채권의 선택권 이전에 관한 민법 제381조가 준용된다고 하였다. 그런데 해당 판결의 사안에서 채권자 乙의 채권이 과연 '제한종류채권'인지 아니면 '선택채권'인지 검토하여야 한다. 채무자가 소유한 토지 중 일정 면적의 토지의 소유권을 이전하기로 하는 채권의 경우, 이를 제한종류채권으로 본 판결[99]과 선택채권으로 본 판결[100]이 혼재하기 때문이다.

이러한 채권이 제한종류채권인지 아니면 선택채권인지의 판단은 계약 해석의 문제이며, 당사자의 의사에 기초하여 판단할 것이다. 일반적으로 토지는 위치와 형상에 따라 가치상 큰 차이가 있어서, 급부 목적물이 어느 토지로 확정되느냐에 따라 당사자들의 이해관계가 크게 좌우된다. 따라서 특별한 사정이 없는 한, 통상적으로 이러한 채권은 급부 대상의 개성이 중요시되는 선택채권으로 봄이 타당하다.[101] 그러나 대상이 되는 토지 전부가 가치상 별다른 차이가 없어서, 급부 목적물이 어느 토지로 확정되건 상관없다는 것이 당사자의 의사인 경우는 제한종류채권으로 볼 수도 있다. 대상이 되는 토지가 가치상 차이가 있더라도, 그중에서 일정한 등급의 품질(가치)을 갖춘 토지의 소유권을 이전하는 것이 계약 내용이어서, 그러한 등급의 품질을 갖추었으면 어느 토지로 확정되어도 상관없다는 것이 당사자의 의사인 경우[102]도 마찬가지이다.

---

98) 이러한 이유에서, 제한종류채권과 선택채권 중 어느 것인지 불분명한 경우는 채권자와 채무자의 이익을 모두 고려하는 종류채권으로 추정함이 타당하다는 견해도 있다: 오수원, 앞의 논문(주 93), 345면.

99) 대법원 2003. 3. 28. 선고 2000다24856 판결; 대법원 2009. 1. 30. 선고 2006다37465 판결.

100) 대법원 2011. 6. 30. 선고 2010다16090 판결; 대법원 2014. 1. 23. 선고 2011다57685 판결.

101) 송덕수(2), 앞의 책(주 4), 66면; 곽윤직, 앞의 책(주 54), 29면; 김형배, 앞의 책(주 54), 59면.

102) 가령 대법원 2000. 5. 12. 선고 98다23195 판결에서, 도급인 甲과 수급인 乙은 매립지 성토공사 도급계약을 합의해제하면서, 甲이 지급할 정산금 중 일부의 지급에 갈음하여 매립토지 중 중위분 토지(바닷가나 진입로에 면하여 토지가격이 제일 높은 토지가 아닌 보통 토지) 100평의 소유권을 이전하기로 약정하였는데, 대법

위 대법원판결에서 甲과 乙은 甲 소유의 19필지 토지(총 25,402평) 중 7,000평의 토지를 양도하기로 하였다. 甲 소유의 19필지 토지는 각각 위치와 형상이 달라서, 가치 등급도 다양할 것인데, 甲과 乙은 양도할 7,000평의 가치 등급에 대해 아무런 약정을 하지 않았다. 그렇다면 甲과 乙의 의사는, 대상이 되는 19필지 토지 중 어느 것이건 1차적 선택권자인 채무자 甲이 선택하는 토지 7,000평을 채권의 목적물로 하겠다는 것이었다고 추정될 수 있다. 그렇다면 乙의 채권은 제한종류채권이 아니라 선택채권이라고 할 것이다. 결국 위 대법원판결은, 채권자 乙의 채권을 선택채권으로 보아 선택권 이전에 관한 제381조를 적용하였어야 할 사안에서, 이를 제한종류채권으로 보고 선택권 이전에 관한 제381조를 적용한 잘못이 있다고 할 것이다.[103] 위 대법원판결의 判旨는 대법원 2009. 1. 30. 선고 2006다37465 판결에서 다시 반복되지만,[104] 그 후 사실상 변경되었다. 즉 대법원 2011. 6. 30. 선고 2010다16090 판결은, 채무자 소유의 토지 중 일정 면적의 토지 소유권을 이전하기로 하는 채무를 선택채무로 보고, 선택권의 이전에 관한 규정을 적용하며, 이러한 법리는 대법원 2014. 1. 23. 선고 2011다57685 판결에서 다시 확인되었다.

나) 지정권 불행사에 대한 처리

종류채권에서 이행할 목적물을 지정할 권한을 가진 자가 지정권을 행사하지 않거나 행사할 수 없는 경우, 전술한 바와 같이 선택채권의 선택권 이전에 관한 규정이 유추 적용되지 않는다고 하면, 어떻게 처리되어야 하는가?

판례 중에는 토지 중 일정 면적을 양도할 채무를 이행하지 않는 것에 대해 지분이전청구를 인정한 것이 있다. 가령 대법원 1992. 10. 23. 선고 91다40238 판결에서 乙이 노무의 대가로 甲으로부터 '매립토지 중 해변 최근지 70평'을 양도받기로 하였다. 그런데 준공된 매립지의 분배에 관하여 甲과 그 동업자들 사이의 분쟁 때문에 甲에게 돌아갈 토지의 면적 및 위치가 정하여지지 못하여, 甲은 乙에 대한 채무를 이행하지 못하였다. 이에 乙은 위 매립지 중에서 해변 최근지에 해당하는 부동산의 甲 소유 공유지분에서 70평에 해당하는 지분의 이전등기를 청구하였고, 법원

원은 乙의 채권을 선택채권으로 보았다. 그러나 甲과 乙의 의사는 매립지 토지 중 중위분의 토지이면 어느 것이나 상관없다는 것으로 추정되므로, 乙의 채권은 선택채권이 아니라 제한종류채권이라고 할 것이다{同旨: 안법영(3), "토지양도계약과 제한종류채권", 민사법학 제20호(2001), 394면}. 또한 대법원 2007. 12. 13. 선고 2005다52214 판결의 사안에서, 甲 주택조합이 乙과 토지매매계약을 체결하고, 매매대금 11억 4,000만 원의 지급에 갈음하여 4세대 아파트 분양권(분양대금 2억 8,500만 원*4=11억 4,000만 원)을 부여하기로 약정하였는데, 乙의 채권을 제한종류채권이라고 하였다. 甲 주택조합이 분양하는 아파트 중 분양대금 2억 8,500만 원의 가치를 가지는 것이면 어느 것이어도 상관없다는 것이 당사자의 의사라고 추정되므로, 乙의 채권을 제한종류채권이라고 한 것은 타당하다.

103) 同旨: 송덕수(2), 앞의 책(주 4), 71면.

104) 채무자 소유의 토지 중 일정 면적의 소유권을 이전받을 채권에서 이를 제한종류채권으로 보고, 채무자가 이행할 목적물을 지정하지 않는 경우, 선택채권의 선택권 이전에 관한 규정을 준용하여 지정권이 채권자에게 이전된다고 하였다.

은 乙의 청구를 인용하였다. 그러나 토지 중 일정 면적을 분할하여 양도받기로 하는 채권과 토지 중 일정 면적에 해당하는 공유지분을 양도받기로 하는 채권은 그 법적 성질이 완전히 다르다. 따라서 토지 중 일정 면적을 양도하여야 할 채무에서 채무자가 양도할 토지 부분을 지정하지 않거나 지정할 수 없는 경우, 채권자의 지분이전청구를 인정하여 해결하는 것은 당사자의 이해관계에 적합하지 않고, 통상적으로 당사자의 의사에도 반하여 타당하지 않다.[105]

일부 견해[106]는 지정권자가 지정권을 행사하지 않는 경우, 법원이 급부 목적물을 특정하는 방안을 고려할 수 있다고 한다. 가령 甲 소유의 토지 중 100평의 소유권을 乙에게 이전할 채무에서, 甲이 이전할 토지 100평을 지정하지 않는 경우, 乙은 甲 소유의 토지 중 100평을 특정하여 소유권을 이전하라는 취지의 소송을 제기할 수 있고, 법원은 민법 제389조 제2항과 민사집행법 제263조에 따라 "의사표시에 갈음하는 재판"의 형식으로 100평을 특정하여 이행판결을 할 수 있다는 것이다. 그러나 전술한 바와 같이 지정권은 형성권인데, 명문의 근거 규정 없이 법원에 지정권을 부여할 수는 없으며,[107] 제389조 제2항의 "의사표시에 갈음하는 재판"은 채무자의 의사표시(의사의 통지나 관념의 통지 등 준법률행위 포함)를 갈음하는 것인데, 종류채권에서 지정권의 행사는 급부 목적물을 선정하는 사실행위를 수반하는 것이어서 "의사표시에 갈음하는 재판"에 적합하지도 않다.[108]

지정권은 종류채권의 채무를 이행하기 위하여 목적물을 확정하기 위한 수단에 불과하므로, 지정권자가 지정권을 행사하지 않으면, 원칙으로 돌아와 보통의 종류채권처럼 제375조 제2항 전단에 따라 채무자가 이행에 필요한 행위를 완료함으로써 목적물을 특정하면 된다.[109] 지정권자가 누구인가에 따라 구체적으로 살펴본다.

우선 지정권자인 채무자가 지정권을 행사하지 않는 경우, 그는 이행에 필요한 행위를 완료하지도 않는 것이 통례일 것이다. 채무자는 이행기 도과로 이행지체에 빠지며, 면책사유가 인정되지 않는 한, 채무불이행책임을 진다. 즉, 채권자는 이행지체에 따른 지연손해배상(제390조)이나 이행에 갈음하는 전보손해배상(제394조)을 청구할 수 있고, 계약을 해제(제544조)할 수 있다. 해당 종류물이 채무자가 점유하는 대체물인 경우는, 이행판결을 받아 강제집행을 할 수도 있다. 이 경우 이행할 목적물의 특정은 강제집행 과정에서 집행관이 채무자로부터 수취할 때(민사집행법 제257조) 일어난다.[110] 그러나 해당 종류물이 부대체물인 경우는 간접강제의 방법을 통해 채무자가

105) 同旨: 안법영(3), 앞의 논문(주 102), 402면; 오수원, 앞의 논문(주 93), 354면.
106) 안법영(3), 앞의 논문(주 102), 402면.
107) 오수원, 앞의 논문(주 93), 354면. 한편 독일민법 제315조 제3항과 제319조 제1항은 공평한 재량에 따라 급부를 지정할 권리를 가진 계약당사자 일방 혹은 제3자가 지정권의 행사를 지체하는 경우, 법원이 지정할 수 있다고 명시적으로 규정한다.
108) 서기석, 『주석민사집행법』 제5권, 2004년, 162면.
109) 송덕수(1), 앞의 책(주 1), 151면; 안법영(1), 앞의 책(주 1), 168면.
110) 안법영(1), 앞의 책(주 1), 179면; 서기석, 앞의 책(주 108), 49면; 김대정, 앞의 책(주 39), 54면; 이은영, 앞

목적물을 특정하도록 하여야 한다.[111)]

지정권자인 채권자가 지정권을 행사하지 않는 경우, 이행기가 도과하였더라도 채무자는 이행지체의 책임을 지지 않는다. 이행하지 못한 데에 채무자에게 귀책사유가 없기 때문이다. 하지만 채무자는, 지정권이 부여되지 않았던 경우처럼, 제375조 제2항 전단에 따라 채무의 이행에 필요한 행위를 완료하여 이행할 목적물을 특정할 수도 있다. 지정권자인 제3자가 지정권을 행사하지 않는 경우도 마찬가지이다.

(4) 잔존 물건으로 특정

종류에 속하는 물건이 멸실되어 이행에 필요한 수량만큼 혹은 그 이하의 물건만 남은 경우, 종류채권의 목적물은 잔존하는 물건으로 특정되는가? 선택채권에서는 선택의 대상인 수개의 급부 중 일부가 불능인 경우, 잔존하는 급부로 특정된다는 규정(제385조)이 있으나, 종류채권에는 해당 규정이 없다. 이 문제는 주로 제한종류채권에서 일어날 수 있다. 학설은 나뉜다. 특정을 부정할 이유가 없다고 하여 이를 긍정하는 견해[112)]와 잔존하는 급부로 당연히 특정되는 것이 아니라 당사자의 합의 또는 채무자의 행위에 의한 특정 절차가 필요하다는 견해[113)]가 있다.

종류채권에는 제385조와 같은 명문 규정이 없다. 또한 종류채권의 특정은 급부위험을 채무자에서 채권자에게로 이전시키는 중대한 효과를 발생시키므로, 특정 시점이 명확하여야 한다. 만약 종류물이 멸실되어 이행에 필요한 수량만큼 남았을 때 자동적으로 특정된다고 하면, 그 특정 시점이 불명확하게 된다. 따라서 종류물 중 일부가 멸실된 경우에도 제375조 제2항에 따른 특정 절차, 즉 채무자가 잔존물에 대해 이행에 필요한 행위를 완료하거나 채권자의 동의를 얻어 지정한 때에 비로소 특정된다고 할 것이다.

Ⅳ. 결 론

이상 종류채권의 특정 요건에 관한 본문 서술을 필자가 주장하고자 하는 내용 중심으로 요약하면 다음과 같다.

종류물의 품질이 서로 다른 경우, 채무자는 적합한 품질의 물건을 선정하여 이행하여야 한다. 민법 제375조 제1항은 “법률행위의 성질이나 당사자의 의사에 의하여 품질을 정할 수 없는 때에는 중등 품질의 물건으로 이행하여야 한다.”라고 규정한다. 채무자가 부적합한 품질의 물건

의 책(주 61). 113면; 현승종, 앞의 책(주 77). 56면; 오수원, 앞의 논문(주 93), 347면.

111) 서기석, 앞의 책(주 107), 49면; 오수원, 앞의 논문(주 93), 355면.

112) 송덕수(1), 앞의 책(주 1), 156면; 송덕수(2), 앞의 책(주 4), 74면.

113) 안법영(1), 앞의 책(주 1), 178면; 현승종, 앞의 책(주 77). 56면.

을 선정한 경우, 특정은 일어나지 않는다. 따라서 채권자는 채무자가 제공한 물건의 수령을 거부할 수 있고, 설사 수령하였더라도, 채무자에게 채무불이행책임 또는 담보책임을 물을 수 있다.

민법 제375조는 "채무자가 이행에 필요한 행위를 완료한 때"와 채무자가 "채권자의 동의를 얻어 이행할 물건을 지정한 때" 특정이 일어난다고 규정한다. 특정 시점인 "채무자가 이행에 필요한 행위를 완료한 때"는 채무의 유형에 따라 구분하여 살펴보아야 한다. 우선 지참채무에서는, 채무자가 이행할 물건을 구분하여 이행지에 가지고 가서 채권자가 수령할 수 있는 상태에 두는 때가 특정 시점이다. 추심채무에서는, 채무자가 채권자의 추심이 있으면 언제든지 이행할 준비를 하고 이행할 물건을 구분한 때가 특정 시점이다. 통설은 나아가 이행할 준비가 되었음을 채권자에게 통지(구두 제공)하여야 한다고 하지만, 이행기가 확정된 추심채무에서는 이러한 통지(구두 제공)는 불필요하다고 할 것이다. 송부채무에서는, 통설은 목적물을 운송기관을 통해 발송했을 때 특정이 일어난다고 하지만, 독일민법 제447조와 같은 명문 규정이 없는 우리나라에서 동일한 해석을 취하는 데에는 의문이 있다. 송부채무는 추심채무적 성질을 갖는 송부채무와 지참채무적 성질을 갖는 송부채무로 나누어 특정시점을 살펴보아야 한다. 전자에서는, 채무자가 이행할 물건을 분리하여 운송기관을 통해 이행지로 발송한 때가 특정이 일어난다. 후자에서는, 지참채무와 동일한 시점에 특정이 일어난다.

채무자가 "채권자의 동의를 얻어 이행할 물건을 지정한 때"는 아직 이행에 필요한 행위를 완료하기 전이라도 특정이 일어난다. 여기에서 "채권자의 동의"의 의미에 대해 통설은 채무자에게 목적물을 특정할 수 있는 지정권을 부여한 것이라고 한다. 그러나 종류채권에서 목적물을 특정할 수 있는 권한은 본래 채무자에게 있는 것이어서, 통설처럼 해석하면, 이 규정은 불필요한 규정이 된다. 오히려 이 규정은 "채무자가 이행에 필요한 행위를 완료"하기 전에 미리 이행할 물건을 지정하여 특정할 수 있는 권한을 부여한 것이라고 해석하여야 한다. 채무자가 부여된 지정권을 행사하지 않는 경우, 지정권이 채권자에게 이전된다는 것이 판례이다. 판례는 선택채권에서 선택권의 이전에 관한 규정(제381조)을 종류채권에 적용한다. 그러나 종류채권과 선택채권은 법적 성질이 다르므로, 선택권의 이전에 관한 규정을 종류채권에 적용할 것이 아니다. 결국 채무자가 지정권을 행사하지 않고, 채무의 이행에 필요한 행위를 하지도 않는 경우, 채권자는 채무자에게 채무불이행책임을 물을 수밖에 없다.

이행청구권의 효력에 관한 小考*

조 경 임**

Ⅰ. 서 론

1. 우리 판례는 채권질권자의 직접청구권,[1] 물권적 청구권[2]을 보전하기 위한 채권자대위권을 인정한다. 최근 선고된 하급심 판결[3]은 채권자대위권자가 제3채무자에 대하여 행사하는 금전지급청구권을 보전하기 위한 채권자취소권을 인정하고 있다. 채권이 아닌 이행청구권을 피보전권리로 하는 채권자대위권과 채권자취소권을 인정하는 것이다. 본고는 이러한 이행청구권, 그 중에서도 주로 -채권이 아닌- 금전지급청구권의 효력 내지 권능에 관하여 다루고 있다.

2. 우리 법 실무는 다양한 상황에서 다양한 모습의 금전지급청구권을 인정한다. 매도인 갑은 매수인 을과의 매매계약에 기초하여 매매대금의 지급청구권을 가지며(매도인의 매매대금채권), 위 매매대금채권에 채권질권을 설정받은 A는 -일정한 요건 아래- 매수인 을에 대하여 직접 자신에게 일정 금원을 지급하라고 청구할 수 있고,[4] 매도인 갑에 대해 금전채권을 보유하는 B는 위 매매대금채권을 압류하고 추심명령을 받은 후 매수인 을에 대하여 금원의 지급을 청구하기도 하며,[5] 위 매도인 갑에 대해 금전채권을 가지던 C는 일정한 요건 아래 매도인 갑을 대위하여 매

---

* 이 글은 「민사법학」 제94호(2021. 3)에 게재되었다.

** 충남대학교 법학전문대학원 교수.

1) 대법원 2020. 7. 9. 선고 2020다223781 판결.
2) 대법원 2007. 5. 10. 선고 2006다82700, 82717 판결 등.
3) 대전지방법원 2019. 1. 24. 선고 2018가합101752 판결.
4) 민법 제353조 ① 질권자는 질권의 목적이 된 채권을 직접 청구할 수 있다. ② 채권의 목적물이 금전인 때에는 질권자는 자기채권의 한도에서 직접 청구할 수 있다.
5) 민사집행법 제229조 ① 압류한 금전채권에 대하여 압류채권자는 추심명령(추심명령)이나 전부명령(전부명령)을 신청할 수 있다. ② 추심명령이 있는 때에는 압류채권자는 대위절차(대위절차) 없이 압류채권을 추심할 수 있다. 민사집행법 제249조 ① 제3채무자가 추심절차에 대하여 의무를 이행하지 아니하는 때에는 압류채권자는 소로써 그 이행을 청구할 수 있다.

수인 을로 하여금 직접 자신에게 일정 금원을 지급하라고 청구하기도 한다. 매도인 갑, 그 채권자 A, B, C가 매수인 을을 상대로 금전의 지급을 청구할 수 있는 근거는 모두 다르며, 각 금전지급청구권의 법적 성격이나 효력도 모두 다르다. 하지만 매도인 갑뿐 아니라, 매수인 을과 직접 채권관계를 맺고 있지 않은 A, B, C 또한 일정한 요건 아래 매수인 을에 대하여 금전의 지급을 청구할 수 있다는 점, 매수인 을이 임의로 그 지급의무를 이행하지 않으면, A, B, C가 직접 원고로서 자신의 이름으로 매수인 을을 피고로 한 금전지급청구소송을 제기할 수 있으며, 그 승소확정 판결을 집행권원으로 하여 매수인 을의 재산에 대해 강제집행을 할 수 있다는 점은 공통된다. 본고는 매도인 갑의 금전지급청구권을 포함하여, 이들 A, B, C가 행사하는 금전지급청구권들 사이의 공통되는 효력을 추출해보고, 이를 통해 채권자대위권이나 채권자취소권이 이들 금전지급청구권의 대외적 효력으로 운용되는 현상을 뒷받침할 수 있을지[6] 등에 대한 고민을 담고 있다.

3. 우리 민법 교육은 실무가를 양성하고자 하는 로스쿨 체제로 전환되었다. 학생들은 3년의 짧은 시간 내에 소장을 작성할 수 있는 능력을 갖춰내야 한다. 이를 위해서 학생들은 먼저 누구를 원고로 할지, 누구를 피고를 할지 결정해야 하는데, 이들 당사자를 결정하는 기준은 이행청구권, 이행의무의 귀속 여하이다. 그리고 원고에 대한 관계에서 채무자나 방해자가 아닌 이행의무자를 찾아내어 피고로 의율하거나, 그 의무 이행의 상대방, 즉 이행청구권의 귀속 주체를 찾아내어 원고로 삼는 작업은, 채권과 물권을 중심으로 하는 실체법 교과서를 이해하는 것만으로는 쉽게 해결되지 않는다. 이행청구권 관계는 변호사가 작성하는 소장을 구성하는 중심 체계로서, 물권, 채권을 중심으로 형성되어 있는 민법 체계와는 정확하게 일치하지는 않는다. 소송 및 집행제도는 실체법상 이행청구권의 실현을 그 목적으로 한다고 표방하고 있기 때문이다.[7]

4. 한편 소송과 집행 제도 역시 이행청구권이 아닌 채권의 실현을 그 목적으로 하는 것처럼 운용되고 있는 듯 보이기도 한다.[8] 「권리」[9]나 「실체적 권리」[10] 개념에 대한 이해가 통일되어

---

6) 취소채권자는 수익자에 대한 가액배상청구권을 보전하기 위하여 가액배상이행의무자인 수익자를 대위하는 채권자대위권을 행사할 수 있을지, 수익자에 대한 가액배상청구권을 보전하기 위하여 수익자와 그 수익자와 거래한 새로운 수익자 사이의 법률행위를 사해행위라는 이유로 취소할 수 있을지, 추심명령을 받은 채권자는 제3채무자에 대한 추심금청구권을 보전하기 위하여 제3채무자를 대위할 수 있을지, 제3채무자의 법률행위를 사해행위라는 이유로 취소할 수 있을지, 채권질권자가가 제3채무자에 대한 직접청구권을 보전하기 위하여 제3채무자의 법률행위를 취소하거나 제3채무자를 대위할 수 있을지 등도 같은 맥락의 질문들이다.

7) Ⅲ. 3. (1) 참조.

8) 대표적인 예로는 채권질권자(A)의 직접청구소송을 제3자 소송담당으로 보는 것을 들 수 있다[Ⅲ. 3. (2)참조]. 제3자의 소송담당이란 실체법상 권리주체가 아닌 제3자에게 그 관리처분권, 소송수행권이 부여됨으로써 그 제3자가 정당한 당사자가 되는 경우를 가리키는데(전원열, 민사소송법강의(2020), 박영사, 201면), 입질채권 뿐만 아니라 채권질권자의 직접청구권 역시 –비록 채권은 아니지만– 실체적 권리라면[Ⅲ.2.(1)], 채

있지 않은 점, 우리 민법전이 채권과 물권을 중심으로 편제되어 있고, 민법학 역시 소구력과 집행력을 채권의 효력으로 다루고 있는 점이 소송 및 집행제도에도 영향을 미치고 있기 때문이라고 생각된다. 그렇다면 A, B, C가 행사하는 각 이행청구권이 실체적 권리로서 존재하며 일정한 기능을 수행하고 있음을 인식하고, 다양한 이행청구권들에 공통된 효력을 추출해 보려는 시도가 나름의 의미를 가질 수 있지 않을까. 실체법상으로는, 채권자대위권과 채권자취소권의 피보전권리가 채권을 넘어 이행청구권으로 확대되어 인정되고 있는 현상11)을 설명하는 데에 이론적 뒷받침이 될 수 있을 것이며, 소송과 집행에 있어서는, 이들 이행청구권을 독립한 소송물로 파악함으로써 추심금 소송이나 채권자대위소송, 질권자의 직접청구소송과 관련하여 중복제소, 기판력이 미치는지 여부12)를 판단함에 있어 하나의 가능한 대안으로 기능할 수도 있으리라 기대한다.

권질권자가 수행하는 직접청구소송은 실체법상 권리의 주체 스스로 자신의 소송을 수행하는 것으로도 이해할 수 있기 때문이다. 추심금청구권자(B), 채권자대위권자(C)가 매수인을 상대로 제기하는 금전지급청구소송에 대해서도 같은 논의가 이루어지고 있는데, 이러한 관점을 고유적격설이라고 칭한다(中野貞一郎·下村正明, 民事執行法(2018), 111면, 716-718면; 三谷忠之, 民事訴訟法講義[3版, 2011], 成文堂, 125면; 道垣內弘人編, 新注釋民法(6), 物權(3) 有斐閣, 552면 참조). 독일에서는 추심청구권자의 소송수행권(Prozeßführungsbefugnis)과 당사자적격(Sachlegitimation)이 일치한다고 보는 견해, 즉 고유적격설이 통설이다[Stein/Jonas Komm zur ZPO. 23. Auflage.(2013), §§1-77, vor §50] 우리나라에서는 호문혁 교수가 고유적격설의 입장을 취하고 있고[민사소송법 제12판, 법문사(2014), 247-248], 다수설(각주 73)과 판례는 제3자 소송담당설을 택하고 있다.

9) 권리의 개념에 대해서 통설은 권리법력설의 입장을 취한다. 권리법력설에 기초하면 권리는 "법에 의해 규율되는 법률관계에서 일정한 이익을 강제로 관철시킬 수 있는 힘"{양창수·권영준, 권리의 변동과 구제 제2판, 박영사(2015), 4-6면}을 의미한다. 그런데 이로써 '무엇이 권리로 평가될 수 있는지'를 정확히 판단할 수 있는가 묻는다면 대답하기가 쉽지 않다. 전술한 추심금청구권자 B, 대위채권자 C의 각 금전지급청구권은 판례를 통해 권리가 아니라 추심권능 및 변제수령권능에 불과하다는 평가를 받고 있는데, 권리법력설에 따른 권리 개념에 비추어보면 이들 금전지급청구권을 권리로 분류하지 못할 이유가 없어 보인다. 한편 일본 문헌을 살펴보면, 권리를 "법률의 보장 하에 타인에게 생활이익을 주장할 수 있는 것"(富井政章, 民法原論第1卷總論[增訂合冊] 有斐閣[1922], 52면), "일반적인 사회생활에서의 이익을 향수하는 법률적인 힘"(我妻榮, 新訂民法總則(民法講義 Ⅰ), (1965), 岩波書店, 32면)이라고 설명하여, 권리를 통해 '생활 이익'을 '향수'할 수 있음을 강조한다. 그렇다면 B와 C는 금전지급청구권을 행사하여 추심한 금원을 갑의 다른 채권자들과 나누어야 하므로 권리로 평가하기 곤란한 것인가. 하지만 취소채권자의 경우는, 그 가액배상청구권을 행사하여 지급받은 가액을 독식할 수 없고 이를 다른 채권자들과 나누어야 한다고 하면서도, (물론 이를 강제할 제도적 장치가 없는 상황이기에 입법적 개선이 이루어지기 전에는 실효성 없는 논의일 수도 있으나 이러한 현실은 채권자대위권자가 제3채무자로부터 직접 금전을 수령한 경우도 다르지 않다) 이러한 가액배상청구권이 실체적 권리, 혹은 권리가 아니라고 하는 견해는 본 적이 없다.

10) Ⅲ. 2. 참조.

11) 대법원 2020. 7. 9. 선고 2020다223781 판결은 채권질권자의 직접청구권을 피보전권리로 하는 채권자대위권을 인정하고 있고, 물권적 청구권을 채권자대위권의 피보전권리로 인정하는 판결은 여럿 발견된다(대법원 2007. 5. 10. 선고 2006다82700, 82717 판결 등). 대전지방법원 2019. 1. 24. 선고 2018가합101752 판결은 채권자대위권자가 제3채무자에 대하여 행사하는 금전지급청구권을 보전하기 위한 채권자취소권을 인정하고 있다.

12) Ⅲ. 3. 참조.

5. 본고는 크게 두 가지 논의를 담고 있다. 하나는 이행청구권의 효력이다(Ⅱ). 교과서에서는 이행청구력, 소구력, 집행력을 채권의 효력이라는 표제 하에 소개하고 있지만, 이행청구권의 효력으로 보아도 무방하다고 주장한다. A, B, C가 을에 대하여 행사하는 각각의 이행청구권은 공통적으로 이행청구력, 소구력, 집행력을 갖는다는 것이다. 다른 하나는 이러한 접근이 갖는 실익 혹은 의의이다(Ⅲ). 소구력, 집행력을 이행청구권의 효력으로 파악함으로써, A, B, C가 행사하는 이행청구권이 채권자대위권과 채권자취소권의 피보전권리로 기능하는 현상[13]을 설명할 수 있고(실체적 의의), A, B, C의 이행청구권이 독자적으로 이행청구소송의 소송물 및 집행채권이 될 수 있다는 주장이다(소송상 의의). 이하에서 구체적으로 살펴본다.

Ⅱ. 이행청구권의 효력

1. 효력의 범위

본고에서는 이행청구권의 효력에 관해 논의함에 있어서 채권의 효력에 관한 교과서들의 설명을 그 바탕으로 삼고 있다. 채권의 효력은 '채권 내용을 실현하기 위하여 법이 채권자에게 부여한 힘'[14]을 의미하며 크게 ① 채권자와 채무자 사이에서 작용하는 대내적 효력과 ② 채무자 이외의 자에 대한 대외적 효력으로 구분된다. ① 대내적 효력은, (a) 채권 본래의 내용인 급부를 실현하기 위한 힘인 이행청구력, 소구력, 집행력, 급부보유력과, (b) 채권 본래의 내용대로의 실현이 어려운 경우에 작용하는 힘인 채무불이행책임에 따른 해제 및 손해배상청구권으로 구성되고, ② 대외적 효력은, (a) 채무자와 특수한 관계에 없는 제3자가 채권을 침해하는 경우에 채권자에게 인정되는 힘과, (b) 채무자와 특수한 관계에 있는 자에 대한 힘으로서 채권자취소권, 채권자대위권을 각 그 내용으로 한다.[15][16] 본고는 이러한 채권의 효력 가운데, 이행청구력, 소구력, 집행력을 이행청구권의 대내적 효력(①a)으로, 그리고 집행력의 실현에 봉사하는 채권자대위권과 채권자취소권은, 이행청구권[17]의 대외적 효력(②b)으로 파악해보고자 한다.[18]

---

13) 각주 11).

14) 郭潤直 編, 『民法注解』[Ⅸ], 債權(2), 송덕수 집필부분, 2011. 박영사, 3-4면.

15) 양창수·김형석, 민법 Ⅲ 권리의 보전과 담보(제2판), 2012. 박영사, 3면 이하; 송덕수, 위의 책, 8-9면 참조.

16) 우리 민법전은 채권의 효력이라는 표제 하에, 강제집행(①a)과 손해배상청구권(①b), 채권자대위권 및 채권자취소권(②b)에 대해 규정하고 있다. 본래의 급부의무에 대한 청구력(①a)과 급부보유력(①a)은 민법상 당연한 것으로 전제되기 때문에 별도로 규정되어 있지 않고, 채권의 대외적 효력(②a)은 불법행위의 영역에서 논의된다(송덕수, 앞의 책, 9면 참조).

17) 채권자대위권의 피보전채권은 널리 이행청구권이면 족하며, 채권자취소권의 피보전채권은 금전지급청구권에 한하여야 할 것이다.

18) 일종의 가설(假說)이라고도 표현할 수 있을 것이다. 한편 본고에서 다루는 청구권의 효력은, 이행의무자에

2. 청구권의 일반적 개념 및 본고에서의 '이행청구권'

본고에서의 이행청구권은, 확인소송과 형성소송과 구별되는, 특정인에 대한 이행청구소송에서 법원이 그 존부를 판단하는 대상으로서, 실체적 권리[19]인 이행청구권을 가리킨다. 「청구권」이라는 용어는 다양한 상황에서 조금씩 다른 의미로 사용되기 때문에 그 명확한 의미를 잡아내어 설명하기가 쉽지 않다. 민법학에서의 청구권은, 일반적으로 "특정인이 다른 특정인에 대하여 일정한 급부(행위) –작위나 부작위를 청구할 수 있는 권리",[20] 특정 상대방에 대하여 장래에 일정한 재화 또는 노무(부작위 포함)를 요구할 수 있는 권리[21]라고 정의된다. 반면 민법 재산편 조문은 청구권이라는 표현을 형성권 혹은 절차적 권리를 가리키는 데에도 사용한다. 지상권자나 임차인의 갱신청구권, 각종 매수청구권(민법 제283조, 제643조, 제646조) 등[22]은 형성권이므로, 저당권자의 경매청구권(제363조, 제365조), 법원에 대한 강제이행청구권(제389조)과 같이, 특정 사인(私人)이 아닌 국가(사법기관이나 집행기관)에 대한 절차적 청구권이므로, 민법학에서의 청구권에 포함되지 않는다.

한편 민사소송실무에서는 원고가 소(訴)에 의해 그 당부의 심판을 구하는 주장을 청구(Anspruch)로 칭하는데, 소로써 이행청구권을 행사하는 경우뿐 아니라 권리 및 법률관계에 관하여 확인을 구하거나 법률관계의 형성을 구하는 때에도 확인청구, 형성청구라고 표현하여 청구권이라는 표현을 사용한다.[23] 독일 민법학에서는 Windscheid의 주도 아래 로마법 상의 Actio로부터 실체법상 청구권(Anspruch) 개념이 분리된 이후 실체법과 소송법의 분화가 가속화되었다고

대한 대내적 효력 중 이행의무 본래의 내용을 실현하기 위한 효력(①a)에 한정한다. 즉 채권의 효력에서 본래의 급부의무 불이행 시에 비로소 등장하는 손해배상책임(①b)에 대해서는 다루지 않는다. 채무불이행 시에는 채권의 효력으로서 손해배상청구권이 발생하지만, 청구권에 대응하는 이행의무 불이행 시에도 당연히 손해배상청구권이 발생한다고 볼 수는 없기 때문이다. 필자가 채권의 효력 논의와 별개로 청구권의 효력에 관하여 논하여야 한다고 생각하는 이유는, 채권적 청구권이되 채권으로 분류될 수 없는 몇몇 청구권의 효력에 관한 규명이 필요하다고 느끼기 때문이다. 그런데 손해배상청구권은 채권의 재산권으로서의 성격과 밀접하게 연관되어 있다. 손해배상청구권 발생의 전제가 되는 재산적인 손해는 채권의 목적인 급부의 귀속자에게 발생하는 것으로 보아야 할 것이다. 따라서 재산권으로 분류될 수 없는 몇몇 금전지급청구권의 대내적 효력으로 손해배상청구권을 인정할 수는 없다고 생각된다. 이는 재산권으로서의 채권을 침해한 제3자에 대한 대외적 효력(②a)도 마찬가지이므로, 이 역시 논의에서 제외하였다.

19) Ⅲ. 2. 참조.

20) 郭潤直 編, 『民法注解』[Ⅷ], 債權(1), 2004, 박영사, 호문혁 집필부분, 35면; 本城武雄·宮本健蔵, 債權法總論(市民社会の法制度,3) 第2版, 嵯峨野書院, 2001. 4, 1면.

21) 田山輝明, 債權總論(民法要義, 4), 成文堂, 2011.4, 第3版, 3면.

22) 지료증감청구권(286조), 각종 소멸청구권(287조, 324조, 364조 등), 공유물분할청구권(268조) 등도 이러한 예에 해당한다.

23) 소송법에서 사용되는 '청구'라는 표현은 私法의 청구권 또는 이행의 청구에서 유래하였다.(兼子一, 實體法と訴訟法, 有斐閣, 昭和32年(1957), 70면).

평가되는데,[24] 그 초반에는, 소(訴)란 실체법상 청구권(Anspruch)을 재판상 행사하는 것을 의미하는 것으로 이해되었다. 하지만 확인소송을 이행소송과 더불어 소송의 종류로 받아들이게 되고, 이때에도 이행 청구 소송에서처럼 확인'청구'라는 용어를 사용하게 되면서, 소송법에서의 청구가 원고의 (私人에 대한) 청구(Anspruch)를 재판상 행사하는 것이라는 설명은 더이상 적절하지 않게 되었다. 즉 소송법에서의 청구에 관하여 별도의 개념 구성이 필요하게 되었고[25] 이후 실체법상 청구(Anspruch)와 소송법상 청구(Prozessanspruch)는 그 의미가 완전히 분리되었다. 그리고 이러한 소송법상 청구를 통해 그 존부를 다투는 대상인 권리 혹은 법률관계를 소송물 혹은 소송의 목적(Prozessgegenstand)이라고 칭하는데, 이러한 소송의 목적, 혹은 소송물이 실체법상 권리인 청구권(Anspruch)과 비교적 유사한 개념이라고 할 수 있다.[26]

이렇듯 청구권 개념은 권리를 그 작용 방식을 기준으로 분류할 때에 지배권·형성권·항변권과 대비되는 넓은 개념으로서, '일정한 행위를 청구할 수 있는 권리'를 가리키는 데 사용되기도 하고,[27] 채권의 효력이나 권능 중 하나로 열거되는 이행청구력[28]을 지칭하기도 하지만, 본고에서의 이행청구권은, 특정인에 대한 이행청구소송에서 그 존부를 판단하는 대상이 될 수 있는 실체적 권리를 의미한다.

3. 채권이 아닌 이행청구권에 관한 논의의 不在

다시 갑, 을, A, B, C의 법률관계로 돌아가 보자. 전술한 매도인 갑, 채권질권자 A, 추심금청구권자 B, 대위채권자 C가 매수인 을에 대하여 행사하는 금전지급청구권의 법적 성격은 어떻게 설명될 수 있는가? 채권인가? 갑의 금전지급청구권이 채권이라는 점에 대해서는 다툼의 여지

24) 윤철홍, "빈트샤이트의 생애와 법사상", 법학연구 28(4), 충남대학교 법학연구소(2017. 11), 28-32면 참조.

25) 兼子一(각주 23), 70-71면. 소송법상 청구의 개념에 관해서는, 사법상의 청구와 개념적으로 분리된 이후, 처음에는 소송상 청구권을 국가에 대한 권리보호청구권으로 이해하였으나, 소송의 목적이 국가 자신의 권리보호의무를 심판하는 것이라고 하거나, 청구의 인낙도 국가에 대한 청구를 피고가 인낙하는 것으로 보게 된다는 점 등이 납득하기 어렵다는 점이 지적되어, 다수의 학설은, 소송상의 청구(Prozessanspruch)를 원고의 소에 의해 주장(Klagbehauptung)되거나, 법적 효과의 주장(Rechtsfolgebehauptung)인 것으로 이해하고 있다. 즉 소송상의 청구란, 원고가 피고와의 생활 관계 상의 분쟁에 관하여 법원의 판결에 의해 실체상의 권리관계를 확정하는 형식으로 법률적 해결을 구하기 위하여 자기의 분쟁상의 이익을 주장하고 해결안을 제시하는 것이라고 한다.

26) 兼子一(각주 23), 73-74면. 이러한 견해는 청구권과 소송물의 관계에 관한 이론대립 중 舊實體法說이 취하는 입장이다; 반면 호문혁 교수는, 실체법상 청구권 유무는 법원을 향한 청구의 근거, 전제 문제이지만 소송의 객체(소송의 대상, 소송물)와는 구별되어야 함을 강조한다[호문혁(각주 8), 111면]; 소송물인 소송상 청구의 개념에 관해서는, 구실체법설, 소송법설(일원설, 이원설, 상대적 소송물론), 신실체법설 등의 대립이 존재하고{호문혁, 위의 책, 115-131면 참조}, 어떠한 입장을 취하느냐에 따라 청구권과 소송물 사이의 관계가 다르게 정의될 수 있으므로, 본고에서는 실체적 권리가 소송물의 근거, 전제문제가 된다는 점만을 확인하고 넘어가고자 한다. 우리 판례는 구실체법설을 취하고 있다.

27) 국가에 대한 절차법상 청구권을 포함하게 된다.

28) 급부보유력, 소구력, 집행력 등과 함께 채권의 효력이나 권능을 구성하는데, 이를 청구권으로 표현하기도 한다.

가 없다. 하지만 A, B, C의 금전지급청구권은 어떠한가. A, B, C는 매수인 을에 대해서는 채권관계에 있는 자가 아니다. 갑에 대한 채권자일 뿐이다. A, B, C의 을에 대한 금전지급청구권, 취소채권자의 수익자나 전득자에 대한 가액배상청구권 등은, 아래 Ⅱ. 3.항에서 살펴보는 것과 같은 이유로 채권으로 볼 수 없고, 따라서 이들 이행청구권에 대해서는 채권의 효력에 관한 기존 논의를 그대로 차용하기 곤란하지만, 이들 청구권의 효력이나 본질적 속성에 관하여 다루는 문헌은 찾기는 쉽지 않다.

A는 갑에 대한 채권자로서 갑으로부터 채권질권을 설정받아, 갑의 재산 -을에 대한 매매대금채권- 에 대하여 물권을 취득하였지만, 을과의 관계에서 물권자인 것은 아니다.[29] A는 갑의 다른 채권자들과의 사이에서 우선변제권을 행사할 수 있는 지위에 있을 뿐이다. 즉 A가 을에 대하여 갖는 직접청구권은 채권질권의 담보물권으로서의 성격에 기초하여 인정되는 권리로서, 담보물권자에게 제3채무자에 대해서 직접 입질채권의 이행을 청구할 권리를 부여하고 이를 통해 질권자가 집행단계에서나 누릴 것으로 예정되었던 우선변제권을, 별도의 집행 절차 없이 간이하게 누릴 수 있도록 하는데, 이러한 채권질권자의 직접청구권 역시 청구권이되, 채권은 아니며, 물권적 청구권으로 분류하기 어렵다.

이처럼 A, B, C의 금전지급청구권에 관한 설명은 채무자 갑과의 관계에 기초하여 이루어지는데, 이러한 접근은 각개 청구권의 개성이나 본질적 속성을 보여주기에 충분하지는 않다고 생각된다. 위 각 금전지급청구권이 양도·채권질권의 목적이 될 수 있는지, 집행의 대상이 되는지, 상계의 목적이 될 수 있는지 등을 대답하기에 부족하다. 이러한 의문들에 대한 답을 찾는 과정에서 위 각 금전지급청구권이 갖는 효력 내지 권능[30]이 무엇인지 살펴보거나,[31] 이들 청구권이 재산권인 채권으로 평가될 수 있는지[32] 등을 고민하는 것도 의미가 있을 것이다.

---

29) 을의 재산을 책임재산으로 하는 집행에서는 A는 을에 대한 관계에서의 갑의 지위, 즉 일반채권자로서 평등배당을 받게 된다.

30) Staudinger, *Kommentar zum Bürgerlichen Gesetzbuch mit Einführungsgesetz und Nebengesetzen, 2. Buch. Recht der Verhältnisse:Einleitung zum Schuldrecht §§241-243*, 1995. 42면은, 채권관계(Schuldverhältnis와 개별 권능(Einzelbefugnis)과 관련하여, 채권자 보유하는 개별적인 권능으로서, Einziehungsbefugnis(추심권능), Befugnis zur Behalten der empfangenen Leistung(수령한 급부의 보유권능), Befugnis zur Klage(소구권능), Befugnis zur Vollstreckung(강제집행권능) 및 이에 더하여 Befugnis zum Verfügung(처분 권능)와 Befugnis zur Selbsthilfe(자력구제권능)도 언급하고 있다. 채권의 권능 중 Befugnis zur Behalten der emp-fangenen Leistung(수령한 급부의 보유권능), Befugnis zum Verfügung(처분 권능), Befugnis zur Selbsthilfe (자력구제권능, 주로 상계권능을 말한다)은 채권의 재산권으로서의 속성을 드러내는 권능이라고 생각된다.

31) 이행청구권의 효력을 권능 개념을 동원하여 고민해 본다면, B의 추심금청구권이나 대위채권자 C의 금전지급청구권은 추심권능, 소구권능, 강제집행권능을 그 내용으로 하고, 매도인 을의 매매대금지급청구권은 추심권능, 소권능, 강제집행권능에 더하여 급부보유권능, 처분권능과 자력구제권능을 갖는다. 채권질권자 A의 직접청구권은 추심권능, 소구권능, 강제집행구권능과 급부보유권능을 그 내용으로 하지만 처분권능과 자력구제권능은 포함하지 않는다고 이해해 볼 수 있다.

32) 금전지급청구권이 채권인 때에는 자산으로서 처분의 대상이 될 수 있으므로, 양도, 담보제공, 집행의 대상

4. 재산권인 채권, 채권의 실현과 처분[33]

전항에서 언급한 A, B, C의 금전지급청구권은 왜 채권으로 분류될 수 없는가.

채권은 특정인(채무자)에 대하여 특정의 행위(급부)를 할 것을 요구할 권리라고 정의되어,[34] 그 개념만을 놓고 보면 청구권과 별 차이가 없다.[35] 하지만 채권 개념이나 정의 상에는 드러나지 않는, 채권의 본질적인 속성이 있는데, 바로 재산권이라는 점이다. 채권은 채권자의 재산으로서 원칙적으로 처분 가능하며,[36] 채권자의 채권자에 의한 공취 및 환가의 대상이 된다. 즉 현존하는 자산으로서 처분, 집행의 대상이 된다는 점은 채권의 본질적인 속성에 해당한다고 볼 수 있다. 반면, 청구권은 재산권인지 여부가 그 개념 요소에 포함되어 있지 않으며, 재산권일 수도 재산권이 아닐 수도 있다. 채권관계에 기초한 청구권인데 재산권으로 분류될 수 없다면 채권이 아닌 채권적 청구권으로 칭할 수 있을 텐데, 전술한 B, C의 을에 대한 금전지급청구권, 취소채권자가 수익자나 전득자에게 행사하는 가액배상청구권[37] 등이 이러한 채권이 아닌 채권적 청구권에 해당한다.[38]

이처럼 채권은 청구권이면서 재산권이다. 이러한 특징을 바탕으로 하여, 채권은 두 가지 방식으로 채권자에게 만족을 준다. 하나는 채권의 목적인 급부를 실현하는 방식, 즉 채권의 내용이 실현되는 방식이다. 이때에는 채권에 내재된 권능인 이행청구력에 기초하여 채무자에게 이행을 최고하고, 채무자가 임의로 채무를 이행하지 않을 때에는, 채권에 내재된 권능인 소구력에 기초하여, 소송 -채권의 목적인 급부에 관한 이행청구권을 소송물로 하는- 을 제기하며, 확정된 승

및 상계의 목적으로 기능할 수 있다. 반면 추심금청구권이나 대위채권자가 제3채무자에 대하여 행사하는 금전지급청구권은 독립하여 양도나 담보제공, 집행의 대상이 될 수 없고 상계에서의 수동채권이 될 수 없다.

33) 拙稿, "금전채권과 금전지급청구권에 관한 小考", 저스티스 175호(2019. 12), 91-102면 참조.

34) 金曾漢, 「法學通論」 第六共和國版, 博英社(1988), 220면; 호문혁(각주 20), 35면; 양창수·김형석(각주 15), 3면; 本城武雄·宮本健蔵(각주 20), 1면.

35) 한편 채권은 채무자로부터 급부이익을 획득하고 이를 보유하는 효력을 가지는데, 채권은 이러한 급부결과의 귀속을 목적으로 하는 것이라며, 청구권을 중심으로 채권을 정의하는 전통적인 논의에 문제를 제기하며, '채권자의 이익-급부보유력'을 중심으로 채권을 정의하고 채권 체계를 수립하여야 한다는 논의가 존재한다. 구체적인 내용은, 奧田昌道 編, 新版 注釋民法(10) Ⅰ, 潮見佳男 집필부분, 有斐閣(2003), 8-11면 참조.

36) "권리(Recht)는 청구권보다는 Zuweisung귀속(할당)이라는 측면이 선행되어지는 것이며 당연히 그 본질적인 부분이다.", "권리로서의 채권은 처분의 객체(Vermögensanlage)와 지불수단(Zahlungsmittel)으로서의 가치를 갖게 된다" Josef Esser, *Einführung in die Grundbegriffe des Rechts und Staates: eine Einführung Rechtswissenschaft und in die Rechtsphilosophie*, Wien: Springer-Verlag, 1949, 162-163면; 채권의 처분대상으로서의 성격(Die Forderung als Vermögengegenstand)이라고 표현할 수 있다{Larenz/Wolf, *Allgemeiner Teil des bürgerlichen Rechts*, 8 Aufl.(1997), C.H. Beck, 298-230면}.

37) 채권의 재산권으로서의 속성을 고려하면, 취소채권자가 수익자(전득자)에게 행사하는 가액배상청구권은 채권으로 분류할 수 없다{拙稿, "취소채권자의 가액배상청구권은 책임재산이 될 수 있는가", 비교사법 제26권 1호, 비교사법학회(2019. 2) 참조}.

38) 구체적인 내용은, 拙稿(각주 33), 91-102면 참조.

소판결을 집행권원으로 하여, 채권의 권능인 집행력에 기초하여, 채무자의 재산에 대해 집행한다. 채권자는 채권의 권능인 급부보유력으로 인해, 전술한 소송 및 집행을 통해 확보한 채권의 목적물 혹은 금전을 온전히 보유하고 향유할 수 있게 된다. 이러한 일련의 과정을 채권의 실현이라고 표현할 수 있을 것이다.

채권을 향유하는 또 다른 방법은 채권을 지급(결제)의 수단으로 사용하거나, 자금을 융통하는 수단, 즉 담보의 목적물로 삼는 것, 혹은 집행의 대상이 되도록 함으로써 채무의 변제를 위해 소모되도록 하는 것이다. 채권이 이러한 용도로 활용되는 면은 채권의 처분 측면이라고 표현할 수 있다.

채권을 이처럼 두 가지 측면, 즉 채권 그 자체의 목적을 '실현'하는 측면과, 채권자의 자산으로서 '처분'의 대상이 되는 측면으로 구분한다면, 전자는 청구권으로서의 속성을, 후자는 재산권으로서의 속성을 그 본질로 한다고 말할 수 있다. 그렇다면, 채권의 효력(①a)[39]으로 설명되는 이행청구력, 소구력, 집행력, 급부보유력 중, 채권의 실현 –청구권의 실현– 에 관여하는 효력인 이행청구력, 소구력, 집행력은 청구권의 일반적 효력으로 추출할 수 있으며, 반면 급부보유력[40]은 채권의 재산권으로서의 속성과 밀접하게 관련되어 있으므로 채권의 효력이되 이행청구권에 공통된 효력은 아니다.

어떠한 권리가 재산권인지 여부는 급부의 내용이 재산적 가치가 있는지가 1차적인 판단기준이 되겠지만, 그 권리자가 급부의 종국적인 이익의 귀속자인지 여부 또한 본질적인 판단 요소가 된다. 추심금청구권자 B는 추심금청구권 자체의 청구력을 행사하여 제3채무자에게 이행을 최

39) Ⅱ. 1. 참조.

40) 급부보유력을, '급부를 한 자' 즉 을과의 관계에서 그 수령한 금원을 반환하지 않아도 된다는 –채무자가 자의로 이행한 바를 적법하게 보유할 수 있고 이것을 반환할 의무가 없는– 의미로 이해할 때에는, B, C의 금전지급청구권도 급부보유력을 갖는다고 해석될 수 있다. 반면 채권자가 급부를 수령하여 그 이익을 획득하고 향유할 수 있는 효력으로서의 급부보유력을 이해하는 견해도 있다. 청구권과 구별되지 않는 개념으로 채권을 정의하는 것에 대하여 문제를 제기하며, '권리'로서의 채권, 채무자로부터 급부'이익'의 획득하여 보유할 권능, 즉 급부보유력을 강조하는 논의가 있다. 이러한 논의는 급부보유력이 생활이익을 획득하여 향유할 수 있는 효력임을 강조한다{潮見佳男(각주 35), 8-11면 참조}. 본고는 이러한 후자와 같은 입장에서 급부보유력이라는 표현을 이해하고 사용하고 있다는 점을 밝힌다; 한편 필자는 급부보유력만으로는 채권의 재산권으로서의 속성을 드러내기에 부족하다고 생각하고 있다. A의 경우를 보자. A는 채권질권자로서 을로부터 추심하여 수령한 금원을 (특별한 사정이 없는 한) 그 스스로 온전히 향유할 수 있다. 그렇다면 A의 금전지급청구권에는 급부보유력이 있는 것인가? 부정하기 어렵다. 그렇다면 이러한 채권질권자의 직접청구권이 채권이라는 말인가? 그럴 리 없다. 이러한 결과는 A의 금전지급청구권 내에, 추심한 금전을 충당할 수 있는 권능이 포함되어 있기 때문이다. 따라서 우선변제권을 실현하는 방법으로서의 '충당할 권능'에 대한 조명이 필요하며, 채권이나 청구권의'효력'대신 '권능'을 중심으로 한 설명이 권리의 본질적인 속성을 보다 정확하게 드러낼 수 있다고 생각한다(각주 30). 권능을 중심으로 설명한다면, 채권은 추심권능, 수령한 급부의 보유권능, 소구권능, 집행권능, 처분권능, 상계권능을 가지는 반면, 채권질권자 A에게는 처분권능과 상계권능은 없고 '충당할 수 있는 권능'이, B와 C에게는 수령한 급부의 보유권능(그 해석에 따라 달라질 수 있다), 처분권능, 상계권능이 없다고 표현할 수 있다(각주 30).

고할 수 있고, 추심금청구소송을 제기할 수 있으며(소구력), 승소확정판결에 기초하여 제3채무자의 일반재산에 대하여 강제집행을 할 수 있지만(집행력), 을로부터 추심한 금원을 갑의 다른 채권자들과 나누어야 하므로 급부보유력을 갖지 못하며, 이러한 B의 금전지급청구권은 채권이 아니라고 평가할 수 있다.

추심금청구권자가 제3채무자에 대한 관계에서 채권자가 아닌 이유, 혹은 채권과 채권이 아닌 채권적 청구권을 구별하는 표지에 관하여 채권의 권능[41] 개념을 동원하여 설명한다면, 채권만이 처분권능과 상계권능을 포함하고 있다고 표현할 수도 있을 것이다.

5. 청구권의 효력이 소송과 집행에서 갖는 의미

이행의무자가 임의로 급부를 이행하지 않을 때에, 권리자가 이행의무자를 상대로 소송을 제기하고 재판을 받아 집행권원을 취득하며, 이에 기초하여 이행의무자의 책임재산에 대해 강제집행을 실시하여 궁극적으로 권리의 만족에 이르는 일련의 과정은, 실질적으로는 국가에 대해 재판청구권, 강제집행신청권 등의 공법상 권리를 행사함으로써 이루어진다.

반면 소구력과 집행력은 채권 혹은 청구권, 즉 실체적인 권리의 효력이다. 그렇다면 이러한 공법적 권리와, 실체적 권리의 효력인 소구력, 집행력은 어떠한 관계에 있을까? 소구력과 집행력을 채권이 아닌 청구권의 효력으로 파악하여야 한다는 주장은 무슨 의미가 있는가.

실체적 권리와 공법상 권리가 분화된 맥락을 간단하게 살펴보자.[42] 채무를 이행하지 않는 채무자를 상대로 소송을 제기하여 재판을 받을 권리, 채무자의 재산에 강제력을 행사할 수 있는 권리(Klagerecht, 이하에서는 '소권'이라고 칭한다)는, 오늘날 공법적인 권리로 이해하는 것이 일반적이다(公法的 訴權說). 하지만 Savigny로 대표되는 독일 보통법시대의 Pandekten 법학자들 사이에서는 소권이 실체적인 권리라는 인식이 일반적이었다(私法的 訴權說).[43] 실체적인 권리 안에, 법원에 소를 제기할 수 있는 권능, 채무자의 재산에 강제집행할 수 있는 권능이 내포되어 있고(혹은 실체적 권리가 소권으로 변모하며), 이러한 권능을 곧 소권(Klagerecht)으로 이해하였던 것이다. 오늘날 채권의 권능 중 하나로 설명되는 소구력(Befugnis zur Klage)을 곧 소권이라고 이해하였다고 볼 수 있다.

한편 Windscheid는, Savigny 등 보통법학자들이 로마법 상 Actio[44]를 소권(Klagerecht)으로

41) 각주 30).

42) 자세한 내용에 관해서는, 호문혁(각주 8), 35-47면; 兼子一(각주 23), 101-108면; 奥田昌道, 『請求權概念の生成と 展開』, 創文社(1979), 60-74면 등 참조.

43) 호문혁(각주 8), 37-39면.

44) Actio는 로마인들이 내린 정의에 따르면, "자신에게 귀속하여야 할 것을 소송으로 추급하는 권리"(actio est ius persequendi iudicio, quod sibi debetur: Inst.4.6.pr)이다. 로마인들은 누구에게 어떠한 권리가 있다고 표현하지 않고 누구에게 어떠한 actio가 인정된다고 표현하였다(최병조, 『로마법강의』, 박영사(1999), 525면)

이해하는 것이 잘못되었다고 주장하였다. 로마법 상 Actio는 소권(Klagerecht)으로서의 측면에 더하여, 사인(私人)에 대한 순수한 실체적 권리로서의 청구권(Anspruch)으로서의 측면 또한 가지고 있는데 후자를 간과하고 있다는 것이었다.[45] 즉 Windscheid는 당시 재판청구권으로 이해되던 로마법 상의 Actio에서 실체적 권리로서의 요소를 추출, 청구권(Anspruch)으로 이름지으면서 소권과 청구권을 분리해 내었다. 이를 통해 사인(私人)에 대한 청구권의 측면과 국가기관을 통한 강제력 행사의 측면이 개념적으로 분화되게 되었다. Winsdcseid의 이러한 발견 혹은 입론 이후, 독일 실체법학에서는 채권관계, 물권관계를 아우르는 청구권[46] 개념이 민법 체계에서 중요한 지위를 차지하게 되었고, 소송법학에서는, 소권이 -실체적 권리와 구별되는- 독자적인 권리로서 의의를 가질 수 있다는 인식이 확산되었다. 실체법과 소송법의 분화가 가속화된 것이다.

하지만 그러한 과정 중에도, 소구력(Befugnis zur Klage)과 집행력(Befugnis zur Vollstreckung)이 실체적인 권리에 내재되어 있다는 인식은 비교적 공고하게 지지되었다. 그리고 이러한 인식은 소권을 독자적인 공법상 권리로 분화할 논리적 필연성이나 의의을 반감시키는 논거로 작용하기도 하였다. 하지만, 확인 소송 -법원에 권리나 법률관계의 존부에 관한 확인을 청구할 수 있는 형태의 소송- 이 독자적인 소송유형으로 인정되면서, 실체적 권리에 내재된 소구력과 집행력의 발현으로는 설명하기 어려운 소권이 존재한다는 사실을 인정하지 않을 수 없게 되었고[47] 이후 점차 소권이 공법적 권리라는 견해(公法的 訴權說)가 유력설로 자리 잡아, 현재에는 異見을 찾기 어려운 상태이다.[48] 하지만 소권을 공법상 권리로 이해하더라도, 이행청구소송 및 그에 기초한 집행이, 실체적 권리인 이행청구권에 이미 내재되어 있던 소구력과 집행력의 발현이라는 점에 대해서는 異論이 없다.

즉 실체적 권리자가 소권을 행사하여 궁극적으로 실체적 권리의 만족을 얻을 수 있는 근본적인 이유는, 그 실체적 권리의 효력으로서 소구력과 집행력이 인정되기 때문이라고도 말할 수 있다. 따라서 소구력과 집행력을 -채권에 국한된 효력이 아닌- 청구권의 효력으로 이해하게 되면, 소송법적으로는, 앞서 등장한 A, B, C의 금전지급청구권 그 자체를 소송물로 하는 금전지급

이러한 Actio의 개념만을 보면 오늘날의 소권, 재판상 청구권과 다르지 않은데, Celsus 역시 actio를 '개인이 자신에 대한 채무를 재판상 청구할 권리'라고 정의하여 오늘날의 소권에 해당하는 개념으로 파악하였다{호문혁(각주 8), 36면}; 우리나라의 문헌 중에는 Actio를 '소권'으로 번역하는 예가 적지 않다. 하지만 적어도 Windscheid의 사상을 설명함에 있어서는 Actio를 소권으로 번역하여서는 안된다고 생각된다. Windscheid는 Actio를 '소권'으로 이해하는 당시 학자들의 이해에 반박하며 Actio에는 소권 외에도 실체법상 청구권(Anspruch) 개념이 함께 내포되어 있으므로 Actio 용어의 사용을 엄밀하게 할 것을 강조하였기 때문이다.

45) 호문혁(각주 8), 39-41면.

46) 독일에서는 채권(Fordrung)과 청구권(Schuldrechtliche Anspruch)을 동일한 개념으로 파악하는 견해가 지배적이다{奥田昌道(각주 42), 136-137면}; 윤용석, "채권과 청구권 개념의 재검토", 재산법연구 제30권 제4호(2014. 2), 77-79면; 서봉석, "채권개념에 대한 새로운 고찰", 비교법학연구 2(2003. 9), 160-162면 등.

47) 호문혁(각주 8), 43-46면.

48) 奥田昌道(각주 42), 101면.

청구소송, 위 A, B, C의 금전지급청구권 그 자체를 집행채권으로 하는 강제집행을 가능하게 한다. 그리고 이는 이행청구권의 실현을 목적으로 하는 소송제도와 집행제도의 취지와도 조화를 이룬다고 생각된다.

6. 소 결

이처럼 이행청구력, 소구력, 집행력을 이행청구권의 효력을 이해할 때에는 실체법과 소송 및 집행제도와의 정합성을 도모할 수 있고, 채권적 청구권과 물권적 청구권을 통일적으로 설명해 내기에도 용이하며,[49] 채권자대위권이나 채권자취소권이 이미 이행청구권의 효력으로 통용되고 있는 현상을 설명할 이론적 근거로서 기능할 수도 있다고 생각한다.

본래 이행청구력, 소구력, 집행력이 19세기 이래 독일에서는 채권이 아닌 '청구권'의 효력으로 논의되어 왔다는 점[50]은, 우리 민법이 소구력·집행력을 채권의 효력으로 이해하여 온 까닭에 현재 우리 민법 체계와 소송 실무 사이에 미묘한 괴리[51]가 존재하게 된 것 아닌지 의심하게 한다. 이하에서 구체적으로 살펴본다.

Ⅲ. 논의의 확장

1. 채권자대위권과 채권자취소권의 피보전권리

민법은 채권자대위권과 채권자취소권의 피보전권리가 채권인 것처럼 규정하고 있지만, 그 중 채권자대위권과 관련하여서는 그 피보전권리를 채권에 한정하지 않고 널리 청구권을 의미하는 것으로 보아야 한다는 것이 학계 다수설[52]의 입장이며, 판례 역시 물권적 청구권을 피보전권

49) 민법이 채권에 관하여 정한 법원칙을 청구권, 특히 절대권에 기한 청구권에도 유추 적용할 수 있다{호문혁(각주 20), 55면}.

50) 奧田昌道(각주 42), 99-206면 참조. 한편 奧田昌道는 위 저서에서, 독일에서 실체법학자와 소송법학자들 사이에서 이루어진 청구권의 본질에 관한 논의 -소구력, 집행력 등 청구권의 강제적 실현에 필요한 요소들이 실체적인 청구권의 본질에 속하는 것인지 아니면 소송법의 영역에 속하는 것인지에 관한- 를 소개하면서, 다음과 같은 점을 지적한다. "… 그런데 이러한 논의에서 주의해야 할 점은 모든 학자가 강제적 실현가능성·소추가능성을 청구권과 관련하여 다루고 있다는 점이다. 이러한 요소를 실체법상의 것으로 취급한다면, 청구권만의 문제가 아니며, 私權(물권, 채권)과의 연관에 대해서도 논하는 것이 필요하다." [奧田昌道(각주 42) 96면]. 독일에서는 강제적 실현가능성과 소추가능성을 청구권의 효력으로 볼 것인지 논의하였고 Anspruch를 중심으로 한 체계인 독일에서는 어쩌면 당연한 일이다. 한편 奧田昌道의 위 언급을 보면, 독일에서 청구권을 중심으로 이루어진 효력 논의가 일본을 거치면서 채권의 효력 논의로 탈바꿈한 것 아닌지 하는 의문을 갖게 된다. 검토가 필요한 부분이다.

51) 채권자 대위권과 채권자취소권을 채권의 효력으로 이해하거나, 채권질권자의 직접청구소송, 채권자대위소송을 제3자소송담당으로 이해하는 것 등을 가리킨다. 아래 Ⅲ. 참조.

52) 송덕수, 신민법강의, 제12판, 박영사(2019), 826면.; 채권이 아닌 재산적 청구권을 보전하기 위해서도(이혼시

리로 한 채권자대위권,[53] 채권질권자의 직접청구권을 피보전권리로 한 채권자대위권[54]을 인정하고 있다.

채권을 실현의 측면과 처분의 측면으로 나눈다면,[55] 채권의 대외적 효력으로 설명되고 있는 채권자대위권, 채권자취소권은 채권의 실현 측면과 연관된다. 채권 목적인 급부의 실현, 즉 채권의 내용이 실현되는 국면에서 그 역할을 수행하며, 채권이 -양도되거나 집행의 대상이 되는 경우처럼- 자산으로 소모되는 상황과는 별 관련이 없다. 채권자대위권과 채권자취소권은 채권자가 채무자에게 급부 목적대로의 이행을 구하거나, 장차 피보전채권을 소구하고 강제집행을 할 때를 대비한다. 채권자대위권과 채권자취소권이 소구력과 집행력을 갖는 권리라면 채권자대위권과 채권자취소권의 도움이 필요하다.

채권의 목적인 급부의 실현은, 청구권을 행사하는 방식으로 이루어지고, 청구권은 이행청구력, 소구력, 집행력을 행사함으로써 실현되며, 채권자대위권과 채권자취소권은 장차 소구력과 집행력이 발현되어 소송과 집행이 이루어질 때를 대비하여 책임재산의 회복까지에만 관여한다. 책임재산 회복 이후의 상황, 즉 책임재산의 집행을 통해 수령한 금원을 채권자가 온전히 획득하고 소비할 수 있는지에 대해서는 관여하지 않는다. 급부보유력이 포함된 권리를 갖는 자 -채권자- 만이 채권자취소권이나 채권자대위권을 행사할 수 있다고 볼 이유를 찾기 어렵다. 그렇다면 어떠한 권리가 그 자체로 고유한 소구력과 집행력을 갖는다면 -비록 채권이 아니더라도- 채권자대위권, 채권자취소권[56]의 피보전권리가 될 수 있다고 보아야 하지 않을까.

이러한 논리를 일관하면, 채권질권자 A, 추심금청구권자 B는 채권질권자의 직접청구권, 추심금청구권에 내재된 고유한 이행청구력, 소구력, 집행력에 기초하여, 그 직접청구권과 추심금청

재산분할청구권) 채권자대위권의 행사가 허용될 수 있되 다만 그 허용여부에 대해서는 청구권의 성질에 비추어 개별적으로 판단하여야 한다는 견해로는, 이은영, 민법 Ⅱ(제4판), 박영사(2005), 125-126면. "물권적 청구권인 철거청구권도 채권자대위권의 피보전권리가 될 수 있으며, 다른 권리구제수단이 있다고 하더라도 채권자대위권행사의 요건인 보전의 필요성을 부정할 수 없다는 점을 명시적으로 밝힌 최초의 판결로서 그 의미가 크다"; 同旨, 송평근, "물권적 청구권인 철거청구권을 피보전권리로 하는 채권자대위권이 인정되는지 여부 및 임대인이 임대차계약 해지권이 채권자대위권행사의대상이 될 수 있는지 여부 등", 대법원판례해설(67호), 2007, 251면; 반대하는 견해로는 정병호, "물권적 청구권이 채권자대위권의피보전권리가 될 수 있는지 여부 -대법원 2007. 5. 10. 선고 2006다82700, 82717 판결"-, 法曹(2008. 10)(Vol.625), 316면. "일반적으로 물권적 청구권을 피보전권리로 하는 채권자대위권은 허용할 필요가 없다고 생각한다. 물권적 청구권이 채권자대위권의 피보전권리로서 문제될 만한 사안 자체가 극히 적으며, 그 경우조차도 물권적 청구권을 청구권의 상대방의 채무자에 대해서 직접 행사할 수 있는 것이 보통인데, 이런 경우권리보전의 필요성을 인정할 필요가 없기 때문이다. 굳이 채권자대위권이라는 우회로를 인정하여, 대위 행사로 인한 비용상환 문제 등 생략했어도 될 법률문제를 생산해 내는 것은 번거로운 일이라고 생각한다.

53) 대법원 2007. 5. 10. 선고 2006다82700, 82717 판결; 대법원 1966. 9. 27. 선고 66다1334 판결 등.

54) 대법원 2020. 7. 9. 선고 2020다223781 판결.

55) Ⅱ. 4. 참조.

56) 채권자취소권은 오직 금전채권자에게만 인정되므로, 이때의 청구권은 금전지급청구권에 한정된다.

구권을 보전하기 위해 제3채무자 을을 대위할 수 있다. 마찬가지로 대위채권자 C는, 제3채무자 을에 대한 금전지급청구권을 보전하기 위하여 직접 을을 대위할 수 있으며, 갑의 다른 채권자로서 갑과 을 사이의 매매계약이 사해행위라고 주장하는 D가 있다면 그 D는 위 갑과 을 사이의 매매계약의 취소와 함께 취득하게 되는 수익자 을에 대한 가액배상청구권을 보전하기 위하여 을을 대위할 수 있다고 보게 된다.

채권자취소권의 경우도 다르지 않다. 이행청구력, 소구력, 집행력을 갖는 -채권이 아닌- 금전지급청구권 또한 채권자 취소권의 피보전채권이 될 수 있다고 보면, 채권질권자 A, 추심금청구권자 B, 대위채권자 C는 제3채무자 을에 대한 각 금전지급청구권을 보전하기 위하여 제3채무자 을이 한 법률행위를 취소할 수 있게 된다. 채권자취소 및 원상회복을 통해 회복한 채무자의 책임재산은 이후 진행될 책임재산에 대한 강제집행에서 공동담보로서 기능하게 된다. 채권자취소 제도가 피보전채권의 실현을 위한 강제집행절차의 준비제도로서 기능한다는 의미는, 피보전권리에 내재된 집행력이 발현되어 장차 강제집행을 할 수 있을 때를 대비하고 준비한다는 취지이므로, 집행력이 내재된 권리라면, 채권이 아니더라도 채권자취소권의 피보전권리로 인정될 수 있다는 논리가 가능하다고 본다. 우리 하급심 중에도, A가 B에 대한 물품대금채권을 보전하기 위하여 채권자대위권자로서 직접 C에 대하여 금전지급청구권을 행사하면서, 이러한 C에 대한 금전지급청구권을 보전하기 위하여 C와 D 사이의 법률행위 취소 및 원상회복 청구를 인용하는 내용의 판결이 선고된 바 있다.[57]

청구권 고유의 효력으로서 이행청구력, 소구력, 집행력을 인정하는 것은 청구권의 실현을 위한 소송 및 강제집행이 가능하다는 의미와 다르지 않다. 그리고 채권자대위권, 채권자취소권은 채무자의 책임재산을 보전함으로써 피보전권리의 실현을 위한 강제집행을 준비하는 권리이다. 그렇다면 이행청구력, 소구력과 집행력의 실현에 봉사하는 채권자대위권, 채권자취소권은 이행청구권 -채권인 이행청구권과 채권이 아닌 이행청구권을 포함하여- 의 대외적 효력으로 이해할 수 있다고 생각된다.

2. 채권 관계, 이행청구권 관계

(1) 실체적 권리인 이행청구권

전술한 바와 같이[58] 본고는 실체적 권리인 이행청구권에 대하여 다루고 있다. 한편 소송과 집행은 사법상의 권리인 이행청구권의 실현을 목적으로 한다.[59] 그렇다면 사법상의 이행청구권,

57) 대전지방법원 2019. 1. 24. 선고 2018카합101752 판결.
58) Ⅱ. 2.
59) Ⅲ. 3. (1).

실체적 권리인 이행청구권은 무엇을 의미하는가.

먼저 사법상의 권리라거나 실체적 권리라는 표현이 의미하는 바를 살펴보자.[60] 실체법(materielles Recht)과 절차법(formelles Recht, Verfahrensrecht)은, 소송을 전제로 하는 개념이다. 즉 소송사건에서 법규가 행하는 기능에 기초하여 양자를 구별한다. 실체법은 소송사건의 실체, 내용을 이루고 있는 사회관계와 생활관계를 규율하는 내용을 담은 법규로서, 소송에서 재판규범으로 기능하여, 판결의 내용을 결정한다. 이에 대해 형식법(절차법)은 법원 및 집행기관과 당사자가 준수해야 하는 사건처리 방법과 형식을 정하는 법규로서, 소송 방식, 절차진행의 준칙으로 기능한다. 개별적인 민사사건의 재판과 집행에 있어서, 사법(민·상법)이 반드시 실체법으로, 민사소송법·민사집행법이 반드시 절차법으로 기능하는 것은 아니며, 실체법과 절차법의 구분은 우연적이며 상대적인 것이다. 우리가 실체(법)적 권리나 절차(법)적 권리라고 지칭하는 권리 역시 그 근거 법률이 민법이나 상법인지, 혹은 민사소송법이나 민사집행법인지를 기준으로 일률적으로 구분할 수는 없다. 즉 사회관계나 생활관계를 규율하는 권리의 성격을 가진다면 실체적 권리이며, 사건처리 방법과 형식 등 절차에 관여하는 권리로서의 성격을 갖는다면 형식적(절차적) 권리이다.

한편 소송물로서 기능하는 각종 이행청구권은, 私人에 대하여 작위 또는 부작위 -급부- 의 이행을 청구할 수 있는 권리로서, 청구권자가 법원에게 그 存否에 대한 판단을 구하고, 법원이 소송에서 그 존부를 판단하는 대상이 되는 권리, 소송사건의 실체, 내용인 권리이므로, 개념 본질적으로 실체적 권리일 수밖에 없다.

따라서 채권질권자 A가 제3채무자인 매수인 을에 대하여 갖는 직접청구권은 실체적 권리이다. A와 갑 사이의 관계에서는 그 피담보채권을 실현하기 위한 간이한 집행방법으로 기능하는 권리이겠지만, 私人인 을과의 사이에 있어서는, 을이 직접 A에게 금전을 지급하여야 하는 실체적 권리의무관계가 형성된 것이다. 추심금청구권자 B가 제3채무자 을에 대하여 갖는 권리도 마찬가지이다.[61] B는 갑에 대한 집행채권을 실현하기 위한 강제집행 절차의 과정에서 법원의 추심

60) 이하 兼子一(각주 23), 3면 참조.

61) 반면 우리 대법원은 "금전채권에 대하여 압류 및 추심명령이 있었다고 하더라도 이는 강제집행절차에서 압류채권자에게 채무자의 제3채무자에 대한 채권을 추심할 권능만을 부여한 것으로서 강제집행 절차상의 환가처분의 실현행위에 지나지 아니한 것이며 이로 인하여 채무자가 제3채무자에 대하여 가지는 채권이 압류채권자에게 이전되거나 귀속되는 것은 아니므로, 이와 같은 추심권능은 그 자체로서는 독립적으로 처분하여 환가할 수 있는 것이 아니어서 압류할 수 없는 성질의 것이고, 따라서 이에 대한 압류 및 추심명령은 무효라고 보아야 한다."(대법원 1988. 12. 13. 선고 88다카3465 판결 등)라고 판시하여, 추심채권자의 금전지급청구권의 실체적 권리로서의 성격을 부정한다. 채권자대위권자가 제3채무자에 대하여 행사하는 금전지급청구권에 대해서도 같은 입장이다(대법원 2016. 8. 29. 선고 2015다236547 판결 등). 이러한 판례의 태도가 권리개념에 대한 권리법력설의 입장과 정합하는지 의문이 있고, 권리나 실체적 권리를 재산권으로 이해하기 때문인 것으로 보인다는 점에 대해서는, 각주 9) 및 앞의 Ⅰ. 참조.

명령에 따라 을에 대해 추심금을 청구할 수 있게 되었다. 추심명령의 효과로서 A와 을 사이에 금전 지급의무를 이행하여야 하는 실체적 권리의무관계가 형성된 것이다. 전부명령 확정의 효과로서 발생하는 전부금 채권관계나, 부동산 집행의 환가 과정에서 성립한 매매처럼, 강제집행의 과정 혹은 그 결과로서 새로운 실체적 권리관계가 성립한 것이다.

대위채권자 C가 제3채무자를 상대로 직접 자신에게 금전의 지급을 청구하는 권리 역시 마찬가지이다. C와 을 사이에는, C가 채권자대위권을 행사함으로써 갑과 을 사이의 피대위채권 관계와는 별개의 새로운 실체적 권리의무 관계가 성립하였고, C가 을에 대하여 행사하는 금전지급청구권은 실체적 권리로 이해할 수 있다.

(2) 채권 관계와 이행청구권 관계가 병존하는 모습

실체적 권리의 개념을 전항과 같이 이해한다면, 채권자와 채무자 사이의 채권 관계에 더하여, 이행청구권자와 채무자 사이에 별개의 실체적 권리의무관계가 발생하여 병존한다는 점을 납득할 수 있게 된다. 실체적 권리를 채권, 물권 등의 재산권으로 인식하고 있으면 하나의 실체적 권리를 여럿이 동시에 가질 수 없다는 생각을 하기 마련이지만, 재판을 통해 그 존재가 확정될 수 있는 권리를 실체적 권리로 이해할 때에는, 채권자 외에 별도의 이행청구권자가 존재[62]하는 상황을 받아들일 수 있다.

'채권'인 이행청구권은 -갑과 을 사이의 매매계약 관계에서 갑의 금전지급청구권처럼- 통상 급부이익의 귀속자(채권자 갑)와 의무이행의 상대방(채권자 갑)이 일치한다. 반면 급부이익의 귀속자(채권자)와 의무이행의 상대방이 분리되는 경우도 있고, 양자가 일치하더라도 별도의 -채권자가 아닌- 이행청구권자가 존재하는 경우도 드물지 않다.

가령 추심금청구권자 B와 제3채무자 을, 피압류채권자 갑과 제3채무자 을 사이의 법률관계를 살펴보면, 을과의 관계에서 채권자는 갑이지만, 을이 추심금을 지급하여야 하는 상대방은 B이다. 추심금청구권자 B는 급부이익의 종국적인 귀속자가 아니므로 채권자가 아니지만, 이행청구권자이다. 그리고 의무이행의 상대방이기도 하다. [채권자(급부이익의 귀속자)≠의무이행의 상대방=이행청구권자]인 경우이다. C의 경우도 마찬가지이다. 대위채권자 C는 을에 대한 관계에서 채권자가 아니지만, 이행청구권자이고 급부의무 이행의 상대방이기도 하다. 취소채권자가 수익자나 전득자에게 가액배상을 청구하는 경우 역시 의무이행의 상대방(취소채권자)과 급부이익의 종국적 귀속자(채무자)가 다르다.

한편 채권자대위권이 행사되는 통상적인 경우(대위채권자에 대한 직접적인 급부가 허용되는 금전지급청구권이나 인도청구를 제외한 모든 경우), 제3채무자가 의무를 이행하여야 하는 상대방은 피

62) Rimmelspacher의 표현을 빌리면, '법적 지위(Rechtsposition)'가 다르므로 동일한 청구권으로 평가될 수 없는 경우에 해당한다{호문혁(각주 8), 128-129면 참조}.

대위권리의 채권자이고, 대위채권자는 -급부이익의 종국적인 귀속자가 아니므로 채권자가 아닌 - 이행청구권자이다. [채권자(급부이익의 귀속자)=의무이행의 상대방≠이행청구권자]인 경우이다. 취소채권자가 원물반환을 청구하는 경우도 같다.

그리고 이러한 현상들은, 이행청구력, 소구력, 집행력을 이행청구권의 공통된 효력으로 이해할 때에 그 설명이 용이해지는 면이 있다. A, B, C 모두 C를 상대로 이행청구소송을 제기하고 C의 재산에 대하여 강제집행을 할 수 있다. 채권의 권능[63] 개념을 차용하면, A, B, C 모두 이행청구권자로서 이행청구권능, 소구권능, 집행권능을 행사할 수 있다. 채권질권자 A는 이에 더하여 변제수령권능 및 수령한 금원을 본인의 채권에 충당할 권능을 갖는다. 추심금청구권자 B는 변제수령권능을 행사할 수 있지만, 추심한 금원을 본인의 채권에 충당하거나 처분할 권능은 갖지 못한다. 금전채권을 대위 행사하는 C도 마찬가지이다. 한편 소유권이전등기청구권을 피대위권리로 하여 채권자대위권을 행사하는 H가 있다면, 그는 이행청구권자로서 이행청구권능, 소구권능, 집행권능을 갖지만 변제수령권능은 행사하지 못한다.

요컨대, 갑과 을 사이의 실체적 권리의무관계와 A, B, C와 을 사이의 실체적 권리의무관계가 병존하고, A, B, C가 행사하는 각 이행청구권은 공통적으로 이행청구력, 소구력, 집행력을 갖지만, 그 외의 부분은 각 이행청구권관계의 발생 원인에 따라 달라진다고 말할 수 있다.

3. 이행청구권 실현을 위한 소송과 집행

(1) 소송절차와 집행절차의 목적-이행청구권의 실현

민사소송은 법원이 공권적 법률판단인 재판에 의하여 권리, 의무를 확정짓는 절차(권리의 관념적 형성)이고,[64] 민사집행은 그것을 강제로 실현시키는 절차(권리의 사실적 형성), 채권자의 신청에 의하여 국가의 집행기관이 채무자에 대하여 강제력을 행사함으로써 집행권원에 표시된 이행청구권의 실현을 도모하는 절차로서,[65] (1) 사법(私法) 상의 이행청구권 실현을 목적으로 하며, (2) 집행권원에 표시된 이행청구권의 실현을 도모하고, (3) 권리자의 신청에 의하여 행해지며, (4) 국가의 집행기관이 채무자에 대하여 강제력을 행사함으로써 집행권원에 표시된 이행청구권의 실현을 도모하는 절차[66]라고 한다. 즉 민사소송[67]과 민사집행은 실체법상 권리인 이행청구권

63) 각주 30) 참조.
64) 이재성·이시윤·박우동·김상원 編, 주석 민사집행법(Ⅰ), 한국사법행정학회(2004), 34면.
65) 위 책, 34면.
66) 위 책, 34-40면.
67) 우리나라는 해방 후 1960년에 독자적인 한국민사소송법을 제정하였으나, 실질적으로는 구 민사소송법의 개정에 불과하였고, 이러한 구 민사소송법(의용 민사소송법)은 일제가 1912년 제정, 공포한 조선민사령에 따라 일본의 민사소송법이 우리에게 의용된 것이다. 이러한 일본의 구 민사소송법은 1877년 제정된 독일민사소송법전(CPO)을 그대로 본받아 제정된 것이므로 한국의 민사소송법은 독일 민사소송법을 계수한 것으로 볼 수

의 실현을 위한 절차이다.

소구력과 집행력이 내재된 실체적 권리를 보유하는 자는 소송을 제기하고 집행권원을 확보하여 강제집행을 신청할 자격을 갖추게 된다. 이러한 실체적 권리는 재판에서는 소송물로서, 강제집행에서는 집행채권으로서 기능하게 된다.

전술한 바와 같이 이행청구력, 소구력, 집행력을 이행청구권의 효력으로 이해할 때에, 채권질권자 A가 제3채무자 을에게 소로써 직접 A 자신에게 피담보채무의 이행을 구하는 소를 제기할 수 있고, 을에 대한 승소 확정 판결을 집행권원으로 하여 을의 재산에 대해 집행할 수 있는[68] 것은, 채권질권에 기초한 직접청구권 그 자체에 내재된 이행청구력, 소구력과 집행력에 기초한 것이라고 설명할 수 있게 된다. 추심금 청구권자 B의 추심금청구소송과 그 확정판결에 기한 집행 역시 마찬가지로 설명할 수 있다.[69] 대위채권자 C가 을에 대하여 행사하는 금전지급청구권 역시 그 자체적으로 내재된 이행청구력, 소구력, 집행력에 기초하여, 을을 상대로 이행할 것을 최고하고, C 스스로 원고가 되어 을을 피고로 하는 금전지급청구소송을 제기하며, 승소확정판결을 집행권원으로 하여 을의 일반재산에 대하여 강제집행을 하였다고 이해할 수 있게 된다.

반면 우리 민법은 채권과 재산권을 중심으로 편제되어 있고, 소구력과 집행력[70]을 채권의 효력으로 이해하고 있는바, 그 때문인지 우리의 소송과 집행 제도가 이행청구권이 아닌, 채권의 실현을 위한 것으로 운용되고 있는 것으로 추측된다는 점에 대해서는 전술한 바 있다.[71] 관련하여 다음의 몇 가지 점에 대해서 살펴보기로 한다.

있다[호문혁(각주 8), 14-15면). 한편 우리 민법은 일본·프랑스·독일·스위스·중화민국과 만주 등 여러 국가의 민법전과 영미관습법을 참고하여 편찬되었으나, 그 주된 모체는 일본민법이라고 할 수 있고, 일본 민법은 기본적으로는 1804년의 프랑스민법전과 1887년 공포된 독일민법 제1초안을 바탕을 두었다고 평가된다(김준호, 민법강의 제24판, 법문사(2018), 13-18면 참조). 독일 민사소송법(ZPO)와 독일 민법(BGB)를 살펴보면 Anspruch를 중심 개념으로 편제되어 있음을 확인할 수 있다. 독일 민법 제194조는 Anspruch의 개념을 정의하면서 Anspruch가 소멸시효에 걸리는 권리임을 명확히 한다. 반면 우리 민법은 채권과 재산권을 중심으로 편제되어 있고 소멸시효의 대상 역시 채권 및 재산권으로 정하고 있다. 우리 민법은 특히 재산법 분야에서 독일 민법을 상당 부분 참조하였다고 평가되지만, 민사소송법이 독일처럼 청구를 그 중심 개념으로 삼고 있는 것과는 달리, 독일 민법의 중심 개념인 청구권은 도입하였다고 보기 어렵다[윤용석(각주 46), 58-59면 참조].

68) 편집대표 곽윤직, 민법주해[Ⅵ](2002), 정동윤 집필부분, 박영사, 440면.

69) 지급받은 금원을 수익할 수 있는 권능, 즉 급부보유력을 갖지 못하므로, 추심명령을 받은 추심채권자가 제3채무자에 대한 추심금청구권에 대하여 판결을 받는다 하더라도 이러한 권리는 '채권'으로서의 성격을 갖지 못하며 추심채권자의 재산이 될 수 없다. 추심명령을 받은 채권자가 행사할 수 있는 권한은 제3채무자를 상대로 이행을 청구하고, 소송을 제기하여 승소확정판결을 받으면 강제집행의 방법을 동원하여 제3채무자의 재산을 현금화한 결과에 대해 배당을 받아 수령하는 지점까지이다.

70) 소구력과 집행력을 합하여 실현강제력으로 표현하기도 한다[송덕수(각주 52), 716면].

71) Ⅰ. 4. 참조.

(2) 제3자의 소송담당

전술한 바와 같이 소송은 실체적 권리에 내재된 소구력의 발현이며 집행은 그 집행력의 실현이다. 이들 소구력과 집행력이 내재된 실체적 권리를 무엇으로 이해하는지는 소송에서 당사자적격자[72]가 누구인지 판단함에 있어서도 핵심적인 역할을 한다. 이행청구 소송에서는 실체법상 권리의무의 주체라고 주장하는 자가 원고적격을 가지는데, 학계의 다수설[73]과 판례는 A, B, C의 소송을 제3자의 소송담당[74]으로 이해한다. 실체법상 권리의무의 주체가 아닌 제3자가 타인의 권리의무에 대하여 당사자로서 소송을 수행한다고 보는 것이다. 채권질권자 A, 추심청구권자 B, 대위채권자 C를 실체법상의 권리의무의 주체가 아닌, 타인의 권리의무에 관해 소송 수행권을 가지는 자로 이해한다는 의미이다.

「타인의 권리의무」는 갑의 을에 대한 권리 의무를 가리킨다. 추심금청구소송에서의 타인은 피압류채권의 채권자, 즉 집행채권의 채무자를 가리키며, 채권자대위소송에서는 피대위권리의

---

72) 소송물인 권리 또는 법률관계의 존부의 확정에 대하여 법률상 이해관계를 가지는 사람이 정당한 당사자로서 당사자 적격을 갖는다{전병서, 민사소송법강의, 제4판보정, 법문사(2003), 147면}. 소송물에 대한 승소의 본안판결에 의하여 보호되어야 할 이익의 귀속주체라고 주장하는 자가 정당한 당사자로 되는 것이라고 표현하기도 한다{편집대표 민일영, 주석 민사소송법(Ⅰ), 장석조 집필부분, 제8판, 한국사법행정학회(2018), 331면}.

73) 법원실무제요 민사소송[1], 법원행정처, 2017, 335-336면; 이시윤, 신민사소송법(제13판), 박영사(2019), 154-159면; 송상현, 민사소송법, 전정3판, 박영사(2002), 124-125면; 金洪奎, 민사소송법(상), 四訂版, 三英社(1985), 148-149면; 장석조, 위의 책, 337-340; 김홍엽, 민사소송법 제9판, 박영사(2020), 155, 166-167면; 전병서, 위의 책, 51-152면; 鄭東潤·庾炳賢·金慶旭, 민사소송법[제7판], 법문사(2019), 218-223면; 반면 호문혁 교수는, "본래 제3자의 소송담당에서 그 제3자는 법률의 규정이나 권리자(들)에 의하여 부여된 일정한 자격에 의해서 권리의 귀속자나 그에 관련된 이해관계인을 위하여, 그러나 자신의 이름으로 소송을 수행하는 이를 가리킨다. 권리자가 자기 고유의 권리를 행사하는 것과 일정한 자격에서 그 임무를 수행하는 것을 혼동해서는 안된다. 채무자의 채권에 대한 추심권을 행사하는 채권자, 즉 채권질의 질권자의 경우는 담보권 행사 시기가 도래한 후에 청구할 자신의 실체법상 권리를 소송상 행사하는 것이지, 채권자라는 '자격에서' 타인, 즉 채무자를 위하여 소송을 하는 것이 아니다. 그러므로 이러한 경우는 소송담당이 아니라고 해야 한다. 독일에서도 이 경우를 소송담당이 아니라 채권자 자신의 질권행사라고 보는 것이 일반적이다. 그리고 추심명령을 얻은 채권자의 추심에 관하여도 소송담당이 아니라 자기 권리의 행사라는 견해가 다수설이다. 채권자대위소송도 민법이 채권자에게 부여한 대위권이란 실체법상의 권리를 소송상 행사하는 것이니 채권자라는 '자격에서' 법이 부여한 임무를 수행하느라고 채무자를 위하여 소송을 하거나 어떤 직무를 행사하기 위하여 소송을 하는 것이 아니다. 따라서 이러한 경우를 소송담당이라고 보는 것은 타당하지 않다."는 견해를 밝히고 있는데 필자도 같은 견해이다{호문혁(각주 8), 247-248면}. 이러한 입장을 고유적격설로 칭한다(각주 8); 채권자대위소송을 소송담당이라고 봄으로써 중복제소 및 기판력과 관련하여 여러 가지 복잡한 문제가 발생한다{호문혁(각주 8), 239-241면 참조}. 이러한 복잡한 문제는 추심금소송이나 채권질권자의 직접청구소송의 경우에도 마찬가지로 발생하게 된다.

74) 회생절차에서 채무자의 관리인(채무자회생법 1101조), 유증목적물관련 소송에서의 유언집행자(민법 1101조), 파산관재인(채무자회생법 359조) 등이 법정소송담당의 전형적인 모습이라고 할 수 있다. 이들이 실체적 권리자가 아니라는 점은 분명한데, 이들처럼 전형적인 제3자소송담당과 실체적 권리자임에도 제3자소송담당으로 다루어지고 있는 경우는 어떻게 구별되는가. 소송담당자가 사망하였을 때 누가 수계하는지를 보면 양자의 차이가 명백하게 드러난다고 한다. 전자는 다른 소송담당자가 수계하지만, 후자는 사망한 담당자의 상속인이 수계한다[호문혁(각주 8), 243면].

채권자, 즉 피보전채권의 채무자를, 채권질권자가 제3채무자를 상대로 제기한 직접청구 소송에서는, 입질채권의 채무자, 즉 피담보채권의 채무자가 원래의 권리자인 타인을 의미한다.

그렇다면 「권리」는 무엇인가? 실체적 권리인가? 전술한 실체적 권리의 개념을 바탕으로 하면, A, B, C가 을에 대하여 갖는 금전지급청구권 역시 실체법상 권리이다. 다만 채권이 아닐 뿐이다. 우리 민사소송법 실무가 「타인의 권리의무」 관계를 '채권관계'로 이해하는 것은 아닌지 추측하게 하는 대목이다. 이행청구력, 소구력, 집행력을 채권의 효력으로 이해할 때에는 A, B, C는 입질채권과 피압류채권, 피대위채권의 효력을 빌려 소송을 제기하고 강제집행을 한다고 볼 수밖에 없다. 반면 이행청구력, 소구력, 집행력을 이행청구권의 효력으로 이해할 때에는, A, B, C가 제3채무자에 대하여 갖는 고유한 실체법상 권리를 실현하기 위하여 소송과 집행을 진행하는 것이라고 이해하는 것이 가능해진다.

(3) 중복제소와 기판력에서의 難題

전술한 A, B, C의 이행청구권을 실체적 권리로 인정하는 문제는 이행청구소송의 소송물과 맞물려 중복제소, 기판력의 문제와 직결된다. A, B, C의 이행청구권을 갑의 채권과 별개인 소송물로 이해하게 되면, 서로에게 기판력이 미치지 않게 되면서 대단한 혼란이 발생할 것처럼 생각되지만, 꼭 그렇게 볼 것만은 아니다. 지금 현재 제3자 소송담당으로 운용되고 있는 추심금청구소송이나 채권자대위소송에서의 기판력 논의를 들여다보면, 아직 다툼없이 정리된 상태에는 이르지 못한 것처럼 보인다. 오히려 개별 채권자의 원상회복청구권을 별개의 소송물로 취급하는 채권자취소소송의 경우가 −적어도 기판력이나 중복제소와 관련해서는− 간명하게 느껴진다.

예를 들어, 채권자대위소송을 제3자 소송담당이라고 본다면 대위채권자가 수행한 판결의 효력이 당연히 채무자에게 기판력이 미쳐야 한다.[75] 하지만 판례는 "어떠한 사유로든 채무자가 채권자대위소송이 제기된 사실을 알았을 경우에 한하여" 채권자대위소송의 기판력이 '채무자'에게 미친다고 한다.[76] 대위채권자가 수행한 채권자대위소송 판결의 기판력은 채무자가 안 때에 '다른 대위채권자'에 의한 소송에 미친다는 판결[77]이 존재하지만, 채무자는 채권자대위소송의 기판력이 미치는 주관적 범위에 해당하지 않으므로, 채무자의 권리불행사 요건의 흠결을 이유로 각하여야 한다는 비판 역시 공존한다.[78] 최근 선고된 대법원 2020. 10. 29. 선고 2016다35390 판결은, 추심금청구권자 B가 수행한 추심금청구 소송 판결의 기판력이 그 판결의 변론종결 「전」에 압류·추심명령을 받은 B′가 제기한 후소에는 미치지 않는다고 판시하여, 압류·추심명령을

---

75) 민사소송법 제218조③.

76) 대법원 1975. 5. 13. 선고 74다1664 전원합의체 판결.

77) 대법원 1994. 8. 12. 선고 93다52808 판결.

78) 서울고등법원 판례공보스터디, 판례공보스터디 민사판례해설: 2019. 7. 1.자 공보~2020. 6. 15.자 공보, 2020, 551면 참조.

받은 추심금청구권자를 피압류채권의 승계인과 같이 취급하고 있는데, 기존에 볼 수 없었던 새로운 판시이다.[79)]

중복소송과 관련하여 살펴보면, 채권자대위소송이 제기된 후 채무자가 피대위채권의 이행을 구하는 소송을 제기한 경우는 '비록 당사자가 다르더라도 실질적으로는 동일한 소송'이라는 이유로 후소를 중복된 소라고 하여 각하하고,[80)] 서로 다른 채권자들이 제기한 채권자대위 소송에서의 후소에 대해서도 역시 '비록 당사자는 다를지라도 실질상으로는 동일 소송'이라며 후소가 각하하는 판결이 반복되어[81)] 논의가 정리된 것처럼 보이기도 하지만, 중복소송이 되려면 소송물이 동일한 것에 더하여 당사자도 동일하거나(민사소송법 제259조) 후소의 당사자가 기판력 등 전소 판결의 효력을 받는 관계일 것을 전제로 한다는 점을 고려하면, 대위채권자들이 서로 기판력이 미치는 관계에 있지 않다는 점은 언제든 쟁점으로 떠오를 수 있다고 생각된다. 추심금청구소송이 중복적으로 제기된 경우, 입질채권자의 제3채무자에 대한 소송과 채권질권자의 직접청구소송이 중복된 경우는 어떻게 처리할 것인지에 관해서 명확하게 예측하기 어렵다. 실제로 판단이 필요한 상황이 오게 되면 언제든 논란의 불씨가 남아있는 불안정한 상태에 있다고 생각된다.[82)]

---

79) 대법원 2020. 10. 29. 선고 2016다35390 판결을 살펴본다. 갑의 채권자 B는 갑의 을에 대한 위 동업자금 반환채권에 대하여 2012. 3. 19. 채권압류 및 추심명령을 받았다. 갑은 을을 상대로 2012. 6. 22. 동업자금 반환청구소송을 제기하였고 당해 소송은 B의 추심명령으로 인해 갑이 당사자 적격을 상실하였음을 이유로 각하되었다. 이후 2014. 5. 22. 갑의 다른 채권자 B′는 갑의 을에 대한 동업자금 반환채권에 대하여 별도의 채권압류 및 추심명령을 받고, 을을 상대로 추심금 청구소송을 제기하였다. B′와 을 사이의 위 추심금청구소송에서, 을이 B′에게 9,000만원을 지급하고 B′는 을에 대한 나머지 청구를 포기한다는 내용의 화해권고결정이 확정되었다. 위 대법원 2020. 10. 29. 선고 2016다35390 판결은 B가 2015. 7. 14. 을을 상대로 제기한 추심금청구소송이다. 위 판결은, 추심금청구권자 B'와 을 사이에서 이루어진 확정된 화해권고결정의 효력이 다른 추심금청구권자 B에게 미치는지 여부에 관하여, "동일한 채권에 대해 복수의 채권자들이 압류·추심명령을 받은 경우 어느 한 채권자가 제기한 추심금소송에서 확정된 판결의 기판력은 그 소송의 변론종결일 이전에 압류·추심명령을 받았던 다른 추심채권자에게 미치지 않는다"고 판시하고 있다. B가 B′가 제기한 추심금청구소송의 변론 종결 이전에 압류·추심명령을 받았기 때문에, B에게는 B′에 의해 제기된 소송에서의 확정된 화해권고결정에 따른 기판력이 미치지 않는다는 것이다. 위 대법원 판결은, 추심명령을 받은 채권자를 실체적 권리의 승계인과 유사한 지위로 파악하고 있다. 변론 종결 시점을 기준으로 압류·추심명령을 언제 받았는지에 따라 기판력이 미치는지 여부를 달리 판단하고 있는데, 이처럼 추심채권자를 실체적 권리의 승계인과 마찬가지로 취급하는 것이, 기존 판례와 학설에서 추심금청구소송을 제3자의 소송담당으로 다루어왔던 것과 서로 양립할 수 있는지에 대해서는 의문이 있다. 제3자소송담당은 소송수행자가 소송물에 관한 실체적 권리자가 아닌 것을 전제로 하기 때문이다.

80) 대법원 1995. 4. 14. 선고 94다29256 판결; 대법원 1974. 1. 29. 선고 73다351 판결 등.

81) 대법원 1998. 2. 27. 선고 97다45532 판결; 대법원 1981. 7. 7. 선고 80다2751 판결 등.

82) 한편 위 대법원 2020. 10. 29. 선고 2016다35390 판결은 제3채무자로서는 추심의 소에서 다른 압류채권자에게 참가명령을 하여달라는 신청(민사집행법 제249조 제3항, 제4항)을 할 수 있고, 패소한 부분에 대해서 변제 또는 집행공탁을 함으로써 다른 채권자가 계속 자신을 상대로 소를 제기하는 것을 피할 수 있으므로, 추심금청구소송의 확정 판결의 효력이 다른 채권자에게 미치지 않는다고 해도 제3채무자에게 부당하지 않다고 판시하고 있다. 추심금청구소송이나 채권자대위소송, 채권질권자의 직접청구소송을 제3자의 소송담당으로 구성하는 이유는 아마도 피압류채권, 피대위채권, 입질채권의 존부나 범위에 관한 판단이 위 채권자들이 수행한 소송의 결론과 달라지거나, 제3채무자가 과도한 응소 부담을 지게 되는 일을 막기 위해서일 것이다. 우

Ⅳ. 결 론

독일 민법과 민사소송법이 청구권(Anspruch)을 체계의 기초로 삼고 있고 우리 민사소송법이 일본을 통해 독일 민사소송법을 계수하였으나, 우리 민법은 청구권이 아닌 채권을 중심으로 그 체계가 형성되어 있기에[83] 청구권보다는 채권을 중심으로 그 효력이나 권능에 관한 논의가 진행되어 온 측면이 있다. 하지만 채권과 이행청구권이 분열되어 공존하는 지점들이 존재하고, 채권이 아닌 채권적 이행청구권을 실현하기 위한 소송과 강제집행이 인정되고 있으므로, 이행청구권 자체의 효력에 관해서도 관심을 기울일 필요가 있다.

채권은 특정인에 대하여 작위 또는 부작위 급부를 청구할 수 있는 권리로 정의되며, 청구권도 이와 다르지 않다. 그런데 이처럼 청구권과 구별되지 않는 채권의 정의에는 채권이 재산권, 즉 채권자의 자산으로 기능한다는 점이 누락되어 있다. 채권은 급부의 이행을 청구, 소구하고 집행하는 방식으로 실현되지만, 동시에 양도나 집행 기타 처분의 대상이 된다. 전자는 채권이 갖는 이행청구권으로서의 성격을, 후자는 재산권으로서의 성격을 드러낸다.

이러한 관점에서 살펴보면, 채권의 효력 가운데 이행청구력, 소구력, 집행력은 –채권인 청구권, 채권이 아닌 채권적 청구권을 포함하여– 이행청구권의 공통된 효력으로, 급부보유력은 재산권인 채권에게 인정되는 고유한 효력으로 이해할 수 있다. 더 나아가 이행청구권의 실현에 봉사하는 채권자대위권과 채권자취소권은 이행청구권의 대외적 효력으로 파악하여도 무리가 없을 것이다.

채권이 아닌 채권적 청구권을 보전하기 위한 채권자대위권이나 채권자취소권을 인정하는 판결들이 등장하고 있다. 채권의 효력이라고 일컬어지는 것들이 반드시 채권'만'의 효력으로 파악되어야 하는지에 대해서 다양한 관점에서의 고민이 필요한 때이다.

리 민사소송법이 중복제소를 금지하고 기판력을 인정하는 이유와 다르지 않을텐데, 필자 역시 그러한 취지에는 전적으로 동의한다. 다만 추심의 소를 제기한 채권자(민사집행법 제238조), 채권자대위권자(민법 제405조 제1항)는 이미 채무자에 대한 법률상 고지의무를 부담하고 있고, 이로써 채무자는 참가적 효력을 받게 되는 것이나(민사소송법 제86조, 제87조), 판결서의 증명력(대법원 1990. 5. 22. 선고 89다카33904 판결 등) 등을 통해 판결의 모순·저촉이 발생할 우려가 높지 않고, 특히 채권자취소소송 –개별 취소채권자의 원상회복청구권을 실체적 권리인 이행청구권, 소송물로 인정하는– 에 관한 누적된 실무례와 법리가 존재하므로, 채권이 아닌 이행청구권을 그 자체로 독자적인 실체적 권리로 파악하더라도 특별히 생경한 상황을 맞닥뜨리게 될 것으로는 생각되지 않는다.

83) 윤용석(각주 46), 59면.

불능에 의한 급부의무의 소멸*

– 독일민법 제275조 제3항을 중심으로 –

서 종 희**

Ⅰ. 머리말

코로나19(COVID-19)는 계약이나 법률이 정한 바대로 채무가 이행되지 못하는 상황을 발생시켰고 이에 채무자가 계약위반으로 인한 위험으로부터 벗어날 수 있는 방법이 모색될 필요가 있다는 주장이 제기되었다.[1] 즉 엄밀히 말하면 이행불능이 아님에도 불구하고 채권자의 계약상의 이행청구권을 제한할 수 있는, 환언하면 채무자의 급부의무의 소멸을 인정할 필요가 있다는 것이다. 예상할 수 있는 법리로는 중대한 불가항력에 의한 채무면제, 채무자의 귀책사유 없는 이행불능(위험부담)에 기한 채무의 소멸 및 사정변경의 원칙 등이 있다.[2] 특히 채무이행이 객관적으로는 가능하다는 점에서 이행불능은 아니지만, 채무이행을 기대하는 것이 채무자에게 지나치게 가혹할 수 있기 때문에 이행불능을 인정하거나 신의칙에 기한 사정변경의 법리의 적용을 논할 수 있을 것이다.[3]

한편 독일은 우리와 달리 독일민법(이하 'BGB') 제275조 제2항 및 제3항의 규정을 적용하여 코로나19상황에서의 채무자 보호를 실현할 수 있을 것이다. 즉 채무이행이 이론상으로는 가능할

---

* 이 글은 「재산법연구」 제38권 제1호에 게재되었다.

** 연세대학교 법학전문대학원 부교수.

1) 이에 대한 진지한 고민이 나타난 국내문헌으로는 김진우, "코로나19 사태와 급부장애: 급부장애 일반론과 매매, 도급 및 여행계약에서의 급부장애를 중심으로", 비교사법 제90호, 2020, 285면 이하; 김세준/김진우, "코로나19 관련 물품공급계약의 급부장애", 재산법연구 제37권 제3호, 2020, 113면 이하 참조. 독일에서의 논의는 Marc-Philippe Weller/Markus Liberknecht/Victor Habrich, "Virulente Leistungsstörungen Auswirkungen der Corona-Krise auf die Vertragsdurchführung", NJW 2020, 1022 ff. 참조.

2) 다만 실질적으로 어떠한 법리가 적용될 것인지를 판단하는 것은 그리 쉽지 않을 것이다. 물론 적용되는 법리의 중복이 발생할 수 있을 것이다.

3) 사정변경의 법리의 적용이 가지는 장점 등을 전제로 사정변경의 법리를 적극적으로 적용하자는 견해로는 김진우, 앞의 논문, 307면 이하.

지라도 코로나19로 인하여 채무이행에 수반되는 지출 및 비용부담이 현저히 증가한 경우라면, 채무자는 BGB 제275조 제2항에 의해 급부거절권을 행사할 수 있을 것이다. 국내에서도 BGB 제275조가 가지는 의미에 대한 분석이 없었던 것은 아니지만 선행연구가 그 제정경위[4] 및 일반론,[5] 또는 제275조 제2항[6]에 초점이 맞추어졌다는 점에서 본고에서는 BGB 제275조 제3항에 대한 논의에 집중해 보고자 한다.[7] 이에 이하에서는 BGB 제275조 제2항 및 제3항의 제정경위를 고찰해 보고(Ⅱ), 동조 제2항과 제3항의 차이점을 중심으로 동조 제3항의 의미를 분석해 본 후(Ⅲ), 맺음말에 갈음하여 독일에서의 논의가 우리에게 시사하는 바가 무엇인지를 검토하면서 글을 마치고자 한다(Ⅳ).

Ⅱ. BGB 제275조의 제정경위

BGB 제275조 제3항의 제정 경위를 살펴보기 위해서는 독일 채권법 현대화에 있어서의 불능 개념의 재편을 둘러싼 논의를 살펴볼 필요가 있다. 다만 앞서 서술한 바와 같이 이에 관하여서는 이미 다수의 연구[8]가 이루어졌기 때문에 이하에서는 본고의 문제의식과 관련한 범위 내에서 필요최소한으로 정리해 보고자 한다. 종래의 연구에 의하면 독일에서의 채권법 개정 작업상의 논의, 특히 BGB 제275조에 있어서의 불능 개념의 재편에 관한 논의의 전개에 있어서 두 입장이 대립하였다는 점을 확인할 수 있다. 첫 번째는 불능 개념은 불명확하다는 비판적인 시점에서 불능 개념을 포기하고 새로운 기준을 정립하고자 하는 입장이다. 두 번째는 불능 개념은 채무자를 급부의무로부터 해방시키는 원인으로서의 기능을 가진다고 보아 불능개념을 긍정적으로 평가하고 그 개념을 유지하고자 하는 입장이다. 격렬한 논의가 이루어졌으나 2002년 독일개정민법(이하 2002년 개정전 독일민법은 '舊BGB'으로 칭하기로 함)은 후자에 입각하여 명문규정을 마련하였다.

1. 입법경위

舊BGB 제275조[9]에 있어서의 불능 개념에 대한 비판은 Huber를 효시로 한다.[10] 이러한 비

4) 舊BGB 제275조의 제정경위에 대한 상세한 설명은 정진명, "이행청구권의 한계와 계약규범 -불능 법리의 재편을 중심으로-", 재산법연구, 제33권 제4호(2017년) 1면 이하; 박영복, "독일 해제법의 쇄신", 재산법연구 제21권 제2호, 2005, 159면 이하 참조.

5) 이에 대한 상세한 분석은 이병준, "독일 채권법개정과 우리 민법개정 -일반채무불이행법상 불능으로 인한 급부의무의 소멸을 중심으로-", 민사법학 제28호, 2005, 265면; 김세준/김진우, 앞의 논문, 125면 이하.

6) BGB 제275조 제2항에 대한 약간의 분석이 확인되는 문헌으로는 김세준/김진우, 앞의 논문, 130면 이하.

7) 물론 선행연구에서 언급하지 않았던 내용을 본고에서 추가해 보고자 한다.

8) 본고 주 4 내지 6에서 언급한 문헌들 참조.

판을 입각하여 마련된 Huber의 개정안[11]은 향후 개정작업에 있어 중요한 기준이 되었다. 예컨대 채권법개정위원회가 마련한 초안(Kommissionsentwurf=KE)은 Huber의 개정안에 영향을 받아 불능 개념을 포기하고 통일적인 채무배제기준을 제시하였다.[12] KE는 독일 내에서 긍정적인 평가를 받았으며,[13] 이에 토의초안(Diskussionsentwurf=DE)에서도 KE를 유지하였다.[14] 그러나 그 후 독일 내에서 KE에 대한 비판적인 주장이 계속 제기되어 불능 개념에 대해서 재평가가 이루어졌고 그 결과 급부장애법위원회에 의한 토의초안의 정리안(Konsolidierte Fassung des Diskussionsentwurfs eines Schuldrechtsmodernisierungsrechts=KF)은 불능 개념의 부활과 동시에 그 불능 개념을 보완하는 형태로 기타 채무배제원인도 함께 규정하였다.[15] 그 후 KF를 기초로 한 정부초안(Regierungsentwurf

---

9) **구독일민법 제275조(책임 없는 사유로 인한 불능)** (1) 채무자는 채권관계의 성립 후 자신의 책임 없는 사유로 인하여 급부의 불능이 발생한 때에는 급부의무를 면한다.
(2) 후발적으로 발생한 채무자의 주관적 급부불능은 채권관계의 성립 후 발생한 (객관적) 불능과 같게 취급된다.

10) 구독일민법 제275조에 있어서의 불능 개념에 대한 비판의 대표적인 것으로서 Ulrich Huber의 일련의 논고가 있다. Huber에 의한 불능 개념에 대한 비판에 대해서는 Ulrich Huber, Leistungsstörungen-Empfielt sich die Einführung eines Leistungsstörungsrechts nach dem Vorbild des Einheitlichen Kaufgesetzes? Welche Änderung im Gesetzestext und welche praktischen Auswirkungen im Schuldrecht würden sich dabei ergeben?, in: Bundesminister der Justiz (Hrsg.), Gutachten und Vorschläge zur Überarbeitung des Schuldrechts, Band.I, Köln 1981, S.647ff.; Ulrich Huber, Zur Dogmatik der Vertragsverletzungen nach einheitlichem Kaufrecht und deutschem Schuldrecht, in: Hans Claudius Ficker/Detlef König/Karl F. Kreuzer/Hans G. Leser/Wolfgang Frhr. Marschall von Bieberstein/Peter Schlechtriem(Hrsg.), Festschrift für Ernst von Caemmerer zum 70. Geburtstag, Tübingen 1978, S.837ff. 등을 참조.

11) Huber에 의한 제275조의 개정안은 다음과 같다.
Huber **개정안 제275조(채무자의 책임)**
제1항 「채무자가 의무를 이행하지 않는 때, 특히 채무자가 채무로서 부담한 급부를 적시에 실현하지 않거나 채무관계의 내용에 의하면 채무로서 부담한 태양 및 방법으로 실현하지 않는 때 또는 부작위의무에 반한 때(불이행)는 채권자는 이행 및 발생한 손해의 배상을 청구할 수 있다.」
2항 생략
제3항 「채권자는 불이행이 채무자에게 책임을 물을 수 없는 사정에 의거한 경우에 그 이행 및 손해배상을 청구할 수 없다. 그 증명책임은 채무자가 진다. 채권자의 해제권, 해약권 또는 감액권은 영향을 받지 않는다.」
제4항 생략
제5항 생략

12) 위원회초안(KE) 제275조는 다음과 같다.
KE **제275조(급부의무의 한계)** 「채무가 금전채무가 아닌 경우에 있어서 채무관계의 내용 및 성질에 의해 채무자의 노력에 의해 채무를 급부할 수 없는 경우에 그는 급부를 거절할 수 있다. 채권자의 권리에 대해서는 위원회초안 제280조, 제281조, 제283조 및 제323조에 의해 정한다.」

13) Bundesminister der Justiz (Hrsg.), Abschlußbericht der Kommission zur Überarbeitung des Schuldrechts, Köln 1992.

14) DE 제275조는 KE 제275조를 거의 답습하였는데, DE 제275조는 다음과 같다.
DE **제275조(급부의무의 한계)**
「채무가 금전채무가 아닌 경우에 있어서 채무관계의 내용 및 성질에 의해 채무자의 노력에 의해 채무를 급부할 수 없는 경우에 그는 급부를 거절할 수 있다. 채권자의 권리에 대해서는 제280조내지 제282조 및 제323조에 의해 정한다.」

15) 토의초안의 정리안(KF) 제275조는 다음과 같다.

=RE)이 마련되었고 RE에 대한 약간의 수정을 거쳐 현재의 BGB 제275조가 규정되었다. 참고로 이상의 경위를 거쳐 2002년 개정된 BGB 제275조 규정은 다음과 같다.[16)]

BGB 제275조(급부의무의 배제)

(1) 급부가 채무자 또는 모든 사람에게 불능인 경우에는 그 급부에 대한 청구권은 배제된다.

(2) **급부가 채무관계의 내용 및 신의성실의 요청에 비추어 채권자의 급부이익에 대하여 현저하게균형을 잃은 비용을 필요로 하는 경우에는 채무자는 급부를 거절할 수 있다. 채무자에게 기대될 수 있는 노력을 정함에 있어서는 채무자가 그 급부장애에 대하여 책임이 있는지 여부도 고려되어야 한다.**

(3) **채무자가 급부를 스스로 제공해야 하는 경우에, 그 급부를 어렵게 하는 장애를 채권자의 급부이익과 형량하면 채무자에게 그 급부를 기대할 수 없을 때에도 채무자는 급부를 거절할 수 있다.**

(4) 채권자의 권리는 제280조, 제283조부터 제285조까지, 제311조a 및 제326조에 의하여 정하여진다.

2. BGB 제275조 제3항과 RE 제275조 제2항 2문의 비교

BGB 제275조 제3항의 규정 내용은 독일의 채권법 현대화 작업에 있어서 KE, DE, KF에서는 확인되지 않는다. 채무자가 스스로 제공해야 하는 급부는 일반조항인 BGB 제242조[17)]로 처리해야 한다고 판단하였기 때문이다.[18)] 그러나 이러한 입장은 일변하여 RE 제275조 제2항 2문에서 BGB 제275조 제3항의 규정 내용의 전초가 되는 규정이 추가되었다.[19)] 요컨대 RE 제275조 제2항 2문의 약간의 수정을 거쳐 BGB 제275조 제3항이 된 것이다. 다만 주목할 점은 RE에서는

KF **제275조(급부의무의 배제)**

제1항 「급부가 채무자에 있어 불능한 때는 급부를 청구할 수 없다.」

제2항 「채무관계의 내용 및 신의성실의 요청에 비추어 급부가 채권자의 이익과 현저히 균형을 상실한 비용을 요하는 때는 채무자는 급부를 거절할 수 있다. 이 경우에 있어서는 급부장애가 채무자에 책임을 물을 수 있는 것인가 및 채무자가 채권자에 대해 적절한 대가를 제공하였는가도 고려해야 한다.」

제3항 「채권자의 권리에 대해서는 제280조 내지 제284조 및 제326조에 의해 정한다.」

16) BGB 제275조 제1항의 불능을 일반적 의미에서의 불능, 동조 제2항을 사실적 불능, 동조 제3항을 개인적 불능으로 분류하기도 한다. 이에 대해서는 이병준, 앞의 논문, 292면 이하 참조.

17) BGB **제242조(신의성실에 합당한 급부)**
「채무자는 거래의 관습을 고려하여 신의 및 성실에 합당하도록 급부할 의무를 진다.」

18) Claus-Wilhelm Canaris, Die Reform des Rechts der Leistungsstörungen, JZ 2001, 499, 501; Canaris, Das allgemeine Leistungsstörungsrecht im Schuldrechtsmodernisierungsgesetz, ZRP 2001, 329, 330.

19) 이 방침의 변경에 대해 상세한 주석이 없는 점을 지적하는 문헌으로는 NK/Dauner-Lieb, 2.Aufl., 2012, § 275 Rn. 58 Fn. 210.

BGB 제275조 제2항 및 제3항이 같은 항으로 구성되었다는 것이다. 이러한 변화는 내용적인 측면에서도 의미를 가지나 항 자체가 분리되면서 분리된 양자(BGB 제275조 제2항 및 제3항)의 관계 및 요건 등에 대한 해석이 나뉠 수 있게 되는 계기가 되었다는 점에서 이하에서는 이에 대해서 상술해 보고자 한다.

(1) RE 275조 제2항 2문의 내용추가경위

RE 제275조(급부의무의 배제)

제1항「급부가 채무자 또는 모든 자에 있어 불능한 때는 급부를 청구할 수 없다.」

제2항「채무관계의 내용 및 신의성실의 요청에 비추어 급부가 채권자의 급부이익과 현저히 균형을 상실하는 비용을 요하는 때는 채무자는 급부를 거절할 수 있다. 채무자가 스스로 제공해야 하는 경우에 있어서 채무자에 의한 급부를 방해하는 장래와 채권자의 급부이익을 형량하여 채무자에 급부를 기대할 수 없는 때도 동일하다. 채무자에 기대할 수 있는 노력을 확정함에 임하여서는 급부장애가 채무자에 책임을 물을 수 있는가에 대해서도 고려해야 한다.」

제3항「채권자의 권리는 제280조, 제283조 내지 제285조, 제311조 a 및 제326조에 의해 정한다.」

한편 RE 제275조 제2항 2문의 내용이 갑자기 추가된 경위는 다음과 같다. 급부에 있어서 채무자에게 요하는 비용과 채권자가 얻는 이익의 비교형량하에 채무자의 급부거절권을 인정한 RE 제275조 제2항 1문은 급부에 필요하다고 여겨지는 투자(희생)를 금전적으로 평가하고 객관화함으로써 채무자의 개인적인 상황은 일절 고려하지 않겠다는 점을 전제로 한 것이었다. 그러나 예를 들어 근로계약에 있어서의 노무의 제공 등, 채무자가 스스로 제공해야 하는 성질의 급부인 경우에는 채무자의 개인적인 상황이라는 요소를 고려하지 않고 판단하는 것이 곤란하였기 때문에 RE 제275조 제2항 1문의 구상과 달리, 채무자의 개인적인 상황에 대해서도 급부배제의 요소로서 고려할 수 있는 구조가 요구되었다.[20] 그 결과 채무자가 스스로 제공해야 하는 급부에 대해서는, RE 제275조 제2항 1문과는 다른 배제 기준이 RE 제275조 제2항 2문으로 추가되었다(소위 '개인적 불능'). 다만 일부 견해는 채무자의 개인적인 상황을 고려함으로써 「개인적 불능」이라는 표현을 사용하는 것에 매우 부정적이다. 즉 이 견해는 개인적 불능이라는 개념을 사용하는 것은 불능 개념으로 인한 구독일민법하에서의 문제상황에서 진일보하였다고 평가할 수 없다는 비판을 가한다.[21] 이에 이 견해는 RE 제275조 제2항 2문이 적용되는 상황을 「불능이 아닌 불능과

20) Claus-Wilhelm Canaris, Schuldrechtsmodernisierung 2002, 2002, S. XIII. 더 나아가 NK/Dauner-Lieb, § 275 Rn. 58; Erman/Westermann, 14.Aufl., 2014, § 275 Rn. 30; MünchKomm/Ernst, 7.Aufl., 2015, § 275 Rn. 108f.

유사한 것」으로 보며, 불능과 유사한 상황에서도 채무자의 급부의무를 면제하도록 하였다는 점에 주목하여 RE 제275조 제2항 2문은 「불능을 보완하는 것」으로 평가한다.

(2) RE 제275조 제2항 2문의 구체적 내용

RE 제275조 제2항 2문의 구상과 관련한 정부초안의 이유서를 살펴보면 다음과 같다:

> 먼저, RE 제275조 제2항 2문은 채무자가 스스로 제공해야 하는 급부에 관한 특별규정이다. 이 규정은 특히 근로계약 및 고용계약과 관련한 것이다. 다만 이러한 계약유형에 한정되지는 않는다. 도급계약 또는 사무처리계약에 있어서도 객관적인 상황뿐만 아니라 급부와 관련한 채무자의 개인적인 상황도 고려해야 한다고 판단된다는 점에서 당해 규정이 적용될 수 있다. 채무자가 스스로 제공해야 하는 급부에 있어 채무자의 개인적인 상황은 행위기초의 상실의 관점에서뿐만 아니라 RE 제275조에 의거한 제1차적 급부의무의 배제(소멸)의 관점에서도 고려되어야 한다.[22)]

정부초안 이유서에서는 RE 제275조 제2항 2문이 작용되는 예로 콘서트에 출연하기로 한 여가수가 자신의 아이가 생명의 위험이 있는 병에 걸렸기 때문에 콘서트에 출연을 거부한 사례를 들고 있다. 이 사례는 RE 제275조 제2항 1문이나 RE 제313조[23)]와의 경계확정에 있어 결정적이라 여겨질 수 있는 채무자의 이익의 고려가 문제된다. 즉 이 사례에 있어서 문제되는 것은 행위기초의 상실이 아니라는 것이다.[24)]

또한 정부초안 이유서에서는 터키에서 병역 소집되어 그 명령에 따르지 않으면 사형을 각오해야 하기 때문에 자신의 근로 의무를 이행하지 않는 근로자에 대해서도 RE 제275조 제2항 2문이 적용되어야 한다고 논한다. 요컨대 이 사례에 있어서는 채무자가 스스로 제공해야 하는 급부에 있어서 채무자의 이익이 문제되므로 RE 제275조 제2항 2문에 의거하여 해결할 수 있다는 것이다.[25)] 참고로 이와 같은 사례에 대해 종래 독일연방노동법원(BAG)은 이행불능으로 본 후

21) Canaris, a.a.O., S. XIII.

22) BT-Drucks. 14/6040, S.130=Canaris, a.a.O., S. 662f.

23) RE **제313조(행위기초의 장애)**
제1항 「계약의 기초가 된 사정이 계약체결 후에 현저히 변경되었으며, 이를 양 당사자가 예견하였더라면 계약을 체결하지 않았거나 상이한 내용의 계약을 체결하였을 경우에 있어서, 개개의 사안에 있어서의 모든 사정, 특히 계약상 또는 법률상의 위험배분을 고려하여 계약을 변경하지 않고 유지하는 것을 당사자 일방에 기대할 수 없는 때는 계약의 조정을 요구할 수 있다.」
제2항 「계약의 기초가 된 본질적인 관념이 옳지 않았던 사실이 명확해진 때도 사정의 변경과 동일한 것으로 본다.」
제3항 「계약의 조정이 불가능하거나 당사자 일방에 기대할 수 없는 때는 불이익을 당하는 당사자는 계약을 해제할 수 있다. 계속적 채무관계에 대해서는 해제권을 대신하여 해약권이 인정된다.」

24) BT-Drucks. 14/6040, S. 130 = Canaris, a.a.O., S. 662f.

25) BT-Drucks. 14/6040, S. 130 = Canaris, a.a.O., S. 663.

「BGB 제323조[26]의 유추」에 의해 해결하였다.[27]

더 나아가 정부초안 이유서는 채권자의 이익을 고려하더라도 채무자에게 급부의 이행을 기대할 수 없는 기타의 사례에 있어서도 RE 제275조 제2항 2문에 의거하여 해결할 수 있다고 논한다. 그 예로서 근무시간 중에 의사의 진찰을 필요로 하는 경우, 근친자가 중병에 걸려 간호가 필요한 경우, 관청 및 법원으로부터 호출을 받은 경우를 들고 있다.[28]

3. RE 제275조 제2항 2문과 제3문의 관계

RE 제275조 제2항과 관련하여 정부초안의 구상을 둘러싸고 다음의 점이 문제되었다. 즉 채무자가 급부를 거절하는 것을 정당화하는 데 있어 고려해야 하는 급부장애에 관한 채무자의 귀책성(RE 제275조 제2항 3문)을 RE 제275조 제2항 1문뿐만 아니라 채무자가 스스로 제공해야 하는 급부의 경우(RE 제275조 제2항 2문)에도 고려할 것인지가 문제되었다.

(1) 정부초안의 이유서에 의한 채무자의 귀책성 고려

RE 제275조 제2항 2문의 급부장애에 기한 채무면제를 판단함에 있어 채무자의 귀책성을 고려할 것인지에 대하여 정부초안의 이유서는 다음과 같이 설명하였다:

> RE 제275조 제2항 3문은 채무자에게 기대할 수 있는 부담인지 여부를 확정함에 있어 채무자가 급부장애에 대해 책임을 져야 하는가에 대해서도 고려해야 한다고 규정하고 있다. 이 규정에서 도출할 수 있는 것은, 채무자가 당해 급부장애에 대해 책임을 져야 하는 경우에는 그 장애의 극복에 대해 채무자에게 고도의 부담이 기대되어야 한다. 따라서 채무자 스스로 책임져야 하는 사정, 예컨대 채무자의 착오에 의해 또는 고의로 채권자에게 이행해야 할 계약의 목적물을 제3자에게 양도한 경우, 채무자는 자발적으로 제1차적 급부의무로부터 해방되었기 때문에 급부장애의 위험을 직접 부담해야 한다.[29]

---

26) **구독일민법 제323조(책임을 물어서는 안 되는 후발적 불능)**
제1항 「쌍무계약의 당사자인 일방은 자신이 부담하는 급부가 당사자 중 그 누구에게도 책임을 물어서는 안 되는 사유에 의해 불능해진 때는 그 반대급부청구권을 상실한다; 일부불능인 때는 반대급부는 제472조 및 제473조에 의해 감소한다.」
제2항 「상대방이 제281조에 의해 채무의 목적을 대신하는 대상의 인도 또는 대상청구권의 양도를 청구하는 때는 상대방의 반대급부의무는 존속한다; 다만 반대급부는 대상 또는 대상청구권의 가액이 채무의 목적인 급부의 가액을 충족하지 않는 한도에서 제472조, 제473조에 의해 감소한다.」
제3항 「전 2항의 규정에 의해 채무의 목적이 되지 못하는 반대급부를 행한 때는 급부한 물건을 부당이득반환에 관한 규정에 의해 반환청구할 수 있다.」

27) 이에 대해 BAG NJW 1983, 2782, 2784가 인용되었다.

28) BT-Drucks. 14/6040, S. 130 = Canaris, a.a.O., S. 663.

29) BT-Drucks. 14/6040, S. 130 = Canaris, a.a.O., S.663. BGH NJW 1995, 1836, 1837; BGH NJW 1996, 3269, 3270; BGH NJW 1998, 699, 700.

채무자에게 책임을 물을 수 없는 급부장애의 경우에도 곧바로 채무자가 채무면제를 받는 것은 아니며 채무자는 일반적으로 급부장애를 극복하기 위한 노력이나 부담을 져야 한다.[30] 이러한 경우에는 채무자가 급부장애를 극복하기 위해 얼마만큼의 노력이나 부담을 감수해야 하는지가 문제된다. 이는 규정(RE 제275조)의 문언이 제시하는 바와 같이 채무관계의 내용에 의거하여 확정되어야 한다. 상술한 예를 전제로 한다면, 채무자가 본인의 과실이 없이 착오에 빠져 제3자에게 계약목적물을 양도한 것이라 할지라도 채무자는 계약목적물을 제3자로부터 반환 받을 수 있도록 최소한 노력해야 하며, 채권자에게 계약목적물의 시장가격(경우에 따라서는 시장가격 이상)을 제공해야 할 수도 있다. 왜냐하면 채무자는 스스로에게 책임을 물을 수 없는 착오에 빠져 그로 인해 거래에 있어서 필요한 주의의무를 다하지 않았다고 볼 수는 없지만, 한편으로는 객관적으로 채무관계에 의해 발생하는 스스로의 의무를 이행하지 않았다고 평가될 수도 있기 때문이다. 요컨대 채무자가 스스로에게 책임을 물을 수 없는 착오에 빠져 발생한 급부장애라 할지라도 그것은 채무자 지배영역에 있어서 존재하는 하자(결함)에 의거한 것이다. 그러나 이 경우에 채무자에게 기대할 수 있는 노력 및 부담은 원칙적으로 채무자가 당해 급부장애에 대해 책임을 져야 하는 경우에 비해 적은 것이어야 한다. 이러한 이유 때문에 당해 급부장애에 대해 채무자에게 책임이 있는지 여부는 채무자의 노력 및 부담의 정도를 확정함에 있어서 중요하다.[31] 이상의 이유로 정부초안의 이유서는 상기와 같은 급부장애에 관한 채무자의 귀책성의 고려에 관한 원칙은 RE 제275조 제2항 1문 및 RE 제275조 제2항 2문에 있어서도 고려되어야 한다고 본다.[32]

(2) 정부초안의 이유서에 대한 연방참의원의 비판

그러나 채무자의 귀책성 고려에 관한 정부초안의 발상에 대해서 강한 비판이 제기되었다.[33] 특히 연방참의원은 정부초안에 대해, 정부초안의 일반급부장애법에 대한 기초적 관점이 노동법의 특별성을 고려하였는지에 대해 의문이 있다고 논하며 계속하여 이 부분을 검토해 줄 것을 요구하였다. 즉 연방참의원은 정부초안이 노동법상의 원칙, 예컨대 노동자의 책임 및 사용자 측의 위험에 대해 여전히 문제를 남긴다는 의문을 제기한다.[34] 그러나 연방참의원이 우려한 부분은 RE 제275조 제2항 2문에 있어서 고려한 것으로 보이며, 이유서에도 '새로운 규정을 마련함으로써 노동법상 보장되는 원칙을 해하는 일이 없도록 배려해야 한다'고 적시하고 있다.[35]

---

30) Ulrich Huber, Leistungsstörungen, Band.I: Die allgemeinen Grundlagen-Der Tatbestand des Schuldner verzuges-Die von Schuldner zu vertretenden Umstände, Tübingen 1999, §3 I 6, S. 74, 75.
31) BT-Drucks. 14/6040, S. 130=Canaris, a.a.O., S. 663.
32) BT-Drucks. 14/6040, S. 130=Canaris, a.a.O., S. 663.
33) Manfred Löwisch, Zweifelhafte Folgen des geplanten Leistungsstörungsrechts für das Arbeitsvertragsrecht, NZA 2001, 465 ff.
34) Löwisch, NZA 2001, 465, 467.
35) BT-Drucks. 14/6857, S. 11 (Nr. 21);=Canaris, a.a.O., S. 944.

연방참의원의 비판의 내용을 채무자의 귀책성의 요부와의 관계에서 부연설명하면 다음과 같이 이해할 수 있다. RE 제275조 제2항 3문에 의해 채무자의 급부거절권을 정당화할 때에는 채무자의 급부장애에 관한 귀책성이 고려된다. 분명 RE 제275조 제2항 1문과 같이 급부에 있어서 채무자에게 요구되는 비용과 채권자가 얻는 이익의 비교형량에 적합한 채무의 경우에는 채무자가 급부장애에 대해 책임을 져야 하는지가 채무자의 급부거절권의 정당화에 있어서 고려해야 할 것이다. 그러나 RE 제275조 제2항 2문과 같이 채무자의 개인적인 상황을 고려할 필요가 있는 급부인 때에는 채무자의 귀책성에 따라 급부거절권이 인정되지 않는 것이 부당한 결과를 낳을 수 있다. 예를 들어 스스로 책임을 져야 하는 사유에 의해 병을 앓게 된 노동자는 그로 인하여 근로의무로부터 해방되지 못하여 노동의무를 이행하기 위해 더 많은 노력과 부담을 지거나 이를 강제 당할 우려가 있다. 이러한 점을 연방참의원은 염려하여 이에 대해 더욱 검토할 것을 요구한 것으로 판단된다.

(3) 연방참의원의 비판에 대한 연방정부의 반론

이와 같은 연방참의원의 비판에 대해 연방정부는 다음과 같이 논하며 반론하였다:

> 연방참의원은 노동법상의 원칙의 특별성에 대해 더욱 배려해야 한다고 주장하나, 그러한 염려라면 RE 제275조 제2항에 있어서 이미 충분히 고려되고 있다. 연방참의원이 지적하는 바와 같이, 채무자의 귀책성에 대해 규정하는 RE 제275조 제2항 3문에 관한 사정범위에 대해서는 의문이 생길 여지가 있으나, 채무자의 귀책성은 보통 RE 제275조 제2항 1문에 의거하여 채무자에게 기대할 수 있는 노력 및 부담의 정도를 판단하는 기준이 된다. 그런데 엄밀하게 보면 노동법상의 원칙의 특별성을 고려해야 한다는 점과 RE 제275조 제2항 2문의 규정은 관계가 없다. 그 이유는 스스로의 병에 대해 책임을 져야 하는 노동자에게도 노무의 제공을 강제할 수 없기 때문이다. 이러한 경우에 있어서 채무자의 귀책성은 오히려 반대급부, 즉 채권자의 채무자에 대한 대가의 지급의 운명을 결정하는 역할을 하게 될 뿐이다. 또한 RE 제275조 제2항 1문의 구조에 있어서는 일반적인 법사상에 의해 책임을 물을 수 없는 채무자라 할지라도 보통 급부장애에 대해 책임을 져야 하는 채무자로서 광범위한 노력 및 부담을 기대할 수 있게 된다.[36]

이와 같은 연방정부의 반론에 의하면 정부초안이 노동법상의 원칙의 특별성에 대해 고려하고 있다는 점을 확인할 수 있는데, 다음의 내용을 통해서도 이러한 고려는 명확히 확인된다. 즉 RE 제326조 제1항[37]은 급부가 채무자에게 있어 불능한 때 채무자는 반대급부청구권을 상실한다

36) BT-Drucks. 14/6857, S. 47=Canaris, a.a.O., S. 1005f.
37) RE 제326조(**급부의무가 배제된 경우에 있어서의 반대급부로부터의 해방**)

는 현행법상의 일반적인 원칙을 규정하고 있다.[38] 이는 노동자에게 있어 노동급부가 전부 또는 일부 불능하고, 그에 대해 노동자 또는 사용자가 유책하다고 볼 수 없는 때는 노동자는 대가청구권을 상실하는 것을 의미하며(BGB 제275조 제1항 및 BGB 제326조 제1항 참조, 「노동 없는 임료는 없다(ohne Arbeit kein Lohn)」는 원칙),[39] 이는 노동법에 있어서도 의미를 가진다. 이 원칙과 관련된 내용은 고용계약의 개별규정에서도 확인된다. 즉 BGB 제615조[40]에서는 수령지체 및 경영위험 시 노동자에게 보수를 청구할 수 있도록 규정하고 있으며,[41] BGB 제616조[42]에서는 예외적으로

제1항 「채무자가 제275조 제1항 또는 제2항에 의해 급부를 요하지 않는 때는 반대급부청구권은 소멸한다. 제441조 제3항은 일부급부의 경우에 준용한다; 채권자는 이 경우에 있어서 이루어진 급부에 대해 이익을 가지지 않는 때는 계약의 전부를 해제할 수 있다. 채무자의 이행이 계약에 적합하지 않은 때는 기간의 정함을 요하지 않고 제323조는 이 경우에 준용한다.」

제2항 「채권자에만 혹은 주로 채권자에 책임을 물어야 하는 사유에 의해 채무자가 제275조 제1항 또는 제2항에 의해 급부를 요하지 않는 때 또는 채권자가 수령지체에 빠진 때에 채무자에 책임을 물을 수 없는 사유가 발생한 때는 채무자는 반대급부청구권을 상실하지 않는다. 채무자는 급부를 면함으로써 절약한 것 또는 그 노력을 다른 곳에 사용함으로써 취득한 것 혹은 악의로 취득하지 않은 것을 제해야 한다.」

제3항 「채권자는 제285조에 의거하여 채무의 목적을 대신하여 수령한 대상의 인도 또는 대상청구권의 양도를 청구하는 때는 반대급부를 할 의무를 진다. 반대급부는 대상 또는 대상청구권의 가치가 채무의 목적인 급부의 가치를 하회하는 때에 한하여 제441조 제3항에 따라 감액한다.」

제4항 「본조에 의거하여 반대급부를 할 의무 없이 이를 행한 때는 제346조 내지 제348조에 의해 급부한 것의 반환을 청구할 수 있다.」

38) RE **제326조는** 수정을 거쳐 BGB 제326조에서 다음과 같이 규정되었다.

BGB 326**조(급부의무가 배제된 경우에 있어서의 반대급부로부터의 해방 및 해제)**

제1항 「채무자가 제275조 제1항 내지 제3항에 의해 급부를 요하지 않는 때는 반대급부청구권은 소멸한다; 제441조 제3항은 일부급부의 경우에 준용한다. 전문은 급부가 계약에 적합하지 않은 경우에 있어서 채무자가 제275조 제1항 내지 제3항에 의거하여 추완을 요하지 않는 때는 적용하지 않는다.」

제2항 「채무자에게만 혹은 주로 채권자에 책임을 물어야 하는 사유에 의해 채무자가 제275조 제1항내지 제3항에 의해 급부를 요하지 않는 때 또는 채권자가 수령지체에 빠진 때에 채무자에 책임을 물을 수 없는 사유가 발생한 때는 채무자는 반대급부청구권을 상실하지 않는다. 채무자는 급부를 면함으로써 절약한 것 또는 그 노력을 다른 곳에 사용함으로써 취득한 것 혹은 악의로 취득하지 않은 것을 제해야 한다.」

제3항 「채권자는 제285조에 의거하여 채무의 목적을 대신하여 수령한 대상의 인도 또는 대상청구권의 양도를 청구하는 때는 반대급부를 행할 의무를 진다. 반대급부는 대상 또는 대상청구권의 가치가 채무의 목적인 급부의 가치를 하회하는 때에 한하여 제441조 제3항에 따라 감액한다.」

제4항 「본조에 의거하여 반대급부를 행할 의무 없이 이를 행한 때는 제346조 내지 제348조에 의해 급부한 것의 반환을 청구할 수 있다.」

제5항 「채무자가 제275조 제1항 내지 제3항에 의해 급부를 요하지 않는 때는 채권자는 해제할 수 있다; 해제에 대해서는 기간의 정함을 요하지 않고 제323조를 준용한다.」

39) 이는 대가위험을 채무자 부담한다는 것을 의미하며, 우리 민법 제537조에 해당한다.

40) BGB **제**615**조(수령지체시 및 경영위험시의 보수)**

「노무청구권자가 노무의 수령을 지체한 때에는 의무자는 추가적으로 급부할 의무를 지지 않고 지체에 의해 급부하지 않은 노무에 대해 합의한 보수를 청구할 수 있다. 그러나 노무급부를 이행하지 않음으로써 면하거나 그 외의 방법에 의해 자신의 노무에 이용함으로써 취득한 것 혹은 고의로 취득하지 않은 것의 가액을 공제해야 한다. 제1문 및 제2문은 사용자가 근로결손의 위험을 부담하는 경우에 준용된다.」

41) 이는 **舊**BGB **제**615**조와 매우 유사하다.**

舊BGB **제**615**조(수령지체시의 보수)** 「노무청구권자가 노무의 수령을 지체한 때에는 의무자는 추가적으로 급부할 의무를 지지 않고 지체에 의해 급부하지 않은 노무에 대해 합의한 보수를 청구할 수 있다. 그러나

노무급부의무자가 일신상의 이유로 노무급부를 하지 못한 경우에도 보수를 청구할 수 있다고 규정하고 있다.[43] 한편 舊BGB에 대한 연방노동법원(BAG) 판례를 고려하면,[44] 2002년 개정에 의한 불능에 관한 일반적인 규정(BGB 제275조 제1항, 제326조 제1항) 및 노무의 수령지체에 관한 특별규정(BGB 제615조)이 노동관계의 특수성을 항상 정당화하지는 않는다는 점을 전제로 할 것이다. 종래 연방노동법원의 판례는 노동의 대가의 지급에 관한 BGB 규정(BGB 제275조 제1항, 제326조 제1항, 제615조)과는 상이한 원칙을 형성하고 있었는데,[45] 2002년 채권법개정 이후에도 연방노동법원은 종래와 마찬가지로 사용자가 노동이 이루어지지 않은 것에 대한 위험을 인수하는 경우에는 그가 노동의 대가를 지급할 의무를 지는 것으로 판단할 것이다.[46] 이러한 이유로 연방정부는 노동법상의 원칙과의 관계를 의문시하는 연방참의원에 의한 비판은 적절하지 않다고 주장하였다.[47]

(4) RE 제275조 제2항 2문의 새로운 항으로의 분리

위와 같은 논의를 거쳐 최종적으로 독일연방의회의 법무위원회는 「채무자가 스스로 제공해야 하는 급부」에 관한 규정을 유지하면서도 당해 규정은 RE 제275조 제2항으로부터 독립시켜 새로운 항으로 규정하도록 장려하였다.[48] 한편 「채무자가 스스로 제공해야 하는 급부」에 대해서는 채무자의 귀책성을 고려하는 규정을 두지 않는 것이 좋다고 판단하였다. 그 결과 현재의 BGB 제275조 제3항이 규정되었는데, 동 규정에서는 BGB 제275조 제2항과 달리 급부장애에 관한 채무자의 귀책성을 고려하도록 하고 있지 않다.

4. 정 리

(1) 불능 개념의 보완

독일은 채권법 현대화의 논의과정에서 당초의 불능개념을 포기하고 통일적인 채무배제기준

노무급부를 이행하지 않음으로써 면하거나 그 외의 방법에 의해 자신의 노무에 이용함으로써 취득한 것 혹은 고의로 취득하지 않은 것의 가액을 공제해야 한다.」

42) BGB **제616조(일시적 장애)** 「노무급부의무자는 그의 일신상의 사유로 비교적 길지 아니한 기간 동안 과책 없이 노무급부를 하지 못하게 된 것으로 인하여 보수청구권을 상실하지 아니한다. 그러나 그는 그 장애기간 동안 법률상 의무에 기하여 성립한 질병보험 및 사고보험으로부터 취득한 금액을 공제되도록 하여야 한다.」

43) 이는 **舊BGB 제616조의 규정을 많이 삭제한 결과이다.**

44) 이에 대해 BAG vom 8. 2. 1957-1 AZR 338/55- AP Nr. 2 zu §615 BGB Betriebsrisiko; vom 22. 12. 1980-1 ABR 2/79-AP Nr. 70 zu Art. 9 GG Arbeitkampf; vom 23. 7. 1994-6 AZR 853/93-AP Nr.56 zu §615 BGB의 여러 판결이 인용되어 있다.

45) BT-Drucks. 14/6857, S. 47f.=Canaris, a.a.O., S. 1005f.

46) BT-Drucks. 14/6857, S. 47f.=Canaris, a.a.O., S. 1005f. 더 나아가 BGB 제615조에 대해 「전 2문은 사용자가 결근의 위험을 부담하는 경우에 준용한다.」는 일문을 추가한다고 논한다(제36a 참조).

47) BT-Drucks. 14/6857, S. 47f.=Canaris, a.a.O., S. 1006.

48) BT-Drucks. 14/7052, S. 183=Canaris, a.a.O., S. 1076.

을 제시하고자 하였으나, 결과적으로 불능 개념의 재평가하에 불능 개념을 유지하면서도 이를 보완하는 형태로 여타 채무배제기준을 병렬하는 규정방식이 채용하였다.[49]

(2) 채무자의 귀책성 고려에 대한 차별화

KE, DE, KF에서는 채무배제기준의 설정과 그 기준에 있어서의 고려요소와 관련하여 원칙적으로는 급부에 대해 채무자에게 요구되는 비용과 채권자의 이익의 비교형량하에, 채무자의 급부장애에 관한 귀책성도 고려요소로 삼으면서 채무소멸을 인정하는 통일적인 기준을 채용하고자 하였다. 그러나 정부초안 단계에서 채무자가 스스로 제공해야 하는 급부에 대해서는 채무자의 주관적 상황을 고려해야 한다는 주장을 반영하여「채무자가 스스로 제공해야 하는 급부」에 관한 규정으로 RE 제275조 제2항 2문이 마련되었다. 그런데「채무자가 스스로 제공해야 하는 급부」에 대해서도 채무자의 귀책성을 고려해야 하는지에 대해 견해가 첨예하게 대립되었고, 결과적으로 채무자가 스스로 급부를 제공해야 하는 급부의 경우에는 채무자의 귀책성을 고려하지 않는 것이 타당하다고 보아 BGB에서는 RE 제275조 제2항 2문을 새로운 항으로 독립하여 규정하였다(독일민법 제275조 제2항과 제3항을 분리). 그 결과 급부장애에 관한 채무자의 귀책성 고려에 관한 내용이 BGB 제275조 제2항에는 유지되었으나, BGB 제275조 제3항에는 규정되지 않았다.

Ⅲ. 독일민법 제275조 제3항에 의한 급부의무의 배제

1. 채무자가 스스로 제공해야 하는 급부의 개념

BGB 제275조 제3항이 적용되기 위해서는「채무자가 스스로 제공해야 하는 급부」여야 한다. 그런데 이「채무자가 스스로 제공해야 하는 급부」의 개념에 대해서는 BGB 제275조 제3항에 있어서 명시적으로 규정하고 있지 않다. 따라서 이 개념을 어떻게 이해해야 하는가에 대해서는 유사한 개념과의 비교에 입각하여 논의되고 있다. 먼저「채무자가 스스로 제공해야 하는 급부」는 BGB 제611조[50]의 노무급부의무와는 다르다고 본다. 즉 BGB 제613조 1문[51]의 고용계약의 대부분은「채무자가 스스로 제공해야 하는 급부」에 포함되나, 동조 1문은 임의규정이므로 노무

49) 즉 BGB 제275조 제2항 및 제3항이 불능을 보완하는 역할을 한다.

50) BGB **제611조(고용계약에 있어서의 전형적인 의무)**
제1항「고용계약에 의해 노무를 약속한 자는 약속한 노무를 급부하는 의무를 지며, 상대방은 합의한 보수를 부여할 의무를 진다.」
제2항「어떠한 종류의 노무도 고용계약의 목적으로 삼을 수 있다.」

51) BGB **제613조(양도불가능성)**「노무급부의무자는 원칙적으로 스스로 노무를 급부해야 한다. 노무청구권은 원칙적으로 양도할 수 없다.」

급부의무자와 노무청구권자가 합의에 의해 배제할 수 있기 때문에 고용계약의 경우에도 스스로 제공하지 않아도 되는 경우가 있을 수 있다.[52] 또한 「채무자가 스스로 제공해야 하는 급부」를 ZPO 제888조[53]에서 논하는 부대체적인 행위, 즉 「오로지 채무자의 의사에 의하는 행위」와 동일시할 수도 없다. BGB 제275조 제3항은 급부가 오로지 「채무자의 의사에 의하는 행위」에 있을 것을 요건으로 삼지 않기 때문에 ZPO 제888조는 BGB 제275조 제3항의 적용영역을 모두 포섭하지 못한다.[54] 요컨대 ZPO 제888조의 행위 이외의 급부(즉 채무자의 의사에 의한 것이 아닌 행위)도 BGB 제275조 제3항의 채무자가 스스로 제공해야 하는 급부에 포함된다.[55]

이상의 유사한 개념과의 비교를 통하여[56] 통설은 BGB 제275조 제3항의 「채무자가 스스로 제공해야 하는 급부」는, 직접적인 정의보다는 특징에 초점을 맞추어, 일반적으로 채무자가 이행보조자에게 급부를 이행하도록 하는 것이 불가능 또는 그렇게 해서는 안 되는 때에 긍정되어야 한다고 본다.[57] 즉 채무자가 의무로서 이행해야 하는 급부를 제3자에게, 특히 이행보조자에 의해 제공하도록 하는 방법에 의해 급부에 대한 채무자의 부담과 채권자의 급부이익의 충돌을 회피할 수 없는 때에 한하여 BGB 제275조 제3항은 의의가 있다는 것이다.[58] 이러한 이해를 기초

52) MünchKomm/Ernst, § 275 Rn. 113.

53) ZPO **제888조(부대체적 행위)**
제1항 「행위가 제3자에 의해 실행될 수 없는 경우에 있어서 그 작위가 오로지 채무자의 의사에 의하는 때는 제1심의 재판소는 신청에 의해, 강제금에 의해, 그를 징수할 수 없는 경우는 강제구금 또는 그 권고에 의해 채무자에 작위를 실행케 하는 취지를 명할 수 있다. 각 강제금은 25,000유로를 넘어서는 안 된다. 강제구금에 관하여서는 구금에 관한 제2장의 규정을 준용한다.」
제2항 생략
제3항 「전 2항의 규정은 고용계약에 의거하는 노무를 제공케 하는 판결의 경우에 대해서는 적용하지 않는다.」

54) 즉 「채무자가 스스로 제공해야 하는 급부」중에는 채무자의 자의적인 의사에 기한 행위가 아닌 급부가 존재한다. 이는 강제집행에 있어 차이가 발생시키는데 후자는 간접강제 등에 의해서도 강제할 수 없을 것이나 전자의 경우에는 간접강제에 의해 실현할 수 있는 부분이 존재한다.

55) Georg Maier-Reimer, Totgesagte leben länger! Die Unmöglichkeit aus Sicht der Praxis, in: Barbara Dauner-Lieb/Horst Konzen/Karsten Schmidt (Hrsg.), Das neue Schuldrecht in der Praxis-Akzente, Brennpunkte, Ausblick, Köln 2003, S.291, 295; NK/Dauner-Lieb, § 275 Rn. 59; Erman/Westermann, § 275 Rn. 30; MünchKomm/Ernst, § 275 Rn. 113. § 275 Rn. 113; Palandt/Grüneberg, 75. Aufl., 2016, § 275 Rn. 30. 한편 Mattias Weller, Persönliche Leistungen, Tübingen 2012, S. 151f.은 예술작품류에 관한 도급계약이 「대체불가능한 행위」라 하여 ZPO 제888조 제1항의 중심적인 영역에 속한다고 한다.

56) Weller, a.a.O., S. 150은 정부초안의 이유서에 따라 BGB 제267조에서 논하는 「채무자에 의해」 제공되어야 하는 급부와 채무자가 스스로 제공해야 하는 급부가 유사하다고 본다.

57) Peter Huber/Florian Faust (Hrsg.), Schuldrechtsmodernisierung-Einführung in das neue Recht, München 2002, Rn. 81; Claus-Wilhelm Canaris, Das Leistungsverweigerungsrecht wegen Unzumutbarkeit der Leistung in einer Kollisions-oder Konfliktslage nach deutschem Recht, in: Giovanni de Cristofaro/Maria Vita de Giorgi/Stefano Delle Monache (Hrsg.), Studi in onore di Giorgio Cian, Padova 2010, S. 384(이하 FS Cian으로서 인용), S. 383, 385, 388f.; Weller, a.a.O., S. 21ff., 241ff.; MünchKomm/Ernst, § 275 Rn. 113; Thomas Riehm, Der Grundsatz der Naturalerfüllungs, Tübingen 2015, S. 355.

58) Canaris, FS Cian, S. 385.

로 하면, 노무계약 이외에 위임계약(사무처리계약을 포함) 및 도급계약도 필연적이지는 않으나 BGB 제275조 제3항에 해당할 가능성이 있다.[59)]

(1) 적용되는 구체적인 사례

이미 위에서 살펴본 것과 같이 정부초안의 이유서에 의해 BGB 제275조 제3항이 상정하는 전형적인 사례는 다음과 같다.[60)]

먼저, 계약상 콘서트에 출연해야 하는 여가수가 생사와 관련한 병에 걸린 자신의 자를 간병하기 위하여 콘서트 출연을 거절한 경우이다. 다음으로, 터키인 노동자가 모국에서의 병역에 소집되었는데 이를 거부할 경우 사형 등의 중벌을 받을 수 있어 계약상의 근로제공의무를 거절한 경우이다. 그 외의 예로서는 채무자가 질병으로 근로시간 내에 의사의 진찰이 필요한 경우, 위독한 친족을 위하여 채무자의 직접적인 간병이 필요한 경우, 관청이나 재판소로부터의 호출에 응해야만 하는 경우 등이 있다.

한편 학설 또한 일반적으로 BGB 제275조 제3항이 문제되는 사례로 질병에 의해 노무의 제공을 거절한 경우를 든다.[61)]

정부초안 등에서 예시로 든 전형적인 예를 기초로 판단해 보면, 채무자가 개인적 사정으로 인하여 갈등, 충돌 또는 대립상황에 놓이게 되었다는 점을 주목할 필요가 있다.[62)] 특히 채무자가 부담하는 의무의 관점에서 보면 다음과 같이 세분할 수 있다.

먼저, 법률상의 의무의 충돌이 문제된 경우이다. 즉 여성 가수의 사례에서는 여성 가수의 출연이라는 계약상의 의무와 친족법상의 자신의 子에 대한 보호(간병)의무가 충돌한다. 터키인 노동자의 사례에서는 노무를 제공해야 하는 근로계약상의 의무와 병역법상의 병역의무가 충돌한다.[63)] 또한 관청 및 재판소로부터의 호출의 사례에서도 보통 그 내용에 따른 법률상 의무와 계

59) BT-Drucks. 14/6040, S. 130=Canaris, a.a.O., S. 662; NK/Dauner-Lieb, §275 Rn. 59; Erman/Westermann, §275 Rn. 30; Staudinger/Caspers(2014), §275 Rn. 108; MünchKomm/Ernst, §275 Rn. 113; Palandt/Grüneberg, §275 Rn. 30. Weller, a.a.O., S. 151f.는 전형예로서 노동자의 사례가 언급되는 경우가 많으나, 모든 노무의 제공이 채무자가 스스로 제공해야 하는 급부는 아니므로, BGB 제275조 제3항이 논하는 「채무자가 스스로 제공해야 하는 급부」라는 요건상의 지표와 입법자가 상정한 전형예가 일치해야 하는 것은 아니라는 점을 강조한다. 한편 Staudinger/Caspers, §275 Rn. 108에 의하면, 주된 급부의무뿐만 아니라 부수적인 급부의무(예를 들어 정보제공의무 또는 설명의무)도 채무자가 스스로 제공해야 하는 의무로 여겨질 가능성이 있다고 논한다.

60) BT-Drucks. 14/6040, S. 130=Canaris, a.a.O., S. 662f.를 참조.

61) Martin Henssler/Christof Muthers, Arbeitrecht und Schuldrechtsmodernisierung-Das neue Leistungsstörungsrecht, ZGS 2002, 219, 223; Staudinger/Caspers, §275 Rn. 113. 특히 MünchKomm/Ernst, §275 Rn. 113에 의하면, BGB 제275조 제1항에 의해 불능으로 평가되지 않는 노동자의 질병에 대해서는 BGB 제275조 제3항의 사례가 될 가능성이 있다고 평가한다.

62) Canaris, FS Cian, S. 384; Staudinger/Caspers, §275 Rn. 109.

63) Canaris, FS Cian, S. 384. 이 병역의 예가 언급되는 것에 대해 Stefan Greiner, Ideelle Unzumutbarkeit-Dogmatik und Praxis der Leistungsverweigerung bei Rechtsgüter-und Pflichtenkollisionen im Zivilrecht,

약상 의무가 충돌한다.[64] 중병의 근친자의 사례에서는 보호의무라는 법적인 의무가 인정될 수도 있으나, 반드시 채무자가 직접 간호해야 하는 상황이 아닐 수 있으므로 다른 접근이 필요할 수 있다.[65]

한편 근무시간 중에 의사의 진찰이 필요한 경우는 계약상의 근로의무와 여타 법률상의 의무의 충돌이 문제되는 것은 아니지만, 채무자의 건강이라는 법익과의 충돌이 문제된다.

요컨대 BGB 제275조 제3항은 채무자의 급부의무와 그것을 방해하는 법적인 의무, 법익(이익)과의 충돌이 발생한 경우에 문제된다.[66]

(2) 양심 등에 의거한 급부거절의 사례

양심 등에 의거한 급부의 거절사례를 BGB 제275조 제3항의 적용사례로서 인정해야 하는지에 대해서도 논의가 있다.[67] 채무자의 급부의무의 내용 또는 그 제공의 상황에 따라 채무자의 급부의무와 채무자의 종교상의 규율, 양심 또는 도덕상의 의무가 충돌할 가능성이 있기 때문이다. 예컨대 매주 일요일의 근로의무가 예배 등의 종교상의 의무나 선거권의 행사와 충돌하는 경우가 있을 수 있다. 당해 사례의 경우에 2002년 개정 이전에는 BGB 제242조(신의 성실에 좇은 급부)의 적용에 의해 해결되는 사안으로 평가되었으나[68] 현재는 BGB 제275조 제3항의 적용여부가 문제된다.

2. 급부의무배제의 요건

BGB 제275조 제3항에 있어서도 BGB 제275조 제2항과 같은 형태로 비교형량에 의해 급부의무 배제여부가 판단된다. 다만 BGB 제275조 제3항의 제정에 있어서의 논의의 전개 및 동조 제2항 및 제3항의 문언에서 알 수 있듯이 BGB 제275조 제3항의 형량에 있어서는 채무자에게 계약상의 급부를 기대할 수 있는가에 관한 판단에 초점이 맞추어져 있다.[69] 이에 이하에서는 BGB 제275조 제3항의 형량에 있어 BGB 제275조 제2항과의 공통점과 차이점을 언급하면서 고려요소를 검토해 보고자 한다.

Berlin 2004, S. 278은 EU에 가맹되어 있지 않은 외국법에 의거하는 것이라는 점에 주의가 필요하다고 지적한다.

64) Canaris, FS Cian, S. 384f.
65) Canaris, FS Cian, S. 385.
66) Canaris, FS Cian, S. 385.
67) 채권법 현대화의 논의의 정부초안 단계에 있어서 RE 275조 제2항 제2문이 삽입된 때에도 이 양심 등에 의거한 급부거절의 사례의 취급에 대해 언급이 있었으나, 이 이해를 둘러싸고 격렬한 논의가 이루어졌다.
68) Canaris, FS Cian, S. 383, 384.
69) NK/Dauner-Lieb, § 275 Rn. 60; MünchKomm/Ernst, § 275 Rn. 114.

(1) 채무관계의 내용 및 신의성실의 요청

'채무관계의 내용 및 신의성실의 요청'의 고려에 대해서는 BGB 제275조 제2항은 명문으로 규정하고 있지만 BGB 제275조 제3항에는 규정하고 있지 않다. 다만 학설은 당연히 위 요소를 고려해야 한다고 본다.[70]

(2) 채권자의 급부이익

채권자의 급부이익에 대해서는 BGB 제275조 제2항 및 제3항에서 모두 고려요소로 규정하고 있다. 학설 또한 그 개념에 대해서 별다른 차이가 없다고 본다.[71]

(3) 채무자의 급부를 방해하는 장애

채권자의 급부이익과의 비교형량의 대상으로서, BGB 제275조 제2항은 「현저히 불균형을 이루는 채무자의 비용지출」을 규정하고 있다. 반면에 BGB 제275조 제3항에서는 「채무자의 급부를 방해(어렵게)하는 장애」를 언급하고 있다.

그 이유는 BGB 제275조 제3항의 제정경위에 입각하여 다음과 같이 판단할 수 있다. 즉 BGB 제275조 제3항은 동조 제2항과 달리 그야말로 「채무자가 스스로 제공해야 하는 급부」에 관한 기준이므로 채권자의 급부이익에 대하여 동조 제2항과 같이 채무자에게 요하는 비용이라는 객관적인 기준을 비교대상으로 하지 않고 채무자의 개인적인 상황을 고려하여 채무자의 급부를 방해하는 장애를 비교대상으로 삼았다.

다만 채권자의 급부이익에 대한 비교대상으로서의 「채무자의 급부를 방해하는 장애」에 관해서는 다음과 같은 문제점을 제기하는 견해가 있다

먼저, 일부 견해는 채무자의 급부를 방해하는 장애라는 문언이 타당하지 않다고 본다.[72] 즉 이 견해는 채무자에 대한 급부의 기대가능성이 의문시되는 상황으로서 BGB 제275조 제3항에서는 「장애」라는 문언을 사용하고 있으나 채무자의 급부거절의 상황을 「장애」만으로 규정하는 것은 한계가 있다고 본다. 그러한 이유 때문에 이 견해는 채무자의 급부를 방해하는 장애를 해석함에 있어 문언이 가지는 의미를 최대한 넓게 이해하여 채무자에게 발생하는 모든 불이익한 결과를 고려하여 「장애」를 판단해야 한다고 논한다. 요컨대 이 견해는 채권자의 급부이익을 판단함에 있어 채권자의 급부에 관한 비재산적(정신적) 이익까지도 고려된다는 점을 감안하여,[73] 채무자 측의 「장애」를 판단함에 있어서도 동일하게 이해되어야 한다고 주장한다.[74]

한편 또 따른 견해는 「장애」의 판단에 있어 채무자에 의한 회피가능성을 고려해야 한다고

---

70) NK/Dauner-Lieb, § 275 Rn. 60; MünchKomm/Ernst, § 275 Rn. 114.
71) MünchKomm/Ernst, § 275 Rn. 79, 115.
72) NK/Dauner-Lieb, § 275 Rn. 60; MünchKomm/Ernst, § 275 Rn. 116.
73) NK/Dauner-Lieb, § 275 Rn. 60; MünchKomm/Ernst, § 275 Rn. 81; Riehm, a.a.O., S329ff.
74) NK/Dauner-Lieb, § 275 Rn. 60; MünchKomm/Ernst, § 275 Rn. 116.

주장한다. 이 견해는 BGB 제275조 제3항의 의미에 있어서의 급부장애는 오로지 그것이 급부의 제공에 있어서 사실상 방해가 되는 때에 한한다고 보아, 채무자가 급부장애를 회피할 가능성이 있었다면 BGB 제275조 제3항에 의해 채무자를 보호할 필요가 없다고 본다. 즉 채무자가 회피할 수 있었던 사정은 채권자의 급부이익과 비교형량할 필요 없이 BGB 제275조 제3항에 의한 급부거절권을 인정할 수 없다는 것이다.[75] 예컨대 이 견해에 의하면 일요일의 근로의무에 의해 선거권의 행사가 방해를 받을 우려가 있더라도 근로자가 우송투표에 의해 이러한 충돌을 회피할 수 있었다면 그의 선거권의 행사가 계약상의 의무에 의해 방해를 받지 않을 수 있었기 때문에, 위 방해요인은 BGB 제275조 제3항이 논하는 채무자의 급부를 방해하는 장애로 인정되지 않는다.[76]

(4) 채권자의 급부이익과 채무자의 급부장애와의 형량

채권자의 급부이익과 채무자의 급부를 방해하는 장애를 비교형량한 결과 급부의 이행을 채무자에게 기대할 수 없는 경우에는 채무관계의 내용 및 신의성실의 요청에 비추어 채무자가 급부를 거절할 수 있다고 보아야 할 것이다. 반대로 채무자 스스로의 급부가 채권자의 급부이익에 있어서 특히 중요한 경우에는 채무자에게 발생한 개인적 사정을 이유로 계약상의 급부를 거절할 수 없을 것이다. 물론 이러한 형량에 의해 도출되는 기대불가능성에 대해서는 그 정도에 관한 이해를 둘러싸고 학설은 견해가 나뉜다. 즉 BGB 제275조 제2항에 있어서의 형량에 의해 도출되는 기준과 마찬가지로 '현저히 불균형한 경우'로 엄격하게 해석해야 한다는 견해와 BGB 제275조 제2항에 의한 기준과 달리 완화된 기준으로 판단해야 한다는 견해로 나뉜다.

전자는 BGB 제275조 제2항의 규정 내용은 정부초안 단계에 있어서의 RE 제275조 제2항 1문과 「동일하다」고 보아, 제275조 제3항과 제275조 제2항을 같은 구조로 평가한다. 또한 이 견해는 BGB 제275조 제3항은 BGB 제275조 제2항의 기본사상이 「채무자가 스스로 제공해야 하는 급부」에 대응하는 형태로 변경된 것에 지나지 않는다고 본다. 이러한 이유에서 이 견해는 BGB

75) Canaris, FS Cian, S.405; Riehm, a.a.O., S.364f.

76) Riehm, a.a.O., S.364f. Riehm은 Staudinger/Caspers, §275 Rn. 109가 노동자의 급부거절권을 인정한 것에 대해 명백히 회피가능성을 간과하였다고 비판한다. 또 Riehm은 회피가능성이 인정됨에도 불구하고 그 가능성을 채무자가 살리지 않아 회피가 불가능해지는 경우에 대해서도 언급한다. 예를 들어 일요일에 노동의무가 있음에도 불구하고 채무자가 우송투표를 이용하지 않고 우송투표의 신청이 불가능한 토요일 밤에야 비로소 사용자에게 주의를 환기시킨 경우이다. Riehm은 "일정한 과거의 시점에 회피가능성이 존재하였다고 하여 채무자가 BGB 제275조 제3항에 의한 항변권을 일절 주장하지 못한다고 보면 종국적으로 채무자의 선거권의 행사를 인정하지 않게 된다"고 본다. 그는 "이는 양심에 의거하여 급부를 거절하는 경우에 있어서도 마찬가지이다. 이 경우에 있어서도 과거의 시점에 회피가능성이 존재하였다고 하여 BGB 제275조 제3항의 주장을 일절 인정하지 않는다면 채무자는 양심에 반하여 행동하여야 할 의무를 지게 될 가능성이 있다."고 주장한다. 물론 Riehm은 회피의 기회를 간과한 것을 채무자의 과실로 평가할 수 있다고 본다. 따라서 그는 채무자의 급부거절이 인정되었더라도 채권자에 급부를 대신하는 손해배상청구권(BGB 제280조 제1항 및 제3항, BGB 제283조)을 인정할 수 있다고 본다. 회피가능성을 살리지 못한 것을 채무자의 과실로 평가하여 채무자에 손해배상의무가 발생한다고 논하는 것에 대해서는 Erman/Westermann, §275 Rn. 31; PWW/ Schmidt-Kessel, 11. Aufl., 2016, §275 Rn. 30; Riehm, a.a.O., S. 336 ff. 등을 참조.

제275조 제3항에 있어서의 기대불가능성의 기준도 동조 제2항에 있어서의 기준과 동일하게 엄격한 것이라고 이해해야 하며, 실제로 급부를 제공하는 것이 채무자에게 있어서 현저하게 무거운 부담이 되는 경우에 한하여 채무자의 급부의무를 배제해야 한다고 본다.[77)]

반면에 후자는 BGB 제275조 제3항에 있어서의 기대불가능성의 기준을 BGB 제275조 제2항과 동일한 정도라고 해석하는 입장은 채권법 현대화의 과정에 있어서의 입법자의 결단을 고려할 때 곤란하다고 본다.[78)] 특히 이 견해는 BGB 제275조 제2항에 있어서는 「비용」이라는 문언이 아닌 일의적으로 비금전적인 「희생」을 파악하는 개념을 선택하여 동조 제3항을 규정하지 않을 가능성도 있었으나 그렇게 하지 않고 동조 제3항을 개별적으로 두었다는 점에 초점을 맞춘다. 특히 이 견해는 입법자가 BGB 제275조 제3항을 「채무자가 급부를 스스로 제공해야 하는 경우에 있어서 급부에 요구되는 노력과 채권자의 급부이익 간에 현저한 불균형이 존재하는 때도 전항과 동일하다」고 규정할 수 있었으나 실제로는 그와 상이한 형태로 규정하였다면 이는 양자를 다르게 판단하겠다는 것이 입법자의 의사라고 본다.

(5) 채무자의 귀책성을 고려할 것인지에 대한 여부

이미 살펴본 것과 같이 현행 독일민법 제275조의 명문상 급부장애에 관한 채무자의 귀책성에 대한 고려에 있어 입법자들은 BGB 제275조 제2항과 제3항을 상이하게 규정하고 있다. 그런데 BGB 제275조 제3항이 제정된 후에도 BGB 제275조 제3항에 있어서도 BGB 제275조 제2항과 마찬가지로 채무자의 귀책성을 고려해야 하는가에 대해서 논의가 계속되고 있다.

먼저, BGB 제275조 제3항의 제정 경위에 있어서의 논의 전개에 입각하여 급부장애에 관한 채무자의 귀책성을 고려해서는 안 된다고 주장하는 견해가 있다.[79)] 이 견해는 BGB 제275조 제3항의 제정 경위에 있어서의 RE 275조 2항 2문에 대한 비판과 마찬가지로, 채무자의 개인적인 상황이라는 요소를 고려할 필요가 있는 급부인 경우에 채무자가 급부장애에 대해 책임을 져야 하기 때문에 스스로의 급부의무로부터 해방되지 못하는 것은 타당하지 않으며, 그러한 의무에서 벗어날 수 없다면 채무자가 한층 더 높은 차원의 노력을 해야 할 의무를 부담하게 되어 실질적으로 급부의 이행이 강제될 우려가 있다고 본다.

반면에 급부장애에 관한 채무자의 귀책성을 고려하는 것도 경우에 따라서는 필요하다고 보는 견해가 있다.[80)] 물론 이 견해 또한 분명 BGB 제275조 제3항의 제정 경위를 고려하여 BGB

77) NK/Dauner-Lieb, § 275 Rn. 58, 60; Bamberger/Unberath, 3.Aufl., 2012, § 275 Rn. 58; Erman/Westermann, § 275 Rn. 31; PWW/Schmidt-Kessel, § 275 Rn. 30; MünchKomm/Ernst, § 275 Rn. 117.

78) Huber/Faust, a.a.O., Rn. 83f.

79) Huber/Faust, a.a.O., Rn. 84; Martin Henssler, in: Dauner-Lieb/Konzen/Schmidt (Hrsg.), a.a.O., S.615, 617; Erman/Westermann, § 275 Rn. 31.

80) Sebastian Klausch, Unmöglichkeit und Unzumutbarkeit im System des allgemeinen Leistungsstörungsrechts nach der Schuldrechtsmodernisierung 2002, Frankfurt 2004, S.158; Bamberger/Unberath, § 275 Rn. 59;

제275조 제3항에 BGB 제275조 제2항 2문을 적용해서는 안된다고 본다. 다만 이 견해는 일률적으로 BGB 제275조 제3항에 BGB 제275조 제2항 2문의 적용을 배제하는 것은 본래는 급부장애에 대해 책임을 져야 하는 채무자에게 오히려 더 유리한 결과를 초래하게 할 수 있어 부당하므로,[81] 그러한 모순을 방지할 필요가 있는 경우에는 BGB 제275조 제3항에도 BGB 제275조 제2항 2문이 적용될 수 있다고 본다.

3. BGB 제275조 제3항과 다른 규정과의 관계

BGB 제275조 제3항에 있어서는 채무자가 스스로 제공해야 하는 급부가 전제가 되나 여전히 학설은 BGB 제275조 제3항과 여타 규정의 관계, 특히 BGB 제275조 제1항 2문 및 제2항, BGB 제313조과의 관계의 불투명성,[82] 더 나아가 BGB 제275조 전체의 규정으로서의 불완전성을 지적한다.[83] 기타 규정과의 관계에 대한 논의를 통해 BGB 제275조 제3항의 규정내용 및 적용범위를 더 명확하게 확인할 수 있다는 점에서 이하에서는 BGB 제275조 제3항과 기타 독일 민법상의 규정과의 관계성을 둘러싼 논의를 살펴보고자 한다.

(1) BGB 제275조 제1항 및 제2항과의 관계

1) BGB 제275조 제1항과의 관계

BGB 제275조 제1항 및 제3항 규정은 적용대상이 상이하다.[84] 그런데 일부 견해는 BGB 제275조 제1항에 규정되어 있는 불능은 개인적 불능을 포함하는 개념이므로, 동조 제1항의 불능에는 급부가 「채무자에게 있어」 불능한 사례를 상정하고 있다고 보기도 한다. 즉 이 견해는 양자가 적용대상은 상이하지만 「채무자에게 있어」 급부가 이행될 수 없다는 점에서는 공통한다는 점에 착목하여 BGB 제275조 제3항을 제1항에 대한 보조적인 규정이라고 본다.[85]

NK/Dauner-Lieb, § 275 Rn. 63; MünchKomm/Ernst, § 275 Rn. 118. 다만 Riehm, a.a.O., S.332는 채무자의 귀책성을 고려하나, 제1차적 급부의무로부터의 해방 기준에 대해서는 BGB 제275조 제2항에 있어서 요구되는 것보다 낮다고 논한다.

81) 즉 이 견해는 입법자가 이러한 모순된 결과를 인정할 의도가 없다고 보아 목적론적 해석을 통해 BGB 제275조 제3항에도 BGB 제275조 제2항 2문이 적용될 여지를 인정한다.

82) 이를 지적하는 문헌으로는 Martin Henssler, Arbeitsrecht und Schuldrechtsreform, RdA 2002, 129, 131; Weller, a.a.O., S.150ff.; NK/Dauner-Lieb, § 275 Rn. 58 등을 참조.

83) 이를 지적하는 문헌으로는 Jan Wilhelm, Schuldrechtsreform 2001, JZ 2001, 861, 866; Adrian Schmidt-Recla, Echte, faktische, wirtschaftliche Unmöglichkeit und Wegfall der Geschäftsgrundlage-Abgrenzungsversuche nach der Schuldrechtsreform, in: Bernd-Rüdiger/Elmar Wadle u.a.(Hrsg.), Humaniora: Medizin-Recht-Geschichte-Festschrift für Adolf Laufs zum 70. Geburtstag, Berlin u.a. 2006, S.641 ff.; MünchKomm/Ernst, § 275 Rn. 70, 110 등을 참조.

84) MünchKomm/Ernst, § 275 Rn. 111.

85) 보조적인 규정이라고 해석하는 것으로서 Palandt/Grüneberg, § 275 Rn. 30. 또한 단계적인 유사성을 제시하는 것이라고 해석하는 것으로서 Erman/Westermann, § 275 Rn. 30.

2) BGB 제275조 제2항과의 관계

사실적 불능의 사례에 대해 규정하는 BGB 제275조 제2항과 개인적 불능 사례를 규정하고 있는 동조 제3항의 관계성에 대해 특히 논의되고 있는 부분은 다음의 두 가지이다.[86] 이미 언급한 것과 같이 정부초안의 이유서에서 알 수 있듯이, BGB 제275조 제2항과의 관계에 있어서 동조 제3항을 어떻게 이해할 수 있는지와 BGB 제275조 제3항의 사례에 있어서 BGB 제275조 제2항 2문에 규정되어 있는 채무자의 귀책성을 고려할 수 있는지가 문제된다. 후자에 대해서는 이미 위에서 살펴보았으므로 이하에서는 전자에 대해서만 언급하고자 한다. 전자와 관련하여 급부장애법위원회의 구성원 중 한 명이자 채권법 현대하에 지대한 영향을 준 Canaris는 채권법 현대화 후의 논고에 있어서 이 부분에 대해 상세히 언급하고 있다. Canaris는 BGB 제275조 제3항은 BGB 제275조 제2항과의 관계에 있어서 다음과 같이 이해할 수 있다고 한다.

먼저, BGB 제275조 제3항의 규정 내용의 이해에 대해서이다. Canaris에 의하면, BGB 제275조 제3항의 입법취지는 채무자의 급부의무와 대립하는 의무, 법익 및 이익과의 충돌로부터 채무자를 보호하는 것이라고 이해한다. 이러한 입법취지를 감안하여 Canaris는 BGB 제275조 제3항과 선행하는 규정인 BGB 제275조 제2항과는 본질적으로 상이하다고 주장한다. 즉 BGB 제275조 제2항에 있어서는 채권자의 급부이익이 비교형량의 중심이 되어 채무자의 이익에 비하여 원칙적으로 우위성이 인정되지만, BGB 제275조 제3항에 있어서는 정반대로 채무자의 이익이 중요한 위치를 점하여 채권자의 이익은 필요한 경우 완전히 채무자의 이익에 열후하게 된다는 것이다.[87] 또한 Canaris에 의하면, 이러한 이해는 BGB 제275조 제3항이 채무자에 대한 급부의 기대불가능성에 초점을 맞추고 있다는 점, 그 문언에 있어서 오로지 「채무자의 급부를 방해하는 장애와 채권자의 이익의 비교형량」을 요구하고 있다는 점에서 당연히 도출되는 귀결이라고 한다. 특히 그는 이러한 이해는 BGB 제275조 제3항의 구조에 있어서 「채무자의 이익의 고려가 문제되며, 이것이 RE 제275조 제2항 1문이나 RE 제313조와의 의식적인 경계 획정에 있어서 그야말로 결정적인 것으로 여겨져야 한다」[88]는 입법자의 의사와도 부합한다고 논한다.[89]

---

86) 국내문헌 중 두 조항의 관계에 대해 간단하게나마 언급하는 문헌으로는 박영복, "이행청구권의 한계사유로서의 이행불능", 외법논집 제44권 제1호, 2020, 140면 참조.

87) Canaris, FS Cian, S.385.

88) 이에 대해서는 BT-Drucks., 14/6040, S.130=Canaris, a.a.O., S.662f.를 참조. 더 나아가 정부초안의 이유서 원문에 의하면 「(RE)275조 1항 1문과의 경계 획정」이라 논하나, Canaris에 의하면 이는 잘못으로, RE 275조 1항이 아니라 오로지 오늘날의 BGB 제275조 제2항 1문인 RE 275조 2항 1문과의 경계 획정을 의미한다고 논한다.

89) Canaris, FS Cian, S.385. 한편 Peter Schlechtriem/Martin Schmidt-Kessel, Schuldrecht Allgemeiner Teil, 6.Aufl., Tübingen 2005, Rn. 488에 의하면, 나아가 종류채권으로부터 발생하는 급부의 제공이 곤란한 사례에 대해서도 BGB 제275조 제3항을 적용할 수 있다고 한다. 그러나 이와 같은 이해에 대해 Canaris는, 당해 사례는 채무자가 스스로 제공할 필요가 없는 급부의 예이므로 적절하지 않다고 한다. 즉 그에서 전형예로 언

다음으로, BGB 제275조 제2항과의 동조 제3항과의 관계성이다. 이상과 같이 BGB 제275조 제3항을 이해하면, BGB 제275조 제3항과 BGB 제275조 제2항의 경계 획정상의 문제는 피할 수 없게 된다. 이 두 규정의 경계 획정의 문제는 BGB 제275조 제3항은 오로지 「채무자에 의해 스스로 제공되어야 하는 급부」에서만 적용된다는 점에서 기인한다고 볼 수 있다. 그러나 이 관점은 실제로는 유익하지 않다. 예를 들어, 도급 또는 사무처리계약으로부터 발생하는 급부의 제공에 있어 채무자에게 상당한 고액의 비용을 요하는 경우, BGB 제275조 제2항이나 BGB 제313조의 엄격한 요건을 충족하지 못하더라도, 채무자가 스스로 제공해야 한다는 단순한 사정에 의해 채무자에게 유리한 BGB 제275조 제3항을 주장하여 스스로의 급부의무로부터 해방될 수 없을 것이다. 왜냐하면 이와 같이 이해하지 않으면 채무자가 스스로 제공해야 하는 급부에 대해 일절 정당화되지 않는 형태로 특별한 취급을 받게 되어 채무자가 스스로 급부할 필요가 없는 사례와 비교하여 납득할 수 없는 평가모순이 발생할 것이기 때문이다.[90] 이와 같은 이해를 전제로 하여 Canaris는 BGB 제275조 제3항과 BGB 제275조 제2항의 진정한 차이점은 「채무자의 급부를 방해(어렵게)하는 장애」와 관련된다고 보고 다음의 점을 강조한다. 즉 BGB 제275조 제3항은 재산적 장애뿐만 아니라 비재산적(정신적)인 장애가 문제되는 경우에도 적용된다는 것이다.[91] Canaris는 정부초안의 이유서에 있어서 언급된 사례에서 알 수 있듯이 이러한 이해는 입법자에 의해서도 명백·당연하게 여겨졌다고 한다.[92] 또한 Canaris는 이와 같이 이해함으로써 BGB 제275조 제3항의 입법취지가 한층 더 명확하게 규정에 드러나 비재산적 또는 정신적인 장애로부터 채무자가 보호된다고 주장한다. 이 관점에서는 BGB 제275조 제3항의 특유한 정당성 내용도 충분히 명확해진다. 그 이유는 비재산적 또는 정신적인 성질을 가지는 의무, 법익 및 이익 -그 일부는 기본법에 의거하는 것이다- 은 그 중요성에 의해, 또는 그 특별한 구조에 의해 법률상의 강제에 대해 특히 「예민」하기 때문이다. 즉 이러한 해석을 통해 명확해지는 것은 BGB 제275조 제3항은 BGB 제275조 제2항과의 비교에 있어서 훨씬 중요한 규범이라는 것이다. BGB 제275조 제2항에 비해 동조 제3항이 더 폭넓고 다양한 실제의 적용영역을 가진다는 점이 명확해지기 때문이다.[93] 이상의 이해에 입각하여 Canaris는 BGB 제275조 제3항과 BGB 제275조 제2항과의 관계성에 대

급되는 판매상의 사례는 시장과 관계하는 채무가 문제되는 것이 아니라, 제품과 관계하는 채무가 문제되므로, 판매상이 그 제품의 제공에 관한 제조업자의 장애를 극복할 수 없었던 때는 판매상은 BGB 275조 1항에 의해 스스로의 제1차적 급부의무로부터 해방되(될 뿐이기)기 때문에 실제로는 BGB 275조 1항에 의해 해결되어야 한다고 논한다.

90) Canaris, FS Cian, S.386.

91) 나아가 BGB 제275조 제2항의 제한적인 해석에 대해서는 Thomas Lobinger, Die Grenzen rechtsgeschäftlicher Leistungspflichten, Tübingen 2004, S. 59; NK/Dauner-Lieb, §275 Rn. 63 등을 참조.

92) Canaris, FS Cian, S. 386. 그 외에 Greiner, a.a.O., S. 371f.; Roland Schwarze, Das Recht der Leistungsstörungen, Berlin 2008, §5 Rn. 33; Riehm, a.a.O., S. 363f.

93) Canaris, FS Cian, S. 386.

해 다음과 같이 정리한다:94)

> BGB 제275조 제3항도 BGB 제275조 제2항과 마찬가지로 권리남용의 금지를 요건상 구체화한 것이라고 볼 수 있다. BGB 제275조 제2항에 있어서는 보호해야 할 채권자 고유의 이익의 상실에 의한 권리남용이 문제된다. 즉 보호받아 마땅한 이익이 없음에도 불구하고 그 이익을 요구하여 이행을 청구하는 것은 권리의 남용이다. 반면에 BGB 제275조 제3항에 있어서는 채무자의 중요한 보호받아야 할 이익에 의해 채권자의 권리 주장이 권리남용이 된다. 요컨대 채무자가 스스로의 급부를 둘러싸고 채무자의 상황과 대립상태에 있음에도 불구하고 채권자가 스스로의 급부이익만을 고집한다면 채무자의 이익을 침해하는 것에 해당하여 채권자의 권리행사는 남용이 된다.

(2) BGB 제313조와의 관계성

독일에서 행위기초이론을 규정하고 있는 BGB 제313조와의 관계성을 둘러싸고 가장 격렬한 논의가 전개되고 있는 것은 BGB 제275조 제2항이다.95) 그러나 규정의 요건상 BGB 제275조 제3항이 BGB 제275조 제2항보다 채무자의 상황을 더욱 폭넓게 고려하여야 하므로 BGB 제275조 제2항보다 오히려 BGB 제313조의 요건을 충족하는 상황이 발생하기 쉽다.96) 따라서 BGB 제275조 제3항과 BGB 제313조와의 경계를 확정하는 것이 더 곤란하다고 볼 수 있다.97)

특히 본고에서는 행위기초이론을 리스크 분배의 관점에서 접근하는 논거를 통해 BGB 제313조와 BGB 제275조 제2항 및 제3항의 관계를 확인해 보고자 한다.98) 먼저 Koller의 리스크

---

94) Canaris, FS Cian, S. 386f. 그 외에 BGB 제275조 제2항과의 관계에 있어서 BGB 제275조 제3항의 특별규정성에 대해 언급하는 것으로서 Stephan Lorenz/Thomas Riehm, Lehrbuch zum neuen Schuldrecht, München 2002, Rn. 408f.; NK/Dauner-Lieb, § 275 Rn. 58; MünchKomm/Ernst, § 275 Rn. 111 등을 참조.

95) 실질적으로 양 규정의 경계가 불분명하여 그 구분이 곤란하다는 견해로는 Weller, a.a.O., S. 433 f.; H Eidenmüller, Der Spinnerei-Fall: Die Lehre von der Geschäftsgrundlage nach der Rechtsprechung des Reichsgerichts und im Lichte der Schuldrechtsmodernisierung, Jura 2001, 824, 831 ff. 특히 Eidenmüller는 BGB 제275조 제2항은 비효율성에 BGB 313조는 부당성에 초점을 맞춘다고 하고 있다고 하면서도 양자의 경계선을 구분짓는 것은 사실상 어렵다고 본다. 국내 문헌 중에는 양자의 구분에 대한 실질적인 한계를 전제로 우리 상황에서 독일식의 구분법을 사용하기 곤란한다는 주장하기도 한다. 김세준/김진우, 앞의 논문, 131-132면. 특히 Ernst는 BGB 제275조 제2항의 현저한 불균형이 인정될 경우 이는 흔히 BGB 313조의 현저한 사정변경에도 해당할 것이라고 한다.

96) Roland Schwarze, Unmöglichkeit, Unvermögen und ähnliche Leistungshindernisse im neuen Leistungsstörungsrecht, Jura 2002, 73, 78.

97) MünchKomm/Ernst, § 275 Rn. 112. BGB 제275조 제2항이 채권자의 이익에, BGB 제313조가 채무자의 이익에 초점을 맞추고 있다는 점에 착안하고 있다는 점을 고려하면(Weller, a.a.O., S. 434) 이는 더 명확해 진다. 요컨대 BGB 제275조 제3항 또한 채무자의 이익에 초점을 맞추기 때문에 BGB 313조와의 경계선을 획정하기는 더 어려울 것이다.

98) 사정변경의 원칙을 위험분배의 관점에서 분석하고 있는 문헌으로는 권영준, "위험배분의 관점에서 본 사정변경의 원칙", 「민사법학」, 제51호, 2010 참조. 본고에서는 위 논문에서 언급하고 있지는 않았으나 위험분배

분배의 관점에서 바라보면[99] 쌍무계약의 이행 과정에 있어서 발생하는 다양한 리스크는 크게 비용 증액 리스크와 목적 장애 리스크로 나눌 수 있다. 비용 증액 리스크란, 급부에 예정한 것 이상의 비용이 소요되는 리스크를 의미한다. 목적 장애 리스크는 목적 달성의 실패로 인한 리스크이며 이는 제1차적 목적 장애와 제2차적 목적 장애로 구별되는데, 전자는 급부가 계획대로 이루어지지 않는 리스크를 의미하며,[100] 후자는 급부를 이용하여 실현할 것을 예정하였던 경제적 이익에 도달하지 못하는 리스크를 뜻한다.[101] 일반화할 수는 없으나 Koller가 상정한 쌍무계약의 이행 과정에 있어서 발생하는 다양한 리스크 중 비용 증액 리스크는 일반적으로 BGB 제275조 제2항에 해당할 것이나 목적 장래 리스크는 BGB 제275조 제2항보다는 동조 제3항과 관계를 가질 수 있을 것이다. 예컨대 대관식 행진을 관람하기 위해 고액에 특정 방을 임차하였는데 대관 행진이 중지된 사안[102] 및 특정 영업을 하려고 수십년간 영업을 해왔던 장소를 임차하였는데, 국가의 금지령에 의해 해당 영업을 할 수 없는 사안이[103] 목적 장애 리스크가 발생한 사안에 해당한다.[104] 이에 대해서 Koller는 그 위험의 야기는 채권자(임차인)에 의한 것이 아니며 채권자 이외에 다른 수요자(잠재적 임차인)들 어느 누구라도 그 상황에서는 임대인의 급부가치는 없으므로 그 위험은 채무자인 임대인이 부담해야 한다고 본다. 따라서 Koller에 의하면 임대인은 임차인에게 임료를 청구할 수 없다. 생각건대 이 경우는 채무자인 임차인이 그 계약을 통해 달성하고자 한 목적의 좌절이 문제될 뿐이므로 임차인이 부담하는 채무의 불능과는 직접적인 연관이 없다는 점, 임차인이 부담하는 채무는 채무자 스스로 제공해야 하는 급부가 아니라는 점에서 BGB 제275조 제3항과의 경계 문제는 발생하지 않을 것이다. 다만 임차인인 채무자가 그 계약을 통해 달성하고자 하는 목적의 부도달과 임대인의 급부이익과의 충돌의 문제로 볼 수 있으며 채무자에게 발생한 목적 부도달을 채무자 이익과 연결될 수 있다는 점에서 리스크 분배방식의 측면에서 보면 BGB 제275조 제3항과 전혀 관계가 없다고 보기도 어렵다.

한편 Henssler[105]는 계약상의 리스크를 채무자의 급부 리스크와 채권자의 이용 리스크로

와 행위기초이론을 상세하게 분석한 Koller와 Henssler의 견해를 소개해 보고자 한다.

99) Ingo Koller, Risikozurechnung bei Vertragsstörungen in Austauschverträgen, München 1979; Koller, Bewegliches System und die Risikozurechnung bei der Abwicklung gegenseitiger Verträge, in: Franz Bydlinski u.a. (Hrsg), Das Bewegliches System im geltenden und künftigen Recht, 1986, S. 75 ff.가 있다.

100) Koller, a.a.O., S. 1 f.

101) Koller, a.a.O., S. 1 f.

102) Koller, a.a.O., S. 323.

103) RGZ 87, 277; Koller, a.a.O., S. 322 참조.

104) 코로나 19로 인하여 영업에 제한된 경우와 유사한 사안이라고 할 수 있다.

105) Martin Henssler, Risiko als Vertragsgegenstand, Tübingen 1994; Henssler, Das Leistungsverweigerungsrecht des Arbeitnehmers bei Pflichten und Rechtsgüterkollisionen, AcP. 190 (1990), S. 538 ff.; Henssler, Die condictio ob rem und die Störung sekundärer Vertragszwecke, in Gedächtnisschrift für Alexander Lüderitz, 2000, S. 287 ff.

분류된다. 급부 리스크란 장애를 극복하고 목적물을 조달·공급해야 하는 리스크를 의미하며, 이용 리스크란 급부된 것이 채권자의 이용 목적을 충족하지 못 하는 리스크를 뜻한다.[106] 그는 원칙적으로 채무자가 급부 리스크를, 채권자가 이용 리스크를 부담한다고 본다.[107] 그러나 그는 리스크 분배는 장애가 채권자와 채무자 중 누구의 영역에 유래하는지에 따라 조정할 필요가 있다고 강조한다.[108] 이를 전제로 그는 이용목적부도달의 리스크는 원칙적으로 채권자가 부담하나, 리스크가 채무자의 영역에 유래하는 경우에는 채무자가 이용 리스크를 부담한다고 본다.[109] 리스크가 중립적인 영역에서 유래하는 경우에 그는 채권자가 원칙적으로 리스크를 부담한다고 보면서도,[110] 「채무자가 인식 가능한 이용 목적」[111]이 좌절된 경우에는 채무자가 목적 좌절의 리스크를 부담해야 한다고 주장한다. 같은 맥락에서 그는 비전형적인 계약의 목적이라도 그 목적의 좌절을 명시적 혹은 추단되는 해제조건으로 보아 계약의 해소를 인정할 여지가 있다고 주장한다.[112] 예컨대 「부동산매매계약에 있어서 지급되는 대금이 건물의 이용 목적(계획)을 위해 시가에 비해 고액으로 책정된」[113] 경우, Henssler는 그러한 목적의 부도달이 해제조건으로 설정된 것으로 추단하여 계약자체의 해소를 가져오는 것이 타당하다고 보아 그 리스크를 채무자에게 부담시킨다. 요컨대 그는 비전형적인 이용 목적이 중립적 장애에 기인하여 부도달이 된 경우, 목적이 대가에 반영되어 있었다면 계약의 효력은 명시 또는 추단되는 해제조건에 종속한다고 구성하여 당사자를 계약의 구속력으로부터 해방시키는 것이 타당하다고 본다. 대관식 사안에 위 리스크 분배를 적용하면 대관식 취소에 따른 리스크는 중립 영역에서의 리스크인데 임차인이 특별한 방을 고액으로 임차하였다면 대관식 관람 목적의 부도달이 해제조건이라고 할 수 있으므로 그 위험은 채무자인 임대인이 부담해야 할 것이다. 즉 임대인은 임차인에게 차임을 청구할 수 없다. 위와 같은 Henssler의 리스크 분배의 사고는 BGB 275조 제3항에서도 확인된다고 볼 수 있다. 특히 BGB 275조 제3항이 문제되는 채무자의 계약상 의무와 충돌되는 법적인 의무는 객관적으

---

106) Henssler, a.a.O., S. 41 f., 85 f. 다만 이용 목적은 채무자가 인식 가능한 것임을 요한다고 한다.

107) Henssler, a.a.O., S. 43. 채무자는 원칙적으로 조달 영역에 있어서의 장애를 더욱 쉽게 예견 회피하고 제어하는 것이 가능한 데 대해, 이용 장애에 대해서는 채권자가 리스크의 제어가 용이하다고 말하기 위해, 전체적으로 보아, 이와 같은 리스크의 할당은 원칙적으로 적절한 이익 조정을 실현한다(Henssler, a.a.O., S. 43.).

108) Henssler, a.a.O., S. 41 f., 60 ff.

109) Henssler, a.a.O., S. 87. 예를 들어, ① 제조자가 자영판매점에 복수의 고성능 전기 기기를 매각한 직후, 더욱 품질이 좋은 신상품을 시장에 내놓은 사안(Henssler, a. a. O. S. 87. BGH, LM Nr. 36 zu §42 (Bb)BGB.), ② 어떠한 팀의 축구선수를 4만 마르크에 이적한바, 후에 그 선수가 과거의 시합에 있어서 매수되었던 사실이 판명되어, 이적처의 팀이 선수를 해고함과 동시에 이적원의 팀에 대해 이적금의 반환을 구한 사안(Henssler, a.a.O., S. 87 f. BGH NJW 1976, 565)이 있다고 한다.

110) Henssler, a.a.O., S. 88.

111) Henssler, a.a.O., S. 88.

112) Henssler, a.a.O., S. 88.

113) Henssler, a.a.O., S. 88, Fn. 307.

로 판단하면 중립적 영역(법령)에서 발생한 결과라고 할 수 있으므로 그로 인하여 발생한 리스크를 누가 분담할 것인지와 연결될 수 있다. 법적인 의무 또는 기본법상 보장되는 법익을 보호하기 위한 장래로 인하여 발생한 리스크는 누구나 그러한 경우에 급부의 실현을 기대할 수 없다는 점에서 해제조건을 추단하는 Henssler의 리스크 분배사고에 입각하여 설명이 가능할 수도 있을 것이다.

(3) BGB 제242조와의 관계성

이미 서술한 바와 같이, BGB 제275조 제3항이 전형예로서 상정하고 있는 사례군에 대해서 종래에는 BGB 제242조를 적용하여 해결되어야 한다고 여겼다. 특히 양심 등에 의거한 급부거절의 사례의 해결에 있어서는 현재에도 BGB 제275조 제3항에 의거해야 하는지 아니면 종래와 같이 BGB 제242조를 비롯한 여타 규정에 의거해야 하는지가 논의되고 있다.[114)]

1) 적용 긍정설

이 견해는 양심에 의거한 급부거절의 사례에 대해서도 BGB 제242조가 아닌 BGB 제275조 제3항의 적용 내지 유추적용을 인정한다.[115)] 통설인 이 견해는 그렇게 해석하는 것이 BGB 제275조 제3항의 규정의 문언에도 합치한다고 본다. 즉 이 견해는 BGB 제275조 제3항은 그 문언에 있어서 「채무자의 급부를 방해하는 장애」에는 채무자의 [양심적] 갈등도 포함된다고 본다.[116)] 또한 이 견해는 그렇게 보는 것이 BGB 제275조 제3항의 입법 취지에 부합한다고 본다. 즉 이 견해는 BGB 제275조 제3항은 입법자가 채무자의 개인적인 상황을 고려할 목적으로 규정된 것이므로, 양심에 의거한 급부거절의 사례에 있어서도 채무자에게 계약상 의무와 충돌되는 상황이 발생하였다는 점에서 BGB 제275조 제3항이 적용될 수 있다고 본다.[117)]

2) 적용 부정설

이 견해는 양심에 의거한 급부거절의 사례에 대해 BGB 제275조 제3항의 적용을 부정한다.

---

114) 더 나아가 양심 등에 의거한 급부거절의 사례에 있어서는 급부의무와 대립하는 것이 기본권과 관계되는 경우도 있어 사법에 있어서의 기본권의 효력의 이해도 포함하여 논의되고 있다. 독일의 사인 간에 있어서의 기본권의 효력을 둘러싼 논의에 대해서는 Claus Wilhelm Canaris, Grundrechte und Privatrecht, AcP 184 (1984), 201f.; Claus Wilhelm Canaris, Grundrechte und Privatrecht, Berlin 1999, S.23ff.(이하 Grundrechte로 인용); Canaris, FS Cian, S.387ff. 등을 참조.

115) 예를 들어 Henssler/Muthers, a.a.O., S.223; Schwarze, a.a.O., §5 Rn. 29; Canaris, FS Cian, S.390, 402ff.; Michael Stürner, Der Grundsatz der Verhältnismäßigkeit im Schuldvertragsrecht-Zur Dogmatik einer privatrechtsimmanenten Begrenzung von vertraglichen Rechten und Pflichten, Tübingen 2010, S.190f.; NK/Dauner-Lieb, §275 Rn. 58; Dirk Looschelders, Schuldrecht Allgemeiner Teil, 11.Aufl., München 2013, Rn. 482; Staudinger/Caspers, §275 Rn. 110; MünchKomm/Ernst, §275 Rn. 119 등.

116) 예를 들어 Canaris, FS Cian, S.390.

117) 예를 들어 Canaris, FS Cian, S.390. 더 나아가 Canaris는 기본권의 사법상의 영향에 대해 다음과 같이 서술한다. "즉 사법상의 주체의 행위, 특히 법률행위 및 그에 의거하여 발생하는 구속에 대해, 기본권은 그 간섭의 금지로서의 기능하기보다는 보호의 요청으로서 기능한다. 그리고 그때마다 기본법상의 관점에서 동법에 있어서 요청되는 각 법에 의해 실현되어야 하는 보호가 실질적으로 이루어지고 있는가가 문제시되어야 한다." 이에 대해서는 Canaris, Grundrechte, S.39, 83ff., 94f. 참조.

먼저 이 견해는 BGB 제275조 제3항은 본래 「채무자가 스스로 제공해야 하는 급부」임을 요건으로 삼는데, 양심에 의한 급부거절 사례는 「채무자가 스스로 제공해야 하는 급부」에 한정되는 것이 아니라 모든 급부에서 문제될 수 있는 상황이라는 점에 주목한다.118) 즉 이 견해는 채무자에게 양심의 갈등은 존재하나 「채무자가 스스로 제공해야 하는 급부」라는 요건이 충족되지 않은 경우에 채무자는 BGB 제275조 제3항이 아닌 BGB 제242조 또는 BGB 제313조에 의해 급부의무의 구속으로부터 해방을 주장해야 한다는 점을 강조한다. 요컨대 이 견해는 「채무자가 스스로 제공해야 하는 급부」가 아닌 급부에도 폭넓게 적용될 수 있는 장애는 「채무자가 스스로 제공해야 하는 급부」의 경우에도 일반규정인 BGB 제242조 또는 BGB 제313조를 적용하는 것이 적용 조문이 달라짐으로 인하여 발생하는 평가적 모순을 해결할 수 있다는 점에서 타당하다고 본다.119) 한편 이 견해는 종국적으로 이러한 모순은 「채무자가 스스로 제공하지 않아도 되는 급부」에도 BGB 제275조 제3항을 유추적용하는 결과로 나아갈 수 있음을 우려한다.

다음으로, 이 견해는 양심에 의거한 급부거절의 사례에 대해 BGB 제275조 제3항을 적용하는 것은 입법 취지에도 합치하지 않는다고 본다. 즉 양심에 의거한 급부거절의 사례에 대해 정부초안의 이유서는 종래와 같이 행위기초의 상실 또는 신의칙에 의해 해결되어야 한다고 이해하였다는 것이다.120) 이를 전제로 이 견해는 통설과 같이 BGB 제275조 제3항의 적용에 의한 해결을 인정하면 입법자의 의사에 반한다고 주장한다. 이를 전제로 이 견해는 양심에 의거한 급부거절의 사례는 BGB 제275조 제3항의 적용이 아닌 행위기초의 상실에 관한 BGB 제313조, 노동계약 및 고용계약에 관한 BGB 제616조, 그 외에 BGB 제242조 등이 적용되어야 한다고 논한다.121)

특히 이 견해 중 일부는 양심의 갈등이 문제되는 급부사례는 본질적으로 「채무자가 스스로 제공해야 하는 급부」가 아니라 전형적으로 「타인에 의해 제공될 수 있는 급부」라고 보아 BGB 제275조 제3항의 적용이 문제되지 않는다고 본다.122) 요컨대 이 견해는 양심에 의거한 급부거절의 사례는 「채무자가 스스로 제공해야 하는 급부」에는 해당하지 않으므로 BGB 제275조 제3항의 적용이 애당초 문제되지 않는다고 본다.

3) 적용 부정설에 대한 Canaris의 반론

Canaris는 적용 긍정설의 입장에서 적용 부정설에 대해 다음과 같이 반론한다.123)

먼저, 「채무자가 스스로 제공해야 하는 급부」라는 BGB 제275조 제3항의 요건에 해당하지

118) Greiner, a.a.O., S.139ff.; Riehm, a.a.O., S.363f.
119) 이를 주장하는 것으로서 특히 Greiner, a.a.O., S.135ff., 142, 176f., 377.
120) BT-Drucks. 14/6040, S.130=Canaris, a.a.O., S.662.
121) Greiner, a.a.O., S.135ff.
122) Riehm, a.a.O., S.360f.
123) Canaris, FS Cian, S.390 ff.

않는다는 주장에 대한 반론이다. Canaris는 부정설이 비판하는 바와 같이 양심의 갈등은 모든 성질의 급부에 있어서 존재하며 모든 국면에 있어서 잠재하고 있다는 점을 인정한다. 즉 그는 양심에 의한 급부거절의 사례는 BGB 제275조 제3항이 문제되는 채무자가 스스로 급부를 이행해야 하는 경우뿐만 아니라, 매매계약이나 임대차계약과 같이 채무자가 스스로 급부할 필요가 없는 경우에 있어서도 발생할 수 있다고 본다.[124] 또한 Canaris는 부정적인 견해가 지적하는 바와 같이, 양심의 갈등의 사례에 있어서는 채무자가 스스로 급부를 이행해야 하기 때문에 BGB 제275조 제3항에 포함되는 경우도 있다는 점, 한편으로는 양심의 갈등은 존재하나 「채무자가 스스로 제공해야 하는 급부」라는 요건이 충족되지 않아 BGB 제275조 제3항과는 상이한 규정 -BGB 242조 또는 BGB 313조- 에 의해 해결되어야 하는 그 외의 사례도 남겨져 있다는 점에 대해서는 인정하고 있다.[125] 다만 Canaris는 조문의 적용이 달라짐으로 인하여 발생하는 결과가 BGB 제275조 제3항의 유추적용을 확장할 수 있다는 우려는 기우에 불과하다고 본다.[126] 즉 그는 「채무자가 스스로 제공해야 하는 급부」라는 요건이 결여되었음에도 불구하고 BGB 제275조 제3항의 유추적용에 의해 채무자를 구제해서는 안된다는 점을 강조하면서,[127] 「채무자가 스스로 제공해야 하는 급부」가 아닌 경우에는 양심의 갈등의 사례를 BGB 제275조 제3항의 적용범위에서 완벽하게 제외하고, 그 대신 이러한 사례를 「남겨진 사례」로 보아 BGB 제242조의 적용범위에 포함시켜 해결하는 방안은 문제가 없다고 주장한다.[128]

다음으로, BGB 제242조 등의 여타 규정에 의한 해결을 주장하는 점에 대해서이다. Canaris는 양심의 갈등의 사례에 대해 BGB 제275조 제3항을 적용하는 것이 정부초안의 이유서의 견해와 모순되는 듯 보일 수는 있는 이는 이유서를 읽는 방법에 따라 달라진다고 논한다. 즉 부정설은 정부초안의 이유서가 논하는 바와 같이, "양심에 의거한 급부거절의 사례에 대해서는 RE 제275조 제2항 1문이 아닌 오로지 RE 제313조 또는 신의칙의 적용에 의해 해결되어야 한다"[129]고 논하나, 그 문맥의 중점은 「RE 제275조 제2항 1문이 아닌」에 있다. 즉 Canaris는 정부초안의 이유서는 양심에 의거한 급부거절의 사례에 대해서는 어디까지나 RE 제275조 제2항 1문(현재의 BGB 제275조 제2항)의 적용문제가 발생하지 않는다는 점을 제시한 것으로 본다. 이러한 이해는

124) Canaris, FS Cian, S.390.
125) Canaris, FS Cian, S.390.
126) Canaris, FS Cian, S.390f. Canaris는 그 예로서 영화관의 소유자가 영화 「죄 있는 여인(Die Sünderin)」의 상영을 양심에 의거하여 거부한 예를 들고 있다. 참고로 양심에 의거한 급부거절의 시비를 둘러싼 논의의 효시가 된 논고로는 Friedrich Wilhelm Bosch/Walther J. Habscheid, Vertragspflicht und Gewissenskonflikt, JZ 1954, 213 ff.; Franz Wieacker, Vertragsbruch und Gewissensnot, JZ 1954, 466 ff. 참조.
127) Riehm, a.a.O., S.364 또한 참조.
128) Canaris, FS Cian, S.392.
129) BT-Drucks. 14/6040, S.130=Canaris, a.a.O., S.662f.

실제로 양심에 의거한 급부거절의 사례가 BGB 제275조 제2항의 적용범위로 여겨지지 않는다는 점에 의해서도 정당화될 수 있다. 또한 Canaris는 양심에 의거한 급부거절의 사례에 대해 BGB 제275조 제3항을 적용하는 것이 정부초안 이유서의 「오로지 RE 제313조 또는 신의칙의 적용」을 감안하면 모순되는 듯 보이나, 이 정부초안의 이유서의 문언은 BGB 제275조 제3항이 독립하여 규정되기 전의 것이라는 점으로도 해명이 가능하다고 본다. 이러한 이유에서 Canaris는 양심의 갈등사례에 「신의칙의 적용」을 대신하여 BGB 제275조 제3항을 적용하는 것이 입법자의 의사를 무시하는 것은 아니라고 본다.[130]

그런데 최근에는 양심에 의거한 급부거절의 사례에서 「채무자가 스스로 제공해야 하는 급부」라는 요건이 충족되지 않은 경우에도 BGB 제275조 제3항의 유추를 적극적으로 검토하는 견해가 있어,[131] 이 문제는 여전히 독일 내에서 논의가 계속되고 있다.

(4) BGB 제439조 제4항

BGB 제439조 제4항은 독일민법 제275조에 의한 불능과의 관계를 명시적으로 규정하고 있다. 즉, 매도인은 "제275조 제2항 및 제3항과는 별도로"라는 법문에 의해 BGB 제439조 제4항과 관계없이 BGB 제275조 제2항 및 제3항에 의거하여 추완청구를 거절할 수 있다.[132] 그런데 BGB 제275조 제3항은 채무자가 스스로 제공해야 하는 급부를 요건으로 한다는 점에서 추완청구권의 제한에 있어 의미가 없을 것이다.[133]

조문의 내용상 매도인은 매수인의 추완청구권에 대해서 BGB 제439조 제4항 및 BGB 제275조 2항의 주장을 모두 할 수 있을 것이나, BGB 제439조 제3항은 매매법상의 추완청구권에 대해 「특별규정」을 규정하는 것이라는 점에서[134] BGB 제275조 제2항은 크게 문제되지 않을 것이다. 즉 입법이유서에 의하면,[135] 「BGB 제439조 제3항 1문은 BGB 제275조 제2항에 포함되는 일반적인 법사상을 매매법 영역에서 특별히 명확하게 드러낸 것이며, BGB 제275조보다 용이하게 매도인의 추완거절의 항변에 근거를 부여하는 규정이다」라고 설명한다.

요컨대 하자 있는 물건에 대해 매수인이 추완을 요구하는 경우, 매도인은 일반적으로 BGB 제439조 제3항에 의거하여 매수인이 선택한 추완에 과분한 비용이 소요되는지를 검토할 것이나,

130) Canaris, FS Cian, S.391.

131) NK/Dauner-Lieb, § 275 Rn. 58; MünchKomm/Ernst, § 275 Rn. 110; Lobinger, a.a.O., S. 67, 92f., 179ff., 263ff.; Greiner, a.a.O., S.127ff.; Weller, a.a.O., S. 150ff.

132) BGB 제439조 제4항에서 "제275조 제2항 및 제3항과는 별도로"를 둔 것에 대해서 당연한 내용을 예시한 것에 지나지 않는다고 보는 견해로는 Kandler, Mandy, Kauf und Nacherfülung, 2004, S. 457.

133) 특히 김화, "매수인의 추완이행청구권의 제한원칙에 관한 고찰", 민사법학 제70호, 2015, 533면에서는 "명시적으로 제275조 제3항을 언급하는 것은 단순히 법적인 통일성을 고려한 것"에 지나지 않는다고 설명한다.

134) Stephan Lorenz, in: Egon Lorenz (Hrsg.) Karlsruher Forum 2005, S. 120.

135) BT-Drucks. 14/6040, S. 232.

보충적으로 BGB 제275조 제2항을 고려하는 것을 방해받지 않는다.

Ⅳ. 우리 민법에의 시사점 －맺음말에 갈음하여－

BGB 제275조 제3항의 요건 및 고려요소를 둘러싼 독일에서의 논의는 우리 민법상 채무자의 급부의무의 배제를 판단함에 있어 일응의 기준을 제시해 준다. 우리 민법은 독일민법 제275조 제2항 및 제3항과 같은 조항을 두고 있지 않아 실제로 계약의 구속력으로부터 벗어날 수 있는 법리로는 사정변경의 법리에 기댈 수밖에 없다. 물론 불능 개념의 유연화를 통해 불능의 범주를 넓혀서 이 문제를 해결할 수도 있을 것이나, 그것은 쉬운 문제가 아닐 것이다. 독일민법 제275조 제2항 및 제3항의 문제, 특히 채무자의 이익보호에 초점을 맞추고 있는 독일민법 제275조 제3항과 관련된 독일에서의 논의는 사정변경의 원칙 및 불능개념의 확대의 기준을 설정함에 있어 중요한 시사점을 제공할 것으로 판단된다. 현재의 코로나19 상황은 채권자의 급부이익보다도 채무자의 이익에 초점을 맞추어야 하는 상황인데, 채무자의 이익상황에 초점을 맞추는 독일민법 제275조 제3항과 관련된 논의는 '불능'을 판담함에 있어서뿐만 아니라 '채무자의 이익'에 초점을 맞추는 사정변경의 원칙 적용을 위한 기준설정에도 많은 도움을 줄 것이다.[136]

먼저 BGB 제275조 제3항과는 별개로 BGB 제275조 제2항을 고려해 보면, 채권자가 얻는 이익에 비해 채무의 이행에 과대한 비용이 요구되는 경우, 즉 채권자가 얻는 이익에 비해 채무의 이행에 과대한 비용이 요구되는 경우에는 채무의 불능으로 보아 채무자의 급부의무를 면하게 할 필요가 있을 것이다.[137]

특히 BGB 제275조 제3항이 「채무자가 스스로 제공해야 하는 급부」에 있어서 「채무자의 급부를 방해하는 장애」를 채권자의 급부이익과의 비교형량해야 할 고려요소로 규정한 점을 주목할

136) 참고로 일본에서는 2017년 5월 26일 「민법 일부를 개정하는 법률안(제189회 国会閣法 제63호)」 및 「민법 일부를 개정하는 법률의 시행에 따른 관계 법률의 정비 등에 관한 법률안(同 제64호)」이 2017년 6월 2일에 법률로서 공포되었으며(법률 제44호·동 제45호), 개정법은(이미 시행된 일부 예외를 제외하고) 2020년 4월 1일부터 시행되고 있다(政令 제309호). 일본 개정민법 제412조의2(이행불능) 제1항에 의하면, "채무의 이행이 계약 기타 채무의 발생원인 및 거래상의 사회통념에 비추어 불능인 때에는, 채권자는 그 채무의 이행을 청구할 수 없다."고 규정하고 있다. 요컨대 일본은 계약상 채권의 경우에, 이행불능을 「채무의 이행이 계약 그 외 채무의 발생원인 및 거래상의 사회통념에 비추어」 판단하도록 하고 있어 독일민법이 예정한 것에 비하여 매우 일반적이고 추상적이다. 국내문헌 중 일본 개정민법 제412조의2 제1항에 대한 설명은 박영복, "이행청구권의 한계사유로서의 이행불능", 128면 이하 참조.

137) 채권자가 얻는 이익에 비해 채무의 이행에 과대한 비용이 요구되는 국면도 불능에 포섭한다는 개정법안의 방향성에 대해 山本敬三, 「契約責任法の改正－民法改正法案の概要とその趣旨」, 法曹時報 68巻 5号, 2016, 1228頁 이하 참조.

필요가 있다. 즉 BGB 제275조 제3항은 동조 제2항과 같이 비용이라는 객관적인 가치가 아니라 당해 채무자의 개인적인 상황을 고려하고자 「채무자의 급부를 방해하는 장애」를 비교형량시의 고려대상으로 규정하고 있다.[138] 따라서 개별·구체적인 사안에서 채무자가 스스로 급부를 제공해야 하는 급부를 해석상 '불능'으로 보아 「채권자의 이행청구권을 제한할 필요가 있는지」를 판단함에 있어서는 채무자의 개인적인 사정을 다른 급부에 비하여 좀 더 고려할 필요가 있을 것이다. 특히 BGB 제275조 제3항에 의해 채무자가 스스로 급부를 제공해야 하는 급부의 경우에는 채무자의 귀책성을 고려하지 않고 급부의무를 배제하고 있다는 점에서 우리에게 시사하는 바가 크다고 할 수 있다.

---

138) 참고로 일본의 개정민법은 「이행청구권의 한계」에 관하여 불능으로 일원화하는 통일적인 원칙을 설정하고 있으나 개정 논의의 경위를 살펴보면, 그 판단에 있어서 채무자의 개인적인 상황을 완전히 배제한 것으로 보이지 않는다. 潮見佳男, 『民法(債権関係)改正法案の概要』, 金融財政事情研究会, 2015, 48頁 이하 참조.

대상청구권의 인정 여부와 한도에 관한 대법원 판결 재검토

정 상 현*

Ⅰ. 들어가며

계약의 유형과 관계 없이 계약은 지켜야 하므로 계약 당사자의 의무는 이행되어야 한다. 매매계약의 체결로 매도인은 소유권이전의무를 지고 매수인은 대금지급의무를 진다. 교환계약에서는 당사자 쌍방이 목적물의 소유권을 이전해야 한다. 다만 어떤 사정으로 그렇지 못할 수도 있다. 예를 들어 계약 대상인 토지가 당사자 쌍방의 귀책사유 없이 국가에 수용되거나 건물이 당사자 일방 또는 제3자의 귀책사유로 소실되어 이행이 불가능할 수도 있다. 이로 인하여 일방 당사자는 토지보상금을 받거나 화재보험금 또는 제3자에 대한 손해배상청구권을 취득할 가능성이 있다. 반면 상대방은 계약 목적물을 취득할 수 없다. 민법은 당사자 쌍방에게 귀책사유가 없는 경우 반대급부의무가 소멸되고(제537조), 일방에게 귀책사유가 있는 경우 상대방은 계약 해제권(제546조)이나 손해배상청구권을 얻는다고 규정한다(제390조).[1)]

이러한 민법의 보호조치 외에 해석상 추가적으로 불능이 된 급부의 대상물에 대한 권리를 인정하는 법률구성이 있다. 바로 '대상청구권'(Anspruch auf das stellvertretende Surrogat)이다. 급부불능으로 인하여 채무자가 급부물 대신 취득한 대상물이나 대상물에 관한 권리에 대하여 채권자가 그 양도를 요구할 수 있는 지를 다루는 법리이다. 이를 긍정하는 경우 대상물 가치 전부의 상환을 청구할 수 있는 지, 당초 채권자가 얻었을 이익의 한도로 제한되는 지도 포함된다. 우리 민법에는 이에 관한 명문 규정이 없다. 학설은 긍정하는 입장이 다수를 이루고 대법원 역시 1992년 판결을 통하여 인정하기 시작하였다. 급부불능에 따른 민법상 법률효과로 반대급부의 소멸이

* 성균관대학교 법학전문대학원 교수, 법학박사.

1) 제3자의 귀책사유로 급부가 불능이 되면 그 급부 목적물의 소유자인 매도인에게 불법행위로 인한 손해배상청구권(제750조)을 인정할 수 있고(대법원 2001. 5. 8. 선고 99다38699 판결; 대법원 2003. 3. 14. 선고 2000다32437 판결; 대법원 2009. 6. 11. 선고 2007다68862 판결; 대법원 2019. 5. 10. 선고 2017다239311 판결), 후술하는 대상청구권의 행사로 받은 배상금의 상환청구가 가능할 수도 있다.

나 손해배상청구권의 부여로 채권자는 보호된다. 그럼에도 추가적으로 이들과 선택 가능한 별도의 대상청구권을 인정하는 것은 채권자를 과도하게 보호하는 결과라는 비판이 가능하다.

대상청구권을 긍정해 온 대법원 판결 중에는 그 일관성에 의문이 제기될 수 있는 다른 결론의 판결이 있어서 주목된다. 교환계약의 대상인 양 당사자의 토지가 모두 수용되어 각각의 소유권이전이 불능인 사안에서 대법원은 대상청구권을 전부 부정하였다.[2] 이러한 결론은 "우리 민법이 대상청구권을 규정하고 있지 않으나 해석상 대상청구권을 부정할 이유가 없다."고 한 많은 판결[3]에 비추어 일관된 해석인지 의문이다. 나아가 판결 중에는 대상청구권의 인정 한도와 관련하여 소멸된 급부의 가치로 제한되는지,[4] 대상가액 전부의 상환을 인정하였는지[5] 명확하지 않아, 그 상환기준을 오해할 만한 표현을 나타내기도 한다.

이 논문은 우리 대법원 판결에서 나타나는 위와 같은 의문을 구체화하고 판결의 결론을 명확하게 이해할 수 있도록 세 가지 유형의 판결을 중심으로 한다. 대상청구권을 처음으로 긍정한 판결(Ⅱ), 교환계약에서 부정한 판결(Ⅲ), 인정한도에 관한 판결(Ⅳ)이다. 송덕수 교수께서도 대상청구권에 관한 깊은 이해와 통찰력을 바탕으로 기초이론부터 판례분석, 다른 제도와의 관계, 입법제안에 이르기까지 다수의 논문[6]을 발표하여 이에 관한 관심을 표방한 바 있다. 지면을 빌어 그간의 노고에 감사를 표하고 건강과 행복이 함께하길 기원한다.

Ⅱ. 대상청구권을 긍정한 판결 검토

1. 대법원 1992. 5. 12. 선고 92다4581·4598 판결

이전의 대법원 판결[7]과 달리, 대상청구권의 명확한 개념과 본질을 이해하고 이를 긍정한

2) 대법원 1996. 6. 25. 선고 95다6601 판결.

3) 대법원 1992. 5. 12. 선고 92다4581(본소)·92다4598(반소) 판결.

4) 서울고등법원 1991. 12. 10. 선고 91나26555(본소)·26562(반소) 판결. 이 판결의 상고심(대법원 1992. 5. 12. 선고 92다4581(본소)·92다4598(반소) 판결)에서 원심법원의 판결을 그대로 수용하였다.

5) 대법원 2008. 6. 12. 선고 2005두5956 판결; 대법원 2016. 10. 27. 선고 2013다7769 판결.

6) 송덕수, "대상청구권", 민사판례연구(ⅩⅥ), 민사판례연구회, 1994. 5; 송덕수, "취득시효와 대상청구권", 저스티스 제30권 제2호, 한국법학원, 1997. 6; 송덕수, "취득시효 완성자의 대상청구권: 대상청구권의 인정범위와 내용", 판례실무연구 Ⅰ, 박영사, 1997. 9; 송덕수, "대상청구권에 관한 입법론", 법조 제660호, 법조협회, 2011. 9; 송덕수, "대상청구권의 몇 가지 중요 문제에 관한 개별적인 검토 -특히 보험금과 초과수익을 중심으로-", 법학논총 제36권 제1호, 전남대학교 법학연구소, 2016.

7) 대법원이 '대상' 또는 '대상청구권'과 관련하여 언급한 판결은 1960년대에 등장한다. 초기 대법원 판결은 채무자의 이행불능으로 인한 손해배상청구권과 대상청구권을 혼용하였다. 즉 피고 지방자치단체가 농가에 공급하고 남은 비료를 원고 국가에 반환해야 함에도 다른 목적으로 처분하여 강제집행이 불능하게 되자 원고가 "대상청구"를 하였는데, 법원은 "비료 공급에 관한 계약위반을 이유로 손해배상을 청구하는 취지도 포함되어 있다."고 판시하였다(대법원 1962. 12. 27. 선고 62다702 판결). 그 외 소유권이전등기의 집행 불능을

판결은 1992년 처음 등장하였다. 매매계약의 목적인 토지의 수용으로 보상금을 수령한 매도인을 상대로 매수인이 대상청구권을 행사한 사례였다. 이하 '제1판결'이라 한다.

(1) 사실관계

원고 甲(서울특별시)이 1986. 12. 11. 피고 乙 소유 X토지 290.2㎡에 관하여 10,238,010원[8]의 매매대금으로 매수하는 계약을 체결하고, 계약금과 중도금으로 9,000,000원을 乙에게 지급하였다. 본래 X토지는 종합사회복지원 건립계획에 따라 도로부지에 편입될 예정이었다. 그래서 계약 내용에 X토지 중 272㎡는 ㎡당 36,800원, 18.2㎡는 ㎡당 12,550원[9]으로 하고, 실측 후에 면적의 증감이 있을 때에는 이미 정해진 ㎡당 단가에 의하여 차액을 정산하기로 약정하였다.[10] 그런데 당초 면적보다 X토지는 272㎡ 초과, 乙 소유 Y토지는 32.8㎡가 초과 편입되자, 甲은 1988. 9. 10.부터 1990. 1. 24.까지 세 차례에 걸쳐 X, Y 토지의 소유권이전등기절차 이행과 함께, 초과토지의 정산금으로 8,788,850원의 수령을 최고하였으나, 乙은 계약 내용보다 많은 토지가 편입되어 오히려 甲이 계약을 위반하였다고 주장하며 그에 응하지 않았다. 그러던 중 중앙토지수용위원회의 재결로 X, Y 토지를 포함한 일대가 수용되었고 乙이 X, Y 토지 합계 517㎡를 ㎡당 당

원인으로 한 원고의 손해배상청구에 대하여, 원심법원은 "대상청구"를 한 것이라고 석명하였으나, 대법원은 이를 "이행불능으로 인한 손해배상을 청구하는 취지라고 해석하는 것이 경험칙에 맞는다."고 하였고(대법원 1967. 2. 21. 선고 66다518 판결), 목재 인도의무가 불능이 된 경우 "대상청구"가 이행불능으로 인한 손해배상청구를 포함하는지 석명해야 함에도 원심법원이 이를 하지 않았다는 판결(대법원 1967. 10. 31. 선고 67다1469 판결), 비료 인도의무가 불능이 아닌데 원고가 "대상청구"를 하였고 청구취지에 이행불능에 따른 전보배상청구도 포함되어 있다고 전제한 판결(대법원 1967. 12. 16. 선고 67다1525 판결, 이 판결은 1962년 12월 16일자 판결로 검색되었으나 판결선고 연도가 판결번호와 상응하지 않고 원심법원의 판결 일자와 번호가 서울고등법원 1967. 5. 30. 선고 66나728 판결인 점에 비추어 1962년이 아니라 1967년으로 보아야 할 것임), 토지 인도의무의 불능에 대한 판결(대법원 1969. 10. 28. 선고 68다158 판결)도 있다. 더욱 명확한 것으로 고철 매매계약에 따라 원고 매수인이 피고 매도인을 상대로 고철 인도청구와 그 인도의무 불능에 대비하여 손해배상청구를 하였는데, 대법원은 "불능에 대비하여 구하는 예비적 '대상청구'의 성질은 전보배상을 구하는 것"이라고 판시한 바 있다(대법원 1975. 5. 13. 선고 75다308 판결). 1980년대에도 백미 인도의무의 불능에 대하여 "본래의 급부에 대한 집행이 불능으로 되어 대상급부의무가 발생하게 되면 채무자로서는 대상급부의무를 이행함에 의하여 채무를 면할 수 있다."고 판시하였다(대법원 1984. 6. 26. 선고 84다카320 판결). 이러한 판결에서 급부불능으로 발생된 '대상'을 대법원이 어떤 의미로 이해하였는지 명확히 알 수는 없다. 다만 이것은 본래 급부의 객체를 금액으로 환산한 용어라는 측면에서 불능된 급부물에 갈음하는 이익으로서 오늘날의 대상청구권에서의 '대상'과는 구별되어야 한다는 견해가 있다(곽용섭, "대상청구권", 재판실무연구(1997), 광주지방법원 재판실무연구회, 1998. 1, 188면; 사법연수원, 민사판결서작성실무, 1996, 123면; 송덕수, 앞의 "대상청구권", 31면). 이런 점에서 '대상(代償)'이라는 용어보다 '대체이익'으로 보는 견해(송덕수, 앞의 "대상청구권의 몇 가지 중요 문제에 관한 개별적인 검토; 김형석, "대상청구권 -민법개정안을 계기로 한 해석론과 입법론-", 법학 제55권 제4호, 서울대학교 법학연구소, 2014. 12; 성중모, "민법개정위원회 대상청구권 개정안의 법리적 검토", 일감법학 제37호, 건국대학교 법학연구소, 2017. 6, 148면 각주 1에 찬성한다.

8) 제1심법원에서는 10,238,000원으로 확정하였다.

9) 제1심법원에서는 12,500원으로 계산하였다.

10) 매매대금은 원고가 90% 이내의 금액을 우선 지급하고 잔금은 그 소유권이전등기를 경료한 후에 지급하기로 하는 동시에, 계약체결 후에는 잔금지급 이전이라도 토지를 사용할 수 있다는 약정도 포함되었다.

시 시가 70,000원으로 계산한 수용보상금 36,190,000원을 지급받았다.[11] 이에 甲은 도로에 편입될 면적이 계약체결시의 예정 면적보다 많을 경우 매매대금을 정산하기로 약정한 바 있으므로 X, Y 토지 전부를 매매계약의 목적물로 보아야 하고, 乙이 소유권이전등기의무의 이행을 지체하던 중 수용되어 소유권이전등기가 이행불능이 되었으므로, 주위적 청구로서 그 불능 당시의 토지 시가에 해당하는 전보배상금 69,795,000원(=135,000원×517㎡)에서 甲이 乙에게 지급하여야 할 정산금 8,788,850원을 공제한 61,006,150원의 지급을 구하는 소를 제기하였다.[12]

(2) 하급심법원 판결

제1심법원은 위 매매계약을 수량지정 매매로 규정하고, 추가로 편입된 토지 부분이 본래 매매의 목적으로 삼은 토지의 0.8배에 달한다면, 乙의 의사에 비추어 X, Y 토지 전부를 매매계약의 목적물로 포함시킬 것은 아니라는 이유로 원고 甲의 청구를 기각하였다.[13] 이에 甲이 항소하면서 乙이 X, Y 토지의 수용보상금으로 받은 36,190,000원의 지급을 구하는 제1예비적 청구를 추가하였고, 매매계약에 따라 甲이 乙에게 지급한 계약금과 중도금 9,000,000원의 반환을 구하는 제2예비적 청구를 추가하였다.

원심법원은 제1심법원과 동일한 이유로 甲의 주위적 청구에 관한 항소를 기각하고 乙의 반소청구를 인용하면서 甲으로 하여금 15,043,382원을 乙에게 지급하라고 명하였다. 반면 대상청구권에 대한 甲의 제1예비적 청구와 계약금 및 중도금 반환에 관한 제2예비적 청구를 인용하였다. 다만 대상청구와 관련하여, 원심법원은 "이행불능이 생긴 것과 동일한 원인으로 채무자인 피고가 이행의 목적물의 대가로 볼 수 있는 이익을 취득한 때 채무자는 이행불능이 되지 않았던 경우 이상으로 이익을 받을 이유가 없으므로 채권자인 원고는 위 이행불능으로 인한 손해를 한도로 하여 채무자인 피고에 대하여 위 이익을 상환을 구할 이른바 대상청구권이 있다."고 하면서, "이행불능으로 인한 원고의 손해는 이행불능 당시의 시가 상당액이라 할 것이고", "원고가 위 대상청구권을 행사하려면 당초 계약에 따른 매매대금은 피고에게 지급해야 할 것"이라고 판시하였다.[14] 이에 따라 乙에게 매매계약의 목적물인 측량 전 토지의 손실보상액 20,314,000원

---

11) X, Y 토지를 포함한 일대는 1989. 9. 19. 택지개발사업지구로 고시되었고, 중앙토지수용위원회가 1990. 3. 30.자로 수용재결을 하였다. 택지개발사업의 시행자인 당시 대한주택공사가 乙에게 보상금을 모두 지급하였고, 甲은 1990. 4. 3. 乙을 공탁금 수령자로 하여 위 매매계약에 따른 정산금과 법정이자 10,761,660원을 변제공탁하였다.

12) 이에 乙은 반소로서 甲이 도로를 개설하여 추가로 편입된 토지 226.8㎡에 관하여, 이 토지가 도로가 아니었다면 그 시가는 ㎡당 135,000원이었는데 도로에 편입되어 ㎡당 70,000원밖에 받지 못하였다고 주장하며, 그 차액 14,742,000원과 도로에 편입된 1988. 8. 18.부터 수용 전날인 1990. 3. 29.까지의 임료 301,382원 합계 15,043,382원의 지급을 구하였다.

13) 서울민사지방법원 1991. 5. 1. 선고 90가합55948(본소)·76082(반소) 판결. 오히려 甲에게 乙의 반소 청구금액 15,043,382원의 지급의무를 인용하면서, 乙이 甲에게 반환해야 할 계약금 및 중도금 합계 9,000,000원이 있으므로 이를 공제한 6,043,382원의 지급을 명하였다.

{=70,000원×(272㎡+18.2㎡)}에서 이행불능이 아니었다면 甲이 지급해야 할 매매대금 10,238,010원을 공제한 10,075,990원의 지급을 명하였다.[15] 甲과 乙은 모두 상고하였다.

(3) 대법원판결

대법원은 상고를 모두 기각하면서, "우리 민법에는 이행불능의 효과로서 채권자의 전보배상청구권과 계약해제권 외에 별도로 대상청구권을 규정하고 있지 않으나 해석상 대상청구권을 부정할 이유가 없다."고 판시하여 대상청구권을 정면으로 긍정하였다.[16] 이로써 매매계약의 목적물은 측량 전 토지 290.2㎡로 한정되어 甲은 乙을 상대로 그 수용 당시 시가 70,000원으로 계산된 손실보상금 20,314,000원을 대상으로 청구할 수 있으며, 반대급부인 매매대금 10,238,010원은 甲이 乙에게 지급해야 한다는 원심판결이 확정되었다.

(4) 이후의 동향

대상청구권을 인정한 판결 대부분은 당사자의 귀책사유가 없는 급부불능에 관한 것이다. 매매계약에 따른 매도인의 소유권이전등기의무가 목적물인 토지 수용으로 불능이 된 경우,[17] 환매를 원인으로 한 소유권이전등기의무가 환매대상 토지의 택지개발예정지구 편입으로 수용되어 불능이 된 경우,[18] 명의신탁해지를 원인으로 한 소유권이전등기의무가 명의신탁된 토지 수용으로 불능이 된 경우,[19] 부동산에 설정된 근저당권 실행절차에서 매각대금 납부 전에 부동산이 수용되어 경매매수인의 소유권 취득이 불능으로 된 경우,[20] 경매의 목적물인 토지가 경락허가결정 확정 이후 하천구역에 편입되어 국유가 됨으로써 소유자의 경락인에 대한 소유권이전등기의무가 불능이 된 경우,[21] 취득시효가 완성된 부동산의 원소유자가 시효취득자에 대하여 소유권이전등기의무를 지고 있는 상태에서 그 부동산이 수용된 경우 일정한 제한은 있지만 시효취득자는 원소유자가 지급받은 수용보상금에 관하여 대상청구권을 행사할 수 있다.[22]

---

14) 후술하는 대상청구권의 인정 한도와 관련하여 '이행불능으로 인한 손해를 한도'로 하고, '이행불능으로 인한 원고의 손해는 이행불능 당시의 시가 상당액'이라고 판시한 내용을 주목해야 한다.

15) 서울고등법원 1991. 12. 10. 선고 91나26555(본소)·26562(반소) 판결. 물론 乙이 반소를 통하여 甲에게 취득한 채권액 15,043,382원은 남아있다.

16) 대법원 1992. 5. 12. 선고 92다4581(본소)·92다4598(반소) 판결.

17) 대법원 1996. 10. 29. 선고 95다56910 판결.

18) 대법원 1995. 2. 3. 선고 94다27113 판결.

19) 대법원 1995. 12. 22. 선고 95다38080 판결.

20) 대법원 2002. 2. 8. 선고 99다23901 판결.

21) 대법원 2008. 6. 12. 선고 2005두5956 판결.

22) 대법원 1994. 12. 9. 선고 94다25025 판결; 대법원 1995. 7. 28. 선고 95다2074 판결; 대법원 1995. 8. 11. 선고 94다21559 판결; 대법원 1995. 12. 5. 선고 95다4209 판결; 대법원 1996. 12. 10. 선고 94다43825 판결. 대법원은 "이행불능 전에 등기명의자에 대하여 점유로 인한 부동산 소유권 취득기간이 만료되었음을 이유로 그 권리를 주장하였거나 그 취득기간 만료를 원인으로 한 등기청구권을 행사하였어야 하고, 그 이행불능 전에 그와 같은 권리의 주장이나 행사에 이르지 않았다면 대상청구권을 행사할 수 없다고 봄이 공평의 관념에 부합한다."고 판시하였다. 이에 정면으로 반대하는 견해가 있는가 하면(최병조, "대상청구권에 관한 소고 –

채무자의 귀책사유로 급부불능이 된 사례로는 매매계약의 체결 후 매매 목적물인 육계가 냉동창고의 화재로 모두 소실되어 그 인도의무가 이행불능이 된 경우 매도인이 지급받게 되는 화재보험금이나[23] 부동산 이중매매가 유효하여 제1매매계약에서 정한 부동산의 소유권이전등기의무가 이행불능이 된 경우 제2매매계약에서 매도인이 취득한 매매대금,[24] 취득시효가 완성된 부동산을 원소유자가 제3자에게 처분한 경우 그 매각대금[25]에 관하여 대법원은 대상청구권을

로마법과의 비교고찰을 중심으로-", 판례실무연구 제1권, 비교법실무연구회, 1997, 499면; 황경남, "대상청구권 인정의 문제점", 판례실무연구 제1권, 비교법실무연구회, 1997, 508면), 판례의 제한에 대하여 이견이 없지 않으나 학설도 대체로 이에 동의하고 있다(권용우, "취득시효완성자의 대상청구권", 법학논총 제30권 제1호, 단국대학교, 2006. 6, 100면; 제철웅, "대상청구권의 적용범위", 사법연구 제4집, 청헌법률문화재단, 1999, 98면; 김대규, "점유취득시효 완성자의 대상청구권", 원광법학 제24권 제2호, 원광대학교 법학연구소, 2008. 6, 222면; 김대경, "취득시효완성자의 대상청구권", 법학연구 제18집 제3호, 인하대학교 법학연구소, 2015. 9, 79면; 김상명, "점유취득시효완성자의 대상청구권", 법학연구 제27집, 한국법학회, 2007. 8, 69면; 김성욱, "점유취득시효에 있어서 등기명의인의 민사책임과 관련한 법적 쟁점", 민사법의 이론과 실무 제19권 제2호, 민사법의 이론과 실무학회, 2016. 4, 66면 이하; 서경희, "부동산 점유취득시효 완성자의 대상청구권 행사요건", 재판과 판례 제6집, 대구판례연구회, 1997, 104면; 윤근수, "부동산 점유취득시효 완성으로 인한 등기청구권이 이행불능 된 경우 대상청구권의 성부 및 요건", 판례연구 제8집, 부산판례연구회, 1998, 187면; 이덕환, "취득시효완성자의 대상청구권", 법학논총 제15집, 한양대학교 법학연구소, 1998, 163면; 이재환, "시효취득 후 등기청구권을 주장, 행사하지 않은 사이 목적물이 양도된 경우에도, 시효취득자에게 대상청구권이 인정되는지 여부", 대법원판례해설 제27호, 법원도서관, 1997, 93-95면; 황익, "취득시효로 인한 소유권이전등기의무의 이행불능과 대상청구권", 판례연구 제6집, 부산판례연구회, 1996, 128-129면).

23) 대법원 2016. 10. 27. 선고 2013다7769 판결. 화재보험금은 별도의 보험계약에 의한 것으로 불능이 된 급부의 대상이 아니라는 견해(이태재, 채권총론신강, 진명문화사, 1987, 116면; 김대정 · 최창렬, 채권총론, 박영사, 2020, 603면; 이상경, "대상청구권", 민사재판의 제문제(송천이시윤박사화갑기념논문집), 박영사, 1995, 257면; 곽용섭, 앞의 논문, 213면)도 있고, 급부가 불능이 된 사건과 동일한 보험사고에 의한 것으로 인과관계를 부정할 수 없어 대상이익이라는 견해(양창수(편집대표 곽윤직), 민법주해 제IX권, 채권(2), 박영사, 2007, 292면; 김준호, "이행불능의 효과로서 대상청구권", 사법행정 제390호, 한국사법행정학회, 1993. 6, 81면; 윤철홍, "이행불능에 있어서 대상청구권", 고시연구 제18권 제10호, 고시연구사, 1991. 10, 90면; 지원림, "대상청구권", 민법학논총 · 제2, 후암곽윤직선생고희기념, 박영사, 1995, 212면; 김대경, "대상청구권에 관한 민법개정안의 검토 -적용범위 및 반환범위", 민사법의 이론과 실무 제18권 제3호, 민사법의 이론과 실무학회, 2015. 8, 20면; 김대규 · 전완수, "대상청구권에 대한 입법론적 고찰", 원광법학 제22집 제2권, 원광대학교 법학연구소, 2006. 12, 170면; 배성호, "초과이익에 대한 대상청구의 반환여부", 동아법학 제79호, 동아대학교 법학연구소, 2018. 5, 163면; 이은애, "우리 민법상 이른바 <대상청구권>의 인정", 사법론집 제26집, 대법원 법원행정처, 1995, 210면; 정다영, "대상청구권의 행사 및 효력범위", 재산법연구 제35권 제2호, 한국재산법학회, 2018. 8, 169면; 송덕수, 앞의 "대상청구권", 36면; 권용우, 앞의 논문, 92면)가 대립된다.

24) 대법원 2018. 11. 15. 선고 2018다248244 판결. 이 판결에서 "대상청구권의 소멸시효 기산점에 관한 법리는 매매 목적물의 이중매매로 인하여 매도인의 소유권이전등기의무가 이행불능된 경우와 같이 그 대상청구권이 채무자의 귀책사유로 발생한 때에도 마찬가지로 적용된다."고 판시하고 원고의 상고를 기각하였다. 이에 대하여 대상청구권을 긍정하는 견해(김증한 · 김학동, 채권총론, 박영사, 1998, 170면; 양창수, 앞의 책, 293면; 안법영, "대상청구권의 발전적 형성을 위한 소고", 한국민법이론의 발전(무암이영준박사화갑기념논문집), 박영사, 1999, 539면; 서종희, "부당이득의 반환범위와 대상청구권의 반환범위와의 관계 -양(兩)제도의 정합성 측면을 고려하여-", 법학연구 제27권 제2호, 연세대학교 법학연구원, 2017. 6, 145면; 송덕수, 앞의 "대상청구권", 43면; 윤철홍, 앞의 논문, 90면; 지원림, 앞의 논문, 213면; 이은애, 앞의 논문, 211면)도 있으나 채권의 효력에 불과한 대상청구권으로 매매대금에 대한 추급을 인정하는 것은 곤란하다는 견해(이재환, 앞의 논문, 548면) 등 이를 부정하는 입장(김대정 · 최창렬, 앞의 책, 604면; 성중모, 앞의 논문, 160면)도 있다.

인정하였다.[26)]

대상청구권은 채권적 권리로서 수용보상금을 청구할 수 있는 권리일 뿐 그 자체가 바로 귀속되는 것은 아니며,[27)] 대상은 급부가 불능이 된 결과로 취득한 것이어야 하고,[28)] 대상청구권의 행사로 채권자가 직접 수용보상금을 지급받았더라도 채무자에 대하여 부당이득이 되지는 않으나,[29)] 그 수령권자가 채권자 자신이라는 확인을 구할 이익은 없다는 법리가 형성되었다.[30)]

2. 판결에 대한 학설의 입장

(1) 학계의 압도적인 다수견해는 대법원 판결과 마찬가지로 급부불능의 원인과 무관하게 대상청구권을 인정한다.[31)] 이에 관한 명문의 규정은 없지만 개별 규정들 배후에 존재하는 일반

---

25) 대법원 2003. 11. 14. 선고 2003다35482 판결. 이에 관하여 대상청구권의 행사요건으로 귀책사유를 요구하는 결과가 되므로 타당하지 않다는 비판이 있다(심준보, "취득시효와 대상청구권", 민사판례연구(XX), 민사판례연구회, 박영사, 1998. 6, 107-108면; 엄동섭, "대상청구권의 제한", 법률신문 제2603호, 법률신문사, 1997. 6, 14면; 송덕수, 앞의 "취득시효와 대상청구권", 256-258면).

26) 그 외 영업양도계약의 합의해제에 따른 원상회복 과정에서 피고가 원고로부터 부동산 소유권이전등기에 필요한 서류 일체를 교부받고도 이전등기절차를 지체하여 원고 명의의 소유권이전등기가 그대로 남아 있는 상태에서 부동산 경매절차가 진행된 경우, 경매매수인이 경매대금을 모두 납입하여 소유권을 취득하였더라도 피고는 원고에게 반환된 잉여금에 관하여 대상청구권을 인정하였다(대법원 1995. 1.12. 선고 94누1234 판결). 사해행위로 설정된 근저당권의 말소를 명하는 확정판결 후 그 집행 전에 수익자인 근저당권자가 경매절차에서 배당금을 수령한 경우, 그 원상회복에 대하여 근저당권설정등기말소의무의 이행불능으로 인한 대상청구권 행사를 긍정한 판결이 있다(대법원 2012. 6. 28. 선고 2010다71431 판결, 이 판결의 평석으로 이봉민, "사해행위 취소의 효과로서 대상청구권", 민사판례연구(XXXVI), 민사판례연구회, 2015, 503면 참조).

27) 대법원 1996. 10. 29. 선고 95다56910 판결.

28) 대법원 2003. 11. 14. 선고 2003다35482 판결.

29) 대법원 2002. 2. 8. 선고 99다23901 판결.

30) 대법원 1995. 7. 28. 선고 95다2074 판결; 대법원 1995. 8. 11. 선고 94다21559 판결; 대법원 1995. 12. 5. 선고 95다4209 판결.

31) 곽윤직, 채권총론, 박영사, 2006, 87면; 김증한, 채권총론, 박영사, 1988, 65면; 김기선, 한국채권법총론, 법문사, 1963, 156면; 황적인, 현대민법론Ⅲ(채권총론), 박영사, 1983, 104면; 김주수, 채권총론, 삼영사, 2003, 131-132면, 각주 32; 임정평, 채권총론, 법지사, 1989, 158-159; 권용우, 채권총론, 법문사, 1992, 154면; 김준호, 민법강의, 법문사, 2021, 578면; 홍성재, 채권법, 동방문화사, 2020, 97면; 최문기, 채권법강의Ⅰ, 세종출판사, 2004, 128면; 지원림, 민법강의, 홍문사, 2021, 1080면; 양형우, 민법의 세계, 정독, 2021, 909면; 최종길, "대상청구권(상)", 법정 제20권 제9호, 법정사, 1965. 9, 10면 이하; 최종길, "대상청구권(하)", 법정 제20권 제10호, 법정사, 1965. 10, 44면 이하; 제철웅, "대상청구권의 적용범위에 관한 소고", 법정고시, 1997. 12, 98면; 강봉석, "대상청구권의 의의 및 요건", 민사법학 제32호, 한국민사법학회, 2006. 6, 253-254면; 구재군, "부동산의 점유취득시효와 대상청구권", 신세기의 민사법과제(인제임정평교수화갑기념논문집), 법원사, 2001, 52면; 김성룡, "대상청구권의 발생요건 -대법원판례의 변화와 함께-", 한양법학 제8집, 한양법학회, 1997. 9, 190면; 안창환, "경매목적인 토지가 경락허가결정 이후 하천구역에 편입된 경우, 그 손실보상금에 대한 경락자의 대상청구권 및 그 소멸시효의 기산점", 판례연구 제15집, 부산판례연구회, 2002, 236면; 남하균, "공익사업용지의 협의취득과 대상청구권 -대법원 1992. 5. 12 선고 92다4581, 4598 판결을 계기로-", 행정법연구 제11호, 행정법이론실무학회, 2004, 317-318면; 이재경, "대상청구권에 관한 판례 및 학설의 검토", 법과 정책 제19집 제2호, 청주대학교 법과정책연구소, 2013. 8, 344면; 정진명, "대상청구권에 대한 입법론적 소고 -민법개정안을 중심으로-", 민사법학 제68호, 한국민사법학회, 2014. 9, 247면; 이태재, 앞의

적인 법원칙을 유추하여 대상청구권을 인정할 수 있다고 한다.[32] 급부가 불능인 경우 채권관계를 소멸시키는 것보다는 발생된 대상으로 본래 채무이행에 갈음하도록 하는 것이 당사자 의사에 부합한다는 채권의 연장효(Fortwirkung)를 본질로 한다.[33] 그 근거로 급부불능에 따른 법적 효과는 장차 채권자에게 귀속되어야 할 경제적 이익이므로 대상 역시 채권자가 상환을 청구할 수 있도록 해야 한다거나[34] 계약 구속력에 관한 당사자의 의사[35] 또는 신의칙[36]에서 찾기도 한다.[37] 이 입장에서는 급부불능에 대한 민법상 효과로서 위험부담이나 전보배상청구권과 대상청구권의 경합을 인정한다.[38] 채권자가 대상청구권을 행사하기 위해서는 반대급부를 이행해야 하는데, 대상가액과 급부가액 비율에 따라 반대급부를 이행해야 한다는 견해도 있고,[39] 본래의 반대급부를 그대로 이행하면 된다는 견해도 있다.[40]

책, 115면; 윤철홍, 앞의 논문, 86면; 김형석, 앞의 논문, 122면; 정다영, 앞의 논문, 160면; 김대규 · 전완수, 앞의 논문, 173-174면.

32) 대상청구권과 같은 취지로 담보물권자의 물상대위(제342조, 제370조), 손해배상자의 대위(제399조), 변제자 대위(제480조 이하), 유증에서의 물상대위(제1083조) 등이 있고, 동일한 원리가 명문의 규정은 없으나 손익상계 등에서 찾을 수 있다고 한다.

33) 임건면, "대상청구권에 관한 소고", 경남법학 제14집, 경남대학교 법학연구소, 1998, 137면; 지원림, 앞의 책, 1078면; 윤근수, 앞의 논문, 173면. 이에 대한 비판으로 안법영, 앞의 논문, 548면; 곽용섭, 앞의 논문, 203면.

34) 이호정, 채권법총론, 한국방송통신대학, 1993, 128면; 엄동섭, 앞의 논문, 14-15면; 이은애, 앞의 논문, 205-206면.

35) 김대정 · 최창렬, 앞의 책, 601면.

36) 안법영, "채권적 대상청구권 -우리 민법의 발전적 형성을 위한 비교법적 소고", 채권법의 자유와 책임(김형배교수화갑기념논문집), 박영사, 1994, 252면.

37) 그 외 당사자의 공평(김대경, 앞의 "대상청구권에 관한 민법개정안의 검토", 28-29면)이나 조리에서 찾는 견해(안창환, 앞의 논문, 231면; 이상경, 앞의 논문, 254면; 곽용섭, 앞의 논문, 203면), 위험부담에서 중간이익 공제에 관한 제538조 제2항의 유추 또는 확대에서 찾는 견해(정다영, 앞의 논문, 165면)도 있다.

38) 당사자의 귀책사유 없는 급부불능의 경우 채권자는 위험부담 법리에 따라 자신의 채무를 면할 수도 있고 대상청구권을 행사할 수도 있다. 채무자의 귀책사유로 인한 이행불능의 경우 채권자는 대상청구권과 전보배상청구권을 모두 가지며, 어느 청구권을 행사할 것인지는 채권자가 선택하고 후에 변경할 수도 있다. 다만 대상청구권으로 얻은 이익은 그 한도에서 손해배상청구권에서 공제되어야 하고, 채무자는 채권자에게 대상을 양도할 의사를 표시하더라도 손해배상의무를 면할 수 없다. 김형배, 채권총론, 박영사, 1998, 199면; 권오승, 민법의 쟁점, 법원사, 1990, 230면; 송덕수, 신민법강의, 박영사, 2021, 798면; 김수형, 판례실무연구 제1권, 비교법실무연구회, 1997, 511면; 양창수, 앞의 책, 294면; 지원림, "점유취득시효 완성 이후의 사정변경과 대상청구권", 민사판례연구(XVII), 민사판례연구회, 1997, 160면; 박규용, "대상청구권에 관한 고찰", 법학연구 제19집, 한국법학회, 2005, 119면; 안법영, 앞의 "대상청구권의 발전적 형성을 위한 소고", 540면; 곽용섭, 앞의 논문, 217면; 이상경, 앞의 논문, 258면; 권용우, 앞의 논문, 93면; 이은애, 앞의 논문, 221면. 이에 반하여 경합적으로 행사할 수 있다는 견해로 장재현, 채권법총론, 현암사, 1998, 91면; 김민중, 민법강의, 두성사, 1997, 450면; 김상용, 채권총론, 법문사, 2000, 130면.

39) 양창수, 앞의 책, 295면; 지원림, 앞의 책, 1083면; 김대정 · 최창렬, 앞의 책, 609-610면. 대상가액이 급부가액보다 작은 예를 들어 설명하면, 甲이 乙로부터 시가 10억 원인 가옥을 9억 원에 매수하였는데, 화재로 가옥이 소실되어 화재보험금이 5억 원만 지급된 경우, 甲은 乙을 상대로 대상이익 5억 원의 인도를 청구함과 동시에 자신의 반대급부도 이행하여야 하지만, 대상이익이 시가에 비하여 1/2에 그치므로 그 반대채무 9억 원 역시 1/2로 감축되어 채무자에게 4억 5,000만 원(같은 계산방법으로 반대급부액 9억 원×대상이익액 5억 원÷목적물의 시가 10억 원)만 지급하면 된다.

40) 홍성재, 앞의 책, 343-344면. 대상가액이 급부가액보다 큰 예를 들어 설명하면, 甲이 乙에게 시가 1억 원의

(2) 대상청구권을 부정하는 견해도 있다. 법률상 근거도 없이 당사자의 이해관계에 직접적인 영향을 미치는 실질적 권리를 일방 당사자에게 인정하는 것은 논리 비약일 뿐만 아니라 법해석학의 범주를 벗어났다고 한다.[41] 법원 판결을 통하여 이러한 결론에 이르는 것 역시 법관의 법창조행위로서 입법권의 침해라고 한다.[42]

(3) 한편 제한적 긍정설도 있다. 이 견해는 원칙적으로는 긍정설의 입장이다. 다만 대상청구권이 위험부담 법리가 적용되지 않는 법정채무이거나 편무계약인 경우에 의미가 있고, 채권자가 채권자대위권 또는 제3자에 대한 손해배상청구로 해결되는 경우에는 굳이 대상청구권을 인정할 필요가 없다고 한다.[43]

3. 판례와 학설의 검토

대상청구권은 로마법이 일반적으로는 채무자 위험부담주의(periculum est debitoris)를 취하였음에도, 매매계약에서 채권자 위험부담주의(periculum est creditoris)를 택한 한도에서,[44] 불탄 가옥의 잔재나 국가에서 지급한 수용보상금, 불법행위에 의한 배상소권 등과 같은 대상이득(com-

---

부동산을 8,000만 원에 매도하였으나 그 부동산이 1억 2,000만 원에 수용된 경우, 대상 가액(1억 2,000만 원)과 원래의 급부의 가액(1억 원)과의 비율(1억 2,000만 원÷1억 원=1.2)에 따라서, 대상청구권을 행사하는 乙의 반대급부의무는 9,600만 원(8,000만 원의 1.2배로 반대급부인 8,000만 원×1.2)으로 증액된다. 이 견해는 이에 관한 민법의 명문규정이 없고, 대상가액이 반대급부보다 큰 경우에 대상청구권을 행사할 실익이 있으며, 쌍방의 책임 없는 사정에 의하여 채무자가 이익을 얻는 것은 바람직하지 않다는 측면에서 반대급부의 변경을 부정한다.

41) 조광훈, "우리 민법상 대상청구권의 해석적 인정에 따른 비판적 논고", 사법행정 제47권 제10호, 한국사법행정학회, 2006. 10, 26면 이하; 최원준, "위험부담의 원리와 대상청구권의 인정여부", 성균관법학 제21권 제1호, 성균관대학교 비교법연구소, 2009. 4, 622-624면; 이충훈, "대상청구권에 관한 판례의 비판적 검토", 법학연구 제15집 제1호, 인하대학교 법학연구소, 2012. 3, 344면; 김대희, "사해행위취소소송에서 명한 원물반환이 이행불능인 경우와 대상청구권", 강원법학 제39권, 강원대학교 비교법학연구소, 2013. 6, 230-231면.

42) 조광훈, "대상청구권의 해석상의 인정에 따른 문제점 및 그 입법의 필요성", 서울법학 제19권 제2호, 서울시립대학교 법학연구소, 2011. 11, 124-125면; 조광훈, "대상청구권의 해석상 인정의 '근본이념'에 대한 재검토", 사법행정 제53권 제6호, 한국사법행정학회, 2012. 6, 62면.

43) 이은영, 채권총론, 박영사, 2006, 230면; 윤철홍, 채권총론, 법원사, 2006, 139-140면; 박규용, "대상청구권의 적용에 관한 논의", 법학연구 제24집, 한국법학회, 2006. 11, 109면; 박종두, "이행불능에 있어서의 대상청구권", 강남대논문집, 1992, 20면; 강병훈, "점유취득시효와 대상청구권", 법률구조 제52호, 2005(여름호), 14면; 주지홍, "대상청구권의 규범적 근거에 관한 소고", 연세법학연구 제5집 제1권, 연세법학회, 1998, 304-305면, 308면; 조성민, "대상청구권의 요건과 효과", 고시계 제47권 제5호, 2002. 5, 85면; 김준호, 앞의 논문, 83면; 최병조, 앞의 논문, 473면 이하; 이상경, 앞의 논문, 251면; 황경남, 앞의 논문, 507-508면; 김상명, 앞의 논문, 58면; 곽용섭, 앞의 논문, 199-201면.

44) Paul Frédéric Girard, Manuel élémentaire droit romain, 8^{e}éd., Librairie Arthur Rousseau, 1929, p. 580; Gaston May, Éléments de droit romain, 3^{e}éd., Paris, 1894, p. 371; A. E. Giffard et Robert Villers, Droit romain et ancien droit français, Les obligations, 2^{e}éd., Dalloz, 1967, n° 90, p. 60; Max Kaser, Römisches Privatrecht, 6.Aufl., C.H.Beck, 1968, S.162f.; 船田亨二, ローマ法, 第三卷, 私法 第2分冊 債權, 岩波書店, 昭和43(1968), 150頁.

modum)을 매수인이 매도인을 상대로 그 지급 또는 양도를 청구할 수 있었던 역사적 연원에 근거한다.[45] 이와 달리 프랑스민법은 채무자 위험부담주의(제1302조)를 취하여,[46] 대상청구권을 인정할 실익이 크지 않다. 그럼에도 프랑스민법 제1303조에서 이를 명문으로 규정하고 있다.[47] 다만 이에 대하여 학자들은 프랑스고법과 로마법에 의한 역사적 산물로 이해하고,[48] 입법자인 뽀띠에(Pothier)의 견해에 따라 제한적으로 적용한다.[49] 독일민법 제285조[50]와 이탈리아민법 제1259조에서도 대상청구권을 규정하고 있다.[51] 스위스민법이나 오스트리아민법은 이를 명문으로 규정하지 않았으나 보통법상의 원칙이나 형평의 고려에서 학설과 판례는 급부불능의 경우에 대상청구권을 인정하고,[52] 일본민법 역시 명문의 규정은 없으나 학설과 판례에 의하여 대상청구권을 인정하고 있다.[53] 대상청구권에 관하여 아무런 전통이 없는 우리 민법의 상황에서 이를 인정

45) Barry Nicholas, An Introduction to Roman Law, Clarendon Press, 1982, p. 180; Fritz Schulz, Classical Roman Law, Clarendon Press, 1954, p. 531-532; Paulus, D.h.t.8.pr.; Gaius, D.18.1.35.4; Ulpianus, D.10.3.7.13; Paulus, D.16.3.2.

46) Henri Mazeaud, Léon Mazeaud et Jean Mazeaud, Leçon de droit civil, t.2, Obligations, 3ᵉéd., Éditions Montchrestien, 1966, n° 286, p. 254 et suiv.; Philippe Malaurie et Laurent Aynès, Cours de droit civil, t.6, Les obligations, 6ᵉéd., Éditions Cujas, 1995, n° 760, p. 435; Alex Weill et François Terré, Droit civil, Les obligations, 4ᵉéd, Dalloz, 1986, n° 498, p. 520 et suiv.

47) 프랑스민법 제1303조 채무의 목적물이 채무자의 과실 없이 멸실하거나 거래할 수 없게 된 경우 또는 유실된 경우에도 그 물건에 관하여 배상의 권리 또는 소권이 있는 때에는 채무자가 그 채권자에게 이를 양도하여야 한다.

48) Didier R. Martin, Juris-Classeur Civil, Contrats et Obligations, Vol.Art 1271 à 1381, Éditions du Juris-Classeur, 1995, n° 25, p. 5; Marcel Planiol et Georges Ripert, Traité pratique de droit civil français, t.7, Obligations, 2ᵉpartie par Paul Esmein, 2ᵉéd., L.G.D.J., 1952, n° 1319, p. 730.

49) Weill et Terré, op. cit., n° 1091, p. 1037.

50) 독일민법 제285조 ① 제275조 제1항 내지 제3항에 의하여 채무자로 하여금 급부를 할 필요가 없게 하는 사유에 기하여 채무자가 채무의 목적물에 대하여 취득한 대상이나 대상청구권을 취득한 경우에, 채권자는 대상으로 수령한 것의 인도 또는 대상청구권의 양도를 청구할 수 있다. ② 채권자가 급부에 갈음하는 손해배상을 청구할 수 있는 경우에, 그가 제1항에서 정해진 권리를 행사한 때에는 그 손해배상은 취득한 대상 또는 대상청구권의 가액만큼 감소한다.

51) 이탈리아민법 제1259조 특정물을 목적으로 하는 이행의 전부 또는 일부가 불능으로 된 때에는 채권자는 이러한 불능의 원인이 된 사건으로 인하여 채무자에게 귀속된 권리를 대위하고 채무자가 손해배상으로 지급받은 이익을 청구할 수 있다.

52) H. Becker, Kommentar zum Schweizerischen Zivilgesetzbuch, Art.99 OR, Bd.4, 1941, Rn. 11.

53) 일본의 경우 프랑스민법의 제도적 취지에 따라 규정되었던 Boissonade의 민법초안 제565조와 구민법 재산편 제543조에 대상청구권이 규정되었으나 현행 민법의 제정과정에서 삭제되었다. 일본의 다수설과 판례는 위험부담에 대하여 채권자주의(제534조)를 취하고 있으므로 급부불능으로 채권자에게 발생하는 불이익을 구제하기 위하여 대상청구권을 인정하는 입장이지만(於保不二雄, 債權總論, 有斐閣, 1972, 99-100頁; 鈴木祿彌, 債權法講義, 創文社, 1990, 202頁; 末弘嚴太郎, "雙務契約と履行不能(4)", 法學協會雜誌 第34卷 第6号, 132頁; 瀨戸正一, "代償請求權", 民法判例百選Ⅱ(債權), 別冊ジュリスト 第47号, 昭和49, 39頁; 浜上則雄, "代償請求權について", ロースクール 第39号, 昭和56, 64頁; 大審院 昭和2(1927). 2. 15判決, 民集 第6卷 236頁; 最高裁判所 昭和41(1966). 12. 23判決, 民集 第20卷 第10号 2211頁), 채무자의 귀책사유 없는 급부불능의 경우에만 대상청구권을 인정해야 한다는 견해도 있고(我妻榮, 民法講義 Ⅳ, 債權總論, 岩波書店, 1964, 148頁; 鳩山秀夫, 日本債權法(總論), 岩波書店, 大正10, 163-164頁), 이를 부정하는 견해도 있다(岡村

하고 그 적용범위를 확장하는 것은 해석론의 범위를 벗어난 것으로 보이지만,[54] 향후 민법의 명문화를 통하여 해결방안을 찾아야 할 것이다.

Ⅲ. 대상청구권을 부정한 교환계약 판결 검토

1. 대법원 1996. 6. 25. 선고 95다6601 판결

앞에서 본 '제1판결' 후 그와 달리 교환계약의 쌍방 급부가 불능인 경우 대상청구권을 부정한 판결이 등장하였다. 이하 '제2판결'이라 한다.

(1) 사실관계

원고 甲 종중 소유 토지의 명의수탁자로부터 그 처분을 위임받은 소외 A가 1986. 12. 19. 그 중 일부인 X토지[55]를 피고 乙 소유 Y토지와 교환하기로 하는 계약을 체결하였다. 아직 소유권이전등기가 되지 않은 상태에서 X토지와 Y토지 모두 소외 B[56]가 시행하는 택지개발지구에 편입되어 협의취득 또는 수용되었다. X토지의 명의수탁자는 1991. 10. 29.부터 1993. 3. 15.까지 사이에 매각대금 98,501,439원을 지급받았고, 乙 역시 1991. 8. 20. 매각대금 157,500,000원을 지급받았다. 甲은 대상청구권을 행사하고 각 대금의 차액 58,998,561원은 乙이 법률상 원인 없이 얻은 이득으로 그 반환을 주장하며 지급을 구하는 소를 제기하였다.[57]

(2) 하급심판결

제1심법원은 위 교환계약이 등기부상 소유자인 명의수탁자의 동의 또는 승낙을 전제로 한 정지조건부계약이었는데, 이들이 그 승인을 거부하여 효력이 없다고 하면서, 甲의 청구를 기각하였다.[58] 이에 甲이 항소하였다. 항소심에서 乙은 X토지와 Y토지의 소유권이전등기의무가 당사자 쌍방의 책임 없는 사유로 불능이 되어 모두 소멸되었다고 주장하였다.

원심법원은 甲의 항소를 기각하고, 乙의 주장을 인용하였다.[59] 甲이 상고하면서, 그 이유로

玄治, "雙務契約における危険負擔", 法學志林 第50卷 第3·4合併号, 3頁 이하).

54) 이에 관하여 자세한 내용은 정상현, "대상청구권의 역사적 의미와 비교법적 고찰", 민사법학 제39-1호, 한국민사법학회, 2007. 12. 31, 479면 이하; 정상현, "대상청구권의 인정여부에 관한 법리 재검토", 성균관법학 제19권 제3호, 성균관대학교비교법연구소, 2007. 12. 30, 671면 이하 참조.

55) 종중원 6인에게 명의신탁된 甲 종중 소유 토지 중 5/6 지분에 해당하는 것으로 종친회 부회장이었던 소외 A에게 처분이 위임되었다.

56) 한국토지개발공사이다.

57) 청구취지는 58,998,561원 및 乙이 수용보상금을 지급받은 다음날인 1991. 8. 21.부터 이 사건 소장부본 송달일까지 연 5푼, 그 다음날부터 완제일까지 연 2할 5푼의 각 비율에 의한 금원의 지급을 구하는 것이었다.

58) 대구지방법원 1994. 1. 20. 선고 93가합5677 판결.

59) 대구고등법원 1995. 1. 11. 선고 94나744 판결.

채권자에게 대상청구권이 인정되므로 이때 민법 제537조는 적용될 수 없고, 목적물에 갈음하는 각 토지의 대상으로 교환계약의 법률관계가 유지되어야 하며, 보상금의 차이가 있으면 부당이득 법리에 따라 차액을 지급할 의무가 있다고 주장하였다.

(3) 대법원판결

대법원은 대상청구권을 배척하고 甲의 상고를 기각하였다. 즉 "쌍무계약의 당사자 일방이 상대방의 급부가 이행불능이 된 사정의 결과로 상대방이 취득한 대상에 대하여 급부청구권을 행사할 수 있는 경우가 있다고 하더라도, 그 당사자 일방이 대상청구권을 행사하려면 상대방에 대하여 반대급부를 이행할 의무가 있다고 할 것인바, 이 경우 당사자 일방의 반대급부도 그 전부가 이행불능이 되거나 그 일부가 이행불능이 되고 나머지 잔부의 이행만으로는 상대방의 계약목적을 달성할 수 없는 등 상대방에게 아무런 이익이 되지 않는다고 인정되는 때에는, 상대방이 당사자 일방의 대상청구를 거부하는 것이 신의칙에 반한다고 볼 만한 특별한 사정이 없는 한, 당사자 일방은 상대방에 대하여 대상청구권을 행사할 수 없다고 봄이 상당하다."고 판시하였다.[60)]

2. 대법원판결에 대한 의문점과 대상청구권의 운명

대상청구권을 인정하는 대부분의 견해는 위 판결의 결론에 동의한다.[61)] 제한적 긍정설을 취하는 견해 역시 동일하다.[62)] 이 판결의 재판연구관도 같은 입장이다.[63)] 대상청구권을 긍정하

60) 대법원 1996. 6. 25. 선고 95다6601 판결. 대법원은 일반적인 수용과 달리 국가가 사경제주체로서 협의매수를 제의하더라도 소유자가 그에 반드시 응해야 할 의무가 있는 것은 아니므로, 甲과 乙은 X토지와 Y토지에 대한 소유권이전등기의무의 불능에 귀책사유가 없지 않다고 하면서, 원심이 "교환계약에 기한 원고와 피고의 각 소유권이전등기의무가 모두 원고와 피고 쌍방에게 책임 없는 사유로 이행불능이 되었다고 본 것은 잘못"이라고 판단하였다. 그리고 "교환계약에 따라 피고가 원고에게 이전하기로 약정하였던 제2토지(Y토지를 의미함)에 대한 보상금이 원고가 피고에게 이전하기로 약정하였던 제1토지(X토지를 의미함)에 대한 보상금보다 많다고 하더라도 피고가 원고와의 관계에서 위 보상금의 차액을 법률상 원인 없이 이득한 것이라고 볼 수 없다."고 판시하였다.

61) 김준호, 앞의 책, 583면; 양형우, 앞의 책, 909면.

62) 이은영(편집대표 박준서), 주석민법, 채권총칙(1), 한국사법행정학회, 2000, 478면.

63) 유남석, "쌍무계약 당사자 쌍방의 대가적 채무가 모두 이행불능이 된 경우 대상청구권 행사의 가부", 대법원판례해설 제26호, 법원도서관, 1996, 122면. 대상청구권의 적용범위를 제한하는 견해에 따르면, 교환계약에 의한 피고의 원고에 대한 이 사건 제2토지에 관한 소유권이전등기의무가 피고의 귀책사유로 이행불능이 되었고, 따라서 원고는 피고에 대하여 이로 인한 전보배상청구권을 취득하고 있으므로, 원고의 피고에 대한 대상청구권은 애초부터 성립하지 않을 것이다. 한편, 이행불능의 효과로서 대상청구권을 일반적으로 긍정하는 견해에 따르면, 피고의 원고에 대한 위 제2토지에 관한 소유권이전등기의무는 피고가 위 제2토지를 한국토지개발공사에 협의매도하여 이를 원인으로 한 소유권이전등기를 경료한 때인 1991. 8. 19. 이행불능이 되었으므로, 특별한 사정이 없는 한 그때 원고의 피고에 대한 계약해제권 또는 대상청구권이 성립한다. 대상청구는 본래의 급부(위 제2토지에 대한 소유권이전등기)의무가 존재함을 전제로 그 대상을 청구하는 것이므로, 대상청구권과 계약해제권은 선택적으로 행사할 수 있을 뿐이다. 즉 원고가 계약을 해제한다면 대상청구권은 행사할 수 없다. 또 대상청구를 한 경우에는 이에 의하여도 전보되지 않는 손해가 남는 경우에 한하여 그 한도 내에서 손해배상청구권을 행사할 수 있다. 그런데 그 직후 원고도 이 사건 제1토지의 5/6지분을 위 공

는 입장 중에도 "대상청구권의 본질이 원래의 채권관계이 연장효에 있기 때문에, 쌍무계약에서 대상청구권을 부정할 필요는 없다고 생각된다. 예컨대 교환계약에서 일방의 의무는 수용에 의하여, 상대방의 의무는 제3자의 불법행위에 의하여 불능으로 된 경우에, 손해배상청구권을 취득하는 것보다 그 실현이 확실한 수용보상금을 청구하는 것이 더 현명한 방법일 수 있을 것"이라고도 한다.[64)]

위 판결의 표현을 빌리자면, "당사자 일방이 대상청구권을 행사하려면 상대방에 대하여 반대급부를 이행할 의무가 있"는데, "반대급부도 그 전부가 이행불능이 되거나 그 일부가 이행불능이 되고 나머지 잔부의 이행만으로는 상대방의 계약목적을 달성할 수 없는 등 상대방에게 아무런 이익이 되지 않는다고 인정되는 때"에는 대상청구권을 인정할 수 없다고 한다. 대법원은 '쌍방의 급부가 불능'이 되어, '계약의 목적을 달성할 수 없는' 등 '상대방의 이익이 되지 않는 경우'에는 대상청구권을 부정한다는 것이다.

그러나 대상청구권을 부정한 판결의 근거에 관해서는 다소 의문이 있다. 일방이든 쌍방이든 급부가 불능이 되면 그 상대방은 계약에서 정한 급부의 이행을 받지 못하므로 계약목적을 달성할 수 없는 상태가 되는 점에는 차이가 없다. 그리고 대상청구권을 인정하지 않는다면 상대방에게 이익이 되는 경우도 없다. 다만 불능된 급부의 상대방에게 대상청구권을 인정한다면 그 이익 상황은 다르게 전개되므로 이를 인정할 실익이 있다. 일방의 급부가 불능이 된 경우에도 상대방에게 이익이 될 수도 있고 그렇지 않을 수도 있으며, 쌍방의 급부가 불능이 된 경우에도 마찬가지이다. 예를 들어 甲 소유 X토지(시가 8억 원)와 乙 소유 Y토지(시가 8억 원)를 교환하는 계약을 체결한 후 X토지와 Y토지가 모두 수용되었는데, 수용보상금으로 甲은 10억 원, 乙은 6억 원을 받은 경우(A), 甲과 乙이 모두 8억 원을 받은 경우(B), 甲은 6억 원, 乙은 10억 원을 받은 경우(C)도 있다고 하자. 또 다른 예로 甲소유 Z토지(시가 8억 원)를 乙이 8억 원에 매수하기로 하는 매매계약이 체결된 후 Z토지가 수용되었는데, 이때 甲이 수용보상금으로 10억 원을 받은 경우(D)와 6억 원을 받은 경우(E)가 있다고 하자. 이 경우 불능된 급부의 상대방은 Z토지나 X, Y 토지의 소유권이전을 받지 못하므로 본래의 계약 목적은 달성할 수 없다. 그러나 이로 인하여 항상 이익

사에 협의매도하여 1991. 10. 16. 위 토지지분에 관하여 소유권이전등기를 경료하여 주었으므로, 이때에는 이 사건 교환계약에 따른 원고의 피고에 대한 위 제1토지에 관한 소유권이전등기의무 중 일부가 이행불능이 되었다고 할 것인바, 피고측에서 볼 때 위 제1토지의 소유권이전등기의무 중 이행가능한 나머지 일부(위 제1토지의 1/6지분 이전등기)의 이행만으로는 피고의 계약목적(위 제1토지의 일부를 피고 경영의 육계가공공장의 진입도로로 사용함)을 달성할 수 없음이 객관적으로 명백하므로, 그 일부이행은 피고에게 아무런 이익이 없다고 할 것이다. 사정이 그러하다면, 피고로서는 원고의 대상청구를 거부할 수 있다고 보아야 할 것이다. 결론적으로 대상청구권의 적용범위에 관한 어느 견해를 취하든 상관없이 이 사건에서는 원고가 피고에 대하여 대상청구권을 행사할 수 없다고 보아야 한다.

64) 지원림, 앞의 책, 1083면.

이 된다든가 항상 불이익이 된다고 단정할 수는 없다. 위 예에서 대상청구권을 인정한다면, A와 D의 경우 乙에게 이익이 될 것이고, C의 경우 甲에게 이익이 된다. 그러므로 쌍방의 급부가 모두 불능이 되더라도 그 이익 상황에 따라 대상청구권을 인정해야 할 경우도 있다. 위 판결에서도 X토지의 대상이 98,501,439원이고, Y토지의 대상 가액이 157,500,000원이므로 대상청구권을 행사할 경우 甲에게 이익이 된다. 이러한 경우에는 대상청구권을 인정할 실익이 있다고 해야 할 것이다.

앞에서 본 제1판결과 다수설이 대상청구권을 긍정하기 위한 근거로서 '채권관계의 소멸에 의하여 원상회복의무로 전환시키는 것보다는 본래의 채무이행이 당사자 의사에 적합하다는 채권관계의 연장효'를 들고, 급부불능에 의하여 '채무자가 본래의 급부에 갈음하는 이익을 얻고 있다면 적어도 원래의 채권내용에 보다 가까운 모습을 갖추기 위하여 채권자에게 대상청구권을 인정'해야 한다는 것이었다. 대상청구권의 행사로 인한 채권관계의 연장효는 상대방이 이를 원하지 않더라도 강제적으로 받을 수밖에 없다. 이것은 일방의 급부가 불능이 되는 매매계약이나 쌍방의 급부가 모두 불능이 될 수 있는 교환계약에서 차이가 없다. 이러한 점에서 급부불능으로 인하여 채무자에게 취득된 대상이익은 '본래 채권자에게 속하여야 하는 것'이라고 한다면, 위 제2판결의 결론은 정정되어야 할 것이다.[65] 원고가 상고이유에서 대상청구권을 주장하였음에도 이전의 판결과 달리 대상청구권을 부정한 것은 이해하기 어렵다. 오히려 부정설의 입장에서 수긍이 되는 판결이다.

물론 대법원 입장에서 X토지와 Y토지가 수용되어 각각 6억 원과 10억 원의 보상금이 지급된 경우, 대상청구권이 인정되면 甲과 乙은 6억 원과 10억 원을 교환하게 되는 결과여서 그 차액을 일방당사자에게 무상으로 제공하는 것처럼 보이므로, 급부의 형평성 유지에 대한 부담이 있었을 것으로 보인다. 대상청구권을 정면으로 인정한 제1판결은 1992년에 나왔고, 대상청구권을 반대급부나 손해의 한도로 제한하지 않는다고 한 판결, 즉 후술하는 제3판결은 2016년에 등장하였다.[66] 이러한 상황에서 1996년 제2판결 시점이라면 대법원이 대상청구권을 인정하더라도 그 한도와 관련하여 반대급부와 균형을 맞추어야 할지 고민되었을 것이다. 이러한 판결의 연속선상에서 만일 현재의 상황이라면, 제2판결을 변경하여 대상청구권을 긍정하든지, 제3판결을 변경하여 급부의 형평을 맞추어야 일관성이 있을 것이다. 이어서 제3판결을 살펴보기로 한다.

---

65) 이에 관하여 오히려 원심법원이 교환계약의 대상인 토지가 모두 수용되면 민법 제537조의 채무자위험부담주의 원칙에 따라 쌍방의 급부가 귀책사유 없이 불능이 되어 그 이전등기의무가 모두 소멸하였다고 한 판시내용을 인용하였어야 하고, 교환계약의 당사자 쌍방의 급부가 모두 귀책사유 없이 불능이 되었으므로 이를 굳이 대상청구권으로 구성할 필요가 있을지 의문이라는 견해도 있다. 이충훈, 앞의 논문, 343-344면.

66) 견해에 따라 차이는 있으나 무제한설로 볼 수 있는 최초의 판결은 2008년에 등장하였으나, 이는 행정사건에 관한 판결 중에 대상청구권 포함된 것이어서 민사사건에 관한 2016년 판결로 대신한다.

Ⅳ. 대상청구권의 인정 한도에 관한 판결

1. 제한설과 무제한설

대상청구권을 긍정하는 입장에서도 그 인정 한도에 관해서는 의견이 나뉜다. 급부불능으로 인하여 채권자가 입은 손해액, 즉 담보목적물의 가액 범위로 제한할 것인지, 그러한 제한 없이 대상이익 전부에 대하여 인정할 것인지 하는 문제이다. 앞의 입장을 제한설[67]이라 하고 뒤의 입장을 무제한설[68]이라고 한다. 제한설은 부당이득의 원리에 비추어 타인의 권리를 유효하게 처분한 무권리자는 그 처분으로 인하여 취득한 것 전부가 아니라 권리자가 입은 손실의 한도에서 얻은 이득, 즉 그 권리의 통상가치를 반환하면 된다는 근거를 든다.[69] 그 외 부당이득과 같이 다루어 채무자가 선의의 경우 현존이익을 반환해야 한다는 견해[70]도 있고, 고의적으로 급부불능을 야기한 경우에만 대상이익 전부의 상환을 인정하는 견해,[71] 급부불능에 대한 채무자의 귀책사유가 없는 경우에는 손해의 범위로 제한하고 귀책사유가 있는 경우에는 대상이익 전부에 관하여 상대방에게 대상청구권을 인정하자는 견해도 있다.[72]

2. 종래 판결

대상청구권의 인정 한도와 관련하여 후술하는 제3판결 전에는 학설이 서로 다른 평가를 보였다. 즉 "교환계약에 따라 피고가 원고에게 이전하기로 약정하였던 제1토지에 대한 보상금이 원고가 피고에게 이전하기로 약정하였던 제2토지에 대한 보상금보다 많다고 하더라도 피고가 원고와의 관계에서 위 보상금의 차액을 법률상 원인 없이 이득한 것이라고 볼 수 없다."고 한 판결

---

67) 양창수, "매매목적토지의 수용과 보상금에 대한 대상청구권", 민법연구 제3권, 박영사, 1995, 401면; 지원림, 앞의 "대상청구권", 217면; 권용우, 앞의 논문, 93면; 김형석, 앞의 논문, 127면; 곽용섭, 앞의 논문, 218면; 성중모, 앞의 논문, 169-170면; 이은애, 앞의 논문, 214면; 김성룡, 앞의 논문, 24면; 김상명, 앞의 논문, 63면; 정다영, 앞의 논문, 173면.

68) 김형배, 앞의 책, 198면; 이은영, 앞의 주석민법, 479면 주 77; 권오승, 앞의 책, 239면; 김상중, "대상청구권의 적용범위와 반환내용 -대법원 2016. 10. 27. 선고 2013다7769 판결-", 법조 제725호, 법조협회, 2017. 10, 641면; 송덕수, 앞의 책, 798면; 김준호, 앞의 책, 579면; 김대정·최창렬, 앞의 책, 608-609면; 양형우, 앞의 책, 910면; 박규용, 앞의 "대상청구권의 적용에 관한 논의", 117-118면; 서종희, 앞의 논문, 147면; 이상경, 앞의 논문, 258면; 정진명, 앞의 논문, 255면; 배성호, 앞의 논문, 172-173면; 안창환, 앞의 논문, 241면; 이재경, 앞의 논문, 349면. 대상이익 자체의 반환을 인정하면서 가액증가가 채무자의 영업활동 또는 비용지출에서 비롯한 경우 채무자는 이를 증명하여 반환범위에서 공제해야 한다는 견해도 있다(김상중, 앞의 논문, 629면 이하).

69) 양창수, 앞의 논문, 401면; 지원림, 앞의 책, 1082면.

70) 엄동섭, 앞의 논문, 14면.

71) 안법영, 앞의 "채권적 대상청구권", 268면; 안법영, 앞의 "대상청구권의 발전적 형성", 553면.

72) 김대경, 앞의 "대상청구권에 관한 민법개정안의 검토", 35면.

이 있었다.[73] 이에 대하여 보상금의 차액에 대한 대상청구권이 성립하지 않은 것으로 보아 대상청구권의 한도에 관하여 제한설을 취한 것이라고 보는 견해가 있다.[74] 반면 이 판결만으로 대법원의 태도가 명확하게 드러난 것은 아니라고 하면서 재판연구관도 그에 관한 판례해설에서 분명하지 않다는 견해[75]라고 주장하기도 한다.[76]

한편 대상청구권을 처음 인정한 위 제1판결의 원심법원이 "채무자는 이행불능이 생기지 않았던 경우 이상으로 이익을 받을 이유가 없으므로 채권자인 원고는 위 이행불능으로 인한 손해를 한도로 하여 채무자인 원고에 대하여 위 이익의 상환을 구할 이른바 대상청구권이 있다고 봄이 상당하다."[77]고 한 판시는 제한설을 취한 것이라고 평가하는 견해가 있다.[78] 반면 이 사건이 대법원에 상고가 되었으나 불능된 급부의 가액을 초과하는 대상이익에 관하여 그 전부가 대상청구권의 범위에 포함되는 지에 관해서는 당사자 모두 원심판단을 다투지 않아 대법원에서는 이를 직접적으로 판단하지 않았으므로, 원심법원이 언급한 사항을 판단하지 않은 대법원의 태도를 원심법원과 동일하다고 단정할 수 없다는 견해도 있다.[79]

3. 대법원 2016. 10. 27. 선고 2013다7769 판결

대법원의 태도는 2016년에 큰 변화를 보였다. 대상이익 전부에 대하여 대상청구권을 인정하는 이른바 무제한설로 볼 수 있는 판결이 등장하였다. 이하 '제3판결'이라 한다.[80]

---

73) 대법원 1996. 6. 25. 선고 95다6601 판결.

74) 곽용섭, 앞의 논문, 216-217면; 강봉석, 앞의 논문, 258면; 엄동섭, 앞의 논문, 14면; 이은애, 앞의 논문, 214면; 임건면, 앞의 논문, 143면.

75) 유남석, 앞의 논문, 118-123면.

76) 송덕수, 앞의 "대상청구권에 관한 입법론", 71-72면.

77) 서울고등법원 1991. 12. 10. 선고 91나26555(본소)·26562(반소) 판결.

78) 박동진, 계약법, 법문사, 2020, 588면; 김대정·최창렬, 앞의 책, 608면 참조.

79) 송덕수, 앞의 "대상청구권에 관한 입법론", 71면; 안창환, 앞의 논문, 240면; 윤근수, 앞의 논문, 176면; 양창수, 앞의 논문, 391면.

80) 앞서 본 바와 같이 대상청구권의 인정한도에 관하여 무제한설을 취한 행정사건 판결이 있었다. 경매 대상토지가 하천부지로 편입된 경우 그 손실보상금에 관하여, 대법원은 "채무자가 목적물 소유자로서 수령하게 되는 보상금에 대하여 채권자인 경락인이 대상청구권을 가진다고 보는 이상, 특별한 사정이 없는 한 채권자는 그 목적물에 대하여 지급되는 보상금 '전부'(따옴표 필자)에 대하여 대상청구권을 행사할 수 있는 것이고, 소유권이전등기의무의 이행불능 당시 채권자가 그 목적물의 소유권을 취득하기 위하여 지출한 매수대금 상당액 등의 한도 내로 그 범위가 제한된다고 할 수 없다."고 판시하였다(대법원 2008. 6. 12. 선고 2005두5956 판결). 이전의 판결에 대하여 대법원의 태도가 불분명하다는 평가를 한 견해도 이 판결에 대해서는 이익 전부의 청구를 인정한 것으로 해석하였다(송덕수, 앞의 "대상청구권에 관한 입법론", 72면). 반면 손해를 어떻게 산정하는가에 따라 달라질 수 있다는 점에서 판례의 입장이 명확하지 않다는 견해도 있다(서종희, 앞의 논문, 120면 각주 4). 대상청구권의 인정 한도와 관련하여 '이행불능 당시 채권자가 그 목적물의 소유권을 취득하기 위하여 지출한 매수대금 상당액 등의 한도' 내로 범위가 제한되지 않는다고 한 점에 주목해야 한다.

(1) 사실관계

원고 甲이 피고 乙과 2008. 8. 27. 냉동육계 3,091,331kg을 1kg당 1,400원에 매수하는 매매계약을 체결하였는데, 같은 해 12. 5. 보관창고의 화재로 그 중 120,633.4kg이 소실되었다. 이 사고로 乙은 농협화재공제로부터 소실된 육계를 1kg당 약 2,405원으로 계산하여 290,137,729원을 수령하였으나 그 중 58,123.9kg을 1kg당 2,050원으로 계산한 119,153,995원을 甲에게 보상금으로 지급하였다. 甲은 乙이 수령한 화재공제금 290,137,729원과 자기가 받은 보상금 119,153,995원의 차액 170,983,734원에 관하여 대상청구권을 행사하였다.

(2) 원심법원 판결

원심법원은 乙이 甲에게 지급하지 않은 소실 물량 62,509.5kg[81]을 당초 매매계약에서 정한 1kg당 1,400원으로 계산된 87,513,300원의 지급을 명하였다.[82]

(3) 대법원 판결

대법원은 "매도인이 지급받게 되는 화재보험금, 화재공제금에 대하여 매수인의 대상청구권이 인정되는 이상, 매수인은 특별한 사정이 없는 한 그 목적물에 대하여 지급되는 화재보험금, 화재공제금 전부에 대하여 대상청구권을 행사할 수 있는 것이고, 인도의무의 이행불능 당시 매수인이 지급하였거나 지급하기로 약정한 매매대금 상당액의 한도 내로 그 범위가 제한된다고 할 수 없다."고 하면서 원심법원의 판결을 파기, 환송하였다.[83][84]

4. 학설과 판례의 검토

(1) 대상청구권의 인정한도를 제한할 필요성이 있는가에 대한 논의는 매수인에게 과도한 대상이익을 인정하는 것이 매매계약과 같은 쌍무계약에서 일방의 급부와 반대급부 사이의 형평에 비추어 타당하지 않을 수 있다는 우려에 근거한 것이다. 그런데 이러한 급부의 형평을 기준으로 삼으려면 제한하는 경우와 제한하지 않는 경우, 그 구체적인 대상청구의 내용이 무엇인지 확

81) 120,633.4kg-58,123.9kg.

82) 서울고등법원 2012. 12. 27. 선고 2012나34544 판결.

83) 대법원 2016. 10. 27. 선고 2013다7769 판결.

84) 이 판결에 대해서도 무제한설을 취한 것은 아니라는 견해가 있다. 즉 화재보험금은 실손해 전보에 필요한 금액으로 제한되기 때문에(상법 제676조 제1항) 실손해를 넘는 경우에도 보험금 전부에 대해서 대상청구권을 행사할 수 있다고 한 것은 아니라고 한다. 예를 들어 1억 원의 목적물을 8,000만 원에 매도하였으나 목적물의 멸실로 이행불능이 되고 보험금을 1억 3,000만 원 받기로 한 경우, 보험금 1억 3,000만 원 전부에 대하여 대상청구권을 행사할 수 있다면 무제한설이 맞지만, 위 판결은 보험금이 관련 법규에 따라 1억 원이기 때문에 매매대금 8,000만 원을 초과하더라도 대상청구권의 대상은 1억 원이라고 판시한 것이어서 무제한설을 취한 것은 아니라고 한다(박동진, 앞의 책, 589면. 같은 취지로 서종희, 앞의 논문, 120면 각주 4). 대상청구권의 인정 한도와 관련하여 '채권자가 반대급부로 지출하였거나 지출하기로 약정한 매매대금 상당액의 한도' 내로 제한할 수 없다고 한 점에 주목해야 한다.

정되어야 한다. 즉 제한되는 기준을 급부가 불능이 됨으로써 채권자가 상대방으로부터 받지 못한 반대급부로 보아야 하는지, 아니면 채권자가 얻지 못하게 된 불능된 급부의 가치로 보아야 하는지 명확히 해야 한다. 다소 비현실적이라고 하더라도 예를 들어 매매대금을 5억 원으로 하여 토지매매계약이 체결된 후 그 토지가 수용되었는데, 불능 당시 토지의 시가는 6억 원이었으나 보상금 7억 원이 지급된 경우와 이중매매의 결과 제2매수인으로부터 매도인이 7억 원을 받은 경우가 있다. 급부의 불능으로 인하여 매수인이 입은 손해, 즉 불능된 급부의 가치는 6억 원이고, 반대급부는 매매대금으로 약정한 5억 원이며, 대상으로 취득한 가액은 7억 원이다. 이때 무제한설은 7억 원의 대상 전체를 인정한다는 것이지만, 제한설은 6억 원을 한도로 하는 것인지 5억 원을 한도로 하는 것인지 명확하지 않다. 이것은 대상청구권의 취지에 따라 견해의 차이를 보일 수 있다. 채무자의 귀책사유에 따라 달라질 수 있다는 견해도 이런 점에서 주장된 것으로 보인다.

(2) 우리 판례 역시 이러한 두 경우를 모두 제시하고 있다. 1992년 대상청구권을 처음으로 인정한 대법원 판결[85]의 원심법원은 대상청구권을 '이행불능으로 인한 손해를 한도'로 하면서, 손해는 '이행불능 당시의 시가 상당액'이라고 판시하였다.[86] 반면 '이행불능 당시 채권자가 그 목적물의 소유권을 취득하기 위하여 지출한 매수대금 상당액 등의 한도' 내로 그 범위가 제한된다고 할 수 없다거나,[87] '이행불능 당시 매수인이 지급하였거나 지급하기로 약정한 매매대금 상당액의 한도' 내로 그 범위가 제한된다고 할 수 없다고 한 판결도 있다.[88] 이 판결들은 토지가 수용되거나 경매, 화재로 소실 된 경우로서 급부 불능의 원인이 채무자의 귀책사유 없이 발생하였다.

(3) 생각건대 대상청구권을 부정하는 입장이라면 이러한 논의가 의미가 없을 것이다. 그리고 대상청구권을 인정하면서 그 한도를 어떤 기준에 따르든 제한하면, 채권자는 채무자의 귀책사유 없는 불능인 경우 위험부담에 관한 민법 제537조에 따라 반대급부의 소멸로 만족할 것이고, 채무자의 귀책사유로 불능인 경우 민법 제390조에 따른 손해배상청구나 제546조의 계약해제로 처리해도 무방하므로 대상청구권을 별도로 인정할 실익이 현저히 낮아진다. 그런 측면에서 무제한설이 의미가 있다고 보인다. 그렇더라도 제한해야 할 한도를 정하는 기준을 설정하려면 대상청구권의 개념이나 취지에 부합하도록 해야 한다. 대상청구권의 취지가 채권관계의 연장효에 있다면, 제한설이 취해야 할 한도는 불능된 급부의 목적물에 갈음하는 재산적 가치가 전제되어야 할 것이다. 이것은 채무자의 귀책사유와 관계 없다. 위의 예에서 보면 6억 원을 한도로 해야 할 것이다. 한편 제한설의 근거로서 불능된 급부물의 가치를 초과하는 보상금 등을 부당이득으로 다루어 채무자의 고의 또는 선의, 악의에 따라 달리 취급하는 것은 의문이다. 급부의 불능

85) 대법원 1992. 5. 12. 선고 92다4581(본소) · 92다4598(반소) 판결.
86) 서울고등법원 1991. 12. 10. 선고 91나26555(본소) · 26562(반소) 판결.
87) 대법원 2008. 6. 12. 선고 2005두5956 판결.
88) 대법원 2016. 10. 27. 선고 2013다7769 판결.

으로 인한 대상이익은 채무자가 소유자로서 적법하게 취득한 이득이고, 이를 채권자가 다시 청구할 수 있는 권리로서 대상청구권을 인정한다면, 불능된 급부의 가액을 넘어서는 대상 전부에 대하여 이를 인정하더라도 그 넘어서는 부분이 급부의 균형에 맞지 않다고 주장할 수는 있지만 이를 부당이득이라고 할 수는 없다고 생각한다.[89)]

Ⅴ. 나가며

급부 불능에 대한 법적 효과로서 민법은 채무자의 귀책사유로 인한 급부불능의 경우에는 채권자에게 전보배상청구권을 인정하고(제390조), 채무자의 귀책사유가 없는 급부불능의 경우에는 채무자위험부담주의에 의하여 급부가 모두 소멸되는 것으로 규정하고 있기 때문에(제537조), 당사자 쌍방에게 불공평한 결과가 없다. 만일 이러한 효과 이외에 채권자에게 대상청구권을 인정하기 위해서는 법적 근거가 명확하거나 현실과의 괴리로 인하여 불합리한 결과가 발생함으로써 그 실익이 분명해야 한다. 대상이익이 본래의 급부이익보다 적은 경우 채무자의 귀책사유로 인한 급부의 불능에 있어서 채권자는 대상청구권이 아니라 전보배상청구권을 선택할 것이고, 채무자의 귀책사유 없는 불능에 있어서는 대상청구권을 행사하지 않고 위험부담의 법리에 따를 것이며, 대상이익이 본래 급부이익을 넘어서는 경우에는 언제나 채권자가 대상청구권을 행사함으로써 자신에게 유리한 효과를 선택할 것이다. 물론 이와 같은 채권자의 선택은 이익의 추구를 위하여 당연한 것이지만, 채권자가 대상청구권을 행사할 경우 적어도 채무자에게 항변권을 행사할 수 있도록 해야 공평에 부합할 것이고, 불능이 된 급부의 목적물은 대체로 채무자의 소유에 속할 텐데, 장래의 이행을 전제로 한 채권자의 이익은 보호하면서 소유자인 채무자 보호에 인색한 것은 오히려 불공평을 야기하는 것이라고 생각된다. 대상청구권에 관하여 아무런 전통이 없는 우리 민법 상황에서는 이를 제한적으로 인정하였던 로마법의 전통이나 프랑스민법, 일본민법의 개정을 통한 명문화, 그리고 제한적 해석론에도 그 적용범위의 확장을 시도하고 있는 독일민법의 해석을 그대로 채용할 수는 없을 것이다.

다만 입법론으로서 프랑스나 독일, 일본과 같은 명문규정을 통하여 이익의 조정을 꾀하는 것은 별개의 문제이다. 그리고 원칙적으로 대상청구권을 인정하면서 쌍방급부가 모두 불능인 경

89) 우리 판결 중에 토지를 교환하되 이를 합병하여 그 합병된 토지의 일부를 상대방에게 넘겨주기로 약정한 사안에서, 일방 당사자의 토지 면적이 잘못 계산되어 정정된 토지 면적만큼 추가로 소유권이 이전되었더라도 이는 교환계약에 기한 의무를 이행한 것일 뿐 법률상 원인 없는 이득은 아니라고 한 판결이 있다(대법원 2011. 6. 30. 선고 2010다16090 판결). 대상청구권을 부정하지 않는 한 정당한 권리행사로서 그 대상에 대한 권리를 행사할 때 그 권리의 가치가 다소 크게 인정되는 경우와 다를 바 없다고 생각한다.

우에 상대방에게 이익이 되지 않는다는 이유로 대상청구권을 부정한 1996년 판결은 채권관계의 연장효에 근거하여 대상청구권을 긍정해온 다수설과 판례의 일반적인 태도에 부합하지 않는다. 이는 대상청구권의 한도에 관하여 이른바 무제한설을 취한 2008년과 2016년 판결과도 일관성이 결여된 것이다. 오히려 대상청구권을 부정하는 입장을 대변하는 것일 뿐이다. 나아가 대상청구권을 인정하는 한 제한설은 채권자의 전보배상청구권이나 채무자위험부담주의와 비교하여 그 실익이 없다. 만일 제한한다면 그 전제가 되는 대상청구의 한도는 계약의 연장효에 비추어 본래 채권자가 얻었을 이익, 즉 불능된 급부의 불능 당시 가액 상당의 이익을 기준으로 해야 할 것이다. 제한설이 불능된 급부의 가액을 넘어서는 대상이익을 부당이득으로 보는 것도 이해하기 어렵다.

채권자지체의 개정론*

정 진 명**

Ⅰ. 머리말

채권자지체는 급부의 실현에 관하여 수령 기타 채권자의 협력이 필요한 경우에 채무자가 채무의 내용에 좇은 이행의 제공을 하였음에도 불구하고 채권자가 그 협력을 하지 아니함으로써 급부가 실현되지 아니한 상태에 있는 것을 말한다.[1] 하지만 채권자는 급부의 이행을 수령하거나 이에 협력할 의무를 부담하지 않으며, 채무자는 채권자지체를 이유로 채권자에게 계약을 해제하거나 손해배상을 청구할 수 없다. 그러나 채권자지체의 개념은 문헌상 반드시 일치하지는 않는다. 즉 채권자지체를 수령지체와 동일하게 파악하는 견해[2]와 채권자가 하여야 할 협력은 단순한 변제의 수령을 넘는 경우가 적지 않으므로 양자를 다르게 파악하여야 한다는 견해[3]로 나뉜다.[4] 특히 채무의 내용인 급부가 실현되기 위하여 채권자에게 요구되는 협력은 이행행위의 착수나 급부의 실행과정, 나아가 변제의 수령에도 필요한 경우가 있다. 이에 대하여 우리 민법은 채무자의 이행을 채권자가 수령하지 아니한 경우, 특히 물건의 인도채무에서 채무자가 물건을 변제제공하였는데 채권자가 이를 인수하지 아니한 경우에 초점을 맞추어 채권자지체를

* 이 글은 송덕수 교수님의 정년을 기념하기 위하여 마련된 것으로서 「민사법학」 제95호(2021. 6)에 게재되었다. 이 글은 2010년 법무부 민법개정위원회 제2분과(위원장: 송덕수)의 회의자료로 준비하였으나 구체적인 개정작업에 이르지 못한 것으로서 이후 각국이 입법 동향을 검토하여 수정·보완한 것이다. 여러모로 유용한 지적을 해 주신 송덕수 교수님과 개정위원에게 감사의 뜻을 전한다.

** 단국대학교 법과대학 교수.

1) 곽윤직 편집대표, 민법주해 제9권, 1995, 706면(이은영 집필); 양창수/김재형, 민법Ⅰ, 계약법, 제1판, 2010, 400면; 송덕수, 채권법 총론, 제5판, 2020, 213면.

2) 김서기, "채권자지체 법리에 관한 일고", 「집합건물법학」, 제35집(2020. 8), 188-189면.

3) 김진우, "채권자지체론의 문제점과 입법론", 「민사법학」, 제20호(2001. 7), 225면.

4) 이러한 의미에서 국내 문헌 중에는 '채권자지체'를 '수령지체'라는 용어와 동일하게 사용하는 견해가 있지만, 채권자지체는 단순한 '수령'을 넘어 채권자의 '협력'을 대상으로 하는 경우도 많으므로 수령지체는 채권자지체를 갈음하기에 적합하지 않다(양창수/김재형, 민법Ⅰ, 400면). 이하에서는 '채권자지체'라는 용어를 사용하되, '수령지체'라는 용어가 적합한 경우에는 이러한 용어를 사용하기로 한다.

규정하고 있다.[5)]

우리 민법은 채권자지체의 요건으로서 채권자의 고의나 과실을 요구하지 않으며, 그 효과로서 채무자의 계약해제권이나 채권자의 수령지체로 인한 손해배상청구권도 인정하지 않는다. 따라서 채권자지체에 대한 논의는 채권자의 협력의무 인정 여부 및 채권자지체의 법적 성질을 어떻게 파악할 것인지에 집중되어 있다. 특히 채권자지체의 본질을 어떻게 파악할 것인지의 문제와 반대급부의 위험부담 문제는 입법적 해결이 필요하다는 견해가 제시되었다. 하지만 2004년 법무부가 구성한 「민법개정특별분과위원회」는 채권자지체의 법적 성질에 대하여 학설의 대립이 현존하고 있고, 반대급부의 위험부담 문제는 합의 등의 다른 방법으로 해결하고 있다는 이유로 채권자지체에 대한 개정을 제외하였다.[6)] 그리고 2009년 법무부가 국제적 동향과 변화된 거래 현실을 반영하기 위하여 구성한 「민법개정위원회」도 재산법 분야에 대한 심도있는 연구와 검토를 하였으나 채권자지체는 현행 규정을 유지하는 것으로 결정하였다.[7)]

우리 민법의 입법자들은 채권자지체에 대한 입법 과정에서 독일민법을 모범으로 삼았으며,[8)] 독일민법의 채권자지체에 지대한 영향을 미친 Kohler는 채권자는 급부를 수령하고 그에 협력할 권리만을 가진다는 견해를 토대로 제정된 채권자지체 규정을 "입법적 승리"라고 하였다.[9)] 그는 법학상 자신의 명제는 법학이 아니라 입법으로 실현된 사례라고 한다. 이처럼 채권자지체는 법리적 관점에서 채권법의 핵심 주제이므로 채권자지체의 요건 및 효과에 대한 민법개정이 필요한지를 검토하고, 만일 민법개정이 필요하다고 인정되는 경우에 어떠한 내용을 어떻게 개정하는 것이 바람직한지에 대한 검토가 필요하다.

이 글에서는 채권자지체에 대한 각국의 입법 동향 및 채권자지체의 법적 근거를 살펴보고, 이러한 인식을 토대로 민법개정의 대상 및 범위를 제시해 보고자 한다.

Ⅱ. 주요 국가의 입법 동향

1. 개요

채권자지체(*mora creditoris*) 또는 수령지체(*mora accipiendi*)라는 개념은 로마법에서 유래하며, 로마법상 채권자지체는 채무자가 채권자에게 급부를 이행하였으나 그 급부가 채권자의 사정

5) 양창수/김재형, 민법 I, 400면.
6) 법무부, 민법(재산법) 개정 자료집, 2004, 617-618면.
7) 법무부, 2013년 법무부 민법개정 시안, 2013, 138면.
8) 민법연구회, 민법안의견서, 1957, 146면.
9) Kohler, Der Gläubigerverzug, in: AbR 13(1897), 149.

으로 좌절된 경우, 특히 채권자가 급부를 수령하지 않는 경우에 성립하였다.[10] 그러나 채권자는 채무자와 달리 급부를 수령할 의무를 부담하지 않으므로 채권자지체는 의무위반에 해당하지 않으며, 또한 채권자지체는 채무자가 자신의 측면에서 모든 것을 다한 것이므로 채권자가 채무자에 대한 협력의 중단에 귀책사유가 있는지는 문제되지 않았다.[11] 즉 채권자지체는 채무자에 의한 급부의 제공이 있고(*offerre*), 그 급부가 채권자의 행위로 인하여 좌절되어야 하며(*per eum stare, quo minus accipiat*), 급부의 수령이 채권자의 귀책사유 없이 중단된 경우에도 성립하였다. 이 경우 채무자는 채무에서 완전히 면책되지 않지만 채권자에 대한 책임은 경감되었다. 즉 로마법은 채권자지체의 효과로서 채무자의 책임경감(고의에 의한 경우 제외), 이자의 정지, 목적물의 공탁권 등을 인정하였으나,[12] 수령의무를 전제로 한 손해배상은 인정하지 않았다.[13] 로마법의 채권자지체에 대한 논쟁은 보통법 시대에도 계속되었고, 이는 유럽 주요 국가의 입법에 많은 영향을 미쳤다.

2. 오스트리아민법

오스트리아민법[14]은 채권자지체(Gläubigerverzug)를 채무자가 적시에 적절한 장소에서 적당한 방법으로 급부를 이행하였으나 채권자가 이를 수령하지 않는 경우라고 한다.[15] 오스트리아민법은 채권자에게 급부를 수취할 의무를 부과하지 않지만, 채무자의 급부이행이 반대급부를 얻기 위한 이익과 견련관계에 있는 경우에는 채무자가 그 이행을 실행할 수 있는 권리로 본다.[16] 즉 채권자가 수령지체에 의하여 단순히 책무를 위반한 경우에도 채권자가 자신의 고유한 만기의 급부를 거절하는 때에는 쌍무계약의 경우 수령지체와 동시에 이행지체가 성립된다. 하지만 이행지체는 만기의 급부 불이행을 전제로 하는 반면에 수령지체는 단순히 급부 불수령을 전제로 하는 점에서 수령지체가 있으면 자동으로 채권자지체가 발생한다고 할 수 없다.[17] 한편 채권자는 통상 급부를 수취할 의무가 없으므로 수령지체의 경우에도 제918조[18] 이하의 채무불이행 효과가

10) Kaser, Das Römische Privatrecht, Abs. 1, 2. Aufl., 1971, S. 517.
11) 정병호, “로마법상 채권자지체”, 「법사학연구」, 제57호(2018. 4), 207면.
12) Ulpianus Marcellus, D. 46, 3, 30.
13) 정병호, 앞의 논문, 207면.
14) Allgemeines bürgerliches Gesetzbuch für die gesammten deutschen Erbländer der Österreichischen Monarchie (JGS Nr. 946/1811) (Fassung vom 30.06.2021).
15) Koziol-Welser, Grundriß des bürgerlichen Rechts, 9. Aufl., 1992, S. 247; Reischauer in Rummel, Kommentar zum Allgemeinen bürgerlichen Gesetzbuch, Bd. 2, Teil 3, 3. Aufl., 2002, §1419 Rz 1.
16) Koziol-Welser, a.a.O., S. 248.
17) Reischauer in Rummel, ABGB, §1419 Rz 22.
18) 오스트리아민법 제918조 제1항 “유상계약의 당사자 일방이 적시에 적절한 장소에서 적절한 방법으로 이행을 하지 않는 경우에 상대방은 이행 및 지체를 이유로 하는 손해배상을 청구하거나 또는 상당한 기간의 유예하에 최고를 한 후 계약을 해제할 수 있다.”

발생하지 않으며, 이 경우 채권자는 제1419조에 특별히 규정된 책무위반(Obligenheitsverletzung)의 효과만 부담한다. 즉 채권자지체의 효과는 의무위반이 아니라 단순한 책무위반에 불과하므로 채무자의 손해배상청구권은 인정되지 않으며,[19] 대가위험의 이전, 채무자의 책임경감, 증가된 비용의 배상 등의 효과만 발생한다. 특히 채권자의 수령지체는 채무자에 대한 면책의 효과가 없으므로 채무자는 급부를 법원에 공탁하여야 자신의 채무에서 벗어날 수 있다.

오스트리아민법 제3장(인법과 물권법의 공동 규정) 제3절(권리와 의무의 소멸) 제1관(지급) 제1419조는 "채권자가 급부의 수령을 지체한 경우에 그에 대한 위반책임을 진다."고 채권자지체를 규정하고 있다. 이처럼 오스트리아민법은 채권자지체에 대하여 채권자의 귀책사유를 요구하지 않는다.[20] 그러나 채무자의 급부이행에 채권자의 협력이 필요한 경우에 채권자의 협력이 결여되어 채무가 불이행되면 채권자지체가 발생한다.[21] 예컨대, 오스트리아민법은 매매계약의 경우 매수인에게 물건을 인수할 의무를 부과하고,[22] 도급계약의 경우 도급인에게 일의 완성에 필요한 협력을 할 의무를 규정하고 있다.[23] 이 경우 협력의무 위반은 채권자의 책무위반이 아니라 의무위반(Pflichtverletzung)에 해당하므로 계약을 신뢰한 채무자는 제918조를 우선 적용하거나 또는 제1419조의 법률효과를 주장할 수 있다.[24]

3. 프랑스민법

1804년 제정된 나폴레옹 민법은 채권자지체를 알지 못하였고, 다만 변제제공(offres de paiement) 및 그 효과로서 공탁(Consignation) 제도를 두고 있었다.[25] 즉 구 프랑스민법 제1257조 제1문은 "채무자가 채권자에게 현실제공(offres réells)을 하였지만 채권자가 그 변제의 수령을 거절한 경우에 채권자의 거절에 대하여 그것을 승낙하도록 변제제공 된 금액 또는 물건을 공탁할 수 있다."고 변제제공과 공탁을 규정하고 있었다. 그리고 제2문은 "공탁에 의한 현실제공으로 채무자는 면책되며, 유효하게 행하여진 공탁은 변제에 갈음하며, 공탁된 물건은 채권자의 위험으로 된다."고 공탁의 효과를 규정하고 있었다. 이 경우 채권자는 현실제공 및 공탁 비용을 부담하

---

19) Koziol-Welser, a.a.O., S. 249.
20) Koziol-Welser, a.a.O., S. 247.
21) Reischauer in Rummel, ABGB, §1419 Rz 1.
22) 오스트리아민법 제1062조 "매수인은 물건을 즉시 또는 제한된 시간에 인수하고 이와 동시에 매매대금을 현금으로 지급하여야 할 의무가 있으며, 이를 위반하면 매도인은 매수인에게 물건의 인도를 거절할 권리가 있다."
23) 오스트리아민법 제1168조 제1항 "도급인이 일의 완성에 필요한 협력을 하지 않는 경우에 수급인은 도급인에게 추완을 위한 상당한 기간을 지정하고, 그 기간이 소용없이 도과하면 그 계약은 소멸한 것으로 한다는 의사를 표시할 수 있다."
24) Koziol-Welser, a.a.O., S. 247.
25) 김현진, "개정 프랑스 민법상 지체", 「법학」(서울대), 제59권 제3호(2018. 9), 98면.

며(제1260조), 그 이상의 책임은 지지 않는다. 그러나 구 프랑스민법의 현실제공과 공탁제도는 절차가 복잡하고 상대적으로 비효율적이라는 비판이 있었으며, 2016년 개정 프랑스민법은 이를 반영하여 채권자지체를 신설하였다.[26)]

개정 프랑스민법은 채권자의 수령지체(La mise en demeure du créancier)를 채무자의 이행지체(La mise en demeure du débiteur)와 나란히 규율하고 있다. 개정 프랑스민법 제4편(채무 총론) 제4장(채무의 소멸) 제1절(변제) 제3부속절(지체) 제1관(채무자지체) 제1344조는 "채무자는 최고(sommation) 또는 충분한 통지(interpellation)를 담고 있는 행위에 의하여, 또는 계약이 그렇게 정한 경우에는 단지 채무의 청구에 의하여 지체에 빠진다."고 채무자지체를 규정하고, 제2관(채권자지체) 제1345조 제1항은 "채권자가 정당한 사유없이 변제기에 그에게 제공된 변제의 수령을 거절하거나 자신의 행위로 인해 이를 방해할 경우에 채무자는 채권자에게 그 집행을 수락하거나 허락할 것을 최고할 수 있다."고 채권자지체를 규정하고 있다.[27)] 이처럼 개정 프랑스민법은 채권자지체를 신설하였지만, 채권자의 수령의무를 인정한 것은 아니다. 즉 채권자의 수령의무는 채무자의 변제의무와 동일한 차원의 계약상의 채무(obligation)가 아니라 채권자가 급부를 수령하지 않으면 일정한 불이익을 받는 '책무(incombance)'이다.[28)] 그리고 개정 프랑스민법의 채권자지체는 채권자가 채무자의 채무이행에 필요한 협력을 거절한 경우에 성립하므로 채권자의 거절이 정당한 사유(motif légitime)가 없어야 한다고 규정하였다. 나아가 개정 프랑스민법은 채권자의 수령지체의 부수적인 결과로 채무자가 급부의 이행의무에서 면책된다고 규정함으로써 채권자의 수령거절이 있을 경우에 변제공탁의 결과로 채무자가 면책된다고 규정하였던 구민법보다 채무자의 권리가 한층 보장되었다.[29)]

개정 프랑스민법의 채권자지체의 효과는 채무자지체의 효과를 뒤집어 놓은 것과 같다.[30)]

---

26) 김현진, 앞의 논문, 99면.

27) 개정 프랑스민법의 채권자지체는 까딸라안 제1233조 이하, 테레안 제79조 이하, 스위스채무법 제91조, 그리고 유럽 계약법원칙 제7:110조의 영향을 받았다(김현진, 앞의 논문, 100면).
① 까딸라안 제5장(채무의 소멸) 제1절(만족) 제4관 제1233조 제1문 "채권자가 변제기에 이행의 수령을 거절하는 경우에 채무자는 그것을 수령할 권한이 있는 사람에게 보관할 수 있다." (AVANT-PROJET DE RÉFORME DU DROIT DES OBLIGATIONS(Articles 1101 à 1386 du Code civil) ET DU DROIT DE LA PRESCRIPTION(Articles 2234 à 2281 du Code civil), Ministre de la Justice, 22 Septembre 2005, p. 126).
② 테레안 제79조 제1문 "채권자가 기한 내에 하나 또는 다른 이행을 수령하는데 책임이 있으면, 채무자는 법관과 채권자의 승인을 얻어 자신의 의무를 면제받거나 공개 경매에서 공탁된 물건을 매도하고; 대금은 판매비용을 공제한 후 채권자를 위하여 보관된다."(Terré (dir.), Pour une réforme du régime général des obligations, Dalloz, 2013).
③ 스위스민법 제91조는 제2장 5. 참조.
④ 유럽 계약법원칙 제7:110조[LES PRINCIPES DU DROIT EUROPEEN DES CONTRATS(Version complète et revisée novembre 1998) Article 7.110(Refus de recevoir un bien)]는 제2장 8. (2) 참조.

28) 김현진, 앞의 논문, 100면.

29) 위의 곳.

즉 채권자가 수령지체에 빠지면 채무자가 부담하는 이자는 정지되며, 물건의 위험이 이미 채권자에게 있지 않은 경우에도 채무자의 중대한 과실 또는 고의적 위법행위를 제외하고는 채권자의 비용으로 물건의 위험을 부담한다(제1345조 제2항). 그리고 채권자의 방해가 지체 후 2개월 이내에 종료되지 않는다면 채무자는 채무가 금전의 지급과 관련된 경우 예금공탁공고(La Caisse des Dépôts et Consignations)에 금전을 공탁하거나, 채무가 물건의 인도와 관련된 경우 전문직 보관자에게 계쟁물을 기탁할 수 있다(제1345-1조 제1항). 이 경우 채무자가 계쟁물을 공탁(consignation)하거나 또는 기탁(séquestrer)하면 채권자에 대한 통지에서 면제되며(제1345-1조 제3항), 수령최고 및 공탁 또는 기탁 비용은 채권자가 부담한다(제1345조 제3항). 나아가 채무가 다른 목적과 관련된 경우(예컨대, 작위 채무와 부작위채무) 채무자는 그 방해가 지체 상태로 2개월 이내에 중단되지 않으면 채무를 면한다(제1345조 제2항).

한편 프랑스민법은 매매계약의 경우 매수인의 의무로서 물건의 인수의무를 인정하고 있다. 즉 프랑스민법 제1657조는 “상품 및 동산의 매매에서 인수를 위한 약정기간이 경과한 경우에는 매매는 매도인의 이익을 위하여 최고 없이 법률에 의하여 당연히 해제된다.”고 규정함으로써 매수인의 인수의무를 간접적으로 규정하고 있다. 여기서 매수인의 ‘인수(retierment)’는 매매대금을 지급하고 상품이나 동산을 가져가는 것을 의미하며, 매수인이 물건을 인수하지 않은 데에 대하여 과실이 있는지 그리고 다른 협력행위가 필요한지는 문제되지 않는다. 다만, 프랑스의 학설은 매수인의 인수의무를 매매계약의 본질적 의무라고 보고 있으므로 매수인이 물건의 인수를 지체하면 매도인은 계약을 해제할 수 있다.

4. 독일민법

독일민법은 제1편(채권관계의 법) 제1장(채권관계의 내용) 제2절에서 채권자지체(Verzug des Gläubigers)의 요건 및 효과를 상세하게 규율하고 있으며(제293조 내지 제304조), 제8장(개별적 채권관계)에서 매매·도급·고용에 관한 특별규정을 두고 있다.

독일민법 제293조는 “채권자는 그에게 제공된 급부를 수령하지 아니하면 지체에 빠진다.”고 채권자지체를 규정하고 있다. 그 효과로는 채무자의 책임경감(제300조 제1항), 위험의 이전(제300조 제2항), 금전채무의 이자 정지(제301조), 수익(Nutzungen)의 인도(제302조), 부동산의 점유포기권(제303조), 증가비용의 상환(제304조) 등을 규정하고 있다. 특히 독일민법은 채권자의 수취의무를 법적 의무(Pflicht)가 아니라 채권자가 해야 할 책무(Obligenheit)로 구성하여 채권자지체의 효과는 손해배상이 아니라 지체책임이라는 불이익을 받을 뿐이라고 한다. 그리고 독일민법은 채권

30) 테레안 제83조 제1항(채권자지체는 채무자지체를 방해하거나 그치게 한다)은 두 지체 사이의 거울적 효과를 규정하였으나 개정안으로 채택되지 못했다.

자지체에 대하여 채권자의 귀책사유를 요구하지 않으며, 독일의 학설과 판례도 일치하여 채권자의 귀책사유가 필요하지 않다고 해석한다.[31)]

한편 독일민법은 매매계약의 경우에 "매수인은 매도인에게 약정한 매매대금을 지급하고 매매목적물을 수취할 의무를 진다."고 매수인의 수취의무를 규정하고 있다(제433조 제2항). 이에 따라 매매계약에서 매수인이 매매목적물의 수취를 지체하면 수취의무의 이행지체가 되며, 이 경우 채권자지체와 병존하게 된다. 즉 독일민법은 수취의무(Abnahmepflicht)를 보통의 수령(Annahme)과 구별하여 표현하며, 이는 매도인을 물건의 점유로부터 해방시키는 것을 의미한다. 따라서 매매계약에서 매수인은 매매대금을 지급하여야 하는 주된 의무(Hauptpflicht)와 목적물의 수취라는 부수적 의무(Nebenpflicht)를 부담하며, 매수인이 수취의무를 위반한 경우에 지체손해의 배상(제286조 제1항)만 인정되고 계약해제(제324조)는 허용되지 않는다. 또한 독일민법은 도급계약의 경우에 "도급인은 일의 성질상 수취가 배제되는 경우가 아닌 한 계약에 좇아 완성된 일을 수취할 의무를 진다."고 도급인의 수취의무를 규정한다. 도급계약에서 완성된 일의 수취의무는 매매계약의 경우와 달리 주된 의무로 해석한다(제640조 제1항 제1문). 즉 "일의 완성에 도급인의 행위를 필요로 하는 경우에 도급인이 그 행위를 하지 아니함으로써 수령지체에 빠지는 때에는, 수급인은 적절한 배상을 청구할 수 있다."고 규정하고 있다(제642조). 이 경우 수급인은 도급인에게 협력행위의 추완을 위한 상당한 기간을 정하여 해지의 예고와 함께 최고를 할 수 있고, 그 기간 내에 추완이 이루어지지 아니한 때에는 계약은 소멸한 것으로 본다(제643조). 나아가 독일민법은 고용계약의 경우에 "노무청구권자가 노무의 수령을 지체한 때에는 의무자는 그 지체로 인하여 급부하지 못한 노무에 대하여 추후 급부의 의무를 부담함이 없이 약정된 보수를 청구할 수 있다."고 규정하고 있다. 특히 독일민법은 고용계약의 경우 사용자에게 엄격한 노무의 수취의무를 인정하고 있다(제615조 제1문).

5. 스위스채무법

스위스채무법은 제1장(일반규정) 제2절(채무의 효력) 제1관(채무의 이행) 제91조에서 제96조에 걸쳐 채권자지체를 규정하고 있다. 제91조는 "채권자가 적절하게 제공된 급부의 수령을 거절하거나 그 준비행위가 없으면 채무자가 이행할 수 없는 그의 의무인 준비행위를 부당하게 거절한 경우에 채권자는 지체로 된다."고 채권자지체의 요건을 규정하고 있다. 그 이외에도 제96조는 "채권자의 일신에 존재하는 다른 사유 또는 채무자의 책임없는 채권자의 불명(Ungewissheit)으로

31) Münchener Kommentar zum BGB/Ernst, Bd. 2a, 8. Aufl., 2019, § 293 RdNr. 21; Staudinger Kommentar zum BGB/Löwisch, 13. Aufl., 2014, Vorbem. zu §§ 293-304 Rn. 1; Larenz, Lehrbuch des Schuldrechts, Bd. 1, Allgemeiner Teil, 13. Aufl., 1982, § 25 Ⅰ(S. 358ff.); Medicus/Lorenz, Schuldrecht Ⅰ, Allgemeiner Teil, 21. Aufl., 2014, Rn 544(S. 253); Hüffer, Leistungsstörungen durch Gläubigerhandeln, 1976, 19f.

인하여 채권자 또는 그의 대리인에게 채무인 급부를 이행할 수 없는 경우에 채무자는 채권자지체의 경우와 동일하게 공탁 또는 계약을 해제할 권리가 있다."고 기타의 이행장애에 대하여 규정하고 있다.

스위스채무법에서 채권자의 협력행위는 원칙적으로 법적 의무가 아니라 책무이며, 그 결과 채무자는 이를 이유로 채권자에게 협력의 소를 제기하거나 또는 협력의 중단 시에 손해배상을 청구할 수 없다. 그리고 스위스채무법에서 채권자지체는 객관적으로 결정되며, 채권자의 귀책사유와 무관하다.[32] 다만, 개별 계약의 경우에 채권자의 협력행위는 진정한 의무(eine echte Pflicht)가 될 수 있다. 예컨대, 매수인의 인수의무(제211조[33])[34]나 도급인의 수령의무[35]는 주된 의무로 간주되며, 이러한 의무를 침해하면 이행지체가 된다.

채권자지체의 일반적 효과로는 이행지체의 배제, 급부위험의 이전, 책임경감, 불이행된 계약의 항변 배제와 같이 채무자의 급부의무에 대한 효과와 추가된 비용의 배상에 대한 효과가 있다. 하지만 스위스채무법은 이러한 효과를 체계적으로 명확하게 규정하고 있지 않다.[36] 즉 스위스채무법 제92조 제1항은 "채권자가 지체한 경우에 채무자는 채무의 목적인 물건을 채권자의 위험 및 비용으로 공탁하고, 이로 인하여 자신의 채무를 면할 권리가 있다."고 물건급부의 공탁과 그 효과를 규정하고 있다. 그리고 제95조는 "물건급부 이외의 채무에 있어서 채무자는 채권자지체의 경우에 채무자지체에 관한 규정에 따라 계약을 해제할 수 있다."고 하여 물건급부 이외의 급부에 대해서는 계약해제를 규정하고 있다. 그 이외에도 스위스채무법은 매매와 같은 주는 급부의 경우에는 채무자에게 공탁권(제92조)과 매각권(공탁이 불가능한 경우나 물건이 부패할 위험이

32) Bucher, Schweizerisches Obligationenrecht, Allgemeiner Teil, 2. Aufl., 1988, S. 318f.; Schwenzer, Schweizerisches Obligationenrecht, Allgemeiner Teil, 4. Aufl., 2006, S. 462.

33) 스위스채무법 제211조 제1항 "매수인은 계약의 조항에 따라 대금을 지급하고, 매도인이 계약에 맞게 제공한 매수목적물을 수령할 의무를 진다."

34) BGE 110 Ⅱ 148, 151; 111 Ⅱ 156, 159; Keller/Siehr, Kaufrecht, 3. Aufl., 1995, S. 22; 다른 견해로는 Honsell, Schweizerisches Obligationenrecht, Besonder Teil, 8. Aufl., 2006, S. 47f.

35) Berner Kommentar/Weber, Bd. Ⅵ, 2. Aufl., 2004, Art 91 N 69.

36) 스위스에서는 2013년 1월 "스위스채무법 2020 -새로운 총칙 초안(Schweizer Obligationenrecht 2020-Entwurf für einen neuen allgemeinen Teil)"이 공개되었고, 이는 연방상원과 하원을 거쳐 2013년 6월 연방참정원에 회부되었다(AB S 2013 585f.; AB N 2013 1185). 스위스채무법 2020은 채권자지체의 요건(제111조)에 대해서는 현행 조문을 그대로 유지하였고, 물건급부의 경우 채무자의 공탁권(제113조), 회수권(제114조), 매각권(제115조)은 현행 조문의 표현을 수정하였다. 그러나 채권자지체의 일반적 효과로서 비용부담과 위험이전을 신설하고(제112조), 채무의 소멸에 대한 규정은 계약의 무효에 관한 규정으로 대폭 개정하였으며(제116조), 기존의 물건급부 이외의 급부에 대한 규정은 삭제하였다(Huguenin/Hilty (Hrsg.), Schweizer Obligationenrecht 2020 -Entwurf für einen neuen allgemeinen Teil/Code des obligations suisse 2020-Projet relatif à une nouvelle partie générale, Schulthess, 2013, S. 336ff.). 그러나 스위스채무법 2020은 2018년 1월 31일 스위스연방참정원이 거부함으로써 좌절되었다(Der Bundesrat, Modernisierung des Allgemeinen Teils des Schweizerischen Obligationenrechts -Bericht des Bundesrates in Erfüllung der Postulate 13.3217 Bischof und 13.3226 Caroni vom 31. Januar 2018).

있거나 다액의 유지비 및 보관비를 요하는 경우, 제93조), 회수권(제94조)을 인정하며, 고용 및 도급과 같은 하는 급부의 경우에는 채무자에게 이행지체에 관한 규정에 따라 계약해제권을 인정한다.[37)]

6. 일본민법

일본의 구민법은 수령지체에 대해서 1개 조문(제413조)만을 두고 있었으며 그 내용은 우리 민법 제400조와 거의 같았다. 다만, 일본민법 제413조의 법전상 위치가 이행지체의 조문(우리 민법 제387조에 해당)과 강제이행의 조문(우리 민법 제389조에 해당) 사이에 놓여 있는 것이 우리 민법과 다르다. 또한 우리 민법은 채권자지체의 법적 효과에 관하여 제401조에서 제403조까지 3개의 조문을 두고 있으나, 일본민법은 수령지체의 법적 효과에 대한 규정이 없어 일본의 학설은 수령지체의 의의, 요건 및 효과에 대해서 다양한 논의를 해 왔다.[38)] 그리하여 2006년 민법(채권법) 개정검토위원회는 제3.1.1.87조 제1항에서 "채무자가 채무의 이행을 제공하였음에도 불구하고 채권자가 이것을 받지 않을 경우 또는 채권자의 수령거절의 의사가 명확한 경우에는 채무자는 채권자가 수령을 위하여 필요한 준비를 갖춘 후에 이 뜻을 채무자에게 통지하기까지, 자기 채무의 이행을 거절할 수 있다."고 이행정지권의 신설을 제안하였다.[39)] 여기서 채무자의 이행정지권은 채권자가 이행에 협력할 태도를 다시 취할 때까지 채무자의 이행정지를 정당화한다. 그 이외에도 채권자지체의 효과로서 증가비용의 채권자부담(제2항), 채무자의 보관의무 경감(제3항), 채권자의 계약해제권 배제(제4항), 채무자로부터 반대채무의 이행청구 거절 불인정(제5항)을 제안하였다. 그리고 제3.1.1.88조에서는 "채권자가 수령의무 기타 신의칙에 따라 성실하게 행동할 의무를 부담하는 경우에, 채권자가 이러한 의무를 위반한 때에는 채무자는 채무불이행에 관한 규율에 따라 채권자에게 손해배상을 청구할 수 있으며, 또한 채무를 발생시킨 계약을 해제할 수 있다."고 하여 채권자가 수령의무 기타 성실행위의무를 위반한 때에는 채무자에게 손해배상청구권과 계약해제권을 부여할 것을 제안하였다. 이에 대하여 일본 민법 개정시안은 수령지체에 관한 현행민법 제413조를 삭제하고, 제339조(채권자 및 채무자의 권리와 의무) 제2항에 "채권자는 채권의 성질에 따라 채무자에 의한 채무의 이행을 받아야 한다."고 채권자의 수령의무를 신설하는 것으로 대체하였다.

일본의 민법개정작업에서는 수령지체와 채무자의 변제제공과의 관계를 어떻게 규율할 것인지와 채권의 효력으로서 채권자의 수령의무를 인정할 것인지가 주로 논의되었다.[40)] 그 이유는

37) Guhl, Das Schweizerische Obligationenrecht, 7. Aufl., 1980, S. 228f.; Bucher, a.a.O., S. 322ff.; Schwenzer, a.a.O., S. 468ff.
38) 我妻·有泉コンメンタール民法－總則·物權·債權－, 第5版, 2018, 741頁.
39) 民法（債權法）改正檢討委員會, 債權法の改正基本方針, 別冊 NBL, No. 126, 2006, 151頁 以下.
40) 長谷川貞之, "辨濟の提栱および受領遲滯規定をどう見直すか", 民法改正を考える, 法律時報增刊, 2008,

구민법은 수령지체의 효과에 대해서 채권자는 이행의 제공이 있는 때로부터 지체책임을 진다고만 규정하고 있어 지체책임의 구체적인 내용이 명확하지 않았기 때문이다. 그리하여 수령지체의 효과로서 해석론상 인정된 것이 채무자의 보존의무 경감, 증가비용의 채권자부담, 그리고 채권자에게 대가위험 이전 등이다. 이러한 논의를 토대로 2017년 개정 일본민법 제413조 제1항은 "채권자가 채무의 이행을 받는 것을 거절하거나 받을 수 없는 경우에, 그 채무의 목적이 특정물의 인도인 때에는 채무자는 이행의 제공을 한 때로부터 그 인도를 할 때까지 자기 재산에 대한 것과 동일한 주의로써 그 물건을 보관하면 족하다."고 수령지체의 요건과 효과를 규정하고, 제2항은 "채권자가 채무의 이행을 받는 것을 거절하거나 받을 수 없음으로 인하여 그 이행비용이 증가한 때에는 그 증가액은 채권자의 부담으로 한다."고 증가비용의 채권자부담을 규정하였다. 또한 개정 일본민법 제413조의2 제2항은 "채권자가 채무의 이행을 받는 것을 거절하거나 받을 수 없는 경우에 이행의 제공이 있은 후 당사자 쌍방의 책임 없는 사유로 그 채무의 이행이 불능으로 된 때에는 그 이행의 불능은 채권자의 책임있는 사유에 의한 것으로 본다."고 수령지체 중 이행불능의 효과에 대하여 규정하였다.[41] 즉 개정 일본민법은 수령지체를 변제제공과 규범의 보호목적, 요건, 효과가 서로 다른 독립된 제도로서의 법적 지위를 명확히 하였다.[42]

한편 구민법 제492조는 "채무자는 변제의 제공을 한 때로부터 채무의 불이행에 의하여 발생하는 일체의 책임을 면한다."고 변제제공의 효과를 규정하고 있었다. 이와 관련하여 일본의 학설은 수령지체 책임이 변제제공과 어떤 관계에 있는지에 대하여 다양한 논의를 해 왔다. 채무불이행설은 양자를 구별하여 변제제공의 효과는 수령지체의 고유한 효과가 아니라고 하는 반면, 법정책임설은 변제제공과 수령지체의 효과가 동일하다고 보았다. 하지만 2017년 개정 일본민법 제492조는 "채무자는 변제의 제공을 한 때로부터 채무를 이행하지 않음으로써 발생하는 책임을 면한다."고 변제제공의 효과를 규정하고 있다. 개정 일본민법은 구민법의 '채무의 불이행'이라는 표현이 반드시 채무불이행책임을 의미하지 않는다는 것과 '일체'라는 표현을 삭제함으로써 변제제공의 효과와 수령지체의 효과를 명확히 구분하였다.[43]

7. 영미법

영미법에는 우리나라의 채권자지체에 해당하는 독자적인 법제도 내지 법관념이 뚜렷하게 형성되지 않았다. 그러나 매매의 경우에는 이행의 제공(tender of performance) 또는 인도의 제공

259頁 以下; 民法(債權關係)部會資料集, 第1集＜第1卷＞, 商事法務, 2011, 404頁, 513頁.

41) 일본민법 제413조의2 제1항 "채무자가 그 채무에 대해서 지체책임을 지는 중에 당사자 쌍방의 책임없는 사유로 채무의 이행이 불능으로 된 때에는 그 이행불능은 채무자의 책임있는 사유에 의한 것으로 본다."

42) 我妻·有泉コンメンタール民法, 746-747頁.

43) 上揭書, 965頁.

(tender of delivery)에 대하여 채권자지체에 해당하는 판례가 형성되었고, 이것이 입법화[44]되어 왔다.[45] 여기서 '이행의 제공'은 계약상의 의무를 이행하여야 하는 채무자가 이행을 제안하거나(offer to perform) 이행을 노력하는 것(affect to perform)을 말한다. 만일 채권자가 채무자의 이행의 제공에 대하여 수령을 거절한다면 계약의 이행거절(repudiation)이 되어 채무자는 계약을 해제하거나 손해배상을 청구할 수 있다.[46] 다만, 채권자지체의 경우에는 원칙적으로 손해배상만 인정되고 계약해제는 매우 제한적으로 허용된다. 예컨대, 채권자가 계약 전체를 거절한 경우에만 채무자에게 계약해제권이 인정되고, 그러하지 않은 심각한 위반의 경우에는 손해배상만 인정된다(영국 동산매매법(1979) 제31조 제2항 참조). 특히 동산매매의 경우 매도인이 물건을 인도할 준비를 하고 매수인에게 물건의 수령을 요청하였으나 매수인이 그 요청 이후 상당한 기간 내에 물건을 수령하지 않을 경우에 매수인은 매도인에게 수령을 소홀히 하거나 거절함으로써 발생한 손실에 대해서 책임을 지며, 또한 물건의 관리 및 보관에 대한 합리적인 비용을 지급해야 한다(영국 동산매매법(1979) 제37조 제2항 참조).[47]

한편 미국 통일상법전은 "매도인의 의무는 이전과 인도이며, 매수인의 의무는 계약에 따른 인수와 지급이다."고 매수인의 인수의무를 규정하고 있다(제2-301조). 여기서 '인수(acceptance)'는 물건의 물리적인 점유 취득을 의미하는 수령(receipt)과 다르다(제2-103조 제1항 c호). 즉 인수는 매수인이 물품을 검사할 합리적인 기회를 가진 후에 그 물건이 계약에 적합하다는 것 또는 계약에 적합하지 않으나 그 물건을 보유하겠다는 의사를 매도인에게 표시한 때에 이루어진다(제2-606조 제1항 a호). 만일 매수인이 부당하게 물건의 인수를 거절하거나 철회한 경우에는 피해를 입은 매도인은 매수인에게 손해배상을 청구하거나 계약을 해제할 수 있다(제2-703조 제1항 e, f호).

8. 기타

(1) 유엔 국제물품매매협약

유엔 국제물품매매협약(United Nations Convention on Contracts for the International Sale of Goods, CISG)[48]은 채권자지체를 독립적인 제도로서 규정하고 있지 않다. 그러나 유엔 국제물품매매협약은 제3편(물품의 매매) 제3장(매수인의 의무) 제53조에서 "매수인은 계약 및 이 협약에 따라 물품의 대금을 지급하고, 물품의 인도를 수령하여야 한다."고 매수인의 수령의무를 규정하고

44) 영국 동산매매법(1979) 제29조, 미국 통일매매법 제43조, 미국 통일상법전 제2-311조 등이 있다.
45) 이은영, "채권자지체", 후암 곽윤직 교수 화갑기념논문집, 1985, 377면.
46) Startup v. Macdonald (1843) 6 M. & G. 593; Beatson, ANSON'S Law of Contract, 28th (2002), p. 508.
47) Beatson, at p. 509.
48) 유엔 국제물품매매협약은 1980년 4월 비엔나 외교회의에서 채택되어 1988년 1월 1일부터 효력이 발생하였으며, 2005년 3월 1일부터 우리나라에서도 발효하였다.

있다(제53조). 여기서 매수인의 대금지급의무와 수령의무는 모두 계약의무이며, 그 위반에 대해서는 원칙적으로 동일한 구제수단이 적용된다.[49] 이 경우 매수인이 부담하는 수령의무는 매도인의 물품 인도가 가능하도록 하기 위하여 매수인에게 합리적으로 기대될 수 있는 모든 행위를 하는 것과 그 물품을 인수하는 것이다(제60조). 여기서 매수인에게 기대되는 협력행위로는 수입허가를 얻거나 운송수단을 제공하는 것으로서 매수인의 수령의무의 하나의 요소이다.[50] 이처럼 매수인은 수령의무를 부담하지만, 매도인이 이행기 전에 물품을 인도하거나 계약에서 정한 것보다 다량의 물품을 인도한 경우에는 매수인은 그 수령를 거절할 수 있다(제52조). 매수인이 수령의무를 위반하면 매도인은 매수인에게 물품의 수령을 청구할 수 있으며(제62조), 또한 매도인은 합리적인 유예기간을 두어 수령을 최고한 후 그 기간 내에 수령이 없으면 계약을 해제할 수 있다(제64조 제1항 b호). 계약의 해제에는 매수인의 귀책사유가 필요하지 않지만, 매수인의 수령의무 불이행이 본질적 계약위반으로 되는 경우에만 매도인은 계약을 해제할 수 있다(제64조 제1항 a호). 그러나 매도인이 매수인의 수령의무 위반을 이유로 손해배상을 청구하는 경우에는 계약해제에 있어서와 같은 제한이 없다(제79조).

(2) 유럽 계약법원칙

1995년 유럽계약법위원회가 발표한 유럽 계약법원칙(Principles of European Contract Law, PECL)은 제1장(일반규정) 제2절(일반적 의무) 제1:202조에서 "각 당사자는 상대방에 대하여 계약을 완전히 실현하기 위하여 협력할 의무를 진다."고 협력의무를 규정하고 있다. 그리고 유럽 계약법원칙은 제7장 '이행'의 절에서 유체재산과 금전에 대한 채권자지체를 규정하고 있다. 유체재산의 경우 제7:110조 제1항은 "상대방이 금전 이외의 유체재산을 수령하거나 인수하지 않음으로써 이를 점유하게 된 당사자는 그 재산을 보호하고 보존하기 위한 합리적 조치를 취하여야 한다."고 규정하고 있다. 이는 재산을 점유한 당사자가 그 재산을 보호하고 보존하기 위한 의무를 규정한 것일뿐 재산을 점유한 당사자를 인도할 의무로부터 벗어나게 하는 것은 아니다. 이 경우 재산을 점유한 당사자는 일정한 절차에 따라 자신의 인도의무 또는 반환의무를 면할 수 있으며(제2항), 합리적으로 발생한 비용을 매매대금(proceeds of sale)으로부터 공제하거나 상환받을 수 있다(제4항). 한편 금전의 경우 제7:111조는 "당사자가 상대방이 적절하게 제공한 금전을 수령하지 아니한 경우에는 상대방은 불수령 당사자에게 통지를 한 후 지급지법에 좇아 불수령 당사자의 지시에 따를 것으로 하여 금전을 보관함으로써 그 의무를 면할 수 있다."고 규정하고 있다.

유럽 계약법원칙 제7:110조 제1항은 다음의 세 가지 경우에 적용된다. 첫째, 계약상 유체재

---

49) 유엔 국제물품매매협약은 주된 의무와 부수적 주의의무를 구분하지 않는다(Schlechtriem/Hager, Kommentar zum Einheitlichen UN-Kaufrecht, 3. Aufl., 2000, Art. 53 Rn. 4).

50) Schlechtriem/Hager, CISG Art. 53 Rn. 4.

산을 인도할 의무를 부담하는 당사자가 계약에 적합한 제공을 하였으나 상대방이 그 인도를 거절한 경우, 둘째, 인도받아야 할 당사자가 유체재산을 수령하였으나 법률이 이를 허용하지 않는 경우에 상대방이 그 유체재산을 인수하지 않는 경우, 셋째, 계약이 법적으로 취소되어 유체재산을 수령한 당사자가 이를 상대방에게 반환하여야 하는 경우에 상대방이 그 수령을 거절한 경우이다. 이 경우 유체재산의 수령에 대한 거절이 채무불이행(제1:301조 제4항)이 되는지는 문제되지 않는다.[51] 그러나 채권자가 유체재산을 인수하지 아니함으로써 계약상의 의무를 이행하지 않는다면 채무자는 손해배상과 계약해제를 포함하는 채무불이행에 적합한 구제수단을 행사할 수 있다.[52]

(3) 유럽민사법의 공통기준안

2009년 유럽민법전연구회가 발간된 유럽민사법의 공통기준안(Principles, Definitions and Model Rules of European Private Law Draft Common Frame of Reference, DCFR)은 제3권(채무 및 이에 상응하는 채권) 제1장(일반조항) 제1:104조에서 "채권자와 채무자는 채무자의 채무이행을 위하여 합리적으로 기대할 수 있는 때에는 그 한도에서 상대방과 협력할 의무가 있다."고 협력의무[53]를 규정하고 있다. 즉 채무자가 채무를 부담하는 경우에 채권자와 채무자는 상호간에 상대방과 협력할 부수적 의무(a subsidiary obligation)를 지며, 이러한 의무는 채무자의 이행을 허락할 의무도 포함한다.[54] 그리고 유럽민사법의 공통기준안은 제2장(이행)에서 유체물과 금전에 대한 채권자지체를 규정하고 있다. 유체물의 경우 제2:111조 제1항은 "금전 이외의 유체물을 인도하거나 반환할 의무를 지는 자로서 채권자가 그 물건을 수령하거나 인수하지 않음으로써 이를 점유하게 된 자는 그 물건을 보호하고 보존하기 위한 합리적인 조치를 취할 부수적 의무(a ancillary obligation)가 있다."고 규정하고 있다. 이 조항은 채무자가 제공한 유체물을 채권자가 수령하지 않거나 인수하지 않은 이행거절의 특별 형태를 규정한 것이다.[55] 이 경우 채무자는 채권자를 위하여 그 물건을 보관하고 이를 채권자에게 통지하거나 또는 채권자에게 통지한 후 합리적인 조건으로 그 물건을 매각하고 매각대금을 채권자에게 지급함으로써 자신의 인도의무 또는 반환의무와 전항에서 언급된 부수적 의무를 면할 수 있다(제2항). 금전의 경우 제2:112조 제1항은 "채무자가 적절하게 제공한 금전을 채권자가 수령하지 아니한 경우, 채무자는 채권자에게 통지를 한 후 지급지법에 좇아 채권자의 지시에 따라 금전을 보관함으로써 그 지급의무를 면할 수 있다."고 규정하고 있다. 이 조항은 채권자가 금전의 수령을 거절하는 것이 채무불이행이 되는지의 여부

51) Lando/Beale, Principles of European Contract Law, Part Ⅰ & Ⅱ, 2000, p. 352.
52) Ibid, p. 353.
53) 유럽민사법의 공통기준안 제3권 제1장 제1:104조는 '협력의무(duty to co-operate)'가 아니라 '협력할 책무(obligation to co-operate)'라고 표현하고 있지만 의무와 책무를 명확하게 구분하지 않는다고 한다(Bar/Cive, Principles, Definitions and Model Rules of European Private Law, Vol. Ⅰ, 2009, p. 685).
54) Ibid.
55) Bar/Cive, DCFR, Vol. Ⅰ, p. 760.

와 무관하다.[56)]

(4) 국제상사계약원칙

1994년 국제사법위원회가 공표한 국제상사계약원칙(Principles of International Commercial Contracts, PICC)은 제5장(내용과 제3자의 권리) 제1절(내용) 제5.1.3조에서 "각 당사자는 상대방의 채무이행을 위하여 상호협력을 합리적으로 기대할 수 있는 때에는 상대방과 협력하여야 한다." 고 협력의무를 규정하고 있다. 이러한 협력의무는 계약의 이행에 있어 의무의 배분을 방해하지 않도록 하기 위하여 일정한 한도 내에서 제한된다. 이 조항은 상대방의 이행을 방해하지 않을 의무이지만 보다 적극적인 협력이 필요한 상황도 있을 수 있다.[57)]

한편 국제상사계약원칙 제7.1.2조는 "당사자 일방은 불이행이 자기의 작위 또는 부작위에 의하여 발생하거나 자기가 그 위험을 부담하여야 하는 다른 사건에 의하여 발생한 한도에서 상대방의 불이행을 주장할 수 없다."고 상대방에 의한 방해를 규정하고 있다. 이 조항은 불이행에 대한 두 가지의 면제 사유를 규정하고 있으며, 방해를 한 상대방은 불이행을 이유로 계약을 해제할 수 없도록 하고 있다.[58)]

9. 소결

대부분의 국가들은 민법에 채권자지체 제도를 두고 있다. 채권자지체를 모든 채권관계에 적용되는 채권의 효력에서 규정하고 있는 입법례로는 독일민법, 스위스채무법, 일본민법이 있으며, 프랑스민법과 오스트리아민법은 채권의 소멸에서 규정하고 있다. 그리고 매매계약의 경우에 매수인의 수취의무는 우리나라와 일본을 제외한 독일, 스위스, 오스트리아, 프랑스 및 영·미 등 각국의 법률이 공통적으로 인정하고 있다. 다만, 매수인의 수령지체의 경우에 손해배상 외에 계약해제권을 인정할 것인지에 대해서 독일법계나 영미법계는 모두 계약해제를 제한적으로 인정하고 있다.

한편 채권자의 협력의무를 직접 규정하고 있는 실정법은 아직 없다. 하지만 일본 민법개정시안, 유엔 국제물품매매협약, 유럽 계약법원칙, 유럽민사법의 공통기준안, 국제상사계약원칙은 채권자의 협력의무를 채권관계의 일반원칙으로 규정하고 있다. 이 경우 채권자의 협력의무는 그 성질을 법적 의무로 보지 않고 책무로 보고 있다. 따라서 채권자가 이러한 협력의무를 위반하면 채무자에게 채권자지체의 고유한 책임을 지며, 채권자의 의무위반이 중대하면 채무불이행의 효과를 인정하고 있다.

---

56) Bar/Cive, DCFR, Vol. Ⅰ, p. 767.
57) UNIDROIT, Principles of International Commercial Contracts, 2004, p. 131.
58) Ibid, p. 194.

다른 한편 개정 프랑스민법은 채권자지체 제도를 도입하면서 채무자지체와 나란히 규율하고, 그 위치는 채무의 소멸을 규율하는 변제의 장에 둠으로써 민법 체계의 혁신을 추구하였다.[59] 이에 대하여 독일민법은 채권자지체를 채권관계의 내용에 관한 장에서 규정하고 있으며, 스위스 민법은 채무의 효력에 관한 장에서 규정하고 있고, 일본민법은 채권의 효력에 관한 장에서 규정하고 있다. 우리 민법은 채권자지체를 채권의 효력에 관한 절에서 규정하고 있어 일본민법과 유사하나 일본민법은 채권자지체를 이행지체(우리 민법 제387조에 해당) 다음에 규정하고 있는 점에서 우리 민법과 다르다.

Ⅲ. 채권자지체의 법적 근거에 관한 논의

1. 서

우리나라에서는 채권자지체의 법적 근거와 관련하여 처음에는 채무불이행설이 지배적인 견해이었다. 그 결과 채권자는 언제나 급부의 이행에 협력하여야 할 의무, 즉 수령의무를 지는 것으로 이해하였다. 그러나 현행 민법은 구민법과 규정의 차이가 있음에도 불구하고 구민법 시대의 법이론이 답습되어 왔기 때문에 채무불이행설이 어디에서 유래하는 것인지 그리고 법정책임설과는 구체적으로 어떠한 차이가 있는지가 명확하게 밝혀지지 않은 상태에 있다. 따라서 채권자지체의 법적 근거를 규명하기 위하여 우리나라의 채권자지체론 형성에 직간접적으로 영향을 미친 독일 및 일본의 채권자지체론을 자세하게 살펴보고자 한다.

2. 독일 학설의 발전

(1) 독일민법 제정 이전

독일은 판덱텐 법학을 통하여 로마법의 채권자지체를 받아들였다. 보통법 시대에는 채권자의 수령의무를 채무자의 급부의무에 대응하는 법적 의무로 파악하여 채권자지체에 채권자의 귀책사유를 요구하였다. 하지만 19세기 후반에 들어와서는 채권자의 급부수령은 권리이지 의무가 아니라는 견해가 지배적이었다.[60] 이처럼 독일에서는 채권자지체의 법적 성질, 요건 및 효과를 둘러싸고 오랜 논쟁이 있었으며, von Madai로 대표되는 귀책설(Culpa-Theorie)과 Kohler로 대표되는 귀책불요설의 대립이 그것이다.[61]

---

59) 김현진, 앞의 논문, 110면.
60) Hüffer, a.a.O., S. 8.
61) 채권자지체의 법적 성질을 둘러싼 19세기 독일의 학설에 대한 소개로는 김진우, “독일의 채권자지체론 -채권자지체의 법적 성질을 중심으로-”, 「한독법학」, 제15호(2004. 5), 163면 이하; 박정기, “독일민법에 있어

1) 귀책설

귀책설은 채권자지체를 이행지체와 본질적으로 동일한 것으로 파악한다.[62] 즉 이행지체는 급부를 이행하여야 할 채무자의 의무가 채무자의 책임 있는 사유로 지체가 되는 것과 마찬가지로 채권자지체도 급부의 이행에 협력할 채권자의 의무가 채권자의 책임 있는 사유로 불수령되어야 한다고 한다.

von Madai는 채권자지체를 본질적으로 이행지체의 거울에 비친 상(Spiegelbild)이라고 주장한다.[63] 그는 급부를 이행하여야 할 의무는 그 의무를 이행할 때 이에 협력할 의무와 대응하는 것이므로 채권자는 채무자의 급부의무에 대하여 그 의무의 이행에 협력하여야 하고, 자신에게 적법하게 제공된 급부를 수령하여야 할 의무가 존재한다고 한다. 그리고 채권자지체도 모든 의무위반의 경우와 마찬가지로 채권자에게 책임을 묻기 위해서는 채권자에게 고의나 과실 같은 귀책사유가 필요하다고 한다.[64]

von Schey는 채권자가 급부를 수령하지 않는 것은 채무에 대한 자신의 권리를 행사하지 않는 것이므로 채무에 대한 의무를 위반한 것이 아니라고 한다.[65] 즉 채권자에게는 원칙적으로 “자기의 권리를 행사하는 자는 누구도 해치는 것이 아니다(*qui iure suo utitur neminem laedit*)”는 명제가 적용된다.[66] 그러나 채권자의 수령지체는 자신의 권리의 한계를 넘는 것이므로 예외적으로 “누구도 해쳐서는 안 된다(*neminem laedere*)”는 명제가 적용된다. 이 경우 채권자의 과실을 비난할 수 있을 때에만 책임을 물을 수 있으므로 채권자지체가 성립하기 위해서는 채권자의 귀책사유가 필요하다고 한다.[67]

Windscheid는 채무자에게 채권자에 대한 급부수령청구권을 인정하지 않지만, 채권자지체는 이행지체와 마찬가지로 채권자의 과실이 필요하다고 한다.[68] 그 이유는 법률에 명확한 규정이 없더라도 책임이 없는 자에게 불이익을 부과할 수 없기 때문이라고 한다. 그러므로 채권자지체가 성립하기 위해서는 이행지체와 마찬가지로 급부의 불수령이 위법할 것을 요구하며, 여기서 ‘위법적인 불수령’(widerrechtliche Nichtannahme)은 채권자에게 급부의 수령이 가능하고 그리고

서 채권자의 수령의무”, 「법학논고」(경북대), 제32집(2010. 2), 422면 이하; Hüffer, a.a.O., S. 6ff.

62) 채권자지체와 채무자지체를 ‘지체(*mora*)’라는 하나의 통일된 개념으로 파악하는 법적 사고는 후기 자연법에서 유래한다고 한다(Hüffer, a.a.O., S. 9).

63) von Madai, Die Lehre von der Mora, Dargestellt nach Grundsätzen des Römischen Rechts, 1837, S. 228(Hüffer, a.a.O., S. 9 재인용).

64) Hüffer, a.a.O., S. 9 참조.

65) von Schey, Begriff und Wesen der Mora Creditoris im österreichischen und im gemeinen Rechte, 1884, S. 27(Hüffer, a.a.O., S. 11 재인용).

66) Hüffer, a.a.O., S. 11 참조.

67) A.a.O.

68) Windscheid, Lehrbuch des Pandektenrechts, Bd. Ⅱ, 6. Aufl., 1887, S. 330.

그에게 면책사유가 없는 경우를 말한다.

2) 귀책불요설

귀책불요설은 급부의 이행의무를 부담하는 채무자와 달리 채권자는 수령의무가 없으므로 채권자지체의 성립에는 채권자의 귀책사유가 필요하지 않다고 한다.

Sintenis는 채권자에게는 급부의 수령의무가 존재하지 않으므로 채무자가 채권자에게 급부의 수령을 소구할 수 없다고 한다. 그는 채권자지체의 경우에 채무자는 목적물을 공탁할 수 있고, 그 이외에도 물건의 위험이 채권자에게 이전되는 등과 같이 채권자지체는 채권자에게 불이익을 주는 제도라고 한다.[69)]

Mommsen은 채권자지체와 이행지체를 그 본질이 서로 다른 제도라고 한다. 그는 채권자는 수령의무가 없고, 채권자가 수령을 거절하더라도 채무자의 권리를 해하는 것이 아니므로 채권자의 귀책사유는 이미 개념상 배제된다고 한다.[70)] 즉 채권자는 채권관계를 통하여 지배력(Herrschaft)을 얻고, 채권자가 이를 행사할 것인지는 그의 자유이므로 채권자의 귀책사유는 채권자지체의 요건이 될 수 없다고 한다. 그는 채권자의 수령을 강제하기 위한 소권은 인정되지 아니하며, 채무자는 다른 수단으로써 채권자의 수령지체에 대응할 수 있을 뿐이라고 한다.[71)]

Kohler는 채권자에게 급부의 수령은 권리일 뿐이지 급부를 수령할 의무는 없으므로 채권자의 불수령은 의무위반이 아니며, 그 결과 채권자지체의 성립에 귀책사유를 요구해서는 안 된다고 한다.[72)] 그는 채권자지체는 채권자에게 적법하게 제공된 급부를 수령하지 않는 것 또는 채무의 이행에 필요한 협력행위를 하지 않는 것이므로 채권자가 무슨 이유로 이행에 필요한 협력을 하지 않는지 또는 급부를 수령하지 않는지는 문제되지 않는다고 한다. 다만, 급부의 불수령으로 인한 불이익은 채권자가 스스로 이를 감수하여야 한다고 한다.[73)] 즉 채무자는 자신의 비용에 대해서는 사무관리소권(*actio negotiorum gestorum*)을, 그 이외에는 매도인소권(*actio venditi*)을, 나아가 물건의 우발적 멸실에 대한 위험은 채권자지체의 성립으로 채무자에서 채권자에게 이전된다고 한다.[74)]

---

69) Sintenis, Das praktische gemeine Civilrecht, Bd. 2, Das Obligationenrecht, 1847, S. 212ff.(김진우, 앞의 논문(각주 61), 170면 재인용).

70) Mommsen, Die Lehre von Mora nebst Beiträgen zur Lehre von der Culpa, Beiträge zum Obligationenrecht, 1855, S. 3, 134, 163(Hüffer, a.a.O., S. 10 재인용).

71) Hüffer, a.a.O., S. 10 참조.

72) Kohler, Annahme und Annahmeverzug, JherJb. 17(1879), 337ff., 364f.(Hüffer, a.a.O., S. 10f. 재인용); Emmerich, Das Recht der Leistungsstörungen, 3. Aufl., 1991, S. 269.

73) Hüffer, a.a.O., S. 10f. 참조.

74) Hüffer, a.a.O., S. 11.

(2) 독일민법 제정 이후

1) 민법 제정 이후

독일민법 제정 이후 채권자는 원칙적으로 수령의무를 부담하지 않는다는 이론에 근거하여 채권자지체에는 채권자의 귀책사유를 요건으로 하지 않았다. 즉 채권자지체의 경우에 채권자는 채무자에게 손해배상책임을 지지 않으며, 채무자는 계약을 해제할 수 없다는 데 이견이 없었다.

2) 나치 시대의 채권자지체론

나치 시대의 법이론가들은 로마법의 원리인 자유주의와 개인주의에 기반을 두었던 독일민법을 대체하기 위해 고유한 게르만법 정신에 기반을 둘 것을 강조하고, 전체주의와 공동체주의에 입각하여 사법적 사고의 핵심이라고 할 수 있는 권리의 개인주의적 성격에 대하여 맹렬한 공격을 하였다.[75]

Lange는 "채권자는 단지 권리를 누리고, 채무자는 단지 의무를 질 뿐"이라는 원칙은 과도한 개인주의의 특성을 가진 채권관계의 개념이라고 지적하고, 기존의 "청구권 대 반대청구권"이라는 도그마를 "채권관계의 통일성"으로 대체할 것을 주장한다.[76] 그는 계약의 양당사자는 서로 대립하는 자들이 아니라 "공동의 협력으로 공동체가 정한 목표를 실현하기 위해" 서로 협력하여야 할 자들이라고 한다. 따라서 그는 채권자지체는 채무자지체와 마찬가지로 채무의 침해이며, 침해의 결과도 동일하게 다루어야 한다고 한다.[77]

Stoll은 Lange와 마찬가지로 채권관계를 계약당사자의 유대에 근거한 "신뢰관계" 내지 "공동체 생활의 일부"로 파악한다.[78] 그는 의무를 급부의무와 보호의무로 구분하고, 전자는 채무자에게만 부여되는 반면에 후자는 채권자와 채무자에게 부여된다고 한다. 그리고 급부의무는 교환적 사고가 기준이 되는 반면에 보호의무는 신뢰적 사고가 지배한다고 파악하고, 채권자지체가 중대한 신뢰의 붕괴를 가져오면 채무자는 계약을 해제할 수 있다고 한다.[79]

3) 현대의 채권자지체론

나치의 패망 이후 독일에서는 전체주의적·공동체주의적 채권관계론이 포기된 대신 일정한 책임윤리가 가미된, 그러나 여전히 개인주의와 사적 자치가 강조되는 채권관계론으로 변화가 이루어졌다. 즉 채권관계는 법적으로 특별결합관계를 가진 계약당사자들의 다면적이고 쌍무적인 관계로부터 성장하는 "유기체(Organismus)"라고 한다.[80] 그러므로 넓은 의미의 채권관계는 권리

---

75) 김진우, 앞의 논문(각주 61), 197면.

76) Lange, Vom alten zum neuen Schuldrecht, 1934, S. 10ff.(Hüffer, a.a.O., S. 57 재인용).

77) Hüffer, a.a.O., S. 57 참조.

78) Stoll, Die Lehre von den Leistungsstörungen: Denkschrift des Ausschusses für Personen-, Vereins- und Schuldrecht, 1936, S. 26.

79) Stoll, a.a.O., S. 71-72.

80) Esser, Schuldrecht, Bd. I, Allgemeiner Teil, 4. Aufl., 1970, S. 13f.; Hüffer, a.a.O., S. 220f,

와 더불어 본래적 계약의무라고 할 수 있는 주된 급부의무 외에도 신의칙에서 도출되는 부수적 급부의무 및 보호의무(Schutzpflicht)를 포괄하는 "복합적 형상" 내지 "권리·의무의 복합체"라고 설명한다.[81] 그 결과 채무자의 급부이행에 대한 채권자의 불협력은 원칙적으로 진정한 의무(echte Pflicht) 위반이 아닌 간접의무 내지 책무(Obliegenheit) 위반에 불과하므로 채무자는 채권자에게 강제이행과 손해배상을 청구할 수 없으며, 계약도 해제할 수 없다고 한다. 다만, 채권자의 협력이 예외적으로 당사자 간의 약정으로 진정한 의무가 되는 경우에 협력행위의 유책한 의무위반은 적극적 채권침해를 구성하게 되고, 이 경우 채권자는 채무자로서 책임을 진다고 한다.[82]

(3) 소결

독일민법은 채권자지체를 비교적 상세하게 규율하고 있다. 독일민법의 입법자는 Kohler의 견해에 터 잡아 채권자는 원칙적으로 권리자이지 의무자가 아니며, 채권자지체는 채권자의 귀책사유가 없더라도 성립한다는 입장에서 민법을 제정하였다.[83] 즉 채권자지체와 이행지체는 공통의 개념인 '지체'의 하위개념이 아니므로 채권자지체는 귀책사유가 필요하지 않다고 하였다.[84] 다른 한편 독일민법의 입법자는 거래 현실에서 빈번하게 이루어지는 계약유형인 매매와 도급의 경우에는 매수인(제433조 제2항)과 도급인(제640조 제1항)에게 수취의무를 인정하는 예외를 두었다.[85] 이에 대한 입법 이유로서, 첫째로 대부분의 사례에서는 계약의 내용에 따라 매수인의 수취의무가 인정되는데 이에 대한 입법의 침묵은 법률행위의 자연적 요소(*naturalia negotii*)인 수취의무를 부인한다는 오해가 있을 수 있고, 둘째로 그 이외에도 다른 입법의 유사 규정[86]에서 확실하게 부여된 실재적 필요성에 대응한 것이라고 한다.[87] 그리고 도급인의 수취의무는 매수인의 수취의무를 유추한 것이라고 한다.[88] 그 결과 매매와 도급의 경우에 매수인 또는 도급인이 목적물 또는 완성된 일을 수취하지 않으면 채권자지체와 이행지체에 빠지게 되었다. 이처럼 독일민법은 채권자의 협력의무와 관련하여 채권자지체에 대해서는 수령의무를 요구하지 않지만, 예외적으로 매매·도급·고용계약에는 수취의무를 인정하는 이원적 체계를 취하였다.[89][90]

---

81) Esser/Schmidt, Schuldrecht, Bd. I, Allgemeiner Teil, 8. Aufl., 1995, § 5 Ⅱ(S. 87ff.).
82) Palandt/Heinrichs BGB, 62. Aufl., 2002, § 293 Rn, 1, 6; MünchKommBGB/Ernst Bd. 2a, § 293 RdNr. 1; Staudinger/Löwisch (2014) Vorbem. zu §§ 293-304 Rn. 10.
83) Motive Ⅱ, S. 68f.
84) Motive Ⅱ, S. 68f., 76f.
85) Motive Ⅱ, S. 318, 490.
86) 프로이센일반란트법(ALR) 제215조 제1항 2문; 오스트리아민법전 제1062조; 1884년 스위스채무법 제260조.
87) Motive Ⅱ, S. 318.
88) Motive Ⅱ, S. 490.
89) 독일민법에서 '수령'과 '수취'의 차이는 없으며, 매매와 도급에 있어 수취의 부작위는 다른 계약의 경우에 수령의 중지를 근거지운다고 한다(Hüffer, a.a.O., S. 7).
90) 보통법 시대의 법률가들은 매매와 도급을 개별 규정의 대상으로 보지 않았다고 한다(Hüffer, a.a.O., S. 7).

3. 일본 학설의 발전

구일본민법은 수령지체를 '채권의 효력'이라는 표제 아래 제413조 하나의 조문만을 두고 있었다. 즉 제413조는 "채권자가 채무의 이행을 수령하는 것을 거절하거나 수령할 수 없는 때에는 그 채권자는 이행의 제공이 있는 때부터 지체책임을 진다."고 규정하고 있어 수령지체의 요건과 효과가 명확하지 않았다. 그리하여 일본에서도 수령지체의 법적 성질이 무엇인지에 대하여 오랫동안 논란의 대상이 되어 왔다. 종래 일본의 통설은 법정책임설[91]을 따르고 있었는데,[92] 법정책임설은 채권의 행사는 채권자의 권리이지 의무가 아니며, 수령지체에 대한 책임은 성실한 채무자를 구제하고 채권자와 채무자간 이해의 공평한 조정을 위하여 인정되는 법정책임이라고 한다. 따라서 수령지체는 채권자의 귀책사유를 요하지 않으며, 채무자는 증가비용의 청구 이외에는 손해배상을 청구하거나 계약을 해제할 수 없다고 한다.[93] 이에 반하여 1930년대 독일 이론의 영향을 받은 일본의 채무불이행설[94]은 채권관계에서 채권자와 채무자 사이를 단순히 형식적인 권리와 의무의 대립관계로 볼 것이 아니라 신의칙에 의하여 지배되는 협동체로 보아야 하며, 급부는 양당사자가 협력하지 않으면 완성될 수 없으므로 채권자도 신의칙상 이행에 협력할 의무를 진다고 하였다. 따라서 수령지체가 성립하기 위해서는 채무자의 채무불이행과 마찬가지로 채권자의 불수령이 그의 귀책사유에 의하여야 하고, 그 경우 채무자는 손해배상을 청구하거나 계약을 해제할 수 있다고 한다.[95] 그 이외에도 채권자의 일반적인 수령의무는 인정되지 않지만 매매·도급·임치계약에서 생긴 채권에 한해서 예외적으로 수령의무와 더불어 신의칙에 기한 부수의무로서 수취의무가 인정된다는 절충설이 주장되고 있다.[96]

한편 판례[97]는 채무자의 채무불이행과 채권자의 수령지체는 그 성질이 서로 다르므로 일반적으로 수령지체에 채무불이행과 동일한 효과를 인정할 수 없고, 따라서 특단의 사유가 없는 한 채무자는 계약을 해제할 수 없다고 하여 법정책임설을 따르고 있다. 2017년 개정 민법도 채권자지체에 수령의무를 명문화하지 않았고, 또한 채권자지체의 효과로서 공탁 및 자동매각 등의 규정만을 신설하였으므로, 특단의 사유가 없는 한 수령지체를 이유로 계약을 해제할 수 없다고

---

91) 이에 대해서는 注釋民法(10), 債權1, 1987, 234頁 以下; 我妻·有泉コンメンタール民法, 743頁.
92) 이는 Kohler의 채권자지체론을 승계한 것이다.
93) 이는 일본민법 초안 제412조(현행 민법 제413조)에 대한 '民法修正案理由書'에 잘 나타나 있다(注釋民法(10), 234頁).
94) 대표적으로 我妻 榮, 債權總論, 1940, 188頁. 그러나 我妻 榮는 이후 '유기체적 공동체'를 끌어들이지 않고 단지 신의칙 이념과 양당사자의 공평만을 강조하였다(債權總論, 1964, 236頁).
95) 我妻·有泉コンメンタール民法, 742頁.
96) 注釋民法(10), 242頁 以下; 我妻·有泉コンメンタール民法, 742頁.
97) 大判 大正 4·5·29 民錄 21輯 858頁; 最判 昭和 40·12·3 民集 19卷 9号, 2090頁.

한다.[98)]

4. 우리나라에서의 논의

(1) 개요

우리 민법의 입법자들은 채권자지체 제도를 입안함에 있어 구민법(의용민법)과 달리 독일 민법의 태도를 따랐다.[99)] 그 결과 우리 민법의 채권자지체 제도는 이행지체와 달리 채권자의 수령의무를 인정하지 않고, 또한 채권자지체의 성립에 채권자의 귀책사유를 요구하지 않는다. 그리고 채권자지체의 효과로서 손해배상청구는 허용하지 않는 대신에 변제제공의 효과를 포함하여 채무자의 책임경감, 이자의 정지, 증가비용의 부담, 그리고 위험의 이전을 인정하고 있다. 하지만 채권자에게 수령의무 내지 협력의무를 인정할 것인지의 문제는 오랜 논쟁의 대상이 되었다.

(2) 학설

1) 채무불이행설

채권자의 수령의무를 인정하고, 채권자지체 책임을 수령의무 위반에 따른 채무불이행책임으로 구성하는 이론으로서 종래 우리나라의 다수설[100)]이다. 이 견해의 근거로는, 첫째 채권채무관계는 양당사자의 신뢰를 기초로 하므로 양당사자는 공동의 목적 달성을 위하여 협력하여야 할 의무를 부담한다고 한다.[101)] 둘째, 신의성실의 원칙에 따라 양당사자의 이익조정 내지 채무자의 이익을 보호하여야 한다고 한다. 즉 채무불이행설은 채권자지체를 채무불이행의 한 종류로 이해하므로 그 요건으로서 채권자의 귀책사유가 필요하다고 한다.[102)] 그러나 채무불이행설에 대해서는, 첫째 채권자에게 귀책사유가 없으면 채권자지체가 성립하지 않으므로 오히려 채무자에게 불리한 결과가 발생한다는 비판이 있다.[103)] 즉 현실에서는 채권자의 귀책사유가 없는 채권자지체가 많이 발생하고 있는데, 이 경우 채권자지체의 결과를 채무자가 부담하는 불합리한 문제가 생긴다고 한다.[104)] 둘째, 채권자지체에 채권자의 귀책사유를 요구한다면 채권자의 귀책사유가 없

98) 我妻·有泉コンメンタール民法, 743頁.
99) 민사법연구회, 민법안의견서, 1957, 146면(주재황 집필).
100) 곽윤직, 채권총론, 2004, 97면; 김용한, 채권총론, 1983, 170면; 김증한, 채권총론, 1988, 73면.
101) 채무불이행설은 일본의 협동체론을 요람으로 한 것이다(김진우, 앞의 논문(각주 3), 244면).
102) 채권자지체의 본질은 채권자의 수령의무 위반에 기한 채무불이행책임의 일종이지만 이는 채권자의 귀책사유를 요하지 아니하는 무과실책임으로서, 그 효과도 제400조 이하에 규정된 내용의 책임에 한정되는 제한적인 것이라는 견해도 있다(김대정, 채권총론, 2006, 573-4면).
103) 김형배, 채권총론, 1983, 303면; 지원림, 민법강의, 제15판, 2017, 961면, 서광민, “채권자지체의 법리구성상의 문제점”, 김형배교수화갑기념논문집, 1994, 324면; 이은영, 앞의 논문, 383-384면.
104) 독일민법이 채권자지체에 채권자의 귀책사유를 요구하지 않은 것도 이러한 이유에 기인한다(Motive Ⅱ, S. 68).

는 경우에는 제401조 내지 제403조의 독자적인 존재의의가 없게 된다고 한다.[105)]

2) 법정책임설

채권자지체의 본질은 급부를 이행한 채무자를 채무불이행책임에서 벗어나게 하고, 이익 형평의 원칙에 따라 이행지연으로 인한 불이익을 채권자에게 이전하는 것이라는 견해이다.[106)] 이 견해의 근거로는, 첫째 채권자는 권리를 가질 뿐이며 의무를 져야 할 이유가 없다고 한다. 즉 채권의 행사 또는 불행사는 채권자의 자유로서 법률·관습·특약이 없는 한 채권자는 수령의무를 지지 않는다고 한다. 둘째, 채권자에게 귀책사유가 없는 경우에도 채권자지체의 효과를 인정하게 되어 채무자의 이익이 보호된다고 한다. 셋째, 채권자지체의 효과로서 채무자에게 계약해제권이 인정되지 않지만, 그것이 채무자에게 심한 불이익을 주는 것은 아니라고 한다. 그러나 법정책임설에 대해서는, 첫째 채권자지체는 채무자를 급부의무에서 해방시키는 것이 아니라 채무자가 여전히 급부의무를 부담하는 상태에서 채권자가 여러 가지의 불이익을 받게 되는 것에 불과하므로 채권자의 채권 행사 또는 불행사가 채권자의 자유라는 주장은 설득력이 없다는 비판이 있다.[107)] 둘째, 우리 민법에 채권자지체의 효과로 규정된 것만으로는 채무자를 효과적으로 구제할 수 없는 경우가 많으며, 그 밖에 채무자에게 손해배상청구나 계약해제와 같은 구제수단이 인정될 필요가 있다고 한다.

3) 수정법정책임설

채권자지체의 법적 성격에 대하여 원칙적으로는 채권자에게 수령의무를 인정하지 않는 법정책임설의 논지에 따르지만, 매매·도급·임치 등의 계약에서는 신의칙상 채권자에게 인수의무를 인정해야 한다는 견해이다.[108)] 여기서 '인수의무'는 목적물을 받는 것만을 의미하며, 채권자의 일체의 협력행위를 뜻하는 '수령의무'와는 구별되는 개념이라고 한다. 그리고 수령의무 위반은 채무불이행을 구성하므로 채무자는 채권자에게 손해배상을 청구할 수 있다고 한다. 그러나 수정법정책임설에 대해서는, 첫째 원칙적으로 채권자의 수령의무를 인정하지 않으면서 일정한 경우에 채권자의 수령의무를 인정하는 것은 민법에 규정된 채권자지체의 효과만으로 채무자를 충분히 보호하지 못한다는 것을 의미한다는 비판이 있다.[109)] 둘째, 우리 민법은 독일민법과 달리 수취의무를 명문으로 규정하고 있지 않으므로 수취의무의 인정은 합리적 근거가 없다는 비판이

---

105) 김진우, 앞의 논문(각주 3), 249면.

106) 김증한/김학동, 채권총론, 1998, 173-5면; 송덕수, 채권법총론, 214면; 양창수/김재형, 민법 I, 401-2면; 이은영, 채권총론, 1999, 404면; 지원림, 민법강의, 961면; 이선희, "채권자지체에 관한 몇 가지 논점", 「성균관법학」, 제28권 제2호(2016. 6), 145면; 최광준, "채권자지체와 채무불이행책임의 본질", 「민사법학」, 제19호(2001. 3), 206면 이하.

107) 서광민, 앞의 논문, 322-323면.

108) 김형배, 채권총론, 304면; 정기웅, 채권총론, 2000, 188면. 이와 기본적 입장을 같이 하는 견해로는 권오승, "채권자지체", 민법의 쟁점, 1990, 247면 이하.

109) 서광민, 앞의 논문, 326면.

있다.[110)]

4) 중첩적 인정설

채권자지체에 관한 민법 규정이 채권자의 귀책사유를 요하지 않는 법정책임이라고 파악하는 점은 법정책임설과 같다.[111)] 그러나 신의칙상 채권자에게 수령의무가 있음을 인정하고 채권자가 이러한 수령의무를 자기의 귀책사유에 기해 위반하였을 때에는 채무불이행의 효과도 발생하게 된다는 견해이다.[112)] 이 견해는 민법 제401조 내지 제403조, 제538조 제1항 후문에서 규정하는 채권자지체의 효과는 채권자의 귀책사유에 관계없이 발생하고, 그 밖에 채권자에게 귀책사유가 있는 경우에는 이러한 효과와 더불어 채무자에게 계약해제권과 손해배상청구권이 발생하게 된다고 한다. 그러나 중첩적 인정설에 대해서는 신의칙상 채권자에게 인정되는 수령의무는 채권자의 반대급부의무처럼 항상 주된 의무인지 그리고 채권자의 협력이 계약의 본질적 부분인지가 명확하지 않다는 비판이 있다.[113)]

(3) 판례

대법원은 이제까지 채권자지체의 법적 성질을 직접 판시한 적이 없다. 다만, 수치인이 임치인에게 보관중인 건고추를 속히 처분하지 않으면 벌레가 먹어 못쓰게 되니 빨리 처분하든지 인도받아 가라고 요구한 사건에서 "수치인이 적법하게 임치계약을 해지하고 임치인에게 임치물의 회수를 최고하였음에도 불구하고 임치인의 수령지체로 반환하지 못하고 있는 사이에 임치물이 멸실 또는 훼손된 경우에는 수치인에게 고의 또는 중대한 과실이 없는 한 채무불이행으로 인한 손해배상책임이 없다."고 판시하여 채권자지체의 법적 성질을 언급하지 아니한 채 단순히 제401조를 적용하는데 그쳤다.[114)] 또한 부동산 매도인이 중도금의 수령을 거절하였을 뿐만 아니라 계약을 이행하지 아니할 의사를 명백히 표시한 사건에서 "민법은 채권자가 목적물의 수령을 지체하는 경우 채무자가 이를 공탁하거나 자조매각할 수 있는 제도를 마련하고 있지만(제487조, 제490조 참조), 이는 채무자가 계약내용을 유지하려고 할 때에만 사용할 수 있을 뿐이어서 이 제도들만으로는 채무자의 보호에 불충실하므로, 채권자에게 계약을 이행할 의사가 전혀 없고 채무자로서도 그 계약관계에서 완전히 벗어나기를 원한다면 특별한 사정이 없는 한 채무자의 이러한 의사를 존중함이 신의성실의 원칙에 비추어 타당하다고 할 것이다."고 판시하여 채권자지체의 법적 효과만을 언급하고 있다.[115)]

---

110) 지원림, 민법강의, 961면; 김진우, 앞의 논문(각주 3), 254면; 서광민, 앞의 논문, 326면.
111) 김상용, 채권총론, 2003, 223면,
112) 서광민, 앞의 논문, 326면 이하.
113) 서광민, 앞의 논문, 326면 이하.
114) 대법원 1983. 11. 8, 선고 83다카1476 판결.
115) 대법원 1993. 6. 25, 선고 93다11821 판결.

(4) 소결

우리 민법의 제정에 있어 모범이 된 독일민법은 원칙적으로 채권자지체에 채권자의 협력의무를 인정하고 있지 않지만, 매매와 도급에 대해서는 채권자와 채무자 사이의 이해관계를 조정하기 위하여 예외적으로 법정의 채권자지체 책임과 별도로 수취의무를 인정하고 있다. 이러한 수취의무는 쌍무계약의 견련성을 고려하여 매수인 및 도급인의 진정한 의무로 이론구성하였고, 채권자가 이러한 의무를 고의나 과실로 위반하면 채권자에게 법정의 채권자지체 책임과 동시에 수취의무 불이행에 대한 채무불이행책임을 지도록 하고 있다. 이러한 독일민법의 이원적 체계는 모든 계약유형의 채권자지체를 해결할 수 없지만 채권자와 채무자 사이에 이해관계를 적절하게 조정할 수 있는 제도로서 기능을 다하고 있다.[116] 우리나라에서도 현실에서 빈번하게 이루어지는 매매계약이나 도급계약에서 매수인이나 도급인에게 수취의무가 인정되지 않음으로써 채권자지체에 대한 다양한 해석론이 전개되어 왔다. 따라서 채권자지체 제도의 법적 성질에 대한 논란을 극복하고, 법규범의 내적 충돌문제를 해결하기 위하여 독일민법과 같은 이원적 책임체계에 대한 입법적 대안을 고려할 필요가 있다.

Ⅳ. 개정논의의 대상 및 범위

1. 협력의무 명문화 여부

(1) 민법전 제정과정에서의 논의

의용민법은 채권자지체에 관하여 1개조(제413조)만을 두었고, 그 위치도 이행지체 책임에 관한 제412조(현행 민법 제387조에 해당)와 채무의 강제이행에 관한 제414조(현행 민법 제389조에 해당) 사이에 있었다. 그러나 1954년 10월 국회에 제출된 민법안(이하 '초안'이라 한다)은 채권자지체에 대하여 4개 조를 마련하였고, 그 위치도 채무불이행 책임의 내용으로서 손해배상의무에 관한 규정 다음에 두었다.

우리 민법의 제정과정에서도 채권자지체에 대한 규율과 관련하여 수령의무를 명문으로 규정하는 제안이 제기되었다. 우리 민법의 제정자는 "신민법을 제정하는 차제에 민법전 속에 원칙적으로 채권자의 수령의무를 인정하는 규정을 신설하고 싶"다고 하고, 누구에게 이러한 수령의무를 인정할 것인가에 대하여 "수령의무를 인정하는 규정을 매매나 도급의 부분에 개별적으로 설치하는 것은 독민법의 입법례에 따르는 것"이라고 하였다.[117] 그리하여 현석호 수정안은 초안

116) 김진우, 앞의 논문(각주 3), 204면.
117) 민사법연구회, 앞의 책, 146면(주재황 집필).

제557조 제1항 다음에 "매수인은 매매의 목적물을 수령할 의무가 있다."는 규정의 신설을 제안하였다. 제안이유로는 "매매는 매도인과 매수인의 신뢰에 입각한 일종의 협동체를 구성하는 것이며, 그 내용의 실현도 대개는 양당사자가 협력하지 않으면 완성할 수 없는 것이니까, 매수인에게도 신의성실의 원칙이 요구하는 정도로 급여의 실현에 협력하여야 할 법률상의 의무가 있다고 생각하여야 할 것이다."고 하고, 이러한 수령의무의 "불수령은 마치 매도인이 이행하지 않은 경우와 마찬가지로, 채무불이행으로 보아야 할 것"이라고 하였다.118) 또한 초안 제658조 다음에 "도급인은 계약에 따라 완성된 목적물을 수령할 의무가 있다. 그러나 일의 성질상 수령을 요하지 아니하는 경우에는 그러하지 아니하다."는 규정의 신설을 제안하였다. 제안이유는 "수급인이 그 일을 완성하더라도 완성된 목적물을 도급인에게 인도하여야 될 경우에 도급인이 그것을 수령하지 않는다면 도급계약의 내용의 실현은 완성되지 못한 것이다. 그러므로 신의성실의 원칙에 입각하여 도급인에게 급여의 실현에 협력하여야 할 법률상의 의무를 부담시켜야 할 것이다."고 하였다.119) 그러나 현석호 의원은 본회의에서 장경근 의원의 철회 종용을 받고 이를 철회하였다.120)

(2) 협력의무 입법방향

채권자의 협력의무를 명문화하는 경우에 입법은 두 가지 방향에서 검토될 수 있다. 하나는 계약 일반의 협력의무를 규정하는 방안이다. 이 경우 채권자의 협력의무 내지 신의칙 의무의 내용이 명확하게 되는 장점이 있지만, 그 위반의 효과를 구체적으로 어떻게 규율할 것인지에 대한 논의가 필요하다. 다른 하나는 채권자의 협력의무를 계약유형에 따라 달리 규정하는 방안이다. 이 경우 입법이 고려되는 경우로는, 첫째 도급·위임·고용·임치 등의 노무공급계약에서 노무공급이라는 급부의 주요 부분이 채권자의 협력에 의존하고 있는 경우, 둘째 매매·도급 등의 목적물의 인도채무에서 채권자의 수령 자체가 계약관계에서 중요한 의미를 갖는 경우, 셋째 채권자의 협력의무에 관하여 당사자 사이에 약정이 있는 경우, 넷째 당사자 사이에 특약은 없으나 거래관행 내지 계약의 성질에 비추어 채권자의 수령의무를 인정하여 채무자의 이익을 보호하여야 한다고 판단되는 경우이다. 이와 같이 계약유형에 따라 채권자의 협력의무를 달리 규정하는 경우, 첫째 채권자가 채무의 이행에 필요한 협력을 하지 않음으로써 채무자의 이익을 적극적으로 침해하는 '타익침해형 채권자지체'에 대해서는 별도의 채무자 보호 수단을 강구하는 효과가 있으며,121) 둘째 매매나 도급 등 특정한 계약유형은 최근의 국제협약이나 주요 국가의 입법례 등이

118) 민사법연구회, 앞의 책, 170면(현승종 집필).

119) 민사법연구회, 앞의 책, 186면(현승종 집필).

120) 그 이유로서 "수정안이 본회의에서 채택될 가능성이 없다고 보았기 때문일 것이다."고 한다(양창수, "민법안에 대한 국회의 심의(Ⅱ)", 민법연구 제3권, 1995, 80면).

121) 김진우, 앞의 논문(각주 61), 258-259면.

채권자의 협력의무로서 인수의무를 인정하고 있다.[122] 그러나 우리 민법상 채권자지체는 원칙적으로 의무위반이 아니므로 채권자지체의 성립에 채권자의 귀책사유가 필요하지 않고, 또한 그 효과로서 손해배상이나 계약해제를 인정하고 있지 않다. 특히 매수인 또는 도급인에 한정해서 목적물 또는 완성된 일에 대한 수취의무를 인정하는 경우에 이원적 책임체계가 형성되는 문제가 있다. 나아가 채권자의 협력의무는 꼭 필요한 구체적인 경우에 국한하여 인정하면 되며, 모든 매매·도급 등에 협력의무가 있다는 등으로 그 인정범위를 불필요하게 확대해서는 안 된다는 비판이 있을 수 있다.

(3) 협력의무 명문화

우리 민법은 채권자지체의 본질인 협력의무를 규정하고 있지 않아 해석상 논란이 되고 있다.[123] 그러므로 채권자의 협력의무를 명문화하는 경우에 채권자지체의 본질을 명확히 하여 법적 논쟁을 줄일 수 있는 장점이 있다.[124] 특히 현대의 대부분의 채권관계는 쌍무계약에 기초를 두고 있는 현실에서 채무의 이행에 채권자의 협력이 필요한 채무에는 신의칙상 채권자의 수령의무 내지 협력의무가 인정되고 있다. 외국의 입법 동향도 이와 동일하며, 다만 규정의 방식은 두 가지 방향으로 나뉘어 있다. 하나는 채권각론에서 수취의무를 개별적으로 규정하고 있는 입법례로서 독일민법 제433조 제2항(매수인의 수취의무), 제640조 제1항 제1문(도급인의 인수의무), 제615조(노무청구권자의 수령의무)와 스위스채무법 제211조(매수인의 수령의무), 제370조(도급인의 수취의무), 그리고 프랑스민법 제1657조(매수인의 인수의무)를 들 수 있다. 다른 하나는 계약 일반에서 규정하고 있는 입법례로서 유엔 국제물품매매협약 제53조(매수인의 의무), 유럽 계약법원칙 제1:202조(협력의무), 유럽민사법의 공통기준안 제1:104조(협력의무)가 있다. 다만, 후자의 입법례는 계약 일반에 대한 규율체계이어서 채권관계와 개별 계약을 구분하여 규율하고 있는 근대민법전 체계를 채택하고 있는 우리 민법의 체계와는 부합하지 않는 측면이 있다.

한편 채권자의 협력의무 조항 신설은 법률의 해석과 적용에 있어 그 실익이 크지 않다는 비판이 있을 수 있다. 즉 쌍무계약상 당사자의 신의는 채권법의 중요한 이념적 기초를 이루는 것이기는 하지만 신의칙 적용으로 법률에 규정되지 않은 새로운 의무를 당사자에게 부과할 때에는 신중히 고려하여 최소한의 범위내로 그쳐야 한다. 그렇지 않으면 일반조항의 남용으로 당사자의 권익침해가 초래될 우려가 있다. 따라서 채권자의 협력의무 위반에 대한 이론적 근거로서의 신

122) 이선희, 앞의 논문, 145면.

123) 채권자의 협력의무는 '채권자지체와'와 '수령지체'라는 용어와도 관련되며, 수령지체는 엄밀하게 말하면 물건의 인도를 목적으로 하는 경우에만 적합하다(지원림, 민법강의, 960면).

124) 김서기, 앞의 논문, 188-189면은 "채권자가 이행을 받을 수 없거나 받지 아니한 때"를 채권자가 채무이행에 협력할 수 없거나 협력을 하지 아니한 일체를 의미하는 것으로 해석하는 것은 문구의 가능한 의미를 벗어나는 것이라고 한다.

의칙은 구체적인 규정을 두기보다 해석론에 위임하는 것이 타당하다는 비판이 있을 수 있다. 하지만 계약상 협력의무는 계약관계에 의해 성립된 채권관계의 완전한 실현을 목적으로 상대방에게 서로 협력하고 조력하여야 할 의무이다. 채권자가 이러한 협력의무를 부인하는 것은 계약을 통하여 자신이 설정한 계약목적을 추구하면서도 스스로 계약을 부인하는 자기 모순적 행위라고 할 수 있다. 따라서 쌍무계약의 경우에 계약목적의 달성과 당사자의 이해관계 조정이라는 측면에서 볼 때 채권자의 협력의무는 적극적으로 명문화 할 필요가 있다.

2. 귀책사유 규정 여부

채권자지체의 법적 성질을 명확하게 하기 위하여 채권자지체에 채권자의 귀책사유를 요건으로 추가하는 방안이 검토될 수 있다.[125] 이 경우 귀책사유 명문화의 장점으로는, 채권자지체를 채무불이행 체계로 편입시키게 되어 일원적 책임체계의 구축이 가능하다. 즉 기존의 채권자지체에 대한 책임 이외에 제390조의 채무불이행책임을 추가로 물을 수 있게 되어 채무자 이익의 보호에 유리하다. 그러나 귀책사유를 명문화하는 경우에, 첫째 채권자의 귀책사유 없이 채권자지체가 발생한 경우에 책임의 공백이 발생하게 되며, 둘째 우리 민법이 채권자지체를 규정하고 있는 기존의 체계에 이질적인 요소가 된다. 즉 우리 민법은 채권자지체를 채무불이행으로 규정하고 있지 않으며, 계약해제도 이행지체와 이행불능의 경우에만 인정하고 있다. 셋째, 대륙법계 국가의 입법례는 채권자지체에 귀책사유를 요구하고 있지 않으므로 이러한 입법태도를 고려할 필요가 있다. 생각건대 채권자지체 제도는 우리 민법의 제정에 있어 모범이 된 독일민법의 채권자지체가 그 책임의 발생에 귀책사유를 요구하거나 책임의 내용으로 손해배상의무를 인정하고 있지 않다. 그리고 채권자지체의 제도적 취지는 채무자가 채권자에게 이행의 제공을 하였으나 채권자가 수령거절 또는 수령불능으로 인하여 발생하는 불이익을 채권자가 부담하도록 하는 데 있다. 그러므로 채권자지체는 채권자의 급부 수령에 장애가 되는 객관적인 사정으로 충분하며, 이에 더하여 채권자의 주관적인 책임요소를 묻는 것은 타당하지 않다. 나아가 채권자에게 귀책사유가 없더라도 채권자지체의 효과를 인정하는 것이 채무자의 이익을 보호하는데 더 유리한 경우도 있으므로 채권자지체에 귀책사유를 규정할 필요가 없다.

3. 변제제공과의 관계

우리 민법상 채권자지체의 요건으로는, 첫째 채무의 이행이 가능하여야 하고, 둘째 채무의 내용에 좇은 이행의 제공이 있어야 하며, 셋째 채권자가 이행의 제공을 받을 수 없거나(수령불능)

---

125) 김서기, 앞의 논문, 189면은 "받지 아니한"이란 문구 속에는 당연히 고의가 포함되는 것이고, "받을 수 없거나"는 과실인 경우로 체계적 해석상 한정하여야 한다고 한다.

또는 받지 않아야 한다(수령거절).[126] 그러므로 채무자가 이행의 제공을 전혀 하지 않거나 또는 채무자의 이행 제공이 채무의 내용에 좇은 것이 아닌 경우 그리고 채권자의 정당한 수령거절의 경우에는 채권자지체가 발생하지 않는다. 그러나 현행 민법은 채무자의 변제제공이 채무의 내용에 좇은 것이어야 함을 명확히 규정하고 있지 않아 민법 제400조가 말하는 "이행의 제공"이 민법 제460조의 변제제공을 의미하는지에 대하여 논란이 있다. 이에 대하여 학설은 대체로 동일한 것으로 인정하고 있으나,[127] 우리 민법이 변제제공의 효과를 채권자지체 책임과 채무불이행책임의 면제로 나누어 규정하고 있으므로 양 제도를 통합할 필요가 있다는 논의가 제기되고 있다. 먼저 양자의 통합이 필요하다는 견해는 채권자지체의 효과는 당연히 변제제공의 효과를 포섭하는 것으로 민법 제401조와 제461조는 그 내용이 일부 중복된다.[128] 특히 채권자지체 효과의 발생시기는 양자 모두 변제제공이 있는 때로 규정되어 있다. 따라서 변제제공은 채무자의 채무이행이란 측면에서 본 개념이고, 채권자지체는 채권자의 불수령이란 측면에서 본 개념이라는 관점의 차이가 있을 뿐 그 본질은 동일하므로 양자의 통합이 필요하다고 한다. 이에 대하여 양자는 다른 제도라는 견해는, 첫째 변제제공의 효과로서 "이행의 제공있는 때로부터 채무불이행책임을 지지 않는다."는 규정은 그 때로부터 이행지체 책임을 지지 않는다는 의미이므로 양 규정은 서로 규율의 대상을 달리한다. 즉 제401조는 채권자지체 중 채무의 전부 또는 일부의 이행불능이 있는 경우에 채무자에 대한 책임을 귀속시킬 수 있도록 하는 귀속사유의 범위를 정하는 것이고, 제461조는 변제제공이 있으면 채무자가 면하게 되는 책임내용을 정하는 것이다.[129] 둘째, '채무자의 채무불이행책임 면제'와 '변제공탁권'은 변제제공의 효과이므로 채권자지체의 효과와 구분된다. 셋째, 우리 민법은 제정과정에서 처음부터 채권자지체에 관한 규정을 두기로 하였고, 변제제공의 효과로서 채무자는 변제제공이 있는 때로부터 채무불이행책임을 면하게 된다는 규정을 이어받았다. 넷째, 우리 민법 제정의 모범례인 독일민법은 변제제공과 채권자지체의 효과를 명료하게 구별하고 있다. 즉 채무자가 변제제공을 하지 않아도 채권자지체가 생기는 경우가 있고(독일민법 제296조), 또는 변제제공을 하여도 채권자지체로 되지 않는 경우(독일민법 제299조)를 규정하고 있다. 그런데 우리 민법 제400조는 "채권자는 이행을 … 받지 아니한 때에는 이행의 제공있는 때로부터" 라고 하여 이행의 제공을 채권자지체의 발생시기인 것처럼 규정하고 있다. 또한 이행의 제공을

126) 이선희, 앞의 논문, 146면은 우리 민법 제400조의 수령거절과 수령불능의 구별은 그다지 의의가 있는 것은 아니라고 한다.

127) 여기서 '이행의 제공'은 일반적으로 제460조의 변제의 제공을 의미한다(곽윤직 편집대표, 민법주해 제9권, 717면(이은영 집필)).

128) 김진우, 앞의 논문(각주 3), 268면은 "민법 제461조는 제401조와의 관계에서 볼 때, 독자적 의의를 거의 찾을 수 없는 일본 민법을 답습한 실패한 입법례의 하나"이므로, "불필요한 제461조를 삭제함으로써 소모적인 해석론이 전개될 여지를 없애"자고 한다.

129) 양창수, "민법 제401조와 제461조의 경계획정", 민법연구 제1권, 1993, 366-367면.

제460조의 변제제공으로 이해함으로써 그 효과의 발생시점을 모두 변제제공이 있는 때라고 한다. 그러나 채무자가 변제제공을 하지 않아도 채권자지체가 생기는 경우가 있고, 이와 반대로 채무자가 변제제공을 하더라도 채권자지체가 되지 않는 경우가 있다. 이와 같이 양자는 시간적으로 꼭 일치하는 것이 아니므로 이행의 제공은 변제제공과 구분되는 채권자지체의 발생요건으로 이해하는 것이 타당하다.[130] 즉 양자는 독립된 제도적 의미를 가지고 있으며, 또한 각 제도가 고유한 기능을 수행하고 있으므로 현행 제도를 그대로 유지하는 것이 타당하다고 할 것이다.

V. 맺음말

1. 개정 제안이유

우리 민법 제400조 이하의 채권자지체에 관한 조항은 이행의 제공을 다한 채무자에게 채권자의 협력이 없어 발생한 불이익을 주지 않으려는 것이다. 즉 채권자지체는 원칙적으로 의무위반이 아니므로 채권자지체의 성립에 채권자의 귀책사유가 필요하지 않고, 그 효과로서 손해배상이나 계약해제도 인정되지 않는다. 이처럼 우리나라의 사법학계는 채권자의 수령의무를 포함한 협력의무 인정에 매우 소극적인 입장을 취하고 있다. 그러나 쌍무계약에서는 통상 채권자지체와 이행지체가 결합되어 있으므로 거래를 원활·신속하게 하고, 거래 비용을 감소하기 위해 매수인의 수취의무를 인정할 필요가 있다. 즉 매수인과 도급인에 한해서는 목적물 또는 완성된 일에 대한 수취의무를 인정하는 것이 양당사자의 이해관계에 보다 더 적합하다. 또한 계약당사자의 협력의무를 계약목적의 실현에 있어 중요한 의무로 인정하고 있는 현대적인 채권관계론을 고려하면 채권자의 협력의무를 도입할 필요가 있다. 나아가 우리 민법 제400조 이하의 채권자지체에 관한 조항은 계약의 실현을 통하여 채무자가 얻을 수 있었던 이익을 고려하고 있지 않으므로 양당사자의 이해관계에 대한 조정이 필요하다.

2. 개정 제안

(1) 채권자지체 규정 개정

제400조(채권자지체) 채권자가 이행을 받을 수 없거나 받지 아니한 때에는 이행의 제공있는 때로부터 지체책임이 있다.

개정안: **채권자가 <u>급부를 수령할 수 없거나 수령하지 아니한 때에는 그는 채무자가 급부를 제공한 때로부터</u> 지체책임을 진다.**

130) 양창수/김재형, 민법 I, 402면; 이선희, 앞의 논문, 158면.

개정취지: 우리 민법은 채권의 소멸사유로 '변제'를 규정하고 있으며, '변제의 제공'이 있으면 채무자는 채무불이행 책임을 면한다(제460조, 제461조 참조). 한편 채권자가 이행을 받을 수 없으면 이행의 제공이 있는 때로부터 지체책임을 진다(제400조). 이처럼 우리 민법은 변제제공과 이행제공을 혼용하고 있으므로 이를 일원화할 필요가 있으며, 채권자지체의 기본개념인 '수령'이라는 용어를 사용하고 그 대상을 급부로 수정하는 것이 타당하다.[131] 여기서 '수령'은 변제제공된 물건에 대한 물리적 점유를 취득하는 것을 의미하며, 채권자의 협력의무의 하나이다.

(2) 매매계약에 수취의무를 인정하는 규정 개정

제568조 제1항: "매도인은 매수인에 대하여 매매의 목적이 된 권리를 이전하여야 하며 매수인은 매도인에게 그 대금을 지급하여야 한다."

개정안: "매도인은 매수인에 대하여 매매의 목적이 된 권리를 이전하여야 하며 매수인은 매도인에게 그 대금을 지급하고 **매매의 목적물을 수취하여야 한다**."

개정취지: 본 개정안은 매매계약에서 매매의 목적물을 수취하는 것이 매수인의 부수적 의무의 하나라는 것을 명시하고, 그러한 의무위반의 효과에 관하여는 채권 일반에 관한 수령의무 위반의 문제에 맡긴다는 취지이다. 따라서 매도인은 매수인에게 수취의무 위반을 이유로 독자적으로 수취를 강제할 수 없지만, 수취의무가 계약에 명시되어 있거나 묵시적 합의가 인정되는 경우에 한하여 계약해제가 인정된다.

(3) 도급계약에 수취의무를 인정하는 규정 신설

개정안: "**도급인은 일의 성질상 수취가 배제되는 경우가 아닌 한 계약에 좇아 완성된 일을 수취할 의무를 진다**."

개정취지: 도급계약에서 도급인의 협력이 있어야 일의 완성을 기대할 수 있는 경우에 도급인이 협력할 수 없거나 하지 않는 경우에 수급인을 구제하기 위한 규정의 신설이 필요하다. 이러한 규정 신설을 통하여 도급인과 수급인의 이해관계가 적절히 조정될 수 있을 것으로 기대된다.

---

131) 같은 취지: 한국민사법학회, 2018년 민법일부개정법률[알기 쉬운 민법]안에 관한 민법학자 의견서, 2018, 202면(이진기 집필).

보증인의 一部代位와 우선회수특약*

– 대법원 2017. 7. 18. 선고 2015다206973 판결 –

김 수 정**

Ⅰ. 대상 판결의 소개

1. 사실관계

가. A의 대출과 보증

1) 채무자 A는 2004. 2.경부터 2007. 4.경까지 사이에 채권자 B로부터 5회에 걸쳐 합계 1,440,000,000원의 대출을 받았다.

2) 신용보증기금 Y는 2004. 2.경부터 2007. 4.경까지 A와 사이에, A가 이 사건 대출을 받음에 있어, 이를 보증하기 위하여 신용보증계약을 체결하였다. A의 직원 X는 Y와 사이에 이 사건 신용보증계약에 따라 A가 Y에게 부담할 구상금 채무에 관한 연대보증계약을 체결하였다.

3) B는 A에게 이 사건 대출을 실행하면서 이 사건 대출금의 담보로 A 소유의 각 부동산에 관하여 수 회에 걸쳐 근저당권 설정등기를 경료하였다.

나. 우선회수특약

Y는 2009. 6. 24. B와 사이에 624,105,490원을 대위변제하고, B로부터 이 사건 근저당권에 관하여 대위변제액에 상응하는 비율로 근저당권 일부를 이전받기로 하면서 이 사건 근저당권의 실행으로 인한 회수금 중 신용보증기금 Y가 B의 보증부대출 이외의 채권에 우선하여 변제받기로 하는 특약(우선회수특약)을 하였다. 즉 우선회수특약에 따르면 회수금의 우선순위는 ① B의 A에 대한 신용보증 있는 대출채권의 잔액 채권(신용보증 있는 대출채권 중 ②항에 따라 대위변제된 금액을 제외한 부분), ② Y의 대위변제금 채권, ③ B의 A에 대한 신용보증 없는 대출채권 순서이다.

---

* 이 글은 「사법」 Vol. 1 No. 44(2021), 197-233면에 게재되었다.

** 명지대학교 법과대학 조교수.

다. Y의 대위변제

A가 이 사건 대출금에 대한 기한의 이익을 상실하였음에도 불구하고 이를 변제하지 않자, Y는 2009. 6. 24. 이 사건 신용보증계약에 따라 A를 대위하여 B에게 이 사건 대출금 일부에 해당하는 액수 624,105,490원을 변제하였다.

라. X의 구상금채무 이행 및 이를 위한 회생지원보증계약 체결

1) Y는 위와 같은 대위변제에 따라 이 사건 신용보증계약상 연대보증인인 X에게 구상금채무의 이행을 요구하였다. X는 Y와 사이의 합의에 따라 B로부터 대출을 받아 이로써 구상금채무를 이행하기로 하고, 2009. 6. 29. A 및 A의 대표이사 소외 1의 연대보증 하에 Y와 회생지원보증계약을 체결한 다음, Y로부터 발급받은 신용보증서를 이용하여 같은 날 B로부터 626,300,000원을 대출받았다.

2) X는 위와 같이 대출받은 금원으로 Y에게 구상금채무를 변제한 다음, 2009. 8. 3. Y가 B로부터 양수한 근저당권 지분을 이전하는데 필요한 부기등기를 마침으로써 Y로부터 그의 근저당권 **지분을 전부** 이전받았고, Y는 같은 날 이 사건 회생지원보증계약에 기한 채권을 담보하기 위하여 X에게 이전한 위 근저당권 지분에 관하여 질권설정등기를 마침으로써 질권을 취득하였다.

마. 회생지원보증계약에 따른 Y의 대위변제

그러나 X가 위와 같이 B로부터 대출받은 돈을 변제하지 아니하자, Y는 2010. 7. 21. 회생지원보증계약에 따라 X를 대신해 B에게 합계 634,413,041원(=원금 626,300,000원+이자 8,124,192원)을 대위변제하였다.

바. 이 사건 부동산에 관한 경매절차의 진행 및 배당

1) B는 2009. 8. 8. Y에게 일부 이전하고 남은 이 사건 근저당권에 기초하여 부동산에 관한 임의경매를 신청하여 이 사건 부동산에 관하여 경매절차가 진행되었다.

2) 이 사건 경매절차에서, B로부터 A에 대한 대출금 채권을 양수한 C(유동화전문회사)는 2010. 4. 28. 이 사건 신용보증계약에 의하여 담보되는 대출잔액 504,327,106원과 기타 대출 잔액 합계 772,721,487원 등 총 1,384,128,797원의 채권계산서를, X는 2009. 11. 16. 앞서 본 바와 같이 Y로부터 근저당권을 양수한 자의 지위에서 A를 위한 대위변제금 626,300,000원의 채권계산서를, Y는 가압류권자 및 X에 대한 근저당권부 질권자로서 합계 1,510,762,310원의 채권계산서를 각각 제출하였다.

3) 이 사건 부동산은 2010. 4. 2. 매각되었고, 배당법원이 2010. 5. 11. 집행비용을 공제한 1,291,211,320원에 대하여 배당을 실시한 결과, Y는 배당을 받지 못하였으나, C는 선순위 채권자인 교부권자(당해세)와 임금채권자들 다음의 3순위 채권자로서 1,062,425,312원을 배당받았다.

사. 배당이의 소송의 경과

1) Y는, B와 Y 사이에 이루어진 이 사건 특약에 따라 C가 배당받은 위 배당금은 ① 신용보증 있는 대출채권 잔액, ② Y의 대위변제로 발생한 구상금채권으로서 X에게 이전된 채권, ③ 신용보증 없는 대출채권 순으로 배당이 이루어져야 한다고 주장하면서 신용보증 없는 대출채권 부분의 배당액에 대해서는 이보다 우선하는 Y의 대위변제로 발생한 구상금채권으로서 X에게 이전된 채권에 대한 질권자인 Y가 먼저 배당받아야 함에도 B의 지위를 승계한 C에게 먼저 배당하였다는 이유로 C에 대한 배당액 중 624,105,498원에 대하여 이의를 제기하고, 배당이의의 소를 제기하였다.

2) 위 배당이의 소송에서 법원은 이 사건 특약의 존재를 인정하면서도 채권자인 B와 대위변제자인 Y 사이의 약정에 불과한 이 사건 특약이 X에게 당연히 이전되는 것은 아니라는 이유로 2011. 1. 12. Y에 대하여 패소판결을 선고하였고, Y가 항소하지 아니함에 따라 위 판결은 확정되었다.

2. 원심판결

1) X는 Y에 대한 손해배상청구를 하면서 그 근거로 Y의 기망에 의한 불법행위, 이 사건 특약의 불고지로 인한 불법행위를 주장하였다. 그러나 원심법원인 광주고등법원[1]은 이 주장을 모두 이유 없다고 하여 배척하였다.

2) 다만 원심법원은, 이 사건 회생지원보증계약의 체결 및 이에 따른 X에게의 근저당권 이전의 일련의 과정에 있어 X와 Y의 의사는 종전의 Y의 대위변제에 따른 Y와 중소기업은행과 사이의 배당순위를 그대로 유지하는 것이라고 할 것이므로, Y는 신의칙상 Y와 중소기업은행 사이의 이 사건 특약의 효력이 X에게 미치도록 조치하여야 할 선량한 관리자의 주의의무를 부담한다고 할 것인데, Y가 X에게 이 사건 특약에 기한 권리를 이전하는 조치를 취하지 아니함으로 인하여 이 사건 경매절차에서 Y가 X의 근저당권에 대한 질권자로서 B로부터 A에 대한 채권을 양수한 C의 A에 대한 신용보증 없는 대출채권보다 우선하여 Y의 대위변제금 채권을 배당받지 못하였으므로, Y는 그로 인한 X의 손해를 배상할 의무가 있다고 판단하였다.

3. 대법원 판결

(1) 변제할 정당한 이익이 있는 사람이 채무자를 위하여 채권의 일부를 대위변제할 경우에 대위변제자는 변제한 가액의 범위 내에서 종래 채권자가 가지고 있던 채권 및 담보에 관한 권리를 취득하므로, 채권자가 부동산에 대하여 저당권을 가지고 있는 경우에는 채권자는 대위변제자

1) 광주고등법원 2015. 2. 5. 선고 (전주)2014나1411 판결.

에게 일부 대위변제에 따른 저당권 일부 이전의 부기등기를 할 의무를 진다.

한편 이 경우에도 채권자는 일부 대위변제자에 대하여 우선변제권을 가진다 할 것이고, 다만 일부 대위변제자와 채권자 사이에 변제의 순위에 관하여 따로 약정(이하 '우선회수특약'이라 한다)을 하였다면 우선회수특약에 따라 변제의 순위가 정해진다.

그런데 변제로 채권자를 대위하는 경우에 '채권 및 그 담보에 관한 권리'가 변제자에게 이전될 뿐 계약당사자의 지위가 이전되는 것은 아니다. 그리고 변제로 채권자를 대위하는 사람이 구상권 범위에서 행사할 수 있는 '채권 및 그 담보에 관한 권리'에는 채권자와 채무자 사이에 채무의 이행을 확보하기 위한 특약이 있는 경우에 특약에 기하여 채권자가 가지는 권리도 포함되나, 채권자와 일부 대위변제자 사이의 약정에 지나지 아니하는 '우선회수특약'이 '채권 및 그 담보에 관한 권리'에 포함된다고 보기는 어렵다. 이러한 사정들을 고려하면, 일부 대위변제자의 채무자에 대한 구상채권에 대하여 보증한 사람이 자신의 보증채무를 변제함으로써 일부 대위변제자를 다시 대위하게 되었다 하더라도, 그것만으로 채권자의 채무자에 대한 권리가 아니라 채권자와 일부 대위변제자 사이의 약정에 해당하는 '우선회수특약'에 따른 권리까지 당연히 대위하거나 이전받게 된다고 볼 수는 없다.

(2) 그렇지만 '우선회수특약'은 일부 대위변제 후의 잔존 채권 변제 및 그 담보권 행사의 순위를 정한 약정으로서 일부 대위에 부수하여 이루어진 약정이고, 일부 대위변제자는 자신을 다시 대위하는 보증채무 변제자를 위하여 민법 제484조 및 제485조에 따라 채권 및 그 담보권 행사에 협조하고 이에 관한 권리를 보존할 의무를 진다는 사정 등에 비추어 보면, 일부 대위변제자로서는 특별한 사정이 없는 한 보증채무 변제자가 대위로 이전받은 담보에 관한 권리 행사 등과 관련하여 채권자 등을 상대로 '우선회수특약'에 따른 권리를 주장할 수 있도록 권리의 승계 등에 관한 절차를 해 주어야 할 의무를 지고, 이를 위반함으로 인해 보증채무 변제자가 채권자 등에 대하여 권리를 주장할 수 없게 되어 손해를 입은 경우에는 그에 대한 손해배상책임을 진다.

Ⅱ. 문제의 소재

보증인이 채권자에게 변제를 한 경우 보증인은 채권자를 법정대위하게 된다. 만일 보증인이 채권의 일부만 변제한 경우에는 일부대위가 일어난다. 대위의 객체로 가장 주요한 것은 담보권, 특히 저당권인데 일부대위의 경우, 채권자는 대위변제자에 저당권의 일부이전의 부기등기를 경료해 줄 의무를 부담하게 된다. 그런데 저당권의 일부이전 부기등기가 이루어졌다 하더라도, 그 저당권이 실행되어 배당이 이루어질 때 누가 우선변제를 받을 것인지에 대해, 통설과 판례는 채권자는 일부 대위변제자에 대하여 우선변제권을 가진다고 한다. 이는 비단 우리 민법에서만 그러한 것이 아니며, 비교법적으로도 또 법제사적으로도 유사한 입장을 쉽게 발견할 수 있다.

그런데 일부 대위변제자와 채권자 사이에 변제의 순위에 관하여, 위 원칙적 입장을 변경하는 별도의 약정을 한 경우에는 어떻게 될 것인가. 우리 실무에서는 신용보증기금이나 기술신용보증기금이 중소기업을 신용보증하는 경우 채권자와 소위 우선회수특약을 하여, 채권자가 갖는 담보권이 실행되어 현금화된 재산에서, 부분적으로 채권자보다 우선적으로 배당을 받는 경우를 쉽게 발견할 수 있다. 나아가 신용보증기금 등은 채무자에 대한 구상금채권을 담보하기 위해 별도로 연대보증계약을 체결하는 일이 많다. 이 경우 신용보증기금 등이 먼저 신용보증계약에 따라 채무자의 채무를 일부 변제한 뒤, 이 일부 변제로 발생한 구상금채권의 이행을 연대보증인에게 요구하여 연대보증인이 구상금채무를 이행하게 되면, 보증인의 변제 및 대위가 순차적으로 발생하게 된다. 이때 신용보증기금 등이 채권자와 체결한 우선회수특약의 혜택을, 연대보증인이 다시 원용할 수 있는지 라는 다소 복잡한 문제가 발생하게 된다. 부동산이 경매되어 배당이 진행될 때, 배당금이 대위변제자의 변제액을 모두 충당하기에 부족할 경우, 연대보증인이 우선회수특약의 효력을 주장할 수 있다면, 연대보증인은 배당에 있어 유리한 지위를 차지할 수 있게 될 것이다.

대상 판결은, ① 일부 대위변제자의 채무자에 대한 구상채권에 대하여 보증한 사람이 자신의 보증채무를 변제함으로써 일부 대위변제자를 다시 대위하게 되었더라도 채권자의 채무자에 대한 권리가 아니라 채권자와 일부 대위변제자 사이의 약정에 해당하는 '우선회수특약'에 따른 권리까지 당연히 대위하거나 이전받게 된다고 볼 수는 없다는 기존의 입장에 더하여, ② 구상금채권을 대위변제한 연대보증인이 채권자 등을 상대로 '우선회수특약'에 따른 권리를 주장할 수 있도록 권리의 승계 등에 관한 절차를 해 주어야 할 의무를 신용보증기금에 인정하고, 신용보증기금이 이를 위반함으로 인해 보증채무 변제자가 채권자 등에 대하여 권리를 주장할 수 없게 되어 손해를 입은 경우에는 그에 대한 손해배상책임을 진다고 판시하였다. 우선회수특약이 채권자와 신용보증기금 사이에서 이루어진 이상 연대보증인이 우선회수특약에서 약정된 대로 우선적으로 배당금을 받을 수는 없지만, 이렇게 우선적으로 배당을 받지 못함으로 인해 발생한 손해를 신용보증기금에 손해배상으로 청구할 수 있다는 것이다.

이러한 법원의 태도는 일견, 2인 사이의 약정은 그 약정의 당사자 사이에만 미친다는 채권법의 대원칙에 부합하는 것처럼 보인다. 그런데 다른 한편으로는 채권자가 우선회수특약을 통해 해당 채권액에 대해서 자신의 배당순위에 대한 권리를 신용보증기금이 주장할 수 있도록 이미 포기하였고, 연대보증인은 단지 신용보증기금의 지위에 들어가는 것(代位)이기 때문에, 우선회수특약의 효력이 연대보증인에게도 미치는 것이 법리적으로도 가능하지 않은가 하는 의문을 제기할 수도 있을 것이다. 이하에서는 우선 보증인의 변제와 일부대위에서 채권자의 권리가 우선한다는 원칙에 대해 살펴보고, 채권자 우선의 원칙을 당사자들의 합의로 변경할 수 있는지, 그리고 그 합의의 성격을 검토한다. 그리고 이 합의가 채권자와 일부 대위변제자 사이에서 이루어진 경우, 합의의 효력 범위 검토하도록 한다.

Ⅲ. 보증인의 변제와 일부대위

1. 보증인의 구상권

보증인이 주채무자를 위해 채권자에게 변제를 하게 되면 보증인은 주채무자에 대해 구상권을 갖는다. 부탁을 받은 보증인의 경우에는 면책된 날 이후의 법정이자 및 피할 수 없는 비용 기타 손해배상에 대해 구상권을 행사할 수 있다. 보증의 경우 事後求償이 원칙이지만, 수탁보증인의 경우에는 제442조의 요건 하에 事前에 구상권을 행사하는 것도 가능하며, 다만 사후구상과 그 범위에 있어 차이가 있다.[2] 부탁을 받지 않고 보증인이 된 경우에도 사후구상권은 존재하며, 다만 그 범위가 그 당시에 이익을 받은 한도 또는 현존이익의 한도로 제한된다(제444조 제1항 및 제2항).

2. 보증인의 변제와 法定代位

다른 한편 보증인의 변제는 변제자대위의 요건에도 해당하게 된다. 변제자대위는 구상권을 확보하기 위한 제도로서, 종래 채권자가 가지고 있었던 채권에 관한 권리가 구상권의 범위 내에서 변제자에게 이전하는 것을 말하는데,[3] 우리 민법의 변제자대위는 변제자에게 「변제할 정당한 이익이 있는지」 여부에 따라 임의대위와 법정대위 두 가지를 규정한다. 변제할 정당한 이익이 없는 자는, 채권자의 승낙이 있어야 대위할 수 있으며(제480조 제1항), 이를 임의대위라고 한다.

반면 변제할 정당한 이익이 있는 자는 채권자의 승낙 없이도 법률상 당연히 채권자를 대위하게 된다(제481조). 채권자의 승낙을 필요로 하지 않고 法律上 당연히 代位가 생기기 때문에 이를 법정대위라고 한다. 法定代位는 변제자가 채권자의 의사와 관계없이 대위하는 제도로서, 법

---

2) 보증인이 부담할 원본, 이미 발생한 이자 및 지연손해금, 피할 수 없는 비용, 기타의 손해액을 포함하지만, 채무의 원본에 대한 장래 도래할 이행기까지의 이자(지연손해금)는 사전구상권의 범위에 포함될 수 없다. 주석 민법/편집대표 김용담, 제4판(2014), 제442조, 137면(박영복 집필부분). 또한 사전구상권은 장래의 변제를 위하여 자금의 제공을 청구하는 것이므로 수탁보증인이 아직 지출하지 아니한 금원에 대하여 지연손해금을 청구할 수 없다(대법원 2004. 7. 9. 선고 2003다46758 판결).

3) 郭潤直, 채권총론, 제6판(2003), 257면.

정대위에 의한 채권의 이전에 관해서는 대항요건이 필요하지 않다. 「변제할 정당한 이익이 있는 자」에는 불가분채무자, 연대채무자, 보증인, 물상보증인, 담보물의 제3취득자, 후순위권리자 등이 포함된다고 하는데 별 異論이 없다.[4] 즉 보증인이 채권자에게 주채무자를 대신하여 변제를 하게 되면 주채무자에 대한 구상권을 갖게 되며, 그 구상할 수 있는 범위에서 채권 및 그 담보에 관한 채권자의 권리를 당연히 행사할 수 있다.

3. 법정대위의 效果

변제자대위의 법적 성질에 대해 학설은 크게 권리이전설과 대위행사설로 나뉘어 있다. 권리이전설은 종래 채권자가 가지고 있던 채권에 관한 권리가 법률상 당연히 변제자에게 이전한다는 견해이다. 대위행사설은 변제자가 채권자의 권리를 이전받는 것이 아니라 채권자에게 그대로 둔 채 변제자의 명의로 그 권리를 행사할 권한을 갖는데 불과하다고 하며, 우리 민법이 독일과 같이 권리이전의 입법주의를 택하지 않고 프랑스식의 대위제도를 택하였다는 데서 그 주된 이유를 찾고 있다.[5] 전자의 견해가 압도적 통설의 지위를 차지하고 있다.

4. 일부변제한 보증인의 대위

많은 나라의 민법전은 一部代位가 있는 경우에 채권자의 권리가 대위자의 권리에 우선한다는 규정을 두고 있는 반면, 우리 민법 제483조 제1항은 "채권의 일부에 대하여 대위변제가 있는 때에는 대위자는 그 변제한 가액에 비례하여 채권자와 함께 그 권리를 행사한다."고 규정하고 있다. 이하에서는 먼저 일부대위에 관해 명문의 규정을 둔 입법례를 살펴본 뒤, 우리 민법의 해석에 대해 검토하도록 한다.

(1) 비교법

1) 로마법 및 보통법

로마법은 현대와 같은, 변제자의 당연대위를 알지 못했다. 주채무자에 대한 보증인의 구상권은 인정되었는데, 그 실질적 확보를 위해서는 소권양도 특권이 인정되었다. 소권양도 특권에 따르면 보증인은 채권자의 청구에 대하여 채권자가 주채무자에 대하여 가지는 소권을 자신에게 양도하는 경우에만 보증채무를 이행할 용의가 있다는 것을 惡意의 抗辯(exceptio doli)의 형태로 주장하여 이행을 거절할 수 있다.[6] 19세기 독일 보통법도 소권양도 특권의 이론 구성을 따랐다.

---

4) 郭潤直, 258면; 池元林, 民法講義, 제13판, 984면; 주석 민법/편집대표 김용담, 제4판(2014), 제481조, 347면(신광렬 집필부분).

5) 이은영, 채권총론 개정판(1999), 718면.

6) Kaser, Das römische Privatrecht, Band I, 1971, S. 666. 김형석, "변제자대위 제도의 연혁에 관한 소고", 사법연구, 제8집(2003), 9면 이하에서 재인용.

그런데 로마법에서와 달리 소송양도 특권의 실질적 전제조건인 방식서 소송이 소멸하였기 때문에, 어째서 채권자가 소권양도 의무가 발생하는 기초가 되는 매매계약을 체결하도록 강제되는지라는 문제가 제기되었다. 보통법 학설은 그 답을 시카네(Schikane) 금지에서 찾았다. 즉 채권자는 이미 변제를 수령하였으므로 더 이상 채권을 보유할 이해관계를 가지지 않음에 반하여, 변제자는 구상을 위하여 이 채권을 취득할 절실한 이해관계를 가지고 있다. 따라서 여기서 채권자가 채권의 매매를 거부하는 것은 "채권자가 어떠한 희생 없이 장려할 수 있는 명백한 형평을 거부한 채로 문언에 집착하는 엄격한 권리의 남용"으로 허용될 수 없다는 것이었다.[7)]

그리고 이처럼 소권양도의 특권의 근거를 시카네 금지에서 찾는다면, 반대로 채권자가 양도로 인하여 자신의 권리를 조금이라도 상실하게 될 우려가 있는 경우에는 더 이상 채권자의 권리남용이 인정되지 않기 때문에, 소권양도는 강제할 수 없다는 결론이 도출된다. 로마 法源은 채권자는 자신의 모든 채권이 완전히 만족을 얻은 후에야 비로소 선순위 채권 및 질권을 양도하도록 강제된다고 하였으며, 보통법 학설은 소권양도의 특권에 기한 채권의 이전은 기존 채권자의 이익을 해하지 못한다는 법리(nemo subrogat contra se)를 도출하였다.[8)] 이후 프랑스 민법전을 비롯한 근대 민법전은 채권자를 만족시킨 보증인은 당연히 채권자를 대위하는 법정대위제도가 발전하였다.[9)]

2) 프랑스

프랑스에서 채권의 변제가 있으면 그와 함께 대위가 이루어진다. 프랑스민법도 우리 민법처럼 법정대위(subrogation légale)와 약정대위(subrogation conventionelle)를 나누어 규정한다. 원래 프랑스민법 제1250조 이하에서 대위를 규정하고 있었으나, 2016년 프랑스민법 개정에서 대위규정의 위치가 바뀌어 현재는 제1346조에서 법정대위를, 제1346-1조에서 임의대위를 규정한다. 법정대위이든 약정대위이든 대위의 요건을 충족하면, 채권 및 그 채권을 위한 담보가 이전하는 효과가 생긴다(effet translatif).[10)]

대위는 변제자가 변제한 한도 내에서만 대위가 이루어진다(프랑스민법 제1346-4조).[11)] 따라

7) Savigny, Das Obligationenrecht als Teil des heutigen römischen Rechts, Band 1, 1853, S. 242. 김형석, 사법연구, 제8집(2003), 27면 이하에서 재인용.

8) Hasenbalg, Die Bürgschaft des gemeinen Rechts, 1870, S. 454; Dernburg, Das Pfandrecht nach den Grundsätzen des heutigen römischen Rechts, Band 2, 1864, S. 367; Goldschmidt, ZHR 14. 김형석, 사법연구, 제8집(2003), 27면 이하에서 재인용.

9) 근대 민법에서 변제자대위제도의 발전과정에 관해서는 제철웅, 구상관계와 변제자대위: 그 상호관계의 비교법적 검토, 민사법학 제23호(2003. 3), 703면 이하.

10) Philippe Malaurie/Laurent Aynès/Philippe Stoffel-Munck, Droit des Obligations, 8e édition(2016), n° 1402. 이에 관한 국내 문헌으로는 명순구, 변제자대위에 있어서 이해관계인간의 이익조정, 고려대학교 법학논집 제34집(1998. 12), 254면.

11) 때문에 채권양도와 달리 변제자대위는 무상으로 이루어질 수 없을 뿐만 아니라, 대위되는 채권보다 적은 금

서 대위자가 채권의 일부만 변제했다면 일부대위(subrogation partielle)가 일어나게 된다.12) 프랑스민법은, 채권자와 일부대위자의 우열관계까지 명시하고 있는데, 채권자가 일부만 변제를 받은 경우 대위는 채권자를 해할 수 없다. 이 경우 채권자는, 그로부터 일부 변제만을 받은 자에게 우선하여 그에게 남은 권리를 행사할 수 있다(현행 프랑스민법 제1346-3조). 이 규정은, 2016년 개정 이전 제1252조 제2문과 동일한 내용이어서,13) 구법의 해석론이 그대로 적용된다. 이 규정은 보통법상의 Nemo contra se subrogasse censetur 법리에 기반한 것으로, 채권자는 대위가 자신의 권리를 해하지 않는 한도 내에서만 대위를 허락할 것이라는 채권자의 의사 추정에 근거하고 있다.14)

3) 독 일

독일민법 제774조 제1항은 "보증인이 채권을 만족시킨 한도에서 주채무자에 대한 채권자의 채권은 보증인에게 이전한다. 이전은 채권자의 불이익으로 주장될 수 없다. 주채무자와 보증인 사이의 법률관계로부터 발생하는 주채무자의 대항사유는 영향을 받지 않는다."라고 규정한다. 동 규정은 보증인이 채권자에게 변제한 경우 채권 및 그 부수적인 권리가 보증인에게 법정 이전(cessio legis)하고 이로써 보증인이 구상권 행사를 용이하고 효율적으로 할 수 있게 하는 것을 목적으로 한다.15)

특히 제1항 제2문은, 채권 및 부수적 권리의 이전은 채권자에게 불리하게 행사되어서는 안 된다는 것을 명시하고 있다. 개정프랑스민법 제1346-3조와 마찬가지로 보통법상의 nemo subrogat contra se 원칙이 실정화된 것이다.16) 동 규정은 채권자를 경제적 불이익으로부터 일반적으로 보호하는 것이라기보다는, 오히려 채권양도의 결과 채권자의 법률상 지위가 침해되는 것으로부터 채권자를 보호하는 것이다. 제1항 제2문은, 보증인의 급부가 채권자를 완전히 만족시키지 못하고 이로써 채권과 부수적 권리가 나뉘는 경우 의미가 있으며, 여기서 보증인이 일부변제를 했든 보증이 주채무 일부만 담보하는 것이든 관계없다. 부종적 담보에서 보증인은 후순위의 공동권리만 취득하게 되고, 비부종적 담보권에서는 채권자는 그의 담보이익이 더 이상 존재하지 않아 초과담보가 발생하게 된 한도에서 보증인에게 공동권리를 이전해야 한다.17)

4) 오스트리아

오스트리아 민법 제1358조는 "자신이 인적으로 또는 특정 재산으로 책임을 져야 하는 타인

액으로도 이루어지지 않는다고 한다. Alain Bénabent, Droit des Obligations, 17e édition(2018), n° 717.

12) Alain Bénabent, Droit des Obligations, n° 725.

13) Éric Savaux, Répertoire de droit civil: Subrogation personnelle(juin 2017), n° 128.

14) Éric Savaux, Répertoire de droit civil: Subrogation personnelle, n° 164.

15) Mot II 673; Larenz/Canaris II/2 [13. Aufl 1994] §60 IV 2; Staudinger/Norbert Horn(2012) BGB §774 Rn. 3; MüKoBGB/Habersack, 8. Aufl. 2020, BGB §774, Rn. 1.

16) Staudinger/Norbert Horn(2012) BGB §774 Rn. 26.

17) MüKoBGB/Habersack BGB §774, Rn. 13.

의 채무를 변제한 자는 채권자의 권리를 승계하고, 채무자로부터 변제한 채무의 배상을 청구할 권한이 있다. 만족을 얻은 채권자는 이러한 목적을 위하여 변제자에게 모든 현존하는 권리 구제수단과 담보수단을 인도하여야 한다."고 규정함으로써 보증인이 변제한 경우 채권 및 그 담보가 법정 이전함을 규정한다.[18] 보증인이 일부만 변제한 경우에 대해 제1358조 이하는 규정하고 있지 않지만 학설[19]과 판례[20]는 채권도 일부 이전한다고 한다. 그 채권의 부종하는 권리나 항변도, 일부변제의 한도 내에서 같이 이전한다. 채권의 담보가 이전하는 경우, 잔여채권을 가진 채권자가 보증인에게 우선한다.[21]

(2) 국내의 견해

우리 민법 제483조 제1항은, 일부 대위변제자는 대위자는 그 변제한 가액에 비례하여 채권자와 함께 권리를 행사한다고 규정하고 있을 뿐이다. 때문에 채권자와 대위변제자 사이의 優劣에 관해서 다음과 같이 크게 세 가지 견해가 대립하고 있다.[22]

제1설은 채권자의 채권과 변제자의 일부대위권 중 어느 것도 우선권이 없고 대위자는 채권자와 동등한 지위에서 공동으로 권리를 행사할 수 있으나, 채권자의 권리가 가분적인 경우에는 변제자가 단독으로 대위권을 행사할 수 있다는 견해이다. 예컨대, A의 B에 대한 100만원의 저당권부채권에 관하여 보증인 C가 50만원을 변제하여 50만원에 대한 채권 및 저당권이 C에게 이전되었다면, 이 경우에 100만원의 금전채권은 가분적이므로 변제자 C는 A가 저당권을 실행하기 전에 단독으로 저당권을 실행할 수 있다는 것이다.[23] 그러나 이 견해에 대해서는, 채권자를 부당히 해할 뿐만 아니라 담보권의 불가분성에 반한다는 비판이 제기된다.[24]

제2설은 일부대위자는 채권자와 평등한 지위에서 그 채권액에 비례하여 권리행사를 하는 것이 원칙이지만, 대위변제자가 채무자의 보증인, 물상보증인, 제3취득자인 경우에는 채권자의 권리가 우선한다는 견해이다. 반면 대위변제자가 보증인이나 담보제공자가 아닌 경우 채권자는 대위변제자의 변제를 통해 만족을 얻은 이상 대위변제자와 동등한 지위에서 대위권을 행사함이 타당하다고 한다.[25]

---

18) 반면 임의대위의 경우에는 법정이전이 이루어지지 않는다. 오스트리아 민법 제1422조는 자신이 책임지지 않는 타인의 채무를 변제한 자는 변제 전 또는 변제시에 채권자에게 그 권리의 이전을 요구할 수 있다고 규정하고 있다.
19) Schwimann/Mader/W. Faber, ABGB 3. Aufl., § 1358 Rn. 12.
20) OGH 30.11.1987 4Ob610/87.
21) OGH 30.04.1986 3Ob19/86.
22) 네 가지 학설로 구분하는 문헌으로는 김용덕, 변제자의 일부대위 －대법원 1987.1.20 선고 86다카1547 판결, 민사판례연구 제10집(1988년), 66면 이하.
23) 金顯泰, 新債權法總論(1964), 304면. 郭潤直, 債權總論, 新訂修正版(1999), 354면에서 재인용.
24) 郭潤直, 債權總論, 新訂修正版(1999), 355면
25) 이은영, 채권총론 개정판(1999), 722면.

제3설은 대위한 권리가 가분적인 경우 일부변제자는 이를 단독으로 행사할 수 없고, 채권자가 권리를 행사하는 경우에 그와 함께 권리를 행사할 수 있을 뿐이며 이 경우에도 변제에 관해서는 채권자가 우선한다고 해석한다. 대위변제자가 단독으로 담보권을 행사하게 되면 채권자에게 담보물의 처분을 강요하는 결과가 되며 담보물권의 불가분성에도 반한다는 것을 근거로 한다.[26]

제3설이 압도적 다수설이며 판례도 대법원 1988. 9. 27. 선고 88다카1797 판결 이후 지속적으로 다수의견과 같은 견해임을 밝히고 있다. 즉 변제할 정당한 이익이 있는 자가 채무자를 위하여 채권의 일부를 대위변제할 경우에 대위변제자는 변제한 가액의 범위 내에서 종래 채권자가 가지고 있던 채권 및 담보에 관한 권리를 취득하게 되고 따라서 채권자가 부동산에 대하여 저당권을 가지고 있는 경우에는 채권자는 대위변제자에게 일부 대위변제에 따른 저당권의 일부이전의 부기등기를 경료해 주어야 할 의무가 있다 할 것이나 이 경우에도 채권자는 일부 대위변제자에 대하여 우선변제권을 가지고 있다는 것이다.[27]

(3) 소 결

지금까지 보증인이 일부변제한 경우, 보증인은 그 한도 내에서 채권자를 당연히 대위하게 되고 채권과 담보권이 보증인에게 이전하지만, 채권자는 일부 대위변제자에 대하여 우선변제권을 가지고 있다는 것이 우리 민법의 해석론으로 인정되고 있으며, 이는 보통법 시대부터의 원칙에 부합하며 및 프랑스와 독일민법도 같은 태도를 택하고 있음을 보았다. 그런데 채권자는 일부 대위변제자에 대하여 우선하여 변제를 받는다는 원칙(편의상 이하에서는 '債權者 優先 原則'이라고 표기한다)은 채권자의 이익을 보호하기 위한 것이므로, 채권자 스스로 이 이익을 포기하는 것이 가능할 것이다. nemo subrogat contra se 원칙이 실정화된 독일에서도 제774조 제1항 제2문은 임의규정(dispositives Recht)에 해당한다고 해석된다.[28] 우리 민법은 이 원칙을 실정화하지 않고 있으므로 임의규정이라는 표현 자체는 쓸 수 없지만, 당사자들이 채권자의 이익을 포기하고 일부대위자가 우선 또는 채권자와 동등하게 변제를 받는다고 약정하는 것은 당연히 허용될 것이다. 그리고 판례에 나타나는 우선회수특약은, 채권자와 일부대위자가 채권을 담보하는 저당권의 실행, 즉 배당에서의 순위를 일부 변경한다는 점에서 채권자 우선 원칙을 변경하는 합의에 해당한다.

---

26) 민법주해(XI)/李仁宰 집필부분, 210-211면; 김환수, 일부 변제한 보증인의 대위권 -대법원 1996. 12. 6. 선고 96다35774, 광주지방법원 재판실무연구 2000(2001년), 186면; 김형배/김규완/김명숙, 민법학강의 제15판(2016), 1146면; 주석민법/신광렬 집필부분, 제4판(2014), 368면.

27) 그 이후 판결은 대법원 2002. 7. 26. 선고 2001다53929 판결; 대법원 2004. 6. 25. 선고 2001다2426 판결; 대법원 2009. 11. 26. 선고 2009다57545 판결; 대법원 2011. 1. 27. 선고 2008다13623 판결; 대법원 2011. 6. 10. 선고 2011다9013 판결 등.

28) 물론 해당 규정과 달리 약정하기 위해서는 채권자가 그 약정의 당사자가 되어야 한다. Staudinger/Norbert Horn(2012) BGB §774 Rn. 32.

Ⅳ. 일부대위와 우선회수특약

1. 우선회수특약에 관한 판례 분석

서론에서 제기한 문제를 본격적으로 다루기 전에, 우리법에서 우선회수특약이 문제된 사안들을 개관할 필요가 있다. 우선회수특약은 우리 민법에서, 그것도 신용보증기금이나 기술신용보증기금이 중소기업을 신용보증하는 경우 판례에서 발달한 매우 독특한 문제이기 때문에 판례를 통해 우선회수특약이 어떤 맥락에서 어떤 내용으로 이루어졌으며 그 결과 채권자와 보증인이 어떻게 배당받았는지가 중요하기 때문이다.[29)]

(1) 대법원 1998. 9. 8. 선고 97다53663 판결[30)]

1) 사실관계

원고 채권자는 1989. 3. 18. 주채무자 호승의 대표이사인 소외 1 소유의 부동산에 채무자를 호승, 채권최고액을 금 1억 2,500만 원, 피담보채무를 호승이 주채무자 또는 연대채무자나 보증인으로서 원고에 대하여 현재 부담하거나 장래 부담할 대여금채무 또는 어음금채무로 하는 근저당권(이하 '제1근저당권'이라 한다)을 설정하고, 호승에게, 1990. 9. 21. 금 4억 원(이하 '제1대출'이라 한다), 1991. 2. 27. 금 6억 8천만 원(이하 '제2대출'이라 한다), 1993. 6. 25. 금 2억 5천만 원(이하 '제3대출'이라 한다)을 각 대출하였다. 피고 신용보증기금은 제1대출에 대하여 금 3억 원의 범위 내에서, 소외 기술신용보증기금은 제2대출에 대하여 금 5억 원의 범위 내에서 각 신용보증하였다. 또한 원고는 1992. 6. 27. 호승과 소외 1의 연대보증하에 소외 1이 대표이사로 있는 호승산업에게 금 5억 원을 대출하고(이하 '제4대출'이라 한다), 그 담보로 호승산업 소유의 부동산에 채권최고액 14억 원의 근저당권(이하 '제2근저당권'이라 한다)을 설정하였다.

1994. 1. 27.경 호승과 호승산업이 모두 부도가 나자 원고는 같은 해 7. 5. 피고 신용보증기금로부터 제1대출 중 미회수 원금과 이자로 금 107,027,552원을, 같은 해 8. 19. 소외 기술신용보증기금으로부터 제2대출 중 미회수 원금과 이자로 금 60,789,954원을 각 대위변제받으면서, 제1근저당권의 일부를 그 피담보채권과 함께 변제비율에 따라 피고 및 소외 기술신용보증기금에

---

29) 물론 일본에서도 신용보증협회가 중소기업 보증을 통한 최종적 부담을 최대한 줄이기 위해, 연대보증인·물상보증인 사이에 신용 보증 협회의 부담 부분을 0으로 하는 대위의 비율에 대한 특약을 체결하고 있다. 이 특약이 당사자 사이에서는 유효하더라도 신용보증협회가 대위 변제함으로써 금융 기관으로부터 취득한 대위 근저당권의 행사에서 후순위저당권자 등 제삼자에 대하여 효력이 있는지가 문제가 되곤 한다고 한다. 村田利喜彌, 弁済者代位の問題点, 四天王寺大学紀要 第48号(2009 年9月), 19頁 이하 참조. 그렇지만 적어도 필자가 조사한 한도 내에서는, 우리나라 신용보증기금과 같은 형태의 우선회수특약은 체결하고 있지 않다. 따라서 이 문제는 우리나라에 특유한 문제라고 할 수 있다.

30) 원심판결은 부산고등법원 1997. 10. 24. 선고 96나10324 판결.

게 양도하면서 피고 및 소외 기금과 사이에, "위 근저당권에 대하여 배당일 현재 양도인의 잔존 채권을 우선변제 받기로 하고 잔여가 있는 경우에 한하여 양수인이 변제 받기로 한다."는 약정(우선순위약정)을 하였다.

한편 원고는 1994. 7. 15. 제1, 2, 3 대출 중 미회수 원금 및 이자 등 합계 금 76,528,654원과 그 중 금 70,065,420원에 대한 이자를 청구채권으로 하여 제1근저당권에 따른 경매를 신청하고, 제4대출 중 미회수 원금 및 이자 등 합계 금 517,221,596원과 그 중 금 497,463,880원에 대한 이자를 청구채권으로 하여 제2근저당권에 따른 경매를 신청하여 제2근저당권에 따른 경매절차가 먼저 진행되었다. 그 절차에서 예상하지 않았던 지방세 금 654,256,630원이 부산광역시 사하구청에게 우선 배당된 관계로 원고의 청구채권 중 금 234,290,450원을 배당받지 못하자 원고는 호승에 대한 위 금액 상당의 보증채권을 제1근저당권에 대한 경매절차에서 배당받기 위하여 청구채권액을 금 281,930,547원으로 확장하는 채권계산서를 제출하고, 피고 및 소외 기금에 대하여 '우선순위약정'에 따라 이를 우선하여 회수할 수 있도록 배당협의서를 작성하여 줄 것을 요청하였다. 이 요청을 소외 기금만이 이를 승낙하고 피고는 이를 거절하므로 결국 제1근저당권에 의한 경락대금은 원고에게 금 53,537,115원(원고의 잔존 근저당권의 피담보채권액과 소외 기금이 양수한 근저당권의 피담보채권액을 합한 금액임)이, 피고에게 나머지 금 71,210,184원이 각 배당되었다. 이에 원고는, 피고가 배당받은 것은 '우선순위약정'에 따라 원고에게 반환되어야 한다고 주장하였다.

그런데 원·피고 사이의 신용보증계약의 내용이 된 신용보증약관에 의하면 신용보증사고 발생 이후의 회수금은 채권자의 보증부대출 이외의 채권, 보증부대출채권 순으로 충당되는데, 여기서 '보증부대출 이외의 채권'이라 함은 채무자가 채권자에 대하여 주된 채무자로서 부담하는 채무를 말하고 제3자를 위하여 부담하는 보증채무 등은 포함되지 아니하며, 채권자가 위와 같은 변제충당의 순서에 위반할 경우에는 신용보증인인 피고는 그 신용보증채무의 일부 또는 전부에 대하여 책임을 지지 않는다는 취지로 규정되어 있고, 신용보증약관의 규정은 근저당권 등 담보권의 실행에 의한 회수금의 경우에도 적용되므로, 원고의 호승에 대한 보증채권은 우선변제충당의 대상이 되지 아니한다는 이유를 들어 원고의 주장을 배척하였다.

2) 대법원 판시내용

신용보증계약의 내용이 된 신용보증약관에 변제충당의 순서에 관하여 규정되어 있다 하더라도 원고가 신용보증계약 체결 후에 피고로부터 일부 채권에 대한 대위변제를 받고 그 채권과 함께 이를 담보하는 근저당권의 일부를 피고에게 양도하면서 피고와 사이에 명시적으로, 위 근저당권이 담보하는 원고의 잔존채권이 있으면 양도한 근저당권에서 원고가 우선하여 그 채권을 회수할 수 있다는 취지의 약정을 하였다면 변제충당의 순서에 관한 신용보증약관의 규정을 이유로 원·피고 사이의 위와 같은 약정의 효력을 부인할 수는 없다.

(2) 대법원 2001. 1. 19. 선고 2000다37319 판결[31)]

1) 사실관계

채권자 소외 신한은행은 1994. 10. 21.에 채무자인 소외 신화공업에 금전을 대여하면서 이를 담보하기 위하여 신화공업 소유의 공장용지에 관하여 채무자를 신화공업, 근저당권자를 신한은행으로 한 채권최고액 1,200,000,000원의 근저당권 설정등기를 경료하였다. 원고 신용보증기금과 기술신용보증기금은 신화공업의 신한은행에 대한 위 대여금 채무를 각 보증하였다.

원고 기술신용보증기금은 1995. 8. 24. 신화공업의 신한은행에 대한 위 대여금 채무 중 45,816,733원을 대위변제하고 신한은행으로부터 이 사건 근저당권 중 위 대위변제금 상당의 근저당권을 이전받아 1995. 9. 21. 그 일부이전의 부기등기를 경료하였다. 원고 신용보증기금은 1995. 8. 31. 대여금 채무 중 54,183,267원을 대위변제하고 신한은행으로부터 이 사건 근저당권 중 위 대위변제금 상당의 근저당권을 이전받아 1995. 9. 26. 그 일부이전의 부기등기를 경료하였다. 원고들은 신한은행으로부터 위와 같이 이 사건 근저당권 일부를 이전받으면서 신한은행에 대하여 '위 근저당권에 관하여는 배당일 현재 양도인의 잔존채권을 우선 변제받기로 하고 잔여가 있는 경우에 한하여 양수인이 변제받기로 한다.'라는 채권자 우선회수특약을 하였다.

소외 삼덕건설 주식회사는 1995. 12. 15. 신화공업의 신한은행에 대한 위 대여금 채무 잔액 1,100,000,000원을 대위변제하고 이 사건 근저당권을 이전받아 1996. 11. 6. 그 부기등기를 경료하였는데, 소외인이 1996. 11. 6. 위 삼덕건설 주식회사로부터 이 사건 근저당권을 양도받아 1996. 11. 7. 그 부기등기를 경료하였고, 피고는 1997. 3. 20. 위 삼덕건설로부터 이 사건 근저당권을 양도받아 1997. 3. 21.자로 그 부기등기를 경료하였다. 그 후 이 사건 부동산에 관하여 피고가 부동산임의경매를 신청함으로써 1998. 11. 27. 966,500,000원에 낙찰되었고, 위 법원은 1999. 1. 28. 배당기일에서 그 낙찰대금 중 집행비용을 공제한 955,507,077원 전부를 피고에게 배당하는 내용의 배당표를 작성하였다.

2) 대법원 판시내용

피고는, 소외 삼덕건설이 소외 신화공업의 신한은행에 대한 위 대여금 채권의 잔액을 대위변제하고 신한은행으로부터 그 채권과 이 사건 근저당권 일부를 양도받아 채권자인 신한은행을 대위하게 되었다 하더라도 그것만으로 신한은행의 채무자 신화공업에 대한 권리나 담보권 외에 일부 대위변제자인 원고들에 대한 이 사건 우선변제특약에 따른 권리까지 당연히 대위하거나 이전받게 된다고 볼 수는 없다는 이유로 피고가 원고들보다 우선하여 이 사건 근저당권 중 일부이전된 부분의 피담보채무를 변제받을 권리가 있어 위 경매법원의 배당은 정당하다고 주장하였다.

31) 서울고등법원 2000. 5. 26. 선고 99나36329 판결.

그러나 원심은 이 주장을 배척하였고(이유는 따로 제시되지 않음), 대법원도 이러한 원심의 판단은 정당하다고 판단하였다.

(3) 대법원 2010. 4. 8. 선고 2009다80460 판결[32)]

1) 사실관계

채권자 중소기업은행은 2006. 9. 27. 주채무자 유성델코에 182,710,000엔을 대출하면서 위 대출금 채권을 담보하기 위하여 채무자 소유의 토지에 관하여 채권최고액 2,160,000,000원의 근저당권 설정등기를 마쳤고, 신용보증기금은 2006. 9. 13. 채무자의 중소기업은행에 대한 위 대출금 채무에 대하여 일본국 통화 166,383,000엔을 한도로 신용보증하였다. 채무자가 2007. 8. 8. 기한이익을 상실함에 따라 신용보증기금은 2008. 3. 10. 채무자의 중소기업은행에 대한 위 대출금 채무 중 315,943,947원을 대위변제하였고, 같은 날 중소기업은행과의 사이에 이 사건 근저당권 중 위 대위변제금액만큼의 근저당권을 이전받기로 하는 근저당권일부이전계약을 체결하고 2008. 3. 26. 중소기업은행으로부터 그에 따른 근저당권 일부이전의 부기등기를 경료받았다. 신용보증기금과 중소기업은행은 위 신용보증계약과 근저당권일부이전계약을 체결하면서 이 사건 근저당권의 실행으로 인한 회수금 중 일정 금액의 범위 내에서 신용보증기금이 중소기업은행의 보증부대출 이외의 채권에 우선하여 변제받기로 하는 특약(우선회수특약)을 하였다.

원고는 채무자의 신용보증기금에 대한 구상채무의 연대보증인으로서 2008. 3. 10. 채무자의 신용보증기금에 대한 구상채무 전액인 314,265,436원을 대위변제하였다. 피고는 2007. 12. 14. 중소기업은행으로부터 채무자에 대한 위 대출금 채권 일체를 양수받은 자이다. 중소기업은행은 2007. 8. 6. 이 사건 근저당권에 기하여 이 사건 부동산에 관한 임의경매를 신청하여 이 사건 부동산은 1,850,000,000원에 매각되었고, 경매법원은 2008. 8. 7. 배당기일에서 그 매각대금 중 집행비용을 공제한 1,841,810,022원 전부를 피고에게 배당하는 내용의 배당표를 작성하였다.

2) 대법원 판시내용

변제할 정당한 이익이 있는 자가 채무자를 위하여 채권의 일부를 대위변제할 경우에 … 채권자는 일부 대위변제자에 대하여 우선변제권을 가지고 있다. 다만 일부 대위변제자와 채권자 사이에 변제의 순위에 관하여 따로 약정(우선회수특약)을 한 경우에는 그 약정에 따라 변제의 순위가 정해진다고 할 것이다(대법원 1998. 9. 8. 선고 97다53663 판결 참조).

그런데 변제로 채권자를 대위하는 경우 '채권 및 그 담보에 관한 권리'가 변제자에게 이전될 뿐 계약당사자의 지위가 이전되는 것은 아니라는 점, 변제로 채권자를 대위하는 자가 구상권 범위에서 행사할 수 있는 '채권 및 그 담보에 관한 권리'에는 채권자와 채무자 사이에 채무의 이행을 확보하기 위한 특약이 있는 경우 그 특약에 기하여 채권자가 가지게 되는 권리도 포함된다고

---

32) 원심판결은 서울고등법원 2009. 9. 11. 선고 2009나15581 판결.

할 것이나, 채권자와 일부 대위변제자 사이의 약정에 지나지 않는 '우선회수특약'이 '채권 및 그 담보에 관한 권리'에 포함된다고 보기는 어렵다. 일부 대위변제자의 채무자에 대한 구상채권에 대하여 보증한 자가 자신의 보증채무를 변제함으로써 일부 대위변제자를 다시 대위하게 되었다 하더라도 그것만으로 채권자의 채무자에 대한 권리가 아니라 채권자와 일부 대위변제자 사이의 약정에 지나지 않는 '우선회수특약'에 따른 권리까지 당연히 대위하거나 이전받게 된다고 볼 수는 없다.

이 사건 우선회수특약은 일부 대위변제자인 신용보증기금과 채권자인 중소기업은행 사이에 변제의 순위에 관하여 따로 약정을 한 것으로서 신용보증기금과 중소기업은행 사이에서는 이 사건 우선회수특약에 따라 변제의 순위가 정해진다고 할 것이지만, 채무자인 유성델코의 신용보증기금에 대한 구상채무를 보증한 원고가 자신의 보증채무를 변제함으로써 신용보증기금을 다시 대위하게 되었다 하더라도 피고와의 관계에서 이 사건 우선회수특약에 따른 변제의 순위를 주장할 수는 없다.

(4) 대법원 2011. 6. 10. 선고 2011다9013 판결[33)]

1) 사실관계

채권자 신한은행은 채무자 소유의 부동산에 1999. 12. 29.부터 2006. 10. 9.까지 채권최고액 합계 4,171,800,000원의 근저당권을 설정받았다. 원고 한국무역보험공사는 채무자의 채권자에 대한 수출거래 관련 채무를 보증하였는데, 채무자의 보증사고 발생에 따라 2007. 8. 7. 이 사건 부동산을 가압류하고, 2007. 11. 21. 신한은행에 위 보증 관련 채무원리금 490,868,986원을 대위변제하였다.

피고 기술신용보증기금은 채무자와 신용보증약정을 체결하고 채무자의 채권자에 대한 대출금 채무를 보증하였는데, 채무자의 보증사고 발생에 따라 2007. 8. 20. 이 사건 부동산을 가압류하고, 2007. 11. 15. 신한은행에 위 각 보증 관련 채무원리금 717,709,197원을 대위변제하고, 신한은행의 근저당권 중 2002. 11. 19.자 채권최고액 507,000,000원의 근저당권에 관하여 변제액을 340,800,000원으로 하는 근저당권일부이전의 부기등기를, 2006. 10. 9.자 채권최고액 390,000,000원의 근저당권에 관하여 변제액을 368,500,000원으로 하는 근저당권일부이전의 부기등기를 각각 마쳤다.

2007. 10. 17. 이 사건 부동산에 관하여 개시된 임의경매절차에서 채권자는 경매법원에 제출한 채권계산서에서, 채권자의 잔존 채권액은 3,819,875,976원이라고 하면서도, 채권자와 피고 사이에 우선충당과 안분배당이 필요하다는 이유로 채권자의 채권에 우선 충당할 금액(3,624,145,187원)과 채권자와 원·피고가 안분 배당받을 금액을 구분한 다음 안분배당 대상 금액 중 원

33) 원심판결은 서울고등법원 2010. 12. 23. 선고 2010나51873 판결.

고에 대한 안분배당액만을 채권자가 흡수하고, 피고에게는 안분배당액을 그대로 배당하는 방식으로 배당해 줄 것을 요청하였다. 이에 원고는 배당기일에 피고를 상대로 이 사건 배당이의의 소를 제기하였다.

2) 대법원 판시내용

수인이 시기를 달리하여 채권의 일부씩을 대위변제한 경우 채권자는 특별한 사정이 없는 한 채권의 일부씩을 대위변제한 일부 대위변제자들에 대하여 우선변제권을 가지고, 채권자의 우선변제권은 채권최고액을 한도로 자기가 보유하고 있는 잔존 채권액 전액에 미치므로, 결국 그 근저당권을 실행하여 배당할 때에는 채권자가 자신의 잔존 채권액을 일부 대위변제자들보다 우선하여 배당받고, 일부 대위변제자들은 채권자가 우선 배당받고 남은 한도액을 각 대위변제액에 비례하여 안분 배당받는 것이 원칙이다.

다만 채권자와 어느 일부 대위변제자 사이에 변제의 순위나 배당금의 충당에 관하여 따로 약정을 한 경우에는 그 약정에 따라 배당의 방법이 정해지는바, 이 경우에 채권자와 다른 일부 대위변제자들 사이에 동일한 내용의 약정이 있는 등의 특별한 사정이 없는 한 그 약정의 효력은 약정의 당사자에게만 미치므로, 약정의 당사자가 아닌 다른 일부 대위변제자가 대위변제액에 비례하여 안분 배당받을 권리를 침해할 수는 없다.

따라서 경매법원으로서는 ① 채권자와 일부 대위변제자들 전부 사이에 변제의 순위나 배당금의 충당에 관하여 동일한 내용의 약정이 있으면 그들에게 그 약정의 내용에 따라 배당하고, ② 채권자와 어느 일부 대위변제자 사이에만 그와 같은 약정이 있는 경우에는 먼저 원칙적인 배당방법에 따라 채권자의 근저당권 채권최고액의 범위 내에서 채권자에게 그의 잔존 채권액을 우선 배당하고, 나머지 한도액을 일부 대위변제자들에게 각 대위변제액에 비례하여 안분 배당하는 방법으로 배당할 금액을 정한 다음, 약정의 당사자인 채권자와 일부 대위변제자 사이에서 그 약정 내용을 반영하여 배당액을 조정하는 방법으로 배당을 하여야 한다.

2. 우선회수특약 법리의 정리

위에서 살펴본 판결을 포함하여 대상 판결에 이르기까지의 판례의 우선회수특약에 관한 태도를 정리하면 다음과 같다.

첫째 채권자 우선 원칙을 수정하는 우선회수특약 자체는 허용된다. 그런데 필자가 조사한 바로는 실제로 우선회수특약이 판결에서 제일 처음 등장한 판결인 대법원 1998. 9. 8. 선고 97다53663 판결(이하 '1998년 판결')에서의 우선회수특약(해당 판결에서는 '우선순위약정'이라고 지칭되었다)과 대상판결의 우선회수특약은 그 내용이 다르다. 1998년 판결은, 채권자와 신용보증기금(이하에서는 '제1차보증인'이라고 지칭한다) 사이의 신용보증계약의 내용이 된 신용보증약관보다, 채권자와 제1차보증인 사이의 명시적인 개별약정이 있으면 그 약정이 우선한다는 데 초점이 맞추어져 있었다. 그런데 그 개별약정에 해당하는 우선회수특약의 내용은, 근저당권 실행시 채권자가 잔존채권을 우선변제받고, 잔여가 있는 경우 근저당권을 양도받은 보증인이 후순위로 변제받는다는 것이었다. 채권자가 선순위, 보증인이 후순위라는 점에서 1998년 판결의 우선회수특약은, 채권자와 일부대위자의 우열관계에 대해 통설과 판례의 입장과 같았고, 따라서 우선회수특약의 효력을 인정함에 큰 문제가 없었을 것으로 추측된다. 두 번째 판결인 대법원 2001. 1. 19. 선고 2000다37319 판결(이하 '2001년 판결')에서도, 우선회수특약의 내용은, 채권자 우선 원칙을 변경하지 않았다. 보증인들이 대여금채무를 일부 대위변제하고 채권자가 채무자에 대해 갖는 근저당권 중 위 대위변제금 상당의 근저당권을 이전받아 그 일부이전의 부기등기를 경료하면서 체결한 우선회수특약의 내용은 "근저당권에 관하여는 배당일 현재 저당권양도인, 즉 채권자가 잔존채권을 우선 변제받기로 하고 잔여가 있는 경우에 한하여 저당권양수인, 즉 대위변제한 보증인이 변제받기로 한다."는 것이기 때문이다.

채권자 우선 원칙을 수정하는, 일부대위자가 채권자에 우선한다는 우선회수특약이 문제된 것은 세 번째 판결인 대법원 2010. 4. 8. 선고 2009다80460 판결(이하 '2010년 판결')부터이다. 다만 위에서 언급한 것처럼 채권자와 일부대위자의 우열관계는 명문규정이 있는 나라에서도 임의규정으로 보고 있기 때문에, 채권자 우선원칙에서 벗어나 일부대위자 우선원칙을 당사자들이 약정하는 것 자체는 문제가 없을 것이다.

둘째 채권자 우선 원칙을 수정하는 우선회수특약이 유효하다 하더라도 그 우선회수특약의 효력이 다른 대위변제자에게 미치는지가 문제이다. 1998년 판결에서는 보증인이 된 기술신용보증기금과 신용보증기금이 모두 채권자와 우선회수특약을 했기 때문에 이 논점이 따로 주목을 받지 못한 것으로 보인다. 이하 2011년 판결의 표현을 빌리면 "채권자와 다른 일부 대위변제자들 사이에 동일한 내용의 약정이 있는 등 특별한 사정"이 존재하는 경우이기 때문이다.

이 논점이 등장한 것은 2001년 판결로, "대위변제자는 … 채권자의 채무자에 대한 담보권 외에 일부 대위변제자에 대한 우선변제특약에 따른 권리까지 당연히 대위하거나 이전받는다고 볼 수는 없다."는 판시에 이 점이 드러나 있다. 2001년 판결에서는 ① 채권자에게 원고들인 신용보증기금과 기술신용보증기금이 각각 일부변제를 하고 문제가 된 근저당권의 일부이전 부기등기를 한 후 ② 채권자의 잔액 채권을 삼덕건설이 대위변제하고 저당권의 부기등기를 한 뒤 그 부기등기가 다시 피고에게 전전이전된 경우이다. 즉 이 사건에서는 엄밀히 말해 원고와 피고 모두 채권자의 채권을 일부변제한 자에 해당한다(다만 삼덕건설이 변제할 정당한 이익이 있는 자에 해당하는지는 대법원 판결만으로는 알 수 없었다). 2011년 판결에서는 채무자의 채무를 보증하기 위해 원고(제1보증인과)와 피고(제2보증인)가 각각 채권자와 보증계약을 체결하였는데, 피고만 채권자와 우선회수특약을 한 경우이다.

2011년 판결에서도 제1보증인과 제2보증인이 등장한다. 2011년 판결에서는 제1보증인과 제2보증인 모두, 시기를 달리하여 채무자를 위해 일부 대위변제를 하였는데, 채권자는 그 중 제1보증인과의 사이에서만 우선회수특약을 한 것으로 추정된다. 대법원은, 채권자가 어느 일부 대위변제자와 변제 순위나 배당금 충당에 관하여 따로 약정을 한 경우에는 약정에 따라 배당방법이 정해지는데, 이 경우에 채권자와 다른 일부 대위변제자들 사이에 동일한 내용의 약정이 있는 등 특별한 사정이 없는 한 약정의 효력은 약정 당사자에게만 미치므로, 약정 당사자가 아닌 다른 일부 대위변제자가 대위변제액에 비례하여 안분 배당받을 권리를 침해할 수는 없다고 판단하였다. 우선회수특약은 채권자와 그 특약을 한 대위변제자 사이에만 미치고, 다른 대위변제자에게는 미치지 않는다는 점에서 2001년 판시내용과 동일하다.

대상 판결과 2010년 판결에서도 두 명의 대위변제자가 등장하지만, 2001년 판결과 2011년 판결과 비교하면 대위변제자 사이의 관계가 구조가 다르다. 대상 판결과 2010년 판결은 공통적으로 다음과 같은 사실관계에 기반한 것이다: ① 은행은 중소기업에게 대출을 함에 있어 그 담보로서 근저당권을 설정한다. 또한 대출금의 일부에 대해 신용보증기금과 신용보증계약을 체결한다. 그런데 신용보증계약 내용 중에는 “근저당권의 실행으로 인한 회수금 중 일정 금액의 범위 내에서 신용보증기금이 은행의 보증부대출 이외의 채권에 우선하여 변제받기로 한다.”는 소위 우선회수특약이 포함되어 있다. ② 신용보증기금은, 중소기업을 위해 자신이 대위변제하게 될 경우 자신이 채무자에게 갖게 될 구상권의 만족을 확보하기 위해 연대보증인을 세운다. ③ 중소기업이 변제기에 변제를 하지 못하고 이에 신용보증기금이 자신이 보증한 채무를 변제한다. 신용보증기금이 채무자 전체 채무의 일부만 변제하므로, 일부대위가 일어나고, 채권자인 은행은 신용보증기금에 저당권의 일부이전 부기등기를 경료한다. ④ 신용보증기금은 연대보증인에게 구상금채무의 이행을 요구하고 연대보증인이 구상채무 전액을 변제한다.

채권자의 잔액 채권과 제1차보증인의 구상금 채권의 순위를, 대상 판결을 간단하게 도식화한다면 (가) 신용보증기금이 신용보증한 대출금 (나) 신용보증기금이 신용보증하지 않은 대출금으로 나뉜다. 그리고 은행이 저당권자로서 갖는 근저당권은 (가)(나) 두 대출금을 모두 피담보채권으로 한다. 그런데 신용보증기금이 신용보증한 대출금 중 일부를 신용보증기금이 변제했으므로 그 한도 내에서는 일부대위가 이루어진다. 즉 (가) 대출금 채권은 (가1) 신용보증기금이 변제하지 않고 남은 잔존채권으로서 여전히 은행이 채권자인 채권, (가2) 신용보증기금이 변제하여 신용보증기금이 대위하게 된 채권으로 나뉘어진다.

①에서 은행이 저당권자로서 설정받은 근저당권이 실행될 때, 우선회수특약이 없다고 가정한다면, 즉 채권자가 일부대위자에 우선한다는 일반적인 견해에 따른다면 배당 순위는 다음과

같이 될 것이다:

(가1) 채권-(나) 채권-(가2) 채권

그런데 우선회수특약에 따르면 배당 순위는 다음과 같이 변경된다:

(가1) 채권-(가2) 채권-(나) 채권

위에서 서술한 첫 번째 판결 법리에 따르면 우선회수특약의 유효성이 인정된다. 따라서 저당권의 목적인 부동산 환금대금이 (가)(나) 채권을 모두 변제하기에 부족한 경우, 신용보증기금은 -우선회수특약을 하지 않았을 때와 비교하여 확실히 유리한 지위에 서게 된다.

문제는 위 사실관계 도식에서 ③에서 끝나지 않고 ④까지 이어서 실제로 배당을 요구하는 자는 위 우선회수특약을 한 신용보증기금이 아니라, 신용보증기금의 구상금 채권을 변제한 연대보증인이 된다는 것이다. 여기서 일부 대위변제자를 다시 대위하는 변제자가 있을 때 그 약정의 효력은 어떻게 될 것인지가 문제인데, 대법원은 2010년 판결과 대상 판결에서, 채권자와 일부 대위변제자 사이의 약정에 지나지 아니하는 '우선회수특약'이 '채권 및 그 담보에 관한 권리'에 포함되지 않는다고 하여 연대보증인은 이 우선회수특약에 따른 배당순위를 주장할 수 없다고 판단하였다. 우선회수특약은 채권자와 그 우선회수특약을 한 일부 대위변제자 사이에만 효력이 있다는 점에서, 추상적인 판시만 보면, 2001년 판결과 2011년 판결과 유사해 보인다.

셋째 대상 판결은 채권자와 제1차보증인 사이에 체결된 우선회수특약의 효력이 제2차보증인에게 미치지 않는다는 것을 전제로, 제1차보증인은 제2차보증인에 대해 우선회수특약에 따른 권리를 주장할 수 있도록 권리의 승계 등에 관한 절차를 해 주어야 할 의무를 인정하고, 이 의무를 위반한 경우 제1차보증인은 제2차보증인에 대해 손해배상책임이 있다고 판시하였다. 이 법리는 대상 판결이 최초로 판시한 것이다.

3. 우선회수특약의 효력 범위

위에서는 보증인이 채권을 일부 변제한 경우 채권자와 일부대위자 사이에서 채권자가 우선한다는 것(채권자 우선 원칙), 그렇지만 이는 채권자의 이익을 보호하기 위한 것이므로 채권자와 일부대위자 사이의 약정(우선회수특약)으로써 변경가능하다는 것까지는 대체로 별 이의 없이 받아들여질 것이다. 문제는 채권자 우선 원칙을 수정하는 우선회수특약이 채권자와 일부대위자 범위를 넘어서까지 효력을 미칠 수 있는지 여부일 것이다.

(1) 일반적인 경우: 다수의 일부대위자 중 일부만 채권자와 우선회수특약을 체결한 경우

생각건대 이 문제는 일부대위자와 다른 일부대위자 사이의 관계에 따라 구별할 필요가 있다. 단일한 채무에 대해 여러 명이 보증인이 되었고 그들이 각각 일부변제한 경우에, 만일 보증인 중 한 명만이 채권자와 우선회수특약을 한 경우에 우선회수특약은 다른 보증인에게는 미치지 않아야 한다. 2011년 판결을 다시 떠올려 보자. 채권자인 신한은행은 근저당권의 채권최고액 합계에서 자신이 다른 경매절차에서 배당받은 136,632,897원을 공제한 4,035,167,103원을 배당함에 있어, 채권자 자신의 채권에 우선 충당할 금액(3,624,145,187원)과 채권자와 원·피고가 안분 배당받을 금액을 구분하여, 안분배당 대상 금액 중 원고에 대한 안분배당액만을 신한은행이 흡수하고, 피고에게는 안분배당액을 그대로 배당하는 방식으로 배당해 줄 것을 요청하였다. 정리하자면 411,021,916원을 배당함에 있어 채권자-피고 사이의 우선회수특약이, 이 배당에 참여하는 3자 모두에게 적용되는 경우와 그렇지 않은 경우 이해관계가 달라지게 된다. 전자의 경우 원고는 배당을 받지 못하는 대신 피고는 216,361,936원을 배당받는다. 반면 후자의 경우 원고는 87,963,718원으로, 피고는 128,398,218원을 배당받게 된다.[34] 원고 입장에서는 자신이 관여하지 못한 채권자-피고 사이의 우선회수특약으로 인해 자신이 안분 배당받을 권리를 침해받을 이유가 없으므로, 이 우선회수특약은 약정 당사자에게만 미쳐야 한다. 이런 점에서 "채권자와 다른 일부 대위변제자들 사이에 동일한 내용의 약정이 있는 등 특별한 사정이 없는 한 약정의 효력은 약정 당사자에게만 미치므로, 약정 당사자가 아닌 다른 일부 대위변제자가 대위변제액에 비례하여 안분 배당받을 권리를 침해할 수는 없다."는 판시는 타당하다.

(2) 제1차보증인의 구상금채권을 제2차보증인이 대위변제한 경우

반면 대상 판결 사안 유형에서 채권자와 일부대위자 외의 자에 대해 우선회수특약의 효력을 인정할 필요성이 있다. 위에서 설명한 것처럼 채권자와 일부대위자 사이에서는 채권자 우선 원칙이 적용되는데 이를 수정하는 것이 우선회수특약이다. 채권자 우선 원칙은 저당권 설정을 받은 채권자가 자신의 채권 전액이 변제될 때까지 물적 담보에서 채권의 만족을 받을 권리를 충분히 보장해 주는 역할을 한다. 그런데 채권자는 우선회수특약을 함으로써, 자신이 일부변제받은 한도에서는 저당권 실행으로 인한 배당에서 자신의 우선순위를 포기하겠다는 결정을 한 것이다. 반면 제2차보증인 입장에서는, 제1차보증인이 채무자에 대해 갖는 구상금 채권을 자신이 전액 대위변제하더라도, 제1차보증인이 채권자와의 사이에서 확보해 놓은 우선회수특약에 의해, 근저당권 실행시 자신의 구상채권이 확보될 것인지 여부가 제2차보증인의 이해관계에 매우 중대한 영향을 미치게 된다. 대상 판결도 제2차보증인이 우선회수특약에 대해 갖는 이 중대한 이해관계를 인식했기 때문에, 제2차보증인이 채권자 등을 상대로 '우선회수특약'에 따른 권리를 주장

34) 원심인 서울고등법원 2010. 12. 23. 선고 2010나51873 판결에서 원고의 청구취지 참조.

할 수 있도록 권리의 승계 등에 관한 절차를 해 주어야 할 의무를 제1차보증인에게 인정하고, 이 의무를 다하지 않은 경우 제1차보증인이 제2차보증인에게 손해를 배상하도록 판시하였다.[35] 그렇지만 제2차보증인이 우선회수특약까지 대위할 수 있다면 제2차보증인은 배당시 직접 자신의 우선순위를 주장할 수 있는 반면, 우선회수특약이 대위되지 않는다면 그럴 수 없다. 다만 제2차보증인은 제1차보증인에 대해 채권적인 손해배상청구권을 가질 뿐이다.

물론 해당 사안의 경우 제2차보증인이 저당권 실행경매에서 구상금 액수만큼 선순위로 배당을 받든지, 아니면 제1차보증인을 상대로 그가 자신에게 권리의 승계 등에 관한 절차를 해 주어야 할 의무를 위반하였음을 이유로 손해배상청구를 하든 실질적으로는 큰 차이가 없다. 제1차보증인인 신용보증기금은 은행만큼이나 자력이 충분한 자에 해당하기 때문이다. 그렇지만 이론적으로 제1차보증인의 資力에 좌우되지 않고, 변제자대위권의 원래 목적을 관철하는 것이 모두에게 더 형평에 맞는 이론구성이 되지 않을까 라는 의문이 남는다.

만일 제2차보증인에게, 제1차보증인이 우선회수특약으로써 확보해놓은 배당에서의 유리한 순위를 인정하는 법리를 채택하려면 어떤 구성을 택해야 할 것인가? 대법원 판결도 명시하고 있듯이 채권자와 일부대위자 외의 자에 대해 우선회수특약의 효력을 인정하는 데 가장 큰 장애가 되는 것은 변제로 채권자를 대위하는 자가 구상권 범위에서 행사할 수 있는 '채권 및 그 담보에 관한 권리'에는 채권자와 채무자 사이에 채무의 이행을 확보하기 위한 특약이 있는 경우 그 특약에 기하여 채권자가 가지게 되는 권리도 포함되나, 채권자와 일부 대위변제자 사이의 약정에 지나지 않는 우선회수특약은 '채권 및 그 담보에 관한 권리'에 포함된다고 보기는 어렵다는 것, 변제로 채권자를 대위하는 경우에 '채권 및 그 담보에 관한 권리'가 변제자에게 이전될 뿐 계약당사자의 지위가 이전되는 것은 아니라는 것이다.

우선 첫 번째 논거, 즉 '채권 및 그 담보에 관한 권리'에는 채권자와 채무자 사이에 채무의 이행을 확보하기 위한 특약에 기하여 채권자가 가지게 되는 권리는 포함되나, 채권자와 일부 대위변제자 사이의 약정에 지나지 않는 우선회수특약은 '채권 및 그 담보에 관한 권리'에 포함되지

35) 2010년 판결과 2017년 판결에서 모두, 채권자는 잔액채권을 제3자에게 양도하였다. 2010년 판결은 "채무자의 신용보증기금에 대한 구상채무를 보증한 원고가 자신의 보증채무를 변제함으로써 신용보증기금을 다시 대위하게 되었다 하더라도 채권양수인인 피고와의 관계에서 이 사건 우선회수특약에 따른 변제의 순위를 주장할 수는 없다고 할 것이다."라고 하여 원고가 우선회수특약에 따른 변제 순위를 주장할 수 없는 것이, 우선회수특약이 '채권 및 그 담보에 관한 권리'에 포함되지 않기 때문인지 아니면 배당순위를 다투는 자가 원채권자가 아니라 채권양수인이기 때문인지 명확하지 않다고도 볼 수 있다. 그렇지만 대상 판결은, 제1차보증인은 신의칙상 우선회수특약의 효력이 제2차보증인에게 미치도록 처리하여야 할 선량한 관리자의 주의의무를 부담하고 이 의무를 이행하였다면 제2차보증인이 우선회수특약을 주장할 수 있다고 전제하고 논지를 전개하며, 채권 양도는 논점으로 다루고 있지 않다. 따라서 우선순위약정의 효력은 약정 당사자에게만 미친다는 2011년 판결에 나타난 규칙에 예외를 인정할 수 있는지는 제1차보증인의 구상금 채권을 대위변제한 제2차보증인에 대해서만 검토하기로 한다.

않는다는 지적을 검토한다. 변제자 대위를 통해 이전되는 권리의 범위를 우리 민법 제482조는 '채권 및 그 담보에 관한 권리'로 명시하고 있으나 비교법적으로 보면 우선권(Vorzüge, privilégié)[36]도 대위되는 권리에 포함된다. 프랑스법의 설명 중에는, 더 나아가 재판관할 조항, 화해 조항, 물가연동(indexation) 조항 등 채권의 부수적 약정도 포함하여 채권 자체가 이전한다는 설명도 찾아 볼 수 있다.[37]

다만 대상 판결도 '채무의 이행을 확보하기 위한 특약에 기하여 채권자가 가지게 되는 권리'도 대위로 인해 이전되는 권리에 포함된다는 것 자체는 인정한다. 문제는 채권자 -채무자 사이에 최초 약정된 부수적 약정이 아니라 채권자- 제1차보증인 사이에 약정된 부수적 약정이, 제2차보증인에게 이전하는지 여부일 것이다. 이에 대해서는 제1차보증인의 구상금 채권을 제2차보증인이 대위변제하여 다시 代位가 이루어지는 사실관계가 드물기 때문에 대법원의 입장의 是非를 단언하기는 어렵다. 그렇지만 제2차보증인 입장에서는 자신은 제1차보증인이 갖는 채권 기타 권리를 대위하는 것인데, 어째서 제1차보증인이 채권자와 한 약정의 효력을 대위할 수 없는지 의문이 남는다. 대상판결의 대법원 판시에서도 제1차보증인과 제2차보증인의 관계는, 채권자와 제1차보증인 사이의 관계와 유사하다는 점이 드러나고 있다. 대법원은 "일부 대위변제자는 자신을 다시 대위하는 보증채무 변제자를 위하여 민법 제484조 및 제485조에 따라 채권 및 그 담보권 행사에 협조하고 이에 관한 권리를 보존할 의무를 진다"는 것을, 제1차보증인의 제2차보증인에 대한 의무 인정의 논거로 제시하고 있다. 그런데 제484조와 제485조는 대위변제자, 즉 이 글에서 필자가 지칭하는 제1차보증인과 채권자 사이의 관계를 규율하는 법률이다. 이는 대법원 스스로도, 일반적 대위 사안에서 대위변제자와 채권자의 관계, 그리고 해당 사안의 제2차보증인과 제1차보증인의 관계가 유사하다는 것을 인식하고 있음을 보여준다.

두 번째 논거인, 변제로 채권자를 대위하는 경우에 '채권 및 그 담보에 관한 권리'가 변제자에게 이전될 뿐 계약당사자의 지위가 이전되는 것은 아니라는 논거에 대해서는 다음과 같은 점을 생각해 볼 수 있을 것이다. 대상 판결은 제1차보증인의 지위를 제2차보증인이 인수하는 계약인수가 가능하다고 보는 것을 넘어 제1차보증인에게 그렇게 할 의무가 인정된다고 보고 있다. ("일부 대위변제자로서는 특별한 사정이 없는 한 보증채무 변제자가 대위로 이전받은 담보에 관한 권리 행사 등과 관련하여 채권자 등을 상대로 '우선회수특약'에 따른 권리를 주장할 수 있도록 권리의 승계 등에 관한 절차를 해 주어야 할 의무가 있다"). 그렇다면 제1차보증인에게 계약인수 의무를 인정하는 것을 넘어, 제1차보증인과 제2차보증인 사이에 우선회수특약의 이전을 의제할 수는 없을까?

---

36) Éric Savaux, Répertoire de droit civil: Subrogation personnelle, n° 4; MüKoBGB/Habersack, 8. Aufl. 2020, BGB §774, Rn. 10.

37) Malaurie/Aynès/Stoffel-Munck, n° 1402.

우선회수특약을 포함한 계약당사자 지위를 이전하려면 계약당사자인 채권자와 제1차보증인 그리고 제2차보증인의 3면 계약 또는 2인의 합의와 나머지 관련자의 동의 내지 승낙에 의해 이루어질 수 있는데 그 동의 내지 승낙은 묵시적으로 행해질 수 있다. 대상 판결과 같은 사안에서는 제1차보증인과 제2차보증인의 계약인수 합의, 그리고 채권자의 동의로 이루어지는 것이 일반적일 것이다. 여기서 두 가지 문제점을 마주하게 되는데, 첫 번째 제1차보증인의 제2차보증인에 대한 계약당사자 지위 이전에 대해 채권자의 묵시적 동의를 인정할 수 있는지, 둘째 제1차보증인과 제2보증인 사이에 계약이전의 명시적 합의가 없더라도 이를 법정대위되는 권리의 범위 내에 포함시킬 수 있는지 여부이다. 실질적으로는 첫 번째가, 변제자대위의 범위와 본질이라는 점에서는 두 번째가 더 의미를 가질 것이다.

제1차보증인이 자신의 구상권의 만족을 위해 구상금채권에 제2차보증인을 세우는 것이 일반적인 관례라면, 채권자 입장에서는 제1차보증인과 우선회수특약을 하면서, 최종적인 대위변제자는 제2차보증인이 될 것이라는 점을 예견가능할 것이다. 또한 채권자가 애초에 제1차보증인과 우선회수특약을 하면서 배당상의 유리한 지위를 일부 포기하겠다고 결단한 이상, 이후 그 유리한 지위를 제1차보증인이 행사하든 제2차보증인이 행사하든 간에 채권자에게는 큰 차이가 없다고도 생각할 수 있다. 변제자대위 제도 이전에 로마법 및 보통법에서 인정되었던 소권양도 특권의 인정근거를, 채권자는 이미 변제를 수령하였으므로 더 이상 채권을 보유할 이해관계를 가지지 않음에 반하여, 변제자는 구상을 위하여 이 채권을 취득할 절실한 이해관계를 가지고 있다는 데에서 찾았던 것과 일맥상통하는 면이 있다.

나아가 제1차보증인과 제2차보증인 사이의 계약이전의 명시적 합의가 없더라도 이를 법정대위되는 권리의 범위에 포함시킬 수 있을지는 변제자대위의 관점에서 한 번 더 음미해 볼 필요가 있다. 계약인수를 통해 제1차보증인에게서 제2차보증인에게로 이전하는 계약상 지위는 결국 우선회수약정 하나뿐이다. 그리고 그 우선회수약정은 전적으로, 이미 채권자가 설정해 놓은 근저당권의 실행시 배당금을 채권자와 대위변제자 사이에 어떻게 분배할 것인지에 관련되어 있다. 그렇다면 이 우선회수 약정은 계약인수라는 별개의 절차를 통해 제1차보증인에게서 제2차보증인에게로 이전되는 것보다, 담보권의 실행방법에 관한 부수적 약정으로서 법정대위의 범위에 포함시키는 것이 더 합당하다고 생각된다.

V. 결 론

우선회수특약은 우리 신용보증기금 보증실무에서 빈번히 등장하는 데 반해서 거의 주목을 받지 못했었다. 신용보증기금은, 구상금 채권의 만족을 확보하기 위해 변제자대위시 자신의 배당에서의 우선순위를 확보하기 위해 우선회수특약을 함과 동시에, 구상금 채권 자체에 연대보증인을 세우기도 한다. 신용보증기금이 채권자에게 변제함으로써 발생한 구상금 채권을, 연대보증인이 다시 신용보증기금에게 변제하는 경우 대상판결은 신용보증기금과 채권자 사이에 이루어진 우선회수특약은 연대보증인에게 미치지 못하며, 다만 신용보증기금은 우선회수특약에 따른 권리를 주장할 수 있도록 권리의 승계 등에 관한 절차를 해 주어야 할 의무를 부담하는데 그친다고 한다. 그렇지만 변제자대위의 관점에서 연대보증인이 신용보증기금을 대위하면서 신용보증기금이 가지고 있던 우선회수특약상의 권리까지 당연히 승계하는 것이 가능할 것이다.

채권양도금지특약의 효력과 채무자의 보호*

– 대법원 2019. 12. 19. 선고 2016다24284 전원합의체 판결에 대한 평석 –

김 동 훈**

Ⅰ. 들어가며

채권양도의 여러 법리들 중에서 특히 양도금지특약의 효력에 관한 법리는 이론적으로 근본적이면서도 난해한 쟁점들이 교차하고 있고 또한 실무적으로도 매우 중요한 의미를 가진다. 이에 대해 그간 학문적 논의가 진행되어 오기도 하였는데, 2019년 12월 대법원은 전원합의체 판결을 통해 양도금지특약을 위반한 채권양도의 효력이라는 쟁점에 대하여 상세한 법리를 설시하였다. 다수의견과 소수의견은 다양한 근거를 제시하고 있고 양 측의 보충의견까지 가세하면서 심도있는 논리들이 전개되었다. 이 판결에 대해 필자는 간략한 단상을 법률신문에 발표한 바 있었는데,[1] 이번 평석을 통하여 좀 더 심도있게 세부적 쟁점들에 대하여 논구하고자 한다. 그리하여 우리의 채권양도제도의 운영에 있어 이론적 발전과 실무적 필요성에 조금이라도 기여가 되었으면 한다. 특히 이 글이 뜻깊은 것은 송덕수 교수님의 정년기념논문집에 게재된다는 점이다. 송교수님과는 민사법학회 활동 등을 통한 30여년의 학문적 교류를 이어왔고 특히 민법개정위원회의 채권법 분과위원회에서 위원장으로 모시고 4년간 같이 활동한 기억도 새롭다. 여러 모로 위기를 맞고 있는 민법학의 현실에서 거의 유일하게 정통적인 민법학교과서 시리즈의 개정판을 꾸준히 발간해오시면서 불철주야 매진하는 학문적 열정에 항시 감동을 받아오는 후학으로서 존경의 마음을 담아 이 글을 작성하였다. 정년 이후에도 계속하여 활발한 학문활동을 이어가시기를 축원드린다.

---

* 이 글은 국민대학교 「법학논총」 제34권 제1호(2021. 6)에 게재된 것을 일부 수정한 것이다.

** 국민대학교 법과대학 교수.

1) 김동훈, 채권양도금지특약에 반한 채권양도의 효력, 법률신문 2020. 4. 6.자 판례평석.

Ⅱ. 대상판결의 소개

1. 사실관계

피고(농협협동조합중앙회)는 2009.5. 농협 광주 농산물 종합유통센터 신축공사에 관하여 총계약금액 24,900,000,000원, 준공예정일 2010.11.30.로 정하여 엘드건설을 계약상대자로 하여 도급계약을 체결하였다. 도급계약에 포함된 공사계약 일반조건에는 "엘드건설은 이 계약에 의하여 발생한 채권(공사대금청구권)을 제3자에게 양도하지 못한다"라는 내용이 있다. 엘드건설은 2010.10.21. 공사를 완료하지 못한 상태에서 부도처리되었고 피고는 도급계약을 해제하였다. 그 후 엘드건설에 대하여 2010.12. 회생절차가 개시되고 2017.3. 파산선고가 내려지고 원고가 파산관재인으로 선임되었다. 한편 이 사건 공사대금채권 중, 엘드건설은, ① 2010.10.15. 현대개발 주식회사에 이 사건 공사대금채권 중 90,876,280원 부분을 양도하였고, ② 2010.10.22. 주식회사 IDF E&C에 이 사건 공사대금채권 중 499,230,000원 부분을 양도하였으며 피고에게 위 각 양도사실을 통지하였다. 채권양수인들은 엘드건설의 회생절차에서 자신들이 엘드건설에 대하여 보유하고 있던 채권을 회생채권으로 신고하였다. 원고의 공사대금 청구에 대하여 피고는 채권이 양수인들에게 이전되었다며 원고의 청구를 부인한다.

2. 원심판결(서울고등법원 2016.4.7. 선고 2015나4353, 2015나4360 판결)

엘드건설은 피고의 동의 없이 채권자들에게 공사대금채권을 양도하였다. 따라서 양도금지특약에 반하여 이루어진 채권양도는 그 효력이 없고, 이에 따라 공사대금채권자는 여전히 엘드건설이라 할 것이며, 공사대금채권이 채권자들에게 이전되었다고 보기도 어렵다. 제449조 제2항 단서의 적용에 관하여서도 채권자들이 양도금지특약에 대하여 알지 못하였다고 인정할 만한 별다른 증거가 없고, 오히려 채권양수의 대상이 된 채권의 증서인 도급계약서 자체에 양도금지특약이 명시되어 있으므로, 위 채권자들이 양도금지특약이 있음을 비교적 손쉽게 알 수 있었던 상태였던 것으로 보이므로 채권양수인들이 채권양도금지특약을 알지 못한 데에 중대한 과실이 있다고 볼 수 있다. 이와 같은 사정들을 종합하여 보면, 채권자들은 양수금채권에 따른 권리를 묵시적으로 포기한 것으로 보이고 엘드건설에 대한 채권을 회생채권으로 삼아 회생절차 내에서 이를 행사하고 있다고 판단된다. 한편 양도금지특약의 존재로 인하여 채권양도의 효력을 부인할 수 있는(나아가 실제로 위 채권자들에 대하여 그와 같은 사유를 들어 양수금 등의 지급을 거절할 것으로 예상되는) 피고가, 본래의 채권자인 원고가 해당 채권액의 지급을 구하는 이 사건에서는 그 입장을 바꾸어 채권양도의 유효 내지 이에 따른 채권의 이전을 주장하는 것은 금반언의 원칙 내지 신의성실의 원칙에 반하는 것으로 볼 여지도 있다. 결국 피고의 주장은 이유 없다.

3. 대법원의 판단

(1) 결론과 관련하여

(**다수의견**) 양도금지특약을 위반하여 이루어진 채권양도는 원칙적으로 그 효력이 없다는 것이 통설이고 이와 견해를 같이하는 상당수의 대법원판결이 선고되어 재판실무가 안정적으로 운영되고 있다. 이러한 판례의 법리는 그대로 유지되어야 한다. 그리하여 엘드건설이 피고의 동의 없이 공사대금채권을 채권양수인들에게 양도한 것은 채권양도금지특약을 위반한 채권양도로서 그 효력이 없다는 원심의 판단은 정당하다. 또 채권양수인들이 양도금지특약을 알지 못한 데에 중대한 과실이 있다는 원심의 판단도 정당하다.

(**소수의견**) 양도금지특약을 위반하여 이루어진 채권양도는 원칙적으로 그 효력이 없다는 다수의견의 태도는 타당하지 않다. 공사대금채권에 관한 양도금지특약은 엘드건설이 피고에 대하여 채권을 양도하지 않을 의무를 부담하는 것일 뿐이므로 이에 반하는 채권양도도 유효하다. 다만 민법 제449조 제2항 단서에 따라 채무자인 피고가 채권양수인들이 양도금지특약의 존재를 알았거나 중대한 과실로 이를 알지 못하였음을 주장하면서 채권양수인들에게 지급을 거절할 수 있다. 그런데 피고는 양도금지특약을 문제 삼지 않고 오히려 공사대금채권이 채권양수인들에게 유효하게 양도되었음을 이유로 원고의 지급청구를 거절하고 있다. 이처럼 피고가 악의의 양수인을 상대로 이행거절의 항변권을 행사하지 않고 채권의 양도를 이유로 양도인의 청구를 거절하는 경우에는 양도금지특약에도 불구하고 채권양도가 유효함을 전제로 양수인에게 채무를 이행하겠다는 의사표시로 해석해야 한다. 따라서 채권양수인들이 양도금지특약의 존재를 알았거나 중대한 과실로 알지 못하였는지 여부와 상관없이 공사대금채권은 채권양수인들에게 유효하게 이전되었다고 보아야 한다. 결국 원심은 파기되어야 한다.

(2) 금지특약에 반한 채권양도의 유무효론과 관련한 주요쟁점

(**다수의견: 무효론－물권적 효과설**)

1) 당사자가 양도를 반대하는 의사를 표시(이하 '양도금지특약')한 경우 채권은 양도성을 상실한다. 양도금지특약을 위반하여 채권을 제3자에게 양도한 경우에 채권양수인이 양도금지특약이 있음을 알았거나 중대한 과실로 알지 못하였다면 채권 이전의 효과가 생기지 아니한다. 반대로 양수인이 중대한 과실 없이 양도금지특약의 존재를 알지 못하였다면 채권양도는 유효하게 되어 채무자는 양수인에게 양도금지특약을 가지고 그 채무 이행을 거절할 수 없다. 채권양수인의 악의 내지 중과실은 양도금지특약으로 양수인에게 대항하려는 자가 주장·증명하여야 한다.

2) 무효설이 유지되어야 하는 근거

가) 법조문에서 '양도하지 못한다'고 명시적으로 규정하고 있음에도 이를 '양도할 수 있다'고 해석할 수는 없다. 나아가 단서는 본문에 의하여 양도금지특약을 위반하여 이루어진 채권양도가 무효로 됨을 전제로 하는 규정이다. 따라서 양도금지특약을 위반한 채권양도는 당연히 무효이지만 거래의 안전을 보호하기 위하여 선의의 제3자에게 그 무효를 주장할 수 없다는 의미로 위 단서규정을 해석함이 그 문언 및 본문과의 관계에서 자연스럽다.

나) 지명채권은 유통성을 본질로 하는 증권적 채권과는 달리 채권자와 채무자 사이의 인격적 연결이라는 측면과 채권자의 재산이라는 측면을 동시에 지니고 있다.

다) 물권에 관하여는 물권법정주의에 따라 법이 규정하는 바에 의하여 물권의 종류와 내용이 정해지는 반면(민법 제185조), 채권관계에서는 사적 자치와 계약자유의 원칙이 적용되어 계약당사자는 원칙적으로 합의에 따라 계약 내용을 자유롭게 결정할 수 있다. 따라서 채권자와 채무자가 그들 사이에 발생한 채권의 양도를 금지하는 특약을 하였다면 이는 그 채권의 내용을 형성할 뿐만 아니라 그 속성을 이루는 것이어서 존중되어야 한다.

라) 계약당사자가 그들 사이에 발생한 채권을 양도하지 않기로 약정하는 것은 계약자유의 원칙상 당연히 허용되는 것인데, 민법에서 별도의 규정까지 두어 양도금지특약에 관하여 규율하는 것은 이러한 특약의 효력이 당사자 사이뿐만 아니라 제3자에게까지 미치도록 하는 데 그 취지가 있다고 보아야 한다.

마) 채권은 이전되더라도 본래 계약에서 정한 내용을 그대로 유지함이 원칙이고 양도금지특약도 이러한 계약의 내용 중 하나에 속하므로, 원칙적으로 채무자는 지명채권의 양수인을 비롯하여 누구에게도 양도금지특약이 있음을 주장할 수 있다고 보아야 하고, 민법 제449조 제2항 본문은 명문으로 이를 다시 확인한 규정이라 볼 수 있다.

바) 양도금지특약이 있는 경우 채권의 양도성이 상실되어 원칙적으로 채권양도가 일어나지 않는다고 보는 것이 악의의 양수인과의 관계에서 법률관계를 보다 간명하게 처리하는 길이기도 하다.

(소수의견: 유효론－채권적 효과설)

1) 채권자와 채무자의 양도금지특약은 채권자가 채무자에게 채권을 양도하지 않겠다는 약속이다. 채권자가 이 약속을 위반하여 채권을 양도하면 채권자가 그 위반에 따른 채무불이행책임을 지는 것은 당연하다. 그러나 이것을 넘어서서 양도인과 양수인 사이의 채권양도에 따른 법률효과까지 부정할 근거가 없다. 채권양도에 따라 채권은 양도인으로부터 양수인에게 이전하는 것이고, 채권양도의 당사자가 아닌 채무자의 의사에 따라 채권양도의 효력이 좌우되지는 않는다. 따라서 양수인이 채무자에게 채무 이행을 구할 수 있고 채무자는 양도인이 아닌 양수인에게 채

무를 이행할 의무를 진다.

2) 유효론이 타당한 근거

가) 양도금지특약의 당사자는 채권자와 채무자이므로 그 약정의 효력은 원칙적으로 채권자와 채무자만을 구속한다. 양도금지특약이 그 당사자뿐만 아니라 양수인을 비롯한 제3자에게 대세적으로 효력을 미치기 위해서는 명백한 근거가 있어야 한다. 계약은 그 당사자만을 구속하는 것이 원칙이기 때문에, 단순히 채권관계의 당사자가 반대의 의사를 표시한 경우에는 양도하지 못한다는 모호한 규정만으로는 채권의 양도성 자체를 박탈하는 근거가 될 수 없다. 양도금지특약의 효력은 특약의 당사자만을 구속하고 제3자에게 미치지 않는다는 채권적 효력설이 계약법의 기본원리에 부합한다.

나) 민법 제449조 제2항 본문의 문언과 체계에 비추어 볼 때 양도금지특약은 당사자 사이에만 효력이 미치는 것으로 보는 것이 합리적이다. 민법 제449조 제2항 본문에서 '양도하지 못한다'고 한 부분은 그 문언 그대로 당사자가 채권의 양도성에 반하여 양도를 금지하는 약정을 한 경우 채권자가 그 약정에 따라 채무자에 대하여 '채권을 양도하지 않을 의무'를 부담한다는 취지로 해석함이 타당하다.

다) 민법은 채권의 양도가 가능함을 원칙으로 삼고(제449조 제1항 본문), 예외적인 경우에 한하여 이를 제한하고 있으므로(제449조 제2항), 양도금지특약은 채권양도의 자유를 침해하지 않는 범위 내에서만 인정되어야 한다. 당사자 사이의 양도금지특약으로 제3자에 대한 관계에서까지 채권의 양도성을 박탈하는 합의를 인정하는 것은 채권의 양도성을 인정하는 원칙을 무의미하게 만들 수 있다. 계약자유의 원칙에 근거하여 양도금지특약이 인정된다고 하더라도 이를 제한 없이 대세적인 효력을 갖는다고 보아서는 안 된다. 따라서 양도금지특약은 그 당사자만을 구속할 뿐이고 이를 위반하는 채권양도는 원칙적으로 유효하다고 보아야 한다.

라) 재산권의 귀속주체인 채권자가 이를 처분하여 투하자본의 조기회수라는 경제적 목적을 달성할 수 있도록 더욱 자유로운 양도가능성이 보장되어야 한다는 관점에서도 채권양도금지특약에 관해서 채권적 효력설을 채택하는 것이 타당하다.

마) 채권자와 채무자 그리고 양수인 세 당사자의 이익을 비교해 보더라도 채권적 효력설이 타당하다. 양도금지특약으로 채권의 양도성이 상실된다고 보면, 채권자는 채권양도를 통한 자금조달수단을 상실하고 자산으로서의 채권 활용범위가 축소되는 불이익을 입는다. 양수인으로서도 채권 자체를 취득하지 못할 법적 위험에 직면하게 되며, 양수인이 양도금지특약의 존재를 인식하기 쉽지 않고 그로 하여금 일일이 원래의 계약 내용을 확인하도록 하는 것은 불가피하게 불필요한 거래비용을 증가시킨다. 반면 채권양도금지특약에 채권적 효력만을 인정하더라도 채무자로서는 채권자에 대하여 특약 위반에 따른 책임을 물을 수 있고, 채권자가 변경되더라도 원래 이행

하여야 할 채무를 이행하는 것이라는 점에서 그 불이익이 크지 않다.

Ⅲ. 사안의 분석

1. 사안의 특수성

(1) 파산법리와의 관련성

본 사안은 특히 상계권의 행사가 맞물려 매우 복잡한 파산법의 특수한 법리가 전개되고 있으나,[2] 대법원에서 다룬 쟁점은 금지특약에 반한 채권양도의 효력에 한정되어 있다. 피고(도급인)가 건물공사를 발주하면서 계약상 공사대금채권의 양도를 금지하는 조항을 두었다. 그러나 수급인이 이를 소외회사에 양도하고 피고에게 통지하였다. 그 후 수급인이 공사중 부도처리되었고 결국 파산선고를 받아 원고가 파산관재인으로 선임되었다. 채무자가 파산선고 당시에 가진 모든 재산은 파산재단에 속하므로(채무자회생법 제382조), 파산관재인인 원고는 채무자 즉 수급인이 갖고 있던 피고에 대한 공사대금의 지급을 구한다. 본 글에서는 파산법리의 관련하에서 따로 논의되는 것은 없지만, 양도금지 특약에 반하여 채권을 양도한 채권자가 다시 본래의 채권의 행사를 주장하는 기초에는 본래의 채권자를 대신하여 파산관재인이 채권자가 되는 상황이 바탕이 되어 있다.

(2) 금지특약에 반하여 채권을 양도한 자의 권리 주장

양도금지특약에 반하는 채권양도의 사안에서는 양수인과 채무자 간의 다툼이 문제되는 것이 일반적인데 비해서, 사안에서는 양도인측이 원고가 되어 채무자를 상대로 다투는 것이다. 즉 양도인측은 비록 양도를 했더라도 금지특약에 반하는 것이어서 효력이 없으니 본래대로 채무자에게 채권을 청구할 수 있다는 것이고, 채무자는 금지특약에 반하는 채권양도도 유효한 것이어서 양도인은 더 이상 아무런 청구권을 갖지 않는다고 항변하고 있다.

일반적으로 통지를 거쳐 유효하게 양도된 채권을 양도인이 번복하여 행사하려면, 양도행위가 불성립이나 무효 또는 해제의 경우가 아닌 한,[3] 양수인이 재양도를 하고 이에 대한 통지를 하여야 할 것이다. 반면에 사안에서와 같이 금지특약을 어기고 양도한 채권자가 이를 번복하여 다시 원래의 채무자에게 청구하는 경우에는 어떠한가? 특약에 반한 양도 자체를 무효라고 보는

---

2) 대상판결에서 회생절차에서 보증인의 상계권(제434조)이라는 쟁점에 대하여 자세히 논한 글로는, 이동진, 양도금지특약에 반하는 채권양도, 회생절차와 민법 제434조, 법조(2020. 10), 457면 이하.

3) 이 경우에는 선의의 채무자의 보호를 위하여 제452조에 '채권양도와 금반언'이라는 제목으로 특별규정을 두고 있으며, 이 법리는 채권양도가 해제 또는 합의해제되어 소급적으로 무효가 되는 경우에도 유추적용할 수 있다고 한다(대법원 2012. 11. 29. 선고 2011다17953 판결).

견해에 따를 경우 어떠한 법률행위를 무효로 선언하는 규정에 반하여 법률행위를 하고 다시 그 것이 규정에 따라 무효임을 내세우는 것이 금반언적인 행위라고 볼 여지도 있다. 이러한 상황은 민법이나 특별법의 강행규정에 위반되는 약정을 하고 약정의 당사자가 후에 이를 강행규정에 위반되므로 무효라고 주장하는 경우와 유사해 보이기도 한다. 판례는 이러한 경우에 일반조항인 신의칙의 정신보다는 구체화된 강행규정의 입법취지를 달성하는 것이 더 중요하므로 신의칙에 위배된다는 주장을 배척하고 있다.[4] 그러나 양도금지특약은 사회질서와 관계있는 어떤 가치를 담고 있는 것은 아니어서 참고가 되는 사례라고 보기는 어려운 듯하다. 오히려 의무(양도하지 않을 의무)를 지고 있는 측이 의무이행을 거절하다 다시 이를 철회하고 본래대로의 의무이행 즉 채권관계의 복원을 주장한다는 점에서 보면, 일반채무불이행에서 채무자가 이행거절의 의사를 표시하였다가 이를 철회하는 것과 유사한 면이 있다. 채권자가 이행거절을 이유로 계약을 해제하기 전에 채무자가 이행거절의사를 철회하였다면 채권자는 이를 받아들여야 하는 것처럼, 금지특약에 반하여 양도한 채권자가 이를 부인하고 원래대로 본인에게 이행해 줄 것을 청구하는 것은 선의의 채무자의 보호문제가 제기되지 않는 한 특별한 법적 문제가 되지는 않을 것으로 보인다.

(3) 양수인의 보호문제

사안에서는 기존의 양도의 무효를 주장하며 권리를 주장하는 원고와 양도의 유효를 주장하며 양도인의 무권리를 주장하는 피고가 대립하고 있다. 그에 반해 양수인의 보호는 쟁점이 되지 않고 있다. 다수의견에 따르면 양수인은 양도당시에 금지특약의 존재에 대하여 충분히 알고 있던 것으로 판단되어 제449조 제2항 단서가 적용되지 않게 되고, 따라서 특약에 반한 양도의 무효와 원래의 채권자에로의 귀속이라는 결과만 남는다. 소수의견에 따르면 적어도 어느 한 쪽에게는 이행을 하여야 하는 채무자로서는 본래의 채권자에게 이행을 거절한다는 것은 바로 악의의 양수인에 대하여 단서조항에 따른 항변권을 행사하지 않고 이행하겠는다는 의사로 해석될 수 밖에 없다고 한다.

(4) 신의칙의 법리의 역할

이러한 특수한 사정 아래서 양도금지특약에 반한 채권양도의 법리는 그 법리의 적용과 신의칙과의 갈등을 보여주고 있다. 즉 채권자가 특약에 반한 채권양도의 무효에 근거하여 원래대로의 채권을 청구하는 것에 대하여 채무자가 이미 이해관계가 없는 양수인에게로의 이전을 근거로 이행을 거절하는 것을 원심은 신의칙에 반하는 것으로 볼 여지가 있다고 하였다. 양도금지특약의 존재로 인하여 채권양도의 효력을 부인할 수 있고, 나아가 실제로 양수인들에 대하여 그와

---

4) 예컨대 미성년자가 법정대리인의 동의없이 체결한 계약을 미성년자 스스로 취소할 수 있는가라는 사안(대법원 2007. 11. 6. 선고 2005다71659 판결), 또 최근에는 최저임금액에 미달하는 임금을 정한 근로계약을 당사자인 근로자측이 후에 최저임금법상의 강행규정 위반을 이유로 무효라서 주장하는 사안(대법원 2018. 7. 11. 선고 2017다263703 판결) 등에서 법원은 상대방의 신의칙항변을 배척하고 있다.

같은 사유를 들어 양수금의 지급을 거절할 것으로 예상되는 채무자가, 본래의 채권자인 원고가 해당 채권액의 지급을 구하자 그 입장을 바꾸어 채권양도의 유효 내지 이에 따른 채권의 이전을 주장하는 것은 금반언의 원칙 내지 신의성실의 원칙에 반하는 것으로 볼 여지도 있다는 것이다. 즉 특약에 반한 채권양도의 유무효론에 앞서 피고의 유효론의 목적이 채권자에 대한 자신의 채무의 이행을 회피하기 위한 목적으로 행하여진다는 것이다.

반대로 특약에 반한 채권양도의 유효론을 지지하는 소수의견 입장에서는 난해한 문제가 제기된다. 즉 양도가 유효이면 양수인에게 채권이 확정적으로 이전하였는데 이 양수인은 사안에서는 악의인 것으로 인정되므로 채무자는 단서조항을 근거로 양수인에게 대항할 수 있고 결국 채권자와 양수인 모두에게 그 지급을 거절할 수 있다는 모순이 생긴다. 소수의견은 이러한 결론은 불합리하므로 채무자가 악의의 양수인에게 이행거절의 항변을 한다면 이는 본래의 채권자에게 이행하겠다는 뜻으로 해석하야 하며 그 근거로서 선행행위에 모순되는 행동은 허용할 수 없다는 신의칙을 비장의 근거로 들고 있다. 사안에서는 반대로 본래의 채권자에 대한 이행거절은 악의의 양수인에 대한 항변권의 포기로 해석된다고 한다.

(5) 소 결

대상판결은 금지특약에 반한 채권양도의 유효성에 대하여 채권적 효과설과 물권적 효과설의 대립에 관한 치열한 논쟁으로 가득 차 있는데, 정작 본 판결에서 사안의 특수성에 관한 쟁점에 관하여는 특별히 언급되지 않고 있다. 단순화하면 금지특약에 반하여 채권을 양도한 채권자가 후에 이를 번복하여 자신에게 이행할 것을 주장하고, 채무자는 이미 양수인에게 양수되었으니 양수인에게만 이행하겠다고 항변하는 사안이다. 먼저 양도금지특약을 제시하여 이를 관철시킨 채무자가 양도 후에 이를 번복하고 다시 본래의 계약내용대로의 이행을 구하는 채권자에게 금지특약을 부정하며 양도의 유효를 주장하는 상황은 원심의 언급과 같이 신의칙적 사고에 반하는 측면이 있다. 그렇다면 특약에 반한 채권양도의 유무효론에 관한 법리논쟁에 들어가지 않고 이 단계에서 판단할 수도 있지 않았을까 하는 의문이 든다.

2. 본 사안에서 특약에 반한 채권양도 유무효론의 의미

우선 용어의 의미에 대한 검토가 필요하다. 우리가 채권을 양도할 수 있다라고 할 때 그것은 채권자가 일방적으로 즉 채무자의 동의없이 양수인과의 합의만으로 채권을 양도할 수 있다는 것을 의미한다. 이 경우 채권자는 채무자에게 통지할 의무가 있고 이를 채무자의 대항요건으로 인정하고 있을 뿐이다. 그리고 양도금지특약이라 함은 '당사자가 (당해채권의 양도에 대한) 반대의 의사를 표시'한 것으로서 일반적으로 계약에 의한 채권관계에서는 계약체결시 그 일부로서 편입될 것이다. 이러한 양도금지특약에 반하여 한 채권양도가 유효 또는 무효라고 할 때 그 의미는 양수인 등 제3자에 대한 관계에서의 효력을 의미하는 것이다. 소수의견은 다수의견을 물권적 효과설, 소수의견을 채권적 효과설로 이름붙여 대비시키고 있으나 이를 단순화하면 금지특약에 반한 채권양도의 유효론과 무효론의 대립이라고 할 수 있다.[5] 양도금지특약 자체가 허위표시나 명의신탁약정처럼 무효가 되는 것은 아니므로 이를 위반한 것에 대하여 채권자가 채무자에게 그 위반에 대한 채무불이행 책임을 지는 것은 당연한 것으로 따로 언급될 필요는 없다. 그리고 금지특약에 반한 채권의 양도시 양수인의 선의라는 것은 금지특약의 존재에 대하여 알지 못한 것을 의미할 것이며 판례상 중과실이라 함은 거래상 필요한 최소한의 주의만 기울였다면 양수인이 특약의 존재를 알 수 있었던 상황을 말하게 될 것이다.

Ⅳ. 금지특약에 반한 채권양도의 유무효론의 쟁점

1. 채권양도의 일반성과 특수성

(1) 물권의 양도와 채권의 양도의 비교

소수의견은 다수의견을 물권적 효력설, 소수의견을 채권적 효력설로 명명한다. 물권적 효력설이라 함은 양도금지특약을 위반하여 이루어진 채권양도는 그 효력이 없다는 설이다. 덧붙이면 양도금지특약이 직접적인 법형성력을 가지고 채권의 양도성을 대세적으로 박탈하는 것이며 이로써 채권이 물권과 같이 대세적으로 양도할 수 없는 성질을 갖게 된다는 것으로 해석한다. 반면에 채권적 효력설은 양도금지특약의 효력은 특약의 당사자만을 구속하고 제3자에게 미치지 않는다는 것이다. 소수의견은 물권적 효력설은 타당하지 않고 채권적 효력설이 옳다고 하며 그 근거로는 한마디로 계약법의 기본원리에 부합한다는 것이다.

그렇다면 소수의견이 말하는 채권양도에 있어 계약법의 기본원리란 무엇을 의미하는가? 한마디로 양도금지특약을 맺은 당사자는 채권자와 채무자이므로 그 약정의 효력은 당사자인 채권자와 채무자만을 구속하게 된다는 것이다. 즉 금지특약이 당사자를 넘어 양수인을 비롯한 제3자를 구속할 근거가 없다는 것이다. 즉 당사자의 의사만으로는 채권의 양도성 자체를 박탈하는 근거가 될 수 없다는 것이다. 이러한 관점에서는 특약에 반해 채권자가 양도를 한 경우에는 채권자가 채무자와의 약속을 위반한 행위이므로 그 위반에 대하여 채무자에게 채무불이행책임을 지게 되며 양도인과 양수인 사이의 채권양도의 법률효과는 영향을 받지 않게 된다. 그리하여 양수인

5) 대상판결 이후에 나온 몇 가지 평석을 보면, 채권적 효력설을 취한 반대의견을 지지하는 견해(권영준, 분야별 판례해설 민법(하), 법률신문 2020. 2. 13.자), 다수의견에 호의적인 견해(이동진, 위의 글 470면), 중립적인 입장를 취하는 견해(김윤종, 양도금지특약을 위반한 채권양도의 효력, 사법(2020. 9), 827면 이하) 등 다양한 입장을 보이고 있다.

은 채무자에게 채무이행을 구할 수 있고 채무자는 양도인이 아닌 양수인에게 채무를 이행할 의무를 진다.

흥미있는 것은 다수의견에서도 계약법의 기본원리라고 할 수 있는 사적자치와 계약자유의 원칙을 근거로 내세우고 있다는 사실이다. 즉 계약당사자는 합의에 따라 계약내용을 자유롭게 결정할 수 있고 따라서 그들 사이에 발생한 채권에 대하여 그 양도를 금지시킬 수 있으며 이것은 그 채권의 내용을 형성하고 속성을 이루게 된다는 것이다. 그러고 보면 다수의견이 계약의 자유를 강조하는데 비하여 소수의견은 계약자유의 한계를 강조하는 것으로 대비되는 모습을 보이기도 한다.

문제의 출발점인 채권양도라는 개념에 대하여 생각해 보자. 원래 '양도'(Übertragung)라는 개념은 제188조에서 '동산에 관한 물권의 양도'라는 표현에서 보듯이 의사에 의한 물권의 이전이라는 사고를 포섭하기 위하여 안출된 것이다. 나의 권리를 타인에게 나의 의사에 따라 이전해주기 위하여서는 나에게 그에 대한 처분의 권한이 전제되어야 한다. 물권은 지배권이고 그 내용으로 처분의 자유가 인정되고 여기에서 물권의 양도성이 그 본질적 속성이 된다. 반면에 채권은 채권자의 채무자에 대한 청구권이며 기본적으로 양자의 결합관계가 그 본질적 내용이다. 채권은 채무자가 이행기에 이르러 그 채무를 내용에 좇아 이행함으로써 비로소 만족을 얻게 되는 것이다. 채권을 채권'관계'로서 표현하는 이유가 여기에 있다. 그리하여 채무자와의 인적인 관계속에서 존재하며 채무자가 장차 이행기에 내용에 좇아 성실히 이행함으로써 비로소 만족을 얻는 채권을 채권자가 임의로 제3자에게 양도할 수 있다는 것은 기본적으로 많은 제한이 따르게 된다.

채권관계에서는 우선 그 채무의 내용이 '하는 채무' 즉 상대방에 대하여 노무를 제공하는 것인 경우에 우리 민법은 제657조에서 '권리의무의 전속성'이라는 원칙을 선언하고 있다. 특히 노무제공 채무의 채권자인 사용자는 노무자의 동의없이 그 권리를 제3자에게 양도하지 못한다는 것을 원칙으로 선언하고 있다. 만일 이에 위반하면 채무자는 계약을 해지할 수 있다. 이것은 고용계약에 규정되어 있지만 실질적으로 노무제공 채권관계의 일반원칙을 선언한 규정이라고 볼 수 있다. 즉 노무제공을 목적으로 하는 채권관계에서 노무를 제공하는 채무자는 본래의 채권자와의 관계에서 그 채권관계를 종결시킬 권리가 보장되고 있는 것이다.

이러한 채권관계의 전속성은 또 하나의 계약유형인 대차형계약에서도 관철된다. 임대차계약에서 '임차권의 양도의 제한'이라는 제목하에 규정을 두어 임차인은 임대인의 동의없이 그 권리를 양도하지 못하며, 이를 위반하면 임대인이 계약을 해지할 수 있다(제629조). 즉 임차인은 임대인으로부터 목적물을 사용에 적합한 상태로 제공받을 권리인 임차권이라는 채권을 역시 일방적으로 제3자에게 양도할 수 없다. 임대인은 처음에 선택한 상대방과의 사이에서 채권관계를 유지하고 종료시킬 권리가 보장되는 것이다.

나아가 이른바 양도형계약을 보자. 매매계약에서 매도인은 매수인에 대하여 매매의 목적이 된 권리를 이전하여야 하는데, 매수인이 일방적으로 제3자에게 목적물이전청구권을 양도할 수 있는가? 매매에 관한 규정은 곳곳에서 매도인은 '매수인에게' 또는 '매수인에 대하여' 이전하여야 한다고 규정하고 있다. 그리고 매매법의 핵심인 매도인의 하자담보책임도 어디까지나 매수인에 대하여 부담하는 것으로 정하고 있다. 하자담보책임을 묻는 당사자도 매수인이고 하자에 대한 선의나 과실의 판단도 매수인을 기준으로 한다. 즉 매매법은 매수인이 일방적으로 매도인에 대해 갖는 목적물의 인도청구권을 제3자에게 양도할 수 있다는 것을 상정하고 있지 않다. 즉 매도인은 스스로 동의하지 않는 한 오로지 매수인에 대해서만 인도의무를 부담하는 것이다.

그러고 보면 남은 것은 금전채권이다. 즉 재화의 인도나 노무의 제공에 대하여 상대방이 부담하는 반대급부로서 금전지급채무나 또는 금전대차계약상의 금전채권은 어떠한가? 실제로 채권양도의 대상이 되는 것은 압도적으로 금전채권에 관한 것이다. 그렇다면 금전채권의 경우에는 '주는 채무'나 '하는 채무'와는 달리 자유로이 양도성을 인정해도 문제되지 않는가? 물론 금전채권은 채권총칙에서 그 특성을 반영하여 채무불이행에 관한 특칙을 둔 것처럼(제397조) 매우 기계적으로 처리되는 면이 있다. 급부목적물로서의 특성만 고려하면 다른 인도채무나 행위채무와는 분명한 차이가 있다. 그러나 채권관계의 전속성의 기능은 단지 급부의 목적물의 특수성에서만 나오는 것은 아니다. 그것은 오히려 쌍방의 인적인 관계성과 관련하여 더 큰 의미를 지닌다. 우선 채무자는 원래의 당사자였던 채권자가 아닌 제3자에게 이행(변제)할 경우에는 여러 가지 위험에 노출된다. 우선 이중변제의 위험을 들 수 있다. 즉 제3자에게 한 변제가 효력이 없어 다시 본래의 채권자에게 변제하여야 하는 경우이다. 우리 민법은 이런 상황에서 변제자의 보호를 위해 최소한의 장치를 두고 있다. 즉 채권의 준점유자에 대한 변제(제470조), 영수증소지자에 대한 변제(제471조), 권한없는 자에 대한 변제(제472조) 등이다. 그러나 이러한 변제자의 보호장치만으로는 충분한 보호가 이루어질 수 없음은 물론이다. 무엇보다 채권자와의 지속적인 접촉에서 나온 신뢰관계 같은 자산은 채권자가 교체되면 그대로 증발해버릴 수밖에 없으며 쉽게 소송상의 분쟁으로 번지게 될 수도 있다. 요컨대 채무자의 완전한 이행으로 비로소 만족을 얻게 되는 채권은 그 급부의 목적의 특성으로 인해, 또 채권관계의 인적인 결합성으로 인해 기본적으로 그 양도에 본질적인 한계가 있는 것이다. 따라서 '채권은 양도할 수 있다'라는 명제는 물권의 양도와 동일시될 수 있는 명제가 아니며 오히려 "채권은 물권과 달리 양도에 친하지 않은 권리이지만, 일정한 조건하에서 양도가 가능하다"라는 의미로 새기게 된다.

(2) 물권 및 채권의 양도와 채무불이행 책임

소수의견은 금지특약에 반하여 채권자가 그 채권을 제3자에게 양도하였다면 채권자는 채무자에게 약속위반에 대하여 채무불이행책임을 지는 것으로 충분하다고 한다. 물권의 경우 예컨대

동산의 매매시 매도인이 물건을 제3자에게 인도하였다면 이는 계약상 물건의 인도의무를 위반한 것이므로 매수인 즉 채권자에 대해서 채무불이행책임을 진다. 이것은 동산의 소유권이 채권자의 처분으로 인해 제3자에게 완전하게 이전하기 때문이다.

그런데 채권자가 금지특약에 반하여 채권을 양도한 것도 역시 약속위반이라는 점은 공통이라 할 수 있다. 그러나 이러한 약속위반이 채무불이행책임으로 이어지기 위해서는 논리적으로 채권자의 특약에 반한 양도로서 채권이 제3자에게 이전되었다는 것이 전제되어야 한다. 만일 채권자의 특약위반의 채권양도가 무효라면 채권자는 법적으로 의미있는 행위를 한 것이 아니어서 채무자에 대한 채무불이행의 요건이 충족되지 않는다. 소수의견은 특약이 당사자만 구속하게 되고 따라서 제3자에 대하여는 특약이 의미가 없고 따라서 특약에 위반한 채권양도라도 완전하게 채권이 이전하고 채권자는 채무자에 대하여 채무불이행책임은 진다 하는데 이것은 논리가 전도된 것이다. 그 바탕에는 채권과 물권을 양도와 관련하여서는 동일한 차원에서 취급하는 오류가 있다. 우리 민법이 재산권을 물권과 채권으로 양분하여 다루는 그 전제를 부정하고 있다. 물권은 지배권으로서 대세적 효력이 있으며 양도성이 본질적 속성이 되는 권리이고, 채권은 청구권으로서 상대방에 대한 효력만이 있으며 당사자 사이에서 목적달성이 되거나 그를 대체하는 채무불이행책임으로 구제되는 권리라는 이항적 대립구조 자체를 부인하는 것이다. 결국 소수의견이 말하는 추상적인 '계약법의 기본원리' 즉 당사자 간의 합의는 합의한 당사자 사이에서만 구속력이 있다는 것은 그 합의의 내용이나 대상물을 떠나 선험적으로 성립할 수 있는 명제는 아닌 것이다.

2. 문언의 해석-원칙과 예외(?)

(1) 제449조 제2항 본문과 단서의 해석

채권의 양도와 물권의 양도를 동일선상에 놓고 취급하는 소수의견은 이어서 제449조의 문언과 체계에 기초해 채권적 효력설을 지지하고 있다. 우선 제449조 제2항의 본문에서 채권은 특약에 반하여 '양도하지 못한다'라고 한 것을 문언에 따라 해석해보면 이는 '채권을 양도하지 않을 의무'를 부담하는 것으로 해석될 수밖에 없으며 그것은 특약에 반해 이를 양도한 채권자의 의무위반의 문제일 뿐이며 채권양도의 효력에는 영향이 없다는 것이다. 그러나 '양도하지 못한다'는 문언에서 이러한 해석이 필연적으로 도출되는 것은 아니다. 다수의견도 역시 문언에 기초하여 주장하기를 '양도하지 못한다'라는 뜻은 채권양도의 효력이 부정된다는 뜻이어야 하고 이를 소수의견처럼 풀이하는 것은 '양도할 수 있다'라고 반대해석하는 것이라고 본다. 문언의 일반적인 의미로 볼 때 '양도하지 못한다'는 문구는 양도할 수 없다는 뜻이고 따라서 양도하더라도 효력이 발생하지 않는다는 뜻으로 해석되는 것이 자연스럽다.

제2항의 의미는 단서 조항과의 관계에서 한 번 더 점검할 수 있는데, 다수의견은 특약에 반

한 채권양도가 무효로 됨을 전제로 해서 거래안전을 보호하기 위해 선의의 제3자에게는 그 무효를 갖고 대항할 수 없게 한 것이라고 본다. 이에 대해 소수의견에서는 단서조항의 운용에서 판례에서 확립된 증명책임을 근거로 반박하고 있다. 즉 다수의견처럼 채권양도가 무효라면 채무자는 금지특약의 존재를 주장하면 되고 양수인의 자신의 선의 또는 무중과실을 증명해야 하는 것이 아니냐는 것이다. 양수인의 선의의 입증책임을 채무자에게 지우는 것은 채권양도가 유효함을 전제로 채무자에게 악의의 양수인에게 이행거절권을 주는 것이라고 한다.

일반적으로 '선의의 제3자에게 대항할 수 없다'는 규정에서 선의·악의의 입증책임이 누구에게 있는가는 일률적으로 정할 수는 없다. 제3자를 일단 선의로 추정하는 것이 합리적인 상황이라면 그 상대방에서 선의가 아님을 입증하여야 함을 말할 수 있을 뿐이다. 금지특약이 있는 채권양도의 상황에서는 어떠한가. 이것은 거래현실에서 금지특약이 존재할 가능성이 어느 정도인가라는 점에 대한 판단없이 획일적으로 말할 수 없다. 판례도 종종 "일반적으로 임대차보증금반환채권에 관하여 양도금지의 특약이 붙는 경우가 그리 드물지 않다는 점"[6] 또는 "예금채권의 양도를 제한하고 있는 사실은 적어도 은행거래의 경험이 있는 자에 대하여는 널리 알려진 사항에 속한다 할 것"[7] 등의 근거를 설시하고 있다. 따라서 판례가 일률적으로 양수인의 악의의 입증책임을 채무자에게 지우는 태도에는 문제가 있다. 예컨대 최근의 한 판결은 "채권양도시 채권의 내용이나 양수인의 권리확보에 위험을 초래할 만한 사정을 조사·확인할 책임은 원칙적으로 양수인 자신에게 있다"라고 설시하기도 하였다.[8] 요컨대 양수인이 자신이 양수하는 채권에 대해 어느 정도의 주의를 가지고 거래에 임하여야 하는가는 당해 거래의 특성과 관행을 고려하여 신중히 또 개별적으로 판단하지 않으면 안된다. 그런 점에서 판례가 일률적으로 채무자에게 입증책임을 지우는 것은 설득력이 없다. 그리고 단서조항의 자연스런 해석론을 간과하면서 하부구조에서 판례가 설시하는 입증책임론을 채권적 효과설을 옹호하는 근거로 삼는 소수의견의 논리도 궁색하다고 생각된다.

(2) 제1항과의 관계성에 대한 해석

문언의 해석론에 관한 문제는 제449조 2항 자체보다는 제1항과의 관계속에서 넓게 고찰하는 것이 바람직하다. 그리하여 소수의견은 제1항과 제2항과의 관계를 주목하고 제1항이 원칙이고 제2항은 예외라는 논리를 세우고 있다. 즉 제1항은 채권의 양도가 가능함을 원칙으로 선언하고 예외적인 경우에 한하여 즉 양도금지특약이 있는 경우에 이를 제한하고 있는 것으로서 양자를 결합하면 양도금지특약은 채권양도의 자유를 침해하지 않는 범위내에서만 인정되어야 한다는

6) 대법원 2010. 5. 13. 선고 2010다8310 판결.
7) 대법원 2003. 12. 12. 선고 2003다44370 판결.
8) 대법원 2015. 12. 24. 선고 2014다49241 판결, 동 판결에서는 양수인이 적극적으로 투자목적을 가지고 채권을 양수한 경우인데 투자자로서 자기책임을 강조하고 있다.

것이다. 그러나 이것은 논리적인 진술이라고보기는 어렵다. 제1항과 제2항의 결합은 채권양도는 가능하나 당사자가 금지특약을 맺어 이를 제한할 수 있다는 이상의 의미를 가질 수 없다. 원칙과 예외라고 위치지우더라도 핵심은 원칙과 예외의 경계를 정하는 작업이며 예외는 비교적 엄격하게 해석해야 한다는 정도의 의미를 이끌어 낼 수 있을 뿐이다.

소수의견의 법리는 더 나아가서 금지특약으로 제3자에 대한 관계에서 채권양도가 무효가 된다면 이는 채권의 양도성을 인정하는 원칙을 무의미하게 한다는 것이다. 더 단순히 말하면 채권은 양도할 수 있다고 양도성을 선언하고 다른 항에서는 당사자들은 합의로 그 양도성을 제거할 수 있다면 이는 서로 모순되는 것이라는 뜻일 것이다. 그리하여 원칙을 살리려면 예외로서의 양도금지특약은 당사자 간의 효력으로 그쳐야 한다는 것이다.

여기에서 쟁점은 근본적으로 제1항과 제2항의 관계로 모아진다. 다수의견은 양자 사이의 원칙과 예외론을 부정하는 것으로 해석된다. 다수의견은 설시하기를 지명채권이 가진 채권자와 채무자 사이의 인격적 연결의 측면과 채권의 재산권의 측면을 아울러 고려하면 민법은 제1항에서 채권양도의 자유를 원칙으로 선언하면서도 제2항에서 당사자의 의사표시에 의하여 양도를 금지할 수 있다고 천명하고 있다는 것이다. 원칙이란 단어를 쓰기는 하였지만 그 실질은 제1항과 제2항은 원칙과 예외가 아니라 병존하는 2개의 원칙이라 보는 것이 더 합당할 것이다. 채권의 재산권성을 강조하면 양도성이 부각되고, 채권의 인격적 연결 즉 관계성을 강조하면 양도금지의 자유가 부각되는 것이다.

생각건대 다수의견과 같이 채권의 양도도 양도계약 당사자 사이의 자유로운 합의에 의한 것이고, 양도금지특약도 특약의 당사자 사이의 자유로운 합의로서 계약자유의 원칙상 허용되는 것이다. 그리고 이에 대한 제한도 각각 당해 규정에서 밝히고 있다. 즉 제1항에서는 양도의 자유를 선언하면서도 그 한계로서 채권의 성질이 양도를 허용하지 않는 때를 명시하고 있다. 원칙적으로 전속성을 본질로 하는 노무제공의 채무가 주로 여기에 해당될 것이다. 그러나 '성질'이라는 표지는 객관적으로 정해지는 것만은 아니고 당사자의 의사도 중요한 판단요소이다. 특히 채무자에 대한 배려가 필요한데, 양도로서 채무자가 더 불리한 위치에 빠지게 되는 경우라면 이는 특약이 없더라도 채권의 성질상 양도가 허용되지 않는 것으로 새겨야 할 것이다. 채권자의 일방적 양도로 채무자가 채무를 이행하는데 불리한 위치로 떨어지게 된다는 것은 일방적으로 타인의 이익을 해치는 권리행사가 용인될 수 없다는 법의 일반원칙에 반하는 것이어서 허용될 수 없는 것이고 이의 근거규정으로서는 바로 성질에 의한 양도제한이 해당될 것이다.

이에 대응하여 역시 당사자는 계약자유의 원칙상 자유로이 양도금지특약을 할 수 있지만 이는 채권양도거래에 대한 위험요소이기도 하므로 거래안전을 위하여 선의의 양수인을 위한 구제규정을 두어 그 효과에 대해 한계를 두고 있는 것이다. 요컨대 양도의 자유와 양도금지의 자유는 둘 다 사적 자치의 발현으로서 대등한 위치에 있는 것이며 각각의 원칙에 대한 제한도 채무자의 보호 또는 거래의 안전이라는 가치를 위해 설정되고 있다.

결국 제449조의 문리적, 체계적 해석은 제1항과 제2항이 서로 궤를 달리하는 평행선을 이루고 있음을 말해준다고 하겠다. 제1항에서 채권의 양도성의 선언을 통해 근대민법은 이를 채권자가 물권과 같이 일방적으로 양도할 가능성을 열어주고 있다. 이 경우에는 일차적으로 채무자의 보호가 문제되는데 단서에서 채권의 성질에 따른 한계를 제시하고 있다. 따라서 원칙적으로 당사자 간의 전속성을 본질로 하는 행위채무는 양도의 대상에서 제외될 것이고 특히 양도를 통해 채무자에게 이행과 관련하여 더 부담을 주게 된다면 이는 성질상의 제한에 해당한다고 해석될 수 있다. 그리고 채무자의 보호조치로 더 중요한 것은 제450조에서 통지를 대항요건으로 함으로써 최소한 채무자에게 양도사실에 대한 인식이 확보되도록 보장하고 있다. 이에 대응하여 제2항에서는 채무자가 선제적 조치로서 채권관계를 발생시키면서 양도금지특약을 통해 양도의 가능성을 차단할 수 있음을 정하고 있다. 제1항에서의 조치만으로는 채무자가 만족하지 못하는 경우가 있을 수 있기 때문이다. 그리고 이러한 금지특약을 맺는 경우에는 거래안전의 보호에 대한 배려가 필요하다. 그래서 제2항 단서에는 금지의 의사표시로서 선의의 제3자 즉 금지특약이 부착된 채권임을 알지 못하고 양수한 양수인을 보호함으로써 마치 동산의 선의취득 같이 금지특약으로 처분권이 없는 채권자가 양도를 한 경우에도 양수인을 보호하여 거래안전을 확보하고 있다.

3. 채권양도의 경제적 필요성에 대한 분석

소수의견의 입론의 저변에 흐르고 있는 사고는 채권양도의 경제적 필요성에 관한 요청이다. 위에서 채권의 양도성을 원칙으로 보는 해석도 그 바탕에는 채권의 재산적 가치를 중요시하고 사회경제적 변화에 따라 채권관계에 있어 특히 금전채권의 경우에 당사자의 인적결합관계는 희박해진다는 관점에 기초한 것이다. 소수의견은 채권양도가 전통적으로 채무자가 채권자에게 제3채무자에 대한 채권을 양도하는 채권회수의 수단 정도에서 벗어나 채권양도의 자금조달수단 기능과 가치가 확산되고 있으며 이에 따라 채권의 재산권적 성격과 담보로서의 중요성이 강조되고 있다고 한다. 이러한 경향에 부응하려면 채권자가 재산권인 채권을 처분하여 이른바 투하자본의 조기회수라는 경제적 목적을 달성할 수 있도록 더 자유로운 양도가능성이 보장되어야 한다는 관점을 중요한 근거로 제시하고 있다.

사실 현대의 경제활동에 있어 채권양도의 중요성은 많이 강조되어도 지나치지 않다. 부동산이나 동산과는 달리 인간의 경제활동에 따라 무한대로 발생하는 산물인 채권의 재산권성이 활성화되기 위하여는 그것의 자유로운 양도가 촉진되어야 함은 당연하다. 채권양도는 특히 담보라는 사고와 결합하여 채권양도담보는 오늘날 자본주의 발전의 정도를 재는 바로미터가 되었다고까지 말하여진다. 채권양도를 통하여 채권자는 그 채권의 발생에 투자된 자신의 자본을 조기에 회수하여 다시 재투자를 하게 됨으로써 자본의 회전속도를 빠르게 하고 또 유통되는 자본의 양을 획기적으로 늘어나게 할 수 있다.

우리나라에도 외환위기 이후 기업들의 유동성확보라는 것이 매우 중요한 가치가 되었고 많은 채권을 갖고 있음에도 당장 현금 즉 유동성이 부족하여 회사가 어려움에 빠지는 경우가 종종 있게 되었다. 그리하여 기업들이 가진 자산을 유동화하는 이른바 '자산유동화'라는 개념은 하나의 '금융혁명'으로서 주목받았고 이를 입법적으로 지원하기 위하여 1998년에 '자산유동화에 관한 법률'이 제정되었다. 이 법률의 핵심은 제7조에서 채권양도의 대항요건에 관한 특례를 정하는 것이다. 예컨대 양도통지가 여의치 않을 때 일간신문에 공고함으로써 이를 대신할 수 있게 한 것이다. 또 2012년에는 '동산·채권 등의 담보에 관한 법률'이 시행되었는데 지명채권을 목적으로 등기한 담보권으로서 '채권담보권'을 도입하였으며 채권담보등기의 효력과 관련하여 민법상의 채권양도의 법리를 부분적으로 준용하고 있다(동법 제35조). 이미 민법 자체에서도 지명채권을 목적으로 한 질권설정을 채권양도의 법리에 따라 가능하게 하고 있다(제349조). 판례도 이러한 흐름을 일부 반영하여 이른바 장래채권의 양도에 대하여도 전향적인 판결을 내린 바 있다.[9] 이처럼 채권양도를 촉진하고 이에 우호적인 여러 입법과 부분적인 판례의 흐름에도 불구하고 이것이 지명채권의 양도성에 관하여 본질적인 변경을 가져온 것이라고 볼 수는 없다. 채무자의 사전적인 의사에 반하는 채권양도가 허용되어야 할 것인가의 문제는 단순히 채권양도를 원활하게 할 수 있게 할 것인가의 문제가 아니라 채권의 양도행위의 본질을 묻는 것이기 때문이다.

채권양도의 촉진과 활성화가 경제적 측면에서만 보더라도 항상 긍정적 효과만 있는 것은 아니다. 1990년대와 2000년대에 유동화라는 이름으로 활발하게 이루어진 채권양도는 많은 부작용을 낳기도 하였다. 채권자측에서 채권의 양도를 통해 재산권적 가치를 극대화하고 그 활용성을 높이는 선택을 누리는 반면에, 채권관계 속에서 본래의 채권자와 채권관계를 마무리하고자 하는 채무자의 권리는 전적으로 외면되었던 것이다. 주지하는 바와 같이 2008년도의 전세계적인 금융위기는 그 시발점이 이른바 서브프라임 모기지(subprime-mortgage) 사태에서 출발하였는데, 이것은 모기지론의 채권자인 대형금융사들이 유동성을 높이기 위해 모기지채권을 다양한 형태로 증권화하여 거래계에 유통시킨 데에 있다. 신용도가 높지 않은 사람들에게 대출을 하여 서브프라임 즉 비우량채권을 만들고 채권자측은 채권의 양도 즉 이를 증권화하여 거래계에 유통시켜

9) 대법원 1997. 7. 25. 선고 95다21624 판결; 채권자가 매매계약상의 매수인으로서 갖는 장차 매매계약의 해제시 발생할 대금반환채권을 양도하고 그 후 매매계약이 해제된 사안에서 이러한 채권양도는 양도의 대상이 될 수 없는 채권을 목적으로 한 것이어서 무효라는 매도인의 주장에 대하여, "채권의 동일성을 인식할 수 있을 정도여서 특정된 채권으로 보아야 하고, 양도당시 채권액이 특정되지 아니하였더라도 채무의 이행기까지 이를 확정할 수 있는 기준이 설정되어 있다면 유효한 채권양도이다"라고 설시하였다.

투하자본을 회수하고 결국 채무자가 상환에 어려움을 겪게 되면 이미 양도된 채권은 투기의 대상이 되어 거래계를 돌아다니다 일종의 폭탄돌리기가 되어 일시에 전 금융이 공황상태에 빠져버린 것이다. 채권이 전전양도되면 본래의 채권자와 채무자 사이에 존재하던 결합이 가지고 있던 무형의 가치는 증발해버린다. 이것은 특히 위의 모기지론처럼 장기간에 걸친 계속적 채권의 경우에 더 두드러지게 나타난다. 일시적인 상환의 어려움에 빠진 모기지채무자는 상환조건을 조정하는 등 협상을 시도할 상대가 누구인지조차도 알기 어려우며 오로지 투하자본의 회수만을 생각하는 신채권자들은 쉽게 이러한 채무자를 상대로 소송을 제기하여 압류결정을 받아내고 수많은 채무자들이 집을 압류당하고 노숙자가 되어버린 사회적으로 매우 불행한 사태가 발생하기도 하였다.

미국에서도 이러한 금융위기를 겪으면서 이러한 사태의 발생배경에 자유로운 채권의 양도가 채권의 효용성을 극대화하고 부가가치를 높인다는 경제적 논리에 치우친 사고가 깔려있다는 것을 인식하게 되었고 이에 대한 반성적 논의가 대두하기도 하였다. 한 예로써 채권의 양도성에 대한 제한이 필요하며 채권의 양도성(assignability)과 동가치를 가지는 채권의 수정가능성(modification)의 원칙이 인정되어야 한다는 주장도 있다. 즉 채무자가 채권이 양도되어 본래의 채권자와의 사이에서 가능했던 채무의 조정 등이 불가능해진다면 법원은 양도를 무효화하고 계약을 본래의 당사자들에게 환원시켜 자율적인 계약의 수정이 이루어지도록 해야 한다는 것이다.[10)]

요컨대 경제적 측면에서만 고찰하더라도 채권양도의 자유의 보장에는 채무자의 희생이라는 그늘이 따라가는 경우가 많다는 것이다. 특히나 채권의 양도가 증권화와 결합하면 그 폐해는 더 심각해질 수 있다. 본래의 채권자와의 사이에서 채권관계를 수정하고 종료시킬 기회를 잃어버리고 새로이 조우하는 채권자와의 사이에서 또는 채권자가 누구인지조차도 명확하지 않은 채 냉혹한 자본의 논리에 희생되는 채무자에 대한 배려가 필요하다. 특히나 민사적 성격이 강한 채권 또는 채권자만이 상인인 일방적 상행위의 경우에는 투하자본의 회수라는 채권자의 이익과 편리보다는 채권양도로 불이익을 당하지 않도록 채무자를 보호해주는 관점이 더 우선적이어야 한다. 이윤추구와 거래활성화와 같은 상사법적인 가치가 성실한 채무자의 권리보호라는 민사법적 가치에 우월할 근거는 없지 않는가?

4. 당사자 사이의 이익형량

채권양도의 3당사자의 이익을 비교형량해보자. 소수의견은 채권자와 양수인의 이익을 편향되게 강조한다. 다수의견에 따를 경우 채권자는 채권양도를 통한 자금조달수단을 상실하고 자산으로서의 채권의 활용범위가 축소되는 불이익을 입는다고 한다. 양수인도 채권 자체를 취득하지

10) G. Cohen, The Financial Crisis and the Forgotten Law of Contracts, Tulane Law Review 87 TLR 1. at 25-30 Nov. 2012.

못할 위험에 노출되고, 금지특약의 존재를 인식하기 쉽지 않아 일일이 계약내용을 확인해야 한다면 불필요한 거래비용을 증가시키게 된다고 염려한다. 반면에 채무자는 특약을 위반한 채권자에게 그 위반에 따른 책임을 물을 수 있고, 채권자가 변경되더라도 원래 이행되어야 할 채무를 이행하는 것이어서 그 불이익이 크지 않다고 한다.

이러한 소수의견의 이익형량이 과연 각 당사자들의 입장을 제대로 반영하였는가는 매우 의문이다. 채권자가 채권이라는 자산을 적극 활용하고 자금을 조달하는 것에 지장이 있어서는 안 된다는 관점은 민법보다는 상법 내지 기업법적인 관점에서 보는 인상을 준다. 채권이라는 권리의 귀속자로서 채권자가 본래 누려야 하는 것은 이행기에 이르러 채무자의 이행을 통하여 만족을 얻는 것이다. 이것을 이행기 전에 처분을 통하여 예정보다 조기에 만족을 얻는 것은 법이 편의를 보아주는 것이지, 원래부터 마땅히 채권자에게 돌아가야 하는 것이 아니다. 양수인의 이익형량은 더욱 근거가 취약하다. 특약에 반한 채권양도가 있더라도 양수인이 거래비용 증가 등 불편함이 없이 또 위험성이 없이 안전하게 채권을 양수받는 것이 중요하다고 강조한다. 그러나 채권의 양도성과 그 제한이라는 관점에서 보면 이익형량의 당사자는 채권자와 채무자이고 양수인은 독자적인 당사자가 아니고 단지 그 결과의 적용을 받는 위치에 있다고 생각된다. 즉 특약에 반한 채권양도의 유무효론에서 서로 대립하는 이익은 채권자와 채무자 간의 충돌이고 양수인은 직접적인 발언의 당사자가 될 수 없다. 양수인이 양도거래에 있어 목적물인 채권이 양도에 문제가 없다고 믿었다는 것만으로 양수인이 보호를 주장할 근거가 없다. 물권과 달리 공시방법도 없는 채권을 신뢰하고 거래했다고 하여 마치 공신의 원칙이 인정되는 것과 같은 보호를 줄 수는 없다.

반면에 채무자의 입장에 대한 고려는 매우 소홀하게 언급되고 있다. 먼저 채무자는 특약을 위반한 채권자에게 그 위반에 따른 채무불이행책임을 묻는 것으로 충분하다는 것이다. 그러나 이것은 어디까지나 사후적이고 보조적이며 또 채권자의 자력에 좌우되는 불안정한 구제방법이다. 금지특약을 통해 채무자는 새로운 채권자와의 관계설정을 원천적으로 막고자 한 것인데 특약을 위반한 채권자에게 책임을 묻는 것으로 족하다는 것은 곧 금지특약을 의미없게 만드는 것이다. 부동산 소유권의 이중양도에서 판례가 매도인이 제1매수인에 대한 이전약속을 위반하고 처분한 경우에 일정한 조건하에서 채무불이행책임에 그치지 아니하고 그 양도를 무효화하는 것과 대비해보면 채무자의 보호의 필요성은 더욱 드러난다. 더욱 납득할 수 없는 것은 채무자는 어차피 이행하여야 할 채무를 이행하는 것이니 그다지 불리할 것이 없다는 설명이다. 채무자에게는 그 급부의 내용은 물론 누구에게 이행하는가는 매우 중요한 관심사이다. 비록 금전채무라 하더라도 채권자가 변경되는 것은 많은 경우 채무의 이행에 큰 영향을 미치는 요소가 아닐 수 없다. 단순히 새로운 채권관계에 노출되고 전혀 알지 못했던 자를 채권자로 받아들여야 하는 점도 심리적으로 채무자에게 부담을 주는 요소이다. 또 채권이 양도되는 것은 많은 경우 복잡한 법률관계를 동반할 수 있어 채무자로서는 최악의 경우 이중변제의 위험에 빠질 수도 있다. 또 새로운 채권자의 등장은 종래의 채권관계에서 축적되었던 당사자 사이의 관계성을 무화시킴으로써 예컨대 새로운 채권자는 쉽게 채무자를 상대로 소송을 제기할 수도 있다. 영미법에서도 초기에 채권양도에 소극적이었던 것은 양도의 허용이 이른바 '소송방조'(maintenance)를 촉진시킬 것을 우려했기 때문이라고 한다. 위에서 언급한 바과 같이 글로벌 금융위기 사태에서 장기채권인 모기지론의 채권자인 주택은행들이 이를 투자회사 등에 무분별하게 양도하면서 일시적 어려움에 빠진 모기지론 채무자들이 채무조정의 기회조차 얻지 못하고 소송에 연루되고 이어진 압류결정에 주택을 빼앗기고 결과적으로 이는 채권자측에도 큰 손해를 가져왔던 상황은 시사하는 바가 크다. 오히려 독일민법처럼 양도금지의 합의의 유효성을 인정하는 가운데 채무자의 보호가치있는 이익이 없거나 채권자의 이익이 우선적으로 고려되어야 할 때 금지합의의 이익형량적인 해석이나 권리남용금지의 원칙 등으로 그 효력을 부정하는 보수적인 태도가 적어도 민사적 성격이 강한 거래에서는 권장되어야 한다. 독일에서도 상법전에서 양도금지합의에 반하는 양도는 유효하되 채무자는 여전히 양도인을 채권자로 여기고 급부할 수 있으며 이러한 양도금지의 완화는 금전채권이자 쌍방적 상행위의 경우에만 적용되는 것을 정하고 있는데(HGB 제354a조), 참고할 만하다.[11)]

Ⅴ. 채권양도금지특약의 해석론의 방향

1. 채무자의 보호관점에 대한 고려

소박한 질문을 던져본다면 채권관계에서 채권자와 채무자 중 주인공은 누구일까? 권리중심의 현대의 법률관계에서 당연히 채권자의 권리행사의 보장이 중심에 온다고 생각할 수 있지만 채권관계에서는 다른 관점도 필요하다. 채권관계의 목적의 달성은 채무자의 성실한 이행으로 비로서 이루어진다. 대출받은 채무자가 경제사정이 힘들어도 원리금을 제때에 갚아야 금융시장이 제대로 돌아가고, 임차인이 코로나사태로 장사가 안되어도 차임을 제때에 지급해야 임대차시장도 돌아간다. 채무자의 관점에서는 본래 채권관계의 발생시 부담하기로 했던 그 이상의 어떠한 부담도 지려고 하지 않을 것이다. 거기에는 급부의 내용은 당연한 것이고 이를 둘러싼 그 밖의 사정도 고려될 수 있는데, 그 중의 하나는 자신의 의사와 상관없이 새로운 채권자와 관계성을 맺

---

11) 이를 참조하여 금전채권에 한하여 양도금지특약이 양수인에 대하여 효력이 없는 것으로 하는 내용을 상법총칙에 특칙으로 규정하자는 개정안이 제시되기도 한다. 전우정, 채권양도금지 특약에 대한 비교법적 연구 및 법경제학적 분석, 비교사법 제26권 제2호(2019. 5), 169면.

어가야 한다는 점이다. 비록 노무제공이나 임대차같은 계속적 관계가 아니고 금전채권이라 하더라도 채권자가 누구인가 하는 것은 채무자에게 매우 중요한 고려사항이다.

금지특약에 반한 채권양도의 효력을 놓고 채무자와 양수인 간에 이루어지는 많은 소송에서 그 실체를 보면 법원이 채무자에게 채권양도를 사전에 금지할 필요성이 있었는가를 주요한 판단 근거로서 고려하는 경우가 적지 않다. 공사도급계약에서 공사대금채권의 양도에 관하여는 양도금지특약이 부착되는 경우가 흔한데, 채무자인 도급인으로서는 채무의 내용에 따른 공사이행의 반대급부로서 이행하는 대금채무가 수급인이 아닌 제3자와의 사이에서 결제되어야 한다는 것에 상당한 저항감을 가질 것이다. 채권양도시 채무자의 양수인에 대한 항변권을 보장한 규정(제451조 제2항)만으로 충분한 보장을 받았다고 보기 힘들다. 전세형 임대차계약에서 고액의 전세보증금 반환채권에 대해 양도금지가 약정되곤 하는데, 임대차계약이 존속하고 있는데 임대차계약의 핵심적 요소인 보증금반환채권만을 분리하여 임차인이 양도할 수 있다고 하는 것은 임대인으로서 수긍하기 어려울 수 있다. 은행거래에 있어 예금계약의 채권자가 그 채권을 은행의 허락없이 양도할 수 없다는 것은 자명한 것이며 대부분의 은행약관에 이것이 반영되어 있음을 법원도 인정하고 있다.[12)]

요컨대 급부의 내용 자체는 금전채권이라고 하더라도 그 채권은 다른 법률관계와 얽혀있는 경우가 적지 않으며 채무자로서는 본래의 채권자의 관계에서 간명하게 처리할 것에 대한 분명한 보호이익이 인정되는 경우가 많다. 단순히 새로운 채권자와 접해야 하는 불편함만을 가지고 정당한 보호이익을 말할 수는 없다 하여도, 기본적으로 채무자는 본래의 채권자와의 관계에서 그 채권관계를 종료하는 것에 대하여 쉽게 부인되어서는 안 될 이익을 가지고 있다는 점을 무겁게 받아들여야 할 것이다.[13)]

2. 양수인의 선의와 중과실이라는 기준의 적절성

양도금지특약의 실제적 운용에서 주요한 쟁점은 바로 단서조항과의 관계성이다. 다수의견에 따라 양도가 비록 무효라고 하더라도 양수인이 선의라면 채무자는 특약을 가지고 양수인에게 대항하지 못한다. 그리고 양수인의 선의는 추정되므로 채무자가 양수인의 악의를 입증해야 한다. 문제는 금지특약의 한계를 어떻게 설정할 것인가의 문제에서 민법규정은 그것을 당사자의 관계 즉 채권자의 처분에 관한 이익과 채무자의 보호라는 대립이익 사이에서 판단하지 않고 제3자인

---

12) 대법원 2003. 12. 12. 선고 2003다44370 판결.
13) 채권적 효력설을 지지하면서도 “자신이 잘 아는 채권자와 교섭하고 그에게 변제하여야 할 사실상의 이익이 있고 기존 거래관계에 기초한 여러 항변 등으로 자신의 지위를 방어할 법률상의 이해관계를 가지고 있는 채무자의 이익을 무시해서는 안된다”라고 강조하는 견해는 주목할 만하다. 전원열, 채권양도금지 특약의 효력, 민사법학 75호(2016. 6), 194면.

양수인의 인식여부를 기준으로 판단한다는 것이다. 이는 마치 동산의 선의취득에서 무권리자인 동산의 점유자의 처분시 양수인은 그 점유자가 처분권한이 있는 것으로 믿고 거래할 수 있어야 한다는 사고와 유사하다. 그런데 채권의 양도에도 이러한 사고가 기초가 될 수 있는 것인가? 채권의 양수인은 양도인이 항시 자신의 채권을 양도할 권한이 있다고 믿고 양수할 수 있어야 하는 것인가? 채권이 기본적으로 그 내용을 채워야 할 채무자가 있는 청구권이라는 것을 생각하면 반대로 양수인은 채무자에게 그 내용을 확인해야 하는 것이 자연스럽고 원칙적인 것이다. 더구나 양수인이 악의임을 채무자가 입증하여야 한다는 것은 더욱 납득하기 어려운 일이다. 채권양도라는 것은 동산양도에 있어 점유라는 외관도 없고 그에 기한 적법성의 추정도 없다. 단지 누구에 대해 채권을 갖고 있다는 증명서면밖에 없는데 그러한 사인간의 서면을 믿고 양수한 자가 선의로 추정받고 증명에 있어 채무자에 대해서 우월한 지위에 놓인다는 것은 타당하지 않다. 물론 판례가 악의의 입증을 조금 낮추어 중과실의 입증으로 족하다고 하여도 그 근본적인 모순관계가 해소되지 않는다. 오히려 동산선의취득에서는 통상의 과실만 입증해도 양수인의 취득을 막을 수 있는데 오히려 관념적인 채권의 양도에서는 최소한 중과실 정도는 입증해야 하는 것도 균형이 맞지 않는다.

사실 '선의의 제3자에게 대항하지 못한다'라는 단서는 민법의 여러 곳에서 발견되는 법리인데, 이러한 법리는 제3자의 신뢰가 보호받아야 할 외관같은 것이 존재하고 그러한 신뢰 앞에서 당사자 간의 진정한 의사는 후퇴한다는 법리로서 거래안전을 달성하기 위한 것이다. 그러나 금지특약에 관한 제3자의 선의라는 것은 이의 근거가 될 어떠한 보호가치있는 외관과 신뢰를 찾기 어렵다. 당사자 간의 부수적 합의에 불과한 금지특약은 부동산거래시의 등기와 같은 공시방법이 있는 것도 아니고 동산거래시 권리의 적법보유성과 같은 어떠한 법적 추정을 받는 것도 아니다. 따라서 금지특약의 존재와 양수자의 선의라는 양자의 결합은 금지특약의 한계에 관한 어떤 의미있는 규범적인 또 예방적인 판단기준을 제시하지 못하고 있다. 판례가 중과실 여부의 판단요소로서 예시하는 것도 특약의 존재양상, 특약이 사용되는 거래관행, 특약이 포함된 채권증서의 제시나 수수여부, 특약의 인식과 관련된 양수인의 지식이나 경험 등 다양해서 법원에 가서 판단을 받아보지 않는 한 그 결과를 예측한다는 것은 거의 불가능하다. 그리하여 양수인의 양수를 저지하기 위해 채무자는 어떠한 조치를 미리 취할 수 있는지 판단하기 어렵다. 예컨대 대상판결에서와 같이 채권계약서에 양도금지조항을 인쇄해 넣었으면 충분한지, 아니면 그 조항을 계약서 첫머리에 큰 글자로 돋보이게 해야 하는지 등등 혼란만 가중시킬 뿐이다.

요컨대 양도금지특약의 효력의 한계는 채권자와 채무자 사이의 이익형량에 의해서 정해지는 것으로 충분하며 이를 양수인의 인식과 행태에 연동시키는 것은 아무런 법적 안정성을 가져오지 못하며 의도한 거래안전의 보호도 가져올 수 없다.[14] 오히려 채권양도에 있어 양수인의 책

14) 김동훈, 채권양도금지특약에 관한 민법규정의 운용방향, 국민대 법학논총 제29권 제1호(2016. 6), 60면.

임에 대하여 앞서 소개한 판결의 요지를 다시 한 번 인용하고 싶다. “채권의 내용이나 양수인의 권리확보에 위험을 초래할 만한 사정을 조사·확인할 책임은 원칙적으로 양수인 자신에게 있다”[15] 금지특약의 존재로 인해 양수가 저지될 수 있는 위험도 역시 채권거래에 있어 핵심적인 위험요소이며 이것을 양수인이 충분히 조사하고 확인하여야 하며 특약이 존재하는 경우에는 양수인은 이 문제를 채권자가 해결하도록 요청하거나 채무자에게 특약의 의사를 철회하도록 하여야 함이 올바른 방향일 것이다.

Ⅵ. 나가며

민법 제449조 제1항 본문에서 ‘채권은 양도할 수 있다’라고 선언한다. 오랫동안 채권관계라는 쇠사슬에 얽매여있던 채권의 해방선언과 같은 느낌을 준다. 그러나 이것이 소수의견의 표현에서 나오는 것과 같이 채권양도의 자유를 선언한 것이라고 볼 수는 없다. 근대 자본주의의 발전과정에서 채권이 가진 자산가치에 주목하고 그 효용가치를 높이기 위해 양도의 가능성을 제시한 것이라고 볼 것이다. 즉 여러 조건하에서 채권의 양도가 가능할 수 있음을 말한 것이며 그 구체적 범위나 방식은 열려져 있는 것이다. 채권양도에 관한 민법의 여러 규정은 이러한 채권양도의 문을 여는데 필요한 여러 조건과 한계를 정한 내용들이 얽혀있어 여전히 많은 문제가 논쟁적인 해석론의 대상이 되고 있다.

채권의 양도를 허용하는 것은 채권자에게 투하자본을 조기회수하고 채권의 자산으로서 활용가능성을 높일 수 있는 기회를 제공하고 이것이 자본주의의 발전과 성숙에 획기적 기여를 하는 것인데, 그 반대로 채권자가 이러한 기회를 누림에 따른 채무자의 보호라는 문제가 제기되는 것은 필연적이다. 채무자의 보호의 일차적인 수단은 채권자에게 양도의 권한을 주되 양도사실을 채무자에게 통지하도록 하고 이것을 채무자에 대한 대항요건으로 한 것이다. 이로써 채무자는 양도사실을 알지 못한 채 양수인의 청구에 직면하는 당혹함은 피할 수 있을 것이다. 그러나 통지라는 대항요건은 양도와 양수인에 관한 채무자의 인식가능성을 확보해 줄 뿐, 채무자가 원치 않는 양도가 행해지는 것을 막을 수는 없다. 또 통지시까지 채권자에게 대항할 수 있는 사유로 양수인에게 대항할 수 있게 한 것도 채무자의 보호의 중요한 측면이기는 하나 역시 채권양도를 인정하는 전제에서 소극적인 보호수단에 머무른다.

그리하여 민법은 이에서 더 나아가 채무자가 적극적으로 그리고 사전적으로 채권자와의 합의를 통하여 양도를 원천적으로 막을 수 있도록 하였다. 이 금지특약을 잘 활용한다면 양도를 원

15) 대법원 2015. 12. 24. 선고 2014다49241 판결.

치 않는 채무자의 보호는 보장될 것이나 다시 반대로 소수의견이 염려하는 대로 채권의 양도성을 형해화할 우려가 있다는 반론이 나올 수 있다. 이러한 딜레마를 해결하기 위해 민법은 양수인의 선의라는 기준을 결부시켰다. 그러나 이러한 기준은 오히려 많은 부작용을 만들어내고 있다. 막연히 거래관행이니 거래행태 등을 고려하여 개개의 경우에 자의적인 판단이 이루어질 뿐이다.

다시 본 판결로 돌아 와서 다수의견과 소수의견의 대립을 평가한다면, 소수의견은 '채권은 양도할 수 있다'를 채권의 양도의 자유를 선언한 것으로 해석한다. 일부 학설이 현행 규정의 양수인의 선의요건도 없애야 한다는 것은 이러한 방향으로 진일보한 것으로 논리적 일관성이라는 점에서는 나은 점도 있다.[16] 다수의견은 이러한 방향에 제동을 거는 것으로서 양도금지특약이 채무자가 사전적으로 채권자의 일방적인 양도에 대응하는 방어수단이고 이것은 존중되어야 한다는 사고를 담은 것이고 민사거래에 있어 마땅히 취해야 할 방향이라고 생각한다.

입법론적으로 덧붙인다면 위에서 논한 바와 같이 금지특약과 양수인의 선의는 서로 결부되어야 할 고리가 없는 것으로서 부적절하다. 양수인의 행태는 독자적인 판단요소가 될 수 없으며 채권자와 채무자 사이에서 요건이 종결되어야 한다. 일응 그 기준을 제시해본다면 금지특약에 의한 양도금지를 원칙으로 하되, 채권자에게 '정당한 이익'이 있는 경우에는 특약에도 불구하고 양도가 유효한 것으로 해석될 수 있는 길을 열어주는 것이다. 제449조 제2항 단서 조항을 "그러나 채권자에게 정당한 이익이 있는 경우에는 그러하지 아니하다"라고 변경하는 것은 어떠한가.

---

16) 윤철홍, 채권양도의 금지특약에 관한 소고, 법조(2010. 12) 39면; 최수정, 지명채권의 양도금지특약의 재고, 민사법학 38호(2007. 9), 155면 등.

소멸시효의 완성의 효력과 상계의 관계에 관한 연구*

이 창 현**

Ⅰ. 문제의 제기

민법 제495조는 소멸시효가 완성된 채권이 그 완성 전에 상계할 수 있었던 것이면 그 채권자는 상계할 수 있다고 규정한다. 민법 제495조의 유추적용이 문제된 대법원판결이 몇 차례 선고되면서 민법 제495조의 중요성이 재차 부각되고 있다.[1] 자동채권의 소멸시효가 완성되었음에도 불구하고 상계를 허용하는 것이므로 민법 제495조는 소멸시효제도와 상계제도의 충돌을 후자의 우위로 해결하는 것이다. 채권의 소멸시효가 완성되어 채무자가 이를 원용하면 권리가 소멸하므로 소멸시효제도의 취지가 온전하게 관철되기 위하여는 채무자는 채권자의 재판상 청구뿐만 아니라 다른 법적 조치로부터 해방되어야 한다. 그러나 민법 제495조가 적용되는 한도에서는 채무자는 채권자의 법적 조치를 용인하여야 하므로 소멸시효제도의 취지가 완전하게 관철되기 어렵다. 특히 상계권자가 민법 제495조에 의한 상계가능성을 고려하여 권리행사기간을 준수하지 않는다면 단기소멸시효제도의 취지가 몰각될 수 있다. 입법자가 의도하지 않았던 규율의 공백이 인정되는 경우에 유사한 사안에 대한 법규정의 유추적용이 문제되는데, 유추적용의 정당성은 법규범의 체계, 입법의도와 목적 등에 비추어 판단된다.[2] 따라서 민법 제495조의 입법취지를 명확하게 확정하여야 비로소 민법 제495조의 유추적용이라는 어려운 문제를 해결할 수 있다. 국내의 논의에 의하면 민법 제495조의 입법취지가 상계의 소급효,[3] 신뢰보호,[4] 형평,[5] 항변권의 영구

---

* 이 글은 「사법」 제54호(2020. 12)에 게재되었다.

** 서강대학교 법학전문대학원 교수.

1) 대법원 2016. 11. 25. 선고 2016다211309 판결(소멸시효완성된 차임채권과 보증금반환채권의 상계 내지 공제가 문제된 사건); 대법원 2019. 3. 14. 선고 2018다255648판결(하자담보책임의 행사기간이 경과한 채권을 자동채권으로 한 상계의 허용 여부가 문제된 사건). 필자는 후자의 판결에 대하여 상세한 판례평석을 한 바 있다(이창현, "제척기간이 경과한 채권을 자동채권으로 한 상계", 법조 통권 제738호, 2019, 377).

2) 대법원 2018. 3. 22. 선고 2012다74236 전원합의체 판결; 권영준, "2019년 민법 판례 동향", 서울대학교 법학 제61권 제1호, 2020, 501-502.

성[6])으로 다소 다양하게 설명되고 있다. 상계의 소급효에 대하여는 당연상계주의에서 상계권행사주의로의 전환에 비추어 상계권행사시에 상계적상의 요건을 갖추어야 하고, 자동채권은 유효하게 존속하여야 하는 것은 아닌지 의문이 제기될 수 있으며, 상계의 소급효는 적법하게 상계권이 행사되었을 경우의 법률효과를 의미한다는 반론이 제기될 수 있다. 상계적상에 있는 채권 상호간의 정산으로 소멸하였다는 당사자들의 신뢰를 보호해야 한다는 요청은 양 채권이 동등하여 잔존액이 없는 경우에 한하여 타당한 것이지, 상호간의 차액이 존재한다면 상대방의 청구를 예상하여야 한다. 소멸시효기간의 차이가 있는 경우에 자신의 권리를 행사하지 않는 자가 상대방의 권리불행사를 신뢰하는 것이 과연 타당하지 의문이 있다. 이러한 사고를 계속 밀고 나가면 단기소멸시효제도의 취지가 몰각될 수 있다. 통설과 판례가 강조하는 신뢰보호의 요청은 일정한 한계를 내포하는 것이며, 신뢰보호에 입각한 구체적 해결방안을 도출하기 위해서는 객관적 이익형량이 요구된다. 아울러 소멸시효완성의 효력에 관한 학설에 따라 민법 제495조의 해석이 달라질 수 있다는 점에서 이에 대한 분석도 필요하다.[7]) 더 나아가 항변권의 영구성이라는 논의는 항변권의 성격을 구분하여 전개하여야 비로소 선명하게 파악될 수 있다(소위 독립적 항변권과 종속적 항변권). 기초가 되는 권리가 시효로 소멸한 경우에도 상계항변, 동시이행의 항변, 유치권항변이 가능한지가 문제되는데, 이 맥락에서 민법 제495조의 적용 및 유추적용이 고려된다. 민법 제495조에 대한 해석론을 전개하기 위해서는 당연상계주의와 상계권행사주의, 상계의 소급효, 시효완성의 효력, 항변권의 영구성, 민법 제495조의 유추적용라는 쟁점을 중심으로 역사적 고찰과 비교법적 고찰을 병행할 필요가 있다. 민법 제495조는 제정과정에서 외국의 입법례로 일본민법 제508조, 독일민법 제390조, 스위스채무법 제120조 제3항, 중국민법 제337조, 만주국민법 제483조가 참조되었다.[8]) 비교법적 고찰은 민법의 해석론에 커다란 영향을 미치고 있는 독일, 오스트리아, 스위스의 논의로 한정하고, 역사적 고찰은 로마법과 보통법학의 양상으로 한정한다. 특히 보통법학의 양상은 근세법전의 입법과정에 상당한 영향을 주었는바, 프로이센 일반란트법, 작센민

---

3) 조경임, “임대차에서의 공제에 관하여”, 법조 통권 제698호, 2014, 89-90. 동소에 의하면 소급효가 없는 공제의 경우에는 민법 제495조를 유추 적용할 여지가 없다고 한다.

4) 대법원 2016. 11. 25. 선고 2016다211309 판결; 대법원 2019. 3. 14. 선고 2018다255648판결; 편집대표 곽윤직, 민법주해[XI](박영사, 1995), 404(윤용섭); 편집대표 김용담, 주석민법 채권총칙(4), 제4판(한국사법행정학회, 2013), 613(조용구).

5) 편집대표 곽윤직, 민법주해[XI](박영사, 1995), 404(윤용섭); 편집대표 김용담, 주석민법 채권총칙(4), 제4판(한국사법행정학회, 2013), 613(조용구); 권영준(주 2), 507.

6) 고상룡, 민법총칙, 제3판, 법문사, 2004, 666.

7) 김상용, 채권총론, 제2판, 화산미디어, 2014, 495-496에 의하면 민법 제495조는 소멸시효의 효과에 관한 절대적 소멸설에 의하면 의미 있는 규정이지만 상대적 소멸설에 의하면 원용권자의 원용이 없으면 채무가 유효하게 존속하므로 민법 제495조는 적용될 여지가 없다고 한다.

8) 민의원 법제사법위원회, 민법안심의록 상권, 1957, 291 하단.

법, 바이에른초안, 헤센초안, 드레스덴초안의 논의를 분석하기로 한다. 근대법전의 입법과정에 대한 분석을 통하여 주요 쟁점에 대한 학설의 변천 및 추이를 알 수 있다. 역사적·비교법적 고찰의 결과를 토대로 상계권행사주의 및 상계소급효의 의미, 민법 제495조의 성격, 시효완성의 효력, 항변권의 영구성, 민법 제495조의 유추적용의 문제를 살펴보고자 한다.

Ⅱ. 역사적 고찰

1. 로마법상 논의

(1) 상계제도의 전개 양상

로마법은 소권법 체계여서 상계제도의 전개양상에서도 소송형태가 중요한 의미를 가진다.[9)] 상계제도는 처음에 은행업자의 소송(argentarius)[10)]과 파산재단매득자의 소송(bonorum emptor)[11)] 에서 인정되다가 성의소송(iudicia bonae fidei)[12)]에서 제한적으로 허용되다가 결국 엄격소송(actiones stricti iuris)[13)]에서도 허용되기에 이르렀다.[14)] 다만 상계제도는 위의 4가지 소권에서 개별적으로 다루어져서 통일성이 확보되지 못하였다.[15)] 유스티니아누스시대에서 비로소 상계제도의 일반성이 점차 도출되기에 이르렀다. 특히 성의소송과 엄격소송의 차이가 소멸하게 되었고, 과잉청구로 인한 청구기각의 제재는 사라지게 되면서 당연상계주의에 입각하여 청구의 일부 인

---

9) HK-BGB/Zimmermann, Band Ⅱ/2, 2007, §§387-396, Rn. 5.

10) 은행업자의 소송에서는 동일한 법률관계가 요구되지 않으나 동종의 채권 상호간에만 인정되며, 은행업자는 반대채권을 상계한 금액만 청구할 수 있으며, 은행업자가 반대채권을 고려하지 않고 청구하는 경우 과잉청구로 보아 청구가 전부 기각된다(pluris petitio)(Kaser, Das Römische Privatrecht, Band 1, 2. Aufl. 1971, 645; Jörs/Kunkel/Wenger, Römisches Recht, 3. Aufl. 1978, 201; 최병조, "로마법상의 상계", 서울대학교 법학, 제43권 제1호, 2002, 227-228). 은행업자의 소송에서는 피고의 항변이 요구되지 않아 당연상계주의가 제대로 관철되었다고 평가된다(Honsell/Kunkel/Wenger, Römisches Recht, 4. Aufl. 1987, 274).

11) 파산재단매득자는 공제부로 소구하도록 명해졌다(Jörs/Kunkel/Wenger(주 10), 202, Fn. 5; 최병조(주 10), 230).

12) 성의소송에서 동일한 법률관계(ex eadem causa)에서 발생한 채권 상호간에 상계가 인정되었는데, 채권이 동종일 필요는 없으며, 다만 반대채권액이 판사의 재량으로 정해지는데, 반대채권액의 산정이 어려운 경우에는 상계가 인정되지 않으므로 채무자는 소송을 제기할 수 있다(Kaser(주 10), 644f.; Jörs/Kunkel/Wenger(주 10), 202). 성의소송에는 매매소송, 임약소송, 사무관리소송, 위임소송, 임치소송, 신탁소송, 조합소송, 후견소송, 처재산소송이 속한다(최병조(주 10), 220).

13) 엄격소송에서는 악의의 항변(exceptio doli)을 통하여 상계의 효과가 승인되는 것으로 파악되었는데, 이는 마르쿠스 아우렐리우스의 질의회신(Reskript des Mark Aurel)에 근거한다(Kaser(주 10), 646; Jörs/Kunkel/Wenger(주 10), 203; Honsell/Kunkel/Wenger(주 10), 275; 최병조(주 10), 225). 엄격소송에서는 피고의 항변이 요구되었다.

14) Feder, "Die rechtliche Natur der Aufrechnung außerhalb des Rechtsstreits", ZHR 54, 1904, 440.

15) Honsell/Kunkel/Wenger(주 10), 273; Jörs/Kunkel/Wenger(주 10), 201.

용으로 정리되었다.[16] 로마법은 상계를 실체법상 채권소멸원인이 아니라 소송법적 관점에서 이해한다.[17] 'ipso jure'의 의미에 대하여는 학설상 상당한 논란이 있었다.[18] 초기의 양상은 상계권자의 권리행사로 인식되지 않았기에 'ipso jure'의 의미를 당연상계주의로 해석하는 견해가 다수였다.[19] 그렇다고 하여 상계적상만으로 채무자의 원용없이 곧바로 상계의 효력이 발휘되는 것은 아니다.[20] 상계는 상계계약이나 법원의 판결로 완결된다고 이해되었고, 일방 당사자의 상계의 의사표시는 타방 당사자의 동의가 없는 한 그 효력이 인정되지 않았다.[21] 상계적상시 이후에 지연이자가 발생하지 않는다는 개소[22]와 상계가능성 있음에도 변제한 경우에 비채변제로 반환청구할 수 있다는 개소[23]에 의하여 상계의 소급효가 긍정된다.

(2) 시효 완성의 효력

시민법상의 소권(actio civilis)은 처음에는 소멸시효에 걸리지 않고, 안찰관소권(actio aedilis curulis)은 단기소멸시효에 걸렸다.[24] 424년에 비로소 호노리우스 및 테오도시우스 2세 황제가 소권의 시효소멸을 정하면서 시민법상의 소권(actiones perpetuae)이 30년의 장기소멸시효로 변경

---

16) Honsell/Kunkel/Wenger(주 10), 275f.

17) 최병조(주 10), 216; Störi-Schütz, Die Kompensation, 1978, 2; Kaser(주 10), 644; Jörs/Kunkel/Wenger(주 10), 201; HK-BGB/Zimmermann(주 9), Rn. 5. 법학제요에서도 상계가 채권소멸의 장이 아니라 성의소송의 장에서 다루어졌으며(Honsell/Kunkel/Wenger(주 10), 273), 상계가 받아들여진 경우에도 채권이 소멸하는 것이 아니라 기판력의 항변(exceptio rei iudicatae vel in iudicium deductae)이 발생할 뿐이었다(Berner Kommentar/Zellweger-Gutknecht, 2012, Vorbemerkungen zu Art. 120-126, N 63).

18) Dernburg, Geschichte und Theorie der Kompensation, 2. Aufl. 1868, 281ff.

19) Fuhr, "Zur Lehre von der Compensation", Archiv für practische Rechtswissenschaft 1, 1853, 122; 최병조(주 10), 233. 당연상계주의는 프랑스민법 제1290조와 프로이센 일반란트법 제1장 제16절 제301조에 영향을 미쳤다(Faistenberger, "Selbsttätige Aufrechnung oder Erfordernis einer Aufrechnungserklärung", Gedenkschrift für Franz Gschnitzer, 1969, 130). 아울러 은행업자, 파산재단매득자, 성의소송에서는 상계의 원용이 요구되지 않았으나, 엄격소송에서는 피고의 악의항변이 요구되면서 초기의 양상은 소권별로 차이가 있었다(Honsell/Kunkel/Wenger(주 10), 273ff.).

20) Brinz, Die Lehre von der Compensation, 1849, 133f.; Fuhr(주 19), 123; Bucher, "Rechtsvergleichende und kollisionsrechtliche Bemerkungen zur Verrechnung", Kollision und Vereinheitlichung, 1990, 706; 최병조(주 10), 244. Zimmermann(주 9), Rn. 9에 의하면 소송에서 채무자의 원용이 필요하다는 견해가 다수설이라고 한다.

21) Dernburg(주 18), 529f.; Windscheid/Kipp, Lehrbuch des Pandektenrechts, Band 2, 9. Aufl. 1906, 470f, N 15.

22) D.16.2.11(Cum alter alteri pecuniam sine usuris, alter usurariam debet, constitutum est a divo Severo concurrentis apud utrumque usuras non esse praestandas=갑은 을에게 무이자로, 을은 갑에게 이자부로 금전채무가 있는 경우에 대하여 신황 세베루스에 의하여 양자에 합치하는 금액의 이자는 지급되어서는 아니된다. 개소에 대한 인용과 번역은 최병조(주 10), 257에 따랐다).

23) D.16.2.10.1.(Si quis igitur [compensare]<deducere Lenel> potens solverit, condicere poterit quasi indebito soluto=그러므로 [상계]<공제>를 할 수 있는데 변제한 경우 비채를 변제한 것처럼 부당이득반환청구할 수 있을 것이다. 개소에 대한 인용과 번역은 최병조(주 10), 255에 따랐다).

24) 최병조, 로마법강의, 박영사, 1999, 404. '해제소권(actio redhibitoria)'의 행사기간은 6월이며, '대금감액소권(actio quanti minoris)'의 행사기간은 1년이다.

되었고,[25] 단기소멸시효(actiones temporales)는 그대로 유지되었고, 유스티니아누스법은 이러한 태도를 수용하였다.[26] 소멸시효의 대상은 권리가 아니라 소권이므로 시효완성의 효력은 소권의 소멸이다.[27] 시효완성의 효력은 채무자의 항변에 의하여 비로소 발생한다.[28]

(3) 항변권의 영구성

항변권은 영구적으로 존속한다는 법원칙[29]은 로마법 개소(D.44.4.5.6.)에 근거한다. 사기소권(Actio de dolo)이 행사기간 내에 행사되지 않아 소멸하였다고 할지라도, 항변권(exceptio doli)이 그 기간 내에 행사될 필요는 없다.[30] 왜냐하면 피고는 원고가 제기하는 소송에 대응하여 항변할 수 있어야 하므로 항변권이 영구적으로 존속할 필요가 있기 때문이다.

(4) 시효완성된 채권을 자동채권으로 한 상계

시효완성된 채권을 자동채권으로 한 상계의 허용 여부를 다루는 개소는 존재하지 않는다. 항변권이 부착된 채권을 자동채권으로 한 상계가 허용되지 않는다는 개소(D.16.2.14)와 자연채무도 상계의 대상이 될 수 있다는 개소(D.16.2.6)가 존재하나, 양자의 관계가 명확하게 논의되지 않았다.[31]

2. 보통법학의 양상

(1) 상계제도의 전개 양상

1) 서 설

당연상계주의와 상계권행사주의에 관한 논쟁은 주석학파로 소급한다. 당연상계주의의 대표적 학자인 마티누스(Martinus)는 상계적상만으로 대등액에서 채권이 소멸한다고 주장하고, 상계권행사주의의 대표적 학자인 아조(Azo)는 상계의 효력이 발생하기 위하여는 당사자의 행위가 요구된다고 한다.[32] 근대입법전의 선택에서도 당시의 통설이 반영되었다.[33]

---

25) Kaser, Das römische Privatrecht, Band 2, 2. Aufl. 1975, 72.
26) 최병조(주 24), 404-405.
27) 최병조(주 24), 404.
28) Koch, Das Recht der Forderungen, Band 2, 2. Aufl. 1859, 776; Hölder, Pandekten, 1891, 347. 다만 Schweppe, Das römische Privatrecht in seiner heutigen Anwendung, Band 1, 4. Aufl. 1828, 377에 의하면 '단기소권(actio temporaria)'은 기간의 경과로 곧바로 소멸하나, '장기소권(actio perpetua)'은 항변권의 원용을 통하여 소멸한다고 한다.
29) "quae ad agendum sunt temporalia ad excipiendum sunt perpetua". Savigny, System des heutigen römischen rechts, Band 5, 1841, 413f.에 의하면 로마법상 소멸시효는 소권의 소멸을 의미하고 자연채무로 존속하므로 항변권의 영구성이 인정된다고 해석한다.
30) D.44.4.5.6(=Watson, The Digest of Justinian, Vol. 4, 1998, 150).
31) 양자의 관계에 대하여 사비니는 D.16.2.6를 우선하고(Savigny(주 29), §251, 404), 운터홀처는 D.16.2.14를 우선한다(Unterholzner/Schirmer, Verjährungslehre, Band 2, 2. Aufl. 1858, 299f.).
32) Dernburg(주 18), 283ff.; Hausmaninger/Selb, Römisches Privatrecht, 8. Aufl. 1997, 402.
33) Dernburg(주 18), 288.

2) 19세기 초의 양상

19세기가 시작할 때까지 상계를 '법률사건(Rechtsereignis)'으로 이해하고,[34] 상계에 관한 당연상계주의가 통설적 지위를 점하였다.[35] 이러한 이유로 1794년 제정된 프로이센 일반란트법은 당연상계주의를 선언하였고(제1장 제16절 제301조),[36] 초기의 양상은 당연상계주의가 우세하였다.[37] 시효 완성 전에 상계가 가능하였다면 이후에 자동채권이 시효로 소멸하더라도 상계가 가능하다고 규정한다(제1장 제16절 제377조). 시효완성의 효력에 관하여 강한 효력설이 당시 통설적 지위를 점하였으나, 당연상계주의에 의하여 상계적상시를 기준으로 볼 때 존속하는 것으로 취급되므로 시효완성된 채권을 자동채권으로 한 상계가 허용된다.[38]

3) 19세기 중반 이후의 양상

19세기 중반에 이르면서 당연상계주의가 극복되고 상계의 행사 여부에 대한 권리성이 강조되기에 이르렀다.[39] 이는 프로이센 일반란트법을 적용한 판례에서도 확인되며,[40] 이러한 견해가 통설적 지위를 점하게 되었다.[41] 'ipso jure'를 상계적상시로의 소급을 설명하는 의미로 이해한다.[42] 결국 19세기 중반에 이루어진 개별 주의 입법과정에서도 이러한 입장이 관철되었다.[43] 19

34) Feder(주 14), 438.

35) 로마법상 당연상계주의가 프로이센 일반란트법, 프랑스민법, 오스트리아민법에 영향을 주었다(Fuhr(주 19), S. 138; Feder(주 14), 439).

36) Motive zu dem von der Deputation vorgelegten Entwurf der Tit. 14 u. 16 des ersten Theils des Allgemeinen Landrechts, 1832, 132("von selbst"), 137("vermöge des Gesetzes ohne weitere Erklärung"); Bielitz, Praktischer Kommentar, Band 3, 1825, 644f. Dernburg(주 18), 289에 의하면 프로이센 일반란트법 제1장 제16절 제301조는 당연상계주의의 대표적 주창자인 마티누스(Martinus)의 영향이라고 한다.

37) Klein, System des Preußischen Civilrechts, Band 1, 2. Aufl. 1835, 440.

38) Bekker, "Die Wirkung der Klagenverjährung", Jahrbuch des gemeinen deutschen Rechts 4, 1860, 439.

39) Preußisches Ober-Tribunal Plenarbeschluß(1839. 4. 8.), Entscheidungen des Königlichen Geheimen Ober-Tribunals Band 4, 207; Oberappellationsgericht Wolfenbüttel(1849. 5. 25.), Seuffert Archiv 7, 196(Nr. 165); Reskript des Justizministers(1840. 8. 3.), Just. Min. Blatt, Band 2, 1840, 290(제308조의 문언(Abrechnung)을 강조하면서 상계권행사주의를 견지한다); Hasse, "Ueber die Compensation und ihre Liquidität", AcP 7, 1824, 200f.; Savigny(주 29), 403; Thibaut, System des Pandekten-Rechts, Band 1, 9. Aufl. 1846, 504; Zaun, Annalen der Justiz u. Verwaltung in Kurhessen, Band 4, 1857, 516; Koch(주 28), 691; Eisele, Die Compensation nach römischem und gemeinem Recht, 1876, 211ff.; Puchta, Pandekten, 12. Aufl. 1877, 445; Dernburg(주 18), 281ff.; Windscheid/Kipp(주 21), 463ff.

40) Preußisches Ober-Tribunal(1845. 8. 2.), Entscheidungen des Königlichen Geheimen Ober-Tribunals Band 12, 241에 의하면 상계의 행사는 의무가 아니라고 한다.

41) RGZ 11, 114, 119f.(1883. 10. 11.); Bornemann, Systematische Darstellung des Preußischen Civilrechts, Band 3, 2. Aufl. 1843, 379; Evelt, Das preußische Civilrecht, 2. Aufl. 1860, 244; Förster, Preußisches Privatrecht, Band 1, 7. Aufl, 1896, 594; Feder(주 14), 450. Zimmermann(주 9), Rn. 12에 의하면 법률관계의 성립, 변경, 소멸에 관한 당사자의 의사의 지배(Willensherrschaft)가 상계편에서도 작동한 것으로 평가한다.

42) Bethmann-hollweg, "Beytrag zur Lehre von der Compensation", Rheinisches Museum fur Jurisprudenz 1, 1827, 271; Brinz(주 20), 155; Puchta, Vorlesungen über das heutige römische Recht, Band 2, 4. Aufl, 1855, §290, S. 151; Unterholzner, Schuldverhältnissen, Band 1, 1840, 552f.

43) 1842년 헤센주 민법 초안 제318조 제2항; 1861년 바이에른주 민법 초안 제182조; 1863년 작센주 민법 제992

세기 중반부터 판례에 의하여 소송외 상계의 가능성이 인정되었고,[44] 학설에서는 20세기 중반을 지나면서 비로소 소송외 상계의 의사표시로 충분하다는 견해가 통설적 지위를 얻게 되었다.[45]

4) 상계의 소급효

당연상계주의가 극복된 상황에서 판례와 통설은 상계권의 행사를 조건으로 하여 상계의 효력이 상계적상시로 소급한다고 해석한다.[46]

(2) 시효완성의 효력

시효완성의 효력에 관하여 학설이 대립한다. 강한 효력설은 시효제도의 취지를 온전하게 관철하게 위하여 시효 완성의 항변으로 소권뿐만 아니라 권리 자체의 소멸을 주장한다.[47] 이에 반하여 약한 효력설은 시효제도의 취지는 소권의 소멸로 충분하다고 보아 권리는 자연채무로 잔존한다고 한다.[48]

조; 1866년 드레스덴 초안 제372조.

44) Oberappellationsgericht Wolfenbüttel(1849. 5. 25.), Seuffert Archiv 7, 196(Nr. 165); Seuffert Archiv 17, 40(Nr. 25); Oberappellationsgericht Dresden(1863. 10. 29.), Seuffert Archiv 17, 368(Nr. 234); Oberappellationsgericht Rostock(1863. 7. 18.), Seuffert Archiv 19, 233(Nr. 144); Oberappellationsgericht Rübeck(1867. 4. 13.), Seuffert Archiv 22, 196(Nr. 128); Obertribunal Stuttgart(1869. 2. 3.), Seuffert Archiv 23, 193(Nr. 122); Oberappellationsgericht München(1873. 7. 3.), Seuffert Archiv 28, 356(Nr. 215); Obertribunal Berlin(1874. 10. 10.), Seuffert Archiv 30, 200(Nr. 134); Obersten LG Nayern(1881. 5. 30.), Seuffert Archiv 37, 154(Nr. 104); Oberappellationsgericht Rübeck(1882. 11. 11.), Seuffert Archiv 38, 283(Nr. 222); RGZ 7, 243, 245(1882. 5. 19.); RGZ 11, 114, 119(1883. 10. 11.).

45) Ohnsorge, "Zur Lehre von der Aufrechnung", Jherings Jabrbücher 20, 1882, 291; Feder(주 14), 467. 초기에는 소송외 상계의 가능성이 간략하게 언급되었을 뿐이다.

46) Preußisches Ober-Tribunal(1839. 4. 8.), Entscheidungen des Königlichen Geheimen Ober-Tribunals Band 4, 208; Restript(1840. 8. 3.)(Justiz Ministerial Blatt, Band Ⅱ, 1840, 290f.); Dernburg(주 18), 1868, 584; Förster(주 41), 603; Koch(주 28), 737; Podlasly, "Kompensation beim Forderungenlegat", Gruchot 4, 1860, 382.

47) Kori, Die Theorie der Verjährung, 1811, 88ff.; Sommer, "Ueber die Verjährbarkeit der Einreden", re-chtswissenschaftliche Abhandlungen Ⅰ, 1818, 7; Löhr, "Einiges zur Lehre von der Verjährung der Klagen", AcP 10, 1827, 72; Heimbach, "Ueber die Wirkung der Verjährung der Klagen", Zeitschrift für Civilrecht und Prozeß 1, 1828, 456f.; Vermehren, "Geht durch erlöschende Verjährung wirklich nur die Klage, oder auch das derselben zum Grunde liegende Recht unter?", Zeitschrift für Civilrecht und Prozeß 2, 1829, 337, 350f.; Wening-Ingenheim, Lehrbuch des gemeinen Civilrechtes, Band 1, 4. Aufl. 1831, 112; Seuffert, "Von der Verjährbarkeit der Einreden", Gesammelte rechtswissenschaftliche Abhandlungen, 1837, 90; Kierulff, Theorie des Gemeinen Civilrechts, Band 1, 1839, 212; Windscheid, Die Actio des römischen Civilrechts, 1856, 38f.; Bekker(주 38), 434ff.; Sintenis, Das practische gemeine Civilrecht, Band 1, 2. Aufl. 1860, S. 295, N 57; Vangerow, Lehrbuch der Pandekten, Band 1, 7. Aufl. 1876, 233ff.; Wächter, Pandekten, Band 1, 1880, 552; Regelsberger, Pandekten, Band 1, 1893, 666f.; Förster(주 41), 327; Windscheid/Kipp, Lehrbuch des Pandektenrechts, Band 1, 9. Aufl. 1906, 573; Oberappellationsgericht Dresden(1855. 1.), Seuffert Archiv 9, S. 331(Nr. 253); RGZ 2, 158(1880. 6. 11.). 헤센초안 소멸시효 및 취득시효에 관한 절 제27조는 소권의 소멸로 근거되는 권리도 소멸하는 것으로 간주된다고 규정한다(Entwurf eines bürgerlichen Gesetzbuchs für das Großherzogthum Hessen, nebst Motiven, Band 2/2, 1845, 184).

48) Thibaut, Ueber Besitz und Verjährung, 1802, 118f.; Dabelow, Ueber die Verjährung, Band 2, 1807,

(3) 항변권의 영구성

학설은 대체로 항변권이 시효의 대상이 되는가에 대하여 항변권의 성격에 따라 구분한다.[49] 먼저 상대방의 소송에 대응하기 위하여 인정되는 독립적 항변권[50]에 대하여 통설은 시효의 대상이 되지 않는다고 한다.[51] 왜냐하면 상대방이 소송을 제기한 경우에 비로소 항변권이 제기될 수 있는 것이므로 상대방의 소송과 관계없이 독자적으로 시효에 걸려 소멸하는 것은 부당하기 때문이다. 동일한 내용의 구제수단이 소권으로 인정되는 종속적 항변권의 경우[52]에는 견해가 대립한다.[53] 당해 소권이 소멸시효로 소멸하면 항변권도 소멸한다는 견해[54]와 항변권은 그대로 존속한다는 견해[55]로 나뉜다. 프로이센 일반란트법 제1장 제5절 제343조 내지 제345조의 하자담보책임이 문제되는 사안에서 프로이센 최고법원은 소멸시효의 효과는 매수인이 소를 제기하는 경우에만 미치고, 매수인이 대금감액청구권에 기한 항변의 경우에는 미치지 않는다고 판시하였다.[56]

203ff.; Francke, Civilistische Abhandlungen, 1826, 73; Gunet, "Ueber die Wirkung der Klagenverjährung auf das, der Klage zu Grunde liegende Recht", AcP 11, 1828, 77f.; Mühlenbruch, Ausführliche Erläuterung der Pandecten nach Hellfeld, Band 35, 1832, 462; Savigny(주 29), 366ff.; Mackeldey, Lehrbuch des heutigen römischen Rechts, Band 1, 12. Aufl. 1842, 278; Demelius, Untersuchungen aus dem römischen Civilrechte, 1856, 64ff.; Unterholzner/Schirmer(주 31), 293ff.; Holzschuher, Theorie und Casuistik des gemeinen Civilrechts, Band 3, 1864, 423; Hölder(주 28), 346f.; Dernburg, Pandekten, Band 1, 7. Aufl. 1902, 350.

49) Sommer(주 47), 23; Wächter(주 47), 555; Wildhagen, "Uber die Verjährbarkeit der Einreden im heutigen römischen Rechts", Jherings Jahrbücher 21, 1883, 1f.

50) 가령 부제소특약의 항변(exceptio parti de non petendo), 기판력의 항변(exceptio rei iuducatae)이 그러하다고 한다(Wildhagen(주 49), 1).

51) Weber, Beiträge zu der Lehre von gerichtlichen Klagen und Einreden, Band 1, 3. Aufl. 1803, 7; Zaun(주 39), 513; Unterholzner/Schirmer(주 31), 22; Wächter(주 47), 555; Windscheid/Kipp(주 47), 576f.

52) Wildhagen(주 49), 2에 의하면 매수인소권(actio emti)과 동시이행항변(exceptio non adimpleti contratus); 악의소권(actio de dolo)과 악의항변(exceptio doli); 대금반환소권(condictio ex mutuo)과 상계항변(Compensationseinrede)이 그러하다고 한다.

53) 대체로 시효완성의 강한 효력설은 소멸시효의 완성으로 권리 자체가 소멸하므로 항변권 자체도 소멸한다는 견해를 취하고 시효완성의 약한 효력설은 소멸시효의 완성으로 자연채무가 존속하므로 이에 기초하여 항변권은 그대로 존속한다는 견해를 취한다.

54) OTR Berlin(1877. 5. 3.), Seuffert Archiv 33, 385(Nr. 279)(하자담보책임의 권리행사기간이 도과한 사건); Sommer(주 47), 23; Heimbach(주 47), 461; Wening-Ingenheim(주 42), 120; Seuffert(주 47), 90; Zaun(주 39), 515; Unterholzner/Schirmer(주 31), 25f; Sintenis(주 47), 314f.; Keller/Lewis, Pandekten, Band 1, 2. Aufl. 1866, 215; Wächter(주 47), 555; Regelsberger(주 47), 668f.

55) Thibaut(주 48), 151; Weber(주 51), 9f.; Savigny(주 29), 424; Puchta(주 39), 146. 특히 시효완성의 약한 효력을 주장하는 견해에 의하면 자연채무에 근거한 항변이 가능하다고 한다.

56) OTR Berlin(1835. 2. 2.), OTRE Band 1, 120; OTR Berlin(1836. 5. 2.), OTRE 1, 131; OTR Berlin(1848. 1. 28.), Rechtsfälle 3, 323. 다만 OTR Berlin(1877. 5. 3.), Seuffert Archiv 33, 385(Nr. 279)에 의하면 하자담보책임의 권리행사기간이 도과한 사건에서 소권이 소멸하면 항변권도 소멸된다고 한다.

(4) 시효완성된 자동채권과 상계

시효완성된 채권을 자동채권으로 한 상계가 허용되는지에 관한 논의는 시효완성의 효력과 밀접한 관련을 맺고 있다. 초기의 양상은 당연상계주의와 소급효에 의하여 상계를 긍정하는 견해가 다수였으나, 후기의 양상은 상계권행사주의와 시효완성의 효력에 관한 논의와 결부되어 복잡하게 전개되었다. 19세기 중반에서는 시효완성의 효력에 관하여 약한 효력설이 통설적 지위를 점하게 되고 상계권을 행사하는 시점에 자연채무로 존속하므로 다수설은 시효완성 전에 상계적상이 인정되는 경우 시효 완성 후의 상계를 허용한다.[57] 이에 반하여 소수설은 채무자보호를 위한 시효제도의 취지를 온전하게 관철하기 위해서는 상계도 허용될 수 없다고 한다.[58] 상계의 의사표시가 이루어질 때에 반대채권이 존재하여야 하나, 시효완성의 강한 효력에 의하여 반대채권이 소멸하였으므로 상계는 부적법하다고 한다.[59] 다수의 판례는 상계를 긍정하나,[60] 이를 부정하는 판례도 존재한다.[61]

3. 소 결

로마법에서 소송상 상계로 파악되다가, 근세에 들어서면서 소송상 상계로부터 탈피하기에 이르렀다.[62] 특히 19세기 말에 접어들면서 소송외 상계의 의사표시로 충분하다는 견해가 통설로 자리잡게 되었다. 로마법에서는 당연상계주의가 관철되었으나, 상계의 권리성이 점차 인식되면서 상계권행사주의가 통설로 자리잡게 되었다. 상계권자의 권리행사에 대한 의미가 점차 강조되기에 이른 것이다. 시효완성의 효력에 관하여 학설의 대립은 상당히 첨예하였으나, 강한 효력설에서 약한 효력설로의 추이가 두드러진다. 특히 강한 효력설에 입각하여 법조문이 규정된 경우

57) Weber, Systematische Entwicklung der Lehre von der natürlichen Verbindlichkeit und deren ger-ichtlichen Wirkung, 5. Aufl. 1825, 355; Savigny(주 29), 404; Glück, Ausführliche Erläuterung der Pandecten nach Hellfeld, Band 15/1, 2. Aufl. 1843, 65; Zaun(주 39), 521; Koch(주 28), 712; Holzschuher(주 48), 423; Förster(주 41), 605. Kruz, Die Lehre von der Compensation, 1833, 231f.에 의하면 당연상계주의에 의하여 상계적상시에 소급하여 상계의 효력이 발생하는 이상 그 후의 시효완성은 상계의 효력이 영향을 주지 않는다고 한다.

58) Heimbach(주 47), 461; Brinkmann, Wissenschaftlich praktische Rechtskunde, Band 1, 1831, 144ff; Keller/Lewis(주 54), 215; Arndts, Lehrbuch der Pandekten, 11. Aufl. 1883, §277, Anm. 1(S. 544). Unterholzner/Schirmer(주 31), 299f.에 의하면 시효완성의 약한 효력설을 주장하면서도 시효제도의 취지에 비추어 상계는 허용될 수 없으며, D.16.2.14 개소가 D.16.2.16 개소에 우선한다고 한다.

59) Siebenhaar, "Zwei Fragen aus der Lehre der Compensation", Zeitschrift für Rechtspflege und Verwaltung, n. F. Band 29, 1867, 98ff.

60) Berlin Cassation- und Revisionshof(1848. 9. 29.), Seuffert Archiv 2, 205(Nr. 163); OAG Cassel(1860. 2. 13.), Seuffert Archiv 14, 26(Nr. 19); OAG Wolfenbüttel(1861. 12. 23.), Seuffert Archiv 15, 190(Nr. 118); OAG Dresden(1859. 1. 26.), Annalen Band 1, 20(Nr. 2). 다만 Berlin Cassation- und Revisionshof(1848. 9. 29.), Seuffert Archiv 2, 205(Nr. 163)에 의하면 당연상계주의에 입각하여 상계를 긍정한다.

61) Oberappellationsgericht Dresden(1855. 1.), Seuffert Archiv 9, 331(Nr. 253).

62) Dullinger, Handbuch der Aufrechnung, 1995, 98.

에도 법원의 판례에 의하여 약한 효력설이 지지되기도 하였다. 이러한 양상은 항변권의 영구성에 관한 논의에도 일정한 영향을 주게 되었다. 즉 약한 효력설에 의하면 시효완성에도 불구하고 자연채무는 잔존하여 자동채권이 될 수 있으므로 자동채권의 시효완성에도 불구하고 상계항변이 존속할 수 있다. 그리하여 약한 효력설은 종속적 항변권의 영구성을 지지한다. 항변권의 영구성에 관한 논의는 독립적 항변권과 종속적 항변권으로 구분되어 전개된다. 특히 종속적 항변권의 영구성이 문제되는데, 이는 소멸시효제도를 통하여 채무자를 어디까지 보호할 것이냐에 대한 판단과 밀접한 관련이 있다.

Ⅲ. 비교법적 고찰

1. 독 일

(1) 당연상계주의의 극복

민법의 제정과정에서 일관되게 당연상계주의가 거부되고 상계의 의사표시가 요구되었고, 소송외 의사표시로도 충분하였다.63) 이는 당시의 입법례와 확고한 판례를 따른 것이다.64) 부분초안 제2조 제1항 제2문은 상계의 의사표시는 소송상 또는 소송외로 행해질 수 있다고 명확하게 규정하였으나, 제1위원회는 상계는 법원에 대하여가 아니라 상대방에 대한 의사표시로 행해질 수 있다고 규정하는 것으로 충분하다고 결정하였다.65) 이러한 점은 민법이유서에서도 명확하게 지적되었고,66) 이후의 논의에서는 더 이상 다투어지지 않았다.67)

(2) 시효완성의 효력

총칙편 예비초안 제194조는 소멸시효의 완성이 청구권을 완전하게 소멸시킨다고 규정한

63) HK-BGB/Zimmermann(주 9), Rn. 22. 부분초안 제2조 제1항에서부터 민법 제388조 제1문에 이르기까지 일관되게 상계의 의사표시가 요구되었다.

64) v. Kübel, Vorentwürfe, Schuldrecht Ⅰ, 1980, 1081. 참조된 입법례는 1853년 헤센초안 제318조 제2항(채무자가 상계를 신청한 경우에만 상계의 효력이 발생한다), 1861년 바이에른초안 제182조(상계는 채무자의 채권자에 대한 의사표시를 통하여 효력이 발생한다), 1863년 작센민법 제992조 제1문(일방 채권자가 타방 당사자에게 소송상 또는 소송외로 상계하는 의사를 표시한 경우에 상계의 효력이 발생한다), 1866년 드레스덴초안 제372조 제2문(이러한 효력은 채무자가 채권자에 대하여 상계권을 행사한다는 의사를 표시한 경우에만 발생한다), 1881년 스위스채무법 제138조 제1문(상계의 효력은 채무자가 자신의 채권을 상계에 사용하고자 한다는 의사를 채권자에게 표시한 경우에만 발생한다), 1853/1855년 취리히 사법 제1052조(그것은 자신의 채권을 상계에 사용할지 아니면 반대채권을 다른 방식으로 사용할 것인지에 대한 채무자의 의사에 달려 있다)이다.

65) Jakobs/Schubert, Die Beratung, Recht der Schuldverhältnisse Ⅰ, 1978, 699f.

66) Motive, Band 2, 106=Mugdan, Band 2, 58.

67) Lippmann, “Rückwirkung und Rechtsgeschäft der Aufrechungserklärung”, Jherings Jahrbücher 43, 1901, 468ff.

다.[68] 총칙편 예비초안에서는 권리의 소멸이라는 강한 효력이 부여되었고,[69] 청구권의 시효로 인하여 그에 기한 항변권도 소멸하며, 상계항변도 부정되었다.[70] 제1초안과 제2초안에서는 권리의 행사가 영구적으로 배제되는 강한 효력이 인정되었다.[71] 특히 제1초안에 대한 이유서에 의하면 시효완성의 강한 효력에 기하여 상계가 부정되었다.[72] 이에 반하여 제정 민법 제222조(현행 민법 제214조)에서는 급부거절권이라는 약한 효력이 부여되었다.[73] 소멸시효의 목적은 청구권을 직접적으로 소멸시킬 것을 요구하지 않고 채무자에게 항변권이라는 보호수단을 부여하는 것으로 충분하다고 한다.[74]

(3) 상계의 효력

부분초안 제2조 제2항은 상계의 소급효를 규정하고 있는데, 이는 당시의 통설과 입법례와 일치한다.[75] 제1위원회에서 빈트샤이트는 상계의 소급효는 부자연스러운 법적 의제에 불과하다고 하면서 상계의 장래효를 규정할 것을 제안하였다.[76] 제1위원회는 상계의 장래효는 상계제도의 실제적 가치를 감소시킬 것이라는 이유로 빈트샤이트의 제안을 거부하였다.[77] 제2위원회에서는 플랑크의 제안에 따라 상계의 장래효가 다시 논의되었으나, 제2위원회는 공평의 관점에서 위 제안을 거부하였다.[78] 민법 제389조[79]의 문언에 비추어 해석론으로 소급효를 부정하기 어렵다. 다만 민법전 시행 초기에는 소급효에 의문을 제기하는 견해가 있었다.[80]

---

68) Jakobs/Schubert, Die Beratung, Die Allgemeiner Teil, 2. Teilband, 1985, 1044.

69) Gebhard, Vorentwürfe, Allgemeiner Teil Ⅱ, 1981, 388. 동소에 의하면 시효완성된 청구권에 대한 법적 효력이 온전하게 부정되어야 비로소 법적 평화가 보장되어 결과적으로 시효제도의 목적이 달성될 수 있다고 한다.

70) Gebhard(주 69), 391f.

71) 제1초안 제182조 제1항과 제2초안 제187조 제1항은 소멸시효의 완성으로 채권의 청구가 영구적으로 배제되는 항변권이 채권자에게 발생한다고 규정하였다가, 제222조는 채무자에게 급부거절권을 인정한다고 규정한다(Mugdan, Band 1, CVⅠ).

72) Motive, Band 1, 343=Mugdan, Band 1, 541. 제1초안이 강한 효력설을 견지한 것은 제1위원회에서 빈트샤이트의 영향력으로 설명될 수 있다고 한다(Klingmüller, “Über Klagenverjährung und deren Wirkung”, Festgabe Dahn, Band Ⅱ, 1905, 61; Staudinger/Riezler, 7/8. Aufl. 1912, §222, Rn. 2).

73) Klingmüller(주 72), 63; Peters/Zimmermann, “Verjährungsfristen”, in: Gutachten und Vorschläge zur Überarbeitung des Schuldrechts, Band 1, 1981, 264; HK-BGB/Hermann, Band Ⅰ, 2003, §§194-225, Rn. 22; Staudinger/Peters/Jacoby, 2014, §214, Rn. 1.

74) Mugdan, Band Ⅰ, 842.

75) 프로이센 일반란트법 제1장 제16절 제301조, 1855년 취리히 사법전 제1054조, 헤센초안 제318조, 바이에른초안 제183조, 작센민법 제992조, 드레스덴초안 제372조, 1881년 스위스채무법 제138조.

76) Jakobs/Schubert(주 65), 699f.

77) Jakobs/Schubert(주 65), 700f.

78) Protokolle, Band Ⅱ, 735ff.=Mugdan, Band Ⅱ, 562f.

79) “상계는 쌍방의 채무가 상계에 적합하게 서로 대립하는 시점에 대등액에서 소멸하는 것으로 하는 효력이 있다”.

80) Lippmann(주 67), 437ff.; Oertmann, “Die rechtliche Natur der Aufrechnung”, AcP 113, 1915, 413f.; Planck, Bürgerlichen Gesetzbuch, Band 2, 1./2. Aufl. 1900, §389, Anm. 2.

(4) 항변권의 영구성

1) 민법 제정과정에서의 논의

부분초안 이유서에 의하면 항변권은 시효의 대상이 아니라는 원칙을 견지하면서도 청구권에 기초한 항변의 경우에는 시효완성으로 청구권이 소멸하므로 항변권도 소멸한다고 한다.[81] 제1초안에 대한 이유서에 의하면 항변권이 시효의 대상이 되느냐에 대하여 독립적 항변권(selbständige Einrede)과 종속적 항변권(unselbständige Einrede)의 구분법이 관철되고 있다.[82] 독립적 항변권은 시효의 대상이 되지 않으나, 종속적 항변권은 법률관계의 명확화를 위하여 청구권이 시효로 소멸한 후 주장될 수 없다고 한다.[83]

2) 민법전 시행 이후의 양상

통설과 판례는 독립적 항변권과 종속적 항변권의 이분법을 그대로 유지하고 있다.[84][85] 따라서 독립적 항변권은 시효의 대상이 아니나, 종속적 항변권은 청구권이 시효로 소멸하는 경우 청구권과 함께 소멸한다.[86] 이에 반하여 소수설은 모든 항변권이 시효에 걸리지 않는다고 한다.[87]

---

81) Gebhard(주 69), 391.

82) Motive 1, 291f.＝Mugdan 1, 512. 동소에 의하면 독립적 항변권의 예로 민법 제1초안 제364조(≒민법 제320조. 동시이행항변권), 제427조 제1항(≒민법 제346조. 해제의 효력), 제664조(≒민법 제762조. 노름·내기에 의한 채무불성립의 항변), 제684조 제1항(≒민법 제821조) 등이 제시되었으며, 악의의 항변권은 독립적 항변권이 아니라고 한다.

83) Motive 1, 291＝Mugdan 1, 512.

84) RGZ 2, 158(1880. 6. 11.)(하자담보책임의 행사기간이 경과한 경우 하자담보책임에 기초한 항변도 소멸한다); Kosack, Lehrbuch des Deutschen bürgerlichen Rechts, Band 1, 4. Aufl. 1903, 264f.; Enneccerus/Nipperdey, Allgemeiner Teil Ⅱ, 15. Aufl. 1960, 1383f.; Soergel/Niedenführ, 13. Aufl. 2002, § 194, Rn. 14; MünchKomm/Grothe, 8. Aufl. 2018, § 194, Rn. 6; Bamberger/Roth/Henrich, 4. Aufl. 2019, § 194, Rn. 18; Palandt/Ellenberger, 78. Aufl. 2019, § 194, Rn. 6; Thomale, "Die Einrede als materielles Gestalungsrecht", AcP 212, 2012, 961. MünkchKomm/Grothe, 8. Aufl. 2018, § 194, Rn. 6에 의하면 독립적 항변권에는 지급유예의 항변, 시효의 항변, 현저한 불균형에 기한 급부거절의 항변(제275조 제2항), 불안의 항변권(제321조 제1항), 한정승인의 항변이 포함된다고 한다. 동시이행의 항변권의 성격(독립적 항변권 여부)에 대하여 견해가 대립한다. 동시이행의 항변권을 독립적 항변권으로 보는 견해에 의하면 항변권의 영구성이 제한없이 인정되나(Enneccerus/Nipperdey(주 84), 1434), 동시이행의 항변권을 종속적 항변권으로 보는 견해에 의하면 민법 제215조의 유추적용을 통하여 항변권의 영구성이 제한적으로 인정된다(BGHZ 53, 122, 125; BGH NJW 2006, 2773, 2775; BGH NJW 2016, 52; RGRK/Ballhaus, 12. Aufl. 1976, § 320, Rn. 9; Staudinger/Otto, 2009, § 320, Rn. 25; Soergel/Gsell, 13. Aufl. 2005, § 320, Rn. 52; Bamberger/Roth/H. Schmidt, 4. Aufl. 2019, § 320, Rn. 24).

85) 종속적 항변권으로 분류되나, 법률의 규정에 근거하여 항변권이 존속하는 경우도 있다. 가령 제821조(법률상 원인 없이 채무를 부담하는 사람은 그 채무에 대한 면책청구권이 시효로 소멸한 때에도 이행을 거절할 수 있다)와 제853조(어떤 사람이 그가 범한 불법행위에 의하여 피해자에 대하여 채권을 취득한 경우에는 채권소멸의 청구권이 시효로 소멸한 때에도, 피해자는 그 이행을 거절할 수 있다)가 그러하다.

86) Langheineken, Anspruch und Einrede, 1903, 179f.; Windscheid/Kipp(주 47), 577; Staudinger/Coing, 11. Aufl. 1957, § 194, Rn. 18; Enneccerus/Nipperdey(주 84), 1434; RGRK/Johannsen, 12. Aufl. 1982, § 194, Rn. 12; Thomale(주 84), 961; Grothe(주 84), § 194, Rn. 6.

87) Crome, System des Deutschen Bürgerlichen Rechts, Band 1, 1900, 505; Dernburg, Das bürgerlichen Recht, Band 1, 3. Aufl. 1906, 604; v. Tuhr, Der Allgemeiner Teil des Deutschen Bürgerlichen Rechts,

민법 제215조는 상계권과 채권적 유치권에 대하여 시효완성에도 불구하고 존속을 긍정하고 있다.[88] 민법 제215조의 규정은 동시이행의항변권의 경우에 유추적용된다.[89] 종속적 항변권에 해당하는 상계항변과 동시이행의 항변에 대하여 학설의 실익은 민법 제215조의 요건을 충족하지 않는 경우에도 항변권이 존속하는지이다.

(5) 소멸시효가 완성된 채권을 자동채권으로 하는 상계

1) 민법 제정과정의 논의

가) 부분초안의 규율

채권편에 대한 예비초안 작성자 퀴벨(v. Kübel)은 당연상계주의를 극복하고 채무자의 상계의 의사표시를 요구하는 입장을 견지하면서[90] 상계의 의사표시가 있는 시점에 상계의 요건인 자동채권의 존재를 요구하였다.[91] 부분초안은 작센민법과 드레스덴 초안을 참고하여 시효완성된 채권을 자동채권으로 한 상계를 부정하였다.[92] 상계의 소급효에 따라 시효완성된 채권을 자동채권으로 하는 상계가 바로 허용되는 것은 아니다.[93] 따라서 자동채권은 상계의 의사표시시까지 소멸되어서는 안된다.[94] 시효완성의 강한 효력설에 따라 청구권의 소멸 및 이에 기초한 항변권의 소멸이 인정된 것이다.[95] 다른 한편으로 반대채권의 채권자는 시효 완성 전에 소제기나 상계항변에 장애를 받지 않았기에 시효완성의 효력에 대한 예외를 인정할 필요가 전혀 없다.[96]

Band 1, 1910, 302f; Planck/Knoke, Band 1, 4. Aufl. 1913, §194, Anm. 1. Riezler(주 72), §194, Rn. 8에 의하면 현상을 유지하려는 시효제도의 취지에 비추어 항변권을 통하여 현상이 유지되어야 하므로 종속적 항변권도 시효에 걸리지 않는다고 한다.

88) 다만 기초가 되는 채권의 소멸시효 완성 전에 상계적상 또는 급부거절권능이 인정되는 요건이 충족되어야 한다. 채권법 대개정전의 경우에 학설과 판례는 채권적 유치권에 대하여 개정전 민법 제390조 제2문의 유추적용을 긍정하였다(BGHZ 48, 116, 117f.; Grothe(주 84), §215, Rn. 4; Thomale(주 84), 961).

89) BGH NJW 2006, 2773, 2775 Rn. 21; Grothe(주 84), §215, Rn. 4; Peters/Jacoby(주 73), §215, Rn. 13.

90) v. Kübel(주 64), 1075-1079.

91) v. Kübel(주 64), 1087.

92) v. Kübel(주 64), 1088. 작센민법 제170조(=초안 제179조)는 시효완성의 강한 효력을 규정하고 제992조(=초안 제1019조)는 상계권행사주의를 규정하고 있는데, 작센민법 이유서에 의하면 초안 제179조와 제1019조를 함께 고려하면 상계의 의사표시의 시점에 상계의 요건을 갖추어야 하는데, 그 시점에 이미 시효완성된 경우에 상계의 효력이 부정된다고 한다(Specielle Motiven, 1861, 626). 드레스덴 초안의 정확한 명칭은 채권관계에 관한 일반독일민법전의 초안(Entwurf eines allgemeinen deutschen Gesetzes über Schuldverhältnisse)이다. 드레스덴 초안 제372조는 채권과 반대채권은 상계적상의 시점에 변제와 같이 대등액에서 소멸하는 한도에서 효력이 발생하며, 이러한 효력은 채무자가 채권자에게 상계권을 행사하려는 의사를 표시한 경우에만 발생한다고 규정하고, 제417조는 시효완성의 강한 효력을 규정하는데, 의사록에 의하면 시효완성의 강한 효력에 따라 상계의 경우에 예외를 둘 필요가 없다고 한다(Protocolle, Band 2, 1864, 1444f.).

93) v. Kübel(주 64), 1088.

94) v. Kübel(주 64), 1088.

95) v. Kübel(주 64), 1088.

96) v. Kübel(주 64), 1088. 예비초안 편집본 총칙 제138조 제2문(§138 S. 2, Allgemeiner Teil, Zusammenstellung)은 청구권이 상계권이나 유치권의 항변에 걸려 있다고 하여 시효가 정지되지 않는다고 규정한다. 'Zusammenstellung'은 예비초안의 편집본에 해당한다.

나) 제1위원회의 논의

시효완성된 채권은 제1초안 제281조 제2항과 제182조 제1항에 따라 상계에 사용될 수 없다.[97] 첫째, 시효완성된 채권은 '소구가능성(rechtliche Erzwingbarkeit)'이라는 상계의 요건을 충족하지 못한다.[98] 둘째, 대립하는 채권이 존재한다고 하여 채권의 시효가 중단되지 않으며(제1초안 제162조 제3항),[99] 상계가능성이 '상계권의 영구성(ein unentziehbares Recht zur Aufrechnung)'을 보장하는 것은 아니다.[100] 셋째, 단기소멸시효가 완성된 후에도 그 채권을 자동채권으로 상계를 허용하는 것은 단기소멸시효를 배제하는 결과를 초래한다.[101] 넷째, 단기소멸시효에 걸리는 채권자가 상대방도 동액이 결제된 것으로 보고 있다고 신뢰하거나 소액을 청구하는 경우 상대방으로부터 다액의 청구를 당할 수 있어서 주저하였기 때문에 채권을 행사하지 않은 점을 고려하여 상계를 허용하는 것은 시효제도의 취지에 비추어 타당하지 않다.[102]

다) 제2위원회의 논의

제2위원회의 심의과정에서 소멸시효가 완성된 채권을 자동채권으로 하는 상계를 허용할 것인지에 대하여 본격적으로 다루어졌다.

① 다수의견

다수의견은 시효완성된 채권을 자동채권으로 한 상계를 허용하는 새로운 제안에 찬성하였다.[103] 첫째, 새로운 제안은 '공평(Billigkeit)'과 '목적적합성(Zweckmäßigkeit)'에 근거한다.[104] 채무자는 상계나 소송을 통하여 먼저 자신의 채권을 행사할 유인을 갖지 못하며, 오히려 채권자의 청구에 대응하여 상계할 유인이 있을 뿐이다.[105] 왜냐하면 채무자의 제소시에는 상대방의 상계로 인하여 청구가 기각될 수 있고 더 나아가 초과금액을 지불할 위험을 감수해야 하기 때문이다. 따

---

97) Mugdan Ⅱ, 58. 제1초안 제281조 제2항은 항변권의 대항을 받는 채권으로는 상계할 수 없다고 규정하고, 제1초안 제182조 제1항은 소멸시효의 완성 후에는 채권의 행사가 영구적으로 배제되는 항변권이 발생한다고 규정한다.

98) Mugdan Ⅱ, 58.

99) Mugdan Ⅰ, 541. 제1초안 제162조 제3항은 상계적상인 채권이 대립하고 있거나 채권이 취소될 수 있다고 하여 시효가 중단되지 않는다고 규정한다.

100) Mugdan Ⅰ, 541.

101) Mugdan Ⅰ, 541.

102) Mugdan Ⅰ, 541.

103) Mugdan Ⅱ, 560.

104) Mugdan Ⅱ, 560. 동소에 의하면 현행법의 근거로 OLG Hamburg(1884. 4. 1.), Seuffert Archiv 39, 289(Nr. 203)(상계를 불허하는 경우 시효기간의 차이로 인하여 법률관계가 왜곡되어 실질적으로 불합리하다고 한다); RG(1885. 4. 18.), Seuffert Archiv 40, 410(Nr. 283)(상계의 소급효에 의하여 시효항변이 배제될 뿐이지, 항변의 영구성에 대한 판단은 유보되었다); 프로이센 일반란트법 제1장 제16절 제301조(상계적상에 있는 채권이 성립하자마자, 상계의 효력이 미치는 범위에서 채무는 소멸한다), 프랑스 민법 제1290조(상계는 채무자의 인식과 무관하게 법률상 당연히 효력을 발휘하며 상계적상시에 대등액에서 소멸한다)가 제시되었다. 이러한 서술에 의하면 당연상계주의와 소급효를 중요한 고려요소로 삼은 것으로 평가될 수 있다.

105) Mugdan Ⅱ, 561.

라서 오로지 자동채권의 소멸시효를 막기 위하여 먼저 상계할 의무를 부과할 수 없다.[106] 다른 한편으로 채권자가 시효완성시까지 채무자로 하여금 상계할 수 있을 것이라고 믿게 놔두고서는 채무자의 채권의 시효 완성 후에 자신의 채권을 행사하는 것이 허용되어서는 안 된다. 실무에 비추어 보더라도 시효 완성 후에 상계를 허용한다고 하여 법적 안정성을 위협하거나 시효제도의 취지를 몰각시키는 것은 아니다.[107] 양 채권이 상호 간에 청구됨이 없이 존속하는 기간이 늘어갈수록, 그러한 상태가 그대로 유지되고 있다는 기대는 더욱 정당화된다.[108]

② 소수의견

소수의견은 제1초안과 마찬가지로 시효제도의 취지를 몰각한다고 보아 시효완성된 채권을 자동채권으로 한 상계를 부정하였다.[109] 첫째, 채무자는 시효가 완성된 후에도 채무의 소멸에 관한 증명이 강요되는 위험에 처하게 되며, 사실상 단기소멸시효를 박탈하는 결과를 초래한다. 둘째, 소송외 상계의 의사표시로 간편하게 정산할 수 있음에도 이를 게을리한 경우 이로 인한 불이익은 채무자가 스스로 부담하여야 한다.[110] 셋째, 상계의 소급효에 기하여 시효완성된 채권을 자동채권으로 하여 상계가 허용된다는 결론이 곧바로 도출되는 것은 아니다.[111]

2) 민법전 시행 이후의 논의

시효완성된 채권을 자동채권으로 한 상계가 시효제도의 취지에 배치될 수 있다고 하면서 견련관계가 있는 채권 상호간에는 예외적으로 시효 완성 후 상계가 허용될 수 있다는 감정의견이 제시되었으나,[112] 채권법개정위원회는 실무상 타당성이 검증되었고 적용상의 문제가 발생하지 않았다고 하면서 그러한 변경을 할 이유가 없다는 최종의견을 개진하였다.[113] 2002년 채권법 대개정에서도 시효완성된 채권을 자동채권으로 하는 상계에 관한 종전의 규율이 실무상으로 타당성이 증명되었다고 하면서 그대로 유지되었다.[114] 학설과 판례는 시효완성된 채권을 자동채권으로 한 상계를 허용하는 민법 규정을 지지하고, 그 근거는 공평의 원칙이라고 한다.[115]

106) Mugdan Ⅱ, 561.
107) Mugdan Ⅱ, 561.
108) Mugdan Ⅱ, 561.
109) Mugdan Ⅱ, 560.
110) Mugdan Ⅱ, 560.
111) Mugdan Ⅱ, 560.
112) Peters/Zimmermann(주 73), 266.
113) Bundesminister der Justiz(Hrsg.), Abschlußbericht der Kommission zur Überarbeitung des Schuldrechts, 1992, 102.
114) Bundestag-Drucksache 14/6040, 122.
115) BGHZ 48, 116, 117; Planck/Siber, Band 2/1, 4. Aufl. 1914, §390, Anm. 2; RGRK/Weber, 12. Aufl. 1976, §390 aF, Rn. 10; Gernhuber, Die Erfüllung und ihre Surrogate, 2. Aufl. 1994, 299; Grunsky, "Ausschlußfristen und Verjährung", Festschrift für Kissel, 1994, 293; Staudinger/Gursky, 2000, §390 aF, Rn. 32; Grothe(주 84), §215, Rn. 2.

(6) 소 결

시효완성된 채권을 자동채권으로 한 상계는 부분초안과 제1초안에서는 부정되었으나, 제2위원회의 논의에서 형평과 목적적합성을 이유로 비로소 도입되었다. 민법 제정과정에서 부분초안과 제1초안은 소멸시효에 대한 예외를 인정하지 않았으나, 제2위원회의 논의과정에서 비로소 소멸시효에 대한 예외가 제안되었다.[116] 다수설은 소멸시효항변에 대한 예외의 근거로 이미 성립한 상계항변권이 이후의 소멸시효완성으로 소멸되지 않는다고 하면서 항변권의 영구성을 제시하였다.[117] 이에 반하여 소수설은 소멸시효항변에 대한 예외를 부정하면서 시효완성 전에 상계의 의사표시를 하여야 한다고 한다.[118] 채무자는 상계라는 간편한 수단을 통해 자신의 이익을 지킬 수 있었으나 이를 하지 않았으므로 그로 인한 불이익이 감수되어야 하기 때문이라고 한다.[119]

2. 스위스

(1) 상계권행사주의

채무법이 시행되기 전에 지역별로 상계제도가 전개되었다.[120] 1855년 취리히 사법전 제1052조는 상계의 의사표시를 요구하며,[121] 제1054조는 상계의 효력은 상계적상시로 소급한다고 규정한다.[122] 1881년 채무법 제138조는 상계의 의사표시를 요구하며, 상계의 효력은 상계적상시로 소급한다고 규정한다. 이러한 태도는 당연상계주의를 부정한 것으로 평가된다.[123] 1910년 채무법 제124조 제1항은 상계는 상대방에 대한 의사표시로 행해져야 한다고 규정하며, 상계의 효력은 상계적상시로 소급한다.[124]

---

116) Jakobs/Schubert(주 65), 698, 704.

117) Dernburg(주 18), 474.

118) Eisele(주 39), 333ff.; Windscheid/Kipp(주 21), 483f., N 2.

119) Eisele(주 39), 388f.

120) Zellweger-Gutknecht(주 17), Vorbemerkungen zu Art. 120-126, N 87-89에 의하면 Berner Gruppe (Bern, Luzern, Solothurn, Aargau)의 경우에는 베른 민법전의 상계에 관한 규율이 통용되며, 이는 부분적으로 오스트리아 민법에 근접하며, Welsche Gruppe(Genf, Waadt, Tessin, Wallis, Neuenburg, Freiburg)의 경우에는 프랑스 민법전의 규율이 대체로 적용되는데, 통일적 규율이 도출된 것은 아니며, Zürcher Gruppe (Zürich, Graubünden, Schaffhausen)의 경우에는 취리히 사법전에 의하여 규율되었다고 한다.

121) Störi-Schütz(주 17), 114에 의하면 1715년 취리히 재판규정(Zürcher Stadtgerichtsordung von 1715)에서도 상계의 효력이 당연히 발생하는 것이 아니고 소송에서 원용할 것이 요구되었다고 한다.

122) Bluntschli, Privatrechtliches Gesetzbuch, Band 3, 1855, 105f.; Ullmer, Commentar, 1870, §1074, 103, Nr. 1706.

123) Haberstich, Handbuch des Schweizerischen Obligationenrechts, Band 1, 1884, 271f.; Schneider/Fick, Das Schweizerische Obligationenrecht, Band 1, 2. Aufl. 1896, Art. 138, N. 1.

124) Bucher, Schweizerisches Obligationenrecht, Allgemeiner Teil, 2. Aufl. 1988, 430; Schwenzer, Schweizerisches Obligationenrecht, Allgemeiner Teil, 7. Aufl. 2016, N 78.04.

(2) 시효완성의 효력

1855년 취리히 사법전 제1064조는 시효완성의 강한 효력을 문언("zerstört")을 통하여 보여준다.[125] 1881년 채무법상 시효에 관한 규율은 1910년 채무법에서 거의 그대로 채택되었다.[126] 채무법은 시효완성의 효력을 명시적으로 규율하지 않으나, 학설과 판례는 법문상의 용어(verjähren)에 주목하여 시효완성의 효력을 판단한다.[127] 채무법상 해석으로는 소멸시효의 완성으로 채권이 소멸하는 것이 아니라 자연채무로 남는 약한 효력설이 통설이고,[128] 이에 반하여 채권이 소멸하고 자연채무도 부정하는 강한 효력설은 소수이다.[129]

(3) 항변권과 시효

항변권이 소멸시효의 대상이 되느냐에 관한 논의가 상세하게 전개된 것은 아니다. 항변권은 시효의 대상이 아니라는 견해[130]와 종속적 항변권의 경우에 시효에 걸린다는 견해가[131] 대립할 뿐이다.

(4) 시효완성된 채권을 자동채권으로 한 상계

1855년 취리히 사법전 제1074조는 소멸시효완성에 대하여 강한 효력을 부여하여 재판상 청구를 부정하나, 상계에 대하여는 제한적 문언을 사용하고 있다.[132] 법문에 의하면 시효 완성 후에 발생하였거나 상계적상인 채권에 대하여만 상계가 부정될 뿐이어서 시효 완성 전에 상계적상

---

125) 입법과정에서 추가적인 법적 조치에 대항할 수 있는 안전장치를 채무자에게 부여하여 법률관계를 종국적으로 매듭짓고자하는 의도에서 소멸의 추정이라는 제안을 거부하고 "zerstört"라는 문언이 채택되었다(Bluntschli(주 122), 111f.). 다만 유력설은 사비니와 운터홀처의 견해를 원용하면서 약한 효력설을 주장하였다(Rahn, "Zur Lehre von der Verjährung der Forderungen, nach zürcherischem Rechte", Schauberg's Beiträge 4, 1843, 102).

126) Zürcher Kommentar/Berti, 2002, Vorb. Art. 127-142, N 23; Berger, Allgemeines Schuldrecht, 3. Aufl. 2018, N 1492. 1881년 채무법 제146조 제1항의 '청구권(Anspruch)'을 1910년 채무법 제127조에서 '채권(Forderung)'으로 변경하였을 뿐 실질적인 차이는 없다.

127) Zürcher Kommentar/Oser/Schönenberger, 2. Aufl. 1929, OR Art. 142, N 1. 법원은 소멸시효를 직권으로 고려해서는 안된다는 규정(1881년 채무법 160조, 1910년 채무법 제142조)도 약한 효력설의 근거가 된다.

128) BGE 99 Ⅱ S. 189; v. Tuhr, Allgemeiner Teil des Schweizerischen Obligationenrechts, 2 Halbband, 1925, 620; Oser/Schönenberger(주 127), OR Art. 142, N 6; Nabholz, Verjährung und Verwirkung als Rechts-untergangsgründe infolge Zeitablaufs, 1961, 174; v. Bühren, Schweizerisches Obligationenrecht, Allgemeiner Teil, 1964, 437; v. Tuhr/Escher, Allgemeiner Teil des Schweizerischen Obligationenrechts, Band Ⅱ, 3. Aufl. 1974, 230f.; Bucher(주 124), 445f.; Berti(주 126), OR Art. 127, N 43-44; Kurzkommentar/Däppen, 2014, OR Art. 127, N 9; Schwenzer(주 124), N 85.01; Koller, Schweizerisches Obligationenrecht, Allgemeiner Teil, 4. Aufl. 2017, N 67.36; Berger(주 126), N 1482. Bucher(주 124), S. 446, Fn. 7에 의하면 소멸시효를 소구가능성을 박탈하는 것으로 파악하는 통설은 역사적으로 소권체계의 연장선에서 이해될 수 있다고 한다.

129) Haberstich(주 123), 290; Janggen, Die Compensation, 1888, 115.

130) Nabholz(주 128), 173; v. Tuhr/Escher(주 128), 233; Berti(주 126), Art. 127, N 21.

131) Oser/Schönenberger(주 127), vor Art. 127-142, N 14.

132) Ullmer(주 122), §1074, S. 115, Nr. 1761.

이 있는 경우에는 견해가 대립한다.[133] 1881년의 채무법에는 시효완성된 채권을 자동채권으로 하는 상계를 허용하는 명문의 규정이 없어,[134] 이에 관하여 학설과 판례는 대립하였다.[135] 판례는 시효완성은 채권의 소멸사유이므로 상계의 자동채권이 될 수 없고 이에 대한 예외가 인정되기 위하여는 명문의 규정이 필요하고, 1881년 채무법 제138조 제2문에 의하여 상계항변의 영구성이 도출되지 않는다고 하면서 상계를 부정하였다.[136] 이에 반하여 학설은 공평의 원칙에 입각하여 상계를 긍정하는 견해[137]와 상계의 의사표시시에 시효완성으로 채권이 이미 소멸하므로 상계가 부적법하다는 견해[138]로 나뉘었다. 1910년 채권법은 독일의 입법례(당시 민법 제390조)를 참고하여 시효완성된 채권을 자동채권으로 한 상계를 허용하는 제120조 제3항을 도입하였다.[139] 채무법 제120조 제3항의 근거는 상계의 소급효가 아니라 공평의 원칙이다.[140] 상계가능성을 고려하여 적절한 조치를 취하지 않았는데, 소멸시효기간의 차이로 인하여 불이익이 발생한다면 부당하다는 것이다.[141] 일부 학설은 항변권의 영구성원칙을 근거로 삼기도 하고,[142] 시효완성의 약한 효력에 근거하여 상계를 긍정하기도 한다.[143]

(5) 소 결

1855년 취리히 사법전은 상계권행사주의와 시효완성의 강한 효력을 견지하였으나, 시효완성된 채권을 그 후에 발생한 채권 등에 대하여 상계할 수 없다고 규정하고 있어 상계적상이 이

---

133) Bluntschli(주 122), 121에 의하면 상계의 소급효에 근거하여 상계를 긍정하나, Ullmer(주 122), §1074, S. 115, Nr. 1761에 의하면 시효완성의 강한 효력에 입각하여 상계를 부정한다. 특히 취리히 사법전이 시행되기 전에 학설과 판례는 상계부정설을 견지한다(Urteil(1839. 11. 18.), Schauberg's Beiträge 4, 1843, S. 65, Nr. 56; Urteil(1850. 11. 14.), Schauberg's Beiträge 14, 1852, S. 121, Nr. 32; Rahn(주 125), 106).

134) 1881년 채무법 제131조: 2인이 서로 금전이나 동종의 물건을 부담하는 경우, 각자는 변제기가 도래한 채권으로 상계할 수 있다. 채무자는 자신의 채권이 다투어지는 경우에도 상계할 수 있다.
제138조: 채무자가 채권자에 대하여 상계권을 행사할 때에 상계는 효력이 생긴다. 상계의 의사표시가 있는 경우 상계적상시에 대등액에서 소멸한 것으로 처리된다.

135) Zürcher Kommentar/Aepli, 1991, OR Art. 120, N 157.

136) BGE 34 Ⅱ 633. 동소에 의하면 제네바 지방법원 판결(1900. 4. 21.)은 긍정설을 취하고, 취리히 고등법원 판결은 부정설을 취한다고 한다. 연방대법원의 판례가 선고되기 전에 하급법원의 판례는 긍정설과 부정설로 갈려 있었다고 한다(Fick/Morlot, Das schweizerische Obligationenrecht, Band 1, 1915, Art. 120, Anm. 7).

137) Hafner, Das Schweizerische Obligationenrecht, 2. Aufl. 1905, OR Art. 138, Anm. 2.

138) Janggen(주 129), 115. Schneider/Fick(주 123), OR Art. 138, Anm. 4에 의하면 상계의 효력에 관한 조문에 의하여 상계의 요건이 도출될 수 없다고 한다.

139) Amtliches stenographisches Bülletin der schweizerischen Bundesversammlung Ständerat 1910, 183; Amtliches stenographisches Bülletin der schweizerischen Bundesversammlung Nationalrat 1910, 336. 초안 제1145조에 제3항이 추가되었고, 위 초안이 채무법 제120조가 되었다.

140) Amtliches stenographisches Bülletin(주 139), 183; Berner Kommentar/Becker, 2. Aufl. 1941, OR Art. 120, N 23; Aepli(주 135), Art. 120, N 157; Zellweger-Gutknecht(주 17), OR Art. 120, N 73.

141) v. Tuhr/Escher(주 128), 196; Koller, "Die Verrechnung nach schweizerischem Recht", recht 2007, 105; Koller(주 128), N 66.30.

142) Becker(주 140), N 23; Honsell, Schweizerisches Obligationenrecht, Besonderer Teil, 10. Aufl. 2017, 113.

143) Schwenzer(주 124), N 85.02.

미 발생한 경우에 대하여 견해가 대립하였다. 1881년 채무법은 상계권행사주의와 시효완성의 약한 효력을 견지하였으나, 여전히 시효완성된 채권을 자동채권으로 한 상계에 대한 견해가 대립하였다. 상계의 효과에 관한 규율에 의하여 상계의 요건에 관한 규율이 곧바로 도출될 수 없다는 점에 대하여 대체로 인식을 같이 했다. 1910년 채무법 개정을 통하여 독일 민법을 입법례로 참고하여 공평의 원칙에 입각하여 시효완성된 채권을 자동채권으로 한 상계를 허용하면서 오랫동안 해석론적 논란이 종결되었다. 스위스의 논의를 통해서 시효완성된 채권을 자동채권으로 한 상계의 허부라는 문제가 시효제도의 취지에 배치될 수 있는 위험을 내포하고 있으므로 신중한 접근이 요구된다는 점을 알 수 있다. 특히 명문의 규정이 없는 상황에서 해석론으로 부정설이 상당한 설득력을 지닐 수밖에 없다.

3. 오스트리아

(1) 서 설

오스트리아 민법상 소멸시효가 완성된 채권을 자동채권으로 하는 상계에 대한 명문의 규정이 존재하지 않는다.[144] 따라서 이에 관한 논의의 양상은 명문의 규정이 있는 독일이나 스위스와는 상당히 다르게 전개된다.

(2) 당연상계주의와 상계권행사주의

민법 제정 당시의 통설은 입법자의 의사를 강조하여 당연상계주의를 지지하고, 이러한 입장이 문언("schon für sich")에 드러난 것이라고 한다.[145] 실제로 프로이센 일반란트법 제1장 제16절 제377조와 같은 규정을 두자는 제안은 '당연상계원칙(ipso iure compensatur)'에 비추어 불필요하다는 이유로 배척되었다.[146] 1916년 제3차 부분개정에서도 입법자는 소멸시효기간의 단축으로 인한 불합리가 크지 않을 것이라고 하면서 시효완성된 채권을 자동채권으로 한 상계를 예시하고 있는데,[147] 이는 당연상계주의에 입각한 것으로 평가된다.[148] 민법 제1441조와 제1442조의 문언("in Aufrechnung bringen")을 이미 발생한 상계의 효과를 소송상 원용하는 것으로 해석한다.[149] 이에 반하여 상계권행사주의는 원안에서는 상계의 의사표시를 요구하는 규정이 없었는데, 상계

144) Eypeltauer, "Verjährung und Aufrechnung", JBl. 1991, 138.

145) Faistenberger(주 19), 132f.; Eypeltauer(주 144), 139. Zeiller, Commentar, Band Ⅳ, 1813, §1438, 167에 의하면 입법례로 프로이센 일반란트법 제1장 제16절 제301조와 나폴레옹 민법 제1290조가 참조되었다.

146) Ofner, Der Ur-Entwurf, Band Ⅱ, 1889, 245. 프랑스의 인문주의와 자연법학자들의 영향으로 당사자가 원용할 필요없이 상계의 효력이 당연히 발생하는 소위 당연상계주의의 우세가 인정되었는데, 뽀띠에에 의하여 프랑스민법 제1290조 제1문에 당연상계주의가 규정되었다고 한다(Zimmermann(주 9), Rn. 11).

147) 2 Beilagen zn den Stenographischen Protokollen des Herrenhauses ⅩⅪ, Sess. 1911, 161.

148) Eypeltauer(주 144), 139.

149) Faistenberger(주 19), 136.

가 효력을 발휘하기 위하여 상계의 의사표시가 요구된다는 민법 제1442조이 신설되었다는 점을 강조한다.[150] 현재의 통설은 민법 제1438조의 문언만으로 당연상계주의가 도출되기 어렵고, 민법 제1441조와 제1442조의 문언("in Aufrechnung bringen")을 상계의 효력이 발생되기 위하여 상계의 의사표시가 요구되는 것으로 해석한다.[151] 유력설은 당연상계주의는 사적 자치 원리에 배치될 수 있다고 지적한다.[152] 특히 상계권의 행사를 전제로 하여 상계적상시로 상계의 효력이 소급한다는 설명을 당연상계주의에 기초하고 있다. 민법 제정 초기의 양상은 상계의 효과를 소송상 원용하는 것이 요구되었을 뿐이었으나,[153] 현재의 통설은 상계의 의사표시는 소송상 행사되어야 하는 것은 아니고 소송외 의사표시로도 충분하다고 해석한다.[154] 다수설은 상계적상시로의 소급효를 긍정하나,[155] 소수설은 상계의 의사표시의 도달시를 기준으로 장래효를 주장한다.[156]

(3) 시효완성의 효력

시효완성의 효력에 관하여 권리의 소멸이라는 '강한 효력설'과 소구가능성만 소멸되고 자연채무로 잔존한다는 '약한 효력설'이 상당기간 동안 대립하여 왔다.[157] 초기의 양상은 입법자의 의사에 근거한 '강한 효력설'이 우세하였다.[158] 그러나 이후의 양상은 민법 제1432조와 제1501조를 근거로 한 '약한 효력설'이 우세하게 되었다.[159] 권리소멸이라는 문언(제1449조, 제1479조, 제

150) Eypeltauer(주 144), 139.

151) Klang/Bettelheim, Band 4, 1. Aufl. 1935, 504f; Gschnitzer/Faistenberger/Barta/Eccher, Österreichisches Schuldrecht, Allgemeiner Teil, 2. Aufl. 1985, 236; Mayrhofer, Schuldrecht, Allgemeiner Teil, 3. Aufl. 1986, 611; P. Bydlinski, "Aufrechnung mit verjährten Forderungen?", RZ 1991, 2; Dullinger(주 62), 96f.; Kerschner, Dienstnehmerhaftpflichtgesetz, 2. Aufl. 2004, §7, Rz. 8; Welser/Zöchling-Jud, Grundriß des bürgerlichen Rechts, Band Ⅱ, 14. Aufl. 2015, Rz. 481; Dullinger, Schuldrecht, Allgemeiner Teil, 6. Aufl. 2017, Rz. 4/30. Dullinger(주 62), 97에 의하면 당연상계주의는 사적 자치 원리에 배치될 수 있다고 한다.

152) Dullinger(주 62), 97.

153) Kornfeld, "Über die Kompensation mit verjährten Forderungen", OGZ 1904, 430; Zeiller in den Protokollen zu §567=Ofner(주 146), 448; Zeiller(주 145), 167('vorläufigen'='außergerichtichen').

154) OGH(1970. 3. 4.)(SZ 43/60); Unger, "Ueber Obligationenrecht", GrünhutsZ 15, 1888, 545, 550, Fn. 27; Hasenöhrl, Das österreichische Obligationenrecht, Band 2, 2. Aufl. 1899, 570f.; Stubenrauch, Commentar, Band 2, 8. Aufl. 1902, §1478, 884; Bettelheim(주 151), 505; Klang/Gschnitzer, Band 6, 2. Aufl. 1951, 495; Dullinger(주 62), 98; Eypeltauer(주 144), 141f.

155) Stubenrauch(주 154), §1478, 884; Ehrenzweig, System, Band Ⅱ/1, 2. Aufl. 1920, 317; Klang/Bettelheim (주 151), 505; Mayrhofer(주 151), 1986, 611f.; Welser/Zöchling-Jud(주 151), Rz. 490.

156) Dullinger(주 62), 172ff.; Klang/Vollmaier, 3. Aufl. 2012, §1451, Rz. 10.

157) Vollmaier(주 156), §1451, Rz. 8.

158) Ofner(주 146), 273f., 449, 584(심의과정에서 "소멸형태(Erlöschungsart)"라는 문언이 사용되었다); Zeiller (주 145), 192; Winiwarter, "Die Verjährung nach dem Oesterreichischen bürgerlichen Rechte", Materialien für Gesetzkunde und Rechtspflege in den oesterreichischen Erbstaaten 8, 1824, 18; Pachmann, Die Verjährung, 1833, 62; Winiwarter, Das Oesterreichische bürgerliche Recht 5, 1838, 190; Unger, System, Band 2, 5. Aufl. 1892, 436ff. 다만 유력설은 권리의 소멸뿐만 아니라 소권의 소멸이라는 문언도 사용되었다는 점에서 입법자의 의사에 기초하여 강한 효력설을 견지하기는 어렵다고 지적하면서 약한 효력설을 견지한다(Hasenöhrl, Das österreichische Obligationenrecht, Band 1, 2. Aufl. 1892, 33).

159) Zródlowski, Die Verjährung nach österreichischem Recht, 1878, 8, 123; Grawein, Verjährung und ge-

1480조, 제1483조. 제1486조, 제1491조, 제1499조)뿐만 아니라 소권이라는 문언(제1489조)도 사용되었기 때문에 문언 자체에 커다란 의미를 부여하기 어렵다고 한다.[160)]

(4) 항변권과 소멸시효

항변권의 소멸시효에 대하여 다수설과 판례는 독립적 항변권과 종속적 항변권을 구분하여 해석한다.[161)] ① 재판상 청구와 함께 항변권도 인정되는 종속적 항변권의 경우 청구권이 시효로 소멸하는 경우 종속적 항변권도 아울러 소멸하나,[162)] ② 재판상 청구는 인정되지 않고 항변권만 인정되는 독립적 항변권의 경우에는 상대방의 청구에 대응하여 항변권을 행사하는 것이므로 항변권이 시효의 대상이 될 수 없다.[163)] 이에 반하여 소수설은 종속적 항변권을 포함한 모든 항변권은 시효의 대상이 되지 않는다고 한다.[164)] 유력설은 독립적 항변권이 시효로 소멸하지 않으나, 종속적 항변권의 시효 대상 여부는 개별적으로 판단되어야 한다고 한다.[165)]

(5) 소멸시효가 완성된 채권을 자동채권으로 하는 상계의 가부

1) 판 례

판례는 소멸시효가 완성된 채권을 자동채권으로 한 상계를 긍정한다.[166)] 상계적상시로 상

---

setzliche Befristung, 1880, 142; Schiffner, Systematisches Lehrbuch, Band 1, 1882, 5 Heft, 197f.; Hasenöhrl(주 158), 33; Wolff, Grundriss des österreichischen bürgerlichen Rechts, 2. Aufl. 1946, 108; Gschnitzer/Faistenberger/Barta/Villotti(주 151), 867; Reischauer, “Das neue Gewährleistungsrecht und seine schadenersatzrechtlichen Folgen”, JBl. 2002, 154; Vollmaier(주 156), §1451, Rz. 8; Schwimann/Mader/Janisch, Band 6, 4. Aufl. 2016, §1451, Rz. 4; P. Bydlinski, Allgemeiner Teil, 7. Aufl. 2016, Rz. 3/42; Welser/Kletečka, Grundriß des bürgerlichen Rechts, Band Ⅰ, 15. Aufl. 2018, Rz. 740. 오스트리아 민법 제1432조는 시효완성된 채무를 변제한 경우 부당이득으로 반환청구할 수 없다고 규정하고(다수설은 채무자가 시효완성사실을 모른 경우에도 마찬가지라고 해석한다. Klang/Klang, Band 6, 2. Aufl. 1951, Vorbemerkungen 1498 bis 1502, 663; Kurzkommentar zum ABGB/Meissel, 5. Aufl. 2017, §1451, Rz. 2), 제1501조는 소멸시효는 당사자의 원용 없이 직권으로 고려될 수 없다고 규정한다. 이에 반하여 소수설은 강한 효력설을 견지한다(Stubenrauch(주 154), §1478, 936 und §1499, 973).

160) Schiffner(주 159), 5 Heft, S. 199, N 6.

161) OGH(1855. 9. 4.)(GIU Nr. 130); OGH(1857. 12. 11.)(GIU Nr. 486); OGH 1858. 5. 12(GIU Nr. 563); OGH(1861. 12. 30.)(GIU Nr. 1268); Zródlowski(주 159), 129f.; Schiffner(주 159), 5 Heft, 205; Unger(주 158), 510ff.; Vollmaier, Verjährung und Verfall, 2009, 138ff.; Meissel(주 159), §1451, Rz. 4.

162) OGH(1861. 12. 30.)(GIU Nr. 1268)(민법 제1487조에 기한 항변의 영구성); Unger(주 158), 511ff.

163) OGH(1855. 9. 4.)(GIU Nr. 130)(유언무효 항변의 영구성); OGH(1857. 12. 11.)(GIU Nr. 486); OGH(1858. 5. 12.)(GIU Nr. 563)(유언무효 항변의 영구성). Unger(주 158), S. 511에 의하면 상대방의 청구에 대응하여 항변하여야 하는데, 상대방의 청구가 없어서 항변하지 않은 것에 대하여 불이익을 부과할 수 없다고 한다. 왜냐하면 소멸시효제도는 권리불행사에 과책이 있는 경우에 한하여 불이익을 부과하기 때문이다.

164) Burckhard, System, Band 2, 1884, 595ff.; Stubenrauch(주 154), §1478, 937.

165) Ehrenzweig, System, Band Ⅰ/1, 1925, §134 Ⅲ, 308ff. Klang(주 159), 664에 의하면 쌍무계약에서 타방의 채무가 시효로 소멸하였다고 하여 자신의 권리만을 주장할 수 있다고 보는 것은 부당하다고 하면서 동시이행의 항변권이 시효에 걸리지 않는다고 한다.

166) OGH(1857. 2. 10.)(GlU Nr. 291); OGH(1900. 10. 18.)(GlUNF Nr. 1155); OGH(1913. 2. 25.)(GlUNF Nr. 6329); OGH(1955. 3. 16.)(3Ob782/54=SZ 28/76); OGH(1995. 7. 11.)(4Ob546/95=RZ 1996/41); OGH(2012. 9. 13.)(6Ob110/12p=SZ 2012/90); OGH(2015. 12. 1.)(6Ob179/14p=SZ 2015/135). 다만

계의 효력이 소급하므로 그 이후의 소멸시효의 완성은 상계의 효력에 영향을 미치지 않으며, 소멸시효완성의 효과는 소구가능성의 박탈에 한정되고 상계권에 미치지 않는다고 한다.[167)]

2) 학 설

가) 긍정설

상계의 소급효에 기하여 소멸시효가 완성된 채권을 자동채권으로 한 상계를 긍정한다.[168)] 초기의 양상은 당연상계주의와 상계의 소급효를 근거로 제시되었으나,[169)] 유력설은 상계적상을 신뢰하여 재판상 청구를 하지 아니하여 소멸시효가 완성된 경우에 상계를 부정하면 부당한 결과가 초래된다고 지적한다.[170)]

나) 부정설

소멸시효와 상계의 취지에 비추어 소멸시효가 완성된 채권을 자동채권으로 한 상계를 부정한다.[171)] 민법 제정 당시의 논의에 의하면 당연상계주의와 소급효이론에 입각하여 시효완성된 채권을 자동채권으로 하여 상계를 긍정할 수 있었으나, 현재의 통설에 의하면 상계의 의사표시를 요구하므로 상계의 의사표시시에 상계적상을 갖추어야 하나 시효완성된 채권이 그러한 요건

OGH(1889. 10. 16.)(GIU Nr. 12954)에 의하면 위약금청구권의 시효가 완성된 경우에 그 채권을 자동채권으로 하여 대금채권과의 상계가 부정되었다.

167) OGH(1993. 5. 13.)(6Ob1622/91).

168) Ellinger, Handbuch des österreichischen allgemeinen Zivilrechtes, 6. Aufl. 1858, 651; Zródlowski(주 159), 128f.; Unger(주 158), 439, N 9; Unger(주 154), 544; Kornfeld(주 153), 430; Krasnopolski, Österreichisches Obligationenrecht, 1910, 311; Pisko, Lehrbuch des österreichischen Handelsrechtes, 1923, 277; Bettelheim(주 151), 502f; Wolff(주 159), 141; Klang/Gschnitzer(주 154), 496, 502; Klang(주 159), 663f; Gschnitzer/Faistenberger/Barta/Eccher(주 151), 232, 236; Mayrhofer(주 151), 595; Schwimann/Honsell, 1. Aufl. 1987, §1438, Rz. 6 und §1439, Rz. 2; Koziol/Welser, Grundriß des bürgerlichen Rechts, Band Ⅱ, 13. Aufl. 2007, 106; Welser/Zöchling-Jud(주 151), Rz. 491. Klang(주 159), 664에 의하면 당연상계주의를 전제로 한 입법자의 의사에 의하면 상계의 소급효에 의하여 시효완성된 채권을 자동채권으로 한 상계가 허용된다고 한다.

169) Ofner(주 146), 245; Kornfeld(주 153), 430에 의하면 민법 제정과정에서 프로이센 일반란트법 제1장 제16절 제377조와 같은 규정을 둘 것이 제안되었으나, '당연상계주의(ipso iure compensatur)'는 명확하여 별도의 규율이 필요하지 않다는 이유로 기각되었다고 한다.

170) Hasenöhrl(주 154), 558. Kornfeld(주 153), 430에 의하면 형평과 상계제도의 취지에 비추어 상계가 허용되어야 한다고 한다.

171) Unger(주 158), 438, Fn. 9; P. Bydlinski(주 151), S. 4; P. Bydlinski, "Aufrechnung mit verjährten Forderungen", AcP 196, 1996, 276; Dullinger(주 62), 183f; Eypeltauer(주 144), 138; Vollmaier(주 161), 174; ABGB-ON/Holly, 2010, §1438, Rz. 20; Riedler, Zivilrecht Ⅱ, Schuldrecht AT, 4. Aufl. 2010, Rz 12/25; Schopper, "Aufrechnung bei Fremdwährungskrediten", VbR 2014, 43; Taschenkommentar ABGB/ Leupold, 3. Aufl. 2015, §1438, Rz. 7; Schwimann/Heidinger, 4. Aufl. 2016, §1438, Rz 24; Kurzkom-mentar zum ABGB/Griss/P. Bydlinski, 5. Aufl. 2017, §1438, Rz. 4; Mader/Janisch(주 159), §1451, Rz. 4; Meissel(주 159), §1451, Rz. 3; Vollmaier(주 156), §1451, Rz 10. 초기의 문헌 중 유일하게 부정설을 취하는 Burckhard(주 164), 596에 의하면 상계권행사시에 시효로 채권이 소멸하면 상계항변이 허용되지 않는다고 한다.

을 충족하지 못한다고 한다.[172] 유력설은 채무자보호를 위한 소멸시효제도의 취지가 재판상 청구뿐만 아니라 상계의 경우에도 관철되어야 한다고 지적한다.[173]

(6) 소 결

초기에는 당연상계주의 및 소급효원칙에 근거하여 시효완성된 채권을 자동채권으로 한 상계가 허용하는 견해가 우세하였으나, 최근의 양상은 당연상계주의가 극복되고 시효완성의 약한 효력설이 강세를 보이면서 시효완성된 채권을 자동채권으로 한 상계에 대하여 부정적 태도를 견지하는 견해가 증가하고 있다.

4. 소 결

소멸시효가 완성된 채권을 자동채권으로 한 상계를 허용할 것인지에 관한 논의는 독일에서 가장 상세하게 전개된 것을 알 수 있다. 이러한 논의는 직접적으로 스위스에 영향을 미쳤다. 당연상계주의 및 시효완성의 강한 효력설에서는 상계의 소급효에 의하여 상계가 긍정되었으나, 상계권행사주의 및 시효완성의 약한 효력설에서는 자연채무는 상계로 충분하며 항변권의 영구성에 의하여 상계가 긍정되었다. 특히 독일 민법 제정과정에서 상계를 허용하는 실질적 이유로 공평과 상계제도의 취지가 제시되었다. 오스트리아의 논의는 보통법학의 전개 양상에 따라 상당한 변천을 겪어 왔다. 초기의 양상은 당연상계주의와 상계의 소급효에 의하여 시효완성된 채권을 자동채권으로 한 상계를 허용하는 것이 압도적 통설이었으나, 당연상계주의가 극복되고 상계권행사주의가 강조되면서 상계권행사시에 자동채권이 온전하게 존재하여야 한다는 견해가 상당히 늘어가고 있다.

Ⅳ. 개별적 고찰

1. 상계의 소급효

로마법상 상계제도는 소송법상 제도로 이해되었으나, 보통법학을 거치면서 실체법상 제도로 거듭나게 되었다. 이러한 과정에서 당연상계주의가 극복되고 상계권행사주의가 관철되었다. 상계권행사시에 상계적상의 요건을 갖추어야 비로소 상계가 적법하게 처리된다(상계적상의 현존). 상계권의 행사가 적법한 경우에 그 법률효과가 상계적상시로 소급하는 것이다. 상계의 소급효는

---

172) Dullinger(주 151), Rz. 4/40; Eypeltauer(주 144), 151; Schopper(주 171), 43. Dullinger(주 62), 165에 의하면 시효완성된 채권은 제소가능성이 없어 민법 제1439조의 요건(Richtigkeit)을 충족하지 못한다고 한다.

173) Vollmaier(주 156), §1451, Rz. 10.

상계가 적법하게 인정되는 경우에 그 법률효과를 표현하는 것에 불과하므로 상계의 소급효에 의하여 민법 제495조를 설명하는 것은 타당하지 않다. 따라서 상계의 효과가 상계적상시로 소급한다고 하여 곧바로 시효완성 및 원용으로 소멸한 채권을 자동채권으로 한 상계가 허용된다고 볼 수는 없다.

2. 민법 제495조의 입법취지

통설과 판례는 민법 제495조의 정당성을 상계적상에 있는 채권의 당사자 상호간의 결제에 대한 신뢰의 보호필요성에서 찾고 있다.[174] 신뢰보호는 그 자체로 한계를 노정하고 있으며 신뢰보호에 입각한 구체적 해결방안의 모색에는 객관적 이익형량이 요청된다.[175] 상계권자가 상계가능성만을 고려하여 권리행사기간을 준수하지 아니한 행위의 비난가능성에 비하여 상대방이 상계권자의 권리불행사의 잘못을 악용하여 전액을 청구하는 행위의 비난가능성이 크다는 점을 고려하여 상대방의 청구를 일부 인용하는 것이다. 민법 제495조는 형평의 원칙에 의하여 소멸시효제도보다 상계제도를 앞세우는 예외적 성격의 규정이다.[176] 민법 제495조의 유추적용을 판단함에 있어 권리행사규정의 성격, 자동채권과 수동채권의 관계, 상계권자의 신뢰보호의 정도 등을 종합적으로 고려하여야 한다. 제척기간이 경과한 채권을 자동채권으로 한 상계가 문제되는 사안에서는 당해 제척기간의 성격에 비추어 법률관계를 조속하게 확정하고자 하는 정도를 구체적으로 확정할 필요가 있는데, 일응 제척기간의 준수에 재판상 행사가 요구되는지가 중요한 지표가 된다.[177] 자동채권과 수동채권의 견련관계가 인정되는 경우에는 동시이행항변권의 당연효에 의하여 상계적상에 대한 보호가치가 크고, 이러한 경우에 한정한다면 민법 제495조의 유추적용으로

174) 대법원 2016. 11. 25. 선고 2016다211309 판결; 대법원 2019. 3. 14. 선고 2018다255648판결; 곽윤직 편집대표, 민법주해[XI], 채권(4), 박영사, 1995, 404(윤용섭); 곽윤직, 채권총론, 제6판, 박영사, 2004, 281; 김기환, 상계, 경인문화사, 2018, 61; 김상용, 채권총론, 제2판, 화산미디어, 2014, 495; 김용담 편집대표, 주석 민법, 채권총칙(4), 제4판, 한국사법행정학회, 2014, 613(조용구); 김준호, 채권법, 제10판, 법문사, 2019, 308; 김증한/김학동, 채권총론, 제6판, 박영사, 2007, 396; 양창수/김재형, 계약법, 제3판, 박영사, 2020, 365; 손태원, "소멸시효가 완성된 차임채권과 임대차보증금반환채권 사이의 상계 내지 공제 가부", 민사판례연구 제40집, 2018, 468.

175) 신뢰보호의 한계와 관련하여 다음과 같은 지적을 길지만 그대로 인용하고자 한다. "매수인으로 하여금 이전등기청구를 하지 아니하게 한 바의 "신뢰"란 기껏해야 아무리 오랜 기간이 경과하여도 매도인이 매수인의 이전등기청구에 응할 것이라는 매도인의 인품에 대한 일방적 신뢰일 것이다. 그것이 부동산물권변동에 관한 등기주의 아래서 보호받을 가치가 있는 신뢰인가가 의심스럽고, 그와 같은 신뢰가 일반적으로 보호되어야 한다면 가령 소비차주가 그 동안 다른 채무를 제대로 이행하여 왔으므로 이번에도 문제없이 이행할 것이라고 신뢰하여 차주가 금전을 대여하였는데 이번에는 차주가 그 신뢰에 반하여 소멸시효기간이 도과하도록 장기간에 걸쳐 차금을 반환하지 아니한 경우에도 차주가 소멸시효의 완성을 주장하는 것이 권리남용에 해당하는지 의문이다. 위 입론은 적절한 것으로 생각되지 않는다. 문제는 신뢰보호가 아니라 객관적인 이익형량이라고 할 것이다"(양창수, "소멸시효에 걸리는 권리", 고시연구 통권 제195호, 1990, 42).

176) 이창현(주 1), 393.

177) 이창현(주 1), 394.

인한 불합리는 최소화될 수 있다.[178] 임대차보증금은 임대인의 이익을 우선적으로 배려하기 위하여 임대차보증금을 수수한 당사자의 합리적 의사는 민법 제495조의 유추적용의 맥락에서도 관철되어야 한다. 대법원은 하자담보책임의 행사기간이 도과한 채권을 자동채권으로 한 상계를 허용하였다. 대법원 판례의 판시사항으로만 보면 수동채권의 제한이 없으나 수동채권은 견련관계가 있는 경우에 한하여 상계가 허용되는 것으로 이해되어야 한다.[179] 임대인이 소멸시효가 완성된 차임채권을 공제할 수 있는지가 문제된 사건에서 대법원은 민법 제495조의 유추적용을 통하여 공제를 허용하고 있다.[180] 공제제도는 특정당사자의 이익을 우선적으로 배려하기 위하여 상계적상의 요건을 요구하지 않는다.[181] 확고한 판례에 의하여 전개되는 임대차보증금의 법리는 임대인의 이익이 우선적으로 배려되어 전부권자의 이익에 앞서기도 한다.[182] 임대인의 보호필요성, 자동채권과 수동채권의 견련관계 등에 비추어 임대인이 시효완성된 차임채권을 민법 제495조를 유추적용하여 공제하는 것은 정당하다.[183]

3. 시효완성의 효력

(1) 국내의 논의

민법은 소멸시효완성의 효과에 관하여 명문의 규정을 두지 않고 있어, 이에 관한 학설이 첨예하게 대립하고 있다.[184] 절대적 소멸설은 소멸시효의 완성으로 당연히 권리가 소멸한다는 입장이다.[185] 소멸시효의 원용에 관한 의용민법의 규정을 삭제한 입법자의 의사,[186] 시효로 소멸

---

178) 이창현(주 1), 396.

179) 권영준(주 2), 507; 양창수/김재형(주 174), 365; 이창현(주 1), 403.

180) 대법원 2016. 11. 25. 선고 2016다211309 판결.

181) 조경임(주 3), 69.

182) 대법원 1987. 6. 9. 선고 87다68 판결. 임대인은 전부명령의 효력이 발생한 이후의 연체차임도 적법하게 공제할 수 있다.

183) 손태원(주 174), 497; 양창수/김재형(주 174), 365; 이창현(주 1), 396. 이원/윤정운, “임대차 종료 전 소멸시효가 완성된 차임채권의 상계와 공제”, 박병대 대법관 재임기념 문집, 2017, 1052에 의하면 임대차 존속 중 차임이 연체되는 상황에서도 연체차임을 충당하지 않고 있었던 임대인의 신뢰와 차임 연체 상태에서 임대차관계를 지속해 온 임차인의 묵시적 의사를 감안하여 당사자의 신뢰가 보호되어야 한다고 한다.

184) 기타의 견해로는 장기소멸시효의 경우에는 상대적 소멸설을 단기소멸시효의 경우에는 절대적 소멸설을 취하는 이원설(고상룡(주 6), 707), 일반인의 법감정에 비추어 소멸시효의 완성으로 채무가 완전하게 소멸한다고 보기 어렵다고 하면서 소구력이 상실된 자연채무로 전락한다고 하는 자연채무설(이준성, “자연채무와 소멸시효”, 장경학박사 고희기념논문집, 1987, 174-175) 등이 주장되고 있다.

185) 강구욱, “소멸시효 완성의 효과”, 외법논집 제39권 제3호, 2015, 83; 곽윤직/김재형, 민법총칙, 제9판, 박영사, 2013, 448; 권영준, “소멸시효와 신의칙”, 재산법연구 제26권 제1호, 2009, 31; 김용호, “소멸시효완성의 효과”, 단국대 법학논총 제37권 제4호, 2013, 135-136; 양창수, “소멸시효완성의 효과”, 고시계 통권 제451호, 1994, 149-152; 이영섭, “신민법하의 소멸시효의 효과와 그 이익포기”, 저스티스 제2권 제3호, 1958, 3-4; 이영준, 민법총칙, 개정증보판, 박영사, 2007, 834-835; 이은영, 민법총칙, 제5판, 박영사, 2009, 778; 이충훈, “소멸시효완성의 효과에 관한 소고”, 인천법학논총 제6집, 2003, 128-131.

186) 의용민법 제145조를 삭제하고 원용에 관한 조항을 두지 않았다. 민법안심의록에 의하면 시효의 원용에 관한

한다는 명문의 규정,[187] 원용권자의 범위 및 원용여부에 따른 법률관계의 복잡다기화가 논거로 제시된다. 상대적 소멸설은 소멸시효의 완성으로 당연히 권리가 소멸하는 것이 아니고 원용권자의 원용에 의하여 비로소 권리가 소멸한다고 한다.[188] 당사자의 의사를 존중할 필요,[189] 시효이익의 포기의 정합성,[190] 비교법적 경향,[191] 체계적·목적론적 해석[192]이 논거로 제시된다. 이에 관한 판례의 태도는 명확하다고 볼 수는 없다.[193] 초기에는 절대적 소멸설에 입각한 것으로 보이는 판시를 하였으나, 점차 상대적 소멸설로 볼 수 있는 판시도 보이다가 1990년대 후반에 이르러서는 상대적 소멸설이 주류가 되었다.[194] 다수설과 판례는 소멸시효완성의 효과를 권리의 소멸로 보고 있으며,[195] 일부 학설만이 자연채무설을 주장할 뿐이다.[196]

(2) 평 가

비교법적 고찰의 결과에 의하면 소멸시효완성의 효과에 관한 논의는 소멸시효의 원용이 필

각종의 학설이 발생하였는바, 원용에 관한 규정을 삭제함으로써 금후 절대소멸설이 확정되었다고 한다(민의원 법제사법위원회, 민법안심의소위원회, 민법안심의록, 상권, 1957, 103 후단). 다만 민법전편찬요강 총칙편 제13항에 의하면 소멸시효완성의 효과는 권리를 소멸시킬 수 있는 일종의 항변권을 발생하도록 한 것이라고 한다.

187) 민법 제369조, 제766조 제1항, 민법 부칙(1958. 2. 22.) 제8조 제2항.

188) 강명선, "소멸시효 항변에 관한 고찰", 비교사법 제6권 제2호, 1999, 341; 강태성, 민법총칙, 제10판, 대명출판사, 2020, 1113; 곽윤직 편집대표, 민법주해[Ⅲ], 총칙(3), 박영사, 1992, 480-483(윤진수); 김건호, "소멸시효의 쟁점에 관한 검토 -대법원 판례의 입장을 중심으로", 안암법학 제25권, 2007, 635-636; 김문희, "소멸시효완성의 효과를 원용할 수 있는 자의 범위", 판례연구(부산판례연구회) 제20집, 2009, 686-687; 김병선, "시효원용권자의 범위", 민사법학 제38호, 2007, 257; 김상용, 민법총칙, 제3판, 화산미디어, 2014, 722; 김용한, "소멸시효완성의 효과", 고시계 제33권 제2호, 1988, 205-206; 김정만, "소멸시효 원용권자의 범위", 사법연수원 논문집 제5집, 2008, 77; 김증한, "소멸시효완성의 효과", 서울대 법학 제1권 제2호, 1959, 285-286; 김증한, "소멸시효론", 민법논집, 1978, 297-298; 김증한/김학동, 민법총칙, 제10판, 박영사, 2013, 687-688; 노재호, "소멸시효의 원용 -원용권자의 범위와 원용권자 상호간의 관계를 중심으로", 사법논집 제52집, 2011, 254-258; 박운삼, "사해행위 수익자와 취소채권자의 채권의 소멸시효 원용", 판례연구(부산판례연구회) 제21집, 2010, 260-261; 백태승, 민법총칙, 제6판, 집현재, 2014, 561-562; 윤진수, "소멸시효 완성의 효과", 한국민법이론의 발전 Ⅰ, 1999, 201-211; 윤진수, "소멸시효론", 한국 민법학의 재정립 -청헌 김증한 교수의 생애와 학문세계, 2016, 169-193; 이태재, 민법총칙, 법문사, 1981, 388-389; 장두영, "채무자의 소멸시효이익 포기 후 법률관계를 형성한 제3취득자의 지위", 민사판례연구 제39집, 2017, 139-140; 장석조, "소멸시효 항변의 소송상 취급", 법조 통권 제508호, 1999, 43; 최종길, "소멸시효완성과 시효의 원용", 법조 제17권 제3호, 1968, 57-58.

189) 소멸시효의 완성으로 인한 법률효과가 발생하기 위하여 의무자의 의사가 개입되어야 한다.

190) 절대적 소멸설에 의하면 시효이익의 포기를 정합적으로 설명하기 어렵다.

191) 상대적 효력설이 비교법적으로 우위를 점하고 있고, 이러한 입장이 시효제도의 취지에 부합한다.

192) 입법자의 의사는 체계적·목적론적 해석에 의하여 수정될 수 있다.

193) 장두영(주 188), 136-137.

194) 양창수, "채무자의 시효이익 포기는 그 후의 저당부동산 제3취득자에 대하여도 효력이 미치는가?", 법률신문 제4338호(2015. 7. 27), 11.

195) 상대적 소멸설의 경우에는 소멸시효를 원용한 경우의 법률효과를 말한다.

196) 이태재, 채권총론, 법문사, 1981, 48에 의하면 상대적 소멸설을 취하면서도 소멸시효완성의 효과를 소구가능성의 박탈로 이해한다.

요하냐가 아니라 소멸시효의 원용으로 권리가 완전하게 소멸하느냐로 귀결되고 있다. 전자와 관련하여 법원은 직권으로 소멸시효의 완성 여부를 판단할 수 없는만큼, 소멸시효제도를 통한 채무자의 보호는 스스로 강구되어야 한다.[197] 채무자가 소멸시효의 완성을 주장하여야 비로소 그 법률효과가 발생한다고 보는 것이 소멸시효제도의 취지에 부합한다. 시효완성의 효력과 관련하여 강한 효력설과 약한 효력설이 대립하고 있으나, 현재는 약한 효력설이 우세하다. 이는 시효제도를 통한 채무자의 보호에 있어서 채권자의 이익도 고려되기 때문이다. 이에 반하여 국내의 논의는 전자로 한정되고 있다고 해도 과언이 아니다. 우선 민법 제정 당시의 논의에 의하면 외국의 논의를 정확하게 이해하였는지에 대한 의문이 든다. 특히 소위 절대적 효력설은 비교법적으로 매우 이례에 속하는 것이어서 입법자의 의사에 큰 의미를 부여하기 어렵다. 법원이 소멸시효완성의 효과를 직권으로 고려할 수 없다는 점에 학설과 판례는 일치하고 있다. 그렇다면 소멸시효가 실체법상의 제도인 만큼 소멸시효완성의 효과를 실체법적 관점에서 파악하는 견해(상대적 효력설)가 소멸시효제도의 취지에 부합한다.[198] 따라서 절대적 소멸설이 민사소송법상 변론주의를 근거로 삼아 소멸시효의 완성을 주장할 것을 요구하는 것은 타당하지 않다.

4. 항변권의 영구성

(1) 국내의 논의

항변권이 소멸시효의 대상이 되느냐에 대하여 논의가 상세하게 전개된 것은 아니다.[199] 복잡다기하게 전개되는 학설 상황을 살펴보면 다음과 같다. 첫 번째 학설은 상대방의 청구에 대하여 비로소 행사할 수 있는 항변권은 독자적으로 소멸시효에 걸리지 않는다고 한다.[200] 두 번째 학설은 시효로 소멸한 청구권에 기한 항변권이 인정될 수 없다고 한다.[201] 세 번째 학설은 권리의 성질, 견련성, 상계가능성, 신의칙 등을 고려하여 유형적으로 판단하여야 한다고 한다.[202] 네

197) 가령 채무자가 시효완성 사실을 모르고 변제한 경우에도 부당이득반환청구는 허용되어서는 안 되며, 절대적 소멸설과 같이 이를 도의관념에 적합한 변제로 이론구성할 필요가 없다. 채무자는 자신의 권리를 잘 확인하지 아니한 잘못이 있으므로 이러한 점을 들어 채권자에게 대항할 수 없다고 보아야 한다.

198) 동지: 김병선(주 188), 256.

199) 실제로 상당수의 교과서에서는 소위 항변권의 영구성이라는 주제 자체가 논의되지 않고 있다. 가령, 김증한·김학동, 김상용, 백태승, 송덕수 등의 민법총칙 교과서가 그러하다.

200) 김용한, 민법총칙론, 재전정판, 박영사, 1993, 461-462; 이은영(주 185), 757. 장경학, 민법총칙, 제3판, 법문사, 1990, 710-711에 의하면 보증인의 최고·검색의 항변권과 동시이행의 항변권의 영구성을 인정하고, 다른 항변권에 대하여는 판단을 유보하였다.

201) 양창수(주 175), 39-40. 동소에 의하면 ① 보증인의 최고·검색의 항변권은 채권자의 청구에 방어적으로 행사할 수 있는 권리이므로 보증채무가 존재하는 한 보증인이 가지며, ② 동시이행의 항변권도 자신의 반대채권이 존재하는 한 이를 행사할 수 있다는 의미에서 그것만이 독자적으로 소멸시효에 걸리지 않는다고 한다.

202) 고상룡(주 6), 665-666. 동소에 의하면 ① 보증인의 최고·검색의 항변권은 보증채무가 존재하는 한 소멸하지 않고, ② 동시이행의 항변권과 유치권은 상대방의 이행청구에 대응하는 것이므로 소멸시효에 걸리지 않고, ③ 민법 제495조는 항변권의 영구성에 의하여 인정된다고 한다.

번째 학설은 항변권의 영구성은 개별적으로 판단되어야 한다고 하면서도 신의칙에 의하여 항변권의 영구성이 인정될 수는 있다고 한다.[203] 다섯 번째 학설은 보증인의 항변권과 동시이행의 항변권은 독자적으로 소멸시효에 걸리지 않으나, 실체법상 권리가 시효로 소멸한 경우에 항변권이 존속될 수 없다고 한다.[204] 여섯 번째 학설은 항변권의 영구성을 긍정한다.[205]

(2) 평 가

외국의 논의에서 알 수 있는 바와 같이 항변권의 성격에 따라 논의를 구분하여 전개하여야 한다. 독립적 항변권과 종속적 항변권으로 구분하여 먼저 항변권이 독자적인 시효의 대상이 되느냐의 문제를 분석하고 종속적 항변권의 경우 청구권의 시효소멸로 항변권도 소멸하느냐의 문제를 분석하여야 한다. 독립적 항변권은 청구권에 기초하지 않고 상대방의 청구에 대응하는 권리이며, 이에는 보증인의 최고·검색의 항변권이 이에 해당된다. 독립적 항변권은 상대방의 청구에 앞서서 행사하기 어려운 측면이 있으므로 권리행사의 불이행에 대한 제재로 소멸시효라는 불이익을 부과할 수 없다. 따라서 독립적 항변권은 소멸시효의 대상이 되지 않는다고 보아야 한다. 이에 반하여 종속적 항변권은 기초가 되는 권리를 독자적으로 행사할 수 있으나 그렇지 아니하고 상대방의 청구에 대응하여 제기하는 항변권인데, 상계, 동시이행의 항변, 유치권이 포함된다. 종속적 항변권의 기초가 되는 권리가 시효로 소멸한 경우에도 종속적 항변권이 존속할 수 있는지가 문제된다. 이에 관련하여 외국의 논의에서 본 바와 같이 시효완성의 효력에 관한 학설에 따라 종속적 항변권의 운명도 달라진다. 강한 효력설에 의하면 권리 자체가 소멸하므로 종속적 항변권도 소멸하나, 약한 효력설에 의하면 소권만 소멸하는 것이므로 종속적 항변권은 존속한다고 한다. 민법의 해석론에 의하면 소멸시효 완성의 효과는 권리소멸이므로 종속적 항변권도 소멸한다고 보아야 한다. 따라서 소멸시효가 완성된 채권을 자동채권으로 한 상계는 원칙적으로 허용되지 않는다. 다만 법률의 규정에 의하여 종속적 항변권도 예외적으로 존속할 수 있다. 민법 제495조가 규정하는 바와 같이 시효완성 전에 상계적상이 있는 경우에는 예외적으로 상계항변이 가능하다. 동시이행의 항변권은 독자적으로 소멸시효의 대상에 해당하는 것은 아니나 기초가 되는 채권의 소멸시효의 완성으로 소멸한다. 다만 동시이행의 항변권에 대하여 민법 제495조의 유추적용의 문제가 남는다. 견련관계가 인정되는 경우에 항변권자의 신뢰의 보호가치가 높으므로 객관적 이익형량에 비추어 민법 제495조의 유추적용이 인정되어야 한다. 신의칙에 의하여 동시

203) 곽윤직 편집대표, 민법주해[Ⅲ], 총칙(3), 박영사, 1992, 430(윤진수). 동소에 의하면 ① 보증인의 최고·검색의 항변권은 채권자의 청구가 있음을 전제로 하여서만 행사될 수 있는 권리이므로 채권자의 청구가 없음에도 불구하고 독립하여 소멸시효에 걸리지 않고, ② 동시이행의 항변권은 신의칙에 의하여 영구성이 인정되고, ③ 피담보채권이 시효로 소멸하면 유치권은 소멸한다고 한다.

204) 김용담 편집대표, 주석 민법, 민법총칙(4), 제5판, 2019, 814-815(이연갑).

205) 김기수, “항변권의 영구성”, 월간고시 통권 제193호, 1990, 53.

이행의 항변권의 영구성을 논증하는 것은 일반조항으로의 도피라는 위험에 비추어 타당하지 않다. 유치권항변은 종속적 항변권이므로 피담보채권의 시효소멸로 인하여 유치권도 소멸한다. 이 경우에도 민법 제495조의 유추적용이 문제되는데, 유치권은 특별한 보호가치가 있는 피담보채권에 기하여 인정된 법정담보물권이므로 피담보채권의 존속은 필수적이다.[206] 따라서 유치권의 경우에 민법 제495조의 유추적용은 허용되지 않는다. 채권적 유치권에 관한 독일민법 제215조의 논의는 유치권을 물권으로 구성하는 우리 민법의 해석론에서 받아들이기 어렵다. 유치권의 행사는 채권의 소멸시효의 진행에 영향을 미치지 아니한다고 규정하는 민법 제326조에 비추어 보더라도 유치권자는 피담보채권의 시효중단을 위한 조치를 적극적으로 취하여야 한다.

Ⅴ. 결 론

민법 제495조는 소멸시효제도의 취지에 역행하는 측면이 있지만 객관적 이익형량을 통하여 상계권자의 상계를 예외적으로 허용한다. 민법 제495조를 신뢰보호의 관점으로만 설명하는 것은 타당하지 않다. 왜냐하면 권리행사기간의 차이가 있는 경우 권리자는 스스로 자신의 권리행사기간을 준수하여야 하고 상대방의 권리불행사를 신뢰하여서는 안 되기 때문이다. 오히려 상대방이 자동채권의 소멸시효기간의 단기를 악용하는 것은 상계권자의 잘못(권리행사기간의 불준수)에 비하여 현저하게 비난가능성이 크므로 형평의 원칙에 따라 예외적으로 상계를 허용하여 상대방에게 잔존액의 권리만을 인정하는 것이다. 당연상계주의에서 탈피하여 상계권행사주의가 관철된 현재의 시점에서 상계권행사시에 상계의 요건이 모두 갖추어져야 한다. 상계권의 행사가 적법한 경우의 법률관계를 설명하는 이론구성인 상계의 소급효에 기초하여 민법 제495조를 설명하는 것은 타당하지 않다. 민법 제495조의 유추적용을 판단함에 있어 권리행사규정의 성격, 자동채권과 수동채권의 견련관계 여부, 상계권자의 신뢰보호의 정도 등이 종합적으로 고려되어야 한다. 하자담보책임의 행사기간이 경과한 채권을 자동채권으로 한 상계의 경우에는 제척기간의 준수를 위하여 재판상 행사가 요구되지 아니하는 권리행사규정의 성격, 자동채권과 수동채권의 견련관계에 비추어 민법 제495조의 유추적용이 허용된다. 소멸시효가 경과한 차임채권의 공제의 경우에는 임대차보증금을 수수한 당사자의 합리적 의사에 기초한 임대인의 보호필요성, 자동채권과 수동채권의 견련관계에 비추어 민법 제495조의 유추적용이 허용된다. 소멸시효는 실체법상 제도

206) 대법원 2011. 12. 22. 선고 2011다84298 판결에 의하면 법이 유치권제도를 마련하여 거래상의 부담을 감수하는 것은 유치권에 의하여 우선적으로 만족을 확보하여 주려는 그 피담보채권에 특별한 보호가치가 있다는 것에 바탕을 둔 것이라고 한다.

이므로 소멸시효의 완성의 효과는 원용권자의 원용이 있어야 비로소 효력이 발생하는 상대적 효력설이 타당하고, 그러한 원용이 있으면 그 효력은 권리의 소멸이다(소위 강한 효력설). 항변권의 영구성이라는 문제는 항변권의 성격에 비추어 독립적 항변권과 종속적 항변권으로 구분하여 파악하는 것이 타당하다. 독립적 항변권은 권리자의 권리행사에 대응하는 것이므로 독자적 권리행사를 상정하기 어려우므로 소멸시효의 대상이 된다고 보기 어려우나, 종속적 항변권의 기초가 되는 권리는 독자적 행사가 가능하므로 이의 소멸로 인하여 종속적 항변권도 소멸한다고 보아야 한다. 따라서 소멸시효가 완성된 채권을 자동채권으로 한 상계항변은 원칙적으로 허용되지 않는다. 다만 법률의 규정에 의하여 종속적 항변권도 예외적으로 존속할 수 있다. 민법 제495조가 규정하는 바와 같이 시효완성 전에 상계적상이 있는 경우에는 예외적으로 상계항변이 가능하다. 항변권의 영구성이라는 논거로 민법 제495조를 설명하는 것은 타당하지 않다. 동시이행항변권의 경우에는 민법 제495조의 유추적용이 허용되나, 유치권의 경우에는 민법 제495조의 유추적용이 허용되지 않는다. 특별한 보호가치가 있는 피담보채권에 기하여 법정담보물권으로 유치권이 인정되므로 유치권의 존립을 위하여 피담보채권의 존속은 필수적이다.

약관규제법에 의한 내용통제의 대상과 그 제한*

이 병 준**

Ⅰ. 들어가며

약관규제법[1]상 내용통제는 일반조항에 기한 내용통제(제6조)와 개별적 금지규정을 통한 내용통제(제7조 내지 제14조)로 나눌 수 있다. 그리고 제15조에서 "국제적으로 통용되는 약관이나 그 밖에 특별한 사정이 있는 약관으로서 대통령령으로 정하는 경우에는 제7조부터 제14조까지의 규정을 적용하는 것을 조항별 · 업종별로 제한할 수 있다"다고 규정하여[2] 개별적 금지규정이 적용되지 않는 경우를 명시적으로 규정하고 있다.[3] 그러나 약관의 내용통제 대상 자체에서 제외되는 약관조항의 내용에 관하여는 명시적 규정이 없다. 다시 말하면 약관규제법은 내용통제의 대상이 될 수 있는 약관조항의 내용을 적극적으로 규정하거나, 대상이 되지 않은 예외를 명문의 규정을 통하여 정하고 있지 않다. 그러나 약관규제법에서 명문의 규정으로 내용통제 대상을 제한하고 있지 않더라도 약관규제법에 의한 내용통제가 가지고 있는 계약법 내에서의 내재적 한계 또는 우리 법제가 기초로 하고 있는 일반원칙에 기하여 내용통제가 일정한 한계를 가질 수 있다.

우리 약관규제법 제정에 많은 영향을 준 독일 민법은 내용통제의 대상을 명문으로 규정하고 있다. 즉 '법 규정과 다르게 규정하거나 보충하는 규정만을 내용통제의 대상으로 한다'(독일

---

* 이 글은 「선진상사법률연구」 통권 제95호에 게재되었다.

** 한국외국어대학교 법학전문대학원 교수.

1) 약관의 규제에 관한 법률 [시행 2018. 12. 13.] [법률 제15697호, 2018. 6. 12., 일부개정].

2) 시행령 제3조에서는 국제적으로 통용되는 운송업, 국제적으로 통용되는 금융업 및 보험업, 「무역보험법」에 따른 무역보험을 제외는 영역으로 규정하고 있다.

3) 판례는 더 나아가 이 경우 약관이 일반적으로 무효가 되는 경우를 포괄적으로 규정하고 있는 제6조의 규정 역시 적용될 수 없다고 보고 있다(대법원 2002. 5. 28. 선고 2000다50299 판결). 만약 제6조가 적용된다고 한다면 제15조의 규정취지가 몰각된다고 보는 것이다(송덕수, "보통거래약관의 법률문제", 이화여자대학교 법학논집 제11권 제1호, 2006, 36면). 그에 반하여 이 경우 제6조에 의한 내용통제는 가능하다는 견해로 민법주해(XII)/손지열, 박영사, 1997, 402면; 이은영, 약관규제법, 박영사, 1994, 362면.

민법 제307조 제3항)고 명시적으로 규정하고 있다.[4] 그러나 이러한 명문의 규정이 있음에도 불구하고 법률규정의 내용 자체가 명확하지 아니하여 그 구체화가 요구될 뿐만 아니라, 이 규정의 적용범위에 관하여 독일에서 학설상 논란이 많았다. 우리 입법자는 약관규제법을 입법할 당시에 이와 같은 규정이 독일 구 약관규제법에 존재하고 있었다는 사실을 알고 있었고 도입여부를 검토하였으나, 해당 규정이 내용통제의 범위를 명확히 하고 있지 않다는 비판을 고려하여 이와 같은 규정을 도입하지 않았다고 한다.[5]

현재 우리 다수설은 독일의 논의를 받아들여서 (1) 급부와 반대급부에 관한 합의내용과 (2) 법문반복조항은 내용통제 대상이 되지 않는다는 입장을 취하고 있다.[6] 그런데 명문의 규정이 없다 보니, 실무에서는 내용통제의 대상이 되지 않은 영역에 대하여도 약관규제법에 의한 내용통제를 하려는 사례를 적지 않게 발견할 수 있다. 예컨대 전기료 누진제 사례의 경우 전기료는 반대급부에 해당하는 사항으로서 내용통제의 대상에서 제외되어야 하는데, 하급심 판례에서 약관규제법에 의한 내용통제에 기하여 전기료를 정하고 있는 약관조항의 불공정성을 검토하고 있다.[7] 또한 우리 학설은 원칙적 내용만을 선언하고 있을 뿐이지, 구체적으로 내용통제 대상이 되지 않는 영역과 한계에 관하여 자세한 논의를 하는 문헌이 많지 않다.[8] 그런데 이론적으로나 실제 사례에서 내용통제의 대상이 되는 영역과 되지 않은 영역의 구분이 명확한 것은 아니다. 이에 따라 우리 실무에서도 명확한 경계획정을 하지 못하는 것으로 보인다.

본 논문에서는 독일의 논의를 참조하여 이 영역에 관하여 더 자세한 이론적 규명과 함께 어느 정도 해석론의 명확성에 기여하고자 한다. 이를 위하여 우선 명문규정이 있는 유럽연합과 독일의 입법례를 살펴본 후(Ⅱ), 명문의 규정이 없는 우리법상 이와 같은 제외내용들을 계약법 내지 약관규제법 자체에서 도출할 수 있는지 여부와 제외규정의 입법필요성에 관하여 논해보려고 한다(Ⅲ). 이를 바탕으로 하여 제외되는 영역인 법문반복조항과 주된 급부의 확정조항에 관하여

---

4) § 307 Inhaltskontrolle (3) Die Absätze 1 und 2 sowie die §§ 308 und 309 gelten nur für Bestimmungen in Allgemeinen Geschäftsbedingungen, durch die von Rechtsvorschriften abweichende oder diese er-gänzende Regelungen vereinbart werden. Andere Bestimmungen können nach Absatz 1 Satz 2 in Verbindung mit Absatz 1 Satz 1 unwirksam sein.

5) 이은영, 앞의 책, 50면; 소비자 문제를 연구하는 시민의 모임, 약관 규제의 입법, 1986, 193면.

6) 민법주해(XII)/손지열, 345면; 이은영, "약관법과 민법의 관계 -계약내용통제 및 일부무효와 관련하여-", 외법논집 제34권 제4호, 2010, 194-195면; 최병규, "약관내용에 대한 사법적 통제의 한계", 경제법연구 제12권 제1호, 2013, 194면; 김진우, "불공정조항의 내용통제에 관한 몇 가지 법적 문제점", 외법논집 제36권 제1호, 2012, 158면. 계약자유와 자기결정의 측면에서 급부와 반대급부에 관하여만 언급하고 있는 문헌으로 정진명, "계약자유와 약관의 내용통제", 소비자법연구 제5권 제2호, 2019, 91면. 다만 절충적인 견해로 가격과 같은 대가에 대한 내용통제는 원칙적으로 부정되나 예외적으로 가능한 경우를 인정하려는 견해가 있다(서희석, "일본의 3단계 전기요금 누진제 -우리나라 누진제와의 비교 및 시사점-", 소비자문제연구 제50권 제1호, 2019, 173면 각주 70). 이에 관하여 자세한 내용은 아래 Ⅲ. 1. (3) 참조.

7) 자세한 것은 아래 Ⅴ. 3. (3) 참조.

8) 이러한 문헌의 예로 김진우, "금융거래에서의 부수적 대가조항의 내용통제", 외법논집 제41권 제3호, 2017.

구체적으로 독일의 법리를 기초로 하여 논의해 보려고 한다(Ⅳ와 Ⅴ).

Ⅱ. 명문규정이 있는 유럽연합과 독일의 입법례

우선 명문의 규정이 있는 유럽연합과 독일의 규정 내용을 살펴보려고 한다. 독일의 규정이 먼저 제정되고 유럽연합의 불공정조항 지침이 나중에 제정되었으나, 현재 유럽연합의 입법지침을 회원국 중 하나인 독일에서 수용해야 하는 입장에 있으므로, 유럽연합의 지침상 규정을 먼저 살펴보기로 한다.

1. 유럽연합 입법지침의 내용

유럽연합의 불공정조항 지침(RL 93/13/EWG)은 두 가지 측면에서 내용통제의 적용범위를 제한하고 있다. 첫째, 지침 제1조 제2항에서는 "구속력 있는 규정에 … 기초하고 있는 계약조항은 본 지침의 적용을 받지 않는다"고 규정하고 있다.[9] 이 규정에 의하여 단순히 반복하고 있는 약관조항은 지침의 적용범위에서 제외하고 있다. 입법이유에 의하면 "구속력 있는 조항"의 의미에는 계약당사자 사이의 다른 합의가 없는 경우에 적용될 법률규정, 즉 임의규정도 포함된다고 한다. 이를 통하여 강행규정뿐만 아니라, 임의규정도 여기에 포함된다는 것을 명확히 하고 있다.[10] 법률규정이 있는 경우 내용통제가 이루어지지 않기 때문에 유럽연합 회원국들은 국내법상 계약관련 규정에 불공정한 내용이 담기지 않도록 노력해야 한다.[11] 동일한 이유로 지침 제1조 제2항에서는 회원국 또는 유럽연합이 가입한 국제협약의 규정이나 일반원칙에 기초하고 있는 조항을 내용통제의 대상에 제외시키고 있다. 이러한 국제협약은 국내법적으로 구속력 있는 효력을 가져서 소비자계약에 직·간접적으로 조항의 내용을 정할 수 있어야 한다.[12]

본 조항의 경우에는 내용통제에 관한 규정뿐만 아니라, 지침 전체가 적용되지 않기 때문에 투명성의 원칙(Transparenzgebot)도 적용되지 않아 조문상으로는 투명성 원칙에 따라 검토될 수 없다. 그러나 지침 제1조 제2항이 적용되기 위해서는 계약조항이 구속력 있는 법률규정을 기초로 하고 있어야 한다는 것을 요건으로 하고 있기 때문에, 계약조항이 이 경우 투명성을 갖추어야

---

9) Article 1 2. The contractual terms which reflect mandatory statutory or regulatory provisions and the provisions or principles of international conventions to which the Member States or the Community are party, particularly in the transport area, shall not be subject to the provisions of this Directive.

10) 불공정조항 지침 입법이유 13; Fuchs, in: Ulmer/Brandner/Hensen, AGB-Recht: Kommentar zu den §§ 305-310 BGB und zum UKlaG, OttoSchmidt, 12. Auflage, 2016, § 307 Rn. 15.

11) 불공정조항 지침 입법이유 14.

12) 불공정조항 지침 입법이유 13.

한다는 것은 어느 정도 전제된 것으로 해석할 수 있다고 이해되고 있다.[13)]

둘째, 지침 제4조 제2항에서는 "조항의 불공성에 대한 판단은, 해당 조항이 명백하고 이해 가능하게 만들어진 이상, 계약의 주된 급부목적과 서비스 내지 재화와 가격 내지 보수의 적절성에 대하여는 적용되지 않는다"고 규정하고 있다.[14)] 제4조 제2항은, 우선 주된 급부의 그 대가인 가격 내지 보수에 관하여는 불공정성 판단이 이루어지지 않는다는 점을 선언하고 있으면서, 주된 급부와 연관된 조항이 투명성 원칙에 위반되는 경우에는 내용통제의 대상이 된다고 선언함으로써 투명성 원칙에 위반되는 조항은 항상 내용통제의 대상이 됨을 간접적으로 나타내고 있다. 투명성 원칙은 사업자에게 신의성실의 원칙에 따라 거래상대방인 고객의 권리와 의무를 가능한 명확하게 조망할 수 있도록 약관을 구성할 것을 요구하는 원칙을 말한다.[15)] 이러한 원칙은 독일에서 1980년대에 판례를 통하여 확립된 법리로서 불공정성 통제에 관한 일반조항에서 하나의 대원칙으로 받아들여지면서 유럽연합의 입법에도 반영된 것이다. 입법이유에 의하면 주된 급부내용 및 재화와 가격에 관한 조항 자체는 내용통제의 대상이 되지 못하지만, 계약의 주된 급부목적 및 재화와 가격은 다른 조항의 불공정성을 검토함에 있어서 고려될 수 있음을 밝히고 있다.[16)]

2. 독일의 규정내용과 학설논의

(1) 규정내용

이미 살펴본 바와 같이 독일 민법 제307조 제3항 제1문에서 "약관의 내용통제 규정이 적용되기 위해서는 법규정과 다르게 규정하거나 보충하는 내용을 약관조항이 담고 있어야 한다"고 규정하고 있다. 이를 통하여 독일의 입법자는 독일 판례와 지배적 견해와 동일하게 2가지 유형을 내용통제에서 제외하려고 하였다.[17)] 법문의 반대해석상 법률규정을 변경하지 않고 법률규정을 단순히 반복하고 있는 '법문반복조항'은 내용통제 대상에서 제외된다. 그에 반하여 급부와 반대급부에 관한 내용이 약관의 내용통제 대상에서 제외된다는 점은 법률에 명확히 규정되어 있지 않다.[18)] 독일 구 약관규제법을 민법으로 편입을 할 때 불공정조항 지침을 참고하여 이에 관한

---

13) Wolf, in: Wolf/Lindacher/Pfeiffer, AGB-Recht, RL 93/13/EWG Art. 1 Rn. 35; MüKoBGB/Wurmnest, Münchener Kommentar zum BGB, C.H.Beck, 8. Auflage, 2019, § 307 Rn. 2.

14) Article 4 2. Assessment of the unfair nature of the terms shall relate neither to the definition of the main subject matter of the contract nor to the adequacy of the price and remuneration, on the one hand, as against the services or goods supplies in exchange, on the other, in so far as these terms are in plain intelligible language.

15) 투명성 원칙에 관하여 자세한 것은 이병준, "의외조항 내지 기습조항의 법률적 취급", 민사법학 제73호, 2015, 246면 이하; 김화, "약관에 있어서 투명성 원칙에 대한 고찰 -독일법상의 논의와 우리 약관규제법에 있어서의 함의-", 비교사법 제26권 제3호, 2019, 101면 이하 참조.

16) 불공정조항 지침 입법이유 19.

17) BT-Drs. 7/3919, 22.

규정내용을 수정할 수 있었지만, 독일의 입법자는 규정내용을 수정하지 않았다. 그러나 제307조 제3항 제2문에 급부설명과 가격을 정하는 약관조항은 투명성 원칙에 따라 그 유효성을 판단해야 한다는 점이 새롭게 추가되었다.

(2) 학설상 논의

우선, 이론적 논의이기는 하지만, 약관규제법에 기한 내용통제가 전체 법체계에서 차지하고 있는 의의와 관련하여 약관에 대한 내용통제가 원칙적인 상황이므로 그 대상에서 제외하는 것이 예외적인 내용인지, 아니면 약관이 내용통제를 받지 않은 것이 원칙이고 내용통제를 받는 것이 예외적인 내용인지에 관하여 학설이 대립하고 있다.[19] 독일의 입법자는 약관이 내용통제를 받지 않은 것을 예외적인 상황이라고 파악하였고[20] 독일의 판례는 사실상 내용통제를 원칙으로, 내용통제를 받지 않은 것을 예외로 인정하고 있다.

그 다음으로 본 규정을 통하여 내용통제의 대상이 될 수 있는 부분과 내용통제의 대상에서 제외되는 부분에 관하여 학설이 대립하고 있다. 즉 이러한 명문규정의 내용과 적용영역에 대하여 학설은 또한 대립하고 있다. 다수설[21]과 판례[22]는 본 규정을 통하여 제외되는 부분을 (1) 급부에 대한 설명과 반대급부인 가격에 대한 합의, 더 나아가서 (2) 법문반복조항의 경우를 말하는 것으로 이해하고 이 부분에 대하여 내용통제를 할 수 없다고 한다.

그에 반하여 소수설의 입장이긴 하지만, 이 규정은 독자적인 의미가 없고 선언적 성격을 갖는다고 보는 견해도 있다.[23] 그에 따르면 특별한 제한을 두지 않고 구체적으로 약관규제의 내용통제 척도를 통하여 정당하지 않은 것으로 판단할 수 있다면 해당 약관조항은 효력이 없는 것이라고 본다. 그 밖에 독일 민법 규정을 엄격히 받아들여서 법률규정에 의하여 정하진 바가 있는 경우에 약관에 의한 내용통제가 이루어져서는 안 된다는 견해도 주장되고 있다.[24] 이 견해에 따르면 약관조항이 주된 급부 내지 부수적 급부에 관한 것인지의 여부, 주된 합의 내지 부수적 합의에 관한 것인지는 중요하지 않다. 독일의 입법자는 구 약관규제법상의 규정을 민법에 편입하는 과정에서 다수설의 입장에 따라 "급부에 관한 내용과 약관에 규정되어 있는 대가의 결정에 관한 내용은 내용통제의 대상이 되지 않으며, 단지 법률규정을 반복하는 내용의 약관규정도 동일하게 대상이 되지 않는다"고 보는 입장을 취하였다.[25]

---

18) MüKoBGB/Wurmnest, § 307 Rn. 1.
19) 이에 관하여 Staudinger/Coester, BGB: AGB-Recht, OttoSchmidt, 18. Auflage, 2019, § 307 Rn. 281 참조.
20) BT-Drucks. 14/6040, S. 154.
21) Fuchs, in: Ulmer/Brandner/Hensen, § 307 Rn. 14.
22) BGH NJW 1998, 383.
23) Niebling, Schranken der Inhaltskontrolle, Tübingen, 1988, S. 202 ff.
24) Joost, Der Ausschluss der Inhaltskontrolle bei Entgeltregelungen in Allgemeinen Geschäftsbedingungen, ZIP 1996, 1685 ff.

Ⅲ. 내용통제 대상에서 제외되는 내용

독일의 다수설과 판례의 입장을 지지하는 우리 다수설은 내용통제의 대상이 되는 것은 법률규정의 내용과 다른 내용을 정하거나, 이를 보충하는 약관규정만이 내용통제의 대상이 된다고 본다. 그에 따라 (1) 급부와 반대급부를 정하는 내용의 약관조항 및 (2) 법률규정의 내용을 반복하는 조항, 즉 법문반복조항은 내용통제의 대상에서 제외된다고 본다.

약관규제법에 명문의 규정이 없음에도 불구하고 약관규제법에 의한 내용통제 대상에서 제외되어야 할 내용과 그 구체적인 근거에 대하여 아래에서 더 자세히 살펴보기로 한다. 여기서 내용통제의 대상에서 제외되는 영역을 살펴봄에 있어서 내용통제 가능성(Kontrollfähigkeit)과 내용통제 필요성(Kontrollbedürfnis)을 기초로 살펴보려는 시각이 유용하다.[26] 그러나 논의를 살펴보면 이 중 하나로 통일적으로 설명되지 못하고 전체적인 논거를 모두 보완적으로 고려해야 함을 알 수 있다.

1. 자유시장 경제질서를 바탕으로 하는 사적 자치의 실현: 급부와 반대급부

(1) 적용제외의 근거

계약상 급부와 반대급부에 관한 내용이 약관규제법에 기한 내용통제의 대상에서 제외됨은 세 가지 논거로 설명할 수 있다.

첫째, 우리 헌법이 전제로 하고 있는 자유시장 경제질서를 사법에서 반영하고 있는 것이 바로 사적 자치의 원칙이다. 사적 자치의 원칙에 의하면 당사자들은 계약체결의 자유, 당사자 선택의 자유 및 내용형성의 자유를 갖는다. 내용형성의 자유 안에는 바로 급부와 반대급부인 가격을 당사자들이 자유롭게 선택할 수 있다는 원칙이 담겨져 있다. 이와 달리 만약 공정거래위원회와 같은 행정기관 내지 법원에서 당사자가 선택해야 할 급부 또는 반대급부를 결정하거나 급부와 반대급부의 정당성을 내용통제를 통하여 관여할 수 있다고 한다면 자유시장 경제질서를 바탕으로 하고 있는 사적 자치의 내용, 그 중에서 가장 핵심적인 내용인 내용형성의 자유가 침해받을 것이다. 따라서 급부와 반대급부는 원칙적으로 당사자들이 합의를 통하여 결정해야만 하는 계약의 중요한 내용, 즉 본질적 구성부분(essentialia negotii)에 해당한다.[27]

둘째, 계약의 당사자들은 계약을 체결하는 과정에서 일반적으로 급부와 반대급부에 대하여

25) BT-Drucks. 7/3919, S. 22.

26) 독일에서 이러한 입장으로 Fastrich, Richterliche Inhaltskontrolle im Privatrecht, C.H.Beck, 1992, S. 252 ff.; Staudinger/Coester, §307 Rn. 283 ff.

27) 이 영역에서는 경쟁이 효율적으로 작동하므로 내용통제의 대상이 되지 않는다는 것을 주된 논거로 제시하는 견해로 김진우, 외법논집 제36권 제1호, 158면.

관심이 많으며 이를 결정함에 있어서 적극적으로 참여를 하고 시장을 통하여 가장 적합한 상대방을 찾아서 계약을 체결하는 과정을 거친 후 계약을 체결한다. 따라서 이 영역에서는 시장을 통한 내용결정과 그에 대한 자기책임의 원칙이 국가를 통한 규율과 내용통제보다 우선하게 된다.[28] 급부와 반대급부는 통상 사업자에 의하여 일방적으로 약관의 내용이 결정되지 않으므로 이 영역에서는 고객의 실질적 자기결정권을 약관규제법을 통하여 보호할 필요가 없다.

셋째, 계약의 주된 급부를 내용통제를 통하여 무효로 선언하게 되면 통상 임의규정의 적용을 통하여 그 내용이 보충적용 되어야 하나, 보충적으로 적용될 척도가 법률에 임의규정을 통하여 마련되어 있지 않다. 따라서 이 경우 보충 적용될 수 있는 임의규정이 법률에 의하여 주어질 수 없다는 점도 내용통제를 부정하는 주된 논거 중의 하나이다.[29]

견해 중에서는 앞의 두 논거를 중심으로 근거를 찾으려고 하는 경우가 있다. 그런데 전기료와 같이 약관을 통하여 반대급부를 정하는 경우에는 세 번째 논거가 오히려 중요할 수 있다. 전기료처럼 생존배려급부의 경우에는 법률에 의하여 공급자인 사업자에게 독점적 지위를 부여하는 한편 체약강제를 부과하고 있다. 이러한 경우에는 통상 계약의 체결과 내용은 당연히 결정되므로 계약의 당사자들은 약관에 규정되어 있는 반대급부를 정하는 것에 관심을 가지지 않고 계약을 체결하므로 오히려 세 번째 논거가 주된 논거로 작용하게 된다.

(2) 약관규제법에 기한 내용통제의 내재적 한계

이러한 내용은 시장경제질서를 바탕으로 하고 있는 우리 사법질서의 해석에 따른 결과이다. 그러므로 명문의 규정이 없는 우리나라에서도 당연히 인정될 수 있는 약관규제법의 기본원리로서 내용통제가 갖는 내재적 한계라고 할 수 있다.[30] 이에 따라 약관규제법에 기한 내용통제는 주된 급부에 대하여 내용통제를 하지 않고 계약의 부수적인 내용을 그 대상으로 한다.[31]

(3) 절충설에 대한 비판

가격과 같은 대가는 내용통제의 대상이 되지 않는다는 다수설과는 달리 대가에 대한 내용통제는 원칙적으로 부정되나, 예외적으로 가능한 경우를 인정하려는 절충적인 견해가 주장되고 있다.[32] 이 견해에서는 계약을 체결하면서 '가격'에 대한 개별교섭을 거치기가 어려운 경우, 가격의 산정방식이 단순하지 않아 약관에 규정하여 제시할 필요가 있는 경우, 가격이 다른 계약조

28) 이러한 취지로 정진명, 앞의 논문, 90면 이하 참조.
29) Staudinger/Coester, §307 Rn. 281; MüKoBGB/Kieninger, §307 Rn. 1.
30) 명문의 규정이 있는 독일에서도 이러한 해석의 결과가 독일 민법 제307조 제3항의 해석에 따른 결과가 아님을 강조하고 있다(Stoffels, AGB-Recht, C.H.Beck, 3. Auflage, 2014, Rn. 423).
31) 동일한 입장으로 이은영, 앞의 논문, 194-195면; 정진명, 앞의 논문, 91면; 김진우, 외법논집 제36권 제1호, 158면.
32) 서희석, "일본의 3단계 전기요금 누진제 -우리나라 누진제와의 비교 및 시사점-", 소비자문제연구 제50권 제1호, 2019, 173면 각주 70.

건과 연동하도록 설정되어지는 경우 등에는 가격을 약관에 의한 내용통제의 대상에서 제외하기는 곤란하다고 한다. 약관의 내용통제를 널리 계약내용통제(민법 제2조, 제103조, 제104조 등에 의한)의 일부로 해석한다면, 가격에 대한 약관의 내용통제가 가능한 경우가 있다고 해석하는 것이 자연스럽다고 한다. 그러면서 예외적으로 인정되는 예로 DCFR 제Ⅱ.-9:406(2)을 제시하고 있다. 또한 일본의 「소비자계약법」상으로는 주된 급부나 그 대가에 대한 소비자계약조항의 내용통제에 관한 명문의 규정은 없고 학설은 이를 인정하는 견해와 부정하는 견해로 나뉜다고 한다.

이 견해가 지적하고 있는 예외적인 사례들은 '가격'이 당사자들의 개별 약정이 아닌 약관으로 규정되는 경우이다. 그런데 이와 같이 '가격'이 약관내용을 통하여 결정되었다고 하더라도 약관규제법에 기한 내용통제가 당연히 정당화되는 것은 아니다. 약관의 편입 및 해석단계를 통과한 후 다시 내용통제의 대상이 될 수 있는지를 추가로 검토해야 한다.

더 나아가 약관의 내용통제는, 물론 절충설이 지적하는 바처럼, 민법상 계약내용 통제 제도와 함께 계약내용 통제를 하는 제도임에는 분명하나, 그렇다고 하더라도 계약내용 통제에 대하여 민법상 제도에 의하여 원칙적으로 대상이 될 수 있다는 점과 약관규제법에 기한 내용통제의 대상이 될 수 있다는 점을 일원화된 원리로 설명하려는 것은 의문의 여지가 있다.[33] 왜냐하면 해당 내용통제 수단들은 다른 요건과 효과를 바탕으로 하고 있기 때문이다. 특히 민법상 내용통제 제도들은 전부무효를 원칙으로 하므로 '가격'을 결정하는 내용이 무효가 되더라도 '가격'을 다시 정할 필요가 없으나, 약관규제법에 의한 내용통제의 경우에는 일부무효를 원칙적으로 하므로 '가격'을 정하는 약관조항이 무효가 되면 다시 가격을 정해야 하나, 위에서 살펴본 바와 같이 가격을 결정할 수 있는 임의규정이 존재하지 않으므로 이를 보충할 수 있는 기준이 마련되어 있지 않다는 점에 결정적인 차이점이 있다.[34]

그리고 비교법적 논거로 제시하고 있는 DCFR 제Ⅱ.-9:406(2)[35]은 바로 유럽연합과 독일법에서 정하고 있는 투명성 원칙에 관한 내용을 담고 있다. 즉 가격에 관한 조항이 내용통제 대상은 되지 않지만, 투명성 원칙에 따라 무효가 될 수 있다는 내용을 담고 있는 규정이다. 따라서 이 조항이 약관규제법에 기한 내용통제 대상에서 '가격'이 제외된다는 예외의 논거로 사용될 수는 없는 것으로 보인다.[36] 그런데 만약 내용통제의 대상에서 제외되지만, 예외적으로 투명성 원

---

33) 이에 관하여 자세한 것은 이병준, "약관규제법에 기한 내용통제와 일반사법인 민법에 기한 내용통제", 민사법의 실현과 지향(윤용석 교수 정년기념논문집), 부산대학교출판문화원, 2019, 335면 이하.

34) 이자제한법상 최고이자율 또는 민/상법상 법정이자에서처럼 반대급부의 최고한도가 정해진 경우에도 이 최고한도는 당사자의 자유로운 합의를 제한할 뿐이고 당사자 사이의 약정내용의 정당성을 판단할 수 있는 기준은 아니다. 따라서 반대급부의 최고한도가 법률상 정해진 경우에도 약관규제법에 기한 정당성을 판단할 수 있는 보호할 수 있는 기준이 마련되어 있다고 볼 수 없다.

35) 이에 관하여 서희석, 소비자계약의 법리, 부산대학교출판부, 2018, 430면 참조.

36) 일본의 학설 논의는 필자가 일본어를 하지 못하는 관계로 직접 찾아볼 수 없어서 확인하기 곤란하다. 절충설에서 다음 기회에 이에 관하여 자세한 소개가 있으면 논의에 많은 참고가 될 것이다.

칙에 따른 내용의 불공정성을 판단할 수 있다는 입장이라고 한다면 절충설은 본 논문의 입장과 크게 다르지 않는 것으로 평가된다.

2. 법률규정에 대한 구속: 법문반복조항

(1) 적용제외의 근거

법문반복조항이 내용통제의 대상이 되지 않는다는 논거로는 통상 두 개의 논거가 제시된다. 첫째, 헌법에 의하면 법관은 헌법과 법률에 의하여 그 양심에 따라 독립하여 심판한다(제103조). 이에 따라 법관은 법률규정의 구속을 받는다. 약관의 내용통제 규정을 통하여 법관이 법률규정의 내용을 반복하는 법문반복조항에 대하여 불공정성 심사를 할 수 있다고 한다면, 이를 통하여 간접적으로 법률규정의 적절성을 법관이 평가할 수 있는 결과가 된다. 그런데 오히려 법관은 법률에 구속을 받으므로 반대 결과가 되어야 하므로 법문 자체를 반복하고 있는 조항은 내용통제의 대상이 되지 않는다. 법을 집행하는 공정거래위원회와 같은 행정관청의 경우에도 법률에 구속된다는 동일한 논거가 적용될 수 있다. 이러한 이유로 법문반복조항은 처음부터 내용통제의 대상이 되지 않는다.[37)]

둘째, 내용통제를 통하여 법문반복조항을 무효로 만든다고 하더라도 무효로 된 내용은 결국 법률규정을 통하여 보충되어야 하므로 결국에는 내용통제가 아무런 효력을 가지지 못하는 결과에 이른다. 즉 법문반복조항을 무효로 만들더라도 동일한 내용의 법률규정이 다시 적용되는 것이다.

(2) 약관규제법에 기한 내용통제의 내재적 한계

이러한 해석결과는 법의 목적을 기초로 하여 내용통제의 적용범위를 제한하는 목적론적 축소해석의 결과로 도출되는 것이다.[38)] 따라서 이러한 해석의 결과는 명문의 규정이 없더라도 우리 약관규제법에서도 내재적 한계로 인정할 수 있다.[39)]

3. 소결: 입법의 필요성

급부와 반대급부의 내용 그리고 법문반복조항이 약관규제법에 기한 내용통제에서 원칙적으로 제외되고 이러한 제외되는 영역에 예외적으로 투명성 원칙 위반만 검토될 수 있다는 점은 명문의 규정이 없더라도 우리 사법체계 내지 약관규제법상 인정될 수 있는 내재적 한계임을 위의 논의를 통하여 확인할 수 있었다. 따라서 현재 약관규제법에 이러한 내용이 명문으로 규정되어

---

37) 같은 입장으로 최병규, 경제법연구 제12권 제1호, 188면.
38) Staudinger/Coester, §307 Rn. 290.
39) 같은 견해로 김진우, 외법논집 제36권 제1호, 159면.

있지 않더라도 이 영역에 대하여 약관규제법에 기한 내용통제가 이루어질 수 없다는 다수설의 견해는 타당하다. 그리고 이러한 명문의 규정을 둔다면 이는 이러한 원리를 명확히 하는 선언적 내용의 의미만을 가질 것이다.

그러나 현재 우리 실무에서 많은 경우에 이러한 영역이 적용제외됨을 간과한 채 약관규제법에 기한 내용통제를 무리하게 검토하고 있는 경우가 적지 않은 것이 사실이므로 이러한 선언적 내용의 규정을 두는 것이 필요하다고 생각된다.[40)]

Ⅳ. 법문반복조항

법률규정의 내용을 다시 반복하는 약관조항을 법문반복조항이라고 한다. 따라서 법률규정의 내용을 변경하거나 보충하는 규정은 법문반복조항이 아니다. 그런데 개념적으로는 법문반복조항이 무엇인지는 명확히 설명할 수 있지만, 실제 사례에서 법문반복조항인지를 판단하기에는 어려움이 존재하는 경우가 있다. 따라서 아래에서는 약관조항이 단순히 법률규정의 내용을 반복하는 조항인지를 판단하는 방법과 그 한계가 문제된 사례들을 살펴보려고 한다.

1. 법률규정과의 일치

(1) 법률상황의 비교

약관에 법률규정의 내용과 동일한 법문반복조항이 존재하여 내용통제의 대상에서 제외되는지를 검토함에 있어 방법론적으로 **두 가지 법률상황의 비교**(Rechtslagenvergleich)가 이루어져야 한다.[41)] 이처럼 법률상황을 비교하는 것은 법문반복조항의 개념 자체로부터 도출될 수 있는 방법이다.

첫 번째 단계에서는 해당 약관조항에 담겨 있는 법률적인 규정내용을 도출해야 한다. 약관조항의 내용을 확정하기 위해서는 객관적 해석의 원칙, 불명확조항 해석의 원칙 등 약관규제법의 특유한 해석방법을 포함한 약관의 해석을 통하여 확정된다. 두 번째 단계에서는 법률규정의 형태로 동일한 내용의 규정이 존재하는지를 살펴보아야 한다. 법률규정의 내용을 확정함에 있어서는 문언적 해석을 기초로 체계적 해석, 역사적 해석, 목적론적 해석 등 법률의 해석방법을 사용해야 한다. 그리고 두 가지 단계를 통하여 확정된 내용을 서로 비교하게 된다. 양 내용이 일치

40) 이와 달리 독일의 입법을 받아들이자고 하는 견해로 최병규, 경제법연구 제12권 제1호, 195면.

41) Staudinger/Coester, §307 Rn. 292; Fuchs, in: Ulmer/Brandner/Hensen, §307 Rn. 25; MüKoBGB/Wurmnest, §307 Rn. 6; Stoffels, AGB-Recht, Rn. 432.

하는 경우에는 해당 규정을 법문반복조항으로 보아야 하며, 약관의 내용통제가 일어나지 않는다. 그에 반하여 내용이 일치하지 않은 경우에는 법문반복조항이 아니므로 내용통제에 관한 제6조 이하의 규정에 따라 불공정성 심사가 이루어질 수 있다.[42]

여기서 우리가 알 수 있는 것은, 규정내용이 일치하는 법률규정이 비교대상으로 존재하는 경우에만 내용의 동일성을 기초로 내용통제 대상에서 제외할 수 있다는 점이다. 따라서 법률규정이 전혀 없거나, 적어도 규정된 내용과 관련하여서 법률규정이 없는 경우 동일한 규정내용이 아예 처음부터 존재하지 않는 것이다. 또한 법률규정의 공백상태를 보충하는 약관조항은 보충규정의 성격을 갖는다. 이러한 보충규정은, 해당 내용이 급부 내지 반대급부 결정과 관련된 내용을 담고 있지 않은 한, 원칙적으로 내용통제의 대상이 된다.

(2) 법문반복조항에서 법률규정의 의미와 범주

법문반복조항임을 확인할 때 '법률규정'은 반드시 그 내용이 적극적으로 법률에 규정되어 있는 형식적 의미에서의 법률일 필요는 없다. 독일의 판례와 학설은 일반적 법원칙, 판례법의 내용[43] 그리고 계약의 본질로부터 발생하는 권리와 의무의 내용[44]도 여기서 '법률규정'의 범주 안에 포함된 것으로 보고 있고 우리 학설도 이러한 입장에 찬성하고 있다.[45]

법률에 규정되어 있지 않은 비전형계약에 관한 약관규정도 법률규정이 없다는 이유로 처음부터 내용통제로부터 제외된 것은 아니다.[46] 내용의 불공정성을 판단할 수 있는 임의규정이 없는 비전형계약의 경우에는 이에 적용될 수 있는 법률규정이 없다는 이유로 법문반복조항이 존재하는지 여부가 처음부터 문제될 수는 없다. 따라서 비전형계약의 경우 그 불공정성을 판단할 수 있는 임의규정이 존재하지 않다는 측면에서 약관규제법 제6조 제2항 제1호가 적용될 수는 없다. 그러나 제2항 제3호에 기초하는 불공정성을 판단할 수 있는 여지가 있음을 주의해야 한다. 이때에는 주된 급부약정과 일반법원칙을 기초로 계약의 본질적 권리가 침해되었는지를 판단해야 한다.

(3) 독일 판례사례

독일 연방법원(BGH)에서 법문반복조항과 관련하여 약관규제법에 의한 내용통제 대상이 되는지 여부가 문제된 대표적 사례를 살펴보면 다음과 같다.

Happy Digits는 이용자로부터 수집한 개인정보를 활용하는 경우 할인의 기회를 제공함으로써 고객을 특정 사업자에게 구속시키는 것을 사업모델로 하는 회사이다. 이 회사가 이용자들의

---

42) 그렇다고 하더라도 임의규정의 내용을 수정하거나 변경하는 경우에 당연히 불공정한 것으로 볼 수는 없고 불공정성을 구체적으로 판단해 보아야 한다. 이에 관하여 자세한 내용은 이병준, 2014년 소비자법 판례의 동향, 소비자법연구 제1권 제1호, 2015, 72면 이하 참조.

43) BGH NJW 2014, 1168. 판례법의 범위와 관련하여 아래 Ⅴ. 3. 2) 참조.

44) BGH NJW 1998, 383.

45) 이와 같이 넓은 의미에서 법률로 보려는 견해로 김진우, 외법논집 제36권 제1호, 159면.

46) Fuchs, in: Ulmer/Brandner/Hensen, §307 Rn. 20; MüKoBGB/Wurmnest, §307 Rn. 7.

개인정보 수집과 관련한 약관규정에서 개인정보보호법상 개인정보의 저장, 처리와 이용에 관한 개인정보보호법의 규정을 반복하는 내용을 담고 있었다. 독일 연방법원은 이러한 약관조항이 개인정보보호법상 관련된 규정을 반복하는 이상 내용통제의 대상이 되지 않는 법문반복조항으로 보았다.[47)]

휘트니스 센터의 약관에서 회원이 시설을 이용하지 않은 경우에 회비를 지급해야 한다는 규정을 두고 있는 경우 회원계약의 성질이 임대차계약의 요소를 많이 갖고 있으므로 임대차에 관한 독일민법 제537조 제1항의 내용을 반복하고 있는 한 법문반복조항으로 볼 수 있는 여지가 있다. 그러나 독일 연방법원은 회원계약이 시설의 이용을 목적으로 하는 급부요소를 가지고 있어 임대차계약으로 볼 수 있는 여지가 있기는 하지만, 시설이용의 방식과 형태에서 휘트니스 회원계약이 임대차가 갖는 법률상 기본 모델에서 많이 벗어나는 비전형적인 내용을 가지고 있다고 보았다. 따라서 제537조 제1항을 적용하는 것이 부적절하므로 이 규정을 단순히 법문을 반복하고 있다고 하여 법문반복조항이라고 볼 수 없다고 판단하였다.[48)] 이처럼 전형계약 규정을 단순히 반복하는 약관규정을 두고 있지만, 해당 전형계약 규정이 구체적으로 체결된 계약에 적용될 수 없는 경우에는 단순히 법률규정을 반복하는 법문반복조항이라고 말할 수 없는 것이다.

2. 법률규정에 의하여 주어진 내용 형성가능성과 보충을 필요로 하는 규정

법률규정이 완결적 형태로 되어 있지 않고 그 내용의 구체화를 요구하는 경우가 있다. 이러한 경우에 사업자가 법률에 의하여 주어진 내용 형성가능성을 활용하여 약관으로 해당 내용을 정하는 경우에 이러한 약관규정 내용은 법률규정을 보충하는 역할을 하기 때문에 단순히 법률규정을 반복하는 법문반복조항으로 볼 수 없다.[49)]

법률규정에서 계약당사자들이 계약관계를 규율하면서 고려해야 하는 최고 한도를 정하지

47) BGH NJW 2010, 865. 이에 대하여 개인정보보호법의 규정을 반복하는 것이라면 법문반복조항으로 볼 수 있지만, 개인정보의 활동 동의와 연관된 약관규정인 이상 법문반복조항으로 보기 어렵다는 비판으로 Nord/Manzel, "Datenschutzerklärungen-misslungene Erlaubnisklauseln zur Datennutzung Happy-Digits" und die bedenklichen Folgen im E-Commerce, NJW 2010, 3756 f.

48) BGH NJW 1997, 194.

49) MüKoBGB/Wurmnest, § 307 Rn. 9; Fuchs, in: Ulmer/Brandner/Hensen, § 307 Rn. 32. 그런데 이와 같이 내용보충을 인정하여 주는 허용규정(Erlaubnisnorm이, 특히 계약으로 보충할 수 있는 가능성을 열어주는 경우에 약관규제법에 기한 내용통제가 가능한지 여부가 독일에서 학설상 문제되고 있다. 독일에서는 이 문제를 고객이 상인인지 아니면 소비자인지 여부와 소위 특별한 허용규정(qualifizierte Erlaubnisnorm)인지 여부에 따라 구분하고 있다(MüKoBGB/Wurmnest, § 307 Rn. 10). 여기서 특별한 허용규정이라고 함은 특별히 약관에 의하여 보충할 수 있도록 허용하고 있는 규정을 말한다. 고객이 상인인 경우에는 특별한 허용규정의 경우 약관에 의한 내용형성 가능성이 주어졌다면 약관규제법에 의한 내용통제의 대상이 되지 않는다고 한다. 그에 반하여 약관에 의한 내용형성 가능성이 주어지지 않는 허용규정의 경우에는 고개이 상인인 경우에 내용통제의 대상이 된다고 한다. 고객이 소비자인 경우에는 특별한 허용규정인지 여부와 상관없이 항상 내용통제의 대상이 된다고 한다.

만, 당사자들이 자유롭게 내용을 정할 수 있는 여지를 남겨두고 있는 경우에 이 영역의 범위에서 내용을 정하는 약관조항은 약관규제법에 따른 내용통제의 대상이 된다.50) 이러한 규정은 법률규정의 내용을 변경하는 조항에 해당하지는 않지만, 법률규정의 내용을 보충하는 내용을 담고 있기 때문에 내용통제를 할 수 있는 조항에 해당한다.

V. 급부의 내용을 정하는 조항

주된 급부의무의 대상이 되는 목적물에 관한 합의내용(급부의 내용을 정하는 조항)51)과 급부의 대가 내지 가격에 관한 합의도 내용통제의 대상에서 제외됨은 앞에서 이미 살펴보았다. 여기서는 내용통제에서 제외되는 영역을 확정하고 한계가 문제되고 있는 사례에 관하여 살펴보려고 한다.

1. 급부내용에 관한 합의

(1) 급부내용의 특정

약관 내 조항이 법률규정의 정함이 없이 오직 당사자들의 계약상 합의를 통하여 급부를 할지 여부, 그리고 상품, 서비스 그 밖의 급부 대상, 급부의 종류, 범위, 양과 품질을 직접적으로 정하는 경우 이러한 조항은 원칙적으로 내용통제의 대상이 되지 않는다. 특정한 급부가 계약내용이 되지 않는다고 하는 소위 소극적 급부의 내용을 정하는 조항도 내용통제의 대상이 되지 않는다.

그런데 독일 판례의 경우 내용통제의 대상이 되지 않는 급부의 내용을 정하는 조항의 영역을 좁게 인정하고 있다. 급부내용을 정하는 조항이 없는 경우 계약내용의 확정 내지 확정가능성의 결여로 인하여 유효한 계약의 성립을 인정하기 어려운 부분이 있어 이 영역을 아주 좁은 핵심영역에 대하여만 인정하고 있다. 그런데 이와 같은 독일 판례의 입장에 대하여 투명성 원칙과 연관하여 의미 있는 비판이 독일에서 주장되고 있다.52)

(2) 급부내용의 수정

약관조항이 본래의 급부약정을 제한, 변경 또는 제외하는 경우는 물론, 구체화 또는 수정하

---

50) Staudinger/Coester, § 307 Rn. 306; MüKoBGB/Wurmnest, § 307 Rn. 12.

51) 통상 독일에서는 이를 Leistungsbeschreibung이라고 용어로 약칭하여 사용하고 있으며, 이를 직역한다면 '급부설명' 정도로 번역할 수 있다. 그러나 '급부설명'이라는 번역은 그 의미전달에 있어서 문제가 있어서 부득이하게 본 논문에서는 이를 의역하여 '급부내용을 정하는 조항'으로 번역하였다.

52) 자세한 것은 아래 2. (3) 참조.

는 경우에 내용통제가 가능하다. 만약 계약체결시 당사자의 합의를 통하여 확정되었던 급부의 내용이 부당한 약관조항을 통하여 제한된다면 약관규제법의 입법목적을 고려하여 약관의 내용통제를 통하여 고객을 보호할 필요가 있음은 분명하다. 그러나 내용통제 대상에서 제외된 급부의 내용을 정하는 조항과 내용통제가 가능한 급부내용의 변경 또는 제한 사이의 구분이 명확하지 않아 실무에서는 많은 어려움을 겪고 있다.

독일 판례 사례를 살펴보면 (1) 약관조항에서 일방적 급부결정권에 대하여 규정하는 경우에는 내용통제의 대상이 되는 것으로 보았다. 계약의 한 당사자에게 급부의 내용을 일방적으로 결정할 수 있는 일방적 급부결정권을 부여하는 것은 사적자치의 원칙상 당연히 인정된다. 그러나 일방적 급부결정권이 인정되는지 여부와 어떠한 요건 하에서 인정할지의 여부가 약관조항에 의하여 정해지는 경우에는 내용통제의 대상이 될 수 있다.[53] 또한 약관조항을 통하여 인정된 일방적 급부결정권의 행사를 통하여 계약내용이 형성된 경우 해당 내용을 내용통제 대상에서 제외된 급부약정으로 보기는 어렵다. 왜냐하면 일방적 급부결정권이 부여된 계약당사자에게 급부내용을 처음 결정하거나 사후적으로 변경할 수 있도록 한다면 계약상 급부와 반대급부가 당사자 사이의 합의를 통하여 결정된다는 일반원칙에서 벗어난 내용을 갖기 때문이다. (2) 여행약관상 "계약상 급부의 범위는 여행주최자의 급부내용을 정하는 조항과 여행지의 관행(Landesüblichkeit)을 고려하여 결정된다"는 내용의 약관조항은 내용통제의 대상이 된다.[54] 독일 연방법원은 이 조항은 여행급부의 내용을 구체적으로 정하고 강조할 뿐만 아니라, 내용을 여행지의 관행이라는 조건을 전제로 결정된다고 함으로써 급부내용을 변경하는 것으로 이해하였다. 즉 계약상 약정된 내용을 일부 수정할 가능성이 있다고 본 것이다. 이와 같은 조항이 없을 경우 여행급부는 종류채권으로서 국내 표준에 따라 중등품질로 이행되어야 하나(민법 제375조 제1항 참조), 여행지의 표준이 국내 표준보다 같지 않을 수 있고 더군다나 국내 표준보다 더 낮을 수 있으므로 이행정도가 낮게 결정될 수 있는 여지가 있다고 보았다.

2. 가격에 관한 조항

(1) 직접적으로 가격을 정하는 조항

가격 내지 대가가 약관조항으로 정해진다면 이는 급부의 내용을 정하는 조항에 해당한다.[55] 일반적으로 가격은 계약당사자들이 개별약정을 통하여 결정하기 때문에 약관규제법에 기한 내용통제는 문제되지 않는다(제4조). 그러나 가격이 예외적으로 약관조항을 통하여 정해지더

53) BGH NJW 2012, 2188.
54) BGH NJW 1987, 1935.
55) MüKoBGB/Wurmnest, § 307 Rn. 17.

라도 가격에 대한 내용통제는 이루어져서는 안 된다. 이미 살펴본 것처럼 가격에 대하여는 이를 심사할 수 있는 내용통제 척도가 존재하지 않기 때문이다. 그렇지만 모든 가격조항은 투명성원칙을 위반하였는지 여부에 관하여는 검토되어야 한다.[56)][57)]

(2) 부수적으로 가격에 영향을 주는 조항

독일 판례는 소위 부수적 가격조항(Preisnebenabrede)은 내용통제의 대상이 된다고 한다.[58)] 그에 따르면 부수적 가격조항이라고 함은 정해진 가격을 변경하는 조항과 가격에 대하여 간접적 영향이 있지만, 이와 같은 유효한 조항이 존재하지 않는다면 임의규정이 적용될 수 있는 조항을 말한다.[59)] 부수적 가격조항은 임의규정을 변경하는 내용을 담고 있기 때문에 내용통제의 대상이 될 수 있다고 한다. 이와 같은 부수적 가격조항이 존재하지 않는다면 해당 내용은 임의규정 또는 객관적으로 도출할 수 있는 계약의 보충해석을 통하여 결정될 수 있다고 보는 것이다.[60)] 독일 판례상 부수적 가격조항으로 인정한 대표적 예는, 사업자가 일반적 경영비용, 법률상 또는 계약상 존재하는 자신의 의무이행 또는 다른 활동으로 발생하는 비용 등을 고객에게 전가하는 조항이다.[61)] 이와 같은 형태로 내용통제의 대상이 되는 약관조항으로는 소비대차계약의 처리비용[62)] 또는 지급시지의 잘못된 처리로 인하여 발생하는 비용[63)]에 관한 규정을 들 수 있다.

독일 판례가 부수적 가격조항이 존재한다고 보는 사례에는 두 가지 다른 종류의 약관조항 유형이 있다는 분석이 흥미롭게 주장되고 있어 여기서 소개하기로 한다.[64)] 첫 번째 유형인 소위 진정한 부수적 가격조항(echte Preisnebenabrede)의 경우에는 가격을 지불할지의 여부와 그 범위에 관한 독자적인 내용이 없고 이미 정해진 가격을 변경하거나 보충하는 내용을 담고 있다. 특히 진정한 가격조항은 간접적으로 최종가격에 영향을 미칠 수 있는 대가의 지불방법과 다른 조건들에 관하여 규정한다. 이러한 규정내용에는 기한, 이자, 지급의 종류와 방식 그리고 지급청구권의 기타 요건들이 속한다.

또한 일방적으로 가격을 결정하거나 사후적으로 가격을 조정할 수 있는 권리를 유보하는 조항, 즉 가격유보조항(Preisvorbehaltsklausel)과 가격조정조항(Preisanpassungsklausel)도 첫 번째 유형에 속한다고 한다. 가격유보조항의 경우 급부의 가격을 우선 정하지 않고 나중에 사업자가

---

56) MüKoBGB/Wurmnest, §307 Rn. 17.
57) 독일 판례에서는 주된 급부, 부수적 급부 또는 특별급부에 대한 가격을 직접적으로 결정하는 조항만을 내용통제에서 제외하고 있다(BGH NJW 1992, 689; BGH NJW 1999, 3260).
58) 이에 관한 소개로 최병규, 경제법연구 제12권 제1호, 191면.
59) BGH NJW 1998, 383; BGH NJW 1999, 2276; BGH NJW 2000, 651.
60) Wolf, in: Wolf/Lindacher/Pfeiffer, AGB-Recht, §307 Rn. 315.
61) BGH NJW 2017, 2986.
62) BGH WM 2014, 1224; BGH NJW 2017, 2986.
63) BGH WM 2015, 519 f.
64) Fuchs, in: Ulmer/Brandner/Hensen, §307 Rn. 76.

일방적으로 확정할 수 있는 권한을 갖고, 가격조정조항의 경우에는 정해진 가격을 사후적으로 사업자가 일방적으로 변경을 할 수 있는 권한을 갖는다는 점에서 차이점이 있다. 그러나 두 경우 모두 사업자가 가격을 최종적·일방적으로 결정할 수 있는 일방적 급부결정권을 갖고 있다는 점에서는 동일하다. 매일 가격을 결정할 수 있도록 권한을 유보하거나, 가격목록표로 가격결정을 유보하는 경우가 사업자의 일방적 급부결정권을 유보하는 대표적인 사례에 해당한다. 이 경우 사업자는 해당 약관조항을 기초로 매일 가격을 일방적으로 정하거나, 가격목록을 일방적으로 수정함으로써 가격을 변경할 수 있다. 독일연방법원은 당사자가 가격결정에 대하여 개별약정을 하지 않고 약관조항을 기초로 가격이 결정되는 경우에는 내용통제가 가능한 것으로 보고 있다.[65] 독일 연방법원의 견해에 따르면 임의규정상 주된 급부는 계약상의 합의를 통하여 결정되어야 하는데 가격유보조항과 가격조정조항은 임의규정을 변경하는 내용을 담고 있다고 한다.[66]

두 번째 유형은 계약상 주된 급부가 아닌 다른 급부에 대한 대가를 결정하는 조항이다. 이와 같은 부수적 급부에 대한 대가조항의 경우에는 전체 가격에 대하여 간접적으로 영향을 미치나, 단순히 주된 급부와 부수적 급부의 구분만으로는 약관규제법에 기한 내용통제의 대상이 되는지를 결정할 수는 없다. 주된 급부이든 부수적 급부이든 법률상의 내용통제 척도가 존재하지 않는다면 내용통제의 대상이 될 수 없기 때문이다. 따라서 이 유형은 부진정한 부수적 가격조항에 해당하고 구체적으로 내용통제의 대상이 될 수 있는지를 개별적으로 판단할 수밖에 없다.

그런데 기본적으로 가격을 전체 가격으로 표시하든 개별적인 부분가격 또는 개별적인 급부요소 별로 가격을 표시하든 이는 내용통제 영역 밖에 있는 사업자의 결정사항이다.[67] 따라서 가격 요소를 여러 개 항목으로 나누어서 산정하는 조항은 원칙적으로 내용통제의 대상이 되지 않는다. 그러나 투명성 원칙에 기하여 내용통제를 할 여지는 있고, 임의규정이 만약 존재한다면 예외적으로 내용통제의 대상이 될 수도 있다. 독일 연방법원의 판례에 따르면 간접적으로 가격과 급부에 대하여 효력을 갖는 부수적 가격합의 내용을 담고 있는 약관조항도, 만약 유효한 계약에서 명시적으로 정한 바가 없을 때 보충적으로 적용되는 임의규정이 존재한다면 내용통제의 대상이 될 수 있다고 한다.[68] 그에 반하여 특별한 급부의 대가에 대하여 임의규정이 존재하지 않고 단지

65) BGH NJW-RR 2005, 1500.

66) 독일 연방법원은 가격조항이 주된 급부의 확정과 연관된 것인지의 문제를 정면으로 다루고 있지는 않다. 약관규제법에 기한 내용통제의 보호목적을 기초로 보았을 때 이와 같은 독일 연방법원의 판결이 문제가 있다는 지적도 있다(MüKoBGB/Wurmnest, §307 Rn. 17). 즉 약관규제법에 기한 내용통제의 목적을 경제적 약자의 보호에 있는 것으로 보지 않고 시장실패 방지에 있는 것으로 본다면 독일 연방법원의 견해와 달리 개별적인 가격합의가 매일 가격을 정하거나 목록표를 통하여 가격이 정해지는 조항을 통하여 보충되는 경우와 약관에 정해진 목록표를 통해서만 가격이 정해지는 경우는 차이점이 존재한다고 한다. 왜냐하면 후자의 경우에는 고객은 전적으로 사업자에 의하여 일방적으로 가격이 결정된다는 점이 명백하게 인식할 수 있기 때문이다(MüKoBGB/Wurmnest, §309 Nr. 1 Rn. 16).

67) Staudinger/Coester, §307 Rn. 329 참조.

당사자들이 합의를 통해서만 정해질 수 있는 경우에는 내용통제의 대상에서 제외된다고 한다.[69]

(3) 학설의 비판적 입장

그러나 위에서 살펴본 내용통제의 대상이 되는 부수적 가격조항과 내용통제의 대상이 되지 않은 간접적 가격결정에 따라 구분하는 방식은 매우 모호하기 때문에 학설의 많은 비판을 받고 있다.[70] 특히 은행거래와 관련하여 부수적 급부에 대한 보수를 결정하는 조항의 경우에는 자의적인 판단이 이루어지고 있다고 보고 있다. 예컨대 독일 연방법원 판례는 계좌이체에 대한 비용을 은행창구에서 고객에게 부담시킬 수 없음에 반하여[71] 자동화기계에서는 할 수 있다고 보았다.[72] 또한 면제요청에 대한 사무처리비용[73]과 계좌압류에 대한 관리비용[74]을 고객에게 전가시키는 조항에 대하여 적극적으로 내용통제를 함에 반하여, 신용카드 해외사용에 대한 특별비용부과는 내용통제의 대상이 되지 않은 영역에 있다고 한다.[75]

약관규제법상 급부를 정하는 조항에서 약관규제법에 기한 내용통제의 대상이 되지 않은 핵심적 영역이 있음은 분명하다. 그러나 그 근거와 한계, 더 나아가서 내용통제가 될 수 있는 주변영역에 관하여 불명확성이 존재하고 그 한계설정을 독일판례가 명확히 하고 있다고 보기 어렵다. 이처럼 이전의 독일 판례와 학설에서 혼란이 존재하였던 것은 투명성 원칙의 의미와 적용범위가 내용통제와 연관하여 논란이 존재하였기 때문이라는 지적이 있다.[76] 독일 판례가 투명성원칙과 내용통제 사이에 명확한 한계 설정이 이루어지지 않았기 때문에 급부영역을 좁게 해석하여 내용통제 가능성을 되도록 열어 놓을 필요성을 느꼈던 것이다. 즉 많은 경우에 투명성 결여의 문제를 내용통제로 해결하려고 하였던 것으로 보인다는 지적이 설득력 있다. 그러나 독일 민법상 명문의 규정을 통하여 투명성 통제가 내용통제 범위 밖에 있는 급부내용을 정하는 조항에 대하여도 가능해졌기 때문에, 더 이상 이 영역을 굳이 내용통제 범위 안에 둠으로써 규제할 필요성이 없게 되었다. 따라서 논의가 변화할 수 있는 여지가 생긴 것이다.

또한 이와 같은 이론과 입법의 발전과정을 살펴보았을 때 급부영역에서의 투명성 통제와 내용통제를 통한 불공정성 통제 사이의 관계가 분명해진다. 투명성 원칙을 통하여 시장에서의

---

68) BGHZ 141 380(383); BGHZ 124 254(256). 이와 같은 임의규정에는 형식적인 의미의 법률규정뿐만 아니라, 일반적인 법원칙과 계약의 본질로부터 발생하는 권리와 의무의 총체도 포함된다(BGHZ 136 261(264); BGHZ 137 27(30). 이에 찬성하는 입장으로 Wolf, in: Wolf/Lindacher/Pfeiffer, AGB-Recht, §307 Rn. 314).

69) BGH NJW 2009, 2052.

70) Canaris, Wandlungen des Schuldvertragsrechts-Tendenzen zu seiner „Materialisierung, AcP 200(2000), 327 ff.; Staudinger/Coester, §307 Rn. 313; MüKoBGB/Wurmnest, §307 Rn. 18.

71) BGH ZIP 1996, 22.

72) BGH ZIP 1996, 1080 f.

73) BGH NJW 1997, 2752 f.

74) BGH NJW 1999, 2776 ff.

75) BGH NJW 1998, 383 f.

76) Staudinger/Coester, §307 Rn. 314.

사적 자치의 원칙이 제대로 기능하고 있다면 국가기관에 기한 내용통제 필요성이 존재하지 않는다. 투명성 원칙만으로 제대로 된 시장기능을 보장할 수 없는 경우에 비로소 불공정성 통제가 약관의 조정원리로서 작용할 필요가 있다. 따라서 급부영역에서는 투명성 원칙에 기초한 내용통제가 우선되어야 하며, 나머지 영역에서 내용통제가 이루어져야 한다. 이러한 설명은 우리 약관규제법에도 많은 시사점을 주는 것은 분명하나, 아직 명시적으로 판례에서 투명성 원칙을 내용통제와 연관하여 인정한 적이 없기 때문에 이 정도로 언급만 하고 넘어가기로 한다.

3. 판례상 급부내용을 정하는 조항이 문제된 사건

이하에서는 우리 판례에서 급부내용을 정하는 조항과 관련하여 문제된 사건들을 살펴보려고 한다. 키코 사건의 경우 금융상품의 기본구조를 약관으로 볼 수 있는지, 구체적인 항목을 보충하도록 예정된 내용을 채워 넣은 것을 개별약정으로 볼 수 있는지, 기본구조를 약관규제법에 기하여 불공정성 판단의 대상이 될 수 있는지, 더 나아가 투명성 원칙의 위반이 있는지 등이 문제되었다. 그리고 근저당권 설정비용 사건의 경우 부수적 급부의 대가가 문제된 사안으로서 은행이 부담해야 할 비용을 고객에게 전가하고 있는지가 쟁점이었다. 마지막으로 살펴보게 될 전기료 누진제 사건의 경우는 가격 자체에 관한 것이기 때문에 원칙적으로 내용통제의 대상이 될 수 있는지 그리고 행정기관의 인가를 받은 가격은 내용통제의 필요성이 인정되는지 여부가 문제되었다.

(1) 키코 사건

1) 키코 상품설명에 관한 내용통제의 불가능성

키코 통화옵션은 수출대금의 환율변동위험을 회피하기 위해 기업의 은행에 대한 Knock-Out 풋옵션[77]과 은행의 기업에 대한 Knock-In 콜옵션[78]을 주로 1:2 비율로 결합한 통화옵션이다. 이때 키코란 Knock-out 환율과 Knock-in 환율을 정한 후, 시장환율이 계약기간 동안 Knock-out 환율과 Knock-in 환율 사이에서만 움직였을 경우, 기업은 행사환율로 달러를 은행에 매도할 수 있고, 다만 시장환율(만기환율)이 한번이라도 Knock-out 환율 아래로 내려가면 계약은 실효되고 Knock-in 환율 이상으로 한 번이라도 올라가면 은행에게 '콜옵션' 권리가 발생하게 되는 상품을 말한다. 키코계약은 은행이 다수 고객을 상대로 미리 정형적 형태로 마련한 통화옵션거래약정서 또는 외화거래약정서 등을 기초로 하나, 그 구체적 내용인 "Knock-in( )원, Knock-out( )원, 행사환율 ( )원, 매도배수 ( )배"는 거래확인서에서 결정하도록 되어 있었다.

대법원은 처음부터 키코계약의 약관성을 부정하고 그에 따라 내용통제를 검토하지 않았으

77) 장래의 일정시기에 계약금액을 행사가격에 매도할 수 있는 권리를 말한다.
78) 장래의 일정시기에 주로 계약금액의 2배를 행사가격에 매수할 수 있는 권리를 말한다.

나,[79] 학설상으로는 이 쟁점들에 관하여 첨예하게 대립하였다.[80] 대법원 판례에서는 아예 처음부터 약관성을 부정하였기 때문에 내용통제의 대상이 될 수 있는지의 여부가 다루어지지 않았다. 그러나 키코계약의 약관성을 인정하더라도 그 내용통제는 가능하지 않다. 왜냐하면 키코계약상 문제된 계약의 구조에 관한 조항들은 급부의 내용인 상품 자체에 관한 것이기 때문이다. 키코계약에서 기업과 은행의 구체적인 권리의무 내용을 결정하는 요소인 각종 환율조건과 옵션결합조건들도 급부한 상품 내지 그 반대급부의 내용과 직접적으로 연관된 것으로 내용통제의 대상이 되지 못한다.

2) 투명성 원칙 위반 여부

독일에서도 기본적으로 금융상품과 관련된 약관내용은 그것이 주로 급부와 관련된 설명이기 때문에 내용통제의 대상이 되지 않은 것으로 보고 있다. 하지만 급부의 내용을 정하는 조항이기 때문에 내용통제의 대상에서 벗어나더라도 투명성 원칙에 의한 통제가 문제될 수 있다.

투명성 원칙에 의하여 해당 조항이 불공정한 것이 되기 위해서는 불명확성과 불투명성으로 인하여 급부와 반대급부의 관계가 고객에게 부당하게 불리하게 되어야 한다.[81] 투명성 원칙에 기하여 도출할 수 있는 첫 번째 내용은 약관규정에 의하여 발생하는 계약당사자의 권리와 의무가 가능한 명확하고 투명하게 규정되어야 한다는 것이다. 따라서 개별조항의 내용은 물론 약관규정 전체 체계도 이러한 요건을 충족해야 한다. 우선 개별조항의 표현이 이해가능하고 그로부터 도출되는 경제적 불이익과 부담이 명확하게 나타나야 한다. 따라서 고객의 부담으로 돌아가는 (경제적 또는 법률적) 효과가 숨겨져 있어서는 안 된다.

투명성 원칙에 기하여 도출할 수 있는 두 번째 내용으로는 투명성 원칙을 통하여 계약당사자가 자신의 권리와 의무 범위에 대하여 명확성을 가져야 하기 때문에 가능한 조항내용을 구체화하고 충분히 확정할 수 있어야만 한다. 따라서 약관조항의 요건과 법률효과는 명확히 규정되

---

79) 대법원 판결에서 "각 통화옵션계약의 구조만으로는 아무런 권리의무가 발생하지 아니하므로 그 구조자체만을 따로 약관에 해당한다고 볼 수 없다"고 판시하였다(대법원 2013. 9. 26. 선고 2011다53683 판결). 그에 반하여 키코 사건에 관한 가처분소송의 최초 결정인 서울중앙지방법원 2008카합3816호 사건에서 법원은 "이 사건 계약의 주요 계약조건인 행사환율, Knock-in 환율, Knock-out 환율, 레버리지 등의 구체적인 내용은 신청인들과 피신청인 은행 사이의 개별적 교섭에 의해 결정된 사실이 소명되므로 이 사건 계약이 전체적으로 약관에 해당한다고 하기는 어렵다. 그러나 이 사건 계약의 구조, 다시 말하면 기본형의 경우 기업의 Knock-out 풋옵션과 은행의 Knock-in 콜옵션을 1:2의 비율로 결합하여 Zero cost를 실현하는 구조, 계약기간이 1년 내지 3년의 장기간으로서 보통 1개월 단위로 만기가 도래하는 수개의 옵션의 묶음으로 구성되어 있는 구조, 그리고 변형의 경우 Knock-in-이벤트 조항이나 B파트에서 은행만 애니타임-Knock-out 콜옵션을 갖는 구조 등은, 피신청인 은행이 다수의 기업과 계약을 체결하기 위해 일정한 형식에 의해 미리 마련해 놓은 것으로 볼 수 있으므로, 이는 약관에 해당한다"고 하여 키코계약 전체의 내용에 대해서는 약관성을 부인하고, 키코계약의 구조에 대해서는 약관성을 인정하였다.

80) 이에 관하여 자세한 것은 이병준, "키코판결과 약관규제법상의 쟁점", 외법논집 제38권 제2호, 131면 이하 참조.

81) BGHZ 106, 42, 49; BGH NJW 2005, 3559.

어야 하며, 사업자가 판단재량을 부당하게 행사할 수 없어야 하고 고객은 법률가 내지 전문가의 도움 없이도 자신의 권리를 명확하고 쉽게 인식할 수 있어야 한다. 판단척도는 기본적으로 해당 계약을 체결하는 평균적인 고객의 이해가능성과 기대수준을 기준으로 한다. 하지만 투명성 원칙은 사업자가 소비자 사이에 체결된 계약에서는 물론 사업자가 사업자와 체결하는 계약에도 적용될 수 있다. 그런데 사업자와 체결되는 계약에서는 기업거래의 특수성을 고려하여 소비자보다는 더 많은 거래경험이 존재한다는 것을 전제로 판단해야 한다. 그렇기 때문에 투명성 원칙을 적용할 때 소비자거래에서와 동일한 엄격한 요건을 적용해서는 안 된다고 볼 것이다.[82)]

위의 법리를 기초로 해서 보았을 때 키코계약에서 투명성 원칙의 위반을 주장하기도 힘들 것으로 보인다.[83)] 왜냐하면 본 키코약관의 경우 사업자가, 당사자가 부담하는 권리와 의무를 숨기려고 하는 의도를 가지고 만들지 않았고 키코계약의 구조로부터 고객인 기업들은 자신의 권리와 의무를 명확히 인식할 수 있도록 각 조항이 구성되어 있기 때문이다. 즉 계약을 체결하는 기업의 입장에서 보았을 때 키코의 계약조건들을 명확히 인식하여 그로부터 발생하는 권리와 의무를 명확히 인식할 수 있었다. 키코계약의 구조는 단순히 복잡할 뿐이고, 복잡한 구조에서 발생하는 위험으로부터 고객을 보호하기 위하여 약관규제법이 존재하는 것은 아니므로, 결국 키코계약에서 약관규제법에 의한 구제를 기대할 수 없다고 판단된다.[84)]

(2) 근저당권 설정비용 사건

은행에서는 2003. 3. 1.부터 사용된 은행여신거래기본약관과 대출거래약정서(이 사건 표준약관이라 함)에서 담보설정에 필요한 비용의 종류와 산출근거를 채무자에게 설명하고, 각 항목별로 체크박스를 만들어 부담주체를 결정하도록 하였다.

> 예시: 〈저당권설정계약서〉
> 제8조(제 절차이행과 비용부담)
> ② 채권자는 제1항의 절차에 드는 비용의 종류와 산출근거를 채무자와 설정자에게 설명하였고, 그 부담 주체를 정하기 위하여 “□” 내에 “√” 표시를 하고 그 정한 바에 따르기로 합니다.

---

82) 이러한 취지로 Wolf. in: Wolf/Lindacher/Pfeiffer, AGB-Recht, §307 Rn. 252.

83) 이와 비슷하게 검토하는 문헌으로 Grigoleit, Grenzen des Informationsmodells-Das Spread-Ladder-Swap-Urteil des BGH im System der zivilrechtlichen Informationshaftung, Bankrechtstag 2012, 2013, S. 57 f.

84) 결국 이 문제는 금융거래에 인정되는 적합성 원칙에 기하여 판단할 문제인 것이다. 이에 관하여 자세한 것은 진상범/최문희, “KIKO 사건에 관한 대법원 전원합의체 판결의 논점: 적합성 원칙과 설명의무를 중심으로”, BFL 제63호, 서울대학교 금융법센터, 2014, 85면 이하; 이채진, “고난도 금융투자상품과 투자자보호 적합성 원칙과 관련하여”, 홍익법학 제21권 제1호, 2020, 35면 이하 참조.

구 분	부담주체		
	채무자	설정자	채권자
등록세	□	□	□
교육세	□	□	□
국민주택채권매입	□	□	□
법무사수수료	□	□	□
말소(저당권 해지)	□	□	□
감정평가수수료	□	□	□
	□	□	□

그 후 공정거래위원회는 한국소비자원으로부터 은행여신거래와 관련된 표준약관 중 소비자에게 불리하거나 소비자보호가 미흡한 부분을 개선하라는 요청을 받고, 2008. 1. 30. 담보설정비용의 대부분을 은행이 부담하도록 하는 내용으로 표준약관을 개정하여 2008. 2. 11. 은행연합회와 은행들에 대해 새로운 표준약관의 사용권장처분을 내렸다. 이에 대해 은행연합회와 16개 은행들은 행정소송을 제기하였다. 표준약관 권장처분과 관련된 행정소송이 공정거래위원회의 승소로 이어진 후[85] 이를 기초로 다양한 고객들이 저당권설정비용을 자신에게 부담시켰던 이러한 약관조항은 무효이므로 해당 은행에 대하여 부당이득을 이유로 한 반환을 청구하였다. 대법원은 다른 논거들과 함께 표준약관에 대한 사용권장처분만으로 해당 조항이 불공정한 것으로 볼 수 없다고 판시하였다.[86]

그런데 근저당권설정 비용부담 주체와 관련하여 판례상으로 배치되는 판결이 존재하였다.

85) 대법원 2010. 10. 14. 선고 2008두23184 판결 및 서울고등법원 2011. 4. 6. 선고 2010누35571 판결 참조.

86) 대법원은 "공정거래위원회가 이 사건 선택형 부담조항을 이 사건 개정 표준약관으로 개정하여 그 사용을 권장한 것도 이러한 표준약관 제도의 취지를 반영하여 소비자의 불만과 분쟁을 예방하고 공정한 거래질서를 확립하기 위한 정책적인 면을 고려한 것으로서, 고객으로 하여금 담보권설정비용의 부담에 관한 정보탐색비용을 절감하고 금융기관의 대출금리만을 비교하여 대출상품을 쉽게 선택할 수 있도록 하는 한편 금융기관에 대하여도 대출 부대비용을 절감하는 노력을 통해 경쟁력을 높이도록 함으로써, 고객의 편의를 도모함과 아울러 금융기관 사이의 경쟁을 촉진하는 효과를 기대할 수 있는 장점을 고려하여 장래를 향한 제도 개선 차원에서 행정적인 판단을 한 것으로 보인다. 그리고 이 사건 표준약관이 시행되기 전의 구 표준약관에서는 인지세나 담보권설정비용을 고객이 전액 부담하도록 정하고 있었는데 이 사건 선택형 부담조항은 이를 개선하여 고객이 전액 부담에서 벗어날 수 있는 선택의 기회를 약관으로 명시함으로써 고객의 이익을 보호하기 위하여 마련되었던 것으로서 공정거래위원회의 사전심사 및 승인을 거쳐 표준약관으로 인정되었다. 또한 원심이 인정한 것과 같이 고객이 이 사건 선택형 부담조항에 따라 담보권설정 비용을 부담하는 선택을 하는 경우에 금융기관이 그 비용을 부담하는 경우와 비교하여 상대적으로 대출금리나 중도상환수수료 등에서는 고객에게 유리한 내용으로 거래가 이루어질 수 있는 측면도 있다"면서 "이 사건 선택형 부담조항을 폐지하고 이 사건 개정 표준약관에 대한 사용권장 처분이 확정되었다는 사정만으로, 이 사건 선택형 부담조항이 건전한 거래질서를 훼손하는 등 고객에게 부당하게 불이익을 주는 약관조항으로서 법 제6조 제1항에 의하여 무효가 되는 '신의성실의 원칙에 반하여 공정을 잃은 약관조항'에 해당한다고 보기에 부족하고, 달리 이를 인정할 증거가 없다"고 보았다.

근저당권 설정등기비용과 관련하여서는 채무자가 부담해야 한다는 판시[87]가 있는가 하면, 양도담보의 경우에는 채권자가 부담해야 한다고 보는 판시[88]가 있었다. 학설도 이와 관련하여 심하게 대립하고 있었는데, 채무자가 부담해야 한다는 견해가 다수설[89]이었고 채권자가 부담해야 한다는 견해가 소수설[90]이었다.

그런데 학설은 누가 비용을 부담하는 것인지에 관하여 논의만 하고 있을 뿐 이러한 기준, 즉 판례상 설정되어 있고 더군다나 확실한 판례가 없는 상황 하에서 해당 조항의 불공정성을 논할 수 있는지에 관하여는 논의가 없었다. 즉 임의규정처럼 확립된 판례 내지 확립되지 않은 판례를 기준으로 약관의 불공정성을 판단할 수 있는지의 여부에 관하여 논의를 했어야 한다. 이 부분에 관하여 우리나라에서는 거의 논의가 없었다. 그런데 법률규정으로 규정되어 있지 않은 법원칙이더라도 그 원칙이 전체의 법체계, 성문법 내지 비성문법을 통하여 명확하게 도출되고 확립된 것이라고 한다면 이러한 법원칙을 기초로 해서도 약관의 불공정성을 판단할 수 있다. 독일의 다수설도 이러한 입장이다.[91] 이를 넘어서 판례법에도 임의규정처럼 지도형상적 기능이 있어서 약관의 불공정성을 판단할 수 있는 척도가 될 수 있다는 견해가 있다.[92] 하지만 판례에는 기본적으로 법규성을 인정하지 않은 것이 원칙이고 기본적으로는 구체적인 사건을 대상으로 하는 판단이므로 단지 판례가 존재한다는 이유만으로 이를 약관의 불공정성 판단척도로 활용하는 것은 타당하지 않다.[93] 더군다나 저당권 설정비용 부담자에 관하여 대법원에서 입장이 확립되어 있지 않아서 확고한 판례라고 볼 수 없는 선례를 가지고 불공정성 판단의 척도로 활용하는 것은 타당해 보이지 않는다. 따라서 학설의 대립이 존재하였고 명확한 기준이 없는 상황 하에서는 해당 조항을 불공정한 것으로 무효라고 판단할 수 있는지에 관하여는 의문이다.[94]

---

87) 대법원 1962. 2. 15. 선고 4294민상291 판결.

88) 대법원 1981. 7. 28. 선고 81다257 판결; 대법원 1982. 4. 13. 선고 81다531 판결; 대법원 1987. 6. 9. 선고 86다카2435 판결.

89) 송덕수, "근저당권 설정비용 등의 부담자", 이와여자대학교 법학논집 제22권 제4호, 2018, 394면 이하; 최병규, "근저당권설정비의 부담주체에 대한 연구", 상사판례연구 제22호 제1권, 209면 이하; 최병규, "은행근저당권설정비 부담주체에 대한 약관의 효력", 상사판례연구 제24집 제1권, 2011, 190면 이하; 고동원, 은행 거래에 있어서 근저당권 설정 비용 부담 주체에 관한 논의의 검토, 은행법연구 제5권 제2호, 2012, 171면 이하; 최병규, "은행의 근저당권설정비 부담주체에 관한 후속논의", 외법논집 제37권 제2호, 2013, 194면 이하; 지원림, "(근)저당권 설정비용의 부담자", 고려법학 제66호, 2012, 135-142면; 황남석, "근저당권설정비용의 부담주체에 관한 고찰", 법조 제61권 제8호, 2012, 21-25면.

90) 유주선, "은행근저당권설정비 부담주체: 2012년 5월 8일 선고한 독일 연방대법원 판례를 고려하여", 기업법연구 제27권 제1호, 2013, 232면; 김진우, "근저당권설정비용의 부담에 관한 선택형 약관조항이 약관규제법 제6조의 의미에서의 불공정조항에 해당하는지 여부 -대법원 2014. 6. 12. 선고 2013다214864 판결-", 민사법학 제69권, 2014. 12, 359-361면.

91) Staudinger/Coester, §307 Rn. 236 f.

92) Staudinger/Merten, §2 EGBG Rn. 112.

93) 이러한 입장으로 Fuchs, in: Ulmer/Brandner/Hensen, §307 Rn. 213; Stoffels, AGB-Recht, Rn. 191 f.

94) 이미 이병준, "2014년 소비자법 판례의 동향", 소비자법연구 제1권 제1호, 2015, 71면 이하.

(3) 전기료 누진제 사건

전기요금 누진제의 부당성을 주장하면서 해당 전기요금을 부당이득을 이유로 반환청구하는 소송이 각 법원에 제기되어 하급심 법원의 판결이 나왔고 현재 대법원에서 선고를 앞두고 있다. 이와 관련하여 원고 측의 주장과 법원의 판단은 모두 전기료 누진제를 정하는 약관조항이 약관규제법 제6조에 따라 신의성실의 원칙을 위반하여 공정을 잃은 약관으로서 무효인지 여부에 관하여 논의가 집중되어 있다. 그 이유는 피고인 한국전력공사가 전기사업법에서 전기판매사업 허가를 받은 유일한 전기판매사업자로서 전기사업법 제16조에 따라 전기요금과 그 밖의 공급조건에 관한 약관을 작성하여 산업통산부장관의 인가를 받아 사용함으로써 원고들인 전기 수요자들과 전기공급에 관한 계약을 바로 이 기본공급약관을 기초로 체결하고 전기 요금을 부과하고 있기 때문이다. 이에 따라 모든 하급심 법원에서는, 기본공급약관이 일반전기사업자와 그의 공급구역 내의 현재 및 장래의 불특정다수의 수요자 사이에 이루어지는 모든 전기공급계약에 대하여 적용되는 약관의 성질을 갖는다는 점[95]을 기초로 약관규제법 제6조 제2항 제1호에 따라 고객에 대하여 부당하게 불리한 조항으로서 '신의성실의 원칙에 반하여 공정을 잃은 약관조항'이라는 이유로 한 무효 여부를 쟁점으로 삼고 있다.[96]

그러나 전기요금에 대한 가격통제는 기본적으로 반대급부를 대상으로 하므로 약관의 내용통제는 이 영역에 적용될 수 없고 일방적 급부결정권 행사에 따른 정당성 통제를 통하여 전기요금에 대한 가격통제가 이루어져야 한다. 우리법상으로 보았을 때 명시적으로는 독일 민법 제315조와 같은 형평에 기초한 일방적 급부결정권에 기한 통제수단은 존재하지 않지만, 이러한 통제수단에 기초한 전기요금의 확정을 법원에게 있다고 보는 것은 사법의 일반원리로서 인정할 수 있다.[97]

한편 행정기관의 인가절차가 마련되어 있으므로 전기료 산정이 전기사업자인 한국전력 측에서 거래상의 지위를 남용하여 약관을 작성할 수 없다고 보는 시각도 있었다.[98] 즉, 약관에 대한 인가절차가 마련되어 있고 전기요금에 대한 산정기준이 정해져 있는 사정 하에서는 사업자가 부당한 전기요금을 책정할 수 있는 사정이 존재하기 어렵고 인가절차가 정당성을 담보하고 있는

---

95) 대법원 1989. 4. 25. 선고 87다카2792 판결; 대법원 2002. 4. 12. 선고 98다57088 판결 참조.

96) 이에 관하여 자세한 내용은 이병준, "전기요금 누진제와 가격결정에 대한 정당성 통제 -대전지방법원 2017. 12. 22. 선고 2017나103175 판결-", 법조 제68권 제4호, 2019, 726면 이하 참조.

97) 민법주해[Ⅷ]/송덕수, 72면; 이병준, 법조 제68권 제4호, 744면.

98) 대전지방법원 2017. 12. 22. 선고 2017나103175 판결에서 "위와 같이 기본공급약관의 작성 및 변경에 있어서는 전기위원회의 심의와 기획재정부장관과의 협의를 거쳐 산업통산자원부장관의 인가를 받아야 한다는 점이나 전기요금의 책정에 있어서 법령이나 고시 등에 미리 정해진 산정기준과 달리 피고가 임의로 전기요금을 증감할 수 없다는 점에 비추어 보면, 피고가 유일한 전기판매사업자라는 독점적 지위를 이용하여 피고에게만 유리하도록 약관을 작성할 수 있다거나 전기요금을 책정할 수 있다고 보기 어렵다"고 판단하였다.

것으로 생각하고 있는 것으로 보인다. 물론 행정기관에서 전적으로 인가라는 절차를 통하여 전기료를 확정적으로 정하고 한국전력에서 정할 수 있는 재량이 존재하지 않는다면 이는 타당한 시각이 될 수도 있다. 그러나 기본적으로 약관이 인가를 받았다고 하더라도 약관심사에 기한 내용통제에서 제외되지 않고 내용통제의 대상이 된다는 것이 판례의 입장이다.[99] 왜냐하면 약관이 행정관청의 인가를 받은 인가약관이라고 하여 약관의 성격이 없어지는 것은 아니기 때문이다.[100] 더 나아가 인가절차는 인가를 받아야 하는 사업자와 감독관청과의 관계에서 정당성을 확보하는 과정이라고 보아야 한다. 따라서 인가를 받았다고 하여 전기사업자와 전기수요자 사이의 관계에서 전기요금 확정의 정당성이 담보되는 것은 아니다. 그러므로 대상판결처럼 인가를 받으면 원칙적으로 정당한 가격결정이 있는 것으로 보고 예외적인 경우에만 형평에 반한 가격결정이 있는 것으로 보는 것이 아니라, 원칙적으로 형평에 부합하는 가격결정이 있었음을 증명해야 하는 것이다. 다만 형평에 부합하는지를 판단함에 있어서 여러 사정을 종합적으로 판단함에 있어서 물론 인가를 받았다는 사실은 중요한 고려요소가 될 수 있으나, 인가를 받았다는 사실 자체가 정당성을 담보하는 것은 아니다.[101]

Ⅵ. 나가며

약관규제법에 기한 내용통제에 일정한 내재적 한계가 있다는 점에 관하여 본 논문을 통하여 다양한 관점에서 살펴보았다. 이러한 내재적 한계가 1) 법률규정의 내용을 반복하는 법문반복조항과 2) 급부내용을 정하는 조항에 있음은 명시적 입법이 없어도 인정될 수 있다. 그럼에도 불구하고 실무에서 이와 관련하여 명확한 인식 없이 약관규제법에 기한 내용통제를 하려는 경우가 많으므로 이와 같은 내용을 입법적으로 명문의 규정을 둘 필요가 있다고 생각된다.

---

99) 전기사업법에 따라 정부의 인가를 받도록 한 ‘전기공급규정’ 중 면책조항의 효력이 문제된 사안에서 대법원은 이러한 공급규정은 다수의 수요자와 사이에 이루어지는 모든 전기공급계약에 적용되는 보통계약 약관으로 성질을 가진다고 보았다(대법원 2002. 4. 12. 선고 98다57099 판결).

100) 장경환, “보통거래약관의 개념 -약관의 규제에 관한 법률 제2조를 중심으로-”, 법학연구(제3권), 충북대학교 법학연구소(1991), 328면; 이재현, “약관의 개념”, 비교사법(제10권 제1호), 한국비교사법학회(2003.3.), 334면; Ulmer/Habersack, in: Ulmer/Brandner/Hensen, §305 Rn. 10; Pfeiffer, in: Wolf/Lindacher/Pfeiffer, AGB-Recht, §310 BGB Rn. 8.

101) 독일 판례에 의하면 인가와 같은 공법적 절차에 따른 법률효과는 해당 인가를 하여준 감독관청과 인가를 받아야 하는 사업자와의 관계에서만 발생하며 일방적 급부결정권의 독일 민법 제315조에 의한 사법적 정당성 평가를 막지는 못한다고 보았다(BGHZ 115, 311, 317 f.; BGH NJW-RR 1992, 185; NJW 1998, 3192; NJW 2005, 2920). 물론 감독관청이 인가를 한 경우에는 가격결정에 대한 정당성에 따른 일정한 추정적 효력이 인정될 여지도 있다고 보았지만(BGH NJW 2005, 2923), 그렇다고 하여 급부결정권을 행사한 사업자에게 자신이 급부결정권을 형평에 맞게 공정한 재량에 기초하여 행사하였다는 점을 증명하는 책임에서 면하는 것은 아니며 인가를 받았다는 사정은 가격결정에 대한 정당성을 최종적으로 평가할 때 의미 있는 사정의 하나로 고려될 수 있다고 보았다(BGH MMR 2006, 156).

법문반복조항과 급부내용을 정하는 조항의 의미는 명확해 보이나, 내용통제 영역에서 제외되는 부분과 안에 있는 부분을 실무적으로 판단하기 어려운 경우가 많다는 점을 본 논문을 통하여 확인할 수 있었다. 독일 판례도 이러한 영역을 명확하게 제시하지 못하고 있고 자의적이다라는 비판을 독일 학계로부터 받고 있다. 또한 우리 판례와 연관된 사례를 보면 다른 영역 내지 다른 법리와의 관계성 속에서 내용통제의 대상이 되는지 여부를 구체적으로 판단해야 함을 알 수 있었다. 따라서 일견 보기에는 쉬운 영역이라고 보이지만, 앞으로 그 구체화가 많이 필요한 어려운 과제가 많이 남아 있는 분야라고 생각된다.

또한 투명성 원칙과의 관계에 대하여도 더 깊은 연구가 필요하다. 우리 학계에서 점차 투명성 원칙을 근거지우고 그 내용을 연구하는 문헌이 많아지고 있으나, 아직 판례상 명시적으로 이 원칙을 인정한 적이 없다. 또한 본 논문에서 드러났지만, 내용통제에서 제외되는 영역에 대하여 투명성 원칙이 적용되기 때문에 이 관계에 대하여도 더 깊은 연구가 필요한 것으로 생각된다.

마일리지 제공기준의 변경과 약관의 설명의무*

– 대법원 2019. 5. 30. 선고 2016다276177 판결 –

한 승 수**

Ⅰ. 序

1) 최근 마일리지를 포함한 '포인트' 제도의 이용이 매우 보편화되었다. 단순히 물건을 사거나 서비스를 이용하는 경우 적립되는 것을 넘어 포인트를 현금으로 구입할 수도 있다. 또 역으로 포인트를 사용할 수 있는 영역도 넓어졌다. 이와 관련하여 포인트의 성격이나 사용기간 등에 관하여도 논의가 활발하다.[1)]

이러한 경향에 따라 관련 분쟁도 많아졌는데, 그 사용기간이나 제공 조건의 변경에 있어 소비자를 보호하기 위하여 약관의 규제에 관한 법률(이하 '약관규제법' 혹은 '법')이 활용될 수 있다.

2) 포인트 제도에 있어 약관규제법상의 설명의무가 문제된 사안과 관련하여 대상판결의 하급심을 포함한 몇몇 판결을 소개한 바가 있다.[2)] 당시에 언급된 하급심들 사이에서 설명의무 위반 여부와 관련하여 그 결론이 일치하지 아니하였는데, 대상판결은 관련 쟁점에 관한 법리를 잘 정리하고 있어 설명의무를 이해하는 데에 큰 역할을 한다. 특히 대상판결에서는 설명의무의 근거 및 면제사유에 관하여 그 판단의 기준을 종래보다 구체적으로 판시하고 있어 그 내용을 음미할 가치가 있다.[3)] 또한 대상판결의 하급심에서는 이 사건 약관조항에 관하여 불공정성도 검토하

---

* 이 글은 본 논문집에 수록할 목적으로 준비되어 「중앙법학」 제23집 제1호(2021. 3)에 게재된 것을 수정·보완한 것이다.

** 중앙대학교 법학전문대학원 부교수, 변호사.

1) 예컨대, 전경근, "보너스포인트의 개념 및 법적 문제에 관한 연구", 『소비자문제연구』 제28호(2005. 12); 拙稿, "포인트 통합의 관점에서 본 포인트 제도의 법적 쟁점에 관한 고찰", 『비교사법』(비교사법학회) 제25권 제1호(2018. 2).

2) 拙稿, 상게논문, 52-55면.

3) 이 판결에 관한 선행연구로는 이소은, "약관 중요내용의 설명의무와 그 면제사유에 관한 고찰 -대법원 2019. 5. 30. 선고 2016다276177 판결을 중심으로", 『홍익법학』 제20권 제3호(2019).

고 있어('내용통제'), 설명의무와의 관계에서 생각할 점이 있다.

3) 이하에서는 대상판결에서 제시된 설명의무와 그 면제사유를 중심으로 검토하고자 한다. 먼저 대상판결의 판시사항을 제시하고(Ⅱ), 이어서 설명의무의 역할 등 그 일반론(Ⅲ.1)과 판례에서 제시하고 있는 그 면제사유(Ⅲ.2)에 관하여 살펴본다. 다음으로 그를 바탕으로 대상판결의 내용을 구체적으로 분석해본다(Ⅲ.3). 대상판결의 사안에서 전제되는 것은 약관에 의한 계약 체결 후 그 약관 내용을 변경하는 상황이므로 마지막으로 약관 변경의 문제를 덧붙여 살펴보고자 한다(Ⅲ.4).

Ⅱ. 對象判決

1. 사실관계

1) 원고는 2012. 10.경 피고와 인터넷을 통하여 피고 발행의 신용카드(이하 '이 사건 카드')에 관한 회원가입계약(이하 '이 사건 계약')을 체결하였다. 이 사건 신용카드의 연회비는 100,000원(기본연회비 5,000원, 제휴연회비 95,000원)이고, 피고는 신용카드 본래의 기능에 따른 서비스 외에도 카드사용금액 1,500원당 2마일의 항공사 마일리지를 제공하는 등의 부가서비스를 제공하기로 약정하였다. 원고는 이 사건 계약에 따라 신용카드를 발급받았다.

2) 피고는 2010.12.13. 피고의 개인회원 표준약관을 변경하면서 제14조 제3항(이하 '이 사건 약관 조항')으로 "신용카드 이용 시 제공되는 포인트 및 할인혜택 등의 부가서비스는 신용카드의 신규 출시 이후 1년 이상 축소, 폐지 없이 유지되고, 부가서비스 변경시에는 변경사유, 변경내용 등에 대하여 변경일 6개월 이전에 홈페이지, 이용대금명세서, 우편서신, 전자우편(E-MAIL)중 2가지 이상의 방법으로 고지하여 드립니다. 다만 부가서비스 제공과 관련된 제휴업체의 일방적인 제휴조건 변경, 도산, 천재지변, 금융환경의 급변, 신용카드업자의 경영위기 및 그밖에 이에 준하는 사유에 따른 불가피한 변경의 경우에는 그러하지 않습니다."라는 규정을 신설하였다.

3) 피고는 2013.2.26.경 피고의 인터넷 홈페이지 등에 이 사건 카드 회원에게 제공하던 마일리지를 2013.9.1.부터 카드사용금액 1,500원당 1.8마일로 변경한다고 발표하고, 위 2013.9.1.부터 변경된 마일리지를 제공하였다. 원고는 2013.9.1.부터 2015.4.30.까지 피고로부터 변경된 적립비율에 따라 210,897 마일을 제공받았다.

4) 원고는 이 사건 계약에서 마일리지 제공기준에 관한 부가서비스의 내용은 중요한 부분인데, 피고는 계약 당시 사용금액 1,500원당 2마일의 비율에 의한 마일리지를 제공하기로 약정하였음에도 위 부가서비스를 일방적으로 감축하였으므로 변경전의 비율로 계산한 마일리지를 지

급할 의무가 있다고 하면서, ① 설령 이 사건 약관 조항이 부가서비스가 변경될 수 있다고 규정하고 있다고 하더라도, 이 사건 약관 조항은 상당한 이유 없이 급부의 내용을 사업자가 일방적으로 결정하거나 변경할 수 있도록 권한을 부여하는 조항 및 고객에게 부당하게 불리한 조항에 해당되므로, 약관규제법 제10조 제1호 및 제6조 제2항 제1호에 따라 무효이며, ② 피고는 이 사건 약관 조항에 대한 설명의무를 위반하였는바 약관규제법 제3조에 따라 피고는 이 사건 약관을 계약의 내용으로 주장할 수 없다고 하면서, 마일리지 지급을 구하는 소를 제기하였다.

5) 이에 대하여 피고는 여신전문금융업감독규정 및 이 사건 약관 조항에서 정한 절차에 따라 변경일 6개월 전에 고객들에게 마일리지 적립 비율이 축소됨을 고지하여 적법한 변경이고, 원고는 이 사건 약관 조항에 대하여 잘 알고 있거나 별도의 설명 없이도 이를 충분히 예상할 수 있었으며, 이 사건 약관 조항은 대외적으로 구속력이 있는 법규인 여신전문금융업감독규정 제25조에 의하여 정하여진 것을 되풀이하거나 부연하는 정도에 불과하므로, 피고는 이 사건 약관조항에 대한 설명의무를 별도로 부담하지 않는다고 주장하였다.[4]

2. 사건의 진행

가. 1심(서울중앙지방법원 2016. 2. 3 선고 2015가합10764 판결)의 판단

1심 법원은 ① "마일리지 제공서비스는 이 사건 계약에 따른 신용카드 사용으로 인한 신용의 공여 이외의 추가적인 혜택에 해당하는 점, 추가적인 혜택의 경우 제휴사와의 관계에서 변경될 필요성이 발생할 수 있는 점, 이 사건 약관 조항은 추가적인 혜택의 변경 시기 및 변경 내용에 대한 고지의무를 규정하는 것으로 신용카드 회원의 예측 가능성을 높이고 회원 지위의 유지 여부를 판단할 자료를 제공하는 규정인 점 등을 고려할 때 이 사건 약관 조항의 내용이 약관규제법 제10조 제1호 및 제6조 제2항 제1호의 불공정 약관에 해당하여 무효라고 할 수는 없다."라고 보았다. 그러나 설명의무와 관련해서는 ② "마일리지 제공기준은 단순한 부수적인 서비스를 넘어서서 이 사건 계약의 주요 내용을 이룬다고 해석되고, 이처럼 중요한 마일리지 제공기준에 관한 약정이 이 사건 약관 조항에서 정한 '부가서비스'로 취급되고 나아가 원고의 의사와 무관하게 피고나 해당 제휴기관의 사정에 따라 일방적으로 변경될 수 있다는 이 사건 약관 조항의 내용은 원고가 이 사건 계약 체결 여부를 정할 때에 직접적인 영향을 미칠 수 있는 사항으로서 설명의무의 대상이 되는 약관의 중요한 내용에 해당된다고 봄이 상당하다."라고 보아 그 대상으로 보면서, 원고가 이 사건 약관 조항에 대하여 잘 알고 있었거나 별도의 설명 없이도 충분히 예상

4) 그 외에 피고가 특히 이 사건과 같이 원고가 스스로 이 사건 카드와 관련된 정보를 습득한 후 피고의 인터넷 홈페이지에 접속하여 카드 회원가입계약을 체결한 경우에는 피고의 설명의무가 면제된다고 하며 전자금융거래법 제24조 제1항에 따른 주장을 하여 그에 관한 쟁점이 있으나 본고에서는 자세히 다루지 않는다.

할 수 있었거나 이 사건 약관 조항에 의하여 부가서비스 제공기준이 쉽게 변경될 수 있음이 법령에 의하여 이미 정하여진 것이라고 볼 수 없으며 원고가 스스로 인터넷 홈페이지에 접속하였다고 하여 설명의무가 면제된다고 볼 수 없다고 판단하여, 원래의 약정대로 마일리지를 제공할 의무가 있다고 보았다. 특히 "이 사건 계약 무렵의 여신전문금융업감독규정이 이 사건 약관과 같은 내용을 규정하고 있음을 알 수 있으나, 위 감독규정은 여신전문금융업법 및 같은 법 시행령의 위임에 따라 금융위원회에서 담당하는 부분의 시행에 필요한 사항을 정하기 위한 고시인 점, 위 감독규정은 신용카드 관련 부가서비스 변경 시 준수하여야 할 절차와 방법에 대하여만 규정하고 있는 것에 불과하고 부가서비스가 변경될 수 있음을 명시한 규정은 아닌 점, 위 감독규정은 금융위원회의 신용카드업자들에 대한 검사·감독에 관련되는 사항을 정한 것으로 신용카드회원들을 대상으로 제정된 것이 아닌 점 등을 종합"하여, 이 사건 약관 조항이 이미 법령에 의하여 정하여진 것을 되풀이하거나 부연하는 정도에 불과한 것이 아니라고 보았다.

나. 원심(서울고등법원 2016. 11. 10 선고 2016나2017536 판결)의 판단

원심 법원도 1심법원과 마찬가지로 ① "이 사건 약관 조항이 약관규제법 제10조 제1호 및 제6조 제2항 제1호의 불공정 약관에 해당하여 무효라고 할 수는 없다"라고 판단하였다. 또한 ② 마일리지 제공기준에 관한 약정이 설명의무의 대상이 되는 약관의 중요한 내용에 해당된다고 보고, 그와 같은 설명의무가 면제되지 않는다고 판시하였다. 특히 "여신전문금융업감독규정 제25조가 법규로서의 효력을 가진다고 해석할 여지"가 있다고 하더라도, ㉮ "설명의무를 면제하는 근거는 법령은 공개성이 있으므로 계약자가 법령을 안다고 볼 수 있고, 또한 법령은 중립성을 가지므로 이로 인해 계약자가 특별히 불리하게 되지 않는다는 점에서 찾을 수 있을 것"이고, ㉯ "위 규정을 제외한 여신전문금융업감독규정의 대부분의 규정은 여신전문금융업법 및 그 시행령의 위임에 따라 금융위원회의 신용카드업자 등에 대한 감독 등에 필요한 사항을 정한 행정규칙으로 기술적인 내용들이어서 소비자들이 여신전문금융업감독규정의 규정내용을 안다고 보기 어렵"다 할 것이며, ㉰ "여신전문금융업감독규정 제25조의 취지는 신용카드업자로 하여금 일정한 요건 하에서만 부가서비스를 변경할 수 있도록 하고 부가서비스의 변경 시기 및 변경 내용에 대한 고지의무를 부과하여 소비자인 신용카드 회원들을 보호하기 위한 것이고, 이를 위한 최소한의 요건 및 절차만을 규정해 둔 것"이라고 보아 설명의무가 면제되지 아니하였다고 판단하였다.

3. 대상판결의 요지

가. 설명의무와 그 면제사유

대상판결에서는 피고의 설명의무를 인정하면서, "설명의무의 대상이 되는 '중요한 내용'은 사회통념에 비추어 고객이 계약 체결의 여부나 대가를 결정하는 데 직접적인 영향을 미칠 수 있는 사항을 말한다. 사업자에게 약관의 명시 · 설명의무를 요구하는 것은 어디까지나 고객이 알지 못하는 가운데 약관의 중요한 사항이 계약 내용으로 되어 고객이 예측하지 못한 불이익을 받게 되는 것을 피하고자 하는 데 근거가 있다. 따라서 약관에 정하여진 사항이라고 하더라도 거래상 일반적이고 공통된 것이어서 고객이 별도의 설명 없이도 충분히 예상할 수 있었던 사항이거나 이미 법령에 의하여 정하여진 것을 되풀이하거나 부연하는 정도에 불과한 사항이라면, 그러한 사항에 대하여서까지 사업자에게 설명의무가 있다고 할 수는 없다."라고 관련 법리를 확인하였다.

나. 설명의무 면제 사유의 기준

대상판결에서는 먼저 "사업자의 설명의무를 면제하는 사유로서 '거래상 일반적이고 공통된 것'이라는 요건은 해당 약관 조항이 거래계에서 일반적으로 통용되고 있는지의 측면에서, '고객이 별도의 설명 없이도 충분히 예상할 수 있는 사항'인지는 소송당사자인 특정 고객에 따라 개별적으로 예측가능성이 있었는지의 측면에서 각 판단되어야" 한다고 판시하였다.

다음으로 "약관에 정하여진 사항이 '이미 법령에 의하여 정하여진 것을 되풀이하거나 부연하는 정도에 불과한지'는 약관과 법령의 규정 내용, 법령의 형식 및 목적과 취지, 해당 약관이 고객에게 미치는 영향 등 여러 가지 사정을 종합적으로 고려하여 판단하여야 한다. 여기에서 말하는 '법령'은 일반적인 의미에서의 법령, 즉 법률과 그 밖의 법규명령으로서의 대통령령, 총리령, 부령 등을 의미하고, 이와 달리 상급행정기관이 하급행정기관에 대하여 업무처리나 법령의 해석 · 적용에 관한 기준을 정하여 발하는 이른바 행정규칙은 일반적으로 행정조직 내부에서만 효력을 가질 뿐 대외적인 구속력을 갖는 것이 아니므로 이에 해당하지 않는다. 다만 행정규칙이라 하더라도, 법령의 규정이 특정 행정기관에 법령 내용의 구체적 사항을 정할 수 있는 권한을 부여함으로써 법령 내용을 보충하는 기능을 가지고, 그 내용이 해당 법령의 위임한계를 벗어나지 않아 법령과 결합하여 대외적 구속력이 있는 법규명령으로서의 효력을 가지는 등의 특별한 사정이 인정된다면, 달리 볼 수 있다. 그러나 대외적 구속력이 인정되지 않는 행정규칙으로서의 고시는, 약관이 포함된 계약의 일방 당사자인 고객에게 당연히 법률효과가 미친다고 할 수 없을 뿐만 아니라 고객이 별도의 설명 없이 내용을 예상할 수 있었다고 보기도 어려우므로, 약관 조항에서 고시의 내용을 되풀이하거나 부연하고 있다는 이유만으로 사업자의 설명의무가 면제된다고 할 수 없다."라고 하면서, 대상판결에서 문제된 고시 규정에 관하여는 "'부가서비스를 부당하게 변경하는 행위'를 금지하고자 한 법과 시행령의 입법 취지를 본질적으로 변질시킨 것으로" 해당 고시의 내용이 "법과 시행령의 위임 범위를 벗어난 것으로서 법규명령으로서의 대외적 구속력을 인정할 수 없"으므로 설명의무가 면제되는 사유에 해당하지 않는다고 판단하였다.

Ⅲ. 研 究

1. 약관규제법상 설명의무 일반

가. 약관을 통한 계약의 체결과 설명의무

(1) 약관의 구속력

약관은 "계약의 한 쪽 당사자가 여러 명의 상대방과 계약을 체결하기 위하여 일정한 형식으로 미리 마련한 계약의 내용"(법 제2조 1호)으로서 그에 따라 계약이 체결되는 경우 당사자에게 구속력을 가진다. 구속력의 근거에 관하여는 여러 학설이 있으나, 다수의 견해는 '당사자 사이에 계약의 내용으로 합의하였기 때문'이라고 보고 있다(소위 '계약설').[5] 우리 약관규제법상 약관의 명시·설명의무(법 제3조), 개별약정의 우선(법 제4조) 등의 규정에 비추어 기본적으로 약관규제법 역시 계약설의 입장에 서 있다고 본다.[6] 私見으로도, 그 구속력은 당사자의 합의에 기초를 둔다고 보고, 그 합의를 사전적으로 돕거나 사후적으로 통제하는 방식으로 고객을 보호하는 것이 약관규제법의 태도라고 이해한다. 약관은 특별한 방식을 가진 계약일 뿐, 계약 외의 성격을 겸유한 것도 아니라고 생각한다.

우리 판례 역시 계약설의 입장을 취한다. 대표적으로 대법원 1990. 4. 27. 선고 89다카24070 판결에서는 "<u>보통보험약관이 계약당사자에 대하여 구속력을 가지는 것은 그 자체가 법규범 또는 법규범적 성질을 가진 약관이기 때문이 아니라 보험계약 당사자 사이에서 계약내용에 포함시키기로 합의하였기 때문</u>이라고 볼 것인바, 일반적으로 당사자 사이에서 보통 보험약관을 계약내용에 포함시킨 보험계약서가 작성된 경우에는 계약자가 그 보험약관의 내용을 알지 못하는 경우에도 그 약관의 구속력을 배제할 수 없는 것이 원칙이나 다만 당사자 사이에서 명시적으로 약관에 관하여 달리 약정한 경우 또는 약관의 내용이 일반적으로 예상되는 방법으로 명시되어 있지 않다든가 또는 중요한 내용이어서 특히 보험업자의 설명을 요하는 경우에는 위 약관의 구속력은 배제된다"(밑줄은 필자, 이하 밑줄 등 강조 표시는 모두 필자에 의한 것이다)라고 판시하여 당사자의 의사합치를 그 구속력의 기초로 삼고 있다.[7]

---

5) 학설 상황도 포함하여, 편집대표 곽윤직, 민법주해 [XII], 박영사, 2002, 303-305면(손지열 집필부분); 서희석, "약관규제와 계약법", 『외법논집』 41권 3호(2017. 8), 50, 51면; 김성민, 서식의 충돌, 경인문화사, 2016, 184면; 편집대표 김용담, 주석민법 제4판, 한국사법행정학회, 2016, 93-96면(김동훈 집필부분); 송덕수, "보통거래약관의 법률문제", 『이화여자대학교 법학논집』 제11권 제1호(2006. 9), 25면; 이은영, 약관규제법, 박영사, 1994, 100-110면(참고로 이은영 교수님은 규범적 요소가 가미된 계약으로 보아, 절충설적 입장이다); 장덕조. "약관설명의무와 법령에 규정된 사항", 『상사판례연구』 제26집 제1권(2013. 3. 31), 52-53면.

6) 송덕수, 상게논문, 25면.

7) 다만, 서희석, 전게논문, 50면에서는 최근 법문에 충실하게, 고객의 동의가 필요한지에 관하여 명확한 태도

이와 같이 계약설의 입장을 취하는 이상 약관의 계약 편입과 약관 내용의 변경에는 모두 당사자의 합의, 다시 말하면 약관을 제시 받은 자[8]의 동의가 요구된다. 명시적으로 동의를 요구하여 계약설의 입장에 서 있는 독일 민법과 달리 우리 약관규제법은 동의에 관하여 명시하고 있지는 않지만, 해석상 동일하게 이해되는 것이다.[9] 일본 개정 민법에서는 '정형약관'에 관한 규정이 신설되었는데, 그에 따르면 정형약관을 계약의 내용으로 하는 취지의 합의를 한 경우, 정형약관의 개별조항에 관하여도 합의를 한 것으로 본다.[10]

(2) 설명의무의 요건

약관이 "계약의 한 쪽 당사자가" 미리 마련한 것인 이상 그 상대방 고객은 그 내용을 충실히 확인하기가 어렵다. 따라서 상대방 고객이 적어도 그 중요한 내용을 알고 약관을 통한 계약을 체결하도록 우리 약관규제법은 현저히 곤란한 사정이 없는 한 약관을 미리 마련한 사업자[11]에게 약관에 정하여져 있는 중요한 내용을 고객이 이해할 수 있도록 설명할 의무를 부과하고 있다(제3조 제3항).[12]

설명의무의 존부에 있어서 핵심적인 표지는 '중요한 내용'이라 할 것인데, 이에 관하여 우리 판례는 "'중요한 내용'이라 함은 '고객의 이해관계에 중대한 영향을 미치는 사항으로서 사회통념상 그 사항의 지·부지가 계약 체결 여부에 영향을 미칠 수 있는 사항'을 말한다"라고 설명하여 왔고, 대상판결에서도 "계약 체결의 여부나 대가를 결정하는 데 직접적인 영향을 미칠 수 있는

를 보이지 않는 판례도 많다고 본다.

8) 약관규제법은, 계약의 한 쪽 당사자로서 사업자로부터 약관을 계약의 내용으로 할 것을 제안받은 자를 "고객"으로 정의한다(약관규제법 제2조 제3호).

9) 독일 민법 제305조 제2항("약관은 약관사용자가 계약 체결시에 다음의 요건을 갖추고 상대방 당사자가 그것이 효력을 가짐에 동의한 경우에만 계약의 구성부분이 된다"). 번역은 양창수 역, 2015년판 독일민법전 총칙·채권·물권, 박영사, 2015, 139면을 따랐다.

10) 일본 개정민법(2017년 개정) 제584조의2(정형약관의 합의)

1. 정형거래(어떤 특정한 자가 불특정 다수의 자를 상대로 행하는 거래로서, 그 내용의 전부 또는 일부가 획일적이라는 것이 그 쌍방의 입장에서 합리적인 것을 말함. 이하 동일함)를 한 자는, 다음 각 호의 경우에는 정형약관(정형거래에 있어서, 계약의 내용으로 하는 것을 목적으로 특정한 자에 의해 준비된 조항의 총체를 말함. 이하 동일함)의 개별조항에 관하여도 합의를 한 것으로 본다.

一 정형약관을 계약의 내용으로 하는 취지의 합의를 한 경우

二 정형약관을 준비한 자(이하 「정형약관준비자」라고 함)가 사전에 그 정형약관을 계약의 내용으로 한다는 취지를 상대방에게 표시하고 있었던 경우

(이 번역은 마츠모토 츠네오, "일본에 있어서 약관규제 및 부당조항규제의 현황과 과제", 『약관규제법 시행 30주년과 법적 과제』, 세창출판사, 2018, 153면의 것을 바탕으로 하였다. 다만, 역자명을 찾을 수 없어 명시하지 못하였다. 이하 정형약관에 관한 번역도 그러하다.)

11) 계약의 한 쪽 당사자로서 상대 당사자에게 약관을 계약의 내용으로 할 것을 제안하는 자를 사업자라 한다(약관규제법 제2조 제2호).

12) 약관규제법 제3조는 명시의무도 규정하면서 그 의무위반의 경우 설명의무위반과 같은 효과를 부여하지만(제4항), 대상판결에서 다루어지지 아니하므로 본고에서 다루지 아니한다. 참고로 명시의무와 설명의무의 관계에 관한 학설상황은, 서희석, 전게논문, 51, 52면.

사항"이라고 밝히고 있다.[13] 거꾸로, 설명의무가 제대로 이행되었더라도 그러한 사정이 그 계약의 체결 여부에 영향을 미치지 아니하였다고 볼 만한 특별한 사정이 인정된다면 해당 내용은 계약의 중요한 내용이라고 보기 어렵다.[14] 무엇이 중요한 내용인지는 계약과 계약 상황에 따라 다를 것인데, 그것은 계약 체결시를 기준으로 정하여야 할 것이다. 대체로 급부의 변경, 해약사유 및 효과, 사업자의 면책 조항, 계약위반시의 책임 가중 등이 그에 해당하는 것으로 본다.[15] 이러한 중요한 내용에 관하여는 내용 통제도 규정되어 있는 경우가 많다.[16]

설명의무의 상대방은 고객일 것인데, 고객의 대리인이어도 무방하다.[17] 여기서의 고객은 개별적·구체적 고객을 의미하고 일반적·추상적 고객을 의미하는 것은 아니다.[18] 법률상 부여된 의무라는 점에서, 설명의무 위반을 이유로 그 효력을 부정하는 고객이 아니라 설명의무의 이행을 주장하면서 해당 약관조항의 효력을 주장하는 쪽이 그 의무 이행을 증명할 책임이 있으므로, 설명의무 이행의 증명책임은 사업자가 진다.[19] 최근 은행이나 이동통신사 등의 사업자들이 중요한 내용을 담고 있는 별도의 항목을 만들고 그를 포함한 양식을 마련하여 설명의무 이행의 증거를 남기는 방식을 취하는 것은 이 때문이다.

(3) 설명의무 위반의 효과

이와 같이 중요한 내용에 있어 설명의무가 이행되지 않는 경우 사업자는 해당 약관을 계약의 내용으로 주장할 수 없다(법 제3조 제4항).[20] 여기서 사업자가 주장할 수 없다는 문언을 바탕으로 볼 때, 그 반대해석상 고객이 해당 내용을 계약의 내용으로 주장하는 것은 여전히 가능하다.[21] 즉 설명의무를 이행하지 않았더라도 계약의 내용으로 편입되지 않는 것은 아니며, 다만 사

---

13) 대법원 2007. 8. 23. 선고 2005다59475,59482,59499 판결 등. 대법원 1994. 10. 25. 선고 93다39942 판결에서는 "객관적으로 보아 보험계약자가 약관면책조항의 배우자에 사실혼관계의 배우자가 포함됨을 알았더라면 보험회사와 보험계약을 체결하지 아니하였으리라고 인정할 만한 사정도 엿보이지 않는다면'"이라고 하여 다소간 표현은 다르지만 계약 체결 여부와 관련되는 사정이라는 점에서 상통한다고 본다.

14) 대법원 2005. 10. 7. 선고 2005다28808 판결.

15) 곽윤직 편, 전게서, 320면(손지열 집필부분); 사법연수원, 약관규제와 소비자보호연구, 2011, 27면; 이은영, 전게서, 118면.

16) 약관규제법 제7조 내지 제14조 참조.

17) 송덕수, 전게논문, 29면. 대법원 2001. 7. 27. 선고 2001다23973 판결("그 설명의무의 상대방은 반드시 보험계약자 본인에 국한되는 것이 아니라, 보험자가 보험계약자의 대리인과 보험계약을 체결할 경우에는 그 대리인에게 보험약관을 설명함으로써 족하다").

18) 이소은, 전게논문, 87면(이 문헌에서는 일반적 평균인을 기준으로 하는 해석통제와 구별되는 점으로 설명한다).

19) 서희석, 전게논문, 49면; 송덕수, 전게논문, 29면; 이은영, 전게서, 119면.

20) 이는 명시의무를 이행하지 아니한 경우에도 마찬가지이다. 참고로 보험계약에 있어서는 설명의무 위반의 경우 보험계약자에게 취소권이 부여된다(상법 제638조의3 제2항). 이 조항을 신설할 때에는 보험약관의 교부·명시의무로 불렀으나, 2014 개정에서 교부·설명의무로 바뀌었다. 이와 같이 취소권이 부여되는 점은 후술하는 일본 소비자계약법의 태도와 같다. 상법상 보험약관의 교부·설명의무와 약관규제법상 설명의무 사이의 관계에 관하여 논의가 있는데, 대법원은 두 규정이 함께 적용한다고 보는 입장이다(대법원 1998. 11. 27. 선고 98다32564 판결).

업자에게 설명의무를 이행하지 않은 점에 따른 일정한 제재를 상정하고 있다고 볼 수 있다.[22] 환언하면, 고객이 약관을 계약의 내용으로 삼을 것을 동의한 이상 명시 · 설명의무가 이행되지 않아도 당해 약관을 바탕으로 계약은 체결된 것이고, 다만 사업자가 일정한 조항을 계약 내용으로 주장하지 못하는 것에 불과하다.[23]

한편, '해당 약관'을 계약의 내용으로 주장할 수 없다는 것이 당해 약관 전체가 계약의 내용으로 될 수 없다는 말은 아니라고 할 것이다. 실제 판례에서도 일반적으로 일정한 내용을 담고 있는 해당 조항만이 문제되었고, 대상판결에서도 마찬가지이다. 이 경우 약관규제법상의 일부무효의 법리가 적용되어 해당 조항의 효력만을 사용자가 주장할 수 없게 되고(약관규제법 제16조), 나머지 조항만으로 유효하게 계약은 존속한다.[24]

그런데 이와 같이 설명의무 위반으로 일정한 조항의 효력이 부인되는 경우, 사안에 따라서는 규율의 공백이 생길 수 있다. 잔여 계약조항만으로 계약상 필요한 내용을 충분히 규율하지 못하는 경우가 발생할 수 있기 때문이다. 이러한 경우에는 사실인 관습, 임의규정, 보충적 해석 등을 통하여 해결할 수밖에 없어 보인다.[25]

나. 설명의무의 역할

(1) 설명의무의 본래적 기능

설명의무의 역할에 관한 논의는 그 취지에서 시작하여야 한다. 약관규제법상 설명의무는 기본적으로 고객의 보호를 위한 것이다. 우리 판례도 "사업자에 대하여 약관에 정하여져 있는 중요한 내용을 설명할 의무를 부과하고 있는 것은 고객으로 하여금 약관을 내용으로 하는 계약이 성립되는 경우에 각 당사자를 구속하게 될 내용을 미리 알고 약관에 의한 계약을 체결하도록 함으로써 고객의 이익을 보호하자는 데 입법 취지가 있"다고 설명한다.[26] 일반적으로 고객의 인지가능성을 부여하는 데 그 목적이 있다고 설명된다.[27] 이는 본인의 의사에 의하지 않고 계약의 '구

---

21) 곽윤직 편, 전게서, 321, 319면(손지열 집필부분); 송덕수, 전게논문, 30면.

22) 이소은, 전게논문, 93-94면.

23) 송덕수, 전게논문, 26면에서는 이와 같이 그 위반의 효과로 사업자가 주장을 하지 못하는 것에 그치는 이상, 이는 여러 문헌에서 설명하는 것과 같이 편입의 문제가 아니고[명시의무, 교부의무, 설명의무를 편입통제의 단계로 다루는 문헌의 예로, 곽윤직 편, 전게서, 319면(손지열 집필부분); 윤진수, "한국법상 약관규제법에 의한 소비자보호", 『민사법학』 제62호(2013. 3), 320면; 이소은, 전게논문, 87면 참조], 사업자의 주장 가능성의 문제라는 점이 지적되고 있다. 독일 민법 제305조 제2항에서 편입의 문제를 다루고 있는 것과 달리 우리 약관규제법에서는 사업자만이 그 의무해태에 따른 불이익을 입는 것이지 고객은 그 내용을 계약의 일부로 주장할 수 있으므로, 이러한 지적은 타당하다고 생각된다.

24) 곽윤직 편, 전게서, 321면(손지열 집필부분); 편집대표 김용담, 전게서, 114면(김동훈 집필부분); 송덕수, 전게논문, 37면. 약관규제법 제16조 참조.

25) 김진우, "약관조항의 불편입 및 무효와 그 보충", 『외법논집』 제39권 4호(2015), 48-51면.

26) 대법원 2010. 7. 15. 선고 2010다19990 판결.

27) 사법연수원, 전게서, 27면.

속력'을 인정할 수 없다는 전제에 서있으므로 전술한 계약설의 맥락에 있다.[28]

이와 같이 '미리' 알도록 하는 것은 기본적으로 그를 바탕으로 한 판단의 기회를 주는 것으로 생각된다. 인지가능성을 부여하는 것은 그 자체에 목적이 있는 것이 아니라 그를 바탕으로 일정한 행동을 할 수 있도록 하는 것이다. 위에서 살펴본 바와 같이 핵심개념인 '중요한 내용'의 기준은 계약 체결 여부에 영향을 미치는지 여부이므로, 설명의무의 이행은 계약의 체결 여부를 고민하게 만든다.[29] 대법원 2001. 7. 27 선고 99다55533 판결은 "위 약관조항에 관하여 설명이 있었다고 하여 당해 계약을 체결하지 않았으리라고는 인정되지 아니하므로"라고 설시하여 계약 체결 여부에 관한 판단 기회를 주는 것이 그 역할임을 명확히 한다. 설명된 사실을 바탕으로 고객은 아예 관련 계약을 체결하지 않거나 새로운 상대방을 물색하여 그 사업자와 계약을 체결할 수 있는 것이다.

약관규제법상 설명의무와 다른 맥락에서 활용되고 그 위반 효과에 있어서는 차이가 있지만[30] 같은 이름을 가진 의사의 설명의무와 비교해보자. "일반적으로 의사는 환자에게 수술 등 침습을 가하는 과정 및 그 후에 나쁜 결과 발생의 개연성이 있는 의료행위를 하는 경우 또는 사망 등의 중대한 결과 발생이 예측되는 의료행위를 하는 경우에 있어서 응급환자의 경우나 그 밖에 특단의 사정이 없는 한 진료계약상의 의무 내지 침습 등에 대한 승낙을 얻기 위한 전제로서 당해 환자나 그 법정대리인에게 질병의 증상, 치료방법의 내용 및 필요성, 발생이 예상되는 위험 등에 관하여 당시의 의료수준에 비추어 상당하다고 생각되는 사항을 설명하여 당해 환자가 그 필요성이나 위험성을 충분히 비교해 보고 그 의료행위를 받을 것인가의 여부를 선택할 수 있도록 할 의무"[31]가 있는데 이것이 의사의 설명의무이다. 여기서 핵심은 의료행위를 받을 것인가의 선택이고, 설명의무는 그 선택권을 보장하기 위한 것이다. 의사의 설명의무 위반이 주로 불법행위법 영역에서 문제되지만 의사의 치료행위가 일종의 계약이행으로도 볼 수 있다는 점을 고려하면 이는 계약 체결에 관한 선택권을 보장하는 것으로도 이해될 수 있다. 다시 말하면 설명의무를

28) 곽윤직 편, 전게서, 322면(손지열 집필부분).

29) 김은경, "보험약관 설명의 대상에 대한 실증적 접근 및 법적 제안", 『약관규제법 시행 30주년과 법적 과제』, 세창출판사, 2018, 468면에서는, 약관에 관한 설명이 없으면 계약내용결정의 자유를 침해하므로 계약자유의 원칙 훼손을 방지하기 위한 것으로 새기고, 설명의무를 일종의 계약 체결상의 의무라고 이해한다. 서희석, 전게논문, 52면에서는 설명의무를 일종의 정보제공의무로 보면서 계약 체결을 포기하는 등 계약의 체결과정의 적정성 확보와 관련해서 설명한다. 장덕조, 전게논문, 55면에서는 "그러한 사실을 제대로 알았다면 다른 보험계약을 체결할 수 있도록 하는 등의 기회를 부여"하기 위한 것으로 새긴다.

30) 의사의 설명의무 위반의 경우 일반적으로 손해배상책임을 지며 주로 위자료가 문제된다(대법원 1994. 4. 15 선고 92다25885 판결 등). 설명의무 이행의 증명책임은 의사 측에 있다(대법원 2007. 5. 31. 선고 2005다5867 판결). 한편, 김원규, "약관의 설명의무의 대상 및 면제범위에 관한 판례의 입장에 대한 소고", 『법학연구』(한국법학회) 제16권 제1호(2016)의 199면 등 여러 곳에서 의사의 설명의무를 약관규제법상 설명의무의 일종으로 보는 듯한 태도를 보이는데, 재고의 필요가 있다고 생각된다.

31) 대법원 2007. 5. 31. 선고 2005다5867 판결.

이행하도록 하는 것은 계약 체결 여부를 신중히 검토하도록 하는 효과가 있는 것이고, 이것이 그 일차적인 역할이라는 것이다.

이와 같이 계약 체결 여부를 재고할 기회를 주는 점은 설명이라는 절차를 의무화한 경우에 그치지 않는다. 일정한 방식을 요구하는 경우, 즉 요식행위도 같은 의미로 이해된다.[32] 소비자를 보호하고자 하는 여러 민사특별법에 이러한 목적의 규정들이 있는데, 할부거래법 제5조(계약 체결전의 정보제공의무)와 제6조(할부계약의 서면주의)가 대표적이다.[33] 민법 안에서 이러한 예는 가족법 영역에 많이 나타나지만,[34] 일정한 방식을 거친 의사표시에 있어서만 완전한 효력을 부여하는 예는 재산법에서도 발견된다. 대표적으로 증여가 그러하다. 우리 민법 제555조는 "증여의 의사가 서면으로 표시되지 아니한 경우에는 각 당사자는 이를 해제할 수 있다."라고 규정하여, 구두로 증여계약이 체결된 경우에 그 효력을 부정할 기회를 열어두고 있다. 서면으로 작성하여 재고의 기회를 거치지 않은 경우에는 법적 효력을 물릴 수 있도록 하는 것이다.[35] 최근 새로이 삽입된 보증에 있어서도 같은 취지를 확인할 수 있다. 2015년 개정 민법에 삽입된 민법 제428조의2 제1항은 "보증은 그 의사가 보증인의 기명날인 또는 서명이 있는 서면으로 표시되어야 효력이 발생한다. 다만, 보증의 의사가 전자적 형태로 표시된 경우에는 효력이 없다."라고 하여 보증의 경우 서면이라는 방식을 유효요건으로 명시하였다. 해당 법률안은 "서면으로 보증계약을 체결하도록 함으로써 보증인이 경솔하게 보증계약을 체결하는 것을 막고, 보증계약의 성립 여부 및 그 내용에 관한 다툼이 발생하는 것을 줄이며, 보증인 보호 및 거래의 명확성을 제고할 수 있을 것으로 기대됨"[36]이라고 개정의 기대효과를 명시하여, 서면이라는 방식이 계약 체결에 있어 재고의 기회를 준다는 점을 명확히 하였다.

이러한 점들을 종합해보면 결국 약관규제법상 설명의무는 일차적으로 그 계약 체결 여부를 재고하게 하여 계약 체결 과정에서 이탈할 기회를 주는 역할을 한다고 생각된다. 이는 당사자의 동의로써 계약에 편입되는 약관의 본질과 직결된다. 또한 이는 설명의무 이행 혹은 불이행의 효과 및 한계, 또 그 면제사유를 검토하는 데에 염두에 두어야 할 점이라고 본다.

32) 송덕수, 민법강의 14판, 박영사, 2021, 66면. 여기서는 "행위자로 하여금 신중하게 행위를 하게 하거나 또는 법률관계를 명확하게 하기 위하여" 방식이 요구된다고 설명된다. 한편, 어음이나 수표에 있어서는 거래의 신속성을 위하여 요구된다.

33) 방문판매등에 관한 법률 제7조(방문판매자등의 소비자에 대한 정보제공의무 등)나, 전자상거래 등에서의 소비자보호에 관한 법률 제13조(신원 및 거래조건에 대한 정보의 제공)도 같은 취지로 이해된다.

34) 가족법상의 유언(민법 제1060조), 인지(민법 제859조), 입양(민법 제878조), 혼인(민법 제812조) 등.

35) 독일 민법의 경우 아예 그 효력을 부인한다. 독일 민법 제518조 제1항은 "급부를 증여로서 약속하는 계약이 유효하기 위하여는, 약속에 관하여 공정증서가 작성될 것을 요한다. 제780조, 제781조에 정하여진 채무약속 또는 채무승인을 증여로서 행하는 경우에, 약속 또는 승인의 의사표시에 대하여도 또한 같다'라고 명시하고 있다(양창수 역, 전게서, 323면).

36) 2014. 3. 25. 민법 개정법률안(정부안).

(2) 설명의무와 불공정성 통제

미리 약관의 내용을 알게 된다면, 전술한 바와 같이 계약을 체결하지 않을 수 있지만, 경우에 따라서는 해당 내용을 변경할 수 있다. 즉, 협상이 가능한 상황에서는 약관 내용의 불공정성을 '사전에' 시정할 수 있는 기회를 제공한다. 그러나 실제로 약관에 의한 계약을 거절하는 것보다, 그 내용을 시정하여 개별약정을 두는 것이 더 어려울 때가 많다. 의미 있는 협상을 하기 위하여는 일단 협상이 가능한 계약 상황이 전제되어야 하는데, 일방 당사자에게 협상력의 우위가 존재할 가능성이 크고(소위 '갑을 관계'), 약관을 통하여 반복하여 대량으로 체결되는 계약에 있어서는 그와 같은 협상을 할 시간적 여유가 부족할 때가 많아 그러한 협상을 통한 해결을 모색하는 것은 거래비용상 비효율적일 것이기 때문이다. 특히 최근에 폭증하고 있는 온라인을 통한 비대면거래에 있어서는 협상을 통하여 개별약정을 마련하는 것은 거의 불가능에 가깝다.

이러한 현실 때문에 설명의무는 사업자가 관련 규정을 주장할 수 없도록 하여 불공정성을 시정하는 역할을 하고 있다.[37] 약관 내용의 불공정성을 시정하는 설명의무의 기능은 주로 사후적으로 작동한다. 이는 불공정성의 판단을 대체하는 쉬운 접근 방법이다. 현실적으로 계약 혹은 계약 조항의 불공정 여부는 그 판단이 매우 어려운 쟁점이다. 대표적으로 가격의 문제를 든다면, 과연 공정한 가격이 존재하는가는 역사적으로도 오랜 시간 다투어진 쟁점이다.[38] 반면에 설명의무를 이행하였는가라는 절차적인 문제는 보다 간명하게 확인할 수 있다. 사업자가 설명의무를 다했다는 점을 증명하지 못하면 해당 조항의 효력을 부인할 수 있기 때문이다. 따라서 특정한 약관 조항을 부정하는 데에 있어서 설명의무는 매우 효과적인 수단인 것이고, 실제 현실적 분쟁해결에 크게 기여하고 있다.[39] 그 때문에 약관규제법 제6조 제2항 2호에서 "의외성"을 가진 약관에 대한 내용 통제가 명시적으로 존재함에도 불구하고(우리 약관규제법상 중요한 내용이 아닌 경우에도 "계약의 거래형태 등 관련된 모든 사정에 비추어" 예상하기 어려운 경우에는 불공정약관으로 해당 조항이 무효가 될 수 있다),[40] 설명의무 위반이 분쟁 해결에 자주 사용되는 것으로 보인다.

---

37) 이소은, 전게논문, 88면.

38) 로마 시대부터 iustum pretium에 관한 논의가 있어 왔다. 개략으로는 拙稿, "신학대전 제2부 제2편 77문 - 매매에 있어서의 사기 연구", 법학석사학위논문, 2006, 서울대학교, 110-135면.

39) 편집대표 김용담, 전게서, 108면(김동훈 집필부분); 이소은, 전게논문, 91면(이 글에서는 실제로 내용의 불공정성 통제보다는 설명의무를 통한 해결이 분쟁 양상에서 많이 드러나고 설명의무가 이행되더라도 그 정보를 통하여 계약의 내용을 변경시키게 되는 데에는 한계가 있다는 점을 들면서, 이러한 현실적인 기능을 강조여 설명의무를 설명하고, 설명의무의 의의를 정보제공기능보다는 불공정성 규제 기능에서 찾기도 한다).

40) 이와 같이 예상할 수 없는 조항이 '의외조항'으로 불리는데, 이에 대한 통제가 내용 통제의 일종으로 규정된 우리 약관규제법의 체계에 관하여는 학설의 논의가 있다. 학설 상황에 관하여는, 이병준, "약관규제법에 관한 입법평가", 『약관규제법 시행 30주년과 법적 과제』, 세창출판사, 2018, 19, 20면 참조. 이와 같이 예측가능성이 소위 편입통제인 설명의무와 내용통제인 불공정성 검토에 공통하여 존재하는 점에 비추어 설명의무의 기능을 불공정성 규제 기능과 연결하는 이소은, 전게논문, 91면의 태도도 상당히 설득력이 있다. 실제 부당한 약관 조항에 있어 편입을 부정할 것인지 그 효력을 부정할 것인지는 입법정책적 결단이라 할 수 있다.

다만 그 기능상 유사한 점이 있다고 하더라도 결론이 일치한다는 의미는 아니다. 내용통제와 설명의무는 본래적 역할과 요건이 상이하므로 대상판결 하급심들의 결론에서와 같이 그 내용은 무효가 아니라 할지라도 설명의무 위반으로 판단되는 것은 충분히 가능하기 때문이다.

(3) 소 결

약관에 대한 협상이 어려워서 사실상 설명의무 위반이 사후적 불공정성 통제의 수단으로 자주 활용되더라도 이는 어디까지나 부수적인 기능이라는 점을 간과해서는 안 된다. 사용금액 1,500원당 2마일의 비율에 의한 마일리지를 제공하기로 한 대상판결의 사안을 예로 들면, 위 기준이 변경될 수 있다는 설명을 들은 고객은 (그 규정에 관하여 협상을 하려고 하지 않고) 첫 단계로 사용금액 1,500원당 1.9마일의 마일리지를 주는 다른 신용카드를 검색하거나, 1,500원당 30원의 현금을 캐시백으로 주는 신용카드를 알아볼 수 있다. 이러한 절차를 거치지 않았다면 고객은 사후적으로 그 효력을 다투게 된다.

어떠한 제도의 효과를 검토할 때 그것이 제대로 이행되는 상황을 기초로 보지 않고, 분쟁상황으로 이끌어가서 판단하는 것은 지나치게 분쟁을 주로 다루는 실무적 시각이 아닌가 싶다. 일단 법률의 규정은 그 수범자의 행위를 규율하는 데 일차적인 목표가 있고, 따라서 사후적인 판단이 아니라 (혹은 사후적으로 판단하는 사람의 시각이 아니라) 실제로 계약을 체결하는 사람들의 행위를 중심으로 접근해야 한다고 생각한다. 즉, 실제 설명의무가 이루고자 하는 바로부터 논의를 시작하여 그 역할을 생각하고 다음으로 그 위반의 효과로부터 간접적으로 노리는 영향을 생각하는 것이 그 목적을 설명하는 순서에 부합한다고 할 것이다.

결국 설명의무는 계약 체결 여부를 결정하는 중요한 사항을 알리도록 하여 고객의 예측 가능성을 확보하고, 그로 인하여 계약 체결 여부 및 계약 내용 변경을 재고하게 하는 것이 일차적인 기능이라 할 수 있고, 이차적으로 설명의무 불이행이라는 주장을 통하여 불공정한 약관을 보다 쉽게 무력화하는 기능을 가진다고 하겠다.

다. 독일과 일본의 법제

(1) 독일의 법제

독일은 보통거래약관법(AGBG)에서 약관에 관하여 규율하였다가 2002년 시행된 개정민법 제305조 내지 제310조에 실체법적인 내용을 편입시켰다.[41)42)] 이 중 독일 민법 제305조 제2항은

일본의 경우 부당한 정형약관의 편입을 통제하기도 하고(개정민법 제548조의2), 소비자이익을 해하는 조항의 효력을 부인하기도 한다(소비자계약법 제10조).

41) Staudinger/Mäsch(2019) Vorbem 1 zu §§ 305ff Rn. 29-33. 그 개략이 설명된 우리 말 문헌은 박종희, "普通去來約款法의 民法에로의 統合", 『獨逸 債權法의 現代化』, 법문사, 2003, 159면. 같은 면에 의하면 절차법적인 부분들은 부작위소송법(UKlaG)에 편입시켰다고 한다.

42) 독일 민법은 약관과 관련된 규정 외에도 소비자매매에 관한 규정을 따로 두어 소비자를 보호하고 있다(독일 민법 제474 내지 479조). 또한 약관에 관한 제310조 제3항에도 소비자계약에 관한 별도규정을 두고 있다.

약관의 계약편입을 명시하고 있는데, 이에 의하면 상대방의 동의 외에 일정한 제시가 요구된다.[43] 약관사용자는 단순히 일반적인 수준의 제시에 그치지 않고, 신체적인 장애가 있는 상대방에게는 그 개별적 장애가 고려되는 수준으로 인식가능성을 제공하여야 한다.[44] 요약하자면, 계약 체결 시에[45] ① 약관의 일반적인 제시, ② 약관의 개별적 인식가능성, ③ 상대방의 동의 등 세 가지 요건이 요구된다고 할 수 있다.[46] 이는 강행적인 규정이지만 일정한 방식을 요구하는 것은 아니다.[47] 한편, 교통, 전기, 가스 등 예외적인 경우에는 편입에 있어 이러한 제시가 요구되지 않는다(독일 민법 제305조의a). 특히 「전기·가스·원격통신·우편 및 철도에 대한 연방관리청」의 관보에 게재되고 약관사용자의 영업소에 비치된 약관은 일정한 요건을 갖추면 제시가 요구되지 않는다(독일 민법 제305조의a 2호).[48]

이러한 조항은 우리 약관규제법상 명시의무에 비교될 수 있다. 독일 민법의 경우 우리 약관규제법상 설명의무에 대응하는 조문은 존재하지 않지만 약관의 인식가능성을 요구하는 취지를 어느 정도 참고할 수는 있을 것이다.

(2) 일본의 법제

일본의 경우 우리의 약관규제법과 같은 약관에 관한 개별 단행법은 없지만, 유사한 역할을 하는 소비자계약법이 존재한다. 이 법률은 법인등 사업의 주체와 개인 사이의 소비자계약을 규율하는 법률로서(동법 제2조 1호) 우리의 경우 사업자간의 약관도 약관규제법에 의하여 규율되지만, 일본의 소비자계약법은 이러한 경우에는 적용되지 않는다.

일본 소비자계약법에는 우리 법상 설명의무에 해당하는 규정은 없지만 동법 제4조 제1항에서는 사업자가 소비자계약을 권유함에 있어서 소비자에 대해 중요사항에 관해 사실과 다른 점을 고지한 것(不實告知)에 의해 소비자가 오인하여 계약을 체결한 경우 소비자에게 취소권(不實告知取消)을 부여하고 있다. 이는 사업자가 중요사항과 관련하여 사실에 반한 설명을 하여 고객이 진

---

43) 독일 민법 제305조 ② 약관은 약관사용자가 계약 체결시에 다음의 요건을 갖추고 상대방 당사자가 그것이 효력을 가짐에 동의한 경우에만 계약의 구성부분이 된다.
1. 상대방 당사자에게 약관을 명확하게 지적하거나, 그 명확한 지적이 가능하여도 계약 체결의 성질로 인하여 현격하게 어려운 때에는 계약 체결의 장소에 분명하게 보일 수 있게 게시함으로써 약관을 지적하고, 또한
2. 약관사용자가 알 수 있는 상대방 당사자의 신체적 장애도 상당하게 고려하는 바의 기대가능한 방법으로 약관의 내용을 인식할 수 있는 가능성을 상대방 당사자에게 부여하는 것.
(번역은 양창수 역, 전게서, 139-140면을 따랐다.)

44) 이는 2002년 개정으로 신설된 것으로 기존의 AGBG에는 없는 조항이었다. 그 취지 및 적용에 관하여는 박종희, 전게논문, 166면.

45) Staudinger/Mäsch(2019) Vorbem 1 zu §§305ff Rn. 100.

46) 半田吉信, ドイツ債務法現代化法開設, 信山社, 2003, 380, 381頁.

47) Staudinger/Mäsch(2019) Vorbem 1 zu §§305ff Rn. 96, 97.

48) 이는 기존의 AGBG보다 축소된 입법이다. 박종희, 전게논문, 167, 168면.

의에 반하는 계약을 체결하는 경우 민법의 사기 취소보다 쉽게 취소할 수 있도록 하여 소비자를 보호하는 것이다.[49] 나아가 동조 제3항은 고의 또는 중대한 과실로 중요사항과 관련된 사항에 있어 소비자에게 불이익한 사실을 고지하지 않은 경우에도(不利益한 事實의 不告知) 취소권을 부여한다. 이들은 소비자가 진의에 따라 계약을 체결하도록 하는 점에서 우리의 설명의무와 같은 맥락에서 이해된다.[50]

중요사항이 판단의 핵심 지표라는 점에서 우리의 설명의무의 '중요한 내용'과 유사한데, 일본 소비자계약법에서는 중요사항을 ① 물품, 권리, 서비스 그 외 소비자 계약의 목적이 되는 것의 질, 용도 그 외의 내용(제4조 제5항 1호)이나 가격 등 거래 조건(동항 제2호)으로 소비자가 소비자계약을 체결할지 여부에 관하여 판단을 함에 있어 통상 영향을 미치는 것, ② 물품 등 소비자 계약의 목적이 되는 것으로 소비자의 생명이나 중요한 이익에 관한 손해 등을 회피하기 위하여 통상 필요하다고 판단되는 사정(동항 제3호)이라고 명시하고 있다. 우리 설명의무상의 중요한 내용과 마찬가지로 계약 체결 여부의 판단에 영향을 미치는 요소인지가 그 판단기준으로 제시되는 점을 확인할 수 있다.

반면, '사실과 다른 점'을 고지한다는 작위 혹은 '고의 또는 중과실'에 의한 부작위와 그로 인한 '오인'을 요구하는 점, 그리고 그 효과로 (일부 조항의 효력을 부정하는 것이 아니라) 계약의 '취소권'을 부여한다는 점에서,[51] 우리 설명의무와는 상당한 차이를 보인다.[52]

또한 일본 소비자계약법은 정보제공 노력의무를 명시하고 있으나(동법 제3조 제1호),[53] 그 위반시 특별한 제재는 상정되어 있지 않다.

한편 개정된 일본 민법은 전술한 바와 같이 정형약관에 관한 규정을 두고 있는데, 그 중에는 상대방의 알권리를 보장하는 차원에서[54] 정형약관의 開示청구권과 개시의무에 관한 규정이

49) 日本弁護士連合会消費者問題対策委員会編, 改正民法と消費者関連法の実務-消費者に関する民事ルールの到達点と活用方法, 民事法研究会, 2020, 358頁.

50) 부실고지와 불고지에 있어서의 취소권에 있어 2016년 개정 취지 등에 관하여는, 남윤경, "일본 소비자계약법의 최근 개정동향에 관한 소고", 『재산법연구』 제36권 제4호(2020. 2), 86-89면.

51) 일부 무효와 관련하여 생각해보면, 일부 조항의 효력이 부정될 경우 일본의 경우 계약 전부의 무효로 접근하고(우리 민법 제137조 본문), 우리의 경우에는 나머지 조항의 효력을 인정하는 방향으로 접근한다는 점(우리 민법 제137조 단서)에서 생각의 차이가 있음을 확인할 수 있다.

52) 나아가 일본의 경우에는 중요사항에 있어 손해의 문제를 포함시키는 점이 특징적이다. 계약 체결에 있어서는 그 이행만이 아니라 그 불이행에 관한 점도 고려하므로 그 점을 고려하는 것은 시사점이 있다. 그 구체적인 내용에 관하여는 日本弁護士連合会消費者問題対策委員会編, 前掲書, 360-361頁. 한편, 일본의 경우에는 취소권을 부여한다는 점에서 사기로 인한 취소와의 비교검토가 필요하지만 여기서는 상론하지 않는다.

53) 제3조 1. 사업자는 소비자계약조항을 정함에 있어서 소비자의 권리의무 기타 소비자계약의 내용이 소비자의 입장에서 명확하고 평이한 것이 되도록 배려함과 동시에, 소비자계약의 체결을 권유하는 경우에는 소비자의 이해를 돕기 위해 소비자의 권리의무 기타 소비자계약의 내용에 관한 필요한 정보를 제공하도록 노력해야 한다.

54) 松岡久和·中田邦博 編, 新コメンタル民法財産法 第2版, 日本評論社, 2020, 934頁(谷江陽介 집필).

포함되어 있다(일본 민법 제548조의3 제1항).[55] 정형거래의 합의 전에 이를 사업자가 거부한 경우에는 계약 내용으로 되지 아니한다(일본 민법 제548조의3 제2항).[56] 이는 우리 약관규제법상 명시의무에 상응하는 것으로 이해된다. 법조문에서 합의 "전"을 명시하고 있는바, 정형거래의 합의 후에 거부한 경우에는 강제이행이나 손해배상의 청구가 가능할 것으로 설명된다.[57]

2. 우리 판례상의 설명의무 면제사유 및 그 배경

가. 설명의무 면제사유 일반

위와 같이 설명의무가 고객의 인식가능성, 그를 바탕으로 한 선택가능성을 기초로 하고 있다고 본다면, 설명의무를 이행하지 않아도 그러한 목표를 이미 달성할 수 있거나('설명의무 불필요'), 설명의무를 이행해도 그와 같은 목표를 달성할 수 없는 경우('설명의무 무소용') 설명의무를 강제할 필요가 있을까?

대상판결 이전부터 우리 대법원은 일관하여 일정한 경우 사업자의 설명의무를 면제할 수 있는 근거를 제시하였다. 대표적으로 대법원 2006. 1. 26 선고 2005다60017(본소), 60024(반소) 판결에서는 "보험약관의 중요한 내용에 해당하는 사항이라 하더라도 보험계약자나 그 대리인이 그 내용을 충분히 잘 알고 있거나, 거래상 일반적이고 공통된 것이어서 보험계약자가 별도의 설명 없이도 충분히 예상할 수 있었거나, 이미 법령에 의하여 정하여진 것을 되풀이하거나 부연하는 정도에 불과한 사항이라면 그러한 사항에 대하여서까지 보험자에게 명시 · 설명의무가 인정된다고 할 수는 없다"라고 하여 중요한 내용임에도 불구하고 설명의무가 면제되는 사유를 제시하였다.

여기서 세 가지 면제 사유를 확인할 수가 있는데, ① 계약자나 그 대리인이 그 내용을 충분히 잘 알고 있는 사항, ② 거래상 일반적이고 공통된 것이어서 고객이 별도의 설명 없이도 충분히 예상할 수 있었던 사항과 ③ 이미 법령에 의하여 정하여진 것을 되풀이하거나 부연하는 정도에 불과한 사항이 그것이다.[58]

---

55) 제548조의3(정형약관의 내용의 표시)
   1. 정형거래를 하거나 혹은 하려고 하는 정형약관준비자는 정형거래 합의 전 또는 정형거래 합의후 상당한 기간내에 상대방으로부터 청구가 있을 때에는 지체없이 상당한 방법으로 그 정형약관의 내용을 표시하여야 한다. 다만, 정형약관준비자가 이미 상대방에게 정형약관을 기재한 서면을 교부하거나 혹은 이를 기록한 전자적 기록을 제공하고 있었던 때에는 그러하지 아니하다.

56) 제548조의3(정형약관의 내용의 표시)
   2. 정형약관준비자가 정형거래 합의 전에 전항의 청구를 거부한 때에는 전조의 규정은 적용되지 아니한다. 다만, 일시적인 통신장애가 발생한 경우 기타 정당한 사유가 있는 때에는 그러하지 아니하다.

57) 松岡久和 · 中田邦博 編, 前掲書, 934頁(谷江陽介 집필).

58) 모든 판례에 이와 같이 세 가지 면제사유가 등장하는 것은 아니다. 예컨대, 대법원 1998. 4. 14 선고 97다39308 판결에서는 ① "보험계약자나 그 대리인이 약관의 내용을 충분히 잘 알고 있는 경우"만을 명시하고

나. 설명의무 면제의 배경

어떠한 이유로 대법원은 이와 같은 면제사유를 안출해낸 것일까? 먼저 이는 "사업자에게 이러한 약관의 설명의무가 인정되는 것은 어디까지나 계약 상대방이 알지 못하는 가운데 약관에 정해진 중요한 사항이 계약 내용으로 되어 예측하지 못한 불이익을 받게 되는 것을 피하고자 하는 데 근거"가 있으므로,[59] 그러한 불이익의 예측이 가능한 경우에는 설명의무를 강제할 필요가 없다는 점에 기초하는 것으로 추측된다.

그런데 '알고 있는 경우'와 '알 수 있는 경우'에는 차이가 있다. 우리 대법원은 일반적이고 공통된 규정으로 고객이 설명 없이도 예측할 수 있는 경우나 법령상의 내용과 동일한 약관의 경우 예외적으로 설명의무의 면제를 인정하는데, 이들은 '알 수 있는 경우'에 관한 것이다. 고객에게 약관 외의 사정, 즉 일반적인 다른 약관규정이나 법령의 규정들을 살펴야 할 주의의무가 부과되어 있지 않는 한, 고객에게 단순히 '알 수 있는 경우'까지 특별한 이유 없이 '아는 경우'와 마찬가지로 보기는 어렵다. 또 우리 대법원은 고객이 '알 수 있는 경우' 전부가 아니라 ②, ③에 기재된 두 가지 경우에 한정하여 그 예외를 인정한다. 특히 대상판결에서는 ②와 관련하여 설명의무 면제 대상인지의 판단 기준을 "소송당사자인 특정 고객에 따라 개별적으로 판단하여야" 한다고 판시하는바, 개별 고객을 기준으로 하면서 예상할 수 있는 다른 경우는 언급하지 않고 왜 일반적이고 공통적인 약관이나 법령과 같은 내용의 약관에 한하여 면제를 인정하는지 고민할 필요가 있다.

생각건대, 이들 두 가지의 경우는 고객이 예상가능한 상황이라는 점 외에도 설명의무의 이행이 의미가 없는 경우에 해당할 수 있다는 공통점이 있다. 설명의무의 역할 및 이행의 효과와 관련하여 생각해보면, 사업자가 설명의무를 이행하여 고객에게 그 편입에 관하여 고민할 기회를 주더라도 해당 내용은 다른 사업자의 약관에도 포함되는 규정이거나 법령상 정하여진 내용으로

있고, 대법원 1998. 11. 27 선고 98다32564 판결에서는 "보험자에게 보험약관의 명시·설명의무가 인정되는 것은 어디까지나 보험계약자가 알지 못하는 가운데 약관에 정하여진 중요한 사항이 계약 내용으로 되어 보험계약자가 예측하지 못한 불이익을 받게 되는 것을 피하고자 하는 데 그 근거가 있다고 할 것이므로, 보험약관에 정하여진 사항이라고 하더라도 거래상 일반적이고 공통된 것이어서 보험계약자가 별도의 설명 없이도 충분히 예상할 수 있었던 사항이거나 이미 법령에 의하여 정하여진 것을 되풀이하거나 부연하는 정도에 불과한 사항이라면 그러한 사항에 대하여서까지 보험자에게 명시·설명의무가 인정된다고 할 수 없다."라고 하여 ②, ③ 두 가지 면제사유를 제시한다. 대상판결도 마찬가지로 두 가지 면제 사유를 적시하고 있다. ①, ③의 면제사유를 제시하는 것으로는 대법원 2001. 7. 27 선고 99다55533 판결이 있다. 사안의 해결에 필요한 범위에서 면제의 사유를 제시하였기 때문으로 추측되는데, 이들을 합하면 총 세 가지 사유가 제시되는 것으로 볼 수 있다. 장덕조, 전게논문, 56면에서는 일관된 판례의 태도로 본다.

59) 대법원 2000. 7. 4. 선고 98다62909, 62916 판결; 대법원 2018. 10. 25 선고 2014다232784 판결. 명시의무와 함께 유사한 취지를 판시하기도 한다. 대표적으로 대법원 1998. 11. 27 선고 98다32564 판결; 대법원 2010. 3. 25 선고 2009다91316, 91323 판결("이러한 명시·설명의무가 인정되는 것은 어디까지나 보험계약자가 알지 못하는 가운데 약관의 중요한 사항이 계약내용으로 되어 보험계약자가 예측하지 못한 불이익을 받게 되는 것을 피하고자 하는 데에 그 근거가 있으므로").

서 결국 해당 규율에서 벗어날 수 없다고 한다면 계약 체결에 관한 선택권을 위하여 설명의무를 강제할 이유가 없다. 거꾸로 이는 설명의무 위반의 효과와 관련해서도 접근할 수 있다. 설명의무 위반으로 해당 규정의 공백이 생기는 경우 일정한 경우 그 공백을 채워야 한다. 그러한 상황에서 가장 먼저 고려될 것은 법령상의 내용과 상관습, 거래관행 등이 될 것인바, 그 공백을 대신할 내용이, 효력이 부정되는 약관의 규정과 다르지 않다면 설명의무 위반으로 해당 조항의 효력을 부정하는 것이 무의미하다. 즉, 판례가 명시하고 있지는 않으나, 일정한 경우에는 설명의무를 이행하거나 그렇지 않거나 고객의 입장에서 별다른 차이가 없어서 설명의무를 강제하여 특별히 고객을 보호할 의미가 없다고 보는 것으로 판단된다.

종합하여 보면 이와 같이 설명의무를 면제하는 사유들을 두는 것이 적절한지는 별론으로 하고, 우리 대법원은 인지가능성을 높이지 않더라도 이미 알고 있거나(불필요), 인지가능성을 높이더라도 계약 내용이나 상대방의 변경에 이를 수 없는 경우(무소용)에는 설명의무를 이행하지 않아도 사업자에게 제재를 가하지 않도록 법리를 구성하고 있는 것으로 이해된다. 앞에서 언급한 의사의 설명의무에 있어서, “환자가 의사로부터 올바른 설명을 들었더라도 위 투약에 동의하였을 것이라는 이른바 가정적 승낙”이 명백히 예상되는 경우 의사는 면책되는데,[60] 유사한 맥락으로 생각된다.

다. 구체적인 요건

(1) 계약자나 대리인이 충분히 잘 알고 있는 경우

보다 구체적으로 먼저 계약자나 대리인이 충분히 잘 알고 있는 경우를 살펴보자. 잘 알고 있는지 여부를 판단하는 데에 있어서는 주로 사실확정이 문제될 것이다. 실제로 계약자나 대리인이 약관의 내용을 전제로 일정한 행동을 하였다는 점이 밝혀진다면 그 면제 사유에 해당한다.[61] 대법원 1998. 4. 14 선고 97다39308 판결에서는, “보험계약자나 그 대리인이 약관의 내용을 충분히 잘 알고 있는 경우에는 그 약관이 바로 계약 내용이 되어 당사자에 대하여 구속력을 갖는다고 할 것이므로, 보험자로서는 보험계약자 또는 그 대리인에게 약관의 내용을 따로이 설명할 필요가 없다고 보는 것이 상당하다.”라는 전제에서, 보험계약자가 주운전자의 고지의무에 관한 약관 내용을 충분히 잘 알면서 보험료 절감을 위하여 주운전자를 허위로 고지하였다고 보아, 설명의무가 불요하다고 보았다. 다만 이러한 사유가 인정된 예는 많지 않아 보인다. 예컨대 대법원은 보험청구권 상실에 관한 조항이 보험계약자와 보험자 사이에 반복하여 사용한 약관이라는 사실만으로 설명의무가 면제된다고 볼 수 없다고 판시하였다.[62] 알고 있다는 주관적 사실

60) 대법원 1994. 4. 15 선고 92다25885 판결.
61) 예컨대, 대법원 2003. 4. 25 선고 2003다12373 판결.
62) 대법원 2012. 6. 28. 선고 2012다16926,16933 판결.

을 증명하는 것이 쉬운 일은 아니기 때문이다.

(2) 거래상 일반적이고 공통된 것이어서 고객이 별도의 설명 없이도 충분히 예상할 수 있었던 사항

두 번째 면제사유인 거래상 일반적이고 공통된 것이어서 고객이 별도의 설명 없이도 충분히 예상할 수 있었던 사항에 관하여 대상판결은, "해당 약관 조항이 거래계에서 일반적으로 통용되고 있는지의 측면에서, '고객이 별도의 설명 없이도 충분히 예상할 수 있는 사항'인지는 소송당사자인 특정 고객에 따라 개별적으로 예측가능성이 있었는지의 측면에서 각 판단되어야" 한다고 판시하여, 개별적 예측가능성을 핵심 기준으로 보았다. 위의 첫 번째 면제사유가 '알았던 경우'라면 두 번째 사유는 '알 수 있었던 경우'라고 할 수 있다. 예컨대 우리 대법원은 "대한주택보증 주식회사의 보증규정과 그 시행세칙의 해당 조항에 입주자모집공고 승인으로 보증기간이 개시된 후 분양률 저조 등의 사유로 입주자모집공고 승인이 취소되어 보증서를 반환하는 경우 보증계약을 해지하고, 입주자모집공고 승인 취소일을 기준으로 잔여 보증기간에 대한 보증료를 환불한다는 내용을 규정"한 것이라고 하면서 "이는 거래상 일반적이고 공통된 것으로 계약 상대방인 甲 회사 등이 대한주택보증 주식회사의 설명 없이도 충분히 예상할 수 있었던 사항에 해당" 한다고 하였다.[63] 통상적인 분양계약과 보증계약을 이해하는 경우라면 쉽게 예상할 수 있는 구조이므로 관련 규정은 설명의무가 요구되지 않는다는 취지로 보인다. 다만 이 판결에서는 "위 해당 조항은 약관의 중요한 내용이 아니어서 설명의무의 대상으로 볼 수 없"다고 하여, 아예 설명의무의 대상이 아니라고 보았다.[64] 이러한 취지는 해당 약관을 설명의무의 대상으로 인정하면서, 예외적인 사정이 있는 것으로 보아 그 이행을 요구하지 않는 구조와는 다소 차이가 있는데, 아예 중요한 내용이 아니라고 보기보다는 중요한 내용임을 인정하는 전제에서 예외로 보는 접근이 보다 논리적으로 보인다.

한편, 이에 관하여 거래상 일반적이고 공통적이라고 하여 고객이 파악할 수 있다고 보는 것은 고객에게 불리한 해석이라고 보아 대법원의 태도를 비판하는 견해도 있다.[65] 단순히 고객의 인식가능성이라는 측면에서 보면 이러한 비판은 합당하나, 설명의무가 무소용인지 여부도 대법원이 그 의무를 면제하는 기준이라고 본다면, 그 취지를 이해할 여지가 있다. 인지가능성을 높이더라도 같은 업종에서 약관을 통하여 계약을 체결하는 이상 동일하게 거래의 일반적이고 공통적인 규정을 포함하는 계약을 체결할 수밖에 없어 설명의무가 의미가 없게 되기 때문이다.

---

63) 대법원 2018. 10. 25. 선고 2014다232784 판결.

64) 이와 같이 중요한 사항이 아니라고 배제하는 취지의 판시를 한 경우로는 이 사건 외에도 대법원 1990. 4. 27. 선고 89다카24070 판결, 대법원 1992. 5. 22. 선고 91다36642 판결 등이 있다.

65) 김은경, 전게논문, 477-478면.

(3) 이미 법령에 의하여 정하여진 것을 되풀이하거나 부연하는 정도에 불과한 사항

판례가 설명의무를 면제하는 세 번째가 이미 법령에 의하여 정하여진 것을 되풀이하거나 부연하는 정도에 불과한 사항인데, 보험계약과 관련된 판례가 상당히 축적되어 있다. 이 또한 고객이 해당 내용을 알 수 있었을 것으로 보는 하나의 예로서 이해될 수 있다.[66] 공개된 법령에 기재된 내용이라면, 별도의 설명이 없이도 고객은 해당 내용을 알 수 있었을 것이기 때문이다.

법령에 정하여진 사항이라고 해서 설명의무가 면제된다는 것에 관하여는 비판의 견해가 있다. 법령에 있다고 해서 고객이 인식하고 있거나 이해하고 있을 가능성이 높지 않아서 정보제공의 필요성이 줄어든다고 볼 수 없다는 것이다.[67] 또한 설명의무는 개별적, 구체적인 고객을 기초로 정하는데 일반적인 규율인 법령상 존재한다는 이유로 면제하는 것도 그 성질에 맞지 않는다는 비판도 있다.[68] 상당히 경청할만한 가치가 있는 비판이라고 생각된다. 다만 위에서 설명한 바와 마찬가지로 설명의무가 단순히 정보의 제공이라거나 사후적인 분쟁해결의 편의를 위해서가 아니라 근본적으로 고객이 계약 체결 여부를 판단하거나 계약 조항을 변경할 수 있도록 존재하는 것이라는 점을 바탕으로 하면 그 배경을 이해할 수도 있다. 즉, 이미 법령상 정하여진 사항인 이상 약관을 제시한 사업자와의 계약을 포기하고 다른 계약 상대방을 모색하거나, 협상을 통해서 해당 내용을 삭제하더라도 해당 약관 조항과 같은 규율을 받게 될 가능성이 크므로, 해당 조항은 약관을 제공한 사업자와 계약 체결 여부를 판단하는 데에 결정적인 역할을 하지 못한다는 것이다.[69] 여기서 당해 법령의 구속력이 설명의무를 면제시키는 근거라는 점을 파악할 수 있다.

다만 여기서의 법령의 의미에 관하여는 추가적인 검토가 필요한데, 대상판결에서 그 논의를 자세히 하고 있기 때문에 이는 아래에서(이하 3.나) 상술하도록 한다.

라. 증명책임

한편, 이와 같은 면제 사유가 존재하여 면제된다는 증명책임도 사업자에게 있다.[70] 즉, 사업자는 스스로 설명의무를 이행하였다는 사실, 혹은 고객이 해당 내용을 알았거나 알 수 있어서

66) 김은경, 전게논문, 478면.
67) 김은경, 전게논문, 60면; 윤진수, 전게논문, 322면; 이소은, 전게논문, 98면.
68) 이소은, 전게논문, 98면. 그 외에 설명의무의 면제를 개별적으로 판단하는 것이 법적 안정성을 해한다는 비판으로는, 김은경, 전게논문, 469면.
69) 이소은, 전게논문, 98-99면에서는 이러한 면제 사유를 불공정성 통제와 관련하여 설명하고 있다.
70) 대법원 2001. 7. 27 선고 99다55533 판결(이 판결에서는, 반복하여 보험계약을 체결하는 것으로는 당연히 약관의 내용을 알고 있다고 볼 수 없고 계약자에 증명책임이 있다고 본 원심의 판단을 배척하였다); 대법원 2003. 8. 22 선고 2003다27054 판결("보험약관의 중요한 내용에 해당하는 사항이라 하더라도 보험계약자나 그 대리인이 그 내용을 충분히 잘 알고 있는 경우에는 당해 약관이 바로 계약 내용이 되어 당사자에 대하여 구속력을 가지므로 보험자로서는 보험계약자 또는 그 대리인에게 약관의 내용을 따로 설명할 필요가 없으며, 이 경우 보험계약자나 그 대리인이 그 약관의 내용을 충분히 잘 알고 있다는 점은 이를 주장하는 보험자 측에서 입증하여야 한다").

자신의 설명의무가 면제된다는 사실 둘 중의 하나를 증명하여야 해당 약관 조항의 효력을 주장할 수 있게 된다.

3. 대상판결의 검토

가. 마일리지 제공기준의 변경과 설명의무

(1) 마일리지 제공기준의 중요성

이상과 같은 설명의무와 그 면제 사유에 관한 일반적 내용을 바탕으로, 대상판결의 판시 내용을 살펴보자. 먼저 대상판결의 약관조항, 즉 마일리지 제공기준을 변경할 수 있게 하는 절차 규정이 설명의무의 대상이 되는 '중요한 내용'인지가 문제될 것이다. 다시 말하면, 해당 규정이 고객이 계약을 체결할지 여부를 결정하는 데에 영향을 미치는가가 문제된다.

마일리지란 통상 "고객의 상품 구매나 서비스 이용 실적에 따라 일정한 비율로 보너스 점수를 주어, 정해진 점수에 다다르면 그를 사용하여 상품을 구매하거나 서비스를 이용 받을 수 있게 하는 제도"로 일종의 로열티 프로그램으로 설명되는데,[71] 최근에는 거의 모든 서비스 영역에서 "포인트" 등 여러 가지 이름으로 불린다.[72] 주로 항공사들이 마일리지라는 표현을 사용하는데, 주요 항공사들은 항공기 이용 실적이나 신용카드 이용실적에 따라 마일리지를 적립하고, 정해진 사용처('소진처'라는 표현을 하기도 한다)에서 일정 정도 이상 적립된 마일리지를 사용할 수 있게 한다.[73] 이러한 마일리지의 성격에 관하여는 논란이 있으나, 재산적 가치가 인정된다고 보는 것이 합리적이다.[74]

이와 같은 마일리지 제공은 신용카드 서비스의 본래적인 기능은 아니다. 신용카드는 "이를 제시함으로써 반복하여 신용카드가맹점에서 결제할 수 있는 증표"[75]를 의미하는데, 신용카드업에서 핵심은 신용카드를 발행하고 그를 이용한 대금의 결제를 가능하게 하는 것에 있다.[76] 따라서 그 본래적 기능은 신용카드를 이용한 결제, 자금의 융통에 있다고 할 것이다.

그런데 일반적인 신용카드 서비스의 기능을 수행하는 신용카드가 많아지면서 신용카드의 이러한 기본적 서비스 간에는 차별성이 없어 신용카드 회사는 그 부가서비스를 통하여 서비스의

---

71) 拙稿, 전게논문(주 1), 32면.

72) 여신전문금융업법 제2조 5의4호에서는, "신용카드포인트"란 신용카드업자가 신용카드의 이용금액 등에 따라 신용카드회원에게 적립하여 재화를 구매하거나 서비스를 이용할 수 있도록 하는 경제상의 이익을 말한다"라고 하여 포인트에 관하여 명시하고 있다.

73) 대한항공 스카이패스 회원안내서, 아시아나클럽 회원안내서 등 참조.

74) 그 대략적인 연혁이나 법적 성격에 관하여는 拙稿, 전게논문(주 1), 36-44면. 한편 여신전문금융업법은 신용카드포인트를 기부의 대상으로 명시하여 재산적 성격을 명확히 하고 있다(여신전문금융업법 제67조, 제68조).

75) 여신전문금융업법 제2조 3호.

76) 여신전문금융업법 제2조 2호 참조.

차별화를 도모하고 있다. 그에 따라 신용카드 회원들은 신용카드의 부가서비스 및 연회비를 중심으로 어떠한 신용카드를 선택할지를 판단하고 있다. 결국 어떠한 신용카드를 발급받을 것인지, 어떠한 신용카드업자와 계약을 체결할 것인지, 다시 말하면 계약의 체결에 관한 판단은 신용카드의 부가서비스와 밀접한 관련이 있는 것이다. 그러므로 신용카드 부가서비스의 내용은 계약 체결에 영향을 주는 중요한 내용이 아닐 수 없고, 특히 일정한 재산적 가치를 적립해주거나 환급해주는 마일리지를 포함한 포인트 제공 서비스나 캐시백 서비스는 계약 체결에 관한 판단과 직결되어 있다.

결국 대상판결에서의 마일리지 제공기준은 계약 체결에 관한 중요한 내용이라 하지 않을 수 없고, 그 기준의 변경과 관련된 내용 역시 새로운 마일리지 제공기준에 관한 것으로 계약의 중요한 내용이 아닐 수 없다.

(2) 대상판결의 태도

1심부터 대상판결에 이르기까지 마일리지 제공기준이 신용카드 계약 체결에 있어 중요한 내용이라고 판단하고 있는데, 이는 기존의 대법원 판례[77]와 궤를 같이하는 타당한 결론이라고 본다.

나. 설명의무의 면제와 告示의 성격

(1) '법령'의 의미

마일리지 제공기준과 그 변경에 관한 약관 조항이 계약의 중요한 내용인 이상 설명의무의 대상이 된다. 여기서 설명의무의 면제사유가 존재하는지 문제된다. 대상판결에서는 특히 약관 조항의 내용이 전술한 내용 중 세 번째 사유인 "이미 법령에 의하여 정하여진 것을 되풀이하거나 부연하는 정도에 불과한 사항"인지가 다루어졌다.

여기서 과연 '법령'이 무엇을 의미하는지가 문제된다.[78] 여기서의 법령이 우리 실정법 체계의 모든 규정을 의미하는 것은 아닐 수 있기 때문이다.

대상판결에서는 법규명령과 행정규칙을 준별하여 여기서의 "'법령'은 일반적인 의미에서의 법령, 즉 법률과 그 밖의 법규명령으로서의 대통령령, 총리령, 부령 등을 의미하고, 이와 달리 상

---

77) 기존에도 이미 대법원 2013. 2. 15. 선고 2011다69053 판결에서 "중요한 마일리지 제공기준에 관한 약정이 이 사건 약관 규정에서 정한 "신용카드에 부가된 제휴서비스의 제공 및 이용조건"으로 취급되고 나아가 원고들의 의사와 무관하게 피고 은행이나 해당 제휴기관의 사정에 따라 일방적으로 변경될 수 있다는 이 사건 약관 규정의 내용은 원고들이 이 사건 계약 체결의 여부를 정할 때에 직접적인 영향을 미칠 수 있는 사항으로서 설명의무의 대상이 되는 약관의 중요한 내용에 해당된다"라고 판시한 바 있다.

78) 이 문제와 달리, 법령에 의하여 정하여진 것을 '부연'하는 문제와 관련하여 추상적·일반적 상황에 관하여 법령의 규정이 있는 경우에 구체적·개별적 규정을 어떻게 보아야 하는지에 관한 문제도 있을 수 있다. 이와 관련하여 판례는 법령의 부연이라고 하더라도 개별적으로 "평균적 고객의 입장에서 예상하기 어려운 사유의 경우"에는 설명이 필요하다고 본다(대법원 2011. 7. 28 선고 2011다23743, 23750 판결). 이 논점과 관련하여서는 장덕조, 전게논문, 60-66면.

급행정기관이 하급행정기관에 대하여 업무처리나 법령의 해석·적용에 관한 기준을 정하여 발하는 이른바 행정규칙은 일반적으로 행정조직 내부에서만 효력을 가질 뿐 대외적인 구속력을 갖는 것이 아니므로" 법규명령에 해당하는 경우에 한정되는 것으로 이해하였다.[79)]

그에 반하여 대외적 구속력은 정보제공의 측면이나 불공정성 규제의 측면에서 준별 기준으로 작용하기 어렵다고 하면서,[80)] *私法*상의 법률효과를 기준으로 구별되는[81)] 강행규정, 임의규정을 기준으로 검토하는 견해가 있다.[82)] 이에 따르면 관련 법령이 강행법규인 경우에는 사업자와 고객이 그와 다른 내용으로 계약을 체결하더라도 효력이 부정되므로 설명의 필요가 없고, 임의법규의 내용을 그대로 담고 있는 경우에는 대체로 공정하기 때문에 불공정성 규제 기능과 관련하여 그 합리성을 긍정할 여지가 있다고 본다.

단순히 예측가능성만이 문제된다면, 법령에 제한을 둘 이유가 없다. 公刊된 법령은 어떠한 방식으로든 접근할 수 있고, 그렇다고 한다면 이를 법규명령 여부, 강행규정 여부로 나눌 이유가 없기 때문이다. 또한 사법적 효과에 한정하여 강행규정, 임의규정으로 검토할 것은 아니라고 본다.

생각건대, 대상판결의 취지에 따라 법규명령 여부가 판단의 기준이 되는 것이 해당 면제사유의 존재의의나 기존의 판례의 태도에 가장 부합한다고 생각된다. 당해 법령의 대외적 구속력, 즉 사업자나 고객이 그것을 따를 수밖에 없는지, 재판규범으로 기능할 수 있는지가 더 중요한 기준이라 할 것인데, 그것은 고객이 해당 내용에 관하여 알든 모르든 계약을 체결하는 이상 그 규율을 받게 되어 설명 여부가 별다른 영향을 미치지 않기 때문이다.

(2) 추가적인 기준의 존부

대상판결이 선언한 바와 같이 법규명령인지 아닌지가 기준이라고 할 때, 그 기준이 항상 그대로 관철되는 것인지 아니면 어떠한 예외가 존재할 수 있는 것인지 문제된다. 1심과 원심 그리고 대상판결의 태도를 고려하면 나누어보자면, ① 법규명령이면 모두 면제되는 것인지(예컨대 법령보충적 행정규칙이면 마찬가지로 면제가 되는지), ② 법규명령이더라도 면제의 취지를 고려하여 고

79) 1심과 원심에서는 그 기준을 명확히 하고 있지는 않은 것으로 보인다. 먼저 1심에서는 기본적으로 해당 약관 규정이 법령상의 내용과 다르다는 점을 강조하고 있다. 다만 여신전문금융업감독규정이 고시이고 관련 규정 내용이 절차적인 것으로 일반 국민을 수범자로 하지 않는다는 지적은 관련 규정 내용이 행정규칙에 지나지 않는다는 점을 암시하고 있어서 법규명령과 행정규칙의 구별론을 바탕에 깔고 있는 것으로 이해된다. 원심의 경우에도 "여신전문금융업감독규정 제25조가 법규로서의 효력을 가진다고 해석할 여지가 있다 하더라도" 그 "법령은 공개성이 있으므로 계약자가 법령을 안다고 볼 수 있고, 또한 법령은 중립성을 가지므로 이로 인해 계약자가 특별히 불리하게 되지 않는다는 점에서" 면제사유의 취지를 찾으면서 해당 고시 규정은 그러한 취지에 부합하지 않는다고 접근함으로써 기본적으로 고시의 성격이 법규명령인지 아니면 행정규칙인지를 논의의 출발점으로 삼고 있다.

80) 이소은, 전게논문, 106면.

81) 편집대표 곽윤직, 민법주해 [Ⅱ], 2002, 257면(박영식 집필부분).

82) 이소은, 전게논문, 99면.

객의 예측가능성, 인식가능성을 확인해야 하는 것인지, ③ 법규명령이더라도 재차 그 공정성을 따져야 하는지 등 의견이 나뉠 수 있다.

전술한 바와 같이 법규명령을 설명의무 면제의 기준으로 삼은 것이 그 공개성으로 인한 설명의 불필요, 그리고 그 구속력으로 인한 설명의 무소용이라면 재차 고객의 예측가능성을 따질 필요는 없을 것이다. 또 법령을 반복하는 데에 그치는 경우에도 다시 공정성을 따진다면 이는 사실상 법규명령에 대한 사법심사를 하는 것이므로 설명의무의 영역을 벗어난다고 생각된다. 또한 법령보충적 행정규칙의 경우 법규명령과 같은 효력을 가지게 되는바, 대상판결에서 언급된 바와 같이 일반적인 행정규칙으로 볼 것은 아니므로 법규명령과 서로 구별할 필요도 없다고 생각된다.

다만, 판례가 약관규제법상 명시된 설명의무를 면제하여 주는 취지는 단순히 사업자에게 일종의 면죄부를 주려는 것은 아닐 것이다. 따라서 위의 취지를 고려하더라도 설명의무를 면제하는 기준은 엄격하게 해석하여야 한다. 최소한 사업자가 법규명령이고 그 점이 명백하여 설명의무를 하여도 관련 서비스를 받기 위하여 다른 선택지가 없다는 점을 증명하는 등 그 증명책임을 다하여야 할 것이다. 대상판결 역시 법규명령이 면제사유의 기준이 되는 법령이라는 점을 명확히 하면서도 엄격하게 관련 규정을 살펴서 대상판결의 사안에 있어서는 설명의무가 요구된다고 보아 원고의 손을 들어주었다.

다. 대법원의 설명의무 면제에 관한 비판적 검토

위에서 설명의무의 면제사유에 대한 대법원의 기준 및 그 근거를 추론하고 그를 바탕으로 대상판결을 검토하여 보았다. 간략히 정리하자면 대상판결은 법령에 의하여 정하여진 것을 되풀이하거나 부연하는 정도에 불과한 경우 설명의무를 면해주는 기존의 법리를, 그 이면에 있는 면제 근거를 드러내어 보다 구체적으로 설시하였다. 그러한 측면에서 대상판결의 태도를 긍정적으로 볼 수 있다.

그런데 대상판결의 평가를 넘어, 근본적으로 기존에 판례를 통해서 제시되어 있는 이와 같은 면제사유는 합당한지 고민해볼 필요가 있다.

먼저, 설명의무의 취지로부터 면제사유를 도출하고 있는 것으로 추측되는데 여전히 그 면제사유가 지나치게 넓고,[83] 그에 해당하는지 여부를 사전에 파악하기 어렵다는 지적을 피하기 어렵다. 고객이나 사업자 모두 사전에 면제 대상을 알지 못한다면 결국 쟁송을 통하여 사후적으로 판단할 수밖에 없다. 법률에 명시적 근거도 없는 예외사유임에도 불구하고 그 문언상 포섭 범위가 상당히 넓게 설정되어 있는 상황에서, 판례가 축적되기만을 기다릴 수는 없다고 생각한다. 물론 상당한 정도 판례가 축적되어 있는 보험업계 같은 경우에는 어느 정도 가늠할 수준이 되었다

83) 일정 산업영역에 있어 제한적으로 의무를 면하게 해주는 우리 약관규제법상 명시의무의 예외사유(법 제3조 제2항 단서)나, 독일 민법상 제시의무의 예외사유를 고려하였을 때, 그 범위에 제한이 없다.

고 할 수도 있으나, 약관의 사용범위가 확대되는 추세를 고려할 때 면제사유가 사업자의 설명의무 범위를 확정하는 데에 도움을 줄 수 있으려면 예측가능한 방향으로 보다 상세하게 기준이 정립되어야 할 것으로 보인다.[84] 그러한 기준의 정립에 있어서는 전술한 바와 같이 이러한 면제사유가 정당화될 수 있는 논리가 더 잘 드러나야 할 것이다.

앞에서 설명의무의 기능이 정보제공을 통한 계약 체결 여부 판단, 내용 변경의 기회 제공, 사후적인 분쟁해결이라고 보고, 설명의무를 이행하여도 고객의 권리에 영향을 미치지 못하는 것 역시 판례가 상정하는 면제의 근거가 된다고 설명하였다. 그런데 위 면제사유 중 ②, ③의 경우 설명의무가 무의미한 경우도 있지만 그렇지 않은 경우도 있다. 먼저 법령상·사실상 일정한 계약 체결이 강제되는 경우, 예컨대 자동차 구입후 종합보험 등에 가입하는 경우에는 일반적으로 그 내용에 접근이 가능하고 또 보험계약을 체결하지 않는다는 선택지를 취하기가 매우 어렵기 때문에 계약의 변경이나 분쟁 해결과 관련하여 그 설명이 불요할 수 있다(설명의 무소용). 따라서 이러한 경우에는 판례의 이론이 잘 들어맞는다고 볼 수 있다. 그러나 반대로 고객이 일반적인 약관의 규정이나 법규명령의 내용을 알게 되면 아예 관련업종의 사업자와 계약을 체결하지 않을 수 있는 가능성이 있는 영역에 있어서는 설명의 무소용이라는 근거는 약해지고 여전히 예측가능성을 보장할 필요가 있다. 즉, 설명의무를 면제할 근거가 부족해지는 것이다. 따라서 판례는 위 기준을 적용함에 있어 해당 계약의 종류와 특징을 고려하지 않으면 안된다. 계약을 체결하지 않을 수 있는 선택지가 있는 계약인지 아니면 계약은 체결하되 그 상대방이나 내용만이 문제되는 계약인지 여부를 검토할 필요가 있는 것이다. 경우에 따라서는 설명의무 위반을 인정하고 계약 전체의 효력을 고민해야 할 가능성도 있다.

다만 여기에서 고객에게 선택권이 있는지 여부는 자동차보험처럼 단순히 법적으로 강제되는 경우에 한정할 것은 아니라고 생각한다. 사회생활의 면면을 고려하여 일상생활에 필요한 여러 서비스에 가입하는 경우 마찬가지로 이해할 수 있을 것으로 생각한다. 예컨대, 휴대전화서비스 가입을 위한 약관 같은 경우에 그와 같이 볼 수 있을 것이다.

4. 補論-약관의 일방적 변경 가능성

가. 약관 변경의 가능성

사업자와 고객이 일단 합의를 거쳐서 약관을 계약의 내용으로 편입시킨 이후에 어떠한 이유로든 사업자가 약관을 변경하고자 하는 경우가 발생할 수 있다. 대상판결의 경우에도 이러한 약관 변경의 필요성이 그 사안의 바탕에 있다. 따라서 대상판결과 관련하여 약관 변경의 문제를

84) 장덕조, 전게논문, 66-67면. 67, 68면에는 보험과 관련하여 판례가 인정한 설명의무의 대상과 면제의 대상을 표로 정리하였다.

간단히 덧붙일 필요가 있다.

약관의 변경이 고객에게 유리한 경우에는 아무런 문제가 없다. 고객이 동의를 하지 않을 이유가 없고, 동의를 의제하거나 동의 절차를 생략하더라도 고객에게 아무런 피해가 없기 때문이다. 그러나 고객에게 불리한 약관 변경의 경우에는 사정이 다르다. 약관을 변경한다는 것은 계약 내용을 바꾼다는 것이고, 약관이 계약의 내용에 편입하는 근거가 당사자간 의사의 합치(전술한 소위 '계약설')에 있는 이상 당사자의 동의 없이 일방적으로 당사자 일방에게 불리하게 계약의 내용을 변경할 수는 없기 때문이다(소위 「약관의 일방적 변경금지의 원칙」).[85] 공정거래위원회의 표준약관에서도 계약설에 입각하여 약관 변경에서 고객의 동의를 요하는 것으로 규정하고 있다.[86]

참고로 일본 개정민법에서는 '정형약관'과 관련하여 일정한 경우 상대방과 합의하지 않고 약관을 변경할 수 있도록 규정하고 있는데, 그 중 하나가 바로 "정관약관의 변경이 상대방의 일반적인 이익에 적합한 때"이다.[87]

그렇다면 고객에게 불리한 내용으로 약관을 변경하고자 하는 경우 사업자는 어떻게 해야 할 것인가?[88] 대상판결에서 사업자가 마일리지 제공기준을 변경한 것은 근본적으로는 이 문제와 연결되어 있다. 이는 ① (대상판결의 사안에서와 같이) 약관 변경의 절차가 계약 내용에 포함되어 있는 경우와 ② 그와 같은 약관 변경 절차에 관한 기준이 없는 경우로 나눌 수 있다.

나. 약관 변경 절차에 관한 규정이 있는 경우

약관 변경 절차에 관한 규정이 있는 경우부터 논의를 시작해보자. 약관 내에 해당 약관의

---

85) 이은영, 전게서, 123면 각주 1)에 따르면 약관의 변경에 관하여 1개 조항을 두는 것이 논의되었으나 약관은 변경되어도 좋다는 취지로 오해될 우려가 있어 두지 않았다고 한다.

86) 공정거래위원회의 신유형상품권 표준약관(공정거래위원회 홈페이지 등록일 2020. 12. 14)이나 택배표준약관(공정거래위원회 홈페이지 등록일 2020. 6. 17) 등에는 약관의 변경 혹은 개정에 관한 조항이 없다. 비교적 상세히 규정된 모바일게임 표준약관(제10078호) 제4조(약관의 효력 및 변경) 제3항에서는 "회사가 약관을 개정할 경우 개정약관 공지 후 개정약관의 적용에 대한 회원의 동의 여부를 확인합니다. 회사는 제2항의 공지 또는 통지를 할 경우 회원이 개정약관에 대해 동의 또는 거부의 의사표시를 하지 않으면 동의한 것으로 볼 수 있다는 내용도 함께 공지 또는 통지를 하며, 회원이 이 약관 시행일까지 거부의 의사표시를 하지 않는다면 개정약관에 동의한 것으로 볼 수 있습니다. 회원이 개정약관에 대해 동의하지 않는 경우 회사 또는 회원은 서비스 이용계약을 해지할 수 있습니다."라고 계약설에 기초한 조항이 마련되어 있다.

87) 일본 개정민법(2017년 개정) 제584조의4(정형약관의 변경)
   1. 정형약관준비자는 다음 각호의 경우에는 정형약관을 변경함으로써 변경 후의 정형약관에 합의가 있는 것으로 간주하여, 개별적으로 상대방과 합의하는 일 없이 계약의 내용을 변경할 수 있다.
      一 정형약관의 변경이 상대방의 일방적인 이익에 적합한 때
      二 정형약관의 변경이 계약을 한 목적에 반하지 않고, 동시에 변경의 필요성, 변경 후의 내용의 상당성, 본 조의 규정에 의해 정형약관을 변경하는 경우가 있다는 취지의 규정의 유무 및 그 내용 기타 변경과 관련된 사정에 비추어 합리적인 때
   2. 정형약관준비자가 전항의 규정에 의해 정형약관을 변경하는 때에는, 그 효력발생시기를 정하고 동시에, 정형약관을 변경하는 취지 및 변경 후의 정형약관의 내용 내지 그 효력발생시기를 인터넷의 이용 기타의 방법으로 주지시켜야 한다(3항과 4항 생략).

88) 이은영, 전게서, 122면.

변경 절차가 명시되어 있는 경우에는 그 규정의 효력이 문제될 것이다. 해당 규정이 유효하게 적용될 수 있는 것이어야 그 절차에 따라서 변경된 약관이 고객에게 구속력을 가지게 될 것이기 때문이다.[89]

(1) 설명의무

만약 절차에 관한 해당 규정이 변경의 근거를 제시하는 것이 약관의 중요하지 않은 내용에 한정된 것이라면 해당 규정은 설명의무의 대상이 되지 않는다. 변경되기 전·후의 약관 내용 자체가 중요하지 않아서 설명의무의 대상이 되지 않는 이상, 그 변경 절차에 관한 내용이 중요한 내용이라고 보기 어렵다.

그렇지만 해당 변경 절차가 계약 체결 여부에 관련된 중요한 약관 조항과 관련된 것이라면 그 변경 절차 역시 중요하다. 앞에서 검토한 바와 같이 대상판결과 그 하급심에서 인정한 내용도 그와 같다. 마일리지 제공은 신용카드 발급에 있어 부수적인 서비스이지만, 마일리지 제공 기준은 계약 체결 여부와 관련된 중요한 내용이고, 그 변경 절차에 관한 약관 규정 역시 중요한 내용이다. 따라서 그 규정은 설명의무의 대상이 되는 것이고, 그와 같은 설명의무가 이행되지 아니하였다면 혹은 그와 같은 설명의무를 이행하였다는 점을 사업자가 증명하지 못한다면 그 변경 절차에 관한 약관 규정을 사업자가 계약 내용으로 주장하지 못한다.

(2) 내용통제 ①-약관변경절차 조항

설명의무를 이행하였다고 하더라도 그 조항의 유효성이 담보되는 것은 아니다. 우리 약관규제법상 "상당한 이유 없이 급부(給付)의 내용을 사업자가 일방적으로 결정하거나 변경할 수 있도록 권한을 부여하는 조항"(약관규제법 제10조 제1호)의 효력은 부정되므로 만약 해당 절차 조항이 그에 해당한다면 그 조항의 효력은 부정된다. 소위 편입통제의 단계[90]를 거친 후에 내용통제를 하는 것이다. 대상판결의 하급심에서는 설명의무에 관한 검토보다 해당 조항의 내용에 관하여 먼저 살펴보았고, 불공정성을 부정하여 약관 규정의 유효성을 긍정하였다.

(3) 내용통제 ②-변경된 약관 조항

그렇다면 계약상 중요한 내용인 약관 변경 절차에 관하여 사업자가 설명의무를 이행하고 또 해당 절차가 상당한 이유 없이 급부의 내용을 일방적으로 변경할 수 있는 무효의 조항이 아니며 사업자가 그 규정에 따른 절차를 통하여 약관을 변경하였다면 해당 약관 조항은 유효하게 계약의 일부를 구성하는가? 그렇지는 않다고 본다. 절차나 그 변경의 근거 조항에는 문제가 없더라도, 그에 따라 변경되어 계약의 내용이 된 새로운 조항은 여전히 약관규제법상 내용통제의 대

89) 일본 개정민법(2017년 개정) 제584조의4(정형약관의 변경) 제1항 제2호에서도 변경 후 조항의 '합리성'을 요구한다.

90) 앞에서 언급한 바와 같이 우리 약관규제법에서 독일과 같은 편입통제가 있다고 보기는 어려우나, 일단 명시·설명의무 불이행과 관련하여 다른 문헌들과 같이 '소위' 편입통제라는 표현을 사용하였다.

상이다. 따라서 그 내용은 약관규제법 제6조 이하의 규정에 따라 그 효력이 부정될 수 있다.

앞에서 본 바와 같이 대상판결에서는 설명의무가 이행되지 아니하였다고 보아 약관 변경의 근거가 되는 절차 조항의 효력이 부정되었으나, 그 설명의무가 이행되었다고 보더라도 그 내용 통제는 별개의 문제이다.

다. 약관 변경 절차에 관한 규정이 없는 경우

전술한 바와 같이 약관의 변경을 위하여는 일반적인 계약 체결이나 변경과 마찬가지로 양 당사자간 의사의 합치가 필요하다.[91] 따라서 약관의 변경 절차에 관한 규정이 없는 경우 다른 특별한 사정이 없는 한[92] 계약의 내용에 대한 일방적 변경은 불가능하다. 계약의 내용을 일방 당사자가 사후적으로 변경할 수는 없는 것이고, 특히 계약 주체의 권리나 의무와 관련된 것이라면 더욱 그러하다. 그럼에도 불구하고 사업자가 일방적으로 약관을 변경하는 경우 고객은 종전 약관에 따라 계약을 유지할 것을 선택하거나 계약 해지를 선택할 수 있다.[93] 대상판결의 사안에서 고객들은 변경전 약관에 따라 계약상 의무를 이행할 것을 구하였다.

사업자가 일방적으로 약관의 변경을 통보하면서, 침묵을 그 동의로 간주하는 경우가 있는데, 다른 법적 근거가 없는 한 그 효력은 부정되어야 마땅하다. 일반적으로 침묵은 그 자체로는 의사표시가 되지 않는 것이고,[94] 약관규제법상 의사표시의 의제 조항은 무효로 되기 때문이다.[95]

5. 결 어

기존에 우리 대법원은 ① 계약자나 그 대리인이 그 내용을 충분히 잘 알고 있는 사항, ② 거래상 일반적이고 공통된 것이어서 고객이 별도의 설명 없이도 충분히 예상할 수 있었던 사항과 ③ 이미 법령에 의하여 정하여진 것을 되풀이하거나 부연하는 정도에 불과한 사항에 있어 설명의무를 면제하였는데, 대상판결은 세 번째 경우에 관하여 구체적인 기준을 제시하였다. 즉, 개별적인 고객을 바탕으로 면제사유의 존부를 판단하고, 여기서의 법령은 수범자에 구속력이 있는 법규명령을 의미한다는 점을 명확히 한 것이다.

대법원이 기존에 제시한 면제사유의 근거는 설명의무의 불필요, 무소용으로 이해할 수 있다. 이를 바탕으로 보면, 구속력 있는 법규명령과 약관 내용이 동일한 경우 중요한 약관 내용의 설명의무를 이행하지 않더라도 다른 내용의 약관을 제시하는 사업자로 계약 당사자를 변경하거

91) 이은영, 전게서, 122면.
92) 특별법과 그 하위법규에서 약관 변경의 방식이 규정된 경우가 존재한다. 예컨대, 전자금융거래법 제23조 제3항에서는 구체적인 절차를 규정하고 있다. 그 외 전자금융거래법상 약관과 관련된 조항과 약관규제법과의 관계에 관하여는, 拙稿, 전게논문(주 1), 61-63면 참조.
93) 이은영, 전게서, 122-123면.
94) 예외적으로 특정한 정황이 있거나 법률에 따라 의제되는 경우 의사표시로 인정된다. 송덕수, 전게서, 61면.
95) 약관규제법 제12조.

나 계약의 내용을 변경할 수 있는 고객의 선택권 침해가 일어날 가능성이 크지 않으므로, 대상판결은 그 법령의 구속성을 기준으로 제시한 것으로 생각된다. 이는 기존의 판례의 취지와 궤를 같이 하면서 그를 구체화하였다는 점에서 의의가 있다.

다만 근본적으로 이러한 면제사유가 적절한지는 설명의무의 기능에 비추어 검토할 필요가 있다. 설명의무는 정보제공을 통해서 약관 내용에 관한 고객의 인식가능성을 높이는데, 이를 통해서 고객이 ① 계약을 체결할지 여부, ② 계약 내용을 변경할지 여부를 판단하게 하고, 사업자가 설명의무를 이행하지 않는 경우 사후적으로 ③ 해당 규정의 효력으로부터 벗어날 수 있게 해주는 기능을 한다. 그런데 설명의무가 (계약의 변경을 넘어서) 계약 체결 여부와 관련되어 있다면 일정한 경우에는 거래상 일반적이고 공통적인 것이거나 법령상 규정된 것이라도 여전히 재고의 기회를 줄 수 있다고 생각한다. 이를 바탕으로 보면 계약자나 대리인이 알고 있는 경우 외에는 고객의 보호의 측면에서 보다 세부적으로 정치하게 면제사유의 근거와 그 적용을 고민할 필요가 있다.

프랑스 민법상 불예견(imprévision) 조항*

–코로나 19를 계기로–

김 현 진**

Ⅰ. 들어가며

전례없는 판데믹인 코로나 19는 세계적인 혼란과 위기를 초래하여 사회 전반에 걸쳐 많은 법적 분쟁을 야기하고 있다. 2021년 7월 27일 기준, 총 193,888,399명의 확진자와 사망 4,160,213명의 사망자가 발생하여 그 규모 및 확산세가 종잡을 수 없을 정도로 확대되고 있다.[1] 코로나19는 계약법에 새로운 자극이 되고 있다. 코로나 19로 인한 계약의 불이행 내지 효력 유지의 곤란 사태에 처하자, 전 세계의 법조계에서는 이를 불가항력(force majeure) 또는 이행곤란(hardship)으로 보아 채무불이행 당사자를 면책해 주거나, 계약 당시 예견할 수 없었던 사정변경으로 보아 계약내용을 수정하거나 해소시킬 수 있는지에 대하여 논의가 활발히 이루어지고 있다.[2] 한편 전통적 계약법리가 판데믹과 같은 비상상황에 충분히 신속하게 대응하기 어려운 경직성을 가지고 있는 것은 아닌가 하는 반성적 고려에서, 각국은 코로나 19에 대응하기 위한 특별법들을 제정하고 있다.

당사자의 합의로 유효하게 성립한 계약은 채권채무관계를 발생시키고 당사자들은 합의에 따라 발생되는 채무를 이행하여야 할 의무를 부담한다. 그런데 당사자들은 계약체결 당시 자신들이 수집한 정보에 근거하여 판단한 위험을 자발적으로 인수한 것이다. 따라서 만일 계약체결의 기초가 되는 사정이 당사자가 예견할 수 없었던 사태의 발생으로 변경되어 계약내용대로 구

---

* 이 글은 『법조』 제69권 제6호(2020. 12), 271–305면에 게재되었다.

** 인하대학교 법학전문대학원 교수.

1) http://ncov.mohw.go.kr/bdBoardList_Real.do?brdId=1&brdGubun=14&ncvContSeq=&contSeq=&board_id=&gubun=(2021. 7. 27. 09:00 기준, 2021. 7. 27. 최종방문)

2) 가령, 이를 다루는 국내문헌으로 우선, 권영준, “ 코비드 19와 계약법,” 민사법학 제94호(2021), 223–261, 김진우, “코로나 사태와 급부장애,” 비교사법 제27권 3호(2020. 8); 김진우, “독일의 코로나 계약법,” 재산법연구 제37권 제1호(2020. 5); 조인영, “불가항력의 의미와 효과 -COVID-19 사태와 계약관계에 있어서의 불가항력 사유에 관한 고찰-,” 법조 제69권 제4호(2020. 8).

속력을 인정하여 이행케 함이 일방당사자에게 가혹한 결과를 가져온다면 어떻게 해야 할까? 계약의 효력을 그대로 유지시켜야 할까? 아니면 불리한 당사자를 위해 계약내용을 수정하거나 해소시킬 수 있는 권리를 당사자나 법원에 인정하여야 할까? 이러한 논의는 당사자간의 합의의 결과인 계약은 지켜져야 한다(*Pacta sunt servanda*)는 계약법의 대원칙의 예외를 인정할 것인가의 문제이다. 나라마다 접근방식과 용어가 다른데,[3] 우리나라와 일본은 "사정변경의 원칙[4]"에 의해, 독일은 행위기초론(Die Lehre von der Geschäftsgrundlage)에 기해,[5] 영미법은 계약목적달성불능의 법리(the doctrine of frustration)에 의해,[6] 프랑스에서는 불예견이론(La théorie de l'imprévision)으로 설명한다. 그런데 이러한 불예견(imprévision) 조항이 2016년 프랑스 민법전에 명문화되었다.

프랑스의 기존의 불예견이론에 대하여는 국내에 선행연구가 있었으나,[7] 새롭게 명문화된 불예견조항에 대해서는 아직 국내에서 본격적으로 다뤄지거나 우리나라 민법 개정과 관련하여 비교법적으로 논의되지 않았다. 그리하여 본 논문은 현행 프랑스민법전에 신설된 불예견 조항을 충실하게 소개하고자 한다. 그에 앞서 프랑스가 민법전에 위 원칙을 수용하기까지 학계의 논의, 국사원과 파기원에서의 판례의 전개과정 및 특별법에 의한 해결방안을 간략히 검토한다(Ⅱ). 이후 프랑스 민법전 제1195조에 규정된 불예견 원칙이 적용되기 위한 세 가지 요건을 분석하고, 이어 원칙이 적용될 경우 당사자들의 권리와 절차, 그리고 법관의 역할에 대하여 정리한다(Ⅲ). 마지막으로, 프랑스법조계는 코로나 상황에서 위 불예견조항이 적용될 수 있을지에 대한 논의가 있는바 이를 언급하고, 본조를 우리나라의 민법 개정안과 큰 틀에서 비교하면서 시사점을 찾는 작업을 통해 이를 결론에 갈음하고자 한다(Ⅳ).

정년을 맞으시는 송덕수 교수님께서는 사정변경의 원칙에 관한 국내의 논의를 주도하고 정리하신 연구자들 중 한 분이시다.[8] 교수님의 이러한 연구를 토대로 후학들이 연구를 진행할 수

3) 편집대표 곽윤직, 민법주해(Ⅷ), 채권(6), 박영사(2006), 246면.

4) '사정변경의 원칙'이라는 용어는 독일에서 유학한 세 명의 일본 학자 등의 저술에서 비롯된 것으로, 우리나라에서 사정변경 관련 논의는 손주찬 교수의 "物權變動과 事情變更의 原則 -梨大病院賣買事件에 즈음하여-" 법조 제6권 제7·8호(1957. 8), 34면 이하 논문에서 시작된 것이라고 한다(정상현, 프랑스 민법상 불예견이론과 우리 민법에의 시사점," 민사법학 41(2008. 6), 각주 2). 일본민법은 사정변경의 원칙을 인정하는 명문규정은 없으나 학설과 판례에 의하여 이를 인정하고 있다.

5) 2002년 개정 독일 민법 제313조에 신설된 행위기초의 결여에 대해서는, 정진명, "사정변경 원칙의 명문화 방안", 비교사법 제18권 제3호(2011) 참조; 개정 전 독일의 논의에 대해서는 이영준, 사정변경의 법리에 관한 연구 -독일의 행위기초론을 중심으로-" 사법논집 제5집, 법원행정처(1974), 67면 이하 참조.

6) James Godley, Impossibility and Changed and Unforseen Circumstances, American Journal of Comparative Law, 513, 2004, 522.

7) 프랑스민법상 불예견이론에 대한 선행 연구로는 정상현, "프랑스 민법상 불예견이론과 우리 민법에의 시사점," 민사법학 41(2008. 6), 483면 이하: 김성수, "프랑스민법의 사정변경의 원칙 -현행법과 개정안의 주요 내용을 중심으로-", 재산법연구 제31권 제3호(2014. 11), 25면 이하 참조.

8) 송덕수, "사정변경의 원칙 <대한민국에서의 모습>," 민사법학 85(2018), 569-583; 송덕수, "사정변경의 원칙에 관한 현안의 정리 및 검토," 법학논집(이화여자대학교 법학연구소) 제23권 제1호(2018), 87-131; 송덕

있었음에 감사드리며, 프랑스의 사정변경에 해당하는 "불예견"에 관한 논의를 다룬 이 작은 글로 정년을 축하드리고자 한다.

Ⅱ. 프랑스의 불예견이론의 전개

1. 기 원

불예견이론의 기원은 중세 스콜라 철학에 바탕을 둔 로마 교회법상의 효력유지약관이다.[9] 효력유지약관이란 *Clausula rebus sic stantibus* 즉 "만일 사물이 그대로 있었더라면" 조항으로 계약체결의 기초가 되는 사정이 그대로라면 효력이 유지되지만 반대로 사정이 변경된다면 계약의 효력이 그대로 유지될 수 없음을 의미한다. 이 법리는 14세기 후기주석학파에 의해 논의되었으나 법제도로서 확립되지는 못하다가,[10] 1794년 프로이센 일반란트법, 1811년 오스트리아 민법, 1881년 스위스 채무법에서 명문화되었다.[11] 그러나 프랑스는 불예견이론의 인정여부에 대한 학설의 논의가 있었으나 1804년 프랑스민법전은 개별적인 규정을 두었을 뿐 일반규정을 두지 않았다. 이후 이 법리는 19세기 자본주의의 발달로 더욱 강조된 계약의 구속력에 묻혔다가 제1차, 제2차 세계대전이 초래한 경제적 격변 상황에 의해 부활되기에 이르렀다.[12] 그리하여 유럽에서는 독일, 그리스, 이탈리아, 네덜란드, 포르투갈, 폴란드 등의 국가가 민법전에 위 원칙을 일반적으로 인정하는 명문의 규정을 두었다.[13]

수, "계약의 해제 · 해지와 사정변경의 원칙에 관한 2012년 민법개정안의 성안경과와 내용," 법학논집(이화여자대학교 법학연구소) 제17권 제1호(2012), 27-57.

9) 이에 대한 자세한 내용은 M. Planiol et G. Ripert, *Traité pratique de droit civil français, t.6, Obligations* 1e partie 2e éd., LGDJ, 1952, n° 391, p. 527; Zimmermann, The Law of Obligations: Roman Foundations of the Civilian Tradition, 1990, p. 579.

10) M. Planiol et G. Ripert, *op. cit.*, n° 391, p. 527.

11) J. Carbonnier, *Les obligations*, Thémis, PUF, 22e éd., 2000. n° 69, 269.

12) *Ibid.*

13) 독일은 행위기초론에 의거하여 2011. 11. 26. 공포되어 2002. 1. 1.부터 시행된 개정 민법 제313조에서 이를 일반적으로 명문화하였다. 이에 따르면, '행위기초의 장애'라는 표제하에 사정변경 및 공통의 착오를 함께 규정하면서, 그 효과로 법원은 가급적 그 계약관계를 유지할 수 있도록 계약내용의 수정을 우선적으로 고려하되, 계약내용의 수정이 불능히고 기대불가능성이 존재한다면 계약이 해제나 해지를 할 수 있다고 하고 있다. 이태리 민법은 제1467조, 네덜란드 민법은 제6.356조, 포르투갈 민법은 제437조, 그리스 민법은 제388조에서 이를 규정하고 있다.

2. 불예견이론에 대한 견해의 대립

(1) 불예견의 개념

프랑스법상 불예견이론이란 “계약 당시 예견할 수 없었던, 그리고 당사자들의 의사 밖에 있는 외부적 사정의 결과, 일방당사자에게 계약의 이행이 불가능하지는 않지만 계약상 균형을 상실할 정도로 부담스럽게 되는 경우, 당사자의 요구에 따라 법관에게 계약을 수정할 권리를 갖는다.”는 이론이다.[14] 프랑스의 채권법교과서를 보면, 이는 “계약의 구속적 효력과 계약에 대한 법관의 불개입”이라는 주제에서 논의된다.[15] 즉 “적법하게 작성된 합의는 이를 체결한 당사자 사이에서 법을 대신한다.”는 프랑스 민법 제1134조는 당사자에 대한 계약의 구속력을 규정할 뿐만 아니라, 프랑스의 사법전통은 당사자간 합의의 내용에 법관이 개입할 수 없다는 원칙을 선언한 것이다. 법관이 개입할 수 있는 권한은 당사자 사이에 약정조항이 불명확하거나 결여된 경우, 개입함으로써 계약의 내용을 더욱 균형있게 하는 것에 그치고, 그 예로써 여행계약이나 운송계약에서 안전 배려의무를 든다.[16] 그러나 이러한 법관의 개입 권한도 당사자 사이에 명확한 약정조항 앞에서는 멈춰야 하고, 아무리 가혹해 보일지라도 그 조항은 법에 어긋나지 않는 한 적용되어야 한다. 그런데 모든 계속적 계약에서 계약당사자들은 계약체결시의 상황을 고려하지만, 경제적 전망에 있어 사행성(aléa)에 노출되어 있다. 제조물의 품귀를 초래하는 전쟁, 경제위기, 인플레이션과 같은 예견할 수 없었던 사정, 가격의 앙등이나 임금의 증가 및 모든 계약의 경제성이 뒤집힐 수 있다. 그리하여 불예견이론에서 문제로 삼는 사정의 변경으로 인한 심각한 불균형(déséquilibre grave)은 두 가지 점에서 유의해야 하는바, 첫째는 불균형의 성질(nature)이고, 둘째는 불균형의 시기(moment)이다.

우선, 계약의 불이행을 가져오는 예견불가능한 사정이란 오직 경제적이고 재정적인 것, “시가의 변동(fluctuations des prix)”만이 문제되는 것으로,[17] 예견불가능한 사정이라고 하여 모두 불예견이라는 특수한 문제를 일으키는 것은 아니다. 가령, 제2차 세계대전이 발발하기 전 체결된 계약에서, 채무의 이행과 관련한 모든 절차는 센느법원에서 행해진다고 하는 관할부여조항을 포함하고 있었다면, 전쟁이 발발하여 파리가 점령되자 미점령지역으로 피난한 계약당사자들은 계약의 분쟁을 센느법원으로 가져가야 하는가? 당사자들은 분명히 전쟁의 발발과 파리의 점령을

---

14) Gérard Cornu, *Vocabulaire Juridique*, Puf, p. 523.

15) 가령, B. Starck, H. Boland, et L. Boyer, *Droit civil, Les obligations, 2. Contrat*, 6èm éd., Litec, 1998. n° 1399, p. 486; H., L., et J. Mazeaud, *Leçon de droit civil, t.* Ⅱ. *Obligations*, 9e éd., Montchrestien, 1998, n° 730, p. 856.

16) B. Starck, H. Boland, et L. Boyer, *op. cit.*, n° 1399, p. 486.

17) B. Starck, H. Boland, et L. Boyer, *op. cit.*, n° 1403, p. 487.

예상하지 못했을 것이지만, 관할은 경제적이고 재정적인 것이 아니어서 이는 불예견의 영역이 아니므로, 센느법원에의 관할조항은 배제되어 미점령지역의 다른 법원에 제소될 수 있었다.[18] 또 다른 예로서 무성영화시절, 작가가 소설의 영화를 위한 각색권의 양도에 합의한 경우, 양도된 권리는 계약당시 발명되지 않아서 예상할 수 없었던 유성영화에 대한 권리를 포함하는가? 이에 대해 법원은 부정적으로 답하면서 이 문제를 해결하기 위해서는 계약의 해석이 문제된다고 하였다.[19] 이와 같이 다양한 사실을 예견하지 못했음에도 불구하고, 판사는 계약을 해석하고 이를 수정하였다. 그런데 불예견이론이 적용되는 시가의 문제에 있어서는 완전히 다르게 취급되었다. 전쟁과 화폐가치 급락으로 상당히 지속적인 물가앙등이 급부간의 균형(équilibre des prestations)을 전복시켰다. 가령, 일정한 기간, 일정한 가격으로, 일정한 양의 제품을 공급하기로 계약을 맺은 공장이 있었다. 계약상 가격은 정상적이었으나 전쟁이 주요원료의 가격이 오르고, 임금이 증가하자 제품의 가격도 5배, 10배 심지어 수백 배 올랐다. 그렇다면 이제 더 이상 제조에 들어간 비용과 매매가격 사이에 아무런 관계가 없고 초기의 조건 하의 계약의 이행은 급진적으로 산업이 붕괴를 초래할 것이다. 이와 같은 상황에서 계약의 무효 또는 가격의 조정을 주장할 수 없는가 하는 문제가 바로 불예견이론이 답할 문제인 것이다.[20]

다음으로, 불예견이론에서 급부간 불균형은 계약을 체결한 이후 사후적으로 발생하는 것으로, lésion(급부불균형)[21]과는 구별되어야 한다. 불예견성과 lésion의 유사점은 불충분한 가격으로 인한 급부간의 심각한 불균형이 존재한다는 점이지만, 두 제도에서 불균형의 개념은 불공정성이 같은 순간에 있지 않을 뿐만 아니라 그 원인도 같지 않다는 점에서 동일하지 않다.[22] lésion이 문제되는 상황에서 급부간 불균형은 계약을 체결하는 순간 존재하여 애초에 가격이 물건이 가치에 부합하지 않는 반면, 불예견에서는 의사의 합치가 있을 때의 가격은 정상적이나 계약을 체결한 이후 사후적으로 급부간 불균형이 발생하는 것이다. 이러한 이유로 불예견성을 사후적 급부불균형(lésion a posteriori)이라고 부르기도 한다.[23] 불균형을 초래하는 것은 바로 예견하지 못한 사정이다. Carbonnier는 lésion은 계약 자체에 급부의 내적 불균형의 씨앗을 갖고 있는 데 반해, 예견불가능성은 예견할 수 없는 사건에 의해, 밖으로부터의 전복이 있는 것이라고 정리하였다.[24]

---

18) Soc. 11 juin 1942: DC 1943, 135, note Flour.
19) Trib. civ. Seine, 28 nov. 1934: D. 1936, 2, 97, note Sallé de L Marnierre.
20) B. Starck, H. Boland, et L. Boyer, *op. cit.*, n° 1402, p. 488.
21) 일반적으로 "급부불균형"으로 번역되나 본문에서는 용어의 혼동을 피하기 위해 원어를 사용한다. 이에 대한 국내문헌으로는, 우선 김미경, "프랑스민법상 급부불균형(Lésion)에 대한 연구," 민사법학 제75권(2016.6) 참조.
22) B. Starck, H. Boland, et L. Boyer, *op. cit.*, n° 1404, p. 489.
23) B. Starck, H. Boland, et L. Boyer, *op. cit.*, n° 1404, p. 489.
24) J. Carbonnier, *op. cit.*, n° 144.

(2) 불예견이론을 둘러싼 논쟁

계약체결 후 예견하지 못한 사정의 변경에 의해 야기된 급부간 불균형이 채무자의 파산을 초래할 위험에 있음에도 불구하고 계약을 유지시켜야 하는가? 아니면, 법관에게 그러한 상황을 치유할 권한을 인정해야 하는가?

1) 찬성하는 견해[25)]

찬성하는 견해의 주된 논거는 첫째, 당사자들의 개연성 있는 의사의 해석으로, 계속적 계약관계에 있어서 *Clausula rebus sic stantibus*(효력유지약관)이 묵시적으로 포함되어 있는 것으로 해석함이 당사자의 의사에 합치하고, 계약의 당사자들은 자신들이 예상할 수 있었던 사정에 기해 자신의 의사를 표시한 것이므로 주어진 상황의 급격한 변경을 예상할 수 있었더라면 계약을 체결하지 않았을 것이라고 한다.[26)] 달리 말하면, 확정된 대가는 특정한 경제적 상황에서만 합의된 것으로, 만약 사정이 급진적으로 변경되었다면 그 대가는 더 이상 유지될 수 없다는 것이다. 둘째, 계약은 신의성실(bonne foi)과 형평(l'équité)에 좇아 이행되어야 한다고 선언한 구 프랑스민법전 제1134조와 1135조를 근거로 한다. 현재 1,000프랑의 가치가 있는 제품을 대가가 합의되었었다는 이유로 50프랑에 인도할 것을 요구하는 것은 신의성실과 형평에 반하는 것이 아닌가?[27)] 셋째, 권리남용(l'abus des droits) 이론으로, 당사자가 합의된 조건하에서 계약의 이행을 요구할 권리를 갖는다고 할지라도, 문제가 된 변경된 사정하에서도 요구할 수 있다면 이는 권리의 남용이 아닌가?[28)] 넷째, 권리에 대한 근본적 원칙은 타인의 권리를 침해하는 부당이득을 방지하는 것인데, 예견불가능한 상황에도 불구하고 계약을 문자 그대로 적용시킴은 부당이득을 발생시키는 것이 아닌가?[29)] 나아가, 프랑스민법상 일반규정은 없지만 불예견이론에 근거한 규정들이 산재해 있다는 점(가령 프랑스민법 제953조,[30)] 제1150조, 제1244조의1 제1항 등)을 고려할 때, 계약의 구속력을 엄격하게 적용하는 것이 당사자의 이익을 해치고 경제를 위태롭게 할 위험이 있는 위기상황에 처하는 경우 법관에게 계약의 변경권을 인정할 필요가 있는 점을 근거로 한다.[31)] 나아가 다른 한편, 프랑스는 cause(원인, 이하 꼬즈라 함)[32)]가 계약성립 후에도 기능을 하므로 만약 급

25) 대표적으로 J. Ghestin, C. Jamin et M. Billiau, Les Effets du contrat: LGDJ, 3e éd., 2001; F. Terré, Ph. Simler et Y. Lequette, Les obligations: Precis Dalloz, 11e éd., 2013.; Ph. Stoffel-Munck, Regards sur la théorie de l'imprévision, n° 130s.

26) J. Carbonnier, *op. cit.*, n° 69, p. 269; B. Starck, H. Boland, et L. Boyer, *op. cit.*, n° 1407, p. 489.

27) B. Starck, H. Boland, et L. Boyer, *op. cit.*, n° 1408, p. 489.

28) B. Starck, H. Boland, et L. Boyer, *op. cit.*, n° 1408, p. 490.

29) B. Starck, H. Boland, et L. Boyer, *op. cit.*, n° 1408, p. 490.

30) 민법 제953조 생전증여는 약정한 조건의 불이행, 망은행위 또는 증여계약체결 후 자녀 출생을 원인으로 취소될 수 있다.

31) B. Stark, H. Roland et L. Boyer, *op. cit.*, n° 1157; J. Carbonnier, *op. cit.*, n° 69, p. 269.

32) 프랑스 민법상 꼬즈 이론의 전개 및 변형에 관한 국내문헌으로 우선, 김현진, "프랑스 민법상 꼬즈(Cause)는 사라졌는가?: 개정 프랑스 민법전상 계약의 내용(contenue)," 법학연구 제2집 1호(2017. 3), 인하대학교 법학

부사이의 균형을 파괴하는 예견하지 못한 사정이 발생한다면 쌍 채무는 상호의존관계가 소멸하므로 일방채무의 내용을 변경함으로써 꼬즈를 재구성할 필요가 있다고 하였다.[33)]

2) 반대하는 견해[34)]

이에 대해 반대하는 견해는 첫째, 모든 계속적 계약관계에 효력유지약관이 묵시적으로 포함되어 있다고 보는 것은 지나친 의제이며 당사자의 의사에도 반한다고 한다.[35)] 당사자의 의사는 경제적 변동으로 인하여 입게 될 이익이나 불이익에 대한 위험을 감수하겠다는 것이라는 것이다. 둘째, 신의성실과 형평은 모호한 약정을 해석하는 원칙으로 계약의 흠결시 개입하는 것으로, 법관은 명확한 약정이 존재하는 경우 개입할 수 없다고 한다. 셋째, 합의는 당사자 사이에 법이 되므로, 계약의 이행은 권리의 남용이 아니다. 넷째, 채권자의 이득은 계약자체를 원인으로 하므로 부당이득이 아니다. 나아가 프랑스민법에 불예견론을 인정하는 일반규정이 없음에도 불구하고 이를 인정하는 것은 계약준수의 원칙과 구 프랑스민법 제1134조에 반하고, 법관에게 계약을 변경할 권한이 없음을 근거로 한다. 또, 거래의 안전을 위해서 이를 인정할 경우 계약 당시 당사자의 말을 신뢰하지 못하게 되고 이는 새로운 분쟁을 초래할 가능성이 있어 법관에게 계약의 수정권이나 해소권을 인정할 수 없다고 주장한다.[36)] 정리하면. 경제적 격동이 있다고 하더라도 계약의 이행을 청구하는 것이 위법하지 않고 과실도 없으며 권리남용이나 부당이득이 되는 것도 아니라는 점에서 불예견론을 굳이 인정할 필요가 없다는 것이다.[37)] 만약 경제적 격동으로 인해 계약관계에 명백한 불균형이 발생한다면 특정한 상황에서 구체적인 조건을 명시한 특별법의 제정을 통하여 정의를 실현하는 것이 바람직하다고 주장하였다.[38)]

3. 법원의 태도

(1) 파기원의 부정

파기원은 일관되게 채무자에게 어떠한 결과가 발생할지라도, 불예견성을 이유로 법관이 계약을 무효화하거나 수정하는 것을 금지하였다. 몇 개의 의미 있는 판결을 소개한다.

먼저, 크라뽄느 운하(Canal de Craponne) 판결로 널리 알려진 1876년 3월 6일 판결이다.[39)]

연구소 참조.

33) J. Carbonnier, *op. cit.*, n° 69, p. 270.

34) 대표적으로 J. Flour, J. L. Aubert et E. Savaux, Droit civil. Les obligations, t.1: Sirey, coll. U; l'acte juridique, t. 2, 16e éd., 2014. n° 16.

35) Ph. Malaurie, L. Aynès, et Ph. Stoffle-Munck, *Droit des obligations*, 8e éd., LGDJ, 2016. n° 620, p. 350.

36) Ph. Malaurie et L. Aynès, *op. cit.*, n° 619, p. 350; H., L., et J. Mazeaud, *op. cit.*, n° 737, p. 685.

37) H., L., et J. Mazeaud, *op. cit.*, n° 734, p. 684.

38) H., L., et J. Mazeaud, *op. cit.*, n° 734, p. 684.

39) Civ., 6 mars 1876, *D.* 1876. 1. 193.

사실관계를 정리하면, 1560년 및 1567년 체결된 계약에서, 아담 드 크라뽄느는 과수원, 포도밭, 목초지 및 기타 뻴리산느 시(아를 평원) 거주자들의 농지에 물을 대기 위할 목적으로 주변의 토지의 관개(arrosage) 사업 및 운하를 건설하기로 하면서, 운하의 명칭을 끄라폰 운하로 하고 사용료(redevance)는 각 관개당 토지의 면적에 비례하여 3 솔(sols, 당시 화폐단위)로 정하였다.[40] 계약에 따르면, 끄라뽄느는 사용료에 대한 대가로 영구적으로 운하를 관리하고 유지할 채무를 부담한다. 그런데, 3세기가 지나 운하의 소유자가 된 Gailliffet 후작은 당초 계약된 사용료(190 평당 15 쌍띰(centiems, 화폐단위))로는 운하의 유지비에도 턱없이 부족하다고 주장하면서 뻴리산느 시를 상대로 사용료의 인상을 요구하였다. 이에 엑스 지방법원은 1843년 30 쌍띰, 1873년 60 쌍띰을 인상하도록 하였고, 엑스 고등법원은 역시 원고의 손을 들어주었으나, 파기원이 이를 파기한 것이었다. 파기원은 계약의 불가침성(l'intangibilité des contrats)을 이유로, "어떠한 경우에도, 그 판단이 아무리 형평에 부합해 보인다고 할지라도, 법원에 당사자들의 합의를 수정하거나 당사자들에 의해 자유롭게 합의한 조항을 새로운 조항으로 대체하기 위하여 시간과 사정을 고려할 권한이 부여되지 않는다."고 판시하였다. 파기원의 이러한 판결에 대해, 본 사건의 계약은 계속적 계약으로서 기한이 없는 영구적 계약이었던 점, 본 사건의 계약체결 당시는 민법전 제정 전의 고법시대로 법관에 의한 계약수정이 인정되었으므로 이를 부정함은 불소급 원칙에 반한다는 점에서 비판이 있었다. 그러나 위 판결은 거래의 안전을 보호하기 위한 것으로,[41] 나아가 적법하게 작성된 합의는 이를 체결한 당사자 사이에서 법을 대신한다(개정 전 프랑스 민법 제1134조 제1항, 현행 제1104조)는 조문에 비추어 볼 때, 법원이 당사자 사이에 체결된 계약의 내용에 개입하는 것은 프랑스의 사법전통에 어긋나는 것이라는 점에서 지지되었다.[42]

다음으로, 1921년 6월 6일 판결인 가축임대차 계약(contrat dit cheptel) 사건은 유명도에서 떨어지지만 그 파급력은 더 컸다.[43] 구 프랑스 민법전 제1821조에서 제1826조에 따르면, 일정한 대가를 부담하고 동물들을 임차한 임차인은 임대차 종료시 동일한 가치를 갖는 동물들을 반환하여야 한다. 그런데 1914년부터 1918년까지 계속된 전쟁으로 인한 동물가격의 인상으로, 가령 여섯 내지 여덟 마리의 암소를 양도받았던 임차인은 임대차 결과 한 마리만을 반환할 수 있었다. 1932년부터 1933년에는 반대의 상황이 발생하였는데, 임차인은 자신이 양도받았던 동물보다 훨씬 많은 동물들을 반환하여야 했다. 결국 이 문제는 1941년 6월 9일 법률에 의해 입법적으로 규

40) H. Capitant, F. Terré et Y. Lequette, *Les grands arrêts de la jurisprudence civile* Tome 2, 12e éd, Dalloz, 2008, p. 165에서 사실관계를 정리하여 인용.

41) R. Cabrillac, Débats, Projet d'ordonnance portant réforme du droit dses contrats, l'article 1196: la porte entrouverte à l'admission de l'mprévision, *Revue des Contrats*, 2015/3, p. 771.

42) R. Cabrillac, *op. cit.*, p. 771.

43) *J.-Cl. civil, Art. 1195 -Facs.unique: contrat.- Effets du contrat.- Imprévision* par. Yves. Picod. n° 15.

율되어 프랑스민법전 제1826조는 짐승의 무게, 품질, 나이, 품종, 수에 있어 양도받았던 것과 동일한 구성의 가축을 반환하여야 한다는 내용으로 개정되었다. 이후에도 파기원은 확정가로 석탄을 정기적으로 공급하기로 했던 계약,[44] 임금 상승으로 불충분하게 된 대량생산품의 가격[45] 사건 등에서 예견불가능성을 이유로 한 계약 수정을 거부하였다.

(2) 국사원의 인정

한편, 국사원(Conseil d'État)은 1816년 보르도 가스회사(Gaz de Bordeaux) 사건[46]에서 예견불가능 이론을 받아들였다. 사실관계를 보면, 보르도시는 가스 제조 및 공급을 인가받은 회사와 계약을 체결하였는데, 공법상 계약인 인가계약에는 소비자에 대한 가스의 판매 가격을 고정하는 조항이 있었다.[47] 그런데 가스가 추출되는 석탄 가격이 앙등하고 임금이 인상되자, 고정된 그 가격은 극히 하찮은 액수로 전락했고, 가스회사는 파산 위기에 놓였다. 이에 회사는 국사원에 소를 제기하였고, 국사원은 보르도시로 하여금 급부의 불균형을 보상하기 위하여 예견불가능에 기한 손해배상책임을 부담할 것을 결정하였다. 그런데 파기원과 달리, 국사원이 예견불가능성 이론을 받아들인 이유는 공역무의 계속성(la continuité du service public)에 있었다. 즉 예견할 수 없었던 사정변경으로 인해 가스회사가 파산하게 되면 가스공급이 중단될 것이고, 이는 공역무 기능의 정지를 초래할 것인데, 이러한 결과를 받아들일 수 없으므로 공역무의 계속성은 절대적으로 필요하다는 것이다. 그러므로 공역무가 계속될 수 없는 상황을 방지하기 위하여 행정계약의 변경을 허용한 것이다. 그렇다면 사적인 권리는, 공공의 이익을 대변하지 않는 사기업의 파산은 중요하지 않다는 말인가![48] 국사원은 이후에도 여러 사건에서 국가의 재정건전성을 이유로 위 이론을 수용하였다.

(3) 파기원의 완화

1992년 파기원이 계약은 신의칙에 따라 이루어져야 한다는 개정 전 신의칙에 관한 제1134조 제3항을 적용하여 사정변경을 허용하는 판결을 하였고, 이때부터 변화의 움직임이 감지되었다.

먼저, 1992년 2월 25일 Expovit 판결에서,[49] 파기원 사회부는 협력의무와 재교섭의무 사이의 중도책으로, 근거로서 구 프랑스민법전 제1134조의 신의성실 의무의 존재를 명시적으로 밝히면서, 근로계약의 사용자는 근로계약을 성실하게 이행할 의무가 있으므로, 근로관계의 전개에

---

44) Civ. 14 nov. 1933, Gaz. Pal. 1934. Ⅰ. 58.
45) Com. 18 janv.1950, D. 1950. 227.
46) Cons. d'Êtat, 30 mars 1916, D. P. 1916. 3. 25, S. 1916. 3. 17.
47) M. Long, P. Well et G. Braibant, *Les grands arrêts de la jurisprudence administrative* 8e éd, Sirey, 1984, n° 34, p. 129.에서 사실관계를 정리하여 인용.
48) B. Starck, H. Boland, et L. Boyer, *op. cit.*, n° 1413, p. 492
49) Soc., 25 févr. 1992, *n° 89-41.634; Bull. civ.* Ⅴ. n° 122; *D.* 1992. 390, note M. Défossez; JCP 1992.l.3610, n° 8, obs. D. Gatumel; RTC civ. 1992. 760 obs. J. Mestre.

따라 임금의 적응(adaptation)을 보장할 의무가 있다고 하였다. 그와 동시에 기술적 변화에 따른 경제적 해고 논리를 버렸다. 이후 파기원은 수차례 근로계약에 있어 위 판결의 입장을 재확인하였다.[50]

한편, 같은 해 11월 3일 Huard 판결에서,[51] 파기원 상사부는 이번에는 유통계약(contrat de distribution)에서 있어서 신의성실의 원칙의 강화를 확인하였다. 경제적 사정의 예견하지 못한 변화의 경우 적응(adaptation)이라는 단순한 의무에서 재교섭할 의무로 나아갔다. BP회사와 상인간에 체결된 대리점계약은 독점적 필수품공급 조항을 두었는데, 발동기용 연료의 가격 자유화에 의해 조성된 새로운 사정은 공급자를 심각한 경쟁상황으로 몰아갔다. 파기원은 BP회사로 하여금 공급자에게 경쟁자와 나란히 할 상업적 협력의 합의를 교섭할 의무를 부여한 파리 항소법원의 판결을 인용하면서, "수수료를 변경하지 않은 당사자는 계약을 신의칙에 좇아 이행하는 자가 아니다."라고 판시하였다.

나아가, 1998년 11월 24일 Chevassus-Marche 판결에서,[52] 파기원 상사부는 Huard 판결의 연장선상에서, 계약상대방이 경쟁업체에 의한 유사판매상황에서 매매된 제품의 가격과 비슷한 경쟁가격을 실행할 수 있도록 하기 위한 구체적인 방법을 취하지 않은 위임인은 충실(loyauté) 의무와 계약상대방이 그 위임사무를 수행하도록 둘 의무를 위반할 것이라고 하였다. 즉 상사대리인과 위임자 간의 관계는 충실의무에 의해 지배되고, 위임인은 상사대리인이 위임사무를 이행할 수 있도록 두어야 한다.[53]

더 나아가 2010년 6월 29일 Souffimat 판결에서,[54] 파기원 상사부는 12년 간의 유지계약에 관하여, 유지작업의 실행에 필요한 교환부품 비용의 극심한 증가는, 대가로 받은 사용료가 하찮게 된다 하더라도, 그 수혜자로 하여금 이행 예약의 성실한 이행권을 박탈하지 못한다고 판단한 원심판결을 파기하였다. 이 판결은 꼬즈가 상실된 경우 계약의 실효(caducite)라는 문을 연 것으로 평가된다.[55]

마지막으로 2017년 3월 17일 파기원 상사부 판결은,[56] 서로 5년 계획으로 새로운 판매 프

---

50) Soc., 23 sept. 1992, JCP E 1993, Ⅱ, 430, note J.-J.Serret; Soc., 6 avr. 1994, Gaz. Pal. 1995, 1. 218, note J. Berenguer; Soc. 19 nov. 1992, TPS 1993, comm.10

51) Com., 3. nov. 1992, *n° 90-18.547; Bull. civ.* Ⅳ. *no* 338; *JCP.* 1993.Ⅱ.22164, note G. Virassamy; *RTD civ.* 1993.124, obs. J. Mestre.

52) Com., 24 nov. 1998, n° 96-18.357: Jurisdata n° 1998-004489; *JCP G 1999,* Ⅱ, *10210, note* Y. Picod; *RTD civ. 1999. 98, obs. J. Mestre.*

53) *J.-Cl. Civil, Art. 1195- Imprévision* par. Yves. Picod. n° 15.

54) Com., 29 juin 2010, *D.* 2010, 2481, note D. Mazeaud; *D.* 2010. 2486, note T. Génicon; RTD civ. 2010. 782, obs. B. Fages; RDC 2011. 34 obs. E. Savaux.

55) *J.-Cl. Civil, Art. 1195-Imprévision* par. Yves. Picod. n° 15.

56) Com., 15 mars 2017, n° 15-16.406: Jurisdata n° 2017-007890; RDC 2018, 21 note Ph. Stoffel-Munck; *Gaz. Pal.* 26 sept. 2017, obs. D. Houcieff; A. Riéra, Retour sur l'obkigation de loyauté dans les contrats

랜차이즈점을 개설하기로 한 두 회사 간 개발계약과 관련하여, 사실심법관에게는, 합의의 조건을 재교섭하도록 하지 않고도, 충실의무로부터 회사로 하여금 합의의 프로토콜이 실현하기에 어렵다면 교섭하여 수용가능한 조건을 제시할 의무를 부여하도록 할 권한이 있다고 판시하였다.57)

이상의 파기원 판결로부터 주어진 상황에서 예견가능한 변화에 적응할 의무와 경제적 상황의 극심한 변화로 재교섭할 의무에 관한 가이드라인을 추출하는 것은 쉽지 않다. 다만 근로계약은 사용자와 근로자 사이에 법적 의존관계가 존재하고, 유통계약은 가맹본부로부터 가맹점사업자에 이르기까지 프랜차이즈 공급망 사이에 수직적인 경제적 의존관계가 존재하여, 계약의 특성상 모든 계약을 지배할 형평성이 깨진다는 점이 법관의 개입을 정당화한다고 평가된다.58) 이는 계약에 의해 구체화된 쌍무관계에서의 일방주의 문제라고 보는 견해도 있다.59) 다른 한편, 법관에게는 계약을 수정할 권한이 없다고 명시적으로 판시한 판결도 있는데 가령 2009. 3. 18. 판결이 그러하였다.60)

4. 관련 법률

(1) 특별법에 의한 해결

법관은 계약을 수정하지도 해제할 수도 없다. 그렇다면 이러한 계약의 수정 내지 해제 권한은 입법자들에게 있는가? 입법자의 전지전능한 권한을 인정하고 이를 금지하는 헌법규정이 존재하지 아니한 프랑스 정치체제 하에서, 법률은 계약의 구속력을 폐기할 수 있다고 평가된다.61) 나아가 법률로 법관에게 계약수정권한을 부여할 수도 있지만, 일반적으로 이를 허용함은 매우 위험할 것이다. 민법전의 제정자들은 법관에게 은혜기간(délais de gràce)을 정하는 제한된 계약 수정 권한만을 부여하였다.62) 이후 프랑스는 제1차, 제2차 세계대전을 겪으면서 경제사정의 급격한 변화에 처하였다. 그럼에도 파기원은 앞서 검토한 바와 같이 근로계약, 가축임대계약, 석탄가격의 앙등에 따른 사건에서 불예견이론의 적용을 거부하는 입장을 고수하였다.63) 대신 프랑스는 특별법을 통하여 계약관계의 변경, 해소 혹은 유예를 규정한 특별법들을 제정하여 경제적 변동에 대처하고자 하였다.

---

de distribution; RLDC 2017, n° 3222.

57) *J.-Cl. Civil, Art. 1195-Imprévision* par. Yves. Picod. n° 15.

58) *Ibid.*

59) J. Ghestin, C. Jamin et M. Billiau, prèc. n° 3 spéc. n° 314.

60) Civ. 3e, 18 mars 2009, n° 07-21, 260, *RTD civ.* 2009. 528 s.

61) H., L., et J. Mazeaud, *op. cit.*, n° 737, p. 861.

62) H. et L., J. Mazeaud et F. Chabas, *op. cit.*, n° 732, p. 859; 은혜기간에 관한 국내문헌으로는, 김기환. "프랑스 민법상 은혜기간 -법원에서 이행기 연장을 할 수 있는가?," 비교사법 제25권 2호(2018) 참조.

63) Civ., 4 août 1915, D. P. 1916. 1. 22. S. 1916. 1. 17; Civ., 6 juin 1921, S. 1921. 1. 193; Civ., 15 nov. 1933, Gaz. Pal. 1934. 1. 68.

1) 1차 세계대전 후 제정된 특별법

먼저 1914년부터 1918년에 걸친 제1차 세계대전의 여파를 조정하기 위한 입법이 있었다. 대표적으로 제1차 세계대전 중 파리의 상공업지구의 대표였던 파이요를 중심으로 하여 극심한 경제변동의 해결을 요구하자 이에 대한 대책으로 국회는 1918년 1월 21일 제정된 파이요법(Loi Faillot)[64]를 제정하여 1차 세계대전 발생 전, 즉 1914년 8월 1일 이전에 체결된 상사적 성질의 계속적 계약으로서 계약당사자 일방이 합의시에 합리적으로 이루어진 예상을 초과하는 손해를 입은 경우 변제기의 연장이나 해제를 인정하였다. 나아가 주택의 임대차와 관련하여서는 불예견이론을 받아들인 특별법이 제정되어, 1918년 3월 9일과 1926년 4월 1일 법률은 "차임의 지급을 연기"하였다. 더 나아가 1925년 7월 6일 법률은 전쟁으로 인한 화폐가치의 하락과 임차인에 대한 보호 강화로 야기된 임대인의 불이익을 구제하기 위하여 전쟁 종료 전 체결된 9년 이상 기간의 모든 주택임대차계약에 대하여 적정임료보다 1/4 이상 적은 경우 임료의 증액을 인정하였다. 한편, 1933년 4월 8일자 법률은 불황으로 위기에 처한 농업에 대처하기 위하여 농지임대차에 관하여 임료의 감액을 인정하였고, 7월 12일자 법률은 1932년 7월 1일 이전에 체결된 영업용 임대차에서 적정한 임료를 고려하여 임료의 감액을 인정하였다. "차임의 이율을 변경"하였다. 이어 1935년 7월 16일 데크레는 이 권리를 모든 임대차에 적용하였다. 1939년 7월 1일 데크레는 임료에 있어 누진률을 적용하는 영업용 임대차에 대하여도 법관이 적정한 임료를 수정할 수 있도록 하였다,

2) 2차 세계대전 후 제정된 특별법

1939년부터 1945년에 걸친 제2차 세계대전은 입법자로 하여금 또 한 차례의 대대적인 개입을 하도록 하였다. 1949년 4월 22일 법률[65]은 1939년 9월 2일 이전에 체결된 상품, 공장생산품, 소비물의 인도나 노무의 이행 기타 계속적 계약에 대하여 "급부의 유예"를 허용하였으나, 단순한 금전채무나 부동산임대 및 매매계약은 제외되었다. 나아가, 1941년 6월 9일 법률은 "가축임대차(le bail à cheptel)에 있어서 내용의 변경"을 인정하였다. 한편 1946년 4월 18일자 법률은 영업용 임대차에 있어 갱신을 강화하여 임료의 1/4 이상 변동이 있는 경우 당사자에게 임료수정권을 인정하고 이 권리는 3년마다 행사할 수 있도록 하였다. 다른 한편, 세계대전이 끝난 후 인플레이션으로 타격을 입은 사회적 약자를 구제하기 위하여 각종 정기금계약을 위한 특별법이 제정되었다. 1948년 5월 4일 법률, 1949년 8월 2일 법률은 퇴직금국고의 양로연금고 보험회사의 연금을 증액하였고, 1949년 3월 25일 법률은 사인 간의 종신연금계약(rent viagère)에 있어서 "내용

64) Loi du 21 janvier 1918 relative aux marché conmmerciaux conclus avant la 1ère guerre mondiale (https://www.legifrance.gouv.fr/jorf/id/JORFTEXT000000869154, 2020. 10. 23 최종방문).

65) Loi n° 49-547 du 22 avril 1949 permettant la résiliation de certains marchés et contrats(https://www.legifrance.gouv.fr/jorf/id/JORFTEXT000000314871, 2020. 10. 23 최종방문).

의 변경"을 할 수 있도록 하였다. 즉 1946년 1월 1일 이전에 설정한 정기금에 대하여 연금설정 일자에 기한 증액표를 마련하였는데, 이는 법관의 재량의 여지를 가급적 적게 하고 계약성립시를 기준으로 증가율을 일정하게 하되 일률적 증액이 실정에 부합하지 않아 형평에 맞지 않는 경우 법관에게 시정할 권한을 부여한 것이었다.

(2) 사정변경을 인정한 법률상 개별 조항

법률에 의한 법관의 계약내용에의 개입 권한 부여는 크라뽄느 판결 이후로 확장을 멈추지 않았다.[66] 먼저, 프랑스민법전은 상속 및 무상양여 관련하여 개정을 하면서,[67] 제900-2조는 사정의 변경으로 인하여 증여나 유증의 이행이 곤란하거나 심각한 손해를 발생시키는 경우 법원에 증여나 유증에 대한 조건의 변경을 청구할 수 있도록 하였고, 제953조는 약정한 조건의 불이행, 망은행위 또는 증여계약체결 후 자녀 출생을 원인으로 생전증여가 취소될 수 있다고 하였다. 다음으로 제1231-5조는 법관으로 하여금 위약벌 조항(clause de pénale)에서 손해배상액의 증액 내지 감액을 할 수 있게 하였고, 제1150조는 과실에 의한 채무불이행의 경우 채무자가 계약을 체결한 때에 예견할 수 있었던 손해의 배상을 인정하였고, 제1244-1조 제1항은 채무자의 사정과 채권자의 필요를 고려하여 법관이 채무이행을 유예하거나 분할할 수 있도록 하였다. 또한 프랑스저작권법전 제L.131-5조, 프랑스상법전 제L.442-9조도 신의성실에 근거하여 사정변경에 의한 법관의 개입을 인정한다. 한편, 전문가와 소비자 간에 남용조항(clause abusive)은 기재되지 않은 것으로 본 사실심법관의 판단은, 법률이 그러한 권한을 법관에게 수여하지 않았던 시절에도, 파기원에 의해 받아들여졌다.[68]

Ⅲ. 프랑스 민법상 불예견 조항

1. 도입 취지 및 평가

나폴레옹 민법이 제정된 지 212년 만에 개정된 채권법은 2016. 10. 1부터 시행되고 있다. 프랑스 의회는 2015. 2. 16.자 법률(제8조 제6호)[69]을 통하여 예견불가능한 사정의 변화(le changement de circonstances imprévisible)를 이유로 계약을 적합하게 변경시키는 것을 허용하는 권한을 정부에 부여하면서, 불예견이론을 일반화한 조항을 개정 프랑스민법전에 넣도록 하였다. 그리하

---

66) G. Chantepie et M. Latina, *La réforme du droit des obligations*, 2ème éd., Dalloz, 2018. n° 522, p. 468.
67) Loi n° 84-562 du 4 juill. 1984.
68) Civ. 1re,14 mai 1991, n° 89-20.999, *Bull. civ.* I, n° 153.
69) Loi n° 2015-177 du 16 février 2015 relative à la modernisation et à la simplification du droit et des procédures dans les domaines de la justice et des affaires intérieures.

여 2016년 2월 10일자 오르도낭스는 불예견이론을 적용하기 위한 민법 제1195조를 마련하였다.[70] 이 조항은 계약의 이행단계에서 발생한 계약의 중대한 불균형(déséquilibre)을 수정하여 예견불능의 이론을 통하여 계약적 정의(la justice contractuelle)를 실현하고자 하는 규정이다. 2016년 채권법 개정이 있기 전의 프랑스의 개정노력이 일환인 테레안(avant-projet Térré) 제92조 제1항[71]과 까딸라안(avant-projet Catala) 제1135-1조[72]도 불예견이론을 입법화할 것을 제안한 바 있다. 이로써 프랑스민법전도 불예견이론을 계약구속력을 변경할 수 있는 사유로 받아들인 유럽의 다른 나라의 민법전[73] 및 유럽계약법 공통기준 초안(DCFR, 2008),[74] 유럽계약법 원칙(Principes du droit européen du contrat, 이하 PDEC, 1992)[75]의 흐름에 동참하게 된 것이다.

2. 조문의 적용범위

제1195조는 다음과 같이 불예견이론이 적용되기 위한 요건과 절차 및 효과를 규율하고 있다.

> 프랑스 민법 제1195조 ① 계약의 체결 당시에 예견하지 못하였던 사정의 변화로 그 위험을 인수한 적이 없는 일방이 이행에 과도한 부담이 발생하는 경우, 자신의 상대방에게 재교섭을 요구할 수 있다. 그 일방은 재교섭 중에도 자신의 채무는 계속하여 이행하여야 한다.
> ② 재교섭이 거절되거나 실패한 경우 당사자들은 그들이 정한 날짜와 요건에 따라 계약을 해제할 것을 합의할 수 있고 또는 합의에 의하여 법관에게 계약을 조정하여 줄 것을 요구할 수 있다. 상당한 기간 내에 합의가 없을 경우 법원은 일방의 청구에 의하여 계약을 수정하거나 그가 정하는 날짜와 조건에 따라 계약을 종료시킬 수 있다.

---

70) Ordonnance n° 2016-131 du 10 février 2016 portant réforme du droit des contrats, du régime général et de la preuve des obligations; Rapport Chapitre Ⅳ.

71) 정신과학 정치학 아카데미의 후원 하에 계약법 개정안 및 채권일반론 개정안(소위 떼레 안)이 2008년과 2013년에 각각 작성되어 국회에 제출되었다. 위 떼레 안의 내용을 상세하게 소개한 책으로, F. TERRÉ (dir.), Pour une réforme du droit des contrats, Dalloz, coll. «Thèmes et commentaires» déc. 2008; F. TERRÉ (dir.), Pour une réforme du régimes général des obligations,» Dalloz, coll. «Thèmes et commentaires», avr. 2013.

72) 나폴레옹 민법전 제정 200주년을 기념하던 2004년, 당시 대통령이었던 자크 시라크는 피에르 까딸라에게 공식적으로 계약법 개정을 위한 권한을 부여하였고 이에 2005년 9월 22일 채권법 및 시효법의 개정시안(소위 까딸라 안)이 제출되었다.

73) 독일 민법 제313조, 이태리 민법 제1467조, 네덜란드 민법 제6.356조, 포르투갈 민법 제437조 및 그리스 민법 제388조.

74) Study Group on a European Civil Code Draft Common Frame of Reference, 제Ⅲ-1:110조.

75) 영어로는 Principles of European Contract Law. 란도(Lando) 교수가 위원장으로 있는 유럽계약법위원회는 1995년에 유럽계약법원칙 제1부(이행, 불이행과 구제수단)를 발표하였고, 그 후 계약의 성립, 대리, 계약의 유효성, 해석, 내용과 효력에 관한 제2부를 완성하였는데, 제1부의 내용을 수정하고 제2부와 합하여 2000년에 유럽계약법원칙 제1부와 제2부를 하나로 묶어 출간하였다. 2003년에 나온 제3부는 수인의 채권자 및 채무자, 채권양도, 채무인수 및 계약인수, 상계, 소멸시효, 법률 위반, 조건, 복리이자 등을 다루고 있다. 한국어번역본은, 올란도 휴빌 編 김재형 譯, 유럽계약법원칙, 박영사, 2013 참조.

요건과 절차 및 효력을 상세하게 다룸에 앞서 먼저 사정거리를 보자.

(1) 보충 규정

본조는 공적 질서(ordre public)에 관한 규정이 아니다. 따라서 당사자가 사정의 변경에 대하여 규정을 두지 않았을 경우에 보충적으로 적용될 뿐이다. 그러므로 당사자들은 계약을 하면서 사정변경의 원칙이 적용되지 않기로 하는 약정을 할 수 있고 그러한 약정이 있다면 이는 당사자들이 사정변경으로 인한 위험을 감수하기로 한 것으로 보아 그 약정에 따르고 제1195조는 적용되지 않을 것이다.

(2) 적용범위

먼저 시간적으로 제1195조는 2016년 1월 1일 이후 체결된 계약에만 적용된다. 그런데, 2018년 4월 20일자 2016년 오르도낭스를 변경하는 2018-287 법률(Loi n° 2018-287 du 20 avril 2018 ratifiant l'ordonnance n° 2016-131 du 10 février 2016 portant réforme du droit des contrats, du régime général et de la preuve des obligations, 이하 2018년 보충·변경법률이라고 함) 제8조는 프랑스 화폐금융법전(Code monétaire et financier) 제L.211-40-1조를 규정하면서 본조에 대한 예외를 신설하였다.[76] 이에 따르면, 프랑스 화폐금융법전 제L.211-1조의1에서 3에 언급된 금융계약에 대한 법률행위로부터 도출된 채권관계에는 본조가 적용되지 않는다. 보충·변경법률은 제16조에 따라 2018년 10월 1일부터 체결되거나 성립한 법률행위에 적용되므로, 따라서 2016년 10월 1일부터 2018년 9월 30일까지 체결된 프랑스 화폐금융법전 제L.211-1조에 규정된 금융계약은 본조에 따라 규율된다.[77]

3. 요 건

예견하지 못한 사정변경으로 인한 계약의 수정 내지 해소가 인정되기 위한 요건이란 사정변경으로 인한 위험이 당사자 사이에 어떻게 사전(事前)에 배분되었는가의 문제이다.[78] 제1195조는 예견불능 이론이 적용되기 위한 요건으로 세 가지를 요구한다. 첫째, 계약의 체결시 예견하지 못한 사정의 변경이 발생하고, 둘째, 그로 인하여 일방 당사자의 이행에 과도한 부담이 발생하고, 셋째, 일방당사자가 사정의 변경으로 인한 위험을 인수한 적이 없어야 한다(제1195조 제1항 제1문). 차례로 살펴본다.

---

76) 프랑스 화폐금융법전 제L.211-40-1조 L'article 1195 du code civil n'est pas applicable aux obligations qui résultent d'opérations sur les titres et les contrats financiers mentionnés aux I à III de l'article L. 211-1 du présent code.

77) O. Deshayes, Th. Genicon et Y.-M. Laithier, *op. cit.*, p. 436.

78) 권영준, "위험배분의 관점에서 본 사정변경의 원칙," 민사법학 제51권(2020. 12), 257면.

(1) 사건: 계약의 체결시에 예견할 수 없었던 사정의 변경이 발생할 것

첫째 요건은 계약의 경제성을 급작스럽게 변화시킬 사정으로, 그 사정은 계약을 체결할 때에 예견할 수 없었어야 한다. 그렇다면 그 사정은, 합의가 이루어질 때 계약당사자와 동일한 지위에 있었을 모든 사람에게 객관적으로 예견될 수 없어야 하는가 아니면 바로 그 당사자들이 문제가 된 사정의 돌발적인 발생을 예견하지 못한 것으로 충분한가? 예견불가능성의 객관적 또는 주관적 성격의 문제이다.

이러한 논의는 불가항력(force majeure)으로 인한 면책을 상기시키는데, 불예견이론과 불가항력 간의 유사점과 차이점을 검토해 본다.[79] 먼저 입법자는 조문의 표현에 있어 동일한 방식을 사용하지 않았다. 불예견이론과 관련하여서는 제1218조는 "계약 체결시 예견할 수 없는(imprévisible) 사정의 변경"을 요구한 반면,[80] 불가항력과 관련하여서는 "계약 체결시 합리적으로 예측될 수 없었던(ne pouvait être raisonnablement prévu) 사건의 돌발적인 발생"을 요한다. 제1195조의 작용을 촉발시킬 사정과 제1218조의 불가항력의 사건은 효과에서의 차이, 즉 전자는 채무의 이행을 과도하게 부담있게 만드는 반면, 후자는 이행을 불능으로 만든다는 점뿐만 아니라, 그 성질로부터도 추론해야 할까? 민법 제1195조 제1항에 더욱 엄격하게 사용된 표현은 그렇게 생각하도록 유도할 수 있다. 계약의 구속력의 예외로서 고안된, 예견불가능을 취급하는 작용원리는 그 사정이 계약 체결시 단순히 "합리적으로(raisonnablement)" 예견할 수 없는 것만으로는 부족하고, "근본적으로(radicalement)" 예견할 수 없는 경우에야만 고려될 수 있기 때문이다. 달리 말하면, 당사자들은 설령 최악을 고려할지라도, 사건의 돌발적인 발생이 예견될 수 있었음을 견뎌내야만 하는 것이다. 분명히 이러한 해석은 민법 제1195조의 적용 범위를 감소시킬 것이다. 나아가, 이러한 해석이 법원에 의해 채택될지는 확실하지 않다. 다른 한편, 예견불능과 불가항력의 유사점을 고려할 때, 제1195조 조문은 합리적으로 예견할 수 없는 사건을 포함하는 제1218조의 조문에 의해 명확해져야 한다고 주장될 수도 있다. 어쨌든, 최악이 결코 확실하지 않다고 하더라도, 최악은 항상 더 많은 걱정에 의해 고려될 수 있는 것이다. 달리 말하면, 비관론자들에게는 어떤 것도 결코 근본적으로 예견불가능하지는 않다. 생각건대, 합리적인 사람이라면 동일한 상황에서 예견하였을 것으로 만족하는 첫 번째의 해석은 적용범위를 감소시키기는 하나, 조문에 확실함을 주는 유일한 방법으로 보인다.[81] 그런데 본조문의 영감의 원천이었던 PDEC는 실제 불예견이론과 불가항력에 있어 유사한 표현을 사용하고 있고,[82] 이러한 해결이 더욱 일관적이라는 점에서, 프

---

79) O. Deshayes, Th. Genicon et Y.-M. Laithier, *op. cit.*, p. 444.

80) 프랑스민법상 불가항력에 관한 국내문헌으로는, 우선 이은희, "프랑스민법상 불가항력에 의한 이행불능," 서울대학교 법학 제99권 제1호(2018. 9). 참조.

81) G. Chantepie et M. Latina, *op. cit.*, n° 524, p. 474-5.

82) "계약체결의 순간 당사자들로 하여금 이를 고려하였기를 합리적으로 기대할 수 없는 장애(empéchement)

랑스 민법이 계약체결시 합리적으로 고려할 수 없었음을 참조하였던 PDEC를 불가항력에서는 따랐으나 불예견에서는 따르지 않은 이유가 잘 이해되지 않는다.[83] 대통령 보고서도 이 점에 대한 해석을 명확히 하고 있지 않다.

사정의 변경은 규율의 변화에 따른 법적 변경이든, 가격의 하락에 따른 재정적 변경이든, 원자재 가격의 앙등에 따른 경제적인 변경이든, 예전 기술의 낙후에 따른 기술적인 변경이든 불문한다. 이러한 변경은 반드시 대혼란이나 격변에 의한 것일 필요가 없고, 점진적인 것이어도 상관없다. 다만, 계약체결시에 예견할 수 없었던 것이면 족하다. 예견불가능 이론에서 핵심은 채무자는 계약의 체결시 예견하지 못한 사정을 고려한다면 그와 같이 합의하지 않았을 것이라는 점이다. 예견불가능은 계약체결시의 순간에만 고려된다. 사정이 계약체결 후 예견가능하게 되었음은 중요하지 않다. 어려운 문제가 제기되는데, 묵시적으로 연장된 계약이나 갱신된 계약의 경우는 어떻게 취급하여야 하는가?

(2) 결과: 일방 당사자의 이행에 과도한 부담이 발생할 것

사정변경은 일방 당사자에게 이행을 과도하게 부담이 되도록 만들어야 하므로, 이행을 단순히 더 어렵게 만드는 것만으로는 안 된다. 조문은 실제 "과도한"이라는 표현을 덧붙였다. 입법자는 PDEC 제6:111조[84]에 의해 고취된 테레안의 작성자들처럼, "그 이행이 더욱 부담스럽게 되더라도 그 채무를 이행할 책임이 있다.[85]"고 명확히 할 필요성을 느끼지 않았다. 채무의 이행이 과도하게 부담스러운 채무자는 다음과 같은 선택권을 갖는다. 그는 불균형의 수정 또는 해제를 위하여 제1195조의 작용을 사용하는 것을 시도하거나, 채권자가 자신에 대하여 청구한 강제집행에서 그에 대하여 제1221조의 "채무자의 비용과 채권자의 이익 사이의 명백한 불균형"을 주장할 수도 있다. 나아가, 그것이 과도하여, 이행이 불가능하다면, 채무자가 간청할 것은 불가항력에 관한 제1218조가 될 것이다.[86]

(3) 일방당사자가 사정 변경으로 인한 위험을 인수한 적이 없을 것

셋째 요건은 소극적 요건으로, 당사자들 중 누구도 사정 변경의 위험을 인수하는 것을 승낙하지 않았어야 한다. 당사자가 어떤 결과를 약속하는 것으로 만족하지 않아 이를 보증한 경우라면, 그 계약은 경제적 사행성의 기미를 띠게 된다. 실무상 종종 계약당사자는, 이익을 얻거나 혹

(제8.108조)"와 "계약체결의 순간 합리적으로 고려될 수 없었던 사정의 변경(제6.111.조)"을 비교하라.

83) 同旨 G. Chantepie et M. Latina, *op. cit.*, n° 524, p. 5.

84) 유럽계약법원칙 제6:111조는 "급부의 이행비용이 증가하거나 반대급부의 가치가 떨어져 급부의 부담이 보다 부담스럽게(more onerous) 된 경우에도 당사자는 자신의 채무를 이행하여야 함이 원칙이지만, 사정의 변경으로 계약의 이행이 과도하게 부담스럽게(excessively onerous) 된 경우에는, (…) 당사자들은 계약을 수정 혹은 해소하기 위하여 교섭을 개시하여야 한다."고 규정한다.

85) 테레안 제92조 제1항.

86) G. Chantepie et M. Latina, *op. cit.*, n° 526, p. 476.

은 단순히 위험을 인수하기로 승낙함으로써 반대급부를 얻을 이익을 유지할 요량으로 위험을 받아들이는 경우가 있다. 그러나 그와 같이 사정변경의 위험을 인수하기로 승낙하기로 하더라도 이를 승낙하는 계약조항은 신중하게 작성되어야만 한다. 그런데 문제는 이러한 조항이 작성되지 않은 경우, 당사자 일방이 묵시적으로 위험을 받아들인 것이 아닌지이다. 애매한 조항이 이러한 주장을 뒷받침한다면, 서면을 해석하는 것이 문제되기 때문에 증명은 모든 방법에 의해 이루어질 것이다. 반면, 계약서가 이 주제에 대하여 아무것도 포함하고 있지 않다면, 다른 서증의 입증이 문제되기 때문에 증명은 서증에 의해서만 이루어질 것이다.[87] 더 나아가 부합계약(contrat d'adhésion)의 내용에 있어서는, 미리 타방이 예견불가능한 위험을 받아들이기로 규정한 조항은 심각한 불균형을 이유로 제재될 수 있다.[88]

당사자가 위험을 인수하는 조항, 이른바 역경조항(clause de hardship)을 통해 사전에 미리 그 위험을 인수한 경우에는 사정변경으로 인하여 계약의 경제적 의미가 위험하게 된다고 하더라도 계약은 그대로 효력을 갖는다.

4. 효 과

이제 당사자 사이에 사전에 배분되지 않은 위험이 발생한 경우 그 위험을 누구에게 어떻게 사후(事後)적으로 배분할 것인가의 문제[89]인 효과를 살펴보자. 프랑스의 입법자들은 정의와 효용, 계약의 구속력과 신의성실의 원칙 사이에 균형을 잡은 것으로 보인다.[90] 그리하여 제1195조는 당사자의 재교섭 권한을 중심에 두고, 법관의 개입은 당사자 사이에 교섭이 실패하거나 합의가 이루어지지 않는 경우에 비로소 인정된다. 즉 법원에 계약의 수정을 요청하기 전에 당사자의 재교섭 시도가 선행되어야 한다. 당사자 일방이 요구에 의한 재판상 수정은 협박(épouvantail)으로서, 협의하지 않음에 대한 제재라고 하겠다. 당사자들의 합의에 따른 해결이 우선이고, 재판상 해결은 보충적이고 최종적이다.[91]

(1) 재교섭을 요구할 권리

법관의 역할을 엄격한 필요성으로 제한하기를 바라면서, 입법자는 의사자유의 원칙에 충실

87) 프랑스 민법 제1359조 ② 법률행위는 그 금액 또는 가액이 데크레상의 총액을 초과하지 않더라도 그 법률행위를 성립시키는 문서에 보충하거나 대항하기 위해서는 다른 공정증서 또는 사서증서에 의해서만 증명될 수 있다.

88) 프랑스 민법 제1171조 ① 부합계약에서 당사자들의 권리와 의무 사이에 중대한 불균형을 가져오는 모든 조항은 기재되지 않은 것으로 본다. ② 중대한 불균형의 평가는, 계약의 주된 목적이나 급부 대금의 적절성을 대상으로 하지 않는다.

89) 권영준, 앞의 글, 239면.

90) *J.-Cl. Civil*, Art. 1195- Imprévision par. Yves. Picod. n° 61.

91) *ibid.*

하였다.[92] 그리하여 1단계로 일방 당사자는 상대방에게 재교섭을 요구할 수 있다(제1195조 제1항 제1문). 즉 앞서 설명한 제반 요건들이 갖추어지면 당사자는 "재교섭을 요구할 수 있다." 즉 당사자들에게 재교섭할 의무가 부여된 것은 아니다. PDEC나 테레안이 재교섭요구를 받은 자들로 하여금 반드시 재교섭을 할 의무가 있다고 규정한 것과 대비된다.

한편, 일방 당사자는 재교섭을 요구한 경우에도 자신의 의무는 계속하여 이행하여야 한다(제1195조 제1항 제2문). 계약의 이행을 과도하게 부담스럽게 하는 예견불가능한 사정이 돌발적으로 발생하여 당사자가 재교섭을 요청하였다고 하여도 이를 이유로 자신의 이행을 중지할 수는 없다. 이는 교섭하지 않을 자유를 보장하고, 이로써 계약의 불이행이 아니라 계약의 이행사의 어려움이 문제됨을 분명히 하고 있다. 제1195조 제1항은 예견불가능한 사정으로 피해를 입은 일방은 재교섭을 요청할 수 있지만 그 동안에도 아무리 과도하게 부담스러울지라도 자신의 채무는 계속하여 이행하여야 함을 명확히 한다. 이 조문의 유용하지 않다고 비판되기도 하지만,[93] 입법자의 취지는 "이행 지연으로 인한 분쟁"을 저지하는 것이다.[94] 그렇기는 하지만, 반대로 이 조문의 중요성은, 타방에 의해 서명된 재교섭의 거절이 있거나 재교섭의 합의도출이 실패한 순간부터, 피해자는 합법적으로 채무의 이행을 중단할 수 있다는 점에 있다. 실제로 이 조문은 정당하게 사정으로부터 혜택을 얻는 자의 지연술을 야기할 수 있다. 사정으로부터 혜택을 얻는 자는 재교섭을 거절하기보다는, 가능한 한 질질 끌고 오랫동안 계약의 이행으로부터 이익을 얻기 위하여, 재교섭을 승낙하려고 시도할 수 있다. 분명한 건, 제1195조는, 까탈라안이 제안한 바와 같이[95] 계약에 앞선 교섭을 다루고 있는 제1112조를 참조하지 않는다는 점이다. 재교섭 과정에서 계약의 정지가 없음을 이용하기 위해 재교섭하는 자는 민법 제1104조의 신의칙에 기해 제재를 받을 것임은 분명하다. 따라서 교섭이 귀착하는 합리적인 지연을 넘어선 경우, 침해된 당사자에 의해 주장된 계약의 재판상 조정의 결과와는 별도로, 계약상 책임에 근거하여, 손해배상책임을 부담할 위험에 직면할 것이다.[96]

그런데 본조는 재교섭의 과정에 대하여는 침묵하고 있다. 그리하여 이 경우 일방 당사자는 상대방에게 재교섭을 요구할 수는 있지만, 상대방에게는 재교섭에 응할 의무는 없고 재교섭의 자유가 있을 뿐이다. 사정의 변경으로부터 혜택을 얻는 자가 법적으로 재교섭에 응할 의무가 없다는 점은, 까탈라안과 테레안과 비교할 때, 민법 규정의 독창성 중의 하나이다. 조문은 재교섭이 거절될 경우를 예견하면서, 자신의 상대방에게 재교섭을 요구할 수 있음을 분명히 한다. 달리

92) *J.-Cl. Civil*, Art. 1195- Imprévision par. Yves. Picod. n° 62.
93) D. Mazeaud, Droit des contrats: réforme à horizon!: D. 2014, p. 291.
94) 대통령 보고서.
95) 제1135-3조
96) G. Chantepie et M. Latina, *op. cit.*, n° 527, p. 477-8.

말하면, 재교섭의 거절은 자유이고, 개정 전 파기원이 종종 판시한 바와는 대조적으로, 제1195조에서 어떠한 과책을 구성하지 않는다. 이러한 재교섭 의무의 부재는 적절하다. 만약 사정의 변경으로부터 혜택을 얻는 자에게 피해자의 요구에 따라 재교섭할 법정 의무를 부과한다면, 재교섭의 의사가 없을지라도 모든 당사자들을 재교섭테이블에 마주 앉도록 할 것이다. 단지 과책을 피하기 위해 승낙되고 합의에 도달하겠다는 진정한 의사없이 처리한다는 인상을 주지 않기 위해 바로 결렬되는, 재교섭 시늉을 초래할 것이다. 그러므로 사정의 변경으로부터 혜택을 얻는 자는 적어도 계약으로부터 사정변경의 사실을 끄집어 낸 이익의 한 부분을 유지하기 위해서는 재교섭을 하는 것이 더 나을 것이다. 이에 재교섭 과정에서 당사자들은 신의칙에 따라 재교섭에 임할 의무가 있다는 규정을 두어야 한다는 견해도 있다.[97] 그런데 상대방이 재교섭에 응하지 않으면, 재교섭을 청구하였던 당사자는 법원에 일방적으로 계약의 수정이나 종료를 청구할 수 있다는 점에서 재교섭 청구는 일종의 협박 기능을 한다.[98]

(2) 합의해제

재교섭이 거절되거나 합의에 이르지 못할 경우 2단계로 진입한다. 재교섭이 거절되거나 실패할 경우 당사자들은 계약의 해제를 합의할 수 있다(제1195조 제2항 제1문). 즉 상대방에 요청한 재교섭이 무산될 경우, 당사자들은 그들이 정한 날짜와 요건에 따라 계약을 해제하기로 합의할 수 있다. 그런데 이러한 합의해제는 개정 전에도 가능했었다는 점에서 큰 의미는 없다.

또한 당사자들은 합의에 의하여 법관에게 계약을 조정하여 줄 것을 요구할 수 있고, 상당한 기간 내에 당사자의 합의가 없을 경우에는 당사자 일방은 법원에 계약을 수정하거나 계약을 종료시킬 수 있도록 청구할 수 있다(제1195조 제2항 제2문). 이제 3단계로 재판상 어떻게 다루어지는지 본다.

(3) 법관의 개입

법관이 개입하는 재판상 국면은 실제 두 단계에서 기능한다. 첫째 재교섭이 거절되거나 실패할 경우에 당사자들이 합의에 의하여 법관에게 계약의 조정을 요구한 경우이다(제1195조 제2항 제1문). 사정의 변경에 따라 피해를 입은 당사자가 아니라 당사자들의 합의에 의하여서만 법관이 개입할 수 있다는 점에서 유럽의 다른 국가들의 입법례와 다르다. 둘째 재교섭을 요청하였던 일방당사자가 법원에게 계약을 수정하거나 종료할 것을 청구한 경우이다. 까딸라안은 제1135-1조에서 예견불능을 이유로 한 법관의 계약 조정권한을 인정하지 않은 반면, PDEC[99]에 기초한 테레안은 제92조에서 이를 인정하였다.

97) R. Cabrillac, *op. cit.*, p. 772.
98) *J.-Cl. Civil*, Art. 1195- Imprévision par. Yves. Picod. n° 64.
99) PDEC. art 6.111; DCFR, art III 1.110; Principles Unidroit, art. 6. 2. 3.; Code Gandolfie, art. 1135-1.

즉 법관이 직권으로 개입할 수는 없다. 불예견상황의 피해자인 일방당사자의 청구가 있거나 당사자들이 합의로 요청하여야 한다. 이 경우 법관은 당사자의 합의에 의한 요청이 있으면 계약의 해제뿐만 아니라 일련의 조항들의 수정, 가격의 조정, 기한의 유예 또는 특정 조항을 제거할 수 있는 등의 조정을 행할 수 있다. 이와 같이 법관이 계약을 수정하거나 종료시키는 권한은 프랑스 민법 제1228조의 재판상 해제의 경우와 동일한 방식이다.[100)]

법관이 "계약을 수정하거나 종료시킬 수 있다"고 규정되어 있으므로, 그렇다면 법관이 당사자 일방이나 당사자들의 합의에 의하여 재판상 개입을 요청받고도 계약을 수정하지도 않고 종료시키지도 않을 수도 있을까? 문언적 해석에도 불구하고 법관은 불예견의 개시요건을 충족하여 재판상 개입이 청구된 이상 반드시 계약을 수정하거나 종료시켜야 한다고 해석되어야 할 것이다.[101)]

그런데 계약의 수정과 관련하여 몇 가지 의문이 남는다. 우선, 이와 같이 수정된 계약은 새로운 계약인지 문제되는데, 이는 변경에 의해 수정된 원래의 계약의 계속성의 문제이기도 하다.[102)] 본래 계약상 채무의 이행을 담보하였던 보증은 수정된 계약으로부터 나온 채무의 이행도 보증하는 것인가? 법관에 의한 계약의 수정은 담보의 소멸을 가져오는 경개로 봐야 하는가?

5. 보론-프랑스의 코로나 대응 특별법

(1) 프랑스의 코로나로 인한 긴급조치

프랑스는 지난 2020년 2월 중순 첫 확진자가 발생한 이후 급진적 확산세를 지속하여, 프랑스 보건부(Santé publique)의 공식집계에 따르면, 2020년 11월 26일 기준으로 전체 사망자가 50 957명이며, 누적 확진자 수는 2,183,660명으로 2백만 명을 넘었고, 이는 전날보다 13,563명 증가한 숫자이다.[103)] 코로나로 인한 확진자의 수나 사망자의 규모를 고려할 때 프랑스는 가장 큰 경제적 타격을 받은 나라 가운데 하나로 평가된다. 프랑스의 마크롱 대통령은 지난 2020년 3월과 4월 엄격한 2개월의 제1차 봉쇄조치에 이어, 10월 30일부터 12월 1일까지 제2차 국경봉쇄조치를 결정하였다. 일반시민들은 외출이 원칙적으로 금지되고 일정한 사유로 예외적인 이동이 허가되는 경우 이동시 반드시 해당 목적 및 작성일시를 명시한 이동목적 확인 증명서(종이 또는 모바일 형태)[104)]와 신분증을 소지해야 한다.[105)] 위반시 벌금이 부과되는데, 1회 위반시 135유로의 벌금

100) 프랑스 민법상 재판상 해제에 관한 국내문헌으로는, 우선 김현진, "개정 프랑스채권법상 계약의 해제·해지 -나폴레옹민법과 개정 프랑스민법의 비교를 겸하여," 민사법학 제75호(2016. 6), 281면 이하, 참조.
101) *J.-Cl. Civil*, Art. 1195-Imprévision par. Yves. Picod. n° 70.
102) *J.-Cl. Civil*, Art. 1195-Imprévision par. Yves. Picod. n° 74.
103) https://www.santepubliquefrance.fr/dossiers/coronavirus-covid-19/coronavirus-chiffres-cles-et-evolution-de-la-covid-19-en-france-et-dans-le-monde/articles/covid-19-tableau-de-bord-de-l-epi-demie-en-chiffres
104) 이동목적 확인 증명서 양식은 내무부 사이트에서 다운받을 수 있다(https://www.interieur.gouv.fr/Actualites/

이 부과되고, 15일 이내 2회 이상 위반 시 200유로의 벌금, 30일 이내 3회 이상 위반 시 3,750유로의 벌금과 6개월의 구금형 등의 처벌을 받는 등 강력한 조치를 시행하고 있다. 한편, 9시 이후 셧다운으로 모든 레스토랑은 야간에 문을 열지 않는 등 강력한 조치를 취하고 있음에도 개인의 사생활의 자유, 여름휴가 전통, 연대를 열망하는 프랑스인의 습성은 판데믹 상황을 더욱 어렵게 하고 있다. 이러한 긴급한 비상조치들로 인하여 시민들의 일상생활에 큰 영향이 미치자, 프랑스 국회 및 정부는 본문에서 언급한 특별법에 의한 경제변동의 타개라는 전통답게 코로나로 인한 계약관계를 조정하는 여러 특별법률을 제정하여 시행하고 있다. 이하에서 간단히 살펴보자.

(2) 특별법의 제정

코로나로 인한 법률관계를 조정하는 여러 특별법률 가운데 계약법적 측면에서 영향을 주는 조항들을 정리하면 다음과 같다.

먼저, 2020. 3. 23. 자 법률 제2020-290호(이하 "긴급법률(loi d'urgence)"이라 함)[106] 제4조는 공중위생법 제L.3131-13조의 조항에도 불구하고, 동 법률이 발효한 2020. 3. 24.부터 2개월간, 즉 3. 24.부터 5. 24.까지를 보건긴급상태(l'état d'urgence sanitaire)로 선언하였다. 그리고 동법 제16조에 따라 정부는 위 조치를 1개월 연장할 수 있어 보건긴급상태는 6. 24.까지 연장되었다. 또한 동법 제11조는 헌법 제38조에 규정된 조건에 따라 법률이 발효된 후 3개월 이내에 정부에게 시행가능한 모든 필요한 조치를 취할 권한을 부여하였다. 정부는 질병확산으로 인한 경제적, 재정적, 사회적 결과를 처리할 수 있는 조치로서 오르도낭스에 의해 동 법률을 2020. 3. 12.까지 소급적용하고 필요한 경우 헌법 제72-3조에 언급된 지역 사회로 확장하여 적용한다고 하였다. 동법은 즉시 발효되었다.

한편, 위 긴급법률의 적용을 위해 2020. 3. 25. 제정된 오르도낭스는 기존 사법계약의 내용을 변경하고 있다. 2020. 3. 25. 제2020-306호 오르도낭스[107] 제5조[108]는 "어떤 계약이 지정된 기간 동안 해지될 수 있거나 지정된 기간 내에 해지 의사표시가 없으면 묵시적으로 갱신되는 경

L-actu-du-Ministere/Attestations-de-deplacement/2020. 11. 11. 최종 방문).

105) 예외적인 이동이 허가되는 경우는 아래와 같다. ① 재택근무가 불가한 경우의 출퇴근(출퇴근용 이동확인서 지참), 학교, 시험, 콩쿠르 참여를 위한 이동, ② 생필품 구매(구매허가 상점 리스트는 내무부 안내 참조), ③ 병원 진료 및 의약품 구매, ④ 가족 중 노약자, 아이의 돌봄을 위해 이동이 불가피한 경우, ⑤ 1시간 이내, 1km 반경 이내의 간단한 개인적 운동이나 산책(동일한 거주지에 사는 사람과의 동행 및 반려동물 산책 가능), ⑥ 사법 또는 행정기관의 출두명령, ⑦ 행정당국의 요청에 의한 공익활동 참여, ⑧ 자녀의 등하교 동반.

106) 2020. 5. 11. 제2020-546호에 의해 수정됨.

107) Ordonnance n° 2020-306 du 25 mars 2020 relative à la prorogation des délais échus pendant la période d'urgence sanitaire et à l'adaptation des procédures pendant cette même période(https://www.legifrance.gouv.fr/loda/id/JORFTEXT000041755644/2020-11-27/ 2020. 11. 1. 최종방문).

108) 제5조 Lorsqu'une convention ne peut être résiliée que durant une période déterminée ou qu'elle est renouvelée en l'absence de dénonciation dans un délai déterminé, cette période ou ce délai sont prolongés s'ils expirent durant la période définie au I de l'article 1er, de deux mois après la fin de cette période.

우, 제1조에 정의된 "법적보호기간(la période juridiquement protégé, 2020. 6. 24.부터 8. 24.까지)기간 동안 만료되거나 갱신될 수 있었던 계약은, 그 기간은 법적보호기간 종료 후에 2개월 동안 연장된다."고 규정하였다. 그 결과 3. 12.부터 6. 24. 사이에 해지되거나 종료될 예정이던 모든 계약은 예외적으로 8. 24.까지 연장될 수 있었다. 나아가 해지 조항과 관련하여, 제4조에 규정된 기간 연장은 고정된 것이 아니어서 2020. 3. 12.부터 6. 24.까지 효력이 정지되었다가 6. 24. 효력이 재개되며, 그 기간은 긴급상태조치로 중단된 기간만큼 연장된다.

그리하여 프랑스의 특유한 임차인보호제도인 동계 기간, 즉 11월 1일부터 다음 해 3월 31일까지는 임차료를 내지 못하여도 집주인이 임차인을 내쫓지 못하도록 하는 제도인 Trêve hivernale(동계휴전)[109]에도 동조항이 적용되었고, 위 기간이 연장되어 동계휴전은 7월 10일 종료된다. 그 결과 무려 8개월 동안 임차인은 차임을 내지 않아도 적어도 쫓겨나지 않고 버틸 수 있었고, 7월 11일부터 퇴거조치가 허용되었는데 다시 11월 1일부터 Trêve hivernale에 들어가므로 이를 둘러싼 임차인과 임대인의 대응이 사회적으로 큰 문제가 되었다.[110]

(3) 불예견조항에 대한 기대

나아가 학계는 코로나 19로 인한 현 상황이 불예견이론이나 불가항력 조항의 활용에 대한 시금석이 될 것으로 평가한다. 법률잡지를 보더라도 2020년 4월 이래 온통 코로나와 계약 등 관련 주제에 대한 논문들이 쏟아져 나오고 있다.[111] 그에 따르면, 상사임대차에서 정부의 금지 정책에 의해 영업의 전부 또는 일부 폐쇄가 강제된 기간 동안 임차인은 임료를 낮추기 위해 임대차 조건을 재교섭하려고 시도할 수 있을 것이다. 코로나 상황 하에서 보면, 2016년 1월 1일 이후 체결된 계약이 위에 언급한 요건을 갖추었다면 프랑스민법 제1195조가 적용될 것이다. 다만 코로나로 인한 프랑스 정부의 격리조치들은 계약체결당시 예견하지 못한 외부적 사정임은 분명하나, 그 이행이 일방당사자에게 과도한 부담을 주고 있는지는 사안마다 포섭이 필요할 것이다.

---

109) https://www.service-public.fr/particuliers/vosdroits/F34736.

110) 2020. 7. 3.자 le Figaro 지 부동산 파트 기사 "동계휴전: 7월 11부터 무엇을 기대할까요(Trêve hivernale: à quoi faut-il s'attendre à partir du 10 juillet?) https://www.leparisien.fr/paris-75/covid-19-a-paris-nous-prolongeons-la-treve-hivernale-dans-les-logements-sociaux-jusqu-en-octobre-15-05-2020-8317746.php.

111) N. Kirilowits, C. Khayat et M. Ponsard, Covid-19: report des dates de résiliation pour les contrats, *Gaz. Pal.* 35 mai 2020; C. Verroust-Valliot et S. Pelletier, l'impact du covid-19 sur les contrats de droit privé, *D. actu*, 09 juin 2020.

Ⅳ. 나가며

이상 살펴본 바와 같이, 프랑스 민법전은 불예견 이론을 전면적으로 수용하였고, 그 내용도 매우 과감하다. 제1195조는 예견불능 이론이 적용되기 위한 요건으로 세 가지를 요구한다. 첫째, 계약의 체결시 예견하지 못한 사정의 변경이 발생하고, 둘째, 그로 인하여 일방 당사자의 이행에 과도한 부담이 발생하고, 셋째, 일방당사자가 사정의 변경으로 인한 위험을 인수한 적이 없어야 한다. 위 세 요건이 충족되면, 불예견으로 인한 피해자는 상대방에게 재교섭을 청구할 수 있을 뿐만 아니라 재교섭에 응하지 않거나 상당한 기간 내에 합의에 이르지 않을 경우 일방적으로 법원에 개입을 요청할 수 있다. 이 경우 법원은 계약을 수정하거나 종료시킬 수 있다. 다른 한편, 재교섭에 실패할 경우, 당사자들은 합의해제를 할 수 있고, 나아가 합의하여 법원에 개입을 청구할 수 있다. 그 특징은 먼저 당사자들에게 재교섭을 요구할 권리를 주되 상대방에게는 의무를 부과하지 않은 점, 2단계로 당사자들 사이의 합의할 기회를 부여하여 합의의 내용에 따라 계약이 해소되거나 법원에 조정을 요청하게 되고, 만약 이러한 합의가 이루어지 않는다면 3단계 최종조치로 일방 당사자의 요청에 따라 법원이 개입하여 전권을 행사하는 체제이다.

계약의 이행단계에서 발생한 계약의 중대한 불균형을 수정하여 계약적 정의를 실현하고자 하는 규정이 본 조항이라면, 바로 코로나 19로 인한 현 상황이 불예견이론의 활용에 대한 시금석이 될 수 있을 것이다. 그리하여 코로나 상황 하에서 보면, 2016년 1월 1일 이후 체결된 계약이 위에 언급한 요건을 갖추었다면 프랑스민법 제1195조가 적용될 것이다. 다만 코로나로 인한 프랑스 정부의 격리조치들은 계약체결당시 예견하지 못한 외부적 사정임은 분명하나, 그 이행이 일방당사자에게 과도한 부담을 주고 있는지는 사안마다 포섭이 필요할 것이다.

우리 민법에는 사정변경의 원칙에 대한 일반조항은 없고, 다만 사정변경의 원칙의 취지가 반영된 개별조항들이 있을 뿐이다.112) 따라서 일반적으로 사정변경원칙을 인정한다면 이는 민법 제2조의 신의성실 원칙에 근거하여야 한다. 그리하여 인정 여부에 대한 견해가 대립한다. 먼저, 긍정설은 신의칙과 형평에 근거하여 현행법의 해석상 사정변경 원칙을 인정할 수 있다고 한다. 다만, 그 요건과 효과에 있어 조금씩 견해를 달리하는데, 다수설은 위 원칙을 인정하면서도 계약

112) 가령, 먼저 계속적 계약관계에서 사정이 변경되면 당사자가 일방적으로 그에 부합하게 계약내용을 변경함을 허용하는 조항으로, 지상권, 전세권, 임차권 설정계약에서의 지료증감청구권(제286조), 전세금증가청구권(제312조의2), 차임증감청구권(제628조)을 두고 있고, 임차물의 일부멸실로 인한 차임감액청구권(제627조)이 있다. 다음으로, 일시적 계약에서 사정변경을 이유로 계약관계를 해소함을 가능하게 하는 조항이 있는데, 증여자의 재산상태변경시 해제권(제567조)을, 그리고 조합계약에서 부득이한 사유를 원인으로 한 조합원의 탈퇴권(제716조 제2항)이나 해산청구권(제720조)이 있다. 민법 외에 사정변경에 의한 가압류취소(민사집행법 제288조 제1항)나, 정기금 액수 산정의 기초가 되는 사정변경의 경우 정기금 판결변경의 소(민사소송법 제252조 제1항), 신원보증계약에서의 해지권(신원보증법 제5조)이 있다.

준수원칙의 예외로서 법적 안정성을 크게 해칠 수 있어 엄격한 요건을 요구하여, 계약 성립 당시 기초가 되었던 사정이 현저하게 변경되었을 것, 사정의 변경을 당사자가 예상하지 못하였고 예상할 수 없었을 것, 당사자의 귀책사유가 없을 것, 계약내용대로 구속력을 인정할 경우 신의 공평 원칙에 반하는 결과가 야기될 것을 요한다.113) 긍정설도 그 효과에 있어서 계약내용을 수정하여 계약을 유지하자는 견해114)와 우선적으로 계약의 해소를 인정하자는 견해115)로 나뉜다. 다른 한편, 부정설은 우리 민법이 사정변경의 원칙에 관한 개별적 규정만 두고 있을 뿐 일반적 규정을 두고 있지 않은 것은 사정변경의 원칙을 민법의 일반원리로서 수용하지 않은 것으로 해석되어야 한다고 본다. 일반적 규정이 없음에도 사정변경 원칙을 인정함은 계약법의 자유주의적 성격에 배치되고 거래의 안전에 심각한 위협이 되므로, 만약 전혀 예상하지 못한 사회적 경제적 변혁으로 기존의 계약관계의 불균형이 심각해지는 경우 특별법률을 제정함으로써 이를 해결해야 한다고 주장한다.116)

대법원은 초기에는 사정변경 원칙을 부정하였다. 1950년대 판결은 사정변경의 원칙이 현행 민법의 해석상 용납되지 않는다고 보아,117) 한국전쟁과 경제적 격변으로 인해 토지가격이 급등한 사안에서조차 사정변경에 의한 해제권 주장을 받아들이지 않았다.118) 다만, 1990년에 이르러 회사의 채무에 대한 계속적 보증에 있어서 이사의 지위에서 부득이하게 보증인이 된 자가 그 후 퇴사한 경우 보증계약의 성립 당시의 사정에 현저한 사정의 변경이 생긴 경우에 해당한다고 보아 이를 이유로 보증계약을 해지할 수 있다고 하여, 사정변경에 의한 계약의 종료를 인정하였다.119) 한편, 일반론적으로 우리 민법 하에서도 일정한 요건을 갖춘 경우 사정변경으로 인한 계약의 해제 가능성과 구체적 요건을 처음으로 명확히 한 판결은 대법원 2007. 3. 29. 선고 2004다

113) 곽윤직 편집대표, 민법주해[Ⅰ], 총칙(1) 박영사(2007), 147면; 곽윤직 편집대표, 민법주해[Ⅷ], 채권(6), 박영사(2006), 250면. 그 외에, 위 요건에 "사정변경을 인정하는 법률의 규정이 있거나 또는 전시, 기타 심각한 위기상황이 발생하였을 것"이라는 추가로 요구하여 사정변경 원칙의 자의적 운영을 엄격히 제한하여야 한다는 견해(이은영, 채권각론(제5판), 2005, 240-241면), 계약해석 결과 도저히 계약의 규율 범위에 포섭할 수 없는 위험, 즉 당사자가 명시적으로 또는 묵시적으로 배분하지 않은 위험에 한하여 사정변경의 원칙이 적용된다는 견해가 있다(권영준, 앞의 글).

114) 대표적으로 백태승, "독일 행위기초론의 발전과 최근동향," 저스티스 제25권 제1호(1992), 65면.

115) 대표적으로 곽윤직, 채권각론(제6판), 박영사, 2003. 93면.

116) 곽윤직 편집대표, 민법주해[Ⅷ], 채권(6), 박영사(2006), 252면.

117) 가령 대법원 1955. 4. 14. 선고 4286민상231 판결; 대법원 1956. 3. 10. 선고 4288민상234,235 판결.

118) 대법원 1963. 9. 12. 선고 63다452 판결에서 임야 매수인이 계약이 체결된 지 14년만에 잔금을 지급하면서 임야의 소유권이전등기를 청구하였는데, 그 사이 임야의 가격은 1,620배 급등하였는바, 대법원은 본래 계약대로의 잔금을 제공하고 그 임야의 소유권을 이전받는 것이 현저하게 균형을 잃은 처사가 되더라도 매도인에게 사정변경에 따른 해제권을 인정할 수 없다고 판시하였다.

119) 대표적으로 대법원 1990. 2. 27. 선고 89다카1381 판결. 우리나라의 사정변경에 관한 종전 판례를 자세히 소개하고 분석한 글로는, 김효정, "계속적 계약관계에서 사정변경에 따른 해지," 민사판례연구[XLI], 2019, 535면 이하 참조.

31302 판결이다.[120] 이 판결에서 대법원은 사정변경으로 인한 계약해제의 요건으로 "계약 성립 당시 당사자가 예견할 수 없었던, 현저한 사정의 변경이 발생하였고, 그러한 사정의 변경이 해제권을 취득하는 당사자에게 책임없는 사유로 생긴 것으로서, 계약내용대로의 구속력을 인정한다면 신의칙에 현저히 반하는 결과가 생기는 경우"라고 판시하면서, 여기에서 말하는 사정이라 함은 "계약의 기초가 되었던 사정의 변경으로서, 일방당사자의 주관적 또는 개인적인 사정을 의미하는 것은 아니다."라는 이유로, 본 사안의 사정변경은 계약을 해제할만한 사정변경에 해당하지 않는다고 하였다. 대법원의 이러한 법리는 이후 일시적 계약관계에서는 물론,[121] 계속적 계약관계에서 사정변경을 이유로 계약해지를 주장하는 경우에도 마찬가지로 유지되었다.[122] 그런데 구체적 사안에서 사정변경에 의한 계약의 종료를 인정한 것은 계속적 보증계약에서 해지뿐이다.[123] [124]

우리나라도 두 차례 사정변경원칙을 명문화하려는 시도가 있었다. 먼저, 2004년 민법개정위원회에서는 제544조의2조에 사정변경의 원칙을 명문화한 개정안을 내놓았으나[125] 17대 국회의 회기 만료로 폐기되었다. 이 개정안에 대해서는, 조문의 위치가 계약의 해제에 관한 장에 체제상 규정되어 적절하지 않다는 점과 조문의 "계약을 유지하는 것이 명백히 부당한 때"라는 표현이

120) 토지에 관한 개발제한구역 해제결정 고시가 이루어진 후 원고가 공개매각절차를 통해 낙찰을 받아 피고와 매매계약을 체결하고 이전등기를 마쳤는데, 이후 이 토지가 공공공지로 편입되어 건축개발이 불가능해지자 사정변경에 따른 매매계약의 해제를 주장한 사안이다.

121) 대법원 2012. 1. 27. 선고 2010다85881 판결; 대법원 2015. 6. 24. 선고 2014다235219 판결 등.

122) 가령, 이른바 키코(KIKO) 판결인 2013. 9. 26. 선고 2012다13637(전합) 판결 및 2013. 9. 26. 선고 2013다26746(전합) 판결에서 이를 확인할 수 있다.

123) 가령, 대법원 1996. 12. 10. 선고 96다27858 판결은 "계속적인 보증에 있어서는 보증계약 후 당초 예기하지 못한 사정변경이 생겨 보증인에게 계속하여 보증책임을 지우는 것이 당사자의 의사해석 내지 신의칙에 비추어 상당하지 못하다고 인정되는 경우에는, 상대방인 채권자에게 신의칙상 묵과할 수 없는 손해를 입게 하는 등의 특별한 사정이 없는 한 보증인의 일방적인 보증계약해지의 의사표시에 의하여 보증계약을 해지할 수 있다." 양창수, "계속적 보증에서 보증인의 해지권과 책임제한," 민법연구 제6권(2001. 6), 박영사 2007, 정상현, "계속적 보증계약에 있어서 보증인의 해지권 인정근거: 특히 회사채무를 보증한 이사의 퇴사와 관련하여," 성균관법학 20권 2호, 성균관대학교 비교법연구소 2008.

124) 이에 대하여 계속적 보증계약관계는 사정변경뿐만 아니라 계약체결의 동기, 경과된 기간, 주채무자의 자산상태, 당사자간의 신뢰의 변동, 채권자 측의 사정 등을 광범위하게 고려하여 그 구속력을 제한하는 법리가 주장되고 있다고 하면서 사정변경의 원칙과는 별도로 법관에 의한 계속적 계약관계의 조정문제로 다루어야 한다는 견해가 있으나(곽윤직 편집대표, 민법주해[I], 총칙(1), 155면; 김효정, 앞의 글, 555면), 사정변경의 원칙의 기본적 취지를 고려할 때 함께 논의되어야 한다고 생각한다.

125) 2004년의 민법개정작업과 본 조의 내용에 관하여는, 법무부, 민법(재산편) 개정 자료집, 2004. 11, 2-6면, 816면 이하 참조.

> 제544조의4(사정변경와 해제, 해지) 당사자가 계약 당시 예견할 수 없었던 현저한 사정변경으로 인하여 계약을 유지하는 것이 명백히 부당한 때에는 그 당사자는 변경된 사정에 따른 계약의 수정을 요구할 수 있고, 상당한 기간 내에 계약의 수정에 대한 합의가 이루어지지 아니한 때에는 계약을 해제 또는 해지할 수 있다.

의미하는 바가 명확하지 않아 사정변경의 원칙을 인정하기 위한 요건이 구체화되어 있지 않다는 점에서 비판을 받았다.[126] 다음으로, 2013년 민법개정위원회에서 만든 개정안[127]은 사정변경의 요건을 보다 명확히 제시하면서 제538조의2에 사정변경의 원칙을 적극적으로 도입하였으나,[128] 이 또한 회기만료로 폐기되었다.[129] 2013년 개정안은, 2004년 개정안과 달리, 조문의 위치를 위험부담 조문 뒤에 두었고, 사정변경, 계약체결시 예견불가능, 중대한 불균형 내지 계약 목적의 달성불능을 요구하고 있는바, 이러한 요건과 관련하여, "계약의 목적을 달성할 수 없는 때"라는 조문의 해석에 있어 이행불능과의 구분이 어렵다고 생각된다. 나아가 효과에 있어서는 사정변경의 요건이 갖추어진 경우 당사자에게 계약수정권과 계약의 해제·해지권을 인정하고 있을 뿐, 법원의 개입을 허용하고 있지 않다. 그런데 당사자 일방의 해제·해지에 대해 다툼이 있어 타방이 계약의 수정을 반소나 항변으로 다툴 경우 결국 법원이 이를 심리하여 합의를 도출하거나 계약을 종료시킬 권한이 있어야 실효성 있는 해결이 될 수 있다는 점에서,[130] 법원에 최종적인 권한을 부여하는 프랑스법의 태도가 더 타당하지 않을까 생각한다.

우리나라 역시 코로나 19는 전 국민의 일상을, 경제를 송두리째 흔들었다. 주 52시간의 급격한 시행, 부동산정책의 연이은 실패 등으로 위태로웠던 자영업 및 실물경제는 코로나 19 방역에 따른 영업 제한과 소득감소로 소비가 급감함에 따라 직격탄을 맞았다. 이와 같이 대규모 감염병이 발생한 이례적인 위기 상황 속에서 위험을 소비자와 사업자 사이에 어떻게 분담해야 할 것인가는 민감하고 사회적 파장이 크다. 그렇다고 하여 이를 사적 자치 영역으로만 두거나 법원에서 소송으로 해결되도록 하기에는 분쟁의 유형이 유사하고 소송비용, 소송의 진행에 따른 시간 소요 등을 고려할 때 사회전체적으로 바람직하지 않다. 그렇다고 하여 프랑스와 같이 국회가 나서서 법률로 계약관계를 조정하는 한시적인 특별법을 제정하기에는 그런 전례가 없다. 그러나 결혼 및 신혼여행, 돌잔치와 같은 행사와 가족 여행 등에 대한 취소가 불가피해지자 사회적으로 큰 이슈가 되었다.[131] 이에 업종별로 자구책을 마련하기도 하고[132] 당사자와 합의하여 계약내용

---

126) 정상현, "민법개정안 제544조의4에 대한 비판적 검토," 성균관법학 제20권 제1호(2008), 149면 이하 참조.

127) 이에 대한 설명은, 우선 송덕수, "계약의 해제·해지와 사정변경의 원칙에 관한 2012년 민법개정안의 성안경과와 내용," 법학논집 제17권 제1호(2012. 9), 이화여대 법학연구소, 27면 이하; 김재형, "계약의 해제·해지와 사정변경에 관한 민법개정안", 서울대학교 법학 제55권 제4호, 서울대학교 법학연구소(2014), 49면 이하 참조.

128) 제538조의2(사정변경) 계약성립의 기초가 된 사정이 현저히 변경되고 당사자가 계약의 성립 당시 이를 예견할 수 없었으며, 그로 인하여 계약을 그대로 유지하는 것이 당사자의 이해에 중대한 불균형을 초래하거나 계약을 체결한 목적을 달성할 수 없는 때에는 당사자는 계약의 수정을 청구하거나 계약을 해제 또는 해지할 수 있다.

129) 개정안의 주요내용에 대한 개괄적인 설명은, 김성수, 앞의 논문 참조.

130) 同旨 이영준, "사정변경의 원칙," 민사법학(2018. 2), 37면 이하.

131) 2020. 3. 15.자 동아일보 "입국금지인데 여행취소 안돼?…'코로나 위약금' 불만 8배 폭증"(https://www.

을 변경하기도 하였다. 가령 예식장업계에서는 소비자가 연기를 요청할 경우 결혼 예정일로부터 최대 6개월까지 위약금 없이 연기할 수 있고, 예정대로 결혼식장을 진행할 경우에도 최소 보증 인원을 감축하는 등 계약 변경이 가능해졌다.[133)]

이에 공정거래위원회는 소비자와 사업자 간 분쟁의 원활한 해결을 위한 기준 역할을 하는 소비자분쟁해결기준 개정안을 확정하였고 늦은 감이 없지 않으나, 2020년 11월 13일부터 시행되고 있다.[134)] 물론 소비자분쟁기준 개정안은 당사자들을 구속하는 법적 구속력은 없으나, 업계에 일응의 기준을 제시한다는 측면에서 의미가 있다. 구체적으로는 코로나19 발생으로 분쟁이 급증했던 여행·항공·숙박·외식서비스업(연회시설운영업) 등 4개 분야에 대규모 감염병 발생시 계약금 환급, 계약내용의 변경 및 위약금 감면기준을 정립하였다.[135)] 계약체결시 당사자들이 예상하지 못했던 판데믹이라는 외부적 사정변경으로 일방당사자의 채무이행이 현저히 부담스러워 계약의 내용을 변경하거나 위약금 없이 해소를 가능하게 한다는 점에서 이는 사정변경 이론이 적용된 것이라고 하겠다. 그러나 소급적용이 어렵고 사정변경에 의한 계약의 수정이나 해소가 문제가 되는 영역은 위 4개 업종만이 아니므로 여전히 해결되지 아니한 문제가 있고, 이는 결국 법원에서 다퉈질 것이다. 그러한 관점에서 볼 때 분명히 사정변경 원칙이 고려될 필요성은 존재하는 반면, 민법 제2조 신의칙에 근거하여 해석론으로 인정하기에는 요건과 효과가 분명하지 않다. 특히나 효과 면에서 법원의 개입단계와 정도를 어디까지 할지는 입법정책적으로 정할 필요가 있다

---

donga.com/news/Society/article/all/20200315/100166186/1).

132) 가령, 대한항공은 2020년 4월 1일 이전에 발매한 2020. 3.부터 2021. 3.까지 탑승예정인 항공권에 대하여 환불 위약금을 면제하고 재발행 수수료도 1회 면제한다(https://www.koreanair.com/content/koreanair-mobile/korea/ko/notice/2020_01_WUH.html).

133) 정부는 코로나19 재확산에 따라 2020. 8. 19.부터 오는 30일까지 수도권에서 하객이 50명 이상 모이는 결혼식은 금지했다. 이에 따라 이달 말 결혼식을 올리는 예비부부들은 정부 방침에 따라 결혼식장에 50명 이내로만 입장하도록 하는 조치를 취해야 하고, 이 같은 방역지침을 따르지 않으면 결혼식 주최자는 물론 참가자까지 벌금 300만 원을 내고 만약 확진자가 발생하면 구상권이 청구될 수 있었다. 그리하여 결혼식을 취소·연기해야 하는 예비부부들이 피해를 호소하면서 공정위가 조치에 나선 것이다. 2020. 8. 21.자 조선일보 ""결혼식, 위약금 없이 최대 6개월 연기 가능" … 공정위 제안에 예식업계 수용"(https://biz.chosun.com/site/ data/html_dir/2020/08/21/2020082101744.html).

134) 공정거래위원회고시 제2020-16호, 2020. 11. 13., 일부개정. 보도자료(https://www.ftc.go.kr/www/selectReportUserView.do?key=10&rpttype=1&report_data_no=8829).

135) 표준약관이 있는 여행업의 경우 관련 규정에 따라 별도의 표준약관 개정 없이 이번 개정되는 소비자분쟁해결기준이 적용된다. 국내여행 표준약관 제13조 및 국외여행 표준약관 제16조는 "여행사 또는 여행자는 여행출발 전 이 여행계약을 해제할 수 있습니다. 이 경우 발생하는 손해액은 '소비자분쟁해결기준'에 따라 배상합니다."고 규정하고 있다. 주요 내용을 보면, 감염병 발생에 따른 위험수준, 정부의 조치 및 계약이행의 가능성을 고려하여 면책사유와 위약금 감경 사유를 규정하였는데, 먼저 여행·항공·숙박업은 가족 단위 이동이 대부분인 업종으로 사회적 거리두기 단계별 조치수준(국내) 및 외교부의 여행경보 발령(해외) 등을 고려하여 계약금을 전액 환불하거나 면책 및 위약금 50% 감경 기준을 마련하였다. 다음으로, 연회시설을 운영하는 외식 서비스의 경우 돌잔치·회갑연 등 행사 진행을 위한 다중이용시설업종이라는 점을 고려하여 면책 및 위약금 감경(40%, 20%) 기준을 마련하였다.

는 측면에서도 구체적인 명문화가 시급하다고 생각된다.

이와 같이 당사자가 계약체결시 예견하지 못한 중대한 사정의 변경이 계약의 불균형을 가져오는 상황은 우리나라에도 있고 이 경우 계약을 전면 해제하는 것보다는 당사자들에게 재교섭할 기회를 주고 법원에 계약의 내용을 수정할 권한을 줄 필요가 있다는 점에서 프랑스 민법전에의 명문화는 시사점을 준다고 하겠다.

논문 투고를 마친 후 최근 코로나 19로 인한 사정변경을 인정한 판결과 사정변경으로 인한 해지를 명문화한 입법예고가 나와 간단히 언급하고자 한다. 먼저, 코로나19 팬데믹 여파로 가게 매출이 90% 이상 급감했다면 사정변경 원칙을 적용, 상가 임차인이 임대인을 상대로 임대차 계약을 해지할 수 있다는 첫 판결이 나왔다.[136] 서울중앙지방법원은 "코로나19가 발생되고 장기적으로 지속하며 매출이 90% 이상 감소될 것이라는 사정은 원고와 피고는 물론 어느 누구도 예상할 수 없었"으며, 이는 "임대차계약 제13조 4항에서 정한 '불가항력적인 사유로 90일 이상 자신의 영업을 계속할 수 없을 경우'에 해당"하고, "설령 이러한 계약해지 조항이 없다고 하더라도 그러한 사정은 계약 성립 당시 당사자가 예견할 수 없었던 현저한 사정의 변경이 발생했고 그러한 사정의 변경이 해제권을 취득하는 당사자에게 책임 없는 사유로 생긴 것으로서 계약 내용대로의 구속력을 인정한다면 신의칙에 현저히 반하는 결과가 생기는 경우로서 사정변경의 원칙에 따라 계약을 해지할 수 있는 경우에 해당한다."고 판시했다. 하급심판결이기는 하나, 코로나19로 생긴 여러 사정변경으로 인해 계약해지를 인정하였다는 점에서 의의가 있다.

한편, 법무부는 2021년 5월 24일 코로나19로 3개월 이상 집합금지 또는 집합제한 조치를 받고 폐업한 상가임차인에게 사정변경에 의한 계약 해지권을 인정하는 내용의 상가건물 임대차 보호법 개정안을 입법예고했다.[137] 개정안은 코로나19 등 제1급 감염병으로 3개월 이상 집합 금지나 제한조치를 받은 상가 세입자가 폐업을 신고한 경우 계약을 해지할 수 있다. 계약 해지 효력은 임차인이 임대인에게 해지권을 행사하겠다고 통고한 날부터 3개월이 지나면 발생하도록 했다(안 제11조의2). 프랑스와 마찬가지로 우리나라도 코로나19로 인한 경제상황은 사정변경의 원칙이 적용될지 여부에 대한 시금석이 되고 있다.

---

136) 서울중앙지방법원 2021. 5. 25. 선고 2020가단5261441 판결. 사실관계를 보면, 외국인 관광객을 통한 매출이 대부분을 차지하는, 명동에 위치한 임차 매장에서, 코로나19로 외국인들의 입국이 제한되고 모든 해외입국자들에게 2주간 격리를 의무화하는 정책이 시행되자 해외여행객의 국내 입국자 수가 99% 이상 감소하였고 이에 따라 매출이 90% 이상 감소하여, 임차인이 임대인을 상대로 '코로나19 사태라는 불가항력적인 외부사유가 발생해 임대차계약 제13조 4항에 따라 2020년 7월 2일자로 임대차계약을 해지하겠다.'고 통보하면서 임대차보증금반환청구를 한 사안이었다.

137) https://opinion.lawmaking.go.kr/gcom/ogLmPp/63884.

계약의 종료

– 의료계약을 중심으로 –

김 천 수*

Ⅰ. 서 설

우리 민법전의 전형계약 규정들 가운데 계약의 종료 사유 등을 규율하는 조항들을 볼 수 있고, 민법학 교과서들을 보면 일부 계약에서 그 종료를 서술하고 있다.[1] 계약의 종료라는 주제는 최근 집필을 거의 마치고 곧 출판사에 넘길 예정인 「의료와 민법」(가제)을 저술하는 과정에서 발견한 것이다. 의료기관 개설자가 환자를 퇴원시켜야 하는 시점이 언제인가를 탐구하는 과정에서 이를 계기로 계약의 종료에 관한 일반론을 정리할 필요성을 느꼈다. 계약 관계가 언제 종료하는 것인가라는 의문에서 시작하여, 계약의 종료로 당사자의 지위가 사라지는데 언제부터 그 당사자의 지위를 향유하거나 주장하지 못하는가? 언제부터 계약으로부터 자유롭게 되는가? 계약관계의 당사자 지위와 거기서 나온 권리나 의무의 권리자나 의무자의 지위는 동반하는가? 등 떠오르는 생각들을 계약 종료의 일반론이라는 이름으로 간략하게 정리하고 이어서 의료계약의 종료를 논의하기로 한다.

Ⅱ. 계약 종료의 일반론

본래 개념론이 우선해야 하는데 계약 종료의 개념에 대하여 일반적으로 논의된 바가 없고

* 성균관대학교 법학전문대학원 교수.

1) 송덕수, 채권각론(박영사, 2019)에서 계약 종료를 설명한 부분은 대체로 이렇다: 사용대차의 종료에 관한 239면 이하, 임대차의 종료에 관한 282면 이하, 고용의 종료에 관한 328면 이하, 도급의 종료에 관한 350면 이하, 여행계약의 종료에 관한 358면 이하, 위임의 종료에 관한 373면 이하, 임치의 종료에 관한 386면 이하, 조합의 종료인 해산에 관한 417면 이하 등.

따라서 일반적으로 받아들여지는 개념 자체가 없다. 이하에서는 개념론을 전개하기에 앞서서 민법에서 계약을 종료시키는 규정들을 정리하고 이를 바탕으로 하여 계약 종료의 개념을 설정하는 시도를 한다. 계약 종료에 관한 민법의 태도와 일단 수립한 계약 종료 개념을 바탕으로 계약 종료의 사유를 분류하기로 한다.

1. 계약 종료의 사유에 관한 민법 규정

계약 종료에 관한 사유를 규정하거나 그러한 종료 효과를 가져오는 민법 조항들을 정리해 본다. 개별 계약에 앞서서 계약에 공통하여 적용되는 규정을 먼저 정리한다. 이어서 개별 계약들을 일시적 계약과 계속적 계약으로 나누어 관련 규정들을 검토한다. 이렇게 나누어 정리하는 것은 계약의 종료가 일시적 계약과 계속적 계약의 종료 현상에 다른 면이 있기 때문이다.

(1) 계약 종료의 일반적 사유

민법전에는 '계약의 종료'라고 표현하지 않은 계약 종료 사유들로서 계약에 공통으로 적용될 규정들이 여럿 있다. 민법전의 조문 순서로 보면, 제한능력 등을 이유로 하는 취소(제5조 등), 제한능력자 상대방의 철회(제16조), 무권대리행위 상대방의 철회(제134조), 해제조건의 성취(제147조), 종기의 도래(제152조), 계약의 해제와 해지(제543조 이하) 등이 있다. 이들 일반적 종료사유는 종료의 여부와 종료의 시기가 대체로 명료하여 특별히 논의하거나 분석할 것이 없다. 아래에서는 개별 계약의 규정들에서 그 계약의 종료 사유에 관한 것들을 일시적 계약과 계속적 계약으로 나누어 살펴본다.[2)]

(2) 일시적 계약의 종료 사유

일시적 계약 가운데 종료 사유로 볼만한 규정을 가진 계약은 증여, 매매, 도급 정도이다. 증여의 각종 해제 규정은 증여의 특별 종료사유 규정이다(제555조 이하). 이 해제에는 소급적 실효를 제한한다(제558조). 매매의 특별 종료사유로는 매도인의 담보책임으로서 인정되는 해제(제570조 등)가 있다. 도급의 경우에도 특별 종료 사유로서 고유의 해제를 허용한다(제668조, 제673조, 제674조).

(3) 계속적 계약의 종료 사유

일시적 계약과 달리 계속적 계약에는 존속기간의 만료라는 종료 사유가 있다. 따라서 존속기간의 만료로 인한 계약 종료에 대하여는 특별하게 언급할 내용이 없으면 이에 관한 서술을 생략한다. 계속적 계약에는 장래를 향해 관계를 해소하는 해지가 있고 각 계약마다 고유의 해지 사유 규정이 있다. 해석상 계속적 계약의 경우에도 제544조 이하의 해제가 가능하지만 특별한 규

---

2) 제한물권설정계약의 종료 사유로서 제한물권 존속기간의 만료(제280조 등) 등에 관한 규정들의 검토는 생략한다.

정이 없으면 이에 대한 언급을 생략한다. 대체로 대차계약과 노무제공계약 그리고 조합이다.[3)]

1) 대차계약의 종료 사유

대차계약이란 어느 사람이 다른 사람에게 재산을 빌려 줘서 그로 하여금 사용하고 수익하게 하는 것이 '본체적 목적'인 계약이다. 빌려주는 사람을 대여자, 빌리는 사람을 차용자라고 일괄적으로 표현할 수 있다. 빌려서 사용하고 수익하는 대가(이자·차임)를 줄 것인지는 유형에 따라 다르고 약정하기 나름이다. 대가 지급 의무가 있으면 이것이 그 당사자의 주된 의무이고, 이것이 빌려주는 의무와 대가적인 관계를 이루어 유상·쌍무 계약으로서의 성질을 띠게 하고 그러한 의무가 없으면 대가적 의무의 관계가 없어서 무상·편무 계약으로서의 성질을 띤다. 빌린다는 것은 언젠가 돌려줘야 한다는 말이다. 이 반환의무 때문에 계약의 성질에 관하여 오해하는 경우도 있다. 아래의 해당 계약 부분에서 언급한다.

소비대차의 특별한 종료사유로는 무상 소비대차의 경우 목적물의 인도전 자유롭게 허용되는 해제가 있다(제601조). 이 목적물을 인도하기 전의 해제는 소급적으로 실효시킬 효과가 없어서 해지와 다를 바가 없다. 약정기간을 정한 소비대차는 그 기간의 만료로 종료한다. 기간을 약정하지 않은 소비대차는 대여자의 반환 최고에서 정한 상당 기간의 만료로 종료한다(제603조). 이들 기간이 만료한 시점까지 차용자가 반환을 하지 않았어도 소비대차는 종료하는데 그 기간의 만료로 대여자의 주된 의무인 용익허용의무가 소멸하기 때문이다. 다른 대차계약도 마찬가지이다.

사용대차에서 대여자가 용익목적물을 인도하기 전 차용자에게 허용하는 해제는 무상소비대차와 같다(제612조). 반환시기를 정하지 않은 사용대차는 "계약 또는 목적물의 성질에 의한 사용, 수익이 종료한 때"에 계약이 종료하며, "사용, 수익에 족한 기간이 경과한 때" 대여자에게 허용된 해지권을 행사하면 그때 계약이 종료한다(제613조). 여기에 유예기간을 두지 않은 것은 객관적으로 예견할 수 있는 종료이기 때문이겠다. 차용자의 사망이나 파산을 이유로 대여자는 계약을 해지할 수 있다(제614조). 달리 특별한 해지기간 조항이 없으므로 해지 의사표시의 도달로 계약은 종료한다. 무상인 사용대차는 증여의 한 모습이고 두 당사자 사이의 인적 관계가 중요한 요소라 할 수 있는데 그 정도가 상속을 배제할 정도로 일신전속성은 없다고 할 것이므로 차용자의 사망에 따라 그 지위가 일단 상속인에게 승계되겠지만 특별한 인적 관계를 고려하여 피상속인에게 무상으로 용익을 허용한 대여자는 이를 해지할 수 있도록 한 것이다. 무상이지만 차용자는 파산으로 제617조의 손해배상책임을 부담할 자력이 부족하게 되었으므로 대여자에게 해지를 허용하였다고 하겠다.

기간 약정 없는 임대차의 해지 통고(제635조), 약정한 사유에 의한 해지 통고(제636조), 임차인 파산에 의한 해지 통고(제637조) 등의 경우 통고가 도착한 날로부터 일정한 기간이 지나야 임

3) 이 글에서 법령의 표시가 없는 조항은 민법의 그것이다.

대차가 종료한다(제635조 제2항). 두 기에 상당하는 액수의 차임이 연체된 경우에 허용되는 해지에는 해지 발효의 유예기간이 없다(제640조, 제641조).

2) 노무제공계약의 종료 사유

노무제공계약이란 어떤 사람이 다른 사람으로부터 노무를 제공받는 것이 본체적 목적인 계약이다. 다른 사람이 제공하는 노무를 사용하는 당사자인 사용자와 그 사람에게 노무를 제공하는 당사자인 노무제공자 사이의 계약이다. 다른 사람의 노무를 사용하여 수익하는 대가(보수)를 줄 것인지는 유형에 따라 다르고 약정하기 나름이다.

약정하지 않은 노무의 제공을 요구 받은 노무자의 해지와 필요한 특수 기능이 없는 노무자에 대한 사용자의 해지에는 유예기간 없이 계약이 종료한다(제685조). 고용 기간이 3년 이상 고용이나 어느 사람의 사망시까지로 되어 있는 고용은 3년 경과부터 해지 통고가 허용되며 이 통고 도착일로부터 3개월이 지나면 계약은 종료한다. 기간 약정 없는 고용의 경우 쌍방에게 허용된 해지 통고의 경우 통고 도착일로부터 1개월 지나거나 통고를 받은 그 보수 단위 기간의 만료로 계약은 종료한다(제660조). 부득이한 사유로 쌍방에 허용되는 해지의 경우에는 발효에 유예기간이 없다(제661조). 이 고용계약에는 근로기준법 등 특별법에 의한 규율이 우선함에 유의해야 한다.

여행계약은 성질이 도급과 같이 일정한 결과를 요구한다. 가령 항공권이나 숙박권 등을 최선을 다해 제공하려고 노력했으면 되는 것이 아니다. 여행주최자는 약속한 내용과 기간의 여행이라는 급부를 여행자에게 제공해야 한다. 이처럼 노무제공의 결과가 가시적으로 나와야 의무를 이행한 것이 되는 여행계약은 노무제공 계약의 유형 가운데 위임보다는 도급에 유사하다. 그렇지만 약속한 시점에 약속한 결과물을 제공하는 것이 일회적이지 않은 것이 여행계약의 특징이다. 가령 명절에 귀향 기차표를 제공하기로 하는 것과 다르다. 따라서 여행이란 일정기간 여행주최자의 급부가 지속된다는 점에서 계속성이 있다. 민법은 그래서 여러 해지 사유를 규정하고 있다. 여행 시작 전 쌍방에 허용되는 임의 해제는 완성 전 도급인의 임의 해제(제673조)와 같은 맥락이다(제674조의3). 부득이한 사유로 인한 쌍방의 해지나(제674조의4) 여행의 중대한 하자로 인한 해지에는(제674조의7) 발효에 유예기간이 없다. 이들 해지는 여행계약의 계속성을 전제로 한 것이다.

위임에는 상호해지의 자유가 있어서(제689조) 특별한 사유에 의한 해지 규정은 없다. 해지에 관하여 유예기간 규정도 없어서 해지 의사가 도달하면 계약은 종료한다. 한편 "당사자 한 쪽의 사망이나 파산" 또는 "수임인이 성년후견개시의 심판을 받은 경우" 위임은 종료한다(제690조). 이들 사유에 관하여 사유자의 통지나 상대방의 인지가 없어도 이들 사유가 발생한 때에 위임은 종료하고, 다만 이 통지나 인지가 상대방에 대한 종료의 대항요건이다.(제692조). 이 대항요건이 구비되지 않은 경우에도 위임이 존속하는 것은 아니고, 존속과 같은 효과가 인정될 뿐이다. 가령 위임인이 사망하여서 위임이 종료하여도 이를 모른 수임인이 업무를 계속 수행한 경우 위임이 존속하는 경우와 같이 위임인 쪽에 그에 따른 보수를 청구하거나 기타 효과를 주장할 수 있다는 것이다.

기간 약정이 있는 임치를 수치인은 부득이한 경우 해지할 수 있으나 임치인은 언제든지 해지할 수 있다(제698조). 기간 약정이 없는 임치는 쌍방 모두 언제든지 해지할 수 있다(제699조). 이들 해지의 발효에 유예기간 규정은 없으므로 해지 의사가 상대방에게 도달하는 때 임치는 종료한다.

3) 조합계약의 종료 사유

"부득이한 사유가 있는 때" 조합원의 청구로 조합이 해산한 경우(제720조)에 조합계약은 종료한다. 한 조합원이 다른 조합원 전원에게 해산이라는 일방적 의사를 표시하여 전원이 이 의사표시를 받은 시점에 조합은 해산되며 이로써 조합계약은 종료하여 그 이후 청산의 절차를 밟게 된다. 이는 해지로 계약이 종료된 후 필요한 경우 청산과정을 거치는 것과 같다.

조합원이 3인 이상인 조합의 경우, 가령 조합원 1인이 탈퇴하거나(제716조, 제717조) 제명된 경우(제718조) 조합계약은 어떻게 되는가? 이는 조합계약을 어떻게 이해할 것인가에 따라 서술이 달라질 것인데, 계약의 종료 일반론을 논의함에 있어서 필자의 견해를 서술할 필요는 없겠다.

2. 계약 종료의 개념

계약의 종료가 명료한 사유로는 계약의 취소, 제한능력자 상대방의 청약이나 승낙 철회, 해제조건의 성취, 종기의 도래, 계약의 해제와 해지, 계속적 계약의 존속기간 만료, 조합의 해산과 같이 해지에 준하는 사유, 합의에 의한 해제나 해지 등이 있다. 그런데 이들 사유가 없어도 계약은 언젠가 종료한다. 그런데 그 시점이 모호한 경우에 그 시점을 어떻게 이해해야 하는가? 다음과 같이 생각해 보기로 한다.

(1) 계약 종료의 개념으로 문제가 있는 입론

첫째, 계약상 권리의무뿐만 아니라 문제의 계약과 관련하여 계약 당사자 사이에 발생한 권리의무가 완전히 소멸하여야 비로소 계약이 종료하는 것으로 이해할 수 있을까? 이렇게 본다면 모순이 되는 경우가 있다. 가령 미성년자가 법정대리인의 동의가 필요한 계약을 단독으로 체결한 경우 그 계약을 취소하여 제141조에 따라 계약을 소급하여 무효로 한 경우라고 하여도 계약상 받은 급부의 반환을 해야 한다. 이 반환의 권리의무는 계약상 권리의무가 아니지만 문제의 계약과 관련된 것으로 그 당사자 사이에 해결해야 하는 권리의무가 남아 있는 것이다. 그러한 경우에 계약이 종료되었음을 부인한다면 제141조의 "취소된 법률행위는 처음부터 무효인 것으로 본다."에 저촉하는 모습이 된다. 무효란 효력이 없다는 의미일 뿐이지 계약의 존재 자체를 부인하는 것은 아니라는 반론이 가능하다. 그런데 계약의 성립과 발효를 분리하여 인식하는 실익은 장차 발효가능성이 있을 때 인정된다. 그러한 가능성이 전무한 취소 상황을 분리하여 계약은 여전히 존재한다는 것은 의미가 없다. 존재시킨다고 하여 그 계약이 어떤 기능을 하는 것도 아니다. 무효로 된 이후 관련자의 법률관계는 부당이득에 의하여 규율되는 것이지 당사자 사이에 체결했던 계약이 그 남은 관계를 규율하는 것은 아니다.

둘째, 위의 생각보다는 좁게 보아서, 계약상 권리의무가 모두 소멸하면 계약의 종료를 인정할 수 있을까? 이렇게 본다면 역시 모순에 빠지는 경우가 있다. 가령 임대차의 존속기간이 만료되면 임대차가 존속하지 않게 되는 것이다. 그런데 가령 미납 차임이 있는 경우도 있고 임대차 목적물을 반환하지 못하는 경우도 있다. 이러한 경우 '존속'기간이 만료한 임대차 계약이 종료하지 못하고 존속하는 것은 모순이 된다.

셋째, 계약의 종료를 계약상 당사자의 주된 의무가 새롭게 발생하지 않는 것으로 정의할 수 있을까? 계약이 종료하면 계약 당사자의 지위도 같이 소멸한다. 이렇게 본다면 종료 전 이미 발생한 계약상 권리의무가 남아 있어도 계약의 종료를 인정된다. 그런데 잔존 권리의무에 대하여 문제의 당사자는 어떠한 지위를 가지는가? 종료한 계약의 당사자로서 가지는 법률관계는 아닐 것이다. 이들 권리의무에 대하여 이들은 개별화된 채권채무관계 등 권리의무관계의 권리자와 의무자일 뿐이므로 문제가 없다. 문제는 민법 규정의 태도이다. 이렇게 보면 민법 규정이 사용하는 계약 종료의 개념에 부합하지 않는 문제가 있다. 가령 제690조는 "위임의 종료" 사유로 "당사자 한 쪽의 사망이나 파산"을 들고 있다. 이 사유가 발생한 시점 이전에는 위임이 존속한다는 말이다. 수임인의 의무는 노무제공의무이다. 이 의무는 위임의 성립 및 발효로 이미 발생하였고 위임의 기간이 남아 있어서는 동안 새롭게 발생하는 노무제공의무는 없다. 위임이 존속하는 동안 수임인이 하는 노무제공은 이미 발생한 의무의 이행이지 수임인이 주된 의무를 새롭게 부담하여 이를 이행하는 것은 아니다.

(2) 필자의 견해

위에서 시도해본 몇 가지 입론은 모두 채택하기 어려운 점들이 있다. 오류의 가능성을 감수하고 일단 필자가 합리적이라고 생각한 것을 서술하고자 한다. 결국 당사자의 인식과 민법 규정의 태도를 종합하여 계약 종료의 개념을 설정해야 한다는 것이 필자의 생각이다. 계약의 당사자가 계약이 종료한 것으로 인식하는 시점을 탐구하는 것이 우선이다. 계약의 유형이나 사유에 따라 다양할 것이다. 편무계약이면 하나밖에 없는 '주된 의무'가 이행된 시점에 당사자는 계약이 종료한 것으로 인식할 것이다. 나아가서 그 의무의 이행불능이 확정되는 시점에도 계약은 종료한 것으로 볼 것이다.

그런데 쌍무계약인 경우에는 쌍방의 주된 의무가 모두 이행되거나 또는 이행불능이 확정된 시점에 종료한 것으로 인식할 수도 있겠지만, 그렇게 되면 일방에 대금지급의무가 잔존하면 계약은 존속하는 것으로 보아야 하는데 그것은 민법 규정에 맞지 않는다. 가령 제690조에 따라 수임인의 사망으로 위임이 종료하는데, 위임인의 보수지급의무가 미납이어도 위임은 종료하는 것으로 보아야 한다. 그래서 쌍무계약의 경우에는 두 주된 의무 가운데 본체적 목적이 되는 주된 의무를 기준으로 판단하는 것이 민법의 태도에 부합하게 된다.

재산권이전을 목적으로 하는 전형계약들은 재산권이전의무를 기준으로 판단하면 될 것이다. 다만 재산권의 상호이전을 목적으로 하는 교환의 경우는 어느 하나가 본체적 목적이 되는 재산권이라고 할 수 없으므로 쌍방 의무 모두가 이행되거나 또는 이행불능이 확정됨으로써 종료된다고 보아야 할 것이다. 한편 노무제공계약이면 노무제공이 본체적 목적이므로 노무제공의무와 보수지급의무라고 하는 주된 의무 둘 가운데 노무제공의무의 이행 또는 이행불능 확정을 기준으로 판단하는 것이 맞다.

유상·쌍무의 대차계약은 대여자가 차용자로 하여금 목적물의 사용과 수익을 허용할 의무(용익허용의무)를, 차용자가 이에 대한 대가(이자나 차임)를 대여자에게 지급할 의무(대가지급의무)를 각자의 주된 의무로서 서로에게 대가적으로 부담하는 계약이다. 무상·편무인 대차계약은 이 가운데 후자가 없는 계약이다. 가령 소비대차이면 대여자의 용익허용의무는 원본을 차용자에게 넘겨주어 차용자로 하여금 이를 용익토록 할 의무이며, 차용자의 대가지급의무는 그 용익에 상응하는 대가로서 이자를 지급할 의무이다. 이 두 채무가 쌍방의 주된 의무이다. 여기서 목적물의 용익 관계가 대차의 본체적 목적이므로 용익허용의무를 기준으로 대차계약의 종료를 판단할 것이다. 임대차도 마찬가지이다. 그런데 대차계약에서 차용자가 용익 목적물을 대여자에게 반환해야 한다는 점에서 종래 오해가 있었다. 소위 "불완전쌍무계약"이라는 표현이 그것이다. 차용자는 대차 목적물 반환의무가 있으므로 이자나 차임 등 용익의 대가를 지급하지 않는 대차계약도 쌍무계약이 아닌가 오해하고, 이를 불완전쌍무계약이라고 이해하는 것은 오류이다. 쌍무계약의 개념에 충실하지 못한 오해이다. 목적물(원본) 반환의무는 용익허용의무에 대한 대가적 채무나 대가적 출연이 아니다. 그 용익허용에 대한 대가적 의무는 이자지급의무이다. 따라서 이자 지급이 없는 소비대차는 무상·편무인 계약이다. 이 편무계약의 경우에는 당연히 주된 의무는 대여자의 용익허용의무이다. 대여자의 이 주된 의무는 대여기간의 완료로 이행이 종료된다. 그 종료 후 차용자의 목적물(원본) 반환의무는 대차계약에서는 부수의무이다. 사용대차도 마찬가지이다.

이러한 개념을 가진 계약 종료는 그 사유에 따라 효과가 다양할 것이다. 일단 계약이 종료하면 새로운 권리의무가 그 계약을 기초로 발생하지는 않음은 물론이고, 계약 관련하여 잔존하는 권리의무의 청산과정에 들어가는 것이다. 이미 발생한 의무 불이행에 따른 손해배상의 절차를 마무리하여야 하는지 여부, 개별적인 종료 사유에 따라 기존 권리의무가 소급적으로 소멸하는지 여부, 기존의 의무 모두 이행되었는지 등은 묻지 않는다. 계약이 종료하게 되면 쌍방은 계약 당사자로서의 지위를 갖지 못하므로, 잔존하는 채권채무 또는 종료로 인하여 새롭게 생긴 채권채무의 채권자와 채무자로서의 지위를 가질 뿐이다. 계약 관련 채권채무가 모두 소멸해야 비로소 계약이 종료하는 것이 아니라는 점은 전술한 바와 같다.[4)]

3. 계약 종료 사유의 분류

이상에서 살펴본 민법의 종료 사유 규정들과 위에서 정리한 계약 종료의 개념을 종합적으로 검토하면 계약의 종료 사유를 '당연 종료 사유'와 '인위적 종료 사유'로 나눌 수 있겠다. 계약의 종료를 위한 당사자의 의사표시나 행위 없이 계약이 종료하는 사유를 '당연 종료 사유'라고 할 수 있다. 이에 대하여 당사자의 의사표시나 행위가 있어야 비로소 계약이 종료하는 사유를 '인위적 종료 사유'라고 할 수 있겠다.

(1) 계약의 당연 종료 사유

계약이 당연히 종료하는 사유를 민법의 규정에서 찾을 수도 있고 위에서 본 계약 종료의 개념에서 찾을 수도 있다.

1) 법정 및 약정 사유

법률이나 계약으로 계약 종료 사유를 정해 놓은 경우 그 사유가 발생하면 당사자의 의사표시나 행위 없이 당연히 종료한다. 가장 보편적인 약정 사유가 계약 존속기간의 만료, 종기의 도래, 해제조건의 성취 등이다. 이들의 경우 당사자가 별도의 종료 행위를 하는 것이 아니다. 종료의 기간이나 조건을 부착하는 행위를 한 것이므로 이들을 인위적 종료 사유라고 할 것은 아니다. 이러한 당연 종료의 경우 원칙적으로 기존 채권채무가 존속한다.

2) 계약의 본체적 목적이 달성되었거나 달성불능인 경우

위에서 설정한 계약 종료의 개념에 따르면, 우선 계약의 '주된 목적'이 달성되었거나 달성의 불가능이 확정되면 계약은 당연히 종료한다. 쌍무계약에서 대가관계에 있는 두 '주된 의무' 가운데 무엇이 계약의 본체적 목적이 되는 주된 의무인지는 종래 전형계약의 유형화 기준을 주목하였다. 따라서 재산권 이전을 목적으로 하는 계약(매매 등)은 재산권이전과 대가지급 가운데 전자가 본체적 목적이고, 재산의 용익을 목적으로 하는 계약(임대차 등)은 용익허용과 차임(이자)지급 가운데 전자가 본체적 목적이며, 노무제공계약은 노무제공과 보수지급 가운데 전자가 본체적 목

4) 가령 당사자 일방의 사망으로 위임이 종료된다는 제690조를 보면 그러하다. 이는 수임인의 보수가 모두 지급되었는지 여부를 불문한다. 제686조 제3항이 규율하는 상황과 같이 계약이 종료된 뒤 노무제공의 대가인 보수를 청구하는 경우도 있다. 이처럼 계약이 종료된 뒤에도 관련된 채권채무의 관계는 존속할 수 있다. 가령 제626조, 제646조, 제656조 등도 마찬가지이다.

적이다.

(2) 계약의 인위적 종료 사유

계약의 취소, 청약이나 승낙의 철회, 계약의 해제와 해지, 조합의 해산과 같이 해지에 준하는 사유, 합의에 의한 해제나 해지 등에 의한 계약의 종료는 인위적 종료이다. 당사자의 종료 행위에 의하여 계약이 종료하는 것이다. 이러한 종료 행위로 계약은 '효력'을 잃는다. 여기서 계약의 효력을 잃었다는 것은 우선 앞으로 채권 채무가 새롭게 발생하지 않는다는 것을 의미한다. 이미 발생한 채권채무의 관계가 존속하는지는 그 사유에 따라 다르다. 효력 상실의 효과가 소급한다면 이미 발생한 채권 채무도 소멸하게 되는데, 계약이 취소된 경우가 대표적으로 그러하고, 계약이 해제된 경우 다수설과 판례의 태도인 직접효과설에 의하면 역시 그러하다. 이러한 '계약의 인위적 종료'에는 그 소급효가 인정되는 경우가 많다.

Ⅲ. 의료계약의 종료

1. 의료계약 종료의 사유

위에서 살펴본 계약 종료 사유 가운데 현실적으로 의료계약에서 있음직한 사유들을 중심으로 살펴본다. 의료계약의 종료가 문제되는 것은 입원계약의 경우이며 그 종료 시점이 퇴원 시점이 될 것이다. 의료계약도 일반적인 계약과 마찬가지로 일정한 사유로 당연히 종료하기도 하고 당사자가 인위적으로 종료시키기도 한다. 의료계약의 당연 종료에는 의료제공이 완료되어 종료하는 경우와 환자의 사망 등 기타 사유로 종료하는 경우가 있다. 후자는 의료수령자 쪽 사유와 의료제공자 쪽 사유로 나누어 설명한다. 한편 의료계약의 인위적 종료에 관하여는 합의해지에 의한 종료, 일방적 해지에 의한 종료 및 해제에 의한 종료를 나누어 검토하고, 끝으로 연명의료의 경우를 논의한다. 연명의료가 환자의 뜻이나 가족에 의해 중단되어도 다른 의료행위가 계속 제공되는 경우에는 의료계약 자체가 종료하지 않음에 유의해야 한다.

(1) 의료계약의 당연 종료

의료계약의 본체적 목적은 쌍방의 대가채무 가운데 의료제공자의 주된 의무인 의료제공이다. 의료제공이 완료되었거나 더 제공할 의료가 없으면 의료계약은 종료한다. 대개의 의료계약이 그러하듯 존속기간을 정하지 않았으면, 의료계약은 그 본체적 목적인 의료 제공이 완료됨으로써 당연히 종료한다. 또한 환자 쪽이나 의료제공자 쪽의 기타 사유로 의료의 수령이나 제공이 불가능하게 된 때에도 의료계약은 당연히 종료한다.

그런데 제690조에 의한 위임의 당연 종료 사유를 의료계약에 그대로 적용할 수 없다. 이 조항을 의료계약에 유추적용하더라도, 여기서 놓쳐서는 안 되는 문구가 "당사자"이다. 사망, 파산, 성년후견개시 모두 당사자에 관한 사유이다. 의료계약의 당사자인 의료수령자가 환자인 경우와 환자가 아닌 경우, 상대방 당사자인 의료제공자가 자연인인 경우와 자연인이 아닌 경우를 구별하여 검토해야 한다. 이들 당사자에게 이들 세 사유가 발생한다고 하여 의료계약 관계를 종료시킨다는 것이 의료 현실에 맞는지도 면밀히 살펴봐야 한다.

1) 의료제공의 완료로 인한 경우

당사자가 계약을 체결하는 목적은 상대방으로부터 그의 주된 의무를 이행받고자 하는 것이다. 의료계약의 목적은 의료수령자에게는 의료를 제공받는 것이고 의료제공자는 그 보수를 받는 것이다. 이 둘 가운데 본체는 의료의 제공이다. 보수는 의료에 수반하는 것이다. 더 이상 제공할 의료가 의학적으로나 객관적으로 없게 되면 의료계약을 존속시킬 필요가 없다.

외래진료의 경우 진단과 그에 따른 시술 및 주사나 투약 등을 마치고 처방전을 발급하는 절차를 마침으로써 의료제공이 완료되고 의료계약은 종료한다. 동일한 질병의 치료를 위해 외래진료를 반복해서 받는 경우라고 하여도 각 외래진료 시마다 독립된 의료계약이 체결되는 것이다. 첫 외래진료에서 검사만 마치고 달리 주사·투약·처방 등이 없더라도 그 첫 진료가 완료되어 그 날의 의료계약은 종료한다.

입원진료의 경우에는 증상이 계속 호전되지 않으면 역시 제공되어야 할 의료의 확대 또는 변경이 불가피하며 이러한 과정을 거쳐서 시행할 의료가 의학적으로 남아 있지 않게 되면 의료제공이 완료되어 의료계약은 종료한다. 이처럼 의료계약의 본체인 의료제공이 완료되면 의료계약은 종료한다. 이렇게 환자의 질병 상태가 이를 호전시키거나 그 건강 상태를 유지시키기 위해 의학적으로 해 줄 것이 없다면 의료계약 관계를 종료시키고 퇴원하게 된다. 요양급여비용 가운데 본인일부부담금과 비급여 비용을 포함하는 환자 쪽 '자기부담부분'의 미납분이 있다고 하고 의료제공이 완료된 날 이후로 퇴원 절차를 미루는 것은 과잉진료가 되어 민법 및 국민건강보험법에 저촉되는 문제가 발생할 수도 있다.

2) 의료수령자 쪽 사유에 의한 경우

의료수령자 쪽 사유로 의료계약이 당연하게 종료하는 사유는 제공되는 의료를 환자 쪽에서 수령하지 못하는 경우이다. 이러한 의료의 수령불능으로 대표적인 것이 환자의 사망이다. 이는 위임인이 사망하면 위임이 종료한다는 제690조와 구별되는 것이다. 의료계약이 종료하는 의료수령인 쪽의 사유로서의 '환자의 사망'은 의료의 수령이 불능함으로 인한 계약의 종료이다. 사망한 환자가 계약 당사자인지 여부는 묻지 않는다. 제690조는 당사자인 위임인의 사망을 규정하고 있는 것이어서 여기서 말하는 '환자의 사망'과 다른 규율이며 의료계약에 적용될 수 없다.

한편 외래진료의 경우 약속된 일시에 환자가 통상 용인될 시간적 범위 내에 도착할 수 없는 경우라면 의료계약은 종료한다. 진료 일시를 뒤로 연장하는 것이 의료기관의 일정상이나 의료수령자의 사정상 불가능한 경우 그러하다. 의료수령자의 파산은 제690조를 적용하면 계약관계가 종료되겠지만 이 조항을 의료계약에 적용할 수 없다.

3) 의료제공자 쪽 사유에 의한 경우

의료제공자가 그 사정으로 주된 의무인 의료제공의무를 이행할 수 없게 된 경우 즉 급부불능으로 인한 경우 의료계약은 종료한다. 의료수령자에게 의학적으로 의미 있는 의료가 존재함에도 당해 의료제공자의 사정으로 제공하지 못하는 경우이다. 여기에서 논의할 쟁점은 의료제공자가 사망하거나 파산한 경우, 의료제공자의 행위능력이 제한된 경우 등이다.

가) 의료제공자가 사망한 경우

의료제공자인 당사자가 자연인인 경우 그가 사망하면 의료계약 당사자의 지위가 상속인에게 승계되지 않는다. 그 지위는 일신에 전속하는 성질이 있어서 당사자의 상속인이 설사 의사라고 하여도 상속으로 승계되지 않는다.[5] 따라서 의료기관 개설자가 사망하면 의료계약의 당사자 일방이 부재하는 상황이 되어 의료계약은 당연히 종료한다. 제690조가 이러한 경우 위임이 종료한다고 규정하고 있어서 이 조항을 적용하면 같은 결론에 이르지만 이 조항의 다른 내용들을 의료계약에 적용하는 것이 부적절함은 앞에서 서술하였다. 여기에서의 결론은 일신전속적 지위는 상속되지 않는다는 상속법의 원리와 계약에는 당사자가 존재해야 한다는 계약법의 기본원리에 입각하여 내려진 것이다.

한편 진료하는 의료기관에서 유일한 의료인인 의료제공자에게 상당한 기간 내 진료가 불가능할 정도로 건강 등의 문제가 생긴 경우에도 의료제공자가 사망한 경우와 마찬가지로 급부불능으로 보아야 한다. 이와 같이 개설자의 사망 등 신상 문제로 의료를 제공할 수 없게 된 경우 개설자의 의료기관에 입원한 환자의 문제와 개설자가 고용한 유급의사(소위 봉직의)가 있어서 의료계약 종료후에도 계속 환자를 진료하는 경우 등에 대하여는 아래 '의료계약 종료의 효과'에서 서술한다.

나) 의료제공자가 파산한 경우

의료제공자인 의료기관개설자가 자연인인 경우에는 그 파산 자체가 의료계약의 종료 사유가 되지 않지만, 국민건강보험공단에 대한 요양급여비용청구권이 압류됨에 따라 재정 문제로 의료인력이 이탈하게 되면 사실상 의료제공의무를 이행하기 어려운 상황에 처하여 결국 의료계약은 종료되기에 이를 것이다. 의료기관개설자가 의료법인인 경우 의료법은 의료법인의 파산에 대한 규정을 별도로 두지 않았고, 의료법 제50조에 따라 "법인이 채무를 완제하지 못하게 된 때에

---

5) 제1005조 참조. "상속인은 상속개시된 때로부터 피상속인의 재산에 관한 포괄적 권리의무를 승계한다. 그러나 피상속인의 일신에 전속한 것은 그러하지 아니하다."

는 이사는 지체없이 파산신청을 하여야 한다."라는 제79조와 "법인은 존립기간의 만료, 법인의 목적의 달성 또는 달성의 불능 기타 정관에 정한 해산사유의 발생, 파산 또는 설립허가의 취소로 해산한다."라는 제77조 제1항이 적용된다. 이들 규정에 따라 파산한 의료법인이 해산에 이르고 청산단계를 밟으면서 의료기관도 폐업의 절차를 밟게 될 것이다. 이렇게 되면 의료제공의무를 이행할 수 없게 되어 의료계약은 종료한다.

다) 의료제공자의 행위능력이 제한된 경우

자연인인 의료기관개설자에게 성년후견 또는 한정후견이 개시되면 이는 의료인으로서 결격사유가 되어 의료법 제65조에 따라 의료인의 면허가 취소된다. 면허가 취소된 의료인이 개설한 의료기관에 대한 조치를 의료법은 별도로 규정하고 있지는 않다. 이 경우 관할 장관이나 지방자치단체장에 의하여 의료기관의 폐쇄 명령이나 허가 취소의 조치가 내려진다. 이러한 조치의 근거로 의료법 제33조 제2항이 들어지는데, 이 조항은 의료기관의 개설 자격에 관한 규정일 뿐이다. 따라서 형식논리적으로 본다면, 당시 의료인에게 있었던 의료기관 개설 자격이 소급해서 소멸시키지 않으면 이 조항으로는 개설된 의료기관에 대하여 달리 조치를 취할 수 없다. 이 면허의 취소는 면허 발급 당시로 소급하여 면허를 무효로 하지 않는 행위이다. 그렇기 때문에 면허가 취소된다고 하여도 의료기관이 개설된 시점으로 소급해서 당시 개설자의 자격이 소멸하는 것이 아니다. 개설자의 면허가 취소된 경우 그가 개설한 의료기관이 폐쇄되거나 개설 허가가 취소되는 것은 현실적으로 타당하며 합리적인 결과이지만, 의료기관의 개설허가 취소나 폐쇄명령의 사유를 규율하는 의료법 제64조에 개설자의 면허 취소를 추가하는 법령 개정이 필요하다.

따라서 의료제공자가 자연인인 경우 그에게 성년후견개시의 심판이 있게 되면 의료계약상 의료제공의무를 이행할 수 없는 급부불능의 상황이 된다. 유급의사(봉직의)가 있다면 의료계약을 존속시키면서 의료제공을 계속하고 이 상황을 환자 쪽에 고지하여 전원을 선택할 수 있도록 해야 한다.

라) 기타 사유에 의하여 의료를 제공할 수 없게 된 경우

의료인은 의료기관 내에서만 의료를 시행하는 것이 원칙이므로[6] 해당 의료기관이 의료 시행을 할 수 없는 경우 원내 제공 원칙의 예외가 허용되는 경우가 아니면 의료제공은 급부불능이 된다. 위에서 본 사유 외에 여러 사유로 의료법 제64조에 의한 의료업 정지, 개설허가 취소 또는 의료기관 폐쇄 등의 처분, 감염병예방법[7] 제47조나 제49조에 의한 대물적 격리조치 등이 취해진다. 이러한 타율적인 경우 외에도 의료법 제40조에 의한 폐업 또는 휴업 등과 같이 자율적인 경우도 있다. 이와 같이 의료기관의 의료업 수행 불능 및 의료제공자의 개인적 사정으로 인하여 진

6) 의료법 제33조 제1항.
7) 감염병의 예방 및 관리에 관한 법률.

료불능이 된 경우에 의료계약은 당연히 종료한다.

(2) 의료계약의 인위적 종료

계약의 인위적 종료 사유 가운데 제한능력을 이유로 하거나 사기·강박 및 착오를 이유로 하는 계약의 취소, 청약이나 승낙의 철회 등은 제외하고, 합의해지에 의한 종료, 일방적 해지에 의한 종료, 해제의 의한 종료 등만 살펴본다. 한편 연명의료의 중단이 마치 의료계약의 인위적 종료 사유로 오해할 가능성이 있다. 예외적인 경우 연명의료의 중단 결정이 있어도 의료계약은 존속한다. 이 점을 보다 아래에서 보다 상세하게 설명한다.

1) 합의해지에 의한 종료

미리 법이나 계약에 정해 놓은 사유가 발생하지 않아도, 계약이 성립하여 존속하던 도중에 당사자 양쪽이 합의하여 계약을 해지시키는 것이 가능하다. 이는 해지를 목적으로 하는 계약이며 계약 자유의 원칙상 당연히 유효한 계약이다. 이렇게 하는 해지를 '합의해지'라고 한다. 의료계약이라고 하여 합의해지를 배제할 특별한 사정이나 금지하는 규정은 없다.

의료제공자와 의료수령자 사이에 합의에 의하여 의료계약을 종료시키는 것은 허용된다. 가령 의료제공자가 전원(轉院)을 권고하고 이를 의료수령자가 수용한 경우도 합의해지로 의료계약이 종료하는 경우라고 하겠다. 이 경우 의료제공자가 의료수령자를 기망하여 해지의 합의에 이르게 한 경우라면 그 합의는 착오에 관한 제109조나 사기에 관한 제110조의 규율에 따라 그 해지 합의는 취소의 대상이 될 것이다. 그러한 기망이 사실상 진료거부에 해당하는 것으로 볼 수 있고, 그에 정당한 이유가 없다면 의료법이 해당 규정에 따른 제재를 받을 수도 있다.

2) 일방적 해지에 의한 종료

당사자가 일방적으로 계약을 해지할 수 있는 권리 즉 해지권을 갖도록 하는 사유를 법령이 정해 놓거나 당사자 양쪽이 계약에서 미리 정해 놓는 경우가 있다. 해지권을 가진 당사자가 그 권리를 행사하여 계약을 해지할 수도 있다. 이 해지는 해지권을 가진 당사자가 그 권리를 행사할지 여부를 단독으로 결정해서 행사하는 것이므로 일방적 해지이다.

계약은 당사자를 법적으로 구속하는 힘이 있어서 법이나 계약에 해지권을 발생시키는 조항이 없으면 당사자가 일방적으로 임의로 해지하지 못하는 것이 원칙이다. 위임은 당사자 양쪽이 임의로 해지할 수 있다(제689조). 이러한 상호 해지의 허용은 노무제공을 내용으로 하는 계약이 당사자 사이의 상호 신뢰를 전제로 하기 때문이다. 제689조 제1항은 상대방에게 불리한 시기라도 그리고 해지할 부득이한 사유가 없는 경우라고 하여 위임의 상호 자유로운 해지를 금지하는 것은 아니다. 다만 이 조문 제2항은 해지한 당사자로 하여금 해지로 인해 상대방에게 발생한 손해를 배상하도록 한다.

의료계약도 노무제공계약이다. 더구나 의료제공자와 의료수령자 사이 신뢰의 중요성은 다른 노무제공계약보다 더욱 크다. 그래서 의사와 환자 사이에 이른바 '라뽀'(rapport)가 중요하다는 말을 한다. 의료계약도 민법이 규율하는 노무제공계약 가운데 위임에 가장 유사함은 앞에서 논의한 바와 같다. 제689조가 의료계약에 유추적용될 수 있다. 다만 의료수령자의 해지의 경우에는 손해배상책임을 위임의 경우보다 더 제한하지 않으면 안 된다. 즉 이 제2항의 "불리한 시기"라는 요건은 좁게 해석하고, "부득이한 사유"는 넓게 해석하여 이른바 의료제공자에 대한 이른바 '라뽀'가 깨진 의료수령자가 보다 자유롭게 해지할 수 있도록 해야 할 것이다. 그 방법으로 이른바 의사와 환자 사이에 '라뽀'가 깨진 것도 부득이한 사유의 하나로 인정하는 것이다. 대법원도 환자 쪽의 의료계약 해지를 자유롭게 허용하는 입장이다.[8] "자기결정권 및 신뢰관계를 기초로 하는 의료계약의 본질에 비추어 강제진료를 받아야 하는 등의 특별한 사정이 없는 한 환자는 자유로이 의료계약을 해지할 수 있다 할 것이며(제689조 제1항)"라는 문구에서 이러한 입장을 표명한 것이다. 다만 괄호 안에서 제689조 제1항을 인용한 것이 의료계약에 그대로 이 조항을 '직접적용'하는 것으로 이해하면 의료계약을 위임이라고 본다는 취지인데 그렇게 이해할 것은 아니고 유추적용의 의미로 이해하여도 무방할 것이다.

문제는 의료제공자의 일방적 해지도 위와 같이 허용할 것인지의 문제이다. 이는 진료거부를 금지하는 공법상의 규정이 있기 때문이다. 의료법 제15조의 수범자는 의료인에서 "의료인 또는 의료기관개설자"로 2016년 바람직하게 개정되었다. 응급의료법 제6조 및 제10조의 수범자는 여전히 "응급의료종사자"인 의료인 또는 응급구조사이다. 계약 해지에서 문제되는 당사자인 의료제공자는 의료기관개설자이다. 의료기관개설자가 위 수범자인 경우 이들 공법적 규제의 결과로 일방적 해지를 못하게 된다. 응급의료법 제6조 및 제10조가 의료법 제15조의 특별규정이므로 의료인 아닌 의료기관개설자는 응급의료를 임의로 거부할 수 있다고 해석하는 것은 조리에 맞지 않는 해석이다. 결국 의료기관개설자는 의료계약을 해지하지 못한다. 나아가서 의료제공자가 의료법 제91조나 응급의료법 제60조에 따른 양벌규정으로 제재를 받는 법인인 경우에는 마찬가지로 일방적 해지가 금지된다고 보아야 한다. 이러한 양벌규정의 제재를 받지 아니하는 공공기관, 지방자치단체 나아가 국가 역시 마찬가지로 일방적 해지를 금지하는 것이 조리에 부합한다.[9] 정당한 이유 등에 의하여 일방적 해지의 유효요건이 구비되지 아니한 의료제공자가 임의로 해지를 표시하고 의료를 제공하지 아니하는 경우에는 계약이 종료하지 않았으므로 채무불이행의 문제가 발생한다.[10]

---

8) 대법원 2009. 5. 21. 선고 2009다17417 판결.

9) 지방자치단체나 공동기관이 설립한 의료기관의 경우에는 양벌규정에 의한 제재를 받는다고 해석된다면, 조리까지 거론할 의료제공자는 국가 정도일 것이다.

10) 민법주해[XIV], 266면(박일환)은 "환자가 의사의 명예를 훼손시키는 행위"를 하면 일방적 해지를 할 수 있다고 한다. 이 명예훼손이 진료나 응급의료의 정당성을 인정하는 정도의 것인지 유의할 필요가 있다.

3) 해제에 의한 종료

의료계약은 진단이나 치료 등 내용에 따라 모습이 다양하다. 대표적인 의료계약인 진료계약에서 의료제공자가 진료에 이미 착수한 경우에도 합의해제나 일방적 해제를 논의하는 것이 이론상으로는 가능하겠지만 현실적 의미는 거의 없다. 하지만 진료계약이 성립하였지만 그 진료에 착수하기 전이라면 진료계약의 합의해제나 일방적 해제의 논의는 현실적으로 의미가 있다. 이 경우 합의해제는 특별한 논의가 필요 없을 것이다.

일방적 해제는 이행기 즉 합의된 진료 시기(時期)와 관련하여 정리할 필요가 있다. 의료제공자가 진료의 시기를 뒤로 미루는 경우에 생각할 수 있다. 이 경우 그 시기의 변경이 통상의 예상되는 범위 내의 것이 아니며[11] 그 변경에 관하여 당사자 사이에 합의가 이루어지지 않는 경우 의료수령자는 제544조의 이행 촉구의 절차를 밟은 뒤에 또는 제545조에 따라 그 절차 없이 일방적으로 해제할 수 있다. 의료수령자가 예약한 진료 시점에서 사회통념상 용인되는 범위 내에 도착하는 것이 불가능한 경우 예약한 이 계약은 수령불능의 사유로 종료하며, 이 경우 의료수령자가 다시 진료를 요청하면 의료제공자가 이를 앞의 사유를 들어 거부하는 것은 의료법 제15조 등에 비추어 허용되지 않고 이 요청에 따라서 새로운 의료계약이 성립하는 것이다.

한편 의료용구의 제작 공급이 포함된 의료계약도 있다. 이 경우 하나의 의료계약이 통상의 의료행위와 의료용구의 제작 두 부분으로 분할이 가능한 경우 후자에 관하여 이루어지는 일부 해제도 가능할 것이며 그 부분에 관하여는 해제의 일반적 법리가 적용되어 의료계약이 부분적으로 종료하는 경우도 있다. 가령 의료용구의 이행기를 넘김으로써 그 용구의 필요성이 사라졌거나, 이행기를 넘겨서 이행을 촉구하지만 계속 이행하지 않거나, 용구제작이 불가능해진 경우에, 의료수령자인 당사자는 늦음에 따른 지연배상이나 이행에 갈음하는 전보배상을 청구할 것인지 아니면 해제함으로써 이미 지급한 계약금의 반환을 포함하여 원상회복을 청구하고 원상회복에도 남아 있는 손해의 배상을 청구할 것인지 선택할 수 있다. 이 경우 의료제공자는 제390조 단서에 따라 무과실의 항변을 통해 손해배상책임을 면할 수는 있다.

4) 연명의료와 의료계약의 종료

이미 실시되고 있는 연명의료를 연명의료결정법에 따라 중단하는 것을 의료계약의 종료로 오해해서는 안 된다. 그런데 연명의료 중단에 따라 환자의 전원이나 퇴원으로 이어지면 의료계약은 종료하는 것이지만, 이 경우 계약 종료는 연명의료의 중단에 의한 것이 아니라 일반적인 의료계약의 해지에 따른 것이다. 연명의료의 중단이 논리필연적으로 의료계약의 해지 즉 종료로 이어지는 것은 아니라는 점을 유의할 필요가 있다. 연명의료를 받으면서 입원하던 환자가 인공

11) 진료의 일시가 구체적으로 정해진 경우 같은 날이라면 어느 정도의 범위에서 의료의 제공이 지연되거나 의료수령자가 늦게 도착하는 것은 수인해야 하는 것이 사회통념이다.

호흡기 등 일부 의료의 시행만을 중단하고 보존요법 등 다른 의료가 존속하는 한 의료계약은 그대로 존속하는 것이기 때문이다.[12)]

이처럼 연명의료의 중단이 의료계약에 미치는 영향은 의료제공자의 주된 의무로서 제공되는 의료의 내용이 축소하거나 변경됨에 불과한 경우가 대부분이다. 대법원 판결 가운데 연명의료 중단을 의료계약의 해지로 보았다고 오해할 만한 문구가 있는데, "자기결정권 및 신뢰관계를 기초로 하는 의료계약의 본질에 비추어 강제진료를 받아야 하는 등의 특별한 사정이 없는 한 환자는 자유로이 의료계약을 해지할 수 있다 할 것이며(제689조 제1항), 의료계약을 유지하는 경우에도 환자의 자기결정권이 보장되는 범위 내에서는 제공되는 진료행위의 내용 변경을 요구할 수 있을 것이다."라는 부분이 그것이다.[13)] 이 판결은 연명의료 중단을 일정한 요건에서 허용한 판결로서 획기적인 판결이다. 그런데 이 문장의 앞부분은 연명의료의 중단을 의료계약의 해지로 보았다는 오해를 불러일으킬 소지가 있다. 연명의료가 중단되는 경우 대부분은 여전히 의료계약이 존속하고 일부 의료행위만 중단하는 것이므로, 연명의료의 중단은 대부분 이 문장의 뒷부분에 해당할 것이다.

2. 의료계약 종료의 효과

(1) 기존 채권채무의 존속 여부

의료계약이 종료하면 계약상 채권채무가 새롭게 발생하지는 않는다. 하지만 이미 발생한 보수지급의무 등 기존채무는 계약 종료 과정에서 그에 관한 합의가 없었으면 여전히 이행되어야 한다. 의료계약이 종료하여도 의료관계는 유지될 수 있다. 이처럼 의료인과 환자로서의 관계가 유지되는 경우 공법으로서의 의료법령이 적용된다. 가령 응급의료법상의 응급의료거부를 금지하는 규정이 적용됨에 유의해야 한다. 이는 의료계약의 종료 여부와 무관하다.

의료계약이 종료되었어도 이행기를 넘겨 이행지체 중인 보수지급의무에 대하여는 제390조에 따른 채무불이행의 법리가 여전히 적용될 것이다. 아주 드물게 해제로 의료계약이 소급적으로 소멸하는 경우 직접효과설에 따르면 의료계약은 소급적으로 효력을 상실하므로, 이미 발생한 보수지급의무도 소멸하여 이미 지급한 보수나 계약금 등에 대하여는 원상회복의무의 법리가 적용됨에 따라 의료제공자는 이들을 의료수령자에게 반환해야 한다.

(2) 계약 종료전 발생한 비용의 귀속

의료를 제공할 수 없게 된 경우 그 사유에 따라 의료제공자의 급부불능으로 볼 것인지 아니

---

12) 연명의료결정법에서 규율하는 연명의료는 "심폐소생술, 혈액 투석, 항암제 투여, 인공호흡기 착용의 의학적 시술"에 한정된다(제2조). 나아가서 연명의료가 중단되어도 "통증 완화를 위한 의료행위와 영양분 공급, 물 공급, 산소의 단순 공급은 시행하지 아니하거나 중단"하지 못한다(제19조 제2항).

13) 대법원 2009. 5. 21. 선고 2009다17417 판결

면 의료수령자의 수령불능으로 볼 것인지에 따라 잔존 채무관계에 약간의 차이가 있다. 불능 사유가 채무자 쪽 영역의 것이면 급부불능이고 채권자 쪽 영역의 것이면 수령불능이다. 의료행위에 이미 착수한 이후 도중에 의료계약이 종료하는 경우에 이미 들어간 비용을 누가 부담하는가? 급부불능이면 채무자가 부담하고 수령불능이면 채권자가 부담하는 것이 합리적일 것이다. 환자의 사망은 의료수령자 쪽 영역의 사유라고 해야 하므로 수령불능의 법리로 처리해야 할 것이다. 그래서 가령 수술 전 환자의 사망으로 수술 계획이 철회된 경우 그전까지 수술을 위한 검사비용 및 병실료 등은 의료수령자가 부담해야 한다. 반대로 흔한 예는 아니지만 의료제공자 쪽 영역의 사유로 수술 전 환자가 사망한 경우라면 이러한 사망을 급부불능의 상황으로 보거나 수령불능이라고 보아도 급부불능에 준하여 이러한 수술을 위한 검사비용 및 병실료 등은 의료수령자에게 청구할 수 없다고 할 것이다.

예약 환자가 예약 시간에 나타나지 않아서 의료계약이 종료한 경우 이론상으로는 제400조 이하가 규율하는 채권자 지체의 법리가 적용될 수 있지만 의료현실에서 채권자 지체의 효과인 제401조~제403조가 적용될 상황은 거의 없겠다.

(3) 계약 종료 후 제공된 의료의 법리

가령 의료계약의 당사자인 의료기관 개설자가 사망함으로써 의료계약이 종료되고 의료기관의 폐업절차를 밟더라도 경우에 따라 유급의사(봉직의)에 의한 진료가 당분간 계속될 수 있다. 의료기관 폐업의 절차를 밟는 경우라도 입원 환자에 대한 진료가 가능한 한 지속되어야 한다. 국민건강보험공단에서는 관행에 따라 3개월의 유예기간을 두어 전원의 절차를 밟도록 한다. 그래서 개설자 이외의 의사가 근무하는 경우에는 진료를 하면서 전원의 절차를 밟아야 하고, 개설자 외에 진료를 담당할 의사가 없는 상황에서는 응급환자의 경우 즉시 전원 절차를 밟아야 하는 것이 의료현실이다. 의료법 제64조 제3항도 "보건복지부장관 또는 시장·군수·구청장은 의료기관이 제1항에 따라 그 의료업이 정지되거나 개설 허가의 취소 또는 폐쇄 명령을 받은 경우 해당 의료기관에 입원 중인 환자를 다른 의료기관으로 옮기도록 하는 등 환자의 권익을 보호하기 위하여 필요한 조치를 하여야 한다."고 규정한다. 하지만 의료계약이 종료되는 즉시 이러한 조치가 실행되는 것은 아니다. 의료계약이 종료되었어도 불가피하게 이루어진 진료 등 의료행위에 관하여 국민건강보험공단에서는 관행상 3개월 정도 이내 폐업시까지 요양급여로 인정한다.

의료계약이 종료한 이후 진료는 환자 쪽에 대하여 의료기관이 의무 없이 타인의 일을 처리한 모습이므로, 이에 관하여는 제734조 이하의 사무관리로 규율해야 할 것이다. 민법은 사무관리에서 관리자에게 보수지급청구권을 부여하는 규정은 두지 않았고 제739조에서 관련 비용의 상환청구권 등만 인정한다. 그러나 종전 계약에 준하는 행위를 사무관리로 행한 경우에는 보수상당액을 비용상환으로 청구할 수 있다는 대법원 판례에 따르면 이러한 경우의 사무관리는 계약이 존속하는 것과 같은 효과가 있다.

Ⅳ. 결 어

위임의 종료 사유에 관한 민법 규정이 의료계약의 종료에 적용될 수 있는지를 검토하는 과정에서 우리 민법에서 계약의 종료라는 것이 모호한 개념이라는 사실을 인식하여 계약의 종료에 대한 일반론을 전개하였다. 특히 쌍무계약의 경우 법률이나 계약상 정해 놓은 종료 사유가 발생하지 않아도, 계약이 자연스럽게 즉 당연히 종료하는 경우를 다양한 각도에서 검토하였다. 당사자의 인식과 민법 규정의 태도를 종합하여 판단하는 것이 합리적이라고 하겠다. 즉 쌍방의 주된 의무 가운데 계약의 본체적 목적이 되는 주된 의무를 기준으로 판단하였다. 쌍무계약에서는 대가적 관계에 있는 '주된 의무'가 두 개 있는데, 이 가운데 무엇이 계약의 본체적 목적인지를 정함에는 계약의 유형화 기준에 주목하였다. 즉 재산권 이전을 목적으로 하는 계약(매매 등)은 재산권 이전과 대가지급 가운데 전자가 본체적 목적이고, 재산 용익을 목적으로 하는 계약(임대차 등)은 용익허용과 차임(이자)지급 가운데 전자가 본체적 목적이며, 노무제공계약은 노무제공과 보수지급 가운데 전자가 본체적 목적이다. 법률에 규정된 종료 사유가 아니어도 이 본체적 목적이 되는 주된 의무의 이행이나 이행불능을 당연 종료 사유로 보았다. 이러한 일반론을 바탕으로 하여 의료계약의 종료를 서술하였다. 의료계약의 종료에 관한 부분은 곧 출간될 저서 「의료와 민법」(가제)에도 유사한 내용으로 수록될 예정이다.

매도인의 하자담보책임에서 하자의 개념

김 형 석*

Ⅰ. 도 입

1. 매매계약에 따라 인도된 목적물에 「하자」가 있는 경우 선의·무과실인 매수인은 매도인을 상대로 매도인의 귀책사유와 무관하게 일정한 구제수단을 가진다(민법[1] 제580, 제581조). 즉 민법은 계약 목적을 달성할 수 없을 때 해제권을 부여하고, 하자의 존재만으로 일정한 손해배상을 청구할 수 있게 하며,[2] 종류물 매매의 경우 하자 없는 물건의 청구를 가능하게 한다. 그러므로 목적물의 하자는 매도인의 하자담보책임의 성부와 관련하여 중심적인 요건으로서 기능한다.

2. 매도인의 하자담보책임의 법적 성질에 대해서는 종래부터 많은 논의가 있었다. 이 논의에서 주목할 만한 점은 종래 통설이었던 법정책임설이 1990년대 이후 점차 자취를 감추면서 하자담보책임을 채무불이행책임으로 이해하는 견해가 통설적 지위를 차지하게 되었다는 사실이다.[3] 이 견해에 따르면 하자담보책임은 입법자가 매매의 유상성을 고려하여 매수인 보호를 위해 인정하는 채무불이행책임의 성질을 가지고 있는 특칙적 책임으로 이해된다. 이러한 인식은 우리 민법학이 도달한 하나의 성과로, 이후 논의의 출발점으로 의지할 수 있다고 생각된다.

그런데 이러한 기존 학설에서는 논쟁의 맥락상 자연스럽게 하자담보책임의 법률효과를 중

---

* 서울대학교 법학전문대학원 교수.

1) 아래 법명의 지시 없이 인용하는 조문은 민법의 조문이다.

2) 물론 손해배상의 내용에 대해 세부적으로는 다툼이 있다. 이에 대해서는 남효순 교수 정년기념논문집(2021)에 공간 예정인 김형석, "물건의 하자를 이유로 하는 담보책임의 특질"의 Ⅲ. 1. 참조.

3) 그 동안 학설의 논의에 대해서는 상세한 전거를 포함하여 우선 김대정, 매도인의 담보책임에 관한 연구, 성균관대 박사학위논문, 1990, 200면 이하; 남효순, "담보책임의 본질론(Ⅰ)", 서울대 법학, 제34권 제3·4호, 1993, 210면 이하; 오종근, "특정물매매에서의 하자담보책임에 관한 학설사", 한국 민법이론의 발전(이영준 박사 화갑기념), 1999, 836면 이하; 홍성재, "특정물의 하자로 인한 담보책임의 본질", 저스티스, 제34권 제4호, 2001, 11면 이하 등 참조.

심으로 서술이 진행되는 경우가 많았다. 그 결과 책임 요건으로서 하자의 의미와 판단이라는 쟁점은 상대적으로 많은 관심을 받지는 못한 것으로 보인다. 특히 그 동안 우리 재판례에 하자 판단과 관련해 어느 정도 사례가 축적되었음에도 불구하고 이를 다양한 법적 관점에서 분석하는 연구가 충분하였다고 말할 수는 없다.

3. 본고는 이러한 상황을 배경으로 우리 민법이 정하는 하자담보책임에서 하자의 개념을 살펴보는 것을 목적으로 한다. 그 일차적인 관심은 우리 재판례에 나타난 사례를 중심으로 하자 판단에서 고려되어야 하는 요소들을 다각적으로 분석하는 작업이다. 물론 그 과정에서 필요하다면 외국의 사정을 참조하기도 하였으나, 외국의 논의를 상세하게 고찰하는 일은 지양하였다. 작업의 성격상 소략한 개관에 지나지 않을 수도 있겠지만, 이후 하자 판단에서 활용할 수 있는 하나의 길잡이로 쓰일 수 있기를 희망한다.

Ⅱ. 하자 판단의 기준

1. 주관적 하자 개념과 객관적 하자 개념

하자는 통상적인 언어사용에서 물건에 존재하는 사용·수익에 장애가 되는 불이익한 성질을 지칭한다. 그러나 이러한 일상적인 용어법에 따른 하자 개념은 하자담보책임의 요건으로 사용하기에 충분하지 않다. 왜냐하면 이러한 정의는 "불이익"을 판단하는 기준을 결여하고 있어 과연 하자가 존재하는지 여부를 쉽게 확정할 수 없기 때문이다. 그래서 종래 학설에서는 이러한 불이익을 판단하는 기준으로 객관적 하자개념과 주관적 하자개념이 개진되어 왔다.

객관적 하자개념에 따르면, 매매 목적물이 통상적으로 가지고 있어야 할 품질·성능을 기준으로 매수인에게 불이익하게 인정되는 목적물의 결함을 말한다. 그에 따르면 매매 목적물이 그와 유사한 물건이 가지고 있는 통상의 성질을 결여하고 있어 매수인에게 불이익하다는 사정이 인정되면 하자가 긍정된다(통상적인 용도부적합성). 즉 객관적 하자개념은 매매 목적물이 통상적으로 가져야 하는 객관적 기준으로 하자를 판단하는 것이다. 반면 주관적 하자개념은 당사자들 계약에서 매매 목적물이 가지고 있다고 전제한 성질을 기준으로 한다. 그에 따르면 당사자들이 계약에서 매매 목적물이 가지고 있다고 전제하였던 성질이 매매 목적물에 결여되어 있는 경우, 하자가 인정될 수 있다. 즉 계약의 내용에 좇아 목적물에 존재해야 하는 것으로 약정된 성질(Soll-Beschaffenheit)과 목적물에 현실적으로 존재하는 성질(Ist-Beschaffenheit)의 차이가 확인되면, 하자가 존재하는 것이다(계약상 용도부적합성). 목적물에 존재해야 하는 성상(性狀)은 물론 당사자들의 의사 및 계약의 목적에서 도출되지만, 그러한 합의가 명시적일 필요는 없으며 묵시적인 성상의 합의에 의해서도 특정 성상이 전제될 수 있다.

2. 논의 상황과 평가

(1) 종래 다수설은 객관적 하자개념에 따른다고 설명되기도 한다.[4] 그러나 이는 단정하기 어렵다. 종래 다수설이 일반적으로 객관적 하자개념에 따른 하자 정의를 제시하면서 출발하는 것은 사실이지만, 대개 바로 이어서 예외적으로 매도인이 견본 또는 광고에 의하여 목적물이 특수한 품질이나 성능을 가지고 있음을 표시한 때에는 그에 따라 하자가 인정될 수 있음을 인정하기 때문이다.[5] 그렇다면 종래 다수설도 그 실질에 이어서 과연 주관적 하자개념과 다른 결과에 이르게 될지는 의문이다. 실제로 외국의 학설과 판례를 살펴볼 때, 객관적 하자개념만이 단독으로 주장되어 관철된 경우는 거의 찾아볼 수 없으며, 이는 하자담보책임의 법적 성질을 법정책임으로 이해하더라도 그러하였다.[6] 이는 당연한 것인데, 그 성질을 어떻게 이해하든 하자담보책임이 매매계약에 따른 구제수단인 이상, 당사자들이 매매계약에서 전제한 성상을 도외시할 수는 없기 때문이다.

(2) 그러나 어쨌든 통설인 계약책임설에서 출발하여 당사자들의 성상합의를 유효한 것으로 받아들이고 매도인의 하자 없는 물건의 인도의무를 인정하는 이상,[7] 하자의 판단은 주관적 하자개념에서 출발하는 것이 타당하다.[8] 당사자들이 약정한 성질이 없는 이상 그 물건은 매수인의 관점에서 성상합의로 추구하는 용도에 부적합하며, 이를 하자로 보지 않을 이유가 없다. 나머지 세상에서 합의된 성상이 없는 상태를 하자라고 부르든 그렇지 않든 이는 당사자들 사이의 관계에서는 아무래도 상관없는 무관심한 사정이다.[9] 그래서 예컨대 불법 운행하여 150일간 운행정지 처분을 받은 자동차가 매도된 경우, 과연 객관적 하자개념에 따를 때 그러한 사정이 하자에 해당할지는 (통상의 자동차와 같은 성능을 보이고 있다면) 다소 불분명할 수 있겠지만, 매수인이 양수하여 바로 운행할 것을 전제로 하고 있는 이상 그러한 사정은 명백히 하자에 해당한다.[10]

4) 김용담 편집대표, 주석 민법 채권각칙(3), 제4판, 2016, 142면(김대정).
5) 곽윤직, 채권각론, 제6판, 2003, 148면; 김형배, 채권각론(계약법), 신정판, 2001, 352면.
6) 독일법에 대해 Huber in Soergel, *Bürgerliches Gesetzbuch*, Band 3, 12. Aufl., 1991, Vor §459 Rn. 21 참조. 비교법적으로 주석 채각(3)(주 4), 139면 이하(김대정) 참조.
7) 전거와 함께 김형석(주 2), Ⅱ. 참조.
8) 김형배(주 5), 351-352면; 송덕수, 채권법각론, 제4판, 2019, 199면; 이은영, 채권각론, 제5판, 2007, 335면. 주관적 하자 개념과 객관적 하자 개념을 함께 사용하자는 견해도 실질에서는 같은 결론에 이른다고 보아야 한다. 박영복, "매도인의 하자담보책임", 고시계, 제46권 제3호, 2001, 38면; 문용선, "매매 목적물의 하자로 인한 확대손해에 대한 책임 추급", 민사판례연구[XXI], 1999, 268면. Soergel/Huber(주 6), Vor §459 Rn. 30f.도 참조.
9) Soergel/Huber(주 6), Vor §459 Rn. 35.
10) 대법원 1985. 4. 9. 선고 84다카2525 판결, 공보 1985, 730.

그러나 물론 주관적 하자개념이 객관적 하자개념을 배척하는 기준이라고 할 수는 없다.[11] 당사자들이 매매계약에서 목적물의 성질에 대하여 합의를 하지 아니한 경우, 규범적 계약해석에 따를 때 당사자들은 그와 유사한 물건이 통상적으로 가지는 성질이 존재할 것이라는 점을 전제하는 것이다. 그러므로 그 경우 매매 목적물와 유사한 물건이 가지는 통상의 용도적합성이 매매 목적물에 존재해야 할 성질로 인정될 것이다. 예를 들어 감자의 종자를 매매한 경우, 매도인과 매수인이 그 성질에 대하여 특별한 합의를 하지 않더라도 그 종자가 질병에 감염되지 않아서 정상적인 수확을 낼 수 있다는 사정은 누구나 기대하는 성질이다. 따라서 종자가 병에 감염되지 않았다는 사정은 계약의 목적에 내재한 '있어야 할 성질'이다.[12] 이러한 점에서 하자의 판단기준은 주관적 하자개념이고 그러한 의미에서 객관적 하자 개념이 주관적 하자 개념을 대체할 수는 없으나, 계약해석의 법리에 비추어 객관적 하자 개념이 주관적 하자 개념의 보조적 기준으로는 활용될 수 있다.

(3) 판례도 대체로 이러한 견해에 입각하고 있다고 말할 수 있다. 농업용 난로의 부품과 관련해 "매도인이 매수인에게 공급한 부품이 통상의 품질이나 성능을 갖추고 있는 경우, 나아가 내한성이라는 특수한 품질이나 성능을 갖추고 있지 못하여 하자가 있다고 인정할 수 있기 위하여는, 매수인이 매도인에게 완제품이 사용될 환경을 설명하면서 그 환경에 충분히 견딜 수 있는 내한성 있는 부품의 공급을 요구한 데 대하여, 매도인이 부품이 그러한 품질과 성능을 갖춘 제품이라는 점을 명시적으로나 묵시적으로 보증하고 공급하였다는 사실이 인정되어야만 할 것"[13]이라거나, "매매의 목적물이 거래통념상 기대되는 객관적 성질·성능을 결여하거나, 당사자가 예정 또는 보증한 성질을 결여한 경우에 매도인은 매수인에 대하여 그 하자로 인한 담보책임을 부담한다 할 것"[14]이라고 한다.

Ⅲ. 하자의 구체적 판단

1. 매매목적물 성상의 합의

(1) 그러므로 하자를 확정하기 위해서는 매매계약의 당사자들이 매매 목적물이 가져야 한

11) 김형배(주 5), 351-352면; 송덕수(주 8), 199-200면; 이은영(주 8), 335면.
12) 대법원 1989. 11. 14. 선고 89다카15298 판결, 공보 1990, 34. 종자에 대해 하자를 부정한 경우로 대법원 2001. 4. 10. 선고 99다70945 판결, 공보 2001, 1097도 참조. 한편 표고버섯 종균의 하자를 인정한 경우로 대법원 2003. 6. 27. 선고 2003다20190 판결, 공보 2003, 1621.
13) 대법원 1997. 5. 7. 선고 96다39455 판결, 공보 1997, 1702. 같은 취지로 대법원 2002. 4. 12. 선고 2000다17834 판결, 공보 2002, 1076. 이 사건에서는 초음파 진단기가 전립선의 체적을 측정할 수 있는지 여부가 쟁점이 되었는데, 원심과 대법원은 그러한 명시적·묵시적 합의를 배척하였다.
14) 대법원 2000. 1. 18. 선고 98다18506 판결, 공보 2000, 446.

다고 전제한 성상을 탐구하여 실제 목적물의 성상이 매수인에게 불리한 방식으로 약정과 불일치하는지 여부를 검토해야 한다. 이는 기본적으로 매매계약의 의사해석 문제이다. 합의된 성상이 기준이 되므로, 일방이 주관적으로 믿은 성상만으로는 하자를 인정할 수 없다.[15)]

그러나 자연적 해석이 당사자들이 현실적으로 의욕한 성상을 밝히지 못하는 경우, 규범적 해석에 따라 계약목적을 고려할 때 요구되는 성상 그리고 매매 목적물과 같은 물건에서 통상적으로 존재하는 성질이어서 매수인이 그 존재를 기대할 수 있는 성상을 기준으로 하자를 판단해야 할 것이다. 특히 당사자들은 매매 목적물의 개별 성상에 집중하기보다는 매매의 목적을 고려하여 목적물을 특정하므로, 합의된 성상을 판단할 때에는 계약상 전제된 목적이 중요하게 고려된다.[16)] 그래서 예컨대 토지 매매의 경우 법령이 정하는 기준에 따른 오염이 없다는 것은 통상의 계약해석에서 전제되는 사정일 것이다.[17)]

성상에 대한 당사자들의 합의가 기준이 되므로, 일방의 의사표시만으로는 성상이 전제되었다고 볼 수 없으나, 매도인이 견본이나 상세한 상품설명서 등을 제공한 경우에는 일응 그에 부합하는 성상합의가 있는 것으로 추정될 수 있다.[18)] 그러나 제반사정에 따라 견본이나 설명서에 따른 내용이 성상합의로 인정될 수 없는 경우도 당연히 존재한다. 예컨대 사소한 설계의 변경이 빈번하게 이루어지는 아파트 건축의 경우, 당사자들의 합리적 의사를 고려할 때 사업주체가 분양계약 당시 사업승인도면이나 착공도면에 기재된 특정한 시공내역과 시공방법대로 시공할 것을 수분양자에게 제시 내지 설명하거나 분양안내서 등 분양광고나 견본주택 등을 통하여 그러한 내용을 별도로 표시하여 분양계약의 내용으로 편입하였다고 볼 수 있는 등 특별한 사정이 없는 한 아파트에 하자가 발생하였는지는 원칙적으로 준공도면을 기준으로 판단해야 한다고 한다.[19)] 매

15) 사동천, “최근 국제적 동향에서 바라 본 우리 민법상의 매도인의 하자담보책임에 관한 연구”, 민사법학, 제24호, 2003, 12면; 대구고등법원 1985. 3. 7. 선고 84나828 판결, 하집 85, 177.

16) 서울고등법원 1979. 4. 26. 선고 78나2407 판결, 고집 1979, 260; 1975. 12. 31. 75나1388, 고집 1975-2, 324; 1971. 11. 25. 71나749, 고집 1971, 573 등 참조. 다만 당사자들이 합의한 성상과 계약목적 사이에 모순이 있는 경우에 어떻게 처리할 것인지 문제된다. 예컨대 매수인이 계약으로 달성하고자 하는 목적을 달성하기 위해서는 A라는 성상이 합의되어야 하는데, 당사자들은 막상 B라는 성상의 매매 목적물을 합의한 경우가 그러하다. 별도의 연구가 필요한 주제이나, 일단 일반적인 계약해석에 따라 일단은 합의된 성상이 기준이 되지만, 매수인이 추구하는 계약목적이 매도인에 의해서도 받아들여져 매매의 전제가 된 때에는 보충적 계약해석으로 계약목적에 따른 성상이 기준이 될 수도 있다고 해석할 것이다. 우선 Loodschelders, *Schuldrecht. Besonderer Teil*, 14. Aufl., 2019, §3 Rn. 15 참조.

17) 토지에 매립된 폐기물과 관련해 대법원 2004. 7. 22. 선고 2002다51586 판결, 공보 2004, 143; 2011. 10. 13. 2011다10266, 공보 2011, 2339; 서울고등법원 2009. 7. 16. 선고 2008다92864 판결, 종합법률정보; 수원지방법원 1996. 10. 24. 선고 95가합17789 판결, 하집 1996-2, 102; 서울중앙지방법원 2008. 9. 3. 선고 2006가합7988 판결, 종합법률정보.

18) 대법원 2000. 10. 27. 선고 2000다30554, 30561 판결, 공보 2000, 2410. 분양계약 체결 당시 수분양자에게 알려진 기본적인 건축 계획대로 건축된 경우에 대해 대법원 2010. 4. 29. 선고 2007다9139 판결, 공보 2010, 961.

19) 대법원 2014. 10. 15. 선고 2012다18762 핀결, 공보 2014, 2168. 또한 서울서부지방법원 1992. 8. 19. 선고 91가합4232 판결 하집 1992, 44도 참조.

도인 또는 그의 대리인이 불특정 다수를 상대로 광고 등을 행한 경우에는, 한편으로 그러한 언명이 매도인측에 귀속가능해야 하며, 다른 한편으로 그로부터 통상의 매수인이라면 광고된 성상의 존재를 기대할 수 있게 하는 내용이어야 성상합의를 인정할 수 있다(독일 민법 제434조 제1항 제3문 참조).[20]

이러한 의사해석에서는 당연히 관계되는 제반사정을 종합적으로 고려해야 하며, 특히 매수인이 반대급부로 약정한 매매대금이 중요한 참고가 된다. 계약해석상 많은 경우 매매대금의 액수가 약정된 성상의 존재를 추단하는 단서가 될 수 있기 때문이다. 그래서 예컨대 매수인이 '국내산'이라고 명기된 상자에 담겨 있고 흙이 묻어 있는(수입 당근은 세척된 상태로만 판매될 수 있다고 한다) 당근을 국내산으로 생각하고 낙찰받았으나 중국산이라는 사실이 밝혀진 경우, 매수인이 같은 날 매도인으로부터 수입 당근도 경매로 매수하였는데 수입 당근의 1kg당 낙찰가는 950원으로 이 사건 당근의 1kg당 낙찰가 4,200원보다 현저히 낮았다는 사정이 있다면, 국내산이라는 성상은 매매의 내용으로 합의되었다고 볼 것이어서 하자가 있다고 말할 수 있다.[21]

(2) 그리고 물론 성상합의는 하자의 존재뿐만 아니라 하자의 부존재도 확정한다. 당사자들이 매매목적물의 일정한 결함을 전제로 하여 매매를 체결하고 대금을 정한 경우, 그러한 결함은 성상합의에 따라 하자가 아니며, 매수인에게 하자담보에 따른 권리는 발생하지 않는다.[22]

(3) 이러한 성상합의는 당사자들이 매매목적물이 가져야 할 성상에 대해 합의하는 것에 그치며, 매도인이 매매목적물이 특정 성상을 가지고 있다는 사실을 보장하는 성상보증과는 구별된다.[23] 하자담보책임의 적용 자체와 관련해서 양자는 특별한 차이를 나타내지 않을 수도 있다. 그러나 양자를 구별할 실익은 하자담보와 경합해서 주장되는 채무불이행을 이유로 하는 손해배상에서 나타난다. 성상합의는 단순히 매매목적물을 특정하기 위한 합의에 그치므로, 하자로 인하여 입은 손해의 배상을 매수인이 청구하는 경우, 이는 원칙적으로 매도인에게 책임 있는 사유가 존재하는 때에 가능하다(제390조 단서). 그러나 매도인이 단순히 성상합의를 넘어 성상의 존재를 보증한 경우, 그는 그 사실의 존재에 대해 책임을 인수하는 것이므로 그러한 성상의 결여가 확인되면 매도인은 고의·과실이 없더라도 성상보증에 따라[24] 손해배상책임을 부담한다.[25] 개별 약

20) 대법원 2018. 2. 13. 선고 2017다275447 판결, 공보 2018, 563: "광고가 청약의 유인에 불과하더라도 이후의 거래과정에서 상대방이 광고의 내용을 전제로 청약을 하고 광고주가 이를 승낙하여 계약이 체결된 경우에는 광고의 내용이 계약의 내용이 된다."
21) 대법원 2016. 8. 24. 선고 2014다80839 판결, 공보 2016, 1349.
22) 대법원 2007. 8. 23. 선고 2006다15755 판결, 종합법률정보.
23) Loodschelders(주 16), §3 Rn. 13.
24) 이에 대해 김형석, "권리의 하자를 이유로 하는 담보책임의 성질", 한양대 법학논총, 제35권 제2호, 2018, 289면 이하 참조.
25) 종래 판례에서는 기업 매매와 관련해 진술·보증 약정이 행해진 경우가 이에 해당할 것이다. 대법원 2015. 10. 15. 선고 2012다64253 판결, 공보 2015, 1641 등. 서울고등법원 2012. 6. 21. 선고 2008나19678 판결, 종합

정이 단순한 매매목적물 특정을 위한 성상합의인지 아니면 매도인의 성상보증인지 여부 역시 계약해석에 의해 확인되어야 한다.

2. 합의 대상인 성상

그렇다면 매매 목적물의 어떠한 특징이 그 합의의 대상인 "성질" 또는 "성상"에 속하는가?

(1) 물건이 가지는 자연적인 특징들(크기, 무게, 강도, 재료 등)이 하자의 판단에서 문제되는 성질에 속한다는 것은 분명하다.[26] 공작물이 예정된 성능을 갖추지 못한 경우도 그러하다.[27] 그러나 더 나아가 목적물이 환경에 대해 가지는 관계(부동산의 위치, 주변 환경 등) 역시 매매 목적물의 성질일 수 있는데, 이러한 사정은 목적물의 사용·수익에 영향을 미치기 때문이다. 예컨대 분양된 아파트가 도로와 인접하여 생활에 영향을 주는 소음이 있다는 사정이나 적절한 일조 시간을 확보할 수 없다는 사정도 하자로 평가될 수 있다.[28]

그리고 물건의 성상은 물건 자체에 존재하는 성상이 아니더라도 그것이 물건의 용익과 관련성을 가진다면 성상합의의 대상이 될 수 있다. 예컨대 어떤 물건이 계약상 예정된 장소에서 사용될 것을 전제로 매매되었는데(예컨대 특정 공장 생산라인에서 기존 기계를 대체하기 위해 새 기계가 매매된 사안) 인도 후 해당 장소에서 사용할 수 없는 것으로 나타나는 경우에도, 일견 물건 자체에는 문제가 없다고 생각될 수도 있으나, 매매의 당사자들이 특정 장소와의 관련성을 계약에서 고려한 이상 매매 목적물의 하자로 볼 것이다.[29]

마찬가지로 부수의무로 목적물 설치의무를 부담하는 매도인이 하자 없는 물건을 인도하였으나 부주의하게 설치하여 목적물의 용익에 장애가 생긴 경우(예컨대 주방세트를 설치하는 과정에서 매도인의 실수로 세트의 일부 공간을 사용할 수 없게 된 경우)에도, 부수의무의 채무불이행으로 처

법률정보는 "진술 및 보증 조항은 민·상법상의 하자담보책임과 유사한 제도일 뿐 동일한 제도는 아니므로 이에 관한 당사자의 명확한 의사가 존재하지 않는다고 하여 매수인의 무과실을 요구하는 민법 제580조가 당연히 적용되는 것은 아니"라고 한다.

또한 대법원 1993. 11. 23. 선고 92다38980 판결, 공보 1994, 162에서, 원고가 피고로부터 신축건물을 매수하면서 "목적물에 대한 하자는 피고가 전적으로 책임지기로 약정"한 사안에서, 원심은 "하자를 […] 보수하는데 소요되는 비용을 원고에게 배상하여 주어야 하는 것으로 풀이함이 상당하다"고 하였고, 대법원은 어느 시점의 하자까지 보증이 미치는지의 문제와 관련해 원심을 파기했지만 앞서 인용한 원심의 판시는 당연한 전제로 하여 판단하였다. 이 경우 하자 부존재의 보증이 있었던 사안이라고 할 것이다.

26) 대법원 1990. 6. 12. 선고 89다카28225 판결, 공보 1990, 1460: 콘크리트에서 시멘트 함량 미달; 서울민사지방법원 1988. 11. 9. 선고 88나1621 판결, 하집 1988, 108: 탄소강 환봉에서 탄소함유량 미달.

27) 대법원 1997. 5. 7. 선고 96다39455 판결, 공보 1997, 1702; 2003. 7. 22. 2002다35676, 공보 2003, 1762; 2014. 5. 16. 2012다72582, 공보 2014, 1188.

28) 대법원 2008. 8. 21. 선고 2008다9358, 9365 판결, 공보 2008, 1293; 2001. 6. 26. 2000다44928, 44935, 공보 2001, 1698.

29) 독일의 경우 논란이 있으나 다수설이다. Loodschelders(주 16), §3 Rn. 7f.; Berger in Jauernig, *Bürgerliches Gesetzbuch*, 17. Aufl. 2018, §434 Rn. 7 등.

리할 수도 있겠지만 처음부터 하자 있는 목적물을 제대로 설치한 경우와 평가상 달리 취급할 이유는 없다고 보이므로, 역시 하자로 볼 수 있을 것이다(독일 민법 제434조 제2항 참조).

(2) 종래 학설에서 특히 문제가 되는 것은 물건의 사용·수익 등을 저해하는 법률적인 장애가 있는 경우이다. 예컨대 즉시 운행을 전제로 운행정지 처분을 받은 자동차가 매매되거나,[30] 법령상 건축이 허용되지 않음에도 건축이 가능한 것으로 전제하여 토지가 매매된[31] 경우가 그러하다. 이들 사안에 대해서는 제575조를 적용해야 한다는 견해[32]와 제580조를 적용해야 한다는 견해[33]가 대립한다. 판례는 이를 물건의 하자로 취급하고 있다.[34] 두 학설의 주된 차이는, 한편으로는 매수인에게 선의 외에 무과실도 요구되는지 여부(제580조 제1항 단서)에서, 다른 한편으로 과연 경매에 의하여 목적물이 매각된 경우에도 법률적 장애를 이유로 담보책임을 인정할 것인지의 여부에서 나타난다(제578조 제1항, 제580조 제2항). 제575조를 적용하자는 견해는 그러한 법률상 장애의 모습이 용익물권의 부담과 유사하며, 특히 경매의 경우에도 매수인을 보호해야 한다는 것을 든다. 그러나 이러한 논거에는 동의하기 어렵다. 제575조의 경우에는 매도인이 용익물권의 부담을 소멸시킬 의무를 가지고 있고 또 이를 소멸시킬 수 있는 사안이 전제가 되고 있다. 그러나 법률적 장애의 대부분은 매도인이 스스로 제거할 수 없는 사정이라는 점에서 이익상황은 용익물권의 부담보다는 물건의 하자와 보다 유사하다. 더 나아가 제580조 제2항이 경매의 경우 하자담보책임을 배제하는 이유는 경매가 행해진 후에 담보책임을 묻게 될 수 있는 번거로움을 회피하기 위하여 공적 장부 또는 경매조건에 공시되어 있는 점을 제외하면 경락인 측이 주의를 해야 한다는 취지라고 지적된다.[35] 법률상 장애는 그러한 공시의 대상이 될 수 없으므로, 이를 이유로 경매에서 채무자 및 채권자에게 손해배상의무를 지우는 결과(제578조 제3항)는 이익상황에 적절하지 않다. 이러한 의미에서 법률상 장애는 물건의 하자로 취급하는 견해가 타당하다. 유엔 통일매매법(CISG)에서도 마찬가지이다.[36]

(3) 한편 지식재산권 침해를 이유로 하는 용익 장애도 마찬가지도 평가할 것인가? 이 문제

30) 대법원 1985. 4. 9. 선고 84다카2525 판결, 공보 1985, 730.
31) 대법원 2000. 1. 18. 선고 98다18506 판결, 공보 2000, 446.
32) 곽윤직(주 5), 148면; 김상용, 채권각론, 제2판, 2014, 203면; 김주수, 채권각론, 제2판, 1997, 197면; 김형배(주 5), 352면; 주석 채각(3)(주 4), 147면(김대정).
33) 김증한·김학동, 채권각론, 제7판, 2006, 270면; 송덕수(주 8), 201면; 이은영(주 8), 337면; 장재현, 채권법각론, 2006, 248면; 박영복(주 8), 41면.
34) 주 30, 31 참조. 또한 서울고등법원 1971. 11. 25. 선고 71나749 판결, 고집 1971, 573.
35) 来栖三郎, 契約法, 1974, 94면. 이 문헌은 스위스 채무법 제234조를 지시한다. 서울중지결 2004.10.8., 2003라132, 종합법률정보: "경매는 기본적으로 경락인 또는 집행관과 소유자 사이의 매매로서 민법 제578조의 매도인의 담보책임 이외에 물건의 하자(법률적 하자를 포함한다)로 인한 민법 제580조의 하자담보책임은 인정되지 아니하므로 입찰참가자들은 경매목적물에 대하여 사전에 조사를 하는 등 자기의 책임으로 경매에 임하여야 하는 것".
36) Schlechtriem and Butler, *UN Law on International Sales*, 2009, n. 166.

는 법제에 따라 권리의 하자로 취급되기도, 물건의 하자로 취급되기도 한다.[37] 유엔 통일매매법의 경우 이를 권리의 하자와 관련해 규정하면서도 그 책임요건은 오히려 물건의 하자에 준하여 규율하고 있다(CISG 제42조). 국제 동산매매가 아닌 우리 민법 일반 하자담보의 해석으로는, 이 경우 매도인이 권리자와의 협상으로 물건의 용익을 보장할 가능성이 있다는 점에서 재산권 이전의무에 준하는 의무를 부과할 수 있으며 그러한 사정은 매각에서 경매의 매각조건으로 고려될 수 있다는 점에서, 권리의 하자로 취급하는 것이 보다 적절하다고 생각된다. 이는 유사한 이익상황에 대해 규율하는 제575조 제2항을 고려할 때에도 그러하다. 여기서 국제 동산거래에서 오는 제약을 고려하는 유엔 통일매매법과 굳이 일치시켜 해석할 필요는 없다고 보인다.

(4) 하자가 존재한다는 의심도 하자로 취급될 수 있는가? 이는 예컨대 하자가 존재한다는 의심 때문에 전매가 좌절되는 경우에 문제된다. 독일의 한 판례에서, 매수인은 전매를 위해 아르헨티나로부터 토끼 고기를 매수하였으나, 언론에서 살모넬라 감염의 토끼 고기가 수입되었다는 보도(이는 사실이었다)에 따라 전매가 좌절되고 매수인이 수입한 고기가 압수·폐기된(매매 목적물인 고기에 감염이 있는지 여부는 사후적으로 확인될 수 없었다) 사안에서, 법원은 매수인의 매도인에 대한 하자담보 주장을 받아들였다.[38] 이를 하자로 볼 수 있는지 여부에 대해서는 학설에서 견해가 나뉘지만 다수는 판례를 지지한다.[39] 실제로 식품 안전성이 전매의 조건으로서 해석될 수 있는 이러한 사안에서는 안전성에 의문을 제기하는 사정의 부재가 매매 목적물의 성상으로 합의된 것으로 해석될 수 있다. 하자로 인정하는 것이 타당하다. 물론 단순한 가능성의 제기만으로는 충분하지 않고, 매매에서 전제한 계약목적을 좌절시킬 정도의 구체적인 의혹이어야 하고 그것이 매수인의 영역에서 기인하지 않는 것이어야 한다.[40]

(5) 성상합의에 어긋나는 사정이 영구적이어야만 하자가 인정되는 것은 아니다. 당사자들이 계약에서 예정한 기간에 사용·수익이 저해되는 이상 주관적 하자개념에 따라 하자를 부정할 이유가 없다. 그래서 불법 운행하여 150일간 운행정지 처분을 받은 자동차가 매도된 경우에도 즉시 운행가능성이 전제된 이상 하자에 해당하며,[41] 부동산의 경우 공법상 건축 제한이 한시적 성격의 것이라고 하더라도 매수인이 즉각적인 건축에 따른 사업을 계획하고 있고 그것이 매매에 전제되어 있다면 하자에 해당한다. 또한 과거의 사정도 물건의 내력과 관련해 하자를 성립시킬 수 있는 성상에 해당한다.[42] 마찬가지로 물건의 장래 잠재력을 성상으로 합의하여 하자가 성립

37) Schlechtriem and Butler(주 36), n. 171 이하 참조.
38) BGHZ 52, 51.
39) Looschelders(주 16), §3 Rn. 9f.
40) Looschelders(주 16), §3 Rn. 10.
41) 대법원 1985. 4. 9. 선고 84다카2525 판결, 공보 1985, 730.
42) Schmidt in Prütting/Wegen/Weinreich, *Bügerliches Gesetzbuch*, 14. Aufl., 2019, §434 Rn. 18.

할 수도 있고, 목적물의 성상을 장래의 시점과 관련지을 수도 있다(예컨대 어떤 성상이 장래 일정 기간 내에 발현된다는 것을 전제로 매매).[43]

3. 이물급부와 과소급부

하자의 판단여부와 관련하여 고려할 또 하나의 쟁점은 하자 있는 물건이 급부된 것인지 아니면 다른 물건(異物; aliud)이 급부된 것인지의 판단이다. 민법에 따를 때 전자에는 하자담보책임이 적용됨에 반하여, 후자의 경우는 도대체 약정된 물건의 급부가 없는 것으로서 하자가 있다고 볼 수 없어 채무불이행 책임만이 문제되므로, 양자의 구별은 의미를 가진다. 이에 대해서는 구별해 보아야 한다.[44]

종류물 매매에서 계약에서 정해진 종류가 아닌 다른 종류의 물건이 급부된 경우, 이는 다른 물건의 급부로 보아야 하며 하자가 아님은 명백하다. 문제는 특정물 매매이다. 특정물 매매에서는 기본적으로 동일성으로 지시된 물건의 성상에 의해 목적물이 특정되었으므로, 그에 따라 특정된 물건이 급부되는 이상 그 특정물의 실상이 당사자들이 예상하였던 것과 완전히 다른 물건이라고 해도 이를 다른 물건의 급부라고 할 수는 없다. 따라서 이 경우 하자가 있다고 인정하여, 제580조를 적용해야 한다.[45] 예컨대 특정 선박에 보관되어 있는 고기 전부를 쇠고기라고 생각하고 매매하였으나 나중에 돼지고기로 밝혀진 경우, 이는 다른 물건의 급부가 아니라 하자 있는 급부이다(주관적 하자 개념!).[46]

과소급부의 경우에도 마찬가지로 경우를 나누어 보아야 한다.[47] 종류물 매매의 경우, 과소급부의 경우 매수인은 수령을 거절하거나 수령하면서 나머지 부분의 급부를 청구할 수 있으므로, 하자담보의 규정은 적용되지 않는다. 반면 특정물 매매의 경우 주관적 하자개념에 따라 과소급부는 물건의 하자에 해당한다. 예컨대 특정 선박에 포함된 원료 전체가 2톤이라고 전제하고 매수하였는데 실제로는 1톤인 경우가 그러하다. 그러나 수량부족·일부멸실의 사안은 제574조에서 별도로 규율되어 있으므로, 이 한도에서는 동조가 특별 규정으로서[48] 우선 적용되어야 한다.[49]

관련해 유엔 통일매매법은 이물급부와 과소급부에 대하여 이를 모두 하자로 인정하는 입장

---

43) PWW/Schmidt(주 42), §434 Rn. 19.
44) 송덕수(주 8), 200면은 구별 없이 모두 다른 물건의 급부로 취급해야 한다고 한다.
45) 개정전 독일 민법에 대해 Vollkommer in Jauernig, *Bürgerliches Gesetzbuch*, 9. Aufl., 1999, §459 Rn. 13.
46) RGZ 99, 147 (Haakjöringsköd). 수입 당근이 국내산 당근으로 매각된 사안에 대한 대법원 2016. 8. 24. 선고 2014다80839 판결, 공보 20016, 1349도 이러한 관점에서 이해할 수 있는 측면이 있다.
47) Soergel/Huber(주 6), §459 Rn. 48, 50. 종류매매에 대해 김증한·김학동(주 33), 272면.
48) 제574조가 물건의 하자에 대한 규율이라는 점에 대해 김형석(주 24), 299-301면 참조.
49) 대법원 1981. 5. 26. 선고 80다2508 판결, 집 29-2, 27. 그러나 이 경우에 제580조를 적용하는 재판례도 발견된다. 대법원 1979. 7. 24. 선고 79다827 판결, 공보 1979, 12104 참조.

을 취하고 있으며(CISG 제35조), 개정된 독일민법도 이에 좇았다(독일 민법 제434조 제3항). 그러나 이러한 내용의 특별 규정이 없는 이상 우리 민법에서 해석만으로 같은 결과를 인정할 수는 없을 것이다.

Ⅳ. 하자의 존재 시점

1. 논의 상황

하자담보책임이 인정되기 위해서는 어느 시점에 하자의 존재가 확정되어야 하는가? 학설에서는 하자담보책임의 요건인 하자는 계약을 체결할 시점에 이미 존재하는 원시적 하자에 한정되는지(종류물의 경우 특정 시점이 기준이 될 것이다)[50] 아니면 계약체결 이후에 발생한 후발적 하자도 하자담보책임을 발생시키는지[51] 여부에 관하여 다툼이 있다. 후자에 따르면 대가위험이 이전하는 시점 즉 통상 인도 시점이 기준이 된다고 한다.

판례는 계약체결시를 기준으로 하자를 판단하는 입장으로 보이며,[52] 이후 법률상 장애가 하자에 해당한다고 판시하는 과정에서 이를 확인하였다.[53] 다만 이는 결과의 전제로서 판시된 것이 아니어서 방론에 해당한다고 보인다. 한편 판례는 하자담보에 기한 손해배상청구권에 소멸시효도 적용된다고 판시하는 과정에서 "매수인의 하자담보에 기한 손해배상청구권은 부동산을 인도받은 날부터 소멸시효가 진행"한다고 하는데,[54] 여기서 인도를 기준으로 하는 태도를 중시한다면 달리 접근할 여지도 없는 것은 아니다. (시효 기산과 관련해 법률상 장애 기준으로부터 출발할 때) 매매와 원시적 하자의 존재만으로는 아무런 권리도 발생하지 않는다는 내용을 함축할 수 있기 때문이다. 즉 매수인이 하자를 확인할 가능성이 있었던 인도 시점이 기준이 된다는 것이므로, 하자의 존재도 이 시점을 기준으로 판단해야 한다고 이해하는 것이 자연스러울 수도 있는 것이다.[55]

한편 독일 민법은 명문으로 대가위험 이전 시점을 기준으로 하고 있으며(동법 제434조 제1항

---

50) 곽윤직(주 5), 179면; 송덕수(주 8), 201면; 장재현(주 33), 248면; 남효순, "남보책임의 본질론(Ⅱ)", 서울대 법학, 제35권 제2호, 1994, 233면.

51) 김형배(주 5), 353면; 박영복(주 8), 40-41면; 이은영(주 8), 339면; 이상광, "하자담보책임의 기본문제", 비교사법, 제5권 제1호, 1998, 310면; 안춘수, "하자담보법상의 문제점", 민사법학, 제11·12호, 1995, 429면; 사동천(주 15), 15면; 주석 채각(3)(주 4), 150면(김대정).

52) 대법원 1958. 2. 13.자 4290민상762 결정, 요지 466.

53) 대법원 2000. 1. 18. 선고 98다18506 판결, 공보 2000, 446.

54) 대법원 2011. 10. 13. 선고 2011다10266 판결, 공보 2011, 2399.

55) 한편 주석 채각(3)(주 4), 149면(김대정)은 대법원 1993. 11. 23. 선고 92다38980 판결, 공보 1994, 162를 후발적 하자가 고려된 판결로 언급하고 있으나, 우선 이 판결은 하자담보책임이 적용된 사안이 아닐 뿐만 아니라(주 25 참조), 판시 사항도 후발적 하자를 포함한다는 의미로 이해되기는 어렵다.

제1문), 프랑스 민법은 규정은 없으나 판례가 위험이전 시점 즉 소유자주의에 따라 소유권 이전 시점을 기준으로 한다.[56]

2. 평 가

인도 시점을 기준으로 하는 견해가 타당하다고 생각된다. 일단 종래 원시적 불능론에 기초한 법정책임설을 전제한 다음 이로부터 원시적 하자에 대해서만 담보책임을 인정하려는 견해는 다른 곳에서 살펴본 대로 개념법학적인 본질 논변으로서 받아들일 수 없다.[57]

그렇다면 이 문제는 결국 후발적 하자를 하자담보의 적용 대상으로 두는 것이 적절한지의 여부로 귀결한다. 이에 제580조가 적용되지 않는다면 후발적 하자 있는 물건이 인도되는 경우 매도인은 귀책사유를 전제로 후발적 하자에 대해 손해배상을 부담하고 목적 달성이 불가능한 경우 해제하는 것으로 처리되겠지만(제374조, 제390조, 제546조) 귀책사유가 없는 경우 위험부담에 따른 전부 또는 일부의 원상회복 문제로 처리될 것이다(제537조, 제538조, 제741조). 반대로 이에 제580조를 적용한다면 매수인은 그러한 구별 없이 매도인에게 하자담보책임에 따라 손해배상을 청구하고 목적 달성이 불가능한 경우 매매를 해제할 수 있게 된다. 그런데 목적물을 인도 받아 하자를 발견한 매수인에게 그 하자가 계약 체결 이전에 발생한 것인지 아니면 그 이후에 발생한 것인지를 구별하여 권리 주장을 하게 하는 것은 불합리하다. 매수인은 이를 쉽게 확인할 수 있는 지위에 있지 않을 뿐만 아니라(실제로 매수인은 하자가 수령 이후가 아니라 인도 시점에 존재하였다는 입증만으로도 난점을 가지는 경우가 많다), 매수인의 이익상황에 비추어 하자가 언제 발생했는지의 문제는 무관심한 사항이기 때문이다. 게다가 실제로 하자 발생 시점은 매도인마저도 규명할 수 없는 경우가 있으며, 심지어 법원의 심리를 거치더라도 해명될 수 없을 가능성도 배제할 수 없다. 그렇다면 이러한 우연한 사정을 기준으로 적용 법조를 달리해 취급하는 것은 합리성을 가진다고 말하기 어렵다.[58]

물론 이에 대해서는 후발적 하자를 포함하게 되면 매도인은 귀책사유 없이 책임을 부담하게 되어 부당하다는 비판이 있으나,[59] 그다지 설득력이 있다고 하기 어렵다. 우선 이는 자신의 결론을 그대로 논거로 사용하는 선결문제 오류의 논거일 뿐만 아니라(그러한 결과가 부당하다면, 하자담보책임 자체가 부당한 것 아닌가?), 후발적 하자에 제580조를 적용한다고 해도 매도인에게 특별히 불리하다고는 말할 수 없기 때문이다. 제580조에 따른 손해배상이 이른바 하자 손해에 한정된다면, 즉 대금감액 배상 내지 신뢰이익 일부만을 내용으로 하여 하자확대손해를 포함하지

56) Barret, “Vente: effets”, *Répertoire de droit civil*, 2007/2019, n° 580.
57) 김형석(주 24), 283-384면; 김형석(주 2), Ⅱ. 2. 참조.
58) 주석 채각(3)(주 4), 150면(김대정)도 참조.
59) 송덕수(주 8), 199면.

않는다고 해석한다면,[60] 귀책사유 없는 매도인이 처하게 되는 상황은 위험부담 규정이 적용되든 하자담보 규정이 적용되든 근본적인 차이를 가져오지 않는다. 기본적으로 하자가 중대하면 계약은 해소되고 매도인은 받은 대금을 반환해야 하며(채무자위험부담 또는 해제), 하자가 근소하면 매수인은 대금감액의 효과를 받는 것이다(일부 채무자위험부담 또는 대금감액적 배상). 차이는 해제시 계약비용 등의 배상이 귀책사유를 전제하는지 여부에 그친다(제535조, 제580조).[61]

이렇게 기본적인 효과에서 큰 차이가 없다면, 앞서 살펴본 대로 그 해명이 확실하지 않은 사정에 따라 법률효과를 달리 처리하는 것은 합리성을 가지고 있다고 하기 어렵고, 계약비용 배상과 관련해 까다로운 입증의 부담을 매수인에게 지우는 것도 적절하지 않다. 하자의 존재 시점을 위험이전 시점으로 정하는 취지는 물건이 매수인의 지배영역에 들어올 때 비로소 매수인이 하자를 확인할 수 있는 상태에 이르게 되므로 그 시점을 기준으로 담보책임을 성립하게 한다는 것이다. 그렇기 때문에 상법은 상인인 매수인의 검사의무를 규정하는 형태로 인도 시점에 하자의 존재를 확정할 것을 요구하고(상법 제69조 제1항), 판례도 하자담보에 따른 권리의 소멸시효 기산점을 인도 시점으로 정하고 있는 것이다(주 54). 만일 담보책임을 원시적 하자의 효과로만 국한한다면, 매수인은 자신이 알 수도 없고 지배할 수 없는 사정을 기초로 권리 주장을 해야 한다는 결과가 되어 부당하다. 요컨대 민법의 해석으로 대가위험 이전의 시점 즉 통상 인도의 시점에 하자가 존재하면 담보책임이 인정된다고 해석하는 것이 타당하다고 해야 한다.

Ⅴ. 하자와 착오

1. 문제의 제기

매수인이 매매목적물의 성상에 관하여 착오하여 계약을 체결한 경우, 그러한 목적물이 하자담보책임에 따른 하자에 해당하는 사안이 있을 수 있다. 특히 동기착오와 관련해 당사자들이 동기를 기초로 매도인의 급부의무를 구체화함으로써 동기가 계약의 내용이 될 수 있다고 이해하면서[62] 동시에 주관적 하자 개념(앞의 Ⅱ. 참조)에 따라 하자를 판단한다면, 매매 목적물에 대한 고려되는 성상착오는 거의 예외 없이 하자담보책임에 따른 하자에 해당하게 될 것이다.[63]

60) 전거와 함께 김형석(주 2), Ⅲ. 1. 참조.

61) 김형석(주 2), Ⅳ. 참조.

62) 김형석, “동기착오의 현상학”, 저스티스, 제151호, 2015, 100면 이하 참조.

63) Flume, *Eigenschaftsirrtum und Kauf*, 1948/1975, S. 132f. 이로부터 박희호, “민법상 성상의 착오와 하자담보책임 사이의 관계에 관한 연구”, 민사법학, 제95호, 2021, 122면 이하는 하자담보가 착오 규정 모두 계약과 현실의 불합치를 요건으로 하므로 전자가 후자를 배제하는 특칙이 된다고 해석한다. 그러나 이는 하자담보책임에 대한 특정한 한 견해(이에 대해 김형석(주 2), Ⅱ. 2. (3) 참조)를 전제로 할 때에만 가능한

그런데 하자담보책임에는 그 행사와 관련해 단기의 제척기간이 규정되어 있다든가(제582조) 매수인에게 하자검사의 자기의무(Obliegenheit)가 부과된다거나(상법 제69조), 당사자들이 담보책임에 관한 권리를 약정으로 배제하는(제584조 참조) 등 권리행사의 제약이 존재할 수 있다. 이러한 사안에서 매수인의 하자담보책임에 관한 권리와 착오에 의한 취소(제109조)를 경합적으로 인정할 것인지의 문제가 제기된다. 당사자들이 약정으로 담보책임에 따른 권리를 배제한 경우, 그 의사표시의 해석상 통상 착오에 따른 취소권도 포기된 것으로 볼 수 있을 것이므로, 이 문제는 특히 제척기간 도과를 이유로 해제를 할 수 없는 매수인이 취소를 통해 동일한 결과에 도달함으로써 해제 기간을 제한한 법률의 취지를 잠탈하는 것이 아닌지의 의문과 밀접하게 관련된다. 물론 이는 더 나아가 착오법과 일반적인 채무불이행책임과의 경합도 허용할 것인지의 쟁점으로도 연결될 수 있다.

2. 논의 상황

이에 대해서는 대체로 ① 담보책임이 권리행사를 제약하는 특별한 규율을 포함하고 있으므로 해당 분쟁에 대한 특별법으로 이해하여 담보책임에 관한 규정만이 적용된다고 이해하는 견해,[64] ② 착오 취소와 담보책임에 따른 구제수단의 경합을 제한 없이 허용하는 견해,[65] 그리고 ③ 양자의 경합은 허용하지만 담보책임에 관한 특별한 규율의 규범목적을 고려하여 그 제약 하에서만 착오 취소를 할 수 있다는 견해(예컨대 상인의 경우 자기검사의 자기의무를 다한 경우에만 취

입론에 지나지 않으며, 설령 그 견해에 따른다고 하더라도 이는 특정물 매매를 전제로 한 설명이어서 종류물 매매까지 포함하여 경합 문제에 대한 해답이 될 수 없다. 게다가 이 견해가 따르는 플루메의 해석이 전제하고 있는 독일 민법 규정과는 달리, 우리 민법에서는 착오 취소와 하자담보책임의 요건과 효과 사이에 상당한 괴리가 존재한다. 예컨대 목적물에 대해 어떤 성상이 합의되지 않더라도 상대방이 착오를 야기한 경우 착오 취소는 가능할 것이지만(김형석(주 62), 118면 이하 참조) 하자담보는 성립하지 않을 것이다. 마찬가지로 매수인에게 경과실이 있는 경우, 착오 취소는 가능하지만 하자담보는 성립하지 않는다. 한편 효과와 관련해서도 소급효로부터 보호를 받는 제3자의 범위도 다르다(예컨대 소멸할 채권의 양수인에 대해 대법원 2011. 4. 28. 선고 2010다100315 판결, 종합법률정보 및 대법원 1964. 9. 22. 선고 64다596 판결, 집 12-2, 123 참조). 그러나 이상과 같은 차이는 독일 민법에서는 발생하지 않는다. 그러므로 우리 민법에서 하자와 착오가 동일한 상황을 전제하고 있다는 설명은 타당할 수 없으며, 결국 이 견해는 우리 민법의 규정에 주의를 기울이지 않고 그와 다른 규율을 가지는 독일 민법의 특정 해석을 무비판적으로 수용하였다고 말하지 않을 수 없다.

64) 고상용, 민법총칙, 제3판, 2003, 438면; 김증한·김학동, 민법총칙, 제10판, 2013, 458-459면; 송덕수, 민법총칙, 제4판, 2018, 274면; 이영준, 민법총칙, 개정증보판, 2007, 440면; 백태승, 민법총칙, 제6판, 2014, 415면; 서광민·박주영, 민법총칙, 제2판, 2014, 413면; 이덕환, 민법총칙, 2012, 529면; 홍성재, 민법총칙, 제6판, 2016, 230면; 이상광, 하자담보책임론, 2000, 269면.

65) 강태성, 민법총칙, 제5판, 2013, 651면; 김대정, 민법총칙, 제2판, 2013, 917면; 김상용, 법총칙, 제2판, 2013, 502면; 김주수·김상용, 민법총칙, 제7판, 2013, 369; 이은영, 민법총칙, 제5판, 2009, 526면; 명순구, 민법총칙, 2005, 424면; 이상정, "착오에 의한 의사표시의 취소와 매도인의 하자담보책임", 고시연구, 제32권 제9호, 2005, 68면.

소를 허용한다든가 제582조의 제척기간 내에만 취소를 허용)의 세 입장이 고려가능하다. 비교법적으로도 이 세 가지 해법이 주장되고 있으며, 지배적인 경향은 관찰되지 않는다.[66]

대법원은 종래 이 문제를 명시적으로 판단한 경우는 없으나, 비슷한 사실관계(법령상 건축이 가능하다고 믿고 토지를 매수한 경우)를 배경으로 착오 취소를 허용한 재판례[67]와 하자담보책임에 따른 하자일 수 있음을 시사한 재판례[68]가 관찰되며, 이러한 경향은 성상착오를 인정한 다른 재판례로부터도 확인된다.[69] 아마도 이 문제에 대한 명확한 의식 없이 당사자들의 주장에 따라 착오 또는 담보책임을 인정한 것으로 보인다. 어쨌든 이러한 태도는 적어도 ② 또는 ③의 입장에서 있는 것으로 추측되었다. 반면 하급심에서는 "타인의 권리의 매매로 인한 매도인의 담보책임에 관한 규정이 민법 총칙의 착오에 관한 규정보다 우선 적용되어야 할 성질의 것"[70]이라는 재판례도 있다(①). 그러나 최근 대법원은 명시적으로 착오취소와 하자담보책임의 경합을 제한 없이 허용함으로써 ②의 입장을 채택함을 명백히 하였다.[71]

3. 평 가

원칙적으로 제한 없이 경합을 허용하는 견해가 타당하다고 생각된다. 무엇보다도 법률이 다른 이유에서 다른 맥락에 규정하고 있는 구제수단들이 일정 영역에서 중복되는 적용범위를 가진다는 이유만으로 거기에 일반법과 특별법의 관계가 존재한다고 상정하여 어느 한 편의 적용을 배제하는 것은 법이 이중으로 부여하는 구제수단을 근거 없이 박탈하는 것이 되어 타당하지 않다. 그래서 예컨대 물건의 하자를 성립시키는 사정에 대한 착오의 경우에는 취소가 부정되는데, 같은 동기착오임에도 다른 사정에 대한 착오의 경우에는 취소가 허용된다는 결과는 이익형량의

---

66) Ranieri, *Europäisches Obligationenrecht*, 3. Aufl., 2009, S. 953ff.; Peter Huber, *Irrtumsanfechtung und Sachmängelhaftung*, 2001 참조. 예컨대 독일의 판례는 확고하게 담보책임의 우선(①)을 지지하지만, 오스트리아와 스위스의 판례는 제한 없는 경합을 수용한다(②). 한편 프랑스의 판례는 제한 없이 경합을 인정하던 전통적인 입장에서(②) 일시적으로 담보책임의 제약 하에 착오 주장이 가능하다는 견해를 채택하였다가(③) 다시 제한 없는 경합을 허용하는 방향으로 이동하였다(②). 다만 비교적 최근에 담보책임에 관한 규정이 배타적으로 적용된다는 판결이 선고되었고(①), 그것이 일탈적 재판례인지 판례 변경인지 여부에 대해서는 논란이 있으나 점차 변경으로 받아들여지는 것처럼 보인다(Malaurie, Aynès et Stoffel-Munck, *Droit des obligations*, 10e éd., 2018, n° 497). 관련하여 흥미로운 것이 국제 모델규칙의 태도인데, 유럽계약법원칙은 경합을 제한 없이 인정하는 입장(②)을 채택한 반면(PECL 제4:119조) UNIDROIT 국제상사계약원칙은 계약책임을 우선하는 입장(①)에 서 있다(PICC 제3.2.4조).

67) 대법원 1995. 11. 21. 선고 95다5516 판결, 공보 1996, 47.

68) 대법원 2000. 1. 18. 선고 98다18506 판결, 공보 2000, 446. 사건에서는 하자의 존재가 부정되었다.

69) 예컨대 고려청자의 진품성을 오해하여 매수한 사안에 대해 대법원 1997. 8. 22. 선고 96다26657 판결, 공보 1997, 2786 등 참조.

70) 서울고등법원 1980. 10. 31. 선고 80나2589 판결, 고집 1980-2, 423.

71) 대법원 2018. 9. 13. 선고 2015다78703 판결, 공보 2018, 1951. 이 판결에 대해 상세한 비교법적 보고와 함께 서종희, "민법상 착오와 하자담보책임과의 관계", 민사법학, 제92호, 2020, 37면 이하 참조.

관점에서 자의적이라고 하지 않을 수 없다.

이에 대해서는 예컨대 담보책임의 제척기간의 취지에 비추어 제한 없는 경합을 인정하면 제척기간이 잠탈된다는 논거가 주장되지만, 이는 우리 민법의 맥락에서 반드시 적절한 것은 아니다. 예컨대 독일 민법의 경우에는 착오를 이유로 하는 취소는 착오를 발견한 때로부터 지체 없이 행사되어야 함에 반해(독일 민법 제121조), 담보책임을 이유로 하는 제척기간은 물건의 인도 시점부터 기산하므로(개정 전에는 6개월, 당시 독일 민법 제477조 제1항; 개정 후에는 2년, 현행 독일 민법 제438조 제2항), 제척기간이 도과하고 상당한 기간이 지난 후에 착오가 발견되어 취소권이 행사될 위험이 실제로 존재하며 이로부터 매도인을 보호할 이유는 분명 부인하기 어려울 수 있다. 그러나 우리 민법은 착오를 이유로 하는 취소권의 제척기간은 착오를 발견한 때로부터 3년 내에 행사해야 하나(제144조 제1항, 제146조), 하자담보책임 상의 구제수단도 하자를 발견한 때로부터(=착오를 발견한 때로부터) 6개월 내에 행사되어야 하며(제582조), 어느 편이나 하자가 발견되지 아니하는 경우 10년의 도과로 권리를 상실한다(착오에 대해 제146조, 담보책임에 대해 제162조 제1항[72]). 그러므로 우리 법에서는 매도인은 인도 후 10년이 경과하지 않은 이상 언제든지 하자=착오 주장을 감수해야 하며, 어느 규정이 적용되는지 여부는 하자=착오가 발견된 이후의 권리 행사 기간에만 한정되는 의의를 가질 뿐이다. 그렇다면 독일 민법에서와는 달리 우리 민법에서 담보책임의 제척기간의 잠탈 위험은 매도인에게 결정적인 부담이 되지 아니하며, 그것만으로 법률이 명시적으로 정하는 착오 취소를 배제하기에 충분한 이유는 되지 못한다고 생각된다.[73] 실제로 두 구제수단의 제척기간의 괴리가 크지 않은 스위스와 오스트리아 민법의 해석으로 제한 없는 경합이 인정되는 것도 그러한 이유에서이다.[74] 그렇다면 하자담보책임의 요건이 충족되더라도 또는 그에 따른 제척기간이 도과하였더라도, 착오 규정에 따른 취소는 제한 없이 인정하는 것이 타당할 것이다.

그리고 하자담보책임과의 경합이 인정되어야 한다면, 착오법의 일반 계약책임과의 경합도 당연히 인정되어야 할 것이다. 판례도 예컨대 채무불이행을 이유로 계약을 해제한 후에도 착오를 이유로 취소할 수 있다고 하여 같은 결론을 지지하는 것으로 보인다.[75]

---

72) 대법원 2011. 10. 13. 선고 2011다10266 판결, 공보 2011, 2339.

73) 비슷한 취지로 서종희(주 71), 67면도 참조. 반면 박희호(주 63), 110-111면은 단순히 착오 취소의 제척기간이 3년으로서 6개월보다 길다는 점을 들어 비판하고 있으나, 본문에서 살펴본 것처럼 예컨대 독일 민법에서의 상황과 비교할 때 그러한 차이는 결정적인 것이라고는 말할 수 없다. 독일 민법에서 매도인은 인도로부터 일정 기간이 지나면 "안심"해도 되지만, 우리 민법에서 매도인은 인도로부터 10년이 지날 때까지는 어떤 경우에도 "안심"할 수 없다는 의미에서 그러하다. 이러한 이익상황의 중대한 차이가 해석론에서 고려되지 않는다면 부당할 것이다.

74) Ranieri(주 66), S. 987도 참조.

75) 대법원 1991. 8. 27. 선고 91다11308 판결, 집 39-3, 322; 1996. 12. 6. 95다24982, 24999, 공보 1997, 180. 이영준(주 64), 444면 참조. 이덕환(주 64), 530면은 반대.

Ⅵ. 마무리

이상의 결론을 요약하면 다음과 같다.

1. 하자를 판단할 때에는 하자담보책임의 취지에 따라 주관적 하자 개념이 원칙적인 기준이 되나, 계약해석의 관점에서 객관적 하자 개념도 보충적인 의미를 가진다(Ⅱ.). 그러므로 하자의 판단은 기본적으로 계약해석의 문제이다(Ⅲ. 1.). 목적물의 성상으로는 매매의 목적과 관련되는 일체의 사정이 고려되며, 법률적 장애는 물건의 하자로 보는 것이 타당하다(Ⅲ. 2.). 이물급부와 과소급부는 매매 목적물이 특정물인지 아니면 종류물인지 여부에 따라 달리 판단된다(Ⅲ. 3.).

2. 담보책임이 성립하기 위해 하자가 존재해야 하는 시점은 목적물의 인도시점으로, 후발적 하자에 대해서도 책임이 성립한다(Ⅳ.).

3. 하자담보책임과 착오 취소는 제한 없이 경합한다고 해석해야 한다(Ⅴ.).

보안 허점에 대한 하자담보책임*

– 유럽연합법 및 독일법으로부터의 시사점 –

김 진 우**

Ⅰ. 들어가며

디지털콘텐츠와 디지털서비스는 소비자의 일상생활에 필수적인 부분이 되었다. 그에 따라 이러한 디지털 재화는 점점 더 중요한 경제적 요소가 되어가고 있다. 자동차, 스마트폰, 스마트워치 또는 스마트냉장고 등 사물인터넷(IoT)이 응용된 디지털제품에는 소프트웨어가 탑재되어 있다. 가령 최근 출시된 많은 차량은 거기에 탑재된 소프트웨어 없이는 주행에 어려움이 발생할 수 있다.

네트워크로 연결된 장치가 오작동하거나 사용할 수 없는 상태가 되는 것은 한편으로 호환성의 결여나 장치가 네트워크를 통해 수신하고 반응하는 오류 있는 데이터에 기인할 수 있다. 그러나 다른 한편으로 기기가 네트워크로 더 많이 연결될수록 보안 허점(Sicherheitslücken)의 리스크도 증가한다. 이와 더불어 하자담보책임의 문제도 발생한다. 통계적으로 볼 때 소프트웨어는 오류가 존재할 수밖에 없다. 집중적인 테스트에도 불구하고 오류 전부가 발견되지는 않는다. 시장에 출시되는 소프트웨어의 일반적인 오류 밀도는 코드(Code) 1,000줄당 2~5개이다.[1] 오류로 인해 악성코드(malware)를 침투시키거나 부당하게 데이터를 읽을 수 있는 심각한 보안[2] 허점이

---

* 필자는 평소 송덕수 교수님의 저서 및 논문을 통해 많은 가르침과 영감을 얻었다. 이에 존경과 감사의 마음을 담아 선생님께 이 글을 바친다. 이 글은 '사법발전재단'에서 발간되는 「사법」 2021년 여름호(제56호)에 게재되었다.

** 한국외국어대학교 법학전문대학원 교수.

1) Witte, Testmanagement und Softwaretest, 2. Aufl. 2019, S. 111.

2) 보안 개념은 담보책임법적 맥락에서 확립된 것은 아니다. 그러나 일반적인 이해에 따르면 무단 접근에 대해 충분한 안전성을 제공하지 않아 저장된 정보의 무결성, 가용성 또는 기밀성이 보장되지 않는 경우에 보안 허점이 인정된다. Marly, Praxishandbuch Softwarerecht, 7. Aufl. 2018, Rn. 1528; Rockstroh/Kunkel, MMR 2017, 78; Wiesner, in: Leupold/Wiebe/Glossner, Münchener Anwaltshandbuch IT-Recht, 4. Aufl. 2021, Teil 10.6 Rn. 18.

발생할 수 있으며, 그로 인한 피해는 엄청날 수 있다.[3] 이에 대해 하자담보책임을 물을 수 있는지가 문제된다. 그러나 이와 관련하여 국내에서는 판결례나 심층적인 고찰을 한 문헌을 찾을 수 없다.

이에 본 연구는 디지털콘텐츠나 디지털서비스 없이는 제대로 작동할 수 없는 스마트폰 같은 디지털 요소가 있는 물품(Waren mit digitalen Elementen, 이하 '디지털제품'이라 한다)에 보안 허점이 있는 경우의 매매법에 따른 하자담보책임의 문제를 살펴보려고 한다. 이를 위해 현행 독일 민법이 이 문제에 어떻게 대응할 수 있는지 그리고 유럽연합(EU)의 물품매매지침[4]과 이를 독일 국내법으로 전환하기 위한 독일 연방정부의 민법개정안(이하 '민법개정안'이라 한다)[5]에 따라 어떻게 취급이 달라지는지를 살펴보면서 우리 법에의 시사점을 구하고자 한다. 물품매매지침이나 현행 독일 민법 또는 민법개정안의 소개 및 비교가 굳이 필요치 않은 것으로 판단될 때는 우리 법에 대해서만 언급한다.

Ⅱ. 물건 하자의 존재

1. 출발점

(1) 하자의 판단기준

하자의 정의는 담보책임의 진입 장벽을 형성한다. 그러나 우리 민법은 물건 하자 개념을 정의하지 않았다.[6] 다만, 물건 하자는 일반적으로 있어야 할 상태(Soll-Zustand)와는 다른 실제 상태(Ist-Zustand)라고 할 것이다. 그런데 여기서 '있어야 할 상태'를 무엇을 기준으로 판단할 것인지에 관하여 학설은 ① 오로지 당사자의 합의를 기준으로 한다는 견해(주관설), ② 객관적으로 그 물건에 기대되는 통상의 성상을 기준으로 한다는 견해(객관설), ③ 당사자의 합의 내용을 기반으로 하되, 계약당사자가 물건의 성상에 관해 합의하지 아니한 때에만 객관적으로 판단한다고

3) Coburn/Leverett/Woo, Solving Cyber Risks, 2019, p. 103 et seq.

4) Richtlinie (EU) 2019/771. 이 지침의 내용 일람은 김진우, "유럽연합(EU)의 물품매매에 관한 새로운 담보책임법", 저스티스 제180호, 2020.

5) Gesetzentwurf der Bundesregierung: Entwurf eines Gesetzes zur Regelung des Verkaufs von Sachen mit digitalen Elementen und anderer Aspekte des Kaufvertrags, BT-Drs. 19/27474, 09.03.2021.

6) 오종근, "민법 담보책임법 개정안", (이화여대) 법학논집 제17권 제1호, 2012, 92면; 김세준, "하자담보책임에서 하자의 추정: 소비자보호를 위한 증명책임의 전환 가능성", 재산법연구 제33권 제3호, 2016, 56면; 서종희, "독일민법에서의 하자담보책임과 다른 책임과의 관계", 비교사법 제26권 제3호, 2019, 4면, 19면. 그러나 박희호, "물건의 하자와 관련한 담보책임법의 개정에 대한 일고", 민사법학 제78호, 2017, 284면은 우리 민법이 "물건의 하자에 대하여 명시적인 개념 규정을 두고 있지 않다는 주장은 맞"지만, "민법은 '계약의 목적'이라는 주관적 하자개념을 명백히 전제하고 있다"라고 한다.

하는 견해(절충설), ④ 당사자의 합의는 물론 객관적으로 그 물건에 기대되는 통상의 성상도 기준이 된다는 견해(병존설)로 나뉘어 있다.[7]

판례는 병존설에 가깝다.[8] 대법원은 "매매의 목적물이 거래통념상 기대되는 객관적 성질·성능을 결여하거나, 당사자가 예정 또는 보증한 성질을 결여한 경우"에 매도인은 담보책임을 부담한다고 하거나,[9] "매도인이 매수인에게 공급한 기계가 통상의 품질이나 성능을 갖추고 있는 경우, (…) 하자가 있다고 인정할 수 있기 위해서는, 매수인이 매도인에게 제품이 사용될 작업환경이나 상황을 설명하면서 그 환경이나 상황에 충분히 견딜 수 있는 제품의 공급을 요구한 데 대해, 매도인이 그러한 품질과 성능을 갖춘 제품이라는 점을 명시적으로나 묵시적으로 보증하고 공급하였다는 사실이 인정되어야만 할 것임은 물론"이라고 판시한 것이다.[10]

생각건대 객관적 요구사항은 당사자의 합의가 없거나 명료하지 않아 주관적 요구사항의 적용이 불가능한 경우에 한하여 고려되어야 할 것이다.[11] 흔히 지적되듯이,[12] 객관설 및 병존설은 제품의 성상에 관한 당사자의 약정 내지 계약자유의 원칙과 조화를 이루지 못하는 문제점을 안고 있다. 계약당사자는 제품이 어떤 성상을 갖추어야 하는지 또 어떤 경우를 제품의 하자로 볼 것인지를 합의로 정할 수 있어야 하는데, 객관설 및 병존설로는 이것이 불가능하다.[13] 다시 말해 객관설 및 병존설에 따르면, 당사자가 객관적 요구사항을 수정·배제하거나 다른 방식으로 객관적 요구사항을 일탈하는 내용의 합의를 전혀 할 수 없게 되거나 제한적으로만 할 수 있게 된다. 그러나 무엇보다도 매매목적물의 수량이나 품질은 경우에 따라 매수인에게 매우 중대한 의미를

---

7) 학설의 분류는 가령 김범철, "하자담보책임에 있어 하자개념에 대한 비교법적 고찰", 비교사법 제8권 제1호, 2001, 502면 이하; 송덕수, 채권법각론, 제4판, 2019, 197면; 김병선, "「고품질의 물건」을 급부한 경우의 법률관계", (이화여대) 법학논집 제18권 제4호, 2014, 112면 이하; 서종희, 비교사법 제26권 제3호, 2019, 33면 이하.

8) 같은 취지로 김범철, 앞의 논문, 510면.

9) 대법원 2000. 1. 18. 선고 98다18506 판결.

10) 대법원 2000. 10. 27. 선고 2000다30554, 30561 판결. 같은 취지로 대법원 2002. 4. 12. 선고 2000다17834 판결.

11) 우리 현행법이기도 한 「국제물품매매계약에 관한 UN협약(CISG)」 제35조도 같은 취지이다. 나아가 김범철, 앞의 논문, 511면; 송덕수, 앞의 책, 199-200면; 남효순, 민법주해 제14권, 제580조, 1997, 500-501면; 위계찬, "독일 매매계약법상 광고와 물건의 하자", 민사법학 제38호, 2007, 491면; 김대정, "매도인의 담보책임에 관한 민법규정의 개정을 위한 일제언", 민사법학 제49-1호, 2010, 280면; 김병선, 앞의 논문, 114면; 김준호, 채권법, 제7판, 2016, 596면; 이은영, 채권각론, 제5판, 2007, 335면; 정신동, "윤리적 소비와 계약법", 소비자문제연구 제50권 제3호, 2019, 44-45면. 한편, 서종희, "매매목적물의 하자(계약적합성) 판단기준", 소비자법연구 제5권 제3호, 2019, 119면은 물건의 하자를 판단하기 위한 기준 및 그 기준 간의 우열관계를 명확히 규정할 필요성이 존재하며, 주관적 요구사항을 먼저 적용하고 객관적 요구사항을 보충적으로 적용하는 방향으로 민법을 개정할 것을 제안한다.

12) 이를테면 송덕수, 앞의 책, 199면은 "객관설은 물건의 사용목적에 관한 당사자의 합의와 관념을 무시하는 단점이 있다"라고 지적한다.

13) 같은 취지로 곽창렬, "디지털콘텐츠 공급자의 담보책임", 소비자법연구 제4권 제2호, 2018, 116-117면.

가질 수 있어 객관적으로만 판단할 문제가 아니다.[14] 따라서 우리 법에서는 -CISG 제35조나 현행 독일 민법처럼- 주관적 기준을 객관적 기준에 우선하는 것이 타당할 것이다. 객관적 기준은 당사자가 달리 정하지 않은 경우에 비로소 적용되어야 한다. 그런데 명문의 규정이 없는 한 하자의 판단기준을 둘러싸고 앞으로도 현재처럼 학설이 대립할 수밖에 없고, 이는 법적 불안정성을 초래하므로 입법적 정비가 요청된다. 한편 주관적 기준의 내용은 불명확한 점이 있으므로 더욱 상세히 살펴보아야 한다(아래의 Ⅱ. 2. 참조).

(2) 하자 판단의 기준시기

우리 민법에서는 물건 하자의 유무를 판단하는 기준시기도 불분명하다.[15] 민법은 이 문제에 관해 언급하는 바 없으며,[16] 민법학에서는 종래 ① 계약성립 시를 기준으로 하는 견해[17]와 ② 위험이전 시를 기준으로 하는 견해[18]로 나뉘어 있다.

생각건대 물건의 하자를 판단하는 기준시기는 -우리의 현행법이기도 한 CISG 제36조 제1항과 마찬가지로- 원칙적으로 (대가)위험이전 시, 즉 매매계약의 경우 당사자가 달리 정하지 아니한 이상 인도 시라고 할 것이다. 이때부터는 물건이 매도인의 영향범위를 벗어나 매수인의 지배영역에 들어가기 때문이다. 자신이 더는 통제할 수 없는 물건에 대해 매도인이 책임을 지도록 하는 것은 이해관계에 적절하지 않다.[19] 위험이전 시를 기준시기로 할 경우, 매도인은 계약체결과 위험이전 사이의 매매목적물 멸실 및 훼손에 관한 리스크를 부담하며 또 계약체결 당시 존재한 하자는 위험이전 시까지 제거해야 한다. 그래서 위험이전이 있기 전에 발생한 하자에 대해서는 (담보책임이 성립하지 않으며) 일반적인 급부장애(채무불이행)에 관한 구제수단이 적용된다.[20]

---

14) 김진우, "온라인 물품거래에서의 담보책임", 서울법학 제24권 제2호, 79-80면.

15) 이에 관한 학설 소개는 송덕수, 앞의 책, 201면.

16) 하자담보책임의 발생시기를 법률상 명확히 하는 것은 특히 (일반 채무불이행책임에 따른) 다른 구제수단과의 경합문제와 관련하여 유의미한 데도 우리 민법이 이를 명시적으로 규율하지 아니한 점은 매우 아쉽다.

17) 가령 곽윤직, 채권각론, 1995, 179면; 남효순, 민법주해 제14권, 1997, 제580조, 505면; 송덕수, 앞의 책, 201면; 박희호, 앞의 논문, 314-315면. 특정물매매에 관해 계약성립 시가 기준이 된다는 대법원 2000. 1. 18. 선고 98다18506 판결.

18) 김형배, 채권각론<계약법>, 신정판, 2001, 353면; 양형우, 민법의 세계, 제12판, 2021, 1309면; 이은영, 앞의 책, 338면; 사동천, "최근 국제적 동향에서 바라본 우리 민법상의 매도인의 하자담보책임에 관한 연구", 민사법학 제24호, 2003, 15면; 김대정, 앞의 논문, 285면; 오종근, 앞의 논문, 93-94면; 김세준, 앞의 논문, 61면.

19) Medicus, Schuldrecht Ⅱ: Besonderer Teil, 7. Aufl. 1995, Rn. 48; Erman/Grunewald, BGB, 11. Aufl. 2004, BGB §434 Rn. 66.

20) 다만, 이은영, 앞의 책, 338-339면은 위험이전 시를 하자판단의 기준시기로 보면서도 "위험이전시기 전의 목적물의 하자(일부멸실 포함)는 그것이 원시적이든 후발적이든, 또는 매도인의 선관의무 위반으로 생긴 것이든 아니든 문제삼지 아니하고 하자로 인정되어 매도인의 담보책임이 발생한다"라고 서술한다. 그리고 양형우, 앞의 책, 1309면은 "계약체결과 위험이전(…) 사이에 발생한 하자에 대하여 매도인은 하자담보책임을 부담하지만, 계약체결시에 존재하던 하자를 위험이전될 때까지 제거한 경우에는 책임을 지 않는다"라고 한다. 하지만 이와 같은 해석은 하자담보책임의 판단시기를 위험이전 시로 한다는 것과 조화를 이루지 못한다

위험이전 후에 비로소(가령 추가적으로 개발된 소프트웨어에 대한 공격기술로 인한) 발생한 하자도 담보책임의 적용범위에 해당하지 않는다. 하자 판단의 기준시기에 대해서도 입법적 결단을 하는 것이 법적 안정성을 제고할 수 있는 길로 보인다.

다만, 디지털제품의 경우 아날로그제품처럼 위험이전이 중요성을 가진다고 하기 어렵다. 디지털 영역의 끊임없이 변화하는 기술 발전과 소프트웨어의 불완전성 및 기존의 아날로그 제품과 달리 디지털 제품에서는 사업자가 인터넷을 통해 원격으로 업데이트를 제공할 수 있어 사업자의 영역을 완전히 벗어나지 않는다는 점을 고려할 때, 디지털제품의 일회성 제공 및 위험이전만으로 사업자의 급부의무가 종료되어서는 안 된다. 오히려 디지털제품이 일정 기간 계약에 적합하도록 요구하는 것(계약상 약정된 것보다 성능이 개선된 업그레이드를 요구하는 것이 아니다!)이 거래현실에 한층 더 부합하는 해결책이라고 하겠다.

(3) 보안 허점이 매매법상의 하자인지 여부

앞에서는 디지털제품의 보안 허점이 매매법상의 하자인지에 관하여 국내에서는 학술적 검토나 판례를 찾아보기 어렵다고 하였다. 그런데 독일의 쾰른 고등법원(OLG Köln)[21]은 최근 이 문제를 다루었다. 이 판결에서는 안드로이드(Android) 4.4.2. KitKat 운영체제를 탑재한 저가(99유로) 스마트폰이 문제되었다. 스마트폰 판매자인 피고가 잠재적인 구매자에게 제공한 제품 정보에는 이 제품에 사용된 운영소프트웨어에 관한 보안 허점 및 소프트웨어 업데이트의 누락에 관한 정보가 포함되어 있지 않았다. 독일 연방정보기술보안청(Bundesamt für Sicherheit in der Informationstechnik, BSI)은 28개의 알려진 보안 허점을 대상으로 피고가 판매한 스마트폰을 테스트한 결과 15개의 보안 허점을 발견하였고, 이 제품이 사용자에게 현저한 보안 리스크를 가진다고 결론지었다. 소비자 보호와 관련하여 소송을 제기할 수 있는 자격이 있는 소비자협회(Verbraucherverband)인 원고(부정경쟁방지법[UWG] 제8조 제3항 제3호)는 피고에 대해 보안 허점을 언급함이 없이 기기를 판매하지 말 것을 요구하였다. 이미 테스트 판매 시점에 보안 허점이 "공공연히 알려졌으므로" 피고가 이에 관해 지적했어야 하는데, 그렇게 하지 아니한 것은 부정경쟁방지법(Gesetz gegen den unlauteren Wettbewerb, UWG) 및 소비자법위반행위금지청구소송법(Gesetz über Unterlassungsklagen bei Verbraucherrechts- und anderen Verstößen, UKlaG)을 위반한 것이며, 아울러 보안 허점은 물건 하자(Sachmängel)라고 주장하였다. 그러나 쾰른 지방법원은 소를 기각하였으며,[22] 쾰른 고등법원도 다음과 같은 점을 고려하여 결론적으로 하자의 존재를 부정하였다: 안드로이드 운영체제는 수많은 스마트폰에 사용되고, 스마트폰의 각 제조자는 이 운영체제를 각

고 할 것이다.

21) OLG Köln, MMR 2020, 248 ff.

22) LG Köln, BeckRS 2019, 27025.

스마트폰 모델에 맞게 조정한다. 이러한 이유로 동일한 버전의 안드로이드 운영체제가 탑재된 모든 스마트폰이 동일한 보안 허점을 보이지는 않는다.[23] 새 버전의 운영체제가 출시되면, 이것은 스마트폰에 직접 적용할 수 없다. 오히려 새 버전의 운영체제가 이전의 스마트폰의 각 모델에 조정된 경우에만 해당 스마트폰에서 운영체제를 사용할 수 있다. 이러한 조정은 부분적으로 제조자가 수행하지만, 어떤 경우에는 조정이 따르지 않는다. 후자의 경우 휴대폰 모델에서 최신 운영체제를 사용할 수 없다.[24] 원고가 요구하는 (보안 허점에 관한) 정보가 본질적인 것이 아니다. 그 정보는 고객에게 중요하기는 하지만, 피고에게 그 제공을 기대할 수는 없다. 운영소프트웨어에 보안 허점이 있는지 여부에 관한 문제는 운영소프트웨어의 각 버전에 대해 일원적으로 답할 수 없고 각 기기의 소매업자나 제조자에 의한 개별적인 검사가 필요하다. 이것은 피고와 같은 판매자가 휴대폰 자체를 제조하지 않고 다양한 제조자의 수많은 스마트폰 기종을 판매하는 경우 과도한 노력을 요구한다.[25]

일부 독일 문헌은 일반론으로 소프트웨어의 모든 보안 허점이 담보책임을 유발하는 매매법상의 하자라고 한다.[26] 그러나 바이러스, 트로이 목마 또는 기타 멀웨어의 공격을 가능케 하는 소프트웨어의 피할 수 있는 보안 허점(vermeidbare Sicherheitslücken)이 하자라고 할 것이며,[27] 따라서 보안 허점은 하자가 될 수 있겠으나, 항상 하자인 것은 아니다.[28] 모든 보안 허점이 동시에 물건 하자인 것은 아니며, 반대로 운영체제의 보안 허점에 대한 일반적인 인식이 하자를 배제하지도 않는다.[29] 컴퓨터공학에서는 일정 복잡성을 가지는 소프트웨어는 오류없이 개발될 수 없다는 데 공감대가 널리 형성되어 있다.[30] 독일의 판례[31]와 BSI[32] 및 관련 법학문헌[33]도 원칙적으로 소프트웨어 오류의 불가피성을 인정한다. 결국 보안 허점을 물건 하자로 인정할 것인지는 개

23) OLG Köln, MMR 2020, 248(Rn. 12).
24) OLG Köln, MMR 2020, 248(Rn. 13).
25) OLG Köln, MMR 2020, 248(Rn. 30).
26) Raue, NJW 2017, 1843: "Enthält eine Software Sicherheitslücken, dann ist sie mangelhaft und der Nutzer hat gegen seinen Vertragspartner einen Gewährleistungsanspruch."
27) Redeker, in: Redeker, IT-Recht, 7. Aufl. 2020, Rn. 342와 그곳에 소개된 문헌 참조.
28) OLG Köln, MMR 2020, 248; BeckOK BGB/Faust, 57. Ed. 1.2.2021, BGB §434 Rn. 68; Schöttle, in: Auer-Reinsdorff/Conrad, HdB IT- und Datenschutzrecht, 3. Aufl. 2019, §25 Rn. 29; Schneider/Conrad, in: Auer-Reinsdorff/Conrad, HdB IT- und Datenschutzrecht, 3. Aufl. 2019, §10 Rn. 69.
29) Wiesner, in: Leupold/Wiebe/Glossner, Münchener Anwaltshandbuch IT-Recht, 4. Aufl. 2021, Teil 10.6 Rn. 18.
30) Marly, Praxishanbuch Softwarerecht, 7. Aufl. 2018, Rn. 1438.
31) BGH, NJW 1988, 408; OLG Düsseldorf, CR 1992, 724.
32) BSI, Die Lage der IT-Sicherheit in Deutschland 2015, S. 10.
33) Raue, NJW 2017, 1841; Metzger, JZ 2019, 580; Kast, in: Auer-Reinsdorff/Conrad, HdB IT- und Datenschutzrecht, 3. Aufl. 2019, §12 Rn. 216; Marly, Praxishandbuch Softwarerecht, 7. Aufl. 2018, Rn. 1823; Raue, NJW 2017, 1841. Kuss, in: Sassenberg/Faber, Industrie 4.0-HdB, 2. Aufl. 2020, §12 Rn. 80("Software ist nie fehlerfrei").

별 사안과 (계약상 합의가 없는 경우) 매수인의 보안에 대한 기대가 정당한 것인지에 의존한다.[34] 알려진 위협과 관련하여 최소한 기본적인 보안은 기대할 수 있으며, 특히 이러한 위협이 광범위한 피해로 이어질 수 있는 경우에는 더욱 그러하다.

위험이전 후에야 보안 허점이 드러났다고 하여[35] 그 자체로 물건 하자를 인정할 수 없는 것은 아니다. 중요한 것은 위험이전 시에 이미 보안 허점이 있었는지이다. 보안 허점이 후발적으로 발견되더라도 그것은 이미 위험이전 시에 존재했을 수 있다. 그러나 네트워크로 연결된 시스템으로의 침투가 추가적인 기술 개발을 통해서만 가능하다면(예컨대 양자컴퓨터가 보호되는 데이터의 암호를 해독할 수 있는 경우) 위험이전 시에서의 기술 수준에 따라 더 나은 보호 기능을 사용할 수 없었던 것이고, 따라서 물건 하자가 인정되기 어렵다.[36]

현행 독일 매매법상 보안 허점이 하자인지에 관해서는 단계적 검토가 있어야 한다:[37] ① 위험이전 시 합의된 성상을 가진 물건은 하자가 없다(독일 민법 제434조 제1항 제1문, 주관적 하자 개념). 만일 성상이 합의되지 않았다면 ② 계약상 전제된 용도에 적합한지(독일 민법 제434조 제1항 제2문 제1호, 주관적 하자 개념) 또는 ③ 물건이 통상의 용도에 적합하고 또 동종의 물건에 일반적이며 매수인이 물건의 성질상 기대할 수 있는 성상을 가지는지를 확인해야 한다(독일 민법 제434조 제1항 제2문 제2호, 객관적 하자 개념). 결국 독일 민법은 하자의 유무와 관련하여 일차적으로 주관적 기준을 따르고, 객관적 기준은 물건의 성상에 관한 합의 또는 계약상 전제가 된 용도가 없는 경우에 한해 적용되므로[38] 우리의 절충설과 맥을 같이 한다.

(4) 소 결

현행 독일 민법 제434조의 주관적 기준의 객관적 기준에 대한 우선은 우리 현행법이기도 한 CISG 제35조를 모델로 한 것이다.[39] 물품에 관한 국제거래와 국내거래를 구분해야 할 부득이한 사정이 없는 한 이들에 대해 동일한 규율체제가 적용되는 것이 바람직하고 또 우리 민법상 하자의 유무를 판단하기 위한 기준이 마련되지 않았으므로 현행 독일 민법 제434조의 해석론은 우리 민법에 따른 하자 유무의 판단에 있어 유용한 참조자료가 될 수 있을 것이다. 따라서 이하

---

34) Wiesner, in: Leupold/Wiebe/Glossner, Münchener Anwaltshandbuch IT-Recht, 4. Aufl. 2021, Teil 10.6 Rn. 18.

35) 이것은 위험이전 후에 비로소 발생한 하자와는 구별되어야 한다.

36) Wiesner, in: Leupold/Wiebe/Glossner, Münchener Anwaltshandbuch IT-Recht, 4. Aufl. 2021, Teil 10.6 Rn. 18; Marly, Praxishandbuch Softwarerecht, Rn. 1528; Raue, NJW 2017, 1843.

37) 독일 민법 제434조 제1항은 하자 유무의 판단을 위해 3가지 상이한 기준을 들고 있는바, 이들 기준은 계층적 순서를 가진다. Eckert/Maifeld/Matthiessen, Handbuch des Kaufrechts, 2007, Rn. 291; BeckOK BGB/Faust, 57. Ed. 1.2.2021, BGB §434 Rn. 2; Simons/Wuhrmann, InTeR 2017, 32; Kuss, in: Sassenberg/Faber, Industrie 4.0-HdB, 2. Aufl. 2020, §12 Rn. 108.

38) 임대차법에 대해서도 같다: BGH, NJW 2013, 680.

39) Eckert/Maifeld/Matthiessen, Handbuch des Kaufrechts, 2007, Rn. 291; Tonner, VuR 2019, 364.

에서는 현행 독일 민법 제434조의 해석론을 살펴보지만,[40] 그것은 우리 법에 대해서도 실체적으로 유사한 취급을 할 수 있다는 것이 필자의 생각이다.

2. 합의된 성상

위험이전 시 합의된 성상을 가진 물건은 하자가 없다(독일 민법 제434조 제1항 제1문). 물건의 성상에는 물건 자체에 내재된 모든 요소는 물론 거래관념에 따라 그 물건의 가치평가에 영향을 미치는 물건의 환경에 대한 제반 관계가 포함될 수 있다.[41] 그래서 물건의 성상에는 물건에 직접 결부된 속성뿐만 아니라 물건의 환경에 대한 사실적 · 법적 · 경제적 관계가 포함될 수 있다.

계약당사자의 성상에 관한 합의는 요식행위가 아니라면 계약서 자체에 포함될 필요가 없다.[42] 매도인이 계약상 구속력 있는 방식으로 일정 특성의 존재를 보장하고 그 부존재로 인한 결과에 대해 담보책임을 지겠다고 표명하였다면 성상에 합의한 것이다.[43] 그러나 일정 성상에 관하여 매도인이 책임을 지겠다고 하는 의사가 별도로 표명되어야 하는 것은 아니다. 오히려 매수인이 계약의 목적물에 관한 기대치를 표명하고 매도인이 이에 대해 동의하는 것으로 충분하다.[44] 그러나 매수인의 일방적 관념은 설령 그것을 매도인이 알았다고 하더라도 -그러한 인지를 동의로 평가할 수 없는 한- 충분하지 않다.[45] 특히 당사자가 물건이 통상적인 성상을 가져야 한다는 데 추단적으로 동의했다고 바로 가정할 수 없다.[46] 그렇지 아니할 경우 통상적인 용도 및 일반적인 성상에 관한 독일 민법 제434조 제1항 제2문의 제2호는 어떤 의미도 가질 수 없고 또 거기에 규정된 기준은 우회될 수 있기 때문이다.

당사자는 물건의 성상에 관해 자유롭게 합의할 수 있다. 그래서 성상은 긍정적 또는 부정적으로 표현될 수 있다. 당사자는 디지털제품과 관련하여 (예컨대 비밀번호 보호와 같은) 보안 기능 및 보호 수준을 설명하거나, 보안 허점에 관한 최신 테스트 기법을 통과할 것을 합의하는 등 일정 기술규범 또는 표준에 따른 제조에 관한 합의도 성상 합의가 있는 경우라고 할 수 있다.[47] 또한 사적 자치의 원칙상 표준적인 품질을 밑도는 물건을 매매목적물로 하기로 하는 이른바 '부

---

40) 이에 관한 선행연구로 서종희, 비교사법 제26권 제3호, 2019, 7면 이하.

41) BGH, NJW 2020, 1287(Rn. 37); MüKoBGB/Westermann, 8. Aufl. 2019, BGB §434 Rn. 9; Staudinger/Matusche-Beckmann, BGB, 2013, §434 Rn. 58.

42) BGH, NJW 1983, 2192.

43) 담보책임(Mangelhaftung)과 보증(Garantie)의 구별에 관하여는 김진우, "소비재매매계약에서의 품질보증제도의 입법론", 홍익법학 제17권 제4호, 2016, 295면 이하.

44) Staudinger/Matusche-Beckmann, BGB, 2013, BGB §434 Rn. 64.

45) BGH, NJW 2009, 2807; MüKoBGB/Westermann, BGB §434 Rn. 16.

46) BGH, NJW 2019, 1937(Rn. 22); BeckOK BGB/Faust, 57. Ed. 1.2.2021, BGB §434 Rn. 41.

47) MüKoBGB/Westermann, 8. Aufl. 2019, BGB §434 Rn. 15.

정적 성상합의(negative Beschaffenheitsvereinbarung)'도 가능하다.[48] "소프트웨어는 무결점일 수 없다"라거나 "소프트웨어에 보안 허점이 있을 수 있다"라는 언급은 상당한 이유없이 담보책임을 배제하거나 제한하는 것으로서 약관법상 적절한 (부정적) 성상 합의라고 할 수 없다(독일 민법 제309조 제8호의b aa), 우리 「약관의 규제에 관한 법률[약관법]」 제7조 제3호).[49]

위 <스마트폰 사건>에서는 당사자가 스마트폰의 보안과 관련하여 성상을 합의했다는 점은 인정되지 않았다.[50] 이는 소프트웨어의 성상에 관한 당사자의 합의는 실무상 개별적인 주문에 의해 제작·공급되는 소프트웨어(Individualsoftware)의 경우에만 널리 퍼져 있다는 점[51]과 상응한다.

3. 계약상 전제가 된 용도

제품의 개별적 성상에 관한 합의가 없는 경우, 이차적으로 계약상 전제된 용도(vertraglich vorausgesetzte Verwendung)에 결정적인 의미가 부여된다(독일 민법 제434조 제1항 제2문 제1호). 계약당사자는 계약상 물건의 용도가 무엇인지를 합의해야 하며, 그 점에서 이 기준도 주관적 요구사항에 속한다.[52] 그 합의는 반드시 명시적으로 이루어질 필요가 없다. 그래서 매수인이 용도를 알 수 있도록 하고, 매도인이 (추단적으로) 동의한 것으로 충분하다.[53] 계약당사자 일방의 계약체결에 관한 동기나 일방적인 용도 설정은 '계약상 전제가 된 용도'의 요건을 충족하지 못한다.[54]

그러나 이 기준은 실무상 큰 역할을 하지 못한다. 계약상 전제된 용도는 일반적으로 독일 민법 제434조 제1항 제2문 제2호에 따른 '통상의 용도(gewöhnliche Verwendung)'와 비교할 때

48) MüKoBGB/Westermann, 8. Aufl. 2019, BGB §434 Rn. 23. 그리고 이것은 계약상의 책임제한과 구분되어야 한다. Reinking/Eggert, Der Autokauf, 14. Aufl. 2020, Rn. 2488.

49) MüKoBGB/S. Lorenz, 8. Aufl. 2019, BGB §476 Rn. 10; Rockstroh/Peschel, NJW 2020, 3346(Rn. 7); Hoeren, in: Westphalen, Graf von/Thüsing, Vertragsrecht und AGB-Klauselwerke, Werkstand: 46. EL Oktober 2020, IT-Verträge, Rn. 96. Kast, in: Auer-Reinsdorff/Conrad, HdB IT- und Datenschutzrecht, 3. Aufl. 2019, §13 Rn. 216은 자주 접하게 되는 "소프트웨어는 무결점일 수 없다(Software ist nie fehlerfrei)"라는 언급은 법적으로 무의미하며, 최악의 경우 해로울 수도 있다고 한다. 그리고 이러한 언급은 매도인이 소프트웨어 하자가 있을 수 있음을 인정하는 것으로 볼 수 있으며, 따라서 매도인의 부담으로 처음부터 증명책임의 전환 또는 소스 코드를 제공할 의무를 초래할 수 있을 것이라고 한다. Kuss, in: Sassenberg/Faber, Industrie 4.0-HdB, 2. Aufl. 2020, §12 Rn. 80은 "소프트웨어는 무결점일 수 없다"라는 언급은 기술적으로는 타당할 수 있지만, 고객의 담보책임에 기한 권리에는 영향을 미치지 못한다고 한다.

50) Rockstroh/Peschel, NJW 2020, 3346(Rn. 8).

51) Ammann, in: Kilian/Heussen, Computerrechts-Handbuch, Werkstand: 35. EL Juni 2020, Kap. 32.2 Rn. 63.

52) Eckert/Maifeld/Matthiessen, Handbuch des Kaufrechts, 2007, Rn. 313; BeckOK BGB/Faust, 57. Ed. 1.2.2021, BGB §434 Rn. 51; Staudinger/Matusche-Beckmann, BGB, 2013, §434 Rn. 73; Simons/Wuhrmann, InTeR 2017, 32.

53) Jauernig/Berger, 18. Aufl. 2021, BGB §434 Rn. 13.

54) Kuss, in: Sassenberg/Faber, Industrie 4.0-HdB, 2. Aufl. 2020, §12 Rn. 112.

당사자가 계약상 통상의 용도와 다른 용도에 합의한 때에만 독자적인 의의를 가질 수 있기 때문이다.[55]

성상이 합의되었을 뿐만 아니라 일정 용도도 계약상 전제가 되었는데 이들 두 가지가 상호 조화를 이루는 경우, 매매목적물은 두 가지 요구사항을 모두 충족해야 한다. 합의된 성상과 계약상 전제된 용도가 상호 충돌하는 경우, 단순히 성상 합의를 우선할 것은 아니다. 오히려 계약의 해석을 통해 무엇이 우선할지를 정해야 한다. 합의된 성상과 전제된 용도 사이의 우열관계가 의심스럽거나 당사자가 둘 모두에 동등한 의의를 부여한 경우 성상합의를 우선한다.[56]

4. 통상의 용도 및 일반적인 성상

당사자가 성상을 합의하지 않았거나 물건의 일정 용도를 계약상 전제하지 아니한 이상, 물건이 통상의 용도에 적합하고 또 동종의 물건에 일반적이며 매수인이 물건의 성질상 기대할 수 있는 성상을 가진 경우에는 물건 하자가 없다(독일 민법 제434조 제1항 제2문 제2호). 이러한 '용도적합성' 및 '일반적이고 기대할 수 있는 성상'이라는 징표는 객관적 요건에 해당한다.

(1) 동종의 물건

하자 문제에 대한 관건은 '동종의 물건(Sachen der gleichen Art)'을 획정하는 일이다. 독일 민법은 '동종의 물건'이 무엇을 의미하는지에 관한 상세한 정보를 제공하지 않으며, 그 점에서 해석의 여지가 넓다.

동종의 물건인지 여부를 판단하기 위해 제품의 성질과 유형, 가격 범주,[57] 일정 클래스에의 해당 여부,[58] 의도된 사용영역 또는 국내 시장으로의 유통이나 일정 기능적 측면에 관한 (있을 수 있는) 허가요건을 고려해 비교그룹을 구성해야 한다. 독일 연방대법원은 디젤 미립자 필터 사건[59]에서 비교그룹을 매우 좁게 형성하였으며 대체 기술이 적용된 디젤 차량이 있음에도 디젤 미립자 필터가 장착된 디젤 차량만을 고려하였다.[60]

55) BGH, NJW 2019, 1937(Rn. 26).
56) BeckOK BGB/Faust, 57. Ed. 1.2.2021, BGB §434 Rn. 49.
57) BGH, NJW 2007, 1351(Rn. 20 f.). 이때 시장가격이 기준이 된다.
58) OLG Hamm, NJW-RR 2016, 178은 고가의 스포츠카에 관한 것이다.
59) BGH, NJW 2009, 2056. 이 사건에서 원고는 디젤 미립자 필터가 장착된 신차로 근거리 주행 중 미립자 필터의 막힘으로 인한 여러 번의 장애를 겪었으며 이는 하자에 해당한다고 주장하면서 매매계약을 해제하고 매매대금의 반환을 청구하였다. 이에 대해 피고는 문제된 차량이 최신 기술에 따라 제조된 것으로 하자가 성립하지 않는다고 반박하였다. 이 사건에서는 최신 기술에 상응하게 제조되었지만 매수인이 기대하는 중요한 작업을 수행하지 못하는 차량이 문제되었다. 독일 연방대법원은 용도는 고려함이 없이 사용된 기술만을 기준으로 디젤 미립자 필터가 장착된 자동차의 필터 막힘 현상으로 인한 장애는 독일 민법 제434조 제1항 제2문 제2호에 따라 하자에 해당하지 않는다고 판시하였다.
60) BGH, NJW 2009, 2056의 비교기준의 협소성에 대해 비판적으로 BeckOK BGB/Faust, 57. Ed. 1.2.2021, BGB §434 Rn. 62; Höpfner, NJW 2009, 2058.

(2) 통상의 용도

'통상의 용도'에 적합하지 않은 물건은, 계약상 전제된 용도가 우선하지 않는 한, 하자가 있다. 이때 통상의 용도에 부적합한 것이 물건의 성상 때문인지 아니면 이와 관련된 다른 사정 때문인지는 묻지 않는다.[61)]

제품은 통상의 용도에 적합해야 한다. '용도'는 구체적인 사용유형을 의미한다. 통상의 용도는 거래관념에 따라 결정된다. 이때 중요한 것은 '합리적인 평균적 매수인의 기대치'이다.[62)] 이러한 기대치는 일차적으로 동종의 다른 물건과의 비교로 형성된다. 물건의 통상적인 용도는 동종의 다른 물건으로 할 수 있는 바를 의미한다. 특정 물건이 제조상의 결함으로 인해 이러한 방식으로 사용될 수 없는 경우 하자가 있는 것이다.[63)] 통상의 용도와 관련하여 신제품과 중고품을 구별해서는 안 된다. 다른 계약적 합의가 없는 경우 중고품도 사용할 수 있을 것으로 기대되기 때문이다. 통상의 용도에의 적합성은 계약체결 시를 기준으로 판단한다.[64)]

합리적인 평균적 매수인의 기대치는 구매한 구체적인 제품만이 아니라 경쟁제품에 의해서도 결정된다. 구체적인 물건을 일정 방식으로 사용할 수 없을 뿐만 아니라 이러한 유형의 제품이 일반적으로 설계상의 일정 약점을 가지고 있거나 일정 기능이 없는 경우에도 통상의 용도에 대한 적합성이 결여될 수 있다.[65)] 급부와 반대급부의 등가성을 유지하려는 목적을 가지는 담보책임법으로 항상 시장에서 제공되는 최고의 수준을 도모할 수는 없으므로, 동종의 물건에 기본적인 기능이 결여된 경우에만 하자가 있다고 할 것이다.[66)]

어떤 경쟁제품을 기준으로 할 것인지는 제품의 종류는 물론 가격대에 따라 달라져야 한다. 성상합의와 관련하여 합의된 가격에서 결론을 도출하는 것은 원칙적으로 허용되지 않지만,[67)] 매수인이 제품에 대해 기대할 수 있는 특성에 대해서는 가격이 중요한 의미를 가진다. 그러나 이것은 매도인과 매수인이 구체적으로 합의한 가격에는 적용되지 않고 제조자의 권장 소매가격 또는 시장가격으로 표시된 가격등급에만 적용되어야 한다. 고가 또는 저가 부문에 제품을 위치시키는 것은 제품에 대한 구매자의 기대를 불러일으키고 시장가격은 작동하는 시장경제에서 이러한 기대를 반영한다. 브랜드의 개발과 유지는 고객에게 특별한 품질을 알리는 역할을 하기 때문에 브

61) BeckOK BGB/Faust, 57. Ed. 1.2.2021, BGB §434 Rn. 58.
62) BeckOK BGB/Faust, 57. Ed. 1.2.2021, BGB §434 Rn. 59; MüKoBGB/Westermann, 8. Aufl. 2019, BGB § 434 Rn. 24; Rockstroh/Peschel, NJW 2020, 3347(Rn. 15).
63) BGH, NJW 2017, 2817; BeckOK BGB/Faust, 57. Ed. 1.2.2021, BGB §434 Rn. 59.
64) BGH, NJW 2009, 2120; BeckOK BGB/Faust, 57. Ed. 1.2.2021, BGB §434 Rn. 55.
65) BGH, NJW 2011, 2872(Rn. 12); BGH, NJW 2019, 292(Rn. 33 f.).
66) BeckOK BGB/Faust, 57. Ed. 1.2.2021, BGB §434 Rn. 61.
67) 가격은 시장에서 자유롭게 결정되고, 이를 위한 객관적인 기준은 존재하지 않는다. 매수인이 높은 가격을 지급한 경우 고품질을 기대할 수 있지만, 품질에 관한 합의가 없다면 법적으로 이러한 기대는 보호되지 않는다. 인터넷 경매에서 개시가격은 급부의 품질과 관련하여 아무런 의미가 없다.

랜드 제품인지 노브랜드 제품인지도 유의미하다.[68)]

통상의 용도에 적합하려면 물건이 실제로 통상적인 방식으로 사용될 수 있을 뿐만 아니라 이러한 사용이 법적으로 허용되고 사용자 또는 제3자에게 특별한 위험을 발생시키지 않아야 한다. 예컨대 차량에 허용되지 않는 배기가스 조작 소프트웨어가 설치되어 있는 경우 운행이 금지될 위험이 있으므로 그 차량은 통상의 용도에 적합하지 않다.[69)]

보안 허점이 있어도 일반적으로 제품의 작동에는 영향을 주지 않는다. 다만, 독일의 확립된 판례에 따르면 통상의 용도가 건강상의 현저한 위험이나[70)] 중대한 경제적 피해 리스크와 결부된 경우,[71)] 합리적인 사용자가 오작동으로 인한 손해를 방지하기 위해[72)] 또는 (잠재적인) 임박한 사용불능 시에 사용을 자제하는 경우 통상적인 용도로의 제품의 적합성은 제한된다.[73)] 후자는 예컨대 해커가 인포테인먼트(Infortainment) 시스템의 보안 허점을 통해 차량을 부분적으로 제어한 지프 체로키(Jeep Cherokee) 사건[74)]에서 논의되었다.[75)] 소프트웨어에 바이러스가 포함된 경우에는 하자가 있는 것이다.[76)] 통상의 용도에의 부적합성의 주장 및 증명은 일반적으로 어렵고 많은 경우 전문가의 도움이 없이는 불가능하며 그로 인해 소송리스크와 비용리스크를 초래한다.[77)]

(3) 일반적이고 기대할 수 있는 성상

물건은 동종의 물건에 일반적이고 매수인이 물건의 성질에 따라 기대할 수 있는 성상을 가져야 한다.

일반적인 성상은 공법규정(제품안전에 관한 규정이나 데이터 보호에 관한 규정 등)이나 독일표준화협회(Deutsches Institut für Normung, DIN)의 표준에서 도출될 수 있다.[78)] 일반성은 (규범적으로 정해진) 평균적 매수인을 기준으로 판단한다.[79)] 그리고 일반성의 판단을 위해 동종의 비교대상을 형성해야 한다. 따라서 가령 중고차를 새 차와 비교해서는 안 되며, 다른 제조자의 유사 차량과 비교해야 한다.[80)] 최신 기술 수준에 따라 제작된 물건은 그것이 매수인이 기대하는 수준에 미치

---

68) BeckOK BGB/Faust, 57. Ed. 1.2.2021, BGB §434 Rn. 62.
69) BGH, NJW 2019, 1133(Rn. 4 ff.).
70) BGH, NJW 1985, 1769(제품안전법[ProdSG]의 사고방지규정의 위반); BGH, NJW 2017, 153(Rn. 16).
71) BGH, NJW 2017, 2817.
72) BGH, NJW 2019, 292.
73) BGH, NJW 2019, 1133.
74) Berliner Morgenpost, Wissenschaftler warnen vor Gefahren durch Autohacker, 29.8.2016.
75) Wired, Hackers Remotely Kill a Jeep on the Highway-With Me in it, 21.7.2015.
76) Ammann, Kilian/Heussen, Computerrechts-Handbuch, Werkstand: 35. EL Juni 2020, Kap. 32.2 Rn. 65.
77) Ibid.
78) Jauernig/Berger, 18. Aufl. 2021, BGB §434 Rn. 14.
79) BGH, NJW 2009, 2807; BGH, NJW 2011, 2873.
80) OLG Düsseldorf, NJW 2006, 2858.

지 못하더라도 하자가 없다.[81]

정당한 기대는 매도인 또는 제조자가 행한 공개적 진술로부터도 발생할 수 있다(독일 민법 제434조 제1항 제3문). 다른 착안점이 없다면, 평균적 매수인이 정당하게 (객관적으로) 가지는 기대는 통상 동종의 물건에 일반적인 성상을 기반으로 한다.[82] 물건의 성질에 따라 기대할 수 있는 성상(erwartende Beschaffenheit)은 합리적인 평균적 매수인의 기대치를 기반으로 하므로 일반적인 성상(übliche Beschaffenheit)과 대개 일치한다.[83] 그러나 예외적으로 이들이 일치하지 않는 경우에는 양자는 선택적인 것으로 볼 수 있다. 즉, 일반적인 성상과 매수인이 기대할 수 있는 성상이 불일치하는 경우, 일반적인 성상을 갖추거나 매수인이 기대할 수 있는 성상을 갖춘 때에는 물건 하자가 없다.[84]

5. 물품매매지침과 이를 구현하기 위한 독일 민법개정안

물품매매지침(이하 주로 '지침'으로 인용하며, 다른 지침과 구별되어야 할 경우에만 '물품매매지침'이라 한다)은 2021. 7. 1.까지는 EU 회원국의 국내법으로 전환되고, 늦어도 2022. 1. 1.부터는 적용되어야 한다(제24조). 지침은 특히 스마트폰 또는 기타 스마트 장치와 같은 '디지털 요소가 있는 물품'에 관한 것이다.[85] 지침은 디지털제품의 제공에 대해 매도인의 담보책임을 명확히 한 데 특징이 있다. 즉, 매도인은 물품 그 자체의 하자뿐만 아니라 디지털 급부의 하자에 대해서도 담보책임을 진다(지침 제10조 제1항 제2문).[86] 기존의 법적 상황과 달리, 매매계약법적 의무와 (제3자)의 디지털 급부와 관련된 의무 간의 엄격한 분리는 더 이상 유지되지 않는다. 오히려 물품과 디지털 급부가 서로 어우러지면서 제대로 작동한다는 점에 초점이 맞춰져 있다. 현재의 법상황과의 결정적인 차이점은 디지털 급부의 계약적합성에 대한 매도인의 책임이다.[87] 매도인의 구체적인 책임은 매매계약이 디지털콘텐츠나 디지털서비스를 일회성으로 제공하는지 아니면 계속적으로 제공하는지에 따라 달라진다. 보안은 지침상 디지털제품의 특성에 해당한다(제7조 제1항 d).

---

81) BGH, NJW 2009, 2056(Rn. 11).
82) BeckOK BGB/Faust, 57. Ed. 1.2.2021, BGB §434 Rn. 74; MüKoBGB/Westermann, 8. Aufl. 2019, BGB § 434 Rn. 24.
83) BT-Drs. 14/6040, S. 214.
84) BeckOK BGB/Faust, 57. Ed. 1.2.2021, BGB §434 Rn. 56; Jauernig/Berger, 18. Aufl. 2021, BGB §434 Rn. 14. 이견: MüKoBGB/Westermann Rn. 24; Erman/Grunewald, BGB §434 Rn. 22; Staudinger/ Matusche-Beckmann, 2014, Rn. 81, 93 f.
85) 지침의 고려이유 16.
86) 이러한 규율의 배경에 관하여는 김진우, 저스티스 제180호, 2020, 185면.
87) Wendehorst, Aktualisierungen und andere digitale Dauerleistungen, in: Stabentheiner/ Wendehorst/ Zöchling-Jud, Das neue europäische Gewährleistungsrecht, 2019, S. 136.

(1) 하자의 판단기준

지침에서는 디지털제품이 주관적 요구사항(제품에 관한 설명, 수량, 품질, 성능, 호환성, 상호운용성, 계약상의 업데이트 등에 관한 계약적 합의사항) 외에 객관적 요구사항(수량, 품질, 소비자가 합리적으로 기대할 수 있는 기능성, 호환성, 접근성, 연속성 및 안전성을 포함한 급부특성)도 충족해야 계약에 적합하다. 이때 주관적 요구사항과 객관적 요구사항 간에 우열관계는 인정되지 않으며 동등한 순위로 충족되어야 한다(지침 제7조 제1항).[88] 다시 말해 이들 지침에 규정된 새로운 객관적 요구사항은 기본적으로 계약적 합의와 무관하게 고려되어야 한다.[89] 그 점에서 주관적 요구사항의 충족을 계약적합성의 일차적 판단기준으로 하는 현행 독일 민법(제434조)과 현저한 차이가 있고,[90] 따라서 하자 개념에 관한 현행 독일 민법 규정은 새롭게 정립되어야 한다. 우리의 병존설에 상응한 이러한 취급이 실무에 더 가깝고 동시에 소비자 보호 수준을 높이는 것이라고 한다.[91] 이에 독일 연방정부는 지침의 구현을 위해 일반 매매법의 규정인 독일 민법 제434조를 다음과 같이 개정하고자 한다.

민법개정안 제434조(물건 하자)
① 위험이전 시에 물건이 본조의 주관적 요구사항, 객관적 요구사항 및 조립 관련 요구사항을 충족하는 때에는[92] 그에 물건 하자가 없다. ② 물건은 다음의 경우에 주관적 요구사항을 충족한다. 1. 약정된 성상을 갖추고, 2. 계약상 전제된 용도에 적합하며 또 3. 약정된 부속물과 조립설명서 및 설치설명서를 포함한 약정된 설명서가 교부된 때. 제1문 제1호에 따른 성상에는 종류, 수량, 품질, 기능성, 호환성, 상호운용성 및 당사자가 요구사항으로 약정한 그 밖의 특성이 포함된다. ③ 달리 유효하게 약정되지 아니한 이상 물건은 다음의 경우에 객관적 요구사항을 충족한다. 1. 통상의 용도에 적합하고, 2. 동종의 물건에 일반적이며 다음의 사항을 고려할 때 매수인이 물건에 기대할 수 있는 성상을

88) 지침의 고려이유 25; Kupfer/Weiß, VuR 2020, 97; Firsching, ZUM 2021, 215; Tonner, VuR 2019, 363 f.

89) Ehle/Kreß, CR 2019, 726(Rn. 16).

90) Metzger, JZ 2019, 581; Ehle/Kreß, CR 2019, 726(Rn. 17).

91) Staudenmayer, NJW 2019, 2890.

92) 민법개정안은 구매품목의 종류에 따라 조립이 불가능하거나, 필요하지 않거나, 일반적이지 않기 때문에 조립이 행하여지지 않거나, 다른 이유로 구체적 사안에서 조립이 따르지 않는 경우를 시야에서 놓친 것으로 보인다. 민법개정안 제434조 제1항의 법문에 충실히 따르면, 이러한 경우에도 물건 하자가 있는 것이 된다. 그러나 이러한 결과는 적절하지도 않고 지침이 의도하는 바도 아닐 것이다. 오히려 지침 제8조에 따르면, 물품이 적절하게 조립되고 ① 조립이 매매계약의 일부이고 매도인이나 그의 책임 아래 행하여지거나 ② 매수인이 행한 조립이 매도인이 제공한 설명서의 하자로 인한 경우에만 계약위반이 된다. 지침의 문언과 달리 독일 민법개정안의 문언은 매도인이나 그의 이행보조자가 조립하는 경우와 매수인이 스스로 조립하는 경우를 명확히 구분하지 않는다. 이 점에서 민법개정안 제434조 제1항은 문언 수정이 필요한 것으로 보인다.

가지고[93])

a) 물건의 종류 및

b) 매도인 또는 계약 사슬의 다른 구성원 또는 이들을 대신하는 자가 특히 광고 또는 상품표시에서 한 공개적 진술

3. 계약체결 전에 매도인이 매수인에게 제공한 견본 또는 예시의 성상을 충족하며,

4. 포장, 조립설명서 또는 설치설명서 및 매수인이 받을 것으로 기대할 수 있는 그 밖의 설명서를 포함한 부속물이 교부된 때.

제1문 제2호에 따른 일반적인 성상에는 내구성, 기능성, 호환성 및 안정성을 포함하여 수량, 품질 및 물건의 그 밖의 특성이 포함된다. 매도인은 진술이 계약체결시점에 같거나 유사한 방법으로 정정되거나 진술이 구매결정에 영향을 미치지 않았을 경우 제1문 제2호 b에 언급된 공개적 진술에 구속되지 않는다.

④ 물건은 다음의 경우에 조립 관련 요구사항을 충족한다.

1. 조립이 적절하게 수행되었거나

2. 부적절하게 수행되었지만, 이는 매도인에 의한 부적절한 조립이나 매도인이 교부한 설명서의 하자로 인한 것이 아니다.

⑤ 매도인이 계약상 약정된 물건과는 다른 물건을 인도한 경우는 물건 하자와 동일시된다.

한편 지침 제6조 d와 제7조 제3항을 구현하기 위한 민법개정안 제475조의b 제3항 제2호, 제4항 제1문 제2호는 디지털 요소가 있는 물건에 대해서는 약정되거나 민법개정안 제475조의b 제4항 제1문 제2호에 따라 객관적으로 기대할 수 있는 소프트웨어 업데이트가 제공된 경우에만 계약적합성이 인정된다. 소비자에게 사용가능한 업데이트에 관한 정보가 제공되지 아니한 경우 계약적합성이 부정된다.

민법개정안 제475조의b(디지털 요소가 있는 물건의 하자)

① 사업자가 스스로 또는 제3자로 하여금 디지털 요소를 제공할 의무가 있는 물건을 구매하는 경우, 본조가 보충적으로 적용된다. 디지털 요소가 있는 물건이란 디지털콘텐츠 또는 디지털서비스 없이는 기능을 수행할 수 없는 방식으로 디지털콘텐츠 또는 디지털서비스를 포함하거나 이와 결부된 물건을 말한다. 디지털 요소가 있는 물건을 구매할 때 의심스러운 경우 사업자의 의무에는 디지털콘텐츠 또는 디지털서비스의 제공이 포함되는 것으로 한다.

② 디지털 요소가 있는 물건은 그것이 위험이전시점 및 제3항 제2호 및 제4항 제2호에 따른 기간 동안에도 업데이트의무와 관련하여 주관적 요구사항, 객관적 요구사항, 조립 관련 요구사항 및 설

---

93) 지침 제7조 제1항 a는 객관적 요구사항과 관련하여 "경우에 따라서는 기존 유럽연합법 및 회원국법, 기술규범 또는 -그러한 기술규범이 없다면- 해당 부문의 행위규범을 고려"할 것을 요구하고 있는데, 민법개정안에는 이에 관한 언급이 없다. 그러나 이러한 요구사항은 자동차의 배기 가스 청소 또는 데이터 보안과 같은 공법규정에서 벗어난 경우의 담보책임의 존부를 명확하게 하기 위해 중요하다는 점에서 추가되어야 할 것으로 보인다.

치 관련 요구사항을 충족하는 경우 물건 하자가 없다.
③ 디지털 요소가 있는 물건은 다음의 경우에 주관적 요구사항을 충족한다.
1. 제434조 제2항의 요구사항을 충족하고
2. 디지털 요소에 대하여 매매계약상 약정된 업데이트가 제공된다.
④ 디지털 요소가 있는 물건은 다음의 경우에 객관적 요구사항을 충족한다.
1. 제434조 제3항의 요구사항을 충족하고
2. 소비자가 물건 및 디지털 요소의 종류와 목적 및 제반 사정 및 계약의 성질을 고려할 때 기대할 수 있는 기간 동안 물건의 계약적합성 유지를 위하여 필요한 업데이트가 제공되고, 소비자에게 이러한 업데이트에 관한 정보가 제공된다.
⑤ 소비자가 적절한 기간 내에 제4항에 따라 그에게 제공된 업데이트를 설치하지 아니한 경우, 사업자는 오로지 이 업데이트의 누락으로 인한 물건 하자에 대하여는 다음의 경우 책임을 지지 않는다.
1. 사업자가 소비자에게 업데이트의 가용성과 설치 누락의 결과에 대하여 알렸고
2. 소비자가 업데이트를 설치하지 않았거나 부적절하게 설치한 것이 소비자에게 제공된 하자있는 설치설명서 때문이 아니다.
⑥ 디지털 요소가 있는 물건은
1. 제434조 제4항의 요구사항을 충족하면 조립 관련 요구사항을 충족한다.
2. 설치가 다음에 해당하면 설치 관련 요구사항을 충족한다.
a) 디지털 요소가 적절하게 실행되었거나
b) 부적절하게 실행되었지만, 이것이 사업자에 의한 부적절한 설치나 사업자 또는 디지털 요소를 제공하는 자가 교부한 설명서의 하자로 인한 것이 아닌 경우.

객관적 요구사항을 주관적 요구사항과 동등한 순위로 취급하는 것은, 무엇보다도 사업자가 약관조항에 디지털제품의 성상에 관한 그에게 유리한 내용을 두어 고객이 약관을 잘 읽지 않는 상황[94]을 이용하지 못하도록 하기 위함이다.[95] 이는 궁극적으로 사업자가 약관을 통해 고객에게 리스크를 (부당히) 전가하고 있다는 사고를 배경으로 한 것으로 보인다. 민법개정안 제327조의e 및 제434조도 -현행 독일 민법과 달리- 계약적합성을 위한 주관적 요구사항과 객관적 요구사항에 관해 동등한 순위 개념을 기반으로 한다.[96]

당사자가 객관적으로 기대되는 성상과 다른 성상을 합의할 수는 있지만, 소비자(B2C)계약에 관한 한 계약적합성에 관한 객관적 요구사항을 일탈하기 위해서는 소비자가 이를 명시적·개별적으로 수용해야 한다(지침 제7조 제5항, 제476조 제1항 제2문).[97]

---

94) 거래경험 및 법률지식이 풍부한 소비자도 약관을 읽고 분석하는 데 드는 시간과 노력이 기대되는 경제적 효용을 넘어서기 때문에 약관을 꼼꼼히 읽지 않게 됨으로써 약관의 내용은 소비자의 계약체결에 관한 의사결정에 영향을 미치지 못하는 것이 일반적이다. 김진우, “강행적 계약법”, 법조 제736호, 2019, 210면.

95) 디지털지침(Richtlinie(EU) 2019/770)의 고려이유 45; Grünberger, AcP 218(2018), 255; Metzger, JZ 2019, 581.

96) BT-Drs. 19/27424, S. 21.

97) B2B 계약에서는 객관적으로 기대할 수 있는 것과 다른 성상에 관한 특약이 원칙적으로 자유롭게 행하여질

물품매매지침 제7조 제5항	민법개정안 제476조
⑤ 소비자가 계약체결 시에 물품의 특정 부분이 제8조 제1항 또는 제3항에서 명시하고 있는 계약적합성의 객관적 요구사항을 충족하지 못한다는 점을 분명히 통지받고 매매계약체결 시에 그러한 부적합성을 명시적·개별적으로 수용하였다면, 제8조 제1항 또는 제3항에서 말하는 계약위반이 발생하지 않는다.	① 사업자는 그에 대한 하자의 통지 전에 제433조부터 제435조, 제437조, 제439조부터 제441조 및 제443조 그리고 본 관(Untertitel)의 규정을 일탈하는 소비자에게 불리한 약정을 주장할 수 없다. 제434조 제3항, 제475조의b 제4항 및 제5항 또는 제475조의c 제3항에 따른 요구사항은 다음의 경우 사업자에 대한 하자의 통지 전에 계약에 의하여 벗어날 수 있다. 1. 소비자가 그의 계약체결에 관한 의사표시를 하기 전에 물건의 일정 특성이 객관적 요구사항에서 벗어난다는 점을 분명히 알고 있고, 2. 제1호의 의미에서의 일탈이 계약상 명시적·개별적으로 합의되었다.

보다 구체적으로는 계약체결 당시에 소비자가 디지털제품의 일정 특성이 계약적합성에 관한 객관적 요구사항과 불합치한다는 점을 분명히 통보받고 계약체결 당시에 그러한 불합치를 명시적·개별적으로(ausdrücklich und gesondert) 수용하였다면,[98] 그 범위 내에서는 계약위반이 발생하지 않는다.

그런데 이러한 규율은 다음과 같은 문제점을 안고 있다.

첫째, 약관사용자의 상대방(고객)이 약관을 잘 읽지 않는 것은 약관에 의한 거래의 근원적인 문제점이라고 할 수 있는바,[99] 디지털제품에 대해 다른 취급이 요청되는 이유가 뚜렷하지 않다. 나아가 객관적 요구사항이 주관적 요구사항에 대한 보충성을 가지는 것이 아니라 통상적 성상으로부터의 계약적 일탈을 위해서는 특정 방식에 의하도록 한 것(소비자의 명시적·개별적인 수용을 요하도록 한 것)은 다른 거래유형과 비교할 때 차별적 취급에 해당한다.

둘째, 민법개정안 제434조는 물건 하자가 종류물매매는 물론 특정물매매에도 적용된다는 점을 충분히 감안하지 않은 것으로 보인다. 부동산매매와 같은 특정물매매에서는 목적물의 성상에 관한 합의가 매우 중요한 의미를 가질 수 있다는 점에서 주관적 요구사항과 객관적 요구사항을 동등한 비중으로 취급하는 민법개정은 곤란하다.

셋째, 소비자는 우선 계약체결 당시에 성상의 부정적인 일탈에 관해 적극적으로 인지해야

수 있다. BT-Drs. 19/27474, S. 22.

98) 그래서 침묵이나 사전의 ☑ 표시나 약관에 의한 객관적 기준의 적용배제는 허용되지 않는다. BT-Drs. 19/27474, S. 42.

99) 우리 법은 이 문제에 대해 정보제공의무, 약관 내용통제, 소비자 철회권(청약철회권)을 통해 대처하고 있다.

한다. 그리고 소비자의 이러한 인지는 일정 특성에 관한 것이어야 한다. 따라서 사업자는 그 특성을 구체적으로 표시해야 한다. 지침 그리고 이를 구현하기 위한 민법개정안에 따른 계약적합성에 관한 객관적 요구사항은 소비자계약에서는 실질적으로 주관적 요구사항에 우선하는 결과를 초래한다.[100] 하지만 객관적으로 요구되는 바가 무엇인지에 관해서는 충분하고 명확한 착안점을 찾기 어렵다. 특히 소프트웨어 분야에는 일반적인 표준이 거의 존재하지 않기 때문에 보안 허점을 확인하는 것은 실무상 용이한 일이 아니다.[101] 더욱이 디지털제품은 역동적으로 발전하기 때문에 비교 가능한 디지털제품에 대한 소비자가 합리적으로 기대할 수 있는 '일반적인' 요구사항을 계약체결 시에 법적 안정성과 함께 사전에 결정하는 것은 사실상 불가능하다.

넷째, 주관적 요구사항 외에 구체적인 계약에 근거하지 않은 객관적 요구사항도 갖출 것을 요구하게 되면, 디지털제품과 같이 역동적인 경제 부문의 혁신이 저해될 수 있다. 계약법이 디지털 분야의 급속한 발전을 포착할 수 있으려면 디지털제품의 특성이 일차적으로 계약상 합의된 내용에 해당하는 것으로 족하다고 할 것이다. 법규범은 무엇이 계약에 적합한 것인지를 결정할 것이 아니라 당사자가 창출한 지식을 존중하고 그것이 거래에서 구현될 수 있도록 조력해야 한다. 이것이 바로 사적 자치의 본질적인 사회적 기능이다. 제조물책임법에서는 개발위험(Entwicklungs-risiko, Development risk)이 인정된다. 공급 당시 결함 없는 것으로 알려졌던 제조물이 그 이후의 과학·기술 수준의 발전에 따라 결함 있는 것으로 판명되는 경우를 개발위험이라고 하는바, 이 리스크의 실현으로 발생한 손해에 대해서는 제조업자가 일단 배상책임을 면할 수 있다(개발위험의 항변, 제조물책임법 제4조 제1항 제2호). 이것은 혁신의 여지를 인정하는 것이다. 이러한 사고는 계약법에도 동일하게 유지되어야 한다.

다섯째, 계약적 합의에 의한 성상 외에 객관적 요구사항도 갖출 것을 요구하는 지침의 새로운 규율 체제 아래서는 이들이 충돌하는 경우에 무엇을 우선해야 하는지의 문제가 발생한다. 물론 이들이 충돌하더라도 문제가 되지 않는 경우도 있다. 예컨대 계약상 합의된 성상이 객관적 표준을 능가하는 경우가 그러하다. 이때에는 계약상 합의된 성상이 기준이 된다는 점은 자명하다. 그런데 계약상 합의된 성상이 객관적 표준에 미치지 못하는 부정적인 성상합의는 지침 제7조 제5항의 가중된 요건 아래서만 가능하다. 계약적합성에 관한 객관적 요구사항을 일탈하기 위해서는 소비자가 이를 명시적·개별적으로 수용해야 하는 절차는 사실상 온라인 거래에서만 구현할 수 있다.[102] 그 점에서 부정적 성상합의에 관한 지침 제7조 제5항 및 이들을 독일 국내법으로

100) Firsching, ZUM 2021, 215; Staudenmayer, NJW 2019, 2890.

101) 김진우/곽창렬, "디지털계약에서의 담보책임", (전북대) 법학연구 제61집, 2019, 313면은 구체적인 예를 들어 이 문제점을 지적하고 있다.

102) Faber, Bereitstellung und Mangelbegriff, in: Stabentheiner/Wendehorst/Zöchling-Jud, Das neue europäische Gewährleistungsrecht, 2019, S. 86; Firsching, ZUM 2021, 215.

구현하기 위한 민법개정안 제476조 제1항 제2문은 일반화할 수 있는 조항이 아니다. 따라서 이러한 조항을 우리 민법으로 도입하기는 어렵다고 하겠다.

(2) 하자 판단의 기준시기

계약적합성 내지 하자의 존재를 판단하는 시기는 일회성 제공의 경우 원칙적으로 전체 제품의 인도(Lieferung) 시이다(지침 제10조 제1항). 이것은 유체물의 교부 외에도 디지털콘텐츠를 다운로드하거나 접근할 수 있는 수단이 제공되어 소비자가 디지털콘텐츠나 디지털서비스를 사용하거나 이에 접근할 수 있도록 하는 것을 전제로 한다.[103] 따라서 송부매매의 경우 운송인에게 물건이 넘겨진 때가 아니라 물건이 소비자에게 실제로 교부되는 시점이다(소비자권리지침 제20조).[104] 그에 반하여 민법개정안 제475조의b 제2항은 위험이전시점만을 언급하고 있을 뿐이다.

한편 지침은 하자의 구성요건을 장래의 발전을 위해 열어두었다. 계약적 합의 또는 객관적 요구사항의 준칙에 따른 본래적 디지털제품의 후발적인 업데이트가 그러하다(지침 제6조 d, 제7조 제3항). 사물인터넷 제품이 인도된 후 하루 만에 서버 서비스가 중단되거나 스마트폰 앱이 앱 스토어에서 제거된 경우, 현행법에 따르면 소비자는 하자담보책임을 물을 수 없다. 앱이 그동안 업데이트된 스마트폰 운영체제와 더 이상 호환되지 않거나 새로운 최신 기술이 펌웨어(firmware)의 보안 허점을 드러내게 하는 경우도 마찬가지이다. 위험이전 시에는 하자가 없었기 때문이다. 따라서 하자담보책임을 위험이전 후로 확장하기 위해서는 매도인에게 업데이트의무를 부과해야 한다. 이러한 맥락에서 지침과 민법개정안의 업데이트의무는 실체적으로 정당화될 수 있다. 위험이전 후에 이루어지는 업데이트의 하자 유무의 판단은 -지침이나 민법개정안에 명시적인 규정은 없지만- 제공(Bereitstellung) 시를 기준으로 해야 할 것이다. 이러한 결과는 디지털지침[105]상 디지털콘텐츠의 하자 유무의 판단을 위해 제공 시를 기준으로 하는 제11조 제2항의 유추 적용에 의한 것이다.[106]

103) 지침의 고려이유 39.

104) Faber, in: Stabentheiner/Wendehorst/Zöchling-Jud, Das neue europäische Gewährleistungsrecht, 2019, S. 77.

105) Richtlinie(EU) 2019/770. 이 지침의 제정 배경, 기본 착상, 적용범위 및 핵심 내용인 담보책임을 분석한 국내 선행연구로는 김진우/곽창렬, “유럽연합(EU) 디지털지침의 기본 착상과 적용범위”, 과학기술과 법 제10권 제2호, 2019; 김진우/곽창렬, (전북대) 법학연구 제61집, 2019; 성준호, “디지털콘텐츠의 공급계약에 있어서 계약내용과 급부간의 불합치와 구제”, 홍익법학 제21권 제2호, 2020; 이재호, “EU디지털지침과 우리 소비자법의 개선”, 소비자법연구 제6권 제2호, 2020.

106) Faber, in: Stabentheiner/Wendehorst/Zöchling-Jud, Das neue europäische Gewährleistungrecht, 2019, S. 79. 일련의 개별적인 (연속적인) 제공이 있어야 하는 경우 각각의 개별적 제공시점을 기준으로 하자를 판단한다(디지털지침 제11조 제2항).

Ⅲ. 추 완

지침에 따른 하자담보책임의 내용으로는 추완청구권, 대금감액권 및 계약종료권이 있다(제13조 제1항). 일차적 구제수단은 추완청구권이며 대금감액권과 계약종료권은 이차적 구제수단이다. 우리 민법상 대금감액권은 하자담보책임의 내용에 속하지 않고, 해제권 및 손해배상청구권이 하자담보책임의 내용을 이룬다. 우리 민법이 하자담보책임의 내용으로 대금감액권을 누락한 것은 입법론상 비판의 여지가 크다. 아래에서는 추완에 관하여 살펴본다.

1. 추완의 방법, 내용 및 범위

우리 민법상의 하자담보책임에서 완전물급부청구권은 명시적으로 규정되어 있으나(제581조 제2항)[107] 보수(수리)청구권에 관한 규정은 존재하지 않는다. 그러한 상황에서 대법원 2014. 5. 16. 선고 2012다72582 판결은 보수도 추완의 한 방법으로 이해하고 있다. 하자담보책임의 효과로 완전물급부청구가 허용된다면, 일반적으로 그보다 유연한 구제수단인 보수청구는 명문의 규정이 없더라도 특단의 사정이 없는 한 인정될 수 있다.[108] 또한 보수청구는 지속 가능한 소비를 촉진하고 물품의 내구성을 늘이는 데 도움이 되어 빠듯한 지구의 자원을 아끼고 기후 변화의 주요 원인인 이산화탄소(CO_2)와 메탄(Methan)의 배출을 줄일 수 있는 바람직한 구제수단이다.[109] 그러나 명문의 규정이 없는 상황에서는 다툼의 여지가 있고[110] 이는 법적 불안정성의 원인이 된

---

107) 박신욱, “매매에 있어 하자담보책임에 관한 비교법 연구”, 한양법학 제39집, 2012, 261면; 안병하, “매수인의 사후이행청구권(Nacherfüllungsanspruch)”, 한양법학 제43집, 2013, 549면; 김재형, “종류매매에서 완전물급부청구권의 제한”, 비교사법 제71호, 2015, 1617면.

108) 김재형, 위 논문, 1646-1647면은 거래계에서 종류물에 경미한 하자가 있는 경우 “대체로 하자를 무상으로 수리해주는 데 그치고 있고, 그렇게 하는 것이 일반적인 거래관념에도 부합”하는 것이라고 한다.

109) Tonner, VuR 2012, 359. Grunewald, Neuregelungen in Kauf-, Miet- und Gesellschaftsrecht als Mittel zur Sicherung von Nachhaltigkeit, in: Umweltverträglicher Konsum durch rechtliche Steuerung, am 27. November 2012, Umweltbundesamt, 2013, S. 59는 지속 가능한 소비의 관점에서 볼 때 보수를 완전물급부에 우선하는 것이 바람직하다고 한다. <https://www.umweltbundesamt.de/sites/default/files/medien/378/publikationen/umweltvertraeglicher_konsum_durch_rechtliche_steuerung_ dokumentation_symposium_bf.pdf>. Bach/Wöbbeking, NJW 2020, 2672는 기후 변화에 대한 법적 초점은 공법 영역에 놓여 있으나, 민법도 상당한 조종효과(Lenkungswirkung)를 가질 수 있다고 하면서 ‘법생태학(ökologische Analyse des Rechts)’의 첫 걸음을 운운한다. 관련 국내문헌으로 장보은, “지속가능한 소비와 소비자법: EU에서의 순환경제에 관한 논의에 부쳐”, 소비자법연구 제6권 제3호, 2020(이 문헌은 특히 124면에서 하자담보책임과 수선권에 관하여 언급하고 있다).

110) 가령 이은영, 앞의 책, 340면은 보수청구권 또는 보완청구권을 인정하지만, 김상용, 채권각론, 개정판, 2003, 217면과 김형배, 앞의 책, 356면은 매수인의 추완청구권 내지 매도인의 보수의무는 현행법의 해석론으로 인정되지 않는다고 한다. 한편, 곽윤직, 채권각론, 신정판, 1995, 247면; 김준호, 앞의 책, 597면; 송덕수, 앞의 책, 202면; 박동진, 계약법, 제2판, 2020, 669-670면; 양형우, 앞의 책, 1312면은 민법 제581조, 제580조, 제575조 제1항과 합치하게 하자담보책임의 내용으로 수리청구권 또는 추완청구권을 언급조차 하지 않는다.

다. 이러한 점들을 고려할 때 보수청구권은 하자담보책임의 효과로서 그것도 일차적 구제수단으로 도입하는 것이 바람직하다.

독일에서는 물건에 하자가 있는 경우, 매수인은 그의 선택에 따라 하자의 제거 내지 개선 또는 하자가 없는 물건의 인도를 요구할 수 있다(독일 민법 제439조 제1항). 완전물을 급부해야 하는 매도인의 의무는 하자 없고, 동종이며, 등가적이지만 동일한 물건일 필요는 없는 물건에 대한 것이다.[111] 이와 같은 하자의 제거 및 완전물급부를 포괄하는 추완(Nacherfüllung)에 관한 의무는 본래 인도된 물건의 하자를 치유하기 위한 것이다. 하자 제거 내지 개선(Beseitigung des Mangels, Nachbesserung)의 '방법'이 여럿 존재하는 경우(가령 수리 또는 하자있는 부품의 교체 등) 적절한 방법의 선택권은 매도인에게 있다.[112] 우리 민법을 독일 민법처럼 하자의 제거 또는 완전물급부를 선택적으로 행사할 수 있도록 개정하는 방안도 하나의 입법론적 선택지가 될 수 있을 것이다.

디지털제품의 경우 매도인은 매수인에게 일반적으로 다운로드가 가능한 업데이트를 제공하는 방식으로 추완의무를 이행할 수 있다. 매수인은 매도인에 대해 추완을 위해 매매목적물을 스스로 적절한 장소, 즉 추완이행지에 제공해야 한다. 이행지는 우리 민법상 지참채무가 원칙이지만,[113] 업데이트에 의한 추완의 경우 이행지는 특별히 문제되지 않는다.

독일 민법상 매도인은 추완에 필요한 비용, 특히 운송비, 노무자의 여행비, 작업비 및 재료비를 부담해야 한다.[114] 이것은 1999년의 EU 소비재매매지침[115] 제3조 제4항에 상당하는 것이다.[116] 소비재매매지침에 따르면 추완은 무상으로 적절한 기간 내에 소비자에 대한 '현저한 불편' 없이 이루어져야 한다. 소비자는 추완의 범위 내에서 일정의 노력을 기울여야 하기 때문에 추완 관련 소비재매매지침의 목표는 소비자가 전혀 불편을 겪지 않도록 하는 데 있지 않다. 그는 평균적 소비자가 그의 권리행사를 주저하는 것과 같은 정도의 부담에 노출되지 않아야 할 뿐이다.[117] 인터넷에 접속하고 업데이트를 다운로드하는 것은 그러한 부담에 해당한다고 할 수 없다. 추완은 일반적으로 예컨대 제품을 반품하는 경우보다 업데이트의 다운로드를 통해 더 적은 노력으로 더 빠르고 저렴하게 이루어진다. '현저성'의 임계치(Erheblichkeitsschwelle)를 초과한 경우에만 원격지원서비스를 통한 추완이 필요한지 여부가 고려된다. 물품매매지침도 매도인이 계약적

111) BGH, NJW 2019, 292.
112) BeckOK BGB/Faust, 57. Ed. 1.2.2021, BGB §439 Rn. 20; MüKoBGB/Westermann, 8. Aufl. 2019, §439 Rn. 11.
113) 독일의 경우 민법 제269조 제1항 및 제2항에 따라 정해지며 그래서 일반적으로 채무자인 매도인의 사업장이다(추심채무).
114) 독일 민법 제439조 제2항.
115) Richtlinie 1999/44/EG. 지침은 소비재매매지침을 현대화한 것으로, 후자는 전자에 의해 폐기된다.
116) BT-Drs. 14/6040, 231.
117) EuGH, NJW 2019, 2007(Rn. 32 ff.).

합성이 없는 제품을 원격으로 업데이트할 수 있다는 점에서 출발한다.[118] 우리 법이 이와 같은 결과를 얻기 위해서는 독일 민법 제439조와 같은 조항의 별도 입법이 필요하다.

2. 추완의 채무자 및 거절

추완채무자는 흔히 -보안 허점을 가진 소프트웨어의 제조자와 일치하지 않는- 매도인이다. 보안 허점이 제3자가 제조한 소프트웨어에 존재하는 경우 매도인은 물론 최종 제조물의 제조자도 보안 허점을 스스로 치유할 수 없는 경우가 흔하다. 이들은 코드에 대한 접근권을 갖지 못하기 때문이다. 그러나 매도인이 매수인에 대해 그 제3자에게서 추완을 받으라고 할 수는 없다(약관법 제7조 제3호).[119]

하자담보책임으로서의 추완청구권은 유책사유와 무관하게 존재한다. 추완이 채무자를 비롯한 모든 사람에게 불능인 경우 추완청구는 배제된다.[120] 다만, 이러한 법리에 따른 추완 거절은 종류채권에서는 배제된다. 불능이 인정되지 않는 종류채권에서 매도인은 조달의무(Beschaffungs-pflicht)를 부담하기 때문이다.[121] 추완이 채권관계의 내용과 신의칙의 요청을 고려할 때 채권자의 급부이익에 대해 현저히 불균형한 노력을 요구하는 경우 채무자는 신의칙상 (항변권의 행사 형태로) 급부를 거절할 수 있다고 할 것이나, 이는 특수한 예외적인 경우로 제한되어야 할 것이다.[122] 한편 독일 민법상 매도인은 매수인이 선택한 추완 방법(하자의 제거청구 또는 완전물급부청구)을 과다한 비용을 이유로 거절할 수 있지만,[123] 소비재매매에서는 그것이 배제된다.[124] 우리 법에서 이러한 법리가 인정되기 위해서는 입법자의 결단이 필요하다.

3. 물품매매지침

디지털제품의 추완에 있어 매수인은 완전물급부와 하자의 제거 중에서 선택할 수 있다(지침 제13조 제2항).[125] 이와 관련하여 지침은 '업데이트(update, Aktualisierungen)'라는 주제를 포괄적으로 다루고 있다. (보안)업데이트는 급부합의의 대상이 될 수 있다(물품매매지침 제6조 d). 계약상의 업데이트를 제공하지 않거나 부정확하거나 불완전한 업데이트는 계약부적합 내지 하자로 간

118) 지침의 고려이유 31; BT-Drs. 19/27424, S. 30, 31.
119) 독일 민법 제476조 제1항, 제309조 제8호 b aa 제2선택지는 우리 약관법 제7조 제3호보다 명확한 형태로 이를 규정한다.
120) 독일 민법 제275조 제1항. 명문의 규정은 없지만, 우리 법에서도 같은 결과를 인정할 수 있다. 김세준/김진우, "코로나19 관련 물품공급계약의 급부장애", 재산법연구 제37권 제3호, 2020, 126면.
121) 김세준/김진우, 재산법연구 제37권 제3호, 2020, 121면.
122) 김세준/김진우, 재산법연구 제37권 제3호, 2020, 132-133면.
123) 독일 민법 제439조 제4항.
124) 독일 민법 제475조 제1항 제1문.
125) 지침의 고려이유 48.

주된다.[126)]

매도인은 제품의 계약적합성을 유지하는 데 필요한 (보안)업데이트에 대한 정보를 매수인에게 제공하고 매수인이 이러한 업데이트를 사용할 수 있도록 해야 한다(지침 제7조 제3항). 이것은 -약정 업데이트(지침 제6조 d)와 다른 것으로- 디지털 환경의 잦은 변화에 디지털제품을 적응시키고 보안 허점을 제거하기 위한 유럽적 차원의 최초 규율이다. 사업자의 업데이트 제공의무는 일회적 제공은 물론 계속적 제공에도 적용된다. 이때 업데이트는 ① 계속적 계약관계에서는 계약이 존속하는 동안[127)] ② 계약이 일회적 제공을 전제하거나 일련의 개별적 제공을 전제하는 경우에는 디지털제품의 종류나 목적을 포함한 계약을 둘러싼 사정 및 계약의 성질을 고려했을 때 소비자가 합리적으로 기대할 수 있는 기간 동안 제공되어야 한다. 사업자의 업데이트 제공의무는 적어도 담보책임기간과 일치해야 하지만, 특히 보안업데이트의 경우 담보책임기간을 넘어 제공되어야 할 수도 있다.[128)] 이것은 특히 평균적 소비자의 기대에 따라 예컨대 MS Windows의 경우 6~8년의 (보안)업데이트처럼 장기의 업데이트가 합리적으로 기대될 수 있는 경우를 염두에 둔 것이다. 개별 사안에서 구체적으로 언제까지 업데이트 제공의무가 존속하는지는 불분명하다.[129)]

제품의 기능성을 유지한다는 규정의 목적으로부터 모든 보안 허점이 계약부적합 내지 하자가 되는 것은 아니며 결과적으로 모든 보안 허점에 대해 업데이트를 제공할 필요가 없다는 점도 분명하다. 매도인은 계약적합성의 유지에 필요한 때에 한하여 업데이트를 제공하면 된다.[130)]

디지털제품의 업데이트 제공의무를 규정하고 있는 지침 제7조 제3항 및 민법개정안 제475조의b 제4항은 업데이트의 설치 여부는 소비자가 결정할 사항이라는 점을 전제하고 있다.[131)] 나아가 지침 제7조 제4항 및 민법개정안 제475조의b 제5항은 소비자가 업데이트를 설치하지 않기로 결정한 경우에 관해서도 규율하고 있다. 사업자가 업데이트 가능성 및 소비자가 이를 설치하지 않는 경우의 후속 결과에 대해 안내했음에도 불구하고 소비자가 적절한 기간 내에 업데이트를 설치하지 아니한 때에는 사업자에게 담보책임을 물을 수 없다. 이 경우 손해배상과 관련하여 과실상계가 따를 수 있다.[132)] 지침은 이러한 간접의무(책무)의 형태를 통해[133)] 소비자와 사업자

126) 지침의 고려이유 28; BT-Drs. 19/27424, S. 30.

127) 업데이트 제공의무는 디지털제품, 특히 소프트웨어 및 앱의 경우 해당 소프트웨어나 앱의 이용을 위해 전형적으로 사용되는 (가령 스마트폰의 운영체제) 시스템 환경에서의 보안 허점의 제거나 새로운 버전과의 비호환성을 해결해야 할 의무를 포함한다.

128) 지침의 고려이유 31.

129) 다만, Bach, NJW 2019, 1707은 유체물에 통합된 내장형 소프트웨어(integrierte Software)의 경우 유체물의 평균 수명을 기준으로 할 수 있을 것이라고 한다.

130) BT-Drs. 19/27424, S. 31("Die Aktualisierungsverpflichtung beschränkt sich auf den Erhalt der Vertragsmäßigkeit der Sache").

131) 지침의 고려이유 30.

132) Spindler/Sein, MMR 2019, 489.

133) 김진우, "소프트웨어 업데이트에 관한 민사적 법률문제", 민사법학 제86호, 2019, 159-160면.

간 이해관계의 균형을 도모하고 있다. 이들 규정은 우리 법에 대해 모범적인 의미를 가진다.

사업자가 업데이트를 무상으로 제공하였는데, 그것이 처음에는 문제가 없다가 나중에 보안 문제를 야기하거나 디지털제품의 성상을 변경한 경우, 사업자가 담보책임을 져야 하는가? 지침 및 민법개정안은 이에 관해 아무런 언급을 하지 않는다. 계속적 제공에서는 계약이 존속하는 동안 계약에 적합해야 하므로 이 문제가 발생하지 않겠지만, 일회적 제공의 경우에는 문제가 될 수 있다. 그렇다면 우리 법에서는 이 문제를 입법적으로 해결하는 것이 바람직하다.[134]

한편, 디지털제품의 업데이트가 소비자의 작위 없이 자동으로 이루어지는 경우가 있다(예컨대 운영체제의 자동업데이트). 이러한 유형의 업데이트는 소비자의 장치에 기능장애를 초래하거나 기존의 일정 소프트웨어를 더는 사용할 수 없게 만드는 문제를 일으키기도 한다. 따라서 업데이트는 반드시 소비자의 동의 아래서만 할 수 있도록 하고,[135] 그것 없이 자동업데이트가 실행되어 소비자에게 손해가 생긴 경우 소비자는 배상을 청구할 수 있다고 할 것이다. 사업자는 이러한 동의를 약관조항에 의해 원칙적으로 미리 구할 수 있다고 할 것이다. 업데이트가 적어도 디지털제품의 본질적인 기능을 변경하지 않는다면(예컨대 본질적인 기능의 비활성화 또는 에너지 효율등급의 변경 등) 소비자에게 불이익한 결과를 초래하지 않기 때문이다.

디지털제품의 업데이트 제공의무는 우리 담보책임법에는 없는 새로운 사항이다. 업데이트 제공의무는 디지털제품에 대해 위험이전시점 및 그 후에도 계약에 적합할 것을 요구하기 때문이다. 그러한 상황에서 사업자의 업데이트 제공의무에 관한 기간을 지침처럼 모호하게 규율할 경우 법적 불안정성이 초래될 것이다. 이로 인해 사업자의 손해배상 리스크가 커지는 문제가 발생하므로 우리 법에서는 이를 더욱 구체화하는 입법이 요청된다.

Ⅳ. 손해배상 및 과실상계

지침에 따른 하자담보책임에 기한 이차적 구제수단으로서의 계약의 종료[136] 및 대금감액에 관하여는 선행연구에서 상세히 다루어졌다.[137] 여기서는 중복을 피하는 의미에서 지침이 직접 규율하지 않고 EU 회원국에 일임한(제3조 제6항) 하자담보책임의 내용으로서의 손해배상을 살펴보고 이와 관련된 과실상계에 대해 간략히 살펴본다.

---

134) 김진우/곽창렬, (전북대) 법학연구 제61집, 2019, 325-326면.

135) 이에 관한 상세는 김진우, 민사법학 제86호, 141-142면.

136) 그 본질은 계약 해제이다. 그래서 민법개정안 제475조의d는 해제로 번역되는 “Rücktritt”라는 용어를 사용하고 있다.

137) 김진우, 저스티스 제180호, 2020, 208면 이하.

1. 손해배상

매수인은 위험이전 시에 존재한 보안 허점으로 인한 손해에 대해 매도인에게 배상을 청구할 수 있다(우리 민법 제580조 제1항). 보안 허점은 대개 매도인과는 다른 제조자(제3자)에게 책임이 있을 것이나, 매수인은 디지털 요소가 통합된 제품 그 자체를 구매한 것이고 매도인은 하자 없는 디지털제품을 공급해야 하므로 매도인이 손해배상책임을 져야 한다. 제조자는 일반적으로 매도인의 이행보조자(피용자)가 아니기 때문에[138] 매도인은 우리 민법 제391조에 따라 제조자의 유책사유에 대해 책임을 지지 않는다.

문제는 위험이전 후 비로소 발생한 보한 허점으로 인한 급부와 반대급부의 등가성을 해치는 손해에 대해 계약법적 업데이트의무를 알지 못하는 현행법은 무력하다는 점이다. 그리고 바로 이 점에 업데이트의무가 입법 필요성이 존재한다.

한편 보안 허점의 경우 매도인이 원칙적으로 책임을 질 수 없는 제3자(해커)의 의도적인 개입으로 손해가 발생할 수 있다. 그러나 매도인이 제3자의 위험상황의 이용에 기여함으로써 매수인의 위험상황에의 노출이 더욱 촉진되었다면 매도인이 책임을 져야 할 것이다.

2. 과실상계

IT 보안은 제조자, 매도인 및 제품 사용자의 공동책임이라고 할 수 있다. 사용자는 데이터의 정기적인 백업, 최신 소프트웨어 버전 사용 및 바이러스 방지 프로그램과 같이 시장에서 일반적으로 사용되는 보안 조치를 효과적으로 활용해야 한다. 이러한 보안 조치를 위반하면 과실상계에 따라 매도인의 손해배상의무가 경감되거나 심지어 배제될 수 있다.[139] 대법원도 “(…) 매도인의 하자담보책임은 법이 특별히 인정한 무과실책임으로서 여기에 민법 제396조의 과실상계 규정이 준용될 수는 없다 하더라도, (…) 하자 발생 및 그 확대에 가공한 매수인의 잘못을 참작해 손해배상의 범위를 정함이 상당하다”라고 판시한다.[140]

---

138) 대법원 2002. 7. 12. 선고 2001다44338 판결; 대법원 2013. 8. 23. 선고 2011다2142 판결; 대법원 2019. 2. 14. 선고 2016다245418, 245425, 245432에 따르면 “민법 제391조에서의 이행보조자로서의 피용자라 함은 일반적으로 채무자의 의사관여 아래 그 채무의 이행행위에 속하는 활동을 하는 사람”을 의미하므로 “채무자의 채권자에 대한 채무 이행행위에 속한다고 볼 수 없는 활동을 하는 사람을 민법 제391조의 이행보조자에 해당한다고 볼 수는 없다”라고 한다. 제조자는 채무자의 채권자에 대한 채무 이행행위에 속한다고 볼 수 없는 활동을 하는 사람에 해당한다. 독일의 확립된 판례, 가령 BGH, NJW 2008, 2837(Rn. 29).

139) 독일법에 대해 같은 견해로 Spindler, NJW 2004, 3149; LG Köln, MMR 2008, 259.

140) 대법원 1995. 6. 30. 선고 94다23920 판결.

V. 나가며

소프트웨어의 보안 허점으로 인해 디지털제품에 하자가 발생할 수 있다. 위험이전 후에 보안 허점이 드러났다고 하여 그 자체로 물건 하자를 인정할 수 없는 것은 아니다. 1999년의 EU 소비재매매지침을 구현한 현행 독일 민법에 따르면 디지털제품의 하자는 일차적으로 당사자가 합의한 성상의 유무에 의해 가려져야 하고, 그러한 합의가 없다면 통상적으로 기대되는 바에 따라 가려져야 한다. 우리 민법은 물건 하자의 판단기준과 하자 판단의 기준시기에 관해 침묵하고 있지만, 현행 독일 민법 및 그 해석론과 실체적으로 유사하게 취급할 수 있을 것이다. 즉, ① 위험이전 시 합의된 성상을 가진 물건은 하자가 없다. 만일 성상이 합의되지 않았다면 ② 계약상 전제된 용도에 적합한지 또는 ③ 물건이 통상의 용도에 적합하고 또 동종의 물건에 일반적이며 매수인이 물건의 성질상 기대할 수 있는 성상을 가지는지를 확인해야 한다.

최근 제정된 물품매매지침으로 인해 이제부터 EU에서 활동하는 사업자는 특약의 존부와 무관하게 '계약적합성의 유지'에 필요한 경우 소비자에 대해 '업데이트'에 관한 정보를 제공하고 소비자가 업데이트를 받을 수 있도록 조치를 취해야 한다. 이것은 디지털 환경의 잦은 변화에 디지털제품을 적응시키고 보안 허점을 제거하기 위한 것이라는 점에 의의가 있다. 사업자의 업데이트 제공의무는 계속적 제공은 물론 일회적 제공의 경우에도 적용된다. 업데이트 제공은 계속적 제공인지 일회적 제공인지 또는 일련의 개별적 제공인지에 따라 취급이 달라진다. 먼저 계속적 제공의 경우 업데이트는 계약이 존속하는 동안 이루어져야 한다. 다음으로 일회적 제공이나 일련의 개별적 제공의 경우 소비자가 디지털제품의 성질이나 목적을 비롯해 계약을 둘러싼 사정이나 계약의 성질을 감안했을 때 합리적으로 기대할 수 있는 기간 동안 업데이트가 이루어져야 한다. 따라서 사업자의 업데이트 제공의무는 담보책임기간으로 한정되지 않는다. 하자 판단의 기준시기로서의 위험이전 시는 아날로그 제품에 대해서는 타당하지만, '디지털' 제품에 대해서는 그러하지 않다. 이에 의해 계속적인 기술적 발전을 고려할 수 없게 되기 때문이다. 물품매매지침이 디지털제품의 공급자에게 위험이전 후의 업데이트 제공의무를 부과한 것은 바로 이 점에 착안한 것으로 여러모로 선구적인 의미가 있다고 할 수 있다.

그런데 물품매매지침과 이를 독일 국내법으로 구현하기 위한 민법개정안은 계약적합성을 위한 주관적 요구사항과 객관적 요구사항을 동등한 순위로 취급한다. 그래서 이제부터 EU에서 디지털제품은 주관적 요구사항 외에도 객관적 요구사항까지 충족되어야 하자가 없는 것이 된다. 그러나 이러한 취급은 허다한 문제점을 내포하고 있어 우리 법이 입법론적·해석론적 모델로 삼기에 곤란하다. 사적 자치의 원칙을 존중하고 혁신을 저해하지 않기 위하여 객관적 하자 개념은 주관적 하자 개념에 대해 보충성을 가져야 한다. 이는 디지털콘텐츠나 디지털서비스와 같은 역동적인 제품에 대한 객관적 요구사항은 법적 안정성과 함께 사전에 결정하기 쉽지 않다는 점도 고려한 결과이다. 객관적 요구사항의 특약에 의한 배제를 가중된 요건 아래에서만 가능케 하는 조항도 우리 민법에 도입되어서는 안 될 것이다. 이 규칙은 기껏해야 소비자계약과 관련하여서만 그것도 온라인으로 거래가 이루어지는 디지털제품에 대해서만 적용될 수 있을 뿐만 아니라 그 타당성도 극히 의문시된다. 그 밖에 물품매매지침은 몇 가지 주요 사항에 관하여 규율하지 않았거나 모호하게 규율하였지만, 우리의 입법에서는 명확히 규율하는 것이 바람직하다.

금융리스와 도산절차*

– 재론(再論) –

최 준 규**

Ⅰ. 서 론

금융리스는 "리스이용자가 선정한 특정 물건을 리스회사가 새로이 취득하거나 대여받아 리스물건에 대한 직접적인 유지·관리 책임을 지지 아니하면서 리스이용자에게 일정 기간 사용하게 하고 대여 기간 중에 지급받는 리스료에 의하여 리스물건에 대한 취득 자금과 이자, 기타 비용을 회수하는 거래관계"로서 그 "본질적 기능은 리스이용자에게 리스물건의 취득 자금에 대한 금융 편의를 제공하는 데에 있다."1)2)

리스이용자 도산 시3) 금융리스의 법률관계는 어떻게 전개되는가? 리스회사가 소유권을 보유하고 있는 점4)에 주목하여 금융리스를 임대차계약 유사의 쌍방미이행 쌍무계약으로 보아야 하는가(이하 "쌍방미이행 쌍무계약설")? 아니면 금융리스의 기능과 실질에 주목하여 리스이용자가 리스물의 소유자이고 리스회사는 담보권자에 불과하다고 보아야 하는가(이하 "담보권설")?5) 현재 법원의 실무 및 하급심판례는 담보권설을 취하고 있다.6) 학설은 팽팽히 대립하고 있다.7) 금융리

* 이 글은 「저스티스」 183호(2021)에 게재되었다.

** 서울대학교 법학전문대학원 부교수.

1) 대법원 2013. 7. 12. 선고 2013다20571 판결 등.

2) 이 글에서 '리스'라는 단어는 모두 '금융리스'를 가리킨다. 운용리스를 가리킬 때에는 '운용리스'라고 특정한다.

3) 종래 논의는 리스이용자에 대하여 '회생'절차가 개시된 상황을 전제로 이루어진 경우가 많다. 그러나 회생절차인지 파산절차인지에 따라 금융리스의 법적 성격을 달리 볼 이유는 없다. 따라서 이 글에서는 '도산절차 일반'을 염두에 두고 논의를 전개한다.

4) 리스회사가 아닌 제3자가 리스물을 소유하는 경우도 있지만, 이 글에서는 리스회사가 소유자임을 전제로 리스회사와 리스이용자 사이의 2자간 법률관계를 분석한다.

5) 일본학설과 하급심 판례에서는 담보권의 목적이 소유권이 아니고 이용권이라는 견해가 유력하다. 즉 리스회사는 리스물의 소유자임과 동시에 금융리스계약에 따라 리스이용자에게 귀속된 '이용권'에 대한 담보권을 취득한다는 것이다. 山本和彦 編, [倒産法演習 ノート], 第3版(2016), 1212. 이 견해의 당부(當否)는 본문 Ⅵ. 2. 라.에서 살펴본다.

6) 서울회생법원 재판실무연구회, 회생사건실무(상), 제5판(2019), 462; 서울고등법원 2000. 6. 27. 선고 2000나

스는 복합적(hybrid) 성격의 계약이기 때문에, 두 견해 모두 뚜렷한 장점과 단점을 갖고 있다. 따라서 이 문제는 어느 쪽으로든 산뜻하게 결론을 내리기 어려운 측면이 있다.

이 글에서는 위 쟁점을 살펴본다. 논의가 어느 정도 축적되어 있음에도 불구하고 굳이 재론(再論)하는 이유는 다음과 같다. 담보권설은 "도산절차에서는 금융리스의 형식보다 실질을 강조할 필요가 있다"는 점을 근거로 든다.[8] 이에 대하여 쌍방미이행 쌍무계약설은 "리스이용자가 소유권을 이전받지 않았으므로 리스회사가 담보권을 취득하는 것은 불가능하다"는 점을 근거로 든다. 필자는 후자의 입장에 찬동한다. 그런데 후자의 입장을 보다 '튼튼하게' 그리고 '설득력 있게' 뒷받침하려면 ① 위 쟁점과 **평시 민사실체법과의 관련성**(강조는 필자, 이하 같음)을 세밀히 검토할 필요가 있다. 또한 ② 법리적 난점에도 불구하고 담보권설이 실무상 채택된 현실적 이유를 살펴본 뒤 그에 대하여 쌍방미이행 쌍무계약설 나름의 답변을 할 수 있어야 한다. 담보권설에 공감하는 **실무가들의 형평감각**에는 경청할 지점이 있기 때문이다. 법리적 분석과 직관에 기초한 공평 추구, 양자(兩者)는 조화를 이루며 함께 가야 한다.

기존 논의에서 금융리스 관련 외국의 법상황을 소개하는 부분을 보면, 그 나라에서 '평시에' 금융리스의 법률관계가 어떻게 전개되는지 충분히 인식되지 못한 것 같다. 평시 금융리스의 법률관계를 염두에 두지 않은 채 도산절차 상 법률관계만 비교하면, 온전한 의미의 비교를 하기 어렵다. 또한 종래 우리의 관심은 주로 미국과 일본에 집중되었고 이따금씩 독일을 참조하였는데, 이 나라들뿐만 아니라 다른 나라(ex. 프랑스, 오스트리아, 스페인)에서 위 쟁점을 어떻게 해결하는

14622 판결 등.

7) 담보권설을 지지하는 견해로는 김정만, "파산절차와 은행 · 보험 · 리스관계", 재판자료82(1999), 583-584; 배현태, "회사정리절차에 있어서 리스채권의 취급", 법조521(2000), 160-164; 우성만, "회사정리법상 담보권자의 지위", 재판자료86(2000), 352-353; 임종헌, "파산절차가 쌍방 미이행계약관계에 미치는 영향", 고려대학교 법학석사 학위논문(2001), 68; 정석종, "회생절차에서의 선박금융에 대한 취급 -BBCHP를 중심으로-", 도산법연구2-2(2011), 22-23; 박준 · 한민, [금융거래와 법], 제2판(2019), 861-864
쌍방미이행 쌍무계약설을 지지하는 견해로는 이연갑, "리스계약과 도산절차", 민사판례연구28(2006), 956-975; 김영주, "도산절차상 양도담보계약 당사자의 법적 지위", 사법33(2015), 25-28; 김형석, "우리 담보제도 발전의 회고", 우리 법 70년 변화와 전망(2018), 438; 윤덕주, "금융리스와 회생절차: 담보권설의 재검토", 인권과 정의482(2019), 118-125; 권영준, "도산해지조항의 효력", 민법과 도산법(2019), 40.
한편 민법주해16(1997)/김건식 368-372 및 임채웅, "회생절차상 리스료채권의 지위에 관한 연구", 인권과 정의356(2006), 64이하는 리스계약을 쌍방미이행 쌍무계약으로 볼 수 없다고 하면서, 리스회사의 리스료채권은 도산채권일 뿐 별제권/회생담보권은 아니라는 입장이다.

8) "형식과 실질 중 무엇을 강조할 것인가?"와 같은 종류의 질문에 하나의 정답이 있는 경우는 드물다. 따라서 이러한 질문에 대한 답변은 '결단'의 성격을 띨 가능성이 크고, 그 답변에 대한 근거제시는 '동어반복적 논증'으로 흐를 위험이 있다. 필자는 결단을 하는 것 자체가 문제는 아니라고 생각한다. 정답이 없는 어려운 법률문제(hard case)에 대해서는 결단이 필요하다. 어느 쪽으로든 선택을 해서 분쟁을 매듭지어야 하기 때문이다. 그러나 법리적 분석을 충실히 하지 않은 채 결단을 하는 것은 위험하다. 가령 양도담보설정자 도산 시 양도담보를 담보권으로 취급하는 점을 들어, 담보권설을 정당화하는 것은 위험하다. 양도담보의 평시 법률관계와 금융리스의 평시 법률관계 사이의 공통점과 차이점을 비교분석하지 않은 채, 위와 같은 유비(類比)가 정당화될 수는 없다. 김영주(주 7), 29에서 이미 이 점을 지적하고 있다.

지 살펴보는 것도 시야를 넓히는 차원에서 의미가 있다. 금융리스는 전 세계적으로 활발히 이용되는 거래유형이고 금융리스의 도산절차 상 취급은 국제도산법의 주요 쟁점 중 하나이기 때문에, 우리가 참조할 수 있는 나라들은 다행히도 꽤 많다.[9] 요약하자면 ③ 비교법연구의 충실화 및 다각화가 필요하다.

이 글에서는 위 ①, ②, ③의 측면에 주목하여 금융리스의 도산절차 상 법률관계를 해명한다. 글의 순서는 다음과 같다. 우선 이 글의 주제와 관련된 범위에 한정하여 금융리스의 법률관계를 개관하고(Ⅱ), 기존 논의(담보권설과 쌍방미이행 쌍무계약설)를 소개한다(Ⅲ). 이어서 문제가 놓인 위치를 명확히 하기 위해 담보권설과 쌍방미이행 쌍무계약설 사이의 견해대립의 실익은 무엇인지 살펴본다(Ⅳ). 또한 외국의 법상황을 그 나라의 평시 민사실체법 법리와 함께 살펴본다(Ⅴ). 이러한 비교법적 검토를 토대로 필자가 생각하는 바람직한 해석론을 제시하고(Ⅵ), 글을 마무리한다.

Ⅱ. 금융리스의 법률관계

1. 금융리스와 운용리스의 구별

운용리스는 동산 임대차와 다를 것이 없다. 이에 반해 금융리스는 형식적으로는 동산 임대차와 유사하지만, 실질적으로는 리스물건을 리스이용자가 구입하면서 그 구입대금을 리스회사가 대신 지급하고 리스회사는 사용료를 받아 그 구입대금을 회수함과 동시에 자신의 채권을 담보하기 위해 소유권을 보유하는 것으로 볼 수 있다.[10]

운용리스는 이용자가 필요한 물건을 리스회사가 조달하여 리스회사가 이를 관리하는 형태이므로, 범용(汎用)성이 있는 물건에 대해서만 이루어진다. 이에 반해 금융리스는 범용성이 없는 물건에 대해서도 이루어진다. 금융리스의 경우 물건의 내용, 공급자, 구매조건은 모두 리스이용자가 결정하고 리스회사는 그 결정에 따라 물건을 조달할 뿐이며 물건에 대한 관리도 리스이용자가 한다.[11]

---

9) 가령 다음 문헌들이 참조가 된다. [Security Rights and the European Insolvency Regulation], edited by Gerard McCormack, Reinhard Bork(2017); [Executory Contracts in Insolvency Law-A Global Guide], edited by Jason Chuah, Eugenio Vaccari(2019); [Treatment of Contracts in Insolvency], edited by Denis Faber, Niels Vermunt, Jason Kilborn, Kathleen van der Linde(2013).

10) 송옥렬, [상법강의], 제10판(2020), 211. 위 설명은 금융리스의 '기능'에 주목한 것이다. 그러나 '법리적' 측면에서 보면 리스회사가 리스물 소유권을 보유하는 '주된 목적'은 리스료 만족이 아니라, 리스물 반환이다. 본문 Ⅵ. 1. 나. 참조.

11) 송옥렬(주 10), 211.

전형적 금융리스와 전형적 운용리스는 구분하기 쉽다. 그러나 두 유형(category)의 경계선 위에 놓인 사례의 경우 구별이 어렵다. 리스기간 만료 시 리스물건의 잔존가치가 없는 것으로 보고 리스회사가 리스물건의 취득원가 등 투하자본 전액을 회수할 수 있도록 리스료 총액이 산정되는 전부상각리스(full payout lease)의 경우 금융리스라고 보는 데 이론(異論)이 없다. 그러나 리스기간 중 리스료 지급에 의해 리스물건 취득원가 등 투하자본 일부만 회수할 수 있는 부분상각리스(partial payout lease)의 경우 항상 운용리스로 보아야 하는지, 금융리스로 볼 수 있다면 어느 경우에 금융리스로 볼 수 있는지(ex. 리스기간 중 어느 정도의 취득원가가 회수되어야 금융리스로 볼 수 있는지) 불명확하다.[12] 이 글에서는 논의의 편의상 전부상각리스만 염두에 두고 검토를 진행한다.

2. 금융리스의 중도해지 후 법률관계

리스이용자가 리스료 지급을 연체하여 리스회사가 금융리스계약을 중도해지한 경우 양자간 법률관계는 어떻게 전개되는가? 평시 민사실체법과 도산실체법 사이의 관련성을 중시하는 필자로서는 위 쟁점이 담보권설과 쌍방미이행 쌍무계약설 중 무엇이 타당한지를 결정하는 핵심 기준이라고 생각한다. 따라서 아래에서는 이 쟁점을 상세히 검토한다.

(1) 잔존 리스료 채권의 존속?

금융리스계약의 중도해지 시 리스회사는 **잔존 금융리스료 상당액의 일시지급 또는 금융리스물건의 반환**을 청구할 수 있다(상법 제168조의5 제1항). 이와 별도로 리스회사는 리스이용자의 채무불이행으로 인한 손해배상을 청구할 수 있다(상법 제168조의5 제2항). 리스계약이 해지되었으므로 리스이용자는 더 이상 리스물건을 사용·수익할 권한이 없고 리스회사의 리스물 반환청구에 응해야 한다.

리스계약이 해지되었다면 해지 후 리스기간에 상응하는 리스료채권은 그 **발생근거가 되는 계약이 소멸**하였으므로 함께 소멸한다고 봄이 타당하다. 그럼에도 불구하고 상법 제168조의5 제1항은 리스계약 해지 후 리스회사는 잔존 금융리스료 상당액의 일시지급을 청구할 수 있다고 규정한다. 이 조항은 금융리스의 실질에 주목하여, 리스료채권이 마치 해지된 리스계약과는 **별개의 독립된 원인**(금전소비대차계약)에 기초하여 발생한 것처럼 본다. 리스이용자의 채무불이행을 원인으로 한 리스회사의 계약해지 의사표시에 따라, 위 금전소비대차계약 상 채무의 기한의 이익은 상실된 것이다.

---

12) 박준·한민(주 7), 862-863(부분상각리스의 경우에도 리스이용자에게 부여된 리스물의 염가 매입선택권 또는 재리스선택권으로 인해 리스물건의 반환가능성이 낮거나, 반환되는 경우에도 리스회사에게 경제적으로 의미있는 가치가 없는 때에는 금융리스로 취급하자고 주장한다).

리스계약 해지 후 리스회사가 리스물 반환을 청구한 경우 여전히 잔존 리스료채권이 존속하고 반환된 리스물은 위 잔존 리스료채권 만족을 위해 활용되어야 하는가?(1유형) 아니면 리스계약이 해지되었으므로 잔존 리스료채권은 더 이상 존재하지 않는가?(2유형)[13] 1유형 하에서는 리스물의 잔존가치(제3자에게 재리스가 가능하다면 그로 인해 리스회사가 얻는 이익도 포함)가 잔존 리스료채권에 미달되는 경우, 리스회사는 리스이용자에게 부족분 리스료를 청구할 수 있다. 그러나 2유형 하에서는 리스회사가 부족분 리스료를 당연히 청구할 수는 없다. 리스회사는 리스계약의 조기해지에 따른 손해 등을 리스이용자의 채무불이행을 이유로 한 손해배상책임으로 청구할 수 있을 뿐이다.

이 문제는 개별 금융리스 약정의 해석에 달린 문제로서 하나의 정답이 있다고 일반화할 수 없다. 금융리스의 실질을 고려하면 1유형이 계약당사자의 합리적 의사에 부합한다. 종래 판례의 입장도 1유형을 전제로 하고 있다.[14] 상법 제168조의5 제1항은 리스회사가 잔존 리스료 지급 또는 리스물 반환을 청구할 수 있다고 규정하고 있어서, 리스회사가 일단 리스물 반환을 선택하면 더 이상 잔존 리스료 지급은 문제되지 않는다고 읽히기도 하지만,[15] 입법자료를 보면 위와 같은 생각으로 상법 제168조의5 제1항이 마련된 것은 아니라고 사료된다.[16]

그러나 리스계약이 해지된 이후의 기간에 상응하는 리스료 채권이 리스계약 해지 후에도 존속한다고 보는 것은 -계약서에서 그와 같이 명시하지 않는 한- 어색하므로 2유형도 일리가 있다. 금융감독원의 자동차리스표준약관(2019. 8. 14. 개정) 제22조 제5항은 리스계약이 중도해지된 경우 고객은 **계약해지일 현재 미납된** 리스료를 변제해야 한다고 규정하고 있다. 이는 계약해지일 기준으로 기발생한 리스료로서 계약해지일 현재 미납된 리스료를 변제해야 한다는 취지이

---

13) 해지시점까지 이미 발생하였으나 미변제된 리스료채권이 존속함은 물론이다.

14) 가령 대법원 1995. 9. 29. 선고 94다60219 판결은 다음과 같이 판시한다.
"금융리스에 있어서 리스업자는 리스기간의 도중에 이용자로부터 리스물건의 반환을 받은 경우, 그 원인이 이용자의 채무불이행에 있다고 하여도 특단의 사정이 없는 한 그 반환에 의하여 취득한 이익을 반환하거나 또는 리스채권의 지불에 충당하는 등으로 이를 청산할 필요가 있다 할 것인바, 이는 리스계약에 있어서 리스업자가 이용자의 채무불이행을 원인으로 하여 **리스물건을 반환받을 때라도 리스기간 전부에 대한 리스료 채권을 상실하는 것이 아니므로** 리스료 채권을 지불받는 외에 리스물건의 중도반환에 의한 이익까지도 취득하는 것은 리스계약이 약정대로 존속하여 기간이 만료된 경우와 비교하여 과대한 이익을 취득하는 것으로 되어 형평의 원칙에 반하기 때문인데, 이때 청산의 대상이 되는 것은 리스물건의 반환시에 그 물건이 가지고 있던 가치와 본래의 리스기간의 만료시에 있어서 가지는 리스물건의 잔존가치의 차액이라 함이 상당하다."

15) 두 청구권이 -청구권경합관계처럼- 동시 존재할 수 있지만 중복해서 만족을 얻을 수 없는 관계에 놓인 것이 아니라, 동시존재할 수 없는 모순관계에 있다는 뜻이다.

16) 조동관, "상법 총칙·상행위편 개정 과정과 주요 쟁점 -국회 법제사법위원회 심사 과정을 중심으로-", 선진상사법률연구51(2010), 153은 상법 제168조의5 제1항이 "**기존 판례와 결과는 같지만** 그 과정만 다른 방법을 사용한 것"이라고 설명하고 있다. 서술취지를 정확히 이해하긴 어렵지만, 적어도 리스계약해지 후에도 잔존 리스료 채권이 존속한다는 판례법리를 부정하는 전제 하에 상법 제168조의5 제1항이 입법된 것이 아님은 분명하다.

지, 전체 리스료 중 계약해지일 현재 미납된 리스료를 모두 변제해야 한다는 취지는 아니다. 위 조항은 **금융리스와 운용리스를 불문하고** 적용되는 조항이기 때문에 위와 같이 해석하는 것이 합리적이다. 만약 위 조항이 전체 리스료 중 미납된 리스료를 모두 변제해야 한다는 취지라면, 운용리스에 대해서는 적용될 수 없는 조항이 되기 때문이다. 금융감독원의 자동차리스표준약관은 운용리스 중도해지 시 리스이용자의 중도해지손해배상금에 대하여 규정하고 있지만(제24조), 금융리스 중도해지 시에는 이러한 규정이 없다. 금융리스가 중도해지되고 리스이용자가 자동차를 매입하려는 경우에만 규정손해배상금을 정하고 있을 뿐이다(제23조). 이러한 표준약관은 2유형에 가깝다. 다만 2유형 하에서도 리스회사는 별도의 위약금 약정(이른바 '규정손실금')을 함으로써 1유형과 동일한 결과에 이를 수 있다. 리스물의 잔존가치로 충당할 수 없는 미지급 리스료 상당액을, 리스이용자가 채무불이행에 따른 손해배상의무로서 부담한다고 미리 정하면 되기 때문이다.

리스계약 대부분은 상사계약인 점, 리스계약은 약관의 형태로 체결되는 경우도 많은 점을 고려할 때, 계약해석 시 계약문언을 중시할 필요가 있다. 따라서 필자는 계약서에 명시적 규정이 있는 등의 이유로 달리 해석할 수 있는 경우를 제외하고는, 원칙적으로 2유형이 타당하다고 생각한다. 그러나 개별계약 내용을 고려할 때 1유형이 타당할 수도 있으므로, 아래에서는 1유형과 2유형에 따른 법률관계를 모두 검토한다.

(2) 잉여금이 존재하는 경우 법률관계

리스회사가 반환받은 리스물의 가치가 해지 후 잔존기간에 상응하는 리스료 총액보다 큰 경우는 어떠한가? 리스회사는 잉여금(리스물 가치 중 잔존 리스료 채권을 초과하는 부분)[17]을 리스이용자에게 반환해야 하는가? 금융리스의 목적물은 범용성이 없는 경우가 많고 리스기간이 경과할수록 감가상각이 현저해지기 때문에, 실제로 잉여금이 발생할 가능성은 낮다. 그러나 이는 금융리스의 법률관계를 해명하는데 중요한 문제이다.

1유형 하에서 잔존 리스료 채권은 존속하고 반환받은 리스물은 이러한 리스료 채권의 만족을 위해 활용되어야 한다. 1유형은 리스회사가 리스이용자에게 리스물건 구입대금을 실질적으로 빌려준 것이라는 사정을 충실히 반영하고 있다. 따라서 **리스회사는 잉여금 반환의무를 부담**한다고 봄이 타당하다(민법 제607조, 제608조도 참조).[18]

리스회사의 리스물 반환청구에 대하여 리스이용자는 잉여금반환과의 동시이행항변을 주장하며 리스물 인도를 거절할 수 있는가? 리스회사는 리스물을 반환받는 시점에서 비로소 리스물로 인한 경제적 이익을 누릴 수 있고, 리스회사의 리스물 반환청구 시점부터 리스물이 실제 반환

17) 논의의 편의상 리스회사의 리스이용자에 대한 채무불이행으로 인한 손해배상채권은 존재하지 않는다고 가정한다.

18) 同旨 山本和彦, "倒産手続におけるリース契約の処遇", 金融法務事情1680(2003), 13.

되기 전까지 사이에 리스물의 가치는 현저히 낮아질 수도 있다.[19] 따라서 리스회사가 반환할 잉여금은 리스물 **반환시점**을 기준으로 산정함이 공평하다.[20][21] 이러한 생각에 따르면 리스이용자가 리스물을 반환해야 비로소 리스회사의 잉여금반환의무가 발생한다. 따라서 논리적으로만 보면 리스회사의 리스물 반환청구에 대하여 리스이용자가 잉여금반환과의 동시이행항변을 하는 것은 허용할 수 없다. 아직 잉여금반환청구권이 존재하지 않기 때문이다. 그러나 잉여금이 지급되면 리스이용자가 리스물건을 즉시 반환할 것이 합리적으로 예견되고 리스물건 반환 전에도 잉여금을 합리적으로 산정할 수 있는 경우까지 이러한 논리를 들어 동시이행항변권을 부정하는 것은, 지나친 형식논리로서 리스이용자에게 가혹할 수 있다.[22]

리스회사가 잉여금 반환의무를 부담함에도 불구하고 아직 잉여금을 지급하지 않는 동안 리스이용자는 미지급 리스료를 지급함으로써 리스물을 환수할 수 있는가? 동산양도담보에서 귀속청산이 이루어지는 경우 양도담보권자가 청산의무를 완료하지 않아 아직 담보권 실행절차가 종료되지 않은 상태라면, 채무자가 피담보채무를 변제함으로써 담보물을 환수할 수 있다.[23] 그러나 금융리스에서 리스이용자에게 이러한 환수권을 인정하기에는 주저되는 점이 있다. **리스계약이 해지됨으로써** 리스이용자가 리스계약에 따라 리스물을 사용, 수익할 권리도 소멸하였는데, 리스이용자의 일방적 리스료 지급에 의해 리스계약이 다시 부활하는 것이 가능한지 의문이기 때문이다. 리스계약의 해지에도 불구하고 잔존 리스료 채권이 존재하는 것으로 본다고 해서, 리스이용자의 리스계약에 따른 사용, 수익권까지 존속한다고 볼 수 없다. 리스회사가 동의하여 종전과 동일한 내용의 새로운 리스계약이 체결되지 않는 한, **리스이용자의 환수권은 인정될 수 없다**.

2유형의 경우 잔존 리스료 채권은 더 이상 존재하지 않으므로, 반환된 리스물을 잔존 리스료 채권 만족을 위해 활용한다는 명제 자체가 성립할 수 없다. 따라서 리스회사는 잉여금을 반환할 의무가 없다. 신의칙이나 공평의 원칙에 근거하여 리스회사의 잉여금 반환의무를 인정할 수 있을까? 리스회사가 리스물의 소유자라는 점을 고려할 때, 위와 같이 막연한 근거를 들어 잉여금 반환의무를 인정하는 것은 타당하지 않다.

---

19) 이 점에서 담보목적물이 부동산인 경우와는 차이가 있다.

20) 同旨 조용호, “리스거래의 법률문제”, 사법논집16(1985), 199-200; 민법주해16(1997)/김건식 361.

21) 그러나 리스회사가 리스료 채권을 담보하기 위해 리스목적물 소유권에 담보권을 설정한 것이 아니고, 리스이용자가 갖고 있는 이용권에 담보권을 설정한 것이라고 보면 리스회사가 리스계약을 해지하는 즉시 리스이용자의 이용권이 소멸하고 리스회사는 이용권의 부담이 없는 소유권을 취득하므로, 리스계약 해지시점을 기준으로 잉여금을 산정해야 한다.

22) 동산양도담보에서 양도담보권자가 담보권 실행을 위해 양도담보설정자에게 담보물 인도를 청구한 경우, 양도담보설정자는 정산금청구권에 기하여 동시이행항변을 할 수 있다는 견해로는 양창수 · 김형석, [민법Ⅲ 권리의 보전과 담보], 제3판(2018), 526.

23) 대법원 1977. 11. 22. 선고 77다1513 판결.

(3) 리스물 반환 시 리스이용자가 부담하는 채무의 소멸시점

우선 1유형 하에서 법률관계를 살펴본다. 리스계약이 해지되었고 리스회사가 리스물 반환을 청구한 경우 **잔존 리스료 채무가 소멸되는 시점**은 언제인가?

리스회사가 리스물을 인도받기 전에는 리스물로부터 경제적 이익을 얻기 어려우므로, **리스물 반환시점**에서 리스물의 가치만큼 리스료 채무가 소멸한다고 봄이 타당하다(일종의 "귀속청산").[24] 따라서 리스물이 인도되지 않은 상태라면 –리스회사와 리스이용자 사이에 대물변제 합의가 별도로 존재하지 않는 한– 리스료 채무는 여전히 존속한다. 이 경우 리스이용자가 잔존 리스료를 지급함으로써 리스계약의 존속을 주장할 수 있는가? 리스계약이 이미 해지되었다는 점을 고려할 때, 리스이용자의 일방적 변제로 인한 리스계약의 부활은 –리스회사가 이에 동의하지 않는 한– 인정할 수 없다.

2유형에서는 위와 같은 문제자체가 제기될 수 없다. 리스회사는 소유자로서 리스물건을 반환받은 것이고, 리스이용자에 대한 손해배상채권 등의 변제에 활용하기 위해 리스물건을 반환받은 것이 아니기 때문이다. 2유형의 경우 리스계약이 해지되면 리스이용자는 잔존 리스료 지급채무를 더 이상 부담하지 않는다. 따라서 리스이용자가 잔존 리스료를 지급함으로써 리스계약의 존속을 주장할 수 있는지와 같은 질문자체가 성립할 수 없다.

(4) 리스회사가 잔존 리스료 지급만 청구한 경우

리스계약이 해지되었음에도 불구하고 리스회사가 리스물건의 반환을 청구하지 않고 잔존 리스료 지급만 청구하는 경우 리스회사와 리스이용자 사이의 법률관계는 어떻게 되는가? 리스계약이 해지되었으므로 리스이용자의 리스물건 사용, 수익권은 일단 소멸한다. 그러나 리스회사가 잔존 리스료 지급만 청구하였다면, 리스회사는 다음과 같은 의사(意思)를 표시하였다고 해석해야 한다: "리스이용자가 리스료를 지급하면 그의 리스물건 사용, 수익을 –리스계약이 해지되기 전과 마찬가지로– 권원에 의한 정당한 사용, 수익으로 취급하겠다."

리스회사는 이러한 의사표시를 리스이용자가 잔존 리스료를 완납하기 전까지 –리스물건 반환을 청구함으로써– 자유롭게 철회할 수 있다. 리스물건 반환청구를 받은 리스이용자는 잔존 리스료 지급을 통해 해지된 리스계약을 소급적으로 부활시킬 기회를 더 이상 갖지 못한다.[25] 2유

---

24) 그러나 리스회사가 리스이용자의 이용권에 담보권을 설정하였다고 보면, 리스계약 해지 시점, 즉 담보목적물인 이용권이 소멸하는 순간 이용권의 가치와 동액 한도에서 리스료 채무가 소멸한다고 보아야 한다.

25) 리스회사가 리스계약 해지 후 미지급리스료 청구와 리스물 반환청구를 함께 한 경우는 어떠한가? 리스회사가 미지급리스료 청구를 하였다는 점에 주목하여, 리스이용자가 미지급리스료 상환을 통해 리스계약을 부활시킬 수 있다고 봄이 타당하다. 물론 리스이용자는 리스물을 자진 반환함으로써, 리스회사는 리스물반환청구권의 강제집행을 통해 리스물건을 반환받음으로써, 리스계약을 확정적으로 종료시킬 수도 있다. 또한 리스물건을 반환받기 전까지 리스이용자의 일방적 환수권 행사가 우려되는 리스회사는 미지급리스료 청구를 철회함으로써 리스이용자의 환수권을 소멸시킬 수 있다.

형 하에서는 잔존 리스료 채무가 더 이상 존재하지 않으므로 이는 당연한 결과이다. 1유형에서도 리스계약이 해지되어 리스이용자의 사용, 수익권이 소멸한 이상 리스이용자의 일방적 의사에 따라 리스계약을 부활시킬 수는 없다.

(5) 소 결

정리하면 1유형과 2유형 중 어느 쪽을 취하더라도 리스회사는 리스료 지급지체를 이유로 리스계약을 적법하게 해지하고 **리스물건 반환을 청구함으로써 즉시**, 즉 리스물건을 인도받기 전이더라도 그리고, 리스이용자에 대하여 **잉여금 반환의무를 부담하는지와 상관없이**, 리스물건에 대하여 -리스이용자의 공격(환수권)을 막아 낼 수 있는- **무적**(**無敵**, invincible)**의 소유권**을 취득한다.

1유형과 2유형의 차이는 리스회사의 잉여금 반환의무, 리스이용자의 부족분 리스료 지급의무에 있다. 1유형 하에서 리스회사는 리스물건을 반환받은 후 잉여금이 있다면 이를 반환해야 하고, 리스이용자는 리스물건으로 충당되지 않는 부족분 리스료를 지급해야 한다. 그러나 2유형 하에서 리스회사는 리스물건을 반환받은 후 잉여금이 있더라도 이를 반환할 필요가 없고, 리스이용자의 부족분 리스료 지급의무도 문제되지 않는다. 리스이용자는 채무불이행에 따른 손해배상책임만 부담한다. 즉 1유형은 리스계약이 해지되면 리스물건을 잔존 리스료 변제에 활용해야 한다는 점을 강조하고, 2유형은 리스계약이 해지되면 잔존 리스료 채권은 소멸하고 리스물건은 소유자인 리스회사에 반환되어야 한다는 점을 강조한다.

Ⅲ. 기존 논의의 소개

1. 담보권설

담보권설은 리스료가 리스물건의 사용대가가 아니고 리스물의 취득에 필요한 비용을 분할하여 지급하는 것이므로, 금융리스는 쌍방미이행 쌍무계약에 해당하지 않음을 강조한다. 쌍방미이행 쌍무계약에 해당하려면 미이행 의무 사이에 고유한 의미의 견련성("공여받기 위하여 공여한다": do ut des)이 존재해야 하는데, 리스이용자의 리스료 지급채무와 리스회사의 리스물 사용수익 보장의무 사이에는 이러한 견련성이 존재하지 않는다는 것이다.[26)27)] 리스료가 리스물건의 사

26) 배현태(주 7), 162는 리스이용자의 리스료 지급채무에 대응하는 리스회사의 의무는 단순히 리스물건의 사용수익을 수인할 의무에 그치고 적극적으로 무엇을 이행해야 하는 것은 아니기 때문에, 위 의무 사이에는 구 회사정리법 제103조에서 말하는 "대가관계"가 없다고 한다.

27) 참고로 일본 최고재판소는 전부상각방식에 의한 금융리스에 관하여 다음과 같이 판시하고 있다. 最高判 1995(平成7). 4. 14. (民集49.4.1063).

용대가가 아니고 금융에 대한 원리금지급의무라면 이를 공익채권으로 취급할 이유가 없다.[28]

등기 또는 등록의 대상이 되는 자동차, 선박 등의 금융리스에 대해서도 담보권설을 관철할 수 있는지에 대해서는 담보권설 내부에서도 견해가 나뉜다. 관철할 수 있다는 견해는 ⓐ 등기나 등록의 이전이 리스료지급과 대가관계에 있지 않고, ⓑ 리스물건에 대한 리스회사의 소유권은 형식적인 것이며 실질적인 소유권은 이미 리스이용자에게 이전되었다는 점을 근거로 든다.[29] 그러나 관철할 수 없다는 견해는 금융리스는 도산절차에서 소유권유보부 매매와 동일하게 취급하는 것이 합리적이고, 등기나 등록을 요하는 동산으로서 소유권 등기, 등록이 매도인 명의로 남아 있는 경우에는 회생절차 개시 당시 매수인의 대금지급의무와 매도인의 소유권 등기, 등록 이전의무가 모두 미이행으로서 상호 대등한 대가관계에 있으므로 쌍방미이행 쌍무계약에 해당한다고 주장한다.[30][31]

담보권설에 따르면 리스물건은 감가 폭이 크므로 회생계획 진행 중 담보가치가 현저히 줄어들어 결국 리스회사의 리스료채권을 보호할 수 없게 되는 문제가 있다는 쌍방미이행 쌍무계약설의 비판에 대해 담보권설은 다음과 같이 반론한다. 리스회사는 리스이용자로부터 보증보험증권을 교부받거나 연대보증인을 세우는 등 리스료채권 확보를 위한 조치를 취하는 것이 일반적이

"이러한 금융리스계약은 리스계약만료 시 리스물건의 잔존가치가 없는 것으로 보아 리스회사가 리스물건의 취득비 및 그 밖의 투하자본 전액을 회수할 수 있도록 리스료가 산정되는 것으로서, 그 실질은 리스이용자에 대한 금융상의 편의를 제공하는 것이므로, 이러한 금융리스계약의 경우 리스료채무는 계약의 성립과 동시에 그 전액이 발생하고, 리스료의 지급이 매월 일정액으로 약정되었더라도 이는 리스이용자에 대한 기한의 이익을 부여하는 것에 불과하므로, 각 달의 리스물건 사용과 각 달의 리스료 지급 사이에는 대가관계가 성립하지 않는다. 따라서 회사갱생절차 개시시점에서 미지급 리스료채권은 기한미도래 분을 포함하여 그 전액이 회사갱생법에서 말하는 회사갱생절차개시 전의 원인에 기초하여 발생한 재산상 청구권에 포함된다고 보아야 한다. 또한 회사갱생법 제103조 제1항은 쌍무계약의 당사자 간에 서로 견련관계에 있는 쌍방의 채무의 이행이 어느 쪽도 완료되지 않은 경우에 관한 것으로서, 이른바 전부상각방식에 의한 금융리스계약의 경우 리스물건을 인도한 리스회사는 리스이용자에 대하여 리스료 지급채무와 견련관계에 있는 미이행채무를 부담하지 않는다고 보아야 하므로, 위 규정은 적용되지 않고…"

28) 김연미, "도산절차에서 상행위의 취급 -금융리스를 중심으로", 동북아법1-1(2007), 82.

29) 정석종(주 7), 22-23.

30) 박준·한민(주 7), 863. 그런데 이런 논리라면 인도(引渡)가 공시방법인 동산의 소유권유보부 매매에서도, 매수인의 대금지급의무와 매도인의 소유권이전의무가 모두 미이행으로서 상호 대등한 대가관계에 있으므로, 쌍방미이행 쌍무계약에 해당한다고 보아야 한다. 소유권이전의 공시방법이 등기인지 인도인지에 따라 결론이 달라질 합리적 이유가 없다.

31) 등기, 등록으로 소유권이 이전되는 동산 또는 부동산의 경우 소유권유보부 매매 자체가 성립할 수 없다(대법원 2010. 2. 25. 선고 2009도5064 판결 참조). 이에 대하여 부동산도 소유권유보의 대상이 될 수 있다는 견해로는 전재우, "소유권 이전을 위하여 등기나 등록을 요하는 물건에 대한 소유권유보부매매의 인정 여부", 법률신문4090(2012) 참조. 그러나 무효인 소유권이전등기가 이후 매도인이 매매대금을 완납함으로써 **실체권리관계에 부합하는 등기**법리에 의해 사후적으로 그 흠이 치유되는 상황과 정지조건부 물권행위의 정지조건이 성취됨으로써 매수인이 소유권을 취득하는 상황은 구별해야 한다. 전자의 경우 매매대금 완납 전 해당 부동산은 매도인의 책임재산이지만, 후자의 경우 매매대금 완납 전 해당 동산은 매도인의 책임재산이라고 단정할 수 없다.

므로 이는 큰 문제가 아니다.[32)]

담보권설에 따르면 리스이용자에 대한 도산절차 개시시점부터 또는 그 전 어느 시점부터 리스이용자가 리스물건에 대한 소유권을 취득해야 한다. 그래야 리스회사가 리스물에 대한 담보권자가 될 수 있기 때문이다. 그런데 담보권설은 과연 **언제 리스이용자가 리스물에 대한 소유권을 취득하는지**에 대해 침묵하고 있다. 또한 담보권설은 **리스회사의 담보권실행절차가 언제 종료하는지**에 대해서도 명확히 밝히고 있지 않다(이 시점을 명확히 해야 리스회사가 리스물에 대하여 환취권을 행사할 수 있는지 여부가 결정된다).[33)] 이는 담보권설의 약점으로서 담보권설에 따른 법률관계를 혼란스럽게 만드는 원인이다.

2. 쌍방미이행 쌍무계약설

쌍방미이행 쌍무계약설은 리스물건의 평온한 사용을 보장할 리스회사의 의무와 리스이용자의 리스료지급의무는 대가적 관계에 있다고 본다. 또한 리스물건을 인도함으로써 리스회사의 주된 채무는 모두 이행되었고 리스물건의 평온한 사용을 보장할 의무를 단지 리스회사의 종된 채무에 불과하다고 볼 수 없다고 주장한다.[34)] 리스계약의 쌍무계약성을 부정하는 담보권설은 계약당사자들의 의사를 무시한 것으로서, 대부분의 리스이용자는 사용료를 지불한다고 생각하지 피담보채권을 변제하는 것으로 생각하지 않는다고 지적한다.[35)] 또한 리스계약에 있어 리스물건의 소유권은 리스기간 내내 리스회사에 있으므로, 리스이용자에게 소유권이 이전되는 것으로 의제하는 것은 리스계약 당사자의 의사에 반한다는 점을 강조한다.[36)] 담보권설에 따르면 회생계획에 따라 변제가 이루어지지 못하는 경우 리스물건의 감가로 인해 리스회사가 손해를 입을 수 있다는 점도 지적한다. 동산인 리스물은 시간의 경과에 따른 감가의 정도가 큰데 회생계획이 제대로 이행되지 않은 채 중단된 경우 담보권자가 이러한 담보물의 가치 감소분에 대하여 적절한 보상을 받지 못할 위험이 있다는 것이다.[37)] 우리 실무는 담보권설에 따라 회생채무자의 청산가치를

32) 김정만(주 7), 584.

33) 다만 한민, "자산금융과 최근의 도산법 쟁점", 민법과 도산법(2019), 276-277은 리스물이 리스회사에 인도되어 청산이 완료되어야만 담보권실행절차가 종료한다는 취지이다. 일본에서도 리스회사의 담보권이 리스이용자의 소유권을 대상으로 한다고 보는 견해는 대체로, 리스회사가 리스물건을 리스이용자로부터 인도받아 청산이 종료된 시점에서 담보권실행절차가 종료된다고 본다. 加藤甲斐斗, "ファイナンス・リース契約の法的構成と倒産手続上の処遇", Law&Practice 12(2018), 146.

34) 이연갑(주 7), 961-962. 김영주(주 7), 27은 여신전문금융업법 제2조 제10호 및 상법 제168조의2에서 리스이용자가 일정 기간 동안 리스물을 사용 또는 이용하게 하는 것을 금융리스의 본질적인 내용으로 명시하고 있는데, 그럼에도 불구하고 리스회사의 이용보장의무가 추상적이고 관념적인 것에 불과하다고 볼 수는 없다고 주장한다.

35) 윤덕주(주 7), 120.

36) 이연갑(주 7), 969-971.

37) 이연갑(주 7), 973-974. 담보권설을 취하는 山本和彦 교수도 이러한 문제점을 인정하고 입법으로 해결할 것

산정할 때 리스물의 가치도 반영하는데, 채무자 소유도 아니고 채무자 파산 시 청산의 대상이 될 수도 없는 리스물건에 관하여 그 청산가치를 고려하는 것은 타당하지 않다는 비판도 있다.[38)]

쌍방미이행 쌍무계약설에 따르면 리스회사는 리스이용자의 채무불이행을 이유로 리스계약을 해지함으로써 리스물을 환취할 수 있다. 도산절차개시 전에 이미 적법하게 계약을 해지한 경우, 도산절차개시 전에 해지권이 발생하였고 도산절차개시 후에 해지권을 행사한 경우 모두 리스물을 환취할 수 있다. 그런데 금융리스의 실질과 거래현실을 고려할 때 이러한 리스회사의 환취권 행사가 부당하게 느껴지는 사안이 발생할 수 있다. 쌍방미이행 쌍무계약설은 **리스회사의 권리(해지권, 환취권)행사를 제한할 수 있는지, 제한한다면 어느 경우, 어떠한 법리적 근거로 제한할 수 있는지**에 대해 만족스러운 답변을 하고 있지 않다. 이는 쌍방미이행 쌍무계약설의 약점이다.

Ⅳ. 견해대립의 실익

리스이용자 도산 시 금융리스를 담보권[39)]으로 취급하는지, 쌍방미이행 쌍무계약으로 취급하는지에 따라 아래와 같이 법률관계가 달라진다. 대체로 담보권설이 리스회사에 불리하고 회생채무자인 리스이용자에 유리하다.

① 담보권설에 따르면 미지급 리스료채권은 도산채권이고, 담보물인 리스물의 가치 한도에서 회생담보권이 될 수 있다. 리스료채권은 도산채권이므로 회생계획에 따른 권리변경의 대상이 된다.

이에 반해 쌍방미이행 쌍무계약설에 따르면 도산절차개시 후[40)] 미지급 리스료채권은 -관

을 주장한다. 山本和彦, "ファイナンス・リース契約と会社更生手続", NBL574(1995), 12-13.

38) 윤덕주(주 7), 119-121.

39) 본문 Ⅳ.에서는 논의의 편의상 리스회사가 리스물 자체에 대한 담보권을 취득한다고 가정하고 검토를 진행한다. 즉 이용권 담보권설은 검토대상에서 제외한다.

40) 도산절차개시 전 미지급 리스료채권은 어느 견해를 따르든 도산채권이다. 참고로 임대차계약에서 임차인 도산 후 관리인이 임대차계약의 이행을 선택한 경우, 기존 연체차임이 모두 공익(재단)채권이 되는지, 도산절차개시 후 차임만 공익(재단)채권이 되는지에 관해 견해가 대립한다. 실무는 대체로 후자의 입장을 취하고 있지만{회생사건실무(상)(주 6), 176; 서경환, "회사정리절차가 계약관계에 미치는 영향", 재판자료86(2000), 657}, 전자와 같이 보는 견해도 유력하다{임치용, "파산절차의 개시와 임대차계약", 파산법연구2(2006), 141-142}. 미국 연방도산법은 명문(明文)으로 전자의 입장을 따르고 있고{§365(b)(1)(A)}, 독일도산법은 명문으로 후자의 입장을 따르고 있다(제105조 제1문). 임대차계약은 하나의 계약이고 관리인은 하나의 계약을 이행선택한 것이므로 전자와 같이 보는 것이 계약법의 기본법리에 부합한다. 그러나 도산채무자가 부담하는 가분급부가 금전급부의무인 경우에는 후자와 같이 계약의 분할을 인정하더라도 ① 계약상대방 입장에서 원치 않는 계약내용을 강요당할 위험이 적다. 즉 계약법의 기본법리에 배치될 위험이 적다. 또한 계약의 분할을 인정하는 것이 ② 도산채무자의 회생 및 도산재단 확충에 도움이 된다. 필자는 후자의 입장에 찬성한다.

리인이 이행선택을 하면- 공익(재단)채권이 된다{채무자 회생 및 파산에 관한 법률(이하 '회생파산법') 제179조 제1항 제7호}. 따라서 리스물의 가치나 회생계획과 상관없이 도산재단이 충분하면 리스회사는 관리인으로부터 리스료를 수시변제 받는다. 공익채권인 리스료채권은 회생계획에 따른 권리변경의 대상이 아니다.[41)][42)]

② 담보권설에 따르면 회생계획이 인가되기 전에 기존 리스계약에 따른 변제가 제대로 이루어지지 않더라도 리스회사는 담보권을 실행할 수 없다. 회생절차 진행 중 리스기간이 만료되더라도 리스회사가 담보권 실행을 위해 리스물 반환을 청구할 수 없다. 회생담보권자는 회생절차 내에서 독자적으로 담보권실행을 할 수 없기 때문이다(회생파산법 제141조 제3항). 결국 리스회사가 리스물을 반환받아 제3자에게 재리스를 할 가능성은 봉쇄된다. 또한 리스료 채권은 회생채권이고 회생계획에 의하지 않고 관리인이 회생채권을 임의변제로 소멸시키는 것은 원칙적으로 허용되지 않으므로(회생파산법 제131조), 회생계획 인가 전에 기존 리스계약에 따라 정기적으로 리스료 지급이 이루어질 가능성은 높지 않다.

그러나 쌍방미이행 쌍무계약설에 따르면 설령 관리인이 계약해지를 선택하더라도 도산절차 개시 후 관리인이 해지권을 행사하기 전까지 발생한 리스료 상당액은 공익채권으로 변제되어야 한다.[43)]

③ 담보권설에 따르면 리스료채무 불이행을 이유로 리스회사가 리스계약을 해지하는 것은 담보권 행사에 해당한다. 따라서 설령 회생절차개시 전에 리스회사가 해지권을 취득하였어도 회생절차개시 후에는 더 이상 해지권을 행사할 수 없다고 봄이 논리적이다.[44)] 또한 회생절차개시 전이더라도 리스회사의 해지권 행사는 회생파산법 제44조에 따른 중지명령, 제45조에 따른 포괄

41) 우리나라는 일본과 같은 담보권소멸제도(채무자회생에 필요한 담보물에 대하여 관리인이 그 물건의 가액을 지급하고 담보권을 소멸시키는 제도)가 아직 도입되지 않았지만, 만약 도입된다고 가정하면 담보권설 하에서 리스회사의 권리는 담보권소멸제도에 따라 소멸될 수 있다. 그러나 쌍방미이행 쌍무계약설 하에서 관리인은 도산절차개시 후 약정 리스료를 모두 공익채권으로 지급해야 한다. 리스물건의 담보가치가 남은 리스료 총액보다 작을 경우 담보권설이 회생채무자인 리스이용자에게 유리하다.

42) 담보권설에 따르면 담보물인 리스물의 가치를 평가해야 한다. 만약 담보물이 잔존 리스료채권 전액만큼의 가치를 갖는다고 평가된다면, 쌍방미이행 쌍무계약설에 따라 관리인이 이행선택을 한 경우와 큰 차이는 없다.

43) 서경환(주 40), 657은 임차인 도산 시 관리인이 해지를 선택한 경우 도산절차개시 후 해지권 행사 전까지의 차임채권은, 회생파산법 제179조 제1항 제2호의 공익채권(회생절차개시 후의 채무자의 업무 및 재산의 관리와 처분에 관한 비용청구권)으로 본다.

44) 배현태(주 7), 165-167. 그러나 실무에서는 담보권설을 지지하면서도 리스회사가 이미 적법하게 취득한 법정해지권을 리스이용자에 대한 도산절차개시 후 행사하는 것은 가능하다고 본다. 회생사건실무(상)(주 6), 410; 서경환(주 40), 672; 김정만(주 7), 566. 파산절차라면 별제권자의 독자적 권리행사가 가능하므로 리스회사의 해지권 행사가 가능하지만, 회생절차에서는 리스회사의 해지권 행사를 허용하지 않는 것이 담보권설의 논리와 어울린다. 그럼에도 불구하고 담보권설이 이러한 해지권 행사를 긍정하는 배경에는, 채무자의 채무불이행에 대한 리스회사의 정당한 권리행사를 과도하게 제한하지 않으려는 실무적 공평감각이 놓여있다. 그러나 담보권설의 논리와 충돌한다는 점은 부정할 수 없다. 이 문제는 **평시 금융리스가 담보권이 아님에도 불구하고 도산절차에서 무리하게 담보권으로 구성하려다 보니 발생한 난맥상**(**亂脈相**)의 한 예이다.

적 금지명령의 대상이 된다.[45] 판례에 따르면 양도담보 설정자의 도산신청 이후 양도담보권자가 담보권을 실행하는 행위는 중지명령과 포괄적 금지명령의 대상이 된다.[46] 리스회사가 리스이용자 소유의 리스물에 대하여 담보권을 갖고 있다고 보면, 리스회사가 계약해지 후 리스물의 반환을 청구하는 것도 담보권 실행에 해당한다. 따라서 리스회사의 리스물건 인도청구도 중지명령과 포괄적 금지명령의 대상이 된다.[47] 도산절차개시 전에 리스계약이 적법하게 해지되었더라도 아직 리스물이 반환되지 않았다면 리스회사는 도산절차개시 후 관리인에 대하여 리스물의 인도를 청구할 수 없다. 리스회사의 해지권 행사나 리스물 인도청구가 중지명령과 포괄적 금지명령의 대상이 된다면, 리스이용자에 대한 도산절차개시 신청을 이유로 리스회사의 약정해지권을 부여하는 도산해지조항을 무효로 볼 실익이 줄어든다. 도산해지조항을 유효로 보더라도 중지명령과 포괄적 금지명령을 통해 리스이용자가 리스물을 계속 사용할 수 있기 때문이다. 다만 도산절차개시 신청 전 지급정지를 이유로 한 도산해지조항이 문제된 경우에는 도산해지조항을 무효로 보아야 리스이용자를 충실히 보호할 수 있다.[48]

쌍방미이행 쌍무계약설에 따르면 리스회사의 해지권 행사는 중지명령과 포괄적 금지명령의 대상이 될 수 없다. 리스회사가 해지권 행사 후 인도를 받기 전에 리스이용자에 대하여 도산절차가 개시된 경우, 리스회사는 환취권을 행사할 수 있다. 이 경우 리스이용자가 동산을 점유하고 있다고 해서 관리인을 해지에 있어 제3자라고 볼 수도 없다. 또한 리스회사가 도산절차개시 전 리스이용자의 채무불이행을 이유로 적법하게 법정해지권을 취득한 경우, 리스회사는 도산절차개시 후에도 이 법정해지권을 행사할 수 있다. 이로 인해 관리인이 선택권을 행사할 수 없게 되더라도 관리인은 이러한 결과를 감수해야 한다.

④ 담보권설에 따르면 리스회사가 리스계약을 해지하여 목적물을 반환받음으로써 리스료채권 전부 또는 일부의 만족을 얻은 경우, 이러한 채권만족은 실질적으로 담보권의 사적(私的) 실

45) 한민(주 33), 276. 담보권설을 취하면서도 도산절차개시 전에는 리스회사가 소유자이고 도산절차개시 후에 비로소 리스이용자가 소유자가 되는 것이므로, 도산절차개시 전 리스회사의 해지권 행사를 막을 법적 근거는 없다는 입장도 상정해볼 수 있다. 그런데 이 견해에 따르면 다음과 같은 문제가 발생한다. 중지명령과 포괄적 금지명령 제도는, **도산절차개시 후의 법률관계를 위기시기까지 소급시킴으로써** 도산절차의 목적(도산재단의 보호, 도산채무자의 회생, 공평한 책임재산 분배)을 효과적으로 달성하기 위해 마련된 것이다. 위 견해에 따르면 중지명령 등의 취지가 무색해진다. 또한 장차 회생담보권자로 취급될 리스회사가 회생절차개시 전 자유롭게 리스물을 반환받을 수 있게 되므로, 리스회사를 회생담보권자로 취급하는 의미도 퇴색된다.

46) 대법원 2011. 5. 26. 선고 2009다90146 판결.

47) 한민(주 33), 276.

48) 이용권 담보권설에 따르면 리스회사의 담보권 실행절차는 -잉여금이 없는 경우- 해지권을 행사하는 즉시 완료한다(다만 가등기담보에 관한 법률 제3조를 유추하여, 청산내역과 잉여금의 부존재를 통지해야 비로소 담보권 실행절차가 종료한다고 볼 여지도 있다). 따라서 도산절차개시 신청을 이유로 한 도산해지조항의 경우 이를 무효로 보아야 리스이용자를 충실히 보호할 수 있다. 도산절차개시 신청 후 중지명령이나 포괄적 금지명령 발령 전에 리스회사가 신속하게 해지권 행사를 해버리면 담보권실행절차가 그 즉시 종료되므로, 중지명령이나 포괄적 금지명령을 발령할 대상이 더 이상 존재하지 않게 되기 때문이다.

행에 해당하므로 이후 회생절차에서 부인의 대상이 될 수 있다. 우리 판례는 위기시기의 담보권 실행행위가 부인의 대상이 될 수 있다는 입장이기 때문이다.[49] 또한 위기시기에 리스계약을 체결하는 행위에 대해 위기시기에 담보권설정을 한 것처럼 취급하여 부인권을 행사할 수도 있다.

쌍방미이행 쌍무계약설에 따르면 리스회사가 리스계약을 해지하고 리스물을 반환받는 것에 대하여 부인권을 행사할 수 없다. 리스회사는 애초부터 자신이 갖고 있던 소유권에 기초하여 리스물을 반환받은 것이므로 이를 담보권 실행행위로 볼 수 없기 때문이다.[50] 쌍방미이행 쌍무계약설에 따르더라도 위기시기에 체결된 리스계약에 대하여 부인권을 행사할 여지는 있지만, 관리인 입장에서 이러한 리스계약은 해지하면 되므로 굳이 부인권 행사를 할 실익은 크지 않다.[51]

그러나 다음 쟁점에 관해서는 담보권설과 쌍방미이행 쌍무계약설 사이에 큰 차이가 없다.

① 담보권설에 따르면 리스물건의 가치가 잔존 리스료 채권보다 크면 그 잉여가치는 회생채무자인 리스이용자에게 귀속된다. 쌍방미이행 쌍무계약설에 따르면 -관리인이 해지를 선택한 경우- 리스회사는 환취권을 행사할 수 있고, 따라서 리스물건의 잉여가치는 리스회사에 귀속되는 것이 자연스럽다. 그런데 본문 Ⅱ.에서 검토한 것처럼 이 경우에도 1유형 하에서는 리스회사의 잉여금반환의무가 인정될 수 있다.

② 쌍방미이행 쌍무계약설에 따르면 리스물건이 도산채무자인 리스이용자의 사업계속에 별다른 필요가 없는 경우 관리인은 리스계약의 해지를 선택하고 리스물을 리스회사에 반환할 수 있다. 리스계약의 조기 종료에 따라 리스회사가 입은 손해에 대해서는 도산재단이 도산채무로서 그 책임을 부담한다. 담보권설에 따르면 관리인은 도산절차 내에서 리스계약을 해지할 수 없다. 그러나 도산재단에 속하는 리스물을 법원의 허가를 받아 포기하거나 조기환가하는 것은 가능하다(회생파산법 제61조 제1항 제1, 7호, 제492조 제12호, 제497조). 관리인이 리스물을 포기하면 리스물은 리스이용자의 책임재산으로 복귀하고 리스이용자는 리스물에 대한 관리처분권을 회복한다. 리스물은 도산재단과 무관한 자유재산이 되고, 리스회사와 리스이용자 사이의 법률관계는 -진행 중인 도산절차와 상관없이- 평시와 마찬가지로 전개된다. 리스이용자는 리스료를 지급하지 못할 가능성이 크고 이에 따라 리스회사는 리스계약을 중도해지하고 리스물을 반환받을 수 있다. 리스회사의 잔여 리스료채권 또는 채무불이행으로 인한 손해배상채권은 도산재단이 도산채

49) 대법원 2011. 5. 26. 선고 2009다90146 판결; 대법원 2011. 11. 24. 선고 2009다76362 판결. 필자는 이러한 판례가 부당하고 변경되어야 한다고 생각하지만, 여기서는 더 이상 검토하지 않는다.

50) 평시 리스계약 중도해지 후 법률관계를 1유형처럼 구성하더라도 결론은 달라지지 않는다. 잉여금 반환이나 부족분 리스료청구는 리스회사와 리스이용자 사이의 약정채권관계에 불과하고, 리스회사가 계속 리스물의 소유자였다는 결론에 영향을 미치지 않기 때문이다.

51) 다만 리스계약 체결자체를 부인할 수 있다면 관리인으로서는 해지를 선택하는 것보다 부인권을 행사하는 것이 유리하다. 해지를 선택하면 계약상대방인 리스회사의 손해배상채권을 도산채무로 이행해야 하므로 그만큼 도산재단의 부담이 커지기 때문이다.

무로서 부담한다. 관리인은 소유권을 일방적으로 포기할 수 있지만, 도산채무자의 기존 계약관계는 그대로 승계하는 것이 원칙이고 이를 일방적으로 포기할 수 없기 때문이다. 결국 도산재단에 필요없는 리스물의 반환과 관련하여 담보권설과 쌍방미이행 쌍무계약설은 법률구성 상 차이는 있지만 종국적 결과는 크게 다르지 않다.[52)]

③ 리스이용자의 회생절차개시 신청 등을 이유로 리스계약을 해지하는 조항(이른바 '도산해지조항')의 유효여부는 담보권설과 쌍방미이행 쌍무계약설 중 무엇을 선택하는지와 관련이 없다. 즉 쌍방미이행 쌍무계약이라고 해서 그렇지 않은 경우에 비해 도산해지조항을 무효로 볼 당위성이 더 큰 것[53)]이 아니다. 쌍방미이행 쌍무계약설을 취하면 도산해지조항이 무효이고, 담보권설을 취하면 도산해지조항이 유효라고 말할 수 없다.[54)] 또한 모든 금융리스에서 일률적으로 도산해지조항이 무효라고 판단하는 것도 다소 성급하다. 우리는 미국{연방도산법 §365(e)(1), §541(c)(1)}이나 프랑스(상법L.제622-13조 제1항)처럼 모든 도산해지조항은 원칙적으로 무효라고 선언하는 성문법 규정을 갖고 있지 않다. 따라서 책임법적(또는 도산법적) 공서위반(민법 제103조)[55)]을 근거로

52) 윤덕주(주 7), 123-124과 김형석(주 7), 437은 리스이용자(또는 소유권유보부 매수인) 입장에서 불필요한 물건임에도 불구하고 그 보관을 강제당하는 점이 담보권설의 단점이라고 비판하나 꼭 그러한지 의문이다. 관리인은 도산재단을 포기할 수도 있고, 조기환가할 수도 있기 때문이다.

53) 이러한 생각은 실무에 널리 퍼져 있는 것으로 보인다. 이러한 생각의 배경에는 다음과 같은 인식이 깔려있다. "도산해지조항은 관리인에게 선택권을 부여하는 회생파산법 규정(강행법규)에 반하므로 무효이다. 그런데 쌍방미이행 쌍무계약이 아닌 경우 관리인의 선택권은 인정되지 않는다. 따라서 도산해지조항을 무효로 보더라도 강행법규 위반이 문제되지 않는다."
그러나 이러한 인식은 타당하지 않다. "관리인의 선택권을 미리 배제시키는 약정"은 관리인에게 선택권을 부여한 회생파산법 제119조 제1항, 제335조 제1항에 반하여 무효라고 말할 수 있다. 그러나 도산해지조항은 위 강행규정의 목적/취지(도산재단의 보호, 도산채무자의 회생)를 **잠탈할 우려**가 있는 조항일 뿐이다. 강행규정의 취지를 잠탈할 우려가 있는 모든 약정이 탈법행위로서 무효라고 단정할 수 없다. **도산해지조항을 무효로 보는 견해도 모든 쌍방미이행 쌍무계약에 대하여 도산해지조항이 무효라고 주장하지 않는다.** 도산해지조항을 무효로 보는 성문법 규정이 없는 한, 도산해지조항을 무효로 보는 근거는 책임법적 공서위반(민법 제103조)에서 찾을 수밖에 없다. 계약자유의 원칙과 도산재단의 보호·도산채무자의 회생이라는 대립하는 두 가치를 비교형량하여 후자를 더 강조할 필요가 있는 경우에 한해 도산해지조항을 무효로 보아야 한다. 쌍방미이행 쌍무계약이라고 해서 후자를 더 강조할 합리적 이유가 없고, 쌍방미이행 쌍무계약이 아니라고 해서 전자를 더 강조할 합리적 이유도 없다.
권영준, "도산해지조항의 효력", 민법과 도산법(2019), 31-32는 도산해지조항에 관한 합의는 강행규정인 회생파산법 제119조 제1항에 정면으로 위반하는 행위라기보다 그 취지에 반하는 탈법행위라고 하면서, 회생파산법 제119조 제1항을 근거로 도산해지조항을 원칙적으로 무효로 보아야 한다고 주장한다. 그러나 회생파산법 제119조 제1항은 **무효인 탈법행위와 유효인 탈법행위를 구분할 수 있는 기준을 제시해주지 않는다.** 따라서 회생파산법 제119조 제1항을 무효의 근거로 삼는 것은 부적절하고, 오해(쌍방미이행 쌍무계약의 경우 도산해지조항을 무효로 볼 필요성이 더 크다)를 야기할 위험이 있다.

54) 참고로 일본판례는 담보권설을 취하지만 금융리스의 이용자에 대하여 민사재생절차가 개시된 경우 도산해지조항을 무효로 본다. 最高判 2008(平成20). 12. 16(民集62.10.2561).

55) 채무자의 책임실현절차인 강제집행절차에서 특정 채권자가 법률의 형식적 요건구비를 이유로 '부당하게' 자신의 우선권을 관철시키는 것은 '제도의 남용'으로서 불허될 수 있다. 유치권자나 주택임대차보호법상 최우선변제권의 요건을 갖춘 임차인이 해당 권리를 행사하는 것을 불허한 판례들(대법원 2013. 12. 12. 선고

도산해지조항을 무효로 볼 수밖에 없고, 개별 계약의 구체적 사정을 고려해 무효여부를 결정해야 한다. ⓐ 리스물은 리스이용자의 사업계속을 위해 꼭 필요한 물건인 경우가 많고, ⓑ 금융리스의 경우 리스물의 범용성이 부족하여 리스회사 입장에서 위 물건을 반환받더라도 제3자에게 다시 리스를 해주기 어려운 경우도 많으며, ⓒ 따라서 리스회사 입장에서는 리스물을 돌려받아 이를 재차 자신의 영업에 활용하기 위해 도산해지조항의 유효를 주장하기보다 리스이용자를 압박하여 미지급 리스료를 받아내기 위해 또는 종전보다 리스이용자에게 불리한 조건으로 재계약을 체결하기 위해 도산해지조항을 활용할 여지가 있고, ⓓ **리스계약을 해지하고 별 가치도 없는 리스물을 돌려받는 것보다 리스계약을 유지하면서 늦게라도 리스료를 일부나마 받는 것이 리스회사 입장에서 이익**이므로 설령 도산해지조항이 없었더라도 리스회사는 리스이용자와 리스계약을 체결하였을 가능성이 높다(따라서 도산해지조항을 무효로 보더라도 리스회사의 사적자치 －계약내용 결정의 자유－ 를 과도하게 침해한다고 볼 수 없다). 위와 같은 사정이 존재하는 금융리스로서 리스이용자에 대하여 '회생'절차가 개시된 경우라면, 책임법적 공서위반을 근거로 도산해지조항을 무효로 봄이 타당하다. 구체적 내용은 본문 Ⅵ. 3.에서 살펴본다.

Ⅴ. 외국의 법상황: 금융리스의 평시 및 도산절차 상 법률관계

아래에서는 외국에서 금융리스의 평시 및 도산절차 상 법률관계가 어떻게 전개되는지 이 글의 논지전개에 필요한 범위에서 살펴본다. 금융리스의 법률관계는 소유권유보부 매매의 법률관계와 밀접한 관련이 있으므로 외국에서 소유권유보부 매매의 평시 및 도산절차 상 법률관계가 어떻게 전개되는지도 함께 살펴본다.

1. 미 국

미국에서 진정한 임대차(true lease)가 아닌 금융리스는 **평시에도 담보권**으로 취급된다.[56] 미국 통일상법전(Uniform Commercial Code) 제9장은 그 형식을 불문하고 실질적으로 담보의 기능을 하는 제도는 모두 담보권으로 포섭하는 통일적 담보제도를 채택하였고,[57] 이에 따라 소유

2013다62223 판결; 대법원 2011. 12. 12. 선고 2011다84298 판결)은 이러한 관점에서 설명할 수 있다. 전체 집행절차인 도산절차에서도 채무자의 책임재산은 모든 도산채권자들에게 공평하게 분배되어야 하고, **특정 도산채권자가 형식적 법률요건 구비를 이유로 부당하게 자신의 권리를 앞세우는 것은 허용될 수 없다**. 필자는 이러한 법리를 "책임법적 공서위반"이라는 관점에서 설명할 수 있다고 생각한다.

56) UCC §1-201 (35), §1-203.

57) 담보거래에 관한 UNCITRAL 모델법도 이러한 입장을 취하고 있다. UNCITRAL Model Law on Secured Transactions Guide to Enactment(2017), 8, 24, 32 참조.

권유보부 매매[58]나 금융리스는 모두 담보권에 해당하며 **공시가 요구**된다. 만약 리스회사가 금융명세서(financing statement)를 제때 등록(filing)하지 않으면 리스이용자의 압류채권자나 먼저 등록한 담보권자에 대항하지 못할 수 있고,[59] 리스이용자에 대한 도산절차개시 후에는 대항요건을 갖추지 못한 담보권(unperfected security interest)이 되어 이른바 Strong-Arm조항{연방도산법 §544(a)}에 따라 부인될 수 있다.[60] 또한 대항요건을 갖추지 못한 담보권은 도산신청 전날 대항요건이 구비된 것으로 간주하므로{연방도산법 §547(e)(2)(C)}, 등록을 하지 않은 금융리스는 편파행위(preference) 부인의 대상이 될 수 있다. 금융리스는 담보권이므로 자동중지(automatic stay)의 대상이 되고, 자동중지기간 동안 리스회사는 리스료 지급을 청구할 수 없다.[61] 이에 반해 운용리스는 담보권이 아니므로 공시가 요구되지 않고 도산절차에서는 쌍방미이행 쌍무계약으로 취급된다. 이처럼 평시와 도산절차에서 그 취급이 전혀 다르므로, 문제된 리스가 금융리스인지 운용리스인지는 실무상 매우 중요한 문제이다. 그런데 양자의 구별기준은 명확하지 않다.[62]

2. 일 본

일본은 담보권설이 통설, 판례이다.[63] 금융리스 관련 일본의 논의를 이해하려면 우선 소유권유보부매매의 법적 취급부터 살펴보아야 한다. 일본에서는 소유권유보부매매의 **평시 법률관계**를 -정지조건부 소유권이전으로 보는 우리 판례[64]와 달리- 담보권으로 보는 견해가 유력하다.[65] 그 근거로는 소유권유보가 양도담보와 실질적으로 다를 바 없다는 점이 언급된다.[66] 소유권유보의 실질은 담보이므로 유보목적물의 환가를 통해 피담보채무를 변제받고 남는 것이 있으

58) UCC §2-401 (1), §9-202.

59) UCC §9-317 (a), §9-322 (a).

60) In re Pacific Exp., Inc. 780 F.2d 1482 (9th Cir. 1986).

61) United Savings Assoc. of Texas v. Timbers of Inwood Forest Assocs., Ltd., 484 U.S. 365 (1988).

62) UCC §1-203은 금융리스와 진정한 임대차를 구별하는 일응의 기준들을 열거하고 있다. 그러나 완결적 기준이 아니고, 기준자체에 불확정 개념{가령 "명목적인 추가 약인(nominal additional consideration)"}이나 구체적 산정이 쉽지 않은 요소{가령 "합리적으로 예견가능한 이행비용(reasonably predictable cost of performing)"}가 포함되어 있기 때문에, 경계선 상에 있는 사례의 경우 여전히 판단이 쉽지 않다. 이 글 각주 12 및 해당 본문내용도 참조.

63) 그러나 伊藤眞 교수는 쌍방미이행 쌍무계약설을 취한다. 伊藤眞, [破産法, 民事再生法], 第4版(2018), 403-407.

64) "소유권유보부매매는 매도인이 대금을 모두 지급받기 전에 목적물인 동산을 매수인에게 인도하지만 대금이 모두 지급될 때까지는 목적물의 소유권은 매도인에게 유보되며 대금이 모두 지급된 때에 그 소유권이 매수인에게 이전된다는 내용의 계약이고, 목적물의 소유권을 이전한다는 당사자 사이의 물권적 합의는 매매계약을 체결하고 목적물을 인도한 때 이미 성립하지만 대금이 모두 지급되는 것을 정지조건으로 하는 것"(대법원 1999. 9. 7. 선고 99다30534 판결)

65) 다만 일본판례도 그러한 입장인지는 불명확하다. 각주 72의 일본최고재판소 판례 참조.

66) 内田貴, [民法Ⅲ, 債権総論·担保物権], 第4版(2020), 655, 658.

면 매도인은 매수인에게 이를 반환해야 한다.[67] 매도인은 담보권실행을 위해 소유권유보매매를 해제할 필요는 없고(해제를 하면 피담보채권인 매매대금채권이 소멸하기 때문이다), 인도청구를 하면 충분하며 목적물 인도 후 청산 전까지 매수인은 환수권을 갖는다.[68] 매수인 도산 시 매도인은 별제권/갱생담보권자이다.[69]

유보매도인의 소유권을 담보권으로 구성하는 방식은 2가지가 있다. 1설은 매수인이 물권적 기대권을 취득하는 점을 고려하여 유보매도인의 소유권은 담보권이라고 본다(담보권구성1).[70] 1설에 따르면 매도인으로부터 매수인에게 소유권이 이전되지 않은 상태에서 매도인은 담보권자가 된다. 2설은 일단 매수인에게 소유권이 이전된 후 매도인이 이에 대하여 담보권을 취득한다고 구성한다(담보권구성2).[71] 2설에 따르면 소유권유보와 소유권이전 후 매도인에게 양도담보를 설정해 주는 것 사이에 별 차이가 없다.[72]

논리전개의 타당성은 별론으로 하고[73] 이러한 지배적 이론은 금융리스의 평시 법률관계에 강한 영향을 미치고 있다. 금융리스에서 리스회사의 소유권은 리스료채권을 담보하기 위한 것이라는 점에서 소유권유보부 매매에서 매도인의 소유권과 별 차이가 없기 때문이다. 일본에서 담보권설이 통설, 판례인 까닭이다. 다만 대금완납 후 (완전한) 소유권 이전이 예정된 소유권유보와 달리 금융리스의 경우 리스료 완납 후 리스물의 소유권은 -비록 리스물의 잔존가치가 0이더라도- 리스회사에 유보하는 경우가 많다. 이러한 차이점을 고려할 때 금융리스의 경우 -소유권유보와 달리- 담보권구성1, 2를 통해 리스회사의 담보권을 정당화하기 어려운 측면이 있다. 리스이용자가 유보매수인처럼 강력한 물권을 취득하였는지에 대해 의문이 제기될 수 있는 것이

67) 松岡久和, [担保物権法](2017), 382.

68) 松岡久和(주 67), 383.

69) 伊藤眞(주 63), 484-485.

70) 道垣内弘人, [担保物権法], 第4版(2017), 368. 伊藤眞 교수는 유보매수인에게 '조건부 소유권'이 이전하는 효과의 반면으로 유보매도인의 소유권은 담보권으로 변한다고 설명한다. 伊藤眞(주 63,) 485.

71) 米倉明, [所有権留保の研究](1997), 378-379; 高木多喜男, [担保物権法], 第4版(2005), 381.

72) 그런데 최근 일본최고재판소는 매매대금이 완납되기 전까지 **매도인의 소유권은 매수인에게 이전되지 않고** 따라서 매수인이 해당 목적물에 양도담보를 설정하더라도 양도담보의 효력이 미치지 않는다고 판시하였다. 最高判 2018(平成30). 12. 7(民集72.6.1044). 이 판례는 2설과 조화되기 어렵다.

73) 우선 물권법정주의를 고려할 때 1설이 정당화될 수 있는지 의문이다. 매수인이 물권적 기대권을 취득한다고 해서 돌연 매도인의 소유권이 담보권으로 변할 이유가 없기 때문이다. 또한 2설에 대해서는 당사자의 의사를 과도하게 '의제'한다는 비판이 제기될 수 있다. 그러나 2설은 -물권변동에 있어 대항요건주의를 취하고 있는 일본에서는- **동산소유권이전과 점유가 밀착되어 있지 않음**을 근거로, 자신의 견해가 별 문제가 없다고 주장한다. 米倉明, [担保法の研究](1997), 30-31.
어디까지나 외부인의 시각에 불과하지만, 소유권유보 관련 일본의 논의는 그야말로 혼돈(混沌) 또는 착종(錯綜) 상태에 있는 것 같다. 논의가 복잡해진 원인으로는 ① 일본이 물권변동에 있어 대항요건주의를 취하는 점, ② 성문법 규정이 없음에도 불구하고 소유권유보를 양도담보와 비슷한 담보권의 일종으로 구성하는 점, ③ 등기·등록으로 물권변동이 공시되는 동산에 대해서도 소유권유보가 가능한 점(이는 대항요건주의와 관련이 있다)을 들 수 있다. 필자는 위 ①, ②, ③ 모두 우리법이 나아갈 방향은 아니라고 생각한다.

다.[74] 이러한 사정을 고려하여 나온 학설이 "**이용권 담보권설**"이다. 이용권 담보권설은 리스이용자가 리스물건의 소유권을 취득하고 리스회사가 이에 대하여 담보권을 취득하는 것이 아니고, 리스회사는 계속 리스물건의 소유자로 있으면서 리스이용자가 금융리스계약에 따라 취득한 리스물건에 대한 이용권에 대하여 담보권을 취득한다고 본다. 이용권 담보권설에 따르면 리스회사가 금융리스계약을 해지하는 시점에서 담보권실행절차는 종료한다.[75] 리스계약의 해지에 따라 리스이용자의 이용권은 소멸하고 리스회사에 복귀한 이용권은 혼동에 의해 소멸하여 리스회사는 완전한 소유권을 회복하므로, 그 후부터 리스회사는 환취권의 행사로서 리스물의 반환을 청구할 수 있다. 일본 하급심 판례 중에는 이용권 담보권설을 취한 사례들이 있고, 동경지방재판소는 회사갱생사건의 경우 이용권 담보권설을 채택하고 있다고 한다.[76]

3. 독 일

독일에서 소유권유보와 금융리스는 평시에 담보권으로 취급되지 않는다(소유권유보는 우리판례와 마찬가지로 정지조건부 소유권이전으로 구성한다). 즉 유보매도인이나 리스회사는 목적물에 대한 소유자이지 담보권자가 아니다. 그러나 소유권유보의 경우 매수인은 물권자와 유사한 지위를 보장받는다(이른바 '물권적 기대권'). 유보매도인의 일반채권자가 유보매도인이 점유하고 있는 목적물(가령 매수인이 목적물 수리를 위해 매도인에게 점유를 맡긴 경우)에 강제집행을 한 경우, 매수인은 제3자이의의 소를 제기할 수 있다는 것이 다수설이자 판례이다.[77][78] 매수인 도산 시 소유권유보부 매매는 쌍방미이행 쌍무계약으로 취급되므로 매수인의 관리인은 이행/이행거절 중 선택할 수 있다. 관리인이 이행을 선택하였음에도 불구하고 대금을 지급하지 않는 경우 매도인은 계약을 해제하고 소유자로서 물건을 환취할 수 있다. 관리인이 이행을 거절하면 매도인은 계약을 해제하고 매매목적물을 환취하며 채무불이행으로 인한 손해배상을 도산채권으로 청구할 수 있다. 독일도산법 제107조 제2항 제1문은 관리인이 해당 목적물이 도산채무자의 사업계속에 필요

74) 그러나 전부상각리스의 경우 리스회사의 투하자본의 전액이 리스료가 되므로 **경제적 관점에서만 보면** 소유권유보부매매와 다르지 않다. 이러한 점을 근거로 리스회사의 담보권은 유보매도인의 담보권과 유사하다고 보는 견해로는 田原睦夫, "ファイナンス・リース契約と会社更生手続", 金融法務事情1425(1995), 14.

75) 다만 리스회사가 청산의무를 부담하는 경우 청산의무를 이행하지 않으면 담보권실행절차는 종료되지 않는다. 또한 청산금이 없는 경우 청산내역과 잉여금의 부존재를 통지해야 담보권 실행절차가 종료한다고 보는 견해도 있다. 伊藤眞・道垣内弘人・山本和彦 編, [担保・執行・倒産の現在-事例への実務対応](2014), 348-349.

76) 上野保, "ファイナンス・リースおよびその類似契約と倒産法的再構成", 倒産と担保・保証(2014), 641.

77) Wolfram Henckel, "Zur Dogmatik der besitzlosen Mobilarsicherheiten", Festschrift für Albrecht Zeuner zum 70. Geburtstag(1994), 194; BGHZ 55, 26, 27. 그러나 통상은 매수인이 해당 동산을 점유하고 있으므로 매도인의 채권자에 의한 강제집행이 문제되는 경우는 드물다.

78) 리스이용자의 제3자이의의 소를 허용할 수 있는지에 대해서는 견해가 대립한다. Beck-Online. GROSSKOMMENTAR BGB (2020)/Ziemßen §535 Rn. 1170.

한지 차분하게 심사할 수 있도록, 채권자집회의 보고기일까지 선택권 행사를 위한 숙고기간을 부여하고 있다. 이 기간 동안 관리인은 도산절차개시 후 변제기가 도래한 매매대금지급채무를 이행할 필요가 없다. 이후 관리인이 이행거절을 하면 매도인은 목적물을 환취할 수 있고, 매도인의 정산의무(기지급매매대금에서 매수인의 채무불이행으로 인한 손해배상액을 공제한 나머지 금원 반환의무)와 관리인의 목적물 반환의무는 동시이행관계에 있다.[79] 도산절차개시 후 이행거절 전까지의 목적물 사용이익 상당액(또는 매매대금 상당액)을 재단채무로 변제해야 하는지에 대해서는 견해가 대립한다.[80] 유보매도인 도산 시에는 -매수인의 물권적 기대권을 보호하기 위해- 관리인의 선택권이 배제되고, 매수인이 잔존매매대금을 지급하면 목적물의 소유권을 취득한다(독일도산법 제107조 제1항).

금융리스의 도산절차 상 법률관계는 임대차계약의 도산절차 상 법률관계와 별 차이가 없다. 즉 쌍방미이행 쌍무계약으로서, 임대차계약 관련 도산법 규정에 따른다. 소유권유보의 경우 매도인 도산 시 관리인의 선택권이 배제되지만, 금융리스의 경우 리스회사 도산 시 관리인은 이행/이행거절 중 선택할 수 있다.[81] 다만 리스회사로부터 리스물과 리스료채권을 담보목적으로 양도받은 제3자(주로 은행)를 보호하기 위해 독일도산법 제108조 제1항 제2문은 리스목적물인 동산의 조달/생산 자금을 융자해 준 제3자가 해당 동산을 담보목적으로 양도받은 경우, 동산양도인인 리스회사가 도산하더라도 리스계약의 계속은 강제된다는 취지 -즉 관리인의 선택권은 배제된다- 로 규정하고 있다. 리스이용자 도산 시에는 이러한 특칙이 없다. 따라서 동산리스의 경우 -동산임대차와 마찬가지로- 오로지 쌍방미이행 쌍무계약 관련 일반규정(독일도산법 제103조)에 따라 법률관계가 전개된다.[82] 관리인이 이행을 선택하면 도산절차개시 후 리스료채권은 재단채권이 된다.[83] 관리인이 이행거절을 선택하면 리스회사는 리스물을 환취할 수 있고 리스이용자의 채무불이행을 이유로 한 손해배상채권을 도산채권으로 행사할 수 있다. 금융리스의 경우에도 -독일도산법 제107조 제2항 유추를 통해- 소유권유보의 경우처럼 관리인에게 선택권 행사를 위한 숙고기간을 부여하자는 견해가 유력하다.[84] 관리인이 이행거절을 선택한 경우 도산절차개시 후부터 이행거절 시점까지의 리스료 상당액에 대해서는 -청구권 근거를 부당이득반환채권으로 볼지, 손해배상채권으로 볼지 견해대립은 있지만- 재단채권으로서 변제해야 한다는 것이 대체적 견해이다.[85]

---

79) KPB/Tintelnot § 105 Rn. 53.
80) KPB/Tintelnot § 105 Rn. 79.
81) Münchener Kommentar InsO 4Aufl. (2019)/Ganter § 47 Rn. 244.
82) Beck-Online. GROSSKOMMENTAR BGB (2020)/Ziemßen § 535 Rn. 1192-1199; Münchener Kommentar InsO 4Aufl. (2019)/Ganter § 47 Rn. 228-233.
83) 도산절차개시 전 리스료채권은 도산채권이다. KPB/Tintelnot § 105 Rn. 53.
84) Münchener Kommentar InsO 4Aufl. (2019)/Ganter § 47 Rn. 232.
85) Beck-Online. GROSSKOMMENTAR BGB (2020)/Ziemßen § 535 Rn. 1196, 1196.1; Münchener Kommentar

다만 리스회사의 환취권/해지권 행사는 다음과 같은 이유로 제한될 수 있다. ⓐ 채무자의 사업계속에 현저한 의미가 있는 장차 환취권의 대상이 될 수 있는 목적물에 대해서는 도산법원이 도산절차개시 전 임시조치로서 환가금지를 명할 수 있고, 이 경우 목적물의 계속사용으로 감가되는 부분에 대해서는 보상이 이루어져야 한다(독일도산법 제21조 제2항 제1문 제5호). 이에 따라 리스회사의 리스계약해지 및 리스물반환청구는 저지될 수 있다.86) ⓑ 임차인에 대한 도산절차개시 신청 후부터 임대인은 신청 전의 차임연체 또는 임차인의 재산상황 악화를 이유로 임대차계약을 해지할 수 없다(독일도산법 제112조).87) 따라서 리스이용자의 리스료 지체로 인해 리스회사의 해지권이 발생한 경우에도 일단 리스이용자에 대한 도산절차개시 신청이 이루어진 후에는, 리스회사가 더 이상 리스계약을 해지할 수 없다. 그러나 도산절차개시신청 후 도산절차개시결정 시점까지 사이에 리스료 연체가 있으면 리스회사는 이를 이유로 리스계약을 해지할 수 있다.88) 도산절차가 개시 후에는 쌍방미이행 쌍무계약에 대한 관리인의 선택권 행사내용에 따라 법률관계가 전개된다. 따라서 도산절차개시 후 관리인의 선택권 행사 전까지 리스이용자가 리스료를 지급하지 않았다고 해서 리스회사가 리스계약을 해지할 수 없다. 결과적으로 리스이용자가 도산신청 전에 리스료지급을 지체하였더라도 도산신청 전까지 리스회사가 리스계약을 해지하지 않았다면, -도산신청 후부터 도산개시 전까지는 리스료를 제대로 지급한다는 전제 하에- 리스회사가 리스계약을 해지하고 리스물을 회수해가는 것을 막을 수 있다.

정리하면 독일의 경우 소유권유보와 금융리스의 법률관계는 거의 동일하게 취급된다. 평시와 도산절차에서 모두 유보매도인과 리스회사의 소유권은 존중되며, 소유권유보와 금융리스는 쌍방미이행 쌍무계약이다. 그러나 도산채무자의 회생을 돕기 위한 도산법 규정(리스계약을 특별히 염두에 둔 규정은 아니다)으로 인해, 리스회사의 **계약해지권이나 리스물 반환청구권 행사가 제한**될 수 있다. 제한되는 정도는 꽤 강력하다.

InsO 4Aufl. (2019)/Ganter §47 Rn. 233 참조.

86) KPB/Blankenburg §21 Rn. 210 참조.

87) 이 조항은 동산소유권유보부 매매의 매수인 도산 시에도 유추된다. KPB/Tintelnot §112 Rn. 56.

88) 도산신청 후 도산개시 전까지의 리스료 연체로 인해 이미 발생한 리스회사의 해지권을 도산절차개시 후에도 행사할 수 있는지에 대해서는 논란의 여지가 있다. 이는 도산절차개시 전에 이미 발생한 계약상대방의 해제권을 도산절차개시 후 행사할 수 있는지에 관한 문제이다. 이 문제에 관한 학설대립은 팽팽하다. 도산절차의 특수성, 도산절차의 취지를 강조하여 해제권 행사를 부정하는 입장도 있지만{KPB/Tintelnot §103 Rn. 17, 240; Uhlenbruck InsO 15Aufl. (2019)/D. Wegener §103 Rn. 107; Münchener Kommentar InsO 4Aufl. (2019)/Huber §103 Rn. 139}, 계약법 법리가 도산절차에서 변형될 이유가 없다는 점을 들어 해제권 행사를 긍정하는 견해도 만만치 않다. Wolfgang Marotzke, [Gegenseitige Verträge im neuen Insolvenzrecht], 3Aufl. (2001), Rn. 7.12; Jan Felix Hoffmann, "Vertragsbindung kraft Insolvenz? -Lösungsklauseln und Vertragsspaltungen im Kontext der §§103 ff. InsO-", KTS 2018, 343, 350; Münchener Kommentar BGB 8Aufl. (2019)/Ernst §323 Rn. 187.

4. 프랑스

프랑스는 소유권유보와 금융리스의 평시/도산절차 상 법률관계를 다수의 성문법 규정으로 규율하고 있다.

프랑스민법은 2006년 개정을 통해 소유권유보를 물적담보(des sûretés réelles)의 하나로 편입하였다(프랑스민법 제2367조 이하). 그러나 소유권유보를 물적담보로 취급한다고 해서 환가담보의 성격을 갖는 질권이나 저당권과 동일하게 취급한다는 뜻은 아니다. 매도인의 물건반환청구권을 담보하는 **소유권담보로서의 특징은 여전히 유지**된다.[89] 즉 매매대금이 완납되기 전까지 매도인은 소유자이며 매수인의 채무불이행 시 원상회복을 청구할 수 있다(프랑스민법 제2371조 제1항). 소유권유보계약은 서면으로 체결되어야 하는데(프랑스민법 제2368조), 이러한 서면합의는 소유권유보의 유효요건도 아니고, 평시에는[90] 소유권유보를 제3자에게 대항하기 위한 요건도 아니다.[91] 즉 평시에 매도인은 서면합의나 별도의 공시 없이도 매수인의 채권자 등에 대하여 소유권유보를 대항할 수 있다. 다만 소유권유보가 담보권이므로 매도인이 물건을 반환받으면 청산의무를 부담한다. 즉 반환받은 물건의 가치가 잔존 매매대금 채권액을 초과하는 경우 매도인은 잉여금을 반환해야 한다(프랑스민법 제2371조 제3항). 또한 소유권유보가 담보권이기 때문에 물상대위도 인정된다. 즉 소유권유보는 매수인(채무자)의 전득자에 대한 채권 또는 유보목적물에 갈음하여 발생한 보험금청구권에 존속한다(프랑스민법 제2372조). 정리하면 평시 유보매도인의 권리는 소유권과 담보권의 성격이 혼재되어 있다. 이러한 혼합적 성격은 유보매수인 도산절차에서도 아래와 같이 유지, 관철된다.

소유권유보는 민법상 담보권이기는 하나 **도산절차에서 우선변제권이 인정되지 않는다.**[92] 소유권유보는 환가담보가 아니라 소유권담보이므로 매수인에 대한 도산절차가 개시되더라도 매도인은 매수인의 채무불이행을 이유로 '소유권'에 기한 반환청구를 할 수 있다. 다만 늦어도 매수인에 대한 물건 인도 시까지 서면합의가 있는 경우에만 매도인의 환취권 행사가 가능하다(프랑스상법 L.제624-16조 제2항). 그런데 목적물이 채무자 수중에 있는 경우 관리인이나 채무자는 수명법관(juge-commissaire)의 허가를 받아 **매매대금을 즉시 지급함으로써 매도인의 환취권 행사를 저지**할 수 있다(프랑스상법 L.제624-16조 제4항 제1문). 위와 같이 매도인의 환취권 행사를 저지하

89) 김은아, [소유권유보에 관한 연구 -프랑스법과의 비교를 중심으로-], 서울대학교 법학박사 학위논문(2019), 81-148.

90) 매수인 도산절차에서는 서면합의가 소유권유보를 제3자에게 대항하기 위한 요건이다.

91) Pierre Crocq, "CLAUSE DE RÉSERVE DE PROPRIÉTÉ", JurisClasseur Contrats-Distribution, Fasc. 2860, (2020), n° 58; Denis Voinot, "Réserve de propriété", Répertoire de droit commercial, (2019), n° 49.

92) Cass Com. 15 oct. 2013, n° 12-14.944 et 13-10.463, Bull. civ. Ⅳ, n° 153.

는 경우 수명법관은 신청한 채권자의 동의를 얻어 매매대금 채권의 변제기를 정할 수도 있는데, 이 경우 매매대금 채권은 **재단채권**이 된다(프랑스상법 L.제624-16조 제4항 제2, 3문). 동산에 대한 환취권은 도산절차개시결정 공시 후 3**개월 내에만** 행사할 수 있다(프랑스상법 L.제624-9조).[93] 프랑스판례는 **소유권유보부 매매는 쌍방미이행 쌍무계약이 아니라는** 입장이므로,[94] 관리인의 이행선택 여부는 문제되지 않을 것으로 보인다. 위 3개월이 도과하였다고 해서 매수인이 목적물 소유자가 되는 것은 아니고 매수인과 매도인 사이의 법률관계에 변화가 생기는 것도 아니다.[95] 그러나 해당 목적물이 도산재단에 포함되므로 환가되어 도산채권자들에게 배당되거나, 도산채무자의 회생을 위해 사용될 수 있다.[96] 매도인은 매매대금채권을 도산채권으로 신고할 수 있지만, 채권신고가 환취권 행사의 요건은 아니다.[97] 유보매도인이 도산절차개시 전에 소유권유보를 등록함으로써 공시하면, 위와 같이 3개월의 행사기간 제한에 걸리는 환취권이 아니라 행사기간의 제한이 없는 원상회복청구권을 도산절차 내에서 행사할 수 있다(프랑스상법 L.제624-10조, R.제624-15조). 즉 소유권유보의 등록은 평시나 도산절차에서 대항요건 구비를 위해 필요한 것은 아니지만, 도산절차에서 목적물 반환청구권을 확실히 보장받기 위해서는 필요하다.

금융리스(crédit-bail)는 소유권유보와 비슷한 담보적 기능을 하지만 소유권유보와 달리 민법에서 담보권의 일종으로 규율하고 있지 않다. 즉 평시 리스회사는 소유권자이지 담보권자가 아니다. 다만 프랑스통화금융법전은 금융리스를 등록하지 않으면 제3자에게 대항할 수 없다고 규정하고 있다(프랑스통화금융법 L.제313-10조). 이는 리스이용자가 리스물건을 점유, 사용함으로 인해 리스이용자가 리스물의 소유자이고 따라서 리스이용자의 자력이 충분하다는 잘못된 인상을 리스이용자의 거래상대방에게 심어주는 것을 막기 위해 마련된 조항이다.[98] 금융리스는 상업재판소의 등록부에 기재됨으로써 공시된다(프랑스통화금융법 R.제313-4조). 등록을 하지 않더라도 금융리스는 계약당사자 사이에서 유효하다. 그러나 등록을 하지 않으면 리스회사는 선의의 제3자, 즉 금융리스의 존재를 몰랐던 리스이용자의 채권자, 리스이용자의 유상승계인에게[99] 금융리스에 따른 목적물 상의 권리(가령 소유권)를 대항할 수 없다(프랑스통화금융법 R.제313-10조).

---

93) 그러나 도산절차개시 전 매도인에 의해 소유물반환의 소(action en revendication)가 제기된 경우에는 3개월의 기간제한에 구애받지 않고 환취권 행사가 가능하다. Voinot(주 91), n° 66.

94) Cass Com. 5 mai 2004 n° 01-17.201 et 01-17.590.

95) Voinot(주 91), n° 68.

96) Annotations LexisNexis (2020. 5. 21) Code de commerce-Article L.624-9, n° 13. 도산절차 종료 후에도 목적물이 남아 있다면 매도인이 그 반환을 청구할 수 있다. Voinot(주 91), n° 68.

97) Voinot(주 90), n° 69.

98) Thibault DE RAVEL D'ESCLAPON/Marion DE RAVEL D'ESCLAPON, "Crédit-bail mobilier", Répertoire de droit commercial(2020), n° 54.

99) 판례는 등록을 하였더라도 ⓐ 리스이용자로부터 권리를 이전받은 자로부터 또 권리를 이전받은 전득자, ⓑ 리스물의 선의 점유자에 대해서는 리스회사가 대항할 수 없다고 한다. Cass Com. 14 oct. 1997, n° 95-10.006, Bull. civ. Ⅳ, n° 257.

리스회사가 소유자라는 점은 리스이용자 도산 시에도 마찬가지이다. 또한 **금융리스는 쌍방미이행 쌍무계약**으로 취급되어 관련 규정이 적용된다.[100] 금융리스의 도산절차 상 법률관계는 이러한 전제 하에 전개된다. 우선 리스이용자에 대하여 도산절차가 개시되면 리스회사는 더 이상 리스료지급채무 불이행을 이유로 소송행위를 통해 리스계약을 해지할 수 없다(프랑스상법 L.제622-21조 제1항).[101] 도산해지조항은 무효이므로(프랑스상법 L.제622-13조 제1항), 리스이용자에 대한 도산신청 등을 이유로 리스회사가 도산절차개시 전에 리스계약을 해지하더라도 이는 효력이 없다.[102] 그러나 리스이용자의 채무불이행으로 도산절차개시 전에 리스계약이 해지되면 리스계약은 확정적으로 무효가 되고 도산절차개시 후 되살아 날 수 없다.[103] 관리인이 현존하는 리스계약의 이행선택을 하더라도 도산절차개시 전 미지급리스료 채권은 도산채권이다.[104] 도산절차개시 후 이행선택 또는 해지 전까지 기간 동안의 리스료채권은 상법 L.제622-17조에 따라 수시변제되는 재단채권이다.[105] 관리인이 이행선택을 하지 않는 등의 이유로 리스계약이 해지된 경우 리스회사는 원상회복을 청구할 수 있다. 도산절차개시 전까지 금융리스를 등록하였다면 리스회사는 굳이 권리행사기간(도산절차개시결정 공시 후 3개월)[106]에 제한이 있는 환취권(revendication)을 행사할 필요없이, 리스물의 원상회복(restitution)을 청구할 수 있다(프랑스상법 L.제624-10조).[107] 그러나 등록을 하지 않았다면 리스이용자의 모든 채권자들이 금융리스를 알았다는 점을 증명하지 않는 한 도산절차 내에서 원상회복청구를 할 수 없다.[108] 이 경우 리스회사는 자신의 소유권을 도산절차 내에서 대항할 수 없고, 리스물건은 도산재단에 편입된다. 그러나 리스이용자와의 법률관계는 유효하게 존속하므로 재단채권인 리스료채권의 지급을 청구하는 등에는 아무 문제가 없다.[109] 금융리스에서도 프랑스상법 L.제624-16조 제4항(소유권유보매도인 등의 환취

---

100) Thibault/Marion(주 98), n° 166.

101) 임차인 도산 전 차임지급 지체를 이유로 임차인 도산 후 임대차계약의 해지를 구하는 소권(訴權)은 허용될 수 없다는 판례로는 Cass. Com. 15 nov. 2016, n° 14-25.767. 또한 프랑스 상법 L.제622-13 제1항 제2문은 쌍방미이행 쌍무계약의 경우, 채무자의 도산절차개시 전 불이행이 있더라도 계약상대방은 자신의 의무를 이행해야 하고, 계약상대방은 채무자의 불이행에 관하여 도산채무로 신고를 할 수 있을 뿐이라고 규정하고 있다. 따라서 도산절차 개시 전 채무자의 불이행을 이유로 계약상대방이 도산절차에서 계약을 해지할 수 없다. Jocelyne Vallansan, “SAUVEGARDE, REDRESSEMENT ET LIQUIDATION JUDICIAIRES -Continuation des contrats en cours- Généralités”, JurisClasseur Commercial, Fasc. 2335, (2020), n° 54 및 Cass. Com. 28 mai 1996, n° 93-16.125.

102) Rose-Noëlle SCHÜTZ, “Crédit-bail”, Répertoire de droit civil, (2019), n° 292.

103) Thibault/Marion(주 98), n° 167.

104) Thibault/Marion(주 98), n° 174.

105) Thibault/Marion(주 98), n° 198.

106) 쌍방미이행 쌍무계약이라고 해서 위 기산점이 달라지지 않는다. Thibault/Marion(주 98), n° 191.

107) Thibault/Marion(주 98), n° 188.

108) Thibault/Marion(주 98), n° 187.

109) Thibault/Marion(주 98), n° 193.

권 행사에 관한 규정)이 적용되어 리스회사의 정당한 환취권 행사를 리스료의 사후지급을 통해 저지할 수 있는지 문제된다. 판례는 파산관재인이 미지급 리스료를 변제하더라도 리스회사의 환취권 행사를 거절할 수 없다고 하여 부정적 입장이다.110) 이는 법문언에 충실한 결론이다. 위 법규정은 소유권유보부 매매 등을 염두에 두고 있고 금융리스를 언급하고 있지 않기 때문이다. 다만 프랑스상법은 **도산절차개시 후 리스계약이 종료하더라도 도산채무자인 리스이용자가 미지급리스료를 납부함으로써 리스회사의 환취권 행사를 저지**할 수 있는 조항을 두고 있다. 즉 리스물이 채무자의 사업계속에 필요하면(파산절차의 경우 파산절차의 목적달성에 필요하면), 관찰기간(la période d'observation)111) 중에 있는 채무자는 수명법관의 허가를 받아 도산절차개시 전 미지급리스료를 변제함으로써 금융리스계약을 매입(achat d'un contrat de crédit-bail)하고 리스회사의 환취권 행사를 저지할 수 있다(프랑스상법 L.제622-7조 제2항, L제641-3조 제2항).112) 회생계획 진행 중 리스기간이 만료하였다면 채무자는 회생계획으로 감축된 범위 내의 리스료 일체를 지급하고 금융리스계약을 매입할 수 있다(프랑스상법 L.626-18조 제7항).

정리하면 프랑스에서 금융리스는 평시 담보권이 아니고 도산절차에서 쌍방미이행 쌍무계약으로 취급된다. 도산해지조항은 무효이므로 도산신청을 이유로 한 리스회사의 계약해지는 허용되지 않고, 도산절차개시 전 리스이용자의 채무불이행이 있더라도 리스회사가 도산절차개시 후 리스계약을 해지하기는 어렵다. 도산절차진행 중 리스기간이 종료한 경우 채무자는 도산채권인 미지급리스료를 변제하여 리스물을 매입함으로써 리스물을 계속 사용할 수 있다. 또한 리스이용자의 일반채권자들의 신뢰를 보호하기 위해 금융리스의 공시를 요구하는 점도 특징적이다.

5. 오스트리아

오스트리아에서 소유권유보, 금융리스의 법률관계는 독일과 별 차이가 없다. 유보매도인과 리스회사는 목적물 소유자이지 담보권자가 아니며, 도산절차에서 위 계약들은 쌍방미이행 쌍무계약으로 취급된다.113)

오스트리아 도산법 제11조 제2항에 따르면 도산채무자의 사업계속을 위협할 수 있는 환취권 행사는 도산절차개시 후 6개월까지 정지될 수 있다. 다만 환취권자에게 중대한 인적 또는 경제적 불이익이 있고 도산채무자의 다른 재산으로 권리자의 불이익을 완전히 전보할 수 없는 경우 환취권 행사는 정지되지 않는다. 또한 계약해소로 도산채무자의 사업계속이 위협받을 수 있

110) Cass Com. 19 juin 2007, n° 06-15.447, Bull. civ. Ⅳ, n° 166.
111) 도산절차개시 후 회생계획인가가 이루어지기 전까지 기간을 뜻한다.
112) Guy Amlon, "SAUVEGARDE, REDRESSEMENT ET LIQUIDATION JUDICIAIRES-Créanciers antérieurs titulaires de sûretés réelles", JurisClasseur Commercial Fasc. 2383(2020), n° 86.
113) [Security Rights and the European Insolvency Regulation](주 9), 278-280.

는 경우 도산채무자의 계약상대방은 도산절차개시 후 6개월이 지나기 전까지는 -중대한 사유(채무자의 경제사정의 악화, 도산절차개시 전 이행기가 도래한 채무의 이행지체는 중대한 사유가 아니다)가 아닌 한- 계약을 해소할 수 없다(오스트리아 도산법 제25a조 제1항). 다만 계약상대방의 중대한 인적 또는 경제적 불이익을 막기 위해 계약해소가 필요한 경우 등의 요건이 충족되면 계약상대방은 위 6개월이 지나기 전에 계약을 해소할 수 있다(오스트리아 도산법 제25a조 제1항).

결과적으로 유보매도인이나 리스회사의 환취권 행사는 도산절차개시 후 6개월까지 정지될 수 있고, 매매대금이나 리스료 지급지체를 이유로 유보매도인이나 리스회사가 도산절차개시 전에 해지권을 취득한 경우에도 도산절차개시 후 6개월까지는 해지권을 행사하지 못할 수 있다.

오스트리아에서 동산양도담보는 -독일이나 우리나라와 달리- 현실인도 없는 동산질권 설정 시 공시를 요구하는 오스트리아민법 제452조에 반하여 허용되지 않는다. 따라서 세일 앤 리스백(sale and leaseback)이 위와 같이 허용되지 않는 양도담보에 해당하는지 문제된다. 판례는 세일 앤 리스백은 매도인(채무자)이 매수인(채권자)을 위해 양도담보를 설정해주는 것이 아니고, 매도인 겸 임차인이 동산 소유권을 매수인 겸 임대인에게 이전한 뒤 해당 동산에 대하여 다시 리스계약을 체결함으로써 점유·사용권을 취득한 것으로 본다.[114] 따라서 세일 앤 리스백의 경우에도 통상의 금융리스와 동일한 법률관계가 전개된다.

6. 네덜란드

네덜란드에서 동산 소유권유보부매매의 매도인은 매매대금을 모두 지급받기 전까지 소유자이다.[115] 유보매도인의 소유권은 도산절차에서도 존중된다. 즉 유보매도인은 담보권자로 취급되지 않는다. 다만 네덜란드 도산법은 소유권유보부 매매나 금융리스와 같은 유형의 계약에 대비하여 특칙을 마련하고 있다(네덜란드 도산법 제38a조). 즉 매수인/리스이용자 도산 시에는 쌍방미이행 쌍무계약 관련 일반규정(관리인의 이행/이행거절 선택권. 네덜란드 도산법 제37a조)이 적용되지 않고, 매도인/리스회사와 관리인 쌍방이 계약을 취소할 수 있다(네덜란드 도산법 제38a조 제1항). 계약취소 시 매도인/리스회사는 목적물을 환취할 수 있다.[116] 위 규정에 따른 취소는 매수인/리스이용자의 채무불이행을 이유로 한 계약해소와 동일한 효력을 가지므로(네덜란드 도산법 제38a조 제2항), 매도인/리스회사는 손해배상청구를 할 수 있고 이는 도산채권이다.[117] 유보매도인과 리스회사에게 -관리인의 의사와 상관없이- 리스물을 환취할 수 있는 권한을 부여하였다는 점이 특징적이다.

114) OGH Beschl. v. 26.07.2006, 3Ob48/05p, ÖBA 2007, 234/1405.
115) 네덜란드민법 제3:92조.
116) [Treatment of Contracts in Insolvency](주 9), 12.28.
117) [Treatment of Contracts in Insolvency](주 9), 12.27.

네덜란드의 경우 조세채권자가 소유권담보(소유권유보부 매매, 금융리스)의 목적물도 도산채무자(유보매수인, 리스이용자)의 책임재산으로 삼을 수 있기 때문에, 유보매도인과 리스회사는 위와 같은 취소권을 행사함으로써 목적물을 조속히 반환받으려는 유인(誘因)이 크다고 한다.[118)]

7. 캐나다

캐나다의 법상황은 미국과 유사한 것으로 보인다. 즉 그 실질이 임대차인 진정한 리스와 달리 금융리스는 담보권으로 취급되고 제3자에게 대항하려면 공시(perfection)가 필요하다.[119)] 공시를 갖추지 않은 상태에서 리스이용자가 도산절차에 들어가면 리스목적물은 관리인의 관리처분권하에 놓인다.[120)] 공시를 갖춘 금융리스는 도산절차에서 담보권으로 취급된다.

8. 스페인

스페인에서 동산할부매매법(Ley de Venta a Plazos de Bienes Muebles)의 규율을 받는 소유권유보부매매는 등록을 할 수 있고, 제3자에게 대항하기 위해서는 등록이 필요하다.[121)] 등록을 한 소유권유보에 대해서는 도산절차에서 우선변제권이 부여된다(스페인도산법 제270조 제4호, 제271조). 위 동산할부매매법의 규율대상이 아닌 소유권유보의 법적 성질에 대해서는 대금완납 전까지 유보매도인을 소유권자로 보는 것이 대체적 견해이다.[122)] 또한 도산절차에서 소유권유보부 매매는 쌍방미이행 쌍무계약으로 취급하는 것이 대체적 견해이다.[123)] 그런데 담보권으로 보든 쌍방미이행 쌍무계약으로 보든 매매목적물에 대한 유보매도인의 우선변제권은 스페인 도산법 제270조 제4호에 따라 인정된다.[124)]

금융리스 또한 등록을 할 수 있는데, 등록을 한 리스회사에 대해서는 리스이용자 도산절차에서 우선변제권이 부여된다(스페인 도산법 제270조 제4호, 제271조). 등록된 리스계약 -등록된 소유권유보도 마찬가지이다- 의 해지는 담보권 실행으로 취급되며[125)] 도산채무자의 사업계속에 필요없는 경우가 아닌 한 도산절차 내에서 그 실행이 중단된다(스페인 도산법 제145조, 제146조).[126)]

---

118) [Treatment of Contracts in Insolvency](주 9), 12.29.
119) [Treatment of Contracts in Insolvency](주 9), 4.70, 4.72. 참고로 캐나다 퀘벡주 민법 제1745조는 매매 후 15일 이내에 등록을 해야 소유권유보부 매매를 제3자에게 대항할 수 있다고 규정한다.
120) [Treatment of Contracts in Insolvency](주 9), 4.72.
121) [Security Rights and the European Insolvency Regulation](주 9), 452-453.
122) [Security Rights and the European Insolvency Regulation](주 9), 552.
123) [Treatment of Contracts in Insolvency](주 9), 16.46.
124) [Treatment of Contracts in Insolvency](주 9), 16.45, 16.46.
125) 스페인민사집행법(Ley de Enjuiciamiento Civil) 제250조 제1항 제11호는 등록된 소유권유보나 금융리스의 경우 해지/인도청구의 소를 통해 간이하게 강제집행을 할 수 있음을 규정하고 있다.
126) [Security Rights and the European Insolvency Regulation](주 9), 553.

정리하면 스페인의 경우 **평시에 등록된 소유권유보나 금융리스는 평시/도산절차 모두 담보권에 가깝게 취급**하는 것으로 보인다.

9. 이태리[127)]

이태리의 경우 소유권유보부 매도인과 리스회사는 평시 소유자이며, 도산절차에서 소유권유보부매매와 금융리스는 쌍방미이행 쌍무계약에 해당한다. 다만 리스회사는 잉여금 반환의무를 부담하고(관리인이 리스계약 해소를 선택한 경우), 리스물 환가로 채권만족을 받지 못하는 부분에 대해서는 도산채권자로서 채권신고를 할 수 있다.

10. 남아프리카 공화국

남아프리카 공화국 도산법(Insolvency Act 24 of 1936) 제84조 제1항은 동산 할부매매(소유권유보부 매매)[128)]에서 매수인 도산 시 매도인의 소유권이 담보권으로 간주된다고 명시하고 있다. 매수인 보호를 위해 **법으로** 평시 '소유자'였던 매도인을 매수인 도산절차에서 '담보권자'로 변환시킨 것이다.[129)] 만약 평시에 매도인이 '소유자'가 아니었다면 위 조항은 적용될 수 없고, 매도인이 아닌 해당 동산의 소유자는 매수인 도산절차 내에서 위 물건에 대하여 물권적 반환청구권을 행사할 수 있다.[130)] 만약 매도인이 매수인에 대한 도산절차개시 전에 매매계약을 해지하였다면 설령 도산채무자인 매수인이 계속 해당 동산을 점유하고 있더라도 매도인은 소유권자로서 반환청구를 할 수 있다. 즉 도산법 제84조 제1항은 적용되지 않는다.[131)] 다만 도산재단에 대한 포괄압류의 효력이 발생하기 전 1달 이내에 점유가 매도인에게 반환된 경우, 관리인은 잔존대금을 지급하기로 하고 물건반환을 청구할 수 있고, 관리인에게 반환이 되면 도산법 제84조 제1항이 적용되어 매도인은 해당 물건에 대한 담보권자가 된다(도산법 제84조 제2항).

11. 소 결

지금까지 살펴본 외국의 법상황으로부터 얻을 수 있는 시사점은 다음과 같다.

첫째, 금융리스나 소유권유보의 도산절차 상 법률관계는 평시 법률관계가 거의 그대로 투영(投影)되는 경우가 대부분이다. 금융리스(또는 소유권유보)를 평시 담보권으로 구성하면 도산절차

127) [Executory Contracts in Insolvency Law-A Global Guide](주 9), 15.51-15.63.
128) 소비자를 상대로 한 할부매매에 한한다. National Credit Act 34 of 2005 제1조의 "installment agreement" 정의규정 참조.
129) [Treatment of Contracts in Insolvency](주 9), 14.41.
130) Ukubona 2000 Electrical CC and Another v City Power Johannesburg (Pty) Ltd 2004 (6) SA 323 (SCA).
131) [Treatment of Contracts in Insolvency](주 9), 14.42.

에서도 담보권으로 취급되고{미국, 캐나다, 일본, 스페인(등록된 경우)}, 리스회사(또는 유보매도인)를 평시 소유권자로 보면 도산절차에서 이들을 담보권자로 보지 않고, 금융리스는 쌍방미이행 쌍무계약으로 취급된다{독일, 프랑스, 오스트리아, 네덜란드(다만 특칙 있음), 스페인(등록되지 않은 경우), 이태리}. 프랑스에서 평시 소유권유보는 담보권과 소유권의 성격을 겸유하는데, 이러한 복합적 성격은 도산절차에서도 유지된다. 평시와 다른 법률관계가 전개되는 것(유보매도인이 소유권자에서 담보권자로 변하는 것)은 도산법에 명문의 규정이 있는 경우뿐이다(남아프리카 공화국).

둘째, 도산절차에서 금융리스나 소유권유보를 쌍방미이행 쌍무계약으로 보더라도, 도산법 규정에 따라 리스회사나 유보매도인의 해지권/환취권 행사는 제한될 수 있다(독일, 프랑스, 오스트리아).

셋째, 금융리스나 소유권유보를 평시에 담보권으로 취급하는지 여부와 금융리스나 소유권유보의 등록, 즉 공시를 요구하는 것 사이에 논리적 연관성은 없다. 리스회사를 소유자로 보더라도 이를 등록하도록 요구하는 나라가 있고(프랑스),[132] 리스회사나 유보매도인을 담보권자로 봄에도 불구하고 등록 등 공시를 요구하지 않는 나라도 있다(일본, 프랑스의 소유권유보). 다만 공시되지 않는 담보권은 도산절차에서 그 효력이 약화[133]되거나 부정[134]될 수 있다(프랑스의 소유권유보).

아래에서는 이러한 비교법적 검토를 토대로 금융리스의 도산절차 상 법률관계에 관한 필자 나름의 견해를 밝힌다.

Ⅵ. 바람직한 해석론의 모색: 평시 민사실체법과의 조화

1. 금융리스와 비교할 대상: 소유권유보부 매매 vs. 소유권이전 후 양도담보

아래에서는 동산 소유권유보부 매매와 동산 소유권이전 후 양도담보[135]의 평시 및 도산절차 상 법률관계를 분석하고, 금융리스는 이 두 유형(category) 중 어디에 더 가까운지 검토한다. 이는 ⓐ 환가담보와 소유권담보의 공통점과 차이점을 해명하고, ⓑ 금융리스의 법적 성질을 결

132) 본문에서 살펴보지 않았지만 스위스의 경우 유보매도인을 소유권자로 보면서도 소유권유보의 등록을 요구한다(스위스민법 제715조). 유보매수인의 매매대금지급의무 이행지체 시 유보매도인은 매매계약을 해제하고 소유권에 기해 반환청구를 할 수 있는데, 매수인은 기지급대금 등과의 정산을 이유로 목적물 반환을 거절할 수 있다(스위스민법 제716조).

133) 소유권유보 등록을 하지 않은 경우.

134) 소유권유보 서면합의가 없는 경우.

135) 양수인에게 소유권이전 후 양도인에게 매매대금 채권 담보를 위해 담보목적으로 다시 소유권을 이전해 준 경우를 말한다.

정(characterization, Qualifikation)하는 작업이다.

(1) 소유권유보부 매매 vs. 소유권이전 후 양도담보

소유권유보부 매매의 경우 매매대금이 완납되기 전까지 매도인이 소유권을 보유하고 있다. 매수인이 매매대금 지급을 지체하면, 매도인은 채무불이행을 이유로 매매계약을 해제할 수 있다. 매매계약이 해제되면 매수인의 매매대금 채무는 소급적으로 소멸하고, 매도인은 매수인에게 소유권에 기한 반환청구를 할 수 있다. 매도인은 기지급매매대금에서 매수인의 목적물 사용, 수익 이익과 매수인의 채무불이행으로 입은 손해액을 공제한 나머지 금액을 원상회복으로 매수인에게 반환해야 한다. 계약해제에 따른 매도인과 매수인의 각 원상회복의무는 동시이행관계에 있다. 소유권유보부 매매는 **소유권담보**로서 매도인의 소유권은 '매도인의 물건반환청구권'을 담보하기 위해 존재한다. 매도인은 인도받은 목적물을 매매대금 채권만족을 위해 환가할 필요가 없다. 매매대금 채권은 매매계약의 해제로 이미 소멸하였기 때문이다. 매도인은 소유권자로서 반환받은 목적물을 자유롭게 사용, 수익, 처분할 수 있다. 매도인은 목적물 소유자로서 약정 매매대금을 초과하는 목적물의 가치(잉여금)를 취득하며, 이를 정산하여 매수인에게 반환할 의무가 없다. 매매계약이 해제된 이상 매수인이 잔존 매매대금을 지급함으로써 해제된 매매계약의 효력을 일방적으로 되살릴 수 없다. 즉 매수인은 환수권이 없다.

판례는 유보매수인 도산 시 유보매도인을 회생담보권자로 본다.[136] 그러나 이는 소유권담보권자로서 유보매도인의 권리를 간과한 것이다. 유보매도인은 소유자이고 소유권유보부매매는 쌍방미이행 쌍무계약으로 봄이 타당하다.[137]

소유권이전 후 양도담보의 경우 매매대금이 완납되기 전에 일단 매수인에게 소유권이 이전된 뒤 매도인에게 담보목적으로 다시 소유권이 이전된다. 즉 매도인은 소유권을 상실하였다가 매수인으로부터 다시 담보목적으로 취득한다. 매수인은 매도인으로부터 돈을 빌려 매매대금을 완납한 것이므로 매수인은 매도인에 대하여 매매계약에 따른 대금지급의무를 모두 이행하였고, 다만 소비대차계약 상 차용금채무를 부담하고 있을 뿐이다.[138] 매수인이 차용금채무 이행을 지체하더라도 매도인은 매매계약을 해제할 수 없다. 매매계약은 그 이행이 완료되었기 때문이다. 매도인은 미지급매매대금 상당액을 변제받기 위해, 즉 환가목적으로 매수인에게 소유권에 기한 반환청구를 할 수 있다. 매도인은 목적물의 시가에서 미지급매매대금 상당액을 공제한 잉여금을

---

136) 대법원 2014. 4. 10. 선고 2013다61190 판결.

137) 同旨 김영주(주 7), 29; 김형석(주 7), 436-438; 양형우, "회생절차에서 소유권유보와 매도인의 지위", 인권과 정의 447(2015), 149-157.

138) 당사자들의 약정내용에 따라서는 매도인이 매수인에 대하여 매매대금채권을 보유하고 있다고 볼 수도 있다. 그러나 계약서에 명시적 규정이 없다면, 매도인이 동시이행항변권을 포기한 채 먼저 소유권을 넘겨주었다고 구성하기보다 본문과 같이 해석하는 것이, 합리적 계약해석이다.

매수인에게 반환해야 한다(민법 제607조, 제608조 참조).[139] 매도인의 정산의무와 매수인의 인도의무는 동시이행관계에 있다. 양도담보는 **환가담보**로서 매도인의 매매대금채권을 담보하기 위해 존재한다. 환가가 종료되어 피담보채권이 소멸하기 전까지 매수인은 미지급매매대금 상당액을 변제하고 목적물을 찾아올 수 있다. 즉 매수인은 환수권이 있다. 매수인의 환수권은 매도인 도산절차에 복종하지 않는 권리이다. 즉 매도인이 도산하더라도 매수인은 환수권을 행사하여 목적물을 환취할 수 있다. 환수권이라는 강력한 권리에 의해 제한을 받는다는 점에서, 양도담보권자의 소유권은 진정한 소유권이라 보기 어렵다.

회생파산법 제141조 제1항은 양도담보설정자에 대하여 회생절차가 개시된 경우 양도담보권자를 회생담보권자로 본다. 이는 양도담보의 환가담보로서의 성격을 반영한 것으로 타당하다. 소유권이전 후 양도담보에서 양도담보설정자인 매수인이 도산하면 매도인은 담보권자로 취급된다.

지금까지 검토내용을 표로 정리하면 다음과 같다.

	소유권유보부 매매	소유권이전 후 양도담보
반환받은 목적물 환가 필요성	× (∵ 매매대금 채권 소멸)	○ (∵ 미지급매매대금 상당액의 채권 존재)
매도인의 정산의무	○ (기지급매매대금-매수인의 사용수익 이익-매수인의 채무불이행으로 매도인이 입은 손해)	○ (매매목적물의 가치-미지급매매대금 상당액)
잉여금 귀속주체	매도인	매수인
매수인의 환수권 존재여부	×	○
매수인 도산시 매도인의 지위	담보권자(판례) 소유권자(私見)	담보권자

139) 양도담보의 경우 채권자가 잉여금반환의무를 부담하므로, 채권자 입장에서는 이를 피하기 위해 소유권유보부 매매를 '악용(惡用)'할 수 있다. 즉 실질적으로는 대여금 채권을 갖고 있고 매매대금 채권을 갖고 있는 것이 아님에도 불구하고 외관상 채무자로부터 물건 소유권을 이전받고 해당 물건을 다시 소유권유보부로 매도하는 형태를 취함으로써, 잉여금반환의무 부담을 회피할 수 있다. 이 경우 소유권유보부 매매는 탈법행위로서 무효이고, 채권자는 채무자로부터 양도담보를 설정받은 것으로 보아야 한다.

(2) 금융리스의 법적 성질 결정

금융리스의 법률관계는 본문 Ⅱ.에서 이미 살펴보았다. 이를 쟁점별로 표로 정리하면 아래와 같다.

	금융리스	
	1유형	2유형
반환받은 목적물 환가 필요성	○	×
리스회사의 정산의무	○ (리스회사의 이중이득방지: 리스회사가 잔존리스료를 모두 지급받음을 전제로 [리스계약 중도해지 시 리스물의 잔존가치-리스계약 정상종료 시 리스물의 잔존가치]를 반환)	○ (리스계약해지에 따른 원상회복의무: 초과지급된 리스료 반환의무)
잉여금 귀속주체	리스이용자	리스회사
리스이용자의 환수권 존재여부	×	×
리스이용자 도산시 리스회사의 지위	담보권자(판례) 소유권자(私見)	

금융리스 중 2유형은 소유권유보부 매매와 사실상 동일하다. 1유형은 소유권이전 후 양도담보와 비슷한 측면이 많다. 그러나 리스회사의 리스계약 해지 후 리스이용자가 더 이상 환수권을 주장할 수 없다는 점에서, 소유권이전 후 양도담보와 결정적 차이가 있다. 즉 금융리스는 1, 2유형을 불문하고 리스계약 해지 후 리스이용자가 환수권을 주장할 수 없다. 이는 리스회사가 리스이용자에게 한 번도 소유권을 이전하지 않았기 때문에 발생하는 결과이다. 필자는 이 점에 주목하여 금융리스는 그 유형에 상관없이 소유권유보부 매매처럼 취급해야 한다고 생각한다. 즉 **금융리스는 소유권담보의 일종**으로서 리스회사가 소유권을 유보하는 주 목적은 -1유형의 경우에도- 리스물 반환청구권을 확보하기 위함이다. 1유형처럼 리스회사가 잉여금반환의무를 부담하는 경우에도 리스이용자의 환수권이 인정될 수 없는 한, 리스회사의 **계약해지의 주 목적은 자기 소유물인 리스물 확보**에 있다고 보아야 한다. 따라서 리스회사의 계약해지를 담보권실행절차의 일환으로 볼 수 없다.

타인이 소유자에게 금전을 지급함으로써 소유자의 의사와 상관없이 일방적으로 소유자의 소유권을 빼앗아 올 수 있다면{전형적인 사례가 수용(收用)이다. Calabresi와 Malamed는 이러한 권리 보호 방식을 보상규칙(liability rule)이라 부른다[140)]}, 이러한 소유권은 진정한 의미의 소유권이 아니다. 양도담보권자는 환가를 위해 담보목적으로 소유권을 갖고 있으므로 환가(귀속청산 또는 처분청산)가 완료되기 전까지 양도담보설정자는 피담보채무를 변제함으로써 일방적으로 그 소유권을 빼앗아 올 수 있다. 그러나 리스회사가 리스계약을 해지하면 -리스물이 인도되지 않거나 아직 정산이 이루어지지 않았더라도- 리스이용자는 리스료를 지급함으로써 일방적으로 리스계약을 되살릴 수 없다. 따라서 전자는 전체집행절차인 도산절차에서 담보권으로 취급하는 것이 정당화되지만,[141)] 후자는 담보권으로 취급할 수 없다. 후자를 담보권으로 취급한다면 리스계약해지 후 리스물 반환 전 리스이용자에게 도산절차가 개시된 경우, **리스회사의 진정한 소유권이 부진정(不眞正) 소유권으로 바뀐다**. 이는 일종의 수용(收用)으로서 법률의 근거가 없는 한 허용될 수 없다.[142)] 아래에서는 기타 담보권설에 어떠한 문제가 있는지 항을 바꾸어 살펴본다.

2. 담보권설의 문제점

(1) 계약당사자들의 의사 무시, 물권법정주의 위반

계약해석은 1차적으로 계약문언으로부터 출발한다. 그런데 리스계약 어디에도 리스이용자에게 소유권이 이전된다는 조항을 찾아볼 수 없다. 계약문언으로부터 합리적으로 추단할 수 있는 당사자의 의사는 리스기간 내내 리스회사가 리스물 소유자라는 점이다.[143)] 담보권설은 이러한 계약당사자들의 의사를 무시하고 있다.

담보권설은 리스회사의 소유권은 형식적인 것에 불과하고 한다. 그러나 리스목적물이 리스이용자 이외에는 별 가치가 없는 물건이라고 해서, 리스기간 종료 후 리스물의 경제적 가치가 0이라고 해서 리스회사의 소유권을 무(無)로 취급할 수 없다. 소유권은 법적 개념이고 경제적 가치가 0인 고철도 소유권의 대상이 되는데 아무 문제가 없다.

---

140) Guido Calabresi/A. Douglas Melamed, “Property Rules, Liability Rules, and Inalienability: One View of the Cathedral”, 85 Harv. L. Rev. 1089 (1972).

141) 사해행위 취소소송의 원고인 취소채권자에 대해서도 비슷한 말을 할 수 있다. 사해행위 취소소송의 피고인 수익자는 사해행위 취소소송을 제기하여 승소확정판결을 받은 취소채권자에게 피보전채권 상당액을 변제함으로써, 취소채권자의 원상회복청구권을 일방적으로 소멸시킬 수 있다. 따라서 수익자 도산 시 취소채권자의 원상회복청구권은 환취권이 아니라 회생담보권으로 봄이 타당하다.

142) 다만 이용권 담보권설을 취하면 이러한 비판에서 빠져나갈 수 있다. 그러나 이용권 담보권설은 그 자체로 많은 문제점을 갖고 있다. 본문 Ⅵ. 2. 라. 참조.

143) 참고로 판례는 구 시설대여법이나 여신전문금융업법에 따라 시설대여이용자 명의로 차량이 등록된 경우에도 차량 소유권은 대외적으로도 시설대여회사에 있다고 본다. 대법원 2000. 10. 27. 선고 2000다40025 판결; 대법원 2018. 10. 4. 선고 2017다244139 판결.

범용성이 없고 리스회사 입장에서 별 가치가 없는 물건이라고 해서, 그러한 사정으로부터 리스회사가 리스물 소유권을 리스이용자에게 이전해주고 담보권을 설정받기를 원했다고 추단할 수 없다. 오히려 그 반대의사, 즉 리스료가 전부 지급되기 전까지 리스물의 소유권을 절대(!) 이전해주지 않고 계속 갖고 있겠다는 리스회사의 의사를 추단함이 타당하다. **합리적 리스회사라면 담보가치가 없는 물건을 굳이 담보로 잡을 이유가 없다**. 이러한 리스물에 대해서는 -환가를 염두에 둔 담보권이 아니라- 소유권을 갖고 있어야 채무자를 압박해서(리스료를 제때 지급하지 않으면 '**언제든지**' 리스물건을 가지고 가서 영업을 계속하지 못하게 하겠다!) 리스료 채권의 만족을 얻을 수 있다. 합리적 리스회사라면 리스물에 대하여 환가담보가 아닌 소유권담보를 취득하는 것이 자연스럽지 않은가?

당사자들이 소유권을 이전하고 이전된 소유권에 대하여 담보권을 설정하려는 의사가 없었음에도 불구하고 법원이 판례를 통해 담보권 성립을 인정하는 것은 물권법정주의에 반한다. 계약당사자의 의사와 상관없이 금융리스를 담보권으로 취급하는 성문법 또는 관습법은 존재하지 않기 때문이다.

(2) 기능적 접근법의 한계

담보권설은 금융리스가 금융의 실질과 기능을 갖고 있는 점에 주목한다. 그런데 기능적 관점에서 보면 운용리스도 금융의 실질을 갖는다. 나아가 **모든 임대차는 금융의 실질**을 갖는다. 임차인은 매매대금을 지급할 자력(資力)이 없거나, 자신의 자력을 매매대금으로 소비하기를 원치 않기 때문에 임차를 하는 것이다. 기능적으로만 보면, 5년간 목적물을 임차한 사람이 임대인에게 지급하는 차임은, 임대인으로부터 매매대금을 빌려 그 물건을 샀다가 5년 후 임대인에게 되파는 과정에서 빌린 원금에 대하여 5년간 지급하는 이자와 별 차이가 없다. 전자의 경우 대여원금을 빌렸다가 되갚는 과정이 생략되었을 뿐이다. 전자의 경우 임차인은 5년간 소유자가 아닌데 반해 후자의 경우 5년간 소유자이지만, 소유자가 부담하는 모든 위험과 부담(가령, 목적물 가격변동에 따른 위험, 소유자로서 부담하는 납세의무 등 공적의무)을 임대차계약을 통해 임차인에게 전가시키면, 전자와 후자는 적어도 기능적으로는 차이가 없다. 부동산처럼 시장가치가 오를 수도 있는 물건이 아니라 설비동산처럼 내용연수에 따라 가치가 떨어질 것이 확실한 동산의 경우에는 목적물 가격변동에 따른 위험을 분배하는 조항을 별도로 두지 않더라도, 임대차와 매매는 명확히 구별되지 않는다. 미국 학설 중에는 운용리스도 도산절차에서 담보권으로 취급하자는 견해가 있는데,[144] 기능적/경제적 관점을 일관한다는 측면에서 차라리 이 견해가 논리일관적이고 솔직하

144) Margaret Howard. "Equipment Lessors And Secured Parties In Bankruptcy: An Argument For Coherence", 48 Wash. & Lee L. Rev. 253 (1991). 모든 리스와 담보권(소유권유보부매매)은 실질적으로 차이가 없으므로 동일하게 취급하는 것이 타당하다는 지적으로는 John D. Ayer, "On the Vacuity of the Sale/Lease Distinction", 68 Iowa L. Rev. 667 (1983).

다.[145)146)] 물론 이러한 주장에 동의하는 법률가는 많지 않을 것이다. 이렇게 보면 담보권과 소유권이라는 두 개념유형의 경계가 허물어지기 때문이다.

기능적 분석은 사법(私法)상 법률관계를 해명하는데 중요한 역할을 하지만 한계도 있다. 물권법 질서와 관련된 법률관계는 -물권의 대세효로 인해- 획일적이고 명확하게 정해두는 것이 바람직하고 필요하다. 따라서 이러한 영역에서 기능적 분석은 한 발짝 뒤로 물러나야 한다. 때로는 형식(form)이 실질(substance)을 지배할 수 있는 것이다. 법이라는 것 자체가 형식적 개념유형에 기초해 만들어진 규칙(rule) 내지 기성복이라는 성격을 갖고 있다. 담보적 기능을 하는 것과 물권인 담보권으로 인정되는 것은 다른 차원의 문제이다. 상계와 동시이행항변권이 담보적 기능을 하지만 담보권이 아니듯, 금융리스도 담보적 기능을 하지만 그 자체가 담보권은 아니다. 금융리스를 담보권으로 취급하는 것은 계약의 법적 성질 결정을 통해 가능한 문제가 아니다. 금융리

145) 이에 대하여 금융리스의 경우 리스이용자가 잔여이익(residual interest)의 귀속자인데 반해, 운용리스의 경우 리스회사가 잔여이익의 귀속자이므로 양자의 차별취급은 정당화된다는 주장이 있다. Daniel Hemel, "The Economic Logis of the Lease/Loan Distinction in Bankruptcy", 120 Yale L. J. 1492 (2011). 이 주장의 요지는 다음과 같다. 금융리스(전부상각리스)의 경우 리스기간 종료 시 리스물의 경제적 가치가 더 이상 남아있지 않다. 따라서 리스회사 입장에서 리스이용자가 리스물을 함부로 사용하여 리스물의 가치를 떨어뜨리는 것을 감시하고 방지할 유인(incentive)이 없다. 그런데 무자력 상황에 놓인 리스이용자는 리스물을 -도산에 인접한 상황이 아닌 경우 그가 리스물을 통상적으로 사용·수익하는 것과 비교해- 과다사용(또는 함부로 사용)할 위험이 있다. 평시라면 리스이용자가 리스물 감가에 따른 손실을 모두 부담하기 때문에, 리스이용자는 이러한 손실을 고려하여 리스물을 최적으로 사용·수익할 것이다(비용의 내부화에 따른 리스물의 효율적 사용). 그러나 도산에 근접한 상황에서는 리스물 감가에 따른 손실을 리스이용자의 일반채권자들이 부담하므로 리스이용자는 리스물을 비효율적으로 과다사용할 유인이 있는 것이다. 리스회사를 담보권자로 취급하여 리스물의 가치만큼만 우선권을 부여하면, 리스회사가 리스이용자를 감독할 유인이 생기므로 위와 같은 문제(도산채무자가 일반채권자들에게 부당하게 손실을 전가하는 문제)를 막을 수 있다. 이에 반해 운용리스의 경우 리스회사가 잔여이익의 귀속자이므로 굳이 운용리스를 담보권으로 취급하지 않더라도, 리스회사는 리스이용자의 리스물 사용을 감독할 유인이 있다.
흥미로운 주장이지만 다음 두 가지 점에서 문제가 있다. ① 금융리스의 경우에도 중도해지되는 상황에서는 약정내용에 따라 리스회사가 잔여이익을 보유할 수 있다(2유형). 따라서 금융리스의 경우 리스회사가 항상 잔여이익을 보유하지 않는다고 단정할 수 없다. ② 물건의 소유자와 임차인 중 누가 물건을 소중히 다룰까? 직관적으로 생각할 때 소유자가 자기 물건이기 때문에 더 소중히 다룰 것이다. 적어도 소유자가 임차인보다 더 험하게 물건을 쓰지는 않을 것이다. 평시를 전제로 금융리스에서 리스이용자는 물건을 함부로 쓰면 바로 자신의 손실로 연결되므로 물건을 소중히 쓸 가능성이 높다. 그러나 운용리스에서 리스이용자는 물건으로 함부로 쓴다고 해서 바로 자신의 손실로 연결되지는 않으므로 물건을 덜 소중히 쓸 것이다. 위 주장은 이러한 측면을 고려하고 있지 않다.

146) United Airlines, Inc. v. HSBC Bank USA, 416 F.3d 609 (7th Cir.2005)에서 Easterbrook 판사는 다음과 같은 이유에서 금융리스와 운용리스의 차별취급을 정당화한다.
관리인이 이행선택을 한 경우 해당 계약은 기존 도산채무자와 체결한 계약이 아니라, 새로운 채무자와 새롭게 체결한 계약처럼 취급함이 타당하다. 운용리스는 진정한 임대차(true lease)로서 그에 따라 발생하는 차임지급의무는 **새로운 회사운영을 위해 발생한 새로운 채무**이다. 이에 반해 금융리스는 가짜 임대차로서 그에 따라 발생하는 리스료지급채무는 **기존 회사와 관련된 기존채무**이다.
그러나 이러한 논증은 동어반복이다. 리스회사가 리스물의 소유자로서 리스료 지급지체 시 리스물을 환취할 수 있는 이상, 이러한 상황을 막고 영업을 계속하기 위해 관리인이 지출하는 리스료채무는 새로운 회사운영을 위해 발생한 새로운 채무로 볼 수도 있다.

스를 담보권으로 보는 강행법규를 만들어야 가능한 문제이다.[147] 담보권설은 입법론은 별론으로 하고[148] 해석론으로는 타당하지 않다.

(3) 대가관계 존재여부

담보권설은 리스료채권은 금전소비대차 채권과 유사하고 리스물 사용·수익의 대가가 아니라고 한다. 그러나 금융리스의 **금융기능과 임대차로서의 성격은 병존**할 수 있다. **리스회사가 리스물의 소유자인 이상** 리스료를 리스물 사용·수익의 대가가 아닌 그 무엇이라고 볼 수 없다. 리스료 산정방법이 통상적인 차임 산정방법과 다르다고 해서, 리스료 총액이 물건 매매대금에 가깝다고 해서 쌍무계약성이 부정될 수도 없다. 차임의 액수가 중요한 것이 아니라 쌍방계약당사자가 부담하는 각 의무 사이에 **법적 의미**에서의 견련성/대가관계가 존재하는지 여부가 중요하기 때문이다.

---

147) 다만 **물권법정주의의 정신을 훼손하지 않는 범위에서는** 담보로서의 실질을 반영하는 해석론을 전개할 수 있다. 가령 ① 리스계약에 명시적 정함이 없더라도 리스회사의 잉여금 반환의무를 인정하는 것은 -필자는 계약문언을 중시하는 관점에서 이러한 입장을 취하는 것에 주저하지만(본문 Ⅱ. 2. 나)- 리스회사를 소유자로 보더라도 계약해석의 차원에서 가능하다. ② 또한 매매대금채무를 대위변제한 제3자가 변제자대위에 의해 소유권유보 목적물의 소유권을 취득하는 것 -즉 유보목적물의 '소유권'을 대위변제자가 법률상 이전받는 '담보에 관한 권리'(민법 제482조 제1항)로 보는 것- 도 해석론의 차원에서 가능하다고 사료된다. 위 ②쟁점을 검토할 실익이 있는 문제상황에 관해서는 古積健三郎, "従物上に存在する複数の担保権の優劣関係 -所有権留保の期待権構成への疑問-", 民事法理論の諸問題(下)(1995), 268-269.

148) 필자는 금융리스나 소유권유보부 매매를 평시 담보권으로 구성하고, 그에 따라 공시를 요구하는 입법론에 대해서도 주저되는 바가 있다. 양도담보나 소유권유보가 비효율적 제도라고 비난받는 지점은 크게 다음 세 가지이다. ① 후순위 담보권을 설정하지 못하므로 담보물의 효율적 이용이 불가능하다. ② 양도담보권자나 유보매도인이 과잉담보를 설정할 위험이 있다. ③ 권리관계가 공시되지 않으므로 직접점유자인 양도담보설정자(리스이용자)의 일반채권자들로 하여금 직접점유자가 동산소유자로서 자력(資力)이 풍부하다는 오해를 불러일으킬 위험이 있다.

그러나 양도담보나 소유권유보는 -동산담보권과 다른- **나름의 특색과 효용**이 있다. 채권자는 우선권 확보보다 타자배제에 주안점을 두고 양도담보권을 취득하거나 소유권유보를 한다. 타자배제를 통해 강제집행 시기를 조절함으로써 채권자는 이득을 얻지만, 채무자는 그에 대한 대가로 더 유리한 조건에 돈을 빌릴 수 있다. 채권자는 강제집행 시기를 조절함으로써 환가가치를 극대화하려고 노력하는 것이 보통이고, 이는 사회 전체로도 이득이다. 동산담보권을 설정할 것인지, 양도담보나 소유권유보를 할 것인지는 채권자와 채무자가 각자의 이익을 고려하여 자율적 협상을 통해 정할 문제이다. 과잉담보 문제를 민법 제103조, 제104조 등을 통해 적절히 통제할 수 있는 한(단순소유권유보의 경우에는 과잉담보 문제자체가 발생할 가능성이 작다), 굳이 양도담보나 소유권유보라는 선택지 자체를 없앨 이유는 없다.

공시의 부재로 인해 일반채권자들이 오인(誤認)할 위험이 있다는 비판은 -개인채권자가 아니라 은행과 같은 금융기관채권자를 전제로 하는 한- 오늘날 금융채권자들의 신용평가능력을 과소평가하는 것이다. 유체동산을 채무자가 점유하고 있다는 점만 확인하고 이를 채무자의 책임재산으로 보아 돈을 빌려주는 금융기관은 -채무자의 적극적 기망이 없는 한- 없을 것이다. 더구나 채무자의 자력(資力)평가 시에는 채무자의 사업계속에 따라 발생하는 현금흐름(cash-flow)이 중요하지, 채무자의 사업운영을 위해 꼭 필요한 유체동산의 가치는 -채무자 파산과 같이 극단적 상황이 아닌 한- 큰 중요성을 갖지 않는다. 공시가 정 필요하다면 **양도담보나 소유권유보 그 자체를 공시**하면 되지, 굳이 이를 담보권으로 취급하여 공시할 이유도 없다.

또한 미국의 사례에서 보듯이 금융리스와 운영리스의 구별은 쉽지 않다. 따라서 평시에 금융리스를 담보권으로 취급하고 공시를 요구하면, 양자의 구별과 관련하여 분쟁이 발생할 가능성이 크다. 이러한 거래비용을 감수하면서까지 굳이 금융리스를 담보권으로 취급할 이유가 있을까?

리스회사의 의무가 소극적 의무에 불과하다는 점과 대가관계 존재여부는 관련이 없다. 임대인의 수선의무가 면제된 임대차계약도 쌍방미이행 쌍무계약으로 보는데 아무런 문제가 없다. 임대인의 임차목적물 사용수익 용인의무와 임차인의 차임지급의무 사이에는 여전히 대가관계에 있다.

리스기간 중 리스물이 멸실되더라도 리스료를 지급해야 한다고 해서 대가관계를 부정할 수 없다. 쌍무계약 안에서도 위험부담의 구체적 내용은 계약당사자들의 합의에 따라 달라질 수 있다. 임대차계약에서 임차인이 목적물 멸실위험을 부담한다고 해서, 매매계약에서 목적물을 선인도받은 매수인이 목적물 멸실위험을 부담하다고 해서, 해당 임대차계약(사용수익 용인의무∞차임지급의무)이나 매매계약(소유권이전의무∞매매대금 지급의무)의 쌍무계약성이 부정되는 것은 아니다.

(4) 이용권 담보권설의 문제점

이용권 담보권설을 취하면 위 가. 나. 다.에서 언급한 비판은 상당부분 피할 수 있다. 리스회사는 리스계약 해지로 -리스회사가 정산할 잉여금이 존재하지 않는 한- 리스물에 대한 완전한 소유권을 즉시 회복하고 그에 따라 강제집행도 종료된다. 따라서 리스회사의 진정한 소유권이 부진정 소유권으로 변하는 문제는 발생하지 않는다. 이용권 담보권설은 담보권설을 유지하면서 평시 실체법과의 조화도 꾀할 수 있는 탁견(卓見)이다.

그러나 이용권 담보권설은 결정적 약점이 있다. 계약당사자의 의사나 계약문언과 지나치게 동떨어졌다는 점이다. 우리법 상 이용권 담보권은 채권질권 또는 채권양도담보권일 수밖에 없다. 그런데 과연 리스계약 당사자들이 채권질권이나 채권양도담보권을 설정할 의사를 갖고 있는가? 거래계에서 독자적으로 유통되고 있지 않아 시가 산정조차 쉽지 않은 '이용권'이라는 권리 -리스물 소유권과 구별되는 별도의 권리[149]- 를 당사자들은 인식조차 못하고 있지 않은가? 계약해석이나 계약의 법적 성질 결정은 합리적 제3자의 관점에서 계약내용을 '구성'(construction)하는 측면이 있기는 하다. 그러나 금융리스를 이용권에 대한 담보권 설정계약으로 보는 것은 지나친 의제이다.[150]

---

149) 이용권 담보권설에 따르면 전부상각리스에서 담보물의 가치는 이용권의 가치이고 피담보채권은 리스료총액(=리스물자체의 가치)이다. 만약 이용권의 가치가 리스물자체의 가치보다 작다면 당사자들은 피담보채권에 미치지 못하는 **부족담보**를 설정한 것이다. 이렇게 보는 것이 합리적인가? 부족담보가 아니라고 보려면, 리스료총액(피담보채권액)을 줄이거나 이용권의 가치(담보물의 가치)를 늘려야 한다. 그런데 전자와 같이 보면 부분상각리스도 금융리스에 해당한다는 말이 된다. 만약 부분상각리스도 금융리스에 해당한다면 금융리스와 운용리스는 어떻게 구별하는가? 후자와 같이 보면 이용권의 가치가 리스물자체의 가치와 동일해진다. 그렇다면 굳이 이용권이라는 개념을 설정할 이유가 있는가?

150) 이용권 담보권설을 취하면 '제3자 대항요건'을 어떻게 구비할 것인지도 문제된다. 일본에서는 ① 확정일자부 증서를 요구하는 견해, ② 명인방법을 요구하는 견해, ③ 리스물 직접점유자인 리스이용자가 리스회사에게 점유개정의 의사표시를 하는 것을 대항요건 구비행위로 보자는 견해가 있다. 巻之内茂, "ユーザーの民事再生申立てとリース契約の解除·継続についての法的考察", 金融法務事情1597(2000), 30 및 그곳 각주 13의 설명 참조. 그런데 ②와 ③은 새로운 물권을 사실상 창설하자는 것이다. ①은 현재 거래실태와 부합하지 않는다.

이용권 담보권설은 소유권유보부매매를 평시에도 담보권으로 취급하는 일본에서 주장된 학설이다. 금융리스는 소유권유보부매매와 달리 계약기간 만료 후 리스이용자의 소유권취득이 예정되어 있지 않으므로, 유보매도인의 담보권처럼 리스회사의 담보권을 인정할 수 없다는 문제점을 극복하기 위해 고안된 것이다. 소유권유보부매매를 평시 담보권으로 취급하지 않는 우리나라와는 논의의 맥락이 다른 것이다. 소유권유보부매매를 정지조건부 소유권이전으로 보는 우리나라에서는, 오히려 **금융리스와 소유권유보의 공통점**(**양자 모두 환가담보가 아니고 소유권담보이다**)**에 주목**하여 금융리스의 법률관계를 구성해야 한다. 쌍방미이행 쌍무계약설에 동의하는 까닭이다.

3. 쌍방미이행 쌍무계약설의 단점 및 그 극복방안: 리스회사의 권리행사 제한

앞서 언급한 여러 법리적 난점에도 불구하고 담보권설이 실무에서 지지를 받는 핵심 이유는 리스회사의 해지권 및 환취권 행사가 부당하게 느껴지는 경우가 많고, 리스회사의 이러한 권리행사가 도산채무자인 리스이용자 회생에 걸림돌로 작용하기 때문이다. 필자도 이러한 문제의식에 공감한다. 그러나 담보권설을 통해 이 문제를 해결해서는 안된다. 리스회사의 해지권 및 소유권을 일단 인정하면서도 이러한 권리행사를 다른 법적 근거를 들어 부정하는 방법, 법리적으로 타당한 정공법을 모색해야 한다. 토지소유자가 소유권 침해를 이유로 부당이득반환청구를 하는 것이 부당해 보인다고 해서 배타적 사용·수익권 포기라는 물권법정주의에 반하는 법리를 동원해 해당 청구를 기각하는 것이 옳지 않듯이,[151] 리스회사의 해지권 및 환취권 행사가 부당해 보인다고 해서 물권법정주의에 반하는 담보권설을 동원해 리스회사의 권리행사를 불허하는 것은 옳지 않다.

아래에서는 도산절차 진행순서에 따라 리스회사의 권리행사를 제한하는 구체적 해석론을 모색해 본다. 리스회사의 권리행사를 제한할 필요성은 리스이용자에 대하여 회생절차가 개시된 경우에 발생하므로, 아래에서는 주로 회생절차를 염두에 두고 검토를 진행한다.

(1). 도산신청 후 도산절차개시 전까지

1) 도산해지조항의 효력

앞서 살펴본 것처럼 담보권설을 취하든 쌍방미이행 쌍무계약설을 취하든, 리스이용자에 대한 회생절차개시 신청을 이유로 리스계약의 해지를 허용하는 도산해지조항은 무효로 볼 여지가 많다. 그 이유를 상술하면 다음과 같다.

금융리스는 다음과 같은 특징을 갖는 경우가 많다. 리스회사 입장에서 계약의 중도해지를

151) 이에 관해서는 우선 권영준, "배타적 사용수익권 포기 법리에 관한 비판적 검토", 서울대학교 법학47-4 (2006), 303 이하 및 대법원 2019. 1. 24. 선고 2016다264556 전원합의체 판결 참조.

통해 리스물을 조기반환받는 장 · 단점[152]과 계약의 존속을 통해 리스료를 지급받는 장 · 단점[153]을 비교해 볼 때, **계약의 존속이 리스회사에게도 이익**인 경우가 많다. 또한 쌍방미이행 쌍무계약설에 따르면 관리인의 이행선택 시 리스료채권이 공익채권이 되므로, -공익채권의 변제가능성이 높다면- 리스회사가 굳이 리스물을 조기반환받을 이유가 없다. 따라서 리스계약에서 도산해지조항은 리스물을 반환받아 리스료채권 만족에 충당하기 위해서가 아니라 ⓐ 리스이용자를 압박하여 리스료채권을 변제받거나, ⓑ 리스회사에 유리하게 리스이용자와 재계약하려는 의도에서 이루어지는 경우가 많다. 리스이용자의 사업계속을 위해서는 리스물이 필요하지만, 리스회사 입장에서는 리스물이 별다른 가치가 없는 경우가 많기 때문이다. 채무자의 자력(資力) 악화에 대비하여 채권자가 미리 조치를 마련하는 것을 비난할 수는 없다. 자기 권리실현을 위해 적극적이고 선제적으로 노력하는 것은 오히려 장려되어야 한다. 그러나 채무자가 도산에 임박한 상황이라면 얘기가 달라진다. 위 ⓐ, ⓑ와 같은 시도는 성공해서는 안된다. 리스회사는 일반채권자에 불과하므로 -리스이용자의 회생을 돕기 위해 리스회사가 새로운 자금(new money)을 투입한 경우가 아닌 한- 도산에 임박한 상황에서 '기존채무'와 관련하여 리스회사를 다른 일반채권자보다 유리하게 취급하는 것은 허용될 수 없다. 따라서 도산해지조항을 마련한 리스회사의 의도는 채권자평등주의라는 도산법 원칙에 배치되는 불순한(!) 의도라고 평가할 수 있다.

리스계약에서 도산해지조항의 효력을 인정하면 -리스계약이 존속하는 경우와 비교해- 리스회사는 약간의 손해를 보고, 도산채무자인 리스이용자는 큰 손해를 볼 수 있다. 리스물을 반환한 리스이용자는 사업을 계속할 수 없어 회생이 불가능해진다. 리스회사도 별다른 가치가 없는 리스물을 반환받느니 지급이 늦어지더라도 잔존 리스료를 조금이나마 더 받는 것이 나을 수 있다. 리스물이 반환되지 않고 리스이용자의 사업을 위해 사용되는 경우 리스물이 반환되어 리스이용자의 사업이 중단된 경우와 비교해, 리스회사의 채권이 변제될 가능성이 더 높기 때문이다. 그럼에도 불구하고 리스회사의 계약해지를 허용한다면, 이는 도산법에서 실현이 금지된 목적을 달성하지 못할 바에야 내가 조금 손해를 보는 걸 감수하고서라도 남을 완전히 망가뜨리고야 말겠다는 리스회사의 의도를 법이 실현시켜주는 것이다. 타인을 좌지우지할 수 있는 비대칭적 힘(asymmetrical power)을 가진 자는 그 힘을 적정하게 사용할 사회적 의무(!)가 있다.[154] 위와 같은 상황에서 리스회사가 해지권을 행사하는 것은 정의관념에 반한다.

---

152) 장점: 감가가 얼마되지 않은 리스물을 반환받음으로써 담보가치를 확보할 수 있고, 재리스가 가능할 수 있다.
단점: 사업에 필요한 리스물을 반환한 리스이용자는 사업계속을 통해 현금흐름을 창출해내기 어려워지므로, 리스이용자로부터 더 이상 현실변제를 받기는 어렵다.

153) 장점: 리스이용자의 사업계속을 통해 리스료를 현실변제받을 수 있다.
단점: 리스이용자가 결과적으로 리스료를 연체하여 뒤늦게 리스물을 반환받은 경우, 이미 감가가 상당히 진행되어 -조기반환받은 경우와 비교해- 담보가치가 현저히 감소할 수 있다.

154) Amartya Sen, [The Idea of Justice](2009), 205-207.

리스계약에서 도산해지조항의 효력을 부정하더라도 리스회사의 사적자치를 침해한다고 단정하기 어렵다. 리스회사 입장에서도 리스계약이 계속되는 것이 이익이기 때문이다. 리스회사는 설령 도산해지조항이 없더라도 리스계약을 체결하였을 가능성이 높다.

정리하면, 금융리스의 경우 리스회사 입장에서 별다른 가치가 없는 리스물을 조속히 반환받는 것보다 계약을 존속시켜 리스이용자가 사업을 계속할 수 있게 함으로써 리스료를 조금이라도 더 받는 것이 유리할 수 있다. 그럼에도 불구하고 당사자들이 도산해지조항을 합의하였다면, 이는 책임법적 공서에 반하는 법률행위로서(민법 제103조) 무효라고 보아야 한다. 약정을 체결한 의도 및 약정에 따른 결과가 **도산법의 취지와 배치되고 정의관념에 반하기 때문**이다. 이렇게 본다고 해서 리스회사의 사적자치를 침해하거나 리스회사에 원치않는 계약체결을 강요한다고 볼 수 없다. 리스회사 입장에서도 계약의 조기종료보다 계약의 존속이 더 이익일 수 있기 때문이다.

다만 법률구성의 관점에서는 도산해지조항 자체를 무효로 보는 것보다 도산해지조항에 기초한 리스회사의 해지권(또는 환취권) 행사가 신의칙/권리남용금지 원칙에 반하여 허용되지 않는다고 구성하는 것이 더 적절할 수 있다. 약정의 무효여부는 약정체결시점의 사정을 고려하여 판단하는 것이 원칙인데, 도산해지조항의 경우 해지권 행사시점의 개별·구체적 사정이 중요하게 고려될 필요가 있기 때문이다. 지금 현재는 리스회사의 해지권 행사를 허용할 수 없더라도, 회생절차가 진행되는 과정에서 계약당사자들의 이익상황이 변동되어 리스회사의 해지권 행사를 허용하는 것이 필요할 수도 있다. 도산절차가 비송(非訟)의 성격을 갖고 있고 도산해지조항 규제는 도산절차 내부의 규제라는 점을 고려할 때, 유효/무효라는 획일적·확정적 규제보다는 권리행사 중지/허용이라는 유연한 규제가 바람직할 수 있다.

계약의 존속이 리스회사에게도 이익인지 불분명한 경우(이른바 grey area)는 어떠한가? 리스물이 리스이용자 회생에 필요한 경우라면 리스회사의 해지권 행사를 불허하는 방향으로, 즉 회생채무자에 친화적인 해석론을 전개할 수 있다고 사료된다.[155]

파산절차의 경우 회생절차와 달리 리스계약의 존속가능성이 거의 없으므로, -파산절차개시 후에도 리스계약의 존속이 필요하고 가능한 예외적 상황을 제외하고는- 굳이 도산해지조항을 무효로 볼 필요는 없다.

리스이용자에 대한 회생절차개시신청이나 지급정지를 이유로 리스료채무의 기한의 이익을

155) 리스물의 조기반환이 리스회사에 이익인 것은 분명하지만, **리스물 조기반환으로 회생채무자의 사업계속은 사실상 불가능해지는 반면 리스계약 존속으로 리스회사가 입는 손실은 크지 않은 경우**라면 어떠한가? 이 경우까지 도산해지조항의 효력을 부정한다면 리스회사에 손실을 강요하는 것이고 원치 않는 계약내용을 강요하는 것이다. 이 경우 도산해지조항을 무효로 보려면 원칙적으로 '입법'이 필요하다. 다만 **채무자 회생을 돕기 위한 '법형성'** 차원에서 리스회사의 약정해지권 행사를 불허하는 해석론을 적극 고민할 필요가 있다고 사료된다.

상실시키는 조항의 효력은 어떻게 보아야 하는가? 도산해지조항과는 달리 기한의 이익상실 조항은 채권자에게 일방적 해지권을 부여하는 것은 아니므로 유효로 봄이 타당하다. 다만 기한의 이익이 상실됨으로써 리스이용자의 이행지체책임이 발생하여 리스회사가 법정해지권을 취득한 경우, 이러한 법정해지권 행사는 아래 3)에서 보는 것처럼 신의칙이나 권리남용금지 원칙을 근거로 불허될 여지가 있다. 그런데 기한의 이익상실 조항의 효력을 도산절차 내에서 인정하면, 관리인은 리스료 총액에 대한 기한의 이익이 도래하였음을 전제로 이행 또는 해지 여부를 선택해야 한다. 리스료 전부를 공익채권으로 즉시 변제할 여력이 없으면 리스계약을 해지하고 리스물을 반환해야 하는 것이다. 이렇게 보면 리스회사의 약정해지권 행사를 불허하는 취지가 잠탈될 수 있다. 따라서 리스회사의 약정해지권 행사가 불허될 수 있는 상황이라면. 도산신청 등을 이유로 한 기한의 이익상실 약정의 효력도 도산절차 내에서는 부정함이 타당하다.

2) 변제금지보전처분과 리스계약의 해지

리스이용자에게 변제금지보전처분이 이루어졌고 이에 따라 리스이용자가 리스료를 지급하지 않은 경우 리스회사가 리스료 지급지체를 이유로 리스계약을 해지할 수 있는가? 판례는 변제금지보전처분이 있더라도 계약상대방이 채무불이행을 이유로 계약해지를 하는 것은 가능하다는 입장이다.[156] 그러나 이렇게 보면 도산절차개시 효과의 선취(先取)라는 변제금지보전처분의 취지에 반한다. 도산절차개시 후 관리인의 선택권 행사 전에 리스료가 지급되지 않았다고 해서 리스회사가 채무불이행을 이유로 계약을 해지할 수 없듯이, 변제금지보전처분에 따라 리스료가 지급되지 않은 경우에도 리스회사는 채무불이행을 이유로 한 법정해지권 행사를 할 수 없다고 보아야 한다.[157] 위 판례는 변경되어야 한다.

결과적으로 리스이용자는 일단 변제금지보전처분을 받아두면 그 후의 리스료 미지급으로 인해 리스계약이 해지되는 것을 막을 수 있다.[158]

---

156) 대법원 2007. 5. 10. 선고 2007다9856 판결.

157) 근거는 조금씩 다르지만 결론에서 同旨 한민, "미이행쌍무계약에 관한 우리 도산법제의 개선방안", 선진상사법률연구53(2011), 73-76; 서경환(주 40), 672; 김정만(주 7), 567; 이연갑(주 7), 954.

158) 결국 리스회사는 변제금지보전처분 기간 동안의 연체리스료에 관하여 도산채권으로 만족을 얻을 수밖에 없다. 도산절차개시 전 연체부분은 -이후 관리인이 이행을 선택하든 해지를 선택하든 상관없이- 도산채권이 되므로, 리스회사는 **조기에 계약해지를 못해 연체료가 늘어난 만큼 추가 손실을 입게 된다**. 이러한 결과가 부당한가? 부당하지 않다. 리스회사가 리스계약을 신속히 해지하더라도 리스이용자는 여전히 잔존리스료 지급의무를 부담하거나(1유형), 채무불이행으로 인한 손해배상의무를 부담하고(2유형), 이는 모두 도산채권이므로 리스회사 입장에서 추가 손실을 입은 것은 아니기 때문이다. 임대목적물을 조기에 반환받아 다른 목적으로 활용할 수 있는 통상의 임대차와 달리 금융리스의 경우 리스회사가 리스물을 조기에 반환받더라도 이를 **다른 용도로 재활용하기 어려운 경우**가 많다. 따라서 리스계약을 조기해지하지 못함으로 인해 리스회사가 입는 추가손실은 -통상의 임대차와 달리- 크지 않다.
반대로 말하면 **통상의 임대차에서** 변제금지보전처분에 따른 임차인의 차임미지급을 이유로 임대인이 계약해지를 하는 것을 불허한다면, **임대인 입장에서 손실을 강요당하는 결과**가 된다. 다만 도산신청 후 도산절차개시 시점까지의 기간이 그리 길지 않다면, 임대인이 강요당하는 손실은 크지 않을 것이다. 도산채무자가 변

3) 법정해지권 행사

도산신청 전 리스이용자의 리스료 지급지체로 인해 리스회사의 법정해지권이 발생한 경우, 또는 도산신청 후 변제금지보전처분 발령 전에 리스이용자의 리스료 지급지체로 인해 리스회사의 법정해지권이 발생한 경우, 리스회사는 법정해지권을 행사할 수 있는 것이 원칙이다.[159] 종래 논의의 흐름을 보면 도산해지조항에 근거한 채권자의 약정해지권 행사는 도산법의 목적을 강조해 불허하는 반면, 채무자의 채무불이행에 근거한 채권자의 법정해지권 행사는 특별히 문제삼지 않고 허용하는 경향이 발견된다.[160] 그러나 도산해지조항을 일반적으로 무효료 보는 법률조항이 없는 상황에서, 약정해지권 행사에는 엄격한 잣대를 들이대고 법정해지권 행사에는 너그러운 잣대를 들이대는 것이 항상 타당한지 의문이다. 후자의 경우 채무자가 채무불이행이라는 '잘못'을 하였으므로 채권자의 권리행사를 허용할 '정당성'이 강하다고 볼 수 있기는 하다. 그러나 전자의 경우 채무자가 위기상황에 빠진 것도 채무자가 채권자에 대한 관계에서 일종의 '잘못'을 한 것이므로, 계약관계 해소를 원하는 채권자의 이익을 보호하는 것이 항상 부당하다고 단정할 수 없다. 전자의 경우 계약관계 해소를 원하는 채권자를 보호할 필요가 없다고 보아 채권자의 권리행사를 부정하는 것이 바람직한 상황이 있다면, 후자의 경우에도 동일한 상황이 존재할 수 있다. 약정해지권과 법정해지권 행사의 가부(可否)를 판단하는 기준들 사이의 간극(間隙)은 지금보다 좁혀야 하지 않을까?

필자는 리스회사의 법정해지권 행사도 저지할 여지가 있다고 생각한다. 즉 리스회사 입장에서 리스물의 조기반환이 리스계약의 존속보다 이익이라는 점이 명백하지 않는 한 리스회사의 해지권 행사를 불허(不許)할 수 있다고 생각한다. 리스계약의 존속이 더 바람직할 수 있음에도 불구하고 리스회사가 법정해지권을 행사하였다면, 그 행사의도나 행사결과 모두 -앞서 살펴본 도산해지조항의 경우와 마찬가지로- 도산법의 취지와 배치되고 정의관념에 반한다고 평가할 수 있다. 이러한 해지권 행사는 해지권 남용으로서 신의칙/권리남용금지 원칙을 근거로 불허(不許)되어야 한다.

리스이용자의 1회 리스료 연체를 이유로 리스료채무 전체의 기한의 이익이 상실되는 조항이 리스계약에 있는 경우, 리스이용자의 채무불이행을 이유로 한 리스회사의 법정해지권 행사를 불허하더라도 기한의 이익 상실조항의 효력은 인정한다면, 관리인은 리스료를 일거에 변제하는

제금지보전처분을 받기 전부터 이미 차임을 연체하고 있었다면, 임대인이 기존 채무불이행을 이유로 계약해지를 하는 것은 물론 가능하다. 입법론으로는 변제금지보전처분 기간 동안의 연체차임 채권에 대하여, 법원의 허가를 받아 공익채권으로 인정하는 방법도 고려해 볼 필요가 있다.

159) 同旨 서경환(주 40), 672.

160) 가령 서경환(주 40), 672; 김정만(주 7), 567. 일본 실무의 입장도 마찬가지이다. 대표적으로 最高判 2008(平成20). 12. 16(民集62.10.2561)에서 田原睦夫 재판관의 보충의견 참조.

선택을 하거나 그것이 부담되면 리스계약을 해지할 수밖에 없다. 리스이용자의 채무불이행이 있었던 이상 이 정도의 불이익은 리스이용자 측이 감수해야 한다.

(2) 도산절차개시 후: 도산절차개시 전 취득한 법정해지권 행사

도산절차개시 전 회생채무자의 채무불이행을 이유로 이미 계약상대방이 법정해지권을 취득한 경우, 도산절차개시 후에도 원칙적으로 그 법정해지권을 행사할 수 있다.[161] 그러나 앞서 살펴본 것처럼 리스계약의 특수한 사정을 고려할 때, 리스회사의 (뒤늦은) 법정해지권 행사는 신의칙/권리남용금지 원칙을 근거로 불허할 여지가 있다. 도산절차개시 후 미지급리스료 부분에 관해서는 관리인이 해지를 선택하더라도 공익채권으로 변제되므로, 공익채무를 변제할 도산재단이 충분하다면, 리스회사의 법정해지권 행사를 불허하더라도 리스회사는 별 다른 손해를 입지 않을 수 있다. 리스물의 조기 반환으로 인해 리스회사가 얻을 수 있는 이익이 크지 않은 경우에는(ex. 리스물의 범용성이 떨어져 리스회사 입장에서 재리스가 어려운 경우, 리스물의 감가가 이미 상당부분 진행된 경우) 리스회사의 법정해지권 행사를 제한하는 방안을 적극 검토할 필요가 있다.

(3) 도산절차 진행 중 리스기간이 종료된 경우

도산절차 진행 중 리스기간이 종료되면 리스계약에 별다른 정함이 없는 한 리스회사는 리스물을 환취할 수 있다. 다만 리스회사의 약정해지권과 법정해지권 행사를 불허하는 것과 마찬가지 이유에서, 리스기간 종료 후 리스물의 환취권 행사도 제한할 여지가 있다. 리스회사 입장에서 리스물을 반환받아 시장에서 매각하는 것보다 리스이용자가 종전과 동일한 리스료를 공익채권으로 변제하면서 계속 리스물을 활용하는 것이 리스회사에게도 이익일 수 있기 때문이다.[162]

4. 소 결

지금까지 검토내용을 표로 정리하면 다음과 같다.

	리스회사의 약정해지권 행사 가부(可否)	리스회사의 법정해지권 행사 가부(可否)
상황1 ① (리스회사 입장) 리스물 조기반환 ≤ 리스계약 존속 & ② 리스물 조기반환 시 리스이용자 손실 大	×	×

161) 이연갑(주 7), 953.

162) 참고로 일본 하급심 판례 중에는 전부상각리스의 경우 리스기간 만료시 리스회사의 투하자본은 전액이 회수되므로 리스물건의 소유권은 형식적으로는 리스회사에 있지만 실질적으로는 리스이용자에게 있다고 볼 수 있으므로, 리스이용자가 재리스를 청구한 경우, **리스료 지급지체 등 계약상 의무위반 사유 등이 없는 한** 리스회사가 이를 거절할 수 없다고 본 것이 있다. 名古屋高判 1999(平成11). 7. 22(金融·商事判例 1078.23). 본문 Ⅴ. 4.에서 살펴본 프랑스상법 조항도 참조.

상황2 ① (리스회사 입장) 리스물 조기반환 〉 리스계약 존속 & ② 리스계약 존속 시 리스회사 손실 小 & ③ 리스물 조기반환 시 리스이용자 손실 大	×	○
상황3 ① (리스회사 입장) 리스물 조기반환 〉 리스계약 존속 & ② 리스계약 존속 시 리스회사 손실 大 & ③ 리스물 조기반환 시 리스이용자 손실 大	○	○

	지급정지, 도산신청 등을 이유로 한 기한의 이익상실 조항의 도산절차 내 효력	이행지체를 이유로 한 기한의 이익상실 조항의 도산절차 내 효력
상황1	무효	유효
상황2	무효	유효
상황3	유효	유효

도산해지조항 일반을 무효로 선언하는 성문법 규정이 없는 우리나라에서 '해석론으로' "도산해지조항은 원칙적으로 무효"라는 명제를 도출할 근거는 없다. 계약자유의 원칙과 도산법의 목표(도산재단의 확충, 도산채무자의 회생)를 비교형량하여, 계약상대방의 이익과 도산채무자의 이익을 비교형량하여 후자의 보호필요성이 높은 경우에 한해 책임법적 공서위반을 이유로 민법 제103조를 근거로 도산해지조항을 무효화할 수 있을 뿐이다. 즉 도산해지조항의 효력은 사안별로 판단할 수밖에 없다. 이로 인해 법률관계가 불명확해지고 그 예측가능성이 떨어지지만, 이는 일반조항이 갖는 한계로서 불가피한 부분이다.

금융리스는 이러한 필자의 생각에 따르더라도 도산해지조항의 효력을 부정할 여지가 많은 계약유형이다. 리스회사 입장에서도 계약의 존속이 이익인 경우가 많으므로 도산해지조항을 무효로 본다고 해서 계약자유원칙이 침해될 여지가 적고, 계약의 존속을 통해 회생채무자의 회생에 기여할 수 있기 때문이다. 금융리스는 리스물의 범용성이 떨어지므로 위 표에 기재된 상황3이 발생할 가능성은 낮다.

이러한 평가요소는 도산신청 후 또는 도산절차개시 후 리스회사의 법정해지권 행사 시에도 반영되어야 한다. 법정해지권은 채무자의 채무불이행에 대한 채권자의 정당한 권리행사이지만, 해지권 행사가 채권자에게 별 이익이 되지 않고 채무자에게 큰 손실을 가져다준다면 신의칙/권리남용금지 원칙을 근거로 불허되어야 한다.

결과적으로 쌍방미이행 쌍무계약설 하에서도 -리스회사가 리스이용자에 대한 도산절차개시 신청 전에 법정해지권을 행사한 경우가 아닌 한- 리스계약이 중도해지되어 리스회사의 리스물 반환청구가 허용되기는 쉽지 않다. 관리인의 선택권 행사결과에 따라 리스계약의 법률관계가 정리되는 경우가 대부분일 것이다. 관리인의 이행선택 후 공익채권인 리스료채권이 제 때 변제되지 않았다면, 리스회사가 이를 이유로 해지권과 환취권 행사를 하는 것까지 막을 수는 없다. 아무리 도산채무자의 회생이 중요하더라도 자신에게 주어진 소중한 기회(리스물을 계속 사용할 수 있는 기회)를 제대로 활용하지 못한 도산채무자는 그에 따른 책임을 부담해야 한다. 기회를 두 번이나 줄 수는 없다.

Ⅶ. 결론에 갈음하여

이 글의 결론을 요약하면 다음과 같다.

첫째, 금융리스에서 리스회사가 리스물 소유권을 유보하는 주목적은 리스물 반환청구권을 확보하기 위해서이다. 리스료채권의 만족은 부수적 목적에 불과하다. 따라서 금융리스는 소유권담보인 소유권유보부매매와 비슷하고, 환가담보인 양도담보와 구별된다.

둘째, 평시 금융리스가 소유권담보이고 환가담보가 아닌 이상, 리스이용자 도산시 리스회사가 담보권자가 된다고 볼 수 없다. 담보권설은 리스계약 당사자의 의사에 반하고 물권법정주의에 위배된다. 리스계약 해지 후 리스회사가 보유하는 완전한 소유권이 리스이용자 도산으로 인해 담보권으로 변경되는 것은 법률의 규정이 없는 한 허용될 수 없다. 이용권 담보권설을 취하면 물권법정주의 위반 문제는 피할 수 있지만, 계약당사자의 의사에 반하는 문제점은 여전히 남는다.

셋째, 평시 금융리스를 담보권으로 보는 별도의 입법이 없는 한, 금융리스는 쌍방미이행 쌍무계약으로 보아야 한다. 금융리스가 실질적으로 금융의 기능을 한다고 해서 금융리스를 쌍방미이행 쌍무계약으로 보는데 어떠한 지장도 없다.

넷째, 쌍방미이행 쌍무계약설에 따른다고 해서 회생채무자인 리스이용자에게 불리한 것은 아니다. 리스회사의 해지권 행사를 신의칙 또는 권리남용금지 원칙을 이유로 제한할 수 있기 때문이다. 리스물 조기반환보다 리스계약 존속이 리스회사에게도 이익이라면 도산해지조항을 근거로 한 리스회사의 약정해지권 행사나 리스료 미지급을 이유로 한 리스회사의 법정해지권 행사는 모두 불허해야 한다. 리스회사 입장에서 리스물 조기반환이 이익이더라도 리스이용자 회생을 위해 리스물이 필요하고 리스계약 존속으로 인해 리스회사가 입는 손실이 작다면, 도산해지조항을 근거로 한 리스회사의 약정해지권 행사는 불허함이 타당하다. 리스이용자는 리스료 연체를 이유로 한 기한의 이익상실은 감수해야 한다. 그러나 도산신청 등을 이유로 한 기한의 이익상실 조항의 효력은 -리스회사의 약정해지권 행사를 제한하는 취지를 고려하여- 부정할 수 있다.

현재 실무의 입장인 담보권설은 일본과 미국의 논의를 그 나라의 평시 민사실체법리를 고려하지 않은 채 무비판적으로 받아들인 것이라는 의심을 지울 수 없다. 우리법의 기본구조를 예리하게 인식한 바탕 위에 주체적이고 합리적인 자세로 외국 논의를 참조해야 한다. 그럴 때 비로소 우리법의 근대화 및 탈주술화(disenchantment)가 가능할 것이다. 리스회사 입장에서 담보권설에 별다른 불만이 없고, 필자의 입장에 따르더라도 결과적으로 담보권설과 큰 차이가 있는 것은 아니므로, 판례를 변경할 현실적 동력(動力)은 약하다고 볼 수도 있다. 그러나 리스료채권을 회생담보권으로 보장하는 것과 공익채권으로 보장하는 것 사이에 차이가 없다고 볼 수는 없다. 나아가 담보권설은 법률관계의 불명확성을 유발한다. 담보권설에 따르면 담보권 실행절차 종료시점, 리스회사의 담보권 취득시점, 금융리스와 운영리스의 구별문제 등 그 결론을 쉽사리 단정하기 어려운 쟁점이 등장하는 것이다. 설령 동일한 결론에 이르더라도 결론에 이르는 수단이 불필요한 거래비용을 유발한다면, 그 수단은 교체하는 것이 바람직하다.

데이터 거래와 오픈마켓: 시론적 고찰*

김 상 중**

Ⅰ. 들어가며

데이터는 컴퓨터와 같은 기계가 읽을 수 있도록 코딩된 정보라고 정의된다. 제4차 산업혁명의 원유라고 부를 정도로 데이터가 현대의 정보통신사회에서 차지하는 새롭고 중요한 자원과 재화로서의 가치는 널리 인정되고 있다. 여러 상품을 이용하는 과정에서 부수적으로 얻어지는 개인데이터 이외에 처음부터 기계에 의하여 개인 관련성을 갖지 않은 채 생성되는 기계데이터 역시 중요한 자원으로 기능하면서 기업 간에 데이터를 제공하는 거래도 활발하게 이루어지고 있다. 이는 데이터가 소비자의 성향 등 불확실한 시장에 대한 정보를 제공해 주고 있을 뿐만 아니라 일상생활에서는 생활의 편이함을, 그리고 산업현장의 경우 생산 공정의 효율성과 작업환경의 안전성 등을 도모하는 데에 크게 기여할 수 있기 때문이다. 실제로 데이터 시장의 규모는 끊임없이 성장하여 EU 차원에서는 2016년의 경우 600억 유로에 이르고 있던 것이 2020년에는 1060억 유로에 이를 것으로 추계되고 있으며,1) 우리나라의 국내시장도 2019년 17조, 2020년 19조의 규모에 이르며 2025년에는 32조 원으로 확대될 것으로 전망된다고 한다.2) 이러한 거래현실을 반영하여 법원의 판결례에서도 소비자의 개인정보, 비식별화된 의약품 이용정보의 유상판매가 문제된 사건을 다루어가고 있다.3)

물론 데이터라는 현대적 자원을 주된 소재로 하여 데이터 경제시스템을 구축하는데 필요할 수도 있는 데이터 소유권(data ownership)에 대한 법적 승인 내지 그 권능에 관한 내용적 공감대는 아직까지 이루어지지 않았다고 여겨진다. 오히려 사법학계의 주류적 견해는 물건의 소유권과

---

* 이 글은 「경영법률」 제31권 제3호(2021. 4. 30)에 게재되었다.

** 고려대학교 법학전문대학원 교수, 법학박사.

1) Hoeren · Pinelli, Daten im Rechtsverkehr, JZ 2020, 880.

2) 한국데이터산업진흥원 발간, 2020년 데이터산업백서, 2020, 110면.

3) 대법원 2017. 4. 7. 선고 2016두61242 판결; 서울고등법원 2019. 5. 3. 선고 2017나2074963 판결.

견주어 데이터 소유권을 인정하는 데에 소극적 입장으로 이해된다.[4] 어쩌면 이러한 배경에서 데이터의 효율적 활용을 위하여는 무엇보다 데이터 거래가 중요하지 않을 수 없으며, 이에 사회적·경제적으로 요청되는 데이터의 유통질서는 데이터 창출 등에서 사실상의 지배력을 행사하는 자와 이를 필요로 하는 자 사이의 합의과정을 통하여 형성되는 거래내용에 맡겨져 있는 셈이다. 이렇듯 개인 간의 거래에 의한 데이터의 사회적 활용의 필요가 높아짐에 따라 privacy paradox, 즉 개인이 자신의 개인정보 보호에 대한 요청을 높여감에도 불구하고 상대방과의 계약을 통하여 데이터가 만들어내는 가치창출의 결과를 향유하고자 하며, 국가의 법질서 역시 이러한 양면의 요청을 반영하지 않을 수 없게 된다. 개인정보를 포함한 데이터에 대한 유럽의 법 발전이 이를 잘 보여주고 있으며,[5] 우리의 최근 데이터 3법의 개정 역시 이러한 선상에 있음은 물론이다.[6]

한편 데이터 거래의 개인적 필요와 사회적 증진의 요청은 데이터 거래에서 보다 저렴한 비용과 안전한 방식의 유통모델을 개발하도록 한다. 데이터 거래 역시 데이터 제공자(=판매자)와 데이터 이용자(=구매자) 사이에서 직접적인 판매관계가 이루어지는 거래방식이 기본모델이라고 하겠다. 그렇지만 상거래 일반의 경우와 마찬가지로 데이터 거래에서도 디지털화와 ICT 기술의 산물로서 오픈마켓 내지 온라인 플랫폼의 중개모델이 형성, 발전하기 시작하고 있다. 물론 (전자)상거래 일반에서 플랫폼 모델이 거두고 있는 높은 성장세와 넓은 시장영향력과 비교한다면 데이터 거래를 위한 데이터 플랫폼의 역할은 아직껏 저조하다고 볼 수도 있다.[7] 또한 전자상거래 일반에서 플랫폼의 비약적 성장이 적지 않게는 일상적인 소비재를 대상으로 한 소비자와의 거래활동에서 비롯하고 있다고 한다면, 데이터 플랫폼의 경우에는 기업 사이의 데이터거래가 큰 비중을 차지할 것이라고 추정되며 이런 한도에서 전자상거래 일반에서 플랫폼의 비중과 동일시하기에는 무리가 있을 것으로 생각되기도 한다. 그럼에도 데이터 거래의 활성화와 시장규모의 확대에 발맞추어 거래비용과 안전 등의 차원에서 데이터 플랫폼의 활용도 증가하지 않을 수 없으며

4) 가령 이상용, “데이터 거래의 법적 기초”, 「법조」 제728호(2018. 4), 5, 18; 이동진, “데이터 소유권, 개념과 그 실익”, 「정보법학」 제22권 제2호(2018. 12), 219, 227; 정진명, “데이터 이용과 사법적 권리구제”, 「민사법학」 제92호(2020. 9), 301, 317; 권영준, “데이터 귀속·보호·거래에 관한 법리 체계와 방향”, 「비교사법」 제28권 제1호(2021. 2), 1 참조. 아마도 데이터소유권(‘데이터 오너십’)의 정립에 보다 적극적 견해로는 최경진, “데이터와 사법상의 권리, 그리고 데이터 소유권”, 「정보법학」 제23권 제1호(2019. 4), 217, 233. 한편 데이터 소유권 외에 현행 법질서에 의한 데이터의 ‘권리’ 보호 전반에 관하여는 정진명, 위의 논문, 301, 322 참조.

5) Metzger, Digitale Mobilität-Verträge über Nutzerdaten, GRUR 2019, 129.

6) 이에 관하여는 이성엽, “데이터경제 3법의 주요 내용과 과제”, 2020년 한국민사법학회 하계학술대회 「데이터와 사법(私法)」 기조발제문 참조.

7) 2020. 9. 14. 국회 입법조사처가 발간한 「빅데이터 플랫폼의 운영 실태와 개선과제」 보고서에서 10대 분야의 빅데이터 플랫폼에서 판매하는 약 6천 500여개의 데이터 상품에 대한 판매실적이 조회수 대비 다운로드 비율이 20% 이하에 그치고 있다는 분석과 평가를 보도한 연합뉴스의 기사로서 https://www.yna.co.kr/view/AKR20200911139000017?section=search(2021. 3. 20. 최종방문).

-모든 분야에 걸친 중개거래의 실적을 보여주는 것은 아니지만- 실제로 KT 주관의 통신 빅데이터 플랫폼 활용실적의 경우 지난 1년 사이에 28배 이상의 초고도 성장을 기록하였다고 한다.[8)]

이상과 같이 데이터 거래와 데이터 플랫폼의 활용실적은 지속적으로 증대해 감에도 불구하고 데이터 거래와 플랫폼 유통모델에 대한 계약법적 연구는 비교적 상당히 저조한 정도에 머물러있다. 그나마 전자상거래에서 플랫폼 유통모델이 차지하는 막대한 영향에 따라 최근에 온라인 플랫폼에 대한 계약법적 연구는 늘어나고 있지만,[9)] 데이터 거래의 민사법적 연구는 아직 활발하게 이루어지지는 않고 있다. 데이터 거래가 주로 기업이나 공공기관 차원에서 이루어지고 있는 관계로, 현실 실무에서 당장 요구되는 데이터 거래의 약관을 마련하기 위한 수요충족의 정도에 머물러 있다고 여겨진다.[10)] 이 글에서는 플랫폼을 이용한 데이터 거래에서 문제될 수 있는 계약법적 문제를 개관하려고 하는데, ① 데이터 플랫폼의 이용약관과 개별 데이터 거래와의 관계(목차 Ⅲ), ② 플랫폼을 이용한 데이터 거래에서 계약위반에 따른 판매자의 계약책임 및 ③ 플랫폼 사업자의 데이터 거래에 관한 주의의무와 책임(목차 Ⅳ)에 중점을 둘 것이다. 그 과정에서 데이터 플랫폼의 이용약관으로는 한국데이터산업진흥원이 운영하는 데이터스토어(www.datastore.or.kr)와 금융보안원이 운영하는 금융데이터거래소(www.findatamall.or.kr)의 이용약관을 소개하고, 데이터 거래의 규율내용에 관하여는 한국데이터산업진흥원이 발간한 「데이터 거래 가이드라인」에 담겨진 '데이터 제공형 표준계약서'와 '오픈마켓형 표준계약서'를 소개, 분석하려고 한다. 아래 Ⅱ.에서는 먼저 오픈마켓인 플랫폼의 일반적 소개와 더불어 데이터 플랫폼을 이용한 데이터 거래의 과정을 소개하도록 한다.

---

8) http://news.heraldcorp.com/view.php?ud=20210209000254(2021. 3. 20. 최종방문).

9) 예를 들어 정해상, "오픈마켓의 당사자관계와 사업자의 책임", 「(단국대) 법학논총」 제39권 제4호(2015. 12), 191, 227; 정진명, "플랫폼을 이용한 전자거래의 법률문제", 「비교사법」 제24권 제4호(2017. 11), 1559; 장보은, "음식주문 플랫폼을 이용한 거래에 관한 계약법적 검토", 「외법논집」 제42권 제3호(2018. 8), 39; 이병준, "전자상거래 플랫폼과 거래관계에 대한 책임", 「소비자법연구」 제5권 제1호(2019. 3), 11.

10) 이와 관련하여 현재로서는 한국데이터산업진흥원에서 개발한 데이터 거래 가이드라인(2019. 12)을 참고할 만하며, 데이터 거래의 법적 기초, 여러 유형과 핵심내용을 소개하고 있다. 이에 관하여는 한국데이터산업진흥원 홈페이지(www.kdata.or.kr)의 '정보마당' 내에 '조사 · 연구보고서'에서 "데이터 거래 가이드라인"이라는 제목으로 검색, 열람이 가능하며, 필자가 이 글을 집필하는 과정에서 해당 자료를 개인적으로 참고할 수 있도록 해 주신 손승우 교수님께 이 기회에 감사의 말씀을 전합니다. 또한 데이터 거래에 관한 법적 쟁점의 일별로는 2020년 12월 11일 개최된 한국경영법률학회의 「인공지능 활용과 법적 대응 및 방향」 학술대회의 자료집에 게재된 최신영, "인공지능과 데이터 거래에서의 법적 쟁점" 발표문 참조.

Ⅱ. 데이터 오픈마켓 거래의 법리와 당사자 관계

1. 오픈마켓의 경제적 기능: 온라인 중개와 시장의 규율자

오픈마켓이란 상품의 판매자, 구매자 누구에게나 열려 있는 장터라는 표현으로서 각 판매자가 오픈마켓을 통하여 상품을 게시하면 각 구매자가 그 가상의 공간에서 상품을 구매할 수 있는 사이버몰을 뜻한다.[11] 법원의 판결례에서도 "다수의 판매자와 구매자가 온라인상에서 거래를 함에 있어서 까다로운 입점 조건 없이 누구나 판매자 및 구매자가 될 수 있는 시장 또는 그러한 시장의 운영형식"이라고 정의한 바 있다.[12] 오픈마켓이 이와 같이 상품 판매자와 구매자의 양 그룹 사이에서 중개의 기능을 수행하고 있는 한, '2 이상의 서로 다른 이용자 그룹 사이의 거래나 상호작용을 매개하는 가상의 환경'이라는 온라인 플랫폼[13]과 전자상거래의 영역에서는 동일한 의미로 사용될 수 있다.[14]

물론 오픈마켓이라는 온라인 플랫폼은 반드시 타인 사이의 거래활동을 중개하는 것에 국한하지는 않는다. 플랫폼사업자가 구매자와의 직접판매 활동을 하거나 상품의 판매자로부터 위탁매매를 부탁받아서 플랫폼사업자 자신이 판매자의 지위에서 판매활동을 수행할 수도 있다. 상품판매자가 오픈마켓을 직접 개설하여 구매자에 대한 판매활동을 수행하는 경우가 전자의 직접판매에 해당하는데, 데이터거래에서는 SK텔레콤이 운영하는 빅데이터허브, KT가 운영하는 BIGSIGHT가 여기에 속할 것이다.[15] 그런데 이러한 거래형태에서는 플랫폼 사업자가 오픈마켓에서 거래하는 구매자와의 계약당사자로 인정된다는 점에서(위탁매매의 경우 상법 제101조 참조) 계약법적으로는 별달리 취급할 바가 없다. 그러나 이러한 형태와 달리 플랫폼 사업자가 상품 판매자와 구매자의 양 그룹을 중개하는 경우에는 상품의 판매계약을 둘러싼 플랫폼 사업자의 중개활동 등과 관련하여 이들 사이의 3면의 계약관계가 문제되기 때문에 최근 여러 가지 이유에서 활발하게 논의되고 있다. 데이터거래에서 이와 같은 중개 플랫폼으로는 한국데이터산업진흥원 운영의 데이터스토어, 금융보안원의 금융데이터거래소, 한국데이터거래소(KDX) 등이 속한다.

이와 같은 오픈마켓을 운영하는 중개플랫폼은 판매자 입장에서는 판매비용의 절감, 구매자의 신뢰확보 등의 차원에서 다수 구매자에게 상품을 판매할 기회를 갖는 반면, 구매자 입장에서

11) 최지현, "온라인 플랫폼 사업자의 민사책임에 관한 연구", 「아주법학」 제12권 제4호(2019. 12), 152, 154.
12) 서울고등법원 2008. 8. 20. 선고 2008누2851 판결; 최나진, "개정 전자상거래소비자보호법상의 통신판매중개자의 지위와 책임", 「외법논집」 제40권 제3호(2016. 8), 109, 112.
13) 플랫폼의 개념정의에 관하여는 박미영, "온라인 플랫폼 규제를 위한 플랫폼 작용의 이해 필요성", 「유통법학」 제5권 제2호(2018. 12), 111, 115.
14) 이런 이유에서 아래에서는 양 표현을 동일한 의미로 사용하도록 하겠다.
15) SK Data Hub 서비스 이용약관 제1조; KT BigSight 이용약관 제1조 참조.

는 공개된 가상 공간을 통해 한꺼번에 다수의 상품을 접할 수 있게 됨으로써 효과적이고 비교적 투명한 구매활동을 할 수 있다는 장점을 갖고 있다. 전래의 시장에서는 중개인이 자신의 전문지식과 경험 등에 따라 상품 판매자와 구매자 사이의 1대1의 거래를 중개한다면, 중개 플랫폼은 ICT 발달에 따라 동시에 수많은 정보를 집적하여 신속하고 간편하게 비교, 검색할 수 있도록 해줌으로써 그 기능을 수행하고 있는 셈이다. 물론 이러한 플랫폼 사업이 가능하기 위해서는 판매자와 구매자 등의 서로 다른 이용자 그룹이 충분한 수적 규모를 확보·유지하여야 하며, 플랫폼 사업자는 이를 위하여 네트워크 효과, 특히 간접네트워크 효과가 발휘할 수 있는 상태를 유지하여야 한다.[16] 간접네트워크 효과란 플랫폼 내에 존재하는 한 쪽 그룹의 이용자가 다른 그룹의 이용자에게 영향을 주는 효과를 뜻하는바, 긍정적 네트워크효과에 따르면 온라인 상거래의 경우에 구매자는 판매자가 많으면 많을수록 자신이 원하는 상품을 보다 저렴하게 구입할 가능성이 높아지고, 판매자 역시 플랫폼을 이용하는 구매자가 많을수록 매출실적을 증대시킬 수 있는 가능성을 누릴 수 있게 된다.

한편 온라인 플랫폼은 판매자와 구매자 사이의 중개활동을 통한 시장선점의 효과를 유지하기 위하여 가상공간의 특성에서 보다 높아질 수 있는 거래 불안의 요소를 감소시키기 위한 여러 활동을 수행하게 된다. 구매자의 구매대금에 대한 플랫폼 사업자의 신탁적 관리,[17] 판매자와 구매자의 계약관련 민원사항의 처리, 이용후기 등을 통한 신뢰할만한 거래 정보를 제공하기 위하여 활동하고 있으며, 플랫폼은 더 나아가 거래과정에서 발생하는 분쟁을 신속하고 적절하게 해결하기 위한 기구를 자체적으로 운영하는 경우도 많다(전자상거래법 제20조 제3항 참조). 이와 같이 온라인 플랫폼은 판매자와 구매자 사이의 중개역할을 넘어서 자신이 운영하는 오픈마켓의 시장질서를 스스로 조성, 규율하는 역할을 수행하지 않을 수 없으며 그 과정에서 계정차단과 같은 이용자격 박탈조치의 가능성 등을 보유하면서 rule maker로서도 기능하게 된다.[18] 전자상거래 중개플랫폼은 뒤에서 부연하는 바와 같이 이러한 오픈마켓 내의 질서규율 취지에서 플랫폼 내에서 체결되는 판매계약의 개별 내용, 가령 취소·환불 조치 등에 관하여 직접적인 규정내용을 마련해 두기도 한다.

---

16) 박미영, “온라인 플랫폼 규제를 위한 플랫폼 작용의 이해 필요성”, 「유통법학」 제5권 제2호(2018. 12), 111, 120.

17) 가령 쿠팡이용약관 제27조(결제대금예치서비스 이용) ① “결제대금예치서비스”라 함은 매매계약이 체결되고 회원이 대금을 결제하는 경우에, 회원의 결제대금 보호를 위하여 회사가 일정 기간 동안 결제대금을 예치하는 서비스를 말합니다.
② 회사는 회원과 판매자 간에 이루어지는 상품 등 매매의 안전성과 신뢰성을 높이고, 상품 등을 인수하기 전에 대금을 결제해야 하는 회원을 보호하기 위하여 결제대금예치서비스를 제공합니다.

18) 이병준, “숙박플랫폼의 환불불가 조항과 약관규제법에 의한 내용통제”, 「소비자법연구」 제6권 제3호(2010. 11), 65, 69; 플랫폼의 가상공간에 대한 관리권한에 대해서는 더 나아가 Engert, Digitale Plattformen, AcP 218, 2018, 351.

데이터 플랫폼 역시 전자상거래 일반에서 활동하는 상거래 중개플랫폼과 마찬가지로 데이터 판매자와 데이터 구매자 사이의 거래를 중개하는 기능과 아울러 데이터 거래시장의 조성과 규율을 위한 역할을 함께 담당하고 있다. 특히 데이터 플랫폼의 경우 중개적 기능 외에 데이터 거래의 필요성 증대에도 불구하고 아직 익숙하지 않은 현황에 비추어 데이터 거래의 전 과정, 즉 상품의 등록, 거래의 목적과 내용형성(데이터분석, 가격분석 등), 거래의 이행(데이터전송, 안전성확보)과 같은 유통 전단계에 걸쳐 거래관리자의 역할이 무엇보다 강조되고 있다고 보여진다.[19]

2. 오픈마켓을 이용한 (데이터) 판매계약의 경위

전자상거래 일반에서 온라인 플랫폼의 중개를 활용한 거래활동은 크게 두 단계, 즉 플랫폼 이용을 위한 기본약정(기본 이용약정 = 회원가입)과 특정 상품의 판매 · 구매를 위한 개별적 이용행위(개별 이용약정)로 이루어진다.[20] 물론 플랫폼의 이용에 있어서는 플랫폼 사업자와 이용자 사이에 반드시 (기본) 이용약정이 존재해야 하는 것은 아니며, 예를 들어 플랫폼에 게시된 정보를 검색함에 있어서는 대체로 회원가입절차 없이도 이용하는 것이 가능하다. 그렇지만 일정한 정보의 검색, 특히 상품의 (판매)등록이나 구입절차와 대금결제시스템 등은 온라인 플랫폼에 회원등록을 한 회원에게만 이용할 수 있도록 제공되며, 이를 위한 회원가입 과정에서 플랫폼 사업자는 기본이용약정(이용약관)을 제시하고 플랫폼을 이용하려는 자는 이 약관에 동의해야만 회원신청을 할 수 있다.[21] 판매회원의 경우에는 신원확인의 목적에서 소정의 본인확인절차를 거치게 되며,[22] 회원가입의 마무리를 위하여 온라인 플랫폼은 가입신청자에게 이메일로 링크를 전송하기도 하는데 이 경우 가입신청자가 이를 통해 플랫폼에 등록함으로써 가입절차가 완료된다. 회원가입은 대부분 무상으로 이루어진다.

이렇듯 플랫폼의 회원등록에 따른 기본이용약정이 맺어진 다음에 이용회원(판매자 또는 구매자)은 특정 상품의 거래를 위하여 중개플랫폼을 개별적으로 이용하는바, 판매자는 플랫폼으로부터 제공받는 가상공간에 판매상품의 정보를 게시하고 Q&A 공간 등을 이용하여 계약체결을 위한 상의과정을 진행하기도 한다. 구매자 역시 상품정보를 검색하여 구매의사를 결정한 후 예약시스템을 통하여 계약체결의 의사를 전달하고 결제시스템에 의하여 대금지급을 완료하게 된다. 전자상거래 중개플랫폼에서는 이 과정에서 구매자로 하여금 주요 계약내용을 명확하게 알 수 있는 조치를 취하고 있으며, 계약체결이 완료되는 경우에 별도의 이메일 등을 통하여 계약내용을

19) 바로 아래 2. 하단 참조.

20) 플랫폼의 이용관계에 대한 위와 같은 2단계의 분석으로는 Vilgertshofer, Online-Plattformen und vertragliche Haftung, 2019, S. 155.

21) 쿠팡이용약관 제3조, 제6조.

22) 가령 쿠팡판매이용약관 제5조 제4항, 제6조 제1항 참조.

다시 확인할 수 있도록 하는 확정절차를 제공하고 있다. 플랫폼을 통한 판매행위의 중개가 이루어진 경우에 플랫폼 사업자는 적지 않은 경우 구매자의 희소함에 따라 판매자 일방으로부터만 소정의 수수료를 지급받고 있다.[23] 만약 구매자가 결제대금을 선급해야 하는 경우에 플랫폼 사업자는 판매계약의 안전성을 높이기 위해 결제대금에 대한 신탁자로서 일정 기간 동안 결제대금을 예치하였다가 상품이 공급된 다음에 비로소 판매자에게 대금을 지급하게 된다. 이와 같은 판매시장의 규율자로서 플랫폼의 기능은 개별 이용행위가 완료된 다음에도 구매자의 이용후기 등에 따른 판매자의 우대 또는 제재 등의 사후적 관리절차에서 표현되고 있다.

데이터 거래를 중개하는 데이터 플랫폼의 이용과정도 계약법적으로 보았을 때에 위의 전자상거래 일반과 마찬가지로 기본이용약정과 개별이용계약으로 나누어볼 수 있다.[24] 기본이용약정을 맺기 위하여는 데이터 플랫폼의 서비스를 이용하려는 자가 이용약관에 동의하면서 회원가입을 신청해야 하고 판매서비스를 이용하고자 할 때에는 별도의 신원확인절차를 거치게 된다.[25] 데이터 플랫폼은 이와 같은 서비스이용을 위한 회원신청에 대하여 승낙함을 원칙으로 한다.[26] 이러한 기본이용약정이 체결된 다음에 이용회원은 데이터 플랫폼에서 데이터의 구매와 판매행위를 할 수 있는데, 판매회원은 판매할 데이터에 관한 정보와 거래조건을 직접 등록, 관리하여야 하며, 구매회원은 데이터 플랫폼이 제공하는 방법으로 구매대금을 결제하여 데이터를 구매하게 된다.[27] 그 과정에서 데이터 플랫폼은 판매회원이 데이터 상품의 정보를 입력하지 않는 등의 경우에 판매회원의 계정중지 조치 등을 취할 수 있다.[28] 또한 데이터 플랫폼은 판매상품인 데이터의 조회 외에 데이터셋의 무작위화된 견본 데이터의 게시, 맞춤데이터 매칭, 분석환경의 제공, 암호화 등의 안전한 데이터전송 등을 통하여 데이터거래의 효율성과 신뢰성을 도모하고 있다.[29] 데이터 플랫폼의 서비스 이용대가의 경우에도 판매회원에 의한 지급을 전제로 하는데, '데이터스토어'의 경우 데이터경제의 활성화라는 목적을 위하여 전자결제서비스 대행료를 제외한 비용을 부과하지 않고 있다.[30] 금융데이터 거래와 관련하여 금융데이터거래소의 데이터 거래의 중개와 시장조성을 위한 기능을 정리해 보면 아래 그림[31]과 같다.

---

23) 가령 쿠팡판매이용약관 제7조.

24) 이와 같은 2단계의 계약적 구성은 예를 들어 '데이터스토어'의 이용약관, 금융데이터거래소의 이용약관 모두 그 이용과정에 관하여 '서비스이용계약'(각 약관의 제2장)과 개별적 서비스의 이용을 통한 '구매 · 판매행위'(각 약관의 제4장)를 나누어 규정하고 있음에서 잘 드러나고 있다.

25) 가령 데이터스토어 이용약관 제7조; 금융데이터거래소 이용약관 제6조 참조.

26) 데이터스토어 이용약관 제8조; 금융데이터거래소 이용약관 제6조 제2항 참조.

27) 가령 데이터스토어 이용약관 제13, 14조; 금융데이터거래소 이용약관 제14, 15조 참조.

28) 데이터스토어 이용약관 제14조; 금융데이터거래소 이용약관 제15조 참조.

29) 데이터 거래의 중개에서 데이터 플랫폼의 이와 같은 기능의 지적으로는 Fries/Scheufen, Märkte für Maschienendaten, MMR 2019, 721, 722.

30) 데이터스토어 이용약관 제16조; 금융데이터거래소 이용약관 제17조 참조.

31) https://www.findatamall.or.kr 금융데이터거래소>이용안내>거래소 소개(2021. 3. 20. 최종 방문).

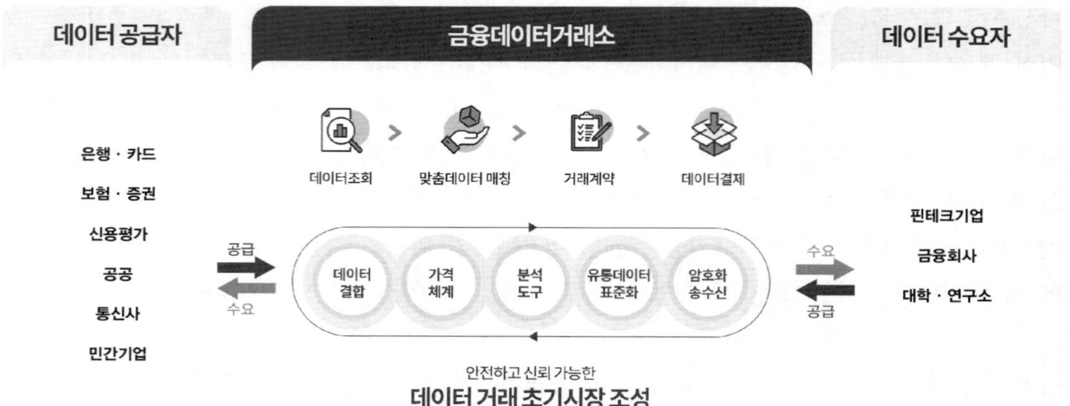

3. 오픈마켓을 이용한 데이터 거래에서 3면의 계약관계

중개 플랫폼은 위 2.에서 설명한 바와 같이 판매자, 구매자와 플랫폼 기본이용약정을 맺은 후 이들로 하여금 특정 재화, 서비스의 판매거래를 위하여 플랫폼 시스템을 이용할 수 있도록 제공하여야 한다. 이 과정에서 온라인 플랫폼, 판매자, 구매자 사이에는 3면의 계약관계가 형성되는데, 플랫폼과 판매자의 이용관계, 플랫폼과 구매자 사이의 이용관계, 그리고 판매자와 구매자 사이의 판매관계가 그것이다.

물론 온라인 플랫폼이 타인(판매자와 구매자) 사이의 계약체결에 진력하는 중개인에 해당하는지 아니면 스스로 판매계약의 당사자 지위를 갖는지는 상대방의 합리적 수령자 시각에 의한 계약 해석을 통하여 구체적으로 판단해야 할 문제이기는 하다.[32] 가령 외국에서는 차량공용서비스인 Uber의 경우에 계약체결과 이용대금 결정 등에서 Uber의 주도적 역할, 승객과의 외부관계에서 Uber의 전면적 등장, 서비스공급자에 대한 Uber의 관리 · 감독 등의 이유에서 Uber가 차량이용 고객과의 관계에서 운송계약의 당사자 지위에 있다는 논의가 이루어지고 있다.[33] 우리나라에서도 세탁플랫폼과 같은 일부의 경우에는 중개인의 기능을 넘어서 계약당사자의 지위를 검토할 여지가 있다고 보여진다. 그러나 전자상거래를 중개하는 상당수의 플랫폼은 해당 사이트의 화면창에 게시한 고지내용 등에 비추어 이미 구매자의 합리적 거래관념에서 보더라도 판매계약의 당사자가 아니라 판매자와의 거래관계를 중개하고 있다고 해석된다.

32) 이병준, “숙박플랫폼의 환불불가 조항과 약관규제법에 의한 내용통제”, 「소비자법연구」 제6권 제3호(2010. 11), 75.

33) Vilgertshofer, Online-Plattformen und vertragliche Haftung, 2019, S. 48, 108-109.

이는 데이터 플랫폼의 경우에도 마찬가지이다. 물론 데이터 플랫폼은 데이터 결합, 분석환경 제공 등의 측면에서 데이터 거래의 급부이행 과정에 보다 적극적으로 관여하고 있는데, 이에 관하여는 아래에서 함께 후술하도록 하면서 3면의 계약관계, 즉 플랫폼과 판매자의 이용관계, 플랫폼과 구매자의 이용관계, 그리고 판매자와 구매자의 판매관계로 나누어 특기할 바를 살펴보도록 하겠다.

(1) 플랫폼과 판매자 사이의 이용관계

플랫폼 사업자와 판매자 사이에는 이미 Ⅱ.2.에서 소개하였듯이 플랫폼의 이용을 위한 계약관계가 존재하며, 이 계약관계를 통하여 플랫폼 사업자는 판매자와의 관계에서 플랫폼 시스템을 판매활동에 이용가능한 상태로 제공하여야 한다. 판매자는 플랫폼 시스템을 통하여 상품정보의 게시, 구매자와의 상담업무, 판매계약의 체결과 이행에 필요한 제반의 사무를 처리해 가고 있다. 판매자는 대체로 플랫폼 사업자와 기본이용약정을 맺을 때에는 별도의 대가를 지급하지 않지만 개별적 판매활동의 과정에서 계약성사 여하에 따른 플랫폼 이용료를 지급하게 된다.[34)]

플랫폼과 판매자 사이의 이용계약에 관하여는 법적 성질이 논의되는데, 우선적으로 위임, 도급, 위임과 도급의 혼합계약이라는 견해들이 제시될 수도 있다.[35)] 그렇지만 플랫폼 이용계약이 '일의 완성'을 급부목적으로 하는 도급계약이라고 파악하는 것에는 원칙적으로 동의하기 어렵다. 이에 플랫폼 사업자가 판매자에게 플랫폼 시스템을 제공하여 상품정보의 게시 등을 가능하도록 하여 판매자의 판매활동을 촉진한다는 점에서 플랫폼 이용계약은 기본적으로 타인사무의 처리라는 위임적 성격을 갖는다고 이해된다.[36)] 다만 계약의 법적 성질이라는 논의가 해당 계약관계에 따른 당사자의 권리·의무의 내용을 구체화하는 데에 그 목적이 있는 한,[37)] 플랫폼 이용계약을 그저 위임계약이라고 파악하는데 그칠 경우에는 플랫폼 이용계약에 따른 플랫폼 사업자의 의무와 책임을 보다 일반적 차원에서 명확히 하려는 계약성질 결정의 취지에 기여할 수 없게 된다. 이런 맥락에서 온라인 플랫폼이 판매자와 구매자라는 양 그룹 사이에서 상품 등 거래관련 정보의 게시, 계약의 체결과 이행에 필요한 일련의 사무처리와 함께 대금결제, 이용후기 절차 등을 통한 안전한 거래시스템을 제공함으로써 개별적인 판매거래의 체결에 진력하는 활동에 주목하지 않을 수 없다.

상법은 이와 같은 거래의 알선과 중개활동이 타인간의 상행위를 목적으로 영업상 이루어지

---

34) 물론 플랫폼의 이용료는 사적자치, 달리 말해 플랫폼이 추구하는 영업모델에 달려 있으며, 이에 예를 들어 한국데이터거래소의 경우에 판매회원에 대해서는 월 또는 년 단위의 회비를 지급받고 있다. 한국데이터거래소 가입회원 이용약관 제2조 제3호, 제6조 참조.

35) 정진명, "플랫폼을 이용한 전자거래의 법률문제", 「비교사법」 제24권 제4호(2017. 11), 1564.

36) 신봉근, "플랫폼 운영자의 계약상의 책임", 「(한국법학원) 법학연구」 제18권 제3호(2018. 9), 420, 424; 최지현, "온라인 플랫폼 사업자의 민사책임에 관한 연구", 「아주법학」 제12권 제4호(2019. 12), 158.

37) 김형배, 계약각론 [계약법], 박영사, 1997, 272.

는 경우에 이를 중개상(상법 제93조)이라고 규정하고 있는데, 전자상거래에서 중개활동을 수행하는 온라인 플랫폼이 상인과 (비)상인 사이의 (일방적) 상행위를 중개하는 경우에는 상법상의 중개상에 해당하게 된다.[38] 물론 온라인 플랫폼이 상법상의 중개상의 지위를 갖는다고 하더라도 중개상에 관한 상법규정은 온라인 플랫폼의 가상공간이라는 특성에 비추어 플랫폼에 대해 그대로 적용될 수는 없다(가령 계약체결의 서면 교부의무를 정한 상법 제96조 참조). 그러나 무엇보다 중요한 것은 위임의 일종이라고 볼 수 있는 중개인의 경우 서로 대립하는 이해관계를 갖는 양 당사자를 중개한다는 점에서 중개활동에서 중립성의 원칙을 견지해야 한다는 점이다(상법 제100조 제2항 참조).[39] 이러한 중개인의 중립성원칙은 온라인 플랫폼의 경우에는 개별거래의 차원을 넘어서 네트워크 효과의 추구와 유지를 위하여 판매자와 구매자 양 그룹의 입장과 이해를 고려하는 중간적인 시장규제자라는 역할에 비추어 더욱 강조된다.[40]

이와 같은 전자적 중개인의 기능은 데이터 플랫폼에서도 마찬가지이다. 물론 데이터 플랫폼의 중개 목적(타인간의 '상행위'의 중개 여부), 상인성 여부는 개별적으로 판단되어야 할 바이지만, 데이터 플랫폼과 판매자의 이용계약이 구매자와의 데이터 거래를 중개하는 약정으로서의 성격을 갖는다는 점에는 변함이 없다. 데이터셋의 샘플 추출과 게시,[41] 데이터의 결합, 분석환경의 제공과 같은 데이터 플랫폼의 활동 역시 구매자의 수요를 자극하여 판매자와의 데이터 거래를 촉진하기 위한 일련의 활동이라고 파악되며, 판매자와 구매자에 대한 이용계약 관계에서 플랫폼의 주의의무를 구체화하는 요소로서 고려하면 족할 것이다.

(2) 플랫폼과 구매자 사이의 이용관계

플랫폼과 구매자 사이에서도 판매자와의 관계와 마찬가지로 기본이용약정과 구체적 상품의 구매를 위한 개별이용관계가 존재한다. 이들 사이에 계약관계가 존재하지 않는다는 지적도 없지 않으나,[42] 플랫폼과 구매자 사이에서도 플랫폼 이용을 위한 회원가입의 절차와 후속적 구매활동을 위한 법률관계가 존재함은 의문이 없고 바로 이러한 법률관계에 기초하여 플랫폼의 구매자에 대한 주의의무가 인정될 수 있다. 물론 판매자의 플랫폼 이용과 달리 구매자의 플랫폼 이용관계는 개별 구매활동의 차원에서도 무상으로 이루어지는 경우가 적지 않다. 그러나 이 같은 이용대가의 여부는 계약법적 차원(계약관계의 존부나 계약의 성질결정)에서 비롯하기보다는 경제적 이유, 즉 수급의 경직성과 네트워크 효과의 창출과 유지를 위하여 판매자와 비교하여 구매자를 우대해

38) 최나진, "개정 전자상거래소비자보호법상의 통신판매중개자의 지위와 책임", 「외법논집」 제40권 제3호(2016. 8), 109, 110-111; 최지현, "온라인 플랫폼 사업자의 민사책임에 관한 연구", 「아주법학」 제12권 제4호(2019. 12), 162.

39) 김정호, 상법총칙·상행위법, 법문사, 2014, 315면.

40) 아래의 Ⅳ.2. 참조.

41) 이 같은 청약철회의 거절요건과 관련하여 전자상거래법 제17조 제6항 참조.

42) 최지현, "온라인 플랫폼 사업자의 민사책임에 관한 연구", 「아주법학」 제12권 제4호(2019. 12), 157.

야 하는 시장관계에서 설명될 수 있을 뿐이다.[43] 따라서 플랫폼과 구매자 사이의 이용관계 역시 판매자와의 법률관계와 마찬가지로 위임, 특히 중개계약의 성질을 갖고 있다.

(3) 판매자와 구매자 사이의 판매관계

온라인 플랫폼이 구매자와의 관계에서 당사자 지위를 갖지 않는 중개 플랫폼의 경우 판매계약의 당사자는 판매자와 구매자의 관계에서 인정될 뿐이며, 플랫폼은 수차례 언급한 바와 같이 중개자의 지위를 가질 뿐이다. 이와 관련해 전자상거래법은 소비자인 구매자의 혼동을 방지하기 위하여 통신판매중개자로 하여금 자신이 통신판매의 당사자가 아니라는 사실을 사전에 명확히 고지할 것을 규정하고 있으며(전자상거래법 제20조 제1항), 이는 전자상거래 플랫폼에도 그대로 적용된다. 따라서 전자상거래 플랫폼은 각종 화면창, 이용약관 등을 통하여 구매자와의 관계에서 중개역할에 한정함을 분명하게 하고 있으며,[44] 데이터 플랫폼 역시 이용약관 등을 통하여 플랫폼의 서비스 이용과 관련하여 거래시스템을 제공해 줄 뿐이며 스스로 데이터거래의 당사자가 아님을 밝히고 있다.[45] 따라서 데이터 거래에서 판매된 데이터의 미전송 또는 잘못 등에 따른 책임은 기본적으로 판매자와 구매자 사이에서 문제될 것이다. 이에 관하여는 아래 Ⅳ.1.에서 좀 더 소상하게 살펴보도록 하겠다.

Ⅲ. 오픈마켓의 이용약관과 (데이터) 판매거래의 계약내용

1. 오픈마켓의 이용약관

온라인 플랫폼은 다수의 회원을 상대로 플랫폼 서비스를 제공하는데 필요로 하는 주요한 이용약정을 미리 작성, 제시함으로써 플랫폼 시장을 통일적으로 형성, 관리하고자 한다. 예를 들어 전자상거래 플랫폼은 이용약관을 통하여 회원가입의 절차, 회원의 승인과 자격상실, 회원의 권리·의무, 지급방법 등에 관한 일반적 규정을 게시한 다음에 회원서비스를 이용하고자 하는 자가 이 약관에 동의할 경우에만 회원가입을 신청할 수 있도록 규정하고 있으며,[46] 이는 데이터 플랫폼의 경우에도 마찬가지이다.[47] 그런데 플랫폼의 이용약관은 회원가입 등의 플랫폼 시스템 자체의 이용관계에 관한 사항을 정하는데 그치지 않고 오픈마켓에서 이루어지는 상품판매에 대

---

43) 참고로 중개상의 경우 중개료지급에 관하여 당사자 쌍방의 균분부담의 의무를 규정한 상법 제100조 제2항은 다른 특약이나 관습이 없는 한 적용되는 임의규정이다. 김정호, 상법총칙·상행위법, 법문사, 2014, 320면.

44) 예를 들어 쿠팡 이용 약관 제32조.

45) 데이터스토어 이용약관 제13조, 제14조, 제23조; 금융데이터거래소 이용약관 제4조, 제14조, 제15조, 제22조; 한국데이터거래소 판매회원 이용약관 제5조.

46) 쿠팡 이용 약관 제6조 이하.

47) 가령 데이터스토어 이용약관 제7조 이하; 금융데이터거래소 이용약관 제6조 이하.

한 규율 역시 담고 있는 경우가 적지 않다. 이는 오픈마켓의 rule maker인 플랫폼 사업자가 온라인 시장에서의 거래관계를 통일적으로 규율하려는 필요에서 비롯한 것인데, 전자상거래 일반의 경우 환급조치, 청약철회·취소 및 그 효과 등에 관한 사항을 그 예로서 들 수 있다.[48] 데이터 플랫폼에서도 이와 같은 사정은 동일하여, 가령 금융데이터거래소의 이용약관은 제12조의2 제2항에서 다운로드형 상품거래의 경우에 "최초 다운로드일로부터 최대 15일까지 재수신이 가능합니다"라고, 그리고 같은 약관 제12조의3 제2항에서는 분석환경형 상품거래의 경우에 "한 계정당 1개만 이용할 수 있으며, 최대 30일까지 신청 가능합니다"라는 내용으로 데이터 상품의 공급조건에 관한 사항을 규정해 두고 있다.

온라인 플랫폼의 이용관계가 플랫폼 사업자에 의해 작성, 제시된 약관을 이용하여 형성될 수밖에 없는 상황에 비추어, 오픈마켓의 이용약관이 (플랫폼 사업자를 당사자로 하지 않는) 개별 판매거래의 내용을 구성할 수 있는지 여부와 더불어 만약 개별 판매거래에 편입된 이용약관의 내용이 상대방인 고객에게 공정하지 못한 경우에 누구를 상대로 시정명령 등의 조치가 이루어져야 하는지 살펴볼 필요가 있겠다.

2. 오픈마켓 이용약관의 개별 판매계약관계에의 편입

오픈마켓의 이용약관이 개별 판매거래의 계약내용을 구성하는지 여부가 문제되는 것은 위 Ⅱ.에서 설명한 플랫폼을 이용한 거래관계의 3면적 법률관계에서 비롯한다. 다시 말해 플랫폼 거래에 관계하는 각 약정의 당사자가 달라짐으로써 야기되는 문제로서, 이용약관은 플랫폼 사업자와 판매자, 플랫폼 사업자와 구매자 사이에서 사용되는 반면, 플랫폼을 이용해 중개되는 개별 상품판매에서는 판매자와 구매자가 계약당사자로 인정되기 때문이다. 따라서 오픈마켓 사업자에 의하여 플랫폼 이용관계에서 제시된 이용약관이 개별 판매계약의 내용 일부를 규정하고 있을 경우에는 어떠한 계약법적 근거 하에서 개별 판매계약에 대한 효력을 가질 수 있는지 설명되어야만 한다.

이러한 문제에 대하여 독일에서는 인터넷 경매절차에 의한 상품거래를 둘러싸고 논의를 시작하여 최근에는 온라인 플랫폼을 이용한 거래 일반에서 다루어지고 있다.[49] 인터넷 경매절차나 상거래 플랫폼을 이용한 거래관계에서 3면의 계약관계가 있음에 착안하여 독일의 일부 학설은 '제3자를 위한 계약'의 법리를 활용하려는 견해를 피력한 바 있다. 이 입장에 따르면 인터넷 서비스를 이용하는 계약을 체결할 때에는 인터넷 제공업체와 그 이용자 사이에 (개별 상품에 관한) 장

48) 쿠팡 이용 약관 제23조 이하.
49) 이에 관하여는 이병준, "가상시장의 규칙인 인터넷경매이용약관의 편입과 그 규제", 「법조」 제51권 제9호(2002. 9), 119.

래의 계약상대방인 제3자를 위한 계약을 체결하는 것으로 본다는 것이다.[50] 그러나 제3자를 위한 계약의 구성은 우리 민법 제539조 제2항에 따르면 수익자의 수익의 의사표시를 필요로 한다는 점, 위 이용약관의 내용 중에는 수익자(장래의 계약상대방)에게 이익이 되지 않는 내용도 포함할 수 있다는 점 등에서 일반적으로 받아들여지지는 않고 있다.[51] 이에 최근에는 이용약관과 개별 판매거래의 관련 정도에 따라 그 양상을 다음과 같이 나누어 판단하고 있다고 여겨진다.[52] 먼저, 플랫폼 사업자가 플랫폼 이용관계에서 제시한 이용약관이 판매자와 구매자의 판매거래에서 그대로 사용·반영되는 경우를 생각할 수 있다. 가령 호텔예약 플랫폼 Airbnb의 경우 그 이용약관에서 예약 후 환불조치와 관련하여 유연, 일반, 엄격과 같은 옵션을 미리 제시해 두고 있으며 이 같은 환불내용은 옵션 중의 하나가 선택된 이상 숙박업자와 고객의 개별 숙박관계에 그대로 반영되도록 되어 있는데,[53] 이러한 경우에는 플랫폼의 해당 이용약관이 판매업자의 선택을 통하여 개별 판매계약의 내용으로 직접 편입된다고 보면 족할 것이다.

위의 상황과 비교해 보다 문제가 되는 경우는 바로 이러한 직접적 편입과정을 거치지 않은 상황, 다시 말해 플랫폼의 이용약관이 개별 판매계약의 과정에서 다시 반영, 표현되어 있지 않는 경우이다. 이에 대하여 인터넷 경매절차를 가지고 예시한다면 아래와 같다: 인터넷 경매절차를 통하여 물품을 판매할 의사를 가진 판매자 甲이 인터넷 경매업자 A의 (판매자) 이용약관에서 일정 기간 동안 등록상품을 내리지 못한다는 규정에 동의하면서 판매상품을 등록해 두고 있던 도중에 어떤 구매희망자(입찰자) 乙이 해당 상품을 구매하려고 입찰하자 판매자 甲이 -위 규정이 경매업체 A의 약관에서 제시된 바에 불과하므로- (판매자 이용약관의 상대방이 아닌) 구매자 乙과의 관계에서는 임의로 등록상품을 내릴 수 있으므로 위 구매자 乙에 대한 낙찰이 이루어지지 않는다고 주장하는 경우를 생각해 볼 수 있다. 이와 같은 사례형상에서 독일 법원과 학설은 위와 같은 약관내용이 그 약관 사용의 당사자(A와 甲)가 아닌 관계에서는 직접 계약의 내용으로 편입될 수는 없다고 판단하였다. 그렇지만 계약해석의 법리, 즉 플랫폼의 이용약관이 (판매계약의 일방 당사자인) 약관 사용의 상대방 甲 이외에 판매계약의 상대방 乙에게도 알려져 있거나 알려져 있다고 볼 수 있는 경우에는 그 약관은 판매계약 관계(甲·乙의 관계)의 해석기준으로 기능하고 이로써 판매계약 당사자의 의사표시는 위 이용약관의 내용에 따라 해석되어야 한다는 것이다.[54]

---

50) 독일 학설의 소개로는 이병준, "가상시장의 규칙인 인터넷경매이용약관의 편입과 그 규제", 「법조」 제51권 제9호(2002. 9), 136-138면.

51) 이병준, "가상시장의 규칙인 인터넷경매이용약관의 편입과 그 규제", 「법조」 제51권 제9호(2002. 9), 138-139면.

52) Olmor, Haftung von Airbnb für unwirksame Stornierungsbedingungen, juris Monatszeit-schrift 2017, 134, 139.

53) 에어비앤비의 환불정책. https://www.airbnb.co.kr/home/cancellation_policies(2021. 3. 20. 최종 방문) 참조.

54) 이 같은 법리는 독일 법원의 경우 ricardo.de 판결(BGH NJW 2002, 363) 이래로 정착된 법리라고 평가된다. 이병준, "가상시장의 규칙인 인터넷경매이용약관의 편입과 그 규제", 「법조」 제51권 제9호(2002. 9), 135,

플랫폼 이용약관의 판매계약 내용에의 편입 내지 영향에 대한 이와 같은 법리 구성은 기본적으로 타당하다고 이해된다. 특히 이 글에서 다루고 있는 데이터 플랫폼과 관련하여 '데이터스토어'와 '금융데이터거래소'의 이용약관은 플랫폼 이용약정을 맺음에 있어서 판매회원과 구매회원 모두에게 공통된 약관을 마련, 제시하고 있다.[55] 그렇다면 이들 데이터 플랫폼의 이용약관에서 정해 둔 판매계약에 관한 규정내용은 직접 또는 적어도 해석기준으로서 개별 데이터 거래에 편입되거나 계약내용을 이루게 될 것이다.

3. 오픈마켓 이용약관의 약관법에 의한 내용통제

플랫폼 사업자가 판매자, 구매자와의 이용관계 형성을 위하여 제시한 이용약관이 일방성, 정형성, 사전성[56]을 갖추고 있는 한 약관규제법의 적용 하에 상대방인 고객에 대한 공정성 여부의 심사를 받게 된다. 예를 들어 플랫폼 이용약관에서 플랫폼 서비스의 일방적 중단, 변경가능성 유보 조항은 내용통제의 여지를 가질 수 있으며,[57] 중개 플랫폼의 활동은 아니지만 데이터의 직접판매를 위하여 한국데이터산업진흥원이 표준계약서의 방식으로 제시하고 있는 '데이터 제공형 표준계약서' 제7조 제3항에서 제공데이터의 완전성, 안전성 등에 대한 보증배제 조항[58]은 '상당한 이유 없는 사업자의 책임 배제·제한' 여부의 관점에서 약관규제법의 심사대상이 될 수 있다고 보여진다.

한편 플랫폼 이용약관의 내용통제에 있어서도 보다 주목되는 바는 플랫폼 이용약관에서 플랫폼 서비스 자체의 이용을 넘어서 개별 판매계약의 거래내용을 구성하는 약관내용에 대한 통제라고 할 것이다. 전자상거래 플랫폼에서 문제되는 경우를 가지고 예시하면, 호텔예약 플랫폼이 이용회원인 숙박고객에게 불리한 환불불가조항을 이용약관에서 제시한 다음에 숙박업자와 고객 사이에서 개별적으로 숙박계약을 체결할 때에 그 약관조항이 숙박계약의 내용을 이루게 되는 경우를 생각할 수 있겠다.[59] 이 역시 플랫폼을 이용한 상품판매의 3면적 법률관계에서 비롯된 문

138-139면; 최근의 관련된 독일 판결례 소개로는 박신욱, "페이팔(PayPal)을 통한 온라인결제 방식의 법적 쟁점 및 환불약관의 효력", 「재산법연구」 제36권 제1호(2019. 5), 27, 37-38면.

55) 다만 한국데이터거래소의 경우에는 구매회원을 포괄하는 가입회원 이용약관과 함께 판매회원에게 제시되는 판매회원 이용약관을 별도로 마련해 두고 있다.

56) 약관의 규제에 관한 법률 제2조에 따른 "계약의 일방 당사자가 여러 명의 상대방과 계약을 체결하기 위하여 일정한 형식으로 미리 마련한 계약의 내용".

57) 물론 예를 들어 쿠팡 이용 약관 제4조, 제5조에서 정한 바와 같이 일시적 서비스 중단의 사유 한정 및 서비스 중단에 따른 회원에 대한 손해배상의 조치 그리고 서비스 변경에 대한 사전고지의 규정내용 등에 비추어 해당 약관 조항의 타당성은 인정된다고 할 것이다.

58) 데이터 제공형 표준계약서 제7조(제공데이터 등에 대한 보증 등) ③ 갑은 제공테이터의 정확성, 완전성(데이터에 하자 내지 결함이 없음), 안전성(데이터에 바이러스 등 악성코드가 없음), 유효성(본 계약 목적에의 적합성)을 보증하지 않는다. 위 표준계약서의 검색, 열람에 관하여는 이 글의 각주 10 참조.

59) 숙박예약 플랫폼인 Airbnb의 엄격 환불조항(지금은 불공정성을 인정받아서 더 이상 사용되지 않지만 당시

제라고 하겠는데, 불공정성이 다투어지는 조항이 플랫폼 사업자에 의하여 구매자에게 제시된 이용약관에서 미리 규정되어 있었고 이러한 이용약관에 따라 구매자가 합리적 이유 없이 불공정한 내용으로 개별 판매계약을 맺게 된 경우에는 이용약관을 제시한 플랫폼 사업자에 대하여 시정명령 등의 조치가 내려질 수 있다고 생각된다.[60)]

물론 약관규제법의 적용대상인 약관을 사용한 사업자란 "계약의 한 쪽 당사자로서 상대 당사자에게 약관을 계약의 내용으로 할 것을 제안한 자"이어야 한다(약관규제법 제2조 제호). 따라서 오픈마켓 사업자가 판매자와 구매자 사이에서 중개 플랫폼으로 기능하는 경우에는 (불공정한 거래내용을 구성하는) 개별 판매계약의 당사자는 아니므로, 위 소정의 사업자성 여부는 충분히 다투어질 수 있다.[61)] 그렇지만 사견에 따르면 ① 개별 판매계약에서 고객(=구매자)에게 불리한 거래내용을 구성하게 되는 조항이 플랫폼 이용약관에 제시되어 있다는 사정, ② 이 같은 플랫폼 이용약관은 플랫폼 사업자가 이용회원인 구매자와의 이용계약을 맺기 위하여 마련해 두고 있다는 점, 그리고 ③ 플랫폼 이용약관은 플랫폼 서비스 자체의 이용만이 아니라 플랫폼에서 이루어지는 개별 판매계약의 통일적 규율에 필요한 규정을 두고 있다는 점 등에 비추어 플랫폼 이용약관이 개별 판매거래에서 플랫폼 이용회원인 구매자에게 불리한 조항을 두고 있는 경우에는 약관규제법상의 사업자에 해당된다고 할 것이다. 다만 플랫폼의 오픈마켓이라는 중개모델에 비추어 구매자(고객)에 대한 불공정성 여부는 플랫폼 이용약관이 직접 편입되거나 해석표준으로서 계약내용을 이루고 있는 판매계약을 중심으로 검토되어야 할 것임은 물론이다. 최근에는 플랫폼 이용관계의 차원을 넘어서 플랫폼의 중개로 체결된 개별 판매관계와 관련하여서도 플랫폼 사업자의 (약관규제법적 의미에서) 사업자성을 확대하고자 하는 이론구성도 시도되고 있다.[62)]

데이터 플랫폼의 이용관계 역시 데이터 플랫폼과 이용자 사이의 계약관계로서 플랫폼 사업자가 다수 이용자와의 계약 체결을 위하여 미리 마련해 둔 이용약관에 따르고 있는 한 그 이용

'숙소 도착 7일 전까지 예약취소 시 50% 환불')이나 최근 시정명령의 정당성 여부가 다투어지고 있는 부킹닷컴의 환불불가조항(환불불가조항이 기재된 객실을 예약하였다가 취소한 경우에 미리 결제한 숙박대금을 환불받지 못한다는 조항)을 그 예로서 들 수 있다. 전자에 관하여는 오승유, "숙박공유 플랫폼 약관의 불공정성", 「소비자법연구」 제5권 제2호(2019. 7), 285면. 후자에 대해서는 이병준, "숙박플랫폼의 환불불가 조항과 약관규제법에 의한 내용통제", 「소비자법연구」 제6권 제3호(2010. 11), 65; 최병규, "부킹닷컴 '환불불가 상품조항'의 불공정 약관 여부", 「경제법연구」 제19권 제2호(2010. 8), 117.

60) 바로 위 각주에서 소개한 Airbnb 엄격 환불조항에 대한 공정거래위원회의 시정명령 등의 조치에 관하여는 공정거래위원회 2016. 11. 15. 의결 제2016-314호.

61) 플랫폼 중개구조에 따라 이용관계에서 제시된 이용약관의 통제 가능성을 긍정하는 견해로는 이병준, "숙박플랫폼의 환불불가 조항과 약관규제법에 의한 내용통제", 「소비자법연구」 제6권 제3호(2010. 11), 85; 아마도 다른 접근태도로는 최병규, "부킹닷컴 '환불불가 상품조항'의 불공정 약관 여부", 「경제법연구」 제19권 제2호(2010. 8), 131-132.

62) 이병준, "숙박플랫폼의 환불불가 조항과 약관규제법에 의한 내용통제", 「소비자법연구」 제6권 제3호(2010. 11), 85-91면.

약관은 약관규제법의 적용을 받게 될 것이다.[63] 이와 관련해 '데이터스토어'의 이용약관 제4조, 금융거래소이용약관 제5조에서는 상거래 플랫폼의 이용약관과 마찬가지로 서비스 일시중단, 변경에 관한 조항을 두고 있는데 기술적 필요에 따른 불가피한 조치로서 타당성을 인정할 수 있을 것이다. 또한 이들 약관에서는 데이터 플랫폼을 통하여 거래된 데이터 상품은 (전송중이거나 전송이 완료된 경우) 취소, 환불되지 않는다고 규정하고 있다.[64] 이러한 조항은 디지털화 된 상품의 특성에 비추어 타당하다고 인정되는데, 바로 아래 Ⅳ.에서 데이터 거래의 법적 성질과 함께 서술하도록 하겠다.

Ⅳ. 오픈마켓의 중개를 통한 (데이터) 판매거래에 따른 개별 문제

플랫폼의 중개를 통한 데이터거래는 판매자와 구매자 사이의 계약관계이다. 이에 오픈마켓에서 이루어지는 데이터거래의 각론적 문제로서 아래에서는 먼저 데이터 판매자의 권리·의무를 살펴보도록 하겠다. 다만 데이터 판매자와 구매자의 계약관계는 플랫폼거래에서 비롯하는 특유한 문제는 아니라는 점에서 오픈마켓을 통한 데이터거래를 다루는 이 논문에서는 데이터 판매자의 의무를 중심으로 개관적으로만 살펴보도록 한다. 그런 다음에 이 글은 플랫폼에서 중개된 (데이터) 판매관계의 급부장애에 따른 플랫폼 사업자의 의무위반과 책임 여부를 검토하게 될 것이다. 특히 최근 전자상거래 일반에서 플랫폼 사업자에 대하여 판매거래의 계약위반과 관련하여 판매자와 별도로 독자적 책임을 인정해야 한다는 논의가 제기되고 있어서 이에 대해서도 언급하려고 한다.

1. 데이터 판매자와 구매자의 계약관계

이들 사이의 계약관계와 관련하여 무엇보다 데이터 거래의 성질결정에서 시작할 필요가 있다. 계약 성질 결정의 문제는 일반적으로 해당 계약에 따른 권리와 의무 및 이를 통한 전형계약 해당성을 분명하게 밝히고 이로써 약관의 내용통제에서 해당 전형계약의 민법 규정을 일응의 규준으로 하는 데에 그 의미가 있다.[65] 예를 들어 소프트웨어의 구매자가 별도의 개별 약정이 없는 상황에서 자신이 구매한 소프트웨어를 제3자에게 자유로이 양도할 수 있는지와 관련하여 소프트웨어 판매거래가 매매계약이라고 여겨지는지 아니면 임대차계약의 성질을 갖는다고 보는지

63) 데이터스토어의 이용약관 제3조; 금융데이터거래소의 이용약관 제3조.
64) 데이터스토어의 이용약관 제21조; 금융데이터거래소 이용약관 제20조 참조.
65) 김형배, 계약각론 [계약법], 박영사, 1997, 272.

에 따라 그 접근이 달라지지 않을 수 없을 것이다.

물론 데이터 거래의 경우에도 다른 계약에서와 마찬가지로 그 성질 결정은 개별 당사자의 합의 또는 약관에서 정한 권리의무의 내용에 따라 구체적으로 해석되어야 할 것이다. 또한 데이터가 갖는 비경합성, 비배제성에 따라 유체물과 비교하여 논의의 어려움이 있는데, 일반적으로는 데이터 거래에 관하여 소프트웨어계약에서 익숙해진 바와 같이 라이센스계약이라고 파악하는 경향이 엿보인다.[66] 그런데 최근에는 데이터가 DVD, USB 등과 같은 유형적 저장매체에 담겨서 교부되는 경우에 이를 동산매매로서 취급할 수 있으며, 이와 마찬가지로 저장매체의 직접적인 제공·교부의 방법에 의하지 않은 채 가령 데이터의 판매자가 대가를 지급받고 구매자의 저장매체에 데이터를 직접 기입해 주거나 구매자가 판매자의 데이터를 다운로드 받는 방법으로 데이터의 전송이 이루어지는 경우에도 매매 (유사) 계약으로 취급할 수 있다는 견해가 주장되고 있다.[67] 개인적으로는 후자의 견해에 원칙적으로 찬동하는데, 데이터거래가 데이터의 비경합성으로 말미암아 물건의 경우와는 달리 (판매자의 지배에서 완전히 벗어나) 구매자(만)의 이용·지배상태를 창출한다고 말할 수는 없을 것이다. 그렇지만 이는 데이터라는 거래객체의 특성에서 비롯한 차이일 뿐이며, 다운로드의 허용을 통한 제공과 같이 계약내용이 구매자에게 데이터의 이용·접근권한을 종국적으로 부여하고 있는 이상 매매 유사의 계약으로 다루어져야 할 것이다. 참고로 독일민법은 2002년 채권법현대화과정에서 민법개정을 단행하면서 지식재산권에 의하여 보호되지 않는 발명·창작, 기술적 know how 등과 같은 영업정보의 거래에 대하여 매매계약의 규정이 적용될 수 있음을 분명히 하고 있다(독일민법 제453조). 다만 데이터거래가 매매 유사의 계약으로서 구매자에게 데이터의 종국적 이용·접근권한을 부여하는 것으로 이해한다고 하더라도 판매자는 데이터의 속성상 구매자의 제3자에 대한 이전가능성을 제한·금지할 수 있다고 생각된다.[68]

데이터 거래에 따른 판매자와 구매자의 권리의무는 이들 약정에서 구체적으로 정해짐은 물론인데, 판매자의 주된 의무는 약정한 시점과 정해진 방법에 따라 구매자에게 데이터를 전송하는 것이라고 하겠다. 따라서 데이터의 전송이 잘못되거나 손상된 경우 또는 약정된 잠금상태를 갖추어 전송되지 않았거나 약정내용과 달리 제3자의 권리나 개인정보로 인하여 구매자가 제공된

66) 그 근거로 한국데이터산업진흥원이 발간한 데이터 거래 가이드라인(15면)에 따르면 데이터 판매자와 구매자 사이의 데이터 제공계약은 데이터 제공자가 데이터 이용자에게 데이터의 이용을 허락하는 일종의 라이선스 계약이라고 파악하고 있다. 한편 최신영, “인공지능과 데이터 거래에서의 법적 쟁점”(한국경영법률학회 2020년 12월 11일「인공지능 활용과 법적 대응 및 방향」 자료집), 112면 참조.

67) 이동진, “데이터 소유권, 개념과 그 실익”, 「정보법학」 제22권 제2호(2018. 12), 219, 231; 아마도 이상용, “데이터 거래의 법적 기초”, 「법조」 제728호(2018. 4), 60. 독일의 다수 견해라고 이해되는데, 이에 관하여는 Hoeren · Pinelli, Daten im Rechtsverkehr, JZ 2020, 880.

68) 예를 들어 각주 10.에서 소개한 ‘데이터 거래 가이드라인’에서 제시하는 데이터 제공형 표준계약서 제4조 제3항 참조.

데이터를 제대로 이용할 수 없게 되는 경우에 판매자는 구매자에 대하여 계약위반의 책임을 부담하게 될 것이다. 한편 데이터의 품질과 관련하여 기술적으로는 데이터의 정확성, 안전성, 완전성, 실재성(actuality) 등의 요청이 제기되고 있는데, 시중에서 볼 수 있는 표준계약서 중에는 제공자가 데이터의 품질에 대하여 보증하지 않으며 고의 또는 중과실에 한하여 책임을 질뿐이라는 규정을 두고 있는 경우도 있다.[69] 데이터의 특성과 통신기술의 발달 등에 따라 데이터 제공자의 책임을 제한하려는 취지임은 잘 이해되며, 또한 데이터가 갖는 정보의 인식적 측면(활용)과 관련하여 도서구입과 비교해 보면 구입한 도서의 내용을 보증할 수 없는 것과 마찬가지로 데이터의 구매목적에의 적합성 등에 대해서는 별도의 자문약정을 필요로 할 수도 있을 것이다. 그러나 일체의 면책약정, 특히 제공자가 자신이 전송하는 데이터의 완전성·안전성을 보장하지 않겠다는 약정, 더욱이 약관에 의한 이 같은 면책합의는 거래의 대가성, 제공데이터의 내용 등에 비추어 공정성 여부의 심사를 필요로 할 것이다.[70] 소프트웨어의 하자관련 분쟁이 논의된 지 오래인데,[71] 데이터 거래가 활성화된다 하여도 크게 다르지 않을 것으로 생각된다. 판매자의 계약위반에 따른 손해배상책임에 관하여는 배상액 산정의 곤란에 따라 배상액 예정의 조항이 권고되고 있으며, 서비스 이용과 관련된 통상손해로 한정하여 구매자의 특별한 사정에 따른 손해에 대해서는 면책약정을 두는 경우도 있다.[72] 그리고 판매자의 계약위반이 업데이트, 제3자의 사용허락 획득 등과 같이 추완청구에 의한 구제가 가능한 경우에는 구매자의 추완청구권도 인정된다고 하겠다.

한편 데이터 거래와 관련하여 데이터의 정보적 특성에 따른 계약의 철회·해제의 개별 내용을 살펴보도록 하겠다. 잘 알려져 있는 바와 같이 전자상거래에서는 소비자의 보호를 위하여 계약의 철회 가능성을 인정하고 있는데, 온라인으로 이루어지는 데이터 거래의 경우에도 소비자인 구매자에게는 일정한 요건 하에 청약철회가 인정될 수 있다. 물론 이미 데이터의 제공이 개시된 경우에 청약철회는 거절될 수 있는데, 이를 위하여 데이터 판매자는 사전에 데이터의 샘플을 게시해 두어야 한다(전자상거래법 제17조 제2항 제5호, 제6항).[73] 그리고 구매자의 청약철회가 인정되거나 계약이 해제·종료되는 경우에 제공된 데이터의 반환이 문제되는데, 이용자는 제공받았던 데이터를 삭제함으로써 반환의무를 이행하게 되며[74] 약정한 바에 따라서는 삭제사실의 증명서

69) 바로 위의 데이터 제공형 표준계약서 제7조 제3항, 제6항.
70) Hoeren·Pinelli, Daten im Rechtsverkehr, JZ 2020, 883.
71) 가령 홍춘의, "컴퓨터 소프트웨어의 오류와 민사책임", 「기업법연구」 제20권 제1호(2006. 3), 335.
72) SK Data Hub 서비스 이용약관 제27조 제1호. 한편 위에서 언급한 '데이터 거래 가이드라인'에서 제시하는 데이터 제공형 표준계약서 제7조 제7항에 따르면 데이터 제공자의 이용자에 대한 계약위반에 따른 손해배상 책임을 제공자가 이용자로부터 받았던 대가를 상한으로 한다고 규정하고 있는데, 약관규제법 제7조 제2호(상당한 이유없는 사업자의 손해배상 책임범위 제한)에 따른 내용통제의 여지가 있다고 생각된다.
73) '데이터 거래 가이드라인'에서 제시하는 오픈마켓형 표준계약서 제12조 참조.
74) 위의 표준계약서 제13조.

를 제출해야 한다. 최근에는 삭제와 그 증명조치만으로 제공된 데이터의 삭제가 완전히 보장되지 않는다는 점에서 제공 데이터에의 접근을 아예 기술적으로 봉쇄하기 위하여 암호화(Encrypt) 등의 절차가 고려되기도 한다고 한다.[75] 더 나아가 계약해제에 따른 (원물에 갈음하는) 가액 또는 (원물로부터 얻은) 과실의 반환과 관련하여, 데이터 거래의 해제·해지로 인한 데이터 삭제 등의 조치와 더불어 구매자가 구입한 데이터로부터 얻은 인식 등의 부수적 성과(가령 신제품의 개발)의 반환 여부가 문제될 수도 있다. 구매자의 인식 또는 신제품 개발이 반환목적물의 가액이나 과실이라고 할 수는 없지만 사용이익으로 볼 여지는 있으며, 구매자의 이러한 사용이익 역시 무형적으로 그 가액을 산정하기 곤란하다는 점에서 데이터의 구매대금(또는 그 일정 비율)으로 반환 가액을 미리 약정하는 것도 계약실무에 권유할 만하다고 여겨진다.[76][77]

2. 중개 플랫폼 사업자의 판매거래의 급부장애에 관한 주의의무

전자상거래 일반의 경우와 마찬가지로 데이터 중개 플랫폼의 약관에서도 플랫폼은 판매계약의 당사자가 아니며, 따라서 데이터 거래의 급부장애는 판매계약의 당사자 사이에서 문제되며 플랫폼은 이에 대하여 아무런 책임을 부담하지 않는다고 정하고 있다.[78] 이 같은 약관은 본질적으로는 중개인의 역할에 상응하는 것인바, 중개인은 별도의 특약이 없는 한 중개행위로 계약이 성립된 경우에 비로소 중개료지급청구권을 갖게 될 뿐이므로 중개행위에 진력해야 할 주된 의무를 부담하지 않는다.[79] 또한 중개인은 일방적 위탁이 아닌 경우에는 양 당사자 사이에서 중립적 지위를 견지해야 하며, 이에 중개되는 거래 일방의 상품 정보 등을 상대방에게 그대로 전달하면 족하고 중개 목적물에 관하여 중개인이 스스로 점검, 조사해야 할 의무를 원칙적으로 부담하지 않는다.[80] 더욱이 데이터 중개 플랫폼 역시 상거래 플랫폼 일반과 마찬가지로 데이터 판매자에게 거래시스템을 제공할 뿐이며, 판매자 스스로 데이터 상품의 등록 등의 과정을 진행하도록 정하고 있다. 이에 데이터 중개 플랫폼으로 하여금 판매자가 입력, 게시한 상품정보 등을 일일이 검색, 조사하라고 기대하기에는 무리가 있으며, 따라서 판매자 정보에 대한 데이터 중개 플랫폼의 검사의무는 원칙적으로 인정되지 않는다고 생각된다.

---

75) Hoeren · Pinelli, Daten im Rechtsverkehr, JZ 2020, 881.
76) Hoeren · Pinelli, Daten im Rechtsverkehr, JZ 2020, 882.
77) 그 외 데이터 거래에서 고려해야 할 여러 세부 사항에 관하여는 최신영, “인공지능과 데이터 거래에서의 법적 쟁점”(한국경영법률학회 2020년 12월 11일 「인공지능 활용과 법적 대응 및 방향」 자료집), 114-5면 참조.
78) 데이터스토어 이용약관 제4조, 제23조; 금융데이터거래소 이용약관 제4조, 제22조.
79) 김정호, 상법총칙·상행위법, 법문사, 2014, 315면.
80) 독일 민사법학계의 통설. Roth, in: Münchener Kommentar zum BGB, 7.Aufl., 2017, §652 Rn. 264. 물론 이는 당사자의 약정 등에 따라 달라질 수 있다고 여겨지며, 우리나라의 경우에는 부동산중개인에 대하여 중개 목적물의 권리관계에 대한 조사·확인의무를 지우고 있다. 공인중개사법 제25조 참조.

그러나 거래 대상에 대한 검사의무의 원칙적 부정에도 불구하고 사견으로는 중개 플랫폼이 중개 목적물의 이상을 이미 알고 있거나 그 이상이 명백하여 손쉽게 확인 조치를 취할 수 있었음에도 이를 게을리한 경우에는 구매자에 대한 관계에서 판매거래의 급부장애에 따른 자기책임을 면할 수는 없다고 생각된다. 또한 중개 플랫폼이 판매자로 하여금 상품정보를 게시하도록 가상공간을 제공하는 중개적 역할에 그치지 않고, 전자상거래에서 자주 보이듯이, 보다 적극적으로 판매자의 상품을 추천하고 그 과정에서 판매자의 (실제와 다른) 상품정보를 따로 확인하지 않은 채 그대로 활용한 경우에도 중개 플랫폼의 구매자에 대한 이용관계에서 비롯한 부수적 의무위반에 따른 책임을 인정할 수 있을 것이다.[81] 플랫폼에서 이루어진 판매거래의 계약위반에 대한 이와 같은 온라인 플랫폼의 책임은 온라인서비스제공자가 자신이 운영하는 인터넷 포털사이트에서 제3자의 저작권을 침해하는 게시물이 게재되었을 경우에 피해자에게 손해배상책임을 부담하게 되는 경우와 비견해 볼 수 있다. 즉, 대법원의 판례 법리에 따르면 "인터넷 포털사이트를 운영하는 온라인서비스제공자가 제공한 인터넷 게시공간에 타인의 저작권을 침해하는 게시물이 게시되었고 그 검색 기능을 통하여 인터넷 이용자들이 위 게시물을 쉽게 찾을 수 있다 하더라도, 위와 같은 사정만으로 곧바로 위 서비스제공자에게 저작권 침해 게시물에 대한 불법행위책임을 지울 수는 없다. 다만 (…) 위 서비스제공자가 제공하는 인터넷 게시공간에 게시된 저작권 침해 게시물의 불법성이 명백하고, 위 서비스제공자가 위와 같은 게시물로 인하여 저작권을 침해당한 피해자로부터 구체적·개별적인 게시물의 삭제 및 차단 요구를 받은 경우는 물론, 피해자로부터 직접적인 요구를 받지 않은 경우라 하더라도 그 게시물이 게시된 사정을 구체적으로 인식하고 있었거나 그 게시물의 존재를 인식할 수 있었음이 외관상 명백히 드러나며, 또한 기술적, 경제적으로 그 게시물에 대한 관리·통제가 가능한 경우에는, 위 서비스제공자에게 그 게시물을 삭제하고 향후 같은 인터넷 게시공간에 유사한 내용의 게시물이 게시되지 않도록 차단하는 등의 적절한 조치를 취하여야 할 의무가 있으므로, 이를 위반하여 게시자의 저작권 침해를 용이하게 하는 경우에는 위 게시물을 직접 게시한 자의 행위에 대하여 부작위에 의한 방조자로서 공동불법행위책임이 성립한다"고 판단하고 있다.[82]

온라인 플랫폼의 주의의무에 대한 근거와 더불어 언제 플랫폼이 상품의 이상 내지 허위정보에 대한 구체적 인식을 가졌다고 볼 수 있는지에 대해서는 별도의 지면을 통하여 연구하도록

81) Vilgertshofer, Online-Plattformen und vertragliche Haftung, 2019, S. 199 이하; 플랫폼의 상품 추천에 따른 책임에 관하여는 정진명, "플랫폼을 이용한 전자거래의 법률문제", 「비교사법」 제24권 제4호(2017. 11), 1587; 또한 최지현, "온라인 플랫폼 사업자의 민사책임에 관한 연구", 「아주법학」 제12권 제4호(2019. 12), 165. 위와 관련하여 최근 전자상거래법 개정안에서는 중개기능을 하는 플랫폼 사업자가 자신의 명의로 표시·광고하는 경우에 그에 따른 사업자책임을 강화하는 내용을 규정하고 있다(개정안 제25조).

82) 대법원 2010. 3. 11. 선고 2009다4343 판결; 대법원 2019. 2. 28. 선고 2016다271608 판결 등.

하겠는데, 여기서 제시되는 오픈마켓의 책임요건 그 자체는 데이터 플랫폼에 대해서도 그대로 적용될 수 있다고 생각된다. 데이터 플랫폼 역시 데이터 거래의 활성화와 안전하고 신뢰할만한 시장의 조성을 위하여 광고와 검색서비스의 제공, 데이터 샘플의 추출 및 데이터 전송의 안전성 확보를 위한 기술적 조치 등을 담당할 수도 있으며,[83] 이런 한도에서 데이터 거래의 중개 과정에서 플랫폼 자신의 주의의무 위반에 대해서는 스스로 책임을 부담하여야 할 것이다.

3. 플랫폼 계약책임 강화 논의의 데이터 플랫폼에의 적용 가능성

판매관계의 계약위반에 따른 플랫폼의 구매자에 대한 책임과 관련하여 끝으로 유럽법 연구소(European Law Institute)가 2020년 발표한 온라인 플랫폼의 모델법안 (Model Rules on Online Platforms)을 간략히 소개하도록 하겠다.[84] 이 모델법안은 '온라인 중개 플랫폼에 대한 입법지침 토론안(Discussion Draft of a Directive on Online Intermediary Platforms)'을 발전시킨 내용인데,[85] 플랫폼 사업자로 하여금 구매자에 대해 자신이 아니라 판매자가 판매계약의 당사자임을 명확하게 고지하도록 하고(법안 제13조) 이를 위반하는 경우에 플랫폼 사업자에게 판매자와 동일한 책임을 규정하고 있다(법안 제19조). 이와 더불어 무엇보다 주목되는 바는 상당한 영향력(predominant influence)을 가진 플랫폼 사업자, 즉 구매자인 고객이 판매자에 대하여 상당한 영향력을 행사하고 있다고 합리적으로 신뢰를 할 수 있는 플래폼 사업자의 경우에 구매 고객은 판매자에 대하여 계약 불이행에 따라 갖게 되는 구제수단을 플랫폼 사업자를 상대로 행사할 수 있다고 규정하고 있다(법안 제20조 제1항). 그러면서 상당한 영향력을 갖는 사업자 여부를 판단함에 있어서 ① 판매계약이 플랫폼에서 제공되는 시스템을 통해서만 체결되는지 여부, ② 플랫폼 사업자가 구매 고객에 의하여 판매자에게 지급된 대금을 보류할 수 있는 장치를 포함한 대금결제시스템을 독점적으로 운영하는지 여부, ③ 판매계약의 내용이 플랫폼 사업자에 의하여 본질적으로 결정되는지 여부, ④ 구매 고객이 지급하는 매매 대금이 플랫폼 사업자에 의하여 결정되는지 여부 등의 여러 요소를 중요하게 고려한다고 규정하고 있다(법안 제20조 제항).

위와 같은 판매거래의 계약위반에 따른 플랫폼 사업자의 구매자에 대한 독자적 책임은 독일의 제3자의 계약체결상의 과실책임(독일민법 제311조 제3항)을 상당한 영향력을 가진 플랫폼 사

83) Fries/Scheufen, Märkte für Maschienendaten, MMR 2019, 724.

84) 위 모델법안과 내용의 개관을 위한 유럽법연구소의 보고서는 https://www.elsi.uni-osnabrueck.de/projekte/model_rules_on_online_intermediary_platforms(최종 방문 2021. 3. 20)에서 참고할 수 있음. 이에 관한 국문 번역본으로는 김상중·이병준·황원재·정신동·박미영(공역), "ELI 보고서: 온라인 플랫폼 모델법", 「소비자법연구」 제7권 제1호(2021. 2), 384면 이하 참조.

85) 위 토론안에 대한 소개로는 정신동, "최근 EU에서의 전자상거래 중개플랫폼 사업자 채임 강화 논의와 시사점: 유럽법률협회(ELI)의 온라인플랫폼 모델규칙을 중심으로", 「소비자정책」 제99호(2019. 9), 1면 이하 참조.

업자에게 확대한 것으로 평가되고 있다.[86] 이러한 플랫폼 사업자의 계약유사적 책임은 플랫폼 사업자가 플랫폼상의 판매계약을 중개함으로써 막대한 이익을 올리고 있음에도 중개인적 지위를 내세워 판매계약의 체결과 이행 과정에서 불가피한 계약위반의 위험에 대해서는 판매자와 구매자 사이의 법적 문제로만 치부하면서 원칙적으로 아무런 책임을 부담하지 않는 계약적 구성을 극복하기 위한 시도라고 여겨진다. 한편으로 플랫폼 사업자에 대한 책임강화의 취지에 대하여 일정 정도 공감할 수 있는데, 다른 한편으로는 채권관계의 상대성 원칙, 플랫폼 사업자에 대한 과도한 책임위험 전가의 염려 등에서 신중하게 논의해야 할 문제라고 생각된다.[87] 또한 책임의 본질적 요소인 '상당한 영향력을 가진 사업자'에 대한 계약유사적 책임의 정당성과 아울러 그 해당성 여부에 대한 판단도 계약법 실무에서 활용할 수 있도록 분명하게 되어야 할 것이다. 이 글에서 다루는 데이터 거래의 중개를 위한 중개 플랫폼의 경우에 데이터 플랫폼의 개별 거래에 대한 영향력과 관여의 정도, 전체 데이터 시장에의 참여 비중 등을 구체적으로 살펴야 할 문제이겠는데, 위와 같은 독자적 책임의 데이터 중개 플랫폼에 대한 적용에 대해서는 아마도 데이터 거래의 활성화를 위한 중개 플랫폼의 역할 강화라는 정책적 측면 등에서도 소극적 태도가 지배적일 것으로 생각된다.[88]

V. 나가며

지금까지 오픈마켓을 통한 데이터 거래의 계약법적 문제의 대강을 살펴보았다. 그 과정에서 데이터 거래와 플랫폼의 법률관계에 대한 일반적 고찰도 필요한 한도에서 개관하고자 하였으며, 계약실무에서 활용되는 데이터 거래의 약관도 함께 다루어보고자 하였다. 그러면서 다음과 같은 몇 가지 내용을 확인한 바 있는데, (1) 데이터 판매의 계약성질 결정이 필요하다고 하였고 물론 개별적으로 판단해야 할 문제이지만 매매 유사의 계약으로 파악할 여지가 있다고 지적하였다.

---

86) 국내 문헌의 소개로는 신봉근, "플랫폼 운영자의 계약상의 책임: 독일의 논의를 중심으로", 「(한국법학회) 법학연구」 제18권 제3호(2018. 9), 419면 이하 참조.

87) 위 모델법안의 전신으로서 본질적으로는 동일한 내용을 정하고 있는 토론안에 대한 이 같은 지적으로는 Engert, Digitale Plattformen, AcP 218, 2018, 304, 315-316.

88) 이와 관련하여 위 각주 10의 오픈마켓형 표준계약서 제13조 제3항에서는 전자상거래법 제20조의2 제3항에 따라 "오픈마켓운영자는 상품대금의 환급과 관련한 의무의 이행에 대하여 데이터제공자와 연대하여 책임을 진다."고 규정하고 있다. 한편 이 논문의 집필을 완성하여 투고한 직후 플랫폼 사업자의 책임을 강화하는 것을 골자로 하는 전자상거래법 개정안이 발표되었는데, 이에 관한 주요내용과 소비자 법학계의 의견으로는 2021년 4월 6일자 한국소비자법학회와 공정거래위원회 공동주최의 학술대회 자료(www.consumerlaw.or.kr 게재)를 참고하시기 바라며, 그 중 온라인 중개플랫폼의 독자적 책임안에 대한 필자의 개인 의견으로는 "온라인플랫폼 운영사업자의 책임 강화에 대한 제언", 인터넷 법률신문 2021년 4월 22일자 참조.

(2) 데이터 플랫폼을 포함한 플랫폼의 법률관계가 플랫폼과 구매, 판매 회원 사이의 이용관계와 구매자와 판매자의 개별적 판매계약의 법률관계로 구성되어 있으며, 판매계약의 체결과 이행 등의 일련의 과정에서 플랫폼의 중개자적 지위와 아울러 플랫폼 시장의 조성자·규율자의 기능을 강조하였다. (3) 데이터 거래를 포함하여 플랫폼에서 이루어진 판매계약의 급부장애에 대해서는 판매자와 구매자 사이에서 책임 여부가 다투어지는 것이 원칙이지만, 게시 상품의 이상에 대한 구체적이고 명확한 인식을 갖춘 경우 등과 같이 플랫폼 사업자가 판매자의 계약위반에 일정하게 관여한 경우에는 구매자에 대한 이용계약상의 주의의무 위반에 따른 책임이 인정되어야 한다는 개인적 의견을 피력하였다. 이상에서 살펴 본 데이터 거래와 플랫폼의 법률관계 모두 거래계의 중대한 관심과 활성화와 비교하여 볼 때에 법학계의 논의는 이제 시작의 단계에 있다고 여겨진다. 이 글에서 제시한 몇몇 계약법적 인식 역시 단순하고 일반적인 차원에 머물러 있다고 평가된다. 보다 이론적으로 깊이 있는 논의와 더불어 데이터의 하자 여부, 중개 플랫폼의 판매계약에 대한 주의의무의 내용과 발생요건 및 데이터 중개 플랫폼의 데이터 거래에 대한 관여 정도와 내용 등에 대한 구체화된 연구는 이들 거래 실무에 대하여 좀 더 현실적이고 상세하게 검토해 볼 수 있는 별도의 기회에서 이어가도록 하겠다.

의료계약의 민법전 편입을 위한 논의에서 검토되어야 할 법적 쟁점들*

이 재 경**

I. 서 론

과거에는 의료인의 도움없이 가정에서 출생하여, 웬만한 병은 참거나 민간요법 등을 통해 해결하다가, 집에서 임종을 맞이하는 모습이 낯설지 않았다. 이때에는 지금처럼 모든 사람이 출생에서부터 사망에 이르기까지 계속하여 의료관계 속에 놓여지지 않았다. 의료관계는 환자가 자신의 생명과 신체에 관한 처분을 의사에게 전적으로 맡기는 수직적 관계로 형성되었다. 환자는 의료관계의 주체로 인식되기보다, 질병을 앓고 있는 약자의 위치에 놓여졌다. 중증 질환을 앓고 있는 환자에게 그의 상태나 예후를 있는 그대로 알리는 것은 비정한 것으로 생각되었다. 환자의 생명·신체에 관한 것임에도 불구하고 의료와 관련한 설명의 대상, 그리고 의료행위에 관한 동의의 주체는 환자 본인이 아닌 환자 가족으로 인식되는 것이 일반적이었다. 그렇기 때문에 의료관계가 계약에 기초하고 있다는 생각을 하는 것은 쉽지 않았고, 의료관계를 계약관계로 구성하여야 할 필요성도 크지 않았다. 더구나 이때에는 건강보험이 당연가입이 아닌 임의가입으로 운영되어, 의료보험의 혜택을 받지 못하는 많은 사람들은 의료비용에 대한 부담 때문에도 병원에 가지 않는 경우가 많았기 때문에, 의료계약관계가 보편적이고, 빈번하게 이루어지는 것도 아니었다.

그러나 현대사회에서 의료계약은 대부분의 사람이 가장 빈번하게 체결하는 계약 중 하나이다. 사람은 출생에서부터 사망에 이르기까지 계속하여 의료관계 속에 놓여진다. 많은 경우 산부

---

* 2009년부터 법무부 산하 민법개정위원회에 참여하여 여러 분과위원장으로 민법개정 논의를 이끈 송덕수 교수님은 2018년 민사법학에 발표하신 "사회변화와 민법개정-그 방법과 방향<계약법(채권 총칙 포함)>", 「민사법학」, 제85호, 2018, 한국민사법학회, 205-206면에서 민법전의 신종계약으로 의료계약을 검토할 필요가 있음을 지적하신 바 있다. 이 글은 존경하는 송덕수 교수님의 정년을 맞아 후학으로서 교수님의 그러한 학문적 요구에 부응하기 위한 것으로 「민사법학」, 제95호(2021)에 게재되었다.

** 원광대학교 법학전문대학원 부교수.

인과 병원 등에서 의사나 조산사 등 의료인의 조력을 받아 출생하고, 의료기관에서 호스피스 완화의료나 연명의료를 받다가 죽음을 맞이한다. 건강보험의 당연가입으로 의료비 부담이 줄어들어, 이제는 사소한 증상만으로도 쉽게 의료기관을 찾는다. 의료인은 여전히 전문가의 위치에 있지만, 더 이상 환자는 의사의 처분을 기다리는 위치에 있지 않다. 환자는 자신의 생명 · 신체에 대하여 스스로 결정하고, 의사는 환자의 결정을 돕는다. 더 이상 의사는 의료 전문가라는 이유로 환자보다 우위에 서서 환자의 생명 · 신체에 대하여 수혜를 내리는 위치에 있지 않다. 이제 의료관계는 의사와 환자의 수직적 관계에서 벗어나, 수평적 관계를 넘어, 대등한 위치에서 계약상 의무를 주고받는 위치에 놓여져 있다. 그리하여 의료의 법률관계 역시 의료과오책임에 관한 논의를 넘어서 의료계약의 성립, 당사자 확정, 의료계약의 내용확정, 그리고 의료계약의 종료에서 계약당사자의 자유와 제한을 포함하는 계약관계 전반의 문제로 확장되고 있다.

민법의 전형계약 중 위임계약이나, 그 밖의 계약관련 규정들은 이들 의료계약 관계를 포섭하기에 충분하지 않다.[1] 그리하여 이미 오래전부터 의료계약의 입법필요성이 주장되었고,[2] 2011년 3기 민법개정위원회 제5분과위원회는 의료계약의 신설방안을 논의하여 그 구체적 규정을 제시하기도 하였다.[3] 그리고 2013년 민법전에 의료계약을 전형계약으로 신설한 독일의 논의와 법조문이 국내에 소개되면서[4], 우리의 입법논의도 본격화되었다. 이처럼 의료계약의 필요성과 입법가능성이 확인된 지금, 이제는 의료계약의 규정마련을 위한 구체적 논의를 시작하여야 할 것이다.[5]

그리하여 이하에서는 의료계약의 신설을 위한 논의에서 고려해야 하는 법적 쟁점을 「건강보험법」, 「의료법」, 「응급의료에 관한 법률」 등 의료관련 법률의 관계와 함께 살펴보고자 한다. 또한 의료과오소송을 중심으로 정립된 우리 판례법리를 계약법적 관점에서 검토하고자 한다.

---

1) 의료계약에 민법의 위임계약에 관한 규정을 적용할 수 있는지에 관한 조문별 검토는 김천수, "진료계약", 「민사법학」, 제15호, 한국민사법학회, 1997, 167-169면 참조.

2) 이영규, "의료계약의 특질과 구조", 「법학논총」, 제12권, 한양대학교 법학연구소, 1995, 455면; 송오식, "의료과오의 계약법적 구성", 「법학연구」, 제48권 제1호, 부산대학교 법학연구소, 2007, 29면; 백태승, "판례상의 이른바 신종계약의 유형 및 민법에의 편입여부", 「법학연구」, 제21권 제3호, 연세대학교 법학연구원, 2011, 85면; 윤철홍, "사회변화에 따른 한국 민법의 개정과 과제", 「법학논총」, 제40집, 숭실대학교 법학연구소, 2018, 27면 등.

3) 민법개정위원회의 구체적 개정시안에 대해서는 박수곤, "의료계약의 민법편입과 과제", 「민사법학」, 제60호, 한국민사법학회, 2012, 193면 이하 참조.

4) 윤석찬, "의료계약의 민법전 도입 가능성", 「재산법연구」, 제36권 제2호, 한국재산법학회, 2019, 45면 이하; 이재경, "독일민법의 의료계약에 관한 연구", 「중앙법학」, 제19권 제1호, 중앙법학회, 2017, 7면 이하; 김중길, "민법상 전형계약으로서 의료계약 -독일법과의 비교를 중심으로-", 「법제연구」, 제47권, 한국법제연구원, 2014, 339면 이하; 김기영, "독일 환자권리법 정부안에 관한 고찰 -의료계약의 입법화와 환자안전을 중심으로-", 「한국의료법학회지」, 제20권 제2호, 한국의료법학회, 2012, 295면 이하.

5) 의료계약에 포함되어야 할 내용을 외국의 입법례와 비교 검토한 글로 김민중, "진료계약: 판례로 형성된 원칙에서 전형계약으로", 「사법」, 통권 28호, 사법발전재단, 2014, 41-96면 참조.

Ⅱ. 의료에 관한 법률과 의료계약의 관계

의료계약은 사법계약이지만, 공법인 「국민건강보험법」, 「의료법」 등과 밀접하게 연관되어 있다. 의료계약에 관한 입법 논의에서도 이들 법률관계를 함께 검토하지 않으면, 의료계약에 관한 민법조문이 실제 의료의 법률관계를 포섭하지 못하게 된다. 그렇게 된다면 애써 만들어놓은 의료계약의 민법규정이 행정법규와 충돌하여 사문화되거나, 의료계약의 민법규정과는 별개로 의료관계를 규율하는 특별법들이 계속해서 생겨나는 등의 문제가 발생할 수 있다. 그리하여 의료계약 관계를 논하기 위해서는 먼저 의료관계를 규율하는 각종 법률 안에서 의료관계가 어떻게 전개되고 있는지 살펴보아야 한다. 그리고 우리의 의료시스템 안에서 의료에 관한 기타 법률과의 관계를 고려하여 의료계약을 구성하여야 할 것이다.

1. 「국민건강보험법」 상 요양급여기준과 의료계약

(1) 요양급여, 법정비급여, 임의비급여의 영역에서 사적자치

국가는 개인을 질병으로부터 보호하는 정책적 의무를 갖는다. 추상적으로 존재하는 국가의 의료보장의무는 공법상 재단의 성격을 갖는 국민건강보험공단에 위임되어, 요양기관을 통해 실현된다.[6] 「의료법」에 따라 개설된 의료기관은 요양기관으로 당연지정되어 국민건강보험공단(이하 "공단"이라 함)의 보험급여를 실시한다(국민건강보험법 제42조). 국내에 거주하는 국민 중 「의료급여법」에 따라 의료급여를 받는 수급권자, 「독립유공자예우에 관한 법률」 및 「국가유공자 등 예우 및 지원에 관한 법률」에 따라 의료보호를 받는 유공자등 의료보호대상자 이외의 자는 건강보험의 가입자 또는 피부양자가 되어 요양급여를 받는다(국민건강보험법 제5조). 그리하여 국민건강보험의 가입자 또는 피부양자인 환자가 의료기관에서 제공받은 의료행위가 질병, 부상, 출산 등에 대한 진찰·검사, 약제·치료재료의 지급, 처치·수술 및 그 밖의 치료, 예방·재활, 입원, 간호, 이송에 해당하고, 보건복지부장관이 비급여대상으로 정하지 않았다면, 환자는 의료기관에 대하여 본인일부부담금(국민건강보험법 제44조) 이외에 의료행위에 대한 보상의무를 부담하지 않는다. 다만 의료행위에 비급여대상 혹은 「국민건강보험법」의 요양급여나 비급여로 분류되지 않는 임의비급여 행위가 포함되어 있다면, 환자는 그에 대한 보상을 직접 의료기관에 지급하여야 한다.

문제는 요양급여행위와 비급여행위의 선택에서, 그리고 비급여 의료행위의 영역에서 의료행위의 내용과 비용결정에 사적자치의 원칙이 적용되는가 하는 것이다. 현실적으로는 요양급여 이외 의료행위에 대해 의료제공자와 환자가 협의한 경우 진료비 지급의무를 인정할 수 있는지, 요양급여 기준이 의료행위에서 최선의 주의의무를 판단하는 기준이 될 수 있는지, 의료제공자는

6) 전광석, "국민건강보험의 법률관계", 「의료법학」, 제2권 제1호, 대한의료법학회, 2001, 285-286면.

요양급여 기준을 넘어서는 의료행위까지 적극적으로 하여야 할 의무가 있는 것인지 등의 문제와 관련된다.

의료계약의 내용은 의료행위의 전 과정에 걸쳐 의료제공자와 환자의 협의에 따라 가변적으로 결정된다. 의료계약의 내용으로 요양급여를 제공하기로 하는 때에 계약당사자 사이에 그 비용이 문제될 것은 없다. 의료행위가 「국민건강보험 요양급여의 기준에 관한 규칙」에서 정하고 있는 진료행위의 방법에 따르는 한, 급여결정에 의료제공자와 환자의 의사결정이 개입할 여지는 없다. 이때에는 「국민건강보험법」 제45조에 의하여 공단과 의약계를 대표하는 사람들의 계약으로 정한 요양급여비용에 따를 뿐이다. 의료계약 당사자의 협의로 요양기준에 따르는 의료행위와 그 기준을 넘어서는 의료행위 중 어느 한 쪽을 선택할 수 있는 것도 아니다.[7] 그러나 일단 법정비급여로 분류되면, 그 대가에 관한 것은 요양기관과 환자의 사적 자치에 맡겨진다.[8] 문제는 의료계약 당사자 간에 비급여 의료행위를 하기 전에 비급여대상인지 여부와 그 대가에 관하여 아무런 의사표시가 없거나, 의사합치가 없는 경우에도 의료제공자가 비급여 의료행위에 대한 대가를 청구할 수 있는가 하는 것이다.

의료계약을 체결할 때에 계약 당사자는 최선의 주의를 다하여 의료를 제공하여야 할 의료제공자의 의무와 그에 대한 환자의 진료비 지급의무에 합의하였다. 그렇다고 하여 개개 의료행위의 시행과 진료비에 대한 합의가 있었다고 보기는 어렵다. 의료계약은 의료행위를 제공하는 동안 그 구체적 내용이 가변적으로 확정되기 때문이다. 더구나 전국민이 건강보험 가입자나 피부양자 혹은 의료수급권자로 요양급여의 제공을 받는 우리의 건강보험시스템에서 의료계약 당사자는 진료비의 상당부분이 건강보험 등으로 커버될 것이라고 생각하는 것이 일반적이다. 비급여 의료행위를 실시하면서, 비급여임을 설명하지 않았거나 그 구체적 비용을 설명하지 않았다면 환자는 요양급여대상이라고 생각할 것이기 때문에, 환자는 그에 대한 진료비 지급의무를 부담하지 않는다고 할 것이다.[9]

---

7) 특정 질병에 대하여 요양기준에서 정하고 있는 의료행위가 있으면, 요양급여를 먼저 실시하여야 하고, 요양급여를 실시할 수 없거나 그 효과가 없는 때에 비로소 비급여행위를 할 수 있다. 예컨대 「국민건강보험 요양급여의 기준에 관한 규칙」 제9조 제1항 관련 별표 2 비급여대상 중 주사의 경우 경구투약을 할 수 없는 경우, 경구투약시 위장장애 등의 부작용을 일으킬 염려가 있는 경우, 경구투약으로 치료효과를 기대할 수 없는 경우 또는 응급환자에게 신속한 치료효과를 기대할 필요가 있는 경우에 법정비급여 대상이 되며, 주사와 경구투약 중 선택할 수 있는 것이 아니다. 만약 경구투약을 할 수 있는 때에도 주사를 사용하고 환자로부터 그에 대한 대가를 지급받았다면, 과다본인부담금 혹은 사위 기타 부당한 방법에 의한 급여에 해당하게 되어 환자에게 그 비용을 환급해 주게 될 것이고, 결국 요양기관은 해당 의료행위를 실시하였음에도 공단으로부터도 환자로부터도 그 비용을 지급받지 못하게 될 것이다.

8) 대법원 2012. 9. 13. 선고 2010두27974 판결.

9) 「의료법」 제45조 및 같은 법 시행규칙 제42조의2에 따르면 비급여 진료항목과 가격을 적은 책자 등을 접수창구 등 환자 또는 환자의 보호자가 쉽게 볼 수 있는 장소에 갖추어 두는 등의 방법으로 환자 또는 환자의 보호자가 쉽게 알 수 있도록 고지하도록 하고, 같은 법 시행규칙 제42조의2 제2항 및 제5항과 「비급여 진료

다만 주의할 것은 의료계약에서 비급여 의료행위에 대한 설명부족으로 진료비 지급의무가 면제되는 경우는 의료제공자가 비급여 대상임을 알면서도, 설명을 하지 않은 경우라는 점이다. 의료계약에서 비용에 관한 설명으로는 의료제공자가 급여대상과 비급여대상을 분명히 알지 못하여 요양급여를 신청하였으나 건강보험심사평가원(이하 "심사평가원"이라 함)의 심사결과 요양급여 대상이 아니라는 이유로 급여청구가 삭감된 경우, 환자로부터 비급여 진료비를 받았으나 요양급여에 해당하여 본인일부부담금의 과다지급으로 공단이 환자에게 비급여 진료비에 해당하는 금액을 환급하고 이 부분을 요양기관에게 제공하는 요양급여로부터 공제하는 경우의 문제를 해결하지 못한다. 이 부분은 애초에 설명의 대상이 아니기 때문에 설명이 이루어지지 않은 것으로 의료계약의 법리로 해결할 부분이 아니다.

오히려 의료계약에서 비급여와 관련하여 문제가 되는 것은 임의비급여이다. 「국민건강보험법」은 법령상 정해진 일정한 경우를 비급여 대상으로 정하고, 그 구체적 항목을 「국민건강보험 요양급여의 기준에 관한 규칙」 제9조 제1항 별표 2에서 정하고 있다. 그리고 비급여에 해당하지 않는 모든 의료행위는 요양급여로 분류된다.[10][11] 이들 중 「요양급여의 적용기준 및 방법에 관한 세부사항」에 따르지 아니한 진료가 바로 임의비급여이다.[12]

의료제공자와 가입자 등이 임의비급여 의료행위에 상호 합의하였다 하더라도 「국민건강보험법」에서는 이를 과다본인부담금으로 처리하여, 가입자에게 그 금액을 환급처리해 준다(국민건강보험법 제47조 제3항)[13]. 요양급여기준을 위반하여 의약품을 사용하고, 요양급여비용 산정기준에 따라 별도로 산정할 수 없는 치료재료의 비용 등을 별도로 산정하여 가입자 등으로부터 비용을 지급받은 때에도 그에 관한 의료계약 당사자 간의 합의 여부와 상관없이 「국민건강보험법」

비용 등의 고지 지침」 제6조에 따라 보건복지부장관이 정한 공개항목의 경우 진료 전 비급여 대상의 항목과 그 가격을 환자 또는 환자의 보호자에게 직접 설명하도록 정하고 있다. 또한 같은 지침 제6조 제3항은 의료기관 개설자를 설명의 주체로 하면서도, 의료인 및 의료기관 종사자로 의료기관 개설자가 지정한 자를 통해 그러한 설명을 할 수 있도록 하고 있다. 의료계약에 관한 구체적 조문을 만들 때에 의료법 및 같은 법 시행규칙의 위와 같은 조문들을 참조할 수 있을 것이다.

10) 이동진, "건강보험과 의료과오책임법: 두 기준 사이의 긴장·갈등과 그 조정", 「서울대학교 법학」, 제55권 제2호, 서울대학교 법학연구소, 2014, 13면.

11) 실제 사례에서 주로 발생하는 임의비급여의 유형으로는 별도로 산정할 수 없는 치료재료의 비용을 환자에게 부담시키는 경우, 급여대상임에도 불구하고 심평원의 삭감 때문에 환자에게 부담시키는 경우, 요양급여기준을 초과하여 보험급여가 인정되지 않는 경우, 낮은 진료수가로 환자에게 비용의 일부 또는 전부를 부담시키는 경우, 신의료기술 결정신청절차를 거치지 아니하고 비급여 처리하는 경우 등을 들 수 있다(현두륜, "건강보험에 있어서 의사와 환자간의 법률관계 -임의비급여 문제를 중심으로-", 「의료법학」, 제8권 제2호, 대한의료법학회, 2007, 80면).

12) 임의비급여는 의료기관의 착오나 도덕적 해이로 인하여 발생하는 경우도 있으나, 대부분의 경우 저보험료, 저급여, 저진료수가라는 건강보험정책의 구조적 문제에 기인한 것이라는 지적 및 임의비급여의 발생원인에 대해서는 현두륜, 위의 글, 81면 이하; 박지용, "건강보험에 있어 임의 비급여 규제에 대한 헌법적 평가", 「법학연구」, 제21권 제3호, 경상대학교 법학연구소, 2013. 66면 이하 참조.

13) 대법원 2016. 3. 24. 선고 2014두779 판결.

제57조 제5항 '요양기관이 가입자나 피부양자로부터 속임수나 그 밖의 부당한 방법으로 요양급여비용을 받은 경우'에 해당하는 것으로 보고, 공단은 해당 요양기관으로부터 이를 징수하여 가입자나 피부양자에게 지급한다.[14]

물론 실제로 요양급여 대상이 아닌 의료행위를 실시한 의료기관이 그 대가를 지급받을 수 있는 방법이 전혀 없는 것은 아니다. 요양급여비용 및 요양급여의 적정성 평가 등에 관한 심사평가원의 처분에 이의가 있는 요양기관은 「국민건강보험법」 제87조 제2항에 의하여 심사평가원에 이의신청을 할 수 있고, 같은 법 제88조에 의하여 이의신청에 대한 결정에 불복하는 경우 건강보험분쟁조정위원회에 심판청구를 할 수도 있다.[15] 또한 법원은 요양기관이 "① 진료행위 당시 시행되는 관계 법령상 이를 국민건강보험 틀 내의 요양급여대상 또는 비급여 대상으로 편입시키거나 관련 요양급여비용을 합리적으로 조정할 수 있는 등의 절차가 마련되어 있지 않은 상황에서, 또는 그 절차가 마련되어 있다고 하더라도 비급여 진료행위의 내용 및 시급성과 함께 절차의 내용과 이에 소요되는 기간, 절차의 진행 과정 등 구체적 사정을 고려해 볼 때 이를 회피하였다고 보기 어려운 상황에서, ② 진료행위가 의학적 안정성과 유효성뿐 아니라 요양급여 인정기준 등을 벗어나 진료해야 할 의학적 필요성을 갖추었고, ③ 가입자 등에게 미리 내용과 비용을 충분히 설명하여 본인 부담으로 진료받는 데 대하여 동의를 받"았음을 증명한 경우에는 임의 비급여 진료행위에 대한 비용을 가입자로부터 지급받는 것을 허용한다.[16]

주의하여야 할 것은 이들 이의제기절차나 법원이 인정하는 임의비급여의 예외적 허용이 의료기관의 환자에 대한 진료비지급청구권 행사를 직접적으로 다루고 있는 것은 아니라는 점이다. 이들은 요양기관이 환자에게 이미 진료비를 청구하여 지급받은 후 공단에 의하여 그것이 삭감되거나 환수되는 조치가 이루어진 데 대한 권리구제의 방법일 뿐이다. 따라서 이들 이의제기절차나 임의비급여의 예외적 허용에 해당하는지 여부와 상관없이 요양급여대상이 아닌 의료행위에 대하여 의료제공자와 환자는 자유롭게 그 내용과 그 대가를 정할 수 있다고 할 것이다. 요컨대 공단의 부당이득징수처분이나 일부본인부담금에 대한 환급조치가 있지 않는 한 요양기준을 벗어난 의료행위를 계약의 내용으로 하였다고 하여 그 부분 의료계약의 효력이 부정되는 것은 아니라고 할 것이다.

그럼에도 불구하고 의료현장에서 「국민건강보험법」과 법원의 임의비급여 의료행위에 대한 태도가 의료계약에서 사적자치의 실현을 방해하고 있음은 분명하다.[17] 그리하여 의료계약에 관

---

14) 대법원 2012. 6. 28. 선고 2010두27639, 27646 전원합의체 판결.

15) 이의신청제도와 심사청구제도와 같은 권리구제제도 운영의 형식화·부실화에 대한 지적과 그 개선방안에 대하여는 김운묵, "건강보험 진료비 청구 및 심사지급에서의 권리분쟁과 구제", 「의료법학」, 제8권 제2호, 대한의료법학회, 2007, 119면 이하 참조.

16) 대법원 2012. 6. 28. 선고 2010두27639, 27646 전원합의체 판결.

17) 박지용, 앞의 글, 82면 이하; 현두륜, "요양급여기준의 법적 성격과 요양급여기준을 벗어난 원외처방행위의

한 입법에서 사적자치의 원칙을 분명히 밝혀줄 필요가 있다. 의료계약에서도 당사자의 자유로운 의사결정으로 그 내용과 대가를 정할 수 있고, 그러한 의사결정은 의학적 필요성에 따라 제한될 수 있을 뿐이라는 점을 분명히 밝혀준다면,[18] 임의비급여의 예외적 허용에 해당하는 사정을 요양기관이 증명하여야 한다는 현재 판례의 태도와는 달리 요양기관이 의학적 필요성을 증명하는 한, 국민건강보험공단은 그것이 국민건강보험법상 사위 기타 부당한 방법에 해당한다는 점을 증명하여야 비로소 의료행위의 대하여 부당이득징수처분을 할 수 있을 것이다.

(2) 요양급여 기준과 의료계약에 따른 진료의무

「국민건강보험법」의 요양급여기준은 의료계약에서 진료제공의무의 기준이 될 수 있는지 검토할 필요가 있다. 원칙적으로 요양급여기준은 어디까지나 요양기관에게 요양급여비용을 지급하는 기준으로 작용할 뿐[19], 그것이 일반적으로 의사의 진료행위를 구속한다거나 의사의 주의의무의 수준을 결정하는 기준으로 작용할 수는 없다.[20] 그러나 앞서 살펴본 것처럼 「국민건강보험법」상 법정비급여 대상이 아닌 의료행위를 실시할 때 요양급여기준에 따르지 않았다면 과다본인부담금 환급 혹은 부당이득징수처분이 이루어지기 때문에, 요양기관은 실제 의료행위를 했음에도 그 비용을 요양급여로도, 비급여로도 지급받지 못하는 경우가 발생한다. 이 때문에 실제 의료현장에서 「국민건강보험법」에 따른 요양급여기준이 의료행위의 기준처럼 인식되기까지 하는 것이다.[21] 그리고 이러한 현실을 반영하여 「국민건강보험법」상 요양급여기준을 주의의무의 기준으로 수용할 것이 주장되기도 한다.[22]

그러나 의료계약에서 의료제공자의 주된 급부인 의료제공의무의 이행여부는 요양급여기준이 아닌 의료행위 당시의 임상의학 분야에서 실천되고 있는 의료행위의 수준을 기준으로 판단하여야 한다.[23] 이때 의료계약에 따른 의료제공자의 의무위반과 과실은 구별된다. 의무위반은 그것이 수단채무의 불완전이행이라고 하더라도 행위자의 내심과는 별개로 행위자가 의무를 위반하

위법성", 「의료법학」, 제15권 제1호, 대한의료법학회, 2014, 131면.

18) 임의비급여를 제한적으로 허용하는 판례가 요구하는바, 진료행위 당시 시행되는 관계법령상 이를 국민건강보험 틀 내의 요양급여대상 또는 비급여대상으로 편입시키거나 요양급여비용을 합리적으로 조정할 수 있는 등의 절차가 마련되어 있다고 하여 계약법상 의료제공자가 환자에 대하여 그러한 절차를 준수하여야 할 의무를 부담하는 것은 아니다. 따라서 계약법상 임의비급여 의료행위에서 사적자치의 원칙은 의료행위의 필요성에 의해서만 제한될 수 있고, 당사자가 그러한 절차를 준수하지 않았다는 이유로 계약당사자의 자유로운 의사결정을 제한할 수는 없을 것이다.

19) 송명호, "국민건강보험공단의 요양급여비용 환수 과정에 있어서 법적용 정밀성에 관한 검토 -특히 임의비급여를 중심으로", 「의료법학」, 제13권 제2호, 대한의료법학회, 2012. 69면.

20) 현두륜, 앞의 글(각주 17), 138면.

21) 이동진, 앞의 글, 14면에서도 "결국 현행법상 대다수의 의료행위는 사회보장법상 급여기준인 요양급여기준에서 정하는 바에 따라 이루어질 수밖에 없다"고 한다.

22) 이동진, 위의 글, 35면.

23) 대법원 2003. 1. 24. 선고 2002다3822 판결.

였는가 하는 행위 그 자체를 대상으로 한다. 그러나 과실은 그 판단기준이 객관적이든 주관적이든 행위자의 예견가능성과 회피가능성이라고 하는 내심의 의사를 대상으로 한다.[24)]

의료계약에서 의료제공자가 부담하는 진료의무가 임상수준에 미치지 못하는 정도로 이행되었다면, 그것이 요양급여 기준에는 부합한다고 하더라도 그 자체로 의무위반이 인정된다.[25)] 환자는 자신에게 발생한 악결과가 자신에게 행해진 의료행위로부터 전형적으로 인정되는 수준의 것이 아님을 주장·증명하여, 의료행위가 적절히 행해졌다면 그러한 악결과는 발생하지 않았을 것이므로 의료제공자의 행위에 문제가 있었다는 의무위반을 증명할 수도 있다.[26)] 이때 의료제공자는 비록 임상의학의 수준에는 미치지 못하는 행위였다고 하더라도 요양급여 기준에 따라 행위하였고, 요양급여 기준이 비록 의학적 적정성만이 아니라 경제성을 함께 고려한 것이라고 하더라도, 요양급여 기준보다 더 높은 정도의 임상의학 수준의 의료를 제공하지 않고 요양급여 기준에 따르는 정도의 의료만을 제공할 때에 환자에게 발생할 수 있는 악결과를 예견할 수 없었다거나, 요양급여 기준보다 더 높은 임상의학 수준의 의료를 제공하였더라도 그러한 악결과를 회피할 수 없었을 것이라는 점을 증명하여 손해배상책임으로부터 벗어날 수 있다. 그렇다면 의료과오소송에서도 법적 근거를 계약책임으로 구성하는 경우와 불법행위책임으로 구성하는 경우에 차이가 없다고 할 수 없다.[27)]

---

24) 법원은 학교법인의 안전배려의무 위반에 따른 채무불이행책임 사안에서, 학교법인의 안전배려의무 위반에 따른 손해배상책임을 인정하기 위해서는 문제가 된 사고와 재학계약에 따른 교육활동 사이에 직접 또는 간접적으로 관련성이 인정되어야 하고, 학교법인이 설립한 학교의 학교장이나 교사가 사고를 교육활동에서 통상 발생할 수 있다고 예견하였거나 예견할 수 있었음에도 사고 위험을 미리 제거하기 위하여 필요한 조치를 다하지 못하였다고 평가할 수 있어야 한다고 하여, 의무위반과 과실을 구분한다(대법원 2018. 12. 28. 선고 2016다33196 판결). 의료과오책임에 관한 판례에서 법원은 의료행위를 할 때에 임상의학 분야에서 실천되고 있는 의료행위의 수준에 따라 환자의 구체적 증상이나 상황에 따라 위험을 방지하기 위하여 요구되는 최선의 조치를 할 주의의무가 있다고 하면서, 의무위반과 과실판단을 구별하지 않지만, 그 내용을 들여다보면 의무위반과 과실판단을 구별해 낼 수 있다. 문구 그 자체로는 임상의학 분야에서 실천되고 있는 의료행위의 수준은 의무위반에 관한 것이고 환자의 구체적 증상이나 상황에 따라 위험을 방지하기 위하여 요구되는 의료행위의 수준은 과실 판단에 관한 것이라고 할 수 있다. 구체적 예로는 요실금테이프 수술에 따른 방광손상이 문제된 사안에서 법원은 임상의학 수준에 따라 구체적 환자에 대하여 최선의 조치를 할 주의의무 판단의 근거로 요실금 테이프 수술의 경우 방광손상의 발생비율은 0.5%로 매우 특이한 장기 구조나 위치를 가진 환자에게 일어날 수 있는데, 환자는 그러한 장기구조를 가지고 있지 않았다는 점과 질 내부 절개부위에 심한 염증과 함께 테이프 노출이 발견되었으면 방광 손상이 중한 것으로 예상할 수 있었음에도 아무런 의료상 조치를 취하지 않았다는 점을 든다. 앞의 것은 요실금 테이프 수술로부터 통상 인정되는 부작용이 아닌 악결과 발생으로부터 의무위반을 인정하는 근거로, 뒤의 것은 방광 손상에 대한 예견가능성과 회피가능성에 대한 것으로 과실을 인정하는 근거로 구분할 수 있다(대법원 2010. 11. 25. 선고 2919다51406 판결).

25) 같은 취지로 김천수(김용담 편), “제3. 불법행위의 제유형[의료과오]”, 『주석 민법: 채권각칙(7)』, 한국사법행정학회, 2016, 515면에서 진료채무의 구체적 결과가 진료당시의 의학수준상 불가피하게 일정한 확률로 나타나는 부작용이나 후유증, 즉 전형적 결과가 나타난 경우라면 원고인 환자측이 의사측의 최선의 행위가 결여되었음을 증명하지 않는 한 내용적합적 이행의 결여가 인정되지 않는다고 한다.

26) 김천수, 앞의 책(각주 25), 514-515면.

27) 이와는 달리 의료소송에서 채무불이행과 불법행위가 경합되어 나타나지만, 불완전이행에서 수단채무가 문제

물론 전문가의 행위를 대상으로 하는 의료과오에서 모든 경우에 전문가의 "행위"가 의무위반에 해당하는지, 그러한 의무를 위반한 "전문가"가 그 결과를 예견할 수 있었고, 회피할 수 있었는지가 명확하게 구별되는 것은 아니다. 그럼에도 의료과오소송의 법적 근거를 불법행위책임에서 계약책임으로의 이동시키고자 하는 의료계약에 관한 입법 논의에서 이 둘을 구별하는 것은 의미가 있다. 그리고 이 둘을 구별한다면 임상의학의 실천수준이 아닌 요양급여 기준을 의료계약에 따른 의료제공자의 급부제공의무의 수준으로 볼 수는 없을 것이다.

한편 의료계약에서 의료제공자의 채무가 결과채무가 아니라 수단채무라고 하더라도 '위험을 방지하기 위하여 요구되는 최선의 조치를 행하여야 할 주의의무'에서 '최선'이 '최상'을 의미하는 것은 아니다.[28] '최선'에 대한 판단기준인 '임상의학 분야에서 실천되고 있는 의료행위의 수준'이 요양급여기준의 행위지침을 의미하는 것도 아니다. 임상의학 분야에서 실천되고 있는 의료행위 중 특정행위는 건강보험으로 커버되고, 특정행위는 건강보험으로 커버되지 않을 뿐이다. 요양급여기준은 건강보험으로 커버되는 항목을 정하고, 그 비용을 산정하기 위한 지침이다. 또한 의료제공자가 의료행위로부터 발생한 악결과를 예견가능하였고, 회피가능하였는가 하는 과실판단에 생명·신체의 악결과에 대한 예견가능성과 회피가능성 이외에 의료행위에 관하여 환자가 부담하는 진료비의 정도에 대한 예견가능성과 회피가능성이 포함되는 것도 아니다. 요양급여기준에 따랐는가 아닌가는 그 부분 급여를 공단으로부터 지급받을 수 있을 것인가에 대한 예견과 관련된 것이지, 환자에게 발생한 악결과에 대한 예견과 관련된 것이 아니다. 물론 앞서 살펴본 것처럼 우리의 「국민건강보험법」이 요양급여대상뿐만 아니라 법정비급여, 그리고 임의비급여에 대해서까지 「국민건강보험법」에 따른 통제를 허용하고 있어, 의료제공자가 요양급여기준을 벗어나 임상의학의 수준에서 요구되는 최선의 의료를 제공하였음에도 계약상 인정되는 반대급부를 받지 못하는 경우가 있음을 부인할 수는 없다. 그러나 이 부분은 의료제공의무의 기준을 임상의학수준이 아닌 요양급여기준으로 감축하는 방법[29]이 아니라 요양급여기준과는 다른 의료행위에 대해서 의학적 판단에 기초한 계약당사자의 자율을 인정하는 방법으로 해결하여야 할 문제라고

되는 의료과오에서 환자측은 의사가 어떤 채무를 부담하였는지를 적극적으로 주장하고 입증할 책임을 부담하기 때문에, 결국 불법행위의 요건인 의료과실과 인과관계를 모두 증명하는 경우에 비로소 채무불이행의 입증에 성공하게 되어 채무불이행을 주장하더라도 소송수행상 큰 도움을 받지 못한다는 견해로 박인환(곽윤직 편), "의료계약", 『민법주해(XIV) 채권(9)』, 박영사, 2007, 267면.

28) 같은 취지로, 김천수(김용담 편), "의료계약", 『주석 민법: 채권각칙(5)』, 한국사법행정학회, 2016, 270면에서도 판례에서 반복적으로 나타나는 "최선"이라는 표현에 대하여 오해가 있는 듯 하다고 하면서, "최선"이라는 것이 생명과 건강을 다루는 의료제공자에게는 통상의 계약당사자보다 고도의 책임이 부과된다는 의미는 아니라고 하면서 이것 역시 통상의 계약에서와 다를 것이 없고, 다만 최선을 다할 뿐 어떤 결과를 약속하는 것이 아니라는 수단채무성을 강조하기 위한 표현으로 이해할 수 있다고 한다.

29) 이동진, 앞의 글, 31면에서는 "진단 및 치료상의 주의의무의 수준을 요양급여 범위 내로 감축하고, 이를 -종래의 조언설명과는 별개의- 새로운 설명의무로 대체하는 조치가 필요하다"고 한다.

생각된다.[30] 그리하여 의료계약에 관한 입법에서 의료제공자가 지는 의무의 내용을 분명하게 정하여, 「국민건강보험법」상의 요양급여기준과의 관계, 그리고 의무위반에 대한 유책성으로서 과실과의 관계를 정리할 필요가 있다.

2. 「의료법」 등 진료거부금지 규정과 의료계약

(1) 진료거부금지에 관한 의료관련 법률 규정

보건의료인은 보건의료서비스의 제공을 요구받으면 정당한 이유 없이 이를 거부하지 못한다(보건의료기본법 제5조 제2항).[31] 「의료법」의 적용을 받는 의사, 한의사, 치과의사, 간호사, 조산사와 의료기관 개설자는 진료나 조산 요청을 받으면 정당한 사유 없이 거부하지 못하고(의료법 제15조 제1항), 이를 위반하면 1년 이하의 징역이나 1천만원 이하의 벌금에 처해진다(의료법 제89조 제1호). 업무 중에 응급의료를 요청받거나 응급환자를 발견한 의료인은 즉시 응급의료를 하여야 하고, 정당한 사유 없이 이를 거부하거나 기피하지 못한다(응급의료에 관한 법률 제6조 제2항). 이를 위반하면 3년 이하의 징역 또는 3천만원 이하의 벌금에 처해진다(응급의료에 관한 법률 제60조 제3항 제1호). 또한 응급의료종사자는 정당한 사유가 없으면 응급환자에 대한 응급의료를 중단하여서는 아니된다(응급의료에 관한 법률 제10조). 그 밖에 「국민건강보험법」의 요양기관은 정당한 이유 없이 요양급여를 거부하지 못하며(국민건강보험법 제42조 제5항), 이를 위반하면 500만원 이하의 벌금에 처해진다(국민건강보험법 제117조).

한편 회생가능성이 없고, 치료에도 불구하고 회복되지 아니하며, 급속도로 증상이 악화되어 사망에 임박한 상태의 임종과정에 있는 환자(연명의료결정법 제2조 제1호·제2호)라 하더라도 연명의료계획서, 사전의료의향서, 환자가족 진술 등을 통하여 연명의료중단에 대한 환자의 의사가 인정되거나, 환자의 의사를 확인할 수 없는 경우에 환자를 위한 연명의료중단 등 결정이 있는 것으로 볼 수 있는 경우(연명의료결정법 제18조 제1항)가 아니라면 의료인은 연명의료를 중단할 수 없다. 그리고 「연명의료결정법」이 인정하는 연명의료결정 중단을 위한 요건을 갖췄다 하더라도 연명의료를 포함한 일체의 의료를 중단할 수 있는 것은 아니고, 연명의료[32]만 중단할 수 있다.

30) 요양급여기준을 주의의무의 기준으로 하여야 한다는 이동진, 앞의 글, 29면 이하에서도 임의비급여의 폭넓은 허용을 인정하여야 한다고 한다. 다만 이 견해는 임의비급여의 문제를 설명의무의 문제로 해결하고자 하는 것으로 보인다.

31) 보건의료기본법은 보건의료에 관한 국민의 권리·의무, 국가 및 지방자치단체의 책임, 보건의료의 수요와 공급에 관한 기본적인 사항을 규정하여 보건의료 발전과 국민의 보건 및 복지 증진에 이바지하기 위한 것으로 별도의 벌칙규정, 과태료 규정 등을 두고 있지 않다.

32) "연명의료"란 임종과정에 있는 환자에게 하는 심폐소생술, 혈액 투석, 항암제 투여, 인공호흡기 착용 및 그 밖에 대통령령으로 정하는 의학적 시술로서 치료효과 없이 임종과정의 기간만을 연장하는 것을 말한다(연명의료결정법 제2조 제4호).

「의료법」의 진료거부금지와 「응급의료에 관한 법률」의 응급의료거부금지는 환자의 진료거부요청을 거부하지 못한다는 점에서는 동일하다. 그러나 응급의료거부금지는 환자의 요청뿐만 아니라 의료인이 응급환자를 발견한 때에도 진료에 착수하여야 할 의무가 발생하고, 그 위반 시 의료법의 진료거부보다도 중하게 처벌한다는 점에서 「의료법」의 진료거부금지와 차이가 있다. 「연명의료결정법」은 의료계약에 의하든, 그 밖의 법률관계에 의하든 연명의료를 중단하기 위해서는 환자의 동의가 있어야 하고, 추정적 의사든 가정적 의사든 환자의 의사를 확인할 수 없는 때에는 비록 임종과정에 있고 의학적 판단에 기초할 때 더 이상의 치료가 무의미하다고 하더라도 연명의료를 중단할 수 없다는 것이다. 나아가 연명의료 중단이 인정된다고 하더라도 연명의료 이외의 의료는 중단할 수 없기 때문에 그 시작은 역시 진료거부금지에 있다고 이해할 수 있다.

그러나 「국민건강보험법」의 요양급여금지 규정은 「의료법」, 「응급의료에 관한 법률」의 진료거부금지나 「연명의료결정법」의 연명의료중단 금지와는 성격이 다르다. 요양급여금지 규정은 의료보험의 확대에 대비하여 의료보험의 요양취급기관을 강제지정으로 변경하면서, 요양취급기관이 요양급여를 거부하는 것을 방지하고자 한 것이다. 이것은 의료에 대한 독점적 지위를 갖는 의료제공자가 그 지위로부터 인정되는 진료의무를 거부하는 것을 금지하고자 한 것이 아니다.[33] 따라서 이 조항으로부터 의료제공자의 일반적인 진료의무를 인정하기는 어렵다.

(2) 진료거부금지규정으로 의료계약 성립 및 내용에 대한 자유가 제한되는지 여부

계약은 청약과 승낙이라는 계약당사자의 의사가 합치하여야 성립한다. 이는 의료계약의 경우에도 마찬가지이다. 따라서 응급의료에 관한 법률에서 환자를 발견한 때에 의료인에게 부여하는 진료의무는 의료계약과는 무관하다. 의료계약에서 진료거부금지가 문제되는 것은 환자가 진료를 요청하면 의료인은 진료를 거부할 수 없다는 점에서 의료계약 성립에 대한 의료제공자의 자유가 제한되는 것인가, 환자가 어떠한 진료를 요청하든 의료인이 이를 거부할 수 없다고 한다면 의료계약의 내용결정에 대한 의료제공자의 자유가 제한되는 것인가, 그리고 진료가 일단 개시되고 나면 이를 자유롭게 거부할 수 없다고 한다면 의료계약의 해지에 대한 의료제공자의 자유가 제한되는 것인가 하는 점이다.

진료거부금지 조항은 의료계약의 성립을 강제하는 것이 아니다. 진료거부금지 조항에도 불구하고 여전히 의료계약은 청약과 승낙이 있어야 성립한다. 환자의 진료요청만으로 의료계약이 당연히 성립하는 것은 아니다. 진료거부금지는 면허제도를 통한 의료인의 독점적 지위로부터 인정되는 것이고, 그러한 지위를 갖는 전문가 중에서도 타인의 사무를 대신처리해주는 것이 아니

33) 우리는 의료보험을 실시하면서 애초에는 의료기관과 보험단체 사이의 계약으로 요양기관을 정하는 계약지정제를 취하였는데, 이후 건강보험의 범위를 확대하면서 의료기관들이 요양기관에서 대거 탈퇴하는 등의 문제가 발생하자 1979년 법률을 개정하여 강제지정제로 전환하였고, 현행법은 아예 당연지정제로 전환하였다고 한다(이동진, 앞의 글, 12면 참조).

라 타인의 생명·신체를 대상으로 자신의 업무를 수행하는 것이라는 점으로부터 인정되는 것이다.[34] 따라서 의료계약의 성립 여부와 상관없이 의료인의 직업윤리로부터 진료의무가 발생한다. 이 점에서 의료기관 개설자는 의료계약의 당사자로 의료급부제공의무를 부담하지만, 의료인의 지위에서 인정되는 진료의무를 부담하는 것은 아니라고 할 것이다.[35]

주의할 것은 여기서 말하는 진료의무가 의료서비스의 제공에 대한 환자의 요구에 무조건 응하여야 함을 의미하는 것은 아니라는 점이다. 기본적으로 진료의무는 진료의 필요성이 있어야 인정된다. 여기서 진료의 필요성이 질병의 유무를 의미하는 것은 아니다. 많은 경우 환자가 증상을 호소하며 진료를 요구하기 때문에 증상에 기초하여 진료는 개시된다. 그러나 이후 환자의 증상이 질병에 의한 것이 아니거나, 의학적 판단에 기초할 때 진료의 필요성이 인정되지 않으면 의료인은 진료를 거부할 수 있다. 이때에도 환자의 진료요구가 있다고 하여 의료인이 무조건 그에 응한다면, 오히려 진료비 지급의무를 지는 환자와 그 중 요양급여를 부담하는 보험자에 대하여 불법행위가 성립할 수 있다.

마찬가지로 진료거부금지 규정이 의료계약의 내용결정에 대한 의료제공자의 자유를 제한하는 것도 아니다. 의료계약의 내용은 의학적 판단에 기초하여 의료제공자와 환자의 협의 하에 결정된다. 환자가 특정 행위를 요구한다고 하여, 의료제공자가 의학적 판단과는 별개로 환자의 그러한 요구에 응하여야 하는 것은 아니다. 그리하여 의료계약에 관한 입법에서 의료계약의 성립이나 내용의 결정과 관련하여 진료거부금지 규정을 고려할 필요는 없다.[36]

(3) 진료거부금지규정으로 의료계약 해지의 자유가 제한되는지 여부

계약은 당사자의 자유로운 의사로 해지가 가능하다. 의료계약의 경우에도 마찬가지이며, 환자에게만 계약해지의 자유가 인정된다고 할 수 없다. 의료제공자도 계약해지의 자유를 갖는다.

34) 예컨대 변호사, 회계사, 세무사와 같은 다른 전문직도 면허를 통해 관리되지만 법이 이들에게 업무수행을 강제하지는 않는다. 그런데 이들은 업무처리를 의뢰한 자가 자기 스스로도 그 업무를 수행할 수는 있지만, 업무처리의 어려움 때문에 이들 전문가에게 업무처리를 위탁하는 것이라면, 의료는 자신의 생명·신체에 대한 것이지만 근본적으로 그것을 환자가 스스로 할 수 있음에도 업무의 전문성과 복잡성 때문에 의사에게 이를 위임하는 것이 아니라는 점에서 차이가 있다.

35) 이와는 달리 김천수, “의료와 생명공학에 대한 의료법학의 성과와 발전”, 「민사법학」, 제36호(특별호), 한국민사법학회, 2007, 502면에서는 병원진료의 경우에 구체적인 의사를 대상으로 하는 진료요청 자체가 현실적으로 어려움이 있다고 하면서, 진료거부금지의무는 구체적인 의사 아닌 의료기관 개설자에게도 적용되는 것으로 해석되어야 할 것이라고 한다. 의료법 역시 2016년 개정을 통해 제15조 진료거부금지 규정의 수범자로 의료인 이외에 의료기관 개설자를 추가하였다. 그러나 의료법은 의료행위를 할 수 있는 주체로 의료기관이나 의료기관 개설자가 아닌 의료인만을 상정하고 있어 의료행위의 구체적 내용인 진료 역시 의료인만이 그 주체가 될 수 있다고 할 것이다. 이 점에서 2016년 개정된 의료법 제15조가 재고되어야 할 것이다.

36) 오히려 계약상 의무가 아니더라도 의료인의 보증인적 지위로부터 구체적인 진료의무가 인정되는가에 대한 판단없이, 그리고 의료인의 진료거부로 환자의 신체법익이 침해되었는가에 대한 판단없이 환자의 진료요구에 응하지 않았다는 자체로 처벌을 인정하는 현행 진료거부금지 조항이 타당한지를 검토할 필요가 있다고 할 것이다.

다만 의료제공자는 진료거부금지 규정 그 자체가 아니라 정당한 사유 없이 진료를 거부하지 못하는 의료제공자의 독점적 지위로부터 인정되는 진료의무, 그러한 독점적 지위로부터 인정되는 의료제공자에 대한 신뢰에 기초하여 계약해지의 자유가 제한될 뿐이다.[37] 그런데 의료계약과 가장 유사한 성격을 갖는 위임계약의 경우 계약해지 그 자체를 제한하지는 않는다. 위임계약은 기본적으로 위임의 상호해지의 자유를 인정하면서 당사자 일방이 부득이한 사유없이 상대방의 불리한 시기에 계약을 해지한 때에는 손해를 배상하도록 할 뿐이다. 그리하여 의료계약에 관한 조항을 신설할 때에 계약해지의 자유에 대한 제한규정을 둘 필요가 있다.

이를 위하여 의료계에서 계약해지의 자유를 정당한 사유를 통해 제한할 것인가, 다른 방법으로 진료를 유지할 수 있는 때로 제한할 것인가, 진료해지에 따른 진료중단으로 환자의 생명·신체에 급박하고 불가역적인 손해가 발생하는 때로 제한할 것인가에 대한 논의가 필요하다. 첫 번째 경우에는 「의료법」 및 「응급의료에 관한 법률」에서 말하는 정당한 사유를 참작할 수 있을 것이다. 두 번째 경우에 의료제공자는 환자가 스스로 달리 진료를 계속할 수 있는 방법을 찾을 때까지 사실상 진료계약을 해지할 수 없다. 결과적으로 의료제공자의 의료계약 해지의 자유는 환자를 통하여 제한된다. 세 번째 경우 의료제공자의 진료계약 해지의 자유는 가장 넓게 인정된다.

이들 중 어떤 방법을 선택하더라도 계약해지에 대한 제한 그 자체가 특별히 의료제공자를 불리한 위치에 두는 것은 아니다. 진료계약의 자유로운 해지를 제한하는 것은 의료인이 타인의 생명·신체에 대하여 독점적 지위를 갖는다는 점에서 비롯되는 것이고, 우리 민법의 위임에서도 이와 유사하게 불리한 시기의 해지로 발생한 손해를 배상하도록 하고 있다. 더구나 생명·신체에 대한 손해는 일단 발생하고 나면 회복이 어려울 뿐만 아니라, 그 결과가 중하다는 점에서 손해배상을 넘어 계약의 해지에 대한 제한을 인정할 필요가 있다. 다만 이때에도 의료계약의 해지 자체를 제한할 것인지, 해지는 인정하되 생명·신체에 대한 중대한 결과 방지를 위한 의료제공은 계속하도록 할 것인지,[38] 계약의 해지와 계약에 근거한 의료제공의 중단은 인정하지만, 「의료법」 및 「응급의료에 관한 법률」의 진료거부금지규정을 통한 진료제공은 계속되어야 하는 것인지[39] 등

37) 의료계약을 위임계약으로 보고, 위임계약의 해지 자유에 대한 정당한 사유를 의료계약 당사자 사이의 신뢰관계에서 찾고 있는 문헌으로 정진명, "계약당사자의 신뢰와 해지의 자유", 「민사법학」, 제76호, 한국민사법학회, 2016, 200면.

38) 의료계약에 근거하여서만 의료행위가 이루어지는 것이 아님은 의식불명환자에 대한 의료, 진료를 거부하는 자살시도자에 대한 의료 등에서도 확인할 수 있다. 의료행위가 계약에 기초할 때와 사무관리에 기초할 때에 의료제공자의 주의의무의 정도와 그에 따른 손해배상책임, 환자가 부담하는 진료비의 내용 등에서 차이가 있기 때문에 의료계약에 의하여 의료행위가 이루어지는 경우와 의료계약은 해지되어 의료계약에 의하지 않고 의료행위가 이루어지는 경우를 구별할 필요가 있다.

39) 이때에는 결국 의료계약의 해지로 환자의 생명·신체에 중대하고 회복불가능한 손해가 발생하지 않을 것과 「의료법」 및 「응급의료에 관한 법률」에서 요구하는 정당한 사유가 인정될 것이라는 두 가지 요건이 충족되어야 진료를 거부하거나 중단할 수 있게 된다.

에 대한 논의가 있어야 할 것이다.[40)][41)]

주의하여야 할 것은 의료계약의 해지에 따른 의료중단이 문제되는 경우는 모두 의료행위의 필요성은 인정되는 경우라는 점이다. 애초에 의료행위의 필요성이 더 이상 인정되지 않는다면, 이것은 의료계약 해지의 문제가 아니라 의료제공의무의 급부불능에 따른 의료계약의 당연종료이다.[42)]

3. 「의료법」상 의료인의 의무와 의료계약

(1) 「의료법」상 환자에 대한 의료인의 의무 규정

우리 「의료법」은 환자에 대한 의료인의 의무로 진단서 등의 작성의무(제17조), 처방전 작성과 교부에 관한 의무(제17조의2, 제18조), 정보누설금지의무(제19조), 기록열람 등에 응하여야 할 의무(제21조), 진료기록 송부의무(제21조의2), 진료기록부 작성에 관한 의무(제22조), 전자의무기록에 관한 의무(제23조)요양방법지도 의무(제24조), 의료행위에 관한 설명의무(제24조의2), 비급여 진료비용 등의 고지의무(제45조) 등을 정하고 있다. 민법전에 의료계약에 관한 규정을 두고자 할 때에 이들 의무를 의료계약 관련 조문으로 옮겨올 것인가 하는 논의가 필요하다. 좀 더 구체적으로는 이들 의무 조항 중 의료계약의 주된 급부인 진료의무의 이행에 기여하는 의무, 그것과는 독립적으로 인정되는 의무를 구별하여야 하고, 의료인의 의무이행에 대하여 환자에게 반대급부의 지급의무가 발생하는 의무와 그렇지 않은 의무를 구별하여야 한다. 그 밖에 단순히 의료인에게 의무를 부과하는데 그치는 것과 의무위반에 따른 손해배상책임을 인정할 수 있는 의무를 구별하여야 한다. 그리하여 이들 중 계약상 의무와 의료인의 업무수행을 위하여 행정법적 측면에서 인정되는 의무를 구별하여 의료계약 규정으로 옮겨와야 하는 의무, 의료법과 의료계약 관련 조문 모두에서 정할 필요가 있는 의무, 의료법에서만 규율하면 족한 의무가 무엇인지 구체적으로 검토할 필요가 있다.

---

40) 이와 관련하여 의료인이 입원환자에게 치료종결을 이유로 퇴원할 것을 요청하였으나, 환자가 의료인의 판단을 신뢰하지 않을 경우 당해 의료인은 진료거부금지의무 위반죄의 혐의를 받을 수밖에 없다고 하면서, 원칙적으로는 환자가 응급상황에 놓여있지 않는 한 의료인 측에 의한 의료계약의 해지가 가능하다는 것을 인정하되, 개별적으로 의료계약의 해지 또는 퇴원요청을 환자가 거부하는 경우에 한해서 계속 진료 및 입원의 필요성이 남아 있는지 여부를 검토하는 것이 합리적인 접근방법이라는 견해가 있다(이얼, "진료거부금지 의무의 현황과 과제", 「의료정책포럼」, 제17권 제3호, 대한의사협회 의료정책연구소, 2019, 65면).

41) 참고로 독일은 의료계약에 관한 민법규정에서 계약해지를 별도로 정하고 있지 않지만, 의료계약이 고용계약의 하위 계약으로 위치하고 있어 고용계약에 관한 제627조 신뢰관계에서의 즉시해지 조항이 적용된다. 독일 민법 제627조 제2항에 따르면 의무자는 노무청구권자가 달리 노무를 조달할 수 있는 때가 아니면 해지를 하여서는 아니된다.

42) 판결에 따른 연명의료중단 내지는 연명의료결정법에 따른 연명의료중단은 의료계약의 해지가 아니라 계약법상 계약목적 달성의 불능 혹은 환자의 거절에 의한 의사측 급부 면제로, 의료행위 중 연명의료만을 중단하는 것은 연명의료에 관한 계약의 해지가 아니라 의료계약에서 급부 내용의 축소나 면제로 파악할 수 있다는 견해로 이재경, "연명의료 중단과 진료비채무에 관하여", 「의료법학」, 제18권 제2호, 대한의료법학회, 2017, 152-153면.

(2) 「의료법」상 설명의무와 의료계약

의료계약에 관한 민법조문 신설의 목적이 지금까지 판례와 학설로 인정된 의료관계의 법리를 명문으로 두기 위한 것이라고 한다면, 그 핵심은 자기결정권 보호를 위한 설명의무와 의료과오소송에서 증명에 있다. 따라서 의료계약에 관한 입법에서 설명의무에 관한 조문은 이미 예정되어 있다고 할 것이다. 다만 의료계약에 관한 민법조문과는 별개로 이미 「의료법」에 의료행위에서 설명에 관한 조문이 존재하기 때문에 「민법」과 「의료법」의 관계를 정리할 필요가 있다.

「의료법」의 요양방법지도의무와 의료행위에 관한 설명의무, 비급여 진료비용 등의 고지의무는 설명의무라는 점에서는 공통되지만, 각각의 설명의무를 통하여 이루고자 하는 바가 다르다, 요양방법지도의무는 요양방법이나 그 밖에 건강관리에 필요한 사항을 지도하는 것으로 의료제공자가 부담하는 진료의무의 내용 중 하나로 이해하면 충분하다. 「의료법」상 이 조문의 존재가 의료계약에 관한 민법조문의 신설에 영향을 미칠 것은 없다.

문제는 2016년 「의료법」에 신설된 의료행위에 관한 설명이다.[43] 이것은 의료손해배상책임과 관련하여 판례와 학설에 의하여 인정되어 오던 것을, 환자의 안전 및 자기결정권을 보장하기 위하여 「의료법」에 도입한 것이라고 한다.[44] 그러나 구체적 운영의 모습을 보면, 사실상 설명의무 위반에 대한 공법상 제재를 목적으로 하고 있는 것으로 이해된다. 바로 이 점 때문에 「의료법」이 개개 의료인과 환자의 사적 법률관계에 개입하는 것이 타당한가, 사적관계에서 인정되는 설명의무 위반에 대하여 과태료와 같은 공적 제재로 대응하는 것이 타당한가 하는 지적이 있어왔다[45]. 「의료법」은 의료인이 국민 건강의 보호·증진을 위하여 국민 건강에 위해를 미칠 만한 요소를 금지·제한하고 각종 사항이 최대한 안전하게 이루어지도록 하는 데에 주안점을 둔 규제법의 성격을 가지기 때문이다.[46]

뿐만 아니라 「의료법」의 설명의무는 그 구체적 내용에서도 판례와 학설이 발전시킨 설명의무의 법리를 온전히 담아내지 못하고 있다.[47] 몇 가지만 살펴보더라도 예컨대 설명이 필요한 경우를 사람의 생명 또는 신체에 중대한 위해를 발생하게 할 우려가 있는 수술, 수혈, 전신마취를 하는 경우로 제한하고, 설명의 대상을 환자에게 발생하거나 발생 가능한 증상의 진단명, 수술 등의 필요성, 방법 및 내용, 환자에게 설명을 하는 의사, 치과의사, 또는 한의사[48] 및 수술 등에 참

---

43) 의료법 제24조의2 의료행위에 관한 설명조항을 두게 된 배경에 대해서는 현두륜, "개정 의료법상 설명의무에 관한 비판적 고찰", 제18권 제1호, 대한의료법학회, 2017, 3면 이하 참조.

44) 의료문제를 생각하는 변호사 모임, 『의료법 주석서』, 박영사, 2020, 165면.

45) 설명의무 위반에 대하여 과태료 처분이라는 공법적 제재를 하는 것에 대한 부정적 견해로는 김천수, "설명의무 의료법 이해할 수 없는 조항 몇가지", 의협신문, 2017. 6. 21; 현두륜, 앞의 글(각주 43), 30면.

46) 오성일, 『보건복지부 공무원의 시각으로 본 한국의료법의 해설』, 집현재, 2019, 1면.

47) 민법적 측면에서 의료법의 조문을 검토하면 지적할 사항이 적지 않지만, 지면의 한계로 이 부분 자세한 검토는 생략한다.

48) 설명의 대상을 수술, 수혈, 전신마취로 제한하면서 설명의 주체에 수술, 수혈, 전신마취의 의료행위를 하지

여하는 주된 의사, 치과의사 또는 한의사의 성명, 수술 등에 따라 전형적으로 발생이 예상되는 후유증 또는 부작용, 수술 등 전후 환자가 준수하여야 할 사항으로 한정한다. 그러면서 같은 법 제4항에서 동의를 받은 사항 중 수술 등의 방법 및 내용, 수술 등에 참여한 주된 의사, 치과의사 또는 한의사가 변경된 경우에는 변경 사유와 내용을 환자에게 서면으로 알려야 함을 정하고 있다. 그런데 의료과오손해배상책임의 영역에서 설명의무는 이미 의료행위의 전과정에 걸쳐 인정되고, 그 구체적 내용은 의료행위의 과정에서 환자의 결정이 필요한 사항 일체로 대표적으로 의료행위의 필요성, 그에 따른 부작용, 의료행위의 내용 등이 있지만 그 구체적 내용은 개개 의료행위마다 정해진다. 그리고 수술 등의 방법이나 내용, 참여의사 등이 변경되면 환자로부터 새로이 동의를 받아야 한다. 그것을 서면으로 알렸다고 하여 환자의 동의 없이 의료행위를 실시할 수 있는 것이 아니다.[49] 보다 근본적으로는 「의료법」의 설명의무에 관한 조문은 자기결정권을 보호하기 위한 설명과 의료행위의 연장으로 이루어지는 설명, 그리고 본래 이 조문을 도입하게 된 가장 중요한 이유였다고도 할 수 있는 소위 유령수술을 예방하기 위한 목적의 설명이 혼재되어 있다. 따라서 환자의 자기결정권을 보호하기 위한 설명은 의료계약에 관한 민법조문으로 완전히 이동하여야 할 것이고, 민법조문의 신설과는 별도로 「의료법」에 그러한 내용의 조문을 둘 이유가 없다. 마찬가지로 수술 전후 환자가 준수하여야 할 사항에 대한 설명은 의료행위의 내용으로, 그러한 사항을 설명하지 않았다면 의료과오책임의 문제로 해결할 일이다. 이 역시 「의료법」 조문에 남겨둘 필요가 없다. 결과적으로 수술참여에 대한 설명, 참여의사가 변경되는 경우의 설명만이 남게 되는데, 이 역시 「의료법」의 설명의무에 관한 조문으로 해결할 것은 아니다.[50] 「의료법」의 설명에 관한 조문으로 본래 달성하고자 하던 목적이 소위 유령수술에 대한 제재에 있고, 유령수술 행위가 의료질서에 반하는 행위임을 인정할 수 있다면 그 자체를 행정제재의 대상으로 하는 조문을 두어야 할 것이지, 설명의무라는 우회로를 택하여 본래 사법관계에서 인정되어 오던 설명의무의 법리에 혼란을 초래할 필요가 없다.

않는 한의사가 포함되어 있는 것도 의문이다.

49) 의료법의 설명의무가 의료과오책임의 영역에서 인정되어 온 설명의무보다 좁게 규정된 것은 손해배상책임을 인정하면서, 그 중에서도 손해배상책임에 더하여 공법적 제재까지 할 수 있는 설명의무를 선별한 것으로 이해된다. 그런데 환자의 자기결정권을 보호하기 위한 설명의무를 환자 개인에 대한 의무와 행정상 의무로 분류하는 것이 가능한지 의문이다.

50) 유령수술 혹은 대리수술에 대한 책임과 관련하여 형사법의 영역에서도 이것을 상해죄 및 사기죄로 구성할 수 있는지에 관한 논의가 있고(황만성, "유령수술행위의 형사책임 -미용성형수술을 중심으로-", 「의료법학」, 제16권 제2호, 대한의료법학회, 2015, 27면 이하; 유재근, "수술환자의 권리보호에 대한 형사법적 쟁점: 환자의 자기결정권을 중심으로", 「의료법학」, 제16권 제2호, 대한의료법학회, 2015, 3면 이하), 민사법의 영역에서도 본래 수술을 담당하기로 한 의사가 아닌 소위 유령의사가 혹은 의사의 지시로 숙련된 간호조무사나 의료기기 담당자가 의료행위를 한 경우, 그 결과가 성공적이었다고 해서 환자가 이를 당연히 용인하여야 하는 것은 아니라고 하면서, 의료행위의 악결과 발생과 상관없이 환자의 자기결정권 침해를 이유로 위자료 배상을 인정하여야 한다는 논의가 있다(이재경, "의료행위에서 설명의무의 보호법익과 설명의무 위반에 따른 위자료 배상", 「의료법학」, 제21권 제2호, 대한의료법학회, 2020, 63면).

마지막으로 「의료법」 제45조 비급여 의료행위에 대한 진료비용 고지의무는 그것이 단순히 환자의 알권리를 위한 것이라고 한다면[51] 이 역시 행정의 영역이 아닌 사적영역으로 남겨두어야 할 문제라고 생각된다. 그러나 이것이 「국민건강보험법」의 적용을 받는 법정비급여 비용을 관리하여 의료비 상승을 억제하기 위한 것이라고 한다면 「의료법」의 적용대상이라고 할 것이다. 다만 앞서 살펴본 것처럼 법정비급여뿐만 아니라 임의비급여의 영역에서 계약 당사자의 협의하에 임의비급여 의료행위를 실시하고, 반대급부인 비용을 지급하는 것을 허용한다면 이 부분 비용에 관한 설명을 의료계약의 내용으로 포섭할 필요가 있다. 그리고 비용에 관한 설명을 의료계약에 관한 민법조문에 둠으로써 오히려 「국민건강보험법」의 영역에서 임의비급여를 사위 기타 부당한 방법으로 환자가 급여를 하게 한 것으로 보고. 의료기관은 그 비용을 환자로부터 지급받을 수 없다고 하는 판례와 의료현실의 부조화를 해결할 수도 있을 것이다.

(3) 「의료법」의 처방전과 의료계약

「의료법」상 의료인이 기록하거나 작성하여야 하는 문서로는 처방전, 진단서, 그리고 진료기록부가 있다. 처방전은 문자 그대로 의료인의 처방에 관한 문서로, 의료계약에서 처방전 미발급이나 처방전 내용의 오류는 의료과오의 문제로 취급되어야 할 것이다.

문제는 「의료법」 제17조의2 제2항 처방전의 대리수령에 관한 부분이다. 처방전은 환자 본인에게 발급하는 것이 원칙이다. 다만 환자의 의식이 없는 경우,[52] 환자의 거동이 현저히 곤란하고 동일한 상병에 대하여 장기간 동일한 처방이 이루어지는 경우에는 「의료법」 제17조의2 제2항에 의하여 환자 이외에 「의료법」이 정하고 있는 대리수령자에게 처방전을 발급할 수 있다. 처방전을 대리수령하려는 자는 「의료법」 시행규칙 제11조의2에 따른 처방전 대리수령신청서와 함께 대리수령자의 신분증, 환자와의 관계를 증명할 수 있는 서류, 환자의 신분증을 제출하여야 한다. 그리고 대리수령자는 대리수령신청서에 대리수령사유를 기재하여야 한다. 사실상 대리수령자의 대리수령사유 진술에 따라 환자의 상태에 대한 판단이 이루어지게 된다. 그리하여 의료인이 대리수령자의 진술을 믿고 처방전을 발급하였는데 환자에게 악결과가 발생한 경우, 의료인은 「의료법」 제17조의2 처방전 대리수령절차에 따랐음을 이유로 의료과오책임에서 벗어날 수 있는지가 문제되지만, 이는 의료과오책임에서 개별적 사안의 문제로 의료계약에 관한 입법에서 다룰 것은 아니다.

오히려 의료계약에서 「의료법」의 처방전에 관한 규정은 환자의 개인정보보호와 관련하여

51) 오성일, 앞의 책, 199면.

52) 환자의 의식이 없는 경우에 대리수령자가 의료인으로부터 처방전을 발급받아 의료인의 감독·관리 없이 환자에게 처방된 의약품을 강제로 투약할 수 있는지 의문이다. 환자가 의식이 없는 경우를 대리수령이 가능한 경우로 정하고 있는 의료법 조문 자체에 대한 검토가 필요하지만, 이 부분 의료계약의 입법논의에서 직접 다룰 부분은 아니므로 자세한 검토를 생략한다.

문제가 된다. 「의료법」 제18조 제3항에 따르면 누구든지 정당한 사유 없이 전자처방전에 저장된 개인정보를 탐지하거나 누출·변조 또는 훼손하여서는 아니된다. 이 조항에 따르더라도 의료계약의 상대방인 의료제공자는 개인정보를 탐지할 수 있다고 한다면, 의료계약에서 환자의 개인정보에 대한 접근권한을 의료계약 상대방인 의료제공자에게 인정할 것인지, 그 중에서도 환자를 직접 진료한 의료인으로 제한할 것인지, 그것도 아니라면 환자에 대한 진료채무의 이행을 위하여 필요한 경우로 제한할 것인지에 대한 검토가 필요하다.

「의료법」 제17조의2는 환자를 대리하여 처방전을 수령할 수 있는 사람으로 환자의 직계존속·비속, 배우자 및 배우자의 직계존속, 형제자매 또는 「노인복지법」 제34조에 따른 노인의료복지시설에서 근무하는 사람, 그 밖에 환자의 계속적인 진료를 위해 필요한 경우로서 보건복지부장관이 인정하는 사람(의료법 시행령 제10조의2)을 들고 있다. 이들 사이에 순위의 우열은 없다. 처방전에는 환자의 성명 및 주민등록번호, 의료기관의 명칭, 전화번호 및 팩스번호, 질병분류기호, 의료인의 성명·면호종류 및 번호, 처방의약품의 명칭·분량·용법 및 용량, 처방전 발급 연월일 등이 기재되는데(의료법 시행규칙 제12조 제1항), 이는 살아있는 개인에 관한 정보로 성명, 주민등록번호 및 영상 등을 통하여 개인을 알아볼 수 있는 정보(개인정보보호법 제2조 제1호)로 「개인정보보호법」이 적용된다. 「개인정보보호법」은 개인정보 처리와 관련하여 정보주체의 개인정보 자기결정권을 보장하고, 정보주체의 동의하에 개인정보를 제3자에게 제공할 수 있도록 한다(개인정보보호법 제17조 제1항). 그런데 「의료법」에 따른 처방전 대리수령을 위해서는 환자 본인의 동의를 필요로 하지 않고, 심지어 환자 본인이 의식이 없는 때에도 환자의 개인정보를 포함하는 처방전의 대리수령을 허용한다. 의료계약에 관한 입법논의에서 환자의 개인정보에 관한 자기결정권을 보장하고, 자기결정권 행사를 대행할 수 있는 경우, 대행할 수 있는 자의 범위, 자기결정권 침해에 따른 손해배상 등을 다룰 때에 「의료법」의 처방전에 관한 규정과의 관계를 정리하여야 할 것이다.

한편 「의료법」은 처방전 발급주체를 의료업에 종사하고 환자를 직접 진찰한 의사, 치과의사, 한의사로 제한한다. 그런데 의료계약에 의하여 환자가 진료의무의 이행으로 처방전 발급을 청구하는 경우 그 상대방은 의료인 개인이 아니라 의료기관 개설자가 될 것이다. 의료계약은 의료계약의 당사자로 의료인 개인이 아닌 의료기관 개설자를 상정하고 있기 때문이다. 그럼에도 의료계약의 처방전 발급주체와 의료법의 처방전 발급주체가 모순된다고 이해할 것은 아니다. 의료계약에 따른 진료채무는 의료기관의 개설자가 부담하고 환자는 의료기관 개설자를 상대방으로 채무의 이행 및 불이행에 따른 손해배상을 청구하게 되지만, 의료기관 개설자는 환자를 직접 진찰한 의료인으로부터 처방전을 발급하도록 하면 될 것이고, 환자를 직접 진찰하지 않은 의료인은 처방전 발급을 거부할 수 있는 것이다.

한편 처방전의 발급지연이나 부실기재, 오류 등이 문제되어 환자가 보험회사로부터 보험금을 지급받지 못하는 등의 손해가 발생하였다면, 그 때에는 처방전 작성 및 발급의무 위반에 따른 손해배상책임이 문제될 수 있다.

(4) 「의료법」의 진료기록 작성 및 송부 등에 관한 의무와 의료계약

「의료법」 제22조에 의하여 의료인은 진료기록부등을 갖추어 환자의 주된 증상, 진단 및 치료 내용 등 의료행위에 관한 사항과 의견을 상세히 기록하고 서명하여야 한다. 의료인은 진료기록부 등을 거짓으로 작성하거나 고의로 사실과 다르게 추가기재·수정하여서는 아니되고(의료법 제22조 제3항), 이를 위반하면 3년 이하의 징역이나 3천만원 이하의 벌금에 처해진다(제88조 제1호). 진료기록을 작성한 의료인 또는 의료기관의 장은 다른 의료인 또는 의료기관의 장이 진료기록의 사본 및 환자의 진료경과에 대한 소견 등을 송부 또는 전송할 것을 요청받은 경우 이를 전송하여야 하는데, 전송을 위해서는 환자나 환자 보호자의 동의가 필요하다. 또 환자를 다른 의료기관에 이송하는 때에도 의료인 또는 의료기관의 장은 내원 당시 작성된 진료기록의 사본 등을 즉시 이송하여야 한다(의료법 제21조의2 제2항). 또한 진료기록부는 「의료법」 제22조 및 「의료법 시행규칙」 제14조가 정하는 기간 동안 보존하여야 하고, 추가기재·수정된 경우에는 추가기재·수정된 전후의 기록 모두를 보존하여야 한다. 진료기록은 전자의무기록으로 작성·보관할 수도 있는데, 이때에도 역시 추가기재·수정이 있었다면 접속기록까지 별도로 보관하여야 한다(의료법 시행규칙 제16조 제2항).

이처럼 의료인에게 진료기록부를 작성하게 하는 것은 환자의 계속적 치료에 이용하고, 다른 의료인들에게 정보를 제공하여 환자로 하여금 적정한 진료를 제공받을 수 있도록 하는 치료적 목적과 의료행위가 종료된 후 의료행위의 적정성을 판단하는 자료로 사용할 수 있도록 하려는 목적이 있다.[53] 「의료법」의 진료기록 작성의무도 진료기록을 상세히, 거짓없이 작성하도록 하기 위한 규정과 작성된 진료기록을 변조하거나 수정한 경우 그 기록까지 남기도록 하여 의료행위 후에도 진료기록의 진실성을 담보할 수 있도록 하는 규정 모두를 포함하고 있다. 그렇다면 의료계약에 관한 입법논의에서 진료기록이 의료계약과 관련하여 어떤 의미를 갖는지 생각해 볼 필요가 있다.

근본적으로 진료기록 작성의 목적은 계속적 치료 및 적정한 진료에 있기 때문에 그러한 의무를 위반하여 진료기록을 제대로 작성하지 않았거나 잘못된 진료기록을 작성하였거나, 진료기록을 제때에 다른 의료기관으로 송부하지 않은 행위 등이 의료계약에 따른 진료기록 작성의무 위반에 해당함은 부인할 수 없다. 문제는 그 의무위반을 진료과오로 취급할 수 있는가 하는 점이다.

생각건대 진료기록의 오류를 진료과오라고 할 수는 없다. 진료기록을 통해 환자에 대하여 정

53) 대법원 2017. 4. 28. 선고 2015도12325 판결.

보를 제공받는 의료인도 역시 독립적으로 의료업무를 수행하는 전문가이기 때문에 앞선 기록을 참조할 수는 있지만, 전적으로 그 기록에 의존하여 의료행위를 하는 것은 아니기 때문이다. 따라서 진료기록 작성 오류나 부실작성 등을 이유로 환자가 의무위반에 대한 손해배상을 청구하기는 어렵다. 진료기록작성 의무 위반으로 환자에게 직접적인 손해가 발생한 것은 아니기 때문이다.

그럼에도 의료법의 진료기록 작성의무를 민법전의 의료계약 도입논의에서 다루어야 하는 이유는 의료과오소송에서 진료기록작성의무 위반을 통한 증명부담 경감에 있다. 의료손해배상소송에서 의료인의 진료가 적절하였는지는 통상 의료인이 제출한 진료기록부를 기초로 판단하는데, 진료기록 작성의무를 위반한 경우에, 진료기록부에 작성되지 않은 의료행위는 의료인이 실시하지 않은 것으로 추정하는 효과를 인정할 수 있는가 하는 점과 관련하여 논의가 필요한 부분이라고 할 것이다.[54] 의료인이 진료기록을 변조한 경우에 의료인이 변조이유에 대하여 상당하고도 합리적인 이유를 제시하지 못하는 한, 소송에서 의료인에게 불리한 평가를 할 수 있는지, 이 부분 의료계약에서 명문화할 필요가 있는지와 그 구체적 방법에 대해서도 검토가 필요하다.[55] 그 밖에 진료기록에 대한 열람권을 의료계약에서 명문화하는 것은 의료과오소송에서 환자가 필요로 하는 정보와 증명도구를 수집하는 것을 적극적으로 인정한다는 점에서 의미가 있다.

한편 앞서 살펴본 처방전 발급에서 개인정보자기결정권과 더불어 진료기록에 대한 환자의 열람권 역시 개인정보자기결정권을 보호하는 기능을 한다. 의료정보누설은「의료법」제19조 및 제88조에 따른 처벌의 대상이기도 하다. 그리하여 의료정보 빅데이터와 관련하여 의료정보의 재산성, 소유권이라는 측면에서 의료정보의 수집, 처리 등을 의료계약의 내용으로 할 것인지도 검토가 필요한 부분이라고 할 것이다.

Ⅲ. 의료계약의 입법을 위한 의료과오소송 판례 검토

1. 진료과오에서 증명

의료에 관한 민사판례법리는 의료과오소송에서 증명도 경감[56]을 중심으로 발전되어 왔다.

---

54) 의료계약을 민법전에 편입시킨 독일의 경우 제630조의 f에서 진료기록에 관한 의무를 정하고, 제630조의 h 제3항에서 진료기록부에 기재하지 아니하거나 진료기록부를 보관하지 아니한 경우에는 이들 조치를 하지 아니하였음을 추정한다. 이와 같은 독일의 입법은 어디까지나 판례를 통해 인정되어 온 법리를 명문화 한 것으로, 우리는 진료기록부 작성의무 위반에 대하여 의료법상 처벌 규정이 있기 때문에 이 문제는 주로 형사책임으로 다루어졌다. 이 부분 민사책임에서 어떻게 다룰 것인지 검토가 필요하다.

55) 진료기록 변조의 경우 법원은 이를 하나의 자료로 하여 자유로운 심증에 따라 의사측에 불리한 평가를 할 수 있다는 판례로 대법원 1995. 3. 10. 선고 94다39567 판결.

56) 판례는 증명책임 완화라고 표현하지만(대법원 2019. 2. 14. 선고 2017다203763 판결; 대법원 2018. 11. 29.

의료과오로 인한 손해배상소송에서 판례가 전개하고 있는 증명도 경감의 이론은 일반인의 상식에 따른 과실 있는 행위의 증명, 그리고 간접사실의 증명을 통한 의료과실 및 인과관계의 추정으로 정리할 수 있다.

(1) 일반인의 상식에 바탕을 둔 과실있는 의료행위의 증명과 인과관계의 추정

일반인의 상식에 따른 증명법리에서 법원은 의료행위의 과정에서 잘못, 즉 의무위반, 그리고 과실과 관련하여서는 환자측에 증명을 요구하지만, 증명의 정도는 일반인의 상식에 바탕을 둔 정도이면 된다. 그것이 증명되면 환자측은 이제 인과관계를 증명하여야 하는데, 판례는 의료행위 이전에 그러한 결과의 원인이 될 만한 건강상의 결함이 없었다는 사정을 증명하는 등 일반인의 상식에 바탕을 두고 증명된 과실있는 의료행위와 결과 사이에 다른 원인이 개입할 수 없었다는 정도의 증명으로 인과관계를 추정한다.[57] 이러한 판례의 태도는 행위와 손해 사이 조건적 인과관계 증명에 관하여 환자측 부담을 크게 덜어주었다는 점에서 중요한 의미가 있다거나,[58] 판례가 증명책임을 전환한 것은 아니지만, 원고의 증명부담은 일응추정에 의해 경감되기 때문에 사실상 증명책임의 전환에 근접한 것이라고 평가할 수 있다거나,[59] 인과관계에 대한 증명책임을 사실상 의사 측에게 전환하였다는 점에서 종래의 재판례들과 큰 차이가 있다는 등[60]으로 평가된다.

그런데 이 판례로부터 전개되고 있는 일반인 상식에 따른 증명법리를 명문화하고자 할 때에 인과관계에 대한 추정 이외에 의료상의 과실있는 행위에 관한 부분은 명확하게 정리되지 않는다. 판례는 인과관계는 '추정'하지만 과실 있는 행위는 일반인의 상식에 비춘 '증명'을 필요로 한다는 점에서도 판례가 증명에서 과실과 인과관계를 동일하게 취급하고 있는 것으로 보기는 어렵다. 그 때문에 일반인의 상식에 바탕을 둔 의료상의 과실 있는 행위에 대해서 의료의 주의의무의 판단기준을 의사 평균인에서 일반인으로 완화한 것인가 하는 의문이 제기되기도 하였

선고 2016다266606 판결; 대법원 2012. 1. 27. 선고 2009다82275 판결 등), 증명책임에서 법관이 사실을 인정하는 데 필요한 확신의 정도를 의미하는 주관적 확신의 정도로서 증명도와 소송상 어느 증명을 요하는 사실의 존부가 진위불명일 경우 당해 사실이 존재하지 않는 것으로 취급되어 법률판단을 받게 되는 당사자 일방의 위험 또는 불이익을 뜻하는 객관적 증명책임 중 의료과오소송에서 증명책임 완화라고 표현하는 부분은 사실상 증명도에 관한 부분으로 이해된다(객관적 증명책임과 증명도의 개념에 관해서는 김차동, "민사소송에서의 증명도 기준의 개선에 관한 연구", 「법조」, 제68권 제3호, 법조협회, 2019, 74면 이하 참조). 객관적 증명책임은 원고와 피고 중 일방이 불이익을 가져가는 것으로 누가 불이익을 더 가져가고, 덜 가져가느냐의 문제가 아니기 때문에 완화라는 표현이 적합하지 않고, 의료과오소송에서 일반인의 상식에 따른 증명과 같은 문제는 증명도의 문제라고 할 것이다. 따라서 증명책임의 완화가 아니라 증명도 경감 혹은 증명부담의 완화 내지는 경감이라는 표현이 정확한 표현이다. 석희태, "의료과오소송 원고의 증명부담 경감 -대법원 판례상 '일반인의 상식' 문언을 중심으로-", 「의료법학」, 제8권 제2호, 대한의료법학회, 2007, 200면에서도 판례에서 명언하는 바와 같은 '증명책임의 완화'란 증명책임의 개념상 있을 수 없다고 지적한다.

57) 대법원 1995. 2. 10. 선고 93다52402 판결.

58) 김천수(김용담 편), 앞의 책(각주 25), 519면.

59) 석희태, 앞의 글, 201면.

60) 김태봉, "의료과오소송에서 증명책임의 경감", 「법학논총」, 제39권 제4호, 전남대학교 법학연구소, 2019, 15면.

다.[61] 반대로 판례가 의미하는 바는 의학 비전문의의 일반적 상식에 비추어서도 의료상 과실있는 행위로 판단될 수 있는 의사의 진료행위로 이것은 의사에게 요구되는 주의를 현저히 결한 중과실 행위를 의미하는 것이라고 해석하기도 한다.[62][63] 그리고 이 판례를 환자측의 증명부담 경감으로 이해하기도 한다.[64]

생각건대 판례가 전개하고 있는 일반인 상식에 바탕을 둔 의료상의 과실있는 행위에서 원고측이 일반인 상식에 바탕을 두고 증명하여야 하는 대상은 의료상의 과실있는 행위가 아니라 의무를 위반한 의료행위라고 할 것이다. 의료과오에 대한 계약책임에서 그리고 불법행위책임에서 의무위반행위 그리고 위법행위가 주의의무위반으로서의 과실과 동일하다고 하면, 일반인의 상식에 바탕을 둔 과실있는 의료행위는 곧 의무위반행위와 과실 두 가지 모두를 포함한다. 그러나 의료행위가 의료수준에 부합하는 것이었는지, 즉 의료행위에 잘못이 없었는지에 관한 의무위반의 판단과 행위자가 그러한 의무위반의 결과를 예견할 수 있었고, 회피할 수 있었는지에 대한 판단인 과실이 구별되는 개념이라고 이해한다면, 일반인의 상식에 바탕을 둔 과실있는 의료행위에서도 일반인의 상식에 바탕을 두고 증명하여야 하는 것은 의무위반행위 그 자체이다. 그것을 증명하면 과실이 추정되고, 여기에 더하여 다른 원인이 개입할 가능성이 없었음을 증명하면 인과관계도 추정되는 것으로 이해할 수 있다. 그리고 앞서 언급한 바와 같이 의료인이 의료행위를 할 때에 최선을 다하여 진료하여야 하는 의무는 결과에 대한 예견가능성이나 회피가능성과는 별개로 결과를 담보하지 않는 수단채무로서 의료행위의 과정을 열심히 수행하였는가에 관한 문제라고 할 것이다. 그리하여 판례가 말하는 일반인의 상식에 바탕을 둔 과실있는 의료행위를 과실에 대한 증명이 아니라 의무위반행위에 대한 증명으로 보고, 일반인의 상식에 비추어 볼 때 의료인이 의료행위를 최선을 다하여 수행하지 않았다고 보여지는 정도의 증명만 있으면 과실을 추정하는 것으로 이해할 수 있다. 그리고 여기서 최선은 평균의료인의 주의의무, 의료수준에 비추어 최선을 다하였는지가 아니라 수단채무인 의료행위를 말 그대로 열과 성을 다하여 수행하였는가

61) 양창수, "최근중요민사판례동향 -의료과오", 『민법연구』, 제4권, 박영사, 1997, 425면, 445면.

62) 안법영, "의료사고의 불법행위책임", 「고려법학」, 제33집, 고려대학교 법학연구원, 1997, 272면.

63) 만약 이 견해와 같이 일반인의 상식에 비추어 과실있는 행위를 일반인이 보기에도 심한 정도의 과실있는 행위라고 이해한다면, 독일민법 제630조의 h 제5항과 같이 중대한 과실에 대한 인과관계의 입증책임 전환법리를 도입할 수 있는 가능성이 있다. 그러나 독일민법 제630조의 h 제5항은 유책성으로서 과실이 아니라 의무위반 행위로서 중대한 치료상 과오 내지는 잘못을 요건으로 하고 있어 우리판례 법리가 이 조문의 구조와 같은 것인지는 면밀한 검토가 필요하다. 또 우리 판례의 실제 사례를 보면, 일반인이 보기에도 심한 정도의 그래서 의료인이 볼 때에는 당연히 중대한 정도의 잘못이 아니라 오히려 수술실에 늦게 들어왔다거나, 수술 후 사후대처가 소홀했다는 정도의 잘못으로 일반인이 보기에는 치료상 잘못이라고 생각되지만, 그것이 꼭 의료수준에 미치지 못하는 정도의 행위였다고는 볼 수 없는 정도의 행위에 대해 일반인 상식에 따른 과실있는 행위를 인정하고 있다.

64) 박영호, "의료과오소송에 있어서 과실과 인과관계의 입증과 그 방법", 「저스티스」, 통권 제77호, 한국법학원, 2004, 116면; 석희태, 앞의 글, 199면.

에 관한 문제이다.

실제로 일반인 상식에 따른 증명법리의 대표적 사례인 다한증 판례에서도 법원이 일반인의 상식에 비추어 볼 때 과실있는 의료행위로 증명이 되었다고 한 행위는 의사가 수술의 일부분을 다른 의사들에게 맡기고 늦게 수술에 참여한 행위, 그리고 수술 후 환자가 경련을 시작하여 가족들이 담당간호원에게 증상을 호소하였음에도 5시간 가까이 지나서야 조치가 시작되었고, 피고 의사는 7시간이 지나서야 연락이 되어 환자의 상태를 점검하는 등 소홀한 사후조치행위이다. 여기서 그러한 행위가 의료수준에 부합하는 것인지, 의료인이 그러한 행위의 결과를 예견할 수 있었고 회피할 수 있었는지는 일반인의 상식수준에서도 전혀 고려되지 않는다. 이 점에서 판례를 과실에 대한 증명도를 경감한 것이라고 이해할 수도 있지만, 만약 그렇다면 일반인의 상식에 바탕을 둔 정도로 법관의 심증이 형성되어 과실은 증명되므로, 피고가 무과실을 주장할 기회는 없게 된다.[65] 그런데 일반인 상식법리와 관련하여 판례는 이때에도 의료상 과실의 존재는 피해자가 증명하여야 하므로 의료과정에서 주의의무 위반이 있었다는 점이 부정된다면 그 청구는 배척될 수밖에 없다고 한다.[66] 그리하여 일반인 상식에 비추어 과실 있는 행위를 증명하고, 인과관계가 추정된 경우에도, 피고는 주의의무를 위반하지 않았음, 즉 과실없음을 증명하여 손해배상책임에서 벗어날 수 있다. 이 점에서 보면, 판례는 일반인의 상식에 비춘 과실있는 의료행위, 정확히는 의무를 위반한 행위 혹은 치료 상 과오에 대한 증명과 주의의무 위반을 구별하고 있는 것으로 보인다. 이 부분 판례의 증명법리를 계약법적 측면에서 검토할 필요가 있다.

(2) 간접사실을 통한 과실과 인과관계의 추정

환자가 의료행위 후 사망하였고, 의료행위 이외에 다른 원인으로 사망할 가능성은 없지만, 의료행위의 과정에서 의사의 잘못이 무엇인지를 특정할 수 없는 경우에 법원은 여러 가지 간접사실에 경험칙을 적용하여 의료행위에서 과실과 인과관계를 한꺼번에 추정하는 간접사실을 통한 과실과 인과관계 추정의 법리를 활용한다.[67] 이 점에서 의료행위에서 의사의 잘못된 행위를 특정할 수 있는 때에 적용되는 일반인의 상식에 바탕을 둔 의료과실 증명법리와 구별된다.

판례는 "수술 도중에 사망의 원인이 된 증상이 발생한 경우에는 그 증상 발생에 관하여 의료상의 주의의무 위반행위를 제외한 다른 원인이 있다고 보기 어려운 여러 간접사실들을 입증함으로써 그와 같은 증상이 의료상의 주의의무 위반행위에 기한 것이라고 추정하는 것도 가능하다"고 하면서,[68] 이때에도 "의사의 과실로 인한 결과발생을 추정할 수 있을 정도의 개연성이 담보되지 않는 사정들을 가지고 막연하게 중한 결과에서 의사의 과실과 인과관계를 추정함으로써

65) 석희태, 앞의 글, 200면.
66) 대법원 2019. 2. 14. 선고 2017다203763 판결.
67) 김태봉, 앞의 글, 17면.
68) 대법원 2000. 7. 7. 선고 99다66328 판결.

결과적으로 의사에게 무과실의 입증책임을 지우는 것까지 허용되는 것은 아니"라고 한다.[69]

법원이 간접사실을 통해 과실과 인과관계를 추정한 사례 중 하나를 살펴보면, 수술을 위한 캐뉼라 삽관 직후에 환자에게 사망을 초래한 대동맥박리가 나타났고, 따라서 이 사건 수술 이외에는 다른 원인이 게재하였을 가능성이 없다는 점, 그 발생 부위 또한 캐뉼라 삽관과 연관하여 볼 수 있는 부위라는 점, 환자에게 이 사건 수술 전후를 통하여 대동맥박리를 초래할 만한 특별한 질환이나 증상이 관찰되지 아니하였다는 점을 통해 인과관계를 추정하였다. 요컨대 앞서 살펴본 일반인의 상식에 바탕을 둔 과실있는 의료행위의 증명과 인과관계 추정에서처럼 시간접 근접성과 타원인 게재 불가능성을 증명하여 인과관계를 추정하고 있는 것이다.

과실과 관련하여서는 일반인의 상식에 비추어 의료행위의 잘못과 과실을 증명하도록 하는 것이 아니라 과실을 인정할 수 있는 정도의 개연성 있는 사실들을 가지고, 의료행위에 과실이 있었을 것이라는 점을 추정한다. 위의 사안에서 판례는 대동맥에 캐뉼라를 삽입하는 과정에서 부적절한 시술로도 대동맥박리가 일어날 수 있다는 점, 심장수술 과정에서 잘못 이외에 합병증으로 대동맥박리가 발생할 수 있는 확률은 0.16%에 불과하고, 그 또한 주로 고혈압 등 혈관질환을 보유하고 있는 환자들에게 나타나는 것이라는 점을 근거로 과실을 추정하고 있다. 이때 과실추정의 근거가 된 사실은 의학적 판단에 근거하여 개연성이 인정되는 사실들이다.

2. 불성실한 진료, 치료기회상실에 대한 손해배상책임

의료과오소송은 주의의무 위반과 설명의무 위반의 두 축을 중심으로 전개된다. 그리고 주의의무 위반, 즉 진료과실이 인정되는 때에는 그로 인하여 침해된 생명·신체법익에 따른 손해로 위자료를 포함한 전손해 배상을 인정한다. 설명의무 위반의 경우에는 자기결정권 침해에 따른 위자료 배상을 인정하며, 일정한 요건 하에 전손해 배상을 청구할 수도 있다. 그런데 의료과오소송에서 판례는 그 외에 의료인의 현저히 불성실한 행위에 대하여, 그리고 의료과실과 환자에게 발생한 생명·신체법익침해 사이에 인과관계가 없는 경우에 대하여 위자료 배상을 인정한다. 이들 판례 법리를 의료계약에서 어떻게 다룰 것인지에 대한 논의가 필요하다.

(1) 일반인의 수인한도를 넘어서 현저하게 불성실한 진료에 대한 위자료 배상

의료과오소송에서 수인한도 판례에 따르면 의료진은 최선의 조치를 하여야 할 주의의무가 있는데, 의료진이 환자의 기대에 반하여 환자의 치료에 전력을 다하지 않은 경우 업무상 주의의무를 위반한 것이라고 한다. 이때에 주의의무 위반과 환자에게 발생한 악결과 사이에 상당인과관계가 인정되지 않으면 그에 관한 손해배상을 구할 수 없지만, 주의의무 위반의 정도가 일반인의 처지에서 보아 수인한도를 넘어설 만큼 현저하게 불성실한 진료를 행한 것이라고 평가될 정

69) 대법원 2004. 10. 28. 선고 2002다45185 판결.

도에 이를 경우라면 그 자체로서 불법행위를 구성하여 환자나 그 가족의 정신적 고통에 대한 위자료 배상을 명할 수 있다는 것이다. 그리고 이때 수인한도를 넘어서는 정도로 현저하게 불성실한 진료를 하였다는 점은 불법행위의 성립을 주장하는 피해자가 증명하여야 한다고 한다.[70]

대법원은 일반인의 수인한도를 넘어서 현저하게 불성실한 진료에 관한 일반원칙을 설시하면서도, 실제로 위자료 배상책임을 인정하고 있는 경우는 없는 것으로 보인다. 의료진의 잘못이 일반인의 수인한도를 현저하게 넘어설 만큼 불성실한 정도였다고 인정되지 않는다는 것이다.[71] 다만 하급심에서는 수인한도론을 적용하여 위자료 배상을 인정하고 있는 경우들이 있어[72] 의료계약에 관한 입법에서 이에 관한 검토가 필요하다.

먼저 수인한도를 넘어서 현저하게 불성실한 진료에 대한 위자료 배상이 의료손해배상책임법의 체계에 부합하는 것인지 확인할 필요가 있다. 본래 수인한도론은 매연 등에 의한 인지에 대한 생활방해금지 규정인 「민법」 제217조의 해석론으로 전개된 논의로, 생활방해에 대한 위법성 판단기준에 관한 논의이다.[73] 여기서 수인한도는 합리적인 사람이 사회생활에서 참을 수 있는 한도로, 인간이 사회공동생활을 영위해 나가기 위하여 각자 일정한 정도까지는 수인하여야 하는 범위가 있는 것이고, 그렇기 때문에 생활방해의 경우에도 방해가 존재한다는 것만으로는 당연히 위법성이 인정되지 않고 수인하여야 할 정도 및 범위를 넘은 때에 비로소 위법성이 인정된다는 것이다.[74] 그리하여 수인한도는 인용의무를 전제로 하며, 인용의무의 한계가 수인한도 혹은 참을 한도인 것이다.

의료과오소송에서 판례가 수인한도론을 차용하고 있는 것은 환자의 생명·신체를 침해한 행위를 특정할 수 없고, 의료과실이나 인과관계도 증명할 수 없지만, 환자의 계속되는 요청에도 의료인이 응답하지 않는 등 주로 치료가 지연된 경우에, 의료진이 치료에 전력을 다하지 않은 것으로 보아 손해배상책임을 인정하고자 한 것으로 생각된다. 치료에 전력을 다하지 않은 것 자체는 최선의 진료를 하여야 할 의무를 위반한 것으로 위법행위가 성립하기 때문에 의무위반 내지는 위법행위를 한 의료인에 대하여 손해배상책임을 인정하고자 한 것이다.

그런데 애초에 각자 자기의 권리를 행사하며 생활할 때에 타인의 권리행사가 자신의 권리행사를 방해하는 경우, 즉 위법하지 않은 권리행사가 서로 충돌할 때에 그것을 어디까지 참아야 하는가 하는 수인한도론을 권리충돌의 상황이 아닌 의료행위에 적용할 수 있는지 의문이다. 그

---

70) 대법원 2018. 12. 13. 선고 2018다10562 판결.

71) 대법원 2006. 9. 28. 선고 2004다61402 판결; 대법원 2014. 2. 13. 선고 2013다77293 판결; 대법원 2018. 12. 13. 선고 2018다10562 판결.

72) 서울고등법원 2012. 10. 11. 선고 2011다78707 판결; 서울고등법원 2017. 12. 21. 선고 2014나21184 판결.

73) 김성남, "민사법상 수인한도론에 관한 연구", 「비교사법」, 제23권 제4호, 한국비교사법학회, 2016, 1546면.

74) 김성남, 위의 글, 1546면.

럼에도 불구하고 치료에 전력을 다하지 않은 것이 위법한가 하는 논의를 하기 전에 의료과오소송에서 수인한도에 관한 판례는 의료과오책임에서 불법행위에서의 위법행위, 계약책임에서 의무위반행위와 과실의 판단기준인 주의의무위반행위의 분리를 가능하게 한다는 점에서는 의미가 있다. 앞서 살펴본 바와 같이 의료계약에서 의료인이 부담하는 최선을 다하여 진료하여야 할 의무는 임상의학의 수준에서 평균의료인에게 요구되는 정도의 의료를 제공하라는 의미가 아니라, 전력을 다하여 의료행위를 하라는 수단채무 이행의 방법 내지는 정도를 의미하는 것이라고 할 것이다. 그렇다면 전력을 다하지 않은 의료행위 그 자체는 위법행위 내지는 의무위반 행위로 평가될 수 있다. 판례도 전력을 다하지 않은 치료행위의 위법성을 인정한다.

그리고 이 판례를 앞서 살펴본 일반인의 상식에 바탕을 둔 과실있는 의료행위에 대입해 보면, 일반인의 상식에 바탕을 두고 평가했을 때에 전력을 다하지 않은 의료행위는 과실있는 의료행위로 증명되고, 인과관계가 추정되기 때문에 의료인의 손해배상책임을 부정할 수 있는 가능성은 두 가지가 있다. 의료인 측에서 환자의 사망이 다른 원인에 의한 것이었음을 증명하거나, 전력을 다하지 않은 의료행위에 대한 반증으로 그 정도면 전력을 다한 것이었음을 증명하는 것이다. 법원은 주로 위법성을 인정할 정도로 의료인이 전력을 다하지 않은 것이 아님을 근거로 손해배상책임을 부정하였고, 그러면서 현저하게 불성실한 진료였다는 점은 피해자가 증명하여야 한다는 점을 확인하고 있다.

문제는 판례의 법리대로 현저하게 불성실한 진료의 위법성이 인정되고, 일반인의 상식에 기초한 과실있는 의료행위의 경우처럼 타원인 개재불가능을 증명하여 인과관계가 추정되면, 배상되어야 할 손해가 왜 정신적 고통에 대한 위자료 배상에 한정되는가 하는 점이다. 현저하게 불성실한 진료의 위법성이 인정된다면, 의료과오소송에서 위법행위는 그 진료행위이고, 진료행위로 침해된 법익은 환자의 생명·신체에 대한 법익이다. 손해배상을 불성실한 진료로 인한 고통으로 제한할 것이 아니다. 반대로 위법한 진료행위가 인정되어도 그것과 생명·신체 사이에 인과관계가 부정되어 손해배상책임이 부정된다면, 불성실한 진료에 대하여 위자료 책임을 인정하는 근거가 무엇인지 의문이다. 불성실한 진료로 침해되는 인격적 법익이 무엇인지에 대한 고민없이 환자 본인 외에 환자 가족까지 불성실한 진료로 고통을 받았을 것이라는 이유로 위자료 배상을 인정할 수 있는지 의문이다.

그리하여 판례가 전개하고 있는 의료과오소송에서 수인한도론은 본래 의미의 수인한도론과는 전혀 다른 것일 뿐만 아니라, 현저하게 불성실한 진료가 위법행위인가, 그 위법성을 인정한다고 하더라도 침해되는 법익은 무엇인가, 침해되는 법익이나 구체적 손해 없이 환자 본인뿐만 아니라 가족에게까지 위자료 배상을 인정하는 것은 위자료의 제재적 기능에 따른 것인가 하는 여러 의문을 낳게 한다. 의료계약에서 판례가 일반론으로 전개하고 있는 수인한도론을 수용할 것인지, 아니면 의료계약에서 증명법리를 명문화함으로써 수인한도론의 폐기를 이끌 것인지를 논의하여야 한다. 더구나 의료중과실에 상응하는 정도가 일반인의 수인한도를 넘는 현저하게 불성실한 진료라고 볼 수 있다면, 적어도 환자의 증명책임을 완화시켜 주는 것이 필요하다고 하여 수인한도론을 독일민법 제630조의 h 제5항 중대한 치료과오에 대한 증명책임의 전환법리와 연결시키는 견해[75]도 있기 때문에 의료계약에 관한 입법에서 손해배상책임체계에 기초하여 수인한도에 관한 판례법리를 검토할 필요가 있다고 할 것이다.

(2) 치료기회상실에 대한 위자료 배상

치료기회상실 사안은 예컨대 환자의 질병을 조기에 진단하기 못한 데 대한 과실이 인정되는 경우에, 환자의 질병이 발견된 때에는 기대여명이 얼마 남지 않은 말기의 상태였고, 환자가 가지고 있는 질병의 성질상 수술이 가능한지도 불명확하고 예후도 나쁜데, 환자가 결국 질병의 진행으로 사망하였다면, 환자의 사망은 질병으로 인한 것이지 조기진단을 못하였기 때문이 아니므로 의료행위에 과실이 인정되어도 인과관계가 부정되어 사망에 대한 손해배상책임이 부정되는 경우에 문제가 된다. 우리 판례는 의료인의 과실있는 의료행위와 생명침해 사이의 인과관계를 부정하면서도, 진료상 과실이 없었더라면 환자는 질병을 좀 더 빨리 발견하여 그 진행상태에 따른 적절한 치료를 받을 수 있고, 그랬다면 다소나마 생존기간을 연장할 수 있는 여지도 있었을 것인데 그러한 조기발견 및 적절한 치료를 받아 볼 기회를 상실하였다고 하면서 환자 및 그 가족들의 정신적 고통에 대한 위자료를 인정한다.[76]

판례는 설명의무 위반에 따른 치료기회상실처럼 이때에도 치료기회상실에 따른 위자료를 인정하고 있지만, 이 두 경우의 치료기회상실을 동일하게 취급할 수는 없다. 설명의무 위반의 경우에는 설명의무를 해태한 부작위와 치료기회상실 혹은 선택기회상실과의 사이에 침해된 법익으로 자기결정권이 존재한다[77]. 그러나 치료기회상실론으로 명명되는 판례 사안에서 손해를 야기한 행위는 설명해태가 아니라 진료과실이다. 그리고 진료과실과 치료기회상실 사이에 침해된 법익이 존재하지 않는다.

이 때문에 치료기회상실에 관한 판례의 법리를 의료계약에서 다루고자 한다면, 손해배상책

75) 백경희, “의료민사소송에서의 불성실한 진료에 대한 손해배상청구에 관한 소고”, 「법학논총」, 제26권 제2호, 조선대학교 법학연구원, 2019, 22-23면.

76) 대법원 2001. 11. 13. 선고 2001다50623 판결.

77) 판례는 설명의무 위반은 환자의 자기결정권 내지 “치료행위에 대한 선택의 기회”를 보호하기 위한 것이라고 하기도 하고(대법원 2002. 10. 25. 선고 2002다48443 판결), 의료행위를 받을 것인지를 선택함으로써 “중대한 결과의 발생을 회피할 수 있었음에도 불구하고 의사가 설명을 하지 아니하여 그 기회를 상실하게 된 데에 따른 정신적 고통을 위자하는 것”이라고 하기도 하여(대법원 2013. 4. 26. 선고 2011다29666 판결) 설명의무 위반으로 상실된 기회를 선택기회로 보기도 하고 치료기회로 보기도 한다. 그러나 설명의무 위반으로 침해된 자기결정권에서 문제되는 자기결정은 선택에 관한 것으로 치료기회가 아닌 선택기회가 통상손해로 배상의 대상이 된다고 할 것이다. 이에 관한 자세한 논의는 이재경, 앞의 글(각주 50), 58면.

임체계에서 치료기회상실법리를 어떻게 구성할 것인지 검토가 필요하다. 진료과실은 인정되기 때문에 그 중대성에 비추어 인과관계에 대한 증명책임을 전환할 수 있다거나,[78] 치료기회상실의 경우에 침해되는 법익으로 의료수준에 비추어 적절한 치료를 받을 이익을 정신적 법익에 관한 일반적 인격권의 하나로 구체화할 수 있다거나[79] 하는 견해 모두 현재의 손해배상책임체계에 판례의 치료기회상실 법리가 부합하지 않음을 시인하는 것이라 할 수 있다. 한편으로는 진료과실의 책임체계 안에서 진료과실이 인정되는 경우에, 진료과실이 없어 적시에 치료를 받았더라도 생존했을 가능성이 희박하다고 하더라도 치료를 받았다면 생존하였을 가능성과 치료를 받았더라도 사망하였을 가능성 중에 생존가능성이 단 1%라도 더 높다면 침해된 법익은 생명·신체에 관한 법익이라고 할 수도 있을 것이다. 반대로 이미 우리 판례가 선택기회상실을 넘어 치료기회상실을 설명의무 위반에 따른 손해로 인정하고 있기 때문에 진료과실이 인정되는 경우에 진료과실이 없었더라면 치료에 관한 결정을 할 수 있었으므로 자기결정권을 침해한 것이라고 하여 위자료 배상을 인정하고, 특별손해로 전손해 배상까지 인정할 수도 있을 것이다.

치료기회상실론이 갖는 본래 의미는 의료과실이 인정되는 때에 치료기회상실과의 인과관계가 인정되면, 치료기회상실에 따른 손해 일체를 배상하도록 하는 데 있다. 따라서 치료기회상실에 따른 손해를 인정하더라도 배상의 대상을 전손해로 할 것인지, 위자료로 한정할 것인지의 논의도 필요하다. 치료기회상실에 관한 판례 자체가 많지 않고, 관련 논의 역시 많지 않지만, 앞서 살펴본 수인한도 판례와 마찬가지로 의료과오소송에서 의무위반이 인정되거나, 진료과실이 인정되는 경우에 침해법익, 인과관계에 대한 증명없이 위법행위나 진료과실 그 자체로부터 정신적 고통을 상정하여 위자료 배상을 인정하고자 하는 판례의 태도를 계약책임에서 어떻게 받아들일 것인지를 고민할 필요가 있다. 이 부분 의료계약에 관한 민법조문의 신설이 판례법리를 조문화하는 것을 넘어서, 의료관련 법리를 정리하고 선두에서 의료관련 법리를 이끄는 역할까지 할 것인지에 대한 고민이기도 하다.

3. 설명의무 위반에 따른 손해배상

우리 판례와 학설은 의료과오소송에서 설명의무 위반에 따른 손해배상에 관한 독자적인 법리를 발전시켜왔고, 이미 상당한 정도로 법리가 정립되어 있다. 어떻게 보면 의료계약에 관한 입법논의에서 가장 쉽게 판례법리를 차용할 수 있는 부분이라고 생각할 수도 있다. 그런데 판례법리를 조문으로 고정시켜 놓는 경우에, 계약책임의 다른 부분 혹은 손해배상책임체계 외에 의료

78) 백경희, 앞의 글, 22-23면.
79) 엄복현, "치료기회상실로 인한 손해배상에 있어서 피침해법익", 「의료법학」, 제20권 제3호, 대한의료법학회, 2019, 132면.

계약에서 설명의무 법리와 충돌하는 부분이 생기더라도 융통성 있게 이에 대응할 수 없게 된다. 따라서 의료계약의 신설을 위하여 설명의무에 관한 판례법리를 점검할 필요가 있다.

판례는 설명의무를 위반한 때에 침해된 법익을 생명·신체적 법익과는 구별되는 자기결정권이라는 인격적 법익으로 이해한다. 그리고 자기결정권 침해에 따른 손해로 선택기회상실에 따른 위자료 배상을 인정하고, 설명의무를 위반한 채 수술 등을 하여 환자에게 사망 등의 중대한 결과가 발생한 경우에, 중대한 결과와 의사의 설명의무 위반 내지 승낙 취득 과정에서의 잘못과의 사이에 상당인과관계, 의사의 설명의무 위반이 환자의 자기결정권 내지 치료행위에 대한 선택의 기회를 보호하기 위한 것인 점에 비추어 환자의 생명, 신체에 대한 구체적 치료과정에서 요구되는 의사의 주의의무 위반과 동일시할 정도의 것이라는 점을 환자가 증명하면 위자료뿐만 아니라 악결과에 대한 모든 손해의 배상을 인정한다.[80]

학설은 여전히 설명의무 위반으로 신체적 법익이 침해된다는 입장[81]과 판례와 같이 자기결정권이라는 인격적 법익이 침해된다는 입장[82]이 대립한다. 이 두 견해의 근본적인 차이는 침해되는 법익에도 있지만, 법익을 침해한 행위가 무엇인가 하는 점에도 있다. 신체적 법익침해론에서 신체적 법익을 침해한 행위는 설명의무 위반 그 자체가 아니라 설명의무를 위반하여 실시된 의료행위이다. 반면 인격적 법익침해론은 설명없이 이루어진 의료행위라고 하여 반드시 위법하다고 보지 않기 때문에 설명의무를 위반한 의료행위가 아니라 설명의무를 위반한 부작위 그 자체를 자기결정권 침해와 연결되는 행위로 본다. 그 효과에서도 신체적 법익침해론은 신체침해에 따른 전손해 배상을 인정하기 때문에 의료과실이 인정되면 어차피 신체침해에 따른 전손해 배상이 인정되어 설명의무 위반이 문제될 여지는 없게 된다. 그러나 인격적 법익침해론은 자기결정권 침해에 따른 위자료 배상을 인정하기 때문에 이와 병행하여 진료과실로 인한 신체적 법익침해에 대한 전손해 배상을 청구할 수 있다. 물론 설명의무 위반의 경우에도 위자료 배상에 더하여 신체손해와의 인과관계가 인정되면 그에 대한 배상도 가능하다. 요컨대 신체적 법익침해론과 인격적 법익침해론은 그 효과면에서 설명의무 위반으로 신체침해에 따른 손해를 인정할 것인가가 아니라 설명의무 위반으로 신체침해와는 별도로 위자료 배상만을 인정할 것인가 하는 점에서 차

80) 대법원 2015. 10. 29. 선고 2013다89662 판결.

81) 김민중, "의사책임 및 의사법의 발전에 관한 최근의 동향", 「민사법학」, 제9·10호, 한국사법행정학회, 1993, 339면; 박영규, "의사의 설명의무의반에 따른 손해배상", 「일감법학」, 제31호, 건국대학교 법학연구소, 2015, 113면 이하; 이동진, "의사의 위험설명의무 -법적 기능, 요건 및 위반에 대한 제재-", 「의료법학」, 제21권 제2호, 대한의료법학회, 2020, 13면 이하; 장창민, "의사의 설명의무에 대한 연구 -보호법익을 중심으로-", 「아주법학」, 제13권 제1호, 아주대학교 법학연구소, 2019, 94면 이하.

82) 김천수, "의사의 설명의무", 「민사법학」, 제7호, 한국민사법학회, 1998, 278면; 석희태, "의사의 설명의무의 법적 성질과 그 위반의 효과", 「의료법학」, 제18권 제2호, 대한의료법학회, 2017, 9면; 이재경, 앞의 글(각주 50), 53면.

이가 있다고 할 것이다.

의료계약에 관한 입법이 판례법리를 조문화 하는 것이라면, 의료계약에 관한 조문에서 설명의무로 보호되는 법익을 신체적 법익과는 구별되는 인격적 법익인 자기결정권 침해임을 명시할 수도 있을 것이다. 그러나 판례법리를 조문화하는 경우에도 그 구체적 내용에 있어서 자기결정권을 침해한 행위가 무엇인지,[83] 자기결정권 침해로 인한 손해가 무엇인지[84]를 분명히 할 필요가 있다.

한편 판례는 설명의무 위반에 따른 손해배상청구에서 설명의무를 이행한 데 대한 증명은 의사측이 하도록 하고 있어,[85] 그것이 손해배상책임에서 증명책임의 일반원리에 부합하는 것인지도 확인할 필요가 있다. 생각건대 설명의무를 위반한 의료행위가 아니라 설명의무 위반 그 자체를 자기결정권을 침해한 위법행위로 보는 인격적 법익침해론에 따르면, 설명의무를 위반한 부작위 불법행위에서 설명의무를 이행하였음을 의사측이 증명하는 것이 증명책임 일반론에 어긋나는 것은 아니라고 할 것이다. 부작위 불법행위에서 환자는 부작위를 증명하는 것이 아니라 작위의무의 존재, 즉 무엇을 설명하였어야 하는지를 증명하면 되는 것이고, 그것이 증명되면 의사는 그러한 설명을 충분히 다하였음을 증명하여야 하는 것이다. 부작위 불법행위에서 의사의 설명이 없었음을 주장하는 환자에게 설명이 없었음을 증명하라고 하는 것은 존재하지 않음을 주장하는 쪽에서 존재하지 않음을 증명하라는 것으로 사실상 증명이 불가능하게 된다.[86] 설명의무를 의료계약에서 규정할 때에 설명의무 위반에 따른 손해배상에서 증명에 관한 이러한 법리를 계약법의 일반원칙에 따라 해결하도록 둘 것인지, 아니면 이것을 조문으로 둘 것인지에 대한 논의가 있어야 할 것이다.

4. 진료과실이 인정되는 경우 진료비채무의 문제

의료계약에서 진료채무는 수단채무로 최선을 다하여 의료행위를 수행하면 그 결과와 상관없이 채무의 본지에 좇은 이행을 다한 것이다.[87] 판례 역시 "의사가 환자에게 부담하는 진료채무는 질병의 치료와 같은 결과를 반드시 달성해야 할 결과채무가 아니라 환자의 치유를 위하여 선량한 관리자의 주의의무를 가지고 현재의 의학수준에 비추어 필요하고 적절한 진료조치를 다해야 할 채무, 즉 수단채무"라고 하면서 "위와 같은 주의의무를 다하였는데도 그 진료 결과 질병

83) 설명의무를 위반하여 실시된 의료행위인가, 설명의무를 위반한 부작위인가.

84) 선택기회상실인가, 치료기회상실인가.

85) 대법원 2007. 5. 31. 선고 2005다5867 판결; 대법원 2010. 8. 19. 선고 2007다41904 판결 등.

86) 이것은 마치 용이 없음을 주장하는 쪽에서 용이 없음을 증명하라는 것과 같다. 이때에는 반대로 용이 있다고 반박하는 쪽에서 용의 존재를 증명하여야 할 것이다.

87) 대법원 2015. 10. 15. 선고 2015다21295 판결.

이 치료되지 아니하였다 하더라도 그 치료비는 청구할 수 있다"고 한다.[88]

그러면서 판례는 "선량한 관리자의 주의의무를 다하지 아니한 탓으로 오히려 환자의 신체기능이 회복불가능하게 손상되었다면, 그 후유증세의 치유 또는 더 이상의 악화를 방지하는 정도의 치료행위는 진료채무의 본지에 따른 것이 되지 못하거나 손해전보의 일환으로 행하여진 것에 불과하여 병원 측이 환자에게 그 치료비를 청구할 수는 없"다고 하였다.[89] 그리고 "이는 손해의 발생이나 확대에 피해자 측의 귀책사유가 없음에도 공평의 원칙상 피해자의 체질적 소인이나 질병과 수술 등 치료의 위험도 등을 고려하여 의사의 손해배상책임을 제한하는 경우에도 마찬가지"라고 한다.[90]

이러한 판례의 태도에 대하여 책임제한은 손해배상을 구하는 경우에 책임을 제한하는 것에 불과하고, 치료비를 청구하는 때에는 의료과실에 따른 손해배상에서 책임제한이 이루어졌더라도 책임비율을 초과하는 부분에 한하여 비율적으로 적절한 진료채무의 수행이 있었다고 볼 수 없다는 태도라고 하면서, 그 결과 판례에 향후 치료기관 선택에 따라 당사자들의 손해 분담의 불균형이 발생할 수 있다는 비판이 있다.[91]

선량한 관리자의 주의를 다하지 아니하여 환자에게 손해가 발생한 경우, 그러한 손해를 발생시킨 의료인 또는 의료기관이 그러한 손해를 치유하기 위하여 의료행위를 계속하는 것을 불완전이행에 따른 추완으로 본다면 책임제한을 적용할 여지는 없다.[92] 추완을 통하여 본래의 의료행위 이행의 불완전성이 치유된다면 본래 의료행위에 대하여 약정된 대가를 지급하면 될 것이다.[93] 그러나 손해배상으로 본다면, 과실있는 의료행위를 한 의료기관으로부터 원상회복의 방식으로 손해배상이 이루어지는 경우와 다른 의료기관으로부터 치료를 받고 그 비용을 금전배상으로 청구하는 경우에 손해배상의 구체적 액수에 차이가 발생한다는 지적은 일리 있다.[94] 그리하여 의료과실로 발생한 악결과를 치유하기 위한 의료행위를 추완으로 볼 수 있는지, 그렇다면 추완청구권에 관한 민법 개정논의[95] 및 의료계약에 관한 입법 논의에서 추완청구권을 개별적으로

---

88) 대법원 2001. 11. 9. 선고 2001다52568 판결.

89) 대법원 1993. 7. 27. 선고 92다15031 판결.

90) 대법원 2016. 6. 23. 선고 2015다55397 판결.

91) 김화·송진성, "의사의 과실이 추정된 사안에서 치료비 부담의 문제 -의사에게 모든 치료비를 부담하게 하는 판례에 대한 비판적 고찰", 「사법」, 사법발전재단, 2020, 246면.

92) 송덕수, 『신 민법강의(제13판)』, 박영사, 2020, 797면은 의료과실이 있는 때에 그 손해를 치유하기 위하여 지출된 치료비 지급 청구에 관한 판례를 채무불이행 중 불완전급부의 효과에 관한 부분에서 추완청구권에 관한 설명과 함께 소개하고 있다.

93) 다만 추완은 채무자의 제2의 이행제공을 통해 앞선 이행행위의 하자가 치유될 수 있는 경우에만 인정되기 때문에 판례가 판시하고 있는바, 환자의 신체기능이 회복불가능하게 손상된 경우에 그 후유증세의 치유 또는 악화를 방지하는 정도의 치료를 추완으로 볼 수 있는지는 검토가 필요하다.

94) 김화·송진성, 앞의 글, 246면.

95) 민법개정논의에서 추완청구권에 관한 자세한 설명은 오종근, "추완청구권 -민법개정논의를 중심으로-",

인정할 것인지를 논의할 필요가 있다.

진료비 채무와 관련하여 보다 근본적으로는 의료제공자가 최선을 다하지 않아 오히려 손해가 발생한 때에도 환자는 진료비를 지급하여야 하는가 하는 점부터 문제가 된다. 의료계약에서 환자가 부담하는 진료비 채무는 계약상대방인 의료제공자가 약정된 진료를 이행한 데 대한 대가의 성격을 갖기 때문이다. 의료계약에서 환자측이 부담하는 진료비 채무의 내용을 분명히 할 필요가 있다.

Ⅳ. 결 론

이상으로 의료계약의 신설을 위한 논의에서 다루어야 할 주요 쟁점들을 살펴보았다. 이들을 정리하면 다음과 같다. 먼저 우리의 의료관계는 「국민건강보험법」과 밀접하게 연관되어 있는데, 「국민건강보험법」은 요양급여뿐만 아니라 법정비급여, 그리고 임의비급여의 영역까지 통제한다. 그러나 의료계약에서 의료제공자와 환자가 요양기준을 벗어난 의료행위를 계약의 내용으로 하였다고 하더라도 그 부분 의료계약의 효력을 부정할 것은 아니다. 이 부분 의료계약에서 사적자치의 원칙을 분명히 할 필요가 있다. 한편 임상의학 수준이 아닌 「국민건강보험법」상의 요양급여기준이 의료행위의 과오, 위법성, 의무위반 혹은 과실을 판단하는 기준이 될 수는 없다. 그러나 「국민건강보험법」의 요양기준에 미치지 못하는 경우 심사평가원의 평가에 따라 국민건강보험공단이 요양급여를 삭감하거나 환수하기 때문에 요양급여기준이 일종의 의료행위의 지침처럼 작용하고 있음을 부정할 수 없다. 의료계약에 관한 입법에서 의료제공자가 지는 의무의 내용을 분명하게 정하고, 「국민건강보험법」의 요양기준과의 관계를 정리할 필요가 있다.

「의료법」과 관련하여서는 진료거부금지규정으로 계약의 자유가 제한되는지 살펴보았다. 진료거부금지규정으로 계약의 성립 및 내용의 자유가 제한되는 것은 아니다. 그러나 의료계약에서 계약해지의 자유는 제한되는데, 이것은 비단 진료거부금지 규정 때문은 아니고, 타인의 생명·신체에 대한 처분의 독점적 권한을 갖는 의료인의 지위로부터 인정되는 신뢰관계에 기인한다.

그 밖에 「의료법」이 규정하고 있는 의료인의 각종 의무들을 의료계약이 포섭할 필요가 있는지, 「의료법」으로부터 「민법」으로 이동하는 것인지 아니면 양쪽 모두에서 규율할 필요가 있는지 등을 검토하였다. 먼저 「의료법」의 의료행위에 관한 설명은 사적 관계에서 발생하는 의무의 이행에 대한 공적 제재로, 바람직하지 않음을 지적하였다. 의료계약에서 설명의무를 규정하면서 「의료법」의 설명의무 조항은 삭제하여야 할 것이다. 요양지도설명은 의료행위의 연장으로 의료

「법학논집」, 제22권 제3호, 이화여자대학교 법학연구소, 2018, 1면 이하 참조.

계약에서 별도로 고려할 필요는 없다. 비급여 의료행위에 대한 진료비용 고지의무와 관련하여서는 임의비급여 영역에서 계약자유를 인정하면서 이 부분 비용에 관한 경제적 설명을 의료계약에 포섭할 필요가 있다.

그리고 「의료법」의 처방전, 진료기록 작성 및 송부의무는 환자의 치료를 위한 것이기도 하지만, 환자의 개인정보를 담고 있기도 하여 개인정보에 대한 자기결정권과 관련한 검토가 필요하다. 진료기록 작성 및 송부의무의 경우에는 진료기록 기재의무로부터 그러한 의무를 위반하여 진료기록을 작성하지 않았거나 잘못 기재한 경우 등에 있어서 진료기록부에 기재된 내용대로 의료행위가 있었다고 추정하는 효력을 인정할 것인지, 그것을 조문화할 것인지도 검토하여야 한다.

한편 의료계약은 판례를 통해 전개된 의료과오소송의 법리를 조문화하는 데에 의미가 있기 때문에, 판례법리를 검토하고 정리가 필요하거나 계약법적 측면에서 논의가 필요한 부분들을 확인하였다. 진료과오에서 과실과 인과관계의 증명부담을 경감시키는 일반인의 상식에 바탕을 둔 과실있는 의료행위의 법리, 간접사실을 통한 과실과 인과관계 동시추정의 법리를 손해배상책임의 요건론적 측면에서 검토하였다. 그리고 불성실한 진료에 대한 수인한도론, 치료기회상실에 대한 위자료 배상 판례법리가 손해배상책임체계에 부합하지 않음을 확인하고, 의료계약에 관한 입법논의에서 이들 판례법리를 수용할 것인지, 더 나아가서는 우리의 입법론이 판례법리를 수용하는 데에서 그치는 것인지 의료손해배상책임의 문제를 법조문을 통해 선도해 나갈 것인지 입법의 방향을 결정할 필요가 있음을 지적하였다.

설명의무 위반의 법리는 기본적으로 판례를 통해 정립된 이론을 수용하는 것이 바람직할 것이지만, 이때에도 설명의무의 이행에 대한 증명, 설명의무 위반에 따른 전손해 배상에서 증명, 설명의무 위반에 따른 전손해 배상이 손해배상책임체계에서 차지하는 위치 등을 정확히 해 줄 필요가 있음을 지적하였다. 마지막으로 진료과실이 인정되는 경우 진료비채무의 문제와 관련하여 불완전이행에서 추완청구로 이 문제를 풀어나갈 수 있는 가능성이 있음을 지적하였다.

본 연구에서 지적한 쟁점들은 의료계약의 신설을 위하여 반드시 논의되어야 할 것들이지만, 의료계약에 관한 입법에서 다루어야 할 문제들이 비단 이것들로 한정되지 않음은 물론이다. 의료계약에서 당사자, 손해배상액 예정, 환자의 계약상 의무, 과실상계 모두 입법을 위하여 검토가 필요한 항목이다. 그러나 의료계약에 관한 입법논의에서 무엇보다도 중요한 것은 의료계약의 입법목적을 분명히 하는 것이다. 현실에서 발생하는 의료관련 법률문제를 의료계약의 조문으로 해결하고자 하는 것이라면, 의료계약의 신설을 위한 논의의 대상을 판례법리로 제한하지 말고, 문제해결을 위한 법리를 적극적으로 전개해 나갈 필요가 있다.

프랑스법상 주택임차권의 양도*

이 은 희**

Ⅰ. 서 론

임대인 지위의 승계 및 임차권의 양도를 계약인수를 통하여 설명한 논문[1]이 2006년에 발표된 이래, 임대차계약의 이전에 관한 논의가 국내에서 활발히 일어나고 있다.[2] 특히 임차권양도인의 채권자가 행한 임차보증금반환채권가압류의 효력이 문제된 대법원 2017. 1. 25. 선고 2014다52933 판결과 관련하여 발표된 한 논문은 임차권의 양도를 계약인수로 파악하면서 채권양도의 대항요건을 계약인수 요건에 유추할 수 있는지를 검토하고 있다.[3]

우리나라 판례[4]와 학설에서는 당사자지위를 이전받은 양수인이 계약을 인수하였음에 초점을 맞추어 "계약인수"라는 표현을 사용하는 반면, 프랑스에서는 계약상 지위의 이전을 가리켜 "계약양도"라고 표현하고 있다.[5] 프랑스에서는 임차권의 양도를 계약양도의 하나로 파악하고 있다. 하지만 종래에는 임차권의 양도를 채권양도로 보는 견해가 우위를 차지하였다. 그래서 모든 채권양도와 마찬가지로, 임차권양도를 제3자에게 대항할 수 있기 위해서는 프랑스민법 제1690조에 규정된 두 가지 형식요건 중 하나, 즉 집행관에 의한 통지(signification) 또는 공정증서에 의한

---

* 이 글은 「법학연구」 제23집 제4호(인하대학교 법학연구소, 2020), 225-267면에도 게재되었다.

** 충북대학교 법학전문대학원 교수.

1) 이준현, "계약인수와 임차권의 양도", 「저스티스」 제89호, 한국법학원, 2006, 5-34면.
2) 이학인, "임차권양도에 따른 임대차보증금반환채권의 이전과 지명채권양도의 대항요건", 「법조」 제699호, 법조협회, 2014, 74-117면; 이호행, "채권의 (가)압류와 계약인수 -계약인수와 주임법 제3조 4항과의 비교를 중심으로-", 「동북아법연구」 제10권 2호, 전북대학교 동북아법연구소, 2016, 315-347면; 김형석, "계약인수와 대항요건 -대법원 2017. 1. 25. 선고 2014다52933 판결에 대한 평석", 「민사법학」 제83호, 한국민사법학회, 2018, 131-166면.
3) 김형석, 위의 논문, 140면 이하.
4) 대법원 1982. 10. 26 선고 82다카508 판결; 대법원 1987. 9. 8 선고 85다카733 판결; 대법원 1992. 3. 13. 선고 91다32534 판결; 대법원 1996. 2. 27. 선고 95다21822 판결; 대법원 2007. 9. 6. 선고 2007다31990 판결; 대법원 2015. 5. 29. 선고 2012다84370 판결.
5) 김현진, "프랑스민법상 계약양도", 「비교사법」 제90호, 한국비교사법학회, 2020, 215면.

승낙(acceptation)을 갖추어야 했다.[6] 임차권양도가 사전에 허락되었다 해도 마찬가지였다.[7] 또한 임차권의 양도는, 반대약정이 없는 한, 양도인이 임대인에 대한 의무를 면하는 효과를 갖지 않았다. 그러므로 경개(novation)가 없었다면 연속적인 임차권양수인들의 임대차계약상 채무불이행을 이유로 원임차인이 소유자로부터 소구당할 수 있었다. 화재가 일어난 때에도 원임차인은 프랑스민법 제1733조와 제1735조에 기하여 여전히 책임을 져야 했다.[8] 그런데 1980년대에 들어와 임차권의 양도를 계약양도로 보는 학설[9]과 양도인의 원칙적 면책을 인정하는 판례[10]가 등장하게 되었다. 임차권의 양도가 계약양도의 하나임에 대해서는 다툼이 없게 된 후에도 프랑스민법전에는 계약양도에 관한 조문이 없기 때문에 채권양도에 관한 규정이 여전히 사용되었다. 그러다가 2016년에 프랑스민법이 개정되면서 계약양도에 관한 규정이 제1216조 이하에 도입되었다. 그 결과 임차권 양도에 대한 규율도 그에 따르게 되었다.

이 논문의 목적은 프랑스법상 주택임차권의 양도에 관하여 소개하는 것이다. 먼저 프랑스법상 주택임차권 양도의 개념, 가능성, 적용법규(Ⅱ.)를 살펴본 후 주택임차권의 양도의 요건(Ⅲ.)과 효과(Ⅳ.)를 살펴본다. 그리고 프랑스 주택임대차법상의 특별한 제도로서 주택임차권의 교환과 승계, 사회주택 고령 임차인의 전대를 소개한다(Ⅴ.). 결론에서는 우리 법에의 시사점을 도출하고자 한다(Ⅵ.).

Ⅱ. 주택임차권 양도의 개념, 가능성, 적용법규

1. 주택임차권 양도의 개념

(1) 합의에 의한 양도

임차권의 양도가 프랑스민법 제정시부터 제1717조에 언급되어 있음에도 계약양도는 그 존재 자체가 계속하여 논쟁의 대상이 되었다. 계약양도의 법적 성질에 관하여는 일원설과 이원설이 대립하였다. 이른바 "일원설"에 따르면 계약양도는 채권양도와 채무양도의 결합이 아니라 채권관계의 이전을 넘어서 계약상 지위의 이전을 실현하는 독자적인 거래이다.[11] 이원설(해체설)은

6) Cass. soc., 27 oct. 1955: *JCP* G 1956, Ⅱ, 9132; *AJPL* 1956, Ⅱ, p. 41; Cass. 3e civ., 6 janv. 1971: *Bull. civ.* Ⅲ, n° 7; Ch. Aubry et Ch. Rau, n° 1, 6e éd. t. Ⅴ, 359, note 25-2, p. 141 et 368, p. 258. 법조문은 공정증서에 의한 승낙만을 규정하고 있지만 판례는 사서증서에 의한 승낙도 가능하다고 한다(Cass. 1re civ., 19 janv. 1970: *Bull. civ.* Ⅰ, n° 19).

7) CA Agen, 1re ch., 17 oct. 2001: *JurisData* n° 2001-164664.

8) Cass. 3e civ., 19 mai 1972: *JCP* G 1972, Ⅳ, 163.

9) L. Aynès, *La cession de contrat et les opérations juridiques à trois personnes*, Economica, 1984.

10) Cass. 3e civ., 12 juill. 1988: *Bull. civ.* Ⅲ, n° 125; *RTD com.* 1989, p. 217, obs. M. Pédamon.

11) J. Carbonnier, *Les obligations*, Thémis, 22e éd., PUF, 2000, n° 325; L. Aynès, *op. cit.*, n° 85 s., et La

계약양도는 채권양도와 채무양도가 결합된 것으로 채권양도와 채무양도에서 요구되는 요건들을 적용하여 해결할 수 있다는 견해이다.12) 그런데 2016년에 개정된 프랑스민법이 제3권 제3편에 계약양도에 관한 규정을 둠으로써 더 이상 논쟁은 없게 되었다. 프랑스민법 제1216조 제1항에 따르면 "양도인인 계약자는 계약당사자의 지위를 피양도인의 동의를 얻어 양수인인 제3자에게 양도할 수 있다."13) 계약의 양도는, 계약의 성립, 계약의 이행, 계약의 불이행과 마찬가지로, 계약의 생애에 있어 있을 수 있는 순간의 하나로서 상정되어 있다.14) 계약당사자의 변경을 금지하는 약정 또는 법률규정이 없는 한, 어떤 계약이든 양도가 가능하다. 계약양도에 관여하는 사람은 세 사람이다. 계약이전의 주체인 양도인(cédant), 양도인을 대체하는 사람인 양수인(céssionnaire), 양도된 계약의 계약상대방인 피양도인(cédé)이 바로 그 셋이다.

임대차계약에 있어서 한 당사자인 임대인이 변경되는 경우는 임대차목적물의 소유권이 변동되는 때이다. 프랑스민법 제1743조 제1항은 임대인이 임차부동산을 매도한 때에는 매수인이 일정한 임차인에게는 명도를 청구하지 못한다고 함으로써 임대차계약의 법정양도에 대해 규정하고 있다. 이는 법률규정에 의해 임대인의 자격이전이 일어나는 것으로 임차권의 양도와는 구분된다. 임차권양도는 임차인이 자신의 계약상 지위를 제3자에게 이전하는 의사를 표시함으로써 자신은 더 이상 그 계약의 수혜를 받지 않는 것이다. 이는 합의에 의한 계약양도이다.

양도계약의 당사자인 임차권양도인과 임차권양수인은 계약양도의 개념에서 설명할 양도인과 양수인이다. 그리고 양도된 임대차계약의 계약상대방인 임대인은 피양도인이다.

양도인과 양수인 사이의 계약관계는 여러 가지가 가능하다. 임차권양도합의가 대가[상사임대차에서의 "권리금(pas-de-porte)"]를 전제로 한 것이면 매매이며, 회사에의 출자나 교환일 수도

---

cession de contrat, *Dr. et patrimoine* juill.-août 2015, p. 73; Malaurie, Aynès et Stoiffel-Munck, *Droit des obligations*, 8e éd., nos 849 et 860; F. Terré, P. Simler et Y. Lequette, *Droit civil, Les obligaitions*, 11e éd., Dalloz, 2013, no 1215.

12) J. Ghestin et M. Billiau, *Traité de droit civil Les obligations, Les effets du contrat*, LGDJ, 1992, nos 1047 à 1051; Chr. Jamin et M. Billiau, Cession conventionelle de contrat: la portée du consentement du cédé, *D.* 1998, Chr. 145.

13) 계약양도와 채권관계에 관한 거래는 민법전 안에서 서로 다른 편에 위치하고 있다. 그 결과 계약양도는 단순히 계약상 채권의 양도와 계약상 채무의 이전이 합해진 것으로 단순화될 수 없다. 하지만 계약양도를 규율하는 법리는 채무양도를 규율하는 법리(제1327조 이하)와 아주 유사하다. 계약양도가 바로 채무양도는 아닐지라도, 계약양도는 실제로, 채무 이전의 효력을 가져오기 때문에 그에 대한 규율은 대립하는 당사자들, 특히 채권자의 이익을 보장하고자 한다는 점에서 유사하다. 사실 계약양도의 가장 현저한 효력은 계약상 채무자의 변경이며, 그 법리 구성에 있어서 해결해야 할 주된 어려움도 계약상 채무자의 변경이다. 계약양도가 피양도인의 동의를 요하고(제1216조), 피양도인의 명시적 동의가 없으면 양도인이 면책되지 않음(제1216-1조)은 채무양도에 적용되는 규율(제1327조와 제1327-1조)과 크게 다르지 않다. 김현진, "프랑스민법상 계약양도", 216면.

14) Olivier Deshayes, Thomas Genicon, Yves-Marie Laithier, *Réforme du droit des contrats, du Régime général et de la preuve des obligations*, vol. 1, 2e éd., LexisNexis, 2018, p. 460.

있다. 경제적 가치가 있는 "임차권"을 무상으로 양도하는 경우에는 증여이다.[15] 하지만 임대차로 인한 부담과 이익이 동등한 때에는 임차권양도에 대한 반대급부가 없다 해도 증여가 아니며 그렇다고 매매도 아닌 독자적인 계약(contrat sui generis)이다.[16]

(2) 전대와의 구분

우리 민법 제629조와 마찬가지로 프랑스민법 제1717조도 임차권의 양도와 전대를 한꺼번에 규정하고 있지만, 임차권양도와 전대는 구분되어야 한다. 이 둘은 법적으로 매우 다른 제도이다.

임차권양도는 임차인의 변경을 가져온다. 그러나 전대차는 원임차인을 그대로 존속시킨다. 임차인이 변경되는 것이 아니라 제2의 임차인이 추가된다. 전대는 임차인이 임대차계약을 이행하는 방식이라고 한다면, 임차권양도는 임차인의 처분행위이다.[17] 임차권양수인과 임차권양도인의 관계를 전차인과 전대인의 관계와 비교하여 보자. 먼저 임차권양수인은 양도인과의 관계에서 단순한 취득자이므로 목적물을 임차권양도시의 상태로 인수하여야 한다.[18] 반면 전차인은 전대인을 상대로 하여서는 임차인으로서의 자격을 갖기 때문에 임차목적물이 양호한 수선상태로 인도되고 유지되어야 함을 요구할 수 있다.

의심스러운 경우 임차권양도와 전대를 구분하기 위해 다음과 같은 기준을 적용할 수 있다. 첫째, 원 임대차의 조건을 무언가 수정하는 내용의 합의가 있다면 전대차이다. 왜냐하면 임차권양도는 본질적으로 양도인의 권리를 아무런 유보나 예외 없이 그대로 이전하는 것이기 때문이다.[19] 둘째, 일시금, 즉 대가가 지급되었다면 임차권양도를 추정할 수 있다. 상사임대차에서는 임차권양도가 일반적이다. 반대로 정기금을 지급하는 경우에는 전대차를 추정할 수 있다. 아파트 임차인이 제3자와 체결한 계약의 당사자들이 "임대차의 이전"이라는 표현을 사용하였고 계약서에 제3자가 소유자에게 차임을 직접 지급한다는 규정이 있었던 사안에서 계약기간이 1년(묵시적 갱신 가능)에 불과하며 해지통고에 의해 계약이 해지될 수 있다는 점에 비추어 임차권양도가 아니라는 판결이 있었다.[20]

---

15) CA Toulouse, 29 juill. 1897: *S.* 1899, 2, p. 195; G. Baudry-Lacantinerie et A. Wahl, *Traité théorique et pratique de droit civil; 2. Do contrat de louage*. t. Ⅰ, n° 1130 s. 임차권양도가 무상양여로서의 성격을 갖는 때에는 무상양여에 요구되는 형식적 요건과 실체적 요건을 적용받는다.

16) Cass. soc. 12 nov. 1954: *D.* 1955.22; *RTD civ.* 1955.334, obs. Carbonnier(따라서 대가가 있을 것이 요구되지 않는다).

17) 이는 소유자가 소유물을 매도하거나 증여하는 것과 마찬가지이다.

18) Ch. Aubry et Ch. Rau, *Cours de Droit civil français*, t. Ⅴ, p. 337.

19) CA Paris, 4 févr. 1927: *JCP* 1927, p. 478.

20) Cass. soc., 30 mai 1960: *Bull. civ.* Ⅳ, n° 571.

2. 주택임차권의 양도가능성

(1) 민법상의 양도가능성

1) 임차인의 양도권한

프랑스민법 제1717조에 따르면, 임대차계약조항에 의해 금지되지 않은 한, 임차인은 타인에게 임차권을 양도할 권리(droit)를 가진다. 그런데 권리와 권한을 구분하는 이론적 입장에서는 임차인은 임차권을 양도할 권한(faculté)을 갖는 것이다. 이 권한은 임대차의 목적물이 될 수 있는 모든 동산 또는 부동산(프랑스민법 제1713조)을 대상으로 한다. 임차권의 양도는 원칙적으로 임차목적물 전체를 대상으로 하는 반면, 전대는 목적부동산 전체가 아닌 일부를 대상으로도 할 수 있다.

임차권양도를 금지하는 계약조항이 없는 때에는, 임대차가 존속중인 한 -심지어 임차인이 임대인으로부터 해지통지를 받거나 해지통고를 받았다 해도-, 임차인은 임차권을 양도할 권한을 행사할 수 있다.[21] 반면 임대차 종료 후의 임차권양도는 아무런 효과를 발생시킬 수 없다.[22] 판례 가운데에는 임차권양도를 부동산임대회사에 통지하였지만 그 통지는 존재하지 않게 된 권리에 관한 것으로서 임차권양수인이 임대인에게 임차권을 이전받았다는 주장을 할 수 없었던 사건이 있다.[23] 임차권양도가 부동산임대회사에 통지되기 전에 임대회사가 원용하는 자동해지조항의 효과가 발생하였다는 것이 그 이유였다. 특히 임차권양도가 있기 전에 임차권양도인이 임대인의 해지통고에 대해 아무런 이의를 제기하지 않음으로써 묵시적으로 승낙한 해지통고의 효력을 임차권양수인이 다툴 수는 없다.[24]

2) 양도권한을 제한하는 특약

임대차계약의 당사자들은 임차권의 양도를 금지하는 약정이나 임대인의 동의가 있어야 양도가 유효하다는 약정, 객관적인 조건을 부가하는 약정 등을 할 수 있다.[25]

가. 양도금지특약

금지약정은 원칙에 대한 예외를 정하는 것이므로 임대차계약서에 기재되어야 한다. 임차인은 자신이 임대차계약에서 승낙한 금지약정을 준수하여야 한다.[26] 프랑스민법 제1717조 제3항은 임차권양도의 금지는 언제나 엄격히 준수되어야 한다고 규정한다.

---

21) Cass. soc., 10 mars 1950: *Bull. civ.* Ⅲ, n° 253.
22) CA Paris, 7 nov. 1960: *D.* 1961, p. 383.
23) Cass. 3ᵉ civ., 13 févr. 1980: *Gaz. Pal.* 1980, 2, somm. p. 318; *D.* 1980, IR p. 418.
24) Cass. com., 3 oct. 1967: *AJPI* 1968, p. 316.
25) 명시적인 양도금지특약이 없다 하더라도 (가령 친족간에 저렴한 임대료만 받고 임대한 경우와 같이) 당사자의 개성이 중시되는 임차권은 바로 그 이유로 인하여 양도할 수 없다.
26) Cass. req. 31 oct. 1922: *DP* 1923, 1, p. 205; T. civ. Lyon, 19 nov. 1924: *Gaz. Pal.* 1925, 1, p. 203; CA Alger, 7 mars 1928: *Gaz. Pal.* 1929, 2, p. 422; CA Paris, 16 mai 1927: *Gaz. Pal.* 1927, 2, p. 140.

금지특약이 프랑스민법 제1717조에 규정된 두 권한, 즉 양도와 전대권한 중 하나만을 금지하고 있는 때에는 해석상 어려움을 야기한다. 프랑스민법 제1717조에 규정된 임차인의 두 가지 권한 즉 전대와 임차권 양도 가운데 하나만을 금지하는 약정이 있는 경우 나머지도 금지되는 것인지 아니면 허용되는 것인지가 문제된다. 먼저 하나를 금지하면 나머지도 금지하는 것이라는 견해(제1설)가 있다.[27] 따라서 전대차를 금지하면 임차권의 전부나 일부의 양도도 금지된다고 한다.[28] 이와 달리 금지되지 않은 것은 허용된다는 견해(제2설)가 있다. 임차권양도와 전대차라는 두 행위는 법적으로 다른 행위이기 때문에 그 중 하나를 금지한 경우 다른 권한은 존속한다고 한다.[29] 또다른 견해에 따르면 임차권양도는 전대차보다 중대한 것이다. 이는 프랑스민법 제1717조의 문언에서도 알 수 있는 바이다. 따라서 임차권의 양도를 금지하면 전대할 권리는 존속한다.[30] 하지만 전대차를 금지하면 임차권의 양도도 금지된다(제3설).[31] 임차권양도의 금지가 전대차까지 금지하는 것은 아닌지를 알기 위해서는 당사자들의 의사를 탐구하여야 하는바, 이는 사실심법원의 전권에 속한다.

일부의 판결에 따르면 금지특약은 제한적으로 해석되어야 한다.[32] 따라서 전대를 금지하는 약정은 임차인이 무상으로 자신의 아파트를 제3자에게 빌려주는 것을 가로막지 않는다.[33] 그러나 임대차계약에서 건물을 제3자에게 전대하는 것뿐만 아니라 무상으로 빌려주는 것도 금지한다는 점이 명백한 때에는 전대차와 무상유숙을 구별할 필요가 없다. 양자가 모두 금지된다.[34] 임차권양도나 전대를 금지하는 특약은 하숙생을 받거나 가구를 갖춘 방을 운영하는 것도 금지하는 것이다.[35]

임대차계약에 임차권양도와 전대를 금지하는 내용이 포함되어 있다고 해서 법정양도

27) T. civ. Lyon, 14 oct. 1926: *DH* 1927, p. 32.
28) CA Caen, 29 oct. 1924; Rec. Caen 1924, p. 209; G. Baudry-Lacantinerie et A. Wahl, *op. cit.*, n° 1092; M. Planiol et G. Ripert, *Traité pratique de droit civil français*, t. Ⅱ, p. 1752.
29) CA Montpellier, 19 déc. 1921: *Gaz. Pal.* 1922, 1, p. 117; CA Paris, 25 mars 1927: *Gaz. Pal.* 1927, 1, p. 140; CA Paris, 4 déc. 1927: *JCP* 1927, p. 478.
30) T. civ. Lille, 14 nov. 1928: *Gaz. Pal.* 1928, 2, p. 419; T. civ. Rouen, 7 juill. 1930: *Gaz. Pal.* 1930, 2, p. 483; CA Rennes, 22 mai 1933: *Gaz. Pal.* Tables 1930-1935, V Bail, n° 210.
31) Cass. req., 24 janv. 1928: *DH* 1929, p. 67; T. civ. Boulogne-sur-Mer, 27 oct. 1916: *Gaz. trib.* 23 déc. 1917; T. civ. Seine, 21 juill. 1925: *Gaz. trib.* 1926, 1, Ⅱ, p. 358; CA Rennes, 19 juill. 1927: *Gaz. Pal.* 1927, 2, p. 613; CA Paris, 11 déc. 1930: *DH* 1931, p. 106.
32) CA Paris, 18 mars 1892: *DP* 1892, 2, p. 521; T. civ. Nantes, 10 oct. 1928: *Gaz. Pal.* 1929, 2, p. 424.
33) Cass. civ., 3 févr. 1943: *S.* 1943, 1, p. 55; CA Paris, 13 févr. 1925: *Gaz. trib.* 1925, 1, Ⅱ, p. 602; CA Rennes, 14 févr. 1927: *Gaz. Pal.* 1927, 2, p. 140.
34) Cass. soc., 24 nov. 1966: *Bull. civ.* Ⅳ, n° 890.
35) Cass. soc., 20 févr. 1958: *Gaz. Pal.* Tables 1955-1960, V Bail, n 544; CA Rennes, 11 juin 1923: *Gaz. Pal.* 1923, 2, p. 464; CA Lyon, 5 juin 1924: *DH* 1924, p. 521; CA Rennes, 20 janv. 1936: *S.* 1936, 2, p. 198.

(cession judiciaire)를 가로막지는 못한다.[36] 가령 임차인의 사망으로 포괄수유자나 상속인이 임차권을 승계하는 것이 차단되지는 않는다. 파기원은 임대차계약상 모든 임차권양도와 전대가 금지되어 있었던 사안에서 아파트 임차인의 사망으로 그 포괄수유자가 임차인이 되었다고 선언한 바 있다. 사실심법원이 확정한 바에 따르면 임대차기간 3년이 종료할 때 임대차를 종료시키기 위해서는 해지통고가 필요한데 아무런 해지통고가 없었으므로 임차인사망시 임대차는 존속중이었다. 그러므로 유류분권자가 없는 상황에서 포괄수유자가 임차권을 단독 상속하였다.[37] 임차인이 회사인 경우 그 자산의 포괄적 승계를 초래하는 거래(합병, 해산)가 있는 때에는 임차권의 이전(transfert)이 일어난다.[38] 또한 회생절차에 들어간 기업이 "인수자(repreneur)"에게로 이전되는 경우에는 양도금지특약에도 불구하고 임대차계약의 강제적 이전이 일어난다.[39]

나. 임대인의 동의를 요구하는 특약

실무에서 임차권양도를 완전히 금지하는 특약은 드문 편이다. 사실 임대차계약서에 임차권을 양도하려면 임대인의 "명시적인 서면" 동의를 받아야 한다는 특약을 두는 경우가 매우 많다. 이 약정에 따르면 임차인은 임대인의 허락을 사전에 구할 의무를 부담한다. 임대인의 거절은 권리남용이라는 잣대로 통제될 수 있다.

다. 객관적 조건을 부가하는 특약

실무에서는 다양한 계약조항을 볼 수 있다. 특히 상사임대차계약에서는 임차권양도는 공정증서에 의하여야 하고 소유자를 참가시켜야 하고 집행정본을 소유자에게 교부하여야 한다는 조항을 종종 볼 수 있다. 이 조항은 원칙적으로 적법하며 강제이행이 가능하다. 임차권의 양도를 공정증서에 의하기로 하며 이를 위반할 경우 임대인에게 대항할 수 없도록 하고 임대인을 참석시키기로 하는 합의는 적법하다. 이 경우 임대인을 참석시키지 않은 채 사서증서에 의한 임차권양도를 한 사건에서 임대차계약상의 해제조항에 의해 임대차가 당연 해지되었다는 판결이 내려졌다.

임차권양도를 사서증서에 의해 하였으나 다시 공정증서에 의해 하였다면 임차권양도의 하자가 추완(régularisation)되는가 하는 문제가 있다. 특히 임대인이 방식위반을 이유로 임대차의 해지를 주장하자 그제서야 하자를 추완할 목적으로 다시 하였다면 하자의 추완이 인정되지 않는다.

36) 프랑스민법 제1216조 이하에서의 계약양도는 계약상 지위의 특정승계이다. 따라서 포괄승계가 개입된 양도, 즉 자연인의 (사망에 따른) 또는 법인의 (합병, 분할 또는 분할체제하에서 자산의 부분출자에 따른) 재산의 포괄적 이전에는 제1216조 이하가 적용되지 않는다.
37) Cass. soc., 25 mars 1955: *D.* 1955, p. 414; *JCP* G 1955, Ⅱ, 8753, note J. G. L.
38) Cass. 3ᵉ civ., 9 avril 2014, nᵒ 13-11640[이유: "양도(cessions)"가 아니다].
39) Cass. com., 6 déc. 1994, *Bull. civ.*, Ⅳ, nᵒ 368.

라. 제한특약 원용의 포기

임대인은 임차권양도를 금지하거나 제한하는 특약을 원용하는 것을 포기할 수 있다. 포기는 임차권양도 일반에 대해 할 수도 있고 특정한 임차권양도에 대해 할 수도 있다. 또한 포기는 명시적일 수도 있고 묵시적일 수도 있다. 가령 임대인이 임차권양수인이 지급한 차임을 아무런 유보 없이 수령하고 양수인의 이름을 기재한 영수증을 교부한 때, 또는 임대인이 임차권양수인을 상대로 차임지급명령을 받은 때에는 묵시적 포기가 인정될 수 있다.40) 이러한 판단은 사실심법원의 전권에 속하므로 당해 사건에서는 영수증의 교부가 금지특약 원용의 포기를 의미하지 않는다고 판단할 수도 있다. 특약원용권의 포기 또는 임차인변경에 의한 경개는 추정되지 않으며 행위자의 포기의사 또는 경개의사를 분명하게 보여주는 행위가 있어야만 한다.

(2) 주택임대차법상의 양도가능성

프랑스민법 제1717조는 임차권의 양도를 금지하는 계약조항을 둘 수 있다고 하지만, 주택임대차에 있어서는 그러한 계약조항은 필요하지 않다. 1989년 주택임대차법의 적용을 받는 주택임대차는 원칙적으로 그 양도가 금지되어 있기 때문이다.41) 이는 임차주택의 부족으로 인하여 임차권양도인이 임차권양수인으로부터 부당한 이익을 취하는 것을 막기 위한 것이다.42) 그런데 임차인이 법인인 계약에는 1989년 주택임대차법이 적용되지 않는다.43) 또한 가구를 갖춘 주택에 대한 임대차에는 1989년 주택임대차법 제8조가 적용되지 않는다. 따라서 이들 임차권의 양도가능성에 관하여는 프랑스민법 제1717조가 적용된다.44)

주택임차인은 임대인의 (차임액에 관한 동의가 포함된) 서면동의가 없는 한, 임대차계약을 양도하거나 주택을 전대할 수 없다(1989년 법 제8조). 그러므로 임대인이 허락하기만 하면 임대차계약의 양도가 가능하다.45) 그러나 임대인이 동의할 의무는 없다.

임차인이 임차주택에 대한 권리를 무상으로든 유상으로든 양도하는 것이 금지되어 있다 해

---

40) Cass. req., 2 déc. 1937: *Gaz. Pal.* 1938, 1, p. 248; Cass. 3e civ., 19 juill. 1965: *Bull. civ.* Ⅲ, n° 453; Cass. 3e civ., 28 nov. 1967: *Rev. loyers* 1968, p. 107; Cass. 3e civ., 14 déc. 1994, n° 92-19.351: *JurisData* n° 1994-002362; *JCP* G 1995, p. 486, obs. J.-P. Blatter; Cass. 3e civ., 6 avr. 2005: *Gaz. Pal.* 2005, 2, somm. p. 4235.

41) 프랑스에서 주택임대차에 관한 일반법은 1989년 7월 6일 법률이다. 그러나 여전히 1948년 9월 1일 법률이 적용되는 주택임대차도 존재한다. 프랑스민법이 적용되는 주택임대차는 예외적인 경우에 속한다.

42) Ph. Malaurie et L.Ayès, *Droit des Contrats Spéciaux.* n° 696.

43) 1989년 주택임대차법의 적용범위에 관하여 이은희, "프랑스법상 주택임대차에 관한 연구", 「법학연구」 제26권 제1호, 충북대학교 법학연구소, 2015, 32면 참조.

44) G. Baudry-Lacantinerie et A. Wahl, *Traité théorique et pratique de droit civil*, t. Ⅰ, 1063 s.; Ch. Aubry et Ch. Rau, *Cours de Droit civil français*, t. Ⅴ, p. 333.

45) 농지임대차에서는 임대인의 동의가 있더라도 임차권의 양도가 금지된다. 반면 상사임대차에서는 임차권의 양도가 자유로운데, 특히 임대인은 상업자산 양수인에게의 임차권 양도나 회생절차에 들어간 기업을 인수한 자에게의 임차권 양도를 거절할 수 없다.

도 임차인이 제3자에게 임시로 사용대여하거나 제3자를 유숙하게 하는 것까지 금지되는 것은 아니다. 특히 가족을 유숙하게 하는 것은 무단전대가 될 수 없다.[46] 임차인이 자신이 임차주택에서 계속 거주하면서 자기의 가족을 유숙하게 하는 것은 임대차계약상 부여된 권한을 행사하는 것이다. 파기원은 제3자의 유숙을 금지하는 약정이 존재한 사안에서 임차인은 자기 가족을 유숙하게 할 권한이 있으므로 가족을 유숙하게 한 경우에는 약정을 위반한 것이 아니라고 판시하였다.[47] 그 근거로 원용된 유럽인권협약 제8조 제1항에 따르면, 모든 사람은 사생활과 가족생활 및 주거를 존중받을 권리를 갖는다. 파기원은 임차인이 자신의 근친을 유숙하게 할 수 있는 가능성을 박탈할 수 없다고 판시하였다. 근친에는 친족이나 인척관계에 있는 사람들이 포함되며 풍속의 변화에 따른 사실적 상황을 배제할 수 없다고 하였다.

파기원에 따르면 임대인이 임차권의 무단양도나 전대를 문제삼기 위해서는 제3자의 점유가 유상성을 가지며 제3자의 대가지급이 채무로서의 성격을 갖는다는 점을 임대인이 증명하여야 한다.[48] 파리항소법원은 2002년 9월 12일 판결에서, 임차인이 임차주택을 제3자가 사용하도록 하였지만 관리비와 차임을 자기 스스로 계속 지급하고 있던 사안에 관하여 임차권의 양도가 존재하지 않는다고 판결하였다.[49] 하지만 파리항소법원은 1994년 3월 18일 판결에서, 임차인이 목적 건물에 자신의 동생이 거주하게 하고 동생으로 하여금 차임을 지급하게끔 한 사안에 관하여 임차권의 양도가 존재한다고 판단하였다. 다툼이 있는 경우 법관은 여러 사정을 종합적으로 고려하여 무상유숙 또는 사용대차가 진정한지 여부를 판단한다.

3. 적용법규

1989년 주택임대차법은 제8조에서 주택임차권의 양도가능성에 관하여 규정할 뿐 주택임차권의 양도에 관하여 달리 규정하는 바가 없다. 특별법에 아무런 규정이 없는 때에는 민법을 적용해야 하므로(프랑스민법 제1105조), 계약양도에 관한 규정이 주택임차권의 양도에도 적용된다. 이하에서는 프랑스민법전의 계약양도규정을 적용한 주택임차권 양도의 요건과 효과를 살펴본다.

Ⅲ. 주택임차권 양도의 요건

2016년 프랑스민법 개정 이후에는 임차권양도에 대해 프랑스민법상의 계약양도의 유효요건

46) Cass. 3e civ., 14 déc. 1994, *Bull. civ.* n° 210.
47) Cass. 3e civ., 6 mars 1996, *Bull. civ.* n° 60.
48) Cass. 3e civ., 5 juillet 1995, *Bull. civ.* n° 164.
49) CA Paris 6e ch. B, 12 sep. 2002: *Loyers et copr.*, janvier 2003, n° 1.

이 적용된다. 첫째, 피양도인인 임대인의 동의가 필요하다. 이는 1989년 주택임대차법에서도 이미 요구하던 바이다. 둘째, 임대차계약의 양도는 서면으로 행해져야 한다.

1. 임대인의 동의

(1) 피양도인의 동의

종전의 판례를 수용하여[50] 프랑스민법 제1216조 제1항은 계약의 양도에 피양도인의 "동의(accord)"를 요구한다. 임차권양도에 있어서는 피양도인이 임대인이므로 임대인의 동의가 필요하다. 이는 1989년 주택임대차법이 이미 요구하던 바이다. 주택임차인은 임대인의 (차임액에 관한 동의가 포함된) 서면동의(accord écrit)가 없는 한, 임대차계약을 양도하거나 주택을 전대할 수 없다(1989년법 제8조).

임차권양도에 동의할 것인지 여부는 임대인의 자유이다. 그런데 임차권양도에 동의하는 것이 임대인에게 유리한 경우도 있을 수 있다. 임차권양도인이 임차권양수인과 연대하여 채무를 부담하고 임대차계약의 조건, 특히 임대차기간이 불변이기 때문이다.[51] 그러나 임대인이 임대차계약의 양도를 거절하고 새로운 계약을 체결하는 것이 자신에게 이로운 경우도 있을 수 있다.

피양도인의 동의가 필요하지 않다는 명시적인 법규정이 있는 때에는 피양도인의 동의 없이도 계약양도가 성립한다. 부동산임대인의 지위가 부동산양수인에게 승계되는 경우(프랑스민법 제1743조), 상사임차권의 양도(프랑스상법 제L.145-16조[52]), 임차권의 양도(프랑스민법 제1717조)가 그 예이다.[53] 1989년 주택임대차법과는 정반대로 프랑스민법은, 임대차계약이 자유로이 양도될 수 있다는 점을 원칙으로 하고 있다.

(2) 동의의 방식

프랑스민법에는 피양도인의 동의가 갖추어야 하는 방식을 따로 규정하고 있지 않다. 그런데 계약양도계약을 3자간 계약으로 이해하는 견해에 의하면 프랑스민법 제1216조 제3항이 양도계약의 유효요건으로 서면을 요구하고 서면이 없으면 양도계약이 무효로 되게 하므로 피양도인의 동의 역시 서면으로 행해져야 한다. 반면 계약양도계약을 2자간 계약으로 이해하는 견해에 따르면 제1216조 제3항은 피양도인의 동의에는 적용되지 않으므로, 피양도인의 동의의 방식은 자유

---

50) Cass. com., 6 mai 1997, n° 95-10.252: *Bull. civ.* IV, n° 118.

51) 임대인이 임차권의 양도를 허락한 경우 임대인의 법률상 지위는 악화되지 않는다. 왜냐하면 임차권양수인은 임차권양도인이 가졌던 권리 이상을 갖지 않기 때문이다.

52) 제L.145-16조 제1항: 형식 여하를 불문하고 임차인으로 하여금 임차권 또는 본장의 규정에 의하여 임차인이 가지는 권리를 자시의 영업이나 기업을 양수하는 자에게 양도하는 것을 금지하는 약정은 기재되지 않은 것으로 간주한다.

53) F. Terré, Ph. Simler, Y. Lequette, F. Chénedé, *Les obligations*, 12e éd., Dalloz, 2018, n° 1670.

롭다.[54)]

그런데 1989년 주택임대차법 제8조는 프랑스민법의 계약양도규정과는 달리 임대인의 동의가 서면으로 행해질 것을 규정하고 있다. 특별법우선의 원칙에 의해 주택임차권의 양도에 있어서는 임대인의 동의가 서면으로 행해져야 한다.

(3) 사전동의

프랑스민법 제1216조에 따르면 피양도인의 동의는 계약양도가 있기 전에 미리 주어질 수 있다. 제1216조는 계약을 양도할 수 있다는 조항을 계약 안에 두는 경우를 언급하고 있다. 그러나 별도의 증서에서 따로 허락하는 것도 가능하다. 임대차계약을 체결할 당시에는 임차권양수인이 누구인지 모르지만 임대차계약조항으로써 주택임차권의 양도에 대해 동의할 수도 있다. 주택임차권을 양도할 수 있도록 하면서 특정한 조건(인성, 능력 등)을 부가하는 것도 가능하다. 임대인이 사전동의를 한 때에는 임차권양도가 임대인에게 통지되거나 임대인이 임차권양도를 안 때에 한하여 임대인에게 효력을 갖는다(제1216조 제2항 후문).

(4) 동의의 효력범위

프랑스민법 제1216조에 규정된 피양도인의 동의와 관련하여 학설상 다음과 같은 문제가 제기되었다. 계약양도는 양수인과 피양도인 사이에 새로운 계약을 발생시키는 것인가? 피양도인이 양도계약의 당사자가 됨으로써 결국 양도계약은 3자간계약이 되는가? 피양도인이 계약당사자의 변경을 반대하는 경우 이를 통제하고 무시할 수 있는가? 이 문제들을 차례로 살펴본다.

1) 계약의 동일성

계약양도는 계약당사자의 자격을 이전하는 데 그치므로 계약의 객관적인 성격(기간, 계약상 의무 등)을 변경하지 않는다. 동일한 계약이 존속하지만 당사자 일방이 다를 뿐이다. 따라서 임차권양수인은 임차권양도인이 가졌던 모든 권리를 임대인에 대해 갖는다. 임대차에 기한 채권이 임차권양수인에게 이전되므로 그에 대한 반대급부인 채무, 특히 소유자에게 차임을 지급할 의무도 임차권양수인에게 이전한다. 임차권양수인이 자신의 차임을 지급하지 않는 경우 소유자는 원임대차계약에 기재된 해제조항을 원용할 권리가 있다.[55)] 임차권양수인은 원임대차계약을 수정한 증서에 기한 모든 채무도 부담하며 그 증서에 확정일자가 없음을 항변할 수 없다. 왜냐하면 임차권양수인은 프랑스민법 제1377조에서 말하는 제3자가 아니기 때문이다.[56)] 종전의 담보가 유지되고 항변의 대항가능성이 인정된다는 점 역시 종전 계약이 존속한다는 점을 보여주는 징표이다.

---

54) 김현진, “프랑스민법상 계약양도”, 224면.

55) CA Lyon, 5 déc. 1938: *DH* 1939, somm. p. 14.

56) Cass 3e civ., 16 avr. 1970, n° 49; CA Lyon, 5 déc. 1938: *DH* 1938, somm. p. 14.

2) 2자간 계약

계약양도에 있어서 피양도인의 동의는 두 가지로 해석될 수 있는데, 첫째, 피양도인을 양도계약의 당사자로 만들어 양도계약에 대한 틀림없는 합의를 나타낼 수 있고. 둘째, 양도를 가능하게 만들지만 피양도인을 외부에 있게 하는 단순한 허가를 의미할 수도 있다. 전자의 경우 계약양도 계약은 양도인, 양수인, 피양도인 사이의 3자간(tripartie) 계약인 반면, 후자의 경우 계약양도계약은 3당사자가 아닌 2당사자, 즉 양도인과 양수인 사이에 체결되는 2자간(bipartite) 계약이라는 점에서 큰 차이가 있다.[57)]

그런데 제1216조 제2항에서 피양도인의 사전동의를 허용하고 있는 점, 피양도인이 양도인의 면책에 합의하지 않는 이상 양수인의 추가라는 효과만 있게 되어 양도인과 양수인이 연대하여 공동채무자가 됨을 고려할 때 2당사자 계약설이 타당하다. 즉 계약의 양도계약은 3당사자가 아닌 2당사자, 즉 양도인과 양수인 사이에 체결된다.[58)]

개정 전 프랑스민법 하에서도, 임차권양수인이 임차권양도의 무효를 구하는 소송에서 양도인을 상대로 한 청구는 기각한 반면 임대인을 상대로 한 청구는 각하한 판결이 있었다.[59)]

3) 임대인의 동의 거절에 대한 사법적 통제

임대인이 임차권의 양도를 거절할 권리는 절대적인 것인지 아니면 법원의 통제를 받는 것인지에 관한 판례는 점점 변화하여 왔다. 19세기 말까지의 판례는 임대인은 특히 장래의 양수인이나 전차인의 신상에 관하여 중대한 이유가 있는 경우에만 동의를 거절할 수 있다고 하였다. 20세기 중반에는 계약자유의 원칙에 근거한 새로운 경향이 등장하였다. 임대인은 자신의 명시적인 사전 허락이 없이는 임차목적물의 전대나 사용대차를 일체 하지 못하도록 할 권리를 가지며 이 권리는 아무런 제한을 받지 않는다고 판시한 파기원판결은 그러한 경향의 정점을 보여주었다. 그 결과 임대인이 전대를 허락하지 않는 경우 법원이 거절의 이유를 탐구하거나 통제할 권한이 없었다.[60)] 현재의 판례는, 임차인이 임대인의 명시적 서면동의 없이는 임차권을 양도할 수 없도록 하는 특약은 임차권양도를 절대적으로 금지하는 것은 아니라고 본다. 임대인이 정당한 이유 없이 동의를 거절할 수는 없고 임대인이 부당하게 거절하는 경우 임차인은 법원을 통해 구제받을 수 있다고 한다. 따라서 임대인이 허락을 거절한 경우에 법관은 권리남용에 근거하여 거절의 정당성을 통제할 수 있다.[61)]

---

57) O. Deshayes, Th. Genicon et Y.-M. Laithier, *op. cit.*, p. 521.
58) L. Aynès, La cession de contrat, *Dr. et Patr.* Juill.-août 2016, p. 66; P. Stoffel-Munck, L'imprévision et la réforme des effets du contrat, *RDC* 2016, p. 37.
59) Cass. 3e civ., 25 mars 1992, n° 89-20.411.
60) Cass. com., 16 juill. 1962: *JCP* G 1962, Ⅱ, 12904, note Givord.
61) Cass. 3e civ., 9 mars 1974: *Rev. loyers* 1974, p. 340; *AJPI* 1975, p. 10, note Lehmann; Cass. 3e civ., 18

임차권양도나 전대에 대한 임대인의 동의 거절이 부당함을 확인하여 달라는 청구를 받은 사실심법원은 소유자의 거절을 정당화하는 모든 요소를 고려할 수 있고 임대인의 거절이 권리남용인지 여부를 판단할 권한을 갖는다.[62] 따라서 임차권양도에 있어 임대인의 사전동의를 받아야 하는 경우 임대인은 제안받은 양도와 직접적인 관련이 있는 이유에 기반하여서만 거절할 수 있다.

(5) 무단양도의 효력

1) 임차권양도인과 임차권양수인의 관계

주택임차권의 양도에는 임대인의 서면동의가 필요하다. 따라서 임차권양도인은 임대인의 동의를 받아줄 의무를 부담한다. 임대인이 동의하지 않는 경우 양수인은 프랑스민법 제1610조[63]에 따라 양도인의 이전의무불이행(défaut de délivrance)을 이유로 임차권양도계약을 해제할 수 있다.[64]

2) 임대인의 권한

가. 임차권양수인에 대한 권한

임차권양수인은 임차주택을 점유할 권리가 없으며 1989년 주택임대차법상의 권리(우선매수권, 영수증청구권 등)가 인정되지 않는다. 임대인은 임차권양수인에게 퇴거를 요구할 수 있다.

나. 임차인에 대한 권한

임차권의 양도가 금지되는데도 임차인이 이를 위반하여 임차권을 양도한 경우 임대인은 손해배상, 목적물에서 퇴거한 임차권양도인의 복귀, 임대차계약의 해지 등을 구하는 소를 제기할 수 있다.

원칙적으로 임대인은 계약위반에 따른 손해의 배상을 청구할 수 있다.[65] 임차권을 양도하고 목적물에서 퇴거한 임차인을 상대로 위약금을 지급하고 목적물에 복귀할 것을 청구할 수도 있다.[66] 원칙적으로 임차인만이 임대인에게 금지위반에 대한 손해배상의무를 부담한다.

양도금지에 반하는 임차권양도는 임대인에게 대항할 수 없을 뿐만 아니라 임대차의 해지사유가 된다. 그러나 양도금지위반으로 인한 당연해제를 규정한 명시적 계약조항이 없는 때에는 사실심법원은 임차권양도가 임대차계약의 해지를 인정할 만큼 중대한 계약위반은 아니라고 판단

oct. 1989: *Loyers et copr.* 1989, comm. 538.

62) Cass. soc., 25 mars 1958: *Gaz. Pal.* 1958, 1, p. 437; *Rev. loyers* 1958, p. 334.

63) 제1610조: 매도인이 당사자 사이에서 정한 기간 내에 인도를 하지 아니하는 경우에 그 지체가 매도인의 행위로 인한 때에는 매수인은 그 선택에 따라 매매의 해제 또는 점유의 취득을 청구할 수 있다.

64) Cass. soc., 3 oct. 1957: *JCP* G 1958, Ⅱ, 10359; *Gaz. Pal.* 1957, 2, p. 325.

65) CA Douai, 15 mai 1922: *DP* 1922, 2, p. 164; CA Paris, 3 mars 1931: *Gaz. Pal.* 1931, 1, p. 748; CA Paris, 13 mai 1931: *Gaz. Pal.* 1931, 2, p. 288.

66) Cass. req. 12 juin 1929: *Gaz. Pal.* 1929, 2, p. 419.

할 수도 있다.[67] 가령 임차인이 친구들에게 목적물을 무상으로 빌려준 것을 임대인이 처음부터 알고도 오랜 기간 묵인한 사안에서 파리항소법원은 임대인의 계약해지(résiliation)청구를 기각하였다(1994년 4월 25일 판결). 그러나 임차권의 무단양도를 이유로 임대차의 해지(résiliation)를 선언한 판결도 있다(파리항소법원 1994년 3월 18일 판결). 임대인의 허락을 받지 않은 임차권양도는 임대인의 해지(congé)를 정당화하는 중대한 사유가 될 수도 있다. 임차인이 임차권을 무단 양도한 경우에 임대차는 무단양도시가 아니라, 임대차계약서상 반대약정이 없는 한, 법원이 임대차의 해지를 선고하는 판결일에 해지된다.[68]

양도금지를 위반한 경우 임대차가 당연히 해지된다고 약정하였다면 법원은 임대차의 해지를 선언할 의무가 있다. 임대차계약서에 임차권양도는 공정증서에 의해 실현되어야 한다(이때 그 집행정본이 임대인에게 교부된다)고 정하고 있고 위반시에는 재판상 절차를 거치지 않고도 당연히 해지된다고 정하고 있는데도 임차인들이 자신의 딸과 사위에게 분할증여(donnation-partage)를 통해 임차권을 양도한 사안에서 사실심법원이 분할증여는 양도라기보다는 가족법상의 행위라는 이유로 당연해지조항의 적용을 거부하였으나 파기원은 이를 파기하였다.[69] 그러나 1989년법의 적용을 받는 임대차의 경우에는 임차권양도금지위반시의 당연해지약정을 임대차계약서에 기입할 수 없다. 왜냐하면 1989년법 제4조 제g호가 그러한 약정은 기재되지 않은 것으로 보기 때문이다.[70] 당연해지조항은 한정된 계약위반사유(차임·관리비·보증금의 미지급, 임차인이 부담하여야 하는 위험에 대비한 보험 미가입, 기판력 있는 판결에 의해 확인된 평온한 사용의무의 위반)에 대해서만 허용된다.

2. 임차권양도계약의 서면화

모든 계약양도에 적용되는 계약법규정에 따라서 임차권양도는 서면으로 행해져야 하며 서면이 없는 경우에는 무효이다(프랑스민법 제1216조 제3항).[71] 어떤 특정 형식의 서면이 요구되는 것은 아니므로 공정증서뿐만 아니라 사서증서도 무방하다. 서면에는 양도의 대상, 날짜, 서명이 기재되어야 한다. 이처럼 서면이 요구되기 때문에 묵시적인 계약양도는 불가능하다.

---

67) Cass. 3e civ., 19 févr. 1976: *Gaz. Pal.* 1976, 1, somm. p. 134.
68) Cass. 3e civ., 24 avr. 1974: *Bull. civ.* Ⅲ, n° 166; *AJPI* 1974, p. 989.
69) Cass. soc., 10 janv. 1958: *AJPI* 1958, Ⅱ, p. 57, note M. Claude Méjean.
70) 이은희, "프랑스법상 주택임대차에 관한 연구", 52면.
71) A. Bénabent, *Droit des contrats spéciaux civils et commerciaux*, 12e éd., 2017, n° 376.

Ⅳ. 주택임차권 양도의 효과

1. 임대인에게의 대항가능성

(1) 종전의 판례

계약양도에 관한 규정이 없었던 개정 전 프랑스민법 하에서는 임차권의 양도에 채권양도에 관한 규정이 적용되었다. 판례는 임대차의 이전을 임대인에게 대항할 수 있기 위해서는 채권양도의 대항요건, 즉 프랑스민법 제1690조에 규정된 두 가지 형식요건 중 하나를 구비하여야 한다고 하였다. 그것은 집행관에 의한 통지(signification) 또는 공정증서에 의한 승낙(acceptation)이다.[72] 이 형식요건들은 해당 임대차계약이 민사계약이든 상사계약이든 반드시 갖추어야 했다.[73] 임차권을 회사에 출자하는 것도 임차권의 양도에 해당하기 때문에 집행관을 통한 통지(또는 임대인의 승낙)가 필요했다.[74] 어떤 물건을 임차한 가족 구성원들이 유한책임회사를 설립하는 때에도 마찬가지이다. 유한책임회사가 임대인에게 임차인의 자격을 주장할 수 있기 위해서는 집행관을 통한 통지가 이루어져야 했다.[75] 임대인에게의 통지가 행해져야 하는 기간에 관하여는 아무런 정함이 없다. 형식요건을 갖추지 않은 동안에는 임대인에게 임차권양도를 대항할 수 없을 뿐이었다.[76] 임차권양도가 사전에 허락되었다 해도 마찬가지이다.[77] 법조문은 공정증서에 의한 승낙만을 규정하고 있지만 판례는 사서증서에 의한 승낙도 가능하다고 했다.[78] 그러나 이 대항요건은 공서에 속하지 않으므로 임대인에 의한 면제가 인정될 수 있었다. 그러나 임대인에게의 통지가 불필요하다는 점이 모호하여서는 안되었다. 임대인이 임차권양도를 알 수 있다는 것만으로는 임대인에게 임차권양도를 대항할 수 없었다. 단순한 인식이 묵시적 승낙을 의미하지는 않기 때문이었다.[79] 임차권양도에 대한 승낙은 모호하지 않아야 한다.[80] 양수인이 지급한 차임을 수령한 사실만으로는 임차권양도를 모호하지 않게 승낙한 것으로 되지 않는다. 양수인을 상대로 차임지급 청구의 소를 제기한 사실이 있다는 등 다른 승낙표시가 있어야 한

---

72) Cass. soc., 27 oct. 1955: *JCP* G 1956, Ⅱ, 9132; *AJPL* 1956, Ⅱ, p. 41; Cass. 3e civ., 6 janv. 1971: *Bull. civ.* Ⅲ, n° 7; Ch. Aubry et Ch. Rau, *Droit civil français*, t. Ⅴ, p. 258.

73) Cass. com., 20 janv. 1954: *JCP* G 1954, Ⅱ, 8047, note J. G. L.; *RTD com.* 1954, p. 601; Cass. 1re civ., 13 févr. 1963: *JCP* G 1963, Ⅳ, 37.

74) Cass. 3e civ., 2 févr. 1977: *Bull. civ.* Ⅲ, n 58; *AJPI* 1977, p. 940, note Degouy; Cass. 3e civ., 8 mai 1979: *Bull. civ.* Ⅲ, n° 101; *Rev. loyers* 1979, p. 412; Cass. 3e civ., 6 mai 1981: *Rev. loyers* 1981, p. 375.

75) Cass. 3e civ., 13 févr. 1974: *Bull. civ.* Ⅲ, n° 75.

76) TGI Avranches, 1er oct. 1968: *JCP* G 1969, Ⅱ, 15859; *AJPI* 1969, p. 805.

77) CA Agen, 1re ch., 17 oct. 2001: *JurisData* n° 2001-164664.

78) Cass. 1re civ., 19 janv. 1970: *Bull. civ.* Ⅰ, n° 19.

79) Cass. com., 17 janv. 1951: *JCP* G 1951, Ⅱ, 6297; Cass. 3e civ., 5 mai 1970: *Bull. civ.* Ⅲ, n° 309.

80) Cass. ass. plén., 14 févr. 1975: *JCP* G 1975, Ⅳ, 111.

다.[81] 따라서 양수인이 차임지급을 위해 발행한 수표를 수령하였더라도 영수증을 양도인 이름으로 발행한 이상 임대인이 양도금지특약의 이익을 포기한 것은 아니라고 하였다.[82] 임차권양도를 임대인이 모호하지 않게 승낙한 것으로 볼 수 있는지에 대한 판단은 사실심법원이 전권에 속한다. 가령 소유자가 임차권양도사실을 알고서 보낸 편지에 만족한다는 표현이 있는 때에는 임차인은 임차권양도에 대한 동의로 간주할 수 있다.[83]

임차권양도에 채권양도의 형식요건을 요구한 종전의 판례에 대해서 Malaurie는 다음과 같이 비판한다. 첫째, 임대인은 프랑스민법 제1323조 제2항에서 말하는 제3자라고 할 수 없다는 것이다. 둘째, 형식요건을 결여함으로 인한 효과는 임대차가 해지되거나 해제조항이 효력을 발하는 것인데, 이는 악의를 부추기는 처사라고 한다. 이제 프랑스민법에 계약양도에 관한 규정이 도입된 이상 종전의 판례는 더 이상 유효하지 않다고 한다.[84]

(2) 통지 또는 임대인의 악의

프랑스민법 제1216조는 피양도인이 사전에 계약양도를 허락한 경우에는 피양도인을 상대로 어떤 형식요건을 갖출 것을 요구하지 않는다. 그러나 이 경우에도 피양도인에게 계약상대방이 변경되었다는 사실을 알려주는 것이 좋을 것이다. 계약양도를 피양도인에게 대항할 수 있기 위해서는 대항가능성은 양도계약이 피양도인에게 통지되었거나 피양도인이 양도사실을 알아야 한다. 임대인에게의 통지는 배달증명우편으로 하여도 된다. 임대인이 임차권양도사실을 알게 되는 것은 사서증서를 보고 알아도 된다.

프랑스민법 제1216조의 반대해석에 의하면 이전이 일어나야 하는 시점에 피양도인이 양도를 허락한 때에는 아무런 형식이 요구되지 않는다. 그 결과 임대인이 양도증서 내에서 자신의 동의를 표시하였다면 그로써 임차권양도를 임대인에게 대항할 수 있는 데 충분하다. 하지만 임대인의 동의가 임차인의 교체가 있기 전에 있었다면 양수인이 서명한 후에 양도사실을 임대인에게 통지하는 것이 좋다.[85] 임차권의 이전이 재판상 허락되는 때에도 마찬가지이다. 판결문의 송달은 프랑스민법이 요구하는 대항요건, 즉 양도행위 자체의 통지에 해당하지 않는다.

2. 임차권양도 당사자들간의 관계

임차권양도는 양수인이 양도인과의 합의를 통해 사용수익권을 양수한다는 점에서 채권양도를 포함하는 계약이다. 하지만 차임을 지급하고 임대차계약조건을 이행해야 할 의무도 임차권양

81) Cass. 3e civ., 6 avr. 2005: *AJDI* 2005, p. 478.
82) CA Agen, 1re ch., 17 oct. 2001, n° 16.
83) Cass. 3e civ., 30 avr. 1969: *Bull. civ.* Ⅲ, n° 342.
84) Malaurie, Aynès, Gautier, *Droit des contrats spéciaux*, 10e éd., 2018, n° 697. p. 436.
85) 아니면 임대인이 임차권양도사실을 명백하게 알아야 한다.

수인에게 이전한다. 그러나 임차권양수인은 양도시점 전의 차임에 대해서는 따로이 약정하지 않는 한, 의무를 부담하지 않는다.86)

임차권양도인은 권리이전 시점에 임차권의 존재에 관하여 프랑스민법 제1693조에 따른 담보책임을 부담한다. 양도인은 양도된 채권의 하자에 대한 담보책임, 자기 자신의 행위로 인한 담보책임(garantie de son fait personnel), 채권양도에 아무런 장애가 존재하지 않는다는 데 대한 담보책임도 지며 이에 대하여는 매매법의 규율을 받는다.87)

대다수의 경우 임차권양도는 유상행위이며 양도인은 임대차의 존재만을 담보하며 양수인이 목적물을 사용수익하도록 해줄 의무를 부담하지 않는다. 임차권양수인은 양도인에게 임대차계약상의 채무를 이행할 것을 청구할 수 없다. 오직 일반법에 따라 부담하는 담보책임을 추궁할 수 있을 뿐이다.88) 임차권양도가 매매로서의 성격을 갖는 때에는 매매에 관한 법규정이 적용되어 양도인은 담보책임을 부담한다. 임차인이 자기 자신이 가졌던 권리 이상의 권리를 양수인에게 양도한 때에는 그로 인해 양수인에게 발생한 손해를 배상할 의무를 부담한다.89)

임대차계약상 전대가 금지되어있는데도 양도인이 목적물을 전대한 경우 임차권양도 전에 전대차가 확정일자를 취득하지 않은 한, 임차권양수인은 자신이 약속하지 않은 전대차를 준수할 의무가 없다.90)

임차권양도인은 양수인에게 임대차계약상의 채무를 이행할 것을 강제할 수는 없으나 만일 임대인에 의해 자신이 이행을 강제당하였다면 임차권양수인에게 구상권을 갖는다.

3. 임대인과의 관계

주택임차권의 양도는 임대차계약의 일방 당사자인 임차인의 교체를 가져온다. 즉 새로운 임차인이 동일한 임대차관계에서 종전 임차인의 자리를 차지한다. 이때 종전임차인과 임대인의 관계는 완전히 끝나는 것인가? 새로운 임차인과 임대인의 관계는 임차권양도가 있기 전의 계약상황에 의해 어느 정도 영향을 받는 것인가? 1989년 주택임대차법은 이 문제에 대해 아무런 규정이 없으므로 이는 프랑스민법상 계약양도 규정에 의해 규율된다.91) 프랑스민법은 피양도인과 양도인의 관계 및 피양도인과 양수인의 관계에 대해 규정한다. 이를 주택임대차관계에 적용하면

86) Cass. 3e civ., 30 nov. 2017, n° 16-23.498: *JurisData* n° 2017-024172, note Yannick Dagorne-Labbe.
87) CA Versailles, 12e ch., 2e sect., 2 mai 1996: *JurisData* n° 1996-056726; *Gaz. Pal.* 1997, 2 somm. p. 483.
88) CA Comlar, 25 oct. 1935: *DH* 1939, p. 59.
89) 전대차의 경우, 부동산임차인이 소유자의 허가를 받지 않은 채 자기 자신의 임대차 잔존기간을 넘어선 기간으로 일부 전대를 한 때에는 과책을 범한 것이다. 그는 전차인이 들인 입주비용(frais d'installation)의 손해를 배상하여야 한다.
90) Cass. soc., 27 avr. 1960: *Bull. civ.* Ⅳ, n° 395.
91) A. Bénabent, *Droit des contrats spéciaux civils et commerciaux*, 12e éd., LGDJ, n° 376 참조.

임대인과 임차권양도인의 관계(1) 및 임대인과 임차권양수인의 관계(2)에 해당한다.

(1) 임대인과 임차권양도인의 관계

1) 1988년의 파기원판결

자신의 임차권을 정식으로 양도한 임차인은 임차인의 자격을 잃는다. 그는 더 이상 임차주택의 사용수익허여를 청구할 권리를 갖지 않으며 그 밖의 임대차계약상의 권리(갱신요구권, 해지권, 유익비상환청구권)를 행사할 수 없다. 그렇다면 임차권양수인은 임차권양도 이후에 발생한 채무에 대해서는 임대인에게 의무를 부담하지 않는가? 임대인이 임차인의 승계인을 승낙한 이상 임차권양도인은 완전히 계약관계에서 벗어난다고 볼 수도 있다. 하지만 판례는 처음에는 임차권의 양도는, 반대약정이 없는 한, 양도인이 임대인에 대한 의무를 면하는 효과를 갖지 않는다고 하였다. 그러므로 경개(novation)가 없었다면 원임차인은 연속적인 양수인들의 임대차계약상 채무불이행을 이유로 소유자로부터 소구당할 수 있었다. 화재가 일어난 때에도 원임차인은 프랑스민법 제1733조와 제1735조에 기하여 여전히 책임을 져야 했다.[92)]

그런데 1988년의 파기원판결[93)]이 양도인 면책설[94)]을 지지하면서, 연대책임약정[95)]이 없는 경우에는 임대인은 임차권 양도 이후에 양도인에게 차임의 지급을 청구하거나 양수인이 범한 과책을 이유로 손해배상책임을 추궁할 수 없다고 판시하였다. 임대인이 원임차인의 채무가 임대차 종료시까지 유지되기를 원하는 경우에는 양도인의 연대책임을 규정하는 약정이 있어야 한다고 하였다. 그런데 소유자가 임차권 양도인을 상대로 제기한 차임지급청구소송에서 Douai 항소법원은 양도인이 양수인과 함께 임대차계약에 기한 채무를 여전히 법적으로 부담한다고 하면서 임대인이 원임차인에게 양수인과의 연대책임을 면제한다는 의사를 명시적으로 표시한 때에는 그렇지 않다고 하였다. 그리하여 Douai 법원은 임차권 양도 후의 차임지급에 관하여 양도인과 양수인이 연대책임을 부담한다는 약정이 임대차계약상 존재하지 않음을 확인하고도 소유자의 차임지급청구를 인용하였는데, 그 판결을 파기원이 파기하였다.[96)] 이에 대해서는 계약의 구속력에 반하는 판결이라는 비판이 있었다.[97)]

어쨌든 1988년의 파기원판결 이후로는 임차권양도인은 연대책임약정에 기하여 임대인에게 자신의 임차권양수인 및 그 후의 양수인들과 연대하여 차임지급과 임대차조건의 이행에 대해 보

---

92) Cass. 3e civ., 19 mai 1972: *JCP* G 1972, Ⅳ, 163.

93) Cass. 3e civ., 12 juill. 1988: *Bull. civ.* Ⅲ, n° 125; *RTD com.* 1989, p. 217, obs. M. Pédamon.

94) J.-P. Blatter, Droit des baux commerciaux, *Le Moniteur*, 2006, n° 885에 나오는 표현이다.

95) Walid El Masri, La libération du locataire cédant en cas de cession de bail, *RTD com.* 1995, p. 737; Ch. Gaudry, La clause de solidarité entre preneur et cessionaires successifs, *JCP* N 1999, p. 280; B. Boccara, Sur la clause de garantie solidaire, *Administrer* Juill. 2003, p. 6.

96) Cass. 3e civ., 15 janv. 1992: *Gaz. Pal.* 1992, 2, p. 654.

97) Ghestin, Jamin et Billiau, *Les effets du contrat*, n° 689.

증책임을 부담하였다. 이는 상사임대차에서 매우 자주 나타나는 계약조항이다. 이 특약을 해석함에 있어서 파기원은 엄격해석의 입장을 취하였다. 그리하여 임차권양도인은 차임지급을 보증할 뿐이며 임차권양수인이 부담하는 수선비의 지급이나 불법점유로 인한 손해배상의 지급까지 임대인이 임차권양도인에게 청구할 수 없다고 판시하였다.[98] 2014년 6월 18일 법률(Pinel법)이 시행되기 전에는 상사임대차에서 연대책임조항의 효력은 양도된 임대차의 기간만료시에 소멸한다는 것이 확립된 판례였다. 따라서 임대차의 갱신(renouvellement)시에는 연대책임조항의 효력이 사라졌다.[99] 그러나 묵시적으로 갱신된 임대차(bail reconduit)의 종료시까지는 보증책임을 부담하였다. 묵시적으로 갱신된 임대차는 새로운 임대차가 아니기 때문이다.[100]

그런데 프랑스민법 제1216-1조는 "피양도인이 명시적으로 합의한 경우, 계약의 양도는 장래를 향하여 양도인을 면책시킨다. 면책합의가 없고 반대의 약정이 없다면 양도인은 계약의 이행에 대하여 연대하여 책임을 진다"고 규정한다. 따라서 상사임차권의 양도에 관한 1988년의 파기원판결이 더 이상 유효하지 않게 되었다.[101] 이제 임대인이 명시적으로 임차인의 면책에 합의하여야만 임차인을 면책시킨다. 따라서 "면책적" 양도와 "비면책적" 양도를 구분하여야 한다.

2) 임차권의 면책적 양도

임차권양도인은 임대인이 면책에 명시적으로 합의한 때에만 완전히 면책된다. 이 합의는 주택임차권양도에 관한 임대인의 사전 동의와는 구별되는 특별한 의사표시이다. 따라서 임차권양도에 관한 임대인의 동의만으로는 퇴거하는 임차인이 임대차계약상의 채무를 면하게 하기에 충분하지 않다.

임차권양도인을 면책한다는 임대인의 의사표시는 명시적이어야 하는데, 이는 채무양도(제1327-2조)에서와 마찬가지이다. 면책의 합의와 임차권양도에 대한 동의는 동시에 이루어질 수도 있고 별개로 이루어질 수도 있다. 임차인을 면책시키기로 하는 임대인의 합의를 사전에 하는 것도 가능하다. 임차권양도가 있은 후에 면책합의를 하는 것도 가능하다. 임대차계약서상의 한 조항에서 임차권의 양도에 동의하면서 동시에 임차권양도인의 면책을 규정할 수도 있다. 이는 임대인에게 위험할 수도 있지만 이를 금지하는 규정은 없다. 임대차계약서에 그러한 조항을 두면

---

98) Cass. 3e civ., 12 avr. 1995, n° 92-21.541: *JurisData* n° 1995-000896; *JCP* 1995, Ⅳ, 1440; *RD imm.* 1995, p. 605, obs. Derruppé; Cass. 3e civ., 4 mars 1998, n° 95-21.560: *JurisData* n° 1998-000929; *AJPI* 1998, p. 619, note Derruppé.

99) Cass. 3e civ., 4 mars 1998, n° 95-21.560: *JurisData* n° 1998-000929; *Gaz. Pal.* 1998, 2, pan. jurispr. p. 131; *Ann. loyers* 1998, p. 1783; Cass. 3e civ., 7 mars 2001, n° 99-19.473: *JurisData* n° 2001-008839; *RJDA* mai 2001, n° 562; CA Paris, 16e ch., sect. A, 13 juin 2001: *JurisData* n° 2001-168863; *JCP* N 2002, 1196, obs. A. Djion; *AJDI* 2001, p. 796.

100) Cass. 3e civ., 5 juin 2002, n° 00-20.906: *JurisData* n° 2002-014577; *Loyers et copr.* 2002, comm. 257; Cass. 3e civ, 7 févr. 2007, n° 06-11.148: *JurisData* n° 2007-037242; *Loyers et corpr.* 2007, comm. 78.

101) F. Terré, Ph. Simler, Y. Lequette, F. Chénedé, *Les obligations*, 12e éd., 2019, n° 1672

서도 그 조항은 새로운 임차인을 알게 되고 담보가 제공된 때에 효력을 갖는다고 약정할 수도 있을 것이다.

프랑스민법 제1216-1조는 임차권양도인이 장래를 향하여 면책된다고 할 뿐 과거에 대해서도 면책된다고 하지 않는다. 이는 다음 두 가지를 의미한다. 첫째, 이미 발생한 채권과 채무는 여전히 임차인에게 남아 있다는 것이다. 둘째, 임차인이 면책된다 해도 그는 임대차계약의 기존의 효력에 의한 책임을 지며,[102] 양수인은 임차권양도 이후의 효력에 대해서만 관련이 있다는 것, 달리 말하면, 양수인은 임차권양도 후에 발생하는 채권관계의 당사자(채권자이자 채무자)가 된다는 것이다. 법기술적으로는 계약당사자의 교체이나, 시간적으로 보면 당사자의 승계이기도 하다.[103] 하지만 임차권양수인이 임차권양도인이 부담하던 (연체차임 등의) 채무를 인수하고 임대인의 동의를 얻(고 임대인이 임차권양도인에게 영수증을 발행하)는 경우도 있을 수 있을 것이다.

임차인이 면책되는 경우, 임차인의 공동연대채무자들은 채무에서 임차인의 면책부분을 제외한 나머지에 대하여 책임을 부담한다(제1216-3조 제2항).[104]

3) 임차권의 비면책적 양도

피양도인인 임대인의 명시적 합의가 없으면 임차권양도인은 여전히 임대차계약의 이행에 대하여 자신의 승계인과 연대하여 책임을 부담한다. 임차권양도인은 임차인으로서의 자격을 상실하였음에도 임차권양수인의 과실에 대해 임대인으로부터 책임을 추궁당할 수 있다. 계약양도에 있어서의 이러한 연대책임은 특히 임차권의 양도에 있어서는 부당하다는 비판이 있다.[105] 목적물을 사용수익할 권리를 더 이상 갖지 않음에도 임차인이라는 자격에 기한 모든 채무를 부담하게 할 수는 없다는 것이다. 임차목적물에서 퇴거한 자가 선관주의의무를 부담할 수는 없다고 한다. 임차권양도인이 부담하는 연대책임이 금전채무에 관한 것이라고 해도 하는 채무(obligation de faire)가 임차권양수인에게 이전한 것과 모순된다고 한다.

임차권양도인은 보조적인 공동연대채무자의 역할을 한다고 설명하는 학자들도 있다.[106] 임차인과 임차권양수인이 연대채무의 법리(제1310조 이하)에 의한 책임을 진다고 해서 이미 발생한 이전적 효력이 부정되지는 않기 때문이라고 한다. 그러나 Bénabent은, 임차권양도는 새로운 임차인이 임대차계약상의 차임과 관리비 지급채무의 채무자가 된다는 점에서 제1327조 이하의 채

102) 따라서 임차인이 임차권양도 이전의 채무를 불이행하는 경우 임대인은 임차인에 대하여 강제이행청구권 등의 권리를 행사할 수 있다.

103) O. Deshayes, Th. Genicon et Y.-M. Laithier, *op. cit.*, p. 526.

104) 즉 임차인의 면책은 공동연대채무자들을 부분적으로 면책시킨다. 공동연대채무자들은 임차인의 면책 부분을 제외한 나머지에 대하여 책임을 지는 것이다.

105) Hubert Bosse-Platière et Benoît Grimonpres, La cession du bail rural transfigurée par la réforme du droit des contrats, La semaine Juridique Notariale et Immobilière, LexisNexis, 2016, n° 19.

106) O. Deshayes, Th. Genicon et Y.-M. Laitheir, *op. cit.*, p. 528.

무양도에 해당한다고 한다.[107] 따라서 임차권양도인은 임대인이 명시적으로 동의한 때에만 면책된다고 한다(제1216-1조와 제1327-2조). 임대인이 동의하지 않는 경우 원임차인은 잔존기간동안 공동채무자로서의 지위를 갖는다고 한다.

임차권양도인이 면책되지 않는 경우 임차인은 임차권양도 후 임대인과의 고유한 관계에 기한 항변사유뿐만 아니라 임차권양수인이 대항할 수 있었던 모든 항변사유를 가지고 임대인에게 대항할 수 있다.

임차권양도인이 부담하는 연대책임은 존속중인 임대차가 종료할 때까지만 인정되며 갱신된 임대차에까지 미치지 않는다. 임차권양도인이 연대책임을 부담하는 임대차계약은 사실 그 갱신시에 종료하고 새로운 계약이 발생하는 것이기 때문이다(프랑스민법 제1214조 제2항).

4) 반대의 약정

프랑스민법 제1216-1조 제2항은 당사자들이 합의하여 연대책임을 배제할 수 있음을 규정한다. 따라서 임대인은 임차권양도인과의 합의에 의해 임차권양도인의 채무를 변경할 수 있다. 즉 임대인은 임차권양도인을 부분적으로 면책시키거나 임차권양도인이 임차권양수인보다 덜한 책임, 가령 보증채무를 부담하는 것을 승인할 수 있다. 이러한 약정은 원 임대차계약에서 할 수도 있고 임차권양도시에 할 수도 있다.

5) 담보의 존속

임차인이 임차권양수인의 채무를 보증하기로 약정한 경우에는 임차인에 의해 합의된 담보는, 임차인의 합의가 없어도 임차권양도 후에도 계속 유지된다(제1216-3조 제1항의 반대해석). 그러나 이와 달리 담보가 소멸하는 것으로 약정하는 것도 가능하다. 임차인이 면책되는 때에는 제3자에 의해 합의된 담보는 그 제3자의 합의가 있어야만 존속한다. 채무자가 변경되면 그 담보가 보장해야 하는 위험이 달라지기 때문이다.

(2) 임차권양수인과 임대인의 관계

1) 임대차계약의 동일성

모든 계약양도가 그러하듯 양수인의 권리와 의무의 발생원인은 양도행위가 아니다. 임차권양수인의 권리와 의무는 양도된 임대차계약에 기한 권리와 의무이다. 존속하는 계약은 종전의 임대차계약이고 임차인만 바뀌는 것이다. 당해 임대차계약의 모든 성질과 결함이 임차권양도 후에도 계속되면서 원래의 임차인(양도인) 대신에 새로운 임차인(양수인)이 임대인과 직접적인 계약관계를 맺게 된다. 그때부터는 새로운 임차인이 임대차계약의 이행의무를 지고 임차권을 행사할 수 있는 것이다. 특히 갱신청구권,[108] 우선매수권, 해지권을 갖게 된다.

---

107) A. Bénabent, *Droit des contrats spéciaux civils et commerciaux*, n° 376, p. 291.
108) Cass. com., 19 févr. 1959: *Bull. civ.* Ⅲ, n° 82.

임대인과 임차권양수인은 각자의 의무 불이행에 대해 직접소권(action directe)을 갖는다. 임차권양수인은 임대인을 상대로 목적물을 사용수익할 권리를 가지며 차임 등의 채무를 지는 채무자가 된다. 임차권양도인에게는 담보책임을 추궁할 수 있을 뿐이다(제1326조). 임차권양수인은 목적물의 사용수익방법을 변경할 수 없다.[109] 그러므로 건물의 약정된 용법과 특히 주거용 약정은 원임차인뿐 아니라 임차권양수인도 준수하여야 한다.[110][111] 임차권양수인이 목적물의 용법약정을 위반할 시 임대차계약이 해지된다.

양수한 임대차는 원임대차와 동일한 사유에 의해 종료한다. 종료하는 원인은 기간만료일 수도 있고[112] 해지일 수도 있다.[113] 임차권양수인과 그 슬하의 모든 점유자가 축출되는 경우 임차권양수인은 건물에서 퇴거하지 않았던 기간 동안의 점유에 대해 부동산소유자에게 손해배상을 해야 한다.

2) 항변의 대항력

프랑스민법은 계약양도 전후에 권리가 불변한다는 점으로부터 항변의 대항가능성 원칙을 이끌어낸다. 임대인이나 임차권양수인은 임차인이 변경되기 전에 있었던 사유를 들어 임대차계약의 이행을 거절할 수 있다. 프랑스민법 제1216-2조는 계약양수인이 피양도인에게 대항할 수 있는 항변(제1항)과 그 반대로 피양도인이 계약양수인을 상대로 주장할 수 있는 항변(제2항)을 구분하여 규정한다.

가. 임차권양수인이 대항할 수 있는 항변사유

피양도인인 임대인은 임차권의 양도에 의해 계약상 지위가 변경되지 않는다. 따라서 임대인은 임차권양도인을 상대로 가졌던 권리 이상을 양수인을 상대로 하여 가질 수 없다. 이 점에서 계약양도는 채권양도에 관한 민법규정과 채무양도에 관한 민법규정에서와 같은 원칙을 취하고 있다. 따라서 양수인은 피양도인에게 채무에 내재한 항변으로 대항할 수 있다. 제1216-2조는 "계약의 무효,[114] 동시이행의 항변,[115] 해제, 또는 견련관계 있는 상계[116]",를 항변사유로 열거하고 있는데 이는 예시적인 것이다. 새로운 임차인은 채무의 시효소멸[117]도 주장할 수 있고, 자

---

109) CA Paris, 9 déc. 1927: *Gaz. Pal.* 1928, 1 p. 403; CA Rennes, 3 nov. 1949: *JCP* G 1950, Ⅳ, 42.

110) Cass. soc., 19 févr. 1953; *JCP* G 1953, Ⅱ, 7628; Cass. soc., 26 févr. 1953: *JCP* G 1953, Ⅱ, 7575.

111) Cass. soc., 22 juin 1955: *Rép. Commaille* 1955, Ⅱ, 20060: 임대차계약의 해석을 통해 임대인이 목적부동산을 상업 전용으로 유지하는 것을 의도하였다고 볼 수 있는 때에는 주거용으로의 일부전대는 원임대차계약을 위반하는 것이다. 그 경우 전차인은 적법한 임차권원에 기해 점유를 개시하지 않았으므로 주택임대차의 묵시적 갱신을 주장할 수 없다.

112) Cass. 3e civ., 10 oct. 1979: *Bull. civ.* Ⅲ, n° 173.

113) Cass. 3e civ., 19 juin 1970: *Bull. civ.* Ⅲ, n° 434; Cass. 3e civ., 1er oct. 1997, n° 95-20.741: *JuirsData* n° 1997-003918; *Loyer et copr.* 1997, comm. 303.

114) Cass. req., 5 nov. 1889: *S.* 1891.1.407.

115) Cass. com., 12 janv. 2010, n° 08-22.000: *Bull. civ.* Ⅳ, n° 2.

116) Cass. com., 4 juin 1996, n° 94-16.306: *RJDA* 12/96 n° 1312.

117) Cass. req., 2 août 1904: *S.* 1905.1.185 note Bernard; Cass. com., 14 déc. 1965: *Bull. civ.* Ⅲ, p. 587.

신이 인도받기 전에 있었던 임대인의 해태(가령 수선의무의 해태)를 주장하며 동시이행의 항변을 할 수 있다.

그러나 임차권양도인의 인적 항변사유는 임차권양수인이 원용할 수 없다(제1216-2조 제1항).[118] 임차권양도인의 인적 항변으로는 임대인이 임차권양도인에게 기한의 허여, 채무의 면제, 연대의 면제를 해 준 경우 등이 있다.[119] 견련관계 없는 상계이지만 임차권양도인이 임대인에게 이의를 제기하지 않았던 경우도 인적 항변에 해당한다.

나. 임대인이 대항할 수 있는 항변사유

피양도인인 임대인은 종전 임차인에게 대항할 수 있었던 모든 항변으로 새로운 임차인에게 대항할 수 있다.[120] 임차권양도에 의해 임대인의 상황이 악화되어서는 안되기 때문이다. 임차권양도인이 자신이 가진 권리 이상을 임차권양수인에게 양도할 수 없으며 임차권양수인은 자신의 양도인이 처했던 계약상황보다 더 나은 상황에 처할 수 없다. 이러한 이전효가 있다는 점이 계약양도를 경개나 경개적 채무참가와 구별짓는 특징이다.

3) 채무의 양도

Malaurie는 임차권양도가 채무양도를 발생시키지는 않는다고 한다. 임차권양수인은 양도인의 과거 차임채무에 대해 자신이 특별히 의무를 부담하지 않은 한, 지급의무가 없다고 한다.[121] 나아가 종래 파기원이 임차목적물의 훼손에 관여하지 않은 임차권양수인으로 하여금 손해배상의무를 부담하도록 한 것은 잘못이라고 비판한다. 종전의 판례에 따르면 연속적 임차인들이 건물을 험하게 사용하게 생긴 목적물의 훼손에 대해 임차권양수인이 손해배상책임이 있다. 가령 법원은 M씨는 원임차인들의 승계인이므로 원임차인들이 발생시킨 훼손으로 인한 책임을 O씨에게 부담한다고 하면서 당해 훼손이 연속적인 임차인들이 건물을 험하게 사용하여 생겼다는 점이 전문가 감정서에 의해 증명되었다는 것을 이유로 제시하였다.[122] 사실 상가 임차권이 연속적으로 양도되면 채무가 계속 이전하여 결국 임대차계약의 마지막 명의인이 되는 양수인이 이전 임차인들이 발생시킨 훼손에 대한 책임을 임대인에게 부담하게 되며 이는 양수인은 계약갱신시부터 영업재산을 이용하였고 훼손은 갱신 전에 발생하였더라도 마찬가지이다.[123]

---

118) 무효가 채무에 내재하는 항변사유로 규정되어 있기는 하지만, 임대차계약의 무효사유가 합의의 하자(사기, 강박)와 같은 상대적 무효사유인 때에는 임차권양도인의 일신에 전속하는 사유라고 할 수 있다는 견해가 있다. Hubert Bosse-Platière et Benoit Grimonprez, *op. cit.*, n° 23.

119) 프랑스민법 제1324조, 제1328조, 제1346-5조 참조.

120) Cass. req. 23 mai 1870: *DP* 1872, 1, p. 99.

121) Malaurie, *op. cit.*, n° 698, p. 436.

122) Cass 3e civ., R, 27 oct. 1993: *Loyers et copr.* 1994, comm. 97.

123) Cass. 3e civ., 9 juill. 2003, n° 02-11.7904: *JurisData* n° 2003-019838; *Loyers et copr.* 2003, comm. 197; CA Rennes, 31 janv. 2013, n° 11-02.647, n° 64: *JurisData* n° 2013-001441; *Loyers et copr.* 2013, comm. 132.

수차에 걸친 임차권양수인이 원임차인과 연대하여 임대차계약의 이행에 대한 책임을 지기로 약정하는 특약이 임대차계약에 존재하는 경우, 임대인은 수차에 걸친 임차권양도가 있은 후에 목적물의 훼손으로 인한 손해배상청구를 함에 있어, 원임차인과 중간의 양수인을 상대로 하여 손해배상을 청구할 수 있다.[124)]

4) 담보의 존속

임차권양수인에게 양도된 채권을 보증하는 담보는 임차권양수인에게 이전된다. 담보는 계약상 채무에 부종하는 것이므로 임차권양도가 있다고 해서 담보가 소멸할 이유는 없기 때문이다. 물적 담보든 인적 담보이든, 제3자가 제공한 담보이든 임대인이 제공한 담보이든, 모든 담보가 그러하다. 담보의 이전이 효력을 발생하기 위해 별도의 합의가 요구되지 않는다.

V. 주택임차권의 교환과 승계, 전대

지금까지 주택임차권의 양도를 주택임대인이 동의하는 경우의 효과를 살펴보았다. 그런데 주택임대인이 동의하지 않아도 임차인들끼리 주택임차권을 교환하는 것이 예외적으로 가능하다. 1989년 주택임대차법은 임차인의 주거권 보장이라는 측면에서 임차권의 교환을 규정하고 있다. 즉 자녀가 3명인 세대가 임차주택의 면적을 늘리기 위해 임차주택을 교환하는 것을 허용한다(제9조). 또한 임차인의 동거인의 주거권을 보장하기 위해 임차권의 승계를 규정하고 있다. 즉 임차인이 주거를 방기하거나 사망한 경우에 임대차가 그의 근친에게 이전한다는 점을 규정한다(제14조). 그리고 주택의 전대가 원칙적으로 금지됨에도 불구하고 사회주택의 고령임차인이 젊은 전차인을 들이는 것은 허용된다.

1. 주택임차권의 교환

(1) 교환의 요건

다음과 같은 요건이 갖추어지면 임차주택의 교환이 허용된다. 첫째, 동일한 집합건물에 유치하고 동일인의 소유의 속하는 두 주택 간의 교환이어야 한다. 그러나 두 임차주택 중 하나라도 1948년 주택임대차법의 적용을 받는 주택일 때에는 임차주택 교환권이 인정되지 않는다. 둘째, 교환당사자인 두 세대 가운데 한 세대에 적어도 3명의 자녀가 있어야 한다. 셋째, 임차주택을 교환한 결과 세대원이 많은 세대가 점유하는 주택의 면적이 증가하여야 한다. 임차인들이 교환을 주도하고 임대인은 그에 반대할 수 없다.

124) Cass. civ., 14 déc. 1937: *Gaz Pal.* 1938, 1, p. 295.

(2) 교환의 효과

교환요건이 충족되면 소유자에게 이를 통지한 때부터 각 임차인은 자신이 승계한 임차인을 당연히 대위한다. 즉 교환상대방의 모든 권리와 의무를 갖게 된다.[125] 교환시 각 임차주택에 관한 차임의 변경이나 보증금의 변경은 배제된다. 왜냐하면 임차인 중 누구도 새로운 입주자가 아니기 때문이다. 따라서 교환을 이유로 임대인은 차임의 인상을 주장할 수 없다. 만일 교환상대방이 차임을 연체하고 있었다면 새 입주자가 퇴거자의 의무를 승계한 날부터 연체차임을 인수하게 된다.

각 임차인들은 상대 임차인이 서명한 입주상태현황보고서의 대항을 받는다. 임차인이 부담하여야 하는 수선의무는 임차인들 상호간에 이전된다. 상태보고서의 존재 여부에 따라서 그리고 임대차 개시시의 건물상태와 교환시의 건물상태의 차이, 즉 임차주택의 관리상태에 따라서 효과가 중대할 수도 있다.

두 임차주택의 보증금액이 상이하고 보증금의 반환 여부는 각 임대차의 기간과 각 임차인의 임차주택 관리행태에 의해 좌우되기 때문에, 임차인이 상호교체된 결과 보증금도 상호 교체되는 것인지가 문제된다. 보증금은 교환시점에 반환되지 않고 각 임차주택에 그대로 있다. 그러나 각 임차주택을 관리할 의무는 한 임차인으로부터 다른 임차인에게로 이전된다. 따라서 교환당사자인 두 임차인 상호간의 계산이 필요할 것이다.

또한 두 임차인의 처지가 서로 다르기 때문에 어려운 문제가 발생한다. 임대인이 임차인들 중 한 명에 대해 보증인이 필요하다고 생각하는 경우 임차인이 교체될 때 보증인까지 교체되지는 않기 때문이다. 임차인들과 임대인은 교환으로 인해 발생하는 난제들을 조율해야 할 것이다.

2. 주택임차권의 승계

1989년 주택임대차법 제14조는 임차인이 주거를 방기하거나 사망한 경우에 임대차가 그의 동거 근친에게 이전한다는 점을 규정한다.[126] 즉 법률규정에 의한 계약이전이 일어나서 임차인이 교체된다. 새로운 권리자가 임차인으로서의 자격을 당연히 취득한다.

이 조문을 적용함에 있어서 어려운 점은 종전 임차인이 연체한 차임에 관하여 새로운 임차인이 지급의무를 부담하는지 여부이다. 긍정설에 따르면 새로운 임차인은 기존의 법률관계에 통합되는 것이므로 지급의무를 부담한다.[127] 하지만 부정설에 따르면 임대차가 이전된다고 해서 반드시 종전임차인이 연체한 차임을 임차권양수인이 떠안아야 하는 것은 아니다.[128]

---

125) 그러므로 각 임차인은 교환을 평가해야 한다. 주택규모가 늘어나는 임차인의 경우 종전 임차주택에서 부담하든 차임보다 높은 차임을 부담하게 될 것이다. 임대차기간도 양 임대차가 다를 수 있다.

126) 이은희, “프랑스법상 주택임대차에 관한 연구”, 42면 참조.

127) Aubert et Bihr, *La location d'habitation* n° 237; J. F Lafont, *Les baux d'habitation* n° 381.

128) Blatter, *Jurisclasseur Civil*-Bail à loyer Fasc. 137 n° 58 et s.

파기원 민사3부는 2000년 2월 16일 판결에서 임대차의 이전시 사망한 임차인이 연체한 차임을 승계인이 지급할 의무를 부담한다고 인정할 수 없다고 판시하였다.129) 사망한 종전 임차인의 채무불이행에 대한 책임은 임차권승계인이 아니라 종전 임차인의 상속인이 부담한다고 하였다.130)

3. 저가임대료주택 고령임차인의 전대

프랑스의 공공임대주택인 저가임대료주택(Habitation à loyer modéré)131)의 "임차인은, 반대 약정이 있거나 임대인의 동의가 있지 않는 한, 프랑스민법 제1717조와는 달리, 전대하거나 임대차를 양도할 권리가 없다."(프랑스건축및주거법전 제L.353-15조와 제L.442-6조). 이를 위반하는 경우 9000유로의 벌금이 부과된다(건축및주거법전 제L.442-8조). 그러나 예외적으로 60세를 넘은 임차인 또는 장애가 있는 임차인은 임대인에게 통지한 후에 건축및주거법전 제L.442-8-1조를 적용하여 임차주택의 일부를 30세 미만의 자에게 1년간(갱신 가능) 전대할 수 있다. 전차임은 임차주택의 전체 면적에 부과된 차임과 관리비용에 비례하여 산출된다.

임차주택이 협약대상인 경우에는132) 60세가 넘은 임차인이 30세 미만의 자에게 임차주택의 일부를 전대하는 '세대간 연대 공동거주계약'을 체결할 수 있다. 임차인은 이를 임대인에게 사전에 통지하여야 하며 임대인은 이의를 제기할 수 없다. 전차임은 임차주택면적에 부과된 차임 및 관리비용에 비례하여 산출된다(건축및주거법전 제L.631-19조). 이 전대차를 종료시키기 위해서는 1개월 전에 통지하여야 한다.

Ⅵ. 결 론

프랑스법상 주택임차권의 양도에 관한 지금까지의 설명을 요약하면 다음과 같다. 첫째, 주

129) Cass. 3e Civ., 16 févr. 2000, n° 97-22.156, *Bull. civ.* Ⅲ, n° 32. 같은 취지: Paris, 25 mars 2008, RG n° 06-15474, *AJDI* 2008. 682.

130) 이때 상속인들은 연대채무가 아닌 분할채무를 부담한다: Civ. 3e, 16 févr. 2000, n° 97-22.156, *Bull.* civ. Ⅲ, n° 32.

131) 19세기 말부터 시작된 프랑스의 공공임대주택은 본래 HBM(Habitation à Bon Marché)이라는 명칭을 가졌으나 1950년 7월부터 HLM으로 명칭이 바뀌었다. 김영태, 『프랑스 주거복지정책 100년의 교훈』, 삼성경제연구소, 2006, 40면 참조.

132) 국가와 민간 또는 공공시행자 간에 협약이 체결된 주택을 임차한 임차인은 개인주택수당(Aide Personnalisée au Logement)을 받을 수 있다. 협약이 체결되기 위해서는 정부가 제시한 조건(면적, 시설, 임대료상한선 등)을 의무적으로 충족해야 한다. 김태영, "주거권 실현을 위한 주거비 지원의 법적 고찰", 이화여대 법학박사학위논문, 2016, 164면 참조.

택임대차에 관한 일반법인 1989년 주택임대차법은 주택임차권의 양도를 원칙적으로 금지하고 있다. 그러나 임대인의 서면동의가 있으면 임차권을 양도할 수 있다. 둘째, 임차권양도는 프랑스 민법에 규정된 계약양도규정의 적용을 받는다. 그에 따르면 임차권양도는 서면으로 행해져야 하며 이를 위반할 경우 무효이다. 또한 임차권양도가 유효하기 위하여 임대인의 동의가 필요하다. 그런데 이 동의는 주택임차권의 양도에 관하여 1989년 주택임대차법이 이미 요구하는 바이다. 셋째, 임차권양도인을 면책시키기 위해서는 이에 대한 임대인의 명시적 합의가 필요하다. 임대인의 명시적 면책합의가 없다면 임차권양도인은 임대차계약의 이행에 대하여 연대하여 책임을 진다. 임차권의 면책적 양도에서 임차권양도인 또는 제3자에 의해 합의된 담보는 그의 합의가 있어야 존속하며, 임차권양도인의 연대채무자들은 채무에서 양도인의 면책부분을 제외한 나머지에 대하여만 책임을 진다. 다섯째, 임차권양수인은 임대인에게 채무에 내재된 항변사유로써 대항할 수 있으나, 임차권양도인의 인적 항변사유로써는 대항할 수 없다. 반면 임대인은 임차권양도인에게 대항할 수 있었던 모든 항변사유로써 임차권양수인에게 대항할 수 있다.

우리나라에서는 임차권양도에 있어서 임대인의 동의가 양도의 성립요건인가 아니면 대항요건인가에 관한 견해의 대립이 있다. 성립요건으로 보는 견해에 따르면 임대인의 동의가 없으면 임차권양도가 성립하지 않는다.[133] 반면 대항요건으로 보는 견해에 따르면 임대인의 동의가 없더라도 임차권의 양도 자체는 유효하고 임대인은 임차인의 무단양도를 이유로 임대차계약을 해지할 수 있을 뿐이다.[134] 한편 임차목적물이 주택인가 상가인가 토지인가에 따라 임차인의 투하자본 회수 필요성이 다르므로 민법 제629조 제1항의 동의 요건을 달리 해석해야 한다는 견해[135]도 있다. 필자는 주택임차권의 양도와 관련하여서는 민법 제629조가 적용되는 사안과 특별법이 적용되는 사안을 구분하여 살펴야 한다고 생각한다. 민법 제629조가 임차권양도를 금지하는 것은 임대인을 보호하려는 것이기 때문에 강행규정이 아니다.[136] 하지만 특별법에서 임차권양도를 금지하는 것은 임차인의 주거확보를 위한 것이므로 강행규정으로 보아야 한다. 즉 특별법이 적용되는 사안에서 임대인의 동의를 받지 않은 임차권양도는 무효라고 보아야 한다.

나아가 임차권양도의 법적 성질에 관하여는 채권양도로 보는 견해[137]와 계약인수로 보는

133) 김형배, 『채권각론(신정판)』, 박영사, 2021, 470-471면 및 474면.

134) 이순영, "임차권의 무단양도와 무단전대", 「저스티스」 13권 1호, 1975, 14면. 민법이 적용되는 사안에 관한 대법원 1955. 7. 7. 선고 4288민상50 판결; 대법원 1986. 2. 25. 선고 85다카1812 판결; 주택건설촉진법이 적용되는 사안에 관한 대법원 1993. 6. 25. 선고 93다13131 판결; 임대주택건설촉진법이 적용되는 사안에 관한 대법원 1993. 11. 9. 선고 92다43128 판결.

135) 이준현, 앞의 논문, 27면 이하.

136) 곽윤직 편집대표, 『민법주해 XV』, 112면.

137) 곽윤직, 『채권각론(제6판)』, 박영사, 2003, 326면.

견해[138)]가 대립하고 있다. 후자의 견해는 이를 포괄승계로 보는 견해와 특정승계로 보는 견해로 다시 나뉜다. 포괄승계로 보는 견해에 의하면 임차권양도인의 보증금반환채권도 임차권양수인에게 당연히 이전된다.[139)] 반면 특정승계로 보는 입장에서는 보증금반환채권의 양도에는 별도의 합의가 필요하다.[140)] 필자는 바로 이 마지막 견해에 찬성하며 앞에서 살펴본 프랑스법은 그에 대한 비교법적 근거가 될 수 있다고 생각한다. 특히 임차보증금은 임차권양도인이 임대인에게 제공한 담보로서 담보제공자인 임차권양도인의 합의가 있는 때에는 임차권양수인을 위한 담보로서 존속할 수 있다.

---

138) 김형배, 『채권각론(신정판)』, 469면; 이은영, 『채권각론(제3판)』, 박영사, 2000, 658면; 이준현, 앞의 논문, 24면; 이호행, 앞의 논문, 334면.

139) 이준현, 앞의 논문, 27면.

140) 이호행, 앞의 논문, 335면.

자기가 한 말에 대한 권리*

– 서울고등법원 2019. 2. 13. 선고 2018나2039448 판결 –

권 태 상**

[사실관계와 판결]

1. 사실관계

(1) 당사자의 지위

원고는 2011년 6월경 한국방송공사(이하 "KBS"라고 한다)의 보도국장으로 재직하였던 사람이다. 피고 한국탐사저널리즘센터는 인터넷뉴스인 "뉴스타파"를 제작·보도하는 인터넷신문사업자이고, 피고 A는 피고 한국탐사 소속 기자이다.

(2) 2011년 6월 도청의혹 사건의 발생

원고가 KBS 보도국장으로 재직 중이던 2011. 6. 23. KBS 수신료 인상에 관한 사항을 논의하기 위하여 당시 야당인 민주당 최고위원들과 국회 문화체육관광방송통신심의위원회 소속 민주당 국회의원들의 연석회의가 민주당 대표 회의실에서 비공개로 개최되었다.

그런데 그 다음날인 2011. 6. 24. 당시 여당인 한나라당의 한선교 국회의원이 위 연석회의 참가자들의 발언이 기재된 문건을 국회 문화체육관광방송통신심의위원회 전체회의에서 공개하였다.1)

이에 한선교 의원이 입수한 문건이 만들어진 과정에 KBS 내부인사의 불법도청이 있었던 것이 아니냐는 의혹이 제기되었다. 한선교 의원의 통신비밀보호법위반 혐의 등에 대한 수사도 이루어졌으나 검찰은 2011년 12월경 증거불충분으로 혐의없음 처분을 내렸다.2)

---

* 이 글은 「법학논집」 제25권 제4호(이화여자대학교 법학연구소, 2021)(송덕수 교수 정년기념 특집호)에 게재되었다.

** 이화여자대학교 법학전문대학원 교수, 변호사.

1) 당시 한선교 의원이 이 문건을 공개한 이유는, KBS의 수신료 인상을 좌초시키기 위해 민주당이 시민단체들과 어떠한 공작을 꾸미고 있다는 의혹을 제기하기 위한 것이었다고 한다.

2) 당시 도청을 하였다는 의심을 받은 KBS 기자는 휴대폰과 노트북을 잃어버렸다고 경찰에 진술했다고 한다.

(3) 피고 A의 통화 녹음

피고 A는 2017년 5월경 위 도청의혹 사건에 관하여 취재를 하던 중 원고에게 전화를 하여 통화(이하 "이 사건 통화"라고 한다)를 하면서 이를 녹음하였다. 그 통화의 내용은 다음과 같다.

- 원고: 한선교한테 줬지. "야, 이게 민주당 야당에서 이렇게 대책회의를 했는데, 이러 이러 이러한 내용으로 아마 이게 얘기가 되는 것 같더라. 여기에 대해서 좀 잘 대응을 해 달라".
- 피고 A: 예.
- 원고: 그 얘기는 이미 그 이강덕인가?
- 피고 A: 예.
- 원고: 그 때가 아마 정치부장이 이강덕인가?
- 피고 A: 예, 맞습니다.
- 원고: 그러니까 이강덕이가 다 얘기한 거야, 그건. 우리한테. 우리가 줬다고.
- 피고 A: 우리가 줬다고?
- 원고: 그렇지.

(중략)

- 피고 A: 아니, 그런데 그 때 한선교 의원이 이렇게 손을 잡고 흔들면서 녹취록 비슷한 거를 한 네다섯 장 가지고 이렇게 흔들었는데.
- 원고: 그러니까 그 문건을 우리가 만든거야. 그건 맞어.
- 피고 A: 아, 그건 KBS, KBS에서 만든 거예요?
- 원고: 예, 예. 우리가 보고서를 만든거지.

(중략)

- 원고: 그게 녹취록은 아니고. 그러니까 뭐 뭐 누구 누구 의원, 이렇게 이렇게 이렇게 이런 식으로 발언한 내용을 대충 써놨어, 이렇게.

(중략)

- 피고 A: 아니요, 그, 그 녹취록은 그러니까 보신 거 아니에요? 그, 그 녹취.
- 원고: 아 그렇지. 그건 봤지, 나도.

(중략)

- 원고: 나도, 나도 얼핏 봤는데.
- 피고 A: 예.
- 원고: 그게 그 발언록이야, 발언록. 발언록. 어?
- 피고 A: 네.
- 원고: 녹취록 그러면 또 오해할라, 이게. 응?

(중략)

- 원고: 그거 그거야 뭐 평상시에 우리가 보고하는 거지, 그런 내용을.

- 피고 A: 예.
- 원고: 그런데 이제 그게 좀 자세한 내용이 들어가 있어, 좀 보니까. 어?
- 피고 A: 예.
- 원고: 간단하게 쓴 건 아니고, 뭐 이렇게 좀, 응? 저 인용하는 형태로 돼 있어. 어?
- 피고 A: 예.
- 원고: 근데 이게 한선교가 그걸 듣고서 녹취록이라고 한 거야. 어?

(중략)

- 원고: 무슨 공식적으로 넘겨줬다는 게 아니라, 그 때 깡덕이 얘기로는, 마지막 단계니까 한선교 보고 야당을 설득할 때,
- 피고 A: 예.
- 원고: “요런 요러한 것들을 야당에서 이렇게 논의를 한 것 같다, 내부에서.” 어? “그러니까 당신네들이 야당하고 얘기할 때 이걸 참고를 좀 해달라.”고 하면, 하면서 뭐 그거를 이렇게 보여줬는데, 한선교가 “아 그거 좀, 좀 달라고.” 어? 아마 그런 식으로 했다는 거라고 이렇게 내가 들었어, 얼핏. 어?

(4) 피고들의 동영상 뉴스 게재

피고들은 2017. 6. 8. 16:52경 뉴스타파 홈페이지에 「민주당 도청의혹 사건…KBS 전 보도국장 ‘우리가 한나라당에 줬다’」라는 제목으로 21분 55초 분량의 동영상 뉴스(이하 “이 사건 보도”라 한다)를 게재하였다. 그리고 「당시 KBS 보도국장, 뉴스타파에 당시 상황 증언」이라는 제목으로 위 홈페이지에 원고와의 이 사건 통화내용을 바탕으로 한 인터뷰 형식의 기사도 게재하였다. 이 사건 보도 중 이 사건과 관련된 내용은 다음과 같다.

- 피고 A: 당시 보도국장(원고)은 한선교 의원이 폭로한 녹취록은 KBS가 만든 것이 맞다고 확인했습니다. 해당 녹취록을 직접 봤다는 말도 했습니다(이하 “① 부분”이라 한다).
- 피고 A: 당시 보도국장의 말을 다시 정리하면 이렇습니다. “2011년 민주당 대표 회의실에 휴대폰 같은 걸 부탁해 갖다놓고 녹음한 것 같더라. 한선교 의원이 국회에서 폭로한 문건은 KBS가 만든 것이다. 나도 그 문건을 봤다. 또 이를 한나라당 한선교 의원에게 전달한 것도 KBS 인사였다는 사실을 당시 정치부장에게 들었다(이하 “② 부분”이라 한다).” 는 겁니다.

(5) 원고의 소 제기

원고는 피고들[3])을 상대로 손해배상을 구하는 소를 제기하였는데, 피고 A가 이 사건 보도에

---

3) 피고 한국탐사저널리즘센터에 대해서는 피고 A의 사용자로서 사용자책임을 물었다.

허위사실을 적시하여 원고의 명예를 훼손하였고, 또한 피고 A가 동의 없이 원고의 사적인 전화통화를 녹음한 뒤 이 사건 보도에서 이를 그대로 재생되게 함으로써 원고의 음성권, 사생활의 비밀과 자유 등의 인격권을 침해하였다고 주장하였다.

또한 원고는 피고 한국탐사저널리즘센터를 상대로 반론보도 및 간접강제도 청구하였다. 즉 사실적 주장에 관한 이 사건 보도로 인하여 원고의 명예가 훼손되는 피해가 발생하였으므로, 피고 한국탐사저널리즘센터는 「언론중재 및 피해구제 등에 관한 법률」 제16조 제1항[4)]에 의하여 원고가 구하는 반론보도문을 게재할 의무가 있고, 이를 이행하지 아니할 경우 원고에게 매일 100만원의 비율로 계산한 이행강제금을 지급할 의무가 있다고 주장하였다.

피고들은 원고의 청구를 모두 기각해야 한다고 하였는데, 특히 피고 A가 원고와의 이 사건 통화를 녹음하여 이 사건 보도에 사용한 것은 정당행위에 해당하여 위법성이 조각된다고 주장하였다.

2. 1심 판결[5)]

(1) 명예훼손으로 인한 손해배상청구, 반론보도 및 간접강제청구

1심 판결은 원고의 명예훼손으로 인한 손해배상청구를 받아들이지 않았다. 우선 1심 판결은 이 사건 보도 중 ① 부분을 허위라고 보기 어렵다고 하였다. 즉 ① 부분은 전체적으로 보아 중요한 부분이 객관적 사실과 합치된다고 할 것이고, '녹취록'이라는 표현은 오해의 소지가 있고 '발언록'이나 '보고서'가 맞다는 원고의 해명 역시 이 사건 보도에 포함되어 있는 점에 비추어 보면, 비록 피고 A가 이 사건 보도 말미에 시청자들이 알기 쉽도록 일부 사실관계를 압축·강조하는 과정에서 '발언록'이나 '보고서' 대신 '녹취록'이라는 표현을 사용하였더라도 이는 사소한 표현의 차이에 불과하다고 하였다. 그리고 원고 자신이 이강덕으로부터 직접 들은 것을 이야기하는 듯한 취지의 발언도 한 사실이 인정되므로, ② 부분 역시 허위의 사실이라고 인정하기에 부족하다고 하였다.

그리고 사실적시에 의한 명예훼손에 해당하는지 여부에 관하여도, ①, ② 부분은 원고가 위와 같이 발언하였다는 사실을 적시한 것일 뿐으로서 그 적시한 원고의 발언 내용은 모두 원고에 대한 사회적 가치나 평가에 영향을 주는 사정들이라고 볼 수 없으므로, 그 자체로 원고에 대한 사회적 가치 내지 평가를 저하시킬 수 있는 구체적인 사실에 해당하지 않는다고 하였다.

다만 이 사건 보도 중 ①, ② 부분에 '원고가 KBS에 대한 명예훼손적 사실을 전파하는 행위를 하였다.'는 사실의 적시가 포함된 것으로 본다면, 이를 원고에 대한 사회적 평가를 저하시킬

4) "사실적 주장에 관한 언론보도등으로 인하여 피해를 입은 자는 그 보도 내용에 관한 반론보도를 언론사등에 청구할 수 있다."

5) 서울중앙지방법원 2018. 7. 6. 선고 2017가합548478 판결.

수 있는 행위로 볼 여지는 있으나, 이 사건 보도는 그 주요한 목적이나 동기가 객관적으로 보아 공공의 이익을 위한 것이라고 인정할 수 있고, 이 사건 보도 중 ①, ② 부분은 원고가 스스로 발언한 내용을 그대로 보도한 것으로서 진실한 사실이라고 할 것이므로, 이 사건 보도행위는 위법성이 없다고 하였다.

그리고 원고의 반론보도청구에 대해서는, 그 반론보도문의 내용이 반론보도를 청구할 정당한 이익이 없는 경우, 반론보도청구 내용이 명백히 사실과 다른 경우 등에 해당한다는 이유를 들어 기각하였다. 이에 따라 간접강제청구도 받아들이지 않았다.

(2) 음성권 등 침해로 인한 손해배상청구

1심 판결은 원고의 음성권 등 침해로 인한 손해배상청구를 인정하였다. 1심 판결은 "사람은 누구나 자신의 음성이 자기 의사에 반하여 함부로 녹음되거나 재생, 녹취, 방송 또는 복제·배포되지 아니할 권리를 가지는데, 이러한 음성권은 헌법 제10조 제1문에 의하여 헌법적으로도 보장되고 있는 인격권에 속하는 권리"라고 하였다. 그리고 "동의 없이 상대방의 음성을 녹음하고 이를 재생하는 행위는 특별한 사정이 없는 한, 음성권, 사생활이 타인으로부터 침해되거나 공개되지 아니할 권리, 자기 정보를 자율적으로 통제할 수 있는 권리 등 헌법에서 보장한 권리를 침해하는 행위에 해당하여 불법행위를 구성한다"고 하였다.

이러한 법리에 따라, 피고 A가 원고와의 이 사건 통화를 녹음한 뒤 이를 이 사건 보도에 사용하여 원고의 음성이 재생되게 하였으므로, 피고 A는 원고의 음성권 등을 침해하는 불법행위를 저질렀고, 피고 한국탐사저널리즘센터는 피고 A의 사용자로서 민법 제756조 제1항에 따라 사용자책임을 부담한다고 하였다.

피고들의 위법성 조각 주장에 대해서는, 이 사건 통화내용은 도청의혹 사건의 전말을 밝히기 위한 취재과정에서 당시 KBS 보도국장 지위에 있던 원고와 대화하며 녹음된 것이므로 공익을 위한 정당한 목적이 인정되고, 원고의 당시 지위 등에 비추어 보면 원고 진술을 확보하여 이를 이 사건 보도에 사용할 필요성도 인정되기는 한다고 하였다.

그러나 피고 A가 이 사건 통화를 원고에게 알리지 않고 녹음한 것이나 그 녹음내용을 원고의 동의 없이 이 사건 보도에서 재생한 것은 침해행위의 보충성과 긴급성, 침해방법의 상당성을 인정하기 어렵고, 피해의 정도도 가볍지 아니하다고 하면서, 피고들의 위법성 조각 주장은 이유 없다고 하였다.

그리고 여러 사정을 종합적으로 고려하여, 피고들이 원고에게 배상하여야 할 위자료의 액수를 400만원으로 정하였다.

3. 2심 판결[6)]

1심 판결에 대하여 원고와 피고들이 모두 항소하였다. 2심 판결은 대체적으로 1심 판결과 유사하게 판단하면서, 위자료의 액수를 600만원으로 정하였다.

2심 판결은 우선 1심 판결이 "음성권 및 사생활과 비밀의 자유"를 침해한 것을 "음성권" 침해만 인정하는 것으로 수정하였다. 그리고 음성권 침해의 불법행위로 인한 손해배상청구에 대하여 다음과 같이 설시하였다. "사람은 누구나 자신의 음성이 함부로 녹음되거나 재생, 방송, 복제, 배포되지 않을 권리를 가지는데, 이러한 음성권은 헌법 제10조 제1문에 의하여 헌법적으로도 보장되고 있는 권리이므로, 음성권에 대한 부당한 침해는 불법행위를 구성한다."

그리고 2심 판결은, 원고가 2심에서 추가한 초상권 침해로 인한 손해배상청구도 인정하였다. 즉 피고 A가 이 사건 보도 당시 이 사건 통화내용을 재생함과 동시에, 2013. 12. 11.자 TV리포트 인터넷 기사에서 사용된 원고의 얼굴 사진을 원고의 동의나 승낙을 얻지 아니한 채 배경화면으로 그대로 내보낸 사실을 인정할 수 있으므로, 특별한 사정이 없는 한 피고 A는 불법행위자로서, 피고 한국탐사저널리즘센터는 그 사용자로서 공동하여 원고가 초상권 침해로 입은 손해를 배상할 책임이 있다고 하였다.

또한, 이 사건 보도 내용과 목적이 도청의혹 사건의 전말을 밝히기 위한 것으로서 당시 KBS 보도국장 지위에 있어 공적 인물이라고 볼 수 있는 원고와 사이의 대화내용 자체는 공공의 이해와 관련되어 공중의 정당한 관심의 대상이 되는 사항에 해당하고, 이때 원고를 특정하기 위하여 원고의 실명을 공개할 필요성은 어느 정도 인정할 수 있다고 하였다. 그러나 원고의 얼굴사진을 공개하지 아니하더라도 이 사건 보도의 신뢰성이 훼손된다거나 그 목적을 달성하는 데 장애가 있다고 보이지 않으며, 피고들이 이 사건 보도일로부터 6년 전에 발생한 도청 의혹 사건을 보도하면서 원고의 초상권을 침해하여야 할 긴급한 사정이나 중대한 공익상의 필요가 있다고 보기 어렵다는 점 등을 근거로 초상권 침해행위의 위법성이 조각된다고 볼 수 없다고 하였다.

2심 판결은 초상권 침해에 따른 위자료의 액수를 200만원으로 정하고, 음성권 침해에 따른 위자료의 액수를 1심과 동일하게 400만원으로 유지하여, 피고들이 지급해야 할 위자료 액수가 600만원이라고 하였다.

4. 대법원 판결[7)]

2심 판결에 대하여 피고들이 상고하였다. 그러나 대법원은 피고들의 상고이유에 관한 주장

6) 서울고등법원 2019. 2. 13. 선고 2018나2039448 판결.
7) 대법원 2019. 6. 19. 선고 2019다220922 판결.

이 「상고심절차에 관한 특례법」 제4조(심리의 불속행)에 해당하여 이유 없음이 명백하다고 하면서 상고를 기각하였다.

[평석]

Ⅰ. 서론

현대 과학기술의 발전은 법의 영역에도 많은 변화를 발생시키고 있다. 오늘날 널리 보급된 휴대폰에는 녹음 기능이 있어서, 대화 등 어떠한 소리를 쉽게 녹음할 수 있다. 전화 통화 역시 녹음 버튼을 누르는 행위만으로 쉽게 그 통화 내용을 녹음할 수 있게 되었다. 이에 따라 증거를 확보해 두기 위해 대화나 통화 내용을 녹음하는 경우가 많아지고 있다. 올해 2월에는 어느 부장판사가 대법원장과 대화한 내용을 녹음한 녹취파일을 공개하는 사건이 발생하기도 하였다.

통화의 당사자가 아닌 사람이 통화 내용을 몰래 엿듣고 녹음하는 것은 도청에 해당하여 형사적으로도 처벌된다. 그런데 통화의 당사자가 상대방의 동의 없이 몰래 녹음하는 행위는 어떻게 평가해야 하는지 문제된다. 이 경우는 도청에 해당하지 않으므로 적법한 행위라고 보아야 하는가? 아니면 상대방이 자기가 한 말에 대해 갖는 권리를 침해하는 위법한 행위로 보아야 하는가? 그리고 녹음된 통화 내용이 언론 보도에서 재생된 경우, 특히 공중의 정당한 관심의 대상이 되는 사항에 대한 보도에서 통화 내용이 재생된 경우 그 위법성을 어떻게 판단해야 하는지도 문제된다.

본 사건에서는 2011년 발생한 KBS의 도청의혹 사건과 관련하여 기자인 피고 A가 당시 KBS 보도국장이었던 원고와 전화통화를 하면서 이를 몰래 녹음하고 그 통화내용을 동영상 뉴스에서 재생한 것이 문제되었다. 1심 판결과 2심 판결은 명예훼손으로 인한 손해배상청구, 반론보도 및 간접강제청구를 배척하였으나, 음성권 침해로 인한 손해배상청구를 인용하였다. 또한 2심 판결은 초상권 침해로 인한 손해배상청구도 인용하였다. 이에 대해 피고들이 상고하였으나, 대법원은 심리불속행기각하였다.

이 글은 음성권 또는 말에 대한 권리를 중심으로 하여 본 사건에 대한 판결에 대해 검토한다. 이 글의 구조는 다음과 같다. 첫째 음성권 또는 말에 대한 권리의 개념과 내용을 살펴본다. 특히 말의 내용에 대한 보호, 상업적 이용에 대한 보호가 그 내용이 될 수 있는지 등이 문제된다. 둘째 전화통화 당사자 일방이 상대방 몰래 통화 내용을 녹음하는 행위가 음성권 또는 말에 대한 권리의 침해에 해당하는지 검토한다. 우리나라 통신비밀보호법의 내용과 그에 대한 비판을 살펴보고, 이와 별도로 음성권 또는 말에 대한 권리의 침해에 해당하는지 여부를 검토한다. 셋째 언론 보도에 의하여 음성권 또는 말에 대한 권리의 침해 여부가 문제되는 경우 그 행위의 위법성을 어떤 기준으로 판단해야 하는지 검토한다. 공적 관심사에 대한 보도에서 언론의 표현의 자유를 어떻게 고려해야 하는지, 위법하게 취득한 정보의 보도가 허용되는지 등을 살펴본 다음, 본 사건에 대한 판결의 구체적 결론이 타당한지 검토한다.

Ⅱ. 음성권 또는 말에 대한 권리의 개념과 내용

1. 우리나라 판결에 나타난 음성권의 개념

음성권은 그동안 독자적 권리로 인식되지 않다가, 비교적 최근의 판결들에서 독자적 권리로 인식되고 있다. 아직 대법원이 음성권에 관한 법리를 직접 설시한 경우는 없는데, 서울고등법원에서 음성권에 관해 판단한 판결들을 살펴보면 다음과 같다.

서울고등법원 2000. 3. 9. 선고 99나43440 판결[8]에서는, 변호사인 원고가 부동산 매매계약의 이행 관련하여 부동산중개업자와 통화한 내용이 SBS 뉴스추적 프로그램에서 그대로 재생되어 방송된 것이 문제되었다. 당시 원고와 통화한 부동산중개업자가 통화 내용을 원고 몰래 녹음하여 방송국에 녹음 테이프를 넘겨준 것이었다. 이 판결은 이로 인하여 원고의 "인격권인 음성권"이 침해되었다고 인정하고, 위자료를 500만원으로 정하였다.

서울고등법원 2010. 7. 1. 선고 2009나102614 판결[9]에서는, MBC의 소비자 피해 고발 프로그램(불만 제로)이 미용실의 부당한 상술로 인한 피해 사례를 보도하면서, 미용실 운영자인 원고의 음성을 그대로 방송한 것이 문제되었다.[10] 이 판결은 음성권이 침해되었다고 인정하고, 위자료를 100만원으로 정하였다.

이 판결은 음성권의 개념 등에 관한 법리를 다음과 같이 설시하였다. "사람은 자신의 음성이 자기의 의사에 반하여 녹음·재생·방송·배포되지 않을 권리를 가진다고 할 것이고, 타인의 음성을 본인의 동의 없이 녹음하여 공중에게 공표하거나, 공표에 동의한 경우라도 본인이 예상

---

8) 국내언론관계판결집 제7집, 320면. 원고와 피고들 모두 상고하지 않아, 이 판결은 그대로 확정되었다.

9) 이 판결은 서울고등법원 2009. 6. 3. 선고 2008나80052 판결이 대법원에서 파기되어 환송된 이후 선고된 판결이다. 대법원 2009. 10. 29. 선고 2009다49766 판결은 명예훼손 관련하여 방송보도의 진실성이 인정되고 위법성이 없다는 취지로 파기하였다. 그리고 이 대법원 판결은, 원고가 음성권과 초상권이 침해당하였다고 주장하면서 초상권 침해로 인한 위자료 500만원을 청구한 것에 대하여, 어느 채권에 대한 청구인지 불분명하여 그 청구가 특정되었다고 볼 수 없다는 점도 지적하였다.

10) 원고의 음성이 방송된 내용은 다음과 같다. "난 경력이 20년이야. 공부도 얼마나 많이 했는데. 커트 한 번 하면 두 달 정도 가지 않나요? 두 달에 커트비 5만원이 뭐가 비싸? 난 100만 원에도 잘라 봤는데."

한 것과 다른 방법과 용도로 공표한 경우 이는 타인의 음성권을 침해한 것으로서 불법행위에 해당한다."[11)]

이후 선고된 서울고등법원 2015. 8. 28. 선고 2014나2050805 판결[12)]도, 영육아원의 운영실태를 다룬 지역방송사의 방송이 문제된 사건에서, 음성권의 개념 등에 대하여 위 2009나102614 판결과 동일하게 설시하였다. 그리고 본 사건의 2심 판결은 "사람은 누구나 자신의 음성이 함부로 녹음되거나 재생, 방송, 복제, 배포되지 않을 권리를 가지는데, 이러한 음성권은 헌법 제10조 제1문에 의하여 헌법적으로도 보장되고 있는 권리이므로, 음성권에 대한 부당한 침해는 불법행위를 구성한다."고 하였다. 이 판결이 음성권의 법적 근거로 헌법 제10조 제1문[13)]을 제시한 것은, 음성권의 법적 성격이 인격권이라는 점을 다시 확인하였다고 볼 수 있을 것이다.

한편 헌법재판소 1995. 12. 28. 91헌마114 결정[14)]은 말 또는 음성에 대한 자기결정권을 인정하고, 이를 인정해야 하는 이유를 다음과 같이 자세히 설시하였다. "모든 진술인은 원칙적으로 자기의 말을 누가 녹음할 것인지와 녹음된 자기의 음성이 재생될 것인지 여부 및 누가 재생할 것인지 여부에 관하여 스스로 결정할 권리가 있다. 왜냐하면 사람의 말과 음성이 녹음되어 진술인의 동의없이 임의로 처리된다면 사람들은 자연스럽게 의사를 표현할 수 없게 될 것이며 언제나 자신의 무의식적인 발언이나 잠정적인 의견, 순간적인 감정상태에서의 언급 등이 언제나 재생가능한 상태로 보관되고 다른 기회에 자기 자신의 의사와는 무관하게 재생될 수도 있다는 점에서 진술인의 인격이 현저히 침해될 수 있는 위험이 따르기 때문이다."

2. 독일의 경우-자기가 한 말에 대한 권리

독일에서는 "자기가 한 말에 대한 권리(das Recht am gesprochenen Wort)"가 인정된다. 이 권리는 일반적 인격권의 한 부분이며, 자기가 한 말을 스스로 처분할 수 있는 권한으로 정의될 수 있다고 한다.[15)] 그리고 말이 개인적으로 관련되거나 인격에 민감하게 관련되는지 여부와 관계없이 이 권리가 인정된다.[16)]

독일 연방대법원의 1958년 판결[17)]은, 대화 상대방의 동의 없이 그 대화를 녹음 테이프에

---

11) 또한 이 판결은 피고의 위법성 조각 주장을 배척하면서 다음과 같이 설시하였다. "이 사건 방송보도의 내용 및 목적에 비추어 볼 때, 원고의 인터뷰는 그 내용이 전달되면 충분할 뿐 위와 같이 원고의 음성을 변조 없이 그대로 방송하는 것이 방송목적의 달성에 반드시 필요했다거나 공공의 이익을 위해 필요불가결하였다는 사정 등도 인정되지 않으므로, 달리 위법성조각 사유도 인정되지 않는다."
12) 원고들이 상고하였다가 상고를 취하하여, 이 판결은 확정되었다.
13) "모든 국민은 인간으로서의 존엄과 가치를 가지며, 행복을 추구할 권리를 가진다."
14) 공판정에서 녹취를 하고자 할 때 법원의 허가를 받도록 한 형사소송규칙 제40조가 문제된 사건.
15) Jürgen Helle, Besondere Persönlichkeitsrechte im Privatrecht, 1991, S. 236.
16) Karl Larenz/Manfred Wolf, Allgemeiner Teil des Bürgerlichen Rechts, 9. Aufl., 2004, S. 135.
17) BGH, Urteil vom 20. 5. 1958-BGHZ 27, 284.

녹음하는 행위가 기본법 제1조, 제2조에 의하여 보장되고 인격의 고유한 영역을 보호하는 일반적 인격권을 침해하는 것이라고 하였다.[18] 그리고 독일 연방대법원의 1960년 판결[19]도, 피고인의 동의가 없으면 대화 상대방이 피고인의 인격권을 침해하여 몰래 녹음한 녹음 테이프를 형사소송에서 증거로 사용할 수 없다고 하였다.

독일 연방헌법재판소의 1973년 Tonband 결정[20]은 자기가 한 말에 대한 권리에 대한 법리를 자세하게 설시하였다. 이 결정은, 기본법 제2조 제1항에 의한 기본권은 인격의 발현에 필요한 법적 지위를 보호하는데, 여기에는 초상권과 마찬가지로 "자기가 한 말에 대한 권리"도 포함된다고 하면서, "따라서 모든 사람은 자신의 말을 누가 녹음할 수 있는지, 그리고 녹음된 말을 재생할 것인지 여부와 누구에게 재생할 것인지를 스스로 그리고 단독으로 결정할 수 있어야 한다."고 하였다.

이 결정은 자기가 한 말에 대한 권리를 보호해야 하는 이유를 자세히 설시하였는데, 이를 요약하면 다음과 같다. 사람이 한 말과 목소리가 녹음되면 그 사람으로부터 분리되어 처분가능한 형태로 독립화된다. 자기가 비공개적으로[21] 한 말을 다른 사람이 임의로 처분할 수 있다면 인격의 불가침성은 현저하게 축소될 것이다. 자기가 한 말이 다른 기회에 다른 맥락에서 그 내용, 표현, 음성 등으로 그에게 반대되는 증거로 제시될 수 있다는 점을 의식하면서 살아야 한다면, 사람의 의사소통이 가지는 거리낌없음(Unbefangenheit)이 방해될 것이다. 사적 대화는, 그것이 몰래 녹음되어 말을 한 사람의 동의 없이 또는 그의 의사에 반하여 이용될 것이라는 의심과 걱정 없이 행해질 수 있어야 한다.

한편 이 결정은 인격의 영역을 절대적으로 보호되는 영역과 우월한 공공의 이익이 있으면 침해가 정당화되는 영역으로 나눌 수 있다고 보았다. 그리고 해당 사안에서 문제된 녹음은 매매계약의 협상 과정에서 행해진 대화를 녹음한 것이므로 후자에 해당하지만 침해가 정당화되지 않는다고 하였다.

그러나 이후에 선고된 독일 연방헌법재판소의 1980년 Eppler 결정[22]은, 사적 영역과 같은 인격권의 보호 대상이 침해되지 않은 경우에도, 어떤 사람이 하지 않은 말을 그에게 전가하는 것

---

18) 그리고 인격의 고유 영역을 보호하는 중요성을 고려하면, 증거를 마련해 둔다는 사적 이익은 대화의 비밀 녹음을 정당화하기에 원칙적으로 충분하지 않다고 하였다.

19) BGH, Urteil vom 14. 6. 1960-BGHSt 14, 358.

20) BVerfG, Beschluß vom 31. 1. 1973-BVerfGE 34, 238.

21) Helle(주 15), S. 236은, 독일 형법 제201조가 형사적 제재를 통해 비공개적으로 한 말만 보호하지만, 이는 공개적으로 한 말을 위 헌법재판소 결정과 충돌하지 않는 한도에서 일반적 인격권에 의해 민법적으로 보호하는 가능성을 열어 두고 있다고 설명한다.
Karl Larenz/Claus-Wilhelm Canaris, Lehrbuch des Schuldrechts Ⅱ/2, 13. Aufl., 1994, S. 505도, 정보를 몰래 취득하는 것은 다른 사람의 자기결정권을 무시하는 것이라고 지적하면서, 공개적으로 행해진 말을 몰래 녹음하는 것도 원칙적으로 일반적 인격권의 위법한 침해로 볼 수 있다고 한다. 다만 동의가 추정되는 경우가 있을 것이라고 한다.

22) BVerfG, Beschluß vom 3. 6. 1980-BVerfGE 54, 148.

은 일반적 인격권 침해에 해당한다고 하였다. 이 결정은 이러한 결론을 다음과 같이 자기결정권으로부터 도출하였다. "이는 일반적 인격권 보호의 기초가 되는 자기결정(Selbstbestimmung)의 사고로부터 도출된다. 사람은 -그의 사적 영역에 제한되지 않고- 자신이 제3자 또는 공중에게 어떻게 표현될 것인지, 자신의 인격이 제3자에 의해 처분될 수 있을지 여부와 그 정도를 원칙적으로 스스로 결정할 수 있어야 한다."

3. 검 토

(1) 말의 내용에 대한 보호

음성은 초상과 마찬가지로 그 주체의 동일성을 식별할 수 있는 특성을 가지고 있다. 그러나 음성은 초상과 다소 다른 특성을 가지고 있는데, 그것은 음성이 나타나는 말은 항상 어떠한 내용을 가진다는 점이다.[23] 이와 관련하여, 음성권 또는 말에 대한 권리가 그 말의 내용에 대한 보호까지 포함하는지 여부가 문제된다.

학설에서는 음성권의 개념을 넓게 이해하는 견해가 많다. 즉 음성권은 음성, 말투, 말한 내용 등 인격적인 요소를 포함하고 있는 음성에 관한 모든 권리라고 설명된다.[24] 이와 유사하게, 음성권은 개인 간의 의사소통과정에서 전개되는 비밀성을 보호하고자 하는 총체적 권리라고 하면서, 단일한 음성 징표만을 보호하는 것으로 제한해서는 안 된다고 설명된다.[25]

음성권 또는 말에 대한 권리가 인격권이라는 점에 주목하면, 이러한 권리를 보호하는 이유는 인격의 자유로운 발현과 인간의 존엄성 보호를 위한 것이라고 할 수 있다. 이를 고려하면, 말의 내용에 대한 보호까지 이러한 권리의 내용에 포함된다고 보는 것이 타당하다. 이를 더 자세히 살펴보면 다음과 같다.

첫째, 말의 내용이 함부로 공개되어서는 안 된다. 자신이 하는 말의 내용이 공개될 수 있다는 점을 우려하면 자유롭고 거리낌없이 표현할 수 있는 자유를 위축시키게 되기 때문이다. 이와 관련하여, 말의 내용이 내밀영역 기타 사적 영역에 관한 것은 물론이고, 영업적이거나 직업적인 내용을 언급한 것이든 어떠한 것이든 보호를 받는다고 설명된다.[26] 또한 이러한 보호를 인정하

---

23) 물론 초상의 경우도 사진이나 영상이 어떠한 행위 내용을 나타낼 수 있으나, 초상권 침해 여부가 문제된 사건에서는 초상 본인을 식별할 수 있는 초상이 공개된 사실 자체가 문제되는 경우가 많다. 예컨대 증명사진을 공개한 경우 그 초상이 아무런 행위 내용을 나타내지 않더라도 초상권 침해가 될 수 있다.

24) 홍완식, "음성권에 관한 연구", 공법연구 제28집 제1호(1999. 10), 119면; 박용상, 명예훼손법, 현암사, 2008, 563-564면(다만 "음성권"이 아니라 "말에 대한 권리"라는 용어를 사용한다).

25) 이수종, "일반적 인격권으로서 음성권에 관한 비교법적 연구", 언론과 법 제15권 제3호(2016), 188-189면. 이 견해는 이러한 입장에서 서울고등법원 2015. 8. 28. 선고 2014나2050805 판결(음성권은 음성 자체에 대한 권리라고 하면서, 음성이 변조되어 방영된 경우 음성이 방송되지 아니할 권리로서의 음성권이 침해되었다고 보기는 어렵다고 함)을 비판한다.

26) 박용상(주 24), 563면. 다만 범죄가 되는 내용의 말은 보호를 받음에 제약이 있으며, 행해진 말이 객관적 의

지 않으면 비밀대화 내용이 공개됨으로써 입게 되는 인격적 침해들을 방치하는 결과에 이르게 될 것이라고 지적된다.[27)]

둘째, 말의 내용이 왜곡되어 인용되거나 방송되는 것에 대한 보호도 필요하다. 이와 관련하여, 말에 대한 권리의 침해는 그 말의 의미내용에 관한 동일성이 침해되는 경우에도 인정될 수 있다고 설명된다.[28)] 또한 대화내용·강연내용이 화자의 전체적인 의도와는 상이하게 단편적으로 인용되거나 그릇되게 인용된 경우 등에는 화자의 의도가 왜곡되는 효과가 발생한다고 지적된다.[29)]

서울고등법원 1994. 9. 27. 선고 92나35846 판결에서는, 서울대학교 사회학과 교수인 원고의 60분 강의 내용 중 중요한 부분을 일관성 없이 23분 분량 임의로 삭제하여 TV 프로그램에서 방송한 것이 문제되었다.[30)] 이 판결은, 피고가 방송출연계약을 적극적으로 침해하였고 또한 원고의 저작인격권(동일성유지권)을 침해하였다고 인정하였다. 이 판결은 저작권이 인정되는 사안에 대한 판결이다. 그러나 말의 내용이 저작권의 보호대상에 해당하지 않는 경우도 보호되어야 할 것이다.

(2) "말에 대한 권리"라는 용어의 사용 필요성

"음성"이라는 개념은 사람의 목소리만을 의미하므로, 말의 내용에 대한 보호까지 포함하는 권리를 가리키기 위해서는 "음성권"이라는 용어보다 "자기가 한 말에 대한 권리"라는 용어를 사용하는 것이 바람직하다.[31)] 그리고 우리나라 판결에서 사용하고 있는 "음성권"이라는 용어도 "자기가 한 말에 대한 권리"나 "말에 대한 권리"로 바꾸어 사용할 필요가 있다.[32)]

그런데 「언론중재 및 피해구제 등에 관한 법률」 제5조 제1항[33)]은 인격권에 대해 정의하면서 "음성"과 "대화"를 구별하고 있다.[34)] 이에 의하면 "음성에 대한 권리"와 "대화에 대한 권리"를 구별할 수도 있을 것이다. 그러나 음성, 대화가 모두 그 주체의 인격적 특성을 나타내고 말에 의해 표현된다는 점을 고려하면, 이를 통합하여 "말에 대한 권리"라는 하나의 권리로 구성할 수

미나 의사의 전달을 목적으로 행해지는 경우(전화에 의한 통지, 주문 또는 증권소식 등)에는 보호가 주어지지 않는다고 설명한다.

27) 이수종(주 25), 189면.

28) 박용상(주 24), 566면.

29) 홍완식(주 24), 121면; 박용상(주 24), 566면.

30) 원고는 중민(中民)이론(사회변혁론과 관련하여 전진적인 의식을 갖고 있는 신중산층, 근대적인 성격을 가지고 있는 노동자층, 그리고 청년학생세대의 역할을 강조함)을 주창하여 왔으며, 문제된 강의도 이에 관한 것이었다.

31) 박용상(주 24), 561면 이하도 "자기가 한 말에 대한 권리"라는 용어를 사용한다.

32) 다만 구체적 판결을 검토하는 이 글에서는 판결에서 사용한 "음성권"이라는 용어를 그대로 사용하기로 한다.

33) "언론, 인터넷뉴스서비스 및 인터넷 멀티미디어 방송(이하 "언론등"이라 한다)은 타인의 생명, 자유, 신체, 건강, 명예, 사생활의 비밀과 자유, 초상(肖像), 성명, 음성, 대화, 저작물 및 사적(私的) 문서, 그 밖의 인격적 가치 등에 관한 권리(이하 "인격권"이라 한다)를 침해하여서는 아니 되며, 언론등이 타인의 인격권을 침해한 경우에는 이 법에서 정한 절차에 따라 그 피해를 신속하게 구제하여야 한다."

34) 또한 "저작물"과 사적(私的) 문서"를 구별하고 있다.

있을 것이다.[35)]

(3) 상업적 이용에 대한 보호

우리나라 판결에 나타난 음성권의 개념을 보면, 초상권의 개념과 유사하다는 점을 알 수 있다. 초상권의 개념에 대해, 대법원 2006. 10. 13. 선고 2004다16280 판결은 "사람은 누구나 자신의 얼굴 기타 사회통념상 특정인임을 식별할 수 있는 신체적 특징에 관하여 함부로 촬영 또는 그림묘사되거나 공표되지 아니하며 영리적으로 이용당하지 않을 권리"를 가진다고 하였고, 이후의 판결들[36)]도 동일한 입장을 취하고 있다. 이에 따라, 초상권의 내용으로는 촬영·작성 거절권, 공표거절권, 초상영리권의 3가지 권리가 있다고 이해되고 있다.

음성권의 개념에 대해, 본 사건의 2심 판결은 "사람은 누구나 자신의 음성이 함부로 녹음되거나 재생, 방송, 복제, 배포되지 않을 권리"를 가진다고 하였다. 음성이 함부로 녹음되지 않을 권리는 초상권의 내용 중 촬영·작성 거절권에 대응한다고 볼 수 있다. 그리고 음성이 함부로 재생, 방송, 복제, 배포되지 않을 권리는 초상권의 내용 중 공표거절권과 유사하다고 볼 수 있다.

그렇다면 음성이 함부로 영리적으로 이용당하지 않을 권리도 음성권의 내용으로 인정할 수 있을까? 이에 대한 논의는 별로 이루어지고 있지 않으나, 학설 중에는 초상영리권이 인정되는 것처럼 음성이 영리적인 목적으로 이용되지 않을 권리를 인정할 수 있을 것이라는 견해[37)]가 있다. 음성이 상업적으로 이용된 경우도 음성의 주체가 갖는 자기결정권이 침해된다는 점을 고려하면, 음성이 함부로 영리적으로 이용당하지 않을 권리도 음성권의 내용으로 인정해야 할 것이다.

이와 관련하여, 목소리도 초상, 성명과 마찬가지로 그 주체를 식별할 수 있게 하고, 그 주체와 분리되어 이용될 수 있어 상업화될 수 있는 특성을 가진다고 설명된다.[38)] 독일 함부르크 고등법원의 1989년 Heinz Erhardt 결정[39)]은, 유명한 배우가 사망한 이후 그 음성과 말투를 흉내내어 라디오 광고에서 이용한 것이 문제된 사건에서, 사망 이후에도 존속하는 배우의 인격권은 자

---

35) 나아가 자신이 쓴 글에 대해서도 유사한 권리를 인정할 수 있다. Larenz/Wolf(주 16), S. 135는, 자신이 한 말과 자신이 쓴 글에 대한 권리를 함께 설명하면서, "자신의 말에 대한 권리(Recht am eigenen Wort)"라는 용어를 사용한다.
독일에서 일반적 인격권을 처음 인정한 독일 연방대법원 1954년 판결은, 일정한 생각을 언어로 표현한 것은 그 작성자의 인격이 나타난 것이므로, 이를 일반대중에게 공개할 것인지 여부와 어떤 방법으로 공개할 것인지에 대해 결정할 권한은 오직 그 작성자에게 속한다고 하였다. BGH, Urteil vom 25. 5. 1954-BGHZ 13, 334-Leserbrief(원고가 변호사로서 의뢰인에 대한 기사의 정정을 요구하는 편지를 신문사에 보냈는데, 신문사는 이를 "독자의 편지"라는 제목으로 게재한 사건).

36) 대법원 2012. 1. 27. 선고 2010다39277 판결; 대법원 2013. 2. 14. 선고 2010다103185 판결; 대법원 2013. 6. 27. 선고 2012다31628 판결 등.

37) 한승수, "통화자 일방의 전화통화 녹음에 있어서의 손해배상책임 -수원지방법원 2013. 8. 22. 선고 2013나8981 판결의 검토를 중심으로-", 문화·미디어·엔터테인먼트법 제10권 제2호(2016. 12), 17면.

38) Anke Schierholz, in Götting/Schertz/Seitz, Handbuch des Persönlichkeitsrechts, 2008, § 16 Rn. 20.

39) OLG Hamburg, Beschluss vom 8. 5. 1989-GRUR 1989, 666.

신의 예술적 특성을 광고에서 이용하는 것에 반대할 권리를 포함한다고 하였다. 특히 라디오 광고가 듣는 사람에게 그의 예술적 인격을 생생하게 기억나게 한다고 하면서, 독특한 음성과 말투를 이용한 경우 인격권 침해의 정도는 초상이나 이름을 이용한 경우에 비하여 뒤지지 않는다고 하였다.

한편, 미국에서는 사람의 동일성이 갖는 재산적 이익을 퍼블리시티권에 의해 보호하는데, 목소리를 퍼블리시티권의 보호대상으로 인정한다. 연방 제9고등법원의 1988년 Bette Midler 판결[40]은, 유명한 가수인 원고의 노래를 다른 사람이 흉내내어 부른 것을 포드(Ford) 자동차 회사가 광고에서 사용한 사건에서, 널리 알려진 가수의 독특한 목소리를 상품 판매를 위해 고의로 흉내낸 것은 도용이며 불법행위[41]에 해당한다고 하였다. 연방 제9고등법원의 1992년 Tom Waits 판결[42]도, 가수인 원고의 노래를 다른 사람이 흉내내어 부른 것을 콘칩 라디오 광고에 사용한 사건에서, 피고가 원고의 퍼블리시티권을 침해하였다는 1심법원의 판단을 그대로 인정하였다.

Ⅲ. 전화통화 당사자 일방의 녹음 행위와 음성권

1. 문제점

본 사건에서는 피고 A가 원고에게 전화를 하여 통화를 하면서 이를 원고 몰래 녹음하였다. 이처럼 전화통화 당사자의 일방이 상대방 몰래 통화내용을 녹음한 경우, 이를 상대방 당사자의 음성권을 침해하는 행위라고 평가할 수 있는지 문제된다. 아래에서는 이러한 행위가 통신비밀보호법에 위반되는지 여부를 살펴본 다음, 음성권 침해에 해당하는지 여부를 검토한다.

2. 전화통화 당사자 일방의 녹음 행위가 통신비밀보호법에 위반되는지 여부

(1) 통신비밀보호법의 내용

통신비밀보호법은 통신과 대화[43]를 그 규율대상으로 한다. 그리고 통신을 우편물과 전기통신으로 구별하면서, 전화를 전기통신의 대표적인 예로 규정하고 있다.[44]

---

40) Midler v. Ford Motor Co., 849 F.2d 460, 15 Media L. Rep. 1620, 7 U.S.P.Q.2D(BNA) 1398(9th Cir. 1988).

41) 이 판결은, 사망 이후의 퍼블리시티권이 재산권이라는 California Civil Code §990 (b)의 유추에 의해 보통법에 의한 권리 역시 재산권이라고 한 다음, 캘리포니아주에서 이러한 보통법에 의한 권리를 도용하는 것은 불법행위가 된다고 판단하였다.

42) Waits v. Frito-Lay, Inc., 978 F.2d 1093(9th Cir. 1992).

43) 홍완식(주 24), 128면, 각주 54)는 격지자간의 통신의 비밀을 보호하는 법률에서 통신상의 대화가 아닌 면전대화에 관한 규정을 두는 것이 과연 체계적인지에 관하여도 생각해볼 문제라고 지적한다.

44) 통신비밀보호법 제2조 제3호는, 전기통신을 “전화 · 전자우편 · 회원제정보서비스 · 모사전송 · 무선호출 등과

또한 통신비밀보호법은 전기통신의 감청, 공개되지 아니한 타인간의 대화를 녹음 또는 청취하는 행위 등을 금지하면서(제3조 제1항 본문[45]), 이에 위반하는 행위를 한 경우 처벌하는 규정(제16조 제1항 제1호)을 두고 있다.

전화통화 당사자의 일방이 상대방 몰래 통화내용을 녹음한 경우, 이것이 전기통신의 감청[46]에 해당하는지 문제된다. 판례는 이를 부정한다. 대법원 2002. 10. 8. 선고 2002도123 판결은 "(통신비밀보호)법 제2조 제7호가 규정한 '전기통신의 감청'은 그 전호의 '우편물의 검열' 규정과 아울러 고찰할 때 제3자가 전기통신의 당사자인 송신인과 수신인의 동의를 받지 아니하고 같은 호 소정의 각 행위를 하는 것만을 말한다고 풀이함이 상당하다"고 하였다. 그리고 "전기통신에 해당하는 전화통화 당사자의 일방이 상대방 모르게 통화내용을 녹음(법에는 '채록'이라고 규정한다)하는 것은 여기의 감청에 해당하지 아니"한다고 하면서, "전화통화 당사자의 일방이 상대방 몰래 통화내용을 녹음하더라도, 대화 당사자 일방이 상대방 모르게 그 대화내용을 녹음한 경우와 마찬가지로 법 제3조 제1항 위반이 되지 아니한다"고 하였다.[47]

이와 유사하게, 판례는 대화에 참가한 사람이 대화를 녹음하는 것도 통신비밀보호법에 위반되지 않는다고 한다. 대법원 2006. 10. 12. 선고 2006도4981 판결은 "3인 간의 대화에 있어서 그 중 한 사람이 그 대화를 녹음하는 경우에 다른 두 사람의 발언은 그 녹음자에 대한 관계에서 '타인 간의 대화'라고 할 수 없으므로, 이와 같은 녹음행위가 통신비밀보호법 제3조 제1항에 위배된다고 볼 수는 없다."고 하였다.

(2) 통신비밀보호법에 대한 비판

통신비밀보호법의 내용과 우리나라 판례에 의하면, 전화통화 당사자의 일방이 상대방 몰래 통화내용을 녹음하였더라도 이는 전기통신의 감청에 해당하지 않으며, 따라서 현행 통신비밀보호법에 위반되지 않는다.

그런데 다른 나라에서는 다른 사람이 한 말 또는 대화를 녹음하는 행위를 위법하다고 평가

같이 유선·무선·광선 및 기타의 전자적 방식에 의하여 모든 종류의 음향·문언·부호 또는 영상을 송신하거나 수신하는 것"이라고 정의한다.

45) "누구든지 이 법과 형사소송법 또는 군사법원법의 규정에 의하지 아니하고는 우편물의 검열·전기통신의 감청 또는 통신사실확인자료의 제공을 하거나 공개되지 아니한 타인간의 대화를 녹음 또는 청취하지 못한다."

46) 통신비밀보호법 제2조 제7호는, 감청을 "전기통신에 대하여 당사자의 동의없이 전자장치·기계장치등을 사용하여 통신의 음향·문언·부호·영상을 청취·공독하여 그 내용을 지득 또는 채록하거나 전기통신의 송·수신을 방해하는 것"이라고 정의한다.

47) 그러나 "제3자의 경우는 설령 전화통화 당사자 일방의 동의를 받고 그 통화내용을 녹음하였다 하더라도 그 상대방의 동의가 없었던 이상, 사생활 및 통신의 불가침을 국민의 기본권의 하나로 선언하고 있는 헌법규정과 통신비밀의 보호와 통신의 자유신장을 목적으로 제정된 통신비밀보호법의 취지에 비추어 이는 법 제3조 제1항 위반이 된다고 해석하여야 할 것이다(이 점은 제3자가 공개되지 아니한 타인간의 대화를 녹음한 경우에도 마찬가지이다)."라고 하였다.

하는 경우가 많다. 독일 형법 제201조[48]는 "말의 비밀 침해"라는 제목 하에, 다른 사람이 비공개적으로 한 말[49]을 권한 없이 녹음하는 행위를 처벌대상으로 규정하고 있다(제1항 제1호). 그리고 미국의 경우, 연방법에 의하면 전화에 의한 대화의 녹음은 그것이 범죄행위 기타 가해행위를 목적으로 하는 것이 아니면 당사자 일방의 동의만 있으면 허용되지만, 상당 다수의 주에서는 쌍방의 동의를 요한다고 한다.[50]

2016년 언론 보도에 의하면, 삼성전자와 LG전자가 휴대전화에 통화녹음 기능을 유지해서 판매하는 국가는 우리나라를 비롯하여 일본, 중국, 인도, 브라질, 러시아 등 6개국에 불과하다고 한다.[51] 또한 애플사가 제조하는 아이폰에는 통화녹음 기능이 아예 없다.

최근에는 우리나라에서도 전화통화 당사자의 일방이 상대방 몰래 통화내용을 녹음하는 경우에 대한 처벌 규정을 두어야 한다는 주장이 제기되고 있다. 이러한 입장을 취하는 견해는, 비밀 녹음 장치가 나날이 발전함으로써 사적인 대화의 비밀이 무단히 침해될 소지가 높고, 음성권에 대한 보호가 필요하다면 이에 관한 입법적 고려가 필요하다고 한다.[52] 또한 현행 법률은 개인 간의 사적 대화내용을 무방비 상태로 방치하고 있다고 하면서, 독일 형법과 유사한 입법개정이 신속히 이뤄져야 한다고 지적한다.[53]

3. 전화통화 당사자 일방의 녹음 행위가 음성권을 침해하는지 여부

통신비밀보호법은 통신비밀을 보호하고 통신의 자유를 신장함을 목적으로 하고 있다(제1조). 어느 행위가 통신비밀보호법에 위반되지 않는다는 것은 그 행위가 통신비밀을 침해하지 않는다는 의미만을 가지는 것에 불과하다. 따라서 그 행위가 다른 사람의 음성권을 침해하는지 여부에 대해서는 별도로 검토해야 한다.[54]

이런 관점에서 보면, 서울고등법원 2015. 8. 28. 선고 2014나2050805 판결이 인터뷰 내용의 녹음 행위로 인한 음성권 침해의 위법성이 조각된다고 판단하면서 그 논거 중 하나로 "대화의 당사자 일방이 상대방과의 대화내용을 녹음하는 경우는 통신비밀보호법에도 저촉되지 아니"한다는 점을 제시한 것은 바람직하다고 보기 어렵다.

---

48) 이 조항이 포함된 형법 제15장의 제목은 "사생활 영역과 비밀 영역의 침해"이다.

49) Helle(주 15), S. 246은, 예컨대 모르스 부호, 몸짓, 표정 연기 등 말이 아닌 다른 방법으로 생각을 표현하는 것은 이에 해당하지 않지만, 이 경우 일반적 인격권이 적용될 수 있다고 한다.

50) 박용상(주 24), 782면.

51) JTBC 2016. 3. 28.자 보도, "[팩트체크] '몰래 녹음' 합법과 불법의 경계, 알아보니…" https://news.jtbc.joins.com/article/article.aspx?news_id=NB11202046

52) 홍완식(주 24), 128면.

53) 이수종(주 25), 190면.

54) 한승수(주 37), 18면도 전화통화 일방이 통화내용을 녹음한 경우 (통신비밀보호법이 보호하는) 통신의 비밀이 아니라 다른 법익(음성권 등)이 침해된 것이라고 설명한다.

앞에서 살펴본 바와 같이 음성권은 음성에 대한 자기결정권을 보호한다고 할 수 있다. 말을 한 사람의 동의 없이 그가 비공개적으로 한 말을 녹음하는 것은 그 사람의 음성에 대한 자기결정권을 침해하는 행위이므로, 음성권 침해에 해당한다고 보아야 할 것이다.

독일 연방헌법재판소의 1973년 Tonband 결정[55]이 지적한 것처럼, 녹음은 사람의 말과 목소리를 그 사람으로부터 분리되어 처분가능한 형태로 독립화시킨다. 최근의 기술 발전은 음성이 녹음된 경우의 위험성을 더욱 증가시키고 있다. 이제는 녹음된 목소리를 이용하여 그 사람이 하지 않은 말을 그 사람의 목소리로 재현하는 것도 가능하게 되었다.[56] 이러한 점을 반영하여, 「성폭력범죄의 처벌 등에 관한 특례법」은 2020. 3. 24. 개정[57]에서 제14조의2(허위영상물 등의 반포 등)를 신설하여, 사람의 얼굴·신체 또는 음성을 대상으로 한 촬영물·영상물 또는 음성물을 대상자의 의사에 반하여 성적 욕망 또는 수치심을 유발할 수 있는 형태로 편집·합성 또는 가공하는 행위 등을 처벌하도록 규정하였다.

본 사건의 1심 판결, 2심 판결은 음성권의 내용으로 "음성이 함부로 녹음되지 않을 권리"를 인정하고 있으므로, 녹음행위 자체만으로도 음성권 침해가 성립한다는 것을 인정한다고 볼 수 있다. 그런데 본 사건의 1심 판결, 2심 판결은 피고 A가 원고와의 통화를 녹음한 뒤 이를 이 사건 보도에 사용하여 원고의 음성이 재생되게 하여 원고의 음성권을 침해하였다고 인정하였다. 즉 음성의 녹음행위와 재생행위를 구분하여 판단하지는 않았다. 그러나 음성의 녹음행위와 재생행위는 별개의 행위이고 각 행위의 위법성도 달리 판단될 수 있으므로, 이는 구분하여 판단하는 것이 바람직하다.

Ⅳ. 언론 보도와 음성권

1. 문제점

본 사건에서는 몰래 녹음된 원고의 음성이 이 사건 보도에서 재생되었다. 그런데 이 사건 보도는 야당 대표 회의실에서 진행된 회의에 대한 도청 의혹에 관한 것으로, 공중의 정당한 관심의 대상이 되는 사항에 대한 보도라고 할 수 있다. 이처럼 언론의 표현의 자유를 적극적으로 고

55) BVerfG, Beschluß vom 31. 1. 1973-BVerfGE 34, 238.

56) 영국의 더타임즈는 "Find your voice"라는 캠페인(JFK. Unsilenced)을 통해 1963년 암살된 미국 대통령 케네디(J. F. Kennedy)가 당시 달라스(Dallas)에서 하려고 했던 연설을 그의 목소리로 재현하였다. [칸 수상작] 인공지능, 케네디를 살려내다. 2018. 12. 27. 매드타임스 기사, http://www.madtimes.org/news/articleView.html?idxno=601.

57) 이 법률은 공포 후 3개월이 경과한 2020. 6. 25.부터 시행되었다.

려할 필요가 있는 보도에서 음성이 재생된 경우, 음성권 침해의 위법성을 어떠한 기준으로 판단해야 하는지 문제된다.

또한 통화 내용이 몰래 녹음된 경우 음성권 침해가 인정될 수 있다는 점을 고려하면, 이 사건 보도에서는 위법한 방법으로 취득한 정보가 사용되었다고 할 수도 있다. 이처럼 정보가 위법한 방법으로 취득된 경우, 이를 보도에 사용하는 것이 정당화될 수 있는지 여부도 문제된다.

2. 언론 보도에 의한 음성권 침해의 위법성 판단 기준

(1) 판례에 나타난 이익형량 기준

인격권은 그 보호범위가 넓고 불명확하며, 다른 권리 또는 이익과 충돌하는 경우가 많다. 이에 따라, 인격권 침해 여부가 문제되는 많은 경우 그 침해행위의 위법성은 다른 권리 또는 이익과의 형량에 의해 판단된다.

[판결1] 대법원 2006. 10. 13. 선고 2004다16280 판결은, 보험회사 직원들이 원고들의 후유장해 정도에 대한 증거자료를 수집할 목적으로 원고들을 몰래 지켜보거나 미행하여 원고들의 사진을 촬영한 사건에서, 이익형량의 기준을 설시하였다. “초상권이나 사생활의 비밀과 자유를 침해하는 행위를 둘러싸고 서로 다른 두 방향의 이익이 충돌하는 경우에는 구체적 사안에서의 사정을 종합적으로 고려한 이익형량을 통하여 위 침해행위의 최종적인 위법성이 가려진다. 이러한 이익형량과정에서, 첫째 침해행위의 영역에 속하는 고려요소로는 침해행위로 달성하려는 이익의 내용 및 그 중대성, 침해행위의 필요성과 효과성, 침해행위의 보충성과 긴급성, 침해방법의 상당성 등이 있고, 둘째 피해이익의 영역에 속하는 고려요소로는 피해법익의 내용과 중대성 및 침해행위로 인하여 피해자가 입는 피해의 정도, 피해이익의 보호가치 등이 있다. 그리고 일단 권리의 보호영역을 침범함으로써 불법행위를 구성한다고 평가된 행위가 위법하지 않다는 점은 이를 주장하는 사람이 증명하여야 한다.”

그런데 [판결1] 이전에, 대법원은 사생활의 비밀에 관한 사항이 공중의 정당한 관심의 대상이 되는 사항이 아닌 한도에서 보호된다는 법리를 이미 설시하였다. 즉 [판결2] 대법원 1998. 9. 4. 선고 96다11327 판결은 “사람은 자신의 사생활의 비밀에 관한 사항을 함부로 타인에게 공개당하지 아니할 법적 이익을 가진다고 할 것이므로, 개인의 사생활의 비밀에 관한 사항은, 그것이 공공의 이해와 관련되어 공중의 정당한 관심의 대상이 되는 사항이 아닌 한, 비밀로서 보호되어야 하고, 이를 부당하게 공개하는 것은 불법행위를 구성한다 할 것이다.”고 하였다.[58] 또한 [판

58) 이 판결은 유방확대수술의 위험성을 알리고 그로 인한 보상 방법 등에 관한 정보를 제공하는 것은 공공의 이해에 관한 사항에 대하여 공익을 목적으로 한 것이나, 그러한 수술을 받고 부작용으로 고생하고 있는 사람이 누구인가 하는 점은 개인의 사생활의 비밀에 속한 사항이지 공중의 정당한 관심의 대상이 되는 사항이라고 할 수 없다고 하였다.

결3] 대법원 2013. 6. 27. 선고 2012다31628 판결은 "개인의 사생활과 관련된 사항의 공개가 사생활의 비밀을 침해하는 것이더라도, 사생활과 관련된 사항이 공공의 이해와 관련되어 공중의 정당한 관심의 대상이 되는 사항에 해당하고, 그 공개가 공공의 이익을 위한 것이며, 그 표현내용·방법 등이 부당한 것이 아닌 경우에는 위법성이 조각될 수 있다."고 하였다.[59)]

(2) 언론 보도에 의한 인격권 침해의 위법성 판단 기준

언론 보도에 의한 인격권 침해가 문제되는 경우 언론의 표현의 자유가 갖는 중요성을 고려해야 한다. 특히 공중의 정당한 관심의 대상이 되는 사항에 관한 보도의 경우 언론의 표현의 자유를 더욱 적극적으로 고려할 필요가 있다.

[판결1]은 침해행위의 영역에서 고려할 요소로 ① 침해행위로 달성하려는 이익의 내용 및 그 중대성, ② 침해행위의 필요성과 효과성, ③ 침해행위의 보충성과 긴급성, ④ 침해방법의 상당성 등을 제시하였다. 이러한 기준에 따르면, 공적 관심사에 관한 언론의 표현의 자유는 "침해행위로 달성하려는 이익의 내용 및 그 중대성"으로 파악할 수 있을 것이고, 판례도 이러한 입장을 취한다.[60)] 그러나 [판결1]이 제시한 침해행위 영역에서 고려할 나머지 요소 중 "침해행위의 필요성과 효과성, 침해행위의 보충성과 긴급성"은 언론 관련 사안에 그대로 적용하기 부적절한 측면이 있다.

언론 보도에 의한 초상권 침해와 관련하여 판례의 문제점을 지적하는 견해는, 개별 사안에서 법원이 해당 인물을 공개할 필요가 있었는지를 판단하면 언론 보도는 이러한 공개가 필요 없는 것으로 판단하게 될 가능성에 대비하게 되어 위축될 수 있다고 하면서, 대부분의 기사에서 취재원을 익명 처리하게 만드는 것이 타당한지, 그리고 익명 처리할 것인지의 판단을 법원이 내리는 것이 타당한지 의문을 제기한다.[61)] 또한 언론 보도에서는 관련자들의 초상을 같이 내보냄으로써 시사성과 신빙성을 확보할 수 있음이 고려되어야 한다고 하면서, "침해행위의 보충성과 긴급성"은 일반적 고려요소가 되어서는 안 될 것이라고 지적한다.[62)]

공중의 정당한 관심의 대상이 되는 사항에 대한 보도에 대해서 "침해행위의 필요성과 효과성, 침해행위의 보충성과 긴급성"을 이유로 인격권 침해를 인정하는 경우, 법원이 일종의 편집권을 행사하는 결과가 될 수 있으므로, 표현의 자유를 고려하여 신중하게 접근할 필요가 있다.[63)]

---

59) 이 판결은 이러한 법리를 설시한 다음, 위 2004다16280 판결의 이익형량 기준에 관한 법리도 설시하였다. 이는 대법원 2021. 4. 29. 선고 2020다227455 판결도 동일하다.

60) 대법원 2019. 5. 30. 선고 2016다254047 판결.

61) 심석태, "한국에서 초상권은 언제 사생활권에서 분리되었나", 언론과 법 제13권 제1호(2014. 6), 273면.

62) 문건영, "언론에 의한 초상권 침해 판단 기준의 구체화에 관한 연구", 법조 제743호(2020. 10), 229면.

63) 1998년 캘리포니아주 대법원의 판결은, 자동차 추락 사고 피해자의 모습과 그가 한 말이 방송에서 필요하지 않았다는 주장에 대해서, 방송의 영향을 약화시키지 않으면서 이를 어떻게 편집해야 하는지 판단하기는 쉽지 않고, 법원은 편집자의 역할을 하지 않으며, 헌법적으로 이를 할 수도 없다고 하였다. Shulman v. Group

즉 공중의 정당한 관심의 대상이 되는 사항에 대한 보도에서 초상, 음성을 공개한 경우 그러한 초상, 음성의 공개가 반드시 필요했는지, 공개를 하지 않고 다른 방법으로 보도하는 것이 가능했는지의 관점에서 법원이 판단하는 것은 바람직하지 않다.

이와 관련하여, [판결1]에서는 언론에 의한 초상권 침해와 관련된 특별한 고려가 반영되지 않았다고 지적하면서, 언론에 의한 초상권 침해가 문제될 경우 사생활 침해와 동일하게 공중의 정당한 관심을 이익형량의 상위 기준으로 삼을 필요가 있다고 주장하는 견해[64]가 있다. 공중의 정당한 관심의 대상이 되는 사항에 대한 보도로 인한 인격권 침해가 문제되는 경우, [판결3]이 제시한 기준에 의하는 것이 타당해 보인다. 즉 문제된 보도가 공중의 정당한 관심의 대상이 되는 사항에 대한 보도인 경우,[65] 그 표현내용·방법 등이 부당한 것이 아니면 위법성을 부정하는 것이 바람직하다.

3. 위법한 방법으로 취득한 정보의 보도가 허용되는지 여부

위법한 방법으로 취득한 정보를 보도하는 것이 허용될 수 있는가? 이에 대해서는, 정보의 위법한 수집은 언론의 자유에 의해 보호받지 못하나, 이렇게 얻어진 정보를 보도하는 것이 위법한지 여부는 별도로 검토되어야 한다고 설명된다.[66]

독일의 경우, 독일 형법 제201조는 녹음하거나 도청한 다른 사람의 말을 공개적으로 전달하는 행위를 처벌하면서도(제2항 제1문 제2호), 그 공개적 전달이 중요한 공적 이익을 보호하기 위해 행해진 경우는 위법하지 않다고 규정한다(제2항 제3문).

독일 연방대법원의 1978년 판결[67]은, 대화의 비밀 유지라는 이익을 위해서 언론이 공개 가치와 상관 없이 이를 언제나 공개할 수 없다는 절대적인 보호는 인정되지 않는다고 하였다. 그리고 통신 비밀이라는 헌법적 보장을 위해 언론 보도가 금지되어야 하는지 여부는, 언론의 자유라는 헌법적 보장과의 긴장관계를 고려하여 판단되어야 한다고 하였다.

독일 연방헌법재판소의 1984년 결정[68]은, 위법하게 수집하거나 취득한 정보를 공표하는 것

W Productions, Inc., 18 Cal.4th 200, 74 Cal.Rptr.2d 843, 955 P.2d 469, 26 Media L. Rep. 1737(1998).

64) 문건영(주 62), 224-227면. 다만 "공중의 정당한 관심"의 범위는 사생활의 경우보다 초상권의 경우에 상대적으로 더 넓게 인정될 수 있을 것이라고 한다.

65) 박용상(주 24), 788면은, 초상권과 관련하여, 언론이 공적 정보의 이익이 있는 사안에 관하여 보도하는 경우라 할지라도 그에 관련된 개인의 초상을 촬영·보도하려면 다시 그 인물에 관하여 정보의 이익이 인정되어야 한다고 설명한다.

66) 박용상(주 24), 790면.

67) BGH, Urteil vom 19. 12. 1978-BGHZ 73, 120. 이 사건에서는 정당의 당대표와 사무총장의 전화통화가 도청된 것이 문제되었다. 원고들은 피고가 이를 공표하거나 제3자에게 넘기는 것을 금지해 달라고 청구했는데, 연방대법원은 이 청구를 받아들였다.

68) BVerfG, Beschluß vom 25. 1. 1984-BVerfGE 66, 116.

도 표현의 자유(기본법 제5조 제1항)의 보호에 포함된다고 하면서, 공중에게 정보를 알리고 여론을 형성하는 것에 대한 정보의 이익이 그 법위반에 의해 당사자와 법 질서에 발생하는 불이익보다 우월한 것이 명백한 경우 예외적으로 공표될 수 있다고 하였다. 또한 정보를 취득하는 방법과 관련하여, 취득한 정보를 공표하거나 고액의 대가를 받고 넘겨주려는 목적으로 하는 고의적인 법률 위반, 위법하게 취득한 정보를 단순히 알게 된 것 등 여러 단계가 있을 수 있다는 점도 지적하였다.

미국의 경우, 판례는 원칙적으로 진실한 정보라면 설사 그 취득 과정에 다소의 잘못이 있더라도 보도에 대하여는 법적 책임을 묻지 않는 경향을 보인다고 설명된다.69) 미국 연방대법원의 2001년 판결70)에서는, 고등학교 교원 노조의 협상 대표와 그 조합장과의 전화 통화가 도청되어 라디오 토크 쇼에서 재생된 것이 문제되었다. 이 판결은, 통화 내용이 공적 중요성을 갖는 사항이고 피고는 불법적인 도청에 관여하지 않았다고 지적하면서, 도청 내용의 공표를 금지하는 법률 조항을 언론에 적용하는 것은 표현의 자유를 침해한다고 하였다. 특히 도청 내용의 공표를 금지하는 것이 도청을 단념시킬 것이라고 의회가 생각하였다는 증거가 없고, 이를 금지하는 것이 도청을 감소시킬 것이라는 추정을 뒷받침할 증거도 없다고 하였다.

우리나라에서는 이른바 "안기부 X파일" 사건에서 국가안전기획부가 도청한 삼성그룹 회장 비서실장과 중앙일보 사장의 대화 내용을 보도한 것이 적법한지 문제되었다. 대법원 2011. 3. 17. 선고 2006도8839 전원합의체 판결71)은 그 내용을 보도함으로써 얻어지는 이익 및 가치와 통신비밀의 보호에 의하여 달성되는 이익 및 가치를 비교형량해야 한다는 입장을 취하였다.72) 다만 보도가 허용되기 위한 구체적 요건에 대해 다수의견과 반대의견은 다른 입장을 취하였다. 다수의견은 "통신 또는 대화의 내용이 이를 공개하지 아니하면 공중의 생명·신체·재산 기타 공익에 대한 중대한 침해가 발생할 가능성이 현저한 경우 등과 같이 비상한 공적 관심의 대상이 되는 경우"에 해당하여야 한다고 하였으나,73) 반대의견은 "통신비밀의 내용이 중대한 공공의 이익과 관

69) 박용상(주 24), 791-793면. 이처럼 판례가 보도에 대한 책임을 면책시키는 입장을 취하는 결과, 최근에는 보도 내용이 아니라 그 취재상의 잘못에 대해 책임을 묻는 소송이 증가하고 있다고 설명한다.

70) Bartnicki v. Vopper, 532 U.S. 514(2001). 이 판결과 그에 대한 비판에 대한 소개로는 박용상(주 24), 797-799면 참조.

71) 이는 도청파일의 내용을 보도한 MBC 기자 등에 대한 형사사건이다. 이후 선고된 대법원 2011. 5. 13. 선고 2009도14442 판결은, 국회의원이 자신의 인터넷 홈페이지에서 문제된 도청파일의 내용을 공개한 사건에서, 동일한 법리가 언론기관이나 그 종사자 아닌 사람이 공개하는 경우에도 마찬가지로 적용된다고 하였다.

72) 헌법재판소 2011. 8. 30. 2009헌바42 결정은, 공개되지 아니한 타인간의 대화를 녹음 또는 청취하여 지득한 대화의 내용을 공개하거나 누설한 자를 처벌하는 통신비밀보호법 조항에 대하여, 형법 제20조(정당행위)의 일반적 위법성조각사유에 관한 규정을 적정하게 해석 적용함으로써 공개자의 표현의 자유도 적절히 보장될 수 있는 이상, 형법상의 명예훼손죄와 같은 위법성조각사유에 관한 특별규정을 두지 아니하였다는 점만으로 기본권 제한의 비례성을 상실하였다고는 볼 수 없다고 하였다.

73) 다수의견은 문제된 통신비밀 공개행위가 정당행위에 해당하지 아니한다고 판단한 원심이 정당하다고 하였

련되어 공중의 정당한 관심과 여론의 형성을 요구할 만한 중요성을 갖고 있"으면 된다고 하였다.

4. 본 사건에 대한 판결 내용의 검토

(1) 1심 판결과 2심 판결의 내용

1심 판결과 2심 판결은 피고들의 위법성 조각 주장이 이유 없다고 하였다. 1심 판결과 2심 판결은, 이 사건 통화내용은 도청의혹 사건의 전말을 밝히기 위한 취재과정에서 당시 KBS 보도국장 지위에 있던 원고와 대화하며 녹음된 것이므로 공익을 위한 정당한 목적이 인정되고, 원고의 당시 지위 등에 비추어 보면 원고 진술을 확보하여 이를 이 사건 보도에 사용할 필요성도 인정되기는 한다고 하였다. 그러나 피고 A가 이 사건 통화를 원고에게 알리지 않고 녹음한 것이나 그 녹음내용을 원고의 동의 없이 이 사건 보도에서 재생한 것은 침해행위의 보충성과 긴급성, 침해방법의 상당성을 인정하기 어렵고, 피해의 정도도 가볍지 아니하다고 하였다.

1심 판결과 2심 판결이 그 근거로 제시한 사항은 다음과 같다. ① 원고로서는 언론계 후배인 피고 A와 사적인 통화를 하는 것이라고만 생각하였을 것으로 보인다. ② 피고 A는 원고에게 공식적인 인터뷰를 요청하는 등의 방법을 취할 수도 있었고, 그렇지 않더라도 이 사건 통화내용을 이 사건 보도에 사용하게 되었다면 최소한 이러한 사정을 원고에게 사후에라도 알리고 반론사항이 있는지 확인하는 등의 조치를 취했어야 하는 것으로 보인다. ③ 피고들은 이 사건 보도에서 원고의 음성을 변조하거나 비실명화 처리를 하는 등 원고가 입을 피해를 최소화하기 위한 노력을 기울이지 아니하였다. ④ 이 사건 보도에서 원고의 실명이나 음성을 공개하지 않았더라도 도청 의혹 사건을 재조명한다는 위 보도의 목적은 충분히 달성될 수 있었을 것으로 보인다. ⑤ 이 사건 통화내용은 일반인의 감수성을 기준으로 원고의 입장에서 볼 때 공개되기를 바라지 않을 것에 해당한다고 보이며, 그것이 공개될 경우 불쾌감을 가질 만한 것에 해당한다.

(2) 판결 내용의 검토

앞에서 살펴본 바와 같이, 공중의 정당한 관심의 대상이 되는 사항에 대한 보도로 인한 인격권 침해가 문제되는 경우, 그 표현내용·방법 등이 부당한 것이 아니면 위법성을 부정하는 것이 바람직하다. 특히 원고가 공적 인물로 인정되는 경우는 더욱 그러하다.[74)]

본 사건에서 문제된 보도는 공공의 이해와 관련되어 공중의 정당한 관심의 대상이 되는 사항에 관한 보도라고 할 수 있다. 그리고 2심 판결은, 초상권 침해로 인한 손해배상청구와 관련하여, 당시 KBS 보도국장 지위에 있던 원고를 공적 인물이라고 볼 수 있다고 하였다. 또한 이 사건

다. 그런데 원심은 유죄를 인정하면서도 형의 선고를 유예하였다.

74) 홍완식(주 24), 125면은 공적 인물의 언행이 공공의 이해와 관심사에 해당하는 경우에는 언론기관이 여론의 올바른 형성에 이바지하고 국민의 알권리를 보장하여야 한다는 측면에서 그의 대화 등이 공개될 필요가 있을 것이며, 이러한 정당한 사유가 있는 경우에는 음성권은 제약되어질 수 있다고 설명한다.

보도에서 재생된 원고의 통화 내용은 도청의혹과 관련된 상황을 설명하는 것으로, 그 표현내용·방법 등이 특별히 부당하다고 보기 어렵다. 이러한 점들을 종합하면, 본 사건에서 피고의 통화 내용을 보도한 것은 위법하지 않다고 보아야 할 것이다.

1심 판결과 2심 판결은 이 사건 보도에서 원고의 음성을 변조하거나 비실명화 처리를 하지 않은 점을 지적하면서, 원고의 실명이나 음성을 공개하지 않았더라도 도청 의혹 사건을 재조명한다는 위 보도의 목적은 충분히 달성될 수 있었을 것으로 보인다고 하였다. 그러나 공중의 정당한 관심의 대상이 되는 사항에 대한 보도에서 공적 인물로 볼 수 있는 사람의 실명, 음성을 가리지 않았다고 하여 이를 위법하다고 평가하는 것은 타당하다고 보기 어렵다.[75] 그리고 이 사건 보도의 상당 부분은 당시의 KBS 정치부장, 보도국장, 보도본부장과의 통화 내용, 인터뷰 시도 장면으로 구성되어 있는데, 이 부분을 모두 음성 변조하고 비실명화 조치를 하는 것으로 편집하는 것이 바람직한지도 의문이다.

또한 1심 판결과 2심 판결은, 원고로서는 언론계 후배인 피고 A와 사적인 통화를 하는 것이라고만 생각하였을 것으로 보인다는 점을 지적하였다. 그러나 1심 판결과 2심 판결도 인정하는 바와 같이, 피고 A는 통화 당시 자신의 소속을 밝히고, 도청의혹 사건 때문에 전화를 걸었다는 취지를 밝혔다. 또한 피고 A가 소속된 피고 한국탐사저널리즘센터는 해직된 기자, 피디, 탐사보도 전문 언론인들을 중심으로 설립되어 탐사보도를 전문으로 하고 있었다. 이러한 점을 고려하면, 피고 A가 보도를 위한 취재로 녹음을 하고 있다는 점 등을 고지하지 아니하였고, 원고를 선배라고 칭하며 통화를 하였다는 점만을 들어 원고가 사적인 통화를 하는 것이라고만 생각하였을 것으로 보인다고 판단하는 것은 적절하지 않아 보인다.[76]

한편 피고 A가 원고 몰래 통화 내용을 녹음하여 원고의 음성권이 침해되었다고 하더라도, 이를 보도한 것이 위법한지 여부는 별도로 검토해야 한다. 그런데 이 사건 보도는 공중의 정당한 관심의 대상이 되는 사항에 관한 보도라고 할 수 있고, 원고를 공적 인물이라고 볼 수 있다. 또한 피고 A가 통화 내용을 몰래 녹음한 불법의 정도는 제3자가 도청한 경우와 비교하면 상대적으로 약하다고 할 수 있다. 이러한 점들을 종합하면, 비록 녹음에 의해 원고의 음성권이 침해되었다고 하더라도 이를 보도하는 것은 위법하지 않다고 평가할 수 있을 것이다.

---

75) 심석태, "공인의 음성권에 대한 연구: '뉴스타파 판결' 분석을 중심으로", 저스티스 제181호(2020. 12), 162면은, 본 사안에서는 음성을 변조하거나 사진을 모자이크하는 것과 무관하게 당사자가 특정될 수밖에 없다고 하면서, 실명을 가리고 음성도 변조하고, 초상을 모자이크를 했어도 보도의 목적이 달성될 수 있다는 논리가 현실적이지 않다고 비판한다.

76) 심석태(주 75), 161-162면은, 이 판결이 원고의 주관적 인식을 앞세워 객관적 측면을 너무 가볍게 보았다고 비판한다.

V. 결 론

(1) 음성권의 개념에 대해, 본 사건의 2심 판결은 "사람은 누구나 자신의 음성이 함부로 녹음되거나 재생, 방송, 복제, 배포되지 않을 권리"를 가진다고 하였다. 한편 독일에서는 "자기가 한 말에 대한 권리"가 인정된다.

음성권 또는 말에 대한 권리가 인격권이고, 이러한 권리를 보호하는 이유가 인격의 자유로운 발현과 인간의 존엄성 보호를 위한 것이라는 점을 고려하면, 말의 내용에 대한 보호까지 그 내용에 포함된다고 보는 것이 타당하다. 그런데 "음성"이라는 개념은 사람의 목소리만을 의미하므로, 말의 내용에 대한 보호까지 포함하는 권리를 가리키기 위해서는 "음성권"이라는 용어보다 "자기가 한 말에 대한 권리"라는 용어를 사용하는 것이 바람직하다.

(2) 통신비밀보호법의 내용과 우리나라 판례에 의하면, 전화통화 당사자의 일방이 상대방 몰래 통화내용을 녹음하였더라도 이는 전기통신의 감청에 해당하지 않으며, 따라서 현행 통신비밀보호법에 위반되지 않는다. 그러나 말을 한 사람의 동의 없이 그가 비공개적으로 한 말을 녹음하는 것은 그 사람의 음성에 대한 자기결정권을 침해하는 행위이므로, 음성권 침해에 해당한다고 보아야 할 것이다. 본 사건의 1심 판결, 2심 판결은 음성권의 내용으로 "음성이 함부로 녹음되지 않을 권리"를 인정하고 있으므로, 녹음행위 자체만으로도 음성권 침해가 성립한다는 것을 인정한다고 볼 수 있을 것이다. 다만 음성의 녹음행위와 재생행위는 별개의 행위이고 각 행위의 위법성도 달리 판단될 수 있으므로, 이는 구분하여 판단하는 것이 바람직하다.

(3) 언론 보도에 의한 인격권 침해가 문제되는 경우 언론의 표현의 자유가 갖는 중요성을 고려해야 한다. 공중의 정당한 관심의 대상이 되는 사항에 대한 보도로 인한 인격권 침해가 문제되는 경우, 그 표현내용·방법 등이 부당한 것이 아니면 위법성을 부정하는 것이 바람직하다.

1심 판결과 2심 판결은 피고들의 위법성 조각 주장이 이유 없다고 하였다. 그러나 본 사건에서 문제된 보도는 공공의 이해와 관련되어 공중의 정당한 관심의 대상이 되는 사항에 관한 보도라고 할 수 있다. 그리고 2심 판결은, 초상권 침해로 인한 손해배상청구와 관련하여, 당시 KBS 보도국장 지위에 있던 원고를 공적 인물이라고 볼 수 있다고 하였다. 또한 이 사건 보도에서 재생된 원고의 통화 내용은 도청의혹과 관련된 상황을 설명하는 것으로, 그 표현내용·방법 등이 특별히 부당하다고 보기 어렵다. 이러한 점들을 종합하면, 본 사건에서 피고의 통화 내용을 보도한 것은 위법하지 않다고 보아야 할 것이다.

운동경기에 참가하는 사람의 주의의무에 대한 고찰*

－미국 법원의 운동경기에 참여한 사람의 주의의무 판단을 중심으로－

고 세 일**

Ⅰ. 들어가며

운동경기에 참여할 때 크고 작은 부상의 위험이 있다. 작은 부상인 경우에는 놀다가 다친 것으로 여길 수 있다. 그렇기 때문에 참가자가 스스로 부담해야 한다는 인식이 있다. 그런데 운동경기에 참여하여, 예상하지 못한 큰 부상을 입을 때 상황이 달라진다. 참가자가 그런 큰 부상을 입을 때는 그런 부상을 일으킨 상대방 참가자에게 손해배상책임을 묻고자 한다.

여러 언론이 대상 판결인 대법원 2019. 1. 31. 선고 2017다203596 판결을 보도했고, 일반인도 이 사안에 큰 관심을 가졌다.[1] 1심과 대법원은 피고에게 책임이 없다는 점에서 결론을 같이 했다. 반면에 2심인 고등법원은 원고 일부 승소 판결을 내렸다.

이 글에서는 대상 판결을 중심으로 운동경기에 참가하는 사람의 주의의무를 살핀다. 이 글은 모두 다섯 부분으로 이루어졌다. Ⅱ.에서는 대상판결의 사실관계와 법원의 판단 내용을 정리한다. Ⅲ.에서는 대상 판결이 운동경기에 참가하는 사람의 주의의무의 주된 논거로 삼는 '안전배려의무'의 뜻과 다른 안전배려의무에 대한 여러 대법원 판례의 유형을 살핀다. Ⅳ.에서는 운동경기에 참여한 사람의 주의의무를 검토하기 위해서 운동경기에서 발생한 사안이 많은 미국 판례 내용을 고찰한다. Ⅴ.에는 지금까지 내용을 정리하고, 시사점을 제시한다.

---

* 송덕수 선생님의 정년을 축하드리며, 늘 평화롭고 강건하시길 소망합니다. 이 부족한 글은 충남대학교 「법학연구」 제32권 제2호(2021. 5. 31), 183-226면에 게재되었다.

** 충남대학교 법학전문대학원 교수, 법학박사.

1) 예를 들어, 신종철, "대법원 축구경기 중 다친 골키퍼… 충돌한 공격수 손해배상책임 없어" 2019년 3월 12일 기사, 로리더 참조, http://www.lawleader.co.kr/news/articleView.html?idxno=2062(마지막 확인: 2021년 2월 3일).

Ⅱ. 사실관계와 법원의 판단 내용

먼저 사실관계와 각 법원의 판단 내용을 살핀다.

1. 기초 사실

(1) 사실관계

원고[2]와 피고가 회원인 조기축구회는 2014년 7월 계룡시에 있는 초등학교 운동장에서 회원들을 두 팀으로 나누어 축구경기를 했다. 원고와 피고는 서로 다른 팀으로, 원고는 골키퍼를, 피고는 오른쪽 공격수를 맡았다.

후반전 20분 뒤 원고 팀의 골문 방향으로 공이 날아왔다. 골 지역에 있던 원고가 공을 쳐내려고 공의 방향으로 다이빙했다. 피고는 페널티 지역 근처에 있다가 공을 향해 달려갔고, 원고와 충돌했다. 그 충돌로 원고는 목척수 손상 등의 상해를 입고, 사지마비가 되었다.

2. 당사자 주장

(1) 원고의 주장

원고는 센터링된 공이 자신과 피고가 접촉할 수 없는 범위에 있었는데 피고가 무리하게 자신에게 달려왔다고 주장했다. 자신이 다이빙을 하여 공중에 떠 있는 상태여서 작은 힘으로도 자신이 균형을 잃고 지면에 추락하여 다칠 수 있었기 때문에, 피고는 피할 의무가 있었다고 주장했다.

피고가 이러한 의무가 있음에도 자신에게 계속 달려 나감으로써 자신은 매우 중대한 상해를 입혔다고 주장했다. 따라서 피고는 축구경기 중 상대방 선수에 대한 '보호의무' 내지 '안전배려의무' 등을 위반했기 때문에, 손해배상 책임이 있다고 주장했다.

(2) 피고의 주장

피고는 서로 공을 다투는 중에 사고가 일어났기 때문에 축구경기에 내재한 위험 범위 안에 있는 우발적인 사고라고 주장했다. 따라서 자신은 축구경기에서 요구하는 어떤 주의의무도 위반하지 않았다고 항변했다.

3. 법원의 판단

(1) 1심 법원

1심 법원은[3] 피고 승소 판결을 내렸다. 다음을 논거로 든다. 운동경기 참가자는 자신의 행

2) 실제 소송에서 원고 측은 원고, 원고의 부모, 원고의 누나이다. 이 글에서는 사실관계를 단순하게 하려고 원고만을 당사자로 표시한다.

3) 대전지방법원 논산지원 2016. 1. 13. 선고 2015가합2027 판결.

동으로 다른 경기자 등이 다칠 수도 있으므로, 경기규칙을 준수하면서 다른 경기자 등의 생명이나 신체의 안전을 확보하여야 할 '신의칙상 주의의무'인 '안전배려의무'가 있다고 설명했다.

권투나 태권도 등과 같이 상대선수에 대한 가격이 주로 이루어지는 형태의 운동경기나 다수의 선수들이 한 영역에서 신체적 접촉을 통하여 승부를 이끌어내는 축구나 농구와 같은 운동경기는 신체접촉에 수반되는 경기 자체에 내재된 부상 위험이 있다고 했다. 따라서 경기에 참가하는 자는 예상할 수 있는 범위 내에서 위험을 어느 정도 감수하고 경기에 참가한다고 했다. 그러므로 이러한 운동경기 참가자가 주의의무를 다했는지는 그 경기의 종류와 위험성, 당시 경기 진행 상황, 관련 당사자들의 경기규칙의 준수 여부, 위반한 경기규칙이 있는 경우 그 규칙의 성질과 위반 정도, 부상의 부위와 정도 등 제반 사정을 종합적으로 고려하여, 그 행위가 사회적 상당성의 범위를 벗어나지 않으면 손해배상책임을 물을 수 없다고 했다(이하 '운동경기에 참여하는 사람의 안전배려의무 논거'라고 한다).[4]

1심 법원은 일어난 공 경합 상태를 축구경기에서 흔히 일어나는 상황으로 판단했다.[5] 피고는 40대 후반으로 조기축구회 회원 중에서도 축구경기 할 때 반응이 느렸지만, 20대 초반인 원고는 순발력이 뛰어나고 민첩했다는 점을 고려했다. 사고 당시 원고가 공중에서 하강하고 있었고, 원고와 피고의 체격 차이[6]가 커서 작은 충격에도 원고가 중심을 잃고 튕겨져 나갔을 가능성도 인정했다.

(2) 원심 법원

원심 법원[7]은 일부 원고 승소 판결을 내려서 피고의 손해배상책임을 인정했다. 책임 근거로 다음을 설명한다.[8]

1) 책임 근거

원심 법원도 1심 법원과 같이 '운동경기에 참여하는 사람의 안전배려의무 논거'를 썼다. 원심 법원은 인정되는 사정으로 다음 요소를 고려했다.

첫째, 피고는 골키퍼인 원고가 수비하는 골대 위로 넘어가는 공을 잡으러 달려감으로써 골지역 안의 골대 근처에 있는 원고의 움직임에 유의하여 원고가 다치지 않도록 배려할 주의의무가 있음에도 공을 잡으려고 높이 점프하는 원고 쪽으로 빠른 속력으로 달려가서 점프 후 하강하는 원고와 세게 부딪혀서 사고가 일어났다. ② 건장한 체격[9]의 피고는 상대방 선수와 충돌할 때

---

4) 야간에 반코트로 농구한 사안인 대법원 2011. 12. 8. 선고 2011다66849 판결을 인용한다. 이에 대해서는 Ⅳ. 1. 참조.
5) '피고가 공을 선점하려는 행위 자체가 무리한 것이었다'는 원고의 주장을 받아들이지 않았다.
6) 원고는 175cm, 몸무게 55kg, 피고는 키 178cm, 몸무게 90kg 이상으로 판단했다.
7) 대전고등법원 2016. 12. 23. 선고 2016나10627 판결.
8) 설명을 간략하게 하려고, 손해배상범위는 생략한다.
9) 원심은 1심(피고의 몸무게를 90킬로그램으로 판단)과 다르게 피고의 몸무게를 100킬로그램 이상으로 판단했다.

충격의 정도가 커질 수 있음을 예상할 수 있었다. ③ 격렬한 경기가 예상되는 대회나 시합이 아닌 동호회 회원들 사이의 친목을 위한 축구 경기 중에 발생했다. ④ 골 지역 내에서 공격수가 상대 골키퍼와 공의 경합을 넘어 조심성이 없거나 무모하게 신체 접촉으로 차징파울을 범해서는 안 된다. 이런 점을 종합해서 할 때, 피고는 원고의 안전을 배려할 주의의무를 위반한 것으로 판단했다.

2) 책임 제한

그러나 원심은 다음의 이유로 피고의 원고에 대한 손해배상 책임을 제한했다. 축구경기에서 공의 소유를 다투는 과정에서 신체접촉이 허용되고, 빠르게 진행되는 운동경기에는 그 자체에 내재한 부상 위험이 있으므로, 운동경기의 참가자는 예상할 수 있는 범위 내에서 위험을 어느 정도 감수해야 한다고 했다.[10]

원고도 상대방 선수의 움직임을 주시하면서 스스로 안전을 지켜야 할 필요가 있었다고 설명했다. 원고가 상대 선수의 움직임을 잘 살피지 아니한 채 골대 위로 넘어가는 공을 잡으려고 불필요하게 점프하여 충격이 더 커진 것으로 판단했다. 이런 점을 고려하여 피고의 원고에 대한 손해배상책임을 20%로 제한했다.[11]

(3) 대법원

대법원[12]은 원심판결 중 피고 패소 부분을 파기하고, 대전고등법원으로 환송했다. 대법원도 1심 법원처럼 '운동경기에 참여하는 사람의 안전배려의무 논거'를 든다.[13]

원고는 공을 쳐내려고 왼쪽으로 점프했지만 공에 닿지 못했다. 피고는 공을 쫓아 달려가다 착지하던 원고와 충돌했다. 공의 궤적, 원고와 피고의 진행 방향, 충돌지점 등을 보면, 충돌 직전의 상황은 골키퍼와 공격수가 날아오는 공을 선점하려고 경합하는 상황이었다. 대법원은 피고가 원고와 충돌한 것을 축구경기 규칙을 위반한 것으로 보지 않았다. 또한 피고의 축구규칙 위반을 인정해도, 그 위반을 가벼운 것으로 평가했다. 격렬한 신체접촉이 수반되는 축구경기의 내재적 위험성을 고려할 때, 피고의 행위가 사회적 상당성의 범위를 벗어나지 않은 것으로 판단했다.

(4) 각 법원 판단의 정리

1심, 원심, 대법원 모두 운동경기 참가자가 상대방이 다치지 않도록 '주의의무'를 진다고 판단한다. 그 주의의무의 내용은 '신의칙에서 인정되는 안전배려의무'라고 설명한다. 1심과 대법원

---

10) 위험인수 또는 승낙과 같은 논거로 피고의 책임을 제한한다.
11) 원심 법원은 피고가 원고에 지급해야 하는 손해배상금액을 위자료를 포함하여 4억 2천만 원으로 판단했다.
12) 대법원 2019. 1. 31. 선고 2017다203596 판결.
13) 대법원 2011. 12. 8. 선고 2011다66849, 66856 판결 등을 근거로 제시한다. 이런 점에서 대법원은 1심 법원의 판단 논거와 거의 일치한다.

은 축구 경기에서 일어난 사정을 고려할 때 피고가 사회적 상당성을 벗어나지 않기 때문에, 손해배상책임이 없다고 판단했다. 원심은 추상적인 법리에서는 1심과 대법원과 같지만, 구체적인 사실관계를 판단함에 있어서 피고에게 무모한 플레이를 한 정황을 인정했다. 그 결과 원심은 피고의 원고에 대한 손해배상책임을 인정했지만, 그 책임을 20%로 제한했다.

대법원은 운동경기에 참여하는 사람의 책임을 '안전배려의무'로 판단한다. 아래 Ⅲ.에서는 우리 학계에서 논의하는 안전배려의무가 무엇을 뜻하는지를 간략하게 살피고, 대법원 판례가 인정하는 다른 안전배려의무 사안을 비교 · 검토한다.[14]

Ⅲ. 안전배려의무의 구조, 내용과 유형

1. 안전배려의무의 구조와 내용

여러 교과서는 채무에 따른 의무구조를 조금씩 다르게 이해하므로, 안전배려의무의 위치도 조금씩 다르게 평가한다.[15] 의무구조론에서 안전배려의무의 위치를 조금씩 다르게 두고 있지만,

14) 의무구조론에 대한 상세한 내용은 이 글의 범위를 넘어선다. 따라서 이 글에서는 현재 논의되고 있는 상황을 소개하는데 주안점을 둔다.

15) 송덕수 교수는, 급부의무, 부수의무(종된 급부의무, 보호의무)로 나누어 설명한다. 곽윤직 편집대표, 송덕수 교수 집필 부분, 채권의 목적 전론, 민법주해(Ⅷ)-채권(1), 박영사, 2011, 27-33면. 지원림 교수는 급부의무(주된 급부의무와 부수의무)와 보호의무(안전배려의무는 보호의무에 포함된다)로 나눈다. 지원림, 민법강의, 제18판, 홍문사, 2021, 914-915, 1530면. 김준호 교수는 채무를 급부의무(주된 급부의무, 종된 급부의무), 부수적 주의의무와 보호의무로 설명하지만, 보호의무에 대해서 비판한다. 따라서 사용자의 안전배려의무를 고용계약에 따른 부수적 주의의무로 보는 것이 타당하다고 한다. 김준호, 민법강의, 제26판, 법문사, 2020, 427-428면. 박동진 교수는 급부의무, 부수적 주의의무, 보호의무로 구별한다. 박동진, 계약법강의, 법문사, 2016, 578-582면. 양형우 교수는 주된 급부의무, 종된 급부의무, 부수의무로 나눈다. 채권자와 채무자는 서로 상대방의 생명 · 신체 · 소유권 기타 재산적 이익을 침해하지 않도록 배려하여야 할 보호의무를 지는데, 이 보호의무는 부수의무에 속한다고 한다. 양형우, 민법의 세계, 제12판, 피앤씨미디어, 2021, 851-852면, 1407-1408면. 백경일 교수는 주된 급부의무, 신의칙상 부수적 급부의무, 신의칙상 부주적 주의의무와 보호의무로 나누어 설명한다. 백경일 교수는 부수적 주의의무처럼 주된 급부의무에 대해 항상 부수적 관계에만 있는 것이 아니라, 주된 급부의무와 독립하여 존재할 수도 있는 의무라는 점에서 보호의무는 부수적 주의의무와 다르다고 설명한다. 백경일, 알기 쉽게 풀어 쓴 채권총론, 고래시대, 2015, 57-75면과 백경일, 알기 쉽게 풀어 쓴 계약법, 고래시대, 2014, 378면. 정기웅 교수는 급부의무(주된 급부의무, 종된 급부의무), 부수적 주의의무, 보호의무로 구분한다. 정기웅, 채권총론, 전정2판, 법문사, 2014, 12-16면. 오시영 교수는 급부의무(제1차적 급무의무, 제2차적 급무의무), 부수적 주의의무와 보호의무로 구별한다. 오시영, 채권총론, 학현사, 2009, 14-19면. 김형배 교수는 급부의무(주된 급부의무, 종된 급부의무), 부수적 주의의무, 보호의무로 구별한다. 김형배 교수는 독일에서는 부수적 주의의무를 학자에 따라 배려의무(Sorgfaltspflicht), 보호의무(Schutzpflicht) 또는 기본의무 이외의 행태의무(weitere Verhaltenspflicht)라고 한다고 설명하고, 우리 민법에서도 이러한 보호의무를 인정할 경우에는 신의칙에서 그 근거를 찾아야 한다고 제시한다. 김형배, 채권총론 제2판, 박영사, 1998, 32-38면. 또한 김용담 편집대표, 주석 민법-총칙(1), 백태승 교수 집필 부분, 제2조, 한국사법행정학회, 2010, 141면. 양창수, 김재형 교수는 주된 의무(주의무 또는 급부의무), 기타의 의무

'안전배려의무'의 내용은 대체로 일치한다. 교과서와 주석서에서는 주로 고용계약에서 사용자의 의무와 관련해서 안전배려의무를 설명하는 경향이 있다.16) 예를 들어, 사용자는 임금지급의무 외에 생산시설·기계·기구 등의 위험으로부터 노무자의 생명·신체·건강을 안전하게 할 보호의무17)가 있다고 한다. 이처럼 사용자의 보호의무를 안전배려의무라고 한다.18) 안전배려의무는 노무자의 생명·신체·건강을 침해해서는 안 된다는 소극적인 의무와 예상되는 생산시설의 위험으로부터 근로자를 안전하게 보호하기 위하여 적절한 조치를 해야 할 적극적인 의무도 포함하는 것으로 이해한다.19) 그런데 이러한 사용자의 안전배려의무가 운동경기에 참여한 안전배려의무와 같은 것인지는 의문이다. 그런 점에서 아래 2.에서는 대법원 판례에서 나타난 안전배려의무의 다른 사안 유형을 살펴본다.20)

2. 대법원 판례의 '안전배려의무' 사안 유형

(1) 고용계약, 재학계약

1) 사용자의 안전배려의무

대법원 1998. 2. 10. 선고 95다39533 판결은 고용관계 또는 근로관계는 계속적 채권관계로서 인적 신뢰관계를 기초로 하는 것이므로, 고용계약에 있어 피용자가 신의칙상 성실하게 노무

(부수의무)로 구별하고, 안전배려의무를 인정한다. 그러나 일반적으로 사람은 다른 사람의 법익을 해하지 않을 일반적인 의무를 부담하기 때문에, 이에 대한 위법한 위반의 경우 불법행위법에 따른 손해배상의무를 진다고 한다. 그런데 이와는 별도로 특히 채권관계의 당사자들 사이에서 보호의무를 부과하고 그 위반에 대하여 채무불이행책임을 인정하는 것에 대해서는 의문을 제시한다. 양창수, 김재형, 민법I-계약법1, 제3판, 박영사, 2020, 398-400, 439-440면. 또한 김재형, "한약업사의 설명의무", 민사법학 제26호, 2004, 262-266면, 김병옥, "사업주의 안전배려의무의 사정범위에 관한 소고", 법학연구 제28권 제2호, 2017, 164-167면, 이지은, "사내하도급근로자에 대한 도급인의 안전배려의무 -계약책임의 확대 논의를 중심으로-", 안암법학통권 제56호, 2018, 208-216면과 신동현, "직장 내 성희롱 피해근로자에게 도움을 준 동료 근로자에게 불리한 조치를 한 사업주의 불법행위책임 -대법원 2017. 12. 22. 선고 2016다202947 판결-", 아주법학 제13권 제3호, 2020, 174-175면 참조.

16) 예를 들어, 오시영, 채권각론, 학현사, 2010, 488-489면 참조. 또한 윤철홍, 채권각론, 법원사, 2001, 270-271면, 이영준, 한국민법론-총칙편, 박영사, 2003, 63-64면, 서광민, 민법총칙, 신론사, 2007, 80면, 김증한·김학동, 채권각론 제7판, 박영사, 2006, 488면, 이은영, 채권각론 제5판, 박영사, 2005, 790-791면과 김대정, 계약법, 박영사, 2020, 688-691면 참조.

17) 2차 세계대전 이후에 중요한 관심의 대상으로 당시에는 논의된 법이론은 기본권이론, 사회국가원리, "보호의무," 법의 구속과 법에 관한 전통적인 이념적 가치논쟁이 아니라 법질서의 기능적 파악을 비롯하여 공법과 사법, 계약자유와 사회적 자율성, 사실적 계약관계, 적극적 계약침해와 불이행에 대한 제재, 신뢰의 원칙, 절대적 법익, "거래안전의무", 은급의 배분(Versorgungsausgleich), 특별사법과 형벌권의 기능과 범위의 문제였다. 조규창, 독일법사 하, 고려대학교출판부, 2010, 400면.

18) 이은영 교수는 '보호의무'와 '안전배려의무'는 같은 내용을 전제로 하여 그 의무 내용이 인체나 재산에 대한 보호 또는 안전배려에 초점을 둔 명칭으로 설명한다. 이은영, 채권총론 제4판, 박영사, 2009, 191-192면 참조.

19) 김용담 편집대표, 주석 민법-채권(4), 하경효 교수 집필 부분, 제655조, 한국사법행정학회, 2016, 84면.

20) 운동 경기 참가자의 안전배려의무에 대해서는 Ⅳ. 1.에서 정리하고자 한다.

를 제공할 의무를 부담함에 대하여, 사용자로서는 피용자에 대한 보수지급의무 외에도 피용자의 인격을 존중하고 보호하며 피용자가 그의 의무를 이행하는 데 있어서 손해를 받지 아니하도록 필요한 조치를 강구하고 피용자의 생명 · 건강 · 풍기 등에 관한 보호시설을 하는 등 쾌적한 근로 환경을 제공함으로써 피용자를 보호하고 부조할 의무를 부담한다고 한다.[21]

대법원 2002. 11. 26. 선고 2000다7301 판결은 이러한 보호의무를 위반하여 피용자가 손해를 입은 경우, 사용자의 손해배상책임을 인정한다. 대법원 2013. 11. 28. 선고 2011다60247 판결은 이러한 의무를 위반함으로써 피용자가 손해를 입은 경우 채무불이행으로 인한 손해배상책임을 진다. 그리고 이러한 사용자의 보호의무 또는 안전배려의무 위반 행위가 불법행위의 요건에 해당하는 경우에는 채무불이행책임과 경합하여 불법행위로 인한 손해배상책임도 부담한다고 한다.[22]

2) 강제 징용과 관련한 안전배려의무

대법원 사용자의 근로자에 안전배려의무를 식민지 시대의 강제 징용의 경우에도 인정한다. 예들 들어, 대법원 2012. 5. 24. 선고 2009다22549 판결은 구 미쓰비시가 징용의 실행에 있어서 일본국과 함께 국민징용령의 정함을 벗어난 위법한 행위를 한 점, 안전배려의무를 위반하여 원폭 투하 후 원고 등을 방치하고 원고 등의 귀향에 협조하지 아니한 점, 원고 등에게 지급할 임금과 예 · 적금 적립액을 지급하지 아니한 점 등을 논거로 든다.[23]

대법원은 일본 법원이 1965년 한일 청구권협정과 일본의 재산권조치법에 의해 소멸하였다는 이유로 결국 원고 등의 피고에 대한 청구를 기각했지만, 이는 대한민국 헌법의 규정에 비추어 볼 때, 일제강점기 일본의 한반도 지배는 규범적인 관점에서 불법적인 강점이고, 일본의 불법적인 지배로 인한 법률관계 중 대한민국의 헌법정신과 양립할 수 없는 것은 효력이 배제된다고 판단한다.[24]

---

21) 피용자인 국립대학교 교수가 직장 내에서 제3자에게 발생한 성희롱 행위가 직무관련성 없이 은밀하고 개인적으로 이루어진 경우, 사용자인 대한민국에게 고용계약상 보호의무 위반을 이유로 한 손해배상책임이 없다고 판단한 사안이다. 사내하도급관계에 있어서 안전배려의무에 대해서는 방준식, "사내하도급관계에 있어서 사용자의 안전배려의무 -의무위반에 따른 책임귀속주체를 중심으로-", 안암법학 통권 제25호, 2007, 795-816면 참조. 또한 근로자의 인격권 보호 전반에 대해서는 전윤구, "노동법의 과제로서의 근로자 인격권 보호(1)", 노동법연구 제33호, 2012, 127-162면 참조.

22) 대법원 1997. 4. 25. 선고 96다53086 판결 등을 인용한다. 그런 점에서 대법원은 독자적인 안전배려의무가 아니라, 불법행위 사안인 경우에는 불법행위 요건에 포섭되는 것을 전제한다.

23) 이에 대해서는 남효순 외 4인, 일제강점기 강제징용사건 판결의 종합적 연구, 박영사, 2014, 제5장 강제징용 배상책임의 성립여부와 그 범위(이동진 교수 집필 부분) 참조.

24) 대법원 2012. 5. 24. 선고 2009다68620 판결도 같은 취지의 내용을 판시한다. 다만 외국 판결의 승인과 효력이 또 다른 쟁점이 되었다. 외국 판결의 승인에 대해서는 이필복, "외국판결의 승인에서의 공서위반 심사의 대상", 사법 통권 제44호, 2018, 271-312면 참조. 또한 석광현, "사기에 의한 외국판결 승인의 공서위반 여부와 상호보증", 민사판례연구 제28호, 박영사, 2006, 687-726면 참조.

3) 학교 법인과 교사의 안전배려의무

대법원 2018. 12. 28. 선고 2016다33196 판결[25)]은 학교법인의 학생과 재학계약에서 학교법인의 안전배려의무를 인정했다. 학교법인은 학생의 생명 · 신체 · 건강 등의 안전을 확보하기 위하여 교육장소의 물적 환경을 정비하여야 하고, 학생이 교육을 받는 과정에서 위험 발생의 우려가 있을 때에는 미리 그 위험을 제거할 합리적 조치를 해야 한다고 한다.[26)]

(2) 여행계약

대법원 판례의 안전배려의무 사안에서 많은 유형이 여행계약이다.[27)]

대법원 1998. 11. 24. 선고 98다25061 판결은 여행업자는 기획여행계약의 상대방인 여행자에 대하여 기획여행계약상의 부수의무로서, 여행자의 생명 · 신체 · 재산 등의 안전을 확보하기 위하여, 여행목적지 · 여행일정 · 여행행정 · 여행서비스기관의 선택 등에 관하여 미리 충분히 조사 · 검토하여 전문업자로서 합리적인 판단을 하고, 또한 그 계약 내용의 실시에 관하여 조우할지 모르는 위험을 미리 제거할 수단을 강구하거나 또는 여행자에게 그 뜻을 고지하여 여행자 스스로 그 위험을 수용할지 여부에 관하여 선택의 기회를 주는 등의 합리적 조치를 취할 '신의칙상의 주의의무'를 진다고 했다.[28)]

대법원 2007. 5. 10. 선고 2007다3377 판결,[29)] 대법원 2014. 9. 25. 선고 2014다213387 판결[30)], 대법원 2017. 12. 22. 선고 2015다221309 판결[31)]도 같은 취지이다. 대법원 2017. 12. 13. 선고 2016다6293 판결[32)]은 여행 실시 도중 위와 같은 안전배려의무 위반을 이유로 기획여행업자에게 손해배상책임을 인정하려면, 사고와 기획여행업자의 여행계약상 채무이행 사이에 직접 · 간접적으로 관련성이 있고, 그 사고 위험이 여행과 관련 없이 일상생활에서 발생할 수 있는 것이 아니고, 기획여행업자가 그 사고 발생을 예견하였거나 예견할 수 있었음에도[33)] 그런 사고 위

25) 사립중학교 유도부 학생이 학교법인을 상대로 훈련 중에 입은 사고로 인한 손해배상을 구한 사안인데, 대법원은 유도부 운동부 학생에 대한 학교법인과 교사의 안전배려의무 위반을 인정했다.

26) 학교법인이 안전배려의무를 위반하여 학생의 생명, 신체, 건강 등을 침해하여 손해를 입힌 때에는 불완전이행으로서 채무불이행으로 인한 손해배상책임을 부담한다고 한다.

27) 여행계약의 다양한 쟁점에 대해서는 황원재, "여행계약상 손해배상", 비교사법 통권 제79호, 2017, 1481-1520면 참조.

28) 태국 현지인이 운전하는 모터보트에 매달린 바나나보트 앞쪽에 앉았는데, 운전미숙으로 속력을 줄이지 못하고 여행자가 상해를 입은 사안이다.

29) 일본 북동부의 스키장 이용 관련하여 여행업자의 안전배려의무를 위반한 사안이다.

30) 중국식 샤브샤브 식당에서 알코올버너 사용 · 위험에 대한 고지 · 설명의무를 다하지 않아서, 여행업자의 안전배려의무 위반을 인정한 사안이다.

31) 호텔 전용해변에서 스노클링 일반의 위험성과 안전수칙에 대한 설명의무를 다하지 않아서, 안전배려의무 위반을 인정한 사안이다.

32) 베트남 호텔 인근 해변에서 야간에 물놀이를 하다 여행자가 익사한 사안이다. 대법원은 기획여행계약의 애행주최자가 여행계약상의 안전배려의무를 위반하지 않았다고 판단했다.

33) 불법행위법에서 예견가능성의 의미에 대해서는 고세일, "불법행위의 예견가능성과 손해배상범위에 대한 연

험을 미리 제거하기 위하여 필요한 조치를 다하지 못한 점이 있어야 한다고 설명한다.[34)]

비슷한 맥락에서 대법원 2019. 4. 3. 선고 2018다286550 판결은 현지 운전기사의 과실로 사건 사고가 발생했고, 사고 이후 여행자가 머리의 통증을 호소하며 귀국을 요청한 사안이다.[35)] 이 사안에서 대법원은 여행업자가 별도 조치 없이 여행업자가 기존 여행일정을 예정대로 진행한 것이 안전배려의무를 위반한 것으로 평가했다.[36)]

반면에 대법원 2006. 1. 26. 선고 2004다21053 판결은 스키는 그 특성상 슬로프에서 미끄러지거나 넘어지는 등의 위험이 수반하므로, 스키를 타는 사람들도 그러한 위험을 감수하고 스키를 탄다고 설명한다. 따라서 망인이 사고지점이 심하게 경사가 구부러진 곳이 아닌데도 안전펜스 옆에서 스키를 타다가 회전을 제대로 못하여 안전망에 부딪친 것을 리조트 측의 안전망을 설치·관리에 있어 안전배려의무 위반을 인정하지 않았다.[37)]

(3) 임대차 계약과 찜질방 계약

1) 임대인의 임차인에 대한 안전배려의무

대법원 1999. 7. 9. 선고 99다10004 판결은 통상의 임대차관계에 있어서 임대인의 임차인에 대한 의무는 특별한 사정이 없는 한 단순히 임차인에게 임대목적물을 제공하여 임차인으로 하여금 이를 사용·수익하게 함에 그치는 것이고, 임차인의 안전을 배려하여 주거나 도난을 방지하는 등의 보호의무를 인정하지 않는다.

2) 찜질방 영업자의 안전배려의무

대법원 2010. 2. 11. 선고 2009다79316 판결은 일반적으로 술에 취한 사람은 자신을 통제할 능력이 감퇴되므로, 그 같은 상태의 사람에게 영리 목적으로 술을 판매하는 영업자는 추가적인

구-민법 제763조의 준용에 따른 민법 제393조의 해석문제", 민사법학 제66호, 2014, 137-183면 참조. 또한 신유철, "유럽 불법행위법의 동향-손해배상법의 체계에 관하여", 사법 제21호, 2012, 67-71면 참조.

34) 이 경우 기획여행업자가 취할 조치는 여행일정에서 상정할 수 있는 모든 추상적 위험을 예방할 수 있을 정도일 필요는 없고, 개별적·구체적 상황에서 여행자의 생명·신체·재산 등의 안전을 확보하기 위하여 통상적으로 필요한 조치이면 된다고 한다.

35) 이 사안의 또 다른 쟁점은 '통상손해'인지에 대한 판단이었다. 현행 민법 제393조의 통상손해와 특별손해에 대해서는 조규창, "민법 제393조 2항의「특별한 사정」의 해석: 판례·통설의 비판적 고찰", 조규창 교수논문집-논리와 직관, 법문사, 1998, 297-305면 참조.

36) 대법원은 사고가 비교적 경미한 접촉사고였고, 원고 이외에 다른 여행자들은 별다른 이상증상을 보이지 않았던 점에 비추어, 여행자의 기질적인 요인이 손해의 발생과 확대에 상당 부분 기여하였다고 보아 여행업자의 책임을 20%로 제한했다.

37) 이는 영국과 미국에서 손해배상의 항변으로 인정되는 '위험인수 법리'를 인정할 수 있는 사안으로 이해할 수도 있다. 이러한 스포츠 사안에서 '위험인수 법리'를 설명하는 문헌으로는 백승흠, "스포츠사고에 있어 면책사유로서의 위험인수의 법리", 스포츠와 법 제10권 제2호, 2007, 254-258면 참조. 또한 이동명, "스포츠상해의 면책사유", 법학연구 제32집, 2008, 347-351면과 이창현, "프로야구 중 관중의 부상으로 인한 법률관계", 법조 제701호, 2015, 241-246면 참조. 그리고 미국법상 위험인수에 대해서는 고세일, "미국 불법행위법의 위험인수 법리에 대한 고찰", 법학연구 제30권 제1호, 2019, 31-55면 참조. 또한 엄동섭, "미국 불법행위법상 위험인수의 법리", 비교사법 제20권 제3호, 2013, 791-830면 참조.

음주로 술에 취한 사람이 안전상 사고를 당하지 않도록 하는 안전배려의무를 인정했다. 이러한 안전배려의무를 찜질방 영업자에게도 인정했다.[38)]

3) 법공동체 구성원의 일반적인 의무

대법원 2017. 5. 18. 선고 2012다86895, 86901 전원합의체 판결[39)]은 계약 당사자가 계약상 인정되는 급부의무 외에 일정한 '신의칙상 의무'를 부담하는 것을 전면적으로 부정하지 않지만, <u>숙박계약, 입원계약, 근로계약, 여행계약 등 일정한 유형의 계약에 한하여 채권자의 신체, 재산에 대한 보호의무 또는 안전배려의무를 인정하고 있을 뿐이라고 한다</u>.[40)]

(4) 안전배려의무에 대한 대법원 판례의 경향성

대법원은 사용자의 안전배려의무를 인정하는데, 그 근거를 고용계약에 따른 '신의칙상 보호의무'라고 한다. 또한 이러한 안전배려의무를 강제 징용과 관련해서도 인정한다. 이러한 안전배려의무를 학교법인과 교사에게도 인정한다. 여러 여행계약 사안에서 여행업자의 안전배려의무를 인정한다. 기획여행계약상의 부수의무로서, 여행자의 생명·신체·재산 등의 안전을 확보하기 위한 것으로, 여행자가 위험을 미리 제거할 수단을 강구하고, 여행자에게 그 뜻을 고지·설명하여, 여행자가 이를 선택할 수 있게 한다고 판시한다. 이러한 여행업자의 안전배려의무를 신의칙상 주의의무라고 한다.

대법원은 임대인의 임차인에 대한 안전배려의무를 인정하지 않는다. 찜질방 영업자에게는 고온의 찜질방 이용객의 구체적 상황에 따르는 안전배려의무를 인정한다. 그러나 이러한 유형 이외에 법공동체 구성원의 일반적인 의무로서 안전배려의무를 인정하지 않는다. 대법원이 인정하는 안전배려의무를 인정하는 유형은 주로 고용계약, 재학계약, 여행계약, 찜질방 이용계약에 기초한다.

대법원이 안전배려의무를 다루는 대부분의 사항은 "계약 유형의 사안"이다. 반면에 운동경기에 참여한 사람의 주의의무에 대한 사안은 "불법행위 사안"이다. 다만 대법원은 계약위반의 경우에도 청구권 경합을 인정하는 측면에서 불법행위책임을 인정한다.[41)]

---

38) 이 사안은 망인의 친구가 찜질방 구내식당에서 망인과 함께 술을 마신 후 망인이 약간 비틀거리기는 했지만 부축 없이 혼자서 걸어갔다는 것에 불과했다는 증언에 따라서 증거부족으로 찜질방 영업자의 안전배려의무 위반을 인정하지 않았다.

39) 임차건물 화재로 임대차 목적물이 아닌 부분까지 불탄 경우 임차인의 손해배상책임의 성립과 손해배상의 범위가 문제된 사안이다.

40) 대법원 1999. 2. 23. 선고 97다12082 판결, 대법원 2000. 11. 24. 선고 2000다38718 판결, 대법원 2003. 4. 11. 선고 2002다63275 판결, 대법원 2014. 9. 25. 선고 2014다213387 판결 등 참조. 이러한 대법원 2017. 5. 18. 선고 2021다86895, 86901 전합 판결은 운동경기에 참가한 사람의 손해배상책임을 신의칙상 주의의무인 안전배려의무로 판단하는 것과 상충한다.

41) 그러나 이러한 경향성은 서구 국가의 계약법 우선 사고에 따라서 청구권 경합을 인정하지 않는 것과 배치된다. 이에 대한 비판점은 조규창, "채무불이행과 불법행위-불법행위판례비대화의 원인," 조규창 교수논문집-

Ⅳ. 운동 경기에 참여한 사람의 주의의무

아래에서는 국내 법원에 다룬 운동경기 관련 사안을 검토하여, 대상판결과 비교한다.[42] 운동경기와 관련하여 국내 법원의 주된 판단 기준을 살핀다.

1. 운동경기에 대한 국내 판례

(1) 농구경기

대법원 2011. 12. 8. 선고 2011다66849, 66856 판결[43]은 대상 판결과 가장 비슷한 사안이다.[44] 이 사안에서도 대법원은 대상판결과 같이 운동경기에 참여하는 사람의 '안전배려의무 논거'를 쓴다. 야간에 대학교에 있는 농구 코드의 반을 사용하면서 농구를 하다, 참가자의 이빨 두 개가 부러져서 탈구되는 부상을 입은 사안이었다. 대법원은 상대방 참가자의 행위가 사회적 상당성의 범위 내에 있는 것으로 판단하여, 손해배상책임을 지울만한 주의의무 위반이 없는 것으로 판단했다.

(2) 축구경기

1) 서울지법 1992. 10. 1. 선고 91가합49780 판결은 회사의 사원체육대회 축구경기에서, 상대팀의 선수가 참가 선수와 부딪혀서 넘어져서 참가 선수가 골절상의 상해를 입은 사안이다. 법원은 일반적으로 참가자의 자유의사에 기하여 실시되는 운동경기 중에 부상을 입은 경우에는 참가 선수의 행위가 경기규칙에 위반되었다거나 고의나 중과실에 의한 행위가 아닌 운동경기 중 통상 허용되는 범위 내의 행위이면 이는 정당업무로서 위법성이 조각되거나 또는 피해자가 미리 예상하여 승낙한 것으로 판단했다. 따라서 경과실로 한 가해행위에 대해서 불법행위책임을 인정하지 않았다.

2) 서울서부지법 2010. 9. 16. 선고 2010가합1739 판결은 군대간부교육으로 실시한 축구경기에서, 골키퍼가 던진 공을 향해 점프하여 이를 헤딩한 후 내려오다가 뒤따라 점프한 참가자를 다른 참가자가 무릎으로 가격하여 상해를 입힌 사안이었다. 법원은 공중 볼을 다투는 과정에서

논리와 직관, 법문사, 1998, 455-473면 참조. 또한 부당해고 확정 이후에 신의칙상 인정되는 사용자의 취업의무 불이행을 불법행위로 구성하는 것에 대한 비판으로는 하경효, "부당해고에 따른 불법행위의 인정요건과 법률효과," 법학논총 제36권 제2호, 2016, 71-90면 참조.

42) 안전배려의무에 대한 각국의 비교법 고찰에 대해서는 최창렬, "안전배려의무의 체계", 성균관법학 제16권 제3호, 2004, 142-151면 참조. 또한 경쟁적 운동경기에서 발생한 손해에 대한 비교법 논의에 대해서는 이창현, "경쟁적 운동경기 중 경기자의 부상으로 인한 민사적 법률관계", 저스티스 통권 제146-1호, 2015, 289-311면 참조.

43) 이 판결에 대한 판례평석으로는 한삼인, "운동경기 중 발생한 상해와 민사책임의 성립 여부", 인권과 정의 통권 제438호, 2013, 88-103면 참조.

44) 대상판결과 함께 대법원에서 운동경기 참가자의 책임을 판단한 사안이다.

서로 점프하여 공을 뺏으려다가 서로 몸이 부딪히는 과정에서 참가자가 다른 참가자에 밀려 넘어졌고, 다른 참가자는 점프 후 상대방의 부상 가능성을 인지하고 몸을 멈추려 하였으나 뛰어오면서 점프를 한 가속력으로 몸을 멈추지 못한 사실을 인정했다.[45]

법원은 다른 참가자의 행위가 경기규칙에 위반된다거나 위법한 행위가 아니라고 했고, 일반적으로 참가자의 자유의사에 기하여 실시되는 운동경기 중에 부상을 입은 경우에는 가해자의 행위가 고의 또는 중과실에 의한 행위가 아니면 위법성이 조각되거나 또는 피해자가 미리 예상하여 이를 승낙한 것이라고 본다고 했다. 따라서 경과실로 가해행위에 대해서 불법행위책임을 인정하지 않았다.

3) 전주지법 2012. 11. 7. 선고 2011가단513 판결은 축구동호회 두 팀이 학교법인이 주최한 축구대회 예선전에 참가했다가 참가자의 태클로 부상을 입은 사안이었다. 고의적인 깊숙한 태클로 상해를 입었다고 주장했지만, 법원은 인정하지 않았다. 이 사안에서도 '운동경기에 참여하는 사람의 안전배려의무 논거'를 쓴다.

(3) 배드민턴경기

수원지방법원 2008. 11. 20. 선고 2008가합6994 판결은 동호회 소속 참가자가 고등학교 실내체육관에서 복식 배드민턴경기를 하다가 부상당한 사안이었다.[46] 법원은 배드민턴 복식 경기에 있어서 경기자는 항상 팀 동료의 동태를 잘 살펴가며 동료에게 위해를 가하지 않는 방법으로 서로에 대한 안전배려의무를 인정했다. 운동경기여도 그런 주의의무위반이 사회통념상 인정되는 한계를 넘어서는 경우에는 불법행위책임을 인정했다.

(4) 피구경기

서울중앙지법 2019. 11. 7 선고 2017가단5154239 판결은 공과대학이 수업을 대체하는 공식 체육대회를 개최했고, 학교 내 농구장에서 학과 교수의 관리·감독 하에 피구 예선경기에서 학생이 다친 사안이었다. 학과 신입생이 예선 경기에 참여했고, 피구 경기 도중 날아오는 공을 받으려고 점프하였다가 착지하는 과정에서 발을 헛디디면서 전방 십자인대의 파열과 상해를 입었다.

이러한 체육행사를 실시함에 있어서는 평소 학업에 집중하는 생활을 해오던 학생들의 평균적 신체 적응 능력 등을 감안하여 안전한 경기 종목을 선택하여야 하고 그러한 경기의 진행 과정에서도 안전수칙을 정하여 준수하게 하여야 함에도 불구하고, 주최자 측에서 이러한 안전에 관한 제반 조치가 제대로 이루어지지 않은 주의의무 위반을 인정했다.[47]

---

45) 이런 점에서 대상판결과 사안이 비슷하다.

46) 다른 경기자가 안전배려의무를 위반하여 극히 근접한 거리에서 휘두른 라켓에 맞아 실명하는 경우이다. 경기자의 운동경력(1년 3개월 정도), 이 사고의 발생경위 등에 비추어 전체의 50% 정도로 봄이 상당하여 피고의 책임을 50%로 제한했다.

47) 학교법인이 가입한 보험의 보험금 청구를 인정했지만, 배상할 손해액을 산정에서 학생의 무리한 동작을 한

(5) 운동경기에 대한 국내 판례의 경향성

대상판결과 농구경기에 대한 대법원 판례는 운동경기 참가자에게 신의칙상 주의의무인 안전배려의무[48]를 인정한다. 대체로 운동경기에 참여하는 사람의 '안전배려의무 논거'를 쓴다.

대상판결과 농구경기 사안 외에는 대법원에서 운동경기 참가자의 책임을 다룬 사안이 없다. 그런데 축구경기를 다룬 하급심 판결은 농구경기에 대한 대법원 판례가 나오기 이전에는, 운동경기에 참가하여 부상을 입은 사안을 불법행위로 구성했다. 다만 경미한 과실의 경우에는 운동경기 참가자의 불법행위 책임을 인정하지 않고,[49] 고의나 중과실의 경우에만 불법행위 책임을 인정한다.

농구경기에 대한 대법원 판례가 나오기 이전의 배드민턴경기에는 안전배려의무 위반에 따른 손해배상책임을 인정했다. 농구경기에 대한 대법원 판례와 축구경기에 대한 대상판결이 나온 뒤에도, 지방법원은 완전히 <u>대법원의 안전배려의무 기준</u>에 따라서 판단하지 않는다. 피구경기에서는 안전수칙위반과 학교법인과 학과 교수의 관리감독위반에 따른 손해배상책임을 인정한다.

대법원 판례가 안전배려의무를 다루는 여러 유형의 경우, 계약에 기초한 신의칙상의 주의의무를 인정한다. 반면에 운동경기 참가자의 손해배상책임을 동일한 신의칙상의 주의의무에 따른 안전배려의무에 근거하지만, 그 책임은 계약책임이 아닌 '불법행위책임'에 근거한다.[50]

2. 미국 법원의 운동경기 판단의 기준

계약책임과 달리 불법행위책임의 경우에도 신의칙상 주의의무로서 안전배려의무를 인정하는 것에 대해서는 의문을 제기할 수 있다.[51] 따라서 글쓴이는 불법행위의 요건으로 과실을 판단

것을 참작하여 피고의 책임을 70%로 제한했다. 이 사안은 쟁점이 보험회사가 손해배상을 보험금으로 지급해야 할 의무가 있는지였다. 보험을 제외한 나머지 부분은 운동경기에서 참가한 주의의무 판단과 같기 때문에, 이곳에 포함하여 살핀다.

48) 독일 민법 제618조에서 규정하는 'Pflicht zu Schutzmaßnahmen'을 일반적으로 '안전배려의무'로 옮긴다. 양창수 옮김, 독일민법전-총칙 · 채권 · 물권, 박영사, 2018, 470-471면. 그런데 독일어 원문을 고려한다면 '보호조치를 취할 의무'로 옮길 수도 있다. 양창수 교수도 새로운 번역에서는 이를 '보호조치의무'로 옮긴다. 양창수 옮김, 독일민법전-총칙 · 채권 · 물권, 박영사, 2021, 481면. 그런 점에서 '안전배려의무'와 '보호의무'의 관계가 명확하지 않은 측면도 있다. 독일 민법 제618조의 규범목적은 각 계약 당사자가 고려해야 할 일반적인 의무(독일 민법 제241조 제2항)가 고용계약에서 인정되는 것으로, 고용계약에서 일반적인 의무를 표현하는 것으로 설명한다. MünchKomm/Martin Henssler, §618 Rn. 1.

49) 서울지법 1992. 10. 1. 선고 91가합49780 판결처럼, 운동경기 중 통상 허용되는 범위 내의 행위이면 이는 정당업무로서 그 위법성이 조각되거나 또는 경기도중 가해자의 행위 때문에 통상의 상해를 받을 수 있었음을 피해자가 미리 예상하여 승낙한 것을 논거로 든다.

50) 보호의무의 성질에 대해서 학설은 '채무불이행책임설'과 '불법행위책임설'로 나누어져 있다. 다수의 견해는 보호의무를 채무불이행책임설로 파악한다. 이에 대해서는 오시영, 채권총론, 학현사, 2009, 17-19면 참조.

51) 양창수 교수는 신의칙이 적용되려면 당사자 사이에 법적인 특별결합관계가 존재해야 한다고 한다. 그렇기 때문에 신의칙은 생면부지의 사람 사이에까지 적용하는 일반적인 행위규범으로 설정할 수 없다고 한다. 서로 알지 못하는 사람의 일반적인 행위규범은 민법 제750조에서 정하는 '위법행위'로 판단해야 한다고 설명한

하는 '주의의무'를 기준으로 운동경기 참가자의 책임을 판단하는 것이 불법행위법의 책임판단의 기준으로 여긴다.[52)]

아래에서는 앞서 논의한 대상판결을 분석하기 위해서, 운동경기 참가자의 주의의무를 판단한 미국 판례 사안을 비교·분석한다.[53)] 그리하여 대상 판결이 삼은 안전배려의무를 좀 더 불법행위 관점에서 고찰하고자 한다. 판례 사안 하나가 많은 내용을 담고 있어서, 각 사안을 분석하는 것은 지면의 한계로 어려움이 있다. 그런 측면에서 미국 법원이 운동경기에 참여하는 사람이 손해배상의무를 지는 '주의의무' 기준을 어떤 측면에서 바라보는지를 조망한다.

(1) 야구와 소프트볼 경기

1) Carey v Toles[54)]

우연히 알게 된 사람과 하는 야구 경기(a pickup baseball game)에서, 13세 소년이 던진 야구방망이로 얼굴을 맞은 15세 소년 참가자가 입은 상해에 대해서, 법원은 위험인수의 항변을 받아들이지 않았다.[55)] 13세 소년이 야구장 오른쪽으로 공을 쳐서, 1루로 달리기 시작했을 때, 자신의 야구 방망이를 던져서 홈베이스와 1루 사이의 사이드라인 위에 서있던 15세 소년을 다치게 했다. 이로 말미암아 15세 소년의 입과 턱뼈에 광범위한 수술을 해야 했고, 보철과 함께 아홉 개의 치아를 교체해야 하는 상해를 입혔다. 사실심의 배심원은 야구 경기에서 일어나는 일반적인 상황으로 판단하여, 소를 제기할 수 없는 것으로 판단했다.

다. 곽윤직 편집대표, 양창수 교수 집필 부분, 제2조, 민법주해(Ⅰ)-총칙(1), 박영사, 1992, 94면 참조. 반면에 신의칙이 이러한 계약관계에 한정되지 않고, 계약의 교섭단계와 법정채권관계에까지 확장된다는 견해에 대해서는 김용담 편집대표, 주석 민법-총칙(1), 백태승 교수 집필 부분, 제2조, 한국사법행정학회, 2010, 135-136면 참조. 불법행위책임이 일정한 사회적 접촉으로 일어난 경우, 신의칙을 고려할 여지가 있다. 그러나 글쓴이는 신의칙은 다른 법리가 없을 때 쓰는 마지막 수단이 되어야 한다고 여긴다. 그렇지 않은 경우, 신의칙이 모든 영역에 확장하게 되고, 개별 법리에 대한 판단을 후퇴시키는 문제가 생긴다.

52) 프랑스에서 안전배려의무는 1911년 운송계약에서 인정되었는데, 그 뒤 안전과 관련한 스키 리프트, 여행계약, 레져 센터, 숙박, 실험실, 병원, 기계설치, 운동 강사, 미용실, 유아 돌봄과 같은 모든 계약으로 확장된 것으로 평가한다. Alain Bénabent, Droit Civil-Les Obligations 216-17면(Montchrestien 12e 2010) 참조. 또한 프랑스 법에서 오늘날 안전배려의무(obligation de sécurité)와 정보제공의무(obligation d'information)는 현대 사회의 정책적인 고려로 인정된 것으로 평가한다. 프랑스 학계에서는 안전배려의무를 불법행위법으로 해결하려는 시도가 있지만, 여전히 다수의 학설은 안전배려의무를 계약법의 영역에서 인정한다. John Bell, Sophie Boyron, and Simon Whittaker, Principles of French Law 331-32면(Oxford Univ. Press 2d 2008) 참조.

53) 미국 법원이 운동경기 참가자에 대한 많은 사안을 판단했기 때문에, 이를 대상판결에 투영하여 비교하고자 한다. 운동경기 참가자의 주의의무 전반에 대해서는 Stanley L. Grazis, *Liability of participant in team athletic competition for injury to or death of another participant*, 55 A.L.R. 5th 529(1998) 참조.

54) 7 Mich App 195, 151 NW2d 396(1967).

55) 야구 경기 중에 그러한 위험을 피해자가 인수했다는 주장을 법원은 받아들이지 않았다.

2) Ceplina v South Milwaukee School Board[56)]

타자가 스윙할 때, 다른 소프트볼 경기 참가자가 야구 방망이에 맞아서 상해를 입었다. 학교 운동장에서 한 소프트볼 경기에서 가해자와 피해자는 같은 팀 선수였다. 자신의 팀이 타석에 들어설 될 때, 참가자들은 자신의 타석 순서에 따라서 1루 쪽에 서 있었다. 가해자인 참가자가 타석에서 자신의 차례인 줄 알고, 투수가 던진 공에 방망이를 휘둘러 던졌고, 그 야구방망이는 다음 타석에서 있었던 피해자의 얼굴을 때렸다. 타자가 스윙할 때, 얼굴을 맞은 선수는 외야를 보고 있었지만, 피고의 스윙에는 특별한 점이 없었다. 법원은 가해자인 참가자가 통상의 주의의무를 다한 것으로 판단했다.

3) Bourque v. Duplechin[57)]

소프트볼 경기에서 주자가 고의로 2루에서 1.5미터 정도 떨어진 곳에 있었던 2루 수비수와 충돌했다. 2루 수비수가 더블 플레이를 시도하며 1루로 공을 던진 뒤에, 1루에 있던 주자가 전속력으로 2루 수비수에게 달려가서, 자신의 왼쪽 팔로 2루 수비수의 턱을 때렸다. 주자는 2루 수비수가 1루를 보지 못하게 막으려고 시도했고, 2루 수비수가 더블 플레이를 하지 못하게 했다. 그렇게 2루 수비수를 때려서 턱이 부러지게 했다. 2루 수비수는 성형외과 수술이 필요했고, 몇 개의 이빨도 부러졌다.

주자는 통상적인 방법으로 경기를 해야 할 의무가 있기 때문에, 운동 경기의 정신에 어긋나는 행동을 하지 않거나 또는 동료 운동선수에게 고의적인 상해를 끼치지 않을 의무가 있었다고 설명했다. 법원은 주자의 행위는 2루 수비수의 상해와 관련한 사실 인과관계[58)]와 법적 인과관계를 모두 인정했다.[59)]

4) Ross v. Clouser, Mo[60)]

법원은 서로 경쟁하는 운동 경기 중에 발생한 인신 손해의 소송 원인은 단순한 과실이 아니라, 중과실(recklessness)[61)]로 판단해야 한다고 설명했다. 주자가 3루를 향해서 먼저 발로 슬라이

56) 73 Wis 2d 338, 243 NW2d 183(1976).

57) 331 So 2d 40, cert den(La) 334 So 2d 210(1976, La App).

58) 미국 불법행위의 인과관계에 대해서는 고세일, "미국 과실불법행위와 인과관계 -불법행위 보통법전집 제2판의 과실 규정을 중심으로-", 안암법학 제42호, 2013, 169-204면 참조.

59) 2루 수비수는 2루로 슬라이딩 하는 주자가 상처를 낼 위험을 인수했다고 인식할지 모르지만, 법원은 2루 수비수는 주자가 자신의 길을 벗어나 전속력으로 2루에서 1.5미터 떨어진 2루 수비수와 충돌하는 위험을 인수하지 않았다고 판단했다.

60) 637 SW2d 11(1982).

61) 미국 불법행위법상 주의의무를 '현저하게 태만한'(reckless)은 '고의'에 준한 유형이다. ① 고의적·악의적(intentional/malicious)이 가장 정도가 높은 경우이고, 그 다음이 ② 무모한·의도적(wanton/willful), 그 다음 정도가 ③ 현저하게 태만한(reckless)이고, 마지막이 ④ 중과실(gross negligence)이다. 이는 미국 불법행위법의 특징 가운데 하나이다. 다만 이 글에서는 우리 불법행위법과 혼란을 피하기 위해서 reckless를 '중과실'로 옮긴다. 고세일, "대륙법에서 징벌적 손해배상 논의 -민법의 관점에서-", 법조 제688호, 2014, 147면

딩할 때, 3루 수비수는 주자의 발에 맞아서 넘어졌다. 주자가 수비수가 다칠 수 있었음을 알았지만, 이러한 의도적인 슬라이딩으로 수비수에게 상해를 입힌 경우, 중과실로 판단한 것이다. 중과실의 소송 원인을 인정하는 것이 경기에서 하는 올바른 열정을 줄이는 것과 운동선수들과 경기를 보호하는 상당한 통제에 대한 균형을 이룬다고 법원은 설명했다.

5) Crawn v. Campo[62)]

레크리에이션 운동 경기 참가자에게 적용하는 주의의무는 중과실 또는 고의[63)]의 불법행위라고 법원은 판시했다. 비공식적인 소프트볼 경기에서 주자였던 참가자는 3루에 있었다. 그 주자는 홈으로 향했고, 홈베이스에 다가가면서, 자신의 몸을 낮추었고, 빠른 속도로 포수의 왼쪽 부분과 충돌했다. 그 결과 포수의 무릎 인대가 파열되었고, 수술을 받았다. 법원은 주자의 행동이 중과실이었고, 포수는 중과실 행위에 대한 위험을 인수하지 않은 것으로 판단했다.[64)]

6) Averill v. Luttrell[65)]

투수가 던진 공에 맞은 타자가 자신의 야구 방망이를 투수의 마운드 쪽으로 던졌다. 이에 흥분하여 상대편 포수가 경고 없이 타자의 머리를 때렸다. 상대편 포수가 타자의 머리를 때려서 타자는 의식 없이, 땅에 넘어졌고 턱이 골절되었다. 항소법원은 1심법원의 배심의 평결을 참고했다. 배심의 평결은 프로야구 선수가 경기 중에 주먹으로 때려서, 상대 선수에게 고의로 입힌 상해에 대해서 책임을 진다고 했다.

(2) 축구경기

1) Nabozny v. Barnhill[66)]

앞서 논의한 대법원의 대상 판결과 비슷한 축구 사안이다. 원고와 피고는 고등학생 나이인데 상대방 팀과 서로 축구경기를 했다. 원고는 한사 팀의 골키퍼였고, 피고는 상대편인 윈네트카 팀의 공격수였다. 원고 팀의 수비수가 원고에게 축구공을 패스했고, 수비수가 다시 축구공을 자신에게 받으려고 몸을 움직였다. 원고가 페널티 지역에서 왼쪽 무릎을 구부리고, 수비수가 패스

참조. 또한 Kenneth S. Abraham, The Forms and Functions of Tort 258-59면(Foundation Press 4th ed. 2012) 참조.

62) 136 NJ 494, 643 A2d 600(1994).

63) 우리 불법행위법에서 고의나 과실로 한 불법행위는 가해자의 심리 상태가 고의나 과실로 한 경우를 말한 것이 일반적인 모습이다. 그러나 미국 불법행위법에서는 고의로 한 불법행위와 과실로 한 불법행위를 처음부터 다른 유형으로 규율한다. 김영희, "미국 불법행위법의 기본 구조에 관한 연구 -불법행위의 유형과 성립요건을 중심으로-", 법학연구 21권 4호, 2011, 42면. 미국 불법행위 보통법전집 제2판에서는 제1조-제280조가 고의로 한 불법행위 유형을 규정하고, 제281조-제503조가 과실로 한 불법행위를 규정한다. Restatement (Second) of Torts §§1-280(1965)과 Restatement (Second) of Torts §§281-503(1965) 참조.

64) 우리 하급심 법원이 말하는 것처럼, 통상적인 운동 경기에서 일어나는 것을 넘어선 것으로 이에 대한 피해자의 승낙을 인정하지 않는 것과 같은 맥락이다.

65) 44 Tenn App 56, 311 SW2d 812(1957).

66) 334 N.E.2d 258(1975).

한 축구공을 받아서, 가슴으로 끌어당겼다.[67] 그런 과정에서 피고는 원고에게 달려가서 원고의 왼쪽 머리를 발로 걷어찼다. 그 결과 원고는 머리에 심각한 상해를 입었다. 이러한 상해 결과로 원고는 피고를 상대로 손해배상 소송을 제기했다.

사안의 주된 쟁점은 피고에게 과실이 있었는지였다.[68] 1심 법원은 이 쟁점을 민사배심에게 판단하도록 했고, 배심은 피고의 승소로 평결을 내렸다.[69] 이에 대해서 원고가 항소했다. 모든 증인은 페널티 지역 안에 피고가 있을 때, 피고는 원고와 충돌을 피할 수 있는 시간이 있었다고 증언했다. 원고는 세 명의 전문가 증인을 요청했고, 한사 팀의 코치는 원고가 크게 다친 축구경기는 국제축구연맹(FIFA)의 규칙에 따라 진행되었다고 증언했다. 국제축구연맹의 규칙에 따르면, 골키퍼가 페널티 지역에서 공을 갖고 있을 때, 모든 선수는 골키퍼와 신체 접촉이 금지된다.[70] 축구에서 법적으로 접촉이 인정되는 경우는, 경기 중에 축구공을 빼앗으려고 페널티 지역 밖에서 축구 선수의 어깨와 어깨가 접촉하는 경우뿐이다. 또한 항소법원은 축구에서 골키퍼가 머리 부상을 당하는 것을 아주 이례적인 것으로 판단했다.

원고의 전문가 증인인 한사 팀 코치는 축구 훈련 중에 골키퍼가 공을 잡고 있으면, 상대방 선수는 공을 빼앗으려고 달려가지 않고, 그 자리에 머물도록 하는 훈련을 한다고 증언했다.[71] 그러면서 항소 법원은 법이 청소년의 자유롭고 열정적인 스포츠 활동에 상당하지 않은 부담을 주어서는 안 된다고 한다. 그러나 조직적이고 경쟁적인 운동에 있어서 빈공간이 있어서도 안 된다고 판단했다. 그렇기 때문에 문명사회에서 어느 정도의 제한은 모든 운동경기에 수반된다고 설명했다. 조직적이고 경쟁적인 운동의 교육적인 이익은 규율(discipline)이고, 자기통제(self control)를 훈련하는 것이라고 했다.[72] 이런 측면에서 항소법원은 원고 승소 판결을 내렸다.[73]

---

67) 원고는 피고가 자신의 이마를 발로 찼을 때, 이미 축구공을 갖고 있었다고 증언했다. 이러한 점이 골키퍼가 공을 잡으려고 했지만, 잡지 못한 대상판결의 사실관계와 다른 점이다.

68) 미국 불법행위의 과실에 대해서는 고세일, "미국 불법행위법의 구조와 내용에 대한 연구 -보통법전집의 '과실'을 중심으로-", 민사법학 제59호, 2012, 87-138면 참조.

69) 미국 불법행위법에서 민사배심에 대해서는 고세일, "미국의 민사배심에 대한 연구 -불법행위 보통법전집의 규정을 중심으로-", 고려법학 제62호, 2011, 157-191면 참조.

70) 이는 국제축구평의회(The International Football Association Board, IFAB)/대한축구 협회 경기규칙(Laws of the Game) 2019/2020, *available at* http://img01.kfa.or.kr/data_rule/19-20_laws_of_the_game_148_210.pdf(마지막 확인 2021년 2월 5일)에서도 여전히 유효하다. IFAB Fouls and Misconduct/KFA 반칙과 불법행위 95면에 따르면, 골키퍼가 손으로 축구공을 컨트롤 할 때, 상대 선수는 골키퍼에게 도전할 수 없다.

71) 이러한 축구 경기 교육은 앞서 논의한 대상판결과 다른 사실관계로 파악할 수 있는 점이다.

72) Oswald v. Township High School Dist. (1980, 1st Dist), 84 Ⅲ App. 3d 723, 40 Ⅲ Dec 456, 406 NE2d 157, Nabozny 판결을 인용하면서, 신체 접속을 하는 운동경기에서 올바른 기준은 안전을 무시한 고의 또는 중과실이라고 판단했다. 안전 규칙 위반이 발생할 때, 통상적인 과실 기준은 신체 접속을 하는 운동경기의 참여를 얼어붙게 한다는 것을 근거로 들었다.

73) 이런 점에서 Nabozny 항소법원의 판단 결과는 대상판결의 1심 법원과 대법원의 결론과 다른 입장이다.

2) Lestina v. West Bend Mutual Insurance Co.[74)]

법원은 과실기준을 적용하면서, 성인 레크리에이션 리그에 참여한 축구 골키퍼가 책임이 있다는 평결을 승인했다. 다른 축구 선수가 공을 잡아서 골을 넣으려고 나아갈 때, 축구 골키퍼는 슬라이딩 태클을 했고, 이로 말미암아 다른 축구 선수에게 상해를 입혔다. 법원은 레크리에이션 팀의 신체접촉 운동 경기 상해 사안에서 책임을 결정하는데 있어서 적용할 주의의무의 기준이 주된 쟁점이었다.

법원은 참가자들이 자발적으로 참여했고, 신체 접촉과 상해가 일어날 가능성을 상당하게 예견할 수 있는 운동 경기 중에 상해가 입었다는 사실은 실질적으로 그 과실 기준 아래, 각각의 축구 경기 참여자의 행위가 평가되어야 한다고 판단했다. 이러한 판결에서, 사실의 발견자인 배심이 참여한 운동경기, 운동 경기를 규율하는 규칙[75)]과 규정들, 예상 밖에 있는 것들, 보호 장비 또는 보호하는 유니폼이 있는지, 특별한 사안의 사실들과 상황들, 참가자들의 나이, 육체적 특징, 운동경기에서 참가자들 각각의 기술, 경기 규칙과 관습을 아는 지와 같은 여러 요인을 고려해야 한다고 법원은 판시했다.

3) Jaworski v. Kiernan[76)]

축구 경기 참가자들의 일반적인 기대 상황을 고려하면서, 레크리에이션 운동 경기 활동에 원기 왕성한 참여를 장려하는 공서양속은 참가자들의 안전을 평가하고, 증가되는 소송을 회피하는 것이다. 이러한 점을 고려하여 법원은 운동 경기 중에 발생한 상해에 대해서 책임을 지우기 위해서 단순한 과실이 아니라, 중과실 또는 고의 기준을 채택했다. 법원은 서로 경쟁하는 운동 경기 참가자가 지는 책임은 중과실이나 고의로 한 행위를 요구하기 때문에, 단순한 과실에 따른 신체 접촉으로 다른 참가자를 다치게 한 사람은 다친 참가자에게 책임을 지지 않는다고 판시했다.

4) Kasnick v. Cooke[77)]

상대팀 참가자와 주먹으로 싸움을 하다, 골키퍼가 부상을 입었다. 고의적인 행동이 있었다는 명백한 사실이 있음에도, 원고 골키퍼는 과실에 근거하여 손해배상을 청구했다. 법원은 원고측이 고의 부분으로 다시 주장하기를 요청했지만, 원고 측은 다시 주장하지 않았다. 법원은 과실로 주먹으로 싸우는 일이 없다고 말하면서, 운동 경기에서 발생하는 불법행위 소송에서 손해배상 청구의 기준으로 과실 법리를 적용하지 않았다. 그 결과 법원은 원고의 청구를 기각하고, 피고 승소 판결을 내렸다.

---

74) 176 Wis 2d 901, 501 NW2d 28, 55 ALR5th 863(1993).

75) Gauvin v. Clark, 404 Mass 450, 537 NE2d 94는 안전규칙 위반이 책임을 부과하는데 충분하지 않다고 판시했다.

76) 241 Conn 399, 696 A2d 332(1997).

77) 116 Or App 580, 842 P2d 440(1992).

(3) 농구와 미식 축구경기

1) Griggas v. Clauson[78)]

아마츄어 농구 팀에서 19세의 센터가 다른 아마츄어 농구팀과 경기 중에 팀 동료에게서 패스를 기다리고 있는 상황에서, 상대편 선수가 그 센터를 뒤에서 밀었다. 또한 상대편 선수가 주먹으로 그 센터의 얼굴을 때려서, 그 센터선수가 맞아서 의식 없이 쓰러졌다. 센터는 아무런 이유 없이 무모한(wanton) 폭행에 노출되었고, 센터의 등이 상대편 선수에게 돌려졌을 때, 상대편 선수가 센터 선수를 구타를 했다고 하여, 고의의 불법행위책임을 인정했다.

2) Mauner v. Feinstein[79)]

법원은 자발적으로 운동 경기에 참여할 때, 참가자는 동의하거나 또는 상해의 위험을 인수했다는 것을 뉴욕 주에서 일반적으로 인정하는 법리로 인식했다. 그러나 법원은 운동경기 참가자는 상당하지 않게 증가된 위험을 인수하지 않는다고 판단했다. 유아 참가자들이 간이 미식축구 경기를 하는데, 어른 교사들이 참가자로 참가했다. 어른 교사들이 이 미식축구 경기에 참여함으로써 유아 참가자에게 상해를 입혔다. 법원은 유아 참가자들과 견주어 더 큰 어른 상담 교사들의 럭비 경기 참여는 신체 접촉이 과하고, 필연적이고, 또한 전체적으로 숙고되고, 상당하지 않게 유아 참가자들에게 상해의 위험을 증가하게 했다고 판단했다. 어른 참가자들은 상당하지 않게 증가된 위험으로부터 유아 참가자를 보호할 상당한 주의를 해야 한다고 법원은 판시했다.

(4) 소 결

미국 법원은 운동경기 참가자가 다른 참가자를 배려할 주의의무를 인정한다.[80)] 그런데 운동경기 참가자가 다른 참가자의 행위로 다친 사안에서, 미국 법원은 일반적으로 불법행위법의 주의의무(duty of care)로 판단한다.[81)]

미국 법원의 전반적인 방향성은 운동경기 참가자의 주의의무 기준을 고의 또는 중과실로

---

78) 6 Ⅲ App 2d 412, 128 NE2d 363(1955).

79) 213 App Div 2d 383, 623 NYS2d 326(1995, 2d Dept).

80) Kahn v. East Side Union High School Dist., 96 Cal. App. 4th 781, 117(위험인수 법리가 적용되는 경우에도, 운동경기 참가자는 다른 참가자에게 그 운동경기에서 내재한 위험이 증가되지 않도록 적절하게 돌보아야 하는 의무가 있다), Southwest Key Program, Inc. v. Gil-Perz, 79 S.W.3d 571(Tex. App. Corpus Christi 2000), judgment rev'd on other grounds, 81 S.W.3d 269(Tex. 2002), reh'g of cause overruled, (Aug. 22, 2002). 법원은 "서로 경쟁하는 운동 경기 참가자는 다른 참가자에게 상해를 입히지 않을 법적 의무를 진다" 고 한다. 그러나 이러한 법적 의무를 신의칙에 따른 보호의무나 안전배려의무라고 설명하지 않는다.

81) 운동 경기 참여자가 사전에 계약으로 책임을 제한하는 것이 실제에서 문제된다. 미국 판례에 따르면, 상해가 발생했을 때 협회에 책임을 묻지 않겠다는 약정의 효력을 인정한다. Buchan v. United States Cycling Federations, Inc., 227 Cal.App.3d 134(1991)와 National & International Board of Street Racers Inc. v. Superiort Court, 215 Cal.App.3d 934(1989), reh'd denied, 264 Cal.Rptr. 44(1990). 그러나 학교 운동에 참여하기 전에 부모가 자녀들이 다칠 경우, 학교 측에 책임을 묻지 않겠다는 서약서에 서명한 것은 공서양속 위반으로 효력이 없다고 판단했다. Wagenblast v. Odessa School District, 758 P.2d 968(Wash 1988).

한정한다.[82] 따라서 참가자의 과실로 다른 참가자가 상해를 입은 경우, 운동경기 참가자는 일반적으로 자신의 주의의무를 다한 것으로[83] 평가한다.[84]

증명책임에 있어서도 피해자가 가해자의 경과실을 증명한 경우, 가해자에게 자신이 입은 상해에 대한 손해배상책임을 묻지 못한다.[85] 가해자의 행위가 고의나 중과실로, 통상의 경우 예상할 수 없는 경우에만 손해배상책임을 묻게 한다.[86] 그리고 고의나 중과실의 경우 가해자가 피해자에 대한 위험인수 항변도 인정하지 않는다.[87]

Ⅴ. 나가며

1. 대상 판결의 논거 비판

대상판결은 농구경기에 대한 대법원 2011. 12. 8. 선고 2011다66849, 66856 판결을 인용하여, 운동경기 참가자는 자신의 행동으로 다른 경기자 등이 다칠 수도 있으므로, 경기규칙을 준수하면서 다른 경기자 등의 생명이나 신체의 안전을 확보하여야 할 신의칙상 주의의무인 안전배려의무가 있다고 하여, 운동경기 참가자의 상해에 따른 책임 근거를 안전배려의무에서 찾는다.[88]

---

82) 같은 취지인 Karas v. Strevell, 860 N.E.2d 1163(Ill. App. Ct. 2d Dist. 2006), Whelihan v. Espinoza, 2 Cal, Rptr. 3d 883(Cal. App. 3d Dist. 2003), Woolf v. United States, 210 F. Supp. 3d 258(D. Mass. 2016), Kavanagh v. Trustees of Boston University, 440 Mass. 195, 795 N.E.2d 1170(2003), Moser v. Ratinoff, 105 Cal. App. 4th 1211, 130 Cal. Rptr. 2d 198(2d Dist. 2003) 참조.

83) Kalan v. Fox, 2010-Ohio-2951, 933 N.E.2d 337(Ohio Ct. App. 11th Dist. Geauga County 2010) 판결은 운동경기 참가자의 상해가 예견 가능한 위험에서 발생할 때, 법원은 중과실 기준을 적용해야 한다. 그러나 상해가 그 운동의 실제나 또는 관습적인 부분이 아닌 행동, 다시 말해서, 예견할 수 없는 위험을 야기하는 행위로 발생할 때는, 과실 기준을 적용한다고 하여 두 가지 기준을 사용한다.

84) 그런 점에서 (2) 축구경기, 2) Lestina v. West Bend Mutual Insurance Co의 판결은 미국법원의 판결에서 예외적인 사안이다.

85) Allen v. Dover Co-Recreational Softball League, 807 A.2d 1274(N.H. 2002)는 참가자의 행동이 통상적인 영역 밖에 있는 것이라면, 중과실이나 고의의 경우에도 책임을 지지 않는다고 판시한다.

86) Avila v. Citrus Community College Dist., 38 Cal. 4th 148, 162, 131 P.3d 383, 392, 41 Cal. Rptr. 3d 299, 309(2006) 판결은 고의의 불법행위가 그 운동경기의 내재적인 위험(inherent risk)인 경우에는, 그 경기에 참가자는 그러한 "내재적"인 위험에 대해서 손해배상을 받을 수 없다고 판시했다.

87) 위험 인수 법리와 밀접하게 연결된 것이 '동의의 법리'(the doctrine of consent)이다. 불법행위 보통법전집 제2판 제892조 2항은 다른 사람이 상당하게 동의한 것으로 의도된 말 또는 행동은 명백한 동의를 구성하고, 사실 동의로 효과가 있다고 규정한다. 불법행위 보통법전집 제2판 제50조는 개인의 이익을 고의적으로 침해하는 경우에도, 이 명백한 동의의 법리는 적용된다고 규정한다. 제50조의 주석 b는 경기에 참여하는 것은 경기 규칙에서 허용되는 그러한 신체 접속에 동의를 나타내는 것을 포함한다고 구체적으로 말한다. Restatement (Second) of Torts §892(1979)와 Restatement (Second) of Torts §50 cmt. b. (1965) 참조.

88) 프랑스의 경우에는 민법의 불법행위 조항(프랑스 민법 제1382조, "타인에게 손해를 야기하는 인간의 모든 행위는 자신의 과실(faute)로 그 손해가 발생한 자로 하여금 이를 배상하도록 의무를 지운다." 프랑스 민법 제1383조, "모든 사람은 그의 행위로 인하여 야기된 손해뿐만 아니라 자신의 태만 또는 부주의로 인하여 야

또한 권투나 태권도 등과 같이 상대 선수에 대한 가격이 주로 이루어지는 운동경기[89]나 다수의 선수들이 참여하는 축구나 농구 같은 운동경기는 신체 접촉에 수반되는 경기 자체에 내재된 부상 위험이 있다고 하면서, 영국법과 미국법의 위험인수 법리와 비슷한 취지로 설명한다. 그 행위가 사회적 상당성의 범위를 벗어나지 않았다면 손해배상책임[90]을 물을 수 없다고 했다.

운동경기에서 발생한 상해에 대한 참가자[91]의 책임을 구성할 때, 초기의 국내 하급심 법원은 불법행위에 따른 주의의무를 기준으로 했다. 다만, 과실에 따른 상해는 운동경기에서 참가자가 운동 경기에 내재한 위험을 감수한다는 측면에서 책임을 인정하지 않았다.[92] 운동경기 참가자가 다른 참가자의 상해에 대해서 손해배상책임을 지려면, 고의나 중과실의 경우에만 책임을 인정한다고 판단했다.[93] 이러한 하급심 법원의 법리는 미국 판례에서 인정되는 법리와 매우 비슷하다.[94] 그런데 우리의 불법행위법에서 책임성립에서 일반적으로 고의·중과실과 과실을 구별

기된 손해에 대해서도 책임을 져야 한다.")에 따라서 운동경기에 참여하여 다른 사람을 다치게 한 경우에 책임을 인정한다. 프랑스 민법의 조문 번역에 대해서는 명순구, 프랑스 민법전, 법문사, 2004, 585면 참조.

프랑스 스포츠 법전 제321-3-1조는 다음과 같이 규정한다. "영구적으로나 또는 일시적으로 이러한 스포츠 활동을 하도록 예비된 장소에서 운동 경기에서 스포츠 활동을 하는 경우, 운동 경기에 참여하는 사람은 프랑스 민법 제1384조에서 정의한 관리하고 있는 물건의 행위로 말미암아 다른 운동 경기에 참여한 사람의 재산에 발생한 손해에 대해서 책임지지 않는다." 또한 프랑스는 운동경기에 위험인수 법리를 인정하여, 이 경우에는 손해배상책임을 귀속시키지 않는다. Jean-Michel Marmayou, Sports Law in France 50면(Wolters Kluwer 2nd 2019) 참조.

89) 스웨덴은 권투가 뇌에 심각한 손상을 가져온다는 연구 결과를 바탕으로 1969년 이후에 프로 권투를 금지하고 있다. Associated Press, Pro boxing banned in Sweden in 1970, *available at* https://www.espn.com/sports/boxing/news/story?id=2679831(마지막 확인 2021년 2월 5일). 우리나라의 경우에는 1982년 11월 14일 WBA 라이트급 타이틀전에서 참가한 김득구 선수가 사망했다. 조영섭, "높이 날지 못한 작은 새, 비운의 복서 김득구", 문화저널 21(2019년 11월 22일), *available at http://www.mhj21.com/125862*(마지막 확인 2021년 2월 6일).

90) 박동진 교수는 손해배상제도는 손해의 공평, 타당한 분담을 지도원리로 하면서, 그러한 구체적인 실현방법으로 실손해의 전보 기능을 한다고 한다. 그 밖에 손해의 전보적 기능 이외에도 손해 예방적 기능과 제재적 기능과 권리계속적 기능을 수행한다고 설명한다. 박동진, "손해배상법의 지도원리와 기능", 비교사법 통권 제27호, 2004, 294-318면 참조.

91) 운동 경기에서 발생하는 상해에 대해서 많은 사람이 책임을 질 수 있다. 예를 들어, 그 운동경기를 조직한 사람, 그 운동경기가 열리는 곳의 소유자, 코치가 그렇다. 또한 체육 수업과 게임의 경우에는 교사와 학교 운영 주체가 책임을 질 수 있다. Christian von Bar, The Common European Law of Torts, Volume Two 289면(Oxford University Press 2005) 참조. 운동경기에는 많은 사람이 참여한다. 운동선수(경기자), 관중, 경기보조자, 경기주최자(스포츠협회, 연맹, 스포츠경기장 소유자), 심판, 코치, 결함 있는 스포츠 용품을 제조한 제조자의 책임이 그렇다. 이에 대해서는 연기영 외 3인, 스포츠와 법, 형설출판사, 2018, 377-397면 참조. 또한 장재옥 외 4인, 스포츠 엔터테인먼트법, 법문사, 2010, 154-184면 참조. 그리고 최경진, "심판의 불법행위책임", 스포츠와 법 통권 제28호, 2011, 37-52면 참조.

92) von Bar, *supra* note 91, at 292면도 같은 취지의 판례를 소개한다.

93) 예를 들어, John J. Miller and Kristi L. Schoepher, Legal Aspects of Sports 11-13면(2nd Jones & Bartlett Learning 2018) 참조. 또한 Marmayou 교수는 아마추어, 엘리트 체육과 프로 선수로 나누어서 주의의무의 기준을 설명하기도 한다. Marmayou, *supra* note 88, at 112-127면(Wolters Kluwer 2nd 2019) 참조.

94) 글쓴이의 논문 Ⅳ. 1. (2) 축구 경기 참조.

하지 않는다. 예외적으로 실화책임에 관한 법률[95]과 국가배상법이 손해배상책임에서 구상할 때 고의와 중과실을 요구한다.[96] 그렇기 때문에 농구경기의 대법원 판례와 대상판례는 운동경기에서 참가자의 손해배상책임을 인정하는데, 미국의 고의나 중과실을 요구하는 법리가 우리 불법행위법에서 그 근거를 찾기 어려운 점에서 받아들이기 어려운 측면이 있다.[97]

프랑스와 같은 일반불법행위 규정을 두고 있는 현행 법체계에서, 해석론으로 운동경기에 참가한 사람이 다른 참가자에게 상해를 끼쳤을 때,[98] 단순한 과실은 운동경기에 내재한 위험으로 감수하고, 사회적 상당성을 넘은 고의나 중과실의 경우에, 참가자의 손해배상책임을 인정할 수 있는 해석론의 가능성이 있다고 글쓴이는 판단한다.[99]

다만 대법원의 판단처럼, 운동경기에 참여하는 사람의 주의의무에 대한 사안은 여러 계약 유형에서 인정되는 보호의무로서 '안전배려의무'가 아니다. 다시 말해서, 대부분의 운동경기에서 발생한 부상에 따른 손해배상청구 사안은 참가자의 계약을 전제로 한 것이 아니다.[100] 따라서 주의의무의 판단기준은 불법행위법의 과실에 따른 주의의무를 기준으로 삼는 것이 바람직하다고 판단한다.[101] 타인의 생명·신체·재산을 보호해야 한다는 안전배려의무의 내용은 불법행위의 주의의무의 내용과 비슷하다고 여길 수 있다.

그러나 계약법과 불법행위법이 중첩되는 사안이 많아지고, 현실적으로 불법행위법의 영역

---

95) 제1조(목적) 이 법은 실화(失火)의 특수성을 고려하여 실화자에게 중대한 과실이 없는 경우 그 손해배상액의 경감에 관한 민법 제765조의 특례를 정함을 목적으로 한다.

96) 제2조(배상책임) ① 국가나 지방자치단체는 공무원 또는 공무를 위탁받은 사인(이하 "공무원"이라 한다)이 직무를 집행하면서 고의 또는 과실로 법령을 위반하여 타인에게 손해를 입히거나, '자동차손해배상 보장법'에 따라 손해배상의 책임이 있을 때에는 이 법에 따라 그 손해를 배상하여야 한다. 다만, 군인·군무원·경찰공무원 또는 예비군대원이 전투·훈련 등 직무 집행과 관련하여 전사·순직하거나 공상(公傷)을 입은 경우에 본인이나 그 유족이 다른 법령에 따라 재해보상금·유족연금·상이연금 등의 보상을 지급받을 수 있을 때에는 이 법 및 민법에 따른 손해배상을 청구할 수 없다. ② 제1항 본문의 경우에 공무원에게 고의 또는 중대한 과실이 있으면 국가나 지방자치단체는 그 공무원에게 구상할 수 있다.

97) 우리 민법에서 과실과 고의를 구분하는 기준 가운데 하나가 불법행위책임을 수동채권으로 하는 상계를 금지하는 민법 제496조이다. 이에 대해서는 현낙희, "민법 제496조를 둘러싼 제 문제-민법 제496조에 관한 입법론적, 소송실무적 관점에서의 재검토", 저스티스 통권 제183호, 2021, 288-333면 참조.

98) 사용자책임 규정의 해석과 입법론 사이의 괴리에 대해서는 김봉수, "사용자책임(제756조)의 구분적 규율에 대한 입법적 검토, 법학논총 제22권 제1호, 2015, 159-184면 참조.

99) 이러한 해석은 운동경기에서 주의의무를 판단하는 미국 법원의 판단 내용과 같은 측면이다.

100) 다만 운동경기에도 계약을 하고, 그 계약 내용에 '책임'을 인정하는 조항이 있다면, 계약책임으로도 고려할 수 있을 것이다. 이에 대해서는 글쓴이의 논문 각주 81과 각주 52 참조.

101) 이는 모든 법제에서 공통적으로 인정되는 불법행위 책임의 원칙 또는 근간이다. P. Widmer ed, Unification of Tort Law: Fault 332면(Kluwer Law International 2005) 참조. 유럽불법행위법 제1:101조는 "과실"이라는 표제 아래, "고의 또는 부주의로 행위에 요구되는 기준을 위반한 자는 과실에 기한 책임이 있다"고 밝힌다. European Group on Tort Law-Principles of European Tort Law-Text and Commentary 239면(Springer 2005). 이는 DCFR, Ⅵ.-1:101 (1) "법적 책임이 따르는 손해를 입는 자는 고의 또는 과실로 인하여 그 손해를 발생시켰거나 그 손해의 발생에 대해 책임이 있는 자로부터 배상을 받을 권리를 갖는다"라는 규정에서도 같다. 가정준 역, 유럽 민사법의 공통기준안-비계약편, 법무부, 2015, 259면.

이 확대되고 있지만, 계약법과 불법행위법[102)]은 출발점으로서 규범목적이 다르다.[103)] 대법원이 운동경기에 참여한 사람의 주의의무의 논거를 신의칙에 따른 주의의무나 안전배려의무에 찾는 것을 반대한다. 신의칙은 일반적인 법규점과 개별적 사인의 긴장관계를 미세하게 조정하는 도구이다.[104)] 그렇기 때문에 대법원이 과도한 일반화로 불법행위책임의 근거로 삼는 것은 신의칙의 무분별한 확정이라고 평가한다. 일반조항의 남용을 방지하고 개별 법리를 발전시키기 위해서도 신의칙을 예외적으로 적용해야 한다.[105)] 보호의무를 긍정적으로 평가하는 목소리도 있다.[106)] 그러나 보호의무를 확장하여 불법행위법의 논거로 삼고자 하는 것은, 제한적·열거적인 불법행위 구조를 채택하고 있는 독일 불법행위 구조에서 기인한 것으로 평가할 수 있다.[107)] 우리 학계에서도 안전배려의무의 위치와 내용에 대해서 의견이 통일되어 있지도 않다.[108)] 또한 많은 교과서에서 불법행위법의 과실과 주의의무를 설명하는데, 신의칙에 기초한 주의의무를 설명하지 않는다.[109)] 그런 점에서 안전배려의무를 기초로 한 손해배상의무를 설명하는 부분과 불법행위법에서 과실과 주의의무를 설명하는 부분 사이에 괴리가 있다.

2. 대상 판결의 결론에 동의

대법원 판례가 대상판결에서 운동경기 참가자의 손해배상책임을 인정하지 않은 결론의 방

---

102) 권영준 교수는 불법행위법의 규범적 중요성을 과소평가될 수 없다고 한다. 불법행위법은 불행을 일으키는 이 세상의 많은 행위 가운데 법적으로 허용되는 것과 그렇지 않은 것의 경계선을 제시하는 법으로 설명한다. 또한 그 경계선을 넘었을 때 누가 누구에게 어떠한 책임을 져야 하는지를 다루는 법이라고 한다. 권영준, 민법학의 기본원리, 박영사, 2020, 155면 참조.

103) 그런 측면에서 많은 계약유형의 사안을 불법행위법으로 해결하려는 대법원 판례의 경향성은 바람직하지 않다. 그런 점에서 계약교섭의 중도파기 사안(예를 들어, 대법원 2003. 4. 11. 선고 2001다53059 판결, 대법원 2004. 5. 28. 선고 2002다32301 판결. 정확히 말하면 '계약이 이미 성립'한 사안을 계약교섭의 중도파기 사안으로 구성하여 불법행위법으로 해결하려 하는 사안이다.)을 불법행위법으로 해결하는 대법원 판례도 문제라고 판단한다.

104) 권영준, "2016년 민법 판례 동향," 민사법학 제78호, 2017, 449면.

105) 권영준, "2017년 민법 판례 동향," 서울대학교 법학 제59권 제1호, 2018, 433면. 또한 글쓴이의 논문 각주 40, 각주 41과 각주 51 참조.

106) 예를 들어, 성대규, 보호의무에 관한 고찰 -본질과 시사점-, 민사법학 제87호, 2019, 111-154면 참조.

107) 안법영 교수는 독일에서도 민법 제241조 제2항의 신설에 관한 비교법적 검토에서, 부수적 보호의무의 확대는 본질적으로 불법행위법으로 규율해야 할 영역에 계약법 적용을 확장하는 것이라고 비판한다. 이는 독일의 계약외적 책임법, 즉 불법행위법의 흠결로서, 독일민법 제823조가 보호법익의 범위에서 일반적 재산의 보호(Vermögensshutz)를 좁게 규정하여 제831조에서 사용자의 면책이 쉽게 인정되기 때문이라고 설명한다. 안법영, "채무불이행법 체계의 재고찰 -민법 제390조의 연혁 및 독일 급부장애법과의 비교-", 김형배 교수 고희기념 논문집-사법질서의 변동과 현대화, 박영사, 2004, 170-171면.

108) 글쓴이의 논문 Ⅲ. 1. 참조. 김시호 박사도 정형화된 인정근거가 없는 상태로 모호한 판단이 이루어지고 있다고 평가한다. 김시호, "부작위 불법행위(das Delikt durch die Unterlassung) -독일 거래안전의무와의 비교를 중심으로-," 민사법의 이론과 실무 제23권 제1호, 2019, 179면.

109) 예를 들어, 김형배·김규완·김명숙, 민법학강의 제15판, 신조사, 2016, 1649면, 송덕수, 신민법강의 제13판, 박영사, 2020, 1386면, 지원림, 앞의 책(주 14), 1726-1727면.

향성에는 의견을 같이 한다. FIFA 규칙에 따르면, 페널티 지역에서 공격수가 골키퍼에 대한 신체 접촉을 금지한다.[110] 그런데 대상판결의 조기축구회 소속 두 팀이 FIFA 규칙에 따라서 경기를 운영한다고 합의한 점이 나타나지 않는다.[111] 또한 일선 학교에서나 축구클럽에서 이 규칙을 적극적으로 교육시키는 현실도 보이지 않는다.[112] 그렇기 때문에 대상판결에서 축구경기 참가자는 이런 규칙을 몰랐을 가능성이 크다.[113]

국내의 여러 법원이 판단한 운동경기에서 발생한 상해 사안에서 과실에 따른 주의의무를 다한 경우, 참가자에게 손해배상 책임을 인정하지 않는다. 이는 국내 판례뿐만 아니라 여러 운동경기에서 발생한 상해 사안에서, 미국 법원도 같은 입장을 취한다.[114] 이는 법원의 판결한 방향성에 비추어 볼 때, 대법원이 취한 결과에 동의할 수 있다.

역사에서 오랫동안 "건강한 몸에서 건전한 사고가 생겨난다"고 말한다.[115] 또한 엘리트 체육에서 국민 한 사람의 생활체육으로 전환하고 있는 시점에서, 경기규칙에 대한 교육과 준수[116]를 강조할 필요가 있다.[117] 그리고 대상판결과 같이 예외적으로 큰 사고가 발생하는 경우가 있

---

110) 글쓴이의 논문 각주 70 참조. 이러한 축구 규칙을 고려한다면, 대상판결의 대법원 판단과 다른 결론을 낼 수 있다.

111) 따라서 이러한 경기규칙은 명확하게 조기 축구의 책임 기준이 되지 않는다.

112) 이러한 내용을 학교 현장에서 교육시키는지 않는지는 실제 운동경기의 주의의무를 판단하는 하나의 기준점이 된다. 그런 점에서 중요한 기능을 한다. 이런 점에서 Nabozny 판례와 대상판결은 그 적용기준점이 다른 것으로 평가할 수 있다. 이런 점에서 글쓴이의 논문 Ⅱ. 3. (2)에서 이러한 점을 판결의 논거로 쓴 원심법원의 1) 책임근거 ④는 명확하지 않다.

113) 미국 법원의 판례도 운동경기 참가자의 안전규칙 위반이 곧바로 다른 참가자의 부상에 대한 불법행위책임을 인정하는 것은 아니라고 한다.

114) 우리 체육계의 폭행과 성추행과 관련해서 최근 많은 논의가 있었다. 예를 들어, 이강일, "고 최숙현 가혹행위에 중형 선고", 연합뉴스 2021년 1월 29일 기사. *available at*, https://www.yna.co.kr/view/AKR20210129062500053?section=search(마지막 확인: 2021년 2월 20일). 미국에서도 체육계의 문화적인 특색으로 말미암아 프로선수들조차도 소를 제기하는데 두려움을 많이 겪는다고 한다. Joshua Winneker and Ms. Lindsay Demery, *Protecting the Unprotected: Creating An Anti-Retaliation Policy for Professional Athletes That Exercise Their Legal Rights in Participant vs. Participant Liability Contact Sports*, 12 Va. Sports & Ent. L.J. 315, 321-26면(2013) 참조.

115) "Mens sana in corpore sano" Richard Bailey, Healty Body and a Sound Mind?, Psychology Today, June 2, 2014, *available at https://www.psychologytoday.com/us/blog/smart-moves/201407/*healthy-body-and-sound-mind(마지막 확인 2021년 1월 10일).

116) 2019년 2학기 글쓴이가 강의하는 법학전문대학원의 '법정채권법' 강의와 학부생을 대상으로 하는 '교양 민법' 강의에서 대상 판결 사안을 설명하고, 원고를 구제해야 하는지에 대한 의견을 물었다. 법정채권법 강의를 듣는 대부분의 법학전문대학생은 원고가 안타까운 상황이지만, 어쩔 수 없는 상황으로 평가했다. 다만 상대적으로 법을 알지 못하는 학부생의 경우, 대다수의 학생이 원고를 구제해야 한다는 의견을 냈다. 이런 측면에서 사회공동체의 법감정을 어떻게 고려해야 할지도 고민해야 한다. 김현철 교수는 법감정은 법률문제에 대해서 즉각적으로 일어나는 반응인데, 법의식은 법률문제를 대면하여 일정한 사고와 성찰을 거쳐 의식된 심리작용이라고 한다. 그런 측면에서 법감정은 법의식에 앞서는 일차적인 심리적 요소로 법감정이 의식화되어 사유의 명료성을 얻었을 때 법의식이 되는 점에서 법의식의 씨앗으로 설명한다. 김현철, "국민 법의식의 변화와 법교육", 저스티스 통권 제121호, 2010, 38면 참조.

117) 운동 경기에 대해서 좀 더 자유를 인정할 것인가? 아니면, 일정한 목적을 갖고 자유를 규제해야 하는가? USA

다.[118] 이런 경우에는 개인의 불운으로 돌리는 것이 아니라, 생활체육과 관련된 보험제도[119]와 법제도를 개선하는 방향으로 나아갈 필요성도 고려해야 한다.[120]

Baseball v. City of New York, 509 F. Supp.2d285(S.D.N.Y. 2007) 사안에서, 원고는 고등학교 야구경기에서 금속으로 만든 야구 방망이를 쓰는 것을 금지한 뉴욕 시 조례(ordinance)가 미국 연방 헌법의 정당한 법절차(due process)와 평등권 조항을 침해했다는 주장했다. 그러나 법원은 뉴욕 시 조례가 유효하다고 판단했다. 사안을 판단한 Koeltl 판사는 고등학교 야구 경기에 참여하는 학생의 안전이 좀 더 높은 타율보다 훨씬 중요하다는 것을 논거로 삼았다. 이에 대한 평가에 대해서는 Louis H. Schiff & Robert M. Jarvis, Baseball and the Law-Cases and Materials 975면(Carolina Academic Press 2016) 참조. 이러한 점을 고려한다면, 우리 사회에서도 일정한 경우에 법률이나 지방자치단체의 입법이 필요하다. 야구관중의 안전과 프로야구구단과 야구장소유자의 의무에 대한 미국 콜로라도 주의 '야구관중 안전법'(Baseball Spectator Safety Act)과 미국 일리노이주 '야구시설책임법'(Baseball Facility Liability Act)을 소개하는 문헌은, 김민중, "야구경기에서 파울볼사고에 대한 법적 책임", 법학연구 통권 제37집, 2012, 230과 242면 참조. 또한 운동부 학생들이 이동할 때, 운동부 학생이 운전하지 못하도록 미국의 특정 주에서는 학교 버스 운전에 특수한 면허를 요구하고 있고, 의료진과 코치에게 상세한 내용의 주의의무를 규정한다. Miller and Schoepher, *supra* note 93, at 22-33면 참조.

118) 불법행위법은 단지 의회, 로펌, 법원과 법률 교과서에서 살고 있는 것이 아니다. 판결이라는 공식적인 체계의 "그림자 안에서"도 살아간다. 보험회사의 사무실에서도 살아가고, 상해와 위험, 책임과 정의에 관한 사람들의 관념에서도 살아간다. 대량으로 양산된 인기 있는 문화에서 법과 결합된 이미지로도 살아간다. 어떤 가치를 보호해야 하고, 증진시켜야 하는지, 어떤 비용을 치르고, 누구의 비용을 희생해야 하는지에 대한 공적인 토론에서도 살아간다. Mauro Bussani and Marta Infantino, *Tort Law and Legal Cultures*, 63 Am. J. Comp. L. 77면(2015) 참조.

119) 신유철 교수는 보험료를 통한 비용 분산의 측면에서 일차적인 손해보험이 이차적인 책임보다 합리적이라고 평가한다. 신유철, "사회변화와 민법학", 민사법학 제80호, 2017, 15면 참조. 골프에 있어서 보험에 대해서는 김은경, "골프사고와 보험법상의 문제", 스포츠와 법 통권 제15호, 2008, 33-58면 참조.

120) 포스너와 로젠필드는 어느 당사자가 상위의 위험 부담자(superior risk bearer)인지를 결정하기 위해서 세 가지 요소를 고려한다. (1) 누가 손실 규모를 잘 아는지(knowledge), (2) 누가 손실이 발생할 개연성(probability)을 잘 아는 지와 (3) 누가 스스로 보험에 가입하거나 시장에서 보험에 가입하는 비용을 줄일 수 있는지이다. Richard A. Posner and Andrew M. Rosenfield, *Impossibility and Related Doctrines in Contract Law: An Economic Analysis*, 6 J. Legal Stud 83-5면과 117면(1977) 참조. 대상 판결에서도 두 당사자의 나이를 고려하면, 원고와 견줄 때, 피고가 좀 더 위험을 부담할 수 있는 사람으로 평가할 수 있는 가능성이 있다.

동물점유자 책임의 해석상 쟁점*

이 재 목**

Ⅰ. 서 론

민법 제759조는 동물이 타인에게 가한 손해에 대하여 그 동물의 점유자와 보관자는 동물의 종류와 성질에 따라 그 보관에 상당한 주의를 다하지 않는 이상 배상책임을 진다고 규정하고 있다. 일반 불법행위책임에 비하여 보다 엄격한 책임을 동물의 점유자와 보관자에게 부과하고, 주의의무 위반의 부존재 사실에 대한 증명책임을 점유자에게 지운다는 점에서 제755조 제1항, 제756조 제1항과 그 구조가 같다고 볼 수 있다. 제759조는 과실책임주의를 따르면서 증명책임을 가해 동물의 점유자에게 전환시킨 이른바 중간책임이고, 다만 책임을 가중한 근거는 일종의 위험책임법리에 기한 것이라고 보는 견해가 현재 다수이다.1) 근자에는 독일민법 제833조와 같이 동물책임을 이원화하여 애완동물과 같은 사치성 동물에 대해서는 위험책임을 도입하자는 입법의견을 제안하는 견해도 나타나고 있다.2)

동물점유자의 책임에 대하여 엄격성을 요구하는 것은 동물이 지니는 특유한 위험, 즉 동물은 이성에 의한 제어를 받지 않는 자의적·본능적 행동에 유래하는 위험을 지니고 있으므로 그러한 위험물을 지배하는 자에게 보다 무거운 책임을 지우려는데 그 입법의도가 있다고 설명하는 것이 일반적이다.3)

동물 점유자의 책임에 관한 규정은 민법의 타 규정에 비하여 실무 적용례가 매우 희소하

---

* 이 글은 「법학연구」 제32권 제1호(충북대학교 법학연구소, 2021. 6)에 게재되었다.

** 충북대학교 법학전문대학원 교수, 법학박사.

1) 곽윤직 편집대표(양창수 집필부분), 민법주해(XIX), 2005, 20면; 김상용, 채권각론, 법문사, 2003, 745면; 송덕수, 채권법각론, 박영사, 2014, 520면. 일본의 다수설이기도 하다(吉村良一, 不法行為法, 有斐閣, 2010, 233면 등). 우리 민법이 동물보유자책임을 위험책임으로 인정하고 있다는 표현(김행남, "위험책임", 취송김현태교수화갑기념특집 연세대학교 사회과학논집 10집(1979), 82면)은 적절하지 않다.

2) 윤석찬, "동물점유자의 책임법리의 개정론', 재산법연구 제28권 제4호(2012. 2), 154면 이하.

3) 양창수, "동물점유자의 불법행위책임", 저스티스 통권 제82호(2004. 12), 76면.

고,[4] 교과서나 논문에서도 이를 비중 있게 다루지 않아 왔다. 그 이유는 민법 제정 이후에 사람과 가축과의 관계, 동물의 기능, 사육방식 등에 큰 변화가 생겨 그 위험성이 과학문명에 기반한 다른 위험원에 비하여 현저히 축소되었기 때문이다.[5]

우리나라의 경우, 1990년대 이후 생활양식과 가치관의 변화에 따라 애완동물을 사육하는 가정이 크게 늘어나면서 '개'[6]를 중심으로 한 동물사고가 끊이지 않고 있다. 동물의 사회적 기능과 애완동물에 대한 기호가 변화함에 따라 일상생활에서 조우할 수 있는 동물사고가 더욱 잦아지게 되었기 때문이다.[7] 법조문으로서 제 기능을 다하지 못하고 있다고 평가받던 민법 제759조가 다시 주목을 받게 된 계기는 바로 여기에 있고, 외국의 경우에는 귀책구조에 차이가 있지만 동물사고로 인한 판례가 상당히 집적되어 있는 상태이다.

이 글에서는 동물보유자책임의 연혁과 각국의 입법례를 살펴본 후(Ⅱ), 책임의 성립요건을 둘러싼 다양한 해석상의 쟁점들을 법비교적인 관점에서 정리하고(Ⅲ), 책임의 효과와 귀책구조의 재편에 관한 논의들을 새로운 관점에서 평가하고자 한다(Ⅳ).

Ⅱ. 연혁 및 입법례

1. 연 혁

불법행위법에 있어 동물책임에 관한 특칙은 로마법 이래 많은 국가에서 인정되어 왔다. 연혁적으로 보면 이미 12표법에서 사족동물(네발짐승)이 가해를 한 경우에는 소유자의 과실을 필요로 하지 않는 동물가해소권(actio de pauperie)이 인정되었고, 이에 따라 가해동물의 소유자가 피

---

4) 대법원 판례로는 "도사견은 성질이 난폭하여 사람에게 피해를 입힐 위험이 크므로 그 소유자가 이를 타인에게 빌려주는 경우에는 그가 도사견을 안전하게 보관·관리할 수 있는 시설을 갖추고 있는지 여부를 확인하여야 할 주의의무가 있다."고 판시한 것이 유일하다(대법원 1981. 2. 10. 선고 80다2966 판결).

5) 양창수, 앞의 논문, 75면. 사람이 소유한 동물의 역할로서 털이나 우유와 같은 재료자원이나 식료자원의 필요성뿐만 아니라 농사에 필요한 노동력이나 교통기관이라는 에너지원으로서의 필요성이 높았던 시대에는 그 위험성도 높고 책임을 묻는 것이 의의가 있었지만, 최근에는 당연히 기계나 자동차 등의 중요성이 높아지고 있으므로 동물점유자의 책임의 사회적 의의는 크지 않다고 생각되었기 때문이다(前田達明, 現代法律学講座 14 民法Ⅵ2(不法行為法), 青林書院新社, 1984, 169면).

6) 사육 호랑이와 금붕어의 위험성을 대비해 보면 알 수 있듯이, 개는 동물사고에 있어 표준적 위험동물에 해당하고 사고 빈도나 유형도 매우 다양하다.

7) 2018년 전국 총 가구 수(약 2,000만 가구) 중 개 양육 454만 가구(680만 마리), 고양이 양육 112만 가구(191만 마리)로 확인되고 있다(문화체육부·농촌진흥청, 2018년 반려동물 보유 현황 및 국민 인식 조사보고서, 16면 이하). 참고로 일본은 2011년 기준 반려 개와 고양이가 2,154만 마리에 이른다고 한다(http://www.petfood.or.jp/ 참조)(2021.3.28. 최종확인). 또한 한국소비자원에 의하면, 개 물림 사고신고 건수가 2016년 1,019건, 2017년 1,046건, 2018년 1,962건으로 크게 증가한 것으로 나타났다(www.hynews.ac.kr)(2021.3.28. 최종확인).

해자에게 가해동물을 委付(noxae datio)[8]하거나 손해금을 배상해야 하는 것으로 되어 있었다. 이를 로마법이 수용한 것이다.[9] 다만 로마법에서는 사족동물이 불법적 가해행위를 한 경우에도, 동물의 야성(野性) 충동에 기인하지 않은 손해에 대해서는 위 소권이 인정되지 않고 불법침해소권에 기한 소구만 가능하였다.[10] 사족동물의 가해에 따른 책임관계를 규정한 학설휘찬(Digesta) 제9권 제1장은 가해주체, 가해형태 등에 따른 책임의 소재를 다양한 예시를 통해 상세하게 설명해 주고 있다.

게르만법에서는 한때 동물의 불법행위는 타인의 불법행위로서 소유자가 당연히 그 책임을 져야 했지만, 비고의적 행위로 취급되어 소유자는 속죄금지급의무만 이행하면 충분하였다. 소유자에게 속죄금의 지급능력이나 지급의사가 없는 때에는 피해자에게 가해동물의 소유권을 넘겨줌으로써 그 책임을 면할 수 있었고, 소유자가 동물이 제3자에게 손해를 입혔다는 것을 알면서 이를 집에 들여 놓은 때에는 범인은닉의 책임을 졌을 뿐만 아니라 손해배상책임도 가중되었다.[11] 그 후 동물가해에 대한 소유자의 책임은 피해자에 대한 손해배상에 갈음하여 피해자에게 가해동물의 소유권을 이전(noxae datio)하는 법적 관행으로 일반화되었다. 로마법의 동물가해소권과 다를 바 없다고 할 수 있다.

2. 입법례

동물 가해로 인한 손해배상책임을 규정한 입법례를 보면, ⅰ) 완전한 무과실책임주의를 따르는 경우, ⅱ) 과실책임주의를 따르면서 점유자가 과실 없음을 증명하면 면책을 허용하는 경우(중간책임), ⅲ) 무과실책임주의를 따르면서 점유자가 불가항력이나 예측할 수 없었던 사유를 증명한 때에 한하여 면책을 허용하는 경우로 나누어 볼 수 있다.

(1) 독일 · 프랑스 · 스위스 민법

위에서 본 동물가해에 대한 로마법의 책임 사상과 법리는 유럽 대륙의 근대 민법전에 계수되어 동물책임에 관한 특별규정으로 발전하였지만, 그 내용은 다양한 형태로 자리 잡았다. 책임의 구조와 내용은 다음과 같다.

---

8) 가해동물이 살아 있는 상태에서 그 점유가 이전되는 것을 뜻하는데, 사실상 처분권의 이전이라고 보아도 무방하다.

9) 최병조, D.9.1.“사족동물의 가해가 주장되는 경우”-對譯 및 註釋”, 서울대 법학 41권 1호, 2000, 80면. 그 밖에 사족동물로 인한 피해에 대하여 방목손해소권(actio de pastu pecoris) 등 다양한 형태의 소권이 인정되었으며, 사족동물이 아닌 동물의 가해행위에 대해서는 피해자에게 준소권이 인정되었다고 한다.

10) 과적한 노새를 몰이하던 마부의 과실로 짐이 전복된 경우, 그로 인한 피해자는 마부나 과적한 자를 상대로 동물가해소권이 아니라 불법침해소권에 기한 소구를 할 수 있을 뿐이다(최병조, 앞의 논문, 84면).

11) 현승종 · 조규창, 게르만법, 박영사, 1994, 523면; 김상용, 채권각론, 법문사, 2003, 746면.

1) 독일 민법

최초에 동물이 가한 손해에 대하여 과실 유무를 묻지 않고 동물소유자에게 배상책임을 인정한 일부 란트법이 있었으나, 1794년 프로이센 일반란트법은 동물이 가한 손해에 대하여 감독 또는 보관의무를 게을리 한 경우에 한하여 책임을 지우는 태도를 취하였다(ALR Ⅰ.6. 제70조-제78조). 그 후 독일민법전(BGB) 제1초안에서도 과실책임주의를 관철하여 프로이센 일반란트법과 같은 내용의 규정을 두었지만(제734조), 제2초안에서는 무과실책임을 원칙으로 하면서 다만 가축의 경우에만 면책사유를 인정하는 내용으로 변경하였다(제756조). 이에 대하여 제국의회는 가축에 관한 면책사유를 삭제하고 전면적으로 무과실책임을 도입하는 민법전을 제정하였다. 그러나 이 규정에 대해서는 특히 농업경영자들의 반대가 강하였기 때문에 1908년에 일찍이 민법전을 개정하여 직업·영업활동·생활의 수요를 위한 가축에 대해서는 면책사유를 인정하여(제833조 후단), 제2초안의 내용을 따르게 되었다.[12)]

그리하여 동물보유자의 직업, 영업활동 또는 생계에 필요한 가축(Haustier)에 의해 손해가 발생한 때에는 보유자가 동물의 감독에 필요한 주의를 다하였거나 그러한 주의를 하였어도 손해가 발생하였을 때에는 배상의무를 지지 않지만(제833조 후단), 사치성동물(Luxustier)에 의해 발생한 손해에 대해서는 면책가능성을 배제하고 있다(제833조 전단). 제833조 전단은 독일민법전에 규정된 유일한 위험책임으로 이해되고 있고,[13)] 후단은 면책가능성이 인정되는 과실추정책임으로 이해하는 것이 일반적이다. 동물의 종류에 따라 주의의무의 정도를 달리하거나 무과실책임을 원칙으로 하는 것이 일반적인 입법 형태인데, 동물의 용도 등에 따라 책임을 이원화하는 것이 타당한지는 의문이다. 뒤에서 검토한다.

2) 프랑스 민법

개정 채권법 제1243조는 "동물의 소유자 또는 그 사용자는 그 사용 중에 동물이 야기한 손해에 대하여 동물이 자신의 관리 하에 있었는지 또는 동물이 길을 잃었는지, 도망을 한 것인지의 여부를 묻지 않고 책임을 진다."고 규정하고 있다. 동물이 가한 손해에 대하여 소유자 또는 사용자의 과실 유무를 묻지 않고 배상책임을 인정하는 무과실책임주의 원칙을 채택하였다. 그러나 이후 파기원은 제1243조는 동물책임을 무생물에 대한 무과실책임과 공통의 기반에서 발달시켜 동물보유자에게 불가항력 또는 피해자의 과책(faute)에 의한 경우를 제외한 책임을 부과한 것이

12) 五十嵐清, 注釋民法(19), 有斐閣, 1980, 316면; 양창수, 앞의 "동물점유자의 불법행위책임", 76면. 제833조는 "동물에 의해 사람이 죽거나 신체 또는 건강이 침해되거나 또는 물건이 손상된 경우에는 동물보유자는 피해자에게 그로 인하여 발생한 손해를 배상할 의무를 진다. 동물보유자의 직업, 영업활동 또는 생계에 필요한 가축(Haustier)에 의해 손해가 발생한 때에는 보유자가 동물의 감독에 필요한 주의를 다하였거나 그러한 주의를 하였어도 손해가 발생하였을 때에는 배상의무를 지지 않는다"고 규정한다.

13) 강봉석, "위험책임과 일반조항", 법학논집 5권 1호(2000), 이화여자대학교 법학연구소, 78면; E. ドイチュ/H.J. アーレンス著(浦川道太郎 訳), ドイツ不法行為法, 日本評論社, 2008, 220면.

라고 보았다.[14] 또한 판례는 사용 중인 동물은 그 유형을 묻지 않으며, 다만 주인이 없는 동물에 대해서는 본조의 적용이 배제된다고 하였다. 다만 주인이 없는 동물에 대해서는 본조의 적용이 배제되고, 관리대상인 동물에 대해서만 책임을 진다.[15] 동물의 소유자 이외에도 그 사용자도 책임의 주체가 되는데, 맡겨진 동물을 관리하는 수의사나 편자를 위해 말을 맡은 편자공 등을 그 예로 든다. 동물을 빌린 사람에게도 본조의 적용이 있는지에 대해서는 견해의 대립이 있으나, 판례는 동물에 대해 지배력을 행사할 수 있는 사람이면 책임의 주체가 될 수 있다고 본다.[16] 본조는 무과실책임의 일종에 해당하지만, 피해자가 동물로 인한 위험을 승낙한 경우에는 책임을 물을 수 없다고 한다.[17]

3) 스위스, 이탈리아 민법

프랑스와 이탈리아 민법은 극히 예외적인 경우를 제외하고는 무과실책임주의를 관철하고 있는데 반하여, 스위스 민법은 동물이 가한 손해에 대하여 동물보유자가 감독 또는 보관의무를 게을리 한 경우에 한하여 책임을 지고, 보유자가 감독·보관 상 주의를 게을리 하지 않았거나 그러한 주의를 다하였어도 당해 손해가 발생하였을 것이라는 사실을 증명한 때에는 면책이 되는 이른바 중간책임의 형식을 따르고 있다.[18]

(2) 영미법

1) 영국법

영국에서도 동물책임에 대하여 특별한 불법행위 유형이 발달하였다. 동물에 의한 가해의 경우에 일반 불법행위(nuisance, trespass, negligence)가 성립하는 외에 특히 동물 특유의 것으로서 소몰이 규칙(cattle-trespass rule)과 의도적 과실(scienter rule)이 오래 전부터 인정되고 있다. 여기에서 문제가 되는 것은 후자이고, 판례법에 의하면 동물을 보유하는 자가 동물의 위험성을 알거나 알 수 있었을 경우에는 과실의 유무를 묻지 않고 동물이 가한 손해를 배상할 의무가 있다고 하여 엄격책임을 인정하였다. 통상 야생동물(ferae naturae)의 점유자는 엄격책임을, 온순동물(mansuetude naturae)의 점유자는 과실책임을 부담하는데, 이는 동물이 지니는 위험도에 따라 그 점유자에게 각각 다른 책임법리를 적용한다는 점에서 특징적이다.[19]

---

14) 五十嵐清, 注釋民法(19), 317면. 따라서 동물 소유자 또는 사용자는 단순히 자신에게 과책 없음을 증명하는 것으로 불충분하고, 동물가해로 인한 손해가 피해자의 과책이나 불가항력에 의해 발생하였음을 적극적으로 증명한 경우에 한하여 면책될 수 있었다.

15) 한불민사법학회, 개정 프랑스채권법 해제, 박영사, 2021, 359면.

16) 한불민사법학회, 앞의 책, 359면.

17) 한불민사법학회, 앞의 책, 359면.

18) 양창수, 앞의 "동물점유자의 불법행위책임", 77면; 五十嵐清, 注釋民法(19), 317면.

19) 五十嵐清, 注釋民法(19), 317면; 桜井節夫, "英国不法行為法における動物占有者の責任" 横浜市立大学論叢 19巻 2号(1968), 45, 51면.

2) 미국법

미국은 불법행위법 리스테이트먼트에 동물의 가해행위에 대한 엄격책임의 적용 요건을 규정하고 있다.[20] 제2차 불법행위법 리스테이트먼트는 야생동물(wild animals)로 평가받는 동물의 가해행위는 엄격책임의 적용 대상이 된다고 규정하는데, 제506조 (1)은 '인간에 대한 공헌을 위해 사용되는 것이 아닌 동물'을 야생동물로 정의한다.[21] 황소, 개, 고양이 등 '길들여진 동물(가축: domestic animals)'이라고 평가되는 동물의 가해행위로 인해 손해는 통상 과실책임(Negligence)이 적용된다.

제3차 불법행위법 리스테이트먼트는 '일반적으로 길들여져 있지 않거나, 구속되지 않으면 인신침해를 일으킬 수 있는 동물의 종류에 속하는 것'을 야생동물로 취급하여 엄격책임의 적용이 가능하다고 본다.[22] 여기에서는 특히 인신침해를 야기할 위험성, 즉 생래적 위험성에 초점을 맞춰 엄격책임의 적용 가부를 판단한다.[23]

미국법은 동물의 '종(種)으로서의 위험성'과 '개체로서의 위험성'을 고려하여 그 위험도를 판단하고, 이를 통해 개별사건에서 엄격책임과 과실책임의 적용 여부를 결정하는 것으로 볼 수 있다.[24]

(3) 일본 민법

일본 구민법은 프랑스 민법의 영향을 받아 동물이 가한 손해에 대하여 소유자 또는 사용자가 책임을 지되, 예기치 못하였거나 또는 불가항력에 의한 사고에 대해서는 면책을 인정하였다 (구민법 재산편 374조).

그러나 민법 제718조의 기초과정에서 "본조의 기초는 과실에 있다"고 하는 원칙에 입각하면서도,[25] 동물의 점유자가 상당한 주의를 다하여 관리하였음을 증명하지 못하면 항상 그에게

---

20) 동물가해에 의해 발생한 손해에 대하여 엄격책임을 인정한 판결은 1846의 May v. Burdett 사건이 최초였다고 한다; 김상용, "엄격책임", 사법행정 325호(1988), 118면.

21) Restatement (second) of Torts, §506(American Law Institute Publisher 1977), p. 10.

22) Restatement (third) of Torts, §22(American Law Institute Publisher 2010), p. 293.

23) 쇠사슬에 묶여 사육되던 어린 사자가 사슬의 결함으로 탈출하여 사람을 다치게 한 경우, 주인이 합리적 주의의무를 다하였더라도 엄격책임을 진다(Restatement (second) of Torts, §506, p. 296); 菅沢大輔, "動物に起因する損害に対する不法行為責任 -アメリカ法を手がかりに-", 東北法學 47호, 2017, 93면 이하 참조.

24) 젖소 사육장의 매트 수리를 의뢰받은 목수 Larry Bard가 작업 도중 암컷 젖소 사육장에 방사되던 번식용 황소 Fred가 덮쳐 갈비뼈 골절, 간 파열 등 중상해를 입은 사안에 대하여, 뉴욕 주 대법원은 황소의 종류로서의 위험성 및 본건 황소의 개체로서의 위험성을 부정하면서 엄격책임 대신 과실책임을 인정하였다(Bard v. Jahnke, 848 N.E.2d 463 NY 2006). 다만 주의의무의 정도와 관련하여 황소나 종마의 사육주는 암소나 거세마의 사육주에게 요구되는 것보다 더 엄격한 예방조치를 강구할 의무를 진다고 한다(Restatement (second) of Torts, §518. comment g). 이후 제3차 불법행위법 리스테이트먼트 기초자는 황소의 '사람에 대한 습격의 개연성과 상해의 중증도'를 고려하여 이들을 엄격책임의 대상으로 하였다.

25) 法務大臣官房司法法制調査部監修, 「法典調査会民法議事速記録5(第111回-第136回)」, 商事法務研究会, 1984, 387면(穂積陳重 발언).

과실이 있다고 하는 증명책임 전환 법리를 채택하자는 주장이 설득력을 얻게 되었다.[26] 동물의 관리에 요구되는 주의의무의 정도와 관련하여서는, 위험도가 특히 높은 종류의 동물과 위험도가 낮은 종류의 동물을 구분하여 전자의 점유자는 후자의 점유자보다 고도의 주의의무를 부담한다는 입장을 견지하였다.[27]

현행 민법 제718조는 동물가해로 인한 손해배상책임의 주체를 그 동물의 점유자 또는 보관자로 하고, 동물의 종류 및 성질에 따라 상당한 주의로써 보관을 한 때에는 면책된다고 규정하였다(민법수정안 이유서 620, 621). 독일 민법 제1초안, 스위스 채무법, 오스트리아 민법의 영향을 받은 것으로 추정되며, 우리 민법 제759조와 조문의 구조와 내용이 동일하다.

Ⅲ. 책임의 성립요건

동물 점유자의 책임은 동물이 타인에게 가한 손해에 대하여 그 점유자 또는 보관자가 지는 불법행위책임을 의미한다. 일반불법행위의 요건이 대부분 적용되지만 가해의 주체가 동물이라는 점에서 해석상 특유한 쟁점이 있다.

1. 동물의 가해행위

동물이라 함은 인간이나 식물이 아닌 모든 생물을 가리키며, 그 종류를 묻지 않는다. 대부분의 분쟁 사안에서 가해동물로 등장하는 것이 '개'이지만, 소, 말, 닭, 벌 등 사람이 사육하는 동물은 모두 제759조의 적용 대상이 된다. 사자, 호랑이, 원숭이와 같이 야생동물은 원칙적으로 본조의 대상이 되지 않지만, 국가 또는 지방자치단체가 운영하는 동물원이나 개인이 사육야생동물과 같이 점유자의 지배력이 미치는 경우에는 적용대상이 된다.

박테리아나 바이러스와 같은 미생물이 동물에 포함되는가에 대해서는 다툼이 있다. 실험실에서 배양되던 미생물이 노출되면 광범위하고 치명적인 인신 손해를 야기할 수 있는 특별한 위험성이 있기 때문에 제759조의 적용이 긍정되어야 한다는 견해[28]와 인간에 의한 통제가 불가능

---

26) 梅謙次郎, 「民法要義巻之三債權編」, 有斐閣書房, 1912, 903면.

27) 위 「法典調査会民法議事速記録5(第111回-第136回), 388면. 이에 대해 土方寧은 위험도가 특히 높은 종류의 동물의 점유자에게는 위험책임을 부담시키는 사고의 발현이라고 평가한다(위 「法典調査会民法議事速記録5(第111回-第136回)」, 388면(土方寧 発言).

28) 양창수, 앞의 “동물점유자의 불법행위책임”, 80면; 강봉석, “미생물에 대한 독일민법 제833조의 적용 여부”, 법학논집 제4권 제1 · 2호 합병호(1999), 36면. 일본에서도 바이러스 · 세균류가 동물에 포함되는가에 대한 논란은 있지만, 소나 말에 비해 위험성이 크다고 보아 제709조의 무거운 책임을 부과해야 한다는 입장이 다수이다(潮見佳男, 不法行爲法, 1999, 信山社, 475면; 浦川道太郎, ドイツ不法行爲法, 日本評論社, 2008, 219면).

한 생물체이므로 동물에 해당하지 않는다는 보는 견해[29]가 대립한다. 입법자가 동물도 식물도 아닌 균계(菌系)에 속하는 미생물을 동물로 상정하였는지, 이를 동물로 유추하는 것이 합리적 해석인지 의문이 든다. 가해의 주체, 침해의 특성, 지배가능성, 이용이익, 배상의 범위 등 다양한 요소를 고려하여 제759조로 포섭될 수 있는지를 신중하게 판단할 필요가 있을 것이다. 제759조가 배제된 상태에서 제750조만을 책임근거로 삼을 경우에는 피해보호에 공백이 발생할 수 있으므로, 현재로서는 인간의 지배나 통제가 가능한 미생물에 한하여 매우 제한적인 범위 안에서 동물위험으로 인한 점유자의 책임을 긍정할 수 있지 않을까 생각한다.

제759조는 이성에 의한 제어를 받지 않는 동물의 자의적[30]이고 본능적인 행동이 실현되는 위험, 즉 동물특유의 위험을 관리하지 못한 점유자에게 무거운 책임을 묻는 것이다. 동물위험이 실현되는 경우, 점유자의 위험 실현에 대한 예견가능성은 주의의무의 경중을 판단하는 기준이 될 뿐 책임의 존부를 판단하는 기준이 되지는 않는다. 따라서 예견가능성이 없는 위험이 실현되었다고 점유자의 책임이 배제되는 것은 아니다. 도로 위에서 잠을 자거나 무단으로 횡단하던 개를 피하려다 자동차 사고가 발생한 경우에도 동물위험이 인정된다.[31] 그러나 도로 위에서 죽어 있는 개로 인해 사고가 발생하여 손해를 입은 경우에 독일 판례는 동물위험을 인정하지만,[32] 동물의 '행동'이 전제되지 않으므로 제759조의 적용은 배제되어야 할 것이다.[33]

동물위험이 기관차의 경적, 폭발음, 예방접종, 자연현상 등과 같은 외부적 자극에 반응한 결과로 실현된 경우에도 그 역시 동물의 본능적 행태에 연유하는 것이므로 동물의 가해행위가 된다.[34] 피해자가 불필요하게 동물을 자극하여 위험이 실현되고, 그로 인해 신체손해를 입은 경우도 제759조가 적용될 수 있다. 다만 과실상계를 통해 점유자의 책임이 경감될 수 있을 뿐이다.[35] 또한 동물의 자연적 행동도 동물위험에 포함된다. 동물의 배설(물)로 인해 질병에 감염되었거나,[36] 발정난 황소가 암소우리로 난입하여 교미 과정에서 상해를 입은 경우에도 동물가해로 인

29) 김상용, 앞의 책, 747면; 윤석찬, 앞의 논문, 144-145면. 독일 판례는 미생물(Mikroorganismus)이나 바이러스는 실험실에서 사육되거나 살아있는 상태로 유지되고 있더라도 동물에 속하지 않는다고 본다(BGH NJW 1989, 2947): MünchKomm/Stein, BGB, Rn. 10.

30) 동물을 의인화하는 것은 적절하지 않지만, 일반적으로 동물이 반사적으로 행동하는 것은 동물위험이 아니고 의사적으로 행동한 경우에 한하여 동물위험이 인정된다고 한다(浦川道太郎, 앞의 책, 220면).

31) Müncher Kommentar zum BGB, 3. Aufl., 1997, Rn. 13; Bamberger/Roth, BGB, §833, Rn. 8; OLG Celle VersR 1980, 430, 431. 윤석찬, 앞의 논문, 146면; 양창수, 앞의 논문, 80면.

32) OLG Celle VersR 1980, 430, 431.

33) 양창수, 앞의 논문, 81면은 동물위험을 인정한다.

34) RGZ 60, 65, 68; OLG Düsseldorf NJW-RR 1992, 475, 476; OLG Hamm VersR 1997, 1542. 潮見佳男, 앞의 책, 475면도 같은 입장이다.

35) 潮見佳男, 앞의 책, 475면.

36) MüchKomm/Stein, BGB, Rn. 15; RGZ 80, 237, 240. 국내 다수설도 동물이 단순히 손해발생의 도구로 사용된 때에는 제759조가 적용되지 않는다고 한다(곽윤직, 채권각론, 박영사, 2000, 524면; 김상용, 앞의 책, 748면 등).

한 손해가 된다.[37)]

동물의 가해행위에 사람의 의사나 행위가 개입한 경우에 이를 동물위험으로 보아 동물점유자책임을 적용해야 하는지 문제된다. 이에 대하여 손해를 야기한 주체는 사람이고 동물은 단순히 도구로 사용되었을 뿐이므로 사주한 사람에게는 일반불법행위책임이 성립할 뿐이라는 입장이 있으나,[38)] 타인의 사주에 의해 동물적 본능이 발현하고 그로 인해 손해가 발생한 것이라면 이는 전형적인 동물위험에 해당하므로 제759조가 적용된다고 보아야 한다.[39)] 이 경우 동물 점유자는 그 보관상 주의의무를 다하였다는 사실을 증명하지 않으면 제759조의 책임을 지고, 사주한 사람은 일반 불법행위책임을 지게 될 것이다.

피해자가 스스로 동물위험을 자초하여 손해를 입은 경우에도 제759조가 적용되는가를 두고 견해의 대립이 있지만, 동물에 대한 의도적 자극으로 위험을 자초하였다고 하더라도 그러한 반격 역시 전형적인 동물위험에 해당하므로 과실상계의 사유가 될지언정 제759조의 적용을 배제하는 것이 아니라고 봄이 타당하다.[40)]

2. 가해행위와 손해발생 사이의 인과관계

동물이 타인에게 가한 손해가 배상의 대상이 된다. 손해에는 신체, 재산, 정신적 고통,[41)] 영업이익의 상실과 같은 순수한 재산손해(reine Vermögensschaden)가 모두 포함된다.[42)] 그리고 타인이라 함은 점유자 또는 보관자 이외의 제3자를 의미한다.

동물의 행동과 손해발생과의 사이에 상당인과관계의 있어야 함은 당연하다. 일본 판례 중에는 인과관계가 문제된 것이 여럿 있다. 평소 개를 싫어하던 7세 어린이가 페달에 발이 잘 닿지 않는 자전거를 타고 가던 중 사육자의 통제 범위를 벗어나 도로 가운데 있던 소형 개를 피하기

37) Bamberger/Roth, BGB, §833, Rn. 7.

38) Bamberger/Roth, BGB, §833, Rn. 10; BGH VerS 1978, 515. 곽윤직, 앞의 책, 524면; 남기연, “동물 점유자의 민사책임에 관한 연구”, 스포츠엔터테인먼트와 법 제19권 제1호(2016. 2), 143면.

39) 이은영, 채권각론, 박영사, 2004, 880면; 양창수, 앞의 논문, 82면; 윤석찬, 앞의 논문, 147면.

40) 양창수, 앞의 논문, 83면. 자의에 의한 자기위태화의 전형인 호의동승 판례에서 “다른 특별한 사유도 없이 단순히 호의로 동승하였다는 사실만으로 손해액을 감액할 수는 없다”고 판시하고 있음을 그 근거로 들기도 한다(대법원 1989. 1. 31. 선고 88다카3625 판결 등).

41) 일본에서는 고양이가 소유자 눈 앞에서 사육견에게 물려 죽은 사안(大阪地判 平成21(2009).2.12. 判時 2054号, 104면), 사육견의 짖는 소리로 인해 인근 거주자가 소음 피해를 입은 사안(横浜地裁 昭和61年(1986).2.18. 判時 1195号, 118면)에 대하여 개 사육주에게 제718조에 기한 위자료 배상을 명한 판례가 있다. 독일민법은 동물보유자의 책임이 위험책임임에도 위자료 지급을 인정하고 있는데, 이에 대해서는 학설의 비판이 있다(김상용, 앞의 책, 747면). 우리 민법이나 일본 민법은 공히 불법행위에 의해 재산권이 침해된 경우에는 원칙적으로 그에 대한 손해배상만으로 정신적 고통은 회복된다고 보고, 그로 인한 위자료는 특별손해로 취급하여 배상범위를 제한한다(대법원 2004. 3. 18. 선고 2011다82507 전원합의체 판결).

42) 독일 불법행위법이 열거하고 있는 보호법익에 순수한 재산손해가 포함되지 않으므로, 동물위험의 실현으로 인한 영업손해에 대하여는 제833조가 적용될 여지가 없다.

위하여 핸들을 꺾다가 강으로 추락하여 좌안 실명된 사안,[43] 으르렁대는 소리를 내며 달려드는 자세로 가까이 접근해 온 개로부터 도망치려다 넘어져 부상당한 사안,[44] 개가 다가와 갑자기 앞발을 들자 물린다고 오해하여 뒷걸음질 치다가 넘어져 부상당한 사안[45]에 대해서는 인과관계를 인정한 반면, 신체 건장한 성년 남자가 자전거를 운전하던 중에 소형견이 뒤에서 달려들어 운전자가 넘어지면서 돌 말뚝에 머리를 부딪쳐 사망한 사안,[46] 농가에 방문판매를 하러 온 세일즈맨이 소에게 습격당하였다고 오인하여 돌담 위로 도망치다가 떨어져 부상을 입은 사안[47]에 대해서는 인과관계를 부정하였다.

3. 면책사유의 부존재

우리 민법과 일본민법은 동물의 점유자와 보관자는 동물의 종류와 성질에 따라 그 보관에 상당한 주의를 다하면 손해배상책임을 면하는 이른바 중간책임을 취하고 있다. 여기서 '상당한 주의'란 거래관념상 통상 객관적으로 요구되는 주의를 뜻하고, 예기치 못한 사태 등에 대처해야 할 정도의 주의의무까지 요구하는 것은 아니라고 할 수 있지만, 그 정도는 개개의 경우에 그 동물의 종류·성질 및 주위의 정황 등 여러 요소를 고려하여 구체적으로 결정해야 한다.[48] 동물의 성질로 인해 사람에게 손해를 줄 우려가 있는 경우에는 손해발생의 예방을 위해 특별히 필요한 설비를 갖출 의무가 있고, 무는 버릇이 있는 개를 방사하여 사고가 발생한 경우에는 당연히 주의의무 위반이 된다.

제759조는 점유자가 보관상 주의의무를 다하였다는 사실을 증명한 경우에 면책가능성을 열어두었지만, 점유자가 기울여야 할 주의의 정도를 어떻게 평가하느냐에 따라 면책 범위가 달라진다.[49] 우리나라에서는 도사견을 끈 등으로 확실하게 제어하지 않은 상태에서 제3자와 접촉이 예상되는 장소에 노출시켜 사고가 난 경우,[50] 평소 통학 길에 진돗개를 구경하기 위해 자주 들른 사실을 알면서도 주의 팻말을 부착하거나 목줄을 짧게 묶지 않아 사고가 난 경우[51]에 점유자의 주의의무 위반을 인정한 사례가 있다. 일본에서는 이에 관한 판례가 상당히 축적되어 있는

43) 最判 昭和48(1973).4.1. 判時 1083号, 83면. 동물위험의 발현이라고 볼 수 있는지 의문이 드는 판결이다.
44) 東京地判 昭和41(1966).9.22. 判タ 198号, 173면.
45) 松江地判浜田支部 昭和48(1973).9.28. 判時 721号, 88면.
46) 東京地判 昭和32(1957).1.30. 下民集 8巻 1号, 165면. 인과관계의 단절을 인정하여 사망 손해와의 상당인과관계를 부정한 판례이다.
47) 東京高判 昭和50(1975).10.27. 判時 819号, 48면.
48) 前田達明, 앞의 책, 174면; 潮見佳男, 앞의 책, 477면.
49) 같은 구조를 취하는 사용자책임(第756조)에서도 면책가능성을 열어 두고 있지만, 재판실무에서 면책을 인정한 사례가 거의 없어 사실상 무과실책임에 가깝게 운영되고 있다.
50) 대법원 1981. 2. 10. 선고 80다2966 판결
51) 대구고등법원 2011. 2. 11. 선고 2010나5671 판결

데,[52] 재판실무에서는 가해자 측의 면책사유 증명을 거의 인정하지 않고 있어 사실상 무과실책임에 가깝게 운영되고 있다. 동물 점유자에게 특히 고도의 주의의무를 부과한 것으로 평가되는 판례로는, ① 2세 된 아이가 이웃과 대화중이던 어머니 곁을 떠나 막다른 골목 끝에 위치한 집 현관 옆 버팀대(도로표면으로부터 4m 이격)에 쇠사슬로 묶어 키우고 있던 중형 개에 오른쪽 귀를 물려 상해를 입은 사고에 대하여, 개에게 입마개를 하거나 개집에 가두는 등 만전의 조치를 강구할 주의의무를 위반하였다고 판단한 사례,[53] ② 엄마와 함께 가구점에 간 3세 여아가 점포입구에서 유모차에 방치되고 있던 사이에 유모차에서 이탈하여 점포 안 주거지역에 밧줄로 묶여 사육되던 대형견의 짖는 소리에 놀라 도망치다가 물건에 머리를 크게 부딪혀 두부에 상해를 입은 사고에 대하여, 아이에게 충분한 주의를 주었더라도 사고의 예견가능성이 있고 지속적인 감시의무를 다하지 않았다는 점을 이유로 주의의무위반을 인정한 사례,[54] ③ 70세 노인이 개가 짖는 소리에 놀라 넘어져 부상당한 사고에 대하여, 개가 사람을 향해 짖은 것은 '일종의 유형력 행사'이고, 이를 방치하거나 용인하는 것은 개를 좋아하는 사람을 제외한 일반인에게는 견디기 어려운 일이므로 사회통념상 이를 허용되어서는 안 되고, 개의 주인은 개가 함부로 짖지 않도록 조련해야 할 주의의무가 있다고 판시한 것이 있다.[55] 이는 동물점유자의 상당한 주의의 정도를 보다 고도화해 나가는 경향에 있음을 보여주는 것이다.

Ⅳ. 책임의 주체 및 효과

1. 책임의 주체 및 책임능력

(1) 동물의 점유자와 보관자

동물위험의 실현으로 발생한 손해에 대하여 배상책임을 지는 주체는 '동물의 점유자'와 '점유자에 대신하여 동물을 보관하는 자(대행보관자)'[56]이다. 자연인뿐만 아니라 동물원을 운영하는

---

52) 川村隆子, "動物占有者の責任に対する再確認", 名古屋学院大学論集(社会科学篇) 第48巻 第3号(2012. 1), 35면 이하 참조.

53) 大阪高判 昭和46(1971).11.16. 判時 658号, 39면(비정상적인 사태에 대처해야 할 고도의 주의의무를 부과한 것으로서, 피해자의 과실 50%를 인정함).

54) 大阪地判 昭和47(1972).7.26. 判タ 286号, 340면.

55) 横浜地判 平成13(2001).1.23. 判時 1739号, 83면.

56) 우리 민법 제759조는 특별규정으로서의 의미가 없고 주의적 규정에 지나지 않는다고 하면서 보관자를 직접점유자로 이해한다(곽윤직, 앞이 책, 525면; 김상용, 앞의 책, 749면). 일본 민법의 기초자는 '자기를 위하여 하는 의사로써 물건을 소지하는' 자를 점유자라고 생각하고, 자기를 위하여 하는 의사를 갖지 않지만 사실상 동물을 점유하고 있는 자, 가령 타인의 말을 관리하는 자의 책임을 묻기 위하여 보관자에 관한 규정을 두었다고 한다(速記錄 41卷 107, 110丁). 초기 판례는 말의 매수인에게 의뢰를 받아 그 운송을 인수한 자를 보관

지방자치단체, 회원으로부터 말을 위탁받아 관리 · 이용하는 승마협회,[57] 길 잃은 동물들을 수용 · 분양하는 동물보호단체와 같은 법인도 점유자가 될 수 있다.[58]

제759조의 점유는 물권법상 본권과 구별되는 점유권의 개념이 아니라, 사실상 지배와 수익을 기준으로 한다는 점에서 '점유'라는 용어가 차용된 것에 불과하다고 보는 것이 국내 다수설의 입장이다. 이에 따르면 동물점유자는 자신을 위하여 동물을 사실상 지배하고 그로부터 이익을 얻는 자라고 정의하는데,[59] 동물지배에 더하여 그 점유이익의 향유를 점유의 요건으로 삼는 것이 점유자의 책임을 통일적으로 설명하는데 유익한지는 의문이다.[60]

독일의 경우에는 동물 점유자의 요건을 판단함에 있어 동물들을 점유자의 생활 내지 경제영역에 귀속시킬 수 있는 다양한 요소들, 특히 동물에 대한 지배권, 자신의 이익과 그에 따른 비용의 부담, 멸실 위험, 보험료 인수 등과 같은 간접증거들을 원용하면서 여러 상황들을 종합적으로 고려하여 판단하고 있다.[61] 이러한 측면에서 보면 제759조의 점유자를 물권법상의 점유자 개념과 동일하게 해석할 합리적 근거는 없다고 할 수 있다.

동물의 점유자는 통상 그 소유자가 될 것이다. 동물이 그 소유자의 지배로부터 일시적[62]으로 일탈하여도 소유자는 점유자로서의 지위를 상실하지 않지만, 절도를 당한 경우와 같이 점유이탈이 지속적으로 유지되고 침탈자가 동물의 점유자가 된 때에는 그러하지 아니하다.[63] 한편 동물이 영구적으로 탈출하였더라도 누구에게도 귀속되지 아니한 때에는 동물 점유자는 동물에 대한 지배권을 행사할 수 없음에도 불구하고 제759조의 책임을 지게 된다. 동물위험이 그 탈출과정 및 그로 인해 야기된 침해에 의해 실현되기 때문이다.[64]

자라고 하였고(福岡高判 昭和39(1964).8.31. 判時 386号 49면), 학설 역시 점유보조자를 보관자로 보았지만, 최근에는 이를 제외하는 입장이 유력하다. 점유보조자를 제외하는 경우, 보관자에 포함될 수 있는 자는 운송인이 될 수 있다고 하지만, 오늘날의 점유이론에 의하면 운송인 역시 직접점유자이므로 점유자 외에 특별히 보관자에게 책임을 인정하는 취지의 규정을 둘 의의는 없어졌다고 평가한다(五十嵐淸, 注釋民法(19), 320면; 潮見佳男, 앞의 책, 476면; 最判 昭和37(1962).2.1. 民集 16巻 2号, 143면).

57) OLG Celle VersR 1979, 161.

58) BGH VersR 1976, 1175, 1176.

59) 그런 점에서 운행지배와 운행이익을 판단기준으로 삼는 자동차손해배상보장법 상의 '보유자' 개념과 다르지 않다고 한다. 양창수, 앞의 논문, 85면.

60) 가령 애완동물에 대한 애정이나 그로부터 위안을 받을 의향도 없이 외국으로 장기 파견을 나간 친척의 애완견을 무상으로 돌보다가 동물사고가 난 경우, 이익향유 없이 제759조 책임을 져야 하는 상황을 설명하는데 한계가 있다.

61) BGH NJW-RR 1988, 655, 666. 사실관계가 중요한 판단 기준이 되며, 특히 동물의 자주점유인가 타주 점유인가도 문제되지 않는다(Bamberger/Roth, BGB, Rn. 12).

62) 독일 판례는 도망 나온 개를 일시적으로 점유하면서 사육하고 있는 사람은 보유자가 아닌 반면(LG Düsseldorf VerS 1968, 99), 이를 6개월 동안 사육한 사람은 동물보유자가 된다(OLG Nürnberg VerS 1978, 1045)고 한다.

63) Bamberger/Roth, BGB, Rn. 17. 같은 취지. 윤석찬, 앞의 논문, 152면. 절도범만이 지배와 이익향유를 독점하기 때문이다.

64) BGH VersR 1978, 515.

동물의 직접점유자는 제759조의 적용을 받게 되겠지만, 독일 판례는 길 잃은 동물을 가능한 한 빠른 시일 내에 소유자에게 종국적으로 인도하기를 원하는 일시적 직접점유자에 대해서는 여러 판단요소(특히 이익와 비용 부담, 멸실위험의 인수 등)를 고려하여 제833조의 적용을 배제한다.[65] 가축을 도살장까지 이송하여 그 곳에서 이틀 동안 사육하는 동물 관리인, 동물치료를 위해 단기간 이송하여 점유하게 된 수의사, 동물을 압류하여 그의 지배 아래 둔 집행관, 점유보조자 및 동물농장의 관리인 등도 마찬가지이다.[66]

간접점유자가 동물가해로 인한 사고에 대하여 제759조의 책임을 지는가도 쟁점이 된다. 주로 동물의 임대인과 임차인, 임치인과 수치인의 관계에서 문제가 되는데, 국내 학설은 간접점유자는 당연히 점유자에 포함되고 피해자 보호를 위해서도 당연히 그러해야 한다는 견해[67]와 제759조가 소유자 책임을 정하지 않았다는 점에서 이를 부정해야 한다는 견해,[68] 그 적용 여부를 일률적으로 판단하기보다는 간접점유자가 동물위험에 대한 지배와 그로부터의 이익을 상실하였는지의 여부에 따라 결정해야 한다는 견해[69]로 나뉜다. 간접점유자에게는 제759조를 적용할 수 없다는 부정설에 동의한다. 점유매개관계를 통해서 간접적으로 지배 또는 수익에 영향을 미치는 간접점유자에게 피해보호의 필요성이라는 명분으로 제759조를 확대 적용하는 것은 옳지 않다. 동물이라는 위험원의 '지배'와 그를 통한 '이익 향유'라는 요소에 중점을 둔 독일 해석론은 간접점유자에 대하여 제833조의 적용을 폭넓게 인정한다. 독일 판례는, 동물로 인한 수익이 오랜 기간 동안 기존 동물 점유자에게 유지되는 때에는 동물을 제3자에게 위탁하는 때에도 그 지위에 영향을 받지 아니하고,[70] 동물이 위탁 기간 동안 임대인이 경제활동으로부터 완전히 배제되는 때에 한하여 점유자의 지위를 상실하며,[71] 말의 임대인이 계속적으로 비용의 대부분을 부담하고 말을 관리하는 때에는 통상적으로 말에 대한 점유자로서의 지위를 그대로 유지하게 된다고 한다.[72] 동물에 대한 지배가 직접점유자에게 이전되었음에도 동물로 인한 이익이 간접점유자에게 귀속하거나 간접점유자가 관리에 필요한 비용을 부담한다는 이유로 동물점유자의 지위가 유지된

65) KG VersR 1981, 1035.
66) OLG Schleswig VersR 1997, 634.; OLG Hamm NJW-RR 1995, 409, 410.
67) 이은영, 앞의 책, 888면. 긍정설은 각주 4)의 대법원 1981. 2. 10. 선고 80다2966 판결을 그 근거로 드는데, 이 판결은 투견대회에서 우승까지 한 도사견을 다른 사람에게 빌려준 소유자에게 사고방지의무 위반을 이유로 제750조에 기한 손해배상책임을 인정한 것일 뿐 제759조의 책임을 물은 것은 아니라고 보아야 한다(지원림, 민법강의, 홍문각, 2019, 1811면; 송덕수, 앞의 책, 520면).
68) 곽윤직, 앞의 책 525면; 김상용, 앞의 책, 748면; 앞의 책, 520면; 지원림, 앞의 책, 1811면; 남기연, 앞의 논문, 146면; 양창수, 앞의 논문, 86면(간접점유자는 직접점유자와 달리 그와의 계약관계를 통해 동물의 지배 및 수익에 간접적인 영향을 미치는데 불과하다는 점을 근거로 든다).
69) 윤석찬, 앞의 논문, 152면.
70) BGH NJW-RR 1988, 655, 656.
71) BGH NJW 1971, 509.
72) BGH NJW 1986, 2883, 2884.

다고 보는 것은 우리 민법의 해석상 받아들이기 어렵다. 일본의 경우에는 종래 민법 제718조의 점유자 범위도 물권법에 의해 정해진다고 하면서 동물의 간접점유자를 동물 점유자에 포함시키는 견해가 지배적이었으나,[73] 양자의 점유 개념을 동일하게 해석해야 할 합리적 이유가 없다고 보아 최근에는 원칙적으로 직접점유자에 한정해야 한다는 입장이 유력해지고 있다.[74]

점유보조자가 제759조의 점유자에 포함되는가에 대해서도 논의가 있다. 동물운송인의 피용자, 승마장에 고용된 강사·마부 등이 이에 포함될 수 있는데, 독일 판례,[75] 일본의 학설·판례[76]는 이들 모두 점유자 또는 보관자에 해당하지 않는다고 한다. 동물로부터 독립적인 지배이익을 향유하지 못하면서 종속적 지위에서 점유자로부터 동물관리에 관한 지휘·감독을 받는 점유보조자에게 제759조의 책임을 묻는 것은 지나치게 가혹하므로 원칙적으로 동물점유자라고 하기 어렵다.[77] 따라서 점유자와 보관자 사이에 책임이 경합하는 경우는 생길 수 없고, 점유보조자인 피용자의 과실로 인하여 동물가해가 발생한 때에는 점유자가 그의 사용자로서 구상권을 행사할 수 있을 것이다.

(2) 책임능력

동물점유자의 책임은 중간책임에 속하므로, 과실책임에서와 달리 점유자는 스스로 주의의무의 위반이 없음을 증명하여야 한다. 그리고 동물점유자의 주의의무의 정도는 갈수록 고도화하고 있다. 동물가해로 인한 불법행위책임에서도 동물점유자의 책임능력은 일반불법행위책임에서와 마찬가지로 책임귀속과 면책의 기준을 결정하는 중요한 기준이 된다. 다만 동물점유자의 책임에서 실제로 책임능력 없는 점유자의 책임이 문제되는 경우는 희소할 것이다.

사치성동물에 대하여 동물보유자의 위험책임을 인정하는 독일 민법에서는 동물 자체를 위험원으로 취급하여 보유자의 위험책임을 인정한다. 동물보유자의 책임요건으로 유책성을 요구하지 않지만, 판례와 다수설은 동물보유자책임이 문제되는 경우에 독일민법 제828조 이하를 유추적용할 수 있다고 한다.[78] 책임무능력자에게 동물에 대한 지배력을 인정하거나 거래안전의무를 인정하기 어렵고, 절대적 행위무능력자를 보호해야 할 필요성이 있기 때문이다.

---

73) 前田達明, 앞의 책, 174면; 最判 昭和40(1965).9.24. 民集 19巻 6号, 1668면.

74) 五十嵐清, 注釋民法(19), 322면 등 참조.

75) OLG München VersR 1984, 1096.

76) 곽윤직, 앞의 책, 525면; 我妻榮, 事務管理·不當利得·不法行爲, 日本評論社, 1988, 192면; 潮見佳男, 앞의 책, 476면; 前田達明, 앞의 책, 172면; 大判 大正10(1921).12.15. 民錄 21, 2169; 最判 昭和37(1962)2.1. 民集 第16巻 2号, 143면(이 판결은 동물관리를 위해 고용된 자가 사고 당일까지의 근무기간이 보름밖에 지나지 않은 점, 두 마리의 개를 동시에 운동시킨 기간이 짧아 아직 개의 조작제어방법을 터득하지 못하였다는 점 등을 들어 통상의 주의의무 위반을 이유로 일반불법행위책임을 인정한 것이다. 단순히 피고용인이 점유보조자라는 사실만을 이유로 제718조의 적용을 배제한 것이 아니어서 주목할 필요가 있다).

77) 양창수, 앞의 논문, 87면; 김상용, 앞의 책, 749면; 송덕수, 앞의 책, 521면.

78) Deutsch, Die Haftung des Tierhalter, Jus 1987, 673, 678.

민법은 미성년자가 타인에게 손해를 가한 경우에 그 행위의 책임을 변식할 지능이 없는 때에는 배상책임이 없고(제753조), 다른 자에게 손해를 가한 사람이 책임을 변식할 지능이 없거나 또는 심실상실 상태에 있어서 그 책임이 없는 경우에는 그를 감독할 법정의무 있는 자가 감독의무를 게을리 하지 않았다는 점을 증명하지 못하면 손해배상책임을 진다고 규정하고 있다(제755조). 판례는 불법행위로 인한 책임을 변식할 수 있는 지능의 유무는 연령이나 교육기관의 학년도에 의하여 획일적으로 결정할 수 없고, 각자의 지능, 발육정도, 환경, 지위신분, 평소 행동 등에 의하여 개별적으로 결정하여야 한다고 하면서,[79] 보습학원의 보호감독상의 주의의무위반에 의해 교통사고로 사망한 만 6세 10개월 남짓의 초등학교 1학년생,[80] 생후 4년 3개월 남짓 된 유치원생[81]에 대하여 책임능력을 부정한 바 있다. 동물점유자의 책임능력이 문제된 판례는 찾아볼 수 없다.

2. 책임의 효과

(1) 손해배상

동물가해로 인한 손해배상책임이 그 보유자에게 귀속하기 위해서는, 가해행위(동물위험의 실현), 가해행위의 위법성, 동물보유자의 유책성, 손해발생, 가해행위와 손해발생 사이의 상당인과관계가 필요함은 일반불법행위책임과 다름이 없다. 다만 동물의 잠재적 위험성으로 인해 그 점유자에게 상대적으로 무거운 책임을 부과하기 위하여 고의·과실에 대한 증명책임을 가해자에게 전환시킨 것일 뿐이다.

동물위험이 실현되어 타인의 신체 및 재산상의 손해, 영업이익의 상실과 같은 순수한 재산손해, 정신적 고통에 따른 손해가 발생하면 그 점유자는 그에게 고의·과실이 없음을 증명하지 못하는 한 그에 대한 배상책임을 져야 한다. 손해배상의 범위는 제393조(제763조)에 의해 정해진다.

동물위험의 실현과 손해발생과 사이에 상당인과관계가 존재해야 함은 당연하다. 일본 판례는 동물사고에서 인과관계를 폭넓게 인정하는 것으로 보인다. 다만 앞서 본 바와 같이, 신체 건장한 성년 남자가 자전거를 운전하던 중에 소형견이 뒤에서 달려들어 운전자가 넘어지면서 돌말뚝에 머리를 부딪쳐 사망한 사건과 농가에 방문판매를 하러 온 세일즈맨이 소에게 습격당했다고 오인하여 돌담 위로 도망쳤다가 떨어져 부상을 입은 사건에 대해서는 인과관계를 부정하였다. 전자에 대해서는 경험칙 상 상당성을 인정하기 어렵다고 판단한 것이고, 후자는 인과관계가 단절되었다고 본 것이다.

---

79) 대법원 1977. 5. 24. 선고 77다354 판결.
80) 대법원 2008. 1. 17. 선고 2007다40437 판결.
81) 대법원 1996. 8. 23. 선고 96다19833 판결.

(2) 과실상계와 과실상계능력

가해자인 동물점유자가 과실 없음을 증명하지 못하여 면책되지 않는다고 하더라도, 점유자는 피해자의 과실이 손해의 발생 또는 확대에 기여한 사실이 있으면 배상액을 감액 받을 수 있다. 신체적·재산적 손해뿐만 아니라 위자료에 개해서도 과실상계법리가 적용된다. 다만 불법행위로 인한 위자료를 산정함에 있어 법원은 '피해자의 과실 정도' 등 피해자 측의 사정을 참작할 수 있기 때문에,[82] 위자료 산정 단계에서 피해자 측의 과실을 참작하였다면 과실상계를 이유로 다시 감액할 수는 없다. 만약 그 단계에서 피해자 측의 과실을 참작하지 않았다면 후에 이를 참작하여 과실상계를 할 수도 있겠지만, 실무에서는 위자료 산정단계에서 피해자 측의 과실을 참작하고 별도로 과실상계를 하지 않는 것이 상례이다.[83]

학설 및 판례는 위험책임이나 중간책임이 적용되는 특수 불법행위 영역에서도 과실상계의 법리가 그대로 적용된다고 본다.[84] 동물점유자책임과 관련한 국내 판례가 없으므로, 일본 판례를 중심으로 피해자의 과실이 손해액 산정에 어떻게 참작되고 있는지를 살펴보기로 한다.[85]

피해자의 과실이 손해발생이나 확대에 기여한 경우에 그 피해자에게 과실상계능력이 없더라도 그의 과실을 손해액 산정에 참작하여야 하는지가 문제된다. 과실상계에 있어 '과실'을 고유한 의미의 과실이 아닌 '단순한 부주의'로 이해하는 다수설에 의하면, 과실상계능력은 피해자에게 행위의 결과로 발생할 수 있는 책임을 인식할 수 있는 정도의 능력을 요구하는 것이 아니라 사물의 옳고 그름을 판단할 수 있는 정도의 사리변식 능력만을 요구하는 것으로 된다.[86] 판례는 교통사고로 인신손해를 입은 만 3세 아동과 만 6세 남짓한 아동에게는 과실상계능력을 부정하였지만,[87] 만 8세의 아동에게는 특별한 사정이 없는 한 책임능력은 없어도 사리를 변식할 능력은 있다고 하여 과실상계능력을 인정하였다.[88] 일본 판례도 초등학교 취학연령인 6-7세 정도를 기준으로 과실상계능력을 판단하고 있다.[89]

---

82) 대법원 2020. 11. 26. 선고 2019다276307 판결.

83) 곽윤직 편집대표(박철 집필부분), 민법주해(XVIII), 박영사, 2012, 317면. 일본 학설·판례도 같은 입장이다. 四宮和夫, 事務管理·不当利得·不法行為(下巻), 青林書院, 1985, 626면; 最判 昭和52(1977).10.20. 判時 871号, 29면.

84) 앞의 민법주해(XVIII), 309면; 지원림, 앞의 책, 1140면; 대법원 1993. 2. 9. 선고 92다31668 판결; 대법원 2002.12.26. 선고 2000다56952 판결. 일본 학설도 같은 입장이다(四宮和夫, 앞의 책, 616면 참조).

85) 이에 대해서는 和田眞一, "動物占有者の責任に對する被害者の行爲等に基する減免責に對について", 立命館法學 5·6号(381·382号), 2018, 247면 이하 참조.

86) 곽윤직 편집대표(오종근 집필부분), 민법주해(IX), 박영사, 2007, 616면 이하; 대법원 1993. 9. 14. 선고 93다21552 판결 등.

87) 대법원 1974. 12. 24. 선고 74다1882 판결; 서울고등법원 1965. 2. 26. 선고 64나1043 판결; 서울고등법원 1969. 7. 24. 선고 68나2037 판결. 감독의무자의 과실이 배상액 산정에 참작되어야 하는지에 대해서는 입장을 달리한다.

88) 대법원 1968. 8. 30. 선고 68다1224 판결.

89) 藤岡康宏, 民法講義 V(不法行為法), 信山社, 2013, 455면.

동물사고와 관련하여 과실상계능력의 인정 여부가 문제된 일본 판례를 살펴보면 다음과 같다. 먼저 과실상계능력이 없음을 이유로 감액을 부정한 사례로는, ① 만 2세 5개월인 유아가 광장에서 쇠사슬로 연결된 상태로 방치된 개에게 접근하였다가 물려 상해를 입은 사안,[90] ② 만4세인 아이가 놀이터에서 개를 놀리다가 물려 상해를 입은 사안,[91] ③ 7세 된 아이가 가해자의 집 앞마당에서 자고 있던 개를 귀엽다고 쓰다듬으려다가 물려 부상한 사안 등이 있다. 한편 과실상계능력을 긍정한 사례로는, ④ 6세 된 아이가 타인의 집에 침입하여 대형견의 위험성은 알고 있으면서도 양손을 뻗어 개를 흥분시켜 부상한 사안(피해자 과실 60% 인정),[92] ⑤ 7세 된 아이가 소형 개를 피하기 위하여 자전거 핸들을 꺾다가 강으로 추락하여 좌안 실명한 사안(피해자 과실 90% 인정)[93]이 있다. 위의 ④에서는 6세의 아이에게 과실상계능력을 인정하면서도, ③에서는 7세의 아이에게도 이를 부정하고 있다. 동물가해로 인한 손해의 발생이나 그 확대에 대하여 피해자 측에 회피행동을 기대할 수 있는 능력이 있는지의 여부가 구체적인 사안마다 개별적으로 판단되고 있음을 알 수 있다.

그 밖에 피해자의 친권자 등 감독의무자의 과실이 동물사고로 인한 손해발생이나 그 확대에 기여한 경우에 피해자의 과실상계능력이 부정되어도 이를 손해액 산정에 참작하여야 하는지, 참작한다면 그 경계를 어떻게 구획할 것인지가 문제된다. 판례는 유아가 교통사고로 입은 손해에 대하여 친권자의 과실이 개입된 경우에 이를 과실상계 사유로 인정하고,[94] 일반불법행위 사건에서 피해자 본인의 과실뿐 아니라 그와 '신분상 내지 생활관계상 일체를 이루는 관계에 있는 자'의 과실을 피해자 측의 과실로 참작해야 한다고 한다.[95] 일본의 학설·판례도 이미 오래 전부터 피해자에게 과실상계능력이 없는 경우에 피해자 본인은 아니지만 신분상 또는 생활관계상 일체를 이루는 자의 과실을 고려해 왔다.[96] 동물사고와 관련하여서는, 부모가 1세 10개월 된 아이를 방치한 채 다른 사람과 대화를 나누던 중 개에게 물려 귀가 절단된 사고에서 부모의 과실 50%를 인정한 사례,[97] 아이들이 조랑말을 직접 접하며 놀 수 있는 목장에서 조랑말에 머리를 차여 부상당한 6세 아동을 10m 정도 떨어진 곳에서 지켜만 보고 있던 친권자에게 30%의 과실을

90) 最判 昭和57(1982).9.7. 民集 36巻 8号, 1572면.
91) 名古屋高判 昭和37(1962).1.30. 判時 312号, 25면.
92) 京都地判 昭和56(1961).5.18. 判タ 465号, 158면.
93) 最判 昭和48(1973).4.1. 判時 1083号, 83면.
94) 대법원 1968. 4. 16. 선고 67다2653 판결; 대법원 1974. 12. 24. 선고 74다1882 판결; 서울고등법원 1969. 7. 24. 선고 68나2037 판결
95) 대법원 1999. 7. 23. 선고 98다31868 판결(부모관계); 대법원 2010. 8. 26. 선고 2010다37479 판결(부부관계); 대법원 1996. 11. 12. 선고 96다26183 판결(4촌 관계) 등 다수가 있다.
96) 加藤一郎, 不法行為, 有斐閣, 1974, 136면; 吉村良一, 不法行為法, 有斐閣, 2017, 184면; 四宮和夫, 앞의 책, 628면.
97) 大阪高判 昭和46(1971).11.16. 判時 658号, 39면.

인정한 사례,[98] 백화점 옥상에서 손가락이 쉽게 들어갈 수 있는 우리에 사나운 원숭이를 사육하던 중 숙모와 함께 관광 온 2세 9개월 된 아이가 손가락을 넣었다가 물려 부상당한 사고에서 숙모의 과실을 인정한 사례[99]가 있다. 앞의 두 사례는 친권자의 감독상의 과실에 기하여 과실상계를 한 것이고, 마지막 사례는 함께 관광한 숙모에게 '신분 또는 생활관계상의 일체성'을 인정하여 그의 과실을 피해자의 배상액 산정에 반영한 것이다. 과실상계능력 없는 피해자의 배상액 산정에 있어 과실상계의 적용 영역이 확대되고 있음을 알 수 있다.

마지막으로 피해자의 소인(素因)에 의해 손해가 확대된 경우(원인경합)에 과실상계에 관한 규정이 적용될 수 있는지 살펴볼 필요가 있다. 피해자에 대한 가해행위와 가해행위 전부터 존재했던 피해자의 질환이 함께 원인이 되어 손해가 발생한 경우에 해당 질환의 양태, 정도에 비추어 가해자에게 손해 전액을 배상시키는 것이 공평하지 않을 때에는 법원은 손해배상액을 정함에 있어서 과실상계 규정을 유추 적용할 수 있다.[100] 동물점유자의 책임과 관련하여 일본 하급심은 선천성 고관절 탈구로 인해 보행이 곤란한 피해자가 개가 짖는 소리에 놀라 넘어져 부상한 사안에서 과실상계의 유추적용을 통해 20%를 감액한 사례,[101] 산책 중이던 대형견에 물린다고 착각하여 넘어져 입원하였는데 그로 인한 골절로 지병인 당뇨병이 악화되어 당뇨병성 혼수에 빠져 사망에 이른 사안에서 40%를 감액한 사례가 있다.[102]

Ⅴ. 결 론

동물은 그 자체로 특수한 위험성과 유익성을 겸유한다. 민법 제759조는 인간의 지배가 가능한 동물을 대상으로 점유자의 불법행위책임을 인정하고 있다. 생산이나 운송수단으로 사용되는 동물은 감소한 반면, 핵가족의 진전 등 다양한 요인들에 의해 애완동물을 보유한 가정이 급격히 증가하고 있다. 인간과 동물의 유대관계가 확대된 만큼 동물위험과 조우할 가능성도 커질 수밖에 없다. 실제로 동물사고로 인한 인신침해 사건이 심심치 않게 발생하고 있다. 그럼에도 불구하고 당사자 간 분쟁의 대부분이 화해에 의해 해결되어 왔기 때문에 국내에서 관련 판례를 찾아보기 어려운 실정이다.

이 글은 동물점유자의 책임에 관한 입법례와 해석론을 둘러싼 쟁점들을 검토한 것이다. 우

98) 大阪地判 平成10(1998).8.26. 判時 1684号, 108면.
99) 宮崎地判 昭和31(1956).11.27. 下民集 7巻 11号, 3396면.
100) 最判昭和 63(1988).4.21. 民集 42巻 4号, 243면; 最判 平成4(1992).6.25. 民集 46巻 4号, 400면.
101) 横浜地判 平成13(2001).1.23. 判時 1739号, 83면.
102) 松江地裁浜田支 判昭和48(1963).9.28. 判時 721号, 88면.

리 민법이 계수한 일본 민법 제718조의 해석론과 실무적용례는 현 시점에서 유용한 시사점을 준다. 중간책임을 취하면서도 가해자의 무과실 입증을 엄격히 제한하고, 과실상계 법리를 통해 손해배상의 공평분담을 실현하고 있기 때문이다. 국내의 일부 학자 중에는 독일 민법 제833조와 마찬가지로 사치성동물과 가축을 구분하여 전자에는 위험책임을, 후자에는 증명책임이 전환된 과실책임으로 이원화할 것을 제안하지만 그 논거가 충분하지 않아 선뜻 납득하기 어려운 점이 있다. 현대사회에서 위험분산기능이 결여된 위험물을 위험책임의 대상으로 과도하게 확장하는 것이 타당한지, 동물위험을 근대사회가 만들어낸 불특정 다수에 대한 불시의 위험과 동일시할 수 있는지, 위험책임으로 전환될 경우에 인간과 동물의 친화적 관계가 훼손될 우려는 없는지, 면책입증의 제한을 통해 엄중한 책임을 부과하는 것으로 피해구제가 충분하지 않은지에 대한 보다 깊은 논의가 전제될 필요가 있다고 생각한다. 이 글이 동물점유자 책임에 관한 해석론의 정립과 입법론의 진전에 작은 계기가 되었으면 한다.

대륙법계 국가에서 징벌배상제의 의의와 정당화 사유*

김 현 수**

Ⅰ. 들어가며

국내에서 징벌적 손해배상제도의 도입에 관한 논의가 시작된 것은 1980년대 중반부터로 알려져 있다. 그러나 논의 과정에서 대륙법계 전통의 관점에서 영미법계 전통에 특유한 준형사적 처벌의 성격을 가진 제도에 대한 이질감, 실손해의 '전보'와는 달리 불법행위자에 대한 '처벌'과 '억지'라는 불법행위법의 목적에 대한 근본적 인식의 차이, 제도의 도입과 운용에 수반되는 다양한 부작용의 우려 등 반대의견이 강하게 제기되면서 제도 도입이 사회적으로 공론화되지는 못하였다. 징벌적 손해배상제도의 도입에 관한 논의는 2011년 하도급거래 공정화에 관한 법률(이하 "하도급법")에서 원사업자가 기술자료를 부당하게 유용하는 경우 실손해의 3배를 상한으로 하는 배상책임을 인정하는 개정이 이루어지면서 다시금 본격화되기 시작하였다.[1)]

하도급법이 개정된 이후 공정거래, 소비자보호, 환경보호, 차별금지 분야를 중심으로 20여 개의 개별법에서 특정한 법위반행위에 대하여 실손해의 3배 또는 5배 이내의 배상책임을 인정하는 이른바 '징벌적 손해배상' 규정이 도입되었다.[2)] 이러한 움직임은 최근에도 지속되어 명예훼손, 소비자보호, 주택법 등 다양한 영역에서 특정한 법위반행위에 대해 징벌적 손해배상책임을 인정하는 입법안이 발의되고 있다. 아울러 기업의 생활관계를 규율하는 상법에서 '상인의 손해배상책임에 대한 특례'[3)]를 두어 일반규정의 형태로 동 제도의 도입에 대한 논의가 본격화되고 있다.

---

* 이 글은 「재산법연구」 제38권 제1호(2021. 5)에 게재되었다.

** 부산대학교 법학전문대학원 부교수, 법학박사(J.S.D.).

1) 하도급거래 공정화에 관한 법률 [시행 2011. 6. 30.] [법률 제10475호, 2011. 3. 29., 일부개정]. 이하 본문의 내용과 각주의 인용 부분 중 밑줄은 저자가 표시한 것이다.

2) 국내의 관련 현황에 관한 상세는 김정환, 징벌적 손해배상의 적정한 운영방안에 관한 연구, 사법정책연구원 연구총서, 2019. 8, 264-273면 참조.

3) 법무부는 입법예고에서 상법의 개정이유를 다음과 같이 밝히고 있다. "기업 등 상인의 영리활동 과정에서 상인의 고의·중과실로 인한 피해 유발행위를 억지하고, 기업 등 상인의 합리적이고 적법한 경영활동을 유도하

이처럼 징벌적 손해배상에 대한 사회적 요구와 이에 따른 입법이 활발히 이루어지면서 학계, 연구계, 실무계에서도 이에 관한 많은 논의가 이루어지고 있다. 최근의 논의는 제도의 도입 여부에 관한 것이라기보다는 기존에 도입된 제도의 성격, 실무적 운용방안, 입법안에 대한 평가나 새로운 제안을 중심으로 이루어지고 있는 것으로 보인다. 이 글에서는 국내에서 그간 이루어졌던 징벌적 손해배상제도의 도입과 관련한 논의의 경과 및 입법 현황을 개관한다. 그리고 대륙법계 국가, 특히 유럽의 대륙법계 국가에서 징벌적 손해배상에 대하여 취하였던 전통적 입장과 최근의 변화에 대해 살펴본 후, 우리 법체계 내에서 징벌배상이 그 의의를 가지고 기능할 수 있는 상황에 대해 검토한다. 이와 함께, 전통적인 전보배상과는 목적을 달리하는 징벌적 손해배상의 인정에 필요한 정당화 사유로서 초과 주관적 요건에 대해 살펴보고 이미 도입된 제도와 입법안을 검토한다.

Ⅱ. 경과 및 현황

1. 논의 및 도입 경과

징벌적 손해배상에 대한 논의는 1980년대 중반 시작되어 2004년 사법제도개혁추진위원회,[4] 2009년 민법 개정위원회[5]에서 이루어졌다. 이러한 논의는 소비자보호, 환경, 언론 분야 등에서 발생하는 현대형 불법행위에 대한 피해자의 실질적인 구제와 악의적인 불법행위에 대한 억지가 필요하다는 인식에서 출발하였다. 예를 들어, 불법행위자의 악성이 크고 피해의 범위가 넓지만 피해자 개개의 손해가 크지 않은 경우에 집단소송이나 단체소송과 같은 피해구제를 위한 절차적 측면 역시 불완전하다면 사실상 해당 불법행위를 방치하거나 묵인하는 결과를 가져오는 동시에 동종 유사 불법행위의 재발을 억지하거나 예방을 기대하기 어렵다.[6] 즉, 사회의 발전에 따라 새롭게 등장하는 불법행위 유형 중에는 손해의 전보(compensation)를 목적으로 하는 전통적인 손해배상제도만으로는 피해의 구제가 이루어지기 어려우며, 아울러 기존의 행정적, 형사적 제재를 통해서는 유사한 불법행위의 재발을 억지하기 어려운 경우가 존재한다는 것이다.

며, 분야 별 각 법률에 따라 산재되어 도입된 징벌적 손해배상제도 운용의 통일성을 확보하고 실효성을 제고하기 위해, 기업활동에 관한 기본 법률인 「상법」에서 상인의 상행위에 관한 손해배상책임으로서 "징벌적 손해배상제도"를 도입함."

4) 사법제도개혁추진위원회 백서(상), 2006. 12. 22, 328면 이하.

5) 김태선, 징벌적 손해배상제도에 관한 고찰, 민사법학 제50권, 2010, 239-241면 참조.

6) 사법제도개혁추진위원회 백서(상), 2006. 12. 22, 328면.

이와 같이 징벌적 손해배상은 현대형 불법행위에 대하여 전통적인 전보배상이 가지는 한계에 대한 인식과 그 한계를 극복하기 위한 하나의 방편으로 논의되었다. 따라서 제도 도입에 찬성하는 주된 논거는 징벌적 손해배상제도가 가지는 '처벌'과 '억지'기능을 통하여 불법행위자를 처벌하고 이를 통하여 유사 불법행위를 억지하는 것에 있다. 그러나 ① 대륙법계 전통을 계수한 우리나라에서는 민사·형사 준별원칙에 따라 민사책임으로서 손해배상은 손해의 '전보'에 한정된 것이기 때문에 처벌을 목적으로 하는 것은 우리나라의 법체계에 부합하지 않으며, ② 피해자에게 실손해를 넘어서는 우발적 이익을 제공하게 되어 남소의 우려가 있고, ③ 예측가능성이 결여된 과다한 징벌배상액으로 인해 기업의 경제활동을 위축시킬 수 있다는 등의 반대 논거가 강력히 제기되었다. 그 결과 도입 논의 초기에는 징벌적 손해배상제도의 본격적인 도입에 관한 내용이 공론화되지 못하였다.[7)]

2. 현 황

2011년 개정된 하도급법에서는 원사업자의 손해배상책임 규정(제35조)을 신설하면서, 원사업자가 기술자료를 부당하게 유용하여 손해가 발생한 때에는 실손해의 3배를 넘지 않는 범위에서 배상할 수 있도록 하고, 기술자료의 탈취나 유용에 대한 고의·과실의 입증책임을 원사업자에게 지우는 것을 내용으로 하는 제35조 제2항[8)]을 마련하였다. 하도급법 제35조 제2항에서 규정한 '실손해의 3배를 넘지 아니하는 배상책임'은 국내에서 최초로 징벌적 손해배상을 도입한 것으로 알려져 있다.[9)][10)] 2011년 하도급법 개정 이후 ① 공정거래 분야,[11)] ② 개인정보보호 분야,[12)]

7) 김현수·윤용석·권순현·장다혜, 징벌적 손해배상에 관한 입법평가, 한국법제연구원, 2012, 20-29면.

8) 하도급거래 공정화에 관한 법률 [시행 2011. 6. 30.] [법률 제10475호, 2011. 3. 29., 일부개정]
"제35조(손해배상 책임) ① 원사업자가 제12조의3제1항을 위반하여 기술자료 제공을 요구함으로써 손해를 입은 자가 있는 경우에는 그 자에게 발생한 손해에 대하여 배상책임을 진다. 다만, 원사업자가 고의 또는 과실이 없음을 입증한 경우에는 그러하지 아니하다.
② 원사업자가 제12조의3제3항을 위반하여 취득한 기술자료를 유용함으로써 손해를 입은 자가 있는 경우에는 그 자에게 발생한 손해의 3배를 넘지 아니하는 범위에서 배상책임을 진다. 다만, 원사업자가 고의 또는 과실이 없음을 입증한 경우에는 그러하지 아니하다.
③ 제1항 또는 제2항에 따라 손해배상청구의 소가 제기된 경우 「독점규제 및 공정거래에 관한 법률」 제56조의2 및 제57조를 준용한다. [본조신설 2011. 3. 29.]"

9) 대한민국 국회 정무위원회, 하도급거래 공정화에 관한 법률 일부개정법률안(대안), 2011. 3(개정이유: "원사업자가 기술자료를 유용하여 손해가 발생한 경우 발생한 손해의 3배까지 배상할 수 있도록 하고, 기술자료 탈취·유용에 대한 고의·과실의 입증책임을 원사업자에게 지움(안 제35조 신설)"); 제298회 국회(임시회) 국회본회의회의록 제2호, 2011. 3. 11, 8면("하도급거래 공정화에 관한 법률 일부개정법률안(대안)에 대해서 말씀드리겠습니다. … 둘째, 원사업자의 기술자료 탈취나 유용행위를 근절키 위하여 고의 또는 과실의 입증책임을 원사업자에게 전환하였고 기술자료 유용의 경우에는 원사업자가 발생한 손해의 3배까지 배상하도록 하는 징벌적 손해배상제도를 도입하였습니다."); MBN, ""中企기술 탈취, 최고 3배 배상: '징벌적 손배제' 오늘 본회의 처리… 대기업 반발", 2011. 3. 11.("서민경제특위가 중소기업 보호를 위해 획기적인 제도를 도입했다"며 "예전부터 기술탈취에 대해 징벌적 손해배상제를 도입하자고 요구해왔는데 합의를 거둔 것은 매우

③ 지식재산보호 분야,[13] ④ 소비자보호 분야,[14] ⑤ 차별금지 분야,[15] ⑥ 공익신고자 보호 분야,[16] ⑦ 근로자 및 시민 보호 분야에서 실손해의 일정한 배수 이내 배상책임을 인정하는 규정의 입법이 이루어졌다.

의미 있는 일"이라고 말했다. 하지만 재계는 징벌적 손해배상제 도입에 대해 집단적인 반발 움직임을 보이고 있다.").

10) 2011년 하도급법부터 현재까지 도입된 실손해의 3배 또는 5배 상한의 배상책임의 성격은 대체로 징벌적 손해배상으로 평가된다. 김차동, 하도급법상 징벌적 손해배상의 법집행상 문제점과 그 실효성 제고방안, 법학논총 제33권 제4호, 2016; 이점인, 현행 징벌적 손해배상 제도에 대한 비판적 고찰, 동아법학 통권 제74호, 2017; 이창현, 제조물책임과 징벌적 손해배상, 저스티스 통권 제172호, 2019. 6 참조. 반면, 국내에 도입된 실손해의 배수를 상한으로 하는 배상책임은 미국법상 배액배상(multiple damages) 또는 법정손해배상(statutory damages) 제도를 도입한 것으로 보아야 한다는 견해도 존재한다. 김태선, 소비자보호를 위한 배액배상제도의 기능과 운용, 중앙법학 제20권 제3호, 2018; 최나진, 징벌적 손해배상과 법정손해배상: 우리나라 민법과 양립가능성, 경희법학 제51권 제3호, 2016 참조. 영미법상 징벌적 손해배상제도는 전보적 손해배상과 함께 악성이 큰 불법행위자를 처벌하고 억지하는 것을 주된 목적으로 하여 불법행위법이 인정하는 손해배상의 한 유형이다. 이는 전통적으로 코먼로상 인정되었지만 미국의 경우 최근에는 과다한 징벌배상액의 인정을 제한하기 위해 다수의 주에서 전보배상액의 3배, 5배와 같이 배수를 상한으로 하는 징벌적 손해배상(multiple punitive damages)에 관한 제정법상 규정을 마련하고 있다. 미국 개별 주의 구체적 입법현황에 관해서는 엄동섭·김현수, 징벌배상제도의 부작용 방지대책 연구, 2013년도 법무부 연구용역 과제보고서, 2013. 9, 76-112면 참조. 한편, 배액배상제도는 불법행위법상 손해배상의 한 유형이라기보다는 제정법상 통상 전보배상액의 2배 배상(double damages) 또는 3배 배상(treble damages)의 형태로 배상책임을 인정함으로써 사적 집행(private enforcement)을 강화하고 동종 유사행위의 억지를 목적으로 하는 것이다. Joseph Gregory Sidak, Rethinking Antitrust Damages, 33 Stan. L. Rev. 329, 330 (1981) 참조. 미국법상 징벌배상과 배액배상은 불법행위법상 지위, 목적, 기능, 규정 형태의 측면에서 차이점이 존재하는 동시에 공통점도 존재하기 때문에 배상책임에 관한 규정 형식만으로는 그 구별이 쉽지 않다. 이러한 점을 고려하면 국내에 배수를 상한으로 설정되어 있는 규정에서 정해진 배상책임의 성격을 파악하는 경우에도, 규정 도입의 입법배경, 목적, 규율하는 사안의 구체적 상황 등을 고려하여 개별적으로 판단하는 것이 바람직할 것이다. 이에 관한 상세한 내용은 차후의 연구에서 다룰 수 있기를 기대한다.

11) 하도급거래 공정화에 관한 법률 제35조, 가맹사업거래의 공정화에 관한 법률 제37조의2, 대리점거래의 공정화에 관한 법률 제34조, 대·중소기업 상생협력 촉진에 관한 법률 제40조의2, 대규모유통업에서의 거래 공정화에 관한 법률 제35조의2, 독점규제 및 공정거래에 관한 법률 제56조, 축산계열화사업에 관한 법률 제34조의2.

12) 개인정보보호법 제39조, 신용정보의 이용 및 보호에 관한 법률 제43조, 정보통신망 이용촉진 및 정보보호호 등에 관한 법률 제32조.

13) 특허법 제128조, 부정경쟁방지 및 영업비밀보호에 관한 법률 제14조의2, 디자인보호법 제115조, 상표법 제110조.

14) 제조물책임법 제3조, 자동차관리법 제74조의2.

15) 기간제 및 단시간근로자 보호등에 관한 법률 제13조.

16) 공익신고자 보호법 제29조의2.

[현행 법률(일부)과 제 · 개정이유]

분야	법률명	조문	제 · 개정이유
공정거래	하도급거래 공정화에 관한 법률	제35조	"대기업과 중소기업의 상생협력에 의한 동반성장의 여건을 조성하고 불공정한 하도급거래를 근절시킬 뿐만 아니라 중소기업 간의 하도급거래에서도 보다 공정한 하도급거래질서가 정립 · 발전되도록 함으로써 중소기업의 경영환경을 개선"17)
	가맹사업거래의 공정화에 관한 법률	제37조의 2	"가맹본부의 일부 법 위반행위에 대해 징벌적 손해배상제도를 도입하며, 분쟁조정신청에 시효중단의 효력을 부여하는 등 현행법의 운영상 일부 미비점을 개선 · 보완하려는 것임"18)
	대 · 중소기업 상생협력 촉진에 관한 법률	제40조의 2	"중소기업의 납품단가를 현실화하기 위해 납품단가 조정협의제도를 하도급거래에 해당하지 않는 수탁 · 위탁 거래까지 확대하는 한편, 동 제도의 실효성 확보를 위해 납품대금의 조정신청을 이유로 행해지는 보복조치를 금지하며, 보복조치에 대한 징벌적 손해배상제도를 도입할 필요가 있음"19)
	대규모유통업에서의 거래 공정화에 관한 법률	제35조의 2	"납품업자등이 공정거래위원회의 조사 · 서면실태조사에 협조한 행위를 금지되는 보복조치 원인행위로 신설하고, 대규모유통업자의 부당감액 · 부당반품 및 보복조치 등에 대한 3배 배상제도를 마련하여, 공정거래위원회의 법집행의 실효성을 강화하고 거래상 약자인 납품업자등에 대한 두터운 보호가 가능하도록 하려는 것임"20)
	독점규제 및 공정거래에 관한 법률	제56조	"부당한 공동행위 및 금지되는 보복조치를 한 사업자 · 사업자단체에 대하여 3배 이내 배상제도를 도입하여 피해자의 실질적 구제에 기여하려는 것임"21)
개인정보보호	개인정보보호법	제39조	"징벌적 손해배상제 · 법정손해배상제를 도입하여 개인정보 유출에 대한 피해구제를 강화"22)
	신용정보의 이용 및 보호에 관한 법률	제43조	"징벌적 과징금 및 징벌적 손해배상 책임, … 등을 규정함으로써, 신용정보 유출에 대한 사전적 예방과 사후적 제재 및 소비자의 피해구제를 강화하려는 것임"23)

17) 하도급거래 공정화에 관한 법률 [시행 2011. 6. 30.] [법률 제10475호, 2011. 3. 29., 일부개정] 제 · 개정이유.
18) 가맹사업거래의 공정화에 관한 법률 [시행 2017. 10. 19.] [법률 제14812호, 2017. 4. 18., 일부개정] 제 · 개정이유.
19) 대 · 중소기업 상생협력 촉진에 관한 법률 [법률 제16290호, 2019. 1. 15, 일부개정] 제 · 개정이유.
20) 대규모유통업에서의 거래 공정화에 관한 법률 [법률 제15469호, 2018. 3. 13, 일부개정] 제 · 개정이유.
21) 독점규제 및 공정거래에 관한 법률 [시행 2019. 3. 19.] [법률 제15784호, 2018. 9. 18., 일부개정] 제 · 개정이유.
22) 개인정보 보호법 [법률 제13423호, 2015. 7. 24, 일부개정] 제 · 개정이유.
23) 신용정보의 이용 및 보호에 관한 법률 [법률 제13216호, 2015. 3. 11, 일부개정] 제 · 개정이유.

지식재산보호	특허법	제128조	"특허권 또는 전용실시권 침해행위에 대해 손해액의 3배의 범위에서 징벌적 손해배상제도를 도입하며… 특허권 또는 전용실시권 침해행위가 고의적인 것으로 인정되는 경우에는 손해로 인정된 금액의 3배를 넘지 아니하는 범위에서 배상액을 인정할 수 있도록 하되, 침해행위가 고의적인지 여부를 판단할 때에는 침해자의 우월적 지위 여부, 고의의 정도, 침해행위의 기간 및 횟수, 침해행위로 인하여 침해자가 얻은 경제적 이득의 정도 등을 고려하도록 하여 특허권 또는 전용실시권 침해에 따른 피해구제를 강화하도록 함."24)
	부정경쟁방지 및 영업비밀보호에 관한 법률	제14조의 2	"아이디어 탈취행위에 대한 징벌적 손해배상을 도입하고 위반행위에 대한 시정권고 내용을 공표하도록 함으로써 공정한 시장 질서에 기여하려는 것임."25)
소비자 피해 구제	제조물책임법	제3조	"이에 징벌적 손해배상제를 도입하여 제조업자의 악의적 불법행위에 대한 징벌 및 장래 유사한 행위에 대한 억지력을 강화하고, 피해자에게는 실질적인 보상이 가능하도록 하려는 것임"
환경	환경보건법	제19조	"국민들이 높은 수준으로 주의를 기울여도 유해화학물질 등을 사용하여 제조된 제품의 경우 그 위해성을 쉽게 알기 어려우므로 고의·과실을 고려하여 징벌적 손해배상을 하게 함으로써 환경유해인자와 환경성질환에 대한 사업자의 주의의무를 높여야 함. 이를 위해 고의 또는 손해발생을 인식한 정도, 환경유해인자의 유해성 등을 고려하여 그 피해액의 3배를 넘지 않는 범위에서 손해를 배상하게 하려는 것임."
차별 금지	기간제 및 단시간근로자 보호 등에 관한 법률	제13조	"단시간근로자가 법정 근로시간 내 근로를 강요받는 경우가 많아 이를 시정하고자 단시간근로자의 초과근로에 대하여 할증임금을 도입하고, 현행 차별시정 제도의 경우 임금 및 근로조건의 보상 또는 원상회복 수준에 머물고 있어 사용자의 고의적이고 반복적인 차별행위에 대한 사전적 예방 효과가 미미하므로, 사용자의 고의적 또는 반복적 차별 행위에 대해서는 노동위원회가 기간제 및 단시간 근로자에게 발생한 손해액의 3배 내에서 징벌적인 성격의 배상명령을 함으로써 차별을 근본적으로 차단하도록 하는 한편"26)

24) 특허법 [법률 제16208호, 2019. 1. 8, 일부개정] 제·개정이유.
25) 부정경쟁방지 및 영업비밀보호에 관한 법률 [법률 제17529호, 2020. 10. 20, 일부개정] 제·개정이유.
26) 기간제 및 단시간근로자 보호 등에 관한 법률 [법률 제12469호, 2014. 3. 18, 일부개정] 제·개정이유.

공익신고자 보호	공익신고자 보호법	제29조의 2	"공익신고 대상분야 및 관계대상법률을 추가하고, 보호조치 신청기간 연장, 불이익조치에 대한 국민권익위원회의 주기적 점검의무 부과 및 긴급 구조금 제도·징벌적 손해배상제도 도입 등을 통하여 공익신고자 보호제도의 실효성을 강화하고자 함."[27]

그간 이루어진 입법의 특징을 살펴보면 대체로 다음과 같다.[28] 첫째, 소비자보호, 공정거래, 차별금지, 개인정보보호 등과 같은 특정한 분야의 개별법상 특정한 법위반행위에 대하여 제한적으로 도입되었다. 둘째, 실손해를 넘어서는 배상책임을 인정하기 위하여 행위자의 주관적 요건을 규정하고 있으나, 법률에 따라 명백한 고의, 고의, 중과실, 과실로 달리 규정하고 있으며 그 기준은 일관적이지 않다. 예를 들어, 가맹사업거래의 공정화에 관한 법률[29]에서는 불법행위자의 주관적 요건에 대하여 "고의 또는 과실"로 규정하고 있으나, 개인정보보호법[30]에서는 "고의 또는 중과실"에 한정하여 실손해를 넘어서는 배상책임을 인정하고 있다. 그리고 기간제 및 단기간근로자 보호 등에 관한 법률에서는 불법행위자의 주관적 요건을 "명백한 고의"로 규정하고 있다.[31] 셋째, 모든 법률에서 배상액을 실손해의 배수로 상한을 설정하는 방식을 택하고 있다. 상

27) 공익신고자 보호법 [시행 2018. 5. 1.] [법률 제15023호, 2017. 10. 31., 일부개정] 제·개정이유.

28) 이하 입법의 특징에 관한 내용은 김현수, 현행 징벌적 손해배상제도 개선에 관한 고찰, 재산법연구 제36권 제4호, 2020, 207-211면을 참조하여 정리한 것이다.

29) "제37조의2(손해배상책임) ① 가맹본부는 이 법의 규정을 위반함으로써 가맹점사업자에게 손해를 입힌 경우에는 가맹점사업자에 대하여 손해배상의 책임을 진다. 다만, 가맹본부가 고의 또는 과실이 없음을 입증한 경우에는 그러하지 아니하다.
② 제1항에도 불구하고 가맹본부가 제9조 제1항, 제12조 제1항 제1호 및 제12조의5를 위반함으로써 가맹점사업자에게 손해를 입힌 경우에는 가맹점사업자에게 발생한 손해의 3배를 넘지 아니하는 범위에서 배상책임을 진다. 다만, 가맹본부가 고의 또는 과실이 없음을 입증한 경우에는 그러하지 아니하다. <개정 2018. 1. 16.>"

30) "제39조(손해배상책임) ① 정보주체는 개인정보처리자가 이 법을 위반한 행위로 손해를 입으면 개인정보처리자에게 손해배상을 청구할 수 있다. 이 경우 그 개인정보처리자는 고의 또는 과실이 없음을 입증하지 아니하면 책임을 면할 수 없다.
③ 개인정보처리자의 고의 또는 중대한 과실로 인하여 개인정보가 분실·도난·유출·위조·변조 또는 훼손된 경우로서 정보주체에게 손해가 발생한 때에는 법원은 그 손해액의 3배를 넘지 아니하는 범위에서 손해배상액을 정할 수 있다. 다만, 개인정보처리자가 고의 또는 중대한 과실이 없음을 증명한 경우에는 그러하지 아니하다. <신설 2015. 7. 24.>."

31) 기간제 및 단시간근로자 보호 등에 관한 법률은 법원이 아닌 노동위원회의 시정명령의 내용으로 3배 배상이 가능토록 규정하고 있다. "제13조(조정·중재 또는 시정명령의 내용) ①제11조의 규정에 따른 조정·중재 또는 제12조의 규정에 따른 시정명령의 내용에는 차별적 행위의 중지, 임금 등 근로조건의 개선(취업규칙, 단체협약 등의 제도개선 명령을 포함한다) 또는 적절한 배상 등이 포함될 수 있다. <개정 2014. 3. 18.>."
② 제1항에 따른 배상액은 차별적 처우로 인하여 기간제근로자 또는 단시간근로자에게 발생한 손해액을 기준으로 정한다. 다만, 노동위원회는 사용자의 차별적 처우에 명백한 고의가 인정되거나 차별적 처우가 반복되는 경우에는 손해액을 기준으로 3배를 넘지 아니하는 범위에서 배상을 명령할 수 있다. <신설 2014. 3. 18.>."

한의 범위는 초기에는 3배의 경우가 많았으나, 최근 개정된 자동차관리법(제74조의2 제2항)[32]이나 상법 개정안[33]에서 5배로 규정한 사례에서 볼 수 있듯이 점차 높아지는 경향이 있다. 넷째, 손해배상액 산정에 필요한 다양한 고려요소를 제시하고 있다.

한편, 제도 도입 이후 실무적 활용도를 조사한 연구에 의하면 그간의 판례는 대부분 하도급법을 근거로 한 청구(12건)였으나, 기간제 및 단시간근로자 보호 등에 관한 법률, 가맹사업거래의 공정화에 관한 법률을 근거로 한 청구도 일부 존재하였다. 그렇지만 청구의 인용률은 높지 않다고 한다(12건 중 2건).[34]

3. 정 리

2011년 하도급법 개정을 계기로 국내에서는 징벌적 손해배상에 대한 인식과 관심이 높아졌다. 최근까지 약 20여 개의 법률에서 하도급법과 유사한 형식으로 실손해의 3배 또는 5배 이내 배상책임을 인정하는 규정이 마련되었다. 최근에도 금융소비자보호법 개정안,[35] 언론과 포털사업자를 규제대상에 포함하는 정보통신망법 개정안[36] 등 새로운 분야에서 특정한 불법행위에 대

32) "제74조의2(손해배상) ① 제31조 제1항에 따른 결함으로 발생한 생명, 신체 및 재산상의 손해(해당 자동차 또는 자동차부품에 대하여만 발생한 손해는 제외한다)에 대하여는 자동차제작자등이나 부품제작자등이 손해배상의 책임이 있다. <개정 2020. 2. 4.>.
② 제1항에도 불구하고 <u>자동차제작자등이나 부품제작자등이 결함을 알면서도 이를 은폐·축소 또는 거짓으로 공개하거나 제31조 제1항에 따라 지체 없이 시정하지 아니하여 생명, 신체 및 재산에 중대한 손해를 입은 자가 있는 경우</u>에는 그 자에게 발생한 손해의 5배를 넘지 아니하는 범위에서 배상책임을 진다. <신설 2020. 2. 4.>."

33) 법무부 상법 일부개정법률안 "제66조의2(상인의 손해배상책임에 대한 특례) ① 상인이 <u>고의 또는 중과실</u>로 타인에게 손해를 가한 경우 상인은 손해의 5배를 넘지 아니하는 범위에서 배상할 책임이 있다. 다만, 상인이 상행위로 인한 것이 아님을 입증한 경우에는 그러하지 아니하다.
② 제1항의 책임에 따른 손해배상청구는 소(訴)로써만 행사할 수 있다."

34) 김정환, 위의 보고서(주 2), 203-221면.

35) 『금융소비자 보호에 관한 법률 일부개정법률안』(전재수 의원 등 10인) 의안번호 1829, 2020. 7. 13; 소비자가 만드는 신문, "전재수 의원 '금융소비자보호법 징벌적 손해배상 등 보완 필요'", 2021. 4. 13.

36) 『정보통신망 이용촉진 및 정보보호 등에 관한 법률 일부개정법률안』(윤영찬 의원 등 34인) 의안번호 2102291, 2020. 07. 22.
"5장에 제44조의11을 다음과 같이 신설한다.
제44조의11(손해배상 책임) ① 이용자는 다른 이용자의 <u>고의 또는 중대한 과실로 제44조의7 제1항 제2호에 따른 정보 중 거짓의 사실을 드러내어 타인의 명예를 훼손하는 내용의 정보 또는 불법정보 생산·유통으로 명예훼손 등</u> 손해를 입은 경우 그 손해를 입힌 이용자에게 손해배상을 청구할 수 있다. 다만, 손해를 입힌 이용자가 고의 또는 중대한 과실이 없음을 입증한 경우에는 그러하지 아니하다.
② 법원은 제1항에 따른 손해배상 청구에 대하여 그 손해액의 3배를 넘지 아니하는 범위에서 손해배상액을 결정할 수 있다.
③ 법원은 제2항의 손해배상액을 정할 때에는 다음 각 호의 사항을 고려하여야 한다.
1. 고의 또는 손해 발생의 우려를 인식한 정도
2. 위반행위로 인하여 입은 피해 규모
3. 위반행위의 기간·횟수

하여 지속적으로 징벌적 손해배상제도 도입의 필요성이 제기되며 이를 반영한 입법안이 제시되고 있다. 또한, 2020년 9월 법무부는 징벌적 손해배상제도의 확대를 목적으로 하는 상법 개정안을 입법예고하였다. 개정 이유서에서는 기존에 다수의 법률에서 개별적으로 징벌적 손해배상제도가 도입되었지만 동 제도의 실효성을 확보하기에는 한계가 있다는 점을 고려하여 일반규정의 형태로 상법에 이를 규정하여, "영업활동 과정에서 고의·중과실의 위법행위에 대해 실질적인 억지력을 확보"하기 위한 것이라는 점을 밝히고 있다.[37)]

이처럼 최근 징벌적 손해배상제도는 전통적인 전보적 손해배상제도를 보완할 수 있는 제도적 장치로 사회적 관심을 받고 있다. 그럼에도 불구하고 애초 대륙법계 전통을 가진 국가의 법체계하에서 친숙하지 않은 관념인 징벌적 손해배상에 대해서는 여전히 비판적인 시각이 존재한다. 아울러 이미 도입된 제도의 성격에 대한 논의, 향후 확대 영역, 개선 방향 등에 대하여 많은 논의가 이루어지고 있다.[38)] 이들 논의는 매우 다양한 관점에서 이루어지고 있지만, 최근에는 징벌적 손해배상제도 도입 논의에 있어 시작점이 되어야 할 기본적 쟁점은 크게 관심을 받지 못하고 있는 것으로 보인다. 이하에서는 향후 동 제도의 도입을 위한 논의의 출발점에서 고려해야 할 두 가지 기본적 쟁점에 대해서 재검토하고자 한다. 첫째, 전통적으로 전보적 손해배상배상을 원칙으로 하는 대륙법계 국가에서 징벌적 손해배상은 이질적인 대상일 수밖에 없다. 그렇다면 대륙법계 국가에서 징벌적 손해배상제도는 어떠한 상황에서 어떠한 기능을 할 수 있는가? 둘째, 징벌적 손해배상제도의 적용영역이나 적용대상의 확대에 대한 사회적 요구가 증가하는 시점에서 징벌적 손해배상 인정을 위한 정당화 근거로서 주관적 요건은 어떠한 지위를 가지며 어떻게 설정되어야 하는가?

Ⅲ. 쟁점의 검토

1. 대륙법계 국가에서 징벌적 손해배상제도의 의의

(1) 쟁 점

징벌적 손해배상은 영미법계 전통을 가진 국가의 특유한 것으로서 대륙법계 전통을 가진

---

4. 손해를 입힌 이용자의 재산상태
5. 이용자의 피해구제를 위하여 노력한 정도"

37) 법무부, '상법 일부개정법률안' 조문별 개정 이유서, 2020. 9, 3면; 법무부, 「상법 일부개정법률안」 조문별 개정 이유서, 2020. 9, 2면.

38) 고세일, 대륙법에서 징벌적 손해배상 논의 -민법의 관점에서-, 법조 제63권 제1호, 2014; 이점인, 위의 논문(주 10); 이재목, 징벌적 손해배상제도에 관한 국내 입법의 현황과 문제점, 홍익법학 제19권 제4호, 2018. 12 참조.

유럽 국가들과 마찬가지로 이를 계수한 우리나라 불법행위법의 영역에서도 이질적이고 인정되지 않던 개념이었다.[39] 그러나 국내에서는 지난 2011년 하도급법 개정 이후 가습기 살균제 사고, 2018년 BMW 차량 화재 사고 등을 겪으면서 피해자의 손해를 실질적으로 구제하고 가해자를 처벌함으로써 동종 유사행위의 억지를 담보할 제도적 장치로 징벌적 손해배상제도의 도입에 대한 사회적 요구가 높아지면서 이에 대한 입법화 노력은 지속될 것으로 예상된다. 반면, 동 제도에 대한 반대의 목소리 또한 여전히 높은 것이 사실이다. 이처럼 충분한 사회적 합의 없이 입법을 통한 제도의 도입에 관한 논의가 지속되는 점을 고려하면, 우리 사회에서 징벌적 손해배상제도가 어떠한 의의를 가지고 어떠한 기능을 수행할 수 있는지와 관련한 근본적인 문제에 대한 재검토가 필요하다. 이하에서는 이러한 문제의식을 가지고 종래 대륙법계 국가(특히, 유럽의 대륙법계 국가)에서 징벌적 손해배상이 인정되지 않았던 이유와 최근의 인식 변화를 살펴보고, 대륙법계 국가에서 징벌적 손해배상제도가 가지는 의의와 역할에 대해 검토한다.

(2) 전통적 입장

대륙법계 국가에서는 원칙적으로 징벌적 손해배상을 인정하지 않았다.[40] 그 이유는 다양한 관점에서 논해질 수 있으나, 대체로 다음과 같은 세 가지로 나누어 설명할 수 있다.

가. 불법행위법의 목적

대륙법계 국가에서 징벌적 손해배상이 인정되지 않았던 가장 큰 이유는 불법행위법(불법행위책임제도)이 상정하는 목적의 차이라고 할 수 있다. 불법행위법의 목적에 대해서는 역사적으로 응보, 정의, 처벌, 억지, 보상, 손해의 분배 등 다양하게 파악되어 왔으나, 그중 하나만으로는 불법행위법에 대한 완전한 정당성을 제시해 줄 수는 없다. 특정한 시대에서 강조되는 불법행위법은 목적은 그 시대가 처한 사회경제적 환경이나 철학적 배경과 밀접한 관련이 있다.[41] 근대 불법행위법의 중핵적 목적은 불법행위에 의해 발생한 손해를 그 행위 이전의 상태로 전보(원상회복)하는 것이다.[42] 그리고 발생한 손해를 누가 전보해야 하는가에 대한 답으로서 근대 민법은 과실책임주의의 원칙을 택하였다. 즉, 발생한 손해를 타인에게 부담케 할 수 있는 '정당한 사유'로서 고의와 과실이라는 귀책사유를 설정하고 있다.[43] 이와 함께 불법행위법은 누가 어떠한 손해

---

39) 곽윤직 편집대표, 민법주해[XVIII], 2005, 19면(김성태 집필부분) 이하 참조.

40) Helmut Koziol, *Punitive Damages: Admission into the Seventh Legal Heaven or Eternal Damnation?: Comparative Report and Conclusions*, in Punitive Damages: Common Law and Civil Law Perspectives 276 (Helmut Koziol & Vanessa Wilcox eds. 2009).

41) Markesinis & Deakin's, Tort Law 43-47 (7th ed. 2013).

42) Unification of Tort Law: Damages 185 (U. Magnus ed. 2001).

43) 한 사회에서 발생한 모든 손해에 대해 완전한 배상을 하도록 노력하는 것은 바람직하지 않다. 손해를 입은 자에게 배상청구권을 인정한다는 것은 자동적으로 타인에 대한 행동의 자유를 제한하는 결과를 초래하기 때문이다. 개인의 자유로운 경제활동을 보장하는 것이 근대 사법(私法)의 최고이념 중 하나였기 때문에, 손해에 대한 배상책임을 지우는 것은 특별한 이유, 즉 정당한 사유가 있는 때에만 인정된다.

의 전보를 해야 하는가에 관한 문제에 대하여 손해의 공평·타당한 분담론을 기초로 발전되고 있다. 이에 따라 무과실책임제도가 발전되고, 배상책임의 사회적 분담이나 분산에 대한 문제(예: 보험제도)가 더욱 활발히 논의되고 있다. 이와 같이 대륙법계 국가에서 불법행위법은 손해의 전보라는 목적을 기초로 그 기능을 확대하고 있다. 그럼에도 불구하고 불법행위법의 중핵적 목적이 손해의 전보라는 것에는 변함이 없으며, 이는 발생한 손해를 넘어서는 전보(배상책임)는 인정되지 않는다는 명제로 연결된다. 따라서 가해자를 처벌하고 장래의 유사행위를 억지하는 것을 목적으로 피해자가 입은 실손해를 넘어서는 배상책임을 인정하는 징벌적 손해배상의 관념은 대륙법계 국가에서는 인정하기 어려운 것이었다.

나. 민사 · 형사책임의 준별원칙

징벌적 손해배상이 대륙법계 국가에서 인정되지 않았던 또 다른 이유는 근대법의 성립과정에서 민사책임과 형사책임이 엄격히 분화된 것에서 찾을 수 있다. 아울러 대륙법계 국가에서 공법(public law)과 사법(private law)의 구별은 전체적인 법질서의 체계적인 구축과 운영에 중요한 역할을 수행하는 반면, 영미법계 국가는 이러한 도그마적 구별이 상대적으로 중요하게 여겨지지 않는다는 점도 고려될 수 있다.[44]

근대법상 확립된 민사·형사책임 준별원칙에 의하면 민사책임은 피해자에게 생긴 손해의 전보를 목적으로 하고, 형사책임은 행위자에 대한 응보와 향후에 발생할 해악의 방지를 목적으로 한다. 전통적으로 민사책임과 형사책임 사이의 엄격한 구분은 영미법계 국가에 비하여 대륙법계 국가에서 강조되는 것이었다. 따라서 대륙법계 국가에서는 민사책임을 규율하는 불법행위법의 체계 내에서 처벌을 목적으로 하는 준형사적 성격을 가진 징벌적 손해배상은 인정될 수 없는 제도였다[45] 사법으로서 불법행위법과 공법으로서 형법은 위법행위를 다루고 있다는 점에서 공통점이 있다. 그러나 불법행위법은 피해자 개인에 대한 침해를 규율하지만, 형법은 사회 전체의 이익이나 공공의 안전에 대한 위해, 즉 공적인 침해인 범죄(crime)를 규율하는 것이다.[46] 따라서 대륙법계 국가에서는 사회 전체의 이익을 해하는 행위에 대한 처벌은 공법인 형법의 영역에서 국가에 의해 집행되어야 한다는 관념이 자연스러운 것이었다. 아울러 사회 정책의 실현에 요구되는 목적성이나 책임성이 사적 이익의 영향으로 견고하지 않을 수밖에 없는 사인(私人)에게 징벌적 손해배상이라는 수단을 통해 그 집행을 허용함으로써 공적 권한을 이전한다는 것은 낯선 관념이었다.[47] 결국 대륙법계 국가에서 징벌적 손해배상은 사법이 담당하는 민사책임의 영역에

44) Thomas W. Merrill, *Private and Public Law, in* The Oxford Handbook of the New Private Law (Andrew S. Gold et al., ed. 2020) 참조.

45) Vorker Behr, *Punitive Damages in American and German Law: Tendencies towards Approximation of Apparently Irreconcilable Concepts*, 78 Chi.-Kent L. Rev. 105, 109-113 (2003) 참조.

46) 송덕수, 채권법각론, 제3판, 2017, 492-493면.

47) Martin H. Redish & Andrew L. Mathews, *Why Punitive Damages Are Unconstitutional*, 53 Emory. L.J.

서 인정될 수 없는 성질의 것으로 평가되었다.

다. 불법행위법의 사회적 역할 등

대륙법계 국가와 영미법계 국가 사이에 불법행위법을 둘러싼 사회적 역할과 관련 보상체계의 차이 역시 징벌적 손해배상이 인정되기 어려웠던 이유로 평가받고 있다. 우선 전통적으로 사회복지로서의 보험이나 관련 정책에 대한 공적 부분의 역할이 컸던 유럽의 대륙법계 국가에 비하여 미국 사회에서는 시민들 자신이 스스로의 이익을 구제하기 위해 사법적 구제수단에 의지해야 하는 전통이 강했다. 영미법계 특히 미국의 경우 자유방임주의의 영향으로 전통적으로 정부의 역할은 소극적이었다. 따라서 사회보험과 같은 사회적 보상체계 역시 유럽의 대륙법계 국가에 비하여 상대적으로 미비하였고, 결과적으로 불법행위 소송을 통한 피해자의 구제가 개개의 시민들에게뿐 아니라 사회적으로도 중요한 손해의 보상체계로서 그 역할을 담당하였다.[48)]

이러한 영향으로 불법행위 소송은 사인이 사적 검찰관(private prosecutors)의 지위에서 사적 집행(private enforcement)을 하는 것으로 사회 전체의 이익을 보장하는 데 기여한다는 인식이 강하다. 반면, 유럽의 대륙법계 국가에서 시민의 안전과 번영을 확보하기 위한 정부의 역할은 적극적인 것으로 평가되기 때문에 불법행위법을 통한 사적 집행에 대한 사회적 인식이나 가치는 영미법계 국가의 그것과 비교하여 상대적으로 그 중요성이 낮다고 할 수 있다.[49)]

이와 함께, 사법의 민주화를 확보하기 위한 전제로서 배심제도나 불법행위 소송의 실효성 확보를 위한 집단소송과 같은 불법행위 소송을 둘러싼 절차적 장치의 미흡 또는 부재라는 사실 역시 대륙법계 국가에서 징벌적 손해배상이 인정되지 않았던 간접적 원인이라고 할 수 있다.[50)] 결국 불법행위의 효과로서 전보적 손해배상 외에 징벌적 손해배상을 인정하는 것에 대한 대륙법계 국가와 영미법계 국가의 차이는 사적 집행에 대한 사회적 가치, 사회의 안전에 대한 책임 주체나 관여자, 그리고 불법행위 소송 이외 보상 메커니즘의 역할의 차이와도 관련된다고 할 수 있다.

(3) 징벌배상에 대한 최근의 인식

가. 불법행위법의 목적에 대한 인식 변화

대륙법계 국가에서 불법행위법의 주된 목적은 손해의 전보이기 때문에 전통적인 법적 구제는 피해자에 대한 손해배상의 형태로 이루어진다. 그러나 최근 유럽 대륙법계 국가에서는 전통적인 불법행위법의 목적인 전보 이외에도 '억지'라고 하는 목적과 기능에 관심이 높아지고 있다. 이

1, 13-16 (2004).

48) 예컨대 전통적으로 미국에서의 보건의료 및 의료보장은 "민간의 주도와 정부의 보완"이라는 특징을 보였다. 이우영, 미국 건강보험제도('Obamacare') 관련 헌법적 쟁점의 분석: 미연방대법원의 2012년 Sebelius 판결을 중심으로, 서울대학교 법학 제55권 제2호, 2014 참조.

49) Robert A. Kagan, American and European Ways of Law: Six Entrenched Differences (UC Berkeley Institute of European Studies, 2006), at 38-42.

50) Robert A. Kagan, 앞의 논문, at 34-36.

러한 변화는 전통적인 불법행위법의 전보배상만으로는 피해자의 구제를 충분히 기대할 수 없는 유형의 불법행위에 대해서 특히 강조된다. 예를 들어, 피해자에게 지불해야 할 손해배상액을 초과하는 이익을 계산한 후 불법행위를 저지르는 '계산된 행위(calculated conduct)'나 가해자가 실제로 불법행위 소송을 당할 가능성이 낮은 경우가 이러한 유형에 해당할 수 있다. 또한, 불법행위자에 의하여 발생한 손해가 개별 피해자에게는 크지 않지만 그 범위가 커 많은 피해자에게 영향을 미치는 경우 역시 손해의 전보만을 목적으로 하는 불법행위법을 통해서는 피해자에게 소송을 통한 피해의 구제에 대한 유인을 제공하기 어렵다. 결국 이와 같은 유형의 불법행위에 대해서는 징벌적 손해배상과 같은 '억지'를 주된 목적과 기능으로 하는 새로운 배상책임제도가 일정한 역할을 할 수 있다. 불법행위법이 가지는 예방적 기능의 중요성에 대한 인식의 변화에는 최근 유럽 대륙법계 국가에서도 점차 중요성이 증가하고 있는 법경제학 이론의 영향이 크다고 할 수 있다.[51)]

이와 같은 흐름 속에서 유럽의 개별 국가 차원뿐 아니라 EU 차원의 논의에서도 불법행위법에 대해 전통적인 '전보' 이외에도 '억지' 또는 '예방'이라는 목적에 대한 인식이 높아지고 있다.[52)] 실제로 유럽의 불법행위법 또는 손해배상법의 통일과 조화를 위해 마련된 유럽불법행위법원칙(PETL) Art. 10:101에서도 손해배상의 목적으로 '전보'를 주된 것으로 적시하고 있지만, 이와 더불어 손해의 '예방'을 그 목적으로 명시하고 있다.[53)] 동조의 주석에서는 이러한 예방목적과 처벌목적은 때로는 구분이 어렵다는 점을 지적하고 있다.[54)] 또한, 실무적 차원에서도 지난 2017년 이탈리아 법원에서는 불법행위법의 다양한 목적을 인정하면서 징벌적 손해배상을 명한 외국판결을 승인하였다.[55)]

---

51) Law and Economics in Europe (Klaus Mathis ed. 2014). 법경제학적 관점에 의하면, 불법행위법의 주된 목적은 전체 사고 비용, 행정비용, 보험을 통한 손실의 적절한 배분, 불법행위자와 피해자의 사고 예방비용과 같은 불법행위의 사회적 비용을 최소화하여 효용성을 극대화하는데 있다. Guido Calabresi, *Some Thoughts on Risk Distribution and the Law of Torts*, 70 Yale L.J. 499 (1961); Robert Cooter & Thomas Ulen, Law and Economics 307-387 (2004) 참조.

52) 프랑스, 독일, 이탈리아, 네덜란드, 스위스에서는 일부의 입법에서 민사소송을 통한 징벌적 손해배상을 인정하고 있으며, 법원의 판결에서도 특정한 상황에서 불법행위책임의 예방적 기능을 인정하므로 이 경우 손해에 대한 전보와 징벌이라는 목적 사이의 경계가 점차 모호해지고 있다는 견해도 존재한다. Erdem Büyüksagis et al., *Punitive Damages in Europe and Plea for the Recognition of Legal Pluralism*, 27 Eur. Bus. L. Rev. 137, 138 (2016) 참조.

53) Principles of European Tort Law (PETL) Art. 10:101. Nature and purpose of damages
"Damages are a money payment to compensate the victim, that is to say, to restore him, so far as money can, to the position he would have been in if the wrong complained of had not been committed. Damages also serve the aim of preventing harm."

54) Helmut Koziol et al., Principles of European Tort Law (2005).

55) Angelo Venchiarutti, *The Recognition of Punitive Damages in Italy: A commentary on Cass Sez Un 5 July* 2017, 16601, AXO Sport, SpA v NOSA Inc, JETL 9(1) (2018), at 104-112.

나. 사적 집행에 대한 인식의 변화

대륙법계 국가와 영미법계 국가 모두 형법, 행정법과 같은 공법적 체계(public law mechanism)를 갖추고, 이를 통해 해당 사회의 통념에 위배되는 행위를 위법행위로 규정하여 적발하고 억지하는 역할을 수행토록 하고 있다. 그러나 한 사회에서 발생하는 모든 위법행위에 대하여 정부 등 공적 기관이나 법집행기관이 대응할 수 없다는 내재적 한계 때문에 공법 체계만으로는 그와 같은 역할이 만족스럽게 이루어지지 않는 경우가 발생하게 된다. 이 경우 불법행위법과 같은 사법적 체계(private law mechanism)를 통한 사적 집행은 그 흠결을 보충하는 역할을 할 수 있다. 사적 집행은 정부의 역할이 큰 공법적 체계와는 달리 소비자와 같은 사인(私人)이 민사소송을 통해 손해배상을 받는 형태로 구체화되기 때문에 사적 주도로 이루어지게 된다.

미국에서 사적 집행은 매우 친숙한 개념이며 전통적으로 소비자법, 인권법, 경쟁법, 환경법의 영역에서는 법집행을 위한 주요한 수단으로 사용되었다. 예를 들어, 미국 내에서 셔먼법(the Sherman Act)이나 클레이튼법(the Clayton Act)과 같은 경쟁법 분야의 법률들은 90%를 상회하는 대부분이 사인에 의한 손해배상청구 소송의 형태, 즉 사적 집행의 형태로 이루어지고 있다.[56] 물론 사적 집행의 중요한 목적은 직접적인 배상이지만 그 이외에도 공적 집행의 목적을 추구하는 역할, 그중에서도 가장 중요한 억지기능을 수행한다.[57] 최근 EU 차원에서는 단일 시장에서 경쟁법의 효율적 집행을 추구하고 있으며, 이러한 배경에서 공적 체계의 흠결을 보충하는 동시에 위법행위에 대한 억지기능을 수행하는 사적 집행에 대한 관심이 높아지고 있다. 그리고 이러한 사적 집행에 대한 수단으로서 징벌적 손해배상에 대한 인식 역시 변화하고 있다.[58]

(4) 소 결

종래 징벌적 손해배상제도는 손해의 전보를 불법행위법의 주된 목적으로 하고 민사·형사 책임의 구별을 엄격히 하는 대륙법계 국가에서 불법행위법의 영역으로 포섭하기에는 어려운 제도로 인식되었다. 오늘날에도 불법행위법의 주된 목적이 손해의 전보이며, 제정법을 기초로 하는 대륙법계 국가에서 민사책임과 형사책임의 구분은 국가 전체적 관점에서 법체계의 정립과 운영을 위하여 여전히 중요한 의의를 가지고 있다는 점에 대해서는 이론의 여지가 없을 것이다.

불법행위법은 손해의 전보라는 목적을 가지고 당사자 간의 교정적 정의를 실현할 뿐 아니라 사회 전체에서 손해의 공평한 배분이라는 기능도 수행하고 있다. 그러나 손해의 공평한 분담

---

56) Alison Jones, *Private Enforcement of EU Competition Law: A Comparison with, and Lessons from, the US, in* Harmonising EU Competition Litigation: The New Directive and Beyond 15–42 (Maria Bergström et al. eds. 2016). 연방거래위원회(FTC) 웹페이지에도 같은 취지의 설명이 게시되어 있다.

57) Donald I. Baker, Revisiting History–*What Have We Learned about Private Antitrust Enforcement That We Would Recommend to Others?*, 16 Loy. Consumer L. Rev. 379 (2004). 법경제학 이론에서 독점규제법상 손해배상의 목적은 최적의 억지를 달성하는 것이다. 반면, 독점규제법의 목적은 경제적 효율성의 증가이다.

58) Helmut Koziol, 위의 책(주 40), 289면.

또는 배분은 실질적인 이해조정의 기준으로서 '공평'이라는 기준을 어떻게 이해하고 구체화하는가에 따라 달라지게 된다. 그리고 그 기준은 사회적, 정책적 환경의 변화에 수반되는 사회의 요구에 따라 변화될 수밖에 없다.[59] 결국 불법행위법의 목적은 근대법에서 정립된 법이론이 고정된 형태로 유지되는 것이 아니라 해당 사회의 가치관이나 정의관을 반영하면서 변화되는 대상이라고 이해하여야 한다. 민사·형사 책임 준별원칙은 근대 법문화의 성취로 평가되는 '이론적' 체계이지만, 일정한 목적을 위해서는 양 책임의 통합이 인정되거나 상호적인 영향을 허용하는 것과 같이 일정한 예외를 인정할 수 있다는 점에서 오늘날 절대적 이론으로서의 지위를 가지고 있다고 할 수는 없을 것이다.[60]

징벌적 손해배상은 처벌과 억지를 주된 목적으로 하지만, 오늘날 대륙법계 국가에서는 징벌적 손해배상이 가지는 '처벌'기능보다는 '억지'기능 또는 '예방'기능의 효용성에 주된 관심을 두고 있다. 이처럼 징벌적 손해배상이 가지는 억지 내지 예방기능에 주안점을 두는 경우, 종래 징벌적 손해배상에서 강조되었던 처벌 목적은 억지 내지 예방의 목적에 이바지할 수 있도록 제한적으로 이해되어야 한다. 이 경우 처벌이라는 관념을 일정한 요건이 충족되는 경우 가해자에게 재산적으로 가해지는 불이익으로 넓게 이해하는 전제에서, 징벌적 손해배상을 통한 처벌은 응보적 사상에 기초하여 가해행위를 비난하는 것이라기보다는 불법행위법의 사적 집행을 통한 불법행위의 억지 내지 예방을 목적으로 하는 것으로 제한적으로 이해할 수 있을 것이다. 따라서 대륙법계 국가에서 징벌적 손해배상은 전보적 손해배상을 통해 손해의 공평한 분담이 이루어지지 않고, 형사적 또는 행정적 제재라는 공적 집행을 통하여 불법행위에 대한 억지기능이 충분히 작동하지 않은 상황에서 일정한 역할을 수행할 수 있을 것으로 생각된다. 그리고 그 목적과 기능은 불법행위자에 대한 처벌보다는 사적 집행으로서 장래 유사 행위에 대한 억지 내지 예방에 초점을 맞추어 이해하여야 할 것이다.

2. 징벌적 손해배상의 정당화 사유로서 주관적 요건

(1) 쟁 점

징벌적 손해배상은 불법행위자의 '악성'이 높은 불법행위자를 처벌하고 장래 동종 유사의 불법행위를 억지하는 것을 주된 목적으로 한다. 따라서 징벌적 손해배상을 인정하기 위해서는

59) 무과실책임주의는 산업화가 급속히 증가하면서 손해의 공평한 분담이라는 관점에서 종래의 과실책임주의가 배척된 결과 불법행위법의 영역으로 포섭된 것으로 이해할 수 있다.

60) 소송촉진등에 관한 특별법 제25조의 배상명령("① 제1심 또는 제2심의 형사공판 절차에서 다음 각 호의 죄 중 어느 하나에 관하여 유죄판결을 선고할 경우, 법원은 직권에 의하여 또는 피해자나 그 상속인(이하 "피해자"라 한다)의 신청에 의하여 피고사건의 범죄행위로 인하여 발생한 직접적인 물적(物的) 피해, 치료비 손해 및 위자료의 배상을 명할 수 있다.") 참조.

주관적 요건으로서 불법행위자의 악성이 중요한 기준이 된다. 이와 같은 주관적 요건은 특정한 법위반행위에 대하여 개별법상 징벌적 손해배상제도를 도입하고자 하는 경우뿐 아니라, 일반규정의 형태로 동 제도를 도입하고자 하는 경우에도 그 여부를 결정하기 위하여 검토되어야 한다. 이하에서는 미국법상 제도를 중심으로 징벌적 손해배상의 인정에 필요한 주관적 요건으로서 불법행위자의 악성에 대해 살펴보고 우리나라의 입법 관련 논의에 필요한 관점을 검토한다.

(2) 징벌배상책임의 인정을 위한 주관적 요건

가. 주관적 요건의 지위

법무부가 2020년 입법예고한 상법 개정안 제66조의2 제1항은 "상인이 고의 또는 중과실로 타인에게 손해를 가한 경우에 손해의 5배를 넘지 아니하는 범위에서 배상할 책임이 있다"고 규정하여, 징벌적 손해배상을 인정하기 위한 불법행위자의 주관적 요건을 '고의 또는 중과실'로 제한하고 있다.[61] 동 개정안에서 징벌적 손해배상을 인정하기 위한 주관적 요건을 고의와 중과실로 제한한 것은 불법행위자의 악성이 큰 불법행위로서 비난가능성이 높은 경우에만 징벌적 손해배상책임을 지운다는 것을 의미한다. 따라서 고의와 중과실이라는 주관적 요건은 징벌배상책임을 인정할 수 있는 정당화 사유로 작용한다. 또한, 이는 불법행위자의 악성에 상응하는 범위만큼 징벌배상액을 산정할 수 있도록 하는 배상액 산정을 위한 고려요소로서의 지위를 가진다. 징벌배상액 산정을 위한 고려요소로서 행위자의 악성이라는 요소는 잠재적 불법행위자에게 징벌배상액(비용)에 대한 예측이 가능하도록 표지 역할을 수행하여 동종 유사 불법행위의 억지에 기여하는 역할도 가진다.[62]

---

61) 법무부 상법 일부개정법률안 제66조의2(상인의 손해배상책임에 대한 특례) "① 상인이 <u>고의 또는 중과실</u>로 타인에게 손해를 가한 경우 상인은 손해의 5배를 넘지 아니하는 범위에서 배상할 책임이 있다. 다만, 상인이 상행위로 인한 것이 아님을 입증한 경우에는 그러하지 아니하다.
② 제1항의 책임에 따른 손해배상청구는 소(訴)로써만 행사할 수 있다.
③ 법원은 제1항의 배상액을 정할 때 다음 각 호의 사항을 고려하여야 한다.
1. <u>고의 및 중과실의 정도</u>
2. 발생한 손해의 정도
3. 상인이 해당 행위로 인하여 취득한 경제적 이익
4. 상인이 해당 행위로 인하여 형사처벌 또는 행정처분을 받은 경우 그 형사처벌 또는 행정처분의 내용 및 정도
5. 상인의 재산상태
6. 상인이 피해구제를 위하여 노력한 정도
④ 제1항의 배상책임을 미리 배제하거나 제한하는 특약은 효력이 없다.
⑤ 본 조는 손해배상책임을 정하는 다른 법률 규정에 우선하여 적용한다."

62) 김현수, 징벌적 손해배상의 산정기준 -소비자보호 등 개별법 분야에서의 징벌배상제 도입가능성을 전제로-, 법학논집 제18권 제1호, 2013, 170-171면("고의나 중과실과 같이 징벌적 손해배상이 인정되는 행위자의 악성이 대체로 행위 이전에 완성되며 유사한 행위의 악성에 대한 징벌배상액으로 처벌된다. 따라서 동 제도는 실질적으로 형벌제도가 일정한 행위가 범죄로서 무가치하다는 점을 표시하는 동시에, 해당 행위를 하고자 하는 의사결정을 금지하는 기능을 갖는 것과 유사한 기능을 수행할 수 있게 된다.").

나. 미국법상 주관적 요건

미국법상 징벌적 손해배상은 극악한(outrageous) 행위를 한 행위자를 처벌하고 장래 유사한 행위가 발생하는 것을 억지하기 위하여 주어지는 손해배상으로 이해된다.[63] 불법행위법 리스테이트먼트의 개념정의에서 알 수 있듯이 징벌적 손해배상은 행위자의 '극악한' 불법행위가 있었던 경우에 인정된다. 미국법상 징벌배상책임의 인정을 정당화하는 주관적 사유로서 행위자의 악성을 나타내는 표현은 동 제도를 채택하고 있는 개별 주마다 차이가 있다. 예를 들어, 악의(malice), 악감정(ill will), 악의적인(wanton), 냉담한(callous), 의도적 무시(willful disregard), 사악한 동기(evil motive) 등이 그것이다.[64] 미국의 경우 불법행위법의 영역에서도 귀책사유로서 고의와 과실을 구별한다. 그리고 고의에 의한 불법행위의 요건을 충족하는 경우 별도로 징벌적 손해배상책임의 인정을 위한 초과 주관적 요건을 필요로 하지 않는 주도 있다. 그러나 고의에 의한 불법행위의 요건을 충족하는 것과는 별도로 악감정, 증오(hatred), 적개심(hostility), 또는 사악한 동기(evil motive)와 같은 초과 주관적 요건을 명시적으로 요구하는 곳도 있다.[65] 한편, 통일주법위원회(NCCUSL)에서 마련한 징벌적 손해배상 모델법(Model Punitive Damages Act)에서는 징벌배상책임 인정을 위한 요건을 규정하면서 주관적 요건을 제시하고 있다. 모델법 제5조에 의하면 사실인정자인 법관 또는 배심은 ① 피고에게 징벌배상이 허용되는 책임이 있을 것, ② 처벌과 억지가 인정될 필요가 있을 것이라는 요건과 함께, ③ 원고에게 "피고가 악의적으로 손해를 야기할 의도를 가졌거나, 손해를 야기하는데 있어 타인의 권리나 이익을 의식적으로 그리고 극악하게 무시했다는 것"을 명백하고 확실한 증거로 입증토록 하고 있다.[66]

징벌배상책임의 인정에 요구되는 행위자의 악성에 대해 징벌적 손해배상을 인정하는 다수의 주에서 광범위하게 인정되고 있는 기준은 불법행위법 리스테이트먼트에서 제시하는 형태라고 할 수 있다. 제2차 불법행위법 리스테이트먼트 제908조 제2항에서는 징벌적 손해배상 모델법 제5조의 규정형식과 유사하게 행위자의 악성을 다음과 같은 두 가지 기준(이중 기준)으로 나누어 설명한다.[67]

---

63) Restatement (Second) of Torts §908 (1979).

64) Ala. Code §6-11-20A; Peckham v. Hirschfeld, 570 A.2d 663 (R.I. 1990) ("intent to harm"). N.J. Rev. Stat. §2A:15-5.12; Alyeska Pipeline Serv. Co. v. O'Kelley, 645 P.2d 767, 774 (Alaska 1982).

65) Stewart v. Bader, 154 N.H. 75, 87 (2006).

66) National Conference of Commissioners on Uniform State Laws, Model Punitive Damages Act (1996), §5. ((a) The trier of fact may award punitive damages against a defendant if: … (2) the plaintiff has established by clear and convincing evidence that the defendant maliciously intended to cause the injury or consciously and flagrantly disregarded the rights or interests of others in causing the injury; and").

67) Restatement (Second) of Torts §908(2) (1979)("Punitive damages may be awarded for conduct that is outrageous, because of the defendant's evil motive or his reckless indifference to the rights of others.").

1) 악의 또는 사악한 동기

첫 번째 기준은 ‘사악한 동기’ 또는 ‘악의’이다. 원고에게 손해를 일으킬 악감정을 가지고 행위하는 경우 사악한 동기 또는 악의의 주관적 요건은 충족된다. 예를 들어, D는 A를 싫어하기 때문에 A에게 고통을 줄 동기를 가지고 평소 A의 소유라고 생각하던 개를 죽인다. 그러나 그 개는 실제로는 B의 소유이다. 이 경우 만약 그 개가 A의 소유였다면 A에게 행해졌을 불법행위의 성격과 B에게 행해진 불법행위의 성격은 다르다. D는 B에 대해 미국법상 고의에 의한 불법행위책임(동산침해, conversion)을 부담하게 된다.[68] 그러나 실제로는 죽은 개가 A의 소유였다면 D는 A에게 고의에 의한 불법행위의 요건을 넘어서는 악성(A에게 고통을 주기위한 나쁜 동기)을 가진다. 실제로 A가 D의 불법행위뿐 아니라 D가 가진 사악한 동기 때문에 상처를 받고 분노하는 경우, D는 A의 자아감에 더욱 나쁜 영향을 미치게 된다.[69] 그렇지만 그 개가 실제로 B의 소유인 경우 A에 대한 D의 악의 또는 사악한 동기만으로는 A는 징벌배상뿐 아니라 전보배상도 받을 수 없다.

2) 타인의 권리나 안전에 대한 의식적인 무관심

두 번째 기준은 타인의 권리나 안전에 대한 의식적인 무관심(reckless indifference)으로서 미필적 고의[70]이다. 이 기준은 ① 타인에 대한 심대한 위험을 야기하여야 하고, ② 이러한 위험에 대해 인식하면서도 타인의 권리나 안전에 대한 배려를 하지 않고 행위하는 경우에 해당한다. 예를 들어, Y가 자신의 개를 X에게 일주일간 맡겼으나, X는 그 개를 자신의 건물 지하에 둔 채 물과 밥을 주지 않았다. 그 후 여러 날에 걸쳐 개가 울부짖는 것을 들었음에도 돌보지 않아 결국 Y의 개가 죽었다. X는 최소한 태만하거나 무관심하게 그 개를 죽인 데 대해서 책임을 지게 되고, Y는 그 손해에 대한 전보적 손해배상을 받을 수 있다. 그러나 이 경우 Y는 전보배상의 범위를 넘어서 징벌적 손해배상을 받을 수 있다. X의 행위는 그의 친척이 갑작스런 사고를 당해 개를 돌보아야 하는 것을 불가피하게 잊어버린 결과 개가 죽은 경우와 비교하여 상대적으로 악성이 높다고 할 수 있다.[71] 이와 같은 경우 X의 냉담하고 비정한 심리상태는 징벌배상책임의 인정을 위한 정당화 근거가 될 수 있다.

중과실(gross negligence)의 경우에도 징벌적 손해배상을 인정한 연방대법원의 판결이 있다.[72] 그러나 이때의 중과실은 타인의 권리나 안전에 대한 의식적인 무관심과 유사한 정도의 중과실만을 의미한다는 것이 미국 법원의 대체적인 태도이다.[73] 따라서 중과실의 경우 사실상 미

---

68) 동산에 대한 침해시점의 가액을 배상할 의무가 있다.

69) Marc O. DeGirolami, *Reconstructing Malice in the Law of Punitive Damages*, Journal of Tort Law (May 2021), at 35-36.

70) 우리나라 형법상 고의과실론에서 미필적 고의와 유사한 지위를 가진 것으로 볼 수 있다.

71) DeGirolami, 위의 논문(주 69), 35-36면.

72) Smith v. Wade, 461 U.S. 30, 47 (1983).

73) 김현수, 미국법상 징벌적 손해배상 -근대법형성기 법리의 전개와 제한요소를 중심으로-, 재산법연구 제29

필적 고의에 해당하는 것만을 의미하므로 중과실은 징벌적 손해배상의 인정을 위한 주관적 요건에는 해당하지 않는 것으로 보아야 한다. 결국 미국법상 징벌적 손해배상의 인정을 위한 주관적 요건은 ① 실제적 악의(actual malice)와 ② 타인의 권리나 안전에 대한 의식적인 무관심을 내용으로 하는 미필적 고의로 한정된다.

(3) 소 결

우리 민법은 고의와 과실을 배상책임 인정을 위한 귀책사유로서 구분하지 않는다. 그리고 불법행위법상 고의란 "자기의 행위에 의하여 일정한 결과가 발생하리라는 것을 인식하면서 그 결과의 발생을 용인하여 감히 그 행위를 한다고 하는 심리상태"를 말한다.[74] 한편, 과실은 "자기의 행위에 의하여 일정한 결과가 발생한다는 것을 인식하여야 함에도 불구하고 부주의로 말미암아 그 결과의 발생을 인식하지 못하고서 그 행위를 한다고 하는 심리상태"를 말하며, 불법행위에서 과실은 통상 (추상적) 경과실을 의미한다.[75] 아울러 형사책임에서와는 달리 미필적 고의 개념을 구별할 실익도 거의 없다.[76] 따라서 우리 민법상 전통적인 고의과실론의 관점에서는 미국법에서와 같이 징벌적 손해배상책임을 인정하기 위한 초과 주관적 요건을 포섭하기 어렵다.

국내에서 그간 입법된 개별법에서는 행위자의 악성이 높은 불법행위를 특정한 법위반행위로 규정하고 이에 대해 행위자의 귀책사유를 요건으로 하여 징벌배상책임을 인정하는 규정 형식을 취하고 있기 때문에 행위자의 초과 주관적 요건이 문제 될 수 있는 여지는 그리 많지 않다.[77] 그러나 일반규정의 형식으로서 징벌적 손해배상제도가 도입되는 경우, 행위자의 주관적 요건으로서 '악성'은 징벌배상책임의 인정 여부를 위한 판단기준으로 작용하게 된다. 이러한 점을 감안하면 예컨대, '고의 또는 중과실'이라는 상법 개정안 제66조의2 제1항의 주관적 요건은 징벌배상책임의 인정을 위한 정당화 사유로서 개별 사안을 담당하는 법관에 대하여 판단기준으로 작용되어야 한다. 또한, 잠재적 불법행위자에 대해서는 징벌배상책임의 대상이 되는 악성을 고려할 수 있도록 하는 표지로서의 역할도 수행하여야 한다. 그러나 입법예고된 상법 개정안의 규정 형식이 취하고 있는 단순한 고의 또는 과실이라는 주관적 요건은 통상의 전보배상 이외에 징벌적 손해배상을 인정하기 위한 정당화 근거로 작용하기에는 어려운 것으로 보인다. 따라서 향후 징벌적 손해배상의 인정을 위한 제도의 설계의 국면에서는 미국의 예에서 살펴본 바와 같이 단순한 고의 또는 (중)과실이라는 요건 이외에 초과적인 주관적 요건(예: 악의, 사악한 동기, 악의적 고의

권 제2호, 2012, 340-345면 참조.

74) 박준서 편집대표, 주석민법[채권각칙(6)], 109면(박영식 집필부분).

75) 박준서 편집대표, 주석민법[채권각칙(6)], 109-115면(박영식 집필부분).

76) 곽윤직 편집대표, 위의 책(주 39), 183면(박철 집필부분).

77) 예를 들어, 앞서 살펴본 대·중소기업 상생협력 촉진에 관한 법률의 경우 "납품대금의 조정신청을 이유로 행해지는 보복조치를 금지하며, 보복조치에 대한 징벌적 손해배상제도를 도입"하는 것을 입법이유로 하고 있다.

등)을 고려하는 것이 바람직하다.78) 특히 이와 같은 초과 주관적 요건은 특정한 법위반행위가 전제되어 있는 개별법상 규정에 비하여 상법 개정안과 같은 일반규정의 형태로 제도를 설계하는 경우에 더욱 중요한 기능을 하게 된다.

Ⅳ. 나가며

오늘날 우리 사회에서 징벌적 손해배상의 도입에 대한 사회적 요구가 높아지는 것은 특정한 불법행위 영역에서 발생한 손해에 대해 사법(私法)적 체계인 불법행위법을 통하여 공평한 분담이 이루어지지 못하고, 형사적 또는 행정적 규제를 통하여 해당 불법행위자에 대한 처벌과 동종 유사행위의 억지가 제대로 이루어지지 않고 있다는 것을 반증하는 것으로 평가할 수 있다. 사회경제적 변화에 따라 새로운 유형의 불법행위가 등장하고 이에 대한 규제의 방식과 관련한 사회통념이 일정한 수준으로 형성된 경우 불법행위법 체계 내에서 새로운 규제의 방식을 실정법상 제도로 포섭할지 여부에 대한 진지한 검토가 필요하다.

징벌적 손해배상은 대륙법계 국가인 우리나라 불법행위법이 상정하는 전보적 손해배상과는 그 목적, 책임 인정 요건, 배상액 산정 방법 등 많은 면에서 차이점을 가지고 있다. 그럼에도 불구하고 징벌적 손해배상은 제한적인 범위에서 사적 집행으로서 행위자의 악성이 높은 불법행위를 억지하는 데 일정한 역할을 할 수 있을 것으로 생각된다. 다만, 징벌적 손해배상제도의 도입에 대한 추후의 논의에서는 다음과 같은 사항을 염두에 둘 필요가 있다.

우선, 미국 사회에서도 근대법이 정립되면서 징벌배상제도는 법체계 정합성을 희생시킨다는 비판에 직면하였다. 그러나 20세기 산업화가 진전되면서 거대 기업이 야기하는 새로운 형태의 악성이 큰 불법행위를 억지하고자 하는 사회적 요구가 투영되어 동 제도는 현재까지 존속하면서 일정한 역할을 담당하고 있다. 전보적 손해배상과 비교하여 징벌적 손해배상은 인정범위, 인정 요건, 배상액 산정범위 등 여러 가지 측면에서 예외적이고 제한적인 배상책임으로서의 성격을 가진다. 우리 사회는 징벌배상책임의 전제가 되는 행위자의 악성에 대한 사회적 합의나 징벌배상책임의 인정 및 징벌배상액 산정에 관한 실무적 경험 역시 부족하다. 이러한 점을 고려하면, 우리 사회에서 징벌적 손해배상제도의 도입은 그 필요성이 높은 예외적이고 제한적인 경우에 이루어질 필요가 있다. 현재의 상황에서 일반규정의 형태로 징벌적 손해배상제도를 도입하는 방안은 제도 도입을 통한 긍정적 효과보다는 이로 인한 부작용의 우려가 더 큰 것으로 판단된다. 따라서 징벌적 손해배상제도의 도입에 관한 논의는 특정한 법위반행위에 대하여 개별법 차원에

78) 同旨. 윤석찬, 징벌적 손해배상 도입의 상법개정안에 관한 고찰, 재산법연구 제37권 제3호, 2020, 201면.

서부터 제한적으로 시작하여 관련 사례와 경험을 축적해 나가는 것이 바람직할 것이다. 아울러 개별법을 통한 징벌적 손해배상제도의 도입의 경우에도 해당 분야에서 전보적 배상, 행정적·형사적 규율 체계만으로 특정한 법위반행위의 억지나 예방이 실효적이지 않은 경우에 한정할 필요가 있다.

금지청구권에 대한 소고*

전경운** · 박수곤***

Ⅰ. 들어가며

금지청구권은 통상 세 가지 청구권의 모습을 가지는데, 위법한 침해에 의하여 발생된 방해의 제거를 청구하는 '방해제거청구권'(Beseitigungsanspruch), 침해가 있고 계속적인 침해의 우려가 있는 경우 그 침해의 금지를 청구하는 '유지청구권(留止請求權)'(Unterlassungsanspruch, 또는 Verletzungsunterlassungsanspruch(침해유지청구권)), 아직은 침해가 없지만 임박한 장래 침해의 금지를 청구하는 '예방적 유지청구권'(vorbeugender Unterlassungsanspruch)으로 분류할 수 있다.[1] 개념의 명료성을 확보하기 위하여 이들 세 가지 청구권에 대하여 중립적인 상위개념을 사용하는 것이 바람직한데, 우리나라에서는 금지청구, 유지청구, 정지청구, 중지청구, 부작위청구 등의 다

---

* 이 글은 「민사법학」 제93호(2020. 12), 369-433면에 게재되었다.

** 주저자, 경희대학교 법학전문대학원 교수.

*** 교신저자, 경희대학교 법학전문대학원 교수.

1) 이를 넘어 독일민법 제907조는 예방적 방해제거청구권과 유지청구권을 규정하고 있다. 독일민법 제907조 제1항은 인접한 토지상 시설의 존재 또는 그 이용이 자기 토지상에 허용되지 않는 침해를 발생시킬 것이 확실히 예견할 수 있는 경우 시설의 설치나 존속을 금지하도록 요구할 수 있다고 하여, 임박한 소유권침해의 예방적 금지뿐만 아니라 방해하는 시설의 제거도 청구할 수 있도록 하여 예방적 유지청구권 및 제거청구권(vorbeugender Unterlassungs- und Beseitigungsanspruch)을 규정하고 있다(Anwaltkomm/Ring, 2004, § 907 Rn. 1; Staudingers Komm/Herbert Roth, 13. Aufl., 1996, § 907 Rn. 1; BGH, BB 1965, 1125). 즉 소유권에 대한 예방적 보호수단으로서, 독일민법 제907조에 의하여 시설의 제거 및 유지청구를 할 수 있으며, 허용되지 않은 침해가 실현되면 소유자는 독일민법 제1004조에 의하여 침해의 제거 및 유지청구권을 행사해야 한다. 독일민법 제907조는 허용되지 않는 침해가 아직 실현되지는 않았지만 확실히 예견되는 경우 독일민법 제1004조에 따르는 소유권보호를 시간적으로 앞 당기는 것을 목적으로 한다. 침해의 발생과 함께 독일민법 제907조는 독일민법 제1004조에 의해서 대치되게 된다(Münchener Komm/Säcker, 6. Aufl., 2013. § 907 Rn. 1; Staudingers Komm/Herbert Roth, a.a.O., § 907 Rn. 1). 물론 독일의 통설과 판례는 소유권에 대한 최초의 임박한 침해에 대해서도 독일민법 제1004조에 의하여 예방적 유지청구권을 행사할 수 있다고 본다(Staudingers Komm./Herbert Roth, a.a.O., § 1004 Rn. 154; Erman Handkomm./Wolfgang Hefermehl, 10. Aufl., 2000, § 1004 Rn. 27; Fritz Baur/Jürgen F. Baur/Rolf Stürner, Sachenrecht, 18. Aufl., 2009, S. 147; RGZ 101, 335; BGHZ 2, 394; OLG Zweibrücken, NJW 1992, 1242).

양한 용어가 사용되고 있다.[2] 민법 제214조는 방해제거 및 예방청구권이라고 하고 있고, 환경침해와 관련해서 판례는 제214조상의 청구권을 유지청구권이라고 하고 있으며,[3] 인격권에 기하여서는 금지청구권,[4] 지식재산권과 관련해서는 통상 금지청구권[5]이라는 용어를 또한 다양한 민법개정안에서도 금지청구권이라는 용어를 많이 사용하고 있다.[6] 즉 위의 세 가지 청구권을 통틀어 통상 금지청구권라는 용어를 많이 사용함으로, 이하에서는 위 세 가지 청구권을 합하여 금지청구권이라는 용어를 사용하기로 한다.[7]

이러한 금지청구권에 대해서 현행법상 다양한 법에서 다양하게 규정하고 있는데, 먼저 민법은 점유권에 기하여 방해제거청구권(민법 제205조(점유의 보유))과 방해예방청구권(민법 제206조(점유의 보전))을 규정하면서, 소유권에 기한 방해제거청구권과 방해예방청구권을 민법 제214조에서 규정하고, 이를 지상권(민법 제290조) · 지역권(민법 제301조) · 전세권(민법 제319조) · 저당권(민법 제370조)에서 준용하고 있으며, 또한 명예회복에 적당한 처분(민법 제764조)을 규정하고 있다. 그리고 지식재산권법인 특허법 제126조(권리침해에 대한 금지청구권 등), 저작권법 제104조의8(침해의 정지 · 예방 청구 등) · 제123조(침해의 정지 등 청구), 상표법 제107조(권리침해에 대한 금지청구권 등), 실용신안법 제30조(「특허법」의 준용),[8] 디자인보호법 제113조(권리침해에 대한 금지청구권 등), 콘텐츠산업진흥법 제38조(손해배상 청구 등)[9]에서, 「부정경쟁방지 및 영업비밀 보호에 관한 법률」 제4조(부정경쟁행위 등의 금지청구권 등) · 제10조(영업비밀 침해행위에 대한 금지청구권 등), 「언론중재 및 피해구제 등에 관한 법률」 제30조 제3항 · 제4항, 상법 제402조(유지청구권), 「표시 · 광고의 공

---

2) 또한 수용된 토지가 수용취소후 반환되지 않은 경우 등, 위법한 행정작용의 결과로 남아있는 결과의 제거를 청구하는 것을 행정법에서는 '결과제거청구권'이라고 하고 있다(김동희, 행정법 I (제12판), 박영사, 2006, 574면).

3) 대법원 2007. 6. 15. 선고 2004다37904, 37911 판결.

4) 대법원 1996. 4. 12. 선고 93다40614, 40621 판결; 대법원 1997. 10. 24. 선고 96다17851 판결 등

5) 송영식/이상정, 저작권법개설(제4판 증보판), 세창출판사, 2009, 345면. 물론 방해배제 · 예방청구권이라는 용어를 사용하기도 한다(손경한 편저, 신특허법론, 법영사, 2005, 766면).

6) 우리 민법 제214조상의 방해제거청구권과 방해예방청구권을 모두 포함하는 상위개념에 대한 정의가 우리 민법상으로는 정확하지 않은데, 독일민법에서는 제1004조에 의한 소유권에 기한 방해제거청구권(Beseitigungsanspruch)과 유지청구권(Unterlassungsanspruch)을 합하여 방어청구권(Abwehranspruch)이라는 용어를 사용하기도 한다(Staudingers Komm./Herbert Roth, a.a.O., §1004 Rn. 1; Erman Handkomm/Wolfgang Hefermehl, a.a.O., §1004 Rn. 4). 또한 독일 부정경쟁방지법(UWG) 제8조 등에 의하여 인정되는 방해제거청구권, 유지청구권, 예방적 유지청구권의 상위개념으로 방어청구권이라는 용어를 사용하고 있다(Ansgar Ohly/Olaf Sosnitza, Gesetz gegen den unlauteren Wettbewerb, 5. Aufl., 2010, §8 Rn. 1).

7) 용어의 다양성에 대해서 자세한 것은, 박시훈, "위법행위에 대한 금지청구권의 연구"-위법성 판단의 문제를 중심으로, 민사법학 제71호, 2015. 6, 51-52면 참조.

8) 실용신안법 제30조(「특허법」의 준용) "실용신안권자의 보호에 관하여는 「특허법」 제126조, 제128조, 제128조의2 및 제130조부터 제132조까지의 규정을 준용한다".

9) 콘텐츠산업진흥법 제38조(손해배상 청구 등) 제1항 "제37조 제1항 본문 및 같은 조 제2항 본문을 위반하는 행위로 인하여 자신의 영업에 관한 이익이 침해되거나 침해될 우려가 있는 자는 그 위반행위의 중지 또는 예방 및 그 위반행위로 인한 손해의 배상을 청구할 수 있다".

정화에 관한 법률」 제3조(부당한 표시·광고 행위의 금지), 집합건물법 제43조(공동의 이익에 어긋나는 행위의 정지청구 등)·제44조(사용금지의 청구), 「정보통신망 이용촉진 및 정보보호 등에 관한 법률」 제48조(정보통신망 침해행위 등의 금지), 개인정보보호법 제36조(개인정보의 정정·삭제)·제37조(개인정보의 처리정지 등), 소비자기본법 제70조[10] 등에서 금지청구권과 관련된 내용을 규정하고 있다. 그 외 판례는 인격권의 침해와 관련하여 인격권의 침해에 대하여 사전 예방적 구제수단으로 침해행위의 정지·방지 등의 금지청구권을 인정하고 있다.[11]

그리고 우리 민법은 불법행위의 효과로서 손해배상을 규정하고 있으며(민법 제763조, 제394조), “다른 의사표시가 없으면 손해는 금전으로 배상한다”(민법 제394조)라고 하여서, 손해배상은 금전배상주의를 원칙으로 하고, 예외적으로 양당사자가 배상방법에 관하여 원상회복주의를 합의하면 이에 의하게 된다.[12] 이를 보면 우리 민법은 불법행위의 효과로서 금지청구권을 규정하고 있지는 않다. 물론 2010년 ‘인터넷 포털사이트 광고방해사건’ 등에서 대법원은 불법행위의 효과로서 금지청구권을 인정하고 있다.[13]

그런데 최근 불법행위의 효과로서 금지청구권을 민법에 명문의 규정으로 입법하자는 입법안이 국내외적으로 제기되고 있다. 우리나라에서는 대표적으로 대법원 2010. 8. 25. 2008마1541 결정 등을 계기로 2013년 법무부 민법개정시안 제766조의2에서 금지청구권에 대한 신설개정안을 제시하였으며,[14] 유럽민사법의 공통참조기준안(DCFR) 제6편 제6장 제301조(DCFR Ⅵ. -6:301)에서도 계약외적 책임에서 예방청구권(금지청구권)을 제안하고 있다. 주로 불법행위의 영역에서 금지청구권을 논하고 있는 프랑스와 일본에서도 민법개정과 관련하여 금지청구권에 관한 입법안을 제시하고 있다.

헌법상 기본권 침해시 국가권력에 대한 금지청구권이 논의되듯이, 금지청구권에 대한 주제는 그 세부적인 논의대상과 폭이 거의 무한하다고 할 수 있는데, 본고에서는 최근 우리나라나 외국에서 제시하고 있는 금지청구권에 관한 입법안 등을 간략히 살펴보고, 독일민법 제1004조를 계수하여 입법한 우리 민법 제214조상의 금지청구권과 관련된 기본적 내용, 인격권과 부정경쟁방지법상의 금지청구권 및 채권에 기한 금지청구권 등에 대한 논의와 기본적 내용 등을 검토한

---

10) 소비자기본법 제48조(물품 등의 자진수거 등)·제49조(수거·파기 등의 권고 등)·제50조(수거·파기 등의 명령 등) 등의 규정도 금지청구권과 간접적으로 관련된다고 할 수 있다. 제품안전기본법 제10조(제품의 수거 등의 권고 등), 제11조(제품의 수거 등의 명령 등)도 이러한 내용을 입법하고 있다.

11) 대법원 1996. 4. 12. 선고 93다40614,40621 판결; 대법원 1997. 10. 24. 선고 96다17851 판결; 대법원 2005. 1. 17.자 2003마1477 결정; 대법원 2013. 3. 28. 선고 2010다60950 판결 등.

12) 김상용, 채권총론, 화산미디어, 2009, 152면; 송덕수, 채권법총론, 박영사, 2013, 164면; 대법원 1997. 5. 9. 선고 96다48688 판결; 대법원 2005. 7. 28. 선고 2003다12083 판결) 등.

13) 대법원 2010. 8. 25.자 2008마1541 결정.

14) 민법개정총서, 2013년 법무부 민법개정시안(조문편), 법무부, 2013, 216면.

후, 손해배상과 금지청구권과의 관계, 금지청구권 제한의 필요성, 금지청구권에 대한 입법적 대응 방향 등에 대한 논의를 전개하고자 한다. 물론 금지청구권과 관련해서는 위에서 거론한 바와 같이 무수한 현행법상의 규정이 있고, 또한 그 세부적인 논의가 너무나 심도있게 논의되는 상황에서, 본고에서는 금지청구권에 대한 단편적 단상에 입각하여 또 학문적 소양이 부족한 필자의 입장에서 그 논의를 전개함에 따라 그 깊이와 한계를 여실히 노출하게 되는 것에 대하여 미리 이해와 양해를 구하고자 한다.

Ⅱ. 민법상 금지청구권에 대한 다양한 개정안

1. 우리나라에서의 개정안 등

우리나라에서 금지청구권에 관한 입법적 논의는 오래 전부터 있어 왔다고 할 수 있다. 먼저 1993년에 구성된 한국민사법학회 민법개정안연구소위원회는 불법행위법에 관한 개정안을 만들면서 예방적 부작위청구에 대한 민법 제764조 개정안을 제시하고 있다. 독일의 통설과 판례는 예방적 금지청구권(vorbeugende Unterlassungsklage)을 인정하고 있으며, 물권 이외의 법익을 불법행위로부터 보호할 필요성이 있다는 등의 의견을 제시하면서, 제764조의 개정안으로 "불법행위가 급박하거나 반복될 명백한 우려가 있는 경우에 그 행위로 인하여 손해를 입을 사람은 그 행위의 유지 또는 예방을 청구할 수 있다"고 하여, 예방적 부작위청구에 대한 입법안을 제시하였다.[15] 또한 2004년 법무부 민법개정위원회에서도 예방적 부작청구권을 민법 제764조의2로 신설하자는 논의가 있었지만 이를 인정하는 외국의 입법례가 없다는 등의 이유로 장기적인 검토 사항으로 하고, 개정안에서 제외하였다.[16]

민법상 일반적 금지청구권에 대한 분명한 개정안은 2013년 법무부 민법개정위원회[17] 민법개정안 제766조의2(금지청구)로 제안되었다. 개정안 제안이유로 대법원 판례(대법원 2010. 8. 25. 2008마1541 결정)에서 불법행위의 금지청구권을 명시적으로 인정하고 있으며, 독일 · 프랑스 · 일본의 논의 및 DCFR 제6편 계약외적 책임에서 불법행위의 구제수단으로 금지청구권을 인정하고 있고, 최근 학계에서도 침해된 법익이 절대권에 한정하지 않고 금지청구권의 적용범위를 확대하자는 주장이 유력하게 피력되고 있다는 점 등의 이유를 제시하면서, 민법개정안 제766조의2(금지청

15) 자세한 것은, 한국민사법학회 민법개정안연구소위원회, "불법행위법 개정안 의견서", 민사법학 제15호, 1997. 4, 219-220면 참조.
16) 자세한 것은, 민법개정총서 4, 2004년 법무부 민법개정안(채권편), 법무부, 2012, 594-595면 참조.
17) 그 당시 법무부 민법개정위원회는 2009년부터 제1기, 제2기, 제3기 민법개정위원회 등으로 순차 구성되었는데, 본고에서는 통칭하여 2013년 법무부 민법개정위원회라고 칭하기로 한다.

구)로 금지청구권에 대한 입법안을 제시하고 있다.[18] 민법개정안 제766조의2(금지청구)의 내용을 소개하면, 제1항 "타인의 위법행위로 인하여 손해를 입거나 입을 염려가 있는 자는 손해배상에 의하여 손해를 충분히 회복할 수 없고 손해의 발생을 중지 또는 예방하도록 함이 적당한 경우에는 그 행위의 금지를 청구할 수 있다", 제2항 "제1항의 금지를 위하여 필요한 경우에는 손해를 입거나 입을 염려가 있는 자는 위법행위에 사용되는 물건의 폐기 또는 그 밖에 적절한 조치를 청구할 수 있다"고 하고 있다. 이러한 민법개정안 제766조의2는 민법 제214조 및 많은 특별법으로 인정되는 금지청구권과의 관계에서 예외적·보충적으로 적용되는 것이 아니라, 일반적 금지청구권을 입법하는 취지에서 그 요건을 추상적으로 규정한 것이라고 하고 있다.[19] 즉 민법 제214조상의 금지청구권을 비롯하여 현행법상 다양하게 입법된 금지청구권과 기능상 겹치는 점이 있지만, 일반적 금지청구권이 필요하다는 입장에서 민법개정안 제766조의2가 민법개정안으로 채택되었다.

2. 프랑스민법의 개정안 등

(1) 서 설

현행 프랑스민법에서는 금지청구권에 관한 일반규정을 두고 있지는 않다.[20] 그러나 종래 프랑스법원은 불법행위로 인한 손해배상책임의 효과로서 손해배상의 범위와 관련하여서는 완전배상의 원칙을 고수하여 왔고, 손해배상의 방법으로는 '원상회복'(réparation en nature)[21]과 '등가

18) 민법개정총서 10, 2013년 법무부 민법개정시안, 법무부, 2013, 412-413면 참조. 그리고 민법개정안 제766조의2(금지청구)가 만들어지기까지 민법개정위원회에서 다양한 논의가 전개되었는데, 그 자세한 내용은, 위에서 소개한 책, 414-438면 참조.

19) 민법개정총서 10, 전게서, 420면, 453면.

20) 반면, 프랑스민법 제9조 및 제9-1조에서는 사생활의 침해 및 무죄추정과 관련한 인격권침해에 대해서 금지청구권을 인정하고 있다. 즉, 동법 제9조에서는 "① 누구나 자신의 사생활을 존중받을 권리가 있다. ② 법원은, 발생한 손해의 회복과는 별도로, 계쟁물임치, 압류 및 기타의 조치로서 사생활의 비밀에 대한 침해를 억제하거나 금지시킬 수 있는 성질의 모든 조치를 명할 수 있다. 그리고 이러한 조치는 급박한 경우에는 긴급심리에 의해 명해질 수 있다."고 규정하고 있으며, 동법 제9-1조에서는 "① 누구나 무죄추정을 존중받을 권리가 있다. ② 모든 유죄 선고가 있기 전에, 누군가 사법기관의 수사나 예심의 대상이 된 사실에 대해 공개적으로 유죄인 것으로 소개된 경우, 발생한 손해의 회복과는 별도로, 법원은 급속심리에 의하더라도 무죄추정에 대한 침해를 금지시키기 위하여, 그와 같은 침해에 대해 책임이 있는 자연인 또는 법인의 비용으로, 정정보도나 공보의 발간과 같은 모든 조치를 명할 수 있다."고 규정하고 있다. 또한 동법 제16조 이하에서는 인체에 대한 존중을 천명하면서 특히 제16조에서는 "법률은 인간이 우선함을 보장하고 인간의 존엄에 대한 모든 침해를 금지하며 인간의 삶이 개시되는 때로부터 인격체로서의 존중을 담보하여야 한다."고 규정하고 있다. 다른 한편, 프랑스 민사소송법 제835조 제1항 및 제873조 제1항에서는 위법한 침해에 대한 보전조치로서 소위 '급속심리'에 의해 금지명령을 내릴 수 있는 것으로 규정하고 있다.

21) 'réparation en nature'를 직역하면 '자연배상'으로 해석함이 표현상으로는 더 적절할 수 있으나, 자연배상이라는 표현이 전달할 수 있는 의미의 한계를 고려하여, 우리 법에서 활용되는 표현으로서 '원상회복'으로 번역하였다.

배상'(réparation équivalente)을 인정하여 왔는데, 이러한 손해배상의 범위와 방법에 관한 원칙의 적용에 있어서 금지청구권을 인정하는 것과 마찬가지의 효과를 거두고 있었다.22) 한편, 금지청구권과 관련하여 의문이 제기될 수 있는 부분으로서 손해발생의 예방청구를 인정할 수 있을 것인지의 여부가 종래 프랑스에서도 학설상 논의의 대상이 되기도 하였다. 아무튼, 프랑스민법에서는 판례를 통하여 간접적으로 금지청구권을 인정하여 왔다고 평가할 수도 있는데, 2016년 4월 9일의 민법개정시안에서는 손해예방을 위한 금지청구권을 전면적으로 수용하였으며 최종적으로 현재 프랑스 상원에 계류 중인 2020년 7월 22일의 민법개정안에서도 금지청구권을 인정하기에 이른다. 이하에서는 프랑스법원에서의 금지청구권의 수용방식과 프랑스민법 개정시안에서의 금지청구권에 관한 규정들이 가지는 의미에 대해 살피기로 한다.

(2) 프랑스법원에서의 금지청구권의 수용방식

우선, 프랑스에서는 손해배상의 범위와 관련하여 '완전배상'이 원칙이라고 이해함이 일반적이지만, 이러한 완전배상의 원칙이 현행 프랑스민법전에서 명문으로 규정되어 있지는 않다. 다만, 프랑스법원은 전통적으로 "손해배상은 피해자를 손해가 발생하기 이전의 상태로 되돌릴 수 있는 모든 조치를 강구하는 것을 목적으로 한다"고 이해하여 왔다.23) 그리고 피해자를 가해행위가 있기 이전의 상태로 되돌린다는 이러한 목적을 달성하기 위해서는 다양한 수단이 동원될 수 있으며 어떤 방식이 가장 적절한지를 결정하는 문제는 사실심 법원의 재량권에 속한다는 것이 프랑스법에서의 전통이기도 하다. 따라서 이러한 완전배상의 원칙에 입각하더라도 위법한 가해행위의 금지청구는 가능하다는 것이다.

다음으로, 프랑스법에서는 손해배상의 방법으로서의 '원상회복'이나 '등가배상'(또는 금전배상) 중 원상회복의 방법이 원칙적인 손해배상의 방법이라고 이해함이 일반적이다.24) 그리고 원상회복의 의미와 관련하여서는 "손해를 제거하거나 감소시키거나 보충하는 특징을"(propre à

22) 예컨대, 프랑스법원은 손해의 유형 중 근린폐해(우리 법에서의 생활방해)로 인한 손해와 관련하여서도 불법행위책임에 근거한 손해배상을 인정함과 아울러 그 구제수단으로서 근린폐해의 금지를 명하고 있다(Cass. civ. 2e, 12 nov. 1997, *Bull. civ.* Ⅱ, n° 273; Cass. civ. 2e, 24 fév. 2005, *Bull. civ.* Ⅱ, n° 50). 사생활의 침해에 대한 금지를 명한 것으로는, Cass. civ. 1re, 17 nov. 1987, *Bull. civ.* Ⅰ, n° 301; Cass. civ. 1re, 16 juil. 1997, *Bull. civ.* Ⅱ, n° 249.

23) 다만, 프랑스에서도 완전배상의 원칙이 적용된다고 하여 모든 손해가 원상회복될 수 있다는 것을 의미하지는 않는다고 이해된다. 즉, 신체손해나 정신적 손해는 재산적 손해와는 달리 원상회복에 있어서 한계가 있기 때문이다. 이에 대해서는, P. Remy-Corlay, "De la réparation", in *Pour une réforme du droit de la responsabilité civile*, Dalloz, 2011, p. 192.

24) 프랑스법원은 19세기 중반 이후부터 등가배상보다는 원상회복을 원칙적인 손해배상의 방법으로 채택하였다고 한다. 물론, 원상회복을 인정할 것인지 금전에 의한 등가배상을 인정할 것인지에 대한 최종적인 판단은 사실심 법원의 재량에 속하는 문제라는 것 또한 프랑스 파기원의 기본적인 태도이다. 또한, 원상회복이 원칙이라고는 하나 배상의무자의 기본적 인권침해의 우려가 있거나 과도한 비용이 요구되는 경우에는 원상회복을 허용해서는 안된다는 것이 프랑스법원의 태도이기도 하다.

supprimer, réduire ou compenser le dommage) 가지는 것이라고 이해함이 프랑스법원의 태도이다. 따라서 프랑스에서는 손해배상의 방법 중 원상회복을 통하여 금지청구권을 행사한 것과 마찬가지의 효과를 상당부분 거두고 있다고 평가할 수 있다. 왜냐하면, 프랑스에서는 손해를 발생시키는 원인행위를 중지시키는 것을 원상회복에 의한 손해배상과 유사한 것으로 이해함이 종래 학설상 일반적인 이해의 태도이기 때문이다.[25] 아울러, 프랑스 파기원 또한 위법행위(activité illicite)의 중단이나 금지명령은 손해배상의 방법 중 하나로서 그 인정여부는 사실심 법원의 재량에 위임된 사항이라고 판시하기도 한다.[26] 그러나 견해에 따라서는 이러한 불법행위의 금지가 손해배상의 방법으로서의 원상회복에 해당하는 것인지에 대하여 의문을 제기하기도 한다. 즉, 손해의 원인을 제거하지 않고 가해행위로 인한 효과에만 집착하는 것은 의미가 없을 수 있기 때문에 금지청구를 민사책임과 결부하여 고려하지 않을 수 없다고는 하나, 금지청구권만을 행사하는 것도 상정할 수 있기 때문에 손해배상과 금지청구는 그 목적이 다를 수 있다는 것이다. 아울러 금지청구는 반드시 손해의 발생을 전제로 하지 않을 수 있기 때문에 손해배상청구와는 그 성립요건의 면에서도 차이가 있을 수 있다는 것이다.[27]

(3) 프랑스민법의 개정안

위에서 언급한 2016년 4월 29일의 민법개정시안 제1232조에서는 손해예방을 위한 금지청구권을 인정하고 있다. 즉 “발생할 수 있는 피해(préjudice)에 대한 배상과는 별도로, 법원은 청구권자에게 노출된 ‘위법한 침해’(trouble illicite)를 예방하거나 중단시킬 수 있는 합리적인 조치를 명할 수 있다”고 규정하고 있다. 다만, 본조의 적용에 있어서는, 법률에서 정하는 행위규범이나 일반적인 주의의무 또는 성실의무에 기초하여 요구되는 행위규범에 반하는 행위만이 그와 같은 조치의 대상이 된다고 한다. 그리고 본조의 규정은 2020년 7월 20일의 민법개정안에서는 그 위치를 변경하여 제1268조에서 “계약외의 영역에서는, 발생할 수 있는 피해(préjudice)에 대한 배상과는 별도로, 법원은 청구권자에게 노출된 손해(dommage)를 예방하거나 위법한 침해를 중단시킬 수 있는 합리적인 조치를 명할 수 있다”고 규정하기에 이른다. 2016년 개정시안의 내용과 비교하여, 채무불이행책임이 문제되는 경우에는 금지청구권을 인정할 필요가 없다는 사정이 고려된 것으로 추측되며, 위법한 피해와 손해를 구별하고자 한 것으로 평가할 수 있다.

---

25) 현재 프랑스에서 활용되고 있는 대부분의 교재들에서도 불법행위를 금지시키는 조치를 손해배상의 방법 중 원상회복에 준하는 것으로 설명하고 있다.

26) 예컨대, 경쟁업체의 부당한 행위에 대한 금지청구를 하였으나, 이를 받아들이지 않고 금전에 의한 손해배상만을 인정한 사실심의 판단에 대해, 원고가 주장한 금지청구의 인정여부는 손해배상의 방법에 대한 판단으로서 사실심 법원의 재량에 속하는 사항이라고 한 것으로는, Cass. com., 25 jan. 2005, n° 03-11770.

27) Ph. Brun, *Responsabilité civile extracontractuelle*, 5e éd., LexisNexis, 2018, n° 609.; Ph. le Tourneau, “Réparation en nature”, in *Droit de la responsabilité et des contrats*, 11e éd., Dalloz, 2018/2019, n° 2311.21 et s.

한편, 현행 프랑스민법에서는 수인한도를 초과하는 과도한 근린폐해(troubles anormaux de voisinage)로 인한 손해배상책임에 대해 특별한 근거규정을 두고 있지 않으며 판례에 의해 이를 인정하였으나, 2016년 민법개정시안 제1244조에서는 이러한 판례의 태도를 받아들여 특수불법행위의 일 유형으로서 근린폐해로 인한 불법행위책임의 성립을 인정하는 한편, 그 효과로서 손해배상 또는 '침해를 중단시킬 수 있는 합리적인 조치'(mesures raisonnables permettant de faire cesser le trouble)를 명할 수 있다고 규정하였으며, 2020년의 민법개정안에서도 마찬가지로 규정하고 있다.[28)]

이상에서 프랑스민법상 금지청구권의 전개과정에 대하여 약술하였다. 주목할 점은 그 동안 프랑스에서는 학설 및 판례상으로 금지청구권을 손해배상의 방법 중 원상회복에 유사한 것으로 이해하여 왔으나, 금지청구권과 손해배상청구권은 그 목적이나 요건이 서로 상이하다는 주장이 받아들여 민법개정안으로 도입되었다는 점이다. 특히, 민법개정안에서의 금지청구권의 성립에 있어서는 가해자의 고의나 과실을 전제로 하지 않으며, 손해가 현실적으로 발생하고 있을 필요도 없다는 점에서 불법행위로 인한 손해배상청구권과는 그 요건의 면에서 차이가 있음이 수용된 결과라고 평가할 수 있다. 아울러, 프랑스민법에서는 구체적인 손해배상의 범위 및 방법의 확정과 관련하여 이를 사실심 법원의 재량으로 이해함이 확립된 이론이라고 할 수 있는데, 피해자가 금지청구권을 행사한 경우에는 법원이 이를 손해배상으로 대체할 수 없다는 점에서 그 독자성이 인정된다고 할 것이고, 이러한 독자적 금지청구권의 인정은 민법개정안에서 발견할 수 있는 또 다른 변혁이라고 평가할 수 있다.

3. 그 외 외국에서의 개정안

일본도 프랑스와 마찬가지로 우리 민법 제214조에 해당하는 규정이 없으며, 금지청구권의 개정안은 주로 불법행위법의 영역에서 논하여, 일본민법개정연구회(대표 加藤雅信, 이하 '가또 개정안'이라 한다)는 일본민법전 재산법개정시안 제671조(금지청구)에서 '자기의 생명, 신체 또는 자유를'(동 개정시안 제1항), '자기의 명예, 신용 기타의 인격권을'(동 개정시안 제2항), '자기의 생활상의 이익 기타 이익을 위법하게'(동 개정시안 제3항) '침해받거나 침해받을 우려가 있는 자는 상대방에 대해 그 침해의 정지 또는 예방 및 이것에 필요한 행위를 청구할 수 있다'는 개정시안을 내놓고

28) 즉, 2020년 민법개정안 제1249조에서는 "① 이웃의 통상적인 불편을 초과하는 방해를 야기하는 소유자, 임차인, 토지를 점용하거나 운용할 수 있게 하는 것을 주된 목적으로 하는 권원의 수익자, 건축주 또는 그와 같은 권한을 행사하는 자는 그 방해로 인한 손해에 대해 당연히 책임을 진다. ② 손해를 유발하는 작용이 행정처분을 통하여 승인된 경우였다고 하더라도, 법원은 손해배상을 인정하거나 방해를 중단시킬 수 있는 합리적인 조치를 명할 수 있다."고 규정하고 있다. 다만, 2020년 민법개정안에서는 근린폐해로 인한 불법행위책임이 무과실책임 또는 당연책임(de plein droit)이라는 점을 추가적으로 분명히 하고 있다는 점에서 2016년의 민법개정시안과 비교하여 다소의 차이가 발견된다.

있다.[29] 이를 보면 절대권인 인격권 침해와 주로 환경침해 관련된 생활이익의 보호 등을 위하여 금지청구권을 명문으로 인정하는 개정시안을 작성한 것으로 보인다.

그 외 유럽위원회(European Commission)의 재정적 지원을 받아 유럽민사법의 통일을 위한 노력의 일환으로 2009년 유럽민사법을 위한 '공통참조기준안'(DCFR) 완성판이 발간되었는데, DCFR에서는 비계약적 책임으로 손해배상 이외에 제6편 제6장 제301조(DCFR Ⅵ.-6:301)에서 예방청구권(Right to prevention)을 제시하고 있다. 제301조 제1항에서는 "a) 손해배상이 적절한 대안이 되는 구제가 될 수 없고, 그리고 b) 손해의 발생에 대해 책임있는 자가 그 손해가 발생하지 않도록 하는 것이 합리적인 경우에 예방청구권을 행사할 수 있다"고 하면서, 제2항에서는 "위험의 근원이 물건이나 동물이고 위험에 처한 자가 그 위험을 회피하는 것이 합리적으로 가능하지 않은 경우 예방청구권은 위험의 근원을 제거시킬 권리를 포함한다"고 규정하고 있다.[30] 이를 보면, 손해배상에 대한 보충적 구제수단으로 금지청구권을 논하고 있는 것으로 생각된다.

Ⅲ. 현행법상 금지청구권에 관한 규정 및 약간의 논의

1. 민법 제214조에 의한 금지청구권

(1) 제214조상 방해의 의미

소유권이 점유의 침탈 또는 유치 이외의 방법에 의하여 방해된 경우 소유자는 방해자에 대하여 그 방해의 제거를 청구할 수 있고, 소유권을 방해할 염려있는 행위를 하는 자에 대하여 방해의 예방이나 손해배상의 담보를 청구할 수 있다(민법 제214조).[31] 즉 소유권이 침해되거나 계속적 침해의 우려가 있거나 방해될 우려가 있은 경우에 방해제거 및 방해예방청구권이 인정된다. 소유권은 절대권으로서 현재의 침해나 임박한 침해에 대하여 방해제거 및 방해예방청구권이 인정되어야 하는데, 만약 소유권자의 이러한 청구권이 인정되지 않는다면 지배권능의 절대적, 대세적 효과는 공허한 것이 되기 때문이다.

그러면 이때 어떠한 침해가 제214조상의 소유권의 '방해'(침해)에 해당되는지를 보면, 물건의 공간적·물적 범위에 대한 적극적 침해(Positive Einwirkungen)와 소유자의 법적 지위(Rechts-position des Eigentümers)에 대해서 직접적으로 향해진 침해는 일반적으로 소유권의 방해로 인정

---

29) 이에 대해서 자세한 것은, 김상중, "불법행위에 대한 금지청구권 규정의 신설 제안", 민사법학 제55호, 2011. 9, 189면.

30) 편집대표 박영복, EU사법(Ⅱ), 한국외국어대학교 출판부, 2010, 292-297면 참조.

31) 민법 제214조는 구민법에는 없는 규정이고, 독일민법 제1004조를 외국의 입법례로 참조하여 입법하였다(민의원 법제사법위원회 민법안심의소위원회, 民法案審議錄 上卷, 1957, 135면).

된다.[32] 즉 민법 제214조상의 방해에는 물건의 사용·수익에 대한 사실적 방해(예, 타인의 토지위에 건물의 축조, 쓰레기의 투기, 타인 토지상에 권원없이 분묘를 설치한 경우 등)뿐만 아니라 진실한 물권관계와 일치하지 않는 등기와 같은 법적 방해[33]도 방해에 포함된다. 또한 적극적인 침해에는 물건에 대한 특히 토지에 대하여 가스, 증기, 냄새, 연기, 매연, 열, 소음, 진동과 기타 불가량물[34]의 유입에 의한 임밋시온도 여기에 해당된다. 그러므로 환경침해는 소유권침해 유형으로는 소유권의 적극적 침해라고 할 것이다.[35] 즉 환경침해는 불가량물질이 이웃 토지로 흘러들어가서 피해자의 행위가 개입됨이 없이 그들에게 영향을 미친다는 점에서 소유권의 적극적 침해인 것이다.[36]

그리고 제214조의 '방해'에 소극적 침해(Negative Einwirkungen)와 관념상의 침해(Ideelle Einwirkungen)도 포함되는지에 대해서는 논의의 여지가 있다.

消極的 侵害란 물건의 환경에 대한 자연적인 연결이 박탈되어지는 것 또는 자기의 토지의 경계안에서의 행동을 통하여 다른 토지의 이익을 박탈하는 것으로 정의된다.[37] 소극적인 침해는 예를 들어, 인접한 토지위에 아파트를 건축함으로써 햇빛·신선한 공기·전파 등의 방해나 조망방해를 초래하는 경우에 생기고, 또한 이웃 토지위에 건축의 결과로 인한 지하수수면의 저하도 소극적인 침해에 해당된다. 학설은 이웃토지의 採光을 방해하는 것과 같은 소극적인 침해는 제214조의 방해에 해당되므로 방해제거나 방해예방청구가 인정되어야 한다고 보는 견해와 방해의 유무는 방해당하는 물건소유자의 입장에서 판단해서 위법한 침해이면 소극적인 침해가 인정된다

---

32) 아래에서 민법 제214조와 관련하여 방해의 의미, 소극적 침해 및 관념상의 침해 등을 특별히 살펴보는 이유는, 일반적 금지청구권의 입법시, 생활방해와 관련하여 금지청구권을 입법할 필요성이 있다는 논의가 있기 때문이다(김차동, "금지(유지)청구권의 일반근거규정 도입에 관한 연구", 법학논총 제31권 제4호, 2014. 12, 306-307면 등; 전술한 일본민법개정안 및 프랑스민법개정안 등 참조).

33) 대법원 1993. 10. 8. 선고 93다28867 판결; 대법원 2001. 9. 20. 선고 99다37894 전원합의체 판결("말소등기에 갈음하여 허용되는 진정명의회복을 원인으로 한 소유권이전등기청구권과 무효등기의 말소청구권은 어느 것이나 진정한 소유자의 등기명의를 회복하기 위한 것으로서 실질적으로 그 목적이 동일하고, 두 청구권 모두 소유권에 기한 방해배제청구권"이다). 독일민법 제894조는 부실등기정정청구권을 규정하고 있는데, 제894조상의 등기정정청구권은 독일민법 제1004조상의 방해제거청구권의 특수한 방해제거청구권으로 이해되고 있다.

34) 불가량물은 제217조 제1항에서 규정된 보기처럼 매연, 열기체, 액체, 음향, 진동 기타 이와 유사한 불가량(unwägbar)의 물질을 말한다.

35) Hubert Webert/Christine Weber, Zu den Abwehransprüchen des Nacheren, VersR 1993, S. 22; Manfred Wolf/Marina Wellenhofer, Sachenrecht, 25. Aufl., 2010, S. 376.

36) 대법원 2007. 6. 15. 선고 2004다37904,37911 판결("건물의 소유자 또는 점유자가 인근의 소음으로 인하여 정온하고 쾌적한 일상생활을 영유할 수 있는 생활이익이 침해되고 그 침해가 사회통념상 수인한도를 넘어서는 경우에 건물의 소유자 또는 점유자는 그 소유권 또는 점유권에 기하여 소음피해의 제거나 예방을 위한 유지청구를 할 수 있다").

37) Münchener Komm./Baldus, 6. Aufl., 2013. §1004 Rn. 124; 김증한/김학동, 물권법(제9판), 박영사, 1998, 299면.

는 견해 등이 있다.[38] 그러나 자기의 토지의 이용이 상린관계자의 보호를 위하여 소유권의 내용을 제한하는 법규정이나 건축법규정 등에 반하지 않는 한 소극적인 침해는 제214조의 방해에 해당되지 않는다고 보아야 할 것이다.[39] 왜냐하면 토지의 소유자는 제211조에 의하여 법률의 범위 내에서 그 소유물을 사용·수익·처분할 권리가 있고, 인접한 토지소유자 사이의 이용관계의 갈등이 있는 경우에 이를 조정하는 것이 상린관계법의 규정으로서, 상린관계법 등에서 특별한 제한이 없는 한 토지소유자는 그 토지에 대한 소유권의 행사를 할 수 있고, 이러한 소유권의 행사가 타인에 대하여 침해로 인정되어서는 안되기 때문이다.[40][41]

觀念上의 侵害란 비물질적, 심리적 또는 도덕적 임밋시온을 말하는데, 물건(특히 토지)의 이용시에 제3자의 행동을 통하여 소유자의 정신적인 느낌(seelische Empfinden)이 침해되는 것을 말한다.[42] 예를 들어, 인접한 토지에서 폐차장이나 사창가의 운영으로 상린관계자가 도덕적·미학적으로 정신적인 침해를 당하는 것을 말한다.

이러한 관념상의 침해에 대하여, 관념상의 침해는 부동산에 대한 넓은 의미의 물적 관계가 존재하고 이러한 관념상의 침해에 의하여 부동산의 일반적 가치가 저하되므로 방해제거청구권은 널리 인격권의 침해 또는 공법적 상린권침해에 관하여도 유추적용이 된다고 하면서 이를 긍정되

---

38) 김증한/김학동, 전게서, 299면; 이영준, 물권법(전정신판), 박영사, 2009, 569면; 김재형, "소유권과 환경보호", 한국민법이론의 발전(Ⅰ), 박영사, 1999, 318-319면 등.

39) 독일의 판례는 소극적인 침해가 독일민법 제1004조의 임밋시온개념에 포함되지 않는다고 보고(BGHZ 88, 344; BGH, NJW 1991, 1671), 통설도 소극적인 침해가 독일민법 제1004조의 소유권침해에 해당되지 않는다고 보는데, 그 이유는 자기의 토지의 경계를 넘지 않고서 자기의 토지를 이용하는 것은 독일민법 제903조에 따른 소유권의 행사로서 보아야 한다는 것이다(Münchener Komm./Baldus, a.a.O., §1004 Rn. 127; Staudingers Komm./Karl-Heinz Gursky, 13. Aufl., 1993, §1004 Rn. 46). 그러나 최근 독일 판례는 토지에서의 공로로의 출입이 방해되는 경우 소유권의 소극적 침해로서, 토지소유자는 독일민법 제1004조에 의한 방해제거나 유지청구를 할 수 있다(BGH, NJW 1998, 2058)고 하며, 모든 토지는 햇빛 등을 포함하여 외부세계 및 환경과의 연결이 보장되어야 하므로, 이러한 연결은 원칙적으로 토지소유권의 구성요소로서 보호되어야 한다는 견해 등이 있다(Manfred Wolf/Marina Wellenhofer, a.a.O., SS. 377-378).

40) 이에 따라 우리나라에서 많이 논의되는 일조방해(소위 일조권)와 조망방해(소위 조망권)와 관련된 문제를 보면, 건축법 제61조(일조 등의 확보를 위한 건축물의 높이 제한)에서 주거지역의 일정한 일조보호에 대한 규정이 있으므로, 일조방해는 일정한 경우 제214조의 방해로 인정된다고 할 것이며, 조망방해의 경우에는 조망보호에 대한 상린관계법 등의 규정이 없으므로 조망방해는 제214조의 방해로 인정되지 않는다고 할 것이다. 물론 우리나라 하급심의 판례는 반반 정도로 조망방해의 인정여부에 대해서 나뉘어져 있고, 대법원도 인정될 수도 있다는 취지의 판결을 하고 있다(대법원 2004. 9. 13. 선고 2003다64602 판결; 대법원 2007. 9. 7. 선고 2005다72485 판결).

41) 대법원 1995. 9. 15. 선고 95다23378 판결(대학교의 교육환경 저해 등을 이유로 그 인접 대지 위의 24층 아파트 건축공사 금지 청구를 인용한 사례)과 대법원 1997. 7. 22. 선고 96다56153 판결(인접 대지의 건물신축으로 인한 사찰의 환경 등 생활이익 침해를 인정한 사건)은 전형적인 소극적 침해에 해당되는 사건이라고 할 수 있는 데, 대법원은 소유권에 기한 방해제거나 예방청구를 인정하였다. 그러나 개인적으로는 이를 인용한 대법원 판결에 의문이 있다고 할 것이다.

42) Staudingers Komm/Karl-Heinz Gursky, a.a.O., §1004 Rn. 74.; Münchener Komm/Baldus, a.a.O., §1004 Rn. 132.

어야 한다는 견해[43]와 관념상의 침해의 경우 인격권에 기한 방해배제청구권이 인정된다는 견해[44]가 있다.[45] 그러나 관념상의 침해가 인격권을 침해하기에는 불법행위에 의해서 보호되는 인격권의 범위가 아직까지는 그렇게 넓지 않고, 또한 인격권의 침해는 관계된 사람에게 직접적으로 향해질 것이 요구된다. 그러므로 관념상의 침해가 인격권의 침해가 될 수는 없다고 볼 것이다. 하지만 특별법에 따라서 인정되는 공법적 상린권에 의해서는 관념상의 침해가 성립될 수 있을 것이다.[46] 그러나 현행법상 관념상의 침해를 규제하는 법규가 없기 때문에 관념상의 침해를 소유권의 침해라고 보기에는 어려울 것이다. 즉 관념상의 침해는 토지이용시의 토지소유자간의 갈등의 문제이고, 소유권의 관점 아래에서는 자기 소유토지의 空間的인 限界를 벗어나지 않는 토지의 사용 · 수익은 소유권의 행사로 보아야 하므로, 관념상의 침해가 제214조의 방해에 해당하지 않는다고 할 것이다. 하지만 헌법 제23조 제1항과 민법 제211조의 소유권에 대한 법률유보에 따라서 일정한 지역에 관념상의 침해를 유발할 수 있는 시설의 입주를 국가가 공법적 규제입법을 통하여 제한하는 입법을 하는 경우에는 상린관계자가 관념상의 침해로부터 사법상의 보호를 받을 수 있게 된다. 이에 따라 일정지역에 관념상의 침해를 일으킬 수 있는 시설 등이 들어설 수 없도록 건축법, 도시계획법 등의 관련 법률을 국가가 적극적으로 정비할 필요성이 있다고 하겠다.

(2) 인용의무

가. 독일민법 제1004조 제2항은 소유자가 인용의무가 있는 경우에는 방해제거청구나 방해예방청구를 할 수가 없다고 규정하고 있다. 그러나 우리 민법 제214조에서는 이러한 인용의무(Duldungspflichten)에 대한 규정이 없는데, 이러한 규정이 없더라도 인용의무는 법률의 규정을 통하여 또는 법률행위를 통하여 당연히 인정된다고 할 것이다. 인용의무는 침해의 위법성과 관련된 것으로서, 인용의무가 인정되는 경우 침해의 위법성을 조각시키게 되고, 인용의무는 법률행위로서 설정되거나 법률에 의하여 직접적으로 발생할 수 있다.[47]

'법률행위로 인한 인용의무'는 소유권의 침해가 방해자에게 설정된 제한물권(지역권 등) 또

43) 이영준, 전게서, 568-569면.
44) 民法注解(Ⅴ)/양창수, 박영사, 1992, 246면.
45) 독일의 판례는 원칙적으로 관념상의 침해시 독일민법 제1004조의 의미에서의 침해가 존재하지 않는다고 보는데, 미학적인 느낌의 침해는 독일민법 제906조 제1항에서 언급한 임밋시온과는 유사하지 않다거나(BGH, NJW 1975, 170; BGHZ 95, 307(사창가의 운영에 대한 유지청구권을 부인하였다)). 관념상의 침해가 관계된 토지위에 사는 사람의 건강이나 안녕(Wohlbefinden)을 침해하는데 적당하지 않다고 본다(BGHZ 51, 396, 398).
46) Staudingers Komm/Karl-Heinz Gursky, a.a.O., § 1004 Rn. 76; Manfred Wolf/Marina Wellenhofer, a.a.O., S. 376.
47) Fritz Rittner/Meinrad Dreher/Michael Kulka, a.a.O., SS. 140-141; Manfred Wolf/Marina Wellenhofer, a.a.O., SS. 385-387; 전경운, "상린관계에 관한 민법개정논의", 토지법학 제28권 2호, 2012. 12, 174면.

는 채권적 권리(임대차, 사용대차 등)[48]에 의하여 정당화 될 때 발생한다. '법률상의 인용의무'는 다양하게 인정될 수 있는데, 첫째로 일반적으로 침해를 정당화하는 위법성조각사유(정당방위(제760조 제1항), 긴급피난(제760조 제2항), 자구행위(제209조)가 있으면 소유자는 침해를 금지할 수 없으며, 둘째로 사법상의 규정, 특히 민법의 상린관계(제216조 이하)로부터 인용의무가 발생한다. 그러나 임밋시온 형태로 행해지는 환경침해에 대한 방해제거 및 방해예방청구권의 인용의무를 위해서는 민법 제217조의 규정이 특별한 의미를 가진다.

나. 환경침해로 인한 인용의무와 관련하여, 우리 판례를 보면, "인근 고속도로에서 유입되는 소음으로 인하여 입은 환경 등 생활이익의 침해를 이유로 일정 한도를 초과하는 소음이 유입되지 않도록 하라는 내용의 유지청구 소송에서 그 침해가 사회통념상 일반적으로 수인할 정도를 넘어서는지의 여부는 피해의 성질 및 정도, 피해이익의 공공성, 가해행위의 태양, 가해행위의 공공성, 가해자의 방지조치 또는 손해회피의 가능성, 인·허가 관계 등 공법상 기준에의 적합 여부, 지역성, 토지이용의 선후관계 등 모든 사정을 종합적으로 고려하여 판단하여야 한다"고 하고 있다.[49] 그리고 불법행위로 인한 손해배상청구에서도 수인한도(참을 한도)를 위와 같이 판단하고 있다.[50] 이를 보면 우리 판례는 민법 제217조와 무관하게 수인한도를 판단하고 있다.

우리 판례가 말하는 수인한도론은 일본의 학설과 판례의 내용[51]을 그대로 수입한 것으로, 일본의 수인한도론은 프랑스의 학설과 판례에 의하여 발전된 수인한도론과 거의 유사하다고 할 수 있다. 프랑스민법은 근린폐해에 대한 명문규정이 없으며, 수인한도의 판단시에 근린폐해가 이루어진 지역성, 가해자와 피해자간의 토지이용의 선후관계, 폐해의 계속성 및 그 강도, 제반법령의 준수여부, 손해의 회피가능성 또는 손해배제조치의 유무 등을 종합적으로 고려하고 있다.[52] 프랑스민법이나 일본민법에는 우리 민법 제214조와 제217조와 같은 규정이 없으므로 위와 같이 수인한도를 판단하는 것이 타당할지도 모른다. 하지만 우리 민법은 독일민법 제1004조와 같이 제214조 규정을 두고 있으며, 환경침해로 인한 방해제거 및 방해예방청구권 행사시에 독일 민법 제906조를 계수한 제217조에서 피해자의 인용의무에 대한 명문의 규정을 두고 있다.

우리 민법 제217조는 독일민법 제906조[53]와 스위스민법 제684조를 계수한 조문[54]으로서,

---

48) 임대차 종료후에 임대인인 소유자는 임대목적물에 대하여 소유권에 기한 반환청구권을 행사할 수 있는데, 이는 임대인은 더 이상 인용의무를 부담하지 않기 때문이다.

49) 대법원 2007. 6. 15. 선고 2004다37904, 37911 판결.

50) 대법원 1974. 6. 11. 선고 73다1691 판결; 대법원 1978. 12. 26. 선고 77다2228 판결; 대법원 1982. 9. 14. 선고 80다2859 판결; 대법원 1989. 5. 9. 선고 88다카4697 판결; 대법원 1991. 7. 23. 선고 89다카1275 판결; 대법원 2005. 1. 27. 선고 2003다49666 판결; 대법원 2010. 7. 15. 선고 2006다84126 판결 등.

51) 加藤一郎 編, 公害法の生成と展開, 岩波書店, 1968, 406-412면 참조.

52) 박수곤, "프랑스법에서의 근린폐해이론의 전개", 환경법연구, 제24권 2호, 2002. 12, 275-279면 참조.

인접지에서 배출되는 매연·진동·소음·악취 등의 불가량물에 의한 침해를 입은 경우 제214조에 의한 방해제거 및 방해예방청구권의 행사에 의해서 보호받을 수 있지만, 현대사회에서 필요악이라고 할 수 있는 생활방해의 제거를 위해 제214조에 의한 청구권의 행사를 무제한 허용하는 것도 타당하지 않으므로, 방해가 가해토지의 통상의 용도에 의해서 발생하는 경우에는 이웃토지의 거주자는 이를 인용하도록 하여(민법 제217조 제2항) 상린관계자 상호간의 토지이용조절을 꾀하고 있다. 즉 민법 제217조는 환경침해로 인한 방해제거 및 방해예방청구권의 행사시에 일정한 인용의무를 설정하여 청구권을 행사할 수 없는 경우를 규정하고 있는 것이다. 또한 이러한 제217조상의 인용의무의 설정이 환경침해로 인한 손해배상청구에서 위법성을 조각시키는 수인한도를 설정하게 되는 근거조항이 된다.[55)]

그리고 환경침해에 대한 위법성판단에서 그간 우리 판례는 손해배상청구와 방해제거 및 방해예방청구에 있어서 공히 수인한도론에 입각하여 수인한도를 넘는 침해가 있으면 위법성이 있다고 하였다. 하지만 최근 대법원 판결에서는 고속도로소음에 대한 피해자의 금지청구의 경우, 고속도로의 공공성 등을 이유로 손해배상청구시와는 달리 수인한도(참을 한도)의 초과여부를 보

---

53) 독일민법 제906조(불가량 물질의 유입) (1) 토지의 소유자는 가스, 증기, 냄새, 연기, 매연, 열, 소음, 진동의 침입 및 다른 토지로부터 오는 유사한 작용이 자기의 토지의 이용을 침해하지 아니하거나 또는 단지 비본질적으로만 침해하는 경우에는 이를 금할 수 없다. 법률이나 법규명령에 규정된 한계치나 기준치가 이 규정에 따라서 조사되거나 평가된 침해에 의해서 초과되지 않으면 일반적으로 비본질적인 침해이다. 연방임밋시온방지법 제48조에 의해서 만들어지거나 기술의 수준을 반영하는 일반적인 행정규칙상에서의 수치도 또한 같다. (2) 본질적 침해가 다른 토지의 장소통상적인 이용으로 야기되고 이러한 종류의 이용자에게 경제상 기대할 수 있는 조치에 의해서 침해를 저지할 수 없는 경우에도 또한 같다. 소유자가 이에 따라서 침해를 인용하여야 하는 경우에 그 침해가 자기의 토지의 장소통상적인 이용이나 토지의 수익을 기대할 수 있는 정도를 넘어서 침해하는 때에는 소유자는 다른 토지의 이용자에게 금전에 의한 상당한 보상을 청구할 수 있다. (3) 특별한 유도에 의한 침입은 허용되지 않는다.

54) 민의원 법제사법위원회 민법안심의소위원회, 전게서, 137면(民法案審議錄에서 소개한 독일민법 제906조의 내용은 독일민법제정시의 제906조의 내용을 그대로 소개한 것이며, 독일민법 제906조는 1959년과 1994년에 개정되었다. 1959년 개정된 독일민법 제906조는 현행 독일민법 제906조 제2항의 내용으로, 본질적 침해가 침해자 토지의 장소통상적인 이용(ortübliche Benutzung)으로 발생하는 경우에 1959년 개정전에는 단순히 인용하도록 했는데, 개정을 통하여 토지의 장소통상적 이용으로 인한 침해시에 경제상 기대할 수 있는 조치(wirtschaftliche zumutbare Maßnahmen)에 의해서 침해를 저지할 수 없는 경우에 인용하도록 하였으며, 또한 이에 따라서 침해를 인용해야하는 경우에 그 침해가 자기 토지의 장소통상적 이용이나 토지의 수익을 기대할 수 있는 정도를 넘어서 침해하는 때에는 피해자는 가해자에게 금전에 의한 상당한 보상을 청구할 수 있다고 하여 조정적 보상청구권을 입법하였다. 그리고 1994년 개정에서는 공법과 사법의 조화를 위한 개정을 하였다(1994년 개정의 내용과 그 문제점에 대해서는, Peter Marburger, Zur Reform des §906 BGB, Festschrift für Wolfgang Ritter zum 70. Geburtstag, 1997, S. 921ff. 참조).

55) 그리고 2011년 법무부 민법개정위원회 분과위원회는 불가량물질에 의한 환경침해에 대하여, 제214조에 의한 청구권의 행사시 피해자의 인용의무를 명확히 규정하는 방향으로 민법 제217조를 개정하는 개정시안을 마련함과 아울러 현행 민법 제217조의 문제점을 보완하는 방향으로 개정시안을 입안하였다. 개정시안은 독일민법 제906조의 1959년 개정 내용과 유사하게 개정시안을 작성하였다(자세한 것은, 전경운, 전게논문, 172-185면 참조). 그리고 민법 제217조에 대한 2014년 법무부 개정시안은, 민법개정총서 11, 2014년 법무부 민법개정시안 해설, 법무부, 2014, 413-419면 참조).

다 엄격히 판단해야 한다고 해서, 소위 위법성단계설(위법성 2원론)을 취하였다.[56] 이러한 판시에 의하면 동일한 환경침해사건에서 손해배상청구는 인용되고 방해제거 및 방해예방청구는 기각될 수 있다는 것이다. 이러한 판례의 입장은 일본의 판례[57]와 유사한 것으로서, 동일한 환경침해가 당사자의 청구내용에 따라 위법성이 달리 평가될 수 있다는 것으로서 타당하지 않다고 할 것이다. 일본민법에는 명문규정이 없지만, 독일민법 제906조를 계수한 우리 민법 제217조 제2항에 의하면 가해 '토지의 통상적 용도'에 적당한 환경침해에 대해서 피해자는 인용의무가 있다고 명시적으로 규정하고 있다. 그러므로 위법성단계설을 취하지 않고서도 고속도로소음이 '토지의 통상적 용도'에 적당하였는지 여부의 판단으로 해결할 수 있는 문제라고 할 것이다. 독일 판례는 고속도로소음 등에 대해서 독일민법 제906조상의 가해토지의 장소통상적 이용(ortübliche Benutzung)으로 인한 침해로 보아 피해자들의 인용의무를 인정하고 있다.[58] 판례가 적어도 위법성단계설을 취하기 전에, 고속도로에서 발생하는 소음이 가해토지의 통상적 용도로 발생하는 소음인지 여부에 대해서 판단했어야 한다고 생각된다.[59] 물론 금지청구를 인정하지 않은 우리 판례의 결론에 있어서는 문제가 없다고 생각한다.

다. 위와 같이 우리 판례는 환경침해(생활방해)와 관련하여 수인한도론과 위법성단계설을 통하여 환경침해시의 인용의무를 설명하고 있으나, 우리 민법 내용과 규정의 체계상 제214조에 의한 금지청구권행사시 다양한 방법으로 인용의무가 설정된다.

먼저 상린관계규정으로부터 인용의무가 발생한다. 민법 제217조에 대해서는 위에서 설명하였고, 민법 제216조(인지사용청구권), 제219조 · 제220조(주위토지통행권), 제242조(경계선부근의 근축) 그리고 경계침범건축[60] 등의 상린관계규정으로부터 인용의무가 발생한다. 예를 들어 주위토지통행권이 인정되는 경우 피통행지 소유자는 제214조상의 금지청구권을 행사할 수 없고 인용하여야 하고, 단지 보상청구권만을 행사할 수 있다. 둘째로 법정지상권(민법 제305조 제1항, 제366

56) 대법원 2015. 10. 15. 선고 2013다89433, 89440, 89457 판결. 그 외에도 다수의 대법원 판결이 있다(대법원 2016. 11. 10. 선고 2013다71098 판결; 대법원 2016. 11. 25. 선고 2014다57846 판결 등).

57) 最判 1995. 7. 7, 民集 49-7-1870; 最判 1995. 7. 7, 判例時報 1544号 18면; 野村豊弘, "国道43号腺訴訟上告審判決－道路の騒音 · 自動車排気ガスによる侵害の差止めと損害賠償", 環境法判例百選[第２版], 有斐閣, 2011, 113면; 內田 貴, 債權各論(第3版), 東京大學出版會, 2011, 478-479면.

58) RGZ 159, 129; BGHZ 54, 384; BGHZ 30, 273, 277; BGH NJW 1973, 326 등.

59) 이에 대해서 자세한 것은, 전경운, "고속도로소음에 대한 유지청구에서의 위법성판단", 법조 통권 제722호, 2017. 4, 575-600면 참조.

60) 경계침범건축을 소유자의 인용의무로 입법하자는 논의는 여러 차례 있었지만 아직 입법되지 않았다(자세한 것은 전경운, "경계를 침범한 건축", 비교사법 제19권 3호, 2012. 8, 875-910면). 경계를 침범한 건축에 대하여, 판례는 물권적 청구권성립의 객관적 요건은 존재하지만, 권리남용의 법리(제2조 제2항)에 의하여 그 행사가 부정되는 경우가 있다고 하였다(대법원 1993. 5. 14. 선고 93다4366 판결; 대법원 1993. 5. 11. 선고 93다3264 판결 등). 우리나라는 현실경계와 지적이 불일치하는 지적불부합지가 많은 상태에서, 경계침범 건물의 철거를 막아 건물의 재산적 가치를 유지시킨다는 공익상의 요청에서, 토지소유자가 철거의 위협으로 부당한 이익을 취하는 방법으로 악용될 수도 있다는 이유 등으로, 경계침범건축을 입법하자는 것이다.

조, 입목법 제6조 제1항, 가등기담보법 제10조), 관습법에 의하여 인정되는 분묘기지권, 관습법상의 법정지상권이 인정되는 경우 소유자는 인용해야 하고, 제214조의 금지청구권을 행사할 수 없다. 그런데 법정지상권, 관습법상의 법정지상권으로 금지청구권이 부인되는 경우 지료에 상당하는 보상청구권을 인정하고 있으나, 분묘기지권의 경우에는 원칙적으로 보상청구권을 부인[61]하고 있어서 문제라고 할 것이다.

(3) 독일민법 제1004조와 인용의무 및 그 유추적용

가. 독일 민법 제1004조는 소유권에 기한 방해제거 및 유지청구권을 규정하여, 소유권이 점유의 침탈 또는 유치 이외의 방법으로 침해된 경우 소유자는 방해자에게 그 침해의 제거를 청구할 수 있으며(독일민법 제1004조 제1항 제1문), 계속적인 침해의 우려가 있을 때에는 그 침해의 유지(Unterlassung)를 청구할 수 있다(독일민법 제1004조 제1항 제2문). 또한 최초의 임박한 침해에 대해서도 예방적 유지청구권을 행사할 수 있다고 한다.[62]

나. 인용의무: 독일민법 제1004조 제2항에 의하여 소유자가 인용할 의무를 진 경우에는 제거청구나 유지청구를 할 수가 없다. 이러한 인용의무(Duldungspflichten)는 법률행위로서 설정되거나 법률에 의하여 직접적으로 생긴다.

법률행위로 인한 인용의무는 침해가 방해자에게 설정된 제한물권에 의하거나 채권적 권리에 의하여 정당화될 때 생긴다. 제한물권은 소유권 중에서 세부의 권능을 제한물권자에게 양도함으로써 소유자는 제한물권의 행사를 인용하여야 한다. 그리고 계약으로 성립되는 채권적인 권리는 계약의 당사자인 소유자에게만 원칙적으로 계약내용에 따른 인용의무가 존재한다.

법률상 인용의무는, 첫째로 일반적으로 침해를 정당화하는 위법성조각사유(정당방위(독일민법 제227조), 방어적 긴급피난(독일민법 제228조), 자구행위(독일민법 제229조), 공격적 긴급피난(독일민법 제904조)[63]이 있으면 소유자는 허용된 침해를 금지할 수 없으므로 인용의무가 생긴다. 둘째로 수 많은 공법상의 규정[64](건축법, 자연보호법 등) 및 私法上의 規定, 특히 상린관계규정(독일

61) 대법원 1995. 2. 28. 선고 94다37912 판결, 이에 반한 판결로 대법원 2015. 7. 23. 선고 2015다206850 판결.

62) Erman Handkomm/Wolfgang Hefermehl, a.a.O., §1004 Rn. 27; Fritz Baur/Jürgen F. Baur/Rolf Stürner, a.a.O., S. 147.

63) 독일민법상 긴급피난에는 방어적 긴급피난(독일민법 제228조)과 공격적 긴급피난(독일민법 제904조)이 규정되어 있는데, 전자는 물건에 의한 급박한 위험을 방어하는 것이고, 후자는 위험에 관계없는 물건에 대하여 침해를 하는 것을 말하고, 후자의 경우에 소유자는 그에게 발생한 손해의 배상을 청구할 수 있다(독일민법 제904조 제2문).

64) 독일 연방임밋시온방지법 제22조 제1항 제1호(기술수준으로 보아 완화할 수 있는 유해한 환경침해를 방지할 것)로부터 인용의무가 발생한다. 즉 교회종소리를 통한 음향임밋시온은 연방임밋시온방지법 제22조 제1항 제1호에 해당되고, 관습적인 범위안에서의 교회의 타종소리(여름에는 매일 아침 6시, 겨울에는 7시)를 통한 소음임밋시온은 연방임밋시온방지법 제3조 제1항의 의미에서의 현저한 방해(erhebliche Belästung)에 해당하지 않고 기대가능성이 있고 사회상당성이 있는 침해이므로(BverwG NJW 1984, 989) 인용해야만 한다.

민법 제906조 이하)으로부터 인용의무가 생긴다. 셋째로 법적으로 규정된 경우를 넘어서 상린관계적 공동체관계로부터 인용의무가 발생할 수 있다.[65] 그 외 독일민법 제249조 이하 특히 금전배상은 제거청구권에는 원칙적으로 적용이 되지 않는데, 판례[66]에 따르면 방해자는 독일민법 제251조 제2항[67]의 유추적용으로 방해의 제거가 과도한 비용으로서만 가능할 때에는 소유자에게 금전으로 배상할 수 있다는 것이다. 왜냐하면 방해자는 독일민법 제823조에 의한 책임있는 불법행위자보다 불리한 위치에 서서는 안된다는 것이다.[68]

상린관계로부터 발생하는 소유자의 인용의무에 대해서 조금 더 살펴보면, 비본질적인 침해와 가해토지의 장소통상적 이용으로 인한 환경침해(제906조), 고의나 중과실이 없는 경계침범건축(제912조), 주위토지통행권(제917조)으로부터 토지소유자의 인용의무가 발생하고, 이러한 경우 토지소유자는 조정적 보상청구권을 행사할 수 있도록 하고 있다(독일민법 제906조 제2항 제2문, 제912조 제2항, 제917조 제2항). 그리고 독일의 학설과 판례는 독일민법 제906조 제2항 제2문의 보상청구권의 유추적용을 인정한다.[69] 침해를 받은 토지소유자가 제906조 제1항(비본질적인 침해에 대한 인용의무)이나 제2항 제1문(장소 통상적 침해에 대한 인용의무)에 따라서 사실상 침해를 인용할 의무가 없으나, 제1004조 제1항에 의한 금지청구권의 행사가 사실상 이유로서 방해를 받은 경우에도 제906조 제2항 제2문의 유추로서 조정적 보상청구권을 행사할 수 있다는 것이다. 예를 들어 피해자가 적기에 제거청구권이나 유지청구권을 행사하기에는 너무 늦게 허용되지 않는 임밋시온에 대하여 인식을 한 경우이며, 이러한 유추적용은 또한 침해자의 귀책사유를 입증하지 못함으로써 불법행위적 손해배상청구권의 행사가 실패된 경우에도 특별한 의미를 가질 수 있게 된다.[70] 그 외 상린관계적 공동체관계로부터 인용의무가 있는 경우에도 조정적 보상청구권이 인정된다.[71]

그리고 독일의 경우, 환경침해와 관련하여 독일민법 제906조에 의한 인용의무 이외에도, 독

---

65) Staudingers Komm/Karl-Heinz Gursky, a.a.O., §1004 Rn. 128.
66) BGHZ 62, 388; BGH NJW 1979, 1409.
67) 독일민법 제251조 제2항 "원상회복이 과중한 비용으로써만 실현가능한 경우 배상의무자는 채권자에게 대하여 금전으로 배상할 수 있다."
68) Staudingers Komm/Karl-Heinz Gursky, a.a.O., §1004 Rn. 108; Münchener Komm/Baldus, a.a.O., §1004 Rn. 236.
69) Münchener Komm/Säcker, a.a.O., §906 Rn. 169.
70) BGH NJW 1990, 1910(토지소유자가 이웃한 사격장으로부터 날아온 산탄납으로 인해 토지가 오염된 사건에서, 사격장의 과실이 없다는 이유로 불법행위로 인한 손해배상청구권을 부인하면서, 토지소유자가 사격장으로부터 떨어지는 산탄납으로부터 발생하는 토지오염과 토지오염의 결과로 토지의 농업적 이용을 위해서 납오염이 인용할 수 있는 정도를 초과한다는 것을 알지 못하였고 또한 알 수 없었으므로, 토지소유자가 이웃한 사격장으로부터 산탄납의 떨어짐을 방어할 수 없었다면, 제906조 제2항 제2문의 유추적용으로 상린관계적 조정적 보상청구권이 인정된다고 하였다).
71) BGHZ 113, 384.

일 연방임밋시온방지법(BImSchG) 제14조(사법상의 방어청구권의 배제) 등에 의해서도 인용의무가 설정되어 금지청구가 인정되지 않는다. 독일 연방임밋시온방지법 제14조 제1문에서는 "인접한 토지에 대한 유해한 환경침해의 방지를 구하는 청구가 특별한 권원에 기하지 않고 사법상 권리에 기하고 있는 경우, 시설에 대한 인가를 다툴 수 없는 경우에는 시설의 가동중지(Einstellung des Betriebs)를 요구할 수 없다. 피해자는 단지 유해한 환경침해를 배제하는 예방조치만을 요구할 수 있다"고 규정하고, 동법 제14조 제2문에서는 "그러한 예방조치가 기술수준에 의해서 실행할 수 없거나 경제적으로 기대할 수 없는 때에는 오로지 손해배상만을 청구할 수 있다"고 규정하고 있다. 즉 독일민법 제906조를 넘어서는 인용의무가 연방임밋시온방지법 제14조에 의해서 설정이 된다.[72)]

독일 연방임밋시온방지법 제14조는 시설의 위험성으로 인하여 동법 제4조 이하[73)]에 따라서 인가를 필요로 하는 시설에만 적용이 되고, 기타의 이유로서 인가를 필요로 하는 시설에는 적용이 되지 않는다. 그러므로 인가를 받은 시설은 독일민법 제1004조에 의한 인가된 시설의 가동중지는 더 이상 요구될 수 없고, 예방조치만을 요구할 수 있는데 예방조치도 기술적인 상태에 따라서 실현될 수 없거나 경제적으로 기대할 수 없는 경우에는 예방조치의 청구도 허용되지 않고 손해배상(금전적인 보상)만 청구할 수 있도록 하고 있다.[74)]

독일 연방임밋시온방지법 제14조[75)]와 독일민법 제906조 제2항의 구체적인 차이점은 연방임밋시온방지법에 따라서 인가를 받은 시설은 침해가 본질적이고 토지 통상적 이용이 아닌 침해에 대해서도 피해자가 인용의무를 진다는 것이다.[76)] 독일 연방임밋시온방지법 제14조와 유사한 규정은 독일 원자력법(AtomG) 제7조 제6항, 항공교통법(LuftverkehersG) 제11조, 행정절차법(VwVfG) 제75조 제2항,[77)] 이산화탄소 저장법(KSpG) 제14조 등에도 규정되어 있다. 또한 다른 공법상의 규

72) Anwaltkomm/Ring, a.a.O., §906 Rn. 282ff.; Staudingers Komm/Herbert Roth, a.a.O., §906 Rn. 237.

73) 독일 연방임밋시온방지법 제4조에서는 위험하거나 환경침해적인 시설은 인가가 필요하다고 규정하는데, 구체적으로 유해한 환경침해를 야기하거나 기타의 방법으로 공공이나 상린관계자를 위험하게 하거나, 현저하게 손해를 끼치거나 현저하게 부담이 되는, 즉 시설의 성질이나 운영을 통하여 특별한 정도에서 열거한 것을 야기하기에 적당한 시설의 설치나 가동은 인가를 필요로 한다.

74) Fritz Rittner/Meinrad Dreher/Michael Kulka, a.a.O., S. 141.

75) 물론 이러한 규정은 침해된 상린자를 위해서는 불리한데, 인가관청은 인가의 수여후에도 공공이나 상린자의 보호를 위하여(연방임밋시온방지법 제17조), 일정한 요건하에서 가동의 중지를 요구하거나(동법 제20조), 인가를 철회할 수 있다(동법 제21조).

76) Staudingers Komm/Herbert Roth, a.a.O., §906 Rn. 237.

77) 독일 행정절차법 제75조 제2항 "계획확정결정이 취소될 수 없는 경우, 계획의 유지(중지)에 대한 청구권, 시설의 제거나 변경에 대한 청구권 또는 시설의 이용의 유지(중지)에 대한 청구권은 배제된다. 계획이나 결정된 계획에 상응하는 시설에서 계획의 취소불가능성 후에 다른 사람의 권리에 예측 불가능한 효과가 발생한 경우, 관련자는 부작용을 배제하는 대책이나 시설의 설치 또는 유지를 청구할 수 있다. 이들은 계획확정 관청의 결정을 통하여 계획 수행자에게 부과될 수 있다. 그러한 대책이나 시설을 행할 수 없거나 계획과 양립 불가능한 경우, 관련된 자는 적당한 보상금을 받을 권리가 있다".

정(예를 들어, 연방자연보호법(BNatSchG),[78] 수질관리법(WasserhaushaltsG) 제11조, 통신법(TKG) 제76조 등)에 의해서도 독일민법 제1004조에 의한 금지청구권은 배제될 수 있다.

예를 들어, 독일 이산화탄소 저장법(KSpG)상 인용의무를 보면, 토지소유권자와 기타 이용권자는 이산화탄소의 지하 영구 저장과 결합된 침해가 토지의 지표 하의 지괴에 관련되는 한 행정절차법 제75조 제2항 제1문[79]에 따라서 인용해야 한다(독일 이산화탄소저장법 제14조 제1문). 토지소유권자는 그 독점에 아무런 이익도 없는 깊이에서 일어나는 이산화탄소 누출로 인한 침해에 대해서는 토지의 이용이익이 없으므로 침해를 배제시킬 수 없다(독일민법 제905조 제2문).[80] 그러나 토지소유권이 미치는 토지의 지표하의 침해인 경우에는 침해를 배제시킬 이익이 있으므로(독일민법 제905조 제2문), 이러한 경우를 대비하여 이산화탄소 저장법 제14조 제1문을 규정하고 있다. 이 규정에 따라 토지소유자 등은 토지표면 아래 이용이익이 미치는 범위내의 토지에 관련된 영구 저장으로 인한 침해에 대해서 인용의무(Duldungspflicht)를 진다.[81] 이러한 경우 토지소유자 등은 지하 저장장소로부터 침해에 대해서 행정절차법 제75조 제2항[82]에 따라 보상청구권을 행사할 수 있게 된다.

다. 독일민법 제1004조의 유추적용: 소유권에 관한 독일민법 제1004조의 규정은 지역권, 용익권, 질권 등 다른 제한물권에도 준용된다(독일민법 제1027조, 제1053조, 제1065조, 제1090조 제2항, 제1227조 등). 그리고 독일민법 제862조는 점유자가 금지된 사력에 의하여 점유를 방해받은 때에는 방해자에게 방해의 제거를 청구할 수 있으며(독일민법 제862조 제1항 제1문), 계속적인 방해의 염려가 있을 때에는 방해의 유지를 소구할 수 있다(독일민법 제862조 제1항 제2문)고 하여, 점유방해로 인한 방해제거 및 유지청구권을 규정하고 있으며, 또한 독일민법 제12조는 성명권(Namensrecht)에 기한 방해제거 및 유지청구권을 규정하고 있다. 그 외 많은 특별법에서 금지청구권에 관한 규정이 존재한다.[83]

---

78) 독일 연방자연보호법은 제10조에서 各州는 자연보호를 위하여 토지의 이용을 기대할 수 없을 정도로 침해하지 않는 범위내에서 인용의무를 설정할 수 있다고 규정한다.

79) 독일 행정절차법 제75조 제2항 제1문 "계획확정결정이 취소될 수 없는 경우, 프로젝트(계획)의 유지(중지)에 대한 청구권, 시설의 제거나 변경에 대한 청구권 또는 시설의 이용의 유지(중지)에 대한 청구권은 배제된다".

80) 독일민법 제902조 "토지소유권자의 권리는 지표상의 공간 및 지표하의 토지(지괴)에 미친다. 그러나 소유권자는 그 독점에 아무런 이익도 없는 높이의 지상이나 그러한 깊이의 지하에서 행해지는 침해를 금지할 수 없다".

81) Franz-Joseph Peine/Lothar Knopp/Andrea Radcke, Rechtsfragen der Abscheidung und Speicherung von CO2(CCS), 2011, S. 129.

82) 독일 행정절차법 제75조 제2항 제2문 이하 "계획이나 결정된 계획에 상응하는 시설에서 계획의 취소불가능성 후에 다른 사람의 권리에 예측 불가능한 효과가 발생한 경우, 관련자는 부작용을 배제하는 대책이나 시설의 설치 또는 유지를 청구할 수 있다. 이들은 계획확정 관청의 결정을 통하여 계획 수행자에게 부과될 수 있다. 그러한 대책이나 시설을 행할 수 없거나 계획과 양립 불가능한 경우, 관련된 자는 적당한 보상금을 받을 권리가 있다".

83) 이하는 금지청구권을 규정하고 있는 독일법이다. 상법(HGB) 제37조 제2항, 특허법(PatG) 제139조 제1항,

그런데 독일법은 판례에 의해서 독일민법 제1004조와 제862조에 의한 금지청구권 및 제한물권에의 준용규정을 넘어서 금지청구권을 확장하여 인정한다.[84] 즉 독일민법 제1004조와 제862조 및 제한물권의 준용규정에서 나타나는 법적 사고(Rechtsgedanke)에서 법률에 규정이 되어 있지 않은 경우에도 모든 절대권(alsolute Rechte)은 임박하거나 현재의 침해에 대하여 독일민법 제1004조에 상응한 금지청구권이 인정되어야 한다는 것이다. 만약 절대권보유자의 금지청구권이 인정되지 않는다면 지배권능의 절대적(absolute), 즉 對世的 效果는 단지 공허한 것이 되고 말기 때문이다. 또한 침해에 대해서 직접적 · 예방적 조치를 취하는 대신에 손해의 발생을 기다리고 그 후에 불법행위 규정(독일민법 제823조 이하)에 따라서 손해배상을 청구해야 한다면 이해할 수 없다는 것이다. 이에 따라 독일의 학설과 판례는 모든 절대권에 독일민법 제1004조의 유추적용으로 금지청구권을 인정하여 독일민법 제823조 제1항에 거명된 법익인 생명, 신체, 건강, 자유의 침해시는 물론이고, 독일민법 제823조 제1항의 기타의 권리로 인정된 영업권, 인격권, 지식재산권, 물의 이용권, 수렵권, 어업권, 공동사용권[85] 등의 침해시에도 금지청구권을 인정하였다. 또한 독일의 판례는 독일민법 제1004조의 유추적용을 절대권에 한정하지 않고 불법행위적으로 보호되는 법익이나 법적으로 보호되는 이익에 대해서도 법창조적으로 금지청구권을 발전시켜 왔다.[86] 때문에 신용(독일민법 제824조)의 침해시에도, 보호법률을 통하여 보호되는 법적 지위(독일민법 제823조 제2항)의 침해시 및 고의에 의한 양속위반(독일민법 제826조)의 경우에도 독일민법 제1004조의 금지청구권을 유추적용하고 있다. 또는 독일민법 제1004조, 제862조 및 제12조의 전체유추로 금치청구권이 인정된다고 한다.[87] 이것은 독일제국법원(Reichsgericht)의 판례[88] 이래 독일 판례가 늘 이것을 견지해 왔고 오늘날에는 관습법이 되었다고 한다.[89]

이것을 독일민법 제1004조의 유추에 의한 유사(준) 제거청구권과 유지청구권(quasi(-negatorische) Beseitigungs- und Unterlassungsanspruch) 또는 유사 금지청구권(quasi(-negatorische) Abwehranspruch)이라고 한다. 이러한 유사 금지청구권은 일반적인 인격권[90]과 영업권에도 인정

저작권법(UrhG) 제97조 제1항, 상표법(MarkenG) 제14조, 제15조 등, 실용신안법(GebrMG) 제24조 제1항, 의장법(GeschmMG) 제42조 제1항, 부정경쟁방지법(UWG) 제8조 등, 경쟁제한법(GWB) 제33조, 연방정보보호법(BDSG) 제58조(개인정보의 수정, 삭제, 처리제한) 등.

84) RGZ 60, 6; BGHZ 30, 7; Erman Handkomm/Wolfgang Hefermehl, a.a.O., §1004 Rn. 4-5; Anwaltkomm/Keukenschrijver, a.a.O., §1004 Rn. 66-73; Münchener Komm/Baldus, a.a.O., §1004 Rn. 14-33; Manfred Wolf/Marina Wellenhofer, a.a.O., SS. 393-394; Dirk Looschelders, Schuldrecht Besonderer Teil, 12. Aufl., 2017, SS. 547-548: Klaus Vieweg/Almuth Werner, Sachenrecht, 4. Aufl., 2010, SS. 237-238.

85) BGH NJW 1998, 2058; Anwaltkomm/Keukenschrijver, a.a.O., §1004 Rn. 67.

86) Erman Handkomm/Wolfgang Hefermehl, a.a.O., §1004 Rn. 5.

87) Anwaltkomm/Keukenschrijver, a.a.O., §1004 Rn. 7; Dirk Looschelders, a.a.O., S. 549.

88) RGZ 48, 114(불공정경쟁행위로 인한 영업이익침해 관련); RGZ 60, 6(영업이익 관련).

89) Erman Handkomm/Wolfgang Hefermehl, a.a.O., §1004 Rn. 5.

90) 1954년의 판례(BGHZ 13, 334) 이래로 일반적 익격권(allgemeine Persönlichkeitsrecht)은 독일민법 제823조

되는데, 일반적인 인격권에서는 인격적인 측면의 모든 침해가 위법한 침해로서 평가되지는 않고, 침해의 위법성 판단에서 보호가치의 정도에 따라서 서로 다투는 권리와 이익의 광범위한 이익형량이 요구되어진다. 그리고 '설치되고 운영되는 영업에 대한 권리'(Recht am eingerichteten und ausgeübten Gewerbebetrieb), 즉 영업권은 독일민법 제824조(신용훼손), 제826조(양속위반) 및 부정경쟁방지법(UWG)의 규정을 통하여 포함되지 않는 영업권 보호에 대한 법적 흠결을 피하기 위하여 오래전부터 판례에 의해서 독일민법 제823조 제1항의 기타의 권리로서 인정되었다.[91] 독일 불법행위법 구조상 어쩌면 당연한 것이지만, 독일 판례는 영업권을 절대권으로 구성하여 권리침해시 독일민법 제1004조의 유추적용에 의하여 금지청구권을 인정하고, 더하여 과실이 있다면 제823조 제1항에 근거하여 손해배상의무를 인정하고 있다.[92]

2. 부정경쟁방지법상의 금지청구권

부정경쟁이란 영업상의 경쟁이 자유롭게 허용된다는 것을 전제(헌법 제15조, 제119조 등)로 부당한 경쟁으로부터 자유로운 경쟁을 보호하자는 것이다. 「부정경쟁방지 및 영업비밀보호에 관

제1항의 기타의 권리로서 인정되었다. 일반적 인격권이 제823조 제1항의 기타의 권리로서 인정되게 된 근본적인 이유는 민법이 개개인의 인격권을 충분히 보호해주지 못하고 있다는데 있다. 사실 명예(Ehre)는 제823조 제1항에서 거명하지는 않지만 명예의 침해는 독일형법 제185조 이하와 관련하여서 제823조 제2항(보호법률)에 의해서 보호될 수는 있으나 형법의 규정은 가해자의 고의를 전제로 하고 있다. 독일민법 제823조 제1항에서 인격권의 일부로서 명예를 포함시킬 경우 過失에 의한 명예훼손에도 손해배상청구를 인정하게 된다. 그리고 성명권, 초상권, 저작인격권과 같은 일정한 인격권의 침해는 특별한 규정(성명권(독일민법 제12조), 미술저작권법 제22조 이하, 저작인격권(저작권법 제12조 이하)) 통하여 보호될 수는 있다. 그러나 입법자는 기술의 발전(도청장치, 녹음기, 특수카메라, 망원렌즈와 대중매체의 발달 등)으로 인하여 비로소 가능하게 된 그러한 침해에 대해서는 고려하지 않았다. 또한 고의를 요하는 독일민법 제826조를 통한 보호도 충분하지는 않다. 이로 인하여 판례는 제823조 제1항의 기타의 권리로서 일반적인 인격권을 인정하게 되었다. 이에는 서신에 대한 보호, 비밀히 사진촬영을 당하거나 녹음되지 않을 것, 사생활(건강 등)과 혼인상의 부부공동생활 등의 일정한 가족권, 명예의 보호 등이 포함된다.

91) 영업권의 침해가 인정되자면 침해의 영업관련성(Betriebbezogenheit)이 있어야 한다. 독일 판례는 영업활동에 직접적으로 향해지고 영업과 분리할 수 없는 권리나 법익에 관계되는 영업관계적인 침해일 것을 요구한다(BGHZ 29, 65 등). 즉 영업의 기본토대를 위협하거나 직접 영업수단의 작용관계를 중지시키거나 영업활동 자체를 문제로 삼는 그러한 침해시에만 영업관련성이 있는 것으로 고려될 수가 있다는 것이다. 이에 따라 포크레인 운전기사가 우연히 영업장에 공급되는 전선을 절단한 경우, 영업권의 침해로 인정되지 않는다. 또한 하수관을 통하여 폐수를 유입시켜 강물이 오염되어 전선공장에서 필요한 물을 취수할 수 없게 된 경우, 침해의 직접적인 영업관련성의 부족으로 영업권의 침해가 되지 않게 된다(BGH NJW 1981, 2146).

92) 독일민법 제1004조의 유추적용 내지 독일민법 제1004조, 제862조 및 제12조의 전체유추적용을 통한 독일민법상의 금지청구권의 확장은, 즉 물권과 채권(주로 제3자의 채권침해)을 구별하지 않고 금지청구권을 인정하고 있는 것은, 우리 민법상 불법행위법 영역에서 일반적 금지청지청구권을 입법하자는 강력한 논거로 제시된다(한국민사법학회 민법개정안연구소위원회, 전게논문, 217면; 김상중, 전게논문, 191-198면; 위계찬, 전게논문, 257-258면 등). 한편 독일민법 제1004조를 계수한 우리 민법 제214조가 있으므로, 제214조의 유추적용으로 해결할 수 있다는 논의도 전개될 수 있다. 이러한 논의는 주로 인격권에 기한 금지청구권의 인정은 민법 제214조의 유추적용으로 인정될 수 있다는 입장과 일맥상통할 수 있다.

한 법률」(이하 약칭하여 '부정경쟁방지법'이라 한다)은 사업자간의 공정한 경쟁을 위하여 불공정한 경쟁행위를 적절히 규율함으로써 헌법상 보장된 영업의 자유를 실질적으로 보장하고 자유와 창의에 기반한 경제질서를 확립하기 위한 법률이다.[93] 부정경쟁방지법은 민법상 불법행위 법리에 대하여 특별법의 지위에 있으므로, 민법의 특별법인 부정경쟁방지법에 법적 흠결이 있는 경우에 민법이 보충적으로 적용될 수 있다.

2013년 7. 30. 개정(시행 2014. 1. 31.)전 부정경쟁방지법은 제2조 제1호 (가)목 내지 (자)목에서 부정경쟁행위를 제한적 열거방식으로 나열하고 그에 대한 구제수단으로 금지청구(동법 제4조)와 손해배상청구(동법 제5조) 등을 인정하였다. 즉 2013년 개정전 부정경쟁방지법상 열거된 유형의 부정경쟁행위는 상품이나 영업주체를 혼동시키는 행위, 도메인이름의 선점 및 원산지나 품질 등을 오인케 하는 행위에 한정하여 부정경쟁행위로 인정하였다. 이러한 부정경쟁행위에 대한 제한적 열거주의에 대하여 기술과 시장의 변화에 따른 다양한 유형의 부정경쟁행위에 적절히 대응할 수 없다는 비판이 이미 오래전에 제기되었다.[94]

부정경쟁방지법상 이러한 문제는 대법원 판례를 통하여 극복되게 되었는데, 대법원은 2010년의 "인터넷 포털사이트 광고방해사건"(이하 '네이버 사건'이라 약칭한다)에서,[95] "경쟁자가 상당한 노력과 투자에 의하여 구축한 성과물을 상도덕이나 공정한 경쟁질서에 반하여 자신의 영업을 위하여 무단으로 이용함으로써 경쟁자의 노력과 투자에 편승하여 부당하게 이익을 얻고 경쟁자의 법률상 보호할 가치가 있는 이익을 침해하는 행위는 부정한 경쟁행위로서 민법상 불법행위에 해당"하고 하면서,[96] "위와 같은 무단이용 상태가 계속되어 금전배상을 명하는 것만으로는 피해자 구제의 실효성을 기대하기 어렵고 무단이용의 금지로 인하여 보호되는 피해자의 이익과 그로 인한 가해자의 불이익을 비교 · 교량할 때 피해자의 이익이 더 큰 경우에는 그 행위의 금지 또는 예방을 청구할 수 있다"고 하여,[97] 한정적 열거주의를 취하는 부정경쟁방지법상 부정경쟁행위에 해당하지 않더라도 민법 제750조의 불법행위에 해당한다고 보면서, 불법행위에 대한 구제수단으

93) 최정열 · 이규호, 부정경쟁방지법(제4판), 진원사, 2020, 3면.

94) 정상조, 부정경쟁방지법 원론, 세창출판사, 2007, 7면; 정호열, 부정경쟁방지법, 삼지원, 1993, 291면; 김병일, "부정경쟁행위로 인한 금지청구권", 법학연구 제1집, 1999. 12, 176-177면.

95) 대법원 2010. 8. 25.자 2008마1541 결정.

96) 유사한 사건에서 동지의 판결로는 대법원 2012. 3. 29. 선고 2010다20044 판결(한류드라마-헬로키티 사건); 대법원 2014. 5. 29. 선고 2011다31225 판결; 대법원 2017. 11. 9. 선고 2014다49180 판결(리얼리티 방송 프로그램의 방송 포맷 관련 사건); 대법원 2020. 2. 13. 선고 2015다225967 판결.

97) 네이버 사건에서 대법원은 금지청구권을 인정하는 법적 근거에 대해서 명시적으로 밝히지 않았는데 그 근거에 대해서, 부정경쟁방지법 제4조 제1항의 유추적용으로 금지청구권을 인정할 수 있다는 견해, 불법행위의 효과로서 금지청구권을 인정한 것으로 해석하는 견해, 물권법상 금지청구권의 유추적용으로 인정할 수 있다는 견해 등이 있다. 이에 대해서 자세한 것은, 최민수, "불법행위법상 금지청구권에 관한 소고", 법학논총 제41권 제2호, 2017. 9, 166면 참조.

로 금지청구권을 인정하였다.[98)]

위 사건에서 대법원은 금지청구권의 요건과 관련하여 불법행위의 성립만으로 금지청구권이 인정되지 않고, ⅰ) '무단이용 상태가 계속되어 금전배상을 명하는 것만으로는 피해자 구제의 실효성을 기대하기 어렵고', ⅱ) '무단이용의 금지로 인하여 보호되는 피해자의 이익과 그로 인한 가해자의 불이익을 비교·교량할 때 피해자의 이익이 더 큰 경우'에 금지청구권이 인정된다고 하였다. 이는 아마 민법이 원칙적으로 금지청구권을 인정하지 않고,[99)] 2013년 개정 부정경쟁방지법상의 (차)목이 없었다는 점을 감안하여 손해배상에 보충적 구제수단으로 금지청구권을 인정한 것이라고 할 수도 있다.[100)]

이에 따라 위 사건과 2012년의 "한류드라마-헬로키티 사건"[101)]에서 판시한 법리를 반영하고, 새롭고 다양한 유형의 부정경쟁행위에 적절하게 대응하기 위하여 보충적 일반조항[102)]으로서, 2013. 7. 30. 부정경쟁방지법 제2조 제1호에 (차)목을 추가하여 "그 밖에 타인의 상당한 투자나 노력으로 만들어진 성과 등을 공정한 상거래 관행이나 경쟁질서에 반하는 방법으로 자신의 영업을 위하여 무단으로 사용함으로써 타인의 경제적 이익을 침해하는 행위"는 부정경쟁행위로 개정을 하였다.[103)104)]

그런데 2013년 개정 부정경쟁방지법 (차)목(현재는 (카)목이므로 이하에서는 '(카)목'이라 한다)은 2010년의 네이버 사건에서 판시한 금지청구권 행사의 요건인 ⅰ) '무단이용 상태가 계속되어 금전배상을 명하는 것만으로는 피해자 구제의 실효성을 기대하기 어렵고', ⅱ) '무단이용의 금지

98) 대법원 2010. 8. 25.자 2008마1541 결정에 대해서 평석한 논문이 많이 있으므로 사건의 자세한 내용과 대법원 결정의 법적 의미 등에 대해서 자세한 것은, 최민수, "부정경쟁행위와 불법행위법상의 금지청구권", 법조통권 제676호, 2013. 1, 255-295면; 김성진, "지적재산권과 불법행위의 경계에서 발생한 인터넷 광고 분쟁의 법적기준 마련 방안에 관한 연구", 경영법률 제26권 제4호, 2016. 7, 373-413면 등 참조.

99) 물론 학설상으로는 금지청구권을 인정해야 한다는 논의가 많이 제기되었다(권영준, 불법행위와 금지청구권, LAW&TECHNOLOGY 제4권 제2호, 2008, 59면(제3자의 채권침해나 부정경쟁방지법에서 열거하지 않은 부정경쟁행위에 의한 영업이익의 침해행위서 금지청구권 인정의 필요성이 크다고 한다); 송오식, "불법행위의 효과에 관한 일제언", 민사법연구 제6집, 1997, 147-148면 등.

100) 최정열·이규호, 전게서, 263면; 이상현, "개정 부정경쟁방지법상 금지청구권에 관한 소고", 저스티스 제159호, 2017. 4, 323면.

101) 대법원 2012. 3. 29. 선고 2010다20044 판결.

102) 특허, 저작, 상표가 적용되는 경우와 (가)목에서 (자)목이 적용되는 경우를 제외하고 적용한다는 입장에서 "보충적 일반조항"이라고 한다.

103) 2018. 4. 17. 법률 제15580호로 개정된 부정경쟁방지법에서 위 (차)목은 (카)목으로 변경되었다. 그러므로 현재의 부정경쟁방지법상으로는 (카)목에 규정되어 있다.

104) 2013년 개정 부정경쟁방지법은 2014. 1. 31. 시행되었으므로, 이전의 (차)목에 해당하는 부정경쟁행위는 불법행위로, 2014. 1. 31.부터 (차)목에 해당하는 부정경쟁행위는 개정된 (차)목을 적용하는 것이 실무의 입장이라고 한다(이상현, 전게논문, 324면; 대법원 2020. 3. 26.자 2019마6525 결정; 대법원 2020. 3. 26. 선고 2016다276467 판결). 이에 따라 예를 들어, 대법원 2014. 5. 29. 선고 2011다31225 판결에서는 성과물의 무단이용과 관련하여, 불법행위로 인한 금지청구권을 인정하였는데, 이는 네이버사건의 법리를 적용한 것이라 할 수 있다.

로 인하여 보호되는 피해자의 이익과 그로 인한 가해자의 불이익을 비교·교량할 때 피해자의 이익이 더 큰 경우'라는 두 가지 요건을 입법하지 않았다.[105] 그러므로 현재의 (카)목에 의하면 위의 i)과 ii)의 요건에 해당되지 않아도 (카)목의 부정경쟁행위에 해당하면 금지청구권이 인정될 수 있다고 할 것이다. 즉 금지청구권이 손해배상에 대하여 보충적 구제수단으로 입법되지 않았다.[106]

이와 관련하여 최근 부정경쟁방지법을 포함한 지식재산권분야에서는 금지청구권의 인정요건을 엄격히 해석해서 피해자로 하여금 매우 제한된 상황에서 금지청구권을 행사할 수 있도록 하고, 일반적인 상황에서는 손해배상만을 구할 수 있도록 하자는 Liability Rule 방식의 보호를 하자는 주장이 제기되고 있다. 이러한 경향은 미국의 eBay Inc. v. MercExchange, LLC(USC 2006) 판결(이하 'eBay 사건'이라 한다)[107]이 계기가 되었다고 한다.[108] 과거 미국에서 특허권침해가 있는 경우 자동적으로 금지청구를 인용하는 것이 일반적이었는데, 2006년 미국 연방대법원은 일명 eBay 사건에서 형평법의 견지에서, i) 원고에게 회복할 수 없는 손해가 발생하고, ii) 손해배상만으로는 손해를 전보하기 어려우며, iii) 금지청구권의 행사로 인하여 원고와 피고가 겪

105) 아마 2013 개정전 부정경쟁방지법 제2조 제1항 (가)목 내지 (자)목의 유형을 보면, 금지청구권의 요건을 입법할 수 없었을 것이다.

106) 이에 따라 2013년 부정경쟁방지법 개정 이후에 발생한 부정경쟁행위에는 예외없이 금지청구가 인용되어야 하고, 그 이전의 경우에 판례상 인정된 부정경쟁행위에 대해서는 판례의 금지청구권에 관한 두 가지 요건이 적용된다는 기이한 현상이 발생할 수 있다(이상현, 전게논문, 329면).

107) eBay 사건에 대해서 자세한 것은, 권영준, 전게논문, 51-55면; 이상현, 전게논문, 331-332면; Rendleman, D. The trial judge's equitable discretion following eBay v. MercExchange. The Review of Litigation (2007), Vol. 27(1), pp. 75-77; Mezzanotti, Filippo, and Simcoe, Timothy. "Patent Policy and American Innovation after EBay: An Empirical Examination." Research Policy(2019), Vol. 48 (5), p. 1273(2001년 MercExchange는 eBay 웹 사이트에서 인기있는 "지금 구매(Buy It Now)" 기능이 MercExchange의 특허권을 침해했다는 이유로, eBay에 대하여 손해배상과 영구적 금지명령을 구하는 소송을 제기했다. 2003년 버지니아 순회법원은 3천만 달러의 손해배상금 지급을 명했지만, 금지명령은 돌이킬 수없는 손해를 가져오고 eBay의 침해가 지속되면 MercExchange는 향후 손실을 금전적 손해로 복구할 수 있다는 이유로 거부하였다. 항소에서 연방순회법원은 특허가 유효하고 피고가 이를 침해했음을 입증하는 경우 공중보건과 안전과 같은 예외상황이 없는 경우, 원고 특허권자에게 영구 금지명령을 부여해야 한다고 하면서, 1심 법원의 판결을 번복하였다. 이에 대하여 연방대법원은 특허권자가 다음의 4가지를 충족(입증)시킨 경우에만 침해 구제수단으로 영구 금지명령을 받을 수 있다고 하였다. 1) 특허권자가 침해로 인해 회복할 수 없는 손해를 입었고; 2) 금전적 손해와 같이 법에서 구제할 수 있는 구제수단이 회복할 수 없는 손해를 보상하기에 부적절하고; 3) 특허권자와 침해자 사이의 어려움의 균형을 고려하여 형평성에 대한 구제책이 보장되어야 하고; 그리고 4) 영구 금지명령에 의해 공익이 박탈되지 않을 것(a patent owner can only obtain a permanent injunction as a remedy for infringement if he or she can demonstrate: 1) that the patent owner suffered an irreparable injury due to the infringement; 2) that remedies available at law, such as monetary damages, are inadequate to compensate for that irreparable injury; 3) that, considering the balance of hardships between the patent owner and the infringer, a remedy in equity is warranted; and 4) that the public interest would not be disserved by a permanent injunction)).

108) 이상현, 전게논문, 331면.

을 곤란성의 균형이 맞아야 하고, ⅳ) 금지청구권으로 인하여 공익에 해가 되지 않는 경우에, 금지청구권이 인정된다는 기준을 제시하였다. 특히 eBay 판결에서 Kennedy 대법관은 별개의견에서 오늘날 특허권자는 금지청구권을 이용하여 협상에서 우월한 지위를 남용하거나 비정상적인 특허권의 이용료를 받아내는 도구로 활용하고 있다는 등의 금지청구권의 부작용을 설명하였다.[109)] 즉 eBay 사건에서 연방대법원은 유효한 특허권이 침해되면 특허권자가 영구 금지명령을 얻게 된다는 것을 뒤집고, 형평의 견지에서 법원은 재량을 발휘할 수 있다는 것을 인정하였다.[110)] 만일 금지명령이 인정되면 eBay에 돌이킬 수 없는 손해를 가져오고 eBay의 침해가 지속되면 특허권자(MercExchange)는 향후 손실을 금전적 손해로 복구할 수 있다는 이유로 금지명령을 거부하여, 금지명령이 손해배상에 대한 보충적 구제수단으로 작동될 수 있다는 것을 인정하였다.[111)] 즉 2010년 네이버 사건에서 대법원은 금지청구를 손해배상에 대해 보충적 구제수단이라는 것을 설시하였고, 지식재산권 분야에서의 Liability Rule 방식의 보호가 논의됨에도 불구하고 2013년 부정경쟁방지법 개정에서 보충적 일반조항을 입법하면서 이를 반영하지 않았지만, 향후 이러한 점을 고려하여 보충적 일반조항으로 운영되어야 한다는 입장이 있다.[112)]

개정된 (카)목의 내용 등과 관련하여서, (카)목의 대한 최근 대법원의 판시내용을 그대로 소개한다.[113)] 대법원 2020. 3. 26. 선고 2016다276467 판결과 대법원 2020. 3. 26. 자 2019마

---

109) Kennedy 대법관의 별개의견: "기업이 상품을 생산하고 판매하기 위한 기초가 아니라 주로 라이센스 비용을 얻기 위해 특허를 이용하는 산업이 발전했다. … 이러한 회사의 경우, 금지 명령 및 위반으로 인해 발생할 수 있는 잠재적으로 심각한 제재는 특허를 실행하기 위해 라이센스를 구매하려는 회사에 막대한 수수료를 부과하는 협상 도구로 사용될 수 있다. … 특허가 회사에서 생산하려고 하는 제품의 작은 구성 요소에 불과함에도 협상에서 과도한 영향력을 행사하기 위해 금지 명령의 위협이 사용되는 경우, 법적 손해배상은 침해를 보상하기에 충분할 수 있으며 금지 명령은 공익에 도움이 되지 않을 수 있다".

110) Mezzanotti, Filippo, and Simcoe, op. cit., p. 1273.

111) Mezzanotti, Filippo, and Simcoe, op. cit., p. 1271(eBay사건에서 2006년 연방대법원 판결은 특허권침해에 대한 금지명령 구제 추정을 제거하고 미국 특허정책에 큰 변화를 가져왔다고 한다. 이러한 변화의 지지자들은 특히 특허권이 세분화되고 혁신이 고도로 누적되는 정보기술과 같은 부문에서 미국 특허 시스템을 보다 공평하게 만들었다고 주장한다. 반대자들은 동일한 개혁이 지적재산권을 약화시키고 혁신을 줄였다고 주장한다. 그러나 관련 법적 배경과 관련 경제이론을 종합 검토해보면, eBay 결정에 따른 특허, R&D 지출, 벤처자본투자 및 생산성 증가에 해를 끼쳤다는 증거는 없다고 한다).

112) 이상현, 전게논문, 337면.

113) 대법원은 "경쟁자가 상당한 노력과 투자에 의하여 구축한 성과물을 상도덕이나 공정한 경쟁질서에 반하여 자신의 영업을 위하여 무단으로 이용함으로써 경쟁자의 노력과 투자에 편승하여 부당하게 이익을 얻고 경쟁자의 법률상 보호할 가치가 있는 이익을 침해하는 행위는 부정한 경쟁행위로서 민법상 불법행위에 해당한다."라고 판단하였다.
그 후 2013. 7. 30. 법률 제11963호로 개정된 부정경쟁방지 및 영업비밀보호에 관한 법률 제2조 제1호 (차)목은 위 대법원결정의 취지를 반영하여 "그 밖에 타인의 상당한 투자나 노력으로 만들어진 성과 등을 공정한 상거래 관행이나 경쟁질서에 반하는 방법으로 자신의 영업을 위하여 무단으로 사용함으로써 타인의 경제적 이익을 침해하는 행위"를 부정경쟁행위의 하나로 추가하였고, 2018. 4. 17. 법률 제15580호로 개정된 부정경쟁방지 및 영업비밀보호에 관한 법률에서 위 (차)목은 (카)목으로 변경되었다[이하 '(카)목'이라 한다]. 위 (카)목은 구 부정경쟁방지 및 영업비밀보호에 관한 법률(2013. 7. 30. 법률 제11963호로 개정되기 전의

6525 결정에서 (카)목의 보충적 일반조항의 의미를 해석하고 있지만, 결국 일반조항은 그 의미를 구체화하기 위하여 유형화 작업이 어느 정도 필요하다고 할 것이다.[114] 그리고 2013년 개정 부정경쟁방지법 (카)목이 보충적 일반조항을 도입하였지만, 소비자 기망(상품의 품질이나 질량을 오인시키는 행위), 경쟁상대방에 대한 비방행위, 상표권의 침해는 없지만 허위의 광고를 하는 경우, 종업원 스카웃이나 고객 빼돌리기 등은 (카)목의 도입에도 불구하고 부정경쟁방지법상 부정경쟁행위에 해당하지 않으므로 문제라고 하고 있다.[115] 하지만 부정경쟁행위의 일반적 개념을 정리한 것으로 볼 수 있는 보충적 일반조항인 (카)목의 해석에 따라 (카)목에 해당될 수 있으며, 만일 (카)목으로도 해결되지 않는다면, 2010년의 네이버 사건과 같이 대법원이 먼저 민법 제750조의 불법행위에 해당한다고 하고 그 후 부정경쟁방지법을 개정하는 방향으로 대응하거나(先판결 後입법), 아니면 실무상 예측가능성이 없다는 비판이 많이 제기되겠지만 독일[116]이나 스위스

것)의 적용 범위에 포함되지 않았던 새로운 유형의 부정경쟁행위에 관한 규정을 신설한 것이다. 이는 새로이 등장하는 경제적 가치를 지닌 무형의 성과를 보호하고 입법자가 부정경쟁행위의 모든 행위를 규정하지 못한 점을 보완하여 법원이 새로운 유형의 부정경쟁행위를 좀 더 명확하게 판단할 수 있도록 함으로써, 변화하는 거래관념을 적시에 반영하여 부정경쟁행위를 규율하기 위한 보충적 일반조항이다.

위와 같은 법률 규정과 입법 경위 등을 종합하면, (카)목은 그 보호대상인 '성과 등'의 유형에 제한을 두고 있지 않으므로, 유형물뿐만 아니라 무형물도 이에 포함되고, 종래 지식재산권법에 따라 보호받기 어려웠던 새로운 형태의 결과물도 포함될 수 있다. '성과 등'을 판단할 때에는 위와 같은 결과물이 갖게 된 명성이나 경제적 가치, 결과물에 화체된 고객흡인력, 해당 사업 분야에서 결과물이 차지하는 비중과 경쟁력 등을 종합적으로 고려해야 한다. 이러한 성과 등이 '상당한 투자나 노력으로 만들어진' 것인지는 권리자가 투입한 투자나 노력의 내용과 정도를 그 성과 등이 속한 산업분야의 관행이나 실태에 비추어 구체적 · 개별적으로 판단하되, 성과 등을 무단으로 사용함으로써 침해된 경제적 이익이 누구나 자유롭게 이용할 수 있는 이른바 공공영역(공공영역, public domain)에 속하지 않는다고 평가할 수 있어야 한다. 또한 (카)목이 정하는 '공정한 상거래 관행이나 경쟁질서에 반하는 방법으로 자신의 영업을 위하여 무단으로 사용'한 경우에 해당하기 위해서는 권리자와 침해자가 경쟁관계에 있거나 가까운 장래에 경쟁관계에 놓일 가능성이 있는지, 권리자가 주장하는 성과 등이 포함된 산업분야의 상거래 관행이나 경쟁질서의 내용과 그 내용이 공정한지, 위와 같은 성과 등이 침해자의 상품이나 서비스에 의해 시장에서 대체될 수 있는지, 수요자나 거래자들에게 성과 등이 어느 정도 알려졌는지, 수요자나 거래자들의 혼동가능성이 있는지 등을 종합적으로 고려해야 한다(대법원 2020. 3. 26. 선고 2016다276467 판결; 대법원 2020. 3. 26.자 2019마6525 결정).

114) (카)목의 보충적 일반조항의 유형화를 위한 작업에 대해서는, 박준우, "부정경쟁방지법 제2조 제1호 차목의 유형화에 대한 검토"-서울고등법원의 판례를 중심으로-, 산업재산권 제55호, 2018, 299-427면 참조.

115) 박시훈, 전게논문, 75면. 그러나 '상품의 품질이나 질량을 오인시키는 행위'는 부정경쟁방지법 (바)목에 해당할 수 있으며, 상표권의 침해는 없지만 허위의 광고를 하는 경우는 (카)목에 해당 할 수 있고(서울고등법원 2014. 12. 11. 선고 2013나53528 판결), 종업원 스카웃이나 고객 빼돌리기는 경쟁이 원칙인 자유시장경제질서에서 원칙적으로 부정경쟁행위로 볼 수 없으며, 경우에 따라 영업비밀침해나 아니면 그 경우가 심하여 신의칙에 반하는 경우에는 (카)목에 해당할 수도 있다고 할 것이다. 그리고 경쟁상대방에 대한 비방행위는 「표시 · 광고의 공정화에 관한 법률」이 적용되거나 아니면 명예훼손으로 형사상 처벌되거나 민사상 인격권의 침해로 해결될 수 있을 것이다.

116) 독일 부정경쟁방지법(UWG) 제3조 제1항은 "부정경쟁행위는 허용되지 않는다", 제3조 제2항 "소비자를 겨냥하거나 소비자에게 도달하는 사업 활동이 사업가의 주의의무에 상응하지 않고 소비자의 경제적 행동에 상당한 영향을 미칠 수 있는 경우 불공정행위이다"를 비롯하여, 제3조(불공정경쟁행위의 금지)에서 제7조(불합리합 괴롭힘)까지 열거적 일반조항주의를 취하면서 부정경쟁행위의 유형을 매우 포괄적으로 규정하고 있다.

부정경쟁방지법처럼 보다 포괄적인 일반조항주의를 도입하는 것도 한 방법이라고 생각된다(先입법 後판결).117)

끝으로 2010년의 "인터넷 포털사이트 광고방해사건"에서의 대법원의 결정과 이를 받아들인 2013년 부정경쟁방지법의 개정은 흔히 있는 입법방식이지만, 좋은 입법모델이라고 생각된다(先판결 後입법). 성문법국가에서 법이 아무리 상세하게 입법을 하더라도 법적 미고려나 급변하는 사회발전 등으로 인하여 법적 흠결을 보여줄 수밖에 없는데, 이러한 경우 성문법 국가에서 판례에 의한 법형성(법창조)에 한계가 있긴 하지만, 일반조항이나 기존법의 유추 등을 통하여 법적 흠결이 발생한 것에 대하여 판례를 통하여 이를 보완하고, 이러한 판례의 법리를 입법으로 연결하는 것은 성문법국가라도 피할 수 없는 길이라 생각된다.

3. 인격권에 기한 금지청구권

우리 민법은 인격권에 관한 명문규정은 없지만, 민법 제751조(신체, 자유, 명예) · 제752(생명) · 제764조(명예회복에 적당한 처분)의 규정과 개인의 존엄과 가치를 보장하는 헌법 제10조의 규정으로부터 당연히 인정될 수 있는 권리이다. 인격권은 일반적 인격권과 개별적 인격권(명예, 프라이버시, 초상, 성명, 음성,118) 성적 자유 등)으로 나눌 수 있고, 일반적 인격권이란 인격의 유지, 불가침성, 존엄성, 인정된 표시 및 그 자유로운 발전에 관한 私權으로서 모든 자에 대하여 효력을 가지는 포괄적인 권리라고 할 수 있다.119) 일반적 인격권을 인정함으로써 개별적 인격권으로 구체화되지 않은 인격적 속성들을 필요에 따라 일정한 이익형량 아래 보호할 수 있게 된다.120) 오늘날 과학기술의 발전에 따라 인격권의 침해는 날로 그 다양한 모습을 보이며, 또한 보호해야 할 인격권의 범위도 점차 넓어져간다고 할 수 있다.121) 「언론중재 및 피해구제 등에 관한 법률」 제5조 제1항에서는 "타인의 생명, 자유, 신체, 건강, 명예, 사생활의 비밀과 자유, 초상(肖像), 성명, 음성, 대화, 저작물 및 사적(私的) 문서, 그 밖의 인격적 가치 등에 관한 권리"를 인격권이라고 정

117) 김병일, 전게논문, 160면.

118) 사람은 누구나 자신의 동의없이 음성이 녹음, 재생, 방송, 복제 및 배포되지 않을 권리인 음성권을 가진다. 대화상대방의 동의없는 녹음 등은 인격권을 침해하는 불법행위를 구성한다. 그런데 우리 판례는 비밀로 녹음한 녹음테이프라도 위법하게 수집하였다는 사유로 증거능력이 없다고 할 수 없다고 하여서, 민사사건에서 위법하게 수집한 증거의 증거능력을 인정하고 있다. 이는 문제라고 생각한다(이시윤, 신민사소송법(제8판), 박영사, 2014, 441-443면).

119) 김상용, 불법행위법, 법문사, 1997, 108면.

120) 김상용, 전게서, 108-110면; 권영준, 권리의 구제와 변동(민법Ⅱ), 박영사, 2014, 640면.

121) 서울 YMCA가 남성 회원에게는 별다른 심사 없이 총회의결권 등을 가지는 총회원 자격을 부여하면서도 여성 회원의 경우에는 지속적인 요구에도 불구하고 원천적으로 총회원 자격심사에서 배제하여 온 것은, 우리 사회의 건전한 상식과 법감정에 비추어 용인될 수 있는 한계를 벗어나 사회질서에 위반되는 것으로서 여성 회원들의 인격적 법익을 침해하여 불법행위를 구성한다(대법원 2011. 1. 27. 선고 2009다19864 판결).

의하면서, "그 밖의 인격적 가치 등에 관한 권리"라고 하여 사회발전에 따라 보호의 필요성이 있는 인격권의 구체적 유형이 증가할 것에 대비하여 인격권의 범위를 열어놓고 있다.[122] 인격권의 보호와 관련하여 인격권침해의 위법성판단에서 어려운 문제가 발생하는데, 어느 일방의 인격권의 보호는 상대방의 언론의 자유, 표현의 자유, 알권리 등과의 관계에서 어려운 이익형량이 요구된다.

인격권을 침해당한 경우, 손해배상 또는 명예회복을 위한 처분(민법 제764조)을 구할 수 있는 이외에 인격권에 기초하여 가해자에 대하여 현재 이루어지고 있는 침해행위를 제거하거나 장래에 생길 침해를 예방하기 위하여 금지청구권이 인정된다.[123]

인격권에 기한 금지청구권을 인정한 최초의 대법원 판례인 허위비방광고행위에 대하여 "인격권은 그 성질상 일단 침해된 후의 구제수단(금전배상이나 명예회복 처분 등)만으로는 그 피해의 완전한 회복이 어렵고 손해전보의 실효성을 기대하기 어려우므로, 인격권 침해에 대하여는 사전(예방적) 구제수단으로 침해행위 정지·방지 등의 금지청구권도 인정된다"다는 원심판결을 그대로 인용하였다.[124] 그런데 헌법상 언론·출판의 자유와 관련하여 금지청구권[125]은 손해배상의 경우보다 엄격한 요건하에서 허용되어야 할 것이다.[126] 즉 명예 등 인격권의 보호와 언론·출판의 표현의 자유를 비교하여 인격권을 보호해야 할 이익이 큰 경우에 금지청구권을 인용해야 할 것이다. 이에 대한 판단은 매우 어려운 것으로 다음의 두 개의 대법원 판례를 소개하는 것으로 대체한다. 서적의 발행·판매·반포 등 금지청구 사건에서 대법원은 표현의 자유와 관련하여, "표현행위에 대한 사전억제는 표현의 자유를 보장하고 검열을 금지하는 헌법 제21조 제2항의 취지에 비추어 엄격하고 명확한 요건을 갖춘 경우에만 허용된다고 할 것인바, 출판물에 대한 발행·판

122) 생명, 자유, 신체, 건강은 인격의 핵심영역으로 인격권을 구성한다고 할 것이다(Münchener Komm/Wagner, a.a.O., §823 Rn. 130).

123) 권영준, 전게서, 658면; 김상용, 전게서, 112-114면; 대법원 2005. 1. 17.자 2003마1477 결정; 대법원 2013. 3. 28. 선고 2010다60950 판결.

124) 대법원 1996. 4. 12. 선고 93다40614, 40621 판결; 이하 동지의 판결(대법원 1997. 10. 24. 선고 96다17851 판결(인격권은 "그 성질상 일단 침해된 후에는 금전배상이나 명예 회복에 필요한 처분 등의 구제수단만으로는 그 피해의 완전한 회복이 어렵고 손해 전보의 실효성을 기대하기 어려우므로, 이와 같은 인격권의 침해에 대하여는 사전 예방적 구제수단으로 침해행위의 정지·방지 등의 금지청구권이 인정될 수 있다"); 대법원 2005. 1. 17.자 2003마1477 결정; 대법원 2013. 3. 28. 선고 2010다60950 판결 등).

125) 헌재 2001. 8. 30. 2000헌바36(헌법 제21조 제2항에서 규정한 검열 금지의 원칙은 단지 의사표현의 발표 여부가 오로지 행정권의 허가에 달려있는 사전심사만을 금지하는 것을 뜻하므로, 개별 당사자간의 분쟁에 관하여 사법부가 사법절차에 의하여 심리, 결정하는 것은 헌법에서 금지하는 사전검열에 해당하지 아니한다고 하면서, "일정한 표현행위에 대한 가처분에 의한 사전금지청구는 개인이나 단체의 명예나 사생활 등 인격권 보호라는 목적에 있어서 그 정당성이 인정되고 보호수단으로서도 적정하며, 이에 의한 언론의 자유 제한의 정도는 침해 최소성의 원칙에 반하지 않을 뿐만 아니라 보호되는 인격권보다 제한되는 언론의 자유의 중요성이 더 크다고 볼 수 없어 법익 균형성의 원칙 또한 충족하므로, 이 사건 법률조항은 과잉금지의 원칙에 위배되지 아니하고 언론의 자유의 본질적 내용을 침해하지 아니한다".

126) 김재형, "언론에 의한 인격권침해에 대한 구제수단", 인권과 정의 제339호, 2004. 11, 91-94면.

매 등의 금지는 위와 같은 표현행위에 대한 사전억제에 해당하고, 그 대상이 종교단체에 관한 평가나 비판 등의 표현행위에 관한 것이라고 하더라도 그 표현행위에 대한 사전금지는 원칙적으로 허용되어서는 안 될 것이지만, 다만 그와 같은 경우에도 그 표현내용이 진실이 아니거나, 그것이 공공의 이해에 관한 사항으로서 그 목적이 오로지 공공의 이익을 위한 것이 아니며, 또한 피해자에게 중대하고 현저하게 회복하기 어려운 손해를 입힐 우려가 있는 경우에는 그와 같은 표현행위는 그 가치가 피해자의 명예에 우월하지 아니하는 것이 명백하고, 또 그에 대한 유효적절한 구제수단으로서 금지의 필요성도 인정되므로 이러한 실체적인 요건을 갖춘 때에 한하여 예외적으로 사전금지가 허용된다"고 하고 있다.[127] 즉 표현의 자유와 관련하여 침해행위의 사전제한의 원칙적 금지법리를 적용하여, 금지청구권이 인정되기 위해서는 ⅰ) "그 표현내용이 진실이 아니거나, 그것이 공공의 이해에 관한 사항으로서 그 목적이 오로지 공공의 이익을 위한 것이 아니며", ⅱ) "또한 피해자에게 중대하고 현저하게 회복하기 어려운 손해를 입힐 우려가 있는 경우에는 그와 같은 표현행위는 그 가치가 피해자의 명예에 우월하지 아니하는 것이 명백"하므로 예외적으로 금지청구권이 허용된다고 한다. 한편 기사삭제청구와 관련하여 "인격권 침해를 이유로 한 방해배제청구권으로서 기사삭제 청구의 당부를 판단할 때는 그 표현내용이 진실이 아니거나 공공의 이해에 관한 사항이 아닌 기사로 인해 현재 원고의 명예가 중대하고 현저하게 침해받고 있는 상태에 있는지를 언론의 자유와 인격권이라는 두 가치를 비교·형량하면서 판단하면 되는 것이고, 피고가 그 기사가 진실이라고 믿은 데 상당한 이유가 있었다는 등의 사정은 형사상 명예훼손죄나 민사상 손해배상책임을 부정하는 사유는 될지언정 기사삭제를 구하는 방해배제청구권을 저지하는 사유로는 될 수 없다"[128]고 하고 있다. 즉 기사내용이 허위이거나 공익과 관련이 없는 사실에 대한 기사로 인해 인격권이 침해되고 있는 상태에 있으면 손해배상성립 여부와 관계없이 기사삭제 청구는 인정된다고 하였다. 이는 손해배상과 금지청구의 요건이 상이함으로 금지청구의 경우에는 언론기관의 주관적인 의도는 상대적으로 의미가 적기 때문이다.[129]

우리 판례 중, 甲이 일반인들의 통행에 제공되어 온 사유토지상의 도로에 토지관리소를 축조하고 개폐식 차단기를 설치한 다음 자동차 운전자들에게 행선지 및 방문목적 등을 확인한 후 차단기를 열어 통행할 수 있게 하면서 乙 등이 운행하는 자동차에 대하여는 통행을 금지한 사안에서, 甲의 乙 등에 대한 통행방해 행위는 乙 등의 통행의 자유를 침해하는 것이므로, 이는 민법상 불법행위에 해당하며, 乙 등으로서는 甲에게 도로에 대한 통행방해 행위의 금지를 구할 수 있다(대법원 2011. 10. 13. 선고 2010다63720 판결)고 하여 불법행위로 인한 금지청구권을 인정하였다.

127) 대법원 2005. 1. 17.자 2003마1477 결정.
128) 대법원 2013. 3. 28. 선고 2010다60950 판결.
129) 김재형, 전게논문(주 126), 93면.

이 사건에서 대법원은 인격권의 문제로 판단하지 않은 것으로 보이며, 인격권의 문제로 볼 수 있다는 입장도 있다.[130] 민법 제751조의 '자유'의 해석과 관련하여, 독일민법 제823조 제1항에 거명된 '자유'를 신체 이동의 자유(körperliche Bewegungsfreiheit)로 좁게 제한하여 해석하는 것이 일반적이며,[131] 우리나라에서도 불법감금, 공도·사도에서의 통행방해, 죄없는 사람을 고소·고발하여 체포·구금하게 하는 것 등이 자유침해라 하여 유사하게 해석하고 있다.[132] 개별적 인격권 중의 하나로 인정되는 '자유'는 절대적 법익으로, 자유침해는 인격권의 침해이고, 이에 따라 공로상의 통행방해는 인격권의 침해이므로, 인격권 침해로 인한 금지청구권이 인정된다고 할 것이다.[133]

그러면 인격권에 기한 금지청구권의 법적 명문 규정은 없는데, 그 법적 근거를 어디서 찾아야 하는지가 문제이다. 인격권의 침해는 불법행위이고 손해배상 이외에 금지청구권을 인정하지 않음은 모순이고 불합리한 것으로 불법행위제도의 본지에 반하므로 불법행위의 효과로서 금치청구권을 인정할 수 있다는 불법행위설,[134] 인격권은 누구도 함부로 침해하는 것이 허용되지 않으므로 인격권 침해시 이를 배제하는 권능이 인정되어야 함으로 인격권에 기하여 금지청구권이 인정된다는 인격권설,[135] 인격권은 물권과 마찬가지로 절대권의 일종으로 그 침해를 배제할 수 있는 배타적 권리이므로 민법 제214조의 금지청구권에 관한 규정이 유추적용된다는 민법 제214조 유추적용설[136] 등이 있다. 우리 판례도 "인격권으로서의 명예권은 물권의 경우와 마찬가지로 배타성을 가지는 권리라고 할 것이므로, …명예를 위법하게 침해당한 자는… 인격권으로서 명예권에 기초하여 가해자에 대하여 현재 이루어지고 있는 침해행위를 배제하거나 장래에 생길 침해를

130) 권영준, "사실상 도로로 이용되는 사유토지 소유권의 문제", 민사재판의 제문제 제21권, 2012, 350-352면; 김명숙, "권리구제 방법에 대한 검토", 안암법학 제46권, 2014. 12, 98면.

131) Münchener Komm/Wagner, a.a.O., §823 Rn. 161; Erman Komm/G. Schiemann, a.a.O., §823 Rn. 23.

132) 편집대표 곽윤직, 민법주해[XVIII], 박영사, 2012, 358-360면; 편집대표 김용담, 주석민법(제4판), 채권각칙(8), 사법행정학회, 2016, 256-264면.

133) 독일민법에서는 공공재인 도로나 수로 등에 대한 공동사용권(Recht zum Gemeingebrauch)에 대해서 논의해 왔다. 이에 대해서 일반적인 견해는 공공재에 대한 공동사용의 침해시에 불법행위로 인한 청구권의 성립을 부정하는데, 공동사용은 독일민법 제823조 제1항의 '기타의 권리'로 볼 수 없다는 것이다(Staudingers Komm/Johannes Hager, a.a.O., §823 Rn. B185; Münchener Komm/Wagner, a.a.O., §823 Rn. 240). 즉 도로나 수로 등의 공공재에 대하여 모든 사람에게 부여된 공동사용의 가능성은 단지 自然的 自由의 결과이거나 공법상의 규정의 반사작용일 뿐이며, 또한 모든 사람들에게 주장할 수 있는 권리가 아니라는 것이다. 그러나 공공재에 대한 공동사용권을 독일민법 제823조 제1항의 '기타의 권리'로 보아야 한다는 입장도 있다(Anwaltkomm/Keukenschrijver, a.a.O., §1004 Rn. 67).

134) 김기선, 한국채권법각론(제3전정판), 법문사, 1988, 455-456면.

135) 우리 판례는 "인격권으로서의 명예권은 물권의 경우와 마찬가지로 배타성을 가지는 권리라고 할 것이므로 …명예를 위법하게 침해당한 자는… 명예회복을 위한 처분을 구할 수 있는 이외에 인격권으로서 명예권에 기초하여 가해자에 대하여 현재 이루어지고 있는 침해행위를 배제하거나 장래에 생길 침해를 예방하기 위하여 침해행위의 금지를 구할 수도 있다"(대법원 2005. 1. 17.자 2003마1477 결정; 대법원 2013. 3. 28. 선고 2010다60950 판결)고 하고 있으므로, 인격권설에 입각하고 있다고 볼 수도 있다.

136) 권영준, 전게서, 659면; 김재형, 전게논문(주 126), 87면; 김증한/김학동, 전게서, 296면(영업권에도 유추적용); 윤철홍, "인격권침해에 대한 사법적 구제", 민사법학 제16호, 1998, 224면; 이영준, 전게서, 566면 등.

예방하기 위하여 침해행위의 금지를 구할 수도 있다"라고 하여 민법 제214조 유추적용설에 가깝게 해석하고 있다.[137] 그 외 전술한 바와 같이 독일은 독일민법 제1004조 유추적용으로 금지청구권을 인정하고 있으며, 프랑스민법[138]과 스위스민법(ZGB)은 명문의 규정을 가지고 있다. 특히 스위스민법은 제27조 인격의 보호라는 규정 아래, 인격권 보호를 위한 금지청구권 등 상세한 규정을 입법하고 있다.[139]

4. 채권에 기한 금지청구권

채무자에 의한 채무불이행이 채권침해이지만, 채무불이행의 경우에는 강제이행규정(민법 제389조, 민사집행법 제257조 내지 제263조, 가처분 등)이 있어서 금지청구의 기능을 이미 수용하고 있기 때문에 금지청구권 인정의 필요성은 거의 없다.[140] 채무자에 대한 금지청구권 은 예외적으로 인정될 수 있는데, 예를 들어 甲극장에 전속출연계약을 맺은 배우가 다른 극장에 출연하는 경우, 甲극장은 배우에게 다른 극장에 출연하지 못하도록 금지청구권을 행사할 수 있고, 이는 당사자의 동의에 의해서 금지청구권이 인정된다고 할 것이다.[141] 이에 따라 채권에 있어서는 주로 제3자의 채권침해와 관련하여 제3자를 상대로 금지청구권을 인정할 수 있는가가 주로 문제된다.

이에 대해서 채권은 상대권이며 배타성이 없으므로 채권의 일반적 성질상 원칙적으로 채권에 기한 금지청구권은 인정되지 않는다는 것이 일반적인 견해이다.[142] 다만 예외적으로 제3자에 대한 대항력(임차권등기(민법 제621조 · 제622조)나 주택의 인도와 주민등록)을 갖춘 부동산임차권에 기한 금지청구권은 인정된다고 한다.[143] 이 경우 침해자의 고의, 과실을 요건으로 하지 않는다. 이에 더하여 대항력을 갖춘 임차권은 물론이고 정당한 점유를 갖춘 임차권, 즉 임차인이 목적물

137) 대법원 2005. 1. 17.자 2003마1477 결정; 대법원 2013. 3. 28. 선고 2010다60950 판결.

138) 전술한 프랑스민법 제9조, 제9-1조, 제16조 참조.

139) 스위스민법 제28조 제1항 "인격을 위법하게 침해당한 자는 침해자에 대하여 그의 인격보호를 위해 법원에 소구할 수 있다". 제2항 "침해가 피해자의 동의, 우월한 사적 또는 공적 이익 또는 법률에 의하여 정당화되지 않으면 인격의 침해는 위법하다".
스위스민법 제28a조 제1항 "원고는 법원에 청구할 수 있다; 1. 임박한 침해의 금지; 2. 존재하는 침해의 제거; 3. 침해가 계속해서 방해적인 작용을 할 때에는 침해의 위법성은 인정된다". 제2항 "원고는 특히 정정 또는 판결이 제3자에게 전달되거나 공표되도록 요구할 수 있다". 제3항 "손해배상과 위자료 및 사무관리에 의한 이익반환의 소는 영향을 받지 않는다".
그리고 스위스민법은 제28b조 내지 제30a조에서 폭력, 위협 또는 스토킹에 대한 보호, 언론에 대한 반박권(Recht auf Gegendarstellung), 성명권 등 인격권에 대한 상세한 보호규정을 입법하고 있다.

140) 김재형, "제3자에 의한 채권침해", 「민법학의 현대적 양상」(서민교수 정년기념논문집), 법문사, 2006, 191면; 민법개정총서 10, 전게서, 455면.

141) 이에 대하여 전속계약의 경우 인신구속의 측면이 있고 직업선택의 자유 등을 침해할 우려가 있으므로, 제3자에 대한 금지청구는 특별한 예외가 없는 한 허용되어서는 안된다고 한다(김재형, 전게논문(주 140), 197면).

142) 곽윤직, 채권총론(제6판), 박영사, 2003, 68면; 김상용, 전게서, 93면; 김형배, 채권총론(제2판), 박영사, 1998, 337면; 송덕수, 전게서, 40면 등.

143) 곽윤직, 전게서, 68면; 김상용, 전게서, 94면; 송덕수, 전게서, 40면.

을 정당한 권한 있는 자에게서 임차하여 목적물을 점유하고 있는 경우에도 임차권에 기한 금지청구권이 인정되어야 한다는 견해도 있다.[144]

제3자의 채권침해와 관련한 판례를 보면, 1953년 대법원은 정당한 이유없이 타인의 채권을 침해한 자는 채권자에 대한 불법행위가 성립되고 불법행위책임을 부담하지만, "정당한 이유없는 제3자의 행위로 인하여 채무의 이행이 방해될 우려가 있을 때에는 그 제3자에 대하여 방해행위의 배제를 청구할 수 있다"고 하였다.[145] 하지만 "정유업체 甲이 한국도로공사와의 계약에 따라 고속도로상의 특정 주유소에 자사의 상표를 표시하고 자사의 석유제품을 공급할 권리를 취득하였다 하더라도 이는 채권적 권리에 불과하여 대세적인 효력이 없으므로 한국도로공사와 위 주유소에 관한 운영계약을 체결한 제3자가 위 주유소에 정유업체 乙의 상호와 상표를 표시하고 그 석유제품을 공급받음으로써 甲의 권리를 사실상 침해하였다는 사정만으로 甲이 제3자인 주유소 운영권자에게 乙과 관련된 시설의 철거나 상호 · 상표 등의 말소 및 乙 석유제품의 판매금지 등을 구할 수는 없다"고 하여, 제3자에 의한 채권침해에서 금지청구권을 부인하였다.[146] 다만 이 사건에서 대법원은 정유업체 甲이 석유제품공급권 등을 피보전권리로 하여 제3자인 주유소 운영권자에 대하여 채권자대위권을 행사할 수 있다고 하였다.[147] 그리고 채권은 대세적 효력이 없다고 하여 채권에 기하여 금지청구권을 행사할 수 없다고 하면서, 채권자의 목적물반환청구권을

144) 김형배, 전게서, 340면.

145) 대법원 1953. 2. 21. 선고 4285민상129 판결(원고가 피고 대한민국 재무부장관이 소외 미 제5공군당국과 공생건설주식회사 대표자 소외인에게 통고한 손해배상 채무이행에 관한 지불보류통지를 채무이행을 방해하는 것이라는 주장에 대하여, 미 제5공군당국이나 공생건설주식회사는 피고 대한민국에 예속되어 있는 기관이 아니고, 대한민국 재무부장관의 보류통지로 말미암아 하등의 구속을 받을 성질의 것이 아니라고 하면서, 보류통지 때문에 본건 채무를 이행치 않을 하등의 법률상 이유가 없으며 따라서 보류통지가 법률상 원고의 채권 기타 여하한 권익도 침해하는 바가 아니라고 하여, 원심을 파기환송하였다).

146) 대법원 2001. 5. 8. 선고 99다38699 판결(이 사건에서 "독립한 경제주체간의 경쟁적 계약관계에 있어서는 단순히 제3자가 채무자와 채권자간의 계약내용을 알면서 채무자와 채권자간에 체결된 계약에 위반되는 내용의 계약을 체결한 것만으로는 제3자의 고의 · 과실 및 위법성을 인정하기에 부족하고, 제3자가 채무자와 적극 공모하였다거나 또는 제3자가 기망 · 협박 등 사회상규에 반하는 수단을 사용하거나 채권자를 해할 의사로 채무자와 계약을 체결하였다는 등의 특별한 사정이 있는 경우에 한하여 제3자의 고의 · 과실 및 위법성을 인정하여야 한다"고 하면서, 주유소 운영자의 주유소 운영행위 및 계약체결행위가 甲의 석유제품공급권을 침해하기 위해 한국도로공사와 적극적인 공모에 의해 이루어진 것도 아니고 그 수단이나 목적이 사회상규에 반하는 것도 아니라고 하여, 불법행위의 성립도 부인하였다).

147) "민법 제404조에서 규정하고 있는 채권자대위권은 채권자가 채무자에 대한 자기의 채권을 보전하기 위하여 필요한 경우에 채무자의 제3자에 대한 권리를 대위하여 행사할 수 있는 권리를 말하므로, 그 보전되는 채권에 대하여 보전의 필요성이 인정되어야 한다. 여기에서 보전의 필요성은, 채권자가 보전하려는 권리와 대위하여 행사하려는 채무자의 권리가 밀접하게 관련되어 있고, 채권자가 채무자의 권리를 대위하여 행사하지 않으면 자기 채권의 완전한 만족을 얻을 수 없게 될 위험이 있어 채무자의 권리를 대위하여 행사하는 것이 자기 채권의 현실적 이행을 유효 · 적절하게 확보하기 위하여 필요한 것을 말하며, 채권자대위권의 행사가 채무자의 자유로운 재산관리행위에 대한 부당한 간섭이 된다는 등의 특별한 사정이 있는 경우에는 보전의 필요성을 인정할 수 없다"(대법원 2001. 5. 8. 선고 99다38699 판결; 대법원 2007. 5. 10. 선고 2006다82700, 82717 판결; 대법원 2013. 5. 24. 선고 2010다33422 판결 등).

부인한 판결은 있다.[148] 그러나 임차권등기가 되어 있는 선박에 대하여 임차권등기가 원인 없이 말소된 때에는 그 방해를 배제하기 위한 금지청구를 할 수 있다[149](대법원 2002. 2. 26. 선고 99다67079 판결)고 하고 있다. 우리 판례의 입장은 채권은 물권과 달리 배타적 효력이 없으므로 원칙적으로 채권의 효력으로서 금지청구를 할 수 없다는 것이 우리 판례의 입장이라고 할 수 있다.

그러나 제3자의 채권침해와 관련하여, 대항력 있는 임차권의 경우는 물론이고 제3자가 계약의 실현을 방해하거나 계약파기를 유도하는 등으로 회복할 수 없는 손해가 발생할 우려가 있는 경우 등에서 금지청구권이 인정되어야 한다고 주장되고 있다.[150] 독일의 경우도 제3자가 채무자의 계약파기를 유도하거나 채권자에게 손해를 끼치는 제3자의 공모적 상호작용 등은, 단 일반적인 경쟁은 양속위반이 아니므로 구체적인 이익형량하에, 독일민법 제826조에 의한 고의에 의한 양속위반으로 불법행위를 구성하고, 피해방지를 위하여 금지청구가 인정되며, 반복의 위험성을 전제로 하지만 최초 임박한 위험이 있는 경우에도 예방적 유지청구권의 행사가 가능하다고 한다.[151] 이때 제3자의 고의적 가해는 요구되지 않는데, 유지청구의 주장을 통하여 제3자는 필연적으로 손해위험성을 인식하게 되고, 그가 그럼에도 행동한다면 고의는 존재하기 때문이다.[152]

채권은 채무자에게만 주장할 수 있는 상대권이고 배타적 효력이 없으므로, 채권자 상호간 및 채권자와 제3자 사이에 자유경쟁이 허용되므로 제3자는 원칙적으로 채권에 구속되지 않는다. 일반적으로 거래에서 자유경쟁이 허용되는 것이어서 제3자에 의하여 채권이 침해되었다는 사실만으로 바로 금지청구권이 인정되지는 않겠지만, 거래에 있어서의 자유경쟁의 원칙은 법질서가 허용하는 범위 내에서의 공정하고 건전한 경쟁을 전제로 하는 것이므로, 제3자가 법규에 위반하거나 선량한 풍속 또는 사회질서에 위반하는 등으로 채권자의 이익을 침해하거나 침해하려고 하는 경우, 즉 제3자가 계약의 실현을 방해하거나 계약파기를 유도하는 등으로 회복할 수 없는 손해가 발생할 우려가 있는 경우, 채권자대위권의 행사를 통하여 자신의 채권을 보전할 수 없는 경

148) 대법원 1981. 6. 23. 선고 80다13620 판결(원고가 소외인으로부터 매수한 본건 토지의 일시경작권은 채권적인 권리에 불과하여 대세적인 효력이 없으므로 원고가 동 일시경작권을 매수하였다는 사유만으로 곧 제3자인 피고에게 직접 본건 토지의 인도를 청구할 수 없다).

149) 대법원 2002. 2. 26. 선고 99다67079 판결(등기된 임차권에는 용익권적 권능 외에 임차보증금반환채권에 대한 담보권적 권능이 있고, 임대차기간이 종료되면 용익권적 권능은 임차권등기의 말소등기 없이도 곧바로 소멸하나 담보권적 권능은 곧바로 소멸하지 않는다고 할 것이어서, 임차권자는 임대차기간이 종료한 후에도 임차보증금을 반환받기까지는 임대인이나 그 승계인에 대하여 임차권등기의 말소를 거부할 수 있다고 할 것이고, 따라서 임차권등기가 원인 없이 말소된 때에는 그 방해를 배제하기 위한 청구를 할 수 있다).

150) 김재형, 전게논문, 196면(주 140); 권영준, 전게논문, 59면(주 99); 위계찬, 전게논문, 266면; 김상중, 전게논문(주 29), 216면 등.

151) Münchener Komm/Wagner, a.a.O., §826 Rn. 49, 59; Dirk Looschelders, a.a.O., S. 503; Staudingers Komm/Jürgen Oechsler, a.a.O., §826 Rn. 122.

152) Münchener Komm/Wagner, a.a.O., §826 Rn. 49; Staudingers Komm/Jürgen Oechsler, a.a.O., §826 Rn. 123.

우에 예외적으로 금지청구권이 인정될 수도 있다고 할 것이다.153) 이 경우 방해자의 고의, 과실을 그 요건으로 하지 않는다. 하지만 계약자유의 원칙이나 자유경쟁의 이념에 비추어 경쟁관계에서 금지청구권을 인정하는 것은, 자유경쟁의 보장의 측면과 기존계약의 보호 측면에서 어려운 이익형량이 요구된다고 할 것이다.154)

Ⅳ. 금지청구권에 대한 기타의 논의 등

1. 손해배상과 금지청구권의 관계

금지청구권은 권리구제수단의 하나인데, 금지청구권이 불법행위로 인한 손해배상과의 관계에서 손해배상에 대한 보충적 구제수단인가? 아니면 손해배상에 대한 보충적 구제수단이 아니라 손해배상과 구별되는 별개의 구제수단인가의 문제가 제기된다. 왜냐하면 앞에서 살펴본 바와 같이 eBay 판결을 비롯한 Liability Rule에서는 손해배상만으로는 손해를 전보하기 어려운 경우 등에 한하여 금지청구권을 인정하자고 하며, DCFR 제6편 제6장 제301조에서는 "손해배상이 적절한 대안이 되는 구제수단이 될 수 없고"라고 하고, 네이버 사건과 인격권 침해로 인한 금지청구를 인정한 우리 판결에서도 금전배상만으로 피해자 구제의 실효성을 기대하기 어렵고 라고 하며, 또한 2014년 민법개정안에서도 "손해배상에 의하여 손해를 충분히 회복할 수 없고"라고 하기 때문이다. 이것에 대해서는 현행법상의 금지청구권과 손해배상의 각각의 요건, 효과, 소멸시효의 적용 등에 대한 검토를 통하여 이에 대해서 살펴보고자 한다.

먼저 금지청구권에서 통상적으로 논하는 요건을 살펴보면,155) 금지청구권은 크게 보아 세 가지로 분류할 수 있는데, 각각의 청구권의 요건을 보면 다음과 같다. 방해제거청구권은 침해상태의 제거를 위한 청구권으로서, 반복의 위험이 있을 것을 요건으로 하지는 않지만, 침해의 현존

153) 甲은 乙회사와 乙명의로 생산되는 X물건의 독점판매계약을 체결하였다. 그런데 X물건을 甲명의 주문자상표부착 생산(OEM)하여 甲에게 공급하던 丙이 甲과 乙간의 계약을 알면서 X물건을 생산하여 甲과 乙간의 계약에 반하여 시중에 유통시키고 있다(대법원 2003. 3. 14. 선고 2000다32437 판결과 관련된 사실관계의 변형). 이러한 경우 甲의 채권침해를 이유로 丙에 대하서 금지청구권이 인정되어야 하는지가 문제인데, 금지청구권의 문제를 다루기 전에, 甲은 자신의 계약상의 권리를 보전하기 위하여 丙을 상대로 乙의 丙에 대한 계약상의 이행청구권을 대위행사할 수 있을 것이다(乙의 권리불행사 등의 요건 충족을 전제로 하여). 대법원 2003. 3. 14. 선고 2000다32437 판결은 甲과 乙사이의 계약 종료후, 제3자의 채권침해를 이유로 丙에게 손해배상을 인정한 사건이다.

154) 김재형, 전게논문, 197면(주 140); 위계찬, 전게논문, 276면.

155) Hans Brox/Wolf-Dietrich Walker, Besonderes Schuldrecht, 41. Aufl., 2017, SS. 648-657; Manfred Wolf/Marina Wellenhofer, a.a.O., SS. 388-390; Dirk Looschelders, a.a.O., SS. 548-549: Ansgar Ohly/Olaf Sosnitza, a.a.O., §8 Rn. 7-33; Volker Emmerich, Unlauterer Wettbewerb, 8. Aufl., 2009, SS. 325-330; 박시훈, 전게논문, 53면; 위계찬, 전게논문, 270-272면.

성과 지속성을 요한다. 이에 따라 방해제거청구권의 요건을 보면, ⅰ) 침해의 현존성과 지속성 및 ⅱ) 침해의 위법성을 요한다. 유지청구권은 일단은 침해가 있고 계속적인 침해의 우려가 있는 경우 그 침해의 유지(Unterlassung)를 청구할 수 있다. 이에 따라 유지청구권의 요건은 ⅰ) 구체적 침해행위, ⅱ) 반복위험성 및 ⅲ) 침해의 위법성을 요건으로 한다. 침해가 이미 발생한 경우 동일한 침해가 반복될 수 있다는 반복위험성은 추정된다.[156] 그 외 예방적 유지청구권은 금지청구권을 발생시킬 수 있는 침해행위의 발생우려가 있을 것을 요한다. 그러므로 예방적 유지청구권은 ⅰ) 임박한 최초침해의 위험(Erstbegehungsgefahr)을 요건으로 한다. 예방적 유지청구권에서는 최초침해의 가능성만으로 인정되고 침해의 위법성은 요구되지 않는다.[157] 최초침해의 위험성은 유지청구권에서의 반복위험과 이론적으로 그리고 사실적으로 구별된다고 할 것이며, 청구권자가 임박한 최초침해의 위험성을 증명해야 할 것이다. 공통요건으로 공히 침해자 내지 방해자의 고의·과실은 그 요건으로 하지 않는다. 이를 보면 금지청구권은 손해배상의 성립여부와 관계없이 인정된다. 그리고 민법 제750조에 의한 일반불법행위로 인한 손해배상이 인정되자면, 고의나 과실로 위법하게 손해를 가해야 한다. 즉 손해발생을 그 요건으로 한다.

둘째로 금지청구권의 경우 침해의 제거, 유지(중지) 그리고 장래 임박한 침해의 유지를 그 내용으로 하고, 불법행위로 인한 손해배상(민법 제763조, 제393조 등)은 발생한 손해의 전보로서 금전배상을 원칙으로 한다(민법 제394조). 또한 통상 금지청구권은 손해배상청구권과 비교하여 손해발생 이전에 하는 사전적·예방적 구제수단이라고 보지만, 방해제거 및 유지청구권은 침해가 있은 후에 행사하는 것이므로 사후적 구제수단이고,[158] 단지 예방적 유지청구권은 사전적·예방적 구제수단이라고 할 수 있다. 이에 비해서 손해배상은 장래의 손해배상청구도 인정되지만, 손해발생 후에 하는 사후적 구제수단이라고 할 것이다.

셋째로 소멸시효에 대해서 보면, 점유권에 기한 금지청구권은 제척기간이 있지만, 소유권에 기한 금지청구권 및 특별법에 기한 금지청구권은 소멸시효에 대한 규정도 없고, 통상 소멸시효에 걸리지 않는 것으로 이해한다. 물론 제한물권과 채권 자체가 소멸시효에 걸린 경우 금지청구권을 행사할 수 없다. 이에 반하여 불법행위로 인한 손해배상청구권은 손해 및 가해자를 안날로부터 3년, 불법행위를 한 날로부터 10년이 경과하면 소멸시효에 걸린다(민법 제766조). 하지만 부

---

156) Erman Handkomm/Wolfgang Hefermehl, a.a.O., §1004 Rn. 28; Reiner Schulze, Bürgerliches Gesetzbuch (Handkommentar), 10. Aufl., 2019, §1004 Rn. 10; Ansgar Ohly/Olaf Sosnitza, a.a.O., §8 Rn. 8; BGH NJW 1994, 1281, 1283; BGH NJW 2005, 594, 595.

157) "예방은 치료보다 낫다"라는 모토에 따라, 행위 등에 의하여 위협을 받는 자는 이를 방어하기 위하여 그 행위 등이 일어나기 전에 임박한 행위에 대한 예방적 금지를 청구할 수 있다는 것이다. 다만 행사나 행위의 기도에 의하여 진실로 권리에 대한 침해가 임박해야 한다.

158) 통상 방해제거청구권과 유지청구권을 행사할 시, 손해배상청구권과 함께 행사하는 것이 일반적(?)이라고 할 수 있다.

정경쟁방지법상의 금지청구권에도 소멸시효를 도입해야 한다는 주장이 있고,[159] 독일 부정경쟁방지법(UWG) 제11조 제1항은 동법상의 금지청구권은 6개월의 소멸시효에 걸린다고 하면서, 제2항에서 청구권이 발생하고 채권자가 청구권을 발생시키는 상황과 채무자인 상대방을 알거나 중대한 과실로 알지 못한 경우에 소멸시효는 기산된다고 하고 있으며, 제4항에서는 알았거나 중대한 과실로 인하여 알지 못한 것에 관계없이 청구권이 발생한 때로부터 3년의 소멸시효에 걸린다고 규정하고 있다.[160] 독일 부정경쟁방지법상 소멸시효는 일반적인 소멸시효와 같이 채무자보호, 거래의 안전 및 법적 평화를 위하여 인정하고 있다.[161] 또한 독일민법은 제1004조 제1항에 의한 금지청구권은 원칙적으로 제195조에 따라 3년의 소멸시효에 걸리고, 청구권이 발생하고 채권자가 청구권을 발생시키는 상황과 채무자인 상대방을 알거나 중대한 과실로 알지 못한 경우에 소멸시효는 그 해의 종료와 함께 시작되며(독일민법 제199조 제1항), 알았거나 중대한 과실로 인하여 알지 못한 것에 관계없이 청구권이 발생한 때로부터 10년의 소멸시효에 걸린다(독일민법 제199조 제4항).[162] 이것은 독일민법 제823조 제1항의 권리나 제823조 제1항의 보호법률의 침해시 등 제1004조 유추로 인정되는 금지청구권에도 마찬가지로 적용된다.[163] 그 외 독일 특허법(PatG) 제141조, 저작권법(UrhG) 제102조, 상표법(MarkenG) 제20조, 실용신안법(GebrMG) 제24c

---

159) 정상조, 전게서, 181면(부정경쟁행위의 모습에 따라 차이가 있겠지만, 그 보호법익의 효율적인 구제에 필요한 기간을 넘어서서 금지청구를 인정하는 것은 경쟁제한의 위험이 있으므로 금지의 기간을 한정할 필요가 있다고 한다).

160) 독일 부정경쟁방지법상의 경쟁위반은 불법행위의 구성요건을 동시에 충족한다. 이에 따라 독일 부정경쟁방지법상의 금지청구권과 독일민법 제823조 제1항, 제823조 제2항 등에 의한 제1004조의 유추로서 금지청구권이 동시에 발생하고 청구권 경합관계에 들어가게 된다. 만일 독일민법 제823조 등에 의존할 수 있다면 독일 부정경쟁방지법상의 금지청구권이나 소멸시효에 관한 규정 등은 간단하게 쓸모없는 것이 된다. 그러므로 이러한 경우에 부정경쟁방지법이 우선하여 적용된다고 한다. 즉 부정경쟁방지법상의 금지청구권과 독일민법 제823조 제1항이나 제2항에 의한 금지청구권이 경합하는 경우, 부정경쟁방지법상의 규정이 우선적용하는 것으로 독일 연방대법원이 보았고, 소멸시효에 관해서도 마찬가지이다(BGHZ 36, 252, 255; Ansgar Ohly/Olaf Sosnitza, a.a.O., § 11 Rn. 9-12; Volker Emmerich, a.a.O., S. 359-360). 반면에 독일민법 제824조와 제826조에 의한 청구권이 동시에 발생하는 때에는 청구권경합이 존재하게 되고, 독일민법 제195조에 따라 3년의 소멸시효에 걸린다(Ansgar Ohly/Olaf Sosnitza, a.a.O., § 11 Rn. 12).

161) Ansgar Ohly/Olaf Sosnitza, a.a.O., § 11 Rn. 1-5.

162) 이에 반하여 소유물 반환청구권(독일민법 제985조), 생명 · 신체 · 건강 · 자유 또는 성적자기결정권의 고의적 침해로 인한 손해배상청구권 등은 30년의 소멸시효에 걸린다(독일민법 제197조 제1항).

163) Münchener Komm/Baldus, a.a.O., § 1004 Rn. 256-257; Reiner Schulze, a.a.O., § 1004 Rn. 13; Beck-Online Komm/Fritzsche, 55. Aufl., 2020, BGB § 1004 Rn. 118(금지청구권에 대한 소멸시효는 방해의 현상유지에만 적용되고, 방해상태의 연장을 정당화하지는 않는다. 방해상태는 위법하게 남아있고 소멸시효가 제1004조 제2항의 인용의무로 인정되는 것은 아니기 때문에, 소유자는 소멸시효완성후 자신의 비용으로 제거할 수 있으며, 이 경우에 방해자에게 인용을 요구할 수 있다. 그러나 반복적이거나 지속적으로 새롭게 일어나는 방해인 경우, 예를 들어 임밋시온과 같은 경우에는 금지청구권은 늘 새롭게 발생하므로 소멸시효의 적용이 배제된다(BGH NJW-RR 2016, 24). 또한 예방적 유지청구권의 경우에도 통설은 소유자가 장래 침해의 예방을 구하는 것이므로 소멸시효가 배제된다(Beck-Online Komm/Fritzsche, a.a.O., BGB § 1004 Rn. 121)).

조, 의장법(GeschmMG) 제49조 등에서도 금지청구권의 소멸시효에 대해서 규정하고 있다. 예를 들어 독일 특허법 제141조는 "특허권침해로 인한 청구권의 소멸시효는 민법 제1장 제5절(Abschnitts 5 des Buches 1 des Bürgerlichen Gesetzbuchs)의 소멸시효에 관한 규정이 준용된다"고 하고 있다. 독일 의장법 제49조, 저작권법 제102조 등도 유사하게 규정하고 있다.

이상에서 보듯이 현행법상 금지청구권과 손해배상은 차이가 있으며, 특히 금지청구권은 손해배상청구권과는 달리 귀책사유에 대한 증명을 요건으로 하지 않고, 또한 더 어려운 손해에 대한 증명을 그 요건으로 하지 않는다. 이를 보면 현행법상의 금지청구권은 손해배상에 보충적 구제수단으로 입법되어 있지 않고, 금지청구권은 손해배상청구권과는 별개의 청구권이다.[164] 물론 세부적인 경우 금지청구로 해결해야 하는지 손해배상의 문제로 해결해야 하는지 어려운 문제가 발생할 수 있고,[165][166] 경우에 따라서는 금지청구권과 손해배상청구권이 동시에 행사할 수 있는 경우도 있다. 이는 현행법상 금지청구권과 불법행위로 인한 손해배상청구권을 비교한 것에 불과하고, 입법 정책적으로 금지청구권을 손해배상청구권에 보충적 구제수단으로 입법하

164) 스위스민법 제28a조 제3항에서는 인격권에 기한 금지청구권과 손해배상청구권은 별개의 권리라고 입법하고 있다. 그리고 프랑스민법의 금지청구권에 대한 최근 개정안도 금지청구권이 손해배상청구와 별개의 권리라는 것에 바탕을 두고 있는 것으로 이해된다.

165) Manfred Wolf/Marina Wellenhofer, a.a.O., SS. 389-340(특히 독일민법은 소유권침해시 귀책사유가 있는 경우 제823조 제1항에 의한 손해배상청구가 인정되는데, 손해배상은 제249조 제1항에 의하여 이전 상태의 회복으로 원상회복주의를 취함으로, 제거청구권과 원상회복간에 어느 것이 적용되어야 하는지에 대하여 많이 다투어지고, 재이용가능성설(Wiederbenutzbarkeitstheorie) 등 학설대립이 심하다).

166) 대법원 2003. 3. 28. 선고 2003다5917 판결; 대법원 2019. 7. 10. 선고 2016다205540 판결. 위 두 판결과 관련하여, 독일의 판례와 통설(Wiederbenutzbarkeitstheorie)은 방해제거청구권에서 방해의 제거란 아직도 계속되는 危險源으로서 타인의 소유권을 침해하는 방해요소의 제거를 말한다. 그러나 Picker 등에 의하여 주장된 소수설(Usurpationstheorie)은 방해의 제거를 방해행위의 포기만으로 보고 타인의 소유권위에 있는 방해의 결과의 제거는 요구되지 않는다고 본다(이계정, "소유물방해제거청구권 행사를 위한 방해의 현존", 민사법학 제91호, 2020. 6, 55-59면; Münchener Komm/Baldus, a.a.O., §1004 Rn. 78-96). 통설과 소수설의 차이는, 통설에 따르면, 예를 들어 방해자가 수도관의 파열의 원인이 되었으면 물과 수도관이 그에게 속하지 않아도 물의 계속적인 유출도 막아야 하지만, 소수설에 의하면 방해자는 그 자신의 물건만 제거하면 되고 물의 유출의 제거는 손해배상(원상회복)의 방법으로 해야 한다는 것이다. 그러나 침해행위의 포기가 아니라 방해요소로서 위험원의 제거로서만 장래의 계속적인 침해를 제거할 수 있으므로 통설이 타당하다고 할 것이다(Manfred Wolf/Marina Wellenhofer, a.a.O., S. 390; Beck-Online Komm/Fritzche, 55. Aufl., 2020, BGB §1004 Rn. 64). 그런데 위 두 사건에서 대법원은 소수설의 견해를 취하여 방해상태의 제거를 부인하였는데, 독일민법은 손해배상에 이전 상태의 회복으로서 원상회복주의(독일민법 제249조 제1항)를 취함으로 원상회복으로 방해상태의 제거가 가능하기 때문에 소수설에 의해서도 방해상태의 제거가 된다(Beck-Online Komm/Fritzche, a.a.O., BGB §1004 Rn. 65). 물론 방해자의 과실을 증명하지 못한 경우에는 그렇지 않기 때문에 통설에 따르는 것이 중요하다. 그러므로 우리 판례가 방해와 손해의 구별을 통하여 방해제거청구권을 부인한 것은 문제라고 할 것이다. 한편 사견이지만, 대법원이 두 사건에서 방해제거를 부인한 이유는 폐기물제거의 과도한 제거비용을 고려하지 않았나라는 생각이 든다. 독일에서는 과도한 제거비용이 드는 경우, 학설과 판례는 제251조 제2항과 제275조 제2항의 유추적용으로 제1004조상의 방해제거청구권이 부인될 수 있음을 인정하면서 이러한 경우 금전배상 또는 보상청구권으로 해결하자고 한다(Manfred Wolf/Marina Wellenhofer, a.a.O., S. 391; Sebastian Kolbe, Unzumutbarer Beseitigungsaufwand?, NJW 2008, S. 3621).

는 것은 가능하고 이는 별개의 문제일 것이다. 그러나 네이버 사건이나 인격권 침해로 인한 금지청구권을 인정하면서 우리 판례가 손해배상이 실효성이 없는 경우 등을 요건으로 하여 금지청구권을 인정할 수 있다고 한 것은, 언론출판의 자유 및 경쟁의 자유 등과 관련하여 침해자와 피해자의 이익형량의 관점하에서 금지청구권 인정여부를 고려해야 한다는 것을 의미한 것으로 볼 수 있으며,[167] 통상 인격권 침해나 부정경쟁행위 및 채권침해 등의 경우에는 언론출판의 자유, 경쟁의 자유, 계약의 자유 등과 관련하여 제반요소를 참작하여 당사자의 이익형량이 필요하다는 것이 일반적으로 인정되어 있고, 이러한 것을 반영하여 한 판결이라고 할 수 있다.[168] 또한 법원은 당사자의 이익형량을 할 수 있고, 이익형량을 하여 금지청구권 인정여부를 판단해야 할 것으로 생각된다. 그러므로 금지청구권의 입법시에 손해배상의 보충적 구제수단으로 입법하는 것은 고려해볼 요소가 있다고 할 것이다.[169] 미국 eBay사건에서 연방대법원의 결정도 특허권 침해시 자동적인 금지명령 대신 특허 사건에서 구제책을 결정할 때, 법원은 금지 명령을 내리기 전에 4가지 관점에서 금지명령의 인정여부를 판단해야 한다고 해서, 형평적 견지에서 당사자의 이익형량을 통한 법원 판단의 재량을 인정, 즉 금지 명령을 "할 수 있다"고 한 것이라고 한다.[170]

2. 금지청구권의 제한 필요성(?)

우리 민법상 권리구제수단으로 손해배상, 물권적 반환청구, 비용상환청구, 부당이득반환청구, 금지청구 등 다양한 권리구제수단이 있지만, 이러한 권리구제수단 중 금지청구권이 가장 강력한 권리구제수단이라고 할 것이다. 금지청구권은 위험원의 제거나 행위의 유지(중지) 또는 임박한 행위 등을 하지 말 것을 직접적으로 요구하는 청구권이다. 이에 비하여 손해배상은 침해행위를 통한 손해발생시 사후적으로 금전에 의하여 배상케 함으로써, 손해를 전보하고 위법한 침해행위를 하지 말 것을 환기시키는 예방효과가 있다. 그러나 금지청구권은 침해자의 귀책사유를 요구하지 않고, 손해발생여부와 관계없이 또한 소멸시효에도 걸리지 않고, 침해원의 제거나 침해의 중지 등을 요구함으로써 보다 직접적으로 위반행위를 하지 말 것을 요구하게 된다.[171] 즉 금지청구권은 상대방의 적극적 행위를 요구하는 적극적 행위청구권으로서 건물철거 등의 침해원

167) 위계찬, 전게논문, 273면; 김상중, 전게논문(주 29), 197-198면 등.

168) 판례 중 기사삭제사건(대법원 2013. 3. 28. 선고 2010다60950 판결)에서, 대법원은 손해배상청구의 성립여부와 관계없이, 기사내용이 허위이거나 공익과 관련이 없는 사실에 대한 기사로 인해 인격권이 침해되고 있는 상태에 있으면 기사삭제 청구는 인정된다고 하였다

169) 그리고 민법에 일반적 금지청구권을 입법한다고 할 경우, 일반법상의 금지청구권의 요건이 특별법상의 금지청구권의 요건보다 강화된 요건으로 규정하는 것은 입법체계상 문제라고 할 것이다.

170) 권영준, 전게논문(주 99), 54면; Rendleman, D. op. cit., p. 76.

171) 김상중, 전게논문(주 29), 218-222면.

의 제거뿐만 아니라 침해원인이 되는 물건의 폐기처분 등[172] 적극적인 행위를 상대방에게 요구할 수 있다. 물론 그 비용도 상대방이 부담해야 한다.[173] 이에 따라 금지청구권은 권리자의 입장에서는 손해배상만으로 전보될 수 없는 피해를 방지할 수 있으며 경쟁 상대방의 경쟁을 원천적으로 차단할 수도 있거나 금지청구를 빙자하여 협상에서 매우 유리한 입장에 설 수도 있지만, 침해자의 입장에서는 기존 영업은 물론이고 장래를 향한 영업활동 전체를 금지당할 수 있으므로 매우 강력한 구제수단이다.[174] 침해자의 입장에서는 손해배상은 감내할 수 있지만, 금지청구권을 통하여서는 감내할 수 없는 타격을 입을 수도 있다.

이러한 점을 반영하여 금지청구권의 행사는 판례와 입법 등을 통하여 제한되어 왔다고 할 수 있다. 먼저 우리 판례는 환경침해로 인한 금지청구권행사에서 위법성단계설, 건물철거청구와 관련해서는 권리남용을 이유로 금지청구권의 행사를 부인하였으며, 또한 판례는 인격권 침해나 영업이익의 침해 등과 관련하여 손해배상의 실효성이 없는 경우 등에 금지청구권이 인정된다고 하여서 금지청구권을 제한하고자 하고 있다. 부정경쟁방지법을 포함한 지적재산권분야에서는 금지청구권을 손해배상에 대하여 보충적인 구제수단으로 인정하자는 Liability Rule 방식의 보호를 하자는 주장이 제기된다. 한편 입법을 통하여 금지청구권 행사를 제한하는데, 크게 보면 사회경제상의 이유를 들어, 주위토지통행권(민법 제219조), 환경침해(민법 제217조), 경계선부근의 건축(민법 제243조), 법정지상권 등을 인정하고 관습법에 의한 권리로서 관습법상의 법정지상권, 분묘기지권, 그리고 경계침범건축에 대한 입법적 논의 등을 통하여 금지청구권의 행사를 제한하고자 하고 있다.

독일의 경우를 보면, 먼저 제1004조에 의한 금지청구권 행사의 제한으로서 제906조(불가량물의 유입), 제912조(경계침범건축), 제917조(주위토지통행권) 등에서 토지소유자의 인용의무를 부과하고 있다. 특히 제906조에서는 가해토지의 장소통상적 이용으로 인한 침해에 대해서 인용의무를 부과하면서, 피해자는 기술적·경제적으로 기대가능한 방지조치를 청구할 수 있도록 하고,

---

172) 부정경쟁방지법 제4조(부정경쟁행위 등의 금지청구권 등) 제2항에서는 부정경쟁행위에 대한 금지청구권을 행사할 때, 부정경쟁행위의 금지와 더불어 '물건의 폐기', '설비의 제거', '도메인이름의 등록말소', '행위의 금지 또는 예방을 위하여 필요한 조치'를 청구할 수 있다고 규정하며, 제10조(영업비밀 침해행위에 대한 금지청구권 등) 제2항에서도 "영업비밀 보유자가 금지청구를 행사할 때 침해행위를 조성한 물건의 폐기, 침해행위에 제공된 설비의 제거, 그 밖에 침해행위의 금지 또는 예방을 위하여 필요한 조치를 함께 청구할 수 있다고 한다. 또한 저작권법 제123조 제2항에서는 저작권 그 밖에 이 법에 따라 보호되는 권리를 가진 자는 금지청구를 하는 경우 침해행위에 의하여 만들어진 물건의 폐기나 그 밖의 필요한 조치를 청구할 수 있다고 하고 있다.

173) 금지청구권 행사시 비용부담문제에서 학설의 대립이 있지만, 독일의 통설과 판례는 금지청구권은 상대방의 적극적 행위청구권으로서 비용은 상대방이 부담하며, 다만 수거청구권은 상대방의 소극적 인용청구권으로서 청구권자가 부담해야 한다고 하고 있다.

174) 이상현, 전게논문, 337면.

이에 의해서도 자기 토지의 장소통상적 이용이 방해되는 경우에 보상청구를 하도록 하여, 양 토지소유자의 이해관계를 조정하고 있다. 독일법은 위와 같은 경우를 넘어서 광범위한 법에서 인용의무의 설정을 통하여 독일민법 제1004조에 의한 금지청구권 행사를 제한하고 있다. 독일 연방임밋시온방지법 제14조, 원자력법 제7조, 항공교통법 제11조, 행정절차법 제75조, 이산화탄소저장법 제14조 및 연방자연보호법, 수질관리법, 통신법 등의 다양한 공법적 규정에서 금지청구권행사를 제한하고 있다. 이들 법에서 금지청구권행사를 제한하는 경우 독일민법 제906조의 법리에 따라 기술적 · 경제적으로 기대가능한 방지조치를 청구할 수 있도록 하고 보상청구를 인정하고 있다. 또한 독일법은 법상의 명문규정을 넘어서, 학설과 판례에 의해서도 제한하는데, 상린관계적 공동체 관계이론, 방해제거에 과도한 비용이 들어가는 경우에 독일민법 제251조 제2항(금전배상) 및 제275조 제2항(급부에 과도한 비용지출이 요구되는 경우 급부거절)을 적용하는 등으로 금지청구권 행사를 제한하고 있다. 한편 제1004조를 비롯한 금지청구권에도 소멸시효가 적용된다고 하여서, 금지청구권 행사를 제한하고 있다.

금지청구권과 관련하여 우리나라의 주류의 입장은 금지청구권의 확장적 인정 내지 그 입법에 많은 관심을 두고 논의를 진행해온 것으로 보인다. 그러나 독일민법에서 보여주듯이 금지청구권의 제한의 법리 및 그 입법에도 향후 많은 관심과 연구가 필요하지 않은가 한다.

3. 금지청구권에 관한 입법적 논의

민법 제214조에 의한 금지청구권과 많은 특별법상의 금지청구권에 관한 규정을 고려할 때, 현행법상 금지청구권과 관련한 입법적 흠결부분은 크게 보면, 인격권, 2013년 개정을 통하여서도 부정경쟁방지법에 의해 보호되지 않는 영업권 내지 영업이익의 침해,[175] 제3자의 채권침해로 인한 금지청구권 부분 등에서 명문의 규정이 없다.[176] 또한 기존에 그 필요성에 대하여 논의되지 않은 권리 및 앞으로 새로운 권리가 인정될 것이고 그 권리에 대한 금지청구권의 필요성이

175) 대법원 2004. 9. 24. 선고 2004다20081 판결; 대법원 2006. 7. 4.자 2006마164, 165 결정; 대법원 2009. 12. 24. 선고 2009다61179 판결(건축주가 상가를 건축하여 각 점포별로 업종을 정하여 분양한 후에 점포에 관한 수분양자의 지위를 양수한 자 또는 그 점포를 임차한 자는 특별한 사정이 없는 한 상가의 점포 입점자들에 대한 관계에서 상호 묵시적으로 분양계약에서 약정한 업종 제한 등의 의무를 수인하기로 동의하였다고 봄이 상당하므로, 상호간의 업종 제한에 관한 약정을 준수할 의무가 있다고 보아야 하고, 따라서 점포 수분양자의 지위를 양수한 자, 임차인 등이 분양계약 등에 정하여진 업종 제한 약정을 위반할 경우, 이로 인하여 영업상의 이익을 침해당할 처지에 있는 자는 침해배제를 위하여 동종업종의 영업금지를 청구할 권리가 있는 것이다).

176) 환경침해(생활방해)로 인한 금지청구권의 명문규정이 없다는 견해도 있지만, 독일민법은 제1004조와 제906조와의 관계에서 해결하고, 스위스민법도 제679조(소유권에 기한 금지청구권)와 제684조(인용의무)로 해결하고 있으며(Handkommentar zum Schweizerischen Zivilgesetzbuch/Marie v. Fischer, 31. Aufl., 2006, SS. 638-639), 이와 유사하게 입법되어 있는 우리 민법도 제214조와 제217조와의 관계설정을 통하여 해결되어야 할 것으로 생각된다.

인정되는 경우 등에서 입법적 흠결을 보이고 있다.

그러므로 금지청구권에 대한 명문의 규정이 없는 영역에 대하여 금지청구권을 명문으로 입법하는 것이 필요할 것이다. 금지청구권을 어느 영역에서 어느 범위까지 명문으로 입법할 것인가는 전적으로 입법정책의 문제이고, 입법으로 일정한 경우에 위법행위를 막기 위한 금지청구권을 도입할 수 있고 필요하다고 할 것이다. 금지청구권에 대한 입법적 흠결부분을 보완하는 방법으로는 다양한 방법이 거론될 수 있는데 크게 보면, 민법은 일반법이므로 모든 금지청구권을 포함하는 '일반적 금지청구권'을 민법에 신설하는 방안, 기존 법에 규정된 금지청구권 이외의 영역 전체를 입법하는 '보충적 금지청구권'입법 방안, 인격권 등 개별권리 침해에 한하여 금지청구권을 입법하는 '개별권리에 기한 금지청구권'을 입법하는 방안, 아니면 판례와 학설의 흐름을 좀더 지켜보는 방안 등이 있을 수 있다. 우리 판례가 인격권에 기한 금지청구권은 익히 인정하여 왔고, 또한 네이버사건에서 금지청구권을 인정한 것을 보면, 부정경쟁방지법에 의해 보호되지 않는 영업이익에 기한 금지청구권과 제3자의 채권침해로 인한 금지청구권 등, 금지청구권 인정의 필요성이 제기되는 경우에는 금지청구권을 인정할 것으로 생각된다. 그러므로 판례의 입장을 좀더 지켜보는 것도 하나의 입법정책이라고 할 수 있다.

입법정책에 대해서 논하는 것은 매우 조심스러운 일이지만,[177] 먼저 '일반적 금지청구권'의 입법은 권리에 대한 침해를 광범위하게 방지할 수 있다는 점에서 매우 효율적이고 입법의 경제성이 있다. 하지만 현행법상 인정되는 다양한 금지청구권과 전면적 청구권경합 관계에 서게 됨에 따라, 현행법상 다양하게 인정되는 금지청구권과 관련된 법리적 발전과 충돌될 수 있으며, 다양한 특별법상의 금지청구권의 규정을 어찌 보면 간단히 필요없는 규정으로 만들 수 있다. 또한 일반적 금지청구권이 인정되면 금지청구권이 손해배상보다도 확실히 권리 침해자에게 타격을 입힐 수 있는 수단이고, 금지청구권은 손해배상청구의 요건보다 일반적으로 완화되어 있으므로, 실무(변호사)에서는 이를 적극적으로 활용하려고 노력할 것이고, 법원에서는 당사자의 이익형량을 통하여 제한을 하겠지만, 일반적 금지청구권이 입법되어 있으므로 법원에서 인정의 범위도 넓어질 것이므로, 금지청구권의 확장을 통하여 예상하지 못한 부작용(자유경쟁의 제한, 계약자유의 침해 등)이 발생할 여지도 있다. 그러므로 일반적 금지청구권의 입법은 좀 더 지켜보는 것도 하나의 방안이라 생각된다. 둘째로 현행법에 규정이 없는 사항을 포괄하는 '보충적 금지청구권'의 입법은 조문 구성에 상당한 어려움이 예상되며, 또한 그 입법례도 없다고 할 것이다. 금지청구권의 제한 논의와 관련하여 보아도 단견이지만 적극적 입법보다는 필요한 범위내에서 소극적 입법

177) 통상 입법은 해당 분야의 전문가들로 구성되는 위원회를 구성하여 해당분야의 고도의 전문지식을 바탕으로 법현실에 대한 분석 및 비교법적 검토 등 다양한 논의와 충돌하는 다양한 의견의 타협으로 이루어지는 집단지성의 결과라고 할 수 있다. 그러므로 입법안에 대해서 단견을 통하여 논하는 것은 매우 부적절하고 조심성 없는 행동이라 할 수 있다.

도 한 방향이라고 생각된다.

이에 따라 사견이지만, 소극적으로 '개별권리에 기한 금지청구권'의 입법도 하나의 방향이라고 생각된다. 현행법상 입법적 흠결을 보이는 인격권, 부정경쟁방지법을 통하여 보호되지 않는 영업이익, 채권침해 등의 영역에서 금지청구권의 입법을 생각할 수 있다. 이와 관련하여 부정경쟁방지법에 포함되지 않는 영업이익의 침해의 경우에는 추후 판례의 흐름과 이를 반영한 부정경쟁방지법의 개정 등을 고려할 때(물론 부정경쟁방지법의 개정을 통하여 포함되지 않을 영업이익침해의 영역이 분명이 존재하지만), 그 입법의 순위를 후순위로 하는 것도 가능하다고 생각된다. 그리고 채권침해로 인한 금지청구권에 대해서는 금지청구권 인정의 필요성이 많이 논의되고 있으나 좀 더 판례의 변화 등을 지켜보는 것도 좋을 것으로 생각된다. 그러나 인격권에 기한 금지청구권은 판례에서 익히 인정하여 왔고, 또한 프랑스민법 제9조와 제9-1조 및 제16조, 스위스민법 제28조와 제28a조의 입법례와 일본의 가또개정안 등을 보거나, 인격권의 중요성이 날로 그 의미를 더해가는 사회적 현실을 감안하면, 소극적인 입법방향이지만 인격권에 기한 금지청구권을 민법총칙분야에 명문으로 신설하는 것이 어떨까 한다. 인격권에 관한 금지청구권을 신설할 경우 인격권에 관한 일반적 규정과 금지청구권을 함께 신설해야 한다고 생각한다.

Ⅴ. 나가며

현행법상 민법을 비롯한 다양한 특별법에서 금지청구권을 입법하고 있으며, 이러한 금지청구권에 대한 세부적인 논의는 그 논의대상과 폭이 거의 무한하다고 할 수 있다. 이에 본고에서는 최근 우리나라와 외국에서 제시하고 있는 금지청구권에 관한 다양한 입법안을 간략히 살펴보고, 독일민법 제1004조를 계수하여 입법한 우리 민법 제214조상의 금지청구권, 네이버 사건에 기인한 2013년 부정경쟁방지법 개정을 통한 금지청구권의 확장, 그리고 인격권 및 채권에 기한 금지청구권 등에 대한 논의 등을 검토하였다.

우리 민법은 일본민법과 프랑스민법과는 달리, 독일민법 제1004조를 계수하여 소유권에 기한 금치청구권에 대한 명문규정을 두고 있으며, 또한 환경침해로 인한 인용의무와 관련하여 독일민법 제906조를 계수하여 제217조를 입법하고 있다. 그러므로 환경침해로 인한 금지청구권의 인용의무와 관련하여 우리 민법 제217조의 적극적 활용이 이루어져야 한다고 생각된다. 그리고 독일민법은 제1004조에서 소유권에 기한 금지청구권을 규정하면서, 영업권·인격권 등의 모든 절대권에 대하여 독일민법 제1004조의 유추적용으로 금지청구권을 인정하고 있으며, 이를 넘어 독일의 판례는 불법행위적으로 보호되는 법익이나 법적 지위에 대해서도 법창조적으로 독일민법

제1004조의 유추적용으로 금지청구권을 발전시켜 왔다. 한편 독일법은 광범위한 법에서 인용의무의 설정을 통하여 독일민법 제1004조에 의한 금지청구권 행사를 제한하고 있다. 특히 독일 연방임밋시온방지법 제14조, 행정절차법 제75조 등의 다양한 공법적 규정에서 독일민법 제1004조에 의한 금지청구권행사를 제한하고 있다.

네이버 사건 등을 반영하여 2013년 부정경쟁방지법이 개정되었고, 이를 통하여 부정경쟁행위를 보다 넓게 인정하는 보충적 일반조항이 신설되어 부정경쟁행위에 대한 금지청구권의 확장이 있었다. 인격권에 기한 금지청구권은 우리 판례가 이를 인정하고 있으나, 채권에 기한 금지청구권에 대해서 판례는 원칙적으로 부정적인 입장에 있다고 할 수 있다.

금지청구권과 불법행위로 인한 손해배상과의 관계에서 금지청구권이 손해배상에 대하여 보충적 구제수단인가의 여부가 문제로 되는데, 금지청구권과 불법행위로 인한 손해배상은 그 요건과 효과 등에서 차이가 있으며, 금치청구권을 불법행위에 대한 보충적 구제수단으로 보기에는 한계가 있다고 생각된다, 프랑스민법상 금지청구권과 관련한 최근 개정안에서도 금지청구권이 불법행위로 인한 원상회복과 그 요건과 효과 등에서 차이가 있음을 이유로 금지청구권을 입법하고자 하고 있다. 또한 현행법상 다양한 금지청구권에 대해서 입법이 있지만, 현행법상 금지청구권과 관련한 입법적 흠결부분은 인격권의 침해로 인한 금지청구권, 2013년 개정을 통하여서도 부정경쟁방지법에 의해 보호되지 않는 영업권 내지 영업이익의 침해, 제3자의 채권침해로 인한 금지청구권 부분 등에서 입법상의 흠결을 보여주고 있다. 이러한 입법상의 흠결에 대한 보완으로, 향후 다양한 입법적 논의가 있을 것으로 보여진다. 금지청구권을 어느 영역에서 어느 범위까지 명문으로 입법할 것인가는 전적으로 입법정책의 문제이지만, 향후 금지청구권에 대한 입법은 더욱 증가할 것으로 생각된다. 하지만 독일민법과 특별법 및 판례에서 보여주듯이 금지청구권 제한의 법리 및 그 입법에도 또한 향후 많은 관심과 연구가 필요하지 않은가 한다.

이혼부모와 공동양육권

윤 석 찬*

Ⅰ. 머리말

법정이혼에 있어 양육권을 서로 가지기를 주장하는 부모에게 공동양육권과 공동친권이 인정되는 경향은 최근의 변화된 양육권 제도의 세계적 추세이기도 하다.[1] 특히 서구에서의 양육권 제도의 특징은 아이에 대한 이혼한 부모 모두에게 실질적 양육에 관한 '의무' 내지 '책임'적 측면을 보다 적극적으로 고려하고 있다는 것이다. 그리하여 단독양육권을 통한 양육의 편의성 측면보다는, 이혼한 부모와 자녀 사이의 유대관계의 긴밀한 유지를 우선적으로 고려하기에 이르렀다. 또한 이를 위한 국가의 적극적 역할이 강조되게 되었다. 이혼한 부모 일방에 대한 단독양육권의 인정은 사실 비교적 오래전의 법적 사고에 바탕을 둔 산물이다. 참고로 독일에서는 1979년까지만 해도 양육에 관한 구 독일 민법 제1671조에 기하여 이혼한 부모의 일방에게만 단독양육권이 인정되었다. 그러나 3년 후 1982년 독일의 연방헌법재판소[2]는 이러한 단독양육권 규정은 독일 기본법(GG) 제5조 제2항 제1호의 이혼 부모의 친권을 침해하는 위헌이라 판단하였다. 그리하여 이혼하는 부모가 공동양육권을 청구하면 법원은 공동양육권을 인정하게 되었다.

이러한 공동양육권 제도의 필요성은 다음과 같은 사례에서 여실히 드러난다. 5세 내지 6세 혹은 그 미만의 어린 유아 자녀의 양육권이 재판상 이혼 후 법원에 의하여 어느 부모의 일방에게만 지정될 경우, 자칫 단독양육권을 판결받은 양육권자는 단독양육 과정에서 양육하는 자신의 자녀에게 비양육친에 대한 원망과 인격적 폄하를 하게 되고, 이를 통하여 비양육친에 대한 자녀의 심리와 감정이 왜곡되고 (대개는 그러한 경우가 비일비재함이 현실이다) 이는 궁극적으로 비양육친의 면접교섭권마저도 교묘하게 형해화하는 결과를 초래한다. 왜냐하면 이혼 부부의 어린 자녀

---

* 부산대학교 법학전문대학원 교수.

1) 이에 관한 자세한 내용은 Frank, Grundprobleme des elterlichen Sorgerechts/양창수 · 김상용 번역, 독일민법학 논문집, 2005, 265면 참조.

2) BVerfGE 61, 358(371 ff)=NJW 1983, 101.

는 일방적으로 양육권자 내지 양육권자 주변 가족들에 의하여 이혼으로 인한 그들의 비양육친에 대한 부정적 인식에 그대로 노출되어 결국 비양육친에 대한 왜곡된 인식을 강요받게 되기 때문이다. 이로 인하여 면접교섭권을 가진 비양육친을 면접하는 것 자체가 어린 아이의 심리로서는 죄악시되게 되고, 결국 어린 자녀가 면접교섭을 거부하게 된다. 그런데 이러한 자녀의 면접교섭 거부에 대하여 법원은 아이에 대하여 과태료나 감치에 처할 수도 없고, 아이를 강제로 인도하는 방법도 불가능하다.[3] 개정된 가사소송법 규정은 양육권자가 면접교섭권을 방해하는 경우에 한정되기 때문에 양육권자의 부당한 교육에 의한 자녀의 면접교섭 거부에 대하여는 사실상 아무런 대책이 없다. 이렇게 되면 비양육친은 법원의 단독양육권의 판결로 인하여 양육권도 빼앗기게 된 것이고, 나아가 면접교섭권도 사실상 상실하게 된다. 이것이 과연 이혼 자녀를 위한 복리인가? 자녀의 복리라는 미명하에 판단능력도 없는 아이를 양육권자의 단독양육 상태에 방치하여, 여전히 자녀에 대한 간절한 애정을 가진 비양육친과 완전히 절연토록 하는 것을 법원은 판결할 수 있는가? 또한 이를 우려한 공동양육권의 주장이 과연 이혼한 부모의 욕심에 불과한가?

법원에 의한 한쪽 부모에게만의 단독양육권 인정은 양육권을 갖지 못한 비양육친과 아이와의 관계를 단절시키는 행위로서 이혼가정 아이의 주체성을 도외시 하는 것이며, 궁극적으로는 자녀의 복리와도 모순되며 아울러 결손가정이라는 사회적 문제를 초래하게 된다. 특히 자녀가 어린 유아인 경우에 법원에 의한 한쪽 부모에 대한 단독양육권의 인정은 양육하기를 원했던 비양육친과 어린 자녀간의 소통과 천륜관계에의 파탄을 가져오는 문제점을 수반하게 된다는 사실에서 이미 외국의 판례와 학설은 그 공감대를 형성하고 있다. 공동양육권에 대하여 이제는 우리나라의 법원도 공동양육의 환경이 인정될 수 있다면 이를 적극적으로 인정하여야 할 것이다.

Ⅱ. 이혼과 미성년의 子와의 관계

부모가 공동으로 양육하던 아이의 입장에서는 안정적이고 공고해 보였던 부모의 친권과 양육권이 부모의 이혼으로 인하여 많은 변화가 있음을 경험하게 된다. 아울러 이혼하는 부모 그들 사이에서도 친권과 양육권의 지정이라는 법적인 문제로 인하여 기존의 갈등과는 다른 새로운 갈등이 초래된다. 그런데 아이가 있는 부모가 이혼할 경우에는 그들에게는 혼인의 파탄에 이르는 어떠한 다른 갈등요소들보다도 아이에 대한 친권과 양육권의 문제가 최우선적으로 고민되어져야 할 것이다. 법적으로도 법률혼 부모의 이혼이 성립하더라도 부부 사이에 출생한 아이는 혼인 중의 출생자의 지위를 잃지 않기에 아이에 대한 최우선의 배려가 요구되는 것은 당연한 것이다. 다

3) 김주수, 김상용, 친족상속법, 제8판 보정, 2007, 223면 참조.

만 부부가 공동생활을 하지 못하게 됨으로써 부부가 함께 아이를 양육할 수 없기에 종래부터 이혼한 부 혹은 모가 단독으로 아이를 양육하는 것이다. 그러나 이러한 단독양육권의 인정은 이혼부모의 아이에 대한 양육의 편의성에 근거한 것이지 아이의 복리와는 무관한 것이라 볼 수 있다. 따라서 부모가 공동양육을 원하고 그에 따르는 능력이 뒷받침된다면, 다시 말해서 공동양육권 인정의 환경이 조성되었다면 법원은 양육권 분쟁에 있어 공동양육권의 인정도 현행법상 충분히 가능하다는 것이다.[4]

1. 친권과 양육권의 개념

친권은 부모의 미성년 자녀에 대한 포괄적인 권리인 동시에 의무이다. 친권에는 자녀의 양육에 관한 권리와 의무, 자녀의 재산관리 및 법률행위의 대리 등에 관한 권한이 포함되어 있다.[5] 그러나 현행법상 친권과 양육권이 각각 다른 조항에서 규정되어 있기에 이혼 후 부모와 자녀의 관계에 있어 친권과 양육권이 항상 같은 사람에게 돌아가는 것은 아니다.[6]

2. 법적 규정

우리 민법은 이혼의 경우에 있어 미성년자에 대한 친권과 양육권을 별도의 규정으로 따로 규정하고 있다. 이러한 입법적 태도는 이혼 후에도 친권은 父에게 있는 것을 전제로 하여 친권이 없는 母에게 양육권을 인정하려고 한 데서 비롯된 것이라 볼 수 있다. 그러나 1990년 민법개정으로 母도 이혼 후에 친권자가 될 수 있기에 이제는 친권과 양육권을 분리하여 규정할 필요가 없다[7]는 논리적 귀결이 이어진다. 그럼에도 불구하고 우리 민법은 여전히 친권과 양육권을 구별하여 각각 다른 조항으로 규정하는 입법적 태도를 견지하고 있다.

3. 부모이혼시 양육권의 결정

부모가 이혼하는 경우 우리 민법 제873조 제1항에 따르면 그 子의 양육에 관한 사항으로서 양육자 결정, 양육방법, 양육비의 부담 등은 부모의 협의에 의하여 정할 수 있다. 우리 민법 제837조 제2항에 기하면 양육자의 결정, 양육비용의 부담 그리고 면접교섭권의 행사 여부 및 그 방법이 반드시 포함되어야 한다. 그러나 이러한 이혼하는 부모의 협의내용이 子의 복리에 반하는 경우에는 우리 민법 제837조 제3항에 기하여 가정법원은 보정을 명하거나 직권으로 그 子의

4) 이에 관해서는 김주수/김상용, 친족상속법 제9판(2008), 법문사, 202면 참조.
5) 윤진수, 주해 친족법 제2권(2015), 박영사, 997면.
6) 이러한 견해로는 송덕수, 친족상속법 제3판(2017), 90면 참조. 아울러 우리 판례(대법원 2012. 4. 13. 선고 2011므4719 판결)의 입장이기도 하다.
7) 이러한 견해로는 송덕수, 전게서, 89면.

의사 및 연령과 부모의 재산상황, 그 밖의 사정을 참작하여 양육에 필요한 사항을 정할 수 있다.

또한 우리 민법 제837조 제4항에 따르면 양육에 관한 사항의 협의가 이루어지지 아니하거나 협의할 수 없는 경우에는 가정법원은 직권으로 또는 당사자의 청구에 따라 이에 관한 결정을 해야 하며, 이 경우 가정법원은 우리 민법 제837조 제3항의 사정을 참작해야 하는데, 이처럼 가정법원이 직권으로 양육에 관한 사항을 결정할 수 있는 것은 재판상 이혼의 경우에 한정된다. 왜냐하면 협의이혼의 경우에 자의 양육에 관하여 협의가 되지 않아서 협의서가 제출되지 않은 경우에는 가정법원은 이혼의사 확인을 거부할 수 있을 뿐이지 그에 대하여 직권으로 결정할 수는 없기 때문이다.[8] 그러나 우리 判例에 따르면 이혼 부모 중 일방을 양육자로 정하거나, 공동양육권으로 하여 부모 쌍방이나 심지어 제3자에게도 양육권을 지정하고 있다.[9]

4. 부모이혼시 양육비의 부담

양육비의 부담은 양육자의 의무사항이 아니기에 오히려 양육하지 않는 父 또는 母가 양육자에 대하여 양육비의 지급의무가 있다고 한다. 다만 당사자의 협정이나 가정법원의 결정에 반하여 양육한 경우 혹은 부모 일방에 의한 양육이 그 양육자의 일방적이고 이기적인 목적이나 동기에서 비롯한 것이거나 자녀의 이익을 위하여 도움이 되지 않거나 그 양육비를 상대방에게 부담시키는 것이 오히려 형평에 어긋나게 되는 등의 특별한 사정이 있는 경우에는 양육하지 않는 父 또는 母에게 양육비 지급의무가 없다고 한다.[10] 생각건대, 원칙으로서 양육비의 부담에 있어 양육자에게는 면제되고 비양육친이 양육비 전액을 부담해서는 아니 될 것이다. 양육권은 의무이기도 하지만 권리이기도 하다[11]는 인식이 지배되어야 한다. 양육권에 관한 협의가 이루어지지 않아 법원에 의하여 자녀의 복리 등의 여러 사정이 고려되어서 이혼하는 父 혹은 母에게 단독양육권이 인정되는 경우에 있어 비양육친은 양육의무를 면하였기에 양육비를 전액 부담해야 한다고 보는 것은 비양육친의 양육권에 관한 권리적 측면을 도외시하는 것이며 동시에 양육친 자신도 부담해야 할 양육권에 관한 의무적 측면도 도외시 하는 것이다. 법원에 의한 양육권자의 결정에 있어 자녀의 복리 등의 여러 사정으로 말미암아 양육친에 대한 단독양육권의 인정은 반대로 양육권을 가지려고 하던 비양육친의 양육권이라는 권리가 결과론적으로 박탈된 것으로도 볼 수 있다. 게다가 이혼하는 父 또는 母가 이혼 전에 자녀를 한 가정에서 공동양육한 경우에도 父와 母는 공동으로 양육비를 부담하였다고 보는 것이 일반적이므로 부모가 이혼하여 父 또는 母가

---

8) 송덕수, 전게서, 90면.
9) 대법원 1991. 7. 23. 선고 90므828, 835 판결.
10) 송덕수, 전게서 91면.
11) 우리 헌법재판소는 양육권을 모든 인간이 누리는 불가침의 인권으로 파악하고 있다. 헌재 2008. 10. 30. 2005헌마1156.

단독양육권을 갖게 되었다고 하더라도 양육친도 여전히 양육비의 일부를 부담해야 한다고 보인다. 양육친으로서의 父 또는 母의 양육권을 권리적 측면을 도외시 하고 의무적 측면만을 고려하고 그로 인하여 양육의무를 부담해야 한다는 수고 또는 노고만을 인정하여 양육친의 양육비에 관한 일부 부담을 면제하는 것은 양육자의 양육권의 향유로 인한 자녀로부터의 정신적 위안 내지 자녀와 양육자와의 지속적인 정서적 유대감이라는 금전으로 산정할 수 없는 이득을 가짐을 전혀 고려 혹은 반영되지 않은 것이다. 이러한 이득은 비양육친의 입장에서는 전혀 가질 수 없는 것이므로 결국 양육자도 적어도 양육비의 일부를 부담해야 한다. 이러한 취지에서 양육자에게 수입이 있는 경우에는 그에게 양육비의 일부를 부담하게 하는 것이 반드시 부당하다고 할 수 없다는 주장이 우리 判例의 입장이다.[12] 생각건대 오히려 원칙적으로는 양육친과 비양육친 사이에서는 양육비의 공평 분담이 인정되어야 하고, 만약 양육자가 무직 등으로 수입이 없는 경우라면 예외적으로 비양육친의 양육비의 전부 부담이 인정되어야 할 것이다.

5. 양육비의 이행확보 방법

양육비 채권에 관하여 심판 내지 판결, 양육비 부담조서 등의 집행권원을 가진 양육비 채권자는 민사집행법에 의하여 강제집행을 할 수 있다. 그러나 그 양육비가 소액이라면 별도의 가사소송법에 따르는 것이 일반적이다. 이에 의하면 가정법원은 정당한 이유없이 양육비 지급의무를 이행하지 않는 경우에는 당사자의 신청에 의하여 일정한 기간 내에 그 의무를 이행할 것을 명하는 이행명령을 할 수 있다(가사소송법 제64조 제1항). 이러한 이행명령을 위반한 경우에는 가정법원은 직권으로 또는 양육비채권자의 신청에 의하여 결정으로 1,000만원 이하의 과태료를 부과할 수 있다(가사소송법 제67조 제1항). 게다가 양육비의 정기적 지급을 명령받은 사람이 정당한 이유없이 3기 이상 그 의무를 이행하지 않은 경우에는 가정법원은 권리자의 신청에 의하여 결정으로 30일의 범위에서 그 의무를 이행할 때까지 의무자에 대한 감치를 명할 수 있다(가사소송법 제68조 제1항 본문 제1호).

또한 가정법원은 양육비를 정기적으로 지급할 의무가 있는 양육비 채무자가 정당한 사유없이 2회 이상 양육비를 지급하지 않은 경우에 양육비 채권자의 신청에 따라 양육비 채무자에 대하여 정기적 급여채무를 부담하는 소득세 원천징수의무자에게 양육비 채무자의 급여에서 정기적으로 양육비를 공제하여 양육비 채권자에게 직접 지급하도록 명할 수 있다(가사소송법 제63조의2 제1항). 특히 2014년 3월 24일에 제정된 '양육비 이행확보 및 지원에 관한 법률'에 따르면 양육비의 원활한 이행확보를 기대할 수 있다. 이에 따르면 미성년 자녀의 양육비 청구와 이행확보 지원 등에 관한 업무를 수행하기 위하여 건강가정기본법에 따라 설립된 한국건강가정진흥원에서 양육

12) 대법원 1992. 1. 21. 선고 91므689 판결.

비이행관리원을 두도록 하여 확정된 양육비채권 추심지원 및 양육비채무 불이행자에 대한 제재 조치 등 여러 업무를 수행하도록 하고 있다.[13]

6. 양육권과 면접교섭권의 관계

면접교섭권은 친권자나 양육자가 아니어서 미성년의 子를 보호 및 양육하지 않는 父 또는 母와 그 子가 상호간에 직접 만나거나 전화 혹은 편지 등을 통하여 접촉할 수 있는 권리이며(민법 제837조의2 제1항) 흔히 방문권이라고도 한다. 이러한 면접교섭권의 성질에 관하여 2007년 민법개정 이후에는 부모의 권리임과 동시에 자녀의 권리하고 보는데 일치하였다. 아울러 이러한 면접교섭권은 절대권인 동시에 일신전속권이어서 양도할 수 없고, 영속적인 성질을 가지기에 포기할 수도 없는 성질의 권리이다. 면접교섭권과 양육권과의 관계에 관하여 면접교섭권은 양육권의 일종 또는 양육권의 구체적인 실현이라는 견해[14]도 있으나, 면접교섭권은 양육권이 없는 父 또는 母에게 인정되는 권리로서 면접교섭권을 양육권의 일종으로는 볼 수 없다는 견해[15]가 타당하다고 보인다.

7. 친권과 양육권의 분리

자녀에 대한 부모의 양육권은 헌법에 명문으로 규정되어 있지 아니하다. 그렇지만 이는 모든 인간이 누리는 불가침의 인권으로서 혼인과 가족생활을 보장하는 헌법 제36조 제1항, 행복추구권을 보장하는 헌법 제10조 및 "국민의 자유와 권리는 헌법에 열거되지 아니한 이유로 경시되지 아니한다"고 규정한 헌법 제37조 제1항에서 나오는 기본권이며 천부적 권리로 인정된다.[16] 민법은 이혼 후 양육에 관한 사항의 결정과 친권자 결정을 분리하여 각각 다른 조문에서 규정하고 있다. 이는 이혼 후 부모와 子의 관계를 형성함에 있어 친권과 양육권이 분리되어 각각 다른 부모의 일방에게 속할 수 있다는 현행법의 입장을 나타낸다.[17] 우리 민법은 친권에 관하여는 민법 제909조에 규정을 두고 있고, 양육에 관한 규정은 이혼의 절차편에 관련 규정(민법 제837조)을 두고 있다. 게다가 부모의 이혼 시 자녀에 대한 친권과 양육권을 분리하여 각각 귀속하게 하는 것을 적극적으로 허용하거나 금지하는 명문 규정은 없다. 그러나 민법은 친권자와 양육자에 관하여 별도로 규정하고 있다. 또한 양육자 지정과 관련한 재판은 양육 외에는 부모의 권리와 의무

---

13) 이에 관한 상세한 내용은 송덕수, 전게서, 93면 이하 참조.
14) 이러한 견해로는 박동섭, 친족상속법 제4판(2013), 박영사, 192면 및 신영호, 로스쿨 가족법강의 제2판(2013), 세창출판사, 145면 참조.
15) 이러한 견해로는 송덕수, 전게서, 98면 참조.
16) 헌재 2008. 10. 30. 2005헌마1156.
17) 김주수/김상용, 전게서, 207면.

에 변경이 일어나지 않는다(민법 제837조 제6항). 특히 가사소송법상으로도 친권자 지정과 양육자 지정에 관하여 별도의 절차를 두고 있으므로, 위 민법 규정과 가사소송법의 해석상 친권자와 양육자를 분리하여 부모 중 일방 또는 쌍방, 혹은 제3자(양육의 경우만)[18]에게 분리귀속시키는 것이 법률상 허용된다고도 볼 수 있다.[19] 이처럼 분리 규정된 민법 체계와 과거 자녀의 친권을 父가 전적으로 행사하였던 가부장적 가치관이 지배하여 오던 상황에서 가정법원이 이혼 후 자녀에 대한 친권자와 실제 양육을 담당하는 자, 즉 양육자를 분리하여 지정해야 할 현실적 필요성에 근거하여 부모에게 친권과 양육권을 분리 귀속시키는 판례가 형성된 것이고, 이로 인하여 친권과 양육권의 분리귀속이 일반적으로 허용된 것이다.

8. 친권의 공동귀속

우리 민법 제909조 제3항 내지 제4항에 따르면 이혼 시 단독친권만이 원칙인 것은 아니다. 이는 공동친권도 가능하며, 아울러 단독친권도 가능하다는 의미이다. 이에 관한 대법원의 입장을 보더라도 일정한 경우에 한하여 공동친권도 가능하다고 판시하고 있다.[20] 그리하여 이혼 시

---

18) 이혼 시 부모 사이에 친권 및 양육에 관한 협의가 이루어지지 않는 경우, 부모 중 한 쪽이 다른 한 쪽을 상대방으로 하여 양육자 지정 청구를 할 수 있다(가사소송규칙 제99조 제1항). 양육자 지정 청구에서 청구인은 자신을 양육자로 지정하여 줄 것을 바라는 것이 일반적이지만, 상대방을 양육자로 지정하여 줄 것을 구하는 경우도 흔히 있고, 드물게는 부모 양쪽이 자녀를 양육할 수 없거나 양육하기에 적당하지 않은 등의 이유로 제3자를 양육자로 지정하여 줄 것을 구하는 경우도 있다. 양육자로 지정되는 제3자로는 친권자로 지정된 부 또는 모의 특수한 사정으로 사실상으로는 그 부모나 형제자매 등을 들 수 있다. 부모 이외의 제3자를 양육자로 지정하는 경우에는 제3자에게 특별한 의무를 지우게 되는 것이므로, 제3자를 반드시 이해관계인으로 참석시켜 그의 동의를 구하거나 의사를 확인한 후 지정하여야 한다(법원행정처, 법원실무제요 가사(Ⅱ), 2010, 527면). 나아가 양육자 지정 청구에서 가정법원이 부모의 의사에 반하여 제3자를 양육자로 지정할 수 있는가에 대하여 자녀의 복리 측면에서 가능하다는 견해가 있다. 그 논거로 부모는 자녀의 양육에 대하여 원칙적으로 우선권(The Parental Preference Doctrine)이 있으나, 제3자의 양육권을 인정하여야 할 특별한 사정이 있는 경우, 즉 부모가 법률적으로 자녀를 양육하기에 적합하지 않다거나, 부모가 양육하는 것이 자녀에게 매우 해롭다거나 하는 경우 '자녀의 최선의 이익'(The Best Interest of the Child) 원칙을 적용하여 제3자를 양육자로 지정할 수 있다고 한다. 이은정, 미국법상 양육자 결정에 대한 소고, 안암법학 28호(2009. 1), 157면 이하.

19) 한봉희, 백승흠 상게서, 207면.

20) 대법원 2012. 4. 13. 선고 2011므4719 판결 참조, [1] 자의 양육을 포함한 친권은 부모의 권리이자 의무로서 미성년인 자의 복지에 직접적인 영향을 미친다. 그러므로 부모가 이혼하는 경우에 부모 중에서 미성년인 자의 친권을 가지는 사람 및 양육자를 정함에 있어서는, 미성년인 자의 성별과 연령, 그에 대한 부모의 애정과 양육의사의 유무는 물론, 양육에 필요한 경제적 능력의 유무, 부 또는 모와 미성년인 자 사이의 친밀도, 미성년인 자의 의사 등의 모든 요소를 종합적으로 고려하여 미성년인 자의 성장과 복지에 가장 도움이 되고 적합한 방향으로 판단하여야 한다. [2] 민법 제837조, 제909조 제4항, 가사소송법 제2조 제1항 제2호 나목의 3) 및 5) 등이 부부의 이혼 후 그 자의 친권자와 그 양육에 관한 사항을 각기 다른 조항에서 규정하고 있는 점 등에 비추어 보면, 이혼 후 부모와 자녀의 관계에 있어서 친권과 양육권이 항상 같은 사람에게 돌아가야 하는 것은 아니며, 이혼 후 자에 대한 양육권이 부모 중 어느 일방에, 친권이 다른 일방에 또는 부모에 공동으로 귀속되는 것으로 정하는 것은, 비록 신중한 판단이 필요하다고 하더라도, 일정한 기준을 충족하는 한 허용된다고 할 것이다. 법원행정처, 법원실무제요 가사(Ⅱ), 2010, 516면.

미성년자의 복리와 부모 양쪽의 자녀에 대한 애정을 고려하는 등 여러 사정에 따라 이혼한 부모에게 공동으로 친권이 부여되기도 한다. 친권과 양육권을 개념적으로 구별하여서 친권을 부모의 자녀에 대한 포괄적 권리와 의무로 파악하고, 양육권을 실제 양육을 포함한 자녀에 관한 신상의 권리와 의무라고 보아 친권 중 양육에 관한 사항은 양육자에게 우선적으로 귀속된다고 보는 입장에 따르면 양육권과는 구별되는 친권을 부모에게 공동으로 귀속시켜도 무방하다는 해석이 된다.[21] 친권의 귀속이 문제되는 사안은 미성년자가 인신사고를 당하여 손해배상소송을 제기하거나 보상금을 수령하는 등 자녀 명의로 된 재산의 관리 내지 처분을 둘러싼 분쟁에 관한 것으로서[22] 친권은 자녀의 신분적 내지 재산적 권리에 치중된 부모의 법률적이고 추상적 지배권적 측면이 강한 것이다. 자녀의 신상과 관련된 실질적이고 사실적 개념의 입장에서는 양육권이라 볼 수 있다. 자녀를 신체적으로 양육하지 않는 부모라 할지라도 자녀에게 중대한 이해관계를 미치는 문제에 관하여 그 부모 쌍방이 법률적 권한을 계속 보유하고자 하는 의사를 표시할 때에는 친권을 부모 쌍방에 귀속시키는 것이 오히려 자녀의 복리에 부합할 수 있다. 그렇다면 공동양육권은 더욱 가능하게 된다.

Ⅲ. 공동양육권(gemeinsames Sorgerecht) 인정의 독일 연방헌법재판소의 판결논거

독일 연방헌법재판소의 공동양육권 인정에 관한 판결의 논거로서 첫째는 친권의 헌법상 보호라는 것이다. 법정이혼에 있어서 양육권을 다투는 부모는 자녀에 대하여 여전히 친권을 가지고 있고, 이들의 친권은 헌법상 보호된다는 것이다. 게다가 이러한 친권에 대한 헌법상 보호는 일차적으로는 자녀의 보호를 위한 것이다. 왜냐하면 단독양육권의 지정으로 비양육친에게는 현실적으로 형해화된 면접교섭권만 주어지게 되고, 영문도 모르는 아이는 단독양육권자의 편향된 감정의식에만 노출되게 되어, 결국 한 쪽 부모를 잃게 되는 피해를 가져오게 된다는 것이다. 둘째로는 공동적 책임과 권리로서의 공동양육권의 본질에 그 근거를 둔다. 이혼을 하더라도 부모 쌍방 모두가 양육할 수 있는 능력이 있고(erziehungsfahig), 양육하기를 원한다면(gewillt) 아이에 대한 공동체적(gemeinsam) 책임과 권리를 그 본질로 하는 공동양육권을 법정이혼에 있어 법원은 반드시 명해야 한다는 것이다. 그럼으로써 이혼부모 모두는 자녀에 대한 책임에서 배제되지 아니하게 된다. 셋째로 부모 일방에 대한 단독양육권의 결정은 그 법적 근거를 상실한 판단이라는

21) 윤진수, 주해 친족법 제1권(2015) 박영사, 343면.
22) 민유숙, 2012년 민사(친족, 상속법) 중요판례, 인권과 정의 432호(2013. 3), 51면.

점이다. 자녀의 복리적 측면에 있어서도 양육할 수 있는 능력을 갖고 있으며, 양육하기를 모두 원하는 부모가 아이의 양육권을 다툴 때 그 부모의 일방에게만의 양육권의 인정은 아무런 법리적 근거를 갖지 못한다는 것이다.

Ⅳ. 공동양육권에 관한 상이한 우리 법원의 입장

1. 이혼부모 모두 양육거부에서의 법원의 공동양육권 인정

우리 개정민법은 협의이혼에 있어 이혼숙려기간 제도의 도입과 아울러 양육해야 할 자(포태 중인 자)가 있는 경우에 당사자는 민법 제837조에 따라 양육자의 결정, 양육비용의 부담, 면접교섭권의 행사 여부 및 그 방법, 민법 제909조 제4항에 기한 자의 친권자 결정에 관한 협의서 등을 제출해야 한다. 따라서 이혼하는 부부는 협의로 단독양육권을 부모의 일방에게로 협의할 수도 있으나, 공동으로 친권과 양육권을 가질 것으로도 협의할 수 있기에 현행 우리 민법이 공동양육권을 부정한다고 볼 수 없다. 따라서 이는 법정이혼에 있어서도 마찬가지로 적용될 수 있게 된다.

법정이혼에서의 공동양육권에 관한 법원의 조정사례가 늘고 있는데, 단적인 사례로서 결혼 2년째 맞벌이 부부로서 불화로 이혼소송을 하면서 서로 아이를 양육하겠다고 주장하였고, 각자 유치원에서 아이를 납치하기도 한 사례에서 서울가정법원은 주중에는 모가, 주말에는 부가 아이를 양육하라는 조정안을 냈고 양측은 이에 동의한 것이다. 심지어 우리 법원은 이혼 부모 모두가 양육하기를 거부하는 경우에 있어서도 공동양육권을 인정하는 적극적 입장의 판결도 나왔다. 그리하여 이혼하려는 부부가 형편이 어려워 세 자녀 모두 아동보호시설에 보내고 서로 돌보지 않았고, 이 부부가 이혼소송을 내자 법원은 부모로서 최소한의 도리를 행하라며 부모 쌍방 모두에게 친권과 양육권이 있다고 하면서 공동양육권을 판결한 것이다.

2. 전향적 우리 대법원 판례의 등장

대법원 2013. 12. 26. 선고 2013므3383(본소), 2013므3390(반소) 판결, 대법원 2012. 4. 13. 선고 2011므4665 판결은 공동양육을 인정한 원심판결을 파기한 바가 있다. 그러나 이러한 판결 이전에 선고된 대법원 2010. 12. 23. 선고 2010므3733(본소), 2010므3740(반소) 판결에서는 부모 쌍방을 자녀의 공동양육자로 지정한 항소심 판결에 대하여 상고를 기각하였던 점에서 대법원의 입장이 공동양육에 관하여 부정적인 입장이라고 단정할 수는 없다는 것이다. 오히려 상기 대법원 판결을 모두 종합해 보면 우리 대법원은 친권의 공동귀속이나 양육권의 공동귀속 자체에 대하여 일관성 있게 허용하거나 부정한다는 입장이 아니라 구체적 사건에서 개별적인 정황에 따라 개별적 사안에서 양육자 지정이 자녀의 성장과 복지에 가장 부합하는지 여부를 기준으로 판단하고 있는 것으로 보인다.23)

Ⅴ. 이혼에 대한 사회적 인식변화

2020년 우리나라에서 이혼건수는 10만 7천여건으로 코로나 19사태 등으로 전년대비 3.9%(4천 건)은 감소하였으나 이혼숙려제를 도입한 이후부터는 숙려기간을 거쳐야 하는 협의이혼 대신 재판상 이혼을 택하는 경우가 늘고 있는 추세이다. 서구에서도 이에 못지않은 이혼가정이 증가하고 있다. 미국을 비롯한 선진국에서도 양육권의 결정에 있어 과거의 태도는 아이의 정서적 안정을 고려하여 비교적 母에게 많이 단독양육권이 인정되었다. 그러나 이제는 이처럼 母에게 편향되게 인정된 단독양육권에 관하여 많은 사회적 비판이 가해졌다. 오늘날 '이혼'을 '가족의 해체'가 아니라 '가족의 재조직화(Reorganisation)'라는 관점에서 바라본다면 이혼의 사회적 의미도 변화되었다. 이에 따르면 이혼한 가정의 본래의 일체성으로서 적어도 부모와 자녀 사이라는 기존의 가족 구성원간의 관계는 가능한 한 유지되어야 한다는 점이다. 그리하여 이혼은 아이의 입장에서 부모들의 문제로서 그들 사이만 갈라서고 각자의 인생의 길을 갈 뿐이지 아이 자신들과는 부모가 이별해야 할 문제가 아니라는 것이다. 그럼에도 불구하고 우리나라에서는 양육비를 절반씩 부담하는 것이 현실적으로 어렵다는 등 심지어 경제적 이유를 들어서 공동양육권의 도입에 대해서 반대하는 목소리도 있다. 그러나 이는 설득력이 없다. 부모의 이혼 후 일차적으로 고려되어야 하는 바는 부모의 이혼으로 초래된 아이들의 심리적 상처의 치유이다. 이는 부모로부터의 변함없이 소통과 균등한 사랑을 받음으로써 비로소 가능하다. 공동양육권제도가 요구되는 이유가 바로 여기에 있다.

Ⅵ. 맺음말

상기에서 기술한 바와 같이 법정이혼 부부가 진정으로 자녀에 대한 변함없는 사랑으로 서

23) 대법원 2012. 4. 13. 선고 2011므4655 판결에 따르면 부와 모의 거주지가 멀어 자녀가 매주 오고 가는 것이 쉽지 않고, 평일 양육자로 지정된 부가 직접 양육하는 것도 아니어서 직접적 양육 가능성 측면에서 모가 더 우월하며, 부모가 여전히 서로에 대해 적대적인 감정을 갖고 있어서 친권행사나 양육과 관련하여 부모가 서로 원만히 협력하기가 쉽지 않아 그로 인한 갈등이 오히려 자녀의 정서적 안정이나 복지에 나쁜 영향을 미칠 것으로 예상된다는 사유를 들어 공동양육권을 인정하지 않았다.

로 양육권을 가지려고 다투고, 그들 모두에게 양육할 능력도 있다면 공동양육권이 인정되어야 한다. 따라서 이혼하는 일방의 부모에게만 단독양육권을 인정함은 실제로 아무런 타당한 법적 논거를 갖지 못하고 오히려 이혼하는 부모가 서로간의 감정정리를 하지 못하여 그들간의 양육의 편의성에 근거한 것이 되어버리고 만다. 양육권은 부모의 책임 내지 의무라는 점을 강조한다면, 그러한 의무를 자발적으로 부담하려는 부모의 의사를 무시한 채 법원이 부모의 일방에게만 단독양육권을 지정하는 것은 재고되어야 할 것이며, 이는 자녀의 복리라는 미명하에 자행되는 천륜단절의 판결이 되고만다. 게다가 우리 법원은 이미 법정이혼 부부가 형편이 어려워 세 자녀 모두 아동보호시설에 보내고 부모 모두 양육권을 가지려 하지 않자, 부모로서 최소한의 도리를 하라며 부모 쌍방 모두에게 공동친권과 공동양육권을 판결한 사례를 보게 되면 적어도 법정이혼 부모 모두가 양육권을 가지려고 하는 경우에는 공동양육권을 굳이 부정할 이유가 없다고 보여진다.

또한 이혼 가정의 아이는 이혼 부모의 양쪽 모두의 개별적 생활공간에서 양육될 권리를 가지고 있다. 이를 수용하여 이미 독일은 2002년 친자관계개정법을 통하여 공동양육권의 원칙이 확립되었다. 따라서 공동양육권은 이혼 부모의 특별한 합의 내지 별도의 청구없이도 당연히 보장되게 되었다. 참고로 독일의 경우에는 전체 이혼가정의 부모 81%가 공동양육권을 가지게 되었다. 정확하게는 81.29%이다.[24] 독일의 2002년 친권관계개정법이 수용한 공동양육권의 원칙은 공동양육권을 가진 이혼 부모가 오히려 단독양육권을 가진 부모의 일방보다 훨씬 아이의 복리를 위해서 기여도가 높고 긍정적 요소가 많다는 점에 근거한다. 물론 이혼한 부모 일방이 양육권을 포기한 경우, 혹은 이혼 부모 모두의 협의로 단독양육권에 관하여 합의된 경우, 그리고 부모 쌍방 모두가 양육권을 주장하지만 부모의 일방에게 자녀의 정상적인 성장에 도움이 되지 않을 결함이 인정되는 경우에까지 공동양육권을 논할 필요는 없다고 보여진다.

그러나 문제는 이혼한 부모 모두가 자녀에 대한 사랑이 지순하고 변함이 없어 모두 양육권을 포기하지 못한다고 주장하고, 그들 모두에게 양육할 수 있는 능력이 인정되는 경우이다. 단언컨대, 이러한 경우에는 당사자 부모 모두의 의사를 존중하여 법원은 공동양육권을 인정함이 타당할 것이고 법원의 공동양육권 인정의 판결을 확고히 하기 위해서는 이에 대한 입법화가 요구되어진다. 이혼 부모의 공동양육권 상태하에서도 그 이혼 부모는 자녀에 대한 부모로서의 지위에는 변함이 없기에 일주일의 몇 일 간은 父 그리고 나머지 기간은 母와 공동생활을 하면서 마치 이혼하지 않은 가정과도 견줄 수 있을 만큼 이혼 부모로부터의 균등한 사랑을 받을 수 있는 공동양육권이 부여된다면 자녀의 복리추구의 측면에서도 가장 바람직한 것이다.

실제로 흥미로운 사실은 이러한 공동양육권의 판결은 이혼하여 상처입은 부모의 정서에도 도움이 된다는 점이다. 이혼하여 양육권을 갖지 못한 父 또는 母는 아이에 대한 그리움으로 우울

24) 이는 독일연방 통계청 자료로서 Statistisches Bundesamt, Fachserie 10/Reihe 2.2 참조.

증 내지 삶에 대한 의욕상실에 빠지게 되는 사례가 많은데, 이러한 사회적 문제도 막을 수 있다는 것이다. 미국의 이혼 부부 1,700쌍의 통계조사에 의하면 공동양육의 아이들이 안정적으로 성장할 수 있었고, 게다가 그 아버지들도 아이와 약속을 잘 지키며 올바른 직장생활을 영위한다는 점은 시사하는 바가 크다.

결론건대 사안을 고려하지 않은 공동양육권을 배척하고 이혼 부모 일방에 대한 단독양육권 지정은 父와 母의 균등한 사랑을 받을 이혼한 가정의 자녀의 진정한 복리를 침해하고, 이혼가정 자녀의 양육환경을 오히려 침해하는 결과를 낳는다고 보여 지고, 우리 헌법 제10조의 행복추구권 및 제36조의 양성평등의 원칙도 침해된다고 보여진다. 설령 이혼한 부부가 공동양육권의 판결로 인하여 이를 이행함에 서로 간에 거북한 접촉을 하여야 할 수도 있으나, 이혼을 통하여 이기심을 충족한 이혼 부모는 자녀의 복리를 위해서 이제는 인내하고 감수해야 할 것이다. 비록 이혼한 부모가 서로는 감정적 원한이 있겠으나, 자녀의 입장에서는 세상에서 둘도 없는 유일한 친부이고 친모이기에 양육권 지정의 판단에 있어 법원은 아이의 입장에서 바라보아야 한다. 그래야만 진정으로 자녀의 복리를 고려한 법원이 될 것이다.[25)]

25) 윤석찬, 법정이혼에서의 공동양육권 인정에 관하여, 법률신문(2008. 10. 13) 참조; 윤석찬, 이혼 후의 공동양육권에 관한 고찰, 재판실무연구, 박영사, 2011, 참조.

독일의 유언집행제도*

이 동 수**

Ⅰ. 들어가며

독일 기본법(GG) 제14조 제1항은 재산권(Eigentum)을 기본권으로 보장하고 있는데, 여기에 상속권이 포함되고 있음은 의문의 여지가 없다. 이는 피상속인의 사후에도 그의 재산권은 소멸되지 않고 상속인에게 승계된다는 것을 전제로 하며, 개인상속의 원칙과 피상속인의 유언의 자유가 그 밑바탕을 이루고 있음을 의미한다.[1] 이와 관련해서 독일 민법(BGB)[2]은 피상속인의 사인처분에 대하여 다양하고 상세한 규정을 마련하고 있다. 특히 법정상속을 규정하고 있음과 동시에 이른바 임의적 상속인지정(gewillkürte Erbfolge)에 대한 명문의 규정을 두고 있다. 그에 따르면 피상속인은 유언(Testament)과 상속계약(Erbvertrag)을 통해서 상속인이 될 자를 자율적으로 지정할 수 있다.[3] 그와 아울러 상속재산(유산; Nachlass)의[4] 관리방법에 대하여 사인처분의 방법으로 피상속인이 생전에 이를 규율할 수 있는 것을 본질적 내용으로 하는 유언집행의 지시(Anordnung der Testamentsvollstreckung)에[5] 대한 상세한 규정들도 찾아볼 수 있다. 유언집행의

* 이 글은 「家族法硏究」 제35권 1호(2021. 3)에도 게재되었다.

** 강원대학교 법학전문대학원 부교수(Dr. iur.).

1) Michalski/J. Schmidt, ErbR, 5. Aufl.(2019), Rn. 6 ff.; Barth, JA 2015, 248.

2) 본고에서 법률 명칭 없이 법조문이 인용될 경우 당해 법률은 독일 민법(BGB)을 의미한다. 여기서는 특히 이진기 교수의 독일 상속법 번역본(2019)을 주로 참고하였음을 밝혀둔다.

3) 유언상속이 법정상속에 우선한다는 명문의 규정은 없으나, 독일 민법 제1937조 내지 제1941조 등을 살펴보면 유언상속이 우선됨을 알 수 있다(이에 대하여는 Mayer, FPR 2011, 247 참조). 따라서 피상속인은 사인처분의 방법으로 이른바 선상속인과 후상속인(Vor- und Nacherbe)의 지정도 할 수 있다(제2100조 이하 참조). 주의할 것은 후상속인은 선상속인의 상속인이 아니라 피상속인의 상속인이라는 점이다(이에 대한 개관으로는 Michalski/J. Schmidt, ErbR, 5. Aufl.(2019), Rn. 746 ff.). 이 경우에 대한 유언집행제도가 가지는 실천적 의미는 후술하기로 한다.

4) 이진기 교수는 이를 '유산'이라고 일괄적으로 번역하고 있으나, 본고에서는 문맥에 따라 각각 '상속재산' 또는 '유산'으로 번역하기로 한다.

5) 'Testamentsanordung'의 번역과 관련해서 피상속인이 될 자가 유언집행을 일방적으로 지시한다는 점에서 '유언집행명령' 내지 '유언집행지정'이라고도 번역할 수 있으나 명령은 행정작용의 일종으로서 상대방의 복종

지시는 유증(Vermächtnis)과 부담부 상속 또는 유증(Auflage)과 함께 상속인을 제한하는 피상속인의 사후행위에 속한다고 이해된다.[6)]

피상속인의 사인처분을 수행하는 일이나 상속채무의 변제 또는 상속재산의 분할 등은 본래 상속인들이 처리해야 될 몫이다. 그러나 피상속인은 사인처분의 방법으로 자신이 신뢰하여 선임한 자, 즉 유언집행인을 내세워 이러한 과제를 수행할 것을 맡길 수 있는데, 이러한 유형의 피상속인의 사인처분을 '유언집행의 지시'라고 부른다. 예컨대 피상속인은 자신이 사망한 후 상속인이 될 가족들 사이에 상속재산을 둘러싼 다툼이 있을 것을 염려할 수 있으며 자신이 희망하는 방향으로 상속재산의 존속 및 유지를 바랄 수 있다. 또한 피상속인이 기업을 운영하여 막대한 재산을 형성한 경우 자신의 사후 상속인들의 경험부족 내지 경솔함에 따른 오판가능성(예컨대 상속인이 미성년자인 경우) 또는 상속인들 사이의 갈등 등이 예견됨을 이유로 신뢰하는 전문가 내지 상속인 중 경영능력이 충분한 상속인을 중심으로 家業이나 家産이 지속되기를 바랄 수도 있다. 피상속인은 사후에도 자신이 평생 쌓아놓은 유산의 관리와 유지가 자신의 희망에 부합되도록 설계하는데 커다란 이익을 가지기 때문이다.[7)] 그 외에도 피상속인은 자신의 사후에 상속재산을 분할하는 과정에서 이를 둘러싸고 상속인들 사이의 다툼이 발생할 것을 바라지 아니할 것이다. 여기서 독일 민법이 규정하고 있는 유언집행제도는 피상속인 자신의 최종 의사(letzter Will)를 관철시킬 뿐만 아니라 상속재산의 청산과 관리를 둘러싸고 예견될 수 있는 상속인들 사이의 갈등상황을 미리 예방하는 기능(화목 내지 평화 조성 기능)을 수행할 수 있다는 점에서[8)] 그 존재 의의를 찾을 수 있다. 이 점에서 유언집행사무를 담당하는 유언집행인은 파산관재인이 수행하는 것과 유사한 기능을 한다고 볼 수 있는데, 파산관재인을 선임하는 까닭은 바로 파산재산을 보호하고

의무가 전제된다는 점에서, 행정기관이 아니라 피상속인인 사인이 이를 지시한다는 점 및 수범자(즉 유언집행인이 될 자)의 복종 내지 인수의무가 없다는 점에서 본고에서는 '유언집행지시'라고 번역하기로 한다.

6) 이에 대하여는 Lipp, ErbR, 4. Aufl.(2017), Rn. 334 f.; 피상속인이 상속인지정 또는 유증을 할 때 사후 facebook 등과 같은 SNS 계정의 폐쇄나 관리 등의 업무의 처리를 할 것을 조건으로 하는 경우에도(이를 독일어로 Auflage라고 한다), 상속인 내지 受遺者가 이 업무를 제대로 수행하는지에 대한 통제수단으로 유언집행이 고려될 수 있다고 한다. 소위 '디지털 유산'을 둘러싼 유언집행에 대한 최근의 논의로는 우선 Pitz, JURA 2019, 393 [397]; 또한 Gloser, DNotZ 2015, 4 [18 ff.].

7) 예컨대 유언집행인 선임은 다음과 같은 경우에 의미가 있을 것이다: 상속인들 사이에 장차 상속재산을 둘러싼 분쟁이 예견될 경우, 상속재산을 환가하기 어려운 경우, 상속재산에 대한 업무를 처리할 사람(Kümmerer)이 필요한 경우, 상속재산의 유지에 전문적인 영업능력이나 경영능력이 필요할 경우, 상속재산을 환가하여 분할하는 것보다는 중장기 기간 동안 그의 보존 및 관리가 필요하다고 생각할 경우, 미성년자와 같은 특정인이 피상속인 사후 특정 시점에 단독으로 상속인이 되기를 원하는 경우, 장애 또는 중병을 앓고 있는 사람과 같은 특정인을 위해 지속적으로 제3자가 간병을 해야 한다고 생각할 경우, 상속재산이 상속인의 채권자의 강제집행이나 압류로부터 보호되길 바라는 경우 등을 생각할 수 있을 것이다.

8) 예컨대 피상속인이 상속인들 중 가산의 관리와 타협능력이 뛰어난 상속인을 유언집행인으로 선임하고 그에게 상속개시 이후 일정 기간 동안 상속재산에 대한 관리·처분권을 부여할 경우에는, 유언집행인으로 선임된 상속인은 장차 상속재산을 중심으로 발생될 분쟁이나 의견충돌의 완충제 역할을 수행할 수 있을 것이기 때문이다.

경우에 따라서는 파산재산의 청산을 하는 데에 있기 때문이다.

이하에서는 독일 상속법에 규정된 유언집행의 주요 내용들을 개관하고, 특수 문제로 제기되는 개인기업 및 회사의 지분의 상속과 관련된 유언집행의 쟁점들도 함께 고찰하기로 한다.

Ⅱ. 독일 민법의 유언집행제도 개관

1. 유언의 자유와 유언집행의 지시

유언집행의 지시(Anordnung der Testamentsvollstreckung)는 사인처분행위(Verfügung zum Todes wegen)에 속하는 피상속인의 법률행위이다. 독일 민법 제2197조에 따르면 피상속인은 상속인지정(Erbeeinsetzung)과는 별개로 유언의 방식으로 유언집행을 지시할 수 있다. 그 이외의 방법에 의한 유언집행의 지시는 허용되지 아니한다.[9] 이처럼 유언집행의 지시는 피상속인의 유언으로 가능하다는 점에서 상대방 없는 단독행위이며, 그 효과가 피상속인의 사망으로 발생한다는 점에서 생전행위와 대비되는 사후행위의 일종이다. 따라서 상속인지정은 상속계약으로도 가능하지만 피상속인의 사후에 상속재산의 관리방법으로 이용되는 유언집행의 지시는 피상속인의 단독행위인 유언을 통해서만 가능하다.[10] 따라서 상속의 효과가 발생하기 전에는 언제나 이를 철회할 수 있다는 점에서 유언과 그 속성을 같이 하지만 철회가 제한되는 상속계약과 구별된다. 또한 피상속인은 법정상속의 경우에도 자유롭게 유언집행의 지시를 할 수 있다.[11]

특히 여기서 유의할 것은 독일 민법이 기본적으로 유언상속을 인정하고 있다는 점이다. 따라서 피상속인은 자신의 의사에 기초하여 법정상속인이 아닌 자를 상속인으로 지정할 수 있으며 상속인지정의 방식과 태양도 매우 다양하게 지정할 수 있다. 이처럼 독일 상속법의 특징은 바로 법정상속보다 유언상속이 우선한다는 점에 있으므로,[12] 피상속인이 상속인지정을 하지 않고 사망한 경우에 한해 법정상속에 대한 규정이 적용된다(다만 상속의 70-75%는 대부분 법정상속에 따르고 있다는 통계자료가 있다). 이처럼 독일 민법에서는 피상속인이 가지는 유언의 자유가 매우 넓게 인정된다는 점에서 유언상속 제도를 알지 못하는 우리 민법의 태도와 매우 다름을 볼 수 있다. 또한 유언 내지 상속계약으로 자유롭게 상속인지정을 할 수 있음과는 별개로, 유언집행의 지시

9) 따라서 유언의 의사표시의 방법으로 "나는 유언집행을 지시한다(anordnen)."라는 명확한 문언이 표시되어야 하며 '수탁자(Treuhänder), 유산관리인(Nachlassverwalter) 또는 위임인 등'과 같은 애매한 표현은 피해야 한다고 한다. Schmenger, BWNotZ 2004, 97 [98].

10) Barth, JA 2015, 248 [249 f.]; 따라서 또한 유언과 마찬가지로 유언집행의 지시도 대리와 친하지 아니한 법률행위이다.

11) Zimmermann, ErbR, 5. Aufl.(2019), Rn. 810.

12) Schülter/Röthel, ErbR, 17. Aufl.(2015), §7, Rn. 1 ff.

를 통해서 상속재산을 둘러싼 청산의 문제를 원만하게 수행함으로써 상속인들이 처하게 될 부담을 덜어 줄 수 있을 뿐만 아니라, 그와 아울러 일정기간 동안 상속재산에 대한 관리 및 처분권한을 유언집행인에게 부여함으로써 피상속인은 사후에도 유산의 보존 등에 대하여 자신의 의사를 실질적으로 관철시킬 수도 있다. 이처럼 피상속인이 상속인지정뿐만 아니라 사후의 상속재산의 관리방법까지도 자유롭게 생전에 설계할 수 있다는 점에서 유언의 자유가 매우 넓게 인정되고 있음을 알 수 있다.

아울러 상속인지정을 하는 경우에 유언집행의 지시를 함께 하는 경우가 많은데, 이 경우 다시 유언집행의 지시와 유언집행인의 선임과는 구별해야 함을 유의하야 한다.[13] 피상속인이 유언집행의 지시를 할 경우에는 피상속인 자신이 유언집행인을 선임할 수도 있고, 그의 선임을 제3자에게 위탁할 수도 있으며 경우에 따라서는 이를 법원에게 위촉할 수도 있기 때문이다. 피상속인이 유언집행을 지시하였으나 유언집행인의 선임에 대하여 침묵할 경우(이는 법률행위의 해석의 문제이다), 유언집행의 지시 자체가 없는 것으로 판단될 수 있다. 그러나 유언집행인의 선임 방법에 대하여 지시가 있으나 유언집행인의 유산의 관리, 처분에 대한 특별한 과제를 부여하지 아니한 경우에는 단순한 청산형 유언집행으로 해석할 수 있을 것이다(후술 참조).

2. 유언집행의 유형

(1) 청산형 유언집행(Abwicklungstestamentsvollstreckung)

유언집행지시가 있으나 유언집행인의 업무범위에 관하여 특별한 지시가 없는 때에는 독일 민법이 정하는 법률상의 업무만이 유언집행의 대상이 된다.[14] 따라서 이는 유언집행에 대하여 법률이 정한 원형적 형태라 하겠다. 독일 민법이 정하고 있는 유언집행의 대상을 거론하자면 사인처분의 수행(제2203조; 예컨대 유증, 부담 등), 상속재산분할의 개시(제2204조), 유산의 관리(제2205조, 제2209조), 통상의 관리행위에 속하는 채무의 부담행위(제2206조) 등을 들 수 있다. 아울러 상속재산으로 상속채무의 완제가 불가능한 때에는 유언집행인은 상속재산에 대한 파산절차의 개시신청을 해야 할 것이다(독일 도산법 제317조 참조). 이와 같은 사무가 완결되면 청산형 유언집행은 즉시 종료되며, 그 처리기간은 통상 수개월이면 충분하겠으나 매우 어려운 사안의 경우 수년 내지 경우에 따라서는 30년이 초과되기도 한다고 한다(이하 설명하는 지속적 유언집행의 경우 법정 최장기간은 제2209조가 정하는 바와 같이 30년이나, 동조는 청산형 유언집행에 대하여 적용되지 아니하기 때문이다).[15]

---

13) Brox/Walker, ErbR, 25 Aufl.(2012), Rn. 387; Michalski/J. Schmidt, BGB-ErbR, 5. Aufl.(2019), Rn. 823; Schülter/Röthel, ErbR, 17. Aufl.(2015), §7, Rn. 10.

14) Brox/Walker, ErbR, 25 Aufl.(2012), Rn. 395.

15) Zimmermann, ErbR, 5. Aufl.(2019), Rn. 812.

이 경우 특히 유언집행인의 관리권한을 둘러싼 법률규정에 대한 명확한 해석이 요구된다. 이는 여기서의 관리권한은 일반적 성격을 가질 뿐만 아니라 예외 없이 무제한적으로 적용되며, 유언집행인의 관리권한은 상속재산 전체에 미치는데 특히 제2211조에 따라 상속인의 처분권한까지 제한하는 기능을 할 수 있기 때문이다.[16] 아울러 토지가 상속재산에 속할 경우 상속인 명의의 상속등기시 유언집행의 부기등기(Testamentsvollstreckungsvermerk)가 이루어져야 한다(독일 부동산등기법 제52조).

[예시]: "나는 유언집행을 지시한다. 유언집행인 甲은 내가 지시한 사무의 수행과 유산을 청산할 과제를 가진다. 유언집행인 甲은 법률이 허용하는 모든 권한을 가진다."

(2) 관리형 유언집행(Verwaltungstestamentssvollstreckung)

관리형 유언집행은 다시 두 유형으로 나누어 검토할 수 있는데, '단순관리형 유언집행'(Schlichte Verwaltungsvollstreckung; 제2209조 제1항 전문)과 협의의 의미의 관리형 유언집행으로 이해되는 소위 '지속적 유언집행'(Dauervollstre- ckung; 제2209조 제1항 후문)이 바로 그것이다.[17] 먼저 단순관리형 유언집행에서 유언집행인은 상속재산의 관리만을 담당할 뿐이다. 예컨대 "미성년자인 상속인이 성년이 될 때까지 유언집행인이 상속재산을 관리한다."와 같은 경우이다. 기타 적용되는 사안유형으로 이른바 선한 의도의 유류분제한(Pflichtteilsbeschränkung in guter Absicht)의 경우를 들 수 있는데, 그의 목적은 채무부담이 많거나 낭비벽이 심한 자녀의 경우 "강제보호"의 방법으로 부모가 남긴 유산을 유지시키기 위해 유언집행인을 선임하는 데에 있다(제2338조 참조).[18] 이 경우 유언집행인은 통상 상인이면 부담할 주의를 다하여 유산의 가치를 관리 · 보존할 과제를 가진다고 한다. 앞서 말한대로 법률이 정한 유언집행의 기본유형은 청산형 유언집행이라 할 수 있으므로, 피상속인이 이와 같은 관리형 유언집행을 원할 경우 사인처분시 명확히 이를 지시할 것이 필요하다.

[예시]: "나는 유언집행을 지시한다. 유언집행인 甲은 나의 딸이 성년이 될 때까지 상속분을 관리할 과제를 가진다."

---

16) Schmenger, BWNotZ 2004, 97 [100].

17) Brox/Walker, ErbR, 25 Aufl.(2012), Rn. 396 f.; Michalski/J. Schmidt, BGB-ErbR, 5. Aufl.(2019), Rn. 818.

18) 독일 민법 제2338조 제1항은 "비속이 낭비 또는 채무초과로 그의 장래의 취득이 현저하게 위험하게 될 경우에는, 피상속인은 그 비속이 사망한 후에는 그가 승계할 법정상속분은 그(비속)의 법정상속인이 후상속인(Nacherben) 또는 사후 수유자(Nachvermächtnisnehmer)로서 승계한다는 지시를 내림으로써 당해 비속의 유류분을 제한할 수 있다. 이 경우 피상속인은 당해 비속이 생존하는 동안 상속재산에 대한 관리는 유언집행인이 담당할 것을 지시할 수 있다."고 규정하는데, 이를 '선한 의도의 유류분제한'이라 부른다. 이에 대하여는 Michalski/J. Schmidt, BGB-ErbR, 5. Aufl.(2019), Rn. 719 참조.

(3) 지속적 유언집행(Dauertestamentsvollstreckung)

반면 제2209조 제1항 후문이 정하는 지속적 유언집행은 우선 유언집행인이 상속채무를 청산한 이후 상속재산을 관리하는 것을 그 내용으로 한다. 따라서 이는 청산형 유언집행과 관리형 유언집행이 결합된 형태라고 볼 수 있다.[19] 여기서 주의할 것은 이 경우 관리기간의 제한이 규정되어 있다는 점이다. 독일 민법 제2210조 제1문이 지속적 유언집행의 관리기간은 상속개시 이후 최장 30년이라고 규정하고 있기 때문이다. 물론 피상속인이 그와는 달리 시기부·조건부 유언집행을 지시할 수 있음은 유언의 자유의 원칙에 비추어 허용된다고 한다. 즉 제2210조 제2문은 예외적이긴 하나 30년 이상의 기간 동안에도 지속적 유언집행이 가능하다고 규정하는데, 예컨대 피상속인이 상속인이나 유언집행인이 사망할 때까지 또는 상속인이나 유언집행인의 신상에 특별한 사정이 발생할 때까지에 한해서 유언집행이 가능하다고도 정할 수 있다.[20] 또한 피상속인은 사인처분의 방법으로 유언집행인의 승계인(Nachfolger)의 선임을 위촉할 수 있음을 지시할 수 있으며 심지어는 그 승계인도 다시 자신의 승계인을 선임할 수 있다고 지시할 수도 있다. 이 경우 피상속인이 유언집행인의 사망시 유언집행이 종료될 수 있음을 지시했음에도, 그로부터 순차적으로 선임된 유언집행인에 의한 수십년에 걸친 지속적 유언집행도 이루어질 가능성도 우려된다.[21] 이와 관련해서 연방대법원은 유명한 프로이센 황태자 판결(Kronprinzenfall)에서 그와 같은 유형의 지속적 유언집행은 상속이 개시된 이후 30년 이내에 선임된 유언집행인의 사망으로 종료된다는 법리를 확립하였다.[22]

---

19) Schmenger, BWNotZ 2004, 97 [101]; Brox/Walker, ErbR, 25 Aufl.(2012), Rn. 397; Michalski/J. Schmidt, BGB-ErbR, 5. Aufl.(2019), Rn. 818.

20) 예컨대 피상속인이 유언집행인은 50년간에 걸쳐 유산을 관리할 수 있다고 지시했더라도, 제2210조에 따라서 30년이 도과되면 유언집행의 지시는 효력이 없게 된다. 그와는 달리 피상속인이 "상속인이 사망할 때까지" 유언집행의 효력을 정한 때에는 30년의 제한은 적용되지 아니한다(제2210조 2문). 이에 대한 설명으로 Zimmermann, ErbR, 5. Aufl.(2019), Rn. 812.

21) Brox/Walker, ErbR, 25 Aufl.(2012), Rn. 392.

22) 이 사안에서 1951년에 사망한 프로이센 제국의 황태자인 Wilhelm von Preußen은 1938년에 독일 마지막 황제 Wilhelm 2세의 도움을 얻어 자신의 아들 Louis Ferdinand와 상속계약을 체결하였다. 이 상속계약을 둘러싼 분쟁에서 연방대법원은 지난 2007년 12월 5일자의 판결로 유언집행이 여전히 유효한지 여부에 대한 판단을 했다. 한편 위 1938년 상속계약 제8조 제2항은 "법률이 허용하는 30년보다 더 길게 즉 황태자가 사망한 이후 30년 이후까지, 후상속인이 사망한 이후 30년 이후까지 그리고 유언집행인 또는 그의 승계인이 사망할 때 까지 존속한다."고 규정하였다. 1950년 황태자는 유언서를 작성했는데, 여기서 그는 유언집행인을 변경하였고 새로운 내용을 다음과 같이 추가했다: "유언집행인이 궐위될 경우 그 승계인은 잔존 유언집행인의 위촉으로 연방대법원장이 지정한다." 이 사안처럼 어느 시점에 유언집행이 종료되느냐에 대한 유언서의 해석을 둘러싸고 복잡한 문제가 발생하는데(피상속인의 상속계약과 상속인의 유언에 따른 유언집행의 종료기간이 서로 일치되지 않기 때문임), 연방대법원은 최후의 유언집행인이 사망한 시점에 지속적 관리를 목적으로 하는 피상속인의 유언집행의 지시의 효력이 종료된다고 판결하여 100 여년 넘게 다투어진 프로이센 왕가의 상속분쟁을 종결지었다고 한다. 이에 대하여는 BGH ZEV 2008, 138 ff.

[예시]: "나는 유언집행을 지시한다. 유언집행인 甲은 내가 여기에 내린 지시를 수행해야 하며 유산을 청산해야 한다. 또한 유언집행인은 그 외에도 상속인에게 귀속되는 재산은(이에는 물상대위도 포함된다) 상속인이 만27세에 달할 때까지만 관리하며 그 후 상속인에게 반환해야 한다."
대안 1: 유언집행인의 관리는 유일한 상속인인 나의 딸이 사망하면 종료된다.
대안 2: 유언집행인이 사망하면 유언집행은 즉시 종료된다.

지속적 유언집행의 지시가 있을 경우 상속인은 이를 배제할 수 없으며, 다만 유산법원에 유언집행인의 해임을 위촉할 수 있을 뿐이다(제2216조 제2항).

(4) 선상속인과 후상속인의 지정이 있는 경우의 유언집행(Testamentsvollstreckung bei Vor- und Nacherbschaft)

피상속인은 사인처분의 방법으로 선상속인과 후상속인을 지정함으로써 자신이 남기게 될 재산을 후속세대에게 상속시킬 수 있다(제2100조 이하 참조). 피상속인이 이러한 유형의 사인처분을 하게 되면 그가 남긴 상속재산은 먼저 선상속인이 상속받으나, 그후 일정한 사정이나 조건 등이 성취되면 당해 상속재산은 다시 후상속인에게 상속되는 것이다. 따라서 여기서 주의할 것은 후상속인은 선상속인의 상속인이 아니라, 선상속인과 후상속인 모두 피상속인의 상속인이라는 점이다. 다만 특별한 점을 거론하자면 상속이 시간적·순차적으로 이루어진다는 점을 들 수 있다.[23]

예컨대 피상속인 父가 妻와 子를 남기고 사망한 경우, 妻와 子는 공동상속인이 되고 상속공동체(Erbengemeinschaft)가 형성되어 상속재산의 분할이 이루어지는 단계를 밟게 된다.[24] 그러나 이 경우에 피상속인이 사인처분으로 선상속인과 후상속인의 지정을 해두었다면(예컨대 피상속인이 "상속개시 후 妻가 재혼하거나 사망할 경우 상속재산은 후상속인인 子가 전부 상속받는다."라는 조건을 부가했다면), 선상속인인 妻가 우선 상속재산 전부를 상속받으나 위와 같은 조건이 성취되면(즉 妻의 사망 또는 재혼) 후상속인인 子가 당해 상속재산의 전부를 상속받을 수 있게 된다. 이 점에서 선상속인이 상속받은 유산은 그의 고유재산이 되는 것이 아니라 후상속을 위한 특유재산으로 이해되며, 선상속인은 자신의 특유재산과 분리해서 이를 관리할 의무를 부담하게 된다. 결과적으로 선상속인은 상속재산에 대한 사용·수익할 수 있는 이익만을(예컨대 임대료, 배당이익 등) 향수할 수 있을 뿐이다.[25] 후상속인을 보호하기 위해서 상속재산에 대한 선상속인의 처분권능이 제

---

23) Michalski/J. Schmidt, BGB-ErbR, 5. Aufl.(2019), Rn. 747; Lipp, ErbR, 4. Aufl.(2017), Rn. 303. 따라서 일본과 우리나라에서도 최근 논의되고 있는 '승계상속'의 문제와 동일한 쟁점이 문제될 수 있을 것이다.
24) 독일의 공동상속인들 사이에서는 합유관계가 인정됨을 유의해야 한다(독일 민법 제2032조 이하 참조). 또한 Brox/Walker, ErbR, 25 Aufl.(2012), Rn. 487; Lipp, ErbR, 4. Aufl.(2017), Rn. 539 ff.
25) 개괄적인 설명으로 Lipp, ErbR, 4. Aufl.(2017), Rn. 314 ff.

한되는 것이다. 예컨대 독일 민법 제2113조 제1항은 토지, 주택 등은 후상속인의 동의를 얻지 아니하면 선상속인은 이를 양도하거나 부담(용익물권설정행위가 대표적이다)을 지울 수 없다고 규정한다. 그리고 여기서 다시 이와 같은 후상속인의 이익을 보호해 주기 위해 피상속인은 사후행위의 방법으로 선상속의 효력이 유지되는 동안 후상속인을 위한 유언집행을 지시할 수 있다. 이것이 바로 후상속인을 위한 유언집행의 지시이다(제2222조).[26]

> [예시]: "나는 민법 제2222조에 의거하여 후상속인을 위한 유언집행을 지시한다. 유언집행인 甲은 선상속의 효력이 있는 동안 후상속인 乙이 가지는 권리와 의무를 인수하게 된다. 후상속이 개시되면 유언집행의 효력은 종료한다."

주의할 것은 상속개시 시점 즉 피상속인의 사망시점에 후상속인이 반드시 생존해야 한다는 것이 아니라는 점이다. 또 후상속인이 반드시 자연인에 국한되지도 아니한다.[27] 이 점에서 귀족가문의 문화재산의 상속의 문제를 살펴볼 필요가 있다. 예컨대 피상속인이 문화재급의 건물을 가지고 있을 경우 그의 사망으로 상속인들이 이를 상속할 경우 당해 건물의 운명은 상속인들이 결정하게 될 것이다. 따라서 피상속인은 가족 중 가장 신뢰할만한 사람을 선상속인으로 지정하고 후상속인으로 장차 성립할 재단법인을 지정할 수도 있을 것이다. 그리고 후상속인으로 지정된 장래의 재단법인의 이익을 위해서 지속적 유언집행을 지시하고 이를 위해서 전문가에 속하는 사람(또는 법인)을 유언집행인으로 선임하는 경우를 들 수 있다. 선상속인에게는 상속받은 재산의 처분권능이 제한되고 오직 사용·수익만 할 수 있으므로 家産에 대한 보존과 유지에 대한 피상속인의 의지가 관철될 수 있는 것이다. 물론 여기서 법정상속인들의 유류분의 문제가 있으나 이는 별론으로 한다.

그러나 이는 유언집행인이 후상속이 개시될 때까지 선상속인을 위하여 그리고 그 이후에는 후상속인을 위하여 유산을 관리하기로 하는 내용을 가지는 유언집행이 지시된 경우와는 달리 평가해야 한다. 또한 후상속이 개시될 때부터 후상속인을 위해서만 유언집행이 효력이 있다고 지시하는 경우도 마찬가지이다. 이러한 경우는 제2222조에 따른 유언집행이 문제되지 아니하고 통상의 유언집행이 효력을 가지기 때문이다. 마찬가지로 선상속의 효력이 있는 동안 선상속인을 위해서만 유언집행이 효력이 있는 경우도 같다.

---

26) 독일 민법 제2222조는 "또한 피상속인은 후상속이 개시될 때까지 후상속인의 권리를 행사하고 그의 의무를 이행하기 위한 목적으로도 유언집행인을 선임할 수 있다."고 규정한다.

27) 독일 민법 제2101조 참조. 이에 대한 개관으로 우선 Brox/Walker, ErbR, 25 Aufl.(2012), Rn. 347; Michalski/J. Schmidt, BGB-ErbR, 5. Aufl.(2019), Rn. 753 참조.

(5) 유증집행(Vermächtnisvollstreckung)

유증을 한 피상속인은 수유자에게 부담된 유증의무의 이행을 위해서 유언집행을 지시할 수도 있다. 이는 우리 민법의 유언집행자의 의무에 해당하는 제도로 이해할 수 있을 것이다. 따라서 부담부유증의 경우에서도 유언집행의 지시가 가능하다. 피상속인은 사인처분행위에 의하여 상속인지정 없이도 특정인에게 재산상의 이익(예컨대 금전의 지급, 주택의 소유권, 가사도구 등)을 부여해 줄 수 있다(제1939조). 특히 이러한 유증을 이행할 과제를 유언집행인이 부여받을 때에는 통상 청산형 유언집행이 문제될 것이다.

또한 피상속인은 범위를 제한하여 유증집행을 할 것을 지시할 수도 있다. 이처럼 피상속인이 특정한 과제의 수행을 위해서 유언집행의 효력의 범위를 제한할 수 있는데, 이를 '제한된 과제의 범위를 가지는 유언집행'이라고 부르기도 한다(제2208조). 다시 말해 유언집행인의 관리 및 처분권한은 오직 유증의 목적물에만 국한될 수 있는 것이다. 따라서 이 경우 그 외의 유산에 속하는 재산은 유증집행의 대상이 되지 아니한다.

[예시]: "나는 甲에게 나의 우편수집품을 유증한다. 나는 이 유증이행의 사무처리를 위해 乙을 유증집행인으로 지정한다. 유증집행인 乙은 수집품을 甲에게 인도할 과제만 가진다."

그러나 독일 민법 제2223조가 정하는 유증집행은 그와는 달리 受遺者에게 일정한 부담을 지우는 경우에 적용되는데(예컨대 受遺者의 재유증의 부담, 피상속인의 반려동물에 대한 受遺者의 보호 등),[28] 여기서의 유언집행의 지시는 이러한 부담의 수행을 확보해 주는데 그 목적이 있다. 예컨대 아래 예시 사안에서와 같이 피상속인은 受遺者인 X 재단법인이 Y 박물관에 대한 재유증의 사무를 처리하기 위한 유언집행을 지시할 수도 있는 것이다.

[예시]: "나는 나의 딸 甲을 단독상속인으로 지정한다. 내가 모은 …… 으로 구성되어 있는 예술작품집들은 X 재단법인에 유증한다. 그러나 나는 受遺者인 X 재단법인이 이를 다시 재유증할 의무를 부담함을 지시하며, 受遺者인 X 재단법인은 유증을 받은 이후 3년의 기간 이내에 Y 박물관에게 무상으로 제공해야 한다. 이와 같은 재유증의 수행을 위해 나는 이러한 과제에 국한해서 유언집행을 지시한다."

28) 동법 제2224조는 "피상속인은 受遺者(또는 수증자)에게 부과된 의무를 처리하게 할 목적으로 유언집행인을 선임할 수 있다."고 규정한다.

3. 유언집행인의 선임과 증명서의 발급

(1) 유언집행인이 될 수 있는 자

앞서 말한대로 피상속인은 유언 또는 상속계약을 하면서 상속인을 지정할 때 그와는 별개로 유언집행을 지시할 수 있는데, 이는 유언 또는 상속계약에 의한 상속인지정과는 별개의 사인처분행위로 이해된다. 유언집행의 지시가 있으면 그 다음 단계로 유언집행인의 선임 방법이 고려될 수 있다. 어떤 사람을 유언집행인으로 선임할 것인가는 피상속인의 자유의 영역에 속하는 것이기는 하나, 유언집행인이 가지는 권한이 매우 광범위함을 비추어 볼 때 되도록이면 신뢰할 수 있는 사람을 유언집행인으로 선임하는 편이 좋을 것이다. 통상 지인 또는 친족이나, 변호사, 공증인, 세무사 또는 회계사와 같은 전문가를 생각할 수 있으나 법인도 유언집행인이 될 수 있으므로 은행이나 금융기관과 같은 법인도 유언집행인이 될 수 있다.[29] 피상속인은 수인의 유언집행인을 둘 수도 있다(제2197조 제1항). 또한 상속인이 수인일 경우 그들 중 일인 또는 수인(예컨대 배우자)에게 유언집행사무를 담당하도록 하는 경우도 많다. 다시 말해 상속인도 유언집행인으로 선임될 수 있다.[30]

(2) 선임방법

유언집행인의 선임은 피상속인의 임의적 의사에 따른다. 예컨대 유언집행인 선임은 유언이나 상속계약과 같이 사인처분행위의 일종이지만 단독행위로 이해되므로 언제나 철회가능하다(독일 민법 제2197조 제1항). 또한 피상속인은 공동의 업무수행의 원활한 진행을 위해서 수인의 유언집행인을 선임할 수 있다. 이 경우 그들 사이의 의견이 일치되지 아니한 때에는 유산법원이 이를 정함이 원칙이다.[31]

유언집행의 지시는 반드시 피상속인이 될 자 본인의 사인처분에 의하여만 가능하다. 그러나 그와 달리 유언집행인의 선임에서는 피상속인이 본인이 유언집행의 지시와 동시에 선임하는 경우가 일반적이지만, 제3자로 하여금 유언집행인의 선임을 하도록 위촉할 수도 있다(제2298조). 또한 유언집행인의 선임을 법원에게 위촉할 수도 있다(제2200조).[32] 이 점에서 유언집행인의 선

---

29) Brox/Walker, ErbR, 25 Aufl.(2012), Rn. 388; Michalski/J. Schmidt, BGB-ErbR, 5. Aufl.(2019), Rn. 824; Zimmermann, ErbR, 5. Aufl.(2019), Rn. 815. 법인(예컨대 금융기관인 은행)도 유언집행인이 될 수 있다. 다만 이 경우에는 피상속인에게는 이 유언집행의 기간을 30년 이상 초과할 수 있는 가능성이 인정되지 아니한다(제2201조 제4문 및 제2613조 제2항 참조).

30) 예컨대 피상속인이 처와 자녀를 남기고 사망할 경우를 대비하여 처를 유언집행인으로 선임하는 경우를 들 수 있다. 자세한 설명으로 Zimmermann, ErbR, 5. Aufl.(2019), Rn. 816; 단독상속인이 유언집행인으로 선임될 수 있는가에 대하여는 Michalski/J. Schmidt, BGB-ErbR, 5. Aufl.(2019), Rn. 825.

31) Brox/Walker, ErbR, 25 Aufl.(2012), Rn. 399.

32) 제3자 내지 법원에 대한 유언집행인의 선임 위촉에 대한 내용으로 우선 Schülter/Röthel, ErbR, 17. Aufl.(2015), §35, Rn. 11.

임은 유언집행의 지시와는 달리 반드시 피상속인 본인의 사인처분에 따라서 할 필요성이 없다는 점이 특징이라 하겠다.[33] 그러나 여기서 주의할 것은 피상속인, 제3자 또는 법원에 의하여 유언집행인이 위촉된 사실만으로 바로 유언집행인이 선임되는 것은 아니라는 점이다. 위촉을 받은 자가 유언집행인이 되는데 대한 승낙을 한 경우에야 비로소 유언집행인의 선임절차가 종료되기 때문이다.[34] 따라서 즉 유언집행의 개시는 유언집행인이 승낙한 시점부터 기산되는 것이다. 한편 유언집행인의 승낙의 상대방은 유산법원(Nachlassgericht)임을 주의해야 한다(제2202조 제2항).

또한 피상속인은 유언집행인이 사임 또는 사망과 같은 사유로 궐위될 경우에 대비하여 예비유언집행인(Ersatztestamentsvollstrecker)도 선임할 수 있다.

(3) 유언집행인의 증명 및 공시의 필요성 여부

유언집행인은 상속재산에 대한 관리 · 처분권한을 가지므로(후술) 상속재산에 속하는 토지를 매각할 수 있는 권한을 가진다. 그러나 이 경우 유언집행인은 등기관에게 자신의 업무(과제)를 증명하여야 하는데, 유언집행인증명서(Testamentsvollstreckerzeugnis)를 제출함이 통상적이다(독일 부동산등기법 제35조 제1항 및 제2항 참조). 유언집행인증명서는 유산법원이 발급해 준다. 이의 실천적 의미는 특히 상속재산이 부동산일 경우에 문제되는데, 거래의 안전을 위해서 유언집행이 지시된 사실과 선임된 유언집행인이 공시될 필요성이 인정되기 때문이다.

이 점에서 토지 및 주거용 주택이 상속재산인 경우 유언집행인이 선임된 때에는 상속인이 상속등기를 신청할 때에는 등기관은 직권으로 유언집행의 부기등기(Testamentsvollstreckungsvermerk)를 해야 한다(독일 부동산등기법 제52조). 우리나라와는 달리 부동산등기의 공신력을 인정하는 독일에서는 소유자(상속인)의 처분권능의 제한의 근거가 되는 피상속인의 유언집행의 지시에 대한 공시의 필요성이 있기 때문이다. 따라서 피상속인은 이러한 등기를 배제시킬 수 없으며 상속인도 이러한 부기등기를 막을 수 없다. 아울러 유언집행인도 부기등기를 포기할 수 없다.[35] 이처럼 부기등기는 상속인의 처분권한의 제한과 유언집행인의 처분권능을 공시하는 기능을 한다(제2211조 제2항, 제892조 제1항 제2문). 따라서 유언집행의 부기등기가 있을 경우 처분권한 없는 상속인으로부터의 부동산의 선의취득은 더 이상 인정될 여지가 없다.[36] 그와는 달리 실수로 이러한 부기등기가 이루어지지 아니한 때에는 당해 부동산에 대한 상속인의 처분의 경우 선의의 제3자는 소유권을 취득할 수 있음을 유의해야 한다(제2211조 제2항).[37]

---

33) Schülter/Röthel, ErbR, 17. Aufl.(2015), §35, Rn. 10.

34) 유언집행인으로 위촉을 받은 자는 이를 승낙할 의무는 없다. Michalski/J. Schmidt, BGB-ErbR, 5. Aufl.(2019), Rn. 837.

35) Zimmermann, ErbR, 5. Aufl.(2019), Rn. 829.

36) 유언집행의 부기등기에 대하여는 특히 Schmenger, BWNotZ 2994, 97 [103 ff.] 참조.

37) 다만 개인사업체나 회사의 지분이 상속의 대상이 되고 그에 대한 유언집행이 지시될 경우 이를 공시할 수 있는지 여부가 문제될 수 있다. 앞서 본 대로 유언집행에 대하여 부동산등기법상의 부기등기능력이 인정됨

4. 유언집행 직무의 개시와 종료

유언집행의 직무가 언제 개시되며 종료되느냐는 상속인의 채권자의 이익에 매우 중요하다.[38] 유언집행이 종료되면 상속재산에 대한 상속인의 모든 권능이 회복되므로 상속인의 채권자들은 상속재산에 대하여 압류 또는 강제집행을 할 수 있기 때문이다(제2214조). 이와 관련해서 독일 민법은 우선 유언집행의 임무는 유언집행인으로 위촉된 자가 이를 승낙한 때부터 기산된다고 규정한다(제2202조 제1항). 앞서 말한 대로 유언집행인의 승낙의 의사표시는 반드시 유산법원을 상대로 이루어져야 한다(제2202조 제2항 제1문).[39] 또한 승낙의 의사표시는 상속이 개시된 이후에만 표시될 수 있다(제2202조 제2항 제2문).

유언집행인의 임무는 피상속인이 지시한 유언집행사무가 완료되거나 또는 법률이 정한 경우에 종료된다.[40] 예컨대 유언집행인의 사망이나 행위능력의 상실 또는 제2201조에 따라서 유언집행인의 선임이 무효인 경우에 종료된다(제2225조). 아울러 유언집행인에게 유언집행의 해지권이 유보되어 있는데, 그가 해지의 의사표시를 한 때에도 유언집행은 종료된다(제2226조). 또한 유언집행인의 중대한 의무위반이 있거나 또는 유언집행인이 정상적인 업무처리를 할 수 없음이 인정될 경우에 상속인은 유산법원을 상대로 유언집행인을 해임할 것을 청구할 수 있는데, 이처럼 중대한 이유가 인정될 경우 유산법원은 유언집행인을 해임할 수 있다(제2227조).

Ⅲ. 유언집행인의 과제와 권한

1. 유언집행인의 법적 지위와 주요 권한의 근거

(1) 대리설과 직무설의 대립

유언집행인은 피상속인으로부터 이전받은 사적 직무를 수행하는 자로서, 그 직무에 비추어 자신의 이름으로 상속재산을 관리한다고 봄이 독일의 판례의 입장이다(직무설: Amtheorie).[41] 따

과는 달리 상업등기부에 대한 등기능력을 정하는 법률상의 근거가 없기 때문이다. 이 문제에 대하여는 Zimmermann, ErbR, 5. Aufl.(2019), Rn. 831 참조할 것.

38) 엄밀히 말해 유언집행인의 업무의 개시는 상속이 개시되면 즉시 효력이 발생하는 유언집행과는 구별된다. Brox/Walker, ErbR, 25 Aufl.(2012), Rn. 390.

39) Gursky/Lettmaier, ErbR, 7. Aufl.(2018), Rn. 405.

40) 상세한 설명으로 Michalski/J. Schmidt, BGB-ErbR, 5. Aufl.(2019), Rn. 839 ff.; Zimmermann, ErbR, 5. Aufl.(2019), Rn. 882 ff.

41) RGZ 61, 145; 86, 294, BGHZ 25, 279; 직무설의 취지에서 Schülter/Röthel, ErbR, 17. Aufl.(2015), §35, Rn. 16은 유언집행지시 및 유언집행인선임은 상속인이 의욕한 것이 아닐 뿐만 아니라, 상속인의 이익 내지 상속인을 보호하기 위해서 고안된 것이 아니라는 점을 강조한다.

라서 유언집행인은 대리설이 이해하는 바와 같이 피상속인이나 상속인의 법정대리인이라고 볼 수 없으며, 사적 직무(ein privates Amt)를 담당하는 자라고 본다. 바로 여기서 유언집행인이 상속재산을 자신의 명의로 관리·처분하는 것이 정당화된다고 본다.[42] 이는 유언집행인이 상속인의 의사로부터 독립하여 상속재산을 관리·처분할 수 있다는 점에서 분명하다. 따라서 상속인 전원의 의사에 반한다고 하더라도 유언집행인은 자신에게 부여된 유언집행사무를 완료해야 하며, 상속인 전원의 동의가 있음을 들어 그에게 금지된 행위를 실행할 수 없다. 또한 상속인의 동의가 있을 때에 한하여 상속인을 위한 조치를 다할 의무나 상속인의 요청에 따라서 직무를 그만둘 의무도 없다. 다만 대리를 규정하는 독일 민법 제164조 이하의 규정은 준용될 수 있다고 본다.[43]

(2) 직무설에 따른 유언집행인의 역할과 과제

유언집행인이 구체적 사무를 수행해야 될 경우 그의 과제와 권한의 문제를 확정할 필요가 있다. 피상속인의 지시에 따라 유언집행인이 선임된 이상 유언집행인의 과제의 대상은 피상속인의 위촉한 사무(위임)에 있다고 보아야 할 것이다. 예컨대 유증과 관련된 구체적 청산사무의 처리, 공동상속인들 사이의 상속재산의 원만한 분할을 위한 사무의 처리 또는 상속인을 위한 일정기간 동안의 상속재산의 관리 등이 그 예라 할 것이다. 따라서 여기서는 상속재산에 대한 관리·처분 권한의 범위의 문제가 부각되는데, 예컨대 관리행위 차원에서 상속재산에 대한 채무를 부담하거나 또는 상속재산에 속하는 구체적 대상을 처분하는 경우와 같이 유언집행인이 자신에게 부여된 과제를 어떻게 수행할 것인가의 문제가 바로 그것이다.[44]

2. 유언집행인의 권한의 범위: 유언집행인의 과제

(1) 원칙: 법정 유언집행의 범위(청산의 사무처리)

피상속인이 유언집행을 명했을 뿐 유언집행인에 대하여 특별한 과제를 지시하지 아니할 경우에는 독일 민법 제2203조, 제2205조, 제2209조, 제2206조, 제2204조가 적용된다. 사인처분의 수행, 상속재산의 관리, 상속재산 관리시의 채무의 부담, 상속재산분할의 개시 등이 바로 그것이다. 이를 유언집행인의 통상적인 법정 과제의 영역(regulärer gesetzlicher Aufgabenkreis)이라고 부르기도 한다.[45] 그러나 직무설의 속성상 피상속인은 유언집행인의 권한과 관련해서 법률의 테두리 내에서 자유롭게 그 범위와 유형을 지시할 수도 있다. 따라서 피상속인은 상속재산의 청산과

---

42) Zimmermann, ErbR, 5. Aufl.(2019), Rn. 820.

43) 사적 직무에 대한 개괄적 서술로는 우선 Schülter/Röthel, ErbR, 17. Aufl.(2015), §35, Rn. 16 f.; Michalski/J. Schmidt, BGB-ErbR, 5. Aufl.(2019), Rn. 809.

44) Schülter/Röthel, ErbR, 17. Aufl.(2015), §35, Rn. 18.

45) Zimmermann, ErbR, 5. Aufl.(2019), Rn. 820 ff.; 또한 Michalski/J. Schmidt, BGB-ErbR, 5. Aufl.(2019), Rn. 842 f.

제에 국한된 과제만을 지시할 수도 있고 그 범위를 넘는 상속재산에 대한 관리권한도 자유롭게 지시할 수 있을 것이다.[46] 또한 피상속인은 앞서 말한 통상적인 법정 과제의 범위를 제한할 수도 있으므로 법률이 정하는 통상의 권한 중 일부에 국한해서 유언집행을 지시할 수도 있다. 예컨대 피상속인은 상속채무의 청산 또는 상속재산의 분할만을 내용으로 하는 유언집행을 지시할 수 있다. 마찬가지로 수유자를 위한 유증의무의 이행이나, 선상속의 효력이 있는 동안 후상속인을 보호하기 위해서 지속적 관리를 핵심내용으로 하는 유언집행의 지시도 가능하다.

(2) 피상속인의 지시에 따른 확장

앞서 말한대로 유언집행인의 권한의 범위에 대하여 피상속인은 법률의 정하는 테두리 내에서 사인처분의 방법으로 민법에 규정된 업무범위를 초과하는 유언집행업무를 정할 수 있으며, 그와 아울러 추가적 과제(예컨대 장례식을 치르고 매장을 해주는 사무의 지시: 이는 상속재산의 관리처분이라는 유언집행인의 본래의 업무에 해당되는 것이 아님)까지도 부여할 수 있는 자유가 인정되는데, 이를 피상속인에 의한 과제의 확장이라고 부른다.[47] 그러므로 예컨대 피상속인은 지속적인 유언집행을 지시할 수 있으며(제2209조 제1문), 유언집행인이 상속재산의 목적물을 위해서 채무를 부담할 때 무한책임을 지도록 할 수도 있고(제2207조), 유언집행인의 임의적인 상속재산분할도 할 수 있는 업무까지도 지시할 수 있다. 아울러 유언집행인이 있음에도 불구하고 피상속인에게는 다시 제3자로 하여금 유언집행사무를 대행시킬 수 있는 여지도 인정된다. 예컨대 장례식의 진행 및 매장과 같이 본래 유언집행인이 담당할 사무를 유언집행인 대신 제3자가 수행할 수 있음을 지정할 수도 있는데, 이 경우 유언집행인은 당해 사무로부터 배제될 것이다.

[예시]: ① "나는 친구 甲에게 내가 평생 수집한 수집품 중 어느 그림을 유증을 하고, 구체적으로 유증될 그림에 대한 수색작업과 유증될 그림의 선택의 과제는 유언집행인 乙이 담당한다.": 선택유증(제2154조 제1항 제2문)
② "나는 甲에게 1,000 €를 여행을 위한 유증을 한다는 의사를 유언장을 작성한다. 그러나 그에 대한 자세한 내용은 유언집행인 乙이 결정한다(제2156조).": 따라서 이 경우에도 앞의 예시 ①과 유사하게 유언집행인 乙은 여행지, 여행기간 등을 선택할 수 있다.
③ "나는 20,000 €를 여러 법인 및 가난한 사람들에게 나누어 줄 것을 유언서에 작성한다": 이는 유증으로 인정되지 아니한다. 유증을 받는 사람의 범위가 충분하게 지정되어 있지 아니하기 때문이다. 다만 부담(Auflage)의 일종으로 인정될 여지는 있다(제2193조).

46) Schülter/Röthel, ErbR, 17. Aufl.(2015), § 35, Rn. 19; Brox/Walker, ErbR, 25 Aufl.(2012), Rn. 397 f.
47) Zimmermann, ErbR, 5. Aufl.(2019), Rn. 821; 여기서 말하는 법률이 정하는 유언집행인의 과제란 제2203조에 따른 상속재산(유산)의 관리행위 및 제2204조가 정하는 상속재산(유산)의 관리와 관련해서 이를 위한 채무의 부담을 의미한다.

아울러 피상속인은 유언집행기간도 지시할 수 있다. 그러나 여기에서는 최장 30년이라는 법정 한계가 있음을 유의해야 한다(제2210조).[48] 또한 상속인은 유언집행인의 관리업무에 대한 법정범위를 제한할 수도 있다. 예컨대 피상속인은 유언집행인의 사무처리에 대하여 법원의 감독을 받을 것을 지시할 수 있다. 피상속인은 또한 유언집행인이 상속재산의 관리처분과 관련해서 특별한 경우에는 법원의 동의를 얻을 것을 지시할 수도 있다.

3. 유언집행인의 권한의 구체적 내용

(1) 피상속인의 사인처분의 수행

독일 민법 제2203조는 유언집행인의 과제의 핵심은 피상속인의 사인처분(die letztwillgen Verfügungen)을 수행하는 것에 있다고 규정한다. 여기서 말하는 사인처분은 피상속인의 유언과 상속계약을 의미함은 당연하다.[49] 예컨대 유언집행인은 피상속인이 사인처분으로 지시한 바에 충실하게 상속채무의 청산(변제), 상속재산의 분할[50] 등을 수행할 과제를 가지는 것이다. 피상속인이 지시한 사항이 불투명한 경우에는 유언집행인은 해석을 통해서 이를 명확히 해야 한다. 그러나 유언집행인에게는 유언에 대한 자율적 해석권한이 없으므로, 그가 해석한 바가 반드시 구속력이 있는 것은 아니다. 그러므로 애매한 경우에는 유언집행인은 자신이 결정한 조치에 대하여 상속인에게 동의를 요청함을 통해 안전대책을 강구할 필요가 있다. 또한 상속인들은 이 경우 유언집행인이 그러한 조치에 대하여 권한이 있는지 여부에 대한 확인의 소를 구할 수도 있다고 한다.[51] 특별한 경우 상속인은 법원에 피상속인이 지시한 유언집행의 해소까지도 청구할 수 있다고 한다(제2216조 제2항).

(2) 상속재산의 관리

1) 관리권한의 범위

제2205조 제1문, 제2216조 제1항에 따르면 유언집행인에게는 상속재산(유산)의 관리권한만이 인정될 뿐이며, 상속인만이 그의 소유자가 된다. 다만 관리권한을 가지는 유언집행인은 상속재산을 자신이 직접 관리한다는 점에서 통상 상속재산의 직접점유자라 할 수 있으며, 상속인은 간접점유자가 된다고 볼 수 있다. 이 점에서 유언집행인은 상속인이 유산에 속하는 물건의 반환

---

48) 독일 민법 제2210조: 제2209조(지속적 유언집행)에 따라 행하여진 지시는 상속개시로부터 30년이 경과한 때에는 효력이 없다. 그러나 피상속인은 관리를 상속인 또는 유언집행인의 사망까지 또는 이들 중 1인의 신상에 그 밖에 사건이 발생할 때까지 관리가 계속될 수 있음을 지시할 수 있다. 제2163조 제2항은 준용한다.

49) 사인처분(Vefügung von Todes wegen)과 관련된 개념의 구분에 대하여는 Barth, JA 2015, 248 [249 f.] 참조할 것.

50) 유언집행인은 상속재산분할의 개시를 할 수 있을 뿐만 아니라 상속인들의 반대에도 불구하고 자신이 직접 상속재산의 분할을 할 수 있다고 한다. Gursky/Lettmaier, ErbR, 7. Aufl.(2018), Rn. 411.

51) Zimmermann, ErbR, 5. Aufl.(2019), Rn. 844.

을 거부할 경우 상속인을 상대로 점유반환청구권을 행사할 수 있음은 물론이다.[52] 여기서 말하는 '관리'란 재산의 보유자가 스스로 취할 수 있을 사실상·법률상의 모든 조치를 의미하는바, 의무의 부담, 처분행위, 소송수행 등을 모두 아우르는 것으로 이해한다.[53] 유언집행인의 관리의 대상은 상속재산 전체인데, 다만 그 경우에도 피상속인이 유언집행인의 권한을 대상을 정해 제한하는 경우에는 그러하지 아니함은 당연하다.

그러나 상속인에게 당해 유산의 소유권이 귀속되어 있는 만큼 상속인의 재산에 대하여 도산절차가 개시될 경우 유산은 당연히 파산재단에 속하게 됨을 유의해야 한다. 다만 이 경우에도 유언집행의 대상이 되었던 상속재산은 유언집행이 종료될 때까지 특별재산으로 인정됨을 유의해야 한다(독일 도산법 제83조 참조).[54]

유언집행인은 피상속인이 별개의 유언집행 사무를 지시한 경우가 아니면 유언집행을 승낙한 의사를 표시한 시점부터 상속재산이 분할될 때까지 상속재산을 관리해야 한다. 그러나 이 경우에도 관리의 필요성이 인정되지 아니하는 상속재산의 대상은 상속인에게 반환해야 한다(제2217조 제1항).[55] 유언집행인이 관리차원에서 상속재산에서 출연하여 취득하게 된 재산도 여기서 말하는 유언집행의 관리의 대상에 속한다(예컨대 인접토지를 취득한 경우).

한편 유언집행인은 통상의 관리의 요청(Gebot ordnungsmäßiger Verwaltung)에 따라서(제2216조 제1항) 또한 피상속인이 관리의 방법을 지정한 경우에는 그에 따라서 관리행위를 해야 할 뿐, 그 외의 경우에는 매우 포괄적인 관리권한을 가진다고 해석된다. 그렇다고 해도 후술하는 무상의 처분행위는 금지됨을 잊어서는 안된다. 따라서 유언집행인은 상속인의 지시에 구애됨이 없이 독립적으로 자유롭게 상속재산을 관리할 수 있다.[56] 물론 피상속인의 지시에 의하여 유언집행인의 관리권한이 제한될 수 있음은 별론으로 한다(제2216조 제2항). 이처럼 유언집행인에게는 상속재산에 대한 포괄적인 처분 및 관리권한이 부여되어 있으므로(제2205조, 제2212조, 제2216조), 그 한도에서는 상속인의 권한은 제한될 수밖에 없다.

이처럼 유언집행인의 포괄적인 상속재산에 대한 관리권한이 인정된다고 하더라도 상속재산에 관한 상속인의 모든 권리가 언제나 제한된다고 보기는 어렵다. 예컨대 상속세부과에 대한 이의제기를 할 수 있는 권한은 상속인에게만 있으며, 무한책임을 지는 합명회사의 사원권 내지 조합의 지분 등이 상속의 대상인 경우에도 유언집행인의 관리권한의 범위는 사원권의 외부적 효과

52) Zimmermann, ErbR, 5. Aufl.(2019), Rn. 845.
53) Michalski/J. Schmidt, BGB-ErbR, 5. Aufl.(2019), Rn. 848; Brox/Walker, ErbR, 25 Aufl.(2012), Rn. 400.
54) Zimmermann, ErbR, 5. Aufl.(2019), Rn. 845.
55) 이에 대하여는 우선 Michalski/J. Schmidt, BGB-ErbR, 5. Aufl.(2019), Rn. 868 f. 참조.
56) 다만 상속세의 부과에 대한 이의제기는 상속인만이 제기할 수 있음을 유의해야 한다. 기타 예외에 대하여는 Zimmermann, ErbR, 5. Aufl.(2019), Rn. 847 참조.

의 측면에 한해서 유언집행의 대상이 될 뿐이며(예컨대 이익배당청구권), 단체법의 고유한 법리가 지배하는 사원권의 내부관계와 관련된 권리는(예컨대 사원권의 본질적인 내용인 업무집행권한, 의결권한, 사원총회 소집권한 등) 상속인만이 행사하게 된다는 판례의 법리가 마련되어 있다(자세한 내용은 후술함).

또한 상속재산과 무관하게 상속인에게 일신전속적으로 귀속되는 권리는 유언집행인의 관리의 대상이라 할 수 없다.57) 예컨대 상속인의 상속승인 또는 상속포기권, 수증자의 유증승인 내지 유증포기권이 여기에 해당한다. 기타 상속인의 상속결격에 따른 취소권, 유류분청구권 등도 마찬가지다.

2) 통상적 관리의 의미

독일 민법 제2216조 제1항은 "유언집행인은 상속재산을 통상적으로 관리할 의무를 부담한다."고 규정한다. 여기서 "상속재산에 대한 통상적 관리"(ordnungsmäßige Verwaltung des Nachlasses)의 의미를 명확히 할 필요가 있다. 우선 일반적으로 인정되고 있는 객관적인 판단기준에 비추어서 이를 이해할 필요가 있다고 한다. 그러므로 유언집행인은 객관적인 관점에 따라서 자신의 관리행위를 다해야 되는 과제를 가진다. 특히 유언집행인은 직무의 본질상 양심적이고 주의깊은 자세로 관리행위에 임해야 되는 의무를 가지며, 자신의 책임 하에 자율적 판단에 기초하여 관리행위를 하여야 한다고 본다. 이처럼 유언집행인은 자신에게 고유한 자발적 행동의 여지를 충분히 제공하는 적정한 재량의 여지가 부여되어 있으므로, 재량적 판단을 할 때에는 편협한 판단은 허용되지 아니한다.58)

3) 피상속인의 추가적 지시

독일 민법 제2216조 제2항은 또한 유언집행인은 피상속인이 사인처분으로 추가한 지시 사항을 준수할 의무를 부담함을 명정하고 있다. 다만 피상속인이 구체적으로 관리행위에 대한 지시가 무엇인가는 법률행위의 해석의 방법에 비추어 규명할 수 있음은 물론이다.59) 먼저 피상속

57) Michalski/J. Schmidt, BGB-ErbR, 5. Aufl.(2019), Rn. 850.

58) 판례의 추이에 대하여는 Zimmermann, ErbR, 5. Aufl.(2019), Rn. 848 참조할 것; 또한 Michalski/J. Schmidt, BGB-ErbR, 5. Aufl.(2019), Rn. 851 f.

59) 예컨대 (1) 피상속인이 유언으로 "금액(1백만 유로)은 항상 은행계좌(Girokonto)에 있어야 한다."고 유언하고 유언집행인을 선임한 경우, 유언집행인이 당해 금액을 정기적금계좌(Festgeldkonto mit höherem Zins)로 이체할 수 있는가와 관련해서 제2216조 제1항에 따른 피상속인의 지시가 인정된다. 따라서 이는 오직 채권적 효과만 가진다. 이 경우 유언집행인은 피상속인의 지시의 효력의 일부 내지 전부를 부인해줄 것을 법원에 신청할 수 있다(제2216조 제2항 제1문). 또한 (2) 피상속인이 "油畫는 5만 유로 이하로는 매각할 수 없다."는 내용의 유언을 하였다. 그런데 유언집행인이 이러한 가격으로 油畫를 구입할 사람을 찾지 못한 경우, 유언집행인은 제2216조 제2항 제2문을 따를 수도 있고 또는 피상속인의 지시를 무시할 수도 있다. 이러한 지시는 채권적 효과만 있기 때문에 유언집행인의 지시에 반하는 처분은 유효하다. 다만 제2219조 제1항에 따른 책임은 져야 할 위험이 있긴 하다. 여기의 예시는 Zimmermann, ErbR, 5. Aufl.(2019), Rn. 849에서 인용한 것임을 밝혀둔다.

인은 제2203조 내지 제2206조에 따른 권한(관리권한, 처분권한, 채무부담권한 등)을 사인처분의 방법으로 전부 내지 일부를 제한할 수 있다. 이 경우 처분권한의 제한은 대세적 효력을 가진다고 한다. 그러므로 그에 반하는 유언집행인의 행위는 효력이 없다. 다만 판례는 이 경우에도 상속인이 그에 동의한 경우에는 유언집행인의 처분행위는 유효하다고 한다.[60] 그러나 피상속인이 처분권한을 제한한 경우 대세적 효력이 있는 것과는 달리 사인행위에 의한 피상속인의 단순한 관리지시(bloße Verwaltungsanordnungen)의 경우에는 채권적 효과만 있다고 한다(제2216조).[61] 따라서 피상속인이 단순관리의 지시를 한 경우에도 이를 위반한 유언집행인의 행위는 유효하다고 할 것이다.

(3) 상속재산에 대한 처분권능

독일 민법 제2205조 제2문에 따르면[62] 유언집행인은 상속재산을 처분할 수 있는 권한을 가진다고 해석된다. 따라서 상속재산에 속하는 부동산도 유언집행인에 의하여 처분가능하다고 할 것이다.[63] 이처럼 유언집행인의 처분권한을 인정한 까닭은 거래의 안전을 보호하기 위함에 있다고 한다.[64]

1) 유상의 처분의 전면적 허용

앞서 말한대로 유언집행인은 상속재산을 처분할 수 있는바, 유언집행이 지시되면 상속인은 처분권능을 상실하게 된다. 유언집행인의 처분권능은 모든 유상의 처분을 아우르며, 그 대상이 동산이든 부동산이든 차이가 없다. 또한 유언집행인의 처분행위가 피상속인의 유언집행의 의사의 측면에서 볼 때 통상적으로 필요한지의 여부도 문제되지 아니한다. 다시 말해 유언집행인의 처분행위가 비정상적인 경우라 하더라도 물권적으로 처분행위는 유효라고 한다. 유언집행인의 처분권한은 거래의 안전을 위해서 인정되는 것이라고 보아야 되기 때문이다. 물론 이 경우에 상속인은 유언집행인을 상대로 제2219조에 따른 손해배상을 청구할 수는 있을 것이나[65] 그로부터 받을 수 있는 위안은 그리 크지 아니할 것이다.[66] 또한 유언집행인의 처분에 대해 법원의 동의가 필요한 것도 아니다.

---

60) Zimmermann, ErbR, 5. Aufl.(2019), Rn. 849.

61) Michalski/J. Schmidt, BGB-ErbR, 5. Aufl.(2019), Rn. 853.

62) 독일 민법 제2205조: "유언집행인은 상속재산을 관리해야 한다. 유언집행인은 특히 상속재산을 점유하고 그 대상목적물을 처분할 수 있는 권한을 가진다. 유언집행인은 윤리적 의무나 도의관념에 적합한 때에는 무상의 처분도 할 수 있는 권한을 가진다."

63) 유언집행인이 부동산을 처분하는 경우에 대한 상세한 설명으로는 Zimmermann, ErbR, 5. Aufl.(2019), Rn. 853.

64) Michalski/J. Schmidt, BGB-ErbR, 5. Aufl.(2019), Rn. 854.

65) 동조 제1항은 "유언집행인이 그에게 지워진 의무를 위반한 때에는 그는 그에게 과실이 있을 경우 상속인에게, 그리고 유증을 집행하여야 할 경우 수증자에게 그로부터 발생한 손해에 대하여도 책임을 진다."고 규정한다. 이 조항에 따른 책임은 법정 책임으로 이해된다(후술함).

66) Schülter/Röthel, ErbR, 17. Aufl.(2015), § 35, Rn. 25.

2) 무상의 처분의 금지

그러나 잊지 말아야 할 것은 유언집행인의 무상의 처분행위는 허용되지 아니한다는 점이다(제2205조 제3문). 아울러 피상속인이 이와 같은 무상의 처분행위의 금지를 면제하는 것도 허용되지 아니한다고 규정되고 있다(제2207조 제2문). 다만 판례는 유언집행인이 피상속인의 지시를 어겨 무상의 처분행위를 했더라도 상속인 및 수유자가 그에 동의한 경우라면 처분행위는 효력을 가진다는 해석론을 펴고 있음을 주의해야 한다.[67]

그러나 무상의 처분금지에 대하여 한계가 설정되어 있다. 우선 독일 민법 제2205조 제3문에 따르면 유언집행인은 무상의 처분이 윤리적 의무 또는 도의관념에 부합된다면 허용될 수 있다고 규정한다. 무상의 처분을 원칙적으로 금지하는 까닭은 상속인(아울러 수유자도 같음)을 보호함에 있음은 설명의 필요가 없다. 여기서 제2205조 제3문이 말하는 '무상성'(Unentgeltlichkeit)과 관련해서 객관적으로는 우선 상속재산으로부터 가치가 탈루될 때 그에 대비되는 가치가 상속재산에 보충되지 아니한 것이 충족되어야 한다고 본다.[68] 나아가 주관적 측면도 검토되어야 하는데, 유언집행인이 출연의 반대급부가 불가피하다는 사정을 인식하였거나 인식할 수 있었을 것이 전제된다고 한다.[69]

또한 피상속인은 유언집행인의 권한을 제2205조 제2문과 제3문이 정하는 것보다 축소·제한할 수도 있을 것이다. 제2208조 제1항 제1문이 정하는 바처럼 유언집행인의 관리·처분권한이 피상속인의 의사에 비추어볼 때 유언집행인에게 관리·처분권한이 귀속되지 아니함이 인정되는 경우에는, 그러한 유언집행인의 권한은 인정될 수 없기 때문이다. 다만 이러한 피상속인의 의사에 기한 제한은 예외적인 것이므로 이를 주장하는 자가 피상속인의 그와 같은 의사의 존재에 대하여 증명책임을 진다고 할 것이다.[70] 예컨대 피상속인은 상속재산 중의 일부에 대하여만 유언집행인의 처분권한이 있음을 지시할 수도 있으며, 상속재산의 관리권한만 인정하고 처분권한을 부여하지 않을 수도 있다. 아울러 피상속인은 유언집행인의 처분권한을 인정하되 예컨대 처분행위가 유효하기 위해서 상속인의 동의를 얻을 것을 조건으로도 할 수 있다.[71] 이와 같이 피상속인의 제한은 대세적 효력을 가지기 때문에 그에 반하는 유언집행인의 처분은 효력이 없음을 유의해야 한다.[72]

---

67) Michalski/J. Schmidt, BGB-ErbR, 5. Aufl.(2019), Rn. 855, 註 100에 소개된 판결례 참조(BGH NJW 1984, 2464); 회의적인 시각으로는 Schülter/Röthel, ErbR, 17. Aufl.(2015), §35, Rn. 28.

68) Michalski/J. Schmidt, BGB-ErbR, 5. Aufl.(2019), Rn. 855; Zimmermann, ErbR, 5. Aufl.(2019), Rn. 857.

69) 연방대법원의 판례의 입장이라고 한다. Michalski/J. Schmidt, BGB-ErbR, 5. Aufl.(2019), Rn. 855, 註 99에 소개되고 있는 판결례 참조.

70) Schülter/Röthel, ErbR, 17. Aufl.(2015), §35, Rn. 29.

71) Schülter/Röthel, ErbR, 17. Aufl.(2015), §35, Rn. 30.

72) Schülter/Röthel, ErbR, 17. Aufl.(2015), §35, Rn. 31. 따라서 제3자는 유언집행인과 거래를 할 때 유언집행

앞서 말한 예외가 없는 이상, 상속인 내지 수유자의 동의가 유보되어 있다는 점에서 유언집행인의 무상의 처분행위는 유동적 무효 상태에 있다고 말할 수 있다. 주의할 것은 바로 제2211조 제2항에 따르는 경우와는 달리[73] 여기서 처분권능을 신뢰하고 유언집행인과 거래한 제3자에 대한 선의취득에 대한 규정을 두고 있지 않다는 점이다. 그러므로 선의취득은 유언집행인과 거래한 제3자가 유언집행인 자신의 소유권에 대한 처분권한의 외관을 믿고 거래한 경우에만 고려될 수 있을 뿐이다.[74]

(4) 채무를 부담할 경우

독일 민법 제2206조 제1항 제1문은 "유언집행인은 통상의 관리에 필요한 경우에는 상속재산에 대한 채무를 부담할 수 있는 권한을 가진다."고 규정한다.[75] 따라서 유언집행인은 제한적이지만 관리행위 차원에서 상속재산에 대하여 채무를 부담할 수 있다. 또한 유언집행인이 상속재산에 대하여 처분할 수 있는 권한을 가진 경우에는 설사 그것이 통상의 상속재산의 관리에 필요한 경우가 아니더라도 상속재산에 대한 채무를 부담할 수 있다고 규정한다(제2206조 제1항 제2문).[76] 먼저 제2206조 제1항 제1문에 따르면 유언집행인은 '통상적 관리에 필요한 범위에서' 채무의 부담을 지우는 법률행위를 할 수 있다. 이처럼 채무의 부담은 상속재산의 관리 목적에 국한되므로, 처분행위에 동반되는 채무부담행위도 상속재산의 관리 목적에 따를 것인가가 문제될 수 있다. 그러나 제2206조 제1항 제2문은 "유언집행인이 처분권능을 가지고 있는 때에는 상속재산을 위해서 상속목적물를 처분하는 채무를 부담할 수 있다."고 규정함으로써 이 경우 처분을 목적으로 하는 채무를 부담할 경우 '통상적 관리에 필요한 범위'라는 장애가 없음을 전제하고 있다. 따라서 이처럼 유언집행인에게 처분권능이 부여되어 있는 한 통상적 관리에 적합한지의 여부와 관계없이 상속재산에 대한 채무를 부담할 수 있고 그에 따라 자유롭게 처분할 수 있다.

또한 앞서 본 대로 제2207조에 따라 피상속인은 추가적인 지시를 함으로써 유언집행인이 채무부담의 권능의 범위를 확장시킬 수 있음도 물론이다.[77] 한편 구체적 사안에서 유언집행인의 채무부담의 권능에 대한 범위가 의심스럽게 될 수도 있으므로, 독일 민법 제2206조 제2항은 유

인증서의 제시를 청구함으로써 보호될 수 있을 뿐이다. 유언집행인증서에 처분권한의 제한이 기재되기 때문이다.

73) 독일 민법 제2211조는 상속인의 처분권한의 제한을 규정하고 있는데(동조 제1항), 동조 제2항은 처분권한 없는 상속인으로부터 거래관계를 맺은 선의의 제3자를 보호하는 법령의 근거를 마련해 주고 있다. 이에 대하여는 또한 Michalski/J. Schmidt, BGB-ErbR, 5. Aufl.(2019), Rn. 880 f.

74) Michalski/J. Schmidt, BGB-ErbR, 5. Aufl.(2019), Rn. 857 참조.

75) '통상의 관리'의 의미에 대하여는 Michalski/J. Schmidt, BGB-ErbR, 5. Aufl.(2019), Rn. 862 ff.

76) 예컨대 유언집행인은 설사 상속재산에 충분한 자산이 남아있고 상속인이 서적의 보유를 원하기 때문에 그의 매각이 통상의 상속재산관리에 필요한 것이 아니더라도, 피상속인의 서적에 대하여 유효한 매매계약을 체결할 수 있다. Zimmermann, ErbR, 5. Aufl.(2019), Rn. 850; 또한 Michalski/J. Schmidt, BGB-ErbR, 5. Aufl.(2019), Rn. 866.

77) 자세한 설명으로는 Michalski/J. Schmidt, BGB-ErbR, 5. Aufl.(2019), Rn. 867.

언집행인이 요청할 경우 상속인으로 하여금 동조 제1항의 채무의 부담에 동의해야 한다고 정하고 있다. 이는 명확함을 기하기 위하여 마련된 것이다.[78)]

이처럼 채무의 부담에 충분한 권능을 가지고 있는 유언집행인이 상속재산을 위하여 법률행위를 하게 되면, 상속채무가 발생하며 이에 대하여는 상속인이 자신의 재산으로 책임을 질 수도 있다. 그러나 유언집행인이 그와는 달리 상속재산을 위해서 법률행위를 한다는 사실을 분명히 하지 아니할 경우에는 자신이 그에 대하여 책임을 진다고 해석할 여지도 인정된다(즉 제164조 제2항의 유추적용).[79)]

(5) 권리남용 및 자기거래의 금지의 법리의 적용 가능성

끝으로 유언집행인이 처분권한을 남용한 경우의 법적 취급은 어떻게 되는가에 대하여 권리남용의 법리가 적용될 수 있음은 부정할 수 없을 것이다(제138조 제1항).[80)] 아울러 유언집행인이 자기의 이익을 위해서 처분권한을 행사하는 경우에는 대리법상의 자기거래의 금지의 법리의 적용가능성도 인정할 수 있을 것이다(제181조).[81)]

4. 상속인의 법적 지위와 유언집행인과의 법률관계

(1) 상속인의 법적 지위

앞서 본대로 상속재산에 대한 유언집행인의 관리처분권한이 인정되는 한, 독일 민법은 상속인은 당해 상속재산을 처분할 수 없다고 규정한다(제2211조 제1항). 다시 말해 상속재산은 상속인에게 귀속되지만 그의 처분권한은 제한되며, 오히려 물권적 권리를 가지지 아니한 유언집행인에게 처분권능이 인정되는 결과가 되는 것이다. 따라서 이 경우 상속인 본인의 처분행위는 법률상 효력이 없다. 그러나 이 경우 처분권한을 가지는 유언집행인이 그에 동의할 경우에는 상속인의 처분의 효력을 인정해야 할 것이다.[82)] 주의할 것은 2211조 제1항은 상속인의 처분권한만을 제한하고 있다는 점이므로, 그의 채권적 법률행위까지도 제한하는 것은 아니라는 점이다.

(2) 위임계약의 규정의 준용

유언집행인과 상속인 사이에서는 계약관계가 존재하지 아니하나, 독일 민법이 정하는 법정

---

78) Michalski/J. Schmidt, BGB-ErbR, 5. Aufl.(2019), Rn. 862.
79) Michalski/J. Schmidt, BGB-ErbR, 5. Aufl.(2019), Rn. 863.
80) 이에 대하여는 Zimmermann, ErbR, 5. Aufl.(2019), Rn. 856.
81) Schülter/Röthel, ErbR, 17. Aufl.(2015), §35, Rn. 33, 40; Michalski/J. Schmidt, BGB-ErbR, 5. Aufl.(2019), Rn. 858.
82) 그 외에도 앞서 서술한 바와 같이 처분권능이 없는 상속인으로부터 상속재산에 속하는 부동산을 매수한 자의 선의취득의 여부가 검토될 수 있으나, 유언집행의 부기등기가 강제되므로 부동산에 대한 제3자의 선의취득은 인정되기 어려울 것이다. 제3자의 선의취득 여부에 대한 상세한 설명으로는 Schülter/Röthel, ErbR, 17. Aufl.(2015), §35, Rn. 44; 또한 Michalski/J. Schmidt, BGB-ErbR, 5. Aufl.(2019), Rn. 880 ff.

채권관계가 인정된다(독일 민법 제2197조 이하). 다만 이 경우에도 위임계약의 내용에 준하는 법정 채권관계가 인정된다고 봄이 일반적이다.[83] 특히 상속인은 당해 상속재산의 귀속주체이지만 유언집행의 지시에 대한 법률규정의 효과에 비추어 당해 재산에 대한 관리·처분권한이 제한되고 이는 피상속인의 의사에 부합되도록 유언집행인이 행사하게 된다. 따라서 상속인과 유언집행인 사이의 법률관계를 명확하게 할 필요가 있다. 특히 제2218조는 위임에 대하여 적용되는 주요 규정이 준용됨을 밝히고 있다. 유언집행인의 의무에 대한 주요 규정을 보면, 제2215조의 상속재산목록 작성 및 통지의무, 상속재산관리에 대한 통상적 관리의무(제2216조), 상속재산관리에 불필요한 재산의 반환의무(제2217조), 그리고 법정손해배상의무(제2219조에 따른 유언집행인에 대한 책임)를 들 수 있다.

(3) 유언집행인의 손해배상책임

예컨대 유언집행인이 유산으로부터 투기목적으로 주식을 매수한 이후 주식가격 폭락으로 상속재산이 대폭 감소될 경우, 상속인은 유언집행인을 상대로 손해배상청구를 할 수 있다. 유산의 관리권한과 관련해서 유언집행인이 투기성을 띤 이와 같은 투자결정까지 관리권한의 범위에 속하지 아니할 뿐만 아니라 관리방법에서 요구되는 주의의무를 위반했다고 볼 수 있기 때문이다. 먼저 고려할 수 있는 청구권의 근거로 불법행위에 따른 손해배상청구권(제823조 제1항)을 들 수 있다. 그와 아울러 독일 민법은 유언집행인의 책임에 대한 규정을 마련하고 있다(제2219조).[84] 그에 따르면 유언집행인은 자신이 부담하는 법적 의무를 고의 또는 과실로 위반하여 상속인에게 손해를 입힐 경우 그에 대한 채임을 져야 한다. 이 책임은 불법행위책임과 별개의 고유한 법정책임으로 이해되고 있다. 따라서 양자의 손해배상청구권은 그 발생근거가 다른 것으로서 이른바 청구권경합이 인정된다고 이해된다. 아울러 피상속인에게는 사인처분으로써 이러한 책임을 면책시킬 수 있는 권한이 없다(제2220조). 유언집행인이 수인이 있는 때에는 이들은 연대채무자로서 동조의 손해배상책임을 진다(제2219조 제2항).

독일 민법 제2219조가 정하는 법정책임의 구성요건에 비추어 볼 때 상속인은 주의의무를 위반한 유언집행인을 상대로 손해배상책임을 물을 수 있으므로, 객관적인 측면에서 유언집행인의 관리권한의 범위 및 유언집행인의 주관적인 측면에서의 주의의무의 정도를 명확하게 해둘 필요가 있다. 그와는 별개로 유언집행인의 손해배상책임이 인정되기 위해서는 손해배상책임의 기본원리인 유책한 의무위반 및 그로 인한 손해발생 사이의 인과관계가 인정되어야 함은 물론이다. 특히 유언집행인이 법인인 경우 법인의 책임에 대한 법리가 적용됨을 잊지 말아야 한다. 따

83) Schülter/Röthel, ErbR, 17. Aufl.(2015), §35, Rn. 50; 또한 Michalski/J. Schmidt, BGB-ErbR, 5. Aufl. (2019), Rn. 883.

84) 자세한 내용으로는 Strobel, NJW 2020, 3745 [3747 ff.].

라서 이 경우에는 법인이 손해배상책임을 질 경우 당해 사무를 담당한 법인 이사의 개인의 책임을 정하는 독일 민법 제31조의 적용가능성도 배제할 수 없을 것이다.

(4) 유언집행인의 보수청구권 및 비용상환청구권

제2221조는 유언집행인의 보수청구권을 규정하고 있으며, 제2218조는 위임에 대한 주요규정을 준용하고 있는바 제670조가 정하는 비용상환청구권이 준용된다. 예컨대 유언집행인의 보수에 대하여는 독일 공증인협회(Deutscher Notarverein)가 추천하고 있는 표준보수금(TV-Vergütungsempfehlungen)이 있다.[85)]

5. 소송법상의 지위

유언집행인은 소송상 독자적으로 당사자능력을 가진다. 유언집행인은 공적인 이익을 위해서 업무를 집행하는 자가 아니며, 피상속인의 의사로부터 도출되는 사적인 직무를 수행하는 역할을 한다고 해석되기 때문이다.[86)] 이 점에서 상속재산에 대하여 유언집행의 관리의 대상이 되는 권리가 문제되는 때에는 유언집행인만이 원고적격이 있다고 규정한다(제2212조). 그러나 그 외의 상속재산에 대한 소의 원고적격은 상속인만이 가짐은 당연하다. 그와는 달리 피고적격과 관련해서 유언집행인에게 상속재산의 관리권한이 있을 때에는 원고는 상속인 또는 유언집행인을 상대로 소를 제기해야 한다고 규정한다(제2213조 제1항 제1문).[87)] 그러나 유언집행인이 상속재산에 대한 관리권한이 없을 때에는 상속인만이 피고가 될 수 있다(제2213조 제1항 제2문). 또한 상속재산 중 개개의 대상에 대하여만 유언집행인이 관리권한을 가지며 당해 개별적 재산의 대상에 대하여만 강제집행이 이루어질 때에는 상속인을 상대로 하는 이행판결 이외에도 유언집행인에 대한 강제집행인용의 판결(Duldung der Zwangsvollstreckung in den Nachlass)이 필요하다고 한다(독일 민사소송법 제748조 제2항; 독일 민법 제2213조 제3항). 다만 유류분청구권의 상대방은 상속인만 될 수 있다.[88)]

상속재산에 대한 강제집행과 관련해서도 독일 민법은 중요한 규정을 두고 있는데, 상속재산에 대한 채권자가 아닌 상속인의 채권자는 유언집행인의 관리의 대상이 되는 상속재산에 대하여 강제집행이 제한됨을 유의해야 한다(제2214조).[89)] 유언집행의 효력이 인정되면 상속재산과 상속

---

85) https://www.dnotv.de/wp-content/uploads/TVV_neues-Layout_Gesamt_PDF_jf_V2. pdf 참조(2021. 3. 14. 최종접속).
86) BGHZ 13, 203.
87) 또한 Michalski/J. Schmidt, BGB-ErbR, 5. Aufl.(2019), Rn. 873 ff.
88) Brox/Walker, ErbR, 25 Aufl.(2012), Rn. 414.
89) 이 점에서 유언집행지시가 효력이 있을 경우 사실상 우리 민법상의 한정승인의 효과가 있다고 해석될 것이다. 독일 민법은 상속에 대한 포기(Ausschlagung)와 단순승인(Annahme)만 규정하고 있으며(제1943조, 1953조) 한정승인에 대한 명문의 규정을 두고 있지 아니하다.

인의 고유재산은 법적으로 분리되는 것으로 보아야 하며, 상속재산에 대한 강제집행을 위해서는 유언집행인을 상대로 하는 소송에서의 승소판결이 필요하다고 본다(독일 민사소송법 제748조 제1항).

Ⅳ. 특수 문제: 개인기업 및 회사법상의 사원권 상속의 경우

1. 서 설

기업을 승계한 상속인이 상속개시 당시 미성년자이거나 경영능력과 관련해서 경험이 부족한 경우, 상속인이 될 자가 기업운영에 적합한 능력을 구비하지 아니한 경우, 피상속인이 평생에 걸쳐 이룩한 사업을 자신의 사후에도 계속 유지시키면서 당해 사업체가 상속인들의 처분 등과 같은 영향으로부터 보호되고자 바라는 경우, 또한 상속인이 상속받게 될 재산을 상속인의 채권자의 집행으로부터 보호해 주고자 할 경우 등을 우려하여 피상속인은 사인처분의 방법으로 자신이 운영하던 사업체 또는 회사의 지분 등에 대하여 유언집행을 지시하는 경우가 많다. 이하에서는 개인사업자가 사망할 경우의 유언집행의 문제와 인적 회사의 사원인 피상속인이 사망할 경우 문제될 수 있는 유언집행의 특수 문제를 개관하기로 한다. 그 까닭은 주로 여기서 문제되는 사안유형에서는 회사법의 기본원리와 상속법의 기본원리가 충돌되는 쟁점들이 숨어있기 때문이다.[90]

2. 개인사업자 및 인적 회사의 사원의 사망과 상속

(1) 개인사업체의 상속의 경우

피상속인이 운영하고 있는 개인사업체(Einzelhandelsgeschäft)가 상속 내지 유증된 경우, 독일 상법은 상속인이 기존의 상호로 영업을 계속할 경우 영업과 관련된 피상속인의 채무에 대하여 상속인의 개인재산으로 책임을 진다고 규정하고 있다(독일 상법 제27조, 제25조 참조). 그러나 상속인이 영업을 계속하지 않거나 또는 다른 상호로 영업을 계속할 경우에는 독일 상법 제27조 및 제25조에 따라 영업과 관련된 피상속인의 채무에 대하여 상속인은 상속재산으로만 책임을 질 뿐 자신의 재산으로 책임을 지지 아니한다. 또한 상속인이 과거의 상호를 유지한 상태에서 영업을 계속하고 있으나 3개월의 숙려기간 내에 당해 사업체의 운영의 계속을 포기한 때에도 같다(동법 제27조 제2항). 이러한 경우 상속인은 민법 규정에 따라 상속재산으로만 책임을 질 뿐이다(결과적으로 우리의 한정승인과 같은 효과가 발생함).[91]

---

90) Michalski/J. Schmidt, BGB-ErbR, 5. Aufl.(2019), Rn. 887; 인적 회사의 사원권의 상속시의 유언집행에 대하여는 Freiherr v. Proff, DStR 2018, 415 ff. 참조.

91) Zimmermann, ErbR, 5. Aufl.(2019), Rn. 785; 또한 Frhr. von Hoyenberg, RNotZ 2007, 377 [380].

또한 상속인이 수인인 경우(공동상속) 상속대상인 개인사업체는 공동상속인들이 합유적으로 계속 운영한다. 그러나 수인인 상속인들이 상속된 사업체의 기존의 영업을 계속한다는 사실만으로 회사와 같은 인적 결합체가 형성된다고 말하기 어렵다. 이 경우 반드시 인적회사(예컨대 합명회사나 합자회사)로의 강제적 조직변경의 문제가 발생하지 아니하기 때문이다. 따라서 공동상속인들이 있을 경우 사업체에 대한 업무집행권한은 모든 상속인들이 합유적으로 행사하게 된다. 물론 당해 사업체는 실체의 동일성을 유지하면서 새로운 상호로 개명하여 계속 운영될 수도 있다. 다만 이 경우에도 합유적 공동체라는 형식은 준수해야 한다(독일 상법 제19조: 예컨대 '공동상속인 甲, 乙, 丙으로 구성된 분할되지 아니한 상속공동체').

(2) 조합 및 인적 회사의 경우 조합원 내지 사원의 지위의 승계 대한 규율

본래 조합은 조합원들 사이의 신뢰에 밑바탕을 두고 있는 인적 결합체라 할 수 있으므로 어느 한 조합원이 사망하면 조합은 해산함이 원칙이다(제727조 제1항).[92] 한편 합명회사(OHG)나 합자회사(KG)와 같은 인적 회사의 경우에는 무한책임사원 중 어느 일인이 사망한다고 해서 당해 회사는 해산되지 아니하며, 사망한 사원은 퇴사한 것으로 본다(독일 상법 제131조 제2항 1호, 제161조 제2항). 여기서 단체법상의 인적 회사 내지 조합원의 지분의 상속과 관련된 문제들은 다음과 같이 개관할 수 있다.[93]

우선 조합원 중 1인의 사망으로 조합은 해산되지 아니하고 잔여 조합원으로만 존속한다는 특약이 있을 경우(존속약정: Fortsetzungsklausel), 사망한 조합원의 지분은 잔여조합원에게 그들의 지분에 비례하여 이전되며(독일 상법 제105조, 독일 민법 제738조), 이 경우 사망한 조합원의 상속인은 퇴사금청구권(Abfindungsanspruch)을 상속받게 된다.[94] 인적 회사에서도 유사한 문제가 발생한다. 예컨대 합명회사의 사원 및 합자회사의 무한책임사원(Komplementär)은 인적 무한책임을 진다. 다만 앞서 본대로 합명회사의 어느 사원이 사망하거나 또는 무한책임사원이 수인인 경우의 합자회사에서 무한책임사원 일인이 사망하더라도 회사는 존속함이 원칙인 점에서[95] 조합의 경우와 차이가 있으며 사망한 사원(즉 피상속인)은 퇴사한 것으로 봄이 원칙이다(물론 정관으로 달리 정할 때에는 그에 따른다). 따라서 인적 회사는 잔여 사원으로 존속하게 하며 피상속인의 상속

---

92) 그에 따라 조합이 해산될 경우 청산절차를 거쳐야 하므로 상속인은 피상속인의 지분비율에 따라 청산조합에 대한 지분을 가지게 된다. 그러나 이는 분할채권의 일종이 아니라 각 지분은 조합원 및 상속인에게 합수적으로 귀속됨을 유의해야 한다. 이 경우 피상속인은 청산형 유언집행을 지시할 수 있음은 물론이다. 이에 대하여는 우선 Kämper, RNotZ 2016, 625 [628 f.].

93) 이에 대한 개관으로는 우선 Frhr. von Hoyenberg, RNotZ 2007, 377 [382 ff.].

94) Zimmermann, ErbR, 5. Aufl.(2019), Rn. 787 f.; 그러나 한편 이 금액의 산정방법에 대하여는 조합원의 특약으로 정할 수 있음은 물론이다: 예컨대 금액으로 산정해서 환급하는 방안, 조합재산의 일부를 양도하기로 하는 방안(대물변제의 특약과 유사) 등을 들 수 있다. 아울러 통설은 퇴사금의 배제의 특약도 허용된다고 한다.

95) 합자회사에는 최소한 1인 이상의 무한책임사원이 존재해야 하며 그렇지 아니한 경우 합자회사는 해산되기 때문이다(독일 상법 제145조).

인은 회사를 상대로 퇴사금지급청구권을 행사할 수 있게 된다.

그러나 사원이 사망한 경우 잔여사원으로도 회사가 존속함이 원칙인 인적 회사의 경우와 조합원 사망시에도 존속특약이 있을 경우 피상속인의 상속인이 조합원 또는 인적회사의 무한책임사원의 지위를 승계하기로 하는 특약도 가능하다(이를 승계조항이라 부른다: Nachfolgeklausel). 다만 이는 조합원의 지위의 상속가능성과 관련된 단체법(즉 인적 회사법)상의 문제를 의미할 뿐 구체적으로 누가 그에 대한 상속인이 되는가를 정하는 것은 아님을 유의해야 한다. 상속인의 지정의 문제는 민법의 상속편의 규정에 따라야 되기 때문이다.[96] 바로 여기서 단체법의 귀속의 법리와 상속법의 법리가 중층적으로 적용됨을 볼 수 있다. 따라서 피상속인에게는 이 경우에도 사인처분의 방법으로 조합원 내지 사원의 지위를 상속받을 자를 지정할 수 있는 여지가 있다. 그리고 이 경우 피상속인은 유언집행도 지시할 수 있게 된다. 예컨대 피상속인은 수인의 공동상속인 중 어느 일인의 상속인을 조합원 내지 사원의 지위를 상속받을 자로 지정할 권한을 유언집행인에게 지시할 수도 있다.[97] 또한 수인이 상속인이 될 때 사망한 피상속인의 지분은 상속인들의 합유적으로 승계되는 것이 아니라 피상속인의 지분은 소위 특정인 상속승계(Sondererbfolge)의 방식에 따라서 상속인별로 분할되어 승계된다고 해석된다.[98]

그 외에도 피상속인의 지분이 특정한 상속인 일인에게만 승계될 것을 정하는 조합원의 계약 또는 인적회사의 정관도 가능한데, 이를 특정인 승계조항(qualifizierte Nachfolgeklausel)이라 부르기도 한다.[99] 예컨대 이 경우 피상속인이 자신의 아들 甲을 자신의 승계인으로 지정한다는 약정을 한 때에는 유언장에 다른 자녀인 乙과 丙을 공동상속인으로 지정한 경우에도, 그와 같은 조합원의 특약 또는 정관상의 특별 조항에 근거하여 甲만이 조합원 내지 사원의 지위를 승계한다는 것이다. 이 경우 공동상속(乙, 丙)과 특정인승계조항(甲)의 관점에서 볼 때 상속법과 회사법의 기본원리가 충돌하는데, 독일 연방대법원은 이 경우 단체법상의 측면을 강조하여 甲의 특정인 상속을 인정한다고 한다.[100]

앞의 경우는 피상속인의 조합원 내지 사원의 지위가 그대로 상속인에게 승계되는 것이 공통되지만, 그와는 달리 조합원 내지 사원이 사망하면 잔여 조합원 내지 사원으로 조합 내지 인적 회사는 존속하되, 사망한 조합원 내지 사원의 지위를 승계시키는 것이 아니라 일정한 조건 하에

96) 이에 대한 설명으로 Lipp, ErbR, 4. Aufl.(2017), Rn. 59 f.; Gursky/Lettmaier, ErbR, 7. Aufl.(2018), Rn. 277; Zimmermann, ErbR, 5. Aufl.(2019), Rn. 792.

97) BGH NJW-RR 1986, 28.

98) Lipp, ErbR, 4. Aufl.(2017), Rn. 62; 예컨대 피상속인이 어느 인적회사의 지분 중 1/3을 남기고 사망하고, 공동상속인 2인이 상속받은 경우 공동상속인에게 상속되는 지분은 각각 1/6이 된다는 것이다.

99) Lipp, ErbR, 4. Aufl.(2017), Rn. 63.

100) BGH NJW 1999, 571; NJW 1977, 1339 등. 이는 Zimmermann, ErbR, 5. Aufl.(2019), Rn. 793에서 재인용한 것임을 밝혀둔다.

당해 조합이나 회사에 새로운 조합원 내지 사원이 될 수 있는 가능성을 인정하는 것을 내용으로 하는 조합원들 사이의 특약 내지 정관도 생각할 수 있는데, 이를 가입조항(Eintrttsklausel)이라고 부른다. 이 경우에는 당해 조항에 따라서 요구되는 일정한 자격 등이 구비된 사람에게 조합원 내지 사원이 될 수 있는 기회가 마련된다. 따라서 엄밀히 볼 때 이는 상속법의 문제가 아니라 조합법 내지 회사법의 규율원리에 따른 조합원 내지 사원자격의 취득과 관련된 문제라 할 것이다.

(3) 합자회사의 유한책임사원 및 유한회사의 사원의 지분 및 주식의 상속과 유언집행

합자회사의 경우 유한책임사원은 오직 자신의 출자에 대하여만 책임을 지므로(독일 상법 제171조 제1항),[101] 유한책임사원이 사망하더라도 합자회사의 존속에는 영향을 미치지 아니함이 원칙이다(물론 정관으로 달리 정할 수는 있다). 나아가 독일 연방대법원은 합자회사의 유한책임사원의 지분의 상속가능성을 인정한다(또한 독일 상법 제177조도 같다). 또한 유한회사(GmbH)에서도 사원의 지분의 처분 및 선의취득 및 상속가능성이 명문으로 인정되고 있다(예컨대 독일 유한회사법 제15조 제1항). 마찬가지로 주식회사(AktG)의 주식도 동일하다.[102] 이처럼 자본회사의 지분이나 주식은 상속재산의 대상에 포함되므로, 인적 회사에서처럼 상속 여부와 관련된 복잡한 문제의 소지가 적다.

또한 이와 같은 자본회사의 지분에 대하여 피상속인의 상속인지정과 유언집행의 지시가 허용된다고 한다.[103] 특히 연방대법원은 지난 2014.5.23.의 판결에서 회사의 지분에 대한 유언집행 지시가 있는 경우 상속인이 과연 사원총회를 소집할 수 있는 권리를 행사할 수 있는지의 문제를 검토하였다. 사안의 사실관계의 개요와 판례의 쟁점의 골자를 언급하는 선에서 이를 간단히 소개한다.[104]

이 사건의 사실관계에서 피상속인이 단독으로 지분을 가지고 있던 유한회사는 무한책임사원의 형태로 합자회사에 투자하고 있다.[105] 한편 피상속인은 이 합자회사에 대하여도 유한책임사원으로서의 지분을 가지고 있었다. 한편 오래전부터 이 사건 원고는 피상속인을 위해서 유한회사의 업무집행을 담당해왔다. 피상속인은 유언집행을 지시하면서 원고를 유언집행인으로 선임하였다. 그의 핵심 내용은 상속개시 후 10년 동안 피상속인의 지분에 대한 모든 권한은 유언집

---

101) 합자회사의 경우 유한책임사원은 납입의무를 부담하며, 납입의무를 다한 경우에는 자신이 출자한 부분에 한하여 유한책임을 진다(독일 상법 제171조 제1항).

102) Zimmermann, ErbR, 5. Aufl.(2019), Rn. 797; Gursky/Lettmaier, ErbR, 7. Aufl. (2018), Rn. 273; 특히 주식의 상속은 주식회사의 정관으로도 제한할 수 없다고 한다. Frhr. von Hoyenberg, RNotZ 2007, 377 [387].

103) Michalski/J. Schmidt, BGB-ErbR, 5. Aufl.(2019), Rn. 889; 또한 Wicke, ZGR 2015, 161 [164, 166]; Frhr. von Hoyenberg, RNotZ 2007, 377 [387]; 특히 주식에 대한 유언집행인의 관리·처분권에 대하여는 Frank, ZEV 2002, 389 ff.

104) BGH NZG 2014, 945 ff.(=ZEV 2014, 662 ff.); 여기서는 이 사안을 검토하고 있는 Heckschen/Strnad, NZG 2014, 1201 ff.를 중심으로 소개하고 있음을 밝혀둔다. 이 판결례에 대한 평석으로는 Wicke, ZGR 2015, 161 ff.

105) 이러한 합자회사를 GmbH & Co. KG라 부르며, 유한회사는 당해 합자회사의 경영권을 지배한다.

행인이 관리하되, 상속인은 오직 이익배당청구권만을 행사할 수 있다는 것이었다.

한편 유한회사와 합자회사의 정관에 따르면 유한회사의 경영진(업무집행자)과 합자회사의 무한책임사원은 사원총회의 소집권한을 가진다고 규정하고 있었다. 또한 이 경우에 사원은 원하는 의사일정을 밝혀서 사원총회를 소집해 줄 것을 요청할 수 있다고 하며, 그러한 요청이 있은 2주 후 회사의 경영진인 업무집행자가 사원총회를 소집하지 아니할 때에는, 그 요청을 한 사원 자신도 사원총회의 소집을 할 수 있는 권한을 가진다고 한다.

피상속인이 사망하자 상속인들은 피상속인의 사망 전에 유한회사의 업무집행을 담당했던 유언집행인이 부동산 투자결정을 잘못하여 합자회사와 유한회사에 손해가 발생한 점을 들어 유언집행인에게 손해배상을 청구해 달라는 내용을 유한회사의 경영진에게 요청하였다. 그러나 유한회사의 경영진은 이러한 요청을 받아들이지 않았다. 따라서 상속인들은 앞의 정관의 조항을 근거로 유한회사의 사원총회를 소집하여 유한회사가 업무집행을 담당했던 유언집행인을 상대로 손해배상청구를 할 것을 의결하였다. 원고인 유언집행인은 사회총회 소집과 의결절차의 하자를 들어 유한회사를 피고로 하는 사원총회결의취소를 구하는 소를 제기하였다.

연방대법원은 이 사안에서 문제된 원고에 대한 손해배상책임을 내용으로 하는 사원총회의 결의를 취소하였다. 당해 사원총회의 소집절차에 하자가 있음을 인정하였기 때문이다. 다시 말해 피상속인의 유언집행지시의 효력이 인정되는 이상 상속인의 사원총회소집권한의 행사는 제한될 수밖에 없으며, 따라서 그에 반하여 소집된 사원총회의 의결에 대하여 중대한 절차상의 하자가 인정된다고 보았기 때문이다. 여기서도 단체법상의 법리와 상속법상의 법리가 충돌되는 현상을 볼 수 있다.[106] 다시 말해 회사의 정관으로 정하는 사원의 권리와 피상속인의 유언의 자유에 기초하는 유언집행지시의 한계가 문제되기 때문이다. 그러나 연방대법원은 자본회사의 경우에는 (인적 유한책임을 지는 합자회사의 유한책임사원의 경우도 같다) 회사의 지분에 대한 재산적 가치가 강조되는바 상속가능성이 인정되며 따라서 피상속인의 사인처분의 대상이 되는 이상 상속법상의 유언집행의 지시도 인적회사의 경우와는 달리 제한 없이 가능하다고 본다. 따라서 이 사안에 대하여도 결과적으로 회사의 지분에 대한 계속적 유언집행을 허용한다는 기본입장을 다시 확인하고 있는 것이다.[107]

---

106) Heckschen/Strnad, NZG 2014, 1201 [1202 f.]; Prütting, JR 2015, 435; 이 사안과 관련해서 합자회사의 유한책임사원의 지분을 둘러싼 상속의 문제의 개관으로는 Schneider, NJW 2015, 1142 ff.

107) 특히 Michalski/J. Schmidt, BGB-ErbR, 5. Aufl.(2019), Rn. 893은 특히 이 판결을 앞으로 인적 무한책임을 지는 지분권에 대해서도 상속법상의 유언집행의 가능성을 인정하는 방향을 설정한 것으로서 긍정적으로 평가하고 있다.

3. 개인사업체 및 조합 또는 인적회사의 경우 유언집행의 지시의 의미

(1) 개인사업체가 상속의 대상이 될 경우 유언집행의 지시의 허용 여부

피상속인이 개인사업체를 운영하면서 재산을 형성할 경우 필연적으로 채무도 부담할 수 있는데, 이 경우 피상속인은 그에 대하여 자신의 책임재산으로 무한책임을 지는 것이 원칙이다(독일 상법 제22조, 제25조, 제128조, 제130조 참조). 따라서 피상속인이 사망한 후 당해 사업체의 경영을 승계한 상속인도 마찬가지로 자신의 재산으로 무한책임을 지게 된다. 그러나 피상속인은 상속인의 연령 내지 무경험, 경영능력의 부족 또는 상속인의 채권자에 대한 책임재산의 대상이 될 우려 등을 감안해서 유언집행을 지시할 수 있다.[108] 이처럼 유언집행지시가 있을 경우 독일 상속법에 따르면 유언집행인은 상속재산의 관리와 관련해서 채무를 부담할 수 있게 된다(예컨대 독일 민법 제2206조). 그렇다고 하여 유언집행인이 그에 대하여 자신의 재산으로 책임을 지는 것은 아니다. 물론 이 경우에도 상속인이 무한책임을 짐이 원칙이긴 하나, 앞서 말한대로 예외적이긴 하나 그에게는 상속재산의 범위에서만 상속채무에 대하여 책임을 질 수 있는 기회가 마련되어 있다(독일 민법 제1967조, 제1973조 이하, 제1980조, 제1990조, 제2206조 제2항 참조). 그렇다고 하여 유언집행인은 이와 같이 상속인의 유한책임의 결과를 차단시킬 수 있는 권한이 없다.[109] 그 외에도 상속채권자가 아닌 상속인의 채권자는 유언집행지시가 있을 경우 유언집행인의 관리권한의 대상이 되는 상속재산에 대하여 강제집행이 제한될 수 있는 중요한 예외도 인정됨을 앞서 보았다(제2214조).

따라서 개인사업체를 운영하였던 피상속인의 유언집행의 지시를 위해 선임된 유언집행인이 상속재산에 속하는 개인사업체의 관리를 하게 되면, 개인사업체의 운영에서 발생하는 채무에 대하여 유언집행인은 책임을 지지 아니할 뿐만 아니라 경우에 따라서는 상속인도 유한책임을 지게 되는 결과가 초래될 수도 있다.[110] 결과적으로 여기서 법률로 정한 유한책임의 형식 이외의 유한책임을 지는 상행위가 발생될 수 있는바, 이를 법적으로 인용하는 것은 바람직스럽지 아니하다. 이 점에서 독일의 판례는 이 경우 상속법의 법리에 따른 유언집행인의 사업체의 관리행위를 허용할 수 없다는 기본 관점에 서 있으며,[111] 특히 이는 지속형 유언집행의 경우에 특히 문제가

---

108) 기업상속의 경우 유언집행의 실천적 의미에 대하여는 우선 Reimann, GmbHR 2011, 1297 [1298].

109) 결국 상속인은 상속재산의 소유자이나 관리권한 없으며, 유언집행인은 그에 대한 소유권이 없으면서도 관리권한을 가지게 된다. Schülter/Röthel, ErbR, 17. Aufl.(2015), §35, Rn. 56.

110) 여기의 소개는 주로 Zimmermann, ErbR, 5. Aufl.(2019), Rn. 862 ff.를 참조한 것을 밝혀둔다; 또한 Michalski/J. Schmidt, BGB-ErbR, 5. Aufl.(2019), Rn. 887.

111) Zimmermann, ErbR, 5. Aufl.(2019), Rn. 862에 소개된 독일 제국법원 판결(RGZ 132, 138, 144) 및 독일 연방대법원 판결(BGHZ 12, 100) 참조; 또한 Schülter/Röthel, ErbR, 17. Aufl.(2015), §35, Rn. 57; Wicke, ZGR, 2015, 161 [165]; Reimann, GmbHR 2011, 1297 [1298]; Frhr. von Hoyenberg, RNotZ 2007, 377

된다고 한다. 이를 설명하면 다음과 같다.

우선 청산형 유언집행에서는 상속법상의 고유한 유언집행의 과제를 인정함에는 어려움이 없다. 우선 청산형 유언집행의 경우에는 독일 상법에 특별규정이 있음을 주의할 필요가 있는데, 상속으로 기업이 승계될 경우 3개월 이내에 영업을 포기함으로써 상속인의 무한책임을 배제시킬 수 있음을 규정하고 있기 때문이다(동법 제27조 제2항). 그에 따라 이 기간 동안 상속법의 법리에 따라서 유언집행인이 청산과제를 수행하더라도 큰 문제가 발생되지 아니한다. 상속재산인 사업체에 대한 유언집행인의 관리·처분행위는 상법 제27조 제2항에 따른 3개월 이상 진행될 수 없기 때문이다. 그와는 달리 지속형 유언집행의 지시가 있는 경우는 사정이 다르다. 예컨대 피상속인의 유언집행의 지시에 따라서 상속대상 사업체에 대한 조직변경 절차를 거쳐 유한회사가 설립되는 경우도 상정할 수도 있으며, 상속인이 당해 기업을 계속 운영할 수도 있다(이 경우 상속인은 무한책임을 진다). 그러나 피상속인은 상속인이 미성년자이거나 사업체 운영에 대한 경험과 능력 부족 등을 이유로 유언집행인에게 상속인을 위해서 사업체를 운영할 것을 지시하는 경우가 많다. 그런데 이 경우에는 앞서 말한대로 상속법에 따른 고유한 유언집행의 법리가 적용될 수 없다고 봄이 판례의 태도이다. 그렇다면 여기서 다시 유언집행인이 사실상 상속된 개인사업체를 관리·운영하는 현상을 어떻게 이론적으로 설명할 수 있을까가 문제된다.

이에 대하여 다음과 같은 이론구성이 논의된다. 우선 상속인이 유언집행인에게 사업체 운영에 대한 포괄적 대리권을 수여했다고 보는 견해가 주장된다. 그에 따르면 사업체의 실질적 운영을 상속인이 아니라 유언집행인이 담당하게 된다. 물론 이 경우 당해 사업체 운영에서 발생하는 채무에 대해서는 유언집행인이 아니라 상속인이 무한책임을 지게 될 것이다(대리권설). 그와는 달리 유언집행인에게 신탁의 방법으로 직접 사업체의 경영권을 부여하는 경우도 있을 수 있는데, 이 경우 상속인이 신탁자가 되고 유언집행인이 수탁자가 된다. 따라서 기업의 귀속과 관련해서 내적·외적 귀속형태가 다르게 된다. 따라서 영업활동에서 발생하는 채무에 대하여는 수탁자인 유언집행인이 자신의 재산으로 무한책임을 진다고 해석할 수 있다(신탁적 경영권이전설). 이처럼 양자의 방향에서 어느 입장이 타당한지에 대하여는 논란이 있다고 한다.112)

(2) 인적 회사의 지분의 상속시의 유언집행의 문제

가. 유언집행인의 처분 · 관리의 대상이 되는 권리

앞서 보았듯이 조합이나 인적 회사의 경우 지분 내지 사원권에 대한 상속이 인정되는 경우에도(승계조항 또는 가입조항과 같은 조합원의 특약 및 인적회사의 정관) 피상속인이 여러 이유를 들

[381 f.].

112) 대리인설 및 신탁설의 대립이 바로 그것이다. Zimmermann, ErbR, 5. Aufl.(2019), Rn. 864; Schülter/Röthel, ErbR, 17. Aufl.(2015), §35, Rn. 58; 자세한 설명으로 또한 Kämper, RNotZ 2016, 625 [640 ff.].

어 유언집행을 지시하는 경우가 많다.[113] 조합채무 또는 인적 회사의 채무에 대하여는 조합원이나 사원이 무한책임을 짐이 원칙이다(다만 합자회사의 경우 유한책임사원은 그러하지 아니하다). 조합의 경우에도 지분이 인정되며, 인적 회사의 지분은 이른바 '사원권'으로 이해된다. 그러나 조합원이나 사원은 모두 조합 내지 회사의 채무에 대하여 무한책임을 지며, 조합원이나 사원의 권리는 대내적 관계와 대외적 관계로 나누어 검토할 수 있다는 점에서 공통된다. 이는 또한 업무집행이나 의결절차 등과 같은 사업운영에 관한 단체법적 요소가 핵심적인 부분과 이익배당청구권, 청산금청구권, 퇴사금지급청구권 등과 같은 순수한 재산권적 성격을 가진 부분으로도 나누어 볼 수 있다. 편의상 여기서는 인적회사의 '사원권'을 중심으로 자익권(대외적 관계)과 공익권(대내적 관계)으로 나누어 살펴보기로 한다.

앞서 본 대로 사원권은 단체법에서는 자익권과 공익권으로 분리해서 이해할 수 있는데, 유언집행지시가 있을 경우 이를 살펴보기로 한다. 이와 관련해서 예컨대 의결권, 정보공개 내지 통제권한과 관련된 각종 감독권, 사원총회에의 출석권한 및 의결권한 등과 같은 단체법상의 법리가 지배하고 있는 공익권의 영역은 유언집행지시로 제한될 수 없음이 원칙이라는 점에서 상속법의 법리의 적용이 배제되어야 한다고 본다. 그에 따라서 피상속인의 유언집행의 지시가 있다고 해도 원칙적으로 이러한 공익권의 영역과 관련된 권한은 상속인만이 행사할 수 있다고 한다. 그러나 사원권 중 재산권과 관련된 부분, 특히 장래의 청산금의 청구(künftige Auseinandersetzungsguthaben)와 같은 자익권의 영역에서의 유언집행인의 관리·처분권한이 허용된다고 보아 상속법의 법리의 적용가능성을 인정한다.[114] 이처럼 엄밀히 말한다면 공익권의 영역에 국한해서 단체법의 원리와 상속법의 원리의 충돌의 문제가 다시 제기되는 것이다. 자세한 논의는 회사법학에 맡기기로 하고, 여기서는 유언집행의 지시를 둘러싼 상속법의 적용가능성과 관련된 주요 쟁점만을 간단히 살피기로 한다.

나. 대내적 관계에서의 사원권에 대한 유언집행의 인정 여부

앞서 본 대로 무한책임을 지는 조합이나 인적 회사의 경우 조합원 내지 사원의 지위에 대한 상속가능성이 부정됨이 원칙이나, 그러나 조합원들 사이의 특약이나 인적 회사의 정관으로 그에 대한 예외를 정함으로써 그에 대한 상속가능성이 인정될 수도 있다. 앞서 보았듯이 이 경우 피상속인이 유언집행의 지시를 한 때에는 유언집행의 대상은 자익권 부분에 국한되며, 사원간의 소송이나 다툼에 관한 권리, 의결권 등과 같은 사원권의 경우에는 상속인 본인만이 이를 행사할 수 있다는 것이 기본원칙임을 주의해야 한다.[115] 본래 인적 신뢰관계가 매우 강한 인적 회사의 법

113) Schülter/Röthel, ErbR, 17. Aufl.(2015), §35, Rn. 59.
114) Reimann, GmbHR 2011, 1297 [1299].
115) 판례의 동향에 대한 개관으로는 Freiherr v. Proff, DStR 2018, 415 [416 f.].

리상 사원이 사망하면 상속인은 사원의 지위를 상속할 수 없으며, 상속가능성을 인정한다고 해도 이는 상속법의 법리에 기초한 것이 아니라 사원들의 단체법상의 의사결정에 근거한 것이라고 보아야 되기 때문이다(예컨대 정관 또는 조합원들의 특약에 따른 승계조항 내지 가입조항 등). 따라서 본래 '고유한 의미의 사원권'인 자익권의 영역에서는 피상속인의 유언의 자유의 여지가 제한된다고 보아야 하며 따라서 피상속인의 상속인지정이나 유언집행의 지시는 허용될 수 없을 것이다(반대로 사원권이 승계되지 아니할 경우 사망한 사원에게 귀속될 투자 부분의 반환과 관련된 퇴사금청구권이나 그간에 발생한 이익배당청구권 등과 같은 자익권은 재산법상의 권리라 할 것이므로 당연히 상속의 대상이 되며 이는 상속재산에 포함된다. 따라서 여기에는 상속법의 법리가 적용됨은 당연하다).[116] 아울러 유언집행인이 내부관계에서 문제될 수 있는 사원권(즉 공익권)을 행사하게 될 경우(앞서 거론한 개인사업체의 상속시 지속적 유언집행을 인정할 경우와 같이) 회사의 채권자에 대하여 무한책임을 부담해야 할 것인가의 문제와도 충돌을 피할 수 없다.[117] 상속법의 법리에 따르면 유언집행인은 상속재산의 관리목적에서 채무를 부담할 뿐 책임을 지는 자가 아니기 때문이다. 다만 이 경우에도 사원자격을 승계받은 상속인에 대한 유언집행에 대하여 사원전체의 동의가 있을 경우에는 지속적 유언집행을 허용할 수 있다는 유력설도 주장된다고 한다.[118]

따라서 인적 회사의 사원의 지위가 상속되는 경우 유언집행인의 관리의 범위를 자익권 영역을 넘어 공익권 영역까지 확장시키기 위해서는 유언집행의 지시와 관련된 법률행위의 해석을 통해 그 의미내용을 판단하여 유언집행인의 관리·처분권능의 근거를 정당화시킬 필요가 있다.[119] 여기서도 개인사업체에 대한 유언집행에서와 같이, 먼저 유언집행의 지시에 대하여 유언집행인의 모든 권한에 대한 상속인의 대리권수여가 의제되었다고 이론구성하는 태도와(대리권설) 상속인은 유언집행인에게 모든 권리를 신탁적으로 이전할 의무를 부담하는 방식의 부담부 상속을 받으며 그에 기초하여 유언집행인이 자신의 이름으로 사원권의 총체를 행사한다고 입론하는 신탁적 이전설의 학설이 주장된다. 따라서 전자의 학설에 따를 경우 대리의 법리가 적용되므로 당해 법률행위의 귀속주체는 상속인이 되므로 상속인이 인적 회사의 채무에 대하여 무한책임을 지는 것이나, 후자의 학설에 따르면 의결권 등과 같은 사원권의 행사와 관련해서 그 효과는 유언집행인 자신에게 귀속하며 따라서 인적회사의 채무에 대하여 상속인이 아니라 유언집행인이 무한책임을 진다고 이론구성할 수 있을 것이다.

---

116) Michalski/J. Schmidt, BGB-ErbR, 5. Aufl.(2019), Rn. 893; Wicke, ZGR 2015, 161 [165 f.].

117) 이를 지적하는 것으로 Michalski/J. Schmidt, BGB-ErbR, 5. Aufl.(2019), Rn. 890; Schülter/Röthel, ErbR, 17. Aufl.(2015), §35, Rn. 59.

118) Freiherr v. Proff, DStR 2018, 415 [418]; 또한 Wicke, ZGR 2015, 161 [166 ff.]; Michalski/J. Schmidt, BGB-ErbR, 5. Aufl.(2019), Rn. 891.

119) Michalski/J. Schmidt, BGB-ErbR, 5. Aufl.(2019), Rn. 894.

Ⅴ. 나가며

이상과 같이 독일의 유언집행제도를 개관해 보았는데, 우리 민법과는 달리 피상속인의 유언의 자유가 광범위하게 보장되고 있음을 알 수 있다. 광범위하게 인정되는 유언상속뿐만 아니라 사인처분의 방법으로 피상속인은 상속재산의 관리처분권한을 유언집행인에게 부여함으로써 사후에도 자신이 평생에 걸쳐 이루어 놓은 재산권의 존속을 일정기간 보장할 수 있는 법제도가 마련되어 있기 때문이다. 유언집행을 제도화시키고 있는 밑바탕에는 피상속인 자신의 의사의 관철에 대하여 이익이 될 뿐만 아니라 상속인의 무절제한 상속재산에 대한 관리·처분행위를 사전적으로 차단시킴으로써 상속재산을 유지시킬 수 있다는 점에서 결과적으로 상속인의 재산상의 이익에도 이바지할 수 있다는 이유가 자리잡고 있음을 볼 수 있다. 그러나 어디까지 그 한계가 인정될 수 있는가와 관련해서 특히 개인사업체나 회사의 사원권의 상속이 문제되는 경우에 그에 대한 관리처분권한을 사후에도 유지할 수 있는 방안을 둘러싼 판례이론의 전개도 매우 흥미롭다.

이처럼 우리 민법과는 달리 유언상속을 광범위하게 인정하고 있을 뿐만 아니라 유언집행의 가능성도 폭넓게 인정함으로써 피상속인의 사후에도 그의 유지에 비추어 상속재산의 관리 유지가 어느 정도 보장되어 있다는 점에서 독일 상속법의 특징을 요약할 수 있다. 따라서 독일에서는 우리나라에서 최근 주목을 끌고 있는 유언대용신탁과 관련된 입법의 필요성이나 사후적 재산관리에 대한 논란의 여지는 우리의 경우보다 그리 크지 않는 것으로 보인다. 다만 구체적 사안별로 매우 복잡한 이론구성이 필요한데, 특히 인적 회사의 경우가 그 대표적인 예라 할 것이다. 특히 독일의 산업의 중추를 형성하고 있는 중소기업에 대한 사원권의 지위의 상속과 승계와 관련된 주요 쟁점들은 회사법의 측면이나 상속법의 측면에서 시사하는 바가 크다고 할 것이다.

그렇다고 하여 독일에서 적용되는 유언상속이나 유언집행에 대한 주요 법리를 법적 근거 없이 마냥 수용할 수는 없는 일이다. 결국 우리 상속법에서의 피상속인의 유언의 자유의 영역의 문제를 어떻게 바라볼 것인가와 관련된 근본적 문제의 성찰로 귀착될 수밖에 없다. 우리 상속법에는 피상속인의 사망 이후에 그가 평생에 걸쳐 이루어 놓은 재산권의 장래의 운명을 상속인들의(그것도 법정상속인에 대하여만) 자의에 맡겨두고 있기 때문이다. 따라서 어느 정도 피상속인의 사후에도 그의 유지가 최대한 존중될 수 있는 법적 시스템을 마련할 필요성까지는 부정할 수 없을 것이다. 피상속인의 재산형성의 노력이 없으면 상속인에게 상속될 재산도 애당초 형성될 수 없을 것이기 때문이다. 최근 마련된 유언대용신탁을 둘러싸고 벌어지는 논의도 같은 맥락에서 이해할 수 있을 것이다. 아울러 포괄유증의 본질과 관련된 첨예한 논쟁도 마찬가지의 관점에서 바라볼 수 있을 것이다. 또한 피상속인의 유언의 자유와 상속인의 재산권보장이라는 이익이 상충된다는 점에서 이 문제를 헌법적 관점에서도 근본적으로 검토할 필요성이 있다고 본다.

상속법 개정을 위한 전문가 설문조사를 통해 살펴본 유류분제도의 개선방안*

정 구 태**

Ⅰ. 서 론

평균수명의 증가와 고령화에 따른 현대가족의 변모[1]에 수반하여 각국에서는 상속법 전반에 관한 내용을 대폭 수정하고 현대적 가치와 수요에 맞게 개정하는 움직임이 활발하다.[2] 우리나라에서도 배우자 상속분의 강화를 위하여 많은 입법론적 연구가 진행되었고 다양한 개정안이 제안된 상태이다.[3] 그러나 세계적 추세에 비추어 볼 때 상속법의 일부 논점이 아닌 상속법 전체의 가치에 대한 패러다임의 변화가 필요한 시점이고, 이에 따라 상속법 전반에 걸친 모든 쟁점에 관한 검토를 통해 대개정의 필요성이 대두되고 있다. 이에 법무부에서는 상속법의 중요 쟁점 7가

---

* 이 글은 필자가 조선대학교 「법학논총」 제26집 제3호(2019. 12)에 게재한 글을 보완하여, 2020. 11. 7. 한국민사법학회 민법시행 60주년 기념 추계공동학술대회에서 발표한 글을 수정한 것이다. 발표 당시 유익한 가르침을 주신 중앙대 장재옥 교수님(사회)과 부산대 박근웅 교수님(토론)께 감사드린다. 尊敬하는 礪岩 宋德洙 教授님의 停年을 敬賀드리며, 부족하나마 拙稿를 삼가 獻呈합니다.

** 조선대학교 법사회대학 교수, 법학박사.

1) 일찍이 2006년 한국민사법학회가 학회 창립 50주년을 기념하여 개최한 학술대회에서 김상용(중앙대) 교수는 상속법 분야에 영향을 미칠 수 있는 대표적인 변화로 대가족제도의 해체와 핵가족에 의한 대체로 일컬어지는 '가족구조의 변화'와 평균수명의 연장에 따른 인구의 '고령화'를 갈파한 바 있다. 김상용, "자녀의 유류분권과 배우자 상속분에 관한 입법론적 고찰", 『우리 민법학은 지금 어디에 서 있는가? -한국 민사법학 60년 회고와 전망-』(한국민사법학회, 2007. 5), 673-676면 참조.

2) 특히 우리 유류분제도의 母法이라 할 수 있는 일본은 2018년 민법개정을 통해 유류분반환방법을 종래의 원물반환 원칙에서 가액반환 원칙으로 변경하는 일대 개혁을 단행하였다. 개정내용에 대한 상세는 이소은, "일본 개정 상속법의 내용과 시사점 -유류분을 중심으로-", 『가족법연구』 제33권 제2호(한국가족법학회, 2019. 7), 171-212면 참조. 개정법은 2019. 7. 1.부터 시행되고 있다.

3) 가장 최근 연구로서 박근웅, "상속에 의한 기업승계의 몇 가지 문제", 『비교사법』 제27권 제3호(한국비교사법학회, 2020. 8), 80-98면; 윤진수, "배우자의 상속법상 지위 개선 방안에 관한 연구", 『가족법연구』 제33권 제1호(한국가족법학회, 2019. 3), 1-68면; 정구태, "배우자 상속권 강화를 위한 입법론 -상속에서의 약자 보호를 위한 管見-", 『안암법학』 제59호(안암법학회, 2019. 11), 111-142면 참조.

지에 관한 상속법 관련 전문가들의 의견을 조사·수렴·검토하는 연구용역을 발주하였고, 그 연구결과가 지난 2018년 12월 제출되었다.[4] 본 설문조사는 국민들의 상속법에 대한 수요를 만족시키고 이를 기초로 상속법 관련 전문가들이 어떠한 내용으로 어떠한 개정이 필요하다고 생각하는지 의견을 조사함으로써, 앞으로 상속법 개정 작업에서 필수적으로 고려되어야 할 구체적 논쟁거리를 확인하고 유용한 시사점을 제공하는 데 목적이 있다.

상속법 개정을 위한 문헌 연구는 종래 학계에서 많이 이루어져 왔지만,[5] 이러한 형태의 설문 조사 방식은 그동안 개정 작업에서 많이 활용되지 않았다. 그러나 비교법적으로도 개정 작업에 있어서 전문가의 의견 수렴은 필수적 작업의 하나로 이해되고 있다. 물론 우리나라도 공청회 등을 통해 국민의 의견을 수렴하는 절차를 거치고 있지만, 일부 소수의 전문가들에 의한 의견만 반영되는 경향이 없지 않았다. 본 설문조사는 전국의 법학자 및 실무가 등을 대상으로 상속법의 주요 논점에 대한 구체적인 의견을 수렴·검토하고 이에 기초한 상속법 개정 모델을 제시함으로써, 입법뿐만 아니라 상속법 관련 정책수립이나 제도정비에도 큰 참고가 될 것으로 기대된다. 이러한 전문가 의견 조사를 통해 실제로 국민들이 원하는 수요를 구체적으로 파악할 수 있고, 이에 기초한 실효성 있는 개정 작업이 이루어질 수 있다. 이하에서는 먼저 본 설문조사의 전체적인 내용 및 방법에 대하여 개관한 후에, 본격적으로 본 연구의 주제인 유류분제도에 관한 설문조사 결과를 검토하고 이를 바탕으로 改正私案까지 제안하고자 한다.

---

4) 연구용역 참가자 및 각 집필부분은 다음과 같다. 문흥안(건국대): 상속분; 서종희(건국대): 상속회복청구권; 현소혜(성균관대): 상속인의 범위와 자격; 김병선(이화여대): 상속재산의 범위와 분할; 류일현(성균관대): 상속의 승인과 포기; 곽민희(숙명여대): 유언; 정구태(조선대): 유류분.

5) 가장 최근 연구로서 배우자의 상속법상 지위(윤진수), 유언의 방식(김형석), 유류분(이동진), 한정승인·재산분리·상속재산 파산(최준규)에 관한 입법론을 다루고 있는 『상속법 개정론』(박영사, 2020) 참조. 본 연구주제인 유류분제도에 한정한다면 전경근, "유류분제도의 현황과 개선방안 –유류분의 산정을 중심으로–", 『가족법연구』 제32권 제2호(한국가족법학회, 2018. 7), 343–378면; 서종희, "기부활성화를 위한 기부연금제 도입에 있어서의 한계 –민법상 유류분과의 관계를 중심으로–", 『외법논집』 제43권 제1호(한국외국어대학교 법학연구소, 2019. 2), 55–71면; 이동진, "유류분법의 개정방향", 『가족법연구』 제33권 제1호(한국가족법학회, 2019. 3), 155–208면; 김진우, "유산기부 활성화를 위한 입법 과제 –유류분제도 및 공익법인의 지배구조에 대한 규제 완화를 중심으로–", 『외법논집』 제43권 제2호(한국외국어대학교 법학연구소, 2019. 5), 1–30면; 이동진, "공익기부 활성화를 위한 유류분법의 개정 –오스트리아법과 독일법의 시사점–", 『외법논집』 제43권 제2호(한국외국어대학교 법학연구소, 2019. 5), 31–48면; 현소혜, "유산기부 활성화를 위한 유류분제도의 개선방안 –영국, 미국 사례로부터의 시사점을 포함하여–", 『외법논집』 제43권 제2호(한국외국어대학교 법학연구소, 2019. 5), 49–70면; 이보드레, "부양을 위한 상속제도로서의 유류분 再考 –자녀의 상속권에 관한 미국 법리의 시사점–", 『가족법연구』 제33권 제3호(한국가족법학회, 2019. 11), 143–170면 참조.

Ⅱ. 설문조사 방법 및 대상 개관

1. 조사 방법

상속법에 관한 전문가 즉, 교수, 판사, 변호사, 한국가정법률상담소 등 유관기관 종사자들에게 인터넷으로 설문조사지를 배포하여 설문조사를 진행하였다. 주제별로 개정이 필요하다고 생각하는 세부항목에 체크(중복체크 가능)하도록 하고, 그 이유와 개정방향에 대해 응답하도록 하되, 희망하는 경우에는 서술형으로도 작성할 수 있도록 하였다. 그리하여 세부항목별로 응답자의 선택형 및 서술형 답변 내용을 분석·정리하고, 통계전문기법을 활용하여 법개정의 중대성과 시급성을 항목별로 측정하였다.

2. 조 사

(1) 성별 및 연령대

Q1 1-가. 귀하의 현재 성별은?

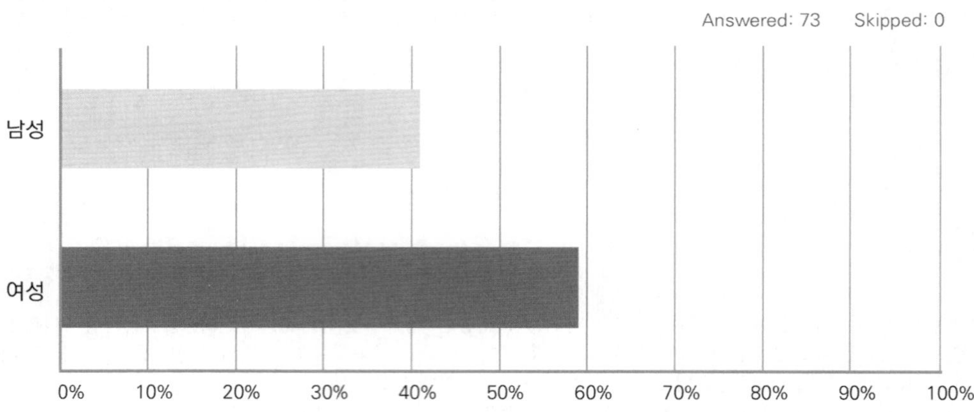

전체 응답자 73명 중에 남성은 41.1%(30명), 여성은 58.9%(43명)가 응답했고, 연령대는 30세에서 40세 미만이 38.36%(28명), 40세에서 50세 미만이 35.62%(26명)로 가장 많은 비율을 차지했다. 이 외에도 50세 이상 60세 미만도 10명이 응답하여 13.7%로 비교적 많은 전문가가 설문에 응했고 나머지는 60세 이상 70세 미만이 9.59%(7명), 30세 미만과 70세 이상은 각 1.37%(1명)가 응답하였다.

Q2 1-나. 귀하의 연령대는 다음 중 어디에 속하십니까?

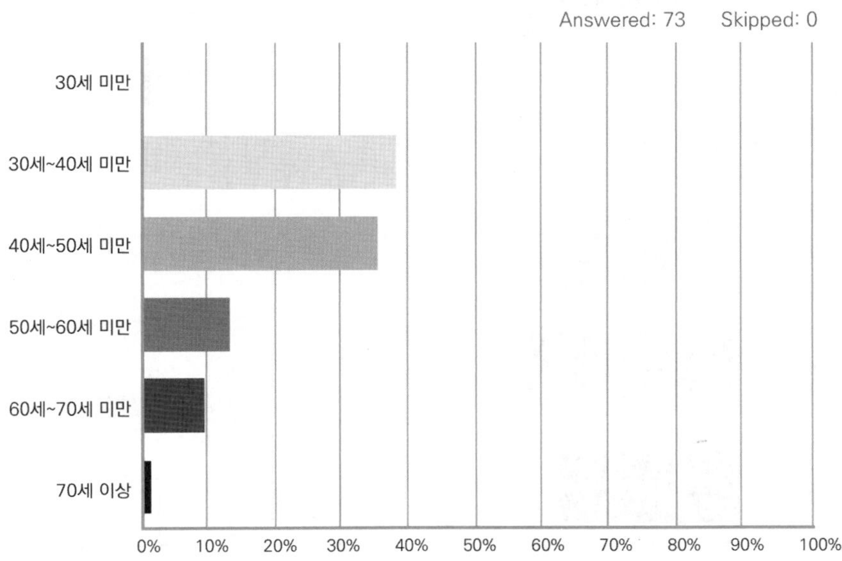

(2) 전문가 직업군 및 특성

Q3 1-다. 귀하의 현재 직업은 무엇입니까? (하나만 선택)

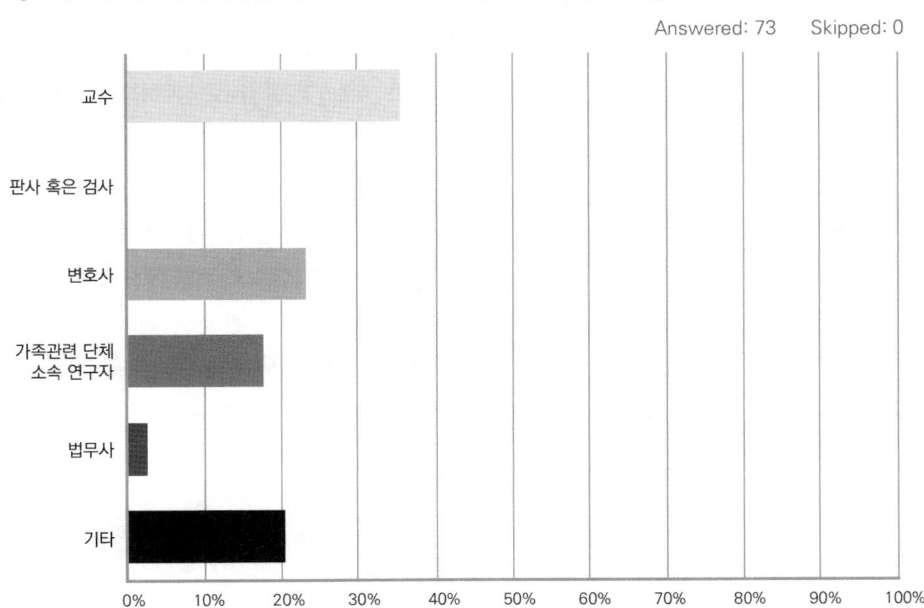

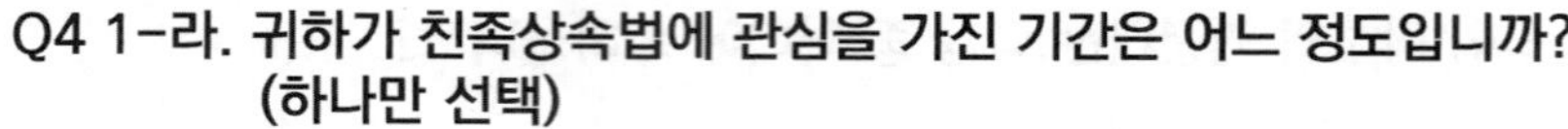

Q4 1-라. 귀하가 친족상속법에 관심을 가진 기간은 어느 정도입니까?
(하나만 선택)

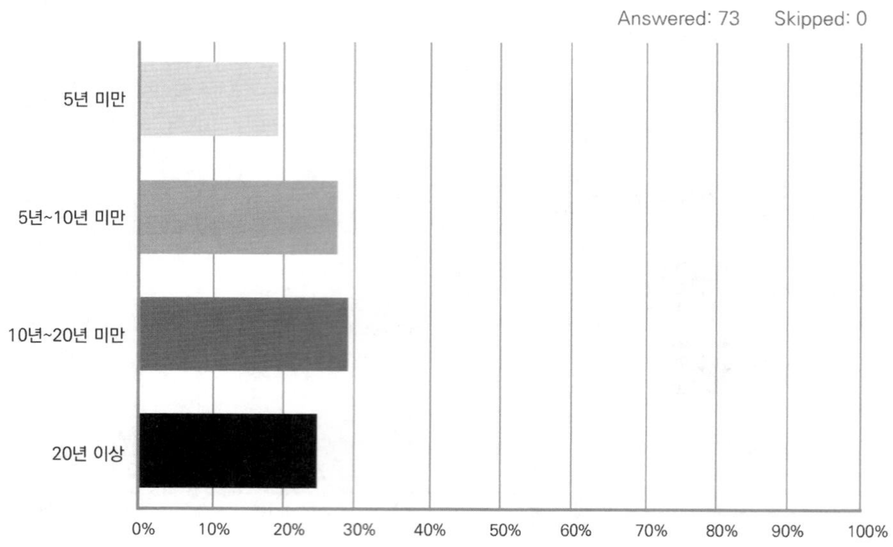

73명의 응답자 중 전문가 직역에서 가장 많은 비율을 차지한 것은 교수(36.62%)였고, 이외에 변호사(23.29%), 기타(20.55%), 가족관련 단체 소속 연구자(17.81%), 법무사(2.74%) 순으로 설문에 응하였다. 기타에서는 사법연수생이 6명, 회사원이나 시간강사도 응답하였고, 법률구조기관 종사자나 세무사 등도 설문에 응하였다. 비교적 다양한 전문가 직업군을 대상으로 하고자 하였지만 응답자의 직업군은 역시 현재 가족법 관련 강의를 하거나 실무를 하는 전문가 직역을 중심으로 응답률이 높았다.

응답자 전체를 대상으로 친족상속법에 관심을 가진 기간을 묻는 질문에는 5년 이상 10년 미만의 자의 경우 20명으로 전체의 27.40%, 10년에서 20년 미만이라고 답한 경우가 21명으로 전체의 28.77%를 차지하였고, 20년 이상으로 답한 경우도 18명으로 전체의 24.66%나 되었다. 전문가 대부분이 5년 이상의 경력이나 경험을 가진 자였음을 알 수 있는데, 설문 응답에 대한 전문성이나 개정에 대한 의견의 신뢰도를 담보하는 측면에서 긍정적인 결과이다.

3. 유류분제도에 관한 설문 문항

가. 유류분권리자 및 유류분에 관하여 개정이 필요하다고 생각하는 내용은 무엇입니까. (중복응답 가능)

(1) 형제자매는 유류분권리자에서 삭제하여야 한다.
(2) 유류분은 법정상속분이 아닌 상속재산의 1/2(또는 1/3)로 규정해야 한다.
(3) 유류분제도는 폐지되어야 한다.
(4) 기타: ( )
(5) 없음

나. 기여분과 유류분의 관계에 관하여 개정이 필요하다고 생각하는 내용은 무엇입니까. (중복응답 가능)

(1) 기여분이 결정된 경우 민법 제1113조 제1항의 피상속인의 상속개시시에 있어서 가진 재산에서 공제됨을 명문화해야 한다.
(2) 민법 제1118조에서 기여분에 관한 민법 제1008조의2도 준용해야 한다.
(3) 유류분반환사건을 다류 가사소송사건으로 규정하고, 유류분반환청구시에도 기여분을 결정할 수 있도록 민법 제1008조의2를 개정해야 한다.
(4) 기타: ( )
(5) 없음

다. 특별수익과 유류분의 관계에 관하여 개정이 필요하다고 생각하는 내용은 무엇입니까. (중복응답 가능)

(1) 공동상속인에 대한 특별수익도 제1114조 제2문과 같이 기간의 제한 없이 산입됨(판례)을 명문화해야 한다.
(2) 공동상속인에 대한 특별수익도 제1114조 제1문과 같이 원칙적으로 상속개시 전 1년간에 이루어진 증여만 산입됨을 명문화해야 한다.
(3) 기타 ( )
(4) 없음

라-1. 산입되는 증여에 관하여 개정이 필요하다고 생각하는 내용은 무엇입니까. (중복응답 가능)

(1) 상속개시 전의 1년간에 행한 것이 증여계약의 체결시를 기준으로 하는지, 이행시를 기준으로 하는지 명문화해야 한다.
(2) 부당대가에 의한 유상행위도 당사자 쌍방이 손해를 가할 것을 알고 한 경우에는 증여로 산입됨을 명문화해야 한다.
(3) 기타: ( )
(4) 없음

라-2. 【6-라-1.에서 (1)을 선택하신 분만 응답하십시오】 이 경우 어느 시기를 기준으로 명문화하는 것이 가장 적절하다고 생각하십니까.

(1) 증여계약의 체결시 (판례)
(2) 증여계약의 이행시

마. 유류분반환청구권의 법적 성질에 관하여 개정이 필요하다고 생각하는 내용은 무엇입니까. (중복응답 가능)

(1) 유류분반환청구권의 법적 성질이 형성권임을 명문화해야 한다.
(2) 유류분반환청구권의 법적 성질을 금전채권(가액반환청구권)으로 명문화해야 한다.
(3) 수증자가 증여의 목적을 타인에게 양도한 때에는 유류분권리자에게 그 가액을 변상하여야 함을 명문화해야 한다.
(4) 악의의 양수인에 대해서는 유류분반환이 가능함을 명문화해야 한다.
(5) 수증자 및 수유자는 반환 한도에서 증여 또는 유증의 목적의 가액을 유류분권리자에게 변상함으로써 반환의무를 면할 수 있도록 명문화해야 한다.
(6) 수증자는 반환청구가 있은 날 이후의 과실을 반환해야 함을 명문화해야 한다.
(7) 기타: ( )
(8) 없음

바. 유류분 반환의 순서에 관하여 개정이 필요하다고 생각하는 내용은 무엇입니까. (중복응답 가능)

(1) 증여의 반환은 뒤의 증여부터 시작하여 순차적으로 앞의 증여에 이름을 명문화해야 한다.
(2) 유증을 받은 자에게 먼저 반환받은 후에 비로소 증여를 받은 자에게 반환받는다는 것을 명문화해야 한다 (판례).
(3) 기타: ( )
(4) 없음

사. 유류분반환청구권의 행사기간에 관하여 개정이 필요하다고 생각하는 내용은 무엇입니까. (중복응답 가능)

(1) 단기시효기간을 제척기간으로 규정해야 한다.
(2) 단기시효기간을 3년으로 연장해야 한다.
(3) 기타: ( )
(4) 없음

아-1. 유류분 사전포기제도를 도입할 필요가 있다고 생각하십니까.

(1) 있다.

(2) 없다.

아-2. 【아-1.에서 (1)을 선택하신 분만 응답하십시오】 유류분 사전포기제도를 도입할 경우 구체적인 방안은 무엇이 가장 적합하다고 생각하십니까. (중복응답 가능)

(1) 유류분포기계약

(2) 가정법원의 허가

(3) 공정증서제도

(4) 기타: ( )

자-1. 상속인이 될 자가 피상속인 또는 그 배우자나 직계혈족에 대하여 범죄행위 · 학대 그 밖에 심히 부당한 대우를 하거나, 피상속인에 대하여 부담하는 법률상 부양의무를 중대하게 위반한 경우, 유류분을 박탈하는 제도를 도입할 필요가 있다고 생각하십니까.

(1) 있다.

(2) 없다.

자-2. 【자-1.에서 (1)을 선택하신 분만 응답하십시오】 유류분 박탈제도를 도입할 경우 구체적인 방안은 무엇이 가장 적합하다고 생각하십니까. (중복응답 가능)

(1) 법원의 재판

(2) 유언

(3) 기타: ( )

자-3. 【자-2.에서 (1)을 선택하신 분만 응답하십시오】 법원의 재판에 의하여 유류분을 박탈할 경우 피상속인의 청구에 의한 생전의 유류분 박탈도 허용해야 한다고 생각하십니까.

(1) 피상속인 생전의 유류분 박탈도 허용해야 한다.

(2) 피상속인 생전의 유류분 박탈까지 허용되어서는 안 된다.

※ 그밖에 〈유류분권리자와 유류분〉과 관련하여 개정이 필요한 부분이 있으면 그 이유와 구체적인 개정방안을 함께 서술하여 주십시오.

Ⅲ. 설문조사 결과 분석

1. 유류분권리자

(1) 제시 설문

> 8-가. 유류분권리자 및 유류분에 관하여 개정이 필요하다고 생각하는 내용은 무엇입니까. (중복응답 가능)
>
> (1) 형제자매는 유류분권리자에서 삭제하여야 한다.
>
> (2) 유류분은 법정상속분이 아닌 상속재산의 1/2(또는 1/3)로 규정해야 한다.
>
> (3) 유류분제도는 폐지되어야 한다.
>
> (4) 기타: (   )
>
> (5) 없음

(2) 설문 취지

1) 8-가. (1)

현행법상 유류분권리자의 범위는 지나치게 넓으므로 직계비속과 직계존속에게만 유류분권이 인정되는 것으로 축소하자는 것이다.

2) 8-가. (2)

2018년 개정 전 일본민법 제1028조[6]의 태도이다.

3) 8-가. (3)

일설은 현행 유류분제도를 폐지하되[7] 부양필요성이 있는 상속인에 한하여 상속재산에 대한 권리를 인정하는 제도를 마련하는 것은 위헌이 아니라고 한다.[8]

---

6) 제1028조(유류분의 귀속 및 그 비율) 형제자매 외의 상속인은 유류분으로서 다음 각 호의 구분에 따라 각각 해당 각 호에서 정하는 비율에 상당하는 금액을 받는다. 1. 직계존속만 상속인인 경우: 피상속인의 재산의 3분의 1 2. 제1호의 경우 외의 경우: 피상속인의 재산의 2분의 1

7) 최준규, "유류분 제도는 존속되어야 하는가?", 『법학에서 위험한 생각들』(법문사, 2018), 234-237면.

8) 최준규, "유류분과 기업승계 -우리 유류분제도의 비판적 고찰-", 『사법』 제37호(사법발전재단, 2016. 9), 355면.

(3) 분 석

1) 결 과

Q72 8-가. 유류분권리자 및 유류분에 관하여 개정이 필요하다고 생각하는 내용은 무엇입니까? (중복응답 가능)

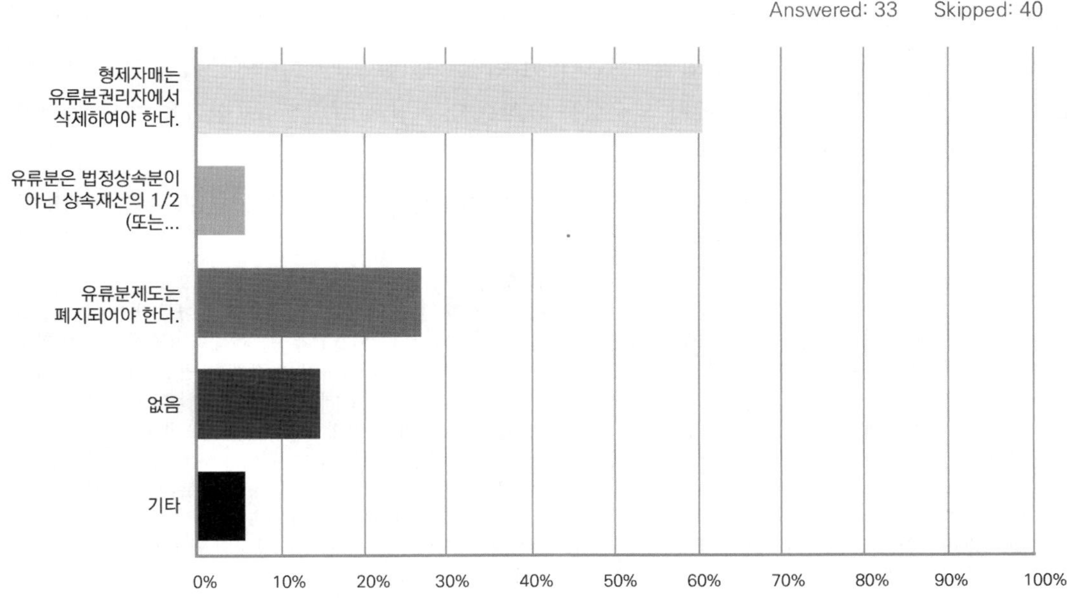

"(1) 형제자매는 유류분권리자에서 삭제하여야 한다."는 의견이 20명, "(3) 유류분제도는 폐지되어야 한다."는 의견이 9명으로 나왔다.

2) 검 토

유류분에 의해 법정상속이 이루어질 경우 가족 내지 근친에게 예정되어 있는 법정상속분의 일정부분에 대한 취득이 법적으로 보장됨으로써 생활보장의 필요가 충족된다. 가령 피상속인이 유언에 의하여 제3자에게 자유로이 재산을 처분한 결과 유족들에게 아무런 재산도 남지 않게 되었다면 경우에 따라서는 이들의 생계가 크게 위협받게 되는데, 유류분이 존재함으로써 피상속인 사후에도 피상속인의 근친에 대한 부양을 일정 부분 보장할 수 있게 되는 것이다. 이러한 점에서 본다면 우리 민법이 원칙적으로 부양의무가 없는 형제자매에 대해서까지 유류분권을 인정하고 있는 것은 立法論的으로 재검토할 여지가 있다.[9] 따라서 형제자매는 유류분권리자에서 삭제하는 것이 바람직하다.[10]

---

9) 정구태, 『유류분제도의 법적 구조에 관한 연구』(고려대학교 박사학위논문, 2009. 12), 95면.

10) 지난 제20대 국회에 제출된 원혜영 의원 대표발의 민법중개정법률안은 직계존속과 형제자매의 유류분권에

한편, 설문조사 이후 2020. 1. 28. 서울중앙지법 민사27단독 권순호 부장판사가 유류분제도에 관하여 위헌법률심판을 제청한 이래,[11] 2020. 2. 20.에는 서울중앙지법 민사22부(재판장 이동연 부장판사)에서,[12] 2020. 9. 10.에는 부산지법 민사2부(재판장 김태규 부장판사)에서 각 위헌법률심판을 제청하는 등 민법 제1112조를 비롯한 유류분 규정에 대한 위헌 여부를 가려달라는 법원의 결정이 잇따르고 있어 주목된다.[13] 과거에도 유류분제도의 관련 규정에 대해 당사자에 의해 위헌심사형 헌법소원이 제기되어 합헌으로 결정된 적이 있었지만,[14] 이번에는 법원이 유류분제도의 존재이유 자체에 대해 정면에서 의구심을 표하면서 직권으로 위헌법률심판을 제청한 것이어서 언론에서도 큰 이슈가 되고 있다.

그러나 결론부터 말한다면 유류분제도는 헌법에 반하는 것이 아님은 물론,[15] 유류분제도를

관한 제1112조 제1항 제3호, 제4호를 모두 삭제하고 있다.

11) 언론보도에 따르면 제청사유는 대략 다음과 같다: "피상속인의 재산 형성과 유지에 대한 아무런 기여가 없고 부양도 하지 않았으며 심지어는 불효나 불화 등으로 관계가 나빴던 자녀나 부모, 형제자매에게까지 법정상속분의 2분의 1, 3분의 1에 해당하는 불로소득이 무조건 상속되도록 피상속자를 강제할 만한 합리적인 이유를 찾기가 어렵다. 여성에 대한 차별이 만연했던 과거에는 양성평등 차원에서 유류분의 합리성을 일부 인정할 수도 있었으나, 지금은 전근대적 가족제도가 해체됐을 뿐 아니라 현실적으로 자녀 수도 현저히 줄어 지금과 같은 유류분제도로 자녀들 사이의 양성평등이 보호되는 측면은 아주 미미하다. 유류분제도는 결국 국민의 재산권을 법률로 제한하는 것이어서 공익적 목적을 위한 기부에도 큰 장해가 돼 공공복리를 저해하는 측면도 있다."https://www.donga.com/news/Society/article/all/20200203/99504794/1

12) 언론보도에 따르면 제청사유는 대략 다음과 같다: "유류분 제도의 입법목적이 정당하다고 하더라도, 현행 유류분제도는 상속재산의 규모, 유족들의 상속재산형성에 대한 구체적 기여, 유족들에 대한 부양의 필요성 등 구체적인 사정들을 고려하지 않은 채 일률적으로 3분의 1 또는 2분의 1 등 유류분 비율을 정하고 있다. 법원이 개별사건의 구체적인 사정들을 고려해 정액의 유류분을 정하거나 유류분 비율을 조정하는 방법으로도 유류분 제도의 입법목적을 충분히 달성할 수 있음에도 현행 유류분 제도는 일률적으로 유류분 비율을 정해 침해의 최소성 요건을 갖추지 못하고 있다. 현행 민법은 제1004조의 상속결격사유 외에는 별도의 유류분 결격사유를 인정하지 않고 있다. 따라서 피상속인에게 중상해를 가하거나, 피상속인을 상습적으로 폭행·학대하거나, 피상속인을 상대로 이유 없는 고소·고발을 남용하거나, 피상속인을 악의로 유기하거나 부양의무를 이행하지 않은 패륜적인 상속인들도 제한 없이 유류분 반환 청구를 할 수 있다. 패륜적인 상속인들의 유류분권이 피상속인의 재산처분권 및 수증자의 재산권보다 우월하다고 볼 수 없다. 현행 유류분 제도 하에서는 피상속인이 유족들에게 충분히 생계를 유지할 수 있을 만큼의 재산만을 남기고 나머지 재산을 공익재단 등에 증여한 경우에도 상속인들은 유류분 반환 청구권을 행사할 수 있으므로 공익목적의 증여 또는 유증을 저해한다. 결국 제청 법률조항은 목적의 정당성, 침해의 최소성, 법익의 균형성 요건을 갖추지 못해 피상속인의 재산처분권과 수증자의 재산권을 침해하므로 헌법 제23조 제1항 전문, 제37조 제2항에 위반된다." https://www.lawtimes.co.kr/Legal-News/Legal-News-View?serial=159728

13) 언론보도에 따르면 제청사유는 대략 다음과 같다: "유류분제도 도입 당시인 1977년엔 인구 40%가 농민으로 가족과 함께 농사를 짓다보니 '가족재산' 개념이 가능했지만 현대에 와서는 유류분제도를 뒷받침하는 관념인 '가산(家産)'에 대한 전제가 달라졌다. 1977년에 비해 평균 수명도 20년가량 늘어나 피상속인이 사망할 때쯤에는 상속인인 자녀들도 경제적으로 독립을 충분히 했을 시기이기 때문에 유류분을 남겨 상속인들의 생활을 보장해야 할 필요도 없어졌다. 유언 등을 통해 자기 재산은 자유로운 의사에 따라 처분할 수 있도록 하는 것이 재산권의 본질이므로 유류분제도는 피상속인의 재산 처분권에 대한 본질적인 침해에 해당한다." https://www.lawtimes.co.kr/Legal-News/Legal-News-View?serial=164231&kind=AA04

14) 헌재 2010. 4. 29. 2007헌바144; 헌재 2013. 12. 26. 2012헌바467.

15) 박신호, "유류분 제도의 위헌성 여부에 대한 고찰", 『법률신문』 2020년 2월 17일자, 11면.

폐지하는 것이야말로 헌법 제36조 제1항에 반하는 것으로서 위헌이다.[16] 우리나라에서 유류분 반환청구는 유류분권리자가 특별수익을 받은 다른 공동상속인 중 1인을 상대로 행해지는 경우가 상당수이며,[17] 피상속인이 아들(주로 長男)에게 상속재산의 상당액을 증여나 유증한 데 대하여 다른 자녀들(주로 딸들)이 그를 상대로 유류분 부족액의 반환을 구하는 경우도 적지 않은바,[18] 공동상속인 간의 공평 유지라는 순기능을 담당해 온 유류분제도를 폐지하는 것이 능사는 아니다. 유류분 소송이 계속 증가하고 있는 것[19]은 사회적으로 이 제도가 기능하고 있고 오히려 이 제도에 의해 권리를 보호받을 수 있는 사람들이 존재한다는 것이므로, 유류분제도를 폐지하자는 주장에는 동의하기 어렵다.[20]

물론 현대사회에서의 가족은 생산공동체라기보다는 교육·소비·여가공동체로서의 성격이 강하기 때문에, 배우자의 유류분이 아닌 자녀의 유류분에 관한 한, 오늘날 그 정당화 근거를 상속재산 형성에 따른 기여의 청산이라는 측면에서 구하는 것은 분명 비판의 여지가 있다. 그러나 일반적으로 유류분권리자는 생전에 피상속인과 긴밀한 유대관계에 있었던 사람이라고 볼 수 있으므로, 이러한 유대관계 내지 가족적 연대 그 자체에서 유류분의 정당화근거를 찾을 수 있다. 이는 자녀가 상속재산의 형성에 기여한 바가 없다고 하더라도, 자녀와 피상속인과의 유대관계 자체에서 자녀에 의한 상속의 정당성이 인정될 수 있는 것과 마찬가지이다.

이에 대하여는 가족의 연대가 해소되어 가고 있는 현대적 경향(핵가족의 붕괴, 가족 간 유대관계의 疏遠)에 비추어 비판적인 견해도 개진되고 있다. 그렇지만 유류분은 피상속인이 법정상속에서 완전히 벗어난 형태로 재산을 처분하는 것을 일정 부분 제한함으로써, 오히려 가족의 연대가 종국적으로 단절되는 것을 저지하는 기능을 갖는다. 설령 가족구성원이 피상속인과 불화관계에 있어 가족의 결합이 사실상 해체되었다고 하더라도 단지 그것만으로 유류분이 부인되어야 하는 것은 아니다. 유류분권리자에게 보장되어 있는 재산적 지분은 개별사례에서 가족구성원과 피상

16) 윤진수, “상속제도의 헌법적 근거”, 『헌법논총』 제10집(헌법재판소, 1999. 12), 199-200면.

17) 최근 법무부 용역보고서로 제출된 이동진, 『유류분법의 입법론적 연구』(법무부, 2019.11)는 2018. 1. 1.부터 2018. 12. 31.까지 전국 법원이 선고한 유류분반환청구 또는 유증 등 이행청구에 대하여 유류분의 항변을 한 제1심 판결을 전수(全數) 조사하여 분석하였는데, 이에 따르면 전체 336건 중 285건(84.82%)에서 원·피고 모두 자녀가 포함되어 있거나 자녀의 대습상속인의 지위를 갖는 그 배우자, 손자녀가 포함되어 있었다고 하면서, 이는 유류분 분쟁의 상당수가 공동상속인인 최근친 직계비속 사이에 재산분배의 차등을 둘러싸고 벌어지고 있음을 시사하는 결과라고 한다(상게서, 45면). 또한 순수한 제3자에 대한 증여는 전체의 1.2%에도 미치지 못하여 유류분분쟁의 압도적 다수는 공동상속인 사이에 발생하고 있다고 한다.

18) 이동진(주 17), 45면에 의하면 피상속인이 아들에게만 증여 또는 유증을 하여 딸(들)이 유류분반환청구를 한 경우임이 확인되는 것은 14건이었고, 10건은 장남에 대한 증여 또는 유증이 문제가 된 경우였는데, 이는 ‘비식별처리’된 판결문상 사실인정에서 원고와 피고 사이의 관계를 밝힌 경우만 셈한 것으로 실제를 상당히 과소 추계하였을 가능성이 있다고 한다.

19) 2008년 전국 법원에 접수된 유류분사건 수는 295건이었으나 10년 후인 2018년에는 1,317건으로 4.4배 늘었으며, 매년 증가 추세이다. 『조선일보』, 2020년 9월 11일자.

20) 부광득, “유류분 폐지론에 대해”, 『이투데이』, 2018년 4월 16일자.

속인 간의 우호적인 태도에 의해 좌우되는 것이 아니기 때문이다. 애초에 피상속인과 자녀 간의 관계가 양호한 경우라면 피상속인은 자녀로 하여금 타당한 범위에서 유산을 취득할 수 있도록 할 것이기 때문에, 오히려 피상속인과 자녀가 긴장관계에 있는 경우에 유류분이 중요하게 된다.

이처럼 유류분제도는 피상속인 사후에도 유류분권리자의 생활을 보장하고, 가족공동체에서 연유하는 유류분권리자의 상속에 의한 재산취득의 기대를 보호하며, 유류분권리자인 공동상속인 간의 평등을 확보한다는 점에서 여전히 중요한 기능을 수행하고 있으며,[21] 유류분제도의 이러한 기능은 곧 헌법 제36조 제1항이 보장하는 '가족생활에 대한 헌법적 보호'의 구체적 실현에 다름 아니다.[22] 이렇게 본다면 유류분제도의 근거는 법정상속제도의 근거와도 본질적으로 차이가 없다. 유류분제도는 피상속인의 재산처분의 자유·유언의 자유와 근친자의 상속권 확보에 의한 생활보장의 필요성과의 타협의 산물로 입법화된 것으로, 피상속인의 재산처분행위로부터 유족들의 생존권을 보호하고, 법정상속분의 일정비율에 상당하는 부분을 유류분으로 산정하여 상속재산형성에 대한 기여, 상속재산에 대한 기대를 보장하기 위하여 인정된 것이다.

그러므로 "가산이라는 개념이 퇴화한 오늘날, 유류분제도는 단순히 일반 국민들의 법감정, 통념, 혹은 역사적인 관성 이외에 아무 것도 아니"라고 하는 것은 수긍하기 어렵다.[23] 다만 평균수명의 연장과 그에 따른 인구구조의 변화 등 고령화사회의 도래와 함께 수반되는 급격한 사회적인 변화에 대응하여, 유류분제도의 규범취지 역시 앞으로 끊임없이 재평가되고 재구성되어야 함은 물론, 구체적인 경우 유류분반환청구권의 행사가 심히 부당한 경우에는 신의성실의 원칙(민법 제2조)을 적극적으로 활용하여 정의와 형평에 부합하는 결과가 도출되도록 세심한 운용의 묘를 발휘하여야 할 것이다. 특히 우리 민법은 독일민법과 같이 유류분박탈사유를 별도로 규정하고 있지 않기 때문에 상속결격사유가 존재하지 않는 한 유류분권리자는 원칙적으로 유류분반환청구권을 행사할 수 있다. 그러나 유류분권리자 스스로 비난받을 행위를 함으로써 친자관계에서 일탈하고 부모와의 관계를 단절하여 결과적으로 가족적 유대를 파괴시켰다면, 그러한 경우에까지 유류분을 인정해야 할 정당한 이유는 없다. 이처럼 유류분권리자가 책임 있는 사유로 가족적 유대의 소멸을 야기한 경우에는 신의칙에 비추어 유류분반환청구권의 행사는 허용되어서는 안

---

21) 이동진, "유류분법의 개정방향"(주 5), 190면은 '유언자유의 남용 통제'라는 관점에서 유류분의 정당성을 파악하면서도 이러한 논거의 타당성이 제한적이라는 점 또한 간과할 수 없다고 강조한다.

22) 정구태, "유류분제도의 존재이유에 대한 현대적 조명 -유류분제도 비판론에 대한 비판적 검토-", 『법학논총』 제33권 제2호(단국대학교 법학연구소, 2009. 12), 726-728면.

23) 변동열, "유류분 제도", 『민사판례연구』 제25권(민사판례연구회, 2003. 2), 802-804면. 이 견해는 "합리성, 효율성만이 법의 목적이라고 볼 수는 없는 만큼 유류분 제도를 폐지해야 한다고까지 생각하지는 않는다"면서도, "유류분권은 다른 여러 가지 법원칙이나 사회적 이익을 희생해가면서까지 관철시켜야만 할 강력한 권리라고 할 수는 없으므로 현행 유류분법을 해석함에 있어 이러한 점을 충분히 고려해야" 한다고 한다.

된다.[24] 어떠한 경우가 이에 해당되는지는 구체적인 사안에서 법원이 세심하게 판단하는 수밖에 없다.[25]

3) 改正私案

현행법	改正私案
제1112조(유류분의 권리자와 유류분) 상속인의 유류분은 다음 각호에 의한다. 1. 피상속인의 직계비속은 그 법정상속분의 2분의 1 2. 피상속인의 배우자는 그 법정상속분의 2분의 1 3. 피상속인의 직계존속은 그 법정상속분의 3분의 1 4. 피상속인의 형제자매는 그 법정상속분의 3분의 1	제1112조(**유류분권리자**와 **유류분비율**) **유류분권리자의 유류분비율**은 다음 각호에 의한다. 1. 피상속인의 직계비속은 그 법정상속분의 2분의 1 2. 피상속인의 배우자는 그 법정상속분의 2분의 1 3. 피상속인의 직계존속은 그 법정상속분의 3분의 1

24) 같은 취지에서 高橋朋子·床谷文雄·棚村政行, 『民法[7]: 親族·相續[第2版]』(有斐閣, 2007), 409頁; 副田隆重·棚村政行·松倉耕作, 『新·民法學[5]: 家族法』(成文堂, 2004), 307頁은 유류분권리자에게 친족으로서의 신뢰관계를 파괴하는 불신행위가 있고, 피상속인과의 사이에 실질적인 가족관계가 파탄된 경우 유류분권은 실질적인 법적 기반을 흠결하기 때문에 그 행사를 제한하여야 한다고 본다. 二宮周平, 『家族法[第2版]』(新世社, 2005), 457頁은, 유류분반환청구권은 상속인 간의 공평을 확보하기 위한 중요한 권리이기 때문에, 이러한 경우에도 원칙적으로 (日本에서 인정되는) 상속폐제 등의 제도로 대응하여야 하고 쉽게 권리남용을 인정하는 것은 타당하지 않다고 하면서도, 법률지식이 부족하여 상속폐제와 같은 절차를 알지 못하였고, 피상속인과 유류분권리자와의 가족관계가 형해화되어 신뢰관계가 파탄되고 상속폐제가 인정될 만큼 중대한 사정이 있는 경우에는 예외적으로 권리남용법리가 적용되어야만 한다고 지적한다. 日本 東京地方裁判所 2003. 6. 27. 판결도 같은 취지에서 "피상속인과 유류분권리자 사이의 신분관계가 형해화되어 유류분반환청구권의 행사가 정의형평의 관점에 비추어 부당하다고 인정되는 특단의 사정이 있는 경우에 한"해 반환청구권의 남용이 인정되어야 한다고 보았다. 『金融法務事情』 第1695號(金融財政事情研究所, 2004. 1), 110頁.

25) 부산지방법원 1993. 6. 17. 선고 92가합4498 판결의 다음과 같은 판시는 그 좋은 예이다: "모든 법률관계의 당사자는 상대방의 이익을 배려하여 형평에 어긋나거나 신뢰를 저버리는 내용 또는 방법으로 권리를 행사하여서는 안 된다는 민법상 신의성실의 원칙의 적용을 받는다고 할 것인바, 위 기초사실에 의하면 원고(유류분권리자-筆者 註)들은 피고(반환청구의 상대방-筆者 註)와의 많은 나이 차이로 인하여 이 사건 부동산을 형성하고 관리하는 데 기여한 바도 없고, 원고들의 아버지인 소외 1이 사망하자 자신들의 상속분을 분배받기에 급급하였으며 어머니인 소외 2가 8년간이나 투병생활을 하는 동안 부모를 부양하여야 할 자식으로서의 의무를 저버리고 병간호에 정신적으로나 물질적으로 아무런 도움을 주지 않고 오로지 피고에게만 모든 것을 부담시키다가, 소외 2가 사망하자 피고가 이미 10년 전에 증여받은 소외 2의 재산(앞에서도 본 바와 같이 8년간의 투병생활로 거의 소비되었을 가능성이 크다)에 관하여 분배를 요구하면서 소외 2의 증여행위로 원고들의 유류분이 침해받았다고 하여 유류분반환청구권을 행사하는 것인데, 이는 증여 및 처분 이후 10년여 동안 형성된 피고의 신뢰를 저버리는 것일 뿐 아니라, 선량한 풍속 기타 사회질서를 보호하려는 우리 법질서와 조화되지 않고 사회 일반의 정의관념과 형평성에 비추어 용납될 수 없는 것으로 신의성실의 원칙에 위반되어 허용될 수 없다고 할 것이므로 이유 없다."

2. 기여분과 유류분

(1) 제시 설문

8-나. 기여분과 유류분의 관계에 관하여 개정이 필요하다고 생각하는 내용은 무엇입니까. (중복응답 가능)

(1) 기여분이 결정된 경우 민법[26] 제1113조 제1항의 피상속인의 상속개시시에 있어서 가진 재산에서 공제됨을 명문화해야 한다.

(2) 민법 제1118조에서 기여분에 관한 민법 제1008조의2도 준용해야 한다.

(3) 유류분반환사건을 다류 가사소송사건으로 규정하고, 유류분반환청구시에도 기여분을 결정할 수 있도록 민법 제1008조의2를 개정해야 한다.

(4) 기타: (   )

(5) 없음

(2) 설문 취지

1) 8-나. (1)

제1113조 제1항에 기여분이 유류분 산정을 위한 기초재산(이하 '유류분 기초재산'이라 한다)에서 공제된다는 취지를 밝힘으로써 유류분 기초재산에서 기여분을 공제할 법적 근거를 마련하자는 것이다.

2) 8-나. (2)

제1118조에서 기여분에 관한 제1008조의2를 준용함으로써 유류분 기초재산에서 기여분을 공제할 법적 근거를 마련하자는 것이다.[27]

3) 8-나. (3)

유류분반환을 가사소송법상 소송사건의 일종으로 규정하여 유류분반환청구와 상속재산분할 절차를 병합할 수 있도록 하자는 것이다.[28]

---

26) 이하에서 한국 민법 규정은 法名의 표기 없이 인용한다.
27) 정구태(주 9), 189면.
28) 윤진수, "유류분 침해액의 산정방법", 『민법논고 Ⅶ』(박영사, 2015), 377면 주 51.

(3) 분 석

1) 결 과

Q73 8-나. 기여분과 유류분의 관계에 관하여 개정이 필요하다고 생각하는 내용은 무엇입니까? (중복응답 가능)

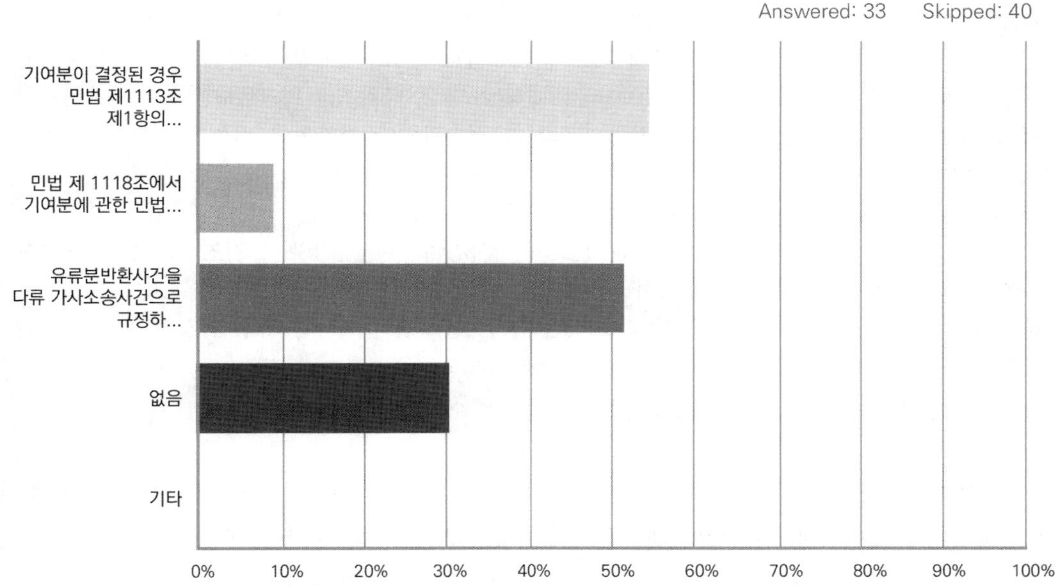

"(1) 기여분이 결정된 경우 민법 제1113조 제1항의 피상속인의 상속개시시에 있어서 가진 재산에서 공제됨을 명문화해야 한다."는 의견이 18명, "(3) 유류분반환사건을 다류 가사소송사건으로 규정하고, 유류분반환청구시에도 기여분을 결정할 수 있도록 민법 제1008조의2를 개정해야 한다."는 의견이 17명으로 나왔다.

2) 검 토

제1113조 제1항에 기여분이 유류분 기초재산에서 공제된다는 취지를 밝히고, 제1118조에서 기여분에 관한 제1008조의2를 준용함으로써 유류분 기초재산에서 기여분을 공제할 법적 근거를 마련하는 것이 바람직하다.29) 반면 유류분반환사건을 가사사건으로 규정하는 것은 가정법원의 전속관할의 범위를 확대하는 결과가 되어 전문적 후견법원으로서의 가정법원을 창설하고자 한 가사소송법의 제정취지와는 배치되므로, 立法論으로서 우선적으로 고려되기에는 곤란하다. 그보다는 가사소송법에 견련관계를 요건으로 하여 가사사건과 민사사건의 병합을 위한 일반규정을

29) 이는 기여분이 이미 결정된 것을 전제로 한다. 기여분이 결정되기 전이라면 유류분반환사건을 다루는 민사법원이 이를 결정할 수 있는 근거는 없다.

신설함으로써 유류분반환소송 중에도 상속재산분할심판을 통해 기여분을 결정할 수 있도록 하는 것이 바람직하다.[30] 2017. 3. 22. 법무부안으로 입법예고되어 2018. 2. 27. 국무회의를 통과한 가사소송법 전부개정법률안 제6조의 태도도 이와 같다.[31]

> 제6조(관련 민사사건의 이송 등) ① 가정법원 제1심에 계속된 가사소송사건 또는 상대방이 있는 가사비송사건 청구에 대한 판단의 전제가 되거나 재판결과가 모순저촉될 우려가 있어 이와 동시에 해결할 필요성이 있는 약정이행청구 또는 손해배상청구, 그 밖의 양육비, 재산분할, 상속재산분할 등과 관련된 민사사건(제3자와의 소송을 포함하며 전속관할이 정하여진 소송은 제외한다. 이하 "관련 민사사건"이라한다)이 지방법원 제1심에 계속된 경우 해당 가정법원은 직권으로 또는 당사자의 신청에 따라 결정으로 해당 지방법원에 관련 민사사건의 이송을 요청할 수 있다.
> ② 제1항의 이송요청을 받은 지방법원은 관련 민사사건의 절차가 명백히 지연되는 등의 특별한 사정이 없는 한 결정으로 관련 민사사건을 해당 가정법원에 이송하여야 한다.
> ③ 당사자는 가사소송사건 또는 상대방이 있는 가사비송사건이 계속된 가정법원 제1심의 허가를 받아 관련 민사사건의 소를 그 가정법원에 제기할 수 있다.
> ④ 관련 민사사건은 재산관계 가사소송사건의 절차에 따른다. (하략)

한편, 기여분이 결정된 경우 기여분권리자는 결과적으로 기여분만큼 다른 공동상속인보다 더 취득하여야 공평한데, 현행법의 해석상으로는 유류분권리자의 순상속분액 산정시 유류분권리자의 기여분도 이에 포함될 수밖에 없어 오히려 기여분권리자에게 불공평한 결과가 발생한다. 가령 상속재산 600, 상속인으로 자녀 甲, 乙, 丙 3인이 있는데, 甲의 기여분이 300으로 이미 결정되었고 상속인이 아닌 제3자 丁에게 상속 개시 전 1년 이내에 600의 생전증여가 이행되었다고 가정한다. 甲, 乙, 丙의 유류분액은 150{=(상속재산 300[32]+증여액 600)×1/3×1/2}이 되고, 상속재산 600 중 기여분 300을 공제한 300이 甲, 乙, 丙에게 각각 법정상속분비율로 분할되어 甲, 乙, 丙은 각각 100씩 취득하므로, 甲은 100에 기여분 300을 합한 400을, 乙과 丙은 각각 100을 상속재산 분할과정에서 취득하게 된다.

현행법의 해석으로는 이때 甲은 유류분(150)을 초과하는 구체적 상속분(400)을 얻게 되었으므로 유류분 부족액이 없고, 乙과 丙은 유류분반환청구권 행사에 의하여 각각 유류분 부족액인

30) 정구태, "2015년 상속법 관련 주요 판례 회고", 『사법』 제35권(사법발전재단, 2016. 3), 65면. 그리하여 유류분반환청구를 받은 상대방은 가정법원에 상속재산분할을 청구하고 그 심판절차에서 자신의 기여분을 결정해 달라고 청구한 후에 가정법원에 관련 민사사건으로서 유류분반환 사건의 이송을 요청하면 된다.

31) 김상훈, "가사사건과 관련된 민사사건의 이송에 관한 법적 고찰 -가사소송법 전부개정법률안을 중심으로-", 『법조』 제66권 제3호(법조협회, 2017. 6), 341-382면.

32) 기여분이 이미 결정된 경우 유류분 기초재산에서 기여분을 공제할 법적 근거가 마련되는 것(입법)을 전제로 한다.

50(=유류분액 150－구체적 상속분 100)을 丁로부터 반환받을 수 있게 되어, 최종적인 귀속 이익은 甲은 400, 乙과 丙은 각각 150(=구체적 상속분 100+유류분반환액 50), 丁은 200(=증여액 300－유류분반환액 100)이 된다. 甲의 기여분이 300으로 결정되었으므로 甲은 乙과 丙보다 최종적으로 300을 더 받아야 되는데,[33] 위와 같이 250만큼만 더 받게 되어 결과적으로 50만큼 손해를 보게 된다.[34] 따라서 유류분 기초재산에서 기여분을 공제하는 대신 유류분권리자의 순상속분액 산정 시에도 기여분을 공제하여 유류분 부족액을 산정할 필요가 있다. 이러한 방법에 의하면 위 예에서 甲의 순상속분액은 100(기여분 300은 불포함)이 되므로 甲도 丁에게 50만큼 유류분 부족액의 반환을 구할 수 있고, 결국 甲의 최종적인 귀속 이익은 450(=순상속분액 100+기여분 300+유류분 부족액 50)이 되어, 甲은 乙과 丙의 최종적인 귀속 이익인 150보다 300만큼 더 취득하게 된다.

3) 改正私案

현행법	改正私案
제1113조(유류분의 산정) ①유류분은 피상속인의 상속개시시에 있어서 가진 재산의 가액에 증여재산의 가액을 가산하고 채무의 전액을 공제하여 이를 산정한다. ②조건부의 권리 또는 존속기간이 불확정한 권리는 가정법원이 선임한 감정인의 평가에 의하여 그 가격을 정한다.	제1113조(<u>유류분 부족액</u>의 산정) <u>① 유류분권리자의 유류분 부족액은 다음 계산식에 의하여 산정한다.</u> <u>유류분 부족액={유류분 산정의 기초가 되는 재산(A)×유류분권리자의 유류분비율}－유류분권리자의 특별수익액(B)－유류분권리자의 순상속분액(C)</u> <u>A=적극적 상속재산+증여액－상속채무액</u> <u>B=유류분권리자의 수증액+수유액</u> <u>C=유류분권리자가 상속에 의하여 얻는 재산액－상속채무 분담액</u> <u>② 제1008조의2에 의해 기여분이 결정된 경우에는 제1항의 계산식 A와 C에서 이를 각각 공제한다.</u> ③ 조건부의 권리 또는 존속기간이 불확정한 권리는 <u>법원</u>[35]이 선임한 감정인의 평가에 의하여 그 가격을 정한다.

33) 이동진, "유류분법의 개정방향"(주 5), 200면도 "기여분만큼 더 받는 것을 유류분법으로 막는다면 명백히 불공평하고 불합리"하다고 하면서, "실체법적으로는 유류분반환청구에서 기여분 공제의 항변을 허용하고, 이 맥락에서 기여분을 유증을 공제한 순상속재산(제1008조의2 제3항)이 아닌 그것에 당해 유류분권리자에 대한 특별수익을 가산한 범위에서 인정하며, 기여분은 유류분산정의 기초재산에서 제외하도록 함으로써 이러한 결과를 달성할 수 있다"고 한다. 최준규 집필부분, 『주해상속법<제2권>』(박영사, 2019), 1012면도 "기여분을 유류분산정의 기초재산에서 공제해준다면 유류분부족액 산정시 기여분만큼 가산해주는 것이 수미일관하다"고 한다.

34) 甲에게 기여분이 인정되었다고 하여 유류분반환의무자인 丁의 반환액이 줄어들어야 될 아무런 이유가 없다.

35) 유류분반환사건은 민사사건인데 '가정법원'이 감정인을 선임하도록 규정한 것은 명백한 입법상 오류이다. 최

제1118조(준용규정) 제1001조(대습상속), 제1008조(특별수익자의 상속분), 제1010조(대습상속분)의 규정은 유류분에 이를 준용한다.	제1118조(준용규정) 제1001조(대습상속), 제1008조(특별수익자의 상속분), **<u>제1008조의2(기여분)</u>**, 제1010조(대습상속분)의 규정은 유류분에 이를 준용한다.

3. 특별수익과 유류분

(1) 제시 설문

> 8-다. 특별수익과 유류분의 관계에 관하여 개정이 필요하다고 생각하는 내용은 무엇입니까. (중복응답 가능)
> (1) 공동상속인에 대한 특별수익도 제1114조 제2문과 같이 기간의 제한 없이 산입됨(판례)을 명문화해야 한다.
> (2) 공동상속인에 대한 특별수익도 제1114조 제1문과 같이 원칙적으로 상속개시 전 1년간에 이루어진 증여만 산입됨을 명문화해야 한다.
> (3) 기타: (   )
> (4) 없음

(2) 설문 취지

1) 8-다. (1)

상속인에 대한 특별수익도 제1114조 제2문과 같이 기간의 제한 없이 산입됨(판례[36])을 명문화함으로써 해석론상 불필요한 다툼의 여지를 막자는 것이다.

2) 8-다. (2)

상속개시보다 훨씬 전에 행해진 상속인에 대한 증여까지 유류분 산정에서 고려하는 것은 문제가 있으며, 해석론으로서도 제1114조는 제1008조에 대한 특별규정으로서 상속인에 대한 증여라도 상속개시 전 1년 전의 것은 손해를 가할 것을 안 때에만 유류분 기초재산에 산입되어야 함[37]에도 판례는 이와 반대의 취지를 견지하고 있으므로, 상속인에 대한 증여도 제1114조 제1문

준규 집필부분(주 33), 933면.

36) 대법원 1995. 6. 30. 선고 93다11715 판결; 대법원 1996. 2. 9. 선고 95다17885 판결 등. 헌법재판소 2010. 4. 29. 선고 2007헌바144 결정도 공동상속인의 특별수익에 대하여 그 증여가 이루어진 시기를 묻지 않고 모두 유류분 기초재산에 산입하도록 하는 제1118조의 준용조항은, 유류분권리자의 보호와 공동상속인들 상호간의 공평을 입법목적으로 하는 것으로서 반환의무자의 재산권을 침해하지 않는다고 한다. 이에 찬동하는 취지의 평석으로 정구태, "공동상속인 간의 유류분 반환과 특별수익", 『가족법연구』 제24권 제3호(한국가족법학회, 2010. 11), 451-488면.

37) 윤진수, 『친족상속법강의[제3판]』(박영사, 2020), 590면.

과 같이 원칙적으로 상속개시 전 1년간에 이루어진 것만 산입됨을 명문화함으로써 판례의 태도를 입법적으로 변경하자는 것이다.[38]

(3) 분 석

1) 결 과

Q74 8-다. 특별수익과 유류분의 관계에 관하여 개정이 필요하다고 생각하는 내용은 무엇입니까? (중복응답 가능)

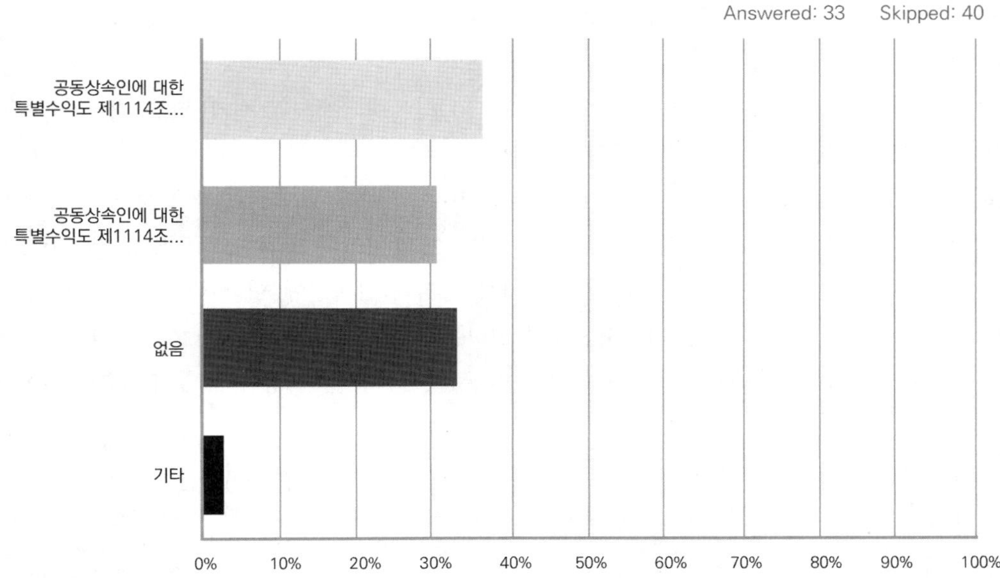

“(1) 공동상속인에 대한 특별수익도 제1114조 제2문과 같이 기간의 제한 없이 산입됨(판례)을 명문화해야 한다.”는 의견이 12명, “(2) 공동상속인에 대한 특별수익도 제1114조 제1문과 같이 원칙적으로 상속개시 전 1년간에 이루어진 증여만 산입됨을 명문화해야 한다.”는 의견이 10명, 개정할 필요가 없다는 의견이 11명으로 나왔다. 적극적으로 판례를 명문화하자는 의견이 12명, 이와 정반대로 판례에 반대하는 취지를 명문화하자는 의견이 10명으로 백중세를 이룬 가운데, 굳이 개정할 것 없이 현재와 같이 해석론에 맡겨두자는 의견도 11명에 달하였다.

2) 검 토

제1118조가 제1008조를 준용하고 있는 이상 해석론으로서는 판례에 찬동할 수밖에 없다고 하더라도,[39] 판례와 같이 상속인에 대한 특별수익이라는 이유로 기간의 제한 없이 유류분 기초

38) 최준규(주 8), 379면은, 해석론으로서는 판례에 찬동하면서도 입법론으로서는 상속인에 대한 증여도 제3자에 대한 증여와 동일하게 상속개시 전 1년 내에 이루어진 것만 산입하는 것이 바람직하다고 한다.

39) 최준규(주 8), 376면도 제1008조는 증여액을 ‘가산’하여 도출된 상정 상속분에 증여액을 기간 제한 없이 ‘공

재산에 포함할 경우, 심지어 3~40년 전에 행해진 증여까지 수증시가 아닌 상속개시시의 가액으로 산입[40]되게 되어 수증자에게 지나치게 불리한 결과가 초래됨은 부인할 수 없다. 그렇다고 판례에 반대하는 입장에 따르면, 유류분반환청구의 대부분이 공동상속인을 상대로 행해지는 현실에서 상속개시 전 1년 전에 행해진 특별수익에 해당하는 증여는 원칙적으로 유류분 기초재산에서 제외됨으로써 유류분제도 자체가 유명무실해질 공산이 크다.[41] 따라서 입법론으로서는 상속인에 대한 특별수익과 특별수익에 해당하지 않는 증여[42]를 구별하되, 상속인에 대한 특별수익이라 하여 현행법의 해석과 같이 무제한적으로 산입할 것이 아니라 일정 기간 내에 행해진 것만을 산입하는 것이 바람직하다.[43]

살피건대, 상속세 및 증여세법 제13조 제1항 제1호는 상속개시일 전 10년 이내에 피상속인이 상속인에게 증여한 재산은 상속재산의 가액에 가산하도록 규정하고 있다는 점에서, 立法論으로서는 상속인에 대한 특별수익으로서 상속개시 전 10년 이내에 행해진 것만 유류분 기초재산에 포함하는 것이 적절할 것으로 생각된다.[44] 우리 민법 제1114조와 동일한 내용을 규정하던 2018년 개정 전 일본민법 제1030조도 2018년 민법개정에 의해 상속인에 대한 특별수익은 상속개시 전 10년간에 행해진 것만 유류분 기초재산에 산입하는 것으로 변경되었다(제1044조 제3항[45]). 유의할 것은 제1118조가 제1008조를 준용하므로 유류분 부족액을 산정함에 있어 공제하여야 할

제'하여 구체적 상속분을 산정하라는 취지로 해석되어, 제1008조의 참뜻에는 문언상의 '공제'뿐만 아니라 문언에 규정되지 않은 '산입'도 당연히·논리필연적으로 포함되는데, 그렇다면 제1008조를 유류분에 준용할 때에도 '공제'는 물론 '산입'까지 포함하는 그 참뜻은 그대로 옮아가야 하고, 따라서 '산입'까지도 유류분에 준용되는 한 특별수익은 기간 제한 없이 반환대상이 된다고 보는 해석론이 제1114조의 문언 체계와도 어울린다고 한다.

40) 대법원 2009. 7. 23. 선고 2006다28126 판결. 정구태, "유류분반환의 방법으로서 원물반환의 원칙과 가액반환의 예외", 『영남법학』 제30호(영남대학교 법학연구소, 2010. 4), 158면.

41) 필자는 종래 상속인에 대한 증여의 경우에도 마찬가지로 시적 제한을 두는 입법론에 대하여 "피상속인은 상속개시 전의 1년 이전에 대다수의 재산을 공동상속인 중 일부에게 증여함으로써 손쉽게 유류분제도에 의한 제약을 회피할 수 있게 되고 공동상속인간의 공평을 크게 저해한다."는 이유로 반대한 바 있는데(정구태 <주 36>, 472면), 이는 상속인에 대한 특별수익과 제3자에 대한 증여를 구분하지 않고 동일하게 상속개시 전 1년이라는 시적 제한을 두고자 하는 입법론(주 8)에 대한 비판이었다.

42) 제3자에게 행해진 증여는 당연히 포함되며, 상속인에게 행해진 증여로서 상속분의 선급에 해당되지 않는 것(가령 사치품의 증여)도 포함된다.

43) 윤진수, "상속법의 변화와 앞으로의 과제", 『우리 법 70년 변화와 전망 -사법을 중심으로-: 청헌 김증한 교수 30주기 추모논문집』(법문사, 2018), 622면.

44) 이소은(주 2), 208면.

45) 2018년 개정 일본민법 제1044조 ① 증여는 상속 개시 전 1년 간에 행한 것에 한하여 전조의 규정에 따라 그 가액을 산입한다. 당사자 쌍방이 유류분권리자에게 손해를 가한다는 것을 알고서 증여를 한 때에는, 1년 전의 날보다 전에 행한 것에 관하여도 같다. ② 제940조의 규정은 전항에 규정한 증여의 가액에 관하여 준용한다. ③ 상속인에 대한 증여에 관한 제1항의 규정의 적용에 있어서는, 같은 항 중 "1년"을 "10년"으로, "가액"을 "가액(혼인 또는 양자 결연을 이유로, 혹은 생계의 자본으로서 받은 증여의 가액에 한한다)"으로 각각 본다.

유류분권리자의 수증액은 증여의 시기에 관계없이 고려되어야 한다는 것이다.[46)]

3) 改正私案

현행법	改正私案
제1114조(산입될 증여) 증여는 상속개시전의 1년간에 행한 것에 한하여 제1113조의 규정에 의하여 그 가액을 산정한다. 당사자쌍방이 유류분권리자에 손해를 가할 것을 알고 증여를 한 때에는 1년전에 한 것도 같다.	제1114조(산입될 증여) ① **제1008조의 특별수익에 해당하는 증여는 상속개시전의 10년간에 이행이 완료된 것에 한하여 제1113조 제1항의 계산식 A에 산입된다.** ② **제1008조의 특별수익에 해당하지 않는 증여는 상속개시전의 1년간에 이행이 완료된 것에 한하여 제1113조 제1항의 계산식 A에 산입된다. 다만, 당사자쌍방이 유류분권리자에게 손해를 가할 것을 알고 한 증여는 1년전에 이행이 완료된 것도 같다.** ③ **제1008조의 특별수익에 해당하는 증여는 이행이 완료된 시기에 관계없이 제1113조 제1항의 계산식 C에 산입된다.**

4. 유류분 기초재산에 산입되는 증여

(1) 제시 설문

8-라. 산입되는 증여에 관하여 개정이 필요하다고 생각하는 내용은 무엇입니까. (중복응답 가능)

(1) 상속개시 전의 1년간에 행한 것이 증여계약의 체결시를 기준으로 하는지, 이행시를 기준으로 하는지 명문화해야 한다.

(2) 부당대가에 의한 유상행위도 당사자 쌍방이 손해를 가할 것을 알고 한 경우에는 증여로 산입됨을 명문화해야 한다.

(3) 기타: (　　　　　　　　　　　　　　　　　　　　　　　)

(4) 없음

(2) 설문 취지

1) 8-라. (1)

상속개시 전의 1년간에 행한 것이 판례대로 증여계약의 체결시를 기준으로 하는 것인지, 아니면 성립요건주의를 취하는 우리 민법의 태도에 따라 이행시를 기준으로 하는 것인지를 분명히 하자는 것이다.

---

46) 정구태, "유류분 부족액 산정 시 유류분제도 시행 전 이행된 특별수익의 취급", 『2018년 가족법 주요 판례 10선』(세창출판사, 2019), 187면. 윤진수(주 43), 622면 주 77도 같은 취지이다.

2) 8-라. (2)

2018년 개정 전 일본민법 제1039조의 태도이다.

(3) 분 석

1) 결 과

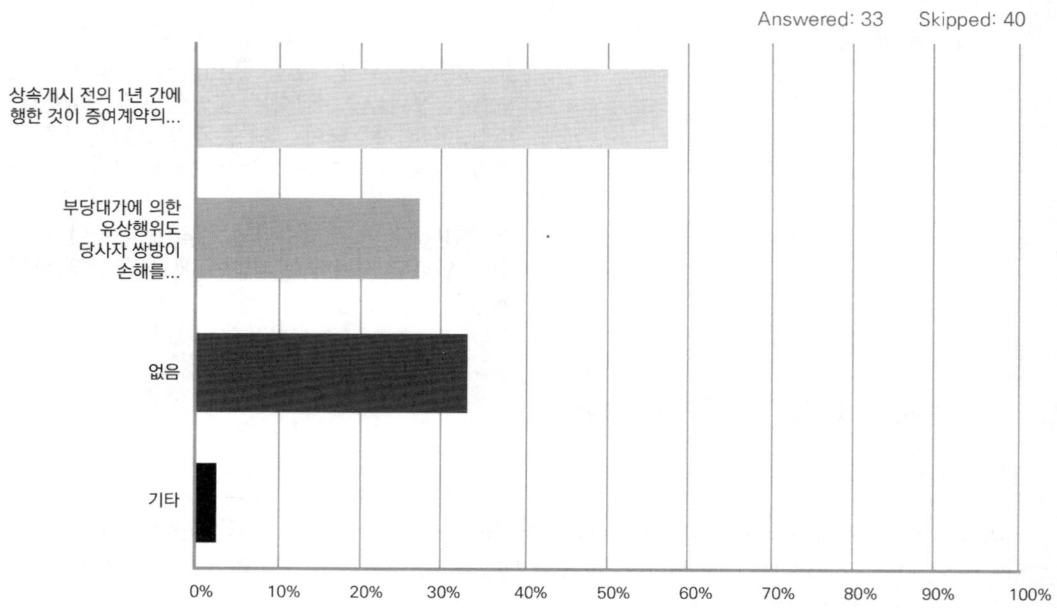

"(1) 상속개시 전의 1년간에 행한 것이 증여계약의 체결시를 기준으로 하는지, 이행시를 기준으로 하는지 명문화해야 한다."는 의견이 19명, "(2) 부당대가에 의한 유상행위도 당사자 쌍방이 손해를 가할 것을 알고 한 경우에는 증여로 산입됨을 명문화해야 한다."는 의견이 9명, 개정할 필요가 없다는 의견이 11명으로 나왔다.

2) 검 토

상속개시 전의 1년간에 행한 것이 증여계약의 체결시를 기준으로 하는지, 이행시를 기준으로 하는지 명문화해야 한다는 의견이 다수였다. 그렇다면 남는 문제는 증여계약의 체결시를 기준으로 할 것인지 아니면 이행시를 기준으로 할 것인지 여부이다. '상속개시 전 1년간에 행한 증여'라 함은 당해 증여재산이 상속재산으로부터 이탈되는 것이 확정된 때를 기준으로 하는바, 종래 다수설[47]은 증여'계약'이 상속개시 전 1년간에 체결된 경우만 이에 해당되며, 증여계약은 상

47) 곽윤직, 『상속법』(박영사, 1997), 457면 등 다수. 최준규 집필부분(주 33), 941면 주 3에 인용된 문헌 참조.

속개시 전 1년 전에 체결되었으나 그 '이행'이 상속개시 전 1년간에 행해진 경우는 이에 해당되지 않는다고 해석하여 왔다. 그러나 이는 일본에서의 通說[48]을 무비판적으로 수용한 것으로서, 물권변동에 있어서 대항요건주의 내지 의사주의를 취하고 있는 일본에서는 '계약시'에 소유권이 이전되므로, 상속개시 전 1년 전에 증여계약이 체결되었으나 그 이행이 상속개시 전 1년간에 행해진 경우는 이에 해당되지 않는다고 해석할 수 있으나, 성립요건주의 내지 형식주의를 취하고 있는 우리 민법 하에서는 계약의 '이행시'에 소유권이 이전되므로, 상속개시 전 1년 전에 증여계약이 체결되었으나 그 이행이 상속개시 전 1년간에 행해진 경우도 당연히 이에 해당된다고 보아야 한다. 즉, 우리 민법상으로 '상속개시 전 1년간에 행한 증여'는 증여계약체결시가 언제인지에 관계없이, 증여재산이 부동산인 경우는 등기시를, 동산인 경우는 인도시를 기준으로 하여 그 시점이 상속개시 전 1년 이내인지에 따라 판단하여야 한다.[49] 이는 종래 판례를 변경하는 것이므로 민법에 이러한 취지를 명문화할 필요가 있다.

한편, 유상행위라도 대가가 상당하지 않은 경우에 당사자 쌍방이 유류분권리자를 손해를 가할 것을 알고 한 때에는 제1114조 후문을 유추하여 이를 증여로 보고 실질적 증여액을 산입하여야 한다는 것이 통설이므로,[50] 이는 굳이 민법에 명문화하지 않아도 해석론으로 같은 결론을 도출할 수 있다.

3) 改正私案

현행법	改正私案
제1114조(산입될 증여) 증여는 상속개시전의 1년간에 행한 것에 한하여 제1113조의 규정에 의하여 그 가액을 산정한다. 당사자쌍방이 유류분권리자에 손해를 가할 것을 알고 증여를 한 때에는 1년전에 한 것도 같다.	제1114조(산입될 증여) ① 제1008조의 특별수익에 해당하는 증여는 상속개시전의 10년간에 **이행이 완료된 것**에 한하여 제1113조 제1항의 계산식 A에 산입된다. ② 제1008조의 특별수익에 해당하지 않는 증여는 상속개시전의 1년간에 **이행이 완료된 것**에 한하여 제1113조 제1항의 계산식 A에 산입된다. 다만, 당사자쌍방이 유류분권리자에게 손해를 가할 것을 알고 한 증여는 1년전에 이행이 완료된 것도 같다. ③ 제1008조의 특별수익에 해당하는 증여는 **이행이 완료된** 시기에 관계없이 제1113조 제1항의 계산식 C에 산입된다.

48) 內田貴, 『民法Ⅳ -親族・相續-[補訂版]』(東京大學出版會, 2004), 506頁.

49) 정구태, "유류분제도 시행 전 증여된 재산에 대한 유류분반환", 『홍익법학』 제14권 제1호(홍익대학교 법학연구소, 2013. 2), 861면. 같은 취지로 오수원, "유류분 산정에 가산되는 증여의 기준시점", 『법학논총』 제17권 제1호(조선대학교 법학연구원, 2010. 3), 317면; 윤진수(주 37), 588면; 최준규 집필부분(주 33), 941면.

50) 박병호, 『가족법』(한국방송통신대학교 출판부, 1991), 477면.

5. 유류분반환청구권의 법적 성질 및 유류분반환방법

(1) 제시 설문

8-마. 유류분반환청구권의 법적 성질에 관하여 개정이 필요하다고 생각하는 내용은 무엇입니까. (중복응답 가능)
(1) 유류분반환청구권의 법적 성질이 형성권임을 명문화해야 한다.
(2) 유류분반환청구권의 법적 성질을 금전채권(가액반환청구권)으로 명문화해야 한다.
(3) 수증자가 증여의 목적을 타인에게 양도한 때에는 유류분권리자에게 그 가액을 변상하여야 함을 명문화해야 한다.
(4) 악의의 양수인에 대해서는 유류분반환이 가능함을 명문화해야 한다.
(5) 수증자 및 수유자는 반환 한도에서 증여 또는 유증의 목적의 가액을 유류분권리자에게 변상함으로써 반환의무를 면할 수 있도록 명문화해야 한다.
(6) 수증자는 반환청구가 있은 날 이후의 과실을 반환해야 함을 명문화해야 한다.
(7) 기타: (   )
(8) 없음

(2) 설문 취지

1) 8-마. (1)

우리 민법은 '減殺'라고 표현하였던 2018년 개정 전 일본민법과 달리 '반환'이라고 표현하여 그 법적 성질을 둘러싸고 판례[51]를 지지하는 형성권설[52]과 이에 반대하는 청구권설[53] 간에 대립이 있어 왔는바, 판례를 명문화하여 견해 대립을 종식하자는 것이다.

2) 8-마. (2)

유류분반환방법을 가액반환으로 변경하자는 것이다.[54]

3) 8-마. (3)

2018년 개정 전 일본민법 제1040조 제1항 본문의 태도이다.

4) 8-마. (4)

판례는 형성권설을 취하면서도 악의의 양수인에 대한 추급을 인정하는 명문의 규정이 없는

51) 대법원 2013. 3. 14. 선고 2010다42624 판결.

52) 대표적으로 김형석, "유류분의 반환과 부당이득", 『민사판례연구』 제29권(민사판례연구회, 2007. 3), 145-198면; 정구태, "유류분반환청구권의 법적 성질에 대한 시론적 고찰", 『동아법학』 제42호(동아대학교 법학연구소, 2008. 8), 229-272면.

53) 대표적으로 윤진수, "유류분반환청구권의 성질과 양수인에 대한 유류분반환청구 -대법원 2015. 11. 12. 선고 2010다104768 판결-", 『법학논총』 제36권 제2호(전남대학교 법학연구소, 2016. 6), 131-140면; 최준규 집필부분(주 33), 971-972면.

54) 박세민, "유류분제도의 현대적 의의", 『일감법학』 제33호(건국대학교 법학연구소, 2016. 2), 97-98면; 윤진수(주 43), 621-622면; 이소은(주 2), 206면; 최준규(주 8), 368-371면.

현행법 하에서 해석에 의해 이를 인정하여 왔는바,[55] 2018년 개정 전 일본민법 제1040조 제1항 단서와 같은 명문의 규정을 신설함으로써 법적 근거를 마련하자는 것이다.

5) 8-마. (5)

2018년 개정 전 일본민법 제1041조 제1항의 태도이다.

6) 8-마. (6)

2018년 개정 전 일본민법 제1036조의 태도이다.

(3) 설문 결과

1) 결 과

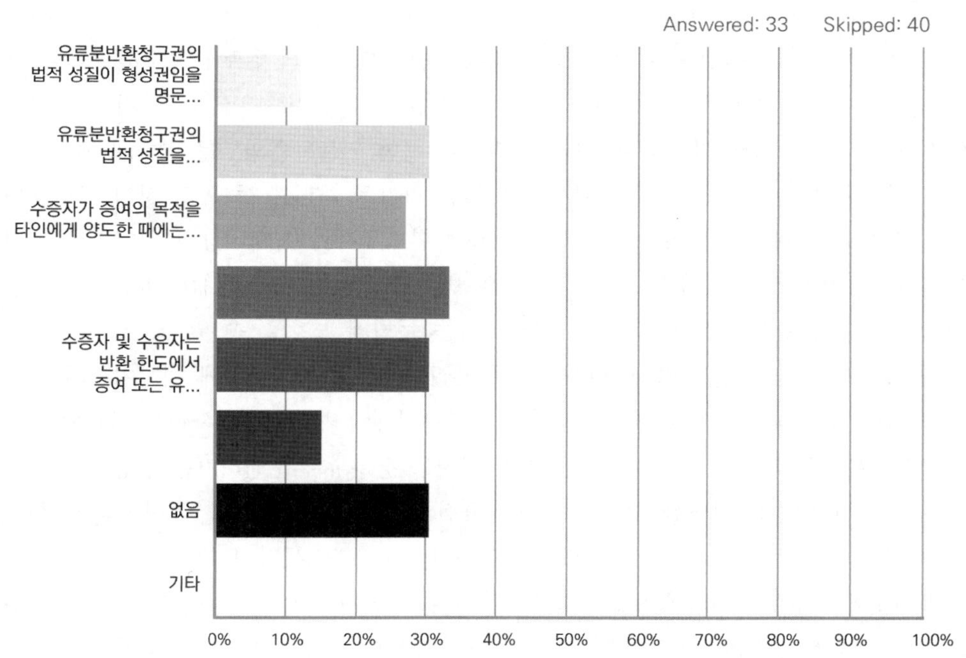

"(2) 유류분반환청구권의 법적 성질을 금전채권(가액반환청구권)으로 명문화해야 한다."는 의견이 10명, "(4) 악의의 양수인에 대해서는 유류분반환이 가능함을 명문화해야 한다."는 의견이 11명, "(5) 수증자 및 수유자는 반환 한도에서 증여 또는 유증의 목적의 가액을 유류분권리자에게 변상함으로써 반환의무를 면할 수 있도록 명문화해야 한다."는 의견이 10명으로 나왔다.

55) 대법원 2002. 4. 26. 선고 2000다8878 판결; 대법원 2016. 1. 28. 선고 2013다75281 판결.

2) 검 토

판례의 태도인 형성권설을 명문화하자는 데 대해서는 그다지 공감대가 형성되지 않은 반면, 형성권설을 전제로 악의의 양수인에 대한 반환 규정 및 반환의무자의 가액변상 규정을 각각 신설하자는 의견이 다수인 점이 이채로웠고, 이와 반대로 유류분반환방법을 아예 가액반환으로 변경하자는 의견이 많았다는 점도 특기할 만하다.

살피건대, 판례가 형성권설을 전제로 원물반환원칙을 고수하는 데 대해서는 원활한 가업승계에 큰 장애가 된다는 등 비판적인 견해가 유력한바,[56] 2018년 개정 전 일본민법 제1041조 제1항과 같이 반환의무자의 가액변상 규정을 신설하는 것은, 유류분권리자를 두텁게 보호하기 위해 형성권설을 취하면서도 원물반환 원칙의 경직성을 크게 완화할 수 있다는 점에서 입법론으로서 고려해 봄 직하다.[57] 반환의무자의 가액변상권을 인정한다고 하여 2018년 개정 일본민법과 같이 유류분반환방법이 아예 가액반환으로 변경되는 것은 아니다. 즉, 유류분반환청구에 대하여 반환의무자가 가액반환을 주장하더라도 이로써 곧 유류분권리자가 반환청구에 의해 취득하는 구체적 권리가 금전채권으로 변경되는 것은 아니며, 반환의무자가 실제로 유류분권리자에게 가액으로 변상하였을 때 비로소 반환의무자는 유류분권리자에 대한 원물반환의무를 면하게 된다.[58] 반환의무자가 피상속인으로부터 증여받은 부동산에 대한 환가의 어려움 등 여러 사정으로 유류분권리자에게 실제로 가액으로 변상하지 못하였다면, 반환의무자의 가액변상 규정이 신설되더라도 유류분권리자의 반환청구에 의해 유류분권리자와 반환의무자 간에는 현재와 마찬가지로 곧바로 물권적 공유관계가 형성되고 이로써 유류분권리자는 두텁게 보호될 수 있다.

반면, 2018년 개정 일본민법에 의하면 유류분권리자는 반환의무자에 대하여 유류분반환청구에 의해 취득한 구체적 권리로서 금전채권인 유류분침해액청구권을 행사할 수 있는 데 불과하므로, 반환의무자가 곧바로 그 금전을 준비하기 어려운 경우 유류분권리자는 법원이 반환의무자의 청구에 따라 허여하는 상당한 기간을 기다려 금전 반환을 구해야 하고, 끝내 반환의무자가 금전반환의무를 이행하지 않으면 다시 별도의 판결을 받아 반환의무자의 재산에 강제집행을 해야 한다. 이 경우에도 유류분권리자는 반환의무자의 다른 일반채권자와 대등한 지위를 누릴 수밖에 없으므로,[59] 유류분반환청구에 의해 물권적 효과를 인정하는 것과 비교하면 유류분권리자의 지위는 크게 열악해진다.[60]

---

56) 윤진수(주 43), 621-622면; 최준규(주 8), 368-371면.

57) 필자는 종래 입법론으로서 반환의무자의 가액변상권 규정을 신설하는 것에 대해, 부당이득반환의무자에게 입법적으로 가액배상권을 인정하기 곤란한 것과 같은 맥락에서 이를 명시적으로 반대하였으나, 위 주 56의 문헌에서 제기한 비판을 수용하여 원물반환 원칙 고수와 가액반환 원칙으로의 변혁 사이의 절충적 방안으로서, 원물반환 원칙은 유지하되 반환의무자의 가액변상권 규정을 신설하는 타협안을 제안하게 되었다.

58) 이소은(주 2), 186면.

59) 이소은(주 2), 189면.

60) 원물반환시 유류분권자는 처분금지가처분을 할 수 있고, 가액반환시 가압류를 할 수 있는데, 가압류시에는

한편, 판례가 형성권설을 취하면서도 악의의 양수인에 대해서 유류분반환을 인정하는 것은 법적 근거가 부족하다는 비판이 많았는바,[61] 2018년 개정 전 일본민법 제1040조 제1항 단서와 같이 이를 명문화함으로써 법적 근거를 마련하는 것이 입법론적으로 바람직함은 물론이다.

3) 改正私案

현행법	改正私案
제1115조(유류분의 보전) ① 유류분권리자가 피상속인의 제1114조에 규정된 증여 및 유증으로 인하여 그 유류분에 부족이 생긴 때에는 부족한 한도에서 그 재산의 반환을 청구할 수 있다. ②제1항의 경우에 증여 및 유증을 받은 자가 수인인 때에는 각자가 얻은 유증가액의 비례로 반환하여야 한다.	제1115조(유류분의 보전) ① 유류분권리자가 피상속인의 제1114조에 규정된 증여 및 유증으로 인하여 그 유류분에 부족이 생긴 때에는 부족한 한도에서 그 재산의 반환을 청구할 수 있다. ② 증여 및 유증을 받은 자가 수인인 때에는 각자가 얻은 증여 및 유증가액의 비례로 반환하여야 한다. ③ 증여 및 유증을 받은 자에 대하여 반환을 청구하는 경우, 증여에 대하여는 유증을 반환받은 후가 아니면 이것을 청구할 수 없다. ④ **수증자 및 수유자는 유류분권리자에게 반환해야 할 증여 또는 유증의 목적의 가액을 변상함으로써 반환의무를 면할 수 있다.**
제1116조(반환의 순서) 증여에 대하여는 유증을 반환받은 후가 아니면 이것을 청구할 수 없다.	**제1116조(수증자가 증여의 목적을 양도한 경우) 유류분을 반환해야 하는 수증자가 증여의 목적을 타인에게 양도한 때에는 유류분권리자에게 그 가액을 변상하여야 한다. 다만, 양수인이 양도시에 유류분권리자에게 손해를 가할 것을 안 때에는 유류분권리자는 양수인에 대해서도 그 재산의 반환을 청구할 수 있다.**

6. 유류분반환의 순서

(1) 제시 설문

8-바. 유류분 반환의 순서에 관하여 개정이 필요하다고 생각하는 내용은 무엇입니까. (중복응답 가능)

(1) 증여의 반환은 뒤의 증여부터 시작하여 순차적으로 앞의 증여에 이름을 명문화해야 한다.

강제경매에 의한 환가절차에서 다른 채권자들과 그 매득금을 나누어 가질 수밖에 없는 반면, 처분금지가처분을 해두면 사실상 가처분권자인 유류분권리자만 만족을 얻을 수 있게 되어 유류분권리자에게 보다 유리하다. 정구태, “유류분반환에 관한 諸問題”, 『법학논집』 제18권 제1호(이화여자대학교 법학연구소, 2013. 9), 511-512면.

61) 윤진수(주 53), 140-141면.

(2) 유증을 받은 자에게 먼저 반환받은 후에 비로소 증여를 받은 자에게 반환받는다는 것을 명문화해야 한다(판례).
(3) 기타: ( )
(4) 없음

(2) 설문 취지

1) 8-바. (1)

2018년 개정 전 일본민법 제1035조의 태도이다.[62]

2) 8-바. (2)

대법원 2013. 3. 14. 선고 2010다42624, 42631 판결의 태도를 명문화하자는 것이다.

(3) 설문 결과

1) 결 과

Q78 8-바. 유류분 반환의 순서에 관하여 개정이 필요하다고 생각하는 내용은 무엇입니까? (중복응답 가능)

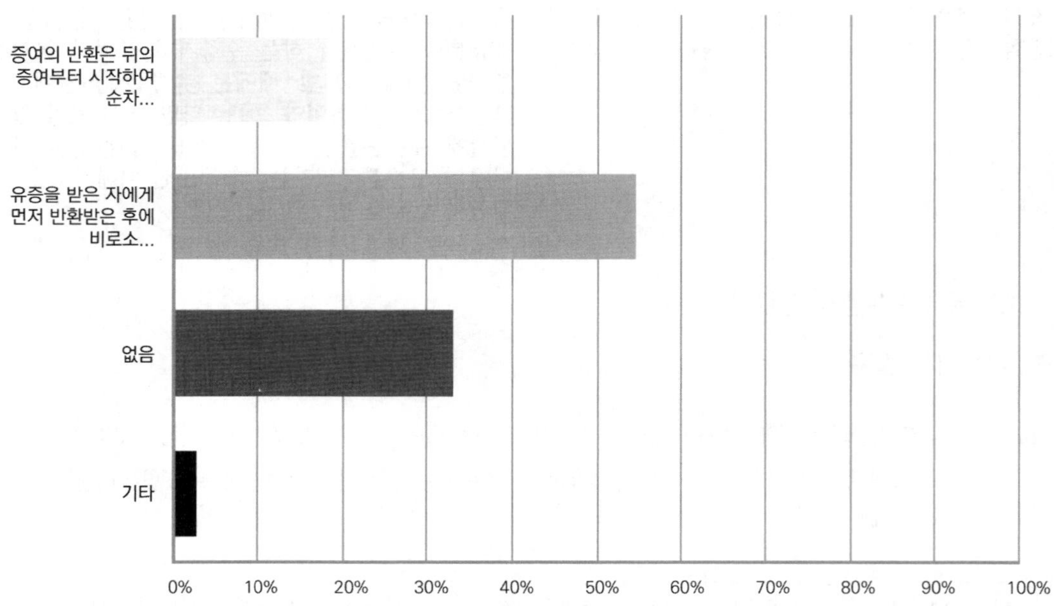

"(2) 유증을 받은 자에게 먼저 반환받은 후에 비로소 증여를 받은 자에게 반환받는다는 것

62) 같은 취지로 이동진, "유류분법의 개정방향"(주 5), 168면; 이소은(주 2), 208면.

을 명문화해야 한다."는 의견이 18명, 개정할 필요가 없다는 의견이 11명으로 나왔다.

2) 검 토

일본민법 제1035조와 같이 증여의 반환은 뒤의 증여부터 시작하여 순차적으로 앞의 증여에 이름을 명문화해야 한다는 데 대해서는 아직 공감대가 크게 형성되었다고 보기 어려웠다. 반면, 대법원 2013. 3. 14. 선고 2010다42624, 42631 판결의 태도를 명문화하자는 데에 대해서는 어느 정도 공감대가 형성된 것으로 나타났다. 그러나 판례에 따르면 수인의 반환의무자가 동일한 특별수익을 취득한 경우에도 각자의 수증액 및 수유액의 다과에 따라 반환 범위가 달라지게 되어 오히려 공동상속인 간에 불공평한 결과가 초래되므로,[63] 이러한 판례를 명문화하는 데에는 찬동할 수 없다.

가령 피상속인 甲이 12억 원의 상속재산을 남기고 사망하였는데, 상속인으로 자녀 乙, 丙, 丁, 戊 4인이 있다고 상정한다. 甲이 생전에 乙, 丙, 丁에게 각각 5천만 원, 4억 원, 7억 5천만 원을 특별수익으로 증여하였고, 乙, 丙, 丁에게 각각 7억 5천만 원, 4억 원, 5천만 원을 유증하고 사망한 경우, 戊의 유류분 부족액은 3억 원이다(=24억 원×1/4×1/2). 乙, 丙, 丁의 수유액은 도합 12억 원이므로 戊의 유류분 부족액 3억 원은 유증재산으로만 반환되어야 하고 증여재산은 반환대상이 되지 않는다. 乙, 丙, 丁이 각자의 유류분액을 초과하여 취득한 특별수익은 공히 5억 원이므로(=8억 원-3억 원), 乙, 丙, 丁은 戊의 유류분 부족액 3억 원을 1:1:1의 비율로 각자 1억 원씩 반환하여야 한다. 그런데 丁의 수유액은 5천만 원에 불과하므로 丁은 수유액 5천만원만 반환하면 되고, 丁이 반환하지 못하는 나머지 5천만 원은 乙과 丙이 다시 1:1의 비율로 각각 2천 5백만 원씩 추가적으로 분담해야 한다. 결국 판례에 의하면 乙, 丙, 丁은 공히 8억 원을 특별수익으로 취득하였음에도 乙과 丙은 戊에게 각각 1억 2천 5백만 원을 반환해야 하는 반면, 수유재산이 적은 丁은 戊에게 5천만 원만 반환하면 족하게 된다.

제1116조가 "증여에 대하여는 유증을 반환받은 후가 아니면 이것을 청구할 수 없다."고 한 것은, 반환의무자가 수인인 경우 각자의 특별수익액(수증액+수유액)에 비례하여 각자의 반환 범위가 우선적으로 정해지는 것을 전제로, 개별 반환의무자가 이와 같이 정해진 각자의 몫을 반환함에 있어 먼저 그가 받은 유증부터 반환하고 그 다음에 그가 받은 증여를 반환하면 된다는 취지라고 해석하는 것이 타당하다. 이에 따르면 위 사안에서 丁이 반환해야 하는 몫은 乙, 丙과 마찬가지로 1억원이되, 이 중 먼저 자신이 유증받은 5천만원에서 반환하고, 나머지 5천만원은 자신이 증여받은 7억 5천만원에서 반환하면 된다.

---

63) 같은 취지로 민유숙, "2013년 친족·상속법 중요 판례", 『인권과 정의』 제440호(대한변호사협회, 2014. 3), 60-61면; 김주수·김상용, 『주석민법 상속(2)[제4판]』(한국사법행정학회, 2015), 459면. 이와 달리, 최준규 집필부분(주 33), 1008면 주 251은 제1116조의 취지를 고려할 때 생전증여를 많이 받은 사람이 유리하게 취급되는 것은 당연하다고 한다.

결국 판례는 공동상속인 간의 공평이라는 관점에서 타당하다고 보기 어려우므로, 판례의 태도를 명문화할 것이 아니라 오히려 아래와 같이 판례를 변경하는 취지를 명문화하는 것이 타당하다.64)

현행법	改正私案
제1115조(유류분의 보전) ① 유류분권리자가 피상속인의 제1114조에 규정된 증여 및 유증으로 인하여 그 유류분에 부족이 생긴 때에는 부족한 한도에서 그 재산의 반환을 청구할 수 있다. ② 제1항의 경우에 증여 및 유증을 받은 자가 수인인 때에는 각자가 얻은 유증가액의 비례로 반환하여야 한다.	제1115조(유류분의 보전) ① 유류분권리자가 피상속인의 제1114조에 규정된 증여 및 유증으로 인하여 그 유류분에 부족이 생긴 때에는 부족한 한도에서 그 재산의 반환을 청구할 수 있다. ② 증여 및 유증을 받은 자가 수인인 때에는 각자가 얻은 **증여 및 유증가액**의 비례로 반환하여야 한다. **③ 증여 및 유증을 받은 자에 대하여 반환을 청구하는 경우, 증여에 대하여는 유증을 반환받은 후가 아니면 이것을 청구할 수 없다.** ④ 수증자 및 수유자는 유류분권리자에게 반환해야 할 증여 또는 유증의 목적의 가액을 변상함으로써 반환의무를 면할 수 있다.

7. 유류분반환청구권의 행사기간

(1) 제시 설문

8-사. 유류분반환청구권의 행사기간에 관하여 개정이 필요하다고 생각하는 내용은 무엇입니까. (중복응답 가능)

(1) 단기시효기간을 제척기간으로 규정해야 한다.
(2) 단기시효기간을 3년으로 연장해야 한다.
(3) 기타: ( )
(4) 없음

(2) 설문 취지

1) 8-사. (1)

형성권설을 전제로 하는 한, 형성권의 행사기간은 중단이 인정되지 않는 제척기간으로 하는 것이 타당하므로 단기시효기간을 제척기간으로 규정하자는 것이다.

---

64) 같은 취지로 전경근·정다영, "유류분침해로 인한 반환의 순서 -대법원 2013. 3. 14. 선고 2010다42624, 42631 판결-", 『외법논집』 제41권 제4호(한국외국어대학교 법학연구소, 2017. 11), 265면.

2) 8-사. (2)

1년의 단기시효기간은 지나치게 짧으므로 3년으로 연장하자는 것이다.

(3) 설문 결과

1) 결 과

Q79 8-사. 유류분반환처욱권의 행사기간에 관하여 개정이 필요하다고 생각하는 내용은 무엇입니까? (중복응답 가능)

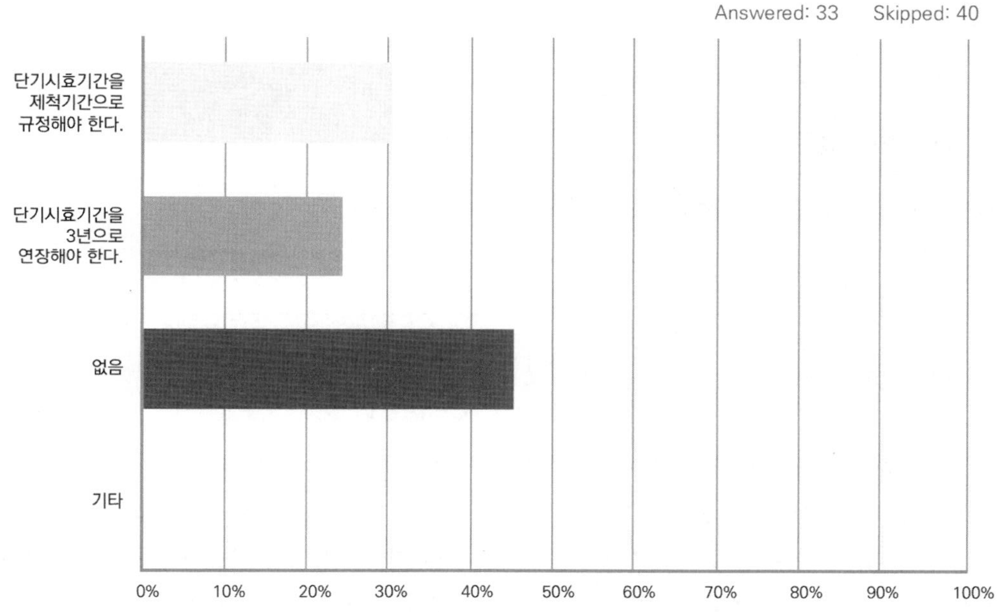

"(1) 단기시효기간을 제척기간으로 규정해야 한다."는 의견이 10명, "단기시효기간을 3년으로 연장해야 한다."는 의견이 8명, 개정할 필요가 없다는 의견이 15명으로 나왔다.

2) 검 토

개정할 필요가 없다는 의견이 다수였다. 형성권설을 전제로 하더라도 행사기간을 시효기간으로 규정하는 것이 반드시 불가능한 것은 아니지만,[65] 위 5.에서 본 바와 같이 형성권설을 전제로 반환의무자의 가액변상권 등을 신설하게 된다면 이에 맞추어 행사기간도 제척기간으로 개정하는 것이 바람직하다.

---

65) 정구태, "유류분반환청구권의 행사기간에 관한 제문제 -물권적 형성권설과 채권적 형성권설의 통합적 이해를 바탕으로 하여-", 『안암법학』 제27호(안암법학회, 2008. 9), 319-361면.

현행법	改正私案
제1117조(소멸시효) 반환의 청구권은 유류분권리자가 상속의 개시와 반환하여야 할 증여 또는 유증을 한 사실을 안 때로부터 1년내에 하지 아니하면 시효에 의하여 소멸한다. 상속이 개시한 때로부터 10년을 경과한 때도 같다.	제1117조(**권리행사기간**) **유류분반환청구권은** 유류분권리자가 상속의 개시와 반환하여야 할 증여 또는 유증을 한 사실을 안 때로부터 1년내에 **행사하지 않으면** **소멸한다.** 상속이 개시한 때로부터 10년을 경과한 때도 같다.

8. 유류분 사전포기제도의 도입

(1) 제시 설문

8-아-1. 유류분 사전포기제도를 도입할 필요가 있다고 생각하십니까.
(1) 있다.
(2) 없다.

(2) 설문 취지

1) 8-아. (1)

유류분 사전포기제도를 도입하자는 입장이다.[66] 그 근거로서는 다음과 같은 점을 들고 있다: ① 사전포기제도의 남용은 의사표시제도 일반(취소 등)과 민법 제2조, 제103조로 충분히 규율할 수 있다; ② 유류분의 사전포기가 인정됨으로써 피상속인으로서는 생전에 전체적인 재산의 운용에 관한 포괄적인 계획을 수립하는 것이 가능해지고, 상속인으로서도 보통의 경우라면 유류분을 무상으로 포기하기보다는 피상속인 혹은 경우에 따라서는 다른 공동상속인 등으로부터 일정한 대가를 받고 이를 포기할 것이므로, 나중에 피상속인 사망시 그의 실제 상속재산이 적은 경우에는 오히려 더 유리해질 수도 있다. 지난 제20대 국회에 제출된 원혜영 의원 대표발의 민법 중개정법률안도 이러한 취지의 규정을 마련한 바 있다.[67]

2) 8-아. (2)

유류분의 사전포기는 인정되어서는 안 된다는 입장이다.[68] 그 근거로서는 다음과 같은 점

66) 고상현, “독일 민법상 상속 및 유류분의 사전포기제도”, 『가족법연구』 제29권 제1호(한국가족법학회, 2015. 3), 358면; 변동열, “유류분제도”, 『민사판례연구』 제25권(민사판례연구회, 2003. 2), 805-806면; 윤진수(주 3), 57면; 최준규(주 8), 385-386면.

67) 제1112조의2(유류분의 포기) ① 피상속인의 직계비속 및 배우자는 가정법원의 허가를 얻어 상속개시 전에 제1112조 제1항에 따른 유류분을 포기할 수 있다. ② 제1항에 따른 유류분의 포기는 다른 공동상속인의 유류분에 영향을 미치지 아니한다.

68) 김주수 · 김상용, 『친족 · 상속법[제17판]』(법문사, 2020), 872면; 박동섭 · 양경승, 『친족 · 상속법[제5판]』(박영

을 들고 있다: ① 유류분권의 사전포기를 인정한다면 피상속인이나 다른 공동상속인의 威壓에 의하여 유류분권리자가 포기를 강요당함으로써 유류분제도의 존재의의에 반하는 결과가 초래될 우려가 있다; ② 유류분권의 사전포기를 인정하지 않는 것이 상속권의 사전포기를 인정하지 않는 것과도 균형이 맞다; ③ 자녀의 균등상속과 잔존배우자(특히 遺妻)의 지위향상을 꾀한 가족법의 이념에 배치되는 결과를 가져올 수 있다; ④ 유류분권은 상속개시 전에는 일종의 잠재적인 지위에 불과하므로 그 포기의 대상이 없다.

(3) 설문 결과

1) 결 과

Q80 8-아. 유류분 사전포기제도를 도입할 필요가 있다고 생각하십니까?

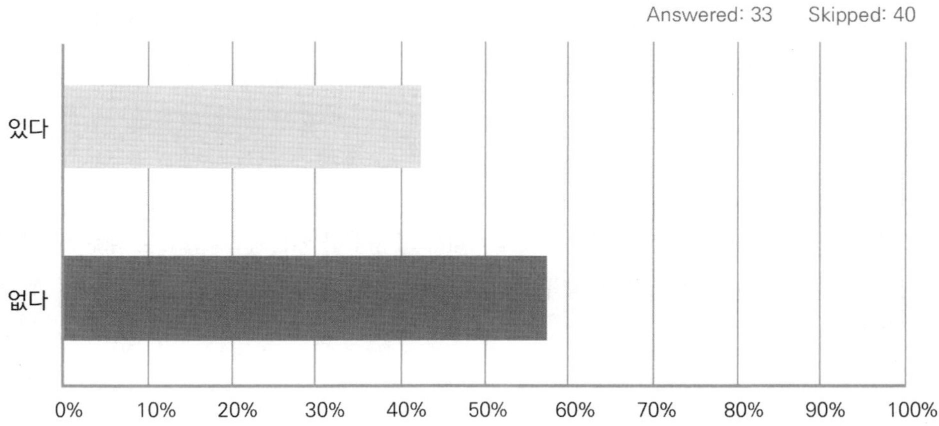

"(1) 유류분 사전포기제도를 도입할 필요가 있다."는 의견이 14명, "(2) 유류분 사전포기제도를 도입할 필요가 없다."는 의견이 19명으로 나왔다.

2) 검 토

유류분 사전포기제도를 도입할 필요가 없다는 의견이 근소하나마 다수로 나타났다. 유류분제도가 유류분권리자에게 일정부분의 몫을 법률적으로 보장함으로써 유류분권리자를 보호하는데 그 존재이유가 있다는 점을 상기한다면, 일단 유류분의 사전포기를 인정하고 그것이 남용될 경우 의사표시제도 일반에 의해 규율하는 것보다는 애초에 유류분의 사전포기를 인정하지 않는 것이 보다 온당하다.[69] 사전포기의 도입을 찬성하는 입장에서는 피상속인이 생전에 재산 운용에

사, 2020), 997면; 송덕수, 『친족상속법[제5판]』(박영사, 2020), 451면; 신영호 · 김상훈, 『가족법강의[제3판]』(세창출판사, 2018), 475면; 이경희, 『가족법[9정판]』(법원사, 2017), 608면; 한삼인 · 김상헌, 『친족상속법[제2판]』(화산미디어, 2018), 872면.

69) 정구태(주 9), 215면.

관한 계획을 수립할 수 있음을 근거로 제시하지만, 우리의 현실에서는 오히려 피상속인이나 공동상속인이 사전포기를 강요하는 경우도 적지 않을 것으로 예상되고, 가정법원의 허가를 통해 이를 방지할 수 있을지도 의문이다. 유류분반환청구권은 권리이지 의무가 아니므로, 유류분권을 사전포기하고자 하는 유류분권리자는 피상속인 사후에 반환의무자를 상대로 반환청구권을 행사하지 않으면 그만이다. 결국 유류분의 사전포기는 도입하지 않는 것이 타당하다.

9. 유류분 박탈제도의 도입

(1) 제시 설문

8-자-1. 상속인이 될 자가 피상속인 또는 그 배우자나 직계혈족에 대하여 범죄행위 · 학대 그 밖에 심히 부당한 대우를 하거나, 피상속인에 대하여 부담하는 법률상 부양의무를 중대하게 위반한 경우, 유류분을 박탈하는 제도를 도입할 필요가 있다고 생각하십니까.

(1) 있다.
(2) 없다.

8-자-2. 【6-자-1.에서 (1)을 선택하신 분만 응답하십시오】 유류분 박탈제도를 도입할 경우 구체적인 방안은 무엇이 가장 적합하다고 생각하십니까. (중복응답 가능)

(1) 법원의 재판
(2) 유언
(3) 기타: (   )

(2) 설문 취지

1) 8-자-1.

유류분 박탈제도의 도입여부를 묻는 설문이다.

2) 8-자-2.

유류분 박탈제도를 도입할 경우[70] 도입형태를 묻는 설문이다. 독일 민법은 유언 또는 상속계약만으로 유류분 박탈의 효과가 발생하는데,[71] 우리도 유언만으로 유류분 박탈을 인정할지, 아니면 법원의 재판을 거치도록 할 것인지가 문제된다.

---

70) 이에 찬동하는 견해로 김상용(주 1), 683-684면; 최준규 집필부분(주 33), 925면. 나아가 상속권 박탈제도의 도입을 주창하는 견해로 윤진수 집필부분, 『주해상속법<제1권>』(박영사, 2019), 25면.

71) 김세준, "유류분제한의 필요성과 그 요건 -독일상속법 규정의 검토 및 그 시사점을 중심으로-", 『가족법연구』 제28권 제3호(한국가족법학회, 2014. 11), 343-382면 참조.

(3) 설문 결과

1) 결 과

Q82 8-자. 상속인이 될 자가 피상속인 또는 그 배우자나 직계혈족에 대하여 범죄행위학대 그 밖에 심히 부당한 대우를 하거나, 피상속인에 대하여 부담하는 법률상 부양의무를 중대하게 위반한 경우, 유류분은 박탈하는 제도를 도입할 필요가 있다고 생각하십니까?

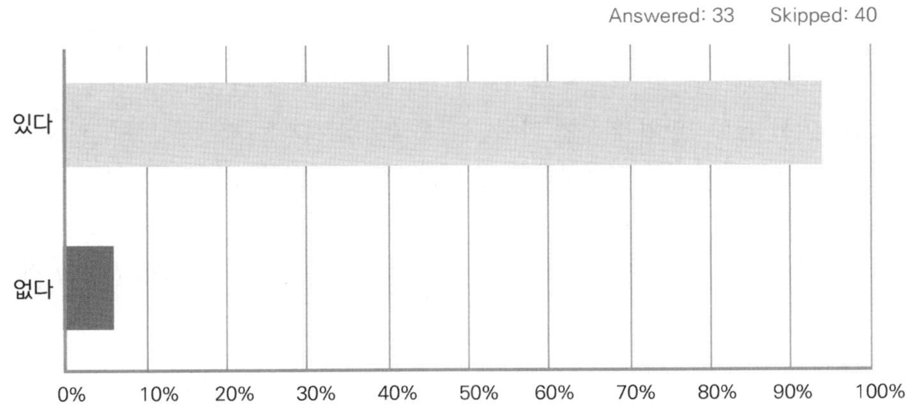

Q83 8-자-1. [8-자]에서 유류분 박탈제도를 도입을 선택하신 경우, 구체적인 방안은 무엇이 적합하다고 생각하십니까? (중복응답 가능)

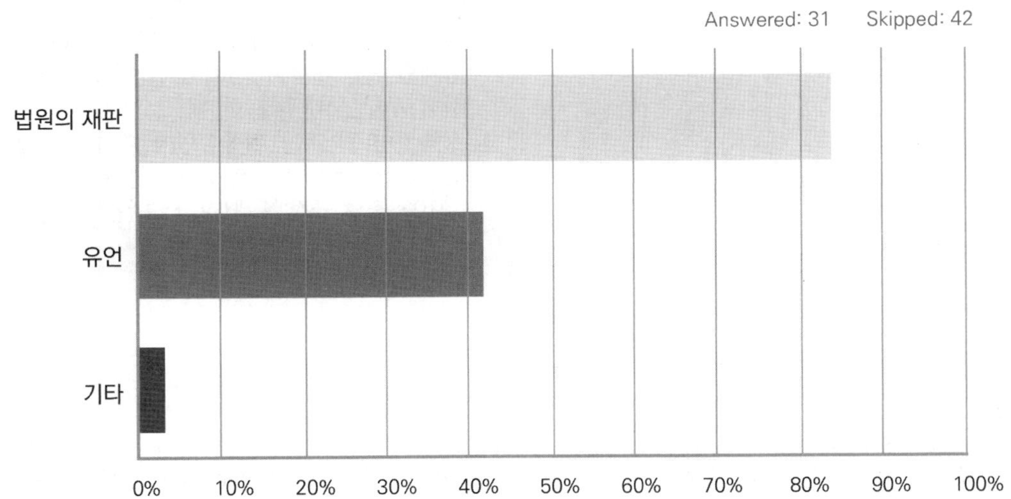

"(1) 유류분 박탈제도를 도입할 필요가 있다."는 의견이 31명, "(2) 유류분 박탈제도를 도입할 필요가 없다."는 의견이 2명으로 나왔다. 도입형태로서는 "(1) 법원의 재판"이 26명, "(2) 유언"이 13명(중복응답 가능)으로 나왔다. 지난 제20대 국회에 제출된 이언주 의원 대표발의 민법중 개정법률안[72]과 원혜영 의원 대표발의 민법중개정법률안[73]은 공히 '유언'에 의해 유류분박탈이 가능한 것으로 규정한 바 있다.

2) 검 토

유류분 박탈제도를 도입할 필요가 있다는 의견이 절대 다수로 나타났다. 문제는 어떻게 도입할 것인지 여부인데, 법원의 재판이 유언보다 2배 많은 지지를 받았다. '피상속인의 의사'를 존중한다는 취지에서 피상속인의 의사에 기해 유류분을 상실시키는 것으로 하되, 피상속인의 의사에 의한 유류분 상실은 공정증서에 의한 유언의 방식에 의해서만 인정되는 것으로 하는 것이 분쟁의 소지를 줄이는 길이라고 생각된다. 아울러 피상속인이 자의적으로 유류분을 상실시키는 것을 방지하기 위해서는 유류분 상실사유가 존재하는지에 관해 반드시 법원의 판단을 거치도록 할 필요가 있다.

3) 改正私案

현행법	改正私案
	제1111조의2(유류분의 박탈) ① 다음 각 호의 어느 하나에 해당하는 사유가 있는 경우에는 피상속인은 유언으로 가정법원에 유류분권리자의 유류분 상실 선고를 청구할 수 있다. 1. 상속인이 될 자가 피상속인 또는 그 배우자나 직계혈족에 대하여 범죄행위, 학대 그 밖에 심히 부당한 대우를 한 때. 2. 상속인이 될 자가 피상속인에 대하여 부담하는 법률상 부양의무를 중대하게 위반한 때. ② 제1068조의 규정은 제1항의 경우에 준용한다.

72) 제1112조(상속인의 유류분 등) ② 피상속인의 재산의 형성 또는 유지에 기여가 없는 직계비속이 피상속인의 사망 전 10년 이상 피상속인과 연락을 단절하여 피상속인이 그 주소, 거소 및 연락처를 알 수 없는 경우에는 피상속인은 유언으로 제1항 제1호의 유류분을 상실시킬 수 있다.

73) 제1112조(유류분의 권리자의 유류분) ② 피상속인의 재산 형성 또는 유지에 기여가 없는 직계비속이 피상속인 사망 전 5년 이상 피상속인과 연락을 단절하여 그 주소, 거소 및 연락처를 알 수 없는 경우에는 피상속인은 유언으로써 제1항 제1호의 유류분을 상실시킬 수 있다.

10. 서술형 문항

(1) 제시 설문

※ 그밖에 <유류분>과 관련하여 개정이 필요한 부분이 있으면 그 이유와 구체적인 개정방안을 함께 서술하여 주십시오

(2) 설문 취지

기존의 학계에서 소개 내지 주장된 바 없는 견해 또는 소개 내지 주장되기는 하였지만 지나치게 세부적인 쟁점이어서 설문문항에 반영되지 못한 견해라도 개정과 관련된 것이라면 자유롭게 의견을 개진할 수 있도록 서술형 문항을 삽입하였다.

(3) 설문 결과

1) 결 과

위 설문에 대해서는 아래와 같은 다양한 답변이 있었다.

① 유류분반환청구 사건을 민사사건으로 규정하지 말고 가사사건으로 규정하고, 유류분반환청구 사건이 소송진행 중 기여분 주장이나 항변, 특별수익 공제항변, 상속재산분할사건과의 병합도 할 수 있도록 하는 것이 좋을 것.
② 유류분에 대한 개정이 시급하다고 생각합니다. 이와 관련한 갈등이 상속분쟁에서 많은 부분을 차지하고 있습니다. 우선적으로 형제자매에 대한 유류분권을 인정하는 것은 실태에 맞지 않는 것으로 보이며, 직계비속에 대한 유류분권도 인정해서는 안 된다고 생각하나, 그것이 시기상조라면 그 범위를 대폭 축소하는 것이 바람직하다고 봅니다. 다만 유류분이 처음 도입될 때의 취지를 고려하여, 미성년자녀나 성년자녀 중 장애 등으로 자력으로 생활을 이어나가는 것이 어려운 경우 등에 한하여 유류분권을 인정하거나, 그렇지 않은 직계비속에 비해 유류분 범위를 폭넓게 인정하는 등의 보완이 필요하다고 생각합니다.
③ 부양의무를 지지 않거나 연락이 두절된 경우는 유류분권리자에서 제외시켜야 한다고 봄.
④ 직계비속은 유류분권리자에서 삭제하되 미성년자녀 혹은 장애 등으로 자력으로 스스로를 부양하기 어려운 성년자녀의 경우에만 남겨두거나, 직계비속을 유지하되 그 경우에 따라 차등적으로 유류분을 규정할 필요 있다고 봄. 직계존속도 마찬가지.

2) 검 토

이 중 ①은 8-나.(3)에 반영되어 있고, ②의 내용 중 형제자매의 유류분권을 삭제해야 한다는 것은 8-가.(1)에 반영되어 있다. ③에서 부양의무를 지지 않는다는 것이 피상속인에 대한 부양의무를 이행하지 않았다는 의미라면, 이는 부양의무를 중대하게 이행하지 않은 경우 유류분을

박탈해야 한다고 하는 8-자-1.에 반영되어 있다.

결국 남는 내용은 직계비속을 유류분권리자에서 아예 제외하거나, 적어도 미성년자녀 혹은 장애 등으로 자력으로 스스로를 부양하기 어려운 성년자녀의 경우에만 유류분권리자로 남겨두거나, 직계비속을 유류분권리자로 유지하더라도 경우에 따라 차등적으로 유류분을 규정할 필요가 있다는 것이다. 이는 상속이 개시될 때 자녀가 이미 경제적으로 독립된 기반을 가지고 있는 경우가 많아진 현대사회에서 유류분의 부양적 기능은 점차 그 효용을 잃어 가고 있다는 문제의식[74]과도 궤를 같이 한다. 유류분제도가 진정 유류분권리자의 부양을 위한 것이라고 한다면, 현재와 같이 유류분권리자에게 일률적으로 유류분을 인정할 것이 아니라 부양의 필요 여부를 따져 유류분권리자로 하여금 그 필요한 범위 내에서만 상속재산에 참여할 수 있는 권리를 인정하여야 한다는 반론도 충분히 생각해볼 수 있다.[75]

그러나 유류분에 의한 상속재산의 취득은 단지 민법상 부양에서와 같이 피부양자의 생활에 필요한 최소한의 부조를 충족시키는 것이 아니라, 유류분권리자로 하여금 기존의 생활수준을 유지하도록 하여 생활관계의 연속성을 보장하는 데 그 취지가 있다.[76] 이는 마치 상속제도의 근거 중 하나가 상속인의 생활보장 내지 부양에 있다고 하여 상속인이 요부양상태에 놓여 있는 경우에만 상속재산의 취득을 허용할 수는 없는 것과 마찬가지이다.[77] 다시 말해 유류분을 법정상속분의 일부로 규정하고 있는 우리 법 체계에서 유류분을 부양과 연동시킬 경우, 보다 근본적으로 왜 상속에서는 부양과 연동하지 않으면서 유류분에서는 부양과 연동해야 하는지가 규명되어야

---

74) 김상용, “변화하는 사회와 상속법 -자녀의 유류분을 중심으로-”, 『민사판례연구』 제38권(민사판례연구회, 2016. 2), 979-1015면; 이보드레(주 5), 143-170면.

75) 이동진, “유류분법의 개정방향”(주 5), 196면은 “공익 목적의 증여, 기업승계 등 정당한 동기가 있는 경우, 부양의 필요가 없거나 유류분권리자의 책임으로 가족적 연대가 깨어진 경우에 일률적으로 또는 법원 재량으로 유류분을 감액할 수 있게 해 주는 방안”을 제안하고 있으며, 현소혜(주 5), 67면도 “혈족상속인의 유류분을 인정하되, 부양의 필요성이나 피상속인과의 관계 · 피상속인의 의사 등을 고려하여 법원이 재판에 의해 유류분을 박탈할 수 있도록 하는 방안을 생각해 볼 수 있다.”고 한다.

76) 김형석(주 52), 154면. Martin Schöpflin 著/青竹美佳 譯, “遺留分法の憲法適合性と遺留分剥奪”, 『香川法学』 第26巻 1 · 2號(香川大学法学会, 2006. 9), 171, 174頁도 부양법과는 달리 유류분법에 있어서는 권리자의 요보호성은 무의미하다고 하면서, 오히려 유류분반환의 전제로서 유류분권리자의 부양필요성의 존부를 따지지 않는다는 데 유류분제도의 의의가 있다고 한다. 또한 부양필요에 좌우되게 한다면 사실상 유류분을 폐지하는 결과에 이르게 될 수 있다는 점도 지적할 수 있을 것이다.

77) 김수정, “유류분제도의 헌법적 근거와 법정책적 논의”, 『가족법연구』 제20권 2호(한국가족법학회, 2006. 7), 191면은, 유류분을 지탱하는 한 축을 유족의 부양에서 찾는다면, 그리고 부양의 필요에 따라 유류분을 섬세하게 조정하는 것이 가능하다면, 일일이 유류분권리자에 대한 부양의 필요를 따져 유류분을 인정하는 방법을 굳이 택하지 않을 이유는 없다고 생각된다면서도, 이러한 접근법에 의하면 유류분 조사비용이나 법원의 부담이 크게 늘어나는 것을 피할 수 없을 것이고, 특히 영국의 상속(가족부양자재산공여)법(Inheritance Provision for Family and Dependants Act, 1975)이 피상속인과 일정한 관계에 있던 자들의 신청에 따라 법원으로 하여금 부양의 필요 등 제반사정을 고려하여 상속재산으로부터 상당한 재산을 분여하도록 하고 있는 것과는 달리, 우리 민법은 경직된 비율에 의한 법정상속을 인정하고 있으므로, 유류분을 부양필요성에 종속시킬 경우 법정상속제도와의 관계도 문제될 수 있을 것이라고 한다.

한다. 유류분제도는 유류분권리자로 하여금 상속재산의 일정부분을 취득할 수 있도록 함으로써 단지 피상속인 사후의 생활보장이라는 차원을 넘어 피상속인의 생활수준에 준하는 생활을 계속적으로 영위할 수 있도록 한다는 데 의의가 있음을 상기하여야 한다.78)

Ⅳ. 결론에 갈음하여: 改正私案

이상에서 제안한 改正私案을 종합하여 현행법과 대조하면 다음과 같다.

현행법	改正私案
제1112조(유류분의 권리자와 유류분) 상속인의 유류분은 다음 각호에 의한다. 1. 피상속인의 직계비속은 그 법정상속분의 2분의 1 2. 피상속인의 배우자는 그 법정상속분의 2분의 1 3. 피상속인의 직계존속은 그 법정상속분의 3분의 1 4. 피상속인의 형제자매는 그 법정상속분의 3분의 1	제1112조(**유류분권리자**와 **유류분비율**) **유류분권리자의 유류분비율**은 다음 각호에 의한다. 1. 피상속인의 직계비속은 그 법정상속분의 2분의 1 2. 피상속인의 배우자는 그 법정상속분의 2분의 1 3. 피상속인의 직계존속은 그 법정상속분의 3분의 1
	제1111조의2(유류분의 박탈) ① 다음 각 호의 어느 하나에 해당하는 사유가 있는 경우에는 피상속인은 유언으로 가정법원에 유류분권리자의 유류분 상실 선고를 청구할 수 있다. **1. 상속인이 될 자가 피상속인 또는 그 배우자나 직계혈족에 대하여 범죄행위, 학대 그 밖에 심히 부당한 대우를 한 때.** **2. 상속인이 될 자가 피상속인에 대하여 부담하는 법률상 부양의무를 중대하게 위반한 때.** **② 제1068조의 규정은 제1항의 경우에 준용한다.**

78) 정구태(주 22), 718면. 다만, 고령자인 생존배우자(특히 老妻)에게 있어서는 유류분에 의한 생활보장의 필요성이 훨씬 크다는 점을 고려한다면, 생존배우자와의 관계에서도 부양의 필요성에 관계없이 자녀에게 일률적으로 유류분을 인정하는 것에 대해서는 충분히 의문이 제기될 수 있다. 이 문제는 근본적으로 생존배우자의 상속분의 상향조정이라는 관점에서 접근하는 것이 온당하다. 우리 민법은 법정상속분의 1/2을 배우자의 유류분으로 인정하고 있으므로, 가령 배우자상속분으로서 상속재산의 2/3을 보장하는 등의 방법으로 배우자의 법정상속분이 상향조정된다면, 배우자의 유류분 역시 상향조정될 수 있을 것이다. 이에 관한 상세는 정구태(주 3), 111-142면.

<table>
<tr>
<td>제1113조(유류분의 산정) ① 유류분은 피상속인의 상속개시시에 있어서 가진 재산의 가액에 증여재산의 가액을 가산하고 채무의 전액을 공제하여 이를 산정한다.
② 조건부의 권리 또는 존속기간이 불확정한 권리는 가정법원이 선임한 감정인의 평가에 의하여 그 가격을 정한다.</td>
<td>제1113조(유류분 부족액의 산정) ① 유류분권리자의 유류분 부족액은 다음 계산식에 의하여 산정한다.

유류분 부족액={유류분 산정의 기초가 되는 재산(A)×유류분권리자의 유류분비율}－유류분권리자의 특별수익액(B)－유류분권리자의 순상속분액(C)
A=적극적 상속재산+증여액－상속채무액
B=유류분권리자의 수증액+수유액
C=유류분권리자가 상속에 의하여 얻는 재산액－상속채무 분담액

② 제1008조의2에 의해 기여분이 결정된 경우에는 제1항의 계산식 A와 C에서 이를 각각 공제한다.
③ 조건부의 권리 또는 존속기간이 불확정한 권리는 법원이 선임한 감정인의 평가에 의하여 그 가격을 정한다.</td>
</tr>
<tr>
<td>제1114조(산입될 증여) 증여는 상속개시전의 1년간에 행한 것에 한하여 제1113조의 규정에 의하여 그 가액을 산정한다. 당사자쌍방이 유류분권리자에 손해를 가할 것을 알고 증여를 한 때에는 1년전에 한 것도 같다.</td>
<td>제1114조(산입될 증여) ① 제1008조의 특별수익에 해당하는 증여는 상속개시전의 10년간에 이행이 완료된 것에 한하여 제1113조 제1항의 계산식 A에 산입된다.
② 제1008조의 특별수익에 해당하지 않는 증여는 상속개시전의 1년간에 이행이 완료된 것에 한하여 제1113조 제1항의 계산식 A에 산입된다. 다만, 당사자쌍방이 유류분권리자에게 손해를 가할 것을 알고 한 증여는 1년전에 이행이 완료된 것도 같다.
③ 제1008조의 특별수익에 해당하는 증여는 이행이 완료된 시기에 관계없이 제1113조 제1항의 계산식 C에 산입된다.</td>
</tr>
<tr>
<td>제1115조(유류분의 보전) ① 유류분권리자가 피상속인의 제1114조에 규정된 증여 및 유증으로 인하여 그 유류분에 부족이 생긴 때에는 부족한 한도에서 그 재산의 반환을 청구할 수 있다.
② 제1항의 경우에 증여 및 유증을 받은 자가 수인인 때에는 각자가 얻은 유증가액의 비례로 반환하여야 한다.</td>
<td>제1115조(유류분의 보전) ① 유류분권리자가 피상속인의 제1114조에 규정된 증여 및 유증으로 인하여 그 유류분에 부족이 생긴 때에는 부족한 한도에서 그 재산의 반환을 청구할 수 있다.
② 증여 및 유증을 받은 자가 수인인 때에는 각자가 얻은 증여 및 유증가액의 비례로 반환하여야 한다.
③ 증여 및 유증을 받은 자에 대하여 반환을 청</td>
</tr>
</table>

	구하는 경우, 증여에 대하여는 유증을 반환받은 후가 아니면 이것을 청구할 수 없다. ④ 수증자 및 수유자는 유류분권리자에게 반환해야 할 증여 또는 유증의 목적의 가액을 변상함으로써 반환의무를 면할 수 있다.
제1116조(반환의 순서) 증여에 대하여는 유증을 반환받은 후가 아니면 이것을 청구할 수 없다.	제1116조(수증자가 증여의 목적을 양도한 경우) 유류분을 반환해야 하는 수증자가 증여의 목적을 타인에게 양도한 때에는 유류분권리자에게 그 가액을 변상하여야 한다. 다만, 양수인이 양도시에 유류분권리자에게 손해를 가할 것을 안 때에는 유류분권리자는 양수인에 대해서도 그 재산의 반환을 청구할 수 있다.
제1117조(소멸시효) 반환의 청구권은 유류분권리자가 상속의 개시와 반환하여야 할 증여 또는 유증을 한 사실을 안 때로부터 1년내에 하지 아니하면 시효에 의하여 소멸한다. 상속이 개시한 때로부터 10년을 경과한 때도 같다.	제1117조(**권리행사기간**) **유류분반환청구권은** 유류분권리자가 상속의 개시와 반환하여야 할 증여 또는 유증을 한 사실을 안 때로부터 1년내에 **행사하지 않으면 소멸한다.** 상속이 개시한 때로부터 10년을 경과한 때도 같다.

여암(礪岩) 송덕수 교수 정년기념논문집 간행위원회

위원장: 안경희
위　원: 김병선　　김병진
김소희　　김연지
김유정　　김지원
송민정　　이돈영
이선미　　조은진
최성경　　한은주
홍윤선　　(가나다 순)

민법 이론의 새로운 시각 — 여암(礪岩) 송덕수 교수 정년퇴임 기념

초판발행 2021년 10월 5일
지은이 여암(礪岩) 송덕수 교수 정년기념논문집 간행위원회
펴낸이 안종만·안상준
편　집 김선민
기획/마케팅 조성호
표지디자인 박현정
제　작 고철민·조영환
펴낸곳 (주) 박영사
서울특별시 금천구 가산디지털2로 53, 210호(가산동, 한라시그마밸리)
등록 1959. 3. 11. 제300-1959-1호(倫)
전　화 02)733-6771
f a x 02)736-4818
e-mail pys@pybook.co.kr
homepage www.pybook.co.kr
ISBN 979-11-303-3965-8 93360

정 가 76,000원